2006年上市公司速查手册

中国证券报社 编

新华出版社

图书在版编目(CIP)数据
2006年上市公司速查手册/中国证券报社编.
北京:新华出版社,2006.5
ISBN 7-5011-7472-5
Ⅰ.2… Ⅱ.中… Ⅲ.上市公司—概况—中国—2006 Ⅳ.F279.246
中国版本图书馆CIP数据核字(2006)第039223号

2006年上市公司速查手册

责任编辑:林定北　庆春雁
装帧设计:常艳华
出版发行:新华出版社
网　　址:http://www.xinhuapub.com
地　　址:北京石景山区京原路8号
邮　　编:100043
经　　销:新华书店
印　　刷:新华印刷厂
开　　本:787mm×1092mm　1/16
印　　张:36.25
字　　数:1130千字
版　　次:2006年5月第一版
印　　次:2006年5月北京第一次印刷
书　　号:ISBN 7-5011-7472-5
定　　价:98.00元

本社购书热线:(010)63077122　中国新闻书店电话:(010)63072012
图书如有印装问题,请与印刷厂联系调换　电话:(010)63460633-814

《2006年上市公司速查手册》编委会

前言

2005年对证券市场来说具有里程碑的意义。股权分置改革的实施，启动了我国证券市场最深刻、最根本的一场制度性大变革，并由此开始了与15年证券市场历史的“新老划断”，一个全新的市场正在构建之中。与此同时，股票市场在新一轮改革创新中挥手作别边缘化危机。在股改股的带动下，贵金属、新能源、食品饮料、商业等行业的股票，轮番带领大盘扭转了长达五年之久的熊市，走出一轮强劲的上升行情。我们坚信，一个能自我修复自身缺陷的市场，必将是一个更有生命力的市场；一个聚集了大发展能量的市场，也必将是一个充满吸引力的市场。

截至2006年4月30日，沪深两市共有1372家上市公司，另有234家证券投资基金。截至2006年4月30日公布的1361家年报数据显示：2005年平均每股收益0.211元，平均净资产收益率8.01%。与2004年相比，净利润总体同比下降1.01%。其中，增长的721家，占比例52.98%。

无论是2003年以“核心资产”股为主的“二八”行情、2004年以“二线蓝筹”为主的“一九”行情，还是目前正在演义的股改股行情，无疑都充分表明，理性投资已成为证券市场投资的主旋律。研究上市公司是证券投资者的投资获利法宝。为方便投资者了解上市公司情况，本报在连续10年编辑、出版“上市公司速查手册”的基础上，广泛征求并听取中小投资者、投资机构和基金公司等业内人士的意见后，再度推出2006版。

《上市公司速查手册（2006版）》根据最新2005年报数据，汇集了在沪深两市上市的全部1372家上市公司、234家证券投资基金的背景资料（11家公司因特殊原因推迟出年报而缺少2005年度数据），内容包括公司基本概况、主要财务数据、近年分配、募资情况及本年度预（方）案、股本结构及主要股东、主要股东持股性质、股东数、年报点评、市场表现等投资者关注的资料、数据。其中，点评一栏聘请海通证券研究所和国元证券有关专家担纲编写。为了反映股改的成果，特增加了股改对价、股改公司受限流通股份爬行上市时间表、股改追加对价承诺一览等内容。另外，为了给投资者提供更丰富的上市公司数据和资料，我们同样制作了与手册配套的“上市公司年报大全”数据光盘。光盘内容包括：年报摘要（PDF格式）、公司基本情况、财务数据、重组事项、分配能力、行情走势、个股查询等。

尽管我们仔细核对了资料，但面对繁多的数据，疏漏之处在所难免，敬请广大读者和上市公司指正。

编者

2006年4月30日

目　录

深市上市公司

沪市上市公司

上市公司 2005 年度业绩排行榜(一)

排名	代码	简称	每股收益	代码	简称	每股净资产	代码	简称	净资产收益率	代码	简称	每股经营现金流量
1	600519	贵州茅台	2.37	600993	马应龙	11.13	600786	东方锅炉	51.0969	600415	小商品城	10.17
2	600786	东方锅炉	2.0139	600519	贵州茅台	10.79	900948	伊泰B股	42.72	600246	先锋股份	7.9891
3	900948	伊泰B股	1.93	000063	G中兴	10.55	200771	杭汽轮B	41.17	600686	G金龙	4.18
4	200771	杭汽轮B	1.586	600976	G健民	9.07	900950	新城B股	36.47	600221	海南航空	4.13
5	600415	小商品城	1.56	600694	大商股份	8.07	600309	G万华	34.73	000591	桐君阁	3.89
6	600583	G海工	1.48	000998	G隆平	8.021	600428	G中远	32.29	600348	G国阳	3.88
7	000039	中集集团	1.3233	600308	G华泰	7.95	000792	盐湖钾肥	31.28	600299	星新材料	3.66
8	600205	山东铝业	1.294	600415	小商品城	7.85	000933	G神火	30.58	600519	贵州茅台	3.59
9	600096	G云天化	1.27	002041	登海种业	7.55	002024	苏宁电器	29.99	600305	恒顺醋业	3.55
10	000063	G中兴	1.24	000917	G电广	7.08	600875	G东电	28.8	000527	G美的	2.94!
11	600348	G国阳	1.21	600588	G用友	6.98	600627	上电股份	28.63	900948	伊泰B股	2.84
12	002025	航天电器	1.19	600594	G益佰	6.92	000039	中集集团	28.23	600694	大商股份	2.72
13	600875	G东电	1.173	600479	G千金	6.89	002025	航天电器	28.12	600827	友谊股份	2.671
14	600993	马应龙	1.17	600219	G南山	6.79	000538	云南白药	28.02	000039	中集集团	2.6364
15	600123	G兰花	1.1532	600249	G两面针	6.7	001696	G宗申	27.87	600036	G招行	2.63
16	600308	G华泰	1.11	000900	现代投资	6.63	000951	G重汽	27.78	600886	G华靖	2.46
17	600971	G恒源	1.08	600271	航天信息	6.44	600616	G食品	27.78	600170	G建工	2.25
18	002024	苏宁电器	1.05	000541	G佛照	6.43	000022	深赤湾A	27.69	600875	G东电	2.22
19	600428	G中远	1.05	000042	深长城A	6.42	600886	G华靖	27.52	600308	G华泰	2.19
20	600227	G赤天化	1.03	600215	长春经开	6.32	000617	石油济柴	26.62	000090	G天健	2.162
21	600508	G上能	1.01	002005	德豪润达	6.19	600205	山东铝业	26.6	600016	G民生	2.11
22	002041	登海种业	0.978	600727	鲁北化工	6.11	600320	G振华	26.42	000406	石油大明	2.09
23	600596	G新安	0.96	000024	G招商局	6.102	600596	G新安	26.38	000709	G唐钢	2.08
24	000731	四川美丰	0.953	600227	G赤天化	6.073	600123	G兰花	26.21	600227	G赤天化	1.996
25	000651	G格力	0.95	000866	扬子石化	6.07	600026	G中海	25.34	000878	G云铜	1.953
26	000933	G神火	0.945	600435	北方天鸟	6.07	600096	G云天化	25.09	600790	轻纺城	1.932
27	000022	深赤湾A	0.905	600810	G神马	6.059	600583	G海工	24.94	000881	G国际	1.9
28	600299	星新材料	0.902	000956	中原油气	6.0172	000572	G金盘	24.8	600066	G宇通	1.9
29	600022	G济钢	0.88	600583	G海工	5.93	600858	银座股份	24.4484	600991	长丰汽车	1.9
30	600594	G益佰	0.86	600075	新疆天业	5.88	600005	G武钢	23.801	000600	G建投	1.893
31	600432	G吉恩	0.85	600966	G博汇	5.87	600500	G中化	23.01	000900	现代投资	1.89
32	900950	新城B股	0.8432	002045	广州国光	5.86	600432	G吉恩	22.43	000022	深赤湾A	1.886
33	600694	大商股份	0.831	600887	G伊利	5.8	600837	G都市	22.29	600508	G上能	1.86
34	600410	华胜天成	0.831	600261	G浙阳光	5.74	600519	贵州茅台	21.97	600096	G云天化	1.8
35	600627	上电股份	0.83	600854	春兰股份	5.74	600362	G江铜	21.95	600123	G兰花	1.7817
36	000778	G铸管	0.8202	600091	明天科技	5.69	000912	G泸天化	21.93	000800	G轿车	1.75
37	600997	G开滦	0.82	600556	G北生	5.6744	600348	G国阳	21.9	600486	扬农化工	1.745
38	600271	航天信息	0.82	000876	G新希望	5.64	600817	G宏盛	21.42	000818	G锦化	1.7235
39	600497	驰宏锌锗	0.818	600607	上实联合	5.5966	600533	G栖霞	21.36	000027	G深能源	1.72
40	600026	G中海	0.816	600498	G烽火	5.56	000983	G西煤	21.14	600595	G中孚	1.72
41	000983	G西煤	0.8	002011	盾安环境	5.55	000731	四川美丰	20.83	600596	G新安	1.72
42	000926	G福星	0.8	600410	华胜天成	5.549	000662	G索芙特	20.77	600685	广船国际	1.71
43	000538	云南白药	0.795	600785	新华百货	5.53	600022	G济钢	20.74	600887	G伊利	1.71
44	002028	思源电气	0.79	600348	G国阳	5.52	000895	双汇发展	20.54	002017	东信和平	1.7075
45	600456	G宝钛	0.79	600255	鑫科材料	5.51	600549	G厦钨	20.4	600271	航天信息	1.69
46	000912	G泸天化	0.78	600390	G金瑞	5.47	600971	G恒源	20.38	600277	G亿利	1.6646
47	600320	G振华	0.78	000601	G韶能	5.46	600456	G宝钛	20.31	000759	G中百	1.64
48	000869	G张裕	0.77	600546	中油化建	5.46	600299	星新材料	20.28	600428	G中远	1.62
49	600887	G伊利	0.75	600085	G同仁堂	5.413	000088	G盐田港	20.27	000422	G宜化	1.61
50	000066	长城电脑	0.74	000926	G福星	5.41	600202	哈空调	19.97	600129	G太极	1.608

上市公司 2005 年度业绩排行榜(二)

排名	代码	简称	净利润(万元)	同比(%)	代码	简称	主营收入(万元)	同比(%)	代码	简称	主营利润(万元)	同比(%)
1	600202	哈空调	9357.98	753.97	000572	G金盘	374891.34	1308.45	000993	*ST闽电	13347.00	340.14
2	600216	G浙医药	8164.32	540.66	600764	G中广通	99154.49	516.17	600202	哈空调	19500.08	258.78
3	600829	三精制药	14512.67	443.70	600275	武昌鱼	41655.20	299.65	000572	G金盘	14915.85	239.31
4	600332	G广药	18448.15	233.65	600211	西藏药业	69648.22	281.30	600829	三精制药	82753.92	226.19
5	600896	G海盛	11152.70	232.40	000049	G德赛	67610.54	279.57	600982	G宁热电	11974.19	211.37
6	600725	G云维	5373.34	223.45	600236	桂冠电力	257265.68	260.63	000049	G德赛	9857.64	188.00
7	600627	上电股份	42932.28	217.16	600202	哈空调	92283.13	240.18	600056	中技贸易	20031.94	187.46
8	000708	G冶特钢	8036.75	197.50	600540	新赛股份	76379.66	198.77	600489	中金黄金	48832.31	179.64
9	600131	岷江水电	4937.93	196.63	600686	G金龙	771714.80	182.74	000537	G广宇	18344.08	159.68
10	600685	广船国际	9819.33	191.61	002028	思源电气	55563.45	178.34	000155	G川化	55867.19	157.30
11	002025	航天电器	11437.66	176.51	600829	三精制药	176899.63	175.24	600858	银座股份	25225.86	150.49
12	000042	深长城A	13721.75	174.92	600175	G美都	76125.75	168.47	600843	上工申贝	26194.76	134.33
13	600320	G振华	120752.91	159.67	000801	ST湖山	36436.06	164.61	600686	G金龙	97088.76	133.76
14	600612	G中铅	3349.36	152.24	600393	G东华	57084.04	161.94	000690	G宝丽华	17643.76	129.78
15	600069	G银鸽	11255.22	148.44	000007	深达声A	35058.84	158.40	002028	思源电气	24957.66	127.12
16	600717	G天津港	71926.27	145.49	000036	G华联	238508.31	153.31	600456	G宝钛	30763.11	120.63
17	600870	厦华电子	6231.53	145.40	600982	G宁热电	57484.84	152.70	600748	G实发展	54631.15	119.33
18	900950	新城B股	27987.56	143.41	600840	新湖创业	69316.13	147.82	000958	东方热电	17544.96	119.01
19	600030	G中信	40004.16	141.45	600547	G鲁黄金	380319.33	146.79	000159	国际实业	15174.09	118.71
20	000850	G华茂	5391.10	137.87	600858	银座股份	158270.50	143.93	600764	G中广通	13731.09	117.49
21	000619	G海型材	13748.64	136.22	000607	G华立	268377.39	128.91	600576	*ST庆丰	9761.45	112.99
22	600456	G宝钛	15846.93	132.89	600822	G物贸	1947418.07	127.08	002025	航天电器	19918.18	110.79
23	600786	东方锅炉	80841.78	131.32	600748	G实发展	127781.93	123.78	200771	杭汽轮B	78470.46	98.96
24	600496	G精工钢	4490.32	124.96	000897	G津滨	123336.22	122.30	600654	G飞乐	28992.58	98.67
25	600075	新疆天业	16018.76	124.80	600617	*ST联华	24069.76	116.39	600639	G金桥	36847.44	97.09
26	600497	驰宏锌锗	13080.14	121.98	600019	G宝钢	12660836.15	115.91	900950	新城B股	50887.33	96.50
27	000963	华东医药	6731.39	120.11	000690	G宝丽华	58676.49	112.24	600175	G美都	6528.16	96.33
28	600299	星新材料	21644.38	116.74	600725	G云维	68210.12	107.90	600216	G浙医药	36685.64	95.63
29	000695	G滨能	3021.29	115.54	000966	长源电力	247886.99	104.71	600896	G海盛	16090.73	93.81
30	600770	G综艺	2338.07	112.85	000537	G广宇	78031.64	100.01	600786	东方锅炉	144340.25	89.65
31	000755	G三维	6844.64	112.13	200771	杭汽轮B	193177.62	97.56	000151	G中成	21192.13	87.24
32	600840	新湖创业	4172.29	111.82	000610	G西旅	26496.94	97.33	600299	星新材料	53059.54	85.78
33	600858	银座股份	4617.71	107.81	900950	新城B股	200522.70	96.70	600540	新赛股份	8979.67	84.88
34	600436	片仔癀	8639.83	106.82	000807	云铝股份	453312.51	96.19	600685	广船国际	21518.88	84.46
35	000878	G云铜	49362.51	106.20	600292	G九电	135172.90	95.88	600536	中国软件	34627.37	84.20
36	000006	G深振业	11040.44	105.51	002025	航天电器	29487.45	95.81	000878	G云铜	113754.72	84.06
37	600360	华微电子	8947.25	104.98	600549	G厦钨	288255.58	93.29	600320	G振华	160464.96	81.68
38	000060	G中金	27734.36	102.61	600396	G金山	33920.18	91.94	600335	ST盛工	10164.74	79.54
39	900948	伊泰B股	70537.98	102.31	600631	G百联	899893.40	90.84	000043	G深南光	29030.59	78.91
40	600312	平高电气	10539.59	101.75	000753	漳州发展	65855.75	89.91	600236	桂冠电力	63198.39	77.44
41	600859	王府井	2694.77	101.34	600422	G昆药	120763.47	88.97	000786	北新建材	33917.37	77.35
42	000589	G黔轮胎	4848.49	100.69	600777	新潮实业	148212.89	87.64	600631	G百联	175446.91	77.09
43	200771	杭汽轮B	34883.30	100.26	600582	天地科技	92193.94	86.65	600262	北方股份	16949.48	76.63
44	600875	G东电	52805.67	99.48	000878	G云铜	1340358.23	86.32	000793	G燃气	20280.21	75.96
45	600550	G天威	10141.13	98.49	600456	G宝钛	115507.41	84.33	000619	G海型材	43785.23	74.68
46	600116	三峡水利	2043.56	98.30	600428	G中远	374153.05	84.33	600497	驰宏锌锗	35478.11	74.46
47	600995	文山电力	7713.17	96.10	600199	ST金牛	75793.86	80.59	002024	苏宁电器	151956.05	74.40
48	002024	苏宁电器	35062.99	93.50	600786	东方锅炉	802543.09	80.59	000652	G泰达	23771.41	74.37
49	000762	G藏矿业	2782.62	93.04	600568	潜江制药	81121.05	79.47	600840	新湖创业	11301.73	74.23
50	000410	G沈机	11294.58	91.36	000416	健特生物	94614.38	78.98	600396	G金山	9995.06	74.17

深发展 A（000001）

上市日期:88/04/07　　电话:0755－82080387　　传真:0755－82080386

主营	商业银行业务			
	年　度	2005	2004	2003
主要指标	每股收益/扣除后(元)	0.18/0.17	0.15/0.14	0.16/0.16
	每股经营现金流量(元)	-2.2	3.62	-0.86
	每股净资产/调整后(元)	2.59/2.52	2.43/2.36	2.04/1.97
	未分利润(万元)	76589.74	66692.9	16692.88
	资本公积(万元)	157172.93	157172.93	157172.93
利润构成	主营收入(万元)	851562	834560.57	599281.04
	主营利润(万元)	289445.9	279885.97	168747.55
	营业利润(万元)	289445.9	279885.97	168747.55
	投资收益(万元)			
	利润总额(万元)	63861.66	49832.85	35394.62
	净利润(万元)	35172.75	29456.97	31654.57
点评	公司非利息收入增加、控制营业成本、资产损失计提减少,导致利润增加19.4%。利息收入减少,净利差减少3.7%,公司今年资本充足率必须达标,目前还有不小差距,为此,公司将发行30亿元至40亿元规模的次级债。			

	截止日期	05年末	占%	主要股东及持股比例%、持股性质
股本结构（万股）	总股本	194582.21		Newbridge Asia AIV Ⅲ L.P. 17.89%（外资股）
	国有股	171.71	0.09	深圳中电投资股份有限公司 3.2%（非流通股）
	发起股	18663.97	9.59	海通证券股份有限公司 1.74%（非流通股）
	外资股	34810.33	17.89	深圳市宏业科技实业有限公司 1.29%（非流通股）
	募集股			中国农业银行深圳市分行工会工作委员会 0.8%（非流通股）
	流通A	140936.2	72.43	全国社保基金零零一组合 0.77%（流通A股）
	流通B			银河－渣打－CITIGROUP GLOBAL MARKETS LIMITED 0.44%（流通A股）
	流通H			中国工商银行－普丰证券投资基金 0.4%（流通A股）
股东户数	05年末	621312		国债服务部 0.38%（流通A股）
	04年末	666196		深圳市建设银行工会 0.37%（非流通股）
其他流通股东	中国建设银行－博时裕富证券投资基金 0.353%;深圳市投资管理公司 0.315%;张绍红 0.283%			
近年分配			近年募资	

二〇〇五年以来市场表现

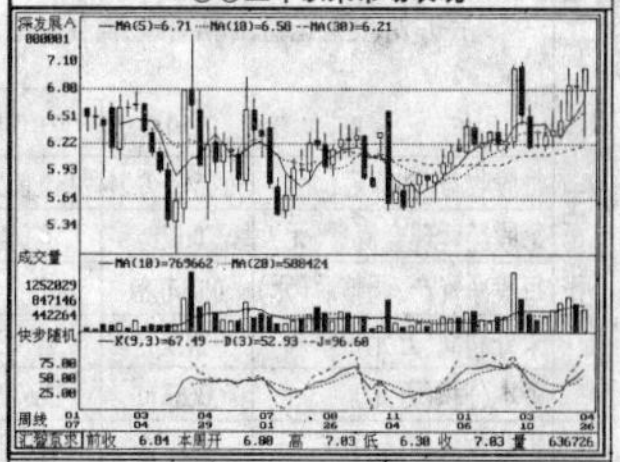

2005年涨跌幅(%)	-6.83
2005年最高(元)	7.39
2006年涨跌幅(%)	14.5
2006.4.26收盘(元)	7.03
2006年最高(元)	7.1
2006年最低(元)	6.05
2006年换手率(%)	73.24
股改对价	

G万科 A（000002/200002）

上市日期:A: 91/01/29 B: 93/05/28　　电话:0755－25606666　　传真:0755－23152041

主营	房地产开发。			
	年　度	2005	2004	2003
主要指标	每股收益/扣除后(元)	0.363/0.359	0.386/0.391	0.39/0.378
	每股经营现金流量(元)	0.23	0.46	-1.06
	每股净资产/调整后(元)	2.23/2.21	2.73/2.7	3.37/3.34
	未分利润(万元)	61389.45	41484.64	24710.64
	资本公积(万元)	107555.39	143115.09	145833.64
利润构成	主营收入(万元)	1055885.17	766722.62	638006.04
	主营利润(万元)	303258.43	193411.72	139100.25
	营业利润(万元)	204279.95	127148.81	82339.98
	投资收益(万元)	-8442.84	-1218.52	-687.4
	利润总额(万元)	197618.17	126032.92	83036.67
	净利润(万元)	135036.28	87800.63	54227.07
点评	万科的核心优势在于:品牌影响力、公司治理、专业化、跨地域发展策略、多元化融资和合作渠道。宏观调控将继续稳定执行下去,万科可能凭借资本市场的支持,在行业整合中获益。2006年计划新增1000万平方米左右项目储备。			

	截止日期	05年末	占%	主要股东及持股比例%、持股性质
股本结构（万股）	总股本	372268.77		华润股份有限公司 11.81%（部分流通部分不流通）
	国有股	35851.71	9.63	CLSA LIMITED 2.06%（流通B股）
	发起股	13875.49	3.73	南方避险增值基金 1.63%（流通A股）
	外资股			刘元生 1.57%（非流通股）
	募集股			TOYO SECURITIES ASIA LIMITED－A/C CLIENT. 1.5%（流通B股）
	流通A	267510.2	71.86	南方稳健成长证券投资基金 1.48%（流通A股）
	流通B	54789.81	14.72	天元证券投资基金 1.39%（流通A股）
	流通H			申银万国－花旗－UBS LIMITED 1.29%（流通A股）
股东户数	05年末	161730		国泰君安－建行－香港上海汇丰银行有限公司 1.15%（流通A股）
	04年末	175766		内藤证券株式会社 1.03%（流通B股）
其他流通股东	开元证券投资基金 1.001%			
近年分配	05预案:10派1.5;04年:10派1.5转增5;03年:10派0.5送1转增4		近年募资	04年增发转债1990万张,募资总额19.9亿。

二〇〇五年以来市场表现

2005年涨跌幅(%)	25.76
2005年最高(元)	6.92
2006年涨跌幅(%)	49.88
2006.4.26收盘(元)	6.46
2006年最高(元)	7.1
2006年最低(元)	4.27
2006年换手率(%)	132.45
股改对价	权证 (05/12/02)

＊ST国农（000004）

上市日期:91/01/14　　电话:0755－26954161　　传真:0755－26954171

主营	生物特征识别、生物制药和新技术孵化。			
	年　度	2005	2004	2003
主要指标	每股收益/扣除后(元)	-0.162/-0.224	-0.048/-0.052	0.05/0.046
	每股经营现金流量(元)	0.132	0.005	0.12
	每股净资产/调整后(元)	1.01/0.94	1.14/1.12	1.19/1.18
	未分利润(万元)	-1001.16	109.84	564.93
	资本公积(万元)	52.95	45.42	13.6
利润构成	主营收入(万元)	6137.67	10674.78	11953.5
	主营利润(万元)	2364.2	3665.65	5047.59
	营业利润(万元)	-2445.4	-443.89	755.68
	投资收益(万元)	256.58	-308.1	-284.44
	利润总额(万元)	-2039.57	-401.54	877.39
	净利润(万元)	-1357.7	-406.27	386.15
点评	公司原名"北大未名",2005年初大股东变更后改为现名。公司主营业务包括生物特征识别系统、生物制药生产、房地产开发和销售。由于警用指纹业务新增需求减少,药品价格下降,导致收入大幅下降造成亏损。2006年公司寄希望于地产业务扭亏。			

	截止日期	05年末	占%	主要股东及持股比例%、持股性质
股本结构（万股）	总股本	8397.67		深圳中农大科技投资有限公司 37.94%（国有股）
	国有股	4064.5	48.4	招商局地产控股股份有限公司 7.41%（国有股）
	发起股	167.45	1.99	中国银河证券有限责任公司 1.52%（流通A股）
	外资股			深圳招商石化有限公司 1.06%（国有股）
	募集股			深圳华强电子工业总公司 0.98%（国有股）
	流通A	4165.72	49.61	中国平安保险(集团)股份有限公司 0.98%（非流通股）
	流通B			崔光辉 0.74%（流通A股）
	流通H			林金铭 0.66%（流通A股）
股东户数	05年末	16366		上海文杰肠衣有限公司 0.54%（国有股）
	04年末	17032		深圳市银信宝投资发展有限公司 0.48%（国有股）
其他流通股东	卓鸿全 0.447%;杨桂花 0.332%;刘静华 0.298%;李文聪 0.238%;蔡国莲 0.229%;向本雄 0.22%;周豪杰 0.22%			
近年分配			近年募资	

二〇〇五年以来市场表现

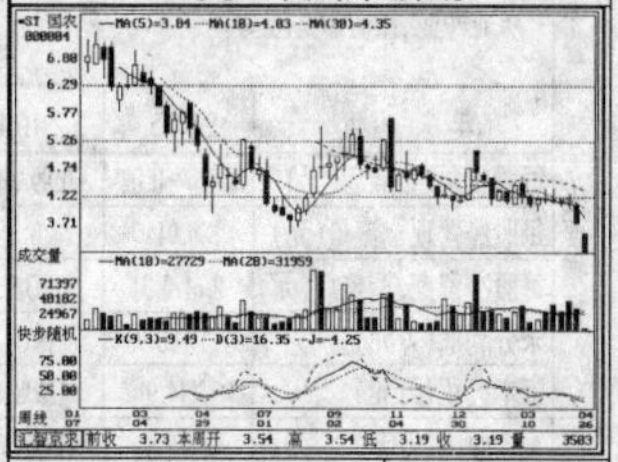

2005年涨跌幅(%)	-39.21
2005年最高(元)	7.32
2006年涨跌幅(%)	-22.95
2006.4.26收盘(元)	3.19
2006年最高(元)	5.08
2006年最低(元)	3.19
2006年换手率(%)	122.74
股改对价	

ST 星源(000005)

上市日期:90/12/10　　电话:0755－82208888　　传真:0755－82207055

主营	房地产开发、交通运输、酒店管理、商务咨询。			
	年　　度	2005	2004	2003
主要指标	每股收益/扣除后(元)	-0.254/-0.244	0.002	0.003/-0.02
	每股经营现金流量(元)	0.021	0.064	-0.025
	每股净资产/调整后(元)	0.93/0.89	1.25/1.17	1.31/1.28
	未分利润(万元)	-29795.39	-11798.39	-11967.42
	资本公积(万元)	33667.61	33667.61	33610.97
利润构成	主营收入(万元)	4539.57	4937.82	9157.53
	主营利润(万元)	1493.09	1813.81	3498.99
	营业利润(万元)	-21746.48	-7916.45	-5920.97
	投资收益(万元)	-342.65	-255.51	1154.9
	利润总额(万元)	-22817.17	-3896.63	-4758.82
	净利润(万元)	-17997	169.03	216.69
点评	2005年度由于公司主要在建项目"五洲星苑"竣工入伙时间不确定,如果入伙期在2006年年初则2005年度亏损不超过5000万元。2006年4月13日公布公告,预测2006年一季度能够扭亏。			

股本结构(万股)	截止日期	05年末	占%	主要股东及持股比例%、持股性质
	总股本	70866.13		(香港)中国投资有限公司 34.54%(外资股)
	国有股			深圳市城建开发集团公司 6.25%(非流通股)
	发起股	8340.15	11.77	深圳市国叶实业有限公司 3.65%(非流通股)
	外资股	24476.75	34.54	上海古德投资咨询有限公司 0.72%(非流通股)
	募集股	654.26	0.92	上海森钢钢铁有限公司 0.61%(非流通股)
	流通A	37394.96	52.77	上海银聚投资管理有限公司 0.35%(非流通股)
	流通B			陆怡 0.3%(流通A股)
	流通H			上海锦宝金属制品有限公司 0.28%(非流通股)
股东户数	05年末	137715		上海励格贸易有限公司 0.21%(非流通股)
	04年末	150226		陈照明 0.19%(流通A股)
其他流通股东	杨淮农 0.176%;刘芳 0.128%;周建明 0.084%;黄盾斌 0.08%;杨瑞容 0.066%;陈金珠 0.064%;邱家沛 0.063%			
近年分配		近年募资		

二〇〇五年以来市场表现

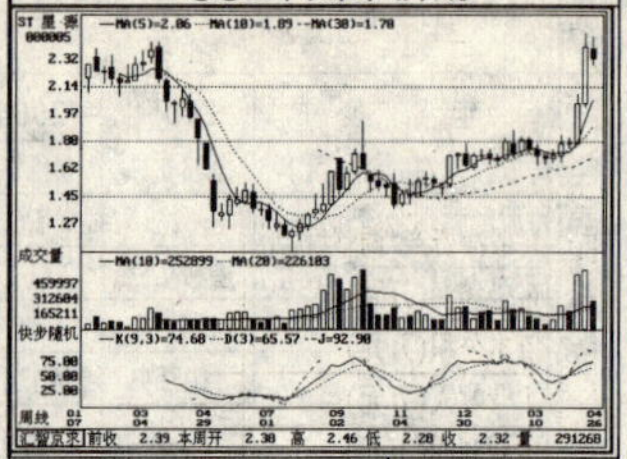

2005年涨跌幅(%)	-25.46
2005年最高(元)	2.42
2006年涨跌幅(%)	41.46
2006.4.26收盘(元)	2.32
2006年最高(元)	2.49
2006年最低(元)	1.61
2006年换手率(%)	96.51
股改对价	

G 深振业(000006)

上市日期:92/04/27　　电话:0755－25863061　　传真:0755－25863012

主营	房地产开发、建筑施工、物业经营与管理、建材工业等。			
	年　　度	2005	2004	2003
主要指标	每股收益/扣除后(元)	0.435/0.31	0.212	-1.15/-1.14
	每股经营现金流量(元)	1.083	0.967	0.035
	每股净资产/调整后(元)	4.35/4.2	3.95/3.35	3.74/2.65
	未分利润(万元)	8399.92	3677.59	-18902.89
	资本公积(万元)	59758.96	58967.09	58929.64
利润构成	主营收入(万元)	143386.48	187697.62	198709.28
	主营利润(万元)	28040.17	24552.29	4466.21
	营业利润(万元)	8043.86	3018.8	-23775.92
	投资收益(万元)	5089.63	-977.55	-2349.13
	利润总额(万元)	11657.41	5014.46	-30235.21
	净利润(万元)	11040.44	5372.23	-29204.99
点评	2005年,G振业出售了所属的两家亏损企业特皓公司与建业公司的大部分股权。公司主营业务收入来源全部为房地产开发与经营的收入。公司目前开发的星海名城与振业城由于土地取得较早,地价便宜,销售毛利率较高。			

股本结构(万股)	截止日期	05年末	占%	主要股东及持股比例%、持股性质
	总股本	25359.16		深圳市建设投资控股公司 28.02%(国有股)
	国有股	7106.85	28.02	深圳市长城投资控股股份有限公司 4.94%(非流通股)
	发起股	2471.61	9.75	深圳市建筑机械动力公司 3%(非流通股)
	外资股			深圳市金众(集团)股份有限公司 1.44%(非流通股)
	募集股			中国农业银行－交银施罗德精选股票证券投资基金 0.79%(流通A股)
	流通A	15778.79	62.22	上海市职工保障互助中心 0.79%(流通A股)
	流通B			林海四 0.69%(流通A股)
	流通H			深圳市建安(集团)股份有限公司 0.37%(非流通股)
股东户数	05年末	81843		兴业银行股份有限公司－兴业趋势投资混合型证券投资基金 0.31%(流通A股)
	04年末	90117		萧　怡 0.3%(流通A股)
其他流通股东	张秀凤 0.277%;邱赛珠 0.233%;深圳市红筹投资有限公司 0.21%;巢晃 0.197%			
近年分配	05预案:10派1.8;04年:10派0.75	近年募资		

二〇〇五年以来市场表现

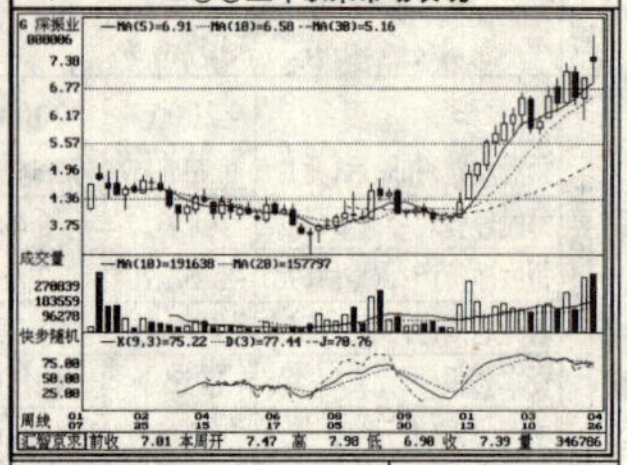

2005年涨跌幅(%)	5.21
2005年最高(元)	5.12
2006年涨跌幅(%)	107.68
2006.4.26收盘(元)	7.39
2006年最高(元)	9.58
2006年最低(元)	5.2
2006年换手率(%)	148.59
股改对价	送股 每10股实际获得2股(06/01/12)

深达声 A(000007)

上市日期:92/04/13　　电话:0755－83280053　　传真:0755－83280089

主营	房地产业、旅游服务业等。			
	年　　度	2005	2004	2003
主要指标	每股收益/扣除后(元)	0.06/-0.02	-0.99/-0.77	0.1/0.15
	每股经营现金流量(元)	0.94	0.2	-0.07
	每股净资产/调整后(元)	0.61/0.34	0.53/0.4	1.62/1.46
	未分利润(万元)	-17898.98	-18358.24	-4151.87
	资本公积(万元)	12014.91	12008.49	11999.17
利润构成	主营收入(万元)	35058.84	13567.62	33448.84
	主营利润(万元)	12974.4	7722.85	15415.29
	营业利润(万元)	1411.81	-7926.72	5299.21
	投资收益(万元)	-1267.39	-706.67	-782.69
	利润总额(万元)	630.91	-16533.93	2842.26
	净利润(万元)	829.56	-14159.14	1496.83
点评	公司属于老上市公司,历史遗留问题较多,目前公司银行贷款基本处于逾期状态。经营主要集中在房地产业和酒店行业,目前酒店行业竞争激烈,房地产规模偏小,深圳市房价高企,土地成本上扬,土地储备不足。			

股本结构(万股)	截止日期	05年末	占%	主要股东及持股比例%、持股性质
	总股本	14359.37		广州博融投资有限公司 28%(非流通股)
	国有股	713.2	4.97	北京电子城有限责任公司 5.35%(非流通股)
	发起股	768.77	5.35	深圳赛格股份有限公司 4.97%(国有股)
	外资股			深圳市智雄电子有限公司 2.85%(非流通股)
	募集股	4921.3	34.27	深圳市深投投资有限公司 1.86%(非流通股)
	流通A	7956.1	55.41	深圳三环电阻有限公司 0.61%(非流通股)
	流通B			上海致真投资咨询有限公司 0.48%(非流通股)
	流通H			卓鸿全 0.45%(流通A股)
股东户数	05年末	34518		薛梅 0.38%(流通A股)
	04年末	37169		上海申攀商贸有限公司 0.35%(非流通股)
其他流通股东	宋文捷 0.304%;赵顺 0.209%;北京红金麦科贸有限公司 0.157%;肖朋 0.148%;吴国庆 0.121%;余冠华 0.121%			
近年分配		近年募资		

二〇〇五年以来市场表现

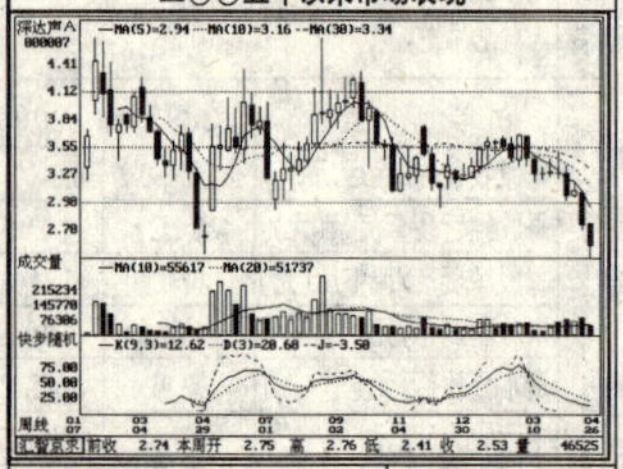

2005年涨跌幅(%)	-4.73
2005年最高(元)	4.69
2006年涨跌幅(%)	-21.43
2006.4.26收盘(元)	2.53
2006年最高(元)	3.68
2006年最低(元)	2.41
2006年换手率(%)	112.06
股改对价	

G 宝利来（000008）

上市日期:92/05/07　电话:0755－26433212　传真:0755－26433485

主营	贸易、房屋租赁等业务。			
	年　度	2005	2004	2003
主要指标	每股收益/扣除后(元)	-0.072/-0.071	0.52	0.01/0.013
	每股经营现金流量(元)	0.197	-0.13	0.3
	每股净资产/调整后(元)	0.92/0.92	0.99/0.99	0.41/0.41
	未分利润(万元)	-7693.43	-7166.79	-17090.82
	资本公积(万元)	6638.89	6638.89	12333.59
利润构成	主营收入(万元)	4011.04	2916.31	1961.86
	主营利润(万元)	910.2	771.22	405.94
	营业利润(万元)	-539.43	314.76	82.43
	投资收益(万元)		1812.55	16.32
	利润总额(万元)	-546.12	4039.02	98.75
	净利润(万元)	-526.64	3858.76	98.71
点评	公司通过重组，由原来的主营贸易批发零售转向房地产开发租赁，行业前景极为广阔。现第一大股东实力较为雄厚，从事房地产开发业务，并且具有明显的优势。随着目前新的会计准则的实施和深圳房地产价格的突飞猛进，介入产地行业的它存在明显的价值重估要求。			

	截止日期	05年末	占%	主要股东及持股比例%、持股性质
股本结构（万股）	总股本	7365.32		深圳市宝安宝利来实业有限公司 22.19%（非流通股）
	国有股			深圳市福万田投资有限公司 12.39%（非流通股）
	发起股	3130.45	42.5	深圳市德实达投资发展有限公司 2.72%（非流通股）
	外资股			深圳市新未来实业发展有限公司 2.72%（非流通股）
	募集股			深圳粤海实业投资发展有限公司 2.49%（非流通股）
	流通A	4234.86	57.5	秦焕兴 0.45%（流通A股）
	流通B			陈丽琼 0.25%（流通A股）
	流通H			文晓良 0.2%（流通A股）
股东户数	05年末	22539		张逸 0.2%（流通A股）
	04年末	19912		何中军 0.19%（流通A股）
其他流通股东	昆明云内动力股份有限公司 0.182%；文植洪 0.178%；郑敏 0.163%；吴玲 0.157%；文玉兴 0.154%			
近年分配			近年募资	

二〇〇五年以来市场表现

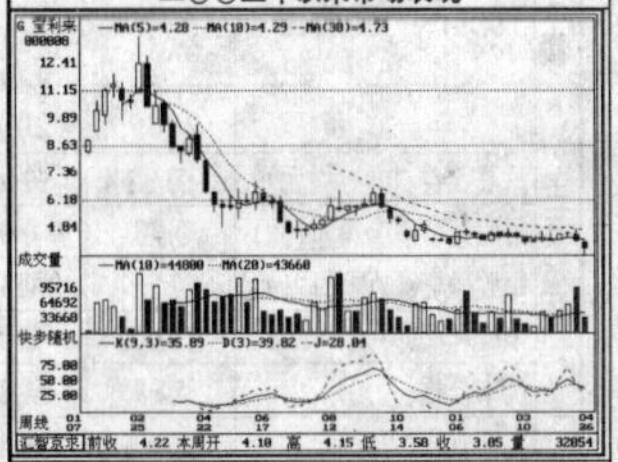

2005年涨跌幅(%)	-42
2005年最高(元)	13.67
2006年涨跌幅(%)	-5.17
2006.4.26收盘(元)	3.85
2006年最高(元)	4.77
2006年最低(元)	3.58
2006年换手率(%)	169.22
股改对价	送股 每10股实际获得2股(05/12/13)

深宝安A（000009）

上市日期:91/06/25　电话:0755－25170336　传真:0755－25170300

主营	房地产、生物医药、物业管理等。			
	年　度	2005	2004	2003
主要指标	每股收益/扣除后(元)	0.075	-0.12	0.013/0.03
	每股经营现金流量(元)	0.5295	0.152	0.07
	每股净资产/调整后(元)	1.24/1.16	1.12/1.01	1.19/1.06
	未分利润(万元)	22001.82	-67945.16	-56405.97
	资本公积(万元)	21751.17	77886.32	72124.75
利润构成	主营收入(万元)	205490.65	154391.72	128352.94
	主营利润(万元)	58264.29	43865.01	45170.25
	营业利润(万元)	9464.29	7292.76	4606.67
	投资收益(万元)	5898.82	4158.93	2613.63
	利润总额(万元)	14606.86	-7536.61	2219.74
	净利润(万元)	7180.44	-11539.19	1291
点评	2005年度预增，预测每股0.08元以下。公司在2002年以前储备了丰富的土地资源，房地产项目分布于武汉、深圳、上海、海南等地。公司是马应龙的第一大股东，法人股增值值得关注。			

	截止日期	05年末	占%	主要股东及持股比例%、持股性质
股本结构（万股）	总股本	95881		深圳市富安控股有限公司 11.64%（非流通股）
	国有股	10695.02	11.15	深圳市宝安区投资管理有限公司 11.16%（国有股）
	发起股	11162.27	11.64	龙岗区大鹏镇大坑上村 1.39%（非流通股）
	外资股			深圳市房地产建设开发公司 1.33%（非流通股）
	募集股	16051.03	16.74	深圳新安实业股份有限公司 1.24%（非流通股）
	流通A	57952.59	60.44	龙岗区大鹏镇大坑下村 0.95%（非流通股）
	流通B			宝安县沙井镇经济发展总公司 0.8%（非流通股）
	流通H			恒隆国际有限公司 0.78%（非流通股）
股东户数	05年末	253753		龙岗区布吉镇经济发展有限公司 0.73%（非流通股）
	04年末	267560		深圳市邦信投资发展有限公司 0.67%（非流通股）
其他流通股东	张洁 0.503%；中国建设银行－博时裕富证券投资基金 0.363%；重庆君安经贸发展有限公司 0.301%			
近年分配			近年募资	

二〇〇五年以来市场表现

2005年涨跌幅(%)	-32.65
2005年最高(元)	3.68
2006年涨跌幅(%)	34.2
2006.4.26收盘(元)	3.1
2006年最高(元)	3.47
2006年最低(元)	2.45
2006年换手率(%)	102.35
股改对价	转增 每10股实际获得2.872股

深华新（000010）

上市日期:95/10/27　电话:0755－83276308　传真:0755－83256104

主营	进出口贸易、电子产品、燃气机械、期货经纪			
	年　度	2005	2004	2003
主要指标	每股收益/扣除后(元)	-0.55	-0.1	0.05/0.046
	每股经营现金流量(元)	0.08	1.56	-0.93
	每股净资产/调整后(元)	0.4/0.39	1.06/0.9	1.16/1.05
	未分利润(万元)	-9665.21	-1536.09	-36.32
	资本公积(万元)	2112.55	2112.55	2068.81
利润构成	主营收入(万元)	18313.24	24568.58	23185.51
	主营利润(万元)	4296.36	8871.36	8325.23
	营业利润(万元)	-5354.37	1756.92	3439.24
	投资收益(万元)	753.78	-50.06	777.06
	利润总额(万元)	-9698.74	1737.73	4384.3
	净利润(万元)	-8129.12	-1499.77	703.1
点评	两董事对财务报告出具异议：其它应收款及应收帐款长期处于较高水平，未有效清理；管理费用为上年同期的2倍以上。公司积弊较多，最近一官司败诉将赔2000万元。主业不突出，新近收购新疆美辰燃气75%的股权。			

	截止日期	05年末	占%	主要股东及持股比例%、持股性质
股本结构（万股）	总股本	14701.74		深圳市华润丰实业发展有限公司 24.07%（非流通股）
	国有股			信达投资有限公司 19.04%（非流通股）
	发起股	258.05	1.76	四川省创源投资管理有限公司 3.96%（非流通股）
	外资股			北京永安商业公司 1.98%（非流通股）
	募集股	7664.31	52.13	中国纺织机械和技术进出口公司 1.58%（非流通股）
	流通A	6759.09	45.97	青岛纺织物业有限公司 0.7%（非流通股）
	流通B			南通纺织控股集团纺织染有限公司 0.7%（非流通股）
	流通H			海南爱邦贸易有限公司 0.44%（非流通股）
股东户数	05年末	25968		深圳市众业经济发展中心 0.4%（非流通股）
	04年末	28691		深圳中健实业有限公司 0.38%（非流通股）
其他流通股东	黄贤清 0.365%；张肖梅 0.265%；周少如 0.241%；张翠松 0.235%；韩和 0.205%；潘志鹏 0.168%；吴志强 0.142%			
近年分配			近年募资	

二〇〇五年以来市场表现

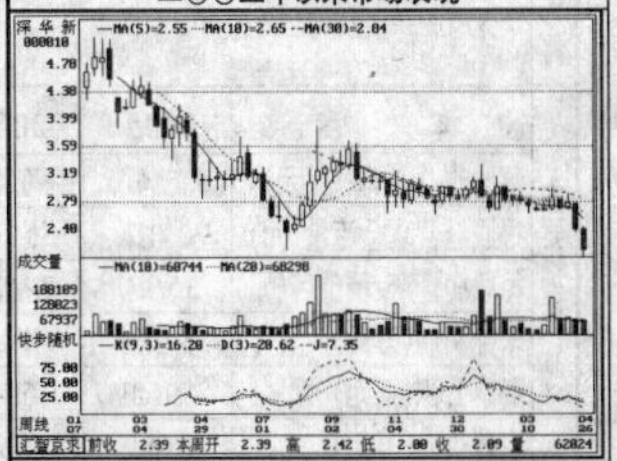

2005年涨跌幅(%)	-36.49
2005年最高(元)	5.18
2006年涨跌幅(%)	-25.89
2006.4.26收盘(元)	2.09
2006年最高(元)	3.32
2006年最低(元)	2
2006年换手率(%)	178.88
股改对价	

深物业 A (000011/200011)

上市日期:A: 92/03/30 B: 92/03/30 电话:0755－82211020 传真:0755－82212043

主营	房地产开发经营、物业经营与管理。			
主要指标	年　　度	2005	2004	2003
	每股收益/扣除后(元)	0.153/0.104	0.167	0.142/0.23
	每股经营现金流量(元)	0.408	0.483	0.346
	每股净资产/调整后(元)	1.2/0.97	1.05/0.79	0.88/0.51
	未分利润(万元)	1723.02	－43690.99	－52735.99
	资本公积(万元)	2526.92	39932.04	39686.43
利润构成	主营收入(万元)	96348.1	132629	107947.43
	主营利润(万元)	28864.2	42376.51	36325.53
	营业利润(万元)	9635.27	13723.17	18233.51
	投资收益(万元)	1354.33	－414.13	－1536.15
	利润总额(万元)	9897.01	12616.02	12167.64
	净利润(万元)	8290.27	9045	7700.18
点评	房地产价格上升导致利润有所增长,但后续在建项目和土地储备有限。2006年度公司的施工面积约达25万平方米。公司负债率较高,诉讼案件等或有财务风险较大。资金短缺可能将制约公司的土地储备及新楼盘的开发速度,公司的资金需求将面临更大的压力。			

	截止日期	05年末	占%	主要股东及持股比例%、持股性质
股本结构(万股)	总股本	54179.92		深圳市建设投资控股公司 59.75% (国有股)
	国有股	32374.77	59.75	深圳市投资管理公司 10.45% (非流通股)
	发起股	6520.09	12.03	深圳市国贸物业管理公司工会 0.46% (非流通股)
	外资股			深圳经济特区免税商品企业公司 0.29% (非流通股)
	募集股			上海肇达投资咨询有限公司 0.19% (非流通股)
	流通A	9135.5	16.86	游贤惠 0.17% (流通A股)
	流通B	6145.93	11.34	杜年 0.15% (流通A股)
	流通H			大鹏证券有限责任公司 0.15% (非流通股)
股东户数	05年末	38805		上海昆凌工贸有限公司 0.12% (非流通股)
	04年末	37647		GUOTAIJUNAN SECURIES HONGKONG LIMITED 0.1% (流通B股)
其他流通股东	曾颖 0.099%;程斌 0.099%;邵湘文 0.099%;万涛 0.098%;陈文建 0.094%;郑桂良 0.092%;陈申英 0.09%			
近年分配		近年募资		

二〇〇五年以来市场表现

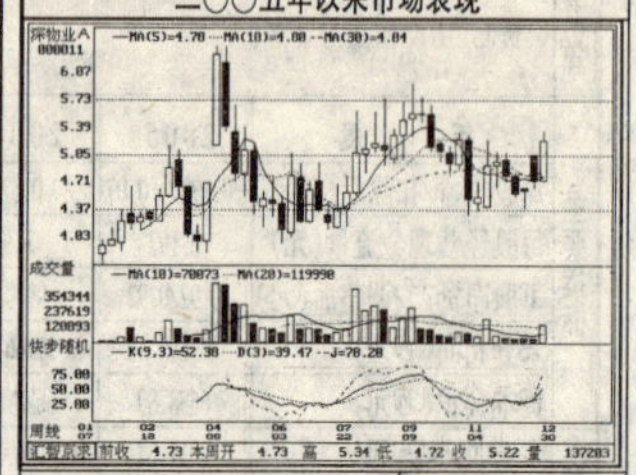

2005年涨跌幅(%)	37.37
2005年最高(元)	6.41
2006年涨跌幅(%)	
2006.4.26收盘(元)	
2006年最高(元)	
2006年最低(元)	
2006年换手率(%)	
股改对价	送股 每10股实际获得3股

南玻 A (000012/200012)

上市日期:A: 92/02/28 B: 92/02/28 电话:0755－26860666 传真:0755－26692755

主营	高级浮法玻璃原片及玻璃深加工、新型显示器件与材料、新型电子元器件与结构陶瓷材料产品的研制、开发以及生产经营等。			
主要指标	年　　度	2005	2004	2003
	每股收益/扣除后(元)	0.31/0.3	0.5	0.3/0.29
	每股经营现金流量(元)	0.91	0.85	0.63
	每股净资产/调整后(元)	2.44/2.43	3.44/3.42	3.12/3.1
	未分利润(万元)	53403.17	43441.76	26810.89
	资本公积(万元)	57583.55	91401.74	91399.04
利润构成	主营收入(万元)	230201.67	188195.86	132981.82
	主营利润(万元)	73568.31	62621.45	47891.69
	营业利润(万元)	41098.55	39576.41	23544.86
	投资收益(万元)	187.95	127.96	164.82
	利润总额(万元)	40568.48	39944.53	23487.11
	净利润(万元)	31641.15	33901.67	20391.02
点评	公司以优质浮法玻璃、光电玻璃、汽车玻璃等高附加值玻璃产品制造为主,2005年公司产销规模扩张,但由于主要产品价格下降导致盈利能力下降。随着多条新生产线陆续投产,公司的产品结构将进一步优化。同时,公司大举介入太阳能产业,培育新的利润增长点。			

	截止日期	05年末	占%	主要股东及持股比例%、持股性质
股本结构(万股)	总股本	101546.31		怡万实业发展(深圳)有限公司 12.98% (外资股)
	国有股	13076.3	12.88	中国北方工业公司 12.88% (国有股)
	发起股	23272.68	22.92	新通产实业开发(深圳)有限公司 12.12% (非流通股)
	外资股			招商局(玻璃工业)控股有限公司 1.63% (流通B股)
	募集股	4264.54	4.2	轩伟有限公司 0.84% (流通B股)
	流通A	16074.9	15.83	深圳市裕泉投资有限公司 0.81% (流通A股)
	流通B	44857.88	44.17	KGI ASIA LIMITED 0.59% (流通B股)
	流通H			招商证券股份有限公司 0.56% (非流通股)
股东户数	05年末	60294		DEUTSCHE BANKAG LONDON 0.43% (流通B股)
	04年末	51275		JING,NING 0.4% (流通B股)
其他流通股东	BARINGS (IRELAND) SA THE ATLANTIS CHINA FUND PLC 0.345%			
近年分配	05预案:10派1.8;04年:10派2.5转增5;03年:10派1.8	近年募资		

二〇〇五年以来市场表现

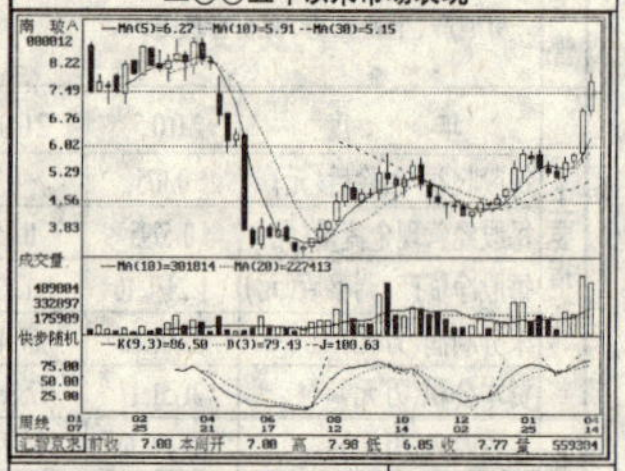

2005年涨跌幅(%)	－17.94
2005年最高(元)	9
2006年涨跌幅(%)	68.18
2006.4.26收盘(元)	7.77
2006年最高(元)	7.98
2006年最低(元)	4.55
2006年换手率(%)	197.48
股改对价	送股 每10股实际获得3.55股

G 沙河 (000014)

上市日期:92/06/02 电话:0755－6900498 传真:0755－6608488

主营	房地产开发及商品房销售。			
主要指标	年　　度	2005	2004	2003
	每股收益/扣除后(元)	0.352/0.35	0.309	0.33/0.335
	每股经营现金流量(元)	1.4122	0.9504	－1.18
	每股净资产/调整后(元)	3.5/3.47	3.18/3.16	2.9/2.88
	未分利润(万元)	8411.34	7143.32	5359.31
	资本公积(万元)	9514.03	9514.03	9506.53
利润构成	主营收入(万元)	43884.99	49531.15	29564.14
	主营利润(万元)	11463.95	9704.8	8507.31
	营业利润(万元)	4119.28	3430.6	3386.26
	投资收益(万元)	－262.92	－42.08	3.49
	利润总额(万元)	3830.26	3357.78	3378.08
	净利润(万元)	3153.93	2773.41	2985.26
点评	销售情况持续稳定,房屋售价较上年有所上升。公司所有投资和取得收益项目均在中国深圳实现,深圳楼市出现过热,未来风险加大。央行提升贷款利息,对房地产行业打击力度较大,资金成本将继续提升,投资性需求受抑制。			

	截止日期	05年末	占%	主要股东及持股比例%、持股性质
股本结构(万股)	总股本	8964.67		深圳市沙河实业(集团)有限公司 28.8% (国有股)
	国有股	2581.83	28.8	深圳市特发集团有限公司 11.29% (非流通股)
	发起股	1860.81	20.76	中国电子科技集团公司第三十三研究所 5.91% (非流通股)
	外资股			深圳市祥祺投资有限公司 1.68% (非流通股)
	募集股			深圳市松竹实业有限公司 1.12% (非流通股)
	流通A	4522.04	50.44	深圳市金通海实业有限公司 0.77% (非流通股)
	流通B			曹振宇 0.34% (流通A股)
	流通H			李宪谋 0.25% (流通A股)
股东户数	05年末	18599		许建 0.24% (流通A股)
	04年末	18845		陈治艇 0.24% (流通A股)
其他流通股东	朱丙妹 0.205%;李声雄 0.195%;李志坚 0.182%;陶阿华 0.173%;张玲 0.167%;张旭辉 0.157%			
近年分配	05预案:10派0.35转增5;04年:10派0.3;03年:10派0.32	近年募资		

二〇〇五年以来市场表现

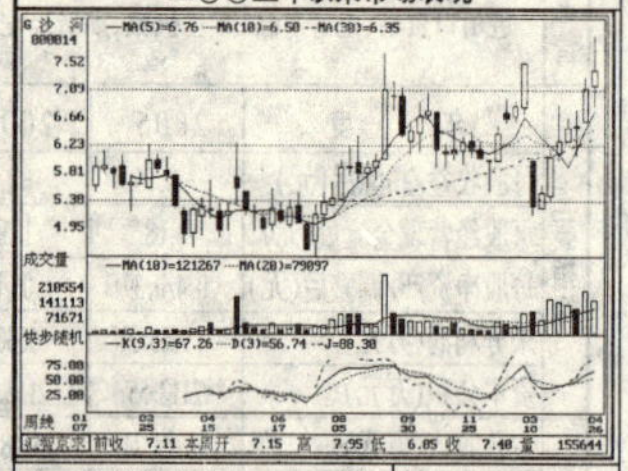

2005年涨跌幅(%)	18.9
2005年最高(元)	7.69
2006年涨跌幅(%)	41.54
2006.4.26收盘(元)	7.4
2006年最高(元)	10.1
2006年最低(元)	6.54
2006年换手率(%)	217.43
股改对价	送股 每10股实际获得2.7股(06/03/06)

G 康佳 A（000016/200016）

上市日期：A: 92/03/27 B: 92/03/27　电话：0755－26608866　传真：0755－26600082

主营	主营生产经营彩色电视机、数字移动电话以及液晶显示器等网络产品，兼营电冰箱、空调器、洗衣机、无绳电话及其配套产品（如高频头、模具、注塑、包装等）等。			
主要指标	年度	2005	2004	2003
	每股收益/扣除后（元）	0.119/0.107	0.234	0.17/0.163
	每股经营现金流量（元）	－0.168	－0.621	0.58
	每股净资产/调整后（元）	5.33/5.09	5.31/5.11	5.07/4.9
	未分利润（万元）	6207.16	－37575.68	－51178.37
	资本公积（万元）	185878.87	185758.15	185173.95
利润构成	主营收入（万元）	1145589.16	1336252.19	1280646.61
	主营利润（万元）	188346.63	196940.22	188189.59
	营业利润（万元）	3264.94	13362.72	13064.28
	投资收益（万元）	723.67	3668.9	－619.36
	利润总额（万元）	4000.18	17073.86	12737.99
	净利润（万元）	7189.89	14072.67	10107.1
点评	公司主营业务主要集中于彩电和手机两块业务。当前，我国的彩电和手机市场竞争异常激烈，使得公司的主营业务毛利率均有下滑趋势，经营压力依然巨大。未来几年公司的经营前景仍然难以乐观。			

	截止日期	05年末	占%	主要股东及持股比例%、持股性质
股本结构（万股）	总股本	60198.64		华侨城集团公司 15.1%（国有股）
	国有股	9094.97	15.11	安徽天大企业(集团)有限公司 9.14%（非流通股）
	发起股	8400	13.95	THOMSON INVESTMENTS GROUP LIMITED 7.4%（部分流通部分不流通）
	外资股			香港中旅(集团)有限公司 6.57%（流通B股）
	募集股			BUILDUNITED LIMITEDERCE 3.32%（流通B股）
	流通A	22419.56	37.24	ABLEWELL INVESTMENTS LIMITED 2.34%（流通B股）
	流通B	20283.79	33.69	NOMURA SECURITIES CO. LTD 1.12%（流通B股）
	流通H			MERRILL LYNCH PIERCE FENNER @amp; SMITH INC 0.99%（流通B股）
股东户数	05年末	136020		第一上海证券有限公司 0.65%（流通B股）
	04年末	142611		创力发展香港有限公司 0.43%（流通B股）
其他流通股东	中国高新投资集团公司 0.424%；TOYO SECURITLES ASIA LIMITED－A/C CLIENT. 0.275%			
近年分配			近年募资	

二〇〇五年以来市场表现

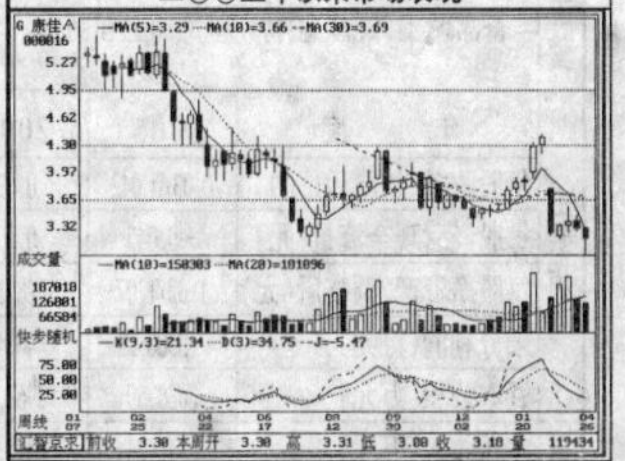

2005年涨跌幅(%)	－34.82
2005年最高(元)	5.6
2006年涨跌幅(%)	12.93
2006.4.26收盘(元)	3.18
2006年最高(元)	4.73
2006年最低(元)	3.52
2006年换手率(%)	59.72
股改对价	送股 每10股实际获得2.5股(06/03/30)

＊ST 中华 A（000017/200017）

上市日期：A: 92/03/31 B: 92/03/31　电话：0755－25516998　传真：0755－25516620

主营	自行车及零配件的生产与销售			
主要指标	年度	2005	2004	2003
	每股收益/扣除后（元）	0.01/－0.08	－0.036/－0.034	－0.07/－0.083
	每股经营现金流量（元）	0.05	－0.0121	－0.03
	每股净资产/调整后（元）	－3.79/－4.02	－3.55/－3.95	－3.51/－3.57
	未分利润（万元）	－262177.51	－262551.39	－248703.82
	资本公积（万元）	36202.76	35870.96	35801.9
利润构成	主营收入（万元）	16422.25	13819.25	9901.5
	主营利润（万元）	1485.77	935.69	787.95
	营业利润（万元）	－956.83	－9122.65	－3751.18
	投资收益（万元）	－36.45	－246.92	－337.86
	利润总额（万元）	332.61	－9364.35	－3417.07
	净利润（万元）	373.87	－9360.86	－3294.78
点评	公司主营产品为自行车和电动自行车。05年在华融资产管理公司申请公司破产后，在逐步解决企业债务及经营困境。同时公司上下共同努力，05年公司实现扭亏为盈，但公司后续经营依旧面临着较大的不确定性。			

	截止日期	05年末	占%	主要股东及持股比例%、持股性质
股本结构（万股）	总股本	47943.3		中国华融资产管理公司 13.58%（国有股）
	国有股			香港卓润科技有限公司 9.2%（外资股）
	发起股	11160.7	23.28	香港大环自行车有限公司 5.24%（外资股）
	外资股	7510.62	15.67	晨鸿(香港)投资有限公司 4.32%（流通B股）
	募集股			广东盛润集团股份有限公司 2.5%（国有股）
	流通A	7661.7	15.98	新理益集团有限公司 2.34%（国有股）
	流通B	21596.78	45.05	航空信托投资有限责任公司 2.16%（国有股）
	流通H			深圳国际信托投资公司 1.25%（国有股）
股东户数	05年末	39459		STEPHEN&PARTNERS LIMITED 1.19%（流通B股）
	04年末	45041		景超投资有限公司 1.04%（外资股）
其他流通股东	STEPHEN &PARTNERS LIMITED 1.185%；李冬旋 0.662%；CUOTAI JUNAN SECURIESH. K LIMITED 0.583%；蔡万通 0.424%			
近年分配			近年募资	

二〇〇五年以来市场表现

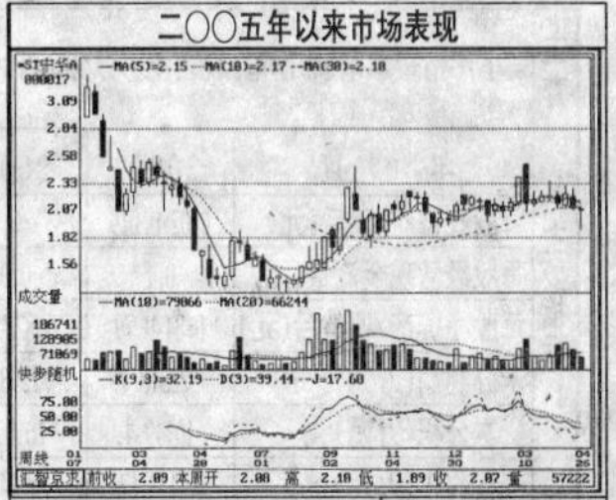

2005年涨跌幅(%)	－24.91
2005年最高(元)	3.35
2006年涨跌幅(%)	－1.9
2006.4.26收盘(元)	2.07
2006年最高(元)	2.5
2006年最低(元)	1.89
2006年换手率(%)	145.43
股改对价	

深中冠 A（000018/200018）

上市日期：A: 92/06/16 B: 92/06/16　电话：0755－83668254　传真：0755－83667895

主营	各类纯棉、纯麻，涤棉、混纺高档面料以及成衣产品的印染生产加工和销售业务。			
主要指标	年度	2005	2004	2003
	每股收益/扣除后（元）	－0.221/－0.229	0.005	0.01/0.004
	每股经营现金流量（元）	0.019	0.235	－0.09
	每股净资产/调整后（元）	1.59/1.59	1.85/1.83	1.84/1.83
	未分利润（万元）	－3036.54	707.86	632.47
	资本公积（万元）	3083.12	3071.25	2972.29
利润构成	主营收入（万元）	27206.01	26433.55	20825.54
	主营利润（万元）	745.87	4213.03	2939.88
	营业利润（万元）	－3991.41	57.6	136.2
	投资收益（万元）	－514.9	61.6	71.47
	利润总额（万元）	－4524.51	104.62	239.04
	净利润（万元）	－3744.4	88.7	156.6
点评	2005年美欧贸易摩擦导致公司订单严重不足；燃料价格、染料助剂等价格上涨，生产成本大幅提升。尽管公司采取了多项措施积极应对，但由于市场竞争空前激烈，05年公司出现了较大的亏损。由于行业发展面临诸多不利因素，公司后续经营面临较大的压力。			

	截止日期	05年末	占%	主要股东及持股比例%、持股性质
股本结构（万股）	总股本	16914.24		华联控股股份有限公司 28%（国有股）
	国有股	4735.99	28	Style－Success Ltd. 14.46%（流通B股）
	发起股	3212.94	19	深圳市纺织集团股份有限公司 14.46%（非流通股）
	外资股			华联发展集团有限公司 4.54%（非流通股）
	募集股			富冠投资有限公司 3.62%（流通B股）
	流通A	2023.12	11.96	忻英杰 3.22%（流通B股）
	流通B	6942.19	41.04	陈松 0.24%（流通B股）
	流通H			韦双妹 0.22%（流通B股）
股东户数	05年末	20648		姚育忠 0.17%（流通B股）
	04年末	22125		刘燎原 0.14%（流通B股）
其他流通股东	钟永来 0.132%；黄伟莉 0.129%；DBS VICKERS(HONG KONG) LTD A/C CLIENTS 0.115%			
近年分配			近年募资	

二〇〇五年以来市场表现

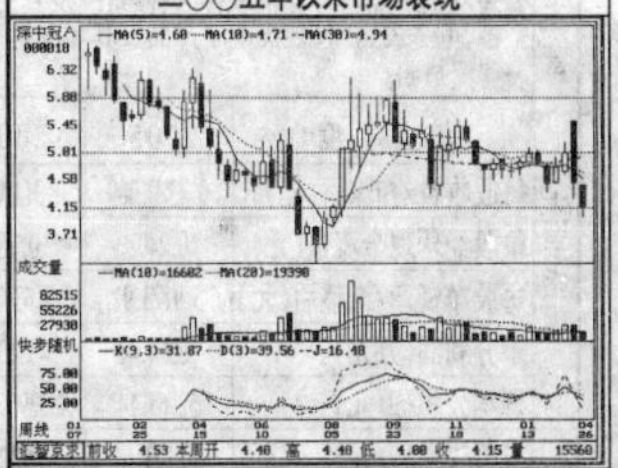

2005年涨跌幅(%)	－26.68
2005年最高(元)	6.75
2006年涨跌幅(%)	－11.7
2006.4.26收盘(元)	4.15
2006年最高(元)	5.5
2006年最低(元)	4
2006年换手率(%)	70.86
股改对价	送股 每10股实际获得3.5股

深深宝 A (000019/200019)

上市日期:A: 92/10/12 B: 92/10/12 电话:0755－25507480 传真:0755－25507480

主营	食品罐头、饮料、土特产生产加工和销售			
	年　度	2005	2004	2003
主要指标	每股收益/扣除后(元)	0.03/0.042	0.024	-0.25/-0.137
	每股经营现金流量(元)	-0.045	0.008	-0.14
	每股净资产/调整后(元)	1.32/1.07	1.28/1.05	1.26/1.06
	未分利润(万元)	-3500.26	-4054.25	-4485.17
	资本公积(万元)	8030.59	7968.59	7968.59
利润构成	主营收入(万元)	8146.24	6475.35	6206.66
	主营利润(万元)	1105.78	1324.06	1523.69
	营业利润(万元)	-4108.2	-5049.32	-5530.19
	投资收益(万元)	5384.47	4880.48	2793.76
	利润总额(万元)	460.31	-211.79	-4873.91
	净利润(万元)	553.99	430.92	-4485.17
点评	公司确立了茶及天然植物提取为核心的产业发展方向,持有深圳百事可乐饮料有限公司40%的股权,其核心产品速溶茶粉、浓缩茶叶等在国内外市场销售较好。但公司面临原材料及能源价格上涨,行业竞争激烈的经营压力,同时还存在历史遗留担保事项等财务风险。			

	截止日期	05年末	占%	主要股东及持股比例%、持股性质
股本结构(万股)	总股本	18192.31		深圳市农产品股份有限公司 34% (非流通股)
	国有股	4409.01	24.24	深圳市投资管理公司 29.68% (国有股)
	发起股	7174.85	39.44	王晓天 0.51% (流通B股)
	外资股			陈永泉 0.21% (流通B股)
	募集股			GLORY INSIGHT LIMITED 0.14% (流通B股)
	流通A	3994.08	21.95	肖丽珠 0.13% (流通B股)
	流通B	2613.6	14.37	卢雪 0.12% (流通A股)
	流通H			周文利 0.11% (流通B股)
股东户数	05年末	27544		金泽红 0.1% (流通B股)
	04年末	29713		KOTO TRANSPORT LTD 0.1% (流通B股)
其他流通股东	叶永坚 0.1%;LU XIAO 卢晓 0.099%			
近年分配			近年募资	

二○○五年以来市场表现

2005年涨跌幅(%)	-15.83
2005年最高(元)	6.09
2006年涨跌幅(%)	20.94
2006.4.26收盘(元)	5.66
2006年最高(元)	5.92
2006年最低(元)	4.73
2006年换手率(%)	159.83
股改对价	

＊ST 华发 A (000020/200020)

上市日期:A: 92/04/28 B: 92/04/28 电话:0755－83352207 传真:0755－83352207

主营	生产销售彩电、印制电路板、注塑件等电子产品。			
	年　度	2005	2004	2003
主要指标	每股收益/扣除后(元)	0.02/0.019	-0.16	-0.027/-0.02
	每股经营现金流量(元)	0.1	0.04	0.017
	每股净资产/调整后(元)	0.84/0.79	0.82/0.77	0.98/0.91
	未分利润(万元)	-22318.79	-22981.02	-18546.82
	资本公积(万元)	10149.4	10149.4	10149.4
利润构成	主营收入(万元)	11442.17	12924.59	11852.24
	主营利润(万元)	731.86	140.37	941.38
	营业利润(万元)	629.18	-4357.38	-700.53
	投资收益(万元)			
	利润总额(万元)	662.23	-4434.2	-773.44
	净利润(万元)	662.23	-4434.2	-773.44
点评	公司属电视机制造业,05年通过注入稳定的盈利资产,改变管理体制,提高生产效率,公司正常生产经营得以维持并扭亏为盈,退市风险有望解除;新大股东武汉中恒新科技产业集团将通过资产重组和股改,将公司转型为科技类股票,未来具有较大想象空间。			

	截止日期	05年末	占%	主要股东及持股比例%、持股性质
股本结构(万股)	总股本	28316.12		中国振华电子集团有限公司 22.06% (国有股)
	国有股			深圳市赛格集团有限公司 22.06% (国有股)
	发起股	12492.58	44.12	赛格(香港)有限公司 5.85% (流通B股)
	外资股			赛格(香港)有限公司 5.85% (流通B股)
	募集股			GOOD HOPE CORNER INVESTMENTS LTD 4.91% (流通B股)
	流通A	5623.96	19.86	GOOD HOPE CORNER INVESTMENTS LTD 4.91% (流通B股)
	流通B	10199.58	36.02	ADVANCE FUTURE GROUP LIMITED 1.21% (流通B股)
	流通H			ADVANCE FUTURE GROUP LIMITED 1.21% (流通B股)
股东户数	05年末	25780		尹刚 0.68% (流通B股)
	04年末	28089		尹刚 0.68% (流通B股)
其他流通股东	BINGHUA LIU 0.309%;黄建文 0.273%;DBS VICKERS (HONG KONG) LTD A/C CLIENTS 0.229%			
近年分配			近年募资	

二○○五年以来市场表现

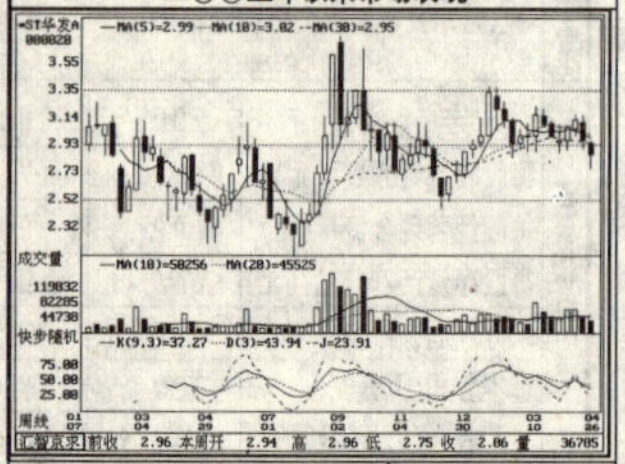

2005年涨跌幅(%)	-3.68
2005年最高(元)	3.76
2006年涨跌幅(%)	-0.69
2006.4.26收盘(元)	2.86
2006年最高(元)	3.37
2006年最低(元)	2.75
2006年换手率(%)	136.57
股改对价	

深科技 A (000021)

上市日期:94/02/02 电话:0755－83032187 传真:0755－83275075

主营	开发生产经营计算机软件、硬件系统及其外部设备、通讯设备、电子设备、仪表类电子产品及其零部件、元器件、接插件和原材料。			
	年　度	2005	2004	2003
主要指标	每股收益/扣除后(元)	0.43/0.389	0.311/0.307	0.304/0.32
	每股经营现金流量(元)	0.2402	0.7802	1.1552
	每股净资产/调整后(元)	3.91/3.91	3.63/3.63	3.42/3.42
	未分利润(万元)	62354.41	46543.97	38187.36
	资本公积(万元)	52965.14	52965.14	52965.14
利润构成	主营收入(万元)	805921.61	692128.7	785976.39
	主营利润(万元)	43485.03	41775.82	62578.31
	营业利润(万元)	30613.42	28210.67	35765.71
	投资收益(万元)	5536.83	-260.9	2785.12
	利润总额(万元)	35365.61	25506.88	28464.68
	净利润(万元)	31534.61	22765.4	22277.96
点评	公司是全球第二大磁头专业制造商,将从磁头业的巨大商机中受益匪浅;公司还是目前中国最大的远程控制电表的研发制造商之一,在远程控制电表业的长驱直进以及"减法战略"的效应初现;公司获十项税控机软件版权,税控产品有望在06年为公司的业绩更上一层楼。			

	截止日期	05年末	占%	主要股东及持股比例%、持股性质
股本结构(万股)	总股本	73293.21		长城科技股份有限公司 55.96% (国有股)
	国有股	41016.3	55.96	博旭(香港)有限公司 9.41% (外资股)
	发起股	300	0.41	乘宏有限公司 5.76% (外资股)
	外资股	11918.7	16.26	龙力控股有限公司 1.09% (外资股)
	募集股			金鑫证券投资基金 0.72% (流通A股)
	流通A	20058.21	27.37	浙江华庭置业有限公司 0.41% (非流通股)
	流通B			全国社保基金零零一组合 0.29% (流通A股)
	流通H			王秋生 0.17% (流通A股)
股东户数	05年末	123548		中国建设银行－博时裕富证券投资基金 0.14% (流通A股)
	04年末	134138		中国银行－金鹰成份股优选证券投资基金 0.11% (流通A股)
其他流通股东	中国建设银行－博时裕富证券投资基金 0.143%;华安证券有限责任公司 0.105%			
近年分配	05预案:10派1.5送2;04年:10派1.5;03年:10派1		近年募资	

二○○五年以来市场表现

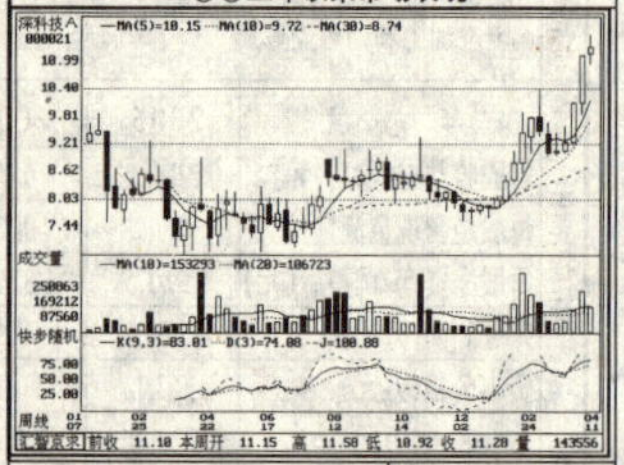

2005年涨跌幅(%)	-12.74
2005年最高(元)	9.84
2006年涨跌幅(%)	41
2006.4.26收盘(元)	11.28
2006年最高(元)	11.58
2006年最低(元)	7.99
2006年换手率(%)	80.85
股改对价	送股 每10股实际获得3股

深赤湾A（000022/200022）

上市日期:A: 93/05/05 B: 93/05/05 电话:0755－6835506 传真:0755－6684117

主营：在深圳赤湾港从事装箱和散杂货物的港口装卸、仓储、运输及其它配套服务。

	年度	2005	2004	2003
主要指标	每股收益/扣除后(元)	0.905/0.96	1.08	0.82/0.815
	每股经营现金流量(元)	1.886	2.092	1.58
	每股净资产/调整后(元)	3.27/3.24	3.73/3.72	3.94/3.92
	未分利润(万元)	48483.14	33400.35	20185.86
	资本公积(万元)	15043.69	29558.52	40644.93
利润构成	主营收入(万元)	177433.45	155265.17	104783.61
	主营利润(万元)	115000.06	100046.15	65108.29
	营业利润(万元)	100003.54	88150.72	54192.65
	投资收益(万元)	2214.24	－356.04	1239.92
	利润总额(万元)	98416.71	88131.07	53343.71
	净利润(万元)	58345.26	53562.89	31398.79

点评：2005年,赤湾13#、妈湾5#、6#相继投产,由于公司只持有妈湾码头30%股权,不能最大程度享受妈湾的增长,反而对公司拥有的赤湾码头有所分流。公司后续没有新的码头投产,同时面临来自广州、深圳新码头的竞争。未来增长只能靠提高效率或向外收购实现。

	截止日期	05年末	占%	主要股东及持股比例%、持股性质
股本结构（万股）	总股本	64476.37		中国南山开发(集团)股份有限公司 58.84%(非流通股)
	国有股			PLATINUM ASIA FUND 1.98%(流通B股)
	发起股	37935.43	58.84	GT PRC FUND 1.69%(流通B股)
	外资股			IBT A/C JULIUS BEAR INTERNATIONAL EQUITY FUND 1.3%(流通B股)
	募集股			THORNBURG INVESTMENT INCOME BUILDER FUND 1.15%(流通B股)
	流通A	8539.64	13.24	中国银行－嘉实服务增值行业证券投资基金 0.91%(流通A股)
	流通B	17978.72	27.88	中国工商银行－申万巴黎盛利精选证券投资基金 0.9%(流通A股)
	流通H			GOVERNMENT OF SINGAPORE INV. CORP. －A/C"C" 0.88%(流通B股)
股东户数	05年末	19569		HTHK/CMG FSGUFP － CMG FIRST STATE CHINA GROWTH FD 0.68%(流通B股)
	04年末	14740		GSI S/A ACRU CHINA + ABSOLUTE RETURN FUND LIMITED 0.61%(流通B股)
其他流通股东	PRUDENTIAL UNIT TRUST－DRAGON PEACOCK FUND 0.589%			
近年分配	05预案:10派7.47;04年:10派6.37转增3;03年:10派4.96转增3			近年募资

二〇〇五年以来市场表现

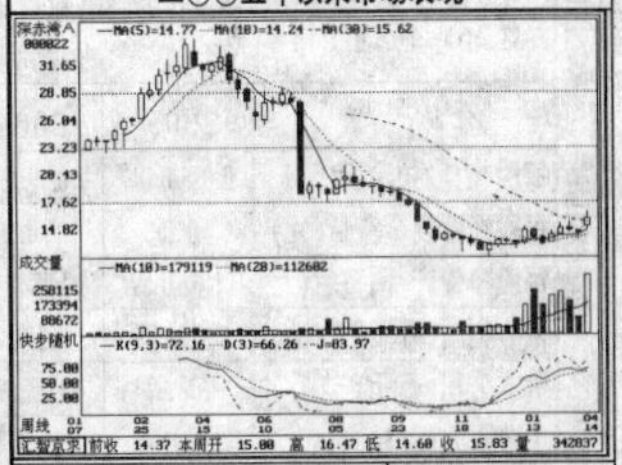

2005年涨跌幅(%)	－24.15
2005年最高(元)	34.46
2006年涨跌幅(%)	18.84
2006.4.26收盘(元)	15.83
2006年最高(元)	16.47
2006年最低(元)	13.11
2006年换手率(%)	194.38
股改对价	送股 派现 权证 每10股实际获得1股11.5元

G深天地（000023）

上市日期:93/04/29 电话:(0755)86154212 传真:(0755)86154040

主营：投资兴办实业;进出口业务;国内商业;物资供销业;物业管理;机电设备维修。

	年度	2005	2004	2003
主要指标	每股收益/扣除后(元)	－0.178/－0.177	0.077	0.044/－0.017
	每股经营现金流量(元)	0.5919	0.6321	－0.0496
	每股净资产/调整后(元)	1.59/1.52	1.69/1.61	1.62/1.51
	未分利润(万元)	－2917.49	－448.24	－1516.66
	资本公积(万元)	8855.47	8473.89	8351.94
利润构成	主营收入(万元)	41230.98	49497.22	41002.21
	主营利润(万元)	6765.41	5966.76	7082.8
	营业利润(万元)	－1689.51	－1440.39	749.64
	投资收益(万元)	－155.45	1846.05	189.4
	利润总额(万元)	－2009.4	1125.77	1334.07
	净利润(万元)	－2469.25	1068.43	612.64

点评：公司主营商品混凝土及碎石等。2005年原材料价格居高不下乃至攀升、市场价格战导致销售价格下降等影响使公司主营业务收入和净利润大幅下降。2006年公司占地25748平方米、建筑面积近6万平方米的优质地产项目－－天地桃源将成为公司新的利润增长点。

	截止日期	05年末	占%	主要股东及持股比例%、持股性质
股本结构（万股）	总股本	13875.62		深圳市东部开发(集团)有限公司 40%(非流通股)
	国有股	3706.5	26.71	深圳市投资控股有限公司 26.71%(国有股)
	发起股	5550	40	李美容 0.23%(流通A股)
	外资股			郭焯均 0.2%(流通A股)
	募集股			欧翔 0.18%(流通A股)
	流通A	4619.12	33.29	薛燕艳 0.15%(流通A股)
	流通B			何群燕 0.15%(流通A股)
	流通H			林世德 0.14%(流通A股)
股东户数	05年末	20999		刘桂珍 0.13%(流通A股)
	04年末	22091		上海智诚科技投资有限公司 0.13%(流通A股)
其他流通股东	李红齐 0.108%;王利波 0.093%			
近年分配				近年募资

二〇〇五年以来市场表现

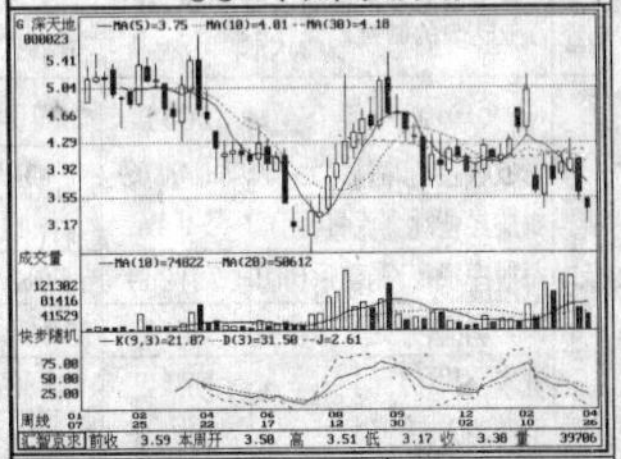

2005年涨跌幅(%)	－16.36
2005年最高(元)	5.78
2006年涨跌幅(%)	8.26
2006.4.26收盘(元)	3.38
2006年最高(元)	5.67
2006年最低(元)	4.09
2006年换手率(%)	129.29
股改对价	送股 每10股实际获得3.1股(06/03/17)

G招商局（000024/200024）

上市日期:A: 93/06/07 B: 93/06/07 电话:0755－26819610 传真:0755－6819680

主营：房地产开发与经营;电力及水的生产和供应及油气储运及供应。

	年度	2005	2004	2003
主要指标	每股收益/扣除后(元)	0.681/0.68	0.581/0.608	0.64/0.678
	每股经营现金流量(元)	－2.208	－1.979	－0.39
	每股净资产/调整后(元)	6.1/6.09	5.58/5.56	6.05/5.99
	未分利润(万元)	104748.37	78912.73	69306.04
	资本公积(万元)	148928.67	148928.67	146737.39
利润构成	主营收入(万元)	265947.57	347589.6	483883.49
	主营利润(万元)	62825.55	63513.96	61343.26
	营业利润(万元)	54197.58	50754.77	47981.59
	投资收益(万元)	－3592.1	－4955.48	－3535.71
	利润总额(万元)	53604.49	47173.49	45519.92
	净利润(万元)	42158.09	35980.29	33047.76

点评：2005年在建和拟建项目建筑面积达404.12万平方米,房屋租赁和供电供水业务均稳步增长,累计出租面积472.34万平方米,租金收入23528万元,供水供电业务净利润13971万元。公司在宏观调控中有较强的抗风险能力,但资金需求较大,将发行16.5亿元可转债。

	截止日期	05年末	占%	主要股东及持股比例%、持股性质
股本结构（万股）	总股本	61882.27		招商局蛇口工业区有限公司 30.43%(国有股)
	国有股	18828.81	30.43	香港全天域投资有限公司 10.14%(流通B股)
	发起股			DBS VICKERS (HONG KONG) LTD A/C CLIENTS 3.03%(流通B股)
	外资股	6276.27	10.14	FOXTROT INTERNATIONAL LIMITED 2.99%(流通B股)
	募集股			ORIENTURE INVESTMENT LTD 2.87%(流通B股)
	流通A	20427.01	33.01	博时价值增长证券投资基金 1.79%(流通A股)
	流通B	16346.62	26.42	全国社保基金一零八组合 1.39%(流通A股)
	流通H			全国社保基金一零二组合 1.25%(流通A股)
股东户数	05年末	47756		洋邦国际有限公司 1.21%(流通B股)
	04年末	63163		裕阳证券投资基金 0.83%(流通A股)
其他流通股东	景福证券投资基金 0.772%			
近年分配	05年:10派0.2;04年:10派1.5;03年:10派1送2			近年募资:03年10配3配股价8.93元。

二〇〇五年以来市场表现

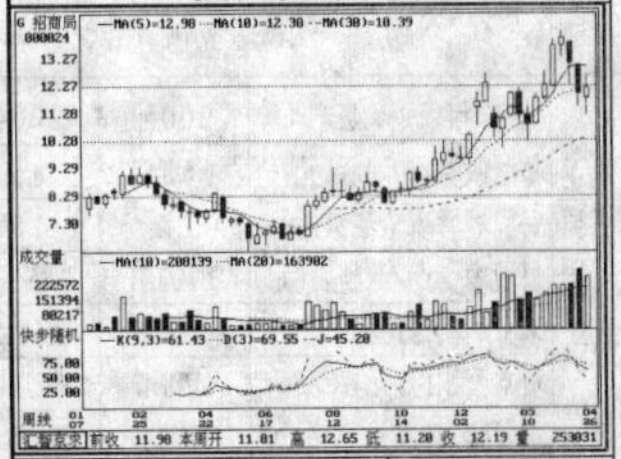

2005年涨跌幅(%)	49.94
2005年最高(元)	12.13
2006年涨跌幅(%)	28.13
2006.4.26收盘(元)	12.19
2006年最高(元)	17.43
2006年最低(元)	11.68
2006年换手率(%)	105.05
股改对价	送股 派现 每10股实际获得2股3.14元(06/02/09)

G深特力A（000025/200025）

上市日期:A: 93/06/21 B: 93/06/21 电话:0755－83989338 传真:0755－83989399

主营	汽车维修、检测、汽车检测设备的制造和物业租赁,汽车贸易、小汽车出租。			
	年　度	2005	2004	2003
主要指标	每股收益/扣除后(元)	0.026/0.017	0.02/－0.009	0.02/－0.02
	每股经营现金流量(元)	0.16	－0.36	0.46
	每股净资产/调整后(元)	1.02/0.89	0.98/0.14	0.96/0.1
	未分利润(万元)	－295.02	－23192.79	－23624.77
	资本公积(万元)	578.07	17380.94	17287.51
利润构成	主营收入(万元)	104381.07	112474.56	143638.29
	主营利润(万元)	9895.84	10299.74	12453.97
	营业利润(万元)	478.42	789.8	296.86
	投资收益(万元)	736.36	650.55	1245.48
	利润总额(万元)	1043.6	1390.35	1363.07
	净利润(万元)	567.63	431.98	517.51
点评	公司主营业务为汽车贸易、检测维修及租赁等。05年受汽车行业销售下降的影响,公司收入下降,但公司费用控制较好,实现了利润的增长。06年尽管汽车销售出现了开门红的可喜局面,但面对高油价公司经营前景并不乐观。			

	截止日期	05年末	占%	主要股东及持股比例%、持股性质
股本结构(万股)	总股本	22028.16		深圳市特发集团有限公司 72.45%（国有股）
	国有股	15958.8	72.45	赖世华 0.2%（流通B股）
	发起股			王富昌 0.15%（流通B股）
	外资股			刘子贤 0.14%（流通A股）
	募集股			汪学峰 0.12%（流通B股）
	流通A	3428.41	15.56	何可冰 0.12%（流通B股）
	流通B	2640	11.98	贾文军 0.11%（流通A股）
	流通H			梅正水 0.1%（流通A股）
股东户数	05年末	14575		丁景嘉 0.09%（流通A股）
	04年末	14976		庄恭东 0.08%（流通A股）
其他流通股东	梁桂兰 0.082%			
近年分配			近年募资	

二〇〇五年以来市场表现

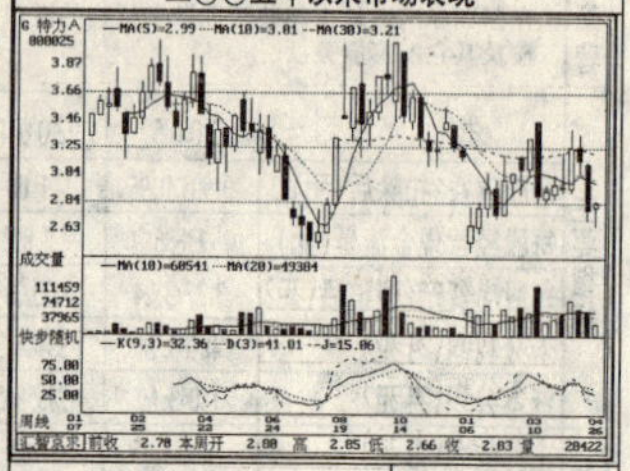

2005年涨跌幅(%)	－6.2
2005年最高(元)	4.08
2006年涨跌幅(%)	24.59
2006.4.26收盘(元)	2.83
2006年最高(元)	4.83
2006年最低(元)	3.44
2006年换手率(%)	200.66
股改对价	送股 每10股实际获得4股(06/01/04)

飞亚达A（000026/200026）

上市日期:A: 93/06/03 B: 93/06/03 电话:0755－86013669 传真:0755－83348369

主营	钟表及其零配件的设计、开发、制造;瑞士等世界名表及飞亚达表的销售。			
	年　度	2005	2004	2003
主要指标	每股收益/扣除后(元)	0.064/0.069	0.008	0.02/－0.027
	每股经营现金流量(元)	－0.056	－0.1	－0.05
	每股净资产/调整后(元)	2.14/2.09	2.08/2.03	2.07/2.03
	未分利润(万元)	－644.83	－5426.88	－5617.67
	资本公积(万元)	19184.72	19184.72	19184.72
利润构成	主营收入(万元)	34150.48	27824.7	22813.31
	主营利润(万元)	12917.3	10114.18	8869.83
	营业利润(万元)	1931.35	1186.19	－784.65
	投资收益(万元)	－114.45	－853.4	1095.57
	利润总额(万元)	1856.36	352.39	570.8
	净利润(万元)	1600.7	190.79	508.81
点评	公司所从事的钟表行业市场竞争较为激烈,进口表销售上升势头仍在加强,国内各类品牌手表同质化现象严重。虽然2005年业绩有所改善,但未来公司的发展仍然难以有大的飞跃。			

	截止日期	05年末	占%	主要股东及持股比例%、持股性质
股本结构(万股)	总股本	24931.8		深圳中航实业股份有限公司 52.24%（非流通股）
	国有股			吴明红 0.33%（流通A股）
	发起股	13024.8	52.24	曾颖 0.32%（流通B股）
	外资股			CHAN KEUNG 0.31%（流通B股）
	募集股			KUNG NGAI HIN 0.25%（流通B股）
	流通A	6070.18	24.35	区燕萍 0.2%（流通B股）
	流通B	5832	23.39	张建生 0.18%（流通B股）
	流通H			林鸿波 0.15%（流通B股）
股东户数	05年末	20895		中国平保(香港) 0.14%（流通B股）
	04年末	18740		薛培明 0.14%（流通B股）
其他流通股东	林芝华 0.123%			
近年分配			近年募资	

二〇〇五年以来市场表现

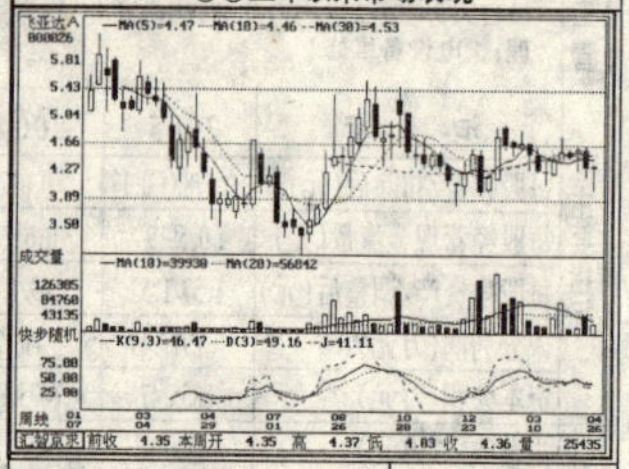

2005年涨跌幅(%)	－25.74
2005年最高(元)	6.2
2006年涨跌幅(%)	8.73
2006.4.26收盘(元)	4.36
2006年最高(元)	4.94
2006年最低(元)	4.01
2006年换手率(%)	131.75
股改对价	

G深能源（000027）

上市日期:93/09/03 电话:0755－83025351 传真:0755－83025353

主营	电力生产			
	年　度	2005	2004	2003
主要指标	每股收益/扣除后(元)	0.6/0.57	0.55	0.59/0.59
	每股经营现金流量(元)	1.72	1.67	1.94
	每股净资产/调整后(元)	3.74/3.71	3.46/3.44	3.03/3.02
	未分利润(万元)	95539.99	85642.29	67840.25
	资本公积(万元)	63278.47	63278.02	53435.01
利润构成	主营收入(万元)	690840.67	584278.05	480463.2
	主营利润(万元)	178771.17	162032.28	161675.27
	营业利润(万元)	157994.01	147300.74	150793.66
	投资收益(万元)	－6010.76	－3506.56	－1642.54
	利润总额(万元)	159662.35	140859.64	149436.94
	净利润(万元)	72719.8	65963.99	71366.79
点评	公司地处广东,电力需求持续强劲,和煤炭企业保持了良好的合作关系。目前股改方案基本锁定了半年内股价风险。在深圳市府扶持一些企业集团上市的既定战略下,如果公司和集团的关系能够理顺,优质资产进入公司,则具备较高的长期投资价值。			

	截止日期	05年末	占%	主要股东及持股比例%、持股性质
股本结构(万股)	总股本	120249.53		深圳市能源集团有限公司 55.28%（国有股）
	国有股	66477.9	55.28	兴和证券投资基金 1.22%（流通A股）
	发起股			南方稳健成长证券投资基金 1.09%（流通A股）
	外资股			全国社保基金一零三组合 0.9%（流通A股）
	募集股	5140.02	4.27	广东电力发展股份有限公司 0.68%（非流通股）
	流通A	48631.62	40.44	中信经典配置证券投资基金 0.68%（流通A股）
	流通B			巨田基础行业证券投资基金 0.58%（流通A股）
	流通H			兴华证券投资基金 0.53%（流通A股）
股东户数	05年末	118090		嘉实服务增值行业证券投资基金 0.49%（流通A股）
	04年末	131351		全国社保基金一零一组合 0.46%（流通A股）
其他流通股东	鸿阳证券投资基金 0.442%;全国社保基金零零一组合 0.43%			
近年分配	05预案:10派5;04年:10派3;03年:10派3		近年募资	

二〇〇五年以来市场表现

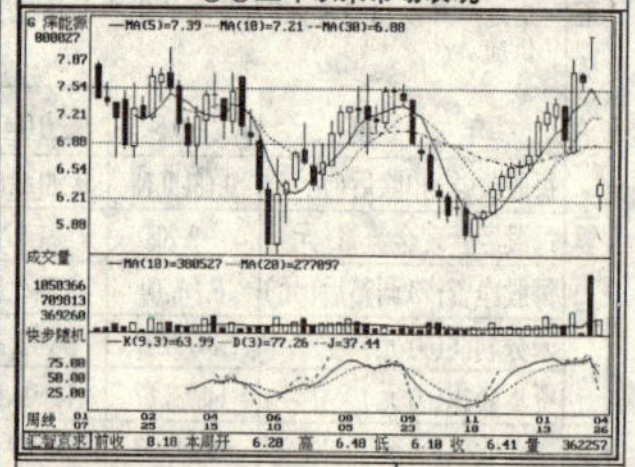

2005年涨跌幅(%)	－10.31
2005年最高(元)	8.03
2006年涨跌幅(%)	11.64
2006.4.26收盘(元)	6.41
2006年最高(元)	8.2
2006年最低(元)	6.75
2006年换手率(%)	69.83
股改对价	送股 派现 权证 每10股实际获得1.35股2.6元(06/04/26)

G一致（000028/200028）

上市日期:A: 93/08/09 B: 93/08/09　电话:0755－25875195　传真:0755－25875166

主营	药品的研发、生产，中西成药、中药材、生物制品、生化药品、保健品、医疗器械的批发销售和连锁零售。

	年　度	2005	2004	2003
主要指标	每股收益/扣除后(元)	0.124/0.125	0.095	0.053/0.028
	每股经营现金流量(元)	0.515	0.452	0.282
	每股净资产/调整后(元)	1.37/1.34	1.24/1.19	1.19/1.11
	未分利润(万元)	4611.24	1555.39	1396.56
	资本公积(万元)	1774.19	1774.19	1716.26
利润构成	主营收入(万元)	163556.85	157608.53	178087.37
	主营利润(万元)	37098.29	37079.03	42904.96
	营业利润(万元)	4177.39	2165.72	1968.54
	投资收益(万元)	－8.39	－22.91	－1492.71
	利润总额(万元)	4161.99	2565.75	1223.3
	净利润(万元)	3576.53	2725.41	1519.07

点评：05年公司的三块业务中，医药工业继续盈利、医药批发以及医药零售业务仍然亏损，但通过加强费用管理，减少期间费用，使得净利润大幅增加。国药控股入主一致药业后，通过资源整合以及费用管理，公司的盈利能力明显提升。今后仍将通过资源整合提高盈利能力。

	截止日期	05年末	占%	主要股东及持股比例%、持股性质
股本结构（万股）	总股本	28814.94		国药控股有限公司 43.33%（国有股）
	国有股	12486.47	43.33	深圳市宝安区石岩镇经济发展总公司 9.05%（非流通股）
	发起股	2607.07	9.05	深圳市宝安上屋经济发展有限公司 4.84%（非流通股）
	外资股			深圳市网纵实业有限公司 1.84%（非流通股）
	募集股	2744.28	9.52	南京君悦投资咨询有限公司 1.74%（非流通股）
	流通A	5488.56	19.05	无锡市华信投资管理有限公司 0.48%（非流通股）
	流通B	5488.56	19.05	上海师圣企业发展有限公司 0.35%（非流通股）
	流通H			上海华夏亿富投资管理有限公司 0.28%（非流通股）
股东户数	05年末	31026		陈永泉 0.17%（流通B股）
	04年末	34023		范惠琼 0.17%（流通B股）
其他流通股东	姚建平 0.119%；EVER POINT INVESTMENTS LIMITED 0.111%；陈泽冰 0.109%；姜晓明 0.108%；吴欣 0.104%			
近年分配	05预案:10派0.38		近年募资	

二○○五年以来市场表现

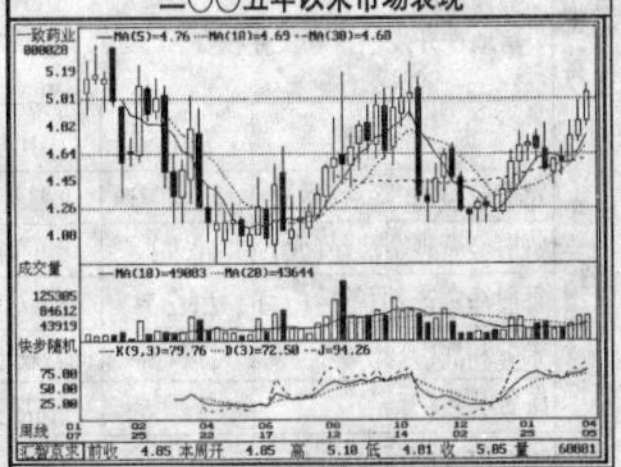

2005年涨跌幅(%)	－16.24
2005年最高(元)	5.38
2006年涨跌幅(%)	19.39
2006.4.26收盘(元)	5.05
2006年最高(元)	5.1
2006年最低(元)	4.21
2006年换手率(%)	94.57
股改对价	送股 每10股实际获得3股(06/04/28)

G深深房（000029/200029）

上市日期:A: 93/09/15 B: 94/01/10　电话:0755－82293000　传真:0755－82294024

主营	为房地产开发及商品房销售、物业租赁及管理、建筑装饰安装、商品零售及贸易、酒店及餐饮服务。

	年　度	2005	2004	2003
主要指标	每股收益/扣除后(元)	0.012/－0.04	－0.141/－0.127	0.01/0.021
	每股经营现金流量(元)	0.2632	0.0078	0.19
	每股净资产/调整后(元)	1.04/0.98	0.99/0.93	1.13/1.09
	未分利润(万元)	－104171.4	－105381.42	－91658.83
	资本公积(万元)	97824.49	95665.79	95665.79
利润构成	主营收入(万元)	85214.12	57054.17	96238.36
	主营利润(万元)	8499.59	2794.05	18735.38
	营业利润(万元)	－3320.59	－11408.5	246.03
	投资收益(万元)	4653.64	－1075.32	1037.58
	利润总额(万元)	1100.62	－14169.54	1254.37
	净利润(万元)	1210.02	－14230.78	1135.17

点评：房地产市场价格呈平稳增长势头，公司房地产业毛利率同比增长了14.95个百分点，公司的现金流呈良好的趋势。土地储备较多。历史遗留的沉淀资产有待处理，大量的空置楼宇(尾盘)亟待租售以变现。

	截止日期	05年末	占%	主要股东及持股比例%、持股性质
股本结构（万股）	总股本	101166		深圳市建设投资控股公司 73.52%（国有股）
	国有股	67286.42	66.51	中国建设银行－博时裕富证券投资基金 0.09%（流通A股）
	发起股			CHU KOON YUK 0.07%（流通B股）
	外资股			ORE BURNS(AUSTRALIA) PTY. LINITED 0.06%（流通B股）
	募集股			胡燕芬 0.06%（流通B股）
	流通A	21879.58	21.63	LAI KONG SUNG 黎抗生 0.06%（流通B股）
	流通B	12000	11.86	SHUM YIP KWAN WING DEVELOPMENT LTD 0.05%（流通B股）
	流通H			杨耀初 0.05%（流通B股）
股东户数	05年末	99785		朱丽容 0.04%（流通B股）
	04年末	106237		马泽琪 0.04%（流通B股）
其他流通股东	邵子钦 0.037%			
近年分配			近年募资	

二○○五年以来市场表现

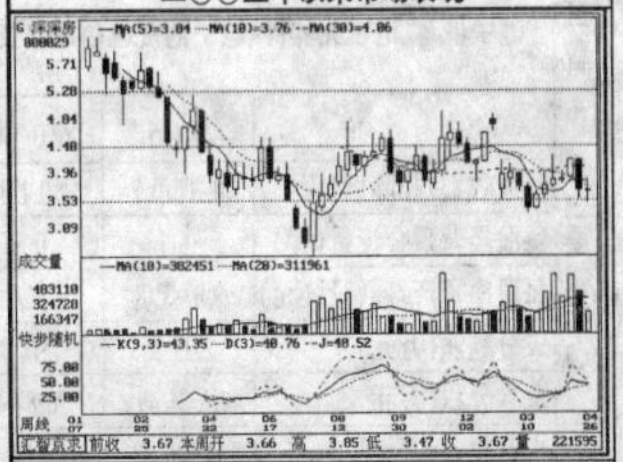

2005年涨跌幅(%)	－16.58
2005年最高(元)	6.15
2006年涨跌幅(%)	14.83
2006.4.26收盘(元)	3.67
2006年最高(元)	6.28
2006年最低(元)	4.91
2006年换手率(%)	189.64
股改对价	送股 每10股实际获得4.8股(06/02/17)

*ST盛润A（000030/200030）

上市日期:A: 93/09/29 B: 93/09/29　电话:0755－83895588　传真:0755－83877511

主营	印刷包装及物业经营与管理

	年　度	2005	2004	2003
主要指标	每股收益/扣除后(元)	－0.198/－0.229	－0.166	0.04/－0.153
	每股经营现金流量(元)	0.0953	0.0475	－0.04
	每股净资产/调整后(元)	－5.72/－5.72	－5.52/－5.78	－5.35/－5.62
	未分利润(万元)	－244276.24	－238558.07	－233764.17
	资本公积(万元)	36686.59	36686.59	36686.59
利润构成	主营收入(万元)	8184.2	14260.68	7726.78
	主营利润(万元)	1120.21	1639.27	1314.08
	营业利润(万元)	－3975.31	－5537.19	－4772.03
	投资收益(万元)	－2129.16	－14.62	4433.93
	利润总额(万元)	－5227.55	－4759.83	1195.23
	净利润(万元)	－5718.18	－4793.9	1139.12

点评：公司主要并表企业深圳嘉年实业股份有限公司因市场竞争激烈，印刷包装又为传统行业，竞争优势不明显，导致主营业务收入、利润大幅度下降。在短时间内预计印刷业务难以有较大的起色，公司的业绩改善也有比较大的难度。

	截止日期	05年末	占%	主要股东及持股比例%、持股性质
股本结构（万股）	总股本	28842		深圳市莱英达集团有限责任公司 66.36%（非流通股）
	国有股	19140	66.36	深圳市有色金属财务有限公司 1.83%（非流通股）
	发起股			深圳国际信托投资有限责任公司 1.83%（非流通股）
	外资股			深圳华晟达投资控股有限公司 1.37%（非流通股）
	募集股	1716	5.95	CHINA EVERBRIGHT HOLDINGS CO. LTD 1.02%（流通B股）
	流通A	4026	13.96	深圳国银投资发展有限公司 0.92%（非流通股）
	流通B	3960	13.73	陈家钊 0.37%（流通A股）
	流通H			王晓龙 0.33%（流通B股）
股东户数	05年末	15164		钱士兵 0.23%（流通A股）
	04年末	17078		WU CHING 0.21%（流通B股）
其他流通股东	吴文 0.148%；耿资华 0.145%；许慧 0.126%；高少华 0.121%；易兵 0.114%			
近年分配			近年募资	

二○○五年以来市场表现

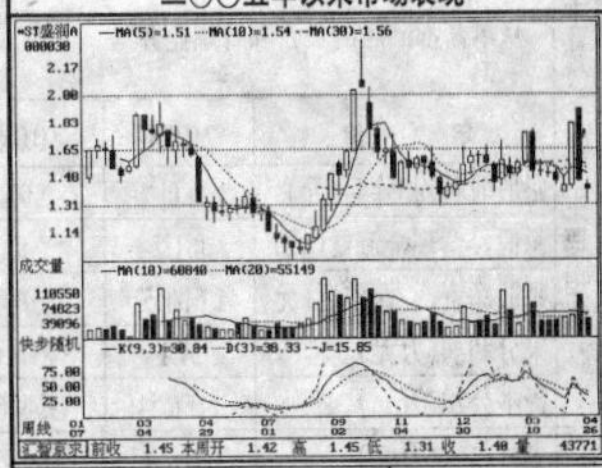

2005年涨跌幅(%)	2.65
2005年最高(元)	2.34
2006年涨跌幅(%)	－9.68
2006.4.26收盘(元)	1.4
2006年最高(元)	1.9
2006年最低(元)	1.31
2006年换手率(%)	233.57
股改对价	

G 中粮地（000031）

上市日期:93/10/08　　电话:0755－27754517　　传真:0755－27789701

主营	房地产开发经营和实业投资。

	年　　度	2005	2004	2003
主要指标	每股收益/扣除后(元)	0.24/0.23	0.22/0.21	0.183/0.18
	每股经营现金流量(元)	0.302	0.34	0.297
	每股净资产/调整后(元)	2.6/2.59	2.34/2.27	2.32/2.29
	未分利润(万元)	23404.96	13906.57	15115.86
	资本公积(万元)	39374.6	38673.65	38648.07
利润构成	主营收入(万元)	36554.81	34481.06	33085.09
	主营利润(万元)	17292.17	17682.88	17430.14
	营业利润(万元)	7866.99	9504.16	10168.8
	投资收益(万元)	5166.62	3053.61	784.14
	利润总额(万元)	13193.03	12518.03	11230.86
	净利润(万元)	11307.37	10036.81	8511.23

点评：公司近期发展思路为“推动企业重组平稳过渡”和“经济效益稳步增长”。公司拥有大量工业用地，中粮入主后，凭借央企优势转化为商业用地的话，土地增值会比较大。需关注中粮在全国其他土地资产的注入进度。

	截止日期	05年末	占%	主要股东及持股比例%、持股性质
股本结构（万股）	总股本	46630.24		中国粮油食品(集团)有限公司 59.63%（国有股）
	国有股	27806.25	59.63	深圳市桥头股份合作公司 3.41%（非流通股）
	发起股			深圳市鸿基(集团)股份有限公司 1.37%（非流通股）
	外资股			中国工商银行－申万巴黎盛利精选证券投资基金 0.97%（流通A股）
	募集股	2475	5.31	中国银行－嘉实增长开放式证券投资基金 0.7%（流通A股）
	流通A	16348.99	35.06	鸿阳证券投资基金 0.63%（流通A股）
	流通B			华夏－渣打银行－ING BANK N.V 0.53%（流通A股）
	流通H			赵双玖 0.47%（流通A股）
股东户数	05年末	48052		中国工商银行－广发稳健增长证券投资基金 0.39%（流通A股）
	04年末	59674		景福证券投资基金 0.39%（流通A股）

其他流通股东	上海浦东发展银行－广发小盘成长股票型证券投资基金 0.386%；申银万国－花旗－UBS LIMITED 0.37%
近年分配	05 预案:10 转增 5；03 年:10 派 2
近年募资	

二〇〇五年以来市场表现

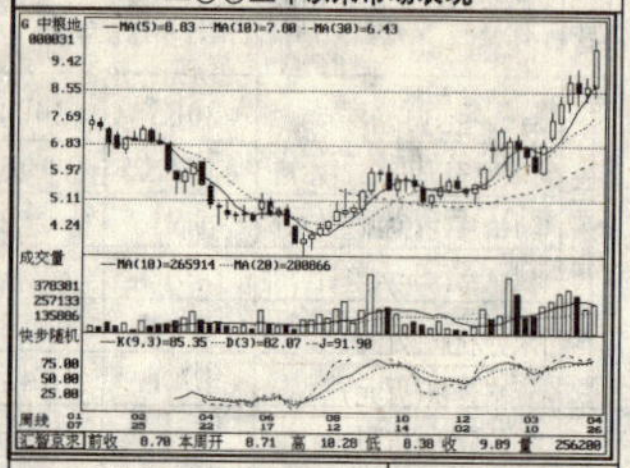

2005年涨跌幅(%)	－7.33
2005年最高(元)	7.71
2006年涨跌幅(%)	90.02
2006.4.26收盘(元)	9.89
2006年最高(元)	13.22
2006年最低(元)	6.68
2006年换手率(%)	161.54
股改对价	送股 派现 每10股实际获得2.6股2.7元(06/02/14)

G 深桑达（000032）

上市日期:93/10/28　　电话:0755－83200636　　传真:0755－83200639

主营	电子设备、电子元器件、电子消费通信产品及房地产开发。

	年　　度	2005	2004	2003
主要指标	每股收益/扣除后(元)	0.206/0.2	0.133	0.23/0.25
	每股经营现金流量(元)	－0.76	0.56	0.4
	每股净资产/调整后(元)	3.07/3.01	2.96/2.9	2.95/2.89
	未分利润(万元)	2228.38	1578.02	2330.07
	资本公积(万元)	26284.49	26284.49	26283.37
利润构成	主营收入(万元)	147640.48	152354.3	127897.48
	主营利润(万元)	16476.74	19112.2	21489.65
	营业利润(万元)	4211.2	4907.14	6326.06
	投资收益(万元)	806.88	－1425.08	－432.97
	利润总额(万元)	5266.19	3853.26	6214.19
	净利润(万元)	4005.07	2584.57	4516.04

点评：公司属电子行业，作为开发出我国第一台具有完全知识产权路由器的高科技企业，在计算机网络设备国产化进程中地位举足轻重。随着IPv6产业的启动，公司已抢占IPv6路由器领先地位。公司还是信息产业部批准持有G网手机牌照的生产厂家之一，具有3G题材。

	截止日期	05年末	占%	主要股东及持股比例%、持股性质
股本结构（万股）	总股本	19405.36		深圳桑达电子集团有限公司 56.53%（非流通股）
	国有股	963.17	4.96	深圳市龙岗区投资管理有限公司 4.96%（国有股）
	发起股	11323.38	58.35	无锡市国联发展(集团)有限公司 1.82%（非流通股）
	外资股			何少勇 0.23%（流通A股）
	募集股			王本秀 0.14%（流通A股）
	流通A	7118.8	36.68	王勇潮 0.13%（流通A股）
	流通B			刘爱军 0.11%（流通A股）
	流通H			郭志华 0.1%（流通A股）
股东户数	05年末	29883		陈丹松 0.09%（流通A股）
	04年末	32696		北京浩鸿房地产开发有限公司 0.09%（流通A股）

其他流通股东	刘中坚 0.089%；郑学锋 0.086%；何笑银 0.081%
近年分配	05 预案:10 派 1.1；04 年:10 派 0.8；03 年:10 派 1.2
近年募资	

二〇〇五年以来市场表现

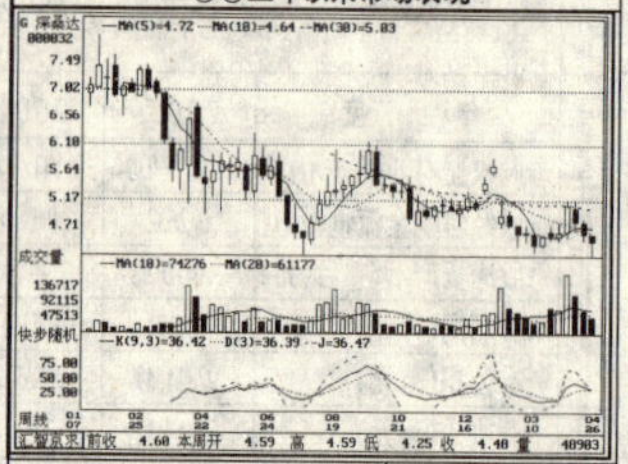

2005年涨跌幅(%)	－25.83
2005年最高(元)	7.95
2006年涨跌幅(%)	16.87
2006.4.26收盘(元)	4.48
2006年最高(元)	6.88
2006年最低(元)	5.28
2006年换手率(%)	119.26
股改对价	送股 每10股实际获得3.2股(06/02/07)

G 新都（000033）

上市日期:94/01/03　　电话:0755－82320888　　传真:0755－82344699

主营	从事新都酒店的经营和管理业务

	年　　度	2005	2004	2003
主要指标	每股收益/扣除后(元)	0.01	0.002	0.01/－0.002
	每股经营现金流量(元)	0.122	0.07	0.07
	每股净资产/调整后(元)	1.54/1.52	1.53/1.52	1.52/1.5
	未分利润(万元)	59.1	－8308.65	－8417.95
	资本公积(万元)	14396.54	19249.65	19249.65
利润构成	主营收入(万元)	7988.54	7445.49	6960
	主营利润(万元)	7335.27	6778.29	4972.08
	营业利润(万元)	604.3	138.22	74.65
	投资收益(万元)		－64.1	16.29
	利润总额(万元)	392.16	82.18	147.16
	净利润(万元)	296.43	60.85	147.16

点评：新都酒店坐落于深圳罗湖繁华商业及购物中心。新都酒店曾尝试主业的多元化，反而忽视了酒店经营这项最重要的主业，加之管理跟不上，市场份额出现萎缩。并陷于股东诉讼、高层频繁更换及债权债务纠纷不断的困境中。公司今后目标是专注将酒店打造成高端商务酒店。

	截止日期	05年末	占%	主要股东及持股比例%、持股性质
股本结构（万股）	总股本	28772.35		深圳市瀚明投资有限公司 22.99%（非流通股）
	国有股			(香港)建辉投资有限公司 19.16%（外资股）
	发起股	13230	45.98	深圳贵州经济贸易有限公司 11.5%（非流通股）
	外资股	8820	30.65	(香港)桂江企业有限公司 11.5%（外资股）
	募集股			深圳市卢堡工贸有限公司 11.5%（非流通股）
	流通A	6722.35	23.36	吴静 0.1%（流通A股）
	流通B			陈桂兰 0.1%（流通A股）
	流通H			胡毓峰 0.09%（流通A股）
股东户数	05年末	31062		孙国庆 0.06%（流通A股）
	04年末	31928		宋志梅 0.05%（流通A股）

其他流通股东	王玉清 0.052%；杨建芳 0.05%；长沙双凤实业有限公司 0.045%；赵丛君 0.045%；谭伟明 0.045%
近年分配	
近年募资	

二〇〇五年以来市场表现

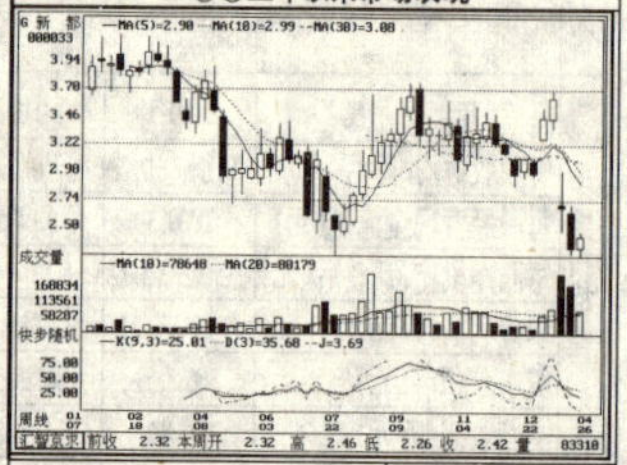

2005年涨跌幅(%)	－18.85
2005年最高(元)	4.18
2006年涨跌幅(%)	32
2006.4.26收盘(元)	2.42
2006年最高(元)	4.84
2006年最低(元)	3.27
2006年换手率(%)	68.18
股改对价	定向转增 每10股实际获得6.2股(06/04/13)

ST 深泰（000034）

上市日期:94/05/09　电话:0755－27596453　传真:0755－27596456

主营	通讯产业,饲料产业,房地产业,进出口贸易以及经营国内商业、物资代销业。			
	年　度	2005	2004	2003
主要指标	每股收益/扣除后(元)	-0.467/-0.47	-1.627	0.02/0.012
	每股经营现金流量(元)	0.15	0.085	-0.22
	每股净资产/调整后(元)	-1.4/-1.55	-0.86/-1.31	1.03/0.93
	未分利润(万元)	-111473.14	-96952.32	-39886.33
	资本公积(万元)	32623.76	32618.3	34235.02
利润构成	主营收入(万元)	43022.06	36966.27	95951.85
	主营利润(万元)	718.05	-7509.16	14361.84
	营业利润(万元)	-18270.76	-34616.33	1577.61
	投资收益(万元)	-517.75	-3419.47	17.35
	利润总额(万元)	-18606.65	-52360.28	821.84
	净利润(万元)	-14520.82	-50630.72	646.87
点评	公司的经营非常多元化,涉及饲料、电话机等。从业务的性质看,并不相关。而且由于业务的规模较小,导致主营业务利润率较低。未来在行业竞争并没有减弱的情况下,公司基本面的改善难以在短时间内出现。			

	截止日期	05年末	占%	主要股东及持股比例%、持股性质
股本结构(万股)	总股本	31113.94		深圳国际信托投资有限责任公司 47.96%(国有股)
	国有股	18655.11	59.96	深圳市宝安区投资管理有限公司 12%(国有股)
	发起股	3992.95	12.83	深圳泰丰电子有限公司 8%(非流通股)
	外资股			山西昌泰工贸有限公司 1.92%(非流通股)
	募集股			深圳市物资集团公司 0.8%(非流通股)
	流通A	8465.71	27.21	上海中南投资管理有限公司 0.52%(非流通股)
	流通B			上海融道贸易有限公司 0.48%(非流通股)
	流通H			郑雪花 0.34%(流通A股)
股东户数	05年末	37832		云南万龙投资有限公司 0.32%(非流通股)
	04年末	44614		李宇峰 0.29%(流通A股)
其他流通股东	麦秀祥 0.118%;孙兰凤 0.103%;黎俊青 0.088%;彭飞 0.087%;滕艳娥 0.086%;蔡同芝 0.086%;乐鸿图 0.084%			
近年分配		近年募资		

二〇〇五年以来市场表现

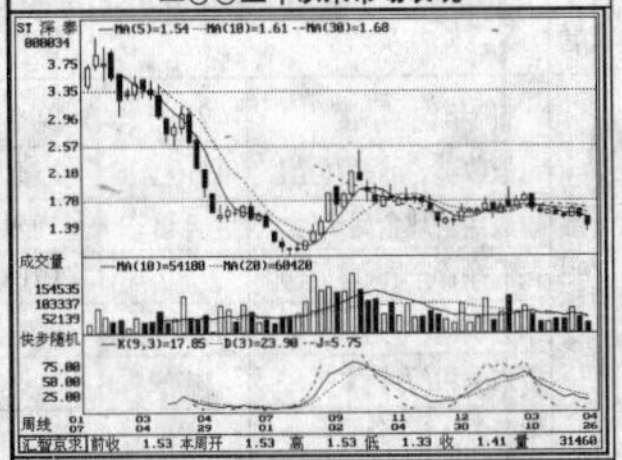

2005年涨跌幅(%)	-53.47
2005年最高(元)	4.14
2006年涨跌幅(%)	-12.42
2006.4.26收盘(元)	1.41
2006年最高(元)	1.95
2006年最低(元)	1.33
2006年换手率(%)	114.62
股改对价	

ST 科健（000035）

上市日期:94/04/08　电话:(0755)26692595　传真:(0755)26692595

主营	开发、生产与销售数字移动电话机。			
	年　度	2005	2004	2003
主要指标	每股收益/扣除后(元)	-1.18	-13.35	0.35/0.23
	每股经营现金流量(元)	-0.004	-2.42	0.81
	每股净资产/调整后(元)	-12.48/-12.46	-11.06/-11.09	2.29/2.24
	未分利润(万元)	-165708.1	-151982.1	2762.66
	资本公积(万元)	11676.02	11540.33	10409.47
利润构成	主营收入(万元)	8048.83	172744.34	270599.95
	主营利润(万元)	-7581.31	2873.17	21008.93
	营业利润(万元)	-16414.92	-122775.19	-849.68
	投资收益(万元)	1366.96	-5128.37	6386.91
	利润总额(万元)	-16613.91	-156431.3	4451.01
	净利润(万元)	-13726	-154744.76	4006.81
点评	随着获得手机牌照企业的日益增多,国内手机市场的竞争已趋白热化。如果找不到有实力的重组方解决ST科健的巨额债务和担保,在没有核心利润来源的情况下,ST科健在2006年的发展并不乐观。			

	截止日期	05年末	占%	主要股东及持股比例%、持股性质
股本结构(万股)	总股本	11588.72		深圳科健集团有限公司 29.01%(非流通股)
	国有股	532.4	4.59	深圳市智雄电子有限公司 26.75%(非流通股)
	发起股	2829	24.41	信达投资有限公司 2.85%(非流通股)
	外资股			中国科技促进经济投资公司 2.37%(国有股)
	募集股	3962.4	34.19	深圳市投资管理公司 2.22%(国有股)
	流通A	4253.05	36.7	王炳奎 1.17%(流通A股)
	流通B			梁妙群 0.64%(流通A股)
	流通H			庄新建 0.43%(流通A股)
股东户数	05年末	18058		吕洁芬 0.4%(流通A股)
	04年末	21583		岱捷描 0.32%(流通A股)
其他流通股东	马文秀 0.224%;刘晓芬 0.183%;顾晓红 0.168%;曾凡国 0.164%;林海英 0.154%			
近年分配		近年募资		

二〇〇五年以来市场表现

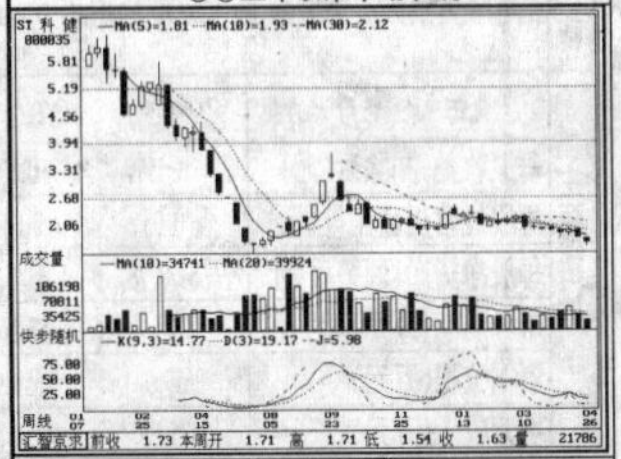

2005年涨跌幅(%)	-60.35
2005年最高(元)	6.44
2006年涨跌幅(%)	-28.51
2006.4.26收盘(元)	1.63
2006年最高(元)	2.48
2006年最低(元)	1.54
2006年换手率(%)	153.18
股改对价	

G 华联（000036）

上市日期:94/06/17　电话:0755－83667257　传真:0755－83667583

主营	经营名牌服装、棉纱、棉布及印染等纺织产品,经营房地产开发和自有物业租赁管理业。			
	年　度	2005	2004	2003
主要指标	每股收益/扣除后(元)	0.01/0.036	0.06/0.02	0.08/0.03
	每股经营现金流量(元)	-1.1	-0.68	0.05
	每股净资产/调整后(元)	3.77/3.76	3.82/3.67	3.73/3.68
	未分利润(万元)	34789.17	34516.34	34515.86
	资本公积(万元)	80778	80159.56	79708.49
利润构成	主营收入(万元)	238508.31	94156.21	272179.53
	主营利润(万元)	33426.14	23585.27	60427.1
	营业利润(万元)	13855.81	4384.42	10439.34
	投资收益(万元)	-2937.41	2055.52	-204.75
	利润总额(万元)	10619.36	9546.43	16267.05
	净利润(万元)	341.03	2770.3	3413.16
点评	2005年6月15日PTA项目一期正式投产,预计二期在2006年底建成。可惜目前化工景气处于下滑阶段,而且原油价格高企将导致PTA获利能力下滑。公司在深圳投资开发的"华联城市山林"将是公司未来2年主要的利润增长点。			

	截止日期	05年末	占%	主要股东及持股比例%、持股性质
股本结构(万股)	总股本	44955.51		华联发展集团有限公司 40.15%(国有股)
	国有股	18047.68	40.15	兴和证券投资基金 1.78%(流通A股)
	发起股			上海中鹏科技发展有限公司 0.5%(流通A股)
	外资股			广州合成纤维公司 0.42%(非流通股)
	募集股	190.58	0.42	兴华证券投资基金 0.42%(流通A股)
	流通A	26717.25	59.43	中国银行－华夏大盘精选证券投资基金 0.41%(流通A股)
	流通B			吕兴仁 0.28%(流通A股)
	流通H			广东喜之郎集团有限公司 0.28%(流通A股)
股东户数	05年末	57192		高春修 0.27%(流通A股)
	04年末	60696		谢红军 0.25%(流通A股)
其他流通股东	周小娜 0.212%;孙刚 0.178%			
近年分配	04年:10派0.5	近年募资	03年增发A股9000万股,发行价6.08元。	

二〇〇五年以来市场表现

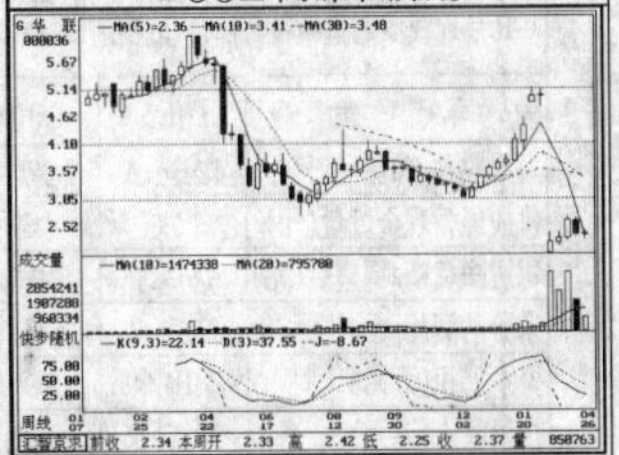

2005年涨跌幅(%)	-24.5
2005年最高(元)	6.19
2006年涨跌幅(%)	83.66
2006.4.26收盘(元)	2.37
2006年最高(元)	7.73
2006年最低(元)	3.63
2006年换手率(%)	237.21
股改对价	转增 每10股实际获得18.75股(06/03/28)

G 南电（000037/200037）

上市日期:A: 94/07/01 B: 94/11/28 电话:0755－26003698 传真:0755－26003629

主营	发电			
	年　　度	2005	2004	2003
主要指标	每股收益/扣除后(元)	0.05/－0.16	0.8/0.77	0.86/0.7
	每股经营现金流量(元)	1.03	0.91	0.69
	每股净资产/调整后(元)	2.78/2.78	3.23/3.2	2.9/2.88
	未分利润(万元)	22353.43	50796.28	45075.68
	资本公积(万元)	34372.11	28958.27	28882.55
利润构成	主营收入(万元)	303068.2	243271.25	186393.72
	主营利润(万元)	－641.62	49673.32	49923.99
	营业利润(万元)	－11937.38	40614.09	46646.75
	投资收益(万元)	1064.97	1382.27	208.84
	利润总额(万元)	1010.57	43083.3	54148.71
	净利润(万元)	2991.97	43969.72	47111.04
点评	公司作为深圳市能源电力行业的骨干企业,以及深圳市现在和未来的主力调峰发电企业,保障深圳市的电力供应。公司做的是燃油发电,在国际油价暴涨的日子过得辛苦,但新能源概念的“油改气工程项目”将给公司带来希望。			

股本结构(万股)	截止日期	05 年末	占%	主要股东及持股比例%、持股性质
	总股本	54796.6		深圳市广聚电力投资有限公司 22.97%（国有股）
	国有股	8553.89	15.61	香港南海洋行(国际)有限公司 15.28%（外资股）
	发起股	11378.32	20.76	深圳市能源集团有限公司 11.44%（国有股）
	外资股	7257.99	13.25	深圳国电科技发展有限公司 9.98%（国有股）
	募集股	5509.87	10.06	腾达置业有限公司 8.68%（流通 B股）
	流通 A	6484.61	11.83	MORGAN STANLEY INT'L (CHINA) － FIRM 4.08%（流通 B股）
	流通 B	15611.93	28.49	中山市高领投资有限公司 2.02%（流通 A股）
	流通 H			CMBLSA RE FTIF TEMPLETON ASIAN GRW FD GTI 5496 0.64%（流通 B股）
股东户数	05 年末	28209		SKANDIA GLOBAL FUNDS PLC 0.62%（流通 B股）
	04 年末	25252		TOYO SECURITIES ASIA LIMITED － A/C CLIENT. 0.62%（流通 B股）
其他流通股东	内藤证券株式会社 0.583%;金榜证券控股有限公司 0.412%;DEUTSCHE BANK AG LONDON 0.389%			
近年分配	04 年:10 派 5；03 年:10 派 4.68	近年募资		

二〇〇五年以来市场表现

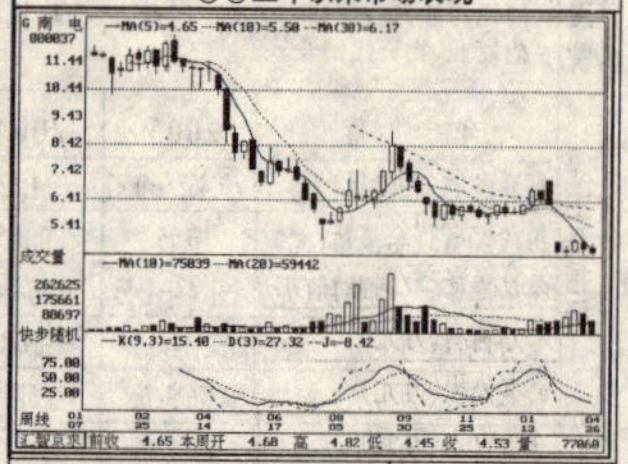

2005 年涨跌幅(%)	－45.32
2005 年最高(元)	12.45
2006 年涨跌幅(%)	0.31
2006.4.26 收盘(元)	4.53
2006 年最高(元)	7.13
2006 年最低(元)	5.85
2006 年换手率(%)	97.48
股改对价	送股 派现 每 10 股实际获得 2.3474 股 4.1522 元(06/03/28)

深大通 A（000038）

上市日期:94/08/08 电话:(0755) 26921699 传真:(0755) 26910599

主营	电解类系列电容器的生产;及电子产品为主的贸易。			
	年　　度	2005	2004	2003
主要指标	每股收益/扣除后(元)	－0.556	－0.074	0.095/0.085
	每股经营现金流量(元)	－0.05	0.04	－0.99
	每股净资产/调整后(元)	0.81/0.78	1.37/1.33	1.44/1.4
	未分利润(万元)	－4975.4	57.06	726.99
	资本公积(万元)	2659.9	2659.9	2659.9
利润构成	主营收入(万元)	3475.08	6454.5	49988.88
	主营利润(万元)	280.71	577.9	1428.37
	营业利润(万元)	－5032.83	－692.54	963.82
	投资收益(万元)		60	
	利润总额(万元)	－5031.66	－635.66	961.34
	净利润(万元)	－5032.46	－669.93	855.28
点评	由于国家宏观调控政策的相继出台,对公司贸易项目产生了一定影响,致使主营业务收入同比下降较大。虽然公司新开拓了钢材卷板贸易业务,意在一定程度上保持主营业务利润的相对稳定,但在计提各种坏账准备下,恐难避免出现亏损。			

股本结构(万股)	截止日期	05 年末	占%	主要股东及持股比例%、持股性质
	总股本	9048.6		方正延中传媒有限公司 29.84%（非流通股）
	国有股			上海文慧投资有限公司 19.58%（非流通股）
	发起股	7134.6	78.85	上海港银投资管理有限公司 11.05%（非流通股）
	外资股			江西省电子物资公司 9.95%（非流通股）
	募集股			北京科希盟科技集团有限公司 5.52%（非流通股）
	流通 A	1914	21.15	深圳市立信创展投资有限公司 2.36%（非流通股）
	流通 B			广东华侨信托投资公司 0.29%（非流通股）
	流通 H			深圳新通阳电子元件工业有限公司 0.29%（非流通股）
股东户数	05 年末	10340		万少冰 0.16%（流通 A股）
	04 年末	11613		邓亚军 0.16%（流通 A股）
其他流通股东	王宏 0.135%;向晓红 0.103%;李兰卿 0.092%;万爱法 0.079%;李健斌 0.079%;毛春羽 0.077%;张艳平 0.075%			
近年分配		近年募资		

二〇〇五年以来市场表现

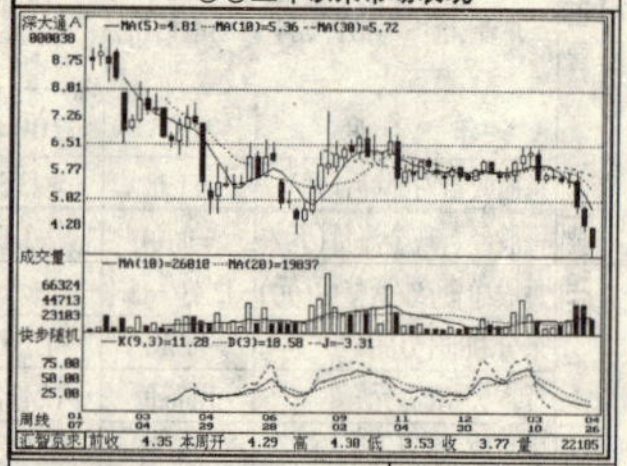

2005 年涨跌幅(%)	－36.2
2005 年最高(元)	9.5
2006 年涨跌幅(%)	－32.32
2006.4.26 收盘(元)	3.77
2006 年最高(元)	6.5
2006 年最低(元)	3.53
2006 年换手率(%)	189.63
股改对价	

中集集团（000039/200039）

上市日期:A: 94/04/08 B: 94/03/23 电话:0755－26691130 传真:0755－26826579

主营	干货集装箱、冷藏集装箱、特种集装箱、特殊区域集装箱和其他现代交通运输设备的设计、制造、维修及销售。			
	年　　度	2005	2004	2003
主要指标	每股收益/扣除后(元)	1.323/1.29	2.369/2.43	1.08/1.07
	每股经营现金流量(元)	2.6364	1.3949	1.29
	每股净资产/调整后(元)	4.69/4.67	7.41/7.37	8.39/8.35
	未分利润(万元)	222031.64	52953.59	25485.06
	资本公积(万元)	94144.64	190880.12	225712.82
利润构成	主营收入(万元)	3095931.06	2656778.38	1380022.33
	主营利润(万元)	506012.17	451135.5	188441.49
	营业利润(万元)	302342.74	301326.66	95837.83
	投资收益(万元)	3759.94	2141.75	－640.19
	利润总额(万元)	306122.71	279689.31	88018.92
	净利润(万元)	266914.08	238902.36	68268.8
点评	公司主营全系列集装箱及路面车辆业务,经过近几年的高速发展,05 年公司主营的干货箱出现了较大调整,一方面是增长幅度在下降,同时竞争加剧后,产品价格急剧回落。尽管公司其他特种箱及路面车辆业务表现了良好增长,但未来公司经营仍面临较大的挑战。			

股本结构(万股)	截止日期	05 年末	占%	主要股东及持股比例%、持股性质
	总股本	201696.67		COSCO Container Industries Limited 16.23%（外资股）
	国有股			招商局国际(中集)投资有限公司 16.23%（流通 B股）
	发起股			招商局国际(中集)控股有限公司 6.52%（流通 B股）
	外资股	32740.29	16.23	PROFIT CROWN ASSETS LIMITED 1.66%（流通 B股）
	募集股			TOYO SECURITIES ASIA LIMITED－A/C CLIENT 1.1%（流通 B股）
	流通 A	60586.64	30.04	LONG HONOUR INVESTMENTS LIMITED 0.95%（流通 B股）
	流通 B	108369.74	53.73	银河－渣打－CITIGROUP GLOBAL MARKETS LIMITED 0.91%（流通 A股）
	流通 H			内藤证券株式会社 0.79%（流通 B股）
股东户数	05 年末	133888		JPMBLSA RE FTIF TEMPLETON CHINA FUND GTI 5497 0.76%（流通 B股）
	04 年末	40947		CMBLSA RE FTIF TEMPLETON ASIAN GRW FD GTI 5496 0.76%（流通 B股）
其他流通股东	HSBC BROKING SECURITIES (ASIA) LIMITED－CLIENTS A/C 0.715%			
近年分配	05 预案:10 派 3.8 转增 1；04 年:10 派 5 转增 10；03 年:10 派 3.8 转增 6	近年募资	03 年增发 A 股 12000 万股,发行价 15 元。	

二〇〇五年以来市场表现

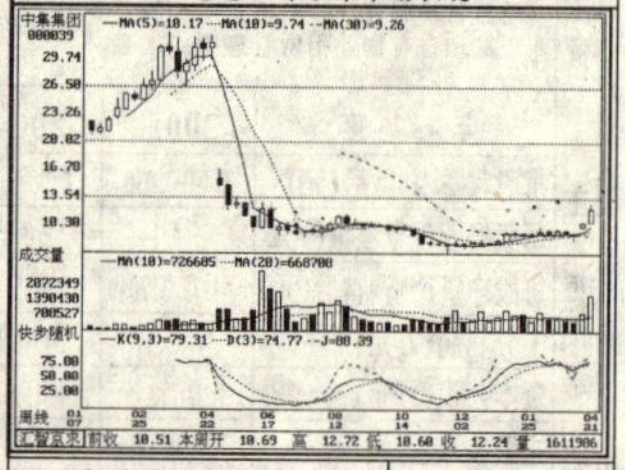

2005 年涨跌幅(%)	－22.1
2005 年最高(元)	33.86
2006 年涨跌幅(%)	45.02
2006.4.26 收盘(元)	12.24
2006 年最高(元)	12.72
2006 年最低(元)	8.43
2006 年换手率(%)	135.63
股改对价	权证

G深鸿基（000040）

上市日期：94/08/08　电话：0755－82367726　传真：0755－82367780

主营	装卸、运输、仓储、房地产开发经营、物业管理、酒店经营管理、进出口贸易、有线广播电视光纤网络的建设、开发和经营等。			
主要指标	年　　度	2005	2004	2003
	每股收益/扣除后(元)	0.03/-0.07	0.06	0.04/-0.15
	每股经营现金流量(元)	0.55	0.78	-0.31
	每股净资产/调整后(元)	1.84/1.84	1.81/1.8	1.75/1.68
	未分利润(万元)	-29398.1	-30954.69	-33750.17
	资本公积(万元)	47623	47623	47623
利润构成	主营收入(万元)	51991.34	85079.23	73652.7
	主营利润(万元)	14616.29	20650.04	19817.68
	营业利润(万元)	-1625.83	2703.15	-95.14
	投资收益(万元)	3634.97	2232.94	5678.69
	利润总额(万元)	2070.89	5071.96	5426.97
	净利润(万元)	1556.6	2795.48	1816.31
点评	主导性业务不强，规模效益难以体现，管理体制相对滞后，监控与约束、竞争与激励机制不够完善。资债结构欠合理，负债率偏高，财务包袱重；沉淀资产(物业)较多，清理、盘活措施力度不足。因此，公司未来几年的发展难以有大的改善。			

	截止日期	05年末	占%	主要股东及持股比例%、持股性质
股本结构（万股）	总股本	46959.34		深圳市东鸿信投资发展有限公司 29.36%（非流通股）
	国有股			中国太平洋保险公司深圳分公司 3.34%（非流通股）
	发起股	13789.09	29.36	潮州市意溪工艺实业公司 2.13%（非流通股）
	外资股			深圳市银信宝投资发展有限公司 0.93%（非流通股）
	募集股	4490.2	9.56	绍兴纺纱有限公司 0.76%（非流通股）
	流通A	28680.05	61.07	深圳丰华电子有限公司 0.63%（非流通股）
	流通B			深圳奋高投资开发有限公司 0.6%（非流通股）
	流通H			深圳机场候机楼有限公司 0.45%（非流通股）
股东户数	05年末	135831		陈好娣 0.41%（流通A股）
	04年末	144288		关意高 0.32%（流通A股）
其他流通股东	杨展文 0.281%；文少芬 0.215%；陈平 0.119%；庄晓珊 0.106%；徐佳 0.092%；梁立国 0.087%；徐立旺 0.086%			
近年分配		近年募资		

二〇〇五年以来市场表现

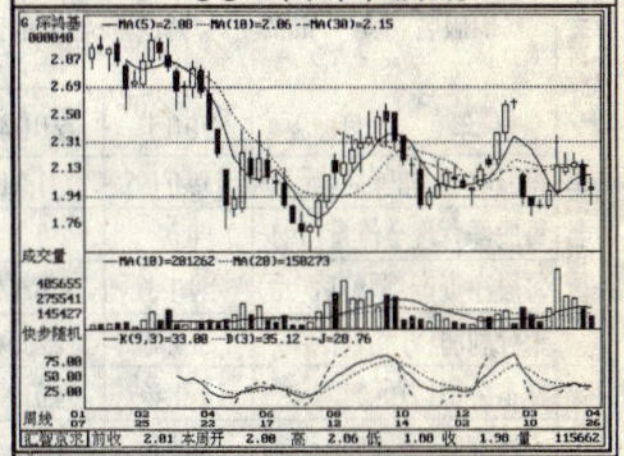

2005年涨跌幅(%)	-25.35
2005年最高(元)	3.06
2006年涨跌幅(%)	17.88
2006.4.26收盘(元)	1.98
2006年最高(元)	3.01
2006年最低(元)	2.15
2006年换手率(%)	65.98
股改对价	送股 每10股实际获得2.8股(06/02/28)

深长城A（000042）

上市日期：94/09/21　电话：(0755)88393601　传真：(0755)88393600

主营	房地产、建筑施工和物业经营与管理。			
主要指标	年　　度	2005	2004	2003
	每股收益/扣除后(元)	0.573/0.234	0.208-	0.25/0.192
	每股经营现金流量(元)	1.385	3.162	0.53
	每股净资产/调整后(元)	6.42/6.37	5.94/5.27	5.81/4.51
	未分利润(万元)	28524.44	17372.18	15777.45
	资本公积(万元)	61670.88	61670.88	61670.88
利润构成	主营收入(万元)	133797.02	348783.2	195206.18
	主营利润(万元)	31174.87	45402.25	39603.51
	营业利润(万元)	5143.95	5805.02	10762.69
	投资收益(万元)	6835.17	-443.07	-583.01
	利润总额(万元)	11044.34	3846.84	9280.77
	净利润(万元)	13721.75	4991.23	5994.67
点评	在深圳、成都、上海新增四个项目，土地储备满足公司未来三年的开发要求。公司现有的自营及出租物业全部位于深圳市中心，包括商业、酒店、写字楼、住宅商铺及停车库。出租产品中的长兴大厦、长盛大厦、长安花园裙楼和荔湖花苑商铺4处，重估有一定增值。			

	截止日期	05年末	占%	主要股东及持股比例%、持股性质
股本结构（万股）	总股本	23946.3		深圳市建设投资控股公司 34.8%（国有股）
	国有股	8333.35	34.8	江西联泰实业有限公司 18.71%（非流通股）
	发起股	8680.01	36.25	深圳市联泰房地产开发有限公司 9.29%（非流通股）
	外资股			深圳市振业(集团)股份有限公司 8.25%（非流通股）
	募集股			麻丽芳 0.64%（流通A股）
	流通A	6932.94	28.95	郑淑卿 0.5%（流通A股）
	流通B			谭华森 0.31%（流通A股）
	流通H			吴一山 0.25%（流通A股）
股东户数	05年末	45198		冯俊廷 0.13%（流通A股）
	04年末	47816		曾锦欢 0.11%（流通A股）
其他流通股东	黄淑丽 0.102%；李义贞 0.101%；刘振华 0.084%；费云 0.071%			
近年分配	04年:10派0.5；03年:10派0.6	近年募资		

二〇〇五年以来市场表现

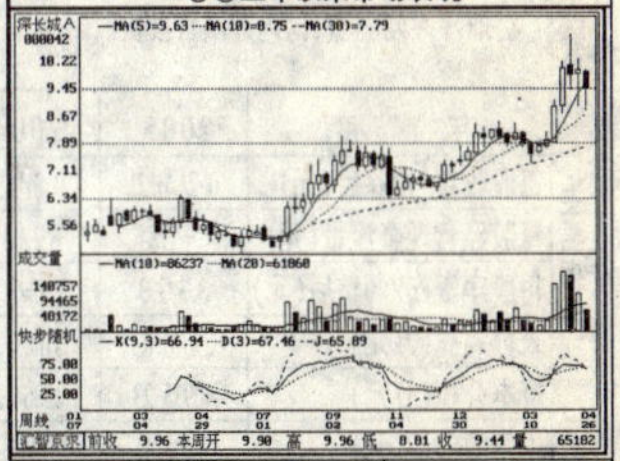

2005年涨跌幅(%)	42.07
2005年最高(元)	8.13
2006年涨跌幅(%)	27.91
2006.4.26收盘(元)	9.44
2006年最高(元)	11
2006年最低(元)	7.31
2006年换手率(%)	163.55
股改对价	

G深南光（000043）

上市日期：94/09/28　电话：0755－83689888　传真：0755－83688903

主营	旅游服务业(包括四星级标准酒店、酒楼、干洗公司)、工业实业、房地产(包括物业、建筑装饰)。			
主要指标	年　　度	2005	2004	2003
	每股收益/扣除后(元)	0.33/0.34	0.19	0.2/0.21
	每股经营现金流量(元)	0.58	-1.13	0.28
	每股净资产/调整后(元)	2.67/2.17	2.45/1.76	2.17/1.46
	未分利润(万元)	8705.6	6196.91	3070.94
	资本公积(万元)	10014.43	10129.06	10243.69
利润构成	主营收入(万元)	136735.34	89606.73	65030.24
	主营利润(万元)	29030.59	16226.28	13590.04
	营业利润(万元)	12100.93	4145.06	4003.28
	投资收益(万元)	-75.02	458.22	13.92
	利润总额(万元)	12138.52	4768.04	4130.44
	净利润(万元)	4590.53	2694.62	2843.69
点评	中航技下属公司，未来有可能整合房地产业务。房地产业务利润较上年增加。经营活动收到的现金较上年增加4.63亿元。2006年将推进观澜格兰云天大酒店开工建设。关联方违规占用资金余额为13,027万元。			

	截止日期	05年末	占%	主要股东及持股比例%、持股性质
股本结构（万股）	总股本	13932.55		中国航空技术进出口深圳公司 32.84%（非流通股）
	国有股			上海新亚(集团)有限公司 10.64%（非流通股）
	发起股	10112.96	72.59	中国新时代控股(集团)有限公司 10.3%（非流通股）
	外资股			中国石油天然气管道局 3.08%（非流通股）
	募集股			深圳市红山工贸有限公司 2.05%（非流通股）
	流通A	3817.49	27.4	浙江省建设投资集团有限公司 2.05%（非流通股）
	流通B			西安飞机工业(集团)有限责任公司 2.05%（非流通股）
	流通H			贵州红湖机械厂 1.03%（非流通股）
股东户数	05年末	18224		深圳市湘江工贸有限公司 1.03%（非流通股）
	04年末	14930		阳泉市郊区恒兴经贸中心 1.03%（非流通股）
其他流通股东	宫磊 0.184%；陈宗恒 0.148%；兵器财务有限责任公司 0.115%；廖运中 0.111%；贾小春 0.106%；涂文婷 0.104%			
近年分配	05预案:10派1；04年:10派1；03年:10派1	近年募资		

二〇〇五年以来市场表现

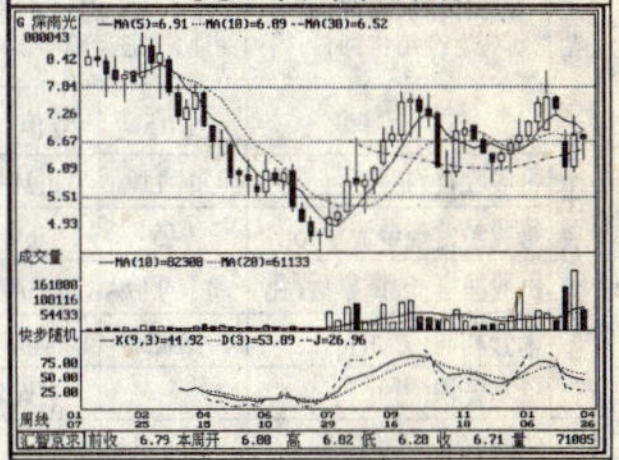

2005年涨跌幅(%)	-18.39
2005年最高(元)	9
2006年涨跌幅(%)	28.66
2006.4.26收盘(元)	6.71
2006年最高(元)	9.36
2006年最低(元)	6.68
2006年换手率(%)	137.69
股改对价	送股 每10股实际获得3股(06/04/11)

深纺织 A（000045/200045）

上市日期:A: 94/08/15 B: 94/08/15 电话:0755－3776043 传真:0755－3776139

主营	纺织服装、电子产品的生产与贸易及物业租赁管理。			
	年　度	2005	2004	2003
主要指标	每股收益/扣除后(元)	0.09/0.095	0.11/0.084	0.21/0.19
	每股经营现金流量(元)	0.09	0.29	0.18
	每股净资产/调整后(元)	1.4/1.39	1.37/1.36	2.07/2.07
	未分利润(万元)	2699.46	2345.96	2997.63
	资本公积(万元)	4581.46	4571.87	12699.43
利润构成	主营收入(万元)	39206.03	44839.27	45196.47
	主营利润(万元)	9272.34	9704.27	9126.12
	营业利润(万元)	3343.87	3910.26	2906.08
	投资收益(万元)	332.28	577.3	1151.05
	利润总额(万元)	3517.6	4039.72	3992.54
	净利润(万元)	2163.92	2693.9	3408.63
点评	公司主营业务为纺织、酒店和偏光片。在人民币升值、欧美特保等不利因素影响下，纺织业经营出现下滑，致使公司05年净利润下降了20%左右。面对这种不利局面，公司规划通过新产品开发及加强管理来提高业绩，同时强化物业等其他业务，来实现公司持续发展。			

	截止日期	05年末	占%	主要股东及持股比例%、持股性质
股本结构（万股）	总股本	24512.4		深圳市投资管理公司 66.24%（国有股）
	国有股	16236	66.24	庄文侠 0.32%（流通A股）
	发起股			杨健 0.27%（流通A股）
	外资股			VICTOR ONWARD PRINTING&DYEING (HK) CO. LTD 0.23%（流通B股）
	募集股			ABN AMRO BANK NV 0.2%（流通B股）
	流通A	3326.4	13.57	汪俊 0.17%（流通A股）
	流通B	4950	20.19	徐美君 0.16%（流通A股）
	流通H			刘锦群 0.16%（流通B股）
股东户数	05年末	18649		DBS VICKERS(HONGKONG) LTD A/C CLIENTS 0.16%（流通B股）
	04年末	19005		朱茜颖 0.14%（流通A股）
其他流通股东	WU KIN YEUK 胡建跃 0.129%			
近年分配	05预案:10派0.5；04年:10派0.6；03年:10派1.8转增5		近年募资	

二〇〇五年以来市场表现

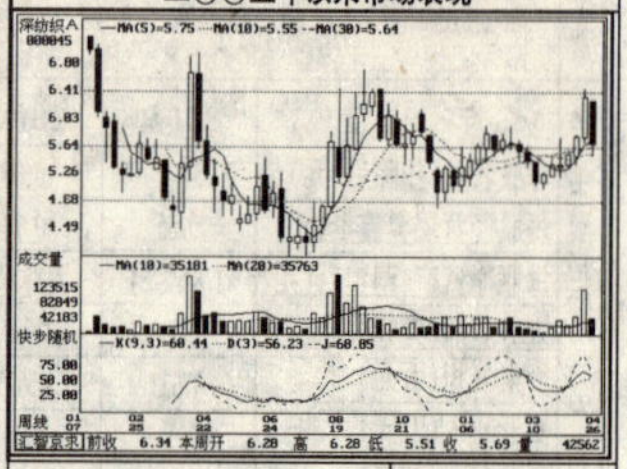

2005年涨跌幅(%)	-25
2005年最高(元)	7.18
2006年涨跌幅(%)	6.55
2006.4.26收盘(元)	5.69
2006年最高(元)	6.46
2006年最低(元)	5.06
2006年换手率(%)	170.69
股改对价	

G泛海（000046）

上市日期:94/09/12 电话:(0755)82985998－215 传真:(0755)82985866

主营	房地产开发经营，国内外项目投资。			
	年　度	2005	2004	2003
主要指标	每股收益/扣除后(元)	0.21/0.21	0.3/0.31	0.15/0.19
	每股经营现金流量(元)	-1.8	2.04	-1.873
	每股净资产/调整后(元)	3.3/3.3	3.73/3.71	4.14/4.12
	未分利润(万元)	29676.02	27007.15	22501.99
	资本公积(万元)	40935.23	43864.24	46305.09
利润构成	主营收入(万元)	55308.41	100193.68	57604.29
	主营利润(万元)	10891.96	19967.61	16216.5
	营业利润(万元)	4314.8	11093.47	9762.2
	投资收益(万元)	4151.64	-19.71	33.35
	利润总额(万元)	8745.74	11020.65	8610.35
	净利润(万元)	7447.21	8889.67	3660.92
点评	2005年主营业务收入较上年减少了44.80%，主要原因为本期无新完工楼盘开盘，销售的楼盘全部为以前年度未销售完的尾盘。重组后历史遗留问题清理完毕。2006年重点开发建设北京泛海国际居住区住宅项目。			

	截止日期	05年末	占%	主要股东及持股比例%、持股性质
股本结构（万股）	总股本	35148.14		泛海建设控股有限公司 28.17%（非流通股）
	国有股			光彩事业投资集团有限公司 20%（非流通股）
	发起股	16929.52	48.17	白春芬 0.34%（流通A股）
	外资股			孙爱茹 0.31%（流通A股）
	募集股			黄惠婷 0.24%（流通A股）
	流通A	18218.63	51.83	张会娟 0.24%（流通A股）
	流通B			陈烈乾 0.21%（流通A股）
	流通H			胡梅 0.19%（流通A股）
股东户数	05年末	54505		李芬桃 0.17%（流通A股）
	04年末	55538		王明其 0.16%（流通A股）
其他流通股东	刘满仓 0.154%；许雪娟 0.147%			
近年分配	04年:10派0.25送1转增1；03年:10派0.25送1转增1		近年募资	

二〇〇五年以来市场表现

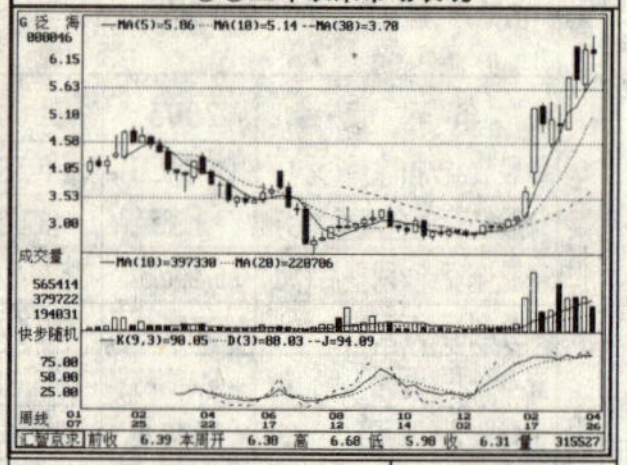

2005年涨跌幅(%)	-11.31
2005年最高(元)	4.85
2006年涨跌幅(%)	158.33
2006.4.26收盘(元)	6.31
2006年最高(元)	8.15
2006年最低(元)	2.99
2006年换手率(%)	197.05
股改对价	送股 每10股实际获得2.2股(06/03/24)

G康达尔（000048）

上市日期:94/11/01 电话:0755－55425020 传真:0755－5420155

主营	养殖肉鸡、鸡苗、禽蛋、肉猪、种猪；房地产开发；自来水供应；生产销售饲料；国内商业；交通运输等。			
	年　度	2005	2004	2003
主要指标	每股收益/扣除后(元)	0.014/0.008	0.019/0.012	0.01/0.009
	每股经营现金流量(元)	0.25	0.44	0.59
	每股净资产/调整后(元)	0.14/0.09	0.13/0.08	0.12/0.06
	未分利润(万元)	-28801.48	-44288.18	-45022.38
	资本公积(万元)		9236.41	9236.41
利润构成	主营收入(万元)	78666.63	97581.8	85623.02
	主营利润(万元)	10798.32	15322.37	12307.57
	营业利润(万元)	1218.4	3957.25	1295.01
	投资收益(万元)	228.3	-2785.31	-491.56
	利润总额(万元)	1279.73	1505.37	1245.11
	净利润(万元)	538.78	734.2	544.55
点评	公司目前的业务包括公用事业、房地产业、农业，产业关联度较低，不具备核心竞争力。“中科系”炒作事件留下大量的资金后遗症，制约了公司的正常经营和产业发展。资金紧张是公司目前经营面临的主要困难。			

	截止日期	05年末	占%	主要股东及持股比例%、持股性质
股本结构（万股）	总股本	39076.87		深圳市华超投资发展有限公司 26.36%（非流通股）
	国有股			上海中西药业股份有限公司 22.5%（非流通股）
	发起股	27653.13	70.77	深圳市众泉建设监理有限公司 9.8%（非流通股）
	外资股			深圳市一洲实业发展有限公司 3.75%（非流通股）
	募集股			上海昆凌工贸有限公司 2.04%（非流通股）
	流通A	11423.74	29.23	民乐燕园投资管理有限公司 1.73%（非流通股）
	流通B			上海步欣工贸有限公司 1.28%（非流通股）
	流通H			上海平杰投资咨询有限公司 1.23%（非流通股）
股东户数	05年末	38705		海南沃和生物技术有限公司 1.06%（非流通股）
	04年末	40209		上海肇达投资咨询有限公司 1.02%（非流通股）
其他流通股东	陈建柳 0.186%；郑毅 0.166%；李敏玲 0.159%；梁海云 0.15%；深圳晟光实业发展有限公司 0.148%；李向荣 0.131%			
近年分配			近年募资	

二〇〇五年以来市场表现

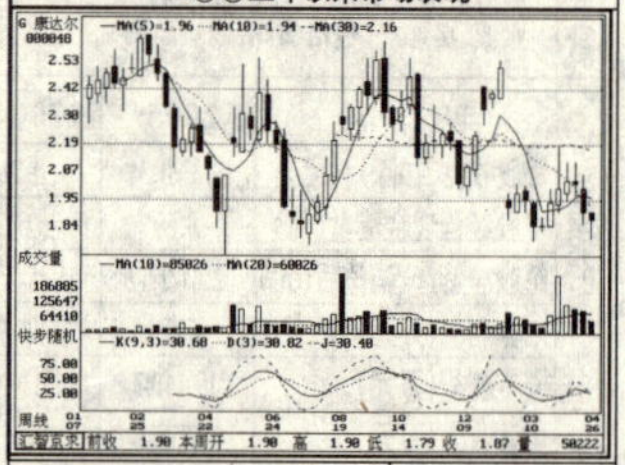

2005年涨跌幅(%)	-0.85
2005年最高(元)	2.65
2006年涨跌幅(%)	6.74
2006.4.26收盘(元)	1.87
2006年最高(元)	2.9
2006年最低(元)	2.34
2006年换手率(%)	67.34
股改对价	债务重组 送股 每10股实际获得3.3股(06/02/14)

G德赛（000049）

上市日期:95/03/20　电话:0755－82968282　传真:0755－82969220

主营	电池（主要包括移动设备用电池、碱锰电池、镍氢可充电电池）的研究、生产和销售等业务。			
主要指标	年　度	2005	2004	2003
	每股收益/扣除后(元)	0.133/0.126	0.021/0.02	-0.243/-0.237
	每股经营现金流量(元)	0.1475	0.13	0.2257
	每股净资产/调整后(元)	1.14/1.1	1/0.96	0.82/0.78
	未分利润(万元)	657.65	-3925.63	-4216.48
	资本公积(万元)	906.48	3750.61	1579.78
利润构成	主营收入(万元)	67610.54	17812.64	2875.81
	主营利润(万元)	9857.64	3422.8	1178.93
	营业利润(万元)	2990.28	689.4	-2088.76
	投资收益(万元)	-213.65	-61.09	-152.19
	利润总额(万元)	2846.47	648.7	-3320.61
	净利润(万元)	1813.59	290.86	-3324.56
点评	公司业绩增长迅猛，其支柱产业之一电池产品线丰富，品牌推广和渠道建设取得初步成效。未来随着以太阳能电池的开发和利用为核心的燃料电池、太阳能电池等研发力度的加大，再加上与清华大学在核能源电池方面的合作深入开展，公司成为新能源龙头的前景广阔。			

	截止日期	05年末	占%	主要股东及持股比例%、持股性质
股本结构（万股）	总股本	13682.92		惠州市德赛工业发展有限公司 53.04%（国有股）
	国有股	7850.24	57.37	惠州市仲恺高新技术投资控股有限公司 4.33%（国有股）
	发起股	108.05	0.79	深圳市丰汇城建发展股份有限公司 0.79%（国有股）
	外资股			李志文 0.21%（流通A股）
	募集股			何新宇 0.2%（流通A股）
	流通A	5723.34	41.83	梁鸿峰 0.19%（流通A股）
	流通B			余引地 0.19%（流通A股）
	流通H			田秋成 0.18%（流通A股）
股东户数	05年末	15138		朱克晋 0.16%（流通A股）
	04年末	12469		李炽坤 0.15%（流通A股）
其他流通股东	李琴英 0.142%；侯景娅 0.139%；陈建强 0.137%			
近年分配				近年募资

二〇〇五年以来市场表现

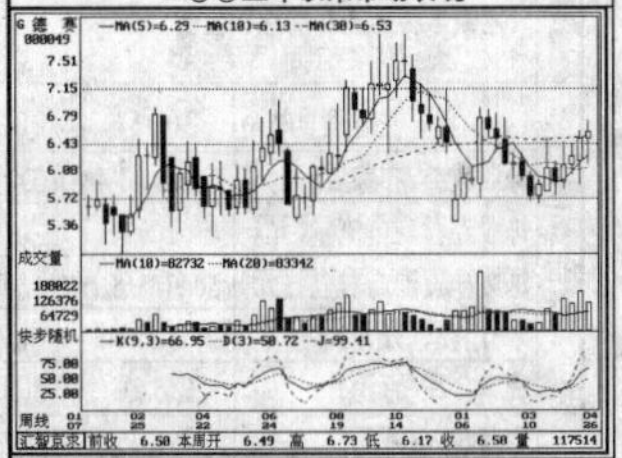

2005年涨跌幅(%)	32.42
2005年最高(元)	7.87
2006年涨跌幅(%)	15.64
2006.4.26收盘(元)	6.58
2006年最高(元)	6.9
2006年最低(元)	5.64
2006年换手率(%)	262.91
股改对价	送股 每10股实际获得2.8股(05/12/27)

G深天马（000050）

上市日期:95/03/15　电话:0755－83793863　传真:0755－83790431

主营	生产、销售液晶显示器(LCD)和液晶显示模块(LCM)产品。			
主要指标	年　度	2005	2004	2003
	每股收益/扣除后(元)	0.21/0.18	0.35/0.35	0.35/0.34
	每股经营现金流量(元)	0.387	0.146	0.003
	每股净资产/调整后(元)	2.94/2.87	2.84/2.78	5.31/5.21
	未分利润(万元)	9016.53	6962.7	2877.61
	资本公积(万元)	36402.18	36379.18	49656.18
利润构成	主营收入(万元)	110247.28	107091.27	63578.02
	主营利润(万元)	18581.94	21852.72	13674.41
	营业利润(万元)	5561.79	9622.19	5414.17
	投资收益(万元)	-164.22	61.74	-32.73
	利润总额(万元)	5812.39	9720.13	5517.82
	净利润(万元)	5540.27	9339.25	4642.66
点评	公司是国内目前规模最大、水平最高的液晶显示器生产企业，在国内LCD行业具有领先地位。随着彩色STN生产线实现彩色化的大批量生产和彩色液晶显示器模块生产线进一步扩产，公司主营业务盈利能力大增，对业绩将起较好的提高作用。			

	截止日期	05年末	占%	主要股东及持股比例%、持股性质
股本结构（万股）	总股本	26554		深圳中航实业股份有限公司 59.85%（国有股）
	国有股	19274.6	72.59	深圳市投资管理公司 12.74%（国有股）
	发起股			杨汉超 0.13%（流通A股）
	外资股			杨霞娴 0.08%（流通A股）
	募集股			盘旺清 0.08%（流通A股）
	流通A	7274.18	27.39	李惠珍 0.08%（流通A股）
	流通B			黄释芳 0.08%（流通A股）
	流通H			谢晓雁 0.08%（流通A股）
股东户数	05年末	27398		交通银行－融通行业景气证券投资基金 0.08%（流通A股）
	04年末	30280		黎红菊 0.07%（流通A股）
其他流通股东	魏锦城 0.062%；张保欢 0.062%			
近年分配	05预案:10派0.5转增2.5；04年:10派1；03年:10转增10			近年募资

二〇〇五年以来市场表现

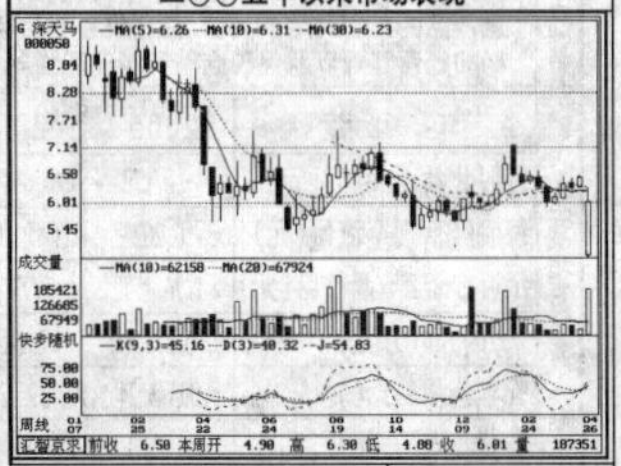

2005年涨跌幅(%)	-29.9
2005年最高(元)	9.41
2006年涨跌幅(%)	33.33
2006.4.26收盘(元)	6.01
2006年最高(元)	8.32
2006年最低(元)	5.91
2006年换手率(%)	112.69
股改对价	送股 每10股实际获得3.2股(06/04/26)

G方大A（000055/200055）

上市日期:A: 96/04/15 B: 95/11/29　电话:0755－26788571　传真:0755－26788353

主营	新型建材、复合材料、金属制品、金属结构、环保设备及器材、安防设备、冶金设备、光机电一体化产品等产品的开发、设计、生产、施工、销售及售后服务。			
主要指标	年　度	2005	2004	2003
	每股收益/扣除后(元)	-0.197/-0.26	0.011/-0.004	0.028/0.001
	每股经营现金流量(元)	-0.091	0.032	-0.32
	每股净资产/调整后(元)	1.41/1.16	1.6/1.44	1.62/1.52
	未分利润(万元)	-10487.74	-37138.73	-36972.11
	资本公积(万元)	16442.76	41340.22	41220.22
利润构成	主营收入(万元)	60649.87	62357.93	49571.85
	主营利润(万元)	4285.47	10765.27	10310.7
	营业利润(万元)	-6387.85	392.87	1288.6
	投资收益(万元)	-353.81	-15.31	-214.58
	利润总额(万元)	-5846.16	514.16	1002.86
	净利润(万元)	-5836.55	326.67	837.16
点评	公司主要经营新型建材、机电一体化设备、半导体照明三大产业。随着研制生产大功率高亮度半导体芯片成功投放市场，公司半导体照明产业产销量大幅增长。公司新型建材产业的铝板、铝型材等产品的生产能力大幅提高，企业运营成本得到降低，经营业绩将改善。			

	截止日期	05年末	占%	主要股东及持股比例%、持股性质
股本结构（万股）	总股本	29640		深圳市邦林科技发展有限公司 20.24%（非流通股）
	国有股	93.94	0.32	深圳市时利和投资有限公司 15.9%（非流通股）
	发起股	10809.26	36.47	集康国际有限公司 6.61%（流通B股）
	外资股			翁英文 0.73%（流通B股）
	募集股			陈金标 0.68%（流通B股）
	流通A	4200	14.17	深圳市蛇口渔二实业股份有限公司 0.65%（非流通股）
	流通B	14536.8	49.04	王婵娟 0.6%（流通B股）
	流通H			JING,NING 0.34%（流通B股）
股东户数	05年末	38991		上海申能资产管理有限公司 0.32%（流通A股）
	04年末	40890		李汉波 0.31%（流通B股）
其他流通股东	陈喜镇 0.248%；陆海云 0.188%；AILEEN YUE 0.173%			
近年分配	03年:10派0.3			近年募资

二〇〇五年以来市场表现

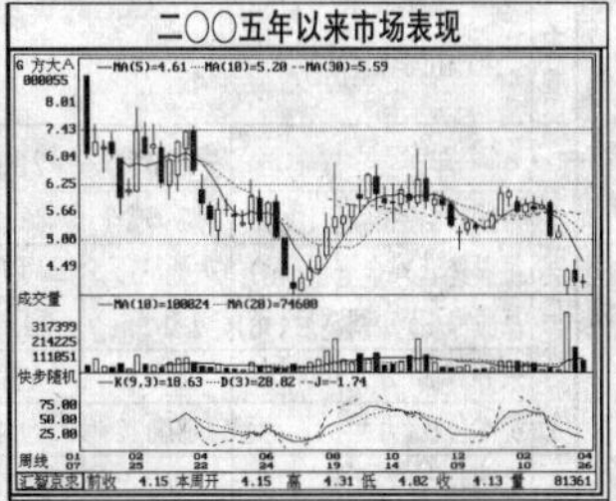

2005年涨跌幅(%)	-37.17
2005年最高(元)	8.6
2006年涨跌幅(%)	31.41
2006.4.26收盘(元)	4.13
2006年最高(元)	7.78
2006年最低(元)	5.1
2006年换手率(%)	198.49
股改对价	定向转增 每10股实际获得6.8324股(06/04/10)

G 深国商（000056/200056）

上市日期:A: 96/07/08 B: 95/10/30　电话:0755－82285565　传真:0755－82285573

主营	连锁零售商业和房地产投资。			
	年　　度	2005	2004	2003
主要指标	每股收益/扣除后(元)	0.03/－0.164	－0.334/－0.258	0.01/－0.088
	每股经营现金流量(元)	0.26	0.27	0.11
	每股净资产/调整后(元)	0.91/0.68	0.8/0.74	1.5/1.46
	未分利润(万元)	－15427.14	－16024.98	－6436.28
	资本公积(万元)	6265.53	5110.97	5110.97
利润构成	主营收入(万元)	18894.65	8667.13	11462.94
	主营利润(万元)	4793.95	－433.25	2293.38
	营业利润(万元)	－1039.84	－11301.91	－1191.52
	投资收益(万元)	3219.09	－1462.88	－57.16
	利润总额(万元)	2980.61	－15865.32	－312.69
	净利润(万元)	700.15	－7368.66	125.45
点评	主要从事商业零售及房地产开发,公司已采取加快新项目开发、盘活存量资产等多项措施。晶岛国际购物中心位于深圳市中轴线上,是公司房地产业务重点建设项目。业绩情况一般,本期净利润 347 万元。			

	截止日期	05 年末	占%	主要股东及持股比例%、持股性质
股本结构(万股)	总股本	22090.12		深圳市特发集团有限公司 19.03%(国有股)
	国有股	4203.53	19.03	马来西亚和昌父子有限公司 13.7%(部分流通部分不流通)
	发起股			深圳市泰天实业发展有限公司 8.64%(外资股)
	外资股			F.C.(ASIA) HOLDINGS SDN.BHD. 3.93%(流通 B股)
	募集股	5164.36	23.38	香港盟兴实业有限公司 1.69%(外资股)
	流通 A	5522.23	25	马来西亚友企联合有限公司 1.3%(外资股)
	流通 B	7200	32.59	大埔和昌化工有限公司 1.3%(外资股)
	流通 H			香港和盛国际贸易公司 1.3%(外资股)
股东户数	05 年末	38120		LETSCON HOLDINGS SDN.BHD. 0.91%(流通 B股)
	04 年末	39709		陈要生 0.16%(流通 B股)
其他流通股东	叶永坚 0.15%;林志豪 0.118%;杨从容 0.11%;魏适 0.109%;陆华忠 0.105%;方伊君 0.094%			
近年分配		近年募资		

二〇〇五年以来市场表现

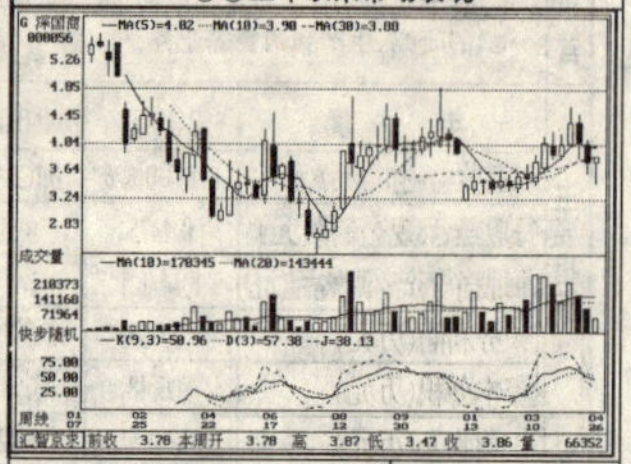

2005 年涨跌幅(%)	－27.05
2005 年最高(元)	5.66
2006 年涨跌幅(%)	33.27
2006.4.26 收盘(元)	3.86
2006 年最高(元)	6.21
2006 年最低(元)	4.32
2006 年换手率(%)	313.67
股改对价	送股 每 10 股实际获得 3.5 股(06/01/06)

深赛格（000058/200058）

上市日期:A: 96/12/26 B: 96/07/22　电话:0755－83747939　传真:0755－83975237

主营	彩色玻壳、电子系统工程、网络工程、通信等高科技电子信息产品的科研与生产经营、信息服务业的经营、电子配套市场的经营管理以及保税仓储和涉外运输等业务。			
	年　　度	2005	2004	2003
主要指标	每股收益/扣除后(元)	－0.178	0.141	0.25/0.11
	每股经营现金流量(元)	0.262	0.103	0.45
	每股净资产/调整后(元)	1.76/1.72	1.93/1.78	1.94/1.81
	未分利润(万元)	5235.04	18148.08	20069.8
	资本公积(万元)	39373.24	39222.31	39203.17
利润构成	主营收入(万元)	181578.52	258791.47	232169.71
	主营利润(万元)	6162.49	34413.02	36175.25
	营业利润(万元)	－23402.58	9219.01	9494.79
	投资收益(万元)	－134.95	5833.29	2630.12
	利润总额(万元)	－23864.09	14964.28	22862.91
	净利润(万元)	－12913.03	10198.94	18175.45
点评	公司在中国电子行业位居重要地位。在平板电视来势汹汹的行业大环境下,原材料涨价、整机厂商减产、出口受阻带来的彩管价格下滑、库存增加,使彩管行业面临前所未有的压力。公司也难逃行业的困境,超薄型 CRT 或可能成为传统彩管企业转型的"救命稻草"。			

	截止日期	05 年末	占%	主要股东及持股比例%、持股性质
股本结构(万股)	总股本	72614.59		深圳市赛格集团有限公司 32.69%(国有股)
	国有股	23735.97	32.69	广州福达企业集团有限公司 17.9%(非流通股)
	发起股	17411.82	23.98	上海中南投资管理有限公司 0.87%(非流通股)
	外资股			上海奇乐经贸有限公司 0.83%(非流通股)
	募集股			深圳市生溢实业发展有限公司 0.69%(非流通股)
	流通 A	8662.62	11.93	上海泰利科技发展有限公司 0.55%(非流通股)
	流通 B	22804.17	31.4	上海新元投资有限公司 0.5%(非流通股)
	流通 H			秦皇岛市三元有限责任公司 0.43%(非流通股)
股东户数	05 年末	76233		上海万通油漆化工有限公司 0.34%(非流通股)
	04 年末	83043		无锡市宏裕百货商店 0.3%(非流通股)
其他流通股东	DEUTSCHE BAND AG LONDON 0.999%;方伊君 0.165%;李玫 0.164%;郑少生 0.151%;WONDCHI HO 黄志豪 0.112%			
近年分配	03 年:10 派 1.12	近年募资		

二〇〇五年以来市场表现

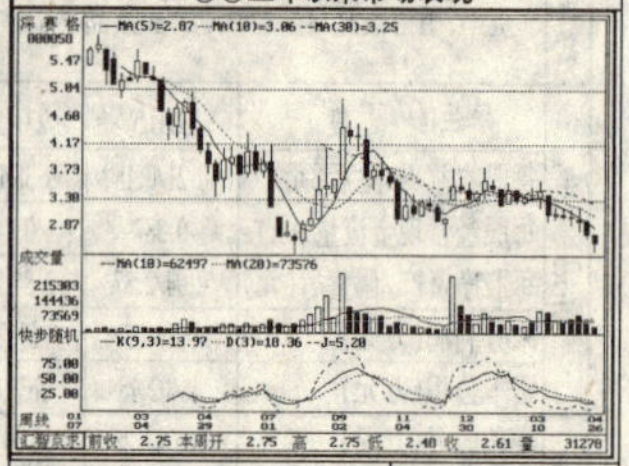

2005 年涨跌幅(%)	－39.6
2005 年最高(元)	5.91
2006 年涨跌幅(%)	－21.15
2006.4.26 收盘(元)	2.61
2006 年最高(元)	3.8
2006 年最低(元)	2.48
2006 年换手率(%)	111.27
股改对价	

G 辽通（000059）

上市日期:97/01/30　电话:0755－25985565　传真:0755－25985575

主营	生产化学肥料。			
	年　　度	2005	2004	2003
主要指标	每股收益/扣除后(元)	0.36/0.247	0.192	0.007/0.087
	每股经营现金流量(元)	0.635	0.757	0.46
	每股净资产/调整后(元)	2.51/2.41	2.14/2.11	1.92/1.89
	未分利润(万元)	24976.07	4536.71	－6899.45
	资本公积(万元)	68730.02	68144.08	65968.71
利润构成	主营收入(万元)	185645.55	166270.76	156400.85
	主营利润(万元)	49077.05	43356.4	27266.21
	营业利润(万元)	32615.55	16459.8	1973.83
	投资收益(万元)			15
	利润总额(万元)	34500.33	17442.95	1867.16
	净利润(万元)	24046.31	12745.69	477.15
点评	公司的控股子公司建设的"30 万吨甲醇合成二甲醚代替汽油"项目,以及收购母公司旗下的新疆阿克苏华锦化肥有限公司都将成为公司未来的利润增长点,但是原材料天然气的涨价以及尿素的供过于求将影响公司的获利能力。			

	截止日期	05 年末	占%	主要股东及持股比例%、持股性质
股本结构(万股)	总股本	66322.52		华锦集团 60.26%(国有股)
	国有股	42575.06	64.19	通达化工 3.94%(国有股)
	发起股	425.46	0.64	华润石化 0.37%(非流通股)
	外资股			鹏龙工贸 0.27%(非流通股)
	募集股			招商证券 0.21%(流通 A股)
	流通 A	23322	35.16	中天证券 0.15%(流通 A股)
	流通 B			苏宏钰 0.11%(流通 A股)
	流通 H			张丽娟 0.07%(流通 A股)
股东户数	05 年末	76498		顾志增 0.06%(流通 A股)
	04 年末	83093		黄妙婵 0.05%(流通 A股)
其他流通股东	李勇华 0.058%;周虹 0.056%;人保－传统－普通保险产品 0.056%;戚小京 0.054%			
近年分配		近年募资		

二〇〇五年以来市场表现

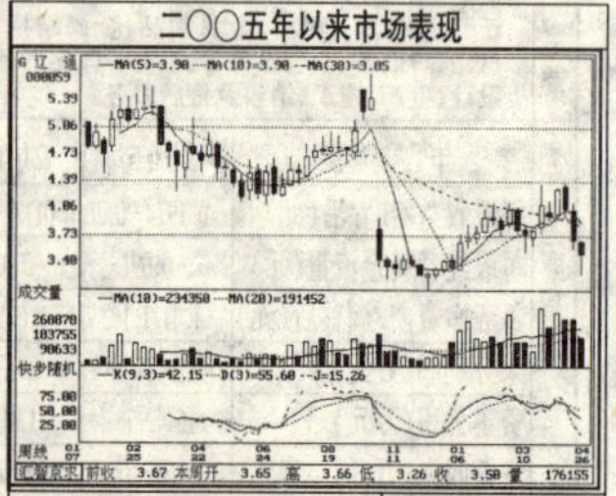

2005 年涨跌幅(%)	－10.25
2005 年最高(元)	5.72
2006 年涨跌幅(%)	5.11
2006.4.26 收盘(元)	3.5
2006 年最高(元)	4.36
2006 年最低(元)	3.26
2006 年换手率(%)	149.72
股改对价	送股 每 10 股实际获得 3.8 股(05/10/25)

G 中金（000060）

上市日期:97/01/23　　电话:0755－83474800　　传真:0755－83474889

主营	有色金属铅锌的采、选、冶及铝型材、铝门窗、玻璃幕墙、商贸、房地产开发和出租车运输。			
主要指标	年　度	2005	2004	2003
	每股收益/扣除后(元)	0.642/0.71	0.317	0.14/0.12
	每股经营现金流量(元)	1.07	1.05	0.67
	每股净资产/调整后(元)	3.33/3.24	2.81/2.64	2.59/2.38
	未分利润(万元)	29984.3	13196.81	6565.82
	资本公积(万元)	48648.83	48422.83	48350.83
利润构成	主营收入(万元)	423725.05	354842.15	283557.5
	主营利润(万元)	110030.44	85173.16	58370.55
	营业利润(万元)	40209.25	22974.35	7513.27
	投资收益(万元)	－3729.06	－2785.15	436.7
	利润总额(万元)	33091.11	19936.79	8362.28
	净利润(万元)	27734.36	13688.74	6017.62
点评	公司主营铅、锌采选和冶炼,拥有储量大、品位高的凡口铅锌矿和技术工艺先进的韶关冶炼厂,资源自给率达到50%。由于全球锌供应缺口加大,锌价逐步走高,公司盈利能力提升,经营业绩大幅提高。公司正在进行扩产改造,产能将进一步提高。			

	截止日期	05年末	占%	主要股东及持股比例%、持股性质
股本结构（万股）	总股本	43200		广东省广晟资产经营有限公司 34.76%（国有股）
	国有股	15959.13	36.94	黑龙江省大正投资集团有限责任公司 2.64%（流通A股）
	发起股	975.27	2.26	广东广晟有色金属集团有限公司 2.18%（国有股）
	外资股			裕隆证券投资基金 2.12%（流通A股）
	募集股			国联安德盛小盘精选证券投资基金 1.97%（流通A股）
	流通A	26229.54	60.72	深圳市海丰源投资股份有限公司 1.9%（流通A股）
	流通B			安顺证券投资基金 1.32%（流通A股）
	流通H			汇添富优势精选混合型证券投资基金 1.27%（流通A股）
股东户数	05年末	63640		湘财荷银行业精选证券投资基金 1.04%（流通A股）
	04年末	80448		上投摩根中国优势证券投资基金 0.98%（流通A股）
其他流通股东	金泰证券投资基金 0.787%;裕泽证券投资基金 0.746%			
近年分配	05年:10派1送2转增2；04年:10派1.25；03年:10派1		近年募资	

二〇〇五年以来市场表现

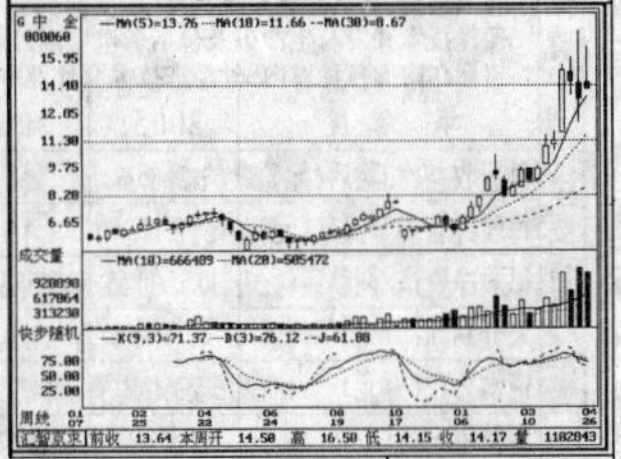

2005年涨跌幅(%)	32.6
2005年最高(元)	9.12
2006年涨跌幅(%)	222.62
2006.4.26收盘(元)	14.17
2006年最高(元)	23.2
2006年最低(元)	6.14
2006年换手率(%)	327.61
股改对价	送股 每10股实际获得2.8股(05/11/18)

G 农产品（000061）

上市日期:97/01/10　　电话:0755－25850936　　传真:0755－25850936

主营	建设和管理农产品批发市场、农产品的批发零售和进出口业务、农产品的拍卖、农产品的仓储、保鲜、包装、加工和运输、农产品信息的服务、养猪			
主要指标	年　度	2005	2004	2003
	每股收益/扣除后(元)	0.036/－0.08	0.027/0.002	0.176/0.083
	每股经营现金流量(元)	0.866	0.353	0.45
	每股净资产/调整后(元)	3.64/3.37	3.66/3.35	3.59/3.11
	未分利润(万元)	3285.19	2105.1	3144.4
	资本公积(万元)	81209.3	81195.5	79594.93
利润构成	主营收入(万元)	240823.21	227104.03	250055.05
	主营利润(万元)	61348.49	60216.3	58608.15
	营业利润(万元)	11005.54	4665.63	10743.74
	投资收益(万元)	－268.32	－1289.2	168.36
	利润总额(万元)	11906.85	4570.28	12322.53
	净利润(万元)	1388.34	1057.67	6803.87
点评	作为国家首批农业产业化经营重点龙头企业,唯一一家大型农产品批发市场连锁经营的企业,公司05年放缓收购步伐,但农批市场业务依然良好,成为公司最重要的利润来源;零售连锁超市业务亏损、参股1亿元的金信信托计提4000万元减值准备,影响公司业绩。			

	截止日期	05年末	占%	主要股东及持股比例%、持股性质
股本结构（万股）	总股本	38766.34		深圳市人民政府国有资产监督管理委员会 22.88%（国有股）
	国有股	9726.94	25.09	深圳国际信托投资有限责任公司－农产品股权分置改革集合财产信托 6.76%（非流通股）
	发起股	5240.87	13.52	交通银行－海富通精选证券投资基金 2.58%（流通A股）
	外资股			兴和证券投资基金 2.53%（流通A股）
	募集股			中国工商银行－诺安平衡证券投资基金 2.32%（流通A股）
	流通A	23709.75	61.16	深圳市投资管理公司 2.21%（国有股）
	流通B			中国工商银行－诺安股票证券投资基金 1.84%（流通A股）
	流通H			中国银行－南方高增长股票型开放式证券投资基金 1.81%（流通A股）
股东户数	05年末	41378		广州铁路集团广深铁路实业发展总公司 1.7%（非流通股）
	04年末	58541		深圳市劳动和社会保障局 1.7%（非流通股）
其他流通股东	中国工商银行－南方稳健成长证券投资基金 1.2%;上海市职工保障互助中心 0.903%			
近年分配	04年:10派0.5；03中期:10派2送5转增3		近年募资	03年10配3配股价9.19元。

二〇〇五年以来市场表现

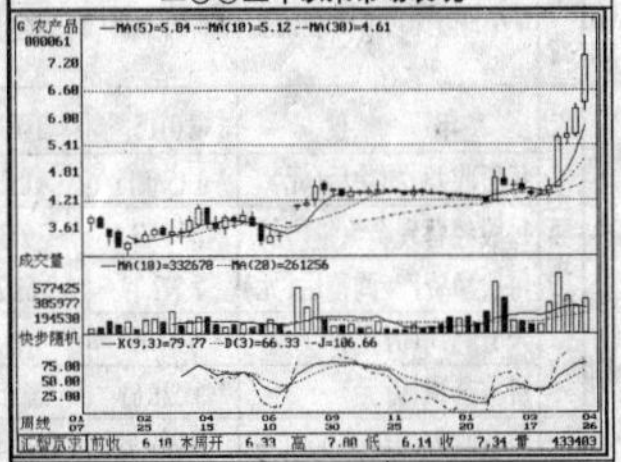

2005年涨跌幅(%)	16.94
2005年最高(元)	4.68
2006年涨跌幅(%)	70.7
2006.4.26收盘(元)	7.34
2006年最高(元)	7.8
2006年最低(元)	4.1
2006年换手率(%)	207.54
股改对价	权证(05/09/12)

深圳华强（000062）

上市日期:97/01/30　　电话:0755－83216296　　传真:0755－83368414

主营	激光头、电池系列产品、微型马达、数码相机等电子元器件制造、电子信息产业和物业开发及管理。			
主要指标	年　度	2005	2004	2003
	每股收益/扣除后(元)	0.093/0.1	0.155	0.084/0.098
	每股经营现金流量(元)	－0.2378	0.6834	0.155
	每股净资产/调整后(元)	4.51/4.43	4.55/4.45	4.49/4.48
	未分利润(万元)	29176.31	30213.97	29354.32
	资本公积(万元)	54157.36	54147.18	54137.68
利润构成	主营收入(万元)	267752.66	200961.41	36778.91
	主营利润(万元)	39862.01	26411.79	6298.19
	营业利润(万元)	3302.61	2697.45	118.78
	投资收益(万元)	808.63	2488.91	701.32
	利润总额(万元)	3842.8	5077.76	787.62
	净利润(万元)	2514.93	4194.49	2278.19
点评	公司产品已覆盖计算机硬件、信息系统集成、高科技智能娱乐产品、网络通信产品等。近年来公司加大了对主营结构和资产结构调整,但由于高端视频产品国产化程度较低,市场价格快速下滑,公司面临的成本压力较大。			

	截止日期	05年末	占%	主要股东及持股比例%、持股性质
股本结构（万股）	总股本	27040		深圳华强集团有限公司 52.5%（非流通股）
	国有股			吴海全 0.18%（流通A股）
	发起股	14196	52.5	徐建民 0.15%（流通A股）
	外资股			吴海源 0.15%（流通A股）
	募集股			张郁芳 0.12%（流通A股）
	流通A	12830.36	47.45	关岳 0.11%（流通A股）
	流通B			任国祥 0.1%（流通A股）
	流通H			招商银行股份有限公司－长城久泰中信标普300指数证券投资基金 0.09%（流通A股）
股东户数	05年末	58193		李伟能 0.08%（流通A股）
	04年末	63440		孔一平 0.08%（流通A股）
其他流通股东	吕苏华 0.074%			
近年分配	05预案:10派1；04年:10派1；03年:10派1		近年募资	

二〇〇五年以来市场表现

2005年涨跌幅(%)	－27.08
2005年最高(元)	6.67
2006年涨跌幅(%)	27.87
2006.4.26收盘(元)	5.69
2006年最高(元)	5.71
2006年最低(元)	4.43
2006年换手率(%)	92.64
股改对价	转增 每10股实际获得3股

G 中兴（000063）

上市日期:97/11/18　　电话:0755－26770282　　传真:0755－26770286

主营	数字程控交换系统、移动通讯系统、数据通讯系统、多媒体通讯系统、通讯传输系统、卫星及微波通讯系统、计算机软硬件技术开发与生产以及包括承包境内外通讯工程和国际招标在内的各种对内、外经济技术合作业务。			
主要指标	年　度	2005	2004	2003
	每股收益/扣除后(元)	1.24/1.26	1.05	1.128/1.08
	每股经营现金流量(元)	0.18	1.71	1.71
	每股净资产/调整后(元)	10.55/10.55	9.56/9.53	7.56/7.29
	未分利润(万元)	217119	149543.1	143165.48
	资本公积(万元)	550642.4	549165.8	210604.28
利润构成	主营收入(万元)	2157592	2269815.3	1603603.49
	主营利润(万元)	752546.3	825813.5	589172.93
	营业利润(万元)	109229.8	118638.3	89082.76
	投资收益(万元)	－5935.3	－366.9	－685.54
	利润总额(万元)	150186.4	141881.6	97463.01
	净利润(万元)	119434.3	100887	75249.85
点评	公司将成长为全球性的通讯设备公司,其成长动力在于:庞大中国市场的支持,以及依靠中国优势走向全球。虽然公司短期业绩(2006年)受国内3G牌照的发放时间和发放方式影响比较大,但不影响公司的长期投资价值,无非延缓其业绩释放周期而已。			

	截止日期	05年末	占%	主要股东及持股比例%、持股性质
股本结构（万股）	总股本	95952.16		深圳市中兴新通讯设备有限公司 37.41%（国有股）
	国有股	39207.99	40.86	香港中央结算代理人有限公司 16.62%（H股）
	发起股	1143.18	1.19	Deutsche Bank Aktiengesellschaft 2.63%（流通A股）
	外资股	1829.09	1.91	Jade Dragon (Mauritius) Limited 1.91%（外资股）
	募集股			湖南南天集团有限公司 1.19%（非流通股）
	流通A	37628.59	39.22	南方稳健成长证券投资基金 0.94%（流通A股）
	流通B			天元证券投资基金 0.82%（流通A股）
	流通H	16015.1	16.69	申万巴黎盛利精选证券投资基金 0.75%（流通A股）
股东户数	05年末	23924		裕隆证券投资基金 0.68%（流通A股）
	04年末	27877		开元证券投资基金 0.63%（流通A股）
其他流通股东	裕阳证券投资基金 0.605%；招商股票投资基金 0.566%；景福证券投资基金 0.522%			
近年分配	05预案:10派2.5；04年:10派2.5；03年:10派3送2		近年募资	

二〇〇五年以来市场表现

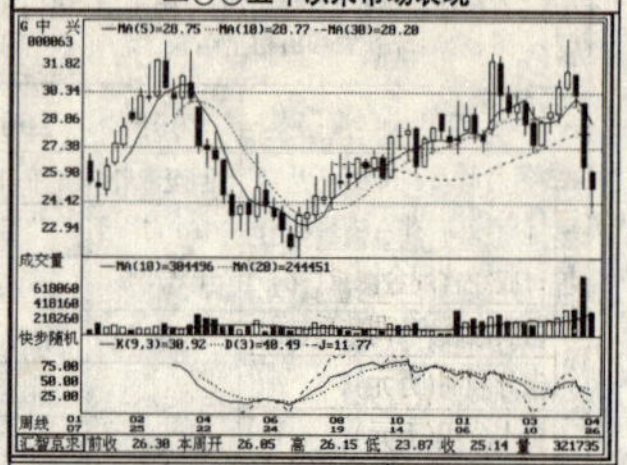

2005年涨跌幅(%)	31.04
2005年最高(元)	37.63
2006年涨跌幅(%)	－9.5
2006.4.26收盘(元)	25.14
2006年最高(元)	33.3
2006年最低(元)	23.87
2006年换手率(%)	117.14
股改对价	送股 每10股实际获得2.5股(05/12/29)

G 北方（000065）

上市日期:98/06/05　　电话:0755－83433922　　传真:0755－83433331

主营	国际工程、国内装饰工程及铝型材、新型建材的生产、销售。			
主要指标	年　度	2005	2004	2003
	每股收益/扣除后(元)	0.15/0.15	0.22	0.125/0.072
	每股经营现金流量(元)	－0.03	2.38	－0.23
	每股净资产/调整后(元)	2.7/2.19	2.61/2.31	2.32/2.05
	未分利润(万元)	9334.82	8419.13	5593.97
	资本公积(万元)	15521.63	15521.63	14361.71
利润构成	主营收入(万元)	124619.95	172114.85	103361.54
	主营利润(万元)	9663.15	16160.03	7969.96
	营业利润(万元)	3196.75	4913.16	1323.08
	投资收益(万元)	－0.3	－0.03	6.09
	利润总额(万元)	3194.05	4873.61	2298.82
	净利润(万元)	2376.78	3513.47	2024.35
点评	公司主营国际工程承包、国内建筑安装以及房地产业务。公司将对包括广州、深圳、天津等地在内的土地资源分别进行开发,推出北方地产品牌,使房地产业务成为公司重要的国内业务支柱,为公司贡献稳定的营业额和利润。			

	截止日期	05年末	占%	主要股东及持股比例%、持股性质
股本结构（万股）	总股本	16243.71		中国万宝工程公司 58.05%（国有股）
	国有股	10586.11	65.17	西安北方惠安化学工业有限公司 7.12%（国有股）
	发起股			章月英 0.32%（流通A股）
	外资股			张美姿 0.3%（流通A股）
	募集股			宋卓 0.23%（流通A股）
	流通A	5651.26	34.79	周跃进 0.2%（流通A股）
	流通B			彭小平 0.19%（流通A股）
	流通H			赵德全 0.18%（流通A股）
股东户数	05年末	12137		袁振波 0.18%（流通A股）
	04年末	14608		中国银行－同智证券投资基金 0.17%（流通A股）
其他流通股东	黄森招 0.167%；王瑞英 0.162%			
近年分配	04年:10派0.6		近年募资	

二〇〇五年以来市场表现

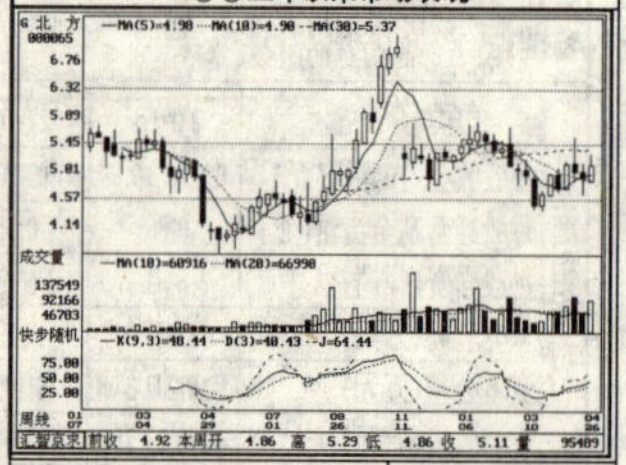

2005年涨跌幅(%)	37.11
2005年最高(元)	7.92
2006年涨跌幅(%)	－5.37
2006.4.26收盘(元)	5.11
2006年最高(元)	5.79
2006年最低(元)	4.39
2006年换手率(%)	193.51
股改对价	送股 每10股实际获得3.6股(05/11/11)

长城电脑（000066）

上市日期:97/06/26　　电话:0755－26634759　　传真:0755－26631106

主营	主营电子计算机及其外设,包括电脑系统、服务器、显示器、开关电源、打印机等,以及移动信息产品、软件与大型应用网络系统集成,电子商务整体解决方案等。			
主要指标	年　度	2005	2004	2003
	每股收益/扣除后(元)	0.74/0.04	0.71	0.23/0.24
	每股经营现金流量(元)	－0.07	0.04	－0.17
	每股净资产/调整后(元)	3.8/3.8	3.36/3.36	2.75/2.74
	未分利润(万元)	51311.02	38076.66	30351
	资本公积(万元)	31924.73	31907.85	31907.1
利润构成	主营收入(万元)	244323.5	182821	151439.17
	主营利润(万元)	18032.39	10878.67	6526.03
	营业利润(万元)	－1837.82	－5552.19	－18529.36
	投资收益(万元)	40948.35	40700.21	29353.31
	利润总额(万元)	38252.5	32644.59	10658.72
	净利润(万元)	33736.38	32581.65	10723.73
点评	公司主营业务为电子计算机及其外设的生产和销售,目前行业已经进入"量大利薄"的后价格战时代。由于产品的品牌集中度越来越高,公司难以获得比较有价格优势的元器件及上游产品,也难以进一步降低公司单位产品的渠道成本,这增强了公司未来发展的不确定性。			

	截止日期	05年末	占%	主要股东及持股比例%、持股性质
股本结构（万股）	总股本	45849.15		长城科技股份有限公司 60.47%（国有股）
	国有股	27723.15	60.47	全国社保基金零零一组合 0.42%（流通A股）
	发起股			中国建设银行－博时裕富证券投资基金 0.19%（流通A股）
	外资股			中国工商银行－融通深证100指数证券投资基金 0.14%（流通A股）
	募集股			中国人寿保险股份有限公司－传统－普通保险产品－005L－CT001 0.07%（流通A股）
	流通A	18104.84	39.49	郑明添 0.07%（流通A股）
	流通B			周伟 0.07%（流通A股）
	流通H			招商银行股份有限公司－长城久泰中信标普300指数证券投资基金 0.07%（流通A股）
股东户数	05年末	98822		尤其龙 0.06%（流通A股）
	04年末	97840		王怀新 0.06%（流通A股）
其他流通股东	中国银行－嘉实沪深300指数证券投资基金 0.058%			
近年分配	05预案:10派3；04年:10派3；03年:10派1		近年募资	

二〇〇五年以来市场表现

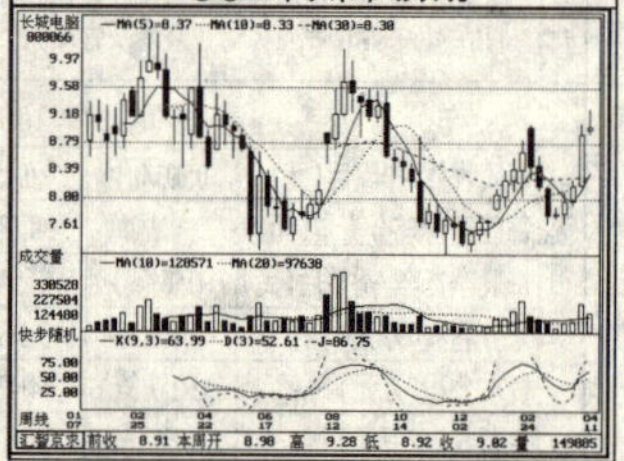

2005年涨跌幅(%)	－6.07
2005年最高(元)	10.44
2006年涨跌幅(%)	12.05
2006.4.26收盘(元)	9.02
2006年最高(元)	9.28
2006年最低(元)	7.63
2006年换手率(%)	76.88
股改对价	送股 每10股实际获得3.2股

赛格三星（000068）

上市日期:97/06/11　　电话:0755－3311988　　传真:0755－3112656

主营	彩色显像管、显示管玻壳的设计、制造和销售。			
主要指标	年　度	2005	2004	2003
	每股收益/扣除后(元)	0.05/－0.006	0.35/0.28	0.227/0.176
	每股经营现金流量(元)	0.97	0.74	1.049
	每股净资产/调整后(元)	2.59/2.46	2.64/2.54	2.28/2.03
	未分利润(万元)	46654.22	51074.87	27346.35
	资本公积(万元)	63478.49	63038.56	62949.3
利润构成	主营收入(万元)	206759.92	169884.06	99201.33
	主营利润(万元)	45082.03	59388.62	30598.82
	营业利润(万元)	2438.21	30852.75	18452.96
	投资收益(万元)			
	利润总额(万元)	5115.7	31243.27	18947.18
	净利润(万元)	4045.95	27449.29	17860.69
点评	公司从事彩玻的专业化生产和销售，是目前全国产销率最高、出口量最大的彩玻生产企业和南方最大的彩玻生产基地。玻壳行业处于下降周期，开发薄型CRP玻壳只能一定程度上抵消而不能改变被液晶电视替代的命运，新技术的尝试还未成为公司新的增长点。			

截止日期	05年末	占%	主要股东及持股比例%、持股性质
股本结构（万股）总股本	78597.05		深圳赛格股份有限公司 21.37%（非流通股）
国有股	11319.39	14.4	三星康宁投资有限公司 21.37%（外资股）
发起股	33702.69	42.88	三星康宁(马来西亚)有限公司外资股东 14.09%（外资股）
外资股	11074.97	14.09	深圳市赛格集团有限公司 14.02%（国有股）
募集股			深圳市永泰投资有限公司 2.51%（流通A股）
流通A	22500	28.63	国联证券有限责任公司 2.07%（流通A股）
流通B			华宝信托投资有限责任公司 0.54%（流通A股）
流通H			中国信达资产管理公司 0.38%（国有股）
股东户数 05年末	43592		全国社保基金零零一组合 0.3%（流通A股）
股东户数 04年末	30704		深圳市博杰投资发展有限公司 0.21%（流通A股）
其他流通股东	东营大明投资发展有限责任公司 0.204%；周湘勇 0.146%；中国建设银行－博时裕富证券投资基金 0.143%		
近年分配	04年:10派1	近年募资	

二○○五年以来市场表现

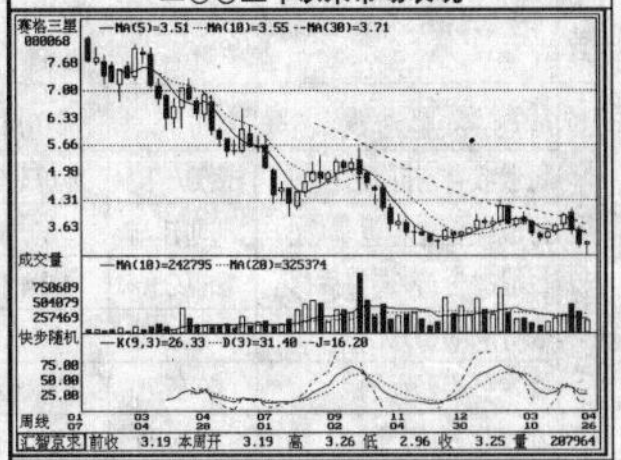

2005年涨跌幅(%)	－57.55
2005年最高(元)	8.35
2006年涨跌幅(%)	－7.14
2006.4.26收盘(元)	3.25
2006年最高(元)	4.27
2006年最低(元)	2.96
2006年换手率(%)	222.44
股改对价	

G华侨城（000069）

上市日期:97/09/10　　电话:0755－26909069　　传真:0755－26600517

主营	主题公园经营管理、旅行社等旅游相关业务及房地产。			
主要指标	年　度	2005	2004	2003
	每股收益/扣除后(元)	0.432/0.432	0.319	0.22/0.214
	每股经营现金流量(元)	0.497	－0.063	0.13
	每股净资产/调整后(元)	2.37/2.3	1.71/1.62	1.36/1.3
	未分利润(万元)	91931.79	48714.04	20147.39
	资本公积(万元)	34957.33	5397.78	1778.75
利润构成	主营收入(万元)	65579.37	56395.28	49660.32
	主营利润(万元)	30265.32	24878.68	21897.81
	营业利润(万元)	15045.93	10637.37	310.77
	投资收益(万元)	35626.56	25042.91	24326.95
	利润总额(万元)	50291.12	35760.43	24545.88
	净利润(万元)	48019.72	33607.82	22969.52
点评	公司实际每股收益0.43元，低于市场预期的0.48元，可能是为了股权激励具体方案获批而调节05年利润。世界之窗、锦绣中华、欢乐谷三个公园的游客有所增长；房地产业务定位高端，盈利能力较强。			

截止日期	05年末	占%	主要股东及持股比例%、持股性质
股本结构（万股）总股本	111120.52		华侨城集团公司 65.54%（国有股）
国有股	2087.47	1.88	嘉实服务增值行业证券投资基金 2.49%（流通A股）
发起股	69685.01	62.71	嘉实成长收益型证券投资基金 1.28%（流通A股）
外资股			易方达策略成长证券投资基金 1.17%（流通A股）
募集股			全国社保基金一零六组合 1.14%（流通A股）
流通A	39331.42	35.4	丰和价值证券投资基金 1.06%（流通A股）
流通B			普惠证券投资基金 0.98%（流通A股）
流通H			科瑞证券投资基金 0.87%（流通A股）
股东户数 05年末	8098		中信经典配置证券投资基金 0.81%（流通A股）
股东户数 04年末	16173		易方达平稳增长证券投资基金 0.78%（流通A股）
其他流通股东	科汇证券投资基金 0.69%		
近年分配	05预案:10派2；03中期:10转增3	近年募资	03年增发转债400万张，募资总额4亿。

二○○五年以来市场表现

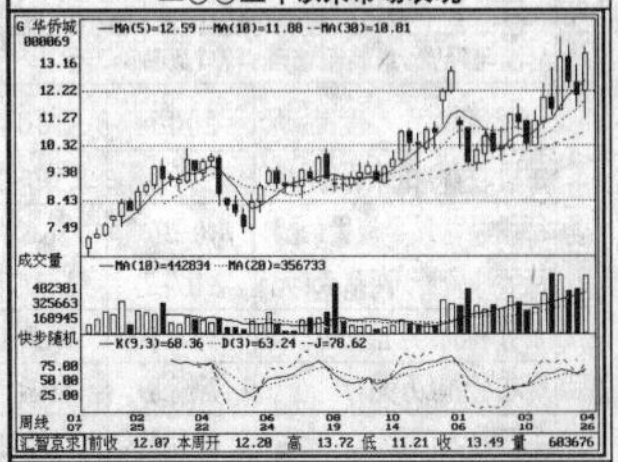

2005年涨跌幅(%)	89.41
2005年最高(元)	13.04
2006年涨跌幅(%)	34.06
2006.4.26收盘(元)	13.49
2006年最高(元)	18.06
2006年最低(元)	12.06
2006年换手率(%)	124.87
股改对价	送股 权证 每10股实际获得2.8股(06/01/06)

G特发（000070）

上市日期:00/05/11　　电话:0755－26506648　　传真:0755－26506803

主营	通信材料(光纤预制棒、光纤、光缆)生产销售；通信设备生产销售；通信电子元器件生产销售；通信信息服务。			
主要指标	年　度	2005	2004	2003
	每股收益/扣除后(元)	－0.674/－0.447	0.019/－0.01	0.02/－0.009
	每股经营现金流量(元)	0.3129	－0.0473	－0.35
	每股净资产/调整后(元)	2.46/2.43	3.11/2.97	3.11/2.99
	未分利润(万元)	－15652.1	1953.13	1467.02
	资本公积(万元)	50050.17	49962.65	49837.61
利润构成	主营收入(万元)	40360.86	50117.6	46606.83
	主营利润(万元)	5112.06	9185.88	8566.48
	营业利润(万元)	－11098.97	406.78	－771.29
	投资收益(万元)	－3802.43	－60.65	1028.24
	利润总额(万元)	－17104.62	236.11	67.18
	净利润(万元)	－16855.23	486.12	500.53
点评	公司主要经营光缆、光纤、通信设备、电子元器件。05年行业环境没有改善，产品价格仍在持续下滑；同时，主要原材料价格呈整体上涨的态势，产品综合毛利率降幅较大，对利润指标造成了很大的负面影响。预计未来公司难以有较大的发展前景。			

截止日期	05年末	占%	主要股东及持股比例%、持股性质
股本结构（万股）总股本	25000		深圳市特发集团有限公司 51.19%（国有股）
国有股	15654.86	62.62	企荣贸易有限公司 7.44%（外资股）
发起股			深圳市特发龙飞无线电通讯发展有限公司 6.46%（国有股）
外资股	2345.14	9.38	中国五矿集团公司 3.72%（国有股）
募集股			汉国三和有限公司 1.94%（外资股）
流通A	7000	28	中国通广电子公司 1.24%（国有股）
流通B			张佩华 0.12%（流通A股）
流通H			吕福生 0.1%（流通A股）
股东户数 05年末	41598		尤其龙 0.1%（流通A股）
股东户数 04年末	45251		李霞 0.09%（流通A股）
其他流通股东	李淑坤 0.076%；北京田丰咨询有限公司 0.062%；王之平 0.06%；何达强 0.054%；张正标 0.049%；文艳红 0.048%		
近年分配	04年:10派0.3	近年募资	

二○○五年以来市场表现

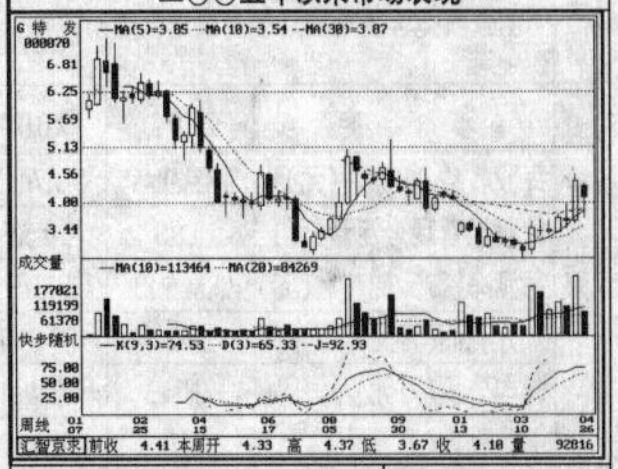

2005年涨跌幅(%)	－30.44
2005年最高(元)	7.37
2006年涨跌幅(%)	39.36
2006.4.26收盘(元)	4.1
2006年最高(元)	6.28
2006年最低(元)	3.97
2006年换手率(%)	158.78
股改对价	送股 每10股实际获得3.8股(06/01/10)

G海王（000078）

上市日期:98/12/18　　电话:0755－26416065　　传真:0755－26416053

主营	生物制品、生化制品、海洋药物、中成药的生产销售。			
主要指标	年　度	2005	2004	2003
	每股收益/扣除后(元)	－2.23/－1.54	0.07/0.05	0.13/0.12
	每股经营现金流量(元)	0.11	－0.18	－0.09
	每股净资产/调整后(元)	2.07/2.06	4.2/4.17	5.26/5.15
	未分利润(万元)	－93500.78	－19312.16	11171.38
	资本公积(万元)	127155.26	123948.89	127229.32
利润构成	主营收入(万元)	265799.19	232194.71	145641
	主营利润(万元)	24224.64	46931.89	54018.2
	营业利润(万元)	－50594.12	7957.49	7904.09
	投资收益(万元)	－14251.74	－5577.61	－2064.6
	利润总额(万元)	－73670.58	3552.85	6229.44
	净利润(万元)	－74188.62	2207.02	4393.88
点评	公司上市以来忙于跑马圈地,不断收购、控股各种类型的子公司,没有明确的优势,非常善于资本运作。2005年清理应收账款等对历史遗留问题造成巨额亏损。子公司众多,业绩调控余地大,可预测性差。			

	截止日期	05年末	占%	主要股东及持股比例%、持股性质
股本结构(万股)	总股本	33270		深圳海王集团股份有限公司 49.08%（非流通股）
	国有股			深圳市新鹏投资发展有限公司 1.03%（非流通股）
	发起股	17190	51.67	深圳市海王广告有限公司 0.52%（非流通股）
	外资股			深圳海王食品有限公司 0.52%（非流通股）
	募集股			深圳市名派实业有限公司 0.52%（非流通股）
	流通A	16074	48.31	张玲娟 0.15%（流通A股）
	流通B			烟台汇丰纺织医用品有限公司 0.15%（流通A股）
	流通H			叶正大 0.15%（流通A股）
股东户数	05年末	59072		杨晓玲 0.12%（流通A股）
	04年末	67536		陈胜东 0.1%（流通A股）
其他流通股东	史秦 0.095%;胡兴畅 0.089%;安徽科技开发公司经营部 0.087%;张春耀 0.082%;徐道明 0.08%			
近年分配		近年募资		

二〇〇五年以来市场表现

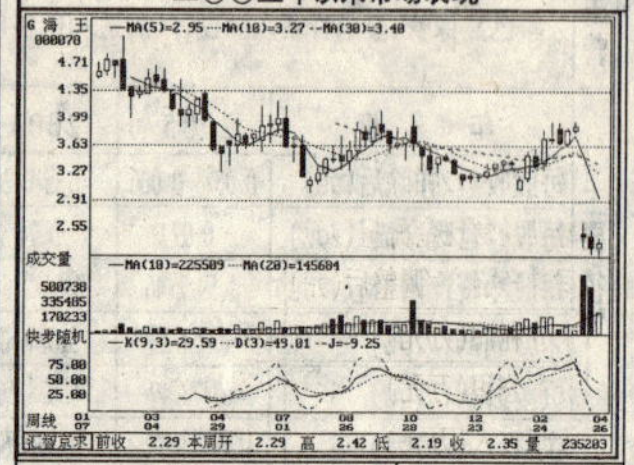

2005年涨跌幅(%)	－28.01
2005年最高(元)	5.07
2006年涨跌幅(%)	34.64
2006.4.26收盘(元)	2.35
2006年最高(元)	4.92
2006年最低(元)	3.05
2006年换手率(%)	121.27
股改对价	定向转增 每10股实际获得8.85股(06/04/13)

G盐田港（000088）

上市日期:97/07/28　　电话:0755－25290783　　传真:0755－25290932

主营	货物装卸与运输;港口配套交通设施建设与经营;港口配套仓储及工业设施建设与经营;港口配套生活服务设施的建设与经营;集装箱修理;转口贸易。			
主要指标	年　度	2005	2004	2003
	每股收益/扣除后(元)	0.55/0.538	0.537/0.539	1.32/1.328
	每股经营现金流量(元)	0.222	0.162	0.34
	每股净资产/调整后(元)	2.71/2.71	2.83/2.83	4.73/4.72
	未分利润(万元)	84843.46	104165.22	109592.86
	资本公积(万元)	78658.89	81439.51	75800.22
利润构成	主营收入(万元)	64357.78	61592.06	59028.47
	主营利润(万元)	30958.8	26130.08	25042.35
	营业利润(万元)	24981.65	19788.62	19683.96
	投资收益(万元)	55473.85	58090.4	68439.21
	利润总额(万元)	80424.93	77565.89	87824.25
	净利润(万元)	68448.05	66849.82	77359.96
点评	公司主要的利润来源于持股27%的盐田国际的投资收益。主业收入由于惠盐高速和梧桐山隧道车流增长而保持增长。但由于盐田三期投产后,对盐田国际1、2期吞吐量构成明显分流,公司净利润增长不乐观。未来的增长很大程度上取决于盐田3期能否注入。			

	截止日期	05年末	占%	主要股东及持股比例%、持股性质
股本结构(万股)	总股本	124500		深圳市盐田港集团有限公司 73.9%（国有股）
	国有股	92000	73.9	嘉实服务增值行业证券投资基金 2.6%（流通A股）
	发起股			嘉实成长收益型证券投资基金 1.08%（流通A股）
	外资股			中国平安人寿保险股份有限公司－传统－普通保险产品 0.75%（流通A股）
	募集股			海富通收益增长证券投资基金 0.72%（流通A股）
	流通A	32468.08	26.08	普惠证券投资基金 0.66%（流通A股）
	流通B			泰和证券投资基金 0.66%（流通A股）
	流通H			鸿阳证券投资基金 0.64%（流通A股）
股东户数	05年末	30310		中国人寿保险股份有限公司－分红－个人分红－005L－FH002深 0.6%（流通A股）
	04年末	36880		南方稳健成长证券投资基金 0.58%（流通A股）
其他流通股东	裕元证券投资基金 0.477%			
近年分配	05预案:10派6.5;04年:10派6.5;03年:10派10转增10	近年募资	04年10配3配股价19.62元。	

二〇〇五年以来市场表现

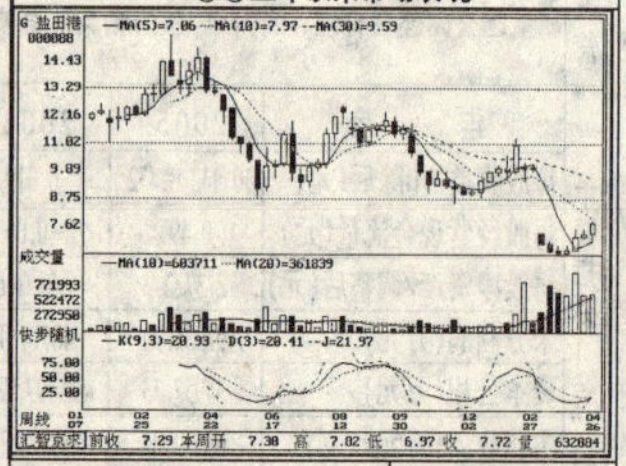

2005年涨跌幅(%)	－13.56
2005年最高(元)	15.56
2006年涨跌幅(%)	12.66
2006.4.26收盘(元)	7.72
2006年最高(元)	11.24
2006年最低(元)	9.46
2006年换手率(%)	156.93
股改对价	送股 派现 每10股实际获得2.5股6.53元(06/03/17)

G深机场（000089）

上市日期:98/04/20　　电话:0775－27776789　　传真:0755－27776327

主营	主营航空客货地面运输及过港保障与服务。			
主要指标	年　度	2005	2004	2003
	每股收益/扣除后(元)	0.453/0.454	0.317/0.318	0.376/0.384
	每股经营现金流量(元)	0.609	0.505	0.453
	每股净资产/调整后(元)	3.84/3.83	3.53/3.53	3.47/3.46
	未分利润(万元)	118794.4	99409.76	97291.1
	资本公积(万元)	73874.3	73846.17	72639.68
利润构成	主营收入(万元)	101271.3	91715.27	74798.27
	主营利润(万元)	43631.66	39575.09	34309.1
	营业利润(万元)	40890.34	35193.29	30760.33
	投资收益(万元)	2263	－4041.14	4965.58
	利润总额(万元)	43050.38	31055.8	34950.57
	净利润(万元)	36210.23	25336.83	30029.8
点评	公司确定了“客货并重,以货运为主”的发展战略,力争使货运成为机场主要利润增长点。随着2006－2007年深圳机场货机的相继引进,货运贡献收入有望提高。但公司跑道容量趋于饱和;南航新货站启用后,深圳机场货站业务将因南航业务分流而大幅减少。			

	截止日期	05年末	占%	主要股东及持股比例%、持股性质
股本结构(万股)	总股本	79982.4		深圳市机场(集团)有限公司 54.63%（国有股）
	国有股	43694.4	54.63	嘉实服务增值行业证券投资基金 3.34%（流通A股）
	发起股			银丰证券投资基金 2.78%（流通A股）
	外资股			银河银泰理财分红证券投资基金 1.41%（流通A股）
	募集股			泰和证券投资基金 1.07%（流通A股）
	流通A	36262.4	45.34	普丰证券投资基金 0.81%（流通A股）
	流通B			全国社保基金一零二组合 0.79%（流通A股）
	流通H			普惠证券投资基金 0.69%（流通A股）
股东户数	05年末	36248		安信证券投资基金 0.65%（流通A股）
	04年末	36663		景博证券投资基金 0.63%（流通A股）
其他流通股东	丰和价值证券投资基金 0.592%			
近年分配	05预案:10派2.7转增8;04年:10派1.5	近年募资		

二〇〇五年以来市场表现

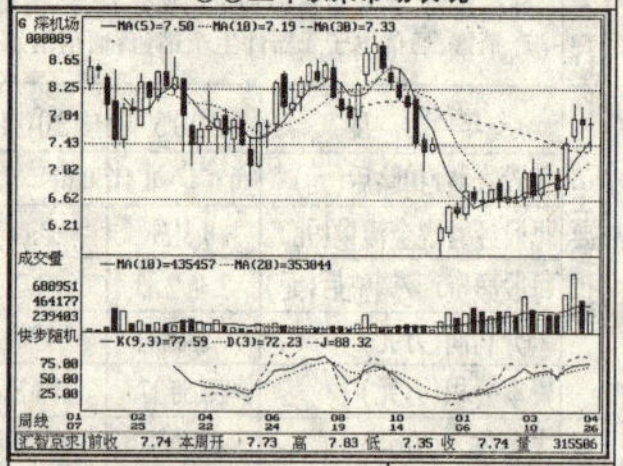

2005年涨跌幅(%)	－3.07
2005年最高(元)	9.21
2006年涨跌幅(%)	20.56
2006.4.26收盘(元)	7.74
2006年最高(元)	8.03
2006年最低(元)	6.32
2006年换手率(%)	173.4
股改对价	资产置换 送股 每10股实际获得2.6股(05/12/16)

G天健（000090）

上市日期:99/07/21　　电话:0755－83928130　　传真:0755－83915736

主营	各类市政公用设施的施工、房屋建筑物、地基与基础工程、公路、桥梁及隧道工程的建筑施工;房地产开发。			
	年　度	2005	2004	2003
主要指标	每股收益/扣除后(元)	0.293/0.441	0.193	0.24/0.227
	每股经营现金流量(元)	2.162	-1.971	1.47
	每股净资产/调整后(元)	5.23/4.85	5.21/5.01	5.1/4.9
	未分利润(万元)	17161.06	14219.3	13287.66
	资本公积(万元)	45231.44	45231.44	45231.44
利润构成	主营收入(万元)	182474.18	166744.27	161158.62
	主营利润(万元)	22032.27	15245.13	19784.02
	营业利润(万元)	8451.67	5832.81	9333.63
	投资收益(万元)	3288.44	1477.93	-1985.17
	利润总额(万元)	8219.07	5669.14	7526.09
	净利润(万元)	6861.44	4318.52	5366.87
点评	公司主营市政工程建设和房地产开发,在深圳拥有大量地产,总的土地储备高达130万平方米,05年业绩大幅度增长。公司近两年来充分利用原储备的廉价土地资源,加大了对房地产的投资开发,地价低廉及地理位置优越,这为公司后续发展奠定基础。			

	截止日期	05年末	占%	主要股东及持股比例%、持股性质
股本结构(万股)	总股本	23442.47		深圳市建设投资控股公司50.69%(国有股)
	国有股	11884.07	50.69	上海闵行联合发展有限公司4.51%(非流通股)
	发起股	2822.4	12.04	深圳市金众(集团)股份有限公司3.76%(非流通股)
	外资股			深圳市建业(集团)股份有限公司3.76%(非流通股)
	募集股			杨宁0.11%(流通A股)
	流通A	8736	37.27	潘国勇0.1%(流通A股)
	流通B			申银万国－渣打－BARCLAYS BANK PLC 0.1%(流通A股)
	流通H			汪雁0.1%(流通A股)
股东户数	05年末	31627		林丽萍0.08%(流通A股)
	04年末	33551		王锦明0.08%(流通A股)
其他流通股东	申银万国－农行－BNP PARIBAS 0.077%;陈丹松0.076%;陈承红0.068%;陈容辉0.066%			
近年分配	05预案:10派1.17;04年:10派0.18送0.5;03年:10派0.84		近年募资	

二〇〇五年以来市场表现

2005年涨跌幅(%)	-26
2005年最高(元)	6.65
2006年涨跌幅(%)	98.73
2006.4.26收盘(元)	6.25
2006年最高(元)	8.9
2006年最低(元)	4.87
2006年换手率(%)	145.39
股改对价	送股 每10股实际获得3.1股(06/01/11)

G广聚（000096）

上市日期:00/07/24　　电话:0755－26690988　　传真:0755－26690998

主营	石油制品及液化石油气经营、电力投资。			
	年　度	2005	2004	2003
主要指标	每股收益/扣除后(元)	0.134/0.126	0.287/0.28	0.26/0.27
	每股经营现金流量(元)	0.028	0.107	0.05
	每股净资产/调整后(元)	2.36/2.35	2.37/2.35	2.2/2.17
	未分利润(万元)	8785.34	11132.38	8915.18
	资本公积(万元)	38041.07	38091.39	38074.16
利润构成	主营收入(万元)	206124.3	187837.08	169873.22
	主营利润(万元)	12019.88	12115.71	13516.29
	营业利润(万元)	134.25	150.5	788.91
	投资收益(万元)	7546.14	15241.46	13577.02
	利润总额(万元)	7262.05	15500.07	14373.41
	净利润(万元)	7048.18	15154.46	13947.93
点评	公司是沪深两市唯一一家集油、气、电三块业务于一身的综合性能源类公司,并拥有专业码头、大型油轮、储配站等比较完善的专业基础设施。公司在华南地区具有绝对的垄断性。近年来业务一直保持了每年近30%的增长率。成品油价改之后,业绩还有大幅提升空间。			

	截止日期	05年末	占%	主要股东及持股比例%、持股性质
股本结构(万股)	总股本	52800		深圳市深南石油(集团)有限公司44.33%(国有股)
	国有股	32883.85	62.28	深圳市科汇通投资控股有限公司21.2%(国有股)
	发起股	1420.15	2.69	深圳市深南实业有限公司5.69%(国有股)
	外资股			上海市房屋维修资金管理中心2.77%(流通A股)
	募集股			深圳市洋润投资有限公司2.73%(非流通股)
	流通A	18489.47	35.02	中山永胜置业有限公司1.82%(流通A股)
	流通B			中山市高领投资有限公司0.83%(流通A股)
	流通H			中山市万域投资有限公司0.5%(流通A股)
股东户数	05年末	25234		深圳市维思工贸有限公司0.3%(非流通股)
	04年末	30127		东方证券股份有限公司0.3%(流通A股)
其他流通股东	宏源证券股份有限公司0.201%;陈醒鹏0.138%;李德扬0.108%;祝学荣0.095%;文丽琼0.073%			
近年分配	05预案:10派0.6;04年:10派1.35;03中期:10转增6年终:10派1.25		近年募资	

二〇〇五年以来市场表现

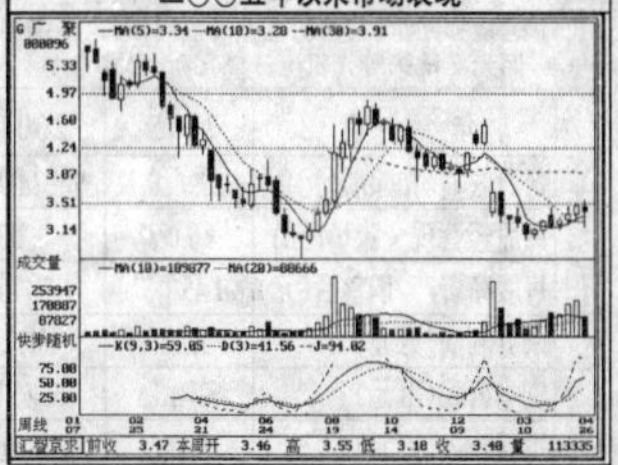

2005年涨跌幅(%)	-20.66
2005年最高(元)	5.7
2006年涨跌幅(%)	7.54
2006.4.26收盘(元)	3.4
2006年最高(元)	5.15
2006年最低(元)	4.09
2006年换手率(%)	89.9
股改对价	送股 每10股实际获得3.6股(06/02/06)

G海直（000099）

上市日期:00/07/31　　电话:0755－26723692　　传真:0755－26971617

主营	为国内外用户提供海洋石油服务及其他通用航空业务。			
	年　度	2005	2004	2003
主要指标	每股收益/扣除后(元)	0.177/0.169	0.162/0.16	0.31/0.302
	每股经营现金流量(元)	0.1029	0.2005	0.22
	每股净资产/调整后(元)	2.42/2.38	2.29/2.26	4.45/4.38
	未分利润(万元)	16432.98	11696.4	10149.81
	资本公积(万元)	46786.97	46778.92	72458.79
利润构成	主营收入(万元)	46981.84	43547.55	38548.27
	主营利润(万元)	14815.25	14871.58	16204.03
	营业利润(万元)	10329.41	9852.6	9193.45
	投资收益(万元)	902.86	185.18	199.56
	利润总额(万元)	10883.74	10032.6	9594.56
	净利润(万元)	9109.28	8333.24	8069.52
点评	公司是国内唯一的通用航空上市公司,主营业务是为国内外用户提供海洋石油直升机飞行服务及其他通用航空业务。公司立足海洋石油直升机飞行服务,实现海洋石油服务的国内和海外市场拓展。公司还将逐步深入交通、能源、电力和城市管理等行业。			

	截止日期	05年末	占%	主要股东及持股比例%、持股性质
股本结构(万股)	总股本	51360		中国中海直总公司57.13%(国有股)
	国有股	32640	63.55	中国北方航空公司5.5%(国有股)
	发起股			东方证券股份有限公司1.22%(流通A股)
	外资股			中国光大银行股份有限公司巨田基础行业证券投资基金1%(流通A股)
	募集股			银丰证券投资基金0.95%(流通A股)
	流通A	18720	36.45	中国银行大成蓝筹稳健证券投资基金0.34%(流通A股)
	流通B			中国工商银行南方积极配置证券投资基金0.33%(流通A股)
	流通H			黄乾生0.26%(流通A股)
股东户数	05年末	33808		全国社保基金一零六组合0.23%(流通A股)
	04年末	38486		裕隆证券证券投资基金0.19%(流通A股)
其他流通股东	西部证券股份有限公司0.195%;中国光大银行股份有限公司国投瑞银景气行业证券投资基金0.184%			
近年分配	05预案:10派0.5;04年:10派0.5;03年:10派2转增10		近年募资	03年10配3配股价7.12元。

二〇〇五年以来市场表现

2005年涨跌幅(%)	-13.79
2005年最高(元)	5.17
2006年涨跌幅(%)	59.74
2006.4.26收盘(元)	5.01
2006年最高(元)	6.82
2006年最低(元)	4.08
2006年换手率(%)	107.8
股改对价	送股 每10股实际获得3.2股(06/02/07)

GTCL（000100）

上市日期：04/01/30　　电话：0752－2382517　　传真：0752－2382511

主营	多媒体电子、通讯终端、家用电器、信息技术、电工照明和部品			
主要指标	年　　度	2005	2004	2003
	每股收益/扣除后(元)	-0.124/-0.64	0.095	0.36/0.288
	每股经营现金流量(元)	-0.7878	-0.5081	0.42
	每股净资产/调整后(元)	1.9/1.86	2.11/2.07	1.42/1.4
	未分利润(万元)	-1087.16	48650.46	32336.26
	资本公积(万元)	189643.13	198118	1092
利润构成	主营收入(万元)	5167560.61	4028223.27	2825425.84
	主营利润(万元)	771639.36	738853.18	536873.08
	营业利润(万元)	-259199.21	29950.57	135538.57
	投资收益(万元)	100305.81	-11790.34	-7379.1
	利润总额(万元)	-146527.72	28884.77	135165.3
	净利润(万元)	-32024.3	24520.51	57057.66
点评	公司是中国最大的彩电、手机生产厂商之一；彩电、手机市场的激烈竞争使得公司这两快业务的经营压力越来越大；而与汤姆逊和阿尔卡特合资的公司由于都处于整合期，2006年对公司而言依然是一个充满挑战和困难的年度，要想走出困境不易。			

	截止日期	05年末	占%	主要股东及持股比例%、持股性质
股本结构（万股）	总股本	258633.11		惠州市投资控股有限公司 25.22%（国有股）
	国有股	65228.27	25.22	TCL集团股份有限公司工会工作委员会 9.1%（非流通股）
	发起股	9551.61	3.69	李东生 5.59%（非流通股）
	外资股	19708.16	7.62	南太电子(深圳)有限公司 3.69%（非流通股）
	募集股			通乾证券投资基金 2.73%（流通A股）
	流通A	99439.59	38.45	PHILIPS ELECTRONICS CHINA B.V. 2.46%（外资股）
	流通B			LUCKY CONCEPT LIMITED 1.85%（外资股）
	流通H			REGAL TRINITY LIMITED 1.85%（外资股）
股东户数	05年末	197088		交通银行－融通行业景气证券投资基金 1.58%（流通A股）
	04年末	255904		株式会社东芝 1.23%（外资股）
其他流通股东	五矿集团财务有限责任公司 0.33%；中国工商银行－银河银泰理财分红证券投资基金 0.312%			
近年分配	04年：10派0.5；03年：10派0.8	近年募资		04年新发59000万股，发行价4.26元。

二〇〇五年以来市场表现

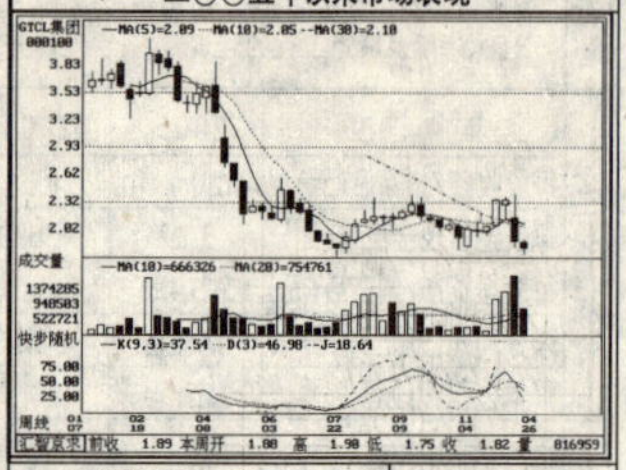

2005年涨跌幅(%)	-33.8
2005年最高(元)	4.13
2006年涨跌幅(%)	-2.78
2006.4.26收盘(元)	1.82
2006年最高(元)	3
2006年最低(元)	2.19
2006年换手率(%)	21.06
股改对价	送股 每10股实际获得2.5股(06/04/20)

光电股份（000150）

上市日期：00/08/07　　电话：0755－26038426　　传真：0755－26038428

主营	生产并销售“PENTAX”(宾得)牌高级变焦照相机、双筒望远镜和光学镜头；研究开发数码相机、多媒体投影仪和非球面光学镜头等光机电一体化新产品。			
主要指标	年　　度	2005	2004	2003
	每股收益/扣除后(元)	-0.29/-0.273	0.032/0.007	-0.29/0.003
	每股经营现金流量(元)	-0.0887	-0.2131	0.52
	每股净资产/调整后(元)	1.45/1.37	1.71/1.66	1.68/1.67
	未分利润(万元)	-19265.84	-10117.18	-11130.92
	资本公积(万元)	32441.86	31460.7	31460.7
利润构成	主营收入(万元)	40537.52	49681.63	14424.95
	主营利润(万元)	1240.77	3347.88	2144.99
	营业利润(万元)	-2105.25	1786.59	-8416.12
	投资收益(万元)	-6894.65	-871.86	-402.55
	利润总额(万元)	-9469.67	1224.99	-9135.83
	净利润(万元)	-9389.46	1037.78	-9282.57
点评	数码相机、照相手机等产品更新换代迅速，对应公司产品的研发、技术更新换代快，市场竞争激烈；部分投资项目尚未达到预期目标。			

	截止日期	05年末	占%	主要股东及持股比例%、持股性质
股本结构（万股）	总股本	32400		上海北大青鸟企业发展有限公司 29.9%（非流通股）
	国有股	483.7	1.49	惠州市益发光学机电有限公司 16.67%（非流通股）
	发起股	6871.42	21.21	深圳市和顺泰投资有限公司 5.72%（非流通股）
	外资股			惠州市科技投资有限公司 4.53%（非流通股）
	募集股			深圳发展银行佛山分行 2.79%（非流通股）
	流通A	12600	38.89	麦科特集团有限公司 1.49%（非流通股）
	流通B			东方证券股份有限公司 0.46%（流通A股）
	流通H			王戈 0.25%（流通A股）
股东户数	05年末	41875		柳忠宝 0.2%（流通A股）
	04年末	41191		王双进 0.17%（流通A股）
其他流通股东	衡磊 0.117%；王雅萌 0.116%；吕莲 0.11%；蒋格兰 0.093%；吴伟明 0.091%；李家祥 0.085%			
近年分配		近年募资		

二〇〇五年以来市场表现

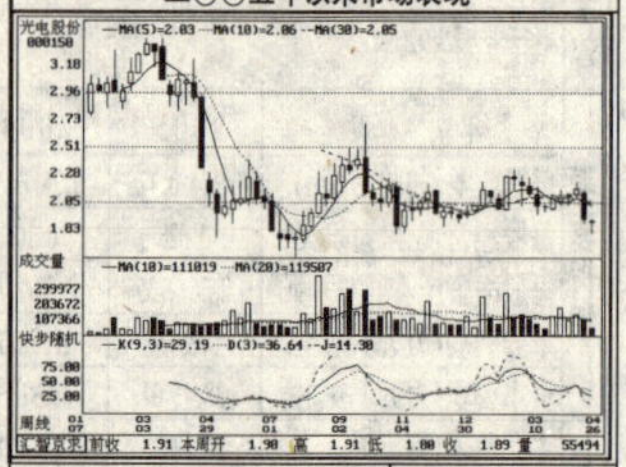

2005年涨跌幅(%)	-30.99
2005年最高(元)	3.41
2006年涨跌幅(%)	-3.57
2006.4.26收盘(元)	1.89
2006年最高(元)	2.31
2006年最低(元)	1.8
2006年换手率(%)	161.01
股改对价	

G中成（000151）

上市日期：00/09/06　　电话：010－64218520　　传真：010－64251026

主营	成套设备与技术出口、一般贸易和境外经营，核心业务为成套设备与技术出口。			
主要指标	年　　度	2005	2004	2003
	每股收益/扣除后(元)	0.16/0.087	0.17	0.14/0.13
	每股经营现金流量(元)	0.47	-0.71	0.1
	每股净资产/调整后(元)	2.95/2.92	2.91/2.9	2.84/2.82
	未分利润(万元)	3642.58	4002.09	3202.46
	资本公积(万元)	44420.03	44420.03	44420.03
利润构成	主营收入(万元)	142342.65	79707.85	58422.41
	主营利润(万元)	21192.13	11317.92	8687.04
	营业利润(万元)	5225.14	3872.35	4340.66
	投资收益(万元)	131.22	365.21	651.42
	利润总额(万元)	6053.47	6293.63	5005.87
	净利润(万元)	4649.45	5103.1	4085.96
点评	公司作为一家中央直属企业，拥有庞大的项目和技术资源，并获得国际原子能机构和我国科技部的支持。其拥有我国独立研究开发的低温供热堆技术。公司业绩较为稳定，预计未来仍然能保持目前状况。			

	截止日期	05年末	占%	主要股东及持股比例%、持股性质
股本结构（万股）	总股本	29598		中国成套设备进出口(集团)总公司 60.81%（国有股）
	国有股	19098	64.52	安徽省外经建设(集团)有限公司 1.18%（国有股）
	发起股			浙江中大集团股份有限公司 1.18%（国有股）
	外资股			中国土产畜产进出口总公司 1.18%（国有股）
	募集股			交通银行－国泰金鹰增长证券投资基金 0.3%（流通A股）
	流通A	10500	35.48	中国出国人员服务总公司 0.17%（国有股）
	流通B			王正杰 0.15%（流通A股）
	流通H			梁惠然 0.15%（流通A股）
股东户数	05年末	38871		周宝娴 0.14%（流通A股）
	04年末	41003		廖静波 0.12%（流通A股）
其他流通股东	谢哲勤 0.098%；王翠兰 0.093%；周宝淡 0.083%；李祖泽 0.079%；李英顺 0.073%			
近年分配	05预案：10派1.2；04年：10派1.3；03年：10派1	近年募资		

二〇〇五年以来市场表现

2005年涨跌幅(%)	-16.48
2005年最高(元)	4.96
2006年涨跌幅(%)	3.57
2006.4.26收盘(元)	2.78
2006年最高(元)	4.23
2006年最低(元)	3.54
2006年换手率(%)	96.32
股改对价	送股 每10股实际获得3.3股(06/03/31)

G丰原药（000153）

上市日期：00/09/20　电话：0551－4677550　传真：0551－4677568

主营：生物药、中药、化学合成药及其研制剂的研制、生产和销售。

年度	2005	2004	2003
主要指标			
每股收益/扣除后(元)	0.035/0.025	0.074/0.067	0.14/0.109
每股经营现金流量(元)	0.1341	－0.0901	－0.09
每股净资产/调整后(元)	2.29/2.2	4.5/4.36	4.43/4.32
未分利润(万元)	6877.46	6110.32	5295.07
资本公积(万元)	24694.12	37694.58	37694.58
利润构成			
主营收入(万元)	44121.49	28054.22	17912.41
主营利润(万元)	11053.46	7311.01	6773.84
营业利润(万元)	1016.41	1676.6	2410.54
投资收益(万元)	100.6	－23.58	
利润总额(万元)	1186.84	1584.06	2659.26
净利润(万元)	902.51	959.12	1812.01

点评：公司属于医药综合类企业，处于一般水平，没有明显优势。2005年公司业务在西药方面增长较大，但应收帐款、费用均大幅上升，净利润下降较大，呈现增收减利态势。表明在同质化的医药行业里，没有优势的企业，面临的竞争在加剧。公司的盈利能力提高较为困难。

股本结构（万股）	05年末	占%	主要股东及持股比例%、持股性质
总股本	26000.92		安徽省无为制药厂 18.88%（国有股）
国有股	12879.32	49.53	安徽蚌埠涂山制药厂 18.44%（国有股）
发起股	3121.6	12.01	河南省龙浩实业有限公司 11.08%（非流通股）
外资股			安徽省马鞍山生物化学制药厂 10.46%（国有股）
募集股			丰和价值证券投资基金 3.63%（流通A股）
流通A	10000	38.46	安徽省药物研究所 0.92%（国有股）
流通B			安徽省无为县经贸建筑工程公司 0.87%（非流通股）
流通H			安徽省无为县腾飞医药包装厂 0.81%（非流通股）
股东户数 05年末	11678		泰和证券投资基金 0.8%（流通A股）
股东户数 04年末	8999		深圳市中保信财务顾问有限公司 0.52%（流通A股）

其他流通股东：鲁怀平 0.512%；朱文芬 0.34%；谭华生 0.332%；刘国利 0.318%；阎广亮 0.228%；郑翠香 0.195%；刘乾芳 0.183%

近年分配：04年:10转增10；03中期:10派0.5送2转增8　**近年募资**：

二〇〇五年以来市场表现

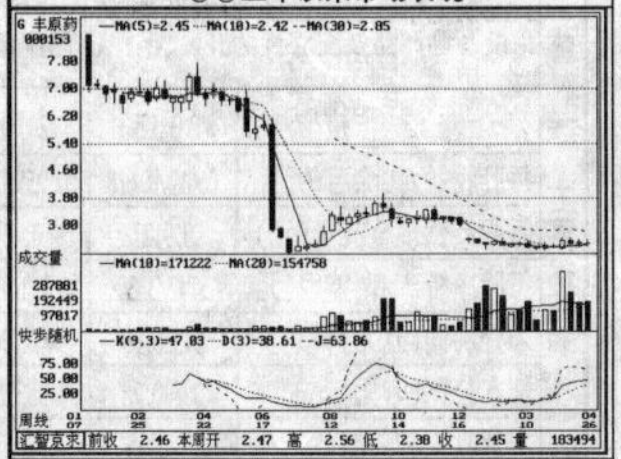

2005年涨跌幅(%)	－31.97
2005年最高(元)	8.6
2006年涨跌幅(%)	10.62
2006.4.26收盘(元)	2.45
2006年最高(元)	3.55
2006年最低(元)	3.08
2006年换手率(%)	206.8
股改对价	送股 每10股实际获得3.5股(06/01/13)

G川化（000155）

上市日期：00/09/26　电话：028－83308291　传真：028－83308290

主营：合成氨、尿素、硝酸铵、三聚氰胺、硫酸、浓硝酸、硫酸钾、过氧化氢、液体二氧化碳、催化剂等化肥、化工产品的生产和销售。

年度	2005	2004	2003
主要指标			
每股收益/扣除后(元)	0.499/0.507	0.007	0.18/0.151
每股经营现金流量(元)	0.67	0.559	0.44
每股净资产/调整后(元)	3.48/3.46	3.08/3.05	3.18/3.13
未分利润(万元)	20093.51	6264.07	11656.31
资本公积(万元)	81358.11	81346.83	80865.25
利润构成			
主营收入(万元)	162790.45	96966.91	109963.75
主营利润(万元)	55867.19	21712.99	25373.28
营业利润(万元)	30240.98	3005.65	8797.82
投资收益(万元)	－2133.51	－798.77	1355.8
利润总额(万元)	29431.71	813.37	10183.38
净利润(万元)	23456.02	309.71	8455.39

点评：公司属于国家政策重点扶持的大型化工企业，是国内最大的合成氨和氮肥生产企业之一，也是国内最大的三聚氰胺生产和出口企业。未来5年内公司将使尿素达到年产80万吨，同时形成年产45万吨合成氨，30万吨NPK复合肥和4万吨硝酸钾的目标。

股本结构（万股）	05年末	占%	主要股东及持股比例%、持股性质
总股本	47000		川化集团有限责任公司 72.34%（国有股）
国有股	34000	72.34	金鑫证券投资基金 2.81%（流通A股）
发起股			中国工商银行－金泰证券投资基金 1.79%（流通A股）
外资股			交通银行－国泰金鹰增长证券投资基金 0.66%（流通A股）
募集股			中国建设银行－国泰金马稳健回报证券投资基金 0.38%（流通A股）
流通A	13000	27.66	王国英 0.04%（流通A股）
流通B			童作芳 0.04%（流通A股）
流通H			马健恒 0.04%（流通A股）
股东户数 05年末	60179		邱仁娣 0.03%（流通A股）
股东户数 04年末	65418		郭宇红 0.03%（流通A股）

其他流通股东：陈燕 0.032%

近年分配：05年:10派2；04年:10派1；03年:10派1.2　**近年募资**：

二〇〇五年以来市场表现

2005年涨跌幅(%)	20.68
2005年最高(元)	6.26
2006年涨跌幅(%)	6.7
2006.4.26收盘(元)	4.06
2006年最高(元)	6.56
2006年最低(元)	5.08
2006年换手率(%)	216.45
股改对价	送股 每10股实际获得3.2股(06/03/21)

＊ST嘉瑞（000156）

上市日期：00/09/06　电话：0731－4318808　传真：0731－4315978

主营：PVC、PU人造革、塑料制品的生产、销售；出口本企业自产的PVC、PU人造革、塑料制品。

年度	2005	2004	2003
主要指标			
每股收益/扣除后(元)	－6.92/－6.94	－3.05/－1.87	0.125
每股经营现金流量(元)	0.1344	－0.87	0.0738
每股净资产/调整后(元)	－5.45/－7.23	1.63/－1.37	5.43/5.22
未分利润(万元)	－95743.11	－29011.75	6676.96
资本公积(万元)	33563.25	33460.38	33131.32
利润构成			
主营收入(万元)	36087.44	35769.28	29394.8
主营利润(万元)	2667.59	911.25	6308.49
营业利润(万元)	－39491.7	－20676.43	1547.15
投资收益(万元)	205.2	－228.64	286.84
利润总额(万元)	－69604.31	－32071.62	1817.42
净利润(万元)	－66731.36	－29398.6	1379.43

点评：公司主业为人造革行业，随着"年产1200万平方米弹性PU透气服装革、沙发革项目"的投产，以及对铝型材生产领域的介入，2006年盈利能力将有所回升。而且，由于股本较小，因此具有一定的重组概念。

股本结构（万股）	05年末	占%	主要股东及持股比例%、持股性质
总股本	9650		洪江市大有发展有限责任公司 29.85%（非流通股）
国有股	194.7	2.02	湖南盛华投资管理有限公司 11.72%（非流通股）
发起股	3780.7	39.18	上海沪荣物资有限公司 11.4%（非流通股）
外资股			长沙浩智建材有限公司 2.01%（非流通股）
募集股	1524.6	15.8	湖南日升物资贸易有限公司 1.44%（非流通股）
流通A	4150	43.01	湖南明谦投资有限公司 0.57%（非流通股）
流通B			王卫平 0.44%（流通A股）
流通H			陈庆桃 0.26%（流通A股）
股东户数 05年末	15007		刘程武 0.2%（流通A股）
股东户数 04年末	17393		张林 0.19%（流通A股）

其他流通股东：韦思乡 0.191%；贾献鹏 0.182%；李大淼 0.169%；苏继仁 0.169%；沈永富 0.166%；陈志武 0.141%

近年分配：　**近年募资**：

二〇〇五年以来市场表现

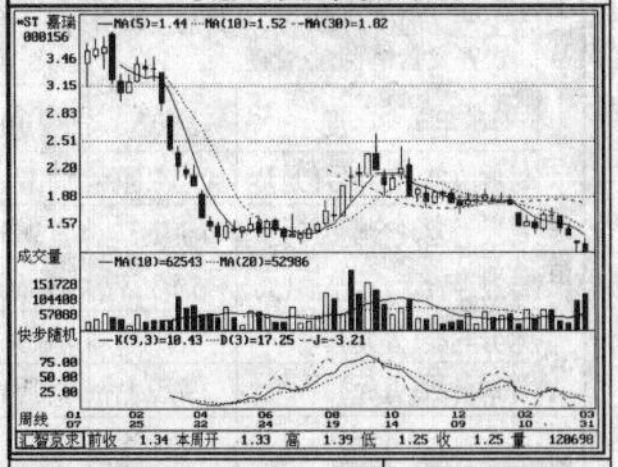

2005年涨跌幅(%)	－42.9
2005年最高(元)	3.78
2006年涨跌幅(%)	－33.86
2006.4.26收盘(元)	1.25
2006年最高(元)	1.91
2006年最低(元)	1.25
2006年换手率(%)	174.64
股改对价	

中联重科（000157）

上市日期:00/10/12　　电话:0731－8923779　　传真:0731－8923906

主营	混凝土机械成套设备、起重设备、路面机械、水平定向钻孔设备等产品及配套件的开发、生产、销售和租赁。			
	年　度	2005	2004	2003
主要指标	每股收益/扣除后(元)	0.612/0.618	0.755/0.763	0.592/0.589
	每股经营现金流量(元)	0.9127	0.4597	－0.0831
	每股净资产/调整后(元)	3.42/3.39	3.2/3.18	3.17/3.16
	未分利润(万元)	64358.98	58270.91	26865.5
	资本公积(万元)	38890.78	38532.5	49179.62
利润构成	主营收入(万元)	327888.54	338045.62	117333.35
	主营利润(万元)	84804.42	88609.19	42073.78
	营业利润(万元)	32337.95	38977.65	23251.39
	投资收益(万元)	－624.21	－60.77	191.65
	利润总额(万元)	31362.74	38371.87	23526.77
	净利润(万元)	31047.86	38285.25	23075.7
点评	公司为国内工程机械行业龙头之一，主营业务为混凝土机械、起重机械等。05年面对国内宏观调控的持续影响，以及工程机械行业的激烈竞争，公司通过产品结构调整和整合营销网络，实现了经营的相对稳定。随着06年行业转好，公司也将迎来新的发展期。			

	截止日期	05年末	占%	主要股东及持股比例%、持股性质
股本结构（万股）	总股本	50700		长沙建设机械研究院有限责任公司 49.83%（国有股）
	国有股	25266.35	49.84	深圳市金信安投资有限公司 15.83%（非流通股）
	发起股	8533.66	16.83	安顺证券投资基金 2.8%（流通A股）
	外资股			中信经典配置证券投资基金 1.17%（流通A股）
	募集股			科瑞证券投资基金 1.14%（流通A股）
	流通A	16900	33.33	华安创新证券投资基金 0.9%（流通A股）
	流通B			安瑞证券投资基金 0.87%（流通A股）
	流通H			全国社保基金一零四组合 0.83%（流通A股）
股东户数	05年末	22956		上投摩根中国优势证券投资基金 0.57%（流通A股）
	04年末	28801		华安上证180指数增加型证券投资基金 0.42%（流通A股）
其他流通股东	广发小盘成长股票型证券投资基金 0.395%；普丰证券投资基金 0.36%			
近年分配	05预案:10派0.4；04年:10派4；03年:10派0.25转增3	近年募资		

二〇〇五年以来市场表现

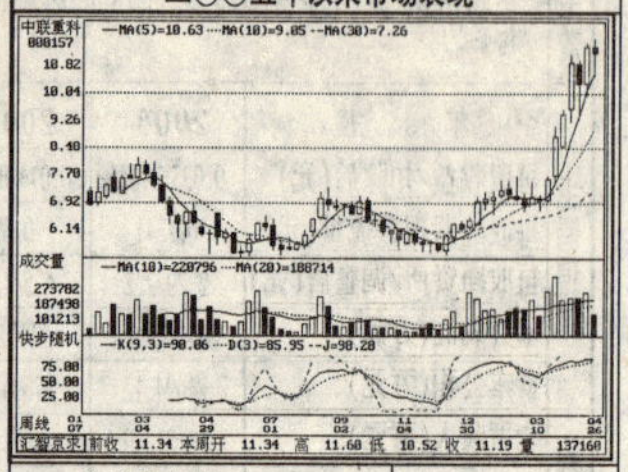

2005年涨跌幅(%)	－6.33
2005年最高(元)	8.17
2006年涨跌幅(%)	74.57
2006.4.26收盘(元)	11.19
2006年最高(元)	11.6
2006年最低(元)	6.31
2006年换手率(%)	188.71
股改对价	

G常山（000158）

上市日期:00/07/24　　电话:0311－6673856　　传真:0311－6673929

主营	纯棉纱布、涤棉纱布和印染布的生产、销售；自产产品和技术的进出口业务；棉花收购、加工；棉花批发、零售。			
	年　度	2005	2004	2003
主要指标	每股收益/扣除后(元)	0.09/0.08	0.09/0.07	0.17/0.16
	每股经营现金流量(元)	0.21	0.13	0.1
	每股净资产/调整后(元)	3.53/3.52	3.41/3.39	3.39/3.36
	未分利润(万元)	9882.93	9797.61	10836.26
	资本公积(万元)	85038.35	80958.25	80123.51
利润构成	主营收入(万元)	232612.49	230649.88	206140.19
	主营利润(万元)	25741.12	22577.35	26364.92
	营业利润(万元)	4868.17	5968.82	8133.43
	投资收益(万元)	0.52	－153.15	－235.2
	利润总额(万元)	5228.77	6105.68	8071.47
	净利润(万元)	3855.45	3836.36	7231.13
点评	公司主营业务范围为纯棉纱布、涤棉纱布等。05年面对棉花、能源等原辅材料价格持续上涨，美国、欧盟等设限特保及国家宏观政策变化，公司积极采取了促销奖励、质量攻关、成本控制等有效措施，实现了生产经营的稳定，后续面临较大竞争压力。			

	截止日期	05年末	占%	主要股东及持股比例%、持股性质
股本结构（万股）	总股本	43000		石家庄常山纺织集团有限责任公司 69.11%（国有股）
	国有股	29718	69.11	河北省宏远国际经贸集团公司 0.17%（国有股）
	发起股	282	0.66	石家庄市星球服装鞋帽联合(集团)公司 0.17%（非流通股）
	外资股			河北华鑫集团公司 0.17%（国有股）
	募集股			河北宁纺集团有限责任公司 0.17%（非流通股）
	流通A	13000	30.23	壮少林 0.09%（流通A股）
	流通B			曹文军 0.08%（流通A股）
	流通H			郑斌 0.07%（流通A股）
股东户数	05年末	52569		林锦州 0.06%（流通A股）
	04年末	58982		韩亚非 0.06%（流通A股）
其他流通股东	刘辉 0.059%；王碧灵 0.058%；河北恒润投资有限公司 0.058%；牛家稳 0.055%；张海彬 0.054%			
近年分配	05预案:10派0.4；04年:10派0.6；03年:10派0.9	近年募资	03年10配3配股价5.07元。	

二〇〇五年以来市场表现

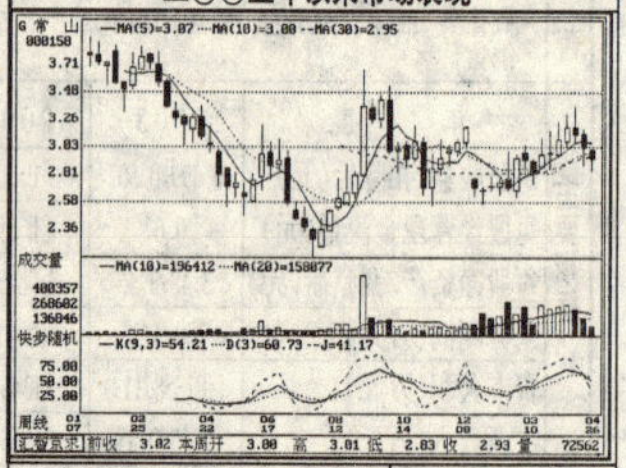

2005年涨跌幅(%)	－14.06
2005年最高(元)	3.93
2006年涨跌幅(%)	24.39
2006.4.26收盘(元)	2.93
2006年最高(元)	4.54
2006年最低(元)	3.46
2006年换手率(%)	162.05
股改对价	送股 每10股实际获得3.5股(06/01/13)

国际实业（000159）

上市日期:00/09/26　　电话:0991－5814221　　传真:0991－5854232

主营	焦炭、煤炭及深加工产品的生产与销售；麻黄素制品及其衍生产品的研制、开发、生产加工和销售；进出口贸易和房地产开发营销、物业管理。			
	年　度	2005	2004	2003
主要指标	每股收益/扣除后(元)	0.03/0.016	0.011/－0.084	0.03/0.261
	每股经营现金流量(元)	0.4287	1.1394	－1.1
	每股净资产/调整后(元)	3.5/3.38	3.45/3.19	3.33/3.06
	未分利润(万元)	3109.06	3590.92	4167.27
	资本公积(万元)	37952.1	37755.05	38181.55
利润构成	主营收入(万元)	47594.05	45466.46	57172.41
	主营利润(万元)	15174.09	6937.84	10149.77
	营业利润(万元)	901.12	－4426.33	754.6
	投资收益(万元)	－783.74	849.85	－240.65
	利润总额(万元)	－637.99	－3974.63	－4323.32
	净利润(万元)	513.37	193.66	517
点评	2005年开始焦炭需求量有所回落，国际、国内焦炭市场价格下跌，本地煤炭行业停产整顿导致公司煤炭减产。由于公司准备在二季度对麻黄素制品公司确认无法收回的债权计入营业外支出，公司预计上半年将亏损。			

	截止日期	05年末	占%	主要股东及持股比例%、持股性质
股本结构（万股）	总股本	17179.23		新疆对外经济贸易(集团)有限责任公司 53.43%（非流通股）
	国有股	300	1.75	新疆特变电工股份有限公司 2.04%（非流通股）
	发起股	9879.23	57.51	江阴市基础产业总公司 1.75%（国有股）
	外资股			和硕县佳丰果菜种植有限责任公司 1.16%（非流通股）
	募集股			江阴市新理念经济信息有限公司 0.87%（非流通股）
	流通A	7000	40.75	上海金阳房地产实业有限公司 0.35%（流通A股）
	流通B			周耀 0.18%（流通A股）
	流通H			洪远富 0.15%（流通A股）
股东户数	05年末	32517		顾振宇 0.14%（流通A股）
	04年末	32171		李荆 0.13%（流通A股）
其他流通股东	罗燕 0.111%；陆志安 0.076%；王春英 0.076%；郝玉琴 0.073%；王臣 0.072%			
近年分配		近年募资		

二〇〇五年以来市场表现

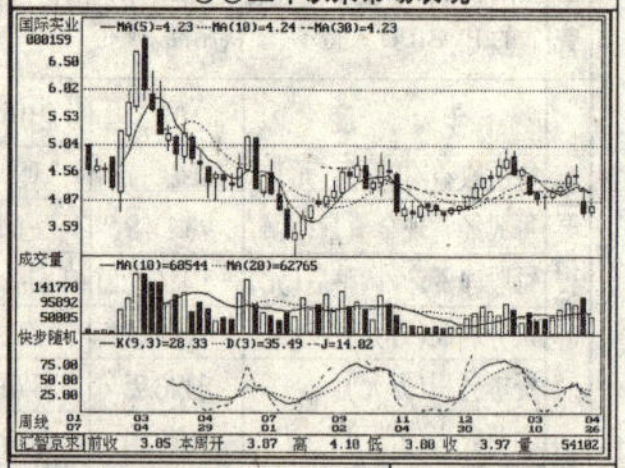

2005年涨跌幅(%)	－18.7
2005年最高(元)	6.99
2006年涨跌幅(%)	－3.87
2006.4.26收盘(元)	3.97
2006年最高(元)	4.97
2006年最低(元)	3.79
2006年换手率(%)	162.74
股改对价	

丝绸股份（000301）

上市日期:00/05/29　电话:0512－63558328　传真:0512－63552272

主营：纺织原料、针纺织品、聚酯(PET)生产、销售,电脑绣花,房地产开发、经营,仓储,公路货运及国内贸易等。

	年　　度	2005	2004	2003
主要指标	每股收益/扣除后(元)	0.065/0.084	－0.099	0.17/0.156
	每股经营现金流量(元)	0.34	0.324	0.32
	每股净资产/调整后(元)	2.93/2.87	2.86/2.78	3.03/2.94
	未分利润(万元)	17639.22	14598.78	22515.63
	资本公积(万元)	65417.07	65016.87	65016.87
利润构成	主营收入(万元)	274029.34	227289.32	219977.7
	主营利润(万元)	26565.88	17172	25596.91
	营业利润(万元)	11949.45	1002.63	14765.61
	投资收益(万元)	－1563.38	－4946.87	－767.98
	利润总额(万元)	7505.73	－1689.72	13614.33
	净利润(万元)	3040.44	－4613.51	8169.12

点评：面对05年的严峻形势,公司调整产业结构,逐步形成纺织、热电和城市服务业三大产业并驾同进的格局,扭转了04年的亏损。新的一年将是公司三年调整的起始年,通过产业结构、产品结构的调整,做强纺织业,做大热电和城市服务业,为公司良好发展奠定基础。

	截止日期	05年末	占%	主要股东及持股比例%、持股性质
股本结构(万股)	总股本	46792.94		江苏吴江丝绸集团有限公司 62.44%(国有股)
	国有股	29216.6	62.44	江苏省丝绸集团有限公司 2.37%(非流通股)
	发起股	2083.4	4.45	吴江市志恒丝绸经营部 1.42%(流通A股)
	外资股			中国丝绸工业总公司 1.39%(非流通股)
	募集股			江苏弘业国际集团有限公司 0.96%(流通A股)
	流通A	15492.94	33.11	中国服装集团公司 0.56%(非流通股)
	流通B			吴江市苏宜化纤有限公司 0.27%(流通A股)
	流通H			苏州市对外发展总公司 0.14%(非流通股)
股东户数	05年末	56691		梁刚 0.12%(流通A股)
	04年末	63127		徐争 0.11%(流通A股)
其他流通股东	上海富坤投资有限公司 0.094%;陈志辉 0.09%;深圳市君成投资发展有限公司 0.085%;杨志德 0.084%			
近年分配	03年:10派0.7		近年募资	

二〇〇五年以来市场表现

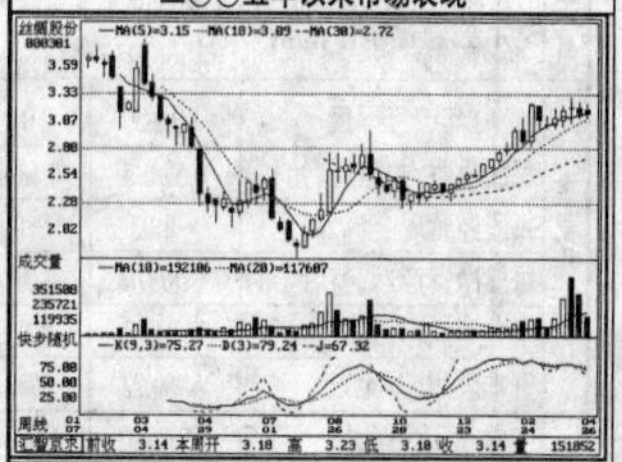

2005年涨跌幅(%)	－30.03
2005年最高(元)	3.85
2006年涨跌幅(%)	23.62
2006.4.26收盘(元)	3.14
2006年最高(元)	3.29
2006年最低(元)	2.54
2006年换手率(%)	131.66
股改对价	支付差价

G许继（000400）

上市日期:97/04/18　电话:0374－3212348　传真:0374－3363549

主营：生产经营电网调度自动化、配电网自动化、变电站自动化、电站自动化、铁路供电自动化、电网安全稳定控制、电力管理信息系统、电力市场技术支持系统、继电保护等。

	年　　度	2005	2004	2003
主要指标	每股收益/扣除后(元)	0.309/0.263	0.381/0.333	0.45/0.43
	每股经营现金流量(元)	0.3367	0.5344	0.38
	每股净资产/调整后(元)	5.02/4.76	4.83/4.65	4.55/4.43
	未分利润(万元)	59863.58	59292.51	53117.33
	资本公积(万元)	59513.98	59513.98	59663.86
利润构成	主营收入(万元)	182678.8	170216.83	152681.1
	主营利润(万元)	46056.47	52706.56	53048.45
	营业利润(万元)	14229.03	16485.02	25881.19
	投资收益(万元)	190.26	476.99	121.29
	利润总额(万元)	16991.51	19361.08	26769.42
	净利润(万元)	11684.05	14402.77	16877.17

点评：公司系国家电力系统自动化及继电保护控制行业大型骨干和主导企业。公司目前已完成新一轮的经营结构调整,将收购集团公司直流输电业务核心部件－换流阀的相关资产。2005年是公司业绩的最低点,在"十一五"期间将迎来一轮新的上升周期。

	截止日期	05年末	占%	主要股东及持股比例%、持股性质
股本结构(万股)	总股本	37827.2		许继集团有限公司 30.2%(国有股)
	国有股	11423.2	30.2	海富通精选证券投资基金 1.85%(流通A股)
	发起股	743.2	1.96	海富通收益增长证券投资基金 1.82%(流通A股)
	外资股			兴华证券投资基金 1.43%(流通A股)
	募集股			泰和证券投资基金 1.36%(流通A股)
	流通A	25660.8	67.84	许继电控设备公司 1.01%(非流通股)
	流通B			许继电器设备公司 0.96%(非流通股)
	流通H			华夏大盘精选证券投资基金 0.83%(流通A股)
股东户数	05年末	61959		海富通股票证券投资基金 0.81%(流通A股)
	04年末	59075		东方证券股份有限公司 0.73%(流通A股)
其他流通股东	同德证券投资基金 0.455%;长盛成长价值证券投资基金 0.425%;长城久恒平衡型证券投资基金 0.371%			
近年分配	04年:10派1.2;03年:10派1.2		近年募资	

二〇〇五年以来市场表现

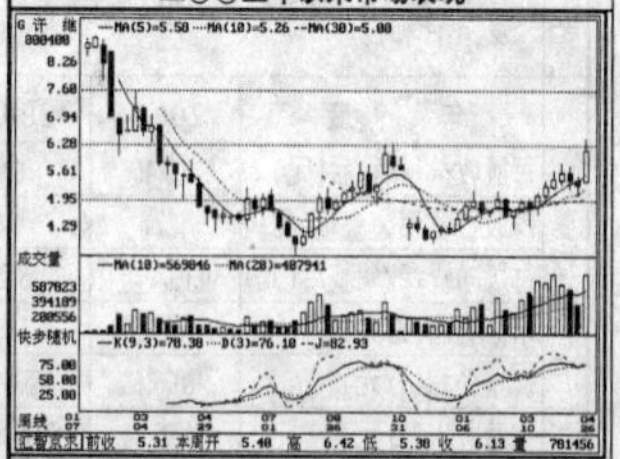

2005年涨跌幅(%)	－29.94
2005年最高(元)	8.92
2006年涨跌幅(%)	36.22
2006.4.26收盘(元)	6.13
2006年最高(元)	6.42
2006年最低(元)	4.28
2006年换手率(%)	292.46
股改对价	送股 每10股实际获得3.2股(05/11/17)

冀东水泥（000401）

上市日期:96/06/14　电话:0315－3244005　传真:0315－3244005

主营：硅酸盐水泥及水泥熟料的制造和销售

	年　　度	2005	2004	2003
主要指标	每股收益/扣除后(元)	0.133/0.119	0.149/0.14	0.17/0.168
	每股经营现金流量(元)	0.53	0.41	0.32
	每股净资产/调整后(元)	2.26/2.21	2.23/2.17	1.95/1.91
	未分利润(万元)	16541.57	15312.6	12786.05
	资本公积(万元)	77482.22	77427.56	47824.28
利润构成	主营收入(万元)	230894.35	183384.69	142428.46
	主营利润(万元)	53489.23	48817.4	47553.02
	营业利润(万元)	6052.67	8471.02	12862.43
	投资收益(万元)	286.53	24.02	－37.48
	利润总额(万元)	16048.07	17281.19	18848.33
	净利润(万元)	12772.56	14299.12	14730.19

点评：公司是中国北方最大的水泥生产商和供应商之一,自96年上市以来,公司主业规模扩大了6倍多,水泥总产能达到2000万吨,具有明显技术、规模优势。随着供求关系的逐渐改善以及生产成本的小幅下降,水泥行业有望逐渐走出低谷,公司业绩将改善。

	截止日期	05年末	占%	主要股东及持股比例%、持股性质
股本结构(万股)	总股本	96277.06		河北省冀东水泥集团有限责任公司 62.93%(国有股)
	国有股	60591.65	62.93	通乾证券投资基金 3.89%(流通A股)
	发起股			交通银行－融通行业景气证券投资基金 1.98%(流通A股)
	外资股			红塔证券股份有限公司 0.59%(流通A股)
	募集股	591.88	0.61	唐山市新区第一运输公司 0.23%(非流通股)
	流通A	35093.53	36.45	中国工商银行－融通深证100指数证券投资基金 0.23%(流通A股)
	流通B			庞村 0.17%(流通A股)
	流通H			田羽 0.09%(流通A股)
股东户数	05年末	114040		狄艳平 0.08%(流通A股)
	04年末	133565		陈明生 0.08%(流通A股)
其他流通股东	中国人寿保险股份有限公司－传统－普通保险产品－005L－CT001深 0.074%;刘军 0.072%			
近年分配	04年:10派1;03年:10派1		近年募资	04年10配3配股价4.61元。

二〇〇五年以来市场表现

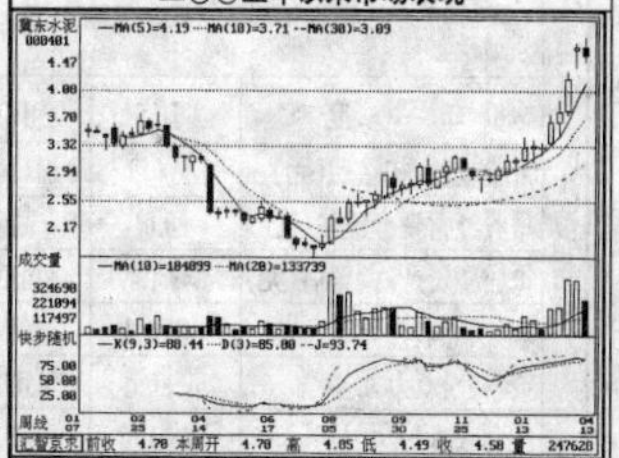

2005年涨跌幅(%)	－8.02
2005年最高(元)	3.77
2006年涨跌幅(%)	47.27
2006.4.26收盘(元)	4.58
2006年最高(元)	4.85
2006年最低(元)	3.04
2006年换手率(%)	50.25
股改对价	送股 每10股实际获得3.2股

G 金融街（000402）

上市日期:96/06/26　　电话:010－88086184　　传真:010－88086186

主营	房地产开发、物业管理;主要产品是北京金融街区域的土地开发、楼面租售和房产项目开发。			
	年　　度	2005	2004	2003
主要指标	每股收益/扣除后(元)	0.59/0.5	0.68/0.62	0.7/0.65
	每股经营现金流量(元)	-0.02	-0.67	-0.1
	每股净资产/调整后(元)	3.28/3.18	4.32/4.3	3.71/3.62
	未分利润(万元)	78711.82	58129.09	40581.87
	资本公积(万元)	54290.22	76966	26486.79
利润构成	主营收入(万元)	199976.62	173984.03	143797.09
	主营利润(万元)	63963.64	55560.7	44167.84
	营业利润(万元)	52315.32	46216.9	31016.65
	投资收益(万元)	2921.13	647.73	163.07
	利润总额(万元)	62006.31	46849.19	33176.56
	净利润(万元)	40889.55	31092.42	20749.42
点评	金融街区域公司在施工面积约90万平米,全年完成建设投资约20亿元。公司实施跨区域发展战略,立足北京,面向全国重点城市和地区,加大对外地项目储备投入。中长期将形成房地产开发和物业经营两个支柱业务领域。自有物业收益稳定成长,有一定升值空间。			

	截止日期	05年末	占%	主要股东及持股比例%、持股性质
股本结构(万股)	总股本	68869		北京金融街建设集团 44.12%(国有股)
	国有股	30383.5	44.12	安顺证券投资基金 4.65%(流通A股)
	发起股			申银万国证券股份有限公司 4.29%(流通A股)
	外资股			华安创新证券投资基金 2.47%(流通A股)
	募集股			同益证券投资基金 2.13%(流通A股)
	流通A	38485.5	55.88	嘉实服务增值行业证券投资基金 1.5%(流通A股)
	流通B			上投摩根中国优势证券投资基金 1.37%(流通A股)
	流通H			招商股票投资基金 1.26%(流通A股)
股东户数	05年末	5676		全国社保基金一零六组合 0.94%(流通A股)
	04年末	9144		长盛动态精选证券投资基金 0.94%(流通A股)
其他流通股东	博时精选股票证券投资基金 0.933%			
近年分配	05年:10派2转增4;04年:10派3转增5;03年:10派3转增3	近年募资	04年增发A股7600万股,发行价9.3元。	

二〇〇五年以来市场表现

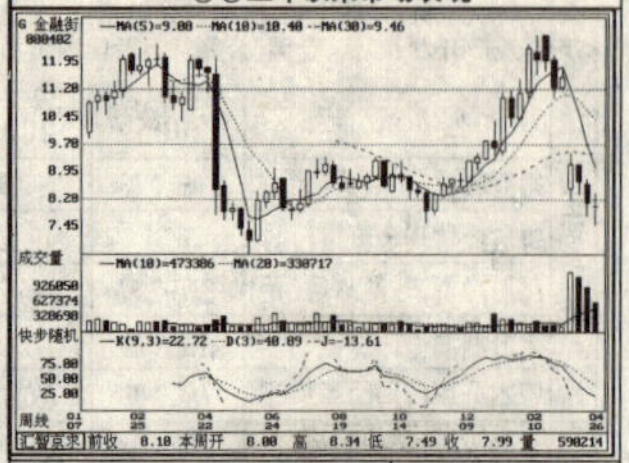

2005年涨跌幅(%)	45.97
2005年最高(元)	15.75
2006年涨跌幅(%)	0.81
2006.4.26收盘(元)	7.99
2006年最高(元)	12.7
2006年最低(元)	9.06
2006年换手率(%)	96.12
股改对价	送股 每10股实际获得2.1股(06/04/05)

三九生化（000403）

上市日期:96/06/28　　电话:755－82911999　　传真:0755－2710777

主营	生物工程药品、精细化工产品以及工程机械产品的研究、开发、生产和销售。			
	年　　度	2005	2004	2003
主要指标	每股收益/扣除后(元)	-2.46	-0.88	0.11/0.1
	每股经营现金流量(元)	0.24	-0.62	-0.23
	每股净资产/调整后(元)	-0.05/-0.71	2.58/2.57	3.45/3.34
	未分利润(万元)	-44973.08	6754.27	26290.47
	资本公积(万元)	18076.62	16535.95	15565.38
利润构成	主营收入(万元)	74295.14	74137.19	65181.18
	主营利润(万元)	13486.61	14428.91	14958.13
	营业利润(万元)	-53209.04	-21511.81	3755.51
	投资收益(万元)	-791	-1531.59	-252.8
	利润总额(万元)	-62064.01	-22821.59	3661.34
	净利润(万元)	-52147.87	-19821.36	2400.44
点评	公司前身是"宜春工程",三九集团通过置换资产进入,主营业务成为生物医药和工程机械。受三九集团影响,公司的营运资金缺乏,业务受到影响。为解决三九集团的债务问题,新股东山西振兴集团入主,置换出医药业务,增加火电业务,公司业绩仍需观望。			

	截止日期	05年末	占%	主要股东及持股比例%、持股性质
股本结构(万股)	总股本	21168.35		三九医药股份有限公司 38.11%(国有股)
	国有股	8677.2	40.99	宜春工程机械厂劳动服务公司 4.53%(非流通股)
	发起股			衡阳市国资局 2.88%(国有股)
	外资股			宜春工程机械油箱厂 0.77%(非流通股)
	募集股	2342.13	11.06	宜春工程机械西件厂 0.66%(非流通股)
	流通A	10149.02	47.94	江西省分宜驱动桥厂 0.65%(非流通股)
	流通B			福州铁路工程总公司第二工程段 0.52%(非流通股)
	流通H			宜春齿轮制造有限公司 0.43%(非流通股)
股东户数	05年末	25426		深圳市星瑞投资发展有限公司 0.41%(非流通股)
	04年末	25933		宜春地区工程机械附件厂 0.29%(非流通股)
其他流通股东	余庆祥 0.28%;朱武民 0.225%;葛瑞平 0.195%;于静 0.177%;胡永奎 0.168%;唐钅广 0.163%;朱惠容 0.148%			
近年分配		近年募资		

二〇〇五年以来市场表现

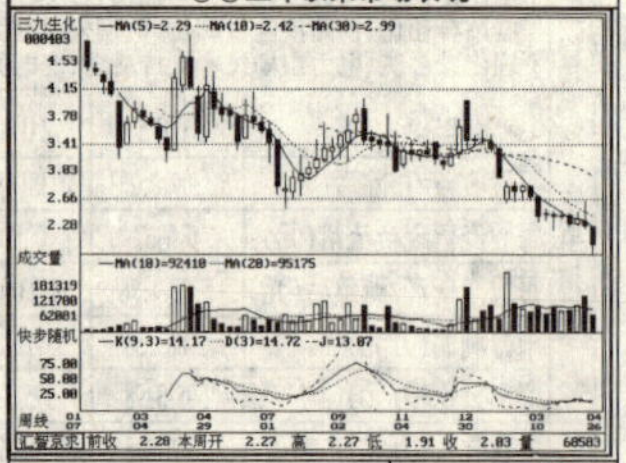

2005年涨跌幅(%)	-29.68
2005年最高(元)	4.9
2006年涨跌幅(%)	-41.33
2006.4.26收盘(元)	2.03
2006年最高(元)	3.6
2006年最低(元)	1.91
2006年换手率(%)	153.97
股改对价	

华意压缩（000404）

上市日期:96/06/19　　电话:0798－8470237　　传真:0798－8470221

主营	研制、生产与销售无氟压缩机和无氟冰箱			
	年　　度	2005	2004	2003
主要指标	每股收益/扣除后(元)	-0.55/-0.55	0.03/-0.137	-0.46/-0.489
	每股经营现金流量(元)	-0.01	0.28	-0.44
	每股净资产/调整后(元)	1.49/1.49	2.04/2.04	2.01/2.01
	未分利润(万元)	-23601.46	-9093.55	-9595.3
	资本公积(万元)	31513.92	31513.47	31408.93
利润构成	主营收入(万元)	126864.63	97732.29	66894.95
	主营利润(万元)	12261.55	8683.65	6215.88
	营业利润(万元)	-9605.25	-527.96	-5391.93
	投资收益(万元)	-457.57	-591.63	522.47
	利润总额(万元)	-12313.3	2158.12	-10803
	净利润(万元)	-14274.27	667	-11988.91
点评	由于加西贝拉公司处理了部分抵债资产等,公司05年大幅亏损。由于市场竞争惨烈,公司压缩机价格持续下降,同时主要原材料价格继续上涨,压缩机产品毛利率继续下滑,公司主业面临较大的经营压力。			

	截止日期	05年末	占%	主要股东及持股比例%、持股性质
股本结构(万股)	总股本	26085.38		景德镇华意电器总公司 40.67%(国有股)
	国有股	10608.78	40.67	广东科龙电器股份有限公司 22.73%(非流通股)
	发起股			祝去修 0.25%(流通A股)
	外资股			珠海钢能重型机械装备有限公司 0.22%(流通A股)
	募集股	5928	22.73	高晶 0.11%(流通A股)
	流通A	9548.6	36.61	巫金就 0.11%(流通A股)
	流通B			杨淞尹 0.09%(流通A股)
	流通H			刘清元 0.08%(流通A股)
股东户数	05年末	40321		潘仕峰 0.08%(流通A股)
	04年末	43771		黄新生 0.07%(流通A股)
其他流通股东	钱海航 0.064%;李杏华 0.06%			
近年分配		近年募资		

二〇〇五年以来市场表现

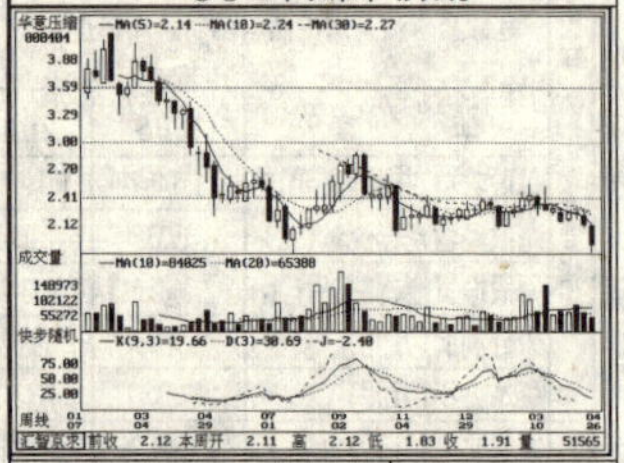

2005年涨跌幅(%)	-37.88
2005年最高(元)	4.18
2006年涨跌幅(%)	-16.23
2006.4.26收盘(元)	1.91
2006年最高(元)	2.55
2006年最低(元)	1.83
2006年换手率(%)	117.88
股改对价	

胜利股份（000407）

上市日期:96/07/03　电话:0531—6920495　传真:0531—6018518

主营：塑胶工业、农药的生产、销售及贸易等。

	年　度	2005	2004	2003
主要指标	每股收益/扣除后(元)	0.08/0.05	0.06	0.12/0.08
	每股经营现金流量(元)	0.43	0.15	0.05
	每股净资产/调整后(元)	2.02/1.98	1.95/1.9	2.32/2.25
	未分利润(万元)	9295.78	-7459.22	5976.61
	资本公积(万元)	15454.19	15454.19	20245.96
利润构成	主营收入(万元)	109836.86	83797.17	72340.86
	主营利润(万元)	11375.04	9594.44	10606.29
	营业利润(万元)	2577.52	1372.71	3049.7
	投资收益(万元)	859.29	1724.23	1523.5
	利润总额(万元)	4028.37	3134.87	4413.6
	净利润(万元)	2160.66	1744.24	2909.68

点评：公司原以橡胶工业为主导，近年来积极优化产业结构，将生物技术作为主导产业进行培育，并联手中科院等国内著名科研院所占据行业制高点，战略转型步伐不断加快。作为中国生物技术第一企业，在行业快速增长的情况下，公司业绩呈现良性增长态势。

股本结构（万股）	05年末	占%	主要股东及持股比例%、持股性质
截止日期			
总股本	28750.65		山东胜利投资股份有限公司 18.12%（部分流通部分不流通）
国有股			广州市通百惠服务有限公司 15.15%（非流通股）
发起股	120	0.42	润华集团股份有限公司 3.05%（非流通股）
外资股			山东省交通开发投资公司 1.22%（非流通股）
募集股	11327.05	39.4	山东储备物资管理局三三四处 0.81%（非流通股）
流通A	17303.6	60.19	山东省农业生产资料公司 0.61%（非流通股）
流通B			深圳市奥港实业有限公司 0.41%（非流通股）
流通H			胜利集团劳动服务公司 0.33%（非流通股）
股东户数 05年末	61063		日照万荣实业公司 0.24%（非流通股）
股东户数 04年末	61063		北京乐土公司 0.24%（非流通股）

其他流通股东：王新胜 0.212%；马伟国 0.14%；刘永霄 0.13%；李大全 0.126%；申志学 0.125%；李晓明 0.122%；董艺 0.109%

近年分配：03年:10派0.5转增2　近年募资：

二〇〇五年以来市场表现

2005年涨跌幅(%)	-22.61
2005年最高(元)	3.35
2006年涨跌幅(%)	8.23
2006.4.26收盘(元)	2.63
2006年最高(元)	2.86
2006年最低(元)	2.42
2006年换手率(%)	80.73
股改对价	

玉源控股（000408）

上市日期:96/06/28　电话:0310-5210408　传真:0310-5028366

主营：生产和销售各种工业陶瓷、日用陶瓷及建筑陶瓷、瓷用花纸、原辅材料；电线电缆系列产品和通讯电子产品。

	年　度	2005	2004	2003
主要指标	每股收益/扣除后(元)	-0.85	-0.3	0.092/0.002
	每股经营现金流量(元)	-1.25	-0.7	0.23
	每股净资产/调整后(元)	2.82/2.37	3.67/3.26	3.96/3.64
	未分利润(万元)	-7394.23	2321.44	6092.93
	资本公积(万元)	26279.75	26261.07	25763.23
利润构成	主营收入(万元)	21265.84	21409.04	20456.48
	主营利润(万元)	1183.56	2617.7	3649.51
	营业利润(万元)	-10207.25	-3562.68	-148.32
	投资收益(万元)	1364.96	1400	1354.49
	利润总额(万元)	-10358.13	-3706.25	1299.13
	净利润(万元)	-9715.67	-3497.85	1053.37

点评：公司主营陶瓷制品的生产、销售。由于原辅材料价格上涨，公司陶瓷主业的盈利能力下降。公司通过产业结构调整，在继续做大做强传统的陶瓷产业的同时，逐步发展农业、交通、地产等产业。虽然其已着力寻找更多利润来源，但公司资金紧张的局面已迫切需要改变

股本结构（万股）	05年末	占%	主要股东及持股比例%、持股性质
截止日期			
总股本	11472		北京路源世纪投资管理有限公司 28.42%（非流通股）
国有股			北京九台投资管理有限公司 17.17%（非流通股）
发起股	7400.4	64.51	北京景源大地置业有限公司 12.2%（非流通股）
外资股			新理益集团有限公司 5.49%（非流通股）
募集股			海南鹏新贸易有限公司 0.61%（非流通股）
流通A	4071.6	35.49	林卫 0.32%（流通A股）
流通B			苏秋成 0.22%（流通A股）
流通H			杨毅峰 0.2%（流通A股）
股东户数 05年末	12241		谢梦贞 0.17%（流通A股）
股东户数 04年末	12151		廖辉 0.15%（流通A股）

其他流通股东：贾中华 0.121%；邵光英 0.116%；刘光藻 0.108%；高芳云 0.1%；刘丽红 0.088%

近年分配：　近年募资：

二〇〇五年以来市场表现

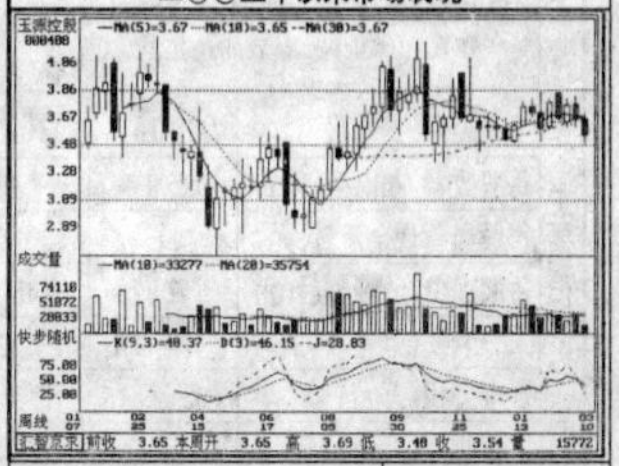

2005年涨跌幅(%)	
2005年最高(元)	4.25
2006年涨跌幅(%)	0.86
2006.4.26收盘(元)	3.54
2006年最高(元)	3.85
2006年最低(元)	3.48
2006年换手率(%)	73.9
股改对价	送股 每10股实际获得5.57股

*ST四通（000409）

上市日期:96/06/27　电话:0755-83589500　传真:0755-83589501

主营：电子产品、电子计算机软件的开发、销售。

	年　度	2005	2004	2003
主要指标	每股收益/扣除后(元)	0.038	0.034	-0.39/-0.395
	每股经营现金流量(元)	0.1014	0.0234	0.0008
	每股净资产/调整后(元)	0.69/0.67	0.61/0.59	0.57/0.55
	未分利润(万元)	-5627.12	-25581.05	-26157.45
	资本公积(万元)	139.04	18035.25	17952.95
利润构成	主营收入(万元)	7903.95	12069.55	63.12
	主营利润(万元)	341.14	1047.31	26.08
	营业利润(万元)	2103.94	641.58	-6750.52
	投资收益(万元)	-46.08	-97.21	-19.23
	利润总额(万元)	572.51	542.56	-6904.48
	净利润(万元)	644.89	576.4	-6689.94

点评：鉴于2000年9月至2003年1月期间，四通高科共有5笔借款总计1.88亿元和开出银行承兑汇票114份总计金额9.70亿元未在相关定期报告中披露，因此2006年3月17日，公司收到证监会处罚。对诚信度有问题的公司，建议回避。

股本结构（万股）	05年末	占%	主要股东及持股比例%、持股性质
截止日期			
总股本	17137.41		蚌埠市第一污水处理厂 13.42%（非流通股）
国有股			上海三源房地产开发有限公司 5.2%（非流通股）
发起股	3615.56	21.1	海南创源投资管理有限公司 5.11%（非流通股）
外资股			中国石化集团北京石油化工工程公司 3.43%（非流通股）
募集股	5994.21	34.98	海南日冷空调安装工程有限公司 2.92%（非流通股）
流通A	7527.65	43.93	广东粤财信托投资有限公司 2.78%（非流通股）
流通B			信达投资有限公司 1.69%（非流通股）
流通H			吴川市力车厂 0.88%（非流通股）
股东户数 05年末	26963		上海乔爱贸易有限公司 0.82%（非流通股）
股东户数 04年末	28602		上海思可达商务咨询有限公司 0.75%（非流通股）

其他流通股东：张立羽 0.292%；朱梓帆 0.257%；何向荣 0.19%；王瑞琴 0.16%；于桢 0.149%；艾维军 0.147%；林峰 0.144%

近年分配：　近年募资：

二〇〇五年以来市场表现

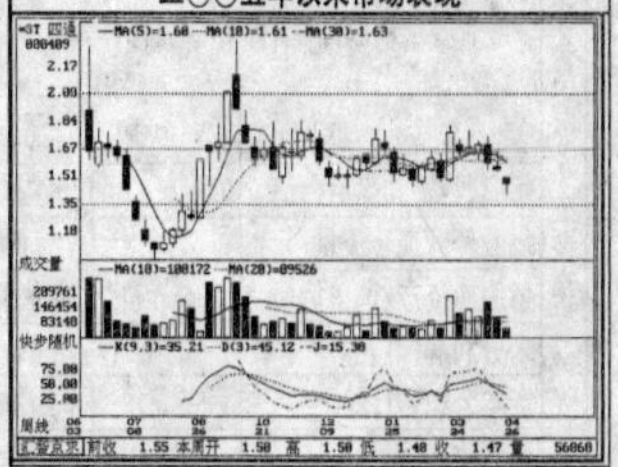

2005年涨跌幅(%)	-42.96
2005年最高(元)	2.33
2006年涨跌幅(%)	-9.26
2006.4.26收盘(元)	1.47
2006年最高(元)	1.81
2006年最低(元)	1.4
2006年换手率(%)	203.92
股改对价	

G沈机（000410）

上市日期:96/07/18　　电话:024－25650008　　传真:024－25878762

主营	机床制造和销售			
	年　　度	2005	2004	2003
主要指标	每股收益/扣除后(元)	0.33/0.35	0.17/0.17	0.03/0.02
	每股经营现金流量(元)	1.08	0.76	0.27
	每股净资产/调整后(元)	3.08/1.88	2.49/2.19	2.33/2.11
	未分利润(万元)	6821.35	－2825.11	－8146.82
	资本公积(万元)	55795.58	47066.49	47350.69
利润构成	主营收入(万元)	434851.68	311180.14	175259.01
	主营利润(万元)	88398.69	59067.45	38783.37
	营业利润(万元)	17333.26	8149.06	411.03
	投资收益(万元)	74.23	－413.99	405.24
	利润总额(万元)	18349.65	7810.47	1998.48
	净利润(万元)	11294.58	5902.41	1120.61
点评	通过产品结构调整,在普通机床增长速度下降的情况下,05年公司数控机床产品实现了较大幅度的上升。随着国内汽车行业、航天军工及振兴装备制造业等引发的机床需求数控化,公司面临极大的发展机遇;而集团欠款、担保等问题的顺利解决,有利于公司迈上新台阶。			

	截止日期	05年末	占%	主要股东及持股比例%、持股性质
股本结构（万股）	总股本	34091.93		沈阳工业国有资产经营有限公司 54.42%（国有股）
	国有股	18554.45	54.42	中国人寿保险股份有限公司 1.11%（流通A股）
	发起股			银丰证券投资基金 1.01%（流通A股）
	外资股			全国社保基金一零六组合 0.88%（流通A股）
	募集股	2000.2	5.87	上海颢伽经贸有限公司 0.76%（非流通股）
	流通A	13537.28	39.71	中国工商银行—金泰证券投资基金 0.76%（流通A股）
	流通B			东方证券—农行—东方红1号集合资产管理计划 0.67%（流通A股）
	流通H			中国银行—金鹰成份股优选证券投资基金 0.59%（流通A股）
股东户数	05年末	52553		中国银行—湘财荷银行业精选证券投资基金 0.58%（流通A股）
	04年末	69106		招商银行股份有限公司—中信经典配置证券投资基金 0.4%（流通A股）
其他流通股东	东方证券股份有限公司 0.391%；上海浦东发展银行—广发小盘成长股票型证券投资基金 0.296%			
近年分配		近年募资		

二〇〇五年以来市场表现

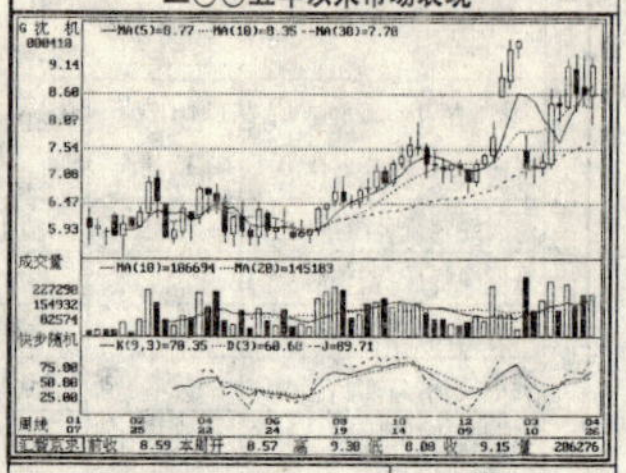

2005年涨跌幅(%)	24.52
2005年最高(元)	8.07
2006年涨跌幅(%)	56.62
2006.4.26收盘(元)	9.15
2006年最高(元)	12.46
2006年最低(元)	8.55
2006年换手率(%)	121.12
股改对价	送股 每10股实际获得3.3股(06/03/01)

英特集团（000411）

上市日期:96/07/16　　电话:0571－85068752　　传真:0571－85068752

主营	药品、保健品、医疗器械、中成药和药材的生产、销售及房地产开发和印染绸、服装的销售。			
	年　　度	2005	2004	2003
主要指标	每股收益/扣除后(元)	0.05/0.04	0.004	0.053/0.006
	每股经营现金流量(元)	0.63	－0.059	－0.485
	每股净资产/调整后(元)	0.72/0.69	0.67/0.63	0.72/0.63
	未分利润(万元)	－17676.91	－18260	－17642.55
	资本公积(万元)	12929.83	12929.83	12925.38
利润构成	主营收入(万元)	247532.78	208377.67	163673.45
	主营利润(万元)	10777.73	8765.85	8250.15
	营业利润(万元)	2203.64	1603.18	1227.18
	投资收益(万元)	294.54	100.47	440.78
	利润总额(万元)	2556.82	1725.13	1565.2
	净利润(万元)	583.09	48.17	610.58
点评	公司以医药批发业务为主。在医药市场竞争白热化的环境下,公司05年取得了收入、利润双增长的好成绩。这得益于公司立足于"专业医药分销配送商"			

	截止日期	05年末	占%	主要股东及持股比例%、持股性质
股本结构（万股）	总股本	11525		浙江础润投资有限公司 18.01%（国有股）
	国有股	2075.55	18.01	浙江华龙实业发展有限公司 11.62%（非流通股）
	发起股	2388.85	20.73	迪佛电信集团有限公司 10.5%（非流通股）
	外资股			浙江省华龙投资发展有限公司 8.38%（非流通股）
	募集股	3907.52	33.9	浙江华辰投资发展有限公司 6.07%（非流通股）
	流通A	3148.46	27.32	浙江东普实业有限公司 5.47%（非流通股）
	流通B			浙江华龙房地产开发公司 4.51%（非流通股）
	流通H			浙江省丝绸集团有限公司 2.54%（非流通股）
股东户数	05年末	9940		富春丝绸有限公司 2.01%（非流通股）
	04年末	7302		杭州市工商信托投资股份公司 1.79%（非流通股）
其他流通股东	钟用明 0.201%；王秀云 0.129%；陈卫星 0.126%；葛爱民 0.116%；叶跃松 0.093%；杨通人 0.088%；谭卫新 0.082%			
近年分配		近年募资		

二〇〇五年以来市场表现

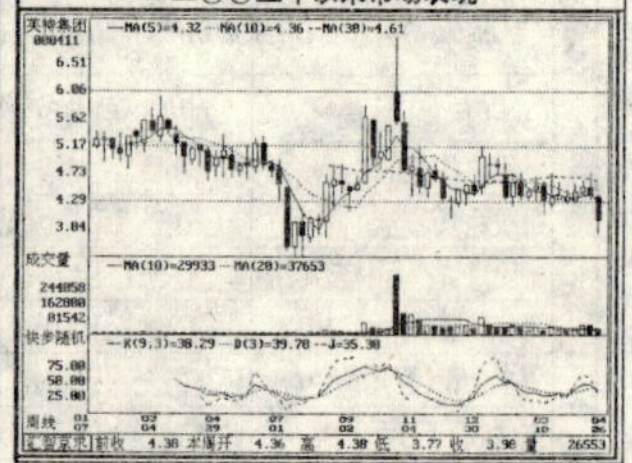

2005年涨跌幅(%)	－14.42
2005年最高(元)	6.95
2006年涨跌幅(%)	－10.56
2006.4.26收盘(元)	3.98
2006年最高(元)	5.18
2006年最低(元)	3.77
2006年换手率(%)	190.86
股改对价	

G宝石（000413/200413）

上市日期:A: 96/09/25 B: 96/07/08　电话:0311－6044705　　传真:0311－6041503

主营	电真空玻璃器件及配套电子元器件等。			
	年　　度	05中期	2004	2003
主要指标	每股收益/扣除后(元)	0.001/－0.001	0.074/0.04	0.058/0.02
	每股经营现金流量(元)		－0.17	－0.45
	每股净资产/调整后(元)	1.65/1.61	1.64/1.62	1.57/1.54
	未分利润(万元)	－31849.88	－31900.17	－34736.2
	资本公积(万元)	53826.15	53826.15	53643.35
利润构成	主营收入(万元)	4902.72	11293.22	8089.69
	主营利润(万元)	1277.75	3095.95	2221.86
	营业利润(万元)	1.12	－1311.89	－1159.32
	投资收益(万元)	－215.36	3712.51	3799.85
	利润总额(万元)	－125.19	2448.8	2597.62
	净利润(万元)	50.28	2836.03	2207.09
点评	公司作为国内最大的彩色显象管玻壳生产企业,经过多次重组和资产置换,经营稳定发展,公司控股的宝石彩色玻壳公司与日本电气巨头硝子株式会社和日商岩井株式会社设立的合资公司,利用了外资先进的技术装备开发新产品,前景十分看好。			

	截止日期	05中期	占%	主要股东及持股比例%、持股性质
股本结构（万股）	总股本	38300		石家庄宝石电子集团有限责任公司 60.16%（国有股）
	国有股	23041.05	60.16	DAIWA SECS SMBC HONG KONG LTD－CLIENTS 1.7%（流通B股）
	发起股	300	0.78	中国电子进出口总公司 0.52%（非流通股）
	外资股			中化河北进出口公司 0.26%（非流通股）
	募集股	450	1.17	石家庄信托投资股份公司 0.26%（非流通股）
	流通A	4507.3	11.77	陈永泉 0.23%（流通B股）
	流通B	10000	26.11	江凤媚 0.14%（流通B股）
	流通H			叶锐章 0.13%（流通B股）
股东户数	05中期	39681		上海怡宝行贸易有限公司 0.12%（流通A股）
	04年末	41295		王希明 0.1%（流通B股）
其他流通股东	巫素梅 0.101%；钟培金 0.099%；陈倩芬 0.09%；雷钧 0.089%			
近年分配		近年募资		

二〇〇五年以来市场表现

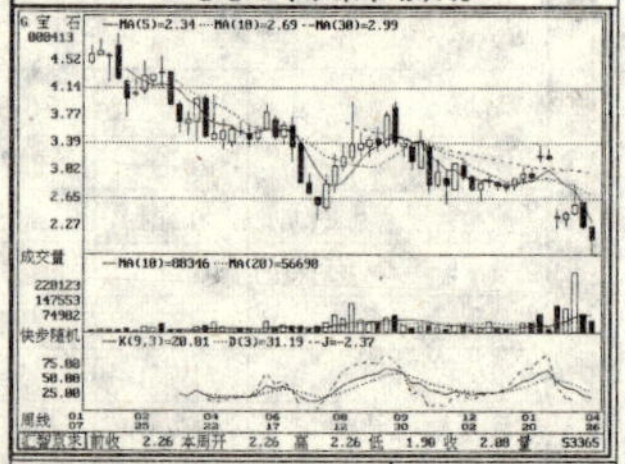

2005年涨跌幅(%)	－38
2005年最高(元)	4.89
2006年涨跌幅(%)	6.61
2006.4.26收盘(元)	2.08
2006年最高(元)	4.06
2006年最低(元)	2.72
2006年换手率(%)	151.15
股改对价	送股 每10股实际获得4.3股(06/03/29)

汇通水利(000415)

上市日期:96/07/16　　电话:0991－5852082　　传真:0991－5852082

主营	工程承包、建筑工程施工、房地产开发、工业设备的制作和安装、黄腐植酸的生产、销售、生物工程等。

	年　度	2005	2004	2003
主要指标	每股收益/扣除后(元)	0.007	0.041	-0.362/-0.25[illegible]
	每股经营现金流量(元)	0.3279	0.271	-0.031
	每股净资产/调整后(元)	1.61/1.18	1.61/1.32	1.52/1.63
	未分利润(万元)	-1961.93	-1930.6	-2797.69
	资本公积(万元)	10662.11	10662.11	9619.56
利润构成	主营收入(万元)	30084.79	34853.14	33945.85
	主营利润(万元)	5973.53	10148.09	5233.74
	营业利润(万元)	-35.54	-2025.03	-6062.33
	投资收益(万元)	1061.64	3337.86	-910.77
	利润总额(万元)	995.5	1348.68	-9522.92
	净利润(万元)	160.96	947.33	-8434.13

点评:公司从事新疆地区的水电工程建设,具有丰富的施工经验、良好的市场声誉和国家水利水电工程施工总承包壹级企业资质,西部大开发将为公司的进一步发展提供良好的外部环境。同时公司正在进行一系列重大资产重组,积极介入教育、生物工程等领域,发展空间广阔。

股本结构(万股)	截止日期	05年末	占%	主要股东及持股比例%、持股性质
	总股本	23318		深圳市淳大投资有限公司 29.99%(非流通股)
	国有股	6547.93	28.08	新疆水利电力建设总公司 28.08%(国有股)
	发起股	7174.31	30.77	昆明国际商贸交易中心有限公司 0.83%(流通A股)
	外资股			深圳市巨擘网投资有限公司 0.77%(非流通股)
	募集股			雷利君 0.104%(流通A股)
	流通A	9588.04	41.12	张文祥 0.101%(流通A股)
	流通B			周越 0.086%(流通A股)
	流通H			王泽芳 0.086%(流通A股)
股东户数	05年末	53597		韩波 0.076%(流通A股)
	04年末	57259		忻志海 0.068%(流通A股)

其他流通股东:范光远 0.064%;余华群 0.059%;孟有安 0.058%

近年分配: 　　近年募资:

二〇〇五年以来市场表现

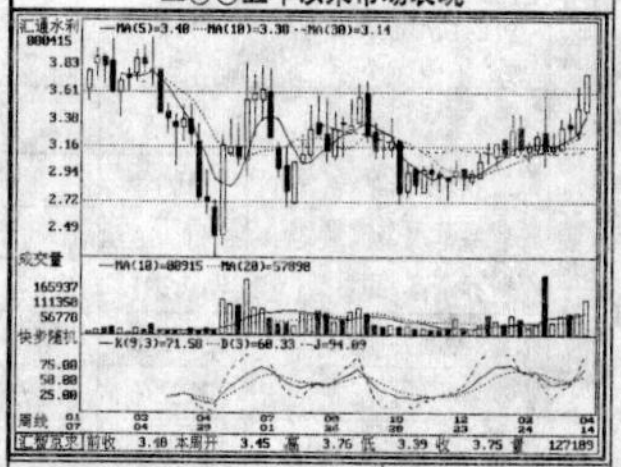

2005年涨跌幅(%)	-18.56
2005年最高(元)	4.05
2006年涨跌幅(%)	27.55
2006.4.26收盘(元)	3.75
2006年最高(元)	3.76
2006年最低(元)	2.91
2006年换手率(%)	104.02
股改对价	转增 每10股实际获得7股

健特生物(000416)

上市日期:96/07/19　　电话:0532－3884366　　传真:0532－3876171

主营	自有资产投资;计算机领域的技术开发与转让;保健品生产、销售;保健品、药品技术的研究;进出口业务。

	年　度	2005	2004	2003
主要指标	每股收益/扣除后(元)	0.118/0.09	0.309/0.271	0.488/0.492
	每股经营现金流量(元)	0.44	0.135	0.373
	每股净资产/调整后(元)	1.57/1.56	1.45/1.45	1.61/1.61
	未分利润(万元)	8845.91	4381.08	8119.46
	资本公积(万元)	587.94	549.67	443.08
利润构成	主营收入(万元)	94614.38	52864.36	54958.69
	主营利润(万元)	41875.53	37129.94	35097.74
	营业利润(万元)	11739.53	17094.74	19700.76
	投资收益(万元)	110.04	-1471.29	-1705.54
	利润总额(万元)	11639.34	15334.84	17771.62
	净利润(万元)	4814.78	12610.81	15319.51

点评:公司有非常强的保健品销售能力。05年受国家整顿保健品市场的影响,利润下降。而收入增长是因为合并报表增加了青岛国货公司、青岛汇海丽达商贸公司和青岛和丽泰商贸公司。公司目前处于产业结构调整期,正在寻找高科技含量、高附加值行业作为发展方向。

股本结构(万股)	截止日期	05年末	占%	主要股东及持股比例%、持股性质
	总股本	40824.99		上海华馨投资有限公司 29.39%(非流通股)
	国有股			中关村证券股份有限公司 2.65%(流通A股)
	发起股	670.18	1.64	青岛创利多商贸有限公司 2.42%(非流通股)
	外资股			青岛华信投资咨询有限公司 1.23%(非流通股)
	募集股	17678.15	43.3	赵正业 1.01%(流通A股)
	流通A	22476.66	55.06	青岛益青房地产公司 0.73%(非流通股)
	流通B			上海昌弘实业有限公司 0.56%(非流通股)
	流通H			青岛太阳房地产经济发展总公司 0.51%(非流通股)
股东户数	05年末	34912		国泰君安证券股份有限公司 0.49%(非流通股)
	04年末	12382		王继昌 0.34%(流通A股)

其他流通股东:于志信 0.224%;李雅非 0.218%;李共扬 0.202%;蒋光星 0.176%;夏亚明 0.165%;邓和平 0.156%;彭国群 0.129%

近年分配:03年:10派1.2送3　　近年募资:

二〇〇五年以来市场表现

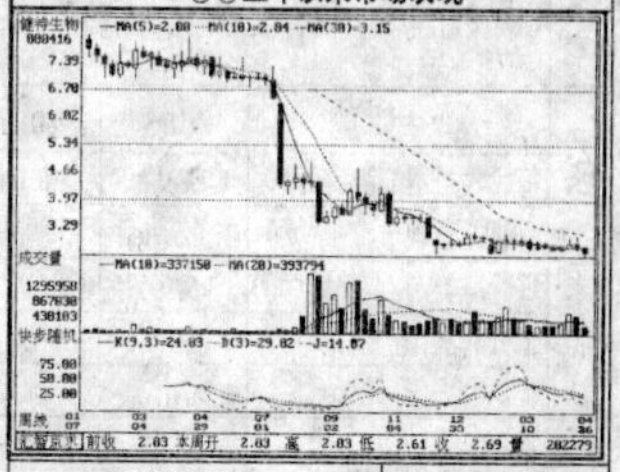

2005年涨跌幅(%)	-64.36
2005年最高(元)	8.07
2006年涨跌幅(%)	-6.6
2006.4.26收盘(元)	2.69
2006年最高(元)	3.19
2006年最低(元)	2.61
2006年换手率(%)	284.17
股改对价	

G合百大(000417)

上市日期:96/08/12　　电话:0551－2647133　　传真:0551－2652936

主营	百货零售与批发

	年　度	2005	2004	2003
主要指标	每股收益/扣除后(元)	0.176/0.147	0.162/0.152	0.16/0.133
	每股经营现金流量(元)	0.85	0.59	0.58
	每股净资产/调整后(元)	3.63/3.54	3.57/3.51	4.07/3.98
	未分利润(万元)	6778.84	7360.17	5911.88
	资本公积(万元)	26082.87	26078.32	28987.81
利润构成	主营收入(万元)	249737.51	207990.36	141991.72
	主营利润(万元)	28209.03	26135.51	18197.16
	营业利润(万元)	5818.24	4670.51	4503.45
	投资收益(万元)	575.78	786.8	216.24
	利润总额(万元)	6328.77	5561.52	4764.7
	净利润(万元)	3324.37	3062.55	2595.27

点评:安徽省商业龙头企业,网点布局和销售规模优势明显,拥有54个直营网点。竞争加剧等原因使公司百货、超市业务的毛利率水平均有一定下滑。与农产品合作的农产品交易市场2005年收入增幅较大。

股本结构(万股)	截止日期	05年末	占%	主要股东及持股比例%、持股性质
	总股本	18923.98		合肥百货大楼集团控股有限公司 29.33%(国有股)
	国有股	9481.37	50.1	合肥兴泰控股集团有限公司 20.77%(国有股)
	发起股	767.51	4.06	合肥美菱股份有限公司 4.06%(非流通股)
	外资股			交通银行－科瑞证券投资基金 2.86%(流通A股)
	募集股	1841.55	9.73	合肥市百货大楼裕安开发经营部 1.64%(非流通股)
	流通A	6833.55	36.11	中国银行－易方达积极成长证券投资基金 1.45%(流通A股)
	流通B			合肥洗衣机总厂(荣事达) 1.35%(非流通股)
	流通H			中国工商银行安徽省分行营业部 1.35%(非流通股)
股东户数	05年末	14152		中国银行－易方达策略成长证券投资基金 0.68%(流通A股)
	04年末	17432		安徽省国际信托投资公司 0.68%(非流通股)

其他流通股东:金幸 0.501%;中国工商银行－科翔证券投资基金 0.455%;李屹峰 0.436%

近年分配:05预案:10派1转增3;04年:10派1;03年:10转增2　　近年募资:

二〇〇五年以来市场表现

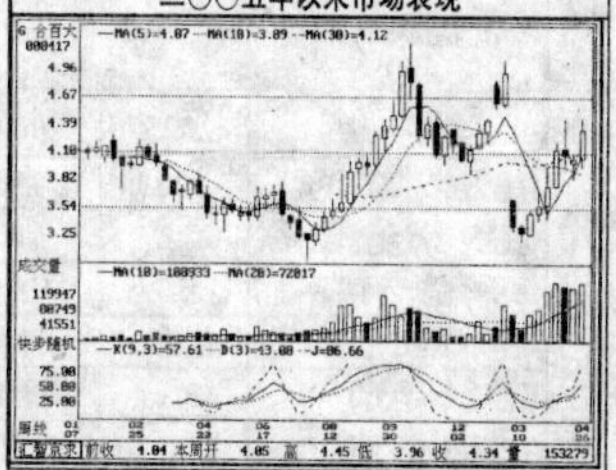

2005年涨跌幅(%)	10.49
2005年最高(元)	5.34
2006年涨跌幅(%)	29.32
2006.4.26收盘(元)	4.34
2006年最高(元)	5.87
2006年最低(元)	4.22
2006年换手率(%)	130.28
股改对价	送股 每10股实际获得3.2股(06/02/28)

小天鹅 A（000418/200418）

上市日期：A：97/03/28 B：96/07/18　电话：0510－3720879　传真：0510－3704031

主营	白色家用电器及零配件、附件的生产和销售			
主要指标	年　　度	2005	2004	2003
	每股收益/扣除后(元)	0.11/0.04	0.11	0.1/0.029
	每股经营现金流量(元)	0.18	－0.41	0.52
	每股净资产/调整后(元)	3.2/3.11	3.13/3.02	3.03/2.91
	未分利润(万元)	－3602.28	－17745.36	－20801.76
	资本公积(万元)	70232.66	80972.79	80811.44
利润构成	主营收入(万元)	326016.95	242293.27	290132.03
	主营利润(万元)	63925.76	45644.45	52165.85
	营业利润(万元)	1601.27	1114.31	2061.1
	投资收益(万元)	2605.83	3463.65	5667.57
	利润总额(万元)	4235.23	4857.85	6223.51
	净利润(万元)	4010.15	3903.66	3599.03
点评	家电行业竞争愈加激烈，整体经营环境持续恶化。虽然公司的主导产品销量与出口量一直稳居同行前列，借助国际合作平台，建立进入高端市场的渠道，在开拓新客户有一定进展，但公司的竞争压力将会越来越大。			

	截止日期	05年末	占%	主要股东及持股比例%、持股性质
股本结构（万股）	总股本	36510.38		江苏小天鹅集团有限公司 27.84%（非流通股）
	国有股			大中华发展有限公司 7.13%（流通B股）
	发起股	10962.26	30.03	无锡市工业发展基金 4.52%（国有股）
	外资股			无锡城镇集体工业联社 2.19%（非流通股）
	募集股	5612.4	15.37	南方证券有限公司 2.07%（非流通股）
	流通A	7200	19.72	西安万国房地产开发有限责任公司 1.31%（非流通股）
	流通B	12735.72	34.88	陈绍明 0.76%（流通B股）
	流通H			沈阳联亚实业发展公司 0.59%（非流通股）
股东户数	05年末	59782		北京联诚投资咨询有限公司 0.46%（非流通股）
	04年末	61990		中国建行大连信托投资股份公司 0.39%（非流通股）
其他流通股东	景博证券投资基金 0.313%；黄映辉 0.256%；ABN AMRO BANK NV 0.142%；上海香港万国证券 0.142%；李明 0.137%			
近年分配			近年募资	

二〇〇五年以来市场表现

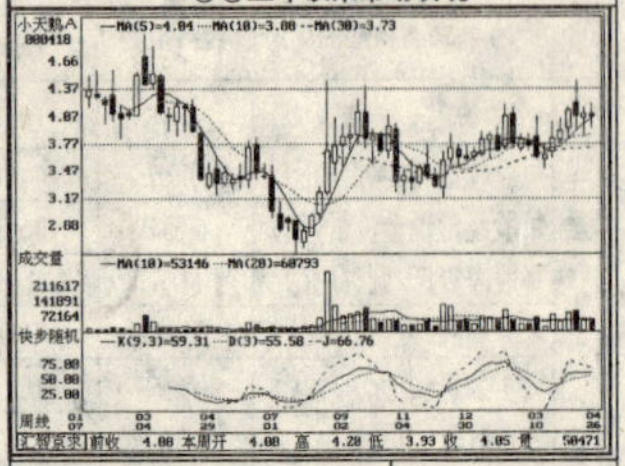

2005年涨跌幅(%)	－17.24
2005年最高(元)	4.96
2006年涨跌幅(%)	12.5
2006.4.26收盘(元)	4.05
2006年最高(元)	4.44
2006年最低(元)	3.5
2006年换手率(%)	122.54
股改对价	

通程控股（000419）

上市日期：96/08/16　电话：0731－5534994　传真：0731－5535588

主营	现代商业、旅游酒店、金融证券、信息技术等。			
主要指标	年　　度	2005	2004	2003
	每股收益/扣除后(元)	0.198/0.065	0.133	0.13/0.044
	每股经营现金流量(元)	0.5991	1.1344	0.65
	每股净资产/调整后(元)	3.62/3.59	3.53/3.47	3.39/3.37
	未分利润(万元)	12014	10954.45	9165.98
	资本公积(万元)	28781.72	28781.72	28781.88
利润构成	主营收入(万元)	97413.17	88045.49	69964.91
	主营利润(万元)	19776.76	16344.24	14336.25
	营业利润(万元)	2275.22	3170.41	2816.53
	投资收益(万元)	3459.19	136	419.1
	利润总额(万元)	5784.08	3397.36	3255.48
	净利润(万元)	3477.13	2336.37	2294.12
点评	公司主营业务是商业和酒店，主要占据湖南市场。公司通过提高管理水平，大幅度的提高了盈利能力，净资产收益率从3.78%提高到5.47%。值得关注的是，为从银行获得4.8亿元贷款，公司抵押了12亿元的酒店、商业广场资产。			

	截止日期	05年末	占%	主要股东及持股比例%、持股性质
股本结构（万股）	总股本	17550.82		长沙通程实业集团有限公司 55.92%（国有股）
	国有股	9815	55.92	湖南省长沙电业局 1.71%（国有股）
	发起股	900	5.13	长沙电信实业有限公司 1.71%（国有股）
	外资股			湖南金帆投资管理有限公司 1.71%（非流通股）
	募集股	300	1.71	长沙市自来水公司 1.71%（国有股）
	流通A	6535.82	37.24	李素梅 0.24%（流通A股）
	流通B			黄振华 0.23%（流通A股）
	流通H			朱鸿 0.22%（流通A股）
股东户数	05年末	18118		杨建良 0.17%（流通A股）
	04年末	19758		向伟 0.15%（流通A股）
其他流通股东	廖胜勇 0.132%；邬恩树 0.114%；北京捷通投资咨询管理有限公司 0.108%；许专爱 0.096%；张玉萍 0.091%			
近年分配	04年：10派1		近年募资	

二〇〇五年以来市场表现

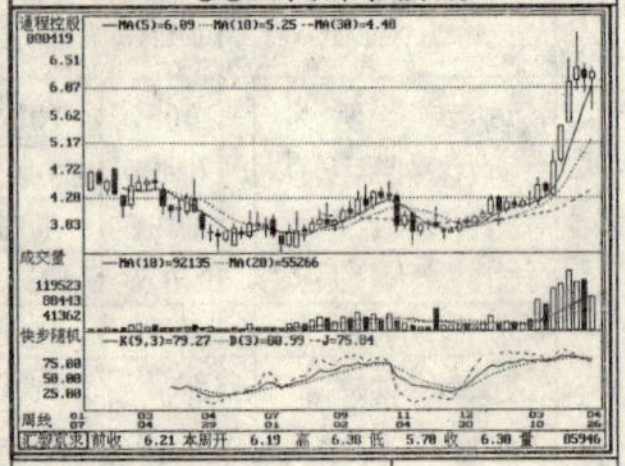

2005年涨跌幅(%)	－13.57
2005年最高(元)	4.75
2006年涨跌幅(%)	63.64
2006.4.26收盘(元)	6.3
2006年最高(元)	6.96
2006年最低(元)	3.8
2006年换手率(%)	160.55
股改对价	

G吉纤（000420）

上市日期：96/08/02　电话：0432－3502331　传真：0432－3502329

主营	生产销售粘胶长丝和粘胶短纤维。			
主要指标	年　　度	2005	2004	2003
	每股收益/扣除后(元)	0.083/0.054	0.19	0.14/0.16
	每股经营现金流量(元)	0.37	0.46	0.4
	每股净资产/调整后(元)	3.15/3.15	3.05/3.04	2.86/2.79
	未分利润(万元)	12263.35	9643.48	7342.98
	资本公积(万元)	50428.31	49549.87	49449.24
利润构成	主营收入(万元)	125416.04	137179.66	113736.39
	主营利润(万元)	19810.44	29103.47	23602.8
	营业利润(万元)	3838.81	9143.67	6807.12
	投资收益(万元)	－7.8	5.32	－77.78
	利润总额(万元)	3949.58	7876.56	5353.4
	净利润(万元)	3123.92	7085.07	5284.62
点评	公司主营业务为生产和销售粘胶短纤维和粘胶长丝，目前粘胶短纤维的年产能为5.5万吨，粘胶长丝年产能为2.2万吨。由于粘胶行业竞争激烈，因此企业获利空间越来越小。不过在国家大力振兴老东北工业基地的背景下，吉林化纤将可能得到相关政策扶持。			

	截止日期	05年末	占%	主要股东及持股比例%、持股性质
股本结构（万股）	总股本	37825.75		吉林化纤集团有限责任公司 38.94%（国有股）
	国有股	14729.17	38.94	吉林省吉发农业开发集团股份公司 1.62%（非流通股）
	发起股			吉林建设开发集团公司 1.35%（非流通股）
	外资股			中国纺织机械进出口公司 0.81%（非流通股）
	募集股	3672	9.71	沈阳化工集团有限公司 0.81%（非流通股）
	流通A	19419.23	51.34	海宁新纪元钢管制造有限公司 0.81%（非流通股）
	流通B			吉林化纤进出口公司 0.7%（非流通股）
	流通H			中纺资产管理有限公司 0.54%（非流通股）
股东户数	05年末	85925		中国纺织物资(集团)总公司 0.54%（非流通股）
	04年末	92454		杭州华轻轻纺原料有限公司 0.33%（非流通股）
其他流通股东	刘竹 0.18%；汤雪芬 0.087%；管希增 0.083%；牛海威 0.074%；陈启明 0.069%；王国民 0.067%；胡克梅 0.063%			
近年分配	05预案：10派0.8；03年：10派1		近年募资	

二〇〇五年以来市场表现

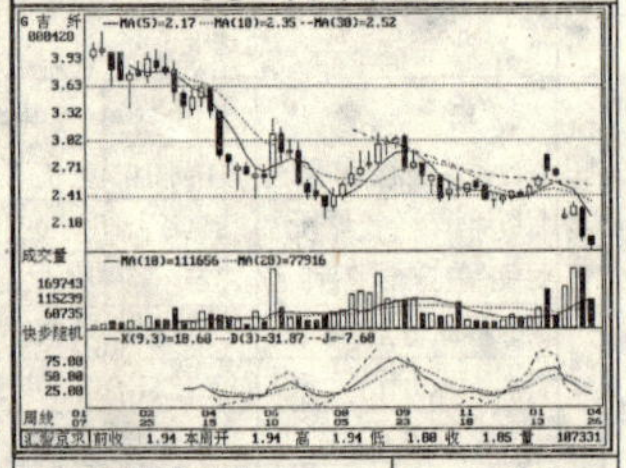

2005年涨跌幅(%)	－39.7
2005年最高(元)	4.24
2006年涨跌幅(%)	1.75
2006.4.26收盘(元)	1.85
2006年最高(元)	3.05
2006年最低(元)	2.37
2006年换手率(%)	43.78
股改对价	送股 每10股实际获得3.2股（06/04/06）

南京中北（000421）

上市日期:96/08/06　　电话:025-86383611　　传真:025-86383600

主营	汽车出租、跨省市公路客运、城市及近郊公共汽车营运及维修;旅游服务和房地产开发等。			
	年　度	2005	2004	2003
主要指标	每股收益/扣除后(元)	-0.442/-0.487	0.058/0.055	0.16/0.141
	每股经营现金流量(元)	0.192	-0.636	-0.22
	每股净资产/调整后(元)	1.24/0.05	1.76/1.46	2.28/1.84
	未分利润(万元)	-10786.21	2470.99	6225.38
	资本公积(万元)	12693.83	12666.47	14638.3
利润构成	主营收入(万元)	97507.36	82093.06	57832.05
	主营利润(万元)	13174.76	15058.82	11648.58
	营业利润(万元)	-11892.91	1570.75	2645.54
	投资收益(万元)	-613.79	443.62	986.75
	利润总额(万元)	-10537.99	2863.38	4454.7
	净利润(万元)	-11334.66	1474.59	3139.37
点评	公司是江苏省最大的公交出租公司,还控股安徽淮南、安庆等地出租车公司,属于公用事业,经营比较稳定。但公司2005年面临比较严峻的形势,油价上涨以及公司资金占用等因素使得业绩出现亏损。目前资产负债率偏高,公司债务追讨还在进行中,治理还待完善。			

股本结构(万股)	截止日期	05年末	占%	主要股东及持股比例%、持股性质
	总股本	25633.79		南京市国有资产经营(控股)有限公司 28.56%(国有股)
	国有股	7321.6	28.56	南京公用控股(集团)有限公司 5.81%(非流通股)
	发起股	1966.47	7.67	南京万众企业管理有限公司 4.77%(非流通股)
	外资股			南京万众投资管理咨询有限公司 3.43%(非流通股)
	募集股	5783.89	22.56	中信汽车公司 2.07%(非流通股)
	流通A	9875.44	38.53	上海大众出租汽车股份有限公司 1.7%(非流通股)
	流通B			申银万国证券股份有限公司 1.46%(非流通股)
	流通H			上海强生集团有限公司 1.46%(非流通股)
股东户数	05年末	32417		南京日报社 1.12%(非流通股)
	04年末	34999		金陵石油化工公司炼油厂 0.91%(非流通股)
其他流通股东	陈纪伦 0.198%;杨红召 0.183%;陈玉莲 0.131%;叶进 0.123%;漯河市天河投资顾问有限公司 0.109%			
近年分配	04年:10派0.75转增2;03年:10派0.5送2转增1	近年募资		

二〇〇五年以来市场表现

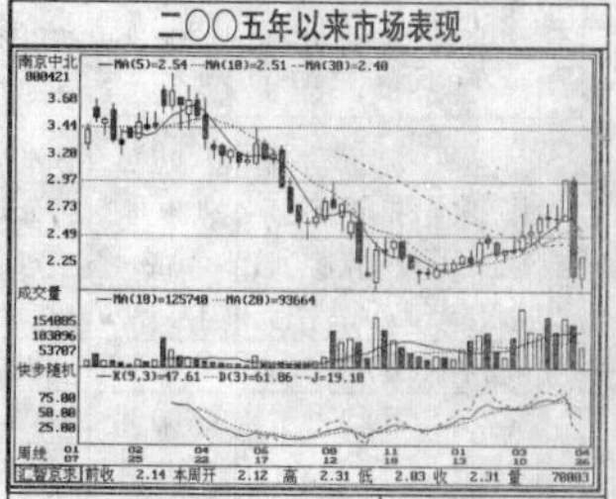

2005年涨跌幅(%)	-33.44
2005年最高(元)	3.92
2006年涨跌幅(%)	30
2006.4.26收盘(元)	2.31
2006年最高(元)	3.01
2006年最低(元)	2.15
2006年换手率(%)	173.57
股改对价	

G宜化（000422）

上市日期:96/08/15　　电话:0717-6444588　　传真:0717-6448689

主营	农用化肥和有机化工原料的研制、开发、生产和销售。			
	年　度	2005	2004	2003
主要指标	每股收益/扣除后(元)	0.616/0.569	0.469	0.31/0.296
	每股经营现金流量(元)	1.61	1.57	0.57
	每股净资产/调整后(元)	4.65/4.62	4.59/4.58	3.86/3.86
	未分利润(万元)	32701.33	22208.57	12382.55
	资本公积(万元)	56357.47	58822.25	43108.05
利润构成	主营收入(万元)	230574.85	163058.09	99136.43
	主营利润(万元)	38243.25	32098.04	18835.71
	营业利润(万元)	21649.6	17844.01	9440.81
	投资收益(万元)	-25.36	-37.32	-49.19
	利润总额(万元)	23201.38	15968.43	9056.71
	净利润(万元)	16695.05	11560.02	6540.92
点评	公司主营业务为化肥、有机化工产品(主要为季戊四醇)、氯碱(包括PVC、烧碱)三大类,拥有年产40万吨合成氨、65万吨尿素、12万吨PVC和6.5万吨季戊四醇的产能,是世界上最大的季戊四醇生产商。但是我国氯碱行业的产能过剩将影响到公司盈利能力。			

股本结构(万股)	截止日期	05年末	占%	主要股东及持股比例%、持股性质
	总股本	27118.9		湖北宜化集团有限责任公司 24.43%(国有股)
	国有股	6916.34	25.5	中国信达资产管理公司 5.79%(非流通股)
	发起股			宜昌市供电局 2.75%(非流通股)
	外资股			湖北三环投资管理有限公司 2.06%(非流通股)
	募集股	4636.96	17.1	中国工商银行—银河银泰理财分红证券投资基金 1.27%(流通A股)
	流通A	15565.6	57.4	中国建设银行—华宝兴业多策略增长证券投资基金 1.21%(流通A股)
	流通B			宏源证券股份有限公司 1.11%(流通A股)
	流通H			上海证大投资管理有限公司 1.03%(非流通股)
股东户数	05年末	40370		中国银行—同盛证券投资基金 0.92%(流通A股)
	04年末	34250		泸州中天实业有限公司 0.82%(非流通股)
其他流通股东	广发证券股份有限公司 0.811%;孙世强 0.517%;李霞 0.356%;上海宏盛伊尚贸易发展有限公司 0.332%			
近年分配	05预案:10派2转增10;04年:10派1.5转增1;03年:10派1	近年募资	04年10配3配股价6.17元。	

二〇〇五年以来市场表现

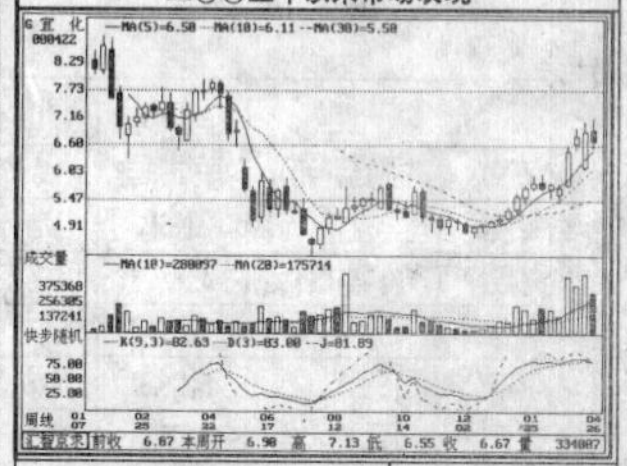

2005年涨跌幅(%)	-31.53
2005年最高(元)	8.86
2006年涨跌幅(%)	64.12
2006.4.26收盘(元)	6.67
2006年最高(元)	8.91
2006年最低(元)	5.07
2006年换手率(%)	175.38
股改对价	送股 每10股实际获得2.5股(06/04/20)

东阿阿胶（000423）

上市日期:96/07/29　　电话:0635-3264069　　传真:0635-3260786

主营	生产经营中成药、保健食品、药用辅料等。			
	年　度	2005	2004	2003
主要指标	每股收益/扣除后(元)	0.27	0.31	0.36/0.36
	每股经营现金流量(元)	0.16	0.34	0.37
	每股净资产/调整后(元)	2.49/2.48	2.42/2.41	3.24/3.22
	未分利润(万元)	16665.83	15628.87	20647.33
	资本公积(万元)	23797.45	23593.82	31731.47
利润构成	主营收入(万元)	93817.23	88134.56	74772.46
	主营利润(万元)	48377.01	44698.09	35897.62
	营业利润(万元)	16777.68	18719.7	14395.79
	投资收益(万元)	414.07	11.74	40.61
	利润总额(万元)	17015.88	18881.95	14320.7
	净利润(万元)	10969.17	12735.92	9681.56
点评	公司是我国知名中药优势企业,著名品牌"东阿阿胶"系列产品占国内阿胶市场60%,竞争优势突出。05年上半年因经销商过多造成相互低价抛货以回收现金的冲击后,公司迅速调整销售体系,已进入良性运作轨道。在解决与华润的关系后,长期发展看好。			

股本结构(万股)	截止日期	05年末	占%	主要股东及持股比例%、持股性质
	总股本	40871.15		华润东阿阿胶有限公司 29.62%(国有股)
	国有股	12108.14	29.63	中国银行--工银瑞信核心价值股票型证券投资基金 2.94%(流通A股)
	发起股			全国社保基金一零二组合 2.39%(流通A股)
	外资股			交通银行--科瑞证券投资基金 1.93%(流通A股)
	募集股			中国人寿保险股份有限公司--分红--个人分红-005L--FH002深 1.71%(流通A股)
	流通A	28763.02	70.37	中信银行--建信恒久价值股票型证券投资基金 1.31%(流通A股)
	流通B			中国工商银行--科翔证券投资基金 1.25%(流通A股)
	流通H			中国银行--景顺长城优选股票证券投资基金 1.24%(流通A股)
股东户数	05年末	54248		招商银行股份有限公司--招商股票投资基金 1.09%(流通A股)
	04年末	56638		中国工商银行--博时精选股票证券投资基金 1.01%(流通A股)
其他流通股东	景福证券投资基金 1.01%			
近年分配	05预案:10派2;04年:10派2;03年:10派0.5送2转增3	近年募资		

二〇〇五年以来市场表现

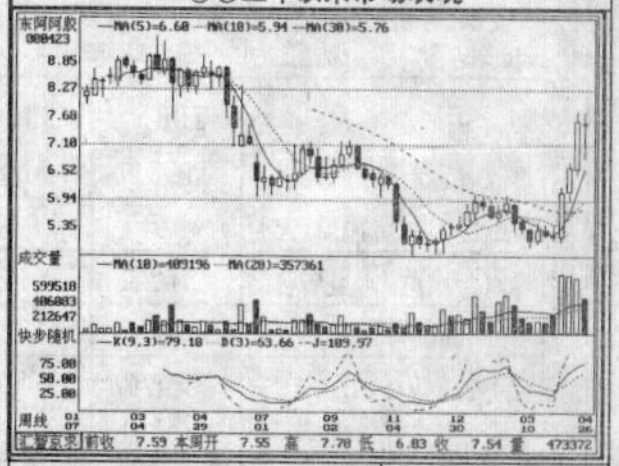

2005年涨跌幅(%)	-30.74
2005年最高(元)	9.43
2006年涨跌幅(%)	39.37
2006.4.26收盘(元)	7.54
2006年最高(元)	7.8
2006年最低(元)	4.93
2006年换手率(%)	215.67
股改对价	

徐工科技（000425）

上市日期:96/08/28　电话:0516－7738519　传真:0516－7738528

主营	从事压实机械、铲运机械、路面机械、筑路机械等工程机械产品的开发、制造和销售业务。			
	年　度	2005	2004	2003
主要指标	每股收益/扣除后(元)	-0.24/-0.27	0.07	0.21/0.21
	每股经营现金流量(元)	0.23	-0.35	0.09
	每股净资产/调整后(元)	1.95/1.95	2.19/1.95	2.22/1.97
	未分利润(万元)	-241.59	12689.17	9576.6
	资本公积(万元)	46240.84	46230.08	46197.31
利润构成	主营收入(万元)	308434.81	376745.14	349433.14
	主营利润(万元)	26144.67	47799.14	49182.08
	营业利润(万元)	-13650.27	9393.21	16550.4
	投资收益(万元)	255.07	-4777.02	-544.52
	利润总额(万元)	-12754.66	6095.58	15889.74
	净利润(万元)	-12908.36	3698.38	11672.78
点评	公司是国内工程机械行业的龙头企业,05年出现了较大的亏损。为实现可持续发展,公司进行了资产重组,做精做强压路机、装载机、摊铺机、沥青拌合站四大门类产品,希望通过集中力量来实现持续发展。同时也实现了引进外资,但其发展仍面临较多不确定因素。			

	截止日期	05年末	占%	主要股东及持股比例%、持股性质
股本结构(万股)	总股本	54508.76		徐工集团工程机械有限公司 35.53%（国有股）
	国有股	19367.94	35.53	徐州重型机械有限公司 7.53%（非流通股）
	发起股			国投机轻有限公司 4.09%（非流通股）
	外资股			徐州众智发展有限公司 2.23%（非流通股）
	募集股	13778.57	25.28	中国工商银行—南方稳健成长证券投资基金 1.95%（流通A股）
	流通A	21362.26	39.19	徐州苏源集团远通自动化有限公司 1.82%（非流通股）
	流通B			河南中鸿投资咨询有限公司 1.31%（非流通股）
	流通H			中国工商银行—隆元证券投资基金 0.8%（流通A股）
股东户数	05年末	27197		上海沪香工贸有限公司 0.62%（非流通股）
	04年末	33543		上海方华投资管理有限公司 0.4%（流通A股）
其他流通股东	上海信吉实业有限公司 0.392%；上海市农业产业化发展(集团)有限公司 0.382%			
近年分配	03年:10派1	近年募资		

二〇〇五年以来市场表现

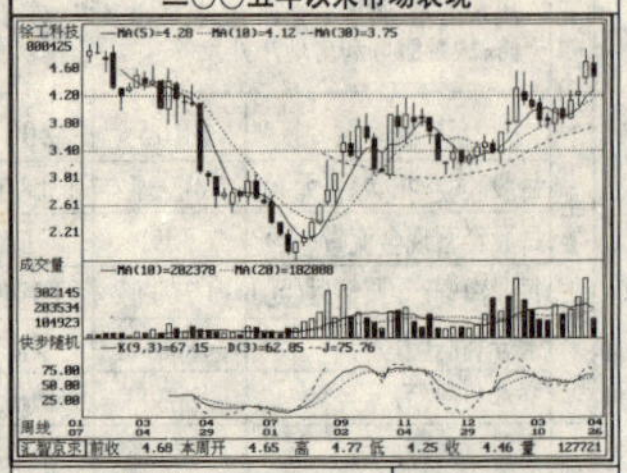

2005年涨跌幅(%)	-30.77
2005年最高(元)	5
2006年涨跌幅(%)	33.93
2006.4.26收盘(元)	4.46
2006年最高(元)	4.86
2006年最低(元)	3.2
2006年换手率(%)	158.02
股改对价	

G大地（000426）

上市日期:96/08/28　电话:0476－2216683　传真:0476－2216691

主营	热电供应、高等级公路投资经营、制糖、化肥、房地产等产业。			
	年　度	2005	2004	2003
主要指标	每股收益/扣除后(元)	0.09/-0.27	0.07	0.2/-0.13
	每股经营现金流量(元)	0.54	0.55	0.31
	每股净资产/调整后(元)	4.86/4.8	4.76/4.64	4.34/4.19
	未分利润(万元)	26987.17	25775.57	24860.56
	资本公积(万元)	64276.32	63997.72	54802.31
利润构成	主营收入(万元)	37925.05	30690.88	28347.05
	主营利润(万元)	4243.54	7366.93	5115.65
	营业利润(万元)	-6603.96	-889.7	-1177.39
	投资收益(万元)	1948.32	-1533.5	-177.4
	利润总额(万元)	2644.92	2534.09	5202.21
	净利润(万元)	2379.53	1889.41	5319.67
点评	所在地区丰富的矿产资源成为公司新的利润增长点;同时高起点介入信息业及环保概念新材料产业化工程,主营业务从城市公用事业生产经营转变为城市集中供热、发电、高等级公路运营、房地产、化工、非金属新材料开发等多元化经营,前景广阔。			

	截止日期	05年末	占%	主要股东及持股比例%、持股性质
股本结构(万股)	总股本	26620.74		赤峰富龙公用(集团)有限责任公司 60.48%（国有股）
	国有股	13904.36	52.23	赤峰鑫泰资产托管经营有限责任公司 4.05%（非流通股）
	发起股	892.26	3.35	宏源证券股份有限公司 2.14%（国有股）
	外资股			中国信达资产管理公司 0.43%（国有股）
	募集股			王祥福 0.3%（流通A股）
	流通A	11824.11	44.42	林泽波 0.13%（流通A股）
	流通B			文鹏启 0.12%（流通A股）
	流通H			常世芬 0.1%（流通A股）
股东户数	05年末	31535		樊朝荣 0.08%（流通A股）
	04年末	33781		张鸿飞 0.07%（流通A股）
其他流通股东	黄琪军 0.069%；曾连彩 0.068%；吴冰冰 0.066%；文辉治 0.065%			
近年分配	05预案:10转增3	近年募资		

二〇〇五年以来市场表现

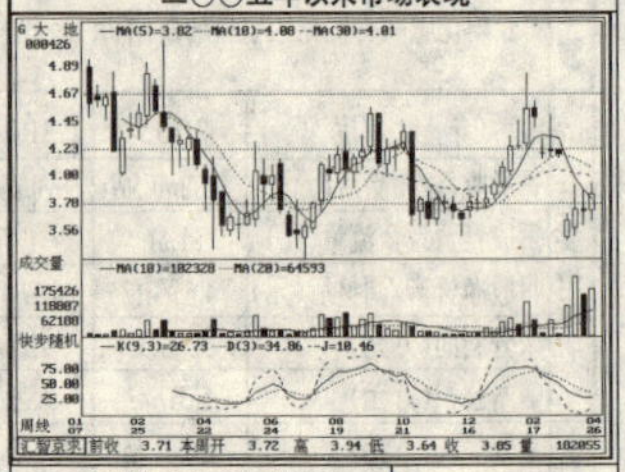

2005年涨跌幅(%)	-22.87
2005年最高(元)	5.11
2006年涨跌幅(%)	36.42
2006.4.26收盘(元)	3.85
2006年最高(元)	5.32
2006年最低(元)	3.81
2006年换手率(%)	113.64
股改对价	送股 每10股实际获得3.5股(06/04/07)

G华天（000428）

上市日期:96/08/08　电话:0731－4442888　传真:0731－4442270

主营	餐饮、客房出租、文化娱乐等			
	年　度	2005	2004	2003
主要指标	每股收益/扣除后(元)	0.06/0.07	0.1/0.1	0.15/0.175
	每股经营现金流量(元)	0.58	0.49	0.428
	每股净资产/调整后(元)	2.74/2.31	2.78/2.65	3.73/3.4
	未分利润(万元)	-9624.43	-8632.22	6763.85
	资本公积(万元)	33751.58	33751.58	33751.58
利润构成	主营收入(万元)	46073.8	46078.81	39496.28
	主营利润(万元)	23202.38	23606.99	20424.95
	营业利润(万元)	4399.05	4938.75	5908.77
	投资收益(万元)	-1078.46	-437	-447.54
	利润总额(万元)	3335.2	4505.02	5022.92
	净利润(万元)	1017.39	1752.43	2587.03
点评	公司主营餐饮、客房出租、文化娱乐等。近年公司连锁酒店由湖南省内向全国大中城市酒店市场拓展,在北京、武汉等地相继托管酒店。2006年公司将加大酒店主业的对外连锁发展。但公司存在关联方占用资金和担保方面的财务风险。			

	截止日期	05年末	占%	主要股东及持股比例%、持股性质
股本结构(万股)	总股本	17284		华天实业控股集团有限公司 64.8%（国有股）
	国有股	11200	64.8	张凤春 0.18%（流通A股）
	发起股			田敏 0.17%（流通A股）
	外资股			黄大英 0.17%（流通A股）
	募集股			黄锐 0.16%（流通A股）
	流通A	6084	35.2	胡志辉 0.16%（流通A股）
	流通B			杨春生 0.16%（流通A股）
	流通H			邓杰 0.15%（流通A股）
股东户数	05年末	17789		王娟 0.14%（流通A股）
	04年末	17890		王斐 0.14%（流通A股）
其他流通股东	王文发 0.129%			
近年分配	04年:10派1；03年:10派1.5	近年募资		

二〇〇五年以来市场表现

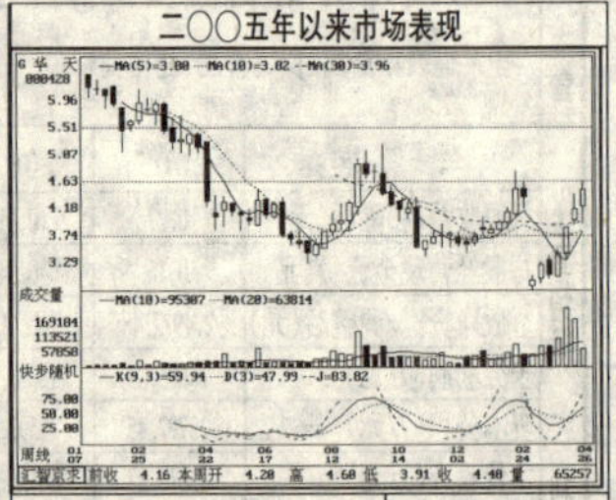

2005年涨跌幅(%)	-37.98
2005年最高(元)	6.4
2006年涨跌幅(%)	61.84
2006.4.26收盘(元)	4.48
2006年最高(元)	6.35
2006年最低(元)	3.81
2006年换手率(%)	126.86
股改对价	送股 每10股实际获得3.8股(06/03/13)

G粤高速(000429/200429)

上市日期:A: 98/02/20 B: 96/08/15　电话:020－83731365　传真:020－83731384

主营:高速公路和特大桥梁的商业开发和经营。

	年　度	2005	2004	2003
主要指标	每股收益/扣除后(元)	0.26/0.28	0.18	0.14/0.14
	每股经营现金流量(元)	0.5	0.54	0.36
	每股净资产/调整后(元)	3.01/3	2.87/2.87	2.81/2.8
	未分利润(万元)	56004.42	43446.85	39109.62
	资本公积(万元)	153490.69	153490.69	153480.78
利润构成	主营收入(万元)	102452.65	90245.49	79719.07
	主营利润(万元)	67435.74	59129.89	51876.95
	营业利润(万元)	49137.9	42083.17	39678.92
	投资收益(万元)	8773.39	5243.43	2113.45
	利润总额(万元)	57879.88	46349.87	41032.89
	净利润(万元)	32521.16	22970.13	18118.3

点评:公司目前拥有广佛、佛开等9条路段及大桥资产。广东省高速公路建设迅猛发展。公司控股股东为广东省交通集团,公司依托大股东,不断投资于具有发展潜力的高速公路。2005年车流增速比2004年有所降低。2006年公司可能实施计重收费,有望提升单车收入。

	截止日期	05年末	占%	主要股东及持股比例%、持股性质
股本结构(万股)	总股本	125711.77		广东省交通集团有限公司 37.77% (国有股)
	国有股	47478.05	37.77	IJM OVERSEAS VENTURES SDN. BHD. 5.18% (流通B股)
	发起股	3736.24	2.97	广东省高速公路有限公司 1.54% (国有股)
	外资股			广东粤财信托投资有限公司 1.12% (国有股)
	募集股	12169.4	9.68	全国社保基金一零八组合 1.11% (流通A股)
	流通A	27453.08	21.84	裕元证券投资基金 0.77% (流通A股)
	流通B	34875	27.74	上海海通证券股份有限公司 0.72% (流通A股)
	流通H			博时主题行业股票证券投资基金 0.68% (流通A股)
股东户数	05年末	85287		国联安德盛小盘精选证券投资基金 0.62% (流通A股)
	04年末	98736		博时精选股票证券投资基金 0.56% (流通A股)
其他流通股东	裕隆证券投资基金 0.511%;SKANDIA GLOBAL FUNDS PLC 0.458%;全国社保基金一零二组合 0.337%			
近年分配	05预案:10派1.6;04年:10派1.2;03年:10派1		近年募资	

二〇〇五年以来市场表现

2005年涨跌幅(%)	-4.11
2005年最高(元)	5.99
2006年涨跌幅(%)	7.68
2006.4.26收盘(元)	3.74
2006年最高(元)	5.15
2006年最低(元)	4.55
2006年换手率(%)	51.24
股改对价	送股 每10股实际获得3.1股(06/02/17)

张家界(000430)

上市日期:96/08/29　电话:0731－4331165　传真:0731－4331165

主营:经营宝峰湖、猛洞河、十里画廊、德夯等位于张家界和湘西自治州的著名旅游景点。

	年　度	2005	2004	2003
主要指标	每股收益/扣除后(元)	-0.362/-0.014	0.01/0.092	0.094/0.09
	每股经营现金流量(元)	0.22	-0.09	0.22
	每股净资产/调整后(元)	1.01/0.98	1.32/1.29	1.31/1.27
	未分利润(万元)	-4378.02	2328.83	2300.69
	资本公积(万元)	2748.95	1902.23	1900.26
利润构成	主营收入(万元)	14264.51	12590.59	8225.07
	主营利润(万元)	7605.9	6855.49	5238.41
	营业利润(万元)	311.83	2184.83	2182.13
	投资收益(万元)	-294.03	-253.11	-228.68
	利润总额(万元)	-6559.38	441.65	1948.92
	净利润(万元)	-6650.63	191.85	1718.9

点评:公司旗下已拥有宝峰湖、十里画廊、德夯、猛洞河、国际酒店等位于张家界、湘西自治州及长沙的著名景点和旅游企业。公司目前因对外担保引发的涉讼金额达3.66亿元,2005年根据对外提供的担保情况计提的预计负债达6339万元。

	截止日期	05年末	占%	主要股东及持股比例%、持股性质
股本结构(万股)	总股本	18360		张家界旅游经济开发有限公司 30.83% (非流通股)
	国有股			湖南省天通置业有限公司 8.33% (非流通股)
	发起股	9394.2	51.17	张家界市金龙房地产开发公司 6.1% (非流通股)
	外资股			张家界市土地房产开发公司 4.23% (非流通股)
	募集股	1530	8.33	张家界市中兴房地产开发公司 3.33% (非流通股)
	流通A	7435.8	40.5	工行张家界旅游经济开发区房地产公司 3.33% (非流通股)
	流通B			张家界华发房地产综合开发公司 3.33% (非流通股)
	流通H			戴大良 0.22% (流通A股)
股东户数	05年末	34214		张恒毓 0.18% (流通A股)
	04年末	37149		王爱娥 0.14% (流通A股)
其他流通股东	杨艳 0.105%;毛奇 0.105%;沈汉强 0.084%;朱禹霖 0.079%;张永明 0.079%;康兰英 0.077%;王爱芹 0.071%			
近年分配			近年募资	

二〇〇五年以来市场表现

2005年涨跌幅(%)	-41.21
2005年最高(元)	4.3
2006年涨跌幅(%)	4.51
2006.4.26收盘(元)	2.55
2006年最高(元)	3.17
2006年最低(元)	2.39
2006年换手率(%)	126.69
股改对价	

G晨鸣(000488/200488)

上市日期:A: 00/11/20 B: 97/05/26　电话:0536－5280011　传真:0536－5228900

主营:机制纸及板纸和造纸原料、造纸机械、电力、热力的生产与销售。

	年　度	2005	2004	2003
主要指标	每股收益/扣除后(元)	0.445/0.393	0.561/0.505	0.7/0.655
	每股经营现金流量(元)	0.7489	0.4525	0.69
	每股净资产/调整后(元)	4.04/3.93	5.39/5.33	4.87/4.8
	未分利润(万元)	167136.54	143409.23	112028.34
	资本公积(万元)	182453.02	198692.03	193284.83
利润构成	主营收入(万元)	972234.61	706461.31	581907.32
	主营利润(万元)	194549.11	165327.35	162472.92
	营业利润(万元)	74282.46	74863.58	78345.61
	投资收益(万元)	513.5	686.49	1862.6
	利润总额(万元)	86340.92	84743.67	84758.77
	净利润(万元)	60243.33	50372.13	62811.16

点评:作为国内纸行业的龙头企业,05年面对激烈的国内外市场竞争,公司坚持国际化发展战略,并以市场为导向,实现了较好的经营业绩。同时林浆纸一体化工程、速生林项目及扩产等新建项目也在如期展开,这为公司后续稳定持续发展奠定了基础。

	截止日期	05年末	占%	主要股东及持股比例%、持股性质
股本结构(万股)	总股本	135353.99		寿光市国有资产管理局 31.24% (国有股)
	国有股	42284.32	31.24	DBS VICKERS(HONG KONG) LTD A/C CLIENTS 2.74% (流通B股)
	发起股	1224.77	0.9	丰和价值证券投资基金 1.66% (流通A股)
	外资股			中国银行－嘉实服务增值行业证券投资基金 1.41% (流通A股)
	募集股			SUN HUNG KAI INVESTMENT SERVICES LTD－CUSTOMERS A/C 1.3% (流通B股)
	流通A	36095.16	26.67	CHINA INTL MARINE CONTAINERS(HONG KONG) LTD 1.02% (流通B股)
	流通B	55749.75	41.19	KWONG WAH INVESTMENT (SHOUGUANG) LIMITED 0.88% (流通B股)
	流通H			CREDIT SUISSE HONG KONG 0.81% (流通B股)
股东户数	05年末	53143		中国工商银行－博时精选股票证券投资基金 0.7% (流通A股)
	04年末	39411		JPMBLSA RE FTIF TEMPLETON CHINA FUND GTI5497 0.58% (流通B股)
其他流通股东	GUOTAI JUNAN SECURIES HONG KONG LIMITED 0.508%			
近年分配	05预案:10派1.2;04年:10派1送2转增3;03年:10派1		近年募资	04年增发转债2000万张,募资总额20亿。

二〇〇五年以来市场表现

2005年涨跌幅(%)	-38.48
2005年最高(元)	10.6
2006年涨跌幅(%)	24.25
2006.4.26收盘(元)	4.27
2006年最高(元)	6.22
2006年最低(元)	4.3
2006年换手率(%)	166.4
股改对价	送股 每10股实际获得2.6股(06/03/29)

G丹化（000498）

上市日期:97/06/09　　电话:0415－6193718　　传真:0415－6191684

主营	粘胶短纤维、粘胶长丝、涤纶短纤维、涤纶长丝四大系列产品的生产与销售及电力生产、供热服务。			
主要指标	年　度	2005	2004	2003
	每股收益/扣除后(元)	-0.46/-0.46	0.119/0.104	0.13/0.06
	每股经营现金流量(元)	-0.62	0.53	0.05
	每股净资产/调整后(元)	1.03/0.98	1.32/1.3	1.2/1.19
	未分利润(万元)	-26116.54	-8358.52	-13002.61
	资本公积(万元)	23514.49	17133.56	17063.94
利润构成	主营收入(万元)	65378.8	84434.6	73466.55
	主营利润(万元)	-7020.18	13536.51	11329.95
	营业利润(万元)	-15934.45	4411.14	3415.81
	投资收益(万元)	-1619.54		
	利润总额(万元)	-17758.02	4472.6	4972.7
	净利润(万元)	-17758.02	4644.09	4972.7
点评	公司主营粘胶短纤维、粘胶长丝以及电力、蒸汽、热水的生产。由于化工行业景气周期下滑以及原油价格高企,因此粘胶短纤维、粘胶长丝的获利能力将呈下滑趋势。公司未来的获利能力将取决于电力、蒸汽、热水的生产,毛利率增长空间不大。			

	截止日期	05年末	占%	主要股东及持股比例%、持股性质
股本结构（万股）	总股本	39000		丹东化学纤维(集团)有限责任公司 51.92%（非流通股）
	国有股			丹东国际信托投资公司 1.87%（非流通股）
	发起股	20250	51.92	中国石油化工总公司辽阳石油化纤公司 0.51%（非流通股）
	外资股			福建丰纺贸易有限公司 0.51%（非流通股）
	募集股	1350	3.46	开山屯化学纤维浆厂 0.26%（非流通股）
	流通A	17400	44.62	锦化化工(集团)有限责任公司 0.26%（非流通股）
	流通B			陈立 0.25%（流通A股）
	流通H			青岛欧邦德赛投资有限公司 0.24%（流通A股）
股东户数	05年末	52150		梁惠波 0.2%（流通A股）
	04年末	56902		陶宏 0.2%（流通A股）
其他流通股东	邵晓春 0.107%;张爱华 0.106%;刘佩华 0.097%;张明 0.091%;王春莲 0.087%;沈海根 0.082%			
近年分配		近年募资		

二〇〇五年以来市场表现

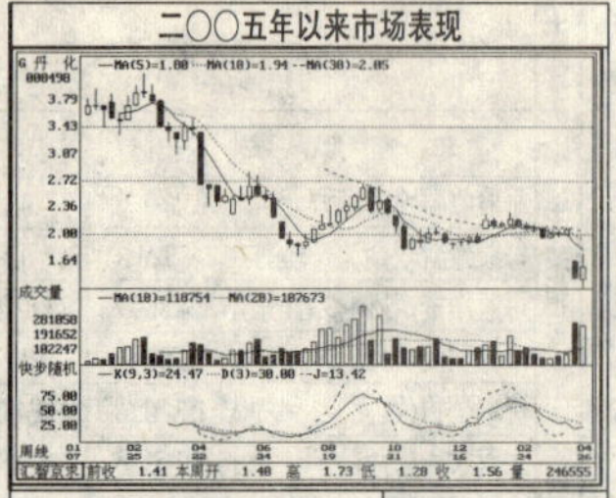

2005年涨跌幅(%)	-48.07
2005年最高(元)	4.15
2006年涨跌幅(%)	11.19
2006.4.26收盘(元)	1.56
2006年最高(元)	2.32
2006年最低(元)	1.72
2006年换手率(%)	80.43
股改对价	送股 每10股实际获得3.4股(06/04/18)

G武商A（000501）

上市日期:92/11/20　　电话:027－85714295　　传真:027－85714295

主营	商业零售。			
主要指标	年　度	2005	2004	2003
	每股收益/扣除后(元)	0.022/0.08	-0.136	0.004/-0.07
	每股经营现金流量(元)	1.23	0.66	0.39
	每股净资产/调整后(元)	1.75/1.6	1.72/1.7	1.86/1.83
	未分利润(万元)	-22539.47	-23641.51	-16726.32
	资本公积(万元)	54690.83	54529.4	54526.79
利润构成	主营收入(万元)	419606.32	384335.01	339242.56
	主营利润(万元)	62803.11	61460.94	54484.42
	营业利润(万元)	15576.41	3995.52	6590.91
	投资收益(万元)	3412.69	-1855.58	-809.34
	利润总额(万元)	10839.33	-1314.51	4832.36
	净利润(万元)	1102.05	-6915.19	195.3
点评	目前公司商业房产面积30万平方米左右,其中武汉广场在武汉市单体百货中效益名列前茅,银泰举牌部分原因也是看中其物业。量贩公司在省内、市内共新增网点5家,网点数已达到29家。投资家电店和房地产业效果不佳,给业绩造成拖累。公司负债率68%,较高。			

	截止日期	05年末	占%	主要股东及持股比例%、持股性质
股本结构（万股）	总股本	50724.86		武汉国有资产经营公司 29.75%（国有股）
	国有股	15092.77	29.75	浙江银泰百货有限公司 4.6%（流通A股）
	发起股	1904.29	3.75	天泽控股有限公司 3.08%（非流通股）
	外资股			武汉华汉投资管理有限公司 2.43%（非流通股）
	募集股	13288.8	26.2	武汉华中电力实业发展公司 2.3%（非流通股）
	流通A	20438.99	40.29	长江经济联合发展(集团)股份有限公司武汉公司 2.15%（非流通股）
	流通B			工商银行武汉分行天安支行 2.07%（非流通股）
	流通H			中国农行武汉信托投资公司 1.82%（非流通股）
股东户数	05年末	84372		深圳市银信宝投资发展有限公司 1.72%（非流通股）
	04年末	97673		泉州新鸿基投资顾问有限公司 1.19%（非流通股）
其他流通股东	银河－渣打－CITIGROUP GLOBAL MARKETS LIMITED 1.475%;北京信诚致远投资管理有限公司 0.122%;桂琼 0.111%			
近年分配		近年募资		

二〇〇五年以来市场表现

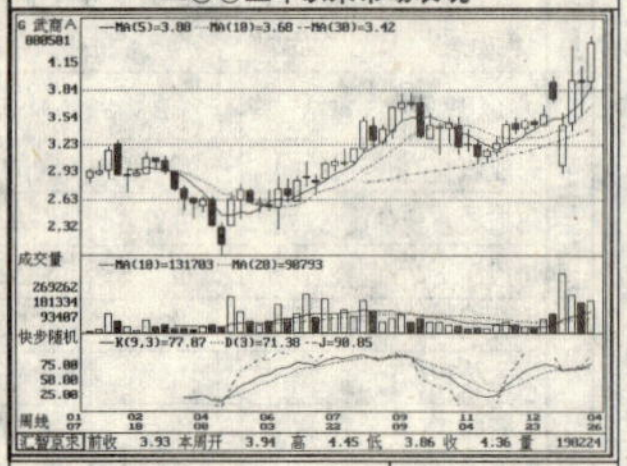

2005年涨跌幅(%)	24.83
2005年最高(元)	3.8
2006年涨跌幅(%)	64.87
2006.4.26收盘(元)	4.36
2006年最高(元)	6.01
2006年最低(元)	3.71
2006年换手率(%)	40.22
股改对价	送股 每10股实际获得3.5股(06/04/03)

恒大地产（000502）

上市日期:92/11/23　　电话:020－38791075　　传真:020－38795658

主营	房地产开发经营;安装工程承包及设计(凭许可证经营);室内外装饰装修工程;花木园林工程设计;旅游项目开发;高新科技产业开发;工农业项目开发;交通项目开发。			
主要指标	年　度	2005	2004	2003
	每股收益/扣除后(元)	0.034/0.009	0.162	0.33/0.333
	每股经营现金流量(元)	-0.0942	-0.1593	0.25
	每股净资产/调整后(元)	1.7/1.67	1.7/1.66	1.53/1.5
	未分利润(万元)	1483.28	1340.4	-5184.43
	资本公积(万元)	7102.46	7102.46	11461.4
利润构成	主营收入(万元)	18810.43	27496.02	23308.44
	主营利润(万元)	6653.41	9919.44	10204.13
	营业利润(万元)	2015.16	5730.64	6566.56
	投资收益(万元)	-782.52	-791.17	-509.3
	利润总额(万元)	1243.13	4530.16	6081.47
	净利润(万元)	525.33	2522.48	5203.97
点评	经过资产置换成为一家房地产上市公司,目前收入主要源于公司控股开发经营的广州"金碧御水山庄"项目。随着国家宏观调控,房地产公司的市场经营风险加大。此外公司历史遗留债权、债务问题亟待解决。			

	截止日期	05年末	占%	主要股东及持股比例%、持股性质
股本结构（万股）	总股本	15566.85		广州恒大实业集团有限公司 26.89%（非流通股）
	国有股			南阳银都建国酒店 16.35%（非流通股）
	发起股	1896.74	12.18	新理益集团有限公司 3.6%（非流通股）
	外资股			上海致真投资咨询有限公司 1.99%（非流通股）
	募集股	7954.21	51.1	上海方圆娱乐总汇有限公司 1.93%（非流通股）
	流通A	5715.87	36.72	上海人家餐饮管理有限公司 1.16%（非流通股）
	流通B			深圳市瑞华丰实业有限公司 0.94%（非流通股）
	流通H			上海景贤投资有限公司 0.85%（非流通股）
股东户数	05年末	13485		海南鹏新贸易有限公司 0.64%（非流通股）
	04年末	12014		海南亿祺贸易有限公司 0.64%（非流通股）
其他流通股东	朱恩福 0.204%;徐光荣 0.185%;黄秋窃 0.181%;曾杏芬 0.155%;胡希求 0.151%;温崇文 0.138%;程帅 0.136%			
近年分配		近年募资		

二〇〇五年以来市场表现

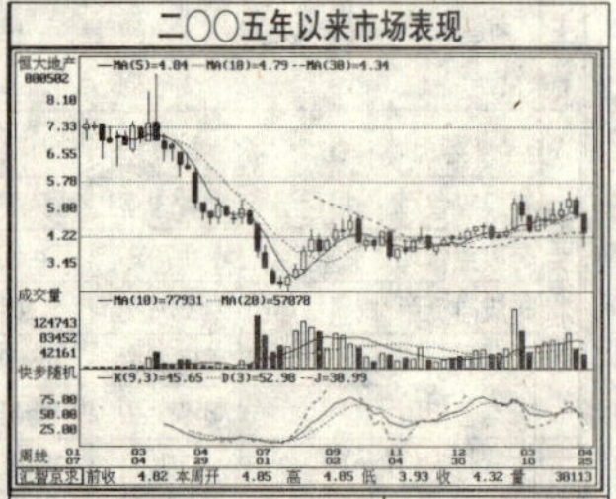

2005年涨跌幅(%)	-41.5
2005年最高(元)	8.88
2006年涨跌幅(%)	4.6
2006.4.26收盘(元)	4.32
2006年最高(元)	5.51
2006年最低(元)	3.93
2006年换手率(%)	183.16
股改对价	

海虹控股（000503）

上市日期:92/11/30　电话:0898－68510496　传真:0898－68510669

主营	医药电子商务、数字娱乐及化纤。		
年　度	2005	2004	2003
主要指标：每股收益/扣除后(元)	0.057/－0.117	0.478/0.026	0.23/0.146
每股经营现金流量(元)	－0.0259	0.0713	0.58
每股净资产/调整后(元)	1.9/1.87	1.88/1.84	2.78/2.74
未分利润(万元)	38159.34	34415.41	18966.54
资本公积(万元)	22066.56	22335.69	43551
利润构成：主营收入(万元)	25637.29	37499.15	39004.4
主营利润(万元)	9063.92	14963.14	17474.48
营业利润(万元)	－9386.67	1846.96	7367.95
投资收益(万元)	12121.22	33881.6	2657.91
利润总额(万元)	2694.13	35831.14	10449.06
净利润(万元)	4229.59	35807.44	8684.96

点评：2005年公司主营业务收入、净利润出现较大幅度的下降，主要原因是数字娱乐业务和化纤工业收入下降较快。由于公司主业分散，预计公司的未来发展难以乐观。

股本结构（万股）	截止日期	05年末	占%	主要股东及持股比例%、持股性质
	总股本	74901.85		中海恒实业发展有限公司 27.4%（非流通股）
	国有股	1237.6	1.65	云南国际信托投资有限公司 6.06%（非流通股）
	发起股	27411.32	36.6	南方证券有限公司 4.14%（非流通股）
	外资股			上海盈科资产担保有限公司 4.06%（非流通股）
	募集股	16076.68	21.46	海南富南国际信托投资公司 2.25%（非流通股）
	流通A	30173.54	40.28	上海致真投资咨询有限公司 1.67%（非流通股）
	流通B			海南金元投资控股有限公司 1.65%（国有股）
	流通H			上海岩鑫实业投资有限公司 1.07%（非流通股）
股东户数	05年末	92713		海南君健信息咨询服务有限公司 1%（非流通股）
	04年末	93956		上海颢伽经贸有限公司 0.91%（非流通股）

其他流通股东：全国社保基金零零一组合 0.385%；王泽华 0.164%；杨开美 0.115%；北京旭廷科技开发有限公司 0.083%

近年分配：03年:10派1送3转增7　**近年募资**：03年增发A股3222.2058万股，发行价13.6元。

二〇〇五年以来市场表现

2005年涨跌幅(%)	－31.56
2005年最高(元)	13.98
2006年涨跌幅(%)	－12.03
2006.4.26收盘(元)	7.46
2006年最高(元)	9.84
2006年最低(元)	7.33
2006年换手率(%)	145.27
股改对价	送股 每10股实际获得3股

赛迪传媒（000504）

上市日期:92/12/08　电话:010－68710716　传真:010－68710711

主营	对高新技术企业资讯、媒体、文化传播项目投资管理；技术开发、技术咨询、技术转让、技术服务；提供信息源服务；网络技术服务等。		
年　度	2005	2004	2003
主要指标：每股收益/扣除后(元)	0.01/0.01	0.1	0.1/0.1
每股经营现金流量(元)	0.04	0.04	0.18
每股净资产/调整后(元)	1.42/1.4	1.41/1.4	1.35/1.34
未分利润(万元)	5304.5	5129.91	3531.63
资本公积(万元)	4271.73	4271.73	4271.73
利润构成：主营收入(万元)	22248.81	27376.12	25594.45
主营利润(万元)	7199.1	10254.65	10517.95
营业利润(万元)	1472.85	4492.79	4389.62
投资收益(万元)	－1023.42	－1171.45	－884.67
利润总额(万元)	449.52	3296.95	3509.9
净利润(万元)	205.4	2980.01	3185.41

点评：公司通过一系列的资产重组，基本面发生了较大变化，公司拥有《中国计算机报》、《中国计算机用户》、《中国电脑教育报》等6种期刊，目前主业定位于资讯、传媒产业。同时赢利能力也有所提升，但未来欲实现高速或跨越式发展难度较大。

股本结构（万股）	截止日期	05年末	占%	主要股东及持股比例%、持股性质
	总股本	31157.39		信息产业部计算机与微电子发展研究中心 29%（国有股）
	国有股	8346.24	26.79	中国东方资产管理公司 26.79%（国有股）
	发起股	3671.68	11.78	太原兆和发展有限公司 4.8%（非流通股）
	外资股			中国平安保险（集团）股份有限公司 3.24%（非流通股）
	募集股	10463.87	33.58	上海中南投资管理有限公司 1.28%（非流通股）
	流通A	8675.59	27.84	光大证券有限责任公司 1.26%（非流通股）
	流通B			海南神鼎发展公司 1.17%（非流通股）
	流通H			中国南玻集团股份公司 1.03%（非流通股）
股东户数	05年末	33385		上海平杰投资咨询有限公司 0.89%（非流通股）
	04年末	36821		上海云开商务信息咨询有限公司 0.24%（非流通股）

其他流通股东：上海市龙威房地产有限公司 0.217%；卢瑞兴 0.139%；王剑琴 0.1%；王楠 0.097%；盖龙君 0.076%；王晓求 0.064%

近年分配：03年:10派0.3　**近年募资**：

二〇〇五年以来市场表现

2005年涨跌幅(%)	－34.9
2005年最高(元)	7.39
2006年涨跌幅(%)	－0.5
2006.4.26收盘(元)	3.99
2006年最高(元)	4.67
2006年最低(元)	3.78
2006年换手率(%)	175.26
股改对价	

ST珠江（000505/200505）

上市日期:A: 92/12/21 B: 95/06/29　电话:0898－68583723　传真:0898－68581026

主营	房地产开发经营及综合投资。		
年　度	2005	2004	2003
主要指标：每股收益/扣除后(元)	－0.212/－0.224	－0.274	0.004/－0.039
每股经营现金流量(元)	－0.139	－0.211	－0.005
每股净资产/调整后(元)	0.19/0.15	0.42/0.37	0.66/0.6
未分利润(万元)	－69011.45	－61015.65	－50694.21
资本公积(万元)	28671.56	28671.56	28446.01
利润构成：主营收入(万元)	2858.54	2475.06	12956.1
主营利润(万元)	86.69	326.81	3212.96
营业利润(万元)	－4996.18	－4356.06	－931.57
投资收益(万元)	－3744.27	－6514.13	760.53
利润总额(万元)	－8648.81	－10736.1	－148.23
净利润(万元)	－7993.71	－10349.81	162.92

点评：近几年重点布局武汉地产市场。存货增加39.74%，系湖北珠江全面开工工程量增加所致。预收款比年初数增加69.24倍，系预售美林青城房款增加所致，该项目2006年8月30日完工。股票实行退市风险警示特别处理。

股本结构（万股）	截止日期	05年末	占%	主要股东及持股比例%、持股性质
	总股本	37765.08		北京市万发房地产开发股份有限公司 29.82%（非流通股）
	国有股			广州市利盛德投资有限公司 4.5%（非流通股）
	发起股	20674.5	54.75	恒隆国际有限公司 3.59%（非流通股）
	外资股			上海中南投资管理有限公司 2.91%（非流通股）
	募集股			海南发展银行海口分行 2.07%（非流通股）
	流通A	11340.58	30.03	CITRINE CAPITAL LIMITED 1.64%（流通B股）
	流通B	5750	15.23	河北证券有限责任公司 1.52%（非流通股）
	流通H			广州珠江外资建筑设计院海南分院 1.3%（非流通股）
股东户数	05年末	47068		中国平安保险集团股份有限公司 0.91%（非流通股）
	04年末	50260		海南粤银科技有限公司 0.7%（非流通股）

其他流通股东：张晓霞 0.457%；赵淑珍 0.23%；陈喜贞 0.176%；张凤 0.175%；张丽君 0.173%；杨凤英 0.15%；季勤 0.127%

近年分配：　**近年募资**：

二〇〇五年以来市场表现

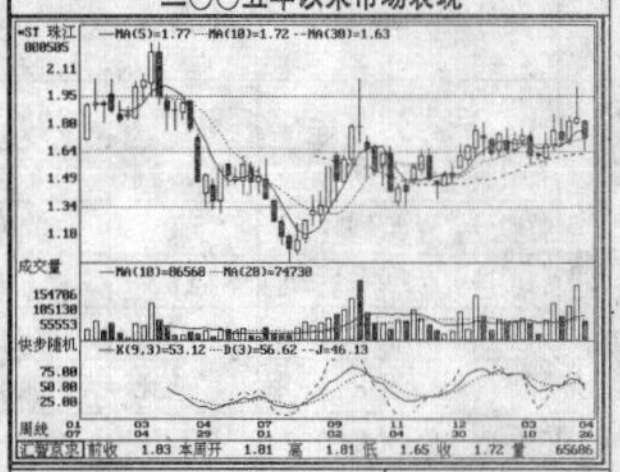

2005年涨跌幅(%)	－10
2005年最高(元)	2.26
2006年涨跌幅(%)	6.17
2006.4.26收盘(元)	1.72
2006年最高(元)	2
2006年最低(元)	1.57
2006年换手率(%)	115.08
股改对价	

东泰控股（000506）

上市日期:93/03/12　　电话:0833－3300616　　传真:0833－3300798

主营：加工、销售纸制品。

	年度	2005	2004	2003
主要指标	每股收益/扣除后(元)	－0.465	－0.151	0.131/0.086
	每股经营现金流量(元)	－0.23	0.092	0.33
	每股净资产/调整后(元)	0.87/0.71	1.33/1.28	1.37/1.32
	未分利润(万元)	－12572.33	－989.45	2781.15
	资本公积(万元)	8462.55	8462.32	5732.85
利润构成	主营收入(万元)	5489.42	20866.69	31436.4
	主营利润(万元)	－200.22	2641.32	7166.8
	营业利润(万元)	－11267.68	－4602.92	2700.52
	投资收益(万元)	－0.66	3.07	958.29
	利润总额(万元)	－15066.78	－4654.05	3790.48
	净利润(万元)	－11582.89	－3770.6	3271.95

点评：公司主营为造纸业，但由于主要控股子公司芜湖东泰纸业大部分时间处于停产状态，同时又受到天同证券事件的影响，企业出现了较大的亏损。如不进行重大资产重组，企业06年经营依旧很困难。

股本结构（万股）	截止日期	05年末	占%	主要股东及持股比例%、持股性质
	总股本	24910.17		山东世纪煤化工程设备有限公司 18.06%（国有股）
	国有股	6000	24.09	芜湖东泰实业有限公司 6.02%（国有股）
	发起股	2233.62	8.97	河北证券有限责任公司 3.25%（非流通股）
	外资股			江门汇盛投资管理有限公司 1.68%（非流通股）
	募集股	2245.2	9.01	中国盐业总公司 1.2%（非流通股）
	流通A	14431.35	57.93	四川省盐业总公司 1.2%（非流通股）
	流通B			海南普林投资管理有限公司 1.08%（非流通股）
	流通H			上海思可达商务咨询有限公司 1.08%（非流通股）
股东户数	05年末	36078		海南颐科科技开发有限公司 0.74%（非流通股）
	04年末	34318		云南生资经贸有限公司 0.6%（非流通股）

其他流通股东：中国航空油料集团公司 0.56%；张鸿图 0.236%；王海 0.197%；张雪梅 0.188%；王立红 0.139%；陈德方 0.128%

近年分配：　　**近年募资**：

二〇〇五年以来市场表现

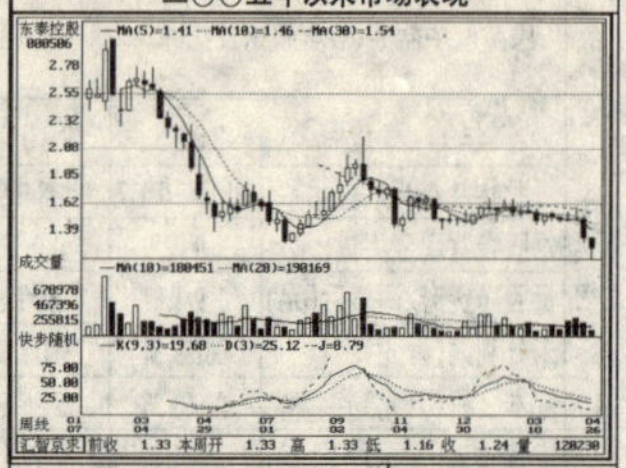

2005年涨跌幅(%)	－41.2
2005年最高(元)	3.01
2006年涨跌幅(%)	－15.65
2006.4.26收盘(元)	1.24
2006年最高(元)	1.66
2006年最低(元)	1.16
2006年换手率(%)	226.14
股改对价	

粤富华（000507）

上市日期:93/03/26　　电话:0756－8886218　　传真:0756－8888148

主营：港口交通运输、房地产开发、进出口、药品生产及销售等。

	年度	2005	2004	2003
主要指标	每股收益/扣除后(元)	0.07/0.05	0.09	0.069/0.062
	每股经营现金流量(元)	－0.1	－0.06	0.07
	每股净资产/调整后(元)	3.01/2.79	2.93/2.82	2.84/2.73
	未分利润(万元)	688.09	－1746.7	－4851.58
	资本公积(万元)	66900.97	66900.97	66900.97
利润构成	主营收入(万元)	16177.6	15800.64	12053.81
	主营利润(万元)	3972.76	4098.16	3925.25
	营业利润(万元)	－621.66	－1364	－2466.7
	投资收益(万元)	3411	4844.34	5168.83
	利润总额(万元)	2816.51	3434.8	2595.45
	净利润(万元)	2556.22	3104.88	2393.43

点评：周边港口对货运业务的分流以及竞争的白热化，给港口交通运输业的持续增长带来很大困难。纺织品配额取消、出口退税率降低、代理开证业务开展不畅等给公司带来了很大的经营压力。公司的发展前景很不明朗。

股本结构（万股）	截止日期	05年末	占%	主要股东及持股比例%、持股性质
	总股本	34499.74		珠海市港口企业集团有限公司 20.8%（国有股）
	国有股	13476.76	39.06	珠海市纺织工业集团公司 8.69%（国有股）
	发起股			珠海功控集团有限公司 2.55%（国有股）
	外资股			珠海科技奖励基金会 2.3%（国有股）
	募集股	1467.18	4.25	深圳市中科招商创业投资管理有限公司 1.91%（非流通股）
	流通A	19555.8	56.68	珠海经济特区冠华轻纺总公司 1.88%（国有股）
	流通B			中国化纤总公司 1.26%（国有股）
	流通H			信达投资有限公司 0.96%（国有股）
股东户数	05年末	84400		重庆超思信息材料股份有限公司 0.96%（非流通股）
	04年末	91188		广东发展银行珠海分行 0.64%（国有股）

其他流通股东：邓桂玉 0.173%；上海老凤祥有限公司 0.164%；邓大凯 0.148%；上海凤祥大酒店有限公司 0.118%；兰珠连 0.107%

近年分配：　　**近年募资**：

二〇〇五年以来市场表现

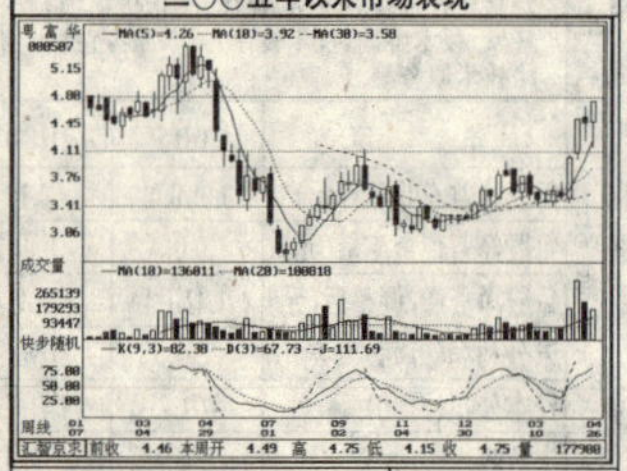

2005年涨跌幅(%)	－32.15
2005年最高(元)	5.5
2006年涨跌幅(%)	46.15
2006.4.26收盘(元)	4.75
2006年最高(元)	4.75
2006年最低(元)	3.25
2006年换手率(%)	96.68
股改对价	

＊ST华塑（000509）

上市日期:93/05/07　　电话:028－86650101　　传真:028－86657755

主营：建材、地产、服装、物业出租等。

	年度	2005	2004	2003
主要指标	每股收益/扣除后(元)	－0.67/－0.633	－0.12	0.044/－0.081
	每股经营现金流量(元)	－0.0063	－0.119	－0.134
	每股净资产/调整后(元)	0.5/0.5	1.1/0.98	1.55/1.47
	未分利润(万元)	－61497.35	－44749.4	－35450.18
	资本公积(万元)	46729.38	46679.04	46400.65
利润构成	主营收入(万元)	31370.71	28882.45	16601.18
	主营利润(万元)	4721.59	5236.39	3920.42
	营业利润(万元)	－17216.73	－3432.43	1073.03
	投资收益(万元)	68.1	－880.7	627.15
	利润总额(万元)	－18430.25	－3915.82	1453.34
	净利润(万元)	－16747.95	－3096.76	1087.98

点评：公司主营建材产业的门窗工程以及服装来料加工，由于资金极度紧缺，公司业务量大幅降低，导致公司利润下降。同时，公司依据证监会处罚决定进行相关账务调整，致使公司亏损额度加大。但公司在上海以及滨海新区投建了多个大型房地产项目，业绩有望增长。

股本结构（万股）	截止日期	05年末	占%	主要股东及持股比例%、持股性质
	总股本	25000.99		山东同人实业有限公司 22.53%（非流通股）
	国有股			南充天益资产投资管理公司 7.99%（非流通股）
	发起股	1990.18	7.96	深圳市天勤资产管理有限公司 2.64%（非流通股）
	外资股			中国银行南充分行 2.18%（非流通股）
	募集股	7920.12	31.68	广东证券股份有限公司 2.11%（流通A股）
	流通A	15078.24	60.31	珠海经济特区富华投资公司 0.79%（非流通股）
	流通B			深圳发展银行股份有限公司 0.66%（非流通股）
	流通H			深圳市华夏实业股份有限公司 0.52%（非流通股）
股东户数	05年末	47865		上海飞通贸易有限公司 0.35%（非流通股）
	04年末	51837		深圳市鸿基(集团)股份有限公司 0.33%（非流通股）

其他流通股东：胡玉珊 0.209%；杨文辉 0.205%；王波 0.187%；广东时代盈和投资有限公司 0.181%；陈少龙 0.163%；傅鸿辉 0.128%

近年分配：　　**近年募资**：

二〇〇五年以来市场表现

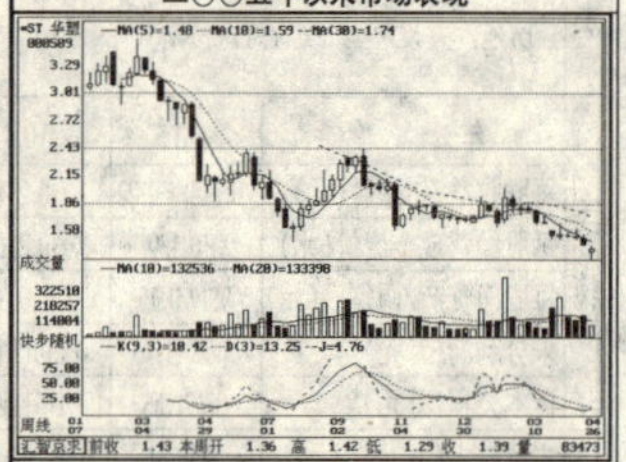

2005年涨跌幅(%)	－45.81
2005年最高(元)	3.58
2006年涨跌幅(%)	－17.26
2006.4.26收盘(元)	1.39
2006年最高(元)	2.02
2006年最低(元)	1.29
2006年换手率(%)	157.7
股改对价	

金路集团（000510）

上市日期:93/05/07　电话:0838－2207936　传真:0838－2207936

主营：生产销售 PVC 树脂、烧碱系列化工原料及其加工产品，白酒生产和销售，房地产业，天然气加工销售等。

	年　度	2005	2004	2003
主要指标	每股收益/扣除后(元)	0.132/0.123	0.201/0.199	0.17/0.176
	每股经营现金流量(元)	0.215	0.346	0.46
	每股净资产/调整后(元)	1.76/1.7	1.67/1.63	1.45/1.4
	未分利润(万元)	28270.4	21450.67	13607.13
	资本公积(万元)	7878.96	7388.37	7030.71
利润构成	主营收入(万元)	229844.04	197141.12	147356.04
	主营利润(万元)	39356.88	42634.97	36973.09
	营业利润(万元)	10447.57	14449.4	12666.92
	投资收益(万元)	1039.38	514.28	452.43
	利润总额(万元)	11597.47	14522.29	12744.49
	净利润(万元)	8023.22	12222.88	10553.84

点评：公司虽已逐步走向了多元化经营的格局，但真正具备竞争力的仍是 PVC 树脂行业。金路集团生产的 PVC 树脂采用电石法工艺，具有一定的成本优势，但是 PVC 树脂行业产能过剩，竞争激烈。公司未来盈利情况仍然不容乐观。

股本结构（万股）	截止日期	05 年末	占%	主要股东及持股比例%、持股性质
	总股本	60918.23		汉龙实业发展有限公司 14.64%（国有股）
	国有股	8124.01	13.34	德阳市国有资产经营公司 13.34%（国有股）
	发起股	8.74	0.01	四川佛兰印务有限公司 4.09%（非流通股）
	外资股			深圳市特发集团有限公司 2.18%（非流通股）
	募集股	13928.93	22.86	四川省化工建设总公司 1.12%（非流通股）
	流通 A	38856.55	63.78	周亿 0.36%（流通 A 股）
	流通 B			北京屯泰财务咨询有限公司 0.34%（非流通股）
	流通 H			德阳市金路持股联合会 0.21%（非流通股）
股东户数	05 年末	85114		深圳市蛇口旭业投资发展有限公司 0.21%（流通 A 股）
	04 年末	91760		林怡 0.18%（流通 A 股）

其他流通股东：庄兴潮 0.176%；郑楚英 0.168%；祝学荣 0.148%；刘小光 0.136%；陕西亿源科技发展有限公司 0.115%

近年分配：04 年:10 派 0.5　**近年募资**：

二〇〇五年以来市场表现

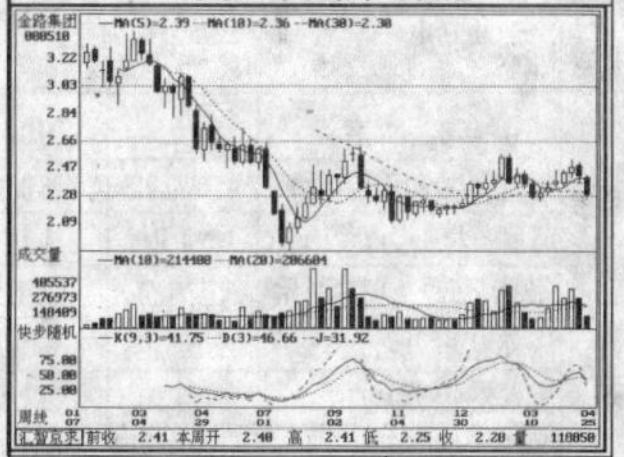

2005 年涨跌幅(%)	－30.58
2005 年最高(元)	3.41
2006 年涨跌幅(%)	2.7
2006.4.26 收盘(元)	2.28
2006 年最高(元)	2.56
2006 年最低(元)	2.22
2006 年换手率(%)	96.74
股改对价	

银基发展（000511）

上市日期:93/05/18　电话:024－22878933　传真:024－22874123

主营：城市土地整理、房地产开发、酒店经营。

	年　度	2005	2004	2003
主要指标	每股收益/扣除后(元)	0.17/0.23	0.31	0.06/0.05
	每股经营现金流量(元)	－0.2	0.57	－0.27
	每股净资产/调整后(元)	4.34/4.07	4.17/4.14	3.86/3.8
	未分利润(万元)	28106.83	24256.05	17472.38
	资本公积(万元)	53749.47	53751.73	54021.23
利润构成	主营收入(万元)	60415.65	81948.63	29152.94
	主营利润(万元)	13077.06	18307.67	7457.18
	营业利润(万元)	8866.07	13942	2985.58
	投资收益(万元)	－1314.12	－750.93	271.11
	利润总额(万元)	7222.3	13111.68	3221.36
	净利润(万元)	4574.55	8478.31	1585.76

点评：2005 年度，地王国际花园项目已从销售高峰期进入平稳期，东方威尼斯项目未开发新组团，其它项目进入尾盘，使公司业绩同比有所下降。2006 年公司的增长点是地王国际花园项目二期。此外，公司目前持有五里河公园项目近 60 万平方米土地，土地增值幅度较大。

股本结构（万股）	截止日期	05 年末	占%	主要股东及持股比例%、持股性质
	总股本	26982.14		沈阳银基集团股份有限公司 25.92%（非流通股）
	国有股			沈阳银顺隆投资有限公司 3.45%（非流通股）
	发起股	6994.86	25.92	招商证券股份有限公司 1.87%（流通 A 股）
	外资股			中国工商银行－申万巴黎盛利精选证券投资基金 1.51%（流通 A 股）
	募集股	140.4	0.52	沈阳新思科自动化有限公司 1.33%（非流通股）
	流通 A	17854.94	66.17	沈阳泰金科技实业有限公司 0.69%（非流通股）
	流通 B			辽宁国发股份有限公司 0.61%（非流通股）
	流通 H			沈阳三和盛物资贸易有限公司 0.58%（非流通股）
股东户数	05 年末	46266		沈阳信丰网络发展有限公司 0.36%（非流通股）
	04 年末	50165		吴喜讯 0.25%（流通 A 股）

其他流通股东：广州风神汽车产业基地开发有限公司 0.216%；邵惠英 0.164%；巩毅 0.16%；杨木顺 0.148%；李福斌 0.13%

近年分配：　**近年募资**：

二〇〇五年以来市场表现

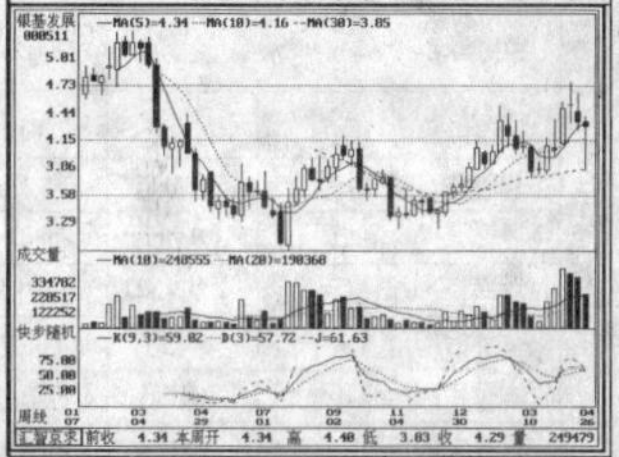

2005 年涨跌幅(%)	－21.03
2005 年最高(元)	5.3
2006 年涨跌幅(%)	16.58
2006.4.26 收盘(元)	4.29
2006 年最高(元)	4.76
2006 年最低(元)	3.63
2006 年换手率(%)	192.83
股改对价	

丽珠集团（000513/200513）

上市日期:A: 93/10/28 B: 93/07/20　电话:0756－8135888　传真:0756－8886002

主营：医药产品的生产、研制、销售及进出口贸易

	年　度	2005	2004	2003
主要指标	每股收益/扣除后(元)	0.35/0.28	0.41	0.3/0.26
	每股经营现金流量(元)	0.53	0.59	0.98
	每股净资产/调整后(元)	3.94/3.91	3.72/3.69	3.41/3.39
	未分利润(万元)	15352.25	11851.89	4022.22
	资本公积(万元)	43265.44	42691.83	42517.33
利润构成	主营收入(万元)	162614.59	155478.76	181191.36
	主营利润(万元)	71579.68	76119.28	89261.44
	营业利润(万元)	12060.82	12659.44	14441.05
	投资收益(万元)	1112.76	3095.9	1442.59
	利润总额(万元)	13208.71	15468.97	15770.12
	净利润(万元)	10789.19	12405.83	9220.06

点评：公司在抗感染、抗病毒和胃肠道消化药物领域具备一定的品牌、营销网络优势。05 年公司营业利润小幅下降 4.73%，主要原因是抗生素降价、营销队伍人员变动以及他汀市场价格下降。公司的核心竞争能力主要在于品牌和营销上的优势。

股本结构（万股）	截止日期	05 年末	占%	主要股东及持股比例%、持股性质
	总股本	30603.55		西安东盛集团有限公司 12.72%（非流通股）
	国有股			健康元药业集团股份有限公司 10.55%（部分流通部分不流通）
	发起股	2913.87	9.52	第一上海证券有限公司 3.51%（流通 B 股）
	外资股			天诚实业有限公司 3%（流通 B 股）
	募集股	3891.75	12.72	广州保科力贸易公司 1.98%（国有股）
	流通 A	11567.23	37.8	中国建设银行－华宝兴业多策略增长证券基金 1.79%（流通 A 股）
	流通 B	12230.7	39.96	深圳市海滨制药有限公司 1.75%（流通 A 股）
	流通 H			SUN INTELLIGENT LIMITED 1.63%（流通 B 股）
股东户数	05 年末	41618		DRACO EQUITY INVESTMENT LIMITED 1.5%（流通 B 股）
	04 年末	42142		交通银行－科瑞证券投资基金 1.07%（流通 A 股）

其他流通股东：中国农业银行－富国天瑞强势地区精选混合型开放式证券投资基金 1.004%；同益证券投资基金 0.963%

近年分配：04 年:10 派 1.5；03 年:10 派 1　**近年募资**：

二〇〇五年以来市场表现

2005 年涨跌幅(%)	－33.8
2005 年最高(元)	8.19
2006 年涨跌幅(%)	12.42
2006.4.26 收盘(元)	5.16
2006 年最高(元)	5.64
2006 年最低(元)	4.57
2006 年换手率(%)	170.63
股改对价	

G 渝开发（000514）

上市日期:93/07/12　电话:023－63858883　传真:023－63856995

主营	房地产开发、环保项目(污水处理)、土地综合整治、大桥建设、电话电码防伪网络、工程监理、物业管理、建筑材料经销等。			
	年　度	2005	2004	2003
主要指标	每股收益/扣除后(元)	0.006/0.015	0.26/0.016	0.148/0.058
	每股经营现金流量(元)	-0.31	1.89	-2.011
	每股净资产/调整后(元)	1.57/1.57	1.48/1.47	1.22/1.21
	未分利润(万元)	35.02	-8409.26	-11410.68
	资本公积(万元)	9400.35	12271.57	12221.44
利润构成	主营收入(万元)	13111.7	16889.01	6733.12
	主营利润(万元)	2882.42	2344.42	1747.24
	营业利润(万元)	540.68	3279.82	1946.5
	投资收益(万元)	-3.6		-66.22
	利润总额(万元)	357.06	3132.3	1847.37
	净利润(万元)	106.86	3009.55	1744.27
点评	公司是重庆市房地产公司中唯一一家上市公司,有可能获得大股东重庆城投更大的支持,应对此方面动向进行关注。公司投资开发建设的凤天锦园高档住宅小区全部实现工程竣工备案验收。在建项目世纪新城、渝北区冉家坝北岭锦园项目将在新年度实现全面销售。			

	截止日期	05年末	占%	主要股东及持股比例%、持股性质
股本结构（万股）	总股本	17631.43		重庆市城市建设投资公司 52.29%（国有股）
	国有股	9220.07	52.29	富国投资有限公司 4.67%（非流通股）
	发起股	1924.88	10.92	中国银河证券有限责任公司 2.65%（非流通股）
	外资股			信泰证券有限责任公司 1.78%（流通A股）
	募集股			中国宝安集团股份有限公司 1.4%（非流通股）
	流通A	6485.58	36.78	深圳信诚投资有限公司 1.16%（非流通股）
	流通B			西安怡和地产发展集团有限公司 1.02%（非流通股）
	流通H			谢百英 0.29%（流通A股）
股东户数	05年末	20435		崔志月 0.28%（流通A股）
	04年末	16191		田如英 0.24%（流通A股）
其他流通股东	张士洪 0.213%；崔洪高 0.209%；熊国信 0.208%；周乐力 0.208%；崔中山 0.155%；奉西京 0.141%			
近年分配		近年募资		

二〇〇五年以来市场表现

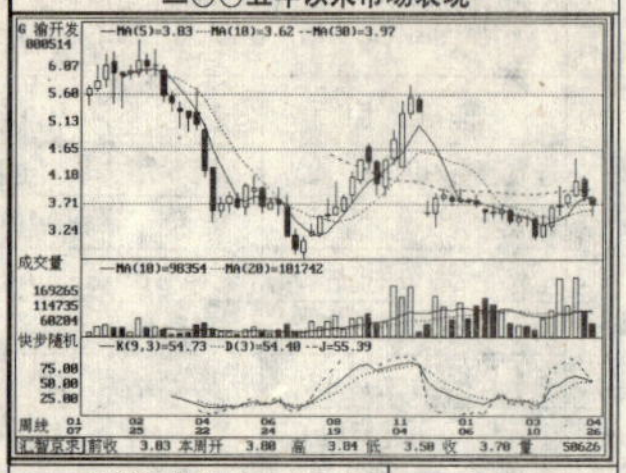

2005年涨跌幅(%)	1.16
2005年最高(元)	6.54
2006年涨跌幅(%)	-2.38
2006.4.26收盘(元)	3.7
2006年最高(元)	4.49
2006年最低(元)	3.1
2006年换手率(%)	243.4
股改对价	注资1.0226亿元 定向转增 每10股实际获得5股(05/12/01)

攀渝钛业（000515）

上市日期:93/07/12　电话:023－62551281　传真:023－62551279

主营	钛白粉系列产品及其附产品、工业硫酸和硫酸二甲酯生产和销售。			
	年　度	2005	2004	2003
主要指标	每股收益/扣除后(元)	0.11/0.05	0.17	0.12/0.08
	每股经营现金流量(元)	0.26	0.07	0.35
	每股净资产/调整后(元)	1.86/1.84	1.84/1.82	1.68/1.66
	未分利润(万元)	4054.65	4201.18	1561.52
	资本公积(万元)	10495.05	10403.25	10403.25
利润构成	主营收入(万元)	42889.28	29088.22	25980.66
	主营利润(万元)	6317.22	5998.56	6129.89
	营业利润(万元)	1201.32	2234.94	2129.81
	投资收益(万元)			60.82
	利润总额(万元)	2255.81	2845.62	2681.71
	净利润(万元)	2030.05	3105.49	2277.57
点评	公司是中国为数不多的钛加工上市公司之一,拥有3万吨钛白粉生产线。公司大股东攀钢集团有意将一条2万吨的钛白粉生产线和全球最大的钛精矿注入公司,公司将具有资源优势,产量扩大60%以上,业绩将大增。			

	截止日期	05年末	占%	主要股东及持股比例%、持股性质
股本结构（万股）	总股本	18720.75		攀枝花钢铁(集团)有限公司 29.8%（国有股）
	国有股	10737.39	57.36	中国长城资产管理公司 27.56%（国有股）
	发起股			河南姿华实业有限公司 0.56%（流通A股）
	外资股			陈翠华 0.43%（流通A股）
	募集股			重庆博高商贸有限责任公司 0.32%（流通A股）
	流通A	7983.36	42.64	刘有玉 0.3%（流通A股）
	流通B			国瑜珈 0.28%（流通A股）
	流通H			张培熙 0.27%（流通A股）
股东户数	05年末	20724		周美玉 0.24%（流通A股）
	04年末	15018		于奎清 0.22%（流通A股）
其他流通股东	邓建 0.216%；周柏秀 0.214%			
近年分配	04年:10派1；03中期:10派0.2	近年募资		

二〇〇五年以来市场表现

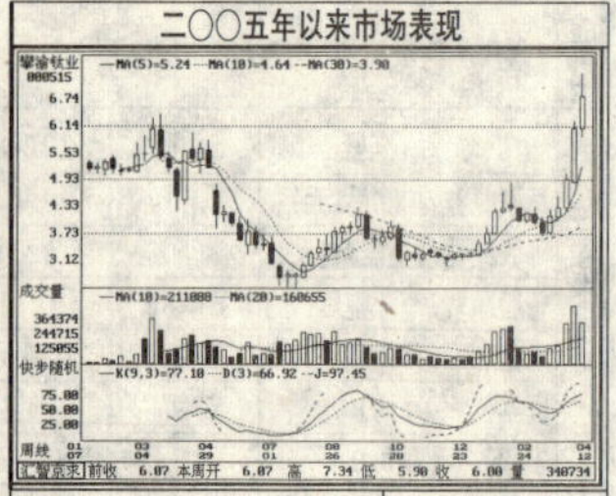

2005年涨跌幅(%)	-38.01
2005年最高(元)	6.38
2006年涨跌幅(%)	108.59
2006.4.26收盘(元)	6.8
2006年最高(元)	7.34
2006年最低(元)	3.23
2006年换手率(%)	366.21
股改对价	

G 解放（000516）

上市日期:93/08/09　电话:029－7217854　传真:029－7217705

主营	国内商贸、百货零售			
	年　度	2005	2004	2003
主要指标	每股收益/扣除后(元)	0.29/0.3	0.23	0.32/0.29
	每股经营现金流量(元)	0.72	0.54	0.59
	每股净资产/调整后(元)	3.29/3.27	3.14/3.12	3.13/3.1
	未分利润(万元)	8101.47	7542.85	8544.19
	资本公积(万元)	14493.93	14493.93	14426.09
利润构成	主营收入(万元)	162670.67	150909.77	134692.98
	主营利润(万元)	18439.69	17415.6	15439.47
	营业利润(万元)	7798.29	6899.93	7226.88
	投资收益(万元)	-119.14	-259.68	420.88
	利润总额(万元)	7585.18	6673.42	7681.44
	净利润(万元)	3826.03	2997.36	4171.43
点评	在大股东的主导下,加快多业发展的步伐,投资涉足典当业,控股横山县天云煤矿有限公司。2006年将实施"一业为主,多业发展"的战略,实现从传统百货向时尚百货的转型,探索百货连锁业的发展模式;同时公司将为逐步由单纯的商业企业向投资管理型企业转变。			

	截止日期	05年末	占%	主要股东及持股比例%、持股性质
股本结构（万股）	总股本	13037.83		西安高新医院有限公司 23.11%（非流通股）
	国有股	2804.63	21.51	深圳市创新投资集团有限公司 21.51%（国有股）
	发起股			西安商业科技开发公司 4.48%（非流通股）
	外资股			陕西新开高新技术投资有限公司 3.34%（非流通股）
	募集股	5887.75	45.16	西安中露食品有限责任公司 2.51%（非流通股）
	流通A	4345.45	33.33	中国航空油料西北公司 1.67%（非流通股）
	流通B			深圳市广顺实业股份有限公司 1.67%（非流通股）
	流通H			深圳市长通数码科技有限公司 1.28%（非流通股）
股东户数	05年末	18628		中国嘉德国际拍卖有限公司 1%（非流通股）
	04年末	19777		陕西信托投资有限公司 0.84%（非流通股）
其他流通股东	陈洁芳 0.385%；麦自凤 0.234%；黄东生 0.183%；潘光平 0.153%；张舵 0.153%；史颖 0.117%；潘柏 0.117%			
近年分配	05预案:10派1.5；04年:10派1.5；03年:10派2.2	近年募资		

二〇〇五年以来市场表现

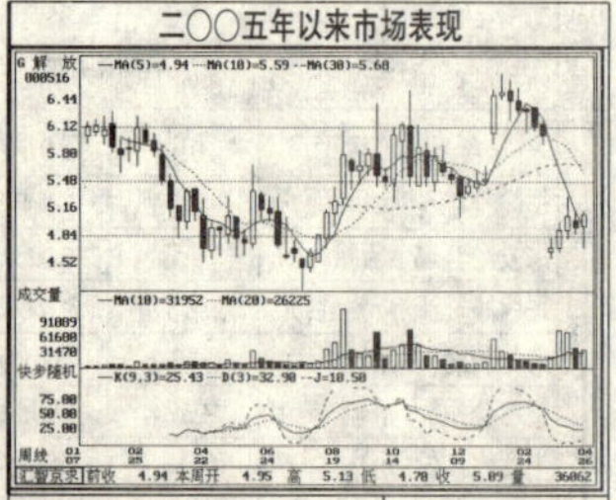

2005年涨跌幅(%)	-6.92
2005年最高(元)	6.7
2006年涨跌幅(%)	30.41
2006.4.26收盘(元)	5.09
2006年最高(元)	7.45
2006年最低(元)	5.92
2006年换手率(%)	78.57
股改对价	定向转增 每10股实际获得4.091股(06/03/31)

*ST 成功（000517）

上市日期：93/08/06　电话：0574－27877369　传真：0574－27877360

主营：电信业务和电信增值业务运营，网络建设与运营，通信设备和网络终端产品开发、制造、销售，相关软件产品的开发、应用。

	年　度	2005	2004	2003
主要指标	每股收益/扣除后(元)	-1.05	-0.72	0.08/0.05
	每股经营现金流量(元)	-0.12	0.2	-0.41
	每股净资产/调整后(元)	-0.5/-0.71	0.55/0.41	3.47/3.43
	未分利润(万元)	-83133.46	-58630.11	9837.06
	资本公积(万元)	44210.43	44210.43	43846.81
利润构成	主营收入(万元)	18698.94	58843.48	65025.7
	主营利润(万元)	3638.73	9419.43	11991.75
	营业利润(万元)	-23146.05	-15890.55	-304.5
	投资收益(万元)	-705.64	-1876.01	1810.7
	利润总额(万元)	-24760.34	-16692.06	2135.48
	净利润(万元)	-24503.35	-16834.09	1797.52

点评：公司主营数字音视频终端产品的开发、生产、销售和前端系统集成；无线通信设备和公用计量智能化产品的开发、制造和销售，相关软件产品的开发、应用。公司所处通信行业、公用计量仪表行业竞争日益加剧，公司利润空间日渐缩小。

	截止日期	05年末	占%	主要股东及持股比例%、持股性质
股本结构（万股）	总股本	23330.75		深圳市新海投资控股有限公司 27.29%（非流通股）
	国有股			深圳市胜启投资有限公司 4.25%（非流通股）
	发起股	309.84	1.33	北京市华远集团公司 2.63%（非流通股）
	外资股			上海银通创业发展有限公司 1.84%（非流通股）
	募集股	11879.48	50.92	慈溪市永杰机械设备有限公司 1.67%（非流通股）
	流通A	11141.44	47.75	宁波港集团有限公司 1.46%（非流通股）
	流通B			海军4819工厂 1.33%（非流通股）
	流通H			上海鼎立实业发展有限公司 1.09%（非流通股）
股东户数	05年末	31154		深圳市保银投资发展有限公司 0.93%（非流通股）
	04年末	35821		上海君创投资管理有限公司 0.84%（非流通股）
其他流通股东	徐薇 0.687%；谭兆湛 0.314%；徐佩芬 0.257%；杨永军 0.179%；毛香恩 0.169%；张先鹏 0.157%；刘仁敖 0.147%			
近年分配			近年募资	

二〇〇五年以来市场表现

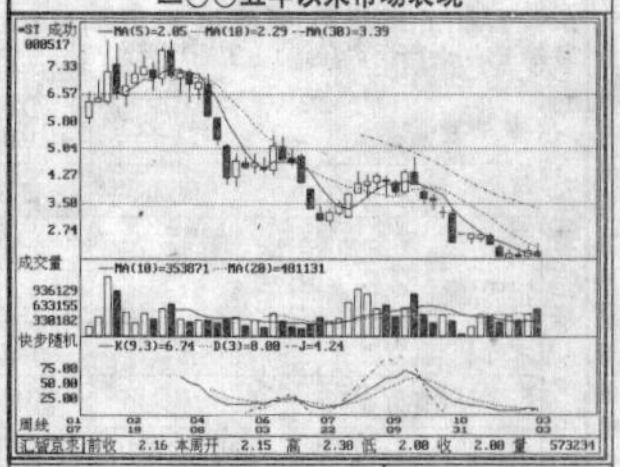

2005年涨跌幅(%)	-56.31
2005年最高(元)	8.1
2006年涨跌幅(%)	-23.95
2006.4.26收盘(元)	2
2006年最高(元)	2.68
2006年最低(元)	1.97
2006年换手率(%)	284.01
股改对价	

四环生物（000518）

上市日期：93/09/08　电话：0510－86408558　传真：0510－86408558

主营：从事羊绒及高中档呢绒面料的生产；原料药、片剂、酒剂、注射剂及生物制品的制造、销售。

	年　度	2005	2004	2003
主要指标	每股收益/扣除后(元)	-0.1/-0.11	0.01/0.012	0.07/0.063
	每股经营现金流量(元)	-0.01	0.05	0.08
	每股净资产/调整后(元)	0.97/0.93	1.07/1.03	1.06/1.06
	未分利润(万元)	-7693	2660.99	1708.43
	资本公积(万元)	286.27	286.27	286.27
利润构成	主营收入(万元)	20573.94	31148.47	37566.42
	主营利润(万元)	3322.69	8748.24	13075.08
	营业利润(万元)	-7054.2	2074.13	9756.58
	投资收益(万元)	1744.94	-50	-65.37
	利润总额(万元)	-10392.3	1972.16	9540.47
	净利润(万元)	-10353.99	1122.24	6896.81

点评：公司业务包括医药制药和毛纺织生产，在行业中竞争优势不强。2005年度，因纺织品出口不畅，内销的价格不断降低以及国内药品降价政策导致公司医药产品毛利率大幅下降，再加上大幅计提不良资产，造成较大亏损。公司管理层有信心2006年扭亏。

	截止日期	05年末	占%	主要股东及持股比例%、持股性质
股本结构（万股）	总股本	102955.62		江阴市振新毛纺织厂 14.96%（非流通股）
	国有股			江阴泰德贸易有限公司 3.73%（非流通股）
	发起股	5984.82	5.81	昆山市创业投资有限公司 3.71%（非流通股）
	外资股			广东建通工程有限公司 1.17%（非流通股）
	募集股	27332.4	26.55	交通部第二公路工程局 1.12%（非流通股）
	流通A	69636.5	67.64	中铁三局集团有限公司 1%（非流通股）
	流通B			深圳方大装饰工程有限公司 0.84%（非流通股）
	流通H			江阴市盛银投资有限公司 0.74%（非流通股）
股东户数	05年末	128761		中铁四局集团有限公司 0.61%（非流通股）
	04年末	140283		深圳市赛格达声股份有限公司 0.59%（非流通股）
其他流通股东	郑雄智 0.244%；高消 0.183%；王月华 0.154%；郭茂茂 0.12%；徐建民 0.098%；北京市中北机电技术开发公司 0.097%			
近年分配	03中期：10派0.575送2.3转增7.7		近年募资	

二〇〇五年以来市场表现

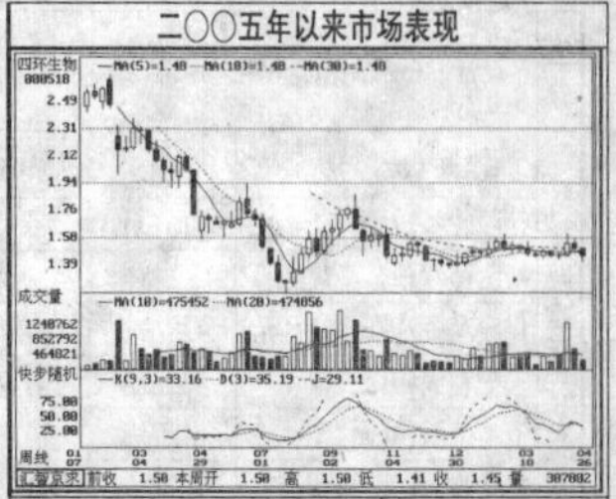

2005年涨跌幅(%)	-43.09
2005年最高(元)	2.67
2006年涨跌幅(%)	3.57
2006.4.26收盘(元)	1.45
2006年最高(元)	1.59
2006年最低(元)	1.38
2006年换手率(%)	119.61
股改对价	

G 银动（000519）

上市日期：93/10/08　电话：028－84304159　传真：028－84310296

主营：各型内燃机气缸套、铝活塞的生产销售；网络通信设备销售。

	年　度	2005	2004	2003
主要指标	每股收益/扣除后(元)	0.16/-0.09	-0.12/-0.09	0.055/0.026
	每股经营现金流量(元)	-0.15	0.08	-0.126
	每股净资产/调整后(元)	2.53/2.52	2.37/2.35	2.45/2.42
	未分利润(万元)	2508.74	699.23	2276.27
	资本公积(万元)	13961.06	13961.84	13378.24
利润构成	主营收入(万元)	13813.19	15005.04	14678.64
	主营利润(万元)	1272	2310.71	3107.97
	营业利润(万元)	-2483.22	-2352.89	-470.84
	投资收益(万元)	80.73	564.94	897.86
	利润总额(万元)	2563.53	-1601.26	751.66
	净利润(万元)	2128.97	-1577.03	749.81

点评：公司主营业务为内燃机气缸套、铝活塞的生产销售。05年收入小幅下降，原材料价格又上涨，公司主营利润出现了较大的下滑。但因土地处置影响，净利润比上年同期增长235%。预期06年公司经营依旧不容乐观

	截止日期	05年末	占%	主要股东及持股比例%、持股性质
股本结构（万股）	总股本	13653.83		银河（长沙）高科技实业有限公司 27.35%（国有股）
	国有股	6122.62	44.84	湖南新兴科技发展有限公司 17.49%（国有股）
	发起股			市能源投资股份有限公司 1.58%（非流通股）
	外资股			涌金实业（集团）有限公司 1.58%（非流通股）
	募集股	1728	12.66	四川天歌进出口有限责任公司 1.58%（非流通股）
	流通A	5803.2	42.5	上海九宇新技术发展有限公司 1.46%（非流通股）
	流通B			吉林省九州开发公司 1.42%（非流通股）
	流通H			长沙博进房地产开发有限公司 1.42%（流通A股）
股东户数	05年末	12778		张小姣 1.05%（流通A股）
	04年末	14448		周程 0.82%（流通A股）
其他流通股东	陈文庄 0.509%；王振元 0.458%；伍姣英 0.336%；陈运均 0.304%；彭雁英 0.291%；赵文 0.281%；段玉兰 0.279%			
近年分配	05预案：10转增4		近年募资	

二〇〇五年以来市场表现

2005年涨跌幅(%)	-43.75
2005年最高(元)	8.38
2006年涨跌幅(%)	40.21
2006.4.26收盘(元)	4.78
2006年最高(元)	6.71
2006年最低(元)	4.42
2006年换手率(%)	127.42
股改对价	送股 每10股实际获得3.2股（06/03/24）

中国凤凰（000520）

上市日期:93/10/25　　电话:027－86516722　　传真:027－86515968

主营	石油化工原料及产品的生产与销售;精细化工原料及产品的生产与销售;石油化工原料后续产品的生产与销售。

	年　度	2005	2004	2003
主要指标	每股收益/扣除后(元)	0.041/0.049	0.135	0.105/0.116
	每股经营现金流量(元)	0.0365	0.2354	0.1514
	每股净资产/调整后(元)	2.54/2.54	2.55/2.55	2.52/2.52
	未分利润(万元)	7875.25	9169.22	8761.96
	资本公积(万元)	45517.65	45517.65	45517.65
利润构成	主营收入(万元)	221800.21	178613.2	113328.01
	主营利润(万元)	7846.71	13412.58	11194.6
	营业利润(万元)	6890.22	12849.12	9750.58
	投资收益(万元)	-2119.44	-1947.13	211.13
	利润总额(万元)	4075.49	10538.05	8585.29
	净利润(万元)	2142.41	6998.69	5460.25

点评：2005年中国石化与中国长江航运(集团)达成资产置换协议。资产置换完成后,中国凤凰主营业务由原来的石化行业转为干散货运输业务。由于全球新增运能超过需求增长,预计2006、2007年运价将呈下跌趋势,因此公司业绩也将受影响。

	截止日期	05年末	占%	主要股东及持股比例%、持股性质
股本结构（万股）	总股本	51916.88		中国石油化工股份有限公司 40.72%（国有股）
	国有股	21142.37	40.72	中国人民保险公司武汉市青山区支公司 1.07%（国有股）
	发起股	1115.53	2.15	武汉石化实业公司 1.07%（非流通股）
	外资股			刘明生 0.39%（流通A股）
	募集股	142.18	0.27	天泽控股有限公司 0.27%（非流通股）
	流通A	29502.54	56.83	上海申能资产管理有限公司 0.19%（流通A股）
	流通B			中国工商银行－融通深证100指数证券投资基金 0.19%（流通A股）
	流通H			贺兵 0.16%（流通A股）
股东户数	05年末	101295		徐炎珍 0.14%（流通A股）
	04年末	108450		梁葵珍 0.13%（流通A股）
其他流通股东	李新丽 0.132%;刘素英 0.117%;刘敏基 0.117%;朱兆有 0.115%			
近年分配	05预案:10派1.4;04年:10派0.6;03年:10派1		近年募资	

二〇〇五年以来市场表现

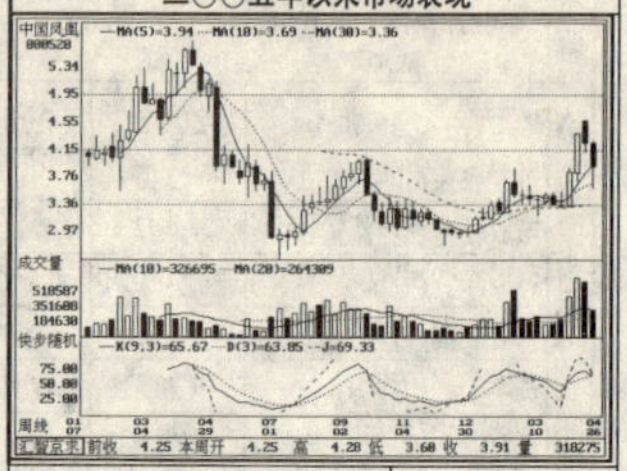

2005年涨跌幅(%)	-27.47
2005年最高(元)	5.74
2006年涨跌幅(%)	32.54
2006.4.26收盘(元)	3.91
2006年最高(元)	4.57
2006年最低(元)	2.94
2006年换手率(%)	165.95
股改对价	

美菱电器（000521/200521）

上市日期:A: 93/10/18 B: 96/08/28　电话:0551－2869394　　传真:0551－2883122

主营	设计、开发、制造及销售电冰箱

	年　度	2005	2004	2003
主要指标	每股收益/扣除后(元)	0.016/-0.03	0.04/0.03	-0.47/-0.44
	每股经营现金流量(元)	0.15	0.36	0.23
	每股净资产/调整后(元)	2.09/1.63	2.07/1.22	2.03/1.3
	未分利润(万元)	-40669.59	-41335.49	-43012.26
	资本公积(万元)	57181.75	57176.95	57252.21
利润构成	主营收入(万元)	202201.86	143863.39	138381
	主营利润(万元)	34424.9	28677.41	23058.89
	营业利润(万元)	458.43	1485.85	-18662.79
	投资收益(万元)	132.11	-65.22	252.03
	利润总额(万元)	710.11	1716.17	-19783.43
	净利润(万元)	665.9	1676.77	-19465.61

点评：原材料价格上升,成本管理压力加大;国内其它家电知名品牌纷纷并购和扩大产能进军冰箱行业,进一步争夺电冰箱市场份额。由于行业的恶性竞争导致产品价格回归理性位置较为困难,使行业内平均利润率有可能进一步下降。未来公司要想取得好的业绩将困难重重。

	截止日期	05年末	占%	主要股东及持股比例%、持股性质
股本结构（万股）	总股本	41364.29		广东格林科尔企业发展有限公司 20%（非流通股）
	国有股	4054.37	9.8	合肥美菱集团控股有限公司 9.8%（国有股）
	发起股	358.63	0.87	中国光大证券(香港)有限公司 0.99%（流通B股）
	外资股			方静文 0.57%（流通B股）
	募集股	2203	5.33	永胜实业有限公司 0.51%（流通B股）
	流通A	15153.03	36.63	招商证券香港有限公司 0.45%（流通B股）
	流通B	11310	27.34	合肥电冰箱配件厂 0.41%（非流通股）
	流通H			合肥工行 0.41%（非流通股）
股东户数	05年末	84388		中国信达资产管理公司 0.37%（非流通股）
	04年末	89832		安徽国祯集团股份有限公司 0.37%（非流通股）
其他流通股东	林雪玲 0.349%;黄国强 0.33%;龙芹芳 0.329%;CAO SHENG-CHON 0.329%;LI XOXONG 0.326%			
近年分配			近年募资	

二〇〇五年以来市场表现

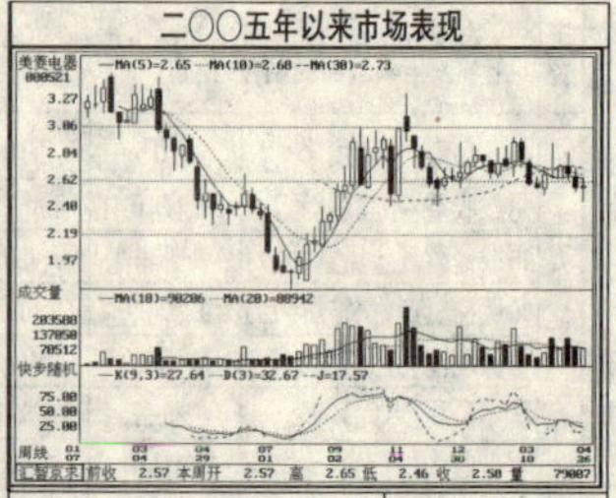

2005年涨跌幅(%)	-16.2
2005年最高(元)	3.49
2006年涨跌幅(%)	-4.09
2006.4.26收盘(元)	2.58
2006年最高(元)	2.97
2006年最低(元)	2.46
2006年换手率(%)	93.58
股改对价	

G白云山（000522）

上市日期:93/11/08　　电话:020－87062599　　传真:020－87063699

主营	研制、生产、销售:中西成药、化学原料药、外用药、儿童用药、保健药。

	年　度	2005	2004	2003
主要指标	每股收益/扣除后(元)	0.135/0.142	0.12/0.096	0.17/0.184
	每股经营现金流量(元)	0.44	0.59	0.61
	每股净资产/调整后(元)	1.9/1.77	1.74/1.63	1.64/1.25
	未分利润(万元)	11556.73	8014.98	5358.91
	资本公积(万元)	17283.08	15693.62	15460.05
利润构成	主营收入(万元)	281663.51	245946.46	232702.6
	主营利润(万元)	103498.12	92327.86	88797.99
	营业利润(万元)	18054.61	15066.41	16436.13
	投资收益(万元)	-3423.78	-1919.61	-3339.56
	利润总额(万元)	11809.01	11995.59	11595.66
	净利润(万元)	5047.57	4537.19	6343.65

点评：2005年公司通过调整产品结构,改进生产工艺,降低成本,有效消化了抗生素降价的不利影响,药品生产经营取得历史上最好业绩。但由于历史债务负担较重,吞噬了大部分净利润。公司正面临着通过资源整合以解决历史负担而快速发展的机遇。

	截止日期	05年末	占%	主要股东及持股比例%、持股性质
股本结构（万股）	总股本	37434.44		广州医药集团有限公司 44.32%（国有股）
	国有股	10890	29.09	广州白云山企业集团有限公司 11.22%（国有股）
	发起股	10890	29.09	江苏正泰投资管理有限公司 2.64%（国有股）
	外资股			赵旭光 1.62%（流通A股）
	募集股			中国银行－同盛证券投资基金 0.82%（流通A股）
	流通A	15654.44	41.82	郭银生 0.28%（流通A股）
	流通B			郑彦彬 0.2%（流通A股）
	流通H			上海建国创业投资有限公司 0.2%（流通A股）
股东户数	05年末	49472		刘桂满 0.19%（流通A股）
	04年末	54006		马艳平 0.18%（流通A股）
其他流通股东	袁兰香 0.168%;张毅 0.154%;中国工商银行－东吴嘉禾优势精选混合型开放式证券投资基金 0.15%			
近年分配	04年:10派0.2;03年:10派0.3		近年募资	

二〇〇五年以来市场表现

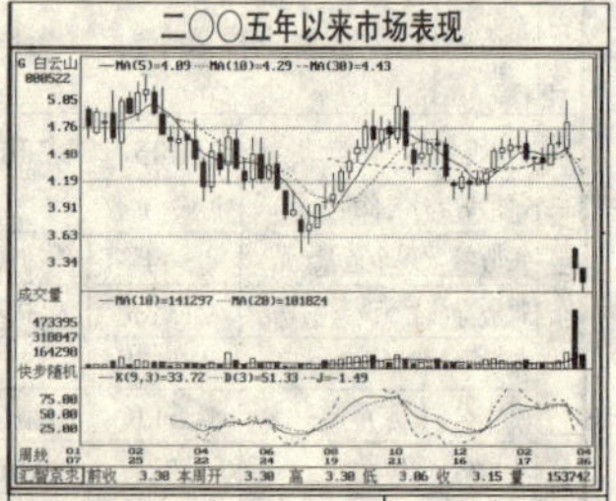

2005年涨跌幅(%)	-14.86
2005年最高(元)	5.33
2006年涨跌幅(%)	19.81
2006.4.26收盘(元)	3.15
2006年最高(元)	5.65
2006年最低(元)	4
2006年换手率(%)	88.76
股改对价	定向转增 每10股实际获得6.05股(06/04/17)

G 浪奇（000523）

上市日期:93/11/08　　电话:(020)82162933　　传真:(020)82162986

主营	从事“浪奇”、“高富力”、“天丽”“万丽”等品牌的洗涤用品和磺酸、精甘油、AES等化工原料的开发、生产和销售。		
年　度	2005	2004	2003
主要指标 每股收益/扣除后(元)	0.076/0.048	0.013/-0.002	0.01/-0.003
每股经营现金流量(元)	0.23	-0.22	-0.04
每股净资产/调整后(元)	2.42/2.28	1.72/1.58	1.7/1.54
未分利润(万元)	217.08	-10513.1	-10816.97
资本公积(万元)	21301.12	16673.55	16569.7
利润构成 主营收入(万元)	82144.82	73687.4	63468.23
主营利润(万元)	11929.88	11358.94	12192.17
营业利润(万元)	843.96	3.9	-58.79
投资收益(万元)	362.75	6.53	187.85
利润总额(万元)	1363.03	305.07	253.57
净利润(万元)	1306.55	303.87	221.12

点评：公司2005年度通过营业费用的减少,以及投资收益的增加,使得净利润增幅高达330%。但鉴于洗涤剂行业竞争激烈,公司原有业务大幅增长的可能性较小。公司未来的利润增长点将主要取决于实施MES及其原料脂肪酸甲脂项目的进展情况。

股本结构(万股) 截止日期	05年末	占%	主要股东及持股比例%、持股性质
总股本	17258.18		广州轻工工贸集团有限公司 45.43%(国有股)
国有股	7839.5	45.42	龚雪春 0.35%(流通A股)
发起股			吴佐财 0.24%(流通A股)
外资股			巴信扶 0.2%(流通A股)
募集股			黎宪颂 0.18%(流通A股)
流通A	9418.67	54.58	侯建伟 0.17%(流通A股)
流通B			林兆添 0.17%(流通A股)
流通H			赵顺 0.14%(流通A股)
股东户数 05年末	36740		隋淑美 0.14%(流通A股)
股东户数 04年末	38773		孙善宝 0.13%(流通A股)
其他流通股东	谭兆渝 0.121%		
近年分配	05预案:10派0.1	近年募资	

二〇〇五年以来市场表现

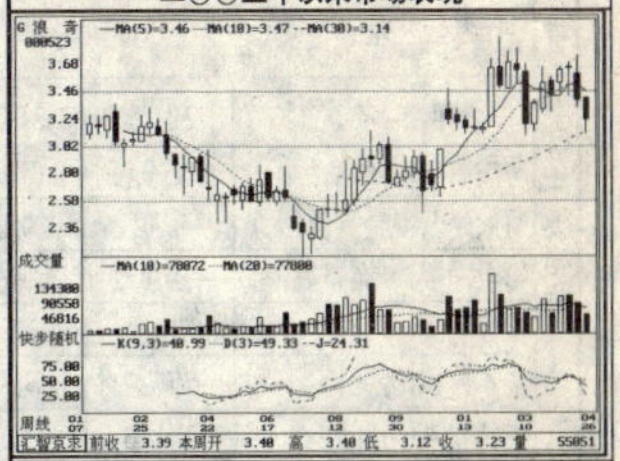

2005年涨跌幅(%)	2.54
2005年最高(元)	3.48
2006年涨跌幅(%)	
2006.4.26收盘(元)	3.23
2006年最高(元)	3.9
2006年最低(元)	3.1
2006年换手率(%)	143.06
股改对价	缩股(05/12/30)

G 穗东方（000524）

上市日期:93/11/18　　电话:020-86662791　　传真:020-86662791

主营	旅馆业、餐饮业、旅游业和场地出租等。		
年　度	2005	2004	2003
主要指标 每股收益/扣除后(元)	0.134/0.131	0.127/0.122	-0.34/-0.14
每股经营现金流量(元)	0.4192	0.2906	0.02
每股净资产/调整后(元)	2.16/1.84	2.02/1.71	1.89/1.5
未分利润(万元)	-9705.24	-13287.94	-16715.37
资本公积(万元)	28931.09	28881.51	28781.71
利润构成 主营收入(万元)	29460.39	25404.32	14787.11
主营利润(万元)	25316.85	21686.98	13145.76
营业利润(万元)	3642.05	3542.47	-3233.16
投资收益(万元)	76.02	-22.44	-430.62
利润总额(万元)	3729.15	3427.43	-9095.37
净利润(万元)	3601.47	3427.43	-9095.37

点评：主营业务包括旅馆、餐饮、旅游和场地出租等。公司在2005年加强促销,并积极开拓高端客户,使宾馆开房率、平均房价都有上升。随着经济发展和商务活动的增加,宾馆和旅游业面临很好的发展前景。但同时广州市酒店众多,对公司业务构成一定冲击。

股本结构(万股) 截止日期	05年末	占%	主要股东及持股比例%、持股性质
总股本	26967.37		广州市东方酒店集团有限公司 45.67%(国有股)
国有股	4753.3	17.63	广州越秀集团有限公司 17.63%(国有股)
发起股	12315.6	45.67	胡煜君 0.15%(流通A股)
外资股			薛良全 0.12%(流通A股)
募集股			姚玮俊 0.11%(流通A股)
流通A	9898.47	36.71	丁云舟 0.1%(流通A股)
流通B			瞿林弟 0.09%(流通A股)
流通H			毕金科 0.07%(流通A股)
股东户数 05年末	40779		蔡文海 0.07%(流通A股)
股东户数 04年末	42921		陈美开 0.06%(流通A股)
其他流通股东	许磊 0.056%;林漫 0.052%		
近年分配		近年募资	

二〇〇五年以来市场表现

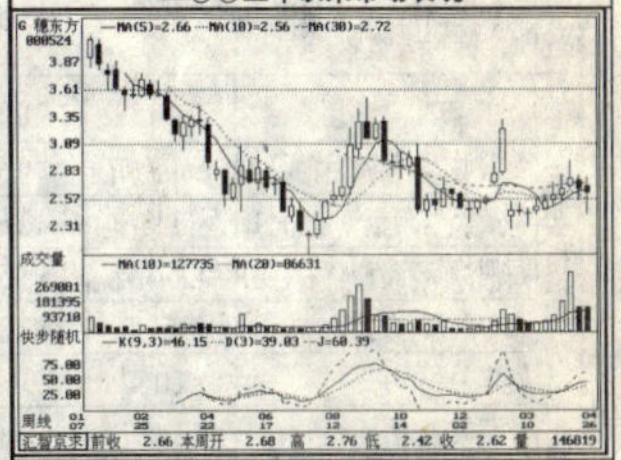

2005年涨跌幅(%)	-35.19
2005年最高(元)	4.13
2006年涨跌幅(%)	35.09
2006.4.26收盘(元)	2.62
2006年最高(元)	3.85
2006年最低(元)	2.68
2006年换手率(%)	117.38
股改对价	送股 每10股实际获得3.2股(06/02/22)

红太阳（000525）

上市日期:93/10/28　　电话:025-84785866　　传真:025-84785828

主营	农药产品的生产、销售、技术咨询服务		
年　度	2005	2004	2003
主要指标 每股收益/扣除后(元)	0.121/0.12	0.172/0.169	0.17/0.163
每股经营现金流量(元)	-0.4617	0.5024	0.28
每股净资产/调整后(元)	2.18/2.16	2.12/2.11	2/2
未分利润(万元)	11809.97	10776.18	6832.76
资本公积(万元)	14437.41	14423.91	14415.15
利润构成 主营收入(万元)	219858.25	170805.57	55854.79
主营利润(万元)	22952.87	20506.61	13196.2
营业利润(万元)	7196.61	9637.75	7091.64
投资收益(万元)	60.75	-880.9	-209.39
利润总额(万元)	7707.31	8697.37	6858.8
净利润(万元)	3391.2	4822.74	4670.19

点评：公司先后开发了具有国际领先水平的高科技农药产品56个,并且拥有总投资为28亿美元的世界一流超高效农药生产基地。随着公司在“千县万乡十万村”农资连锁销售领域投资规模的扩大,产业链得到进一步完善,公司将极具投资价值。

股本结构(万股) 截止日期	05年末	占%	主要股东及持股比例%、持股性质
总股本	28023.88		红太阳集团有限公司 45.9%(国有股)
国有股	12861.74	45.9	博时价值增长证券投资基金 3.46%(流通A股)
发起股			中国平安保险(集团)股份有限公司 1.74%(非流通股)
外资股			交通银行-汉兴证券投资基金 1.5%(流通A股)
募集股	2221.56	7.93	南京信贷咨询公司 1.35%(非流通股)
流通A	12940.59	46.18	南京市财政信用公司 1.27%(非流通股)
流通B			第一创业证券有限责任公司 1.14%(流通A股)
流通H			深圳市中大投资管理有限公司 0.48%(非流通股)
股东户数 05年末	22030		天津信托投资有限责任公司 0.48%(非流通股)
股东户数 04年末	22593		全国社保基金一零五组合 0.44%(流通A股)
其他流通股东	辽宁东方证券公司 0.36%;健桥证券股份有限公司 0.274%;田茂芳 0.268%;阎苏红 0.2%;刘建星 0.186%		
近年分配	05预案:10派0.7;04年:10派0.6;03年:10派0.6	近年募资	

二〇〇五年以来市场表现

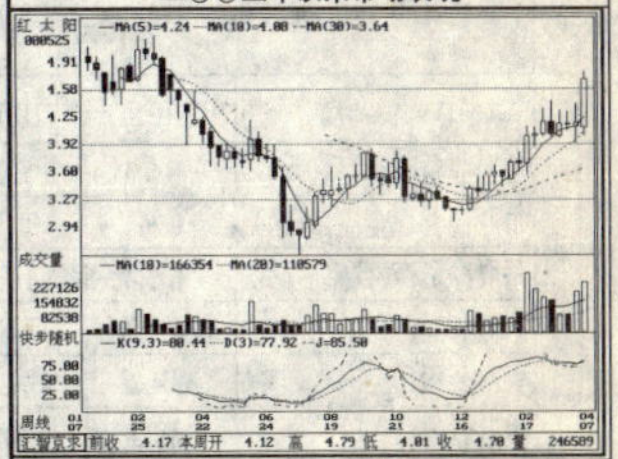

2005年涨跌幅(%)	-33.01
2005年最高(元)	5.24
2006年涨跌幅(%)	40.3
2006.4.26收盘(元)	4.7
2006年最高(元)	4.79
2006年最低(元)	3.35
2006年换手率(%)	145.97
股改对价	送股 每10股实际获得3.4股

G 旭飞（000526）

上市日期:93/11/01　　电话:0592－5744065　　传真:0592－5652638

主营	房地产开发与经营及公寓管理		
年　度	2005	2004	2003
每股收益/扣除后(元)	0.063/0.063	-0.051/-0.061	0.01/-0.094
每股经营现金流量(元)	0.202	0.192	0.24
每股净资产/调整后(元)	1.94/1.82	1.98/1.75	2.08/1.77
未分利润(万元)	717.69	218.81	620.92
资本公积(万元)	7467.47	7467.47	7467.47
主营收入(万元)	1101.53	1370.97	591.86
主营利润(万元)	1052.94	1262.23	320.78
营业利润(万元)	-1179.29	-1121.71	-785.87
投资收益(万元)	-9.91	-8.04	856.32
利润总额(万元)	-1189.92	-1034.8	69.92
净利润(万元)	498.88	-402.11	51.12

点评：公司从事小户型、投资型房产的开发。贷款利率增加及购房营业税等政策,严重控制了投资型房产的发展。在股权纷争的背景下,旭飞投资股东间诉讼不断、高层更换频繁,公司主业基本停滞,业绩一直在亏损与微利之间徘徊。

股本结构（万股）	截止日期	05年末	占%	主要股东及持股比例%、持股性质
	总股本	7925.03		厦门鑫旺经济开发有限公司 14.57%（非流通股）
	国有股	121	1.53	深圳市椰林湾饮食有限公司 13.44%（非流通股）
	发起股	2174.93	27.44	珠海市运盛投资策划有限公司 8.83%（非流通股）
	外资股			深圳市达润投资策划有限公司 7.63%（非流通股）
	募集股	2351.57	29.67	惠州市惠阳盛葆实业有限公司 5.56%（非流通股）
	流通A	3277.53	41.36	深圳市上步实业股份有限公司 1.53%（国有股）
	流通B			深圳市成协房地产开发有限公司 1.53%（非流通股）
	流通H			厦门市佳酿贸易有限公司 1.17%（非流通股）
股东户数	05年末	11074		惠州市惠阳盛葆实业有限公司 1.02%（非流通股）
	04年末	13564		晋江市闽南水产开发有限公司 0.76%（非流通股）
其他流通股东	林燕明 1.228%;深圳市瑞德城贸易有限公司 1.112%;江苏迪迪房地产发展有限公司 0.599%;朱承 0.574%			
近年分配		近年募资		

二〇〇五年以来市场表现

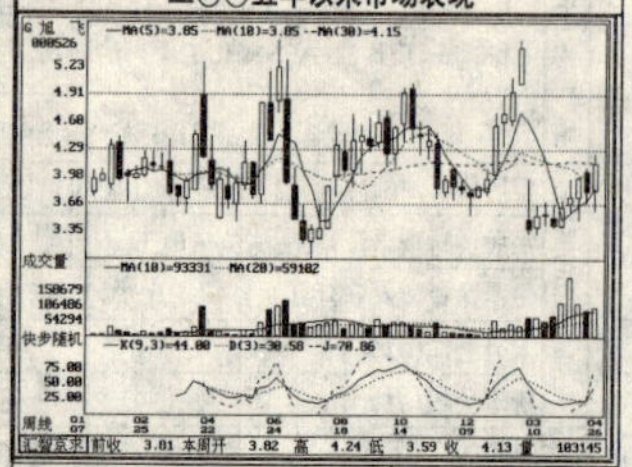

2005年涨跌幅(%)	19.69
2005年最高(元)	5.53
2006年涨跌幅(%)	37.4
2006.4.26收盘(元)	4.13
2006年最高(元)	6.43
2006年最低(元)	4.32
2006年换手率(%)	213.21
股改对价	定向转增 每10股实际获得5.17股(06/03/01)

G 美的（000527）

上市日期:93/11/12　　电话:0765－26338779　　传真:0756－26651991

主营	空调、电饭煲、风扇、洗碗机、灶具、电暖器等家电终端产品和压缩机、微电机等中间产品的生产和销售,并提供相关产品的售后服务。		
年　度	2005	2004	2003
每股收益/扣除后(元)	0.61/0.607	0.67	0.35/0.38
每股经营现金流量(元)	2.94	2.62	3.43
每股净资产/调整后(元)	4.85/4.72	5.5/5.06	4.9/4.53
未分利润(万元)	89024.03	71758.02	57090.5
资本公积(万元)	93611.42	100048.11	97813.42
主营收入(万元)	2131360.76	1920087.69	1376138.1
主营利润(万元)	392941.93	356452.03	303017.59
营业利润(万元)	68826.04	63638.51	43291
投资收益(万元)	971.41	1692.47	-1604.85
利润总额(万元)	69788.91	66820.57	37178.16
净利润(万元)	38176.84	32658.28	16790.95

点评：在家电行业整体环境仍不景气的逆势中,公司仍保持着稳健发展的良好态势。而且通过产能的扩张,产业链的延伸和商业空调的高速增长,抗行业风险能力和持续发展能力明显增强。不过,原材料价格的居高不下短期内将给公司的经营带来一定的困难。

股本结构（万股）	截止日期	05年末	占%	主要股东及持股比例%、持股性质
	总股本	63035.66		美的集团有限公司 22.19%（非流通股）
	国有股			佛山市顺德区开联实业发展有限公司 8.49%（非流通股）
	发起股	12685.18	20.12	佛山市顺德区信宏实业有限公司 3.09%（非流通股）
	外资股			顺德市有利投资服务有限公司 2.48%（非流通股）
	募集股	12448.64	19.75	宁波敏海汽车零部件有限公司 1.96%（流通A股）
	流通A	37829.06	60.01	北京安彩科技风险投资有限公司 1.79%（流通A股）
	流通B			景博证券投资基金 1.75%（流通A股）
	流通H			裕元证券投资基金 1.53%（流通A股）
股东户数	05年末	94464		全国社保基金一零八组合 1.19%（流通A股）
	04年末	97711		佛山市顺德区北滘投资管理有限公司 1.03%（非流通股）
其他流通股东	CREDIT SUISSE FIRST BOSTON(HONG KONG) LIMITED 1.03%;华宝兴业多策略增长证券投资基金 0.851%			
近年分配	05预案:10派2.5;04年:10派1.5转增3;03年:10派1.2	近年募资		

二〇〇五年以来市场表现

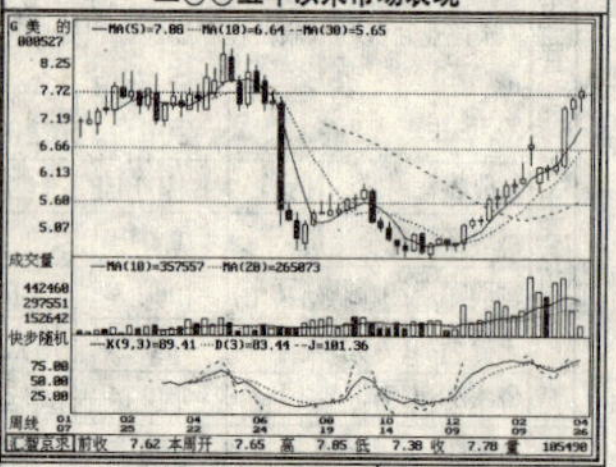

2005年涨跌幅(%)	-4.23
2005年最高(元)	8.78
2006年涨跌幅(%)	71.88
2006.4.26收盘(元)	7.78
2006年最高(元)	9.14
2006年最低(元)	5.26
2006年换手率(%)	104.36
股改对价	送股 派现 每10股实际获得1股5元(06/03/22)

G 柳工（000528）

上市日期:93/11/18　　电话:0772－3886509　　传真:0772－3886509

主营	装载机、挖掘机、推土机等工程机械及配件的生产、销售。		
年　度	2005	2004	2003
每股收益/扣除后(元)	0.44/0.45	0.52/0.51	0.683/0.679
每股经营现金流量(元)	0.36	0.71	0.1196
每股净资产/调整后(元)	3.41/3.41	3.17/3.16	3.07/3.06
未分利润(万元)	45104.39	37018.96	23080.12
资本公积(万元)	44044.22	43992.68	26260.72
主营收入(万元)	406987.07	350904.97	249339.79
主营利润(万元)	65539.86	60485.55	50214.92
营业利润(万元)	25946.61	26881.09	26922.23
投资收益(万元)	-7.52	115.44	129.89
利润总额(万元)	25400.69	27106.13	26960.08
净利润(万元)	20818.89	24367.09	22375.44

点评：作为国内装载机市场的龙头企业,05年在工程机械行业出现下滑的情况下,依然实现了主业的销售增长,同时挖掘机业务实现了较大的突破。随着国家"十一五"规划的实施,行业迎来新的发展机遇,公司具有技术、配套和销售的竞争优势,将实现持续发展。

股本结构（万股）	截止日期	05年末	占%	主要股东及持股比例%、持股性质
	总股本	47245.62		广西柳工集团有限公司 57.21%（国有股）
	国有股			中银国际证券有限责任公司 3.06%（流通A股）
	发起股	27027	57.21	易方达平稳增长证券投资基金 1.09%（流通A股）
	外资股			科汇证券投资基金 1.08%（流通A股）
	募集股			全国社保基金一零九组合 1.04%（流通A股）
	流通A	20218.62	42.79	中国人寿保险股份有限公司－分红－个人分红－005L－FH002深 0.82%（流通A股）
	流通B			南方积极配置证券投资基金 0.76%（流通A股）
	流通H			全国社保基金六零一组合 0.71%（流通A股）
股东户数	05年末	34650		银河银泰理财分红证券投资基金 0.69%（流通A股）
	04年末	49085		银河稳健证券投资基金 0.63%（流通A股）
其他流通股东	汉博证券投资基金 0.578%			
近年分配	05预案:10派2;04中期:10派2转增3年终:10派2	近年募资	04年10配3配股价9.38元。	

二〇〇五年以来市场表现

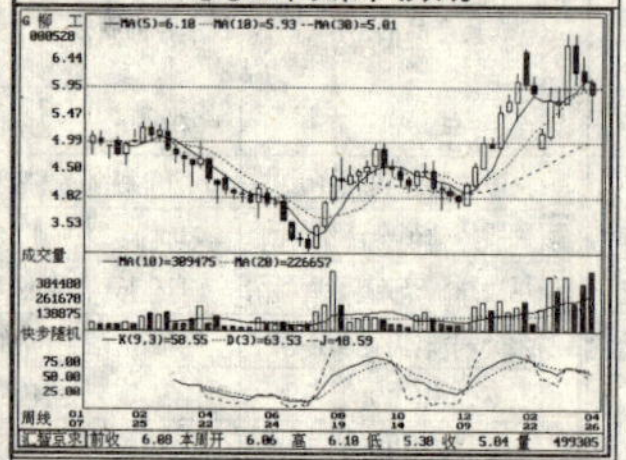

2005年涨跌幅(%)	2
2005年最高(元)	5.4
2006年涨跌幅(%)	55.26
2006.4.26收盘(元)	5.84
2006年最高(元)	9
2006年最低(元)	4.87
2006年换手率(%)	144.59
股改对价	送股 每10股实际获得3股(06/03/17)

*ST 美雅（000529）

上市日期:93/11/18　电话:0750－8888888　传真:0750－8889673

主营	拉舍尔毛毯、腈纶毛条、精纺针织绒线、粗纺羊毛针织绒线、涤纶长丝、氨纶包芯纱、高档连裤丝袜、PVC薄膜生产销售			
	年　度	2005	2004	2003
主要指标	每股收益/扣除后(元)	-0.66	-0.64	0.015/-0.362
	每股经营现金流量(元)	-0.02	-0.19	0.22
	每股净资产/调整后(元)	-1.01/-1.02	-0.36/-0.39	1.01/0.99
	未分利润(万元)	-88471.34	-62479.06	-7815.84
	资本公积(万元)	5056.78	4645.93	4645.93
利润构成	主营收入(万元)	30718.87	33200.87	50409.6
	主营利润(万元)	-673.12	1884.81	1175.28
	营业利润(万元)	-22104.28	-25219.65	327.4
	投资收益(万元)	-269.12	-120.94	-2.66
	利润总额(万元)	-25992.28	-25324.64	587.13
	净利润(万元)	-25992.28	-25324.64	587.13
点评	公司主营纺织服装的毛纺业，05年受人民币升值、贸易摩擦、能源价格上涨的影响，企业经营继续恶化。尽管公司正全力进行产业结构调整，清理非主营资产，集中力量经营纺织毛纺业务，但这些都面临不确定性，所以公司经营仍很困难。			

股本结构（万股）	截止日期	05年末	占%	主要股东及持股比例%、持股性质
	总股本	39651.59		广东省广新外贸轻纺(控股)公司 29.68%（国有股）
	国有股	12761.01	32.18	鹤山市海峰贸易发展公司 2.81%（非流通股）
	发起股	1595	4.02	鹤山毛纺织总厂联合毛绒厂工会 2.66%（非流通股）
	外资股			鹤山市资产管理委员会办公室 2.5%（国有股）
	募集股	3689.76	9.31	鹤山市床上用品厂工会 2.23%（非流通股）
	流通 A	21605.81	54.49	广东省民族贸易公司工会 0.92%（非流通股）
	流通 B			鹤山市鹤昌实业投资公司工会 0.55%（非流通股）
	流通 H			鹤山市昌盛制衣有限公司工会 0.55%（非流通股）
股东户数	05年末	83266		广东粤财信托投资公司 0.55%（非流通股）
	04年末	90688		鹤山市宏科贸易有限公司 0.53%（非流通股）
其他流通股东	北京市文化发展基金会 0.313%；林小明 0.246%；张秀琼 0.241%；李燕媚 0.201%；孙兆伟 0.188%；孙妙琴 0.164%			
近年分配			近年募资	

二〇〇五年以来市场表现

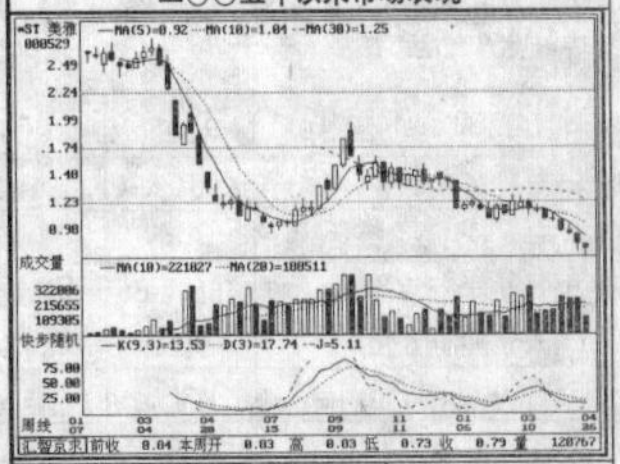

2005年涨跌幅(%)	-56.06
2005年最高(元)	2.74
2006年涨跌幅(%)	-31.9
2006.4.26收盘(元)	0.79
2006年最高(元)	1.28
2006年最低(元)	0.73
2006年换手率(%)	147.09
股改对价	

G 大冷（000530/200530）

上市日期:A: 93/12/08 B: 98/03/20　电话:0411－86538100　传真:0411－86641470

主营	生产经营制冷成套设备，主要生产包括制冷、冷冻、空调、冷藏、保鲜等五大系列以及空调成套、组合冷库成套、制冰成套、特种工程成套和气调保鲜成套等大成套产品。			
	年　度	2005	2004	2003
主要指标	每股收益/扣除后(元)	0.288/0.285	0.288/0.289	0.25/0.245
	每股经营现金流量(元)	0.322	0.082	0.31
	每股净资产/调整后(元)	4.08/4.03	3.86/3.83	3.67/3.66
	未分利润(万元)	20616.18	17228.43	13784.57
	资本公积(万元)	56874.51	55977.78	55845
利润构成	主营收入(万元)	151104.63	121680.69	104309.7
	主营利润(万元)	25324.44	17013.73	17506.51
	营业利润(万元)	4910	2765.61	1868.06
	投资收益(万元)	9029.06	9508.82	8153.45
	利润总额(万元)	14329.45	12237.94	10076.18
	净利润(万元)	10081.24	10095.55	8614.78
点评	公司是中国最大的工业制冷设备生产企业。05年公司充分发挥集团整体营销优势，有效利用合资伙伴全球销售网络，全面推行"精益生产"理念，实现了收入与效益的稳定增长。随着国内大型工程建设及产业向中国转移，公司也将迎来较好的发展期。			

股本结构（万股）	截止日期	05年末	占%	主要股东及持股比例%、持股性质
	总股本	35001.5		大连冰山集团有限公司(国家股) 30.39%（国有股）
	国有股	10636.67	30.39	SANYO ELECTRIC CO. LTD. 10%（流通B股）
	发起股			全国社保基金一零六组合 2.57%（流通A股）
	外资股			吉林省九州开发公司 0.9%（非流通股）
	募集股	3027.8	8.65	太原兆和投资发展公司 0.9%（非流通股）
	流通 A	9837.02	28.1	申银万国证券股份有限公司 0.81%（非流通股）
	流通 B	11500	32.86	银河银泰理财分红证券投资基金 0.56%（流通A股）
	流通 H			大连华信信托投资股份有限公司 0.51%（非流通股）
股东户数	05年末	59638		大连热电集团股份有限公司 0.5%（非流通股）
	04年末	66203		GLORY INSIGHT LIMITED 0.5%（流通B股）
其他流通股东	泰和证券投资基金 0.429%；王晓天 0.338%；嘉实服务增值行业证券投资基金 0.338%；ABN AMRO BANK NV 0.327%			
近年分配	05预案:10派1.5；04年:10派1；03年:10派1		近年募资	

二〇〇五年以来市场表现

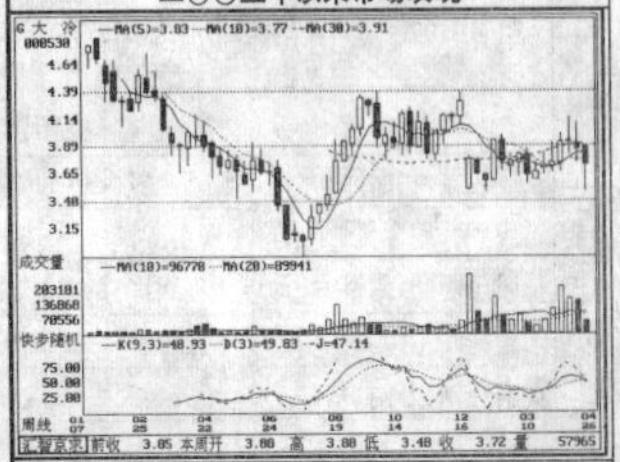

2005年涨跌幅(%)	-7.58
2005年最高(元)	4.89
2006年涨跌幅(%)	12.73
2006.4.26收盘(元)	3.72
2006年最高(元)	5.4
2006年最低(元)	4.51
2006年换手率(%)	128.23
股改对价	送股 每10股实际获得3股(06/01/09)

G 穗恒运（000531）

上市日期:94/01/06　电话:020－82068252　传真:020－82068358

主营	热力和电力的生产与销售			
	年　度	2005	2004	2003
主要指标	每股收益/扣除后(元)	0.46/0.47	0.57/0.49	0.52/0.509
	每股经营现金流量(元)	1.49	1.45	1.03
	每股净资产/调整后(元)	3.3/3.29	3.1/3.07	2.78/2.75
	未分利润(万元)	25908.63	22139.17	9406.23
	资本公积(万元)	21936.88	22079.4	21986.09
利润构成	主营收入(万元)	155873.03	142066.31	102608.53
	主营利润(万元)	44567.51	43737.53	38439.25
	营业利润(万元)	35224.49	34173.69	30247.87
	投资收益(万元)	-450.85	-106.74	2.63
	利润总额(万元)	34892.46	34284.18	30360.64
	净利润(万元)	12273.77	15064.58	13816.78
点评	公司主要业务为电力、热力的生产和销售，目前的装机容量为57万千瓦。由于目前广州地区用电依然紧张，这对公司主营利润的稳定起到支撑作用。同时公司恒运D厂2300MW热电扩建工程项目正在进行中，有望进一步壮大公司的电力主业规模。			

股本结构（万股）	截止日期	05年末	占%	主要股东及持股比例%、持股性质
	总股本	26652.13		广州凯得控股有限公司 36.01%（国有股）
	国有股	13592.62	51	广州开发区工业发展集团有限公司 18.71%（国有股）
	发起股	1199.14	4.5	广州黄电投资有限公司 4.83%（非流通股）
	外资股			中国工商银行－普丰证券投资基金 0.43%（流通A股）
	募集股			上海申能资产管理有限公司 0.37%（流通A股）
	流通 A	11857.52	44.49	国泰君安－花旗－DEUTSCHE BANK AKTIENGESELLSCHAFT 0.35%（流通A股）
	流通 B			王胤心 0.34%（流通A股）
	流通 H			闫晓丽 0.32%（流通A股）
股东户数	05年末	45561		兴业证券股份有限公司 0.24%（流通A股）
	04年末	48781		朱汉龙 0.23%（流通A股）
其他流通股东	申银万国－花旗－UBS LIMITED 0.22%；中国平安人寿保险股份有限公司－分红－团险分红 0.113%			
近年分配	05预案:10派2；04年:10派2.5；03年:10派2.5		近年募资	

二〇〇五年以来市场表现

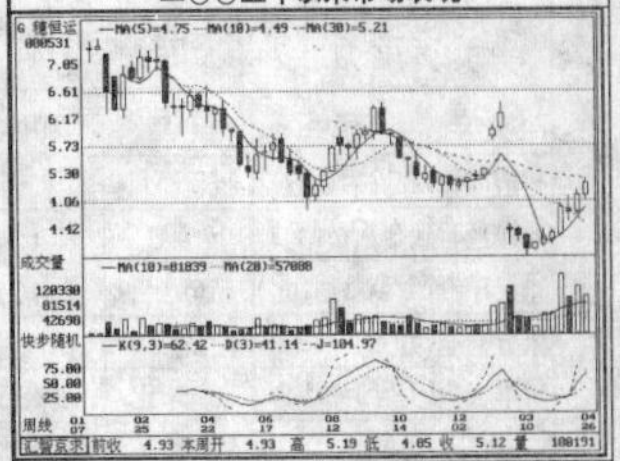

2005年涨跌幅(%)	-23.74
2005年最高(元)	7.49
2006年涨跌幅(%)	34.63
2006.4.26收盘(元)	5.12
2006年最高(元)	7.27
2006年最低(元)	5.81
2006年换手率(%)	83.07
股改对价	送股 派现 每10股实际获得1股15.57元(06/02/20)

力合股份（000532）

上市日期:94/01/03　　电话:0756－3512833　　传真:0756－3612823

主营	微电子;电力电子;环境保护产品的开发、生产及销售;电力生产和电力开发。			
	年　　度	2005	2004	2003
主要指标	每股收益/扣除后(元)	0.083/-0.04	-0.042	0.21/0.18
	每股经营现金流量(元)	0.08	0.09	0.01
	每股净资产/调整后(元)	1.56/1.53	1.47/1.44	1.69/1.68
	未分利润(万元)	3975.62	1854.44	5042.67
	资本公积(万元)	9178.98	9039.56	8957.99
利润构成	主营收入(万元)	14289.49	24061.5	14727.21
	主营利润(万元)	2781.62	4063.41	2501.33
	营业利润(万元)	-1935.65	-264.42	1628.57
	投资收益(万元)	3433.74	282.33	5089.97
	利润总额(万元)	1505.17	-635.06	6397.04
	净利润(万元)	2345.04	-1197.39	5849.65
点评	公司在清华人主后积极展开资产重组,资产质量大为改善。近年来公司主营业务逐渐向电子高科技转移,先后控股了多家高成长性科技企业。控股的清华力合电子与陕西省教育活动中心签定了网络、远程教育的建设合同,将为公司带来新的利润增长点。			

	截止日期	05年末	占%	主要股东及持股比例%、持股性质
股本结构(万股)	总股本	28390.99		深圳清华力合创业投资有限公司 15%(国有股)
	国有股	9419.02	33.18	珠海经济特区电力开发(集团)公司 13.2%(国有股)
	发起股			深圳市华智通实业发展有限公司 5.04%(非流通股)
	外资股			北京清华科技园发展中心 5%(国有股)
	募集股	6812.27	23.99	珠海经济特区富华投资公司 1.3%(非流通股)
	流通A	12159.7	42.83	泰豪集团有限公司 1.17%(非流通股)
	流通B			江苏瑞华投资发展有限公司 1.06%(非流通股)
	流通H			珠海市联基控股有限公司 0.84%(国有股)
股东户数	05年末	33268		广州双鹰投资顾问有限公司 0.82%(非流通股)
	04年末	36706		深圳市建设投资控股公司 0.78%(国有股)
其他流通股东	刘明娟 0.258%;高兰春 0.225%;张志斌 0.204%;彭伟娟 0.199%;梁艳萍 0.193%;李树保 0.183%;冯瑞军 0.169%			
近年分配	03年:10派1		近年募资	

二〇〇五年以来市场表现

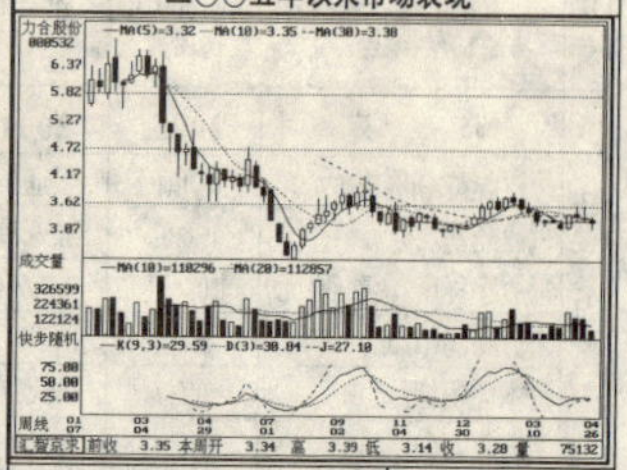

2005年涨跌幅(%)	-44.13
2005年最高(元)	6.92
2006年涨跌幅(%)	2.82
2006.4.26收盘(元)	3.28
2006年最高(元)	3.88
2006年最低(元)	3.13
2006年换手率(%)	165.7
股改对价	

万家乐A（000533）

上市日期:94/01/03　　电话:0757－22321222　　传真:0757－22321200

主营	输变电设备、燃气用具的生产及销售等。			
	年　　度	2005	2004	2003
主要指标	每股收益/扣除后(元)	-0.255	0.006	0.34/0.018
	每股经营现金流量(元)	0.1526	-0.1789	0.52
	每股净资产/调整后(元)	0.76/0.18	1.04/0.34	1.02/0.78
	未分利润(万元)	-22510.87	-7852.23	-83452.4
	资本公积(万元)	7394.66	7271.24	64106.79
利润构成	主营收入(万元)	137293.46	137556.06	130204.55
	主营利润(万元)	36974.81	48864.39	50750.49
	营业利润(万元)	-17420.06	-559.83	6510.14
	投资收益(万元)	-378.65	1420.49	14439.04
	利润总额(万元)	-17443.35	1270.5	21436.52
	净利润(万元)	-14658.64	344.51	19632.28
点评	公司涉及城网输配电设备、卫厨燃气具家电、精密加工机械装备及通信设备四大行业,骨干成员企业分别占据行业领先地位。公司与全球最大的3G设备供应商加拿大北电网络合作,此外通过股权转让整合公司资源,重点发展输配和燃气具家电两主业,未来公司前景广阔。			

	截止日期	05年末	占%	主要股东及持股比例%、持股性质
股本结构(万股)	总股本	57568		广州汇顺投资有限公司 24.94%(非流通股)
	国有股			佛山市顺德区陈村镇信达实业发展有限公司 22.33%(非流通股)
	发起股	17628.89	30.62	合肥市高科技风险投资有限公司 3.42%(非流通股)
	外资股			安徽省信托投资公司 1.86%(非流通股)
	募集股	19568.55	33.99	上海励诚投资发展有限公司 1.82%(非流通股)
	流通A	20370.56	35.39	广东省工行信托投资公司 1.3%(非流通股)
	流通B			南方证券有限公司 1.3%(非流通股)
	流通H			广东发展银行顺德分行 1.13%(非流通股)
股东户数	05年末	72135		海口昌亿实业投资有限公司 1.09%(非流通股)
	04年末	75900		广东证券股份有限公司 0.89%(非流通股)
其他流通股东	王勇 0.155%;张志军 0.094%;陈佳新 0.087%;黄润盛 0.08%;李静 0.079%;王维 0.078%;朱宗信 0.067%			
近年分配			近年募资	

二〇〇五年以来市场表现

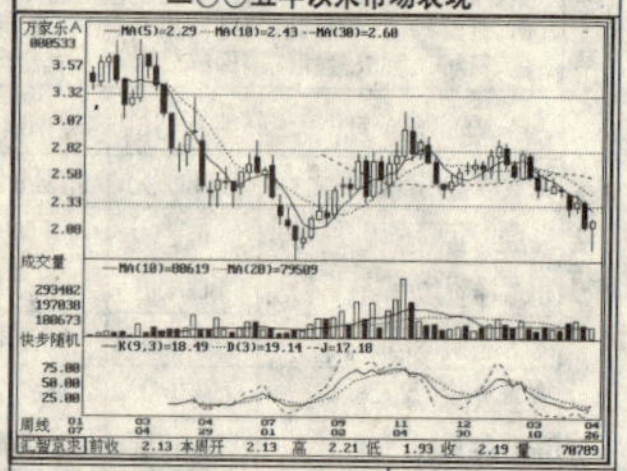

2005年涨跌幅(%)	-25.14
2005年最高(元)	3.82
2006年涨跌幅(%)	-17.36
2006.4.26收盘(元)	2.19
2006年最高(元)	2.93
2006年最低(元)	1.93
2006年换手率(%)	64.25
股改对价	

汕电力A（000534）

上市日期:94/01/10　　电话:0754－8857191　　传真:0754－8857199

主营	电力供应、蒸气热供应;投资建设电厂、电站等。			
	年　　度	2005	2004	2003
主要指标	每股收益/扣除后(元)	0.01/-0.014	0.009	0.09/0.06
	每股经营现金流量(元)	-0.13	-0.04	0.08
	每股净资产/调整后(元)	2.65/2.62	2.64/2.61	2.74/2.69
	未分利润(万元)	373.15	173.79	2096.58
	资本公积(万元)	28488.51	28488.51	28488.51
利润构成	主营收入(万元)	21105.78	15559.87	14371.51
	主营利润(万元)	787.39	269.95	2970.74
	营业利润(万元)	-1280.91	-1409.8	968.31
	投资收益(万元)	1318.99	1630.84	1256.19
	利润总额(万元)	352.93	199.97	2227.4
	净利润(万元)	213.36	179.56	1812.8
点评	公司属于地方基础产业中发电企业,所处地区是全国电力供应最紧张的地区之一。但公司近几年经营并无大的起色,机组陈旧,技术水平落后,缺乏竞争力。近期控股股东的变更可能为公司带来优质资产注入的新机遇。			

	截止日期	05年末	占%	主要股东及持股比例%、持股性质
股本结构(万股)	总股本	20826.13		汕头市电力开发公司 38.35%(国有股)
	国有股	7986	38.35	中国信达资产管理公司 6.97%(非流通股)
	发起股	3872	18.59	汕头市濠江区珠浦厂房开发总公司 5.81%(非流通股)
	外资股			汕头市城市建设开发总公司 3.49%(非流通股)
	募集股	145.2	0.7	交通银行汕头分行 2.32%(非流通股)
	流通A	8822.53	42.36	汕头电力经济发展公司 0.23%(非流通股)
	流通B			胡琳 0.17%(流通A股)
	流通H			林泽贤 0.14%(流通A股)
股东户数	05年末	48119		汕头市信托投资公司 0.12%(非流通股)
	04年末	51719		汕头地产总公司 0.12%(非流通股)
其他流通股东	刘德林 0.099%;王太生 0.096%;俞艳 0.086%;陈佳美 0.086%;王涌洲 0.086%;汤丹丹 0.077%;张伟中 0.071%			
近年分配	03年:10派1		近年募资	

二〇〇五年以来市场表现

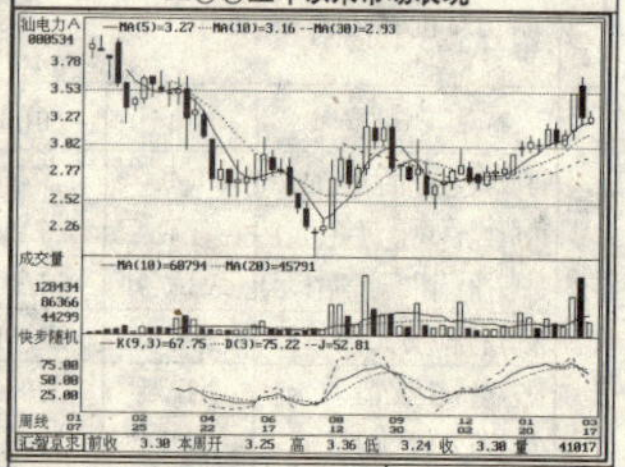

2005年涨跌幅(%)	-27.69
2005年最高(元)	4.03
2006年涨跌幅(%)	17.02
2006.4.26收盘(元)	3.3
2006年最高(元)	3.67
2006年最低(元)	2.77
2006年换手率(%)	68.91
股改对价	

ST 闽闽东（000536）

上市日期：93/11/26　　电话：0591－3348228　　传真：0591－3326201

主营：电机制造、机电产品贸易、房地产开发、金属材料经营。

	年　　度	2005	2004	2003
主要指标	每股收益/扣除后(元)	0.013/0.005	0.109/0.104	-0.237/-0.197
	每股经营现金流量(元)	0.009	0.026	-0.1014
	每股净资产/调整后(元)	-0.1/-0.16	-0.11/-0.15	-0.22/-0.25
	未分利润(万元)	-15739.65	-26299.6	-27621.83
	资本公积(万元)	1403.73	9824.1	9824.1
利润构成	主营收入(万元)	8552.14	12277.3	7384.58
	主营利润(万元)	1428.46	1908.97	814.06
	营业利润(万元)	-1273.41	-198.36	-2721.85
	投资收益(万元)	1552.14	1751.83	329.26
	利润总额(万元)	260.88	1469.16	-2852.71
	净利润(万元)	155	1331.99	-2883.86

点评：公司主营业务为电机制造及房地产开发。作为工业装备业的重要基础产品，电机行业是一个比较传统的行业，尽管具有强大的市场领域，但竞争激烈。公司05年的经营就反映了企业竞争力一般；06年公司将加强新品开发，但其经营形势仍面临一定的不确定性。

	截止日期	05年末	占%	主要股东及持股比例%、持股性质
股本结构（万股）	总股本	12192.72		福建省电子信息(集团)有限责任公司 36.32%（国有股）
	国有股	4429	36.32	闽东电机家属厂 2.79%（非流通股）
	发起股	726	5.95	工行福建省信托投资公司 1.64%（非流通股）
	外资股			福州市鼓楼区华大五金厂 1.48%（非流通股）
	募集股	2491	20.43	泉州市二轻集体工业联社 1.42%（非流通股）
	流通A	4546.72	37.29	厦门华伦电力发展有限公司 0.98%（非流通股）
	流通B			中国粮油食品进出口(集团)有限公司 0.82%（非流通股）
	流通H			福州变压器厂 0.57%（非流通股）
股东户数	05年末	10478		福州闽东电机工贸有限公司 0.53%（非流通股）
	04年末	11356		福州闽特工贸有限公司 0.52%（非流通股）

其他流通股东：袁世江 0.361%；叶莉苹 0.328%；周明慧 0.227%；徐静 0.183%；叶书麟 0.165%；陈超平 0.164%；林善华 0.156%

近年分配：　　**近年募资**：

二〇〇五年以来市场表现

2005年涨跌幅(%)	-15.07
2005年最高(元)	3.15
2006年涨跌幅(%)	-7.26
2006.4.26收盘(元)	2.3
2006年最高(元)	2.79
2006年最低(元)	2.23
2006年换手率(%)	146.92
股改对价	

G 广宇（000537）

上市日期：93/12/10　　电话：022－87895608　　传真：022－87895922

主营：GD系列自动售货机的生产、销售；GD系列防伪检测仪生产、销售；电子设备产品生产、销售；软件技术开发、销售；计算机相关产品生产销售。

	年　　度	2005	2004	2003
主要指标	每股收益/扣除后(元)	0.051/-0.07	0.096/0.02	-0.93/-0.88
	每股经营现金流量(元)	-0.0406	1.08	-1.35
	每股净资产/调整后(元)	1.23/1.01	1.18/0.94	1.03/0.75
	未分利润(万元)	-22814.7	-24878.56	-29160.53
	资本公积(万元)	22958.97	22950.51	21424.17
利润构成	主营收入(万元)	78031.64	39013.55	9768.26
	主营利润(万元)	18344.08	7064.2	-28.89
	营业利润(万元)	17149.93	5179.53	-32896.5
	投资收益(万元)	-6094.84	445.7	-4160.19
	利润总额(万元)	10911.29	5759.69	-37780.57
	净利润(万元)	2063.86	3896.85	-37620

点评：公司收购重庆鲁能65.5%的股权，重庆鲁能拥有重庆市区1528亩的土地使用权。鲁能星城处于重庆北部城区交通、行政办公和金融商贸中心，共分为7期开发，计划至2010年全部竣工。

	截止日期	05年末	占%	主要股东及持股比例%、持股性质
股本结构（万股）	总股本	40614.86		天津南开生物化工有限公司 25.29%（非流通股）
	国有股			天津南开戈德集团有限公司 22.09%（国有股）
	发起股	19244.26	47.38	天津环球磁卡股份有限公司 2.02%（非流通股）
	外资股			中国光大国际信托投资公司 0.84%（非流通股）
	募集股	4747.78	11.69	中信天津工业发展公司 0.71%（非流通股）
	流通A	16622.83	40.93	天津津益联合公司 0.64%（非流通股）
	流通B			海南豪帮投资发展有限公司 0.61%（非流通股）
	流通H			北京国际信托投资公司北信经营部 0.34%（非流通股）
股东户数	05年末	22727		豫信有限公司 0.34%（非流通股）
	04年末	16591		浙江省证券公司 0.34%（非流通股）

其他流通股东：北京世纪安普科技发展有限公司 0.271%；万华 0.207%；毕骏峰 0.204%；洋浦美隆投资有限公司 0.158%

近年分配：　　**近年募资**：

二〇〇五年以来市场表现

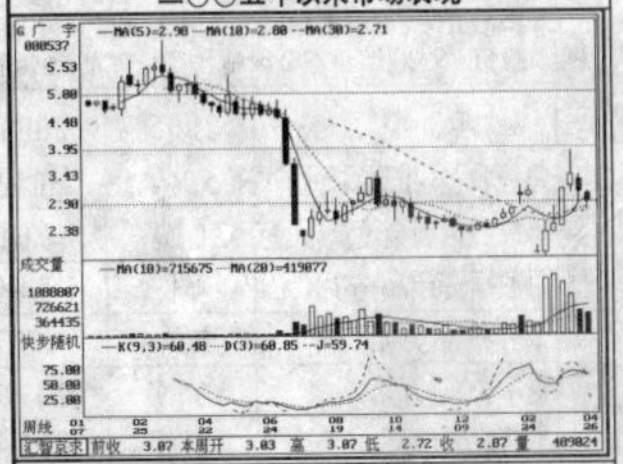

2005年涨跌幅(%)	-51.22
2005年最高(元)	6.05
2006年涨跌幅(%)	97.07
2006.4.26收盘(元)	2.87
2006年最高(元)	6.3
2006年最低(元)	2.37
2006年换手率(%)	304.32
股改对价	定向转增 每10股实际获得6.411股(06/03/17)

云南白药（000538）

上市日期：93/12/15　　电话：0871－8324159　　传真：0871－8324169

主营：中成药为主的药品生产经营和药品批发零售。

	年　　度	2005	2004	2003
主要指标	每股收益/扣除后(元)	0.795/0.792	0.709/0.667	0.612/0.616
	每股经营现金流量(元)	0.99	0.7	0.92
	每股净资产/调整后(元)	2.84/2.77	2.78/2.72	3.14/3.08
	未分利润(万元)	19429.71	5354.15	8826.47
	资本公积(万元)	5243.82	9667.05	15206.5
利润构成	主营收入(万元)	244839.5	183231.22	134483.44
	主营利润(万元)	67320.76	54836.89	41004.38
	营业利润(万元)	27650.32	20087.48	13377.43
	投资收益(万元)	105.78	1089.63	-46.9
	利润总额(万元)	27745.07	21234.73	13233.75
	净利润(万元)	23037.03	17134.87	11375.2

点评：公司拥有国家绝密级配方的云南白药系列中成药，具有独家定价权，是中成药的优势公司。05年云南白药系列、云南白药牙膏、医药批发业务都获得30%以上的增长，而通过深化管理，整合集团资源，降低营运费用，净利润保持了连续6年的增长。公司前景依然看好。

	截止日期	05年末	占%	主要股东及持股比例%、持股性质
股本结构（万股）	总股本	28987.6		云南云药有限公司 51%（国有股）
	国有股	19171.41	66.14	云南红塔集团有限公司 15.14%（国有股）
	发起股			交通银行－华安创新证券投资基金 2.56%（流通A股）
	外资股			中国银行－嘉实增长开放式证券投资基金 2.43%（流通A股）
	募集股	651.12	2.25	全国社保基金一零六组合 1.71%（流通A股）
	流通A	9165.08	31.62	中国银行－华夏回报证券投资基金 1.32%（流通A股）
	流通B			中国工商银行－广发聚富开放式证券投资基金 0.96%（流通A股）
	流通H			景阳证券投资基金 0.93%（流通A股）
股东户数	05年末	5194		上海小西生物技术有限公司 0.75%（非流通股）
	04年末	7160		中国银行－海富通股票证券投资基金 0.7%（流通A股）

其他流通股东：全国社保基金六零二组合 0.698%；中国工商银行－广发稳健增长证券投资基金 0.689%

近年分配：05预案：10派1.5送5；04年：10派3.5转增2；03年：10派4.5转增3　　**近年募资**：

二〇〇五年以来市场表现

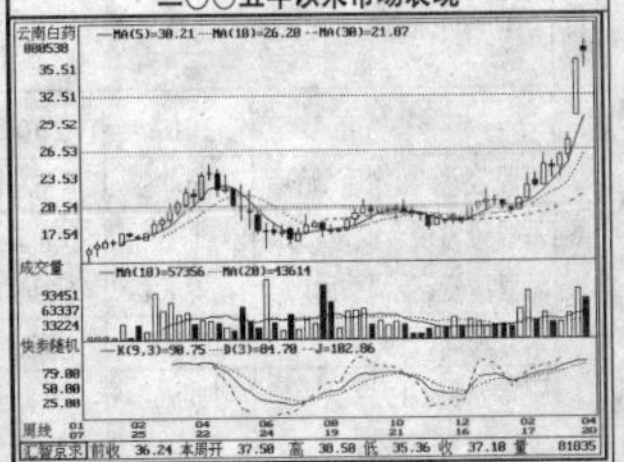

2005年涨跌幅(%)	61.37
2005年最高(元)	25.91
2006年涨跌幅(%)	79.23
2006.4.26收盘(元)	37.1
2006年最高(元)	38.5
2006年最低(元)	19.44
2006年换手率(%)	71.87
股改对价	定向转增 每10股实际获得3.5815股

G粤电力（000539/200539）

上市日期：A：93/11/26 B：95/06/28 电话：(020)87570276 传真：(020)85138084

主营：经营、建设电站及输变电工程。

	年　　度	2005	2004	2003
主要指标	每股收益/扣除后(元)	0.271/0.272	0.357/0.357	0.47/0.472
	每股经营现金流量(元)	0.34	0.27	0.77
	每股净资产/调整后(元)	3.15/3.15	3.05/3.05	2.97/2.97
	未分利润(万元)	73871.3	79422.38	95064.85
	资本公积(万元)	142326.77	138318.71	138318.71
利润构成	主营收入(万元)	831736.58	715081.08	602901.49
	主营利润(万元)	195878.68	203458.4	247448.56
	营业利润(万元)	136420.88	163319.33	212714.31
	投资收益(万元)	-1498.23	-115.11	-760.52
	利润总额(万元)	134661.13	162347.91	211598.88
	净利润(万元)	72022.24	94846.68	125524.88

点评：公司是广东省最大的独立发电商，国内第七大电力上市公司。公司未来将力争成为拥有火电、水电及其他清洁能源的大型集团化电力上市公司，拓展电力上下游业务，实现超常规、跨越式发展。

	截止日期	05年末	占%	主要股东及持股比例%、持股性质
股本结构（万股）	总股本	265940.4		广东省粤电集团有限公司 50.15%（国有股）
	国有股	133380	50.15	中国信达资产管理公司 3.3%（国有股）
	发起股	21937.5	8.25	广东省电力开发公司 3.2%（国有股）
	外资股			CMBLSA RE FTIF TEMPLETON ASIAN GRW FD GTI 5496 1.8%（流通B股）
	募集股	4941.29	1.86	广东广控集团有限公司 1.65%（非流通股）
	流通A	39146.3	14.72	内藤证券株式会社 0.96%（流通B股）
	流通B	66534	25.02	TOYO SECURITIES ASIA LIMITED-A/C CLIENT 0.72%（流通B股）
	流通H			TEMPLETON WORLD FUNDINC. 0.61%（流通B股）
股东户数	05年末	115131		全国社保基金一零二组合 0.56%（流通A股）
	04年末	125744		AIZAWA SECURITIES CO. LTD 0.53%（流通B股）

其他流通股东：裕隆证券投资基金 0.495%；JPMBLSA RE FTIF TEMPLETON CHINA FUND GTI 5497 0.482%

近年分配：05预案：10派1.8；04年：10派1.8；03年：10派2.5　**近年募资**：

二〇〇五年以来市场表现

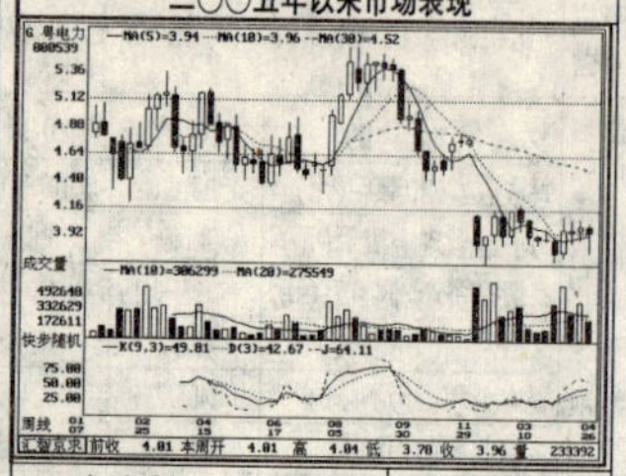

2005年涨跌幅(%)	2.06
2005年最高(元)	5.78
2006年涨跌幅(%)	8.53
2006.4.26收盘(元)	3.96
2006年最高(元)	5.5
2006年最低(元)	4.82
2006年换手率(%)	98.2
股改对价	送股 每10股实际获得3.1股(06/01/19)

世纪中天（000540）

上市日期：94/02/02 电话：0851-6809072 传真：0851-6809115

主营：一级房地产开发、勘探设计乙级、国内外实业投资、高科技产品开发、城市基础设施及配套项目开发、物业管理、科技投资、农业、工业基础设施、能源、交通、通信服务等。

	年　　度	2005	2004	2003
主要指标	每股收益/扣除后(元)	-0.509/-0.519	-0.455	0.01/0.01
	每股经营现金流量(元)	0.159	-0.0215	-0.08
	每股净资产/调整后(元)	0.46/0.36	1.02/0.96	1.48/1.45
	未分利润(万元)	-26098.37	-9452.71	5667.66
	资本公积(万元)	2347.97	2347.97	2347.97
利润构成	主营收入(万元)	29959	31118.44	20714.92
	主营利润(万元)	8522.37	8481.82	7107.49
	营业利润(万元)	-7218.57	-11011.95	766.1
	投资收益(万元)	-11026.84	-3253.5	238.59
	利润总额(万元)	-18190.05	-14290.42	966.43
	净利润(万元)	-16645.66	-14874.91	462.64

点评：消费者购房更趋于理性，公司沉淀在"在建工程"里的资金比例继续上调，财务费用增加。2004年度和2005年度净利润分别为-1.4亿多元和-1.6亿多元，每股净资产为0.459元。如果2006年继续亏损，公司将面临退市风险。

	截止日期	05年末	占%	主要股东及持股比例%、持股性质
股本结构（万股）	总股本	32681.15		世纪兴业投资有限公司 33.65%（非流通股）
	国有股	3624.09	11.09	贵阳市国有资产投资管理公司 11.09%（国有股）
	发起股	1935.23	5.92	深圳市瑞富源投资有限公司 3.67%（非流通股）
	外资股			无锡市华信投资管理有限公司 2.14%（非流通股）
	募集股	15833.66	48.45	北京环宇互联科技发展有限公司 2.07%（非流通股）
	流通A	11273.39	34.5	北京世纪网神网络科技发展有限公司 1.92%（非流通股）
	流通B			北京世纪网宇电子科技发展有限公司 1.92%（非流通股）
	流通H			上海肇达投资咨询有限公司 1.03%（非流通股）
股东户数	05年末	31548		遵义市远科建材销售有限公司 0.98%（非流通股）
	04年末	35329		上海名流科技发展有限公司 0.93%（非流通股）

其他流通股东：赵亮 0.307%；朱珍 0.171%；苏清闷 0.123%；金爱平 0.102%；李轶 0.087%；王彦士 0.079%；张丽娜 0.074%

近年分配：　**近年募资**：

二〇〇五年以来市场表现

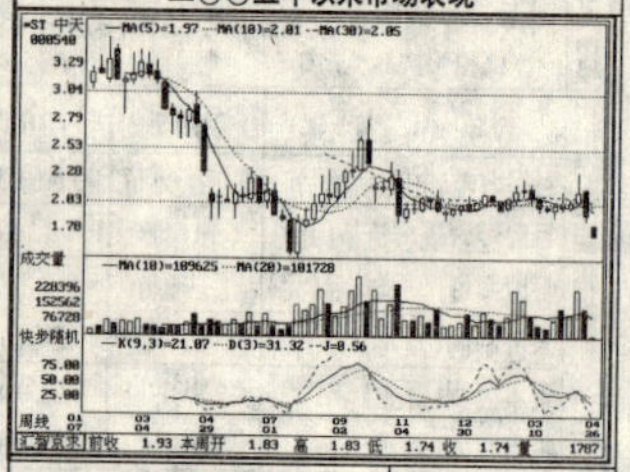

2005年涨跌幅(%)	-36.33
2005年最高(元)	3.54
2006年涨跌幅(%)	-12.12
2006.4.26收盘(元)	1.74
2006年最高(元)	2.31
2006年最低(元)	1.74
2006年换手率(%)	155.72
股改对价	

G佛照（000541/200541）

上市日期：A：93/11/23 B：95/08/08 电话：0757-2813838 传真：0757-2816276

主营：生产和经营各种电光源产品及其配套灯具。

	年　　度	2005	2004	2003
主要指标	每股收益/扣除后(元)	0.61/0.58	0.65/0.63	0.63/0.62
	每股经营现金流量(元)	0.75	0.67	0.65
	每股净资产/调整后(元)	6.43/6.42	6.29/6.29	6.11/6.07
	未分利润(万元)	8973.79	7873.16	7717.7
	资本公积(万元)	120706.2	120582.76	120572.39
利润构成	主营收入(万元)	121381.05	121992.21	102101.71
	主营利润(万元)	34851.83	37450.69	36483.41
	营业利润(万元)	25966.68	29455.12	27095.4
	投资收益(万元)	663.41	117.58	767.79
	利润总额(万元)	26730.01	29079.34	27039.03
	净利润(万元)	21958.34	23147.98	22632.5

点评：公司是中国电光源行业的龙头企业，盈利能力一直保持在稳定的水平，而公司也特别注重对股东的回报，上市以来几乎年年高派现。虽然目前电光源产品的国内市场仍呈供大于求的局面，但公司未来仍有望凭借品牌、规模优势保持持续稳健的增长。

	截止日期	05年末	占%	主要股东及持股比例%、持股性质
股本结构（万股）	总股本	35844.83		佛山市人民政府国有资产监督管理委员会 23.97%（国有股）
	国有股	8592.21	23.97	申万巴黎盛利精选证券投资基金 2.47%（流通A股）
	发起股	247.5	0.69	国联安德盛小盘精选证券投资基金 2.31%（流通A股）
	外资股			全国社保基金一零二组合 2.08%（流通A股）
	募集股	4051.58	11.3	广州佑昌灯光器材贸易有限公司 1.95%（非流通股）
	流通A	14703.54	41.02	海富通收益增长证券投资基金 1.67%（流通A股）
	流通B	8250	23.02	全国社保基金一零八组合 1.62%（流通A股）
	流通H			裕元证券投资基金 1.2%（流通A股）
股东户数	05年末	45080		HTHK-VALUE PARTNERS INTELL IGENT FD-CHINA B SHS FD 1.08%（流通B股）
	04年末	43299		EAST ASIA SECURITIES COMPANY LIMITED 0.97%（流通B股）

其他流通股东：VALUE PARTNERS CLASSIC FUND 0.862%；HTHK-EK HONG KONG AND CHINA FUND 0.837%

近年分配：05预案：10派4.9；04年：10派4.8；03年：10派4.6　**近年募资**：

二〇〇五年以来市场表现

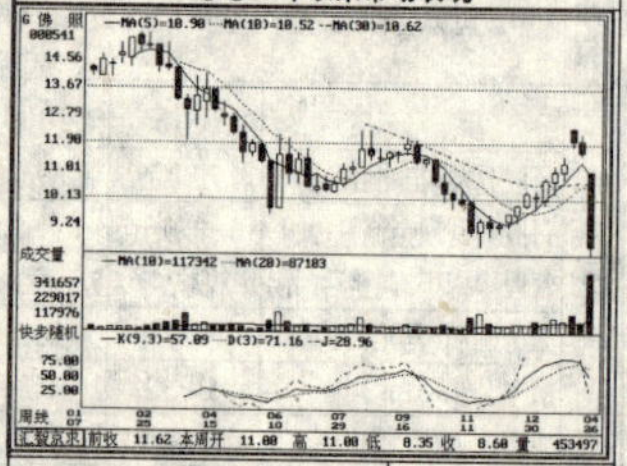

2005年涨跌幅(%)	-25.84
2005年最高(元)	15.45
2006年涨跌幅(%)	8.65
2006.4.26收盘(元)	8.6
2006年最高(元)	13.45
2006年最低(元)	9.93
2006年换手率(%)	63.44
股改对价	派现 每10股实际获得24.5元(06/04/24)

G 皖能（000543）

上市日期:93/12/20　　电话:0551－4672679　　传真:0551－4669573

主营	电力、节能及相关项目。			
	年　　度	2005	2004	2003
主要指标	每股收益/扣除后(元)	0.02/0.02	0.07/0.08	0.29/0.29
	每股经营现金流量(元)	0.756	0.51	0.93
	每股净资产/调整后(元)	3.06/3.06	3.14/3.14	3.32/3.32
	未分利润(万元)	1910.66	8370.08	23256.9
	资本公积(万元)	96194.13	96154.13	95873.01
利润构成	主营收入(万元)	228114.35	222796.37	173155.62
	主营利润(万元)	26207.6	36102.28	43683.93
	营业利润(万元)	18768.78	29718.74	38345.62
	投资收益(万元)	－4958.09	－7245.38	2031.49
	利润总额(万元)	13831.84	19286.29	39955.4
	净利润(万元)	1847.35	5328.06	22124.23
点评	公司依托母公司强大实力,成为华东地区最为重要的发电企业,在电力市场的竞争力不断提高。在发展电力环保产业的同时,公司积极开拓新能源产业。燃气发电、风力发电、生物质能和垃圾发电、太阳能等新能源项目的可操作性极强,想象空间巨大。			

	截止日期	05 年末	占%	主要股东及持股比例%、持股性质
股本结构（万股）	总股本	77300.88		安徽省能源集团有限公司 60.54%（国有股）
	国有股	46800	60.54	安徽省创业投资有限责任公司 6.16%（非流通股）
	发起股			安徽省能源物资供销公司 3.58%（非流通股）
	外资股			华宝信托投资有限责任公司 3.27%（非流通股）
	募集股	16436.5	21.26	安徽省电力公司 1.42%（非流通股）
	流通 A	14064.38	18.19	中国东方资产管理公司 1.25%（非流通股）
	流通 B			深圳市鸿基(集团)股份有限公司 0.65%（非流通股）
	流通 H			安徽国祯集团股份有限公司 0.44%（非流通股）
股东户数	05 年末	67245		国信证券有限责任公司 0.43%（非流通股）
	04 年末	72139		深圳市农村合作社联合社 0.39%（非流通股）
其他流通股东	陈万远 0.063%;国元证券有限责任公司 0.054%;黄文俊 0.04%;邹勇 0.039%;方志远 0.036%;王任 0.033%			
近年分配	05 预案:10 派 0.15 ; 04 年:10 派 1 ; 03 年:10 派 2.5		近年募资	

二〇〇五年以来市场表现

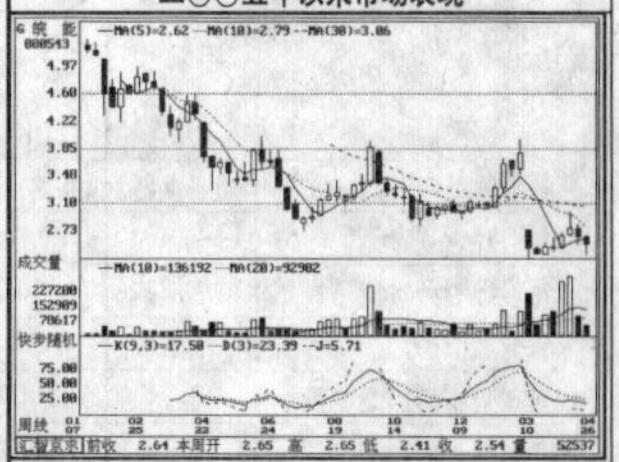

2005 年涨跌幅(%)	－39.96
2005 年最高(元)	5.34
2006 年涨跌幅(%)	10.04
2006.4.26 收盘(元)	2.54
2006 年最高(元)	3.96
2006 年最低(元)	3.04
2006 年换手率(%)	89.12
股改对价	送股 每 10 股实际获得 3.3 股(06/03/07)

白鸽股份（000544）

上市日期:93/12/08　　电话:(0371)67196011　　传真:(0371)67611770

主营	经营各类磨料、磨具、相关工艺装备及其备品、备件的生产、销售与进出口业务			
	年　　度	2005	2004	2003
主要指标	每股收益/扣除后(元)	0.023/0.027	0.086	0.15/0.01
	每股经营现金流量(元)	0.23	0.116	0.065
	每股净资产/调整后(元)	1.22/1.21	1.19/1.18	1.1/1.09
	未分利润(万元)	－43332.94	－43953.83	－46259.45
	资本公积(万元)	46985	46984.19	46759.75
利润构成	主营收入(万元)	49714.49	50017.56	52785.64
	主营利润(万元)	11088.75	12851.33	13546.85
	营业利润(万元)	584.1	1326.6	456.4
	投资收益(万元)	－183.91	－793.15	1244.11
	利润总额(万元)	644.93	2379.85	4185.11
	净利润(万元)	620.89	2305.61	3960.4
点评	公司在 05 年进行了重大资产置换,置入了位于郑州市西区的热力供应资产和主营管网资产相关的热力站及庭院管道设计施工等业务,这些新业务每年将给公司带来近千万元的稳定收益。重组后,公司转型为供热企业,成为公用事业蓝筹品种。			

	截止日期	05 年末	占%	主要股东及持股比例%、持股性质
股本结构（万股）	总股本	26945.98		郑州亚能热电有限公司 25.3%（外资股）
	国有股	9253.64	34.34	郑州市国有资产管理局 22.68%（国有股）
	发起股	6818.18	25.3	郑州市热力总公司 11.66%（国有股）
	外资股			叶丽珍 0.2%（流通 A 股）
	募集股			徐洁 0.12%（流通 A 股）
	流通 A	10874.15	40.36	陈蕾 0.12%（流通 A 股）
	流通 B			叶长江 0.11%（流通 A 股）
	流通 H			郭奕勃 0.11%（流通 A 股）
股东户数	05 年末	36840		熊峰 0.11%（流通 A 股）
	04 年末	39754		黎志刚 0.11%（流通 A 股）
其他流通股东	黄万长 0.105%;陈鹤海 0.104%;施金妹 0.1%			
近年分配			近年募资	

二〇〇五年以来市场表现

2005 年涨跌幅(%)	－30.92
2005 年最高(元)	3.52
2006 年涨跌幅(%)	56.16
2006.4.26 收盘(元)	3.42
2006 年最高(元)	3.83
2006 年最低(元)	2.19
2006 年换手率(%)	161.68
股改对价	

吉林制药（000545）

上市日期:93/12/15　　电话:0432－5079966　　传真:0432－4841728

主营	生产经营原料药、医药中间体、中西药制剂、化工产品、保健品等。			
	年　　度	2005	2004	2003
主要指标	每股收益/扣除后(元)	－0.932/－0.81	0.096	0.05/0.054
	每股经营现金流量(元)	－0.008	0.072	0.05
	每股净资产/调整后(元)	0.29/0.09	1.22/1.17	1.12/1.09
	未分利润(万元)	－15429.56	－2788.14	－4088.42
	资本公积(万元)	5653.2	5653.2	5653.2
利润构成	主营收入(万元)	9654.4	15726.42	16207.08
	主营利润(万元)	3574.05	6531.15	5943.84
	营业利润(万元)	－11001.62	966.43	729.66
	投资收益(万元)	－0.82		4.56
	利润总额(万元)	－12651.27	1300.28	727.69
	净利润(万元)	－12641.42	1300.28	727.69
点评	公司主营解热类原料药以及普药制剂,在行业内没有优势,属于医药类的弱势企业。由于没有规模、技术优势,05 年受到化工原料涨价、人民币升值的不利影响,收入、利润均大幅下降。加上合并两个大股东转移过来的亏损子公司,造成巨额亏损。公司前景暗淡。			

	截止日期	05 年末	占%	主要股东及持股比例%、持股性质
股本结构（万股）	总股本	13563.58		吉林金泉宝山药业集团股份有限公司 29.76%（非流通股）
	国有股			深圳经济特区房地产(集团)股份有限公司 13.64%（非流通股）
	发起股	1850.75	13.64	吉林省明日实业有限公司 5.01%（非流通股）
	外资股			吉林市银丰物资经销公司 0.97%（非流通股）
	募集股	4903.25	36.15	华夏证券北京东四营业部 0.41%（非流通股）
	流通 A	6809.58	50.2	张连华 0.29%（流通 A 股）
	流通 B			郭春礼 0.18%（流通 A 股）
	流通 H			吕莲 0.16%（流通 A 股）
股东户数	05 年末	29038		王海山 0.15%（流通 A 股）
	04 年末	31594		王凤林 0.15%（流通 A 股）
其他流通股东	徐玲 0.146%;孙戎 0.142%;徐汉林 0.133%;廊坊市光阳摩托车销售服务中心 0.133%;邬文峰 0.133%			
近年分配			近年募资	

二〇〇五年以来市场表现

2005 年涨跌幅(%)	－44.75
2005 年最高(元)	4.55
2006 年涨跌幅(%)	－13.58
2006.4.26 收盘(元)	1.91
2006 年最高(元)	2.44
2006 年最低(元)	1.78
2006 年换手率(%)	104.11
股改对价	

ST吉光华(000546)

上市日期:93/12/15　电话:0431－8920227　传真:0431－8927337

主营	房地产开发、物业管理等。			
	年　度	2005	2004	2003
主要指标	每股收益/扣除后(元)	0.06/0.05	0.007/－0.069	0.075/－0.078
	每股经营现金流量(元)	－0.797	0.18	0.67
	每股净资产/调整后(元)	1.27/1.27	1.19/1.18	1.01/0.99
	未分利润(万元)	－5166.81	－29571.11	－30894.83
	资本公积(万元)	9345.8	29891.71	28120.23
利润构成	主营收入(万元)	10551.59	6197.8	12608.92
	主营利润(万元)	5408.76	735.9	2645.37
	营业利润(万元)	3144.08	－676.58	202.41
	投资收益(万元)	－566.66	825.1	1734.27
	利润总额(万元)	2578.45	160.26	1707.99
	净利润(万元)	980.35	116.52	1268.34
点评	苏州光华实业正式成为了公司实际控制人,将"苏州置业"股权和苏州工业园区职业技术学院32.5%股权置入到公司。利润主要来源于三香广场项目,可售面积28,324平米,已售17,144平米。技术学院目前在校生人数达6000多人,未贡献收益。			

	截止日期	05年末	占%	主要股东及持股比例%、持股性质
股本结构(万股)	总股本	16950.65		新时代教育发展有限责任公司29.6%(非流通股)
	国有股			海南顺丰联合有限公司6.23%(非流通股)
	发起股	1056	6.23	江苏联合信托投资公司3.61%(非流通股)
	外资股			上海昆凌工贸有限公司3.43%(非流通股)
	募集股	7392	43.61	上海肇达投资咨询有限公司1.96%(非流通股)
	流通A	8494.95	50.12	中海恒实业发展有限公司1.95%(非流通股)
	流通B			深圳市楚天创时代投资咨询有限公司0.77%(非流通股)
	流通H			上海高融投资咨询有限公司0.59%(非流通股)
股东户数	05年末	17573		深圳金田股份有限公司0.47%(非流通股)
	04年末	16991		上海精工商行0.35%(非流通股)
其他流通股东	蒋永生0.245%;黎先华0.243%;杨威0.187%;千里0.187%;叶成龙0.185%;金元伟0.171%;许德红0.165%			
近年分配		近年募资		

二〇〇五年以来市场表现

2005年涨跌幅(%)	－20.14
2005年最高(元)	3.49
2006年涨跌幅(%)	2.99
2006.4.26收盘(元)	2.41
2006年最高(元)	2.75
2006年最低(元)	2.32
2006年换手率(%)	100.55
股改对价	资产剥离 送股 每10股实际获得1.8股

闽福发A(000547)

上市日期:93/11/30　电话:0591－83283128　传真:0591－83296358

主营	电子计算机及配件;电子、通信技术、网络技术服务;咨询、信息服务;环保工程的设计、施工、总承包;环保设施的运营;环保产品的生产、销售。			
	年　度	2005	2004	2003
主要指标	每股收益/扣除后(元)	－0.31/0.146	0.08	0.06/－0.03
	每股经营现金流量(元)	－0.79	0.33	0.72
	每股净资产/调整后(元)	3.41/3.28	3.66/3.49	3.58/3.47
	未分利润(万元)	3971.67	8398.7	9326.31
	资本公积(万元)	20373.06	19543.19	19520.49
利润构成	主营收入(万元)	42915.45	34984	20185.74
	主营利润(万元)	9328.2	8311.44	6327.5
	营业利润(万元)	4181.06	2463.41	1009.74
	投资收益(万元)	622.78	－916.87	209.52
	利润总额(万元)	－1571.36	1712.11	1531.89
	净利润(万元)	－3841.53	937.06	751.09
点评	公司已形成通讯、环保、信息技术、机电产品的四大主业。但主业不够突出,核心竞争力有待加强,同时受营销地域性及周期性的影响,公司的产品销售收入与公司的构架不相配套,成为制约公司发展的"瓶颈"。			

	截止日期	05年末	占%	主要股东及持股比例%、持股性质
股本结构(万股)	总股本	12242.32		福建国力民生科技投资有限公司24.95%(非流通股)
	国有股			福建东方恒基科贸有限公司14.95%(非流通股)
	发起股	4884.96	39.9	北京首发投资有限公司1.49%(流通A股)
	外资股			刘彩香0.32%(流通A股)
	募集股			胡明义0.3%(流通A股)
	流通A	7356.33	60.09	李辉0.23%(流通A股)
	流通B			张国强0.14%(流通A股)
	流通H			刘烨0.11%(流通A股)
股东户数	05年末	31677		汪宏0.1%(流通A股)
	04年末	32018		盛芬娥0.1%(流通A股)
其他流通股东	周小琴0.095%;哈聪0.093%			
近年分配		近年募资		

二〇〇五年以来市场表现

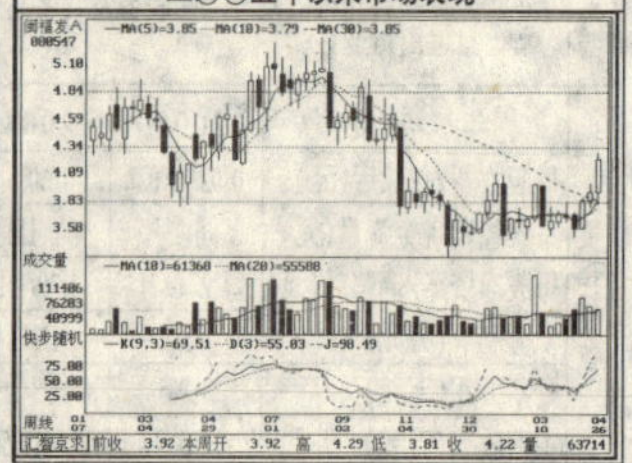

2005年涨跌幅(%)	－19.36
2005年最高(元)	5.35
2006年涨跌幅(%)	19.21
2006.4.26收盘(元)	4.22
2006年最高(元)	4.29
2006年最低(元)	3.43
2006年换手率(%)	125.77
股改对价	

湖南投资(000548)

上市日期:93/12/20　电话:0731－2327666　传真:0731－2327566

主营	城市基础设施的建设、营运、房地产开发及通讯信息产业。			
	年　度	2005	2004	2003
主要指标	每股收益/扣除后(元)	－0.81/－0.23	0.1/0.067	0.2/0.03
	每股经营现金流量(元)	－0.03	0.08	0.17
	每股净资产/调整后(元)	2.58/2.56	3.41/3.4	3.3/3.29
	未分利润(万元)	－15181.13	14111.9	11089.36
	资本公积(万元)	63804.34	62929.74	62723.3
利润构成	主营收入(万元)	16282.64	37701.32	26024.11
	主营利润(万元)	5899.14	11479.33	6865.66
	营业利润(万元)	－7068.67	4558.18	2439.4
	投资收益(万元)	－2628.06	1553.57	306.46
	利润总额(万元)	－27905.11	6043.37	9097.56
	净利润(万元)	－27720.54	3550.92	6813.92
点评	公司主营业务包括房地产开发、路桥收费、酒店经营等。由于公司前几年治理方面的欠缺,存在很多不良资产。2005年公司大力清理由于历史问题而遗留下的不良资产,导致业绩出现明显的亏损。但经过处理后,资产质量得以提升,预期2006年可实现赢利。			

	截止日期	05年末	占%	主要股东及持股比例%、持股性质
股本结构(万股)	总股本	34060.8		长沙市环路建设开发有限公司44.43%(国有股)
	国有股	15132.21	44.43	深圳市网纵实业有限公司1.84%(非流通股)
	发起股			深圳市泉来实业有限公司1.54%(非流通股)
	外资股			和舒浩0.17%(流通A股)
	募集股	1305.51	3.83	周华0.12%(流通A股)
	流通A	17623.08	51.74	王建平0.12%(流通A股)
	流通B			邓汝萍0.12%(流通A股)
	流通H			上海新威投资管理有限公司0.12%(非流通股)
股东户数	05年末	135590		安徽省创新投资有限公司0.11%(流通A股)
	04年末	145282		郭学志0.1%(流通A股)
其他流通股东	邱樟木0.091%;陈连江0.091%;李月英0.088%;邓志红0.088%			
近年分配	04年:10派0.5	近年募资		

二〇〇五年以来市场表现

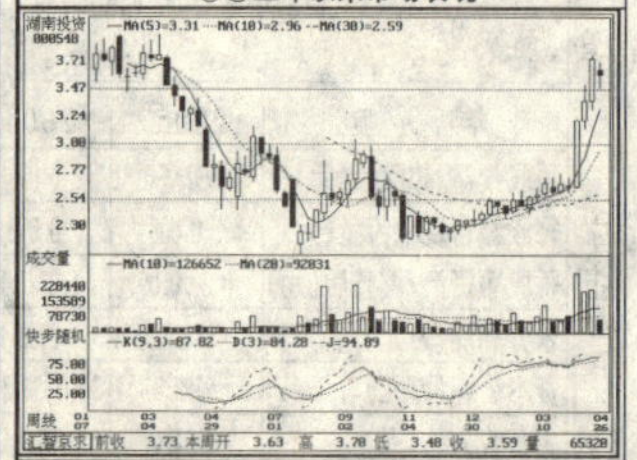

2005年涨跌幅(%)	－33.61
2005年最高(元)	3.94
2006年涨跌幅(%)	52.12
2006.4.26收盘(元)	3.59
2006年最高(元)	3.76
2006年最低(元)	2.35
2006年换手率(%)	93.42
股改对价	

湘火炬 A（000549）

上市日期:93/12/20　　电话:0733－8450105　　传真:0733－8450019

主营	重型商用车、汽车关键零部件和大宗机电产品的制造、销售及高新技术产业化、进出口贸易等。

	年　度	2005	2004	2003
主要指标	每股收益/扣除后(元)	0.111/－0.028	0.19	0.235/0.239
	每股经营现金流量(元)	0.5522	0.8214	0.1893
	每股净资产/调整后(元)	1.7/1.55	1.6/1.47	1.39/1.33
	未分利润(万元)	21970.58	17782.16	9768.65
	资本公积(万元)	10227.98	8336.59	4520.46
利润构成	主营收入(万元)	748738.76	1154041.72	1031398.7
	主营利润(万元)	140369.57	245563.61	198844.73
	营业利润(万元)	23828.41	95965.05	66325.59
	投资收益(万元)	13694.1	－17505.37	5348.34
	利润总额(万元)	40308.3	80861.83	73323.94
	净利润(万元)	10402.76	17795.77	22021.38

点评	公司是国内最大的重型变速箱及火花塞供应商。05年国内重型汽车市场出现了较大的振荡，同时公司调整主业，出售了部分业务，再加上产品降价、材料成本上升等原因，引发公司业绩下滑。随着重载形势变化，公司经营也将出现调整。

	截止日期	05年末	占%	主要股东及持股比例%、持股性质
股本结构（万股）	总股本	93628.66		潍柴动力(潍坊)投资有限公司 28.12%（非流通股）
	国有股	7439.76	7.95	株洲市国有资产投资经营有限公司 7.95%（国有股）
	发起股	26327.95	28.12	付国建 1%（流通A股）
	外资股			中国建设银行－博时裕富证券投资基金 0.38%（流通A股）
	募集股			孙良卓 0.15%（流通A股）
	流通A	59860.94	63.93	全国社保基金一零一组合 0.15%（流通A股）
	流通B			王川 0.15%（流通A股）
	流通H			中国人寿保险股份有限公司－传统－普通保险产品 0.14%（流通A股）
股东户数	05年末	81388		向明武 0.14%（流通A股）
	04年末	95188		欧阳俊东 0.13%（流通A股）
其他流通股东	莫剑荣 0.124%；深圳市华银通讯有限公司 0.123%			
近年分配	05预案:10派0.1；04年:10派0.1；03年:10派0.2	近年募资		

二〇〇五年以来市场表现

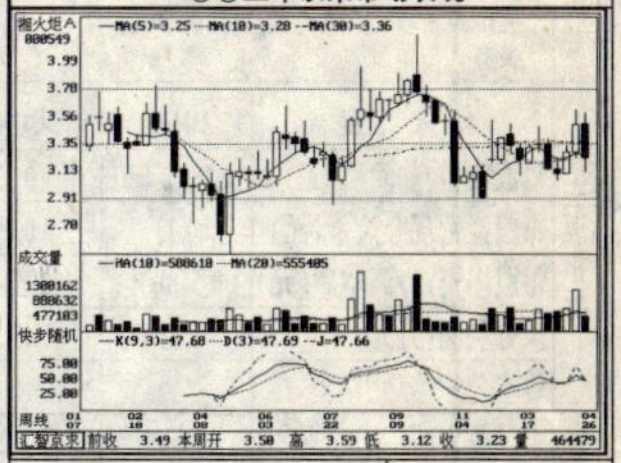

2005年涨跌幅(%)	－12.01
2005年最高(元)	4.22
2006年涨跌幅(%)	10.62
2006.4.26收盘(元)	3.23
2006年最高(元)	3.61
2006年最低(元)	3.05
2006年换手率(%)	109.62
股改对价	

G江铃（000550/200550）

上市日期:A: 93/12/01 B: 95/09/29　电话:0791－5235675　　传真:0791－5232839

主营	生产和销售全顺系列商用车、JMC系列轻卡和五十铃系列轻卡，以及相关的配件和服务。

	年　度	2005	2004	2003
主要指标	每股收益/扣除后(元)	0.57/0.57	0.45	0.52/0.52
	每股经营现金流量(元)	1.17	0.89	0.96
	每股净资产/调整后(元)	3.33/3.22	2.91/2.79	2.62/2.47
	未分利润(万元)	89090.31	60374.75	41059.45
	资本公积(万元)	83699.66	83577.9	83522.56
利润构成	主营收入(万元)	628063.62	577067.59	509489.74
	主营利润(万元)	126711.36	114202.45	126462.78
	营业利润(万元)	58488.31	48540.24	53924.07
	投资收益(万元)	417.29	422.81	499.29
	利润总额(万元)	58676.19	48421.06	53563.42
	净利润(万元)	49543.13	38685.82	44881.26

点评	公司产品主要为JMC系列轻型卡车、匹卡以及福特品牌全顺系列商用车。05年，公司创记录地销售了73,292辆整车，销售增长点来自全顺降价和新款宝威SUV。随着与长安汽车顺利合作，新商务车以及乘用车的推出，公司面临一个全新的发展机遇。

	截止日期	05年末	占%	主要股东及持股比例%、持股性质
股本结构（万股）	总股本	86321.4		江西江铃控股有限公司 41.03%（国有股）
	国有股	35417.6	41.03	福特汽车公司 30%（流通B股）
	发起股			上海汽车工业总公司 3.01%（非流通股）
	外资股			中国宝安集团股份有限公司 1.39%（非流通股）
	募集股	4743.8	5.5	Guotai Junan Securities HongKong Limited 0.63%（流通B股）
	流通A	11760	13.62	全国社保基金一零三组合 0.46%（流通A股）
	流通B	34400	39.85	Deutsche Bank Ag London 0.41%（流通B股）
	流通H			景福证券投资基金 0.4%（流通A股）
股东户数	05年末	49303		诺安平衡证券投资基金 0.4%（流通A股）
	04年末	54713		南方积极配置证券投资基金 0.35%（流通A股）
其他流通股东	融通行业景气证券投资基金 0.344%；光大证券有限责任公司 0.222%；诺安股票证券投资基金 0.195%			
近年分配	05中期:10派3.59 年终预案:10派1.5；04年:10派1.5；03年:10派1.5	近年募资		

二〇〇五年以来市场表现

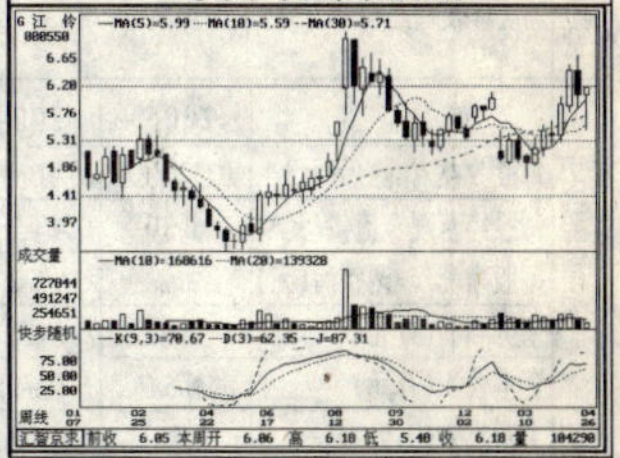

2005年涨跌幅(%)	18.53
2005年最高(元)	7.25
2006年涨跌幅(%)	31.54
2006.4.26收盘(元)	6.18
2006年最高(元)	8.4
2006年最低(元)	6.38
2006年换手率(%)	164.25
股改对价	派现 每10股实际获得13.4元(06/02/14)

G创元（000551）

上市日期:94/01/06　　电话:0512－68248798　　传真:0512－68245551

主营	洁净技术产品、测绘仪器产品、轴承制造、销售，各类汽车及轿车销售及贸易等。

	年　度	2005	2004	2003
主要指标	每股收益/扣除后(元)	0.22/0.21	0.19/0.19	0.17/0.156
	每股经营现金流量(元)	0.33	0.38	0.24
	每股净资产/调整后(元)	2.49/2.45	2.38/2.33	2.28/2.25
	未分利润(万元)	10941.63	10241.95	9957.12
	资本公积(万元)	9426.57	9312.35	9179.1
利润构成	主营收入(万元)	143958.34	144841.9	86004.73
	主营利润(万元)	31289.96	29769.09	14497.4
	营业利润(万元)	7633.21	7802.08	4642.45
	投资收益(万元)	2159.98	1052.9	1617.5
	利润总额(万元)	9762.73	8777.18	6262.27
	净利润(万元)	5325.6	4568.81	4159.82

点评	公司业务比较分散，以专用设备与仪器制造为主体，辅之以旅游业。05年公司面临能源和原材料价格继续上涨等因素，基本实现了主营业务的平稳发展。新的一年，公司将继续坚持以技术创新为推动力，在能源、原材料价格相对平稳下，实现稳定发展。

	截止日期	05年末	占%	主要股东及持股比例%、持股性质
股本结构（万股）	总股本	24172.64		苏州创元(集团)有限公司 41.69%（国有股）
	国有股	10077.4	41.69	中国物资开发投资总公司 8.53%（国有股）
	发起股	2302.13	9.52	中国诚通控股公司 1.96%（国有股）
	外资股			中国轻工物资供销华东公司 0.99%（国有股）
	募集股	713.68	2.95	北京巨鑫泰经贸发展有限公司 0.99%（国有股）
	流通A	11079.43	45.83	陈秋通 0.09%（流通A股）
	流通B			潘美萍 0.09%（流通A股）
	流通H			梁建乐 0.08%（流通A股）
股东户数	05年末	66782		朱晓宇 0.07%（流通A股）
	04年末	70448		顾云芬 0.07%（流通A股）
其他流通股东	张柯庆 0.07%；夏维林 0.069%；方灵 0.062%；杨丽华 0.053%；刘浩波 0.048%			
近年分配	05预案:10派1.5；04年:10派1；03年:10派1	近年募资		

二〇〇五年以来市场表现

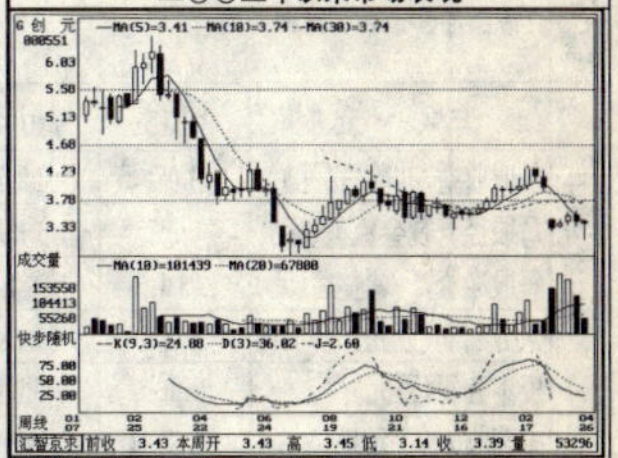

2005年涨跌幅(%)	－28.13
2005年最高(元)	6.48
2006年涨跌幅(%)	23.07
2006.4.26收盘(元)	3.39
2006年最高(元)	4.72
2006年最低(元)	3.6
2006年换手率(%)	94.62
股改对价	送股 派现 每10股实际获得2.5股2.3元(06/03/28)

G＊ST 靖煤（000552）

上市日期:94/01/06　　电话:0931－8512882　　传真:0931－8508220

主营	家用电器、视像产品、通讯设备、多功能消毒器、计算机及相关信息产品、网络终端产品的研制、生产、销售及技术咨询服务。

	年　　度	2005	2004	2003
主要指标	每股收益/扣除后(元)	0.185/0.081	-0.27	-0.44/-0.45
	每股经营现金流量(元)	0.15	-0.09	0.02
	每股净资产/调整后(元)	0.54/0.54	0.35/0.35	0.62/0.62
	未分利润(万元)	-8542.17	-23451.46	-18667.53
	资本公积(万元)		11314.16	11314.16
利润构成	主营收入(万元)	16060.97	5842.21	3480.41
	主营利润(万元)	5248.46	-2008.25	-2383.74
	营业利润(万元)	1471.14	-4178.32	-7723.85
	投资收益(万元)	-22.49	-88.82	-31.87
	利润总额(万元)	3281.76	-4783.94	-7820.62
	净利润(万元)	3281.76	-4783.94	-7820.62

点评　随着靖远煤业的入主,其与公司的资产置换也迅速展开,公司置入煤业类优质资产后,扭亏的可能性大增,退市的风险基本可以消除。而且在目前煤炭行业仍然处于景气状态下,公司2006年的经营状况比较乐观。

	截止日期	05年末	占%	主要股东及持股比例%、持股性质
股本结构（万股）	总股本	17787		靖远煤业 41.63%（国有股）
	国有股	7927.92	44.57	深圳市瑞富源 4.58%（非流通股）
	发起股	2090.88	11.76	海南昌旺 3.35%（非流通股）
	外资股			安徽国元 2.81%（非流通股）
	募集股	1089	6.12	合肥市高科 2.59%（非流通股）
	流通A	6679.2	37.55	甘肃电子物业 2.45%（国有股）
	流通B			上海兴海 0.59%（非流通股）
	流通H			甘肃工交投资 0.49%（国有股）
股东户数	05年末	19268		天泰新产业 0.41%（非流通股）
	04年末	21455		甘肃证券 0.41%（非流通股）
其他流通股东	张红雷 0.608%;上海申能资产管理有限公司 0.571%;康洪永 0.412%;杜文奎 0.395%;王鼎文 0.393%			
近年分配		近年募资		

二〇〇五年以来市场表现

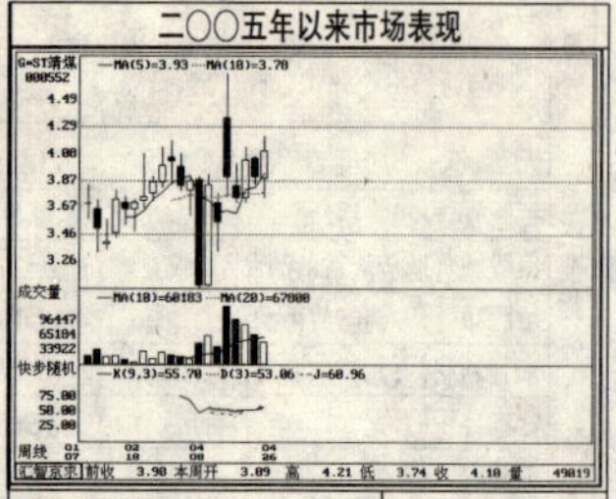

2005年涨跌幅(%)	-4.83
2005年最高(元)	4.18
2006年涨跌幅(%)	15.49
2006.4.26收盘(元)	4.1
2006年最高(元)	4.7
2006年最低(元)	3.7
2006年换手率(%)	63.32
股改对价	免债（06/03/30）

沙隆达 A（000553/200553）

上市日期:A: 93/12/03 B: 97/05/15　电话:0716－8208632　　传真:0716－8208899

主营	从事农药品、化工品的生产和销售

	年　　度	2005	2004	2003
主要指标	每股收益/扣除后(元)	0.017/0.031	0.033/0.062	0.025/-0.002
	每股经营现金流量(元)	0.27	0.2	0.1
	每股净资产/调整后(元)	2.96/2.89	2.95/2.85	2.92/2.69
	未分利润(万元)	-3742.25	-4258.78	-5244.7
	资本公积(万元)	56675.66	56675.66	56677.79
利润构成	主营收入(万元)	126183.53	113408.24	86389.38
	主营利润(万元)	21379.95	19023.34	13647.31
	营业利润(万元)	2645.89	1854.51	297.49
	投资收益(万元)	-1396.62	-355.42	358.16
	利润总额(万元)	1261.9	15.6	393.87
	净利润(万元)	516.52	985.92	740.06

点评　公司属化学农药制造业。虽然受益于国家的大力扶持农业的政策,但是在原材料价格居高不下以及运力持续紧张的情况下,没有较好的获利产品推出,使得公司的经营压力较大。

	截止日期	05年末	占%	主要股东及持股比例%、持股性质
股本结构（万股）	总股本	29696.16		沙隆达集团公司 27.52%（国有股）
	国有股	8472.93	28.53	蕲春县国有资产管理局 1.01%（国有股）
	发起股			ABN AMRO BANK NV 0.42%（流通B股）
	外资股			SHEN YING 0.34%（流通B股）
	募集股			泰纪投资有限公司 0.33%（流通B股）
	流通A	9723.23	32.74	广奇投资有限公司 0.33%（流通B股）
	流通B	11500	38.73	王志昌 0.33%（流通A股）
	流通H			财经有限公司 0.29%（流通B股）
股东户数	05年末	39170		谭东山 0.25%（流通B股）
	04年末	41871		黄俊跃 0.22%（流通B股）
其他流通股东	谢希贤 0.224%;陈超明 0.219%			
近年分配		近年募资		

二〇〇五年以来市场表现

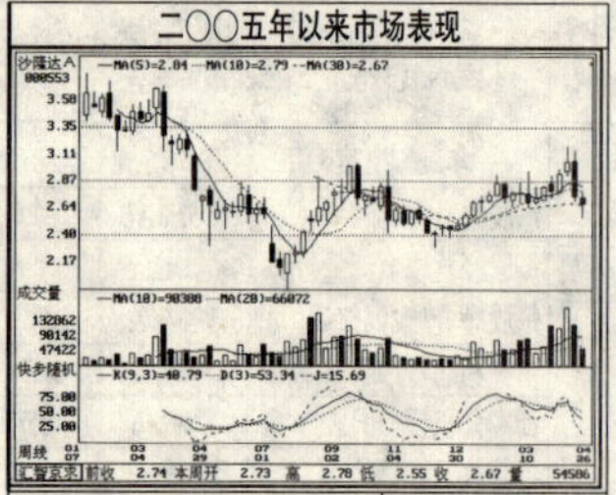

2005年涨跌幅(%)	-29.55
2005年最高(元)	3.82
2006年涨跌幅(%)	7.66
2006.4.26收盘(元)	2.67
2006年最高(元)	3.18
2006年最低(元)	2.47
2006年换手率(%)	125.44
股改对价	

泰山石油（000554）

上市日期:93/12/15　　电话:0538－8265456　　传真:0538－8265450

主营	成品油购销和房地产开发。

	年　　度	2005	2004	2003
主要指标	每股收益/扣除后(元)	0.052	0.094	0.02/0.13
	每股经营现金流量(元)	0.252	0.159	0.16
	每股净资产/调整后(元)	1.73/1.68	1.78/1.75	1.68/1.65
	未分利润(万元)	7692.91	8686.89	9884.05
	资本公积(万元)	18510.98	18510.98	18510.98
利润构成	主营收入(万元)	188589.64	132573.38	98671.52
	主营利润(万元)	16543.01	16798.41	13495.26
	营业利润(万元)	6856.61	9113.81	6386.53
	投资收益(万元)	-728.95	-203.04	-154.67
	利润总额(万元)	5058.34	6025.66	959.56
	净利润(万元)	2514.25	4509.02	794.98

点评　公司属石油成品油流通行业,作为中石化控股的重要企业,地处全国重要能源基地和能源大省山东省。公司凭借着突出的区域垄断优势,不仅尽享着成品油涨价所带来的巨大利润,而且更成为中石化私有化的重要目标,集业绩增长、资产暴增、私有化等诸多题材于一身。

	截止日期	05年末	占%	主要股东及持股比例%、持股性质
股本结构（万股）	总股本	48079.33		中国石油化工股份有限公司 38.68%（国有股）
	国有股	18595.33	38.68	中信经典配置证券投资基金 0.31%（流通A股）
	发起股			陈国良 0.23%（流通A股）
	外资股			深圳市旗扬投资有限公司 0.21%（流通A股）
	募集股			陈锡球 0.19%（流通A股）
	流通A	29484	61.32	王作生 0.18%（流通A股）
	流通B			上海科立通讯工程技术有限公司 0.15%（流通A股）
	流通H			敬天盛 0.15%（流通A股）
股东户数	05年末	42857		周世玉 0.12%（流通A股）
	04年末	24911		张耀珉 0.12%（流通A股）
其他流通股东	贺强 0.114%			
近年分配	05预案:10派0.6；04年:10派1	近年募资		

二〇〇五年以来市场表现

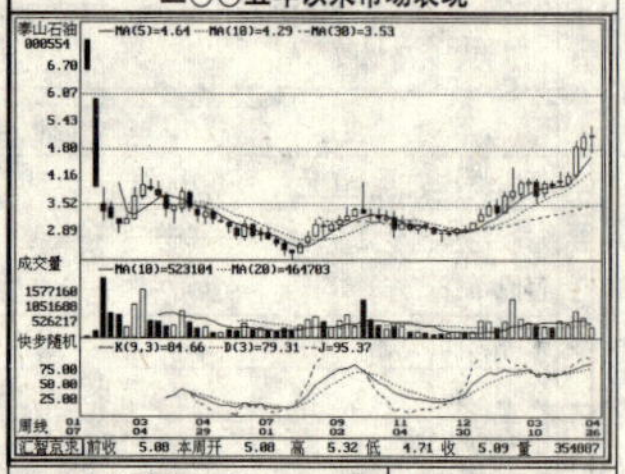

2005年涨跌幅(%)	-62.75
2005年最高(元)	7.34
2006年涨跌幅(%)	73.13
2006.4.26收盘(元)	5.09
2006年最高(元)	5.32
2006年最低(元)	2.9
2006年换手率(%)	295.38
股改对价	

ST太光（000555）

上市日期:94/04/08　　电话:0755－26037327　　传真:0755－26037329

主营	主营 TEC5200 综合业务接入网等通信设备，国内商业，物资供销业；具有进出口权。			
	年　　度	2005	2004	2003
主要指标	每股收益/扣除后(元)	-0.15/-0.17	0.029/-0.149	-1.16/-1.019
	每股经营现金流量(元)	0.28	0.18	0.02
	每股净资产/调整后(元)	-0.62/-0.96	-0.46/-0.46	-0.49/-0.5
	未分利润(万元)	-19756.02	-18505.62	-18746.79
	资本公积(万元)	6302.17	6302.17	6302.17
利润构成	主营收入(万元)	592.69	1080.78	401.11
	主营利润(万元)	105.17	145.57	85.93
	营业利润(万元)	-1235.01	232.07	-8335.43
	投资收益(万元)	20	19.8	
	利润总额(万元)	-1250.39	241.17	-9476.73
	净利润(万元)	-1250.39	241.17	-9476.73
点评	公司从事综合业务接入网等通信设备的制造，深圳太光电信入主后，在股改的历史机遇前，公司实质性重组工作有望展开。公司第二大股东巨龙公司是中国最早的四大电信设备制造商之一，并有将优质业务注入公司的意愿，资产重组作为对价使得后市想象空间巨大。			

股本结构（万股）	截止日期	05年末	占%	主要股东及持股比例%、持股性质
	总股本	8182.77		深圳市申昌科技有限公司 24.32%（非流通股）
	国有股			巨龙信息技术有限责任公司 16.8%（非流通股）
	发起股	2012.99	24.6	上海华之达商贸有限公司 7.44%（非流通股）
	外资股			海南於谦科技有限公司 4.99%（非流通股）
	募集股	3969.78	48.51	上海歧林青装潢实业有限公司 2.44%（非流通股）
	流通A	2200	26.89	深圳市富旺达投资有限公司 2.44%（非流通股）
	流通B			上海岩鑫实业投资有限公司 2.44%（非流通股）
	流通H			深圳市太光通信发展有限公司 2.08%（非流通股）
股东户数	05年末	4128		天津市民顺商贸有限公司 1.58%（非流通股）
	04年末	1871		上海亿安科技发展有限公司 1.34%（非流通股）
其他流通股东	张乾光 0.282%；周景平 0.244%；黄旭明 0.196%；刑建荣 0.174%；赵晶 0.166%；黄卫红 0.157%；吴晋鹏 0.15%			
近年分配			近年募资	

二○○五年以来市场表现

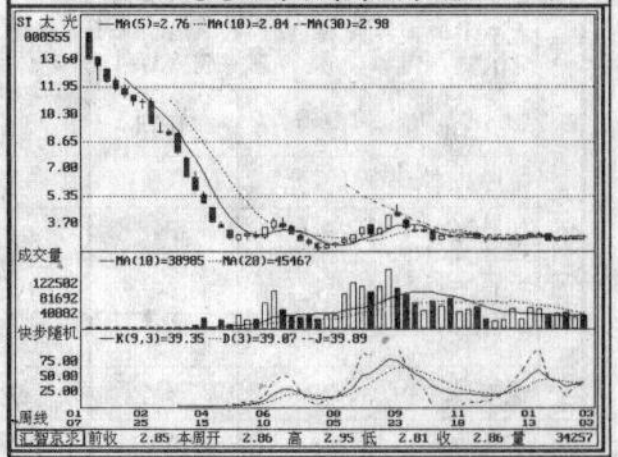

2005年涨跌幅(%)	-81.34
2005年最高(元)	15.25
2006年涨跌幅(%)	0.35
2006.4.26收盘(元)	2.86
2006年最高(元)	3.15
2006年最低(元)	2.62
2006年换手率(%)	142.87
股改对价	定向转增 每10股实际获得4股

*ST广夏（000557）

上市日期:94/06/17　　电话:0951－5054984　　传真:0951－5054518

主营	从事优势特色资源开发和生态农业产业化和天然植物精华萃取加工。			
	年　　度	2005	2004	2003
主要指标	每股收益/扣除后(元)	0.01/-0.03	-0.68/-0.13	-0.12/-0.061
	每股经营现金流量(元)	0.01	-0.02	-0.02
	每股净资产/调整后(元)	-1.85/-2.07	-1.83/-2.07	-1.11/-1.49
	未分利润(万元)	-159304.98	-159941.64	-123787.68
	资本公积(万元)	22792.57	21848.65	21841.6
利润构成	主营收入(万元)	4297.83	1572.09	1140.63
	主营利润(万元)	622.23	-723.69	273.77
	营业利润(万元)	-3578.39	-8145.41	-5086.68
	投资收益(万元)	-48.52	40.22	91.87
	利润总额(万元)	-1635.97	-35996.58	-7906.9
	净利润(万元)	664.18	-34571.22	-6109.86
点评	公司生产经营逐步恢复正常，资产和债务重组有进展。05年房地产、葡萄酒销售亏损，枸杞、葡萄销售赢利。部分债权人对公司05年利息予以免除，降低了财务费用，使公司实现赢利。公司的生产经营有所好转但没有实质性改善。总体负债仍沉重，债务危机仍未消除。			

股本结构（万股）	截止日期	05年末	占%	主要股东及持股比例%、持股性质
	总股本	50526.14		深圳市广夏文化实业有限公司 12.63%（国有股）
	国有股			宁夏伊斯兰国际信托投资公司 7.98%（国有股）
	发起股	12862.24	25.46	深圳兴庆电子公司 6.8%（国有股）
	外资股			广东京中投资管理有限公司 4.73%（非流通股）
	募集股	9560.16	18.92	银川培鑫投资有限责任公司 4.29%（非流通股）
	流通A	28100.43	55.62	宁夏计算机技术研究所 2.83%（国有股）
	流通B			上海荣福室内装潢有限公司 2.18%（非流通股）
	流通H			宁夏源惠投资管理有限责任公司 0.89%（国有股）
股东户数	05年末	58919		金世一 0.54%（流通A股）
	04年末	74495		钟月平 0.44%（流通A股）
其他流通股东	荣凤江 0.243%；俞美娣 0.221%；李雪君 0.22%；王舸微 0.214%；郝晓波 0.206%；戚讯 0.165%；刘毅书 0.157%			
近年分配			近年募资	

二○○五年以来市场表现

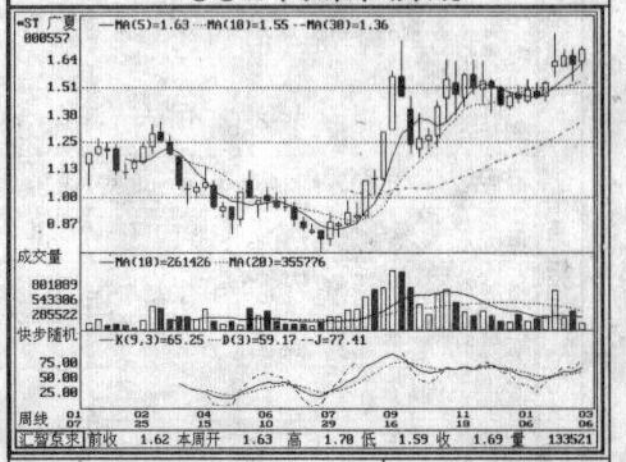

2005年涨跌幅(%)	25.86
2005年最高(元)	1.73
2006年涨跌幅(%)	15.75
2006.4.26收盘(元)	1.69
2006年最高(元)	1.77
2006年最低(元)	1.44
2006年换手率(%)	72.33
股改对价	定向转增 每10股实际获得3股

G莱茵（000558）

上市日期:94/05/09　　电话:024－89150242　　传真:024－89153302

主营	房地产开发，物业管理，档口使用权出租、出售，商品配送、仓储运输。			
	年　　度	2005	2004	2003
主要指标	每股收益/扣除后(元)	0.02/0.03	0.1/0.1	0.06/0.056
	每股经营现金流量(元)	0.69	0.54	-0.76
	每股净资产/调整后(元)	1.27/1.23	1.24/1.21	1.15/1.14
	未分利润(万元)	-2165.64	-2406.19	-3384.64
	资本公积(万元)	5336.8	5212.69	5175.57
利润构成	主营收入(万元)	16016.73	19813.05	20100.68
	主营利润(万元)	5058.75	4769.06	3603.31
	营业利润(万元)	1857.62	1860	1277.58
	投资收益(万元)	-204.86	-231.24	-221.68
	利润总额(万元)	1487.41	1616.67	1082.53
	净利润(万元)	240.55	1220.02	671.95
点评	公司房地产业务主要在扬州、沈阳、嘉善地区，2005年由于沈阳地区的			

股本结构（万股）	截止日期	05年末	占%	主要股东及持股比例%、持股性质
	总股本	11716.44		莱茵达集团有限公司 29.43%（非流通股）
	国有股			南京蓝本新型建材有限责任公司 8.54%（非流通股）
	发起股	6666	56.89	沈阳利源投资管理咨询有限公司 2.05%（非流通股）
	外资股			北京仁达国际信息工程有限公司 1.55%（非流通股）
	募集股			北京房地产开发经营总公司 1.03%（非流通股）
	流通A	5050.44	43.11	中国人寿保险股份有限公司沈阳分公司 1.03%（非流通股）
	流通B			沈阳和天甲康原科技开发有限公司 0.94%（非流通股）
	流通H			张素芬 0.86%（流通A股）
股东户数	05年末	13935		上海融道贸易有限公司 0.85%（非流通股）
	04年末	12414		沈阳复合纸厂 0.67%（非流通股）
其他流通股东	王美罗 0.451%；陈莲 0.407%；陈宇 0.297%；高宏绩 0.289%；张敬谦 0.288%；王世明 0.256%；张宏济 0.209%			
近年分配			近年募资	

二○○五年以来市场表现

2005年涨跌幅(%)	-15.76
2005年最高(元)	5.22
2006年涨跌幅(%)	-5.26
2006.4.26收盘(元)	2.7
2006年最高(元)	3.8
2006年最低(元)	2.99
2006年换手率(%)	176.28
股改对价	资产置换 送股 每10股实际获得2股(06/04/19)

G 钱潮（000559）

上市日期:94/01/10　　电话:0571－82832999　　传真:0571－82602132

主营	专业生产等速万向节、轿车减震器、汽车轴承、特种轴承、汽车十字轴万向切总成、汽车制动系统、差速器十字轴、工程机械万向节总成、汽车橡胶密封件、滚动体等汽车零总件。

	年　度	2005	2004	2003
主要指标	每股收益/扣除后(元)	0.133/0.117	0.206	0.41/0.283
	每股经营现金流量(元)	0.22	0.28	0.69
	每股净资产/调整后(元)	1.59/1.59	2.13/2.13	4.04/4.04
	未分利润(万元)	23333.39	13277.21	11439.83
	资本公积(万元)	7284.26	35892.58	72363.36
利润构成	主营收入(万元)	282925.65	233126.64	198401.58
	主营利润(万元)	50462.17	46980.34	38121.07
	营业利润(万元)	20078.32	20700.06	16362.45
	投资收益(万元)	1082.9	-503.16	1356.93
	利润总额(万元)	23324.43	23076.14	22231.68
	净利润(万元)	13609.98	15098.67	14936.17

点评	公司专业生产底盘及悬架系统、汽车制动系统、传动系统、轮毂单元、轴承、精密件、工程机械零部件等汽车系统零部件及总成,是目前国内最大的独立汽车系统零部件专业生产基地之一。2006 年度重点抓基础管理和集约整合,力争实现公司竞争优势。

	截止日期	05 年末	占%	主要股东及持股比例%、持股性质
股本结构（万股）	总股本	102558.74		万向集团公司 58.52%（非流通股）
	国有股			中国汽车工业投资开发公司 2.82%（国有股）
	发起股	63907.52	62.31	中国工程与农业机械进出口总公司 1.09%（国有股）
	外资股	、		中国工商银行－南方稳健成长证券投资基金 0.82%（流通 A 股）
	募集股	625.07	0.61	中汽凯瑞贸易有限公司 0.52%（非流通股）
	流通 A	38026.14	37.08	中国工商银行－隆元证券投资基金 0.47%（流通 A 股）
	流通 B			全国社保基金一零一组合 0.27%（流通 A 股）
	流通 H			王玉华 0.24%（流通 A 股）
股东户数	05 年末	38799		鲁冠球 0.19%（流通 A 股）
	04 年末	38656		徐连法 0.19%（流通 A 股）
其他流通股东	阮胜利 0.185%;中国工商银行－金元证券投资基金 0.185%;金鼎证券投资基金 0.146%;陈辞蕾 0.127%			
近年分配	05 预案:10 派 0.5；04 中期:10 转增 10 年终:10 派 1 转增 4；03 年:10 派 2		近年募资	

二〇〇五年以来市场表现

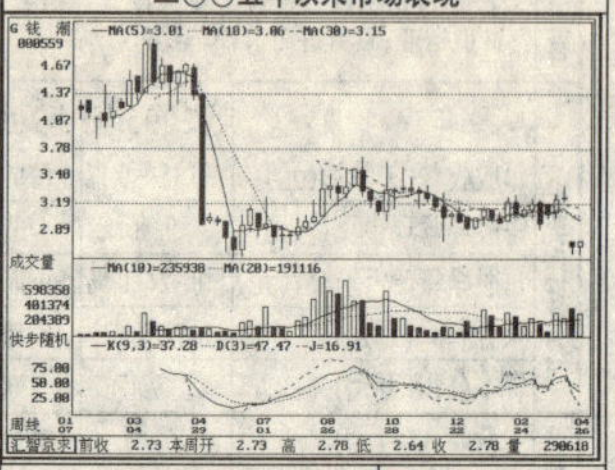

2005 年涨跌幅(%)	-0.99
2005 年最高(元)	5.25
2006 年涨跌幅(%)	19.01
2006.4.26 收盘(元)	2.78
2006 年最高(元)	3.48
2006 年最低(元)	2.91
2006 年换手率(%)	82
股改对价	送股 每 10 股实际获得 2.5 股(06/04/21)

ST 昆百大（000560）

上市日期:94/02/02　　电话:0871－3621681　　传真:0871－3623414

主营	商业零售批发、房地产开发及旅游服务。

	年　度	2005	2004	2003
主要指标	每股收益/扣除后(元)	0.262/-0.08	0.324/0.113	0.28/0.011
	每股经营现金流量(元)	-1.1785	0.6029	-0.22
	每股净资产/调整后(元)	-0.16/-0.45	-0.42/-0.55	-0.74/-0.84
	未分利润(万元)	-16870.64	-38988.01	-43336.15
	资本公积(万元)	270.69	17653.59	17638.06
利润构成	主营收入(万元)	84118.44	83305.83	67886.44
	主营利润(万元)	14990.93	15479.21	9779.29
	营业利润(万元)	-1004.55	3338.72	305.69
	投资收益(万元)	2007.6	-28.66	845.07
	利润总额(万元)	3201.04	5199.99	3931.81
	净利润(万元)	3527.17	4348.14	3757.6

点评	百货、家电业态面临百盛、苏宁等企业的市场竞争。华夏西部控股后,将房地产业务调整为公司的主营业务,2003－2005 年保持盈利。每股净资产－0.12 元,关注新会计准则实施后通过重估物业价值的可能。

	截止日期	05 年末	占%	主要股东及持股比例%、持股性质
股本结构（万股）	总股本	13440		昆明百货大楼 24%（国有股）
	国有股	4337.37	32.27	华夏西部经济开发有限公司 13.56%（非流通股）
	发起股			昆明市国有资产(持股)经营有限责任公司 8.27%（国有股）
	外资股			昆明卷烟厂 2.23%（非流通股）
	募集股	2862.63	21.3	深圳市鸿基(集团)股份有限公司 1.86%（非流通股）
	流通 A	6240	46.43	云南英君科技有限公司 1.49%（非流通股）
	流通 B			云南航辰经营开发有限公司 0.6%（非流通股）
	流通 H			广东美雅集团股份有限公司 0.52%（非流通股）
股东户数	05 年末	20756		黄家宁 0.43%（流通 A 股）
	04 年末	22074		深圳中农信投资实业公司 0.37%（非流通股）
其他流通股东	马建雄 0.359%;张国凤 0.244%;余怀德 0.222%;吴伟文 0.203%;王炎 0.164%;张勤 0.157%;徐晓亮 0.156%			
近年分配			近年募资	

二〇〇五年以来市场表现

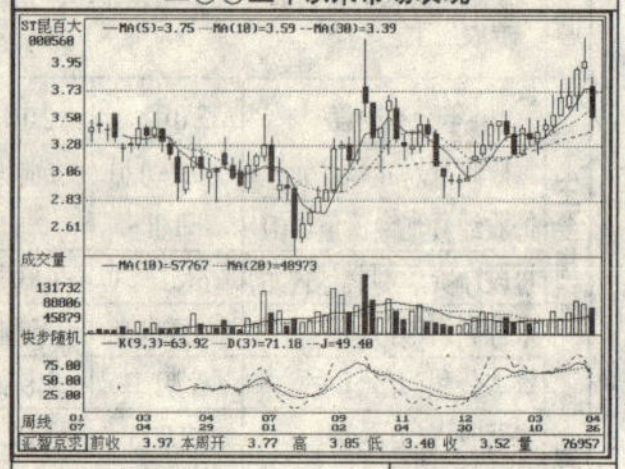

2005 年涨跌幅(%)	-11.47
2005 年最高(元)	4.15
2006 年涨跌幅(%)	16.94
2006.4.26 收盘(元)	3.52
2006 年最高(元)	4.18
2006 年最低(元)	3.14
2006 年换手率(%)	139.25
股改对价	

*ST 长岭（000561）

上市日期:94/05/09　　电话:0917－3624433　　传真:0917－3622392

主营	家用电器产品、机电产品、软件技术开发以及相关的进出口贸易。

	年　度	2005	2004	2003
主要指标	每股收益/扣除后(元)	0.07/-0.08	0.06	-1.11/-0.99
	每股经营现金流量(元)	-0.0021	0.0075	0.09
	每股净资产/调整后(元)	-1.6/-1.63	-1.57/-1.59	-1.58/-1.63
	未分利润(万元)	-121481.35	-123429.48	-123268.91
	资本公积(万元)	52173.98	52129.61	52066.41
利润构成	主营收入(万元)	22170.35	29417.96	43582.69
	主营利润(万元)	4609.9	9120.57	4600.15
	营业利润(万元)	-220.52	-219.82	-73042.94
	投资收益(万元)	-1061.64	-382.68	266.03
	利润总额(万元)	-2362.32	-502.71	-80366.33
	净利润(万元)	2705.47	2375.43	-44080.29

点评	公司属于国家级的大型军工企业,正面临重组的微妙变化。更值得一提的是,为减轻企业债务负担,当地政府正加大债务处置的工作力度,充分利用有关政策,稳妥地推进债务重组工作。

	截止日期	05 年末	占%	主要股东及持股比例%、持股性质
股本结构（万股）	总股本	39701.26		陕西省国有资产管理局 29.98%（国有股）
	国有股	11902.64	29.98	中国工行陕西信托投资有限公司 4.72%（非流通股）
	发起股			西安飞机工业集团财务有限责任公司 0.73%（非流通股）
	外资股			上海鑫黎实业有限公司 0.63%（非流通股）
	募集股	3589.85	9.04	中国银行宝鸡支行劳动服务公司 0.54%（非流通股）
	流通 A	24208.77	60.98	宝鸡证券公司 0.36%（非流通股）
	流通 B			中国农行宝鸡支行职工技术服务部 0.36%（非流通股）
	流通 H			新疆生产建设兵团农二师 0.36%（非流通股）
股东户数	05 年末	109951		华能科技公司 0.34%（非流通股）
	04 年末	116775		河北宾馆 0.29%（非流通股）
其他流通股东	陈建伟 0.126%;郑建明 0.113%;汪孝亮 0.112%;林瀚 0.101%;张文端 0.099%;张武振 0.089%;陶锦德 0.088%			
近年分配			近年募资	

二〇〇五年以来市场表现

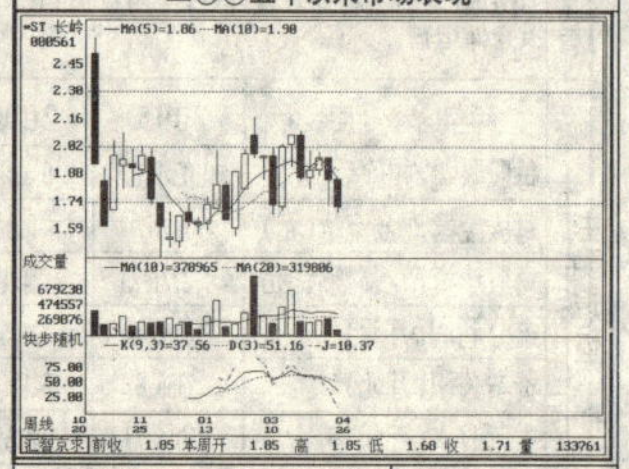

2005 年涨跌幅(%)	-37.31
2005 年最高(元)	2.59
2006 年涨跌幅(%)	4.91
2006.4.26 收盘(元)	1.71
2006 年最高(元)	2.17
2006 年最低(元)	1.56
2006 年换手率(%)	224.34
股改对价	

宏源证券（000562）

上市日期:94/02/02　　电话:0991－2301870　　传真:0991－2301779

主营	经营证券的代理买卖;代理还本付息、分红付息、证券代保管、鉴证;代理登记开户;证券自营买卖;证券的承销和上市推荐;证券投资咨询等。			
主要指标	年　度	2005	2004	2003
	每股收益/扣除后(元)	0.014/0.012	－0.956	0.033/0.026
	每股经营现金流量(元)	0.523	－1.202	0.249
	每股净资产/调整后(元)	1.14/1.05	1.13/0.96	2.09/1.96
	未分利润(万元)	3428.83	－50878.09	7292.23
	资本公积(万元)	1149.69	53356.46	55084.48
利润构成	主营收入(万元)	－1699.05	16279.78	28357.64
	主营利润(万元)	－24716.6	－18022.52	4759.82
	营业利润(万元)	－24716.6	－18022.52	4759.82
	投资收益(万元)			
	利润总额(万元)	822.25	－57422.3	2622.86
	净利润(万元)	822.25	－58170.32	2009.53
点评	由于冲回资产减值损失 2.54 亿元,使得净利润达到 822 万元,勉强扭亏。经纪业务竞争力下降,由于暂停新股发行,投行业务量大幅萎缩,资产管理业务和自营分别亏损 1.65 亿元和 0.39 亿元。作为金融机构有并购价值。			

	截止日期	05 年末	占%	主要股东及持股比例%、持股性质
股本结构（万股）	总股本	60874.52		中国信达资产管理公司 40.07%（国有股）
	国有股			新疆生产建设兵团 5.01%（国有股）
	发起股	25727.63	42.26	新疆电力公司 4.59%（国有股）
	外资股			安徽华茂纺织股份有限公司 4.59%（国有股）
	募集股	10900.89	17.91	深圳市宏成电脑有限公司 2.296%（非流通股）
	流通 A	24239.91	39.82	新疆资金融通中心 1.503%（国有股）
	流通 B			新疆新达投资管理有限公司 0.76%（流通 A 股）
	流通 H			新疆金威有限公司 0.689%（国有股）
股东户数	05 年末	83868		通乾证券投资基金 0.518%（流通 A 股）
	04 年末	92706		中诚信托投资有限责任公司 0.503%（流通 A 股）
其他流通股东	中船重工财务有限责任公司 0.164%;上海市房屋维修资金管理中心 0.123%;黄俊红 0.1%;郭淑芳 0.084%			
近年分配			近年募资	03 年增发 A 股 9000 万股,发行价 7 元。

二〇〇五年以来市场表现

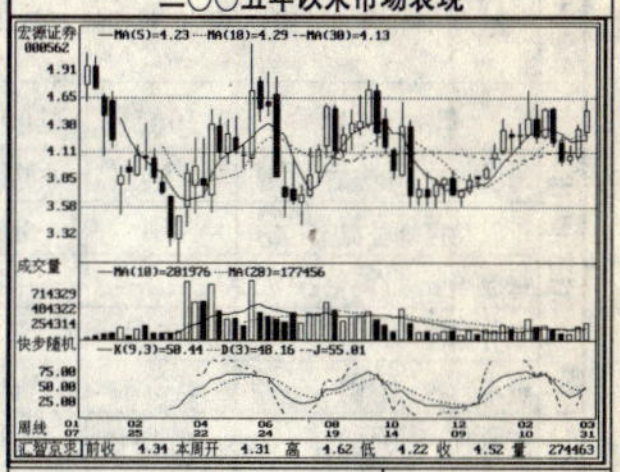

2005 年涨跌幅(%)	－18.05
2005 年最高(元)	5.18
2006 年涨跌幅(%)	14.43
2006.4.26 收盘(元)	4.52
2006 年最高(元)	4.71
2006 年最低(元)	3.95
2006 年换手率(%)	100.38
股改对价	

陕国投 A（000563）

上市日期:94/01/10　　电话:029－3239457　　传真:029－3239354

主营	信托存贷款、投资;委托存贷款、投资;房地产投资;有价证券;金融租赁;代理财产保管与处理;代理收付;经济担保和信用见证;经济咨询。			
主要指标	年　度	2005	2004	2003
	每股收益/扣除后(元)	－0.047/－0.098	0.035	－0.09/－0.178
	每股经营现金流量(元)	－2.08	－0.55	0.02
	每股净资产/调整后(元)	0.96/0.84	1/0.94	1.2/1.1
	未分利润(万元)	－11328	－9627.29	－3512.29
	资本公积(万元)	5890.89	5890.89	5890.89
利润构成	主营收入(万元)	4665.48	15374.04	8376.32
	主营利润(万元)	2366.75	4715.18	－1432.14
	营业利润(万元)	－877.96	－1446.66	－5189.1
	投资收益(万元)	－359.73	3658.33	2576.58
	利润总额(万元)	－1247.3	1124.33	－2704.9
	净利润(万元)	－1471.59	1093.7	－2849.02
点评	控股的健桥证券出现亏损,对长期投资计提减值准备,导致 2005 年亏损。2006 年,公司按要求进一步清理原有负债业务的同时,加大了短期投资变现力度和房地产业务的销售工作。一季度继续亏损。			

	截止日期	05 年末	占%	主要股东及持股比例%、持股性质
股本结构（万股）	总股本	31418.7		陕西省高速公路建设集团公司 51.08%（国有股）
	国有股	16036.05	51.04	陕西华圣企业集团股份有限公司 3.44%（非流通股）
	发起股	540	1.72	中国人民保险公司陕西省分公司 1.72%（非流通股）
	外资股			李锦涛 0.38%（流通 A 股）
	募集股	2206.66	7.02	远东机械制造公司 0.34%（非流通股）
	流通 A	12636	40.22	国营庆安设备公司 0.34%（非流通股）
	流通 B			西安咸阳国际机场 0.31%（非流通股）
	流通 H			陕西省邮电管理局 0.27%（非流通股）
股东户数	05 年末	64908		黄建华 0.14%（流通 A 股）
	04 年末	66865		陕西电力建设总公司 0.14%（非流通股）
其他流通股东	许孟涛 0.097%;张军 0.068%;程苗 0.064%;丰学理 0.064%;茹柏林 0.061%;杜海峰 0.056%;曾健 0.054%			
近年分配			近年募资	

二〇〇五年以来市场表现

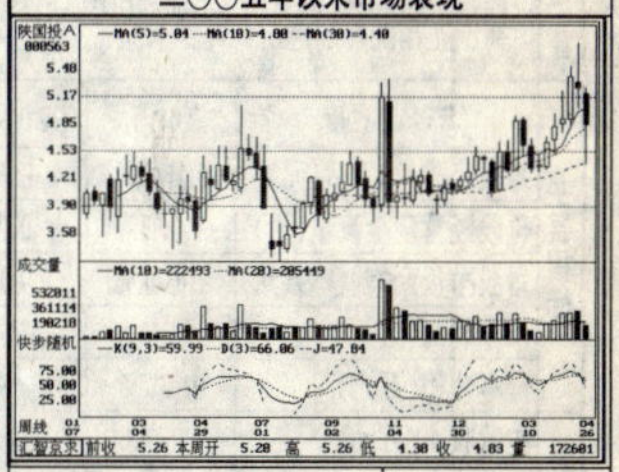

2005 年涨跌幅(%)	8.81
2005 年最高(元)	5.36
2006 年涨跌幅(%)	15
2006.4.26 收盘(元)	4.83
2006 年最高(元)	5.8
2006 年最低(元)	4
2006 年换手率(%)	279.13
股改对价	

G 陕民生（000564）

上市日期:94/01/10　　电话:029－7481961　　传真:029－7481871

主营	以百货零售业为主;兼营酒店、房地产和股权投资的经营。			
主要指标	年　度	2005	2004	2003
	每股收益/扣除后(元)	0.083/0.09	0.076	0.12/0.08
	每股经营现金流量(元)	0.5239	0.5395	0.41
	每股净资产/调整后(元)	2.86/2.86	2.88/2.88	2.93/2.92
	未分利润(万元)	3631.97	4317.33	5588.39
	资本公积(万元)	28396.94	28396.94	28313.07
利润构成	主营收入(万元)	85863.64	78601.3	71581.42
	主营利润(万元)	13823	14019.31	13196.04
	营业利润(万元)	2654.25	2687.75	2350.44
	投资收益(万元)	657.02	134.43	252.36
	利润总额(万元)	2546.53	2373.24	3703.98
	净利润(万元)	1668.39	1540.68	2431.94
点评	公司主要从事商业零售业务,绝大部分为专柜经营。未来公司计划在西部及周边区域建立连锁百货店,在未来 3－5 年内将店面规模扩张到 4－6 家左右。但解放路商圈的商业氛围、影响已非同往夕,有可能直接危及公司百货的根基。			

	截止日期	05 年末	占%	主要股东及持股比例%、持股性质
股本结构（万股）	总股本	20200.7		海航集团有限公司 25.65%（国有股）
	国有股	5180.52	25.65	西安民生劳动服务公司 2.35%（非流通股）
	发起股	475.7	2.35	陕西新开高新技术投资有限公司 0.77%（非流通股）
	外资股			颜彦 0.33%（流通 A 股）
	募集股	876.48	4.34	市工行解放办 0.32%（非流通股）
	流通 A	13665.05	67.65	陕西省电视台广告经理部 0.25%（非流通股）
	流通 B			王月芳 0.19%（流通 A 股）
	流通 H			高增英 0.18%（流通 A 股）
股东户数	05 年末	63145		陕西工商学院 0.17%（非流通股）
	04 年末	65726		保险公司西安分公司 0.17%（非流通股）
其他流通股东	汤小明 0.163%;加强 0.138%;黄敦志 0.129%;陈毅文 0.129%;邓景升 0.127%;迟丽华 0.125%;张冬海 0.112%			
近年分配	04 年:10 派 1;03 年:10 派 1		近年募资	

二〇〇五年以来市场表现

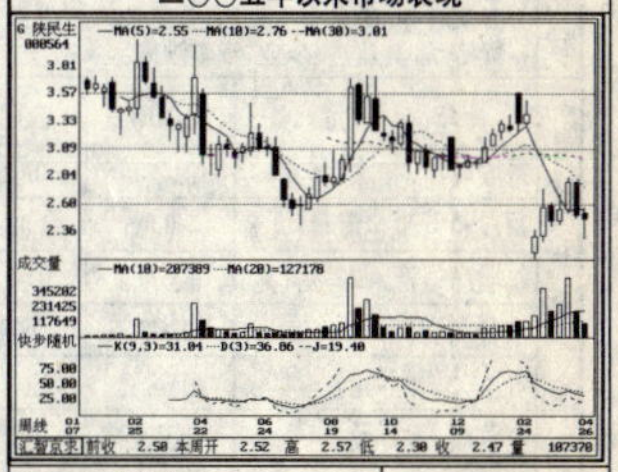

2005 年涨跌幅(%)	－13.78
2005 年最高(元)	4.05
2006 年涨跌幅(%)	11.91
2006.4.26 收盘(元)	2.47
2006 年最高(元)	3.96
2006 年最低(元)	2.97
2006 年换手率(%)	120.73
股改对价	定向转增 每 10 股实际获得 5 股(06/03/14)

渝三峡 A(000565)

上市日期:94/04/08　电话:023－68823076　传真:023－68824806

	年 度	2005	2004	2003
主营	各类涂料、合成树脂及印铁包装桶的生产、开发、销售			
主要指标	每股收益/扣除后(元)	0.008/0.01	0.02/0.02	0.03/0.014
	每股经营现金流量(元)	0.11	－0.028	－0.01
	每股净资产/调整后(元)	2.12/1.94	2.11/2.04	2.1/1.97
	未分利润(万元)	1097.49	985.12	503.74
	资本公积(万元)	15337.6	15264.36	15279.53
利润构成	主营收入(万元)	29661.94	29138.02	29348.89
	主营利润(万元)	3921.15	5254.33	5762.11
	营业利润(万元)	－502.36	582.47	479.05
	投资收益(万元)	339.99	－133	88.45
	利润总额(万元)	143.1	436.51	952.52
	净利润(万元)	134.39	339.09	559.47

点评:主导产品三峡牌系列内墙乳胶漆、醇酸漆、硝基漆、聚酯漆在国内享有一定的品牌优势。但由于原材料涨价,营销渠道不尽合理,管理机制欠灵活,主业盈利能力趋弱,新介入行业的利润贡献有限。总的来看,其发展前景不容乐观。

股本结构(万股)	截止日期 05年末	占%	主要股东及持股比例%、持股性质
总股本	17343.69		重庆化医控股(集团)公司 49.6%(国有股)
国有股	8602.31	49.6	江西省财政投资管理公司 0.68%(流通A股)
发起股			王喜 0.3%(流通A股)
外资股			宋凤臣 0.29%(流通A股)
募集股			西安高资投资管理有限公司 0.28%(流通A股)
流通A	8741.38	50.4	深圳市蓝波湾投资有限公司 0.21%(流通A股)
流通B			黄文建 0.19%(流通A股)
流通H			陈一中 0.18%(流通A股)
股东户数 05年末	27142		黄木秀 0.18%(流通A股)
股东户数 04年末	29598		顾昌贤 0.18%(流通A股)
其他流通股东	喻梅 0.173%		
近年分配		近年募资	

二〇〇五年以来市场表现

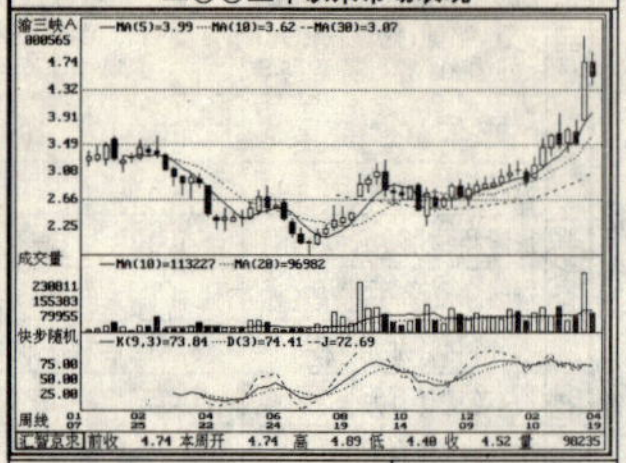

2005年涨跌幅(%)	－9.94
2005年最高(元)	3.6
2006年涨跌幅(%)	55.86
2006.4.26收盘(元)	4.52
2006年最高(元)	5.15
2006年最低(元)	2.85
2006年换手率(%)	150.58
股改对价	资产置换 送股 每10股实际获得1.8股

G 海药(000566)

上市日期:94/05/25　电话:0898－66785861　传真:0898－66705316

	年 度	2005	2004	2003
主营	经营中西成药、精细化工产品、化学原料药、保健品及与医药工业相配套的进出口贸易。			
主要指标	每股收益/扣除后(元)	0.11/0.09	0.12/0.11	0.11/0.11
	每股经营现金流量(元)	0.13	0.18	0.18
	每股净资产/调整后(元)	1.03/0.96	0.9/0.83	0.03/－0.05
	未分利润(万元)	－12155.85	－67261.53	－69759.81
	资本公积(万元)	11061.56	63618.58	48544.98
利润构成	主营收入(万元)	21027.1	22542.14	24095.28
	主营利润(万元)	10836.14	11734.17	10674.46
	营业利润(万元)	2190.62	2350.68	2313.18
	投资收益(万元)			
	利润总额(万元)	2461.71	2609.14	2204.54
	净利润(万元)	2174.45	2498.27	2204.54

点评:公司是海南唯一的医药类上市公司,经过南方同正二次重组后,债务负担明显减轻,经营业绩稳定。2005年受抗生素降价影响,普药粉针销售下降,独家注射用头孢西丁钠大幅增长。优势品种特素、枫蓼肠胃康颗粒剂两个主打品种销售增长,整体业绩稳定。

股本结构(万股)	截止日期 05年末	占%	主要股东及持股比例%、持股性质
总股本	20234.9		深圳市南方同正投资有限公司 19.65%(非流通股)
国有股	1601.33	7.91	海口富海福投资有限公司 9.3%(非流通股)
发起股	7772.2	38.41	中国华融资产管理公司 5.44%(国有股)
外资股			北京桑海投资有限公司 2.78%(非流通股)
募集股			中国轻骑集团有限公司 2.47%(国有股)
流通A	10858.69	53.66	贺来毅 2.41%(流通A股)
流通B			上海信义水处理有限责任公司 1.83%(非流通股)
流通H			海南省信托投资公司 1.42%(非流通股)
股东户数 05年末	22809		长城证券有限责任公司 0.91%(非流通股)
股东户数 04年末	18665		上海新威投资管理有限公司 0.51%(非流通股)
其他流通股东	兰恒光 0.484%;范中 0.43%;张健 0.321%;邱世海 0.313%;邹书玉 0.262%;陈小燕 0.252%;肖莉 0.225%		
近年分配		近年募资	

二〇〇五年以来市场表现

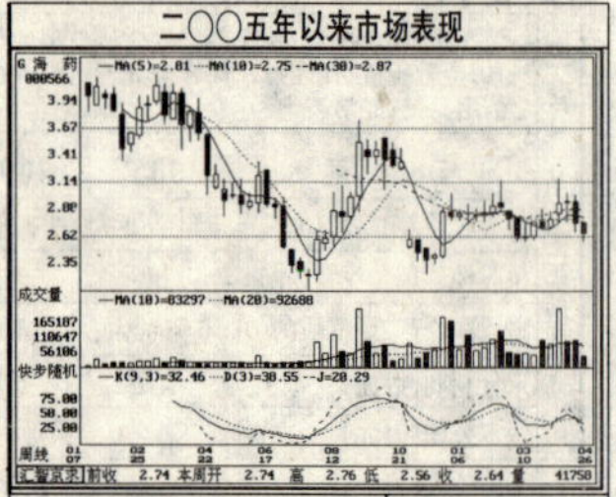

2005年涨跌幅(%)	－10.35
2005年最高(元)	4.2
2006年涨跌幅(%)	－5.71
2006.4.26收盘(元)	2.64
2006年最高(元)	3.17
2006年最低(元)	2.56
2006年换手率(%)	127.41
股改对价	送股 每10股实际获得3股(05/11/21)

G 海德(000567)

上市日期:94/05/25　电话:0898－68535693　传真:0898－68535942

	年 度	2005	2004	2003
主营	信息产业、高新技术产业;酒店管理与咨询,住宿、中式餐、会议服务;矿泉水生产销售;房地产开发经营;兼营进出口贸易、旅游业、娱乐业、汽车维修。			
主要指标	每股收益/扣除后(元)	0.009/－0.053	0.076/0.033	0.018/－0.056
	每股经营现金流量(元)	－0.086	0.03	－0.103
	每股净资产/调整后(元)	0.55/0.5	0.54/0.5	0.46/0.43
	未分利润(万元)	－18612.83	－18794.81	－19909.8
	资本公积(万元)	11672.83	11672.83	11662.83
利润构成	主营收入(万元)	4531.95	7551.74	3891.96
	主营利润(万元)	2627.61	6402.25	3081.16
	营业利润(万元)	－818.63	628.15	－337.7
	投资收益(万元)	265.89	－29.42	920.58
	利润总额(万元)	131.31	1245	556.66
	净利润(万元)	132.2	1141.78	275.73

点评:公司虽然连续实现了扭亏为盈,化解了退市的风险。但公司目前并没有真正走出困境,盈利能力依然薄弱,仍处于亏损与微利边缘徘徊,而且仍存在部分经营性债务与历史担保债务,给公司生产经营及财务状况带来较大压力。

股本结构(万股)	截止日期 05年末	占%	主要股东及持股比例%、持股性质
总股本	15120		海南祥源投资有限公司 26.93%(非流通股)
国有股	768.6	5.08	海南海基投资有限公司 10.41%(非流通股)
发起股	7303.94	48.31	上海万可实业有限公司 4.7%(非流通股)
外资股			海口市对外经济发展公司 2.51%(非流通股)
募集股	999.46	6.61	海南文化旅业发展公司 1.46%(非流通股)
流通A	6048	40	杭州市花园汽车滤清器厂 1.45%(非流通股)
流通B			上海美建物资供销经营部 1.33%(非流通股)
流通H			海口讯发房地产开发公司 1.22%(非流通股)
股东户数 05年末	15921		海南昌旺经济信息咨询有限公司 1.09%(非流通股)
股东户数 04年末	15083		上海证券有限责任公司 1.08%(非流通股)
其他流通股东	李宏涛 0.64%;杜春梅 0.364%;朱小兴 0.305%;王朝容 0.298%;李红玉 0.292%;黄麟雏 0.243%		
近年分配		近年募资	

二〇〇五年以来市场表现

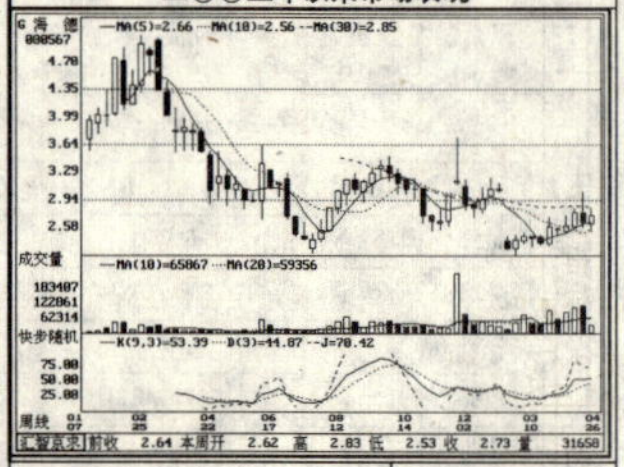

2005年涨跌幅(%)	－17.25
2005年最高(元)	5.05
2006年涨跌幅(%)	11.16
2006.4.26收盘(元)	2.73
2006年最高(元)	3.79
2006年最低(元)	2.79
2006年换手率(%)	93.49
股改对价	送股 每10股实际获得2.5股(06/02/17)

G老窖（000568）

上市日期:94/05/09　　电话:0830—2398826　　传真:0830—2398864

主营	生产销售泸州老窖系列曲酒			
	年　度	2005	2004	2003
主要指标	每股收益/扣除后(元)	0.05/0.06	0.05	0.05/0.05
	每股经营现金流量(元)	0.27	0.27	0.13
	每股净资产/调整后(元)	1.83/1.82	1.81/1.8	1.77/1.75
	未分利润(万元)	4013.57	3278.03	278.66
	资本公积(万元)	37360.34	37360.33	37360.33
利润构成	主营收入(万元)	145664.44	128032.41	117703.07
	主营利润(万元)	64225.26	58297.78	51434.48
	营业利润(万元)	15192.92	9003.85	10401.13
	投资收益(万元)	-3291.88	72.43	325.85
	利润总额(万元)	11754.99	9153.47	9806.89
	净利润(万元)	4618.13	3953.91	4184.15
点评	公司借助高端酒"国窖1573",品牌影响力正在逐渐恢复。随着国窖1573推广的成功,2005年公司管理费用明显下降。公司在2005年将影响公司业绩的非经营性因素全部处理完毕,之后公司将轻装上阵,业绩将出现大幅增长。			

股本结构(万股)	截止日期	05年末	占%	主要股东及持股比例%、持股性质
	总股本	84139.97		泸州市国有资产管理局 60.43%（国有股）
	国有股	50844.51	60.43	中国光大银行股份有限公司－国投瑞银景气行业证券投资基金 1.37%（流通A股）
	发起股			中国工商银行－融鑫证券投资基金 1.33%（流通A股）
	外资股			全国社保基金一零七组合 1.06%（流通A股）
	募集股			交通银行－普惠证券投资基金 0.68%（流通A股）
	流通A	33292.83	39.57	华夏成长证券投资基金 0.64%（流通A股）
	流通B			兴和证券投资基金 0.45%（流通A股）
	流通H			天华证券投资基金 0.44%（流通A股）
股东户数	05年末	79221		全国社保基金一一一组合 0.42%（流通A股）
	04年末	98258		国际金融－汇丰－MORGAN STANLEY @ amp; CO. INTERNATIONAL LIMI 0.42%（流通A股）
其他流通股东	国际金融－汇丰－MORGAN STANLEY @ amp; CO. INTERNATIONAL LIMI 0.417%;全国社保基金一零五组合 0.416%			
近年分配	05预案:10派0.4;04年:10派0.4;03中期:10派0.6	近年募资		

二〇〇五年以来市场表现

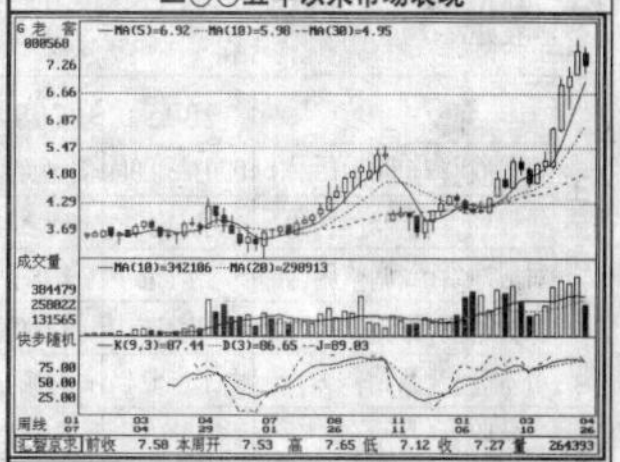

2005年涨跌幅(%)	59.61
2005年最高(元)	5.86
2006年涨跌幅(%)	67.51
2006.4.26收盘(元)	7.27
2006年最高(元)	7.85
2006年最低(元)	4.04
2006年换手率(%)	162.75
股改对价	送股 每10股实际获得3股(05/11/03)

长城股份（000569）

上市日期:94/04/25　　电话:0816－3650392　　传真:0816－3651872

主营	钢冶炼、钢压延加工			
	年　度	2005	2004	2003
主要指标	每股收益/扣除后(元)	-0.131/0.001	0.01/0.014	0.009/0.01
	每股经营现金流量(元)	0.166	-0.329	0.015
	每股净资产/调整后(元)	1.2/0.99	1.23/1	1.19/1.02
	未分利润(万元)	-29507.68	-20414.93	-21115.67
	资本公积(万元)	36625.4	29294.03	27901.02
利润构成	主营收入(万元)	289337.52	277175.68	173551.98
	主营利润(万元)	20551.72	12418.31	10796.36
	营业利润(万元)	-8876.41	996.83	1479.3
	投资收益(万元)	194.54	-5.68	-580.53
	利润总额(万元)	-9092.76	749.61	858.16
	净利润(万元)	-9092.76	700.74	620.62
点评	由于公司于2005年变更了坏帐准备金计提方法、下半年特钢市场行情下滑等因素的影响,公司经营业绩出现亏损。但公司已经进行重组,攀钢集团成为公司第一大股东。如此一来公司产权明晰,治理结构简单,为后续发展奠定基础。			

股本结构(万股)	截止日期	05年末	占%	主要股东及持股比例%、持股性质
	总股本	69514.22		攀钢集团四川长城殊钢有限责任公司 57.95%（国有股）
	国有股	40861.28	58.78	上海上科科技投资有限公司 4.17%（国有股）
	发起股			河北证券有限责任公司 3.32%（非流通股）
	外资股			深圳国际信托投资有限责任公司 2.81%（非流通股）
	募集股	13860	19.94	攀枝花钢铁(集团)公司 1.66%（非流通股）
	流通A	14792.94	21.28	深圳深业物流集团股份有限公司 1%（非流通股）
	流通B			深圳中财投资发展公司 0.83%（非流通股）
	流通H			深圳物业发展(集团)股份有限公司 0.83%（非流通股）
股东户数	05年末	58620		深圳市旗扬投资有限公司 0.49%（非流通股）
	04年末	62457		深圳祥源印刷包装有限公司 0.49%（非流通股）
其他流通股东	赵启波 0.121%;张剑 0.059%;深圳市金村投资股份有限公司 0.05%;庞伟国 0.042%;张慧宝 0.04%;杨阿兴 0.034%			
近年分配		近年募资		

二〇〇五年以来市场表现

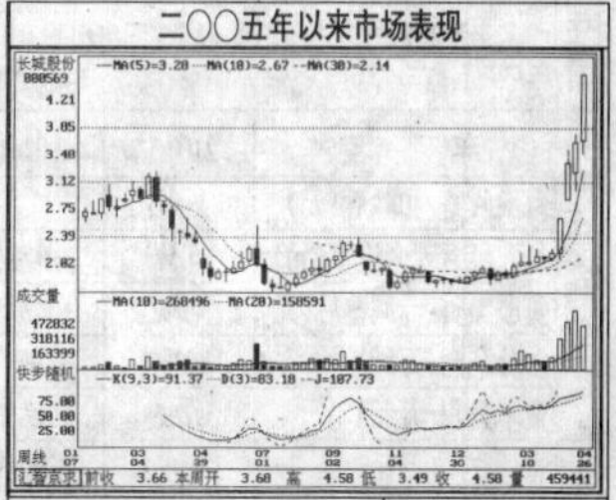

2005年涨跌幅(%)	-32.71
2005年最高(元)	3.26
2006年涨跌幅(%)	155.87
2006.4.26收盘(元)	4.58
2006年最高(元)	4.58
2006年最低(元)	1.75
2006年换手率(%)	206.32
股改对价	

苏常柴A（000570/200570）

上市日期:A: 94/07/01 B: 96/09/13　电话:86－519－6610041　　传真:86－519－6630954

主营	农用柴油机、联合收割机、农用运输车的制造与销售			
	年　度	2005	2004	2003
主要指标	每股收益/扣除后(元)	0.13/0.09	0.12/0.08	0.15/0.06
	每股经营现金流量(元)	0.19	0.4	0.5
	每股净资产/调整后(元)	2.41/2.05	2.28/1.85	2.1/1.67
	未分利润(万元)	17959.67	13854.45	9709.38
	资本公积(万元)	16914.88	16797.89	16797.89
利润构成	主营收入(万元)	185493.07	166472.34	161072.49
	主营利润(万元)	23740.62	19160.92	22173.96
	营业利润(万元)	2504.03	3530.16	3976.64
	投资收益(万元)	1047.1	1527.16	99.88
	利润总额(万元)	4573.76	4826.74	3569.83
	净利润(万元)	4929.69	4603.42	5434.71
点评	公司以单缸柴油机为主,05年克服国家治超治限、排放法规出台及农用车配套量下降的不利影响,实现业绩小幅增长。06年,公司将加大新品推广力度,调整市场结构,进一步积极拓展海外市场,围绕汽车、工程机械等多缸配套领域重点突破,努力实现产销有较大的增长。			

股本结构(万股)	截止日期	05年末	占%	主要股东及持股比例%、持股性质
	总股本	37424.96		常州市国有资产管理局 40.92%（国有股）
	国有股	15316	40.92	武进柴油机机体厂 1.42%（非流通股）
	发起股			东海证券有限责任公司 0.66%（流通A股）
	外资股			GUOTAI JUNAN SECURIES HONG KONG LIMITED 0.52%（流通B股）
	募集股	1006.4	2.69	奔牛农机厂 0.47%（非流通股）
	流通A	11102.56	29.67	肖炳欣 0.28%（流通B股）
	流通B	10000	26.72	徐滨生 0.19%（流通B股）
	流通H			陈永泉 0.18%（流通B股）
股东户数	05年末	66619		张欣 0.16%（流通A股）
	04年末	68975		TOYO SECURITIES ASIA LIMITED－A/C CLIENT. 0.16%（流通B股）
其他流通股东	沈远钦 0.144%;甘肃海扬酒店管理有限公司 0.131%;上海香港万国证券 0.112%			
近年分配	05方案:10派0.5	近年募资		

二〇〇五年以来市场表现

2005年涨跌幅(%)	-30.59
2005年最高(元)	4.99
2006年涨跌幅(%)	13.56
2006.4.26收盘(元)	3.35
2006年最高(元)	3.53
2006年最低(元)	2.89
2006年换手率(%)	79.84
股改对价	

新大洲 A（000571）

上市日期:94/05/25　电话:0898－68583966　传真:0898－68583518

主营	摩托车工业村开发;摩托车及发动机配件的生产经营;高科技开发;物业管理等。			
	年　度	2005	2004	2003
主要指标	每股收益/扣除后(元)	0.013/-0.016	0.011	0.02/0.011
	每股经营现金流量(元)	0.1441	0.2044	0.17
	每股净资产/调整后(元)	1.2/1.16	1.18/1.15	1.17/1.16
	未分利润(万元)	948.37	-27397.87	-28210.81
	资本公积(万元)	7225.52	19777.35	19542.16
利润构成	主营收入(万元)	208049.17	129452.89	11068.41
	主营利润(万元)	21307.82	14873.27	1470.57
	营业利润(万元)	1372.8	1276.8	147.94
	投资收益(万元)	245.76	904.81	1154.84
	利润总额(万元)	1098.86	916.17	1275.84
	净利润(万元)	963.8	812.94	1265.06
点评	公司主营摩托车、电动车,这两年新增加了物流和房产业务。由于受城市限摩、排放标准提高、原材料上涨、竞争加剧等影响,公司主营业务增长开始出现下降。如果不是房产项目,公司业绩可能会出现下滑。尽管新的消费税政策有利于公司,具体情况仍要观察。			

股本结构（万股）	截止日期	05年末	占%	主要股东及持股比例%、持股性质
	总股本	73606.4		海南新元农业开发有限公司 15.09%（非流通股）
	国有股	2458.72	3.34	中国轻骑集团有限公司 12.91%（非流通股）
	发起股	23864.96	32.42	上海浩洲车业有限公司 6.21%（非流通股）
	外资股			海南赐慧实业股份有限公司 5.29%（非流通股）
	募集股	13566.24	18.43	上海金沪房地产发展有限公司 4.54%（非流通股）
	流通A	33716.48	45.81	海南省农垦总公司 3.38%（非流通股）
	流通B			宏源证券股份有限公司 3.34%（国有股）
	流通H			海南斯力特机动车配件有限公司 2.72%（非流通股）
股东户数	05年末	178676		青岛统力星商贸有限公司 0.36%（非流通股）
	04年末	187903		刘玉清 0.26%（流通A股）
其他流通股东	魏春秀 0.08%;贾兆斌 0.075%;嘉实沪深 300 指数证券投资基金 0.067%;杨伟杰 0.061%;单明章 0.046%			
近年分配		近年募资		

二〇〇五年以来市场表现

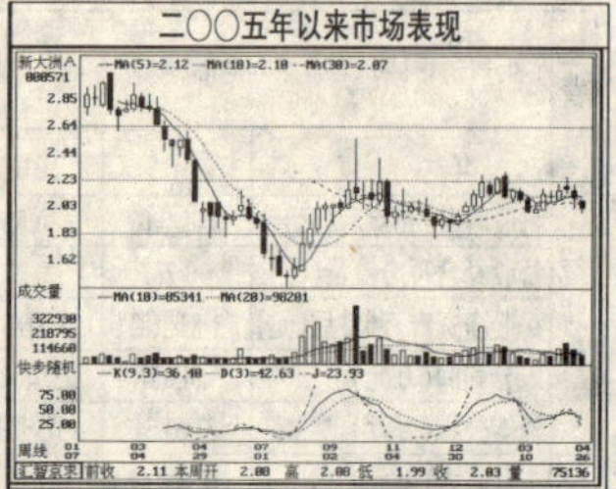

2005年涨跌幅(%)	-29.75
2005年最高(元)	3.05
2006年涨跌幅(%)	3.57
2006.4.26收盘(元)	2.03
2006年最高(元)	2.3
2006年最低(元)	1.99
2006年换手率(%)	50.81
股改对价	

G 金盘（000572）

上市日期:94/08/08　电话:0898－66822672　传真:0898－66816370

主营	工业开发区的开发、建设、经营,厂房出租、出售及工业项目投资。			
	年　度	2005	2004	2003
主要指标	每股收益/扣除后(元)	0.36/0.371	0.2	0.044/0.005
	每股经营现金流量(元)	0.54	0.98	0.045
	每股净资产/调整后(元)	1.46/1.39	1.02/0.98	0.19/0.15
	未分利润(万元)	6023.47	-27178.58	-33386.86
	资本公积(万元)	3972.58	29469.75	18195.83
利润构成	主营收入(万元)	374891.34	26617.35	6361.82
	主营利润(万元)	14915.85	4395.87	2431.76
	营业利润(万元)	8175.23	3716.65	919.02
	投资收益(万元)		741.21	
	利润总额(万元)	7986.41	4438.77	1071.36
	净利润(万元)	7839.38	4320.11	954.5
点评	公司通过收购海南一汽海马汽车销售有限公司 50%股权,增加了新的经济增长点;下属全资子公司海南金盘物流有限公司通过兼并整合周边物流公司业务,降低成本,提高了盈利能力。			

股本结构（万股）	截止日期	05年末	占%	主要股东及持股比例%、持股性质
	总股本	21589.45		海马投资集团有限公司 42.44%（非流通股）
	国有股			新理益集团有限公司 0.6%（非流通股）
	发起股	10297.79	47.7	梁冬 0.43%（流通A股）
	外资股			邓生科 0.24%（流通A股）
	募集股			罗小妹 0.23%（流通A股）
	流通A	11291.64	52.3	赵昆鸟 0.23%（流通A股）
	流通B			蔡军 0.23%（流通A股）
	流通H			赵万能 0.21%（流通A股）
股东户数	05年末	20958		陈国权 0.16%（流通A股）
	04年末	18876		卢均 0.16%（流通A股）
其他流通股东	海口保税区展示中心 0.151%;洪海原 0.135%			
近年分配		近年募资		

二〇〇五年以来市场表现

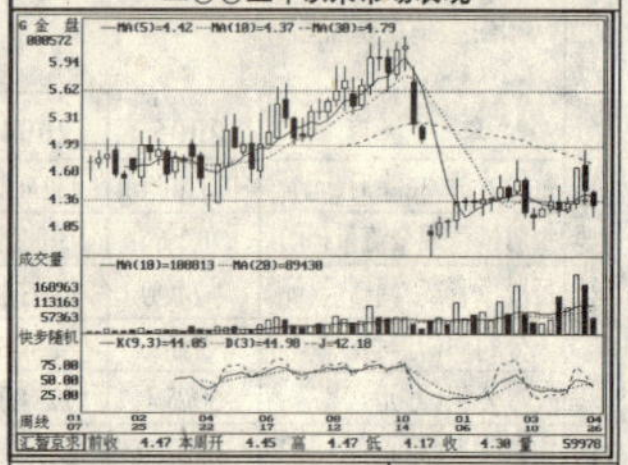

2005年涨跌幅(%)	17.3
2005年最高(元)	6.25
2006年涨跌幅(%)	-0.92
2006.4.26收盘(元)	4.3
2006年最高(元)	4.95
2006年最低(元)	4.03
2006年换手率(%)	135.62
股改对价	送股 每10股实际获得3股(05/12/05)

粤宏远 A（000573）

上市日期:94/08/15　电话:0769－22412655　传真:0769－22412655

主营	房地产开发与经营			
	年　度	2005	2004	2003
主要指标	每股收益/扣除后(元)	0.036/0.05	0.032/0.075	0.03/0.056
	每股经营现金流量(元)	-0.534	0.159	0.188
	每股净资产/调整后(元)	3.13/3.01	3.07/2.88	3.06/2.97
	未分利润(万元)	5521.3	4206.93	3041.29
	资本公积(万元)	72868.06	72515	71909.07
利润构成	主营收入(万元)	56545.15	48517.23	46238.56
	主营利润(万元)	13465.83	12890.06	15514.45
	营业利润(万元)	3220.05	1907.07	2411.55
	投资收益(万元)	-795.65	-812.66	-599.8
	利润总额(万元)	1981.61	694.29	1379.05
	净利润(万元)	1642.96	1457.04	1360.36
点评	经过调整,公司的主业已转为房地产业。近年来东莞总体房价稳中有升,吸引实力房地产开发商进入,公司面临的竞争日益激烈。公司新增了宏远新城土地储备,新项目江南雅筑 2006 上半年可以开始销售,预计 2006 年业绩仍有一定增长。			

股本结构（万股）	截止日期	05年末	占%	主要股东及持股比例%、持股性质
	总股本	45128.39		广东宏远集团公司 19.3%（非流通股）
	国有股	10805.87	23.94	东莞市城宝综合贸易公司 6.86%（非流通股）
	发起股			东莞市篁村区经济联合总社 2.63%（非流通股）
	外资股			东莞市振兴工贸发展公司 2.49%（非流通股）
	募集股	5094.7	11.29	东莞市兴业贸易发展有限公司 0.58%（非流通股）
	流通A	29212.7	64.73	东莞市南城区篁村经济联合社 0.28%（非流通股）
	流通B			先锋集团有限公司东莞分公司 0.25%（非流通股）
	流通H			黄绵珠 0.25%（流通A股）
股东户数	05年末	130023		林秀雄 0.24%（流通A股）
	04年末	137633		陈树德 0.22%（流通A股）
其他流通股东	张汉武 0.17%;中国银行－嘉实沪深 300 指数证券投资基金 0.094%			
近年分配		近年募资		

二〇〇五年以来市场表现

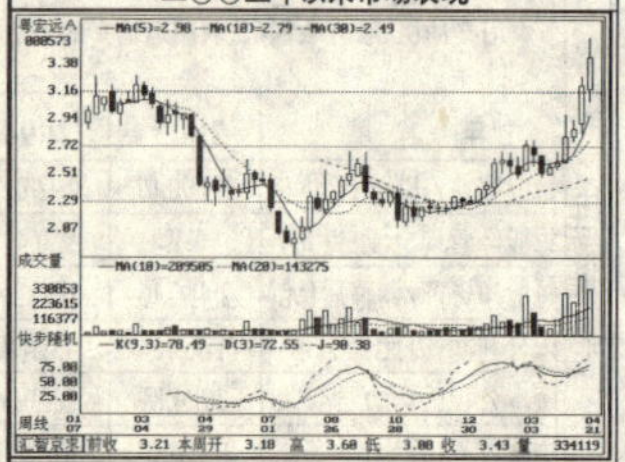

2005年涨跌幅(%)	-21.65
2005年最高(元)	3.28
2006年涨跌幅(%)	50.44
2006.4.26收盘(元)	3.43
2006年最高(元)	3.6
2006年最低(元)	2.27
2006年换手率(%)	88.99
股改对价	定向转增 每10股实际获得4.364股

G 甘化（000576）

上市日期:94/09/07　　电话:0750－3277650　　传真:0750－3277666

主营：主要生产和销售食糖、机制纸、商品浆板、药用酵母、食用酒精、生化原药及其制品。

	年　度	2005	2004	2003
主要指标	每股收益/扣除后(元)	-0.86/-0.83	0.01/-0.05	0.025/0.001
	每股经营现金流量(元)	0.41	0.26	0.0151
	每股净资产/调整后(元)	2.08/1.95	2.93/2.79	2.94/2.86
	未分利润(万元)	-1597.02	-21184.17	-21407.11
	资本公积(万元)	26347.39	59396.86	59690.86
利润构成	主营收入(万元)	76403.8	52248.07	50469.35
	主营利润(万元)	4060.73	7379.38	9937.55
	营业利润(万元)	-13639.3	-1075.28	-90.48
	投资收益(万元)	-5609.88	267.19	855.67
	利润总额(万元)	-21959.4	317.76	683.49
	净利润(万元)	-21246.97	222.93	612.56

点评：公司主营制糖、浆纸、生化、医药等产品。由于05年甘蔗减产，以及原料、运输成本上涨等因素，公司面临亏损。公司将采取“巩固制糖产业、稳定浆纸产业、大力发展生化产业”的战略，打造循环经济优秀企业。06年糖价连续上涨，预计公司盈利水平将大为改善。

	截止日期	05年末	占%	主要股东及持股比例%、持股性质
股本结构（万股）	总股本	24759.86		江门市资产管理局 35.84%（国有股）
	国有股	8874.75	35.84	江门市光达实业有限公司 4.19%（非流通股）
	发起股	681.12	2.75	江门群益造纸厂 4.09%（非流通股）
	外资股			江门甘化综合厂 1.77%（非流通股）
	募集股	4893.67	19.76	中国工商银行广东省信托投资公司 1.6%（非流通股）
	流通A	10310.33	41.64	江门光华印刷厂 1.36%（非流通股）
	流通B			广东中轻南方炼糖纸业有限公司 0.84%（非流通股）
	流通H			番禺紫坭糖厂 0.56%（非流通股）
股东户数	05年末	48893		中国银行江门分行 0.51%（非流通股）
	04年末	48775		大连华信信托投资股份有限公司 0.35%（非流通股）

其他流通股东：简江峰 0.139%；许慧 0.139%；马伟丰 0.083%；刘长征 0.073%；许学立 0.069%；陈利光 0.061%；王觉东 0.059%

近年分配：　**近年募资**：

二〇〇五年以来市场表现

2005年涨跌幅(%)	-10.13
2005年最高(元)	3.78
2006年涨跌幅(%)	127.52
2006.4.26收盘(元)	3.28
2006年最高(元)	7.19
2006年最低(元)	2.82
2006年换手率(%)	357.66
股改对价	以股抵债 定向转增 每10股实际获得9.7股(06/03/13)

数码网络（000578）

上市日期:95/03/03　　电话:0971－6138725　　传真:0971－6144887

主营：金融服务、信息科技和投资。

	年　度	2005	2004	2003
主要指标	每股收益/扣除后(元)	-0.43	-0.8	0.04/0.03
	每股经营现金流量(元)	-0.62	0.35	0.59
	每股净资产/调整后(元)	0.33/0.27	0.77/0.76	1.59/1.58
	未分利润(万元)	-22665.58	-14058.81	2044.83
	资本公积(万元)	5297.34	5229.27	5219.21
利润构成	主营收入(万元)	107444.12	113920.5	137152.64
	主营利润(万元)	6733.88	12254.54	12117.18
	营业利润(万元)	-8809.31	-1255.67	1820.83
	投资收益(万元)	2098.11	-15122.47	-321.92
	利润总额(万元)	-9085.18	-15758.15	1523.04
	净利润(万元)	-8458.79	-15948.96	842.12

点评：公司为综合性经营公司，其主要业务商业贸易包括百货、连锁超市、苏宁电器分公司等，利润保持平稳增长。此外，公司在网络、高科技领域中，已与国际著名厂商建立战略合作关系，准备打造国内最大的“3T”投影机和数字背投电视生产企业和基地，发展潜力巨大。

	截止日期	05年末	占%	主要股东及持股比例%、持股性质
股本结构（万股）	总股本	19815.34		深圳市友缘投资有限公司 29.68%（非流通股）
	国有股	1260	6.36	上海丹阳商务咨询有限公司 17.59%（非流通股）
	发起股	3149.98	15.9	青海省国有资产管理局 6.36%（国有股）
	外资股			中远散货运输有限公司 2.4%（非流通股）
	募集股	8525.91	43.03	中海恒实业发展有限公司 1.8%（非流通股）
	流通A	6876.38	34.7	北京兆维科技股份有限公司 1.4%（非流通股）
	流通B			北京亿隆实业股份有限公司 1.4%（非流通股）
	流通H			青海中兴计算机服务部 1.4%（非流通股）
股东户数	05年末	38286		中国建设银行青海省信托公司 1.4%（非流通股）
	04年末	41013		鞍山九建集团有限公司 0.97%（非流通股）

其他流通股东：柳敏芬 0.293%；方超 0.242%；北京中经贸信息网络有限公司 0.154%；朱素芬 0.101%；胡惠萍 0.089%；颜华 0.082%

近年分配：　**近年募资**：

二〇〇五年以来市场表现

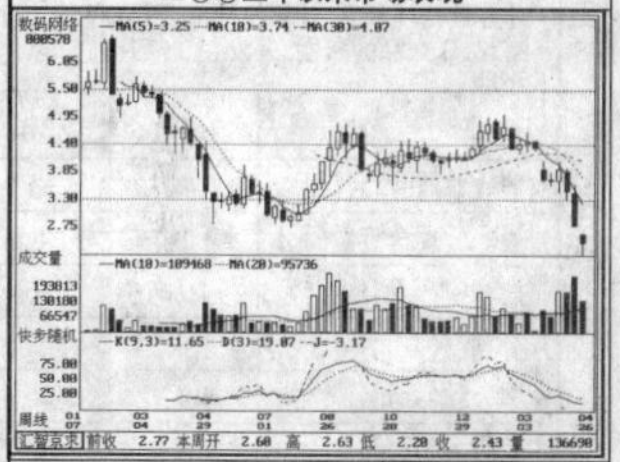

2005年涨跌幅(%)	-25.85
2005年最高(元)	6.6
2006年涨跌幅(%)	-41.16
2006.4.26收盘(元)	2.43
2006年最高(元)	4.98
2006年最低(元)	2.2
2006年换手率(%)	242
股改对价	

G 威孚（000581/200581）

上市日期:A: 98/09/24 B: 95/09/11　　电话:0510－2719579　　传真:0510－2751025

主营：生产和销售为汽车、农机工程机械和发电设备配套的柴油机燃油喷射系统产品。

	年　度	2005	2004	2003
主要指标	每股收益/扣除后(元)	0.32/0.3	0.54	0.55/0.54
	每股经营现金流量(元)	-0.5	0.49	0.18
	每股净资产/调整后(元)	4.13/4.13	5.04/5.04	4.68/4.68
	未分利润(万元)	58200.73	61999.64	42473.22
	资本公积(万元)	92524.98	92223.12	91149.59
利润构成	主营收入(万元)	279095.05	209013.22	150773.75
	主营利润(万元)	61930.59	47690.07	39503.06
	营业利润(万元)	24193.91	15625.45	12257.5
	投资收益(万元)	657.93	11605.17	15874.86
	利润总额(万元)	23869.72	25980.2	26725.89
	净利润(万元)	18190.5	23506.87	23810.44

点评：2005年，在国家宏观调控、治理超载等多种因素的影响，重载车全面下滑，再加上博世DS投入期的亏损和联合电子业绩的下滑，公司经营出现了一定程度的下降。尽管2006年一季度情况有所好转，但2006年全年的经营压力还是比较大。

	截止日期	05年末	占%	主要股东及持股比例%、持股性质
股本结构（万股）	总股本	56727.6		无锡威孚集团有限公司 27.86%（国有股）
	国有股	15803.6	27.86	ROBERT BOSCH GMBH 3.24%（流通B股）
	发起股			银丰证券投资基金 1.96%（流通A股）
	外资股			海富通收益增长证券投资基金 1.76%（流通A股）
	募集股	1352	2.38	CMBLSA RE FTIF TEMPLETON ASIAN GRW FD GTI 5496 1.5%（流通B股）
	流通A	28070.48	49.48	博时精选股票证券投资基金 1.5%（流通A股）
	流通B	11492	20.26	申万巴黎盛利精选证券投资基金 1.38%（流通A股）
	流通H			诺安平衡证券投资基金 1.25%（流通A股）
股东户数	05年末	54821		裕隆证券投资基金 1%（流通A股）
	04年末	49662		宝钢集团财务有限责任公司 1%（流通A股）

其他流通股东：HTHK/CMG FSGUFP－CMG FIRST STATE CHINA GROWTH FD 0.958%

近年分配：05预案:10派4；04年:10派1送3；03年:10派2　**近年募资**：

二〇〇五年以来市场表现

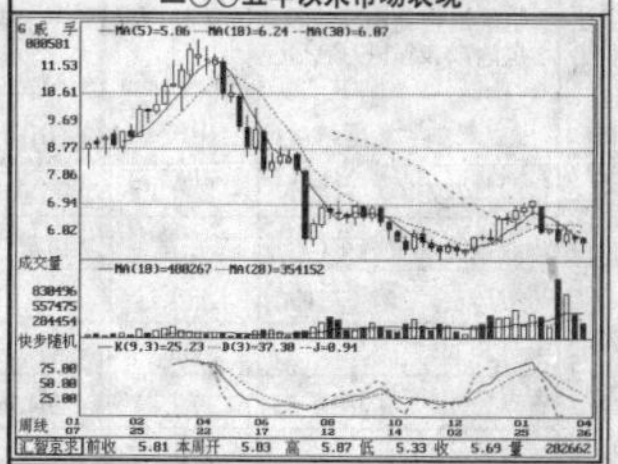

2005年涨跌幅(%)	-11.97
2005年最高(元)	12.45
2006年涨跌幅(%)	15.58
2006.4.26收盘(元)	5.69
2006年最高(元)	7.48
2006年最低(元)	5.7
2006年换手率(%)	170.33
股改对价	送股 每10股实际获得1.7股(06/04/05)

北海港（000582）

上市日期：95/11/02　　电话：0779－3922254　　传真：0779－3906393

主营	主营港口码头的建设、装卸管理及服务、交通运输、外轮代理、外轮理货等。		
年　度	2005	2004	2003
每股收益/扣除后(元)	0.02/0.03	-0.24/-0.21	0.04/-0.056
每股经营现金流量(元)	0.36	-0.02	0.28
每股净资产/调整后(元)	2.32/2.02	2.29/2.12	2.53/2.43
未分利润(万元)	-3889.03	-4318.84	176.07
资本公积(万元)	26302.95	26302.95	26302.95
主营收入(万元)	9482.24	10350.06	13730.91
主营利润(万元)	2348.45	380	1633.64
营业利润(万元)	479.44	-3836.19	-371
投资收益(万元)	62.18	-564.53	186.06
利润总额(万元)	434.8	-4437.64	937.45
净利润(万元)	429.81	-4494.91	778.31

（主要指标：每股收益至资本公积；利润构成：主营收入至净利润）

点评：北海港由于自身港口规模较小，基础设施不够完善，铁路运距长，且周边港口规模扩大、竞争加剧等因素使公司的主营业务发展面临一定的困难。公司2005年通过提高服务质量和装卸效率等措施，使货物装卸收入有所上升。公司业绩由2004年的亏损转为盈利。

股本结构（万股）	截止日期	05年末	占%	主要股东及持股比例%、持股性质
	总股本	18847.18		北海市国有资产管理局28.58%（国有股）
	国有股	12951.18	68.72	北海市机场投资管理有限责任公司25%（国有股）
	发起股	176	0.93	北海市高昂交通建设有限责任公司15.14%（国有股）
	外资股			北海市风机厂0.23%（非流通股）
	募集股			北海市技术交流站0.23%（非流通股）
	流通A	5720	30.35	北海市烟花炮竹总厂0.23%（非流通股）
	流通B			中国东方资产管理公司0.23%（非流通股）
	流通H			王俏梅0.12%（流通A股）
股东户数	05年末	27099		魏斌0.11%（流通A股）
	04年末	28183		戚雄士0.11%（流通A股）
其他流通股东	孟庆华0.094%；邓旭海0.085%；王欣0.082%；张丽渊0.074%；熊春英0.066%；吴美丽0.066%；李敏娥0.064%			
近年分配		近年募资		

二〇〇五年以来市场表现

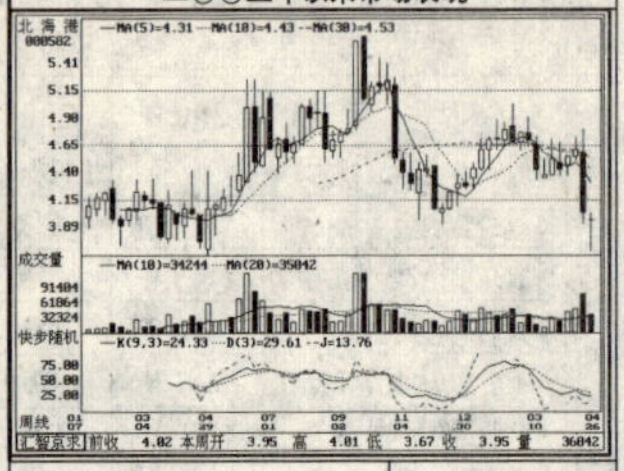

2005年涨跌幅(%)	7.04
2005年最高(元)	5.66
2006年涨跌幅(%)	-7.28
2006.4.26收盘(元)	3.95
2006年最高(元)	5.03
2006年最低(元)	3.67
2006年换手率(%)	101.71
股改对价	

*ST托普（000583）

上市日期：95/11/01　　电话：028－82820270　　传真：028－82820123

主营	计算机软件开发、计算机硬件、网络产品、应用电子技术产品、机床产品的研制、开发、生产和销售。		
年　度	2005	2004	2003
每股收益/扣除后(元)	-2.94/-2	-5.9	-1.68/-0.67
每股经营现金流量(元)	-0.04	-0.06	0.29
每股净资产/调整后(元)	-5.14/-5.35	-1.72/-1.8	4.31/4.2
未分利润(万元)	-225752.4	-157669.04	-20989.98
资本公积(万元)	89456.17	89440.45	89440.45
主营收入(万元)	5635.78	7742.45	21284.2
主营利润(万元)	653.27	-1487.18	3536.43
营业利润(万元)	-46704.95	-51657.16	-5871.98
投资收益(万元)	-12014.49	-15715.16	-3315.86
利润总额(万元)	-82950.88	-148606.04	-40113.58
净利润(万元)	-68124.07	-136671.41	-38890.79

点评：公司主要从事计算机软硬件等电子产品和金属加工机械等的开发研制。2005年年报公布后将因连续三年亏损而被暂停上市。而亏损的主要原因是多起借款和对外担保延续至2005年并引发大量诉讼，目前公司数控机床业务相对正常，但其他业务均处于停顿状态。

股本结构（万股）	截止日期	05年末	占%	主要股东及持股比例%、持股性质
	总股本	23165.62		四川托普科技发展公司34.96%（非流通股）
	国有股			四川华普软件发展有限责任公司2.37%（非流通股）
	发起股			自贡市银建房地产综合开发公司0.69%（非流通股）
	外资股			四川大学0.62%（非流通股）
	募集股	10093.62	43.57	自贡市自通房地产综合开发公司0.57%（非流通股）
	流通A	13072	56.43	华能原材料公司0.51%（非流通股）
	流通B			工行四川省信托投资公司自贡办事处0.46%（非流通股）
	流通H			自贡财源开发公司0.46%（非流通股）
股东户数	05年末	51326		成都托普咨询有限责任公司0.42%（非流通股）
	04年末	57494		四川省信托投资公司0.42%（非流通股）
其他流通股东	张凯0.306%；杨琪0.29%；李红星0.238%；孔庆泉0.167%；王宏0.159%；张慧芳0.156%；余少慧0.156%			
近年分配		近年募资		

二〇〇五年以来市场表现

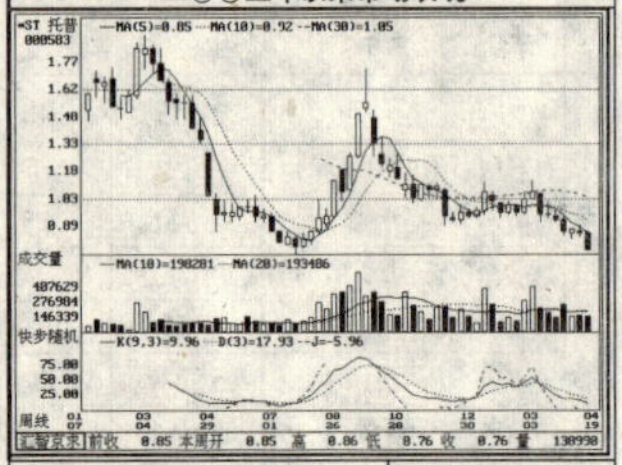

2005年涨跌幅(%)	-38.56
2005年最高(元)	1.92
2006年涨跌幅(%)	-19.15
2006.4.26收盘(元)	0.76
2006年最高(元)	1.13
2006年最低(元)	0.76
2006年换手率(%)	224.22
股改对价	

G舒卡（000584）

上市日期：95/11/28　　电话：028－6752215　　传真：028－6741677

主营	生产销售新型纺织及包装材料；商品贸易、宾馆旅游服务、房地产、对外投资。		
年　度	2005	2004	2003
每股收益/扣除后(元)	0.02/0.015	0.041/0.041	0.15/0.148
每股经营现金流量(元)	0.228	0.071	-0.02
每股净资产/调整后(元)	1.13/1.12	1.11/1.1	1.63/1.62
未分利润(万元)	93.6	-447.6	-22271.77
资本公积(万元)	1990.4	1974.46	30956.61
主营收入(万元)	28932.57	33746.13	17145.37
主营利润(万元)	5952.26	8070.47	6511.72
营业利润(万元)	10.15	3430.97	3759.35
投资收益(万元)	-206.83	-1421.14	-75.93
利润总额(万元)	-133.4	1973.83	3713.15
净利润(万元)	592.33	1252.67	3105.2

点评：公司主导产品氨纶受2005年初欧盟与美国对中国纺织品设限的影响，销售量及销售价格下降。目前经营管理蜀都大厦物业（含宾馆、商场、餐饮、娱乐）。江苏双良科技有限公司成为公司第一大股东后，将加大房地产开发力度。

股本结构（万股）	截止日期	05年末	占%	主要股东及持股比例%、持股性质
	总股本	30335.26		江苏双良科技有限公司29.99%（非流通股）
	国有股	1808.83	5.96	常州智胜投资发展有限公司5.52%（非流通股）
	发起股			西藏自治区国有资产经营公司3.83%（国有股）
	外资股			四川天成金银制品金店1.16%（非流通股）
	募集股	15665	51.64	阿坝州经济技术协作开发总公司1.14%（国有股）
	流通A	12861.43	42.4	上海晋泰投资有限公司1.09%（非流通股）
	流通B			甘孜藏族自治州人民政府驻成都办事处1%（国有股）
	流通H			成都天进信息咨询有限公司0.97%（非流通股）
股东户数	05年末	8555		上海利皆达高科技有限公司0.94%（非流通股）
	04年末	8074		中国钢铁炉料西南公司0.88%（非流通股）
其他流通股东	内蒙古新生力投资发展有限责任公司0.636%；王美华0.545%；北京联横信管理咨询有限公司0.528%			
近年分配	04中期：10转增5	近年募资		

二〇〇五年以来市场表现

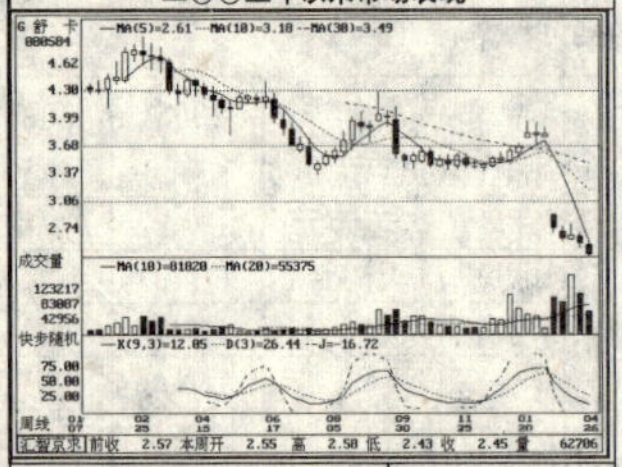

2005年涨跌幅(%)	-16.78
2005年最高(元)	4.93
2006年涨跌幅(%)	-8.63
2006.4.26收盘(元)	2.45
2006年最高(元)	3.95
2006年最低(元)	3.28
2006年换手率(%)	44.75
股改对价	送股 每10股实际获得3.5股（06/03/28）

东北电气(000585)

上市日期:95/12/13　　电话:(86)24－23527080　　传真:(86)24－23527081

主营：变压器、全封闭组合电器、高压开关、电力电容器及封闭母线等系统保护及传输设备的制造和营销。

	年　度	2005	2004	2003
主要指标	每股收益/扣除后(元)	0.027/0.033	0.003	0.03/0.01
	每股经营现金流量(元)	0.01	－0.05	－0.03
	每股净资产/调整后(元)	0.91/0.82	0.88/0.88	0.65/0.63
	未分利润(万元)	－115760.54	－118123.1	－118346.94
	资本公积(万元)	97212.3	96976.35	76520.7
利润构成	主营收入(万元)	54989.42	34693.84	62765.87
	主营利润(万元)	14089.3	9272.19	19657.54
	营业利润(万元)	2777.31	1091.64	842.06
	投资收益(万元)	2216.95	1617.78	5675.2
	利润总额(万元)	4176.18	1174.17	3461.76
	净利润(万元)	2362.57	223.83	2596.01

点评：公司在行业出现强劲拐点的利好作用下,迎来了自身发展的黄金时代,实现连续盈利,摘帽可期。公司作为中国输变电设备科研、制造、出口的主要基地,国内输变电设备的主要供应商之一,不断加强新产品开发力度,为公司的长远发展打下了坚实的基础。

	截止日期	05年末	占%	主要股东及持股比例%、持股性质
股本结构(万股)	总股本	87337		香港中央结算(代理人)有限公司 29.54%(H股)
	国有股	26652	30.52	新东北电气投资有限公司 26.33%(非流通股)
	发起股			上海宝裕房地产投资咨询有限责任公司 6.07%(非流通股)
	外资股			沈阳新泰盛达设备有限公司 4.18%(非流通股)
	募集股	20530	23.51	上海鑫壤贸易有限公司 1.44%(非流通股)
	流通A	14360	16.44	上海荣福室内装潢有限公司 1.26%(非流通股)
	流通B			沈阳市利达建筑工程有限公司 1.14%(非流通股)
	流通H	25795	29.54	上海昆凌工贸有限公司 1.04%(非流通股)
股东户数	05年末	50966		上海步欣工贸有限公司 0.92%(非流通股)
	04年末	55097		工行沈阳市信托投资公司 0.81%(非流通股)
其他流通股东	HKSCC NOMINESS LIMITED. 29.23%;梁港辉 0.071%;吕玉洲 0.07%;聂伟 0.046%;徐泽 0.046%;陈子庭 0.042%			
近年分配			近年募资	

二〇〇五年以来市场表现

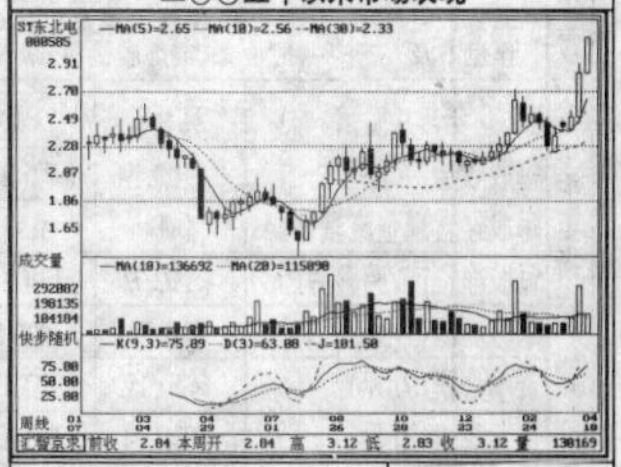

2005年涨跌幅(%)	－9.66
2005年最高(元)	2.6
2006年涨跌幅(%)	45.12
2006.4.26收盘(元)	3.12
2006年最高(元)	3.12
2006年最低(元)	2.13
2006年换手率(%)	122.13
股改对价	送股 每10股实际获得2.5股

G汇源(000586)

上市日期:95/12/20　　电话:028－87826077　　传真:028—87826076

主营：研发、生产、销售:光纤、光缆、电力系统特种光缆、电缆、电力线缆及各类光通信配套产品;进出口贸易。

	年　度	2005	2004	2003
主要指标	每股收益/扣除后(元)	－0.101/－0.101	0.161/0.161	0.119/0.11
	每股经营现金流量(元)	－0.124	0.182	0.002
	每股净资产/调整后(元)	1.5/1.37	1.65/1.54	1.49/1.34
	未分利润(万元)	88.91	2629.86	－11952.02
	资本公积(万元)	7745.2	8124.42	18677.58
利润构成	主营收入(万元)	63509.77	80157.59	58563.56
	主营利润(万元)	8991.88	12688.45	8672.33
	营业利润(万元)	－1552.76	4137.1	2400.84
	投资收益(万元)		－1.01	
	利润总额(万元)	－1556.97	3886.34	2389.39
	净利润(万元)	－1960.63	3118.11	2301.83

点评：公司实施重大资产重组后主营业务由以前赢利能力极低的单一外贸业务转变为受国家产业政策大力扶持的光通信产业。置换入上市公司的主体具备十年的光通信行业发展经验,近年来均为全国十大光缆生产企业之一。未来市场占有率及经营业绩有望出现爆发性增长。

	截止日期	05年末	占%	主要股东及持股比例%、持股性质
股本结构(万股)	总股本	19344		汇源集团有限公司 21.79%(非流通股)
	国有股	2339.27	12.09	长飞光纤光缆有限公司 5.55%(非流通股)
	发起股	8608.81	44.5	四川省长江集团有限公司 5.28%(国有股)
	外资股			中国信达资产管理公司 3.36%(国有股)
	募集股			成都新伟业投资管理有限公司 2.77%(非流通股)
	流通A	8395.92	43.4	海南蜀兴信托投资公司 2.02%(非流通股)
	流通B			成都市富兴投资咨询有限公司 1.66%(非流通股)
	流通H			四川省融资中心 1.66%(国有股)
股东户数	05年末	22724		四川省信托投资公司 1.53%(非流通股)
	04年末	23956		四川省保险公司 1.34%(非流通股)
其他流通股东	河南创智实业发展有限公司 0.628%;孙路 0.3%;刘香钗 0.231%;邵会从 0.172%;刘峻 0.146%;任曦 0.142%			
近年分配	04年:10派0.3		近年募资	

二〇〇五年以来市场表现

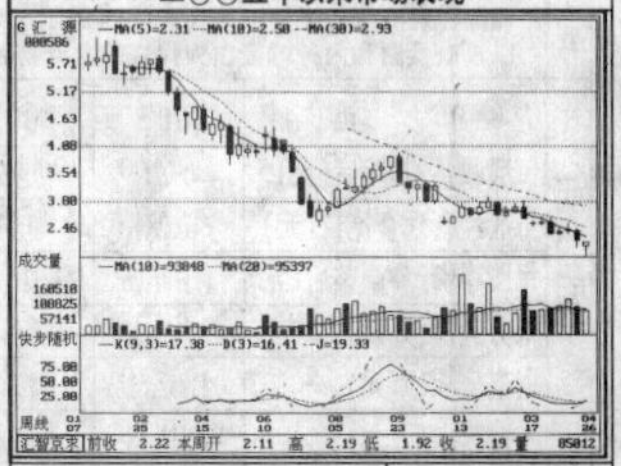

2005年涨跌幅(%)	－35.07
2005年最高(元)	6.25
2006年涨跌幅(%)	－15.12
2006.4.26收盘(元)	2.19
2006年最高(元)	3.08
2006年最低(元)	1.92
2006年换手率(%)	199.56
股改对价	送股 每10股实际获得3.8股(05/12/29)

ST光明(000587)

上市日期:96/04/25　　电话:0455－3667082　　传真:0455－3660588

主营：家具制造及技术开发、木制品、半成品、装饰材料加工,销售家具、木制品、装饰材料;信息咨询,包装装潢等业务。

	年　度	2005	2004	2003
主要指标	每股收益/扣除后(元)	－0.84/－0.703	0.06/－0.212	－0.59/－0.573
	每股经营现金流量(元)	－0.22	0.26	0.14
	每股净资产/调整后(元)	0.14/－0.23	1.02/0.59	1.33/1.3
	未分利润(万元)	－21590.9	－20206.24	－13950.99
	资本公积(万元)	6443.49	17049.84	15327.55
利润构成	主营收入(万元)	21817.11	19522.84	22195.58
	主营利润(万元)	－492.02	2645.49	－1095.82
	营业利润(万元)	－16821.26	－3815.79	－14529.64
	投资收益(万元)		4062.44	－10.84
	利润总额(万元)	－18686.85	200.15	－14399.59
	净利润(万元)	－15600.64	1112.3	－10871.59

点评：公司主营家具制造及技术开发、木制品、半成品、装饰材料加工等。由于以零价格转让下属两公司股权,使公司05年净利润减少3053万元,但处理上述不良资产后预计06年该公司将减亏805万元。公司地处森林覆盖面积达80%的伊春市,有一定的资源优势。

	截止日期	05年末	占%	主要股东及持股比例%、持股性质
股本结构(万股)	总股本	18571.16		光明集团股份有限公司 40.99%(非流通股)
	国有股			黑龙江中盟集团有限公司 8.62%(非流通股)
	发起股	7611.82	40.99	深圳市圣泉禾实业发展有限公司 2.85%(非流通股)
	外资股			黑龙江省国际信托投资公司 1.45%(非流通股)
	募集股	2609.94	14.05	周泰勇 0.58%(流通A股)
	流通A	8343.89	44.93	伊春天河经贸有限责任公司 0.57%(非流通股)
	流通B			中国银行黑龙江分行劳动服务公司 0.46%(非流通股)
	流通H			胡润梅 0.31%(流通A股)
股东户数	05年末	29567		张光复 0.3%(流通A股)
	04年末	32601		贾德林 0.29%(流通A股)
其他流通股东	孙建民 0.292%;孙振华 0.291%;辛宪臣 0.289%;暴玉梅 0.286%;陈永兴 0.274%;陈家钊 0.271%			
近年分配			近年募资	

二〇〇五年以来市场表现

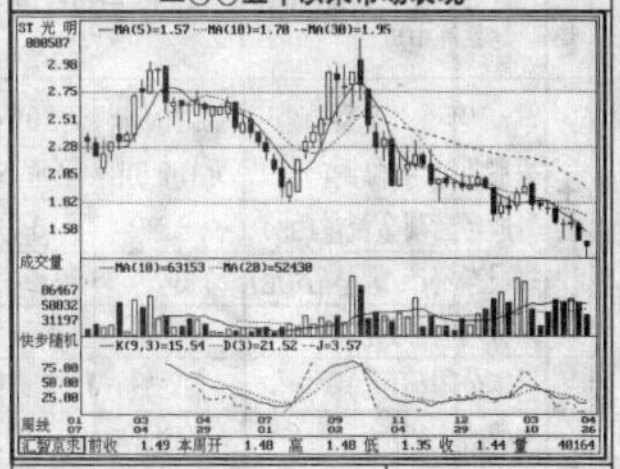

2005年涨跌幅(%)	－18.14
2005年最高(元)	3.21
2006年涨跌幅(%)	－25.77
2006.4.26收盘(元)	1.44
2006年最高(元)	2.07
2006年最低(元)	1.35
2006年换手率(%)	115.42
股改对价	

G 黔轮胎（000589）

上市日期:96/03/08　　电话:0851－4843651　　传真:0851－4763651

主营：轮胎制造和销售、轮胎翻修、橡胶制品、化工产品（除危险品）、机电产品，机械设备、仪器仪表及技术进出口、对外合作生产及"三来一补"业务、混炼胶销售、蒸气销售。

	年度	2005	2004	2003
主要指标	每股收益/扣除后(元)	0.191/0.196	0.095/0.063	0.14/0.13
	每股经营现金流量(元)	1.084	0.443	0.84
	每股净资产/调整后(元)	4.13/3.72	3.94/3.63	3.51/3.19
	未分利润(万元)	8746.78	4840.84	2882.04
	资本公积(万元)	64785.15	64774.7	56279.56
利润构成	主营收入(万元)	300543.24	228155.74	198725.12
	主营利润(万元)	45591.03	30098.23	32057.91
	营业利润(万元)	6832.93	2963.73	5192.07
	投资收益(万元)	58.5	50	50
	利润总额(万元)	6740.12	3831.85	5541.99
	净利润(万元)	4848.49	2415.97	3581.78

点评：公司是全国工程轮胎产量最大的生产厂家之一，现有工程胎生产能力为25万条/年，市场占有率达30%。近年外资、民营、国有轮胎企业为了互相争夺市场而低价竞争，以及制造轮胎的主要原料天胶价格居高不下，导致轮胎企业盈利能力受限。

	截止日期	05年末	占%	主要股东及持股比例%、持股性质
股本结构（万股）	总股本	25432.71		贵阳市国有资产投资管理公司 51%（国有股）
	国有股	12970.68	51	徐建龙 0.54%（流通A股）
	发起股			武启 0.44%（流通A股）
	外资股			马里贵 0.24%（流通A股）
	募集股			孙铭 0.11%（流通A股）
	流通A	12462.02	49	梁润波 0.1%（流通A股）
	流通B			含芳稳 0.1%（流通A股）
	流通H			深圳市通汇信点投资咨询有限公司 0.1%（流通A股）
股东户数	05年末	61315		陈柯静 0.09%（流通A股）
	04年末	65388		顾红健 0.09%（流通A股）
其他流通股东	张小珍 0.09%			
近年分配	05年:10派1.5		近年募资	

二〇〇五年以来市场表现

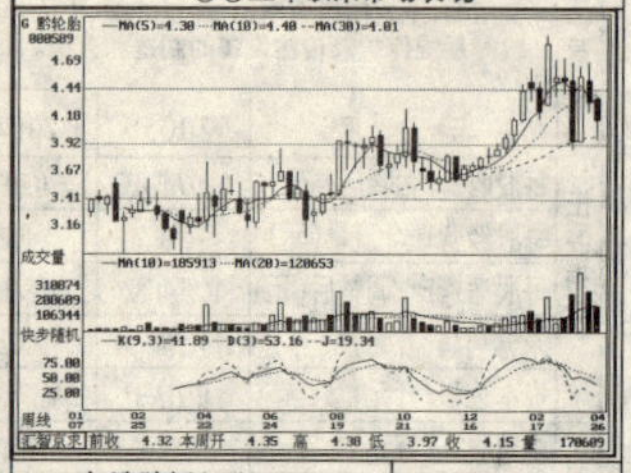

2005年涨跌幅(%)	16.16
2005年最高(元)	4.25
2006年涨跌幅(%)	52.07
2006.4.26收盘(元)	4.15
2006年最高(元)	6.52
2006年最低(元)	3.82
2006年换手率(%)	146.05
股改对价	送股 每10股实际获得3.6股(06/04/06)

紫光古汉（000590）

上市日期:96/01/19　　电话:0734－8239335　　传真:0734－8239335

主营：生产经营以"古汉养生精"为代表的中成药系列产品，以葡萄糖注射液等各类输液为代表的西药制剂系列产品，以及以人血蛋白和丙种球蛋白为代表的血液制品。

	年度	2005	2004	2003
主要指标	每股收益/扣除后(元)	0.021	0.027	-0.13/-0.087
	每股经营现金流量(元)	0.28	0.24	-0.12
	每股净资产/调整后(元)	1.33/1.26	1.32/1.27	1.27/1.23
	未分利润(万元)	-7135.16	-7564.16	-8106.79
	资本公积(万元)	11752.61	11829.48	12124.23
利润构成	主营收入(万元)	27111.08	26708.97	23816.55
	主营利润(万元)	12902.99	12650.29	9602.99
	营业利润(万元)	834.1	799.02	-2092.74
	投资收益(万元)	-536.52	-509.03	-326.88
	利润总额(万元)	115.13	226.07	-3282.59
	净利润(万元)	429	542.63	-2623.68

点评：公司第一大股东尽管有清华大学背景，但公司产品、技术在医药行业内并不具有优势。受国家药品降价的影响，公司部分产品市场价格走低，盈利能力下降。血浆资源紧张，致使公司白蛋白产能闲置。应收账款多，还款压力大，现金流紧张，公司经营不容乐观。

	截止日期	05年末	占%	主要股东及持股比例%、持股性质
股本结构（万股）	总股本	20302.84		紫光集团有限公司 21.44%（国有股）
	国有股	8531.28	42.02	衡阳市国资局 20.58%（国有股）
	发起股	2346.81	11.56	湖南省医药包装广告衡阳公司 5.68%（非流通股）
	外资股			中国药材公司 4.32%（非流通股）
	募集股	3069.36	15.12	工行衡阳市信托公司 2.7%（非流通股）
	流通A	6354.3	31.3	湖南省耒阳耒能实业公司 1.33%（非流通股）
	流通B			深圳市旭能投资有限公司 1.33%（非流通股）
	流通H			衡阳市湘南机动车零件供应站 0.78%（非流通股）
股东户数	05年末	28936		上海新元投资有限公司 0.5%（非流通股）
	04年末	30809		上海发成贸易有限公司 0.49%（非流通股）
其他流通股东	魏小丽 0.193%；郭登明 0.157%；倪长康 0.126%；喻永平 0.118%；李辉 0.115%；丁达连 0.106%；周正平 0.1%			
近年分配			近年募资	

二〇〇五年以来市场表现

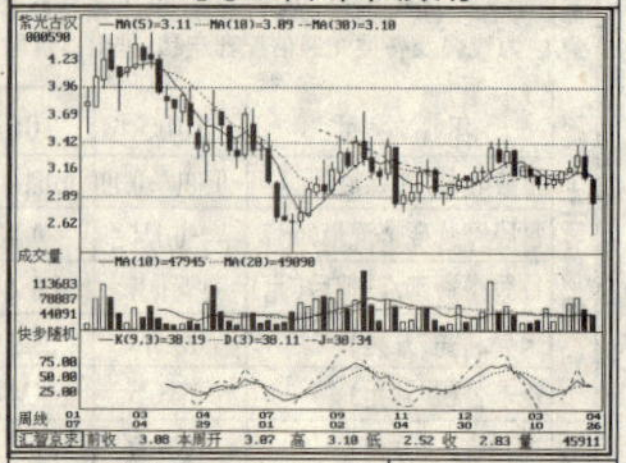

2005年涨跌幅(%)	-19.74
2005年最高(元)	4.5
2006年涨跌幅(%)	-7.21
2006.4.26收盘(元)	2.83
2006年最高(元)	3.47
2006年最低(元)	2.52
2006年换手率(%)	133.25
股改对价	

桐君阁（000591）

上市日期:96/02/08　　电话:023－89885198　　传真:023－89885201

主营：主营中成药制造、中药饮片加工、中药材、滋补药品、康复保健品等中成药产品的销售

	年度	2005	2004	2003
主要指标	每股收益/扣除后(元)	0.14/0.001	0.15	0.11/0.04
	每股经营现金流量(元)	3.89	1.03	1.09
	每股净资产/调整后(元)	3.03/2.95	2.89/2.73	2.73/2.68
	未分利润(万元)	6623.44	5364.87	4028.44
	资本公积(万元)	9910.93	9910.93	9760.93
利润构成	主营收入(万元)	276351.49	271162.62	220013.69
	主营利润(万元)	19576.61	18909.49	18776.8
	营业利润(万元)	621.67	586.4	990.94
	投资收益(万元)	-322.93	-335.09	-312.26
	利润总额(万元)	1922.77	1897.05	1940.16
	净利润(万元)	1536.95	1650.77	1201.84

点评：公司业务由医药零售、物流配置、以及少量的传统中成药生产构成。连续两年处置资产获得的非经营性收益占利润95%以上；控股的医药零售子公司业务大多亏损。太极集团入主以来，公司扩张较快，赢利能力低下，但经营现金充裕。

	截止日期	05年末	占%	主要股东及持股比例%、持股性质
股本结构（万股）	总股本	10985.28		重庆太极实业(集团)股份有限公司 65.15%（国有股）
	国有股			潘利荣 0.17%（流通A股）
	发起股			张绍礼 0.15%（流通A股）
	外资股			张群 0.11%（流通A股）
	募集股	7157.28	65.15	丁年华 0.1%（流通A股）
	流通A	3828	34.85	陈昊 0.1%（流通A股）
	流通B			吴焕祥 0.09%（流通A股）
	流通H			陈平 0.08%（流通A股）
股东户数	05年末	19619		周建军 0.08%（流通A股）
	04年末	20448		袁仟共 0.08%（流通A股）
其他流通股东	梁四安 0.073%			
近年分配			近年募资	

二〇〇五年以来市场表现

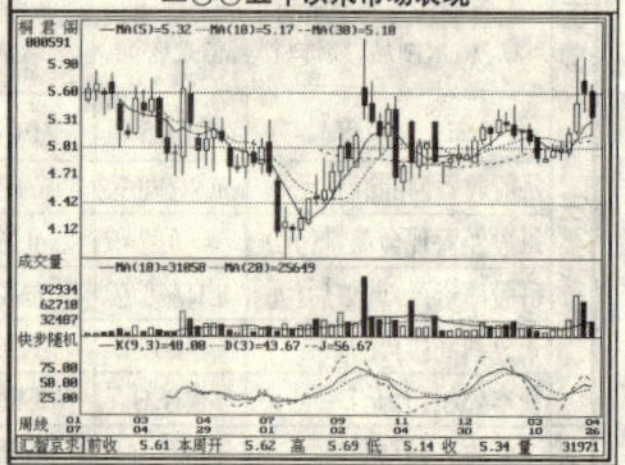

2005年涨跌幅(%)	-13.05
2005年最高(元)	6.19
2006年涨跌幅(%)	8.32
2006.4.26收盘(元)	5.34
2006年最高(元)	5.98
2006年最低(元)	4.85
2006年换手率(%)	119.67
股改对价	

*ST 昌源（000592）

上市日期:96/03/27　　电话:0591－87621012　　传真:0591－－87621112

主营	房地产开发、国内外工程承包、物业管理与经营等。

年　　度	05 中期	2004	2003
每股收益/扣除后(元)	-0.03/-0.034	-0.49/-0.42	-0.75/-0.212
每股经营现金流量(元)		-0.0038	-0.04
每股净资产/调整后(元)	-0.54/-0.76	-0.5/-0.81	0.05/-0.32
未分利润(万元)	-72598.93	-71588.83	-57297.2
资本公积(万元)	25429.37	25429.37	25429.37
主营收入(万元)	639.99	944.48	7048.03
主营利润(万元)	-181.83	1.9	-1003.63
营业利润(万元)	-1130.97	-8805.58	-7349.68
投资收益(万元)	-116.7	-5212.39	-6090.38
利润总额(万元)	-1247.68	-16032.32	-23116.87
净利润(万元)	-1010.1	-14291.63	-22007.65

点评：主营业务继续萎缩,原有房地产项目基本开发完毕,没有后续项目。财务上资金严重短缺,银行债务沉重,利息负担过重,无法融资。因历史原因形成的诉讼案件数量多,标的数额大,资产股权大部分被查封冻结

股本结构(万股) 截止日期	05 中期	占%	主要股东及持股比例%、持股性质
总股本	29440.47		上海福建神龙企业集团有限公司 20%（非流通股）
国有股	1542.36	5.24	神龙国际投资有限公司 11.57%（非流通股）
发起股	11545	39.21	象山黄金海岸大酒店有限公司 4.25%（非流通股）
外资股			象山香溢欢乐大世界有限公司 3.4%（国有股）
募集股	7622.29	25.89	上海源长礼品包装有限公司 3.35%（非流通股）
流通 A	8730.82	29.66	福建省华侨信托投资公司 1.84%（国有股）
流通 B			福建省三星建材联合贸易公司 0.64%（非流通股）
流通 H			中国人民建设银行福建省分行 0.63%（非流通股）
股东户数 05 中期	29354		福建华兴信托投资公司 0.51%（非流通股）
股东户数 04 年末	31162		福建省九盛经济开发公司 0.46%（非流通股）

其他流通股东：马薇 0.199%；张敦凯 0.119%；陈素春 0.109%；李庆海 0.107%；刘拥军 0.102%；柯孙团 0.092%；陆淳芬 0.087%

近年分配：　　近年募资：

二〇〇五年以来市场表现

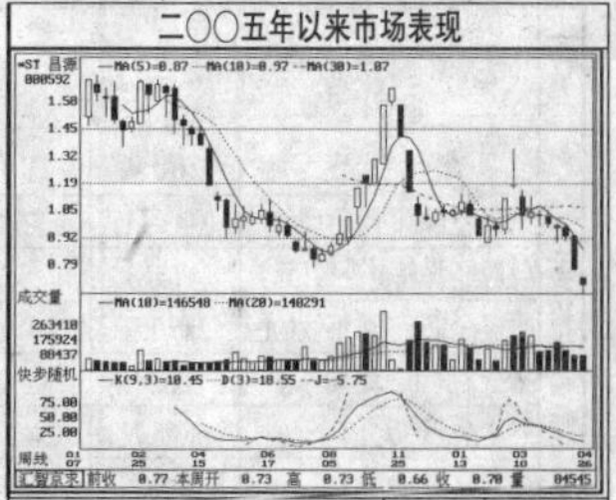

2005 年涨跌幅(%)	-30.67
2005 年最高(元)	1.71
2006 年涨跌幅(%)	-32.69
2006.4.26 收盘(元)	0.7
2006 年最高(元)	1.35
2006 年最低(元)	0.66
2006 年换手率(%)	237.21
股改对价	

宝光药业（000593）

上市日期:96/03/12　　电话:028－86637727　　传真:028－86634633

主营	生产、销售、开发中成药、西药、原料药、中药材及保健品；批发和零售贸易、餐饮

年　　度	2005	2004	2003
每股收益/扣除后(元)	0.011/-0.024	0.003	0.02/-0.04
每股经营现金流量(元)	0.176	0.172	0.11
每股净资产/调整后(元)	1.46/1.45	1.45/1.39	1.45/1.42
未分利润(万元)	-1220.73	-1430.93	-1488.63
资本公积(万元)	6833.13	6833.13	6820.56
主营收入(万元)	19821.36	18225.76	12780.06
主营利润(万元)	5931.05	6347.23	2827.5
营业利润(万元)	787.06	417.11	-218.85
投资收益(万元)	-482.04	-267.49	200.53
利润总额(万元)	377.78	207.98	443.5
净利润(万元)	210.2	57.7	444.61

点评：公司目前有百货零售、城市燃气、药业三块业务。2005 年百货业务增长,药业收入下滑,新增的城市管道燃气业务贡献了利润的 78.29%。在收入构成中,药业所占比重最小,公司的药业没有优势,城市管道燃气业务将成为公司的主营业务。

股本结构(万股) 截止日期	05 年末	占%	主要股东及持股比例%、持股性质
总股本	19030.73		四川郎酒集团有限责任公司 28.51%（非流通股）
国有股			四川省佳乐企业集团有限公司 8.54%（非流通股）
发起股	3300	17.34	成都同乐实业有限公司 4.21%（非流通股）
外资股			泸州宝光集团有限公司 3.24%（非流通股）
募集股	7873.13	41.37	成都鑫同盛实业发展有限公司 3.08%（非流通股）
流通 A	6231.91	32.75	浙江物产元通机电(集团)有限公司 2.59%（非流通股）
流通 B			成都恒合实业有限责任公司 1.62%（非流通股）
流通 H			成都市国有资产投资经营公司 1.29%（国有股）
股东户数 05 年末	13670		成都中核新材料股份有限公司 1.2%（非流通股）
股东户数 04 年末	15070		深圳市世代创业投资有限公司 1.2%（非流通股）

其他流通股东：浙江元通机电发展有限公司 1.134%；孙青云 0.752%；孙明文 0.452%；邵卫红 0.288%；廖少达 0.268%；侯慧萍 0.21%

近年分配：　　近年募资：

二〇〇五年以来市场表现

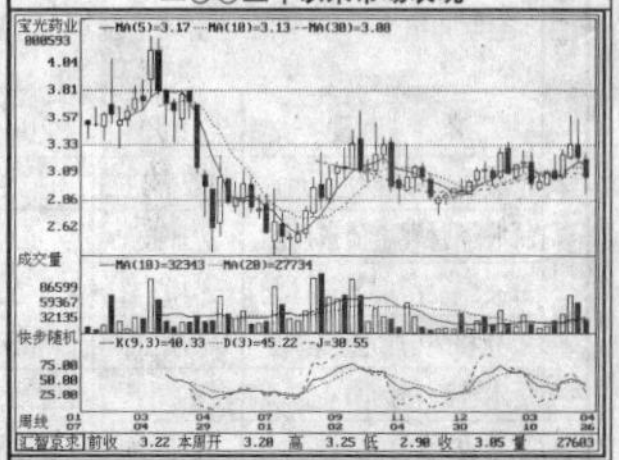

2005 年涨跌幅(%)	-17.28
2005 年最高(元)	4.28
2006 年涨跌幅(%)	4.45
2006.4.26 收盘(元)	3.05
2006 年最高(元)	3.58
2006 年最低(元)	2.9
2006 年换手率(%)	76.85
股改对价	

G 宏峰（000594）

上市日期:96/03/20　　电话:0476－2202100　　传真:0476－2204920

主营	黄金、白银、铅、锌的采、选、冶与销售

年　　度	2005	2004	2003
每股收益/扣除后(元)	0.081/0.088	0.081	0.009/0.011
每股经营现金流量(元)	0.34	0.63	0.05
每股净资产/调整后(元)	1.51/1.46	1.42/1.25	1.33/1.22
未分利润(万元)	13147.67	9275.53	5420.96
资本公积(万元)	8275.87	8275.87	7820.99
主营收入(万元)	47376.4	27662.26	23037.2
主营利润(万元)	14728.72	13158.76	8175.57
营业利润(万元)	9761.62	7223.35	957.95
投资收益(万元)	-1093.04	-465.91	-40.17
利润总额(万元)	8138.89	7524.09	780
净利润(万元)	4555.45	4534.8	522.6

点评：公司主营黄金、白银、锌、铅等的采选和冶炼,是我国北方地区最大的黄金、锌、铅等矿业资源企业之一。收购的白音诺尔铅锌矿是我国长江以北最大最富的锌金属矿床,目前探明锌金属储量为 1417.9 万吨,采选能力每日 1660 吨,跻身于全国铅锌矿四强行列。

股本结构(万股) 截止日期	05 年末	占%	主要股东及持股比例%、持股性质
总股本	56111.62		赤峰市松山区黄金工业总公司 34.22%（国有股）
国有股	286	0.51	深圳市国恒实业发展有限公司 26.78%（国有股）
发起股			赤峰市松山区华龙开发公司 3.81%（非流通股）
外资股			上海平杰投资咨询有限公司 0.33%（国有股）
募集股	36366.18	64.81	上海步欣工贸有限公司 0.18%（国有股）
流通 A	19459.44	34.68	邓彩娟 0.17%（流通 A 股）
流通 B			王强 0.14%（流通 A 股）
流通 H			彭皓林 0.13%（流通 A 股）
股东户数 05 年末	53630		黄怀吉 0.12%（流通 A 股）
股东户数 04 年末	54435		彭永松 0.11%（流通 A 股）

其他流通股东：马学禹 0.098%；林武飞 0.087%；李爱英 0.082%；钱美 0.078%；白秀清 0.074%

近年分配：　　近年募资：

二〇〇五年以来市场表现

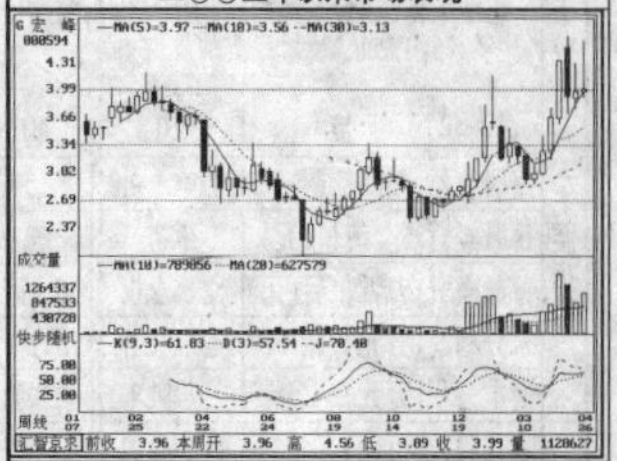

2005 年涨跌幅(%)	-21.27
2005 年最高(元)	4.18
2006 年涨跌幅(%)	82
2006.4.26 收盘(元)	3.99
2006 年最高(元)	6.02
2006 年最低(元)	3.46
2006 年换手率(%)	479.1
股改对价	送股 每 10 股实际获得 3 股(06/01/10)

G 西轴（000595）

上市日期:96/04/19　电话:0951－2024242　传真:0951－2036747

主营	各类滚动轴承的生产与销售			
	年　度	2005	2004	2003
主要指标	每股收益/扣除后(元)	0.043/0.15	0.029/0.08	0.016/－0.05
	每股经营现金流量(元)	－0.086	0.3	0.07
	每股净资产/调整后(元)	2.09/1.96	2.04/1.95	2.01/1.85
	未分利润(万元)	413.01	－6997.66	－7499.7
	资本公积(万元)	18326.79	24465.27	24457.27
利润构成	主营收入(万元)	35136.1	30285.53	28448.09
	主营利润(万元)	7287.52	6306.29	7042
	营业利润(万元)	38.6	－2786.94	－793.43
	投资收益(万元)	－225.69	－140.41	1043.42
	利润总额(万元)	876.94	502.05	284.49
	净利润(万元)	750.92	502.05	284.49
点评	公司是我国西部最大的轴承生产企业，由于受市场结构调整、“三角债”及遗留问题等因素的影响，企业经营困难。02年起，公司通过产品结构调整，逐步解决了一些发展问题。但公司仍然存在着资金短缺、材料及能源价格上涨等困难，后续发展面临不确定性。			

	截止日期	05年末	占%	主要股东及持股比例%、持股性质
股本结构（万股）	总股本	17495.99		西北轴承集团有限责任公司 47.76%（非流通股）
	国有股	8356.74	47.76	宁夏天力协会 10.29%（非流通股）
	发起股	2556	14.61	江南重工股份有限公司 1.33%（非流通股）
	外资股			西宁特殊钢(集团)有限责任公司 1.03%（非流通股）
	募集股			常州常柴股份有限公司 0.82%（非流通股）
	流通A	6583.25	37.63	北钢集团有限责任公司 0.82%（非流通股）
	流通B			深圳市坤业投资有限公司 0.29%（非流通股）
	流通H			胡风仪 0.18%（流通A股）
股东户数	05年末	25332		黄欣 0.17%（流通A股）
	04年末	27181		黄建国 0.17%（流通A股）
其他流通股东	王安营 0.151%；李金霞 0.15%；周立新 0.134%；吴惠权 0.095%；张素丽 0.079%；丁志华 0.078%			
近年分配		近年募资		

二〇〇五年以来市场表现

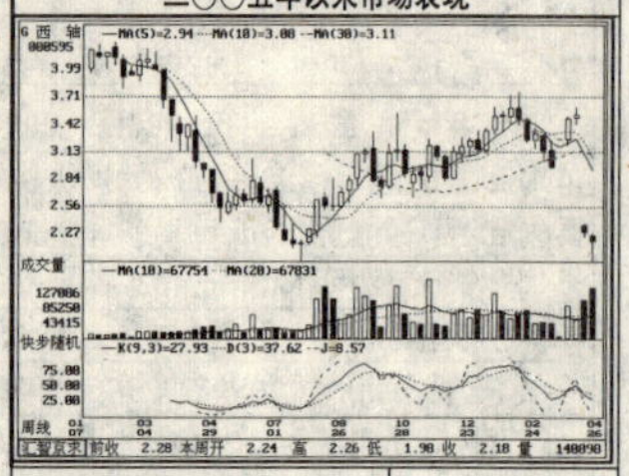

2005年涨跌幅(%)	－21.05
2005年最高(元)	4.28
2006年涨跌幅(%)	13.22
2006.4.26收盘(元)	2.18
2006年最高(元)	3.88
2006年最低(元)	2.95
2006年换手率(%)	133.26
股改对价	定向转增 每10股实际获得6.36股(06/04/21)

*ST 古井 A（000596/200596）

上市日期:A: 96/09/27 B: 96/06/12　电话:0558－5710057　传真:0558－5710006

主营	酿制和销售“中国名酒”古井贡酒及其他古井系列白酒。			
	年　度	2005	2004	2003
主要指标	每股收益/扣除后(元)	0.022/－0.023	－1.118	0.09/0.089
	每股经营现金流量(元)	0.16	0.07	0.33
	每股净资产/调整后(元)	3.44/3.42	3.42/3.4	5.04/5.03
	未分利润(万元)	－9521.81	－10030.65	27382.61
	资本公积(万元)	52904.97	52904.97	52304.97
利润构成	主营收入(万元)	65366.26	60174.63	55858.67
	主营利润(万元)	14598.34	18361.91	17700.79
	营业利润(万元)	1170.08	－4839.5	3638.23
	投资收益(万元)	－21.82	－14134.24	－216.81
	利润总额(万元)	1657.63	－18906.5	3377.76
	净利润(万元)	508.83	－26262.09	2043.05
点评	2005年实现盈利508万，但主要来自政府补贴500万和投资减值准备的转回538万。经营上，公司明显加强了中高档酒的生产销售力度。但在2005年税收风波后，公司今后税负也将明显增加。加之原材料涨价和竞争更趋激烈因素，公司经营压力依然较大。			

	截止日期	05年末	占%	主要股东及持股比例%、持股性质
股本结构（万股）	总股本	23500		安徽古井集团有限责任公司 65.96%（国有股）
	国有股	15500	65.96	黄映彬 1.76%（流通B股）
	发起股			何彬 0.73%（流通B股）
	外资股			蔡盈盈 0.32%（流通B股）
	募集股			王春成 0.26%（流通B股）
	流通A	1997.8	8.5	GSI S/A GOLDEN CHINA MASTER FUND 0.25%（流通B股）
	流通B	6000	25.53	肖娟云 0.22%（流通B股）
	流通H			黄佩玲 0.19%（流通B股）
股东户数	05年末	19637		赵展岳 0.17%（流通B股）
	04年末	23299		周正忠 0.16%（流通B股）
其他流通股东	CHEN KAM TONG 陈锦棠 0.155%			
近年分配		近年募资		

二〇〇五年以来市场表现

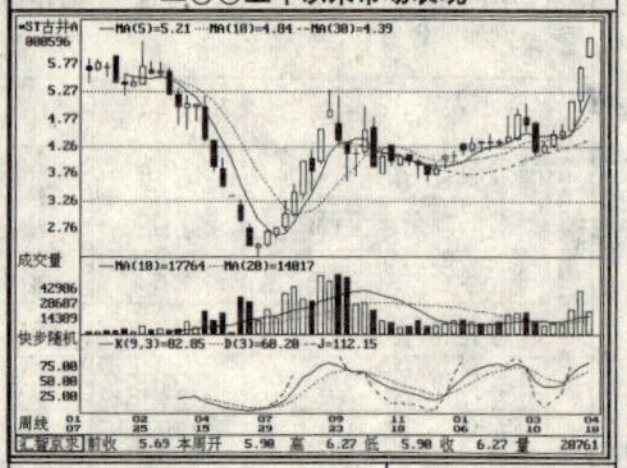

2005年涨跌幅(%)	－28.07
2005年最高(元)	6.18
2006年涨跌幅(%)	52.93
2006.4.26收盘(元)	6.27
2006年最高(元)	6.27
2006年最低(元)	4.08
2006年换手率(%)	115.89
股改对价	送股 每10股实际获得3.5股

G 东北药（000597）

上市日期:96/05/23　电话:024－25806963　传真:024－25806888

主营	化学生物制剂，原料药品，卫生材料，制药设备及配件制造，一般国内商业贸易，经济信息咨询。			
	年　度	2005	2004	2003
主要指标	每股收益/扣除后(元)	0.044/0.018	0.02	0.03/0.04
	每股经营现金流量(元)	0.37	0.69	0.76
	每股净资产/调整后(元)	2.96/2.04	2.86/2.31	2.86/1.68
	未分利润(万元)	－1474.77	－2809.91	－801.36
	资本公积(万元)	60489.9	58787.21	58168.04
利润构成	主营收入(万元)	183307.72	161963.5	160687.74
	主营利润(万元)	41186.57	36820.63	37605.82
	营业利润(万元)	4086.69	2563.82	834.82
	投资收益(万元)	798.36	180.01	1.72
	利润总额(万元)	3948.14	2729.92	412.56
	净利润(万元)	1335.14	599.14	868.47
点评	公司是我国化学原料、化学制剂生产的大型企业。面对医药行业竞争加剧、原材料、能源涨价、药品降价等困难，公司仍然取得收入、利润双增长的业绩，表明公司盈利能力有所提高。公司科研也有较好发展，获得数个新药生产批件。公司的盈利能力在不断提高。			

	截止日期	05年末	占%	主要股东及持股比例%、持股性质
股本结构（万股）	总股本	30381		东北制药集团有限责任公司 60.08%（国有股）
	国有股	18252	60.08	辽宁省电力有限公司 1.03%（非流通股）
	发起股			中行沈阳信托投资公司 0.26%（非流通股）
	外资股			海南盛达实业投资公司 0.26%（非流通股）
	募集股	1248	4.11	东北制药集团财务公司 0.21%（非流通股）
	流通A	10881	35.82	沈威峰 0.15%（流通A股）
	流通B			戴辉荣 0.15%（流通A股）
	流通H			王海凤 0.13%（流通A股）
股东户数	05年末	46026		辽宁省证券公司 0.13%（非流通股）
	04年末	49427		沈阳国际信托投资公司 0.13%（非流通股）
其他流通股东	郑梅霞 0.126%；冯晓英 0.12%；戚力 0.118%；王淑琴 0.088%；康梦芝 0.088%；崔来胜 0.083%；孟兆民 0.079%			
近年分配		近年募资		

二〇〇五年以来市场表现

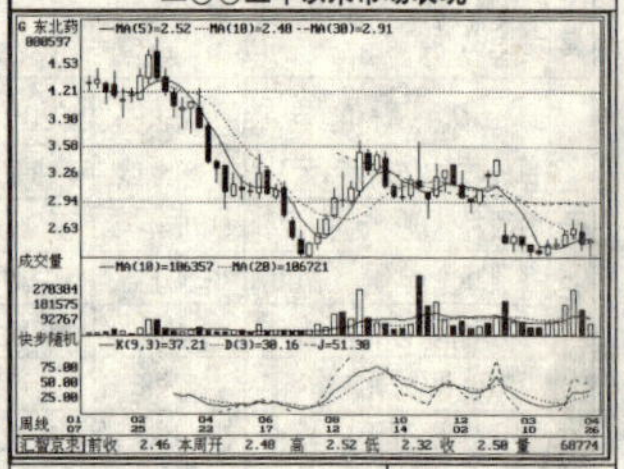

2005年涨跌幅(%)	－29.43
2005年最高(元)	4.85
2006年涨跌幅(%)	10.75
2006.4.26收盘(元)	2.5
2006年最高(元)	3.73
2006年最低(元)	3.12
2006年换手率(%)	101.83
股改对价	送股 每10股实际获得3.6股(06/02/14)

G蓝清洗（000598）

上市日期:96/05/29　　电话:010－80483904　　传真:010－80483904

主营：研制、生产与销售工业和民用清洗剂产品车用化学品等精细化工产品。

	年　度	2005	2004	2003
主要指标	每股收益/扣除后(元)	-0.52/-0.532	0.016	0.11/0.11
	每股经营现金流量(元)	0.46	0.19	-0.43
	每股净资产/调整后(元)	2.32/2.32	3.69/3.69	3.63/3.63
	未分利润(万元)	2984.87	18760.55	19210.7
	资本公积(万元)	30138.09	37118.19	35272.52
利润构成	主营收入(万元)	63065.39	38299.89	33186.45
	主营利润(万元)	-5280.33	7524.54	8223.57
	营业利润(万元)	-16753.38	937.79	3807.75
	投资收益(万元)	-93.75	-55.1	
	利润总额(万元)	-16610.4	907.04	3806.17
	净利润(万元)	-15775.68	375.71	2554.8

点评：公司工业清洗剂的产量已达国内总产量的80%。此外，公司年产3万吨的甲苯二异氰酸酯(TDI)产业前景广阔；具备“超滤膜＋反渗透”海水淡化技术，已成为国内水处理设备行业的龙头企业，公司2006年扭亏为盈可能性较大。

	截止日期	05年末	占%	主要股东及持股比例%、持股性质
股本结构（万股）	总股本	30247.07		中国蓝星(集团)总公司 43.91%（国有股）
	国有股	13281.84	43.91	向文静 0.27%（流通A股）
	发起股			陈斌 0.27%（流通A股）
	外资股			石小强 0.27%（流通A股）
	募集股			郝建柱 0.26%（流通A股）
	流通A	16965.23	56.09	刘振齐 0.22%（流通A股）
	流通B			金永生 0.17%（流通A股）
	流通H			温涛 0.17%（流通A股）
股东户数	05年末	42748		赵瑞 0.17%（流通A股）
	04年末	44232		陈能光 0.15%（流通A股）
其他流通股东	任家英 0.148%			
近年分配	04年:10转增3		近年募资	

二〇〇五年以来市场表现

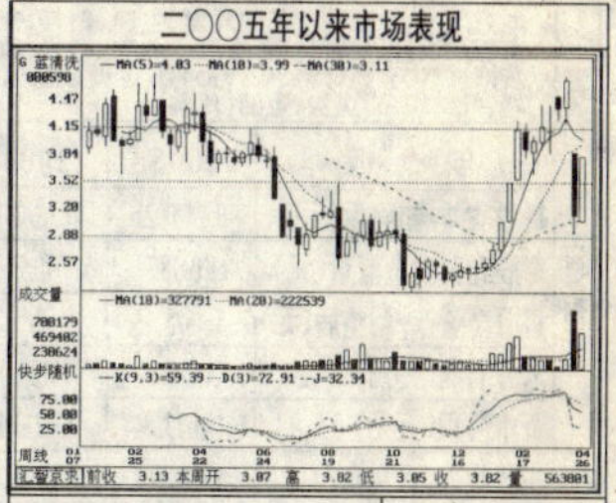

2005年涨跌幅(%)	-16.31
2005年最高(元)	4.79
2006年涨跌幅(%)	96.29
2006.4.26收盘(元)	3.82
2006年最高(元)	5.03
2006年最低(元)	2.49
2006年换手率(%)	205.04
股改对价	送股 每10股实际获得3股(06/04/17)

G双星（000599）

上市日期:96/04/30　　电话:0532－2657986　　传真:0532－2657986

主营：冷粘鞋类(运动鞋、皮鞋、专业鞋等)的制造和销售；橡胶轮胎、铸造机械、橡塑机械及绣品的制造与销售。

	年　度	2005	2004	2003
主要指标	每股收益/扣除后(元)	0.136/0.133	0.183/0.16	0.24/0.21
	每股经营现金流量(元)	0.432	0.762	-0.26
	每股净资产/调整后(元)	2.15/2.04	3.58/3.48	3.4/3.3
	未分利润(万元)	30064.73	24877.62	21555.02
	资本公积(万元)	15409.57	27326.03	27326.03
利润构成	主营收入(万元)	309704.75	232420.06	166391.78
	主营利润(万元)	31260.65	22728.29	22122.5
	营业利润(万元)	8350.05	6018.97	8536.28
	投资收益(万元)	0.6		20.72
	利润总额(万元)	8096.56	6362.98	8450.9
	净利润(万元)	6185.15	4108.49	5367.16

点评：由于制鞋行业的进入壁垒低，使鞋类产品严重供大于求，全国鞋类市场的竞争越来越激烈。同时由于生产用的天然橡胶、合成橡胶、帘子布、钢材、化工原材料等主要原材料大幅涨价，提高了公司的生产成本，导致了公司的利润率的降低。

	截止日期	05年末	占%	主要股东及持股比例%、持股性质
股本结构（万股）	总股本	45502.85		双星集团有限责任公司 23.42%（国有股）
	国有股	10658.16	23.42	东方证券股份有限公司 4.81%（流通A股）
	发起股	1171.84	2.58	青岛海斯达包装有限公司 3.87%（流通A股）
	外资股			青岛胶南公有资产经营有限公司 2.58%（非流通股）
	募集股			青岛威星体育用品有限公司 1.21%（流通A股）
	流通A	33672.84	74	上海东方网股份有限公司 0.84%（流通A股）
	流通B			青岛天海房地产有限公司 0.71%（流通A股）
	流通H			健桥证券股份有限公司 0.36%（流通A股）
股东户数	05年末	37811		青岛中星商贸有限公司 0.35%（流通A股）
	04年末	33444		王青兰 0.33%（流通A股）
其他流通股东	黄志勤 0.22%；兴业证券股份有限公司 0.22%			
近年分配	04年:10转增8		近年募资	04年10配2.5配股价4.33元。

二〇〇五年以来市场表现

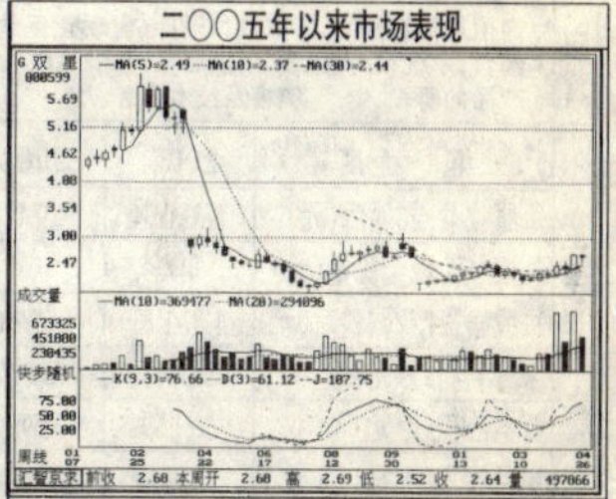

2005年涨跌幅(%)	24
2005年最高(元)	6.71
2006年涨跌幅(%)	21.66
2006.4.26收盘(元)	2.64
2006年最高(元)	2.69
2006年最低(元)	2.12
2006年换手率(%)	154.4
股改对价	送股 每10股实际获得3.5股(05/12/05)

G建投（000600）

上市日期:96/06/06　　电话:0311－6672224　　传真:0311－6672224

主营：电力生产及销售、电力项目开发、投资和经营。

	年　度	2005	2004	2003
主要指标	每股收益/扣除后(元)	0.185/0.17	0.406	0.058/-0.038
	每股经营现金流量(元)	1.893	3.0346	2.1379
	每股净资产/调整后(元)	1.74/1.71	2.4/2.38	1.99/1.97
	未分利润(万元)	3697.06	4271.48	141.41
	资本公积(万元)	7863.65	13058.32	13058.32
利润构成	主营收入(万元)	194643.19	180992.83	24547.09
	主营利润(万元)	32294.81	40114.4	7773.2
	营业利润(万元)	11978.59	18617.51	2258.25
	投资收益(万元)	-328.53	-313.41	781.33
	利润总额(万元)	11625.21	18294.12	2060.95
	净利润(万元)	4266.48	6240.37	898.3

点评：公司酒店业保持河北省龙头地位，经过实质性资产重组后，资产质量显著提高，实现了主营业务由酒店商贸业向能源电力基础产业的跨越。大股东河北建投入主后，公司成为其下属电力投资的主要平台，基本面完成了翻天覆地的变化，业绩得以大幅提升。

	截止日期	05年末	占%	主要股东及持股比例%、持股性质
股本结构（万股）	总股本	23060.01		河北省建设投资公司 59.2%（国有股）
	国有股	11127.54	48.25	石家庄鸿基投资有限责任公司 3.95%（非流通股）
	发起股	2810.1	12.19	石家庄市国翔管理服务公司 3.04%（非流通股）
	外资股			石家庄市鑫源工贸公司 1.34%（非流通股）
	募集股			海关总署机关服务局 0.91%（非流通股）
	流通A	9119.17	39.55	石家庄市银达化工有限责任公司 0.78%（非流通股）
	流通B			石家庄神禾科技发展公司 0.26%（非流通股）
	流通H			曹璇 0.26%（流通A股）
股东户数	05年末	15270		陈文香 0.24%（流通A股）
	04年末	15733		成志强 0.24%（流通A股）
其他流通股东	韩瑾 0.2%；石家庄市郊区环城五交化商场 0.175%；北京华盛投资有限公司 0.163%；杨力 0.137%；刘丽丽 0.13%			
近年分配	05预案:10派0.7；04年:10派0.8送1.5转增3.5		近年募资	

二〇〇五年以来市场表现

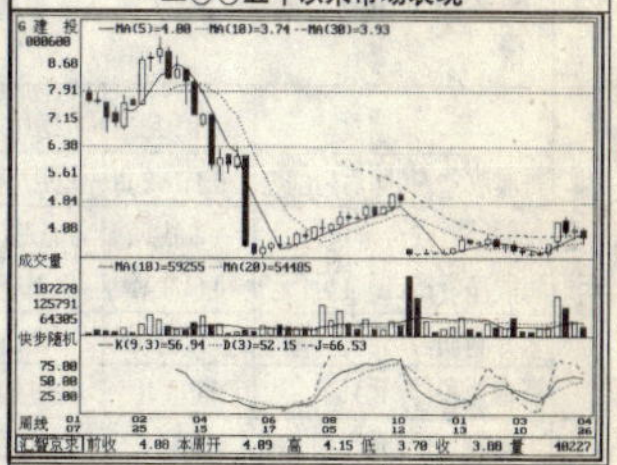

2005年涨跌幅(%)	-12.33
2005年最高(元)	9.45
2006年涨跌幅(%)	12.79
2006.4.26收盘(元)	3.88
2006年最高(元)	4.44
2006年最低(元)	3.34
2006年换手率(%)	91.08
股改对价	送股 每10股实际获得3.2股(05/11/28)

G 韶能（000601）

上市日期:96/08/30　　电话:0751－8153162　　传真:0751－8535226

主营	电力生产,锆系列产品的开发、生产、销售,能源开发,公路工程及设计,建筑材料,房地产开发;销售:机电产品,建筑装饰材料,金属材料、矿产品(不含贵金属),五金,家用电器,针纺织品,煤炭,重油(代购)。

	年　　度	2005	2004	2003
主要指标	每股收益/扣除后(元)	0.24/0.24	0.18/0.18	0.35/0.33
	每股经营现金流量(元)	0.78	0.59	0.75
	每股净资产/调整后(元)	5.46/5.43	5.32/5.29	5.08/5.04
	未分利润(万元)	36675.14	33189.05	31051.7
	资本公积(万元)	130713.84	130713.84	103308.61
利润构成	主营收入(万元)	156410.62	109992	89002.13
	主营利润(万元)	39390.12	27476.81	32928.26
	营业利润(万元)	12609.47	7460.8	18886.22
	投资收益(万元)	-38.75	-34.67	-9.5
	利润总额(万元)	13243.87	7111.18	18856.16
	净利润(万元)	10539.76	8054.87	13808.88

点评	公司作为广东省最大的水电上市企业,尽享着国家电力产业的各项优惠政策,而广东省电力需求的快速增长,更使公司的电力产业迅猛发展。同时,在国家斥巨资大力发展新能源产业的大背景下,公司掌握着核能源必不可少材料,公司具有强大爆发动能。

	截止日期	05 年末	占%	主要股东及持股比例%、持股性质
股本结构（万股）	总股本	44187.32		韶关市国有资产管理办公室 16.05%（国有股）
	国有股	7093.84	16.05	耒阳市国有资产投资经营有限公司 4.64%（国有股）
	发起股	1408.32	3.19	韶关市峡江水电安装工程有限公司 4.53%（非流通股）
	外资股			广州潭开安电气有限公司 1.81%（流通 A 股）
	募集股	13371.67	30.26	广发证券股份有限公司 1.13%（流通 A 股）
	流通 A	22311.1	50.49	韶关供电工程公司 0.83%（非流通股）
	流通 B			广东亿能电力设备股份有限公司 0.68%（非流通股）
	流通 H			深圳市龙岗区葵冲桥联商店 0.39%（非流通股）
股东户数	05 年末	62727		广东省国土厅机关工会委员会 0.39%
	04 年末	69411		粤北人民医院 0.39%（非流通股）
其他流通股东	陈玉林 0.383%;余建军 0.27%;韶关市广韶贸易有限公司 0.195%			
近年分配	05 预案:10 派 1 送 1;04 年:10 派 1;03 年:10 派 1	近年募资	04 年 10 配 3 配股价 6.57 元。	

二〇〇五年以来市场表现

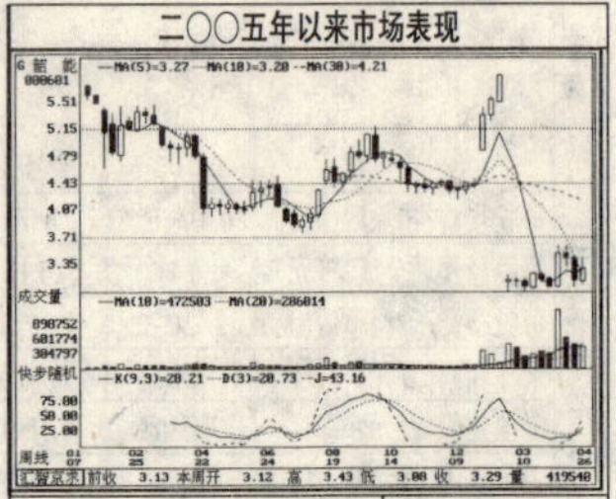

2005 年涨跌幅(%)	-19.29
2005 年最高(元)	5.73
2006 年涨跌幅(%)	39.44
2006.4.26 收盘(元)	3.29
2006 年最高(元)	6.71
2006 年最低(元)	4.86
2006 年换手率(%)	145.88
股改对价	定向转增 每 10 股实际获得 8.733 股(06/02/23)

G 金马（000602）

上市日期:96/08/19　　电话:0768－2258968　　传真:0768－232297613

主营	通信及信息网络、计算机软硬件、自动化系统的产品开发、经营,系统设计、集成、增值服务;ISP、ICP、ASP 业务;IT 业产品的研发、生产、销售及技术服务。

	年　　度	2005	2004	2003
主要指标	每股收益/扣除后(元)	0.33/0.34	0.37/0.37	0.39/0.39
	每股经营现金流量(元)	0.92	0.85	1.12
	每股净资产/调整后(元)	1.99/1.83	1.65/1.58	1.98/1.97
	未分利润(万元)	9834.83	5568.76	2862.27
	资本公积(万元)	2261.99	2259.18	5274.18
利润构成	主营收入(万元)	21759.04	21765.14	22595.74
	主营利润(万元)	14303.23	15306.24	14682.92
	营业利润(万元)	13096	14803.54	12120.95
	投资收益(万元)	-88.94	-400.68	56.98
	利润总额(万元)	13002.36	14398.06	12176.01
	净利润(万元)	5018.9	5548.81	3958.56

点评	公司经过重大的资产重组,主营业务成功转型为盈利能力较强的通信服务和数字网络服务业。近年来还努力开展与大集团用户、电信运营商等的合作。公司在山东区域行业垄断特征明显,强劲的利润增长点使其盈利能力以及发展前景均为市场看好。

	截止日期	05 年末	占%	主要股东及持股比例%、持股性质
股本结构（万股）	总股本	15075		山东鲁能矿业集团有限公司 18.52%（非流通股）
	国有股			山东鲁能发展集团有限公司 17.9%（非流通股）
	发起股	6558.96	43.51	北京中兴泰房地产股份有限公司 3.48%（非流通股）
	外资股			潮州开发区伟田房产开发有限公司 1.39%（非流通股）
	募集股			北京安得斯达科技有限公司 1.01%（流通 A 股）
	流通 A	8516.04	56.49	深圳市奉安投资发展有限公司 0.91%（非流通股）
	流通 B			鹤山市德泰发展有限公司 0.74%（流通 A 股）
	流通 H			中国银行海富通股票证券投资基金 0.66%（流通 A 股）
股东户数	05 年末	5469		福州麦点广告有限公司 0.35%（非流通股）
	04 年末	6231		杨淑媛 0.33%（流通 A 股）
其他流通股东	景晓丽 0.322%;翟晓燕 0.279%;杨帆 0.277%;夏春英 0.254%;汤燕 0.219%;吴卫灿 0.213%			
近年分配	03 年:10 派 0.5 送 2 转增 3	近年募资		

二〇〇五年以来市场表现

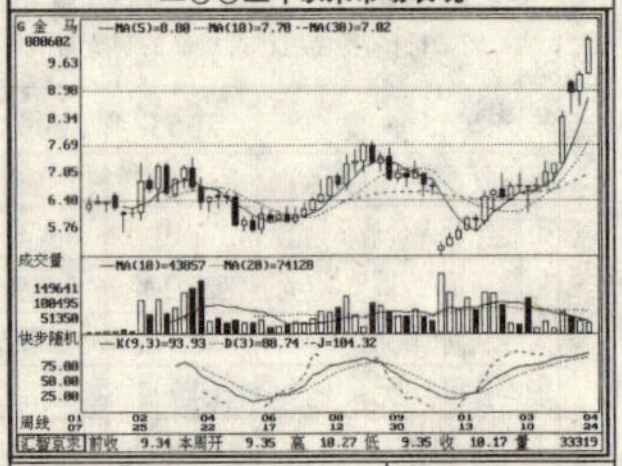

2005 年涨跌幅(%)	15.32
2005 年最高(元)	7.75
2006 年涨跌幅(%)	84.91
2006.4.26 收盘(元)	10.17
2006 年最高(元)	10.27
2006 年最低(元)	5.45
2006 年换手率(%)	124.44
股改对价	送股 每 10 股实际获得 3 股(05/12/20)

*ST 威达（000603）

上市日期:96/08/23　　电话:0755－83949925　　传真:0755－83949932

主营	生产、研发、销售医疗器械、电子产品及通信设备、保健品等。

	年　　度	2005	2004	2003
主要指标	每股收益/扣除后(元)	-0.15/-0.01	-0.192/-0.072	0.011/0.001
	每股经营现金流量(元)	0.052	0.117	0.118
	每股净资产/调整后(元)	0.64/0.54	0.85/0.8	1.05/1.05
	未分利润(万元)	-14582.88	-12925.2	-10782.71
	资本公积(万元)	10213.41	10213.41	10175.04
利润构成	主营收入(万元)	5403.24	1763.25	3035.12
	主营利润(万元)	191.6	270.49	1484.32
	营业利润(万元)	-653.51	-2221.14	40.07
	投资收益(万元)	-786	-8.82	
	利润总额(万元)	-2421.86	-2440.46	30.16
	净利润(万元)	-1657.68	-2142.49	117.78

点评	公司是我国规模较大、品种齐全的医疗设备制造企业,主要生产诊断和治疗人体肿瘤和心脑血管疾病的医疗器械产品。05 年公司主营业务萎缩,业绩继续出现亏损。为扭转亏损局面,公司收购生物制品公司。但公司缺乏资金、技术落后,扭亏难以乐观,前途堪忧。

	截止日期	05 年末	占%	主要股东及持股比例%、持股性质
股本结构（万股）	总股本	11186.25		江西堆花酒业有限责任公司 29.26%（非流通股）
	国有股			深圳市安远投资集团有限公司 18.5%（非流通股）
	发起股	5123.6	45.8	海南普林投资管理有限公司 7.12%（非流通股）
	外资股			新理益集团有限公司 5.88%（非流通股）
	募集股	3212.65	28.72	汕头变压器厂 4.47%（非流通股）
	流通 A	2850	25.48	中国新技术创业投资公司 3.4%（非流通股）
	流通 B			东莞市泰迪贸易有限公司 1.78%（非流通股）
	流通 H			广东威达医疗器械集团公司 1.78%（国有股）
股东户数	05 年末	7495		上海思可达商务咨询有限公司 0.89%（非流通股）
	04 年末	8023		海南鹏新贸易有限公司 0.45%（非流通股）
其他流通股东	李健伟 0.354%;袁华英 0.338%;柳州佳力房地产开发有限责任公司 0.289%;许跃 0.268%;胡燕 0.153%			
近年分配		近年募资		

二〇〇五年以来市场表现

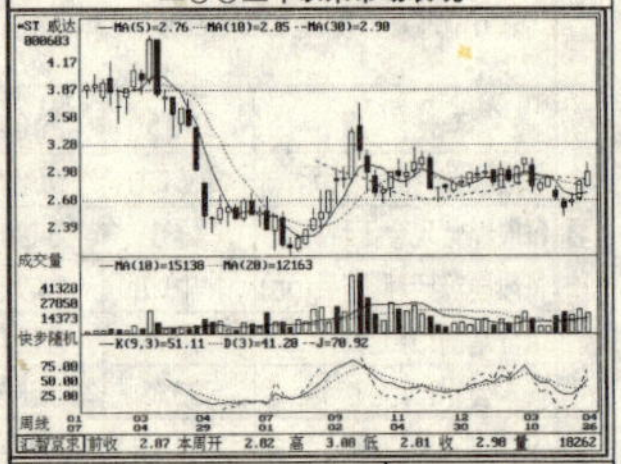

2005 年涨跌幅(%)	-26.22
2005 年最高(元)	4.47
2006 年涨跌幅(%)	3.83
2006.4.26 收盘(元)	2.98
2006 年最高(元)	3.12
2006 年最低(元)	2.5
2006 年换手率(%)	74.57
股改对价	

四环药业（000605）

上市日期:96/09/13　　电话:010－68002567　　传真:010－68001816

主营：生物医药、中西药的研究开发、生产与销售。

	年　　度	2005	2004	2003
主要指标	每股收益/扣除后(元)	-0.31/-0.27	0.11	0.19/0.2
	每股经营现金流量(元)	-0.29	-0.22	0.26
	每股净资产/调整后(元)	1.4/1.4	1.71/1.7	1.62/1.6
	未分利润(万元)	1313.77	3830.37	3053.1
	资本公积(万元)	1073.31	1073.31	1073.31
利润构成	主营收入(万元)	6200.84	9825.38	9973.12
	主营利润(万元)	3355.44	4891.88	5620.85
	营业利润(万元)	-2284.79	1211.72	1905.96
	投资收益(万元)	-3	-3	87.71
	利润总额(万元)	-2539.74	1203.8	1945.1
	净利润(万元)	-2516.6	914.43	1582.14

点评：公司原名中联建设，2001 年通过资产置换更名四环药业。2005 年发生人事大变动，一批高管辞职，至今尚无专职董秘，由董事长兼任。由于抗生素降价、费用上升、产品老化、计提坏帐等导致 2005 年亏损。公司产品竞争力不强，人事动荡大，前景难以乐观。

	截止日期	05年末	占%	主要股东及持股比例%、持股性质
股本结构（万股）	总股本	8250		四环生物产业集团有限公司 68%（非流通股）
	国有股			北大星光集团有限公司 4.8%（非流通股）
	发起股	6187.5	75	北京福满楼酒家有限公司 1%（非流通股）
	外资股			张斌 0.41%（流通 A 股）
	募集股			中国对外建设总公司 0.4%（非流通股）
	流通 A	2062.5	25	中国建设工业建设总公司 0.4%（非流通股）
	流通 B			唐保和 0.35%（流通 A 股）
	流通 H			杨启明 0.34%（流通 A 股）
股东户数	05 年末	8466		中国建设机械总公司 0.2%（非流通股）
	04 年末	7973		中联实业股份有限公司 0.2%（非流通股）
其他流通股东	吴玉锟 0.164%；卢国珍 0.135%；林海 0.111%；苏佩玉 0.109%；许达军 0.105%；祁广明 0.104%；逯成江 0.096%			
近年分配	03 年:10 派 0.18		近年募资	

二〇〇五年以来市场表现

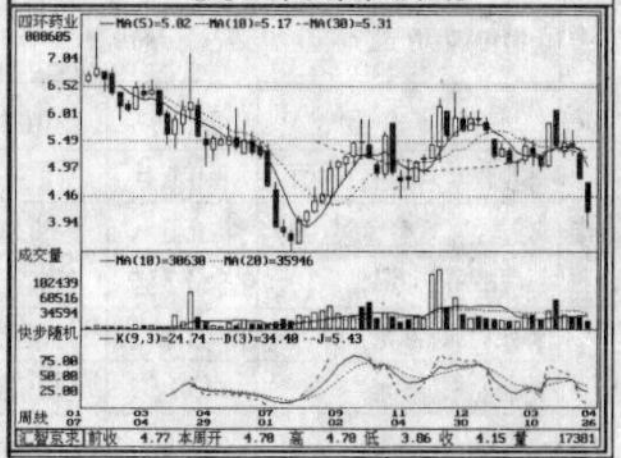

2005 年涨跌幅(%)	-14.44
2005 年最高(元)	7.56
2006 年涨跌幅(%)	-27.07
2006.4.26 收盘(元)	4.15
2006 年最高(元)	6.08
2006 年最低(元)	3.86
2006 年换手率(%)	210.3
股改对价	

G 明胶（000606）

上市日期:96/10/04　　电话:0971－8013495　　传真:0971－8012106

主营：明胶系列产品、硬胶囊系列产品生产与销售。

	年　　度	2005	2004	2003
主要指标	每股收益/扣除后(元)	0.07/0.059	0.01/-0.007	0.01/-0.002
	每股经营现金流量(元)	0.184	0.185	0.02
	每股净资产/调整后(元)	1.97/1.97	1.89/1.89	1.82/1.82
	未分利润(万元)	3113.14	2306.19	2300.53
	资本公积(万元)	8705.43	8494.88	8069.69
利润构成	主营收入(万元)	16843.01	12987.45	13024.03
	主营利润(万元)	6927.08	5374.84	6361.87
	营业利润(万元)	1273.16	128.88	-372.52
	投资收益(万元)	-74.74	-47.27	-44.98
	利润总额(万元)	1236.19	262.99	-200.23
	净利润(万元)	1070.08	147.8	185.49

点评：公司业务有明胶、医药包装材料、房屋出租。原来赢利能力低下，2005 年新股东天津泰达进入后，通过与控股股东实施资产置换方案，妥善地解决了公司大量的历史遗留问题。公司资产质量、财务状况得到改善，盈利能力由于增加了房屋出租收入而显著增强。

	截止日期	05年末	占%	主要股东及持股比例%、持股性质
股本结构（万股）	总股本	15170.2		天津泰达科技风险投资股份有限公司 24.43%（国有股）
	国有股	5434.2	35.82	西安思源机械科技有限公司 16.08%（非流通股）
	发起股	900	5.93	北京国际信托投资有限公司 6%（国有股）
	外资股			西宁正润城市发展股份有限公司 5.27%（国有股）
	募集股	2440	16.08	天津泰达投资控股有限公司 5%（国有股）
	流通 A	6396	42.16	金海岸 0.49%（流通 A 股）
	流通 B			江门市蓬江区恒业化工商行 0.4%（非流通股）
	流通 H			青海新机五金矿产有限公司 0.4%（非流通股）
股东户数	05 年末	17271		天津铁厂 0.39%（流通 A 股）
	04 年末	15930		罗烨 0.35%（流通 A 股）
其他流通股东	胡宇 0.259%；王越 0.224%；鞠立颖 0.205%；宋苗芳 0.201%；赵富强 0.2%；华安证券有限责任公司 0.198%			
近年分配			近年募资	

二〇〇五年以来市场表现

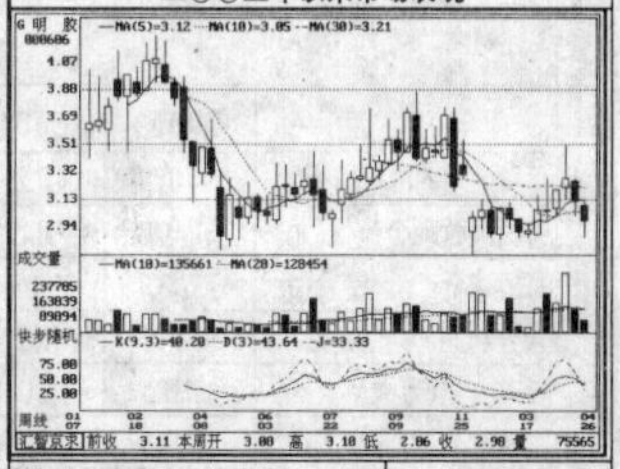

2005 年涨跌幅(%)	-8.61
2005 年最高(元)	4.26
2006 年涨跌幅(%)	19.56
2006.4.26 收盘(元)	2.98
2006 年最高(元)	4.61
2006 年最低(元)	3.63
2006 年换手率(%)	220.08
股改对价	送股 每 10 股实际获得 3.2 股(06/01/23)

G 华立（000607）

上市日期:96/08/30　　电话:023－67758090　　传真:023－67755788

主营：电能表等电力仪器仪表制造和销售及以青蒿素为依托的生物制药。

	年　　度	2005	2004	2003
主要指标	每股收益/扣除后(元)	0.113/0.099	0.151	0.26/0.269
	每股经营现金流量(元)	0.49	-0.11	0.73
	每股净资产/调整后(元)	1.84/1.8	2.21/2.14	3.4/3.36
	未分利润(万元)	16411.76	13890.21	11406
	资本公积(万元)	16297.49	25122.31	38536.16
利润构成	主营收入(万元)	268377.39	117239	139170.39
	主营利润(万元)	41373.83	36048.56	36981.09
	营业利润(万元)	9666.01	8934.05	9471.79
	投资收益(万元)	-1398.49	52.96	-548.09
	利润总额(万元)	9076.75	9397.16	9902.98
	净利润(万元)	5018.8	5417.74	5828.96

点评：公司电能表产业经营业绩出现了较大的下滑。通过产业转型的工作，公司培育的医药产业和微特电机产业都实现了快速增长；同时青蒿素有望成为公司的利润增长点，但总体规模偏小，主业分散，亟待培育自身的核心竞争力。

	截止日期	05年末	占%	主要股东及持股比例%、持股性质
股本结构（万股）	总股本	44339.27		华立产业集团有限公司 23.52%（非流通股）
	国有股			海南禹航实业投资有限公司 11.94%（非流通股）
	发起股	21556	48.62	杭州望潮贸易有限公司 1.32%（流通 A 股）
	外资股			广东证券股份有限公司 0.81%（流通 A 股）
	募集股			江苏国安建筑安装工程有限公司 0.78%（流通 A 股）
	流通 A	22700.98	51.2	辽宁东方证券公司 0.53%（流通 A 股）
	流通 B			余明伟 0.39%（流通 A 股）
	流通 H			陈秀美 0.36%（流通 A 股）
股东户数	05 年末	29871		深圳市亿盟实业有限公司 0.31%（流通 A 股）
	04 年末	22747		江门汇盛投资管理有限公司 0.25%（非流通股）
其他流通股东	赵亚趁 0.212%；林红星 0.198%；李绍君 0.194%			
近年分配	05 预案:10 派 0.2 送 1；04 年:10 派 0.6；03 年:10 派 1 转增 6		近年募资	03 年增发 A 股 3274.7157 万股，发行价 11.43 元。

二〇〇五年以来市场表现

2005 年涨跌幅(%)	-6.91
2005 年最高(元)	5
2006 年涨跌幅(%)	24.7
2006.4.26 收盘(元)	3.08
2006 年最高(元)	3.53
2006 年最低(元)	2.48
2006 年换手率(%)	253.94
股改对价	定向转增 每 10 股实际获得 6 股(05/12/22)

G 阳光（000608）

上市日期:96/09/19　　电话:010-68361088　　传真:010-88365280

主营	房地产综合开发建设,基础设施投资,高科技投资,商品房销售、租赁、咨询等。			
	年　　度	2005	2004	2003
主要指标	每股收益/扣除后(元)	0.41/0.41	0.37	0.17/0.17
	每股经营现金流量(元)	0.33	-0.81	-0.69
	每股净资产/调整后(元)	2.66/2.53	2.26/2.13	2.66/2.56
	未分利润(万元)	24726	16857.5	17118.1
	资本公积(万元)	6247.6	6737.3	7642
利润构成	主营收入(万元)	113502.7	95621.4	45526.2
	主营利润(万元)	34145.8	23845.3	9077.6
	营业利润(万元)	24798.9	19296.7	6121.6
	投资收益(万元)	0.1	80.5	217.2
	利润总额(万元)	24826.6	19404.1	6326.7
	净利润(万元)	11984.5	10878.7	3636.7
点评	净利润上升10%、高达30%的毛利率反映了公司前几年拿地成本较低。公司的阳光上东项目后续开发对资金需求比较迫切,计划进行增发融资。公司在北京高档房产市场有一定知名度,未来计划向外地发展。应关注土地价格上升对房地产企业的影响。			

	截止日期	05年末	占%	主要股东及持股比例%、持股性质
股本结构（万股）	总股本	29204.03		北京燕赵房地产开发有限公司15.5%(非流通股)
	国有股	3267.74	11.19	北京国际信托投资有限公司11.19%(国有股)
	发起股	12286.18	42.07	首创置业股份有限公司11%(非流通股)
	外资股			北京核建房地产开发有限公司4.79%(非流通股)
	募集股			北京首创阳光房地产有限责任公司3.5%(非流通股)
	流通A	13650.11	46.74	广西新拓投资咨询有限公司2.01%(非流通股)
	流通B			中国电子财务有限责任公司1.47%(非流通股)
	流通H			广西嘉隆经贸有限公司1.28%(非流通股)
股东户数	05年末	27679		北流市供电公司0.79%(非流通股)
	04年末	22365		全国社保基金一零六组合0.76%(流通A股)
其他流通股东	中国工商银行-申万巴黎新动力股票型证券投资基金0.495%			
近年分配	04中期:10派0.75送3转增1		近年募资	

二〇〇五年以来市场表现

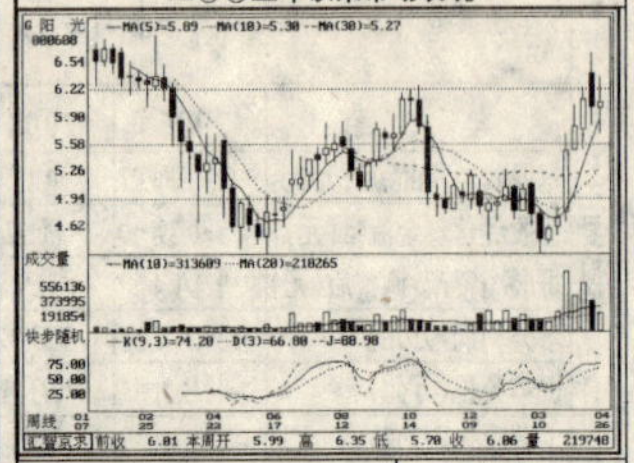

2005年涨跌幅(%)	-22.85
2005年最高(元)	6.86
2006年涨跌幅(%)	55
2006.4.26收盘(元)	6.06
2006年最高(元)	8.82
2006年最低(元)	5.72
2006年换手率(%)	225.64
股改对价	送股 每10股实际获得3.3股(06/01/13)

燕化高新（000609）

上市日期:96/10/10　　电话:010-83681353　　传真:010-83681354

主营	生产、销售石油化工催化剂、精细化工产品和氧、氮气等空气制品。			
	年　　度	2005	2004	2003
主要指标	每股收益/扣除后(元)	0.24/0.077	0.23	0.2/0.2
	每股经营现金流量(元)	-0.0008	0.07	0.48
	每股净资产/调整后(元)	3.72/3.7	3.44/3.37	3.31/3.22
	未分利润(万元)	9435.03	7168.14	5086.2
	资本公积(万元)	16789.5	16242.44	16242.44
利润构成	主营收入(万元)	21990.6	21825.48	18443.78
	主营利润(万元)	3726.01	5499.59	5221.08
	营业利润(万元)	1331.59	2747.55	3006.55
	投资收益(万元)	2222.19	249.04	83.62
	利润总额(万元)	3559.87	3505.44	3103.66
	净利润(万元)	3066.48	2978.6	2617.61
点评	2005年公司控股股东从原来的中国石化变更为呼和浩特北能能源科技有限责任公司和天华国际投资服务有限公司,主营业务方和产业结构也实施了战略转型,放弃了原有的精细化工产品,转为土地开发。			

	截止日期	05年末	占%	主要股东及持股比例%、持股性质
股本结构（万股）	总股本	12960.67		呼和浩特北能能源科技有限责任公司28.55%(非流通股)
	国有股	780	6.02	天华国际投资服务有限公司11.46%(非流通股)
	发起股	5185.05	40.01	北京燕化联营开发总公司8.12%(国有股)
	外资股			中石化北京化工研究院4.51%(国有股)
	募集股	2081.63	16.06	中石化科技开发公司3.01%(国有股)
	流通A	4913.92	37.91	北京燕山石油化工公司大修厂1.66%(国有股)
	流通B			北京燕化石油化工设计院1.5%(国有股)
	流通H			北京燕山石油化工公司兴业公司1.5%(国有股)
股东户数	05年末	25947		北京市北化研化工新技术公司1.02%(国有股)
	04年末	28058		北京燕山爆破工程公司0.75%(国有股)
其他流通股东	北京浩鸿房地产开发有限公司0.263%;曾思宏0.248%;陈添财0.205%;时之伏0.136%;陈立民0.128%			
近年分配	03年:10派1		近年募资	

二〇〇五年以来市场表现

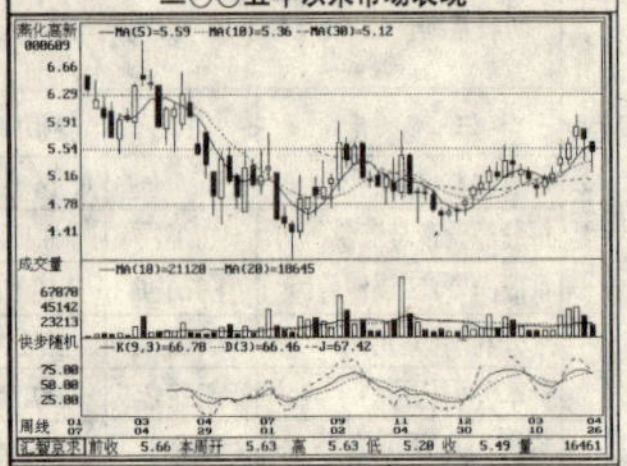

2005年涨跌幅(%)	-25.66
2005年最高(元)	7.04
2006年涨跌幅(%)	14.14
2006.4.26收盘(元)	5.49
2006年最高(元)	6
2006年最低(元)	4.75
2006年换手率(%)	67.39
股改对价	

G 西旅（000610）

上市日期:96/09/26　　电话:029—2065555　　传真:029—2065500

主营	旅游饭店、餐饮、旅游服务、石油开发、开采。			
	年　　度	2005	2004	2003
主要指标	每股收益/扣除后(元)	0.155/0.029	0.141	0.01/0.001
	每股经营现金流量(元)	-0.005	0.233	0.12
	每股净资产/调整后(元)	2.26/2.12	2.18/1.99	2.06/1.74
	未分利润(万元)	5282.57	4421.45	2766.9
	资本公积(万元)	12551.87	12551.87	12551.87
利润构成	主营收入(万元)	26496.94	13427.74	7987.71
	主营利润(万元)	7004.7	6523.3	5587.35
	营业利润(万元)	-628.66	448.56	160.71
	投资收益(万元)	4253.49	2277.11	570.15
	利润总额(万元)	3533.8	3299.82	294.84
	净利润(万元)	2591.71	2366.85	128.55
点评	公司所属个别酒店的硬件设备设施已不能满足市场需求,经营收入和接待人次也在逐年降,个别网点出现亏损,影响公司整体收益。公司计划装修改造占有优势地理位置的网点,对资产质量差,持续亏损的网点,采取资产重组途径进行盘活,实现公司资产的优良化。			

	截止日期	05年末	占%	主要股东及持股比例%、持股性质
股本结构（万股）	总股本	16759.79		西安旅游集团有限责任公司37.92%(国有股)
	国有股	6355.79	37.92	浙江博鸿投资顾问有限公司17.9%(非流通股)
	发起股			西安江洋商贸公司7.29%(非流通股)
	外资股			陕西开源证券经纪有限责任公司0.71%(非流通股)
	募集股	5100	30.43	劳司钟青商店0.47%(非流通股)
	流通A	5300.49	31.63	浙江省工商信托投资股份有限公司0.42%(流通A股)
	流通B			陕西高校木器厂0.3%(非流通股)
	流通H			西安市莲湖区通用电线电缆供应站0.2%(非流通股)
股东户数	05年末	28657		西飞财务公司0.17%(非流通股)
	04年末	30263		潼关县太要镇第九金矿0.16%(非流通股)
其他流通股东	刘华0.133%;上海申鹏针织服装制衣有限公司0.118%;郑菊芳0.105%;吴祖兴0.104%			
近年分配	05预案:10派0.2;04年:10派0.8;03年:10派0.2		近年募资	

二〇〇五年以来市场表现

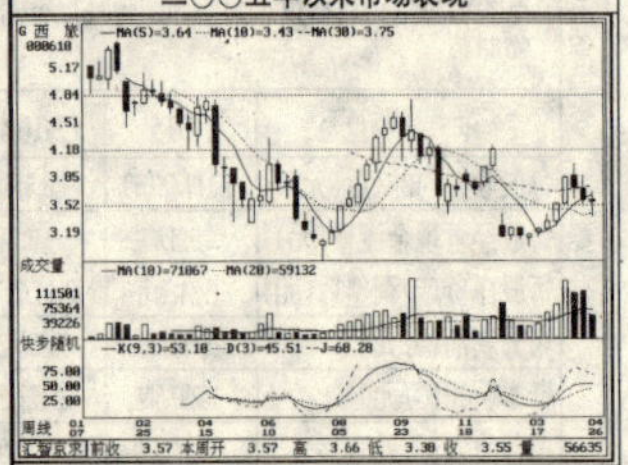

2005年涨跌幅(%)	-13.77
2005年最高(元)	5.5
2006年涨跌幅(%)	12.11
2006.4.26收盘(元)	3.55
2006年最高(元)	5.28
2006年最低(元)	3.99
2006年换手率(%)	113.86
股改对价	送股 每10股实际获得3.2股(06/02/14)

时代科技（000611）

上市日期：96/10/08　电话：010－82890385　传真：010－62980724

主营	智能检测仪器、配电自动化产品的研发、生产和销售			
主要指标	年　度	2005	2004	2003
	每股收益/扣除后(元)	0.13/0.13	0.12/0.11	0.12/0.12
	每股经营现金流量(元)	0.253	0.313	0.21
	每股净资产/调整后(元)	1.96/1.9	1.83/1.8	1.71/1.71
	未分利润(万元)	2526.71	1155.2	-206.44
	资本公积(万元)	11385.51	11314.71	11314.71
利润构成	主营收入(万元)	21618.33	17274.04	8485.95
	主营利润(万元)	8995.44	6425.26	3835.56
	营业利润(万元)	2542.81	2339.74	2319.06
	投资收益(万元)	-349.75	-81.75	-82.65
	利润总额(万元)	2196.24	2276.17	2182.9
	净利润(万元)	2227.67	2082.13	2036.89
点评	目前公司全面收购了全国试验机行业规模最大、市场占有率最高的济南试金集团，收购完成后，成为全球最大的试验机制造中心。不过，资产重组虽然改善了公司的产品结构，丰富了产品线，但整体经营规模仍偏小，同时费用增长幅度远超主业利润的增长速度。			

股本结构（万股）	截止日期	05年末	占%	主要股东及持股比例%、持股性质
	总股本	17504.06		时代集团公司 29.28%（非流通股）
	国有股			北京益泰电子集团有限责任公 18%（非流通股）
	发起股	8275.51	47.28	内蒙古阿拉善盟吉兰泰盐场 2.47%（非流通股）
	外资股			北京东安集团公司 1.23%（非流通股）
	募集股	1680.39	9.6	呼和浩特卷烟厂 1.23%（非流通股）
	流通A	7548.15	43.12	深圳市进烨贸易发展有限公司 1.23%（非流通股）
	流通B			鄂尔多斯市安特尔投资有限责任公司 1.11%（非流通股）
	流通H			北京市西单商场股份有限公司 0.25%（非流通股）
股东户数	05年末	27810		天津百货大楼股份有限公司 0.25%（非流通股）
	04年末	29618		福州华联商厦 0.25%（非流通股）
其他流通股东	金卫 0.206%；刘晓天 0.195%；梁远志 0.177%；张奇 0.146%；张秀侠 0.142%；田什宣 0.138%；欧敏娣 0.132%			
近年分配		近年募资		

二〇〇五年以来市场表现

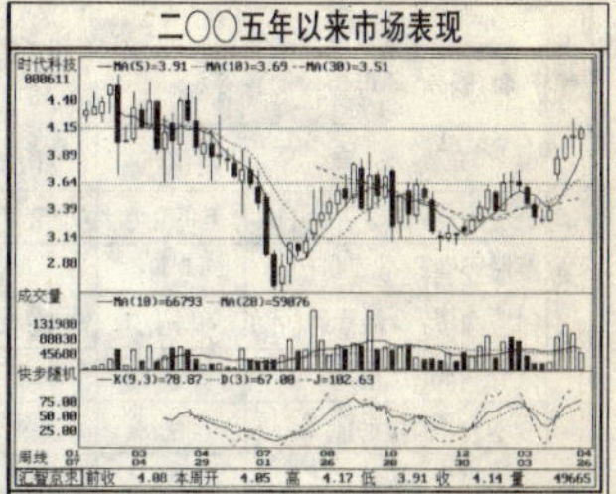

2005年涨跌幅(%)	-24.94
2005年最高(元)	4.65
2006年涨跌幅(%)	29.78
2006.4.26收盘(元)	4.14
2006年最高(元)	4.23
2006年最低(元)	3.17
2006年换手率(%)	131.48
股改对价	定向转增 每10股实际获得5.5股

焦作万方（000612）

上市日期：96/09/26　电话：0391－3903848　传真：0391－3903796

主营	以电解铝生产为主的有色金属冶炼，铝锭、铝盘条、铝合金棒、铝箔加工。			
主要指标	年　度	2005	2004	2003
	每股收益/扣除后(元)	-0.254/-0.215	0.079	0.3/0.299
	每股经营现金流量(元)	1.235	-0.234	-0.07
	每股净资产/调整后(元)	1.77/1.71	2.03/1.92	2.05/1.91
	未分利润(万元)	9934.84	22118.25	24194.62
	资本公积(万元)	14627.1	14477.01	14469.74
利润构成	主营收入(万元)	290858.29	320182.23	188705.71
	主营利润(万元)	9882.2	24133.74	34086.94
	营业利润(万元)	-11617.11	4441.39	20451.51
	投资收益(万元)	1411.98	2545.58	2306.67
	利润总额(万元)	-12189.98	6514.86	22562.66
	净利润(万元)	-12183.41	3798.87	14290.03
点评	公司主营铝冶炼和压延加工等。由于氧化铝、电价上涨，公司净利润大幅下滑，首次亏损。中国铝业将收购控股股东持有的公司股权，收购数量占公司总股本的29%。中国铝业成为公司第一大股东后，公司将获得稳定的氧化铝供应，经营状况将有所好转。			

股本结构（万股）	截止日期	05年末	占%	主要股东及持股比例%、持股性质
	总股本	48017.61		焦作市万方集团有限责任公司 52.34%（国有股）
	国有股	25134.4	52.34	河南省外商投资企业物资供销公司 1.44%（国有股）
	发起股	622.08	1.3	无锡市嘉亿商贸有限公司 0.72%（非流通股）
	外资股			景博证券投资基金 0.62%（流通A股）
	募集股	1140.48	2.38	河南省铝业公司 0.5%（国有股）
	流通A	21120.65	43.99	黄秀清 0.44%（流通A股）
	流通B			中国银行－大成蓝筹稳健证券投资基金 0.42%（流通A股）
	流通H			海南豫州冶金建材进出口公司 0.29%（国有股）
股东户数	05年末	37008		河南冶金建材实业有限公司 0.29%（国有股）
	04年末	43561		北京天源太园林绿化有限公司 0.27%（流通A股）
其他流通股东	陈凤安 0.255%；李琴 0.219%；张建华 0.208%；奥伊尔投资管理有限责任公司 0.197%；郭予红 0.186%；赫丽 0.175%			
近年分配	03年：10派1	近年募资		

二〇〇五年以来市场表现

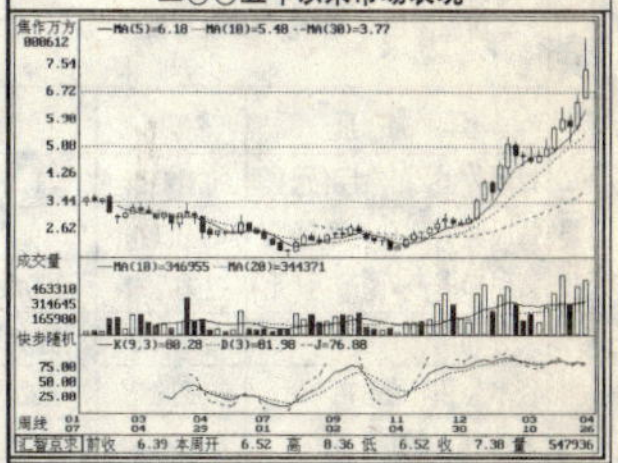

2005年涨跌幅(%)	-18.95
2005年最高(元)	3.67
2006年涨跌幅(%)	165.47
2006.4.26收盘(元)	7.38
2006年最高(元)	8.36
2006年最低(元)	2.76
2006年换手率(%)	268.44
股改对价	

＊ST东海A（000613/200613）

上市日期：A：97/01/28 B：96/10/08　电话：0899－88219888　传真：0899－88212298

主营	房地产开发经营、住宿及饮食业、旅游服务业、摄影、花圃、粮油制品、针纺织品、百货、五金交电、日用品、工业生产资料、金属材料、机械设备的经营、代售机车船票。			
主要指标	年　度	2005	2004	2003
	每股收益/扣除后(元)	0.021/-0.026	-0.04	-0.15/-0.14
	每股经营现金流量(元)	0.016	0.007	-0.01
	每股净资产/调整后(元)	-0.13/-0.13	-0.15/-0.15	-0.12/-0.12
	未分利润(万元)	-46507.52	-47256.96	-45835.68
	资本公积(万元)	5411.08	5356.61	5163.26
利润构成	主营收入(万元)	1478.93	1335.45	1333.26
	主营利润(万元)	1396.72	1215.87	1113.7
	营业利润(万元)	-932.45	-1408.1	-1731.82
	投资收益(万元)			
	利润总额(万元)	749.44	-1421.28	-5475.21
	净利润(万元)	749.44	-1421.28	-5475.21
点评	公司2005年凭借转让土地和荔枝树获得非经营性收益，得以扭亏为盈。但公司主营仍处于亏损状态，经营仍面临重重困难。公司的主要资产是持续经营了十多年的老酒店，设施陈旧；近年来三亚新增酒店较多，行业恶性竞争激烈。公司正采取措施进行相应债务重组。			

股本结构（万股）	截止日期	05年末	占%	主要股东及持股比例%、持股性质
	总股本	36410		海口食品有限公司 16.48%（非流通股）
	国有股	3632.7	9:98	中国长城资产管理公司 9.98%（国有股）
	发起股	7353	20.2	海南三亚银农实业开发总公司 2.72%（非流通股）
	外资股			华夏证券有限公司 1.81%（非流通股）
	募集股	12114.3	33.27	上海景贤投资有限公司 1.37%（非流通股）
	流通A	4510	12.39	中国对外经济贸易信托投资公司 1.09%（国有股）
	流通B	8800	24.17	海南创业科技风险投资有限公司 1.07%（国有股）
	流通H			三亚市中兴发展公司 1%（非流通股）
股东户数	05年末	18914		洋浦金裕实业有限公司 0.92%（非流通股）
	04年末	21124		中国农业银行海口市金贸区支行 0.91%（国有股）
其他流通股东	刘自力 0.516%；项兴良 0.294%；刘荣 0.243%；LI ZHAO 黎钊 0.216%；李春香 0.209%；李镜枝 0.209%；江建军 0.203%			
近年分配		近年募资		

二〇〇五年以来市场表现

2005年涨跌幅(%)	-1.83
2005年最高(元)	2.07
2006年涨跌幅(%)	-3.11
2006.4.26收盘(元)	1.56
2006年最高(元)	1.9
2006年最低(元)	1.56
2006年换手率(%)	166.28
股改对价	

G金环（000615）

上市日期:96/10/16　　电话:0710－2108234　　传真:0710－2108233

主营	粘胶长丝系列产品的研制、开发、生产和销售;技术开发、咨询、服务;通讯器材销售等。			
主要指标	年　度	2005	2004	2003
	每股收益/扣除后(元)	0.05/0.05	0.03	0.3/0.29
	每股经营现金流量(元)	0.48	-0.67	0.45
	每股净资产/调整后(元)	4.34/4.34	4.3/4.3	4.26/4.26
	未分利润(万元)	17324.01	14432.5	13960.06
	资本公积(万元)	24090.89	24087.55	24087.55
利润构成	主营收入(万元)	95900.14	150839.49	169426.81
	主营利润(万元)	12692.01	15608.11	19092.7
	营业利润(万元)	2005.58	552.43	5675.14
	投资收益(万元)	-586.32	-44.7	159.73
	利润总额(万元)	1390.75	458.87	5741.67
	净利润(万元)	724.77	519.05	4584.38
点评	公司"泰跃－朝阳"项目预计2006年8月交房,实现利润将高达1.5亿元,2006年有望给公司带来业绩大幅增长。此外,公司一条年产1500彩色玻璃纸生产线于2006年3月左右正式投产,这也将为公司带来新的利润增长点。			

股本结构(万股)	截止日期	05年末	占%	主要股东及持股比例%、持股性质
	总股本	15490.85		湖北泰跃投资集团有限公司29%(非流通股)
	国有股	3437.43	22.19	湖北化纤集团有限公司21.87%(国有股)
	发起股	3985.38	25.73	杭州夏嘉化纤有限公司0.9%(非流通股)
	外资股			湖北银河纺织股份有限公司0.7%(非流通股)
	募集股	971.92	6.27	上海君山投资咨询有限公司0.7%(非流通股)
	流通A	7096.11	45.81	朱锦华0.6%(流通A股)
	流通B			杭州金宇环境技术开发有限公司0.37%(非流通股)
	流通H			麻长纹0.34%(流通A股)
股东户数	05年末	20264		中国长城资产管理公司0.32%(国有股)
	04年末	20777		蒋光盛0.28%(流通A股)
其他流通股东	李云0.272%;曹建分0.236%;杨喜堂0.229%;曹玉祥0.215%;唐燕0.208%;谢树生0.199%;李其珍0.19%			
近年分配		近年募资		

二〇〇五年以来市场表现

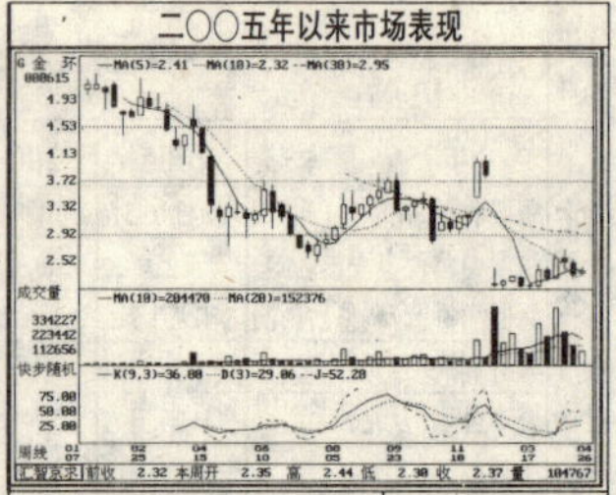

2005年涨跌幅(%)	-39.58
2005年最高(元)	5.33
2006年涨跌幅(%)	35
2006.4.26收盘(元)	2.37
2006年最高(元)	4.84
2006年最低(元)	3.48
2006年换手率(%)	229.57
股改对价	定向转增 每10股实际获得8股(06/02/15)

亿城股份（000616）

上市日期:96/11/08　　电话:010－58816885　　传真:010－58816666

主营	酒店旅游服务、房地产开发及教育产业。			
主要指标	年　度	2005	2004	2003
	每股收益/扣除后(元)	0.11/0.01	0.57	0.2/0.16
	每股经营现金流量(元)	-0.02	0.47	0.17
	每股净资产/调整后(元)	2.43/2.41	2.39/2.35	2.74/2.67
	未分利润(万元)	24690.02	23291.06	10023.82
	资本公积(万元)	10228.92	10228.92	19676.02
利润构成	主营收入(万元)	68059.98	239778.24	56030.9
	主营利润(万元)	14425.4	28126.13	10438.75
	营业利润(万元)	2938.7	17232.45	3113.63
	投资收益(万元)	1702.87	-765.32	-297.42
	利润总额(万元)	4541.47	18947.89	3504.1
	净利润(万元)	3218.87	16203.89	3789.55
点评	公司重组后逐步形成房地产业为主、教育及酒店旅游业为辅的新产业格局。继续加强北京市场的同时,已进入天津和苏州市场。目前土地储备超过80万平米,能保证公司未来3年的持续发展。公司急需从资本市场融资。			

股本结构(万股)	截止日期	05年末	占%	主要股东及持股比例%、持股性质
	总股本	28341.3		北京乾通投资有限公司29.76%(非流通股)
	国有股	1619.5	5.71	天津市汇邦商贸有限公司16.03%(非流通股)
	发起股	583.96	2.06	大连市国有资产管理局5.71%(非流通股)
	外资股			大连市日兴实业公司2.06%(国有股)
	募集股	12979.38	45.8	中信经典配置证券投资基金0.39%(流通A股)
	流通A	13158.46	46.43	李日丁0.28%(流通A股)
	流通B			王志强0.24%(流通A股)
	流通H			浙江纳德物业管理有限公司0.22%(流通A股)
股东户数	05年末	15591		吕秀华0.22%(流通A股)
	04年末	21899		叶新林0.21%(流通A股)
其他流通股东	钟健维0.188%;朱秀兰0.186%;刘修建0.178%;陈志华0.176%			
近年分配	05预案:10派0.3;04年:10派0.5;03年:10派0.2转增5	近年募资		

二〇〇五年以来市场表现

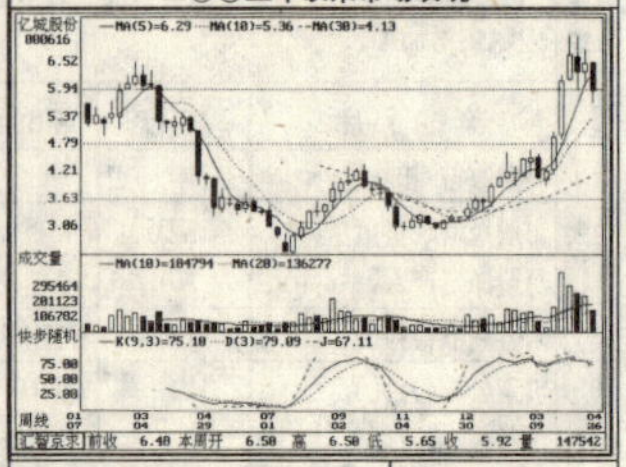

2005年涨跌幅(%)	-38.58
2005年最高(元)	6.51
2006年涨跌幅(%)	73.1
2006.4.26收盘(元)	5.92
2006年最高(元)	7.1
2006年最低(元)	3.36
2006年换手率(%)	189.91
股改对价	

石油济柴（000617）

上市日期:96/10/22　　电话:0531－2965971　　传真:0531－2961241

主营	柴油机,气体发动机,柴油及气体发电机组的生产和销售			
主要指标	年　度	2005	2004	2003
	每股收益/扣除后(元)	0.62/0.62	0.73	0.46/0.45
	每股经营现金流量(元)	0.18	0.91	0.77
	每股净资产/调整后(元)	2.33/2.33	2.09/1.99	2.33/2.27
	未分利润(万元)	18791.69	12402.33	4672.12
	资本公积(万元)	2972.42	2771.73	6914.3
利润构成	主营收入(万元)	80331.27	66749.09	32729.93
	主营利润(万元)	20191.14	16943.99	7246.06
	营业利润(万元)	10731.22	10451.95	2344.92
	投资收益(万元)	2840.3	2919.43	2693.39
	利润总额(万元)	13658.99	13470.41	5025.82
	净利润(万元)	12411.01	12153.18	4773.31
点评	作为中石油装备业务的上市公司,公司主营为中石油配套的V系列发动机。在近几年系统更新换代的背景下,公司的V型发动机出现了较好的发展。但由于柴油发电机销售下降,气体发动机业务还需要观察,再加上企业搬迁,06年是公司经营的困难年。			

股本结构(万股)	截止日期	05年末	占%	主要股东及持股比例%、持股性质
	总股本	19968		济南柴油机厂68.75%(国有股)
	国有股	13728	68.75	中国银行－嘉实增长开放式证券投资基金2.02%(流通A股)
	发起股			中国农业银行－长盛动态精选证券投资基金1.65%(流通A股)
	外资股			银丰证券投资基金0.99%(流通A股)
	募集股			招商银行－中信经典配置证券投资基金0.97%(流通A股)
	流通A	6240	31.25	华夏成长证券投资基金0.86%(流通A股)
	流通B			中国人寿保险股份有限公司—分红—个人分红—005L—FH002深0.76%(流通A股)
	流通H			中国工商银行—银河银泰理财分红证券投资基金0.66%(流通A股)
股东户数	05年末	6011		全国社保基金一零七组合0.64%(流通A股)
	04年末	5879		景阳证券投资基金0.57%(流通A股)
其他流通股东	中国银行－银华优势企业(平衡型)证券投资基金0.545%			
近年分配	05预案:10派0.5送2;04中期:10派0.5送2转增4年终:10派0.5送2;03年:10派1	近年募资		

二〇〇五年以来市场表现

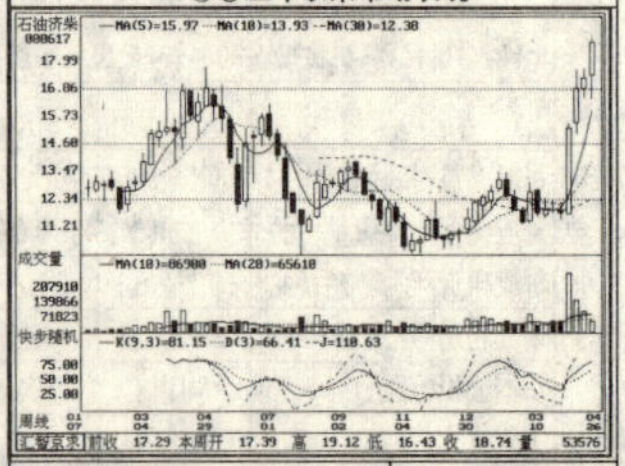

2005年涨跌幅(%)	12.26
2005年最高(元)	17.7
2006年涨跌幅(%)	62.53
2006.4.26收盘(元)	18.74
2006年最高(元)	19.12
2006年最低(元)	11.25
2006年换手率(%)	189.5
股改对价	

G 海型材（000619）

上市日期:96/10/23　　电话:0553－5840158　　传真:0553－5840118

主营	中高档塑料型材、板材、门窗、五金制品的生产、销售和科研开发。			
	年　度	2005	2004	2003
主要指标	每股收益/扣除后(元)	0.382/0.376	0.162	0.16/0.106
	每股经营现金流量(元)	0.5162	0.1343	0.17
	每股净资产/调整后(元)	3.92/3.92	3.57/3.57	3.41/3.4
	未分利润(万元)	43609.64	34815.96	30301.06
	资本公积(万元)	45655.28	45654.35	45653.75
利润构成	主营收入(万元)	359363.58	341695.89	224080.34
	主营利润(万元)	43785.23	25066.26	19028.12
	营业利润(万元)	23682.04	8548.08	6265.85
	投资收益(万元)			
	利润总额(万元)	23675.51	8844.64	6912.56
	净利润(万元)	13748.64	5820.31	5809.8
点评	公司是国内塑料型材行业的龙头企业，塑料型材市场占有率40%，主导产品不但有非常明显的环保、节能、低耗功能，而且是建设新农村的主要建设材料。2006年，主要原材料PVC价格将下降，随着产能扩张，公司业绩将进入快速增长期。			

	截止日期	05年末	占%	主要股东及持股比例%、持股性质
股本结构（万股）	总股本	36000		安徽海螺建材股份有限公司 42.5%（非流通股）
	国有股			盾安控股集团有限公司 12.5%（非流通股）
	发起股	19800	55	中国工商银行－国联安德盛小盘精选证券投资基金 0.93%（流通A股）
	外资股			兴和证券投资基金 0.87%（流通A股）
	募集股			中国工商银行－德盛稳健证券投资基金 0.86%（流通A股）
	流通A	16200	45	国泰君安－建行－香港上海汇丰银行有限公司 0.84%（流通A股）
	流通B			全国社保基金一零一组合 0.83%（流通A股）
	流通H			国泰君安－中行－渣打银行(香港)有限公司 0.76%（流通A股）
股东户数	05年末	17819		长江证券有限责任公司 0.63%（流通A股）
	04年末	15225		中国工商银行－金泰证券投资基金 0.56%（流通A股）
其他流通股东	上海浦东发展银行－广发小盘成长股票型证券投资基金 0.556%			
近年分配	05预案:10派1；04年:10派0.4		近年募资	

二〇〇五年以来市场表现

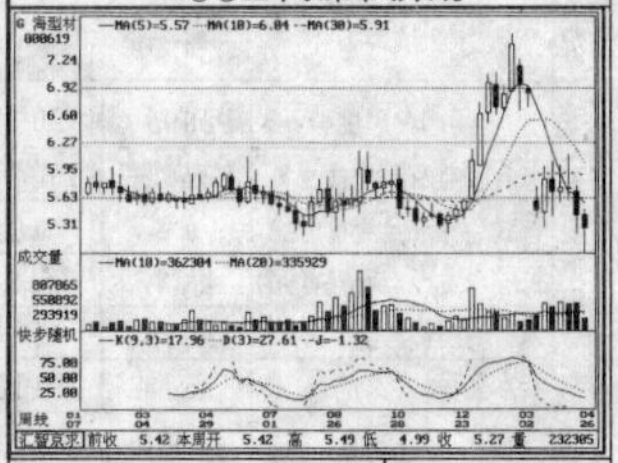

2005年涨跌幅(%)	7.77
2005年最高(元)	6.23
2006年涨跌幅(%)	13.05
2006.4.26收盘(元)	5.27
2006年最高(元)	7.96
2006年最低(元)	6
2006年换手率(%)	268.77
股改对价	送股 每10股实际获得3股(06/03/17)

*ST 圣方（000620）

上市日期:96/10/29　　电话:0453－6926101　　传真:0453－6926102

主营	石油化工产品的生产和销售。			
	年　度	2005	2004	2003
主要指标	每股收益/扣除后(元)	-1.12/-0.79	-0.39/-0.26	-0.11/-0.14
	每股经营现金流量(元)	0.08	0.03	0.056
	每股净资产/调整后(元)	-1.27/-1.27	-0.15/-0.36	0.24
	未分利润(万元)	-102312.87	-67350.74	-55176.44
	资本公积(万元)	23873.05	23873.05	23775.05
利润构成	主营收入(万元)	28178.32	77506.2	68915.42
	主营利润(万元)	-20.19	1697.47	2211.76
	营业利润(万元)	-24409.12	-7140.39	-3999.18
	投资收益(万元)	14.81	-1231.97	3.43
	利润总额(万元)	-34962.13	-12174.3	-3640.78
	净利润(万元)	-34962.13	-12174.3	-3495.59
点评	公司主营原油加工和石化产品。2006年1月28日公司法人股以0.18元/股拍卖仍无人问津，说明公司短期重组希望渺茫。公司2005年大幅亏损，暂停上市已成定局，投资者应回避。			

	截止日期	05年末	占%	主要股东及持股比例%、持股性质
股本结构（万股）	总股本	31162.7		西安圣方科技股份有限公司 28%（非流通股）
	国有股	1000	3.21	中融国际信托投资有限公司 9.67%（非流通股）
	发起股			牡丹江树脂厂 4.2%（非流通股）
	外资股			宏源证券股份有限公司 4.17%（非流通股）
	募集股	5089.14	16.33	牡丹江石油化学工业集团公司 3.21%（国有股）
	流通A	15048	48.29	北京中欧联合国际文化艺术有限公司 2.01%（流通A股）
	流通B			牡丹江造纸厂 1.23%（非流通股）
	流通H			黑龙江省五常葵花药业有限公司 1.23%（非流通股）
股东户数	05年末	46300		林旭加 0.35%（流通A股）
	04年末	51942		何清海 0.22%（流通A股）
其他流通股东	朱军 0.133%；王秀英 0.13%；李崧 0.123%；张立羽 0.122%；杨志军 0.112%；姜兆和 0.109%；高福屯 0.108%			
近年分配			近年募资	

二〇〇五年以来市场表现

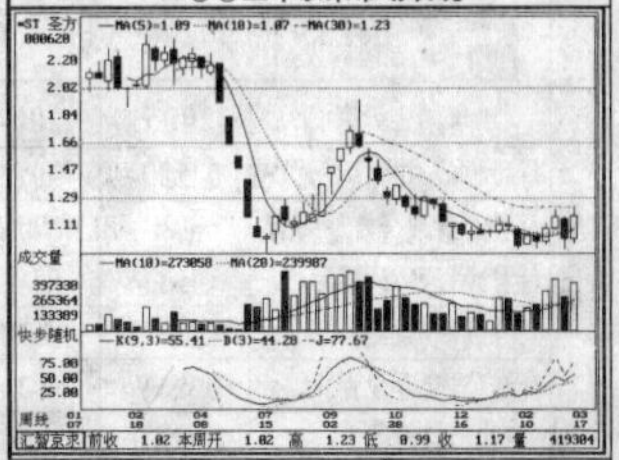

2005年涨跌幅(%)	-50.24
2005年最高(元)	2.38
2006年涨跌幅(%)	11.43
2006.4.26收盘(元)	1.17
2006年最高(元)	1.23
2006年最低(元)	0.95
2006年换手率(%)	181.46
股改对价	

*ST 恒立（000622）

上市日期:96/11/07　　电话:0730－8245282　　传真:0730－8221311

主营	制冷空调设备的制造、销售、安装、维修、销售汽车、加工、销售机械设备及公路运输设备。			
	年　度	2005	2004	2003
主要指标	每股收益/扣除后(元)	-1.118	-1.05	0.01
	每股经营现金流量(元)	0.099	-0.63	-0.12
	每股净资产/调整后(元)	-1.13/-1.25	-0.01/-0.27	1.13/1.08
	未分利润(万元)	-37400.41	-21527.56	-4922.09
	资本公积(万元)	6467.43	6463.85	6080.88
利润构成	主营收入(万元)	10151.94	14375.98	23276.73
	主营利润(万元)	750.05	428.51	6094.5
	营业利润(万元)	-13862.17	-10120.11	1099.31
	投资收益(万元)	-145.1	0.78	0.26
	利润总额(万元)	-15693.19	-14617.44	468.79
	净利润(万元)	-15848.08	-14882.46	173.18
点评	公司主要从事汽车空调设备的制造、销售等业务。尽管国内汽车行业近几年取得了良好发展，但由于管理机制落后，同时流动资金缺乏，企业经营已出现了连续三年的亏损，面临退市风险，投资者应注意风险。			

	截止日期	05年末	占%	主要股东及持股比例%、持股性质
股本结构（万股）	总股本	14174.2		湖南省成功控股集团有限公司 27.3%（非流通股）
	国有股	1354.6	9.56	岳阳国资 9.13%（国有股）
	发起股	1389.6	9.8	岳阳市博源经贸有限公司 3.39%（非流通股）
	外资股			无锡旺达商贸有限公司 3.39%（非流通股）
	募集股	4830	34.08	湖南证券 1.69%（非流通股）
	流通A	6596.96	46.54	湖南辉鹏投资有限公司 1.69%（非流通股）
	流通B			湖南兴业投资有限公司 1.69%（非流通股）
	流通H			胡宅明 1.69%（流通A股）
股东户数	05年末	20055		上海汽车工业(集团)总公司 0.85%（非流通股）
	04年末	24328		湖南永佳投资有限公司 0.85%（非流通股）
其他流通股东	郭涛 0.212%；黄超 0.212%；潘涵英 0.202%；陈之珏 0.19%；陆玲娣 0.19%；范立加 0.19%；郑坚雄 0.186%			
近年分配			近年募资	

二〇〇五年以来市场表现

2005年涨跌幅(%)	-57.19
2005年最高(元)	3.03
2006年涨跌幅(%)	-1.68
2006.4.26收盘(元)	1.17
2006年最高(元)	2.25
2006年最低(元)	1.01
2006年换手率(%)	297.47
股改对价	

G 敖东（000623）

上市日期:96/10/28　　电话:0433－6238973　　传真:0433－6238973

主营	医药加工、医药商业及医药科研与开发。			
主要指标	年　　度	2005	2004	2003
	每股收益/扣除后(元)	0.386/0.317	0.333/0.165	0.424/0.199
	每股经营现金流量(元)	0.48	0.62	0.63
	每股净资产/调整后(元)	4.82/4.7	3.72/3.61	5.06/4.76
	未分利润(万元)	26616.05	30239.47	23187.6
	资本公积(万元)	58657.81	44531.33	55770.65
利润构成	主营收入(万元)	76732.17	82077.52	67373.39
	主营利润(万元)	46714.05	48247.52	41002.22
	营业利润(万元)	9301.27	14579.68	10661.36
	投资收益(万元)	3318.26	－545.08	－881.45
	利润总额(万元)	13883.68	18068.86	14966.68
	净利润(万元)	11052.28	11684.85	9910.08
点评	公司业务有中成药生产、医药商业,还持有延边公路37.32%、广发证券27.14%股权。05年受假冒产品冲击,医药业务业绩下降;因公路收费体制的改革,投资延边公路的收益也在下降,但投资广发证券的收益增长。预计06年投资广发证券的收益仍将增长。			

	截止日期	05年末	占%	主要股东及持股比例%、持股性质
股本结构（万股）	总股本	28667.9		敦化市金诚实业有限责任公司 20.57%（非流通股）
	国有股	3021.39	10.54	延边国有资产经营总公司 10.54%（国有股）
	发起股	9499.11	33.14	吉林敖东药业集团股份有限公司工会委员会 7.71%（非流通股）
	外资股			广发证券股份有限公司 4.23%（非流通股）
	募集股			延边永正经贸有限公司 0.62%（非流通股）
	流通A	16123.44	56.24	中国银行－同盛证券投资基金 0.35%（流通A股）
	流通B			孙淑琴 0.29%（流通A股）
	流通H			初继民 0.29%（流通A股）
股东户数	05年末	47678		赵娟 0.29%（流通A股）
	04年末	51260		唐成勇 0.21%（流通A股）
其他流通股东	王玉芳 0.196%;邬小荣 0.191%;中国网通集团山东省通信公司社会保险办公室 0.188%;李庚仁 0.18%			
近年分配	04年:10派1;03年:10转增5		近年募资	

二〇〇五年以来市场表现

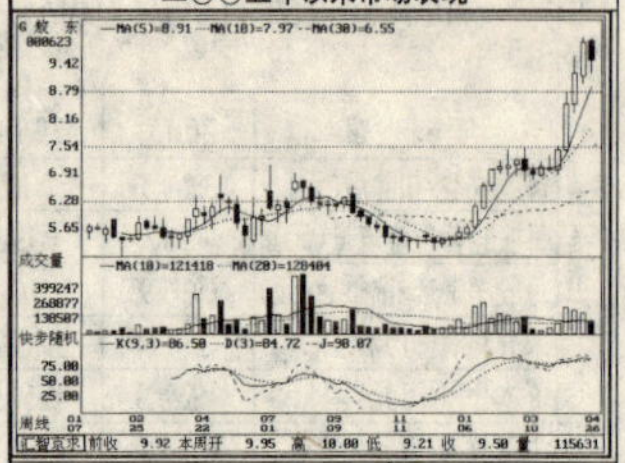

2005年涨跌幅(%)	9.03
2005年最高(元)	7.4
2006年涨跌幅(%)	71.48
2006.4.26收盘(元)	9.5
2006年最高(元)	10.05
2006年最低(元)	5.53
2006年换手率(%)	134.35
股改对价	派现 缩股 每10股实际获得4元(05/08/04)

长安汽车（000625/200625）

上市日期:A: 97/06/10 B: 96/11/08　电话:023－67591349　　传真:023－67866055

主营	长安牌微型汽车、长安奥拓牌微型轿车、长安羚羊牌轿车的开发、制造和销售;同时制造和销售用于微型汽车系列的各种型号的江陵牌发动机。			
主要指标	年　　度	2005	2004	2003
	每股收益/扣除后(元)	0.15/0.14	0.81	1.18/1.18
	每股经营现金流量(元)	0.84	0.9	1.31
	每股净资产/调整后(元)	4.15/3.85	4.3/4.16	3.86/3.68
	未分利润(万元)	152086.74	192080.3	156281.2
	资本公积(万元)	203586.97	198430.61	89542.27
利润构成	主营收入(万元)	1916854.96	1852660.94	1440411.82
	主营利润(万元)	305061.72	391514.06	352301.95
	营业利润(万元)	28495.07	145367.06	190449.11
	投资收益(万元)	8841.72	－2602.94	－19.12
	利润总额(万元)	36575.93	154665.17	182334.64
	净利润(万元)	23675.03	131729.97	145067.5
点评	公司主营为微型汽车和轿车。微型汽车方面,05年上汽通用五菱给了巨大的竞争压力,再加上材料、能源等价格上涨的影响,盈利大幅下滑。而长安福特、长安铃木等轿车企业也在价格、销售下降中盈利大降。面对微车解禁、油价高涨等变化,公司经营风险与机遇并存。			

	截止日期	05年末	占%	主要股东及持股比例%、持股性质
股本结构（万股）	总股本	162084.92		长安汽车(集团)有限责任公司 52.47%（国有股）
	国有股	85039.92	52.47	CMBLSARE FTIF TEMPLETON ASIAN GRW FD GTI 5496 2.41%（流通B股）
	发起股			全国社保基金一零八组合 1.14%（流通A股）
	外资股			EMERGING MARKETS GROWTH FUND INC 1.01%（流通B股）
	募集股			博时价值增长证券投资基金 0.94%（流通A股）
	流通A	35042.32	21.62	MORGANSTANLEY INT'L (CHINA)－FIRM 0.75%（流通B股）
	流通B	42000	25.91	TEMPLETON EMERGING MARKETS INVESTMENT TRUST 0.73%（流通B股）
	流通H			VALUE PARTNERS CLASSIC FUND 0.68%（流通B股）
股东户数	05年末	61915		BBH BOS S/A FIDELITY FD－CHINA FOCUS FD 0.62%（流通B股）
	04年末	54268		全国社保基金一零二组合 0.52%（流通A股）
其他流通股东	DIT－RCM ASIAN SELECTIONS FUND PLC 0.468%			
近年分配	05预案:10派0.6;04年:10派3.2;03年:10派2.5送2		近年募资	04年增发A股14885万股,发行价7.39元。

二〇〇五年以来市场表现

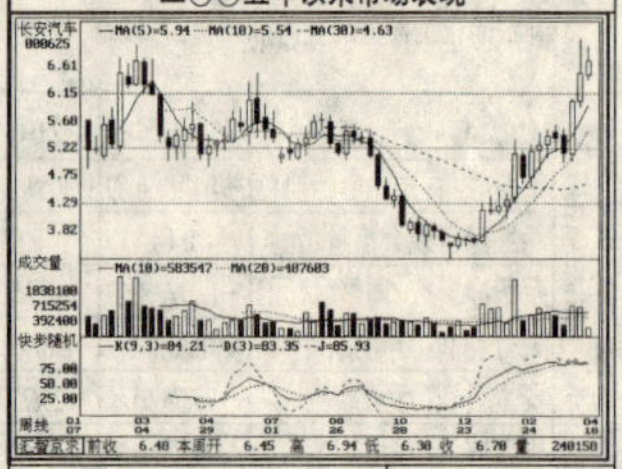

2005年涨跌幅(%)	－30.77
2005年最高(元)	6.96
2006年涨跌幅(%)	84.07
2006.4.26收盘(元)	6.7
2006年最高(元)	7.08
2006年最低(元)	3.61
2006年换手率(%)	234.87
股改对价	送股 每10股实际获得3.2股

如意集团（000626）

上市日期:96/11/28　　电话:0518－5153595　　传真:0518－5150105

主营	商品进出口业务和生物制药等。			
主要指标	年　　度	2005	2004	2003
	每股收益/扣除后(元)	0.033/0.091	0.122/0.099	0.165/0.103
	每股经营现金流量(元)	0.209	1.893	0.986
	每股净资产/调整后(元)	1.41/1.39	1.37/1.34	1.23/1.19
	未分利润(万元)	2172.42	2479.78	949.76
	资本公积(万元)	314.13	249.64	217.29
利润构成	主营收入(万元)	1008986.14	866212.6	664448.73
	主营利润(万元)	48411.1	45777.5	34991.71
	营业利润(万元)	10585.67	10617.27	7348.08
	投资收益(万元)	51.24	6.3	105.73
	利润总额(万元)	10353.9	11683.1	9733.68
	净利润(万元)	658.31	2459.79	3333.34
点评	通过资产置换实现了向生物医药和外贸服务业务进军的产业结构调整,但重组效果不佳,业绩逐年下滑,同时公司会计估计变更,其会计谨慎性不够,潜在的财务风险值得警惕。公司未来发展前景不乐观。			

	截止日期	05年末	占%	主要股东及持股比例%、持股性质
股本结构（万股）	总股本	20250		中国远大集团有限责任公司 41.26%（非流通股）
	国有股	6196.5	30.6	连云港市蔬菜冷藏加工厂 30.6%（国有股）
	发起股	5155.65	25.46	江阴澄星实业集团有限公司 1.38%（非流通股）
	外资股			沈文明 0.71%（流通A股）
	募集股	3835.35	18.94	郁文彪 0.69%（流通A股）
	流通A	5062.5	25	新理益集团有限公司 0.66%（非流通股）
	流通B			天津宏大五金制品有限公司 0.2%（非流通股）
	流通H			上海源德信息咨询有限公司 0.11%（非流通股）
股东户数	05年末	7399		上海荣业综合贸易公司 0.11%（非流通股）
	04年末	4563		连云港化高专复合塑料包装厂 0.1%（非流通股）
其他流通股东	崔雅玲 0.099%;深圳市鑫凯投资咨询有限公司 0.094%;杨泉 0.079%;张惠萍 0.064%;栾建卫 0.063%;朱军 0.061%			
近年分配	03中期:10送3.5转增1.5		近年募资	

二〇〇五年以来市场表现

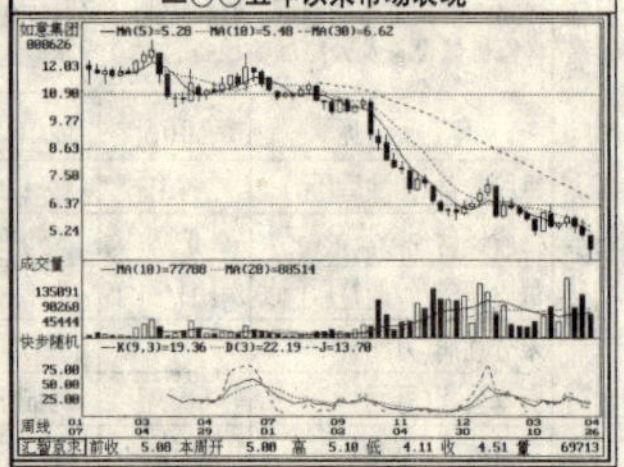

2005年涨跌幅(%)	－48.39
2005年最高(元)	13.16
2006年涨跌幅(%)	－27.96
2006.4.26收盘(元)	4.51
2006年最高(元)	7.4
2006年最低(元)	4.11
2006年换手率(%)	259.7
股改对价	

G百科（000627）

上市日期:96/11/12　　电话:0724－2223218　　传真:0724－2217652

主营：医药原料、医药制剂、医药中间体及其他精细化学品的生产与销售。

	年　　度	2005	2004	2003
主要指标	每股收益/扣除后(元)	0.012/0.012	0.009/－0.013	－0.08/－0.09
	每股经营现金流量(元)	0.08	0.09	－0.04
	每股净资产/调整后(元)	1.11/1.05	1.09/1.05	1.09/1.04
	未分利润(万元)	－3149.53	－3739.92	－4169.58
	资本公积(万元)	3644.06	3644.06	3644.06
利润构成	主营收入(万元)	51872.49	46304.56	42267.86
	主营利润(万元)	6589.27	5163.79	4041.65
	营业利润(万元)	854.18	－642.24	－5329.2
	投资收益(万元)	－32.21	470.32	821.93
	利润总额(万元)	843.07	500.71	－4730.89
	净利润(万元)	709.95	509.04	－4810.6

点评：公司产品有化工、医药原料药，两者收入比例为7:3。公司是我国最大的医药原料药布洛芬、皂素生产商。05年通过改进工艺，降低成本，消化了原材料涨价的因素，医药原料药、化工产品都获得较大增长。公司经营正走出低谷，但盈利能力还不强，资产质量仍较差。

	截止日期	05年末	占%	主要股东及持股比例%、持股性质
股本结构（万股）	总股本	59479.49		新理益集团有限公司 20.17%（非流通股）
	国有股	12717.43	21.38	湖北百科高新投资有限公司 16.81%（国有股）
	发起股	24175.54	40.65	海南中皓实业投资有限公司 10.63%（非流通股）
	外资股			海南陆达科技有限公司 7.09%（非流通股）
	募集股			荆门众邦高新投资有限公司 4.57%（非流通股）
	流通A	22586.52	37.97	上海信意实业有限公司 0.9%（非流通股）
	流通B			武汉恒丰投资管理有限公司 0.65%（非流通股）
	流通H			应财金 0.56%（流通A股）
股东户数	05年末	42141		海南亿祺贸易有限公司 0.3%（非流通股）
	04年末	41208		上海澳凌德生物工程技术有限公司 0.3%（非流通股）

其他流通股东：张新民 0.215%；俞蓓莉 0.194%；江西外经出国人员服务中心 0.19%；邹佩松 0.168%；巩成铎 0.155%；王素梅 0.152%

近年分配：　　**近年募资**：

二○○五年以来市场表现

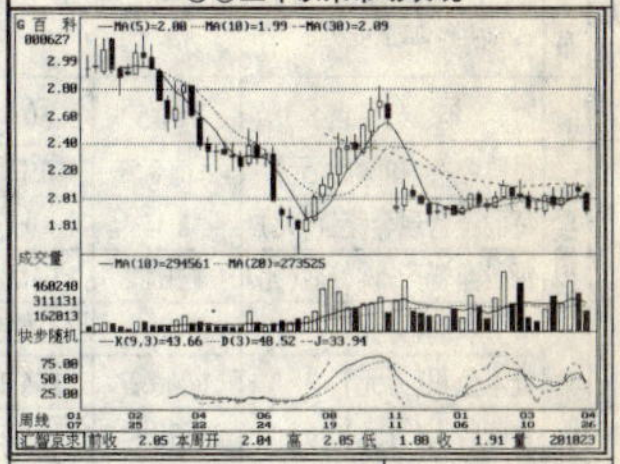

2005年涨跌幅(%)	－15.01
2005年最高(元)	3.19
2006年涨跌幅(%)	1.6
2006.4.26收盘(元)	1.91
2006年最高(元)	2.13
2006年最低(元)	1.88
2006年换手率(%)	211.51
股改对价	送股 每10股实际获得3.2股(05/11/09)

倍特高新（000628）

上市日期:96/11/18　　电话:028－85184099　　传真:028－85184099

主营：药业、电动自行车、厨柜、电子、网络等高新技术产品的开发、生产和经营；基础设施建设及房地产开发经营等。

	年　　度	2005	2004	2003
主要指标	每股收益/扣除后(元)	0.054/－0.23	0.011	－0.85/－0.693
	每股经营现金流量(元)	0.1195	0.8309	－0.01
	每股净资产/调整后(元)	1.95/1.39	1.9/1.52	1.89/1.56
	未分利润(万元)	－13874.15	－14913.43	－15128.82
	资本公积(万元)	20014.88	20014.88	20017
利润构成	主营收入(万元)	67047.52	51652.21	56081.03
	主营利润(万元)	16519.7	20209.99	14221.11
	营业利润(万元)	－3041.48	3509.58	－11662.21
	投资收益(万元)	5146.8	－839.65	－3932.33
	利润总额(万元)	2327.22	2685.8	－16191.47
	净利润(万元)	1039.28	215.39	－16368.34

点评：公司经营药业、电子、厨柜、房产、期货等行业，涉及范围广但缺乏核心竞争力。2005年依靠转让成都市时运房地产开发有限责任公司55%的股权，实现收益5,295.94万元才实现盈利。公司对外担保3.8亿元，和净资产3.77亿元相当。

	截止日期	05年末	占%	主要股东及持股比例%、持股性质
股本结构（万股）	总股本	19356		成都市国有资产管理局 15.69%（国有股）
	国有股	3036	15.69	成都普天电缆股份有限公司 1.54%（非流通股）
	发起股	312	1.61	秦皇岛市三元有限责任公司 1.29%（非流通股）
	外资股			成都钢铁厂 0.93%（非流通股）
	募集股	7368	38.07	成都市西南计算机软件公司 0.68%（非流通股）
	流通A	8640	44.64	上海龙宇建设股份有限公司 0.66%（非流通股）
	流通B			四川新鸿达实业有限责任公司 0.65%（非流通股）
	流通H			上海涵祺商贸有限公司 0.63%（非流通股）
股东户数	05年末	44922		西藏自治区石油公司 0.62%（非流通股）
	04年末	48431		成都市自来水总公司 0.62%（非流通股）

其他流通股东：王芳 0.103%；李茂林 0.08%；庄能强 0.078%；于立新 0.077%；景德全 0.074%；陈儒娜 0.073%

近年分配：　　**近年募资**：

二○○五年以来市场表现

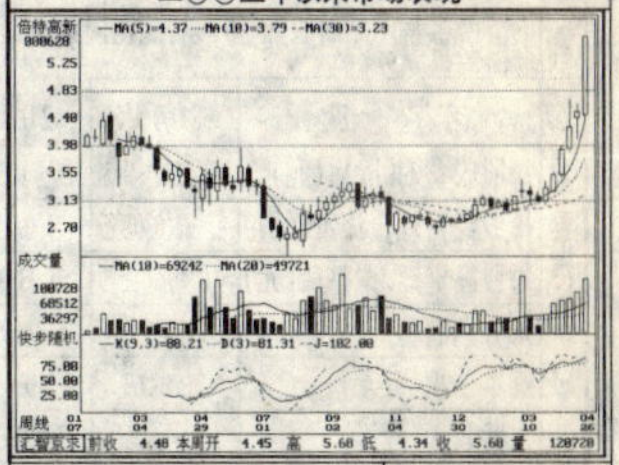

2005年涨跌幅(%)	－28.28
2005年最高(元)	4.49
2006年涨跌幅(%)	100
2006.4.26收盘(元)	5.68
2006年最高(元)	5.68
2006年最低(元)	2.82
2006年换手率(%)	105.45
股改对价	

G新钢钒（000629）

上市日期:96/11/15　　电话:(0812)3393695　　传真:(0812)3393992

主营：炼铁、提钒炼钢、铸锭(含连铸)、热轧钢及钒制品加工。

	年　　度	2005	2004	2003
主要指标	每股收益/扣除后(元)	0.48/0.48	0.63/0.69	0.46/0.45
	每股经营现金流量(元)	1.49	1.15	0.82
	每股净资产/调整后(元)	4.74/4.74	5.74/5.74	5.29/5.07
	未分利润(万元)	195787.47	156099.34	109014.25
	资本公积(万元)	368177.51	406761.89	380672.91
利润构成	主营收入(万元)	1520921.42	1343922.75	928112.75
	主营利润(万元)	208833.81	176457.35	151306.3
	营业利润(万元)	94133.51	98235.54	76328.95
	投资收益(万元)	72.11	678.71	1046.16
	利润总额(万元)	91403.87	89860.44	77357.75
	净利润(万元)	81132.89	82436.45	57801.88

点评：公司拥有矿产资源优势，所处的攀西地区已探明的钒钛磁铁矿为100亿吨，钒的储量为1570万吨。公司多项核心技术位于世界领先，具有较强竞争力和较高的市场占有率。其中，钒产品国内占有率80%，处于市场垄断地位，其国际市场占有率也高达15%。

	截止日期	05年末	占%	主要股东及持股比例%、持股性质
股本结构（万股）	总股本	169889.89		攀枝花钢铁有限责任公司 54.22%（部分流通部分不流通）
	国有股	82403.03	48.5	中国第十九冶金建设公司 2.71%（国有股）
	发起股			全国社保基金零零一组合 0.55%（流通A股）
	外资股			鸿阳证券投资基金 0.38%（流通A股）
	募集股			博时价值增长证券投资基金 0.33%（流通A股）
	流通A	87486.86	51.5	中国建设银行—博时裕富证券投资基金 0.24%（流通A股）
	流通B			中信银行—建信恒久价值股票型证券投资基金 0.18%（流通A股）
	流通H			中国工商银行—融通深证100指数证券投资基金 0.17%（流通A股）
股东户数	05年末	156076		交通银行—科讯证券投资基金 0.16%（流通A股）
	04年末	177011		刘文武 0.15%（流通A股）

其他流通股东：张鹤松 0.144%

近年分配：05年:10派1送5；04年:10派2；03年:10派2

近年募资：03年增发转债1600万张，募资总额16亿。

二○○五年以来市场表现

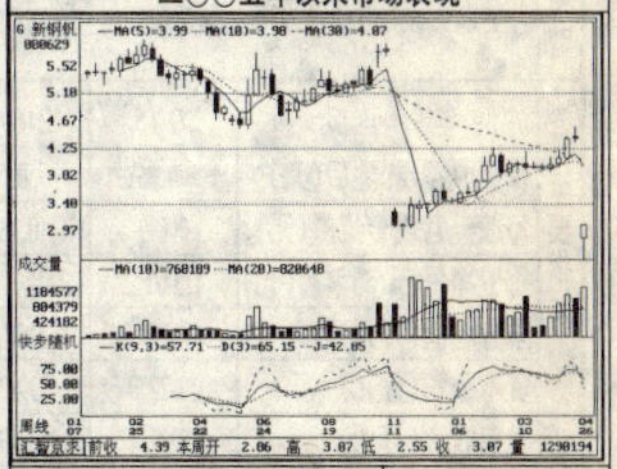

2005年涨跌幅(%)	－2.2
2005年最高(元)	6.07
2006年涨跌幅(%)	37.57
2006.4.26收盘(元)	3.07
2006年最高(元)	4.71
2006年最低(元)	3.38
2006年换手率(%)	135.84
股改对价	转增 权证 每10股实际获得5股(05/11/07)

G 铜都（000630）

上市日期:96/11/20　　电话:0562－2825077　　传真:0562－2825082

主营	铜的开采、冶炼、加工并附产黄金、白银、硫酸,以及铝型材的生产加工业务。			
	年　度	2005	2004	2003
主要指标	每股收益/扣除后(元)	0.58/0.58	0.4/0.4	0.33/0.33
	每股经营现金流量(元)	1.14	0.47	－0.17
	每股净资产/调整后(元)	4.21/4.2	3.67/3.67	4.8/4.8
	未分利润(万元)	87716.51	52453.16	31956.44
	资本公积(万元)	162483.27	151677.47	138755.47
利润构成	主营收入(万元)	970371.94	631582.65	340315.94
	主营利润(万元)	93146.41	62107.2	38375.98
	营业利润(万元)	62617.33	42093.78	21262.16
	投资收益(万元)	179.15	140.63	188.34
	利润总额(万元)	62229.61	41751.57	20092
	净利润(万元)	50071.19	33244.25	16194.88
点评	公司目前为中国铜冶炼和铜加工规模最大的企业之一。铜价的连续上涨,使得公司经营业绩大幅提升。冬瓜山铜矿达产后,公司的铜精矿自给率可达到20%。随着公司万吨漆包线项目和高精度铜板带项目的投产和黄铜棒材项目的建设,公司将实现业绩持续稳定增长。			

	截止日期	05年末	占%	主要股东及持股比例%、持股性质
股本结构(万股)	总股本	86380.05		铜陵有色金属(集团)公司 35.52%(国有股)
	国有股	31156.62	36.07	丰和价值证券投资基金 4.37%(流通A股)
	发起股	318.04	0.37	鸿阳证券投资基金 3.09%(流通A股)
	外资股			泰和证券投资基金 2.75%(流通A股)
	募集股			铜陵有色金秋实业有限公司 1.57%(部分流通部分不流通)
	流通A	54901.61	63.56	嘉实服务增值行业证券投资基金 1.57%(流通A股)
	流通B			博时精选股票证券投资基金 1.47%(流通A股)
	流通H			全国社保基金一零六组合 1.29%(流通A股)
股东户数	05年末	49852		中国人寿保险股份有限公司—分红—个人分红－005L－FH002深 1.16%(流通A股)
	04年末			海通—中行—富通银行 0.96%(流通A股)
其他流通股东	华宝兴业多策略增长证券投资基金 0.886%			
近年分配	05预案:10派2.4;04中期:10派0.25送1转增4 年终:10派0.75;03年:10派1	近年募资	03年增发转债760万张,募资总额7.6亿。	

二〇〇五年以来市场表现

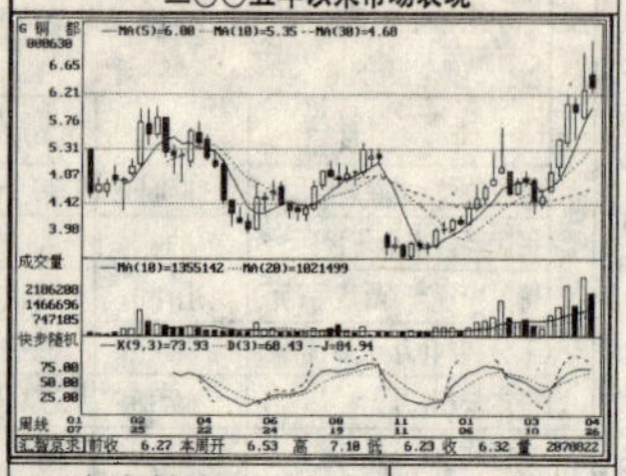

2005年涨跌幅(%)	－2.91
2005年最高(元)	6
2006年涨跌幅(%)	54.9
2006.4.26收盘(元)	6.32
2006年最高(元)	7.1
2006年最低(元)	4.07
2006年换手率(%)	344.35
股改对价	送股 每10股实际获得2.5股(05/10/27)

＊ST 兰宝（000631）

上市日期:96/11/22　　电话:0431－5528286　　传真:0431－5528285

主营	轿车保险杠和汽车空调操纵机构总成等汽车配套类产品开发、生产和销售;计算机软件开发、信息产业新技术研发、通信设备新产品研制和生产、智能化网络设计、系统集成及有偿装机服务。			
	年　度	2005	2004	2003
主要指标	每股收益/扣除后(元)	－0.528/－0.52	－1.521	－0.28/－0.27
	每股经营现金流量(元)	－1.0302	－0.8123	－1.21
	每股净资产/调整后(元)	－0.46/－0.79	0.33/0.32	2.8/2.77
	未分利润(万元)	－45435.66	－34665.28	6604.11
	资本公积(万元)	31646.69	31089.08	30546.11
利润构成	主营收入(万元)	40663.46	80935.29	73663.48
	主营利润(万元)	576.56	－247.45	13325.48
	营业利润(万元)	－24786.92	－54609.39	－10792.52
	投资收益(万元)	－433.36	243.58	961.38
	利润总额(万元)	－25483.3	－71361.62	－10046.04
	净利润(万元)	－12701.97	－36566.47	－6804.53
点评	公司主营为轿车保险杠、空调器操纵机构总成等业务。尽管进行了资产重组,但万向集团的进驻并没有给公司带来经营上的好转,企业出现了连续三年的亏损,面临退市风险。随着股改的推进,万向集团是否会进一步整合,需要时间来观察。			

	截止日期	05年末	占%	主要股东及持股比例%、持股性质
股本结构(万股)	总股本	24036.96		长春君子兰集团有限公司 36.92%(国有股)
	国有股	8874.96	36.92	辽宁合利实业有限公司 13.98%(非流通股)
	发起股	336	1.4	中轻贸易中心 1.4%(非流通股)
	外资股			贾恒兰 0.53%(流通A股)
	募集股	3360	13.98	华夏证券有限公司 0.52%(流通A股)
	流通A	11466	47.7	赵英敏 0.29%(流通A股)
	流通B			彭丙法 0.29%(流通A股)
	流通H			张尚荣 0.26%(流通A股)
股东户数	05年末	27985		许育波 0.22%(流通A股)
	04年末	34700		李霞 0.21%(流通A股)
其他流通股东	刘春艳 0.175%;喻寿全 0.174%;张平 0.171%			
近年分配		近年募资		

二〇〇五年以来市场表现

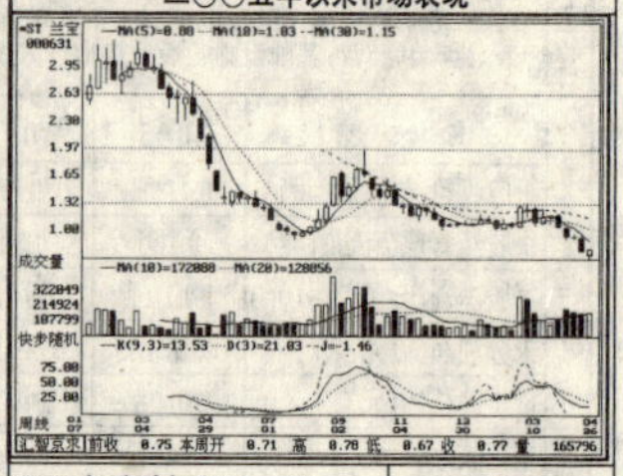

2005年涨跌幅(%)	－58.78
2005年最高(元)	3.28
2006年涨跌幅(%)	－28.7
2006.4.26收盘(元)	0.77
2006年最高(元)	1.32
2006年最低(元)	0.67
2006年换手率(%)	186.68
股改对价	

三木集团（000632）

上市日期:96/11/21　　电话:0591－3341509　　传真:0591－3341504

主营	土地开发、房地产综合开发(一级资质)及国际贸易等。			
	年　度	2005	2004	2003
主要指标	每股收益/扣除后(元)	－0.667	－0.064	0.145/0.107
	每股经营现金流量(元)	0.699	0.461	0.27
	每股净资产/调整后(元)	1.37/1.2	2.04/－2.01	3.43/3.37
	未分利润(万元)	－13510.57	7464.48	10669.9
	资本公积(万元)	19922.9	19922.9	32559.83
利润构成	主营收入(万元)	270202.47	302203.01	188843.87
	主营利润(万元)	18720.15	24301.5	28292.69
	营业利润(万元)	－2647.79	3131.44	9107.87
	投资收益(万元)	－2937.76	－1718.21	1153.27
	利润总额(万元)	－21518.2	2014.03	10830.6
	净利润(万元)	－22481.82	－2150.49	3061.06
点评	公司主要推进三个房地产项目:三木家天下,马尾君山水岸,长沙黄兴南路商业步行街。2005年利润大幅下滑,主要是受到了房地产市场政策因素及公司调整经营策略的影响。负债率70%左右,资金压力较大。			

	截止日期	05年末	占%	主要股东及持股比例%、持股性质
股本结构(万股)	总股本	33698.49		福建三联投资有限公司 25.84%(国有股)
	国有股	8709.07	25.84	福建恒发投资有限公司 5.53%(非流通股)
	发起股			福州申达投资有限公司 5.39%(非流通股)
	外资股			福建大野投资有限公司 5.34%(非流通股)
	募集股	14799.81	43.92	福建卓诚贸易有限公司 4.62%(非流通股)
	流通A	10189.61	30.24	福建省三华实业有限公司工会委员会 4.56%(非流通股)
	流通B			福建高德贸易有限公司 4.44%(非流通股)
	流通H			福州大展实业有限公司 4.35%(非流通股)
股东户数	05年末	19346		上海励诚投资发展有限公司 3.42%(非流通股)
	04年末	7297		福建太德投资有限公司 3.39%(非流通股)
其他流通股东	广州市佳俊装饰有限公司 0.293%;李五亮 0.249%;吴梓贤 0.126%;范绍宽 0.125%;王秀民 0.12%;于镇海 0.102%			
近年分配	03年:10转增6	近年募资		

二〇〇五年以来市场表现

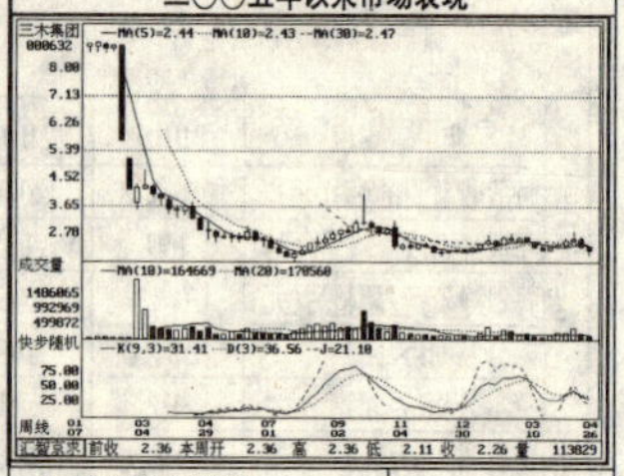

2005年涨跌幅(%)	－74.42
2005年最高(元)	8.87
2006年涨跌幅(%)	1.8
2006.4.26收盘(元)	2.26
2006年最高(元)	2.83
2006年最低(元)	2.11
2006年换手率(%)	294.46
股改对价	

合金投资（000633）

上市日期:96/11/12　　电话:024－31309638　　传真:024－31309635

主营	投资入股,公司主要投资领域是电动工具园林机械和数控机床等行业。

	年　度	2005	2004	2003
主要指标	每股收益/扣除后(元)	-0.546/-0.555	-0.877	0.185/0.156
	每股经营现金流量(元)	-0.0902	-0.7721	0.6998
	每股净资产/调整后(元)	-0.44/-0.56	0.37/0.28	1.37/1.33
	未分利润(万元)	-54532.59	-33490.69	1421.72
	资本公积(万元)	2933.86	1742.92	1359.84
利润构成	主营收入(万元)	15919.76	68285.91	112988.32
	主营利润(万元)	-1165.83	6432.83	25332.57
	营业利润(万元)	-26415.24	-40550.32	10961.09
	投资收益(万元)	-7836.07	-3021.54	842.84
	利润总额(万元)	-36712.93	-43903.56	12177.83
	净利润(万元)	-21041.91	-33774.42	7112.58

点评：由于原大股东德隆占用了公司大量资金,以及“德隆危机”对公司生产经营的负面影响仍在继续,公司运营资金紧张,生产经营形势依然严峻。公司正在与辽宁省机械(集团)进行战略重组,二者产业关联度强、协同效应高,重组成功有利于后续发展

	截止日期	05年末	占%	主要股东及持股比例%、持股性质
股本结构(万股)	总股本	38510.64		新疆德隆(集团)有限责任公司 22.32%(非流通股)
	国有股	3123.7	8.11	北京绅仕达投资有限公司 8.46%(非流通股)
	发起股	18733.6	48.65	陕西恒业投资有限公司 8.11%(国有股)
	外资股			北京杰圣科技投资有限公司 7.44%(非流通股)
	募集股			中企资产托管经营有限公司 5.95%(非流通股)
	流通A	16652.59	43.24	四川嘉隆实业投资有限责任公司 4.46%(非流通股)
	流通B			覃智 0.27%(流通A股)
	流通H			周楚衡 0.2%(流通A股)
股东户数	05年末	25460		刘焕章 0.19%(流通A股)
	04年末	29514		张鹤武 0.18%(流通A股)
其他流通股东	胡国强 0.144%;蒋晓晨 0.108%;方纹洁 0.106%;太仓市丰溪实业公司 0.104%;王国强 0.101%;陈丽青 0.101%			
近年分配	03中期:10派0.5送2		近年募资	

二〇〇五年以来市场表现

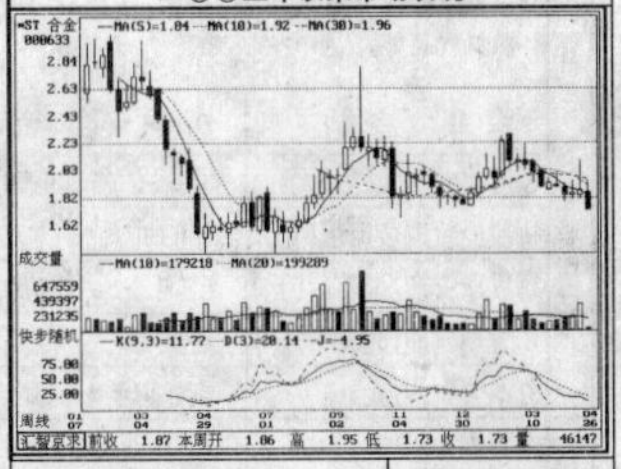

2005年涨跌幅(%)	-32.96
2005年最高(元)	3.04
2006年涨跌幅(%)	-2.26
2006.4.26收盘(元)	1.73
2006年最高(元)	2.29
2006年最低(元)	1.73
2006年换手率(%)	208.1
股改对价	

G英力特（000635）

上市日期:96/11/20　　电话:0952－3689596　　传真:0952－3689596

主营	生产和销售电石、石灰氮、双氰胺等相关系列延伸产品。

	年　度	2005	2004	2003
主要指标	每股收益/扣除后(元)	0.292/0.22	0.406/0.441	0.21/0.211
	每股经营现金流量(元)	0.75	1.12	1.02
	每股净资产/调整后(元)	1.54/1.54	1.52/1.52	1.08/1.08
	未分利润(万元)	3937.72	3964.21	-23320.44
	资本公积(万元)	1880.08	1105.62	23531.48
利润构成	主营收入(万元)	52827.74	36499.99	23306.33
	主营利润(万元)	12063.74	11830.02	8247.6
	营业利润(万元)	4013.9	5855.46	3360.38
	投资收益(万元)	-366.79	-115.64	-722.48
	利润总额(万元)	4635.41	4651.5	2452.04
	净利润(万元)	4081.87	4654.71	2453

点评：公司拥有5000万吨储量的石灰石矿山、年产14万吨的石灰制品基地、400MW热电机组,年产28万吨电石装置,年产15万吨PVC生产装置,形成一个完整的产业链。但随我国PVC产能的暴发性增长,公司盈利能力将受影响。

	截止日期	05年末	占%	主要股东及持股比例%、持股性质
股本结构(万股)	总股本	13747.44		宁夏英力特电力(集团)股份有限公司 21.18%(非流通股)
	国有股	170.18	1.24	银川新源实业有限公司 5.78%(非流通股)
	发起股	5153.26	37.49	宁夏天净电能开发有限公司 3.59%(非流通股)
	外资股			宁夏明迈特科工贸有限公司 3.53%(非流通股)
	募集股			中国银行宁夏回族自治区分行 2.63%(非流通股)
	流通A	8422.95	61.27	宁夏石嘴山市矿业(集团)有限责任公司 1.24%(非流通股)
	流通B			李文英 0.98%(流通A股)
	流通H			银川金健电子技术有限公司 0.43%(非流通股)
股东户数	05年末	18135		苏治国 0.43%(流通A股)
	04年末	12284		刘树平 0.36%(流通A股)
其他流通股东	龚庆太 0.336%;陈青 0.304%;迟睿 0.263%;王爱飞 0.246%;毛响红 0.204%;孙[redacted] 0.203%;刘天兰 0.2%			
近年分配	04年:10派1送2		近年募资	

二〇〇五年以来市场表现

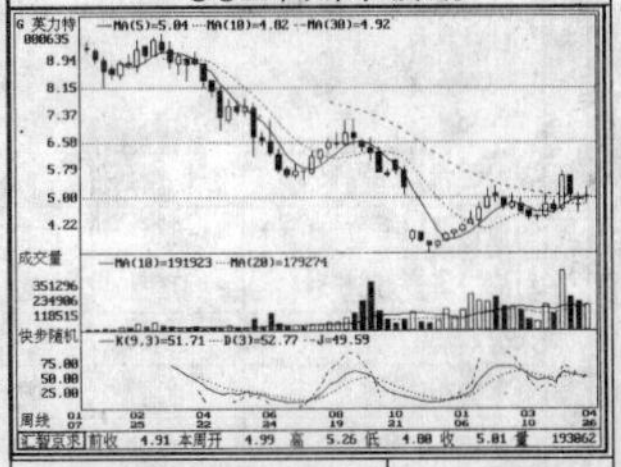

2005年涨跌幅(%)	-29.86
2005年最高(元)	9.73
2006年涨跌幅(%)	24.32
2006.4.26收盘(元)	5.01
2006年最高(元)	5.72
2006年最低(元)	3.97
2006年换手率(%)	380.85
股改对价	送股 每10股实际获得3.5股(05/11/22)

G风华（000636）

上市日期:96/11/29　　电话:0758－2844724　　传真:0758－2849045

主营	系列新型片式元件、集成电路、光机电一体化、电子专用设备及电子材料等电子信息基础产品的研制、生产和销售。

	年　度	2005	2004	2003
主要指标	每股收益/扣除后(元)	0.023/-0.014	0.046	0.04/0.055
	每股经营现金流量(元)	-0.06	0.518	0.35
	每股净资产/调整后(元)	3.94/3.8	3.96/3.86	3.96/3.88
	未分利润(万元)	29992.11	28952.21	29512.36
	资本公积(万元)	109320.74	108988.74	108900.46
利润构成	主营收入(万元)	140540.16	127557.71	105597.89
	主营利润(万元)	19771.86	22697.39	21760.81
	营业利润(万元)	1602.36	3457.84	4592.42
	投资收益(万元)	148.34	-136.71	-1150.59
	利润总额(万元)	1735.53	3400.43	3508.53
	净利润(万元)	1223.42	2460.59	2344.39

点评：风华高科目前仍是国内最好的和最大的一站式被动元器件供应商,具备与国际最先进企业竞争的各类技术与产品;集团股权被银行抵押的负面影响消除后,公司的信贷资金流转也理顺了关系,为发展奠定了基础。随着行业需求全面好转,公司已走出低谷,迎来新契机。

	截止日期	05年末	占%	主要股东及持股比例%、持股性质
股本结构(万股)	总股本	53033.1		广东风华高新科技集团有限公司 26.87%(国有股)
	国有股	20108.05	37.92	广东粤财投资有限公司 7.98%(国有股)
	发起股	2483.1	4.68	深圳市银华网络技术有限公司 5.05%(非流通股)
	外资股			广东风华高新科技股份有限公司工会 4.22%(非流通股)
	募集股	10362.53	19.54	肇庆市威劲电子有限公司 3.81%(非流通股)
	流通A	20072.17	37.85	深圳市加德信投资有限公司 3.15%(非流通股)
	流通B			广东广业投资集团有限公司 2.67%(国有股)
	流通H			美国美运有限公司 1.53%(非流通股)
股东户数	05年末	81640		肇庆市艺宏科技开发有限公司 1.06%(非流通股)
	04年末	91417		广东出口商品基地建设肇庆公司 0.76%(非流通股)
其他流通股东	融通深证100指数证券投资基金 0.133%;上海本安仪表系统有限公司 0.112%;俞露 0.105%;龚峤 0.098%			
近年分配	04年:10派0.5;03年:10派0.5		近年募资	

二〇〇五年以来市场表现

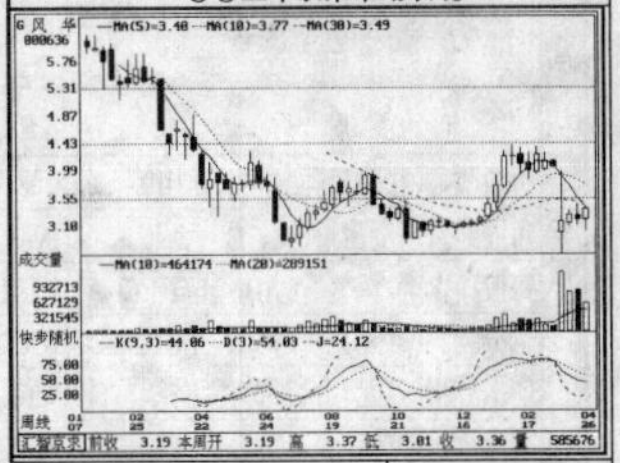

2005年涨跌幅(%)	-44.56
2005年最高(元)	6.2
2006年涨跌幅(%)	88.41
2006.4.26收盘(元)	3.36
2006年最高(元)	7.13
2006年最低(元)	3.22
2006年换手率(%)	191.36
股改对价	定向转增 每10股实际获得8股(06/04/06)

茂化实华（000637）

上市日期:96/11/14　　电话:0668－2276176　　传真:0668－2281965

主营	生产经营聚丙烯、液化气、溶剂油、烃推进剂、石油制成品、塑料产品等。			
	年　度	2005	2004	2003
主要指标	每股收益/扣除后(元)	-0.073/-0.086	0.055/0.021	0.24/0.23
	每股经营现金流量(元)	-0.091	0.476	0.23
	每股净资产/调整后(元)	1.27/1.27	1.67/1.66	2.19/2.18
	未分利润(万元)	-3107.08	10037.85	14230.46
	资本公积(万元)	1245.97	1342.36	7069.27
利润构成	主营收入(万元)	211734.93	209207.07	200123.13
	主营利润(万元)	13786.22	15738.21	18606.82
	营业利润(万元)	-1809.52	1432.26	12002.15
	投资收益(万元)	-225.89	440.47	130.94
	利润总额(万元)	-2777.59	2492.67	10535.03
	净利润(万元)	-3278.4	2067.63	6993.5
点评	2005年公司与原料供应商中国石化茂名炼油化工股份有限公司就原料供应价格问题发生了争议,目前茂化实华欠款已经偿还完毕,石化资产抵押也已解除。但是公司未来的获利能力,将视公司的重组情况而定。			

	截止日期	05年末	占%	主要股东及持股比例%、持股性质
股本结构（万股）	总股本	45206.55		北京泰跃房地产开发有限责任公司 29.5%（非流通股）
	国有股	8045.27	17.8	中国石化集团茂名石油化工公司 17.8%（国有股）
	发起股			天津港保税区裕丰伟业商贸有限公司 17.08%（非流通股）
	外资股			茂名众和化塑有限公司 1.04%（非流通股）
	募集股	21704.81	48.01	茂名石化公司职工互助会 0.39%（非流通股）
	流通A	15456.48	34.19	刘春花 0.22%（流通A股）
	流通B			徐静芳 0.16%（流通A股）
	流通H			苏洵 0.16%（流通A股）
股东户数	05年末	5402		刘丽明 0.13%（流通A股）
	04年末	5483		吉林森林工业集团财务有限责任公司 0.12%（流通A股）
其他流通股东	沈录哲 0.115%;田宏义 0.111%;陈力人 0.093%;关海丰 0.09%;刘海彤 0.086%			
近年分配	04年:10派0.5送2;03年:10派1送1转增2		近年募资	

二〇〇五年以来市场表现

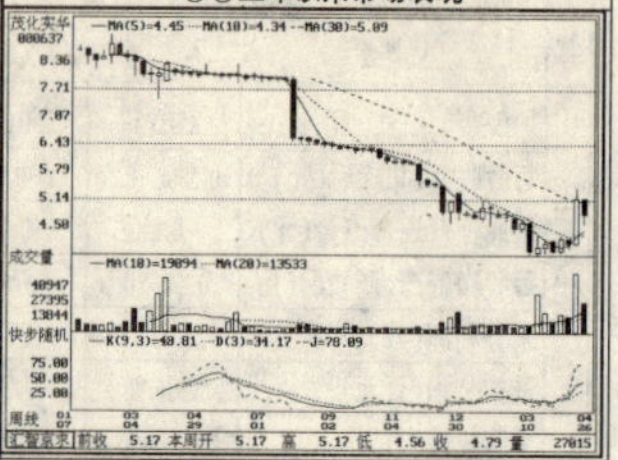

2005年涨跌幅(%)	-31.61
2005年最高(元)	9
2006年涨跌幅(%)	-1.44
2006.4.26收盘(元)	4.79
2006年最高(元)	5.4
2006年最低(元)	3.86
2006年换手率(%)	14.71
股改对价	

*ST中辽（000638）

上市日期:96/11/26　　电话:024－24192633　　传真:024－24192633

主营	国内外工程承包、技术服务、承办对外经济援助项目、进出口贸易等。			
	年　度	2005	2004	2003
主要指标	每股收益/扣除后(元)	0.004	0.08	-2.422/-0.957
	每股经营现金流量(元)	-0.012	0.01	0.004
	每股净资产/调整后(元)	-2.47/-2.47	-2.58/-2.58	-2.77/-3.01
	未分利润(万元)	-72883.77	-72947.61	-74166.53
	资本公积(万元)	17482.22	15824.41	14024.76
利润构成	主营收入(万元)	12350.7	13653.89	13041.18
	主营利润(万元)	1151.82	1939.64	2016.29
	营业利润(万元)	619.7	966.16	-14316.48
	投资收益(万元)	-17.76	150.92	-641.04
	利润总额(万元)	-4.06	1554.11	-37637.31
	净利润(万元)	63.84	1218.92	-37461.73
点评	已退市			

	截止日期	05年末	占%	主要股东及持股比例%、持股性质
股本结构（万股）	总股本	15470		巨田证券有限责任公司 42.86%（国有股）
	国有股	6630	42.86	郑斌 0.32%（流通A股）
	发起股			高桂梅 0.25%（流通A股）
	外资股			王宝章 0.24%（流通A股）
	募集股			马丽英 0.24%（流通A股）
	流通A	8840	57.14	谭文兵 0.23%（流通A股）
	流通B			程玉峰 0.18%（流通A股）
	流通H			贾秀玲 0.18%（流通A股）
股东户数	05年末	29555		钱小英 0.18%（流通A股）
	04年末	29555		上海怡林商务咨询服务有限公司 0.15%（流通A股）
其他流通股东	唐杰 0.147%			
近年分配			近年募资	

二〇〇五年以来市场表现

2005年涨跌幅(%)	
2005年最高(元)	
2006年涨跌幅(%)	
2006.4.26收盘(元)	
2006年最高(元)	
2006年最低(元)	
2006年换手率(%)	
股改对价	

金德发展（000639）

上市日期:96/11/26　　电话:0733－2869999　　传真:0733－2867121

主营	旅游饭店的经营和建材类的管件生产销售			
	年　度	2005	2004	2003
主要指标	每股收益/扣除后(元)	0.11/0.1	0.18/0.17	0.14/0.14
	每股经营现金流量(元)	0.46	0.0022	0.21
	每股净资产/调整后(元)	1.62/1.62	1.57/1.55	1.38/1.31
	未分利润(万元)	1786.23	1760.94	1018.34
	资本公积(万元)	1071.47	1071.47	1028.27
利润构成	主营收入(万元)	15453.38	14183.77	12869.89
	主营利润(万元)	3588.36	3993.28	3694.44
	营业利润(万元)	1545.05	2241.07	1778.31
	投资收益(万元)	-16.59	-16.59	-16.59
	利润总额(万元)	1535.42	2297.67	1718.82
	净利润(万元)	771.31	1302.39	1023.53
点评	公司目前所在的行业为酒店旅游行业及新型建材行业,主要资产为分公司株洲金德酒店和子公司浙江金德阀门。由于原材料涨价,生产经营成本大幅上升,2005年公司尽管销售收入略有增加,但净利润同比却有较大幅度地下滑。			

	截止日期	05年末	占%	主要股东及持股比例%、持股性质
股本结构（万股）	总股本	7286.49		沈阳宏元集团有限公司 27.72%（非流通股）
	国有股	114.78	1.58	上海立鹏科技投资有限公司 19.66%（非流通股）
	发起股	3890.48	53.39	株洲市战备材料总厂 2.92%（非流通股）
	外资股			株洲市国有资产经营投资有限公司 1.58%（国有股）
	募集股			赵平 1.4%（流通A股）
	流通A	3280.82	45.03	广州铁路集团长沙铁路总公司 1.37%（非流通股）
	流通B			株洲铁路地区劳服公司 0.8%（非流通股）
	流通H			株洲市花城进出口汽车维修中心 0.47%（非流通股）
股东户数	05年末	3098		胡迅太 0.34%（流通A股）
	04年末	3830		吉庆萍 0.33%（流通A股）
其他流通股东	胡水 0.186%;张建宁 0.168%;刘云 0.166%;陈左娣 0.163%;姜新立 0.146%;毕雪梅 0.142%;江五胜 0.136%			
近年分配	05方案:10派0.5;04年:10派0.5		近年募资	

二〇〇五年以来市场表现

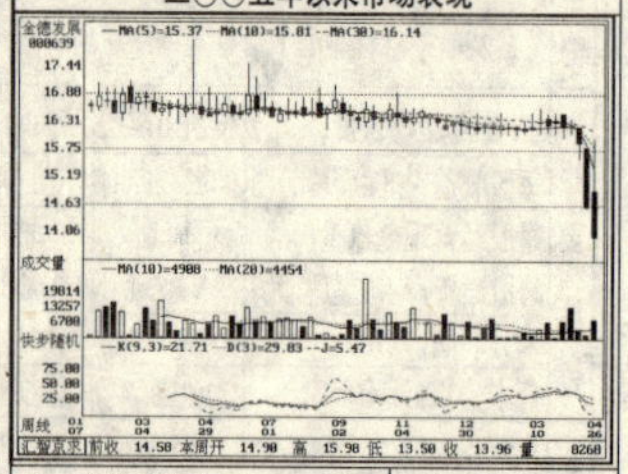

2005年涨跌幅(%)	-2.4
2005年最高(元)	18
2006年涨跌幅(%)	-13.83
2006.4.26收盘(元)	13.96
2006年最高(元)	16.59
2006年最低(元)	13.5
2006年换手率(%)	19.43
股改对价	

*ST 九化（000650）

上市日期:96/12/10　　电话:0792－8315675　　传真:0792－8316565

主营	粘胶长丝、化纤浆粕的生产和销售			
	年　　度	2005	2004	2003
主要指标	每股收益/扣除后(元)	-0.649	-0.314	-0.5/-0.529
	每股经营现金流量(元)	-0.09	0.09	-0.25
	每股净资产/调整后(元)	0.23/0.23	0.88/0.88	1.19/1.19
	未分利润(万元)	-24284.59	-11290.25	-4998.89
	资本公积(万元)	7480.21	7323.3	7323.3
利润构成	主营收入(万元)	26713.84	28039.13	28162.09
	主营利润(万元)	409.43	-341.26	3931.87
	营业利润(万元)	-12226.14	-6261.75	-10047.75
	投资收益(万元)	5.82	2.11	
	利润总额(万元)	-12994.34	-6291.36	-10048.42
	净利润(万元)	-12994.34	-6291.36	-10048.42
点评	公司主导产品为粘胶长丝。在化工景气下滑的情况下，毛利率大幅提升可能性不大。而且公司有大股东占款历史，因此管理能力有待改善。目前公司未来的利润增长点在于年产1400吨连续纺粘胶长丝工程的获利情况。			

	截止日期	05年末	占%	主要股东及持股比例%、持股性质
股本结构（万股）	总股本	20010.24		九江化学纤维总厂67.16%（国有股）
	国有股	13439.52	67.16	张南盛0.37%（流通A股）
	发起股			吴旗0.34%（流通A股）
	外资股			张海0.26%（流通A股）
	募集股			易伟华0.21%（流通A股）
	流通A	6570.72	32.84	文行赤0.21%（流通A股）
	流通B			马宝兴0.17%（流通A股）
	流通H			李发顺0.14%（流通A股）
股东户数	05年末	21816		罗勇0.14%（流通A股）
	04年末	27635		赵耀龙0.13%（流通A股）
其他流通股东	张军0.118%			
近年分配		近年募资		

二〇〇五年以来市场表现

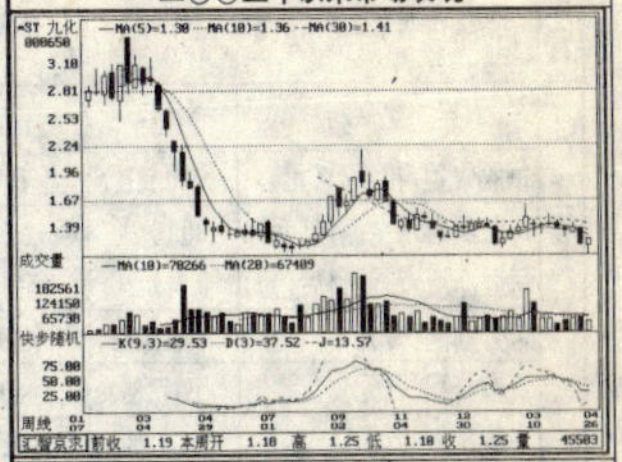

2005年涨跌幅(%)	-50.18
2005年最高(元)	3.38
2006年涨跌幅(%)	-8.76
2006.4.26收盘(元)	1.25
2006年最高(元)	1.61
2006年最低(元)	1.1
2006年换手率(%)	163.93
股改对价	

G 格力（000651）

上市日期:96/11/18　　电话:0756－8614883　　传真:0756－8622581

主营	生产、销售空调器、自营空调器出口业务及其相关零配件的进出口业务。			
	年　　度	2005	2004	2003
主要指标	每股收益/扣除后(元)	0.95/0.95	0.78/0.76	0.63/0.6
	每股经营现金流量(元)	1.44	0.25	0.26
	每股净资产/调整后(元)	5.07/4.98	4.55/4.52	4.05/3.99
	未分利润(万元)	23358.91	27347.46	33423.02
	资本公积(万元)	44982.02	44995.7	42152.59
利润构成	主营收入(万元)	1824812.79	1383261.5	1004238.28
	主营利润(万元)	332082.41	223742.96	171769.28
	营业利润(万元)	62527.37	48044.97	37167.24
	投资收益(万元)	560.91	2201.92	1706.71
	利润总额(万元)	61154.17	50475.46	39485.43
	净利润(万元)	50961.68	42078.43	33727.51
点评	公司是目前国内生产规模最大的空调生产基地，也是世界上单产规模最大的专业化空调企业，主业竞争优势明显。近年来公司经营业绩一直保持绩优水平，具有良好的分红派息纪录，且现金流状况较为理想，财务结构稳健。			

	截止日期	05年末	占%	主要股东及持股比例%、持股性质
股本结构（万股）	总股本	53694		珠海格力集团公司50.28%（非流通股）
	国有股			珠海格力房产有限公司8.38%（非流通股）
	发起股	27000	50.28	中国工商银行－申万巴黎盛利精选证券投资基金1.95%（流通A股）
	外资股			全国社保基金一零八组合1.68%（流通A股）
	募集股	5400	10.06	恒富(珠海)置业有限公司1.68%（外资股）
	流通A	21294	39.66	中国建设银行－华宝兴业多策略增长证券投资基金1.6%（流通A股）
	流通B			全国社保基金一零二组合1.57%（流通A股）
	流通H			中国人寿保险(集团)公司－传统－普通保险产品1.56%（流通A股）
股东户数	05年末	40206		中国建设银行－宝康消费品证券投资基金1.44%（流通A股）
	04年末	47118		中国人寿保险股份有限公司－分红－个人分红－005L－FH002深1.41%（流通A股）
其他流通股东	招商银行股份有限公司－中信经典配置证券投资基金1.117%；中国工商银行－博时精选股票证券投资基金1.076%			
近年分配	05预案:10派4转增5；04年:10派3.8；03年:10派3.3	近年募资		

二〇〇五年以来市场表现

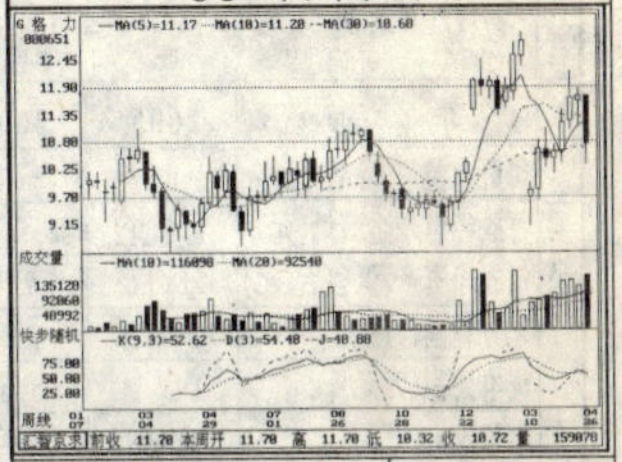

2005年涨跌幅(%)	7.93
2005年最高(元)	11.51
2006年涨跌幅(%)	31.29
2006.4.26收盘(元)	10.72
2006年最高(元)	15.48
2006年最低(元)	11.29
2006年换手率(%)	70.12
股改对价	格力集团将“格力”商标无偿转让给格力电器 送股 每10股实际获得2.7股(06/03/08)

G 泰达（000652）

上市日期:96/11/28　　电话:022－24138796　　传真:022－24138796

主营	经营天津开发区滨海大桥；高新技术保暖材料及过滤材料的生产；垃圾焚烧发电、城市绿化服务等生态环保产业；房地产开发与经营。			
	年　　度	2005	2004	2003
主要指标	每股收益/扣除后(元)	0.085/0.06	0.09/-0.02	0.12/0.07
	每股经营现金流量(元)	0.15	0.82	-2.08
	每股净资产/调整后(元)	1.55/1.53	1.49/1.46	1.81/1.79
	未分利润(万元)	23180.9	17998.36	26379.52
	资本公积(万元)	19166.68	19332.25	21903.83
利润构成	主营收入(万元)	65360.46	44131.91	44816.96
	主营利润(万元)	23771.41	13632.62	19656.93
	营业利润(万元)	8545.03	868.89	9760.63
	投资收益(万元)	3314.96	10727.15	1111.61
	利润总额(万元)	12331.7	12922.11	13082.05
	净利润(万元)	8959.76	9441.04	9355.42
点评	主营收入主要来自绿化服务、滨海大桥、垃圾焚烧发电、洁净材料、土地资源整理、泰达城开发等。控股子公司泰达环保的双港垃圾焚烧发电项目于2005年5月投入运营，同时，公司参股万吨级海水淡化工程。公司盈利能力一般。			

	截止日期	05年末	占%	主要股东及持股比例%、持股性质
股本结构（万股）	总股本	105398.13		天津泰达集团有限公司30.36%（部分流通部分不流通）
	国有股	27434.37	26.03	上海启茂实业公司1.4%（非流通股）
	发起股	15192.45	14.41	中国农业银行贵阳市瑞金支行1.12%（非流通股）
	外资股			中粮辽宁粮油进出口公司1.07%（非流通股）
	募集股			中国长城资产管理公司0.7%（非流通股）
	流通A	62658.86	59.45	中国中化集团公司0.7%（非流通股）
	流通B			哈尔滨中行信托公司0.66%（非流通股）
	流通H			中国银河证券有限责任公司0.52%（非流通股）
股东户数	05年末	26950		天津建行信托0.51%（非流通股）
	04年末	21880		北京隆信达经贸发展有限公司0.42%（非流通股）
其他流通股东	杨松霞0.417%；江军0.332%；常心静0.281%；任萍0.159%；王美女0.139%；邹松林0.126%；唐良0.125%			
近年分配	05方案:10派0.8；04年:10派0.2；03年:10派0.5送2转增1	近年募资		

二〇〇五年以来市场表现

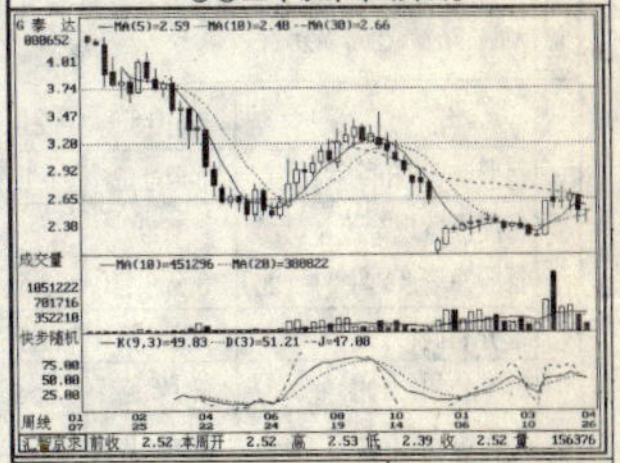

2005年涨跌幅(%)	-28.29
2005年最高(元)	4.28
2006年涨跌幅(%)	7.69
2006.4.26收盘(元)	2.52
2006年最高(元)	2.87
2006年最低(元)	2.26
2006年换手率(%)	104.68
股改对价	送股 每10股实际获得3股(05/12/12)

华光陶瓷（000655）

上市日期:96/11/28　　电话:0533－2061798　　传真:0533－2061404

主营	陶瓷和纸业生产、销售			
	年　度	2005	2004	2003
主要指标	每股收益/扣除后(元)	－0.387	－0.566	0.03/0.016
	每股经营现金流量(元)	0.0092	－0.6566	－0.27
	每股净资产/调整后(元)	0.94/0.24	1.51/0.87	2.08/1.62
	未分利润(万元)	－20151.62	－10130.78	4551.19
	资本公积(万元)	19447.88	18800.55	18676.38
利润构成	主营收入(万元)	9777.38	14822.89	28159.13
	主营利润(万元)	2788.63	1958.21	7650.9
	营业利润(万元)	－15131.6	－14020.36	839.07
	投资收益(万元)	21.8	53.04	112.12
	利润总额(万元)	－15435.19	－15509.36	1003.36
	净利润(万元)	－10020.84	－14681.97	759.44
点评	因公司造纸业未能启动生产导致收入大幅度减少,2005 年度继续亏损。公司正在与山东省冶金工业总公司及其所属山东金岭铁矿进行资产重组,有意将矿山置入公司。金岭铁矿产能为铁矿石 150 万吨/年,盈利能力较强,重组成功将有利于公司的发展。			

股本结构（万股）	截止日期	05 年末	占%	主要股东及持股比例%、持股性质
	总股本	25925.44		山东淄博市国有资产管理局 34.49%（国有股）
	国有股	8942.03	34.49	淄博华清投资有限公司 4.21%（非流通股）
	发起股	5028	19.39	天同证券有限责任公司 2.48%（非流通股）
	外资股			淄博市一轻工业公司 2.4%（非流通股）
	募集股			张店区湖田镇爆炸物品管理站 1.74%（非流通股）
	流通 A	11955.4	46.11	淄博市张店华丰实业总公司 1.1%（非流通股）
	流通 B			上海景贤投资有限公司 1.06%（非流通股）
	流通 H			中国经济开发信托投资公司 0.85%（非流通股）
股东户数	05 年末	22973		淄博同升数码网络有限公司 0.78%（非流通股）
	04 年末	30702		淄博鼎智科技发展有限责任公司 0.71%（非流通股）
其他流通股东	张结芬 0.415%；汪兴林 0.297%；张小波 0.294%；廖尚涛 0.294%；邹昆 0.278%；韦洪良 0.214%；赵建新 0.212%			
近年分配		近年募资		

二〇〇五年以来市场表现

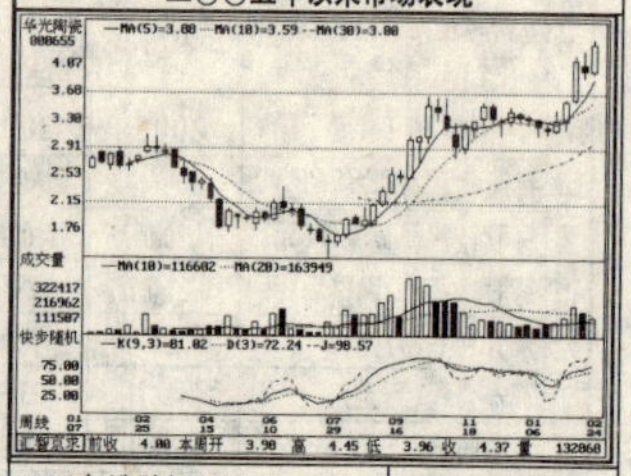

2005 年涨跌幅(%)	21.61
2005 年最高(元)	3.63
2006 年涨跌幅(%)	31.63
2006.4.26 收盘(元)	4.37
2006 年最高(元)	4.45
2006 年最低(元)	3.1
2006 年换手率(%)	75.83
股改对价	

ST 东源（000656）

上市日期:96/11/28　　电话:023－69072387　　传真:023－69072387

主营	房地产开发			
	年　度	2005	2004	2003
主要指标	每股收益/扣除后(元)	－0.064	－0.094	0.02/0.007
	每股经营现金流量(元)	－0.256	－0.052	－0.2
	每股净资产/调整后(元)	1.86/1.85	1.93/1.92	1.82/1.77
	未分利润(万元)	－408.24	902.76	2839.02
	资本公积(万元)	15135.94	15278.09	11115.76
利润构成	主营收入(万元)	1254.29		17893.49
	主营利润(万元)	59.76		2702.77
	营业利润(万元)	－1406.39	－1878.06	48.64
	投资收益(万元)	－21.79	－59.87	
	利润总额(万元)	－1468.32	－1938.13	299.09
	净利润(万元)	－1311	－1936.09	315.75
点评	2005 年度预亏 1000 万元左右,原因是 334 亩房地产项目因合作纠纷,开发尚未启动;南充实现预售,但尚不能确认收入;计提坏帐损失;多个项目建设期集中投入。			

股本结构（万股）	截止日期	05 年末	占%	主要股东及持股比例%、持股性质
	总股本	20582.18		成都锦江和盛投资有限责任公司 28.46%（非流通股）
	国有股	5855.33	28.45	重庆钢铁(集团)有限责任公司 21.9%（国有股）
	发起股	7356.85	35.74	泛华工程有限公司 6.55%（国有股）
	外资股			四川华州管理顾问咨询有限责任公司 4.86%（非流通股）
	募集股			苏州市西江建设发展有限公司 0.61%（非流通股）
	流通 A	7370	35.81	梁学华 0.35%（流通 A 股）
	流通 B			张发知 0.31%（流通 A 股）
	流通 H			陈延 0.31%（流通 A 股）
股东户数	05 年末	18775		邵光富 0.21%（流通 A 股）
	04 年末	20484		傅素珍 0.21%（流通 A 股）
其他流通股东	张洪淑 0.194%；刘惠文 0.194%；黄春生 0.18%；林东 0.167%；马海森 0.167%			
近年分配		近年募资		

二〇〇五年以来市场表现

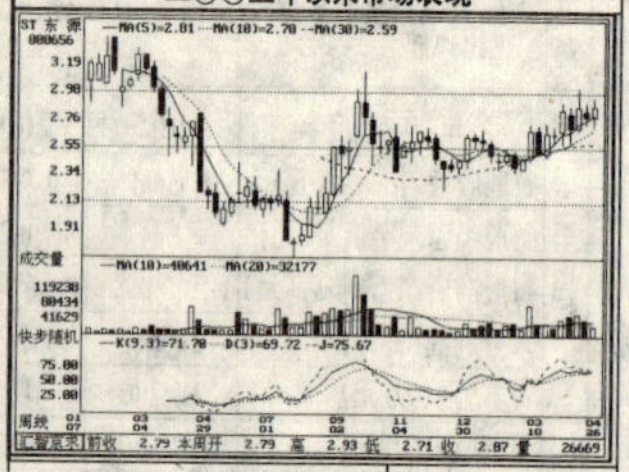

2005 年涨跌幅(%)	－14.89
2005 年最高(元)	3.4
2006 年涨跌幅(%)	9.13
2006.4.26 收盘(元)	2.87
2006 年最高(元)	3.01
2006 年最低(元)	2.36
2006 年换手率(%)	77.59
股改对价	

中钨高新（000657）

上市日期:96/12/05　　电话:0898－68581224　　传真:0898－68583318

主营	硬质合金和钨、钼、钽、铌等稀有金属及其深加工产品的研制、开发、生产及销售。			
	年　度	2005	2004	2003
主要指标	每股收益/扣除后(元)	0.02/0.02	0.12/0.09	0.22/0.23
	每股经营现金流量(元)	0.19	－0.41	0.41
	每股净资产/调整后(元)	3.56/3.53	3.54/3.5	3.42/3.37
	未分利润(万元)	12795.77	12523.36	11185.35
	资本公积(万元)	26146.92	26146.92	25805.2
利润构成	主营收入(万元)	106661.07	101349.84	121852.79
	主营利润(万元)	9050.72	12007.31	16596.73
	营业利润(万元)	373.88	2167.53	4673.85
	投资收益(万元)	－138.3	－20.69	11.64
	利润总额(万元)	262.74	2596.45	4555.69
	净利润(万元)	340.51	2092.86	3736.1
点评	公司主要产品为硬质合金和钨、钼、钽、铌等有色金属及其深加工产品,是我国最大的钨原料生产企业,在国内市场占有率高达 50%。公司近年来大力加强钨及硬质合金高新材料的研发,产品技术含量不断提高。			

股本结构（万股）	截止日期	05 年末	占%	主要股东及持股比例%、持股性质
	总股本	17108.13		广州中科信集团有限公司 27.76%（非流通股）
	国有股	4115.91	24.06	自贡硬质合金有限责任公司 14.97%（国有股）
	发起股	5540.22	32.38	包头铝业(集团)有限责任公司 3.21%（国有股）
	外资股			海南金昌旅游实业有限公司 3.15%（非流通股）
	募集股			海南金元投资控股有限公司 3.12%（国有股）
	流通 A	7452	43.56	广州市帆华投资有限公司 1.25%（流通 A 股）
	流通 B			中国有色金属进出口广东公司 1.04%（国有股）
	流通 H			广东广晟有色金属集团有限公司 1%（国有股）
股东户数	05 年末	35600		南京小河物流仓储有限公司 0.68%（非流通股）
	04 年末	38434		中国有色金属工业贸易集团有限公司 0.28%（国有股）
其他流通股东	陈礼生 0.198%；陈群华 0.178%；陈虎林 0.138%；霍文霞 0.116%；李大榜 0.111%；李顺卿 0.108%；王俊 0.108%			
近年分配		近年募资		

二〇〇五年以来市场表现

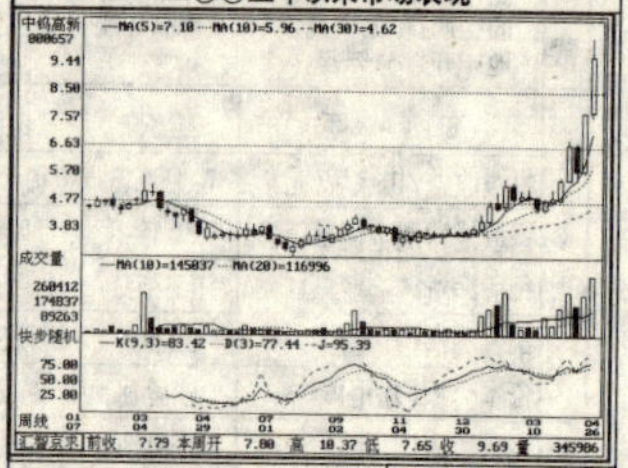

2005 年涨跌幅(%)	－18.32
2005 年最高(元)	5.6
2006 年涨跌幅(%)	161.89
2006.4.26 收盘(元)	9.69
2006 年最高(元)	10.37
2006 年最低(元)	3.67
2006 年换手率(%)	301.48
股改对价	

G中富(000659)

上市日期:96/12/03　电话:0756－8821350　传真:0756－8821103

主营	从事塑料PET饮料瓶、瓶胚系列,PVC、OPP标签等产品的生产和销售。			
	年　度	2005	2004	2003
主要指标	每股收益/扣除后(元)	0.1/0.11	0.18/0.18	0.19/0.18
	每股经营现金流量(元)	0.53	0.47	0.4
	每股净资产/调整后(元)	2.71/2.67	2.67/2.63	4/3.91
	未分利润(万元)	25167.96	23899.63	14686.19
	资本公积(万元)	57052.93	57420.34	83139.45
利润构成	主营收入(万元)	192678.05	163665.01	135962.23
	主营利润(万元)	41815.51	39849.18	28821.47
	营业利润(万元)	12105.32	16403.09	9436.6
	投资收益(万元)	－870.19	－288.71	1026.1
	利润总额(万元)	10341.58	16235.39	10616.01
	净利润(万元)	7001.67	12226.61	8147.51
点评	公司是中国PET饮料包装的龙头企业,目前生产的PET饮料瓶已占可口可乐、百事可乐在中国市场所需包装量的50%以上份额。公司计划今年年底前将饮用水代加工生产线扩充到20条,生产能力将增加,随着饮料包装制品业的复苏,公司业绩将提升。			

	截止日期	05年末	占%	主要股东及持股比例%、持股性质
股本结构(万股)	总股本	68829.56		珠海中富工业集团有限公司34.87%(非流通股)
	国有股			中国工商银行—申万巴黎盛利精选证券投资基金1.02%(流通A股)
	发起股	24289.61	35.29	甘肃宝信电力投资担保有限公司0.93%(流通A股)
	外资股			中国建设银行—华宝兴业多策略增长证券投资基金0.81%(流通A股)
	募集股			中国银行—工银瑞信核心价值股票型证券投资基金0.73%(流通A股)
	流通A	44484.4	64.63	中信银行—建信恒久价值股票型证券投资基金0.58%(流通A股)
	流通B			申银万国—花旗——UBS LIMITED 0.57%(流通A股)
	流通H			海通—汇丰—MERRILL LYNCH INTERNATIONAL 0.53%(流通A股)
股东户数	05年末	79268		中国工商银行—国联安德盛小盘精选证券投资基金0.45%(流通A股)
	04年末	79493		富国动态平衡证券投资基金0.43%(流通A股)
其他流通股东	辽宁迈克集团股份有限公司0.363%			
近年分配	05预案:10派0.5;04年:10派0.5;03年:10转增6	近年募资	03年10配3配股价6.7元。	

二○○五年以来市场表现

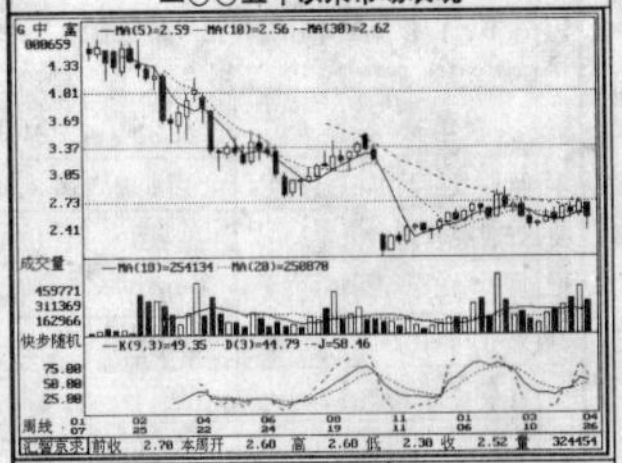

2005年涨跌幅(%)	－28.37
2005年最高(元)	4.65
2006年涨跌幅(%)	0.8
2006.4.26收盘(元)	2.52
2006年最高(元)	2.87
2006年最低(元)	2.38
2006年换手率(%)	100.76
股改对价	送股 派现 每10股实际获得2.5股0.772元(05/10/27)

长春高新(000661)

上市日期:96/12/18　电话:0431－5666367　传真:0431－5675390

主营	生物制药、中成药生产。			
	年　度	2005	2004	2003
主要指标	每股收益/扣除后(元)	－0.461/－0.44	0.055	－0.82/－0.69
	每股经营现金流量(元)	0.68	－0.32	－0.62
	每股净资产/调整后(元)	2.26/2.14	2.65/2.59	2.64/2.59
	未分利润(万元)	－14220.18	－7683.32	－10110.11
	资本公积(万元)	22933.28	22738.76	22658.1
利润构成	主营收入(万元)	48685.48	36649.26	42412.53
	主营利润(万元)	23455.88	26058.88	29491.71
	营业利润(万元)	－2227.46	－824.7	－7430.48
	投资收益(万元)	－1802.53	2687.49	－469.68
	利润总额(万元)	－4299.97	1839.54	－9864.43
	净利润(万元)	－6052.18	716.59	－10816.43
点评	公司涉足制药业和房地产两大产业。生物制药生长素在全国市场有绝对优势,2005年继续保持高增长。复合型艾滋病疫苗进入一期临床。但由于药品开发费用高、地产成本高而导致亏损。公司的资金压力大,药品、地产都面临降价的风险,经营业绩改观难度较大。			

	截止日期	05年末	占%	主要股东及持股比例%、持股性质
股本结构(万股)	总股本	13132.66		长春高新技术产业发展总公司34.63%(国有股)
	国有股	4547.52	34.63	长春市南湖实业总公司1.92%(非流通股)
	发起股			长春天然气化学工业公司0.77%(非流通股)
	外资股			吉林省博维实业有限公司0.77%(非流通股)
	募集股	604.8	4.61	长春建设股份有限公司0.77%(非流通股)
	流通A	7980.34	60.77	刘泽键0.34%(流通A股)
	流通B			袁岚岚0.26%(流通A股)
	流通H			刘荣耀0.24%(流通A股)
股东户数	05年末	38419		吉林省地产总公司0.23%(非流通股)
	04年末	41571		何瑞香0.19%(流通A股)
其他流通股东	贾文辉0.193%;常胜0.148%;宋力0.142%;李玲珠0.129%;赵海银0.127%			
近年分配		近年募资		

二○○五年以来市场表现

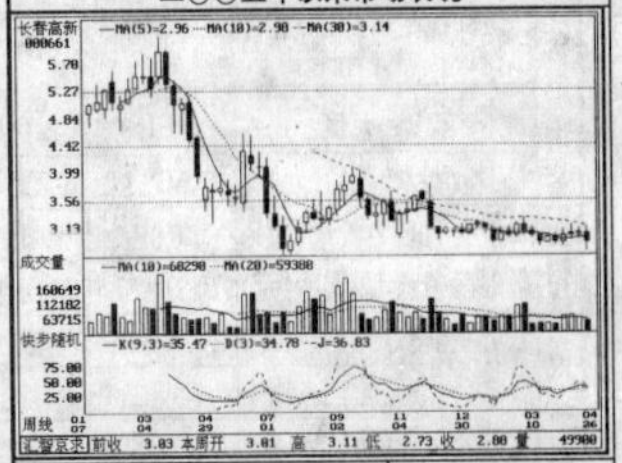

2005年涨跌幅(%)	－38.91
2005年最高(元)	6.13
2006年涨跌幅(%)	－4.95
2006.4.26收盘(元)	2.88
2006年最高(元)	3.26
2006年最低(元)	2.73
2006年换手率(%)	119
股改对价	

G索芙特(000662)

上市日期:96/12/16　电话:0774－3863686　传真:0774－3863582

主营	生产经营美容保健品、洗涤化妆用品和化工产品。			
	年　度	2005	2004	2003
主要指标	每股收益/扣除后(元)	0.436/0.417	0.49/0.49	0.47/0.479
	每股经营现金流量(元)	0.1698	0.0189	1.18
	每股净资产/调整后(元)	2.1/2.09	2.04/2.01	1.63/1.62
	未分利润(万元)	10453.87	8721.36	3133.71
	资本公积(万元)	5417.04	4555.25	4555.25
利润构成	主营收入(万元)	44753.09	42024.05	39581.42
	主营利润(万元)	22139.28	26533.81	26258.78
	营业利润(万元)	6876.63	7547.68	7245.5
	投资收益(万元)	27.04	－223.44	33.3
	利润总额(万元)	7269.86	7447.55	7186.28
	净利润(万元)	7847.89	7352.03	7118.14
点评	公司占据了洗面奶市场销售量国内第一名的位置。2005年公司净利润同比仅增长了6.73%,低于股改承诺中的20%,并因此追加对价648万股,成为第一家触发追加对价的股改公司。公司计划在今明两年着手建立全国主要乡镇产品销售网络(点)。			

	截止日期	05年末	占%	主要股东及持股比例%、持股性质
股本结构(万股)	总股本	17999.1		广西索芙特科技股份有限公司22.09%(非流通股)
	国有股			广东通作投资有限公司13.87%(非流通股)
	发起股	8926.85	49.6	中国东方资产管理公司5.43%(国有股)
	外资股			中国工商银行－国联安德盛小盘精选证券投资基金4.62%(流通A股)
	募集股			交通银行－汉兴证券投资基金4.59%(流通A股)
	流通A	9071.19	50.4	金鑫证券投资基金3.25%(流通A股)
	流通B			海口八达进出公司3.24%(非流通股)
	流通H			汉盛证券投资基金2.18%(流通A股)
股东户数	05年末	5700		杭州天安经济开发有限公司2.17%(非流通股)
	04年末	5760		富国动态平衡证券投资基金2.06%(流通A股)
其他流通股东	海通证券股份有限公司1.856%;中国工商银行－金泰证券投资基金1.781%;金鼎证券投资基金1.207%			
近年分配	04年:10派0.5送2;03中期:10派0.6送2转增2	近年募资		

二○○五年以来市场表现

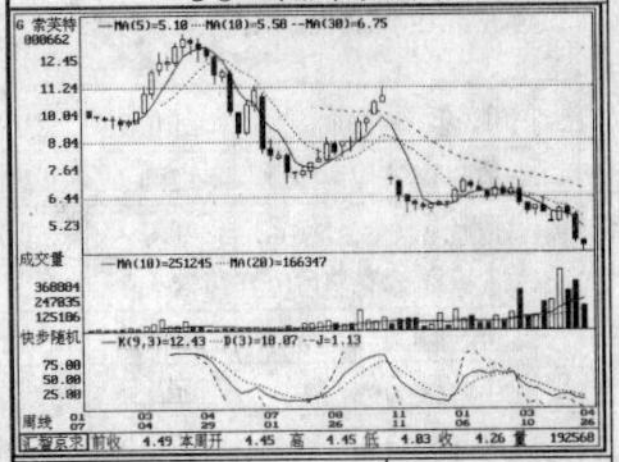

2005年涨跌幅(%)	9.38
2005年最高(元)	13.65
2006年涨跌幅(%)	－36.13
2006.4.26收盘(元)	4.26
2006年最高(元)	7.21
2006年最低(元)	4.03
2006年换手率(%)	315.21
股改对价	送股 每10股实际获得4股(05/11/04)

永安林业(000663)

上市日期:96/12/06　电话:0598-3614875　传真:0598-3633415

	年度	2005	2004	2003
主营	木(竹)材采运、加工,林化产品制造。			
主要指标	每股收益/扣除后(元)	0.027/0.022	0.019	0.103/0.102
	每股经营现金流量(元)	0.4959	0.3459	0.382
	每股净资产/调整后(元)	1.99/1.97	1.96/1.94	2/1.97
	未分利润(万元)	1991.53	1659.89	2419.42
	资本公积(万元)	12867.15	12867.15	12867.15
利润构成	主营收入(万元)	36361.03	32917.39	31219.52
	主营利润(万元)	8914.03	9316.55	8352.57
	营业利润(万元)	447.37	763.77	984.34
	投资收益(万元)	-357.05	-1219.53	513.19
	利润总额(万元)	626.43	434.36	1782.75
	净利润(万元)	448.63	324.96	1697.65
点评	公司是木材加工与人造板生产为主的企业,拥有丰富的森林资源。虽然2008年速生林将进入主伐期,但受制于国家政策的限制,不能大量采伐成熟速生林,加上公司人造板规模小,不能充分发挥森林资源优势,导致盈利能力低下。公司多元化策略令人担忧。			

	截止日期	05年末	占%	主要股东及持股比例%、持股性质
股本结构(万股)	总股本	16723.26		福建省永安林业(集团)总公司 38.8%(国有股)
	国有股	8352	49.94	永安市财政局 11.14%(国有股)
	发起股	468	2.8	福建省青山纸业股份有限公司 7%(非流通股)
	外资股			永安市林业建设投资公司 3.5%(非流通股)
	募集股	1981.98	11.85	三明市林业总公司 2.8%(非流通股)
	流通A	5921.28	35.41	永安市燕林开发公司 0.75%(非流通股)
	流通B			惠阳市行成科技教育有限公司 0.3%(流通A股)
	流通H			王玉泉 0.24%(流通A股)
股东户数	05年末	29161		永安市副食品基金开发三公司 0.21%(非流通股)
	04年末	29417		永安市国有林管理站 0.17%(非流通股)
其他流通股东	郭兆泉 0.12%;钱曾亭 0.12%;青岛新宝通投资管理有限公司 0.09%;林杏萍 0.087%;叶强 0.086%;王文惠 0.079%			
近年分配	03年:10派0.6	近年募资		

二○○五年以来市场表现

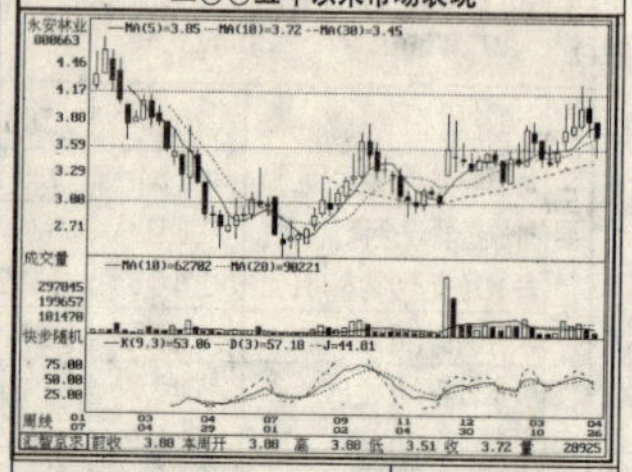

2005年涨跌幅(%)	-20.05
2005年最高(元)	4.75
2006年涨跌幅(%)	11.05
2006.4.26收盘(元)	3.72
2006年最高(元)	4.27
2006年最低(元)	3.2
2006年换手率(%)	170.66
股改对价	

武汉塑料(000665)

上市日期:96/12/10　电话:027-59405200　传真:027-59405210

	年度	2005	2004	2003
主营	开发、制造、经营高新科技工程塑料制品、汽车塑料零部件及其他塑料制品、塑料化工原辅材料等;具有自营进出口权。			
主要指标	每股收益/扣除后(元)	-1.54/-1.29	0.02/-0.06	-0.98/-0.71
	每股经营现金流量(元)	0.07	0.27	-0.68
	每股净资产/调整后(元)	0.39/0.37	1.93/1.91	1.91/1.89
	未分利润(万元)	-21428.06	233.97	-11031.29
	资本公积(万元)	11518.36	11518.36	20223.97
利润构成	主营收入(万元)	28031.51	24287	53296.53
	主营利润(万元)	4378.81	4048.5	6470.59
	营业利润(万元)	-13089.94	-686.5	-8982.65
	投资收益(万元)	-1377.87	1009.06	12.77
	利润总额(万元)	-19759.67	443.82	-13291.84
	净利润(万元)	-21662.03	292.47	-13770.54
点评	公司作为汽车行业的配套行业,面临国家宏观调控、汽柴油价格上涨导致的汽车行业前景不乐观,以及原油价格上涨带来的成本上涨。公司的希望在于安邦集团的入主,但是06年4月17日公司与安邦集团就资产提出仲裁申请。建议观望重组情况。			

	截止日期	05年末	占%	主要股东及持股比例%、持股性质
股本结构(万股)	总股本	14096.95		武汉经开投资有限公司 22.7%(国有股)
	国有股	4297.53	30.49	天泽控股有限公司 8.73%(非流通股)
	发起股	4798.04	34.04	武汉市工业合作联社 8.71%(非流通股)
	外资股			平安信托投资公司 7.95%(非流通股)
	募集股			武汉国际信托投资公司 7.79%(国有股)
	流通A	5001.38	35.48	武汉市益信工程经济发展公司 2.38%(非流通股)
	流通B			长江经济联合发展(集团)股份有限公司武汉公司 1.99%(非流通股)
	流通H			深圳江海重型机械工程有限公司 1.59%(非流通股)
股东户数	05年末	22656		湖北省投资公司 0.99%(非流通股)
	04年末	24480		广东时代盈和投资有限公司 0.79%(流通A股)
其他流通股东	李宝茹 0.128%;陈隽 0.106%;王丽珍 0.094%;卢淑儿 0.092%;李曼雨 0.092%;沈建民 0.084%;叶明隆 0.082%			
近年分配		近年募资		

二○○五年以来市场表现

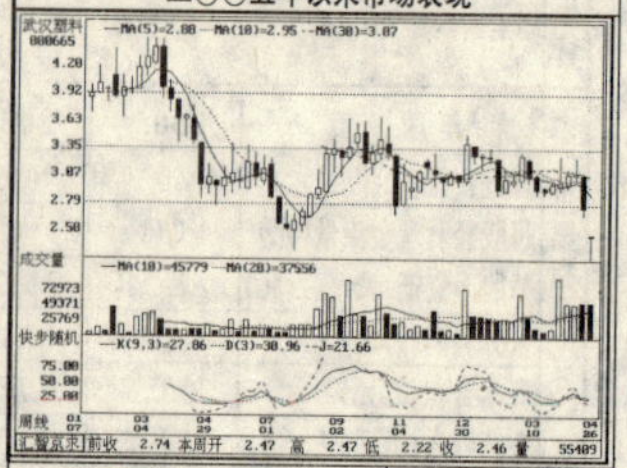

2005年涨跌幅(%)	-11.92
2005年最高(元)	4.48
2006年涨跌幅(%)	-27.65
2006.4.26收盘(元)	2.46
2006年最高(元)	3.38
2006年最低(元)	2.22
2006年换手率(%)	128.37
股改对价	

经纬纺机(000666)

上市日期:96/12/10　电话:010-84534079　传真:010-84534135

	年度	2005	2004	2003
主营	开发、生产、销售纺织机械及其配套件。			
主要指标	每股收益/扣除后(元)	0.23/0.2	0.25/0.23	0.27/0.27
	每股经营现金流量(元)	0.47	0.03	0.43
	每股净资产/调整后(元)	4.4/4.37	4.23/4.02	4.05/3.84
	未分利润(万元)	34610.77	38252.88	32511.25
	资本公积(万元)	126225.03	126171.66	126171.66
利润构成	主营收入(万元)	424191.18	361104.29	430574.28
	主营利润(万元)	68933.83	59711.26	75513.74
	营业利润(万元)	15827.87	13967.77	20490.65
	投资收益(万元)	1098.87	3210.54	444.88
	利润总额(万元)	17212.22	17486.38	20150.24
	净利润(万元)	13624.17	15237.94	16153.45
点评	公司是中国大型的纺织机械制造商。05年面对国际贸易摩擦加剧、人民币升值以及原油价格持续上涨等诸多挑战,公司通过加快技术成果化和加强管理,实现了收入和效益的增长。06年面对机遇和挑战,公司将通过产品升级和技术优化,实现持续发展。			

	截止日期	05年末	占%	主要股东及持股比例%、持股性质
股本结构(万股)	总股本	60380		中国纺织机械(集团)有限公司 36.44%(国有股)
	国有股	22000	36.44	HKSCC NOMINEES LIMITED 29.57%(H股)
	发起股			中信银行-建信恒久价值股票型证券投资基金 0.56%(流通A股)
	外资股			中国工商银行-安瑞证券投资基金 0.2%(流通A股)
	募集股			东方证券股份有限公司 0.16%(流通A股)
	流通A	20300	33.62	POON CHIU LEUNG 0.14%(H股)
	流通B			中国工商银行-融通深证100指数证券投资基金 0.095%(流通A股)
	流通H	18080	29.94	李玉香 0.087%(流通A股)
股东户数	05年末	82476		黄顺群 0.085%(流通A股)
	04年末	89713		亓万里 0.071%(流通A股)
其他流通股东	张世坚 0.07%			
近年分配	05预案:10派0.5;04年:10派0.5;03年:10派0.72	近年募资		

二○○五年以来市场表现

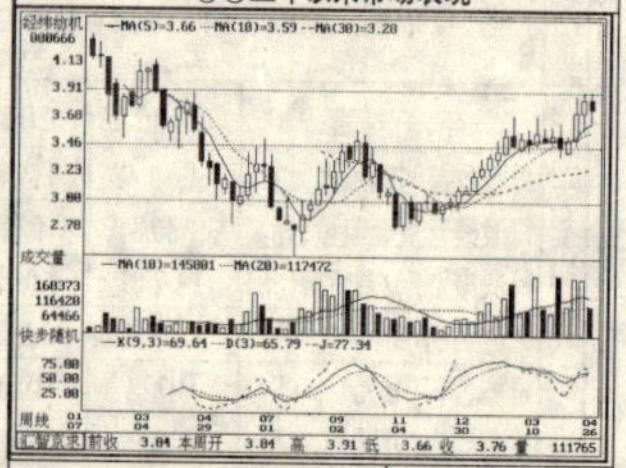

2005年涨跌幅(%)	-27.15
2005年最高(元)	4.36
2006年涨跌幅(%)	21.68
2006.4.26收盘(元)	3.76
2006年最高(元)	3.91
2006年最低(元)	3.09
2006年换手率(%)	105.48
股改对价	

G 名流（000667）

上市日期:96/12/05　　电话:0871－3610134　　传真:0871－3625615

主营	投资、商业贸易、房地产业			
	年　度	2005	2004	2003
主要指标	每股收益/扣除后(元)	0.357/0.335	0.303/0.3	0.236/0.233
	每股经营现金流量(元)	0.5525	0.1363	－0.1756
	每股净资产/调整后(元)	2.2/2.2	2.33/2.33	2.13/2.13
	未分利润(万元)	6454.05	5517.62	3770.37
	资本公积(万元)	916.37	916.37	916.37
利润构成	主营收入(万元)	57649.27	49038.8	30717.73
	主营利润(万元)	18065.36	15311.08	10268.24
	营业利润(万元)	14214.91	12260.59	8202.4
	投资收益(万元)	－117.52	－118.73	586.24
	利润总额(万元)	14261.53	12142.91	8793.66
	净利润(万元)	8751.74	7428.17	5776.29
点评	房地产项目分布于北京、武汉、深圳、西安等地,未来发展重心放在武汉,已取得了一期的200亩开发用地使用权。2006年重点项目是北京"名流广场"、武汉"名流·人和天地"、西安"名流·水晶宫"。制约公司未来发展的主要因素是资金,拟通过增发A股融资。			

股本结构(万股)	截止日期	05年末	占%	主要股东及持股比例%、持股性质
	总股本	24502.8		名流投资集团有限公司 29.38%（非流通股）
	国有股	5644	23.03	昆明市五华区人民政府国有资产管理办公室 23.03%（国有股）
	发起股	12500	51.01	海南洋浦众森科技投资有限公司 21.63%（非流通股）
	外资股			蔡一野 0.36%（流通A股）
	募集股			杨少玲 0.28%（流通A股）
	流通A	6358.8	25.95	刘树强 0.26%（流通A股）
	流通B			唐山齿轮集团有限公司 0.17%（流通A股）
	流通H			汤连生 0.14%（流通A股）
股东户数	05年末	21900		李斌成 0.14%（流通A股）
	04年末	23611		王宜兵 0.1%（流通A股）
其他流通股东	刘爱兰 0.089%;王志刚 0.087%;夏文辉 0.084%			
近年分配	05中期:10派3.7;03年:10派1		近年募资	

二〇〇五年以来市场表现

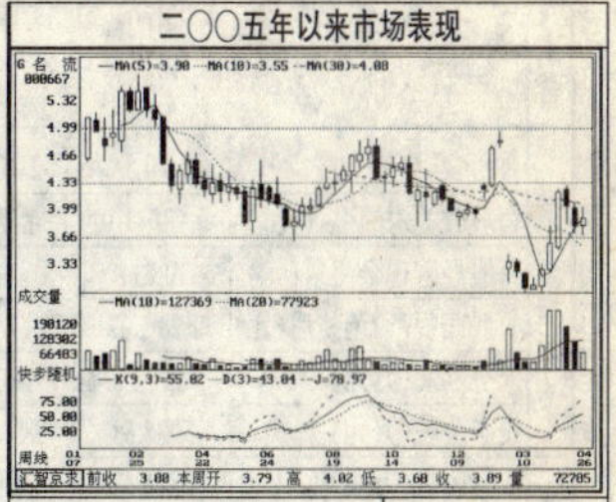

2005年涨跌幅(%)	－15.45
2005年最高(元)	5.65
2006年涨跌幅(%)	46.33
2006.4.26收盘(元)	3.89
2006年最高(元)	6.31
2006年最低(元)	4.13
2006年换手率(%)	170.37
股改对价	定向转增 每10股实际获得3.87股(06/02/20)

武汉石油（000668）

上市日期:96/12/10　　电话:027－85781439　　传真:027－85757897

主营	石油制品、石油副产品、原油、石油设备及器材、化工产品批发兼零售、代储代运;组织加工;石油科技产品开发等。			
	年　度	2005	2004	2003
主要指标	每股收益/扣除后(元)	0.19	0.22	0.21/0.26
	每股经营现金流量(元)	0.85	0.15	1.44
	每股净资产/调整后(元)	2.69/2.3	2.57/2.2	2.45/1.94
	未分利润(万元)	7851.31	6684.44	5510.8
	资本公积(万元)	9544.11	9544.11	9544.11
利润构成	主营收入(万元)	268767.18	209487.59	158872.62
	主营利润(万元)	20353.52	21809.01	20866.52
	营业利润(万元)	5169.95	7149.14	6423.48
	投资收益(万元)	－967.78	－13.65	－456.55
	利润总额(万元)	4508.57	5120.09	5134.03
	净利润(万元)	2743.46	3302.57	3111.14
点评	公司由中石化控股,目前形成了以成品油零售和直销批发为主,房地产开发、餐饮业为辅的经营格局,是当地的成品油零售巨头。在中石化拟整合下属上市公司的形势下,其壳资源以及土地储备也吸引了外地房地产公司的注意,中石化重组回购将为公司带来新题材。			

股本结构(万股)	截止日期	05年末	占%	主要股东及持股比例%、持股性质
	总股本	14684.19		中国石油化工股份有限公司 46.25%（国有股）
	国有股	8823.59	60.09	武汉国有资产经营公司 12.02%（国有股）
	发起股			江汉石油管理局 2.07%（国有股）
	外资股			武汉工业国有投资有限公司 1.28%（国有股）
	募集股	872.82	5.94	中国石化集团武汉石油化工厂 1.28%（国有股）
	流通A	4987.78	33.97	中国石油大庆石油化工总厂 0.95%（国有股）
	流通B			中国石化兰州炼油化工总厂 0.41%（国有股）
	流通H			中国石化集团茂名石油化工公司 0.38%（国有股）
股东户数	05年末	19956		李清仙 0.35%（流通A股）
	04年末	18075		武汉市国际经济贸易公司 0.32%（国有股）
其他流通股东	王良标 0.283%;安徽荣源投资咨询有限责任公司 0.272%;朱万春 0.25%;康宝荣 0.204%;叶大志 0.197%			
近年分配	05预案:10派0.7;04年:10派0.7;03中期:10派0.7年终:10派1		近年募资	

二〇〇五年以来市场表现

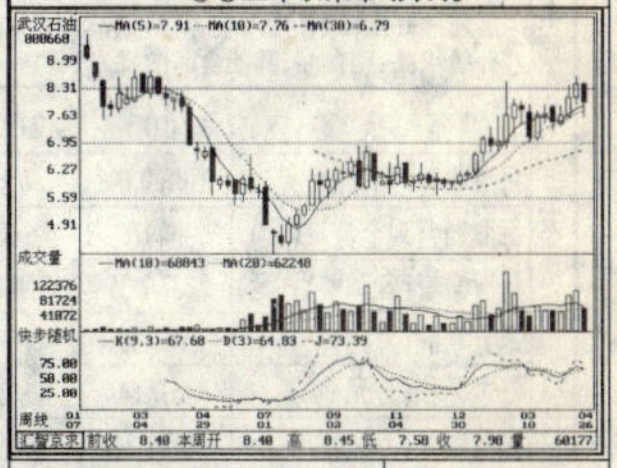

2005年涨跌幅(%)	－34.6
2005年最高(元)	9.67
2006年涨跌幅(%)	30.18
2006.4.26收盘(元)	7.98
2006年最高(元)	8.59
2006年最低(元)	6.05
2006年换手率(%)	225.66
股改对价	

领先科技（000669）

上市日期:96/12/10　　电话:0432－4664051　　传真:0432－4683884

主营	医药、医疗器械、电管保护膜的生产经营、保健品经营、高科技技术成果转化及相关软件咨询服务等。			
	年　度	2005	2004	2003
主要指标	每股收益/扣除后(元)	0.04	0.02/0.02	0.02/0.01
	每股经营现金流量(元)	－0.024	0.166	0.08
	每股净资产/调整后(元)	1.5/1.43	1.41/1.41	1.35/1.35
	未分利润(万元)	894.77	685.09	563.21
	资本公积(万元)	1068.16	787.57	506.97
利润构成	主营收入(万元)	6144.33	6444.23	2445.11
	主营利润(万元)	1556.63	1964.23	698.74
	营业利润(万元)	405.18	392.85	156.6
	投资收益(万元)	－46.97	－46.97	－20.78
	利润总额(万元)	362.58	324.04	148.98
	净利润(万元)	228.01	134.28	93.2
点评	公司以医药、医疗器械、电管保护膜的生产经营、保健品经营、高科技技术成果转化及相关软件咨询服务等为主营业务。目前,公司还在不断地开拓市场,同时公司部分产品原材料价格波动较大,产品市场竞争也更为激烈,市场营销网络还在不断整合中。			

股本结构(万股)	截止日期	05年末	占%	主要股东及持股比例%、持股性质
	总股本	6167		吉林中讯新技术有限公司 27.74%（非流通股）
	国有股			天津市泰森科技实业有限公司 21.24%（非流通股）
	发起股	3868	62.72	深圳市吉粤投资有限公司 8.55%（非流通股）
	外资股			江阴市新理念经济信息有限公司 3.24%（非流通股）
	募集股			万宝集团冷机制作工业公司 1.95%（非流通股）
	流通A	2299	37.28	陈定贵 0.58%（流通A股）
	流通B			苏长耕 0.38%（流通A股）
	流通H			张秀英 0.34%（流通A股）
股东户数	05年末	14711		方丽娜 0.29%（流通A股）
	04年末	15893		朱维明 0.17%（流通A股）
其他流通股东	侯国伟 0.146%;张建群 0.142%;邝文刚 0.136%;李苹 0.124%;郭文强 0.118%			
近年分配			近年募资	

二〇〇五年以来市场表现

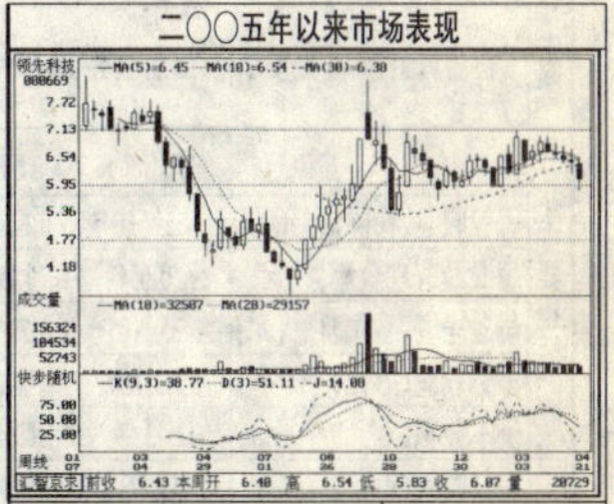

2005年涨跌幅(%)	－17.31
2005年最高(元)	8.31
2006年涨跌幅(%)	0.83
2006.4.26收盘(元)	6.07
2006年最高(元)	7.1
2006年最低(元)	5.83
2006年换手率(%)	196.64
股改对价	偿债 送股 每10股实际获得1.24股

天发石油（000670）

上市日期:96/12/17　　电话:0716－8560320　　传真:0716－8566160

主营	石油液化气及油品的储运、销售			
	年　度	2005	2004	2003
主要指标	每股收益/扣除后(元)	-1.28/-1.029	-0.5/-0.5	0.16/0.01
	每股经营现金流量(元)	0.03	-0.48	0.31
	每股净资产/调整后(元)	1.28/1.27	2.67/2.66	3.23/3.23
	未分利润(万元)	-53822.67	-19034.24	-6304.82
	资本公积(万元)	58818.88	58818.88	58818.88
利润构成	主营收入(万元)	90071.43	57999.37	73943.38
	主营利润(万元)	3946.12	4124.11	12398.59
	营业利润(万元)	-20877.36	-13626.55	872.64
	投资收益(万元)	-10000		
	利润总额(万元)	-37643.28	-13756.31	4785.35
	净利润(万元)	-34788.43	-13648.43	4397.7
点评	公司是以经营公用事业(石油、液化气)为主体的大型综合性股份制企业,由于对外投资项目资金需求量大,此外接收一些地方困难国企,承担了沉重包袱,导致公司目前资金紧张。如集团能成功安抚好各债权银行,加快重组步伐,公司有望走出困境。			

	截止日期	05年末	占%	主要股东及持股比例%、持股性质
股本结构（万股）	总股本	27220.91		湖北天发实业集团有限公司 25.99%（非流通股）
	国有股	2019.2	7.42	荆州市第一木材总公司 9.4%（非流通股）
	发起股	9734.83	35.76	荆州市国有资产管理局 7.42%（国有股）
	外资股			国信证券有限责任公司 0.5%（流通A股）
	募集股			南京小河物流仓储有限公司 0.37%（非流通股）
	流通A	15466.88	56.82	刘应秀 0.34%（流通A股）
	流通B			赵刚 0.2%（流通A股）
	流通H			欧伟艳 0.2%（流通A股）
股东户数	05年末	55076		李明 0.19%（流通A股）
	04年末	57051		向丽云 0.16%（流通A股）
其他流通股东	董云飞 0.152%；黄惠婷 0.137%；郑有怀 0.116%；梁宏春 0.104%			
近年分配		近年募资		

二〇〇五年以来市场表现

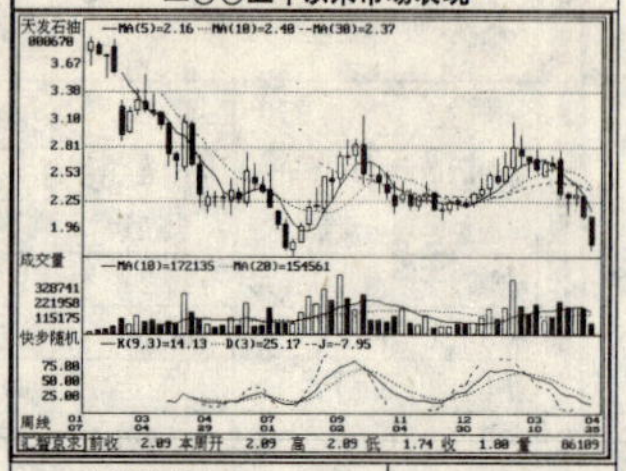

2005年涨跌幅(%)	-42.6
2005年最高(元)	3.95
2006年涨跌幅(%)	-18.55
2006.4.26收盘(元)	1.8
2006年最高(元)	3.07
2006年最低(元)	1.74
2006年换手率(%)	181.64
股改对价	

阳光发展（000671）

上市日期:96/12/18　　电话:0591－3313741　　传真:0591－3377141

主营	基础设施开发；电子产品及轻工企业产品制造；旅游服务；房地产开发；综合技术服务；纺织品制造；百货、金属材料、针纺织品、副食品，其他食品的批发、零售。			
	年　度	2005	2004	2003
主要指标	每股收益/扣除后(元)	0.106/0.096	0.156	0.05/0.001
	每股经营现金流量(元)	0.92	-0.97	1.31
	每股净资产/调整后(元)	2.37/2.35	1.98/1.79	1.81/1.77
	未分利润(万元)	5450.99	4716.1	3836.02
	资本公积(万元)	5537.64	2872.57	2627.86
利润构成	主营收入(万元)	22041.24	36419.11	21208.23
	主营利润(万元)	4690.17	5685.56	1699.17
	营业利润(万元)	2033.55	4222.37	1001.38
	投资收益(万元)	57.69	-89.32	-41.97
	利润总额(万元)	2040.81	3994.52	914.52
	净利润(万元)	1011.3	1489.05	455.04
点评	上海天骄大厦主体安装和精装修工程已完成,销售状况良好,净资产21,627万元,实现主营业务收入15,140万元,实现净利润1,697万元。福州"阳光城一区Ⅲ期"认购情况良好,将改善2006年业绩。公司拟与福建省亿力电力集团合作开展电力新业务。			

	截止日期	05年末	占%	主要股东及持股比例%、持股性质
股本结构（万股）	总股本	9517.31		福建阳光集团有限公司 27.71%（非流通股）
	国有股			福建和盛集团有限公司 21.18%（非流通股）
	发起股	2636.93	27.71	杭州杭州哲慧投资顾问有限公司 5.59%（非流通股）
	外资股			福建亿力电力科技股份有限公司 5.26%（非流通股）
	募集股	3969.88	41.71	福建省新湖集团科技信息中心 3.97%（非流通股）
	流通A	2910.5	30.58	深圳市申兆旺投资发展有限公司 3.59%（流通A股）
	流通B			无锡市华信投资管理有限公司 2.11%（非流通股）
	流通H			上海盈泰投资管理有限公司 1.49%（流通A股）
股东户数	05年末	12130		泉州市元鸿投资管理有限公司 1.25%（非流通股）
	04年末	12839		松明机械工业(深圳)有限公司 1.14%（非流通股）
其他流通股东	程玉春 0.37%；包秀珍 0.25%；江大良 0.178%；黄家宁 0.17%；丘文君 0.134%；李晋长 0.128%；沈玉平 0.125%			
近年分配		近年募资		

二〇〇五年以来市场表现

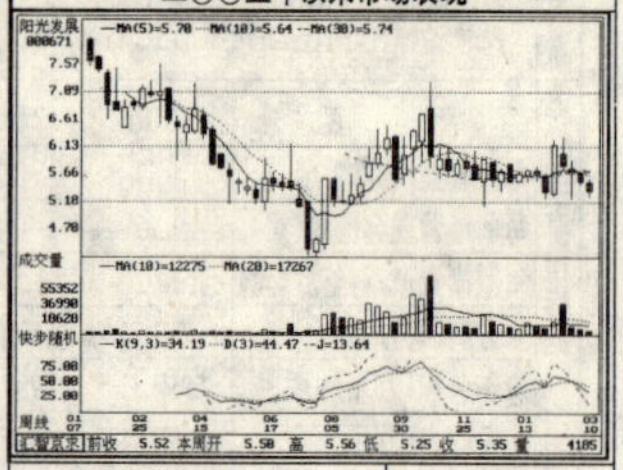

2005年涨跌幅(%)	-30.83
2005年最高(元)	8.05
2006年涨跌幅(%)	-3.08
2006.4.26收盘(元)	5.35
2006年最高(元)	6.28
2006年最低(元)	5.22
2006年换手率(%)	39.26
股改对价	送股 每10股实际获得1股

铜城集团（000672）

上市日期:96/12/18　　电话:13321221682　　传真:0943－8227879

主营	粮油加工、商业批发零售、酒店服务、软件开发与销售等。			
	年　度	2005	2004	2003
主要指标	每股收益/扣除后(元)	-0.55/-0.5	-0.62/-0.46	0.011/-0.162
	每股经营现金流量(元)	-0.054	0.0044	0.0044
	每股净资产/调整后(元)	0.35/0.35	0.73/0.64	1.46/1.4
	未分利润(万元)	-23217.25	-14866.98	-4660.39
	资本公积(万元)	12513.89	10801.39	10475.99
利润构成	主营收入(万元)	1539.73	2825.91	1343.28
	主营利润(万元)	-147.84	531.9	10.16
	营业利润(万元)	-5626.58	-6071.03	-2171.56
	投资收益(万元)	-2977.05	-3115.55	2848.42
	利润总额(万元)	-9261.61	-11869.92	660.51
	净利润(万元)	-8350.28	-9451.06	165.03
点评	2005年度出售资产收入确认的相关条件尚不具备,加上计提减值准备等因素,导致业绩不佳,继续亏损。北京大地花园酒店将成为公司的第一大股东,在股改之际有望进行资产重组,改善公司业绩。			

	截止日期	05年末	占%	主要股东及持股比例%、持股性质
股本结构（万股）	总股本	15197		北京市海淀区国有资产投资经营公司 25.96%（国有股）
	国有股	3945.37	25.96	甘肃金合投资有限公司 23.3%（非流通股）
	发起股			深圳市瑞英投资发展有限公司 3.15%（非流通股）
	外资股			甘肃银城实业公司 0.45%（非流通股）
	募集股	4195.88	27.61	程远 0.44%（流通A股）
	流通A	7055.75	46.43	古开昌 0.39%（流通A股）
	流通B			深圳市莲花山花木园 0.36%（非流通股）
	流通H			白银建银房地产开发公司 0.36%（非流通股）
股东户数	05年末	16811		许阳 0.27%（流通A股）
	04年末	16292		王淑琴 0.21%（流通A股）
其他流通股东	王永鸿 0.194%；徐文烽 0.19%；侯先春 0.174%；罗六秀 0.161%；郭志勇 0.132%			
近年分配		近年募资		

二〇〇五年以来市场表现

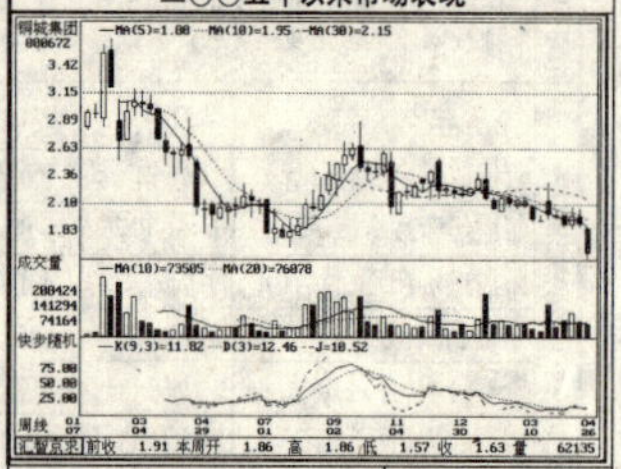

2005年涨跌幅(%)	-24.31
2005年最高(元)	3.68
2006年涨跌幅(%)	-25.23
2006.4.26收盘(元)	1.63
2006年最高(元)	2.49
2006年最低(元)	1.57
2006年换手率(%)	177.93
股改对价	

大同水泥（000673）

上市日期:97/01/24　电话:0352－4062400　传真:0352－4042623

主营	熟料及硅酸盐水泥的制造和销售			
	年　　度	2005	2004	2003
主要指标	每股收益/扣除后(元)	－0.792/－0.79	0.006/0.01	0.014
	每股经营现金流量(元)	0.046	－0.087	0.077
	每股净资产/调整后(元)	0.96/0.96	1.75/1.57	1.75/1.69
	未分利润(万元)	－6874.01	6860.19	6777.51
	资本公积(万元)	3733.26	3733.26	3733.26
利润构成	主营收入(万元)	15429.43	16931.59	13882.25
	主营利润(万元)	2627.52	4737.42	3581.48
	营业利润(万元)	－13782.53	780.29	580.02
	投资收益(万元)			
	利润总额(万元)	－13734.2	859.66	764.43
	净利润(万元)	－13734.2	97.27	236.89
点评	公司主营硅酸盐水泥及熟料的生产和销售，主导产品在华北地区具有较高的知名度和市场占有率。由于2008年奥运会将在北京举办，公司将面临难得的发展机遇。此外，中国建筑材料集团公司子公司中国联合水泥有限公司对公司进行收购，为公司的发展奠定坚实基础。			

	截止日期	05年末	占%	主要股东及持股比例%、持股性质
股本结构（万股）	总股本	17340		大同水泥集团有限公司 70.59%（国有股）
	国有股	12240	70.59	申献杰 0.095%（流通A股）
	发起股			梁广南 0.094%（流通A股）
	外资股			曹弟弟 0.087%（流通A股）
	募集股			祝健 0.083%（流通A股）
	流通A	5100	29.41	庞帅 0.079%（流通A股）
	流通B			马龙根 0.078%（流通A股）
	流通H			陈淑强 0.073%（流通A股）
股东户数	05年末	30820		王町 0.07%（流通A股）
	04年末	33275		李晓波 0.068%（流通A股）
其他流通股东	郝绍红 0.066%			
近年分配				近年募资

二〇〇五年以来市场表现

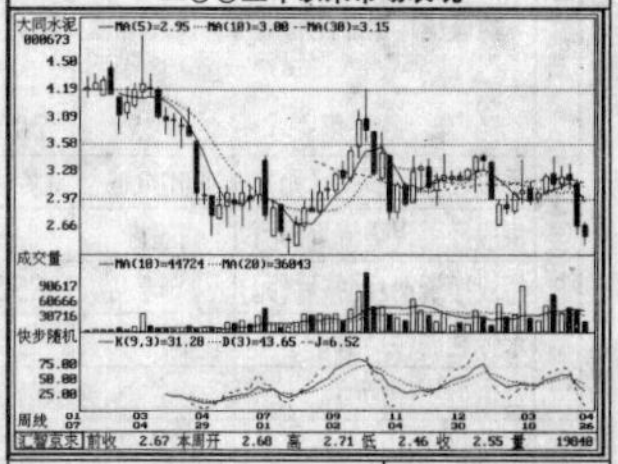

2005年涨跌幅(%)	－23.68
2005年最高(元)	4.8
2006年涨跌幅(%)	－20.06
2006.4.26收盘(元)	2.55
2006年最高(元)	3.47
2006年最低(元)	2.46
2006年换手率(%)	124
股改对价	

思达高科（000676）

上市日期:96/12/24　电话:0371－5793081　传真:0371－5793089

主营	生产和销售电力系统二次配套设备、电力通讯产品制造与销售；软件开发与销售。			
	年　　度	2005	2004	2003
主要指标	每股收益/扣除后(元)	0.1/0.09	0.1	0.1/0.08
	每股经营现金流量(元)	0.23	0.17	0.33
	每股净资产/调整后(元)	1.39/1.31	1.35/1.31	1.33/1.27
	未分利润(万元)	5757.4	5086.11	5052.6
	资本公积(万元)	1478.01	1470	1374.76
利润构成	主营收入(万元)	81746.85	68919.83	38173.01
	主营利润(万元)	16249.14	16125.37	12769.17
	营业利润(万元)	3979.4	4817.74	3820.98
	投资收益(万元)	－80.19	－64.49	185.11
	利润总额(万元)	4385.37	4892.16	4308.77
	净利润(万元)	3120.49	3110.01	3195.9
点评	公司业务属电力系统二次设备行业，在国内电力仪器仪表和电力自动化设备市场中占有较大份额。公司控股生产当今世界上最先进的锂离子充电电池和电芯为主的高科技企业，其绿色能源的地位正迅速提升，市场前景极其广阔。公司的软件也具有一定盈利能力。			

	截止日期	05年末	占%	主要股东及持股比例%、持股性质
股本结构（万股）	总股本	31458.67		河南思达科技发展股份有限公司 57.4%（非流通股）
	国有股			深圳市恒瑞丰投资有限公司 5%（非流通股）
	发起股	21683.67	68.93	上海柏轮实业发展有限公司 3.8%（非流通股）
	外资股			河南五星电气自动化设备有限公司 1.7%（非流通股）
	募集股			海南烨新贸易有限公司 0.67%（非流通股）
	流通A	9775	31.07	江贤音 0.27%（流通A股）
	流通B			黄秋佳 0.25%（流通A股）
	流通H			河南隆达通讯有限公司 0.18%（非流通股）
股东户数	05年末	16107		蔡美说 0.14%（流通A股）
	04年末	3291		范银秀 0.13%（流通A股）
其他流通股东	张爱英 0.133%；孙孟林 0.123%；北京雅宝大厦 0.118%；黄洁 0.099%；梁启明 0.097%；王康愿 0.093%			
近年分配	05预案:10派0.6；04年:10派0.6；03年:10派0.8			近年募资

二〇〇五年以来市场表现

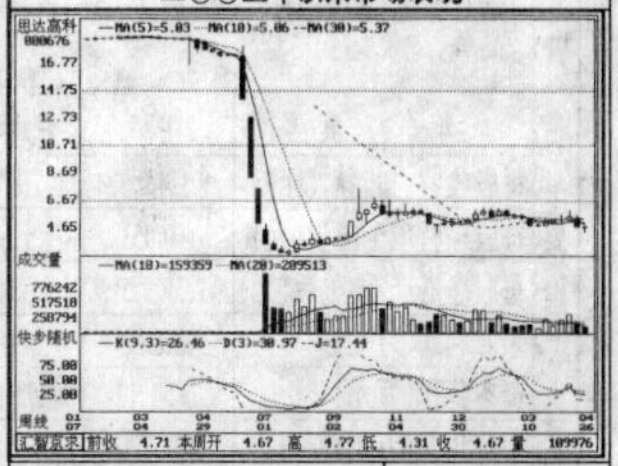

2005年涨跌幅(%)	－72.43
2005年最高(元)	18.79
2006年涨跌幅(%)	－7.34
2006.4.26收盘(元)	4.67
2006年最高(元)	6.13
2006年最低(元)	4.31
2006年换手率(%)	326.66
股改对价	

G海龙（000677）

上市日期:96/12/26　电话:0536－7275007　传真:0536－7252140

主营	棉浆粕、粘胶纤维的生产与销售。			
	年　　度	2005	2004	2003
主要指标	每股收益/扣除后(元)	0.2/0.199	0.27	0.21/0.21
	每股经营现金流量(元)	0.62	0.8	0.24
	每股净资产/调整后(元)	1.9/1.88	1.68/1.68	2.81/2.76
	未分利润(万元)	19497.88	14268.71	11317.18
	资本公积(万元)	8643.14	6306.82	20759.95
利润构成	主营收入(万元)	210966.14	188931.83	109944.47
	主营利润(万元)	36008.17	33679.87	19180.11
	营业利润(万元)	11096.87	12861.98	6599.61
	投资收益(万元)	－17.11	－17.27	－7.16
	利润总额(万元)	10946.75	12793.96	5717.83
	净利润(万元)	8079.02	10901.2	4312.04
点评	公司作为粘胶行业的龙头，目前保持着国内第一、世界第二的行业地位。由于我国的粘胶纤维产能扩张过快，导致行业竞争加剧。但是，公司原来获得的1200多亩的土地大幅增值，在新会计制度即将实施之际，资产增值概念备受关注。			

	截止日期	05年末	占%	主要股东及持股比例%、持股性质
股本结构（万股）	总股本	41134.9		潍坊市投资公司 20.5%（国有股）
	国有股	10131.26	24.63	潍坊康源投资有限公司 20.47%（非流通股）
	发起股			上海东银投资有限公司 15.88%（非流通股）
	外资股			潍坊广澜投资有限公司 8.75%（非流通股）
	募集股	16851.31	40.97	银丰证券投资基金 1.94%（流通A股）
	流通A	14152.32	34.4	中国工商银行－银河银泰理财分红证券投资基金 1.29%（流通A股）
	流通B			全国社保基金一零五组合 0.58%（流通A股）
	流通H			东方证券股份有限公司 0.45%（流通A股）
股东户数	05年末	20662		同益证券投资基金 0.43%（流通A股）
	04年末	18807		中国银行－大成蓝筹稳健证券投资基金 0.37%（流通A股）
其他流通股东	上海今洲科技有限公司 0.287%；王金峰 0.255%；郝绍红 0.247%；祁玉茹 0.16%			
近年分配	04中期:10派0.5送2转增8年终:10派0.3；03年:10派0.3			近年募资

二〇〇五年以来市场表现

2005年涨跌幅(%)	－17.16
2005年最高(元)	5.53
2006年涨跌幅(%)	1.48
2006.4.26收盘(元)	2.76
2006年最高(元)	4.29
2006年最低(元)	3.34
2006年换手率(%)	168.48
股改对价	送股 每10股实际获得3.2股(06/01/23)

襄阳轴承（000678）

上市日期:97/01/06　　电话:0710－3577209　　传真:0710－3577678

主营	轴承及其零部件的生产、科研、销售及相关业务。			
	年　度	2005	2004	2003
主要指标	每股收益/扣除后(元)	0.042/0.02	0.078/0.04	0.06/－0.12
	每股经营现金流量(元)	0.5218	0.2688	0.14
	每股净资产/调整后(元)	2.55/2.1	2.5/2.16	2.41/2.02
	未分利润(万元)	－17957.56	－18543.07	－19632.09
	资本公积(万元)	32532.28	32422.04	32120.58
利润构成	主营收入(万元)	24222.64	22522.53	21476.75
	主营利润(万元)	6421.75	5057.47	3933.43
	营业利润(万元)	614.56	1213.7	－2589.32
	投资收益(万元)	39.91	38.36	111.65
	利润总额(万元)	585.52	1089.02	784.18
	净利润(万元)	585.52	1089.02	784.18
点评	公司主营汽车轴承,并以中、重载货车为主要配套领域。05年由于重载市场的下滑,尽管公司加大了维修市场的开拓,但费用的增长降低了盈利的增长。公司目前正通过技改,进入轿车、轻型车领域的配套,但具体结果还有待观察。			

股本结构(万股)	截止日期	05年末	占%	主要股东及持股比例%、持股性质
	总股本	14044		襄阳汽车轴承集团公司 33.4%(国有股)
	国有股	4691.33	33.4	人本集团有限公司 1.99%(非流通股)
	发起股			湖北工行信托投资公司襄樊办事处 1.38%(非流通股)
	外资股			北京北信风广告有限公司 1.35%(流通A股)
	募集股	1462.52	10.41	申银万国证券股份有限公司 0.96%(非流通股)
	流通A	7890.16	56.18	工行襄樊市信息咨询公司 0.69%(非流通股)
	流通B			襄樊兴业设备租赁调剂公司 0.69%(非流通股)
	流通H			深圳市海鑫田实业有限公司 0.69%(非流通股)
股东户数	05年末	23625		襄阳汽车轴承实业总公司 0.59%(非流通股)
	04年末	22337		工行襄樊市分行劳动服务公司 0.55%(非流通股)
其他流通股东	刘应秀 0.373%;杨国良 0.363%;温剑锋 0.245%;李敬 0.207%;孙正君 0.179%;苏萍 0.159%;林金松 0.143%			
近年分配			近年募资	

二〇〇五年以来市场表现

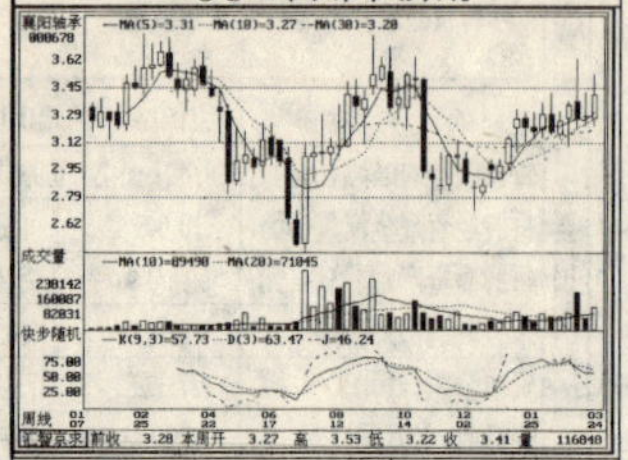

2005年涨跌幅(%)	－11.34
2005年最高(元)	3.79
2006年涨跌幅(%)	14.82
2006.4.26收盘(元)	3.41
2006年最高(元)	3.63
2006年最低(元)	2.95
2006年换手率(%)	122.16
股改对价	

大连友谊（000679）

上市日期:97/01/24　　电话:0411－2691471　　传真:0411－2650892

主营	商品零售、酒店、对船供应、旅游、进出口贸易、仓储、免税商品等。			
	年　度	2005	2004	2003
主要指标	每股收益/扣除后(元)	0.124/0.13	0.118/0.122	－0.04/－0.038
	每股经营现金流量(元)	－0.453	1.685	－0.15
	每股净资产/调整后(元)	2.59/2.51	2.58/2.48	2.51/2.24
	未分利润(万元)	6216.52	6190.46	5094.57
	资本公积(万元)	19291.13	19291.13	19291.13
利润构成	主营收入(万元)	180259.18	142716.66	83009.91
	主营利润(万元)	48132.58	38564.39	24425
	营业利润(万元)	11158.02	7928.37	2994.01
	投资收益(万元)	－91.89	－125.85	－3467.34
	利润总额(万元)	10847.5	7609.26	－564.32
	净利润(万元)	2940.2	2803.85	－923.19
点评	主营业务收入比上年同期增长了26.31%,主要原因系壹品星海项目商品房大量实现销售所致。"壹品星海"二期因受规划调整影响开工延缓。零售业、酒店业盈利能力相对稳定;公司还在外埠和本地开设了社区性购物中心。			

股本结构(万股)	截止日期	05年末	占%	主要股东及持股比例%、持股性质
	总股本	23760		大连友谊集团有限公司 54.55%(非流通股)
	国有股			谢斌姣 0.49%(流通A股)
	发起股	12960	54.55	李红 0.31%(流通A股)
	外资股			吴胜文 0.28%(流通A股)
	募集股			刘骏 0.21%(流通A股)
	流通A	10800	45.45	吴丽华 0.14%(流通A股)
	流通B			韩文辉 0.11%(流通A股)
	流通H			陈金学 0.11%(流通A股)
股东户数	05年末	42596		上海申发工贸实业公司 0.11%(流通A股)
	04年末	45040		张玉金 0.11%(流通A股)
其他流通股东	李运启 0.101%			
近年分配	05预案:10派1.2;04年:10派1;03年:10派0.5		近年募资	

二〇〇五年以来市场表现

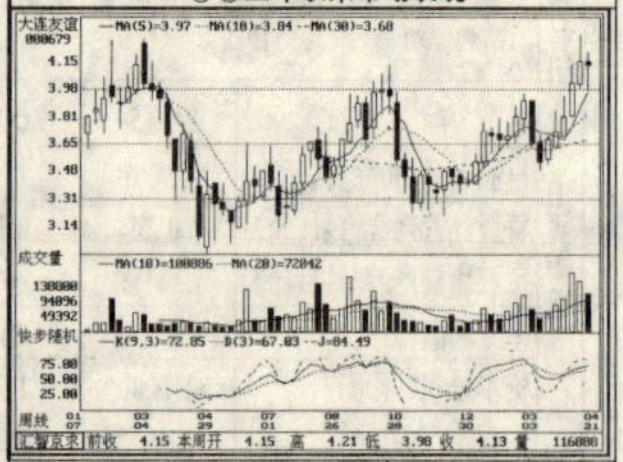

2005年涨跌幅(%)	－6.67
2005年最高(元)	4.28
2006年涨跌幅(%)	21.47
2006.4.26收盘(元)	4.13
2006年最高(元)	4.32
2006年最低(元)	3.39
2006年换手率(%)	118.27
股改对价	送股 派现 每10股实际获得2.3股2元

山推股份（000680）

上市日期:97/01/22　　电话:0537－2909616　　传真:0537－2340411

主营	推土机等工程机械、建筑机械、矿山机械、农业机械等主机及配件的研究、开发、制造、销售、维修服务和相关的技术咨询服务。			
	年　度	2005	2004	2003
主要指标	每股收益/扣除后(元)	0.18/0.18	0.17	0.54/0.56
	每股经营现金流量(元)	－0.11	0.15	0.4
	每股净资产/调整后(元)	2.62/2.59	2.44/2.4	3.25/3.16
	未分利润(万元)	27100.26	18996.1	25827.33
	资本公积(万元)	51933.15	51919.99	32261.63
利润构成	主营收入(万元)	191067.61	169350.66	211225.36
	主营利润(万元)	32319.61	29600.4	27437.2
	营业利润(万元)	7730.06	6448.7	8431.13
	投资收益(万元)	4773.52	5440.35	10225.26
	利润总额(万元)	11883.78	11859.93	18562.53
	净利润(万元)	9586.89	9278.64	15391.82
点评	公司是国内推土机市场的龙头,占据国内相关市场40%左右的份额。由于前几年的高速增长,再加上宏观调控,05年行业出现了较大下滑。通过开拓国际市场,公司05年的经营情况要好于行业表现。随着国家"十一五"规划的逐步实施,公司也将迎来新的发展机遇。			

股本结构(万股)	截止日期	05年末	占%	主要股东及持股比例%、持股性质
	总股本	53938.56		山东工程机械集团有限公司 29.37%(国有股)
	国有股	15840	29.37	交通银行－科讯证券投资基金 0.82%(流通A股)
	发起股			大成价值增长证券投资基金 0.65%(流通A股)
	外资股			中国建设银行－博时主题行业股票投资基金 0.56%(流通A股)
	募集股	384	0.71	牛晓勇 0.45%(流通A股)
	流通A	37714.56	69.92	全国社保基金一零二组合 0.36%(流通A股)
	流通B			中国工商银行－安瑞证券投资基金 0.31%(流通A股)
	流通H			杭州锦园丝绸有限公司 0.27%(非流通股)
股东户数	05年末	79252		黄秋霞 0.25%(流通A股)
	04年末	86367		陈媚 0.24%(流通A股)
其他流通股东	颜冬云 0.203%;中国工商银行－裕泽证券投资基金 0.185%			
近年分配	05预案:10派1;04中期:10派2.2送2转增4		近年募资	04年10配3配股价7.32元。

二〇〇五年以来市场表现

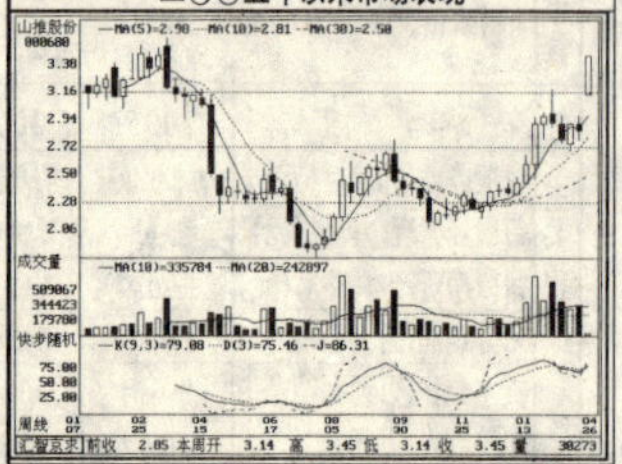

2005年涨跌幅(%)	－26.79
2005年最高(元)	3.6
2006年涨跌幅(%)	46.81
2006.4.26收盘(元)	3.45
2006年最高(元)	3.45
2006年最低(元)	2.33
2006年换手率(%)	85.6
股改对价	转增 派现 每10股实际获得2股1.76元

远东股份（000681）

上市日期:97/01/21　　电话:0519－5131666　　传真:0519－5132666

主营	生产、销售计算机软、硬件和网络安全产品以及自营出口服装、纺织品等产品。			
	年　度	2005	2004	2003
主要指标	每股收益/扣除后(元)	0.02/0.01	-0.14	0.03/0.03
	每股经营现金流量(元)	0.11	-0.07	0.07
	每股净资产/调整后(元)	1.61/1.59	1.59/1.57	1.72/1.63
	未分利润(万元)	-824.26	-825.14	2001.15
	资本公积(万元)	9419.89	9419.89	9202.49
利润构成	主营收入(万元)	19249.52	23258.74	35657.38
	主营利润(万元)	5061.41	1485.6	3771.31
	营业利润(万元)	1162.77	-2846.99	657.18
	投资收益(万元)	-382.24	-52.73	10.29
	利润总额(万元)	757.23	-2882.18	697.12
	净利润(万元)	466.73	-2826.29	641.04
点评	在05年纺织行业不利的经营环境中,公司通过压缩亏损定单、加强管理和加大网络安全产品,实现了盈利。尽管达到了扭亏的目的,但面对纺织服装行业的激烈竞争,以及网络安全产品竞争力不足等,公司后续经营仍面临较大压力。			

截止日期		05年末	占%	主要股东及持股比例%、持股性质
股本结构(万股)	总股本	19875		香港物华实业有限公司 26.18%(外资股)
	国有股	3651.87	18.37	常州服装集团有限公司 13.93%(非流通股)
	发起股	3195.39	16.08	中行江苏信托咨询公司 13.78%(国有股)
	外资股	5430.78	27.32	北京天恩保利投资有限公司 7.41%(非流通股)
	募集股	1784.45	8.98	江苏省国际信托投资公司 4.59%(国有股)
	流通A	5812.5	29.25	常州市远金服装有限公司 2.64%(非流通股)
	流通B			香港侨通发展有限公司 1.15%(外资股)
	流通H			扬州印染厂 1.04%(非流通股)
股东户数	05年末	20168		柯建安 0.3%(流通A股)
	04年末	22134		宋苗方 0.2%(流通A股)
其他流通股东	王娟 0.198%;卢永波 0.19%;卢健 0.158%;王思源 0.103%;许志明 0.101%;江苏金鬃贸易有限公司 0.096%			
近年分配		近年募资		

二〇〇五年以来市场表现

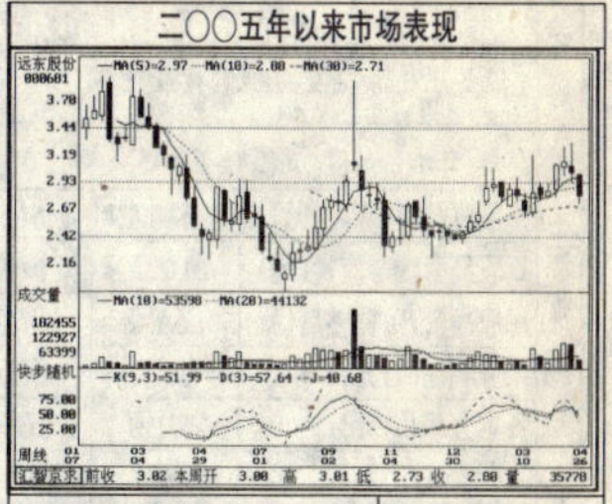

2005年涨跌幅(%)	-29.71
2005年最高(元)	3.95
2006年涨跌幅(%)	17.16
2006.4.26收盘(元)	2.8
2006年最高(元)	3.3
2006年最低(元)	2.36
2006年换手率(%)	138.95
股改对价	

东方电子（000682）

上市日期:97/01/21　　电话:0535－6582228　　传真:0535－6582228

主营	电力调度设备、计算机外部设备、通讯设备的生产与销售			
	年　度	2005	2004	2003
主要指标	每股收益/扣除后(元)	0.016/0.007	0.012	0.011/0.012
	每股经营现金流量(元)	0.038	0.062	0.023
	每股净资产/调整后(元)	1.39/1.36	1.35/1.32	1.33/1.32
	未分利润(万元)	-6129.14	-78541.52	-79618.5
	资本公积(万元)	41546.78	110216.17	110180.12
利润构成	主营收入(万元)	66253.22	51233.79	35241.41
	主营利润(万元)	19086.17	18719.42	14917.25
	营业利润(万元)	254.46	1037.16	577.27
	投资收益(万元)	-203.64	-133.29	74.45
	利润总额(万元)	1891.78	1785.61	1169.79
	净利润(万元)	1474.71	1140.2	1015.13
点评	公司所处的行业是信息技术业,在电力系统自动化行业占据龙头地位。巨大的市场需求将使公司进入飞速发展的黄金期,业绩有望跳跃式增长。公司的3G题材也较突出,开发的多项网络安全和企业信息化系统,市场前景广阔。			

截止日期		05年末	占%	主要股东及持股比例%、持股性质
股本结构(万股)	总股本	91795.2		烟台东方电子信息产业集团有限公司 32.21%(国有股)
	国有股	29568	32.21	烟台东方电子信息产业集团劳动服务公司 2.2%(非流通股)
	发起股			西安众德电力发展公司 0.17%(流通A股)
	外资股			海南泉兴旅业有限公司 0.11%(流通A股)
	募集股	2016	2.2	许桂芬 0.1%(流通A股)
	流通A	60211.2	65.59	任雄利 0.09%(流通A股)
	流通B			中国银行－嘉实沪深300指数证券投资基金 0.09%(流通A股)
	流通H			马石彦 0.09%(流通A股)
股东户数	05年末	219598		林银红 0.09%(流通A股)
	04年末	233035		胡晓果 0.08%(流通A股)
其他流通股东	李保平 0.081%;隋元柏 0.081%			
近年分配		近年募资		

二〇〇五年以来市场表现

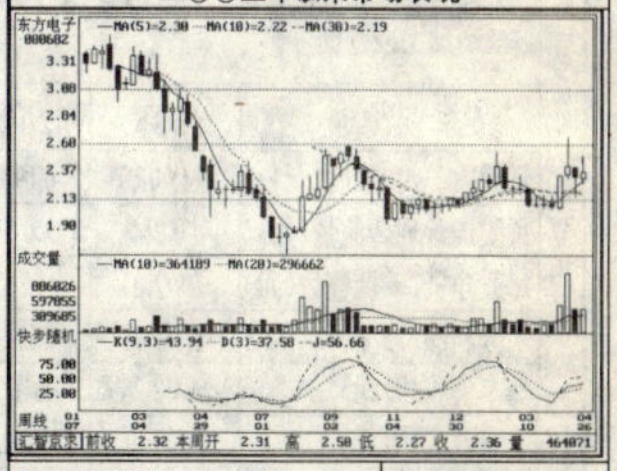

2005年涨跌幅(%)	-38.53
2005年最高(元)	3.55
2006年涨跌幅(%)	12.92
2006.4.26收盘(元)	2.36
2006年最高(元)	2.66
2006年最低(元)	2.05
2006年换手率(%)	88.81
股改对价	

＊ST天然（000683）

上市日期:97/01/31　　电话:0477－8539874　　传真:0477－8521747

主营	纯碱、小苏打等天然碱系列化工产品的生产和经营。			
	年　度	2005	2004	2003
主要指标	每股收益/扣除后(元)	0.088/0.09	-0.469	-0.11/-0.12
	每股经营现金流量(元)	0.612	0.2475	0.25
	每股净资产/调整后(元)	0.65/0.57	0.56/0.51	1.01/0.97
	未分利润(万元)	-22694.37	-29021.32	-6643.44
	资本公积(万元)	780.65	5744.78	5084.11
利润构成	主营收入(万元)	119990.63	102406.63	85398.42
	主营利润(万元)	42446.43	28872.34	21443.59
	营业利润(万元)	11655.55	-9450.04	-3098.19
	投资收益(万元)	-25.07	1431.69	-832.4
	利润总额(万元)	11625.74	-18101.46	-2962.42
	净利润(万元)	4131.02	-21983.12	-4951.03
点评	虽然公司拥有全国近90%的天然碱资源并成为国内最大的天然碱生产基地,但是随着化工景气下滑,原主要产品纯碱、小苏打的毛利率将出现下滑。公司未来的增长点在于2006年底建成的100万吨/年天然气制甲醇以及计划建设的60万吨/年煤制甲醇项目。			

截止日期		05年末	占%	主要股东及持股比例%、持股性质
股本结构(万股)	总股本	46900		鄂尔多斯市国有资产投资经营有限责任公司 52.11%(国有股)
	国有股	24439.03	52.11	内蒙古蒙西联化工有限公司 11.86%(非流通股)
	发起股	5560.97	11.86	潘伟君 0.23%(流通A股)
	外资股			马耿辉 0.11%(流通A股)
	募集股			马建雄 0.11%(流通A股)
	流通A	16900	36.03	刘秀兰 0.09%(流通A股)
	流通B			陈伟生 0.09%(流通A股)
	流通H			张世海 0.08%(流通A股)
股东户数	05年末	92963		陈军 0.08%(流通A股)
	04年末	103443		戚雄士 0.07%(流通A股)
其他流通股东	吴玉辉 0.067%;张军 0.067%			
近年分配		近年募资		

二〇〇五年以来市场表现

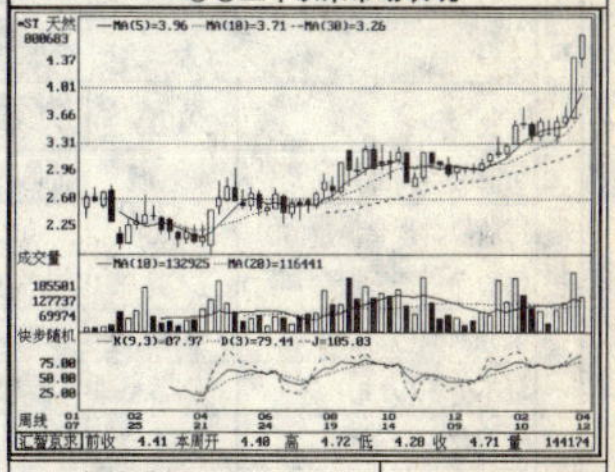

2005年涨跌幅(%)	22.98
2005年最高(元)	3.31
2006年涨跌幅(%)	54.43
2006.4.26收盘(元)	4.71
2006年最高(元)	4.72
2006年最低(元)	3.02
2006年换手率(%)	95.59
股改对价	送股 每10股实际获得3股

G公用（000685）

上市日期:97/01/23　　电话:0760－8380008　　传真:0760－8380000

主营	市场经营及管理,环保及机电一体化产品、暖通空调和热能设备开发、制造及销售,科技投资等。			
主要指标	年　度	2005	2004	2003
	每股收益/扣除后(元)	0.054/0.027	0.051/0.048	0.043/0.041
	每股经营现金流量(元)	0.0852	0.0993	0.0552
	每股净资产/调整后(元)	1.5/1.48	1.47/1.46	1.43/1.43
	未分利润(万元)	3369.65	2965.65	2560.66
	资本公积(万元)	3520.59	3520.59	3517.62
利润构成	主营收入(万元)	6430.1	6235.25	8138.36
	主营利润(万元)	2887.01	2763.76	3661.53
	营业利润(万元)	1062.83	1503.63	1775.95
	投资收益(万元)	160.33	256.28	－36.8
	利润总额(万元)	2135.06	1827.93	1802.13
	净利润(万元)	1209.44	1154.33	960.51
点评	公司业务涉及市场经营、能源环境设备、通讯技术产品等领域。目前市场经营在主营收入中占比70%以上。市场经营具有现金收入稳定及利润率高的特点。公司拥有位于中山市的15个综合市场,同时托管中山市场发展有限公司的25个综合市场,不过今后面临竞争。			

	截止日期	05年末	占%	主要股东及持股比例%、持股性质
股本结构(万股)	总股本	22542.3		中山公用事业集团有限公司38.93%(国有股)
	国有股	8776.47	38.93	工行信托3.84%(非流通股)
	发起股			佛山兴华集团有限公司2.67%(非流通股)
	外资股			财贸工会1.55%(非流通股)
	募集股	4448.35	19.73	深圳市渝祥电脑系统有限公司1.22%(非流通股)
	流通A	9317.49	41.33	夏昌平1.15%(流通A股)
	流通B			梁志森0.93%(流通A股)
	流通H			中国农业银行广东省信托投资公司佛山办0.66%(非流通股)
股东户数	05年末	21528		佛山市宏创税务师事务所0.66%(非流通股)
	04年末	23097		宋士权0.62%(流通A股)
其他流通股东	白荣所0.398%;陈必0.299%;黄利敏0.286%;谢志超0.203%;谢瑞芳0.183%;苏泽民0.174%;李英兰0.173%			
近年分配	05方案:10派0.25;04年:10派0.23;03年:10派0.2	近年募资		

二〇〇五年以来市场表现

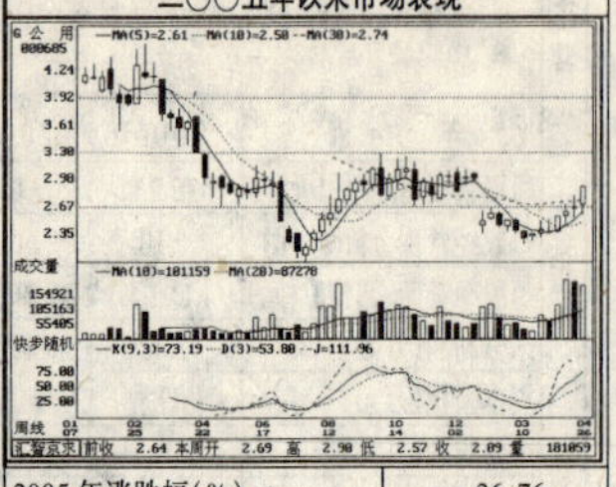

2005年涨跌幅(%)	－26.76
2005年最高(元)	4.55
2006年涨跌幅(%)	28.01
2006.4.26收盘(元)	2.89
2006年最高(元)	3.83
2006年最低(元)	2.96
2006年换手率(%)	107.04
股改对价	送股 每10股实际获得3.2股(06/01/24)

锦州六陆（000686）

上市日期:97/02/27　　电话:0416－4561247　　传真:0416－4561377

主营	石油及石油制品的销售、仓储、管输;化工产品生产及仓储;粮油加工及仓储等。			
主要指标	年　度	2005	2004	2003
	每股收益/扣除后(元)	0.11/0.09	0.09/0.1	0.065/0.06
	每股经营现金流量(元)	0.21	0.32	－0.01
	每股净资产/调整后(元)	2.9/2.83	2.82/2.77	2.75/2.68
	未分利润(万元)	11035.36	9569.07	3693.83
	资本公积(万元)	26412.76	26412.76	27576.76
利润构成	主营收入(万元)	21624.01	22569.91	25436.15
	主营利润(万元)	6105.86	6719.21	5116.61
	营业利润(万元)	2060.23	2142.22	836.2
	投资收益(万元)	14	－128.34	－44.22
	利润总额(万元)	1943.15	1790.69	698.98
	净利润(万元)	1732.35	1500.2	1046.71
点评	由于国际原油价格持续上涨,公司主导产品环丁砜面临着原材料价位高居不下、市场竞争激烈等诸多问题。目前环丁砜连续化生产工艺技术的开发小试试验已经结束,并已成功完成了设备调试,新工艺的改进成功将推动公司整体发展。			

	截止日期	05年末	占%	主要股东及持股比例%、持股性质
股本结构(万股)	总股本	16213.25		中国石油锦州石油化工公司53.55%(国有股)
	国有股	9058.49	55.87	锦州商银艺术装璜总公司1.78%(国有股)
	发起股	131.14	0.81	锦州市瑞通服务公司0.81%(非流通股)
	外资股			秦皇岛市信托投资公司0.81%(非流通股)
	募集股	131.14	0.81	锦州市商业房屋开发公司0.54%(国有股)
	流通A	6892.47	42.51	北京嘉利能源投资有限公司0.45%(流通A股)
	流通B			刘同银0.2%(流通A股)
	流通H			孙晓晨0.2%(流通A股)
股东户数	05年末	14930		刘书平0.18%(流通A股)
	04年末	7576		张炜0.18%(流通A股)
其他流通股东	王玉成0.169%;孙淑静0.166%;张尤英0.165%;吴健0.162%;徐淑中0.153%			
近年分配		近年募资		

二〇〇五年以来市场表现

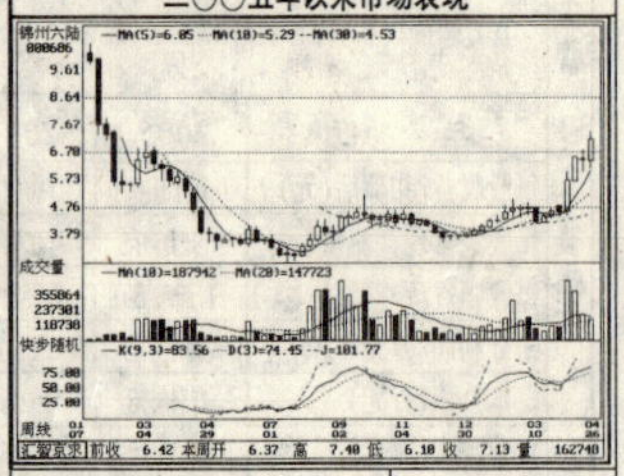

2005年涨跌幅(%)	－62.61
2005年最高(元)	10.58
2006年涨跌幅(%)	88.62
2006.4.26收盘(元)	7.13
2006年最高(元)	7.4
2006年最低(元)	3.74
2006年换手率(%)	391.74
股改对价	

G天鹅（000687）

上市日期:97/02/21　　电话:0312－3322326　　传真:0312－3131755

主营	粘胶长丝系列产品的生产、销售			
主要指标	年　度	2005	2004	2003
	每股收益/扣除后(元)	－0.462	0.031/0.02	0.14/0.141
	每股经营现金流量(元)	0.034	0.22	0.21
	每股净资产/调整后(元)	2.52/2.48	3.13/3.09	3.3/3.25
	未分利润(万元)	－13421.69	1390.07	5363.52
	资本公积(万元)	60645.65	60645.65	60645.65
利润构成	主营收入(万元)	52097.27	59906.55	66657.35
	主营利润(万元)	2999.89	8504.44	14882.58
	营业利润(万元)	－9029.03	625.41	6596.8
	投资收益(万元)		60	60
	利润总额(万元)	－14812.48	694.73	6650.67
	净利润(万元)	－14811.76	986.53	4522.61
点评	“天鹅”牌粘胶长丝为中国驰名商标,年出口量达到年产量的三分之一。公司与国际纺织巨头德国吉玛公司合作建设3万吨/年溶剂法纤维素短纤维项目,具有工艺毒性小、溶剂可回收再用、纤维湿强高,生产流程短等特点。受到国家优惠政策扶持,发展前景看好。			

	截止日期	05年末	占%	主要股东及持股比例%、持股性质
股本结构(万股)	总股本	32080		保定天鹅化纤集团有限公司58.06%(国有股)
	国有股	18625	58.06	蔡国宁0.22%(流通A股)
	发起股			承炎0.17%(流通A股)
	外资股			刘荣富0.15%(流通A股)
	募集股			舒展0.14%(流通A股)
	流通A	13450.71	41.93	黄雪娟0.13%(流通A股)
	流通B			陈玉琦0.13%(流通A股)
	流通H			吕国芬0.13%(流通A股)
股东户数	05年末	47428		马季刚0.12%(流通A股)
	04年末	50683		蔡国灵0.11%(流通A股)
其他流通股东	陈素真0.063%			
近年分配	04年:10派1.5;03年:10派2	近年募资		

二〇〇五年以来市场表现

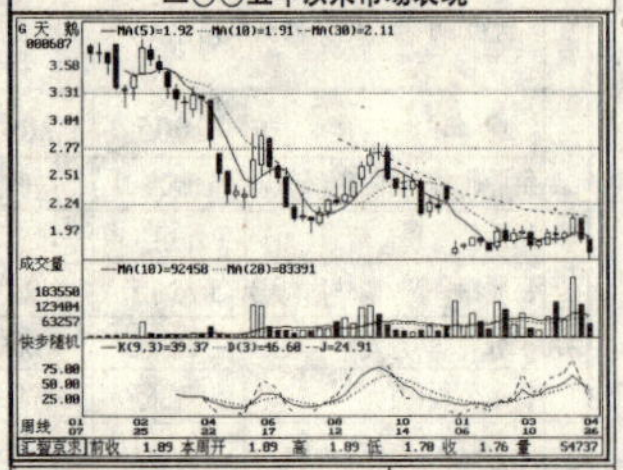

2005年涨跌幅(%)	－30.68
2005年最高(元)	3.85
2006年涨跌幅(%)	－2.22
2006.4.26收盘(元)	1.76
2006年最高(元)	2.13
2006年最低(元)	1.7
2006年换手率(%)	104.68
股改对价	送股 每10股实际获得3.8股(05/12/26)

朝华集团（000688）

上市日期:97/01/20　电话:023-72375188　传真:023-72375959

主营	专用PC、服务器及互联网接入设备的研制、销售,信息系统集成,数码科技,数字电视,软件开发和增值分销,还从事照明电器中的节能灯、HID电子镇流器的研制和销售业务等。			
	年　度	05中期	2004	2003
主要指标	每股收益/扣除后(元)	-0.33/-0.33	-0.79/-0.795	0.03/-0.168
	每股经营现金流量(元)		0.32	-0.24
	每股净资产/调整后(元)	1.69/1.68	2.02/2.01	2.85/2.81
	未分利润(万元)	-35493.53	-24024.84	5031.66
	资本公积(万元)	55525.08	55525.08	55224.23
利润构成	主营收入(万元)	71076.21	182361.47	150636.91
	主营利润(万元)	-3800.36	12513.15	15799.52
	营业利润(万元)	-14396.43	-26922.81	-3061.53
	投资收益(万元)	799.15	-2283.18	1014.04
	利润总额(万元)	-13574.27	-29122.99	2130.12
	净利润(万元)	-11468.69	-27596.01	1005.45
点评	公司主营计算机、网络服务器及软件开发。05年公司经营面临前所未有的困难,尽管公司采取重新制定产业发展规划,加大对优良资产和核心企业的培育,启动公司资产、债务重组工作,但仍出现了较大亏损。预期06年经营情况仍不会好转。			

	截止日期	05中期	占%	主要股东及持股比例%、持股性质
股本结构（万股）	总股本	34821.1		四川立信投资有限责任公司 21.39%（非流通股）
	国有股			深圳市正东大实业有限公司 8.74%（非流通股）
	发起股			浙江天声科技有限公司 6.28%（非流通股）
	外资股			重庆市涪陵金昌经贸公司 5.03%（非流通股）
	募集股	14931.43	42.88	上海可欣贸易有限公司 1.44%（非流通股）
	流通A	19889.67	57.12	赵江 0.2%（流通A股）
	流通B			徐伟雄 0.14%（流通A股）
	流通H			应银凤 0.13%（流通A股）
股东户数	05中期	55555		马泽琪 0.12%（流通A股）
	04年末	61022		彭帝况 0.12%（流通A股）
其他流通股东	汪齐信 0.112%；金华市金信置业发展有限公司 0.112%；李传根 0.106%；谭小华 0.097%；梁敏华 0.095%			
近年分配			近年募资	

二〇〇五年以来市场表现

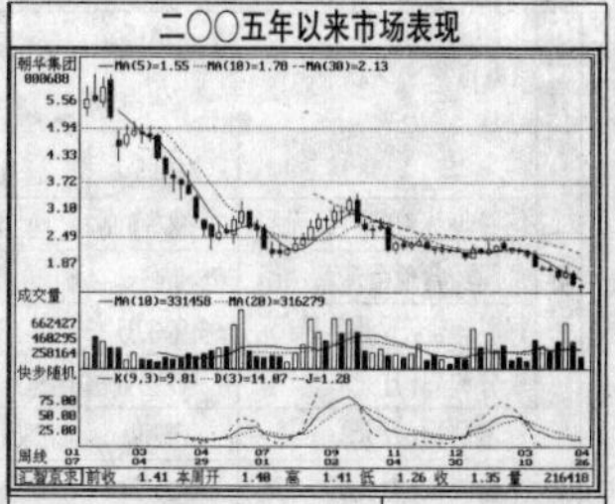

2005年涨跌幅(%)	-59.7
2005年最高(元)	6.17
2006年涨跌幅(%)	-37.5
2006.4.26收盘(元)	1.35
2006年最高(元)	2.44
2006年最低(元)	1.26
2006年换手率(%)	282
股改对价	

G宝丽华（000690）

上市日期:97/01/28　电话:0753-2511298　传真:0753-2511398

主营	公路、桥梁、市政、土石方工程等基础设施工程的设计、承揽与施工;房地产开发经营;投资建设火力发电项目。			
	年　度	2005	2004	2003
主要指标	每股收益/扣除后(元)	0.4/0.4	0.23	0.21/0.14
	每股经营现金流量(元)	0.65	0.1	0.03
	每股净资产/调整后(元)	2.48/2.47	2.28/2.25	2.17/2.17
	未分利润(万元)	8711.21	5764.93	4229.3
	资本公积(万元)	16438.56	16438.56	16438.56
利润构成	主营收入(万元)	58676.49	27646.83	26794.53
	主营利润(万元)	17643.76	7678.64	8777.17
	营业利润(万元)	8618.42	5632.27	4782.86
	投资收益(万元)	0.76		
	利润总额(万元)	8396.53	5633.8	5205.26
	净利润(万元)	8432.08	4786.16	4380.04
点评	作为电力行业新进入者和煤矸石发电的先行者,公司电力业务增长迅速,但较高的资产负债率给公司资金运转带来较大压力,融资需求迫切;公司各项优惠的逐步淡化将使得利润回报向行业平均水平靠拢,其长期行业定位和运营管理水平仍待观察新项目融资情况而定。			

	截止日期	05年末	占%	主要股东及持股比例%、持股性质
股本结构（万股）	总股本	21105		广东宝丽华集团有限公司 50.89%（非流通股）
	国有股			巨田基础行业证券投资基金 3.58%（流通A股）
	发起股	11218.5	53.16	梅县新新贸易有限公司 1.29%（非流通股）
	外资股			兴业可转债混合型证券投资基金 0.72%（流通A股）
	募集股			广东华银集团工程有限公司 0.57%（非流通股）
	流通A	9867.52	46.75	上海达君贸易有限公司 0.41%（非流通股）
	流通B			钟五妹 0.38%（流通A股）
	流通H			张振亮 0.37%（流通A股）
股东户数	05年末	20043		张振荣 0.34%（流通A股）
	04年末	24360		周巧霞 0.3%（流通A股）
其他流通股东	林绮玉 0.274%；姚大妹 0.256%；谢兆星 0.251%；巨田资源优选混合型证券投资基金 0.241%			
近年分配	05年:10派0.4送3；04年:10派2；03年:10派1.2		近年募资	03年10配3配股价5.19元。

二〇〇五年以来市场表现

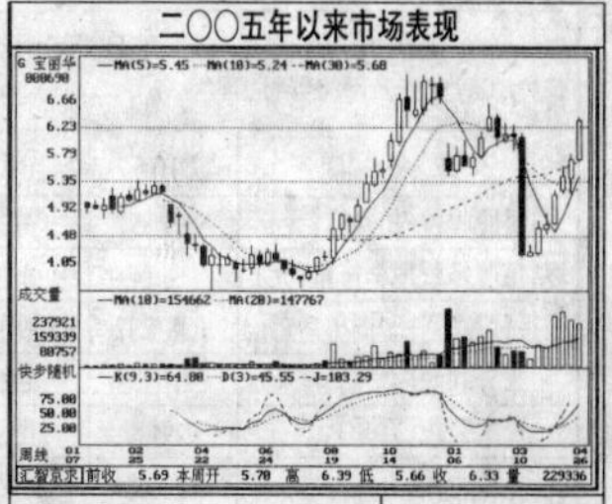

2005年涨跌幅(%)	46.35
2005年最高(元)	7.94
2006年涨跌幅(%)	14.67
2006.4.26收盘(元)	6.33
2006年最高(元)	6.6
2006年最低(元)	4.14
2006年换手率(%)	217.24
股改对价	送股 每10股实际获得3股(05/12/27)

＊ST寰岛（000691）

上市日期:97/02/28　电话:0898-66255909　传真:0898-66254684

主营	从事燃料乙醇、酒精、二氧化碳、饲料的生产及销售,畜牧养殖,水产养殖,旅游及水力发电等业务。			
	年　度	2005	2004	2003
主要指标	每股收益/扣除后(元)	0.047/-0.107	-0.21	-0.481/-0.162
	每股经营现金流量(元)	0.1612	0.0816	0.3546
	每股净资产/调整后(元)	1.74/1.74	1.69/1.69	1.9/1.9
	未分利润(万元)	-4187.25	-5409.4	-2700.2
	资本公积(万元)	21810.5	21810.5	22145.83
利润构成	主营收入(万元)	2251.1	5716.35	6309.53
	主营利润(万元)	-342.23	-1902.27	795.47
	营业利润(万元)	-2965.11	-5552.23	-1474.47
	投资收益(万元)	887.24	616.74	459.49
	利润总额(万元)	1323.66	-5911.08	-13510.26
	净利润(万元)	1222.15	-5415.6	-12406.19
点评	公司的原材料及能源、运输等生产要素价格大幅度上涨,产品价格却未能同步上涨。产品品种比较单一,抗风险能力较低,而新的主营业务正处于投产初期,产能尚未达到一定的规模。上述因素制约了公司未来的发展。			

	截止日期	05年末	占%	主要股东及持股比例%、持股性质
股本结构（万股）	总股本	25818		天津燕宇置业有限公司 27.48%（非流通股）
	国有股	800	3.1	中国银行海口信托咨询公司 4.01%（国有股）
	发起股	2601.28	10.08	交通银行海南分行 4.01%（国有股）
	外资股			中国寰岛(集团)公司 3.1%（国有股）
	募集股	9398.72	36.4	海南新鑫发展有限公司 3.05%（非流通股）
	流通A	13018	50.42	海南富南房地产开发公司 2.06%（国有股）
	流通B			海南南方物产有限责任公司 0.99%（非流通股）
	流通H			沈阳市新海达机电化工有限公司 0.74%（非流通股）
股东户数	05年末	40947		海口峻泓实业有限公司 0.65%（非流通股）
	04年末	45540		海南荣信实业开发有限公司 0.5%（非流通股）
其他流通股东	袁尧群 0.445%；蔡辉庭 0.314%；周英 0.255%；张蕾 0.198%；张仲超 0.191%；韩立斌 0.174%；王林 0.155%			
近年分配			近年募资	

二〇〇五年以来市场表现

2005年涨跌幅(%)	-21.02
2005年最高(元)	2.12
2006年涨跌幅(%)	46.76
2006.4.26收盘(元)	2.04
2006年最高(元)	2.27
2006年最低(元)	1.38
2006年换手率(%)	241.84
股改对价	

G惠天（000692）

上市日期:97/02/27　　电话:024－22928062　　传真:024－22939480

主营	城市集中供热		
年　　度	2005	2004	2003
每股收益/扣除后(元)	-0.368/-0.392	0.049	0.09/0.118
每股经营现金流量(元)	0.43	0.51	0.57
每股净资产/调整后(元)	3.56/3.35	3.92/3.71	3.88/3.71
未分利润(万元)	-4756.56	5039.32	4073.99
资本公积(万元)	63332.93	63306.25	63265.88
主营收入(万元)	65155.28	60292.66	59925.86
主营利润(万元)	-224.94	8779.99	10869.68
营业利润(万元)	-10227.72	124.56	3863.35
投资收益(万元)	261.22	279.53	-145.96
利润总额(万元)	-9705.52	1433.34	2575.89
净利润(万元)	-9795.88	1311.51	2419.74

点评：公司是我国东北最大的集热、电为一体的大型能源生产企业，供热规模的一系列大幅扩张将扩大公司在沈阳供热市场的份额，为业绩增长打下坚实基础。供热体制改革下供热商品化的实现将改变公司受煤炭、钢材、水、电原材料价格持续上涨的影响，促进公司业绩的提高。

股本结构(万股) 截止日期	05年末	占%	主要股东及持股比例%、持股性质
总股本	26641.65		沈阳市房产国有资产经营有限责任公司 55.95%（国有股）
国有股	14906.98	55.95	任佩媛 0.14%（流通A股）
发起股			赵曙原 0.13%（流通A股）
外资股			董伟 0.12%（流通A股）
募集股			孙方 0.12%（流通A股）
流通A	11734.66	44.05	佟桂华 0.11%（流通A股）
流通B			张世宽 0.1%（流通A股）
流通H			赵笑也 0.09%（流通A股）
股东户数 05年末	52740		伊犁哈萨克自治州信托投资公司 0.08%（流通A股）
股东户数 04年末	57644		寿永军 0.08%（流通A股）
其他流通股东	范丽君 0.076%		
近年分配		近年募资	

二〇〇五年以来市场表现

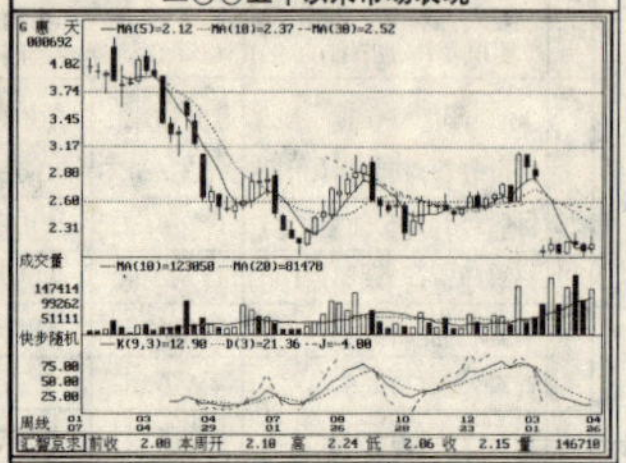

2005年涨跌幅(%)	-36.5
2005年最高(元)	4.31
2006年涨跌幅(%)	15.12
2006.4.26收盘(元)	2.15
2006年最高(元)	3.11
2006年最低(元)	2.5
2006年换手率(%)	98.01
股改对价	送股 每10股实际获得3.6股(06/03/16)

聚友网络（000693）

上市日期:97/02/26　　电话:(028)86480120　　传真:(028)86480041

主营	主要从事酒店视讯业务、城市社区宽频网络业务、信息网络工程业务及网络器材销售业务等。		
年　　度	2005	2004	2003
每股收益/扣除后(元)	-0.85	-0.3	0.08/0.09
每股经营现金流量(元)	-0.04	0.28	0.58
每股净资产/调整后(元)	1.18/1.17	1.99/1.97	2.23/2.18
未分利润(万元)	-21711.68	-5296.26	2380.34
资本公积(万元)	22194.82	21218.7	18005.47
主营收入(万元)	12995.8	28696.28	30791
主营利润(万元)	-2284.18	6866.08	10476.61
营业利润(万元)	-13674.67	-3817.93	2429.81
投资收益(万元)	-30.16	29.15	-25.84
利润总额(万元)	-16633.3	-5874.44	2109.99
净利润(万元)	-16415.43	-5837.41	1615.81

点评：公司的主营业务包括酒店视讯和信息网络，由于主营业务的规模较小，相关业务的毛利率皆为负数。尽管公司处于业务重组过程中，但是较低的管理能力制约了公司未来的发展。公司的经营情况仍然在恶化当中。

股本结构(万股) 截止日期	05年末	占%	主要股东及持股比例%、持股性质
总股本	19269.39		深圳市聚友网络投资有限公司 19.49%（非流通股）
国有股	985.33	5.11	深圳市鹏举实业有限公司 14.13%（非流通股）
发起股			上海银茂投资发展有限公司 5.11%（国有股）
外资股			成都中益实业投资发展有限公司 4.79%（非流通股）
募集股	12428.21	64.5	聚友实业集团有限公司 4.62%（非流通股）
流通A	5855.85	30.39	中行四川分行国际信托投资公司 2.57%（非流通股）
流通B			航天科技财务有限责任公司 2.57%（非流通股）
流通H			深圳市金海博实业有限公司 1.71%（非流通股）
股东户数 05年末	25730		四川省世旗投资管理有限责任公司 1.56%（非流通股）
股东户数 04年末	30418		成都鑫铁实业有限责任公司 1.53%（非流通股）
其他流通股东	北京首润集团有限公司 0.376%；周智泉 0.348%；潘雪琴 0.185%；周顺华 0.139%；王小英 0.137%；赵江 0.099%		
近年分配		近年募资	

二〇〇五年以来市场表现

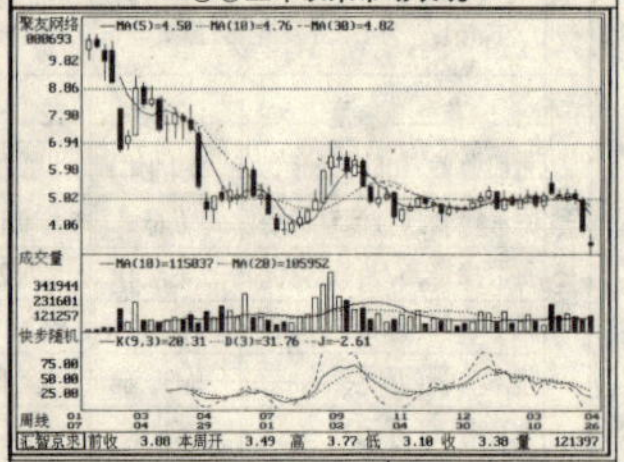

2005年涨跌幅(%)	-54.35
2005年最高(元)	10.78
2006年涨跌幅(%)	-27.62
2006.4.26收盘(元)	3.38
2006年最高(元)	5.94
2006年最低(元)	3.1
2006年换手率(%)	310.67
股改对价	

G滨能（000695）

上市日期:97/02/18　　电话:022－66202230　　传真:022－66202232

主营	生产、销售热力、电力、发电、燃气、自来水及上述系统设备及零配件。		
年　　度	2005	2004	2003
每股收益/扣除后(元)	0.14/0.14	0.06/0.06	-0.11/-0.13
每股经营现金流量(元)	-0.11	0.17	-0.05
每股净资产/调整后(元)	1.52/1.51	1.38/1.38	1.22/0.51
未分利润(万元)	1983.23	-9747.8	-10923.26
资本公积(万元)	8083.49	15735.15	13461.15
主营收入(万元)	32444.99	22948.77	15144.5
主营利润(万元)	6338.73	4508.02	3248.56
营业利润(万元)	3719.65	1655.52	-2809.04
投资收益(万元)	-47.66	-45.68	347.82
利润总额(万元)	3675.48	1609.05	-2393.47
净利润(万元)	3021.29	1401.74	-2376.03

点评：公司经过重大资产重组，所处行业由涂料化工行业变更为供热、发电为主营的能源基础设施建设、运营的公用事业，并成为天津开发区热力和热电的龙头生产企业，形成了稳定经营收益。国家建立节约型社会、推动循环经济的能源战略，为公司发展提供了广阔的空间。

股本结构(万股) 截止日期	05年末	占%	主要股东及持股比例%、持股性质
总股本	22214.75		天津灯塔涂料有限公司 40.57%（国有股）
国有股	9011.84	40.57	沈阳铁路局经济发展总公司 0.82%（非流通股）
发起股	3160.43	14.23	深圳市兆科投资发展有限公司 0.74%（非流通股）
外资股			天津市经济建设投资公司 0.49%（非流通股）
募集股			中国工商银行黑龙江省分行直属支行 0.49%（非流通股）
流通A	10041.82	45.2	信达投资有限公司 0.49%（非流通股）
流通B			中国工商银行贵阳信托投资公司 0.41%（非流通股）
流通H			华夏证券有限公司重庆分公司 0.41%（非流通股）
股东户数 05年末	17908		江苏证券公司 0.41%（非流通股）
股东户数 04年末	13218		天津市药材集团公司 0.41%（非流通股）
其他流通股东	宋凤臣 0.28%；杨威 0.261%；张敦凯 0.205%；郭敏 0.192%；张仲和 0.191%；蔡丽丽 0.19%		
近年分配	05方案:10派0.58	近年募资	

二〇〇五年以来市场表现

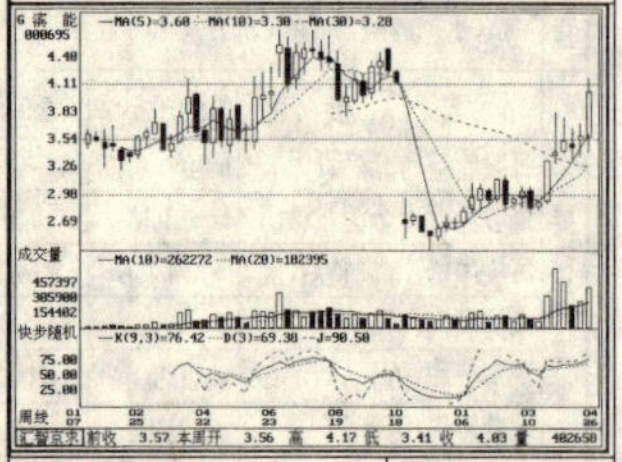

2005年涨跌幅(%)	0.2
2005年最高(元)	4.68
2006年涨跌幅(%)	49.81
2006.4.26收盘(元)	4.03
2006年最高(元)	4.17
2006年最低(元)	2.65
2006年换手率(%)	329.45
股改对价	送股 每10股实际获得3股(05/11/14)

咸阳偏转（000697）

上市日期:97/03/25　电话:0910－3628567　传真:0910－3628885

主营：生产彩色显像管和彩色显示器用偏转线圈及其配套产品，以及偏转线圈设备的制造。

年度	2005	2004	2003
每股收益/扣除后(元)	-0.749/-0.758	0.055/0.057	0.04/0.029
每股经营现金流量(元)	0.17	0.26	0.64
每股净资产/调整后(元)	2.59/2.5	3.39/2.82	3.38/3.32
未分利润(万元)	4428.77	20707.91	19601.3
资本公积(万元)	21374.28	21374.28	21371.75
主营收入(万元)	101154.73	97543.33	68003.98
主营利润(万元)	6412.64	8790.94	9260.89
营业利润(万元)	-13543.81	-686.13	-1630.8
投资收益(万元)	-270.65	248.73	313.42
利润总额(万元)	-19128.04	-480.88	-1278.59
净利润(万元)	-16279.14	1200.2	869.21

点评：公司是我国综合性彩色显像管偏转线圈生产龙头企业，国内规模最大、品种最全的偏转线圈生产基地，行业竞争优势突出，其偏转线圈单一生产规模世界第一。公司兼具数字电视、网络游戏和新能源等多种概念，更获得了比尔盖茨旗下企业对公司清洁能源的巨额投资。

股本结构(万股) 截止日期	05年末	占%	主要股东及持股比例%、持股性质
总股本	21746.17		咸阳市国有资产管理局 39.99%（国有股）
国有股	8697.88	40	咸阳偏转发展有限责任公司 24.4%（非流通股）
发起股			付新学 0.18%（流通A股）
外资股			杨海涛 0.11%（流通A股）
募集股	5307.12	24.4	解方亮 0.09%（流通A股）
流通A	7741.17	35.6	陈金凤 0.07%（流通A股）
流通B			魏育睦 0.07%（流通A股）
流通H			张凌寅 0.07%（流通A股）
股东户数 05年末	41597		周强 0.06%（流通A股）
股东户数 04年末	45296		杨建平 0.06%（流通A股）

其他流通股东：戴琪 0.06%；陆庚升 0.054%

近年分配：　近年募资：

二〇〇五年以来市场表现

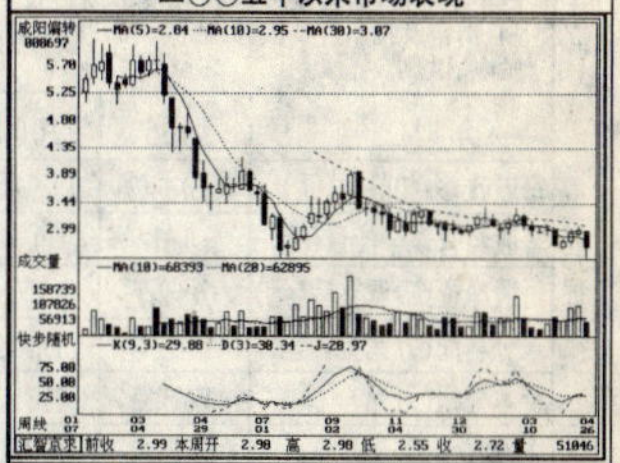

2005年涨跌幅(%)	-43.46
2005年最高(元)	6.15
2006年涨跌幅(%)	-7.48
2006.4.26收盘(元)	2.72
2006年最高(元)	3.36
2006年最低(元)	2.55
2006年换手率(%)	136.97
股改对价	

G沈化（000698）

上市日期:97/02/20　电话:024－25553506　传真:024－25553060

主营：生产和销售化学工业原料，主要生产氯碱、合成润滑油、有机化工原料、农药和合成树脂等。

年度	2005	2004	2003
每股收益/扣除后(元)	0.127/0.126	0.098	0.1/0.08
每股经营现金流量(元)	0.864	0.77	0.59
每股净资产/调整后(元)	3.12/2.99	3.05/2.9	3.39/3.16
未分利润(万元)	18318.59	15922.42	27646.74
资本公积(万元)	55811.07	55617.32	54594.56
主营收入(万元)	344602.62	296001.86	247885.85
主营利润(万元)	37681.37	38678.42	32554.86
营业利润(万元)	7908.72	8991.7	7491.34
投资收益(万元)	732.63	267.04	-70.06
利润总额(万元)	8773.48	8239.71	6703.15
净利润(万元)	5378.66	4129.4	4213.11

点评：公司13万吨丙烯酸及酯项目将在2006年7－8月份开始带料试车，三季度起将为公司业绩作出贡献。但是随着化工景气的下滑，主要产品丙烯、烧碱、PVC等产品盈利能力持续下降，将影响公司未来的盈利能力。

股本结构(万股) 截止日期	05年末	占%	主要股东及持股比例%、持股性质
总股本	42240.66		沈阳化工集团有限公司 46.66%（国有股）
国有股	19711.06	46.66	合正投资管理有限公司 6.65%（非流通股）
发起股	2809.6	6.65	全国社保基金一零六组合 2.47%（流通A股）
外资股			杭州玮峰实业发展有限公司 2.37%（非流通股）
募集股			泰和证券投资基金 1.16%（流通A股）
流通A	18720	44.32	中国银行－嘉实增长开放式证券投资基金 0.51%（流通A股）
流通B			中国银行－嘉实稳健开放式证券投资基金 0.28%（流通A股）
流通H			刘忠环 0.24%（流通A股）
股东户数 05年末	73277		中国工商银行－金泰证券投资基金 0.23%（流通A股）
股东户数 04年末	83887		中国工商银行－国联安德盛小盘竞选证券投资基金 0.17%（流通A股）

其他流通股东：长江证券有限责任公司 0.164%；郝绍红 0.137%；东方证券股份有限公司 0.125%

近年分配：04年:10派0.5　近年募资：

二〇〇五年以来市场表现

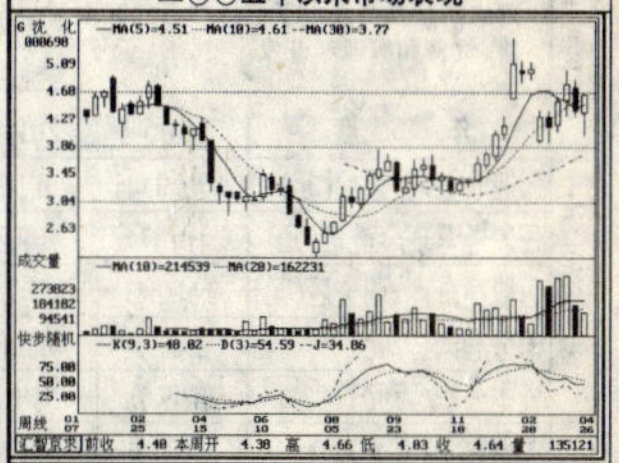

2005年涨跌幅(%)	-5.38
2005年最高(元)	4.92
2006年涨跌幅(%)	50.22
2006.4.26收盘(元)	4.64
2006年最高(元)	6.75
2006年最低(元)	4.59
2006年换手率(%)	85.84
股改对价	以股抵债 送股 每10股实际获得3.5股(06/03/22)

＊ST佳纸（000699）

上市日期:97/03/10　电话:0454－8377217　传真:0454－8375080

主营：纸张、纸浆及纸制品的生产、销售；造纸设备及机械制造、安装和销售。

年度	2005	2004	2003
每股收益/扣除后(元)	-2.998	-0.178	-0.87/-0.243
每股经营现金流量(元)	0.003	0.0385	0.05
每股净资产/调整后(元)	-2.03/-1.95	0.97/-0.61	1.12/-0.41
未分利润(万元)	-95863.21	-27675.99	-23806.65
资本公积(万元)	23876.24	23801.48	23486.61
主营收入(万元)	25571.04	24819.52	19325.93
主营利润(万元)	-2724.51	1113.85	1233.15
营业利润(万元)	-58733.99	-7086.18	-19779.64
投资收益(万元)	-9429.68	3033.91	287.27
利润总额(万元)	-68236.99	-4057.49	-19771.76
净利润(万元)	-68187.22	-4057.49	-19771.76

点评：公司主营高强纸袋纸和伸性纸，在市场竞争加剧，原材料价格上涨、运费增加及产品销售价格下降的影响下，企业经营出现了一定程度的下滑。另外，公司与集团之间贷款合并管理事宜也影响企业经营，因此，企业退市风险很大。

股本结构(万股) 截止日期	05年末	占%	主要股东及持股比例%、持股性质
总股本	22744.8		成都科邦电信(集团)股份有限公司 25.13%（非流通股）
国有股	5302.3	23.31	中国信达资产管理公司 14.52%（国有股）
发起股			佳木斯纸业集团有限公司 8.79%（国有股）
外资股			中天恒投资管理有限公司 1.19%（非流通股）
募集股	8082.5	35.54	黑龙江省国际信托投资公司 1.14%（非流通股）
流通A	9359.84	41.15	勃利县发展煤炭产销有限责任公司 0.84%（非流通股）
流通B			哈尔滨大正产权经营有限责任公司 0.78%（非流通股）
流通H			光明集团股份有限公司 0.74%（非流通股）
股东户数 05年末	17388		中国轻工物资供销(集团)总公司 0.57%（非流通股）
股东户数 04年末	18495		中轻物产集团沈阳有限公司 0.57%（非流通股）

其他流通股东：廖振勇 0.411%；朱洪涛 0.323%；叶伟勇 0.244%；林仁平 0.192%；缺少资料 0.176%；杨庆龙 0.167%；汪卫晨 0.154%

近年分配：　近年募资：

二〇〇五年以来市场表现

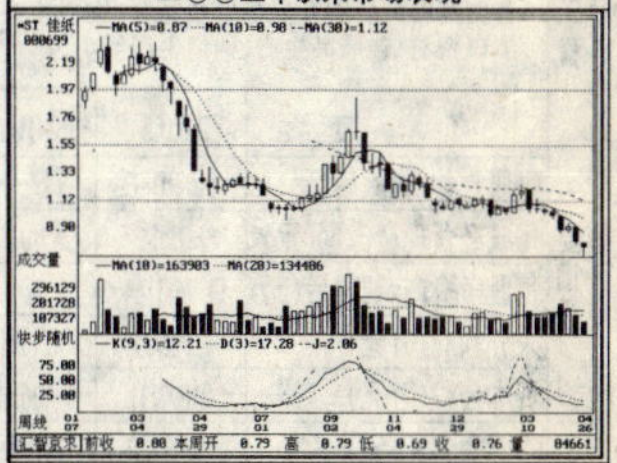

2005年涨跌幅(%)	-42.63
2005年最高(元)	2.4
2006年涨跌幅(%)	-30.28
2006.4.26收盘(元)	0.76
2006年最高(元)	1.23
2006年最低(元)	0.69
2006年换手率(%)	242.11
股改对价	

G模塑(000700)

上市日期:97/02/28　　电话:0510－86242802　　传真:0510－86242818

主营	汽车零部件、塑料制品、模具、模塑高科技产品的开发、研制、销售及技术咨询服务,油漆喷涂,机械制造、加工,火力发电、供热。			
	年　度	2005	2004	2003
主要指标	每股收益/扣除后(元)	0.031/0.026	0.189/0.187	0.25/0.25
	每股经营现金流量(元)	0.37	0.44	1.04
	每股净资产/调整后(元)	2.8/2.8	2.95/2.94	2.94/2.94
	未分利润(万元)	5742.94	10739.33	5527.66
	资本公积(万元)	35693.32	35793.32	35793.32
利润构成	主营收入(万元)	60729.13	56942.75	53286.91
	主营利润(万元)	12065.53	15258.79	18581.83
	营业利润(万元)	1858.86	7162.48	10871.75
	投资收益(万元)	-492.01	515.89	-9.86
	利润总额(万元)	1314.97	7610.84	10674.46
	净利润(万元)	951.94	5844.59	7736.73
点评	公司是国内汽车塑料保险杠的龙头企业,目前占国内市场30%以上的份额,主要为上海大众、上海通用、一汽大众等主要企业配套。05年在国内轿车市场低迷、价格下降、原材料上涨等影响下,经营业绩出现了下滑。随着06年销售的恢复,公司经营有望走出低谷。			

	截止日期	05年末	占%	主要股东及持股比例%、持股性质
股本结构(万股)	总股本	30904.36		江阴模塑集团有限公司 55.65%(非流通股)
	国有股			钟京平 0.25%(流通A股)
	发起股			浦冬燕 0.19%(流通A股)
	外资股			蔡艺 0.13%(流通A股)
	募集股	17198.61	55.65	张文宝 0.12%(流通A股)
	流通A	13705.75	44.35	赵云芬 0.11%(流通A股)
	流通B			谷琳昭 0.11%(流通A股)
	流通H			南平市联才投资有限公司 0.11%(流通A股)
股东户数	05年末	30829		顾伟波 0.1%(流通A股)
	04年末	32030		高旭明 0.1%(流通A股)
其他流通股东	姚建兴 0.096%			
近年分配	05预案:10派0.2;04年:10派1.8;03年:10派1.8		近年募资	

二〇〇五年以来市场表现

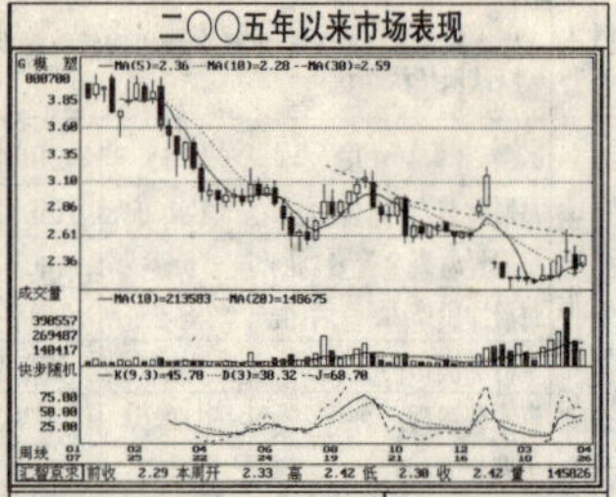

2005年涨跌幅(%)	-31.53
2005年最高(元)	4.1
2006年涨跌幅(%)	25.65
2006.4.26收盘(元)	2.42
2006年最高(元)	3.59
2006年最低(元)	2.77
2006年换手率(%)	154.67
股改对价	送股 每10股实际获得3.5股(06/02/10)

厦门信达(000701)

上市日期:97/02/26　　电话:0592－6021666　　传真:0592－6021391

主营	网络信息服务及电子信息产品的开发与生产、商业批发零售、贸易和房地产开发。			
	年　度	2005	2004	2003
主要指标	每股收益/扣除后(元)	0.126/0.045	0.147	0.07/-0.033
	每股经营现金流量(元)	-0.17	-0.2	-0.35
	每股净资产/调整后(元)	2.51/2.43	2.57/2.48	2.43/2.28
	未分利润(万元)	2245.98	4103.62	1730.33
	资本公积(万元)	24219.89	24141.25	24139.23
利润构成	主营收入(万元)	315970.51	236417.38	168797.48
	主营利润(万元)	12811.88	10253.93	10434.04
	营业利润(万元)	2950.32	-1621.14	33.24
	投资收益(万元)	430.31	5031.26	1184.1
	利润总额(万元)	3798.05	3559.55	1153.84
	净利润(万元)	2511.27	2930.98	1418.79
点评	公司已形成了以应用软件开发、网络增值服务、网络通讯终端产品、电子元器件研发与生产的完整信息产业链。但由于主业不突出,市场竞争激烈,盈利空间逐渐缩小,未来发展难以乐观。			

	截止日期	05年末	占%	主要股东及持股比例%、持股性质
股本结构(万股)	总股本	20000		厦门信息－信达总公司 42.5%(非流通股)
	国有股	8500	42.5	王伟生 0.25%(流通A股)
	发起股			向秀琴 0.16%(流通A股)
	外资股			黄舜芳 0.16%(流通A股)
	募集股			林志明 0.16%(流通A股)
	流通A	11500	57.5	张建斌 0.15%(流通A股)
	流通B			融通深证100指数证券投资基金 0.15%(流通A股)
	流通H			陈浩勤 0.14%(流通A股)
股东户数	05年末	63957		张国凤 0.14%(流通A股)
	04年末	70145		王恺 0.12%(流通A股)
其他流通股东	彭庆宗 0.11%			
近年分配	04年:10派2		近年募资	

二〇〇五年以来市场表现

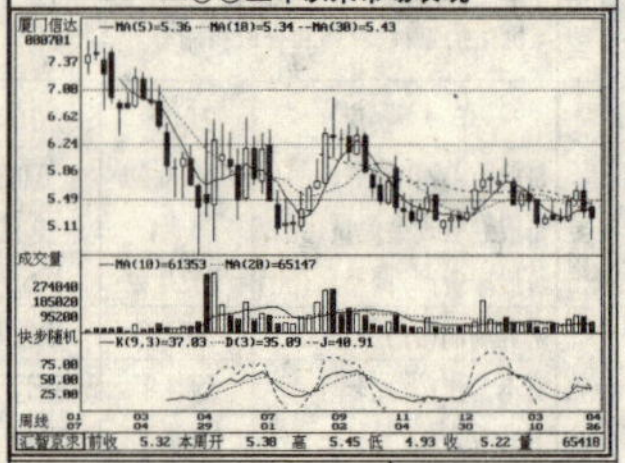

2005年涨跌幅(%)	-25.27
2005年最高(元)	7.75
2006年涨跌幅(%)	-1.51
2006.4.26收盘(元)	5.22
2006年最高(元)	6.05
2006年最低(元)	4.93
2006年换手率(%)	100.07
股改对价	

G正虹(000702)

上市日期:97/03/18　　电话:0730－5728010　　传真:0730－5728011

主营	各类饲料的研制开发与生产经营、饲料相关原辅材料的进出口贸易、包装品生产、种猪生产等。			
	年　度	2005	2004	2003
主要指标	每股收益/扣除后(元)	0.02/0.02	-1/-1.01	0.05/0.06
	每股经营现金流量(元)	0.51	-0.07	0.35
	每股净资产/调整后(元)	1.76/1.64	1.74/1.69	2.9/2.86
	未分利润(万元)	-2477.11	-24635.22	7843.76
	资本公积(万元)	21097.11	39361.88	39350.39
利润构成	主营收入(万元)	197864.31	184166.46	136164.03
	主营利润(万元)	19542.43	18560.33	16684.6
	营业利润(万元)	3080.73	2482.92	3337.3
	投资收益(万元)	82.05	-27749.76	585.19
	利润总额(万元)	3028.74	-26393.35	3112.64
	净利润(万元)	536.62	-28414.86	1486.22
点评	公司是农业部评定的第一批"农业产业化国家重点龙头企业"和"全国农产品加工业示范企业"。2005年通过改革与规范内部流程,降低费用,实现扭亏为盈。原来所投资的泰阳证券股权损失已全部计提完毕,基本实现了公司的战略转型。主业有望向好的方向发展。			

	截止日期	05年末	占%	主要股东及持股比例%、持股性质
股本结构(万股)	总股本	28280.46		岳阳屈原农垦有限责任公司 46.05%(国有股)
	国有股	13022.4	46.05	传化集团有限公司 5.3%(非流通股)
	发起股	1500	5.3	湖南金河投资有限责任公司 1.7%(非流通股)
	外资股			包天悦 0.35%(流通A股)
	募集股	480	1.7	李平 0.28%(流通A股)
	流通A	13273.07	46.93	杨凤兰 0.2%(流通A股)
	流通B			刘益勋 0.17%(流通A股)
	流通H			魏汇岸 0.14%(流通A股)
股东户数	05年末	56275		张恩果 0.12%(流通A股)
	04年末	60163		李博 0.11%(流通A股)
其他流通股东	王晓岚 0.09%;罗爱平 0.088%;张洪峰 0.078%			
近年分配	03年:10派0.7		近年募资	

二〇〇五年以来市场表现

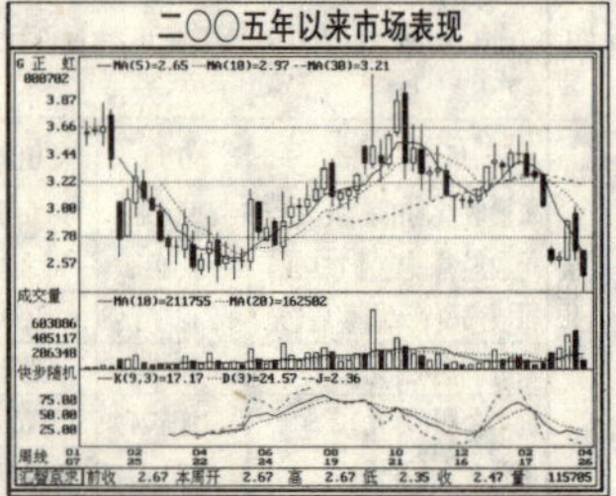

2005年涨跌幅(%)	-12.71
2005年最高(元)	4.09
2006年涨跌幅(%)	0.05
2006.4.26收盘(元)	2.47
2006年最高(元)	3.87
2006年最低(元)	3.01
2006年换手率(%)	170.81
股改对价	以股抵债 送股 每10股实际获得2.8股(06/03/29)

世纪光华（000703）

上市日期:97/03/28　　电话:0371－7422266　　传真:0371－7422233

主营	电子系统工程及通信产品的研究及科技开发;对房地产、雷达整机及维修备件、电子通信产品、彩印包装等行业的投资。

	年度	2005	2004	2003
主要指标	每股收益/扣除后(元)	－0.17/－0.2	0.06/－0.06	－0.25/－0.24
	每股经营现金流量(元)	0.66	0.24	－0.37
	每股净资产/调整后(元)	1.74/1.59	1.9/1.72	1.85/1.7
	未分利润(万元)	2260.38	4079.21	3587.69
	资本公积(万元)	117.65	8.85	8.85
利润构成	主营收入(万元)	17817.29	10006.54	16192.99
	主营利润(万元)	2269.11	2230.71	5372.2
	营业利润(万元)	－1677.89	224.1	－1325.42
	投资收益(万元)	－211.64	501.06	－530.61
	利润总额(万元)	－1479.86	1115.28	－2121.79
	净利润(万元)	－1818.83	664.93	－2676.38

点评	公司是我国高档彩印包装的大型综合类企业集团,其主打产品酒类包装盒为全国多数知名酒类企业采用。河南水利水电公司拟进行整体产权转让,而水利水电公司直接持有公司第一大股东九龙水电集团85%的股权,这令该股具有了潜在的重组题材。

	截止日期	05年末	占%	主要股东及持股比例%、持股性质
股本结构(万股)	总股本	10660		河南九龙水电集团有限公司 28.68%（国有股）
	国有股	3269.58	30.67	四川恒运实业有限公司 7.11%（国有股）
	发起股			四川新洲实业有限公司 4.67%（国有股）
	外资股			中国烟草总公司四川省公司 2.67%（国有股）
	募集股	2710.42	25.43	成都建材(集团)有限公司 1.91%（国有股）
	流通A	4673.64	43.84	盐城市城区天进信息咨询有限公司 1.75%（非流通股）
	流通B			李勇 1.2%（流通A股）
	流通H			四川岷江电力股份有限公司 1.2%（非流通股）
股东户数	05年末	18006		蒲江县财政信用投资公司 0.89%（国有股）
	04年末	21188		四川省石油总公司涪陵分公司 0.89%（国有股）
其他流通股东	吴静 0.667%;李旭光 0.3%;吴祖德 0.29%;田蕤 0.284%;郑州永恒置业有限公司 0.25%;张国伦 0.2%			
近年分配			近年募资	

二〇〇五年以来市场表现

2005年涨跌幅(%)	－34.15
2005年最高(元)	4.96
2006年涨跌幅(%)	3.39
2006.4.26收盘(元)	3.05
2006年最高(元)	3.45
2006年最低(元)	2.8
2006年换手率(%)	105.75
股改对价	

浙江震元（000705）

上市日期:97/04/10　　电话:0575－5144161　　传真:0575－5148805

主营	为医药商业的批发、零售和医药工业产品销售。

	年度	2005	2004	2003
主要指标	每股收益/扣除后(元)	0.042/0.037	0.058	0.121/0.097
	每股经营现金流量(元)	0.231	0.086	0.286
	每股净资产/调整后(元)	3.64/3.62	3.6/3.58	3.54/3.52
	未分利润(万元)	6524.35	6072.96	5490.56
	资本公积(万元)	23072.59	23072.59	23065.99
利润构成	主营收入(万元)	88057.22	71673.28	64059.82
	主营利润(万元)	12040.56	10581.94	13333.03
	营业利润(万元)	1228.04	－306.35	2081.55
	投资收益(万元)	－61.69	－77.79	－77.77
	利润总额(万元)	1017.99	775.68	2355.8
	净利润(万元)	529.58	721.99	1520.5

点评	公司主营医药零售以及抗生素生产。2005年运营费用降低,收入、利润都有大幅度增长,经营业绩取得实质性的提升。因税收增加以及2004年依靠非经营收益赢利,导致2005年净利润下降。2004年开始的产品结构调整已经取得成效,公司发展进入良性轨道。

	截止日期	05年末	占%	主要股东及持股比例%、持股性质
股本结构(万股)	总股本	12532.94		绍兴震元集团国有资本投资有限公司 29.31%（国有股）
	国有股	3672.97	29.31	绍兴市恒旦投资发展有限公司 2.23%（非流通股）
	发起股			绍兴第二医院 0.91%（非流通股）
	外资股			商怀民 0.68%（流通A股）
	募集股	774.6	6.18	柳桂荣 0.58%（流通A股）
	流通A	8085.37	64.51	杭州华东医药(集团)公司 0.57%（非流通股）
	流通B			杭州胡庆余堂制药厂 0.46%（非流通股）
	流通H			瑞安市医药公司 0.36%（非流通股）
股东户数	05年末	23360		柳月珍 0.36%（流通A股）
	04年末	26238		临海市医药有限公司 0.32%（非流通股）
其他流通股东	柳毅 0.272%;大庆石油水泥有限责任公司 0.245%;陈向阳 0.243%;鲍纪能 0.238%;何伟 0.217%;钱海娟 0.214%			
近年分配	05年:10派1		近年募资	

二〇〇五年以来市场表现

2005年涨跌幅(%)	－18.83
2005年最高(元)	4.25
2006年涨跌幅(%)	26.02
2006.4.26收盘(元)	4.02
2006年最高(元)	4.08
2006年最低(元)	3.19
2006年换手率(%)	55.62
股改对价	

双环科技（000707）

上市日期:97/04/15　　电话:0712－3591099　　传真:0712－3591099

主营	纯碱、氯化铵、盐及盐化工系列产品、小苏打、碳黑的生产及销售。

	年度	2005	2004	2003
主要指标	每股收益/扣除后(元)	0.014/0.015	0.013	0.004/－0.007
	每股经营现金流量(元)	0.41	0.49	0.11
	每股净资产/调整后(元)	3.46/3.33	3.45/3.35	3.48/3.45
	未分利润(万元)	18822.27	18304.11	19523.2
	资本公积(万元)	81347.06	81324.47	81324.47
利润构成	主营收入(万元)	138040.06	118292.45	88275.67
	主营利润(万元)	16283.06	16255.06	6511.9
	营业利润(万元)	2989.52	3510.16	－1618.95
	投资收益(万元)	－1637.55	－2594.26	1850.69
	利润总额(万元)	1298.32	904.77	178.89
	净利润(万元)	647.7	583.04	178.89

点评	公司是世界上最大的联合制碱企业,地处岩盐储量极其丰富的云应盆地,具有明显的资源优势,因此在同业中一直处于领先地位。此外,2006年公司油改煤项目将是国内第一套投产的SHELL煤气化装置,预计将降低成本3.17亿元左右。

	截止日期	05年末	占%	主要股东及持股比例%、持股性质
股本结构(万股)	总股本	46414.58		湖北双环化工集团有限公司 39.8%（国有股）
	国有股	18474.09	39.8	湖北双环化工集团红双环实业公司 0.5%（非流通股）
	发起股	234.22	0.5	武汉钢铁(集团)公司 0.46%（非流通股）
	外资股			中联橡胶(集团)总公司 0.34%（非流通股）
	募集股	1297.4	2.8	交通银行武汉分行 0.34%（非流通股）
	流通A	26408.86	56.9	广西壮族自治区南宁平板玻璃厂 0.26%（非流通股）
	流通B			武汉达阳物资开发有限责任公司 0.23%（非流通股）
	流通H			合加资源发展股份有限公司 0.23%（非流通股）
股东户数	05年末	83901		湖北省燃料总公司 0.23%（非流通股）
	04年末	82846		湖北沙隆达股份有限公司 0.21%（非流通股）
其他流通股东	中国工商行　融通深证100指数证券投资基金 0.174%;易征涛 0.164%;贾志奇 0.158%;李学东 0.145%			
近年分配			近年募资	

二〇〇五年以来市场表现

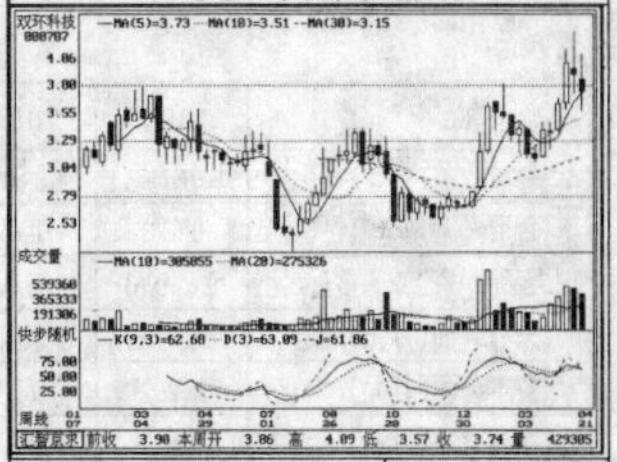

2005年涨跌幅(%)	－12.05
2005年最高(元)	3.78
2006年涨跌幅(%)	38.52
2006.4.26收盘(元)	3.74
2006年最高(元)	4.31
2006年最低(元)	2.67
2006年换手率(%)	190.65
股改对价	送股 每10股实际获得2.3股

G 冶特钢（000708）

上市日期:97/03/26　　电话:0714－6293836　　传真:0714－6457917

主营	钢铁冶炼、钢材轧制、金属改制、压延加工、钢铁材料检测。

	年　度	2005	2004	2003
主要指标	每股收益/扣除后(元)	0.179/0.172	0.06/0.127	0.055/0.062
	每股经营现金流量(元)	0.431	－0.765	1.686
	每股净资产/调整后(元)	2.15/2.15	1.95/1.93	3.61/3.58
	未分利润(万元)	1688.06	－72284.66	9923.6
	资本公积(万元)	44975.98	104787.48	95759.02
利润构成	主营收入(万元)	444623.94	381009.91	216222.98
	主营利润(万元)	22370.42	23361.36	25256.83
	营业利润(万元)	8697.85	5807.38	5012.77
	投资收益(万元)			4.27
	利润总额(万元)	8036.75	2701.46	3322.9
	净利润(万元)	8036.75	2701.46	2483.02

点评：公司主要产品为炭结、弹簧、滚珠等。在钢铁价格下降、钢铁业成本上升、盈利空间被大大压缩的背景下，公司业绩却实现了大幅增长。这主要得益于产品结构的调整，公司加大了铁路、精密制造、电站锅炉、石油等行业用钢产量，这些品种比普通品种附加值要高。

	截止日期	05年末	占%	主要股东及持股比例%、持股性质
股本结构（万股）	总股本	44940.85		湖北新冶钢有限公司 29.95%（非流通股）
	国有股			中信泰富(中国)投资有限公司 28.18%（外资股）
	发起股	1140	2.54	中国工商银行－南方避险增值基金 2.87%（流通A股）
	外资股			东风汽车公司 1.78%（非流通股）
	募集股	27096.85	60.29	中国工商银行－诺安股票证券投资基金 1.13%（流通A股）
	流通A	16703.73	37.17	高红芳 0.84%（流通A股）
	流通B			襄阳汽车轴承股份有限公司 0.76%（非流通股）
	流通H			兴业银行股份有限公司－兴业趋势投资混合型证券投资基金 0.75%（流通A股）
股东户数	05年末	51724		全国社保基金一零二组合 0.67%（流通A股）
	04年末	63944		张辉艳 0.63%（流通A股）
其他流通股东	全国社保基金一零三组合 0.542%；中国建设银行－华富竞争力优选混合型证券投资基金 0.356%			
近年分配		近年募资		

二〇〇五年以来市场表现

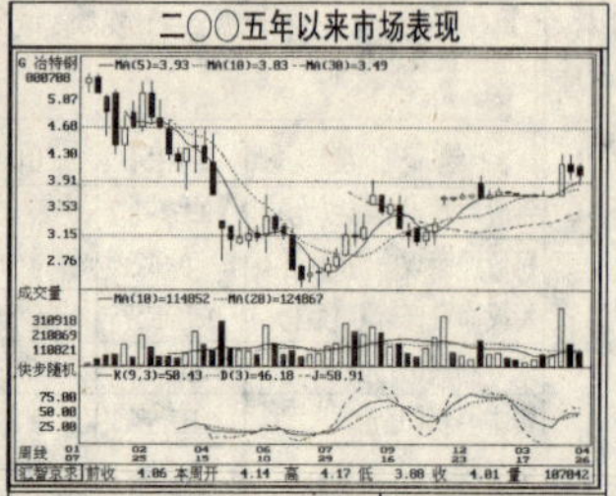

2005年涨跌幅(%)	－29.94
2005年最高(元)	5.45
2006年涨跌幅(%)	7.8
2006.4.26收盘(元)	4.01
2006年最高(元)	4.3
2006年最低(元)	3.65
2006年换手率(%)	85.11
股改对价	权证（06/02/07）

G 唐钢（000709）

上市日期:97/04/16　　电话:0315－2701188　　传真:0315－2702198

主营	黑色金属冶炼及压延加工、钢材轧制、金属制品。

	年　度	2005	2004	2003
主要指标	每股收益/扣除后(元)	0.5/0.51	0.68/0.62	0.45/0.44
	每股经营现金流量(元)	2.08	1.42	0.36
	每股净资产/调整后(元)	3.72/3.69	4.23/4.23	3.9/3.9
	未分利润(万元)	187351.91	188779.9	144538.77
	资本公积(万元)	323479.82	354608.56	354362.35
利润构成	主营收入(万元)	2431660.84	2188397.04	1416710.02
	主营利润(万元)	299372.92	345506.66	226495.86
	营业利润(万元)	164572.28	203402.84	125147.64
	投资收益(万元)	1455.63	1766.08	2111.25
	利润总额(万元)	162154.7	187287.15	116288.4
	净利润(万元)	113432.49	132547.51	88448.32

点评：公司是我国大型钢铁企业之一，目前主要产品是螺纹钢、线材和热轧板。唐钢、宣钢、承钢联合组建唐钢集团，唐钢集团和首钢集团签订战略合作协议，共同投资建设首钢京唐钢铁联合有限责任公司，向建设国内领先、世界一流的钢铁集团目标迈进。

	截止日期	05年末	占%	主要股东及持股比例%、持股性质
股本结构（万股）	总股本	226629.68		唐山钢铁集团有限责任公司 51.11%（国有股）
	国有股	119050.41	52.53	唐山钢铁集团有限责任公司工会 4.28%（非流通股）
	发起股			唐钢矿业有限公司 3.2%（流通A股）
	外资股			唐山天辰投资有限责任公司 2.97%（部分流通部分不流通）
	募集股	19844.19	8.76	河北省信息产业投资有限公司 1.42%（部分流通部分不流通）
	流通A	87706.8	38.7	唐山钢铁集团金恒企业发展总公司 1.15%（部分流通部分不流通）
	流通B			五矿发展股份有限公司 0.44%（国有股）
	流通H			全国社保基金零零一组合 0.41%（流通A股）
股东户数	05年末	160098		中国第二十二冶金建设公司 0.36%（国有股）
	04年末	169007		北京宁高投资有限公司 0.16%（流通A股）
其他流通股东	中国建设银行－博时裕富证券投资基金 0.14%；中国工商银行－融通深证100指数证券投资基金 0.113%			
近年分配	05预案:10派3.5；04年:10派5；03年:10派3.5	近年募资		

二〇〇五年以来市场表现

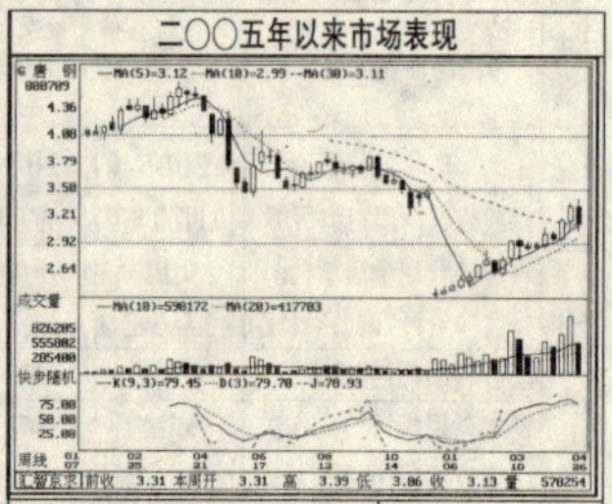

2005年涨跌幅(%)	2.8
2005年最高(元)	4.65
2006年涨跌幅(%)	29.88
2006.4.26收盘(元)	3.13
2006年最高(元)	3.39
2006年最低(元)	2.41
2006年换手率(%)	87.23
股改对价	定向转增 每10股实际获得5.5股（05/12/21）

ST 天仪（000710）

上市日期:97/04/22　　电话:028－84613721　　传真:028－84600581

主营	摩托车与汽车仪表的开发、生产和销售。

	年　度	2005	2004	2003
主要指标	每股收益/扣除后(元)	－0.094/－0.11	0.004	0.02/－0.03
	每股经营现金流量(元)	0.0501	－0.0425	－0.01
	每股净资产/调整后(元)	0.65/0.63	0.75/0.71	0.74/0.69
	未分利润(万元)	－9844.21	－8416.56	－8480.36
	资本公积(万元)	3592.63	3581.14	3580.75
利润构成	主营收入(万元)	13057.99	11966.21	8131.7
	主营利润(万元)	1472.06	1887.69	1531.02
	营业利润(万元)	－1635.77	－442	－298.61
	投资收益(万元)	23.16	58.56	464.53
	利润总额(万元)	－1427.65	63.8	317.42
	净利润(万元)	－1427.65	63.8	317.42

点评：公司主营汽车、摩托车部件，受原材料价格上涨和产品价格下降的影响，公司05年出现了亏损。面对经营困难，公司将通过提升品质的方法，加大汽车部件和出口业务，收缩降低几乎亏损的摩托车部件业务，渡过企业难关。

	截止日期	05年末	占%	主要股东及持股比例%、持股性质
股本结构（万股）	总股本	15120		成都天兴仪表(集团)有限公司 70.83%（国有股）
	国有股	10710	70.83	黄支前 0.26%（流通A股）
	发起股			陈炜 0.25%（流通A股）
	外资股			顾鹤富 0.14%（流通A股）
	募集股			龚怡 0.13%（流通A股）
	流通A	4410	29.17	张竹胜 0.12%（流通A股）
	流通B			何观保 0.12%（流通A股）
	流通H			周国菊 0.11%（流通A股）
股东户数	05年末	9527		成都三电房地产开发有限责任公司 0.11%（流通A股）
	04年末	10165		胡治华 0.11%（流通A股）
其他流通股东	胡燕 0.102%			
近年分配		近年募资		

二〇〇五年以来市场表现

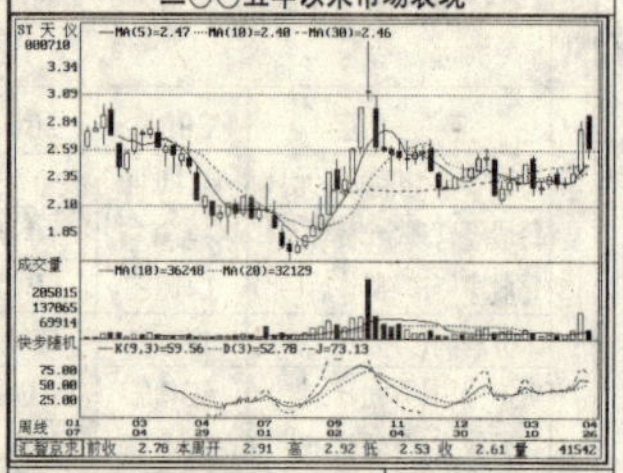

2005年涨跌幅(%)	－10.65
2005年最高(元)	3.59
2006年涨跌幅(%)	·11.06
2006.4.26收盘(元)	2.61
2006年最高(元)	2.92
2006年最低(元)	2.11
2006年换手率(%)	129.44
股改对价	

G天伦（000711）

上市日期:97/04/11　　电话:0451－2335442　　传真:0451－2334782

主营	房地产业、旅游产业。			
	年　度	2005	2004	2003
主要指标	每股收益/扣除后(元)	0.022	0.208	0.28/0.272
	每股经营现金流量(元)	-1.936	0.956	0.02
	每股净资产/调整后(元)	3.25/3.25	3.28/3.28	3.1/3.1
	未分利润(万元)	12457.43	12793.97	11219.21
	资本公积(万元)	8462.21	8462.21	8462.21
利润构成	主营收入(万元)	1235.68	22638.97	25624.71
	主营利润(万元)	340.19	5116.73	6059.06
	营业利润(万元)	10.86	3436.62	4486.63
	投资收益(万元)	161.04	6.66	1.76
	利润总额(万元)	292.01	3446.31	4488.58
	净利润(万元)	235.04	2231.25	2955.6
点评	公司主营包括旅游业务、房地产业务、物业出租等。2005年公司房地产收入出现下降;下半年将松花江索道转让,退出索道旅游收入,将专注于房地产开发。公司办公在哈尔滨,但公司的房地产项目和物业项目多在广东。			

	截止日期	05年末	占%	主要股东及持股比例%、持股性质
股本结构（万股）	总股本	10726.56		天伦控股有限公司 26.64%（非流通股）
	国有股	280.8	2.62	深圳市禾海投资发展有限公司 17.29%（非流通股）
	发起股	5335.2	49.74	上海国欣科技发展公司 2.05%（非流通股）
	外资股			上海卓成资产管理有限公司 1.86%（非流通股）
	募集股			南都集团控股有限公司 1.83%（国有股）
	流通A	5109.39	47.63	哈尔滨市商业银行股份有限公司 0.79%（国有股）
	流通B			上海众人安居房产销售有限公司 0.78%（非流通股）
	流通H			上海文辉企业咨询有限公司 0.47%（非流通股）
股东户数	05年末	15717		谢勇峰 0.41%（流通A股）
	04年末	15994		上海超友科技服务有限公司 0.37%（非流通股）
其他流通股东	梁春华 0.354%;刘高辉 0.307%;何通攀 0.305%;林正茂 0.267%;江阴阳光投资有限公司 0.254%;李怡 0.226%			
近年分配	04年:10派0.5;03年:10派0.3	近年募资		

二〇〇五年以来市场表现

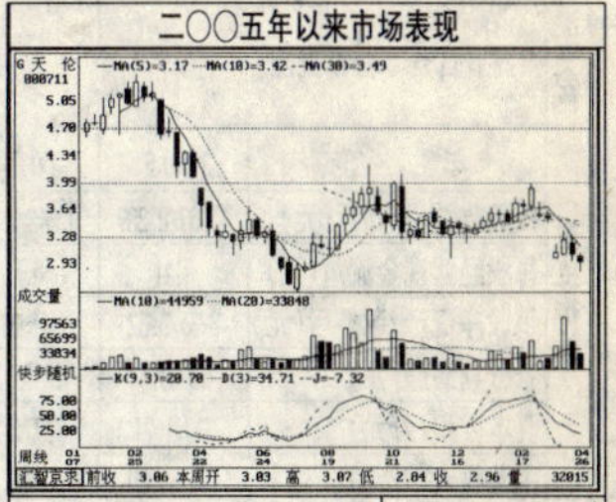

2005年涨跌幅(%)	-26.34
2005年最高(元)	5.4
2006年涨跌幅(%)	13.51
2006.4.26收盘(元)	2.96
2006年最高(元)	4.36
2006年最低(元)	3.37
2006年换手率(%)	93.91
股改对价	送股 每10股实际获得3股(06/04/07)

G锦龙（000712）

上市日期:97/04/15　　电话:0763－3369393　　传真:0763－3362693

主营	房地产开发、牛仔布的生产销售及自来水的生产和供应。			
	年　度	2005	2004	2003
主要指标	每股收益/扣除后(元)	0.017/-0.113	0.043/0.056	0.05/0.058
	每股经营现金流量(元)	-0.26	-0.36	0.28
	每股净资产/调整后(元)	2.84/2.83	2.88/2.82	2.88/2.87
	未分利润(万元)	7158.32	8287.53	9076.01
	资本公积(万元)	16151.52	16147.52	16147.52
利润构成	主营收入(万元)	41344.5	42814.87	32898.53
	主营利润(万元)	9558.52	11059.21	8855.01
	营业利润(万元)	1038.94	4025.6	3812
	投资收益(万元)	236.72	-1798.94	-1309.15
	利润总额(万元)	1144.35	1999.03	2398.43
	净利润(万元)	254.06	655.42	818.05
点评	公司仍处于产业转型期,公司的纺织业务受原材料涨价、竞争加剧等因素影响经营大幅滑坡,而公司开发的房地产项目主要收益尚未能体现;清远市自来水业务比较稳定。对子公司担保累计3.75亿元,占净资产的86.6%。			

	截止日期	05年末	占%	主要股东及持股比例%、持股性质
股本结构（万股）	总股本	15231.15		东莞市新世纪科教拓展有限公司 29.76%（非流通股）
	国有股			东莞市荣富实业有限公司 29%（非流通股）
	发起股	11421.96	74.99	广州市锦麟投资有限公司 16.24%（非流通股）
	外资股			汤庆松 0.2%（流通A股）
	募集股			梁燕容 0.19%（流通A股）
	流通A	3809.2	25.01	缪岳良 0.11%（流通A股）
	流通B			杨标兰 0.09%（流通A股）
	流通H			黄永华 0.09%（流通A股）
股东户数	05年末	14504		朴光熙 0.09%（流通A股）
	04年末	15010		邹育伟 0.08%（流通A股）
其他流通股东	彭成球 0.073%;姜明东 0.073%;左克 0.068%			
近年分配	04年:10派0.5;03年:10派0.5	近年募资		

二〇〇五年以来市场表现

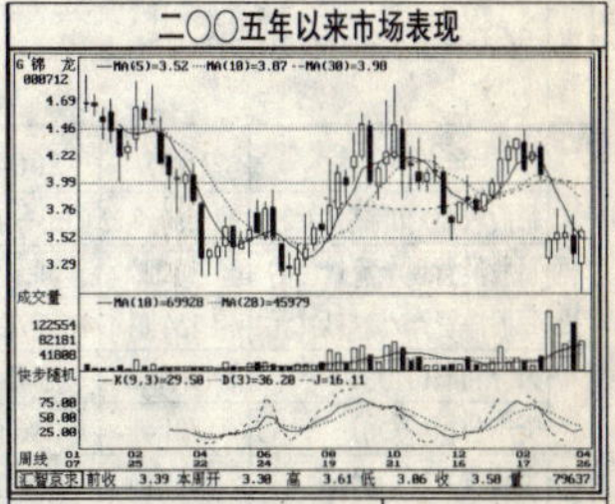

2005年涨跌幅(%)	-18.8
2005年最高(元)	4.92
2006年涨跌幅(%)	26.97
2006.4.26收盘(元)	3.58
2006年最高(元)	5.01
2006年最低(元)	3.74
2006年换手率(%)	173.2
股改对价	送股 每10股实际获得3.3股(06/03/27)

G丰乐（000713）

上市日期:97/04/22　　电话:0551－2239888　　传真:0551－2239957

主营	经营粮、棉、油、麻、瓜、菜等各类种苗,杀虫剂、杀菌剂、除草剂、微肥等农化产品,种子、农副产品及其深加工产品进出口贸易。			
	年　度	2005	2004	2003
主要指标	每股收益/扣除后(元)	0.108/0.085	0.09	0.07/0.052
	每股经营现金流量(元)	0.49	0.21	0.14
	每股净资产/调整后(元)	1.95/1.9	1.88/1.75	1.8/1.75
	未分利润(万元)	3503.82	2776.19	1206.68
	资本公积(万元)	15145.35	14733.01	14644.82
利润构成	主营收入(万元)	69019.86	44686.84	38232.44
	主营利润(万元)	21712.98	16624.64	11280.05
	营业利润(万元)	2238.88	1780.21	1117.26
	投资收益(万元)	-959.54	-315.86	-35.69
	利润总额(万元)	1765.05	1340.85	748.23
	净利润(万元)	2420	2050.96	1518.36
点评	公司是国内龙头种子生产企业。2005年收入增长来自香料、玉米、农化产品收入增加。在国家扶持农业发展的机遇下,2006年公司的玉米、水稻等种子销量仍将增长。未来几年将是种子行业分化、整合的时期,优势企业将获得更大的发展空间。			

	截止日期	05年末	占%	主要股东及持股比例%、持股性质
股本结构（万股）	总股本	22500		合肥市种子公司 53.2%（国有股）
	国有股	11970	53.2	安徽省新能创业投资有限责任公司 1.27%（流通A股）
	发起股			马道兰 0.48%（流通A股）
	外资股			义福房地产合肥发展有限责任公司 0.43%（流通A股）
	募集股			刘贵兰 0.24%（流通A股）
	流通A	10530	46.8	徐庆龙 0.18%（流通A股）
	流通B			胡建跃 0.16%（流通A股）
	流通H			九方制药 0.15%（流通A股）
股东户数	05年末	32922		隽美琴 0.15%（流通A股）
	04年末	37814		李三章 0.14%（流通A股）
其他流通股东	陈瑞珠 0.137%			
近年分配	05预案:10派0.3;04年:10派0.5	近年募资		

二〇〇五年以来市场表现

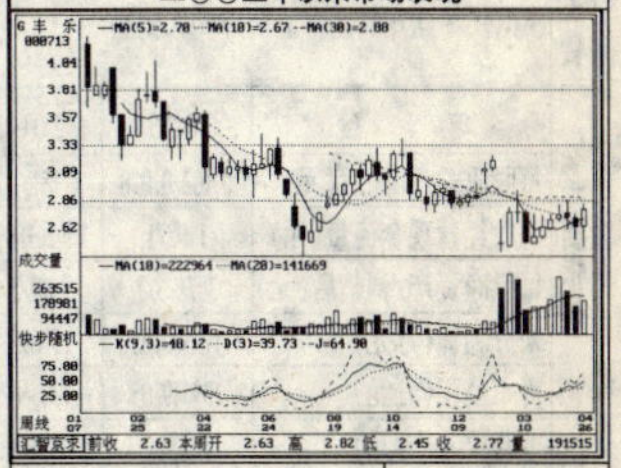

2005年涨跌幅(%)	-31.46
2005年最高(元)	4.28
2006年涨跌幅(%)	28.37
2006.4.26收盘(元)	2.77
2006年最高(元)	3.9
2006年最低(元)	2.99
2006年换手率(%)	191.92
股改对价	送股 每10股实际获得3.3股(06/02/14)

中兴商业（000715）

上市日期:97/05/08　　电话:024－23836060　　传真:024－23836008

主营	商业百货零售和批发。			
	年　度	2005	2004	2003
主要指标	每股收益/扣除后(元)	0.307/0.289	0.248/0.248	0.2/0.213
	每股经营现金流量(元)	0.41	0.51	0.4
	每股净资产/调整后(元)	3.35/3.32	3.18/3.16	3.04/3.03
	未分利润(万元)	12803.5	10535.28	8636.55
	资本公积(万元)	31771.74	31771.74	31771.74
利润构成	主营收入(万元)	194586.89	176439.25	155383.25
	主营利润(万元)	33391.45	30258.09	27239.55
	营业利润(万元)	9159.44	8136.06	7284.63
	投资收益(万元)			-26.88
	利润总额(万元)	9204.45	8156.71	6827.94
	净利润(万元)	6591.11	5324.44	4287.23
点评	公司2005年进行了大规模的布局调整和商品结构调整，国际一线品牌、穿着商品的经营比重进一步扩大，生产型供应商的比例显著提升，由上年的43%上升到49.6%。主营利润率基本维持上年同期水平。公司资产质量良好，中信资本入主后扩张步伐可能会加快。			

	截止日期	05年末	占%	主要股东及持股比例%、持股性质
股本结构（万股）	总股本	21462		沈阳市商业国有资产经营有限责任公司 36.37%（国有股）
	国有股	7805	36.37	中信信托投资有限责任公司 36.37%（非流通股）
	发起股	7957	37.07	金鑫证券投资基金 2.63%（流通A股）
	外资股			中国工商银行—金泰证券投资基金 1.8%（流通A股）
	募集股			上海浦东发展银行—广发小盘成长股票型证券投资基金 0.93%（流通A股）
	流通A	5696.2	26.54	中国建设银行—国泰金马稳健回报证券投资基金 0.89%（流通A股）
	流通B			中国银行—同盛证券投资基金 0.57%（流通A股）
	流通H			中兴—大连商业大厦 0.35%（非流通股）
股东户数	05年末	19507		国元证券有限责任公司 0.24%（流通A股）
	04年末	25562		中国银行—国泰金象保本增值混合证券投资基金 0.2%（流通A股）
其他流通股东	孙勇涛 0.082%；深圳市立矽电子有限公司 0.063%；李军 0.061%			
近年分配	05预案:10派0.7；04年:10派1.4；03年:10派1.1		近年募资	

二〇〇五年以来市场表现

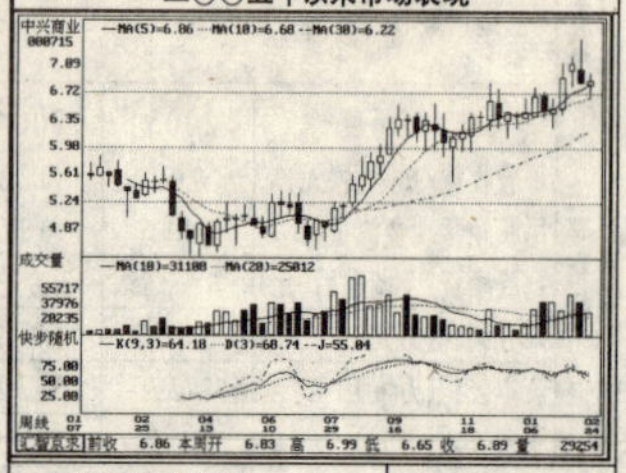

2005年涨跌幅(%)	16.81
2005年最高(元)	6.99
2006年涨跌幅(%)	6.66
2006.4.26收盘(元)	6.89
2006年最高(元)	7.46
2006年最低(元)	6.26
2006年换手率(%)	47.58
股改对价	

南方控股（000716）

上市日期:97/04/18　　电话:0771－5308090　　传真:0771－5308050

主营	房地产开发、商贸、无线通讯寻呼、航空运输和城市管道燃气。			
	年　度	2005	2004	2003
主要指标	每股收益/扣除后(元)	-0.338/-0.22	0.063/-0.039	0.03/-0.235
	每股经营现金流量(元)	-0.22	0.18	-0.0017
	每股净资产/调整后(元)	1.12/1.03	1.57/1.21	1.47/1.34
	未分利润(万元)	-11167.8	-5142.27	-6396.97
	资本公积(万元)	14804.46	14363.02	13844.78
利润构成	主营收入(万元)	13421.16	26580.16	3286.88
	主营利润(万元)	4652.21	2685.91	96.21
	营业利润(万元)	-2737.82	-764.66	-2911.67
	投资收益(万元)	-1943.46	2365.62	3166.43
	利润总额(万元)	-6794.05	1564.35	336.81
	净利润(万元)	-6025.53	1116.51	550.26
点评	由于国家有关房地产的政策发生变化，房地产项目融资难度增加，房地产市场风险正逐步加大，对公司的主要业务－－房地产业务开发带来了一定的不确定因素。控股股东及其他关联方占用公司资金，潜在财务风险须防范。			

	截止日期	05年末	占%	主要股东及持股比例%、持股性质
股本结构（万股）	总股本	17825.95		广西投资集团有限公司 14.66%（国有股）
	国有股	3344.06	18.76	广西南方投资有限责任公司 10.43%（非流通股）
	发起股	269.32	1.51	广西黑五类容县容州宾馆有限责任公司 4.89%（非流通股）
	外资股			柳州市城市投资建设发展有限公司 4.1%（国有股）
	募集股	4077.7	22.88	北京中外名人科技有限公司 3.34%（非流通股）
	流通A	10120.89	56.78	桂林五洲旅游股份有限公司 2.19%（非流通股）
	流通B			南宁人本广告策划有限责任公司 0.86%（非流通股）
	流通H			广西斯壮建筑有限责任公司 0.43%（非流通股）
股东户数	05年末	30115		吴胜 0.41%（流通A股）
	04年末	31350		上海发成贸易有限责任公司 0.32%（非流通股）
其他流通股东	贾棒棒 0.297%；罗肇勤 0.229%；邹岗 0.222%；杨志杰 0.201%；王京 0.197%；郭志宏 0.182%；马弛 0.173%			
近年分配			近年募资	

二〇〇五年以来市场表现

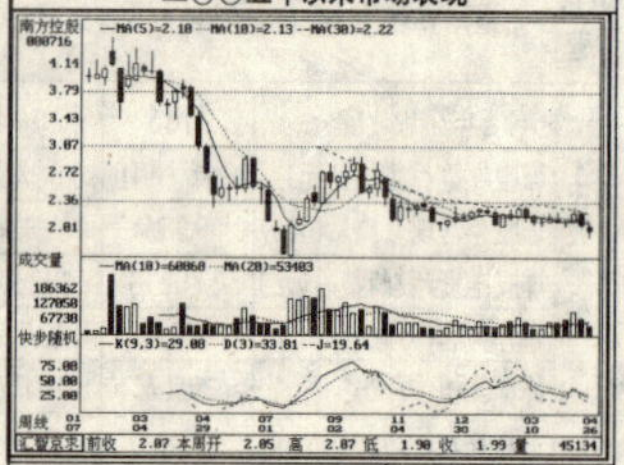

2005年涨跌幅(%)	-46.4
2005年最高(元)	4.5
2006年涨跌幅(%)	-7.87
2006.4.26收盘(元)	1.99
2006年最高(元)	2.31
2006年最低(元)	1.9
2006年换手率(%)	88.6
股改对价	

G韶钢（000717）

上市日期:97/05/08　　电话:0751－8787265　　传真:0751－8787676

主营	钢铁产品及其副产品的生产和销售			
	年　度	2005	2004	2003
主要指标	每股收益/扣除后(元)	0.102/0.098	1.131/1.126	1.17/1.08
	每股经营现金流量(元)	1.0271	1.1669	1.62
	每股净资产/调整后(元)	3.71/3.7	5.98/5.97	5.15/5.14
	未分利润(万元)	172509.85	177695.44	97093.69
	资本公积(万元)	139649.05	190666.91	190666.91
利润构成	主营收入(万元)	1061682.34	1032876.96	716086.43
	主营利润(万元)	43728.28	120838.77	152498.64
	营业利润(万元)	12161.87	100812.36	136438.5
	投资收益(万元)	-2.36		
	利润总额(万元)	12591.02	101098.09	133901.18
	净利润(万元)	13621.65	94825.59	98172.81
点评	由于钢材价格下降导致毛利率降低，公司2005年业绩大幅下降。但2006年一季度季报显示，公司经营状况较2005年四季度已有所好转，并实现扭亏为盈。由于原燃材料价格居高不下，尤其是进口铁矿石价格进一步上涨，公司上半年业绩依然难以乐观。			

	截止日期	05年末	占%	主要股东及持股比例%、持股性质
股本结构（万股）	总股本	134112		广东省韶关钢铁集团有限公司 45.15%（国有股）
	国有股	60551.29	45.15	唐山天辰投资有限责任公司 0.76%（流通A股）
	发起股			全国社保基金零零一组合 0.64%（流通A股）
	外资股			中国建设银行－－博时裕富证券投资基金 0.35%（流通A股）
	募集股			招商银行股份有限公司－－中信经典配置证券投资基金 0.34%（流通A股）
	流通A	73551.54	54.84	山西证券有限责任公司 0.31%（流通A股）
	流通B			中国工商银行－－融通深证100指数证券投资基金 0.21%（流通A股）
	流通H			季亮 0.2%（流通A股）
股东户数	05年末	94292		沈阳建设投资资产经营公司 0.16%（流通A股）
	04年末	91105		曹文军 0.13%（流通A股）
其他流通股东	陈志雄 0.111%			
近年分配	05预案:10派0.5；04年:10派2转增6；03中期:10派3转增5年终:10派3		近年募资	03年增发A股11160万股，发行价7.17元。

二〇〇五年以来市场表现

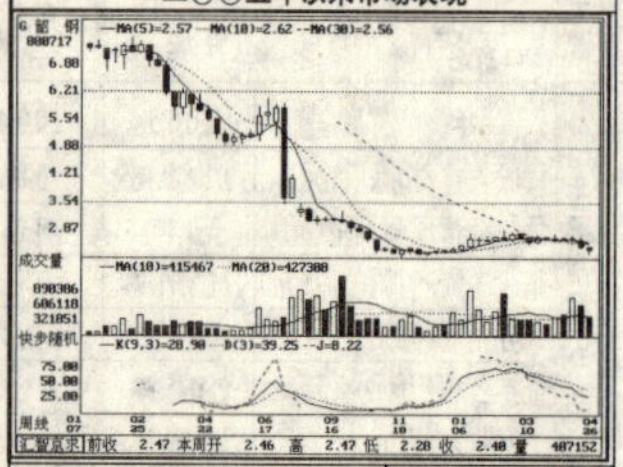

2005年涨跌幅(%)	-27.34
2005年最高(元)	7.74
2006年涨跌幅(%)	0.42
2006.4.26收盘(元)	2.4
2006年最高(元)	2.85
2006年最低(元)	2.28
2006年换手率(%)	95.3
股改对价	送股 每10股实际获得3.5股(05/08/18)

GST 环球（000718）

上市日期:97/04/08　电话:0432－4874998　传真:0432－4864668

主营	房地产开发及混凝土的生产与销售			
	年　度	2005	2004	2003
主要指标	每股收益/扣除后(元)	0.04/-0.07	-1.7/-1.237	-1.27/-1.09
	每股经营现金流量(元)	0.32	0.0027	-0.01
	每股净资产/调整后(元)	0.99/0.99	-0.58/-0.63	1.11/1.08
	未分利润(万元)	-2750.24	-128659.64	-60836.77
	资本公积(万元)		52606.9	52606.9
利润构成	主营收入(万元)	28.23	137.48	3263.25
	主营利润(万元)	-13.12	-48.14	-1334.95
	营业利润(万元)	5123.74	-36532.59	-22766.58
	投资收益(万元)		9.12	
	利润总额(万元)	1558.41	-67822.87	-50752.2
	净利润(万元)	1558.41	-67822.87	-50752.2
点评	公司重大资产重组之后,资产质量、主营业务、持续发展能力和盈利能力等发生了质的变化,使公司、债权人、股东多方受益,形成多方共赢的新局面。公司的未来值得的期待。			

	截止日期	05年末	占%	主要股东及持股比例%、持股性质
股本结构（万股）	总股本	39973.91		江苏苏宁环球集团有限公司 50.06%（非流通股）
	国有股			沈阳化工集团有限公司 0.78%（非流通股）
	发起股	21113.51	52.82	中国轻工集团公司 0.39%（非流通股）
	外资股			大连经济技术开发区吉兴纸业公司 0.34%（非流通股）
	募集股			傅育 0.29%（流通A股）
	流通A	18858.97	47.18	南京迈优文化传播有限公司 0.25%（流通A股）
	流通B			上海巨强创业投资有限公司 0.24%（流通A股）
	流通H			胡英姿 0.23%（流通A股）
股东户数	05年末	59855		邝英海 0.2%（流通A股）
	04年末	68191		孙亚芝 0.18%（流通A股）
其他流通股东	曹婧 0.158%;南京薪加德科技发展有限公司 0.153%;姜红文 0.145%;张仁建 0.135%			
近年分配			近年募资	

二○○五年以来市场表现

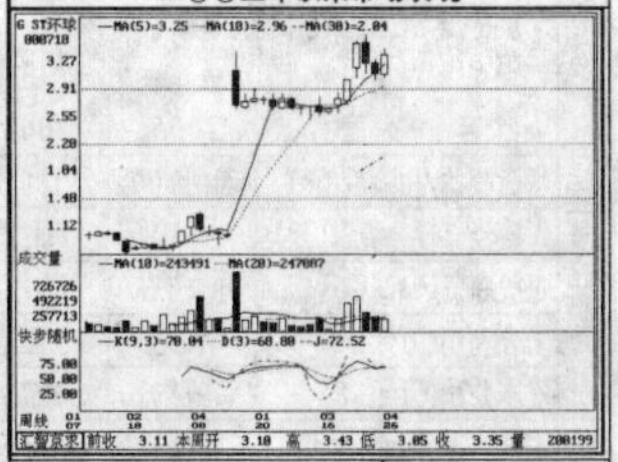

2005年涨跌幅(%)	161.17
2005年最高(元)	3.39
2006年涨跌幅(%)	24.54
2006.4.26收盘(元)	3.35
2006年最高(元)	3.63
2006年最低(元)	2.51
2006年换手率(%)	185.69
股改对价	以经营性资产注资（05/12/26）

ST 鑫安（000719）

上市日期:97/03/31　电话:0391－2925951　传真:0391－2919211

主营	化工、医药、城市公用事业等。			
	年　度	2005	2004	2003
主要指标	每股收益/扣除后(元)	-0.893/-0.934	0.007	0.07/0.064
	每股经营现金流量(元)	-0.15	-0.47	0.28
	每股净资产/调整后(元)	1.29/1.19	2.19/2.12	2.19/2.14
	未分利润(万元)	-6738.3	4814.08	4841.02
	资本公积(万元)	8060.31	8060.31	8059.43
利润构成	主营收入(万元)	17118.49	21516.43	26107.68
	主营利润(万元)	-2861.23	-329.99	4246.31
	营业利润(万元)	-12106.41	-4502.61	1288.34
	投资收益(万元)	18.72		
	利润总额(万元)	-11552.38	128.33	1306.64
	净利润(万元)	-11552.38	85.98	932.07
点评	公司主营的纯碱、重碱获利能力居于行业下游,而且化工行业景气在下滑,因此主营获利不容乐观。虽然大股东占款已经归还,但是公司重大贷款纠纷诉讼所欠1.03亿元贷款本金,以及利息、诉讼费将会对2006、2007年业绩产生重大幅负面影响。			

	截止日期	05年末	占%	主要股东及持股比例%、持股性质
股本结构（万股）	总股本	12937.57		河南花园集团有限公司 28.99%（非流通股）
	国有股			河南永盛投资担保有限公司 28%（非流通股）
	发起股	8020.45	61.99	河南觉悟科技有限公司 5%（非流通股）
	外资股			罗红娟 0.37%（流通A股）
	募集股			孙胜辉 0.36%（流通A股）
	流通A	4917.12	38.01	杨凤兰 0.29%（流通A股）
	流通B			王娟 0.28%（流通A股）
	流通H			刘广胜 0.28%（流通A股）
股东户数	05年末	17224		李学彦 0.23%（流通A股）
	04年末	19613		周宇光 0.22%（流通A股）
其他流通股东	刘建华 0.153%;卢日铭 0.126%;张会民 0.12%			
近年分配			近年募资	

二○○五年以来市场表现

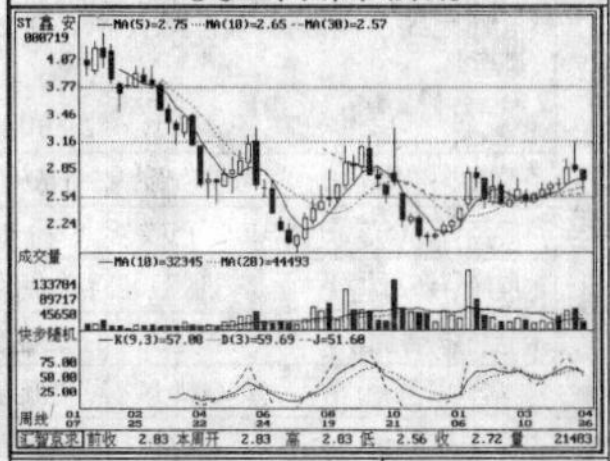

2005年涨跌幅(%)	-44.47
2005年最高(元)	4.38
2006年涨跌幅(%)	20.35
2006.4.26收盘(元)	2.72
2006年最高(元)	3.14
2006年最低(元)	2.2
2006年换手率(%)	147.08
股改对价	

鲁能泰山（000720）

上市日期:97/05/09　电话:(0538)8539812　传真:(0538)8539810

主营	主营电力、电线电缆、信息贸易、高速公路护栏。			
	年　度	2005	2004	2003
主要指标	每股收益/扣除后(元)	0.022/0.025	0.029/0.026	0.13/0.12
	每股经营现金流量(元)	0.14	0.16	0.19
	每股净资产/调整后(元)	1.57/1.56	1.57/1.56	2.83/2.83
	未分利润(万元)	4918.01	3432.09	13606.79
	资本公积(万元)	25720.51	25706.28	54466.79
利润构成	主营收入(万元)	198649.01	170409.69	167847.64
	主营利润(万元)	29806.73	26630.8	30420.34
	营业利润(万元)	3393.47	6926.5	15214.32
	投资收益(万元)	361.71	495.58	194.81
	利润总额(万元)	2277.65	7432.04	15112.4
	净利润(万元)	1895.68	2461.05	6270.84
点评	公司已经由一家电缆生产企业转型为以发电为主业的公司,现在的装机容量为1000兆瓦左右,只是一个中等规模的电厂。公司的实际控制人变更为鲁能发展集团,鲁能发展现在掌握的6000兆瓦的电源资产将有望在以后的时间里逐步被装入公司。			

	截止日期	05年末	占%	主要股东及持股比例%、持股性质
股本结构（万股）	总股本	86346		鲁能泰山电缆电器有限责任公司 30.04%（国有股）
	国有股	36471.71	42.24	山东鲁能物资集团有限公司 12.2%（国有股）
	发起股			刘胜利 0.38%（流通A股）
	外资股			张照江 0.33%（流通A股）
	募集股			扈建国 0.21%（流通A股）
	流通A	49874.29	57.76	周成海 0.18%（流通A股）
	流通B			李忠余 0.15%（流通A股）
	流通H			刘玉 0.11%（流通A股）
股东户数	05年末	83078		尹世兰 0.11%（流通A股）
	04年末	62848		郑丽 0.1%（流通A股）
其他流通股东	罗光池 0.103%;姚静 0.095%			
近年分配	03年:10派0.5送2转增6		近年募资	

二○○五年以来市场表现

2005年涨跌幅(%)	-40.99
2005年最高(元)	3.59
2006年涨跌幅(%)	24.14
2006.4.26收盘(元)	2.52
2006年最高(元)	2.78
2006年最低(元)	2.02
2006年换手率(%)	241.44
股改对价	送股 每10股实际获得2.2股

西安饮食（000721）

上市日期:97/04/30　电话:029－87232416　传真:029－87232416 87251354

主营	餐饮、宾馆、娱乐及旅游服务			
主要指标	年　度	2005	2004	2003
	每股收益/扣除后(元)	0.12/0.097	0.12/0.112	0.12/0.108
	每股经营现金流量(元)	0.55	0.23	0.13
	每股净资产/调整后(元)	1.94/1.68	1.82/1.5	1.7/1.32
	未分利润(万元)	7146.26	5382.75	3656.65
	资本公积(万元)	6667.9	6667.9	6647.65
利润构成	主营收入(万元)	45088.11	41945.56	32904.09
	主营利润(万元)	22927.56	21483.27	17168.2
	营业利润(万元)	3064.42	3222.53	3233.46
	投资收益(万元)	－131.83	－12.65	－35.52
	利润总额(万元)	3155.13	3216.46	3208.22
	净利润(万元)	2061.84	2018.43	2051.2
点评	公司有饭庄、酒店等15家分公司,7家子公司,18家市内经营网点和8家社会化餐饮网点,均处西安市黄金繁华地段,且多为百年老店、大店、名店、特色店和“中华老字号”。公司坚持“在特色化中发展高档次,在特色化中坚持大众化”的经营思路。			

股本结构(万股)	截止日期	05年末	占%	主要股东及持股比例%、持股性质
	总股本	17162.27		西安市财政局 30.59%（国有股）
	国有股	5250	30.59	西安维德实业发展有限公司 7.77%（非流通股）
	发起股			西安米高实业发展有限公司 7.15%（非流通股）
	外资股			西安龙基工程建设有限公司 7.12%（非流通股）
	募集股	5711.09	33.28	西安领先投资发展有限公司 5.72%（非流通股）
	流通A	6199.4	36.12	西安卫康商店 3.9%（非流通股）
	流通B			石明俊 0.39%（流通A股）
	流通H			李国风 0.37%（流通A股）
股东户数	05年末	19302		苏喜 0.35%（流通A股）
	04年末	19302		张彦丽 0.27%（流通A股）
其他流通股东	赵显伟 0.265%;陈磊 0.262%;胡心平 0.241%;江建军 0.224%;刘永 0.204%;北京华尔富投资咨询有限公司 0.179%			
近年分配	05预案:10派0.6	近年募资		

二〇〇五年以来市场表现

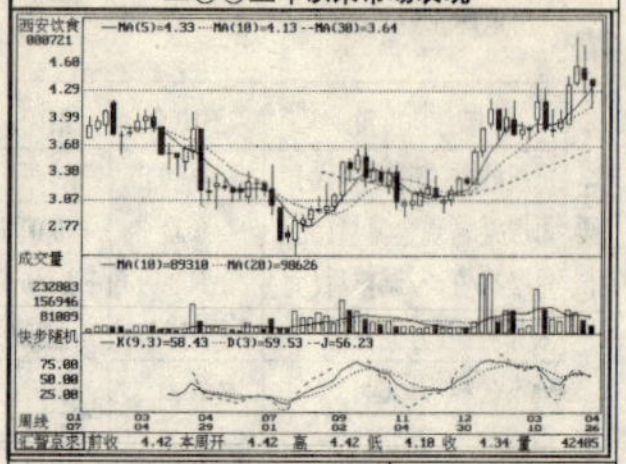

2005年涨跌幅(%)	－15.14
2005年最高(元)	4.17
2006年涨跌幅(%)	33.54
2006.4.26收盘(元)	4.34
2006年最高(元)	4.9
2006年最低(元)	3.24
2006年换手率(%)	299.23
股改对价	

G金果（000722）

上市日期:97/05/22　电话:0731－8992097　传真:0731－8998200

主营	农副产品的加工和贸易;客运;化工原料和橡胶制品批发;电缆、电线、光缆的生产和销售;投资、经营交通、能源等基础产业。			
主要指标	年　度	2005	2004	2003
	每股收益/扣除后(元)	0.02/0.03	－0.65/－0.58	0.027/0.029
	每股经营现金流量(元)	0.56	－0.51	－0.375
	每股净资产/调整后(元)	3.98/3.94	3.96/3.93	4.59/4.56
	未分利润(万元)	－906.65	－8822.58	6097.01
	资本公积(万元)	64870.09	71268.63	70942.73
利润构成	主营收入(万元)	59813.63	55189.36	48850.85
	主营利润(万元)	17296.48	12552.75	13561.82
	营业利润(万元)	596.45	－12092.85	1518.91
	投资收益(万元)	3041.55	－543.58	－7.74
	利润总额(万元)	3444.24	－14065.92	1353.29
	净利润(万元)	454.52	－14688.07	605.97
点评	公司重组式股改方案实施后,主导产业将进入到以电子信息产业为主的高科技领域,企业主体资产将为湖南电子信息产业集团公司77%的股权,主要利润来源将为LG.PHILIPS曙光电子公司。由于彩管行业的逐渐衰退,预计公司基本面近几年难以有较大的改观。			

股本结构(万股)	截止日期	05年末	占%	主要股东及持股比例%、持股性质
	总股本	22677.45		湖南湘投控股集团有限公司 25.3%（国有股）
	国有股	8892.04	39.21	衡阳市供销合作社联合社 8.02%（国有股）
	发起股			衡阳市国资局 2.82%（国有股）
	外资股			泰阳证券有限责任公司 1.76%（部分流通部分不流通）
	募集股			湖南耒能实业总公司 1.06%（国有股）
	流通A	13785.41	60.79	蔡美连 0.54%（流通A股）
	流通B			海南神龙股份有限公司 0.53%（非流通股）
	流通H			财富证券有限责任公司 0.53%（国有股）
股东户数	05年末	54523		东方证券－农行－东方红1号集合资产管理计划 0.44%（流通A股）
	04年末	60804		孙中洋 0.36%（流通A股）
其他流通股东	张桂芹 0.309%;王海燕 0.277%;徐蕾 0.248%;余德胜 0.238%;张仕平 0.195%;东方证券股份有限公司 0.188%			
近年分配		近年募资		

二〇〇五年以来市场表现

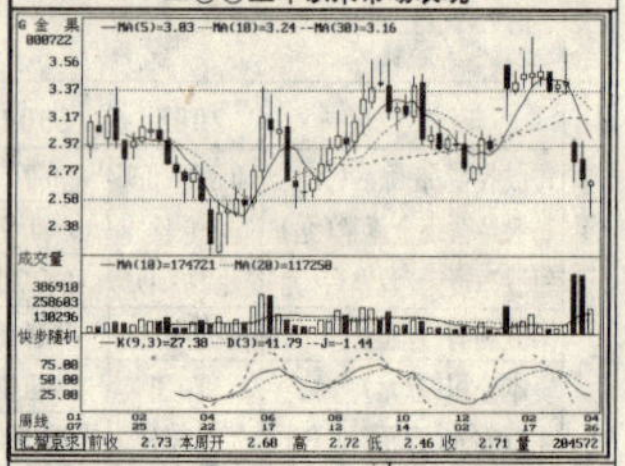

2005年涨跌幅(%)	－1.67
2005年最高(元)	3.58
2006年涨跌幅(%)	19.83
2006.4.26收盘(元)	2.71
2006年最高(元)	3.91
2006年最低(元)	3.15
2006年换手率(%)	123.3
股改对价	资产置换 定向转增 每10股实际获得3股(06/04/13)

天宇电气（000723）

上市日期:97/05/15　电话:0591－7916470　传真:0591－7916449

主营	输变电成套设备中电力一次设备的设计、制造,主导产品为各种高中低压开关设备、电器元件、各种干式、油浸式变压器和箱变等。			
主要指标	年　度	2005	2004	2003
	每股收益/扣除后(元)	0.052/0.1	0.185	0.2/0.201
	每股经营现金流量(元)	0.23	0.24	0.51
	每股净资产/调整后(元)	1.97/1.59	1.92/1.53	1.73/1.52
	未分利润(万元)	7223.15	6609.95	4423.87
	资本公积(万元)	4536.74	4536.74	4536.74
利润构成	主营收入(万元)	60728.98	77419.11	47168.98
	主营利润(万元)	11674.79	13089.37	12567.19
	营业利润(万元)	1359.41	2718.08	3040.77
	投资收益(万元)	119.79	102.93	－15.45
	利润总额(万元)	733.8	2519.94	2746.4
	净利润(万元)	721.57	2588.04	2849.24
点评	公司是福建省电气机械设备制造业的龙头企业,主营开关、变压器等电力一次设备。我国电力建设进入高速发展时期,同时西电东送,西部大开发等重大工程也给公司带来了巨大的发展机遇。公司走焦煤、焦炭一体化的经营道路,发展前景更加宽广。			

股本结构(万股)	截止日期	05年末	占%	主要股东及持股比例%、持股性质
	总股本	13959.92		美锦能源集团有限公司 29.73%（非流通股）
	国有股	6423.6	46.01	山西明坤科工贸集团有限公司 16.28%（非流通股）
	发起股			中国工商银行福建省分行营业部 1.37%（非流通股）
	外资股			福州市投资管理公司 1.03%（非流通股）
	募集股	568.4	4.07	福建水泥股份有限公司 0.88%（非流通股）
	流通A	6967.92	49.91	黎虹 0.63%（流通A股）
	流通B			黄超 0.44%（流通A股）
	流通H			深圳市宏业科技实业有限公司 0.35%（流通A股）
股东户数	05年末	17635		王森 0.32%（流通A股）
	04年末	13943		庞继红 0.23%（流通A股）
其他流通股东	谢国强 0.222%;欧云峰 0.212%;郑淑兰 0.191%;叶荔 0.178%;关美华 0.176%			
近年分配		近年募资		

二〇〇五年以来市场表现

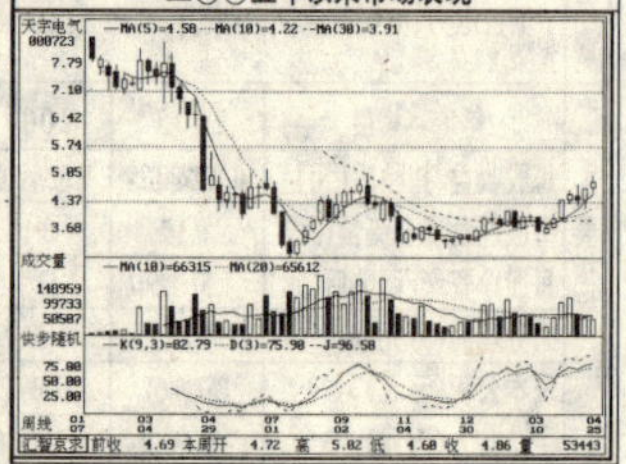

2005年涨跌幅(%)	－60.05
2005年最高(元)	8.47
2006年涨跌幅(%)	42.11
2006.4.26收盘(元)	4.86
2006年最高(元)	5.02
2006年最低(元)	3.4
2006年换手率(%)	167.41
股改对价	

G 京东方(000725/200725)

上市日期:A: 01/01/12 B: 97/06/10 电话:010-64366264 传真:010-64366264

主营	光电子与显示器件、显示信息终端设备;无线通讯与移动信息设备;系统解决方案、软件与服务等。			
	年度	2005	2004	2003
主要指标	每股收益/扣除后(元)	-0.723/-0.715	0.14	0.61/0.61
	每股经营现金流量(元)	-0.448	0.141	1.13
	每股净资产/调整后(元)	1.54/1.52	3.39/3.37	3.9/3.8
	未分利润(万元)	-109541.82	52186.11	43437.71
	资本公积(万元)	161663.92	230164.35	105883.09
利润构成	主营收入(万元)	1346179.31	1244170.76	1118010.63
	主营利润(万元)	19922.64	128386.78	172737.7
	营业利润(万元)	-159637.38	2405.84	43796.26
	投资收益(万元)	11330.16	28611.2	7667.95
	利润总额(万元)	-145436.18	30087	50016.97
	净利润(万元)	-158708.73	20601.27	40318.53
点评	公司作为我国北方最大的显示器生产基地,全球最大的平板电脑用显示屏供应商,国内行业内唯一的TFT显示模块产品生产厂商,主要产品均保持国内甚至全球领先地位。公司积极推进IPV6在中国的产业化进程,TFT-LCD产业市场前景广阔,未来预期良好。			

	截止日期	05年末	占%	主要股东及持股比例%、持股性质
股本结构(万股)	总股本	219569.58		北京京东方投资发展有限公司 32.8%(国有股)
	国有股	80889.43	36.84	FIELDS PACIFIC LIMITED 6.15%(流通B股)
	发起股	881.42	0.4	北京东电实业开发公司 3.75%(国有股)
	外资股	24.96	0.01	EMERGING MARKETS GROWTH FUND INC 1.53%(流通B股)
	募集股			上海香港万国证券 1.52%(流通B股)
	流通A	26229.37	11.95	BOCI SECURITIES LIMITED 1.17%(流通B股)
	流通B	111530.04	50.79	TOP RESPECT GROUP LIMITED 0.92%(流通B股)
	流通H			BONY-DREYFUS PIFI-DREYFUS PREMIER GREATER CHINA 0.8%(流通B股)
股东户数	05年末	71341		GUOTAI JUNAN SECURITIES HONG KONG LIMITED 0.73%(流通B股)
	04年末	75658		CAPITAL INTERNATIONAL EMERGING MARKETS FUND 0.71%(流通B股)
其他流通股东	BARINGS(IRELAND) SA THE ATLANTIS CHINA FUND PLC 0.501%;中信资本证券有限公司 0.473%			
近年分配	04年:10转增5年终:10派0.2;03年:10派0.1转增5		近年募资	04年增发。

二〇〇五年以来市场表现

2005年涨跌幅(%)	-24.99
2005年最高(元)	7.86
2006年涨跌幅(%)	21.91
2006.4.26收盘(元)	2.56
2006年最高(元)	3.46
2006年最低(元)	2.1
2006年换手率(%)	413.92
股改对价	送股 每10股实际获得4.2股(05/11/30)

鲁泰A(000726/200726)

上市日期:A: 00/12/25 B: 97/08/19 电话:0533-5185166 传真:0533-5182188

主营	生产销售棉涤纶纱、色织布、衬衣、服装饰品、保健内衣等纺织品。			
	年度	2005	2004	2003
主要指标	每股收益/扣除后(元)	0.74/0.71	0.66	0.45/0.45
	每股经营现金流量(元)	1.11	0.74	0.21
	每股净资产/调整后(元)	4.11/4.1	3.75/3.74	3.44/3.44
	未分利润(万元)	35432.14	25097.5	1451.85
	资本公积(万元)	75113.12	74934.18	74016.76
利润构成	主营收入(万元)	223310.35	189086.22	127051.24
	主营利润(万元)	68081.55	53195.05	41415.98
	营业利润(万元)	37487.56	32582.22	24578.87
	投资收益(万元)	-140.72	142.93	-530.2
	利润总额(万元)	38347.43	32001.41	22766.68
	净利润(万元)	31145.01	27994.14	19173.39
点评	公司是国内色织面料的龙头企业,主要从事衬衫用色织面料和衬衫的生产、销售,并渗透到衬衫业务领域,05年面对行业不利环境,公司实现了稳定增长,但增长速度下降。新的一年,公司将强化上、下游产业链一体化的优势,实现企业稳定发展。			

	截止日期	05年末	占%	主要股东及持股比例%、持股性质
股本结构(万股)	总股本	42243.24		泰纶纺织有限公司 14%(外资股)
	国有股			淄博鲁诚纺织有限公司 14%(非流通股)
	发起股	5911.62	13.99	DBS VICKERS(HONG KONG) LTD A/C CLIENTS 3.1%(流通B股)
	外资股	5911.62	13.99	HTHK-VALUE PARTNERS INTELLIGENT FD-CHINA B SHS FD 1.65%(流通B股)
	募集股			海通-中行-富通银行 1.59%(流通A股)
	流通A	14196	33.61	海富通收益增长证券投资基金 1.42%(流通A股)
	流通B	16224	38.41	中信经典配置证券投资基金 1.3%(流通A股)
	流通H			BBH BOS S/A FIDELITY FD-CHINA FOCUS FD 1.23%(流通B股)
股东户数	05年末	26460		HTHK/CMG FSGUFP - CMG FIRST STATE CHINA GROWTH FD 1.18%(流通B股)
	04年末	24055		TOYO SECURITIES ASIA LIMITED-A/C CLIENT. 1.1%(流通B股)
其他流通股东	朱胜娣 1.089%;PACIFIC DRAGON FUND L.L.C. 0.903%			
近年分配	05预案:10派3;04年:10派3.75;03年:10派3.75		近年募资	

二〇〇五年以来市场表现

2005年涨跌幅(%)	-27.19
2005年最高(元)	11.2
2006年涨跌幅(%)	4.24
2006.4.26收盘(元)	6.88
2006年最高(元)	7.7
2006年最低(元)	6.55
2006年换手率(%)	173.11
股改对价	送股 每10股实际获得0.7股

G 华电(000727)

上市日期:97/05/20 电话:025-85311050 传真:025-85319623

主营	真空电子器件、电光源产品、显示器件、新型电子器件及电子材料、晶体元器件的生产销售、动力供应等。			
	年度	2005	2004	2003
主要指标	每股收益/扣除后(元)	-0.477/-0.499	0.073/0.075	0.02/0.011
	每股经营现金流量(元)	-0.1603	-0.128	0.02
	每股净资产/调整后(元)	2.64/2.62	3.17/3.14	3.08/3.04
	未分利润(万元)	1121.34	20127.71	17938.53
	资本公积(万元)	48670.81	48658.19	47978.34
利润构成	主营收入(万元)	32175.68	34182.31	27105.86
	主营利润(万元)	-239.27	2428.89	2337.46
	营业利润(万元)	-11328.49	-8157.3	-5977.84
	投资收益(万元)	-7898.75	9319.49	4967.95
	利润总额(万元)	-19299.67	1081.51	-1077.12
	净利润(万元)	-17138.74	2614.93	605.69
点评	公司主营业务结构调整,其投产项目目前尚未大规模投产见效,同时原有的照明行业竞争力下降,大规模建设使公司的费用负担大大增加,信息产业发展前景也不容乐观。公司未来的发展前景令人担忧。			

	截止日期	05年末	占%	主要股东及持股比例%、持股性质
股本结构(万股)	总股本	35915.74		南京华东电子集团有限公司 45.2%(国有股)
	国有股	16234.28	45.2	上海市房屋维修资金管理中心 4.65%(流通A股)
	发起股			上海国际机场股份有限公司 0.51%(流通A股)
	外资股			陈浩勤 0.28%(流通A股)
	募集股			吕宜新 0.22%(流通A股)
	流通A	19681.45	54.8	郑本庄 0.17%(流通A股)
	流通B			易琳 0.15%(流通A股)
	流通H			斯子国 0.12%(流通A股)
股东户数	05年末	61660		张杰 0.11%(流通A股)
	04年末	67215		王志英 0.1%(流通A股)
其他流通股东	哈尔滨财信投资咨询有限责任公司 0.09%			
近年分配	04年:10派0.5		近年募资	

二〇〇五年以来市场表现

2005年涨跌幅(%)	-44.64
2005年最高(元)	5.04
2006年涨跌幅(%)	62.14
2006.4.26收盘(元)	3.94
2006年最高(元)	4.01
2006年最低(元)	2.41
2006年换手率(%)	110.78
股改对价	送股 每10股实际获得3.2股(06/05/09)

北京化二（000728）

上市日期:97/06/16　　电话:010－67758106　　传真:010－67781459

主营：生产和销售聚氯乙烯、烧碱等基本化工原料

	年　度	2005	2004	2003
主要指标	每股收益/扣除后(元)	-0.601/-0.37	0.295	0.135/0.156
	每股经营现金流量(元)	-0.314	1.5	0.455
	每股净资产/调整后(元)	2.51/2.48	3.11/3.05	2.8/2.78
	未分利润(万元)	-19132.52	1608.84	-8177.92
	资本公积(万元)	68240.12	68072.9	67537.92
利润构成	主营收入(万元)	108872.83	133825.17	104196.45
	主营利润(万元)	-2542.76	23090.13	15019.26
	营业利润(万元)	-12119.8	13086.25	6231.35
	投资收益(万元)	-422.53	-447.61	-261.1
	利润总额(万元)	-20741.35	10202.12	4669.86
	净利润(万元)	-20741.35	10188.96	4669.86

点评：公司主营产品为塑料和烧碱，在目前化工景气下滑的趋势下，获利能力不容乐观。但是该公司大股东东方石化持股比例高达58.1%，而其实际控制人正是中国石化，因此公司有可能成为中国石化重组目标。建议关注。

股本结构（万股）	05年末	占%	主要股东及持股比例%、持股性质
截止日期			
总股本	34521		北京东方石油化工有限公司 58.1%（国有股）
国有股	24121	69.87	北京化学工业集团有限责任公司 11.77%（国有股）
发起股			高涓 0.25%（流通A股）
外资股			李玉兰 0.25%（流通A股）
募集股			韩春 0.17%（流通A股）
流通A	10400	30.13	郝淑琴 0.13%（流通A股）
流通B			田宝芬 0.1%（流通A股）
流通H			李上河 0.09%（流通A股）
股东户数 05年末	41543		钟立斌 0.08%（流通A股）
股东户数 04年末	46761		郑烨 0.08%（流通A股）
其他流通股东	张志强 0.077%；范玉荣 0.075%		
近年分配		近年募资	

二○○五年以来市场表现

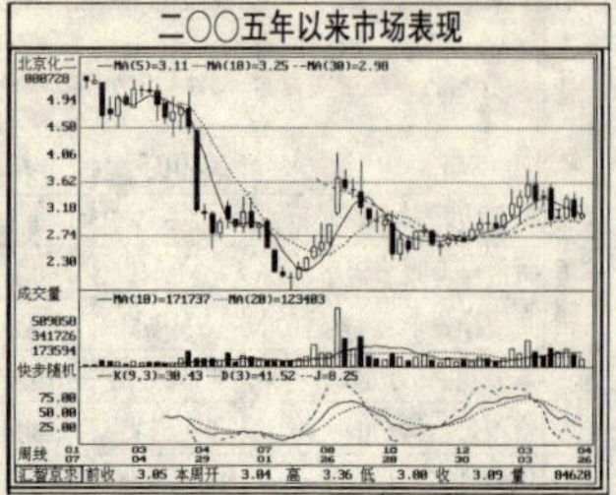

2005年涨跌幅(%)	-50.09
2005年最高(元)	5.38
2006年涨跌幅(%)	16.17
2006.4.26收盘(元)	3.09
2006年最高(元)	3.82
2006年最低(元)	2.65
2006年换手率(%)	204.16
股改对价	

燕京啤酒（000729）

上市日期:97/07/16　　电话:010－89490729　　传真:010－89495569

主营：啤酒、矿泉水、啤酒原料、饲料、酵母、塑料箱的制造和销售。

	年　度	2005	2004	2003
主要指标	每股收益/扣除后(元)	0.27/0.26	0.4/0.4	0.362/0.36
	每股经营现金流量(元)	0.77	0.78	1.13
	每股净资产/调整后(元)	4.42/4.38	6.24/6.19	5.92/5.88
	未分利润(万元)	70278.58	70345.74	64548.73
	资本公积(万元)	215242.26	229969.56	219966.21
利润构成	主营收入(万元)	531415.3	467116.97	342772.09
	主营利润(万元)	135160.43	120363.48	94838.02
	营业利润(万元)	35459.56	39254.97	33657.76
	投资收益(万元)	52.28	-400.62	323.2
	利润总额(万元)	37798.8	39098.69	33747.65
	净利润(万元)	27678.44	27050.65	24192.8

点评：公司在北京市场保持85%的市场占有率，05年在外地市场增长突出；同时，公司中高档产品比重提高。中国啤酒行业正处于行业整合阶段，今后几年啤酒行业市场竞争仍将继续，同时，外资看好中国啤酒产业增长空间。公司目前在行业中的优势地位还待巩固和提高。

股本结构（万股）	05年末	占%	主要股东及持股比例%、持股性质
截止日期			
总股本	101944.6		北京燕京啤酒有限公司 68.07%（非流通股）
国有股	2636.55	2.59	申银万国－花旗－UBS LIMITED 4.41%（流通A股）
发起股	69397.13	68.07	北京燕京啤酒集团公司 2.59%（国有股）
外资股			中国工商银行－申万巴黎盛利精选证券投资基金 1.31%（流通A股）
募集股			中国工商银行－裕元证券投资基金 1.25%（流通A股）
流通A	29910.93	29.34	海通－中行－富通银行 0.83%（流通A股）
流通B			中国建设银行－宝康消费品证券投资基金 0.79%（流通A股）
流通H			中国工商银行－天元证券投资基金 0.76%（流通A股）
股东户数 05年末	51089		中国银行－海富通收益增长证券投资基金 0.69%（流通A股）
股东户数 04年末	49995		中国建设银行－华宝兴业多策略增长证券投资基金 0.51%（流通A股）
其他流通股东	交通银行－汉兴证券投资基金 0.422%；中国建设银行－宝康灵活配置证券投资基金 0.392%		
近年分配	05预案:10派1.5；04年:10派0.6送2转增3；03年:10派1.8	近年募资	

二○○五年以来市场表现

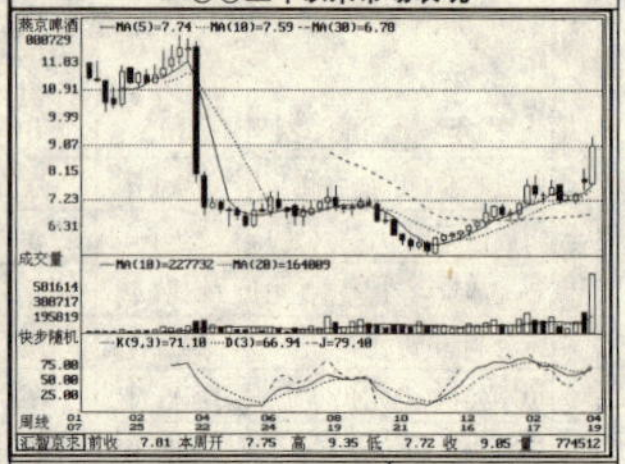

2005年涨跌幅(%)	-14.02
2005年最高(元)	12.75
2006年涨跌幅(%)	33.68
2006.4.26收盘(元)	9.05
2006年最高(元)	9.35
2006年最低(元)	6.5
2006年换手率(%)	87.35
股改对价	送股 每10股实际获得2.7股

四川美丰（000731）

上市日期:97/06/17　　电话:0838－2304235　　传真:0838－2304228

主营：从事化学肥料、合成氨、尿素、碳酸氢铵、三聚氰胺、塑料包装袋及PVC管材管件制造、销售。

	年　度	2005	2004	2003
主要指标	每股收益/扣除后(元)	0.953	0.746	0.456/0.437
	每股经营现金流量(元)	1.0471	1.4083	0.72
	每股净资产/调整后(元)	4.58/4.58	4.07/4.07	3.67/3.67
	未分利润(万元)	32723.99	24354.15	17464.15
	资本公积(万元)	29182.75	29111.93	29079.42
利润构成	主营收入(万元)	112310.83	92967.96	79226.54
	主营利润(万元)	36311.17	31092.56	18978.06
	营业利润(万元)	27245.41	23670.65	12909.44
	投资收益(万元)	-7.39	15.53	440.56
	利润总额(万元)	28275.76	22454.08	13740.42
	净利润(万元)	23422.98	18328.73	11205.08

点评：公司目前已具备年产64万吨合成氨和100万吨尿素的生产规模，跻身于全国大氮肥企业之列。由于我国氮肥产能过剩，因此预计2006年氮肥行业盈利能力将呈下滑趋势。未来两年四川美丰业绩的增长将主要来自于产量的增长。

股本结构（万股）	05年末	占%	主要股东及持股比例%、持股性质
截止日期			
总股本	24566.57		成都华川石油天然气勘探开发总公司 18.33%（国有股）
国有股	8913.09	36.28	四川美丰(集团)有限责任公司 17.79%（国有股）
发起股			四川天晨投资控股集团有限公司 11.17%（非流通股）
外资股			重庆国际信托投资有限公司 7.58%（非流通股）
募集股	5542.19	22.56	中国工商银行－国联安德盛小盘精选证券投资基金 1.31%（流通A股）
流通A	10111.29	41.16	中国银行－同盛证券投资基金 0.84%（流通A股）
流通B			中国工商银行－安信证券投资基金 0.73%（流通A股）
流通H			中国人寿保险股份有限公司－分红－个人分红－005L－FH002深 0.69%（流通A股）
股东户数 05年末	32427		四川省德阳市银马出租汽车有限责任公司 0.59%（非流通股）
股东户数 04年末	24628		同益证券投资基金 0.42%（流通A股）
其他流通股东	上海苏能投资有限公司 0.364%；丰和价值证券投资基金 0.326%；李发玉 0.313%		
近年分配	05预案:10派4.8；04年:10派4.5；03年:10派3.5	近年募资	

二○○五年以来市场表现

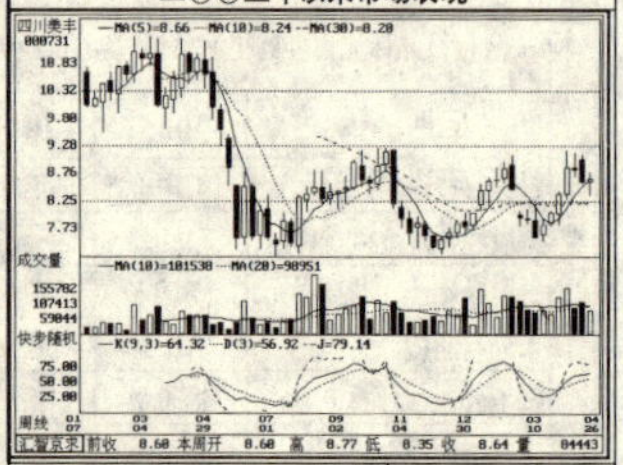

2005年涨跌幅(%)	-23.77
2005年最高(元)	11.35
2006年涨跌幅(%)	11.34
2006.4.26收盘(元)	8.64
2006年最高(元)	9.18
2006年最低(元)	7.49
2006年换手率(%)	162.58
股改对价	

福建三农（000732）

上市日期:97/07/04　电话:0591－7800884　传真:0591－7810369

主营	农药,精细化工产品的生产、销售及相关的进出口业务。

	年　度	05 中期	2004	2003
主要指标	每股收益/扣除后(元)	0.01/0.006	－0.52/－0.337	0.03/－0.033
	每股经营现金流量(元)		－1.17	－0.09
	每股净资产/调整后(元)	2.02/1.91	2.01/1.99	2.53/2.35
	未分利润(万元)	206.43	－3435.43	6901.54
	资本公积(万元)	16532.03	19967.46	19916.63
利润构成	主营收入(万元)	22012.99	80733.75	56061.63
	主营利润(万元)	4672.86	10783.4	8637.23
	营业利润(万元)	126.19	－7151.8	－244.82
	投资收益(万元)	4.88	－1585.64	787.09
	利润总额(万元)	212.92	－10667.88	557.61
	净利润(万元)	206.43	－10352.13	539.97

点评：公司具有年产农药原药1.2万吨及年产化工产品1万吨的生产能力,规模居全国前列。但是获利能力有待进一步提高。而且涉足生物药品、信息技术产业,行业过于多样化。此外,不断被银行索债说明公司现金流有问题,建议回避。

	截止日期	05 中期	占%	主要股东及持股比例%、持股性质
股本结构（万股）	总股本	19846.94		西安飞天科工贸集团有限责任公司 20.67%（非流通股）
	国有股			上海金威数码信息技术有限公司 11.87%（非流通股）
	发起股			西安腾兴科技发展有限公司 4.01%（非流通股）
	外资股			福建赛克赛思投资有限公司 2.15%（非流通股）
	募集股	8317.24	41.91	上海科技投资股份有限公司 2.11%（非流通股）
	流通 A	11529.7	58.09	黄华涛 0.29%（流通 A股）
	流通 B			福建省农资集团三明公司 0.19%（非流通股）
	流通 H			福建省农资集团公司 0.18%（非流通股）
股东户数	05 中期	40141		福州市仓山胪厦聚义鞋厂 0.14%（非流通股）
	04 年末	41638		福建省农资集团漳州公司 0.14%（非流通股）
其他流通股东	王娟 0.116%;梁卓雄 0.11%;许申玲 0.104%;王国祚 0.101%;李岩 0.099%;赵兴东 0.093%;杨林 0.09%			
近年分配		近年募资		

二〇〇五年以来市场表现

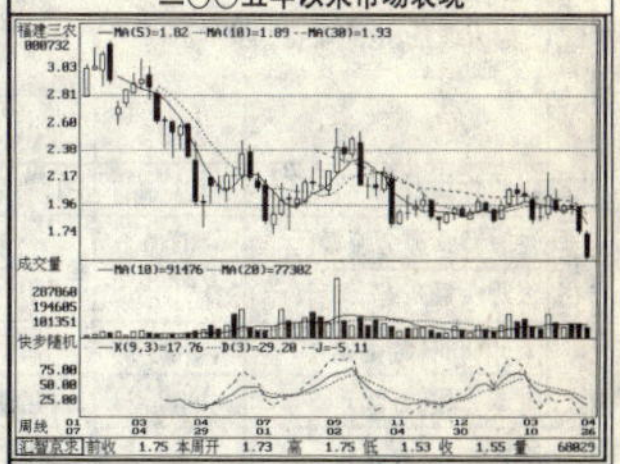

2005 年涨跌幅(%)	－37.16
2005 年最高(元)	3.24
2006 年涨跌幅(%)	－16.67
2006.4.26 收盘(元)	1.55
2006 年最高(元)	2.2
2006 年最低(元)	1.53
2006 年换手率(%)	117.38
股改对价	

振华科技（000733）

上市日期:97/07/03　电话:0851－6302675　传真:0851－6302674

主营	新型电子元器件、通信信息整机产品、光机电一体化成套设备等电子信息产品的研制与生产。

	年　度	2005	2004	2003
主要指标	每股收益/扣除后(元)	0.05/0.03	0.05/0.05	0.09/0.07
	每股经营现金流量(元)	0.16	0.07	0.27
	每股净资产/调整后(元)	5.19/5.11	5.14/5.07	5.09/5.05
	未分利润(万元)	8912.1	7543.1	6180.97
	资本公积(万元)	134564.61	134437.33	134346.75
利润构成	主营收入(万元)	129480.22	90998.29	91344.68
	主营利润(万元)	31493.06	21507.55	20314.4
	营业利润(万元)	7085.03	2636.95	1944.66
	投资收益(万元)	－2022.37	－143.31	1680.1
	利润总额(万元)	3664.87	2124.92	3633.33
	净利润(万元)	1711.26	1702.65	3209.65

点评：公司是我国配套能力最强的硅管和芯片生产研发基地,也是我国半导体硅元件的主要生产商。公司作为西部"硅王",开发出新一代半导体元器件和集成电路芯片,具有强大的集成电路开发和封装能力。随着半导体产业全面复苏,市场环境迅速改善,业绩可望大幅增长。

	截止日期	05 年末	占%	主要股东及持股比例%、持股性质
股本结构（万股）	总股本	35812		中国振华集团电子有限公司 50.3%（国有股）
	国有股			上海联合石油液化气发展有限公司 0.34%（流通 A股）
	发起股	18012	50.3	中国工商银行－融通深证 100 指数证券投资基金 0.16%（流通 A股）
	外资股			蒲世全 0.16%（流通 A股）
	募集股			何少平 0.11%（流通 A股）
	流通 A	17800	49.7	唐玉 0.08%（流通 A股）
	流通 B			招商银行股份有限公司－长城久泰中信标普 300 指数证券投资基金 0.08%（流通 A股）
	流通 H			夏庆喜 0.08%（流通 A股）
股东户数	05 年末	81512		三亚金泰实业发展有限公司 0.07%（流通 A股）
	04 年末	88204		刘红波 0.07%（流通 A股）
其他流通股东	凌伟 0.07%			
近年分配		近年募资		

二〇〇五年以来市场表现

2005 年涨跌幅(%)	－27.32
2005 年最高(元)	5.7
2006 年涨跌幅(%)	41.78
2006.4.26 收盘(元)	5.43
2006 年最高(元)	5.57
2006 年最低(元)	3.8
2006 年换手率(%)	133.4
股改对价	

G 罗牛山（000735）

上市日期:97/06/11　电话:0898－68558234　传真:0898－68581826

主营	主要生产销售生猪、鸡、鲜鸡蛋、无公害蔬菜等农副产品,并投资于教育产业和房地产行业。

	年　度	2005	2004	2003
主要指标	每股收益/扣除后(元)	－0.16/－0.141	0.02	0.03/0.005
	每股经营现金流量(元)	－0.02	0.18	0.02
	每股净资产/调整后(元)	2.05/2.02	2.22/2.22	2.22/2.22
	未分利润(万元)	2118.36	11760.92	12395.14
	资本公积(万元)	48019.95	48019.54	47946.15
利润构成	主营收入(万元)	38406.09	48497.61	35711.92
	主营利润(万元)	2346.28	9880.84	7326.32
	营业利润(万元)	－8513.4	965.36	703.68
	投资收益(万元)	－69.15	250.02	1265.99
	利润总额(万元)	－10093.62	1228.64	2091.35
	净利润(万元)	－9642.57	1159.17	1961.42

点评：公司产品有生猪、鸡、鸡蛋、无公害蔬菜,是配套最全的全国菜篮子工程企业。2005年遭遇海南32年不遇的强台风,养殖基地的损失以及台风导致洋浦面粉原料损失造成亏损增加,加上牲猪价格下降、房地产收入减少,引致亏损。目前已恢复正常。

	截止日期	05 年末	占%	主要股东及持股比例%、持股性质
股本结构（万股）	总股本	58725.4		海口市国营罗牛山农场 15.45%（国有股）
	国有股	867	1.48	海口永盛畜牧机械工程有限公司 4.71%（非流通股）
	发起股	11560	19.68	湖北新锐科技发展有限公司 3.6%（非流通股）
	外资股			海南京海中隆投资管理有限公司 2.51%（非流通股）
	募集股	13756.4	23.42	海南发海贸易有限公司 2.46%（非流通股）
	流通 A	32542	55.41	海南深兴贸易有限公司 2.46%（非流通股）
	流通 B			海南兴牧饲料有限公司 2.46%（非流通股）
	流通 H			海南兴地实业投资有限公司 2.21%（非流通股）
股东户数	05 年末	160871		海南伟润实业有限公司 1.53%（国有股）
	04 年末	171215		中国经济开发信托投资公司 1.48%（国有股）
其他流通股东	海南腾胜工程造价咨询有限公司 0.13%;李貌 0.109%;中国银行－嘉实沪深 300 指数证券投资基金 0.081%			
近年分配		近年募资		

二〇〇五年以来市场表现

2005 年涨跌幅(%)	－34.84
2005 年最高(元)	3.24
2006 年涨跌幅(%)	38.18
2006.4.26 收盘(元)	1.36
2006 年最高(元)	3.12
2006 年最低(元)	1.85
2006 年换手率(%)	56.03
股改对价	定向转增 每 10 股实际获得 9 股(06/04/18)

ST 重实（000736）

上市日期:97/04/25　电话:023－67530016　传真:023－67530017

主营	电力设备、电源设备、通讯设备的生产和销售			
	年　度	2005	2004	2003
主要指标	每股收益/扣除后(元)	-0.3/-0.3	-14.25/-9.5	0.3/0.29
	每股经营现金流量(元)	0.006	-5.89	0.23
	每股净资产/调整后(元)	-10.32/-10.32	-10.02/-9.86	4.22/4.22
	未分利润(万元)	-88102.14	-86110.78	6690.79
	资本公积(万元)	10149.82	10074.75	10032.52
利润构成	主营收入(万元)		26329.43	39103.83
	主营利润(万元)		8760.8	15746.26
	营业利润(万元)	-3510.16	-53909.73	5796.4
	投资收益(万元)	1514.92	-9541.18	65.45
	利润总额(万元)	-1999.96	-95357.5	6001.84
	净利润(万元)	-1999.96	-92952.55	1969.1
点评	公司在德隆控制期间问题重重,存在连续虚增利润、隐瞒与德隆的控股关系、未披露对外担保等问题。虽然已经觅得新重组方重庆渝富,公司的破产警报仍未解除。目前诉讼缠身,银行账号、资产仍然处于冻结状况。			

	截止日期	05年末	占%	主要股东及持股比例%、持股性质
股本结构（万股）	总股本	6600		北京中经四通信息技术发展有限公司 18.18%（非流通股）
	国有股			重庆皇丰实业有限公司 14.04%（非流通股）
	发起股			上海万浦精细设备经销有限公司 11.31%（非流通股）
	外资股			上海华岳投资管理有限公司 4.34%（非流通股）
	募集股	4000	60.61	江门汇盛投资管理有限公司 1.55%（非流通股）
	流通A	2599.87	39.39	华夏证券有限公司重庆分公司 1.52%（非流通股）
	流通B			重庆庆通物业管理公司 1.52%（非流通股）
	流通H			重庆轻纺控股(集团)公司 0.76%（非流通股）
股东户数	05年末	7478		海南谦益金源投资管理有限公司 0.76%（非流通股）
	04年末	9629		重庆福瑞门科技发展有限公司 0.61%（非流通股）
其他流通股东	巫小玲 0.57%；沈永富 0.454%；凌志伟 0.367%；李晓红 0.363%；陆相生 0.318%；李里 0.315%；李子成 0.314%			
近年分配		近年募资		

二〇〇五年以来市场表现

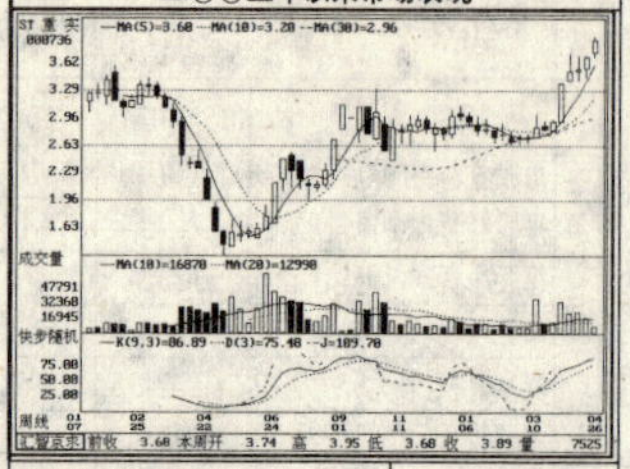

2005年涨跌幅(%)	-6.6
2005年最高(元)	3.57
2006年涨跌幅(%)	30.98
2006.4.26收盘(元)	3.89
2006年最高(元)	3.95
2006年最低(元)	2.64
2006年换手率(%)	83.07
股改对价	

G 南风（000737）

上市日期:97/04/28　电话:0359－8967035　传真:0359－2023302

主营	生产销售无机盐化工原料、日用化工及其他精细化工产品、化肥系列产品等。			
	年　度	2005	2004	2003
主要指标	每股收益/扣除后(元)	0.04/0.037	0.024	0.084/0.089
	每股经营现金流量(元)	0.68	0.61	0.44
	每股净资产/调整后(元)	3.12/3	3.08/2.94	3.08/2.97
	未分利润(万元)	11058.87	10241.42	10582.09
	资本公积(万元)	72804.74	72782.74	73059.78
利润构成	主营收入(万元)	265071.64	260817.94	279304.48
	主营利润(万元)	46020.74	41005.51	54106.67
	营业利润(万元)	5656.8	3193.12	7546.61
	投资收益(万元)	102.12	459.46	-118.07
	利润总额(万元)	5826.69	4033.71	7145.3
	净利润(万元)	1808.27	1083.53	3841.6
点评	公司是世界上最大的元明粉生产企业,生产能力居同行业龙头地位。此外,公司还拥有山西运城盐湖的开发权,是全亚洲最大的硫酸钾生产基地。加上拥有世界上最大的碳纳米管生产基地,这都为公司增加了新的利润增长点。			

	截止日期	05年末	占%	主要股东及持股比例%、持股性质
股本结构（万股）	总股本	45730		山西运城盐化局 44.65%（国有股）
	国有股	24378	53.31	西安市日用化学工业公司 8.66%（国有股）
	发起股	396	0.87	中国耀华玻璃集团公司 0.29%（国有股）
	外资股			天津宏发集团公司 0.29%（非流通股）
	募集股			升华集团控股有限公司 0.29%（非流通股）
	流通A	20956	45.83	金玉 0.21%（流通A股）
	流通B			杜朝钦 0.13%（流通A股）
	流通H			钟立斌 0.12%（流通A股）
股东户数	05年末	65262		蔡保琦 0.09%（流通A股）
	04年末	69190		甄铨 0.09%（流通A股）
其他流通股东	宗峰 0.08%；张荣 0.077%；王明其 0.075%；北京新丰瑞和科技有限责任公司 0.072%；张鸿飞 0.07%			
近年分配		近年募资		

二〇〇五年以来市场表现

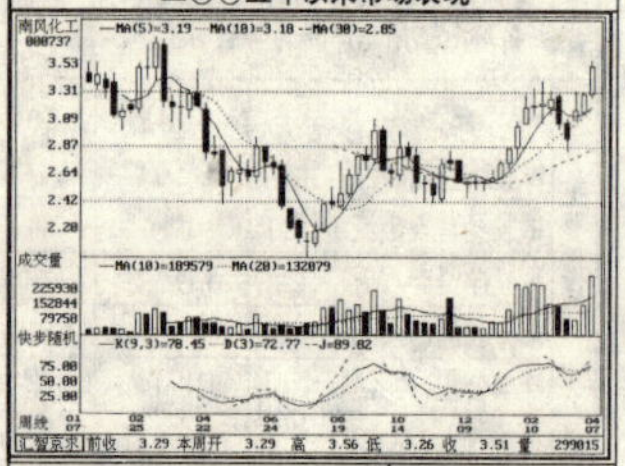

2005年涨跌幅(%)	-24.35
2005年最高(元)	3.75
2006年涨跌幅(%)	34.48
2006.4.26收盘(元)	3.51
2006年最高(元)	3.56
2006年最低(元)	2.6
2006年换手率(%)	99.49
股改对价	送股 每10股实际获得3.5股(06/04/28)

G 南摩（000738）

上市日期:97/06/26　电话:0733－8559515　传真:0733－8559714

主营	摩托车、摩托车发动机及其派生产品的科研生产、销售、安装以及上述产品所需技术、设备、零部件的技术转让和销售			
	年　度	2005	2004	2003
主要指标	每股收益/扣除后(元)	-0.047/-0.044	-0.55	0.015/0.011
	每股经营现金流量(元)	0.14	-0.15	-0.35
	每股净资产/调整后(元)	1.04/0.8	1.1/0.95	1.68/1.46
	未分利润(万元)	-23264.27	-21400.92	708.05
	资本公积(万元)	26512.01	26440.23	26267.29
利润构成	主营收入(万元)	39260.47	35937.49	46168.76
	主营利润(万元)	-866.7	-1551.54	5083.27
	营业利润(万元)	-3324.6	-19510.84	271.71
	投资收益(万元)	474.76	273.09	358.15
	利润总额(万元)	-2967.59	-24166.27	630.22
	净利润(万元)	-1863.35	-22044.28	598.76
点评	公司主营摩托车整车、汽车及摩托车部件的生产和销售。尽管05年实现了销售的增长,但在成本上升的影响下,企业盈利没能出现好转。随着国家新农村建设的开展,预期公司经营会出现一定程度的好转,但具体情况还需要观察。			

	截止日期	05年末	占%	主要股东及持股比例%、持股性质
股本结构（万股）	总股本	39780		株洲南方航空动力有限公司 65.81%（国有股）
	国有股	26180	65.81	东方证券－农行－东方红1号集合资产管理计划 0.84%（流通A股）
	发起股			东方证券股份有限公司 0.64%（流通A股）
	外资股			中国农业银行－长信银利精选证券投资基金 0.37%（流通A股）
	募集股			上海市职工保障互助会 0.25%（流通A股）
	流通A	13600	34.19	中国银行－银华优势企业(平衡型)证券投资基金 0.19%（流通A股）
	流通B			丁晓峰 0.16%（流通A股）
	流通H			梁冬梅 0.15%（流通A股）
股东户数	05年末	41065		叶香莉 0.15%（流通A股）
	04年末	47261		王洁 0.12%（流通A股）
其他流通股东	张凤鸣 0.121%			
近年分配		近年募资		

二〇〇五年以来市场表现

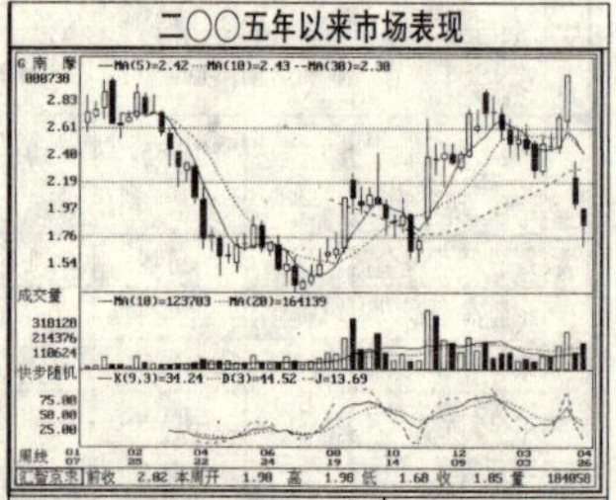

2005年涨跌幅(%)	-0.76
2005年最高(元)	3
2006年涨跌幅(%)	-5.04
2006.4.26收盘(元)	1.85
2006年最高(元)	3.17
2006年最低(元)	2.22
2006年换手率(%)	112.92
股改对价	送股 每10股实际获得3.5股(06/04/21)

G 康裕（000739）

上市日期:97/05/09　　电话:0532－3870898　　传真:0532－3890739

主营	医药行业投资;网络投资;股权投资管理;生物制药技术的研究、开发、转让;国内商业(不含国家危禁、专营、专控商品);场地、设施出租;进出口业务等。

	年　度	2005	2004	2003
主要指标	每股收益/扣除后(元)	0.3/0.297	0.244	0.235/0.216
	每股经营现金流量(元)	0.6	0.33	0.72
	每股净资产/调整后(元)	2.55/2.53	2.29/2.27	2.1/2.09
	未分利润(万元)	7686.93	5483.14	3716.77
	资本公积(万元)	10190.18	10007.03	9997.03
利润构成	主营收入(万元)	103541.56	83051.6	77025.12
	主营利润(万元)	19953.28	15763.77	15757.17
	营业利润(万元)	5688.24	5310.85	5793.04
	投资收益(万元)	－396.07	－446.27	－721.04
	利润总额(万元)	5151.77	4870.84	5007.85
	净利润(万元)	4375.49	3562.59	3419.24

点评 公司原名青岛东方,通过资产重组进入药业,主营抗生素原料药以及部分制剂。2005年通过调整产品结构,开拓国外市场,加强成本管理,消化了原材料涨价、抗生素降价的不利影响,获得主营业务的增长。但费用上升过快,依靠税收优惠,才保持净利润同步增长。

	截止日期	05年末	占%	主要股东及持股比例%、持股性质
股本结构(万股)	总股本	14574.92		浙江光泰实业发展有限公司 22.16%(非流通股)
	国有股	306	2.1	东阳市恒通投资有限公司 10.84%(非流通股)
	发起股	6888.92	47.27	南华发展集团有限公司 7%(非流通股)
	外资股			青岛市供销社资产运营中心 6.67%(非流通股)
	募集股			中国银行－海富通收益增长证券投资基金 2.52%(流通A股)
	流通A	7373.92	50.59	青岛市对外经济贸易总公司 2.1%(国有股)
	流通B			山西信托投资有限责任公司 1.8%(流通A股)
	流通H			东方证券股份有限公司 1.19%(流通A股)
股东户数	05年末	21882		光大证券有限责任公司 0.74%(流通A股)
	04年末	24520		中国工商银行－国联安德盛小盘精选证券投资基金 0.73%(流通A股)

其他流通股东 全国社保基金———一组合 0.688%;山西光信实业有限公司 0.258%;张焰 0.254%;汪海燕 0.165%;郭香娇 0.16%

近年分配 05方案:10派0.5;04年:10派0.5;03年:10派0.5　　**近年募资**

二〇〇五年以来市场表现

2005年涨跌幅(%)	－14.31
2005年最高(元)	5.26
2006年涨跌幅(%)	0.79
2006.4.26收盘(元)	3.58
2006年最高(元)	5.23
2006年最低(元)	4.28
2006年换手率(%)	191.73
股改对价	送股 每10股实际获得2.5股(06/02/15)

＊ST 信息（000748）

上市日期:97/07/04　　电话:0731－5559794　　传真:0731－5514776

主营	开发、生产、销售中西文字符图形终端、网络终端、金融机具、通讯产品、机电一体化产品及成套商用电子设备、税控系列产品、软件及系统集成、打印机、新型化学电池等。

	年　度	2005	2004	2003
主要指标	每股收益/扣除后(元)	－0.287/－0.26	－0.357/－0.317	0.01/0.004
	每股经营现金流量(元)	0.0378	0.215	0.02
	每股净资产/调整后(元)	3.34/3.22	3.64/3.56	4.01/3.95
	未分利润(万元)	－203.96	－10321.26	－269.71
	资本公积(万元)	60737.67	75423.74	75401.39
利润构成	主营收入(万元)	57796.22	49377.9	55661.79
	主营利润(万元)	12734.99	9958.28	14658.68
	营业利润(万元)	－2357.7	－8118.02	－127.14
	投资收益(万元)	－5589.49	－1799.42	705.69
	利润总额(万元)	－7924.23	－9769.98	897.56
	净利润(万元)	－7940.2	－9872.16	301.66

点评 公司应对外部环境变化不及时、应对措施不得力,导致了"费用、应收帐款、存货不断升高,利润不断降低"这种三高一低的现象。同时公司结构性问题依然存在,业务结构调整力度不够,造成资源浪费现象严重,预计在短时期内公司扭转颓势的几率并不太大。

	截止日期	05年末	占%	主要股东及持股比例%、持股性质
股本结构(万股)	总股本	27637.48		中国长城计算机集团公司 29.27%(国有股)
	国有股	13637.48	49.34	湖南省信托投资有限责任公司 15.82%(国有股)
	发起股			湖南计算机厂有限公司 3.24%(国有股)
	外资股			北京建银电脑公司 1.01%(国有股)
	募集股			余德胜 0.31%(流通A股)
	流通A	14000	50.66	宋正飞 0.18%(流通A股)
	流通B			秦庆武 0.15%(流通A股)
	流通H			梁烂宁 0.11%(流通A股)
股东户数	05年末	60040		周吉长 0.1%(流通A股)
	04年末	67277		杨春兰 0.09%(流通A股)

其他流通股东 曾连彩 0.08%;符绩健 0.079%;李立进 0.078%;林榕 0.074%

近年分配　　**近年募资**

二〇〇五年以来市场表现

2005年涨跌幅(%)	－31.3
2005年最高(元)	4.78
2006年涨跌幅(%)	1.48
2006.4.26收盘(元)	2.74
2006年最高(元)	3.5
2006年最低(元)	2.69
2006年换手率(%)	80.21
股改对价	以资抵股 送股 每10股实际获得1.8股

＊ST 集琦（000750）

上市日期:97/07/09　　电话:0773－5878066　　传真:0773－5875328

主营	化学原料药及制剂,中成药及制剂,农药、兽药、饲料及添加剂,保健品、饮料、制药机械、化妆品的制造与销售。

	年　度	2005	2004	2003
主要指标	每股收益/扣除后(元)	－0.571/－0.604	－0.6/－0.595	0.009/－0.042
	每股经营现金流量(元)	0.0615	－0.0186	0.2149
	每股净资产/调整后(元)	1.7/1.59	2.2/2.11	2.81/2.6
	未分利润(万元)	－12285.07	－11942.04	968.78
	资本公积(万元)	28021.76	36254.92	35890.67
利润构成	主营收入(万元)	20202.98	23471.54	22332.34
	主营利润(万元)	3825.35	5597.77	5637.53
	营业利润(万元)	－11338.35	－13181.06	－56.56
	投资收益(万元)	－159.1	142.37	190.63
	利润总额(万元)	－13116.86	－13782.66	96.41
	净利润(万元)	－12285.07	－12910.82	191.27

点评 公司主营业务已由上市时的原料药、农药及兽药生产销售转变为以医药制剂为主。但缺乏技术、规模优势,属于弱势企业。2005年实行现款现货销售政策,导致收入锐减;科技园投产后销售不畅,折旧导致亏损;对子公司失去控制。公司前景难以乐观。

	截止日期	05年末	占%	主要股东及持股比例%、持股性质
股本结构(万股)	总股本	21505.74		桂林集琦集团有限公司 41.34%(国有股)
	国有股	8889.8	41.34	南宁市荣高实业有限责任公司 1.84%(非流通股)
	发起股			杨彗达 0.36%(流通A股)
	外资股			房贤亮 0.19%(流通A股)
	募集股	395.94	1.84	王琪生 0.1%(流通A股)
	流通A	12220	56.82	姜凌 0.1%(流通A股)
	流通B			王茂田 0.09%(流通A股)
	流通H			林晨 0.09%(流通A股)
股东户数	05年末	66166		尹帼珩 0.09%(流通A股)
	04年末	69166		张钢 0.09%(流通A股)

其他流通股东 朱娇娥 0.09%;王明 0.079%

近年分配　　**近年募资**

二〇〇五年以来市场表现

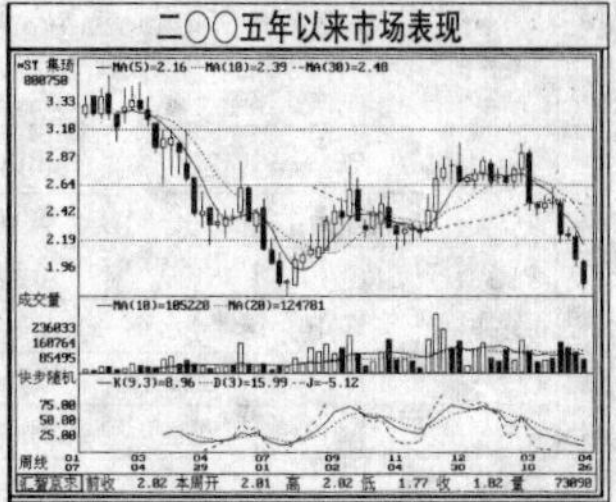

2005年涨跌幅(%)	－17.59
2005年最高(元)	3.56
2006年涨跌幅(%)	－31.84
2006.4.26收盘(元)	1.82
2006年最高(元)	2.98
2006年最低(元)	1.77
2006年换手率(%)	135.52
股改对价	

G 锌业（000751）

上市日期:97/06/26　　电话:0429－2024121　　传真:0429－2101801

主营	生产经营锌、铜冶炼及深加工产品，以及硫酸、镉、铟、硫酸铜等综合利用产品。

	年　　度	2005	2004	2003
主要指标	每股收益/扣除后(元)	0.01/-0.01	0.07	0.07/0.031
	每股经营现金流量(元)	0.17	0.14	0.11
	每股净资产/调整后(元)	3.13/2.49	3.12/2.35	3.07/2.28
	未分利润(万元)	74967.23	74429.03	69963.85
	资本公积(万元)	77713.25	77713.25	77713.25
利润构成	主营收入(万元)	343857.21	262555.03	191881.49
	主营利润(万元)	26928.47	33770.11	26578.37
	营业利润(万元)	3942.99	10308.15	7666.49
	投资收益(万元)	27.81	27.04	43.33
	利润总额(万元)	3764.24	10343.41	7621.64
	净利润(万元)	633.18	6148.61	. 6445.01

点评	公司的锌冶炼能力位于世界第三、亚洲第一，但由于没有矿产资源，公司2005利润受到锌精矿、煤电等燃料涨价的挤压，同比出现一定程度的下滑。2006年，长期困扰公司发展的大股东巨额占款问题有望得到解决，公司资产质量将得到明显的改善，业绩将增长。

	截止日期	05年末	占%	主要股东及持股比例%、持股性质
股本结构（万股）	总股本	88109.88		葫芦岛锌厂 56.1%（国有股）
	国有股	49853.18	56.58	颐和银丰实业有限公司 2.61%（非流通股）
	发起股	3554.5	4.03	深圳市中科招商创业投资有限公司 0.62%（非流通股）
	外资股			中华企业股份有限公司 0.32%（非流通股）
	募集股			葫芦岛锌厂工贸实业总公司 0.27%（国有股）
	流通A	34702.2	39.39	上海瑞源投资有限公司 0.26%（非流通股）
	流通B			中国银行上海市分行 0.2%（国有股）
	流通H			中国建设银行－博时裕富证券投资基金 0.19%（流通A股）
股东户数	05年末	161397		田勇 0.14%（流通A股）
	04年末	170041		重庆科星设备清洗有限公司 0.11%（非流通股）
其他流通股东	安海生 0.099%；江苏广厦建设监理有限公司 0.066%；赵庆明 0.037%；郑丽雅 0.036%；黄尉 0.034%；张钟瑾 0.034%			
近年分配			近年募资	

二〇〇五年以来市场表现

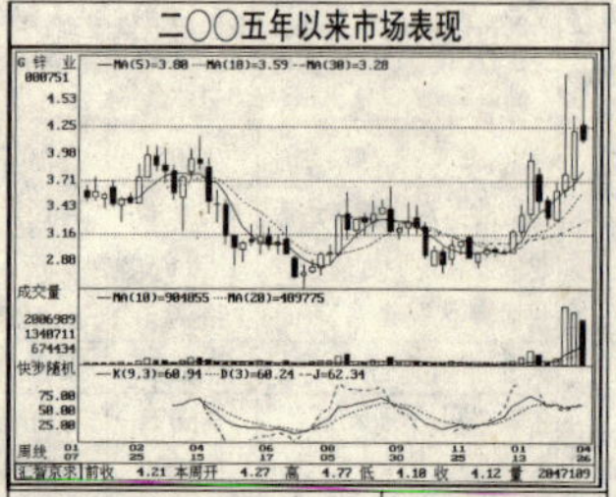

2005年涨跌幅(%)	-17.78
2005年最高(元)	4.15
2006年涨跌幅(%)	131.05
2006.4.26收盘(元)	4.12
2006年最高(元)	7.97
2006年最低(元)	2.97
2006年换手率(%)	178.07
股改对价	定向转增 每10股实际获得6.6股(06/04/10)

西藏发展（000752）

上市日期:97/06/25　　电话:(0891)6389377　　传真:(0891)6389377

主营	啤酒生产、藏红花系列保健品开发利用与伽玛刀医疗服务。

	年　　度	2005	2004	2003
主要指标	每股收益/扣除后(元)	0.14/0.118	0.2	0.22/0.189
	每股经营现金流量(元)	0.21	0.56	0.54
	每股净资产/调整后(元)	2.71/2.68	2.57/2.56	2.36/2.34
	未分利润(万元)	17573.19	15538.03	12715.51
	资本公积(万元)	7063.4	7063.4	6884.84
利润构成	主营收入(万元)	22671.12	18598.42	16199.05
	主营利润(万元)	8498.98	8172.6	6864.48
	营业利润(万元)	5163.46	5020.58	3865.71
	投资收益(万元)		-2.19	-10.49
	利润总额(万元)	5638.39	5117.96	4225.76
	净利润(万元)	2543.95	3528.14	3799.23

点评	通过与嘉士伯的全面合作，公司啤酒品牌价值得以提升，生产、管理、营销效率提高，啤酒业务竞争力增强。公司啤酒主要在拉萨地区以及西藏自治区销售，在拉萨地区市场占有率为80%，在西藏自治区市场占有率为50%。但公司要向西藏以外地区扩展还比较困难。

	截止日期	05年末	占%	主要股东及持股比例%、持股性质
股本结构（万股）	总股本	17583.9		四川光大金联实业有限公司 34.33%（非流通股）
	国有股	4024.33	22.89	西藏自治区国有资产经营公司 22.89%（国有股）
	发起股	6216.98	35.36	申银万国－花旗－UBS LIMITED 1.09%（流通A股）
	外资股			广东证券股份有限公司 1.02%（流通A股）
	募集股			华夏－渣打银行－ING BANK N.V 0.82%（流通A股）
	流通A	7342.6	41.76	国泰君安－建行－香港上海汇丰银行有限公司 0.71%（流通A股）
	流通B			海通－汇丰－MERRILL LYNCH INTERNATIONAL 0.54%（流通A股）
	流通H			西藏明珠股份有限公司 0.43%（非流通股）
股东户数	05年末	14323		张汉雄 0.35%（流通A股）
	04年末	10755		王玉 0.35%（流通A股）
其他流通股东	上海星河数码投资有限公司 0.282%；业德超 0.278%；符桂芳 0.189%			
近年分配			近年募资	

二〇〇五年以来市场表现

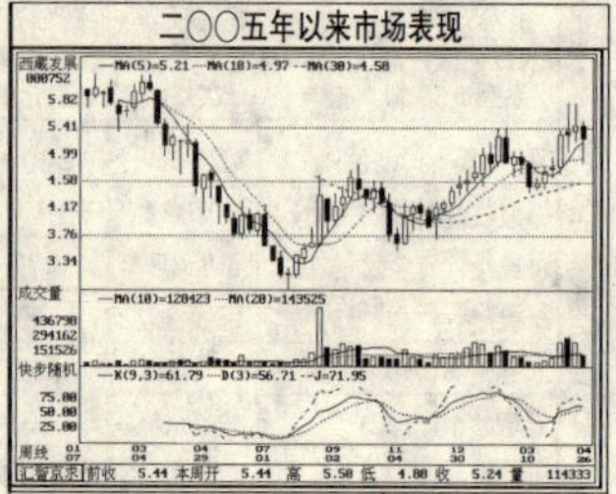

2005年涨跌幅(%)	-24.67
2005年最高(元)	6.23
2006年涨跌幅(%)	15.93
2006.4.26收盘(元)	5.24
2006年最高(元)	5.79
2006年最低(元)	4.41
2006年换手率(%)	329.9
股改对价	

漳州发展（000753）

上市日期:97/06/26　　电话:0596－2671753　　传真:0596－2671876

主营	对道路公路的投资与开发；城市基础设施开发与建设；市政工程的投资与管理；房地产开发及管理；城市供水(制水)；汽车贸易。

	年　　度	2005	2004	2003
主要指标	每股收益/扣除后(元)	-0.65/-0.14	0.08/0.02	0.15/0.07
	每股经营现金流量(元)	0.13	0.2	0.33
	每股净资产/调整后(元)	1.88/1.87	2.63/2.61	2.57/2.56
	未分利润(万元)	-6290.33	20013.06	18376.86
	资本公积(万元)	30282.92	30285.92	30285.92
利润构成	主营收入(万元)	65855.75	34676.9	14348.53
	主营利润(万元)	5929.91	7239.25	7564.13
	营业利润(万元)	-2889.2	2027.77	5476.1
	投资收益(万元)	-4083.86	-390.51	-378.77
	利润总额(万元)	-28659.7	4284.55	7843.69
	净利润(万元)	-23561.95	2858.12	5578.95

点评	2005年10月通过资产置换，公司以优质的高速公路(漳诏高速、漳龙高速)收费权取代原来亏损的国道收费权，置换后有利于降低经营风险。公司主营业务还包括自来水业务和品牌汽车销售业务。公路收费和自来水业务比较稳定，但大幅增长的可能性小。

	截止日期	05年末	占%	主要股东及持股比例%、持股性质
股本结构（万股）	总股本	36075.62		福建漳龙实业有限公司 26.75%（国有股）
	国有股	12571.66	34.85	漳州公路交通实业总公司 12.87%（非流通股）
	发起股	8652.77	23.99	漳州市财政局 7.33%（国有股）
	外资股			漳州恒闽工贸有限公司 6.09%（非流通股）
	募集股			漳浦鑫源现代农业发展有限公司 3.64%（非流通股）
	流通A	14851.2	41.17	漳州建业公司 1.02%（非流通股）
	流通B			上投摩根中国优势证券投资基金 0.81%（流通A股）
	流通H			福建省漳州建筑瓷厂 0.78%（国有股）
股东户数	05年末	32014		大成价值增长证券投资基金 0.37%（流通A股）
	04年末	37552		漳州市建筑劳务纸箱厂 0.34%（非流通股）
其他流通股东	吴辉灿 0.226%；汤英霞 0.2%；上海向高投资咨询有限公司 0.177%；李晶晶 0.176%；吴水源 0.176%；肖斌 0.174%			
近年分配	04年:10派1		近年募资	

二〇〇五年以来市场表现

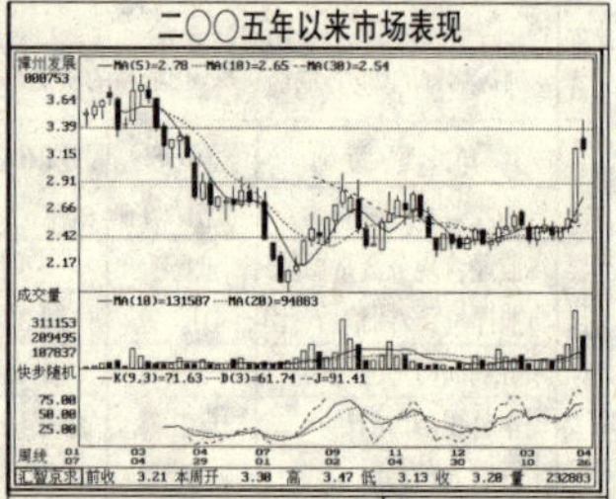

2005年涨跌幅(%)	-32.02
2005年最高(元)	3.88
2006年涨跌幅(%)	37.93
2006.4.26收盘(元)	3.2
2006年最高(元)	3.47
2006年最低(元)	2.3
2006年换手率(%)	119.7
股改对价	

G三维（000755）

上市日期:97/06/27　　电话:0357－6662666　　传真:0357－6663566

主营	化工、化纤、建材产品及焦炭的生产与销售及出口贸易。		
年　度	2005	2004	2003
主要指标　每股收益/扣除后(元)	0.22/0.225	0.104/0.106	0.096/0.097
每股经营现金流量(元)	1.211	0.48	0.0537
每股净资产/调整后(元)	3.85/3.71	3.53/3.43	3.42/3.27
未分利润(万元)	22830.81	17006.65	14261.16
资本公积(万元)	58463.12	55576.12	55414.72
利润构成　主营收入(万元)	150800.79	114613.24	78511.46
主营利润(万元)	29392.02	19672.03	12370.41
营业利润(万元)	10368.45	5016.71	4428.66
投资收益(万元)		28.46	37.95
利润总额(万元)	10009.55	4852.19	4346.89
净利润(万元)	6844.64	3226.7	2972.02

点评：公司是国内唯一一家用电解法生产丁二醇的上市公司。由于同行其它企业都是采用石油为原料,石油价格高企导致丁二醇价格居高不下,使得公司受益匪浅。随着PTMEG、γ－丁内酯系列、聚乙烯醇等10多个项目相继投产,公司近两年业绩增长可期。

股本结构(万股)	截止日期	05年末	占%	主要股东及持股比例%、持股性质
	总股本	31105.39		山西三维华邦集团有限公司 47.23%（国有股）
	国有股	16852.05	54.18	山西省经济建设投资公司 4.77%（国有股）
	发起股	57.34	0.18	山西省经贸资产经营有限责任公司 2.18%（国有股）
	外资股			中原证券股份有限公司 1.47%（流通A股）
	募集股			交通银行－－汉兴证券投资基金 0.9%（流通A股）
	流通A	14196	45.64	东方证券股份有限公司 0.42%（流通A股）
	流通B			上海申能资产管理有限公司 0.32%（流通A股）
	流通H			南京奥辉投资咨询有限公司 0.3%（流通A股）
股东户数	05年末	65557		上海广通投资管理有限公司 0.12%（流通A股）
	04年末	67036		何新宇 0.11%（流通A股）

其他流通股东：谢秀琴 0.083%；袁海滨 0.08%；裘荣 0.071%

近年分配：　　近年募资：03年10配3配股价5.21元。

二〇〇五年以来市场表现

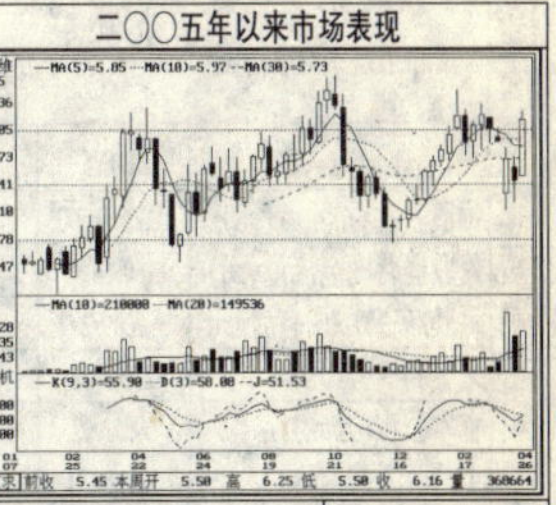

2005年涨跌幅(%)	13.45
2005年最高(元)	6.68
2006年涨跌幅(%)	54.29
2006.4.26收盘(元)	6.16
2006年最高(元)	8.19
2006年最低(元)	5.19
2006年换手率(%)	155.23
股改对价	送股 每10股实际获得3.1股(06/04/12)

新华制药（000756）

上市日期:97/08/06　　电话:0533－2166666　　传真:0533－2287508

主营	开发、制造及销售化学原料药、制剂(针剂和片剂)、化工及其它产品。		
年　度	2005	2004	2003
主要指标　每股收益/扣除后(元)	0.01/－0.021	－0.12/－0.141	0.09/0.095
每股经营现金流量(元)	0.39	0.13	0.29
每股净资产/调整后(元)	2.94/2.94	2.93/2.93	3.09/3.09
未分利润(万元)	16763.62	16300.31	23690.36
资本公积(万元)	55891.91	55891.91	55891.91
利润构成　主营收入(万元)	169651.46	151129.61	132847.13
主营利润(万元)	29607.74	23480.07	29263.09
营业利润(万元)	1189.32	－3600.09	5123.65
投资收益(万元)	－1399.84	－1572.07	78.08
利润总额(万元)	1245.99	－5124.5	5037.13
净利润(万元)	541.59	－5560.8	4207.63

点评：公司是我国最大的镇痛解热类原料药生产厂家,原料药出口比例达70%。05年对主要原料药进行提价,同时降低成本,实现扭亏为盈。但受到原材料价格处于高位,人民币升值的不利影响,虽然主要原料药畅销,但经营业绩还是微利。今后业绩仍将处于恢复性增长。

股本结构(万股)	截止日期	05年末	占%	主要股东及持股比例%、持股性质
	总股本	45731.28		山东新华医药集团有限责任公司 46.89%（国有股）
	国有股	21444	46.89	香港中央结算(代理人)有限公司 31.49%（H股）
	发起股			江苏省软件产业股份有限公司 0.92%（流通A股）
	外资股			上海证大投资管理有限公司 0.46%（非流通股）
	募集股	1671.95	3.66	中国医药工业公司 0.34%（非流通股）
	流通A	7615.33	16.65	中国医药对外贸易总公司 0.22%（非流通股）
	流通B			山东环中制药股份有限公司 0.22%（非流通股）
	流通H	15000	32.8	香港上海汇丰银行(代理人)有限公司 A/C BR－79 0.2%（H股）
股东户数	05年末	31245		香港上海汇丰银行(代理人)有限公司 A/C BR－80 0.2%（H股）
	04年末	32742		香港上海汇丰银行(代理人)有限公司 A/C BR－81 0.2%（H股）

其他流通股东：香港上海汇丰银行(代理人)有限公司 A/C BR－78 0.154%；罗士励 0.093%；KAY AND COMPANY LTD 0.087%

近年分配：05预案:10派0.5；03年:10派0.4　　近年募资：

二〇〇五年以来市场表现

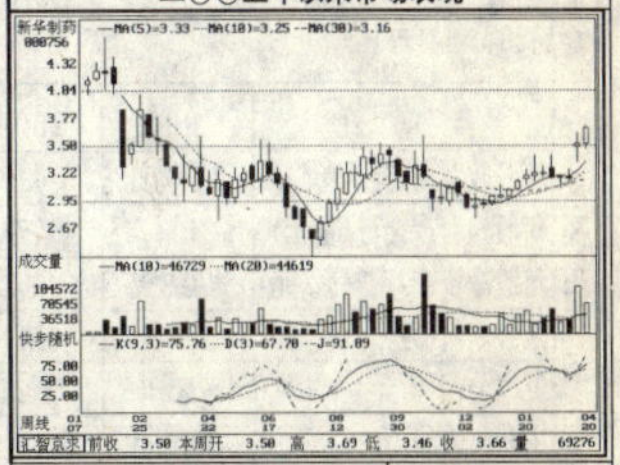

2005年涨跌幅(%)	－28.3
2005年最高(元)	4.59
2006年涨跌幅(%)	22.41
2006.4.26收盘(元)	3.66
2006年最高(元)	3.69
2006年最低(元)	2.98
2006年换手率(%)	61.36
股改对价	送股 每10股实际获得3.5股

*ST方向A（000757）

上市日期:97/06/27　　电话:0832－2202757　　传真:0832－2202720

主营	单缸柴油机的生产、销售;计算机显示器的生产销售以及配套注塑件的生产、销售。		
年　度	2005	2004	2003
主要指标　每股收益/扣除后(元)	－1.06/－1.04	－0.63/－0.627	0.11/0.11
每股经营现金流量(元)	0.0874	－0.4276	0.06
每股净资产/调整后(元)	0.17/－0.9	1.34/1.17	3.37/3.13
未分利润(万元)	－37748.04	－11634.92	6590.3
资本公积(万元)	12182.03	12110.14	21152
利润构成　主营收入(万元)	55643.02	109764.62	100913.73
主营利润(万元)	1960.58	6794.29	12772.71
营业利润(万元)	－28963.02	－15998.78	2175.45
投资收益(万元)	161.45	109.12	157.83
利润总额(万元)	－29309.59	－15995.29	2227.8
净利润(万元)	－25925.94	－15393.44	1630.65

点评：公司主营柴油机及配件、显示器产品。由于05年显示器产品停产,柴油机销售下滑,公司出现了巨额亏损。新的一年,公司将通过股权改革,解决集团占款和担保问题,同时大力加强柴油机的经营,以实现公司稳定经营。

股本结构(万股)	截止日期	05年末	占%	主要股东及持股比例%、持股性质
	总股本	24386.74		沈阳北泰方向集团有限公司 29.52%（非流通股）
	国有股			深圳市汇银峰投资有限公司 16.02%（非流通股）
	发起股	1075.09	4.41	四川峨眉柴油机股份有限公司工会 6.36%（非流通股）
	外资股			深圳市辰奥实业有限公司 4.79%（非流通股）
	募集股	14538.75	59.62	四川省信托投资公司 1.59%（非流通股）
	流通A	8772.9	35.97	中国工行四川信托投资公司内江办事处 0.99%（非流通股）
	流通B			白马发电厂电力开发总公司 0.94%（非流通股）
	流通H			成都远大机械厂 0.84%（非流通股）
股东户数	05年末	19997		四川内燃机厂青年油漆涂装厂 0.81%（非流通股）
	04年末	25892		中国冶金进出口总公司秦皇岛办事处 0.75%（非流通股）

其他流通股东：郑虹 0.447%；代长文 0.416%；珠海经济特区中级实业有限公司 0.335%；蒋云珍 0.233%；熊宇鸣 0.217%

近年分配：03年:10转增6　　近年募资：

二〇〇五年以来市场表现

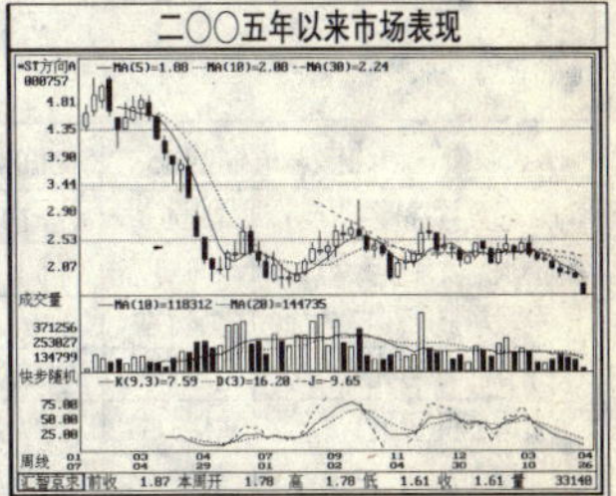

2005年涨跌幅(%)	－52.42
2005年最高(元)	5.27
2006年涨跌幅(%)	－25.46
2006.4.26收盘(元)	1.61
2006年最高(元)	2.58
2006年最低(元)	1.61
2006年换手率(%)	262.83
股改对价	

中色股份（000758）

上市日期:97/04/16　　电话:010－63951531　　传真:010－63965364

主营：国际工程承包、国际技术承包、国际劳务合作、进出口

	年　度	2005	2004	2003
主要指标	每股收益/扣除后(元)	0.308/0.073	0.241/0.071	0.21/0.054
	每股经营现金流量(元)	0.55	－0.46	0.26
	每股净资产/调整后(元)	2.09/2	1.9/1.67	2.59/2.41
	未分利润(万元)	21260.52	15297.27	7361.96
	资本公积(万元)	30551.12	30488.92	50718.36
利润构成	主营收入(万元)	103528.54	75567.45	38161.9
	主营利润(万元)	20032.65	14155	8434.36
	营业利润(万元)	7519.32	4444.53	2444.48
	投资收益(万元)	19961.5	15957.25	7428.5
	利润总额(万元)	27867.56	19389.52	10002.1
	净利润(万元)	17901.71	13985.34	8006.51

点评：公司作为全球200多家最大国际承包商之一,在国际承包工程中具有相当突出的竞争优势。公司开发的伊朗电解铝、越南生权铜矿等项目目前正处于结算的高峰期,蒙古图尔廷－敖包锌矿项目也已竣工投产,利润增长前景可观。

股本结构(万股)	05年末	占%	主要股东及持股比例%、持股性质
截止日期	05年末	占%	主要股东及持股比例%、持股性质
总股本	58080		中国有色矿业集团有限公司 42.89%（国有股）
国有股	24912	42.89	万向资源有限公司 10%（非流通股）
发起股	5808	10	海富通精选证券投资基金 1.21%（流通A股）
外资股			申万巴黎盛利精选证券投资基金 0.82%（流通A股）
募集股			华夏大盘精选证券投资基金 0.6%（流通A股）
流通A	27360	47.11	全国社保基金一一二组合 0.48%（流通A股）
流通B			MERRIL LYNCH INTERNATIONAL 0.38%（流通A股）
流通H			上海宝钢设备检测公司 0.33%（流通A股）
股东户数 05年末	76158		香港上海汇丰银行有限公司 0.3%（流通A股）
股东户数 04年末	76921		ING BANK N.V 0.27%（流通A股）

其他流通股东：MORGAN STANLEY & Co. INTERNATIONAL LIMITED 0.239%；渤海证券有限责任公司 0.228%

近年分配：05预案:10派3.9；04年:10派1.2；03年:10派0.6转增5　　**近年募资**：

二〇〇五年以来市场表现

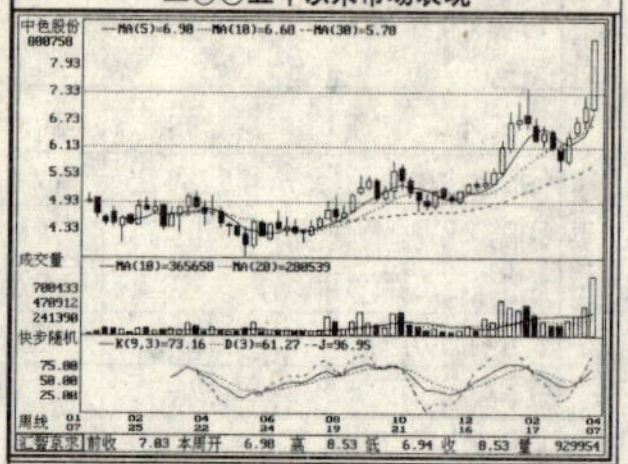

2005年涨跌幅(%)	10.48
2005年最高(元)	5.93
2006年涨跌幅(%)	59.14
2006.4.26收盘(元)	8.53
2006年最高(元)	8.53
2006年最低(元)	5.32
2006年换手率(%)	176.6
股改对价	送股 每10股实际获得2股

G中百（000759）

上市日期:97/05/19　　电话:027－82859668　　传真:027－82210291

主营：以连锁超市业态为核心,涉足医药、物流配送、物业管理、进出口贸易等。

	年　度	2005	2004	2003
主要指标	每股收益/扣除后(元)	0.23/0.23	0.15	0.11/0.1
	每股经营现金流量(元)	1.64	0.536	1.109
	每股净资产/调整后(元)	4.02/2.92	3.88/2.8	3.83/3.24
	未分利润(万元)	3719.09	2376.8	1996.86
	资本公积(万元)	52285.46	52002.02	51966.15
利润构成	主营收入(万元)	410891.65	347330.02	318747.95
	主营利润(万元)	50564.46	39750.67	37952.52
	营业利润(万元)	6355.25	3094.22	4167.09
	投资收益(万元)	－797.94	－216.2	4.28
	利润总额(万元)	5694.58	2890.57	3846.26
	净利润(万元)	4911.02	3158.9	2235.43

点评：公司大卖场43家,便利店347家。今后计划每年开大型超市10家,便民超市100家。公司管理层正在增持公司股份,可能对公司未来产生积极的影响。公司收购重庆山水超市18家门店,异地扩张能否成功尚待观察。

股本结构(万股)	05年末	占%	主要股东及持股比例%、持股性质
截止日期	05年末	占%	主要股东及持股比例%、持股性质
总股本	20954.19		武汉国有资产经营公司 14.41%（国有股）
国有股	3017.2	14.4	武汉华汉投资管理有限公司 5.1%（非流通股）
发起股			中国银行－工银瑞信核心价值股票型证券投资基金 4.39%（流通A股）
外资股			中国工商银行－博时精选股票证券投资基金 2.07%（流通A股）
募集股	3269.48	15.6	武汉信立投资管理有限责任公司 1.71%（非流通股）
流通A	14667.51	70	中国银行－华夏回报证券投资基金 1.4%（流通A股）
流通B			裕隆证券投资基金 1.38%（流通A股）
流通H			武汉银海塑料制品有限公司 1.23%（非流通股）
股东户数 05年末	38028		中国工商银行－汇添富优势精选混合型证券投资基金 1.17%（流通A股）
股东户数 04年末	44702		中国银行－同盛证券投资基金 1.15%（流通A股）

其他流通股东：中国工商银行－南方积极配置证券投资基金 1.127%；中国银行－易方达策略成长证券投资基金 1.041%

近年分配：05预案:10派1转增6；04年:10派1；03年:10派0.8　　**近年募资**：

二〇〇五年以来市场表现

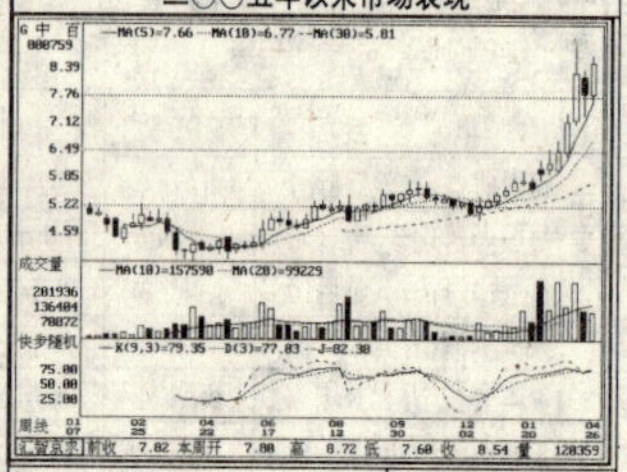

2005年涨跌幅(%)	10.72
2005年最高(元)	5.91
2006年涨跌幅(%)	72.18
2006.4.26收盘(元)	8.54
2006年最高(元)	10.16
2006年最低(元)	5.55
2006年换手率(%)	106.2
股改对价	送股 每10股实际获得1.25股(06/03/28)

*ST博盈（000760）

上市日期:97/06/27　　电话:0716－8270288　　传真:0716－8270099

主营：汽车配件制造、销售。

	年　度	2005	2004	2003
主要指标	每股收益/扣除后(元)	0.14/0.08	－1.4	－0.27/－0.29
	每股经营现金流量(元)	0.63	0.16	0.35
	每股净资产/调整后(元)	1.6/1.39	1.44/1.33	3.02/2.8
	未分利润(万元)	1317.79	－17775.01	－482.87
	资本公积(万元)	4223.03	18994.72	18968.32
利润构成	主营收入(万元)	30187.59	23230.72	10691.01
	主营利润(万元)	5304.12	4050.44	1630.71
	营业利润(万元)	1539.51	－13214.28	－3059.75
	投资收益(万元)	178.83	32.28	－2.15
	利润总额(万元)	1712.6	－15310.35	－3064.11
	净利润(万元)	1558.64	－15305.72	－2963.82

点评：公司的主营业务为汽车前后桥总成及齿轮,产品主要给中、重型货车及小型客车配套。尽管05年公司主要配套的重、中型货车出现了销售下滑的状况,但重组后公司克服困难,顺利实现扭亏。公司面临行业的竞争,价格的下降,经营仍有较大压力。

股本结构(万股)	05年末	占%	主要股东及持股比例%、持股性质
截止日期	05年末	占%	主要股东及持股比例%、持股性质
总股本	10932.23		北京嘉利恒德房地产开发有限公司 22.4%（非流通股）
国有股	145.55	1.33	公安县经济开发投资公司 10.01%（非流通股）
发起股	5603.58	51.26	坦博风险投资有限公司 7.83%（非流通股）
外资股			北京颐和丰业投资有限公司 4.56%（非流通股）
募集股			公安县振华环保工程有限公司 4.54%（非流通股）
流通A	5180.9	47.39	湖北华通车桥集团有限公司 1.33%（国有股）
流通B			公安县华通商贸有限责任公司 0.69%（非流通股）
流通H			吴和平 0.69%（流通A股）
股东户数 05年末	14992		候春齐 0.65%（流通A股）
股东户数 04年末	16381		江苏亚星客车集团有限公司 0.65%（非流通股）

其他流通股东：成都银瑞投资管理有限公司 0.576%；吴庆 0.27%；周建 0.245%；易乃君 0.222%；李红光 0.218%；熊学武 0.199%

近年分配：　　**近年募资**：

二〇〇五年以来市场表现

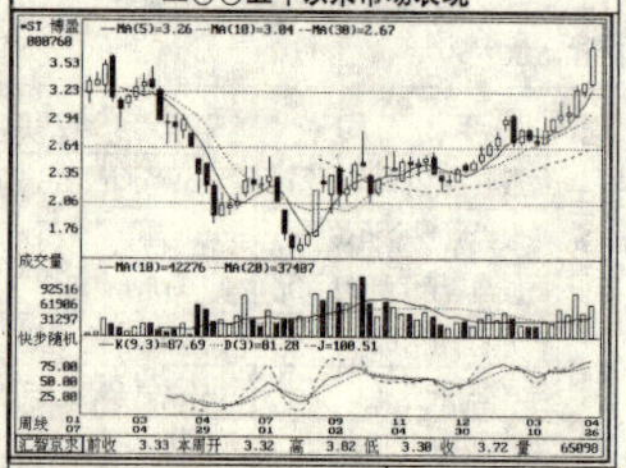

2005年涨跌幅(%)	－26.07
2005年最高(元)	3.62
2006年涨跌幅(%)	54.36
2006.4.26收盘(元)	3.72
2006年最高(元)	3.82
2006年最低(元)	2.41
2006年换手率(%)	125.23
股改对价	

G 本钢（000761/200761）

上市日期:A: 98/01/15 B: 97/07/08　电话:0414－7827344　传真:0414－7827004

主营	钢铁冶炼和板材轧制。

	年　　度	2005	2004	2003
主要指标	每股收益/扣除后(元)	0.557/0.558	0.644/0.645	0.46/0.451
	每股经营现金流量(元)	1.22	1.73	0.83
	每股净资产/调整后(元)	4.67/4.67	4.32/4.31	3.87/3.87
	未分利润(万元)	218601.48	187583.06	148077.74
	资本公积(万元)	140038.7	139919.63	139861.87
利润构成	主营收入(万元)	2018245.78	1734945.15	1121019.65
	主营利润(万元)	114094.83	121029.8	95771.57
	营业利润(万元)	91098.14	94509.18	76989.27
	投资收益(万元)			
	利润总额(万元)	90899.27	94371.07	77032.27
	净利润(万元)	63221.67	73206.25	52472.45

点评	公司是我国重要的精品板材生产基地,全国大型钢铁联合企业之一,具有完整的钢铁产业链。公司控股股东本钢集团与中国第二大钢铁企业鞍钢集团合并,两家钢铁巨头的联合,将大大提升公司的行业竞争力。

	截止日期	05年末	占%	主要股东及持股比例%、持股性质
股本结构（万股）	总股本	113600		本溪钢铁(集团)有限责任公司 54.23% (国有股)
	国有股	61600	54.23	DEUTSCHE BANK AG LONDON 0.43% (流通B股)
	发起股			MORGAN STANLEY INT'L(CHINA)－FIRM 0.27% (流通B股)
	外资股			黎伟卿 0.24% (流通B股)
	募集股			大成价值增长证券投资基金 0.18% (流通A股)
	流通A	11998	10.56	方伊君 0.17% (流通B股)
	流通B	40000	35.21	黄莲娣 0.15% (流通B股)
	流通H			张祖坤 0.15% (流通B股)
股东户数	05年末	82297		NG CHARN FAI 0.14% (流通B股)
	04年末	89470		GUOTAI JUNAN SECURIES HONG KONG LIMITED 0.13% (流通B股)
其他流通股东	HSRC FUND SERVICES A/C 006－113039－431 0.12%			
近年分配	05预案:10派2;04年:10派2;03年:10派2		近年募资	

二〇〇五年以来市场表现

2005年涨跌幅(%)	－2.99
2005年最高(元)	5.04
2006年涨跌幅(%)	27.21
2006.4.26收盘(元)	4.12
2006年最高(元)	6.54
2006年最低(元)	4.6
2006年换手率(%)	141.1
股改对价	送股 每10股实际获得3.4股(06/03/15)

G 藏矿业（000762）

上市日期:97/07/08　电话:0891－6872095　传真:028－84446041 84444883

主营	铬铁矿的开采和销售、铬铁合金的加工与销售、铜矿与金矿的开采。

	年　　度	2005	2004	2003
主要指标	每股收益/扣除后(元)	0.14/0.13	0.07	0.03/0.03
	每股经营现金流量(元)	0.28	0.47	0.26
	每股净资产/调整后(元)	2.37/1.99	2.2/1.89	2.12/1.78
	未分利润(万元)	－1027.14	－3809.77	－5251.25
	资本公积(万元)	26672.82	26649.9	26496.03
利润构成	主营收入(万元)	31342.52	30784.41	24076.65
	主营利润(万元)	10137.05	10968.18	5547.49
	营业利润(万元)	3114.14	2629.68	206.78
	投资收益(万元)	－6.02	13.01	－24.52
	利润总额(万元)	3375.93	2492.09	7.71
	净利润(万元)	2782.62	1441.48	539.71

点评	公司作为西藏最大的综合性矿产企业,具有矿产资源开采的专营权和特许经营权。公司拥有锂、铬、金三大稀有贵重金属资源,据有关部门测算,其潜在价值高达数十亿元。公司扎布耶碳酸锂盐湖项目已经列入西藏自治区十一五规划,将成为新的利润成长点。

	截止日期	05年末	占%	主要股东及持股比例%、持股性质
股本结构（万股）	总股本	20051		西藏自治区矿业发展总公司 22.12% (国有股)
	国有股	7094.52	35.38	广州中大新元生命科技(集团)有限公司 18% (非流通股)
	发起股	1647.3	8.22	四川都江堰海棠电冶厂 8.22% (非流通股)
	外资股			西藏藏华工贸有限公司 6.32% (国有股)
	募集股			西藏山南江南矿业有限责任公司 3.79% (国有股)
	流通A	7700	38.4	西藏自治区电力公司- 3.16% (国有股)
	流通B			浙江万向系统有限公司 0.32% (流通A股)
	流通H			东方证券股份有限公司 0.26% (流通A股)
股东户数	05年末	24489		刘小兵 0.12% (流通A股)
	04年末	21668		童作珍 0.12% (流通A股)
其他流通股东	中国银行－同盛证券投资基金 0.118%;付军 0.116%;张卓 0.11%;福州恒盛行机电设备有限公司 0.11%			
近年分配			近年募资	

二〇〇五年以来市场表现

2005年涨跌幅(%)	6.12
2005年最高(元)	6.83
2006年涨跌幅(%)	53.58
2006.4.26收盘(元)	6.65
2006年最高(元)	10.25
2006年最低(元)	5.81
2006年换手率(%)	387.46
股改对价	转增 每10股实际获得6.51股(06/02/10)

＊ST 通金（000766）

上市日期:97/04/30　电话:0435－3907298　传真:0435－3907298

主营	生产和销售中西成药、生化制剂、营养及保健制品。

	年　　度	2005	2004	2003
主要指标	每股收益/扣除后(元)	0.019/0.01	－0.547	－0.43/－0.4
	每股经营现金流量(元)	0.08	0.043	0.205
	每股净资产/调整后(元)	0.1/－0.35	0.08/－0.37	0.66/0.51
	未分利润(万元)	－88966.98	－89814.6	－67813.56
	资本公积(万元)	41620.46	41620.46	38922.36
利润构成	主营收入(万元)	14115.27	9987.21	13689.65
	主营利润(万元)	8100.15	4968.64	8597.75
	营业利润(万元)	520.75	－27328.17	－17843.02
	投资收益(万元)	358.13	－174.36	－5.35
	利润总额(万元)	862.34	－28477.54	－19472.51
	净利润(万元)	847.61	－24567.93	－19426.98

点评	公司曾经是中药类有一定优势的公司,但应收账款一直居高不下。2003、2004年因巨额计提关联占款而造成大幅亏损。2005年逐渐恢复元气,销售收入恢复性上涨,加上享受债权人豁免利息减少的巨额财务费用,净利润获得增长。公司仍处于元气恢复之中。

	截止日期	05年末	占%	主要股东及持股比例%、持股性质
股本结构（万股）	总股本	44901.63		通化市永信投资公司 26.28% (国有股)
	国有股	10269.51	22.87	通化市特产集团总公司 9.8% (国有股)
	发起股	2435.22	5.42	通化市石油工具厂 0.46% (非流通股)
	外资股			吴冬阳 0.14% (流通A股)
	募集股	3703.5	8.25	王克勤 0.14% (流通A股)
	流通A	28493.4	63.46	王秋利 0.12% (流通A股)
	流通B			肖洪军 0.12% (流通A股)
	流通H			韩虹 0.11% (流通A股)
股东户数	05年末	102389		刘文多 0.11% (流通A股)
	04年末	117083		黄启题 0.1% (流通A股)
其他流通股东	孙跃富 0.1%;刘春山 0.1%;李雪 0.1%			
近年分配			近年募资	

二〇〇五年以来市场表现

2005年涨跌幅(%)	13.79
2005年最高(元)	2.02
2006年涨跌幅(%)	6.06
2006.4.26收盘(元)	1.75
2006年最高(元)	2.08
2006年最低(元)	1.62
2006年换手率(%)	98.08
股改对价	

G 漳电（000767）

上市日期:97/06/09　　电话:0351－3115109　　传真:0351－3115168

主营	火力发电			
	年　度	2005	2004	2003
主要指标	每股收益/扣除后(元)	0.282/0.077	0.247/0.276	0.37/0.53
	每股经营现金流量(元)	0.4185	0.6484	1.26
	每股净资产/调整后(元)	2.27/2.26	2.16/2.15	3.13/3.13
	未分利润(万元)	37117.21	31589.63	28504.55
	资本公积(万元)	44878.98	44878.98	73123.98
利润构成	主营收入(万元)	234872.91	218412.11	201656.29
	主营利润(万元)	30574.35	46963.34	58221.69
	营业利润(万元)	42603.69	28695.64	24973.28
	投资收益(万元)	-5402.47	674.52	1837.42
	利润总额(万元)	39109.18	30704.39	30634.04
	净利润(万元)	23967	20927.16	21034.81
点评	公司是山西电网和华北电网发电企业中的主力发电企业，地处煤炭资源丰富的山西省，发电成本低廉，在竞价上网方面具有明显的竞争优势。公司深藏不露的风力发电题材将在新能源形势下迎来历史性机遇。此外，巨额的汇兑收益，将使公司业绩持续爆炸性增长。			

	截止日期	05年末	占%	主要股东及持股比例%、持股性质
股本结构(万股)	总股本	84825		中国电力投资集团公司 36.24%（国有股）
	国有股	53937	63.59	山西国际电力集团有限公司 27.34%（国有股）
	发起股			宁波罗蒙制衣有限公司 4.86%（流通A股）
	外资股			工行－博时精选股票投资基金 1.99%（流通A股）
	募集股			山西永济兴达能源有限公司 1.29%（流通A股）
	流通A	30885.54	36.41	银丰证券投资基金 1.05%（流通A股）
	流通B			东方证券股份有限公司 0.74%（流通A股）
	流通H			鞍山腾鳌特区东腾经济开发公司 0.62%（流通A股）
股东户数	05年末	48493		胡盛赞 0.58%（流通A股）
	04年末	53544		山西信托投资有限责任公司 0.57%（流通A股）
其他流通股东	上海科联投资管理有限公司 0.526%；裕隆证券投资基金 0.354%			
近年分配	05年:10派1.6转增3；04年:10派1.75；03年:10派2.6转增5		近年募资	

二〇〇五年以来市场表现

2005年涨跌幅(%)	-8.07
2005年最高(元)	6.18
2006年涨跌幅(%)	35.77
2006.4.26收盘(元)	3.95
2006年最高(元)	5.58
2006年最低(元)	3.75
2006年换手率(%)	162.5
股改对价	送股 每10股实际获得3.2股(05/12/30)

G 西飞（000768）

上市日期:97/06/26　　电话:029－6846638　　传真:029－6846031

主营	国内外大、中型飞机零部件生产；西沃客车零件生产；VCM板和铝合金型材生产与销售。			
	年　度	2005	2004	2003
主要指标	每股收益/扣除后(元)	0.064/0.07	0.059/0.13	0.08/0.08
	每股经营现金流量(元)	0.02	0.23	0.41
	每股净资产/调整后(元)	3.16/3.15	4.96/4.92	4.93/4.91
	未分利润(万元)	8464.25	5267.11	4517.74
	资本公积(万元)	116619.92	140109.92	139961.24
利润构成	主营收入(万元)	118034.35	100661.18	90572.27
	主营利润(万元)	17722.66	16519.67	12652.36
	营业利润(万元)	4228.55	6369.33	3422.53
	投资收益(万元)	44.35	-3635	-22.59
	利润总额(万元)	4256.48	2654.04	3394.47
	净利润(万元)	3996.42	2304.74	3192.2
点评	公司是西飞集团公司生产的军机、新舟60飞机零部件的重要供应商，ARJ－21飞机机身、机翼零部件的唯一供应商，不存在市场竞争的因素。05年公司实现了稳定发展，预期集团军机订单和ARJ民用飞机需求将持续增长，通过对内控制成本，将实现稳步发展。			

	截止日期	05年末	占%	主要股东及持股比例%、持股性质
股本结构(万股)	总股本	62640		西安飞机工业(集团)有限责任公司 54.79%（国有股）
	国有股	34320	54.79	上海市房屋维修资金管理中心 1.6%（流通A股）
	发起股			湘财荷银行业精选证券投资基金 0.96%（流通A股）
	外资股			银河银泰理财分红证券投资基金 0.76%（流通A股）
	募集股			东方证券股份有限公司 0.49%（流通A股）
	流通A	28320	45.21	东方证券－农行－东方红1号集合资产管理计划 0.48%（流通A股）
	流通B			兴华证券投资基金 0.3%（流通A股）
	流通H			湘财合丰价值优化型成长类行业基金 0.29%（流通A股）
股东户数	05年末	77353		申银万国－花旗－UBS LIMITED 0.26%（流通A股）
	04年末	85134		叶利海 0.13%（流通A股）
其他流通股东	长沙兴业成房地产开发有限公司 0.119%			
近年分配	04年:10转增6		近年募资	

二〇〇五年以来市场表现

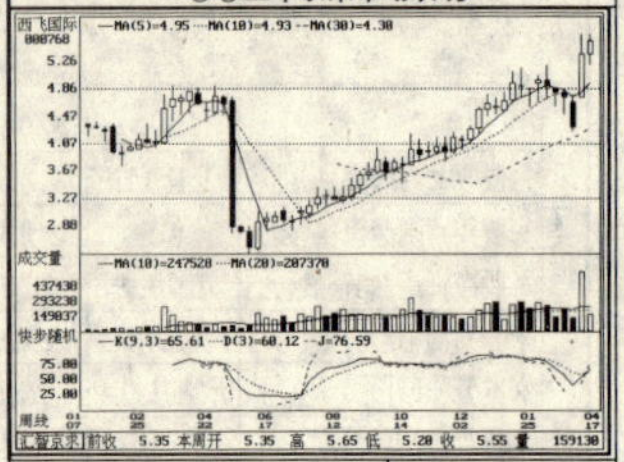

2005年涨跌幅(%)	67.31
2005年最高(元)	7.63
2006年涨跌幅(%)	21.18
2006.4.26收盘(元)	5.55
2006年最高(元)	5.66
2006年最低(元)	4.25
2006年换手率(%)	91.39
股改对价	送股 每10股实际获得2.5股(06/05/09)

延边公路（000776）

上市日期:97/06/11　　电话:0433－2853913　　传真:0433－2853913

主营	各种公路、桥梁、隧道及构造物的建设与管理、收取车辆通行费			
	年　度	2005	2004	2003
主要指标	每股收益/扣除后(元)	0.08/0.09	0.15/0.09	-0.187/-0.18
	每股经营现金流量(元)	0.27	0.32	0.152
	每股净资产/调整后(元)	1.21/1.21	1.12/1.12	0.9/0.9
	未分利润(万元)	-18211.4	-19771.4	-22530.61
	资本公积(万元)	17095.03	17095.03	15738.53
利润构成	主营收入(万元)	8589.91	11705.51	7288.59
	主营利润(万元)	3496.06	3975.78	2954.15
	营业利润(万元)	1999.35	1843.66	-3320.01
	投资收益(万元)		-6.86	-0.71
	利润总额(万元)	1985.83	3941.11	-3344.76
	净利润(万元)	1560	2759.21	-3450.7
点评	公司经营的多为二级或一级公路和桥梁。在面临高速公路的冲击下，公司公路主业萎缩，公司正在寻求业务的转型。由于子公司转让以及下属收费站撤销等因素，2005年公司通行费收入和工程收入都出现下降；同时，			

	截止日期	05年末	占%	主要股东及持股比例%、持股性质
股本结构(万股)	总股本	18411		吉林敖东药业集团股份有限公司 27.32%（非流通股）
	国有股			深圳国际信托投资有限责任公司 18.83%（非流通股）
	发起股	9038.84	49.09	吉林省公路机械厂 1.67%（非流通股）
	外资股			吉林省公路勘测设计院 1.27%（非流通股）
	募集股	53.76	0.29	建行延边州中心支行城区办事处 0.29%（非流通股）
	流通A	9318.4	50.61	王龙 0.25%（流通A股）
	流通B			程乃斌 0.19%（流通A股）
	流通H			张玉胜 0.14%（流通A股）
股东户数	05年末	40507		胡秋丰 0.13%（流通A股）
	04年末	38755		高卓成 0.12%（流通A股）
其他流通股东	王几进 0.109%；刘如松 0.107%；陈元艳 0.102%；庞春艳 0.1%；张淑兰 0.099%			
近年分配			近年募资	

二〇〇五年以来市场表现

2005年涨跌幅(%)	-21.7
2005年最高(元)	4.16
2006年涨跌幅(%)	26.51
2006.4.26收盘(元)	3.15
2006年最高(元)	3.25
2006年最低(元)	2.48
2006年换手率(%)	105.88
股改对价	

中核科技（000777）

上市日期：97/07/10　　电话：0512－66672245　　传真：0512－67526983

主营	工业用阀门的设计、制造、销售			
	年度	2005	2004	2003
主要指标	每股收益/扣除后(元)	0.07/0.06	0.04/0.037	0.01/0.006
	每股经营现金流量(元)	0.3795	0.1411	0.08
	每股净资产/调整后(元)	1.71/1.69	1.64/1.56	1.6/1.53
	未分利润(万元)	2735.88	1796.18	1289.86
	资本公积(万元)	6137.05	6113.34	6097.3
利润构成	主营收入(万元)	33238.11	30278.16	24427.64
	主营利润(万元)	8082.15	6409.33	5362.71
	营业利润(万元)	873.51	748.42	－24.23
	投资收益(万元)	545.56	244.3	244.24
	利润总额(万元)	1440.04	1022.94	281.82
	净利润(万元)	1173.38	668.47	224.12
点评	公司生产经营各类工业用阀门，是国内生产阀门品种最多的生产企业。作为中核集团的下属公司，在国家大力发展核电的预期下，公司也面临较好的发展机遇。但由于历史问题、应收帐款问题等，再加上非核电业务占比的关系，公司经营总体情况一般。			

	截止日期	05年末	占%	主要股东及持股比例%、持股性质
股本结构（万股）	总股本	16800		中国核工业集团公司苏州阀门厂 60%（国有股）
	国有股			陈礼生 0.45%（流通A股）
	发起股	10080	60	桂林 0.42%（流通A股）
	外资股			张海燕 0.2%（流通A股）
	募集股			刘志涛 0.17%（流通A股）
	流通A	6720	40	吴琦 0.16%（流通A股）
	流通B			易煌丁 0.13%（流通A股）
	流通H			沈丽娟 0.12%（流通A股）
股东户数	05年末	37389		袁增庆 0.12%（流通A股）
	04年末	36558		孔巍 0.11%（流通A股）
其他流通股东	冯玉红 0.101%			
近年分配	05预案：10派0.5		近年募资	

二〇〇五年以来市场表现

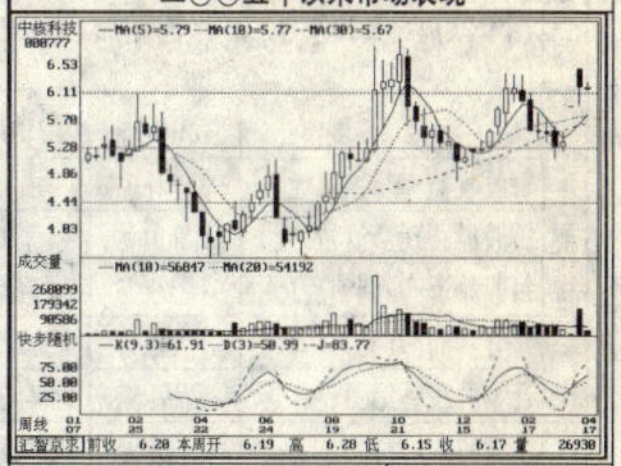

2005年涨跌幅(%)	2.34
2005年最高(元)	6.95
2006年涨跌幅(%)	17.52
2006.4.26收盘(元)	6.17
2006年最高(元)	6.47
2006年最低(元)	5.1
2006年换手率(%)	116.98
股改对价	送股 每10股实际获得3.2股

G铸管（000778）

上市日期：97/06/06　　电话：0310－5792011　　传真：0310－4060214

主营	离心球墨铸铁管及配套管件、冶炼及其压延加工、铸造制品。			
	年度	2005	2004	2003
主要指标	每股收益/扣除后(元)	0.82/0.792	1.001/0.998	0.9/0.892
	每股经营现金流量(元)	0.9005	0.9451	0.5
	每股净资产/调整后(元)	5.36/5.18	5.54/5.33	4.54/4.4
	未分利润(万元)	79408.56	101060.04	51554.18
	资本公积(万元)	128690.23	128438.26	128188.11
利润构成	主营收入(万元)	970205.77	880056.64	529651.71
	主营利润(万元)	164521.59	176887.88	149115.09
	营业利润(万元)	73256.93	96741.16	83582.72
	投资收益(万元)	－74.72	－56.49	－56.49
	利润总额(万元)	76000.81	97086.95	84311.42
	净利润(万元)	50977.22	62188.45	55846.71
点评	公司主营离心球墨铸铁管及配套管件、钢铁冶炼加工、铸造制品等，目前公司球墨铸管产能世界第一，钢格板产能国内第一，螺纹钢产量国内前十。公司的球墨铸管、大口径厚壁无缝钢管等在西气东输、南水北调等重大工程中得以应用，发展潜力巨大。			

	截止日期	05年末	占%	主要股东及持股比例%、持股性质
股本结构（万股）	总股本	62148.78		新兴铸管集团有限公司 54.04%（国有股）
	国有股	33587.78	54.04	奥伊尔投资管理有限责任公司 0.86%（流通A股）
	发起股			丰和价值证券投资基金 0.78%（流通A股）
	外资股			全国社保基金零零一组合 0.49%（流通A股）
	募集股			银河－渣打－CITIGROUP GLOBAL MARKETS LIMITED 0.48%（流通A股）
	流通A	28461.04	45.8	海通－汇丰－MERRILL LYNCH INTERNATIONAL 0.45%（流通A股）
	流通B			招商证券股份有限公司 0.41%（流通A股）
	流通H			中国建设银行－博时裕富证券投资基金 0.21%（流通A股）
股东户数	05年末	65365		国泰君安－建行－香港上海汇丰银行有限公司 0.18%（流通A股）
	04年末	65623		安徽省皖能大厦有限责任公司 0.18%（流通A股）
其他流通股东	上海万方投资管理有限公司 0.159%			
近年分配	05方案：10派3.5；04年：10派10		近年募资	

二〇〇五年以来市场表现

2005年涨跌幅(%)	5.81
2005年最高(元)	9.44
2006年涨跌幅(%)	2.14
2006.4.26收盘(元)	5.74
2006年最高(元)	6.36
2006年最低(元)	5.52
2006年换手率(%)	75.54
股改对价	送股 每10股实际获得3股(05/11/10)

＊ST派神（000779）

上市日期：97/05/28　　电话：0931－7551627　　传真：0931－7555200

主营	生产、销售精纺呢绒系列产品等。			
	年度	2005	2004	2003
主要指标	每股收益/扣除后(元)	－0.566/－0.34	－1.986/－1.18	0.13/0.019
	每股经营现金流量(元)	0.069	－0.357	0.08
	每股净资产/调整后(元)	1.7/1.66	2.26/2.2	4.26/4.22
	未分利润(万元)	－29925.97	－19559.42	16819.64
	资本公积(万元)	39347.73	39347.73	39345.86
利润构成	主营收入(万元)	28133.8	37089.05	19782.95
	主营利润(万元)	3165.6	4690.78	3978.48
	营业利润(万元)	－4661.34	－18978.52	890.24
	投资收益(万元)	－521.92	52.59	1665.36
	利润总额(万元)	－10148.69	－37091.77	2515.57
	净利润(万元)	－10366.56	－36378.65	2422.34
点评	公司主营精纺呢绒。由于原董事长对公司造成的影响，05年企业经营大幅下滑，并出现了巨亏。尽管公司实现了管理层的调整，但面对行业竞争加剧、国际贸易摩擦、人民币升值等不利外部环境，以及企业内部调整的影响，企业经营形势很不确定。			

	截止日期	05年末	占%	主要股东及持股比例%、持股性质
股本结构（万股）	总股本	18315.48		上海开开实业股份有限公司 28%（非流通股）
	国有股	3008.15	16.42	兰州三毛纺织(集团)有限责任公司 16.42%（国有股）
	发起股			奇鹏 0.34%（流通A股）
	外资股			刘应秀 0.26%（流通A股）
	募集股			陈友莉 0.25%（流通A股）
	流通A	10179	55.58	周源 0.22%（流通A股）
	流通B			范勇 0.17%（流通A股）
	流通H			江月华 0.16%（流通A股）
股东户数	05年末	41430		何梅 0.14%（流通A股）
	04年末	36041		王金海 0.11%（流通A股）
其他流通股东	罗雪 0.105%；谭春陵 0.104%			
近年分配			近年募资	

二〇〇五年以来市场表现

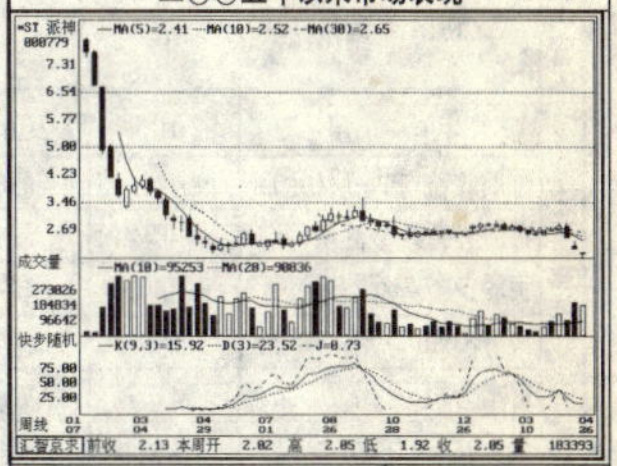

2005年涨跌幅(%)	－67.92
2005年最高(元)	8.08
2006年涨跌幅(%)	－20.23
2006.4.26收盘(元)	2.05
2006年最高(元)	2.94
2006年最低(元)	1.92
2006年换手率(%)	148.39
股改对价	

G 草原发（000780）

上市日期:97/06/06　　电话:0476－3514285　　传真:0476－3510053

主营	肉羊、肉鸡及其系列产品的生产、加工和销售。

	年　度	2005	2004	2003
主要指标	每股收益/扣除后(元)	-0.95/-0.13	0.11/0.11	0.095/0.09
	每股经营现金流量(元)	0.04	1.01	0.081
	每股净资产/调整后(元)	3.85/3.76	4.77/4.69	4.59/4.53
	未分利润(万元)	-2245.14	36621.71	32354.16
	资本公积(万元)	106091.92	104497.09	101473.59
利润构成	主营收入(万元)	257703.99	287828.97	210415.05
	主营利润(万元)	40084.58	47782.32	43597.29
	营业利润(万元)	-5872.96	5422.33	4067.27
	投资收益(万元)	694.33	-565.93	18.86
	利润总额(万元)	-39166.78	4427.84	3974.66
	净利润(万元)	-38866.86	4404.61	3901.64

点评：公司有绿鸟鸡、蒙羔羊、世界屋脊牛等3000多种特色产品。2005年受到禽流感冲击，赔偿农户种鸡、种蛋、商品鸡损失3.39亿元，导致巨亏。随着食品安全日益受到重视，公司生态型肉类产品将有巨大的市场空间。

	截止日期	05年末	占%	主要股东及持股比例%、持股性质
股本结构（万股）	总股本	40911.77		赤峰市银联投资有限责任公司 29.2%（非流通股）
	国有股			赤峰大兴经贸有限责任公司 13.41%（非流通股）
	发起股	5487.65	13.41	赤峰万顺食品有限责任公司 11.88%（非流通股）
	外资股			中国银河证券有限责任公司 0.87%（流通A股）
	募集股	16807.08	41.08	覃宁 0.19%（流通A股）
	流通A	18617.04	45.51	深圳市红筹投资有限公司 0.16%（流通A股）
	流通B			孙小挺 0.12%（流通A股）
	流通H			北京禾盛嘉华科技有限公司 0.12%（流通A股）
股东户数	05年末	62203		赵双凤 0.1%（流通A股）
	04年末	66415		王红亿 0.09%（流通A股）
其他流通股东	孟庆玉 0.099%；吴仁虎 0.098%；张带好 0.091%			
近年分配			近年募资	

二〇〇五年以来市场表现

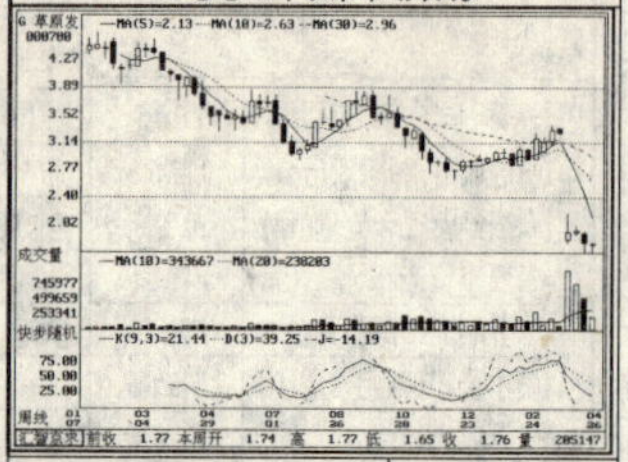

2005年涨跌幅(%)	-35.06
2005年最高(元)	4.64
2006年涨跌幅(%)	28.02
2006.4.26收盘(元)	1.76
2006年最高(元)	4.54
2006年最低(元)	2.82
2006年换手率(%)	140.62
股改对价	定向转增 每10股实际获得11.022股(06/04/06)

美达股份（000782）

上市日期:97/06/19　　电话:0750－6107981　　传真:0750－6107975

主营	锦纶6切片、纺丝、织造、染整生产及产品的销售。

	年　度	2005	2004	2003
主要指标	每股收益/扣除后(元)	0.05/0.05	0.28/0.26	0.04/0.12
	每股经营现金流量(元)	0.5	0.23	0.7
	每股净资产/调整后(元)	2.67/2.66	2.67/2.66	2.39/2.37
	未分利润(万元)	12455.53	12697.37	4592.47
	资本公积(万元)	38898.07	38888.82	38888.93
利润构成	主营收入(万元)	177069.83	175494.05	125493.66
	主营利润(万元)	13353.11	31666.35	21677.92
	营业利润(万元)	1952.89	18085.24	9277.69
	投资收益(万元)	-53.18	978.45	-2825.58
	利润总额(万元)	2135.41	15883.75	3716.19
	净利润(万元)	1727.25	9535.18	1361.82

点评：美达目前是中国最大的锦纶基地，主营锦纶纤维、长丝等。我国对于原产于台湾的进口锦纶、长丝实施的临时反倾销措施，有利于公司稳定盈利水平。此外，公司目前股价基本接近于2.66元/股的净资产，价值有一定低估。

	截止日期	05年末	占%	主要股东及持股比例%、持股性质
股本结构（万股）	总股本	34200		广东天健实业集团有限公司 23.92%（非流通股）
	国有股	618.18	1.81	工商银行广东分行信托投资公司 5.85%（非流通股）
	发起股	3500	10.23	广州市盈富创展投资有限公司 5.85%（非流通股）
	外资股			广州市天秀经济发展有限公司 5.15%（非流通股）
	募集股	17331.82	50.68	江门市新会天健投资有限公司 4.39%（非流通股）
	流通A	12750	37.28	江门市新力投资有限公司 4.39%（非流通股）
	流通B			华夏证券有限公司 2.92%（非流通股）
	流通H			广东新会美达锦纶集团公司 1.81%（国有股）
股东户数	05年末	43366		广发证券股份有限公司 1.17%（非流通股）
	04年末	43363		马信琪 1.07%（流通A股）
其他流通股东	陈穗强 0.263%；宁波市江东天通投资咨询有限公司 0.166%；上海建筑装饰集团申兴装饰工程公司 0.123%			
近年分配	04年:10派0.5		近年募资	

二〇〇五年以来市场表现

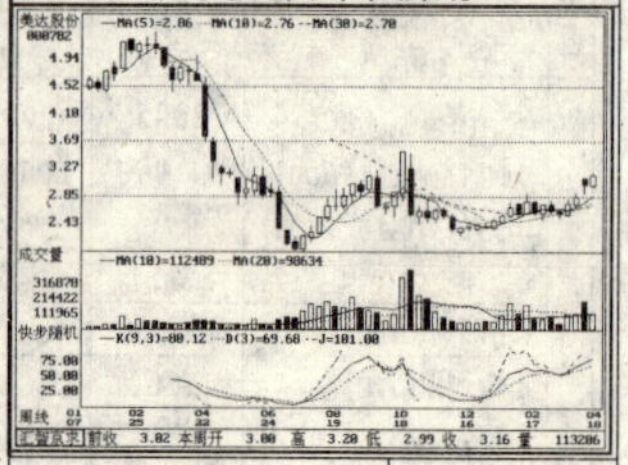

2005年涨跌幅(%)	-46.34
2005年最高(元)	5.36
2006年涨跌幅(%)	33.33
2006.4.26收盘(元)	3.16
2006年最高(元)	3.2
2006年最低(元)	2.33
2006年换手率(%)	114.99
股改对价	定向转增 每10股实际获得4.903股

石炼化（000783）

上市日期:97/07/31　　电话:0311－5161160　　传真:0311－5161138

主营	石油加工和销售

	年　度	2005	2004	2003
主要指标	每股收益/扣除后(元)	-0.63	0.01	0.04/0.051
	每股经营现金流量(元)	-0.44	0.29	0.33
	每股净资产/调整后(元)	0.77/0.76	1.4/1.39	1.38/1.36
	未分利润(万元)	-58677.1	-40817.93	-41712.72
	资本公积(万元)	28131.7	79952.77	78450.68
利润构成	主营收入(万元)	1189285.19	868924.37	601745.67
	主营利润(万元)	-73268.78	17476.82	25718.09
	营业利润(万元)	-88983.59	8524.35	9239.99
	投资收益(万元)	-175.35	-175.35	-175.35
	利润总额(万元)	-68224.09	8071.05	7654.2
	净利润(万元)	-72743.1	1231.09	5084.68

点评：公司是中石化的控股子公司，其技术改造，设备翻修和新建装置等的完工投产，为未来业绩的持续增长提供了有力保证。作为中石化旗下的重要子公司，公司股价结构相当清晰。由于中石化须在全面整合旗下子公司后才能实施股改，因此公司具有被私有化的强烈预期。

	截止日期	05年末	占%	主要股东及持股比例%、持股性质
股本结构（万股）	总股本	115444.43		中国石油化工股份有限公司 79.73%（国有股）
	国有股	92044.43	79.73	中国银行－银华优势企业(平衡型)证券投资基金 0.3%（流通A股）
	发起股			中国民族证券有限责任公司 0.15%（流通A股）
	外资股			中国建行－国泰金马稳健回报证券投资基金 0.13%（流通A股）
	募集股			恒泰证券有限责任公司 0.13%（流通A股）
	流通A	23400	20.27	沈品刚 0.1%（流通A股）
	流通B			中国建行－博时裕富证券投资基金 0.1%（流通A股）
	流通H			唐芳姣 0.09%（流通A股）
股东户数	05年末	76932		闫世刚 0.09%（流通A股）
	04年末	90237		赵一辉 0.09%（流通A股）
其他流通股东	珠海市盈飞实业有限公司 0.073%			
近年分配			近年募资	

二〇〇五年以来市场表现

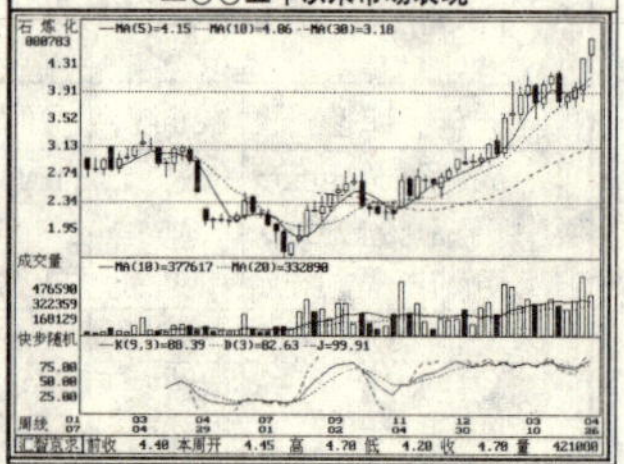

2005年涨跌幅(%)	-2.69
2005年最高(元)	3.35
2006年涨跌幅(%)	62.63
2006.4.26收盘(元)	4.7
2006年最高(元)	4.7
2006年最低(元)	2.84
2006年换手率(%)	249.63
股改对价	

G中商（000785）

上市日期:97/07/11　电话:027－87362507　传真:027－87307723

主营	百货零售批发

	年度	2005	2004	2003
主要指标	每股收益/扣除后(元)	-0.39/-0.32	0.03/-0.06	0.03/0.03
	每股经营现金流量(元)	1.35	0.63	0.2
	每股净资产/调整后(元)	1.84/1.68	2.23/1.82	2.2/1.75
	未分利润(万元)	-5368.58	4497.44	3834.57
	资本公积(万元)	7999.88	7999.88	7999.88
利润构成	主营收入(万元)	226540.45	218623.89	191322.62
	主营利润(万元)	26410.31	26143.6	22177.32
	营业利润(万元)	-9995.07	-729.78	1390.14
	投资收益(万元)	-96.48	-204.04	257.72
	利润总额(万元)	-11861.87	1727.82	1527.99
	净利润(万元)	-9866.02	828.59	803.72

点评 调整了中商广场写字楼的经营思路,实行租售并举,出售了部分资产,全力发展百货和平价超市。拥有百货店及购物中心9家,平价超市大卖场20家,药品专营店17家。购物中心开办费一次性摊销导致2005年大额亏损。

	截止日期	05年末	占%	主要股东及持股比例%、持股性质
股本结构（万股）	总股本	25122.17		武汉国有资产经营公司 54.48%（国有股）
	国有股	14233.56	56.66	武汉银厦房地产综合发展公司 3.74%（国有股）
	发起股			武汉开元科技创业投资有限公司 2.19%（国有股）
	外资股			上海桥科工贸有限公司 1.39%（非流通股）
	募集股	3756.48	14.95	湖北省电力公司 1.39%（国有股）
	流通A	7132.13	28.39	平安信托投资有限责任公司 1.39%（非流通股）
	流通B			华运投资有限责任公司 1%（非流通股）
	流通H			湖北徐东(集团)股份有限公司 0.87%（非流通股）
股东户数	05年末	20086		海南百勤投资顾问有限公司 0.87%（非流通股）
	04年末	23963		武汉市机械设备进出口公司 0.87%（非流通股）

其他流通股东 陈惠君 0.326%；喻剑 0.311%；郑斯梦 0.26%；肖瑞 0.231%；余德胜 0.213%；薛燕艳 0.159%；崔淳 0.143%

近年分配		近年募资	

二〇〇五年以来市场表现

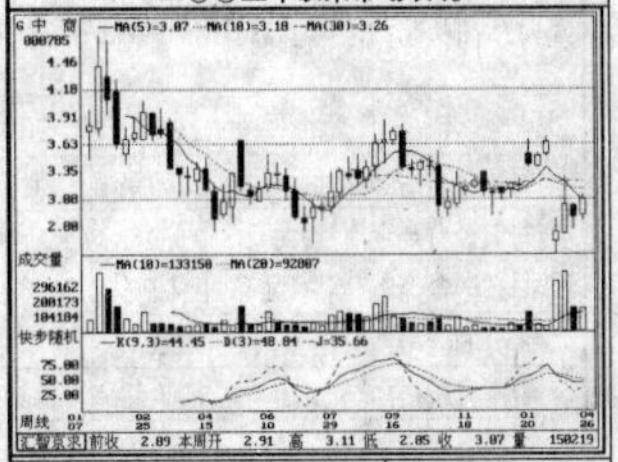

2005年涨跌幅(%)	-16.88
2005年最高(元)	4.73
2006年涨跌幅(%)	33.35
2006.4.26收盘(元)	3.07
2006年最高(元)	4.57
2006年最低(元)	3.39
2006年换手率(%)	131.73
股改对价	送股 每10股实际获得3.9股(06/04/03)

北新建材（000786）

上市日期:97/06/06　电话:010－88082398　传真:010－88082383

主营	新型建筑材料、新型墙体材料、新型房屋、化学建材、装饰装修材料及配套产品的技术开发、制造、销售和技术服务等。

	年度	2005	2004	2003
主要指标	每股收益/扣除后(元)	0.21/0.207	0.15/0.083	0.12/0.117
	每股经营现金流量(元)	0.188	0.432	0.22
	每股净资产/调整后(元)	2.56/2.52	2.4/2.34	2.32/2.28
	未分利润(万元)	15724.74	10133.63	8281.73
	资本公积(万元)	49069.18	48920.24	48517.2
利润构成	主营收入(万元)	202862.39	146232.95	103838.11
	主营利润(万元)	33917.37	19124.74	18042.02
	营业利润(万元)	9359.07	4410.84	3885.01
	投资收益(万元)	2108.2	2729.37	1530.54
	利润总额(万元)	17598.92	8731.51	6858.69
	净利润(万元)	12020.88	8662.75	7024.38

点评 公司为中国最大石膏板产业集团,公司产能将达到3.5亿平方米,位居中国第一,亚洲第二,生产水平已经逐步迈进世界先进行列。公司积极介入环保节能项目,与多家外国专业公司接触,结合住宅产业,在北京设计和建造新型的环保节能型样板房。

	截止日期	05年末	占%	主要股东及持股比例%、持股性质
股本结构（万股）	总股本	57515		中国建材股份有限公司 60.33%（国有股）
	国有股	34700	60.33	通乾证券投资基金 4.99%（流通A股）
	发起股			交通银行－融通行业景气证券投资基金 3.96%（流通A股）
	外资股			何清海 0.18%（流通A股）
	募集股			邓敬香 0.14%（流通A股）
	流通A	22815	39.67	赵显峰 0.09%（流通A股）
	流通B			何景麟 0.09%（流通A股）
	流通H			马宝山 0.07%（流通A股）
股东户数	05年末	56807		招商银行股份有限公司－长城久泰中信标普300指数证券投资基金 0.06%（流通A股）
	04年末	71609		王灿 0.06%（流通A股）

其他流通股东 北京有色计算机技术公司 0.055%

近年分配	05预案:10派0.7；04年:10派0.5；03年:10派0.8	近年募资	

二〇〇五年以来市场表现

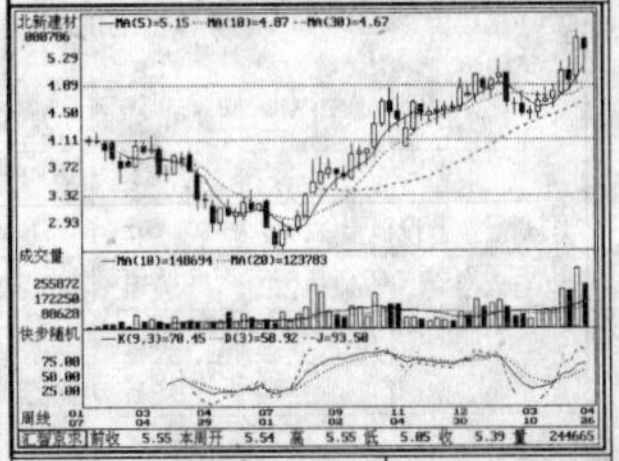

2005年涨跌幅(%)	18.98
2005年最高(元)	5.03
2006年涨跌幅(%)	11.36
2006.4.26收盘(元)	5.39
2006年最高(元)	5.68
2006年最低(元)	4.38
2006年换手率(%)	98.44
股改对价	

创智科技（000787）

上市日期:97/06/26　电话:0731－8909008　传真:0731－8909353

主营	研制、开发、生产、销售计算机软件及配套系统、电子商务系统、网络产品、提供软件制作及软件售后服务；提供技术咨询和技术培训服务等业务。

	年度	2005	2004	2003
主要指标	每股收益/扣除后(元)	-2.18	-0.053	-0.39/-0.239
	每股经营现金流量(元)	-1.15	0.18	-0.35
	每股净资产/调整后(元)	1.06/1.06	3.24/3.2	3.34/3.25
	未分利润(万元)	-55822.35	-1110.43	1776.71
	资本公积(万元)	49860.87	49860.87	49656.71
利润构成	主营收入(万元)	23296.2	31297.86	38379.11
	主营利润(万元)	1956.08	9890.75	9649.73
	营业利润(万元)	-27514.25	306.58	-6526.54
	投资收益(万元)	-1347.03	-1199.04	-147.19
	利润总额(万元)	-54711.23	-844.15	-10428.95
	净利润(万元)	-54671.47	-1315.77	-9766.87

点评 公司主营业务为计算机软件开发业务。由于国内竞争程度非常激烈,近几年公司主营业务一直没有快速发展。而利润率的下滑则导致公司业绩大幅度亏损。预计公司未来几年内不会有较大的改善。

	截止日期	05年末	占%	主要股东及持股比例%、持股性质
股本结构（万股）	总股本	25076.02		湖南创智集团有限公司 17.8%（非流通股）
	国有股			财富证券有限责任公司 10.09%（非流通股）
	发起股	6270.02	25	湖南华创实业有限公司 3.29%（非流通股）
	外资股			湖南创智实业有限公司 3.22%（非流通股）
	募集股	4600	18.34	长沙电力经济技术开发总公司 0.64%（非流通股）
	流通A	14206	56.65	席得胜 0.5%（流通A股）
	流通B			刘广胜 0.39%（流通A股）
	流通H			湖南省融智资产经营有限公司 0.36%（非流通股）
股东户数	05年末	71470		上海冠通投资有限公司 0.32%（非流通股）
	04年末	78919		李忠奎 0.26%（流通A股）

其他流通股东 寇春荣 0.227%；杨宝堂 0.169%；中国工商银行－融通深证100指数证券投资基金 0.164%；刘演池 0.164%

近年分配		近年募资	

二〇〇五年以来市场表现

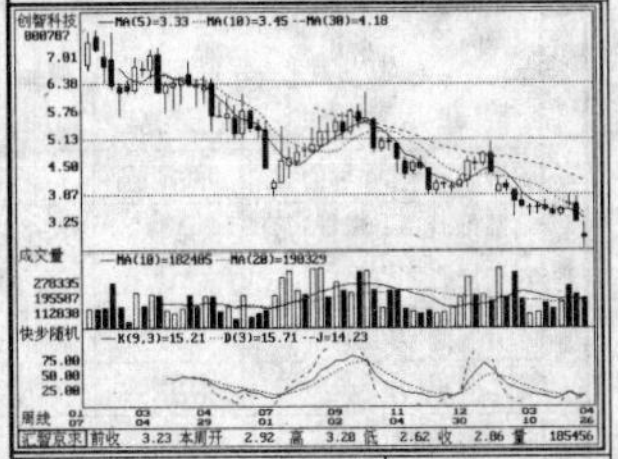

2005年涨跌幅(%)	-39.09
2005年最高(元)	7.64
2006年涨跌幅(%)	-31.25
2006.4.26收盘(元)	2.86
2006年最高(元)	5.04
2006年最低(元)	2.62
2006年换手率(%)	229.15
股改对价	

G 合成（000788）

上市日期：97/06/16　　电话：023－67525366　　传真：023－67525300

主营：研制开发、生产经营医药原料药及制剂产品。

	年度	2005	2004	2003
主要指标	每股收益/扣除后(元)	0.07/0.06	0.06/0.05	0.03/-0.37
	每股经营现金流量(元)	0.01	0.18	0.67
	每股净资产/调整后(元)	1.14/1.03	1.08/0.78	0.89/0.79
	未分利润(万元)	-12336.08	-33888.51	-35099.87
	资本公积(万元)	13306.51	27160.71	24758.14
利润构成	主营收入(万元)	47203.28	42825.74	32570.81
	主营利润(万元)	9093.82	8234.75	4808.16
	营业利润(万元)	1267.56	1302.89	-4824.65
	投资收益(万元)		-106.61	-131.21
	利润总额(万元)	1300.59	1211.36	504.56
	净利润(万元)	1300.59	1211.36	504.56

点评：公司是我国西南地区最重要的医药原料药生产及出口基地。2005年在受到原材料涨价、人民币升值的不利环境下，主推氯霉素、SD、头孢系列等一线品种，在欧洲市场占有率接近50%。取得原料药、制剂的双增长。方正集团入主后，公司市场竞争实力明显增强。

股本结构（万股）	05年末	占%	主要股东及持股比例%、持股性质
截止日期			
总股本	19250		重庆西南合成制药有限公司 47.31%（国有股）
国有股	9107.37	47.31	重庆市医药压力容器检测站 2.69%（非流通股）
发起股	242.63	1.26	重庆长江制药厂 2.63%（非流通股）
外资股			华夏证券有限公司 1.51%（非流通股）
募集股	4950	25.71	四川电力建设二公司 1.26%（非流通股）
流通A	4950	25.71	重庆市江北县江洛化工厂 0.94%（非流通股）
流通B			西南合成制药厂科学技术协会 0.87%（非流通股）
流通H			重庆力豪商贸有限责任公司 0.57%（非流通股）
股东户数 05年末	16878		重庆科星设备清洗有限公司 0.56%（部分流通部分不流通）
股东户数 04年末	15513		杭州萧山金创投资咨询有限公司 0.38%（非流通股）

其他流通股东：黄友刚 0.224%；卢镇彬 0.113%；王忠 0.109%；郭伟松 0.078%；钟吉荣 0.063%；于联军 0.062%；赵国友 0.058%

近年分配：　　**近年募资**：

二〇〇五年以来市场表现

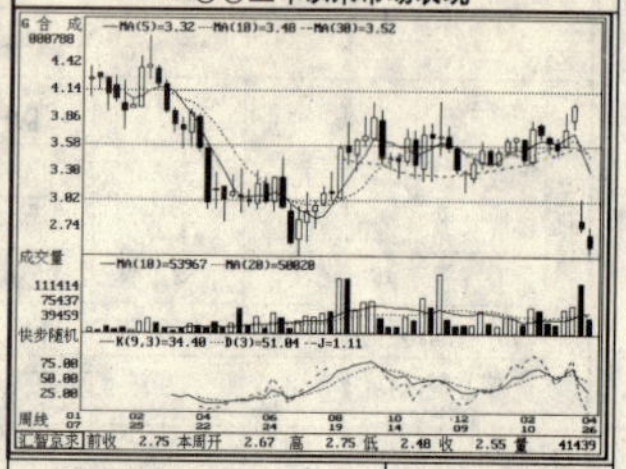

2005年涨跌幅(%)	-20.56
2005年最高(元)	4.7
2006年涨跌幅(%)	12.58
2006.4.26收盘(元)	2.55
2006年最高(元)	4.56
2006年最低(元)	3.37
2006年换手率(%)	110.59
股改对价	定向转增 每10股实际获得5.01股(06/04/20)

江西水泥（000789）

上市日期：97/09/23　　电话：0791—8161011　　传真：0791—8161012

主营：硅酸盐水泥熟料和硅酸盐水泥的制造和销售。

	年度	2005	2004	2003
主要指标	每股收益/扣除后(元)	-0.399/-0.386	-0.14	0.124/0.126
	每股经营现金流量(元)	0.35	0.04	0.351
	每股净资产/调整后(元)	1.63/1.51	2.03/1.9	2.25/2.13
	未分利润(万元)	-12676.3	899.19	8499.97
	资本公积(万元)	30212.43	30212.43	29807.89
利润构成	主营收入(万元)	64779.68	66393.21	58072.07
	主营利润(万元)	1665.9	10811.89	17196.26
	营业利润(万元)	-12991.99	-1893.21	5933.34
	投资收益(万元)	-76.34	-3192.08	-1.67
	利润总额(万元)	-13786.24	-4863.61	6249.98
	净利润(万元)	-13575.45	-4834.18	4219.57

点评：公司是江西省最大的水泥生产企业之一。由于水泥价格在底位徘徊以及煤、电价格在高位运行，2005年公司盈利能力下降。今年中期后随着供求关系的逐渐改善以及生产成本的小幅下降，水泥行业有望逐渐走出低谷，公司业绩有望得到改善。

股本结构（万股）	05年末	占%	主要股东及持股比例%、持股性质
截止日期			
总股本	34050		江西水泥厂 67.54%（国有股）
国有股	23000	67.55	李卓强 0.62%（流通A股）
发起股			刘朝辉 0.14%（流通A股）
外资股			林冬 0.13%（流通A股）
募集股			宋苗方 0.09%（流通A股）
流通A	11050	32.45	邓洪玲 0.07%（流通A股）
流通B			夏婉 0.07%（流通A股）
流通H			卢石坤 0.06%（流通A股）
股东户数 05年末	43736		杜佳原 0.06%（流通A股）
股东户数 04年末	52637		宋正军 0.06%（流通A股）

其他流通股东：王淼 0.059%

近年分配：03年：10派0.8　　**近年募资**：

二〇〇五年以来市场表现

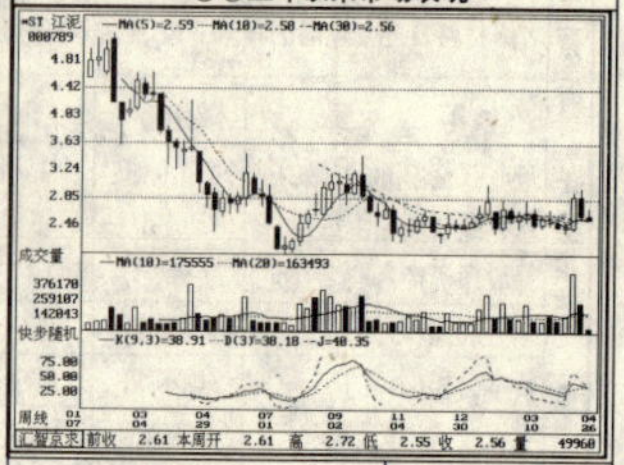

2005年涨跌幅(%)	-45.01
2005年最高(元)	5.2
2006年涨跌幅(%)	3.23
2006.4.26收盘(元)	2.56
2006年最高(元)	3.03
2006年最低(元)	2.36
2006年换手率(%)	257.87
股改对价	

G 华神（000790）

上市日期：98/03/27　　电话：028－87751070　　传真：028－87778104

主营：中西成药生产和销售，高新技术产品开发和经营，生物工程制品的生产和销售

	年度	2005	2004	2003
主要指标	每股收益/扣除后(元)	0.02/0.006	0.01	0.08/0.07
	每股经营现金流量(元)	0.17	0.1	0.28
	每股净资产/调整后(元)	3.07/2.84	3.15/3	3.14/3.11
	未分利润(万元)	4974.89	6077.52	5968.65
	资本公积(万元)	14711.98	14711.98	14711.98
利润构成	主营收入(万元)	18775.81	19380.02	16744.36
	主营利润(万元)	5196.51	5073.43	4828.12
	营业利润(万元)	202.52	144.11	1318.85
	投资收益(万元)	33.35	12.96	-0.13
	利润总额(万元)	361.47	315.38	1299.43
	净利润(万元)	221.46	136.09	980.82

点评：2005年公司初步扭转了业绩下滑的局面，经营质量有所提升。治疗肝癌的一类新药获得新药证书，其前景值得期待。公司总体业务规模小，但子公司众多，盈利能力低下，应收帐款多，资产质量较差。将来增长取决于一类新药的推广进程。

股本结构（万股）	05年末	占%	主要股东及持股比例%、持股性质
截止日期			
总股本	12798		四川华神集团股份有限公司 33.76%（非流通股）
国有股			重庆国际信托投资有限公司 28.13%（非流通股）
发起股			上海华敏置业(集团)有限公司 7.03%（非流通股）
外资股			东方证券－农行－东方红1号集合资产管理计划 0.82%（流通A股）
募集股	8820	68.92	丁伟 0.16%（流通A股）
流通A	3978	31.08	耿美兰 0.16%（流通A股）
流通B			易林 0.16%（流通A股）
流通H			王小梅 0.13%（流通A股）
股东户数 05年末	11158		彭勇 0.12%（流通A股）
股东户数 04年末	10550		袁龙 0.12%（流通A股）

其他流通股东：黎志平 0.117%；邱鹏 0.114%；张明 0.111%

近年分配：05预案：10转增2；04年：10派1　　**近年募资**：

二〇〇五年以来市场表现

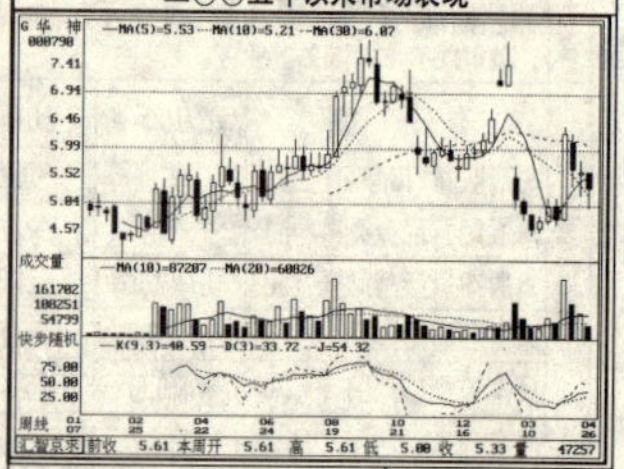

2005年涨跌幅(%)	22.59
2005年最高(元)	7.98
2006年涨跌幅(%)	14.59
2006.4.26收盘(元)	5.33
2006年最高(元)	8.42
2006年最低(元)	5.97
2006年换手率(%)	201.38
股改对价	送股 每10股实际获得3.2股(06/02/21)

*ST 化工（000791）

上市日期:97/10/14　　电话:0931－4862482　　传真:0931－8497112

主营	油漆、涂料和化工原料等的研制、开发、生产和销售			
	年　度	2005	2004	2003
主要指标	每股收益/扣除后(元)	0.025/-0.108	-0.632/-0.26	-0.183/-0.186
	每股经营现金流量(元)	0.1297	-0.0561	0.0026
	每股净资产/调整后(元)	1.13/1.12	1.1/1.1	1.72/1.72
	未分利润(万元)	-14410.04	-14873.25	-3054.36
	资本公积(万元)	16460.55	16442.04	16384.96
利润构成	主营收入(万元)	13506.87	10914.81	10779.23
	主营利润(万元)	1734.5	1155.85	944.71
	营业利润(万元)	-2279.78	-4382.12	-4238.48
	投资收益(万元)	-31.55	-1282.39	206.41
	利润总额(万元)	-66.82	-12698.31	-3976.43
	净利润(万元)	463.22	-11939.59	-3454.02
点评	由于油漆、涂料市场竞争日趋剧烈,公司生产经营面临很大压力,因此试图通过进行产业结构调整来剥离不良资产。目前公司在积极进军房地产、期货、生物医药领域,但是由于转型产业过于多元化,因此能否真正实现盈利尚难预料。			

	截止日期	05年末	占%	主要股东及持股比例%、持股性质
股本结构(万股)	总股本	18900		西北油漆厂 58.1%(国有股)
	国有股	10980	58.1	甘云玲 0.48%(流通A股)
	发起股			李锦均 0.39%(流通A股)
	外资股			梁建乐 0.24%(流通A股)
	募集股			刘加林 0.22%(流通A股)
	流通A	7920	41.9	向金雄 0.19%(流通A股)
	流通B			李建美 0.17%(流通A股)
	流通H			李旭华 0.17%(流通A股)
股东户数	05年末	27812		朱军海 0.16%(流通A股)
	04年末	32917		史帆 0.16%(流通A股)
其他流通股东	刘刊刊 0.16%			
近年分配		近年募资		

二〇〇五年以来市场表现

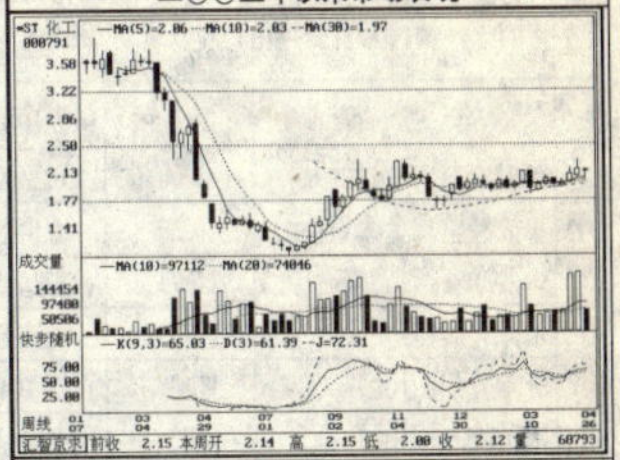

2005年涨跌幅(%)	-47.65
2005年最高(元)	3.94
2006年涨跌幅(%)	12.17
2006.4.26收盘(元)	2.12
2006年最高(元)	2.27
2006年最低(元)	1.83
2006年换手率(%)	163.29
股改对价	

盐湖钾肥（000792）

上市日期:97/09/04　　电话:0979－8448121　　传真:0979－8417445

主营	钾肥的生产与销售			
	年　度	2005	2004	2003
主要指标	每股收益/扣除后(元)	0.672/0.669	0.384/0.388	0.19/0.188
	每股经营现金流量(元)	0.6636	0.4915	0.2
	每股净资产/调整后(元)	2.15/2.11	1.78/1.77	2.29/2.27
	未分利润(万元)	39076.07	23139.22	11106.96
	资本公积(万元)	20749.09	20749.04	46252.4
利润构成	主营收入(万元)	158442.94	121145.2	44828.52
	主营利润(万元)	102377.63	70876.54	19408.66
	营业利润(万元)	78909.37	54900.03	12617.35
	投资收益(万元)	-11.54	-13.68	-12.86
	利润总额(万元)	94662.52	54744.31	12716.81
	净利润(万元)	51575.73	29482.72	9735.96
点评	公司是国内最大的钾肥生产商,拥有占全国钾资源储量97%的察尔汗盐湖大部分开采权,资源优势无以比拟。由于资源限制,目前国内钾肥存在供需缺口,加上国家对农业的支持,因此我们认为盐湖钾肥未来几年获利空间将呈上升态势,值得重点关注。			

	截止日期	05年末	占%	主要股东及持股比例%、持股性质
股本结构(万股)	总股本	76755		青海盐湖工业集团有限公司 33.1%(国有股)
	国有股	15351	20	中国中化集团公司 20%(国有股)
	发起股	31404	40.91	北京华北电力总公司 3.91%(国有股)
	外资股			红塔证券股份有限公司 3.49%(流通A股)
	募集股			中国工商银行－安信证券投资基金 1.77%(流通A股)
	流通A	30000	39.09	中国工商银行－广发聚富开放式证券投资基金 1.52%(流通A股)
	流通B			中国银行－海富通收益增长证券投资基金 1.29%(流通A股)
	流通H			中国农业生产资料成都公司 1.17%(国有股)
股东户数	05年末	16191		中国工商银行－广发稳健增长证券投资基金 1.08%(流通A股)
	04年末	21486		天华证券投资基金 1.05%(流通A股)
其他流通股东	中国人寿保险(集团)公司－传统－普通保险产品 0.957%;交通银行－海富通精选证券投资基金 0.912%			
近年分配	05预案:10派5;04年:10派3;03年:10派2转增5	近年募资		

二〇〇五年以来市场表现

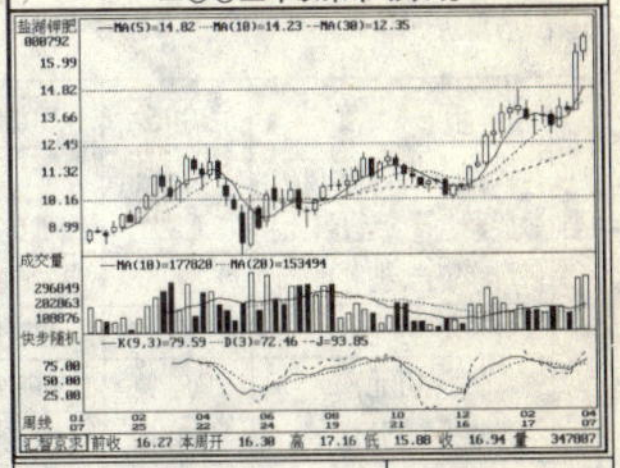

2005年涨跌幅(%)	38.39
2005年最高(元)	12.38
2006年涨跌幅(%)	46.54
2006.4.26收盘(元)	16.94
2006年最高(元)	17.16
2006年最低(元)	11.48
2006年换手率(%)	81.2
股改对价	送股 派现 权证 每10股实际获得1股8.76元

G 燃气（000793）

上市日期:97/07/29　　电话:0898－66254650　　传真:0898－66255636

主营	以燃气和高速公路等基础设施建设和经营管理业务为主,以材料贸易为辅。			
	年　度	2005	2004	2003
主要指标	每股收益/扣除后(元)	0.05/0.02	0.12/-0.005	0.28/0.17
	每股经营现金流量(元)	0.27	-0.43	-0.71
	每股净资产/调整后(元)	1.43/1.42	2.78/2.74	5.37/5.31
	未分利润(万元)	15607.93	19965.86	23128.25
	资本公积(万元)	19321.8	79010.81	105938.48
利润构成	主营收入(万元)	71354.07	57100.81	54237.18
	主营利润(万元)	20280.21	11525.77	15923.18
	营业利润(万元)	2503.81	-996.04	6086.32
	投资收益(万元)	2532.93	8396.17	327.66
	利润总额(万元)	7466.01	9540.5	10289.21
	净利润(万元)	6380.74	8390.43	9526.27
点评	公司作为全国燃气行业首家股份制企业、其独家经营的管道燃气在海口具有垄断性,所铺设的管网已覆盖海口市区的80%以上。公司在技术施工及经济实力方面也占有较大优势。随着海南经济的发展及燃气市场的高速增长,公司的经营业绩将有望出现快速的增长。			

	截止日期	05年末	占%	主要股东及持股比例%、持股性质
股本结构(万股)	总股本	136013.26		上海新华闻投资有限公司 22.9%(非流通股)
	国有股	9700	7.13	海口市煤气管理总公司 7.13%(国有股)
	发起股	1066.97	0.78	北京华光泰投资管理有限公司 2.59%(非流通股)
	外资股			南宁管道燃气有限责任公司 2.46%(非流通股)
	募集股	40968.79	30.12	海口德元实业有限公司 0.91%(非流通股)
	流通A	84277.49	61.96	海南立森实业公司 0.78%(国有股)
	流通B			中国建设银行－博时裕富证券投资基金 0.36%(流通A股)
	流通H			海南椰海实业开发公司 0.18%(国有股)
股东户数	05年末	31900		北京昊隆锋经济贸易有限公司 0.15%(非流通股)
	04年末	32551		海南电南实业发展总公司 0.15%(国有股)
其他流通股东	李运 0.147%;中国人寿保险股份有限公司－传统－普通保险产品－005L－CT001深 0.139%;沙克西 0.123%			
近年分配	04年:10派0.3送1转增9;03年:10派0.7送2转增8	近年募资	03年10配3配股价11.59元。	

二〇〇五年以来市场表现

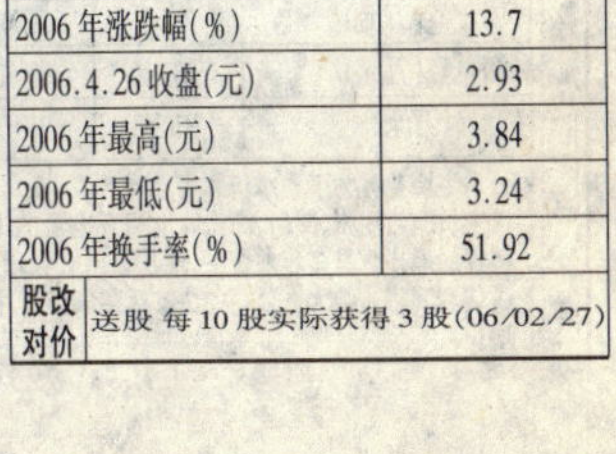

2005年涨跌幅(%)	-3.31
2005年最高(元)	8.05
2006年涨跌幅(%)	13.7
2006.4.26收盘(元)	2.93
2006年最高(元)	3.84
2006年最低(元)	3.24
2006年换手率(%)	51.92
股改对价	送股 每10股实际获得3股(06/02/27)

G 刚玉（000795）

上市日期:97/08/08　　电话:0351－4935313　　传真:0351－4935097

主营	棕刚玉系列产品、特种耐火材料、自动化立体仓库、钕铁硼的生产销售及自营进出口贸易等。			
	年　度	2005	2004	2003
主要指标	每股收益/扣除后(元)	0.007/0.01	0.022/0.025	0.02/0.012
	每股经营现金流量(元)	0.221	0.0495	0.171
	每股净资产/调整后(元)	2.79/2.7	2.79/2.73	2.76/2.7
	未分利润(万元)	7837.92	7839.42	7578.78
	资本公积(万元)	38700.47	38700.47	38699.64
利润构成	主营收入(万元)	38937.61	40619.4	27258.48
	主营利润(万元)	6212.87	7318.31	4448.7
	营业利润(万元)	488.79	1227.62	743
	投资收益(万元)	7.46	-1.74	
	利润总额(万元)	435.53	978.46	744.89
	净利润(万元)	202.17	619.15	561.02
点评	横店集团入主后,公司已经从一家单纯经营刚玉制品逐步转变成为一个以稀土永磁材料为中心、以自动化立体仓库和传统刚玉产业为两翼的综合发展型上市公司。公司已形成钕铁硼磁性材料 1500 吨的年生产能力,还拥有丰富的矿产资源,是亚洲最大的棕刚玉生产基地。			

股本结构(万股)	截止日期	05 年末	占%	主要股东及持股比例%、持股性质
	总股本	27680		太原双塔刚玉(集团)有限公司 39.3% (非流通股)
	国有股	4936	17.83	太原东山煤矿有限责任公司 17.83% (国有股)
	发起股	11304	40.84	中国东方资产管理公司 1.54% (国有股)
	外资股			陈俊 0.24% (流通 A股)
	募集股			徐兰华 0.19% (流通 A股)
	流通 A	11440	41.33	许文奎 0.14% (流通 A股)
	流通 B			杜家红 0.14% (流通 A股)
	流通 H			黄宗满 0.13% (流通 A股)
股东户数	05 年末	34812		上海申鹏科技发展有限公司 0.13% (流通 A股)
	04 年末	34184		高梨红 0.12% (流通 A股)
其他流通股东	杨苏姣 0.123%;上海迅富机械零部件有限公司 0.119%;张尚洪 0.116%			
近年分配			近年募资	

二〇〇五年以来市场表现

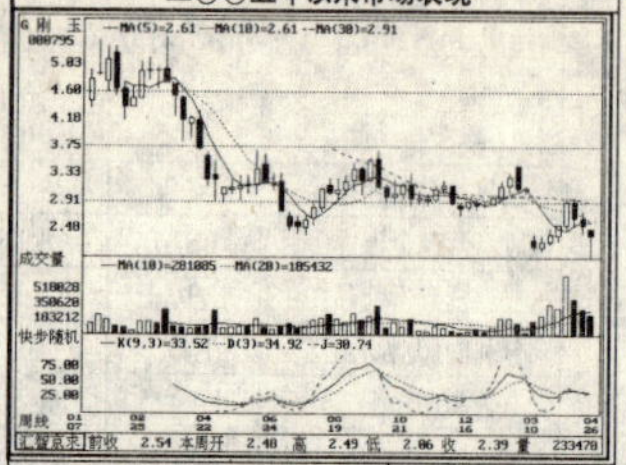

2005 年涨跌幅(%)	-36.95
2005 年最高(元)	5.45
2006 年涨跌幅(%)	9.02
2006.4.26 收盘(元)	2.39
2006 年最高(元)	3.85
2006 年最低(元)	2.68
2006 年换手率(%)	232.5
股改对价	送股 每 10 股实际获得 3 股(06/03/07)

宝商集团（000796）

上市日期:97/07/03　　电话:0917－3215282　　传真:0917－3215282

主营	商贸业、酒店业、路桥收费、广告、制药业等。			
	年　度	2005	2004	2003
主要指标	每股收益/扣除后(元)	-1.625/-1.61	0.075	0.09/0.05
	每股经营现金流量(元)	0.082	-0.0375	0.71
	每股净资产/调整后(元)	2/1.95	3.62/3.59	4.36/4.35
	未分利润(万元)	-20017.83	11255.72	13008.72
	资本公积(万元)	34073.94	34073.94	35677.36
利润构成	主营收入(万元)	59704.95	37969	28585.93
	主营利润(万元)	-4597.56	7735.06	7208.46
	营业利润(万元)	-27748.32	545.25	959.78
	投资收益(万元)	32.08	939.26	606.4
	利润总额(万元)	-31171.26	1550.1	1584.21
	净利润(万元)	-31273.55	1434.62	1368.71
点评	公司加大处理库存,计提固定资产减值、坏帐准备,导致巨亏。百货业市场竞争加剧,购买力分流。公司打算做大做强连锁超市,但培育市场周期长,成本加大。陕西省宝鸡市国资委将持有的 10.05%股份转让给海航集团。			

股本结构(万股)	截止日期	05 年末	占%	主要股东及持股比例%、持股性质
	总股本	19241.03		宝鸡市国有资产管理委员会 10.05% (国有股)
	国有股	1932.78	10.05	陕西省宝鸡卷烟厂 8.58% (非流通股)
	发起股			包头北普实业有限公司 4.2% (非流通股)
	外资股			宝鸡市大众投资有限责任公司 3.64% (非流通股)
	募集股	3775.33	19.62	包头浩瀚科技实业有限公司 3.19% (非流通股)
	流通 A	13532.92	70.33	宝鸡市双泉投资有限公司 1.21% (流通 A股)
	流通 B			王小蓉 0.39% (流通 A股)
	流通 H			张怡 0.39% (流通 A股)
股东户数	05 年末	34359		刘竣 0.3% (流通 A股)
	04 年末	35043		徐国庆 0.24% (流通 A股)
其他流通股东	胡录云 0.236%;张丽华 0.236%;蔡梦华 0.236%;马亚丽 0.236%;成小琴 0.236%			
近年分配	03 年:10 派 0.25 送 1 转增 1		近年募资	

二〇〇五年以来市场表现

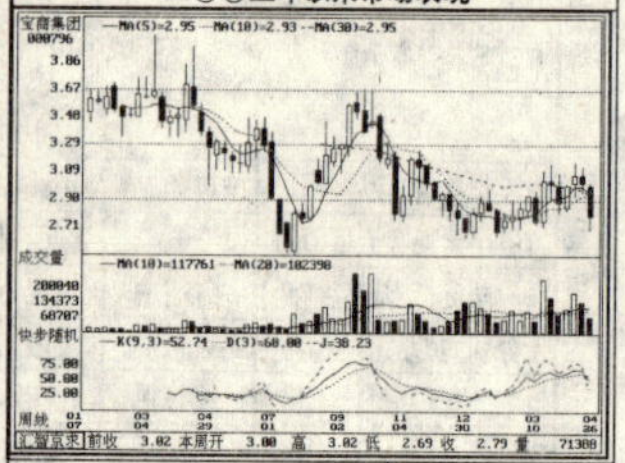

2005 年涨跌幅(%)	-24.08
2005 年最高(元)	4.05
2006 年涨跌幅(%)	4.1
2006.4.26 收盘(元)	2.79
2006 年最高(元)	3.16
2006 年最低(元)	2.64
2006 年换手率(%)	127.15
股改对价	

中国武夷（000797）

上市日期:97/07/15　　电话:0591－3170123　　传真:0591－3170222

主营	工程建设项目的施工总承包、投资开发及外经外贸等 。			
	年　度	2005	2004	2003
主要指标	每股收益/扣除后(元)	0.062/-0.04	-0.93/-0.925	0.02/-0.038
	每股经营现金流量(元)	0.88	0.78	-1.52
	每股净资产/调整后(元)	2.44/2	2.36/2.03	3.28/3.12
	未分利润(万元)	16.37	-31518.5	4686.56
	资本公积(万元)	51118.2	76064.48	76067.25
利润构成	主营收入(万元)	112519.23	85064.33	61360.26
	主营利润(万元)	22038.95	13315.16	11756.78
	营业利润(万元)	7887.83	-25297.97	-2941.66
	投资收益(万元)	214.5	-8290.77	7123.87
	利润总额(万元)	9336.16	-33661.52	4121.19
	净利润(万元)	2410.43	-36205.06	589.82
点评	公司主要业务为工程承包和房地产开发,在北京、深圳、南京、重庆、长春、福州、厦门、漳州等地拥有大量的土地储备。这些楼盘的地皮都是多年前置下,现在都已大大增值,公司的资产重估利润将非常大。公司加快盘活存量资产,预计业绩将稳健增长。			

股本结构(万股)	截止日期	05 年末	占%	主要股东及持股比例%、持股性质
	总股本	38945.24		福建建工集团总公司 66.59% (国有股)
	国有股	25932.24	66.59	陈期望 0.11% (流通 A股)
	发起股			赵秀英 0.1% (流通 A股)
	外资股			黄长锦 0.1% (流通 A股)
	募集股			陈天和 0.1% (流通 A股)
	流通 A	13013	33.41	陈春凉 0.08% (流通 A股)
	流通 B			黄木秀 0.08% (流通 A股)
	流通 H			于光军 0.07% (流通 A股)
股东户数	05 年末	55184		田勇 0.07% (流通 A股)
	04 年末	59013		杨树勋 0.07% (流通 A股)
其他流通股东	蒋工圣 0.067%			
近年分配			近年募资	

二〇〇五年以来市场表现

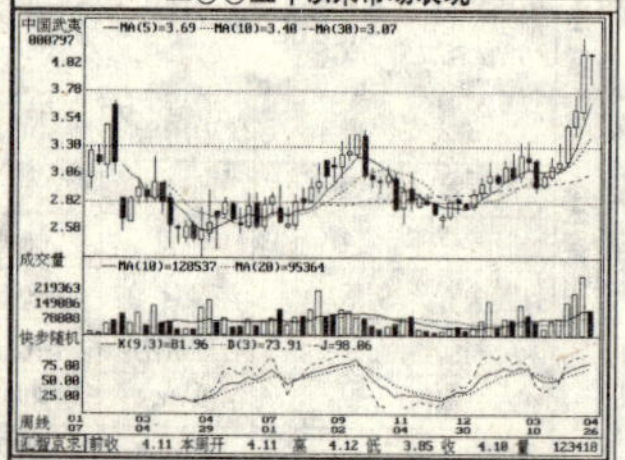

2005 年涨跌幅(%)	-8.88
2005 年最高(元)	3.68
2006 年涨跌幅(%)	48.01
2006.4.26 收盘(元)	4.1
2006 年最高(元)	4.26
2006 年最低(元)	2.75
2006 年换手率(%)	136.13
股改对价	

G中水（000798）

上市日期:98/02/12　　电话:010－88067461　　传真:010－88067463

主营	远洋渔业捕捞、加工、贸易			
	年　度	2005	2004	2003
主要指标	每股收益/扣除后(元)	0.022/-0.08	0.082	0.13/-0.156
	每股经营现金流量(元)	-0.1	-0.15	-0.03
	每股净资产/调整后(元)	3.08/2.2	3.12/2.48	3.09/2.64
	未分利润(万元)	2474.81	3270.68	2835.92
	资本公积(万元)	46738.42	46616.55	46484.71
利润构成	主营收入(万元)	15368.29	13995.87	17049.24
	主营利润(万元)	2687.29	3498.87	2888.25
	营业利润(万元)	698.97	-545.19	-3532.72
	投资收益(万元)	267.4	2892.73	7076.58
	利润总额(万元)	708.88	2311.35	3494.11
	净利润(万元)	545.24	2073.49	3350.82
点评	公司主要经营成本是柴油,油价的迅猛上涨以及美元的持续贬值造成捕捞成本居高不下。同时国际渔业形势较为严峻,近期内如果不能培育出新的经济增长点,公司基本面将难有大幅改观。			

	截止日期	05年末	占%	主要股东及持股比例%、持股性质
股本结构（万股）	总股本	25200		中国农业发展集团总公司 25.5%（国有股）
	国有股	18900	75	中国水产华农公司 24.75%（国有股）
	发起股			中国水产舟山海洋渔业公司 24.75%（国有股）
	外资股			周玉蕴 0.32%（流通A股）
	募集股			耿汝明 0.17%（流通A股）
	流通A	6297.5	24.99	陈惠贞 0.16%（流通A股）
	流通B			林海四 0.12%（流通A股）
	流通H			张振龙 0.12%（流通A股）
股东户数	05年末	24948		孙玛 0.11%（流通A股）
	04年末	26500		王继东 0.09%（流通A股）
其他流通股东	孙秉山 0.079%;上海建筑装饰集团申兴装饰工程公司 0.075%;林伟 0.074%			
近年分配	05预案:10派0.2转增3;04年:10派0.5;03年:10派0.5		近年募资	

二〇〇五年以来市场表现

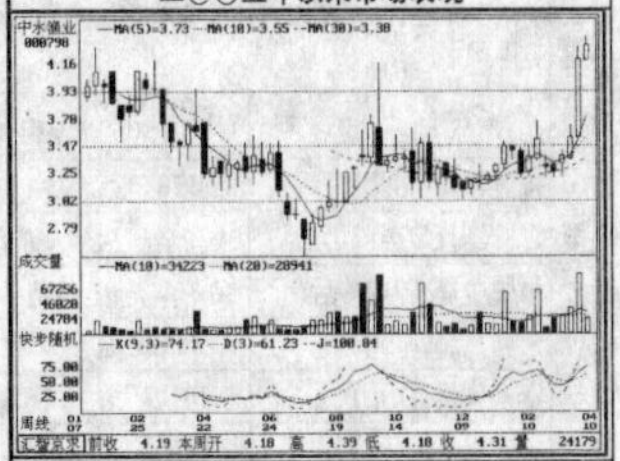

2005年涨跌幅(%)	-16.37
2005年最高(元)	4.3
2006年涨跌幅(%)	33.85
2006.4.26收盘(元)	4.31
2006年最高(元)	4.39
2006年最低(元)	3.18
2006年换手率(%)	66.47
股改对价	回购 送股 每10股实际获得3.8股(06/04/27)

酒鬼酒（000799）

上市日期:97/07/18　　电话:0743－8312079　　传真:0743－8312178

主营	生产酒鬼及湘泉系列白酒以及相应的陶瓷包装物			
	年　度	2005	2004	2003
主要指标	每股收益/扣除后(元)	-0.925/-0.875	0.105	-0.31/-0.31
	每股经营现金流量(元)	-1.193	0.528	-0.03
	每股净资产/调整后(元)	2.65/2.55	3.57/3.55	3.36/2.83
	未分利润(万元)	-45332.29	-17250.86	-20197.48
	资本公积(万元)	75818.85	75553.08	72199.95
利润构成	主营收入(万元)	35773.81	48469.09	35016.87
	主营利润(万元)	10308.7	24538.41	14464.83
	营业利润(万元)	-25268.82	3456.56	-10106.08
	投资收益(万元)	-1018.24	-623.77	-237.19
	利润总额(万元)	-27987.15	3533.13	-10557.4
	净利润(万元)	-28045.19	3179	-9442.74
点评	公司"酒鬼酒"曾经具有较高知名度,但由于治理方面的问题,成功集团转移资金,造成公司运转不畅;同时,公司形象和产品形象也受到损害。公司业绩大幅下滑,出现亏损。公司要走出困境还比较困难,目前首要的是治理结构的改善。			

	截止日期	05年末	占%	主要股东及持股比例%、持股性质
股本结构（万股）	总股本	30305		成功控股集团有限公司 29.04%（非流通股）
	国有股	7780	25.67	湖南湘泉集团有限公司 25.64%（国有股）
	发起股	11800	38.94	上海鸿仪投资发展有限公司 9.99%（非流通股）
	外资股			何佳惠 0.2%（流通A股）
	募集股			林宋标 0.14%（流通A股）
	流通A	10725	35.39	曲玮 0.12%（流通A股）
	流通B			戚继秋 0.12%（流通A股）
	流通H			夏重阳 0.11%（流通A股）
股东户数	05年末	54959		刘彦瑶 0.1%（流通A股）
	04年末	59238		汪胜虹 0.1%（流通A股）
其他流通股东	徐光雄 0.102%;王玉囡 0.088%;王向东 0.08%			
近年分配			近年募资	

二〇〇五年以来市场表现

2005年涨跌幅(%)	-14.8
2005年最高(元)	4.3
2006年涨跌幅(%)	30.5
2006.4.26收盘(元)	3.68
2006年最高(元)	4.17
2006年最低(元)	2.65
2006年换手率(%)	158.71
股改对价	

G轿车（000800）

上市日期:97/06/18　　电话:0431－5781108　　传真:0431－5781100

主营	轿车整车及配件、变速箱、发动机的生产与销售。			
	年　度	2005	2004	2003
主要指标	每股收益/扣除后(元)	0.207/0.199	0.192/0.207	0.27/0.272
	每股经营现金流量(元)	1.75	-1.01	1.35
	每股净资产/调整后(元)	3.29/3.2	3.14/3.07	3.04/2.92
	未分利润(万元)	92321.63	65867.32	56656.36
	资本公积(万元)	241887.08	241952.4	241954.55
利润构成	主营收入(万元)	1032711.87	964330.21	955193.03
	主营利润(万元)	171903.77	136185.07	156952.72
	营业利润(万元)	35026.6	40609.9	62407.93
	投资收益(万元)	3613.65	2255.17	808.63
	利润总额(万元)	34133.02	39135.52	59028.98
	净利润(万元)	33762.47	31303.2	43896.8
点评	公司产品主要为马自达6及红旗系列。05年实现销售5万辆,尽管实现了收入的增长,但在价格下降、成本上升等因素的影响下,企业盈利出现了小幅下滑。06年面对高油价,以及国家消费政策的调整,汽车价格下降的压力,公司经营仍面临困难。			

	截止日期	05年末	占%	主要股东及持股比例%、持股性质
股本结构（万股）	总股本	162750		中国第一汽车集团公司 63.63%（国有股）
	国有股	103550	63.63	全国社保基金一零二组合 1.38%（流通A股）
	发起股	4600	2.83	新理益集团有限公司 1.2%（非流通股）
	外资股			裕阳证券投资基金 0.78%（流通A股）
	募集股			交通银行－科瑞证券投资基金 0.77%（流通A股）
	流通A	54600	33.55	交通银行－汉兴证券投资基金 0.74%（流通A股）
	流通B			景福证券投资基金 0.43%（流通A股）
	流通H			中国工商银行－裕元证券投资基金 0.37%（流通A股）
股东户数	05年末	110634		全国社保基金零零一组合 0.36%（流通A股）
	04年末	127657		富国动态平衡证券投资基金 0.34%（流通A股）
其他流通股东	中国农业银行－交通施罗德精选股票证券投资基金 0.307%;裕隆证券投资基金 0.294%			
近年分配	05预案:10派2;03年:10派1		近年募资	

二〇〇五年以来市场表现

2005年涨跌幅(%)	-14.52
2005年最高(元)	4.08
2006年涨跌幅(%)	16.38
2006.4.26收盘(元)	2.73
2006年最高(元)	4.16
2006年最低(元)	3.08
2006年换手率(%)	121.65
股改对价	送股 每10股实际获得3.3股(06/04/11)

ST 湖山（000801）

上市日期:98/05/06　　电话:0816－2312421　　传真:0816－2336335

主营	从事专业音响、家用音响及家庭影院产品的研发、制造与销售。		
年　度	2005	2004	2003
主要指标 每股收益/扣除后(元)	0.046/0.016	－0.202	0.04/－0.043
每股经营现金流量(元)	0.22	－0.03	0.19
每股净资产/调整后(元)	0.73/0.73	0.69/0.66	0.88/0.82
未分利润(万元)	－7186.7	－7785.46	－5115.04
资本公积(万元)	508.28	497.36	386.32
利润构成 主营收入(万元)	36436.06	13769.6	7524.38
主营利润(万元)	4184.85	2222.22	1684.61
营业利润(万元)	829.94	－2438.02	458.88
投资收益(万元)	－0.03	－6.94	－0.73
利润总额(万元)	821.61	－2706.99	473.1
净利润(万元)	608.04	－2670.43	467.73

点评：公司继续深化和拓展音响、制造加工业务以及卫星高频头三大主营业务，大力推进企业稳步发展，完成了摘掉公司ST帽子的年度经营方针。但是，公司生产经营中仍然面临着音响产业持续低迷，公司自主创新能力较弱，企业发展资金不足，人才匮乏等一些问题。

股本结构(万股) 截止日期	05年末	占%	主要股东及持股比例%、持股性质
总股本	13203.59		四川九洲电器集团有限责任公司 29.9%（国有股）
国有股			绵阳市投资控股(集团)有限公司 26.81%（国有股）
发起股	9272.39	70.23	上海纳米创业投资有限公司 8.51%（非流通股）
外资股			成都君信实业有限公司 3.02%（非流通股）
募集股			绵阳市银星贸易公司 1.98%（国有股）
流通A	3931.2	29.77	赵春茂 0.42%（流通A股）
流通B			吴立学 0.22%（流通A股）
流通H			李蓉 0.22%（流通A股）
股东户数 05年末	10292		孙群 0.2%（流通A股）
股东户数 04年末	10948		蒋斌 0.18%（流通A股）

其他流通股东：任才玉 0.175%；唐久富 0.172%；刘培 0.171%；谢元锡 0.168%；张央芳 0.166%

近年分配：　　近年募资：

二〇〇五年以来市场表现

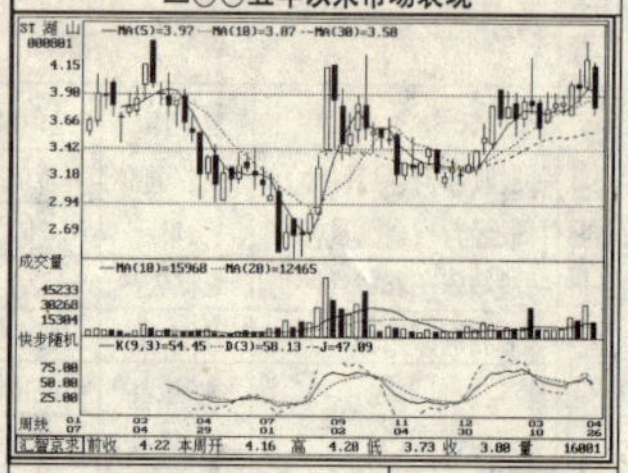

2005年涨跌幅(%)	－11.83
2005年最高(元)	4.37
2006年涨跌幅(%)	15.85
2006.4.26收盘(元)	3.8
2006年最高(元)	4.39
2006年最低(元)	3.2
2006年换手率(%)	56.36
股改对价	

京西旅游（000802）

上市日期:98/01/08　　电话:010－69800572　　传真:010－69805332

主营	旅游项目投资及管理，新能源、新材料、电源、电池、电动自行车、电子、通讯产品及设备等的研制、生产、销售，煤矸石砖及相关生产设备、技术的开发、生产、销售。		
年　度	2005	2004	2003
主要指标 每股收益/扣除后(元)	0.13/0.041	0.02	－0.66/－0.54
每股经营现金流量(元)	1.26	－0.31	－0.3
每股净资产/调整后(元)	2.17/1.87	2.04/1.74	1.99/1.6
未分利润(万元)	－3945.72	－11134.94	－11416.1
资本公积(万元)	17035.41	21923.15	21644.92
利润构成 主营收入(万元)	14157.39	40762.12	34528.13
主营利润(万元)	4394.52	5661.47	4943.25
营业利润(万元)	1083.3	－2638.78	－3572.14
投资收益(万元)	－127.55	35.57	－2571.12
利润总额(万元)	1283.08	1087.81	－7459.29
净利润(万元)	1455.89	281.16	－7618.86

点评：2005年，公司转让了北京石泉墙体材料公司、天津和平海湾电源集团有限公司的股权，取得了百货商场分公司的土地使用权，收购了门头沟区招待所，优化了公司资产结构。妙峰山、潭柘寺景区经营及宾馆、商场经营的利润和现金流有所改善，基本摆脱了退市危险。

股本结构(万股) 截止日期	05年末	占%	主要股东及持股比例%、持股性质
总股本	11625		北京戈德电子移动商务有限公司 66.45%（国有股）
国有股	7725	66.45	陈锐强 0.38%（流通A股）
发起股			陈锐强 0.38%（流通A股）
外资股			章小龄 0.36%（流通A股）
募集股			章小龄 0.36%（流通A股）
流通A	3900	33.55	史红 0.27%（流通A股）
流通B			史红 0.27%（流通A股）
流通H			刘峥 0.19%（流通A股）
股东户数 05年末	12685		孙宇梁 0.19%（流通A股）
股东户数 04年末	10465		刘峥 0.19%（流通A股）

其他流通股东：陆熠 0.172%；张克宽 0.172%；麦丽谏 0.146%；范金宝 0.143%；北京双盛楼饭店 0.126%

近年分配：　　近年募资：

二〇〇五年以来市场表现

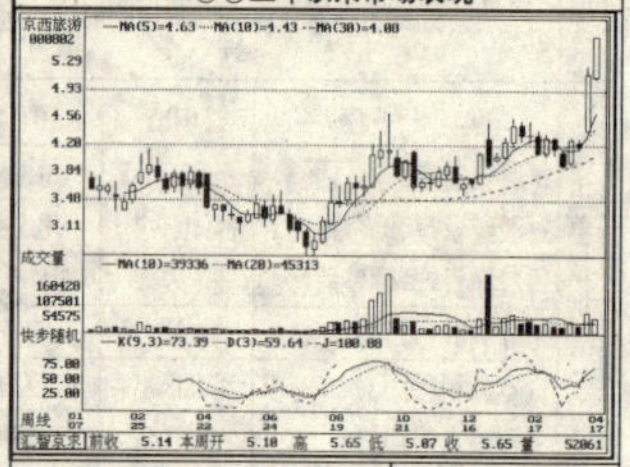

2005年涨跌幅(%)	3.97
2005年最高(元)	4.62
2006年涨跌幅(%)	43.77
2006.4.26收盘(元)	5.65
2006年最高(元)	5.65
2006年最低(元)	3.9
2006年换手率(%)	138.72
股改对价	定向转增 每10股实际获得5.4462股

金宇车城（000803）

上市日期:98/03/03　　电话:0817－2198989　　传真:0817－2602653

主营	丝织品、服装制造及自产丝织品、服装出口、房地产、汽车贸易。		
年　度	2005	2004	2003
主要指标 每股收益/扣除后(元)	－0.56/－0.456	0.03/0.017	0.03/0.029
每股经营现金流量(元)	0.15	0.26	0.09
每股净资产/调整后(元)	1.16/1.16	1.72/1.7	1.69/1.68
未分利润(万元)	－3676.64	2002.25	1835.88
资本公积(万元)	1878.05	1853.81	1845.94
利润构成 主营收入(万元)	8273.9	7410.87	6342.49
主营利润(万元)	87.33	1455.31	664.4
营业利润(万元)	－4946.55	567.67	288.85
投资收益(万元)	－383.79	－96.75	105.49
利润总额(万元)	－5778.09	620.15	379.71
净利润(万元)	－5678.88	332.26	343.08

点评：信贷收紧，房地产项目开发和销售面临困难。连年经营不景气，政府改变西河桥收费站补偿方式和计提减值准备等造成净利润大幅下降。股改前又要变回"美亚股份"名称，推测金宇车城大股东有可能退出。股价呈现崩溃走势。

股本结构(万股) 截止日期	05年末	占%	主要股东及持股比例%、持股性质
总股本	10136.1		成都金宇控股集团有限公司 29.62%（非流通股）
国有股	1381	13.62	四川省南充市财政局 13.62%（国有股）
发起股	3002.6	29.62	四川省南充美亚时装公司 4.81%（非流通股）
外资股			四川省南充市丝绸加工厂 1.92%（非流通股）
募集股	877.5	8.66	四川省美鸿实业公司 1.15%（非流通股）
流通A	4872.95	48.08	上海金天网络信息有限公司 0.38%（非流通股）
流通B			四川省岳池县蚕茧公司 0.19%（非流通股）
流通H			四川省西充县晋新丝绸厂 0.19%（非流通股）
股东户数 05年末	3914		张付友 0.15%（流通A股）
股东户数 04年末	4072		江振明 0.12%（流通A股）

其他流通股东：黄龙兴 0.114%；李志桂 0.105%；张传辉 0.103%；张贤木 0.101%；宋禾枝 0.101%；张进德 0.1%；黄孝英 0.099%

近年分配：　　近年募资：

二〇〇五年以来市场表现

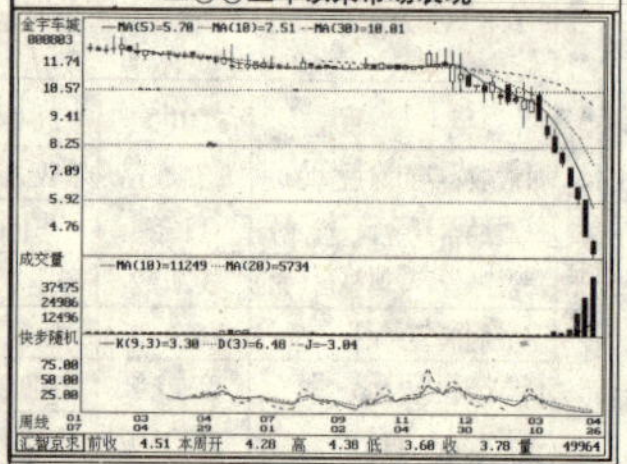

2005年涨跌幅(%)	－13.41
2005年最高(元)	12.9
2006年涨跌幅(%)	－64.94
2006.4.26收盘(元)	3.78
2006年最高(元)	11.27
2006年最低(元)	3.6
2006年换手率(%)	23.28
股改对价	

＊ST 炎黄（000805）

上市日期:98/05/29　　电话:0519－5130805　　传真:0519－5130806

主营	资讯产品通路业务、计算机网络系统工程，软件、硬件的开发、生产、销售、安装及系统集成和进出口业务，计算机信息网络国际互联网业务，电子产品及通讯产品，电子计算机及其配件的销售等。			
	年　度	2005	2004	2003
主要指标	每股收益/扣除后(元)	-0.4	-5.75	-0.257/-0.275
	每股经营现金流量(元)	-0.13		-0.29
	每股净资产/调整后(元)	-4.48/-4.47	-4.23/-4.22	1.53/1.51
	未分利润(万元)	-33921.57	-31653.75	1112.79
	资本公积(万元)	1905.99	1079.36	943.11
利润构成	主营收入(万元)	164.96	630.42	9402.09
	主营利润(万元)	15.81	-12.93	1564.32
	营业利润(万元)	-1628.58	-9438.17	-1576.21
	投资收益(万元)	-34.56	-485.96	-31.81
	利润总额(万元)	-2635.2	-33794.29	-1468.65
	净利润(万元)	-2267.82	-32885.19	-1468.61
点评	公司股票已实行退市风险警示，2005 年继续亏损。公司连续三年亏损，根据有关规定，公司股票存在暂停上市风险。公司的财务状况严重恶化，关注未来的资产重组情况。			

	截止日期	05 年末	占%	主要股东及持股比例%、持股性质
股本结构（万股）	总股本	5721.83		常州东普科技发展有限公司 29.45%（非流通股）
	国有股			银通创业投资有限公司 10.81%（非流通股）
	发起股	26.4	0.46	成都托普咨询有限责任公司 5.24%（非流通股）
	外资股			上海金专资产管理有限公司 4.37%（非流通股）
	募集股	4253.6	74.34	常州嘉迅物流有限公司 1.22%（非流通股）
	流通 A	1441.83	25.2	上海合意实业有限公司 0.61%（非流通股）
	流通 B			朱萍 0.522%（流通 A股）
	流通 H			顾鹤富 0.474%（流通 A股）
股东户数	05 年末	5860		成都市桃花源新技术研究有限公司 0.461%（非流通股）
	04 年末	7151		顾振华 0.437%（流通 A股）
其他流通股东	范少军 0.41%；吴伟英 0.389%；毛银全 0.34%；严伯顺 0.307%；赵海芳 0.227%；奚建华 0.224%；杨永法 0.202%			
近年分配			近年募资	

二〇〇五年以来市场表现

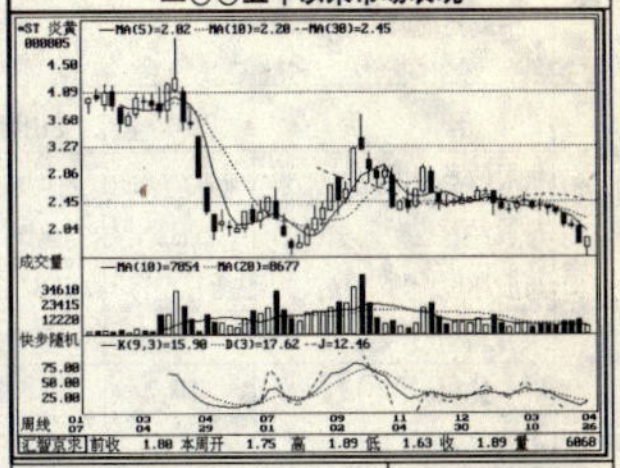

2005 年涨跌幅(%)	-36.99
2005 年最高(元)	4.91
2006 年涨跌幅(%)	-23.48
2006.4.26 收盘(元)	1.89
2006 年最高(元)	2.64
2006 年最低(元)	1.63
2006 年换手率(%)	93.38
股改对价	

G 银河（000806）

上市日期:98/04/16　　电话:0779－3202636　　传真:0779－3201888

主营	新型电子元器件产品生产与销售、电力系统自动化、有线电视信息网络及系统集成			
	年　度	2005	2004	2003
主要指标	每股收益/扣除后(元)	0.02/0.000	0.28	0.41/0.29
	每股经营现金流量(元)	0.05	-0.21	0.58
	每股净资产/调整后(元)	3.19/3.1	3.66/3.59	4.04/4.01
	未分利润(万元)	24081.41	23636.05	24510.96
	资本公积(万元)	57021.72	58452.96	57787.52
利润构成	主营收入(万元)	102253.17	118228.51	95890.07
	主营利润(万元)	29166.18	31756.88	25810.18
	营业利润(万元)	528.28	10420.78	10170.41
	投资收益(万元)	711.48	508.24	4082.73
	利润总额(万元)	2068.77	11159	14470.61
	净利润(万元)	702.37	9821.59	12336.93
点评	公司是国内电力设备行业的龙头，其在特种变压器行业具有明显的领先优势，占据国内整流变压器市场 65%的份额，形成强大的核心竞争力。公司坚持收购兼并的理念使其成为股改的最大受益者，巨额的资产增值极大地提升了公司的投资价值，并将使其业绩爆炸性增长。			

	截止日期	05 年末	占%	主要股东及持股比例%、持股性质
股本结构（万股）	总股本	41874.17		广西银河集团有限公司 22.81%（非流通股）
	国有股	1648.18	3.94	苏州工业园区盛银投资有限公司 6.08%（非流通股）
	发起股	5356.6	12.79	北京市农村信用合作社营业部 3.94%（非流通股）
	外资股			江苏新思维投资咨询有限公司 3.44%（非流通股）
	募集股	12773.42	30.5	中国银河证券有限责任公司 2.49%（国有股）
	流通 A	22095.97	52.77	陕西电力燃料有限责任公司 1.99%（流通 A股）
	流通 B			兴华证券投资基金 1.91%（流通 A股）
	流通 H			中国工商银行－普丰证券投资基金 1.48%（流通 A股）
股东户数	05 年末	48691		中国航空集团财务有限责任公司 1.24%（流通 A股）
	04 年末	57586		海南亚科技术有限公司 0.98%（非流通股）
其他流通股东	中国工商银行－普丰投资基金 1.475%；陕西省电力公司 0.951%；中国银行－华夏大盘精选证券投资基金 0.866%			
近年分配	05 预案:10 送 0.1 转增 0.9；04 年:10 转增 2；03 年:10 派 0.5 送 1.5		近年募资	

二〇〇五年以来市场表现

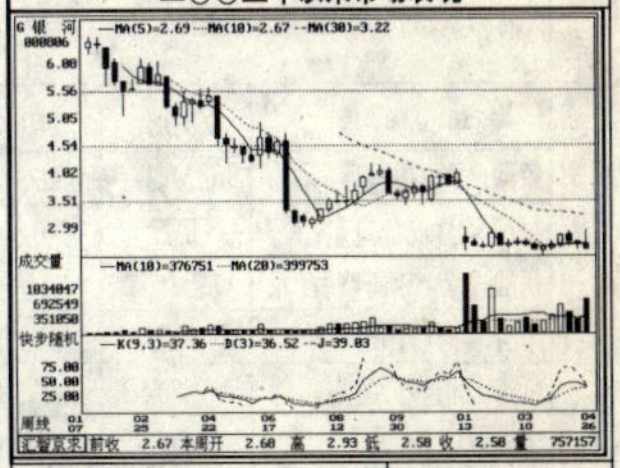

2005 年涨跌幅(%)	-25.12
2005 年最高(元)	6.59
2006 年涨跌幅(%)	7.77
2006.4.26 收盘(元)	2.58
2006 年最高(元)	5.01
2006 年最低(元)	4.14
2006 年换手率(%)	199.08
股改对价	转增 每 10 股实际获得 6.71 股(06/01/09)

云铝股份（000807）

上市日期:98/04/08　　电话:0871－7455858　　传真:0871－7455605

主营	铝冶炼、铝加工系列产品、碳素及碳素制品的生产和销售			
	年　度	2005	2004	2003
主要指标	每股收益/扣除后(元)	0.26/0.23	0.35/0.29	0.45/0.46
	每股经营现金流量(元)	0.73	-0.05	0.4
	每股净资产/调整后(元)	3.01/2.95	3.05/2.99	4.09/4.08
	未分利润(万元)	11603.11	17291.99	1231.66
	资本公积(万元)	77259.15	77253.01	85685.01
利润构成	主营收入(万元)	453312.51	231062.48	146462.99
	主营利润(万元)	42976.61	32821.09	32056.65
	营业利润(万元)	15930.07	18285.02	20493.87
	投资收益(万元)	791.14	6153.89	-311.91
	利润总额(万元)	16659.64	22210.05	19361.6
	净利润(万元)	14118.63	18894.5	16449.79
点评	由于 2005 年氧化铝价格持续上涨，导致电解铝冶炼企业整体盈利能力下降，公司的经营业绩也出现下滑。但 2006 年以来，电解铝价格快速上涨，公司的盈利能力将提高。同时公司投资建设 80 万吨氧化铝项目，为公司后续的发展打下坚实的基础。			

	截止日期	05 年末	占%	主要股东及持股比例%、持股性质
股本结构（万股）	总股本	54600		云南冶金集团总公司 63.19%（国有股）
	国有股	34500	63.19	中油资产管理有限公司 1.13%（流通 A股）
	发起股			奥伊尔投资管理有限责任公司 1.07%（流通 A股）
	外资股			中国工商银行－诺安平衡证券投资基金 0.66%（流通 A股）
	募集股			中国工商银行－科翔证券投资基金 0.54%（流通 A股）
	流通 A	20100	36.81	全国社保基金－零四组合 0.47%（流通 A股）
	流通 B			中国人寿保险股份有限公司－分红－个人分红－005L－FH002 深 0.4%（流通 A股）
	流通 H			中国银行－同智证券投资基金 0.29%（流通 A股）
股东户数	05 年末	40246		中国工商银行－东吴嘉禾优势精选混合型开放式证券投资基金 0.25%（流通 A股）
	04 年末	46047		同德证券投资基金 0.21%（流通 A股）
其他流通股东	赵小龙 0.149%			
近年分配	05 年:10 派 2；04 年:10 派 3；03 年:10 派 3 转增 5		近年募资	

二〇〇五年以来市场表现

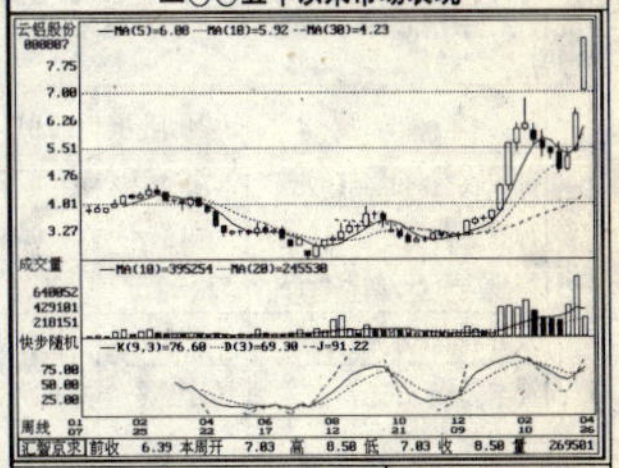

2005 年涨跌幅(%)	1.84
2005 年最高(元)	4.51
2006 年涨跌幅(%)	137.43
2006.4.26 收盘(元)	8.5
2006 年最高(元)	8.5
2006 年最低(元)	3.51
2006 年换手率(%)	219.47
股改对价	送股 每 10 股实际获得 3.2 股

中汇医药（000809）

上市日期:98/06/16　　电话:028－87503810　　传真:028－87509860

主营	中成药的研究、生产和销售。			
	年　　度	2005	2004	2003
主要指标	每股收益/扣除后(元)	0.075/0.072	0.095	0.1/－0.577
	每股经营现金流量(元)	0.12	0.062	0.1
	每股净资产/调整后(元)	1.17/1.17	1.1/1.1	1/1
	未分利润(万元)	－2186.96	－2890.57	－3782.55
	资本公积(万元)	3148.7	3148.7	3148.7
利润构成	主营收入(万元)	15033.89	12452.98	26337.01
	主营利润(万元)	7696.48	7987.5	1453.67
	营业利润(万元)	1524.89	1952.56	－4815.63
	投资收益(万元)	－165.23	－225.85	－252.71
	利润总额(万元)	1355.81	1724.01	982.49
	净利润(万元)	859.5	1090.51	1104.61
点评	公司由第一纺织通过资产置换成为中成药生产公司。05年主营业务收入增加是因为合并成都中汇医药的报表;主营业务利润、净利润下降的主要原因是中药材原料收购价格上涨。公司拥有4个中药保护品种、12个独家品种,1个国家专利产品,有一定优势。			

	截止日期	05年末	占%	主要股东及持股比例%、持股性质
股本结构（万股）	总股本	11457		四川省纺织集团有限责任公司 43.7%（国有股）
	国有股	7507	65.52	成都市国有资产投资经营公司 13.53%（国有股）
	发起股			成都市国有资产管理局 8.29%（国有股）
	外资股			珠海经济特区富华投资公司 1.75%（非流通股）
	募集股	450	3.93	深圳市达晨创业投资有限公司 0.87%（非流通股）
	流通A	3500	30.55	深圳市宝恒集团股份有限公司 0.44%（非流通股）
	流通B			浙江省轻纺集团公司 0.44%（非流通股）
	流通H			成都纺织品进出口公司 0.26%（非流通股）
股东户数	05年末	14257		赵肖兵 0.21%（流通A股）
	04年末	13385		王世杰 0.17%（流通A股）
其他流通股东	曹灵芝 0.175%;孙宝元 0.168%;杨洪富 0.146%;祝希春 0.146%;翁辉文 0.133%;杜万军 0.133%;刘建康 0.122%			
近年分配		近年募资		

二〇〇五年以来市场表现

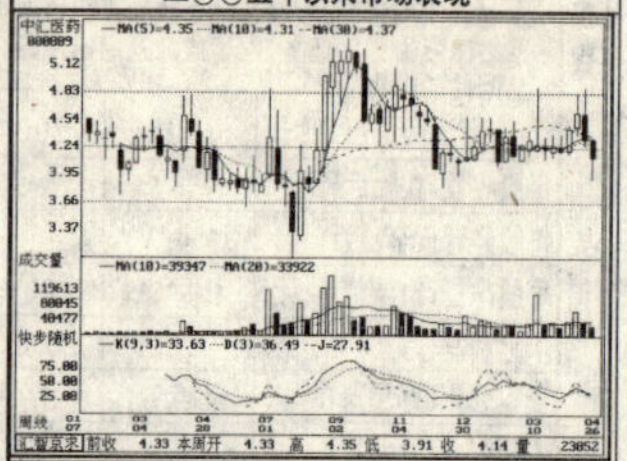

2005年涨跌幅(%)	－8.2
2005年最高(元)	5.41
2006年涨跌幅(%)	
2006.4.26收盘(元)	4.14
2006年最高(元)	4.88
2006年最低(元)	3.91
2006年换手率(%)	160.26
股改对价	

华润锦华（000810）

上市日期:98/06/02　　电话:0825－2287329　　传真:0825－2283399

主营	纺纱、织布、纺织品制造及销售			
	年　　度	2005	2004	2003
主要指标	每股收益/扣除后(元)	0.2/0.19	0.01/－0.02	0.11/0.08
	每股经营现金流量(元)	0.95	0.57	0.51
	每股净资产/调整后(元)	1.75/1.73	1.54/1.52	1.53/1.51
	未分利润(万元)	4382	2262.07	2246.01
	资本公积(万元)	3417.45	3392.95	3392.95
利润构成	主营收入(万元)	74376.27	62111.43	46640.61
	主营利润(万元)	10065.44	6550.64	6889.33
	营业利润(万元)	4383.78	1667.18	2520.84
	投资收益(万元)	－129.67	－77.9	－139.44
	利润总额(万元)	4411.11	1975.95	2792.28
	净利润(万元)	2649.68	194.49	1440.08
点评	05年面对美、欧特保、人民币升值等巨大压力,公司坚持以市场为导向,对外调整营销策略,对内强化基础管理,千方百计提升企业竞争力,全年取得了较好的经营业绩。今后公司将强化棉纺织盈利和锦纶丝产品的竞争力,实现持续发展。			

	截止日期	05年末	占%	主要股东及持股比例%、持股性质
股本结构（万股）	总股本	12966.57		华润纺织(集团)有限公司 50.99%（外资股）
	国有股	1095.8	8.45	遂宁兴业资产经营公司 8.45%（国有股）
	发起股			四川省遂宁锦华劳动服务公司 0.76%（非流通股）
	外资股	6612.3	50.99	四川遂宁船山乡吴家湾村六社 0.63%（非流通股）
	募集股	344.47	2.66	四川遂宁船山乡吴家湾村七社 0.51%（非流通股）
	流通A	4914	37.9	遂宁市金宁商贸有限公司 0.38%（非流通股）
	流通B			姜达军 0.29%（流通A股）
	流通H			王文金 0.19%（流通A股）
股东户数	05年末	10842		四川省遂宁群康印染厂 0.19%（非流通股）
	04年末	11434		吴U 寰 0.19%（流通A股）
其他流通股东	彭新国 0.167%;王伟忠 0.158%;李茂群 0.153%;莫仕成 0.15%;廖斌 0.149%;陈会珍 0.144%;杨昌洪 0.144%			
近年分配		近年募资		

二〇〇五年以来市场表现

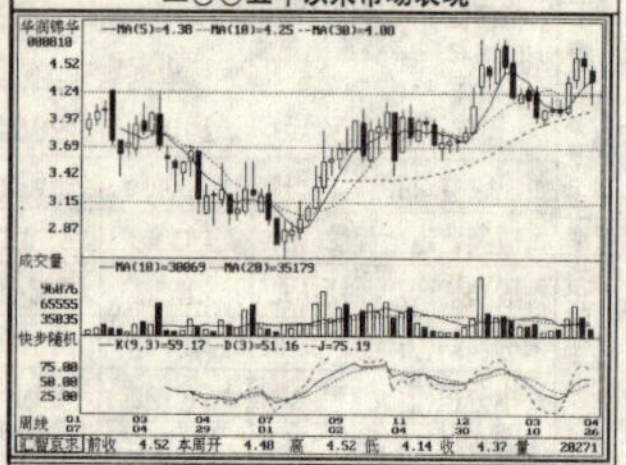

2005年涨跌幅(%)	－2.04
2005年最高(元)	4.26
2006年涨跌幅(%)	13.8
2006.4.26收盘(元)	4.37
2006年最高(元)	4.79
2006年最低(元)	3.84
2006年换手率(%)	131.22
股改对价	

烟台冰轮（000811）

上市日期:98/05/28　　电话:0535－6243451　　传真:0535－6243558

主营	从事大中型工业制冷设备、中央空调设备、粮食仓储设备、工艺冷却设备、果蔬食品、水产品速冻、冷藏、保鲜设备等的生产经营。			
	年　　度	2005	2004	2003
主要指标	每股收益/扣除后(元)	0.25/0.254	0.23	0.2/0.201
	每股经营现金流量(元)	0.53	0.46	0.12
	每股净资产/调整后(元)	2.56/2.51	2.4/2.36	2.27/2.2
	未分利润(万元)	7332.9	5321.44	3624.41
	资本公积(万元)	13227.9	13195.21	13190.1
利润构成	主营收入(万元)	90888.5	83009.55	70807.11
	主营利润(万元)	19489.81	16547.57	14112.78
	营业利润(万元)	4188.51	3402.65	2679.9
	投资收益(万元)	1695.88	2011.94	1811.86
	利润总额(万元)	5817.94	5450.66	4566.37
	净利润(万元)	4440.04	4082.88	3546.47
点评	公司主要从事大中型工业制冷设备、中央空调设备、粮食仓储设备等的生产经营。05年受国家持续宏观调控政策的影响,公司传统冷冻冷藏及食品深加工设备产品市场有效需求不足。通过大力拓展国外市场,基本实现平稳发展。后续仍面临竞争及材料上涨的压力。			

	截止日期	05年末	占%	主要股东及持股比例%、持股性质
股本结构（万股）	总股本	17537.66		烟台市人民政府国有资产监督管理委员会 48.64%（国有股）
	国有股	8530.25	48.64	烟台制冷空调实业公司 15.28%（非流通股）
	发起股			王迪凡 0.41%（流通A股）
	外资股			王欣 0.18%（流通A股）
	募集股	2680.05	15.28	蒋仕波 0.17%（流通A股）
	流通A	6327.36	36.08	缪文琴 0.16%（流通A股）
	流通B			刘骏 0.13%（流通A股）
	流通H			梁明 0.13%（流通A股）
股东户数	05年末	23560		练卫兵 0.1%（流通A股）
	04年末	24564		李幼兰 0.09%（流通A股）
其他流通股东	陈宇 0.081%;王树德 0.081%			
近年分配	05年:10派1.5;04年:10派1;03中期:10派2转增3年终:10派1	近年募资	03年10配3配股价8.21元。	

二〇〇五年以来市场表现

2005年涨跌幅(%)	－16.07
2005年最高(元)	5.55
2006年涨跌幅(%)	11.14
2006.4.26收盘(元)	4.59
2006年最高(元)	4.9
2006年最低(元)	4.13
2006年换手率(%)	64.29
股改对价	送股 每10股实际获得3股

陕西金叶（000812）

上市日期:98/06/23　　电话:029－86246725　　传真:029－86246715

主营	烟标、酒标等高档包装装潢产品的印刷及教育产业。			
	年　　度	2005	2004	2003
主要指标	每股收益/扣除后(元)	0.077/0.078	0.1/0.1	0.167
	每股经营现金流量(元)	0.07	0.34	0.46
	每股净资产/调整后(元)	2.09/1.96	2.22/2.09	2.22/2.1
	未分利润(万元)	5936.5	6784.35	7347.67
	资本公积(万元)	16280.1	16272.28	16272.28
利润构成	主营收入(万元)	30192.55	32649.63	28528.28
	主营利润(万元)	6291.02	6562.04	6748.24
	营业利润(万元)	1074.75	1289.27	2754.95
	投资收益(万元)	1191.31	1584.56	1894.94
	利润总额(万元)	2295.01	2687.78	4641.08
	净利润(万元)	2008.23	2380.87	3954.25
点评	公司涉及印刷产业、教育产业、丝束及化纤产业等三大产业。但公司主业不突出，经营规模尚小，盈利能力呈现下滑的迹象；同时原材料上涨也加大了成本压力。未来公司难以有较好发展前景。			

	截止日期	05年末	占%	主要股东及持股比例%、持股性质
股本结构（万股）	总股本	26070.84		陕西省印刷厂 15.21%（国有股）
	国有股	8781.7	33.68	当阳市玉阳实业总公司 8.84%（非流通股）
	发起股			中国烟草总公司陕西省公司 5.2%（国有股）
	外资股			宝鸡卷烟厂 3.51%（国有股）
	募集股	3697.39	14.18	陕西省投资公司 3.13%（国有股）
	流通A	12120.07	46.49	陕西省烟草公司西安分公司 2.34%（国有股）
	流通B			当阳市兴利贸易公司 2.31%（非流通股）
	流通H			湖北三峡烟草有限公司 1.9%（国有股）
股东户数	05年末	38258		旬阳卷烟厂 1.76%（国有股）
	04年末	42641		延安卷烟厂 1.76%（国有股）
其他流通股东	闫小瑛 0.49%；刘振林 0.386%；西安晨航实业发展有限公司 0.345%；张云生 0.268%			
近年分配	05预案:10转增3；04年:10送1；03年:10派1		近年募资	

二○○五年以来市场表现

2005年涨跌幅(%)	-12.31
2005年最高(元)	5.28
2006年涨跌幅(%)	-7.56
2006.4.26收盘(元)	3.67
2006年最高(元)	4.4
2006年最低(元)	3.48
2006年换手率(%)	73.63
股改对价	送股 每10股实际获得2.8股

天山纺织（000813）

上市日期:98/05/19　　电话:0991－4311866　　传真:0991－4310472

主营	羊绒衫、羊绒纱、羊毛衫、羊毛纱的生产和销售。			
	年　　度	2005	2004	2003
主要指标	每股收益/扣除后(元)	0.027/0.024	-0.49	-0.56/-0.64
	每股经营现金流量(元)	0.37	0.12	-0.02
	每股净资产/调整后(元)	0.85/0.85	0.75/0.73	1.22/1.18
	未分利润(万元)	-51062.65	-52048.68	-34700.82
	资本公积(万元)	41165.18	38505.8	38343.58
利润构成	主营收入(万元)	35807.59	33862.68	37916.01
	主营利润(万元)	6824.75	6407.84	-1916.34
	营业利润(万元)	567.07	-5971.08	-18700.4
	投资收益(万元)	-10.07	-12358.12	689.88
	利润总额(万元)	558.81	-18419.64	-20406.69
	净利润(万元)	989.58	-17907.48	-20437.46
点评	公司主营羊绒纱、羊绒衫、羊毛衫及混纺衫的生产和销售。面对国家出口政策调整、人民币升值、原材料价格上涨等不利因素，公司以确保盈利为目标，扭转了04年的亏损。由于公司不良资产已经消化完毕，06年将是公司新发展的开局之年，值得期待。			

	截止日期	05年末	占%	主要股东及持股比例%、持股性质
股本结构（万股）	总股本	36345.6		新疆维吾尔自治区国有资产投资经营有限责任公司 33.87%（国有股）
	国有股	15388.52	42.34	香港天山毛纺织有限公司 22.78%（外资股）
	发起股			乌鲁木齐国有资产经营有限公司 8.47%（国有股）
	外资股	9959.08	27.4	香港国际棉业有限公司 2.45%（外资股）
	募集股			新疆维吾尔自治区供销合作社联合社 2.16%（非流通股）
	流通A	10997.62	30.26	施两进 0.16%（流通A股）
	流通B			河南省中原物资有限公司 0.12%（流通A股）
	流通H			罗翠芳 0.1%（流通A股）
股东户数	05年末	54620		威海市双岛养殖场 0.1%（流通A股）
	04年末	62738		马建才 0.09%（流通A股）
其他流通股东	梁林章 0.075%；赵海峰 0.072%；方平 0.07%；翟克文 0.07%；翟克文 0.069%			
近年分配			近年募资	

二○○五年以来市场表现

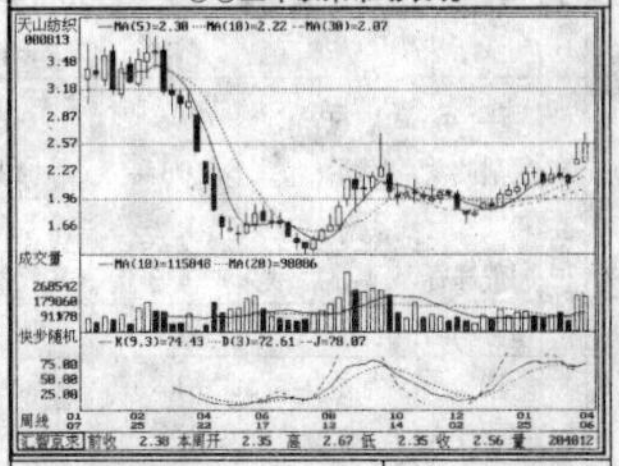

2005年涨跌幅(%)	-44.64
2005年最高(元)	3.79
2006年涨跌幅(%)	37.63
2006.4.26收盘(元)	2.56
2006年最高(元)	2.67
2006年最低(元)	1.85
2006年换手率(%)	117.06
股改对价	送股 每10股实际获得3.6股

G美利（000815）

上市日期:98/06/09　　电话:0955－7679339　　传真:0955－7679216

主营	机制纸的制造、生产、加工、销售			
	年　　度	2005	2004	2003
主要指标	每股收益/扣除后(元)	0.39/0.39	0.46/0.43	0.349/0.36
	每股经营现金流量(元)	1.08	1.82	1.083
	每股净资产/调整后(元)	4.98/4.94	5.53/5.53	5.04/5.04
	未分利润(万元)	25729.27	22201.09	17026.92
	资本公积(万元)	31768.71	33088.71	32719.13
利润构成	主营收入(万元)	90165.97	82409.17	65163.94
	主营利润(万元)	14867.79	13821	11445.68
	营业利润(万元)	6386.02	6443.84	4687.38
	投资收益(万元)	56	72.48	
	利润总额(万元)	6301.88	6135.74	4599.45
	净利润(万元)	6133.99	6103.64	4604.62
点评	公司主营业务为机制纸、板纸、加工纸等中高档文化用纸。05年公司克服原辅材料持续上涨及运输紧张带来的压力，保持了生产经营的稳定。但在市场竞争加剧、行业集中度提高及林纸一体化的压力下，公司若实现良好发展，还需加大力度。			

	截止日期	05年末	占%	主要股东及持股比例%、持股性质
股本结构（万股）	总股本	15840		宁夏美利纸业集团有限责任公司 26.98%（国有股）
	国有股	4313.94	27.23	包头市万龙房地产开发（集团）有限公司 2.52%（非流通股）
	发起股	1230.06	7.77	上海北亚瑞松贸易发展有限公司 2.27%（非流通股）
	外资股			北京市自来水集团有限责任公司 1.14%（非流通股）
	募集股			宁夏回族自治区百货总公司 1.04%（非流通股）
	流通A	10289.72	64.96	北京东方诚信投资有限公司 0.8%（流通A股）
	流通B			宁夏煤业集团有限责任公司 0.79%（非流通股）
	流通H			哈尔滨东安机电制造有限责任公司 0.36%（流通A股）
股东户数	05年末	23471		孙建华 0.36%（流通A股）
	04年末	23388		刁志华 0.3%（流通A股）
其他流通股东	黎沛通 0.26%；黄红兵 0.209%；北京北方泰格投资有限公司 0.2%；高志诚 0.166%；齐艳华 0.16%；张杰 0.149%			
近年分配	04年:10派0.25送1转增1		近年募资	

二○○五年以来市场表现

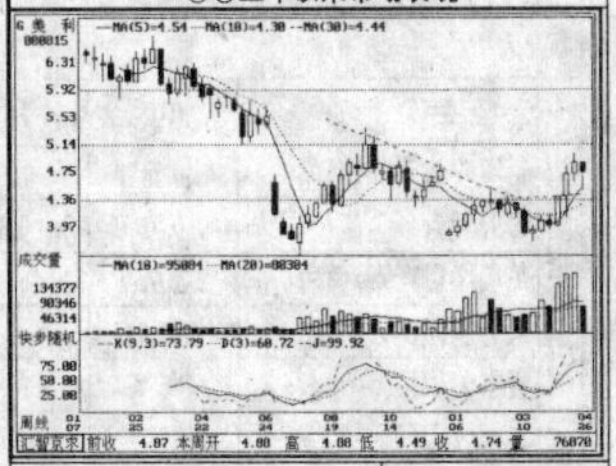

2005年涨跌幅(%)	-4.23
2005年最高(元)	6.7
2006年涨跌幅(%)	21.85
2006.4.26收盘(元)	4.74
2006年最高(元)	5
2006年最低(元)	3.76
2006年换手率(%)	141.15
股改对价	送股 每10股实际获得3.2股(05/12/29)

G 江动（000816）

上市日期:97/08/18　　电话:0515—8881908　　传真:0515—8881816

主营	单、多缸柴油机的制造和销售			
	年　度	2005	2004	2003
主要指标	每股收益/扣除后(元)	0.106/0.032	0.103/0.05	-0.6/-0.527
	每股经营现金流量(元)	0.3138	0.3159	-0.05
	每股净资产/调整后(元)	3.32/3.29	3.21/3.21	3.1/3.1
	未分利润(万元)	2892.6	-5503.42	-8472.26
	资本公积(万元)	64767.11	66489.99	66398.84
利润构成	主营收入(万元)	160801.15	145194.85	141449.36
	主营利润(万元)	19255.86	19341.92	23955.17
	营业利润(万元)	3514.69	4385.85	-9922.07
	投资收益(万元)	-112.27	-112.15	-1657.05
	利润总额(万元)	3847.29	4127.01	-17809.84
	净利润(万元)	3247.54	3155.34	-18494.2
点评	公司以内燃机经营为主,04年集团实施重组后,公司通过加强管理,巩固传统市场,加大新市场开拓力度,提升公司核心竞争力,企业经营止住了下滑的趋势。随着新农村建设和相关农机市场的发展,公司也面临新的发展机遇。			

	截止日期	05年末	占%	主要股东及持股比例%、持股性质
股本结构(万股)	总股本	30620		江苏江动集团有限公司 62.64%（非流通股）
	国有股			柯友松 0.75%（流通A股）
	发起股	19180	62.64	张丽萍 0.62%（流通A股）
	外资股			张祥华 0.34%（流通A股）
	募集股			陈世群 0.29%（流通A股）
	流通A	11440	37.36	林树春 0.26%（流通A股）
	流通B			林素群 0.2%（流通A股）
	流通H			陈雅琴 0.16%（流通A股）
股东户数	05年末	36513		陈敏 0.15%（流通A股）
	04年末	37470		王和芳 0.15%（流通A股）
其他流通股东	邱志清 0.146%			
近年分配	05预案:10转增10		近年募资	

二〇〇五年以来市场表现

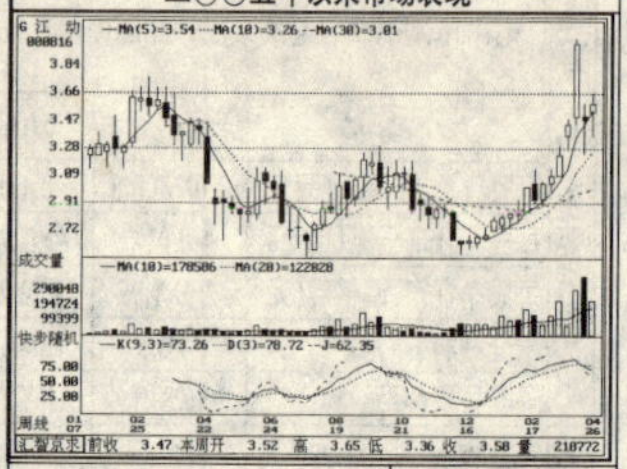

2005年涨跌幅(%)	-16.51
2005年最高(元)	3.76
2006年涨跌幅(%)	68.31
2006.4.26收盘(元)	3.58
2006年最高(元)	4.6
2006年最低(元)	2.71
2006年换手率(%)	169.04
股改对价	以股抵债 送股 每10股实际获得2.6股(06/04/18)

G 锦化（000818）

上市日期:97/10/17　　电话:0429－2709065　　传真:0429－2901152

主营	烧碱、聚氯乙烯、氯化苯、三氯乙烯等化工产品的生产与销售。			
	年　度	2005	2004	2003
主要指标	每股收益/扣除后(元)	0.091/0.1	0.026	0.02/-0.047
	每股经营现金流量(元)	1.7235	0.52	-0.2
	每股净资产/调整后(元)	3.47/3.31	3.42/3.25	3.39/3.24
	未分利润(万元)	4028.69	3113.11	4489.06
	资本公积(万元)	77181.57	77081.1	74632.58
利润构成	主营收入(万元)	295272.68	249025.82	177330.83
	主营利润(万元)	26943.65	18973.41	12657.39
	营业利润(万元)	5765.48	2065.58	1801.66
	投资收益(万元)	-59.74	-59.74	440.51
	利润总额(万元)	4514.02	1741.81	1000.01
	净利润(万元)	3077.15	899.26	645.02
点评	目前公司三氯乙烯年产能国内排名第二;环氧丙烷、聚醚年产能位居亚洲第一。但是,由于化工行业景气周期处于下降过程中,加上控股股东锦化化工有限责任公司及关联方占用公司资金合计高达6.41亿元(约占公司净资产的54.42%),建议回避。			

	截止日期	05年末	占%	主要股东及持股比例%、持股性质
股本结构(万股)	总股本	34000		锦化化工(集团)有限责任公司 73.53%（国有股）
	国有股	25000	73.53	翁祖昌 0.09%（流通A股）
	发起股			李冠丘 0.08%（流通A股）
	外资股			刘振林 0.08%（流通A股）
	募集股			王明惠 0.06%（流通A股）
	流通A	9000	26.47	韩建国 0.06%（流通A股）
	流通B			黄志平 0.06%（流通A股）
	流通H			黄贤富 0.06%（流通A股）
股东户数	05年末	31531		黄振源 0.06%（流通A股）
	04年末	33319		胡彬峰 0.05%（流通A股）
其他流通股东	许磊 0.05%			
近年分配	05预案:10派0.5;04年:10派0.5		近年募资	

二〇〇五年以来市场表现

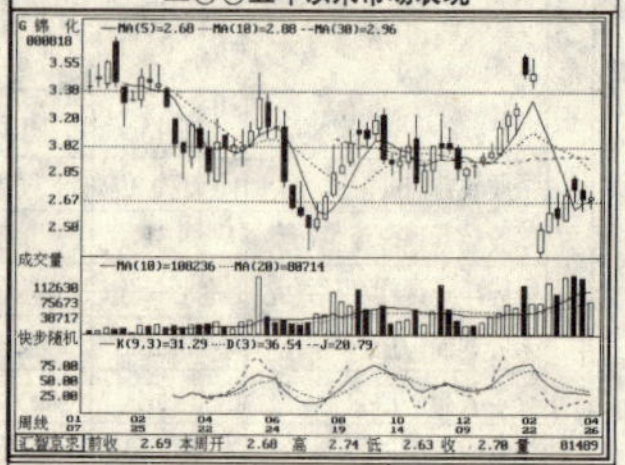

2005年涨跌幅(%)	-11.37
2005年最高(元)	3.73
2006年涨跌幅(%)	22.81
2006.4.26收盘(元)	2.7
2006年最高(元)	3.86
2006年最低(元)	2.97
2006年换手率(%)	110.85
股改对价	以资抵债、现金分红抵债 送股 每10股实际获得3.6股(06/03/13)

岳阳兴长（000819）

上市日期:97/06/25　　电话:0730－8452594　　传真:0730－8439202

主营	开发、生产销售石油化工产品(不含成品油)、塑料及其制品等。			
	年　度	2005	2004	2003
主要指标	每股收益/扣除后(元)	0.18	0.23	0.15/0.118
	每股经营现金流量(元)	0.52	0.3	-0.6
	每股净资产/调整后(元)	2.26/2.21	2.36/2.33	2.35/2.28
	未分利润(万元)	5077.02	5829.27	5810.86
	资本公积(万元)	7996.46	8036.09	7977.16
利润构成	主营收入(万元)	165038.77	150397.58	103828.79
	主营利润(万元)	11114.99	12283.6	8290.81
	营业利润(万元)	3225.47	4919.42	3088.6
	投资收益(万元)	-106.44	222.02	-60.22
	利润总额(万元)	2998.02	4866.44	3645.24
	净利润(万元)	3008.67	3757.81	2479.99
点评	随着原油价格高企以及化工景气的下滑,公司化工业务盈利能力逐步走低。但是控股子公司湖南海创科技开发的长沙市黄兴北路铜锣湾广场房地产项目在2005年底完工结算,预计该项目将提高公司2006年的每股收益。			

	截止日期	05年末	占%	主要股东及持股比例%、持股性质
股本结构(万股)	总股本	16513.39		湖南长炼兴长集团有限责任公司 27.95%（非流通股）
	国有股	4545	27.52	中国石化集团长岭炼油化工有限责任公司 27.52%（国有股）
	发起股	1871.07	11.33	岳阳富兴集团有限公司 10.9%（非流通股）
	外资股			长炼职工技术协会 0.78%（非流通股）
	募集股	4887	29.59	长炼职工大学 0.78%（非流通股）
	流通A	5210.32	31.55	中国建设银行－保康消费品证券投资基金 0.57%（流通A股）
	流通B			岳阳长炼长庆经贸公司 0.52%（非流通股）
	流通H			上海西红柿投资有限公司 0.34%（流通A股）
股东户数	05年末	16861		李爱兰 0.31%（流通A股）
	04年末	17321		马亚春 0.28%（流通A股）
其他流通股东	华宝信托投资有限责任公司 0.257%;陈金秀 0.254%;赵俊杰 0.231%			
近年分配	05预案:10派1.5;04年:10派2;03年:10派1		近年募资	

二〇〇五年以来市场表现

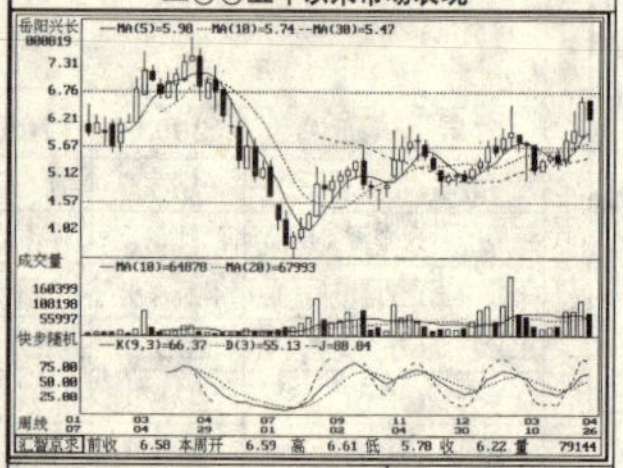

2005年涨跌幅(%)	-18.11
2005年最高(元)	7.86
2006年涨跌幅(%)	24.4
2006.4.26收盘(元)	6.22
2006年最高(元)	6.68
2006年最低(元)	4.97
2006年换手率(%)	242.5
股改对价	

金城股份（000820）

上市日期:98/06/30　电话:0416－2735012　传真:0416－2735004

主营：机制纸浆、机制纸及纸板、粘合剂的制造与销售，造纸技术的咨询服务，电、汽的生产与销售。

	年　度	2005	2004	2003
主要指标	每股收益/扣除后(元)	-0.181	-0.075	0.02/0.025
	每股经营现金流量(元)	-1.82	0.000071	0.56
	每股净资产/调整后(元)	2.33/2.11	2.51/2.39	2.57/2.46
	未分利润(万元)	4226.22	8045.75	9501.2
	资本公积(万元)	14880.47	14871.04	14784.39
利润构成	主营收入(万元)	59686.72	49958.86	55355.03
	主营利润(万元)	11659.89	9991.12	11679.96
	营业利润(万元)	1071.03	-1425.16	458.09
	投资收益(万元)			0.02
	利润总额(万元)	-3776.29	-1580.53	347.8
	净利润(万元)	-3819.52	-1580.53	455.88

点评：公司主营机制纸浆、机制纸及纸板、粘合剂等。05年面对原辅材料价格上涨、主体设备改造等不利因素，企业通过努力，实现了企业经营的相对稳定。但由于行业竞争加剧，同时国家对环保要求越来越高，因此企业后续经营依旧压力较大。

股本结构（万股）	截止日期	05年末	占%	主要股东及持股比例%、持股性质
	总股本	21141.6		金城造纸(集团)有限责任公司 31.05%（国有股）
	国有股	6565.04	31.05	三亚南龙经贸有限公司 4.73%（国有股）
	发起股			深圳市汇银峰投资有限公司 4.73%（国有股）
	外资股			上海上科科技投资有限公司 4.11%（国有股）
	募集股	2100	9.93	龙口市名成投资管理咨询有限公司 2.36%（国有股）
	流通A	7736.46	36.59	宁夏大元化工股份有限公司 2.13%（国有股）
	流通B			三亚龙珠海产有限公司 1.42%（国有股）
	流通H			浙江茂华实业有限公司 1.42%（国有股）
股东户数	05年末	31470		三亚华创实业有限公司 1.18%（国有股）
	04年末	34996		江苏苏嘉集团有限公司 0.8%（国有股）

其他流通股东：樊玉龙 0.124%；洪小茹 0.105%；刘美海 0.104%；凌岚 0.095%；左少梅 0.087%；梁程鹏 0.084%；张林云 0.081%

近年分配：　**近年募资**：

二〇〇五年以来市场表现

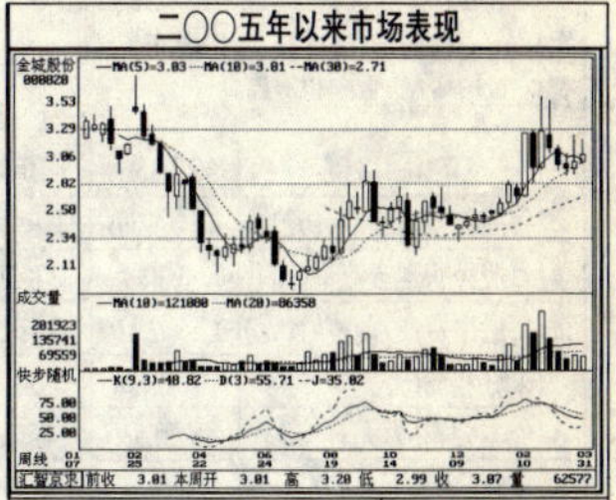

2005年涨跌幅(%)	-24.1
2005年最高(元)	3.77
2006年涨跌幅(%)	21.83
2006.4.26收盘(元)	3.07
2006年最高(元)	3.57
2006年最低(元)	2.5
2006年换手率(%)	167.9
股改对价	

G京山（000821）

上市日期:98/06/26　电话:0724—7210972　传真:0724—7210972

主营：纸箱、纸盒包装机械、印刷机械的制造和销售

	年　度	2005	2004	2003
主要指标	每股收益/扣除后(元)	0.07/0.07	0.1/0.1	0.12/0.12
	每股经营现金流量(元)	-0.05	0.13	0.32
	每股净资产/调整后(元)	3.26/3.21	3.19/3.16	3.19/3.17
	未分利润(万元)	16325.19	14273.33	14796.08
	资本公积(万元)	46846.83	46846.83	46846.83
利润构成	主营收入(万元)	49602.35	61435.67	59699.06
	主营利润(万元)	9596.64	10438.2	10803.07
	营业利润(万元)	3820.44	5226.65	6321.97
	投资收益(万元)	-115.76		-197.67
	利润总额(万元)	3568.34	5246.5	5973.17
	净利润(万元)	2341.15	3457.27	4022.86

点评：公司是全国最大的纸箱、纸盒包装机械生产基地和出口基地，在国内瓦楞纸板成套设备领域处于绝对优势地位。但公司目前盈利能力一般，要想取得较大增长，就必须在新产品开发、产品出口等方面取得突破。

股本结构（万股）	截止日期	05年末	占%	主要股东及持股比例%、持股性质
	总股本	34523.88		京山京源科技投资有限公司 31.66%（非流通股）
	国有股	1843.59	5.34	京山县国有资产管理局 5.34%（国有股）
	发起股	11849.51	34.32	湖北省第一轻工包装公司 1.59%（非流通股）
	外资股			中国银河证券有限责任公司 1.19%（流通A股）
	募集股			京山县京源机械有限公司 0.64%（非流通股）
	流通A	20820.42	60.31	京山县天鸿轻工贸易公司 0.48%（非流通股）
	流通B			王彩霞 0.17%（流通A股）
	流通H			京山县电信局开发总公司 0.16%（非流通股）
股东户数	05年末	51629		湖北省京山县呢绒服装厂 0.16%（非流通股）
	04年末	54805		范永娟 0.16%（流通A股）

其他流通股东：邵嘉英 0.134%；伍育生 0.132%；陈楚玉 0.121%；胡晓岚 0.094%；林旭恩 0.09%；湖南省财信物资贸易公司 0.083%

近年分配：05预案:10派1；03年:10派1　**近年募资**：

二〇〇五年以来市场表现

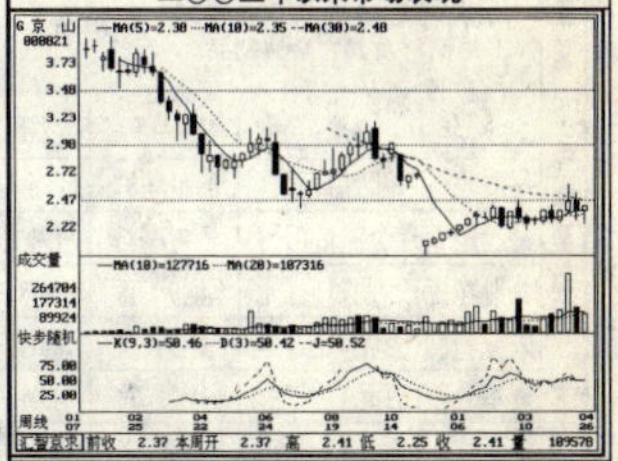

2005年涨跌幅(%)	-25.79
2005年最高(元)	3.98
2006年涨跌幅(%)	11.06
2006.4.26收盘(元)	2.41
2006年最高(元)	2.61
2006年最低(元)	2.17
2006年换手率(%)	89.88
股改对价	送股 每10股实际获得3.2股(05/12/05)

G海化（000822）

上市日期:98/07/03　电话:0536－5329379　传真:0536－5329879

主营：制造、销售纯碱、溴素及工业溴、氯化钙、白炭黑、水玻璃系列产品、硫酸钾等苦卤系列产品。

	年　度	2005	2004	2003
主要指标	每股收益/扣除后(元)	0.4/0.41	0.4/0.42	0.35/0.31
	每股经营现金流量(元)	1.19	0.22	0.79
	每股净资产/调整后(元)	3.51/3.45	4.46/4.39	4.15/4.12
	未分利润(万元)	69580.87	50821.32	40322.12
	资本公积(万元)	85538.15	89521.92	88914.59
利润构成	主营收入(万元)	692475.29	441297.29	265398.45
	主营利润(万元)	85874.02	62627.79	45330.64
	营业利润(万元)	40359.54	26806.86	21128.1
	投资收益(万元)	169.84	414.03	328.31
	利润总额(万元)	39989.41	26451.81	21898.99
	净利润(万元)	28471.4	18397.8	15997.98

点评：公司拥有亚洲最大的纯碱生产基地，具备年产200万吨的纯碱产能，纯碱、溴素、氯化钙等产能亦为国内第一。公司投资的海盐矿山可连续开采64年左右，资源优势使得公司的生产成本大幅降低。2006年4万吨甲烷氯化物项目等项目为公司增加了新的利润增长点。

股本结构（万股）	截止日期	05年末	占%	主要股东及持股比例%、持股性质
	总股本	71260.21		山东海化集团有限公司 62.8%（国有股）
	国有股			中国工商银行－国联安德盛小盘精选证券投资基金 1.01%（流通A股）
	发起股	44753.15	62.8	中国人寿保险股份有限公司－分红－个人分红－005L－FH002深 0.81%（流通A股）
	外资股			中国工商银行－银河银泰理财分红证券投资基金 0.48%（流通A股）
	募集股			袁德宗 0.32%（流通A股）
	流通A	26507.06	37.2	全国社保基金一零二组合 0.28%（流通A股）
	流通B			北京东方诚信投资有限公司 0.22%（流通A股）
	流通H			费建民 0.19%（流通A股）
股东户数	05年末	41162		黑龙江东方蓝筹投资发展有限责任公司 0.19%（流通A股）
	04年末	27580		泰和证券投资基金 0.17%（流通A股）

其他流通股东：陕西国投实业投资有限公司 0.15%

近年分配：05预案:10派1；04年:10派1转增5；03年:10派1　**近年募资**：04年增发转债1000万张，募资总额10亿。

二〇〇五年以来市场表现

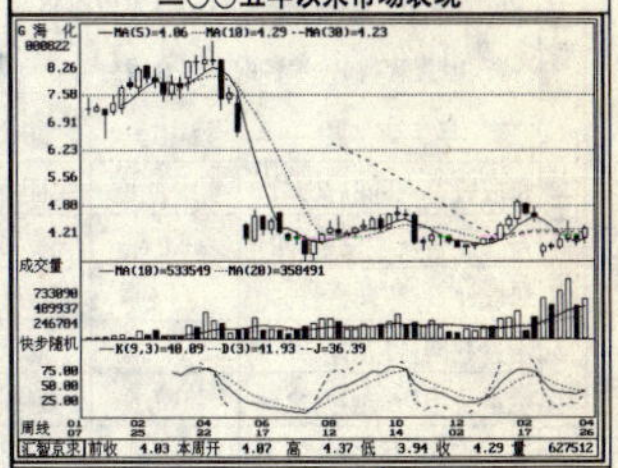

2005年涨跌幅(%)	-18.48
2005年最高(元)	8.93
2006年涨跌幅(%)	38.73
2006.4.26收盘(元)	4.29
2006年最高(元)	5.82
2006年最低(元)	4.01
2006年换手率(%)	167.89
股改对价	送股 每10股实际获得3股(06/03/22)

G超声（000823）

上市日期:97/10/08　　电话:0754－8610992　　传真:0754－8628027

主营	印制线路板、液晶显示器、超声电子仪器、超薄及特种覆铜板的研制、生产和销售。

	年　度	2005	2004	2003
主要指标	每股收益/扣除后(元)	0.144/0.105	0.113	-0.1/-0.1
	每股经营现金流量(元)	0.318	0.375	0.07
	每股净资产/调整后(元)	2.56/2.52	2.42/2.34	2.31/2.23
	未分利润(万元)	4273.53	268.89	-3579.61
	资本公积(万元)	46289.92	46203.22	46037.7
利润构成	主营收入(万元)	138600.86	111871.75	73742.41
	主营利润(万元)	26619.4	20685.94	10599.86
	营业利润(万元)	7888.01	6329.63	-3877.83
	投资收益(万元)	-212.93	-195.7	35.87
	利润总额(万元)	7681.52	6079.72	-3919.71
	净利润(万元)	5181.09	4069.97	-3617.59

点评：公司是国内电子行业中技术含量高、成长性好的高新技术企业,具备明显的产业优势:主导产品印制电路板、液晶显示器、超薄及特种覆铜板等是电子信息产业的上游基础产品,行业是国家支柱产业,这保证了公司主导产品的市场优势和广阔的发展前景。

	截止日期	05年末	占%	主要股东及持股比例%、持股性质
股本结构（万股）	总股本	35920		汕头超声电子集团公司 62.36%（国有股）
	国有股	22400	62.36	裕隆证券投资基金 1.92%（流通A股）
	发起股			中国建设银行－博时主题行业股票证券投资基金 0.39%（流通A股）
	外资股			中国工商银行－裕泽证券投资基金 0.27%（流通A股）
	募集股			交通银行－裕华证券投资基金 0.2%（流通A股）
	流通A	13520	37.64	王正荣 0.14%（流通A股）
	流通B			黎正明 0.13%（流通A股）
	流通H			陈洪祥 0.12%（流通A股）
股东户数	05年末	63135		伍欣 0.07%（流通A股）
	04年末	73291		洪金莹 0.07%（流通A股）
其他流通股东	李笋心 0.064%			
近年分配	05年:10派1.1			近年募资

二〇〇五年以来市场表现

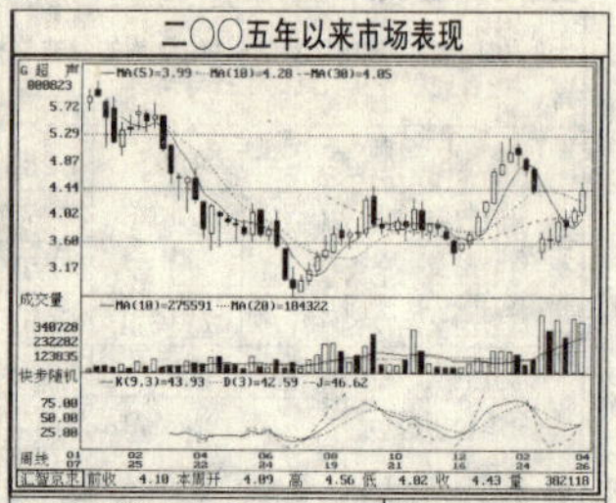

2005年涨跌幅(%)	-30.8
2005年最高(元)	6.14
2006年涨跌幅(%)	52.26
2006.4.26收盘(元)	4.43
2006年最高(元)	6.27
2006年最低(元)	4
2006年换手率(%)	193.43
股改对价	送股 每10股实际获得3.5股(06/03/20)

G太钢（000825）

上市日期:98/10/21　　电话:0351－3017702　　传真:0351－3017729

主营	冶炼、压延加工、销售各种合金钢材、优碳钢材,生产和销售不锈钢材及其它金属制品。

	年　度	2005	2004	2003
主要指标	每股收益/扣除后(元)	0.601/0.602	0.781	0.473/0.48
	每股经营现金流量(元)	0.729	1.268	0.798
	每股净资产/调整后(元)	4.19/4.18	3.78/3.78	3.2/3.2
	未分利润(万元)	181860.74	147203.69	96334.74
	资本公积(万元)	151296.72	151137.71	150801.38
利润构成	主营收入(万元)	2375077.37	2241043.92	1656481.39
	主营利润(万元)	153399.55	163303.43	114789.26
	营业利润(万元)	107914.27	134845.26	90295.08
	投资收益(万元)			
	利润总额(万元)	106057.42	133492.75	87591.47
	净利润(万元)	77670.39	100847.53	61054.46

点评：公司是国内最大的不锈钢生产基地,拥有丰富的铁矿石资源和煤炭资源。2005年公司产品中不锈钢92万吨,不锈钢板材80万吨,不锈钢中板10万吨,热轧板卷260万吨。公司已公布整体上市方案,届时不锈钢占主营业务收入的比重将不断增长。

	截止日期	05年末	占%	主要股东及持股比例%、持股性质
股本结构（万股）	总股本	129140.4		太原钢铁(集团)有限公司 54.7%（国有股）
	国有股	70640.4	54.7	裕隆证券投资基金 1%（流通A股）
	发起股			中国工商银行－南方避险增值基金 0.87%（流通A股）
	外资股			中国银行－同盛证券投资基金 0.87%（流通A股）
	募集股			全国社保基金一零八组合 0.78%（流通A股）
	流通A	58500	45.3	博时价值增长证券投资基金 0.55%（流通A股）
	流通B			全国社保基金零零一组合 0.48%（流通A股）
	流通H			中国农业银行－景顺长城内需增长开放式证券投资基金 0.43%（流通A股）
股东户数	05年末	122814		山西信托投资有限责任公司 0.38%（流通A股）
	04年末	135897		招商银行股份有限公司－中信经典配置证券投资基金 0.33%（流通A股）
其他流通股东	华宝信托投资有限责任公司 0.325%			
近年分配	05年:10派2；04年:10派2；03年:10派2			近年募资

二〇〇五年以来市场表现

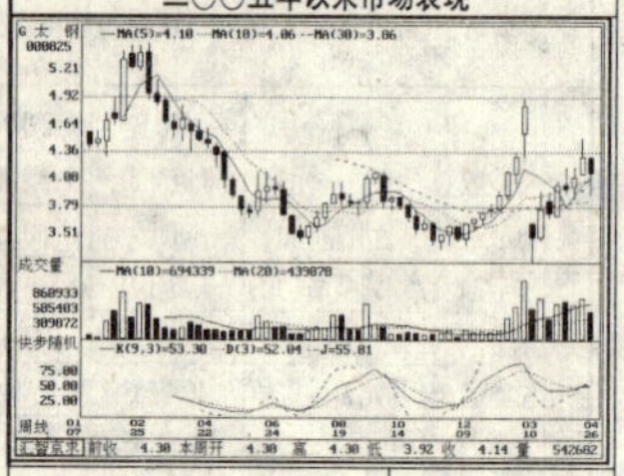

2005年涨跌幅(%)	-12.97
2005年最高(元)	5.49
2006年涨跌幅(%)	54.67
2006.4.26收盘(元)	4.14
2006年最高(元)	6.29
2006年最低(元)	3.75
2006年换手率(%)	106.29
股改对价	送股 每10股实际获得3.4股(06/03/07)

G合加（000826）

上市日期:98/02/25　　电话:0717－6319012　　传真:0717－6319011

主营	市政给水、污水处理项目投资;城市垃圾及工业垃圾处理、固体废弃物处置及回收利用相关配套设施设计、建设、投资、运营管理、技术咨询及配套服务等。

	年　度	2005	2004	2003
主要指标	每股收益/扣除后(元)	0.155/0.166	0.143/0.143	0.15/0.02
	每股经营现金流量(元)	0.098	0.126	0.94
	每股净资产/调整后(元)	1.64/1.64	1.46/1.46	1.32/1.32
	未分利润(万元)	-873.29	-16749.46	-19336.41
	资本公积(万元)	10387.39	18473.35	18473.35
利润构成	主营收入(万元)	12986.5	8388.1	2623.22
	主营利润(万元)	4280.06	4189.39	1610.41
	营业利润(万元)	3275.02	3014.99	2391.51
	投资收益(万元)	-259.27	-59.27	-34.58
	利润总额(万元)	3014.83	2954.78	3001.13
	净利润(万元)	2808.64	2586.95	2708.36

点评：公司主营城市供水、污水处理等业务。05年公司以稳步发展为前提,积极拓展各项业务,取得了较好的经营效益,企业经营稳定增长。尽管能源价格在上涨,但在国内经济增长的带动下,公共品价格上涨预期较强,因此企业经营也会迈上新台阶。

	截止日期	05年末	占%	主要股东及持股比例%、持股性质
股本结构（万股）	总股本	18149.3		北京桑德环保集团有限公司 60.6%（非流通股）
	国有股	650	3.58	宜昌三峡金融科技有限责任公司 3.58%（国有股）
	发起股	10999.3	60.6	海通－中行－富通银行 2.34%（流通A股）
	外资股			金鼎证券投资基金 2.03%（流通A股）
	募集股			交通银行－海富通精选证券投资基金 1.79%（流通A股）
	流通A	6500	35.81	中国银行－海富通股票证券投资基金 1.41%（流通A股）
	流通B			交通银行－兴科证券投资基金 1.11%（流通A股）
	流通H			中国工商银行－普丰证券投资基金 1.1%（流通A股）
股东户数	05年末	8721		中国银行－华夏大盘精选证券投资基金 0.96%（流通A股）
	04年末	15201		兴业证券投资基金 0.74%（流通A股）
其他流通股东	中国银行－兴安证券投资基金 0.553%;华夏成长证券投资基金 0.551%			
近年分配				近年募资

二〇〇五年以来市场表现

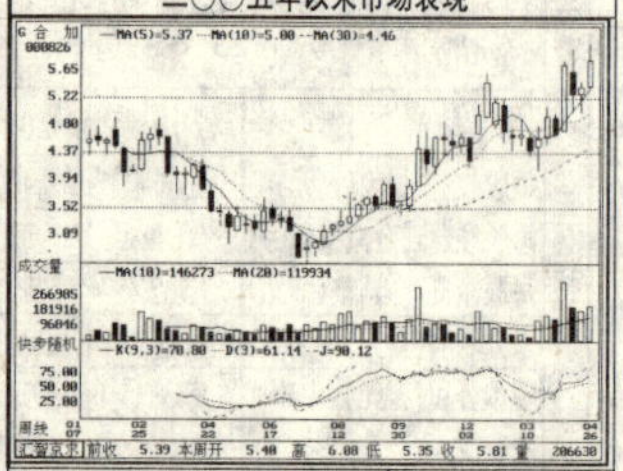

2005年涨跌幅(%)	-7.83
2005年最高(元)	4.9
2006年涨跌幅(%)	71.29
2006.4.26收盘(元)	5.81
2006年最高(元)	7.6
2006年最低(元)	4.66
2006年换手率(%)	245.35
股改对价	送股 每10股实际获得2.5股(06/02/10)

G 东控（000828）

上市日期:97/06/17　　电话:0769－22083321　　传真:0769－22083320

主营	东莞高速公路的投资、建设、经营

	年　　度	2005	2004	2003
主要指标	每股收益/扣除后(元)	0.216/0.209	0.187/0.18	0.09/0.153
	每股经营现金流量(元)	0.348	0.299	0.28
	每股净资产/调整后(元)	2.44/2.42	2.14/2.14	1.95/1.93
	未分利润(万元)	18416.56	17373.46	－6797.87
	资本公积(万元)	114383.7	102257.65	102257.65
利润构成	主营收入(万元)	46457.87	41084.48	235384.31
	主营利润(万元)	29409.62	25658.17	35138.63
	营业利润(万元)	26660.28	23400.48	11012.52
	投资收益(万元)		307.21	44.48
	利润总额(万元)	27554.33	24407.25	11003.12
	净利润(万元)	22413.76	21716.83	11003.12

点评：公司经过2004年的资产置换和以后的资产收购，目前拥有莞深高速1、2、3期以及龙林高速的收费业务。公司未来还可能收购在建的莞深高速三期石碣段，已建成的常虎高速、虎门大桥等项目。今后，莞深高速石碣段贯通后，路网的贯通将促进车流增长。

	截止日期	05年末	占%	主要股东及持股比例%、持股性质
股本结构（万股）	总股本	103951.7		东莞市公路桥梁开发建设总公司41.54%(国有股)
	国有股	45113.01	43.4	福民发展有限公司28.01%(外资股)
	发起股			广东粤财信托投资有限公司2.5%(流通A股)
	外资股	29117.09	28.01	东莞证券有限责任公司2.2%(流通A股)
	募集股			东莞市财信发展有限公司1.52%(国有股)
	流通A	29721.6	28.59	全国社保基金一零一组合0.55%(流通A股)
	流通B			中国银行－易方达策略成长证券投资基金0.24%(流通A股)
	流通H			东莞市经济贸易总公司0.23%(国有股)
股东户数	05年末	35917		全国社保基金一零九组合0.18%(流通A股)
	04年末	38794		中国建设银行－博时裕富证券投资基金0.17%(流通A股)
其他流通股东	兵器财务有限责任公司0.151%；东莞市丰裕办公设备有限公司0.14%；王芳芹0.131%			
近年分配	05预案:10派1.75；04年:10派1.45	近年募资		

二〇〇五年以来市场表现

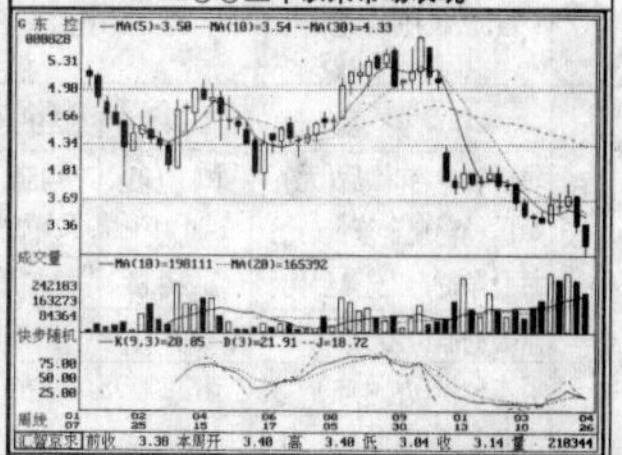

2005年涨跌幅(%)	－0.7
2005年最高(元)	5.78
2006年涨跌幅(%)	－19.69
2006.4.26收盘(元)	3.14
2006年最高(元)	4.12
2006年最低(元)	3.04
2006年换手率(%)	100.09
股改对价	送股 派现 缩股 每10股实际获得2股4.3592元(05/12/30)

赣南果业（000829）

上市日期:97/12/02　　电话:0797－8117002　　传真:0797－8117152

主营	水果、酒及农药的生产与销售，移动电话销售。

	年　　度	2005	2004	2003
主要指标	每股收益/扣除后(元)	0.268/0.26	0.251/0.25	0.323/0.253
	每股经营现金流量(元)	0.0067	1.62	1.473
	每股净资产/调整后(元)	1.77/1.56	1.52/1.35	2.06/2.06
	未分利润(万元)	9759.27	5735.11	3429.01
	资本公积(万元)	2731.75	2458.15	10254.06
利润构成	主营收入(万元)	843792.38	724195.99	215504.77
	主营利润(万元)	80689.76	66251.2	25248.91
	营业利润(万元)	15566.31	16119.57	10344.19
	投资收益(万元)	－1805.99	－1614.55	－513.1
	利润总额(万元)	13721.67	14412.96	9280.55
	净利润(万元)	6763.31	6327.33	5089.25

点评：公司收入构成中手机销售业务占90%，其次是白酒生产，柑橙果品销售占最小份额。公司在手机分销行业处于领先地位，已成为摩托罗拉、索尼爱立信、诺基亚、三星四大手机生产商全国代理商，拥有较强的市场竞争力。2005年公司开始进入房地产市场。

	截止日期	05年末	占%	主要股东及持股比例%、持股性质
股本结构（万股）	总股本	25200		中国新闻发展深圳公司29.5%(国有股)
	国有股	15272.73	60.61	北京国际信托投资有限公司12.66%(国有股)
	发起股			江西国际信托投资股份有限公司9.35%(国有股)
	外资股			赣州市国有资产管理局9.09%(国有股)
	募集股			全国社保基金一一零组合0.79%(流通A股)
	流通A	9927.27	39.39	中国银行－－大成蓝筹稳健证券投资基金0.71%(流通A股)
	流通B			招商银行股份有限公司－－招商股票投资基金0.71%(流通A股)
	流通H			中国银行－－招商先锋证券投资基金0.63%(流通A股)
股东户数	05年末	18333		招商银行股份有限公司－－招商平衡型证券投资基金0.4%(流通A股)
	04年末	20548		余彦斐0.24%(流通A股)
其他流通股东	李建0.213%；中国农业银行—大成精选增值混合型证券投资基金0.196%；大成价值增长证券投资基金0.164%			
近年分配	04中期:10派0.25送1转增5年终:10派0.2	近年募资		

二〇〇五年以来市场表现

2005年涨跌幅(%)	－18.79
2005年最高(元)	6.38
2006年涨跌幅(%)	57.98
2006.4.26收盘(元)	6.73
2006年最高(元)	6.83
2006年最低(元)	4.2
2006年换手率(%)	190.97
股改对价	

G 鲁西（000830）

上市日期:98/08/07　　电话:0635－8332286　　传真:0635－8334366

主营	尿素、碳酸氢铵等化肥的生产与销售。

	年　　度	2005	2004	2003
主要指标	每股收益/扣除后(元)	0.351/0.364	0.378	0.31/0.309
	每股经营现金流量(元)	0.992	1.198	0.78
	每股净资产/调整后(元)	3.35/3.33	4.01/4	4.35/4.35
	未分利润(万元)	38112.44	32098.52	24162.47
	资本公积(万元)	40611.89	49922.21	55027.32
利润构成	主营收入(万元)	330999.83	285528.83	200916.27
	主营利润(万元)	43730.67	34415.11	27523.26
	营业利润(万元)	22919.42	15917.6	11452.31
	投资收益(万元)	0.98	0.92	
	利润总额(万元)	24064.79	17984.65	12223.34
	净利润(万元)	14225.91	11778.58	7971.45

点评：2005年公司化肥(折含N100%)产品产销量继续保持全国第一位。但是由于复合肥行业门槛低，生产装置投入少，假冒伪劣产品充斥市场，因此公司盈利能力受到影响。公司2006年生产目标为合成氨75万吨，尿素104万吨，复合肥147万吨。

	截止日期	05年末	占%	主要股东及持股比例%、持股性质
股本结构（万股）	总股本	40561.67		山东聊城鲁西化工集团有限责任公司54.85%(国有股)
	国有股	22854.82	56.35	聊城市人民政府国有资产监督管理委员会1.5%(国有股)
	发起股			中国银行－同盛证券投资基金0.51%(流通A股)
	外资股			华夏证券有限公司0.22%(流通A股)
	募集股			杨勇国0.14%(流通A股)
	流通A	16374	40.37	梁锦国0.13%(流通A股)
	流通B			徐雯0.09%(流通A股)
	流通H			余伊宁0.09%(流通A股)
股东户数	05年末	39138		詹奕君0.07%(流通A股)
	04年末	35742		尹燕霞0.07%(流通A股)
其他流通股东	张嘉谋0.065%；王青春0.064%			
近年分配	05年:10派1送3转增7；04年:10派1转增3；03年:10转增2	近年募资		

二〇〇五年以来市场表现

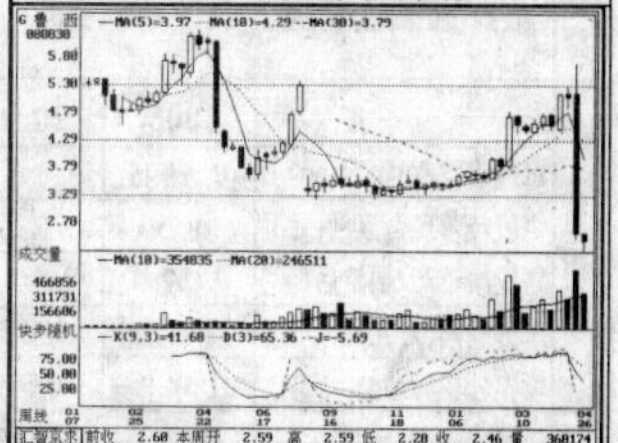

2005年涨跌幅(%)	20.03
2005年最高(元)	7.09
2006年涨跌幅(%)	44.25
2006.4.26收盘(元)	2.46
2006年最高(元)	5.68
2006年最低(元)	3.46
2006年换手率(%)	254.34
股改对价	送股 每10股实际获得4股(05/08/23)

G 关铝(000831)

上市日期:98/09/11　电话:0359－2825474　传真:0359－2800974

主营	铝锭、铝杆、铝箔的生产和销售			
	年　度	2005	2004	2003
主要指标	每股收益/扣除后(元)	0.05/0.05	0.18/0.18	0.28/0.28
	每股经营现金流量(元)	0.43	1.32	1.55
	每股净资产/调整后(元)	2.92/2.88	2.92/2.9	2.74/2.71
	未分利润(万元)	28074.61	27672.46	22138.65
	资本公积(万元)	34280.42	34265.42	34257.64
利润构成	主营收入(万元)	265796.44	246295.64	172087.83
	主营利润(万元)	19039.55	23070.42	27804.21
	营业利润(万元)	1388.36	8209.22	11740.99
	投资收益(万元)	475.03	146.51	29.64
	利润总额(万元)	1764.9	8440.03	11816.8
	净利润(万元)	1697.42	6489.65	10107.41
点评	受主要原材料氧化铝价格大幅上涨和电力价格上调的影响,公司2005年的净利润同比下降。目前公司与中国铝业合资组建的山西华圣铝业有限公司已开始正式投入生产,预计今年可生产电解铝约12万吨。随着产量的增加和毛利率的提高,公司业绩将明显提升。			

	截止日期	05年末	占%	主要股东及持股比例%、持股性质
股本结构(万股)	总股本	36300		山西关铝集团有限公司 50.15%(国有股)
	国有股	21675	59.71	山西省经济建设投资公司 5.12%(国有股)
	发起股			山西省经贸资产经营有限责任公司 3.8%(国有股)
	外资股			鸿阳证券投资基金 2.63%(流通A股)
	募集股			顾育军 0.38%(流通A股)
	流通A	14625	40.29	山西运城制版集团股份有限公司 0.32%(非流通股)
	流通B			山西省临猗化工总厂 0.32%(非流通股)
	流通H			李声亮 0.15%(流通A股)
股东户数	05年末	45274		刘艳 0.15%(流通A股)
	04年末	50122		翁明合 0.14%(流通A股)
其他流通股东	林端生 0.126%;胥桂芳 0.12%;王建平 0.114%;李广庆 0.114%			
近年分配	04年:10派0.3;03年:10派1		近年募资	

二〇〇五年以来市场表现

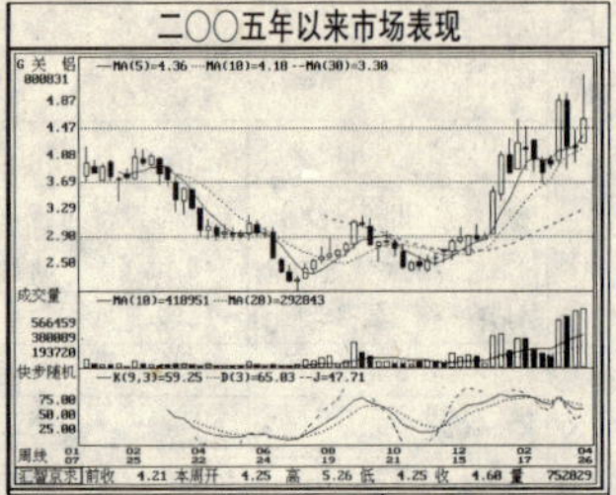

2005年涨跌幅(%)	-23.67
2005年最高(元)	4.19
2006年涨跌幅(%)	117.04
2006.4.26收盘(元)	4.6
2006年最高(元)	7.05
2006年最低(元)	2.84
2006年换手率(%)	309.05
股改对价	送股 每10股实际获得3.4股(06/04/11)

*ST 龙涤(000832)

上市日期:98/08/25　电话:0451－3717068　传真:0451－3717473

主营	生产、销售聚酯熔体和切片、熔体直纺长丝、短丝等。			
	年　度	2005	2004	2003
主要指标	每股收益/扣除后(元)	-0.506	-1.809	-1.31/-1.34
	每股经营现金流量(元)	0.7085	-1.0515	0.06
	每股净资产/调整后(元)	-1.74/-1.74	-1.21/-1.21	1.22/1.22
	未分利润(万元)	-73419.36	-111824.64	-48023.44
	资本公积(万元)		47521.25	47521.25
利润构成	主营收入(万元)	82643.6	117956.15	146559.54
	主营利润(万元)	1830.47	2836.2	4160.9
	营业利润(万元)	-23481.57	-38835.16	-56063.62
	投资收益(万元)	-1154.23	-17814.52	-952.84
	利润总额(万元)	-18882.19	-92560.06	-57016.46
	净利润(万元)	-17820.87	-63697.79	-46069.93
点评	已经退市。			

	截止日期	05年末	占%	主要股东及持股比例%、持股性质
股本结构(万股)	总股本	35206.98		黑龙江龙涤集团有限公司 17.39%(国有股)
	国有股	6122.82	17.39	中达国际经贸集团有限责任公司 7.83%(非流通股)
	发起股	1534.33	4.36	哈尔滨阿斯宝化纤有限公司 1.41%(非流通股)
	外资股			黑龙江省国际信托投资公司 1.39%(非流通股)
	募集股	9189.83	26.1	哈尔滨威德计算机工程有限公司 1.31%(非流通股)
	流通A	18360	52.15	陕西省纺织品进出口公司 1.23%(非流通股)
	流通B			深圳市发润农产品配送连锁商业有限公司 1.13%(非流通股)
	流通H			黑龙江龙涤包装材料有限公司 0.87%(非流通股)
股东户数	05年末	44072		陈玉龙 0.87%(流通A股)
	04年末	51087		中国纺织物资(集团)总公司 0.8%(非流通股)
其他流通股东	冯汝英 0.487%;冯永顺 0.402%;王桂英 0.352%;王秀云 0.293%;魏卿 0.275%;吴竞 0.267%;谈凤英 0.251%			
近年分配			近年募资	

二〇〇五年以来市场表现

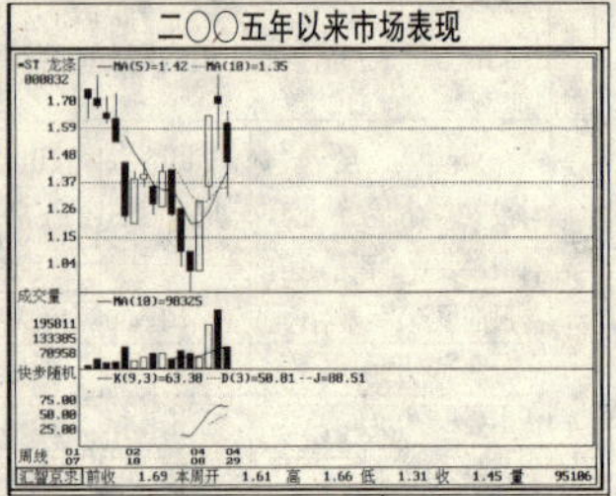

2005年涨跌幅(%)	
2005年最高(元)	
2006年涨跌幅(%)	
2006.4.26收盘(元)	
2006年最高(元)	
2006年最低(元)	
2006年换手率(%)	
股改对价	

贵糖股份(000833)

上市日期:98/11/11　电话:0775－4262888　传真:0775－4260088

主营	食糖、纸、酒精及轻质碳酸钙的制造、销售。			
	年　度	2005	2004	2003
主要指标	每股收益/扣除后(元)	0.16/0.16	0.15	-0.16/-0.03
	每股经营现金流量(元)	0.75	0.22	0.39
	每股净资产/调整后(元)	2.47/2.44	2.41/2.37	2.26/2.23
	未分利润(万元)	8191.75	7286.87	4030.33
	资本公积(万元)	25004.16	25004.16	25004.16
利润构成	主营收入(万元)	103321.32	80424.99	75598.74
	主营利润(万元)	17939.15	15569.04	9728.83
	营业利润(万元)	4981.79	4305.79	-3617.46
	投资收益(万元)	-25	-25	-25
	利润总额(万元)	4861.82	4155.84	-4103.77
	净利润(万元)	4037.37	3831.22	-4113.15
点评	公司的主要产品为"桂花"牌白砂糖、文化用纸及"纯点"、"碧绿湾"牌生活用纸。2006年糖价不断上涨,同时公司文化、生活用纸销售增长,将促进公司业绩增长;公司经营的主要压力在于制糖和制纸的主要原料甘蔗成本上升,盈利增长面临一定压力。			

	截止日期	05年末	占%	主要股东及持股比例%、持股性质
股本结构(万股)	总股本	25268.85		广西贵糖集团有限公司 39.57%(国有股)
	国有股	10000	39.57	深圳市执新投资顾问有限公司 4.01%(非流通股)
	发起股			肇庆市云庆贸易有限公司 2.33%(非流通股)
	外资股			渤海证券有限责任公司 0.96%(非流通股)
	募集股	5409.9	21.41	福建正通投资有限公司 0.9%(非流通股)
	流通A	9858.95	39.02	太原市唐都大酒店 0.59%(非流通股)
	流通B			广西贵港甘化股份有限公司 0.59%(非流通股)
	流通H			桂林锦华生物保健品有限责任公司 0.4%(非流通股)
股东户数	05年末	39984		桂林桂泰贸易公司 0.4%(非流通股)
	04年末	39900		贵港市汇鑫贸易有限公司 0.4%(非流通股)
其他流通股东	林石梅 0.162%;陈伟祥 0.095%;窦桂明 0.085%;丁荣兴 0.085%;周荫驹 0.079%;黄经勉 0.075%;范永珍 0.073%			
近年分配	05方案:10派1;04年:10派1		近年募资	

二〇〇五年以来市场表现

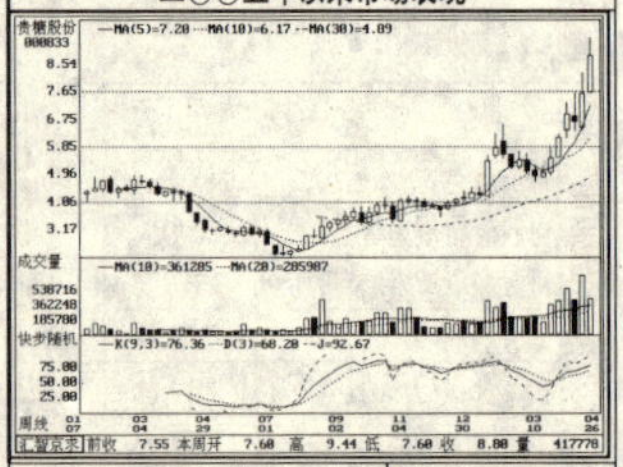

2005年涨跌幅(%)	-2.08
2005年最高(元)	4.92
2006年涨跌幅(%)	112.56
2006.4.26收盘(元)	8.8
2006年最高(元)	9.44
2006年最低(元)	4.14
2006年换手率(%)	528.48
股改对价	

四川圣达（000835）

上市日期：99/06/25　　电话：028－85322169　　传真：028－85322166

主营	开发、生产计算机软硬件产品及配套设备，工程机械、通讯设备、数字式光、磁记录产品、医疗电子设备、机械及电子模拟系统、电源及相关产品的开发生产。			
	年　度	2005	2004	2003
主要指标	每股收益/扣除后（元）	0.16/0.124	0.17	0.07/0.072
	每股经营现金流量（元）	0.52	0.72	－0.1
	每股净资产/调整后（元）	1.9/1.9	1.73/1.72	1.59/1.57
	未分利润（万元）	6794.59	4898.75	3444.92
	资本公积（万元）	792.79	679.87	670.89
利润构成	主营收入（万元）	28428.71	26903.27	16020.31
	主营利润（万元）	4133.38	4297.71	5241.87
	营业利润（万元）	2450.68	2145.71	1094.63
	投资收益（万元）	－53.84	123.91	－127.35
	利润总额（万元）	2924.56	2282.84	1067.76
	净利润（万元）	1739.81	1782.35	748.92
点评	公司是首家因被川企成功重组而将注册地迁入四川的外省上市公司。公司第一大股东圣达集团注入的铁合金销售业务帮助公司在04年扭亏。聚氯乙烯，采用国际上先进的离子膜电解设备和工艺，未来发展值得期待。			

	截止日期	05年末	占%	主要股东及持股比例%、持股性质
股本结构（万股）	总股本	10800		四川圣达集团有限公司 28.75%（非流通股）
	国有股			中泛投资有限公司 16.04%（外资股）
	发起股	2611.44	24.18	怡威发展有限公司 16.04%（外资股）
	外资股	3463.56	32.07	深圳市巨擘网投资有限公司 7.2%（非流通股）
	募集股	2025	18.75	乐山海川机械化工程有限公司 6.98%（非流通股）
	流通A	2700	25	汪淑娟 0.2%（流通A股）
	流通B			周小娜 0.14%（流通A股）
	流通H			代莉 0.09%（流通A股）
股东户数	05年末	14479		陈敦林 0.09%（流通A股）
	04年末	15482		林金松 0.09%（流通A股）
其他流通股东	张秀兰 0.084%；何巍 0.084%；朱梅生 0.074%；贺来毅 0.074%；谭艳玲 0.07%			
近年分配		近年募资		

二○○五年以来市场表现

2005年涨跌幅（%）	－17.95
2005年最高（元）	8.45
2006年涨跌幅（%）	10.03
2006.4.26收盘（元）	6.69
2006年最高（元）	7.05
2006年最低（元）	6.05
2006年换手率（%）	115.36
股改对价	送股 每10股实际获得3股

G鑫茂（000836）

上市日期：97/09/29　　电话：022－83710888　　传真：022－83710199

主营	科技园的开发建设及孵化器经营、高科技产业投资和经营、餐饮和娱乐服务业			
	年　度	2005	2004	2003
主要指标	每股收益/扣除后（元）	－3.4/－2.3	0.05	－3.11/－3
	每股经营现金流量（元）	0.3	0.96	－0.25
	每股净资产/调整后（元）	1.44/1.41	4.78/4.75	4.73/4.61
	未分利润（万元）	－12012.52	－24839.02	－24995.57
	资本公积（万元）	15592.36	66958.27	66824.34
利润构成	主营收入（万元）	29154.59	24433.97	49552.31
	主营利润（万元）	－1268.79	1286.86	－1652.51
	营业利润（万元）	－14711.97	－2794.39	－36955.91
	投资收益（万元）	－470.7	1912.74	－21.77
	利润总额（万元）	－41713.41	1472.93	－38582.01
	净利润（万元）	－41724.26	637.89	－38178.27
点评	公司主营业务为信息行业，由于行业内的竞争激烈，公司主营业务和利润为负值。公司的股改方案为大股东向上市公司注入优质资产来换取流通权，公司未来的发展取决于公司置入资产的盈利能力。			

	截止日期	05年末	占%	主要股东及持股比例%、持股性质
股本结构（万股）	总股本	12275.46		天津鑫茂科技投资集团有限公司 24.43%（非流通股）
	国有股	6110.45	49.78	天津大学实业发展总公司 4.16%（国有股）
	发起股	65.01	0.53	中国船舶重工集团公司第七○七研究所 4.15%（国有股）
	外资股			丹东菊花电器（集团）公司 2.12%（国有股）
	募集股			天津投资集团公司 1.67%（国有股）
	流通A	6100	49.69	天津科技发展投资总公司 1.67%（国有股）
	流通B			国家开发投资公司 1.38%（国有股）
	流通H			天津市增瑞工贸有限公司 0.51%（国有股）
股东户数	05年末	33250		黄清霖 0.5%（流通A股）
	04年末	37238		唐绍清 0.38%（流通A股）
其他流通股东	唐兴国 0.31%；唐兴国 0.263%；左光明 0.224%；左光明 0.224%；陈松新 0.222%；陈辉 0.204%			
近年分配		近年募资		

二○○五年以来市场表现

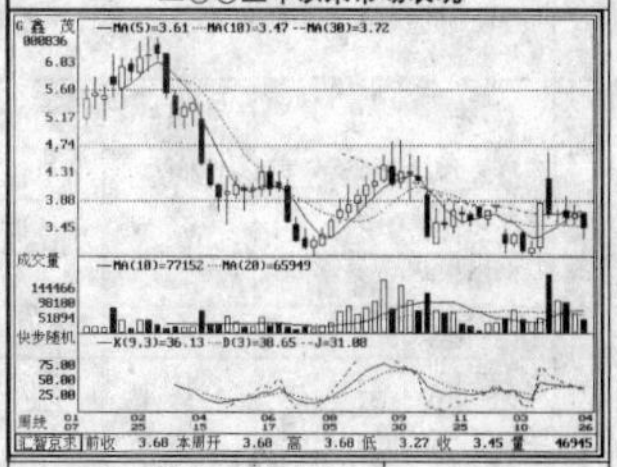

2005年涨跌幅（%）	－27.76
2005年最高（元）	6.46
2006年涨跌幅（%）	7.31
2006.4.26收盘（元）	3.45
2006年最高（元）	5.47
2006年最低（元）	3.57
2006年换手率（%）	107
股改对价	资产置换 送股 每10股实际获得1.82股（06/02/20）

G秦发展（000837）

上市日期：98/09/28　　电话：0917－3670606　　传真：0917－3390960

主营	精密数控机床、塑料机械、精密齿轮件、液压件、液压系统、电梯曳引机及电子类产品。			
	年　度	2005	2004	2003
主要指标	每股收益/扣除后（元）	0.2/0.197	0.197/0.177	0.13/0.123
	每股经营现金流量（元）	0.18	0.2838	0.09
	每股净资产/调整后（元）	2.77/2.68	2.59/2.51	2.42/2.39
	未分利润（万元）	15740.97	12368.67	9245.42
	资本公积（万元）	20469.18	20478.6	20455.09
利润构成	主营收入（万元）	58558.87	50742.89	41971.07
	主营利润（万元）	14375.35	12573.07	9952.99
	营业利润（万元）	5405.6	5187.53	3549.48
	投资收益（万元）	－183.2	－105.7	124.74
	利润总额（万元）	5474.31	5024.16	3652.62
	净利润（万元）	4637.2	4567.9	2944.99
点评	公司主营磨床、精密数控机床、塑料机械等。在机床行业增长速度减缓的影响下，公司及时调整经营战略，在稳定磨齿机主业销售额的同时，加强对塑料加工机械，功能部件的销售工作，实现稳定发展。随着国内装备制造业的振兴，公司也将迎来较好的发展机遇。			

	截止日期	05年末	占%	主要股东及持股比例%、持股性质
股本结构（万股）	总股本	23247.84		秦川机床集团有限公司 41.46%（国有股）
	国有股	9638.4	41.46	杨凌秦川节水灌溉设备工程有限公司 2.49%（非流通股）
	发起股	1069.44	4.6	中国浦发机械工业股份有限公司 1.17%（非流通股）
	外资股			东吴嘉禾优势精选混合型开放式证券投资基金 0.67%（流通A股）
	募集股			上海浦发金桥联合发展有限公司 0.63%（非流通股）
	流通A	12540	53.94	广州金骏资产管理有限公司 0.54%（流通A股）
	流通B			全国社保基金——组合 0.41%（流通A股）
	流通H			李艳丽 0.41%（流通A股）
股东户数	05年末	41286		银华核心价值优选股票型证券投资基金 0.39%（流通A股）
	04年末	46768		安康水电联合实业有限责任公司 0.16%（非流通股）
其他流通股东	叶灵招 0.147%；何榕 0.139%；蒋水和 0.125%；王磊 0.112%；李永健 0.109%			
近年分配	05预案：10派0.2；04年：10派0.2；03年：10派0.22	近年募资		

二○○五年以来市场表现

2005年涨跌幅（%）	－9.33
2005年最高（元）	4.98
2006年涨跌幅（%）	63.13
2006.4.26收盘（元）	5.2
2006年最高（元）	7.23
2006年最低（元）	4
2006年换手率（%）	136.17
股改对价	送股 每10股实际获得3.05股（06/02/06）

蓝星石化（000838）

上市日期:97/06/26　　电话:0838－2300511　　传真:0838－2300522

主营	化工机械设备及金属制品的设计、制造、安装、销售等。			
	年　度	2005	2004	2003
主要指标	每股收益/扣除后(元)	0.07/0.071	0.094/0.095	0.075/0.05
	每股经营现金流量(元)	0.056	0.12	0.03
	每股净资产/调整后(元)	1.35/1.35	1.28/1.27	1.19/1.19
	未分利润(万元)	186.3	－233.33	－4845.29
	资本公积(万元)	2083.83	2083.83	6083.83
利润构成	主营收入(万元)	12928.87	10809.38	8851.34
	主营利润(万元)	2552.51	2488.3	2105.8
	营业利润(万元)	956.53	621.12	490.85
	投资收益(万元)			
	利润总额(万元)	944.47	611.97	487.13
	净利润(万元)	452.5	611.97	487.13
点评	欧盟在电子电器设备中限制有害物质使用的 ROHS 指令将于 2006 年 7 月 1 日正式生效。针对 ROHS 指令及美、日对材料的重金属及联苯和联苯醚含量限制的要求,公司开发了薄膜用环保型阻燃 PC、薄膜用环保型阻燃 PBT 等产品,但发展空间有待进一步观察。			

	截止日期	05 年末	占%	主要股东及持股比例%、持股性质
股本结构(万股)	总股本	6511.99		中国蓝星(集团)总公司 37.77%（国有股）
	国有股			德阳市化机持股联合会 5.13%（非流通股）
	发起股	2459.89	37.77	深圳市泉来实业有限公司 4.68%（非流通股）
	外资股			深圳西来洋发展有限公司 3.99%（非流通股）
	募集股	2297.1	35.27	上海浦东任辰贸易有限公司 3.29%（非流通股）
	流通 A	1755	26.95	深圳市旭能投资有限公司 1.99%（非流通股）
	流通 B			成都嘉泰投资有限公司 1.99%（非流通股）
	流通 H			海南爱邦贸易有限公司 1.3%（非流通股）
股东户数	05 年末	8717		上海市玮经贸有限公司 1.07%（非流通股）
	04 年末	8472		深圳市巨湾实业发展有限公司 0.99%（非流通股）
其他流通股东	庄兴潮 0.154%；何松彬 0.15%；李春生 0.143%；蒋晓军 0.123%；陈林 0.109%；蒙仙花 0.099%；吴忠 0.097%			
近年分配		近年募资		

二〇〇五年以来市场表现

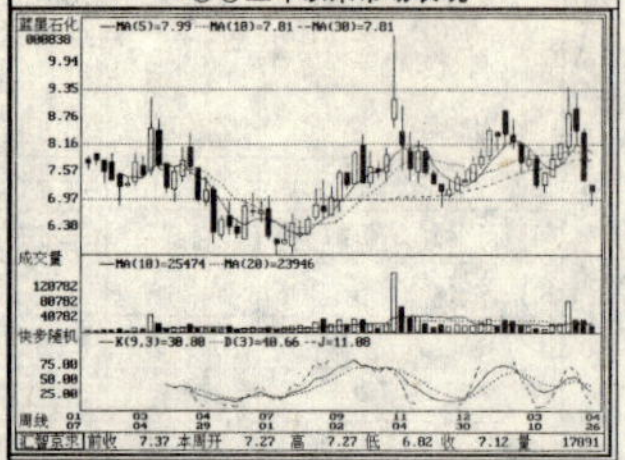

2005 年涨跌幅(%)	－6.71
2005 年最高(元)	10.54
2006 年涨跌幅(%)	－3.39
2006.4.26 收盘(元)	7.12
2006 年最高(元)	9.4
2006 年最低(元)	6.82
2006 年换手率(%)	232.18
股改对价	

G 国安（000839）

上市日期:97/10/31　　电话:010－65068509　　传真:010－65061482

主营	信息网络基础设施业中的有线电视网和卫星通信网的投资建设;信息服务业中的网络系统集成、增值电信、应用软件开发业务。			
	年　度	2005	2004	2003
主要指标	每股收益/扣除后(元)	0.34/0.287	0.33/0.293	0.291/0.21
	每股经营现金流量(元)	0.7	1.05	－0.8418
	每股净资产/调整后(元)	4.69/4.43	4.45/4.24	4.24/4.09
	未分利润(万元)	59774.02	47281.93	36775.45
	资本公积(万元)	159113.26	158953.06	158361.38
利润构成	主营收入(万元)	179985.88	178363.6	162724.51
	主营利润(万元)	75073.89	70640.05	42685.62
	营业利润(万元)	26597.16	28038.57	12303.51
	投资收益(万元)	746.52	1482.4	15912.61
	利润总额(万元)	31379.67	32243.59	28123.35
	净利润(万元)	22461.28	21596.19	19229.27
点评	公司核心业务有线电视去年获得长足发展,体现在网络规模和项目收益水平两个方面。公司青海西台吉乃尔湖资源综合开发项目进展顺利,年产 30 万吨硫酸钾镁肥生产线一次性投料试车成功,进入试生产阶段。有线电视和资源开发将成为公司未来业绩的主要增长点。			

	截止日期	05 年末	占%	主要股东及持股比例%、持股性质
股本结构(万股)	总股本	66000		中信国安有限公司 62.37%（非流通股）
	国有股			金鑫证券投资基金 0.64%（流通 A 股）
	发起股	41162.79	62.37	中国工商银行－博时精选股票证券投资基金 0.48%（流通 A 股）
	外资股			交通银行－汉兴证券投资基金 0.39%（流通 A 股）
	募集股			全国社保基金零零一组合 0.39%（流通 A 股）
	流通 A	24837.21	37.63	汉盛证券投资基金 0.32%（流通 A 股）
	流通 B			交通银行－融通行业景气证券投资基金 0.29%（流通 A 股）
	流通 H			通乾证券投资基金 0.27%（流通 A 股）
股东户数	05 年末	109988		中国建设银行－博时裕富证券投资基金 0.25%（流通 A 股）
	04 年末	132234		东方证券股份有限公司 0.25%（流通 A 股）
其他流通股东	交通银行－裕华证券投资基金 0.213%			
近年分配	05 方案:10 派 1；04 年:10 派 1；03 年:10 派 1	近年募资		

二〇〇五年以来市场表现

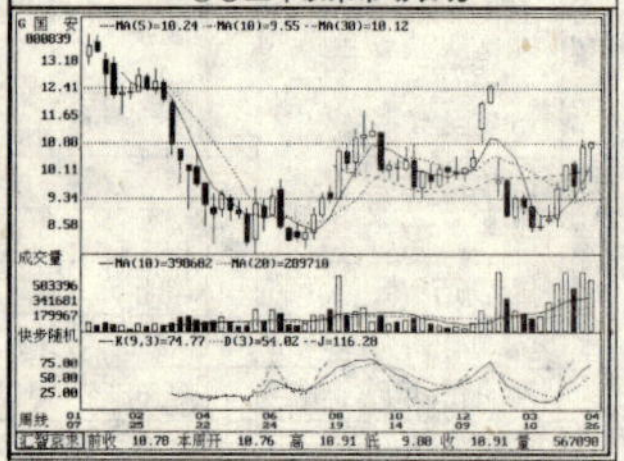

2005 年涨跌幅(%)	－21.06
2005 年最高(元)	13.95
2006 年涨跌幅(%)	40.67
2006.4.26 收盘(元)	10.91
2006 年最高(元)	14.81
2006 年最低(元)	10.89
2006 年换手率(%)	164.15
股改对价	送股 每 10 股实际获得 3.5 股(06/02/06)

承德露露（000848）

上市日期:97/11/13　　电话:0314－2059888　　传真:0314－2059100

主营	以杏仁露为主导产品的生产和销售			
	年　度	2005	2004	2003
主要指标	每股收益/扣除后(元)	0.138/0.14	0.143/0.19	0.11/0.134
	每股经营现金流量(元)	0.469	0.358	0.31
	每股净资产/调整后(元)	2.31/2.31	2.81/2.8	2.86/2.86
	未分利润(万元)	4994.13	7085.18	9338.01
	资本公积(万元)	25261.97	30446.97	30446.97
利润构成	主营收入(万元)	118758.57	95952.65	104890.81
	主营利润(万元)	34981.13	30141.39	34459.03
	营业利润(万元)	11685.68	8917.95	7156.93
	投资收益(万元)	－83.35	－115.83	－106.5
	利润总额(万元)	9568	6403.92	6115.6
	净利润(万元)	4290.4	3707.84	2820.49
点评	公司“露露”牌杏仁露具有较高的知名度,全国市场份额为 90%。公司近年来重视营销网络的建设,产品市场占有率和品牌影响力都有所提高。销售收入和净利润也出现可喜增长。借股改时机,万向集团将成为公司大股东。股改后,关联交易、股东占款问题将极大改善。			

	截止日期	05 年末	占%	主要股东及持股比例%、持股性质
股本结构(万股)	总股本	31110		露露集团有限责任公司 38.9%（国有股）
	国有股	12101.4	38.9	万向三农有限公司 26%（非流通股）
	发起股	8088.6	26	中国银行－嘉实增长开放式证券投资基金 2.92%（流通 A 股）
	外资股			全国社保基金一零六组合 0.91%（流通 A 股）
	募集股			中国建设银行－博时主题行业股票证券投资基金 0.65%（流通 A 股）
	流通 A	10920	35.1	交通银行－华安创新证券投资基金 0.55%（流通 A 股）
	流通 B			上海高利科技投资有限公司 0.53%（流通 A 股）
	流通 H			光大证券－光大－光大阳光集合资产管理计划 0.51%（流通 A 股）
股东户数	05 年末	42381		刘迅 0.31%（流通 A 股）
	04 年末	49897		华宝信托投资有限责任公司－宝祥有价证券组合投资信托 0.15%（流通 A 股）
其他流通股东	胡留亭 0.14%；刘慧平 0.137%			
近年分配	04 年:10 派 2 转增 2；03 年:10 派 2	近年募资		

二〇〇五年以来市场表现

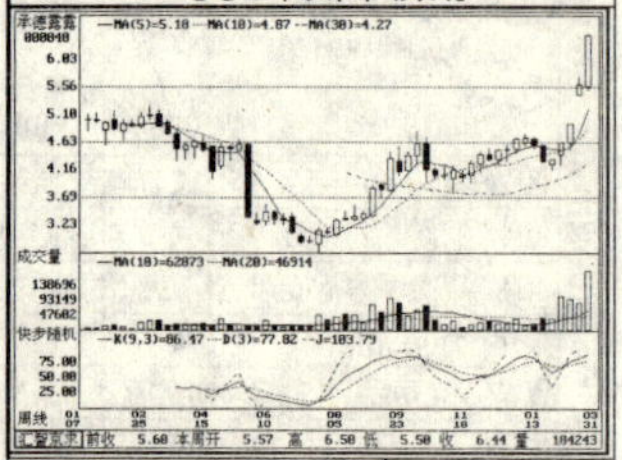

2005 年涨跌幅(%)	16.32
2005 年最高(元)	5.97
2006 年涨跌幅(%)	37.61
2006.4.26 收盘(元)	6.44
2006 年最高(元)	6.5
2006 年最低(元)	4.15
2006 年换手率(%)	52.6
股改对价	派现 每 10 股实际获得 6.27 元

G华茂（000850）

上市日期:98/10/07　　电话:0556－5516615　　传真:0556－5510166

主营	棉、毛、麻、丝和人造纤维的纯、混纺纱线及其织物的生产和销售。			
	年　度	2005	2004	2003
主要指标	每股收益/扣除后(元)	0.09/0.08	0.04	0.13/0.11
	每股经营现金流量(元)	0.09	0.31	-0.08
	每股净资产/调整后(元)	1.62/1.62	1.54/1.53	1.81/1.77
	未分利润(万元)	18102.36	13550.38	17703.16
	资本公积(万元)	13799.37	13929.05	12512.35
利润构成	主营收入(万元)	110769.49	108269.14	79899.18
	主营利润(万元)	14936.81	13011.69	13840.25
	营业利润(万元)	7940.67	4597.58	8550.27
	投资收益(万元)	-88.42	-701.91	526.74
	利润总额(万元)	7797.7	3814.19	9085.31
	净利润(万元)	5391.1	2266.38	5892.78
点评	公司主营棉、毛、麻、丝和人造纤维的纯、混纺纱线及其织物。05年,由于受到欧美特保、设限等贸易摩擦,以及棉价攀升,能源涨价、汇率波动等不利因素的影响,纺织企业的经营形势比较严峻。公司通过技术创新、品牌经营,取得一定成效,但后续压力依旧很大。			

股本结构（万股）	截止日期	05年末	占%	主要股东及持股比例%、持股性质
	总股本	62911		安徽华茂集团有限公司 60%（国有股）
	国有股	37746.6	60	银川经济技术开发区投资控股有限公司 0.64%（流通A股）
	发起股			中国工商银行－南方宝元债券型基金 0.33%（流通A股）
	外资股			梁丹华 0.29%（流通A股）
	募集股			徐建玲 0.16%（流通A股）
	流通A	25164.4	40	韩玉玲 0.11%（流通A股）
	流通B			范汉清 0.11%（流通A股）
	流通H			郑育华 0.1%（流通A股）
股东户数	05年末	41600		刘建萍 0.1%（流通A股）
	04年末	43568		郑素娥 0.1%（流通A股）
其他流通股东	方坚 0.096%			
近年分配	05预案:10派0.5；04中期:10派0.13875送0.4625转增2.3125	近年募资	04年10配2.30769配股价4.72元。	

二〇〇五年以来市场表现

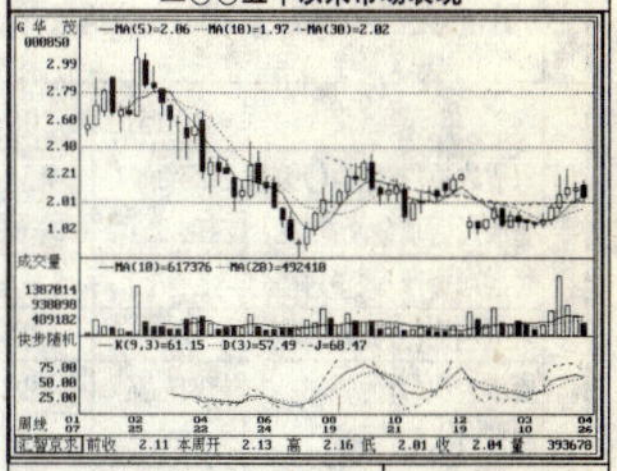

2005年涨跌幅(%)	-13.39
2005年最高(元)	3.18
2006年涨跌幅(%)	24.26
2006.4.26收盘(元)	2.04
2006年最高(元)	3
2006年最低(元)	2.35
2006年换手率(%)	266.82
股改对价	送股 每10股实际获得3.4股(06/01/12)

高鸿股份（000851）

上市日期:98/06/09　　电话:010－62301907　　传真:010－62301907

主营	多业务宽带电信网络产品,通信器材,通信终端设备,仪器仪表,电子计算机软硬件及外部设备,系统集成的技术开发、技术转让、技术咨询、技术服务、制造、销售以及通信/信息系统工程设计、信息服务。			
	年　度	2005	2004	2003
主要指标	每股收益/扣除后(元)	0.047/0.04	0.069/0.07	0.1/0.09
	每股经营现金流量(元)	0.22	-0.16	0.28
	每股净资产/调整后(元)	1.08/1.08	1.02/1.02	0.95/0.94
	未分利润(万元)	400.91	-605.84	-20231.93
	资本公积(万元)	279.89		14341.87
利润构成	主营收入(万元)	37521.11	28238.33	12776.35
	主营利润(万元)	9160.22	7777.35	5334.08
	营业利润(万元)	3254.12	2221.99	2675.25
	投资收益(万元)	-937.23	-19.79	32.17
	利润总额(万元)	2290.79	2201.46	2800.28
	净利润(万元)	1057.94	1552.06	2307.22
点评	公司已完成置入北京大唐高鸿公司数据网络技术有限公司83.165%股权的重大资产重组工作。主营业务从磨具磨料生产、制造转向以盈利能力较强的多业务宽带数据电信网络产品。然而主业转型,经营规模明显扩大,但利润下降,重组效果的持续型有待观察。			

股本结构（万股）	截止日期	05年末	占%	主要股东及持股比例%、持股性质
	总股本	22490		电信科学技术研究院 23.49%（国有股）
	国有股	12923.76	57.46	国投机轻有限公司 15.27%（国有股）
	发起股			大唐电信科技股份有限公司 6.43%（国有股）
	外资股			贵州电网公司 5.72%（国有股）
	募集股	1818.25	8.08	贵州省国资局 5.52%（国有股）
	流通A	7748	34.45	贵州宝安房地产开发有限公司 1.27%（非流通股）
	流通B			中国磨料磨具进出口公司 1.12%（非流通股）
	流通H			北京兴宏投资有限责任公司 0.88%（非流通股）
股东户数	05年末	21719		贵州东伟实业股份有限公司 0.64%（非流通股）
	04年末	17795		第六砂轮厂 0.59%（国有股）
其他流通股东	张婷 0.229%；倪大曲 0.222%；孙志强 0.193%；韦宝 0.16%；陈斌 0.105%；何祖强 0.102%；白国红 0.093%			
近年分配		近年募资		

二〇〇五年以来市场表现

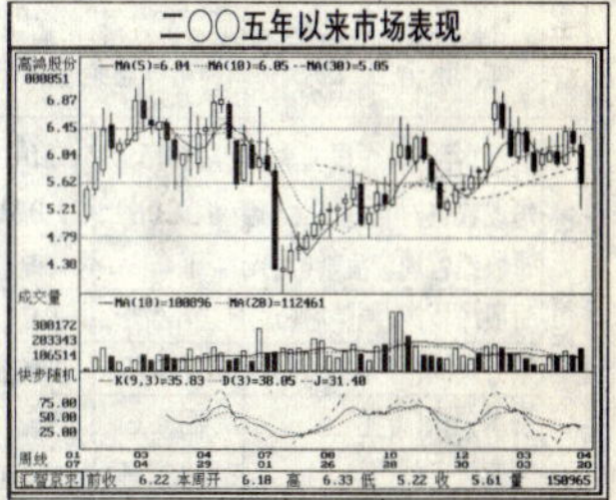

2005年涨跌幅(%)	7.6
2005年最高(元)	7.28
2006年涨跌幅(%)	1.63
2006.4.26收盘(元)	5.61
2006年最高(元)	7.07
2006年最低(元)	5.22
2006年换手率(%)	221.6
股改对价	送股 每10股实际获得2.7股

江钻股份（000852）

上市日期:98/11/26　　电话:0728－6518598　　传真:0728－6518598

主营	石油天然气及矿用钻头、石油机械配件等。			
	年　度	2005	2004	2003
主要指标	每股收益/扣除后(元)	0.292	0.256	0.213/0.209
	每股经营现金流量(元)	0.66	0.52	0.22
	每股净资产/调整后(元)	2.6/2.55	2.41/2.34	2.32/2.27
	未分利润(万元)	21458.74	16869.53	16320.85
	资本公积(万元)	19106.4	18901.97	18000.52
利润构成	主营收入(万元)	76321.15	56563.7	44355.57
	主营利润(万元)	30272.74	23815.02	19483.88
	营业利润(万元)	12548.24	9479.47	7447.27
	投资收益(万元)	206.48	-62.87	48.32
	利润总额(万元)	11949.64	9288.76	7481.71
	净利润(万元)	8989.6	7876.16	6566.41
点评	公司主营业务为石油天然气及矿用钻头、石油机械配件等。在原油价格持续上涨,国内原油需求越来越大的情况下,公司经营也出现了较好的增长。但由于历史遗留问题,公司在业务拓展方面还需要再加强,股改也许就是一个机会。			

股本结构（万股）	截止日期	05年末	占%	主要股东及持股比例%、持股性质
	总股本	30800		中国石化集团江汉石油管理局 75%（国有股）
	国有股	23100	75	中国银行－华夏回报证券投资基金 1.35%（流通A股）
	发起股			交通银行－国联优质成长证券投资基金 0.78%（流通A股）
	外资股			中国银行－工银瑞信核心价值股票型证券投资基金 0.74%（流通A股）
	募集股			北京通航技贸易有限公司 0.51%（流通A股）
	流通A	7688.58	24.96	中国工商银行－德盛稳健证券投资基金 0.48%（流通A股）
	流通B			中国建设银行－华夏红利混合型开放式证券投资基金 0.44%（流通A股）
	流通H			华夏成长证券投资基金 0.32%（流通A股）
股东户数	05年末	23979		中国银行－兴安证券投资基金 0.24%（流通A股）
	04年末	29072		黄东生 0.16%（流通A股）
其他流通股东	蔡永保 0.116%			
近年分配	05预案:10派2；04年:10派1；03年:10派2	近年募资		

二〇〇五年以来市场表现

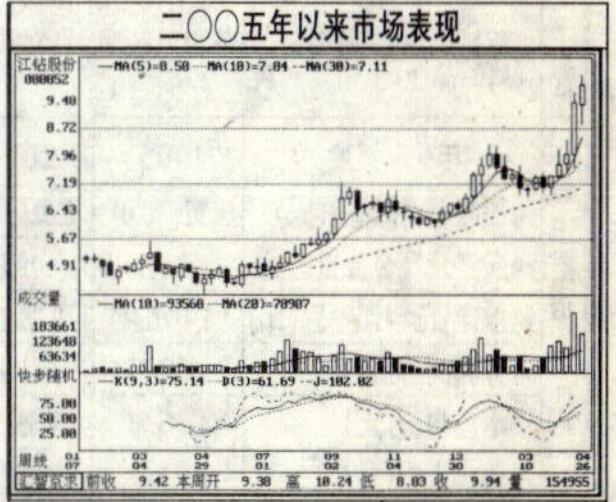

2005年涨跌幅(%)	27.17
2005年最高(元)	7.31
2006年涨跌幅(%)	52.92
2006.4.26收盘(元)	9.94
2006年最高(元)	10.24
2006年最低(元)	6.4
2006年换手率(%)	188.58
股改对价	

＊ST 唐陶(000856)

上市日期:98/08/13　　电话:0315－3291354　　传真:0315－3291354

主营	日用陶瓷、卫生陶瓷、墙地砖产品的生产与销售。

	年　度	2005	2004	2003
主要指标	每股收益/扣除后(元)	0.05/0.024	-0.3/-0.3	-0.17/-0.16
	每股经营现金流量(元)	0.02	-0.01	-0.21
	每股净资产/调整后(元)	2.18/1.7	2.16/1.82	2.47/1.75
	未分利润(万元)	-6499.6	-7325.27	-2024.16
	资本公积(万元)	28176.36	28161.4	28146.71
利润构成	主营收入(万元)	52805.45	49938.13	39455.91
	主营利润(万元)	14461.58	11961.08	8526.34
	营业利润(万元)	-24.41	-4913.3	-2897.21
	投资收益(万元)	240.53	-293.06	-55.34
	利润总额(万元)	500.98	-5859.71	-3236.53
	净利润(万元)	886.28	-5301.11	-2893.35

点评：公司主要产品为日用陶瓷、耐火材料、卫生陶瓷等,其骨质瓷分公司是我国生产规模最大的高档骨质瓷生产企业。公司实施"科技兴陶"战略,成立全国陶瓷行业唯一的企业博士后工作站,夺得国内同行业高级日用陶瓷出口规模第一,06年有望摘星摘帽。

	截止日期	05年末	占%	主要股东及持股比例%、持股性质
股本结构(万股)	总股本	17500		唐山市城市建设投资有限公司 26.89%(国有股)
	国有股	9492.94	54.25	唐山陶瓷集团有限公司 13.77%(国有股)
	发起股	1507.06	8.61	唐山市建设投资公司 13.58%(国有股)
	外资股			唐山华美陶瓷有限公司 8.62%(国有股)
	募集股			庄建军 0.19%(流通A股)
	流通A	6500	37.14	于建忠 0.17%(流通A股)
	流通B			田玉珍 0.15%(流通A股)
	流通H			田世强 0.15%(流通A股)
股东户数	05年末	25454		陈武峰 0.12%(流通A股)
	04年末	29340		仇正华 0.11%(流通A股)
其他流通股东	罗予频 0.114%;蒋乾民 0.079%;杨国文 0.077%;张科 0.075%			
近年分配		近年募资		

二〇〇五年以来市场表现

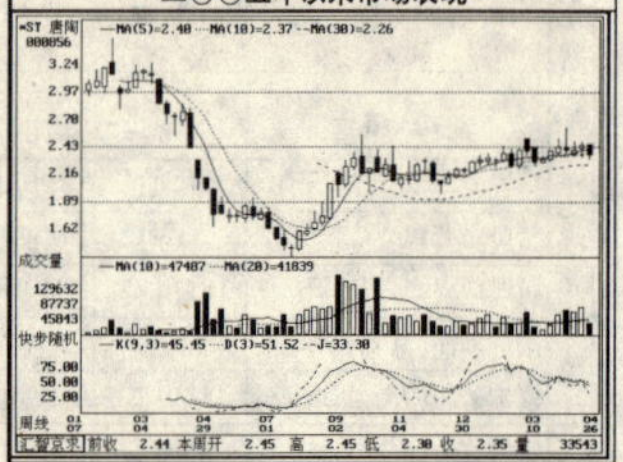

2005年涨跌幅(%)	-26.51
2005年最高(元)	3.51
2006年涨跌幅(%)	7.31
2006.4.26收盘(元)	2.35
2006年最高(元)	2.61
2006年最低(元)	2.17
2006年换手率(%)	110.27
股改对价	

G五粮液(000858)

上市日期:98/04/27　　电话:0831－3553988　　传真:0831－3555958

主营	五粮液系列酒和其它酒类等产品设计、酿造生产、包装和销售,同时也从事酒类原料种植等业务。

	年　度	2005	2004	2003
主要指标	每股收益/扣除后(元)	0.292/0.29	0.305	0.519/0.52
	每股经营现金流量(元)	0.462	0.303	0.771
	每股净资产/调整后(元)	2.71/2.71	2.42/2.42	4.43/4.42
	未分利润(万元)	227194.08	171490.57	249029.53
	资本公积(万元)	95320.35	95320.35	122434.39
利润构成	主营收入(万元)	641875.15	629758.34	633309.06
	主营利润(万元)	241366.47	246571.65	217122.72
	营业利润(万元)	120036.89	128285.9	109500.51
	投资收益(万元)	-392.3	-12.68	-55.44
	利润总额(万元)	119590.92	127116.11	108724.07
	净利润(万元)	79134.88	82799.72	70297.45

点评：我国白酒消费结构向高档和品牌白酒倾斜趋势日益明显。2005年,因原料、运输成本上涨以及营销费用上升等因素,公司净利润出现下降。但公司作为白酒行业的龙头企业,具有品牌和渠道优势。经过销售及经营方面政策的一些调整,公司2006年以后业绩将恢复上升。

	截止日期	05年末	占%	主要股东及持股比例%、持股性质
股本结构(万股)	总股本	271140.48		宜宾市国有资产经营有限公司 71.83%(国有股)
	国有股	194762.88	71.83	丰和价值证券投资基金 0.81%(流通A股)
	发起股			中国银行－－嘉实服务增值行业证券投资基金 0.59%(流通A股)
	外资股			中国工商银行－－南方稳健成长证券投资基金 0.55%(流通A股)
	募集股			全国社保基金一零一组合 0.45%(流通A股)
	流通A	76377.6	28.17	交通银行－－海富通精选证券投资基金 0.37%(流通A股)
	流通B			中国工商银行－－天元证券投资基金 0.36%(流通A股)
	流通H			中国工商银行－－开元证券投资基金 0.35%(流通A股)
股东户数	05年末	107347		中国工商银行－－申万巴黎盛利精选证券投资基金 0.34%(流通A股)
	04年末	154064		中国银行－－嘉实成长收益型证券投资基金 0.3%(流通A股)
其他流通股东	中信银行－－建信恒久价值股票型证券投资基金 0.301%			
近年分配	05预案:10派1;03年:10派2送8转增2	近年募资		

二〇〇五年以来市场表现

2005年涨跌幅(%)	8.36
2005年最高(元)	8.29
2006年涨跌幅(%)	48.1
2006.4.26收盘(元)	9.19
2006年最高(元)	11.54
2006年最低(元)	7.37
2006年换手率(%)	134.27
股改对价	送股权证 每10股实际获得1.7股(06/03/31)

G国风(000859)

上市日期:98/11/19　　电话:0551－2885333　　传真:0551－2888835

主营	塑料薄膜、塑胶型材、其他塑料制品、非金属新型材料及金属制品生产、销售和科研开发。

	年　度	2005	2004	2003
主要指标	每股收益/扣除后(元)	0.02/-0.04	0.02/-0.04	0.01/-0.002
	每股经营现金流量(元)	0.09	-0.06	0.04
	每股净资产/调整后(元)	2.41/2.41	2.38/2.38	2.36/2.36
	未分利润(万元)	13544.95	12318.2	11628.16
	资本公积(万元)	41743.81	41731.43	41701.9
利润构成	主营收入(万元)	87816.78	106037.42	86597.71
	主营利润(万元)	5741.16	8648.6	9459.28
	营业利润(万元)	-1553.12	-196.59	540.91
	投资收益(万元)	1530.13	331.05	-165.34
	利润总额(万元)	993.09	1130.72	523.06
	净利润(万元)	1013.07	903.96	495.63

点评：公司是国内烟草厂商BOPP薄膜的主要供应商之一,拥有亚洲最大的BOPP薄膜生产线,年产量达到7.8万吨。此外,公司又介入纳米科研生产、非金属矿开采、搜索引擎等行业。公司业务过于多元化,需要注意投资风险。

	截止日期	05年末	占%	主要股东及持股比例%、持股性质
股本结构(万股)	总股本	42048		安徽国风集团有限公司 55.48%(国有股)
	国有股	23328	55.48	谢来生 0.19%(流通A股)
	发起股			周春霞 0.13%(流通A股)
	外资股			李金荣 0.11%(流通A股)
	募集股			刘鹏珍 0.11%(流通A股)
	流通A	18720	44.52	邵永洪 0.07%(流通A股)
	流通B			黄志伟 0.07%(流通A股)
	流通H			邓隐北 0.07%(流通A股)
股东户数	05年末	53624		王书玲 0.07%(流通A股)
	04年末	58308		张敏西 0.07%(流通A股)
其他流通股东	蹇宏新 0.066%			
近年分配		近年募资		

二〇〇五年以来市场表现

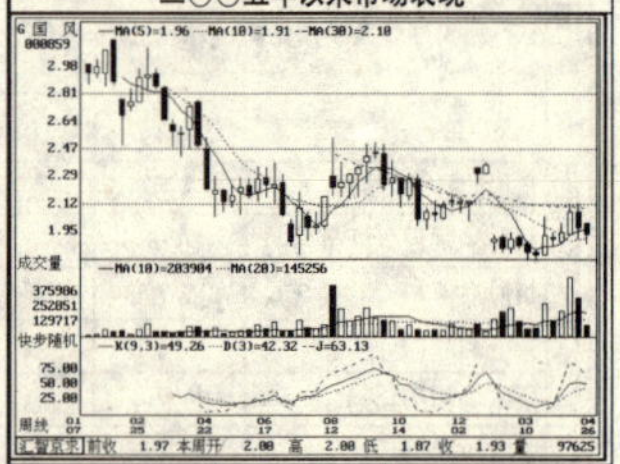

2005年涨跌幅(%)	-22.48
2005年最高(元)	3.15
2006年涨跌幅(%)	14.46
2006.4.26收盘(元)	1.93
2006年最高(元)	2.9
2006年最低(元)	2.31
2006年换手率(%)	95.3
股改对价	送股 每10股实际获得3.7股(06/02/10)

G顺鑫（000860）

上市日期:98/11/04　电话:010－69428900　传真:010－81499846

主营	白酒生产与销售；肉制品的生产与销售；种畜产品；农作物种子、蔬菜种子的繁育和销售；蔬菜、果品、花卉、苗木的种植加工和销售。

	年度	2005	2004	2003
主要指标	每股收益/扣除后(元)	0.224/0.226	0.274/0.269	0.273/0.273
	每股经营现金流量(元)	0.19	0.33	0.43
	每股净资产/调整后(元)	3.67/3.65	4.18/4.15	3.83/3.66
	未分利润(万元)	15560.32	17942.91	14415.87
	资本公积(万元)	75392.47	75387.61	62101.05
利润构成	主营收入(万元)	290771.32	217127.96	132460.85
	主营利润(万元)	46390.77	39114.73	28457.66
	营业利润(万元)	11181.29	10730.04	7775.19
	投资收益(万元)	6.78	－76.14	－65.94
	利润总额(万元)	11052.59	10813.18	9519.35
	净利润(万元)	8889.3	9074.85	8307.48
点评	公司是农业产业化国家重点龙头企业，主要从事白酒、生鲜猪肉、熟食加工，果蔬饮料生产、水利建设施工等多项业务。行业跨度较大，母子品牌联动性不强。但因农业产业受到国家的重点扶持，食品安全日益受到重视，公司发展前景看好。			

	截止日期	05年末	占%	主要股东及持股比例%、持股性质
股本结构（万股）	总股本	39774		北京顺鑫农业发展集团有限公司 56.84%（国有股）
	国有股	22609.4	56.84	方正证券有限责任公司 0.49%（流通A股）
	发起股			袁妙玲 0.22%（流通A股）
	外资股			周靖 0.22%（流通A股）
	募集股			华宝信托投资有限责任公司－宝祥有价证券组合投资信托 0.16%（流通A股）
	流通A	17157.23	43.14	李增 0.15%（流通A股）
	流通B			中国工商银行－广发聚丰股票型证券投资基金 0.15%（流通A股）
	流通H			中国工商银行－广发稳健增长证券投资基金 0.13%（流通A股）
股东户数	05年末	48367		毋昌明 0.12%（流通A股）
	04年末	52383		苏志琦 0.11%（流通A股）
其他流通股东	薛经旺 0.095%			
近年分配	05预案:10派1；04年:10派0.5送2；03年:10派1		近年募资	04年10配3配股价6.5元。

二○○五年以来市场表现	
2005年涨跌幅(%)	3.01
2005年最高(元)	5.81
2006年涨跌幅(%)	9.04
2006.4.26收盘(元)	3.62
2006年最高(元)	4.06
2006年最低(元)	3.31
2006年换手率(%)	117.75
股改对价	送股 每10股实际获得3.5股(05/10/27)

海印股份（000861）

上市日期:98/10/28　电话:0668－2111000　传真:0668－2112112

主营	炭黑系列产品的制造和销售、高岭土系列产品的制造和销售以及油品的加工销售和尾气余热发电。

	年度	2005	2004	2003
主要指标	每股收益/扣除后(元)	0.12/0.13	0.12/0.13	0.06/0.01
	每股经营现金流量(元)	0.27	0.39	0.2
	每股净资产/调整后(元)	2.03/1.66	1.9/1.63	1.78/1.67
	未分利润(万元)	508.59	－344.89	－1344.83
	资本公积(万元)	8619.94	8619.94	8619.94
利润构成	主营收入(万元)	25478.38	24515.48	21148.57
	主营利润(万元)	7161.25	6912.37	4966.54
	营业利润(万元)	2252.65	2142.43	1110.83
	投资收益(万元)	－13.01	－14.35	3.19
	利润总额(万元)	2201.23	2074.36	1218.66
	净利润(万元)	1381.88	1378.33	615.72
点评	公司主营炭黑系列产品、高岭土系列产品的制造和销售等，属于资源类个股，05年高岭土系列产品占主营收入的50.2%。06年公司将加大对炭黑、高岭土产品新工艺、新产品的研制开发，提升产品的技术含量，扩大销售市场，从而提高公司的经营业绩。			

	截止日期	05年末	占%	主要股东及持股比例%、持股性质
股本结构（万股）	总股本	11125.45		广州海印实业集团有限公司 26.33%（非流通股）
	国有股			中国石化总公司茂名石油化工公司 4.56%（非流通股）
	发起股	5622.77	50.54	广东茂名信托投资公司 0.81%（非流通股）
	外资股			广东茂名化学工业总公司 0.63%（非流通股）
	募集股			广东茂名兴达发展总公司 0.52%（非流通股）
	流通A	5496.35	49.4	广东茂名工业开发公司 0.47%（非流通股）
	流通B			广州市兆健投资有限公司 0.38%（流通A股）
	流通H			刘慧梅 0.31%（流通A股）
股东户数	05年末	13830		陈雪芬 0.3%（流通A股）
	04年末	9102		南宁铁路分局茂名站 0.29%（非流通股）
其他流通股东	黄俊 0.259%；董嘉瑜 0.259%；马坚 0.255%；永业公司工会持股会 0.254%；顾玉仪 0.236%；陈铁浩 0.216%			
近年分配			近年募资	

二○○五年以来市场表现	
2005年涨跌幅(%)	－30.78
2005年最高(元)	5.87
2006年涨跌幅(%)	54.39
2006.4.26收盘(元)	5.45
2006年最高(元)	5.46
2006年最低(元)	3.49
2006年换手率(%)	240.97
股改对价	送股 每10股实际获得2股

＊ST仪表（000862）

上市日期:98/09/15　电话:0953－3929057　传真:0953－3929057

主营	工业和民用自动化仪器仪表、医疗器械、环保设备及工程、生物制剂、汽车制控系统配件等的制造和销售。

	年度	2005	2004	2003
主要指标	每股收益/扣除后(元)	0.01	－1.77	－0.12/－0.15
	每股经营现金流量(元)	0.09	－0.25	－0.08
	每股净资产/调整后(元)	0.68/－0.26	0.63/0.45	3.27/3.21
	未分利润(万元)	－56082.13	－54084.15	662.4
	资本公积(万元)	46716.82	46464.14	46464.13
利润构成	主营收入(万元)	34628.79	39175.32	24287.98
	主营利润(万元)	8806.72	7907.36	6864.34
	营业利润(万元)	1315.97	－29157.76	－3869.17
	投资收益(万元)	－1344.51	－5583.82	872.23
	利润总额(万元)	112.37	－42194.42	－2916.74
	净利润(万元)	275.16	－38537.61	－2657
点评	公司已开始涉足风电产业，实力雄厚的宁夏发电集团在整个风电和风机制造产业链的布局已经较为完整，公司未来构筑完整风电产业链的可能性极大。风电产业短、中、长期前景均向好，70%国产化率更是打开了风机制造业的市场空间，未来公司业绩的改善值得期待。			

	截止日期	05年末	占%	主要股东及持股比例%、持股性质
股本结构（万股）	总股本	21834		吴忠仪表集团有限公司 41.88%（国有股）
	国有股	9144	41.88	广州隆怡投资发展有限公司 4.33%（非流通股）
	发起股	990	4.53	孙雪萍 0.42%（流通A股）
	外资股			马国庆 0.26%（流通A股）
	募集股			杨木隶 0.23%（流通A股）
	流通A	11696.49	53.57	机械工业部第十一设计研究院 0.21%（非流通股）
	流通B			何春容 0.19%（流通A股）
	流通H			彭方滨 0.19%（流通A股）
股东户数	05年末	44254		靳涛 0.19%（流通A股）
	04年末	53449		布春菊 0.18%（流通A股）
其他流通股东	鲍亚婷 0.174%；黄效竹 0.16%；王守礼 0.155%			
近年分配			近年募资	

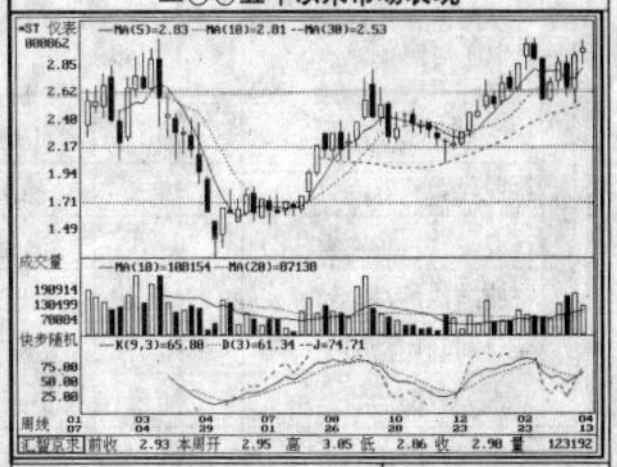

二○○五年以来市场表现	
2005年涨跌幅(%)	－6.13
2005年最高(元)	3.08
2006年涨跌幅(%)	21.63
2006.4.26收盘(元)	2.98
2006年最高(元)	3.07
2006年最低(元)	2.4
2006年换手率(%)	120.01
股改对价	转增 每10股实际获得3.9股

ST 商务（000863）

上市日期:97/09/25　　电话:0755－82900028　　传真:0755－82900046

主营	计算机软、硬件及网络产品的销售、系统集成,商业服务平台(BSP)的运作,电子产品及通讯产品的开发、生产与销售。

	年　度	2005	2004	2003
主要指标	每股收益/扣除后(元)	-3.26	-1.34	0.14/0.12
	每股经营现金流量(元)	-0.23	-2.35	0.51
	每股净资产/调整后(元)	-2.24/-2.3	1.02/0.91	2.36/2.19
	未分利润(万元)	-52181.9	-8013.94	10200.22
	资本公积(万元)	6065.23	6050.76	6050.76
利润构成	主营收入(万元)	22139.87	80175.12	86667.29
	主营利润(万元)	258.23	4281.65	9549
	营业利润(万元)	-43460.43	-15854.11	2123.93
	投资收益(万元)	-91.19	56.8	190.22
	利润总额(万元)	-44310.69	-18263.44	2307.62
	净利润(万元)	-44259.03	-18209.77	1898.1

点评	公司的主营业务为网络产品和软件产品,由于缺乏技术实力和规模效应,主营业务利润率较低,其中网络产品为负毛利率。因公司所处行业竞争激烈的性质和公司目前的经营状况,预计未来难以乐观。

	截止日期	05年末	占%	主要股东及持股比例%、持股性质
股本结构(万股)	总股本	13562.03		沈阳和光集团股分有限公司 28.66%(非流通股)
	国有股	1155	8.52	沈阳中天电子股份有限公司 19.65%(非流通股)
	发起股	8507.03	62.73	海口保税区保顺实业投资有限公司 14.41%(非流通股)
	外资股			长白计算机集团公司 6.55%(国有股)
	募集股			沈阳市建设投资公司 1.97%(国有股)
	流通 A	3900	28.76	尉世鹏 0.77%(流通 A 股)
	流通 B			何建华 0.41%(流通 A 股)
	流通 H			顾振华 0.22%(流通 A 股)
股东户数	05年末	17456		杨伯松 0.19%(流通 A 股)
	04年末	21767		顾鹤富 0.19%(流通 A 股)
其他流通股东	顾佩雯 0.162%;赵子青 0.141%;王建国 0.101%;罗厚莲 0.098%;顾凤生 0.097%			
近年分配		近年募资		

二〇〇五年以来市场表现

2005年涨跌幅(%)	-60.79
2005年最高(元)	5.01
2006年涨跌幅(%)	-18.54
2006.4.26收盘(元)	1.45
2006年最高(元)	1.9
2006年最低(元)	1.4
2006年换手率(%)	119.6
股改对价	

安凯客车（000868）

上市日期:97/07/25　　电话:0551－4844712　　传真:0551－4844888

主营	"ANKAI 牌"系列高档大型客车和客车底盘的生产和销售

	年　度	2005	2004	2003
主要指标	每股收益/扣除后(元)	0.071/0.067	0.046/0.023	0.09/0.088
	每股经营现金流量(元)	0.23	0.55	0.93
	每股净资产/调整后(元)	2.98/2.92	2.94/2.83	2.88/2.68
	未分利润(万元)	1564.42	281.85	-670.91
	资本公积(万元)	41662.67	41612.64	41156.64
利润构成	主营收入(万元)	105454.17	91526.08	73251.99
	主营利润(万元)	13373.89	8969.86	10273.06
	营业利润(万元)	661.28	-486.98	1640.8
	投资收益(万元)	393.51	753.58	42.88
	利润总额(万元)	783.84	650.43	1702.2
	净利润(万元)	1564.11	1014.64	1987.6

点评	公司通过引进、消化、吸收德国塞特拉 S315HD 豪华大客车生产技术,开发和生产安凯牌高中档系列豪华客车、城市公交客车及旅游环保客车。由于豪华客车市场相对狭小,而客车行业的"马太效应"越加强化,因此公司后续经营面临较大的压力。

	截止日期	05年末	占%	主要股东及持股比例%、持股性质
股本结构(万股)	总股本	22100		安徽江淮汽车集团有限公司 28.12%(国有股)
	国有股	11960	54.12	安徽省投资集团有限责任公司 26%(国有股)
	发起股			申万巴黎盛利精选基金 2.45%(流通 A 股)
	外资股			中信证券 0.29%(流通 A 股)
	募集股			申万巴黎盛利强化基金 0.28%(流通 A 股)
	流通 A	10140	45.88	黄萍 0.11%(流通 A 股)
	流通 B			李文路 0.1%(流通 A 股)
	流通 H			霍森 0.09%(流通 A 股)
股东户数	05年末	31713		宇光 0.08%(流通 A 股)
	04年末	33808		杨国辉 0.08%(流通 A 股)
其他流通股东	王惠兰 0.079%;郭燕霖 0.077%			
近年分配	05 预案:10 派 0.6	近年募资		

二〇〇五年以来市场表现

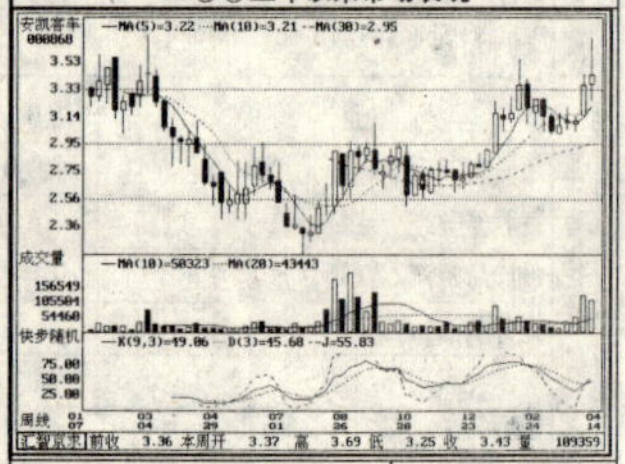

2005年涨跌幅(%)	-16.77
2005年最高(元)	3.72
2006年涨跌幅(%)	23.38
2006.4.26收盘(元)	3.43
2006年最高(元)	3.69
2006年最低(元)	2.78
2006年换手率(%)	69.11
股改对价	转增 每 10 股实际获得 4.5769 股

G 张裕（000869/200869）

上市日期:A: 00/10/26 B: 97/09/23　电话:0535－6633658　　传真:0535－6633639

主营	以葡萄为原料的葡萄酒、白兰地、香槟酒和保健酒的酿制、生产与销售。

	年　度	2005	2004	2003
主要指标	每股收益/扣除后(元)	0.77/0.77	0.5	0.48/0.49
	每股经营现金流量(元)	0.8	0.56	1.12
	每股净资产/调整后(元)	4.56/4.56	4.29/4.29	5.02/5.02
	未分利润(万元)	51371.11	46661.54	33451.32
	资本公积(万元)	67890.25	67890.25	77250.25
利润构成	主营收入(万元)	180437.59	133843.38	113263.67
	主营利润(万元)	105571.88	74595.52	56541.13
	营业利润(万元)	44399.16	32029.7	24857.17
	投资收益(万元)	78.3	371.7	236.26
	利润总额(万元)	44342.71	31718.76	24122.22
	净利润(万元)	31236.96	20412.78	15125.38

点评	公司产品结构优化,不断提高中高档葡萄酒比重,具备较强转嫁成本的能力。在葡萄收购成本上升的情况下,2005 年净利润增长 53%。同时,公司进行渠道创新,降低营销成本。公司盈利将维持高速的增长。

	截止日期	05年末	占%	主要股东及持股比例%、持股性质
股本结构(万股)	总股本	40560		烟台张裕集团有限公司 53.85%(非流通股)
	国有股			GUOTAI JUNAN SECURIES HONG KONG LIMITED 2.49%(流通 B 股)
	发起股			FIDELITY INVESTMENT FUNDS ICVC－FIDELITY SPECIAL SITUATIONS F 1.84%(流通 B 股)
	外资股			HSBC CHINA MOMENTUM FUND 1.42%(流通 B 股)
	募集股	21840	53.85	西部证券股份有限公司 1.31%(流通 A 股)
	流通 A	4992	12.31	GT PRC FUND 1.27%(流通 B 股)
	流通 B	13728	33.85	HTHK/CMG FSGUFP － CMG FIRST STATE CHINA GROWTH FD 1.08%(流通 B 股)
	流通 H			BBH BOS S/A FIDELITY FD－CHINA FOCUS FD 0.98%(流通 B 股)
股东户数	05年末	12174		DRAGON BILLION CHINA FUND 0.96%(流通 B 股)
	04年末	22546		国投瑞银景气行业证券投资基金 0.88%(流通 A 股)
其他流通股东	华夏回报证券投资基金 0.834%			
近年分配	05 预案:10 派 7 转增 3;04 年:10 派 5;03 年:10 派 1 转增 3	近年募资		

二〇〇五年以来市场表现

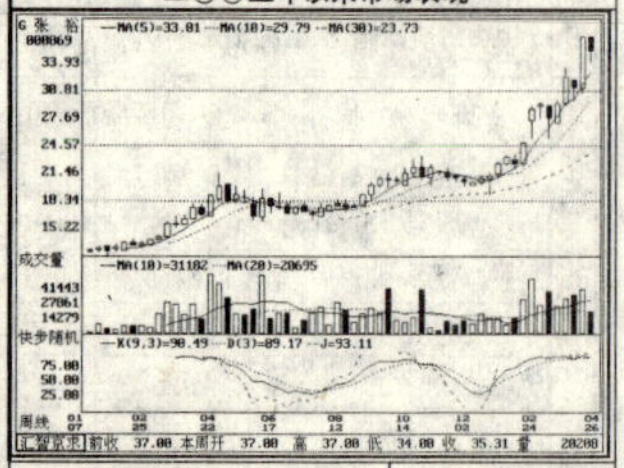

2005年涨跌幅(%)	79.28
2005年最高(元)	23.8
2006年涨跌幅(%)	101.5
2006.4.26收盘(元)	35.31
2006年最高(元)	47.42
2006年最低(元)	22
2006年换手率(%)	55.63
股改对价	送股 每 10 股实际获得 2.8 股(06/03/21)

吉电股份（000875）

上市日期:02/09/26　电话:0431－5603250　传真:0431－5603250

主营	电力产品生产、上网销售			
主要指标	年　　度	2005	2004	2003
	每股收益/扣除后(元)	-0.203/-0.208	0.124	0.12/0.113
	每股经营现金流量(元)	0.12	0.37	0.09
	每股净资产/调整后(元)	3.58/3.57	3.88/3.67	3.85/3.63
	未分利润(万元)	-4785.16	14309.57	13985.18
	资本公积(万元)	158061.45	157885.72	158067.39
利润构成	主营收入(万元)	120940.31	117431.47	107036.43
	主营利润(万元)	-16508.6	6889.81	9009.04
	营业利润(万元)	-18882.32	4149.01	6531.08
	投资收益(万元)	5862.82	4645.47	1734.96
	利润总额(万元)	-12794.73	8587.4	8274.32
	净利润(万元)	-12794.73	7793.4	7246.68
点评	中电入主公司解决了原有部分股权质押带来的风险,更重要的是将部分不良资产置换为可产生利息收益的债权,短期内经营业绩极有可能快速提升。集团未来将投建核电、火电、风电和油母页岩的开发与利用,无论将哪个注入公司,都将引发股价的革命性飞跃。			

	截止日期	05年末	占%	主要股东及持股比例%、持股性质
股本结构（万股）	总股本	63000		吉林省能源交通总公司 18.73%（国有股）
	国有股	11800.5	18.73	招商银行股份有限公司－招商股票投资基金 1.54%（流通A股）
	发起股	1000	1.59	全国社保基金一一零组合 1.06%（流通A股）
	外资股			浙江绍兴华宇印染纺织有限公司 0.89%（流通A股）
	募集股	499.5	0.79	吉林省信托投资有限责任公司 0.63%（非流通股）
	流通A	38000	60.32	吉林华能发电公司 0.48%（非流通股）
	流通B			长春海通物业管理中心 0.48%（非流通股）
	流通H			安徽华茂纺织股份有限公司 0.34%（流通A股）
股东户数	05年末	156291		中国工商银行－融通深证100指数证券投资基金 0.2%（流通A股）
	04年末	176163		长春市天驰经贸有限公司 0.2%（非流通股）
其他流通股东	招商银行股份有限公司－招商平衡型证券投资基金 0.175%；中国银行－大成蓝筹稳健证券投资基金 0.162%			
近年分配	04年:10派1；03年:10派1		近年募资	

二〇〇五年以来市场表现

2005年涨跌幅(%)	-32.12
2005年最高(元)	3.99
2006年涨跌幅(%)	10.71
2006.4.26收盘(元)	2.79
2006年最高(元)	3
2006年最低(元)	2.49
2006年换手率(%)	120.31
股改对价	

G新希望（000876）

上市日期:98/03/11　电话:(028)82870869　传真:(028)86673344

主营	生产、销售饲料、乳业及其上下游产品;金融投资;高科技领域投资。			
主要指标	年　　度	2005	2004	2003
	每股收益/扣除后(元)	0.574/0.588	0.443/0.476	0.39/0.385
	每股经营现金流量(元)	0.85	0.68	-0.15
	每股净资产/调整后(元)	5.64/5.57	5.01/4.91	4.38/4.28
	未分利润(万元)	48151.89	35145.79	25584.53
	资本公积(万元)	79042.45	77380.49	71254.02
利润构成	主营收入(万元)	309815.56	264352.27	198595.64
	主营利润(万元)	51136.94	41421.12	32972.64
	营业利润(万元)	10057.91	7830.65	6656.33
	投资收益(万元)	17354.8	14034.58	10100.45
	利润总额(万元)	25888.11	21658.31	17085.32
	净利润(万元)	18089.06	13970.2	12434.85
点评	公司业务有饲料、乳业、化工、金融投资,是饲料子行业的骨干企业。05年通过调整产品结构,深度开发市场,克服"猪链球菌病"、"禽流感"疫情等不利因素,保证了业绩增长,体现了抗市场风险能力。其为民生银行的大股东,民生银行对利润的贡献达63%。			

	截止日期	05年末	占%	主要股东及持股比例%、持股性质
股本结构（万股）	总股本	31529.23		四川新希望集团有限公司 53.61%（非流通股）
	国有股			成都美好房屋开发有限公司 9.8%（非流通股）
	发起股	21129.23	67.01	成都希望大陆实业有限公司 2.94%（非流通股）
	外资股			中国工商银行－诺安平衡证券投资基金 1.32%（流通A股）
	募集股			中国工商银行－诺安股票证券投资基金 0.78%（流通A股）
	流通A	10400	32.99	中国银行－同盛证券投资基金 0.65%（流通A股）
	流通B			中国工商银行－普丰证券投资基金 0.38%（流通A股）
	流通H			同德证券投资基金 0.35%（流通A股）
股东户数	05年末	22489		成都好吃街餐饮娱乐有限公司 0.34%（非流通股）
	04年末	24051		成都和普饲料贸易有限公司 0.34%（非流通股）
其他流通股东	海南英农实业有限公司 0.311%；张沂 0.276%；池州市柯克投资有限公司 0.273%；张荣华 0.196%；白时会 0.194%			
近年分配	05预案:10派0.6送5转增5		近年募资	

二〇〇五年以来市场表现

2005年涨跌幅(%)	19.09
2005年最高(元)	8.75
2006年涨跌幅(%)	45.31
2006.4.26收盘(元)	7.88
2006年最高(元)	10.73
2006年最低(元)	7.38
2006年换手率(%)	156.96
股改对价	送股 每10股实际获得3股(06/02/07)

天山股份（000877）

上市日期:99/01/07　电话:0991－6686790　传真:0991－6686782

主营	水泥产品的开发、研制、生产、销售及相关的技术服务。			
主要指标	年　　度	2005	2004	2003
	每股收益/扣除后(元)	0.04/0.033	-1.33/-1.298	0.58/0.58
	每股经营现金流量(元)	1.53	1.31	1.03
	每股净资产/调整后(元)	2.58/2.45	2.55/2.41	5.38/5.25
	未分利润(万元)	-5664.96	-17748.82	21282.26
	资本公积(万元)	31900.92	37924.32	41311.65
利润构成	主营收入(万元)	182955.93	176627.38	145490.63
	主营利润(万元)	37996.36	40978.68	41079.52
	营业利润(万元)	-6547.87	-4772.71	5187.94
	投资收益(万元)	1479.88	-28963.56	1228.41
	利润总额(万元)	4462.42	-23993.8	15763.46
	净利润(万元)	914.5	-27698.88	10114.33
点评	公司是新疆地区最大的水泥生产企业之一,在全行业盈利能力下降的背景下,2005年公司净利润同比增长103.3%。随着供求关系的逐渐改善以及生产成本的小幅下降,水泥行业有望逐渐走出低谷,公司业绩有望进一步改善。			

	截止日期	05年末	占%	主要股东及持股比例%、持股性质
股本结构（万股）	总股本	20802.24		中国非金属材料总公司 29.42%（国有股）
	国有股	11226.24	53.97	新疆天山建材(集团)有限责任公司 20.09%（国有股）
	发起股	216	1.04	新疆石油管理局 2.08%（国有股）
	外资股			新疆对外贸易(集团)有限责任公司 1.04%（非流通股）
	募集股			新疆金融租赁有限公司 1.04%（非流通股）
	流通A	9360	45	中国建筑材料西北公司 0.69%（国有股）
	流通B			新疆天山水泥制品有限责任公司 0.65%（国有股）
	流通H			潘元庆 0.4%（流通A股）
股东户数	05年末	22323		北京海玉兴业咨询服务有限公司 0.34%（流通A股）
	04年末	25907		戴令军 0.23%（流通A股）
其他流通股东	周安邦 0.174%；刘庆红 0.173%；周顺华 0.166%；任常进 0.148%；王红 0.139%；韩天梧 0.138%；虞和惕 0.137%			
近年分配	03年:10派0.5转增2		近年募资	

二〇〇五年以来市场表现

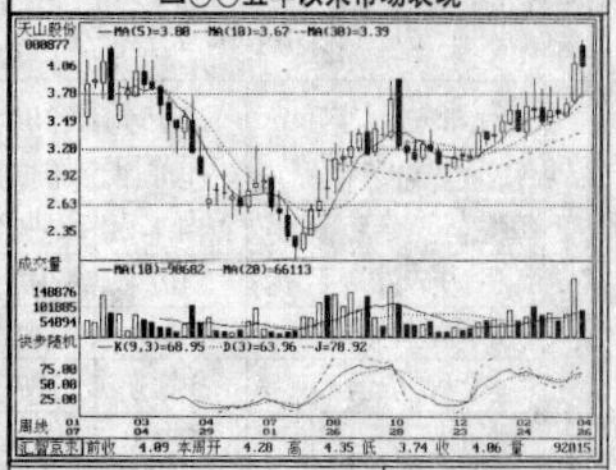

2005年涨跌幅(%)	-12.89
2005年最高(元)	4.28
2006年涨跌幅(%)	30.55
2006.4.26收盘(元)	4.06
2006年最高(元)	4.35
2006年最低(元)	3.1
2006年换手率(%)	120.68
股改对价	送股 每10股实际获得3.2股

G 云铜（000878）

上市日期:98/06/02　　电话:0871－3106735　　传真:0871－3106735

主营	电解铜、铜线杆及黄金、白银、硫酸产品的生产和销售

	年　度	2005	2004	2003
主要指标	每股收益/扣除后(元)	0.618/0.63	0.3/0.305	0.12/0.13
	每股经营现金流量(元)	1.953	-1.26	0.442
	每股净资产/调整后(元)	3.15/3.15	2.64/2.62	2.44/2.42
	未分利润(万元)	51794.35	20500.64	788.3
	资本公积(万元)	95735.38	95735.38	95636.87
利润构成	主营收入(万元)	1340358.23	719384.6	409128.8
	主营利润(万元)	113754.72	61804.06	35707.53
	营业利润(万元)	61296.71	25888.21	12176.54
	投资收益(万元)	3202.74	367.96	100.84
	利润总额(万元)	58632.95	25629.37	12181.84
	净利润(万元)	49362.51	23939.09	9942.59

点评：公司主要产品的市场占有率达到12%，位居中国铜工业第三强，名列全球铜业前20强。铜价的连续上涨，使得公司经营业绩大幅提升。根据公司规划，到2010年公司的工业总产值将达到205亿元，进入世界铜工业前十强。

股本结构（万股）	05年末	占%	主要股东及持股比例%、持股性质
截止日期			
总股本	79868.88		云南铜业(集团)有限公司 64.84%（国有股）
国有股	51788.88	64.84	中国建设银行—博时裕富证券投资基金 0.19%（流通A股）
发起股			中国工商银行—融通深证100指数证券投资基金 0.11%（流通A股）
外资股			中国人寿保险股份有限公司—传统—普通保险产品－005L－CT001深 0.07%（流通A股）
募集股			招商银行股份有限公司—长城久泰中信标普300指数证券投资基金 0.06%（流通A股）
流通A	28072.28	35.15	华宝信托投资有限责任公司—宝祥有价证券组合投资信托 0.05%（流通A股）
流通B			中国银行—嘉实沪深300指数证券投资基金 0.05%（流通A股）
流通H			宋文 0.05%（流通A股）
股东户数 05年末	123682		何学全 0.05%（流通A股）
股东户数 04年末	132614		于彩红 0.05%（流通A股）
其他流通股东	吕解放 0.048%		
近年分配	05预案:10派2.5；04年:10派1；03年:10派1	近年募资	

二〇〇五年以来市场表现

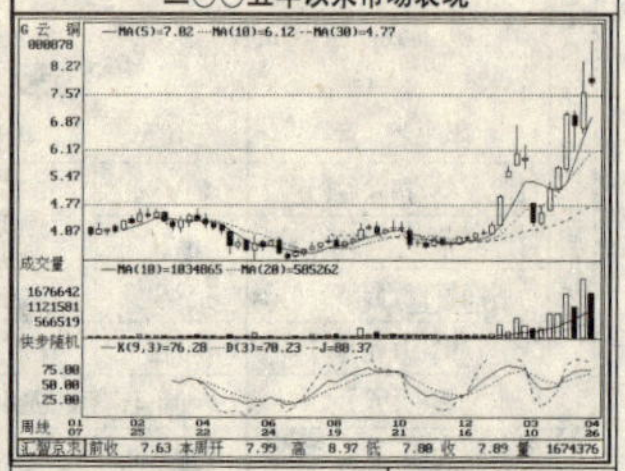

2005年涨跌幅(%)	-1.2
2005年最高(元)	4.66
2006年涨跌幅(%)	154.52
2006.4.26收盘(元)	7.89
2006年最高(元)	11.66
2006年最低(元)	4.03
2006年换手率(%)	321.94
股改对价	送股 每10股实际获得3股(06/03/06)

*ST巨力（000880）

上市日期:98/04/02　　电话:0536—8185696　　传真:0536－8185818

主营	农用三轮运输车，农用四轮运输车，汽车配件，三轮汽油摩托车的生产与销售。

	年　度	2005	2004	2003
主要指标	每股收益/扣除后(元)	-1.07/-1	-0.77	-0.35/-0.16
	每股经营现金流量(元)	-0.03	-0.2	-0.32
	每股净资产/调整后(元)	-0.07/-0.13	1.01/1.01	1.78/1.78
	未分利润(万元)	-60651.6	-30985.62	-9658.69
	资本公积(万元)	28066.25	28066.25	28066.25
利润构成	主营收入(万元)	86.69	90690.39	156019.47
	主营利润(万元)	-49.2	-4321.06	7021.69
	营业利润(万元)	-16730.76	-14729.47	-3422.12
	投资收益(万元)	-9478.42	-4593.16	-939.83
	利润总额(万元)	-29665.97	-21377.39	-9722.22
	净利润(万元)	-29665.97	-21326.94	-9713.22

点评：公司曾是国内农用运输车的龙头企业，但随着轻卡的强势介入，以及国家相关政策的变化，农用运输车面临淘汰的竞争压力，企业经营也是每况愈下，并出现了连续三年的亏损，企业面临退市的风险。如果结合股改进行资产重组，也是一种方法，但不确定性较大。

股本结构（万股）	05年末	占%	主要股东及持股比例%、持股性质
截止日期			
总股本	27610.05		北京盛邦投资有限公司 28.98%（非流通股）
国有股	1881.6	6.81	潍坊巨力机械总厂 16.35%（非流通股）
发起股	12514.95	45.33	潍城区国有资产管理局 6.82%（国有股）
外资股			戴令军 0.71%（流通A股）
募集股			朱桐 0.37%（流通A股）
流通A	13213.5	47.86	深圳市友邦投资发展有限公司 0.37%（流通A股）
流通B			昆明国际商贸交易中心有限公司 0.33%（流通A股）
流通H			陆彩和 0.33%（流通A股）
股东户数 05年末	36304		姜宇 0.28%（流通A股）
股东户数 04年末	53312		宋尖兵 0.23%（流通A股）
其他流通股东	陈方旗 0.213%；曹桂芳 0.209%；薛文君 0.203%		
近年分配		近年募资	

二〇〇五年以来市场表现

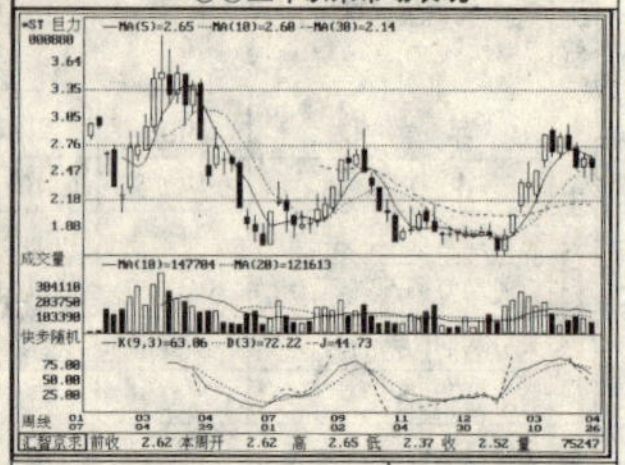

2005年涨跌幅(%)	-37.28
2005年最高(元)	3.93
2006年涨跌幅(%)	40
2006.4.26收盘(元)	2.52
2006年最高(元)	2.98
2006年最低(元)	1.59
2006年换手率(%)	166.27
股改对价	

G 国际（000881）

上市日期:98/09/02　　电话:0411－3780066　　传真:0411－3780186

主营	国内外工程承包、国际劳务技术合作、远洋运输、远洋捕捞、进出口贸易、国内外投资等业务。

	年　度	2005	2004	2003
主要指标	每股收益/扣除后(元)	0.15/0.13	0.12/0.1	0.07/0.06
	每股经营现金流量(元)	1.9	-0.6	-0.06
	每股净资产/调整后(元)	2.44/2.4	2.4/2.37	2.35/2.31
	未分利润(万元)	8953.98	9482.12	7329.86
	资本公积(万元)	25369.59	25369.59	25369.59
利润构成	主营收入(万元)	173333.32	174996.24	122142.43
	主营利润(万元)	26090.89	24500.53	19209.92
	营业利润(万元)	5714.62	3567.02	2287.56
	投资收益(万元)	30.2	-399.67	-123.32
	利润总额(万元)	6222.25	3722.98	2343.69
	净利润(万元)	4527.95	3649.63	2200.68

点评：公司主营业务包括国内外工程承包、国际劳务合作、房地产、进出口贸易、海上运输、远洋渔业和实业投资等，显得较为杂乱。同时各业务间关联程度也较低，增加了管理难度，缺乏核心竞争力。

股本结构（万股）	05年末	占%	主要股东及持股比例%、持股性质
截止日期			
总股本	30891.84		中国大连国际经济技术合作集团有限公司 17.82%（国有股）
国有股	5503.92	17.82	大连瀚盛投资有限公司 2.64%（非流通股）
发起股	5174.16	16.75	大连俪友投资有限公司 2.39%（非流通股）
外资股			辽宁东方证券公司 2.01%（流通A股）
募集股			大连铁道有限责任公司 1.98%（非流通股）
流通A	20176.36	65.31	大连万益股份有限公司 1.32%（非流通股）
流通B			大连市总工会劳动服务公司 1.32%（非流通股）
流通H			上海邦联科技实业有限公司 1.21%（非流通股）
股东户数 05年末	57015		上海申楚实业投资有限公司 0.93%（非流通股）
股东户数 04年末	58117		大连秸宝科技发展有限公司 0.93%（非流通股）
其他流通股东	许国政 0.307%；金基善 0.285%；江雪芳 0.212%；邱洪金 0.18%；贾佳 0.179%；崔淑英 0.178%；李宏涛 0.177%		
近年分配	05预案:10派0.5；04年:10派1	近年募资	

二〇〇五年以来市场表现

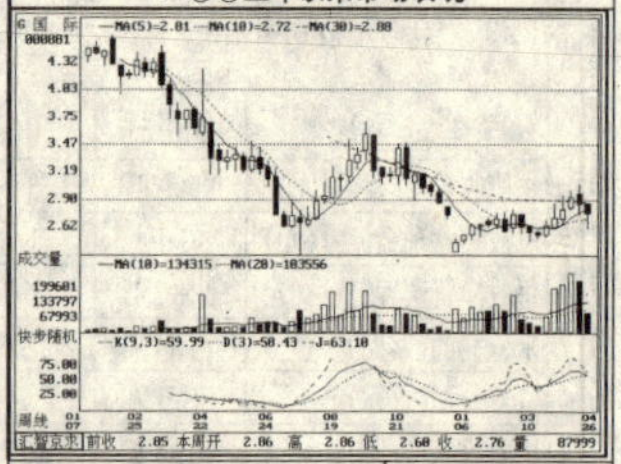

2005年涨跌幅(%)	-26
2005年最高(元)	4.6
2006年涨跌幅(%)	12.2
2006.4.26收盘(元)	2.76
2006年最高(元)	3.06
2006年最低(元)	2.45
2006年换手率(%)	95.13
股改对价	送股 每10股实际获得2.8股(05/12/27)

华联股份（000882）

上市日期:98/06/16　　电话:010－68341188　　传真:010－68365030

主营：商用高新技术的开发和应用、商品批发、零售、进出口贸易、联营贸易、仓储、配送、旅游、餐饮、娱乐服务业。

	年度	2005	2004	2003
主要指标	每股收益/扣除后(元)	0.04/0.04	0.046/0.04	-0.09/-0.25
	每股经营现金流量(元)	1.43	0.45	0.79
	每股净资产/调整后(元)	1.91/1.81	1.87/1.76	1.83/1.73
	未分利润(万元)	5629.51	4932.53	4023.79
	资本公积(万元)	14150.98	14227.46	14227.46
利润构成	主营收入(万元)	117240.05	125497.9	111011.21
	主营利润(万元)	17018.99	16092.98	16700.86
	营业利润(万元)	1298.63	792.66	-6641.67
	投资收益(万元)	1924	1352.74	3565.78
	利润总额(万元)	3049.13	2403.55	-3004.95
	净利润(万元)	1040.51	1147.25	-2357.53

点评：公司所在的百货零售业，面对的市场竞争越来越激烈。投资百货店往往开办费用较大，一次性进入成本，且需要一定的培育期，因此增收不增利。关键是提高管理能力，增强现有门店的盈利能力。公司持有华联综超15.31%的股份。

	截止日期	05年末	占%	主要股东及持股比例%、持股性质
股本结构（万股）	总股本	24920		北京中商华通科贸有限公司 29.08%（非流通股）
	国有股	8482.06	34.04	北京世纪国光科贸有限公司 23.66%（非流通股）
	发起股			北京华联集团投资控股有限公司 21.98%（非流通股）
	外资股			李新 0.16%（流通A股）
	募集股	10137.94	40.68	付军 0.12%（流通A股）
	流通A	6300	25.28	胡晓玉 0.1%（流通A股）
	流通B			左宏 0.1%（流通A股）
	流通H			贾晓天 0.09%（流通A股）
股东户数	05年末	19274		顾国文 0.09%（流通A股）
	04年末	18035		罗国银 0.09%（流通A股）

其他流通股东：袁政 0.077%；李彦芬 0.077%；王晏 0.077%

近年分配：　　**近年募资**：

二〇〇五年以来市场表现

2005年涨跌幅(%)	-16.67
2005年最高(元)	4.37
2006年涨跌幅(%)	23.28
2006.4.26收盘(元)	4.13
2006年最高(元)	4.63
2006年最低(元)	3.28
2006年换手率(%)	283.25
股改对价	

三环股份（000883）

上市日期:98/05/19　　电话:027－87273368　　传真:027－87271902

主营：内燃机进排气门、气门座圈、汽车前桥及汽车配件制造销售；汽车改装；机械设备及配件制造与维修；计算机网络开发与应用。

	年度	2005	2004	2003
主要指标	每股收益/扣除后(元)	0.06/0.02	0.07/0.05	0.06/0.05
	每股经营现金流量(元)	-0.32	0.83	0.16
	每股净资产/调整后(元)	3.1/3.05	3.04/2.96	2.97/2.9
	未分利润(万元)	22053.26	20644.41	19072.59
	资本公积(万元)	24272.82	24271.96	24271.96
利润构成	主营收入(万元)	156792.98	185909.94	129106.82
	主营利润(万元)	18294.27	20749.31	18677.04
	营业利润(万元)	1548.19	1361.47	1705.22
	投资收益(万元)	-31.27	5.29	0.22
	利润总额(万元)	2321.35	2241.25	1988.59
	净利润(万元)	1754.34	1964.77	1637.03

点评：公司主营为专用汽车、汽车气门、汽车前轴、车桥转向节及锻压机床系列。05年受载货汽车及零部件需求持续低迷，要素价格居高不下的影响，公司经营出现了下降。面对紧缩的国内市场环境，公司拟加大新产品开发及出口力度，以实现经营的相对稳定发展。

	截止日期	05年末	占%	主要股东及持股比例%、持股性质
股本结构（万股）	总股本	28538.77		三环集团公司 44.03%（国有股）
	国有股			武汉钢铁(集团)公司 2.28%（非流通股）
	发起股	13152.41	46.09	东风汽车公司 2.05%（国有股）
	外资股			十堰市财务开发总公司 1.2%（非流通股）
	募集股	2608.76	9.14	麻城市地方投资(控股)公司 1.11%（非流通股）
	流通A	12767.19	44.74	湖北美尔雅纺织服装实业(集团)公司 0.95%（非流通股）
	流通B			襄阳汽车轴承股份有限公司 0.56%（非流通股）
	流通H			武汉太光通讯设备有限公司 0.56%（非流通股）
股东户数	05年末	37273		黄冈市金潮物贸总公司 0.31%（非流通股）
	04年末	40363		刘光明 0.24%（流通A股）

其他流通股东：张标 0.219%；李道林 0.218%；邱红 0.216%；王小平 0.211%；王利得 0.191%；景雅静 0.19%；刘一夫 0.183%

近年分配：　　**近年募资**：

二〇〇五年以来市场表现

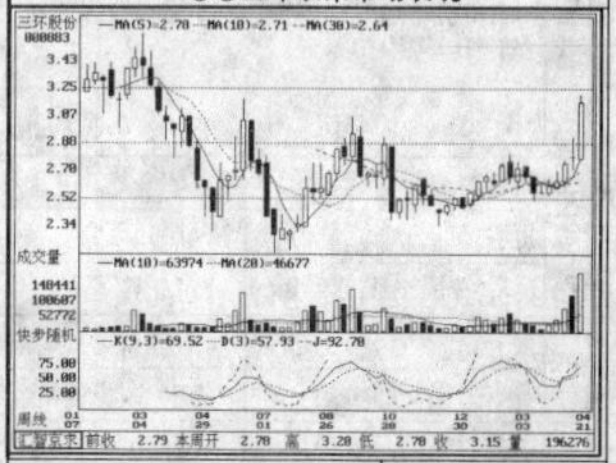

2005年涨跌幅(%)	-27
2005年最高(元)	3.61
2006年涨跌幅(%)	28.05
2006.4.26收盘(元)	3.15
2006年最高(元)	3.2
2006年最低(元)	2.46
2006年换手率(%)	65.39
股改对价	送股 每10股实际获得3股

ST春都（000885）

上市日期:99/03/19　　电话:0379－2312922　　传真:0379－2312922

主营：猪、牛、鸡等农副产品的深加工生产与销售，并延伸其上游的食品包装薄膜的生产与加工。

	年度	2005	2004	2003
主要指标	每股收益/扣除后(元)	-0.328/-0.328	-0.521	0.16/-0.192
	每股经营现金流量(元)	0.087	-0.2007	0.2
	每股净资产/调整后(元)	0.27/0.24	0.6/0.41	1.12/0.98
	未分利润(万元)	-57081.4	-51833.17	-43496.61
	资本公积(万元)	44251.18	44221.66	44169.62
利润构成	主营收入(万元)	10114.34	12946.11	16782.37
	主营利润(万元)	13.3	804.75	1428.16
	营业利润(万元)	-4932.9	-7652.87	813.04
	投资收益(万元)	-765.64	-1420.56	1285.35
	利润总额(万元)	-5293.5	-8331.17	2490.76
	净利润(万元)	-5248.23	-8336.55	2508.56

点评：春都曾是全国食品行业的领军企业，但由于投资战略失误、管理不善等问题，企业滑向亏损深渊。公司毛利率低的产品所占比重较高，盈利能力低；高档产品还出于培育阶段。公司正在进行资产重组，控股股东河南建投将用下属水泥资产与公司食品资产进行置换。

	截止日期	05年末	占%	主要股东及持股比例%、持股性质
股本结构（万股）	总股本	16000		河南省建设投资总公司 20.87%（国有股）
	国有股	7000	43.75	郑州华美科技有限公司 18.75%（非流通股）
	发起股	3000	18.75	洛阳市建设投资有限公司 18.75%（国有股）
	外资股			中航公关广告公司 4.13%（国有股）
	募集股			郭香 1.77%（流通A股）
	流通A	6000	37.5	蔡斌泉 0.63%（流通A股）
	流通B			李洁 0.61%（流通A股）
	流通H			李贵云 0.54%（流通A股）
股东户数	05年末	10018		铁鹰 0.51%（流通A股）
	04年末	11327		冯昌怀 0.46%（流通A股）

其他流通股东：北京创科投资管理有限公司 0.375%；司欣茹 0.312%；上海伊天科技信息有限公司 0.284%；李桂军 0.277%

近年分配：　　**近年募资**：

二〇〇五年以来市场表现

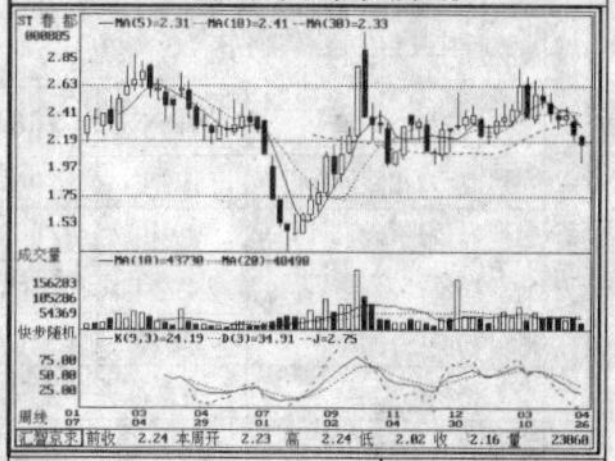

2005年涨跌幅(%)	1.76
2005年最高(元)	3.07
2006年涨跌幅(%)	-6.49
2006.4.26收盘(元)	2.16
2006年最高(元)	2.77
2006年最低(元)	2.02
2006年换手率(%)	117.88
股改对价	

海南高速（000886）

上市日期:98/01/23　　电话:0898－66701555　　传真:0898－66790647

主营	高速公路的建设与管理;房地产的开发、销售及物业管理;旅游服务业的综合开发;计算机工程和信息服务等。

	年　　度	2005	2004	2003
主要指标	每股收益/扣除后(元)	0.016/0.015	0.01/0.01	-0.06/-0.058
	每股经营现金流量(元)	0.086	0.139	0.002
	每股净资产/调整后(元)	2.24/2.06	2.25/2.06	2.27/2.27
	未分利润(万元)	13103.69	11582.34	10852.26
	资本公积(万元)	94393.02	94393.02	94393.02
利润构成	主营收入(万元)	28033.69	32528.69	22751.85
	主营利润(万元)	9628.33	10361.83	8092.78
	营业利润(万元)	-137.35	-1841.58	-7568.34
	投资收益(万元)	-185.64	67.76	-2407.38
	利润总额(万元)	-297.96	-2346.18	-9917.38
	净利润(万元)	1553.6	978.83	-5608.35

点评	公司投资建设的海南东线高速公路已全部竣工通车,在保证高速公路投资补偿收入的情况下,公司正积极寻找新的投资项目,逐步形成交通、港口和房地产、旅游等产业相互依存、共同发展的良好局面。同时,公司目前正在就债务问题与海南省交通厅进行重组。

	截止日期	05年末	占%	主要股东及持股比例%、持股性质
股本结构(万股)	总股本	98882.83		海南金城国有资产经营管理有限责任公司 23.62%（国有股）
	国有股	23362.12	23.63	中国信达资产管理公司 5.48%（国有股）
	发起股	10469.97	10.59	中国银行股份有限公司海南省分行 5.02%（非流通股）
	外资股			海南华控实业投资有限公司 1.13%（非流通股）
	募集股	40269.5	40.72	中国工商银行青岛分行 0.87%（非流通股）
	流通A	24781.24	25.06	上海英博企业发展有限公司 0.65%（非流通股）
	流通B			上海华中实业(集团)有限公司 0.51%（非流通股）
	流通H			海南达四方实业有限公司 0.46%（非流通股）
股东户数	05年末	108796		海南省交通服务公司 0.46%（非流通股）
	04年末	114727		郑美权 0.45%（非流通股）
其他流通股东	张洁 0.048%;林希平 0.041%;中国银行—嘉实沪深300指数证券投资基金 0.04%;陈玉平 0.04%;梁家明 0.039%			
近年分配		近年募资		

二○○五年以来市场表现

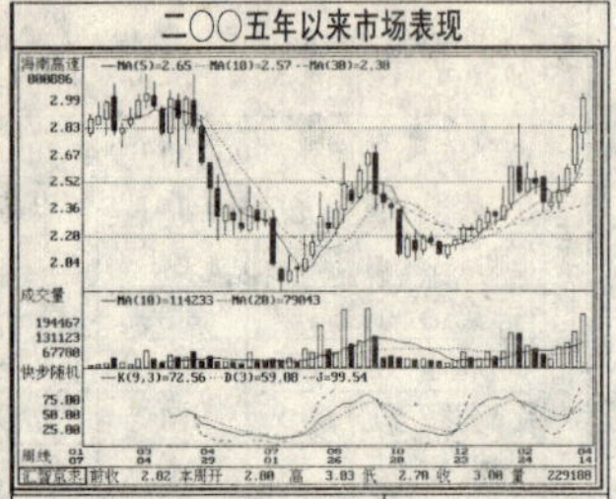

2005年涨跌幅(%)	-20.92
2005年最高(元)	3.15
2006年涨跌幅(%)	34.53
2006.4.26收盘(元)	3
2006年最高(元)	3.03
2006年最低(元)	2.18
2006年换手率(%)	55.06
股改对价	送股 每10股实际获得3.3股

*ST飞彩（000887）

上市日期:98/12/03　　电话:0563－2612718　　传真:0563－2612568

主营	农用机动运输车、链条、汽车覆盖件及其配件制造、销售;汽车、挂车、农机修理。

	年　　度	2005	2004	2003
主要指标	每股收益/扣除后(元)	0.024/-0.42	-1.08/-1.08	0.046/0.042
	每股经营现金流量(元)	0.19	-1	-0.4917
	每股净资产/调整后(元)	1.07/0.97	-0.25/-0.4	2.6/2.49
	未分利润(万元)	-76851.81	-77606.6	7673.77
	资本公积(万元)	75410.86	36322.66	36322.66
利润构成	主营收入(万元)	5374.58	30215	76971.3
	主营利润(万元)	-549.34	-4533.17	9357.39
	营业利润(万元)	-12394.18	-33131.56	2226.41
	投资收益(万元)		-205.58	10.59
	利润总额(万元)	-198.72	-33231.29	2375.59
	净利润(万元)	732.78	-32606.5	1388.54

点评	公司主营农用运输车。05年公司改选了公司管理人员,并通过债务重组、资产重组等方式,解决了资产冻结、集团占款等问题,实现了公司的正常经营。同时通过政府补贴等方式,实现了扭亏。但面对行业的不景气,公司持续经营仍面临较大的压力。

	截止日期	05年末	占%	主要股东及持股比例%、持股性质
股本结构(万股)	总股本	30100		安徽飞彩(集团)有限公司 69.77%（国有股）
	国有股	21000	69.77	深圳市德强贸易发展有限公司 0.5%（流通A股）
	发起股			马英华 0.3%（流通A股）
	外资股			林晖 0.25%（流通A股）
	募集股			钟剑英 0.23%（流通A股）
	流通A	9100	30.23	王京昌 0.18%（流通A股）
	流通B			赵向明 0.17%（流通A股）
	流通H			张礼发 0.16%（流通A股）
股东户数	05年末	31025		于明 0.14%（流通A股）
	04年末	37869		许如根 0.14%（流通A股）
其他流通股东	虞正君 0.125%			
近年分配		近年募资		

二○○五年以来市场表现

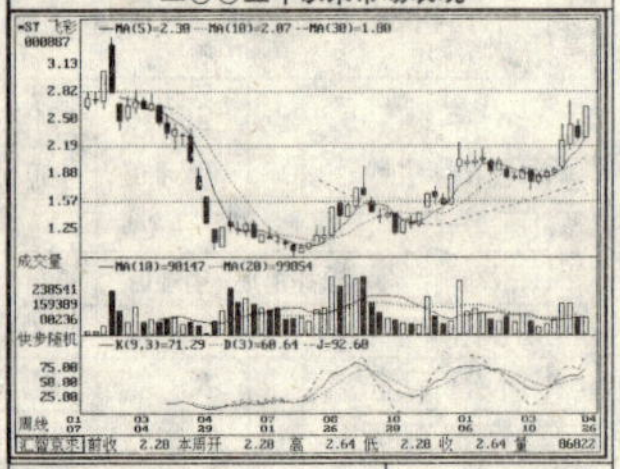

2005年涨跌幅(%)	-23.68
2005年最高(元)	3.44
2006年涨跌幅(%)	30.05
2006.4.26收盘(元)	2.64
2006年最高(元)	2.71
2006年最低(元)	1.68
2006年换手率(%)	165.17
股改对价	

峨眉山A（000888）

上市日期:97/10/21　　电话:0833－5528888　　传真:0833－5526666

主营	峨眉山风景区游山票、客运索道、旅游宾馆、水电综合开发、旅行社及相关旅游服务等,兼营旅游纪念品、商贸。

	年　　度	2005	2004	2003
主要指标	每股收益/扣除后(元)	0.16/0.161	0.35	0.27/0.21
	每股经营现金流量(元)	0.34	0.73	0.55
	每股净资产/调整后(元)	2.45/2.41	4.21/4.1	3.61/3.47
	未分利润(万元)	5300.95	5970.43	4218.88
	资本公积(万元)	25134.79	32974.39	24458.34
利润构成	主营收入(万元)	28602.46	28322.39	16013.6
	主营利润(万元)	11274.86	12007.28	7319.56
	营业利润(万元)	4735.86	5674.76	2769.52
	投资收益(万元)	-5.8	-5.26	-2.85
	利润总额(万元)	4769.31	5697.4	3284.18
	净利润(万元)	3826.06	4573.83	3239.85

点评	打造"中国第一山"工程对峨眉山旅游环境产生影响,峨眉山风景区共接待购票进山游客136.4万人次,公司接待的游客人数同比减少8.0%,公司客流下降造成收入下降。新酒店开业造成成本上升。峨眉山风景区的门票价格偏低,未来有可能涨价,从而提高公司业绩。

	截止日期	05年末	占%	主要股东及持股比例%、持股性质
股本结构(万股)	总股本	23518.8		峨眉山旅游总公司 50.25%（国有股）
	国有股	14158.8	60.2	乐山市红珠山宾馆 9.95%（国有股）
	发起股			中国银行－－嘉实服务增值行业证券投资基金 2.88%（流通A股）
	外资股			中国银行—嘉实成长收益型证券投资基金 2.15%（流通A股）
	募集股			同益证券投资基金 1.92%（流通A股）
	流通A	9360	39.8	交通银行—海富通精选证券投资基金 1.91%（流通A股）
	流通B			中国银行—海富通收益增长证券投资基金 1.82%（流通A股）
	流通H			中国建设银行—华宝兴业多策略增长证券投资基金 1.49%（流通A股）
股东户数	05年末	15124		通用技术集团国际物流有限公司 1.08%（流通A股）
	04年末	16955		中国工商银行—国联安德盛小盘精选证券投资基金 1.06%（流通A股）
其他流通股东	中国银行—海富通股票证券投资基金 0.829%;中国建设银行—华夏红利混合型开放式证券投资基金 0.823%			
近年分配	05年:10派1;04年:10派1送2转增6;03年:10派1.8	近年募资	04年10配3配股价8.53元。	

二○○五年以来市场表现

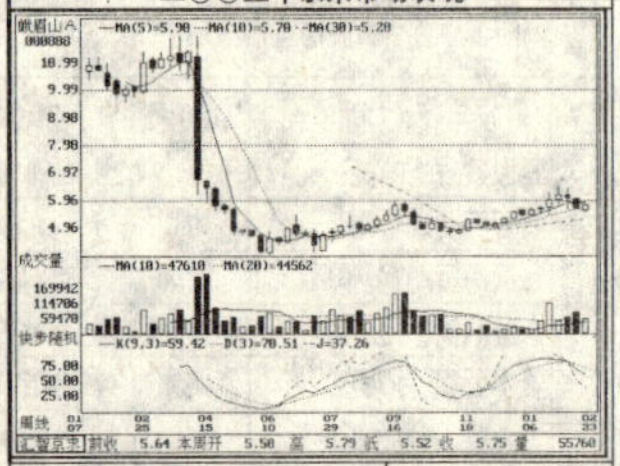

2005年涨跌幅(%)	-7.72
2005年最高(元)	12.3
2006年涨跌幅(%)	6.09
2006.4.26收盘(元)	5.75
2006年最高(元)	6.43
2006年最低(元)	5.4
2006年换手率(%)	44.89
股改对价	送股 每10股实际获得3.2股

渤海物流（000889）

上市日期:97/12/18　　电话:0335－3733868　　传真:0335－3023349

主营	房地产开发和商业。			
	年　度	2005	2004	2003
主要指标	每股收益/扣除后(元)	-0.27/-0.31	0.04	0.102/0.044
	每股经营现金流量(元)	0.13	0.65	0.08
	每股净资产/调整后(元)	2.31/2.27	2.58/2.55	2.61/2.51
	未分利润(万元)	-2606.57	5447.5	6574.58
	资本公积(万元)	33505.88	33505.88	33505.88
利润构成	主营收入(万元)	58249.23	60973.23	53886.87
	主营利润(万元)	8734.47	16878.15	16154.02
	营业利润(万元)	-8459.04	2231.81	2387.89
	投资收益(万元)	-102.95	96.84	-24.63
	利润总额(万元)	-7400.66	2416.15	3862.05
	净利润(万元)	-7961.06	1263.17	3004.95
点评	受当地商业地产市场供应过剩、投资回报低于投资者预期值、宏观调控抑制投资等因素影响，秦皇岛地区房地产亏损3,049.13万元；安徽房地产业盈利急剧萎缩。近年公司将3亿多资金投资于安徽新长江网络和其子公司，尚未见投资收益。			

	截止日期	05年末	占%	主要股东及持股比例%、持股性质
股本结构（万股）	总股本	29452.83		安徽新长江投资股份有限公司 22.07%（非流通股）
	国有股	3501.4	11.89	秦皇岛市人民政府国有资产监督管理委员会 11.89%（国有股）
	发起股	1386.58	4.71	中国糖业酒类集团公司 3.78%（国有股）
	外资股			石家庄丰瑞投资咨询有限公司 3.18%（非流通股）
	募集股	7103.02	24.12	中信秦皇岛有限公司 1.18%（非流通股）
	流通A	16035.9	54.45	中国耀华玻璃集团公司 1.06%（国有股）
	流通B			上海汽车股份有限公司 0.79%（非流通股）
	流通H			石家庄永青综合服务有限公司 0.34%（非流通股）
股东户数	05年末	50961		孙辉 0.25%（流通A股）
	04年末	52441		江阴市澄星运输发展有限公司 0.24%（流通A股）
其他流通股东	江阴市澄星加油站有限公司 0.221%；莫海娟 0.203%；蒋玉文 0.201%；连建忠 0.15%；林伟 0.149%；陈苏望 0.114%			
近年分配		近年募资		

二〇〇五年以来市场表现

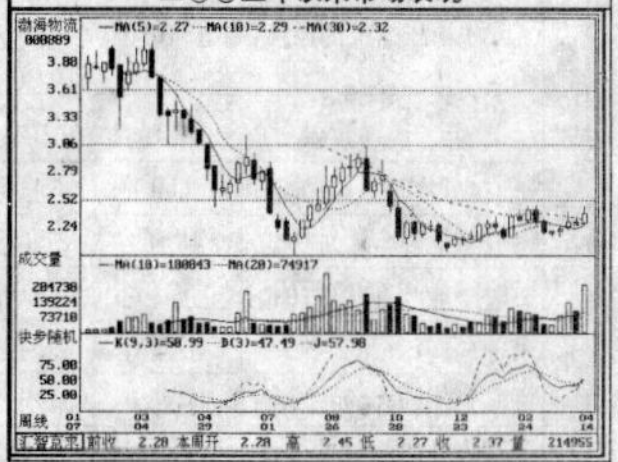

2005年涨跌幅(%)	-43.62
2005年最高(元)	4.15
2006年涨跌幅(%)	11.79
2006.4.26收盘(元)	2.37
2006年最高(元)	2.47
2006年最低(元)	2.1
2006年换手率(%)	79.02
股改对价	送股 每10股实际获得2.5股

G法尔胜（000890）

上市日期:99/01/19　　电话:0510－86119890　　传真:0510－86106634

主营	钢丝、钢丝绳及其产品、电线电缆、电子产品、光纤预制棒、光纤、光缆及光传感元器件的制造和销售。			
	年　度	2005	2004	2003
主要指标	每股收益/扣除后(元)	0.08/0.054	0.06	0.07/0.06
	每股经营现金流量(元)	0.58	0.17	0.14
	每股净资产/调整后(元)	3.27/3.12	3.24/3.14	3.23/3.14
	未分利润(万元)	2142.35	2674.29	3391.63
	资本公积(万元)	55776.72	55776.72	55776.72
利润构成	主营收入(万元)	161142.04	119978.46	93098.08
	主营利润(万元)	23805.02	21855.05	16575.34
	营业利润(万元)	4007.85	5299.42	3290.35
	投资收益(万元)	93.33	-662.67	119.45
	利润总额(万元)	4041.17	4644.47	3451.64
	净利润(万元)	2196.68	1810.87	1949.04
点评	公司是世界上最大的高强度输送带用钢丝绳生产基地，开发的高技术含量的胶带钢丝绳年产达到20000多吨，国内市场占有率达85%以上，国际市场占有率达40%左右。同时，公司还是国内拥有自主知识产权的光纤预制棒生产企业，未来业绩有望稳定增长。			

	截止日期	05年末	占%	主要股东及持股比例%、持股性质
股本结构（万股）	总股本	29203.2		法尔胜集团公司 39.09%（国有股）
	国有股	11924.64	40.83	江苏法尔胜技术开发中心 1.05%（国有股）
	发起股			广州华南路桥实业有限公司 0.79%（流通A股）
	外资股			中国冶金进出口江苏公司 0.44%（国有股）
	募集股	305.76	1.05	青岛第六橡胶厂 0.44%（国有股）
	流通A	16946.23	58.03	辽宁省五金矿产进出口公司 0.44%（国有股）
	流通B			山东省国际信托投资有限公司 0.38%（国有股）
	流通H			冯晓玫 0.22%（流通A股）
股东户数	05年末	41894		陈沛兰 0.19%（流通A股）
	04年末	41726		王盼 0.17%（流通A股）
其他流通股东	可特机械有限公司 0.139%；张楠 0.138%；陈涌 0.134%；张喜燕 0.132%；何洁 0.128%			
近年分配	05预案:10派0.5转增3；04年:10派0.5；03年:10派0.5	近年募资		

二〇〇五年以来市场表现

2005年涨跌幅(%)	-32.88
2005年最高(元)	4.95
2006年涨跌幅(%)	38.1
2006.4.26收盘(元)	3.07
2006年最高(元)	4.12
2006年最低(元)	2.86
2006年换手率(%)	154.28
股改对价	送股 每10股实际获得3股(06/04/03)

星美联合（000892）

上市日期:99/01/15　　电话:023－63782555　　传真:023－63782700

主营	通信产业投资，通信设备制造，通信工程及技术咨询；增值电信业务；机械产业投资及设备制造；自营进出口业务。			
	年　度	2005	2004	2003
主要指标	每股收益/扣除后(元)	-1.22	0.01	0.24/0.174
	每股经营现金流量(元)	-0.1	0.34	0.21
	每股净资产/调整后(元)	0.61/0.61	1.83/1.8	1.83/1.79
	未分利润(万元)	-35014.75	15573.88	16118.17
	资本公积(万元)	3838.83	3838.83	3838.83
利润构成	主营收入(万元)	6622.42	67165.78	98170.58
	主营利润(万元)	-3443.24	24354.29	30062.94
	营业利润(万元)	-35285.45	6995.74	12364.96
	投资收益(万元)	-4530	-4015.23	-1901.29
	利润总额(万元)	-52803.37	3142.87	11797.97
	净利润(万元)	-50588.63	343.59	9851.12
点评	从基本面的角度来说，公司虽然经过了重组，大股东也发生变更，业务转向了通信行业，但业绩并没有明显改善，2006年业绩仍然难以有重大改观。公司的经营前景仍然令人担忧。			

	截止日期	05年末	占%	主要股东及持股比例%、持股性质
股本结构（万股）	总股本	41387.69		卓京投资控股有限公司 26.61%（非流通股）
	国有股	48	0.12	金信信托投资股份有限公司 23.2%（非流通股）
	发起股	168	0.41	重庆朝阳科技产业发展有限公司 13.3%（非流通股）
	外资股			金华市金威产权管理服务有限公司 3.25%（非流通股）
	募集股	29171.69	70.48	海南爱邦贸易有限公司 2.13%（非流通股）
	流通A	12000	28.99	中国银行上海市分行 1.09%（非流通股）
	流通B			安徽省信托投资公司 0.48%（非流通股）
	流通H			上海达君贸易有限公司 0.36%（非流通股）
股东户数	05年末	33952		重庆科星设备清洗有限公司 0.29%（非流通股）
	04年末	40832		马信琪 0.19%（流通A股）
其他流通股东	顾青 0.128%；刘坚 0.126%；曹忠明 0.111%；黄文俊 0.099%；邱宝裕 0.097%；姜薇 0.091%；刘凤贤 0.09%			
近年分配		近年募资		

二〇〇五年以来市场表现

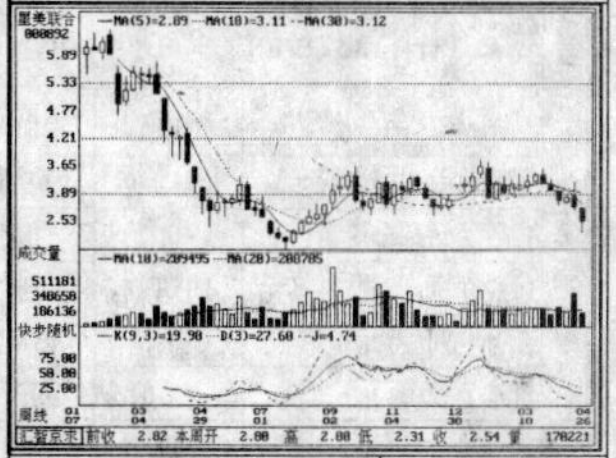

2005年涨跌幅(%)	-45.49
2005年最高(元)	6.45
2006年涨跌幅(%)	-22.09
2006.4.26收盘(元)	2.54
2006年最高(元)	3.8
2006年最低(元)	2.31
2006年换手率(%)	305.3
股改对价	

广州冷机（000893）

上市日期:98/12/24　电话:020－86453838　传真:020－86450724

主营	电冰箱压缩机的设计、制造和销售。			
	年　度	2005	2004	2003
主要指标	每股收益/扣除后(元)	0.13/0.12	0.13/0.13	-0.18/-0.18
	每股经营现金流量(元)	0.54	0.05	0.1
	每股净资产/调整后(元)	1.76/1.42	1.47/1.18	1.32/1.07
	未分利润(万元)	1344.6	-19792.63	-22671.44
	资本公积(万元)	14459.09	29318.49	28944.7
利润构成	主营收入(万元)	76068.81	56308.42	42229.99
	主营利润(万元)	11902.1	8927.02	4591.02
	营业利润(万元)	2927.14	162.14	-5765.25
	投资收益(万元)	-0.64	2760.6	1901.67
	利润总额(万元)	2797.93	2890.1	-3902.81
	净利润(万元)	2783.74	2878.81	-3931.14
点评	公司虽是行业内主要的生产厂商之一,但在原材料价格大幅上涨、产品销售价格却明显下降的双重挤压下,公司毛利率下降,盈利空间被大大压缩。同时关联方占用公司资金,难以为股东带来满意的回报。			

	截止日期	05年末	占%	主要股东及持股比例%、持股性质
股本结构（万股）	总股本	22200		广州万宝集团有限公司 29.25%（国有股）
	国有股	6494	29.25	广州市动源涡卷实业有限公司 16%（非流通股）
	发起股	10006	45.07	广州市汇来投资有限公司 13.5%（非流通股）
	外资股			广州东晟投资有限公司 9%（非流通股）
	募集股			无锡市嘉亿商贸有限公司 2.07%（非流通股）
	流通A	5698.76	25.67	山西昌泰工贸有限公司 2.03%（非流通股）
	流通B			上海浦东仁辰贸易有限公司 0.81%（非流通股）
	流通H			山西爱德投资有限公司 0.45%（非流通股）
股东户数	05年末	19594		上海超人贸易有限公司 0.45%（非流通股）
	04年末	19617		上海信义水处理有限公司 0.45%（非流通股）
其他流通股东	许锦光 0.178%;胡蓉 0.17%;马家眉 0.144%;周继祥 0.105%;林绵平 0.088%;杨曼霞 0.078%;张超林 0.072%			
近年分配	05预案:10派0.2054		近年募资	

二○○五年以来市场表现

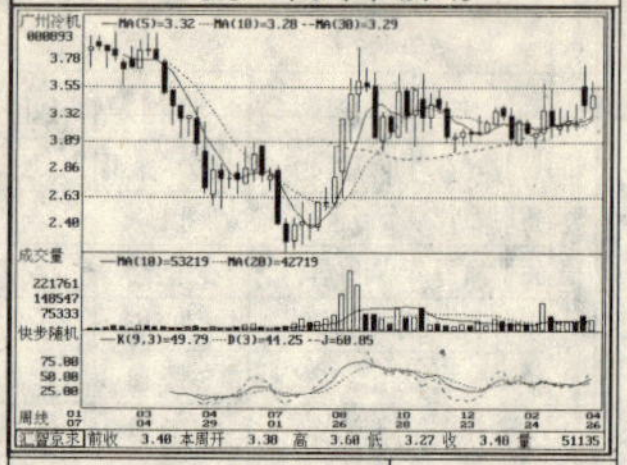

2005年涨跌幅(%)	-16.8
2005年最高(元)	4.01
2006年涨跌幅(%)	9.78
2006.4.26收盘(元)	3.48
2006年最高(元)	3.74
2006年最低(元)	3.04
2006年换手率(%)	121.12
股改对价	送股 派现 每10股实际获得3.1股0.8元

双汇发展（000895）

上市日期:98/12/10　电话:0395－2622616　传真:0395－2693259

主营	食品加工及销售,生物产品开发生产销售、畜牧养殖,化工产品,包装品生产销售,新产品开发销售,食品行业投资,技术咨询服务。			
	年　度	2005	2004	2003
主要指标	每股收益/扣除后(元)	0.723/0.74	0.581	0.77/0.785
	每股经营现金流量(元)	1.17	0.93	1.22
	每股净资产/调整后(元)	3.52/3.48	3.39/3.34	4.91/4.86
	未分利润(万元)	44644.89	43914.27	42514.51
	资本公积(万元)	60089.69	59886.93	76897.52
利润构成	主营收入(万元)	1345992.58	1005605.31	717945.53
	主营利润(万元)	147587.11	102597.06	95295.78
	营业利润(万元)	69344.28	47813.99	40315.52
	投资收益(万元)	157.37	2604.19	3499.47
	利润总额(万元)	67169.87	50640.05	42493.99
	净利润(万元)	37110.5	29841.95	26368.5
点评	消费结构的改善将推动肉类产业的整合和升级,公司作为肉制品行业的龙头企业,已拥有完善的市场网络,面临很好的发展机会。目前高温肉制品占据主营收入的42.53%。公司将逐渐提高低温肉制品和冷鲜肉比重。公司毛利率由于生猪平均采购价格下降而有所上升。			

	截止日期	05年末	占%	主要股东及持股比例%、持股性质
股本结构（万股）	总股本	51355.5		河南省漯河市双汇实业集团有限责任公司 35.72%（非流通股）
	国有股	18341.63	35.72	漯河海宇投资有限公司 25%（非流通股）
	发起股	12838.88	25	金鑫证券投资基金 3.24%（流通A股）
	外资股			申银万国证券股份有限公司 2.53%（流通A股）
	募集股			同益证券投资基金 1.6%（流通A股）
	流通A	20175	39.28	交银施罗德精选股票证券投资基金 1.17%（流通A股）
	流通B			金泰证券投资基金 1.09%（流通A股）
	流通H			广发聚富开放式证券投资基金 0.96%（流通A股）
股东户数	05年末	5560		中国人寿保险(集团)公司 0.88%（流通A股）
	04年末	8473		华夏回报证券投资基金 0.88%（流通A股）
其他流通股东	中银国际中国精选混合型开放式证券投资基金 0.869%;汉盛证券投资基金 0.841%			
近年分配	05年:10派5;04年:10派6;03年:10派7转增5		近年募资	

二○○五年以来市场表现

2005年涨跌幅(%)	7.81
2005年最高(元)	16.8
2006年涨跌幅(%)	44.49
2006.4.26收盘(元)	18.48
2006年最高(元)	18.59
2006年最低(元)	12.9
2006年换手率(%)	33.35
股改对价	送股 每10股实际获得2股

G津滨（000897）

上市日期:99/04/22　电话:022－66201301　传真:022－66202480

主营	主营天津开发区的基础设施的开发建设与经营;新型材料(磁性材料)和信息电子产品的开发、销售与经营。			
	年　度	2005	2004	2003
主要指标	每股收益/扣除后(元)	0.024/0.021	0.027/0.02	0.03/0.024
	每股经营现金流量(元)	-0.12	0.15	-0.29
	每股净资产/调整后(元)	1.15/1.14	1.38/1.37	2.06/2.04
	未分利润(万元)	3228.17	2599.22	2418.14
	资本公积(万元)	5860.02	20129.51	42599.57
利润构成	主营收入(万元)	123336.22	55481.54	48049.74
	主营利润(万元)	22213.89	13775.82	11896.85
	营业利润(万元)	7724.7	2640.53	53.62
	投资收益(万元)	-377.6	180.08	1083.17
	利润总额(万元)	6687.74	3375.13	2236.08
	净利润(万元)	1939.06	1811.85	1260.36
点评	通过一系列资产结构调整工作,公司的主导产业已经确立,但重组效果不明显。公司盈利能力依然低下,公司房地产行业市场占有率低,项目储备相对不足,项目启动和产品变现速度与先进企业相比仍存在很大的差距。			

	截止日期	05年末	占%	主要股东及持股比例%、持股性质
股本结构（万股）	总股本	82219.45		天津泰达建设集团有限公司 35.08%（国有股）
	国有股	28845.56	35.08	天津华泰控股集团股份有限公司 21.71%（非流通股）
	发起股	17855.45	21.72	张嘉煜 0.16%（流通A股）
	外资股			王文玉 0.14%（流通A股）
	募集股			杨雪英 0.11%（流通A股）
	流通A	35516.3	43.2	李欢欢 0.1%（流通A股）
	流通B			邹党生 0.09%（流通A股）
	流通H			傅志民 0.08%（流通A股）
股东户数	05年末	59688		姚佳颖 0.08%（流通A股）
	04年末	63175		殷兰江 0.07%（流通A股）
其他流通股东	王素芳 0.068%;北京华星天物投资有限公司 0.067%			
近年分配	05预案:10派0.15;04年:10派0.15;03年:10派0.3转增5		近年募资	

二○○五年以来市场表现

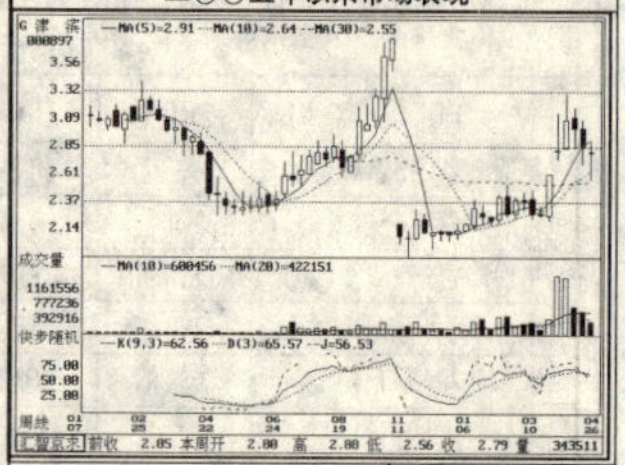

2005年涨跌幅(%)	13.7
2005年最高(元)	3.88
2006年涨跌幅(%)	31.6
2006.4.26收盘(元)	2.79
2006年最高(元)	3.3
2006年最低(元)	2.12
2006年换手率(%)	223.91
股改对价	转增 每10股实际获得6.7股(05/11/11)

G鞍钢(000898)

上市日期:97/12/25　　电话:0412-8417273　　传真:0412-6727772

主营	生产及销售钢坯、线材、厚板、冷轧薄板、大型材等产品。			
	年　度	2005	2004	2003
主要指标	每股收益/扣除后(元)	0.702/0.702	0.6	0.48/0.5
	每股经营现金流量(元)	0.862	0.538	0.675
	每股净资产/调整后(元)	3.82/3.82	3.42/3.42	3.02/3.01
	未分利润(万元)	373236.1	296022.5	213171.7
	资本公积(万元)	308979.6	308491.5	308364.8
利润构成	主营收入(万元)	2648811.5	2322761.7	1452073.6
	主营利润(万元)	375533.2	336348.8	229905.2
	营业利润(万元)	298366.3	263399	181558.8
	投资收益(万元)	-95.5	23.3	0.6
	利润总额(万元)	298245.4	263274.3	175278.3
	净利润(万元)	207948.5	177633.7	143257.9
点评	公司是我国三大钢铁企业之一,具有一定的规模和技术优势。由于铁矿石外购比率较低,鞍钢新轧的盈利受原材料成本的压力相对要小一些。公司通过定向增发,实现了钢铁产业的整体上市。由于新注入资产盈利能力明显强于原股份公司,预计公司业绩将大幅增长。			

	截止日期	05年末	占%	主要股东及持股比例%、持股性质
股本结构(万股)	总股本	296298.57		鞍山钢铁集团公司 38.15%(国有股)
	国有股	113050.36	38.15	香港中央结算有限公司 29.59%(H股)
	发起股			国泰君安-花旗-DEUTSCHE BANK AKTIENGESELLSCHAFT 2.03%(流通A股)
	外资股			国际金融-汇丰-MORGAN STANLEY @ CO. INTERNATIONAL LIMITED 1.3%(流通A股)
	募集股			华泰证券有限责任公司 0.93%(流通A股)
	流通A	94244.59	31.81	银河-渣打-CITIGROUP GLOBAL MARKETS LIMITED 0.89%(流通A股)
	流通B			东方证券股份有限公司 0.79%(流通A股)
	流通H	89000	30.04	申银万国-花旗-UBS LIMITED 0.79%(流通A股)
股东户数	05年末	99451		中国工商银行-博时精选股票证券投资基金 0.72%(流通A股)
	04年末			国泰君安证券股份有限公司 0.68%(流通A股)
其他流通股东	中国银行-同盛证券投资基金 0.651%			
近年分配	05预案:10派3.6;04年:10派3;03年:10派2		近年募资	

二〇〇五年以来市场表现

2005年涨跌幅(%)	-8.01
2005年最高(元)	6.24
2006年涨跌幅(%)	50.76
2006.4.26收盘(元)	5.94
2006年最高(元)	6.64
2006年最低(元)	3.85
2006年换手率(%)	166.33
股改对价	送股 权证 每10股实际获得2.5股(05/12/02)

G赣能(000899)

上市日期:97/11/26　　电话:0791-8109899　　传真:0791-8106119

主营	火力发电、节能项目开发、锅炉安装及维修等。			
	年　度	2005	2004	2003
主要指标	每股收益/扣除后(元)	0.064/0.018	0.079	0.15/0.126
	每股经营现金流量(元)	0.0858	0.143	0.25
	每股净资产/调整后(元)	2.72/2.72	2.66/2.66	2.68/2.67
	未分利润(万元)	8725.92	5762.79	7571.3
	资本公积(万元)	72428.86	72405.79	72405.79
利润构成	主营收入(万元)	66737.22	65330.32	56808.32
	主营利润(万元)	3910.67	4972.65	11495.14
	营业利润(万元)	-3399.49	-723.86	6609.48
	投资收益(万元)	6923.25	4904.36	2658.94
	利润总额(万元)	3517.52	4167.58	9166.67
	净利润(万元)	3486.03	4319.78	7960.32
点评	公司主营业务为火力、水力发电,发电收入占公司报告期内主营业务收入的99.91%。截至05年底,公司拥有发电机组装机容量500MW,另有在建的江西赣能居龙滩水电厂60MW。公司总装机容量约占江西省全网同期统调装机容量的7.6%。			

	截止日期	05年末	占%	主要股东及持股比例%、持股性质
股本结构(万股)	总股本	54803.2		江西省投资集团公司 41.76%(国有股)
	国有股	36915.2	67.36	江西省电力公司 25.6%(国有股)
	发起股			南京苏新投资管理有限公司 0.06%(流通A股)
	外资股			吕华昌 0.05%(流通A股)
	募集股			包乐萍 0.05%(流通A股)
	流通A	17888	32.64	梅利霞 0.05%(流通A股)
	流通B			孙志华 0.04%(流通A股)
	流通H			陈惠南 0.04%(流通A股)
股东户数	05年末	85176		高通投资开发有限公司 0.04%(流通A股)
	04年末	91097		李玲玲 0.04%(流通A股)
其他流通股东	陈伟森 0.034%;吴智明 0.033%			
近年分配	05预案:10派0.5;03年:10派1		近年募资	

二〇〇五年以来市场表现

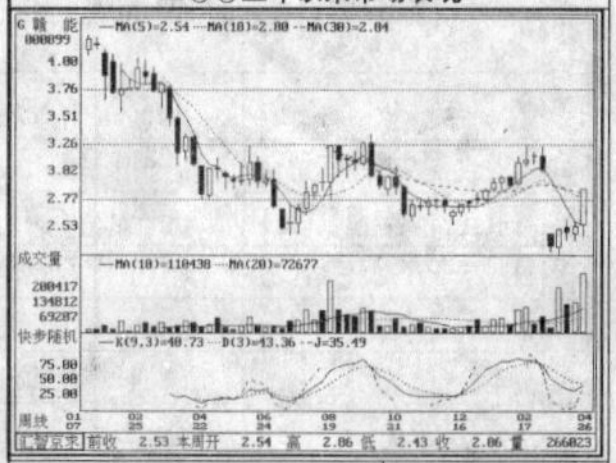

2005年涨跌幅(%)	-33.33
2005年最高(元)	4.25
2006年涨跌幅(%)	37.82
2006.4.26收盘(元)	2.86
2006年最高(元)	3.8
2006年最低(元)	2.75
2006年换手率(%)	59.82
股改对价	送股 每10股实际获得3.3股(06/03/31)

现代投资(000900)

上市日期:99/01/28　　电话:0731-5558888　　传真:0731-5163009

主营	投资经营公路、桥梁、隧道和渡口;投资高新技术产业、广告业、政策允许的其他产业;高等级公路建设、收费及养护。			
	年　度	2005	2004	2003
主要指标	每股收益/扣除后(元)	0.44/0.44	0.27/0.27	0.14/0.13
	每股经营现金流量(元)	1.89	1.42	0.9
	每股净资产/调整后(元)	6.63/6.56	6.59/6.52	6.42/6.38
	未分利润(万元)	49173.24	50219.33	45155.08
	资本公积(万元)	157539.96	157539.96	157539.96
利润构成	主营收入(万元)	105543.37	88973.26	49185.5
	主营利润(万元)	79224.05	64492.47	31623.21
	营业利润(万元)	42357.89	29485.9	7131.17
	投资收益(万元)	-10468.97	-8656.1	1036.79
	利润总额(万元)	31465.97	20821.05	7991
	净利润(万元)	17565	10916.84	5446.33
点评	公司所属的长潭、潭耒高速公路是国道主干线京珠高速的一段,拥有的其它路产也都是湖南高速公路网中的重要道路,近年车流增长明显。预计2006年将实施计重收费,可增加公司的通行费收入,并减少路面损害,降低养护成本。但近年公司的对外投资影响公司业绩。			

	截止日期	05年末	占%	主要股东及持股比例%、持股性质
股本结构(万股)	总股本	39916.59		湖南省高速公路建设开发总公司 36.5%(国有股)
	国有股	18480	46.3	华北高速公路股份有限公司 9.79%(国有股)
	发起股			中国工商银行——博时精选股票证券投资基金 4.1%(流通A股)
	外资股			中信银行—建信恒久价值股票型证券投资基金 2.1%(流通A股)
	募集股			裕隆证券投资基金 1.64%(流通A股)
	流通A	21436.59	53.7	中国工商银行—普丰证券投资基金 1.61%(流通A股)
	流通B			中国光大银行股份有限公司—巨田基础行业证券投资基金 1.38%(流通A股)
	流通H			天华证券投资基金 1.2%(流通A股)
股东户数	05年末	33694		中国银行—华夏回报证券投资基金 1.17%(流通A股)
	04年末	61862		招商银行股份有限公司—中信经典配置证券投资基金 1.15%(流通A股)
其他流通股东	全国社保基金一零四组合 1.071%;中国农业银行—交银施罗德精选股票证券投资基金 1.023%			
近年分配	05预案:10派0.8;04年:10派4;03年:10派1		近年募资	

二〇〇五年以来市场表现

2005年涨跌幅(%)	3.47
2005年最高(元)	12.42
2006年涨跌幅(%)	14.24
2006.4.26收盘(元)	10.11
2006年最高(元)	10.8
2006年最低(元)	8.12
2006年换手率(%)	121.53
股改对价	

G 航科技（000901）

上市日期:99/04/01　　电话:0451－86781013　　传真:0451－86781013 86781158

主营	汽车电子、家用电子、微特电机、航天产品的研发、生产和销售。		
年　　度	2005	2004	2003
主要指标 每股收益/扣除后(元)	0.014/0.006	0.04	0.07/0.056
每股经营现金流量(元)	0.04	0.195	−0.55
每股净资产/调整后(元)	1.71/1.69	1.69/1.69	1.65/1.65
未分利润(万元)	5540.87	5285.88	4598.6
资本公积(万元)	6963.07	6959.29	6945.4
利润构成 主营收入(万元)	19576.54	17227.45	19971.47
主营利润(万元)	6107.48	7162.09	6098.96
营业利润(万元)	616.63	1422.15	1637.45
投资收益(万元)	−86.39	−201.77	−1.83
利润总额(万元)	955.5	1388.9	1862.05
净利润(万元)	318.73	875.65	1484.03

点评：公司主营为汽车电子产品、航天产品。由于原材料、运输及电费价格上涨等因素，再加上国内市场汽车不断降价，公司收入权重较大的汽车电子产品毛利率大幅走低，造成公司亏损。随着汽车行业竞争的加剧，如果不能取得规模优势，企业经营将面临困难。

股本结构（万股） 截止日期	05年末	占%	主要股东及持股比例%、持股性质
总股本	22176		中国航天科工集团公司 20.22%（国有股）
国有股	12264.98	55.31	航天固体运载火箭有限公司 13.38%（国有股）
发起股	3191.02	14.39	哈尔滨工业大学高新技术开发总公司 8.75%（国有股）
外资股			哈尔滨市通用机电技术研究所 8.54%（国有股）
募集股			中国江南航天工业集团林泉电机厂 7.58%（国有股）
流通 A	6720	30.3	天通计算机应用技术中心 5.38%（国有股）
流通 B			哈尔滨亚科工贸有限责任公司 3.03%（国有股）
流通 H			杭州锦园丝绸有限公司 2.82%（国有股）
股东户数 05年末	22748		肖冬梅 0.11%（流通 A股）
04年末	23770		高秀玉 0.11%（流通 A股）

其他流通股东：黄涛 0.089%；王文胜 0.077%；刘少源 0.068%；张成英 0.06%；李海栖 0.059%；刘宗立 0.055%；李建华 0.052%

近年分配：　　近年募资：

二〇〇五年以来市场表现

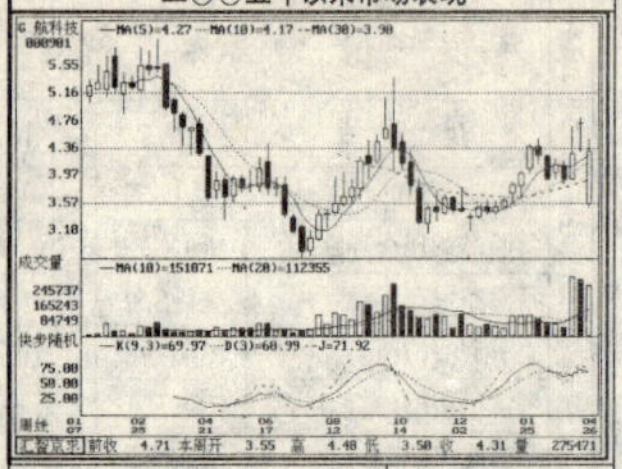

2005年涨跌幅(%)	−31.51
2005年最高(元)	5.95
2006年涨跌幅(%)	58.85
2006.4.26收盘(元)	4.31
2006年最高(元)	5.78
2006年最低(元)	3.5
2006年换手率(%)	221.62
股改对价	送股 每10股实际获得2.9股（06/04/25）

中国服装（000902）

上市日期:99/04/08　　电话:010－65817498　　传真:010－65812147

主营	纺织服装类产品的设计、生产和销售业务。		
年　　度	2005	2004	2003
主要指标 每股收益/扣除后(元)	0.02/−0.11	0.01/−0.13	−0.63/−0.61
每股经营现金流量(元)	−0.13	1.2	0.16
每股净资产/调整后(元)	1.6/1.31	1.59/1.34	1.54/1.15
未分利润(万元)	−305.03	−17708.23	−18023.57
资本公积(万元)	12648.91	29028.33	28344.79
利润构成 主营收入(万元)	165688.02	141287.98	49446.73
主营利润(万元)	8513.25	6428.33	−335.33
营业利润(万元)	1290.98	1522.04	−12583.62
投资收益(万元)	198.88	706.75	−387.41
利润总额(万元)	2085.78	2366.06	−13770.94
净利润(万元)	403.2	319.18	−13551.65

点评：公司主营为纺织服装业。05年面对人民币升值、贸易摩擦等不利因素，通过内联外引、加强管理等方法，实现了收入与利润的稳定增长。06年公司将继续进行资产整合、贸易结构调整、增收节支等工作，按有收有放的原则，实现公司持续发展。

股本结构（万股） 截止日期	05年末	占%	主要股东及持股比例%、持股性质
总股本	21500		中国恒天集团公司 51.01%（国有股）
国有股	11969.48	55.67	吴江工艺织造厂 14.1%（非流通股）
发起股	3030.52	14.1	通化市人造毛皮联合公司 4.66%（国有股）
外资股			徐步兰 0.19%（流通 A股）
募集股			赵海龙 0.17%（流通 A股）
流通 A	6500	30.23	许明 0.16%（流通 A股）
流通 B			黄刚 0.11%（流通 A股）
流通 H			候春伟 0.11%（流通 A股）
股东户数 05年末	24148		杨炎象 0.11%（流通 A股）
04年末	25833		陈天雄 0.1%（流通 A股）

其他流通股东：刘正喜 0.093%；戚建芬 0.088%；于永志 0.08%

近年分配：　　近年募资：

二〇〇五年以来市场表现

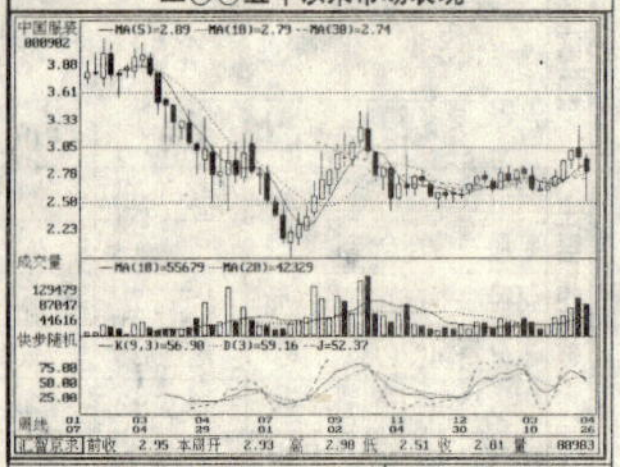

2005年涨跌幅(%)	−31.93
2005年最高(元)	4.16
2006年涨跌幅(%)	8.92
2006.4.26收盘(元)	2.81
2006年最高(元)	3.27
2006年最低(元)	2.51
2006年换手率(%)	116.75
股改对价	

G 云内（000903）

上市日期:99/04/15　　电话:0871－5625802　　传真:0871－5633176

主营	小缸径多缸柴油机的开发、生产和销售。		
年　　度	2005	2004	2003
主要指标 每股收益/扣除后(元)	0.26/0.34	0.33/0.43	0.524/0.4
每股经营现金流量(元)	0.89	0.75	0.75
每股净资产/调整后(元)	4.63/4.57	4.62/4.57	4.7/4.66
未分利润(万元)	10099.26	10894.65	13536.31
资本公积(万元)	51654.5	51654.5	51640.31
利润构成 主营收入(万元)	163271.42	155834.68	107218
主营利润(万元)	25823.37	24587.63	21381.69
营业利润(万元)	8761.12	10291.32	10579.42
投资收益(万元)	−1936.16	−2224.47	2906.84
利润总额(万元)	6903.16	8111.02	13240.71
净利润(万元)	5249.51	6543.54	10460.57

点评：公司主营业务为小缸径多缸柴油机及轻型载货车的开发、生产和销售。05年，面对整个载货汽车行业市场需求变化和激烈的市场竞争形势，公司经营收入较上年有所增长。但在价格竞争、原材料价格上涨等不利因素影响下，公司最终经营成果与上年相比有一定幅度下降。

股本结构（万股） 截止日期	05年末	占%	主要股东及持股比例%、持股性质
总股本	19980		云南内燃机厂 60.96%（国有股）
国有股	12180	60.96	昆明通力经贸有限公司 0.81%（流通 A股）
发起股			华泰证券有限责任公司 0.55%（流通 A股）
外资股			上海嘉华投资有限公司 0.19%（流通 A股）
募集股			许少玉 0.14%（流通 A股）
流通 A	7800	39.04	陈敏丰 0.13%（流通 A股）
流通 B			冯晓蝉 0.1%（流通 A股）
流通 H			付水法 0.09%（流通 A股）
股东户数 05年末	25281		张健 0.09%（流通 A股）
04年末	28120		黄泽鹏 0.09%（流通 A股）

其他流通股东：于林森 0.086%

近年分配：05年:10派2.5；04年:10派2.5；03年:10派3.5　　近年募资：

二〇〇五年以来市场表现

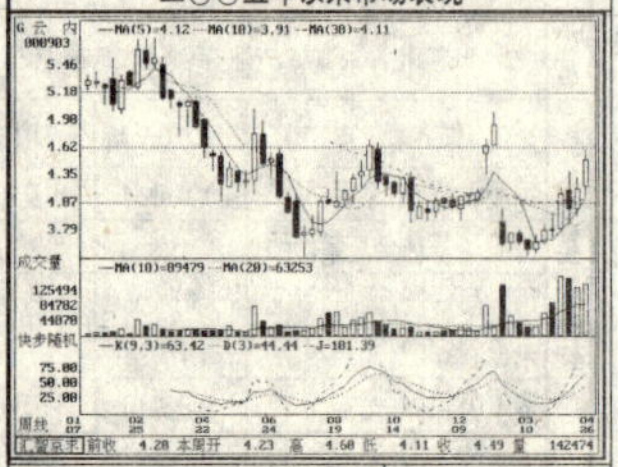

2005年涨跌幅(%)	−16.48
2005年最高(元)	5.74
2006年涨跌幅(%)	53.82
2006.4.26收盘(元)	4.49
2006年最高(元)	6.55
2006年最低(元)	4.35
2006年换手率(%)	112.77
股改对价	送股 每10股实际获得3.5股（06/02/13）

厦门港务(000905)

上市日期:99/04/29　电话:0592－5829955　传真:0592－5829990

主营	港口综合服务。			
	年　　度	2005	2004	2003
主要指标	每股收益/扣除后(元)	0.4/0.36	0.33/0.3	0.304/0.266
	每股经营现金流量(元)	0.84	0.36	0.607
	每股净资产/调整后(元)	4.11/4.09	3.85/3.83	3.5/3.39
	未分利润(万元)	29180.12	24201.86	16344.71
	资本公积(万元)	51235.55	50986.94	50510.12
利润构成	主营收入(万元)	74824.31	53861.98	41537.05
	主营利润(万元)	24256.56	20106.96	17731.74
	营业利润(万元)	15262	13615.38	11072.57
	投资收益(万元)	838.21	-1354.25	228.91
	利润总额(万元)	17273.59	13490.34	11195.77
	净利润(万元)	11754.07	9821.44	8978.52
点评	公司在2004年进行经营资产置换,主业转为散杂货和内贸集装箱装卸以及港口辅助服务等业务。由于公司不拥有国际集装箱业务,装卸业务增长空间不大;港口辅助服务,如货代等也面临竞争。公司已经投资建设象屿物流园区项目,未来有望成为新增长点。			

	截止日期	05年末	占%	主要股东及持股比例%、持股性质
股本结构(万股)	总股本	29500		厦门国际港务股份有限公司 55.13%(国有股)
	国有股	20000	67.8	华建交通经济开发中心 12.67%(国有股)
	发起股			马学峰 0.25%(流通A股)
	外资股			西部信托投资有限公司 0.24%(流通A股)
	募集股			新华人寿保险股份有限公司－分红一个人分红 0.21%(流通A股)
	流通A	9500	32.2	渤海证券有限责任公司 0.16%(流通A股)
	流通B			陕西亿源科技发展有限公司 0.13%(流通A股)
	流通H			陕西省长安科技实业开发有限公司 0.12%(流通A股)
股东户数	05年末	51785		袁仰龙 0.11%(流通A股)
	04年末	55898		陆德祥 0.09%(流通A股)
其他流通股东	陈辉 0.081%;沈阳建设投资资产经营有限公司 0.076%			
近年分配	05方案:10派1.5;04年:10派1.5		近年募资	

二○○五年以来市场表现

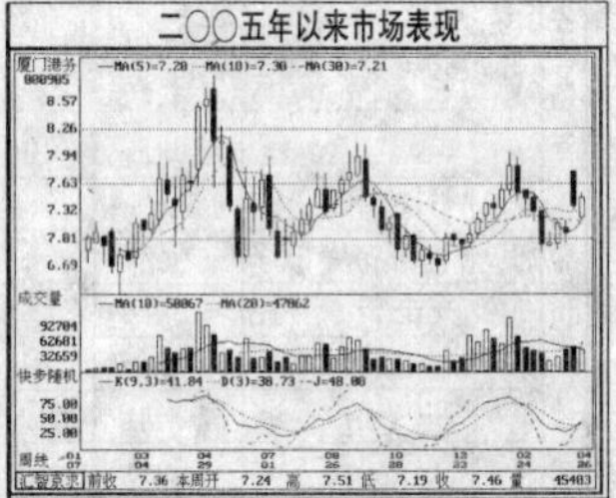

2005年涨跌幅(%)	3.9
2005年最高(元)	8.88
2006年涨跌幅(%)	5.82
2006.4.26收盘(元)	7.46
2006年最高(元)	7.97
2006年最低(元)	6.83
2006年换手率(%)	80.82
股改对价	送股 派现 每10股实际获得0.4112股 10.73元

南方建材(000906)

上市日期:99/07/07　电话:0731－4452516　传真:0731－4453546

主营	生产、销售建筑材料(不含硅酮胶)、化工产品、机械、电子设备、计算机软、硬件;汽车出租、租赁及维修服务;销售政策允许的金属材料、化工原料、矿产品(含煤炭);自营和代理进出口业务以及仓储服务。			
	年　　度	2005	2004	2003
主要指标	每股收益/扣除后(元)	0.017/0.016	0.021/0.025	0.08/0.078
	每股经营现金流量(元)	0.27	0.36	0.96
	每股净资产/调整后(元)	1.73/1.68	1.72/1.67	1.72/1.68
	未分利润(万元)	8809.56	8772.77	8222.64
	资本公积(万元)	5574.67	5527.28	5574.78
利润构成	主营收入(万元)	184519.15	175230.44	161459.94
	主营利润(万元)	14773.67	16998.21	16807.26
	营业利润(万元)	598.19	2103.9	3651.6
	投资收益(万元)	113.97	-149.21	25.27
	利润总额(万元)	637.2	1915.3	3690.75
	净利润(万元)	408.65	503.41	1840.06
点评	公司主要产品线材、无缝钢管和中小型材在国内外市场有较强的竞争力,是原冶金部定点的线材、金属制品和优质建筑用材生产基地,同时也是目前中南地区最大的无缝钢管生产基地。公司拥有大量的土地,其升值幅度相当可观。			

	截止日期	05年末	占%	主要股东及持股比例%、持股性质
股本结构(万股)	总股本	23750		湖南华菱钢铁集团有限责任公司 36.8%(国有股)
	国有股	17100	72	湖南同力投资有限公司 25.05%(国有股)
	发起股			湖南省同力金球置业发展有限公司 10.15%(国有股)
	外资股			李慧英 0.3%(流通A股)
	募集股			林金亮 0.22%(流通A股)
	流通A	6650	28	何少勇 0.19%(流通A股)
	流通B			骆有飞 0.18%(流通A股)
	流通H			唐建琼 0.18%(流通A股)
股东户数	05年末	16501		宋祥辉 0.15%(流通A股)
	04年末	19630		卢敏 0.13%(流通A股)
其他流通股东	徐燕芳 0.086%;陆卫东 0.085%;颜宪文 0.072%			
近年分配	04年:10派0.1;03年:10派0.15		近年募资	

二○○五年以来市场表现

2005年涨跌幅(%)	-42.68
2005年最高(元)	5.31
2006年涨跌幅(%)	13.55
2006.4.26收盘(元)	3.1
2006年最高(元)	3.35
2006年最低(元)	2.65
2006年换手率(%)	265.34
股改对价	

*ST天一(000908)

上市日期:99/02/03　电话:0731－8902528　传真:0731－8902528

主营	泵业及输变电开关设备的生产和销售			
	年　　度	2005	2004	2003
主要指标	每股收益/扣除后(元)	0.011/0.008	-0.232/-0.242	0.05/0.038
	每股经营现金流量(元)	-0.212	-0.558	0.08
	每股净资产/调整后(元)	1.17/1.17	1.16/1.15	1.88/1.86
	未分利润(万元)	-9461.49	-9758.86	10173.39
	资本公积(万元)	12031.46	12007.39	12003.83
利润构成	主营收入(万元)	21442.3	25856.52	24719.46
	主营利润(万元)	5256.65	2480.45	5138.6
	营业利润(万元)	232.8	-5761.44	934.29
	投资收益(万元)	40.01	-955.64	726.06
	利润总额(万元)	365.46	-6479.78	1734.36
	净利润(万元)	297.37	-6507.93	1403.15
点评	公司涉足油泵、电器开关及黄金矿产管理、商业等行业。05年在董事会改组后,果断进行行业结构调整,关闭亏损的、不相关的企业,实现主业的集中,并体现出了效果,05年扭转亏损。但面对企业多年的经营困境,能否实现持续经营,还有不确定性。			

	截止日期	05年末	占%	主要股东及持股比例%、持股性质
股本结构(万股)	总股本	28000		平江县国有资产管理局 48.8%(国有股)
	国有股	13664	48.8	长城资产管理公司 17.63%(国有股)
	发起股	5336	19.06	长沙致大实业有限公司 1.43%(非流通股)
	外资股			凌志高 0.12%(流通A股)
	募集股			陈小洲 0.1%(流通A股)
	流通A	9000	32.14	程望罗 0.1%(流通A股)
	流通B			费利鹏 0.1%(流通A股)
	流通H			郭承武 0.09%(流通A股)
股东户数	05年末	58870		陈季达 0.09%(流通A股)
	04年末	67502		谷永芬 0.08%(流通A股)
其他流通股东	李宏霞 0.081%;李寒萌 0.08%;陈晓岚 0.079%			
近年分配	03年:10派0.4		近年募资	

二○○五年以来市场表现

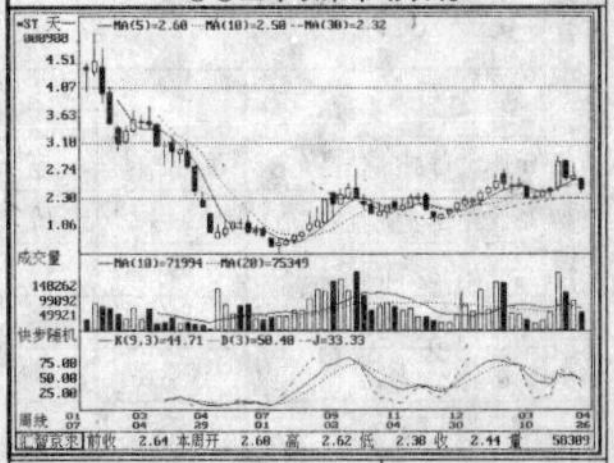

2005年涨跌幅(%)	-49.77
2005年最高(元)	4.95
2006年涨跌幅(%)	10.41
2006.4.26收盘(元)	2.44
2006年最高(元)	2.95
2006年最低(元)	2.16
2006年换手率(%)	153.47
股改对价	

G 数源（000909）

上市日期:99/05/07　电话:0571－88271018　传真:0571－88271038

主营：彩色电视机、DVD 等的研制、生产、销售;、房地产开发销售、网络集成服务。

	年度	2005	2004	2003
主要指标	每股收益/扣除后(元)	0.021/0.016	0.023	0.02/0.021
	每股经营现金流量(元)	-0.57	0.67	-1.19
	每股净资产/调整后(元)	2.78/2.75	2.76/2.74	2.74/2.72
	未分利润(万元)	1783.9	1434.97	1051.26
	资本公积(万元)	32217.11	32210.76	32172.28
利润构成	主营收入(万元)	81978.46	65617.17	54840.24
	主营利润(万元)	12837.27	8021.35	7359.37
	营业利润(万元)	3049.54	1409.44	1241.96
	投资收益(万元)	99.4	-70.63	26.17
	利润总额(万元)	3097.84	1289.28	1250.77
	净利润(万元)	419.86	445.25	428.66

点评：由于彩电行业竞争极为激烈,公司要想取得大的突破,只能寄希望于今后数字电视消费的启动所带来的产业升级机会。公司虽在房地产业务上作了有益的拓展,但业务规模尚小,还不能改变公司目前微利的局面。

股本结构（万股）	截止日期	05 年末	占%	主要股东及持股比例%、持股性质
	总股本	19600		西湖电子集团有限公司 69.39%（国有股）
	国有股	13600	69.39	江苏润丰投资发展咨询有限责任公司 0.38%（流通 A 股）
	发起股			张蔚芳 0.33%（流通 A 股）
	外资股			潘淳 0.26%（流通 A 股）
	募集股			江华平 0.11%（流通 A 股）
	流通 A	6000	30.61	颜法明 0.11%（流通 A 股）
	流通 B			黄洪才 0.09%（流通 A 股）
	流通 H			陈吉 0.09%（流通 A 股）
股东户数	05 年末	34451		李建民 0.08%（流通 A 股）
	04 年末	37449		张正会 0.07%（流通 A 股）
其他流通股东	熊国萍 0.069%			
近年分配		近年募资		

二〇〇五年以来市场表现

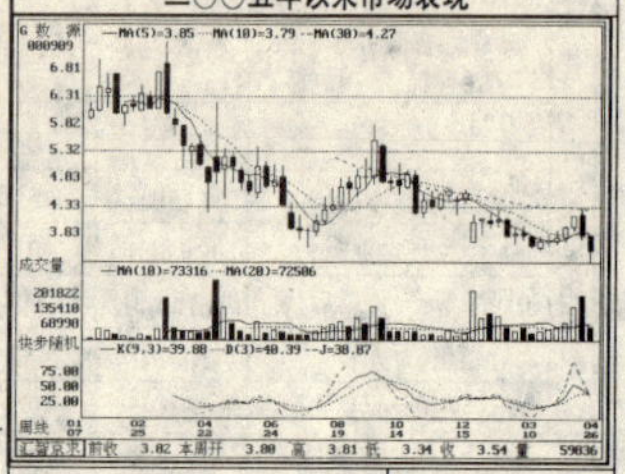

2005 年涨跌幅(%)	-23.45
2005 年最高(元)	7.3
2006 年涨跌幅(%)	6.12
2006.4.26 收盘(元)	3.54
2006 年最高(元)	5.89
2006 年最低(元)	4.58
2006 年换手率(%)	160.28
股改对价	送股 每 10 股实际获得 3.7 股(06/01/10)

大亚科技（000910）

上市日期:99/06/30　电话:0511－6883666　传真:0511－6885000

主营：高新技术产品的研究、开发,包装装潢材料、铝箔及复合材料、通信设备(卫星地面接收设施除外)、光电器件、人造板及制品、化纤产品、普通机械(压力容器除外)。

	年度	2005	2004	2003
主要指标	每股收益/扣除后(元)	0.224/0.226	0.261/0.265	0.292/0.291
	每股经营现金流量(元)	0.475	0.328	0.289
	每股净资产/调整后(元)	4.47/4.39	4.35/4.31	4.07/4.04
	未分利润(万元)	26691.72	24829.69	19994.59
	资本公积(万元)	44261.86	44417.99	43917.05
利润构成	主营收入(万元)	239215.28	183844.38	159336.9
	主营利润(万元)	49059.58	40084.77	30941.53
	营业利润(万元)	13294.82	13699.94	12912.93
	投资收益(万元)	-574.21	125.77	127.07
	利润总额(万元)	12636.45	13582.61	13034.49
	净利润(万元)	5176.42	6026.9	6751.57

点评：公司股改以收购优质资产的方式作为对价支付方式,实际每 10 股送股高达 5.64 股,引起市场的广泛关注。从公司收购方案看,测算表明购入资产后大亚科技的每股收益将由 2004 年的 0.26 元提高到 2007 年的每股收益不低于 0.767 元,每股收益大大提高。

股本结构（万股）	截止日期	05 年末	占%	主要股东及持股比例%、持股性质
	总股本	23125		大亚科技集团有限公司 29.58%（非流通股）
	国有股	1997.35	8.64	丹阳市晶工工具有限公司 15%（非流通股）
	发起股	13127.65	56.77	丹阳市点金投资有限公司 11.6%（非流通股）
	外资股			上海凹凸彩印总公司 8.64%（国有股）
	募集股			朱向英 0.46%（流通 A 股）
	流通 A	8000	34.59	徐薇 0.46%（流通 A 股）
	流通 B			王敏 0.29%（非流通股）
	流通 H			钱五妹 0.18%（流通 A 股）
股东户数	05 年末	29628		吴相洋 0.17%（流通 A 股）
	04 年末	32793		周艳芬 0.16%（流通 A 股）
其他流通股东	俞荃 0.156%;陈国萍 0.13%;黄小仪 0.128%;周克翰 0.117%;林楚斌 0.115%			
近年分配	05 预案:10 转增 10;04 年:10 派 1	近年募资		

二〇〇五年以来市场表现

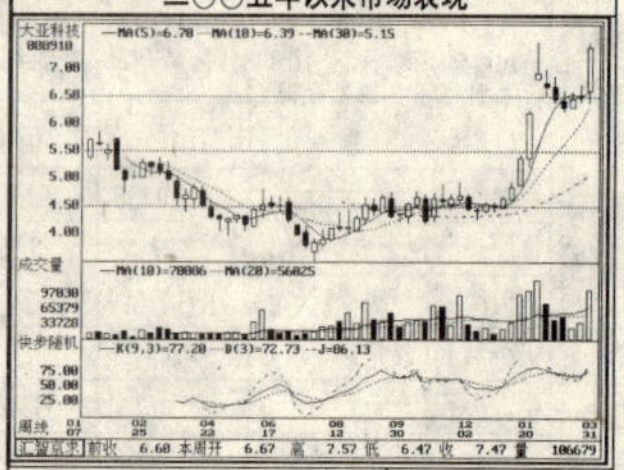

2005 年涨跌幅(%)	-12.7
2005 年最高(元)	5.92
2006 年涨跌幅(%)	58.6
2006.4.26 收盘(元)	7.47
2006 年最高(元)	7.58
2006 年最低(元)	4.7
2006 年换手率(%)	87.61
股改对价	注资 送股 每 10 股实际获得 1 股

南宁糖业（000911）

上市日期:99/05/27　电话:0771－4914317　传真:0771－4910755

主营：从事机制糖、酒精、文化用纸、蔗渣浆的生产、加工、销售和提供售后服务。

	年度	2005	2004	2003
主要指标	每股收益/扣除后(元)	0.13/0.14	0.57/0.52	0.47/0.47
	每股经营现金流量(元)	0.99	0.41	0.63
	每股净资产/调整后(元)	3.58/3.46	3.8/3.7	3.08/2.96
	未分利润(万元)	5010.26	11998.16	5577.64
	资本公积(万元)	55486.06	54824.77	40025.44
利润构成	主营收入(万元)	167575.65	172773.88	150077.72
	主营利润(万元)	29374.66	39453.51	28853.17
	营业利润(万元)	3467.59	18312.22	10339.5
	投资收益(万元)	-181.66	-107.31	49.89
	利润总额(万元)	2897.05	17367.72	10384.61
	净利润(万元)	3518.95	14908.87	11198.25

点评：公司逐步建成"蔗－糖－浆－纸"产业链。2005 年由于甘蔗减产绦故,公司业绩出现下降。但 2006 年糖价连创新高,公司在高位出售大部分糖,2006 年业绩将出现大幅增长。但目前公司制纸业务盈利状况不佳,将拉低公司整体盈利水平。

股本结构（万股）	截止日期	05 年末	占%	主要股东及持股比例%、持股性质
	总股本	26264		南宁振宁资产经营有限责任公司 63.97%（国有股）
	国有股	16800	63.97	上海浦东发展银行－广发小盘成长股票型证券投资基金 1.53%（流通 A 股）
	发起股			中国银行－华夏大盘精选证券投资基金 1.24%（流通 A 股）
	外资股			中国工商银行－广发聚富开放式证券投资基金 1.01%（流通 A 股）
	募集股			华夏－渣打银行－ING BANK N.V 0.93%（流通 A 股）
	流通 A	9464	36.03	申银万国－花旗－UBS LIMITED 0.92%（流通 A 股）
	流通 B			中国农业银行－交银施罗德精选股票证券投资基金 0.91%（流通 A 股）
	流通 H			中国建设银行－博时主题行业股票证券投资基金 0.78%（流通 A 股）
股东户数	05 年末	18187		中国银行－金鹰成份股优选证券投资基金 0.74%（流通 A 股）
	04 年末	20640		中国工商银行－广发聚丰股票型证券投资基金 0.69%（流通 A 股）
其他流通股东	国泰君安－建行－香港上海汇丰银行有限公司 0.673%			
近年分配	05 年:10 派 1.9;04 年:10 派 3.78;03 中期:10 派 2 年终:10 派 2.1	近年募资	04 年 10 配 3 配股价 7.55 元。	

二〇〇五年以来市场表现

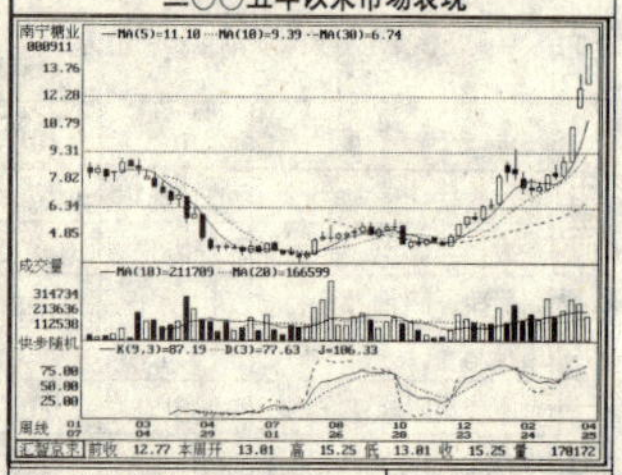

2005 年涨跌幅(%)	-27.44
2005 年最高(元)	8.89
2006 年涨跌幅(%)	170.4
2006.4.26 收盘(元)	15.25
2006 年最高(元)	15.44
2006 年最低(元)	5.64
2006 年换手率(%)	287.65
股改对价	送股 每 10 股实际获得 3.3 股

G泸天化(000912)

上市日期:99/06/03　电话:0830－4122275　传真:0830－4123559

主营	生产、销售尿素及合成氨产品			
	年　度	2005	2004	2003
主要指标	每股收益/扣除后(元)	0.78/0.8	0.455	0.279/0.28
	每股经营现金流量(元)	0.93	0.54	0.8
	每股净资产/调整后(元)	3.56/3.53	3.09/3.02	2.89/2.81
	未分利润(万元)	49817.59	34852.92	30142.78
	资本公积(万元)	67012.08	66434.37	66403.21
利润构成	主营收入(万元)	312276.7	266989.17	215184.76
	主营利润(万元)	106279.93	79877.1	59661.03
	营业利润(万元)	59783.22	43491.22	22535.06
	投资收益(万元)	－1629.86	－1326.09	－540.06
	利润总额(万元)	64908.27	40135.8	24851.64
	净利润(万元)	45643.31	26626.78	16328.22
点评	公司是全国最大的化肥生产企业及全行业尿素出口数量最大、创汇最多的企业,目前拥有年产100万吨合成氨、160万吨尿素的产能。公司地处天然气资源丰富的四川盆地,具有低成本优势。但随着我国氮肥产能的过剩,公司盈利能力将受影响。			

	截止日期	05年末	占%	主要股东及持股比例%、持股性质
股本结构(万股)	总股本	58500		泸天化(集团)有限责任公司 66.67%(国有股)
	国有股	39000	66.67	安顺证券投资基金 1.74%(流通A股)
	发起股			景阳证券投资基金 0.9%(流通A股)
	外资股			普丰证券投资基金 0.87%(流通A股)
	募集股			国联安德盛小盘精选证券投资基金 0.86%(流通A股)
	流通A	19500	33.33	中国人寿保险股份有限公司—分红—个人分红 0.62%(流通A股)
	流通B			中国人寿保险(集团)公司—传统—普通保险产品 0.29%(流通A股)
	流通H			重庆久盛投资咨询有限公司 0.2%(流通A股)
股东户数	05年末	57199		博时裕富证券投资基金 0.19%(流通A股)
	04年末	68143		华安上证180指数增强证券投资基金 0.17%(流通A股)
其他流通股东	兴业可转债混合型证券投资基金 0.118%			
近年分配	05年:10派3;04年:10派3.2;03年:10派2.6		近年募资	

二〇〇五年以来市场表现

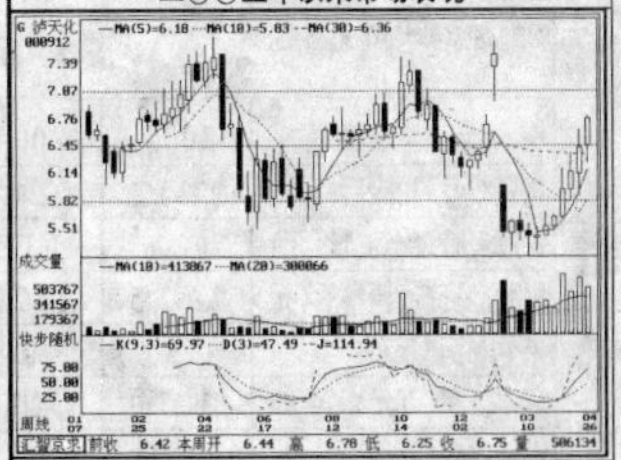

2005年涨跌幅(%)	1.75
2005年最高(元)	7.77
2006年涨跌幅(%)	34.98
2006.4.26收盘(元)	6.75
2006年最高(元)	9.04
2006年最低(元)	6.95
2006年换手率(%)	217.05
股改对价	送股 派现 每10股实际获得2.2股7.68元(06/02/13)

G钱摩(000913)

上市日期:99/05/14　电话:0576－6192111　传真:0576－6139081

主营	摩托车及其配件、机电产品的生产和销售			
	年　度	2005	2004	2003
主要指标	每股收益/扣除后(元)	0.11/0.11	0.2	0.12/0.12
	每股经营现金流量(元)	0.34	0.49	0.53
	每股净资产/调整后(元)	2.48/2.47	2.52/2.51	2.77/2.77
	未分利润(万元)	5276.08	7876.54	21026.45
	资本公积(万元)	53193.76	52891.38	52863.51
利润构成	主营收入(万元)	318806.42	325193.84	308301.71
	主营利润(万元)	41809.21	39724.72	38212.6
	营业利润(万元)	9774.18	16714.72	11227.79
	投资收益(万元)	－508.45	－141.37	－869.9
	利润总额(万元)	9064.53	16476.27	9732.24
	净利润(万元)	5051.87	9061.71	5416.11
点评	05年,原材料价格持续攀升和"欧Ⅱ排放标准"的实施,公司单位产品成本不断增加。同时,一车一证政策的推行和城市"禁限摩"等因素的影响,使公司研发费用大幅上升,造成公司业绩出现滑坡。但新消费政策的出台,有利于行业整合和优秀企业的发展。			

	截止日期	05年末	占%	主要股东及持股比例%、持股性质
股本结构(万股)	总股本	45353.6		温岭钱江投资经营有限公司 47.96%(国有股)
	国有股			汇洋企业有限公司 22.23%(外资股)
	发起股	21753.6	47.96	上海鹤邦企业管理咨询有限公司 0.47%(流通A股)
	外资股	10080	22.23	上海津义科技发展有限公司 0.32%(流通A股)
	募集股			李吉英 0.32%(流通A股)
	流通A	13520	29.81	陈婷婷 0.18%(流通A股)
	流通B			林文清 0.15%(流通A股)
	流通H			山西信托投资有限公司－鸿盛集合资金信托 0.13%(流通A股)
股东户数	05年末	24511		颜秀莉 0.11%(流通A股)
	04年末	27462		王双华 0.11%(流通A股)
其他流通股东	张香招 0.11%;潘依德 0.103%			
近年分配	04年:10派1.5;03年:10派4.5		近年募资	

二〇〇五年以来市场表现

2005年涨跌幅(%)	－25.14
2005年最高(元)	4.1
2006年涨跌幅(%)	52.66
2006.4.26收盘(元)	3.03
2006年最高(元)	4.41
2006年最低(元)	2.57
2006年换手率(%)	123.49
股改对价	送股 每10股实际获得3.2股(06/04/11)

山大华特(000915)

上市日期:99/06/09　电话:0531－5198006　传真:0531－2666189

主营	山东大学"国家大学科技园"的开发、建设及管理;高新技术的开发、成果转让、技术服务;非金属材料的研究开发、生产及销售;节能、环保设备的生产及销售。			
	年　度	2005	2004	2003
主要指标	每股收益/扣除后(元)	0.04/0.027	0.034/0.005	0.024
	每股经营现金流量(元)	0.4127	0.2975	0.02
	每股净资产/调整后(元)	1.8/1.78	1.72/1.7	1.67/1.66
	未分利润(万元)	3157.41	3060.06	2737.02
	资本公积(万元)	6512.38	5840.24	5706.65
利润构成	主营收入(万元)	33612.65	26482.16	17167.96
	主营利润(万元)	20643.79	16376.75	10996.44
	营业利润(万元)	4114.12	3097.75	1716.89
	投资收益(万元)	－376.22	－235.6	－4.01
	利润总额(万元)	4094.25	3365	2277.3
	净利润(万元)	615.44	516.34	363.65
点评	国家的排污许可证交易制度对火电厂烟气脱硫的强制性推行等环保措施,将进一步提升产业的市场空间,公司将从中受益。但公司部分存量资产仍处于闲置状态,有待于进一步的开发利用。			

	截止日期	05年末	占%	主要股东及持股比例%、持股性质
股本结构(万股)	总股本	15357.12		山东山大产业集团有限公司 29.888%(国有股)
	国有股	4590	29.89	宁波达因天丽家居用品有限公司 12.156%(非流通股)
	发起股	1866.77	12.16	北京同大盛业投资顾问有限公司 1.167%(非流通股)
	外资股			山东省临沂地区公路局水泥厂 0.731%(非流通股)
	募集股	1075.19	7	沂南县发达硅砂有限公司 0.487%(非流通股)
	流通A	7825.16	50.95	潍坊顺源证券咨询服务有限公司 0.487%(非流通股)
	流通B			沂南县城区建筑公司 0.365%(非流通股)
	流通H			成都城建投资发展股份有限公司 0.365%(非流通股)
股东户数	05年末	23053		宁夏伊斯兰国际信托投资公司 0.365%(非流通股)
	04年末	24625		济南行者实业有限公司 0.365%(非流通股)
其他流通股东	上海华商联合发展有限公司 0.293%;张世煜 0.255%;赵华荣 0.234%;吴明宇 0.221%;李灏 0.221%;王涌 0.218%			
近年分配			近年募资	

二〇〇五年以来市场表现

2005年涨跌幅(%)	－16.88
2005年最高(元)	4.69
2006年涨跌幅(%)	－4.62
2006.4.26收盘(元)	3.1
2006年最高(元)	3.96
2006年最低(元)	2.98
2006年换手率(%)	127.38
股改对价	

G 华路（000916）

上市日期:99/09/27　　电话:010－58021999　　传真:010－58021229

主营：经营京津塘高速公路。

年　　度	2005	2004	2003
主要指标			
每股收益/扣除后(元)	0.22/0.21	0.22/0.22	0.16/0.152
每股经营现金流量(元)	0.2876	0.3315	0.26
每股净资产/调整后(元)	2.86/2.85	2.8/2.78	2.68/2.64
未分利润(万元)	37728.79	34909.83	25175.8
资本公积(万元)	134017.69	134017.69	134017.69
利润构成			
主营收入(万元)	73453.86	67843.48	49620.9
主营利润(万元)	37253.32	42626.64	28818.18
营业利润(万元)	33824.41	36940.37	24843.86
投资收益(万元)	2330.65	307.8	449.86
利润总额(万元)	36155.96	37244.14	26045.1
净利润(万元)	24149	24248.5	17556.51

点评：公司经营的京津塘高速是目前京津之间唯一的高速公路，通行费标准相对较低。由于2005年2季度公司分时段、分区间封闭单向道路对公路路面进行维修，主营成本增加，业绩增长不佳。公司一直在着手进行京沈高速北京段的收购，但到目前还未有实质性进展。

股本结构（万股）

截止日期	05年末	占%	主要股东及持股比例%、持股性质
总股本	109000		华建交通经济开发中心 28%（部分流通部分不流通）
国有股	75000	68.81	天津市京津塘高速公路公司 26.12%（国有股）
发起股			京津塘高速公路北京市公司 13.42%（国有股）
外资股			河北省公路开发有限公司 3.12%（国有股）
募集股			中国平安人寿保险股份有限公司－传统－普通保险产品 1.34%（流通A股）
流通A	34000	31.19	中国平安人寿保险股份有限公司－分红－个险分红 1.21%（流通A股）
流通B			全国社保基金一一零组合 0.47%（流通A股）
流通H			长城证券有限责任公司 0.44%（流通A股）
股东户数 05年末	103466		通乾证券投资基金 0.2%（流通A股）
股东户数 04年末	117942		中国建设银行－博时裕富证券投资基金 0.19%（流通A股）

其他流通股东：中国平安财产保险股份有限公司－传统－普通保险产品 0.183%；杭州信谊经济信息咨询有限公司 0.158%

近年分配：05预案:10派1.6；04年:10派1.6；03年:10派1　　**近年募资**：

二〇〇五年以来市场表现

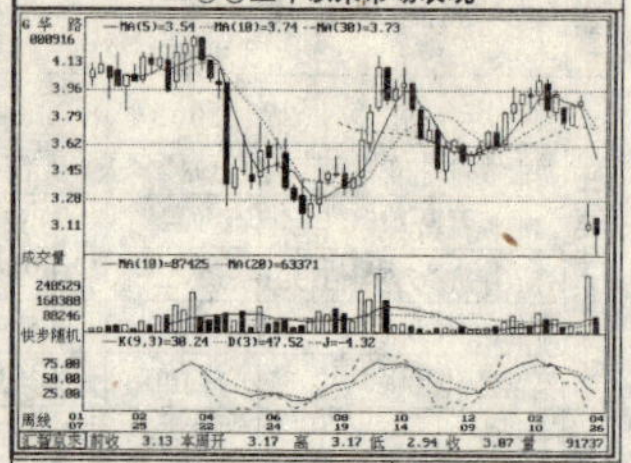

2005年涨跌幅(%)	－5.74
2005年最高(元)	4.33
2006年涨跌幅(%)	10.27
2006.4.26收盘(元)	3.07
2006年最高(元)	4.22
2006年最低(元)	3.59
2006年换手率(%)	28.36
股改对价	送股 派现 每10股实际获得2.1股4.03元(06/04/19)

G 电广（000917）

上市日期:99/03/25　　电话:0731－4252080　　传真:0731－4252096

主营：策划、设计、制作、代理、发布国内外各类广告；影视节目制作、发行和销售；电子商务、网络及信息传播服务，音像制品出版发行。

年　　度	2005	2004	2003
主要指标			
每股收益/扣除后(元)	0.03/0.13	0.05	0.18/0.19
每股经营现金流量(元)	0.31	0.14	2.54
每股净资产/调整后(元)	7.08/6.91	7.05/6.93	9.24/9.15
未分利润(万元)	13377.78	15501.27	17379.69
资本公积(万元)	134025.48	133979.57	188073.41
利润构成			
主营收入(万元)	181438.45	151316.78	96808.65
主营利润(万元)	43937.16	34877.46	25819
营业利润(万元)	－943.15	－5054.74	－7873.94
投资收益(万元)	2666.2	5348.2	8713.1
利润总额(万元)	1778.92	475.59	771.84
净利润(万元)	782.3	1349.13	4757.19

点评：由于湖南广电考虑集团整体上市及改制的计划，而G电广作为集团唯一的资本市场窗口，可能将G电广纳入整体计划；同时集团在近两三年之内再成立其他上市公司的可能性不大，G电广有希望获得本质上的转变。关注公司基本面的变化。

股本结构（万股）

截止日期	05年末	占%	主要股东及持股比例%、持股性质
总股本	26049.9		湖南广播电视产业中心 19.45%（国有股）
国有股	5431.91	20.85	深圳市芙蓉投资有限责任公司 1.95%（非流通股）
发起股	982.79	3.77	湖南金帆投资管理有限公司 1.3%（国有股）
外资股			中国银行－同盛证券投资基金 1.04%（流通A股）
募集股			中国银行－易方达策略成长证券投资基金 0.9%（流通A股）
流通A	19611.49	75.28	湖南省金海林建设装饰有限公司 0.65%（非流通股）
流通B			湖南省凯地经济发展有限公司 0.6%（非流通股）
流通H			湖南汇丰泰投资发展有限公司 0.55%（非流通股）
股东户数 05年末	62837		长江证券有限责任公司 0.39%（流通A股）
股东户数 04年末	68519		谈桂兰 0.29%（流通A股）

其他流通股东：中国工商银行－融通深证100指数证券投资基金 0.25%；傅子彬 0.245%；应京 0.238%；张永平 0.194%

近年分配：05预案:10转增3；03年:10派1转增3　　**近年募资**：

二〇〇五年以来市场表现

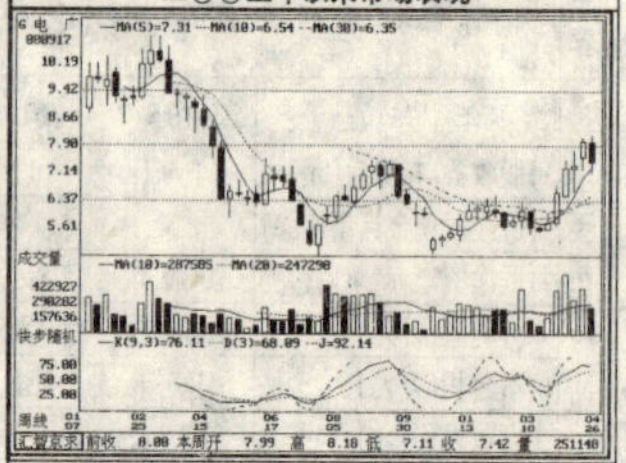

2005年涨跌幅(%)	－21.65
2005年最高(元)	10.95
2006年涨跌幅(%)	35.9
2006.4.26收盘(元)	7.42
2006年最高(元)	8.18
2006年最低(元)	5.24
2006年换手率(%)	220.21
股改对价	送股 每10股实际获得2.8股(05/12/12)

＊ST 亚华（000918）

上市日期:99/07/20　　电话:0731－5797818　　传真:0731－5566002

主营：农作物种子、种苗和畜禽良种的选育、繁殖、生产、推广、销售，赤霉素等生化调控剂，优质农畜产品、兽药、鱼药、种子生产设施及其他农用机械、设施的开发、生产、销售、农业新技术的推广、咨询，乳制品的生产、加工、销售等。

年　　度	2005	2004	2003
主要指标			
每股收益/扣除后(元)	－0.94/－0.645	－1.17	0.182/0.199
每股经营现金流量(元)	0.19	－0.09	0.488
每股净资产/调整后(元)	0.14/0.01	1.08/0.96	4.07/3.77
未分利润(万元)	－26161.05	－31230.85	8225.49
资本公积(万元)	352.63	28788.52	38909.19
利润构成			
主营收入(万元)	112967.23	122999.6	118639.97
主营利润(万元)	45263	43810.2	42605.01
营业利润(万元)	－13763.24	－8218.01	4450.6
投资收益(万元)	－3074.7	－21379.87	－944.43
利润总额(万元)	－25518.83	－31216.77	3069.83
净利润(万元)	－25675.47	－31759.92	3086.12

点评：公司在杂交水稻研究上有很强的优势。但受关联方占用公司资金影响，继2004年亏损后，2005年继续亏损。虽然种业和乳业两大主业继续健康发展，公司现金流状况也不断好转，但各项计提额度较大、财务费用过高以及资产报损等原因仍导致了亏损。

股本结构（万股）

截止日期	05年末	占%	主要股东及持股比例%、持股性质
总股本	27200.32		湖南省农业集团有限公司 25.35%（国有股）
国有股	10592	38.94	深圳市舟仁创业投资有限公司 20.59%（非流通股）
发起股	7008	25.76	湖南省南山种畜牧草良种繁殖场 13.59%（国有股）
外资股			北京世方旅游投资有限公司 2.82%（非流通股）
募集股			怀化元亨发展有限公司 2.35%（非流通股）
流通A	9600	35.29	健桥证券有限责任公司 0.19%（流通A股）
流通B			缺少资料 0.14%（流通A股）
流通H			蒋宏 0.13%（流通A股）
股东户数 05年末	23857		陈利群 0.13%（流通A股）
股东户数 04年末	26867		黄涛 0.12%（流通A股）

其他流通股东：李惠文 0.114%；王革衡 0.109%；裴建政 0.106%；聂多 0.099%；朱彤 0.098%

近年分配：03年:10转增6　　**近年募资**：

二〇〇五年以来市场表现

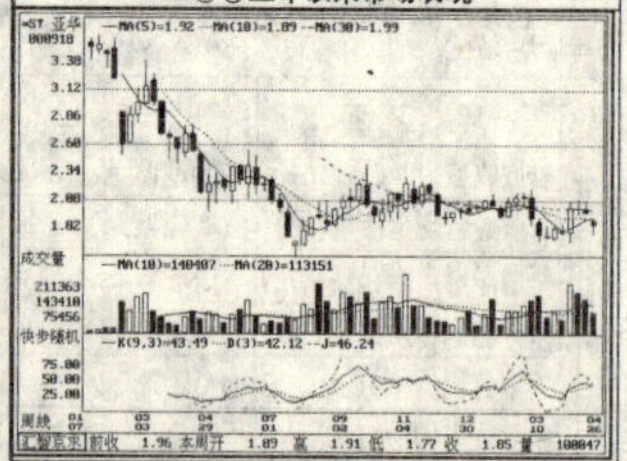

2005年涨跌幅(%)	－44.82
2005年最高(元)	3.64
2006年涨跌幅(%)	－6.09
2006.4.26收盘(元)	1.85
2006年最高(元)	2.18
2006年最低(元)	1.69
2006年换手率(%)	204.69
股改对价	

G 金陵药(000919)

上市日期:99/11/18　　电话:025－83118513　　传真:025－3112486

主营	中药原料和制剂、西药制剂的生产和销售,以及医药新产品研制、技术服务和开发。			
	年　度	2005	2004	2003
主要指标	每股收益/扣除后(元)	0.47/0.444	0.334/0.462	0.47/0.38
	每股经营现金流量(元)	0.3253	0.476	0.58
	每股净资产/调整后(元)	4.27/4.27	4/4	4.55/4.55
	未分利润(万元)	27205.22	21859.3	22660.36
	资本公积(万元)	63549.13	63592.55	63592.55
利润构成	主营收入(万元)	123580.03	100175.28	84971.65
	主营利润(万元)	43382.88	41515.92	36262.53
	营业利润(万元)	20722.38	20186.45	15163.66
	投资收益(万元)	589.05	-4940.99	2959.43
	利润总额(万元)	21212.27	14859.28	17741.21
	净利润(万元)	15784.84	11235.45	13204.39
点评	公司是中西药生产、贸易企业,其主导产品脉络宁注射液是独家中药保护品种,贡献股份公司50%利润。2005年净利润增长50%,主要来自投资收益的增长。公司收购的宿迁医院将成为新的盈利点。			

	截止日期	05年末	占%	主要股东及持股比例%、持股性质
股本结构(万股)	总股本	33600		南京金陵制药(集团)有限公司 47.37%(国有股)
	国有股	24000	71.43	福州市医药总公司 8.75%(国有股)
	发起股			浙江省建筑材料集团有限公司 5.46%(国有股)
	外资股			南京医药集团有限责任公司 5.22%(国有股)
	募集股			合肥市医药工业公司 4.63%(国有股)
	流通A	9600	28.57	中国工商银行—裕元证券投资基金 2.01%(流通A股)
	流通B			长盛成长价值证券投资基金 0.48%(流通A股)
	流通H			中国工商银行—银河银泰理财分红证券投资基金 0.47%(流通A股)
股东户数	05年末	20029		中国工商银行—广发聚富开放式证券投资基金 0.43%(流通A股)
	04年末	23344		国海证券有限责任公司 0.42%(流通A股)
其他流通股东	钱瑞华 0.362%;陈小留 0.357%;中国银行—华夏大盘精选证券投资基金 0.348%;景阳证券投资基金 0.327%			
近年分配	05预案:10派2.5转增5;04年:10派2;03年:10派1.5送2		近年募资	

二〇〇五年以来市场表现

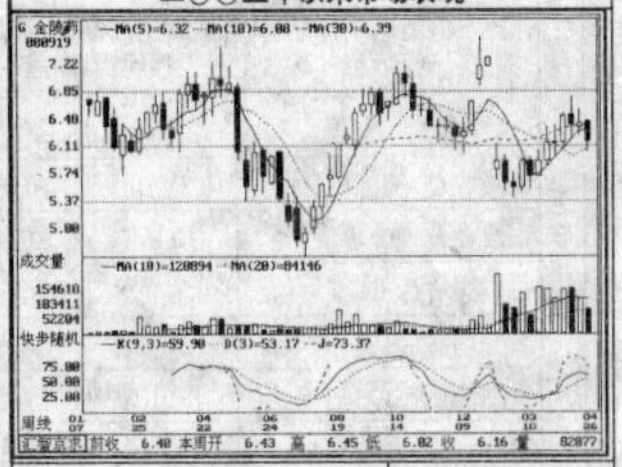

2005年涨跌幅(%)	9.17
2005年最高(元)	7.79
2006年涨跌幅(%)	15.82
2006.4.26收盘(元)	6.16
2006年最高(元)	9.14
2006年最低(元)	7.18
2006年换手率(%)	118.36
股改对价	送股 每10股实际获得3.5股(06/02/07)

南方汇通(000920)

上市日期:99/06/16　　电话:0851－4470866　　传真:0851－4470866

主营	铁路货车大修理,铁路货车制造,铁路机车车辆配件的制造和棕纤维弹性材料生产和销售等。			
	年　度	2005	2004	2003
主要指标	每股收益/扣除后(元)	-0.36/-0.37	0.02	0.29/0.28
	每股经营现金流量(元)	0.29	-0.4	-0.57
	每股净资产/调整后(元)	1.76/1.75	2.18/2.16	4.36/4.34
	未分利润(万元)	-12344.7	2690.34	6351.77
	资本公积(万元)	38246.89	40871.2	58839.84
利润构成	主营收入(万元)	115574.68	136797.51	93324.41
	主营利润(万元)	18404.17	24758.91	25680.54
	营业利润(万元)	3133.01	-579.42	7116.09
	投资收益(万元)	-16040.27	-2050.27	74.37
	利润总额(万元)	-15410.34	-1518.77	7462.76
	净利润(万元)	-14990.44	983.15	6161.79
点评	公司年末对参股企业汇通世华微硬盘公司大额计提长期减值准备,是公司发生大额亏损的主要原因。同时水电、动能、运输费用上升,配件价格上涨和主要原材料钢材价格高位运行导致运输设备制造业产品的销售利润率受到影响。公司的发展前景难以乐观。			

	截止日期	05年末	占%	主要股东及持股比例%、持股性质
股本结构(万股)	总股本	42200		中国南方机车车辆工业集团公司 56.87%(国有股)
	国有股	24000	56.87	唐山海港安泰船务有限公司 0.18%(流通A股)
	发起股			李英 0.17%(流通A股)
	外资股			钟亚平 0.17%(流通A股)
	募集股			张凤娣 0.16%(流通A股)
	流通A	18200	43.13	中国工商银行－融通深证100指数证券投资基金 0.15%(流通A股)
	流通B			张艳萍 0.14%(流通A股)
	流通H			毛锡红 0.14%(流通A股)
股东户数	05年末	34257		孙学勇 0.14%(流通A股)
	04年末	33636		柳英武 0.14%(流通A股)
其他流通股东	曾卫平 0.133%			
近年分配	04中期:10转增10;03年:10派2		近年募资	03年10配3配股价10.98元。

二〇〇五年以来市场表现

2005年涨跌幅(%)	-40.14
2005年最高(元)	7.72
2006年涨跌幅(%)	-15.63
2006.4.26收盘(元)	3.51
2006年最高(元)	5.68
2006年最低(元)	3.2
2006年换手率(%)	449.17
股改对价	

科龙电器(000921)

上市日期:99/07/13　　电话:0765－8362570　　传真:0765－8361055

主营	开发、制造电冰箱、空调、冷柜等电器产品及相应配件业务			
	年　度	05中期	2004	2003
主要指标	每股收益/扣除后(元)	-0.491/-0.492	-0.065/-0.082	0.2/0.19
	每股经营现金流量(元)		0.9009	1.02
	每股净资产/调整后(元)	2.23/2.19	2.83/2.78	2.83/2.64
	未分利润(万元)	-47854.77	12027.6	18443.62
	资本公积(万元)	158376.93	157668.42	151678.77
利润构成	主营收入(万元)	455827.27	843640.34	616811
	主营利润(万元)	41323.73	182396.78	168454.49
	营业利润(万元)	-48522.69	1018.15	26525.95
	投资收益(万元)	-1561.13	-8310.83	-5018.27
	利润总额(万元)	-50125.22	-6833.37	22000.35
	净利润(万元)	-48694.36	-6416.02	20218.02
点评	经过多年的发展,国内家电市场逐渐走向成熟,家电产品价格呈现不断下降的趋势,市场竞争也更为激烈,公司面临的生存环境更为严苛。而且由于公司正在重组,公司近几年的发展前景并不乐观。			

	截止日期	05中期	占%	主要股东及持股比例%、持股性质
股本结构(万股)	总股本	99200.66		广东格林柯尔企业发展有限公司 26.43%(非流通股)
	国有股			顺德市经济咨询公司 6.92%(非流通股)
	发起股	33791.58	34.06	中国银行(香港)有限公司 4.96%(H股)
	外资股			香港上海汇丰银行有限公司 4.88%(H股)
	募集股			国泰君安证券(香港)有限公司 4.13%(H股)
	流通A	19450.1	19.61	香港上海汇丰银行代理人(香港)有限公司 4.04%(H股)
	流通B			第一上海证券有限公司 2.61%(H股)
	流通H	45958.98	46.33	恒生证券有限公司 2.04%(H股)
股东户数	05中期	68945		申银万国证券(香港)有限公司 1.99%(H股)
	04年末	70520		廖创兴银行有限公司 1.61%(H股)
其他流通股东	渣打银行(香港)有限公司 1.525%;大新银行有限公司 1.512%			
近年分配			近年募资	

二〇〇五年以来市场表现

2005年涨跌幅(%)	-52.35
2005年最高(元)	4.67
2006年涨跌幅(%)	12.21
2006.4.26收盘(元)	2.39
2006年最高(元)	3.11
2006年最低(元)	2.06
2006年换手率(%)	128.27
股改对价	

阿继电器（000922）

上市日期:99/06/18　　电话:0451－87005508　　传真:0451－87005505

主营	开发、生产、销售继电保护及自动化产品(含工程软件)、电源及电力电子产品、计算机网络产品、工业过程自动化成套设备、通讯设备(不含卫星广播地面接收设备)。

	年　度	2005	2004	2003
主要指标	每股收益/扣除后(元)	-0.31/-0.363	0.005	0.04/0.03
	每股经营现金流量(元)	-0.0649	-0.8048	0.05
	每股净资产/调整后(元)	0.89/0.88	1.2/1.2	1.84/1.84
	未分利润(万元)	-24021.21	-14756.65	2317.17
	资本公积(万元)	18623.12	18608.4	18608.11
利润构成	主营收入(万元)	10694.01	24620.37	25216.04
	主营利润(万元)	444.31	6779.94	8551.19
	营业利润(万元)	-10011.62	-504.83	1676.5
	投资收益(万元)	-24.38	-1.28	0.36
	利润总额(万元)	-9579.77	91.51	1527.82
	净利润(万元)	-9264.56	152.98	1257.35

点评	公司是行业中品种最齐全、配套供货能力最强的企业之一,被确认为国家级企业技术中心,享受国家一系列优惠政策。然而控股大股东仍占用公司资金达4.32亿元之巨,未在报表中体现的占款情况对公司财务状况影响巨大。

	截止日期	05年末	占%	主要股东及持股比例%、持股性质
股本结构(万股)	总股本	29843.5		阿城继电器集团有限公司55%(非流通股)
	国有股	16413.5	55	彭冬梅0.47%(流通A股)
	发起股			苏州市新吴城电力发展有限公司0.2%(流通A股)
	外资股			欧丽和0.18%(流通A股)
	募集股			娄少秋0.17%(流通A股)
	流通A	13430	45	陈文0.16%(流通A股)
	流通B			杨恒之0.12%(流通A股)
	流通H			刘廷辉0.11%(流通A股)
股东户数	05年末	38473		刘靖民0.1%(流通A股)
	04年末	43032		耿艳0.1%(流通A股)
其他流通股东	高俊杰0.07%			
近年分配		近年募资		

二〇〇五年以来市场表现

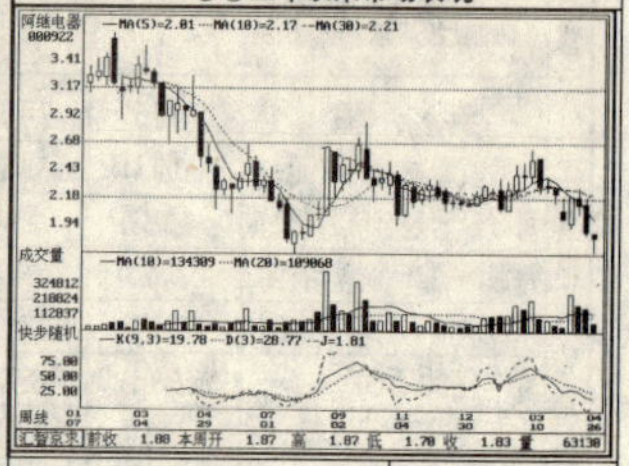

2005年涨跌幅(%)	-34.47
2005年最高(元)	3.66
2006年涨跌幅(%)	-13.27
2006.4.26收盘(元)	1.83
2006年最高(元)	2.62
2006年最低(元)	1.7
2006年换手率(%)	150.76
股改对价	

河北宣工（000923）

上市日期:99/07/14　　电话:0313—3186012　　传真:0313—3186026

主营	推土机、装载机、压路机及其变型产品和工矿配件的设计、制造与销售。

	年　度	2005	2004	2003
主要指标	每股收益/扣除后(元)	-0.26/-0.271	0.014/0.01	0.03/0.03
	每股经营现金流量(元)	0.05	0.06	0.04
	每股净资产/调整后(元)	2.25/1.66	2.52/2.5	2.53/2.5
	未分利润(万元)	-108.18	4255.22	4476.66
	资本公积(万元)	19590.07	19589.38	19585.26
利润构成	主营收入(万元)	42776.42	49587.33	62132.31
	主营利润(万元)	3384.11	7891.58	8602.36
	营业利润(万元)	-4573.08	183.61	977.94
	投资收益(万元)	271	288.59	205.28
	利润总额(万元)	-4356.52	401.44	1118.56
	净利润(万元)	-4363.4	227.97	414.77

点评	公司主营为推土机、装载机等工程机械,是目前国内推土机三巨头之一。05年在国家宏观调控的影响下,企业收入出现了下滑,并导致企业亏损。06年外资将并购公司主要股东股权,同时国内工程机械行业开始转好,但公司能否摆脱经营困境,还需要观察。

	截止日期	05年末	占%	主要股东及持股比例%、持股性质
股本结构(万股)	总股本	16500		宣化工程机械集团有限公司42.65%(国有股)
	国有股	7235.3	43.85	河北欧力重工有限公司19.01%(非流通股)
	发起股	3764.7	22.82	北汽福田汽车股份有限公司3.8%(非流通股)
	外资股			中国华能财务有限责任公司1.2%(国有股)
	募集股			沈菊娣0.99%(流通A股)
	流通A	5500	33.33	倪峰0.38%(流通A股)
	流通B			周建明0.33%(流通A股)
	流通H			陶恒0.29%(流通A股)
股东户数	05年末	19439		沈行龙0.26%(流通A股)
	04年末	17116		孙桂香0.25%(流通A股)
其他流通股东	赵晓华0.23%;伍霞芳0.214%;朱业升0.213%;王晓萍0.193%			
近年分配	03年:10派0.25	近年募资		

二〇〇五年以来市场表现

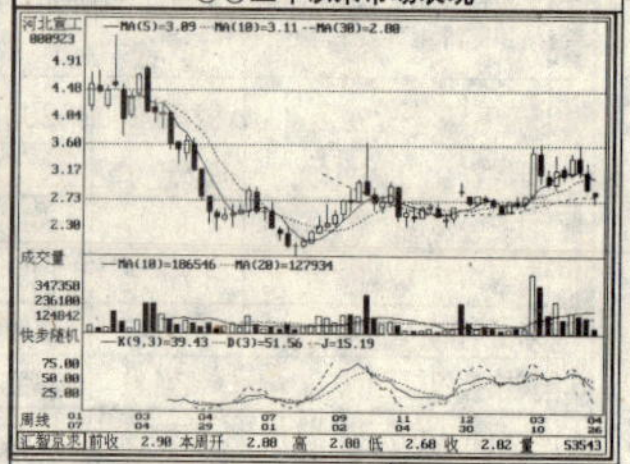

2005年涨跌幅(%)	-37.09
2005年最高(元)	5.35
2006年涨跌幅(%)	5.22
2006.4.26收盘(元)	2.82
2006年最高(元)	3.62
2006年最低(元)	2.51
2006年换手率(%)	390.8
股改对价	

浙江海纳（000925）

上市日期:99/06/11　　电话:0571－56680699　　传真:0571－56680699

主营	单晶硅及其制品、半导体元器件的开发、制造、销售与技术服务;工业控制系统;生物医学工程技术的开发、应用;电子商务软件技术平台的开发和销售。

	年　度	2005	2004	2003
主要指标	每股收益/扣除后(元)	-7.07/-7.06	-0.31	0.13/0.14
	每股经营现金流量(元)	0.37	-2.9	0.29
	每股净资产/调整后(元)	-3.03/-3.3	4.03/4.03	4.34/4.34
	未分利润(万元)	-62240.82	1344.86	4159.24
	资本公积(万元)	24360.37	24313.61	24313.61
利润构成	主营收入(万元)	11096.13	17361.76	13421.11
	主营利润(万元)	3714.82	4939.98	3685.5
	营业利润(万元)	-25702.56	-847.59	1998.95
	投资收益(万元)	705.03	-4.09	159.29
	利润总额(万元)	-62960.21	-1396.51	2149.51
	净利润(万元)	-63585.69	-2814.37	1186.45

点评	公司主营为单晶硅、半导体元器件。由于公司法人治理结构不完善,受大股东占款、债务与违规担保等影响,公司05年出现了巨亏。尽管公司希望通过重组和清理相关债务来实现企业稳定发展,但其效果需要时间来验证。

	截止日期	05年末	占%	主要股东及持股比例%、持股性质
股本结构(万股)	总股本	9000		珠海经济特区溶信投资有限公司(现更名为:深圳市瑞富控股有限公28.44%(非流通股)
	国有股	1100	12.22	海南皇冠假日滨海温泉酒店有限公司24%(非流通股)
	发起股	180	2	浙江大学企业集团控股有限公司(现更名为:浙江浙大圆正集团有限10%(国有股)
	外资股			浙江省科技风险投资有限公司2.22%(国有股)
	募集股			赵建0.5%(非流通股)
	流通A	3000	33.33	褚健0.5%(非流通股)
	流通B			李立本0.5%(非流通股)
	流通H			张锦心0.5%(非流通股)
股东户数	05年末	19359		朱炎昌0.29%(流通A股)
	04年末	21244		刘晓宁0.26%(流通A股)
其他流通股东	翟栋木梁0.215%;刘忠0.148%;李晓明0.123%;杭州易安投资有限公司0.116%;0041484760(股东代码)0.101%			
近年分配		近年募资		

二〇〇五年以来市场表现

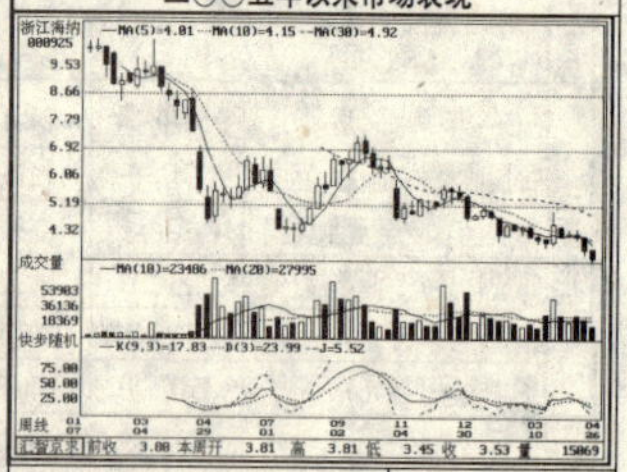

2005年涨跌幅(%)	-52.57
2005年最高(元)	10.4
2006年涨跌幅(%)	-26.31
2006.4.26收盘(元)	3.53
2006年最高(元)	5.05
2006年最低(元)	3.45
2006年换手率(%)	123.69
股改对价	

G福星（000926）

上市日期:99/06/18　　电话:0712－8740018　　传真:0712－8740018

主营：子午轮胎钢帘线、镀锌钢丝、回火胎圈钢丝、光纤光缆钢丝、PC钢绞线、钢丝绳系列产品和其他金属制品的制造、销售。

	年　度	2005	2004	2003
主要指标	每股收益/扣除后(元)	0.8/0.8	0.596	0.326/0.33
	每股经营现金流量(元)	0.9	1.29	-0.951
	每股净资产/调整后(元)	5.41/5.41	3.41/3.41	2.92/2.92
	未分利润(万元)	38923.57	31598.39	22023.17
	资本公积(万元)	34228.79	18942.46	18942.46
利润构成	主营收入(万元)	208251.53	141972.23	85576.8
	主营利润(万元)	44379.76	38246.11	22946.04
	营业利润(万元)	23055.07	22739.88	13122.24
	投资收益(万元)		3	453.03
	利润总额(万元)	23058.09	22688	13375.45
	净利润(万元)	16338.1	15902.95	8704.7

点评：公司主营业务包括金属制品和房地产开发,这两项业务均进入快速增长阶段。金属制品业务各产品均排名为全国前三,子午轮胎用钢丝帘线项目是公司毛利最高的产品、市场供不应求。房地产业务也将保持较高增长,预计公司06年的业务收入可能会较大幅度增长。

	截止日期	05年末	占%	主要股东及持股比例%、持股性质
股本结构（万股）	总股本	20526.65		湖北省汉川市钢丝绳厂 44.38%（非流通股）
	国有股	1215.27	5.92	国联安德盛小盘精选证券投资基金 4.97%（流通A股）
	发起股	9244.18	45.04	湖北安盛投资发展有限公司 3.07%（国有股）
	外资股			中工美投资有限责任公司 1.53%（国有股）
	募集股			长城证券有限责任公司 1.47%（流通A股）
	流通A	10054.63	48.98	孝感市产权交易中心 1.32%（国有股）
	流通B			普丰证券投资基金 1.29%（流通A股）
	流通H			湖北鑫诚工贸有限公司 0.66%（非流通股）
股东户数	05年末	23335		奥伊尔投资管理有限责任公司 0.52%（流通A股）
	04年末	24794		汪培忠 0.45%（流通A股）

其他流通股东：邱世河 0.404%；博时精选股票证券投资基金 0.381%；杨玉 0.334%；邓翔凌 0.213%；石其忠 0.202%

近年分配：05预案:10派2；04年:10派2；03年:10派1　　**近年募资**：

二〇〇五年以来市场表现

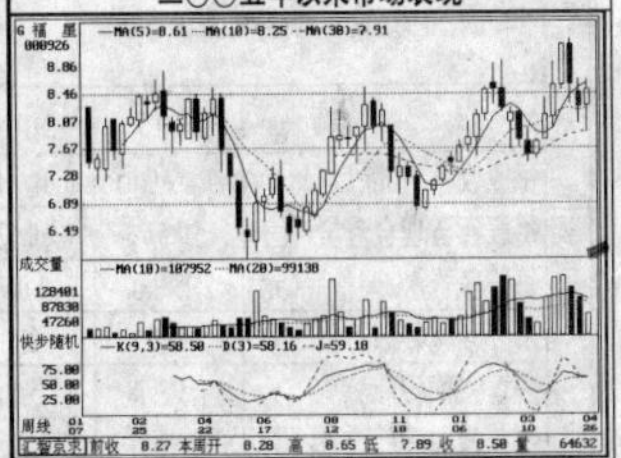

2005年涨跌幅(%)	-7.93
2005年最高(元)	8.79
2006年涨跌幅(%)	13.94
2006.4.26收盘(元)	8.5
2006年最高(元)	9.25
2006年最低(元)	7.46
2006年换手率(%)	178.77
股改对价	缩股（05/11/09）

一汽夏利（000927）

上市日期:99/07/27　　电话:022—87915000　　传真:022—87915111

主营：轿车、汽车发动机、汽车零部件、内燃机配件的制造及其售后服务;高科技产品的开发、研制及生产等。

	年　度	2005	2004	2003
主要指标	每股收益/扣除后(元)	0.163	0.018	0.18/0.11
	每股经营现金流量(元)	0.77	0.03	-0.17
	每股净资产/调整后(元)	1.86/1.81	1.7/1.63	1.65/1.61
	未分利润(万元)	-10119.83	-36132.97	-42728.12
	资本公积(万元)	131287.44	131183.45	130855.07
利润构成	主营收入(万元)	710506.97	557564.41	536971.9
	主营利润(万元)	69108.43	30050.97	63083.67
	营业利润(万元)	7392.9	-18979.97	3551.75
	投资收益(万元)	20811.95	21890.72	26323.48
	利润总额(万元)	25415.95	3074.51	28949.61
	净利润(万元)	26013.14	2909.44	28920.22

点评：公司主营经济型轿车。05年在油价上涨、国家鼓励经济型轿车的背景下,公司主营走出低谷,实现了销售与利润的同步增长。但真正对公司净利润大幅上涨贡献的是参股一汽丰田的投资收益。总体看,随着集团占款问题的解决,公司正步入一个良性发展通道中。

	截止日期	05年末	占%	主要股东及持股比例%、持股性质
股本结构（万股）	总股本	159517.4		中国第一汽车集团公司 50.98%（国有股）
	国有股	81322.44	50.98	天津汽车工业(集团)有限公司 33.99%（国有股）
	发起股	54214.96	33.99	通乾证券投资基金 2.98%（流通A股）
	外资股			融通行业景气证券投资基金 1.81%（流通A股）
	募集股			全国社保基金一零六组合 1.15%（流通A股）
	流通A	23980	15.03	日兴资产管理有限公司日兴AM中国人民币A股母基金 0.78%（流通A股）
	流通B			友邦华泰盛世中国股票型开放式证券投资基金 0.11%（流通A股）
	流通H			周洪松 0.11%（流通A股）
股东户数	05年末	24615		博时裕富证券投资基金 0.1%（流通A股）
	04年末	39528		通宝证券投资基金 0.09%（流通A股）

其他流通股东：金鹰中小盘精选证券投资基金 0.087%；廖春晖 0.066%

近年分配：　　**近年募资**：

二〇〇五年以来市场表现

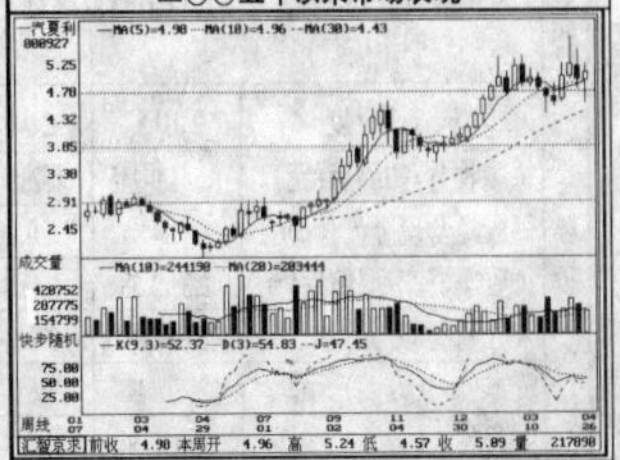

2005年涨跌幅(%)	47.62
2005年最高(元)	4.6
2006年涨跌幅(%)	26.3
2006.4.26收盘(元)	5.09
2006年最高(元)	5.72
2006年最低(元)	3.9
2006年换手率(%)	153.77
股改对价	

吉林炭素（000928）

上市日期:99/03/12　　电话:0432－2749375　　传真:0432－2749375

主营：炭素石墨制品的生产和销售

	年　度	2005	2004	2003
主要指标	每股收益/扣除后(元)	-0.659/-0.62	-0.818/-0.657	0.003/0.005
	每股经营现金流量(元)	0.343	0.2	0.37
	每股净资产/调整后(元)	2.08/2.05	2.74/2.21	3.55/2.99
	未分利润(万元)	-36953.86	-18584.98	4619.83
	资本公积(万元)	55462.86	55462.33	55462.33
利润构成	主营收入(万元)	121579.72	112097.63	85890.33
	主营利润(万元)	19747.6	15478.13	11665.34
	营业利润(万元)	-17436.5	-18487.98	205.55
	投资收益(万元)	-185.12	-165.46	-26.89
	利润总额(万元)	-18598.32	-23017.64	52
	净利润(万元)	-18656.2	-23129.39	78.58

点评：公司是中国最大、世界第四的炭素制品综合生产企业,其生产规模、装备水平、技术力量等方面在国内同行业中占据绝对优势。由于大股东占用的资金总额接近6亿元,导致公司债务负担沉重。重组后,公司将在中钢集团的大力支持下全面发展炭素工业,前景可期。

	截止日期	05年末	占%	主要股东及持股比例%、持股性质
股本结构（万股）	总股本	28289.9		吉林炭素集团有限责任公司 53.09%（国有股）
	国有股	15018	53.09	攀钢集团成都钢铁有限责任公司 0.71%（非流通股）
	发起股			本溪钢铁集团有限责任公司 0.53%（非流通股）
	外资股			天津钢管公司 0.35%（非流通股）
	募集股	1267	4.48	龙建路桥股份有限公司 0.35%（非流通股）
	流通A	12004.9	42.44	大连钢铁集团有限责任公司 0.35%（非流通股）
	流通B			无锡锡兴钢铁股份有限公司 0.35%（非流通股）
	流通H			攀钢集团四川长城特殊钢股份有限公司 0.35%（非流通股）
股东户数	05年末	49536		杭州钢铁集团公司 0.21%（非流通股）
	04年末	52198		戚爱玲 0.18%（流通A股）

其他流通股东：蒋金达 0.175%；金矛 0.102%；李金屏 0.091%；赵京湘 0.088%；深圳市金村投资股份有限公司 0.082%

近年分配：　　**近年募资**：

二〇〇五年以来市场表现

2005年涨跌幅(%)	6.78
2005年最高(元)	3.63
2006年涨跌幅(%)	23.49
2006.4.26收盘(元)	3.89
2006年最高(元)	4.05
2006年最低(元)	3
2006年换手率(%)	134.27
股改对价	以资抵债 送股 权证 每10股实际获得0.7股

兰州黄河（000929）

上市日期:99/06/23　　电话:0931－8449054　　传真:0931－8449005

主营：啤酒、麦芽、饲料的生产、批发零售。

	年　度	2005	2004	2003
主要指标	每股收益/扣除后(元)	0.1/-0.03	0.04/-0.06	-0.09/-0.14
	每股经营现金流量(元)	0.57	0.32	0.15
	每股净资产/调整后(元)	2.13/2.07	2.04/2	1.99/1.94
	未分利润(万元)	92.9	-918.42	-1585.8
	资本公积(万元)	17548.78	17598.83	17445.88
利润构成	主营收入(万元)	62182.97	43672.68	25184.17
	主营利润(万元)	14376.45	9733.36	4886.11
	营业利润(万元)	1983.93	1161.45	-1880.15
	投资收益(万元)	1145.03	353.22	233.38
	利润总额(万元)	3500.56	1733.75	-1652.98
	净利润(万元)	1599.62	742.31	-1564.19

点评：公司啤酒业务和嘉士伯集团合作后，收入和利润取得明显增长。麦芽业务收到啤麦收购价格上升影响，净利润出现下降。公司与嘉士伯啤酒将在三年内合资新建50万吨现代化啤酒城项目。届时公司的持续经营能力、市场竞争能力和盈利能力得以提高。

	截止日期	05年末	占%	主要股东及持股比例%、持股性质
股本结构（万股）	总股本	16497.6		兰州黄河企业集团公司 23.76%（非流通股）
	国有股	840	5.09	中国长城资产管理公司 16.97%（非流通股）
	发起股	8097.6	49.08	北京首都国际机场商贸公司 5.09%（非流通股）
	外资股			甘肃省工业交通投资公司 5.09%（国有股）
	募集股			中国石化集团第五建设公司 3.05%（非流通股）
	流通A	7560	45.82	甘肃新盛工贸有限公司 1.03%（流通A股）
	流通B			王国英 0.36%（流通A股）
	流通H			唐炳生 0.35%（流通A股）
股东户数	05年末	20921		赵百川 0.31%（流通A股）
	04年末	23301		刘国平 0.21%（流通A股）

其他流通股东：王晓娣 0.185%；唐小洪 0.148%；施之栋 0.148%；王志良 0.144%；徐兴国 0.144%

近年分配		近年募资	

二〇〇五年以来市场表现

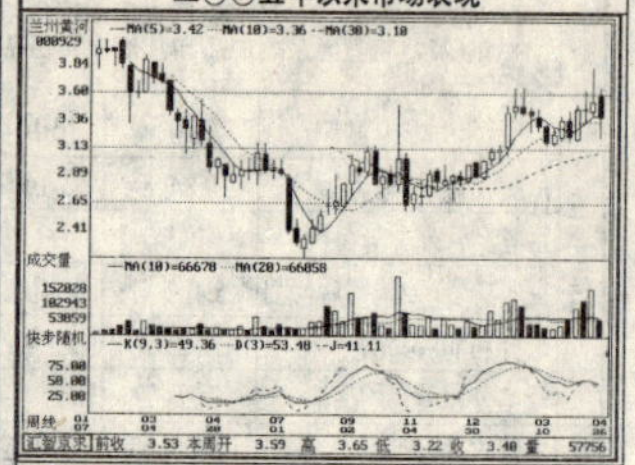

2005年涨跌幅(%)	-27.71
2005年最高(元)	4.08
2006年涨跌幅(%)	18.47
2006.4.26收盘(元)	3.4
2006年最高(元)	3.82
2006年最低(元)	2.86
2006年换手率(%)	156.76
股改对价	

G丰原（000930）

上市日期:99/07/12　　电话:0552－4092979　　传真:0552－4092951

主营：有机酸及其盐类、酯类及其它生物发酵制品、原料饲料、蛋白饲料的生产与销售。

	年　度	2005	2004	2003
主要指标	每股收益/扣除后(元)	0.144/0.145	0.26/0.25	0.31/0.31
	每股经营现金流量(元)	0.4	0.86	0.453
	每股净资产/调整后(元)	2.38/2.38	4.45/4.45	4.99/4.98
	未分利润(万元)	33959.86	27342.36	27342.99
	资本公积(万元)	86677.44	98657.84	92405.97
利润构成	主营收入(万元)	326131.36	219824.74	154735.84
	主营利润(万元)	32135.45	38860.75	28487.63
	营业利润(万元)	3557.75	14782.82	13964.69
	投资收益(万元)	-868.51	1135.08	690.53
	利润总额(万元)	22602.99	16085.95	14496.57
	净利润(万元)	13906.35	10113.72	9879.63

点评：公司是安徽省唯一一家燃料乙醇定点供应单位。目前已形成年产44万吨燃料乙醇的产能，占据了国内燃料乙醇汽油30%的市场份额。随着9省市全面推广燃料乙醇，以及成品油价格的上涨，预计十一五期间燃料乙醇需求将达到1000万吨，产业发展前景看好。

	截止日期	05年末	占%	主要股东及持股比例%、持股性质
股本结构（万股）	总股本	96402.8		安徽丰原集团有限公司 24.71%（国有股）
	国有股	23820.31	24.71	交通银行－汉兴证券投资基金 1.35%（流通A股）
	发起股			全国社保基金一零七组合 1.25%（流通A股）
	外资股			全国社保基金一一一组合 0.65%（流通A股）
	募集股	554.54	0.58	中国银行－华夏回报证券投资基金 0.56%（流通A股）
	流通A	72027.95	74.72	中国银行－华夏大盘精选证券投资基金 0.41%（流通A股）
	流通B			兴业证券投资基金 0.39%（流通A股）
	流通H			姚军 0.33%（流通A股）
股东户数	05年末	71687		国泰君安证券股份有限公司 0.31%（流通A股）
	04年末	30401		南京东胜投资担保有限公司 0.3%（流通A股）

其他流通股东：中国工商银行－融通深证100指数证券投资基金 0.271%

近年分配	05中期:10转增10；04中期:10派0.5送2年终:10派1	近年募资	03年增发转债500万张，募资总额5亿。

二〇〇五年以来市场表现

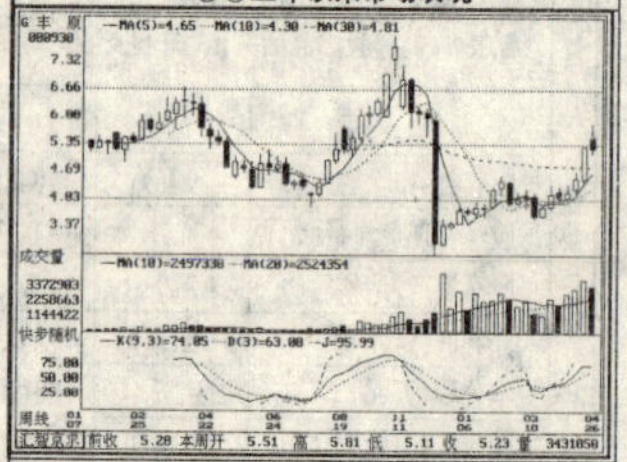

2005年涨跌幅(%)	71.49
2005年最高(元)	9.53
2006年涨跌幅(%)	39.1
2006.4.26收盘(元)	5.23
2006年最高(元)	5.81
2006年最低(元)	3.57
2006年换手率(%)	550.56
股改对价	送股 每10股实际获得2.2496股(05/11/07)

中关村（000931）

上市日期:99/07/12　　电话:010－62140168　　传真:010－62140038

主营：高新技术和产品的开发、销售；科技项目、建设项目投资；各类工业、民用、能源、交通、市政、地铁、城市铁路、高速公路建设项目工程总承包；建筑设计；建筑装饰、装修。

	年　度	2005	2004	2003
主要指标	每股收益/扣除后(元)	-0.787/-0.82	0.086/0.04	-0.94/-0.597
	每股经营现金流量(元)	0.3459	0.3621	0.23
	每股净资产/调整后(元)	0.74/-1.91	1.5/-1.66	1.34/0.06
	未分利润(万元)	-119252.56	-66125.01	-75036.94
	资本公积(万元)	93368.66	91376.54	89466.8
利润构成	主营收入(万元)	50577.05	132481.71	59649.77
	主营利润(万元)	26928.39	61632.81	29138.69
	营业利润(万元)	-14621.08	6168.98	-42434.31
	投资收益(万元)	-37154.41	2050.21	3778.28
	利润总额(万元)	-52349.48	6904.26	-64159.1
	净利润(万元)	-53127.55	5794.93	-63323.36

点评：受累于中关村证券的违规经营，公司全额计提了投资减值准备，导致2005年亏损较大。不过，公司正面临大规模重组，新股东入主后的资产置换将使公司面临新的发展机遇。建议投资者关注。

	截止日期	05年末	占%	主要股东及持股比例%、持股性质
股本结构（万股）	总股本	67484.69		北京住总集团有限责任公司 40.01%（国有股）
	国有股	29700	44.01	北京市国有资产经营有限责任公司 1.63%（国有股）
	发起股	300	0.44	北京实创高科技发展总公司 0.74%（国有股）
	外资股			中关村高科技产业促进中心 0.74%（国有股）
	募集股			北京北大方正集团公司 0.44%（国有股）
	流通A	37484.69	55.55	联想集团控股公司 0.44%（国有股）
	流通B			武汉国际信托投资公司 0.27%（非流通股）
	流通H			北京中信兴业证券营业部 0.21%（流通A股）
股东户数	05年末	245850		黄河证券有限责任公司 0.18%（非流通股）
	04年末	261475		柳凤兰 0.16%（流通A股）

其他流通股东：王剑 0.072%；陈岱琼 0.062%；候敏 0.062%；乔月琴 0.06%；叶文庆 0.056%；张大旺 0.055%；周玉斌 0.054%

近年分配		近年募资	

二〇〇五年以来市场表现

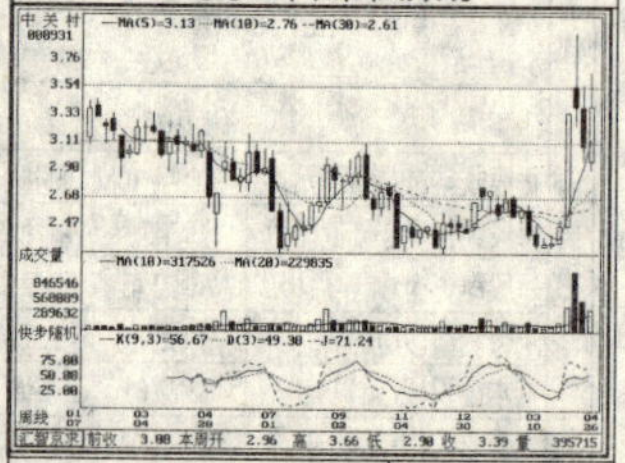

2005年涨跌幅(%)	-23
2005年最高(元)	3.43
2006年涨跌幅(%)	40.66
2006.4.26收盘(元)	3.39
2006年最高(元)	3.97
2006年最低(元)	2.29
2006年换手率(%)	109.49
股改对价	

G华菱（000932）

上市日期：99/08/03　电话：0731－2245196　传真：0731－4447112

主营：炼钢、轧钢和有色金属压延加工及其产品的销售。

	年度	2005	2004	2003
主要指标	每股收益/扣除后(元)	0.266/0.271	0.569/0.571	0.43/0.443
	每股经营现金流量(元)	1.53	0.52	1.09
	每股净资产/调整后(元)	4.07/4.03	3.78/3.77	3.26/3.12
	未分利润(万元)	212334.98	191932.26	108116.97
	资本公积(万元)	332885.79	228358.83	219199.97
利润构成	主营收入(万元)	2858948.9	2378608.66	1279222.68
	主营利润(万元)	267018.5	218159.24	186327.68
	营业利润(万元)	87710.09	133805	120974.83
	投资收益(万元)	－3159.67	－275.89	－212.08
	利润总额(万元)	83125.4	133301.67	111078.47
	净利润(万元)	54718.06	100479.67	75936.76

点评：公司为我国小口径无缝钢管的重点生产企业，主导产品小口径无缝钢管的国内市场占有率稳居第一。世界钢铁第一巨头米塔尔收购了公司36.673%的股权，其将为公司提供热镀铝锌钢板、优质线棒材等6大国际先进技术，帮助公司改善产品结构，增强核心竞争力。

股本结构(万股)	截止日期	05年末	占%	主要股东及持股比例%、持股性质
	总股本	205967.06		湖南华菱钢铁集团有限责任公司32.29%（国有股）
	国有股	66507.69	32.29	MITTAL STEEL COMPANY N.V. 31.43%（外资股）
	发起股	287.5	0.14	中国工商银行—南方稳健成长证券投资基金2.58%（流通A股）
	外资股	64742.31	31.43	中国社保基金—零一组合1.78%（流通A股）
	募集股			申银万国—花旗—UBS LIMITED 1.47%（流通A股）
	流通A	74429.56	36.14	国际金融—工行—CREDIT SUISSE FIRST BOSTON（HONGKONG）LIMIT 1.43%（流通A股）
	流通B			银河—渣打—CITIGROUP GLOBAL MARKETS LIMITED 0.86%（流通A股）
	流通H			国泰君安—中行—渣打银行（香港）有限公司0.65%（流通A股）
股东户数	05年末	144329		中国工商银行—南方积极配置证券投资基金0.64%（流通A股）
	04年末	166763		海通—汇丰—MERRILL LYNCH INTERNATIONAL 0.64%（流通A股）

其他流通股东：国际金融—工行—CREDIT SUISSE FIRST BOSTON(HONGKONG) LIMIT 1.427%

近年分配：05预案：10派1；04年：10派1；03年：10派1　**近年募资**：04年增发转债2000万张，募资总额20亿。

二〇〇五年以来市场表现

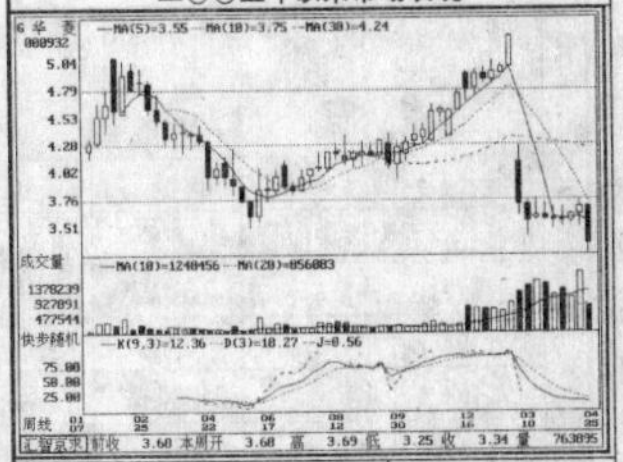

2005年涨跌幅(%)	18.01
2005年最高(元)	5.09
2006年涨跌幅(%)	－31.56
2006.4.26收盘(元)	3.34
2006年最高(元)	5.3
2006年最低(元)	3.25
2006年换手率(%)	160.69
股改对价	权证（06/03/01）

G神火（000933）

上市日期：99/08/31　电话：0370－5114055　传真：0370－5114822

主营：煤炭的生产、洗选加工与销售、发供电。

	年度	2005	2004	2003
主要指标	每股收益/扣除后(元)	0.945/0.95	1.374	0.652/0.645
	每股经营现金流量(元)	0.449	1.609	1.234
	每股净资产/调整后(元)	3.09/3.07	5.74/5.68	4.64/4.61
	未分利润(万元)	21907.73	29338.92	7159.26
	资本公积(万元)	52010.41	75728.08	75728.08
利润构成	主营收入(万元)	164160.26	122955.27	80627.65
	主营利润(万元)	83179.31	60300.81	31436.57
	营业利润(万元)	71341.62	51668.46	23968.02
	投资收益(万元)	－276.02	75.1	－38.64
	利润总额(万元)	70669.58	51560.7	23842.24
	净利润(万元)	47249.01	34349.86	16289.6

点评：公司属煤炭行业34户国家重点企业，中国六大无烟煤基地之一，煤质优良。虽然短期出现梁北煤矿全年投产、其它项目投产推迟、产品销售结构变化导致综合煤价下降等情况，但从中长期来看，煤炭价格上涨的趋势非常明显，因此公司未来业绩增长的潜力依然很大。

股本结构(万股)	截止日期	05年末	占%	主要股东及持股比例%、持股性质
	总股本	50000		河南神火集团有限公司25.2%（国有股）
	国有股	15209.58	30.42	商丘市普天工贸有限公司11.94%（非流通股）
	发起股	16590.42	33.18	河南惠众投资有限公司8.45%（非流通股）
	外资股			商丘新创投资管理有限公司7.09%（非流通股）
	募集股			安顺证券投资基金2%（流通A股）
	流通A	18200	36.4	普惠证券投资基金1.04%（流通A股）
	流通B			广发聚富开放式证券投资基金0.92%（流通A股）
	流通H			安信证券投资基金0.69%（流通A股）
股东户数	05年末	29308		巨田基础行业证券投资基金0.4%（流通A股）
	04年末	14793		同盛证券投资基金0.4%（流通A股）

其他流通股东：鹏华行业成长证券投资基金0.397%；广发稳健增长证券投资基金0.387%；北京北方银通房地产开发有限公司0.2%

近年分配：05中期：10派15转增10年终预案：10派2；03中期：10派2.8年终：10派2.8　**近年募资**：

二〇〇五年以来市场表现

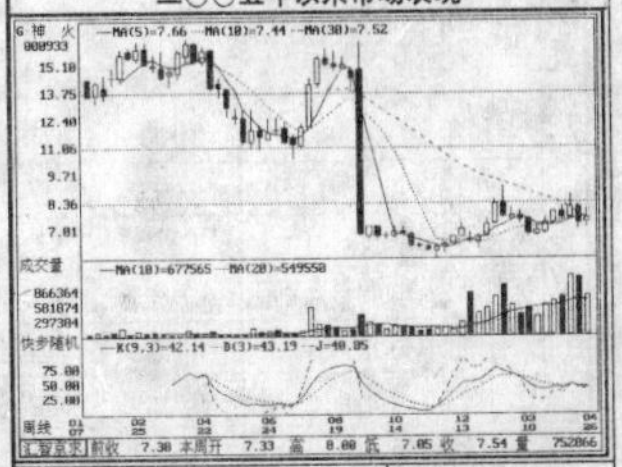

2005年涨跌幅(%)	5.44
2005年最高(元)	16.45
2006年涨跌幅(%)	40.03
2006.4.26收盘(元)	7.54
2006年最高(元)	11.83
2006年最低(元)	7.93
2006年换手率(%)	431.92
股改对价	送股 每10股实际获得3股(06/01/10)

四川双马（000935）

上市日期：99/08/24　电话：0816－3721498　传真：0816－3721498

主营：水泥的生产、销售

	年度	2005	2004	2003
主要指标	每股收益/扣除后(元)	0.027/0.023	－0.245	0.02/0.026
	每股经营现金流量(元)	0.1438	－0.2224	0.27
	每股净资产/调整后(元)	1.55/1.47	1.51/1.43	1.77/1.69
	未分利润(万元)	－1336.73	－2190.95	5630.26
	资本公积(万元)	15871.49	15830.59	15792.52
利润构成	主营收入(万元)	39359.6	45566.29	49080.5
	主营利润(万元)	5329.88	4291.21	9551.95
	营业利润(万元)	－687.42	－6282.33	202.75
	投资收益(万元)	226.75	－977.65	55.21
	利润总额(万元)	1864.45	－8936.92	393.08
	净利润(万元)	854.22	－7821.22	746.2

点评：公司主营水泥及制品的制造、销售，是国家大型水泥生产基地之一。我国水泥行业集中度偏低，全国共有水泥企业4000－5000家，市场竞争十分激烈。目前水泥处于供过于求状况，水泥价格整体低位徘徊，不少中小水泥企业陷入经营危机，为行业整合提供了契机。

股本结构(万股)	截止日期	05年末	占%	主要股东及持股比例%、持股性质
	总股本	31941		四川双马投资集团有限公司66.5%（国有股）
	国有股	21240	66.5	袁公民0.29%（流通A股）
	发起股	261	0.82	成都建材(集团)有限公司0.23%（非流通股）
	外资股			四川矿山机器(集团)有限责任公司0.23%（非流通股）
	募集股			四川广旺能源发展(集团)有限责任公司0.2%（非流通股）
	流通A	10440	32.69	周鸿富0.19%（流通A股）
	流通B			四川省信托投资公司0.17%（非流通股）
	流通H			叶震学0.12%（流通A股）
股东户数	05年末	45192		佛山市顺德区网盈电脑科技有限公司0.11%（流通A股）
	04年末	46890		王程0.1%（流通A股）

其他流通股东：于敏立0.085%；刘元林0.075%；谢阅0.063%；叶度照0.063%；梅品芳0.062%

近年分配：　**近年募资**：

二〇〇五年以来市场表现

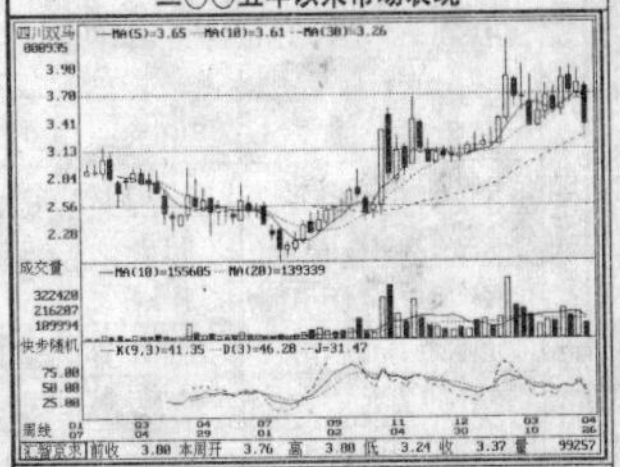

2005年涨跌幅(%)	4.78
2005年最高(元)	3.66
2006年涨跌幅(%)	9.77
2006.4.26收盘(元)	3.37
2006年最高(元)	4.27
2006年最低(元)	3.05
2006年换手率(%)	241.1
股改对价	

G 华西村（000936）

上市日期:99/08/10　　电话:0510－86217188　　传真:0510－86217177

主营	制造、加工和销售纺织品和服装(含自备热电)。			
	年　　度	2005	2004	2003
主要指标	每股收益/扣除后(元)	0.14/0.13	0.22	0.36/0.347
	每股经营现金流量(元)	0.3	0.12	－0.07
	每股净资产/调整后(元)	2.36/2.35	2.31/2.3	3.81/3.79
	未分利润(万元)	22396	21955.37	20613.39
	资本公积(万元)	12414.06	11990.85	21875
利润构成	主营收入(万元)	220743.72	251084.05	87401.36
	主营利润(万元)	9047.34	14418.06	9931.16
	营业利润(万元)	5570.8	9006.71	8745.05
	投资收益(万元)	－16.91	－12.33	－12.81
	利润总额(万元)	5668.92	9265.25	8719.71
	净利润(万元)	4177.08	6595.24	5977.65
点评	公司的化纤原料受国际石油价格的影响,价格居高不下,下游产品受棉花价格弱位运行的影响,无法进行成本转嫁,给化纤产品的效益带来了较大的影响。未来盈利能力将进一步下滑。			

	截止日期	05年末	占%	主要股东及持股比例%、持股性质
股本结构(万股)	总股本	30351.87		江苏华西集团公司 59.41%(非流通股)
	国有股			江阴市华士华西冷轧带钢厂 2.86%(非流通股)
	发起股	19074.22	62.84	上海信源投资有限公司 0.44%(流通A股)
	外资股			江阴市华明实业总公司 0.29%(非流通股)
	募集股			朱骏 0.28%(流通A股)
	流通A	11277.43	37.16	江阴市前进实业公司 0.23%(非流通股)
	流通B			周秋萍 0.14%(流通A股)
	流通H			郑银良 0.14%(流通A股)
股东户数	05年末	18831		李凌毅 0.14%(流通A股)
	04年末	14836		张柳枝 0.13%(流通A股)
其他流通股东	程红梅 0.122%;尤年球 0.119%;吴济印 0.115%;方英武 0.113%			
近年分配	05预案:10派1;04年:10派1;03年:10派0.5送2转增6	近年募资	03年增发转债400万张,募资总额4亿。	

二〇〇五年以来市场表现

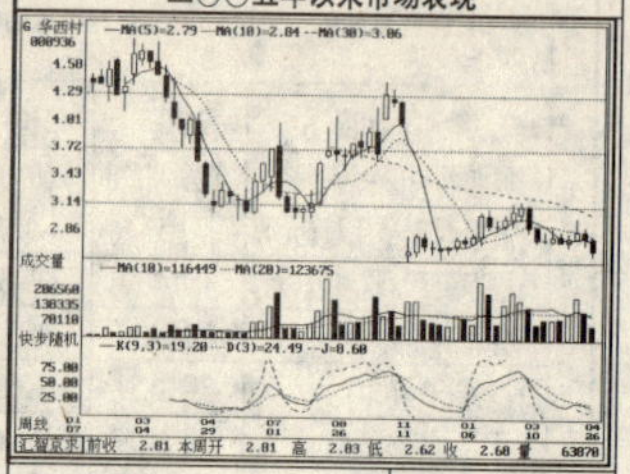

2005年涨跌幅(%)	－6.16
2005年最高(元)	4.87
2006年涨跌幅(%)	－2.9
2006.4.26收盘(元)	2.68
2006年最高(元)	3.18
2006年最低(元)	2.62
2006年换手率(%)	189.34
股改对价	送股 每10股实际获得4.7股(05/11/08)

G 金牛（000937）

上市日期:99/09/09　　电话:0319－2068242　　传真:0319－2068888

主营	煤炭生产及洗选加工			
	年　　度	2005	2004	2003
主要指标	每股收益/扣除后(元)	0.68/0.684	0.897/0.942	0.32/0.306
	每股经营现金流量(元)	0.8225	1.6684	1.26
	每股净资产/调整后(元)	3.79/3.78	4.71/4.69	3.97/3.94
	未分利润(万元)	84878.5	62124.84	35030.49
	资本公积(万元)	106238.93	76240.08	77711.73
利润构成	主营收入(万元)	320945.26	240920.85	128591.19
	主营利润(万元)	136181.48	94897.65	43608.01
	营业利润(万元)	80540.96	53642.22	22330.58
	投资收益(万元)			
	利润总额(万元)	78360.85	50637.29	19568.08
	净利润(万元)	53279.33	38125.71	13678.34
点评	公司未来发展立足于煤炭主业,主要产品为洗精煤、洗混煤和筛混煤。但06年公司煤炭产销量增长不大,而洗精煤作为炼焦配煤面临较大调整压力。在煤炭下调和成本费用上升的压力下,公司毛利率将显著下滑,净利润有较大下降。			

	截止日期	05年末	占%	主要股东及持股比例%、持股性质
股本结构(万股)	总股本	78336.44		邢台矿业(集团)有限责任公司 57.98%(国有股)
	国有股	45420.03	57.98	全国社保基金零零一组合 0.45%(流通A股)
	发起股			山西信托投资有限责任公司－荣宝集合资金信托 0.3%(流通A股)
	外资股			中国建设银行－博时裕富证券投资基金 0.24%(流通A股)
	募集股			汉鼎服饰(平湖)有限公司 0.2%(流通A股)
	流通A	32916.41	42.02	中国工商银行－融通深证100指数证券投资基金 0.15%(流通A股)
	流通B			北京千秋基业房地产经纪有限公司 0.13%(流通A股)
	流通H			上海北雁劳务有限公司 0.11%(流通A股)
股东户数	05年末	53795		杜更富 0.11%(流通A股)
	04年末	15627		东方世纪证券投资顾问有限公司 0.1%(流通A股)
其他流通股东	中国人寿保险股份有限公司－传统－普通保险产品－005L－CT001深 0.092%			
近年分配	05年:10派2.5;04年:10派5转增6;03年:10派1.25	近年募资	04年增发转债700万张,募资总额7亿。	

二〇〇五年以来市场表现

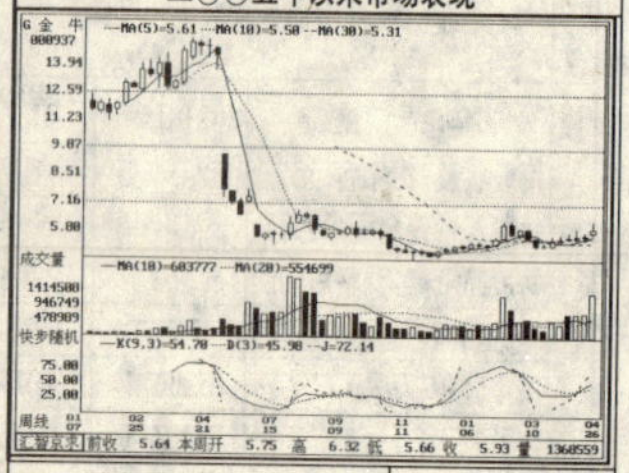

2005年涨跌幅(%)	－14.91
2005年最高(元)	15.7
2006年涨跌幅(%)	22.86
2006.4.26收盘(元)	5.93
2006年最高(元)	6.57
2006年最低(元)	4.93
2006年换手率(%)	296.19
股改对价	送股 每10股实际获得2.5股(05/06/28)

G 紫光（000938）

上市日期:99/11/04　　电话:010－62770008　　传真:010－62770880

主营	信息电子类产品的开发、制造与销售			
	年　　度	2005	2004	2003
主要指标	每股收益/扣除后(元)	0.011/－0.006	0.125/0.091	0.102/0.088
	每股经营现金流量(元)	0.197	－0.144	0.569
	每股净资产/调整后(元)	3.14/3.07	3.18/3.16	3.16/3.15
	未分利润(万元)	1688.81	2948.81	2944.26
	资本公积(万元)	38747.27	38325.38	38325.38
利润构成	主营收入(万元)	339485.6	309035.27	230080.51
	主营利润(万元)	19656.08	19003.31	18529.66
	营业利润(万元)	2370.94	1550.95	2284.18
	投资收益(万元)	－1442.38	1568.96	442.05
	利润总额(万元)	1321.33	3414.42	2892.43
	净利润(万元)	227.89	2581.38	2111.86
点评	公司作为国内最著名的院校概念股,借助下一代互联网技术IPV6受到市场广泛关注。同时,公司还是清华紫光创业投资公司的第一大股东,该创投公司大量参股了有登陆中小板希望的公司,在小板全流通脚步渐近的情况下,未来有望给公司带来巨大的增值空间。			

	截止日期	05年末	占%	主要股东及持股比例%、持股性质
股本结构(万股)	总股本	20608		紫光集团有限公司 62.11%(国有股)
	国有股	14208	68.94	中国北方工业公司 3.11%(国有股)
	发起股			中国电子器件工业总公司 2.1%(国有股)
	外资股			钢铁研究总院 1.24%(国有股)
	募集股			北京市密云县工业开发区总公司 0.39%(国有股)
	流通A	6400	31.06	廖秀蓉 0.14%(流通A股)
	流通B			缪婧 0.1%(流通A股)
	流通H			欧阳春霖 0.08%(流通A股)
股东户数	05年末	52891		刘燕城 0.08%(流通A股)
	04年末	57050		蒋张生 0.07%(流通A股)
其他流通股东	王镇坤 0.07%;张玉晖 0.062%;刘建东 0.05%;林海宏 0.05%;郭向阳 0.05%			
近年分配	04年:10派0.7;03年:10派1	近年募资		

二〇〇五年以来市场表现

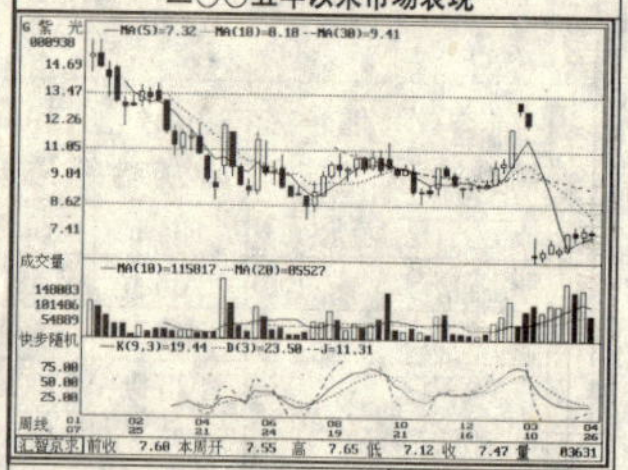

2005年涨跌幅(%)	－35.82
2005年最高(元)	15.9
2006年涨跌幅(%)	17.09
2006.4.26收盘(元)	7.47
2006年最高(元)	13.19
2006年最低(元)	9.3
2006年换手率(%)	170.05
股改对价	送股 每10股实际获得5股(06/03/08)

凯迪电力（000939）

上市日期:99/09/23　电话:027－67869005　传真:027－67869028

主营	燃煤电厂烟气脱硫工程、洁净煤燃烧技术及工程污水综合治理工程、垃圾资源化处理工程、火力发电厂凝结水精处理工程、锅炉补给水工程、冲灰水及其回水除垢防垢工程的设计、成套、施工、安装、调试、培训等工程总承包业务。			
	年　度	2005	2004	2003
主要指标	每股收益/扣除后(元)	0.36/0.34	0.36	0.41/0.42
	每股经营现金流量(元)	1.3	0.27	1.3
	每股净资产/调整后(元)	2.8/2.1	2.54/2.47	2.93/2.85
	未分利润(万元)	34936.33	29083.21	22591.86
	资本公积(万元)	7355.67	7355.67	13844.67
利润构成	主营收入(万元)	189044.99	152929.34	90951.47
	主营利润(万元)	31714.64	22938.95	17835.79
	营业利润(万元)	9370.81	13504.3	11060.45
	投资收益(万元)	3554.16	136.2	308.39
	利润总额(万元)	12409.12	13107.52	10822.12
	净利润(万元)	10258.16	10183.36	8870.67
点评	公司占领国内超过50%脱硫环保产业市场份额;凡新建、扩建火力发电项目必须强制实行烟气脱硫的政策将给公司带来巨大机遇。随着行业的发展,公司处于龙头地位的规模效应凸现,伴随钢铁价格的走低,脱硫工程的盈利效应将稳步提高。			

	截止日期	05年末	占%	主要股东及持股比例%、持股性质
股本结构(万股)	总股本	28119		武汉凯迪控股投资有限公司 13.4%(非流通股)
	国有股			中国电力投资有限公司 7.77%(国有股)
	发起股	5350.8	19.03	洋浦新华能电力电力发展有限公司 4.91%(非流通股)
	外资股			江西省电业开发总公司 4.85%(国有股)
	募集股	8979.52	31.93	武汉水利电力大学 4.66%(国有股)
	流通A	13788.68	49.04	冶金工业部武汉钢铁设计研究院 2.91%(国有股)
	流通B			中国水利电力物资有限公司 2.91%(国有股)
	流通H			湖北省电力公司 2.91%(国有股)
股东户数	05年末	39760		武汉市经济技术市场发展中心 1.94%(国有股)
	04年末	30670		国家电力公司西南电力设计院 1.62%(国有股)
其他流通股东	中天证券有限责任公司 0.537%;中国工商银行－国联安德盛小盘精选证券投资基金 0.315%			
近年分配	05预案:10派1;04年:10派1;03年:10派1转增3		近年募资	

二〇〇五年以来市场表现

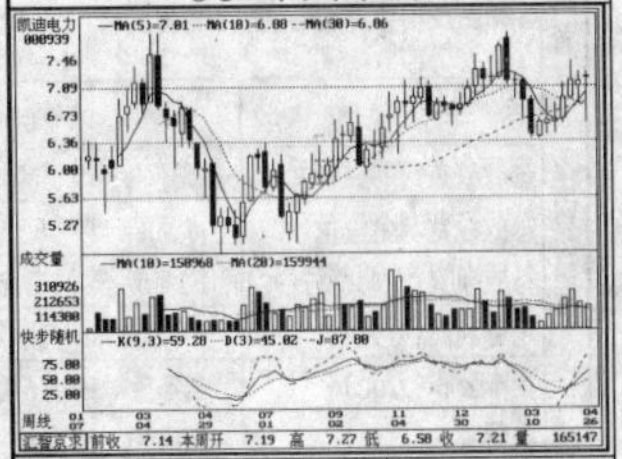

2005年涨跌幅(%)	13.03
2005年最高(元)	7.82
2006年涨跌幅(%)	5.41
2006.4.26收盘(元)	7.21
2006年最高(元)	7.79
2006年最低(元)	6.39
2006年换手率(%)	196.14
股改对价	

南天信息（000948）

上市日期:99/10/14　电话:0871－3366327　传真:0871－3317398

主营	信息业软件开发、系统集成、金融设备产品研发、生产、销售和科技服务。			
	年　度	2005	2004	2003
主要指标	每股收益/扣除后(元)	0.1/0.082	0.09	0.03/0.009
	每股经营现金流量(元)	0.4	0.47	0.94
	每股净资产/调整后(元)	3.56/3.45	3.59/3.52	3.58/3.53
	未分利润(万元)	1133.73	842.77	0.04
	资本公积(万元)	31574.21	31454.77	31401.24
利润构成	主营收入(万元)	126502.54	125761.51	62758.46
	主营利润(万元)	18097.91	16655.68	13374.26
	营业利润(万元)	430.01	357.67	448.66
	投资收益(万元)	593.36	428.05	－614.38
	利润总额(万元)	1631.72	1464.82	222.67
	净利润(万元)	1400.44	1193.17	365.64
点评	公司是国内主要的金融电子化专业设备供应商,在增强现有核心竞争力的同时,还逐渐把工作重心放在金融自助服务领域和非金融专用产品领域。"达非"需求量的爆发式增长为地处"八角"原料产地的中国制药企业带来巨大机遇,控股子公司云南医药就是其中之一。			

	截止日期	05年末	占%	主要股东及持股比例%、持股性质
股本结构(万股)	总股本	14000.06		南天电子信息产业集团公司 46.18%(国有股)
	国有股	6465.14	46.18	深圳市九夷投资有限责任公司 20.96%(非流通股)
	发起股	3534.92	25.25	云南医药工业股份有限公司 3.57%(非流通股)
	外资股			李宏坤 0.71%(非流通股)
	募集股			苏昊华 0.1%(流通A股)
	流通A	4000	28.57	文国亮 0.09%(流通A股)
	流通B			高红明 0.08%(流通A股)
	流通H			王剑 0.08%(流通A股)
股东户数	05年末	27359		巫贵兰 0.06%(流通A股)
	04年末	29137		彭泳松 0.06%(流通A股)
其他流通股东	叶荣彪 0.055%;陈国平 0.054%;樊伟 0.052%;徐亚红 0.05%			
近年分配	05预案:10派0.8;04年:10派0.6;03年:10派0.7		近年募资	

二〇〇五年以来市场表现

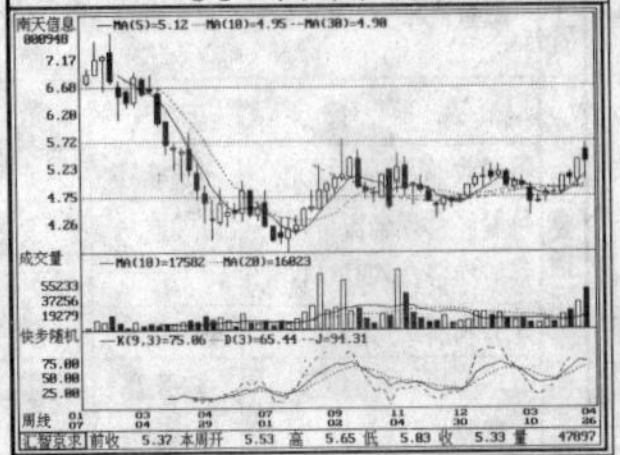

2005年涨跌幅(%)	－29.93
2005年最高(元)	7.65
2006年涨跌幅(%)	14.13
2006.4.26收盘(元)	5.33
2006年最高(元)	5.65
2006年最低(元)	4.4
2006年换手率(%)	69.25
股改对价	

新乡化纤（000949）

上市日期:99/10/21　电话:0373－3978966　传真:0373－3911359

主营	粘胶纤维的生产与销售			
	年　度	2005	2004	2003
主要指标	每股收益/扣除后(元)	0.017/0.014	0.228	0.39/0.298
	每股经营现金流量(元)	1.2998	0.2614	0.49
	每股净资产/调整后(元)	2.6/2.6	2.67/2.67	2.54/2.54
	未分利润(万元)	27484.18	31695.57	27084.23
	资本公积(万元)	36771.88	36072.56	36072.56
利润构成	主营收入(万元)	144632.58	139978.42	107698.42
	主营利润(万元)	14259.13	28544.71	31121.23
	营业利润(万元)	2131.28	15578.33	22463.69
	投资收益(万元)			－14.93
	利润总额(万元)	1717.04	15625.98	22408.36
	净利润(万元)	816.85	11196.54	19310.49
点评	化学纤维工业协会预计2006年我国化纤生产增速将达8%,可逐步消化前两年发展过快的新增优势生产能力,整个化纤行业有望因此走出近年生产相对过剩的局面。而公司是国内粘胶行业龙头,粘胶纤维行业是我国纺织业中盈利能力最强的行业,值得关注。			

	截止日期	05年末	占%	主要股东及持股比例%、持股性质
股本结构(万股)	总股本	49057.14		新乡白鹭化纤集团有限责任公司 62.12%(国有股)
	国有股	30475.04	62.12	黄景新 0.32%(流通A股)
	发起股			何淑琴 0.22%(流通A股)
	外资股			马哲民 0.18%(流通A股)
	募集股			丰和价值证券投资基金 0.15%(流通A股)
	流通A	18582.1	37.88	孙嘉程 0.13%(流通A股)
	流通B			罗卫星 0.1%(流通A股)
	流通H			银丰证券投资基金 0.1%(流通A股)
股东户数	05年末	51328		武汉电信器件公司 0.09%(流通A股)
	04年末	50383		李秀梅 0.08%(流通A股)
其他流通股东	马鹏飞 0.078%			
近年分配	04年:10派1;03年:10派1		近年募资	

二〇〇五年以来市场表现

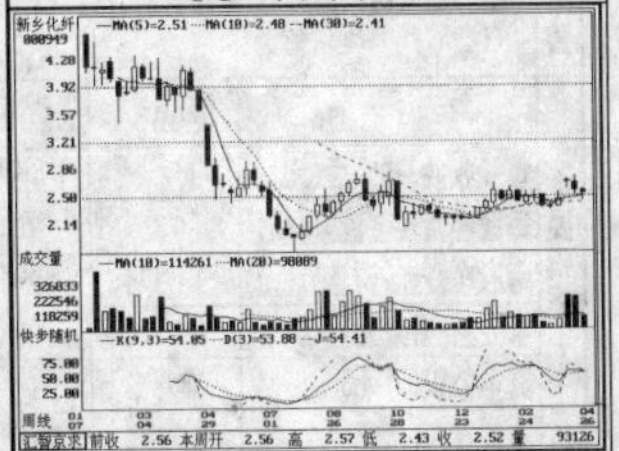

2005年涨跌幅(%)	－50.32
2005年最高(元)	4.63
2006年涨跌幅(%)	14.55
2006.4.26收盘(元)	2.52
2006年最高(元)	2.74
2006年最低(元)	2.2
2006年换手率(%)	89.45
股改对价	送股 每10股实际获得3.4股

GST 农化（000950）

上市日期:99/09/16　电话:023－65180743　传真:023－65180666

主营	化肥及相关产品的生产和销售。			
	年　度	2005	2004	2003
主要指标	每股收益/扣除后(元)	－0.283/－0.306	0.051/－0.424	－0.93/－0.86
	每股经营现金流量(元)	0.5816	0.3761	－0.02
	每股净资产/调整后(元)	1.1/1.09	1.27/1.22	1.2/1.17
	未分利润(万元)	－1068.84	－20562.48	－21359.01
	资本公积(万元)	2048.55	23517.9	23127.9
利润构成	主营收入(万元)	33303.93	28843.28	35621.7
	主营利润(万元)	1131.82	－745.8	－590.32
	营业利润(万元)	－4738.61	－6132.27	－9119.88
	投资收益(万元)	1.44	1.43	6.81
	利润总额(万元)	－4382.45	796.53	－14349.28
	净利润(万元)	－4382.45	796.53	－14349.28
点评	通过资产置换,建峰化肥入主后,GST 农化拥有 30 万吨合成氨,59 万吨尿素的产能。由于该装置采用国际一流的布朗工艺,因此产品成本较低。值得关注的是 2008 年年底公司新建的 45 万吨合成氨,80 万吨尿素项目将建成投产,为业绩上升带来进一步预期。			

	截止日期	05 年末	占%	主要股东及持股比例%、持股性质
股本结构（万股）	总股本	15500		中国核工业建峰化工总厂 53.65%(国有股)
	国有股	8616.78	55.59	重庆市渝物经贸有限责任公司 3.61%(流通 A 股)
	发起股	558.22	3.6	重庆合川盐化工业有限公司 1.94%(国有股)
	外资股			重庆康达机械(集团)有限责任公司 1.88%(非流通股)
	募集股			重庆嘉陵化学制品有限公司 0.86%(非流通股)
	流通 A	6317.72	40.76	广东高力实业有限公司 0.86%(非流通股)
	流通 B			袁亚非 0.44%(流通 A 股)
	流通 H			李予成 0.44%(流通 A 股)
股东户数	05 年末	12858		张忠全 0.35%(流通 A 股)
	04 年末	20439		罗星辉 0.29%(流通 A 股)
其他流通股东	黄小牟 0.232%;罗树英 0.22%;叶一坚 0.22%;曹大瑞 0.213%;李能安 0.212%			
近年分配		近年募资		

二〇〇五年以来市场表现

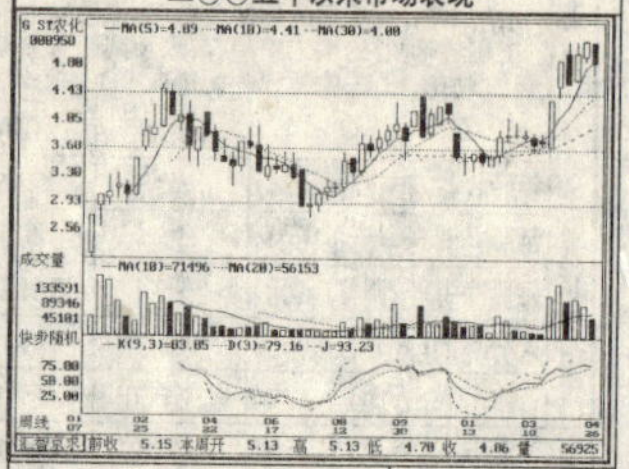

2005 年涨跌幅(%)	82.47
2005 年最高(元)	4.54
2006 年涨跌幅(%)	36.13
2006.4.26 收盘(元)	4.86
2006 年最高(元)	5.18
2006 年最低(元)	3.32
2006 年换手率(%)	148.54
股改对价	资产置换 送股 每 10 股实际获得 1.5 股(05/12/27)

G 重汽（000951）

上市日期:99/11/25　电话:0531－5587586　传真:0531－5587003

主营	载重汽车、专用汽车等产品的制造和销售			
	年　度	2005	2004	2003
主要指标	每股收益/扣除后(元)	0.59/0.52	0.68	－0.31/－0.41
	每股经营现金流量(元)	0.6	3.38	－0.61
	每股净资产/调整后(元)	2.13/2.13	1.54/1.53	0.82/0.68
	未分利润(万元)	－5365.48	－20429.48	－37819.65
	资本公积(万元)	33609.21	33474.78	32705.94
利润构成	主营收入(万元)	650632.24	768261.72	24896.82
	主营利润(万元)	54407.6	66967.35	3634.45
	营业利润(万元)	16614.73	18678.99	－8720.56
	投资收益(万元)			
	利润总额(万元)	15909.59	17390.17	－7877.41
	净利润(万元)	15064	17390.17	－7877.41
点评	在重卡行业下降 35% 的情况下,公司销售及利润仅下降了 15%,这一方面要归功于企业的稳定经营,同时也归功于新产品的开发。尽管 06 年公司面临维柴发动机分离的影响,但集团资产注入、出口业务的大幅增长,以及国内市场的回暖,都将促使企业持续发展。			

	截止日期	05 年末	占%	主要股东及持股比例%、持股性质
股本结构（万股）	总股本	25397.5		中国重型汽车集团有限公司 63.79%(国有股)
	国有股			中国工商银行－融通蓝筹成长证券投资基金 2.83%(流通 A 股)
	发起股	16332.5	64.31	全国社保基金一零一组合 1.35%(流通 A 股)
	外资股	65	0.26	中国工商银行－南方稳健成长证券投资基金 1.25%(流通 A 股)
	募集股			融通新蓝筹证券投资基金 0.88%(流通 A 股)
	流通 A	9000	35.44	通宝证券投资基金 0.64%(流通 A 股)
	流通 B			中国银行－同盛证券投资基金 0.57%(流通 A 股)
	流通 H			交通银行－科讯证券投资基金 0.56%(流通 A 股)
股东户数	05 年末	8614		交通银行－融通行业景气证券投资基金 0.56%(流通 A 股)
	04 年末	8840		深圳市通乾投资股份有限公司 0.45%(国有股)
其他流通股东	中国银行－易方达平稳增长证券投资基金 0.387%;罗克超 0.256%			
近年分配		近年募资		

二〇〇五年以来市场表现

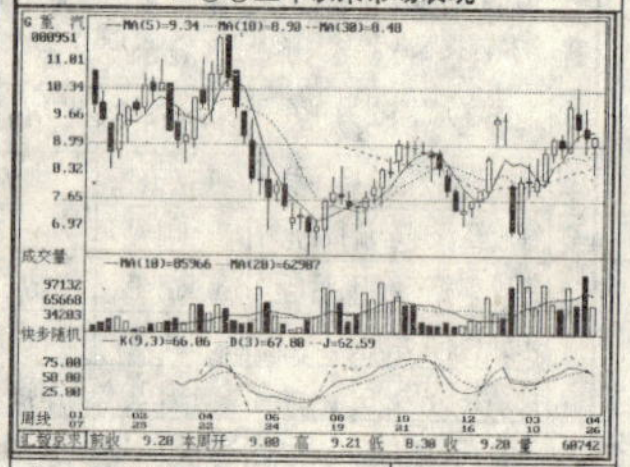

2005 年涨跌幅(%)	－19.54
2005 年最高(元)	11.68
2006 年涨跌幅(%)	36.14
2006.4.26 收盘(元)	9.2
2006 年最高(元)	13.31
2006 年最低(元)	8.7
2006 年换手率(%)	92.42
股改对价	送股 每 10 股实际获得 2.8 股(06/02/13)

广济药业（000952）

上市日期:99/11/12　电话:0713－6216068　传真:0713－6212108

主营	生产经营医药原料药、医药制剂、饲料添加剂,出口本企业自产的各类药。			
	年　度	2005	2004	2003
主要指标	每股收益/扣除后(元)	0.05/0.065	0.048/0.05	0.06/0.064
	每股经营现金流量(元)	0.32	－0.02	－0.09
	每股净资产/调整后(元)	3.1/2.92	3.05/2.94	3.02/2.96
	未分利润(万元)	12525.01	11797.09	11367.01
	资本公积(万元)	20082.23	20082.23	20082.23
利润构成	主营收入(万元)	34583.4	27662.51	20409.62
	主营利润(万元)	8309.69	6647.17	7328.48
	营业利润(万元)	2021.98	1512.13	2140.69
	投资收益(万元)	－201.17	－193.24	－350.78
	利润总额(万元)	1621.65	1268.38	1809.52
	净利润(万元)	856.38	821.34	1085.42
点评	公司是国内最大的核黄素原料药生产商,有技术优势,在国际和国内市场占有了较高的市场份额。05 年加大新产品开发力度,原料药、制剂的销售、回款都取得较大增长,只是坏账准备及存货跌价计提的增加吞噬了利润。公司目前在调整产品结构,经营业绩逐年向好。			

	截止日期	05 年末	占%	主要股东及持股比例%、持股性质
股本结构（万股）	总股本	17122.6		武穴市国有资产经营公司 23.99%(国有股)
	国有股	4108.23	23.99	上海龙都实业发展有限公司 8.76%(非流通股)
	发起股	1027.6	6	合肥市高科技风险投资有限公司 8.47%(非流通股)
	外资股			琼海梅恩房地产开发公司 5.31%(非流通股)
	募集股	4910	28.68	海南海牛农业综合开发有限公司 4.09%(非流通股)
	流通 A	7076.77	41.33	上海励诚投资发展有限公司 3.21%(非流通股)
	流通 B			北京金业恒昌商贸有限责任公司 2.92%(非流通股)
	流通 H			武穴市财振会计实业公司 1.91%(非流通股)
股东户数	05 年末	24796		范艺 0.16%(流通 A 股)
	04 年末	25415		任秀银 0.16%(流通 A 股)
其他流通股东	周吉长 0.146%;毛子朝 0.123%;孔双 0.122%;夏冬 0.117%;黄国文 0.117%;黄洪才 0.109%;甘汉诚 0.108%			
近年分配		近年募资		

二〇〇五年以来市场表现

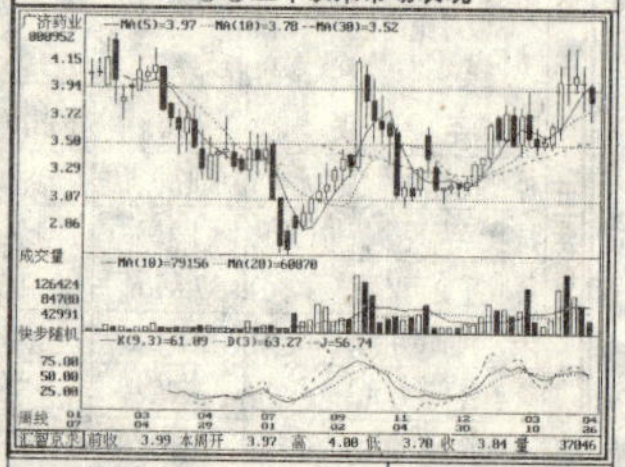

2005 年涨跌幅(%)	－21.13
2005 年最高(元)	4.37
2006 年涨跌幅(%)	19.63
2006.4.26 收盘(元)	3.84
2006 年最高(元)	4.27
2006 年最低(元)	3.19
2006 年换手率(%)	159.59
股改对价	

河池化工（000953）

上市日期:99/12/02　　电话:0778－2266867　　传真:0778－2266882

主营	化肥、电子产品、对虾养殖等的产品生产与销售。			
	年　度	2005	2004	2003
主要指标	每股收益/扣除后(元)	0.04/0.049	0.06	-0.2/-0.21
	每股经营现金流量(元)	0.34	0.24	0.2
	每股净资产/调整后(元)	1.23/1.1	1.18/1.08	1.15/1.1
	未分利润(万元)	-695.85	-1903.11	-3131.68
	资本公积(万元)	4449.87	4449.87	4505.45
利润构成	主营收入(万元)	54708.56	39357.21	31370.46
	主营利润(万元)	7756.47	9021.31	2287.26
	营业利润(万元)	-79.15	2165.08	-6178.94
	投资收益(万元)	109.28	-115.35	328.04
	利润总额(万元)	1968.49	2276.28	-5967.37
	净利润(万元)	1207.26	1902.25	-6005.69
点评	2005年公司的生产能力与竞争能力并无明显提高，年度业绩的增长主要是得益于我国2005年7月1日开始的尿素产品增值税政策的调整。不过，我们认为公司控股股东河池集团重组并入中国化工集团公司后，或许将有"背靠大树"的优势。			

	截止日期	05年末	占%	主要股东及持股比例%、持股性质
股本结构（万股）	总股本	29405.94		广西河池化学工业集团公司 60.27%（国有股）
	国有股	17722.09	60.27	广西壮族自治区河池市农业生产资料公司 0.67%（非流通股）
	发起股			广西富满地农资股份有限公司 0.67%（非流通股）
	外资股			陈明凤 0.54%（流通A股）
	募集股	479.56	1.63	黄庆锋 0.31%（流通A股）
	流通A	11186.97	38.04	许锋 0.17%（流通A股）
	流通B			廖文珍 0.15%（流通A股）
	流通H			黄汉松 0.12%（流通A股）
股东户数	05年末	34432		刘根荣 0.12%（流通A股）
	04年末	35910		元钿 0.12%（流通A股）
其他流通股东	易娟 0.083%；宋德新 0.077%；李志刚 0.07%			
近年分配			近年募资	

二〇〇五年以来市场表现

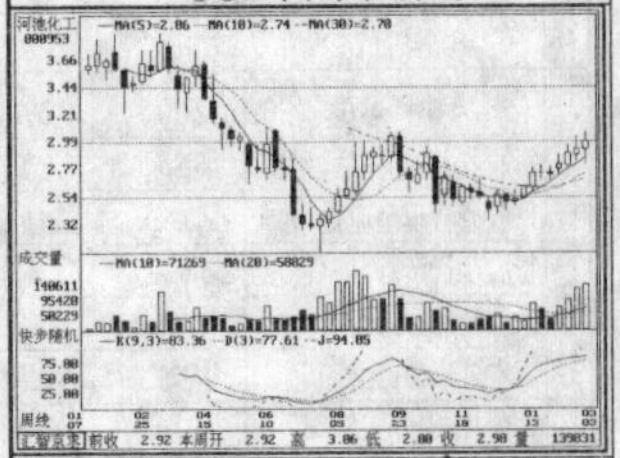

2005年涨跌幅(%)	-29.61
2005年最高(元)	3.88
2006年涨跌幅(%)	18.25
2006.4.26收盘(元)	2.98
2006年最高(元)	3.06
2006年最低(元)	2.51
2006年换手率(%)	57.73
股改对价	

G欣龙（000955）

上市日期:99/12/09　　电话:0898－68581055　　传真:0898－68582799

主营	水刺、热轧、浆点等无纺布卷材产品及其深加工产品的生产和销售。			
	年　度	2005	2004	2003
主要指标	每股收益/扣除后(元)	0.005/-0.012	0.011	0.02/0.022
	每股经营现金流量(元)	-0.163	0.0775	0.22
	每股净资产/调整后(元)	1.83/1.79	1.83/1.81	2.2/2.1
	未分利润(万元)	-5097.48	-5218.01	1520.02
	资本公积(万元)	23851.99	23850.2	23823.57
利润构成	主营收入(万元)	18101.09	18588.37	22796.77
	主营利润(万元)	3275.4	3447.5	4418.65
	营业利润(万元)	-270.87	-99.74	502.74
	投资收益(万元)	-13.19	-12.52	-5.17
	利润总额(万元)	118.5	106.45	503.55
	净利润(万元)	120.53	257.86	492.06
点评	公司主要从事水刺、热轧、浆点等无纺布的生产和销售。05年在收入小幅下降的情况下，利润出现了较大幅度的下降，这一方面是竞争的加剧，另一方面则是原料及燃料等成本的上升。面对水刺行业转好及无纺织市场收缩等影响，公司经营压力较大。			

	截止日期	05年末	占%	主要股东及持股比例%、持股性质
股本结构（万股）	总股本	22550		海南欣安实业有限公司 24.64%（非流通股）
	国有股			北京柯鑫投资有限公司 16.67%（非流通股）
	发起股	13407.9	59.46	合盛投资有限公司 13.71%（外资股）
	外资股	3092.1	13.71	上海申达股份有限公司 13.33%（非流通股）
	募集股			海南东北物资开发公司 2.96%（非流通股）
	流通A	6050	26.83	甘肃华原企业总公司 1.85%（非流通股）
	流通B			夏恩虎 0.36%（流通A股）
	流通H			李金花 0.12%（流通A股）
股东户数	05年末	21719		李小晨 0.1%（流通A股）
	04年末	23522		李立 0.1%（流通A股）
其他流通股东	王秀梅 0.1%；陈振东 0.099%；翟立武 0.097%；邓华 0.091%；袁曙放 0.089%；何洛文 0.085%			
近年分配	05预案:10转增3		近年募资	

二〇〇五年以来市场表现

2005年涨跌幅(%)	-25
2005年最高(元)	4.31
2006年涨跌幅(%)	14.22
2006.4.26收盘(元)	2.57
2006年最高(元)	3.96
2006年最低(元)	2.94
2006年换手率(%)	96.76
股改对价	送股 每10股实际获得3.2股(06/03/23)

中通客车（000957）

上市日期:00/01/13　　电话:0635－8322765　　传真:0635－8328905

主营	各类大中型客车的生产和销售			
	年　度	2005	2004	2003
主要指标	每股收益/扣除后(元)	0.04/0.04	0.036	0.04/0.02
	每股经营现金流量(元)	0.13	0.26	0.1
	每股净资产/调整后(元)	1.97/1.97	1.92/1.92	1.98/1.98
	未分利润(万元)	5537.73	4743.43	6412.78
	资本公积(万元)	14324.86	14115.83	14115.83
利润构成	主营收入(万元)	85567.91	70052.39	51196.56
	主营利润(万元)	11218.61	8730.63	6145.83
	营业利润(万元)	1443.33	1392.13	775.84
	投资收益(万元)	50.23	-41.78	9.04
	利润总额(万元)	1489.56	1328.18	1288.95
	净利润(万元)	961.02	846.88	845.08
点评	通过加大出口市场力度，同时进行产品向高、中档的结构调整，公司05年实现了收入与利润的一定增长。新一年，公司将通过创新与发展有特色的产品，一方面巩固与发展已有市场，同时加大出口力度。但行业竞争日益加剧，企业发展面临较大压力。			

	截止日期	05年末	占%	主要股东及持股比例%、持股性质
股本结构（万股）	总股本	23850.5		山东聊城客车工业集团有限责任公司 22.5%（国有股）
	国有股	10037.85	42.09	中国公路车辆机械总公司 11.79%（国有股）
	发起股	1174.9	4.93	聊城市昌润投资发展有限责任公司 6.46%（国有股）
	外资股			山东双环车轮股份有限公司 4.93%（非流通股）
	募集股			山东省交通工业集团总公司 1.34%（国有股）
	流通A	12637.74	52.99	敖学英 0.33%（流通A股）
	流通B			翁金荣 0.31%（流通A股）
	流通H			陈秀珍 0.31%（流通A股）
股东户数	05年末	40627		曲大明 0.3%（流通A股）
	04年末	44014		王学玲 0.27%（流通A股）
其他流通股东	王莹 0.192%；周正霞 0.157%；卓雪荣 0.157%；曹素平 0.143%；马力萍 0.136%			
近年分配	03年:10派1		近年募资	

二〇〇五年以来市场表现

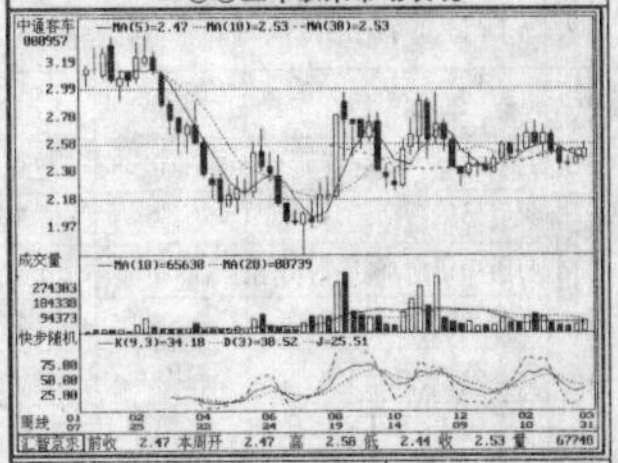

2005年涨跌幅(%)	-24.04
2005年最高(元)	3.39
2006年涨跌幅(%)	6.75
2006.4.26收盘(元)	2.53
2006年最高(元)	2.74
2006年最低(元)	2.36
2006年换手率(%)	62.25
股改对价	

东方热电（000958）

上市日期:99/12/23　　电话:0311－5078768　　传真:0311－5078768

主营：热力、电力的生产与销售、工程施工等。

	年　度	2005	2004	2003
主要指标	每股收益/扣除后(元)	0.028/0.028	0.052/0.013	0.22/0.22
	每股经营现金流量(元)	0.655	－0.667	0.19
	每股净资产/调整后(元)	3.63/3.6	3.66/3.61	3.67/3.65
	未分利润(万元)	14587.26	15957.59	16896.8
	资本公积(万元)	68270.13	68269.32	68239.55
利润构成	主营收入(万元)	103254.92	65810.97	51721.44
	主营利润(万元)	17544.96	8010.91	16389.01
	营业利润(万元)	5459.84	－37.56	10593.36
	投资收益(万元)	165.74	650.4	－307.17
	利润总额(万元)	5626.9	1780.21	10203.33
	净利润(万元)	959.29	1788.88	7614.74

点评：公司作为石家庄集中供热的主力,不仅具备公用事业公司的特性,而且成长性要好于普通的公用事业股。2005年实现扭亏后,随着用热价格、采暖价格和电价的大幅上调,公司的业绩由恢复性增长转变为快速增长。此外,公司还具有实质性的外资并购题材,潜力较大。

	截止日期	05年末	占%	主要股东及持股比例%、持股性质
股本结构（万股）	总股本	34372.5		石家庄东方热电集团有限公司 58.19%（非流通股）
	国有股	20002.5	58.19	上海宽博实业有限公司 0.5%（非流通股）
	发起股	247.5	0.72	上海中勇投资有限公司 0.36%（流通A股）
	外资股			沈尧华 0.27%（流通A股）
	募集股			上海新宇钟表集团有限公司 0.23%（流通A股）
	流通A	14122.5	41.09	石家庄医药药材股份有限公司 0.22%（非流通股）
	流通B			王祥 0.2%（流通A股）
	流通H			史雪平 0.2%（流通A股）
股东户数	05年末	32649		黄伟凡 0.18%（流通A股）
	04年末	38008		谢金海 0.16%（流通A股）
其他流通股东	陈家源 0.149%；上海卫中鞋帽店 0.128%；朱浓甩 0.127%			
近年分配	04年:10派0.5；03年:10派0.6	近年募资		

二〇〇五年以来市场表现

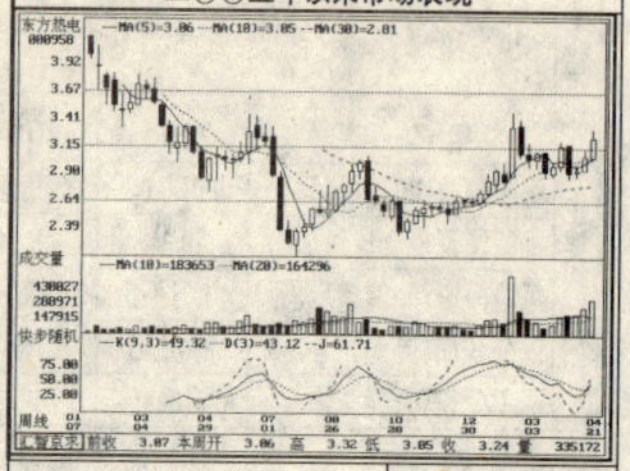

2005年涨跌幅(%)	－35.65
2005年最高(元)	4.18
2006年涨跌幅(%)	22.73
2006.4.26收盘(元)	3.24
2006年最高(元)	3.48
2006年最低(元)	2.61
2006年换手率(%)	207.75
股改对价	

G首钢（000959）

上市日期:99/12/16　　电话:010－88293727　　传真:010－68873028

主营：钢铁冶炼、钢压延加工

	年　度	2005	2004	2003
主要指标	每股收益/扣除后(元)	0.34/0.35	0.47/0.46	0.36/0.33
	每股经营现金流量(元)	0.88	0.51	0.79
	每股净资产/调整后(元)	2.62/2.6	2.69/2.69	2.54/2.53
	未分利润(万元)	73446.48	98476.2	75330.7
	资本公积(万元)	219051.38	224023.26	228417.71
利润构成	主营收入(万元)	2121801.93	2107435.48	1562501.61
	主营利润(万元)	174955.8	206431.18	166470.68
	营业利润(万元)	116389.95	156659.02	126827.91
	投资收益(万元)	1097.49	3796.45	1738.13
	利润总额(万元)	115577.75	160159.92	122117.98
	净利润(万元)	79260.5	108759.42	82090.61

点评：由于2005年我国钢铁产能迅速扩张,产量增长迅猛,全年钢产量达到3.49亿吨,出现了供大于求的局面,钢材市场价格出现了大幅下降,致使公司经营业绩下降。2006年公司将通过优化生产工艺提高高附加值、高技术含量产品的生产,从而提升盈利能力。

	截止日期	05年末	占%	主要股东及持股比例%、持股性质
股本结构（万股）	总股本	231042.78		首钢总公司 81.19%（国有股）
	国有股	187589.73	81.19	全国社保基金零零一组合 0.2%（流通A股）
	发起股			中国核工业集团公司 0.14%（流通A股）
	外资股			银河－渣打－CITIGROUP GLOBAL MARKETS LIMITED 0.12%（流通A股）
	募集股			中国建设银行－博时裕富证券投资基金 0.1%（流通A股）
	流通A	43453.05	18.81	青岛国信实业公司(有限) 0.08%（流通A股）
	流通B			周茂堂 0.06%（流通A股）
	流通H			中国工商银行－融通深证100指数证券投资基金 0.06%（流通A股）
股东户数	05年末	153464		中国人寿保险股份有限公司－传统－普通保险产品－005L－CT001深 0.04%（流通A股）
	04年末			马文有 0.04%（流通A股）
其他流通股东	李平 0.034%			
近年分配	05年:10派3；04年:10派4；03年:10派3	近年募资	03年增发转债2000万张,募资总额20亿。	

二〇〇五年以来市场表现

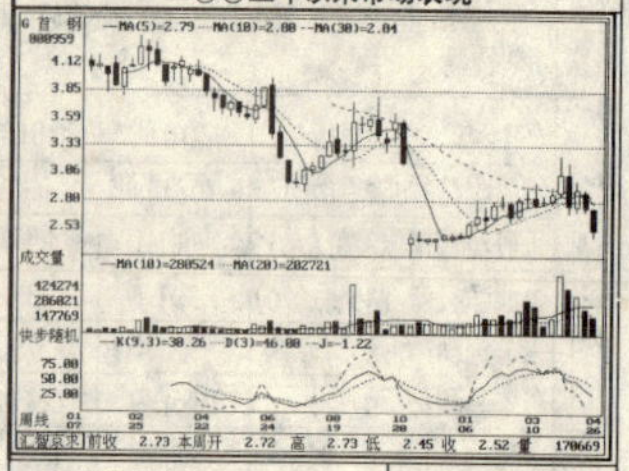

2005年涨跌幅(%)	－10.97
2005年最高(元)	4.38
2006年涨跌幅(%)	14.63
2006.4.26收盘(元)	2.52
2006年最高(元)	3.28
2006年最低(元)	2.44
2006年换手率(%)	85.69
股改对价	送股 派现 每10股实际获得2.4股2.71元(05/11/18)

G锡业（000960）

上市日期:00/02/21　　电话:0873－3118667　　传真:0873－3118308

主营：采、选、冶,精锡、铅、锡铅焊料及氯化亚锡、辛酸亚锡等锡化工产品的生产与经营;生产砷、铟、铋等稀有金属。

	年　度	2005	2004	2003
主要指标	每股收益/扣除后(元)	0.531/0.548	0.625/0.626	0.128/0.153
	每股经营现金流量(元)	0.8699	1.3942	0.3467
	每股净资产/调整后(元)	3.18/3.18	2.85/2.84	3.36/3.31
	未分利润(万元)	44751.6	32576.4	7312.45
	资本公积(万元)	53944.9	53901.8	71198.13
利润构成	主营收入(万元)	362400.87	304191.51	162112.43
	主营利润(万元)	70553.93	67083.5	25363.56
	营业利润(万元)	34545.71	41234.53	5334.73
	投资收益(万元)	－1577.7	18.14	17.35
	利润总额(万元)	34035.7	39023.57	4519.59
	净利润(万元)	28508.6	33535.9	4578.47

点评：公司是国内最大的集采选、冶炼和锡产品深加工一条龙的联合企业,拥有丰富的锡矿储量,占到全国35%左右,占到世界的1/10强。随着公司对国内外矿产资源的大规模收购,公司的矿产储量将会大大提高。公司将成为世界最大的锡业生产基地和锡材加工中心。

	截止日期	05年末	占%	主要股东及持股比例%、持股性质
股本结构（万股）	总股本	53685.6		云南锡业集团有限责任公司 62.87%（国有股）
	国有股	33750	62.87	中国工商银行－普丰证券投资基金 0.74%（流通A股）
	发起股	435.6	0.81	宝盈鸿利收益证券投资基金 0.45%（流通A股）
	外资股			中国银行－景顺长城优选股票证券投资基金 0.38%（流通A股）
	募集股			个旧市锡资工业公司 0.34%（非流通股）
	流通A	19500	36.32	中国农业银行－景顺长城内需增长开放式证券投资基金 0.34%（流通A股）
	流通B			中国人寿保险股份有限公司－分红－个人分红－005L－FH002深 0.33%（流通A股）
	流通H			国际金融－汇丰－MORGAN STANLEY @ CO. INTERNATIONAL LIMITED 0.31%（流通A股）
股东户数	05年末	64092		个旧锡都有色金属加工厂 0.3%（非流通股）
	04年末	71149		国际金融－汇丰－BILL @ MELINDA GATES FOUNDATION 0.3%（流通A股）
其他流通股东	中国工商银行－宝盈泛沿海区域增长股票证券投资基金 0.279%			
近年分配	05预案:10派2.5；04中期:10转增5年终:10派2；03年:10派0.4	近年募资		

二〇〇五年以来市场表现

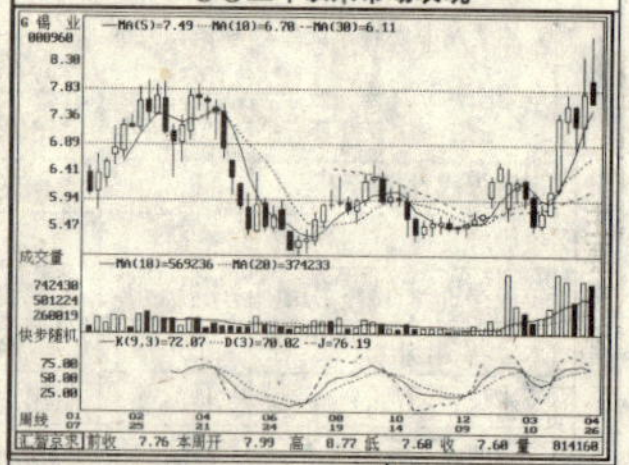

2005年涨跌幅(%)	－7.67
2005年最高(元)	7.96
2006年涨跌幅(%)	73.33
2006.4.26收盘(元)	7.6
2006年最高(元)	11.4
2006年最低(元)	5.82
2006年换手率(%)	278.68
股改对价	送股 每10股实际获得3股(06/02/14)

G大牛（000961）

上市日期:00/03/01　　电话:0411－6679594　　传真:0411－6678899

主营	从事特殊钢材生产及其延伸产品加工、进出口业务。			
	年　度	2005	2004	2003
主要指标	每股收益/扣除后(元)	0.05/0.05	0.07/0.06	0.08/0.08
	每股经营现金流量(元)	0.1	0.19	0.32
	每股净资产/调整后(元)	3.65/3.61	3.6/3.52	3.53/3.53
	未分利润(万元)	17183.54	16610.7	15396.53
	资本公积(万元)	58824.73	58075.01	57543.21
利润构成	主营收入(万元)	302045.62	297224.64	178420.42
	主营利润(万元)	19913.5	18744.34	17281.6
	营业利润(万元)	2642.53	3101.58	3776.92
	投资收益(万元)			
	利润总额(万元)	2668.9	3404.88	3712.07
	净利润(万元)	1381.06	2135.56	2371.77
点评	公司是生产钢铁的龙头企业之一,2005年由于钢铁价格下降、钢铁业成本上升,导致公司经营业绩出现滑落。但公司每股净资产高达3.64元,是现时二级市场少有的破净概念股。在大连市拥有大量的厂房面存在整体搬迁的预期,这为公司价值重估奠定基础。			

	截止日期	05年末	占%	主要股东及持股比例%、持股性质
股本结构（万股）	总股本	30053		东北特殊钢集团有限责任公司 54.9%（国有股）
	国有股	16923	56.31	兰州炭素集团有限责任公司 0.43%（国有股）
	发起股	130	0.43	瓦房店轴承集团有限责任公司 0.43%（国有股）
	外资股			北京祥恒科技有限公司 0.43%（非流通股）
	募集股			大连华信信托投资股份有限公司 0.32%（国有股）
	流通A	13000	43.26	吉林铁合金集团有限责任公司 0.22%（国有股）
	流通B			萧贡辉 0.13%（流通A股）
	流通H			刘戈 0.08%（流通A股）
股东户数	05年末	59957		梁裕 0.08%（流通A股）
	04年末	65533		区树标 0.08%（流通A股）
其他流通股东	梅立 0.072%；王国富 0.065%；郑志光 0.057%；戴钟锋 0.055%；古小娴 0.051%；杨杰 0.051%			
近年分配	04年:10派0.2；03年:10派0.2		近年募资	

二〇〇五年以来市场表现

2005年涨跌幅(%)	-33.5
2005年最高(元)	4.16
2006年涨跌幅(%)	11.33
2006.4.26收盘(元)	2.21
2006年最高(元)	3.38
2006年最低(元)	2.62
2006年换手率(%)	89.29
股改对价	送股 每10股实际获得3.4股(06/03/21)

G东方钽（000962）

上市日期:00/01/20　　电话:0952－2098563　　传真:0952－2098562

主营	稀有金属材料钽、铌及铍合金的冶炼、加工、科研、开发、生产和销售。			
	年　度	2005	2004	2003
主要指标	每股收益/扣除后(元)	0.106/0.1	0.112/0.115	0.05/0.03
	每股经营现金流量(元)	0.3163	0.3097	0.55
	每股净资产/调整后(元)	3.16/3.16	3.12/3.12	3.05/3.04
	未分利润(万元)	22428.83	22082.13	20311.76
	资本公积(万元)	45023.36	44737.67	44656.39
利润构成	主营收入(万元)	59703.04	58173.5	44481.34
	主营利润(万元)	13381.56	14638.21	9290.65
	营业利润(万元)	5088.17	5983.84	2127.62
	投资收益(万元)	-676.4	-561.7	-335.21
	利润总额(万元)	4206.61	4966.33	2159.71
	净利润(万元)	3774.63	3994.96	1740.11
点评	公司主导产品电容器级钽粉、钽丝等,是世界三大钽业公司之一。具有400－500吨钽粉、钽丝的生产能力,生产技术达到世界先进水平。下游是电子元器件行业,随着全球电子元器件行业的复苏,公司的经营业绩也逐步好转。			

	截止日期	05年末	占%	主要股东及持股比例%、持股性质
股本结构（万股）	总股本	35640		宁夏有色金属冶炼厂 58.18%（国有股）
	国有股	21384	60	青铜峡铝业集团公司 0.61%（国有股）
	发起股	216	0.61	宁夏恒力钢丝绳股份有限公司 0.61%（非流通股）
	外资股			中国石油宁夏化工厂 0.61%（国有股）
	募集股			中国有色金属工业技术开发交流中心 0.61%（国有股）
	流通A	14040	39.39	交通银行－普惠证券投资基金 0.49%（流通A股）
	流通B			陶维农 0.37%（流通A股）
	流通H			李贵和 0.17%（流通A股）
股东户数	05年末	53078		刘光明 0.15%（流通A股）
	04年末	52918		廖红兵 0.14%（流通A股）
其他流通股东	中国工商银行－融通深证100指数投资基金 0.122%；彭天顺 0.112%；陶敏 0.084%；张鸿图 0.078%；蔡林玉 0.072%			
近年分配	05方案:10派0.45；04年:10派0.75；03年:10派0.4		近年募资	

二〇〇五年以来市场表现

2005年涨跌幅(%)	-36.3
2005年最高(元)	7.43
2006年涨跌幅(%)	76.35
2006.4.26收盘(元)	6.08
2006年最高(元)	8.66
2006年最低(元)	4.6
2006年换手率(%)	293.58
股改对价	送股 每10股实际获得3.4股(06/03/16)

华东医药（000963）

上市日期:00/01/27　　电话:0571－89903300　　传真:0571－89903366

主营	医药产品的生产和销售。			
	年　度	2005	2004	2003
主要指标	每股收益/扣除后(元)	0.177/0.18	0.081/0.071	0.08/0.073
	每股经营现金流量(元)	0.5351	0.0329	0.24
	每股净资产/调整后(元)	1.59/1.58	1.53/1.48	1.52/1.48
	未分利润(万元)	5315.71	3378.24	3496.86
	资本公积(万元)	11293.93	11204.76	11125.6
利润构成	主营收入(万元)	348423.26	288247.52	232571.09
	主营利润(万元)	62251.29	48763.6	37904.6
	营业利润(万元)	13946.02	8759.39	7346.17
	投资收益(万元)	28.65	317.21	-102.92
	利润总额(万元)	13923.48	9479.95	7372.89
	净利润(万元)	6731.39	3058.14	3057.91
点评	公司是国内器官移植药品中最大、最有优势的生产商,器官移植药品由中美合资公司生产,奉行“要么唯一,要么第一”的战略。2005年药品生产业务取得历史最好成绩,主要是子公司中美合资公司产品结构调整成功,净利润翻番主要得益税收减少。公司将持续增长。			

	截止日期	05年末	占%	主要股东及持股比例%、持股性质
股本结构（万股）	总股本	38000		杭州华东医药(集团)公司 20.25%（国有股）
	国有股	7693.27	20.25	中国远大集团有限责任公司 18.42%（非流通股）
	发起股	448	1.18	珠海海湾大酒店 18.42%（非流通股）
	外资股			浙江远大房地产开发有限公司 3.71%（非流通股）
	募集股	17223.3	45.32	浙江省新昌制药股份有限公司 1.18%（非流通股）
	流通A	12635.42	33.25	珠海经济特区丽珠医药有限公司 0.59%（非流通股）
	流通B			高青 0.44%（流通A股）
	流通H			广州市花城制药厂 0.29%（非流通股）
股东户数	05年末	15019		西湖电子集团有限公司 0.29%（非流通股）
	04年末	13579		石家庄市第二制药厂 0.29%（非流通股）
其他流通股东	夏洁露 0.201%；吴锦瑛 0.192%；韩广奇 0.191%；姚志宏 0.18%；天一证券有限责任公司 0.172%；高云龙 0.166%			
近年分配	05预案:10派1.35；04年:10派1；03年:10派0.7		近年募资	

二〇〇五年以来市场表现

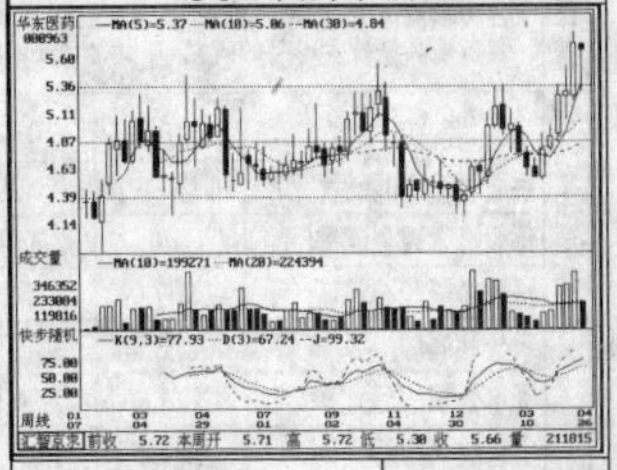

2005年涨跌幅(%)	1.37
2005年最高(元)	5.65
2006年涨跌幅(%)	30.42
2006.4.26收盘(元)	5.66
2006年最高(元)	5.84
2006年最低(元)	4.2
2006年换手率(%)	312.2
股改对价	

天水股份（000965）

上市日期:00/04/06　　电话:022－23046662　　传真:022－23046081

主营	水泥、新型建筑材料制造、销售及建筑施工、房地产开发。			
	年　度	2005	2004	2003
主要指标	每股收益/扣除后(元)	-0.339/-0.351	0.057	0.06/0.067
	每股经营现金流量(元)	-0.052	0.137	0.02
	每股净资产/调整后(元)	2.33/1.52	2.66/2.23	2.62/2.25
	未分利润(万元)	-1568.29	6520.41	5857.46
	资本公积(万元)	30762.54	30587.22	30463.65
利润构成	主营收入(万元)	30673.15	37810.17	45850.61
	主营利润(万元)	483.39	4516.91	5646.85
	营业利润(万元)	-9905.01	1376.42	216.97
	投资收益(万元)	-77.74	-20.13	-43.18
	利润总额(万元)	-7922.22	1834.42	1729.35
	净利润(万元)	-8088.7	1363.63	1484.65
点评	公司作为天津最大的水泥生产企业,在华北地区具有相当的产业规模优势。中国决定加快滨海新区建设,将使公司受益。同时,北京奥运也将给公司带来巨大商机。水泥行业受未来新农村建设项目的需求拉动,行业有望回暖,公司发展前景还是可以谨慎乐观的。			

股本结构(万股)	截止日期	05年末	占%	主要股东及持股比例%、持股性质
	总股本	23870.54		天津市建材集团(控股)有限公司 67.12%（国有股）
	国有股	16022.7	67.12	刘丽芬 0.31%（流通A股）
	发起股	147.84	0.62	林可 0.27%（流通A股）
	外资股			张海军 0.2%（流通A股）
	募集股			田茂奎 0.2%（流通A股）
	流通A	7700	32.26	天津市新材房地产开发公司 0.15%（非流通股）
	流通B			天津市天材房地产开发公司 0.15%（非流通股）
	流通H			天津建筑材料进出口公司 0.15%（非流通股）
股东户数	05年末	29310		天津市建筑材料科学研究所 0.15%（非流通股）
	04年末	30255		陈文珍 0.13%（流通A股）
其他流通股东	王立文 0.115%；高慧湘 0.113%；唐闲新 0.111%；陈敬森 0.099%；王厚瑞 0.098%			
近年分配		近年募资		

二〇〇五年以来市场表现

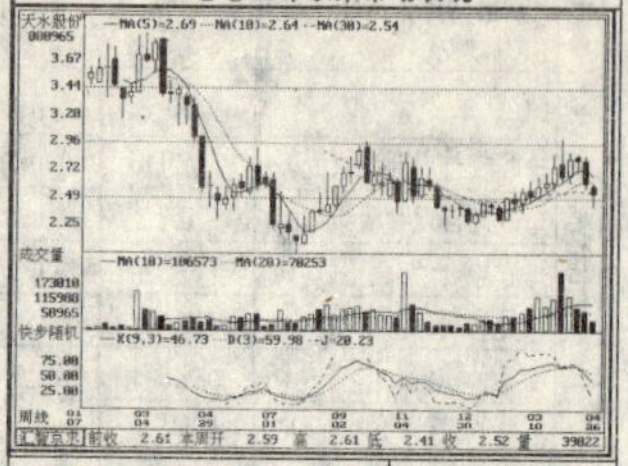

2005年涨跌幅(%)	-35.59
2005年最高(元)	3.91
2006年涨跌幅(%)	10.53
2006.4.26收盘(元)	2.52
2006年最高(元)	2.99
2006年最低(元)	2.26
2006年换手率(%)	171.28
股改对价	

长源电力（000966）

上市日期:00/03/16　　电话:027－86778352　　传真:027－86786970

主营	电力、热力生产			
	年　度	2005	2004	2003
主要指标	每股收益/扣除后(元)	-0.114/-0.113	0.188/0.184	0.15/0.15
	每股经营现金流量(元)	0.1893	0.133	0.34
	每股净资产/调整后(元)	2.22/2.21	2.43/2.42	2.37/2.35
	未分利润(万元)	-3028.77	4906.61	4262.83
	资本公积(万元)	39682.95	39682.95	39682.95
利润构成	主营收入(万元)	247886.99	121093.57	103990.86
	主营利润(万元)	19774.76	15837.83	15626.65
	营业利润(万元)	-2147.68	7130.42	8076.98
	投资收益(万元)	-759.58	3096.98	2162.59
	利润总额(万元)	-2370.95	10132.16	10001.49
	净利润(万元)	-4233.95	6965.77	5686.29
点评	公司是湖北省内规模较大的发电公司。在来水不足、煤价持续走高等情况下公司完成预期发电量。当地用电需求下滑也对公司产生不利影响。规模扩张却赶上了煤价成本上升以及电力需求拐点出现,如何把电销出去成为公司发展的关键。			

股本结构(万股)	截止日期	05年末	占%	主要股东及持股比例%、持股性质
	总股本	37014.2		中国国电集团公司 37.64%（国有股）
	国有股	23084.6	62.37	湖北省电力开发公司 18.77%（国有股）
	发起股			武汉银厦房地产综合发展公司 5.45%（国有股）
	外资股			上海证大投资管理有限公司 4.8%（非流通股）
	募集股	3129.6	8.46	湖北民源电力实业发展有限责任公司 3.01%（非流通股）
	流通A	10800	29.18	武汉市建银房地产开发公司 0.53%（非流通股）
	流通B			东风汽车公司 0.51%（国有股）
	流通H			孙新一 0.15%（流通A股）
股东户数	05年末	47120		李实 0.13%（流通A股）
	04年末	53208		湖北友宁建筑装饰工程有限公司 0.11%（非流通股）
其他流通股东	阮正林 0.113%；姚雨行 0.103%；王宗任 0.084%；许洪杰 0.071%；夏进桃 0.069%；王广磊 0.069%；孙佳宾 0.059%			
近年分配	04年:10派1；03年:10派1.2	近年募资		

二〇〇五年以来市场表现

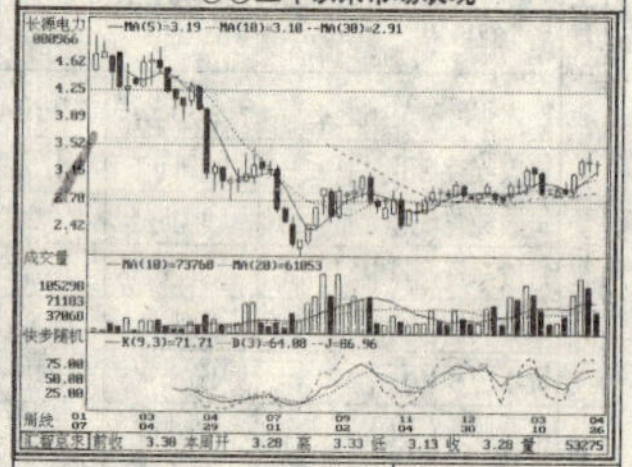

2005年涨跌幅(%)	-40.85
2005年最高(元)	4.99
2006年涨跌幅(%)	16.73
2006.4.26收盘(元)	3.28
2006年最高(元)	3.43
2006年最低(元)	2.75
2006年换手率(%)	100.07
股改对价	

＊ST上风（000967）

上市日期:00/03/30　　电话:0575－2366261　　传真:0575－2366328

主营	各类轴流风机、混流风机、离心风机和各类风冷、水冷、速冻装备等高新技术产品的研究、开发、生产、销售和技术服务。			
	年　度	2005	2004	2003
主要指标	每股收益/扣除后(元)	-0.33/-0.298	-0.52	0.082/0.079
	每股经营现金流量(元)	0.09	0.09	0.1443
	每股净资产/调整后(元)	2.81/2.65	3.14/2.99	3.71/3.51
	未分利润(万元)	-8333.04	-3756.06	4047.36
	资本公积(万元)	29208.64	29188.83	29188.83
利润构成	主营收入(万元)	15814.07	19886.48	18443.14
	主营利润(万元)	3006.91	5823.28	6195.51
	营业利润(万元)	-3391.29	-4881.91	1293.85
	投资收益(万元)	-505.23	-902.95	488.06
	利润总额(万元)	-4677	-6863.68	1868.85
	净利润(万元)	-4576.98	-7119.49	1126.36
点评	公司主要产品为风机、冷冻设备及模具。05年公司主动收缩非主业业务,但在原材料上涨、竞争加剧、计担坏帐及处理不良资产等影响下,公司出现了较大程度的亏损。未来公司希望通过产品、技术、人力资源及管理的调整,实现业务转型,但其面临的困难也较大。			

股本结构(万股)	截止日期	05年末	占%	主要股东及持股比例%、持股性质
	总股本	13678.61		浙江上风产业集团有限公司 20%（非流通股）
	国有股			美的集团有限公司 18.2%（非流通股）
	发起股	5612.72	41.03	中山市佳域投资有限公司 15.74%（非流通股）
	外资股			新理益集团有限公司 3.29%（非流通股）
	募集股	3565.89	26.07	海南普林投资管理有限公司 2.01%（非流通股）
	流通A	4500	32.9	上海明方复兴工程造价咨询事物所有限公司 1.85%（非流通股）
	流通B			济和集团有限公司 1.77%（非流通股）
	流通H			浙江华强实业发展有限公司 1.46%（非流通股）
股东户数	05年末	24413		上海荣福室内装潢有限公司 0.88%（非流通股）
	04年末	27279		台州翔鑫贸易有限公司 0.73%（非流通股）
其他流通股东	杨勇 0.189%；重庆君安经贸发展有限公司 0.182%；喻俊华 0.126%；方志远 0.118%；田满林 0.11%；梁明 0.086%			
近年分配	03年:10派0.5	近年募资		

二〇〇五年以来市场表现

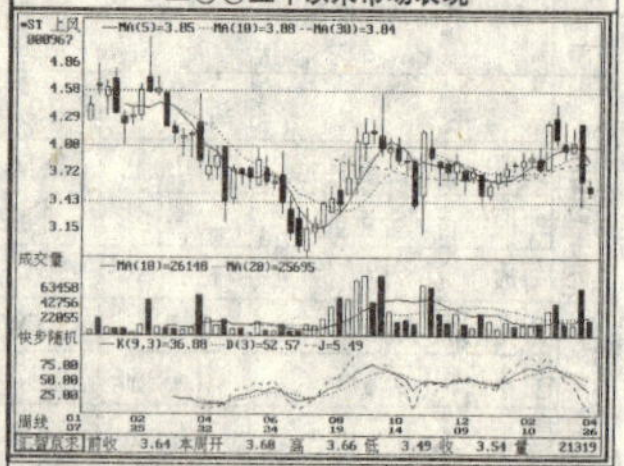

2005年涨跌幅(%)	-18
2005年最高(元)	5.15
2006年涨跌幅(%)	-1.67
2006.4.26收盘(元)	3.54
2006年最高(元)	4.44
2006年最低(元)	3.39
2006年换手率(%)	64.61
股改对价	注资 送股 每10股实际获得1.7股

G煤气化（000968）

上市日期:00/06/22　　电话:0351－6019365　　传真:0351－6199887

主营	焦炭、洗精煤、原煤、煤气、煤化工产品的生产和销售。		
年　度	2005	2004	2003
主要指标			
每股收益/扣除后(元)	0.472/0.477	0.414/0.445	0.18/0.187
每股经营现金流量(元)	0.1867	1.2331	0.61
每股净资产/调整后(元)	3.69/3.34	3.2/2.8	3.18/2.79
未分利润(万元)	26465.43	11598.38	13862.23
资本公积(万元)	67781.73	66491.83	66406.83
利润构成			
主营收入(万元)	246503.01	170502.05	113735.77
主营利润(万元)	52902.38	47292.21	29238.36
营业利润(万元)	27477.53	26779.82	10376.36
投资收益(万元)	－115.71	－1860.7	1165.68
利润总额(万元)	25978.14	22607.16	9645.11
净利润(万元)	18636.27	16360.16	7066.95

点评：公司是全国最大煤炭综合利用企业。虽然国家宏观调控带来公司主营产品焦炭的市价持续下降，而原料煤的价格却居高不下，但公司凭借在煤气化领域得天独厚的技术优势和地理优势，有望在未来煤炭替代石油以及合成氨、甲醇等领域有极大的发展机会。

股本结构(万股)	05年末	占%	主要股东及持股比例%、持股性质
截止日期			
总股本	39519		太原煤炭气化(集团)有限责任公司 49.45%(国有股)
国有股	20019	50.66	山西省经济建设投资公司 0.94%(国有股)
发起股			中油财务有限责任公司 0.45%(流通A股)
外资股			浙江会宝实业有限公司 0.32%(流通A股)
募集股			杨海燕 0.3%(流通A股)
流通A	19500	49.34	上海广通投资管理有限公司 0.26%(流通A股)
流通B			山西证券有限责任公司 0.21%(流通A股)
流通H			山西戈德经贸有限公司 0.17%(流通A股)
股东户数 05年末	63025		中国工商银行－融通深证100指数证券投资基金 0.16%(流通A股)
股东户数 04年末	51058		北京华煤工贸公司 0.13%(国有股)

其他流通股东：裴晓勇 0.133%；百江投资有限公司 0.132%；北京方兴投资管理有限责任公司 0.131%

近年分配：05方案:10派0.3；04中期:10派3.8 年终:10派0.1；03年:10派0.15

近年募资：

二○○五年以来市场表现

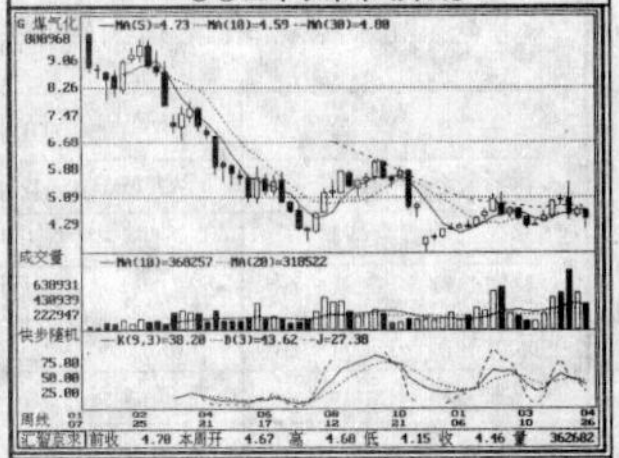

2005年涨跌幅(%)	－45.24
2005年最高(元)	9.85
2006年涨跌幅(%)	7.47
2006.4.26收盘(元)	4.46
2006年最高(元)	5.48
2006年最低(元)	4.15
2006年换手率(%)	290.23

股改对价：送股 每10股实际获得3股(05/12/05)

G安泰A（000969）

上市日期:00/05/29　　电话:010－62188403　　传真:010－62182695

主营	新材料与制品及其生产工艺装备的技术开发、研究、设计、生产和销售。		
年　度	2005	2004	2003
主要指标			
每股收益/扣除后(元)	0.272/0.273	0.341/0.306	0.33/0.3
每股经营现金流量(元)	0.3159	0.0424	0.15
每股净资产/调整后(元)	3.96/3.93	4.99/4.95	4.81/4.78
未分利润(万元)	6908.57	9849.13	8090.75
资本公积(万元)	73413.26	76245.1	76245.1
利润构成			
主营收入(万元)	167530.29	120260.74	76551.38
主营利润(万元)	27418.57	21016.07	13398.48
营业利润(万元)	12869.25	9923.4	7945.54
投资收益(万元)	－41.41	943.78	857.82
利润总额(万元)	12812.69	10830.75	8787.67
净利润(万元)	8621.06	8321.59	8158.09

点评：公司主营非晶、纳米晶以及磁性材料等新材料的开发生产和销售，是国内磁性材料行业龙头之一，公司在软磁方面的研究一直居于国内前列。公司与德国Odersun公司就太阳能电池项目签订了研发合作合同，大力发展太阳能电池，将成为新的利润增长点。

股本结构(万股)	05年末	占%	主要股东及持股比例%、持股性质
截止日期			
总股本	31740.8		钢铁研究总院 47.01%(国有股)
国有股	15184.76	47.84	华宝兴业多策略增长证券投资基金 1.51%(流通A股)
发起股	82.44	0.26	金瑞新材料科技股份有限公司 1.07%(流通A股)
外资股			普丰证券投资基金 0.75%(流通A股)
募集股			全国社保基金111组合 0.32%(流通A股)
流通A	16426.89	51.75	紫光集团有限公司 0.31%(国有股)
流通B			北京金基业工贸集团 0.26%(国有股)
流通H			中国科技国际信托投资有限责任公司 0.26%(非流通股)
股东户数 05年末	36067		冶钢经济技术开发总公司 0.26%(国有股)
股东户数 04年末	28645		南方高增长股票型开放式证券投资基金 0.25%(流通A股)

其他流通股东：陈莹 0.212%；景博证券投资基金 0.208%；上海嘉意物产有限公司 0.158%；深圳市宏鑫投资有限公司 0.132%

近年分配：05预案:10派0.8转增1；04年:10派1.69送2转增1；03年:10派1.68

近年募资：

二○○五年以来市场表现

2005年涨跌幅(%)	1.08
2005年最高(元)	10.62
2006年涨跌幅(%)	14.72
2006.4.26收盘(元)	6.78
2006年最高(元)	7.17
2006年最低(元)	5.21
2006年换手率(%)	271.84

股改对价：送股 每10股实际获得3.2股(05/12/05)

G三环（000970）

上市日期:00/04/20　　电话:010－68945729　　传真:010－68712144

主营	钕铁硼稀土永磁材料的技术开发、生产与销售。		
年　度	2005	2004	2003
主要指标			
每股收益/扣除后(元)	0.308/0.306	0.226/0.223	0.275/0.267
每股经营现金流量(元)	0.285	0.262	0.258
每股净资产/调整后(元)	1.71/1.67	1.45/1.44	1.93/1.9
未分利润(万元)	19877.53	9651.61	8050.73
资本公积(万元)	9036.05	8822.36	11066.97
利润构成			
主营收入(万元)	164820.56	104607.96	67163.45
主营利润(万元)	46181.22	29911.65	19325.71
营业利润(万元)	21318.5	15986.47	9077.19
投资收益(万元)	－435.16	－47.78	292.72
利润总额(万元)	20766.81	15558.05	9344.99
净利润(万元)	15619.77	11479.63	6457.52

点评：公司是中国最大、全球第二大钕铁硼磁性材料制造商。近年来我国钕铁硼产量和产值成倍增长，呈现出快速发展的态势，年均增长率超过20%。随着我国逐渐成为世界钕铁硼研发和生产制造基地，公司主营业务经营规模持续扩大，业绩将进一步提高。

股本结构(万股)	05年末	占%	主要股东及持股比例%、持股性质
截止日期			
总股本	50760		北京三环新材料高技术公司 31.42%(国有股)
国有股	19542.44	38.5	TRIDUS INTERNATIONAL INC(中文简称"特瑞达斯公司") 7.29%(外资股)
发起股	1986.88	3.91	宁波电子信息集团有限公司 6.72%(国有股)
外资股	6550.69	12.91	TAIGENE METAL COMPANY L. L. C(中文简称"台全公司") 5.62%(外资股)
募集股			招商银行股份有限公司－中信经典配置证券投资基金 4.08%(流通A股)
流通A	22680	44.68	宁波联合集团股份有限公司 3.91%(非流通股)
流通B			中国银行－海富通收益增长证券投资基金 1.97%(流通A股)
流通H			全国社保基金一零四组合 1.48%(流通A股)
股东户数 05年末	14762		中国银行－湘财荷银行业精选证券投资基金 1.43%(流通A股)
股东户数 04年末	20011		银河－交行－日兴资产管理有限公司日兴AM中国人民币A股母基金 1.36%(流通A股)

其他流通股东：华夏成长证券投资基金 1.277%；通乾证券投资基金 1.184%；中国工商银行－安信证券投资基金 1.158%

近年分配：05方案:10派0.8；04中期:10派1.2送2转增8 年终:10派0.6

近年募资：04年10配2配股价10.7元。

二○○五年以来市场表现

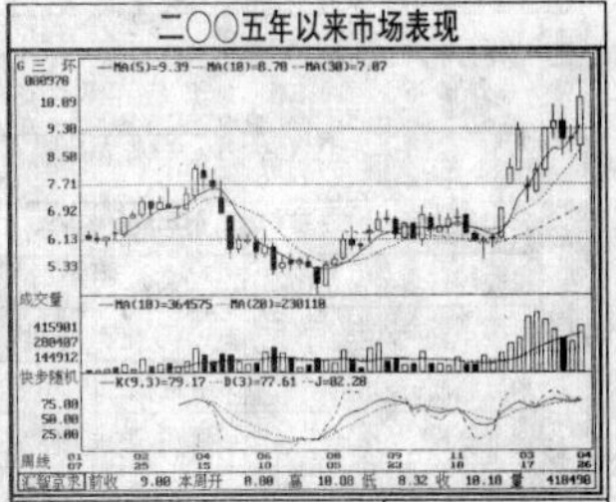

2005年涨跌幅(%)	11.92
2005年最高(元)	8.3
2006年涨跌幅(%)	86.68
2006.4.26收盘(元)	10.18
2006年最高(元)	13.93
2006年最低(元)	7.68
2006年换手率(%)	125.18

股改对价：送股 每10股实际获得2.8股(06/03/17)

G 迈亚(000971)

上市日期:00/04/27　电话:0728－3275828　传真:0728－3275829

主营	拉舍尔毛毯和高档精毛纺呢绒面料的开发、生产和销售。			
	年　度	2005	2004	2003
主要指标	每股收益/扣除后(元)	0.06/0.05	0.12/0.11	0.14/0.13
	每股经营现金流量(元)	0.1	0.2	0.48
	每股净资产/调整后(元)	2.54/2.51	2.48/2.46	2.4/2.26
	未分利润(万元)	3167.62	2232.91	2627.8
	资本公积(万元)	20867.61	20867.61	19187.61
利润构成	主营收入(万元)	34564.69	26600.19	25831.5
	主营利润(万元)	6546.74	6466.74	7002.18
	营业利润(万元)	1589.62	3279.94	3700.69
	投资收益(万元)		-1.4	20.29
	利润总额(万元)	1814.8	3411.06	3855.83
	净利润(万元)	1189.42	2285.41	2583.4
点评	公司主营为毛毯、呢绒两大纺织面料业务。05年虽然内受上游原材料、燃料、运输费用等价格上涨的影响,外受美欧限制措施的制约,公司依然保持了经营的相对平稳。06年公司将加大高档纯棉色织面料项目的经营,克服困难,实现公司正常经营发展。			

	截止日期	05年末	占%	主要股东及持股比例%、持股性质
股本结构(万股)	总股本	18700		湖北仙桃毛纺集团有限公司 35.26%(国有股)
	国有股	6592.98	35.26	仙桃市彩凤实业公司 2.18%(非流通股)
	发起股	1036.62	5.54	仙桃市财务开发公司 1.95%(非流通股)
	外资股			湖北省纺织品公司 1.28%(非流通股)
	募集股			黄联群 0.71%(流通A股)
	流通A	11070.4	59.2	张丽珍 0.52%(流通A股)
	流通B			翁祖斌 0.44%(流通A股)
	流通H			桑国诚 0.38%(流通A股)
股东户数	05年末	29462		杨安惠 0.21%(流通A股)
	04年末	29234		梁军 0.17%(流通A股)
其他流通股东	胡生志 0.165%;陈生梅 0.162%;梁阳 0.145%;郭刚 0.144%			
近年分配	05预案:10转增3;03年:10派1.25	近年募资		

二〇〇五年以来市场表现

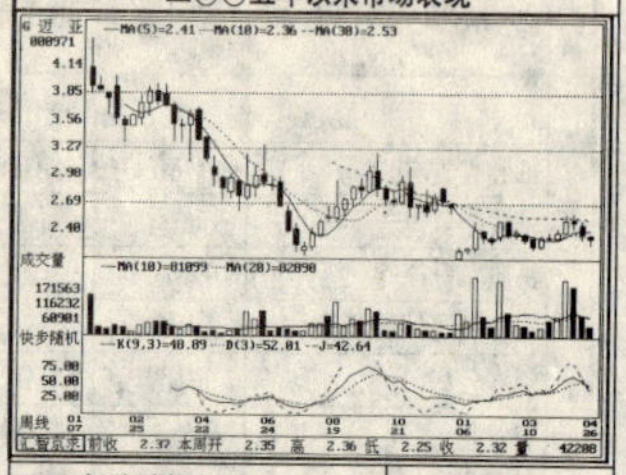

2005年涨跌幅(%)	-26.43
2005年最高(元)	4.43
2006年涨跌幅(%)	6.42
2006.4.26收盘(元)	2.32
2006年最高(元)	2.58
2006年最低(元)	2.16
2006年换手率(%)	136.23
股改对价	送股 每10股实际获得3.6股(05/12/29)

G 中基(000972)

上市日期:00/09/26　电话:0991－8852972　传真:0991－8852972

主营	蕃茄制品加工及销售;农业种植、生产加工、国际贸易等。			
	年　度	2005	2004	2003
主要指标	每股收益/扣除后(元)	0.39/0.38	0.43	0.66/0.52
	每股经营现金流量(元)	1.37	0.34	2.16
	每股净资产/调整后(元)	5.06/4.77	4.45/4.24	4.09/3.88
	未分利润(万元)	11138.25	9155.06	7148.08
	资本公积(万元)	29837.48	25211.87	24795.95
利润构成	主营收入(万元)	103031.89	69572.01	94882.69
	主营利润(万元)	25410.77	23247.53	21812.27
	营业利润(万元)	5797.43	4456.73	6715.66
	投资收益(万元)	168.06	1442.21	1854.76
	利润总额(万元)	5939.47	5812.15	8795.75
	净利润(万元)	4871.54	5326.24	8203.47
点评	公司是番茄制品加工及销售的国家级农业产业化重点龙头企业。2005年面对疆内番茄原料受灾减产、人民币升值、融资渠道不畅等不利因素,强化了全面预算管理,控制了生产成本。但财务费用大幅增加导致净利润减少。			

	截止日期	05年末	占%	主要股东及持股比例%、持股性质
股本结构(万股)	总股本	12458.92		新疆生产建设兵团农五师87团 8.89%(国有股)
	国有股	4563.19	36.63	新疆生产建设兵团农二师21团 8.48%(国有股)
	发起股	1910.73	15.34	乌鲁木齐三木实业有限公司 7.57%(非流通股)
	外资股			新疆生产建设兵团农十二师五一农场 6.81%(国有股)
	募集股			上海邦联科技实业有限公司 6.2%(非流通股)
	流通A	5984.79	48.04	新疆生产建设兵团建设工程集团有限公司 4.25%(国有股)
	流通B			新疆生产建设兵团投资中心 4.13%(国有股)
	流通H			新疆生产建设兵团和田农场管理局乌市果品厂 2.16%(国有股)
股东户数	05年末	23196		新疆生产建设兵团农六师军户农场 1.9%(国有股)
	04年末	24531		乌鲁木齐市楠悦工贸有限公司 1.57%(非流通股)
其他流通股东	中国工商银行－安信证券投资基金 3.074%;中国工商银行－银河银泰理财分红证券投资基金 1.525%			
近年分配	05方案:10派0.2;04年:10派1;03年:10派1	近年募资		

二〇〇五年以来市场表现

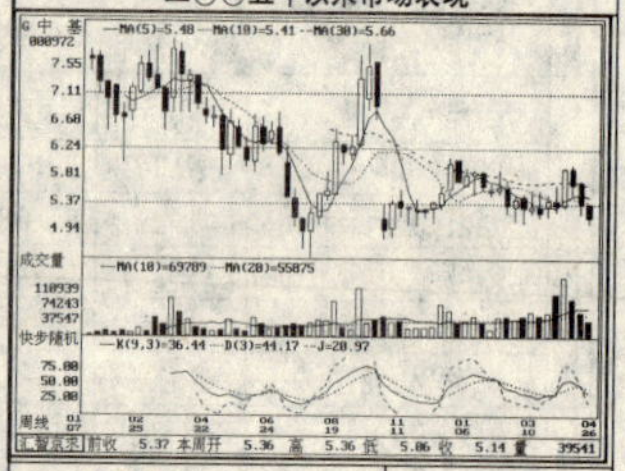

2005年涨跌幅(%)	-0.59
2005年最高(元)	8.17
2006年涨跌幅(%)	-9.98
2006.4.26收盘(元)	5.14
2006年最高(元)	5.97
2006年最低(元)	5.06
2006年换手率(%)	154.62
股改对价	送股 每10股实际获得3.3股(05/10/26)

G 佛塑(000973)

上市日期:00/05/25　电话:0757－83988189　传真:0757－83988186

主营	各类塑料制品、粘胶制品、各类包装及印刷复合制品和塑料加工设备、模具的制造、加工及工程设计安装。			
	年　度	2005	2004	2003
主要指标	每股收益/扣除后(元)	0.01/-0.03	0.165/0.131	0.32/0.291
	每股经营现金流量(元)	0.879	-0.037	0.49
	每股净资产/调整后(元)	3.48/3.46	3.61/3.59	3.42/3.37
	未分利润(万元)	5076.16	5128.62	5030.33
	资本公积(万元)	82250.57	82249.28	65011.76
利润构成	主营收入(万元)	292539.76	276584.65	229054.46
	主营利润(万元)	19225.11	22016.61	25690.5
	营业利润(万元)	-3280.5	274.36	7611.73
	投资收益(万元)	1652.56	4808.4	4884.19
	利润总额(万元)	34.47	6025.1	12843.45
	净利润(万元)	418.71	6745.64	11781.12
点评	公司BOPA薄膜、BOPP薄膜、BOPET薄膜、复合编织制品的国内市场占有率大约分别为50%、12%、24%和17%,具有一定垄断优势。加上公司介入了液晶显示器生产的上游原材料供应及特种电池原材料领域,基本面向好。			

	截止日期	05年末	占%	主要股东及持股比例%、持股性质
股本结构(万股)	总股本	40836.99		佛山市塑料工贸集团公司 36%(国有股)
	国有股	14702.85	36	佛山富硕宏信投资有限公司 26.94%(非流通股)
	发起股	11002.44	26.94	佛山三冠塑胶有限公司 0.85%(流通A股)
	外资股			中国建设银行—华宝兴业多策略增长证券投资基金 0.65%(流通A股)
	募集股			信达投资有限公司 0.5%(流通A股)
	流通A	15131.7	37.05	佛山市锦龙塑胶制品厂 0.47%(流通A股)
	流通B			佛山东瑞包装材料有限公司 0.43%(流通A股)
	流通H			佛山市鸿华聚酯切片有限公司 0.4%(流通A股)
股东户数	05年末	37399		中国工商银行—银河银泰理财分红证券投资基金 0.34%(流通A股)
	04年末	39441		深圳市国傲通实业有限公司 0.29%(流通A股)
其他流通股东	麦丽谏 0.162%;李德生 0.147%			
近年分配	05预案:10派0.1转增5;04年:10派1.38;03年:10派2.1	近年募资	04年10配3配股价6.19元。	

二〇〇五年以来市场表现

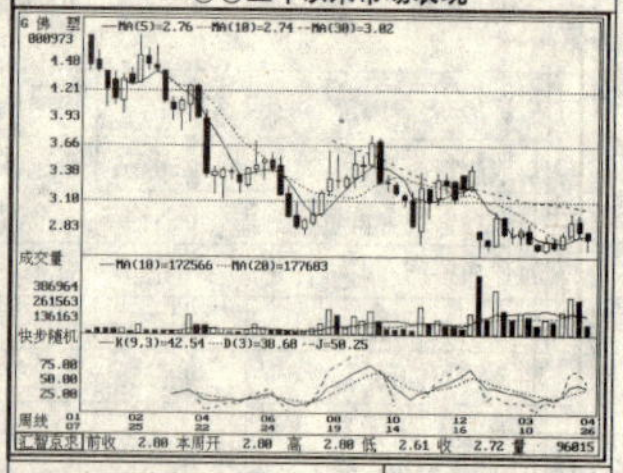

2005年涨跌幅(%)	-24.51
2005年最高(元)	4.76
2006年涨跌幅(%)	9.28
2006.4.26收盘(元)	2.72
2006年最高(元)	4.11
2006年最低(元)	3.49
2006年换手率(%)	142.52
股改对价	送股 每10股实际获得3.7股(06/01/16)

科学城（000975）

上市日期:00/06/08　　电话:020－61397318　　传真:020－32068322

主营	高新技术产业和城市基础设施建设及环保环美建设的投资、开发与经营管理;股权产权收购、兼并、投资、交易和经营管理;水力发电,供电设施设备的维修、调试。

	年　　度	2005	2004	2003
主要指标	每股收益/扣除后(元)	0.12/0.121	0.14	0.25/0.23
	每股经营现金流量(元)	0.18	0.21	0.45
	每股净资产/调整后(元)	1.7/1.69	1.62/1.61	2.69/2.68
	未分利润(万元)	17468.66	14189.58	8481.33
	资本公积(万元)	13870.07	13870.07	37550.07
利润构成	主营收入(万元)	26719.53	28900.34	24997.31
	主营利润(万元)	14837	16228.22	14714.54
	营业利润(万元)	12211.15	13696.71	12498.51
	投资收益(万元)	－184.42	－636.13	－68.98
	利润总额(万元)	12274.91	13575.37	12499.09
	净利润(万元)	6442.23	7490.53	7518.44

点评	公司经过资产重组之后,已转变为公用事业型企业,经营状况逐渐稳定,业绩突发性增长的可能性并不太大。拖累公司业绩主要还是原有的水泥制造业务。今后在国家宏观经济调控的背景下,水泥业务仍有萎缩的可能,对于这点应高度关注。

	截止日期	05年末	占%	主要股东及持股比例%、持股性质
股本结构（万股）	总股本	53280		广州凯得控股有限公司 53.2%（国有股）
	国有股	30143.61	56.58	重庆市黔江区新禹水利电力有限责任公司 3.56%（国有股）
	发起股	96.39	0.18	南京新港高科技股份有限公司 0.97%（流通A股）
	外资股			南京市辽通电脑有限公司 0.73%（流通A股）
	募集股			孙明珍 0.41%（流通A股）
	流通A	23040	43.24	南方工业咨询服务有限公司 0.38%（流通A股）
	流通B			黑龙江省华富电力投资有限公司 0.34%（流通A股）
	流通H			三峡证券有限责任公司 0.34%（流通A股）
股东户数	05年末	31362		重庆国际信托投资有限公司 0.25%（流通A股）
	04年末	30299		邱志清 0.24%（流通A股）
其他流通股东	北京南方科质技术开发有限公司 0.23%;上海湘海房地产发展有限公司 0.184%			
近年分配	04年:10派0.4；03年:10派0.2转增8		近年募资	

二○○五年以来市场表现

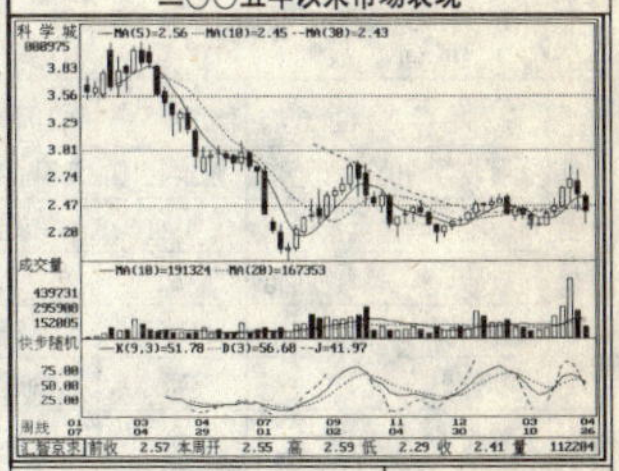

2005年涨跌幅(%)	－36.04
2005年最高(元)	4.1
2006年涨跌幅(%)	3.88
2006.4.26收盘(元)	2.41
2006年最高(元)	2.86
2006年最低(元)	2.23
2006年换手率(%)	127.86
股改对价	

春晖股份（000976）

上市日期:00/06/01　　电话:0750－2276949　　传真:0750－2276959

主营	生产、销售差别异型涤纶长丝、锦纶长丝等化纤产品

	年　　度	2005	2004	2003
主要指标	每股收益/扣除后(元)	-0.2/-0.212	0.078/0.089	0.11/0.099
	每股经营现金流量(元)	0.62	0.43	0.79
	每股净资产/调整后(元)	2.34/2.34	2.54/2.54	2.56/2.56
	未分利润(万元)	－4401.54	4158.77	5581.91
	资本公积(万元)	52897.28	52897.28	52897.28
利润构成	主营收入(万元)	244069.51	218296.85	149820.82
	主营利润(万元)	－1945.98	9310.91	14222.79
	营业利润(万元)	－8551.24	4799.14	8264.69
	投资收益(万元)	13.18	0	－1049.03
	利润总额(万元)	－8560.31	4350.69	7224.02
	净利润(万元)	－8560.31	3280.37	4480.1

点评	公司主要从事涤纶长丝、锦纶长丝、高粘切片、瓶级切片及化纤产品的生产和销售。2005年由于国际油价高企,造成产品成本上升;另一方面由于聚酯行业产能过剩,使得市场竞争环境日趋恶劣。预计2006年这一趋势将持续。

	截止日期	05年末	占%	主要股东及持股比例%、持股性质
股本结构（万股）	总股本	42114.6		广东省开平涤纶企业集团公司 31.15%（国有股）
	国有股	13117.59	31.15	开平市工业实业开发公司 9.83%（非流通股）
	发起股			开平市工业材料公司 9.83%（非流通股）
	外资股			开平市工业供销公司 4.33%（非流通股）
	募集股	10494.09	24.92	开平市工业资产经营公司 0.63%（非流通股）
	流通A	18502.92	43.93	赵庆 0.2%（流通A股）
	流通B			陈家源 0.17%（流通A股）
	流通H			管巧英 0.17%（流通A股）
股东户数	05年末	60363		陈水云 0.17%（流通A股）
	04年末	67243		开平市锅炉设备安装公司 0.15%（非流通股）
其他流通股东	南海市西樵景泰贸易有限公司 0.119%;陈佩霞 0.093%;胡利东 0.092%;陆美娟 0.092%;陈志勇 0.088%			
近年分配	03年:10派1		近年募资	

二○○五年以来市场表现

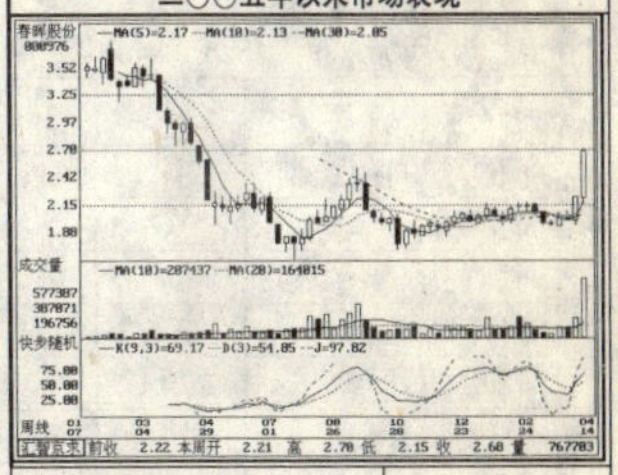

2005年涨跌幅(%)	－43.14
2005年最高(元)	3.8
2006年涨跌幅(%)	34.67
2006.4.26收盘(元)	2.68
2006年最高(元)	2.7
2006年最低(元)	1.93
2006年换手率(%)	141.07
股改对价	定向转增 每10股实际获得8.944股

G浪潮（000977）

上市日期:00/06/08　　电话:0531－5106242　　传真:0531－5106246

主营	计算机及软件、电子产品及其他通信设备、商业机具、电子工业用控制设备等。

	年　　度	2005	2004	2003
主要指标	每股收益/扣除后(元)	0.039/0.038	0.064/0.05	0.14/0.124
	每股经营现金流量(元)	0.17	0.09	0.17
	每股净资产/调整后(元)	4.31/4.16	4.19/4.07	4.04/3.96
	未分利润(万元)	11935.12	11258.51	10163.27
	资本公积(万元)	54193.73	52506.58	50732.52
利润构成	主营收入(万元)	130593.69	140328.69	122384.8
	主营利润(万元)	28007.76	31731.77	29993.15
	营业利润(万元)	435.09	2305.95	6859.43
	投资收益(万元)	1105.52	760.73	－655.26
	利润总额(万元)	3999.79	6055.84	8088.52
	净利润(万元)	836.98	1366.09	2934.77

点评	公司以计算机软、硬件及其他信息产品的开发、生产、销售为主导,逐步树立在信息产业领域良好的品牌形象和产品优势。其服务器产品已连续6年国内品牌市场占有率第一,网游、电信增值等前景良好。公司拥有自主品牌的核心技术,有能力在竞争中不断扩大市场份额。

	截止日期	05年末	占%	主要股东及持股比例%、持股性质
股本结构（万股）	总股本	21500		浪潮集团有限公司 59.86%（国有股）
	国有股	14150	65.81	烟台东方电子信息产业集团有限公司 4.65%（国有股）
	发起股	850	3.95	北京算通科技发展有限公司 2.33%（非流通股）
	外资股			山东时风(集团)有限责任公司 1.3%（国有股）
	募集股			山东金达实业有限公司 0.93%（国有股）
	流通A	6500	30.23	全泰电脑(惠阳)有限公司 0.7%（非流通股）
	流通B			杨伟 0.15%（流通A股）
	流通H			黄卫琼 0.09%（流通A股）
股东户数	05年末	44706		邹海霞 0.07%（流通A股）
	04年末	49371		伍龙然 0.06%（流通A股）
其他流通股东	王建中 0.062%;吴玲 0.059%;尤其龙 0.056%;赵胜利 0.055%;虞忠伟 0.051%;崔长霞 0.051%			
近年分配			近年募资	

二○○五年以来市场表现

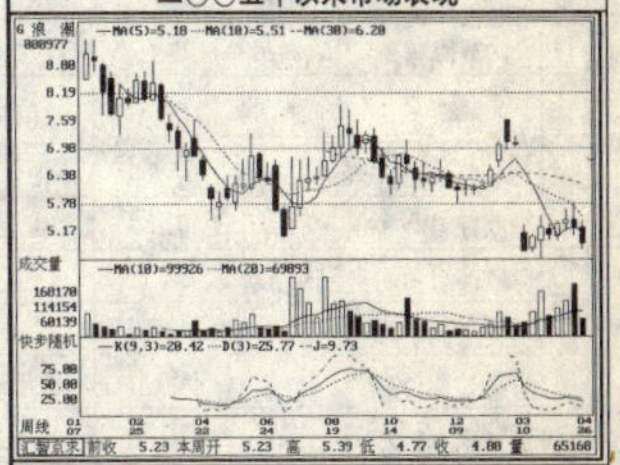

2005年涨跌幅(%)	－26.47
2005年最高(元)	9.4
2006年涨跌幅(%)	5.71
2006.4.26收盘(元)	4.88
2006年最高(元)	7.69
2006年最低(元)	6.08
2006年换手率(%)	140.79
股改对价	送股 每10股实际获得3.3股(06/03/07)

桂林旅游（000978）

上市日期:00/05/18　电话:0773－3558966　传真:0773－3558955

主营	游船客运、公路旅行客运、出租车业务、旅游观光服务。			
	年　度	2005	2004	2003
主要指标	每股收益/扣除后(元)	0.21/0.211	0.206/0.206	0.056/0.057
	每股经营现金流量(元)	0.401	0.331	0.143
	每股净资产/调整后(元)	2.37/2.31	2.32/2.27	2.15/2.13
	未分利润(万元)	3324.8	2998.85	949.95
	资本公积(万元)	16301.21	16301.21	16179.73
利润构成	主营收入(万元)	27265.29	23656.29	14708.12
	主营利润(万元)	9508.72	8774.01	5129.53
	营业利润(万元)	3500.93	3276.08	777.41
	投资收益(万元)	1134.29	1142.7	587.04
	利润总额(万元)	4604.56	4356.19	1243.14
	净利润(万元)	3715.23	3640.58	998.12
点评	龙胜温泉景区大规模改造完成并投入运营，实现盈利 594 万元；银子岩景区、龙脊梯田景区接待量增加。景区利润贡献达到 1823 万元，未来还处于高速成长期。由于燃油价格上涨，公司游船、旅游客运汽车营运成本增加，2005 年主营业务利润因此反而下降 3.38%。			

股本结构（万股）	截止日期	05 年末	占%	主要股东及持股比例%、持股性质
	总股本	17700		桂林旅游发展总公司 43.18%（国有股）
	国有股	7933.09	44.82	桂林五洲旅游股份有限公司 20.46%（非流通股）
	发起股	3766.91	21.28	中国工商银行　安信证券投资基金 2.03%（流通 A 股）
	外资股			中国银行　海富通收益增长证券投资基金 1.69%（流通 A 股）
	募集股			交通银行　海富通精选证券投资基金 1.69%（流通 A 股）
	流通 A	6000	33.9	交通银行　科瑞证券投资基金 1.47%（流通 A 股）
	流通 B			中国银行　海富通股票证券投资基金 1.07%（流通 A 股）
	流通 H			中国工商银行　国联安德盛小盘精选证券投资基金 1.03%（流通 A 股）
股东户数	05 年末	11492		交通银行　华安宝利配置证券投资基金 0.9%（流通 A 股）
	04 年末	14795		桂林中国国际旅行社 0.82%（国有股）
其他流通股东	金鼎证券投资基金 0.691%；倪青松 0.626%；金鑫证券投资基金 0.575%			
近年分配	05 方案:10 派 1.8；04 年:10 派 1.6；03 年:10 派 0.5	近年募资		

二〇〇五年以来市场表现

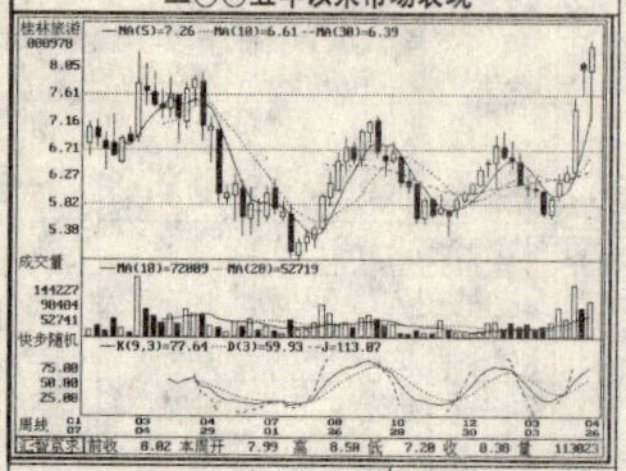

2005 年涨跌幅(%)	－8.55
2005 年最高(元)	8.28
2006 年涨跌幅(%)	36.26
2006.4.26 收盘(元)	8.38
2006 年最高(元)	8.5
2006 年最低(元)	5.59
2006 年换手率(%)	153.16
股改对价	送股 每 10 股实际获得 3.2 股

＊ST 科苑（000979）

上市日期:00/06/16　电话:0557－3920707　传真:0557－3912448

主营	生物工程、精细化工等领域的高新技术研究开发、技术转化和生产经营。			
	年　度	2005	2004	2003
主要指标	每股收益/扣除后(元)	－1.33/－1.39	－3.09/－3.08	0.02/－0.18
	每股经营现金流量(元)	－0.77	－0.54	0.52
	每股净资产/调整后(元)	0.32/0.01	1.65/1.58	4.87/4.77
	未分利润(万元)	－42838.93	－30336.37	－103.07
	资本公积(万元)	35234.13	35189.58	35189.58
利润构成	主营收入(万元)	28253.94	35125.94	32425.07
	主营利润(万元)	1264	1861.94	3760.02
	营业利润(万元)	－10087.84	－23988.54	－1362.65
	投资收益(万元)	－3057.25	－5154.49	1752.73
	利润总额(万元)	－12590.95	－29072.39	461.04
	净利润(万元)	－12502.56	－29061.28	143.96
点评	公司主营业务不清晰，治理结构有问题，长期被大股东及其关联企业侵占大量资金，导致本身资金缺乏。2005 年由于流动资金缺乏，加上对所投资的大鹏证券、亏损子公司全额减值计提等，导致 2005 年公司经营业绩继续出现较大幅度亏损。			

股本结构（万股）	截止日期	05 年末	占%	主要股东及持股比例%、持股性质
	总股本	9400		安徽省应用技术研究所 44.21%（非流通股）
	国有股			上海申多利实业公司 8.06%（非流通股）
	发起股	5184	55.15	宿州市技术服务有限公司 2.87%（非流通股）
	外资股			汪德荣 0.57%（非流通股）
	募集股			李健 0.43%（非流通股）
	流通 A	4000	42.55	夏洪亮 0.43%（非流通股）
	流通 B			刘勇 0.43%（非流通股）
	流通 H			胡明 0.43%（非流通股）
股东户数	05 年末	24792		王伟林 0.2%（流通 A 股）
	04 年末	27689		陈志伟 0.19%（流通 A 股）
其他流通股东	袁厚斌 0.181%；张月华 0.169%；郑青 0.156%；周国群 0.132%；平凡 0.117%；陈组涛 0.094%；周祖芳 0.092%			
近年分配		近年募资		

二〇〇五年以来市场表现

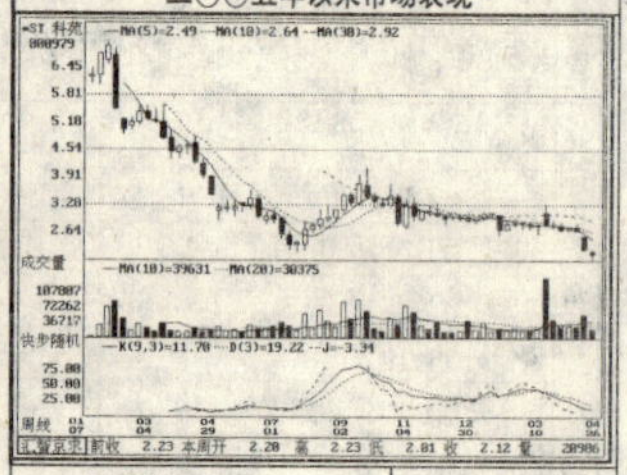

2005 年涨跌幅(%)	－53.38
2005 年最高(元)	7.08
2006 年涨跌幅(%)	－26.9
2006.4.26 收盘(元)	2.12
2006 年最高(元)	3.27
2006 年最低(元)	2.01
2006 年换手率(%)	131.26
股改对价	

G 黄金马（000980）

上市日期:00/06/16　电话:0559—6537831　传真:0559—6537888

主营	汽车仪表、摩托车仪表及车用零部件，电机系列产品，电子电器产品，电工仪表，化工产品（不含危险品），纸类产品，光伏节能装备产品，健身器材的生产、销售，旅游服务。			
	年　度	2005	2004	2003
主要指标	每股收益/扣除后(元)	0.07/－0.02	0.06/0.003	0.06/－0.08
	每股经营现金流量(元)	0.21	0.12	0.44
	每股净资产/调整后(元)	2.7/2.67	2.63/2.6	2.57/2.52
	未分利润(万元)	－6295.2	－7305.35	－8161.73
	资本公积(万元)	30522.51	30522.51	30522.51
利润构成	主营收入(万元)	24711.86	17533.36	13106.78
	主营利润(万元)	3413.24	2663.04	1915.8
	营业利润(万元)	660.16	1313.23	－524.87
	投资收益(万元)	37.5	1.51	
	利润总额(万元)	1549.82	1204.15	1126.89
	净利润(万元)	1010.15	856.38	880.58
点评	经过重组后的金马股份，05 年仪表、纸制品经营相对稳定，而防盗门及汽车配件实现了较大幅度的增长。尽管公司面临较大的竞争压力，但随着重组效应的逐步体现，以及主业的调整到位，公司有望迎来良好的发展期。			

股本结构（万股）	截止日期	05 年末	占%	主要股东及持股比例%、持股性质
	总股本	15000		黄山众泰集团有限公司 60.2%（非流通股）
	国有股			杭州永磁集团有限公司 0.44%（非流通股）
	发起股	9200	61.33	黄山徽新金塑有限公司 0.26%（非流通股）
	外资股			中国兵器工业第研究所 0.22%（非流通股）
	募集股			歙县房地产开发有限公司 0.22%（非流通股）
	流通 A	5800	38.67	涂清明 0.17%（流通 A 股）
	流通 B			彭振球 0.16%（流通 A 股）
	流通 H			刘方 0.16%（流通 A 股）
股东户数	05 年末	23742		林鹭芬 0.14%（流通 A 股）
	04 年末	24383		汪成华 0.14%（流通 A 股）
其他流通股东	林伟鸿 0.13%；曹端 0.12%；陈杏元 0.12%；浙江曹娥开发区兴业工贸公司 0.117%；骆冕 0.107%			
近年分配		近年募资		

二〇〇五年以来市场表现

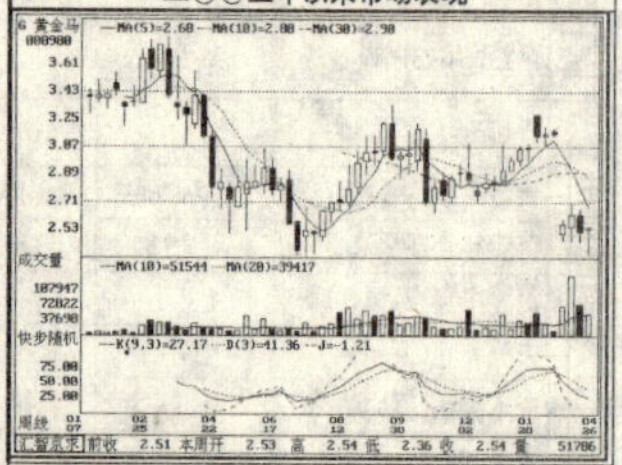

2005 年涨跌幅(%)	－15.65
2005 年最高(元)	3.79
2006 年涨跌幅(%)	17.84
2006.4.26 收盘(元)	2.54
2006 年最高(元)	3.65
2006 年最低(元)	2.91
2006 年换手率(%)	73.82
股改对价	送股 每 10 股实际获得 3.5 股（06/04/07）

兰光科技（000981）

上市日期:00/06/22　　电话:0755－83321515　　传真:0755－83354195

主营	从事高科技电子信息产品的研发、制造、营销和技术服务，主要产品有计算机彩色显示器、计算机主板、数字音响系统、程控调度机等系列产品，并从事计算机网络工程建设和技术服务，代理销售爱立信接入网产品。			
	年　度	2005	2004	2003
主要指标	每股收益/扣除后(元)	0.083	-0.532	0.1/0.067
	每股经营现金流量(元)	-2.386	0.343	0.43
	每股净资产/调整后(元)	3.53/3.17	3.49/3.43	4.02/3.97
	未分利润(万元)	-3703.77	-5021.57	3687.53
	资本公积(万元)	44259.67	44182.17	43800.26
利润构成	主营收入(万元)	65816.06	58981.83	70113.7
	主营利润(万元)	4809.46	2808.42	7971.07
	营业利润(万元)	-5407.74	-11939.01	2104.14
	投资收益(万元)	4423.87	-926.45	132.5
	利润总额(万元)	-1184.51	-11203.04	2194.62
	净利润(万元)	1343.47	-8564.15	1615.97
点评	公司有高校背景，科技含金量高。主营信息技术业，产业格局优势十分突出。公司还一直致力于拓展国际市场，是国内外许多著名的IT和电视厂商的供应商。公司在稳定了高科技产品主业之后，还进入城市基础设施配套领域，具有广阔的想象空间。			

股本结构（万股）	截止日期	05年末	占%	主要股东及持股比例%、持股性质
	总股本	16100		深圳兰光经济发展公司 61.55%（国有股）
	国有股	9910	61.55	北京科力新技术发展总公司 3.73%（非流通股）
	发起股	1190	7.39	凌源钢铁股份有限公司 1.37%（非流通股）
	外资股			上海创思科技有限公司 1.12%（非流通股）
	募集股			深圳大学文化科技服务有限公司 0.62%（非流通股）
	流通A	5000	31.06	西安通盛科技有限责任公司 0.55%（非流通股）
	流通B			荣业才 0.13%（流通A股）
	流通H			沈健 0.11%（流通A股）
股东户数	05年末	32857		王乘东 0.08%（流通A股）
	04年末	34857		王际红 0.08%（流通A股）
其他流通股东	玉培赖 0.07%；上海林奇投资咨询有限公司 0.062%；江苏华西村股份有限公司 0.062%			
近年分配			近年募资	

二〇〇五年以来市场表现

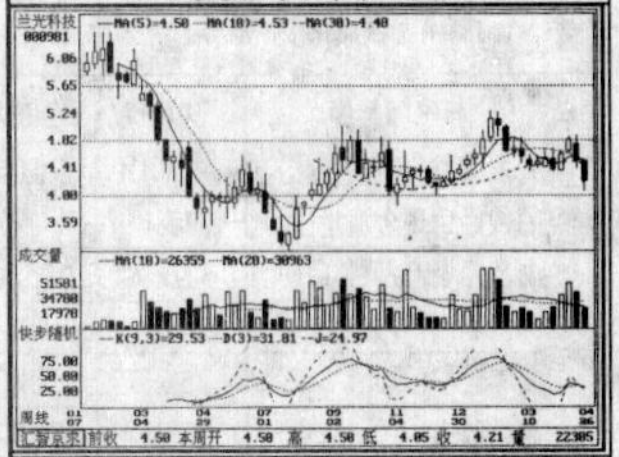

2005年涨跌幅(%)	-25.26
2005年最高(元)	6.47
2006年涨跌幅(%)	-3.88
2006.4.26收盘(元)	4.21
2006年最高(元)	5.26
2006年最低(元)	4.05
2006年换手率(%)	107.32
股改对价	

圣雪绒（000982）

上市日期:00/07/06　　电话:0951－5026999　　传真:0951－5043634

主营	羊绒及其制品的生产、加工与销售。			
	年　度	2005	2004	2003
主要指标	每股收益/扣除后(元)	-1.08/-1.07	0.04/0.02	0.06/-0.29
	每股经营现金流量(元)	0.34	-0.11	1.77
	每股净资产/调整后(元)	1.52/1.47	2.62/2.44	4.96/4.68
	未分利润(万元)	-12976.2	2942.48	2876.16
	资本公积(万元)	19915.75	18719.33	24291.62
利润构成	主营收入(万元)	28432.48	54419.23	56142.69
	主营利润(万元)	3211.45	9380.22	7847.11
	营业利润(万元)	-19572.59	1705.51	-749.99
	投资收益(万元)	251.31	98.11	1998.8
	利润总额(万元)	-19463.68	1685.84	1119.08
	净利润(万元)	-15918.69	587.28	442.58
点评	公司主营业务为中、高档羊绒制品及其他纺织品的设计、生产、加工和销售。由于应收账款的数额与账龄增加，公司提取坏账准备增加，管理费用大增造成2005年公司业绩巨亏。如果公司不能尽快将应收账款收回，2006年的业绩仍然难以乐观。			

股本结构（万股）	截止日期	05年末	占%	主要股东及持股比例%、持股性质
	总股本	14800		宁夏圣雪绒国际企业集团有限公司 54.05%（国有股）
	国有股	8000	54.05	深圳市日神实业集团有限公司 5.41%（非流通股）
	发起股	800	5.41	冯月好 0.27%（流通A股）
	外资股			陆裕彬 0.21%（流通A股）
	募集股			郭维康 0.2%（流通A股）
	流通A	6000	40.54	黄凌 0.2%（流通A股）
	流通B			卢艳波 0.19%（流通A股）
	流通H			杨丽梅 0.19%（流通A股）
股东户数	05年末	12900		汤艳平 0.18%（流通A股）
	04年末	13419		陈发群 0.17%（流通A股）
其他流通股东	周华伟 0.171%；喻卫斌 0.166%			
近年分配	03年:10派0.5转增10		近年募资	

二〇〇五年以来市场表现

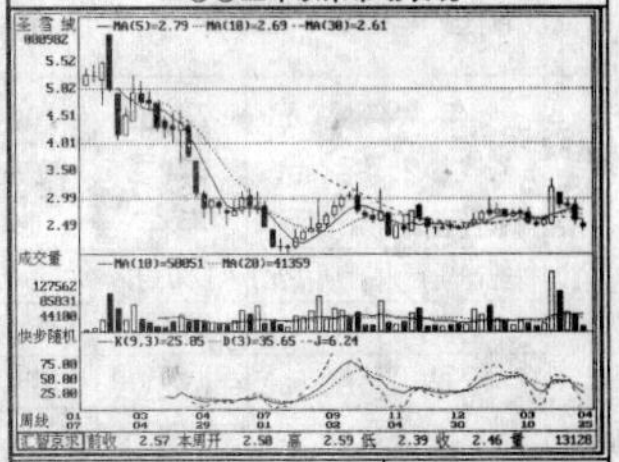

2005年涨跌幅(%)	-53.54
2005年最高(元)	6.03
2006年涨跌幅(%)	1.24
2006.4.26收盘(元)	2.46
2006年最高(元)	3.34
2006年最低(元)	2.39
2006年换手率(%)	126.82
股改对价	

G西煤（000983）

上市日期:00/07/26　　电话:0351－6137052　　传真:0351－6127434

主营	煤炭生产、销售、洗选加工、发供电等			
	年　度	2005	2004	2003
主要指标	每股收益/扣除后(元)	0.8/0.81	0.78	0.37/0.36
	每股经营现金流量(元)	1.02	0.95	0.93
	每股净资产/调整后(元)	3.8/3.79	4.75/4.69	4.1/4.02
	未分利润(万元)	152444.51	93818.59	56221.13
	资本公积(万元)	147055.62	183546.76	177984.67
利润构成	主营收入(万元)	561708.14	375972.35	284828.46
	主营利润(万元)	212742.13	138401.05	96991.03
	营业利润(万元)	141989.57	91072.89	42621.65
	投资收益(万元)	791.61	-129.21	1446.29
	利润总额(万元)	142279.67	90183.07	43544.72
	净利润(万元)	97489.32	63244.07	29955.99
点评	公司生产规模、技术水平、质量水平、销售额均处同行业前列，是国内最大的炼焦煤生产基地。参股山西焦化更使煤焦化产业链规模与产业格局逐步优化。公司期间费用有一定程度上升，但在同类公司中成本上升压力较小。从分红收益率的角度来看，仍有一定吸引力。			

股本结构（万股）	截止日期	05年末	占%	主要股东及持股比例%、持股性质
	总股本	121200		山西焦煤集团有限责任公司 53.28%（国有股）
	国有股	64577.05	53.28	易方达策略成长证券投资基金 1.63%（流通A股）
	发起股			易方达平稳增长证券投资基金 1.41%（流通A股）
	外资股			科瑞证券投资基金 1.38%（流通A股）
	募集股	1326.95	1.09	易方达50指数证券投资基金 1.34%（流通A股）
	流通A	55294.06	45.62	普丰证券投资基金 1.07%（流通A股）
	流通B			科汇证券投资基金 1.05%（流通A股）
	流通H			天元证券投资基金 0.89%（流通A股）
股东户数	05年末	50727		海通－中行－富通银行 0.87%（流通A股）
	04年末	29587		华宝兴业多策略增长证券投资基金 0.84%（流通A股）
其他流通股东	博时精选股票证券投资基金 0.733%			
近年分配	05方案:10派4；04年:10派3转增5；03年:10派2		近年募资	

二〇〇五年以来市场表现

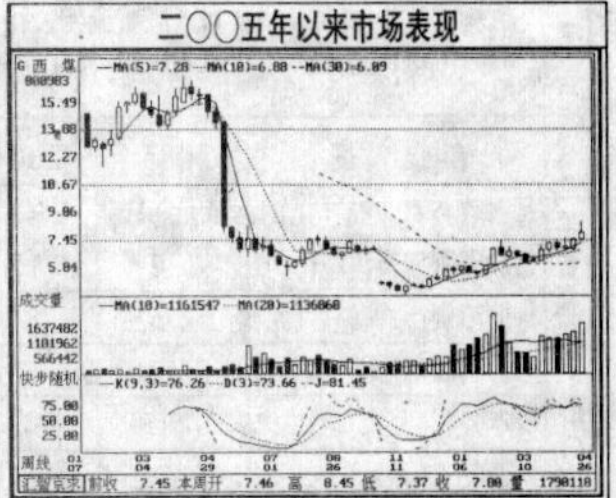

2005年涨跌幅(%)	-25.16
2005年最高(元)	17.1
2006年涨跌幅(%)	38.3
2006.4.26收盘(元)	7.8
2006年最高(元)	8.45
2006年最低(元)	5.16
2006年换手率(%)	361.53
股改对价	送股 每10股实际获得2.8股(05/10/28)

大庆华科（000985）

上市日期:00/07/26　电话:0459－6291061　传真:0459－6282351

主营	生产、销售、进出口精细化工产品，医药产品，保健品，营养食品；销售石油化工产品等。			
	年　度	2005	2004	2003
主要指标	每股收益/扣除后(元)	0.12/0.134	0.087	0.09/0.074
	每股经营现金流量(元)	0.584	0.16	0.225
	每股净资产/调整后(元)	3.62/3.6	3.5/3.5	3.48/3.46
	未分利润(万元)	2584.08	1477.5	1358.69
	资本公积(万元)	25046.66	25046.66	25046.66
利润构成	主营收入(万元)	74830	71600.63	61162.25
	主营利润(万元)	5261.15	3930.87	5027.71
	营业利润(万元)	1346.09	833.29	849.99
	投资收益(万元)		5.32	
	利润总额(万元)	1272.29	857.13	851.82
	净利润(万元)	1401.79	1003.25	1059.45
点评	公司主要为C5、C9系列改性聚烯烃树脂产品和石油树脂产品。精制C5石油树脂具有良好的粘性和互溶性能，在粘合剂、涂料和一些特殊橡胶制品上具有广阔的发展前景。但是为突破单一的产品格局，该公司又进入医药行业以及纯水生产，产业过于多元化。			

	截止日期	05年末	占%	主要股东及持股比例%、持股性质
股本结构（万股）	总股本	11500		大庆高新技术产业开发区高科技开发总公司73.03%（国有股）
	国有股	8398.09	73.03	大庆龙化新实业总公司0.3%（非流通股）
	发起股	101.91	0.89	大庆高新区华滨化工有限公司0.3%（非流通股）
	外资股			大庆龙源石化股份有限公司0.3%（非流通股）
	募集股			华宝信托投资有限责任公司－宝祥有价证券组合投资信托0.23%（流通A股）
	流通A	3000	26.09	喻红华0.14%（流通A股）
	流通B			许德良0.13%（流通A股）
	流通H			曹佳0.1%（流通A股）
股东户数	05年末	17748		深圳市华秋实业有限公司0.1%（流通A股）
	04年末	19051		廖毕金0.1%（流通A股）
其他流通股东	陈伟鸣0.09%；张炜0.077%；钟会田0.076%；陈明0.065%			
近年分配	05预案:10派0.6；03年:10派0.6	近年募资		

二〇〇五年以来市场表现

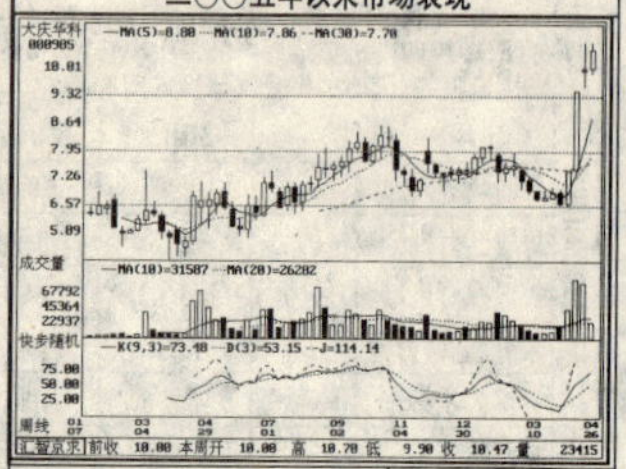

2005年涨跌幅(%)	15.48
2005年最高(元)	8.58
2006年涨跌幅(%)	40.35
2006.4.26收盘(元)	10.47
2006年最高(元)	10.7
2006年最低(元)	6.57
2006年换手率(%)	159.56
股改对价	

G穗友谊（000987）

上市日期:00/07/18　电话:020－83571948　传真:020－83572228

主营	百货零售、批发。			
	年　度	2005	2004	2003
主要指标	每股收益/扣除后(元)	0.4/0.38	0.22/0.23	0.17/0.16
	每股经营现金流量(元)	0.87	0.64	0.63
	每股净资产/调整后(元)	3.14/3.11	2.86/2.84	2.74/2.63
	未分利润(万元)	14956.04	9744.94	7864.41
	资本公积(万元)	17979.69	17979.69	17979.69
利润构成	主营收入(万元)	154304.05	117502.58	100605.17
	主营利润(万元)	29619.87	22333.01	18427.91
	营业利润(万元)	13323.09	8842.92	5964.92
	投资收益(万元)	398.27	-484.87	303.07
	利润总额(万元)	13686.81	8378.37	6315.51
	净利润(万元)	9545.31	5228.53	4106.7
点评	2005年1月，公司在天河核心商圈开出正佳店，在开业约一年的时间内实现约3亿元的销售收入，促使公司主营业务收入实现了31.3%的增长。向联营商家收取的管理费收入及出租固定资产收入也出现大幅增长。			

	截止日期	05年末	占%	主要股东及持股比例%、持股性质
股本结构（万股）	总股本	23930.54		广州市人民政府国有资产监督管理委员会62.99%（国有股）
	国有股	15074.54	62.99	广发证券股份有限公司1.25%（流通A股）
	发起股			科瑞证券投资基金1.22%（流通A股）
	外资股			景业证券投资基金1.17%（流通A股）
	募集股			华夏回报证券投资基金1.13%（流通A股）
	流通A	8856	37.01	易方达策略成长证券投资基金1.08%（流通A股）
	流通B			科讯证券投资基金0.87%（流通A股）
	流通H			日兴资产管理有限公司日兴AM中国人民币A股母基金0.8%（流通A股）
股东户数	05年末	26421		全国社保基金一零九组合0.76%（流通A股）
	04年末	37765		同盛证券投资基金0.76%（流通A股）
其他流通股东	广发稳健增长证券投资基金0.6%			
近年分配	05预案:10派1.7；04年:10派1.2；03年:10派1.1	近年募资		

二〇〇五年以来市场表现

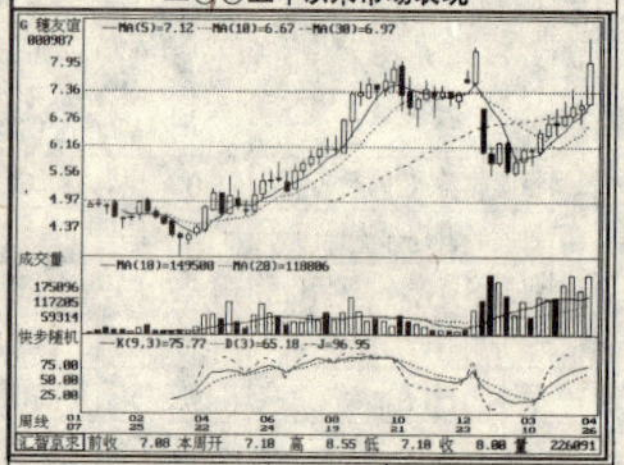

2005年涨跌幅(%)	71.81
2005年最高(元)	8.44
2006年涨跌幅(%)	26.37
2006.4.26收盘(元)	8
2006年最高(元)	11.12
2006年最低(元)	7.18
2006年换手率(%)	192.71
股改对价	送股 每10股实际获得3股(06/01/20)

G华工（000988）

上市日期:00/06/08　电话:027－87180121　传真:027－87180126

主营	以激光技术、计算机软件和系统集成技术、PTC技术为核心的应用领域，从事相关产品的研制、开发、生产、销售及技术服务。			
	年　度	2005	2004	2003
主要指标	每股收益/扣除后(元)	0.12/0.11	0.14/0.14	0.16/0.15
	每股经营现金流量(元)	0.07	0.08	0.1
	每股净资产/调整后(元)	2.36/2.32	2.28/2.26	2.87/2.84
	未分利润(万元)	6635.54	3753.38	3842.28
	资本公积(万元)	27750.69	27442.76	31785.38
利润构成	主营收入(万元)	60065.72	57806.64	40079
	主营利润(万元)	16699.54	15278.37	13067.72
	营业利润(万元)	3820.93	4232.06	3449.58
	投资收益(万元)	235.18	25.68	395.47
	利润总额(万元)	4322.85	4435.67	4057.69
	净利润(万元)	3507.65	4150.16	3766.56
点评	公司战略发生积极变化，主业定位于“激光设备、激光全息防伪、光电器件”领域。激光设备、激光全息防伪产品将稳定增长，而光电器件未来几年将爆发增长。规模增加边际成本下降使得毛利率上升，在优化的业务架构下，光电器件的巨大潜力使得06年成为业绩拐点。			

	截止日期	05年末	占%	主要股东及持股比例%、持股性质
股本结构（万股）	总股本	29900		武汉华中科技大产业集团有限公司47.68%（国有股）
	国有股	17018.71	56.92	华中理工大学印刷厂5.12%（国有股）
	发起股			江汉石油钻头股份有限公司4.99%（非流通股）
	外资股			武汉建设投资公司2.9%（国有股）
	募集股	1493.29	4.99	武汉鸿象信息技术公司0.64%（国有股）
	流通A	11388	38.09	华中理工大学机电工程公司0.59%（国有股）
	流通B			富国动态平衡证券投资基金0.51%（流通A股）
	流通H			金鑫证券投资基金0.43%（流通A股）
股东户数	05年末	32320		王恒军0.26%（流通A股）
	04年末	37271		交通银行－－金鹰中小盘精选证券投资基金0.22%（流通A股）
其他流通股东	浦义德0.172%；陈敏芝0.12%；莫云0.112%；陈毅军0.1%；吴鹏程0.093%；徐建玲0.091%			
近年分配	04年:10派0.4；03年:10派1送1转增2	近年募资		

二〇〇五年以来市场表现

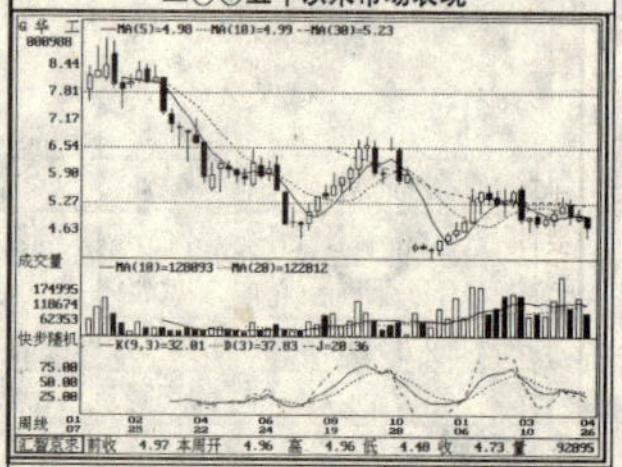

2005年涨跌幅(%)	-13.63
2005年最高(元)	9.08
2006年涨跌幅(%)	1.94
2006.4.26收盘(元)	4.73
2006年最高(元)	5.68
2006年最低(元)	4.48
2006年换手率(%)	183.39
股改对价	送股 每10股实际获得4.6股(05/11/22)

九芝堂（000989）

上市日期:00/06/28　　电话:0731－4499905　　传真:0731－4499905

主营	中成药、中药饮片、生物制药的生产、加工与销售及药品批发、零售。			
	年　度	2005	2004	2003
主要指标	每股收益/扣除后(元)	0.09/0.136	0.404	0.38/0.362
	每股经营现金流量(元)	0.222	0.385	0.38
	每股净资产/调整后(元)	4.16/4.11	4.37/4.31	4.96/4.87
	未分利润(万元)	4650	10759.57	6675.4
	资本公积(万元)	70937.03	70884.92	75235.59
利润构成	主营收入(万元)	105030.15	102238.72	101856.68
	主营利润(万元)	39519.69	38986.5	39293.7
	营业利润(万元)	3383.4	9221.93	9044.13
	投资收益(万元)	221.14	1287.69	84.16
	利润总额(万元)	1862.12	12011.32	10119.78
	净利润(万元)	2356.91	10578.61	8208.78
点评	公司是老牌中成药生产、商贸公司,主要产品有驴胶补血颗粒。05年进行的销售体制改革,造成主导品种驴胶补血颗粒销售大幅下降,销售费用上升,加上投资收益减少,火灾损失赔偿、委托生产协议毁约赔偿、出纳贪污等非经营性损失,导致净利润大幅下降77%。			

	截止日期	05年末	占%	主要股东及持股比例%、持股性质
股本结构(万股)	总股本	26184.99		长沙九芝堂(集团)有限公司 46.54%(非流通股)
	国有股	1606.8	6.14	国投创业投资有限公司 5.36%(国有股)
	发起股	12217.92	46.66	五矿集团财务有限责任公司 1.37%(流通A股)
	外资股			中国银行－同盛证券投资基金 1.03%(流通A股)
	募集股			海南湘远工贸有限公司 0.48%(国有股)
	流通A	12360.27	47.2	冯令晖 0.39%(流通A股)
	流通B			李莘 0.34%(流通A股)
	流通H			湖南省医药公司 0.3%(国有股)
股东户数	05年末	35408		颜彦 0.28%(流通A股)
	04年末	34062		北京大学教育基金会 0.23%(流通A股)
其他流通股东	国际金融－工行－CREDIT SUISSE FIRST BOSTON(HONG KONG) LIMITE 0.229%;李嘉 0.221%;王俗人 0.197%			
近年分配	04年:10派3;03年:10派2转增2	近年募资	03年增发A股5100.2218万股,发行价10元。	

二〇〇五年以来市场表现

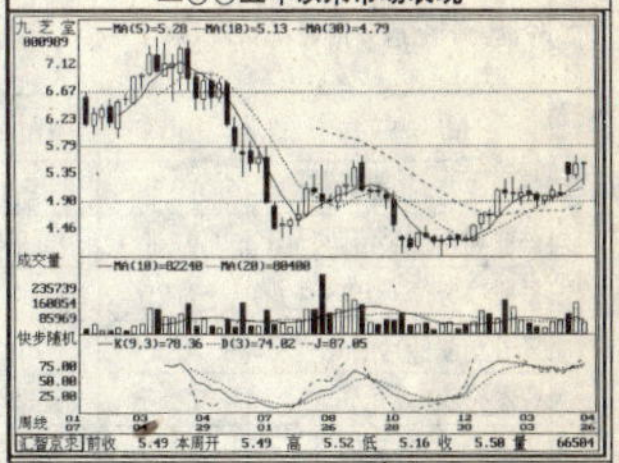

2005年涨跌幅(%)	－31.53
2005年最高(元)	7.56
2006年涨跌幅(%)	29.11
2006.4.26收盘(元)	5.5
2006年最高(元)	5.62
2006年最低(元)	4.24
2006年换手率(%)	111.2
股改对价	送股 派现 每10股实际获得2股4.2369元

G诚志（000990）

上市日期:00/07/06　　电话:0791－3826898　　传真:0791－3826899

主营	生命科学、生物工程、信息产品、中西药、医药中间体、医疗器械、日用及专用化学品、汽车零配件、纸制品及机械电子等产品的开发、生产、销售。			
	年　度	2005	2004	2003
主要指标	每股收益/扣除后(元)	0.28/0.273	0.27/0.241	0.312/0.268
	每股经营现金流量(元)	0.24	0.36	0.42
	每股净资产/调整后(元)	4.7/4.64	4.48/4.45	4.27/4.24
	未分利润(万元)	16434.46	13529.46	10946.26
	资本公积(万元)	43383.11	43380.7	43153.14
利润构成	主营收入(万元)	140293.27	111607.57	145611.79
	主营利润(万元)	19512.68	20533	20626.9
	营业利润(万元)	5427.16	6537.99	6864.3
	投资收益(万元)	1183.46	－154.08	－136.4
	利润总额(万元)	6675.74	6837.77	7609.71
	净利润(万元)	4975.63	4797.43	5600.72
点评	公司是医药中间体生产商,有一定的技术优势。2005年公司稳步发展,医药中间体产品全部外销,产品供不应求,成为D核糖和谷氨酰胺在国际市场上主要供货商。目前产品附加值低,但随着产业集中调整的逐步实现,公司的盈利能力和抗风险能力将进一步提高。			

	截止日期	05年末	占%	主要股东及持股比例%、持股性质
股本结构(万股)	总股本	17925		清华控股有限公司 29%(国有股)
	国有股	6810.2	37.99	清华同方有限公司 21.53%(非流通股)
	发起股	3914.81	21.84	江西鹰潭市经贸国有资产运营公司 4.65%(国有股)
	外资股			江西草珊瑚企业(集团)公司 4.05%(国有股)
	募集股			深圳市鼎尊投资咨询有限公司 1.36%(流通A股)
	流通A	7200	40.17	深圳市鼎尊投资咨询有限公司 1.36%(流通A股)
	流通B			长江证券有限责任公司 1%(流通A股)
	流通H			长江证券有限责任公司 1%(流通A股)
股东户数	05年末	24644		朱春光 0.93%(流通A股)
	04年末	29535		朱春光 0.93%(流通A股)
其他流通股东	杨国云 0.87%;深圳市旷宇实业有限公司 0.389%;许玉坤 0.385%;许祥珍 0.379%;朱永红 0.263%;郑昶 0.252%			
近年分配	05年:10派1.5转增3.5;04年:10派0.6;03年:10派0.7	近年募资		

二〇〇五年以来市场表现

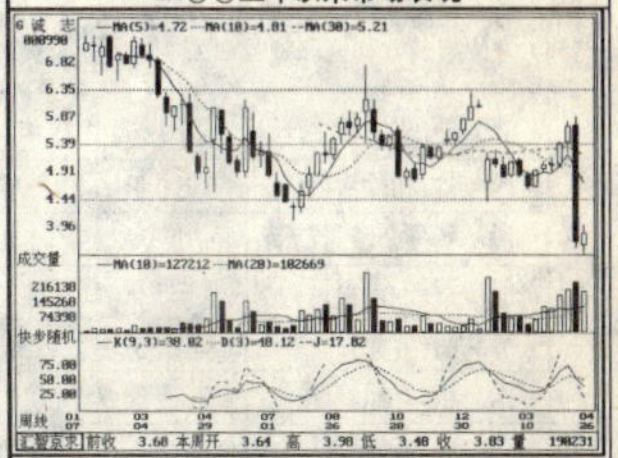

2005年涨跌幅(%)	－17.67
2005年最高(元)	7.3
2006年涨跌幅(%)	22.71
2006.4.26收盘(元)	3.83
2006年最高(元)	7.84
2006年最低(元)	5.8
2006年换手率(%)	190.03
股改对价	送股 每10股实际获得3.4股(06/01/23)

＊ST闽电（000993）

上市日期:00/07/31　　电话:0593－2096666　　传真:0593－2098993

主营	电力生产与销售。			
	年　度	2005	2004	2003
主要指标	每股收益/扣除后(元)	0.19/0.11	－0.67/－0.68	－0.319/－0.31
	每股经营现金流量(元)	0.86	－0.21	－0.4136
	每股净资产/调整后(元)	4.05/3.89	3.86/3.68	4.53/4.36
	未分利润(万元)	－23739.97	－29398.73	－9084.11
	资本公积(万元)	112822.12	112692.63	112488.39
利润构成	主营收入(万元)	26087.54	19450.78	22084.27
	主营利润(万元)	13347	3032.44	6547.09
	营业利润(万元)	5635.73	－19258.96	－8129.15
	投资收益(万元)	1053.68	－59.73	－777.61
	利润总额(万元)	5779.09	－19931.54	－9136.69
	净利润(万元)	5658.76	－20026.63	－9577.6
点评	公司的主营业务为水力发电,是所在经营区域唯一以经营发电为主营业务的集团化公司。2005年公司加大主业投入,提高市场占有率和主业盈利水平,增强抗风险能力。同时对投资项目进一步整合,加大债权债务清理的力度,为公司的进一步发展奠定了良好的基础。			

	截止日期	05年末	占%	主要股东及持股比例%、持股性质
股本结构(万股)	总股本	30000		宁德市国有资产投资经营有限公司 66.15%(国有股)
	国有股	19915.4	66.38	倪娜 0.34%(流通A股)
	发起股	84.6	0.28	福建亿力电力科技股份有限公司 0.33%(流通A股)
	外资股			福建省盛德家私装饰有限公司 0.26%(流通A股)
	募集股			王海定 0.26%(流通A股)
	流通A	10000	33.33	宁德市电力电器厂 0.15%(非流通股)
	流通B			赵勇 0.15%(流通A股)
	流通H			福建省闽东水电综合服务公司 0.13%(非流通股)
股东户数	05年末	42173		巨化集团公司 0.12%(流通A股)
	04年末	46117		芦勇 0.12%(流通A股)
其他流通股东	王冬霞 0.1%;张卫民 0.085%;曹毅 0.075%			
近年分配		近年募资		

二〇〇五年以来市场表现

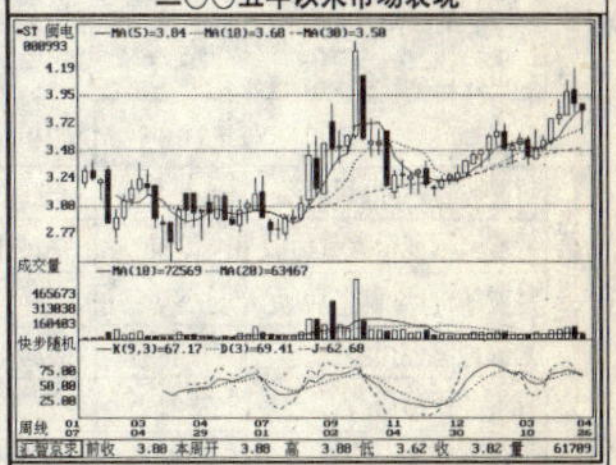

2005年涨跌幅(%)	1.86
2005年最高(元)	4.43
2006年涨跌幅(%)	16.46
2006.4.26收盘(元)	3.82
2006年最高(元)	4.18
2006年最低(元)	3.28
2006年换手率(%)	110.71
股改对价	

皇台酒业(000995)

上市日期:00/08/07　　电话:0935—6112830　　传真:0935—6112830

主营	酒类的酿造和销售。			
	年　度	2005	2004	2003
主要指标	每股收益/扣除后(元)	0.032/0.02	0.058/0.02	-0.75/-0.79
	每股经营现金流量(元)	0.148	0.034	-0.04
	每股净资产/调整后(元)	2.24/2.22	2.21/2.16	2.15/2.1
	未分利润(万元)	-9225.98	-9714.02	-10603.42
	资本公积(万元)	27762.58	27762.58	27762.58
利润构成	主营收入(万元)	8327.78	8157.26	5055.81
	主营利润(万元)	2809.63	2496.03	725.18
	营业利润(万元)	731.98	504.98	-12424.98
	投资收益(万元)		3.04	5.86
	利润总额(万元)	807.23	1008.57	-11735.44
	净利润(万元)	488.04	889.4	-11576.76

点评：公司系列白酒、葡萄酒主要市场集中在甘肃省等西北地区,而在全国范围内,品牌影响力很弱。酒业竞争日趋,且原料、运输成本上涨,公司2005年净利润有所下降。公司作为一个竞争力不强的地方性企业,要走出本省,有大的发展的可能性不大。

股本结构(万股)	截止日期	05年末	占%	主要股东及持股比例%、持股性质
	总股本	15400		北京皇台商贸有限责任公司 34.06%(国有股)
	国有股	5245.93	34.06	北京鼎泰亨通有限公司 29%(非流通股)
	发起股	5754.07	37.36	北京丽泽隆科贸公司 2.14%(非流通股)
	外资股			上海人民印刷八厂 2.14%(非流通股)
	募集股			北京盛世恒昌商贸有限公司 1.95%(非流通股)
	流通A	4400	28.57	温州天元新技术有限公司 1.07%(非流通股)
	流通B			北京兴泽隆科贸有限公司 1.07%(非流通股)
	流通H			罗世林 0.2%(流通A股)
股东户数	05年末	20997		徐莉 0.09%(流通A股)
	04年末	19284		蔡兆华 0.07%(流通A股)
其他流通股东	李晨光 0.072%;王绯玲 0.067%;王常清 0.067%;鲁家春 0.063%;严德育 0.063%			
近年分配		近年募资		

二〇〇五年以来市场表现

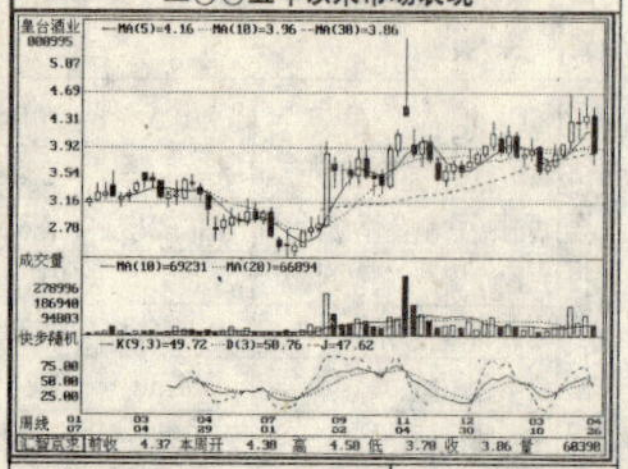

2005年涨跌幅(%)	16.56
2005年最高(元)	5.45
2006年涨跌幅(%)	3.49
2006.4.26收盘(元)	3.86
2006年最高(元)	4.67
2006年最低(元)	3.56
2006年换手率(%)	246.72
股改对价	

G捷利(000996)

上市日期:00/07/18　　电话:0451－86660096　　传真:0451－86660386

主营	为大型商品流通企业、生产制造型企业和跨国集团提供全方位第三方物流服务及相关项目实业投资兴办等业务。			
	年　度	2005	2004	2003
主要指标	每股收益/扣除后(元)	0.05/0.03	-0.33/-0.35	0.03/-0.13
	每股经营现金流量(元)	-0.07	0.19	-0.44
	每股净资产/调整后(元)	3.18/3.18	3.14/3.14	3.47
	未分利润(万元)	-3309.55	-3797.16	-21.39
	资本公积(万元)	26012.78	26012.78	25989.51
利润构成	主营收入(万元)	14282.16	10035.83	14936.51
	主营利润(万元)	2418.25	-16.27	1789.73
	营业利润(万元)	237.99	-3936.36	-1616.11
	投资收益(万元)	539.05	-194.48	1957.36
	利润总额(万元)	677.33	-4110.69	192.89
	净利润(万元)	538.79	-3850.81	293.09

点评：公司主要从事第三方综合物流服务,汽车及汽车后市场全国连锁营销与服务等业务。由于运输成本上升,竞争激励,公司前几年盈利低位徘徊。2005年,公司物流服务毛利大幅上升,同时来自于汽车服务的收入增加,公司实现扭亏为盈。

股本结构(万股)	截止日期	05年末	占%	主要股东及持股比例%、持股性质
	总股本	11500		北京恒利创新投资有限公司 28.52%(非流通股)
	国有股			哈尔滨嘉利科技发展有限公司 28%(非流通股)
	发起股	8000	69.57	广州骏益投资有限公司 13.04%(非流通股)
	外资股			谭琼 0.17%(流通A股)
	募集股			孙俊玉 0.13%(流通A股)
	流通A	3500	30.43	许志明 0.1%(流通A股)
	流通B			邓宏 0.1%(流通A股)
	流通H			林长耀 0.09%(流通A股)
股东户数	05年末	21266		李保国 0.06%(流通A股)
	04年末	22533		中国石化集团燕山石油化工有限公司 0.06%(流通A股)
其他流通股东	刘作家 0.057%;朱一心 0.057%;叶股毅 0.056%			
近年分配		近年募资		

二〇〇五年以来市场表现

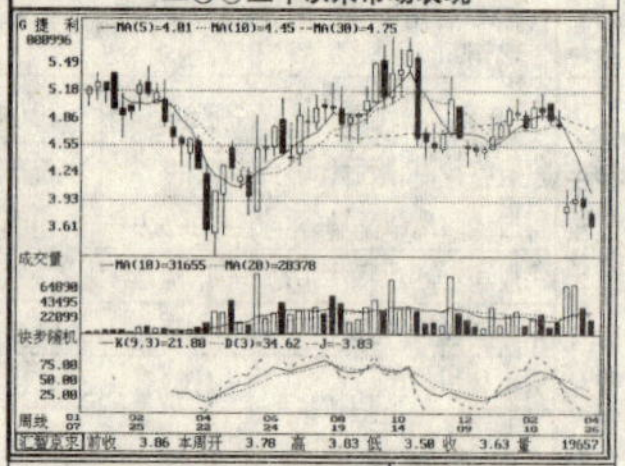

2005年涨跌幅(%)	-8.63
2005年最高(元)	5.8
2006年涨跌幅(%)	4.38
2006.4.26收盘(元)	3.63
2006年最高(元)	5.6
2006年最低(元)	4.63
2006年换手率(%)	87.06
股改对价	送股 每10股实际获得3.4股(06/04/03)

G新大陆(000997)

上市日期:00/08/07　　电话:0591－3979997　　传真:0591－3979997

主营	电子计算机及其外部设备的制造、销售、租赁,对电子产品行业的投资,电子计算机技术服务,信息服务;公路计算机收费、监控、系统设计、咨询及安装调试;经营本企业自产产品及相关技术的出口业务。			
	年　度	2005	2004	2003
主要指标	每股收益/扣除后(元)	0.19/0.19	0.23/0.21	0.36/0.36
	每股经营现金流量(元)	0.37	-0.1	0.24
	每股净资产/调整后(元)	2.38/2.37	2.99/2.96	5.51/5.49
	未分利润(万元)	10316.19	8257.81	3627.5
	资本公积(万元)	26040.25	33425.62	45075.76
利润构成	主营收入(万元)	44697.91	44900.26	38865.99
	主营利润(万元)	13150.93	12943.34	9915.57
	营业利润(万元)	5129.82	5606.27	4301.36
	投资收益(万元)	663.51	85.17	173.93
	利润总额(万元)	6763.25	6666.34	4800.38
	净利润(万元)	5833.39	5447.43	4155.91

点评：公司所处行业为新兴的朝阳工业－－电子信息行业,并拥有自有知识产权的二维码码制、解译码机制、二维码系列识读机具以及移动通讯支撑网络软件等国内领先产品。公司在生产技术和生产设备方面都有所储备,厂房面积和生产能力有很大拓展空间,成长性获看好。

股本结构(万股)	截止日期	05年末	占%	主要股东及持股比例%、持股性质
	总股本	30160		福建新大陆科技集团有限公司 49.95%(非流通股)
	国有股			福建新大陆生物技术股份有限公司 6.34%(非流通股)
	发起股	19117.8	63.39	福建新大陆药业有限公司 3.8%(非流通股)
	外资股			中国银行－易方达策略成长证券投资基金 2.17%(流通A股)
	募集股			中国工商银行－普丰证券投资基金 1.97%(流通A股)
	流通A	11041.84	36.61	交通银行－科汇证券投资基金 1.72%(流通A股)
	流通B			交通银行－普惠证券投资基金 1.47%(流通A股)
	流通H			福建新大陆光电薄膜有限公司 1.27%(非流通股)
股东户数	05年末	10313		福州开发区新大陆置业有限公司 1.27%(非流通股)
	04年末	13904		银丰证券投资基金 1.2%(流通A股)
其他流通股东	全国社保基金一零四组合 1.182%;中国农业银行－银河稳健证券投资基金 1.172%			
近年分配	05预案:10派0.5送0.5转增2;04年:10派1.25转增3;03年:10转增10	近年募资		

二〇〇五年以来市场表现

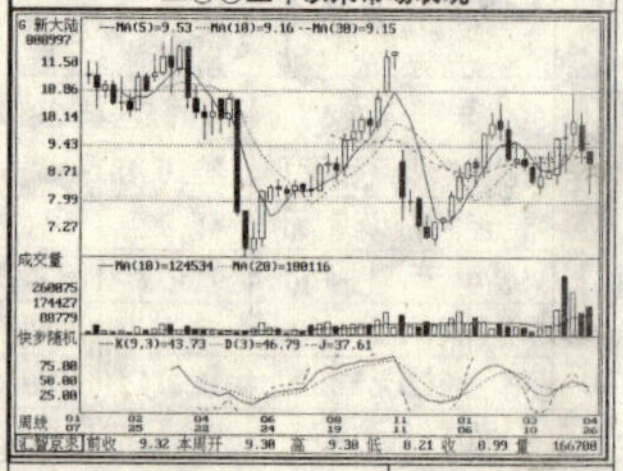

2005年涨跌幅(%)	35.85
2005年最高(元)	16.69
2006年涨跌幅(%)	4.41
2006.4.26收盘(元)	8.99
2006年最高(元)	10.85
2006年最低(元)	8.2
2006年换手率(%)	148.85
股改对价	送股 每10股实际获得3.7股(05/11/10)

G 隆平（000998）

上市日期:00/12/11　　电话:0731－2183880　　传真:0731－2183859

主营　以杂交水稻、蔬菜为主的高科技农作物种子、种苗的培育、繁殖、推广和销售,新型农药、化肥的研制、生产、销售等。

	年　度	2005	2004	2003
主要指标	每股收益/扣除后(元)	0.269/0.183	0.258	0.21/0.173
	每股经营现金流量(元)	1.134	-0.607	-1.514
	每股净资产/调整后(元)	8.02/7.99	7.91/7.89	7.79/7.77
	未分利润(万元)	1695.06	1816.87	1523.88
	资本公积(万元)	66690.67	66677.26	66604.21
利润构成	主营收入(万元)	157061.7	98821.82	46476.54
	主营利润(万元)	23142.47	19768.55	14614.81
	营业利润(万元)	6150.13	4292.09	2299.16
	投资收益(万元)	-510.13	627.45	1332.54
	利润总额(万元)	5812.56	5102.22	3373.99
	净利润(万元)	2820.55	2712.68	2206.82

点评　公司是以我国著名水稻专家袁隆平名字命名的农业高科技公司,在杂交水稻方面有绝对优势。2005年新大新集团取代湖南农科院成为公司第一大股东,建立了较好的激励机制与明晰的战略方向,在新农村建设中将获得广阔的发展前景。但公司参与投资股票存在风险。

股本结构(万股)	截止日期	05年末	占%	主要股东及持股比例%、持股性质
	总股本	10500		长沙新大新集团有限公司 25.24%（非流通股）
	国有股	1600	15.24	湖南杂交水稻研究中心 11.9%（国有股）
	发起股	3150	30	湖南东方农业产业有限公司 4.76%（非流通股）
	外资股			袁隆平 2.38%（非流通股）
	募集股			中国科学院亚热带农业生态研究所 1.43%（国有股）
	流通A	5500	52.38	东方证券—农行—东方红一号集合资产管理计划 0.98%（流通A股）
	流通B			郴州种业发展有限公司 0.95%（国有股）
	流通H			湖南省信托投资有限责任公司 0.95%（国有股）
股东户数	05年末	41951		汉盛证券投资基金 0.84%（流通A股）
	04年末	46792		交通银行—湘财合丰价值优化型稳定类行业基金 0.56%（流通A股）

其他流通股东　黄红梅 0.227%；周林 0.176%；陈建强 0.161%；肖时荣 0.161%；郑州中信园林景观工程公司 0.143%；彭登国 0.133%

近年分配　05预案:10派1；04年:10派1.5；03年:10派1.4　**近年募资**

二〇〇五年以来市场表现

2005年涨跌幅(%)	-17.17
2005年最高(元)	13.49
2006年涨跌幅(%)	27.85
2006.4.26收盘(元)	6.3
2006年最高(元)	13.19
2006年最低(元)	9.76
2006年换手率(%)	127.82
股改对价	转增 每10股实际获得8股(06/03/14)

三九医药（000999）

上市日期:00/03/09　　电话:0755－83360999　　传真:0755－82118858

主营　药品、保健品、医疗器械的开发、生产、销售;相关技术开发、转让、服务;医疗、保健服务。

	年　度	2005	2004	2003
主要指标	每股收益/扣除后(元)	0.12	-0.74	0.21/0.18
	每股经营现金流量(元)	0.02	-0.74	0.03
	每股净资产/调整后(元)	2.28/0.48	2.16/0.55	2.97/2.92
	未分利润(万元)	-36504.5	-48478.94	32279.23
	资本公积(万元)	150622.69	150497.21	148595.26
利润构成	主营收入(万元)	296947.43	246168.61	267445.5
	主营利润(万元)	139722.96	108775.48	130351.57
	营业利润(万元)	23994.46	-40662.06	29592.65
	投资收益(万元)	-4667.67	-24319.59	-1613.59
	利润总额(万元)	17450.31	-67950.48	27286.89
	净利润(万元)	11993.42	-72079.69	20879.51

点评　公司是我国医药行业的大型企业,拥有品牌、技术、渠道方面的优势。只是被大股东占用34亿元资金以及为大股东相关的非药业公司进行贷款担保,形成潜在的连带还款风险。目前公司正在清理非主营的资产,大股东也在进行债务重组偿还债务,公司前景向好。

股本结构(万股)	截止日期	05年末	占%	主要股东及持股比例%、持股性质
	总股本	97890		深圳三九药业有限公司 62.72%（国有股）
	国有股	71760	73.31	三九企业集团 8.45%（国有股）
	发起股	130	0.13	厦门阜成贸易发展有限公司 1.02%（国有股）
	外资股			厦门国际信托投资有限公司 0.72%（国有股）
	募集股			江阴市基础产业总公司 0.22%（国有股）
	流通A	26000	26.56	山东省工贸总公司 0.22%（流通A股）
	流通B			张海清 0.18%（流通A股）
	流通H			内蒙古远兴天然碱股份有限公司 0.18%（国有股）
股东户数	05年末	88470		博时裕富证券投资基金 0.14%（流通A股）
	04年末	96808		徐自超 0.13%（流通A股）

其他流通股东　李辉 0.096%；诺安平衡证券投资基金 0.069%；曾五女 0.066%；吴伟波 0.06%；李江红 0.06%；张晓洁 0.06%

近年分配　03年:10派0.45　**近年募资**

二〇〇五年以来市场表现

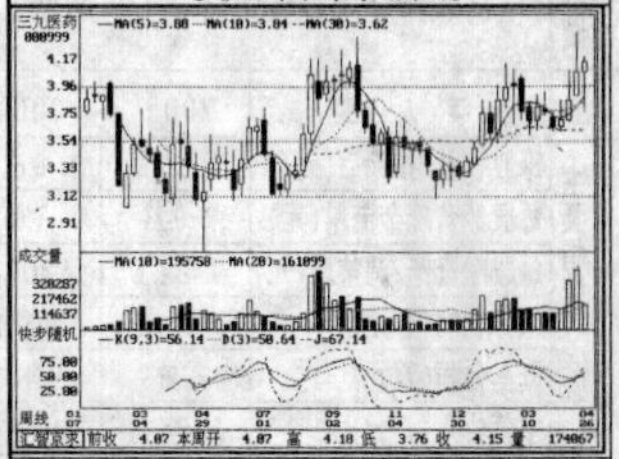

2005年涨跌幅(%)	-13.03
2005年最高(元)	4.33
2006年涨跌幅(%)	26.91
2006.4.26收盘(元)	4.15
2006年最高(元)	4.38
2006年最低(元)	3.27
2006年换手率(%)	113.7
股改对价	

G 宗申（001696）

上市日期:97/03/06　　电话:023－66372632　　传真:023－66372648

主营　开发、生产和销售各类摩托车发动机及零配件。

	年　度	2005	2004	2003
主要指标	每股收益/扣除后(元)	0.52/0.56	0.563/0.57	0.315/0.299
	每股经营现金流量(元)	0.6206	0.6502	1.04
	每股净资产/调整后(元)	1.86/1.86	1.8/1.8	1.21/1.21
	未分利润(万元)	7490.47	5025.56	-10795.27
	资本公积(万元)	1486.3	2653.26	11397.52
利润构成	主营收入(万元)	164908.24	168398.77	99324.54
	主营利润(万元)	19644.91	18347.43	10916.75
	营业利润(万元)	12362.3	10891.09	6089.39
	投资收益(万元)	-132.95		
	利润总额(万元)	11557.66	10800.53	6224.27
	净利润(万元)	9245.58	7708.34	4311.98

点评　公司主营摩托车发动机,05年公司加强了成本控制,调整了产品结构,对现有产品进行了优化,导致盈利出现了下降。但通过调整和优化,公司产品盈利能力得到进一步提升。新的一年,公司将稳固和扩大已有市场,通过成本控制,实现盈利的增长。

股本结构(万股)	截止日期	05年末	占%	主要股东及持股比例%、持股性质
	总股本	17792.32		重庆宗申高速艇开发有限公司 29.8%（非流通股）
	国有股			重庆国龙实业有限公司 26.83%（非流通股）
	发起股	11086.4	62.31	重庆雪豹汽车部件有限公司 4.4%（非流通股）
	外资股			中国银行－景宏证券投资基金 3.54%（流通A股）
	募集股			大成价值增长证券投资基金 1.59%（流通A股）
	流通A	6705.92	37.69	招商银行股份有限公司－中信经典配置证券投资基金 1.05%（流通A股）
	流通B			光大证券有限责任公司 1.01%（流通A股）
	流通H			中国建设银行－上投摩根中国优势证券投资基金 0.94%（流通A股）
股东户数	05年末	9959		中国银行－大成蓝筹稳健证券投资基金 0.73%（流通A股）
	04年末	10256		成都联益集团有限公司 0.58%（非流通股）

其他流通股东　中国银行－景宏证券投资基金 3.538%；信泰证券有限责任公司 0.396%；冯琦 0.219%；刘莉 0.172%；马德胜 0.168%

近年分配　05年:10派0.23送2；04年:10派0.6送2转增1　**近年募资**

二〇〇五年以来市场表现

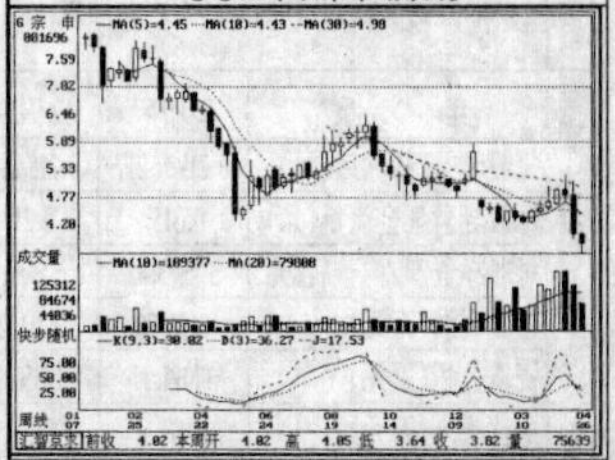

2005年涨跌幅(%)	-6.95
2005年最高(元)	8.46
2006年涨跌幅(%)	5.44
2006.4.26收盘(元)	3.82
2006年最高(元)	6.76
2006年最低(元)	5.45
2006年换手率(%)	155.43
股改对价	送股 每10股实际获得3股(06/01/25)

豫能控股（001896）

上市日期:98/01/22　电话:0371－7984649　传真:0371－7984647

主营	电力开发、生产和销售;高新技术开发、推广及服务;电力环保,电力物资,节能技术改造及电力安装工程。			
	年　度	2005	2004	2003
主要指标	每股收益/扣除后(元)	0.002/-0.076	-0.205/-0.201	0.134/0.136
	每股经营现金流量(元)	0.2248	0.1066	0.048
	每股净资产/调整后(元)	1.92/1.92	1.91/1.91	2.17/2.16
	未分利润(万元)	-8651.38	-8741.68	2204.68
	资本公积(万元)	34556.64	34496.64	34380.93
利润构成	主营收入(万元)	68936.14	54000.14	51075.55
	主营利润(万元)	3429.88	-297.82	12678.02
	营业利润(万元)	589.24	-4322.7	5721.65
	投资收益(万元)	-3323.27	-3906.9	1298.71
	利润总额(万元)	741.41	-8888.68	6932.12
	净利润(万元)	90.3	-8799.47	5749.71
点评	公司为河南省电力龙头企业,是中原地区和中国中部地区的能源巨头。在"中部崛起"这一国家新一轮经济大发展的规划下,公司具备建设大型火电基地的条件,优势得天独厚。公司还积极参与了洛阳新区热电联产项目的建设,未来公司有望获得丰厚利润回报。			

	截止日期	05年末	占%	主要股东及持股比例%、持股性质
股本结构(万股)	总股本	43000		河南省建设投资总公司 37.44%(国有股)
	国有股	17500	40.7	河南省电力公司 32.56%(国有股)
	发起股	17500	40.7	华中电网有限公司(原中国华中电力集团公司) 8.14%(国有股)
	外资股			焦作市投资公司 3.26%(国有股)
	募集股			魏晓斌 0.05%(流通A股)
	流通A	8000	18.6	管慧珏 0.04%(流通A股)
	流通B			李含芳 0.04%(流通A股)
	流通H			黄长周 0.04%(流通A股)
股东户数	05年末	36757		楼胜民 0.04%(流通A股)
	04年末	40045		谢益儒 0.04%(流通A股)
其他流通股东	刘道灿 0.034%;杨峻 0.032%;麦明潮 0.031%;李俊 0.029%			
近年分配	03中期:10派0.7 年终:10派0.5		近年募资	

二〇〇五年以来市场表现

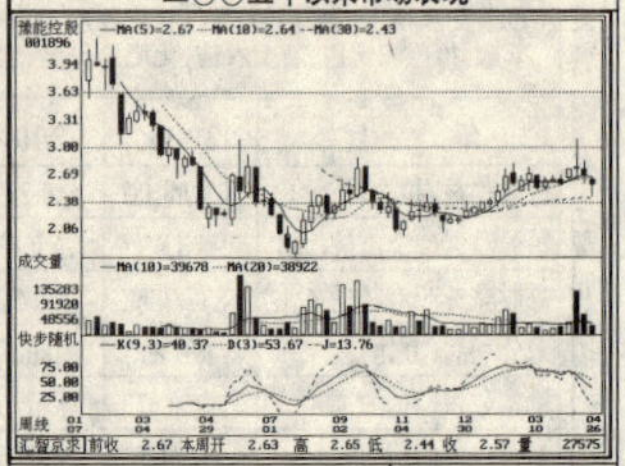

2005年涨跌幅(%)	-40.26
2005年最高(元)	4.25
2006年涨跌幅(%)	13.22
2006.4.26收盘(元)	2.57
2006年最高(元)	3.08
2006年最低(元)	2.24
2006年换手率(%)	85.11
股改对价	

新和成（002001）

上市日期:04/06/25　电话:0575－6128136　传真:0575－6124975

主营	有机化工产品及饲料添加剂的生产、销售			
	年　度	2005	2004	2003
主要指标	每股收益/扣除后(元)	0.36/0.33	0.65	0.82/0.72
	每股经营现金流量(元)	-0.23	1.08	
	每股净资产/调整后(元)	4.42/4.39	6.41/6.38	3.82
	未分利润(万元)	22101.13	20362.16	19053.73
	资本公积(万元)	30250.9	36149.61	574.05
利润构成	主营收入(万元)	125665.68	113408.86	95096.77
	主营利润(万元)	24074.51	23090.49	20329.33
	营业利润(万元)	8921.22	9969.34	10816.22
	投资收益(万元)	-92.67	-132.41	-505.7
	利润总额(万元)	8901	10726.74	10998.09
	净利润(万元)	6118.14	7463.32	6926.69
点评	公司是国内维生素A、维生素E最大的生产商。2005年遇到了欧元大幅度贬值、人民币升值以及原油、化工原材料价格处于高位导致成本增加的不利因素,由此导致公司净利润下降。2006年由于募股项目的建成投产,公司业绩将有所增长。			

	截止日期	05年末	占%	主要股东及持股比例%、持股性质
股本结构(万股)	总股本	17103		新昌县合成化工厂 60.46%(非流通股)
	国有股			裕隆证券投资基金 3.39%(流通A股)
	发起股	10340.23	60.46	中国工商银行－裕泽证券投资基金 1.75%(流通A股)
	外资股			全国社保基金一零四组合 1.45%(流通A股)
	募集股			中国银行－易方达策略成长证券投资基金 1.25%(流通A股)
	流通A	6075	35.52	中国工商银行－隆元证券投资基金 1.14%(流通A股)
	流通B			浙江大鼎贸易有限公司 1.01%(流通A股)
	流通H			张平一 0.92%(非流通股)
股东户数	05年末	7871		中国建设银行－华富竞争力优选混合型证券投资基金 0.88%(流通A股)
	04年末	15579		袁益中 0.77%(非流通股)
其他流通股东	中国工商银行－金元证券投资基金 0.727%;交通银行－普天收益证券投资基金 0.687%			
近年分配	05中期:10转增5 年终预案:10派1.5转增10;04年:10派3		近年募资	04年新发3000万股,发行价13.41元。

二〇〇五年以来市场表现

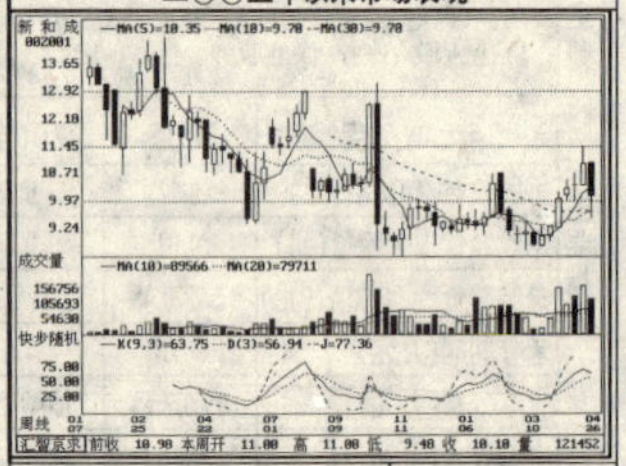

2005年涨跌幅(%)	46.33
2005年最高(元)	20.55
2006年涨跌幅(%)	6.65
2006.4.26收盘(元)	10.1
2006年最高(元)	11.42
2006年最低(元)	8.65
2006年换手率(%)	235.42
股改对价	送股 每10股实际获得3.5股(05/08/19)

江苏琼花（002002）

上市日期:04/06/25　电话:0514—7270833　传真:0514—7270833

主营	PVC片材、板材及其制品的生产和销售			
	年　度	2005	2004	2003
主要指标	每股收益/扣除后(元)	0.219/0.217	0.218/0.228	0.37/0.37
	每股经营现金流量(元)	0.3157	0.2124	0.5
	每股净资产/调整后(元)	3.43/3.42	3.55/3.54	1.91
	未分利润(万元)	3136.76	4311.27	4296.76
	资本公积(万元)	17014.97	17350.95	
利润构成	主营收入(万元)	29471.4	28150.37	23037.23
	主营利润(万元)	5504.58	5286.26	5496.95
	营业利润(万元)	3353.89	3484.92	3793.79
	投资收益(万元)	11.93	-47.91	46.56
	利润总额(万元)	3303.27	3362.46	3788.82
	净利润(万元)	2008.2	2002.13	2258.05
点评	公司主营PVC片材、板材、PE薄膜、复合包装材料等产品。公司是PVC行业内生产规模最大、技术装备水平最先进的企业之一。目前PVC片板材产销总量达2万吨,国内市场份额约为12.5%,居行业前列。但是随着化工景气的下滑,公司经营压力将增大。			

	截止日期	05年末	占%	主要股东及持股比例%、持股性质
股本结构(万股)	总股本	9170		江苏琼花集团有限公司 44.33%(非流通股)
	国有股	669.5	7.3	江苏新科技术发展有限公司 2.58%(国有股)
	发起股	4150.5	45.26	扬州市轻工控股有限责任公司 2.58%(国有股)
	外资股			扬州市电力中心 1.72%(国有股)
	募集股			扬州市盈科科技发展有限公司 0.93%(非流通股)
	流通A	4349.85	47.44	丛俊瑶 0.44%(流通A股)
	流通B			中国科学院长春分院技术开发中心 0.43%(国有股)
	流通H			谢红刚 0.42%(流通A股)
股东户数	05年末	16541		杨桂英 0.4%(流通A股)
	04年末	15916		金成日 0.32%(流通A股)
其他流通股东	秦飞 0.19%;赵晓东 0.175%;刘元高 0.156%;陈玉祥 0.153%;曾维华 0.152%;朱金妹 0.144%			
近年分配	05预案:10派2;04年:10派3		近年募资	04年新发3000万股,发行价7.32元。

二〇〇五年以来市场表现

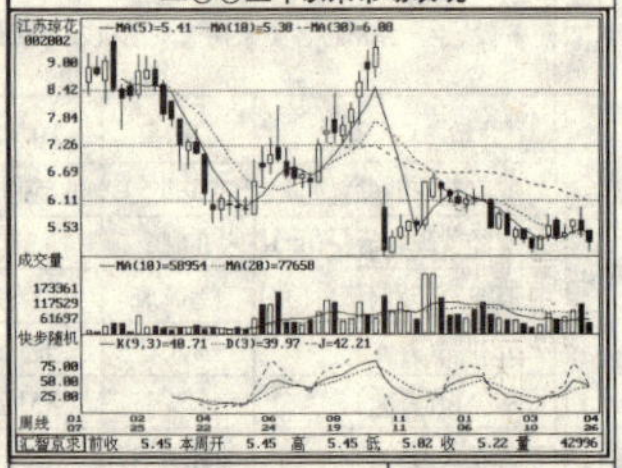

2005年涨跌幅(%)	3.95
2005年最高(元)	9.99
2006年涨跌幅(%)	-13.43
2006.4.26收盘(元)	5.22
2006年最高(元)	6.39
2006年最低(元)	4.99
2006年换手率(%)	239.89
股改对价	送股 每10股实际获得4.5股(05/10/24)

伟星股份（002003）

上市日期:04/06/25　电话:0576－5125002　传真:0576－5125275

主营	钮扣、拉链等服装辅料的制造和销售及电镀加工业务			
	年　度	2005	2004	2003
主要指标	每股收益/扣除后(元)	0.47/0.5	0.33	0.37/0.39
	每股经营现金流量(元)	0.96	0.55	0.41
	每股净资产/调整后(元)	3.41/3.38	3.15/3.11	1.77
	未分利润(万元)	3897.59	2388.9	3272.32
	资本公积(万元)	12380.57	12460.57	34.94
利润构成	主营收入(万元)	53858.98	35684.82	26242.26
	主营利润(万元)	15350.82	10100.16	7749.32
	营业利润(万元)	5829.95	4039.23	3175.37
	投资收益(万元)	-1.65	44.14	132.79
	利润总额(万元)	5577.03	3985.29	3222.44
	净利润(万元)	3547.36	2493.92	1990.43
点评	公司现已形成纽扣30亿粒、拉链6000万米、电镀加工38万平方米的年生产能力,国内市场占有率14.5%以上,这部分营业收入增速和毛利率均相对较为稳定。公司未来的利润增长点将主要是附加值较高的人造水晶钻。公司值得中长线关注。			

	截止日期	05年末	占%	主要股东及持股比例%、持股性质
股本结构（万股）	总股本	7478.34		伟星集团有限公司 40.08%（非流通股）
	国有股			章卡鹏 9.15%（非流通股）
	发起股	2997.09	40.08	张三云 6.06%（非流通股）
	外资股	178	2.38	谢瑾琨 3.02%（非流通股）
	募集股			威事达有限公司 2.38%（外资股）
	流通A	2940	39.31	全国社保基金一零五组合 0.82%（流通A股）
	流通B			喻伟东 0.72%（流通A股）
	流通H			陈金秀 0.54%（流通A股）
股东户数	05年末	10608		上海西红柿投资有限公司 0.29%（流通A股）
	04年末	11728		仲凤珍 0.26%（流通A股）
其他流通股东	刘俊阳 0.22%;撒莉 0.212%;吴向前 0.202%;上海始峰工贸有限公司 0.196%;邵晔孚 0.172%			
近年分配	05预案:10派3；04年:10派2	近年募资		04年新发2100万股,发行价7.37元。

二○○五年以来市场表现	
2005年涨跌幅(%)	13.42
2005年最高(元)	12.49
2006年涨跌幅(%)	-11.24
2006.4.26收盘(元)	7.74
2006年最高(元)	9.38
2006年最低(元)	7.45
2006年换手率(%)	263.01
股改对价	送股 每10股实际获得4股(05/09/08)

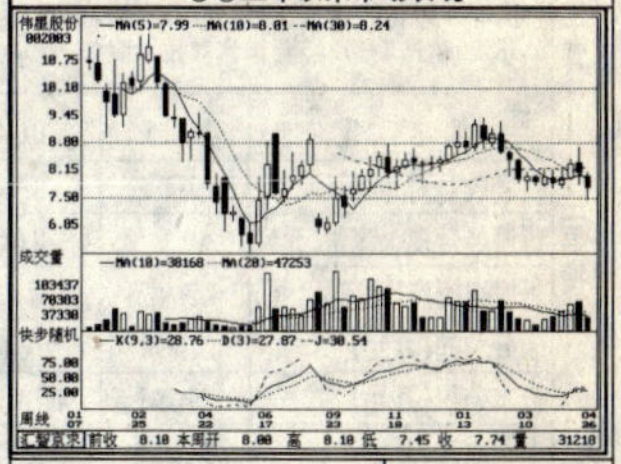

华邦制药（002004）

上市日期:04/06/25　电话:023－68695322　传真:023－68600738

主营	研发、生产和销售皮肤科、结核科及肿瘤科化学药品			
	年　度	2005	2004	2003
主要指标	每股收益/扣除后(元)	0.4/0.4	0.36/0.36	0.6/0.6
	每股经营现金流量(元)	0.33	0.53	0.86
	每股净资产/调整后(元)	3.26/3.26	2.87/2.87	2.19
	未分利润(万元)	12602.62	8173.37	5947.19
	资本公积(万元)	14278.46	14278.46	430.03
利润构成	主营收入(万元)	27350.48	27253.17	24044.28
	主营利润(万元)	20631.28	19924.41	16488.33
	营业利润(万元)	6283.86	5842.83	4738.59
	投资收益(万元)	37.43	50.01	-2.7
	利润总额(万元)	6281.74	5878.87	4726.45
	净利润(万元)	5249.94	4764.84	3992.17
点评	公司是皮肤科细分行业的优势企业,有较强的技术优势。依靠对原有产品的更新换代来不断提高产品毛利率,在销售收入增长不大的情况下,净利润增幅超过收入增幅,从而保持较强的盈利能力。将来的增长速度取决于新收购的原料药出口进展状况。			

	截止日期	05年末	占%	主要股东及持股比例%、持股性质
股本结构（万股）	总股本	13200		张松山 15.62%（非流通股）
	国有股			重庆渝高科技产业(集团)股份有限公司 14.42%（非流通股）
	发起股	1903.18	14.42	潘明欣 10.83%（非流通股）
	外资股			杨维虎 4.89%（非流通股）
	募集股			黄维敏 2.08%（非流通股）
	流通A	4389	33.25	黄维宽 2.08%（非流通股）
	流通B			李强 1.99%（非流通股）
	流通H			陈敏鑫 1.94%（非流通股）
股东户数	05年末	11971		吴必忠 1.94%（非流通股）
	04年末	13204		陆毅 1.6%（非流通股）
其他流通股东	光大证券有限责任公司 1.531%;中国工商银行－国联安德盛小盘精选证券投资基金 1.157%			
近年分配	05预案:10派3；04中期:10派2转增5	近年募资		04年新发2200万股,发行价9.6元。

二○○五年以来市场表现	
2005年涨跌幅(%)	2.34
2005年最高(元)	10.29
2006年涨跌幅(%)	-0.15
2006.4.26收盘(元)	6.8
2006年最高(元)	7.58
2006年最低(元)	6.06
2006年换手率(%)	246.1
股改对价	送股 每10股实际获得3.3股(05/11/04)

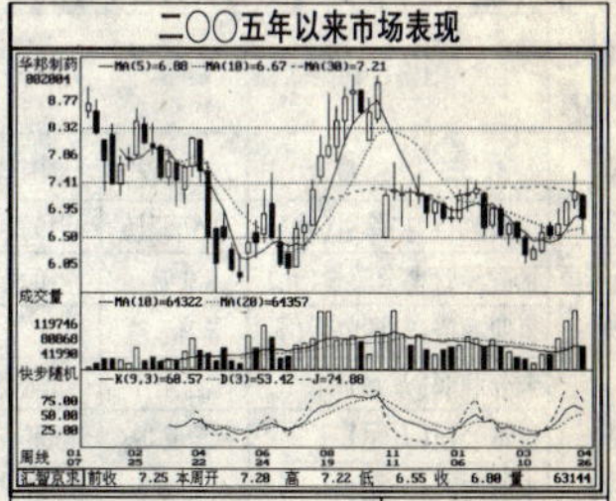

德豪润达（002005）

上市日期:04/06/25　电话:0756－3390188　传真:0756－3390238

主营	小家电系列产品的研究、开发、制造及销售			
	年　度	2005	2004	2003
主要指标	每股收益/扣除后(元)	0.06/-0.29	0.33/0.37	0.91/0.87
	每股经营现金流量(元)	0.55	0.25	1.31
	每股净资产/调整后(元)	6.19/5.81	7.15/7.02	3.2
	未分利润(万元)	6922.25	16558.66	13912.24
	资本公积(万元)	42229.22	42394.22	74.24
利润构成	主营收入(万元)	206987.96	159563.41	109532.29
	主营利润(万元)	23779.16	25676.69	23861.72
	营业利润(万元)	-2379.44	2816.58	8475.97
	投资收益(万元)	-126.77	-119.15	-52.63
	利润总额(万元)	995.77	3623.15	8451.19
	净利润(万元)	612.97	3340.79	6841.73
点评	公司已发展成一家面向国际市场的小家电供应商,其主导产品如面包机、烤箱、电炸锅等在全球小家电市场,尤其是美洲市场占有率名列前茅,其中面包机产品在美国的市场占有率更超过了50%。但在上游原材料不断上涨的压力下,公司的业绩难以变好。			

	截止日期	05年末	占%	主要股东及持股比例%、持股性质
股本结构（万股）	总股本	10100		珠海德豪电器有限公司 32.39%（非流通股）
	国有股			珠海通产有限公司 14.64%（非流通股）
	发起股	5959.2	59	深圳市百利安投资发展有限公司 11.98%（非流通股）
	外资股			王晟 5.32%（非流通股）
	募集股			张树刚 0.77%（流通A股）
	流通A	3536	35.01	胡长顺 0.67%（非流通股）
	流通B			陈龙岗 0.44%（流通A股）
	流通H			方扬 0.27%（流通A股）
股东户数	05年末	12889		余新寿 0.19%（流通A股）
	04年末	12446		刘丽虹 0.18%（流通A股）
其他流通股东	章力鸣 0.164%;林冬 0.138%;许伯军 0.137%;邹国平 0.129%;吴炳祥 0.125%			
近年分配	05预案:10转增6；04年:10派10	近年募资		04年新发2600万股,发行价18.2元。

二○○五年以来市场表现	
2005年涨跌幅(%)	-23.21
2005年最高(元)	14.91
2006年涨跌幅(%)	-13.71
2006.4.26收盘(元)	6.04
2006年最高(元)	7.86
2006年最低(元)	5.87
2006年换手率(%)	221.3
股改对价	送股 每10股实际获得3.6股(05/11/04)

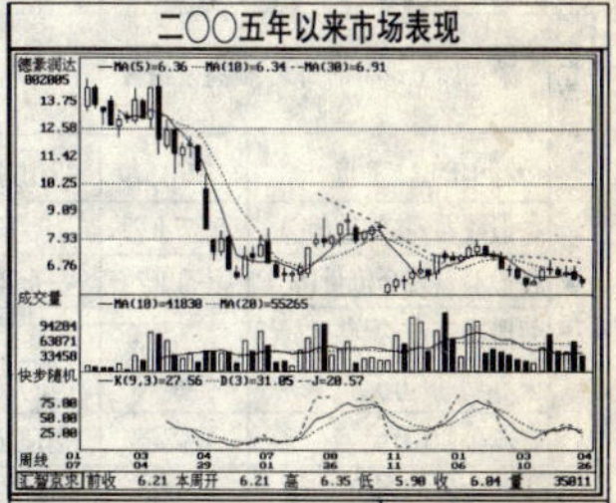

精工科技（002006）

上市日期:04/06/25　　电话:0575－4138692　　传真:0575－4138692

主营	机电一体化的建筑、建材专用设备及轻纺专用设备的研制开发、生产制造、经营销售和技术服务			
	年　度	2005	2004	2003
主要指标	每股收益/扣除后(元)	0.23/0.22	0.31	0.45/0.44
	每股经营现金流量(元)	0.38	0.03	0.06
	每股净资产/调整后(元)	4.29/4.28	4.34/4.32	2.03
	未分利润(万元)	5216.01	5606.08	3516.89
	资本公积(万元)	19456.7	19719.78	613.92
利润构成	主营收入(万元)	37228.38	29220.79	20776.4
	主营利润(万元)	8502.6	7160.16	5729.16
	营业利润(万元)	2874.13	3814.27	3487.23
	投资收益(万元)	－66.47	－10.81	－1.18
	利润总额(万元)	2942.7	3827.49	3493.29
	净利润(万元)	1845.12	2477.23	2248.07
点评	公司目前主要致力于新型建筑、建材专用设备和轻纺专用设备领域的研制开发与生产。05年完成区域布局、加强技术合作及销售渠道建设,实现企业经营的稳定发展。随着公司募集资金的顺利实施,以及国外市场的开拓,公司经营也将迈上一个新台阶。			

股本结构(万股)	截止日期	05年末	占%	主要股东及持股比例%、持股性质
	总股本	8000		精功集团有限公司 31.56%（非流通股）
	国有股	197.5	2.47	孙建江 5.67%（非流通股）
	发起股	2903.65	36.3	邵志明 4.94%（非流通股）
	外资股			中国科技开发院浙江分院 4.74%（非流通股）
	募集股			浙江省科技开发中心 2.47%（国有股）
	流通A	4050	50.63	中国工商银行－安瑞证券投资基金 0.63%（流通A股）
	流通B			樊玉玲 0.29%（流通A股）
	流通H			唐芳 0.28%（流通A股）
股东户数	05年末	15568		黄老尾 0.21%（流通A股）
	04年末	16711		高云 0.14%（流通A股）
其他流通股东	杨建雄 0.133%;虞忠伟 0.125%;蓝远贵 0.11%;黎成庚 0.11%;龚晟 0.107%			
近年分配	05预案:10派1转增2;04年:10派2.5	近年募资	04年新发3000万股,发行价7.72元。	

二〇〇五年以来市场表现

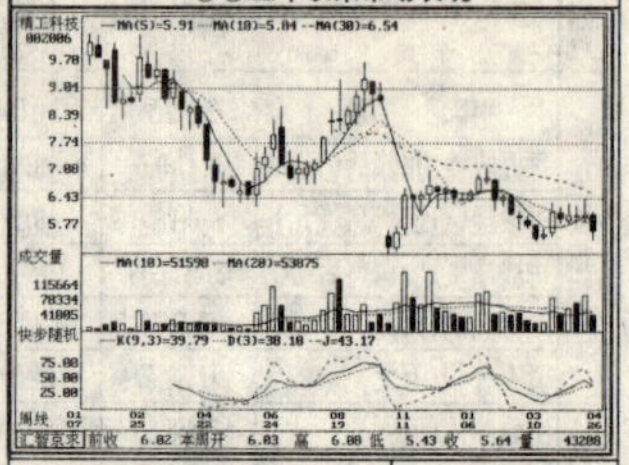

2005年涨跌幅(%)	－9.65
2005年最高(元)	10.35
2006年涨跌幅(%)	－11.6
2006.4.26收盘(元)	5.64
2006年最高(元)	7.15
2006年最低(元)	5.4
2006年换手率(%)	218.76
股改对价	送股 每10股实际获得3.5股(05/10/28)

华兰生物（002007）

上市日期:04/06/25　　电话:0373－5056905　　传真:0373－5056911

主营	生产、销售生物制品、血液制品。			
	年　度	2005	2004	2003
主要指标	每股收益/扣除后(元)	0.52/0.526	0.62	0.79/0.801
	每股经营现金流量(元)	0.98	0.32	0.07
	每股净资产/调整后(元)	5.24/5.23	7.47/7.46	2.88
	未分利润(万元)	12254.71	10468.57	6953.11
	资本公积(万元)	27662.09	31011.85	273.16
利润构成	主营收入(万元)	36127.7	32078.78	25290.55
	主营利润(万元)	12007.48	9818.79	9001.81
	营业利润(万元)	6055.15	4519.16	4241.09
	投资收益(万元)	－71.27		
	利润总额(万元)	5951.43	4489.93	4175.64
	净利润(万元)	5254.29	4135.83	3549.03
点评	公司是国内白蛋白最大的血制品企业,有规模、技术优势。05年既面临血浆原料涨价、原料血不能抵扣进项税导致成本上升的不利局面,也享受了白蛋白价格上涨的好处。05年通过加强销售力度以及应收账款的管理,经营质量获得质的飞跃。今后的增长仍可看好。			

股本结构(万股)	截止日期	05年末	占%	主要股东及持股比例%、持股性质
	总股本	10050		新乡市华兰生物技术有限公司 18.48%（非流通股）
	国有股			苏州金康工贸发展有限公司 15.83%（非流通股）
	发起股			香港科康有限公司 13.84%（外资股）
	外资股	1390.5	13.84	北京东方世辰生物技术有限公司 4.43%（非流通股）
	募集股	4171.5	41.51	中国工商银行－金泰证券投资基金 3.58%（流通A股）
	流通A	4487.02	44.65	中国工商银行－国联安德盛小盘精选证券投资基金 2.82%（流通A股）
	流通B			成都夸常科技有限公司 1.85%（非流通股）
	流通H			中国建设银行－国泰金马稳健回报证券投资基金 1.79%（流通A股）
股东户数	05年末	10944		新乡市纪龙广告有限公司 0.92%（非流通股）
	04年末	12271		中国银行－金鹰成份股优选证券投资基金 0.83%（流通A股）
其他流通股东	中国工商银行－德盛稳健证券投资基金 0.833%;东方证券－农行－东方红1号集合资产管理计划 0.805%			
近年分配	05年:10派5;04年:10派4转增5	近年募资	04年新发2200万股,发行价15.74元。	

二〇〇五年以来市场表现

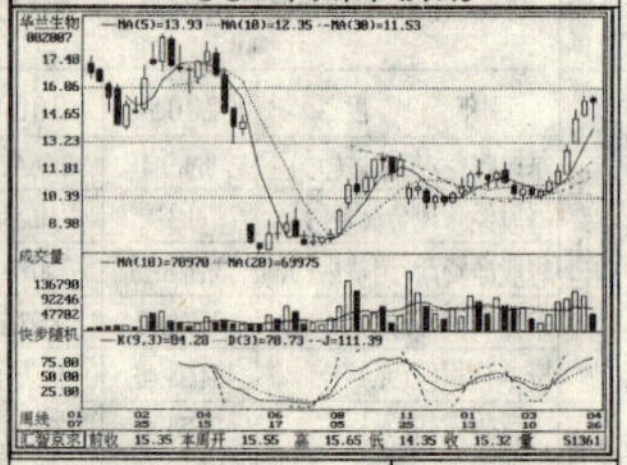

2005年涨跌幅(%)	24.32
2005年最高(元)	23.17
2006年涨跌幅(%)	45.08
2006.4.26收盘(元)	15.32
2006年最高(元)	15.65
2006年最低(元)	10.2
2006年换手率(%)	261.27
股改对价	送股 每10股实际获得3.6股(05/11/22)

大族激光（002008）

上市日期:04/06/25　　电话:0755－86161340　　传真:0755－86161327

主营	激光加工设备的研发、制造及销售			
	年　度	2005	2004	2003
主要指标	每股收益/扣除后(元)	0.377/0.29	0.434	0.46/0.44
	每股经营现金流量(元)	－0.167	－0.243	0.25
	每股净资产/调整后(元)	2.78/2.76	3.83/3.82	1.56
	未分利润(万元)	10166.66	7167.75	3223.03
	资本公积(万元)	15578.28	21149.69	0.74
利润构成	主营收入(万元)	55616.75	40851.42	28008.94
	主营利润(万元)	21963.66	16311.82	11256.12
	营业利润(万元)	5091.4	3890.48	3135.22
	投资收益(万元)	－52.38	－0.03	
	利润总额(万元)	6562.39	4957.39	3920.7
	净利润(万元)	6046.15	4640.85	3675.5
点评	公司目前主要产品为激光信息标记设备、激光焊接机和激光切割机、PCB激光钻孔机。05年通过加大新产品开发,强化销售网络,主营业务取得了高速的增长。06年公司将加大激光焊接机、切割机的产品开发与销售,利用政策及产业优势,持续发展值得期待。			

股本结构(万股)	截止日期	05年末	占%	主要股东及持股比例%、持股性质
	总股本	16052.4		深圳市大族实业有限公司 25.72%（非流通股）
	国有股	1376.04	8.57	高云峰 19.12%（非流通股）
	发起股	5821.7	36.27	红塔创新投资股份有限公司 5.28%（国有股）
	外资股			深圳市东盛创业投资有限公司 5.28%（非流通股）
	募集股			大连正源企业有限公司 5.28%（非流通股）
	流通A	5467.5	34.06	深圳市高新技术投资担保有限公司 3.3%（国有股）
	流通B			肖虎 1.98%（非流通股）
	流通H			全国社保基金一零九组合 1.27%（流通A股）
股东户数	05年末	16977		中国银行－易方达策略成长证券投资基金 1.04%（流通A股）
	04年末	17743		景业证券投资基金 0.62%（流通A股）
其他流通股东	交通银行－安顺证券投资基金 0.498%;东方证券－农行－东方红1号集合资产管理计划 0.45%			
近年分配	05预案:10派2.5转增5;04年:10派2转增5	近年募资	04年新发2700万股,发行价9.2元。	

二〇〇五年以来市场表现

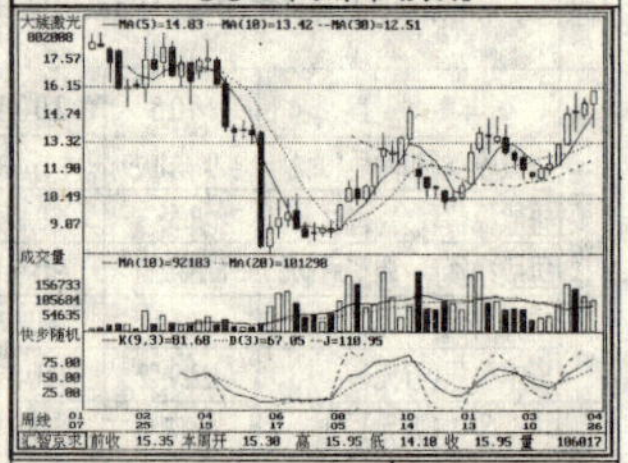

2005年涨跌幅(%)	15.28
2005年最高(元)	25.01
2006年涨跌幅(%)	52.05
2006.4.26收盘(元)	15.95
2006年最高(元)	15.95
2006年最低(元)	10.4
2006年换手率(%)	306.08
股改对价	送股 每10股实际获得3.5股(05/11/28)

天奇股份(002009)

上市日期:04/06/29　电话:(0510)2720289　传真:(0510) 2720289

主营	设计、制造、安装和管理物流输送系统和自动化仓储系统以及为上述两种产品提供技术支持的系统集成控制软件。			
	年　度	2005	2004	2003
主要指标	每股收益/扣除后(元)	0.46/0.47	0.38	0.66/0.66
	每股经营现金流量(元)	0.62	0.35	-0.19
	每股净资产/调整后(元)	5.07/4.9	4.74/4.69	
	未分利润(万元)	7972.1	6268.86	4405.47
	资本公积(万元)	13935.85	14133.63	170.09
利润构成	主营收入(万元)	21457.3	28535.76	20030.35
	主营利润(万元)	7247.64	7399.05	5748.73
	营业利润(万元)	4180.11	3624.16	3378.7
	投资收益(万元)	-32.05	-1.58	
	利润总额(万元)	4049.76	3633.71	3382.97
	净利润(万元)	2634.9	2192.22	2145.28
点评	公司是专用设备制造企业,主要为规模化生产的汽车、家电等提供自动化输送及仓储系统,是国内工业智能自动化系统整体解决方案的最大供应商,对国外市场也相当关注。无论是从产品特性和行业发展态势来看,还是从运作体系和管理体系上看,公司都充满发展潜力。			

	截止日期	05年末	占%	主要股东及持股比例%、持股性质
股本结构(万股)	总股本	5755.49		黄伟兴 21.11%(非流通股)
	国有股			白开军 6.93%(非流通股)
	发起股	656.23	11.4	银通创业投资有限公司 3.8%(非流通股)
	外资股			无锡新伟博企业咨询有限公司 3.38%(非流通股)
	募集股			无锡市昌兴钢结构工程有限公司 2.96%(非流通股)
	流通A	3325	57.77	杨雷 2.79%(非流通股)
	流通B			深圳市鑫瑞森实业发展有限公司 1.27%(非流通股)
	流通H			王娟 0.81%(流通A股)
股东户数	05年末	12354		刘晓 0.38%(流通A股)
	04年末	12009		李海栖 0.28%(流通A股)
其他流通股东	刘俊阳 0.213%;郭肖棉 0.202%;卢俊 0.197%;蔡义勤 0.195%;宋小非 0.182%;杨斌 0.182%;李维嘉 0.18%			
近年分配	05预案:10转增6;04年:10派1	近年募资		04年新发2500万股,发行价6.89元。

二〇〇五年以来市场表现

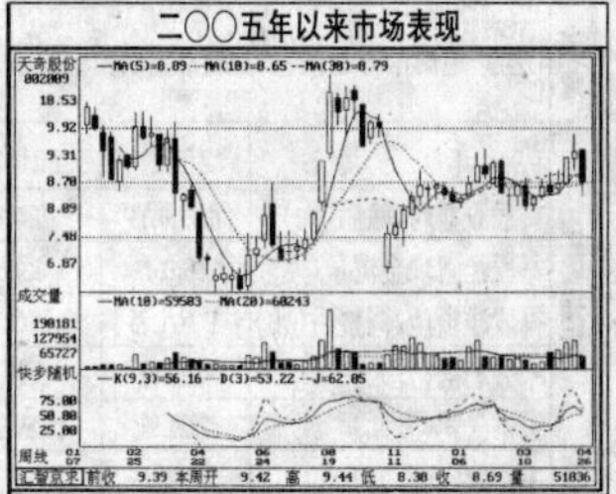

2005年涨跌幅(%)	10.97
2005年最高(元)	12.03
2006年涨跌幅(%)	5.21
2006.4.26收盘(元)	8.69
2006年最高(元)	9.78
2006年最低(元)	8.02
2006年换手率(%)	297.93
股改对价	送股 每10股实际获得3.3股(05/11/02)

传化股份(002010)

上市日期:04/06/29　电话:0571-82872991　传真:0571-82871858

主营	纺织印染助剂的生产、加工、销售。			
	年　度	2005	2004	2003
主要指标	每股收益/扣除后(元)	0.6/0.66	0.66	0.66/0.66
	每股经营现金流量(元)	-0.21	0.17	0.49
	每股净资产/调整后(元)	3.56/3.55	4.74/4.74	2.29
	未分利润(万元)	14589.44	10912.02	6444.25
	资本公积(万元)	12996.55	16949.55	24.65
利润构成	主营收入(万元)	81537.88	65310.25	46539.32
	主营利润(万元)	19934.25	15636.59	12184.59
	营业利润(万元)	10586.25	7194.24	5573.86
	投资收益(万元)			
	利润总额(万元)	9684.3	7090.09	5511.4
	净利润(万元)	7158.67	5255.83	3935.4
点评	公司是我国纺织印染助剂行业的龙头企业。预计我国纺织印染助剂消耗量年均增速为6%左右,而且公司2万吨/年织物涂层项目、2.2万吨/年织物整理剂项目以及2万吨/年染色助剂项目在2006年6月的相继投产均有助于公司业绩的稳定增长。			

	截止日期	05年末	占%	主要股东及持股比例%、持股性质
股本结构(万股)	总股本	12000		徐冠巨 20.9%(非流通股)
	国有股	382.5	3.19	徐观宝 12.04%(非流通股)
	发起股	1912.5	15.94	徐传化 11.69%(非流通股)
	外资股			传化集团有限公司 6.38%(非流通股)
	募集股			浙江大学创业投资有限公司 6.38%(非流通股)
	流通A	4348.33	36.24	浙江省科技风险投资有限公司 3.19%(国有股)
	流通B			浙江航民实业集团有限公司 3.19%(非流通股)
	流通H			中国建设银行—东方龙混合型开放式证券投资基金 0.27%(流通A股)
股东户数	05年末	15190		马喆 0.19%(流通A股)
	04年末	8786		张秀兰 0.19%(流通A股)
其他流通股东	陈德坦 0.143%;杨杰 0.121%;吴从明 0.109%;杜光尧 0.1%;张德琪 0.094%;张一志 0.092%;赵爱春 0.081%			
近年分配	05中期:10转增5年终预案:10派1;04年:10派3	近年募资		04年新发2000万股,发行价9.91元。

二〇〇五年以来市场表现

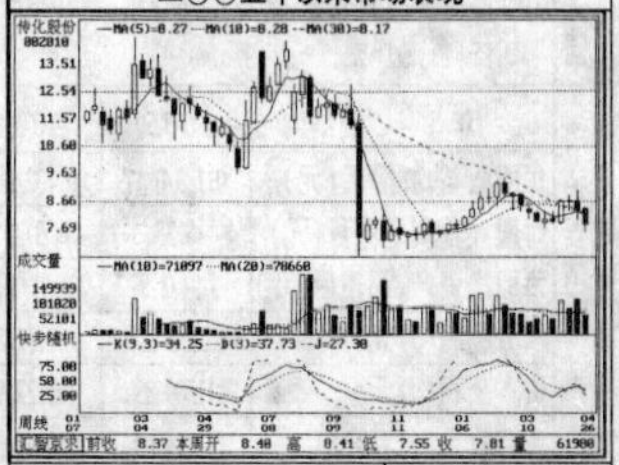

2005年涨跌幅(%)	47.76
2005年最高(元)	19.53
2006年涨跌幅(%)	0.52
2006.4.26收盘(元)	7.81
2006年最高(元)	9.49
2006年最低(元)	7.55
2006年换手率(%)	302.28
股改对价	送股 每10股实际获得4.5股(05/08/04)

盾安环境(002011)

上市日期:04/07/05　电话:0575-7657030　传真:0575-7660105

主营	电制冷式中央空调主机及末端设备的研究开发,制造、销售和技术服务。			
	年　度	2005	2004	2003
主要指标	每股收益/扣除后(元)	0.28/0.27	0.26	0.6/0.59
	每股经营现金流量(元)	0.55	0.08	
	每股净资产/调整后(元)	5.55/5.51	5.53/5.5	2.1
	未分利润(万元)	3642.24	3657.95	3913.19
	资本公积(万元)	27373.33	27470.84	0
利润构成	主营收入(万元)	22828.22	20053.26	23536.83
	主营利润(万元)	6915.22	6888.57	8972.69
	营业利润(万元)	3060.97	2727.14	4067.47
	投资收益(万元)	-2.41	-2.1	-2.1
	利润总额(万元)	3206.57	2886.58	4100.71
	净利润(万元)	1989.55	1834.54	2580.98
点评	中央空调行业在我国仍处于快速发展阶段。不过,目前空调市场竞争激烈,原生产家用空调的知名厂家开始进行中央空调的生产,公司面临的压力增大,已有的市场份额有被蚕食的可能。同时由于原材料仍居高位,公司盈利能力有下滑的趋势。			

	截止日期	05年末	占%	主要股东及持股比例%、持股性质
股本结构(万股)	总股本	7118.19		盾安控股集团有限公司 31.28%(非流通股)
	国有股	347.82	4.89	合肥通用机械研究院 4.89%(国有股)
	发起股	2226.74	31.28	王涌 1.95%(非流通股)
	外资股			方建良 1.71%(非流通股)
	募集股			曹俊 1.71%(非流通股)
	流通A	3640	51.14	周学军 1.71%(非流通股)
	流通B			唐黎明 1.71%(非流通股)
	流通H			王世华 0.98%(非流通股)
股东户数	05年末	16447		林成培 0.97%(非流通股)
	04年末	17211		刘云晖 0.49%(非流通股)
其他流通股东	谢贵兰 0.212%;万利兵 0.17%;朱成辉 0.164%;欧润响 0.157%;刘俊阳 0.155%;彭慧军 0.155%;鲁刚 0.152%			
近年分配	05方案:10派1;04中期:10派2.5年终:10派2.5	近年募资		04年新发2800万股,发行价11.42元。

二〇〇五年以来市场表现

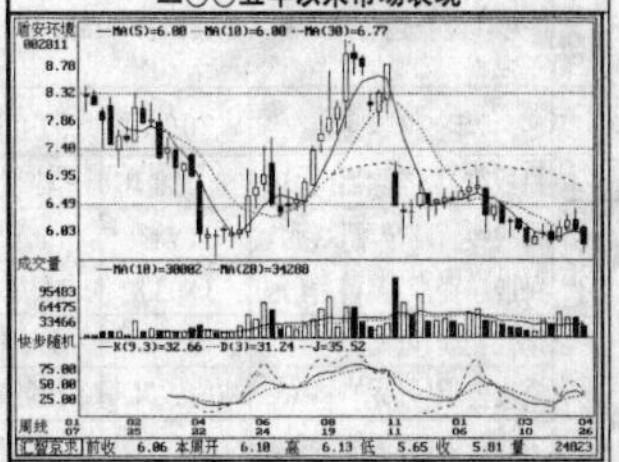

2005年涨跌幅(%)	5.35
2005年最高(元)	9.58
2006年涨跌幅(%)	-11.3
2006.4.26收盘(元)	5.81
2006年最高(元)	6.94
2006年最低(元)	5.65
2006年换手率(%)	148.63
股改对价	送股 每10股实际获得3股(05/11/10)

凯恩股份（002012）

上市日期:04/07/05　　电话:0578－8128682　　传真:0578－8123717

主营：生产电解电容器纸、双面胶带原纸和滤纸原纸等特种纸

	年　度	2005	2004	2003
主要指标	每股收益/扣除后(元)	0.13/0.13	0.41	0.48/0.48
	每股经营现金流量(元)	0.06	0.43	0.58
	每股净资产/调整后(元)	1.78/1.75	3.29/3.26	1.83
	未分利润(万元)	4070.92	5220	1467.74
	资本公积(万元)	7929.93	16889.22	142.91
利润构成	主营收入(万元)	28243.02	24796.37	20121.76
	主营利润(万元)	9998.64	11466.6	10477.05
	营业利润(万元)	4029	6486.96	5611.98
	投资收益(万元)	－143.01	34.8	
	利润总额(万元)	3775.02	6415.05	5621.03
	净利润(万元)	2557.58	4435.09	3784.48

点评：公司经营电解电容器纸、吸尘袋和滤纸原纸等特种纸。05年受日本企业调低价格、原材料价格上涨等因素，公司经营出现了一定程度的下降。随着06年募集资金项目的投产，国内电容器行业的发展，作为国内唯一特种电容纸的供应商，应能得到较好发展。

	截止日期	05年末	占%	主要股东及持股比例%、持股性质
股本结构（万股）	总股本	19478.93		凯恩集团有限公司 34.42%（非流通股）
	国有股	224.4	1.15	浙江金科实业有限公司 7.2%（非流通股）
	发起股	8219.79	42.2	王自浪 3.4%（非流通股）
	外资股			叶跃源 2.65%（非流通股）
	募集股			叶为民 2.32%（非流通股）
	流通A	7290	37.43	涂建明 1.92%（非流通股）
	流通B			吴维鹰 1.83%（非流通股）
	流通H			占浩 1.81%（非流通股）
股东户数	05年末	17506		叶仙土 1.81%（非流通股）
	04年末	5328		雷声洪 1.79%（非流通股）

其他流通股东：傅德军 0.272%；袁光福 0.136%；中国工商银行－融通深证100指数证券投资基金 0.128%；黄光伟 0.125%

近年分配：05方案:10派0.6；04年:10派3转增8　　**近年募资**：04年新发3000万股，发行价7.03元。

二〇〇五年以来市场表现

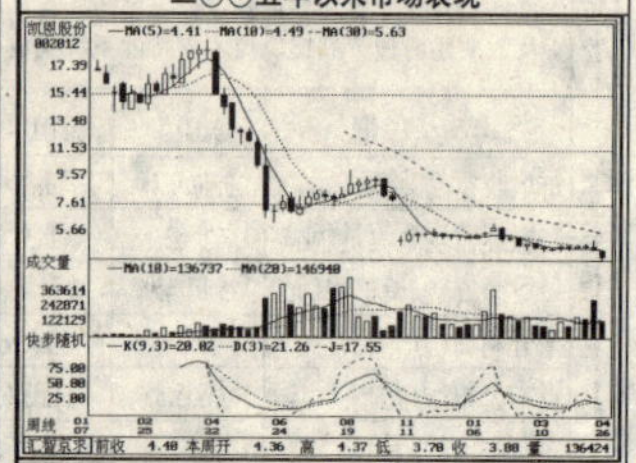

2005年涨跌幅(%)	－27.6
2005年最高(元)	19.35
2006年涨跌幅(%)	－25.1
2006.4.26收盘(元)	3.88
2006年最高(元)	6.23
2006年最低(元)	3.7
2006年换手率(%)	349.46
股改对价	送股 每10股实际获得3.5股(05/11/01)

中航精机（002013）

上市日期:04/07/05　　电话:0710－3345045　　传真:0710－3345024

主营：座椅精密调节装置、各类精冲制品、精冲模具的研究、设计、开发、制造和销售。

	年　度	2005	2004	2003
主要指标	每股收益/扣除后(元)	0.189/0.17	0.162/0.16	0.41/0.41
	每股经营现金流量(元)	0.35	0.25	0.25
	每股净资产/调整后(元)	3.91/3.87	3.91/3.81	2.45
	未分利润(万元)	2456.22	2652.8	1964.53
	资本公积(万元)	11309.83	11222.99	1862.33
利润构成	主营收入(万元)	13134.83	10344.31	9381.88
	主营利润(万元)	3112.67	2598.22	3157.74
	营业利润(万元)	1004.79	867.6	1451.77
	投资收益(万元)			
	利润总额(万元)	1008.8	869.06	1446.58
	净利润(万元)	945.19	809.73	1228.45

点评：公司主要产品为高、中档汽车座椅调节机构和各类精冲制品。05年轿车行业出现了稳定增长，公司配套市场的增长也促进了企业收入和利润的增长。由于公司产品结构单一、同时规模也较小，因此新的一年，公司须加大技术开发，同时控制成本，以实现持续发展。

	截止日期	05年末	占%	主要股东及持股比例%、持股性质
股本结构（万股）	总股本	5000		中国航空救生研究所 40.48%（国有股）
	国有股	2184	43.68	东风汽车股份有限公司 3.2%（非流通股）
	发起股	160	3.2	中国航空工业总公司宏伟机械厂 1.6%（国有股）
	外资股			中国航空工业总公司汉江机械厂 0.8%（国有股）
	募集股			湖北华光新材料有限公司 0.8%（国有股）
	流通A	2598.66	51.97	杨江平 0.65%（流通A股）
	流通B			萧伟光 0.34%（流通A股）
	流通H			龚智宏 0.33%（流通A股）
股东户数	05年末	10689		宋晓英 0.29%（流通A股）
	04年末	11102		邬泉成 0.25%（流通A股）

其他流通股东：邝少丹 0.246%；符玉展 0.24%；林东 0.223%；张其康 0.21%；叶夏莲 0.178%

近年分配：05年:10派0.5送2；04年:10派2　　**近年募资**：04年新发2000万股，发行价6.12元。

二〇〇五年以来市场表现

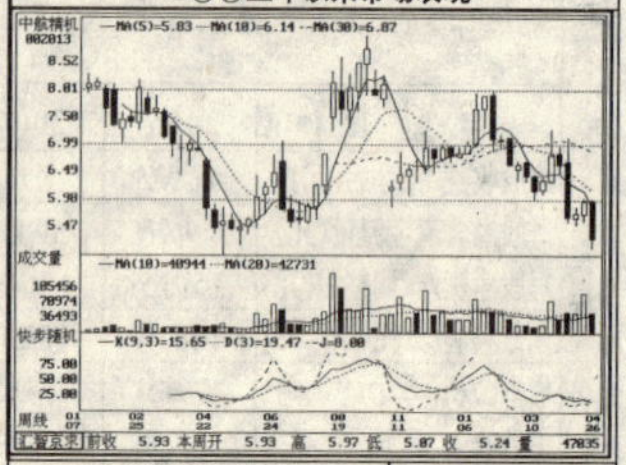

2005年涨跌幅(%)	13.04
2005年最高(元)	9.64
2006年涨跌幅(%)	－7.07
2006.4.26收盘(元)	5.24
2006年最高(元)	7.98
2006年最低(元)	5.97
2006年换手率(%)	256.74
股改对价	送股 每10股实际获得3股(05/11/01)

永新股份（002014）

上市日期:04/07/08　　电话:0559－3517878　　传真:0559－3516357

主营：彩印复合包装产品和真空镀铝膜产品的生产和销售。

	年　度	2005	2004	2003
主要指标	每股收益/扣除后(元)	0.472/0.41	0.468/0.46	0.61/0.6
	每股经营现金流量(元)	0.48	0.52	0.705
	每股净资产/调整后(元)	3.81/3.8	3.64/3.64	
	未分利润(万元)	6807.02	5859.49	2146.61
	资本公积(万元)	16665.74	16695.74	317.49
利润构成	主营收入(万元)	61081.42	48508.39	43100.35
	主营利润(万元)	10455.7	9328.21	9236.76
	营业利润(万元)	5387.7	5102.57	5049.36
	投资收益(万元)			
	利润总额(万元)	5389.86	5118.07	5026.08
	净利润(万元)	4411.22	4368.09	4276.1

点评：公司目前在行业内排名位居前三，具有年产1.7万吨彩印复合包装产品和年产5100吨镀铝膜产品的生产能力。近年公司调整产品结构，将业务重心向开发医药包装和乳制品包装转移，此举有利于提高公司产品的技术含量和盈利水平。

	截止日期	05年末	占%	主要股东及持股比例%、持股性质
股本结构（万股）	总股本	9340		黄山永佳(集团)有限公司 37.36%（非流通股）
	国有股	90.96	0.97	大永真空科技股份有限公司 13.34%（外资股）
	发起股	3580.49	38.33	美佳粉末涂料有限公司 6.49%（外资股）
	外资股	2392.55	25.62	永新华东投资有限公司 5.79%（外资股）
	募集股			合肥神鹿集团公司 0.97%（国有股）
	流通A	3276	35.07	陈迁 0.88%（流通A股）
	流通B			陈军 0.63%（流通A股）
	流通H			黄山市善孚化工有限公司 0.49%（非流通股）
股东户数	05年末	11530		黄山市星霸房地产有限责任公司 0.49%（非流通股）
	04年末	11933		王娟 0.44%（流通A股）

其他流通股东：纪天慧 0.409%；黄文军 0.221%；张建和 0.141%；张辉 0.118%；深圳市东方明珠集团股份有限公司 0.114%

近年分配：05年:10派4；04年:10派3　　**近年募资**：04年新发2340万股，发行价8.63元。

二〇〇五年以来市场表现

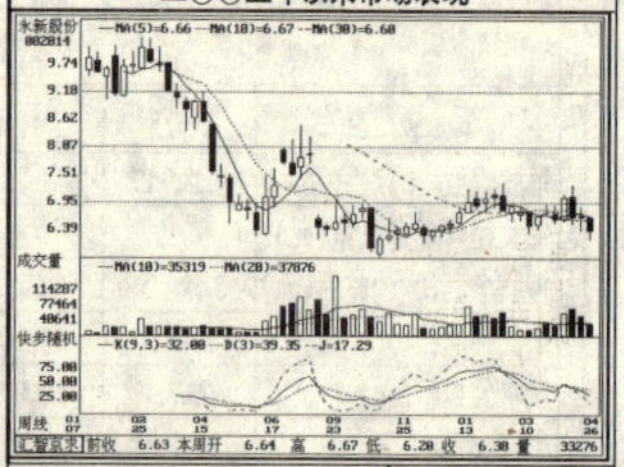

2005年涨跌幅(%)	－2.14
2005年最高(元)	10.3
2006年涨跌幅(%)	4.15
2006.4.26收盘(元)	6.38
2006年最高(元)	7.32
2006年最低(元)	6.31
2006年换手率(%)	203.82
股改对价	送股 每10股实际获得4股(05/09/08)

霞客环保(002015)

上市日期:04/07/08　电话:0510 6520112　传真:0510-6527778

主营	废弃聚酯的综合处理、有色聚酯纤维及色纺纱线的生产和销售。			
	年　度	2005	2004	2003
主要指标	每股收益/扣除后(元)	0.5/0.497	0.45/0.448	0.651/0.617
	每股经营现金流量(元)	0.12	0.02	0.07
	每股净资产/调整后(元)	5.03/5.02	4.65/4.64	2.92
	未分利润(万元)	7062.54	5538.8	3682.31
	资本公积(万元)	11574.85	11690.5	1417.49
利润构成	主营收入(万元)	45978	40758.41	39892.04
	主营利润(万元)	7224.62	6210.98	6857.16
	营业利润(万元)	3922.6	3651.2	3026.14
	投资收益(万元)	-11.49	-11.51	-11.51
	利润总额(万元)	3938.62	3481.01	3046.01
	净利润(万元)	2516.83	2281.98	1972.58

点评:05年度公司依托多年来形成的竞争优势及良好的品牌形象,通过努力,克服了欧盟反倾销、原材料涨价、废旧物资税管政策限制等不利因素的影响,经营得以稳步发展。随着募集资金项目陆续投产,公司将迎来一个较好的发展期。

股本结构(万股)	截止日期	05年末	占%	主要股东及持股比例%、持股性质
	总股本	5032		陈建忠 14.71% (非流通股)
	国有股			江阴市伊马机电有限公司 13.75% (非流通股)
	发起股	930.48	18.49	赵方平 11.73% (非流通股)
	外资股			江阴市马镇投资有限公司 4.75% (非流通股)
	募集股			林祥麟 2.75% (非流通股)
	流通A	2600	51.67	范文华 0.66% (非流通股)
	流通B			任正东 0.42% (流通A股)
	流通H			赵晓军 0.4% (流通A股)
股东户数	05年末	8989		庞小平 0.37% (流通A股)
	04年末	9334		孟莉 0.36% (流通A股)

其他流通股东:郭幼全 0.287%;宋丛诗 0.276%;张新凯 0.274%;曾西祥 0.262%;陈友谊 0.225%;徐洪章 0.22%

近年分配:05预案:10派1转增10;04年:10派1　近年募资:04年新发2000万股,发行价6.62元。

二〇〇五年以来市场表现

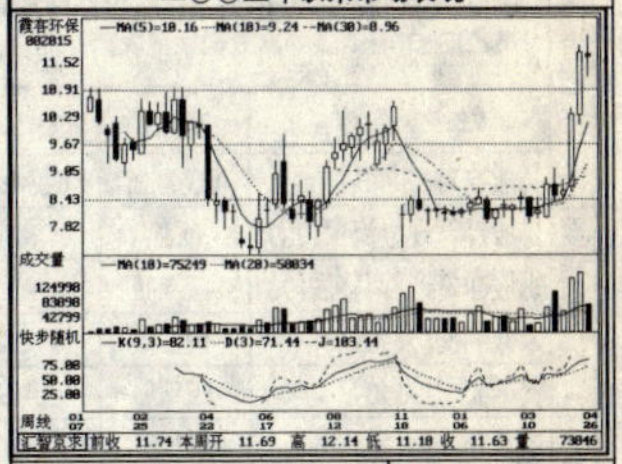

2005年涨跌幅(%)	-0.53
2005年最高(元)	11.41
2006年涨跌幅(%)	43.94
2006.4.26收盘(元)	11.63
2006年最高(元)	12.14
2006年最低(元)	7.82
2006年换手率(%)	389.96

股改对价:送股 每10股实际获得3股(05/11/15)

威尔科技(002016)

上市日期:04/07/08　电话:0756-8681601　传真:0756-8681882

主营	生殖健康领域医疗器械的开发、生产、销售、服务以及医用洁净系统工程项目			
	年　度	2005	2004	2003
主要指标	每股收益/扣除后(元)	0.1/0.04	0.22/0.14	0.43/0.4
	每股经营现金流量(元)	-0.45	0.28	0.19
	每股净资产/调整后(元)	3.77/3.75	4.59/4.57	2.09
	未分利润(万元)	2603.57	3729.31	2684.83
	资本公积(万元)	14060.41	15237.84	0.01
利润构成	主营收入(万元)	8855.37	6504.67	7005.8
	主营利润(万元)	3533.47	3731.5	3541.7
	营业利润(万元)	310.85	375.3	1052.44
	投资收益(万元)	0.03		
	利润总额(万元)	658.65	985.23	1483.93
	净利润(万元)	619.7	1228.81	1291.02

点评:公司是中等规模的医疗器械生产商,有一定的研发、技术能力。05年参与政府采购中标的产品毛利率低,加上补贴收入下降,导致毛利率、净利润均下降较快。由于产品同质化严重,竞争激烈,加上公司募股资金项目尚未建成,无法产生收益,公司的业绩难以大幅提高。

股本结构(万股)	截止日期	05年末	占%	主要股东及持股比例%、持股性质
	总股本	6329.04		珠海威尔集团有限公司 23.78% (非流通股)
	国有股	125.42	1.98	北京安策科技有限公司 3.57% (非流通股)
	发起股	2031.72	32.1	周先玉 3.57% (非流通股)
	外资股			湖南省远通科贸发展有限公司 2.38% (非流通股)
	募集股			广东省科技创业投资公司 1.98% (国有股)
	流通A	3820.74	60.37	李斌 1.98% (非流通股)
	流通B			洋浦海鑫隆投资发展有限公司 1.59% (非流通股)
	流通H			中国中小企业投资有限公司 0.79% (非流通股)
股东户数	05年末	14119		朱浩达 0.47% (流通A股)
	04年末	14466		宋正伟 0.44% (流通A股)

其他流通股东:刘俏娜 0.358%;张炼 0.313%;何丰 0.3%;李燕群 0.295%;周航 0.257%;吕辉 0.239%;赵凡明 0.237%;蓝冰 0.229%

近年分配:05预案:10派0.5;04年:10派3　近年募资:04年新发2500万股,发行价7.5元。

二〇〇五年以来市场表现

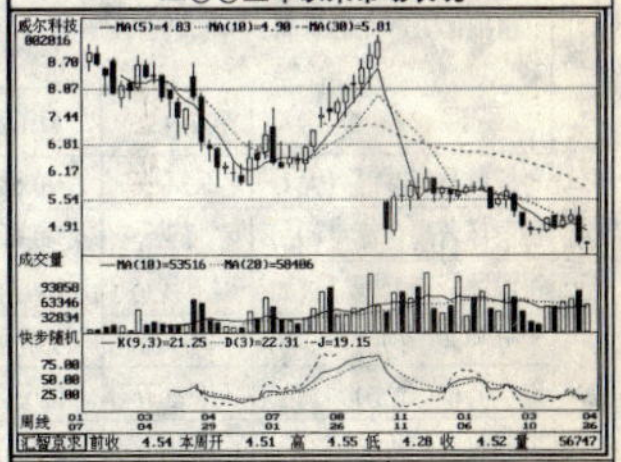

2005年涨跌幅(%)	3.51
2005年最高(元)	9.85
2006年涨跌幅(%)	-20.84
2006.4.26收盘(元)	4.52
2006年最高(元)	6.01
2006年最低(元)	4.28
2006年换手率(%)	238.64

股改对价:转增 每10股实际获得5.28股(05/10/28)

东信和平(002017)

上市日期:04/07/13　电话:(0756)8682893　传真:(0756)8682736

主营	生产和销售移动通信用智能卡、非接触式智能卡及配套应用系统。			
	年　度	2005	2004	2003
主要指标	每股收益/扣除后(元)	0.128/0.125	0.413	0.57/0.56
	每股经营现金流量(元)	1.7075	0.0038	0.56
	每股净资产/调整后(元)	4.38/4.38	4.52/4.52	2.23
	未分利润(万元)	6037.91	7375.93	6019.57
	资本公积(万元)	21613.99	21734.89	、
利润构成	主营收入(万元)	64763.47	65608.05	59896.53
	主营利润(万元)	9804.36	12309.06	11812.53
	营业利润(万元)	273.71	4715.23	4412.27
	投资收益(万元)	-30.31		
	利润总额(万元)	1349.16	4714.79	4375.18
	净利润(万元)	1158.34	3751.7	3729.47

点评:公司是IC卡行业生产企业,没有垄断性产品与技术。由于行业竞争激烈、产能过剩、盲目开发,2005年公司毛利率亦有所下降。公司SIM卡业务发展有限,将承担的居民身份证"二代证"生产任务,会使产量较05年有50%以上增长,对经营业绩有一定积极影响。

股本结构(万股)	截止日期	05年末	占%	主要股东及持股比例%、持股性质
	总股本	9080		普天东方通信集团有限公司 29.49% (国有股)
	国有股	4868.08	53.61	珠海普天和平电信工业有限公司 24.13% (国有股)
	发起股	474.66	5.23	北京信捷通移动通信技术有限责任公司 3.21% (非流通股)
	外资股			珠海市富春通信设备有限公司 2.02% (非流通股)
	募集股			周忠国 0.77% (非流通股)
	流通A	3375	37.17	施继兴 0.52% (非流通股)
	流通B			郑国民 0.52% (非流通股)
	流通H			杨有为 0.52% (非流通股)
股东户数	05年末	12778		张培德 0.52% (非流通股)
	04年末	12846		黄宁宅 0.52% (非流通股)

其他流通股东:宁波甬立不锈钢材料有限公司 0.252%;杨毅 0.141%;王自华 0.124%;王忠洪 0.118%;周昆林 0.114%

近年分配:05预案:10转增3;04年:10派2.5　近年募资:04年新发2500万股,发行价10.43元。

二〇〇五年以来市场表现

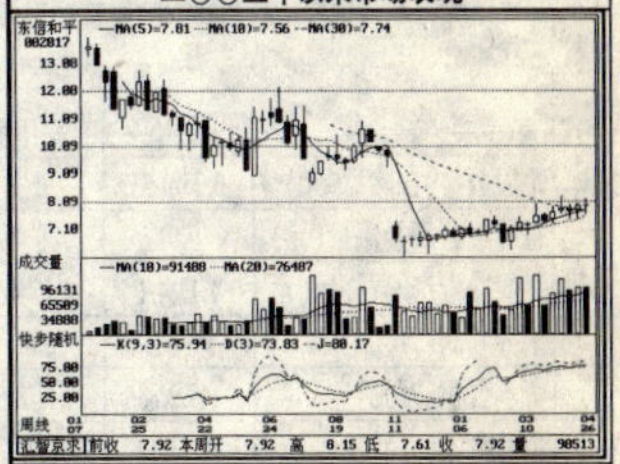

2005年涨跌幅(%)	-30.76
2005年最高(元)	14.08
2006年涨跌幅(%)	16.47
2006.4.26收盘(元)	7.92
2006年最高(元)	8.27
2006年最低(元)	6.31
2006年换手率(%)	387.05

股改对价:送股 每10股实际获得3.5股(05/11/08)

华星化工(002018)

上市日期:04/07/13　电话:(0565)5393908　传真:(0565)5393908

主营	研发、生产和销售杀虫双、杀虫单以及精恶唑禾草灵、草除灵乙酯、苄嘧磺隆等高效低残留农药产品。			
	年　度	2005	2004	2003
主要指标	每股收益/扣除后(元)	0.36/0.36	0.33/0.33	0.47/0.48
	每股经营现金流量(元)	0.55	-0.1	0.82
	每股净资产/调整后(元)	4.2/4.19	3.99/3.98	1.95
	未分利润(万元)	5903.51	4538.43	2938.34
	资本公积(万元)	13257.98	13576.89	356.74
利润构成	主营收入(万元)	35523.87	25110.26	20187.28
	主营利润(万元)	7872.85	6468.44	6337.21
	营业利润(万元)	3510.59	3250.89	3171.48
	投资收益(万元)			
	利润总额(万元)	3468.17	3244.66	3140.48
	净利润(万元)	2370.68	2147.17	2134.79
点评	公司主要生产和销售高效低残留农药产品,是国内最大的杀虫单(双)生产与出口基地。高毒农药的逐步退出,将为公司留下巨大的市场空缺。随着国家加强对农产品行业的扶持力度,公司将迎来新一轮的发展机遇。			

股本结构(万股)	截止日期	05年末	占%	主要股东及持股比例%、持股性质
	总股本	6500		庆祖森 16.63%(非流通股)
	国有股	246.67	3.79	谢平 10.69%(非流通股)
	发起股			安徽省科技产业投资有限公司 3.79%(国有股)
	外资股			吴江鹰 3.77%(非流通股)
	募集股	164.44	2.53	纪祖焕 3.16%(非流通股)
	流通A	2800	43.08	盛学龙 3.01%(非流通股)
	流通B			李辉 2.67%(非流通股)
	流通H			房淑明 2.67%(非流通股)
股东户数	05年末	10064		江苏省高科技产业投资有限公司 2.53%(国有股)
	04年末	10253		周宏 1.92%(非流通股)
其他流通股东	马志宇 0.462%;汪筠 0.377%;崔巍 0.249%;朱世霞 0.215%;邬陈东 0.189%;胡守国 0.187%;刘俊光 0.169%			
近年分配	05方案:10派1转增2;04年:10派1	近年募资	04年新发2000万股,发行价8.55元。	

二〇〇五年以来市场表现

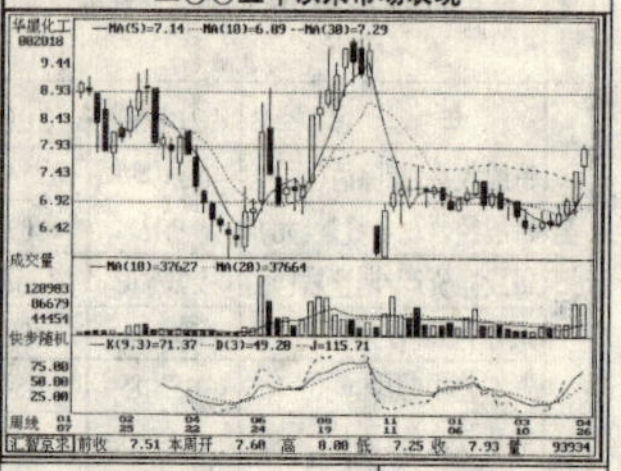

2005年涨跌幅(%)	5.95
2005年最高(元)	10.74
2006年涨跌幅(%)	16.62
2006.4.26收盘(元)	7.93
2006年最高(元)	8
2006年最低(元)	6.38
2006年换手率(%)	222.59
股改对价	送股 每10股实际获得4股(05/10/28)

鑫富药业(002019)

上市日期:04/07/13　电话:0571-63759225　传真:0571-63759225

主营	精细化工产品的研制、生产、销售及服务。			
	年　度	2005	2004	2003
主要指标	每股收益/扣除后(元)	0.3/0.3	0.62	0.69/0.47
	每股经营现金流量(元)	0.35	0.64	0.34
	每股净资产/调整后(元)	4.69/4.65	5.9/5.88	2.51
	未分利润(万元)	7870.82	7067.93	4304.08
	资本公积(万元)	15396.77	16958.89	143.57
利润构成	主营收入(万元)	26931.44	24505.76	17676.7
	主营利润(万元)	7803.22	7945.61	5470.93
	营业利润(万元)	3145.05	3992.08	2949.96
	投资收益(万元)	-529.86		
	利润总额(万元)	2565.11	3951.86	3187.56
	净利润(万元)	2048.1	3251.59	2587.77
点评	公司是世界上最大的D-泛酸钙供应商,国内唯一的D-泛醇生产厂商,公司产品以出口为主。2005年受到人民币升值、化工原材料、原油价格持续上涨以及市场竞争加剧的影响,净利润大幅下降。为培育新增长点而进入医药保健品市场,但前景不容乐观。			

股本结构(万股)	截止日期	05年末	占%	主要股东及持股比例%、持股性质
	总股本	6825		杭州临安申光贸易有限责任公司 31.04%(非流通股)
	国有股			林关羽 14.64%(非流通股)
	发起股	2318.55	33.97	吴彩莲 7.03%(非流通股)
	外资股			临安博联生物技术有限公司 2.93%(非流通股)
	募集股			殷杭华 1.76%(非流通股)
	流通A	2827.5	41.43	陈光良 0.59%(非流通股)
	流通B			汪军 0.59%(非流通股)
	流通H			全国社保基金六零三组合 0.47%(流通A股)
股东户数	05年末	9409		陈燕匡 0.34%(流通A股)
	04年末	6913		张一志 0.27%(流通A股)
其他流通股东	阳泉市泉信实业公司 0.223%;李萍 0.212%;苏翠珍 0.212%;王敏 0.194%;翁培玉 0.19%;张春新 0.189%			
近年分配	05预案:10派1.5;04年:10派2转增3	近年募资	04年新发1500万股,发行价12.57元。	

二〇〇五年以来市场表现

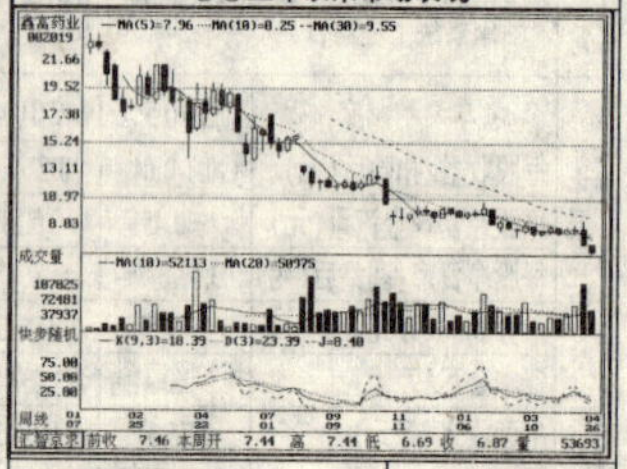

2005年涨跌幅(%)	-20.28
2005年最高(元)	26.07
2006年涨跌幅(%)	-28.21
2006.4.26收盘(元)	6.87
2006年最高(元)	10.63
2006年最低(元)	6.69
2006年换手率(%)	299.02
股改对价	送股 每10股实际获得4.5股(05/08/12)

京新药业(002020)

上市日期:04/07/15　电话:(0575)6176531　传真:(0575)6096898

主营	喹诺酮类系列抗感染药物和心脑血管系列药物的生产和销售。			
	年　度	2005	2004	2003
主要指标	每股收益/扣除后(元)	0.27/0.33	0.38	0.507/0.494
	每股经营现金流量(元)	0.91	0.09	0.92
	每股净资产/调整后(元)	4.17/4.1	4.13/4.12	1.77
	未分利润(万元)	5514.21	5257.56	3061.54
	资本公积(万元)	14592.88	14772.55	3.09
利润构成	主营收入(万元)	30188.12	34822.22	30150.56
	主营利润(万元)	9554.31	8594.88	7954.6
	营业利润(万元)	3087.5	3234.12	3201.03
	投资收益(万元)			
	利润总额(万元)	2468.42	3492.66	3261.87
	净利润(万元)	1845.47	2579.07	2540.45
点评	公司是我国喹诺酮类原料药行业的龙头企业。2005年因环境污染问题,原料药厂区被当地村民要求停产一段时间,导致公司收益下降。但心血管药物辛伐他汀制剂继续保持较好的增长。随着国内降血脂市场的快速增长,公司的业绩有望获得增长,但原料药成本将上升。			

股本结构(万股)	截止日期	05年末	占%	主要股东及持股比例%、持股性质
	总股本	6770		吕钢 24.74%(非流通股)
	国有股	175.2	2.59	浙江康新化工有限公司 16.69%(非流通股)
	发起股	1130.26	16.7	吕岳英 10.3%(非流通股)
	外资股			中国银行-同智证券投资基金 1.97%(流通A股)
	募集股			王光强 1.95%(非流通股)
	流通A	2428.55	35.87	张丽娃 1.84%(非流通股)
	流通B			吴政杰 1.83%(非流通股)
	流通H			裕隆证券投资基金 1.77%(流通A股)
股东户数	05年末	7757		同德证券投资基金 1.69%(流通A股)
	04年末	9446		中国科学院上海有机化学研究所 1.44%(国有股)
其他流通股东	中国工商银行-普丰证券投资基金 0.447%;刘晓 0.332%;万向租赁有限公司 0.281%;鲍明珠 0.258%			
近年分配	05预案:10转增5;04年:10派2	近年募资	04年新发1760万股,发行价10.05元。	

二〇〇五年以来市场表现

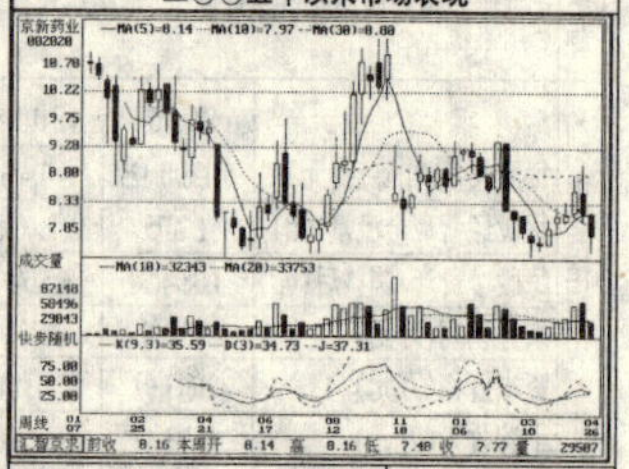

2005年涨跌幅(%)	19.29
2005年最高(元)	13.14
2006年涨跌幅(%)	-14.9
2006.4.26收盘(元)	7.77
2006年最高(元)	9.38
2006年最低(元)	7.4
2006年换手率(%)	239.42
股改对价	送股 每10股实际获得3.8股(05/11/10)

中捷股份（002021）

上市日期：04/07/15　电话：0576－7338207　传真：0576－7338900

主营	中、高档工业缝纫机的开发、生产和销售。

	年度	2005	2004	2003
主要指标	每股收益/扣除后(元)	0.4/0.31	0.4	0.5/0.45
	每股经营现金流量(元)	-0.9	0.66	1.15
	每股净资产/调整后(元)	3.14/3.13	4.7/4.7	2.15
	未分利润(万元)	11124.8	8775.27	5846.54
	资本公积(万元)	16177.4	21450.4	12.4
利润构成	主营收入(万元)	68506.79	47599.54	36741.06
	主营利润(万元)	16822.14	11577.83	10090.38
	营业利润(万元)	6751.9	4681.14	4618.99
	投资收益(万元)	193.66	-13.23	14.02
	利润总额(万元)	7058.66	4762.07	4614.58
	净利润(万元)	5528.9	3475.27	2980.97

点评	05年面对激烈竞争、原材料价格上涨、人民币升值等经营困难，通过技术改造扩大生产能力，加速研制新产品，逐步完善营销网络等，取得了良好的经营业绩。今后，公司将充分发挥自己的技术、品牌及规模优势，实现企业的稳定、持续发展。

	截止日期	05年末	占%	主要股东及持股比例%、持股性质
股本结构（万股）	总股本	13760		蔡开坚 26.96%（非流通股）
	国有股			蔡冰 8.99%（非流通股）
	发起股	2704.8	19.66	玉环兴业服务有限公司 8.99%（非流通股）
	外资股	77.28	0.56	中捷控股集团有限公司 7.3%（非流通股）
	募集股			安瑞证券投资基金 4.25%（流通A股）
	流通A	6032	43.84	北京网智通信息技术有限公司 3.37%（非流通股）
	流通B			洪孝权 1.64%（流通A股）
	流通H			华安创新证券投资基金 1.49%（流通A股）
股东户数	05年末	13388		国联安德盛小盘精选证券投资基金 1.14%（流通A股）
	04年末	12166		安久证券投资基金 0.8%（流通A股）
其他流通股东	高浩 0.478%；彭承元 0.319%；李爱兰 0.298%；陈金秀 0.236%；袁青 0.199%			
近年分配	05方案：10派2转增3；04年：10派3转增6	近年募资		04年新发2600万股，发行价9.93元。

二〇〇五年以来市场表现

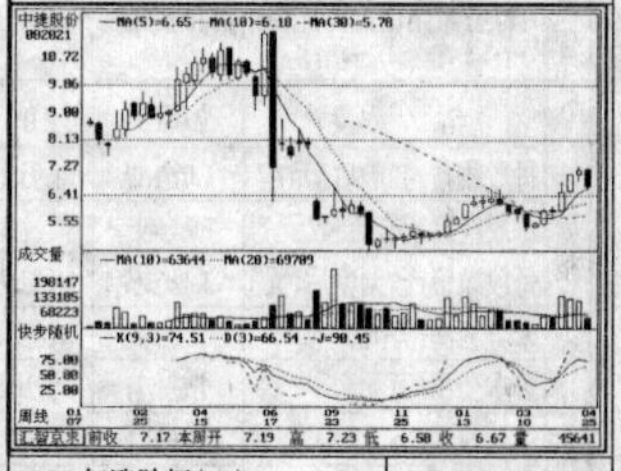

2005年涨跌幅(%)	50.43
2005年最高(元)	15.61
2006年涨跌幅(%)	19.75
2006.4.26收盘(元)	6.67
2006年最高(元)	7.29
2006年最低(元)	5.3
2006年换手率(%)	189.83
股改对价	送股 每10股实际获得4.5股(05/09/08)

科华生物（002022）

上市日期：04/07/21　电话：021－64850088　传真：021－64853947

主营	体外临床免疫诊断试剂、体外临床化学诊断试剂，核酸诊断试剂，基因工程药物及与体外诊断试剂相配套的自动化检验诊断仪器等的研究、生产和销售。

	年度	2005	2004	2003
主要指标	每股收益/扣除后(元)	0.68/0.66	0.62	0.7/0.65
	每股经营现金流量(元)	0.9	0.71	1.39
	每股净资产/调整后(元)	4.13/4.08	4.85/4.78	1.97
	未分利润(万元)	5479.65	5377.56	1831.85
	资本公积(万元)	16101.78	17529.84	209.17
利润构成	主营收入(万元)	30056.55	23906.08	21700.39
	主营利润(万元)	16587.37	13681.7	11725.6
	营业利润(万元)	8092.36	6564.69	5352.22
	投资收益(万元)	60.68	57.58	159.75
	利润总额(万元)	8402.31	6780.88	5573.17
	净利润(万元)	5642.75	4284.41	3571.81

点评	公司是国内生化诊断试剂子行业的龙头，产品结构丰富，研发能力强，盈利能力强。生化试剂进入成熟期保证了稳定的现金流；免疫试剂仍处于成长期；核酸试剂、诊断仪器逐步成为新的盈利点。丰富的产品梯队保证了公司仍将获得良好的增长。

	截止日期	05年末	占%	主要股东及持股比例%、持股性质
股本结构（万股）	总股本	8250		唐伟国 8.12%（非流通股）
	国有股			沙立武 8.12%（非流通股）
	发起股	1280.61	15.52	徐显德 8.12%（非流通股）
	外资股			上海恒联投资咨询有限公司 5.27%（非流通股）
	募集股			上海期翔投资管理有限公司 5.14%（非流通股）
	流通A	2937.6	35.61	上海欣讯投资咨询有限公司 5.11%（非流通股）
	流通B			施建荣 2.44%（非流通股）
	流通H			宋大伟 2.13%（非流通股）
股东户数	05年末	8754		李伟奇 2.03%（非流通股）
	04年末	10045		倪美清 1.22%（非流通股）
其他流通股东	中国工商银行－中银国际中国精选混合型开放式证券投资基金 1.109%；华夏成长证券投资基金 0.479%			
近年分配	05年：10派5送1转增6；04年：10派7转增2	近年募资		04年新发1800万股，发行价11.12元。

二〇〇五年以来市场表现

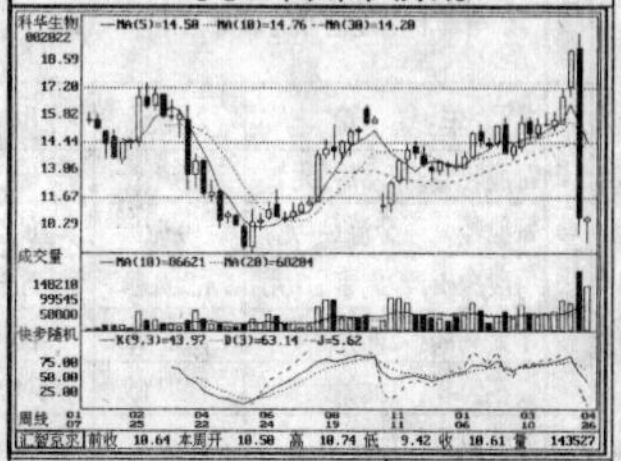

2005年涨跌幅(%)	43.1
2005年最高(元)	24.32
2006年涨跌幅(%)	39.9
2006.4.26收盘(元)	10.61
2006年最高(元)	19.97
2006年最低(元)	13.11
2006年换手率(%)	374.4
股改对价	送股 每10股实际获得3.6股(05/10/28)

海特高新（002023）

上市日期：04/07/21　电话：028－85151633　传真：028－85158567

主营	航空机载电子、电气、机械设备的检测与维修服务；航空动力设备维修；航空机载设备和航空检测设备的研制与销售；航空机载设备技术的开发和转让。

	年度	2005	2004	2003
主要指标	每股收益/扣除后(元)	0.33/0.33	0.47/0.46	0.61/0.52
	每股经营现金流量(元)	0.21	0.58	0.84
	每股净资产/调整后(元)	3.71/3.64	5.28/5.18	2.64
	未分利润(万元)	6526.91	4862.98	5364.75
	资本公积(万元)	21209.92	25230.88	1138.43
利润构成	主营收入(万元)	14379.34	13640.03	11302.55
	主营利润(万元)	7024.38	7767.39	6411.22
	营业利润(万元)	3478.65	4267.87	3671.99
	投资收益(万元)	54.78	-11.35	-6.96
	利润总额(万元)	4173.92	4826.33	4295.63
	净利润(万元)	3908.85	3654.36	3340.95

点评	公司05年面对维修元器件价格上涨、子公司搬迁及机型调整引发业务量下降的不利影响，通过重组和控制费用，实现了净利润的小幅增长。由于机型调整的影响还会持续，估计06年公司仍将面临困境，但后续将迎来较好的发展期。

	截止日期	05年末	占%	主要股东及持股比例%、持股性质
股本结构（万股）	总股本	11758.72		李再春 39.4%（非流通股）
	国有股			王万和 6.22%（非流通股）
	发起股			刘生会 3.63%（非流通股）
	外资股			李飚 3.06%（非流通股）
	募集股			郑超 3.06%（非流通股）
	流通A	4967.5	42.25	李刚 2.39%（非流通股）
	流通B			安瑞证券投资基金 1.99%（流通A股）
	流通H			华安创新证券投资基金 1.32%（流通A股）
股东户数	05年末	11724		中国人寿保险股份有限公司－分红－个人分红－005L－FH002深 0.88%（流通A股）
	04年末	7690		长城证券有限责任公司 0.85%（流通A股）
其他流通股东	金盛证券投资基金 0.754%；金鹰中小盘精选证券投资基金 0.751%；裕元证券投资基金 0.425%；杨燕灵 0.404%			
近年分配	04中期：10派4年终：10派2转增5	近年募资		04年新发2400万股，发行价11.88元。

二〇〇五年以来市场表现

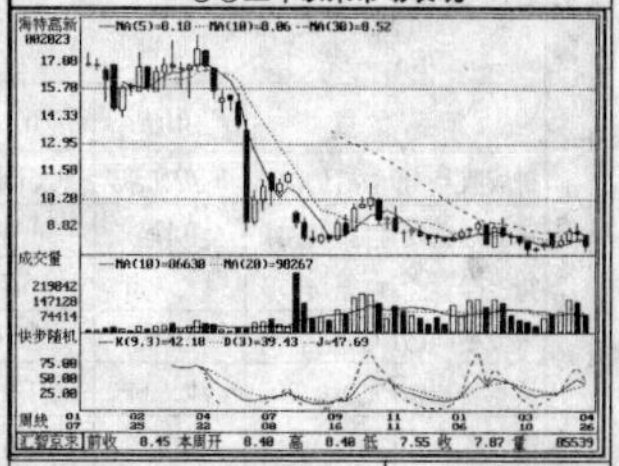

2005年涨跌幅(%)	1.1
2005年最高(元)	22.93
2006年涨跌幅(%)	-4.72
2006.4.26收盘(元)	7.87、
2006年最高(元)	9.24
2006年最低(元)	7.45
2006年换手率(%)	338.13
股改对价	送股 每10股实际获得3.8股(05/08/09)

苏宁电器（002024）

上市日期：04/07/21　　电话：025－84418888　　传真：025－84467008

主营	综合家用电器的连锁销售和服务。

	年　　度	2005	2004	2003
主要指标	每股收益/扣除后(元)	1.05/1.05	1.95/1.97	1.451/1.481
	每股经营现金流量(元)	0.4449	1.3	
	每股净资产/调整后(元)	3.49/2.69	8.92/7.69	
	未分利润(万元)	52336.46	28093.24	14396.43
	资本公积(万元)	12674.74	37214.99	248.68
利润构成	主营收入(万元)	1593639.12	910724.67	603371.64
	主营利润(万元)	151956.05	87128.72	50367.17
	营业利润(万元)	55462.61	29227.28	17423.45
	投资收益(万元)	－77.06	－117.52	－84.46
	利润总额(万元)	55001.1	28699.74	16916.85
	净利润(万元)	35062.99	18120.37	9890.19

点评：苏宁电器与供货商关系良好，形成了一定的服务品牌，促销费、进场费增长明显。在人员基本就位以后，管理费用比率将会显著下降。未来五年公司仍将以年150家以上的速度开店，同时注意区域平衡和滚动发展，业绩快速增长值得期待。

	截止日期	05年末	占%	主要股东及持股比例%、持股性质
股本结构（万股）	总股本	33537.6		张近东 31.9%（非流通股）
	国有股			江苏苏宁电器有限公司 16.61%（非流通股）
	发起股	5571.9	16.61	陈金凤 7.97%（非流通股）
	外资股			赵蓓 4.65%（非流通股）
	募集股	16715.7	49.84	蒋勇 1.99%（非流通股）
	流通A	11250	33.54	金明 1.99%（非流通股）
	流通B			同益证券投资基金 1.89%（流通A股）
	流通H			中国银行－易方达平稳增长证券投资基金 1.83%（流通A股）
股东户数	05年末	8367		中国银行－易方达策略成长证券投资基金 1.81%（流通A股）
	04年末	3943		交通银行－科汇证券投资基金 1.59%（流通A股）
其他流通股东	中国工商银行－广发聚富开放式证券投资基金 1.488%；中国工商银行－申万巴黎盛利精选证券投资基金 1.166%			
近年分配	05中期：10转增8；04年：10派1转增10	近年募资	04年新发2500万股，发行价16.33元。	

二○○五年以来市场表现

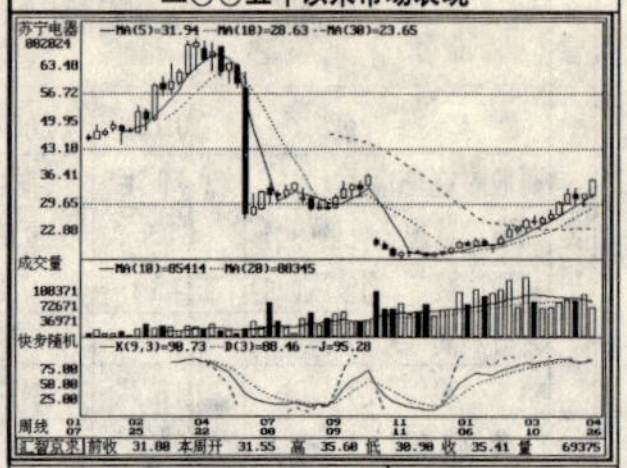

2005年涨跌幅(%)	95.02
2005年最高(元)	94.6
2006年涨跌幅(%)	77.05
2006.4.26收盘(元)	35.41
2006年最高(元)	35.6
2006年最低(元)	17.68
2006年换手率(%)	132.01
股改对价	送股 每10股实际获得2.5股(05/08/11)

航天电器（002025）

上市日期：04/07/26　　电话：(0852)8616273　　传真：(0852)8616258

主营	继电器和电连接器的研制、生产和销售。

	年　　度	2005	2004	2003
主要指标	每股收益/扣除后(元)	1.19/1.22	0.52	0.457/0.396
	每股经营现金流量(元)	0.96	0.51	0.582
	每股净资产/调整后(元)	4.24/4.24	3.76/3.76	1.86
	未分利润(万元)	12209.66	4445.43	2428.42
	资本公积(万元)	13809.65	15491.14	1087.22
利润构成	主营收入(万元)	29487.45	15059.02	10581.76
	主营利润(万元)	19918.18	9449.52	6869.59
	营业利润(万元)	12450.31	4515.21	2474.48
	投资收益(万元)	－0.92	0.06	14.57
	利润总额(万元)	12213.45	4523.27	2467.98
	净利润(万元)	11437.66	4136.37	2479.78

点评：公司在高端继电器和电连接器方面拥有深厚的技术实力、优秀的管理能力。公司现金流状况良好，成本和费用控制能力也非常出色，06年公司的军品增长仍会持续，但增幅会低于05年。技术优势将确保公司产品向高端民品的转向。

	截止日期	05年末	占%	主要股东及持股比例%、持股性质
股本结构（万股）	总股本	9600		贵州航天朝晖电器厂 23.05%（国有股）
	国有股	5163.09	53.78	贵州航天朝阳电器厂 15.85%（国有股）
	发起股	581.91	6.06	贵州航天工业有限责任公司 8.82%（国有股）
	外资股			遵义朝日电器有限责任公司 4.96%（非流通股）
	募集股			梅岭化工厂 4.41%（国有股）
	流通A	3855	40.16	交通银行－华安创新证券投资基金 3.29%（流通A股）
	流通B			交通银行－安顺证券投资基金 1.86%（流通A股）
	流通H			贵州航天凯天科技有限责任公司 1.1%（非流通股）
股东户数	05年末	9098		国营风华机器厂 1.1%（非流通股）
	04年末	10305		中国人寿保险(集团)公司－传统－普通保险产品 1.06%（流通A股）
其他流通股东	交通银行－华安宝利配置证券投资基金 1.021%；交通银行－安久证券投资基金 0.902%			
近年分配	05年：10派2送5；04年：10派1转增2	近年募资	04年新发2570万股，发行价7元。	

二○○五年以来市场表现

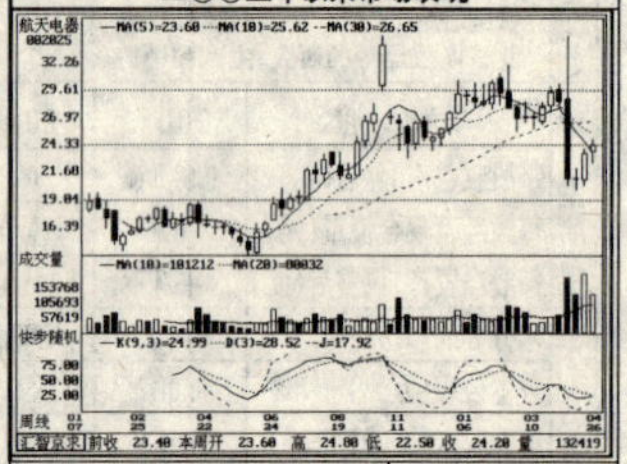

2005年涨跌幅(%)	139.78
2005年最高(元)	45.97
2006年涨跌幅(%)	25.13
2006.4.26收盘(元)	24.2
2006年最高(元)	37.4
2006年最低(元)	25.6
2006年换手率(%)	310.64
股改对价	送股 每10股实际获得2.5股(05/11/04)

山东威达（002026）

上市日期：04/07/27　　电话：(0631)8548288　　传真：(0631)8545388

主营	生产和销售钻夹头产品。

	年　　度	2005	2004	2003
主要指标	每股收益/扣除后(元)	0.392/0.393	0.354/0.35	0.716/0.725
	每股经营现金流量(元)	0.176	0.139	0.73
	每股净资产/调整后(元)	4.82/4.81	4.5/4.5	3.46
	未分利润(万元)	7518.92	5233.83	5328.12
	资本公积(万元)	24656.64	24476.64	3152
利润构成	主营收入(万元)	28053.7	29445.2	29068.41
	主营利润(万元)	7390.33	8396.44	8272.3
	营业利润(万元)	5068.61	4746.32	4587.49
	投资收益(万元)		－16.83	65.56
	利润总额(万元)	5061.11	4774.39	4599.43
	净利润(万元)	3526.95	3182.66	2862.82

点评：公司经营范围为钻夹头及配件，产品主要给世界工具巨头配套。05年公司在保持钻夹头产品市场稳步发展的同时，又新上了粉末冶金配件项目和锯片项目，开辟了新的营收增长点，为公司以后销售收入的快速增长预留了发展空间，而公司后续发展也就要看新项目进展。

	截止日期	05年末	占%	主要股东及持股比例%、持股性质
股本结构（万股）	总股本	9000		文登市威达机械有限公司 31.88%（非流通股）
	国有股			文登市昆嵛科技开发有限公司 10.97%（非流通股）
	发起股	4390.5	48.78	刘国店 4.82%（非流通股）
	外资股			孙振江 4.73%（非流通股）
	募集股			文登市■山房地产开发有限公司 3.02%（非流通股）
	流通A	3750	41.67	文登市世进塑料制品有限公司 2.92%（非流通股）
	流通B			永信生物化工有限公司 2.33%（流通A股）
	流通H			威海志诚机械有限公司 1.59%（流通A股）
股东户数	05年末	14286		钱焕志 0.49%（流通A股）
	04年末	16486		蔡小红 0.22%（流通A股）
其他流通股东	陈敬娣 0.201%；高永链 0.178%；梁恩群 0.178%；瞿伟 0.175%；莫锦红 0.174%；吴建明 0.131%			
近年分配	05预案：10派1转增5；04年：10派1	近年募资	04年新发3000万股，发行价8.68元。	

二○○五年以来市场表现

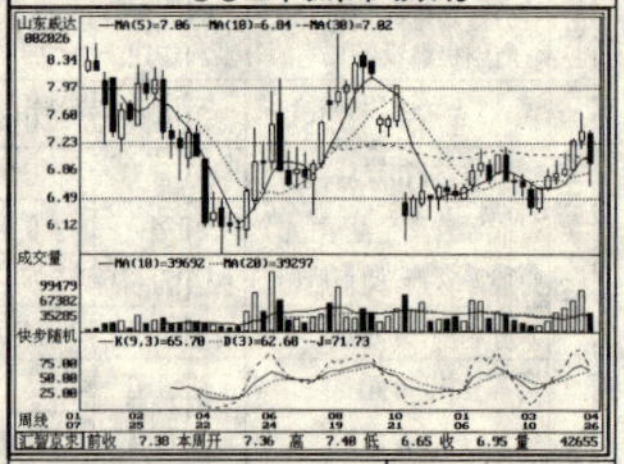

2005年涨跌幅(%)	－0.6
2005年最高(元)	8.81
2006年涨跌幅(%)	6.6
2006.4.26收盘(元)	6.95
2006年最高(元)	7.63
2006年最低(元)	6.26
2006年换手率(%)	178.82
股改对价	送股 每10股实际获得2.5股(05/11/14)

七喜控股（002027）

上市日期:04/08/04　　电话:(020)82253777　　传真:(020)82058139

主营：电脑及其配件的生产和制造，同时还代理销售 SONY 电脑周边设备（软驱光驱）和三星硬盘等产品。

	年　度	2005	2004	2003
主要指标	每股收益/扣除后(元)	0.37/0.37	0.47/0.48	0.679/0.679
	每股经营现金流量(元)	-0.22	-0.3	0.57
	每股净资产/调整后(元)	2.68/2.61	4.85/4.79	2.44
	未分利润(万元)	19326.84	14626.39	10166.77
	资本公积(万元)	14447.54	25868.38	
利润构成	主营收入(万元)	239632.92	180991.98	174373
	主营利润(万元)	17628.72	12919.32	13665.88
	营业利润(万元)	9362.19	6333.32	6645.85
	投资收益(万元)	-9.41	-2.99	
	利润总额(万元)	9316.93	6252.32	6655.14
	净利润(万元)	8204.02	5256.46	5631.56

点评：计算机周边产品和数码通讯产品使 05 年利润大幅上升。06 年业绩继续增长的动力来自维持小幅增长的计算机整机、周边产品出口，以及存在较高风险的数码通讯产品。公司如在今年下半年或晚些时候证明自己在后一项业务中的竞争力，则投资者可以更乐观。

	截止日期	05 年末	占%	主要股东及持股比例%、持股性质
股本结构（万股）	总股本	22395.19		易贤忠 42.89%（非流通股）
	国有股			关玉婵 9.63%（非流通股）
	发起股			易贤华 6.29%（非流通股）
	外资股			关玉贤 3.53%（非流通股）
	募集股			景博证券投资基金 1.76%（流通 A 股）
	流通 A	7538.44	33.66	黎记旺 1.07%（非流通股）
	流通 B			李迅 1.07%（非流通股）
	流通 H			陈舟 0.86%（非流通股）
股东户数	05 年末	20525		蔡如琴 0.47%（流通 A 股）
	04 年末	16760		马碧英 0.45%（流通 A 股）
其他流通股东	莫建雄 0.423%；卢雪苗 0.38%；中国建设银行－东方龙混合型开放式证券投资基金 0.37%；徐镜香 0.324%			
近年分配	05 年:10 转增 3.5；04 年:10 派 2 转增 10	近年募资		04 年新发 2900 万股，发行价 10.56 元。

二〇〇五年以来市场表现

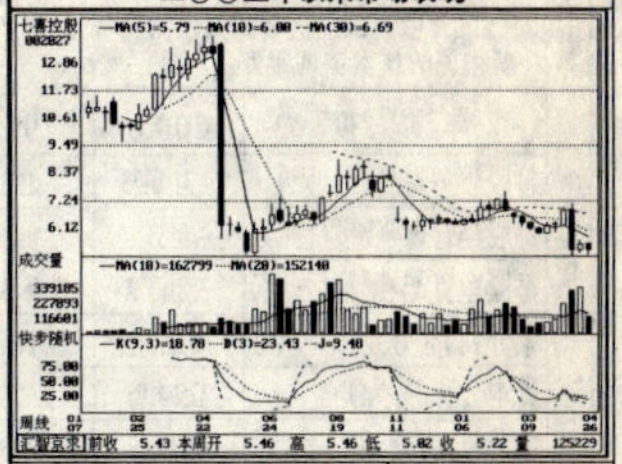

2005 年涨跌幅(%)	52.13
2005 年最高(元)	18.32
2006 年涨跌幅(%)	12.57
2006.4.26 收盘(元)	5.22
2006 年最高(元)	7.58
2006 年最低(元)	5.86
2006 年换手率(%)	327.92
股改对价	送股 每 10 股实际获得 3 股(05/11/10)

思源电气（002028）

上市日期:04/08/05　　电话:(021)64890467　　传真:(021)64420808

主营：输配电设备的制造和服务

	年　度	2005	2004	2003
主要指标	每股收益/扣除后(元)	0.79/0.74	0.93	0.85/0.85
	每股经营现金流量(元)	1.02	0.52	0.74
	每股净资产/调整后(元)	4.15/4.14	7.04/7.02	2.78
	未分利润(万元)	13571.94	9676.01	5660.9
	资本公积(万元)	15257.31	20088	87.39
利润构成	主营收入(万元)	55563.45	19962.52	13490.8
	主营利润(万元)	24957.66	10988.81	7854.99
	营业利润(万元)	10551.78	5889.04	4243.96
	投资收益(万元)	0.7	631.29	422.45
	利润总额(万元)	11815.02	6661.17	4682.43
	净利润(万元)	8415.09	4922.67	3373.53

点评：05 年爆发式增长的原因是江苏如高高压电气公司和思源赫兹互感器公司的收入开始并入报表。目前业务范围逐步拓展到全国，资产负债率较低。在关键原材料成本持续下降的预期下，06 年公司经营业绩将保持 20%以上增长，但要实现宣布的经营目标，还有不少困难。

	截止日期	05 年末	占%	主要股东及持股比例%、持股性质
股本结构（万股）	总股本	10600		董增平 19.58%（非流通股）
	国有股			李霞 14.68%（非流通股）
	发起股	426.96	4.03	陈邦栋 14.68%（非流通股）
	外资股			杨小强 6.67%（非流通股）
	募集股			李锋 4.83%（非流通股）
	流通 A	3484	32.87	兴华证券投资基金 4.07%（流通 A 股）
	流通 B			上海联创创业投资有限公司 4.03%（非流通股）
	流通 H			中国光大银行股份有限公司－光大保德信量化核心证券投资基金 1.69%（流通 A 股）
股东户数	05 年末	6789		中国工商银行－广发聚富开放式证券投资基金 1.38%（流通 A 股）
	04 年末	7714		交通银行－海富通精选证券投资基金 1.05%（流通 A 股）
其他流通股东	中国银行－华夏大盘精选证券投资基金 0.856%			
近年分配	05 预案:10 派 2；04 年:10 派 4 转增 10	近年募资		04 年新发 1340 万股，发行价 16.45 元。

二〇〇五年以来市场表现

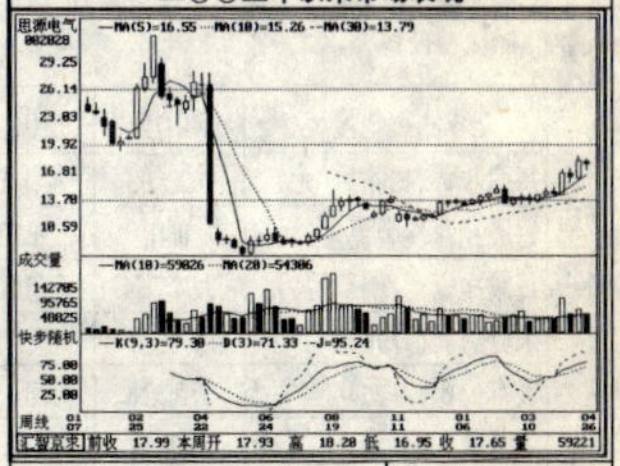

2005 年涨跌幅(%)	44.79
2005 年最高(元)	36.18
2006 年涨跌幅(%)	30.84
2006.4.26 收盘(元)	17.65
2006 年最高(元)	18.5
2006 年最低(元)	12.89
2006 年换手率(%)	249.49
股改对价	送股 每 10 股实际获得 3 股(05/11/10)

七匹狼（002029）

上市日期:04/08/06　　电话:0595－5382777　　传真:0595－5381998

主营：服装、服饰产品的设计、制造及销售。

	年　度	2005	2004	2003
主要指标	每股收益/扣除后(元)	0.32/0.33	0.34/0.34	0.42/0.417
	每股经营现金流量(元)	0.54	0.2	1.11
	每股净资产/调整后(元)	2.91/2.84	3.53/3.51	1.55/1.45
	未分利润(万元)	5011.07	4037.86	1873.08
	资本公积(万元)	12632.73	15296.23	4.01
利润构成	主营收入(万元)	31282.87	24563.38	18446.88
	主营利润(万元)	10715.66	8812.66	6394.81
	营业利润(万元)	5158.78	4426.71	3627.61
	投资收益(万元)	-0.51		
	利润总额(万元)	5048.8	4406.78	3596.46
	净利润(万元)	3554.76	2889.42	2497.44

点评：公司为中国著名休闲男装企业，致力于品牌塑造及市场推广、产品设计研发、销售渠道建设、供应链管理、服装制造等业务。05 年在行业面临较大不确定性的情况下，公司实现了利润的稳定增长。新的一年，在销售与品牌整合的不断进行中，公司面临一定的发展机遇。

	截止日期	05 年末	占%	主要股东及持股比例%、持股性质
股本结构（万股）	总股本	11050		福建七匹狼集团有限公司 46.32%（非流通股）
	国有股			厦门来尔富贸易有限责任公司 12.35%（非流通股）
	发起股	6825	61.76	中国银行－工银瑞信核心价值股票型证券投资基金 4.08%（流通 A 股）
	外资股			晋江市建利塑料彩色印刷有限公司 1.85%（非流通股）
	募集股			华夏成长证券投资基金 1.53%（流通 A 股）
	流通 A	4225	38.24	中国农业银行－长盛动态精选证券投资基金 1.52%（流通 A 股）
	流通 B			中国人寿保险(集团)公司－传统－普通保险产品 1.29%（流通 A 股）
	流通 H			全国社保基金一零七组合 1.01%（流通 A 股）
股东户数	05 年末	10003		兴和证券投资基金 1%（流通 A 股）
	04 年末	11920		长盛成长价值证券投资基金 0.9%（流通 A 股）
其他流通股东	中信证券股份有限公司 0.891%；中国建设银行－博时主题行业股票证券投资基金 0.67%			
近年分配	05 预案:10 派 1；04 年:10 派 1.5 转增 3	近年募资		04 年新发 2500 万股，发行价 7.45 元。

二〇〇五年以来市场表现

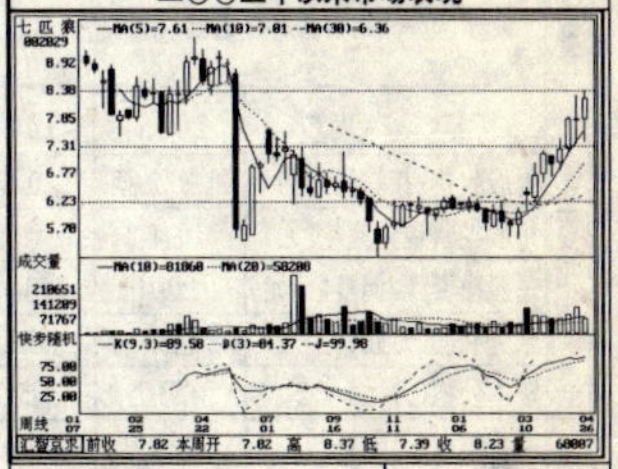

2005 年涨跌幅(%)	13.69
2005 年最高(元)	12.47
2006 年涨跌幅(%)	34.92
2006.4.26 收盘(元)	8.23
2006 年最高(元)	8.37
2006 年最低(元)	5.5
2006 年换手率(%)	248.21
股改对价	送股 每 10 股实际获得 3 股(05/08/09)

达安基因（002030）

上市日期:04/08/09　　电话:020—32290420　　传真:020—32290231

主营	荧光PCR检测技术研究、开发和应用,包括生产和销售荧光PCR检测试剂盒和相关检测设备,并提供与临床基因诊断相关的技术咨询服务。			
	年　度	2005	2004	2003
主要指标	每股收益/摊除后(元)	0.31/0.23	0.3	0.37/0.37
	每股经营现金流量(元)	0.33	0.19	0.37
	每股净资产/调整后(元)	3.21/3.2	3.06/3.06	1.49
	未分利润(万元)	4171.4	3191.7	1973.73
	资本公积(万元)	12594.96	12775.9	108.13
利润构成	主营收入(万元)	16247.19	15586.2	13249.01
	主营利润(万元)	8761.29	8350.66	5565.39
	营业利润(万元)	3246.25	3003.51	2735.52
	投资收益(万元)	-23.81	2.66	11.92
	利润总额(万元)	3217.1	3004.79	2763.54
	净利润(万元)	2629.72	2519.97	2309.33
点评	公司是基因诊断试剂子行业的龙头企业。其荧光定量PCR(聚合酶链式反应)检测技术在国内有领先优势。依托中山大学的研究力量,研发能力较强。但基因诊断技术目前处于市场导入期,推广费用高,市场扩展难度大。05年业绩保持稳定,但应收账款增长过快。			

股本结构(万股)	截止日期	05年末	占%	主要股东及持股比例%、持股性质
	总股本	8360		中山大学 20%（国有股）
	国有股	2926	35	广州生物工程中心 15%（国有股）
	发起股	1182.5	14.14	汪友明 6.2%（非流通股）
	外资股			红塔创新投资股份有限公司 5.92%（非流通股）
	募集股			深圳市东盛创业投资有限公司 4.74%（非流通股）
	流通A	2860	34.21	刘强 4.21%（非流通股）
	流通B			深圳市同创伟业创业投资有限公司 3.49%（非流通股）
	流通H			何蕴韶 2.42%（非流通股）
股东户数	05年末	10519		程钢 1.86%（非流通股）
	04年末	11692		周新宇 1.34%（非流通股）
其他流通股东	陈志文 0.718%;景阳证券投资基金 0.667%;胡志海 0.436%			
近年分配	05方案:10派2.5转增5;04年:10派1.5	近年募资	04年新发2200万股,发行价7.3元。	

二〇〇五年以来市场表现

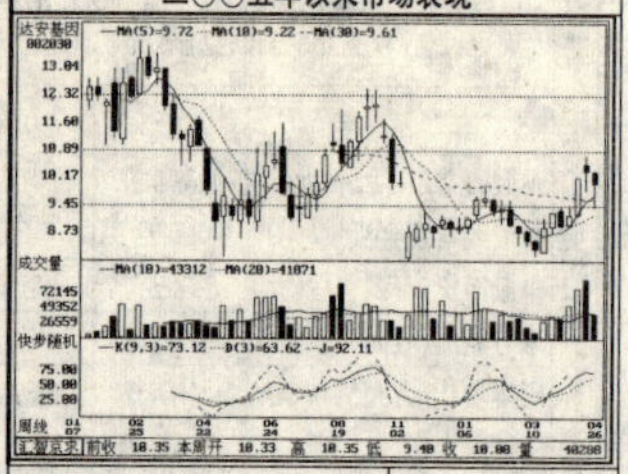

2005年涨跌幅(%)	-5.63
2005年最高(元)	13.76
2006年涨跌幅(%)	12.99
2006.4.26收盘(元)	10
2006年最高(元)	10.75
2006年最低(元)	8.12
2006年换手率(%)	237.82
股改对价	送股 每10股实际获得3股(05/11/18)

巨轮股份（002031）

上市日期:04/08/16　　电话:0663-3271838　　传真:0663-3269266

主营	制造和销售汽车子午线轮胎活络模具、轮胎二半模具及轮胎成型设备等。			
	年　度	2005	2004	2003
主要指标	每股收益/摊除后(元)	0.32/0.3	0.41/0.41	0.39/0.39
	每股经营现金流量(元)	0.41	0.42	0.39
	每股净资产/调整后(元)	2.74/2.74	3.31/3.31	1.75
	未分利润(万元)	10751.47	7922.51	6148.11
	资本公积(万元)	17762.58	22160.58	
利润构成	主营收入(万元)	25070.94	22203.92	18262.98
	主营利润(万元)	10432.49	9670.97	7973.88
	营业利润(万元)	5451.47	5522.98	4347.92
	投资收益(万元)			
	利润总额(万元)	6827.23	6685.57	4813.87
	净利润(万元)	5816.43	5722.83	4042.5
点评	公司以制造和销售汽车子午线轮胎活络模具、轮胎二半模具及轮胎成型设备等为主要产品,05年实现了稳定增长。06年,公司将立足于迅速成长的子午线轮胎模具及相关装备领域,以技术与自主研发为手段,实现本行业高端产品从"中国制造"向"中国创造"的转化。			

股本结构(万股)	截止日期	05年末	占%	主要股东及持股比例%、持股性质
	总股本	18330		揭阳市外轮模具研究开发有限公司 23.86%（非流通股）
	国有股			郑明略 15.9%（非流通股）
	发起股	5830.5	31.81	洪惠平 15.9%（非流通股）
	外资股			揭阳市飞越科技发展有限公司 7.95%（非流通股）
	募集股			中国工商银行—裕元证券投资基金 2.5%（流通A股）
	流通A	6669	36.38	交通银行—安顺证券投资基金 2.34%（流通A股）
	流通B			景博证券投资基金 2.15%（流通A股）
	流通H			交通银行-华安宝利配置证券投资基金 1.56%（流通A股）
股东户数	05年末	11871		国泰君安证券股份有限公司 1.5%（流通A股）
	04年末	12065		中国人寿保险(集团)公司-传统-普通保险产品 1.02%（流通A股）
其他流通股东	东方证券股份有限公司 0.939%;交通银行-金鹰中小盘精选证券投资基金 0.879%			
近年分配	05方案:10派1.6;04年:10派1.5转增3	近年募资	04年新发3800万股,发行价7.34元。	

二〇〇五年以来市场表现

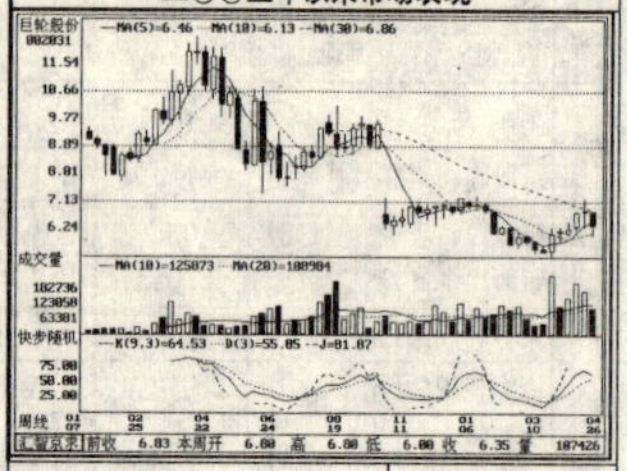

2005年涨跌幅(%)	36.02
2005年最高(元)	13.4
2006年涨跌幅(%)	-11.81
2006.4.26收盘(元)	6.35
2006年最高(元)	7.28
2006年最低(元)	5.36
2006年换手率(%)	269.37
股改对价	送股 每10股实际获得3.5股(05/10/26)

苏泊尔（002032）

上市日期:04/08/17　　电话:0571-86858778　　传真:0571-86858678

主营	设计、生产、销售各种压力锅、铝制品炊具及小家电等产品			
	年　度	2005	2004	2003
主要指标	每股收益/摊除后(元)	0.393/0.37	0.47	0.75/0.52
	每股经营现金流量(元)	0.66	0.84	0.46
	每股净资产/调整后(元)	4.01/4	4.93/4.92	2.06
	未分利润(万元)	17183.13	13591.42	8233.65
	资本公积(万元)	31793.75	36153.58	24.54
利润构成	主营收入(万元)	146965.72	100510.04	83652.22
	主营利润(万元)	36188.32	27660.39	23769.93
	营业利润(万元)	10063.95	6861.63	8057.22
	投资收益(万元)	-272.79	530.2	518.08
	利润总额(万元)	9515.09	7764.51	11099.9
	净利润(万元)	6922.73	6314.88	7647.4
点评	公司为国内炊具行业龙头之一。"苏泊尔"牌压力锅连续五年位居全国同类产品销量第一,产品已远销美洲、欧洲及东南亚许多国家。公司未来几年在厨卫家电行业的规模将得到迅速提升,规模扩张将推动未来两至三年业绩较快增长。			

股本结构(万股)	截止日期	05年末	占%	主要股东及持股比例%、持股性质
	总股本	17602		苏泊尔集团有限公司 40.14%（非流通股）
	国有股			苏增福 16.97%（非流通股）
	发起股	7196.25	40.88	苏显泽 1.7%（非流通股）
	外资股			黄墩清 1.57%（非流通股）
	募集股			兴和证券投资基金 1.41%（流通A股）
	流通A	5966	33.89	黄显情 1.33%（非流通股）
	流通B			廖亮 1.22%（非流通股）
	流通H			苏艳 1.22%（非流通股）
股东户数	05年末	15194		曾林福 1.22%（非流通股）
	04年末	20310		国联安德盛小盘精选证券投资基金 1.09%（流通A股）
其他流通股东	全国社保基金一零六组合 0.977%;MERRILL LYNCH INTERNATIONAL 0.889%;ING BANK N.V 0.852%			
近年分配	05预案:10派2;04年:10派2转增3	近年募资	04年新发3400万股,发行价12.21元。	

二〇〇五年以来市场表现

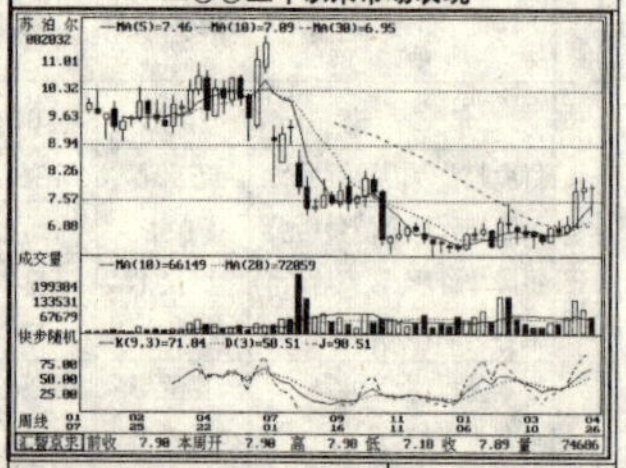

2005年涨跌幅(%)	15.64
2005年最高(元)	15.64
2006年涨跌幅(%)	23.86
2006.4.26收盘(元)	7.89
2006年最高(元)	8.15
2006年最低(元)	6.32
2006年换手率(%)	211.94
股改对价	送股 每10股实际获得3.5股(05/08/08)

丽江旅游（002033）

上市日期:04/08/25　　电话:0888－5105981　　传真:0888－5105981

主营	旅游索道的经营、管理。			
	年　度	2005	2004	2003
主要指标	每股收益/扣除后(元)	0.386/0.4	0.369	0.27/0.28
	每股经营现金流量(元)	0.6	0.83	0.34
	每股净资产/调整后(元)	2.9/2.88	2.85/2.82	1.47
	未分利润(万元)	3029.96	3085.06	
	资本公积(万元)	13506.85	13506.85	0.1
利润构成	主营收入(万元)	10465.57	10162.93	6123.64
	主营利润(万元)	8272.37	8139.36	4835.26
	营业利润(万元)	6616.74	6386.97	3586.27
	投资收益(万元)	-221.11	-221.11	-69.6
	利润总额(万元)	6215.08	6144.93	3466.26
	净利润(万元)	3830.72	3661.64	2031.25
点评	目前公司主要运营玉龙雪山旅游索道、云杉坪旅游索道和牦牛坪旅游索道及其相关配套设施。云杉坪、牦牛坪增长显著，雪山索道与04年基本持平。盈利能力优于其他景区类公司。公司募股资金项目将由于动迁的原因而延后，从而增加投资风险，应予关注。			

	截止日期	05年末	占%	主要股东及持股比例%、持股性质
股本结构（万股）	总股本	9932.3		丽江玉龙雪山旅游开发有限责任公司 26.41%（国有股）
	国有股	2622.92	26.41	云南机械进出口股份有限公司 21.34%（非流通股）
	发起股	3934.38	39.61	昆明龙丰投资管理有限公司 9.1%（非流通股）
	外资股			丽江摩西风情园有限责任公司 6.6%（非流通股）
	募集股			云南协力投资发展有限公司 1.91%（非流通股）
	流通A	3375	33.98	中国工商银行—申万巴黎盛利精选证券投资基金 1.81%（流通A股）
	流通B			中国银行—嘉实服务增值行业证券投资基金 1.1%（流通A股）
	流通H			中油资产管理有限公司 0.73%（流通A股）
股东户数	05年末	11250		云南丽江白鹿国际旅行社有限公司 0.66%（非流通股）
	04年末	12169		交通银行—湘财荷银风险预算混合型开放式证券投资基金 0.51%（流通A股）
其他流通股东	中国农业银行—国联分红增利混合型证券投资基金 0.294%；刘俊阳 0.168%；方德鑫 0.147%			
近年分配	05中期:10派1.3 年终:10派2；04年:10派2	近年募资		04年新发2500万股，发行价6.9元。

二〇〇五年以来市场表现

2005年涨跌幅(%)	-3.91
2005年最高(元)	12.89
2006年涨跌幅(%)	17.96
2006.4.26收盘(元)	9.06
2006年最高(元)	10.17
2006年最低(元)	7.15
2006年换手率(%)	350.84
股改对价	送股 每10股实际获得3.5股(05/11/03)

美欣达（002034）

上市日期:04/08/26　　电话:(0572)2125388　　传真:(0572)2107543

主营	全棉灯芯绒、纱卡的印染及后整理			
	年　度	2005	2004	2003
主要指标	每股收益/扣除后(元)	0.38/0.37	0.57/0.55	0.67/0.68
	每股经营现金流量(元)	-0.05	1.68	0.42
	每股净资产/调整后(元)	5.31/5.3	6.15/6.13	2.85
	未分利润(万元)	7723.2	6825.39	4466.73
	资本公积(万元)	22866.65	24409.3	1973.77
利润构成	主营收入(万元)	89907.59	89069.94	54816.74
	主营利润(万元)	10664.46	10754.61	7730.46
	营业利润(万元)	4173.49	4532.03	3642.69
	投资收益(万元)	-140.75	-120.49	-119.13
	利润总额(万元)	4178.32	4525.68	3492.95
	净利润(万元)	3062.78	3824.09	3097.63
点评	公司主营各类纺织品、服装的印染、制造、加工、销售。05年由于人民币升值、纺织品贸易摩擦、能源价格上涨以及内部搬迁等不利影响，净利润出现了下滑。06年公司将通过产品结构调整、管理创新及募集项目的实施，实现公司战略转型。			

	截止日期	05年末	占%	主要股东及持股比例%、持股性质
股本结构（万股）	总股本	8112		单建明 35.42%（非流通股）
	国有股			湖州美欣达控股集团有限公司 6.64%（非流通股）
	发起股	997.15	12.29	航天通信控股集团股份有限公司 5.65%（非流通股）
	外资股			鲍凤娇 5.47%（非流通股）
	募集股			许瑞珠 1.49%（非流通股）
	流通A	3525.12	43.46	潘玉根 0.63%（非流通股）
	流通B			南京希元生物医药科技有限公司 0.59%（流通A股）
	流通H			沈建军 0.57%（非流通股）
股东户数	05年末	11801		太原东方德隆装饰设计有限公司 0.48%（流通A股）
	04年末	10126		曹明慧 0.28%（流通A股）
其他流通股东	谢贵兰 0.261%；李怀新 0.211%；徐红华 0.172%；中国工商银行－广发聚丰股票型证券投资基金 0.168%			
近年分配	05预案:10派2；04年:10派2转增2	近年募资		04年新发2160万股，发行价12元。

二〇〇五年以来市场表现

2005年涨跌幅(%)	-8.04
2005年最高(元)	13.76
2006年涨跌幅(%)	-15.3
2006.4.26收盘(元)	5.59
2006年最高(元)	7.28
2006年最低(元)	5.36
2006年换手率(%)	218.24
股改对价	送股 每10股实际获得3.6股(05/10/27)

华帝股份（002035）

上市日期:04/09/01　　电话:0760－2262981　　传真:0760－2128079

主营	灶具、热水器、抽烟机等厨卫电器的研发、制造和销售			
	年　度	2005	2004	2003
主要指标	每股收益/扣除后(元)	0.3/0.29	0.36	0.65/0.65
	每股经营现金流量(元)	0.54	0.69	1.15
	每股净资产/调整后(元)	2.88/2.73	4.07/3.85	2.05
	未分利润(万元)	5619.46	6099.37	4548.14
	资本公积(万元)	13142.97	16511.01	
利润构成	主营收入(万元)	97760.69	76741.05	63024.96
	主营利润(万元)	26421.23	20952.33	19315.91
	营业利润(万元)	4038.38	3473.32	4300.3
	投资收益(万元)	85.68	54.1	25.95
	利润总额(万元)	4163.4	3618.43	4316.85
	净利润(万元)	3283.67	2811.62	3503.26
点评	公司是国内最大的燃气灶具专业生产企业，灶具产品销量连续九年位居行业第一，燃气热水器和抽油烟机连续进入行业前五名，是燃气具行业内总体知名度最高的品牌公司。公司募集资金项目投产后有望带来业绩的快速增长，未来成长性可期。			

	截止日期	05年末	占%	主要股东及持股比例%、持股性质
股本结构（万股）	总股本	11011		中山九洲实业有限公司 28.86%（非流通股）
	国有股			中山市联动投资有限公司 15.59%（非流通股）
	发起股	6038.2	54.84	广东华帝经贸发展有限公司 10.39%（非流通股）
	外资股			谢永培 1.67%（非流通股）
	募集股			陈富华 1.15%（非流通股）
	流通A	4655	42.28	东方证券股份有限公司 0.45%（流通A股）
	流通B			景博证券投资基金 0.27%（流通A股）
	流通H			张展炽 0.21%（流通A股）
股东户数	05年末	15309		邵建勇 0.19%（流通A股）
	04年末	11090		上海诚恭实业发展有限公司 0.18%（流通A股）
其他流通股东	刘津 0.171%；吴涛 0.162%；赵翔飞 0.156%；孙惠杰 0.153%；何可冰 0.146%			
近年分配	05预案:10派2转增2；04年:10派4转增4	近年募资		04年新发2500万股，发行价8元。

二〇〇五年以来市场表现

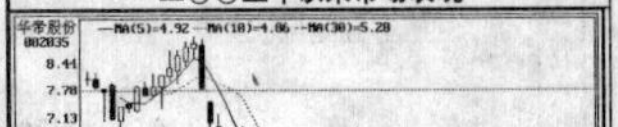

2005年涨跌幅(%)	22.55
2005年最高(元)	10.25
2006年涨跌幅(%)	-0.79
2006.4.26收盘(元)	5.05
2006年最高(元)	5.73
2006年最低(元)	4.4
2006年换手率(%)	256.55
股改对价	送股 每10股实际获得3.3股(05/10/31)

宜科科技（002036）

上市日期:04/09/03　电话:0574－88251123　传真:0574－88253567

主营	黑炭衬和粘合衬等服装辅料产品的研制、开发、生产和销售。			
	年度	2005	2004	2003
主要指标	每股收益/扣除后(元)	0.27/0.24	0.24	0.56/0.32
	每股经营现金流量(元)	0.25	0.39	0.48
	每股净资产/调整后(元)	3.65/3.62	3.56/3.54	
	未分利润(万元)	4793.35	4505.45	3667.88
	资本公积(万元)	14752.4	14945.89	13.32
利润构成	主营收入(万元)	21559.79	17667.18	13832.65
	主营利润(万元)	5424.34	4292.95	3695.55
	营业利润(万元)	2698.7	2163.48	2098.43
	投资收益(万元)	3.72	3.72	3.72
	利润总额(万元)	3262.05	2435.98	4151.85
	净利润(万元)	2261.47	2001.64	2958.08
点评	公司主要从事"牦牛"牌黑炭衬和粘合衬系列产品的生产与销售。05年在行业面临众多困难的情况下,公司通过努力仍实现了稳定增长。新的一年里,公司通过与日本、法国相关公司建立起合作、合资关系,希望打开技术、管理及国际市场。			

	截止日期	05年末	占%	主要股东及持股比例%、持股性质
股本结构（万股）	总股本	8323		宁波市鄞州新华投资有限公司 17%（非流通股）
	国有股			宁波振华科技投资有限公司 16.64%（非流通股）
	发起股	3868.84	46.48	雅戈尔集团股份有限公司 10.27%（非流通股）
	外资股			张国君 3.01%（非流通股）
	募集股			宁波市鄞州英华服饰有限公司 2.57%（非流通股）
	流通A	4050	48.66	杨国富 0.73%（流通A股）
	流通B			钱锡坤 0.72%（非流通股）
	流通H			马镜跃 0.62%（非流通股）
股东户数	05年末	14663		王宗臻 0.51%（非流通股）
	04年末	16044		黄支前 0.5%（流通A股）
其他流通股东	龚满枝 0.445%；宁波银利投资有限公司 0.36%；周巧英 0.24%；杨志浩 0.235%；周志英 0.181%；高燕芳 0.18%			
近年分配	05预案:10派1.5转增3.5；04年:10派1.5	近年募资		04年新发3000万股,发行价6.42元。

二〇〇五年以来市场表现

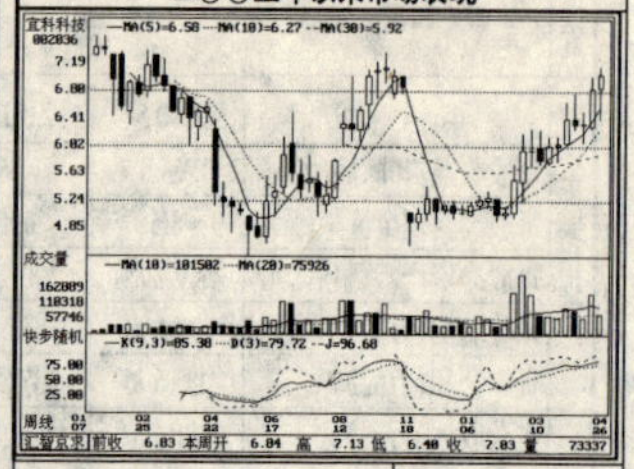

2005年涨跌幅(%)	－5.41
2005年最高(元)	7.58
2006年涨跌幅(%)	38.93
2006.4.26收盘(元)	7.03
2006年最高(元)	7.13
2006年最低(元)	4.95
2006年换手率(%)	340.92
股改对价	送股 每10股实际获得3.5股(05/11/15)

久联发展（002037）

上市日期:04/09/08　电话:0851－6756941　传真:0851－6756941

主营	各类炸药及管索的生产、销售；建筑安装工程施工；拆除爆破工程作业；土石方工程施工；公路工程施工等。			
	年度	2005	2004	2003
主要指标	每股收益/扣除后(元)	0.32/0.31	0.28/0.25	0.44
	每股经营现金流量(元)	0.51	0.54	0.92
	每股净资产/调整后(元)	3.74/3.7	3.79/3.78	1.9
	未分利润(万元)	2407.33	4029.23	2037.56
	资本公积(万元)	24007.34	24248.81	2946.85
利润构成	主营收入(万元)	47846.9	39826.89	34435.47
	主营利润(万元)	16319.62	11387.24	11355.57
	营业利润(万元)	6563.78	4814.82	4296.04
	投资收益(万元)	－37.82	－55.11	－56.78
	利润总额(万元)	6450.3	4832.54	4237.16
	净利润(万元)	3522.1	3067.87	3055.94
点评	公司是目前国内民爆器材品种最为齐全的生产企业之一,有大型重点工程及民用所需的全部民爆物品。控股股东久联集团拟将其接收的贵州省毕节地区21家国有物资企业的资产及金沙汇森爆破公司国有股权,转让给公司的子公司,这将给公司带来新的利润增长点。			

	截止日期	05年末	占%	主要股东及持股比例%、持股性质
股本结构（万股）	总股本	11000		贵州久联企业集团有限责任公司 40.77%（国有股）
	国有股	5680	51.64	思南五峰化工有限责任公司 5.26%（国有股）
	发起股			中国工商银行－安瑞证券投资基金 3.07%（流通A股）
	外资股			贵州兴泰实业有限公司 2.49%（国有股）
	募集股			南京理工大学 2.08%（国有股）
	流通A	5320	48.36	汉唐证券有限责任公司 1.48%（流通A股）
	流通B			贵州黔鹰五七〇八铝箔厂 1.04%（国有股）
	流通H			魏立平 0.24%（流通A股）
股东户数	05年末	17644		王建明 0.24%（流通A股）
	04年末	19906		山东新经济发展有限公司 0.24%（流通A股）
其他流通股东	吴克平 0.214%；周玉波 0.191%；陈惠丽 0.185%；骆建明 0.165%；邱碧娥 0.15%			
近年分配	05预案:10派2.1；04年:10派3.5	近年募资		04年新发4000万股,发行价6.66元。

二〇〇五年以来市场表现

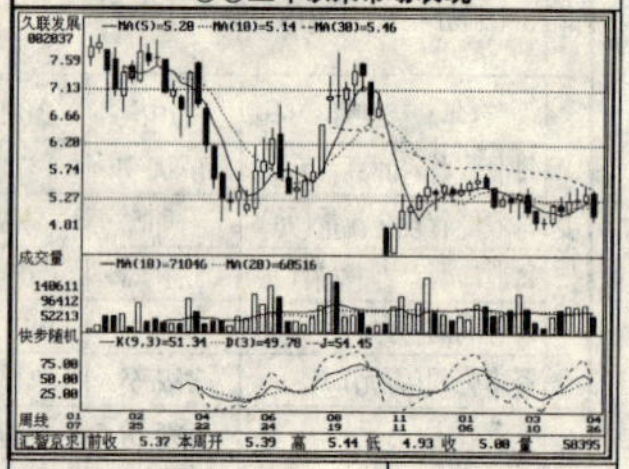

2005年涨跌幅(%)	－2.21
2005年最高(元)	8.1
2006年涨跌幅(%)	－8.26
2006.4.26收盘(元)	5
2006年最高(元)	5.74
2006年最低(元)	4.78
2006年换手率(%)	214.33
股改对价	送股 每10股实际获得3.3股(05/10/28)

双鹭药业（002038）

上市日期:04/09/09　电话:010－88799370　传真:010－88795883

主营	基因工程药物及生化、化学药物的研究开发、生产经营。			
	年度	2005	2004	2003
主要指标	每股收益/扣除后(元)	0.41/0.408	0.46	0.624/0.627
	每股经营现金流量(元)	0.57	0.45	0.61
	每股净资产/调整后(元)	4.61/4.61	5.24/5.24	2.3
	未分利润(万元)	9239.91	7745.18	5023.49
	资本公积(万元)	18426.65	19756.91	216.41
利润构成	主营收入(万元)	11855.77	9305.15	7105.08
	主营利润(万元)	7175.21	5987.61	4994.12
	营业利润(万元)	3805.49	3488.17	3321.03
	投资收益(万元)	35.93	42.99	
	利润总额(万元)	3841.42	3528.16	3302.39
	净利润(万元)	3382.14	3200.22	3120
点评	公司是生物医药类的骨干企业。产品有生物医药、生化药、化学药三大类,公司研发优势明显。2005年大量的研发投入影响短期业绩,毛利率下降,费用上升导致净利润增幅偏低。公司的研发投入、持续仿创新药将保障公司有较好发展前景,目前营销能力较弱。			

	截止日期	05年末	占%	主要股东及持股比例%、持股性质
股本结构（万股）	总股本	8280		新乡白鹭化纤集团有限责任公司 28.64%（国有股）
	国有股	2371.68	28.64	徐明波 22.28%（非流通股）
	发起股	895.97	10.82	信远产业控股集团有限公司 6.37%（非流通股）
	外资股			兴和证券投资基金 3.62%（流通A股）
	募集股			上海三明生物技术有限公司 2.86%（非流通股）
	流通A	3009.6	36.35	国泰君安证券股份有限公司 1.86%（流通A股）
	流通B			交通银行－鹏华中国50开放式证券投资基金 1.61%（流通A股）
	流通H			成都丰阳科技贸易有限公司 1.59%（非流通股）
股东户数	05年末	6917		交通银行－久富证券投资基金 1.46%（流通A股）
	04年末	9178		华夏成长证券投资基金 1.43%（流通A股）
其他流通股东	久嘉证券投资基金 1.197%；中国建设银行－长城久恒平衡型证券投资基金 1.018%；长江证券有限责任公司 0.37%			
近年分配	05预案:10派1；04年:10派2转增2	近年募资		04年新发1900万股,发行价12元。

二〇〇五年以来市场表现

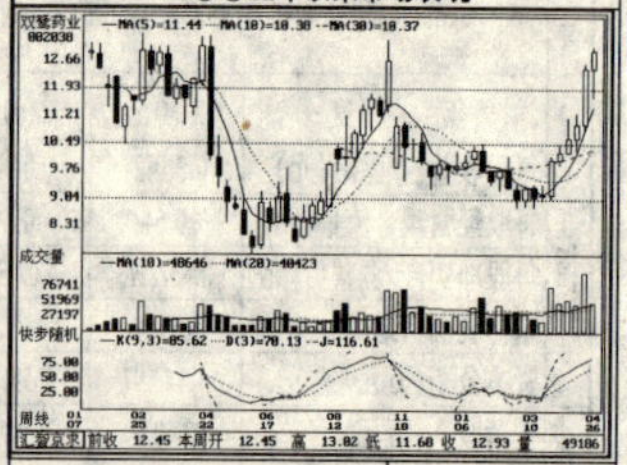

2005年涨跌幅(%)	22.52
2005年最高(元)	17.89
2006年涨跌幅(%)	30.74
2006.4.26收盘(元)	12.93
2006年最高(元)	13.02
2006年最低(元)	8.8
2006年换手率(%)	236.04
股改对价	送股 每10股实际获得3.2股(05/11/09)

黔源电力（002039）

上市日期:05/03/03　电话:0851－5592199　传真:0851－5592193

	年　度	2005	2004	2003
主营	水力、火力发电站的开发建设与经营管理			
主要指标	每股收益/扣除后(元)	0.34/0.32	0.56	0.49/0.497
	每股经营现金流量(元)	1.26	1.49	1.36
	每股净资产/调整后(元)	4.11/4.1	2.94/2.92	2.51
	未分利润(万元)	14296.54	12278.02	8239.18
	资本公积(万元)	23288.82	144.15	144.15
利润构成	主营收入(万元)	35372.9	34744.01	25048.44
	主营利润(万元)	13029.9	15072.37	8800.68
	营业利润(万元)	3654.61	5098.04	4978.25
	投资收益(万元)	1648.18	648	576
	利润总额(万元)	5247.18	5576.17	5271.99
	净利润(万元)	4714.65	5048.56	4410.74
点评	公司是一家水电为主、水电与火电并举、集发电生产和电源开发为一体的上市公司,为贵州"西电东送"的重要阵地。广东电力的稳定强劲需求,为公司的发展提供较大空间;水情轮回确立了供给能力底部;未来两三年装机容量快速增长,使公司有能力实现快速发展。			

	截止日期	05年末	占%	主要股东及持股比例%、持股性质
股本结构(万股)	总股本	14025.6		中国华电集团公司 13.3%（国有股）
	国有股	4900	34.94	国投电力公司 12.9%（国有股）
	发起股			贵州省开发投资公司 5.37%（国有股）
	外资股			交通银行－国联优质成长证券投资基金 2.28%（流通A股）
	募集股			贵州省普定县资源开发公司 2.02%（国有股）
	流通A	6600	47.06	贵州新能实业发展公司 1.34%（国有股）
	流通B			中国银行－易方达策略成长证券投资基金 1.07%（流通A股）
	流通H			重庆华邦制药股份有限公司 0.92%（流通A股）
股东户数	05年末	25438		李洪义 0.84%（流通A股）
	04年末	8048		潘世军 0.43%（流通A股）
其他流通股东	国彦会 0.359%；周德伦 0.345%；阮国贞 0.339%；交通银行－科瑞证券投资基金 0.289%；王君慧 0.286%			
近年分配	05预案:10派2.3；04年:10派1.25	近年募资		05年新发5000万股,发行价5.97元。

二〇〇五年以来市场表现

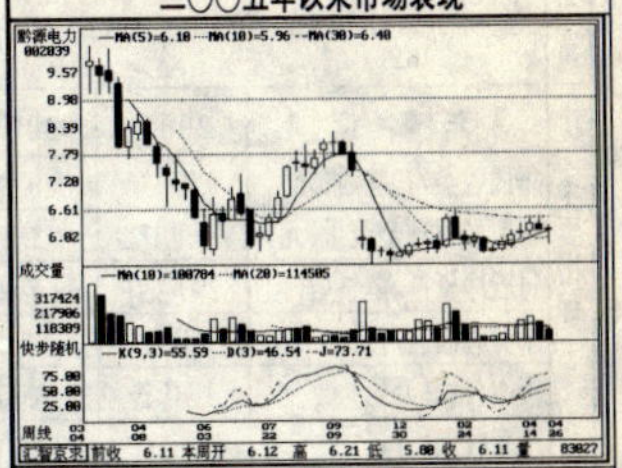

2005年涨跌幅(%)	－17.93
2005年最高(元)	10.16
2006年涨跌幅(%)	8.14
2006.4.26收盘(元)	6.11
2006年最高(元)	6.54
2006年最低(元)	5.55
2006年换手率(%)	295.75
股改对价	送股 每10股实际获得3.2股(05/11/30)

南京港（002040）

上市日期:05/03/25　电话:025—58815738　传真:025—58812758

	年　度	2005	2004	2003
主营	原油、成品油、液体化工产品的装卸、储存服务			
主要指标	每股收益/扣除后(元)	0.39/0.394	0.52/0.517	0.445/0.447
	每股经营现金流量(元)	0.46	0.76	0.51
	每股净资产/调整后(元)	3.17/3.17	1.9/1.9	1.57
	未分利润(万元)	4039.08	5064.04	
	资本公积(万元)	25904.35	2879.15	2879.15
利润构成	主营收入(万元)	20536.5	19524.43	16994.74
	主营利润(万元)	13400.04	12756	11115.6
	营业利润(万元)	9144.19	8933.37	7715.55
	投资收益(万元)			0.1
	利润总额(万元)	9106.85	8932.25	7677.32
	净利润(万元)	6025.69	5957.7	5125.89
点评	南京港腹地范围内大型石化企业密集,给港口提供充足的货源。受南京长江大桥通航净空高度的限制,南京港是万吨级海轮进入长江后能够靠泊的最远的港口。但公司业务比较单一,过度依赖石化企业等客户;同时,储罐容量及种类不足,一定程度上限制公司的发展。			

	截止日期	05年末	占%	主要股东及持股比例%、持股性质
股本结构(万股)	总股本	15367		南京港务管理局 63.38%（国有股）
	国有股	10362	67.43	南京长江油运公司 1.01%（国有股）
	发起股			中国外运江苏公司 1.01%（国有股）
	外资股			中国石化集团武汉石油化工厂 0.67%（国有股）
	募集股			中国石化集团九江石油化工总厂 0.67%（国有股）
	流通A	5005	32.57	中国南京外轮代理有限公司 0.67%（国有股）
	流通B			交通银行－金鹰中小盘精选证券投资基金 0.4%（流通A股）
	流通H			关永志 0.13%（流通A股）
股东户数	05年末	17711		孙忠伟 0.13%（流通A股）
	04年末			中国工商银行－融通深证100指数证券投资基金 0.12%（流通A股）
其他流通股东	刘国春 0.111%；徐苒 0.11%；黄志华 0.098%；周铭均 0.096%；王勤荣 0.093%；刘惠珍 0.083%			
近年分配	05中期:10派4 年终预案:10派1转增6	近年募资		05年新发3850万股,发行价7.42元。

二〇〇五年以来市场表现

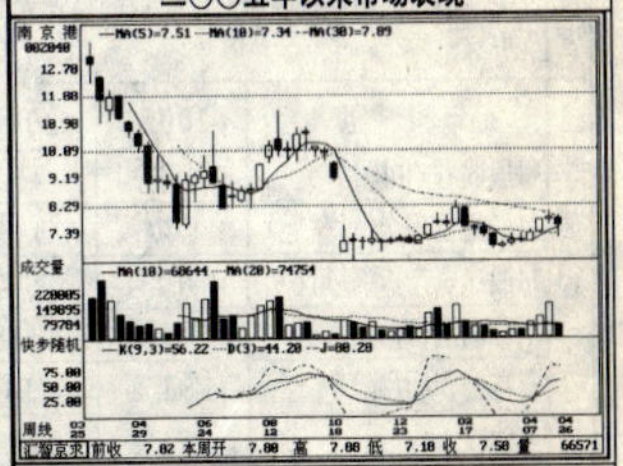

2005年涨跌幅(%)	－26.27
2005年最高(元)	13.68
2006年涨跌幅(%)	7.98
2006.4.26收盘(元)	7.58
2006年最高(元)	8.38
2006年最低(元)	6.83
2006年换手率(%)	259.88
股改对价	送股 每10股实际获得3股(05/11/09)

登海种业（002041）

上市日期:05/04/18　电话:(0535)2788875　传真:(0535)2788875

	年　度	2005	2004	2003
主营	玉米杂交种、大白菜杂交种种子选育、生产、经营。			
主要指标	每股收益/扣除后(元)	0.978/0.977	1.294/1.272	1.28/1.273
	每股经营现金流量(元)	0.637	0.863	0.51
	每股净资产/调整后(元)	7.55/7.48	4.01/3.93	3.11
	未分利润(万元)	19802.28	15795.84	11166.79
	资本公积(万元)	32961.7	49.31	11.91
利润构成	主营收入(万元)	41351.42	29727.04	27298.52
	主营利润(万元)	19033.09	15431.79	13818.4
	营业利润(万元)	8974.37	8211.87	8241.82
	投资收益(万元)			
	利润总额(万元)	8779.03	8192.68	8302.41
	净利润(万元)	8605.84	8538.62	8461.3
点评	公司主营生产、销售玉米种子业务,是受国家重点扶持的自主创新型企业,科研技术优势明显。2005年,全国玉米种子市场连续第三年供大于求,全行业处于低谷期。但公司收入、利润仍然增长,取得优异的成绩,充分显示了优势企业在行业整合以及竞争的优势。			

	截止日期	05年末	占%	主要股东及持股比例%、持股性质
股本结构(万股)	总股本	8800		莱州市农业科学院 52.93%（非流通股）
	国有股	385.18	4.38	李登海 7.28%（非流通股）
	发起股	4657.85	52.93	莱州市高新投资有限责任公司 3.75%（国有股）
	外资股			毛丽华 2.05%（非流通股）
	募集股			中国工商银行－南方避险增值基金 1.38%（流通A股）
	流通A	2794	31.75	赵丙贤 1.37%（非流通股）
	流通B			中国工商银行－安瑞证券投资基金 1.29%（流通A股）
	流通H			中国工商银行－广发稳健增长证券投资基金 1.27%（流通A股）
股东户数	05年末	8210		交通银行－湘财合丰价值优化型稳定类行业基金 0.79%（流通A股）
	04年末			东方证券股份有限公司 0.77%（流通A股）
其他流通股东	交通银行－安久证券投资基金 0.759%；上海浦东发展银行－广发小盘成长股票证券投资基金 0.682%			
近年分配	05预案:10派2转增10	近年募资		05年新发2200万股,发行价16.7元。

二〇〇五年以来市场表现

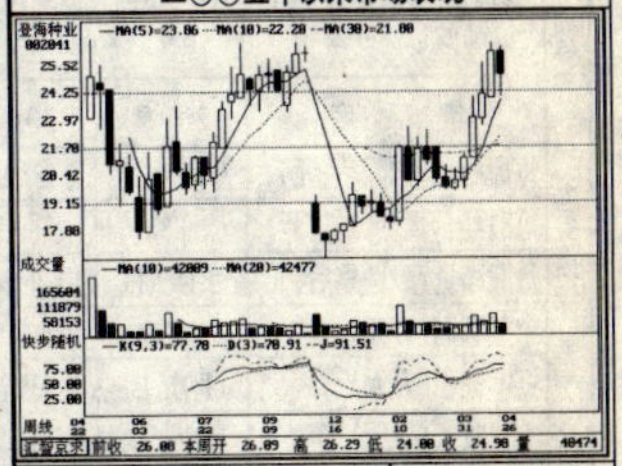

2005年涨跌幅(%)	5.4
2005年最高(元)	26.8
2006年涨跌幅(%)	28.43
2006.4.26收盘(元)	24.98
2006年最高(元)	26.49
2006年最低(元)	17.9
2006年换手率(%)	259.37
股改对价	送股 派现 每10股实际获得2.7股5元(05/11/28)

飞亚股份(002042)

上市日期:05/04/27　电话:0561－3011923　传真:0561－3011261

主营	纯棉纱线、混纺纱线、纯棉坯布、混纺坯布等的生产和销售。			
	年　度	2005	2004	2003
主要指标	每股收益/扣除后(元)	0.06/0.06	0.29	0.35/0.34
	每股经营现金流量(元)	-0.17	1.39	0.09
	每股净资产/调整后(元)	2.77/2.77	2.52/2.5	2.23
	未分利润(万元)	4339.3	4949.57	3497.93
	资本公积(万元)	11944.29	2820.75	2820.75
利润构成	主营收入(万元)	42464.61	41617.03	36427.91
	主营利润(万元)	4381.72	5123.85	5644.82
	营业利润(万元)	909.92	2371.96	2798.8
	投资收益(万元)	47.99	37.79	33.79
	利润总额(万元)	953.96	2541.81	2908.3
	净利润(万元)	587.96	1732.45	2108.53
点评	公司以经营坯布和纱线为主,面临行业发展的不利因素有产能过剩、人民币升值、特保,以及公司内部技术改造等。05年公司利润出现了较大幅度的下滑。未来发展看,公司将致力于加快技术进步,做优做强,适度发展。			

	截止日期	05年末	占%	主要股东及持股比例%、持股性质
股本结构(万股)	总股本	10000		安徽飞亚纺织集团有限公司 45.55% (国有股)
	国有股	4800	48	北京雅宝国有资产文化发展中心 1.2% (流通A股)
	发起股			淮北市国有资产运营有限公司 1.09% (国有股)
	外资股			安徽省国有资产运营有限公司 0.54% (国有股)
	募集股			上海市纺织科学研究院 0.27% (国有股)
	流通A	5200	52	上海市东华大学科技园发展有限公司 0.27% (非流通股)
	流通B			淮北市印染集团公司 0.27% (国有股)
	流通H			杨江平 0.23% (流通A股)
股东户数	05年末	18577		李伟刚 0.22% (流通A股)
	04年末			孙孟林 0.21% (流通A股)
其他流通股东	成小舟 0.212%;王新建 0.195%;周建荣 0.181%;陈徐华 0.165%;陈蕾 0.139%;丁晓黎 0.133%			
近年分配	05年:10派0.8	近年募资		05年新发4000万股,发行价3.8元。

二〇〇五年以来市场表现

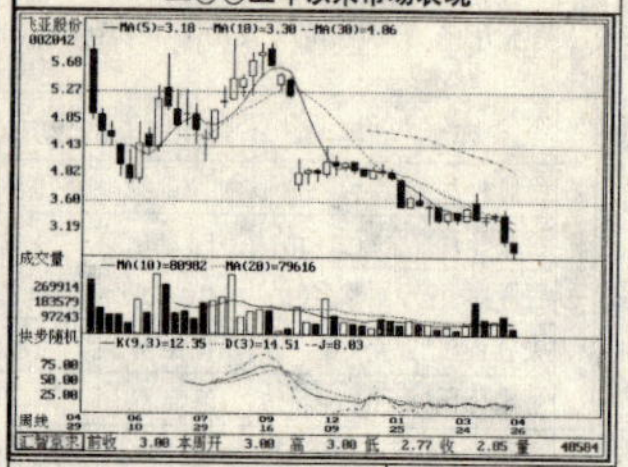

2005年涨跌幅(%)	-8.59
2005年最高(元)	6.1
2006年涨跌幅(%)	-26.38
2006.4.26收盘(元)	2.85
2006年最高(元)	4.17
2006年最低(元)	2.85
2006年换手率(%)	243.67
股改对价	送股 每10股实际获得3股(05/11/07)

兔宝宝(002043)

上市日期:05/05/10　电话:0572－8405635　传真:0572－8405326

主营	中高档装饰贴面板、胶合板、单板的生产销售和原木加工、销售。			
	年　度	2005	2004	2003
主要指标	每股收益/扣除后(元)	0.247/0.241	0.343	0.32/0.3
	每股经营现金流量(元)	0.074	0.417	
	每股净资产/调整后(元)	2.94/2.94	1.93/1.92	1.59
	未分利润(万元)	7158.41	6192.85	3872.12
	资本公积(万元)	14862.78	3.4	1.48
利润构成	主营收入(万元)	66064.32	56947.56	47854.1
	主营利润(万元)	7507.45	6190.83	5440.54
	营业利润(万元)	4022.23	3611.14	3416.25
	投资收益(万元)	-9.16		
	利润总额(万元)	4116.13	3738.15	3578.54
	净利润(万元)	3018.78	2740.6	2554.99
点评	公司属人造板制造行业,主营贴面板、胶合板、单板等。05年通过产品结构调整及深入管理等,在剧烈竞争中实现了收入与利润的稳定增长。06年公司将继续建设募集资金项目,通过品牌经营,来实现公司的持续发展。			

	截止日期	05年末	占%	主要股东及持股比例%、持股性质
股本结构(万股)	总股本	12200		德华集团控股股份有限公司 35.52% (非流通股)
	国有股	159.74	1.31	达华贸易公司 10.91% (外资股)
	发起股	4333.06	35.52	郑兴龙 3.5% (非流通股)
	外资股	1331.2	10.91	交通银行－融通行业景气证券投资基金 2.17% (流通A股)
	募集股			浙江林学院绿色科技发展中心 1.31% (非流通股)
	流通A	5544	45.44	施惠中 1.14% (非流通股)
	流通B			陆利华 1.11% (非流通股)
	流通H			章可明 1.07% (非流通股)
股东户数	05年末	19412		郑元伟 0.22% (流通A股)
	04年末			姜敬红 0.18% (流通A股)
其他流通股东	北京银路达投资管理有限公司 0.148%;马爱萍 0.148%;罗明 0.145%;张玉晖 0.13%;金旭东 0.112%;张秀菊 0.112%			
近年分配	05预案:10派1	近年募资		05年新发4200万股,发行价4.98元。

二〇〇五年以来市场表现

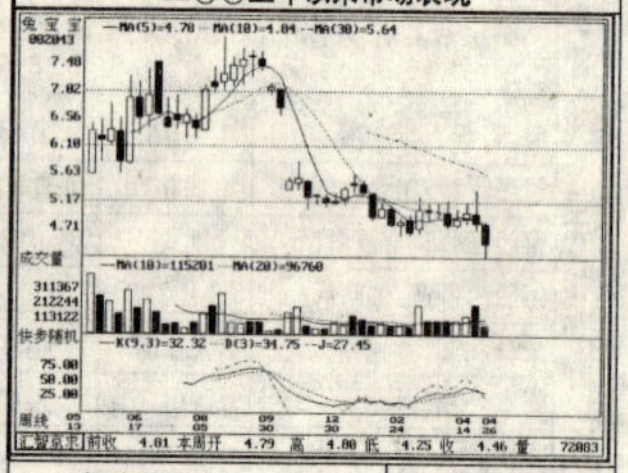

2005年涨跌幅(%)	13.93
2005年最高(元)	7.94
2006年涨跌幅(%)	-13.73
2006.4.26收盘(元)	4.46
2006年最高(元)	5.63
2006年最低(元)	4.25
2006年换手率(%)	303.9
股改对价	送股 每10股实际获得3.2股(05/11/24)

江苏三友(002044)

上市日期:05/05/18　电话:0513－83577415　传真:0513－85238159

主营	高档时装的设计、生产、销售、服饰及原辅材料;纺织服装类产品的科技开发。			
	年　度	2005	2004	2003
主要指标	每股收益/扣除后(元)	0.182/0.161	0.257/0.265	0.25/0.259
	每股经营现金流量(元)	0.39	0.53	0.326
	每股净资产/调整后(元)	2.14/2.13	1.56/1.54	1.36
	未分利润(万元)	1967.84	2839.55	1813.77
	资本公积(万元)	10001.15	35.7	2.63
利润构成	主营收入(万元)	52866.99	56365.88	44692.71
	主营利润(万元)	7640.59	6954.08	6575.68
	营业利润(万元)	2962.11	2883.05	2880.76
	投资收益(万元)	-50.26	-55.42	-6.69
	利润总额(万元)	2849.9	2789.34	2802.7
	净利润(万元)	2269.88	2052.1	2007.99
点评	公司经营范围为设计、生产、销售各式服装、服饰及原辅材料。05年面临行业的不利情况,公司加强企业的内部管理,不断开拓国外服装市场,在竞争激烈的情况下,取得了良好的经营业绩。面对急剧的市场竞争,公司将深化技术创新、加强内部管理,以实现稳定发展。			

	截止日期	05年末	占%	主要股东及持股比例%、持股性质
股本结构(万股)	总股本	12500		南通友谊实业有限公司 27.4% (非流通股)
	国有股			日本三轮株式会社 21.42% (外资股)
	发起股	3525	28.2	株式会社飞马日本 3.58% (外资股)
	外资股	3125	25	上海得鸿科贸有限公司 0.8% (非流通股)
	募集股			马福星 0.7% (流通A股)
	流通A	5850	46.8	朱尔谷 0.48% (流通A股)
	流通B			李文 0.45% (流通A股)
	流通H			景博证券投资基金 0.24% (流通A股)
股东户数	05年末	19831		刘萍 0.17% (流通A股)
	04年末			王秀贞 0.16% (流通A股)
其他流通股东	陆春明 0.144%;许云枫 0.12%;王剑 0.12%;中国银行－－华夏回报证券投资基金 0.115%			
近年分配	05中期:10派2 年终预案:10派0.8	近年募资		05年新发4500万股,发行价3.55元。

二〇〇五年以来市场表现

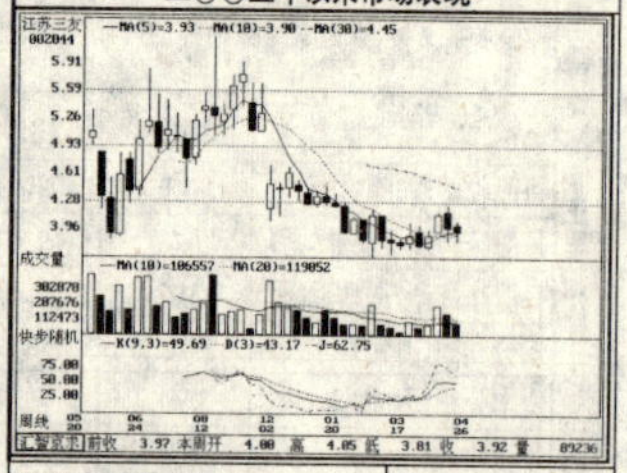

2005年涨跌幅(%)	9.98
2005年最高(元)	6.24
2006年涨跌幅(%)	-7.77
2006.4.26收盘(元)	3.92
2006年最高(元)	4.46
2006年最低(元)	3.63
2006年换手率(%)	288.76
股改对价	送股 每10股实际获得3股(05/11/28)

广州国光（002045）

上市日期:05/05/23　　电话:020－28609688　　传真:020－28609363

主营	扬声器、音箱等电声器件产品的开发、生产和销售。			
主要指标	年　度	2005	2004	2003
	每股收益/扣除后(元)	0.45/0.41	0.74/0.68	0.73/0.62
	每股经营现金流量(元)	-0.46	0.48	1.14
	每股净资产/调整后(元)	5.86/5.74	3.89/3.82	3.28
	未分利润(万元)	13017.09	12914.21	9622.42
	资本公积(万元)	29353.58	1934.02	1934.02
利润构成	主营收入(万元)	48096.15	37456.07	31938.25
	主营利润(万元)	13310.35	10309.59	10489.56
	营业利润(万元)	5562.99	5175.71	5308.6
	投资收益(万元)	-638.08	475.45	722.95
	利润总额(万元)	4898.28	5610.88	5967.98
	净利润(万元)	4503.6	5208.49	5130.76
点评	公司是国内扬声器行业的龙头企业,扬声器的销售额和出口创汇额已连续11年在国内2000多家企业中名列第一。公司在由国际一流工程师引领的研发团队支持下,正积极向ODM转型,公司产品符合大众消费的潮流,这在具有13亿人口的国内市场有着广阔的发展空间。			

	截止日期	05年末	占%	主要股东及持股比例%、持股性质
股本结构(万股)	总股本	10000		广东国光投资有限公司 30.74%(非流通股)
	国有股			PRDF NO.1 L.L.C 25.76%(外资股)
	发起股	3434.29	34.34	广东省恒达企业发展有限公司 2.88%(非流通股)
	外资股	2575.71	25.76	中国工商银行－安瑞证券投资基金 1.48%(流通A股)
	募集股			交通银行－华安宝利配置证券投资基金 1.25%(流通A股)
	流通A	3990	39.9	全国社保基金一零四组合 0.97%(流通A股)
	流通B			浙江新大集团有限公司 0.49%(流通A股)
	流通H			惠州市恒达置业有限公司 0.48%(非流通股)
股东户数	05年末	12406		中天证券有限责任公司 0.33%(流通A股)
	04年末			盛沛瑶 0.26%(流通A股)
其他流通股东	通乾证券投资基金 0.254%;赵广拥 0.229%;张鹤松 0.209%;交通银行－安久证券投资基金 0.199%			
近年分配	05方案:10派2转增6;04年:10派3.5	近年募资	05年新发3000万股,发行价10.8元。	

二〇〇五年以来市场表现

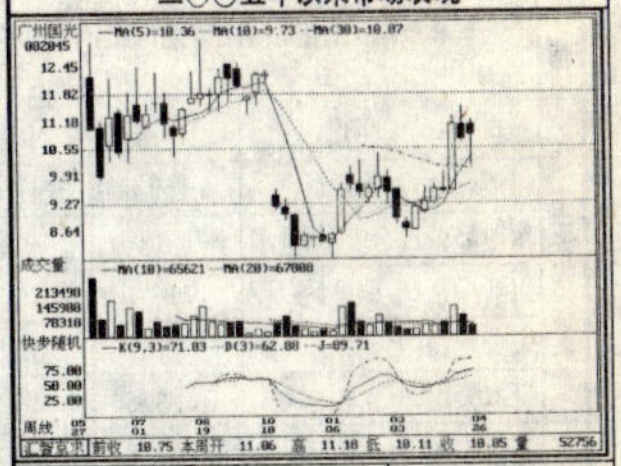

2005年涨跌幅(%)	-9.94
2005年最高(元)	13.44
2006年涨跌幅(%)	29.94
2006.4.26收盘(元)	10.85
2006年最高(元)	11.49
2006年最低(元)	8
2006年换手率(%)	303.36
股改对价	送股 每10股实际获得3.3股(05/11/25)

轴研科技（002046）

上市日期:05/05/26　　电话:0379—64881139　　传真:0379—64881518

主营	轴承、电主轴、轴承专用工艺装备和检测仪器及相关产品的研发、生产、销售以及技术开发业务。			
主要指标	年　度	2005	2004	2003
	每股收益/扣除后(元)	0.4/0.4	0.53	0.46/0.43
	每股经营现金流量(元)	0.36	0.47	0.4
	每股净资产/调整后(元)	4.22/4.19	2.53/2.47	2
	未分利润(万元)	6748.24	4664.45	2970.59
	资本公积(万元)	12527.96	343.97	343.97
利润构成	主营收入(万元)	16622.87	12766.94	10588.84
	主营利润(万元)	5519.39	3937.36	3347.94
	营业利润(万元)	2623.3	2108.15	1845.2
	投资收益(万元)			
	利润总额(万元)	2604.75	2117.31	1841.97
	净利润(万元)	2604.75	2117.31	1841.97
点评	公司以生产高精度和军工轴承为主,同时主营电主轴及技术输出业务。未来五年,我国将大力扶持国防工业和提升装备制造业,公司将综合自身的技术、人才、综合配套、产品品牌优势,针对市场需求开发新的系列产品,并积极推广新产品,实现公司可持续发展。			

	截止日期	05年末	占%	主要股东及持股比例%、持股性质
股本结构(万股)	总股本	6500		洛阳轴承研究所 34%(国有股)
	国有股	2303.44	35.44	洛阳润鑫科技发展有限公司 8.06%(非流通股)
	发起股	946.56	14.56	深圳市同创伟业投资有限公司 3%(非流通股)
	外资股			通乾证券投资基金 2.63%(流通A股)
	募集股			东方红1号集合资产管理计划 1.55%(流通A股)
	流通A	3250	50	国泰君安证券股份有限公司 1.26%(流通A股)
	流通B			深圳市昕利科技发展有限公司 0.81%(非流通股)
	流通H			洛阳高新技术创业服务中心 0.81%(国有股)
股东户数	05年末	11040		洛阳高新海鑫科技有限公司 0.81%(非流通股)
	04年末			陈伟明 0.73%(流通A股)
其他流通股东	融通行业景气证券投资基金 0.672%;全国社保基金一零七组合 0.433%;周雪海 0.43%			
近年分配	05预案:10派1.2转增2	近年募资	05年新发2500万股,发行价6.39元。	

二〇〇五年以来市场表现

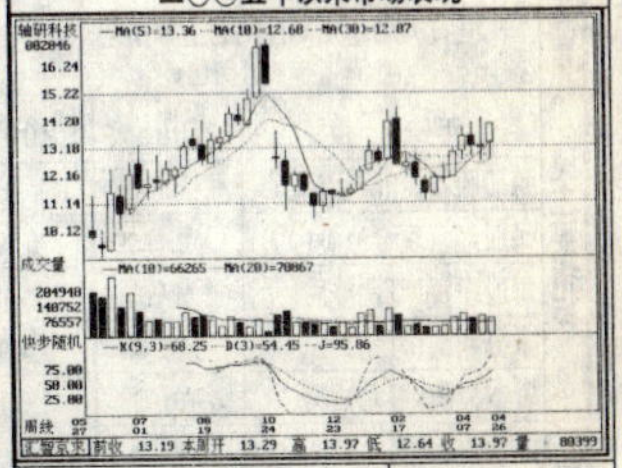

2005年涨跌幅(%)	38.08
2005年最高(元)	17.9
2006年涨跌幅(%)	22.01
2006.4.26收盘(元)	13.97
2006年最高(元)	14.64
2006年最低(元)	11.13
2006年换手率(%)	367.41
股改对价	送股 每10股实际获得3股(05/11/10)

成霖股份（002047）

上市日期:05/05/31　　电话:0755－86022812　　传真:0755－86022813

主营	生产销售水龙头、卫浴挂具及花洒。			
主要指标	年　度	2005	2004	2003
	每股收益/扣除后(元)	0.24/0.24	0.57	0.46/0.46
	每股经营现金流量(元)	0.44	0.57	0.1
	每股净资产/调整后(元)	3.27/3.26	2.2/2.19	1.62
	未分利润(万元)	11867.96	14454.5	7556.95
	资本公积(万元)	34781.99	300	
利润构成	主营收入(万元)	135172.65	128602.22	89595.84
	主营利润(万元)	23860.17	25686.6	20597.2
	营业利润(万元)	6509.76	10092.83	7689.18
	投资收益(万元)	-147.83	56.84	-4.06
	利润总额(万元)	6335.25	10212.4	7626.52
	净利润(万元)	5332.62	8589.23	6955.15
点评	受铜、锌等有色金属较长期间的持续性大幅度涨价影响,公司原材料成本大幅上升,同时人民币升值和美加地区卫浴五金产品供应市场竞争加剧,产品毛利率大幅度下滑。预计未来随着这些因素的减弱,公司的业绩将会有较大的改善。			

	截止日期	05年末	占%	主要股东及持股比例%、持股性质
股本结构(万股)	总股本	22414.27		Globe Union Industrial (BVI) Corp 38.53%(外资股)
	国有股			庆津有限公司 26.85%(外资股)
	发起股	378.83	1.69	武汉市台汉义生工贸有限公司 1.09%(非流通股)
	外资股	14654.17	65.38	深圳市兆富投资股份有限公司 0.31%(非流通股)
	募集股			广东海峡企业发展有限公司 0.28%(非流通股)
	流通A	7381.27	32.93	中信红利精选股票型证券投资基金 0.22%(流通A股)
	流通B			王娟 0.22%(流通A股)
	流通H			王宏 0.16%(流通A股)
股东户数	05年末	22756		杨晖 0.14%(流通A股)
	04年末			王桂云 0.13%(流通A股)
其他流通股东	孙淑琴 0.13%;赵娟 0.123%;初继民 0.118%;张瑞 0.112%;张平玉 0.112%			
近年分配	05预案:10派3	近年募资	05年新发5100万股,发行价8.6元。	

二〇〇五年以来市场表现

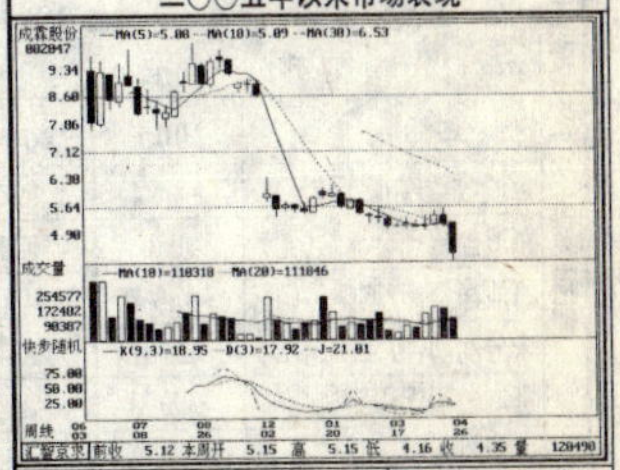

2005年涨跌幅(%)	-10.28
2005年最高(元)	10.08
2006年涨跌幅(%)	-20.62
2006.4.26收盘(元)	4.35
2006年最高(元)	6.18
2006年最低(元)	4.16
2006年换手率(%)	252.76
股改对价	转增 每10股实际获得4.4731股(05/11/30)

宁波华翔(002048)

上市日期:05/06/03　　电话:021－68948127　　传真:021－68942260

主营	汽车非金属类(主要为橡塑类)零部件的开发、生产、销售			
主要指标	年　度	2005	2004	2003
	每股收益/扣除后(元)	0.23/0.18	0.49/0.47	0.49
	每股经营现金流量(元)	0.008	0.78	0.5
	每股净资产/调整后(元)	3.49/3.32	2.44/2.25	2.01
	未分利润(万元)	7811.05	6592.38	4432.9
	资本公积(万元)	14230.96	1427.73	1294.33
利润构成	主营收入(万元)	39149.98	26465.09	23298.6
	主营利润(万元)	8034.79	8231.17	8134.92
	营业利润(万元)	1359.24	4436.46	4523.99
	投资收益(万元)	1256.11	756.21	582.68
	利润总额(万元)	2578.72	5183.08	5100.98
	净利润(万元)	2160.05	3196.72	3179.78
点评	公司主要从事非金属汽车零部件的开发、生产和销售,主要产品为汽车内饰、发动机及汽车空调部件,主要客户为上海大众、一汽大众、上海通用、天津丰田等。通过收购,公司正改变单一为上海大众、通用的集中供货风险,进入相对良性的发展通道。			

股本结构(万股)	截止日期	05年末	占%	主要股东及持股比例%、持股性质
	总股本	9500		华翔集团股份有限公司 25.22% (非流通股)
	国有股			象山联众投资有限公司 14.69% (非流通股)
	发起股	4118.02	43.35	周敏峰 9.12% (非流通股)
	外资股			周晓峰 4.02% (非流通股)
	募集股			宁波奥林灯饰有限公司 3.44% (非流通股)
	流通A	4050	42.63	陈建波 1.42% (流通A股)
	流通B			交通银行－普惠证券投资基金 1.35% (流通A股)
	流通H			张义芬 1.19% (流通A股)
股东户数	05年末	5822		周克轮 1.14% (流通A股)
	04年末			周建明 0.94% (流通A股)
其他流通股东	周敬康 0.883%;胡跃 0.742%;陈婵婵 0.644%;国泰君安证券股份有限公司 0.627%;孙进进 0.564%			
近年分配	05年:10派1转增3	近年募资	05年新发3000万股,发行价5.75元。	

二〇〇五年以来市场表现

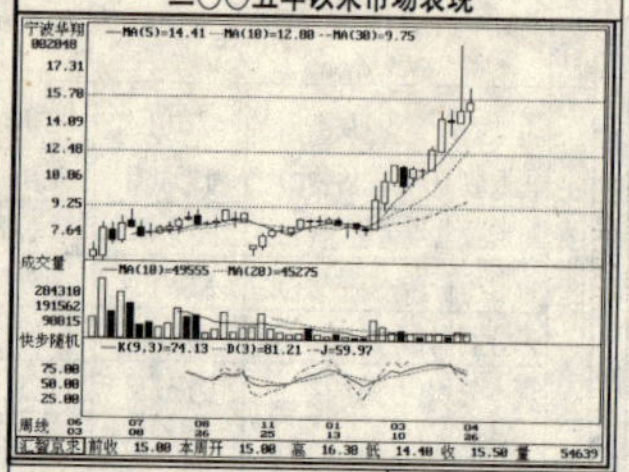

2005年涨跌幅(%)	73.39
2005年最高(元)	11.72
2006年涨跌幅(%)	141.07
2006.4.26收盘(元)	15.5
2006年最高(元)	21.29
2006年最低(元)	7.45
2006年换手率(%)	175.73
股改对价	送股 每10股实际获得3.5股(05/11/11)

晶源电子(002049)

上市日期:05/06/06　　电话:0315－6198161　　传真:0315－6198179

主营	压电石英晶体元器件的制造和销售			
主要指标	年　度	2005	2004	2003
	每股收益/扣除后(元)	0.185/0.171	0.34/0.311	0.31
	每股经营现金流量(元)	0.49	0.49	0.43
	每股净资产/调整后(元)	2.61/2.61	1.78/1.77	1.54
	未分利润(万元)	3386.74	3064.66	2151.99
	资本公积(万元)	7806.72	152.15	152.06
利润构成	主营收入(万元)	16760.69	13931.45	12021.33
	主营利润(万元)	4182.22	3633.25	3700.35
	营业利润(万元)	1849.84	2462.85	2375.56
	投资收益(万元)	0.01	-3.06	0.01
	利润总额(万元)	1863.83	2476.53	2359.59
	净利润(万元)	1399.92	1717.28	1550.71
点评	公司主营压电石英晶体元器件,是国内压电石英晶体行业的龙头企业。具有年产各种压电石英晶体元器件1亿只以上的生产能力,生产规模居国内首位,产品技术水平为国内领先。2005年因报废处理310余万元库存含铅材料和产品,公司净利润同比有所下降。			

股本结构(万股)	截止日期	05年末	占%	主要股东及持股比例%、持股性质
	总股本	7550		唐山晶源电子股份有限公司 42.08% (非流通股)
	国有股			陈继红 2.76% (非流通股)
	发起股	3176.76	42.08	毕立新 0.92% (非流通股)
	外资股			阎立群 0.75% (非流通股)
	募集股			孟令富 0.75% (非流通股)
	流通A	3375	44.7	郭宏宇 0.75% (非流通股)
	流通B			董维来 0.75% (非流通股)
	流通H			王晓东 0.75% (非流通股)
股东户数	05年末	13946		陶志明 0.75% (非流通股)
	04年末			李艳琴 0.75% (非流通股)
其他流通股东	嘉善万隆房地产开发有限责任公司 0.628%;曹玉华 0.304%;平湖市财通网络信息咨询有限责任公司 0.274%			
近年分配	05预案:10派1.2	近年募资	05年新发2500万股,发行价4.78元。	

二〇〇五年以来市场表现

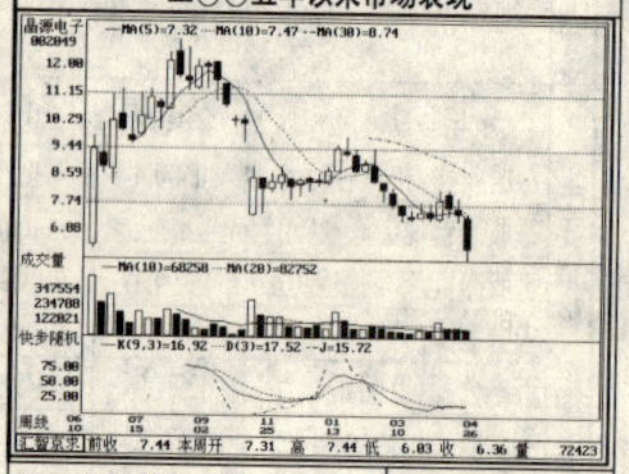

2005年涨跌幅(%)	62
2005年最高(元)	12.85
2006年涨跌幅(%)	-24.29
2006.4.26收盘(元)	6.36
2006年最高(元)	9.8
2006年最低(元)	6.03
2006年换手率(%)	389.98
股改对价	送股 每10股实际获得3.5股(05/11/07)

三花股份(002050)

上市日期:05/06/07　　电话:0575－6225127　　传真:0575－6231285

主营	截止阀、电子膨胀阀、排水泵、电磁阀、单向阀等控制元器件生产、销售。			
主要指标	年　度	2005	2004	2003
	每股收益/扣除后(元)	0.4/0.4	0.51	0.33/0.33
	每股经营现金流量(元)	0.53	0.81	0.56
	每股净资产/调整后(元)	3.42/3.42	1.84/1.84	1.44
	未分利润(万元)	7993.99	5683.04	2106.89
	资本公积(万元)	17420.83	10	10
利润构成	主营收入(万元)	49371.03	36412.9	21313.94
	主营利润(万元)	11216.76	10459.74	7300.56
	营业利润(万元)	6038.07	5118.84	3383.14
	投资收益(万元)			
	利润总额(万元)	5909.23	5079.98	3397.55
	净利润(万元)	4476.42	4207.24	2771.36
点评	作为国内空调截止阀的领先企业,目前已经掌握电磁阀、电子膨胀阀的生产工艺及技术,并可实现进口替代。由于该等产品与未来空调"无氟化、变频技术和不降温除湿技术"的三大发展方向一致,市场前景广阔。但公司人才储备状况将影响到企业的发展。			

股本结构(万股)	截止日期	05年末	占%	主要股东及持股比例%、持股性质
	总股本	11300		三花控股集团有限公司 32.6% (非流通股)
	国有股			浙江中大集团股份有限公司 16.3% (非流通股)
	发起股	5525.89	48.9	张亚波 6.55% (非流通股)
	外资股	663.11	5.87	日本东方贸易株式会社 5.87% (外资股)
	募集股			王剑敏 2.2% (非流通股)
	流通A	3900	34.51	任金土 1.96% (非流通股)
	流通B			王平 0.64% (流通A股)
	流通H			东方证券股份有限公司 0.44% (流通A股)
股东户数	05年末	13600		宁波国际汽车城开发有限公司 0.33% (流通A股)
	04年末			武汉市巡司河物业发展有限公司 0.27% (流通A股)
其他流通股东	赵广拥 0.228%;张秀兰 0.225%;陈一秋 0.21%;周学军 0.195%;张顺华 0.177%			
近年分配	05预案:10派2	近年募资	05年新发3000万股,发行价7.39元。	

二〇〇五年以来市场表现

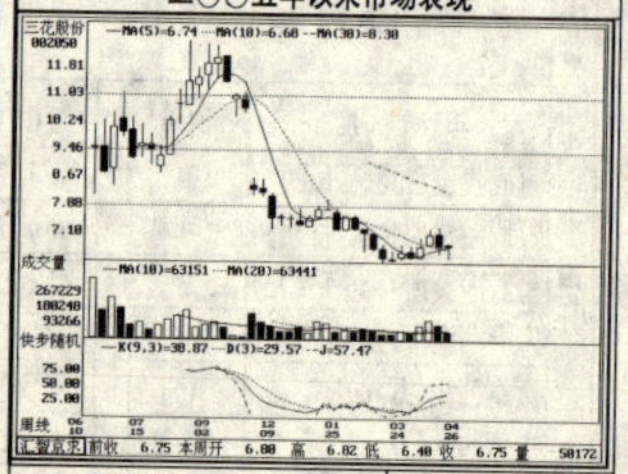

2005年涨跌幅(%)	13.44
2005年最高(元)	12.6
2006年涨跌幅(%)	-7.91
2006.4.26收盘(元)	6.75
2006年最高(元)	8.06
2006年最低(元)	6.31
2006年换手率(%)	263.99
股改对价	送股 每10股实际获得3股(05/11/21)

＊ST 本实 B（200041）

上市日期:94/05/30　电话:0755－26068614　传真:0755－26402007

主营	血液制口及医疗器械产品的生产与销售。			
	年　度	05 中期	2004	2003
主要指标	每股收益/扣除后(元)	-0.04/-0.04	-3.7/-3.37	-0.3/-0.39
	每股经营现金流量(元)		-0.35	-0.93
	每股净资产/调整后(元)	-6.28/-6.37	-6.24/-6.33	1.77/1.76
	未分利润(万元)	-45961.37	-45735.57	-1476.83
	资本公积(万元)	3014.64	3014.64	2984.72
利润构成	主营收入(万元)	246.26	1751.99	4957.49
	主营利润(万元)	118.08	-389.69	1928.35
	营业利润(万元)	-235.69	-16503.64	-2022.11
	投资收益(万元)		-9990.67	484.22
	利润总额(万元)	-235.71	-28487.6	-1548.92
	净利润(万元)	-225.8	-22389.85	-1803.22
点评				

	截止日期	05 中期	占%	主要股东及持股比例%、持股性质
股本结构（万股）	总股本	6050		海南如来木业有限公司 24.25%（非流通股）
	国有股			香港佳利精密制造有限公司 23.55%（外资股）
	发起股	2803.11	46.33	武汉华兴电子有限公司 14%（非流通股）
	外资股	1528.69	25.27	蛇口汉盛电子有限公司 8.08%（非流通股）
	募集股			香港东方投资有限公司 1.72%（外资股）
	流通 A			孙立峰 0.54%（流通 B 股）
	流通 B	1573	26	王勇 0.48%（流通 B 股）
	流通 H			汪燕 0.48%（流通 B 股）
股东户数	05 中期	4896		张汉兴 0.45%（流通 B 股）
	04 年末	5020		KOTO TRANSPORT LTD 0.33%（流通 B 股）
其他流通股东	王竣彬 0.312%；杨亚东 0.19%；区国华 0.17%；CORE PACIFIC－YAMAICHI INTERNATIONAL(H. K.) LIMITED 0.163%			
近年分配			近年募资	

二○○五年以来市场表现

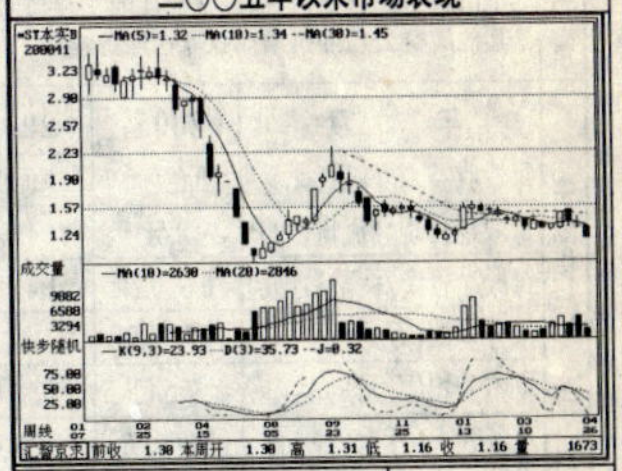

2005 年涨跌幅(%)	-61.83
2005 年最高(元)	3.56
2006 年涨跌幅(%)	-4.13
2006.4.26 收盘(元)	1.16
2006 年最高(元)	1.6
2006 年最低(元)	1.11
2006 年换手率(%)	33.66
股改对价	

深基地 B（200053）

上市日期:95/07/28　电话:0755－26694211　传真:0755－26694227

主营	为中国南海石油的勘探、开发及生产活动提供后勤服务，并通过其参资公司提供海洋工程结构件的制造和维修服务。			
	年　度	2005	2004	2003
主要指标	每股收益/扣除后(元)	0.498/0.498	0.435/0.428	0.327/0.327
	每股经营现金流量(元)	0.466	0.431	0.299
	每股净资产/调整后(元)	3.2/3.19	2.92/2.91	2.74/2.69
	未分利润(万元)	16071.03	11268.37	8761.34
	资本公积(万元)	21065.61	21065.61	21855.82
利润构成	主营收入(万元)	16446.81	15654.52	10961.93
	主营利润(万元)	9062.19	8790.85	6311.86
	营业利润(万元)	6979.08	6905.7	5357.27
	投资收益(万元)	5471.13	4154.57	3005.74
	利润总额(万元)	12445.28	11036.13	8355.68
	净利润(万元)	11472.57	10041.2	7534.99
点评	公司为中国南海石油的勘探、开发及生产活动提供后勤服务，自上市以来保持着较为稳定的收益，但由于受服务区域及半径的限制，业务发展空间已渐趋饱和。公司投资的赤湾胜宝旺工程有限公司等项目随着海洋工程行业突飞猛进的发展，市场前景极为广阔。			

	截止日期	05 年末	占%	主要股东及持股比例%、持股性质
股本结构（万股）	总股本	23060		中国南山开发(集团)股份有限公司 51.79%（国有股）
	国有股			OFFSHORE JOINT SERVICES(BASES) CO. OF SGP. PTE LTD 22.19%（流通 B 股）
	发起股	11942	51.79	杜美珍 0.18%（流通 B 股）
	外资股			SUN HUNG KAI INVESTMENT SERVICES LTD－CUSTOMERS A/C 0.17%（流通 B 股）
	募集股			林永青 0.15%（流通 B 股）
	流通 A			黄俊杰 0.13%（流通 B 股）
	流通 B	11118	48.21	JING NING 0.13%（流通 B 股）
	流通 H			张延强 0.13%（流通 B 股）
股东户数	05 年末	11828		内藤证券株式会社 0.13%（流通 B 股）
	04 年末	11994		TOYO SECURITIES ASIA LIMITED－A/C CLIENT 0.12%（流通 B 股）
其他流通股东	BEAR STEARNS SECURITIES CORPORATION 0.123%			
近年分配	05 预案:10 派 2.7363；04 年:10 派 2.05；03 年:10 派 2.4614		近年募资	

二○○五年以来市场表现

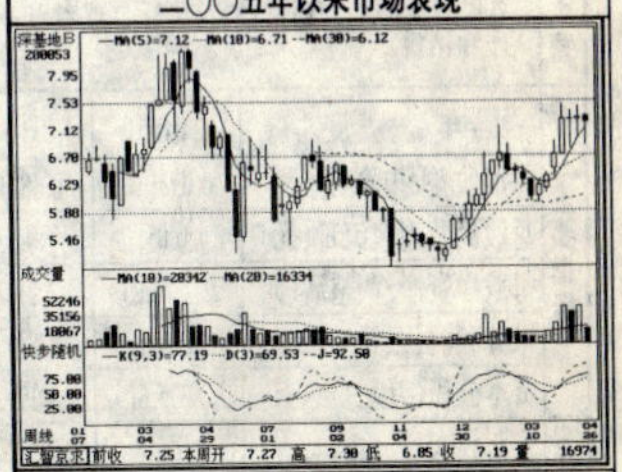

2005 年涨跌幅(%)	-9.38
2005 年最高(元)	8.36
2006 年涨跌幅(%)	25.26
2006.4.26 收盘(元)	7.19
2006 年最高(元)	7.46
2006 年最低(元)	5.32
2006 年换手率(%)	27.59
股改对价	

建摩 B（200054）

上市日期:95/07/25　电话:023－68483175　传真:023－68676987

主营	摩托车及其零部件、机械加工、工装模具、标准模架制造，以及产品、原材料、设备进出口等相关业务			
	年　度	2005	2004	2003
主要指标	每股收益/扣除后(元)	0.04/0.01	0.06/0.004	0.03/-0.12
	每股经营现金流量(元)	0.86	0.49	0.58
	每股净资产/调整后(元)	0.5/0.5	0.44/0.43	0.35/0.23
	未分利润(万元)	-95225	-97276.5	-99941.8
	资本公积(万元)	58978.1	57884.7	56180.1
利润构成	主营收入(万元)	225278.3	206409.8	138471.6
	主营利润(万元)	25733.7	22422.8	8392.6
	营业利润(万元)	2300.9	2757.5	1838.8
	投资收益(万元)	-179.5	-99.9	-221.4
	利润总额(万元)	1756.6	2716.4	1833.7
	净利润(万元)	2051.5	2665.3	1592.5
点评	公司主营建设摩托车及汽车空调压缩机，05 年是实现公司从国内市场竞争者向国内市场引导者的转变之年。通过加强管理及资产重组，取得了成效，同时也顺利实现了与雅马哈的全面合作。06 年将加强技术开发与合作，实现公司持续发展。			

	截止日期	05 年末	占%	主要股东及持股比例%、持股性质
股本结构（万股）	总股本	47750		中国南方工业集团公司 71.13%（国有股）
	国有股			中国北方工业深圳公司 3.74%（国有股）
	发起股	35750	74.87	沈国 0.35%（流通 B 股）
	外资股			HARUHIKO SUZUKI 铃木晴彦 0.3%（流通 B 股）
	募集股			尹刚 0.16%（流通 B 股）
	流通 A			杨洋 0.15%（流通 B 股）
	流通 B	12000	25.13	列志东 0.14%（流通 B 股）
	流通 H			王启翎 0.13%（流通 B 股）
股东户数	05 年末	18609		陈云娥 0.13%（流通 B 股）
	04 年末	18960		金明飞 0.11%（流通 B 股）
其他流通股东	高建国 0.112%；王希明 0.105%			
近年分配			近年募资	

二○○五年以来市场表现

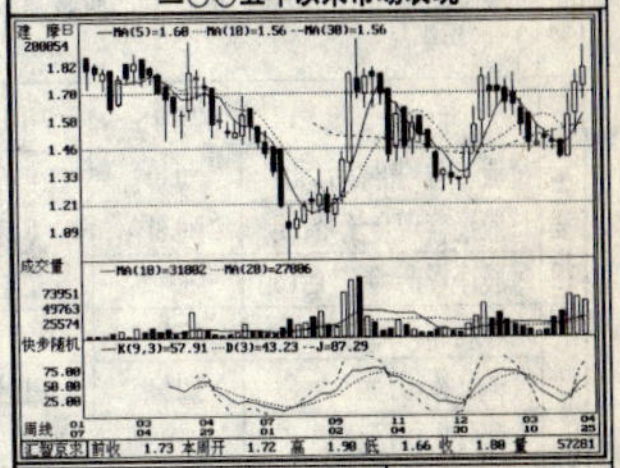

2005 年涨跌幅(%)	-26.82
2005 年最高(元)	1.94
2006 年涨跌幅(%)	37.41
2006.4.26 收盘(元)	1.8
2006 年最高(元)	1.9
2006 年最低(元)	1.29
2006 年换手率(%)	42.32
股改对价	

山航 B(200152)

上市日期:00/09/12　　电话:0531－5698987　　传真:0531－5698679

主营	民用航空的客运、货运以及邮件的运输服务业务以及代理其他航空公司的机票而收取代理费。			
	年　度	2005	2004	2003
主要指标	每股收益/扣除后(元)	-0.68/-0.7	0.03	0.07/0.05
	每股经营现金流量(元)	0.54	1.01	0.76
	每股净资产/调整后(元)	0.66/0.24	1.41/1.1	1.38/1.1
	未分利润(万元)	-24286.03	5489.28	4610.44
	资本公积(万元)	8405.02	8288.97	8288.97
利润构成	主营收入(万元)	289101.66	222935.7	172384.49
	主营利润(万元)	27786.84	39901.62	34188.61
	营业利润(万元)	-28103.43	2066.32	2125.27
	投资收益(万元)	93.97	306.48	50.89
	利润总额(万元)	-27259.14	1160.94	2615.33
	净利润(万元)	-27363.8	1106.52	2653.1
点评	燃油成本的上涨是航空公司盈利增长的最大障碍。2005年,一方面燃油成本上涨;一方面公司引进10架飞机,固定成本大幅攀升;同时利息支出大幅增长,公司出现亏损。2006年公司将处置亏损严重的CRJ机型,并调整航线结构,期望经营能有所改善,减少亏损。			

	截止日期	05年末	占%	主要股东及持股比例%、持股性质
股本结构(万股)	总股本	40000		山东航空集团有限公司 42% (国有股)
	国有股	16860.1	42.15	中国国际航空股份有限公司 22.8% (国有股)
	发起股	19.9	0.05	TENG HWEE CHIEN 1.06% (流通B股)
	外资股			陈春蓬 0.39% (流通B股)
	募集股			XIE KE 0.29% (流通B股)
	流通A			吴浩源 0.26% (流通B股)
	流通B	14000	35	刘丽亚 0.25% (流通B股)
	流通H			JOHN POSS 0.19% (流通B股)
股东户数	05年末	20901		SEUNG YEOL PARK 0.17% (流通B股)
	04年末	22447		邓红伟 0.16% (流通B股)
其他流通股东	徐兆欢 0.152%;沈虹 0.151%			
近年分配	04年:10派0.5655		近年募资	

二〇〇五年以来市场表现

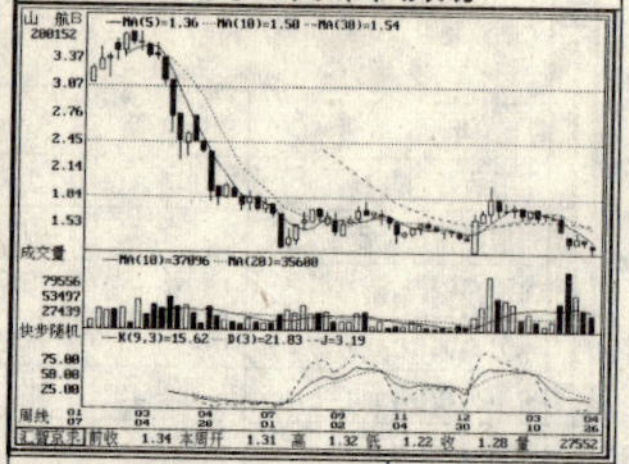

2005年涨跌幅(%)	-55.17
2005年最高(元)	3.68
2006年涨跌幅(%)	-5.88
2006.4.26收盘(元)	1.28
2006年最高(元)	1.97
2006年最低(元)	1.22
2006年换手率(%)	48.91
股改对价	

帝贤 B(200160)

上市日期:00/09/29　　电话:0314－3115048　　传真:0314－3182013

主营	各种针织服装、各种纱线及化纤合成丝和各种纸制品的生产和销售。			
	年　度	2005	2004	2003
主要指标	每股收益/扣除后(元)	0.03/0.03	0.18/0.18	0.33/0.32
	每股经营现金流量(元)	0.05	0.13	0.28
	每股净资产/调整后(元)	2.24/2.23	2.21/2.2	1.59/1.58
	未分利润(万元)	25608.16	23849.13	14946.3
	资本公积(万元)	39339.61	39199.66	4575.68
利润构成	主营收入(万元)	28973.8	52568.56	52360.01
	主营利润(万元)	6745.66	17194.21	22511.61
	营业利润(万元)	2208.71	11179.7	18381.75
	投资收益(万元)		88.61	14.28
	利润总额(万元)	2221.6	11282.99	18418.28
	净利润(万元)	2030.61	10512.75	14304.66
点评	公司主营为纺织服装业,并兼营造纸业。由于公司出现了资金周转困难,造成停产,05年全年业绩同比出现了较大的下降。06年在人民币升值、原材料价格上涨、贸易摩擦等的影响下,企业经营依旧比较困难。			

	截止日期	05年末	占%	主要股东及持股比例%、持股性质
股本结构(万股)	总股本	58860		王淑贤 29.49% (非流通股)
	国有股			南方证券股份有限公司 15.41% (流通B股)
	发起股	20400	34.66	南方证券(香港)有限公司 3.27% (流通B股)
	外资股			承德县北方实业总公司 2.62% (非流通股)
	募集股			王正松 1.89% (非流通股)
	流通A			DEUTSCHE BANK AG LONDON 1.2% (流通B股)
	流通B	38460	65.34	RIPPERTON ASSETS LIMITED 1.2% (流通B股)
	流通H			CSSC INT'L LTD 南证国际有限公司 1.11% (流通B股)
股东户数	05年末	15147		王文胜 1.03% (流通B股)
	04年末	15319		中国中小企业发展基金有限公司 1% (流通B股)
其他流通股东	南方证券(香港)有限公司 3.268%;PERFECT SPACE INVESTMENTS 0.772%;MAIN FORCES ASSETS LIMITED 0.688%			
近年分配	05预案:10送2		近年募资	04年增发。

二〇〇五年以来市场表现

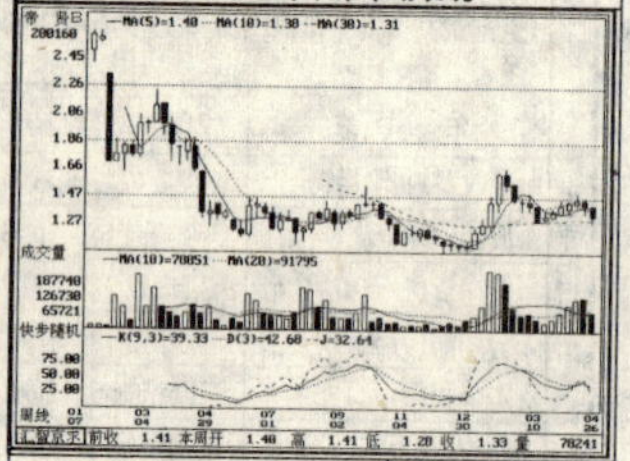

2005年涨跌幅(%)	-56
2005年最高(元)	2.65
2006年涨跌幅(%)	20.91
2006.4.26收盘(元)	1.33
2006年最高(元)	1.67
2006年最低(元)	1.1
2006年换手率(%)	44.51
股改对价	

雷伊 B(200168)

上市日期:00/10/27　　电话:0755－82032083　　传真:0755－82032383

主营	服装设计、生产、销售。主要生产西装、时装、衬衫、制服、针、纺织品。			
	年　度	2005	2004	2003
主要指标	每股收益/扣除后(元)	0.04	0.17	0.18/0.12
	每股经营现金流量(元)	0.01	0.03	0.23
	每股净资产/调整后(元)	1.6/1.57	1.62/1.61	1.72/1.72
	未分利润(万元)	5572.67	6142.2	4309.41
	资本公积(万元)	5212.95	5212.95	7515.26
利润构成	主营收入(万元)	45904.86	65171.76	48828.88
	主营利润(万元)	18443.08	19307.96	15771.59
	营业利润(万元)	3918.52	8682.63	7722.69
	投资收益(万元)	-611.84	-461.77	-466.79
	利润总额(万元)	3321.89	8344.77	7524.96
	净利润(万元)	1261.87	5305.22	4757.96
点评	公司主营服装业务。面对人民币升值、贸易摩擦、成本上升等不利因素,公司积极拓展国内市场,同时通过技术提升,来提高产品品质和档次,以实现经营的相对稳定。但实际情况还是盈利出现了下降,预期这种状况06年还是无法根本改善。			

	截止日期	05年末	占%	主要股东及持股比例%、持股性质
股本结构(万股)	总股本	31860		深圳市升恒昌实业有限公司 36.99% (非流通股)
	国有股			深圳市日 投资有限公司 10.68% (非流通股)
	发起股	16402.5	51.48	陈美香 8.08% (流通B股)
	外资股			汕头市联华实业有限公司 3.81% (非流通股)
	募集股			王瑛 0.26% (流通B股)
	流通A			黄宏阜 0.16% (流通B股)
	流通B	15457.5	48.52	姚金根 0.16% (流通B股)
	流通H			GUOTAI JUNAN SECURIERS HONGKONG LIMITED 0.14% (流通B股)
股东户数	05年末	16701		潘秀玲 0.13% (流通B股)
	04年末	17435		郑琳 0.12% (流通B股)
其他流通股东	杨胜明 0.118%;程爱学 0.117%;ABN AMRO BANK NV 0.11%			
近年分配	04年:10派0.5;03年:10送1转增1		近年募资	

二〇〇五年以来市场表现

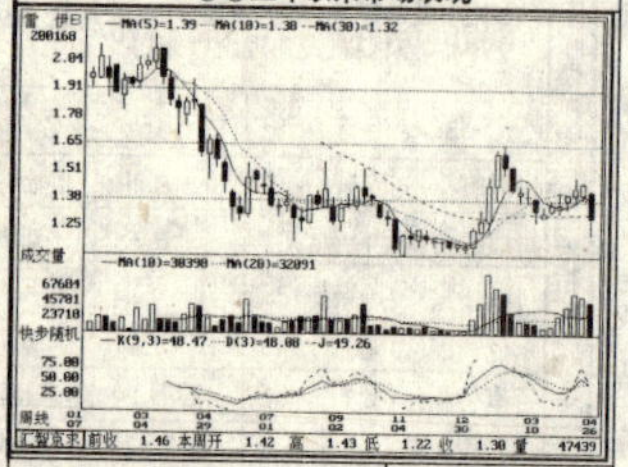

2005年涨跌幅(%)	-38.58
2005年最高(元)	2.17
2006年涨跌幅(%)	12.07
2006.4.26收盘(元)	1.3
2006年最高(元)	1.64
2006年最低(元)	1.12
2006年换手率(%)	40.07
股改对价	

宁通信 B（200468）

上市日期:97/05/22　电话:025－2418518　传真:025－2418518－2258

项目	年度	2005	2004	2003
主营	数据通信产品、有线通信产品、无线通信产品，分线、配线通信产品，多媒体计算机及其相关产品的制造，销售公司自产产品，并提供相关的售后服务。			
主要指标	每股收益/扣除后(元)	0.03/－0.232	－0.22/－0.228	0.01/－0.039
	每股经营现金流量(元)	0.15	0.37	0.315
	每股净资产/调整后(元)	1.59/1.51	1.57/1.5	1.76/1.69
	未分利润(万元)	－8631.47	－9276.31	－4356.85
	资本公积(万元)	18917.78	18913.46	18225.79
利润构成	主营收入(万元)	77578.31	85129.26	81864.75
	主营利润(万元)	12728.29	15771.26	18198.43
	营业利润(万元)	167.23	－4835.19	－614.01
	投资收益(万元)	1037.14	－889.13	352.67
	利润总额(万元)	1072.97	－5526.99	437.01
	净利润(万元)	630.34	－4784.54	251.68
点评	公司所处的信息通信产业经过近年的调整，正出现恢复性增长，同时行业竞争更趋激烈。公司力争跟随3G、FTTH等新技术的发展趋势，尽快进入相关配套领域，同时培育新的利润增长点。目前产品价格进一步下跌、而原材料价格进一步上升是公司面临的主要困难。			

	截止日期	05年末	占%	主要股东及持股比例%、持股性质
股本结构（万股）	总股本	21500		中国普天信息产业股份有限公司 53.49%（国有股）
	国有股	11500	53.49	蔡位广 0.21%（流通B股）
	发起股			陈超凡 0.19%（流通B股）
	外资股			林晓燕 0.19%（流通B股）
	募集股			林文光 0.17%（流通B股）
	流通A			李毅 0.16%（流通B股）
	流通B	10000	46.51	吴奋强 0.15%（流通B股）
	流通H			叶转有 0.15%（流通B股）
股东户数	05年末	17410		WONG LAI 0.14%（流通B股）
	04年末	18518		张志梅 0.13%（流通B股）
其他流通股东	黄佩玲 0.129%			
近年分配			近年募资	

二〇〇五年以来市场表现

2005年涨跌幅(%)	－45.64
2005年最高(元)	2.71
2006年涨跌幅(%)	36.5
2006.4.26收盘(元)	1.87
2006年最高(元)	2.36
2006年最低(元)	1.33
2006年换手率(%)	60.65
股改对价	

闽灿坤 B（200512）

上市日期:93/06/30　电话:0592－6030228　传真:0592－6035905

项目	年度	05中期	2004	2003
主营	开发、生产家用电器、电子、轻工产品等。			
主要指标	每股收益/扣除后(元)	－0.13/－0.09	0.04/0.07	0.141/0.12
	每股经营现金流量(元)		－0.24	0.26
	每股净资产/调整后(元)	1.15/1.14	1.41/1.39	1.58/1.55
	未分利润(万元)	－12737.63	8759.04	14070.39
	资本公积(万元)	10290.64	10290.64	10290.64
利润构成	主营收入(万元)	281144.23	669223.61	420466.91
	主营利润(万元)	35926.34	90472.08	54869.05
	营业利润(万元)	－11716.39	10547.32	13576.3
	投资收益(万元)	－60.62	－121.24	－121.24
	利润总额(万元)	－15950.82	5924.87	14507.57
	净利润(万元)	－14418.07	4041.99	12361.73
点评	公司为台湾企业，主要从事小型家电用品和轻工产品的生产与开发，其电熨斗和煎烤器的生产量高居全球之冠。但公司在内地的销售策略一直不太成功，拖累了公司主营业务的发展，最近几年业绩呈下滑趋势。公司近期难以有很好的表现。			

	截止日期	05中期	占%	主要股东及持股比例%、持股性质
股本结构（万股）	总股本	111235.01		FORDCHEE DEVELOPMENT LIMITED 29.19%（非流通股）
	国有股	/		EUPA INDUSTRY CORPORATION LIMITED 29.19%（部分流通部分不流通）
	发起股			FILLMAN INVESTMENTS LIMITED 14.59%（非流通股）
	外资股	70047.68	62.97	TIMMERTON CO INC 1.3%（流通B股）
	募集股			CORE PACIFIC－YAMAICHI INTERNATIONAL（H.K.）LIMITED 0.84%（流通B股）
	流通A			TSAI SHU HUI 0.39%（流通B股）
	流通B	41187.32	37.03	CSC SECURITIES（HK）LTD。0.37%（流通B股）
	流通H			MERRILL LYNCH INTERNATIONAL 0.32%（流通B股）
股东户数	05中期	19555		陈雅雅 CHEN YAYA 0.26%（流通B股）
	04年末	20192		LAU MING TO 刘铭涛 0.24%（流通B股）
其他流通股东	TSAI CHIEN FANG 0.178%；THERMASTER LIMITED 0.162%			
近年分配	04年:10送0.7转增0.3；03年:10送1转增0.5		近年募资	

二〇〇五年以来市场表现

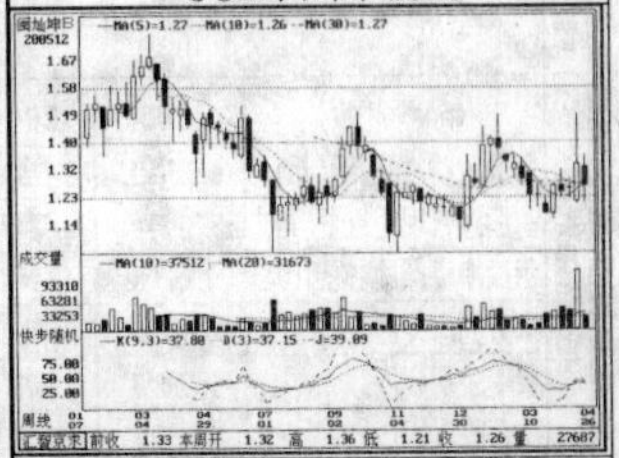

2005年涨跌幅(%)	－10.92
2005年最高(元)	1.76
2006年涨跌幅(%)	9.57
2006.4.26收盘(元)	1.26
2006年最高(元)	1.49
2006年最低(元)	1.12
2006年换手率(%)	14.59
股改对价	

瓦轴 B（200706）

上市日期:97/03/25　电话:0411－5509888　传真:0411－5500794

项目	年度	2005	2004	2003
主营	轴承、机械设备、汽车零配件及相关产品的制造与销售。			
主要指标	每股收益/扣除后(元)	0.094/0.104	0.1/0.136	0.09/0.096
	每股经营现金流量(元)	0.33	0.34	0.32
	每股净资产/调整后(元)	3.31/3.14	3.23/3.11	3.14/3.01
	未分利润(万元)	17710.08	16087.97	13827.29
	资本公积(万元)	53137.62	52810.1	52647.83
利润构成	主营收入(万元)	164909.99	156453.43	124648.74
	主营利润(万元)	27487.42	29859.41	25764.69
	营业利润(万元)	2790.57	3760.63	3124.18
	投资收益(万元)	1815.48	1636.6	1448.28
	利润总额(万元)	4056.68	4364.11	3962.51
	净利润(万元)	3084.03	3314.83	2813.01
点评	公司经营范围为轴承、机械设备、汽车零配件及相关产品的制造和销售。05年，面对激烈的市场竞争，公司以市场为中心，调整产品结构，开发新产品，发展替代进口产品，加强管理，基本实现了企业的稳定经营。未来公司经营是机遇与风险并存。			

	截止日期	05年末	占%	主要股东及持股比例%、持股性质
股本结构（万股）	总股本	33000		瓦房店轴承集团有限责任公司 60.6%（国有股）
	国有股	20000	60.61	AKTIEBOLAGET SKF 19.7%（流通B股）
	发起股			王俊刚 0.26%（流通B股）
	外资股			吴扬 0.19%（流通B股）
	募集股			MANKWAI WING 文贵荣 0.17%（流通B股）
	流通A			EVER POINT INVESTMENTS LIMITED 0.16%（流通B股）
	流通B	13000	39.39	莫丽霞 0.15%（流通B股）
	流通H			李俊成 0.09%（流通B股）
股东户数	05年末	11583		ABN AMRO BANK NV 0.09%（流通B股）
	04年末	12300		李郁 0.06%（流通B股）
其他流通股东	何雁飞 HE YANFEI 0.061%			
近年分配	05预案:10派0.5；04年:10派0.2816；03年:10派0.2828		近年募资	

二〇〇五年以来市场表现

2005年涨跌幅(%)	－19.67
2005年最高(元)	3.64
2006年涨跌幅(%)	28.81
2006.4.26收盘(元)	3.13
2006年最高(元)	3.5
2006年最低(元)	2.4
2006年换手率(%)	24.67
股改对价	

武锅 B(200770)

上市日期:98/04/15　　电话:027－87652719　　传真:027－87655152

主营：从事电站锅炉、特种锅炉、脱硫设备及其它压力容器及辅助设备等产品的开发、生产及销售。

	年　度	2005	2004	2003
主要指标	每股收益/扣除后(元)	0.08/0.08	0.15	0.1/0.1
	每股经营现金流量(元)	1.24	－1.18	0.4
	每股净资产/调整后(元)	2.07/1.87	1.95/1.81	1.84/1.73
	未分利润(万元)	9611.28	9109.56	6867.55
	资本公积(万元)	17879.82	15254.84	15225.04
利润构成	主营收入(万元)	287419.19	221462.52	123773.93
	主营利润(万元)	24663.06	27611.45	18263.09
	营业利润(万元)	4883.67	8140.29	4790.95
	投资收益(万元)	－25.3	288.65	48.47
	利润总额(万元)	4583.73	8377.28	4669.39
	净利润(万元)	2454.63	4486.41	2985.16

点评：公司生产的特种锅炉处于国内领先地位,为中国最大的碱回收锅炉生产商。由于电力紧缺,电力投资和建设的势头迅猛,产品产销量显著上升。公司将通过技术引进、自主研发及市场开发,形成安全、可靠、经济、环保的循环流化床锅炉产品,有很好的市场前景。

股本结构(万股)	05年末	占%	主要股东及持股比例%、持股性质
截止日期			
总股本	29700		武汉锅炉集团有限公司 57.9%(国有股)
国有股			王家宜 0.73%(流通B股)
发起股	17200	57.91	吴乃文 0.37%(流通B股)
外资股			ABN AMRO BANK NV 0.3%(流通B股)
募集股			陈倩芬 0.24%(流通B股)
流通A			文和娣 0.19%(流通B股)
流通B	12500	42.09	刘碧香 0.16%(流通B股)
流通H			关文海 0.15%(流通B股)
股东户数 05年末	18862		陈超凡 0.15%(流通B股)
股东户数 04年末	19190		WANG,HUANSHENG王环生 0.14%(流通B股)
其他流通股东	LILEON ZHAN WEI 0.14%		
近年分配	05预案:10派0.35;04年:10派0.443;03年:10派0.377	近年募资	

二〇〇五年以来市场表现

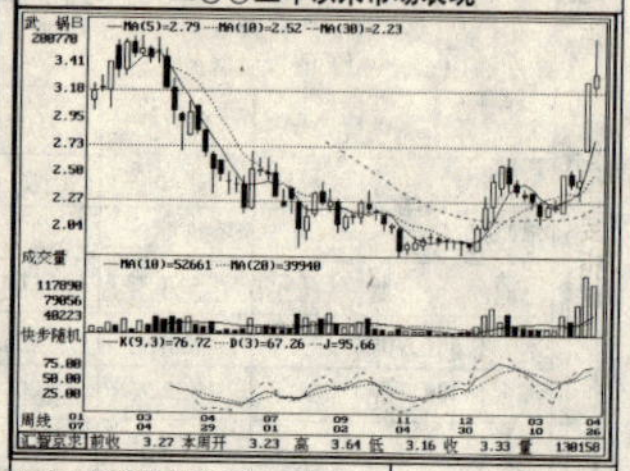

2005年涨跌幅(%)	－37.8
2005年最高(元)	3.63
2006年涨跌幅(%)	76.19
2006.4.26收盘(元)	3.33
2006年最高(元)	3.64
2006年最低(元)	1.86
2006年换手率(%)	62.14
股改对价	

杭汽轮 B(200771)

上市日期:98/04/28　　电话:0571－85780198　　传真:0571－85780433

主营：工业汽轮机的开发研究、设计、制造和销售

	年　度	2005	2004	2003
主要指标	每股收益/扣除后(元)	1.586/1.53	0.792/0.766	0.2/0.186
	每股经营现金流量(元)	0.87	2.01	1.02
	每股净资产/调整后(元)	3.85/3.82	2.94/2.9	2.33/2.25
	未分利润(万元)	28901.95	17493.01	8297.47
	资本公积(万元)	17320.94	16715.8	16369.98
利润构成	主营收入(万元)	193177.62	97782.6	43993.62
	主营利润(万元)	78470.46	39439.63	17109.18
	营业利润(万元)	51994.66	24801.68	6846.87
	投资收益(万元)	－3.95	－195.96	－83.53
	利润总额(万元)	53307.91	25462.19	7027.69
	净利润(万元)	34883.3	17419.06	4400.25

点评：公司主营汽轮机及其辅助设备等的制造与售后服务。05年公司充分利用行业大好时机,实现产销大幅提升,圆满实现了"再翻番"目标。06年面对行业发展进入相对饱和期,公司将加大创新力度,实现公司可持续发展,但其经营效果有待观察。

股本结构(万股)	05年末	占%	主要股东及持股比例%、持股性质
截止日期			
总股本	22000		杭州汽轮动力集团有限公司 63.64%(国有股)
国有股	14000	63.64	DRAGON BILLION CHINA FUND 2.71%(流通B股)
发起股			GUOTAI JUNAN SECURIES HONG KONG LIMITED 2.49%(流通B股)
外资股			PRUDENTAL UNIT TRUSIS－DRAGON PEACOCK FUND 1.14%(流通B股)
募集股			HTHK－VALUE PARTERS INTELLIGENT FD－CHINA B SHS FD 1.04%(流通B股)
流通A			BBH BOS S/. A MST TST BK OF JP RE: JF CN ACTIVE OPEN MOTHER FD 0.84%(流通B股)
流通B	8000	36.36	招商证券香港有限公司 0.81%(流通B股)
流通H			SKANIA GLOBAL FUNDS PLC 0.77%(流通B股)
股东户数 05年末	7083		GSI S/A GLODEN CHINA MASTER FUND 0.76%(流通B股)
股东户数 04年末	9060		BBH BOS S/. A MAT TST BK OF JP－JF MTB GREATER CH OPEN MOTHER 0.73%(流通B股)
其他流通股东	BBH BOS S/. A MAT TST BK OF JP－JF MTB GREATER CH OPEN MOTHER 0.725%		
近年分配	05预案:10派5转增3;04年:10派6.598;03年:10派1.885	近年募资	

二〇〇五年以来市场表现

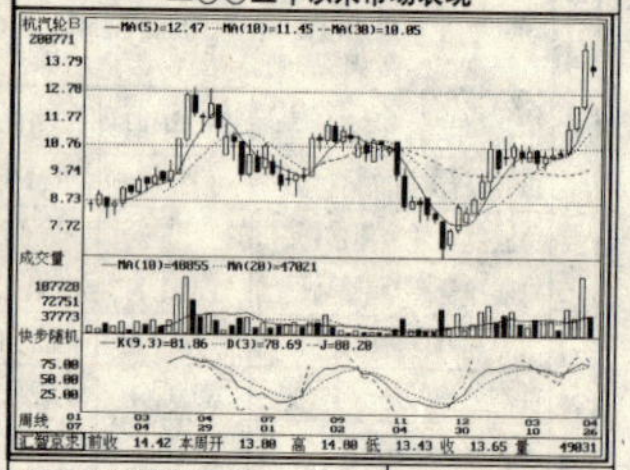

2005年涨跌幅(%)	5.26
2005年最高(元)	12.89
2006年涨跌幅(%)	63.67
2006.4.26收盘(元)	13.65
2006年最高(元)	14.8
2006年最低(元)	8.34
2006年换手率(%)	100.2
股改对价	

粤华包 B(200986)

上市日期:00/07/06　　电话:0757－3981729　　传真:0757－3992026

主营：生产及销售高级涂布白纸板、液体食品软包装盒(利乐包)、彩色印刷包装、铝塑复合纸罐。

	年　度	2005	2004	2003
主要指标	每股收益/扣除后(元)	0.159/0.16	0.205/0.204	0.219/0.211
	每股经营现金流量(元)	0.09	0.13	0.11
	每股净资产/调整后(元)	2.43/2.41	2.27/2.25	2.17/2.16
	未分利润(万元)	27027.67	21076.09	18264.63
	资本公积(万元)	25376.4	25376.4	25360.65
利润构成	主营收入(万元)	60412.65	59238.8	60653.12
	主营利润(万元)	5996.52	8775.64	9999.19
	营业利润(万元)	439.37	2764.02	4464.68
	投资收益(万元)	6918.18	7370.79	6726.47
	利润总额(万元)	7336.66	10160.94	11273.8
	净利润(万元)	7001.86	8995.25	9645.32

点评：公司主营产品为高级涂布白纸板、彩色印刷包装和铝塑复合纸罐等。05年受上游成本高位运行,以及煤油价格等持续上涨的影响,公司收入与利润都出现了下滑。06年公司将全力拓展业务地区,落实异地项目,提升管理水平,以实现公司的发展。

股本结构(万股)	05年末	占%	主要股东及持股比例%、持股性质
截止日期			
总股本	43950		佛山华新发展有限公司 65.2%(国有股)
国有股			DEUTSCHE BANK AG LONDON 0.6%(流通B股)
发起股	29000	65.98	大华继显(香港)有限公司 0.27%(流通B股)
外资股			中国光大证券(香港)有限公司 0.27%(流通B股)
募集股			吴浩源 0.26%(流通B股)
流通A			SURE WIDE INTERNATIONAL LIMITED瑞宏国际有限公司 0.23%(流通B股)
流通B	14950	34.02	李顺卿 0.23%(流通B股)
流通H			朴光实 PIAO JOY GUANG SHI 0.16%(流通B股)
股东户数 05年末	20496		罗曼玲 0.16%(流通B股)
股东户数 04年末	21781		HSBC FUND SERVICES A/C 006－113039－31 0.14%(流通B股)
其他流通股东	文和娣 0.134%		
近年分配	03年:10派1.04	近年募资	

二〇〇五年以来市场表现

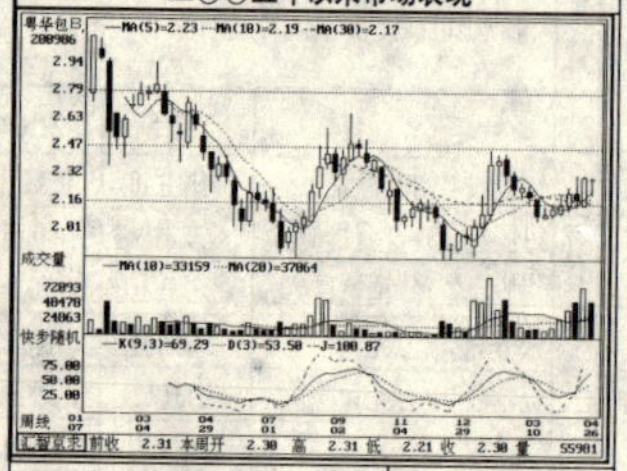

2005年涨跌幅(%)	－28.88
2005年最高(元)	3.1
2006年涨跌幅(%)	16.75
2006.4.26收盘(元)	2.3
2006年最高(元)	2.46
2006年最低(元)	1.86
2006年换手率(%)	44.78
股改对价	

ST 中鲁 B（200992）

上市日期:00/07/24　电话:0531－6553276　传真:0531－6943084

主营	远洋捕捞及加工、运营、租赁和管理冷藏运输船和捕捞船、水产品贸易、水产品加工及冷藏服务和鱼肝油生产销售。			
	年度	2005	2004	2003
主要指标	每股收益/扣除后(元)	-0.18/-0.2	0.01	-0.8/-0.73
	每股经营现金流量(元)	0.07	0.15	-0.08
	每股净资产/调整后(元)	0.12/0.11	0.29/0.29	0.27/0.25
	未分利润(万元)	-46094.51	-41333.89	-41672.85
	资本公积(万元)	20425.13	20219.51	20124.03
利润构成	主营收入(万元)	16718.43	22408.92	31886.5
	主营利润(万元)	2079.27	4837.45	5834.36
	营业利润(万元)	-3991.02	2230.06	-18179.43
	投资收益(万元)	-330.69	-1981.19	-854.69
	利润总额(万元)	-4374.5	410.54	-21514.01
	净利润(万元)	-4752.01	339.82	-21347.25
点评	由于近几年大洋性渔业资源的过渡开发利用，世界渔业协会组织高度重视，采取了一系列的科学监控，对作业渔区进行了限制，对作业船的使用也更加严格。致使产量降低，效益下降。公司部分渔船船龄长，设备老化，购置成本高，造成捕捞能力降低。未来业绩难以乐观。			

股本结构(万股)	截止日期	05年末	占%	主要股东及持股比例%、持股性质
	总股本	26607.13		山东省水产企业集团总公司 47.25%（国有股）
	国有股	12781.13	48.04	许新湖 1.35%（流通B股）
	发起股	26	0.1	刘丹 0.85%（流通B股）
	外资股			梁玉贞 0.75%（流通B股）
	募集股			中国重汽集团济南卡车有限责任公司 0.73%（国有股）
	流通A			上海香港万国证券 0.56%（流通B股）
	流通B	13800	51.87	刘苑 0.49%（流通B股）
	流通H			伊影 0.41%（流通B股）
股东户数	05年末	17886		王镜湖 0.34%（流通B股）
	04年末	18348		韩文建 0.32%（流通B股）
其他流通股东	吴扬 0.292%；黄嘉仪 0.285%			
近年分配		近年募资		

二〇〇五年以来市场表现

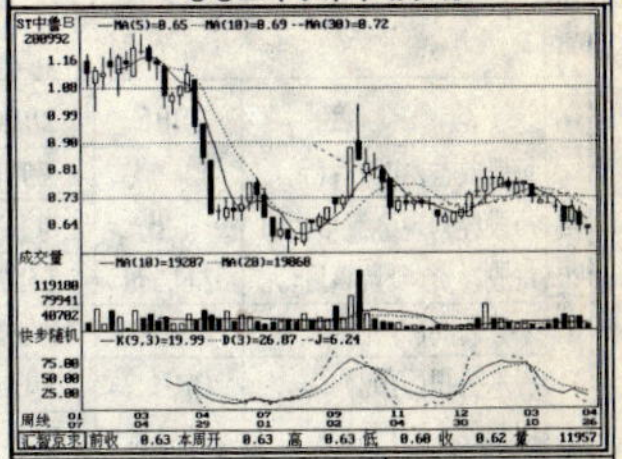

2005年涨跌幅(%)	-41.88
2005年最高(元)	1.25
2006年涨跌幅(%)	-8.82
2006.4.26收盘(元)	0.62
2006年最高(元)	0.81
2006年最低(元)	0.6
2006年换手率(%)	26.34
股改对价	

浦发银行（600000）

上市日期:99/11/10　电话:021－63611226　传真:021－63230807

主营	商业银行业务			
	年度	2005	2004	2003
主要指标	每股收益/扣除后(元)	0.635/0.631	0.493	0.4/0.392
	每股经营现金流量(元)	1.472	1.255	1.022
	每股净资产/调整后(元)	3.97/3.96	3.45/3.45	3.07/3.07
	未分利润(万元)	52428.97	55429.76	48392.61
	资本公积(万元)	486939.55	486939.55	486939.55
利润构成	主营收入(万元)	2146700.03	1676098.91	1202723.7
	主营利润(万元)	847247.56	698006.88	519909.75
	营业利润(万元)	847247.56	698006.88	519909.75
	投资收益(万元)			
	利润总额(万元)	423089	304881.82	234377.38
	净利润(万元)	248541.72	193003.08	156608.82
点评	全年存贷款产保持较快增长速度，资产中债券投资比例上升，净利差水平基本稳定。05年资产质量有所提高，加上准备金覆盖率较高，拨备支出压力不大，06年利润仍将快速增长。在股改后，浦发银行各项与其他上市银行相比，估值上较有吸引力。			

股本结构(万股)	截止日期	05年末	占%	主要股东及持股比例%、持股性质
	总股本	391500		上海国际信托投资有限公司 7.01%（国有股）
	国有股	114349	29.21	上海上实(集团)有限公司 4.87%（国有股）
	发起股	12611	3.22	上海国有资产经营有限公司 4.85%（国有股）
	外资股	18535	4.73	上海国际集团有限公司 4.73%（国有股）
	募集股	156005	39.85	花旗银行海外投资公司 4.62%（外资股）
	流通A	90000	22.99	上海久事公司 4.21%（国有股）
	流通B			东方国际(集团)有限公司 1.92%（国有股）
	流通H			申能股份有限公司 1.92%（非流通股）
股东户数	05年末	201923		上海国鑫投资发展有限公司 1.62%（国有股）
	04年末	261945		上海实业发展股份有限公司 1.57%（非流通股）
其他流通股东	中国工商银行－上证50交易型开放式指数证券投资基金 0.719%			
近年分配	05方案:10派1.3；04年:10派1.2；03年:10派1.1	近年募资		

二〇〇五年以来市场表现

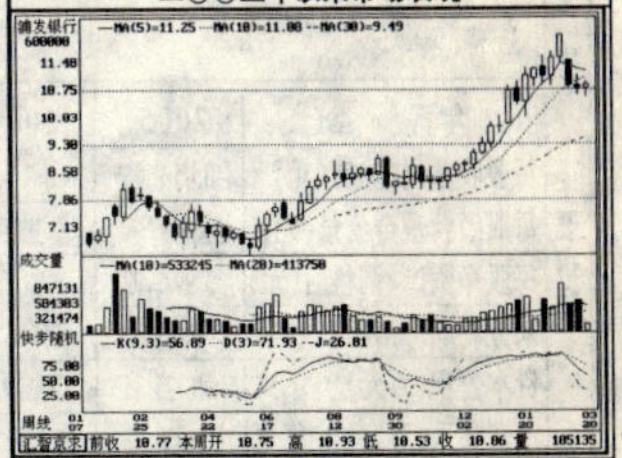

2005年涨跌幅(%)	41
2005年最高(元)	10.15
2006年涨跌幅(%)	11.39
2006.4.26收盘(元)	10.86
2006年最高(元)	12.2
2006年最低(元)	9.8
2006年换手率(%)	59.25
股改对价	送股 每10股实际获得3股

G 邯钢（600001）

上市日期:98/01/22　电话:0310－6074191　传真:0310－6074190

主营	冶炼、钢坯、钢材轧制的生产和销售			
	年度	2005	2004	2003
主要指标	每股收益/扣除后(元)	0.4/0.399	0.615	0.421/0.421
	每股经营现金流量(元)	0.039	1.65	0.61
	每股净资产/调整后(元)	3.8/3.79	5.25/5.23	4.88/4.87
	未分利润(万元)	144235.97	179100.28	159622.41
	资本公积(万元)	333310.69	327233.33	318551.39
利润构成	主营收入(万元)	1988521.34	1945300.57	1273189.17
	主营利润(万元)	201757.6	204588.14	136502.68
	营业利润(万元)	129780.09	147764.49	107085.9
	投资收益(万元)	-10342.72	-6229.17	-4275.53
	利润总额(万元)	119411.45	140987.54	97987.33
	净利润(万元)	90286.7	91679.63	62647.39
点评	受钢铁行业产能迅速提升的影响，国内钢价2005年剧烈下滑。公司通过控制成本，调整结构，部分抵御了行业性风险，全年产量增长，收入和利润仅略有下滑。虽然2006年行业前景仍不乐观，不过作为一家重要的区域性公司，公司仍然值得期待。			

股本结构(万股)	截止日期	05年末	占%	主要股东及持股比例%、持股性质
	总股本	225554.89		邯钢集团 64.65%（国有股）
	国有股	149482.97	66.27	信产投资 1.62%（国有股）
	发起股			南方稳健 1.17%（流通A股）
	外资股			中信经典 0.42%（流通A股）
	募集股			通用投资 0.3%（流通A股）
	流通A	76071.92	33.73	兴业趋势 0.22%（流通A股）
	流通B			博时裕富 0.19%（流通A股）
	流通H			天辰投资 0.18%（流通A股）
股东户数	05年末	176210		集合计划 0.16%（流通A股）
	04年末	185442		林航 0.11%（流通A股）
其他流通股东	东方证券 0.097%；澳通达 0.089%			
近年分配	05预案:10派1；04中期:10派3 年终:10派1.5送5	近年募资	03年增发转债2000万张，募资总额20亿。	

二〇〇五年以来市场表现

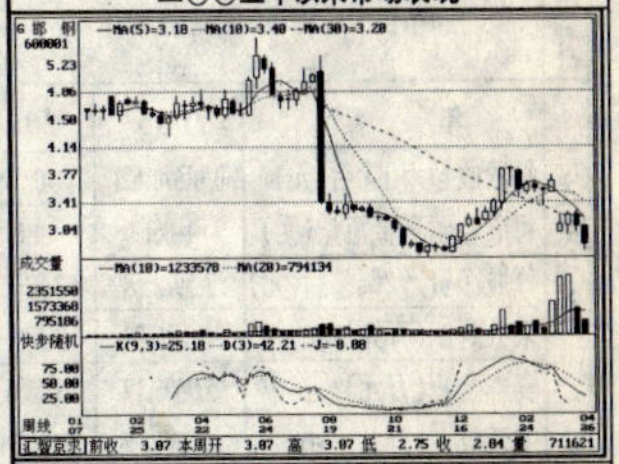

2005年涨跌幅(%)	4.35
2005年最高(元)	5.59
2006年涨跌幅(%)	0.77
2006.4.26收盘(元)	2.84
2006年最高(元)	3.85
2006年最低(元)	3.03
2006年换手率(%)	131.42
股改对价	送股 权证 每10股实际获得1股(06/04/05)

东北高速(600003)

上市日期:99/08/10　　电话:0431－4639168　　传真:0431－4653168

主营	投资、开发、建设和经营管理收费公路			
	年　　度	2005	2004	2003
主要指标	每股收益/扣除后(元)	0.14/0.13	－0.103	0.135/0.061
	每股经营现金流量(元)	0.25	0.1477	0.1508
	每股净资产/调整后(元)	2.64/2.64	2.51/2.5	2.68/2.68
	未分利润(万元)	42846.68	28483.74	47097.54
	资本公积(万元)	137474.53	137474.53	137168
利润构成	主营收入(万元)	62647.96	57729.83	55805.54
	主营利润(万元)	38150.6	28835	31160.1
	营业利润(万元)	24288.17	2183.27	16243.96
	投资收益(万元)	917.01	－21379	－1650.48
	利润总额(万元)	25092.11	－10639.32	28249.35
	净利润(万元)	16897.57	－12547.8	16323.33
点评	公司以前年度投资项目过多、过乱,非主营项目亏损严重,05年公司以撤销、撤并、重组的形势清理了一部分。05年公司主营收入略有增长,并扭转了公司亏损的局面。			

	截止日期	05年末	占%	主要股东及持股比例%、持股性质
股本结构(万股)	总股本	121320		黑龙江省高速公路公司 30.176%(国有股)
	国有股	91320	75.27	吉林省高速公路公司 24.998%(国有股)
	发起股			华建交通经济开发中心 20.098%(国有股)
	外资股			博时裕富 0.143%(流通A股)
	募集股			勤益投资 0.123%(流通A股)
	流通A	30000	24.73	益民信息 0.115%(流通A股)
	流通B			安徽电研 0.099%(流通A股)
	流通H			李霞云 0.068%(流通A股)
股东户数	05年末	130628		董兴民 0.057%(流通A股)
	04年末	142994		李丹 0.053%(流通A股)
其他流通股东	钱磊 0.048%;陈继祥 0.044%;银川投资 0.041%			
近年分配	05预案:10派0.5;03年:10派0.5	近年募资		

二〇〇五年以来市场表现

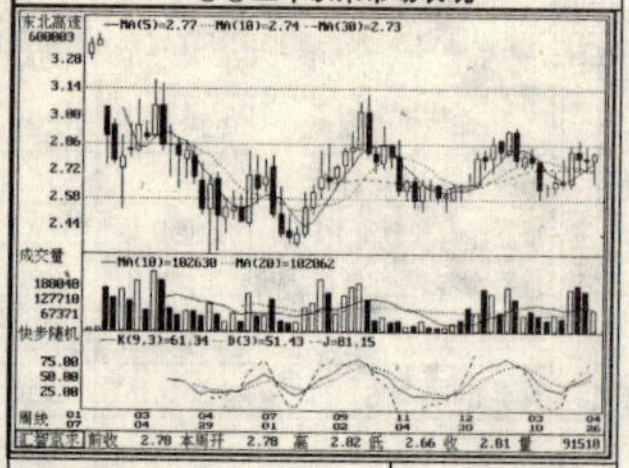

2005年涨跌幅(%)	－21.6
2005年最高(元)	3.42
2006年涨跌幅(%)	6.04
2006.4.26收盘(元)	2.81
2006年最高(元)	2.94
2006年最低(元)	2.58
2006年换手率(%)	61.06
股改对价	

G穗机场(600004)

上市日期:03/04/28　　电话:020－36063593/5　　传真:020－36063416

主营	航空地面客货过港服务			
	年　　度	2005	2004	2003
主要指标	每股收益/扣除后(元)	0.25/0.25	0.3/0.3	0.3/0.3
	每股经营现金流量(元)	0.47	0.29	0.38
	每股净资产/调整后(元)	3.99/3.92	3.98/3.94	3.78/3.77
	未分利润(万元)	46141.3	35514.04	35241.38
	资本公积(万元)	218725.35	218629.62	218261.43
利润构成	主营收入(万元)	214930.82	157394.16	106185.11
	主营利润(万元)	88687.35	81484.22	64940.57
	营业利润(万元)	39966.29	47942.88	46938.94
	投资收益(万元)	－287.18	－616.77	125.37
	利润总额(万元)	39873.79	47172.86	46124.13
	净利润(万元)	25151.29	30039.07	29614.38
点评	05年由于主营成本、费用大幅上升,公司净利润同比下降。2005年度是新白云机场正式运营的第一个完整年度,业务量同比增幅低于同期全国平均水平。机场建设费返还收入仍是主要利润支撑,未来该优惠政策是否仍然存在成为主要不确定性因素。			

	截止日期	05年末	占%	主要股东及持股比例%、持股性质
股本结构(万股)	总股本	100000		广东省机场管理集团公司 54.86%(部分流通部分不流通)
	国有股	52400	52.4	中国工商银行－开元证券投资基金 1.5%(流通A股)
	发起股			中国工商银行－天元证券投资基金 1.44%(流通A股)
	外资股			中国工商银行－南方稳健成长证券投资基金 1.28%(流通A股)
	募集股			中国工商银行－上证50交易型开放式指数证券投资基金 1.19%(流通A股)
	流通A	47600	47.6	金鑫证券投资基金 1.08%(流通A股)
	流通B			海通－中行－FORTIS BANK SA/NV 0.64%(流通A股)
	流通H			全国社保基金一零一组合 0.64%(流通A股)
股东户数	05年末	61459		中国人寿保险股份有限公司－分红－个人分红－005L－FH002沪 0.6%(流通A股)
	04年末	79728		中国建设银行－华宝兴业多策略增长证券投资基金 0.57%(流通A股)
其他流通股东	新华人寿保险股份有限公司－分红－团体分红－018L－FH001沪 0.52%			
近年分配	05预案:10派1;04年:10派2.5;03年:10派1	近年募资	03年新发40000万股,发行价5.88元。	

二〇〇五年以来市场表现

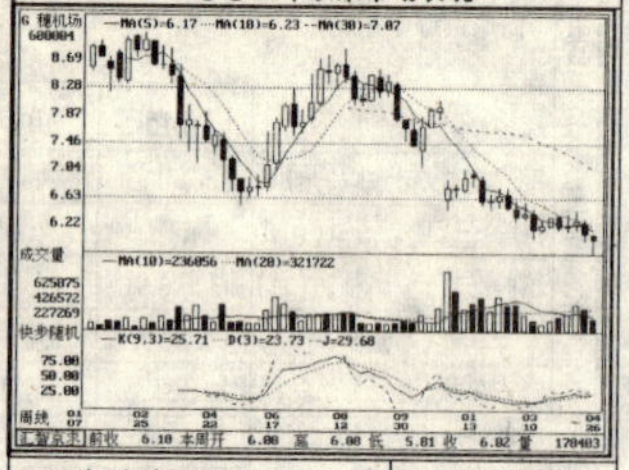

2005年涨跌幅(%)	－4.22
2005年最高(元)	9.11
2006年涨跌幅(%)	－10.95
2006.4.26收盘(元)	6.02
2006年最高(元)	7.06
2006年最低(元)	5.81
2006年换手率(%)	96.8
股改对价	送股权证 每10股实际获得1.9股(05/12/20)

G武钢(600005)

上市日期:99/08/03　　电话:027－86306023　　传真:027－86807873

主营	生产和销售冷轧薄板和冷轧硅钢片。			
	年　　度	2005	2004	2003
主要指标	每股收益/扣除后(元)	0.616/0.621	0.399	0.227/0.23
	每股经营现金流量(元)	1.061	0.695	0.388
	每股净资产/调整后(元)	2.59/2.59	2.22/2.22	2.34/2.34
	未分利润(万元)	415415.33	265321.31	529.13
	资本公积(万元)	577506.19	577506.19	212042.42
利润构成	主营收入(万元)	4074603.36	2414816.05	680685.99
	主营利润(万元)	805853.2	546327.31	100900.53
	营业利润(万元)	716702.68	470546.98	90281.15
	投资收益(万元)	1144.7	875.94	1175.5
	利润总额(万元)	706679.64	464671.27	86809.32
	净利润(万元)	482489.04	312845.92	56925.96
点评	05年国内钢价大幅振荡,但受益于硅钢的紧缺,以及整体上市并表的贡献,公司仍然实现收入和盈利的大幅增长。2006年行业前景仍不乐观,公司业绩下滑在所难免。不过作为国内钢铁业最为重要的几家公司之一,公司在产业整合中的地位值得关注。			

	截止日期	05年末	占%	主要股东及持股比例%、持股性质
股本结构(万股)	总股本	783800		武汉钢铁(集团)公司 69.76%(国有股)
	国有股	546800	69.76	国信证券有限责任公司 3.55%(流通A股)
	发起股			光大证券有限责任公司 2.09%(流通A股)
	外资股			广发证券股份有限公司 1.66%(流通A股)
	募集股			华泰证券有限责任公司 1.53%(流通A股)
	流通A	237000	30.24	长江证券有限责任公司 1.4%(流通A股)
	流通B			国泰君安证券股份有限公司 0.95%(流通A股)
	流通H			上证50交易型开放式指数证券投资基金 0.89%(流通A股)
股东户数	05年末	119334		红塔证券股份有限公司 0.64%(流通A股)
	04年末	117076		海通证券股份有限公司 0.51%(流通A股)
其他流通股东	招商证券股份有限公司 0.421%			
近年分配	05预案:10派3;04中期:10转增10年终:10派2.5;03年:10派2.3	近年募资	04年增发A股141042.4万股,发行价6.38元。	

二〇〇五年以来市场表现

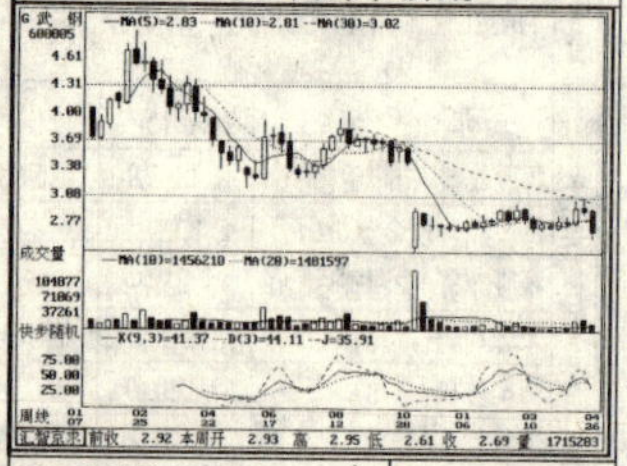

2005年涨跌幅(%)	－10.19
2005年最高(元)	4.92
2006年涨跌幅(%)	－0.74
2006.4.26收盘(元)	2.69
2006年最高(元)	3.06
2006年最低(元)	2.61
2006年换手率(%)	95.17
股改对价	送股权证 每10股实际获得2.5股(05/11/21)

东风汽车（600006）

上市日期:99/07/27　　电话:027－84287971　　传真:027－84287977

主营	汽车、汽车发动机及其零部件、铸件的开发、设计、生产和销售。

	年　度	2005	2004	2003
主要指标	每股收益/扣除后(元)	0.197/0.167	0.233/0.232	0.63/0.59
	每股经营现金流量(元)	0.6863	0.3624	0.7912
	每股净资产/调整后(元)	2.27/2.18	2.15/2.15	4.03/4.03
	未分利润(万元)	139751.12	122664.89	133637.88
	资本公积(万元)	63690.41	63095.24	132375.74
利润构成	主营收入(万元)	880105.79	610013.25	585143.83
	主营利润(万元)	126013.85	111494.1	104336.26
	营业利润(万元)	50857.11	56716.78	68182.6
	投资收益(万元)	－819.48	－1676.8	534.13
	利润总额(万元)	48993.87	54329.62	68515.99
	净利润(万元)	39388.47	46587.48	62985.39

点评：公司主要利润来源是为集团中重卡配套的发动机业务。05年轻卡销量增长较快,盈利贡献提升,但是中重卡市场的下滑导致发动力盈利下降。预计06年随着汽车行业需求的增长和利润率的稳定,公司盈利会有所增长。

	截止日期	05年末	占%	主要股东及持股比例%、持股性质
股本结构（万股）	总股本	200000		东风汽车有限公司70%（非流通股）
	国有股			中国银河证券有限责任公司2.837%（流通A股）
	发起股	140000	70	上海市企业年金发展中心银河平衡1.183%（流通A股）
	外资股			宏源证券股份有限公司0.549%（流通A股）
	募集股			交通银行－汉兴证券投资基金0.5%（流通A股）
	流通A	60000	30	张涛0.33%（流通A股）
	流通B			朱瑞鹤0.285%（流通A股）
	流通H			湖北华中房地产开发有限公司0.226%（流通A股）
股东户数	05年末	34209		冯植伟0.205%（流通A股）
	04年末	34830		张正才0.204%（流通A股）
其他流通股东	大成价值增长证券投资基金0.186%			
近年分配	05预案:10派0.8；04年:10派0.75；03年:10派2送3转增7		近年募资	

二〇〇五年以来市场表现

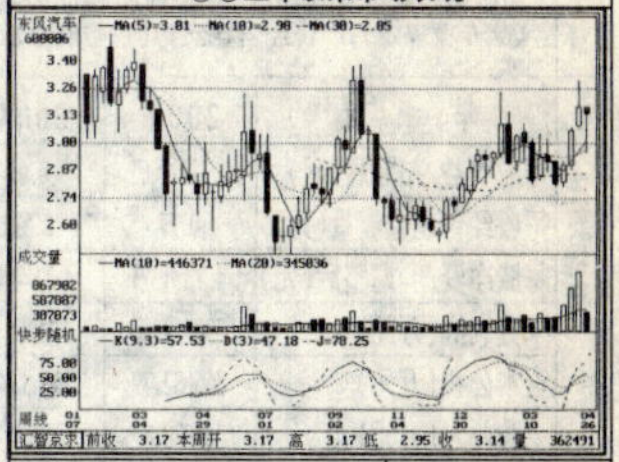

2005年涨跌幅(%)	－14.18
2005年最高(元)	3.53
2006年涨跌幅(%)	12.14
2006.4.26收盘(元)	3.14
2006年最高(元)	3.3
2006年最低(元)	2.75
2006年换手率(%)	102.45
股改对价	

G国贸（600007）

上市日期:99/03/12　　电话:010－65052288　　传真:010－65053862

主营	商务服务设施的投资、经营与管理,包括高档甲级写字楼、高档涉外公寓、商场等设施的出租及管理,大型展览及配套服务、停车设施服务等。

	年　度	2005	2004	2003
主要指标	每股收益/扣除后(元)	0.31/0.31	0.26	0.26/0.26
	每股经营现金流量(元)	0.52	0.48	0.47
	每股净资产/调整后(元)	3.2/2.98	3.17/2.92	3.06/2.79
	未分利润(万元)	62883.2	56282.1	50709.8
	资本公积(万元)	92122.1	92122.1	92120.4
利润构成	主营收入(万元)	77817	71142.4	64677.3
	主营利润(万元)	44905.8	38989.5	35877.1
	营业利润(万元)	36921.3	32056.9	30801.6
	投资收益(万元)	638.6	583.5	446.1
	利润总额(万元)	37054.6	31803.6	31505.9
	净利润(万元)	24667.9	21143.9	21126.4

点评：公司主要从事写字楼、涉外公寓和商场的出租和管理。05年主营收入和净利润平稳增长,写字楼、商场的出租率均保持在95%以上,目前在保持较高出租率水平的同时,调整客户结构,保持在北京高档物业租赁市场的占有率。

	截止日期	05年末	占%	主要股东及持股比例%、持股性质
股本结构（万股）	总股本	80000		中国国际贸易中心有限公司80%（非流通股）
	国有股			中国农业银行－交银施罗德精选股票证券投资基金0.361%（流通A股）
	发起股			中国工商银行－南方积极配置证券投资基金0.358%（流通A股）
	外资股			中国银行－同盛证券投资基金0.199%（流通A股）
	募集股	64000	80	中国工商银行－诺安平衡证券投资基金0.155%（流通A股）
	流通A	16000	20	中国工商银行－天元证券投资基金0.137%（流通A股）
	流通B			中国光大银行股份有限公司－中融景气行业证券投资基金0.118%（流通A股）
	流通H			中国建设银行－博时裕富证券投资基金0.116%（流通A股）
股东户数	05年末	71680		中卫国脉通信股份有限公司0.114%（流通A股）
	04年末	80082		中国银行－南方高增长股票型开放式证券投资基金0.087%（流通A股）
其他流通股东	中国工商银行－汇添富优势精选混合型证券投资基金0.065%			
近年分配	05预案:10派2；04年:10派1.95；03年:10派1.55		近年募资	

二〇〇五年以来市场表现

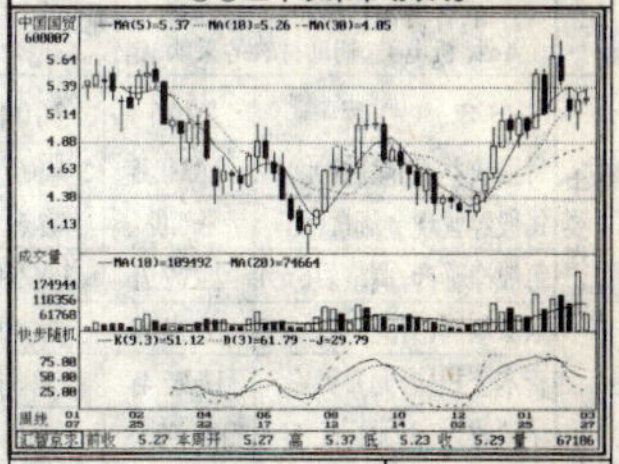

2005年涨跌幅(%)	－6.75
2005年最高(元)	5.65
2006年涨跌幅(%)	9.07
2006.4.26收盘(元)	5.29
2006年最高(元)	5.89
2006年最低(元)	4.84
2006年换手率(%)	73.02
股改对价	送股 每10股实际获得2.5股(06/04/28)

G首创（600008）

上市日期:00/04/27　　电话:010－64689035　　传真:010－64689030

主营	公用基础设施的投资及投资管理,住宿、餐饮及高科技产品的开发、咨询、转让等。

	年　度	2005	2004	2003
主要指标	每股收益/扣除后(元)	0.22/0.002	0.45/0.036	0.367/－0.023
	每股经营现金流量(元)	0.26	0.49	0.4663
	每股净资产/调整后(元)	2.09/2.09	3.86/3.86	4.04/4.04
	未分利润(万元)	40973.15	13429.3	35150.2
	资本公积(万元)	160498.48	270361.78	270733.85
利润构成	主营收入(万元)	47090.15	31274.6	23420.46
	主营利润(万元)	26772	20260.49	15516.13
	营业利润(万元)	－3192.34	1996.98	4150.35
	投资收益(万元)	13373.24	7750.61	－4639.49
	利润总额(万元)	52630	52149.57	41801.57
	净利润(万元)	48154.18	49045.92	40351.61

点评：公司主营业务为城市制水供水和污水处理,其需求波动不大。2005年公司水务业务总处理能力达到730万吨/日,实现收入较大幅度增长;京通快速路及饭店经营和上一年度持平。未来公司将进一步强化水务市场开拓力度。

	截止日期	05年末	占%	主要股东及持股比例%、持股性质
股本结构（万股）	总股本	220000		北京首都创业集团有限公司72.6%（国有股）
	国有股			交通银行－安顺证券投资基金1.27%（流通A股）
	发起股	160000	72.73	中国银行－海富通收益增长证券投资基金0.91%（流通A股）
	外资股			中国工商银行－南方稳健成长证券投资基金0.83%（流通A股）
	募集股			交通银行－海富通精选证券投资基金0.77%（流通A股）
	流通A	60000	27.27	海通－中行－FORTIS BANK SA/NV 0.71%（流通A股）
	流通B			全国社保基金一零一组合0.71%（流通A股）
	流通H			中国工商银行－中银国际中国精选混合型开放式证券投资基金0.5%（流通A股）
股东户数	05年末	74840		中国经济技术投资担保有限公司0.45%（流通A股）
	04年末	91421		中国纺织物资(集团)总公司0.39%（流通A股）
其他流通股东	高校房地产开发总公司0.32%			
近年分配	05预案:10派1.8；04年:10派1.2转增10；03年:10派3.15		近年募资	

二〇〇五年以来市场表现

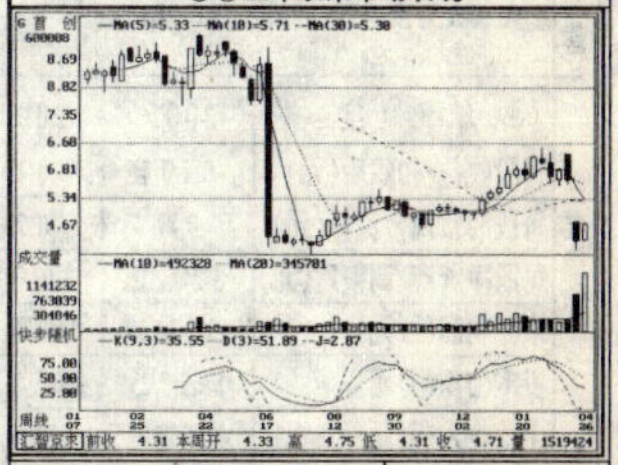

2005年涨跌幅(%)	36.8
2005年最高(元)	11.94
2006年涨跌幅(%)	9.54
2006.4.26收盘(元)	4.71
2006年最高(元)	6.57
2006年最低(元)	5.32
2006年换手率(%)	72.59
股改对价	首创集团以现金购买首创股份的部分非核心资产 送股 权证 每10股实际获得3股(06/04/19)

G 沪机场（600009）

上市日期:98/02/18　　电话:021－68341609　　传真:021－68341615

主营	为国内外航空运输企业及旅客提供地面保障服务，经营出租机场内航空营业场所、商业场所和办公场所，国内贸易(除专项规定)；广告经营，经营其它与航空运输有关的业务等。			
	年　度	2005	2004	2003
主要指标	每股收益/扣除后(元)	0.721/0.72	0.67	0.347/0.29
	每股经营现金流量(元)	0.77	0.523	0.516
	每股净资产/调整后(元)	4.73/4.73	4.11/4.11	3.31/3.31
	未分利润(万元)	330749.08	238882.14	144438.57
	资本公积(万元)	256682.79	256682.79	209432.69
利润构成	主营收入(万元)	268078.82	235201.74	177728.35
	主营利润(万元)	152561.47	131146.31	92439.05
	营业利润(万元)	137564.55	122660.63	71474.23
	投资收益(万元)	23173.06	24604.06	2731.48
	利润总额(万元)	160744	147286.05	76466.14
	净利润(万元)	138920.66	129164.69	64378.99
点评	2005年虹桥机场已接近饱和，预计2009年以前浦东国际机场增幅将超过虹桥机场。2005年航油公司贡献投资收益小幅下降。根据规定，民用机场对航油公司的持股比例在一年内减持到25%以下，应密切关注G沪机场对航油公司股权减持价格。			

	截止日期	05年末	占%	主要股东及持股比例%、持股性质
股本结构（万股）	总股本	192695.84		上海机场(集团)有限公司 60.72%（国有股）
	国有股	117000	60.72	嘉实服务增值行业证券投资基金 1.51%（流通A股）
	发起股			易方达50指数证券投资基金 1.49%（流通A股）
	外资股			海富通收益增长证券投资基金 1.04%（流通A股）
	募集股			科瑞证券投资基金 1.03%（流通A股）
	流通A	75695.84	39.28	上证50交易型开放式指数证券投资基金 0.96%（流通A股）
	流通B			中国平安人寿保险股份有限公司－传统－普通保险产品 0.88%（流通A股）
	流通H			中信经典配置证券投资基金 0.77%（流通A股）
股东户数	05年末	32512		易方达平稳增长证券投资基金 0.77%（流通A股）
	04年末	40177		丰和价值证券投资基金 0.73%（流通A股）
其他流通股东	兴和证券投资基金 0.723%			
近年分配	05预案:10派1.5；04年:10派1；03中期:10送3年终:10派1	近年募资		

二〇〇五年以来市场表现

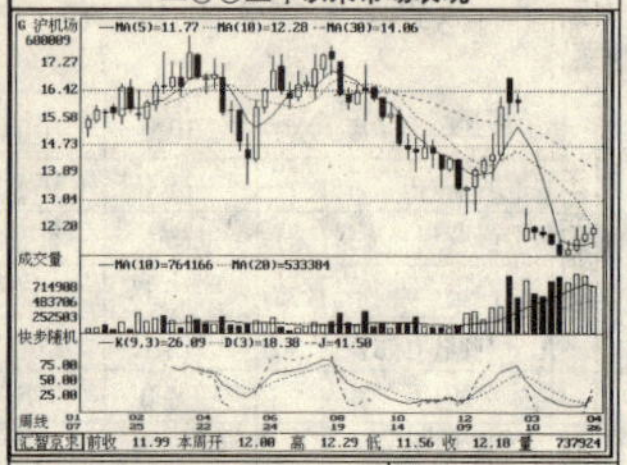

2005年涨跌幅(%)	-4.6
2005年最高(元)	18.11
2006年涨跌幅(%)	0.52
2006.4.26收盘(元)	12.18
2006年最高(元)	16.8
2006年最低(元)	13.51
2006年换手率(%)	103.44
股改对价	送股权证 每10股实际获得1.9股(06/03/02)

G 包钢（600010）

上市日期:01/03/09　　电话:0472－2189528　　传真:0472－2189530 2189510

主营	重轨、大型工槽钢、无缝钢管、带钢、焊管、线材、棒材的生产营销；各类钢材生产过程的原材料、能源动力、设备及备品备件、机电类、辅助材料的采购、销售。			
	年　度	2005	2004	2003
主要指标	每股收益/扣除后(元)	0.35/0.35	0.7	0.45/0.45
	每股经营现金流量(元)	-0.02	2.61	2.46
	每股净资产/调整后(元)	2.23/2.21	3.94/3.94	3.33/3.33
	未分利润(万元)	122294.48	136724.93	76655.63
	资本公积(万元)	176362.46	191246.04	191244.52
利润构成	主营收入(万元)	1897097.13	1624616.37	1071982.97
	主营利润(万元)	134181.24	130754.79	127694.69
	营业利润(万元)	113795.13	97811.83	85334.22
	投资收益(万元)	2.58	333.26	420.07
	利润总额(万元)	112750.65	97640.81	84935.07
	净利润(万元)	100641.92	87809.32	56555.3
点评	2005年国内钢材市场供过于求的矛盾日益突出，钢材价格大幅下滑，主要原燃料价格、煤电油运输成本等不同幅度上涨，但公司仍然实现了收入和利润的增长。2006年行业前景虽不乐观，但是考虑到公司整体上市的计划，未来仍然值得期待。			

	截止日期	05年末	占%	主要股东及持股比例%、持股性质
股本结构（万股）	总股本	286039.3		包头钢铁(集团)有限责任公司 62.07%（国有股）
	国有股	177556	62.07	兴业银行股份有限公司—兴业趋势投资混合型证券投资基金 0.56%（流通A股）
	发起股	2444	0.85	中国农业银行—交银施罗德精选股票证券投资基金 0.52%（流通A股）
	外资股			山西焦煤集团有限责任公司 0.45%（非流通股）
	募集股			中国农业银行—长盛动态精选证券投资基金 0.42%（流通A股）
	流通A	106039.3	37.07	唐山天辰投资有限责任公司 0.32%（流通A股）
	流通B			全国社保基金一零五组合 0.24%（流通A股）
	流通H			陈惠燕 0.17%（流通A股）
股东户数	05年末	132922		中钢集团天津公司 0.14%（非流通股）
	04年末	121813		中国第一重型机械集团公司 0.14%（非流通股）
其他流通股东	招商银行股份有限公司—中信经典配置证券投资基金 0.131%；中国建设银行—博时裕富证券投资基金 0.131%			
近年分配	05中期:10派2送5转增5年终预案:10派0.8；03年:10派2.5	近年募资	04年增发转债1800万张，募资总额18亿。	

二〇〇五年以来市场表现

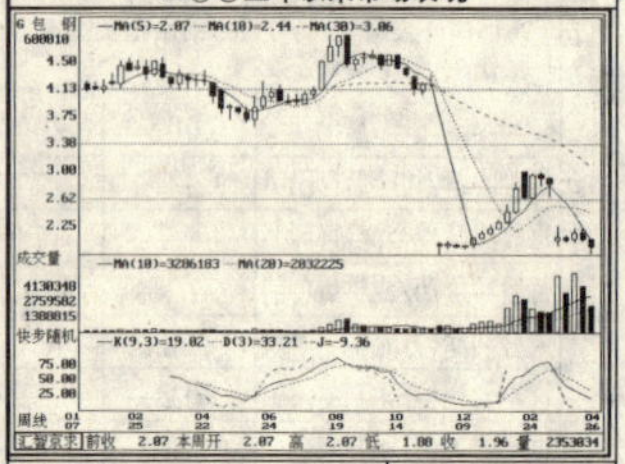

2005年涨跌幅(%)	9.48
2005年最高(元)	4.88
2006年涨跌幅(%)	2.88
2006.4.26收盘(元)	1.96
2006年最高(元)	2.99
2006年最低(元)	2.18
2006年换手率(%)	246.61
股改对价	送股权证 每10股实际获得1.6股(06/03/28)

G 华能（600011）

上市日期:01/12/06　　电话:010－66491999　　传真:010－66491888

主营	大型火力发电厂的开发、建设和运营			
	年　度	2005	2004	2003
主要指标	每股收益/扣除后(元)	0.4/0.4	0.45	0.91/0.92
	每股经营现金流量(元)	0.87	0.75	1.69
	每股净资产/调整后(元)	3.24/3.22	3.08/3.02	5.77/5.76
	未分利润(万元)	1331514.18	1239982.21	1398153.15
	资本公积(万元)	876535.25	861598.22	1040322.94
利润构成	主营收入(万元)	4024777.56	3029269.87	2347964.7
	主营利润(万元)	876022.44	771140.43	774411.29
	营业利润(万元)	658911.81	643444.67	677350.21
	投资收益(万元)	22866.44	19595.92	13388.57
	利润总额(万元)	667903.71	669184.14	677408.06
	净利润(万元)	476262.5	538905.7	545714.26
点评	受电力需求旺盛的推动，公司电力产销同比有超过30%的增长，连同电价的提高，公司的主营业务收入同比有一定增长。由于煤炭价格上涨，燃料成本增加，收购和新机投产增加的收益被成本增加所抵消。因此，合并利润总额没有和收入同步增长。			

	截止日期	05年末	占%	主要股东及持股比例%、持股性质
股本结构（万股）	总股本	1205538.34		华能国际电力开发公司 42.78%（国有股）
	国有股			河北省建设投资公司 7.5%（国有股）
	发起股	844900	70.08	江苏省国际信托投资公司 5.18%（国有股）
	外资股			福建投资企业集团公司 4.66%（国有股）
	募集股			辽宁能源投资(集团)有限责任公司 3.86%（国有股）
	流通A	50000	4.15	大连市建设投资公司 3.75%（国有股）
	流通B			南通投资管理有限公司 1.13%（国有股）
	流通H	305538.34	25.34	闽信集团有限公司 0.9%（非流通股）
股东户数	05年末	34848		Horizon Asset Management, Inc. 0.72%（H股）
	04年末	44451		汕头电力发展股份有限公司 0.32%（国有股）
其他流通股东	Kinetics Asset Management, Inc. 0.275%；中国银行－嘉实服务增值行业证券投资基金 0.203%			
近年分配	05预案:10派2.5；04年:10派2.5；03年:10派5送5转增5	近年募资		

二〇〇五年以来市场表现

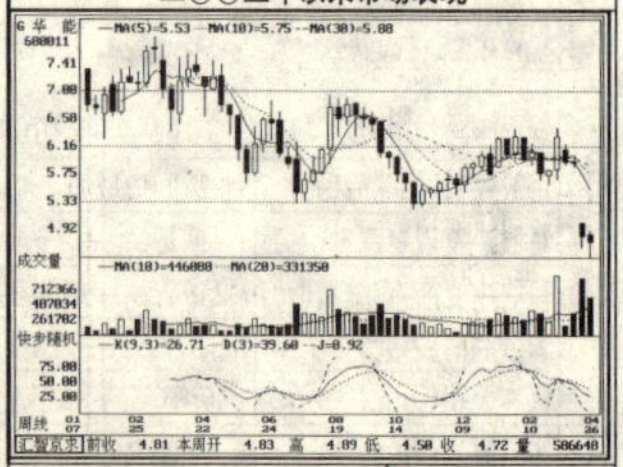

2005年涨跌幅(%)	-17.49
2005年最高(元)	7.83
2006年涨跌幅(%)	6.9
2006.4.26收盘(元)	4.72
2006年最高(元)	6.51
2006年最低(元)	5.58
2006年换手率(%)	96.04
股改对价	送股 每10股实际获得3股(06/04/19)

G 皖通（600012）

上市日期:03/01/07　　电话:(0551)3433722　　传真:(0551)3434602

主营：持有、经营及开发安徽省境内外收费高速公路及公路。

	年　　度	2005	2004	2003
主要指标	每股收益/扣除后(元)	0.398/0.407	0.244	0.17/0.172
	每股经营现金流量(元)	0.61	0.55	0.33
	每股净资产/调整后(元)	2.8/2.8	2.5/2.5	2.31/2.31
	未分利润(万元)	121627.34	89113.57	68769.89
	资本公积(万元)	117904.28	117898.6	117898.6
利润构成	主营收入(万元)	153801.71	124289.89	89655.4
	主营利润(万元)	100257.03	65342.1	44521.99
	营业利润(万元)	87253.44	52833.86	36775.12
	投资收益(万元)	407.63	11.88	88.81
	利润总额(万元)	86022.62	52070.49	36687.64
	净利润(万元)	65924.84	40440.34	28326.45

点评：公司主要营业额及经营业绩均来自于安徽省内的收费公路，受益于区域及安徽省经济的快速发展和汽车保有量的快速增加，特别是计重收费的全年实施，报告期内公司主营业务收入增长30%，盈利增长60%以上。

	截止日期	05年末	占%	主要股东及持股比例%、持股性质
股本结构（万股）	总股本	165861		安徽省高速公路总公司 32.48%（国有股）
	国有股	91560	55.2	HKSCC NOMINEES LIMITED(代理人) 29.31%（H股）
	发起股			华建交通经济开发中心 22.72%（国有股）
	外资股			嘉实服务增值行业证券投资基金 1.62%（流通A股）
	募集股			全国社保基金一零八组合 0.89%（流通A股）
	流通A	25000	15.07	博时主题行业股票证券投资基金 0.7%（流通A股）
	流通B			嘉实成长收益型证券投资基金 0.6%（流通A股）
	流通H	49301	29.72	博时精选股票证券投资基金 0.59%（流通A股）
股东户数	05年末	25097		景顺长城优选股票证券投资基金 0.39%（流通A股）
	04年末	36755		全国社保基金一零二组合 0.38%（流通A股）
其他流通股东	中信经典配置证券投资基金 0.33%；华宝兴业多策略增长证券投资基金 0.313%			
近年分配	05预案:10派2.8；04年:10派1；03年:10派0.6	近年募资		

二〇〇五年以来市场表现

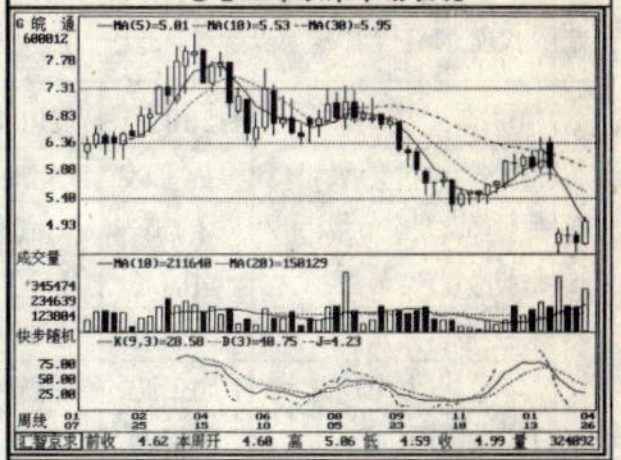

2005年涨跌幅(%)	-1.45
2005年最高(元)	8.26
2006年涨跌幅(%)	7.05
2006.4.26收盘(元)	4.99
2006年最高(元)	6.51
2006年最低(元)	5.7
2006年换手率(%)	65.57
股改对价	送股 派现 每10股实际获得2股4.35元(06/04/03)

华夏银行（600015）

上市日期:03/09/12　　电话:010-85239938　　传真:010-85238504

主营：商业银行业务

	年　　度	2005	2004	2003
主要指标	每股收益/扣除后(元)	0.31/0.34	0.24/0.27	0.23/0.27
	每股经营现金流量(元)	-1.57	3.95	-2.35
	每股净资产/调整后(元)	2.49/2.36	2.29/2.16	2.46/2.32
	未分利润(万元)	87579.69	100042.31	17104.3
	资本公积(万元)	375961.96	375961.96	445962
利润构成	主营收入(万元)	1379447.28	1082680.38	847881.69
	主营利润(万元)	218427.3	181744.05	152849.05
	营业利润(万元)	218427.3	181744.05	152849.05
	投资收益(万元)			
	利润总额(万元)	200272.86	166067.67	137519.55
	净利润(万元)	128867.51	101691.76	80158.85

点评：公司信贷规模和债券投资的快速增长，资产质量保持平稳，但拨备覆盖率相对不足，05年得益于汇总纳税有效税率下降3个百分点，但费用率有所上升。公司风险、内控体系有所改进，产品创新加速，战略投资者的引进有助于提高期经营管理水平。

	截止日期	05年末	占%	主要股东及持股比例%、持股性质
股本结构（万股）	总股本	420000		首钢总公司 14.29%（部分流通部分不流通）
	国有股	234000.96	55.71	山东电力集团公司 11.43%（国有股）
	发起股	65999.04	15.71	玉溪红塔烟草(集团)有限责任公司 10%（国有股）
	外资股			联大集团有限公司 8.57%（国有股）
	募集股			北京三吉利能源股份有限公司 4.29%（国有股）
	流通A	120000	28.57	上海健特生物科技有限公司 4%（非流通股）
	流通B			信远产业控股集团有限公司 3.52%（非流通股）
	流通H			包头华资实业股份有限公司 2.86%（国有股）
股东户数	05年末	242389		上海建工(集团)总公司 2.14%（国有股）
	04年末	314870		中国进口汽车贸易中心 2.14%（国有股）
其他流通股东	上证50交易型开放式指数证券投资基金 0.719%；中信经典配置证券投资基金 0.595%			
近年分配	05年:10派1.1；04年:10派1；03中期:10派3.53	近年募资	03年新发100000万股，发行价5.6元。	

二〇〇五年以来市场表现

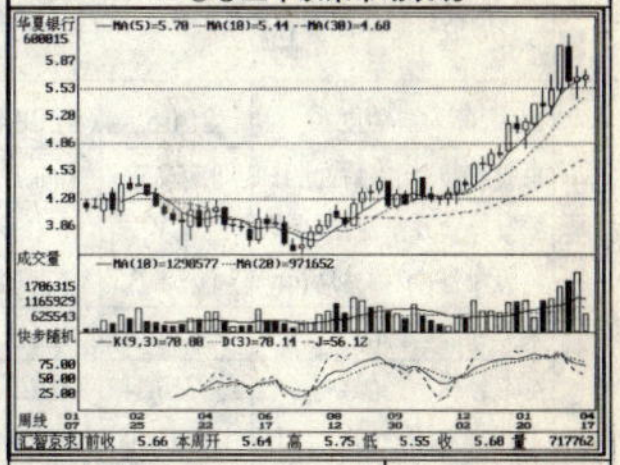

2005年涨跌幅(%)	16.63
2005年最高(元)	4.94
2006年涨跌幅(%)	22.15
2006.4.26收盘(元)	5.68
2006年最高(元)	6.31
2006年最低(元)	4.76
2006年换手率(%)	108.22
股改对价	送股 每10股实际获得3股

G 民生（600016）

上市日期:00/12/19　　电话:010-58560807　　传真:010-58560681

主营：商业银行业务

	年　　度	2005	2004	2003
主要指标	每股收益/扣除后(元)	0.37/0.37	0.39	0.38/0.38
	每股经营现金流量(元)	2.11	-2.91	6.94
	每股净资产/调整后(元)	2.13/2.07	2.49/2.42	2.66/2.56
	未分利润(万元)	169686	199959.5	149404.4
	资本公积(万元)	420743.5	494849.1	406173
利润构成	主营收入(万元)	2380037.7	1795877.9	1203711.4
	主营利润(万元)	424032.6	284455	196767.1
	营业利润(万元)	424032.6	284455	196767.1
	投资收益(万元)			
	利润总额(万元)	424269	286544.6	194111.4
	净利润(万元)	270251.9	203840.1	139125.2

点评：得益于灵活的管理体制，公司成为国内增长最快的银行，其激进的经营战略为其带来的收益远远超过风险。公司的战略明确，执行有力，未来在零售业务和中小企业贷款方面会有快速增长，会不过在短期内会有成本上升的压力。

	截止日期	05年末	占%	主要股东及持股比例%、持股性质
股本结构（万股）	总股本	725877.87		新希望投资有限公司 5.99%（非流通股）
	国有股			中国泛海控股有限公司 5.64%（非流通股）
	发起股	399505.56	55.04	中国中小企业投资有限公司 5%（非流通股）
	外资股	35061.5	4.83	东方集团股份有限公司 4.71%（非流通股）
	募集股			中国船东互保协会 4.64%（非流通股）
	流通A	291310.81	40.13	厦门福信集团有限公司 4.08%（非流通股）
	流通B			ASIA FINANCIAL HOLDINGS PTE. LTD. 3.9%（非流通股）
	流通H			上海健特生命科技有限公司 3.11%（非流通股）
股东户数	05年末	277224		四川南方希望实业有限公司 2.82%（非流通股）
	04年末			哈尔滨岁宝热电股份有限公司 2.17%（非流通股）
其他流通股东	上证50交易型开放式指数证券投资基金 1.194%；易方达50指数证券投资基金 1.026%			
近年分配	05年:10派0.5送1.5转增2.5；04年:10派0.7送2；03年:10派1.2送2转增1.5	近年募资	03年增发转债4000万张，募资总额40亿。	

二〇〇五年以来市场表现

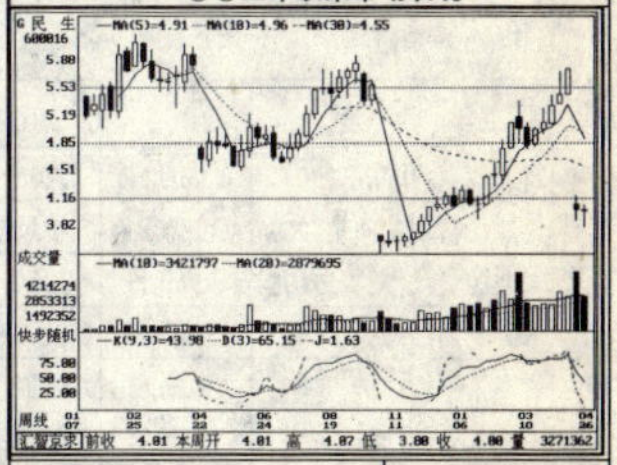

2005年涨跌幅(%)	35.84
2005年最高(元)	7.8
2006年涨跌幅(%)	39.16
2006.4.26收盘(元)	4
2006年最高(元)	5.9
2006年最低(元)	3.89
2006年换手率(%)	165.79
股改对价	转增 每10股实际获得5.02416股(05/10/26)

G上港（600018）

上市日期:00/07/19　　电话:021－56443578　　传真:021－56441469

主营	主要从事国际集装箱装卸、储存、拆装箱、水、陆运输、船务代理、货运代理、信息及管理业务。			
	年　度	2005	2004	2003
主要指标	每股收益/扣除后(元)	0.659/0.658	0.641/0.648	0.554/0.57
	每股经营现金流量(元)	1.0296	1.0009	0.9495
	每股净资产/调整后(元)	4.11/4.08	3.77/3.75	3.3/3.28
	未分利润(万元)	247335.88	207077.37	142082.71
	资本公积(万元)	205325.93	204259.12	203903.66
利润构成	主营收入(万元)	477612.59	433925.33	342947.11
	主营利润(万元)	234990.78	223569.62	190867.99
	营业利润(万元)	190333.17	187457.76	161149.53
	投资收益(万元)	456.16	2778.83	677.92
	利润总额(万元)	192944	190595.84	162152.55
	净利润(万元)	118922.41	115584.7	99875.19
点评	2005年平均装卸费率下降。2006年起，外高桥港区的费率再次提价10%，预计装卸费率将回升。洋山港一期和外五进入后，公司的吞吐量将大幅增长，业绩重获增长动力。预计06年下半年增发，财务费用将有所下降。05年股票投资风险已释放完毕。			

股本结构（万股）	截止日期	05年末	占%	主要股东及持股比例%、持股性质
	总股本	180440		上海国际港务(集团)股份有限公司 70.18%（国有股）
	国有股	126624.21	70.18	UBS LIMITED 0.96%（流通A股）
	发起股			嘉实服务增值行业证券投资基金 0.77%（流通A股）
	外资股			上证50交易型开放式指数证券投资基金 0.72%（流通A股）
	募集股	2575.79	1.43	香港上海汇丰银行有限公司 0.7%（流通A股）
	流通A	51240	28.4	美林国际 0.67%（流通A股）
	流通B			易方达50指数证券投资基金 0.66%（流通A股）
	流通H			野村证券 0.58%（流通A股）
股东户数	05年末	43239		东方汇理 0.55%（流通A股）
	04年末	47722		中国平安人寿保险股份有限公司－传统－普通保险产品 0.5%（流通A股）
其他流通股东	天元证券投资基金 0.491%			
近年分配	05方案:10派3.6；04年:10派3；03年:10派1.5		近年募资	

二〇〇五年以来市场表现

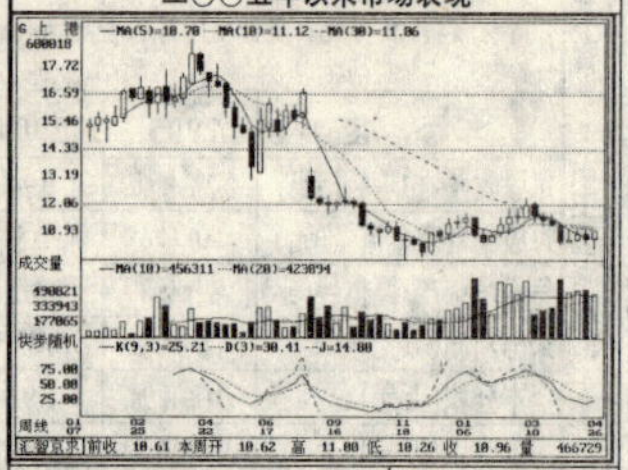

2005年涨跌幅(%)	－0.93
2005年最高(元)	18.85
2006年涨跌幅(%)	－3.1
2006.4.26收盘(元)	10.96
2006年最高(元)	12.27
2006年最低(元)	10.26
2006年换手率(%)	145.14
股改对价	送股 派现 每10股实际获得2.2股 10元(05/08/22)

G宝钢（600019）

上市日期:00/12/12　　电话:021－26647000　　传真:021－26646999

主营	高档钢材和其他钢铁产品的冶炼、加工和销售。			
	年　度	2005	2004	2003
主要指标	每股收益/扣除后(元)	0.72/0.73	0.75	0.56/0.56
	每股经营现金流量(元)	1.3	1.34	1.17
	每股净资产/调整后(元)	4.25/4.23	3.35/3.33	2.83/2.83
	未分利润(万元)	1259139.55	996645.33	653701.67
	资本公积(万元)	3272297.14	1212229.8	1199454.16
利润构成	主营收入(万元)	12660836.15	5863806.03	4446036.89
	主营利润(万元)	2593146.36	1678270.93	1327265.46
	营业利润(万元)	1830370.47	1353741.12	1004927.06
	投资收益(万元)	18135.65	1066.12	3963.09
	利润总额(万元)	1831077.36	1358645.8	992859.79
	净利润(万元)	1266552.9	939523.14	697572.5
点评	05年完成增发收购集团资产，钢产量和销售收入同比大幅增长，一定程度上抵消了下半年钢价急剧回落的负面影响，盈利仍有较大提高。06年行业前景不乐观，业绩同比下滑在所难免。作为一家具备国际竞争力的重要钢铁企业，公司的长期价值有一定低估。			

股本结构（万股）	截止日期	05年末	占%	主要股东及持股比例%、持股性质
	总股本	1751200		宝钢集团有限公司 77.89%（国有股）
	国有股	1364100	77.9	上证50交易型开放式指数证券投资基金 0.72%（流通A股）
	发起股			瑞士银行有限公司 0.61%（流通A股）
	外资股			高盛公司 0.46%（流通A股）
	募集股			易方达50指数证券投资基金 0.45%（流通A股）
	流通A	387100	22.1	中国平安人寿保险股份有限公司－传统－普通保险产品 0.42%（流通A股）
	流通B			花旗环球金融有限公司 0.39%（流通A股）
	流通H			申万巴黎盛利精选证券投资基金 0.36%（流通A股）
股东户数	05年末	195467		摩根士丹利国际有限公司 0.31%（流通A股）
	04年末	164596		景福证券投资基金 0.28%（流通A股）
其他流通股东	博时精选股票证券投资基金 0.255%			
近年分配	05预案:10派3.2；04年:10派3.2；03年:10派2.5		近年募资	05年增发A股500000万股，发行价5.12元。

二〇〇五年以来市场表现

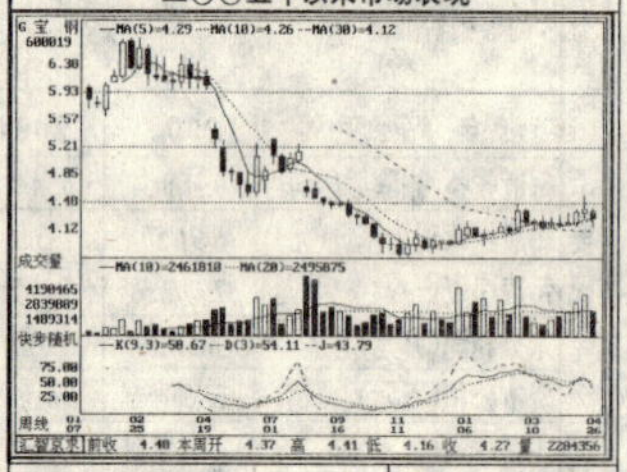

2005年涨跌幅(%)	－10.89
2005年最高(元)	6.66
2006年涨跌幅(%)	3.64
2006.4.26收盘(元)	4.27
2006年最高(元)	4.57
2006年最低(元)	3.91
2006年换手率(%)	94.1
股改对价	送股 权证 每10股实际获得2.2股(05/08/18)

中原高速（600020）

上市日期:03/08/08　　电话:0371－67717696　　传真:0371－67436333

主营	高等级公路、大型和特大型独立桥梁等交通基础设施项目投资、经营管理。			
	年　度	2005	2004	2003
主要指标	每股收益/扣除后(元)	0.528/0.526	0.493/0.493	0.258/0.256
	每股经营现金流量(元)	0.9603	0.6869	0.449
	每股净资产/调整后(元)	3.99/3.18	3.56/3.11	3.57/3.41
	未分利润(万元)	58407.43	24583.82	66730.79
	资本公积(万元)	186266.63	186208.77	186208.77
利润构成	主营收入(万元)	153225.94	123279.07	80269.73
	主营利润(万元)	99372.32	82959.07	48457.83
	营业利润(万元)	81643.66	77179.4	41614.75
	投资收益(万元)	117.08	294.26	73.82
	利润总额(万元)	82027.63	77541.76	42088.04
	净利润(万元)	55404.51	51765.17	27126.34
点评	公司主营路段京珠高速湖南段，地理位置优越。但是公司最主要的收费公路郑漯线已经进入扩建阶段，势必影响车辆的正常通行，费用也会增加。另外，公司参加了不少新项目的建设，这些项目地理位置较差，未来前景并不看好。			

股本结构（万股）	截止日期	05年末	占%	主要股东及持股比例%、持股性质
	总股本	105000		河南高速公路发展有限责任公司 50.96%（国有股）
	国有股	77000	73.33	华建交通经济开发中心 22.28%（国有股）
	发起股			中国银行－嘉实服务增值行业证券投资基金 1.81%（流通A股）
	外资股			丰和价值证券投资基金 1.48%（流通A股）
	募集股			中国工商银行－银河银泰理财分红证券投资基金 1.31%（流通A股）
	流通A	28000	26.67	中国工商银行－上证50交易型开放式指数证券投资基金 0.72%（流通A股）
	流通B			赵霞 0.48%（流通A股）
	流通H			中国建设银行－华宝兴业多策略增长证券投资基金 0.47%（流通A股）
股东户数	05年末	45386		广发证券股份有限公司 0.43%（流通A股）
	04年末	44937		银丰证券投资基金 0.4%（流通A股）
其他流通股东	裕阳证券投资基金 0.238%；深圳市得力丰实业有限公司 0.238%			
近年分配	05预案:10派1；04年:10派1；03年:10派5		近年募资	03年新发28000万股，发行价6.36元。

二〇〇五年以来市场表现

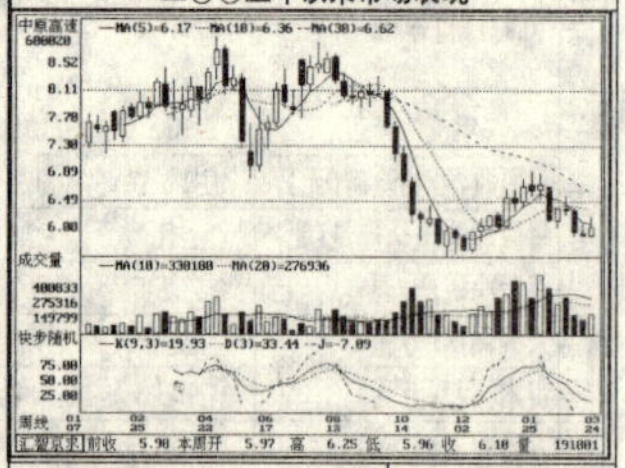

2005年涨跌幅(%)	－15.97
2005年最高(元)	8.92
2006年涨跌幅(%)	－0.16
2006.4.26收盘(元)	6.1
2006年最高(元)	6.91
2006年最低(元)	5.96
2006年换手率(%)	130.63
股改对价	送股 每10股实际获得2.6股

G 上电（600021）

上市日期:03/10/29　　电话:021－51171016　　传真:021－64723798

主营	从事火力发电厂的运营,向用户提供电力和热力产品			
主要指标	年　度	2005	2004	2003
	每股收益/扣除后(元)	0.254/0.256	0.253	0.257/0.257
	每股经营现金流量(元)	0.8198	0.5859	1.0047
	每股净资产/调整后(元)	4/3.99	3.96/3.96	3.9/3.9
	未分利润(万元)	33043.2	39945.6	12518.14
	资本公积(万元)	382340.4	382016.44	382016.26
利润构成	主营收入(万元)	747977.22	619023.66	544763.05
	主营利润(万元)	100299.87	92820.38	97945.43
	营业利润(万元)	53700.91	49070.68	53526.33
	投资收益(万元)	18707.41	21254.29	21560.83
	利润总额(万元)	71123.34	69354.21	68731.13
	净利润(万元)	39781.27	39558.45	40175.3
点评	2005年末,公司权益装机容量同比增长20%左右,这使得公司的发售电量同比都有所增加。同时受益于煤电联动中电价的提高,公司的业绩同比有一定上涨。2006年煤电再次联动会提高电价,但成本也会有小幅稳步增长,公司业绩不会出现快速增长。			

	截止日期	05年末	占%	主要股东及持股比例%、持股性质
股本结构(万股)	总股本	156350.5		中国电力投资集团公司 60.82%(国有股)
	国有股	124670.5	79.74	上海华东电力发展公司 18.92%(国有股)
	发起股			国泰君安－建行－香港上海汇丰银行有限公司 0.254%(流通A股)
	外资股			申银万国－渣打－BARCLAYS BANK PLC 0.202%(流通A股)
	募集股			国际金融－渣打－CITIGROUP GLOBAL MARKETS LIMITED 0.131%(流通A股)
	流通A	31680	20.26	全国社保基金零零二组合 0.117%(流通A股)
	流通B			中国建设银行－博时裕富证券投资基金 0.101%(流通A股)
	流通H			中国工商银行－上证50交易型开放式指数证券投资基金 0.093%(流通A股)
股东户数	05年末	76436		国际金融－汇丰－MORGAN STANLEY & CO. INTERNATIONAL LIMITED 0.089%(流通A股)
	04年末	85570		中国工商银行－华安上证180指数增强型证券投资基金 0.061%(流通A股)
其他流通股东	严荣贵 0.058%;重庆路桥股份有限公司 0.057%			
近年分配	05方案:10派2;04年:10派2.1;03年:10派0.16	近年募资	03年新发24000万股,发行价5.8元。	

二〇〇五年以来市场表现

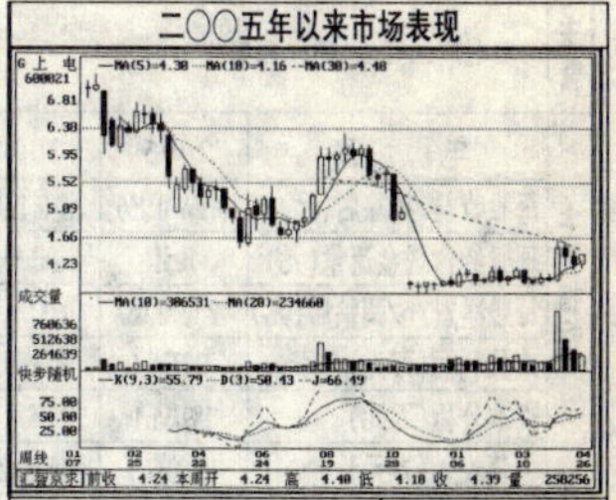

2005年涨跌幅(%)	-23.41
2005年最高(元)	7.24
2006年涨跌幅(%)	11.99
2006.4.26收盘(元)	4.39
2006年最高(元)	4.64
2006年最低(元)	3.9
2006年换手率(%)	131.55
股改对价	送股 每10股实际获得3.2股(05/11/25)

G 济钢（600022）

上市日期:04/06/29　　电话:0531－8865480　　传真:0531－8865265

主营	生产、销售钢材、钢坯等钢铁产品			
主要指标	年　度	2005	2004	2003
	每股收益/扣除后(元)	0.88/0.89	0.86	0.83/0.9
	每股经营现金流量(元)	0.98	0.9	1.92
	每股净资产/调整后(元)	4.25/4.25	3.66/3.66	2.49
	未分利润(万元)	92234.28	68804.71	50883.16
	资本公积(万元)	170571.39	151011.39	38081.12
利润构成	主营收入(万元)	2401670.35	1914688.9	1012033.6
	主营利润(万元)	212168.34	225250.9	169813.58
	营业利润(万元)	128283.45	140040.58	89381.08
	投资收益(万元)			
	利润总额(万元)	127781.34	137964.32	83874.76
	净利润(万元)	82858.32	80378.29	59693.46
点评	公司产量大幅上升,但受钢价下滑、成本高企影响,盈利仅微有上升。公司是国内主要的中厚板生产商,也是山东区域钢铁市场中的主导企业,在产业格局中的地位非常重要。2006年虽然业绩并不乐观,但股改以及与宝钢的战略合作值得期待。			

	截止日期	05年末	占%	主要股东及持股比例%、持股性质
股本结构(万股)	总股本	94000		济南钢铁集团总公司 75.62%(国有股)
	国有股	72000	76.6	莱芜钢铁集团有限公司 0.35%(国有股)
	发起股			郑士灶 0.27%(流通A股)
	外资股			唐山天辰投资有限责任公司 0.26%(流通A股)
	募集股			山东金岭铁矿 0.21%(国有股)
	流通A	22000	23.4	山东黄金集团有限公司 0.21%(国有股)
	流通B			山东省耐火原材料公司 0.21%(国有股)
	流通H			中国建设银行－博时裕富证券投资基金 0.14%(流通A股)
股东户数	05年末	74252		深圳市宏业科技实业有限公司 0.12%(流通A股)
	04年末	85378		中国工商银行－南方稳健成长证券投资基金 0.1%(流通A股)
其他流通股东	深圳市野村投资发展有限公司 0.075%;靳晓齐 0.069%;唐山微尔科技有限责任公司 0.063%			
近年分配	05预案:10派4送1转增1;04年:10派5	近年募资	04年新发22000万股,发行价6.36元。	

二〇〇五年以来市场表现

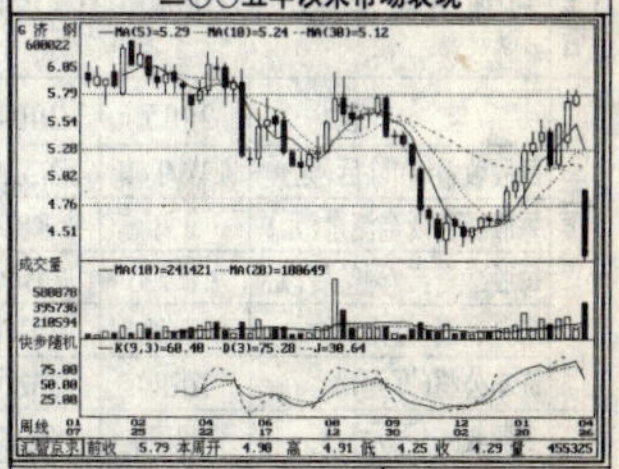

2005年涨跌幅(%)	-16.31
2005年最高(元)	6.51
2006年涨跌幅(%)	20.45
2006.4.26收盘(元)	4.29
2006年最高(元)	6.38
2006年最低(元)	4.61
2006年换手率(%)	109.74
股改对价	送股 每10股实际获得3股(06/04/24)

G 中海（600026）

上市日期:02/05/23　　电话:021－65967160　　传真:021－65966160

主营	海洋货物运输,主要运输货种是油品和以煤炭为主的干散货物。			
主要指标	年　度	2005	2004	2003
	每股收益/扣除后(元)	0.816/0.789	0.569	0.295/0.292
	每股经营现金流量(元)	1.104	0.831	0.58
	每股净资产/调整后(元)	3.22/3.22	2.56/2.56	2.14/2.13
	未分利润(万元)	394037	231130.01	130357.27
	资本公积(万元)	205372.07	205372.07	205372.07
利润构成	主营收入(万元)	870044.82	648695.55	517663.92
	主营利润(万元)	338067.04	243585.48	145426.04
	营业利润(万元)	306202.28	213533.35	113430.37
	投资收益(万元)	188.83	2163.13	533
	利润总额(万元)	316953.8	220111.98	115425.5
	净利润(万元)	271422.26	189207.4	98204.88
点评	公司是内贸航运龙头企业,与中石化、中海油、各大火电企业集团建立了长期稳定的合作关系,在中国能源需求增长以及"国油国运"的背景下,公司运量可确保增长。公司内贸运输合同价格05年大幅上涨,外贸运输价格全年走势呈V型。			

	截止日期	05年末	占%	主要股东及持股比例%、持股性质
股本结构(万股)	总股本	332600		中国海运(集团)总公司 47.46%(国有股)
	国有股	157850	47.46	HKSCC NOMINEES LIMITED 38.5%(H股)
	发起股			招商银行股份有限公司－中信经典配置证券投资基金 0.34%(流通A股)
	外资股			中国工商银行－上证50交易型开放式指数证券投资基金 0.31%(流通A股)
	募集股			招商银行股份有限公司－招商股票投资基金 0.29%(流通A股)
	流通A	45150	13.57	交通银行－易方达50指数证券投资基金 0.21%(流通A股)
	流通B			中国光大银行股份有限公司－巨田基础行业证券投资基金 0.18%(流通A股)
	流通H	129600	38.97	全国社保基金一一零组合 0.16%(流通A股)
股东户数	05年末	74187		中国工商银行－国联安德盛小盘精选证券投资基金 0.16%(流通A股)
	04年末	33602		上海证券有限责任公司 0.16%(流通A股)
其他流通股东	全国社保基金六零四组合 0.144%			
近年分配	05预案:10派3;03年:10派1.5	近年募资		

二〇〇五年以来市场表现

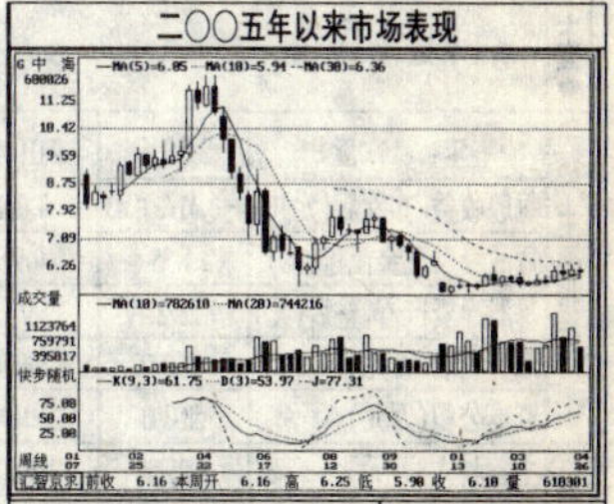

2005年涨跌幅(%)	-22.8
2005年最高(元)	12.08
2006年涨跌幅(%)	10.91
2006.4.26收盘(元)	6.1
2006年最高(元)	6.35
2006年最低(元)	5.43
2006年换手率(%)	294.77
股改对价	送股 每10股实际获得2.9股(05/12/30)

华电国际（600027）

上市日期:05/02/03　　电话:0531－2366222　　传真:0531－2366090

主营：发电厂的开发、建设和运营

	年　度	2005	2004	2003
主要指标	每股收益/扣除后(元)	0.169/0.166	0.199	0.19/0.2
	每股经营现金流量(元)	0.51	0.56	0.61
	每股净资产/调整后(元)	2.08/2.08	1.87/1.87	1.72
	未分利润(万元)	319778.4	254579.1	194741.8
	资本公积(万元)	189756.1	75538.3	75477.8
利润构成	主营收入(万元)	1330039.7	1017543.8	806583.2
	主营利润(万元)	294494.4	270274.9	270509.6
	营业利润(万元)	158526.3	155102.1	162696.2
	投资收益(万元)	1580.2	3032.9	
	利润总额(万元)	161119.7	158343	159129
	净利润(万元)	101497.6	104405.8	102353.4

点评：2005年公司服务区电力需求增大,公司总发电量也有较大幅度增长,同时收益于电价提高,公司主营业务收入快速增长。不过,由于公司主要是火电机组,受煤炭价格上涨的严重影响,净利润增幅同比下降。

股本结构（万股）	截止日期	05年末	占%	主要股东及持股比例%、持股性质
	总股本	602108.42		中国华电集团公司 50.01%（国有股）
	国有股	393451.94	65.35	香港中央结算(代理人)有限公司 23.6%（H股）
	发起股	8653.68	1.44	山东省国际信托投资有限公司 15%（国有股）
	外资股			山东鲁能发展集团有限公司 1.44%（非流通股）
	募集股			枣庄市基本建设投资公司 0.33%（国有股）
	流通A	56900	9.45	中国工商银行－上证50交易型开放式指数证券投资基金 0.17%（流通A股）
	流通B			中信信托投资有限公司 0.06%（流通A股）
	流通H	143102.8	23.77	上海电气集团财务有限责任公司 0.03%（流通A股）
股东户数	05年末	116255		宏源证券股份有限公司 0.03%（流通A股）
	04年末	218		姚燕业 0.03%（流通A股）

其他流通股东：中国工商银行－上证50交易型开放式指数证券投资基金 0.169%；韩军 0.028%；马国林 0.025%；王娟 0.024%

近年分配：05预案:10派0.65；04年:10派0.35

近年募资：05年新发76500万股,发行价2.52元。

二〇〇五年以来市场表现

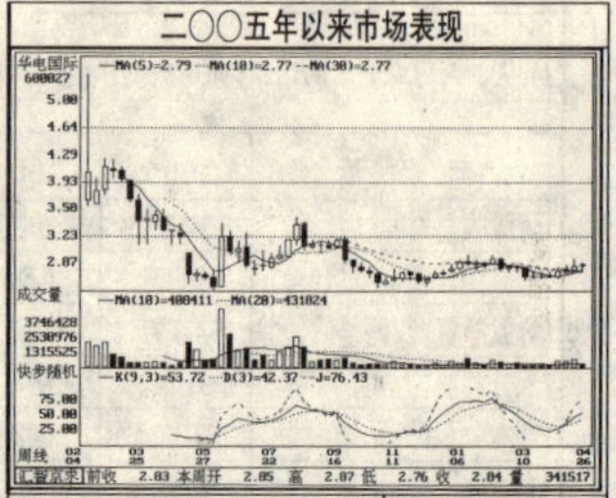

2005年涨跌幅(%)	－37.36
2005年最高(元)	5.35
2006年涨跌幅(%)	1.79
2006.4.26收盘(元)	2.84
2006年最高(元)	2.97
2006年最低(元)	2.65
2006年换手率(%)	125.34
股改对价	

中国石化（600028）

上市日期:01/08/08　　电话:010－64990060　　传真:010－64990022

主营：石油、天然气勘探、开采;石油炼制;石油化工;成品油销售等。

	年　度	2005	2004	2003
主要指标	每股收益/扣除后(元)	0.456/0.404	0.372/0.415	0.219/0.257
	每股经营现金流量(元)	0.98	0.809	0.743
	每股净资产/调整后(元)	2.49/2.43	2.15/2.1	1.88/1.85
	未分利润(万元)	5836600	3712400	1997500
	资本公积(万元)	3712100	3712100	3685200
利润构成	主营收入(万元)	79911500	59063200	41719100
	主营利润(万元)	11371400	11522200	8071600
	营业利润(万元)	5685600	6295300	3550900
	投资收益(万元)	81300	108800	54800
	利润总额(万元)	6148200	5353500	3001500
	净利润(万元)	3955800	3227500	1901100

点评：2005年业绩保持了稳步增长。2005年虽然炼油行业盈利大幅下降,但国家给予的94.15亿元的财政补贴对公司的利润贡献达0.10元/股。另外原油价格大幅上涨使公司勘探与开采业务的盈利大幅提升,成为公司盈利增长的主要推动力。

股本结构（万股）	截止日期	05年末	占%	主要股东及持股比例%、持股性质
	总股本	8670243.9		中国石油化工集团公司 71.2%（国有股）
	国有股	6175732.5	71.23	香港(中央结算)代理人有限公司 19.2%（H股）
	发起股			中国信达资产管理有限公司 3.3%（国有股）
	外资股			中国东方资产管理公司 1.5%（国有股）
	募集股			国家开发银行 0.7%（国有股）
	流通A	280000	3.23	国泰君安证券股份有限公司 0.7%（部分流通部分不流通）
	流通B			海富通收益增长证券投资基金 0.1%（流通A股）
	流通H	1678048.8	19.35	易方达50指数证券投资基金 0.1%（流通A股）
股东户数	05年末	224808		上证50ETF指数证券投资基金 0.1%（流通A股）
	04年末	282724		青岛港(集团)有限公司 0.1%（流通A股）

其他流通股东：博时精选股票证券投资基金 0.053%；景福证券投资基金 0.047%；交银施罗德精选股票证券投资基金 0.046%

近年分配：05中期:10派0.4 年终预案:10派0.9；04中期:10派0.4 年终:10派0.8；03中期:10派0.3 年终:10派0.6

近年募资：

二〇〇五年以来市场表现

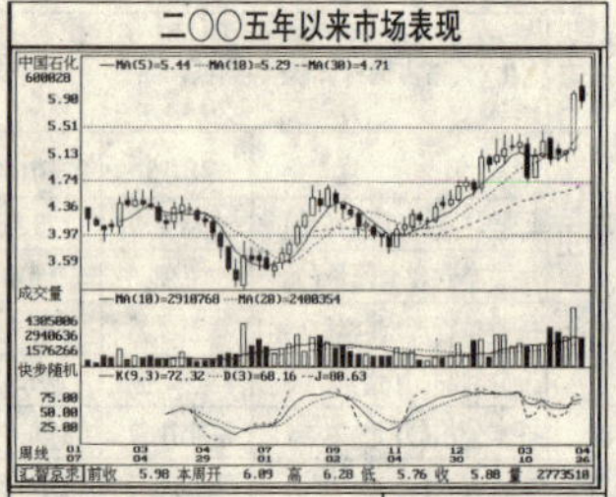

2005年涨跌幅(%)	9.63
2005年最高(元)	4.87
2006年涨跌幅(%)	26.18
2006.4.26收盘(元)	5.88
2006年最高(元)	6.28
2006年最低(元)	4.53
2006年换手率(%)	152.09
股改对价	

南方航空（600029）

上市日期:03/07/25　　电话:(020)86124737　　传真:(020)86659040

主营：航空客运、货邮运输。

	年　度	2005	2004	2003
主要指标	每股收益/扣除后(元)	-0.41/-0.43	0.024	0.003/-0.12
	每股经营现金流量(元)	1.35	0.99	0.65
	每股净资产/调整后(元)	2.28/2.19	2.66/2.55	2.64/2.59
	未分利润(万元)	-100700	80600	76398.5
	资本公积(万元)	589300	580100	580134.5
利润构成	主营收入(万元)	3905200	2419400	1735100.6
	主营利润(万元)	362600	409600	268755.7
	营业利润(万元)	-168800	33000	-39480.3
	投资收益(万元)	-20200	6300	6167.6
	利润总额(万元)	-177300	39200	-36152.4
	净利润(万元)	-179400	10300	1448.8

点评：公司亏损高于市场预期。人民币升值带来的一次性外汇收益12亿人民币,扣除后实际亏损30亿人民币。客座率仅增长0.9%,客运收益率出现下降,明显落后于同行。油价上涨导致成本显著增加。

股本结构（万股）	截止日期	05年末	占%	主要股东及持股比例%、持股性质
	总股本	437417.8		中国南方航空集团公司 50.3%（国有股）
	国有股	220000	50.3	HKSCC NOMINEES LIMITED 26.3%（H股）
	发起股			景福证券投资基金 0.8%（流通A股）
	外资股			中国工商银行—上证50交易型开放式指数投资基金 0.7%（流通A股）
	募集股			中国银行—海富通收益增长证券投资基金 0.5%（流通A股）
	流通A	100000	22.86	交通银行—易方达50指数证券投资基金 0.5%（流通A股）
	流通B			交通银行—科瑞证券投资基金 0.4%（流通A股）
	流通H	117417.8	26.84	交通银行—汉兴证券投资基金 0.3%（流通A股）
股东户数	05年末	126269		中国工商银行—中银国际中国精选混合证券投资基金 0.3%（流通A股）
	04年末	115847		景业证券投资基金 0.3%（流通A股）

其他流通股东：裕隆证券投资基金 0.284%

近年分配：

近年募资：03年新发100000万股,发行价2.7元。

二〇〇五年以来市场表现

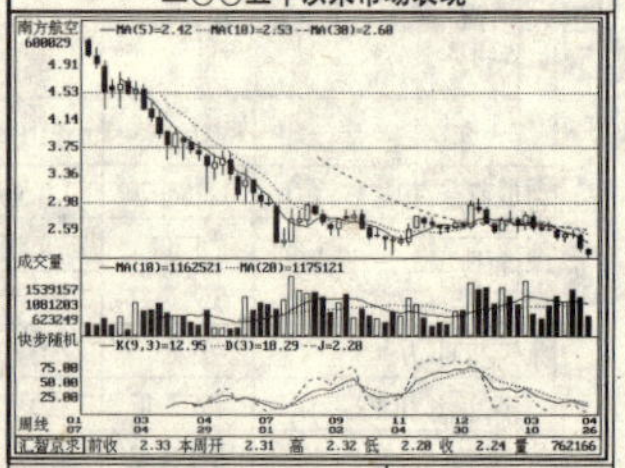

2005年涨跌幅(%)	－50.28
2005年最高(元)	5.3
2006年涨跌幅(%)	－15.47
2006.4.26收盘(元)	2.24
2006年最高(元)	3.03
2006年最低(元)	2.2
2006年换手率(%)	206.07
股改对价	

G中信（600030）

上市日期:03/01/06　电话:010－84588581　传真:010－84865567

主营	证券承销和上市推荐、证券自营买卖、资产管理和证券代理买卖等业务。			
	年　度	2005	2004	2003
主要指标	每股收益/扣除后(元)	0.16/0.17	0.07	0.15/0.15
	每股经营现金流量(元)	1.44	－0.26	－0.78
	每股净资产/调整后(元)	2.28/2.25	2.17/2.15	2.21/2.17
	未分利润(万元)	30219.14	12623.52	27493.63
	资本公积(万元)	201610.89	201582.14	201582.14
利润构成	主营收入(万元)	91831.26	81390.48	81618.18
	主营利润(万元)	40093.2	40683.34	30345.64
	营业利润(万元)	40093.2	40683.34	30345.64
	投资收益(万元)			12804.6
	利润总额(万元)	37949.85	21581.52	41353.31
	净利润(万元)	40004.16	16568.53	36548.93
点评	2005年,公司经纪和股票承销业务收入有所下降,但通过大力发展债券承销、资产管理和自营业务实现了收入和利润的较快增长。同时,公司抓住机遇,继续进行低成本扩张。未来随着证券市场的复苏,公司作为证券业的龙头公司,必将有高速的增长。			

	截止日期	05年末	占%	主要股东及持股比例%、持股性质
股本结构(万股)	总股本	248150		中国中信集团公司 31.1%（非流通股）
	国有股	146603.56	59.08	雅戈尔集团股份有限公司 7.4%（非流通股）
	发起股			中信国安集团公司 7.4%（非流通股）
	外资股			南京扬子石化炼化有限责任公司 4.63%（非流通股）
	募集股			中国粮油食品进出口(集团)有限公司 3.7%（非流通股）
	流通A	54000	21.76	中国运载火箭技术研究院 2.31%（非流通股）
	流通B			中国石化集团新星石油有限责任公司 2.22%（非流通股）
	流通H			柳州两面针股份有限公司 2.04%（非流通股）
股东户数	05年末	65782		中国石化集团北京燕山石油化工有限公司 1.85%（非流通股）
	04年末	75013		上海工业投资(集团)有限公司 1.85%（非流通股）
其他流通股东	中国工商银行－上证50交易型开放式指数证券投资基金 0.718%；中国银行－海富通收益增长证券投资基金 0.604%			
近年分配	05预案:10派1.2；04年:10派0.5；03年:10派1.1	近年募资		

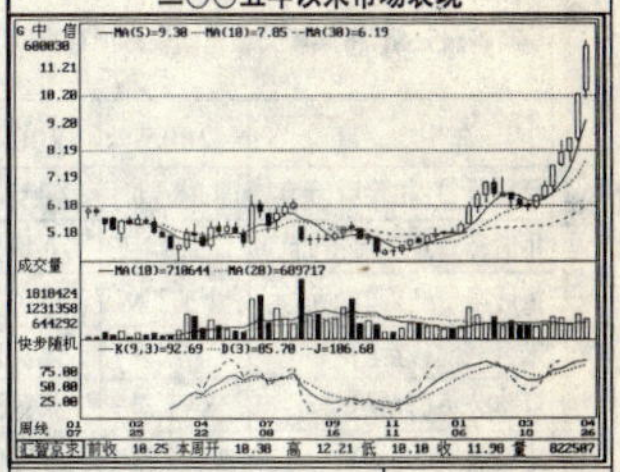

二○○五年以来市场表现	
2005年涨跌幅(%)	18.71
2005年最高(元)	7.53
2006年涨跌幅(%)	132.17
2006.4.26收盘(元)	11.98
2006年最高(元)	12.21
2006年最低(元)	5.12
2006年换手率(%)	220.44
股改对价	送股 每10股实际获得3.5股(05/08/15)

G三一（600031）

上市日期:03/07/03　电话:0731－4031555　传真:0731－4031777

主营	工程机械产品及配件的开发、生产和销售			
	年　度	2005	2004	2003
主要指标	每股收益/扣除后(元)	0.45	1.36	1.353/1.343
	每股经营现金流量(元)	0.31	0.01	0.295
	每股净资产/调整后(元)	4.32/4.31	7.94/7.88	7.09/7.05
	未分利润(万元)	72251.69	63483.61	52405.61
	资本公积(万元)	60385.83	84352.06	84494.54
利润构成	主营收入(万元)	253739.73	265622.98	208801.23
	主营利润(万元)	87814.66	83923.16	84849.3
	营业利润(万元)	24670.73	35232.5	38926.21
	投资收益(万元)	748.15	200.26	50.31
	利润总额(万元)	26969.98	35872.37	39107.38
	净利润(万元)	21627.37	32729.76	32479.99
点评	2005年受宏观调控影响,工程机械行业处于周期性低谷,公司业绩下滑较快,而出口业务迅速增长。"十一五"期间铁路、公路建设高峰对混凝土机械和路面机械有大量需求,公司面临行业复苏机遇,2006年预计业绩会快速增长。			

	截止日期	05年末	占%	主要股东及持股比例%、持股性质
股本结构(万股)	总股本	48000		三一集团有限公司 66.42%（部分流通部分不流通）
	国有股	157.66	0.33	申万巴黎盛利精选证券投资基金 1.77%（流通A股）
	发起股	31642.34	65.92	昆山市三一重机有限公司 1.23%（非流通股）
	外资股			普丰证券投资基金 1.06%（流通A股）
	募集股			交银施罗德精选股票证券投资基金 1.04%（流通A股）
	流通A	16200	33.75	三一汽车制造有限公司 1.01%（非流通股）
	流通B			无锡亿利大机械有限公司 0.61%（非流通股）
	流通H			科讯证券投资基金 0.6%（流通A股）
股东户数	05年末	24382		易方达平稳增长证券投资基金 0.48%（流通A股）
	04年末	14077		易方达积极成长证券投资基金 0.42%（流通A股）
其他流通股东	易方达策略成长证券投资基金 0.399%；严斯鸿 0.26%			
近年分配	04年:10派2转增10；03年:10派5	近年募资	03年新发6000万股,发行价15.56元。	

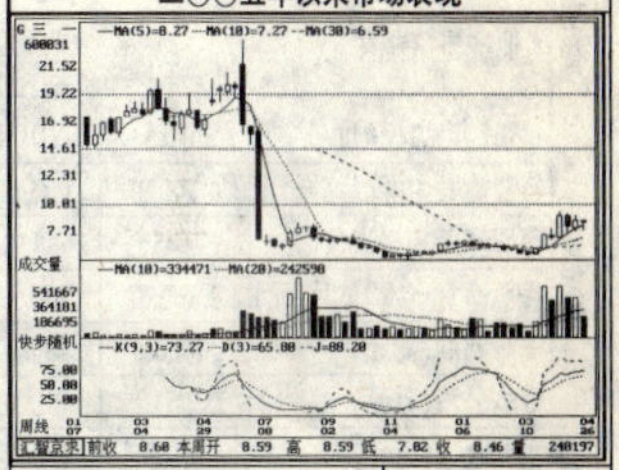

二○○五年以来市场表现	
2005年涨跌幅(%)	10.45
2005年最高(元)	24.95
2006年涨跌幅(%)	27.41
2006.4.26收盘(元)	8.46
2006年最高(元)	9.3
2006年最低(元)	5.72
2006年换手率(%)	265.4
股改对价	送股 派现 每10股实际获得3.5股8元(05/06/17)

福建高速（600033）

上市日期:01/02/09　电话:0591－7077366　传真:0591－7077266

主营	福州至厦门高速公路的项目融资、建设、经营、收费和管理。			
	年　度	2005	2004	2003
主要指标	每股收益/扣除后(元)	0.423/0.421	0.4	0.373/0.287
	每股经营现金流量(元)	0.7561	0.6852	0.6842
	每股净资产/调整后(元)	3.27/3.27	3.2/3.19	3.5/3.5
	未分利润(万元)	43402.65	44575	41749.5
	资本公积(万元)	135759.8	135759.8	135743.45
利润构成	主营收入(万元)	126730.32	114143.18	88182.35
	主营利润(万元)	87892.38	74137.84	59450.92
	营业利润(万元)	79149.3	64409.09	50220.56
	投资收益(万元)	－204.72	－152.39	－89.31
	利润总额(万元)	79233.62	72706.54	60793.15
	净利润(万元)	41689.57	39494.37	30656.79
点评	福建省05年上半年即计划实行计重收费,但目前仍未实行。福建省内公路收费的20%要在各公路之间分配,分配的依据是各公路的里程和造价,这种分配方式对福建高速不利。			

	截止日期	05年末	占%	主要股东及持股比例%、持股性质
股本结构(万股)	总股本	98640		福建省高速公路有限责任公司 47.48%（国有股）
	国有股	69792.95	70.76	华建交通经济开发中心 23.09%（国有股）
	发起股	47.05	0.05	中国工商银行－博时精选股票证券投资基金 1.77%（流通A股）
	外资股			中国建设银行－华宝兴业多策略增长证券投资基金 1.2%（流通A股）
	募集股			中国平安人寿保险股份有限公司－传统－普通保险产品 1.07%（流通A股）
	流通A	28800	29.2	招商银行股份有限公司－招商股票投资基金 0.99%（流通A股）
	流通B			中国建设银行－上投摩根中国优势证券投资基金 0.76%（流通A股）
	流通H			海通－中行－FORTIS BANK SA/NV 0.76%（流通A股）
股东户数	05年末	24810		中国银行－招商先锋证券投资基金 0.74%（流通A股）
	04年末	42480		中国工商银行－上证50交易型开放式指数证券投资基金 0.72%（流通A股）
其他流通股东	全国社保基金一零八组合 0.669%；全国社保基金一零四组合 0.635%			
近年分配	05预案:10派3.5；04年:10派3.5；03年:10派1.5送2	近年募资		

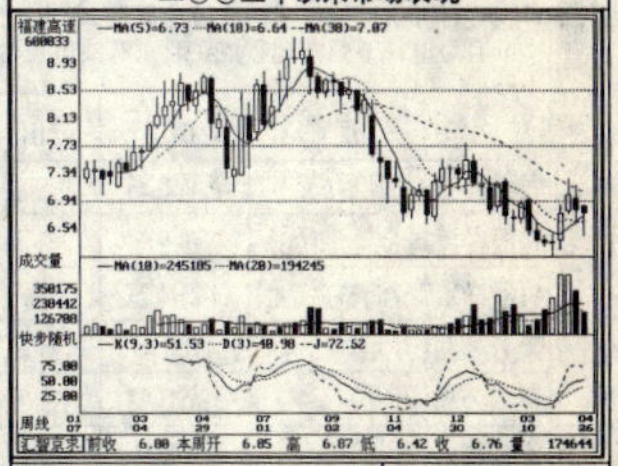

二○○五年以来市场表现	
2005年涨跌幅(%)	3.93
2005年最高(元)	9.68
2006年涨跌幅(%)	－7.65
2006.4.26收盘(元)	6.76
2006年最高(元)	7.76
2006年最低(元)	6.14
2006年换手率(%)	123.05
股改对价	

楚天高速(600035)

上市日期:04/03/10　　电话:027－83468733　　传真:027－83468733

主营	高等级公路、桥梁等交通基础设施项目投资、经营管理。			
	年　度	2005	2004	2003
主要指标	每股收益/扣除后(元)	0.098/0.01	0.124	0.18/0.18
	每股经营现金流量(元)	0.3664	0.1806	0.33
	每股净资产/调整后(元)	2.29/2.29	2.26/2.26	
	未分利润(万元)	19713.84	18927.51	10248.26
	资本公积(万元)	87988.39	87988.39	35480.68
利润构成	主营收入(万元)	51452.73	38977.02	29590.29
	主营利润(万元)	16457.62	19086.76	19059.77
	营业利润(万元)	15131.11	18109.75	17727.03
	投资收益(万元)			
	利润总额(万元)	13697.96	17464.23	17594.98
	净利润(万元)	9122.76	11572.33	11725.26
点评	公司主营汉宜高速,05年由于大修及路面加铺沥青,导致路面正常通车受到影响、费用大幅度增加。06年恢复正常通车后车流量将有较大幅度的增长,计重收费推动单车收费标准上升,06年公司经营情况将优于05年。			

股本结构(万股)	截止日期	05年末	占%	主要股东及持股比例%、持股性质
	总股本	93165.25		湖北省高速公路集团有限公司44.47%(国有股)
	国有股	65165.25	69.95	华建交通经济开发中心25.37%(国有股)
	发起股			中国银行－工银瑞信核心价值股票型证券投资基金2.41%(流通A股)
	外资股			中国银行－嘉实增长开放式证券投资基金0.94%(流通A股)
	募集股			李水江0.72%(流通A股)
	流通A	28000	30.05	全国社保基金六零二组合0.69%(流通A股)
	流通B			通乾证券投资基金0.62%(流通A股)
	流通H			中国银行－嘉实服务增值行业证券投资基金0.53%(流通A股)
股东户数	05年末	70507		中国工商银行－银河银泰理财分红证券投资基金0.5%(流通A股)
	04年末	97140		中国建设银行－华宝兴业多策略增长证券投资基金0.39%(流通A股)
其他流通股东	交通银行－湘财合丰价值优化型稳定类行业基金0.309%;交通银行－国联优质成长证券投资基金0.216%			
近年分配	05预案:10派0.7;04年:10派0.65	近年募资	04年新发28000万股,发行价3元。	

二〇〇五年以来市场表现

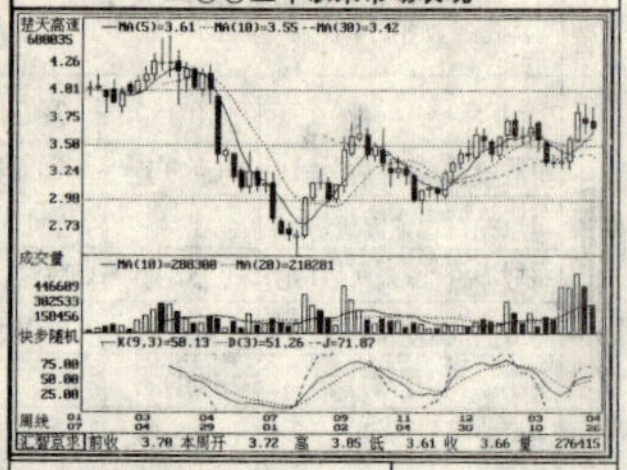

2005年涨跌幅(%)	－13.59
2005年最高(元)	4.52
2006年涨跌幅(%)	7.65
2006.4.26收盘(元)	3.66
2006年最高(元)	3.9
2006年最低(元)	3.28
2006年换手率(%)	138.06
股改对价	

G招行(600036)

上市日期:02/04/09　　电话:0755－83198888　　传真:0755－83195200

主营	商业银行业务			
	年　度	2005	2004	2003
主要指标	每股收益/扣除后(元)	0.38/0.37	0.46/0.45	0.39/0.39
	每股经营现金流量(元)	2.63	0.98	4.81
	每股净资产/调整后(元)	2.38/2.37	3.05/3.03	3.2/3.1
	未分利润(万元)	370430.6	431329.9	232305.7
	资本公积(万元)	521473.4	812838.3	926929.5
利润构成	主营收入(万元)	2505864.8	1991645.9	1358605.2
	主营利润(万元)	994873.3	788802.8	558533.3
	营业利润(万元)	994873.3	788802.8	558533.3
	投资收益(万元)			
	利润总额(万元)	663353.7	501222.2	344528.4
	净利润(万元)	393038.3	314408.7	222991
点评	2005年招行利润平稳增长。一方面是因为2005年招行的净利差水平较上年有所下降;另一方面是非利差收入高速增长,招行的零售业务和中间业务进入收获期。转型的成功会使招行未来三年利润平均增长30%左右。			

股本结构(万股)	截止日期	05年末	占%	主要股东及持股比例%、持股性质
	总股本	1037434.38		招商局轮船股份有限公司17.78%(国有股)
	国有股	401954.53	38.75	中国远洋运输(集团)总公司8.53%(国有股)
	发起股			广州海运(集团)有限公司5.64%(国有股)
	外资股			友联船厂有限公司3.16%(外资股)
	募集股	355272.71	34.25	上海汽车工业有限公司2.5%(国有股)
	流通A	280207.14	27.01	中海石油投资控股有限公司2.05%(国有股)
	流通B			中国港湾建设(集团)总公司1.95%(国有股)
	流通H			深圳市晏清投资发展有限公司1.93%(国有股)
股东户数	05年末	150832		秦皇岛港务集团有限公司1.76%(国有股)
	04年末	158951		山东省国有资产投资控股有限公司1.76%(国有股)
其他流通股东	上证50交易型开放式指数证券投资基金0.739%;易方达50指数证券投资基金0.57%			
近年分配	05预案:10派0.8;04年:10派1.1转增5;03年:10派0.92转增2	近年募资	04年增发转债6500万张,募资总额65亿。	

二〇〇五年以来市场表现

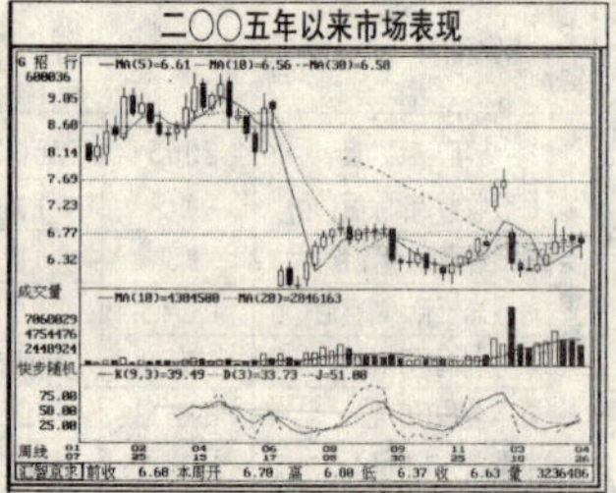

2005年涨跌幅(%)	19.52
2005年最高(元)	10.78
2006年涨跌幅(%)	26.92
2006.4.26收盘(元)	6.63
2006年最高(元)	8.88
2006年最低(元)	7.16
2006年换手率(%)	112.01
股改对价	转增 权证 每10股实际获得2.5963股(06/02/27)

G歌华(600037)

上市日期:01/02/08　　电话:010－62035573　　传真:010－62020048

主营	广播电视网络的建设开发、经营管理和维护;广播电视节目收转、传送;广播电视网络信息服务;承办(不含发布)外省市卫星电视节目落地频道在北京有线电视台发布的广告业务。			
	年　度	2005	2004	2003
主要指标	每股收益/扣除后(元)	0.46/0.46	0.58/0.59	0.67/0.56
	每股经营现金流量(元)	0.9	1.56	1.32
	每股净资产/调整后(元)	4.25/4.23	5.55/5.52	5.33/5.31
	未分利润(万元)	40050.43	23742.7	20116.22
	资本公积(万元)	126583.43	116651.49	116609.57
利润构成	主营收入(万元)	89478.14	72283.81	66977.18
	主营利润(万元)	38213.05	34062.71	30631.33
	营业利润(万元)	32142.25	24428.98	22945.26
	投资收益(万元)	33.34	－357.61	1710.46
	利润总额(万元)	32190.56	24022.87	27474.22
	净利润(万元)	27047.1	20398.22	23611.28
点评	公司转变运作思路,梳理整合资源,加强企业内部管理和控制,有效促进了企业管理水平的优化发展。05年公司开展了用户资源调查工作,进一步提高了运营效能和服务水平,为数字电视业务的规模化推广奠定了扎实的服务基础。			

股本结构(万股)	截止日期	05年末	占%	主要股东及持股比例%、持股性质
	总股本	58872.11		北京北广传媒投资发展中心63.42%(国有股)
	国有股	39520	67.13	中国银行－海富通收益增长证券投资基金1.99%(流通A股)
	发起股			博时价值增长证券投资基金1.49%(流通A股)
	外资股			北京北青文化艺术公司1.28%(国有股)
	募集股			交通银行－海富通精选证券投资基金1.19%(流通A股)
	流通A	19352.11	32.87	交通银行－易方达50指数证券投资基金1.07%(流通A股)
	流通B			北京有线全天电视购物有限责任公司0.93%(国有股)
	流通H			北京广播公司0.93%(国有股)
股东户数	05年末	21984		中国工商银行－诺安平衡证券投资基金0.85%(流通A股)
	04年末			金鑫证券投资基金0.82%(流通A股)
其他流通股东	中国银行－易方达策略成长证券投资基金0.779%;招商证券股份有限公司0.697%			
近年分配	05中期:10转增6年终预案:10派3;04中期:10派3年终:10派1.5;03年:10派1.5	近年募资	04年增发转债1250万张,募资总额12.5亿。	

二〇〇五年以来市场表现

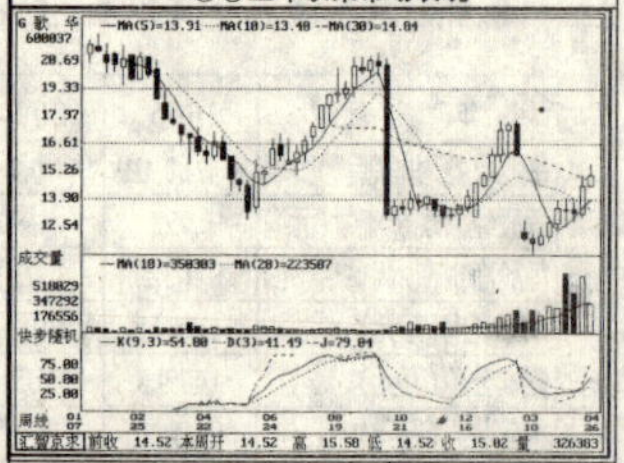

2005年涨跌幅(%)	14.79
2005年最高(元)	24.47
2006年涨跌幅(%)	29.91
2006.4.26收盘(元)	15.02
2006年最高(元)	20.25
2006年最低(元)	14.53
2006年换手率(%)	130.94
股改对价	送股 每10股实际获得3股(06/03/03)

哈飞股份（600038）

上市日期:00/12/18　　电话:0451－6528350　　传真:0451－6528350

主营	航空产品及零件的开发、设计、研制、生产、销售,航空科学技术开发、咨询、服务。经营进出口业务。			
	年　度	2005	2004	2003
主要指标	每股收益/扣除后(元)	0.244/0.238	0.231	0.26/0.256
	每股经营现金流量(元)	0.05	0.31	0.56
	每股净资产/调整后(元)	3.44/3.35	3.3/3.2	4.09/4.07
	未分利润(万元)	11370.94	8156.89	9713.81
	资本公积(万元)	62536.61	62536.61	62536.61
利润构成	主营收入(万元)	147334.2	98053.66	82118.05
	主营利润(万元)	14325.92	13180.52	11789.93
	营业利润(万元)	6334.89	7403.16	8016.87
	投资收益(万元)	2532.87	612.6	－565.83
	利润总额(万元)	9364.86	8834.47	7894.38
	净利润(万元)	8234.45	7785.09	6834.77
点评	2005年,公司总体经营情况平稳。近几年来,中国航空制造业发展迅猛,振兴东北带来市场机遇,公司计划2006年加大主营产品产能,新产品开发投入,加强国内外市场开发力度,争取有新的突破。			

	截止日期	05年末	占%	主要股东及持股比例%、持股性质
股本结构（万股）	总股本	33735		哈尔滨飞机工业集团有限责任公司 55.73%（国有股）
	国有股	18883.8	55.98	南方证券有限公司 39.58%（流通A股）
	发起股	31.2	0.09	上海南证财务顾问有限公司 0.19%（流通A股）
	外资股			中国航空工业供销总公司 0.09%（国有股）
	募集股			中国飞龙专业航空公司 0.09%（国有股）
	流通A	14820	43.93	哈尔滨双龙航空工程有限公司 0.09%（非流通股）
	流通B			中国航空技术进出口哈尔滨公司 0.06%（国有股）
	流通H			方秀君 0.05%（流通A股）
股东户数	05年末	6456		孙庆芳 0.05%（流通A股）
	04年末	6714		李朝银 0.03%（流通A股）
其他流通股东	宋进忠 0.03%；肖力 0.03%；何宏利 0.03%；曹建伟 0.023%；杨桦 0.021%			
近年分配	04年:10派1；03年:10派1送3		近年募资	03年10配1.875配股价14.09元。

二〇〇五年以来市场表现

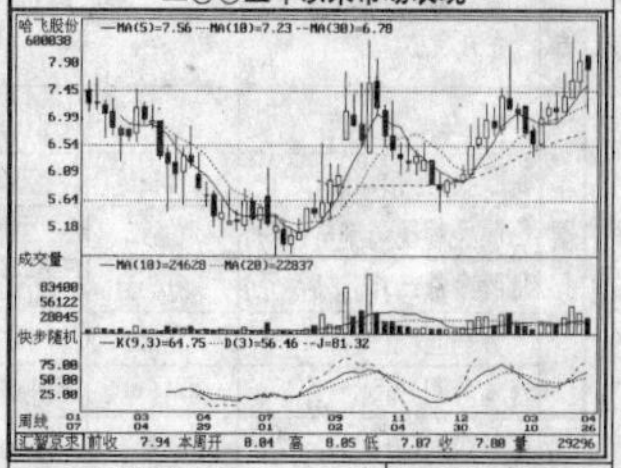

2005年涨跌幅(%)	－17.18
2005年最高(元)	8.38
2006年涨跌幅(%)	28.5
2006.4.26收盘(元)	7.8
2006年最高(元)	8.35
2006年最低(元)	6
2006年换手率(%)	28.61
股改对价	

四川路桥（600039）

上市日期:03/03/25　　电话:028－85126084　　传真:028－85126085

主营	公路、桥梁、隧道工程施工。			
	年　度	2005	2004	2003
主要指标	每股收益/扣除后(元)	0.011/－0.02	－0.28/－0.36	0.18/0.19
	每股经营现金流量(元)	0.29	－0.33	－0.44
	每股净资产/调整后(元)	3.06/3.05	3.02/3	4.01/4
	未分利润(万元)	－4354.34	－6380.48	3269.71
	资本公积(万元)	60137.19	59111.59	64111.59
利润构成	主营收入(万元)	214291.26	198888.96	215566.45
	主营利润(万元)	11382.76	2784.83	18367.74
	营业利润(万元)	487.1	－10513.39	5637.03
	投资收益(万元)	456.16	200.67	－10.27
	利润总额(万元)	808.75	－8751.28	5527.83
	净利润(万元)	336.04	－8400.19	4616.21
点评	报告期内公司生产经营仍面临较大困难,在建项目多为2003年及2004年的低价中标项目,本年度达到生产高峰期;公司加快产业结构调整,路桥收费和水电开发收益稳步增长,遏制住了公司施工主营业绩下滑的趋势。			

	截止日期	05年末	占%	主要股东及持股比例%、持股性质
股本结构（万股）	总股本	30000		四川公路桥梁建设集团有限公司 58.936%（国有股）
	国有股	17680.94	58.94	四川贵通建设集团有限公司 0.266%（非流通股）
	发起股	319.06	1.06	四川九寨黄龙机场有限责任公司 0.266%（非流通股）
	外资股			四川嘉陵资产经营管理有限责任公司 0.266%（非流通股）
	募集股			北京中经远通高速公路投资有限公司 0.266%（非流通股）
	流通A	12000	40	刘静 0.18%（流通A股）
	流通B			李玲 0.167%（流通A股）
	流通H			王兰珍 0.167%（流通A股）
股东户数	05年末	34972		陈敬喜 0.152%（流通A股）
	04年末	39807		马建 0.15%（流通A股）
其他流通股东	梁日文 0.128%；严苏京 0.127%；周扬中 0.125%；杨桂华 0.124%；徐乾坤 0.111%			
近年分配	03年:10派0.5转增2		近年募资	03年新发10000万股,发行价6.87元。

二〇〇五年以来市场表现

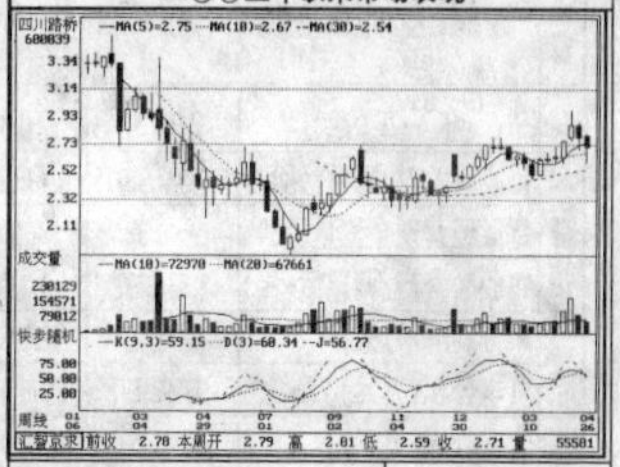

2005年涨跌幅(%)	－25.53
2005年最高(元)	3.55
2006年涨跌幅(%)	9.27
2006.4.26收盘(元)	2.71
2006年最高(元)	2.98
2006年最低(元)	2.47
2006年换手率(%)	95.41
股改对价	

中国联通（600050）

上市日期:02/10/09　　电话:021－52732228　　传真:021－52732220

主营	GSM和CDMA移动通信、国际国内长途通信、数据通信和互联网及寻呼等综合电信业务。			
	年　度	2005	2004	2003
主要指标	每股收益/扣除后(元)	0.134/0.13	0.117	0.12
	每股经营现金流量(元)	1.53	1.23	1.26
	每股净资产/调整后(元)	2.24/2.01	2.14/1.81	1.99/1.63
	未分利润(万元)	783825.1	596914.3	455970.18
	资本公积(万元)	1714041.22	1714333.79	1421322.58
利润构成	主营收入(万元)	7610879.05	7073859.05	5979847.62
	主营利润(万元)	3443882.27	3397480.09	3021565.88
	营业利润(万元)	666252.32	611821.5	702479.06
	投资收益(万元)	－12100.69	－12100.69	－59573.05
	利润总额(万元)	652753.75	610491.44	582256.21
	净利润(万元)	284221.93	247114.63	232703.06
点评	2005年业务收入稳定增长,效益水平逐步提升。GSM和CDMA用户数均实现了10%以上的增长,尤其是CDMA业务通过大力推进营销模式转型,加强终端采购管理,有效降低了CDMA手机成本、库存风险,全年运营效益有所改善,下半年实现盈利。			

	截止日期	05年末	占%	主要股东及持股比例%、持股性质
股本结构（万股）	总股本	2119659.64		中国联合通信有限公司 69.32%（非流通股）
	国有股			上证50ETF 0.95%（流通A股）
	发起股	1469659.64	69.33	易方达50指数证券投资基金 0.76%（流通A股）
	外资股			海富通收益增长证券投资基金 0.71%（流通A股）
	募集股			南方稳健成长证券投资基金 0.39%（流通A股）
	流通A	650000	30.67	安顺证券投资基金 0.37%（流通A股）
	流通B			天元证券投资基金 0.31%（流通A股）
	流通H			银丰证券投资基金 0.26%（流通A股）
股东户数	05年末	578642		汉兴证券投资基金 0.25%（流通A股）
	04年末	728763		开元证券投资基金 0.24%（流通A股）
其他流通股东	博时精选股票证券投资基金 0.236%			
近年分配	05预案:10派0.414；04年:10派0.325；03年:10派0.35		近年募资	04年10配3配股价3元。

二〇〇五年以来市场表现

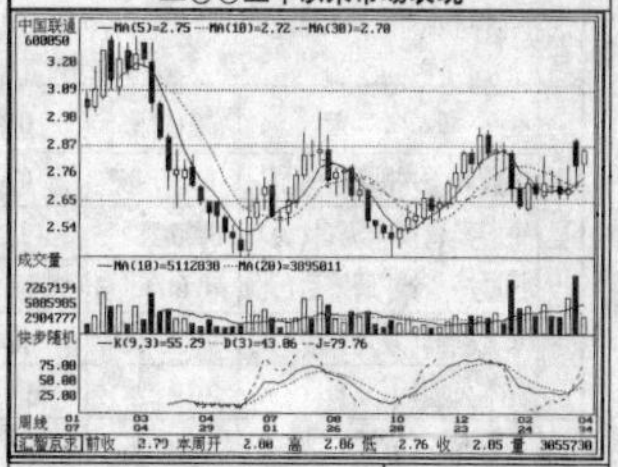

2005年涨跌幅(%)	－7.44
2005年最高(元)	3.31
2006年涨跌幅(%)	1.79
2006.4.26收盘(元)	2.85
2006年最高(元)	2.94
2006年最低(元)	2.61
2006年换手率(%)	97.33
股改对价	送股 每10股实际获得2.8股

宁波联合（600051）

上市日期:97/04/10　电话:0574－86221609　传真:0574－86221320

主营：基础设施、房地产、对外贸易、医药生物和其他高新技术产业开发。

	年　度	2005	2004	2003
主要指标	每股收益/扣除后(元)	0.14/0.16	0.1	0.11/0.131
	每股经营现金流量(元)	0.55	0.1	-0.26
	每股净资产/调整后(元)	2.59/2.53	2.75/2.72	2.88/2.86
	未分利润(万元)	-2238.8	-1977.66	194.47
	资本公积(万元)	40414.41	39907.07	39891.72
利润构成	主营收入(万元)	312895.2	422961.5	522243.39
	主营利润(万元)	27030.7	25352.29	37909.92
	营业利润(万元)	11481.32	4287.69	9117.41
	投资收益(万元)	-138.05	1649.3	241.63
	利润总额(万元)	10653.94	5442.8	8540.93
	净利润(万元)	4282.89	2962.98	3333.34

点评：公司05年主营收入较上年大幅减少，主要系进出口贸易额较上年减少7.5亿元，及已转让的医药板块企业其上年上半年主营业务收入7.0亿元并入。房地产业务大幅增加是间接控股子公司销售收入增加所致。

	截止日期	05年末	占%	主要股东及持股比例%、持股性质
股本结构（万股）	总股本	30240		宁波经济技术开发区控股有限公司 38.44%（国有股）
	国有股	21700.21	71.76	五矿发展股份有限公司 24.67%（国有股）
	发起股			中国机械进出口(集团)有限公司 8.66%（国有股）
	外资股			周春敏 0.338%（流通A股）
	募集股			宁波天胜轴承有限公司 0.109%（流通A股）
	流通A	8539.79	28.24	侯建国 0.083%（流通A股）
	流通B			林海文 0.081%（流通A股）
	流通H			王国存 0.048%（流通A股）
股东户数	05年末	39761		邵荣发 0.045%（流通A股）
	04年末	42300		范军 0.044%（流通A股）

其他流通股东：李洪 0.043%；康贵富 0.042%；吴建国 0.041%

近年分配：05方案:10派0.2；04年:10派1；03年:10派1.6　**近年募资**：

二〇〇五年以来市场表现

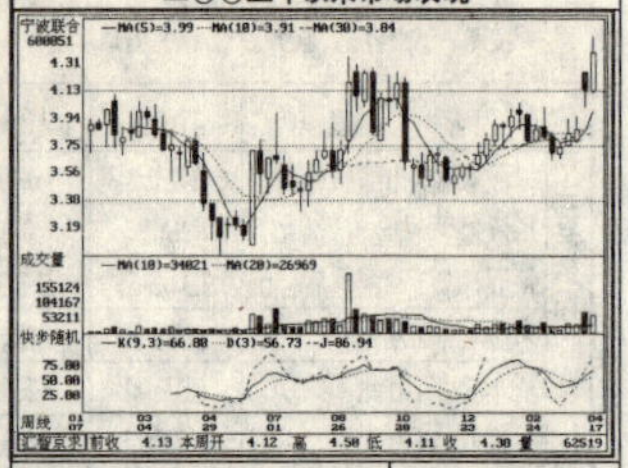

2005年涨跌幅(%)	-2.07
2005年最高(元)	4.45
2006年涨跌幅(%)	19.02
2006.4.26收盘(元)	4.38
2006年最高(元)	4.5
2006年最低(元)	3.63
2006年换手率(%)	52.3
股改对价	送股 每10股实际获得3.2股

浙江广厦（600052）

上市日期:97/04/15　电话:0571－87969988　传真:0571－85125355

主营：建筑工程的总承包、设计、施工、房地产开发。

	年　度	2005	2004	2003
主要指标	每股收益/扣除后(元)	-0.38/-0.15	0.04	0.09/-0.02
	每股经营现金流量(元)	-0.3	-0.02	0.72
	每股净资产/调整后(元)	2.93/2.92	3.3/3.28	3.26/3.25
	未分利润(万元)	3405.53	21798.66	19505.17
	资本公积(万元)	77992.87	77644.83	77561.14
利润构成	主营收入(万元)	84475.53	57389.94	64444.95
	主营利润(万元)	26220.21	24148.11	22982.57
	营业利润(万元)	-1053.83	3471.41	2937.26
	投资收益(万元)	-8104.21	709.7	5379.8
	利润总额(万元)	-14675.34	5492.5	8229.83
	净利润(万元)	-18393.13	1763.3	4409.76

点评：05公司主营收入和主营业务利润均取得了较大幅度增长，但由于计提通和投资公司和金信信托、文化旅游公司的等公司减值准备，导致公司第一次出现亏损。05年商品房销售收入7.04亿元，拥有5000余亩的土地储备。

	截止日期	05年末	占%	主要股东及持股比例%、持股性质
股本结构（万股）	总股本	48363.35		广厦建设集团有限责任公司 17.87%（非流通股）
	国有股			金华市泰恒投资有限公司 6.74%（非流通股）
	发起股	8642.45	17.87	浙江万福建材有限公司 3.88%（非流通股）
	外资股			杭州股权管理中心 3.26%（非流通股）
	募集股	14168.1	29.3	浙江广厦集团自应力水泥制管厂 0.9%（非流通股）
	流通A	25552.8	52.84	浙江广厦集团建筑装璜材料公司 0.88%（非流通股）
	流通B			浙江广厦集团白云建筑工程公司 0.87%（非流通股）
	流通H			浙江广厦集团第一建材有限公司 0.85%（非流通股）
股东户数	05年末	79017		东阳市房地产开发有限公司 0.81%（非流通股）
	04年末	84651		金信信托投资股份有限公司 0.78%（部分流通部分不流通）

其他流通股东：景阳证券投资基金 0.543%；张天瑜 0.414%；楼忠福 0.297%；楼正文 0.248%；吴小伟 0.248%

近年分配：　**近年募资**：

二〇〇五年以来市场表现

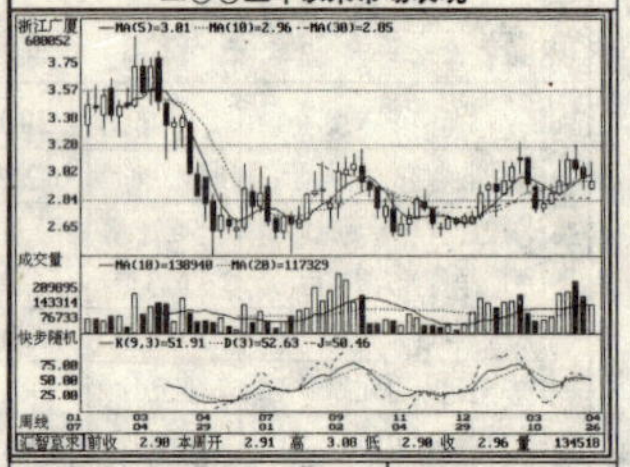

2005年涨跌幅(%)	-18.56
2005年最高(元)	3.93
2006年涨跌幅(%)	8.82
2006.4.26收盘(元)	2.96
2006年最高(元)	3.21
2006年最低(元)	2.67
2006年换手率(%)	86.15
股改对价	

ST江纸（600053）

上市日期:97/04/18　电话:0791－8632392、　传真:0791－8632392

主营：新闻纸的生产和销售

	年　度	2005	2004	2003
主要指标	每股收益/扣除后(元)	0.03/-0.2	0.65	-2.844/-2.22
	每股经营现金流量(元)	0.22	0.02	-0.02
	每股净资产/调整后(元)	-0.64/-0.64	-0.72/-0.72	-2.73/-4.19
	未分利润(万元)	-31145.4	-31666.35	-101594.43
	资本公积(万元)	3302.28	2516.24	38756.82
利润构成	主营收入(万元)	7215.73	9528.53	11938.67
	主营利润(万元)	-353.67	-3345.23	-569.34
	营业利润(万元)	794.69	16859.06	-37535.34
	投资收益(万元)	-351.36	-23.41	-93.9
	利润总额(万元)	520.95	10500.35	-45801.98
	净利润(万元)	520.95	10500.35	-45801.98

点评：国内新闻纸行业受到原材料涨价，行业产能过剩等因素的影响，经济效益继续下降。江中集团作为重组方，承诺将向公司注入旗下优质资产和业务，同时置换出公司现有造纸资产和业务。借助资产重组获得具有发展潜力的新业务，公司难得的发展机遇。

	截止日期	05年末	占%	主要股东及持股比例%、持股性质
股本结构（万股）	总股本	16107		南昌好又多实业有限公司 32.098%（国有股）
	国有股	7616.39	47.29	江西纸业集团有限公司 15.188%（国有股）
	发起股	885.61	5.5	上海泰阳实业有限公司 3.197%（非流通股）
	外资股			上海岩鑫实业投资有限公司 1.152%（非流通股）
	募集股			瑞安市双金机械附件厂 1.149%（非流通股）
	流通A	7605	47.22	林兴国 0.619%（流通A股）
	流通B			潘锦霞 0.407%（流通A股）
	流通H			萧磊根 0.379%（流通A股）
股东户数	05年末	19150		沈宁 0.325%（流通A股）
	04年末	24068		威海双岛养殖场 0.281%（流通A股）

其他流通股东：魏仁芳 0.248%；徐三桥 0.221%；黄邓香 0.19%；梁利庭 0.168%；李福云 0.165%

近年分配：　**近年募资**：

二〇〇五年以来市场表现

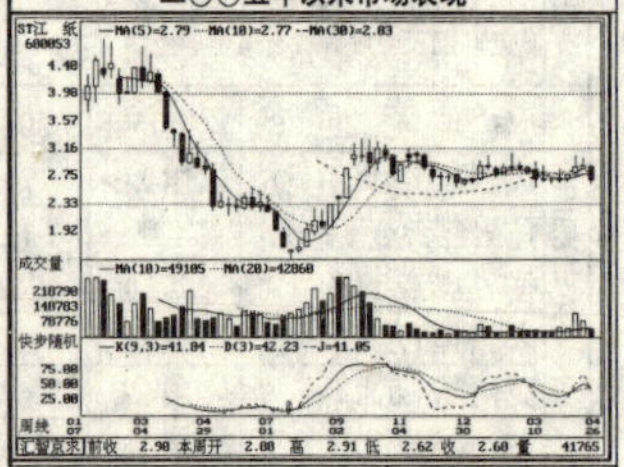

2005年涨跌幅(%)	-34.4
2005年最高(元)	4.81
2006年涨跌幅(%)	0.38
2006.4.26收盘(元)	2.68
2006年最高(元)	3.07
2006年最低(元)	2.57
2006年换手率(%)	97.5
股改对价	

G黄山（600054/900942）

上市日期:A: 97/05/06 B: 96/11/22　电话:0559－5561113　传真:0559－5561110

主营	宾馆的经营与管理、索道的经营与管理、园林管理与门票的出售、旅行社业务以及其它业务。

	年　度	2005	2004	2003
主要指标	每股收益/扣除后(元)	0.23/0.23	0.01	－0.2/－0.19
	每股经营现金流量(元)	0.56	0.7	0.08
	每股净资产/调整后(元)	2.37/2.32	2.24/2.18	2.28/2.3
	未分利润(万元)	4112.19	2014.16	2859.44
	资本公积(万元)	25591.84	25589.74	25557.06
利润构成	主营收入(万元)	68905.37	52987.23	29523.52
	主营利润(万元)	24407.1	22996.58	8493.05
	营业利润(万元)	14979.05	11915.09	－1736.07
	投资收益(万元)	－2238.77	－6271.35	63.55
	利润总额(万元)	12513.45	5559.37	－4384.89
	净利润(万元)	6881.63	432.75	－6120.82

点评	公司报告期内配合黄山风景区管委会组织实施门票调整工作,同时做好改革后续平稳过渡工作;此外还强化市场营销工作,争取更多客源,创造更大效益。公司生产经营继续保持良好的发展态势。

	截止日期	05年末	占%	主要股东及持股比例%、持股性质
股本结构（万股）	总股本	30290		黄山旅游集团有限公司 48.5%（国有股）
	国有股	14690	48.5	SHENYIN WANGGUO NOMINEES（H.K）LTD. 1.68%（流通B股）
	发起股			HARVEST CHINA EQUITIES INVESTMENT COMPANY LIMITED 1.59%（流通B股）
	外资股			PINPOINT CHINA FUND 1.2%（流通B股）
	募集股			GOLDEN CHINA MASTER FUND 1.14%（流通B股）
	流通A	5200	17.17	中国建设银行－宝康消费品证券投资基金 0.87%（流通A股）
	流通B	10400	34.33	中国建设银行－华宝兴业多策略增长投资基金 0.78%（流通A股）
	流通H			OCBC SECURITIES PRIVATE LIMITED A/C CLIENTS 0.73%（流通B股）
股东户数	05年末	43060		中国工商银行－申万巴黎盛利精选证券投资基金 0.66%（流通A股）
	04年末	54300		中国工商银行－中银国际中国精选混合型开放式证券投资基金 0.53%（流通A股）
其他流通股东	单丽华 0.457%			
近年分配	05预案:10派0.85；04年:10派1		近年募资	

二○○五年以来市场表现

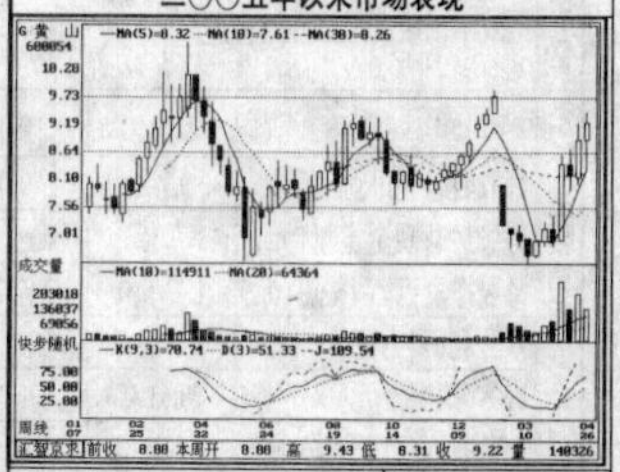

2005年涨跌幅(%)	23.51
2005年最高(元)	10.82
2006年涨跌幅(%)	29.28
2006.4.26收盘(元)	9.22
2006年最高(元)	12.17
2006年最低(元)	8.35
2006年换手率(%)	182.64
股改对价	送股 每10股实际获得2.9股(06/02/17)

G万东（600055）

上市日期:97/05/19　电话:010－65682598　传真:010－65682598

主营	各类型医用诊断X射线机及齿科治疗设备的生产、销售和开发。

	年　度	2005	2004	2003
主要指标	每股收益/扣除后(元)	0.12/0.13	0.22	0.31/0.31
	每股经营现金流量(元)	0.44	－0.13	0.26
	每股净资产/调整后(元)	2.93/2.9	2.94/2.92	3.64/3.62
	未分利润(万元)	6812.29	6339.84	7075.08
	资本公积(万元)	16291.33	15933.15	18041.36
利润构成	主营收入(万元)	49494.65	47993.89	47220.04
	主营利润(万元)	15255.58	15929.84	15245.09
	营业利润(万元)	2168.19	3814.28	4089.59
	投资收益(万元)	－76.32	108.95	280.73
	利润总额(万元)	2114.79	3818.22	4334.52
	净利润(万元)	1757.27	3218.37	3412.89

点评	报告期内公司实现了MRI、DR/CCD－DR、高频机、图像产品的规模化生产,但由于竞争激烈价格下调、成本费用上升等原因,公司净利同比下降。公司加大了应收帐款的回收力度,净现金流入有所增加。

	截止日期	05年末	占%	主要股东及持股比例%、持股性质
股本结构（万股）	总股本	14430		北京万东医疗装备公司 64.86%（国有股）
	国有股	9360	64.86	陈秋满 0.25%（流通A股）
	发起股			张理国 0.17%（流通A股）
	外资股			潘远雷 0.15%（流通A股）
	募集股			武海生 0.14%（流通A股）
	流通A	5070	35.14	卓玉华 0.13%（流通A股）
	流通B			潘洁 0.13%（流通A股）
	流通H			罗中明 0.12%（流通A股）
股东户数	05年末	13976		何宽荣 0.12%（流通A股）
	04年末	14631		王杨 0.11%（流通A股）
其他流通股东	胡梅 0.107%			
近年分配	05预案:10派0.5；04年:10派0.8；03年:10派1.2送1转增2		近年募资	

二○○五年以来市场表现

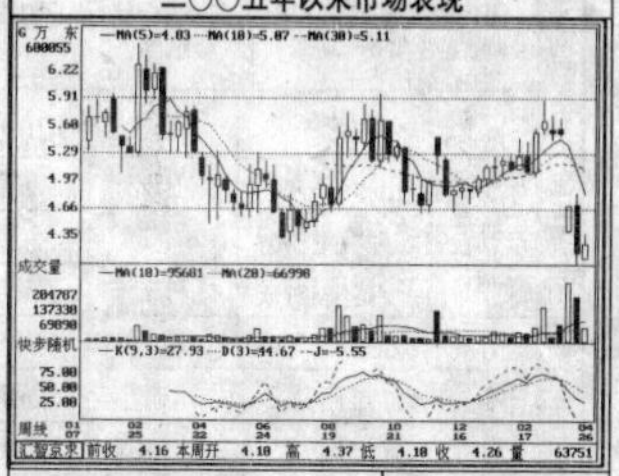

2005年涨跌幅(%)	－7.64
2005年最高(元)	6.53
2006年涨跌幅(%)	17.58
2006.4.26收盘(元)	4.26
2006年最高(元)	6.67
2006年最低(元)	4.91
2006年换手率(%)	179.22
股改对价	送股 每10股实际获得3.8股(06/04/11)

中技贸易（600056）

上市日期:97/05/15　电话:010－68404720　传真:010－68476727

主营	高新技术及成套设备的进出口贸易、易货贸易、国际招标采购、国际合作业务以及国内贸易业务等。

	年　度	2005	2004	2003
主要指标	每股收益/扣除后(元)	0.348/0.26	0.031	0.203/0.029
	每股经营现金流量(元)	－0.2104	0.2409	－0.4194
	每股净资产/调整后(元)	3.28/3.27	2.93/2.92	2.99/2.98
	未分利润(万元)	15921.9	10115.5	11677.01
	资本公积(万元)	24277.6	24232.6	24232.6
利润构成	主营收入(万元)	192967	217443.67	267069.58
	主营利润(万元)	20031.94	6968.63	3972.21
	营业利润(万元)	7090.71	2541.05	－343.81
	投资收益(万元)	3349.23	－1083.18	5051.45
	利润总额(万元)	10355.92	1457.87	4848.7
	净利润(万元)	7258	655.11	4241.54

点评	报告期内公司主营业务已从传统的技术进出口贸易转变为医药领域的生产、加工和贸易,主要收入和利润来源于中国医药保健品有限公司和海南通用三洋药业有限公司。公司主营利润率、净资产收益率等指标出现了巨增,推动了公司税后利润的大幅增长。

	截止日期	05年末	占%	主要股东及持股比例%、持股性质
股本结构（万股）	总股本	20856		中国通用技术(集团)控股有限责任公司 70.08%（国有股）
	国有股	14616	70.08	邓俊弟 0.42%（流通A股）
	发起股			曾尚玉 0.35%（流通A股）
	外资股			张红养 0.31%（流通A股）
	募集股			黄桂连 0.27%（流通A股）
	流通A	6240	29.92	林少辉 0.25%（流通A股）
	流通B			金鼎证券投资基金 0.24%（流通A股）
	流通H			李妈问 0.21%（流通A股）
股东户数	05年末	21639		杨叶 0.21%（流通A股）
	04年末	24117		叶小平 0.21%（流通A股）
其他流通股东	郭月凤 0.204%			
近年分配	05预案:10派6；03年:10派1		近年募资	

二○○五年以来市场表现

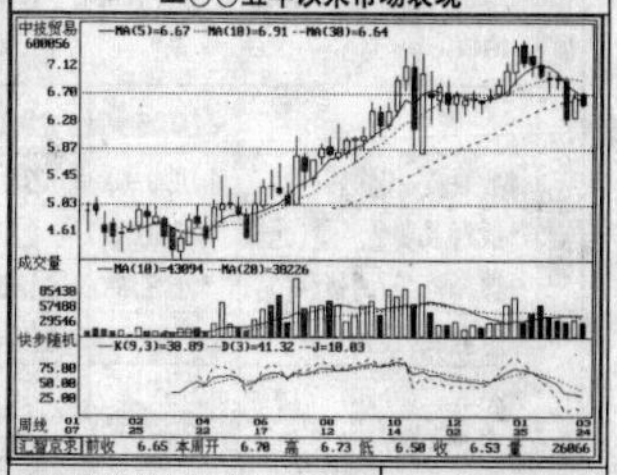

2005年涨跌幅(%)	34.48
2005年最高(元)	7.37
2006年涨跌幅(%)	－2.1
2006.4.26收盘(元)	6.53
2006年最高(元)	7.54
2006年最低(元)	6.23
2006年换手率(%)	73.42
股改对价	定向转增 每10股实际获得4.91股

G 夏新（600057）

上市日期:97/06/04　　电话:0592－5058123　　传真:0592－5051631

主营	数字化通讯产品等电子产品的开发和制造。			
主要指标	年　度	2005	2004	2003
	每股收益/扣除后(元)	-1.53	0.02	1.429/1.432
	每股经营现金流量(元)	0.36	-1.54	1.17
	每股净资产/调整后(元)	1.43/1.41	2.97/2.97	3.4/3.39
	未分利润(万元)	-27693.3	38113.76	55946.08
	资本公积(万元)	30163.45	30163.45	30066.34
利润构成	主营收入(万元)	480928.34	505454.08	681713.89
	主营利润(万元)	56787.39	104512.08	231661.71
	营业利润(万元)	-69856.8	-113.63	82052.69
	投资收益(万元)	2988.37	-17.23	128.58
	利润总额(万元)	-66435.83	1830.82	80745.8
	净利润(万元)	-65805.05	1052.63	61424.66
点评	由于国内手机市场价格竞争激烈,公司手机毛利率和盈利水平均受到较大影响,手机毛利率已降至6%,导致公司业绩亏损。公司在3G手机出口方面实现零的突破,液晶电视和迅驰二代笔记本所占销售比重不高。新产业领域仍处于投入期,盈利能力有待提升。			

	截止日期	05年末	占%	主要股东及持股比例%、持股性质
股本结构（万股）	总股本	42984		夏新电子有限公司 56.38% (非流通股)
	国有股	894.13	2.08	深圳中航实业股份有限公司 2.5% (流通A股)
	发起股			中国电子信息产业集团公司 1.2% (国有股)
	外资股	24809.87	57.72	中油财务有限责任公司 0.96% (流通A股)
	募集股			江南证券有限责任公司 0.92% (流通A股)
	流通A	17280	40.2	厦门电子器材公司 0.88% (国有股)
	流通B			新利(厦门)工业有限公司 0.85% (非流通股)
	流通H			深圳天虹商场有限公司 0.82% (流通A股)
股东户数	05年末	37730		厦门国际信托投资有限公司 0.4% (流通A股)
	04年末	40562		吴柏年 0.27% (流通A股)
其他流通股东	吴敬炳 0.203%;范昕 0.202%;重庆银亚商贸有限公司 0.184%;塔里木石油勘探指挥部 0.102%			
近年分配	03年:10派3.2		近年募资	

二〇〇五年以来市场表现

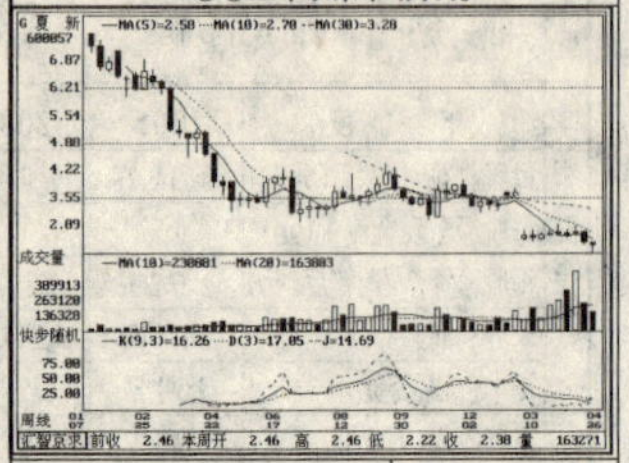

2005年涨跌幅(%)	-55.84
2005年最高(元)	7.54
2006年涨跌幅(%)	-3.51
2006.4.26收盘(元)	2.38
2006年最高(元)	3.89
2006年最低(元)	3
2006年换手率(%)	105.55
股改对价	送股 每10股实际获得3.5股(06/03/03)

G 五矿（600058）

上市日期:97/05/28　　电话:010－68494208　　传真:010－68494207

主营	国内外贸易、国际货运、货代、仓储、国际招标、投标、酒店经营、工业生产、高新科技、金融等。			
主要指标	年　度	2005	2004	2003
	每股收益/扣除后(元)	0.402/0.351	0.723	0.557/0.48
	每股经营现金流量(元)	-4.8109	2.2718	-8.1827
	每股净资产/调整后(元)	3.59/3.56	3.34/3.32	4.02/4
	未分利润(万元)	116701.98	103398.06	58901.7
	资本公积(万元)	66435.71	62607.32	88621.34
利润构成	主营收入(万元)	6659694.9	6459345.71	5212274.5
	主营利润(万元)	197929.91	251046.45	120646.48
	营业利润(万元)	56280.59	93280.91	41714.41
	投资收益(万元)	6902.23	4381	2473.75
	利润总额(万元)	65723.54	96816.62	44403.42
	净利润(万元)	33250.03	59810.47	30683.79
点评	公司是目前国内最大的钢材经销商和进口商,也是最大的冶金原材料集成供应商。报告期内公司的主营业务规模继续保持稳定增长,但利润水平受主客观因素的影响出现了较大幅度的下滑。			

	截止日期	05年末	占%	主要股东及持股比例%、持股性质
股本结构（万股）	总股本	82697.3		中国五矿集团公司 71.7% (国有股)
	国有股			大鹏证券有限责任公司 0.85% (流通A股)
	发起股	59297.3	71.7	汉盛证券投资基金 0.78% (流通A股)
	外资股			南方稳健成长证券投资基金 0.57% (流通A股)
	募集股			南方积极配置证券投资基金 0.29% (流通A股)
	流通A	23400	28.3	全国社保基金一零一组合 0.19% (流通A股)
	流通B			上证50交易型开放式指数证券投资基金 0.19% (流通A股)
	流通H			张君 0.18% (流通A股)
股东户数	05年末	42288		上海耀华企业托管有限公司 0.16% (流通A股)
	04年末	40178		南京市扬子石化公司总工会 0.12% (流通A股)
其他流通股东	尹浩稳 0.111%			
近年分配	05预案:10派3;04中期:10转增5 年终:10派2;03年:10派1.2		近年募资	

二〇〇五年以来市场表现

2005年涨跌幅(%)	-2.48
2005年最高(元)	8.79
2006年涨跌幅(%)	52.58
2006.4.26收盘(元)	6.69
2006年最高(元)	8.7
2006年最低(元)	5.68
2006年换手率(%)	253.65
股改对价	送股 每10股实际获得3股(06/04/05)

G 龙山（600059）

上市日期:97/05/16　　电话:0575－5158435　　传真:0575－5166884

主营	黄酒、白酒、果酒、饮料、副食品及食品原辅料的开发、制造、销售。			
主要指标	年　度	2005	2004	2003
	每股收益/扣除后(元)	0.112/0.081	0.22/0.195	0.234/0.224
	每股经营现金流量(元)	0.583	0.171	0.59
	每股净资产/调整后(元)	5.06/5.06	5.15/5.15	5.12/5.11
	未分利润(万元)	13131.59	15451.99	16063.18
	资本公积(万元)	70815.15	70815.15	70654.24
利润构成	主营收入(万元)	60872.87	56311.8	52310.95
	主营利润(万元)	17310.77	18627.66	18617.54
	营业利润(万元)	3307.23	6336.85	7881.42
	投资收益(万元)	721.79	379.31	-96.29
	利润总额(万元)	4174.21	7500.86	8020.47
	净利润(万元)	2603.58	5130.83	5457.43
点评	2005年,公司虽然在黄酒业务的销售收入及产品毛利上有所改善,但其氨纶业务的巨额亏损致使公司利润减少。2006年,如果公司成功收缩业务,借助其黄酒品牌优势,会促使其经营情况有所好转。			

	截止日期	05年末	占%	主要股东及持股比例%、持股性质
股本结构（万股）	总股本	23280		中国绍兴黄酒集团有限公司 54.27% (国有股)
	国有股			上海浦东发展银行－广发小盘成长股票型证券投资基金 1.04% (流通A股)
	发起股	12633	54.27	申银万国－花旗－UBS LIMITED 0.78% (流通A股)
	外资股			中原证券股份有限公司 0.62% (流通A股)
	募集股			中国银行－海富通股票证券投资基金 0.59% (流通A股)
	流通A	10647	45.73	李正荣 0.44% (流通A股)
	流通B			中国工商银行－广发稳健增长证券投资基金 0.4% (流通A股)
	流通H			中信实业银行－建信恒久价值股票型证券投资基金 0.39% (流通A股)
股东户数	05年末	28693		招商证券－渣打－ING BANK N.V. 0.36% (流通A股)
	04年末	29769		国泰君安－建行－香港上海汇丰银行有限公司 0.34% (流通A股)
其他流通股东	交通银行－国联优质成长证券投资基金 0.314%			
近年分配	05预案:10派2;04年:10派2;03年:10派2		近年募资	

二〇〇五年以来市场表现

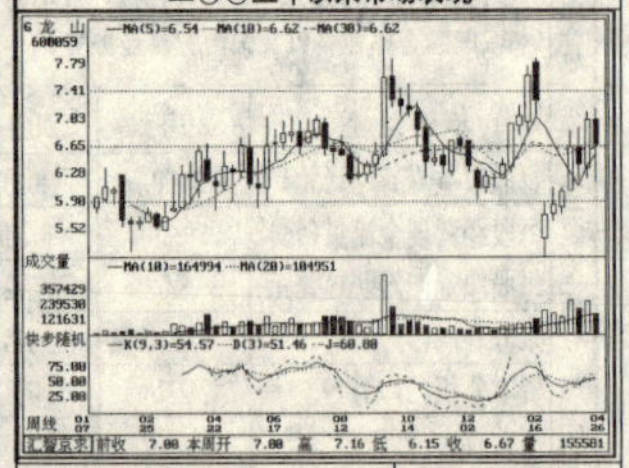

2005年涨跌幅(%)	12.29
2005年最高(元)	8.37
2006年涨跌幅(%)	35.91
2006.4.26收盘(元)	6.67
2006年最高(元)	9.31
2006年最低(元)	6.28
2006年换手率(%)	131.39
股改对价	送股 每10股实际获得3股(06/03/13)

海信电器(600060)

上市日期:97/04/22　　电话:0532－3889556　　传真:0532－3878888－8315

主营	电视机、广播电视设备和电子计算机、通讯产品、信息技术产品、家用、商用及其它电器电子产品制造、销售和服务。

	年　度	2005	2004	2003
主要指标	每股收益/扣除后(元)	0.207/0.186	0.118	0.084/0.072
	每股经营现金流量(元)	－0.02	0.17	－0.19
	每股净资产/调整后(元)	5.07/4.92	4.88/4.8	4.76/4.69
	未分利润(万元)	28976.7	27263.06	23417.42
	资本公积(万元)	151891.99	147560.82	147459.15
利润构成	主营收入(万元)	1016343.23	750020.87	573440.43
	主营利润(万元)	161639.11	105449.21	85797.86
	营业利润(万元)	15620.5	9600.63	5872.92
	投资收益(万元)	－1316.47	－603.81	0.17
	利润总额(万元)	15534.28	9313.44	5808.87
	净利润(万元)	10240.07	5842.48	4140.18

点评	公司彩电产销增长显著,全年销售收入同比增长三成。平板彩电产销比重的快速提升是其05年业绩高速增长的主要动因。自主研发的彩电芯片技术走在了许多家电企业的前面。计划06年推出用于平板彩电的视频解码芯片,不过彩电核心技术的产业化进程仍需时日。

	截止日期	05年末	占%	主要股东及持股比例%、持股性质
股本结构(万股)	总股本	49376.78		海信集团有限公司 58.72%(国有股)
	国有股	28992.78	58.72	中国工商银行－申万巴黎盛利精选证券投资基金 1.5%(流通A股)
	发起股			中国建设银行－上投摩根中国优势证券投资基金 1.16%(流通A股)
	外资股			上海国有资产经营有限公司 0.47%(流通A股)
	募集股			中国工商银行－申万巴黎新动力股票型证券投资基金 0.39%(流通A股)
	流通A	20384	41.28	云南云电财金管理有限公司 0.34%(流通A股)
	流通B			中国工商银行－国联安德盛小盘精选证券投资基金 0.3%(流通A股)
	流通H			中国工商银行－同益证券投资基金 0.14%(流通A股)
股东户数	05年末	100244		张瑾 0.14%(流通A股)
	04年末	113636		银丰证券投资基金 0.11%(流通A股)
其他流通股东	中国人寿保险股份有限公司－传统－普通保险产品－005L－CT001沪 0.093%			
近年分配	04年:10派1		近年募资	

二〇〇五年以来市场表现

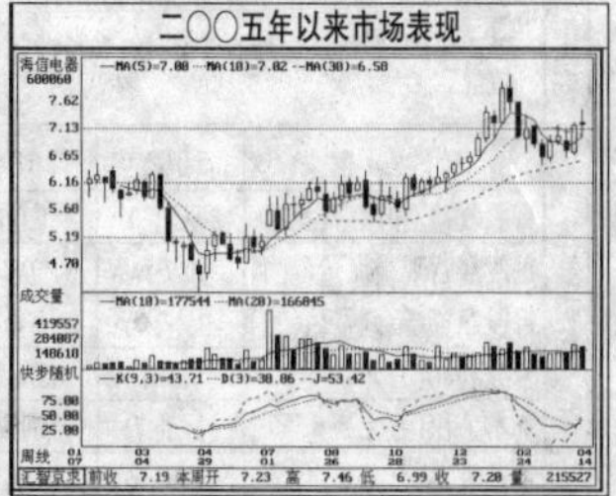

2005年涨跌幅(%)	9.97
2005年最高(元)	6.8
2006年涨跌幅(%)	8.6
2006.4.26收盘(元)	7.2
2006年最高(元)	8.1
2006年最低(元)	6.46
2006年换手率(%)	125.98
股改对价	送股 每10股实际获得2.1股

中纺投资(600061)

上市日期:97/05/19　　电话:021－62818687　　传真:021－62816868

主营	锦纶单丝、涤纶长丝、羊绒制品、高强PE纤维等产品的开发、生产和销售。

	年　度	2005	2004	2003
主要指标	每股收益/扣除后(元)	0.015/－0.012	0.014	0.011
	每股经营现金流量(元)	0.32	－0.07	0.23
	每股净资产/调整后(元)	1.33/1.33	1.31/1.31	1.3/1.3
	未分利润(万元)	1529.99	944.35	682.46
	资本公积(万元)	6195.7	6195.7	6195.7
利润构成	主营收入(万元)	104706.86	86839	83251.16
	主营利润(万元)	5832.31	6110.14	6310.86
	营业利润(万元)	46.67	256.47	127.33
	投资收益(万元)	220.37	149.44	175.8
	利润总额(万元)	396.54	652.07	628.19
	净利润(万元)	571.98	529.49	428.76

点评	2005年收入和利润均稳步增长。受累原油价格上涨,化纤行业整体受到严峻考验;人民币升值使出口成本加大。05年公司加大了存货处理力度,在主营的化纤产品毛利率下降的情况下,化纤产品收入同比增长六成。预计06年盈利与2005年基本持平。

	截止日期	05年末	占%	主要股东及持股比例%、持股性质
股本结构(万股)	总股本	37311.56		中国纺织物资(集团)总公司 44.08%(国有股)
	国有股	21114.08	56.59	中国丝绸进出口总公司 10.79%(国有股)
	发起股			澳大利亚CTRC股份有限公司 10.79%(外资股)
	外资股	4029.48	10.8	陕西省纺织工业供销公司 1.7%(国有股)
	募集股			陈占春 0.14%(流通A股)
	流通A	12168	32.61	胡洪元 0.07%(流通A股)
	流通B			马丹文 0.07%(流通A股)
	流通H			章建成 0.07%(流通A股)
股东户数	05年末	25898		李宇生 0.07%(流通A股)
	04年末	29239		李卫侃 0.06%(流通A股)
其他流通股东	杨东纯 0.067%;刘丽琴 0.066%;许林林 0.062%;何书宏 0.059%			
近年分配			近年募资	

二〇〇五年以来市场表现

2005年涨跌幅(%)	－24.03
2005年最高(元)	3.34
2006年涨跌幅(%)	10.26
2006.4.26收盘(元)	2.58
2006年最高(元)	2.92
2006年最低(元)	2.32
2006年换手率(%)	72.68
股改对价	

G双鹤(600062)

上市日期:97/05/22　　电话:010－64742227　　传真:010－64398086

主营	加工、制造原料药、注射剂(水针、粉针、输液)、片剂、胶囊剂、颗粒剂、软胶囊、制药机械设备。

	年　度	2005	2004	2003
主要指标	每股收益/扣除后(元)	0.423/0.228	0.011/－0.009	0.147/0.131
	每股经营现金流量(元)	0.3169	1.0287	0.3377
	每股净资产/调整后(元)	3.92/3.84	3.49/3.43	3.38/3.31
	未分利润(万元)	46246.45	32631.55	28901.53
	资本公积(万元)	60775.96	60377.33	59693.28
利润构成	主营收入(万元)	459742.9	419571.54	424921.14
	主营利润(万元)	120725.5	108628.81	113030.87
	营业利润(万元)	19318.18	8495.31	16819.8
	投资收益(万元)	7685.28	－5506.74	－5148.53
	利润总额(万元)	24067.65	2796.85	10623.75
	净利润(万元)	18663.93	470.53	6463.06

点评	2005年,公司有计划、有步骤地对非主营业务进行了剥离,妥善处置了部分影响公司经营业绩的不良资产,再加上由于2005年转让费森尤斯的股权使双鹤药业获利高达1.4亿元,因此公司2005年净利润大幅增长

	截止日期	05年末	占%	主要股东及持股比例%、持股性质
股本结构(万股)	总股本	44107.57		北京万辉药业集团 51.83%(国有股)
	国有股	23619.7	53.55	北京永好科技发展有限责任公司 2.87%(非流通股)
	发起股	1901.25	4.31	北京医药集团有限责任公司 1.72%(国有股)
	外资股			北京道和投资管理有限公司 0.69%(非流通股)
	募集股			深圳市银光通实业有限公司 0.54%(流通A股)
	流通A	18586.62	42.14	申银万国－花旗－UBS LIMITED 0.49%(流通A股)
	流通B			北京科梦嘉生物技术开发有限责任公司 0.4%(非流通股)
	流通H			张建新 0.19%(流通A股)
股东户数	05年末	27421		南通琼宇工贸有限公司 0.17%(流通A股)
	04年末	30361		刘汉敏 0.14%(流通A股)
其他流通股东	蒋全兴 0.119%;喻竹妹 0.098%;王伟虎 0.093%;何明玺 0.083%;宁波海运集团有限公司 0.083%			
近年分配	05预案:10派1.8		近年募资	

二〇〇五年以来市场表现

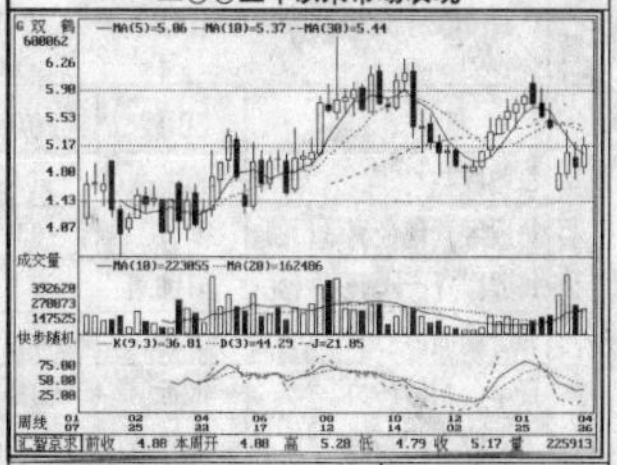

2005年涨跌幅(%)	27.45
2005年最高(元)	6.63
2006年涨跌幅(%)	27.8
2006.4.26收盘(元)	5.17
2006年最高(元)	7.08
2006年最低(元)	5.31
2006年换手率(%)	108.89
股改对价	送股 每10股实际获得3.2股(06/04/06)

G 皖维（600063）

上市日期:97/05/28　　电话:0565－2317280　　传真:0565－2317447

主营	聚乙烯醇、高科技含量的新型材料和特种化纤开发、生产和销售。			
	年　度	2005	2004	2003
主要指标	每股收益/扣除后(元)	0.065/0.06	0.091	0.155/0.152
	每股经营现金流量(元)	0.735	0.61	0.159
	每股净资产/调整后(元)	2.59/2.56	2.59/2.56	2.65/2.61
	未分利润(万元)	1624.1	2314.06	408.01
	资本公积(万元)	33090.7	32795.59	32784.53
利润构成	主营收入(万元)	126747.66	143738.93	121038.1
	主营利润(万元)	17815.13	15187.45	15000.65
	营业利润(万元)	5195.79	2846.76	5722.53
	投资收益(万元)	－1441.28	8.71	426.1
	利润总额(万元)	3769.12	3913.94	6089.79
	净利润(万元)	1655.66	2310.24	3926.2
点评	2005年公司扩大了盈利能力较好的聚乙烯醇的销售,减少了盈利能力较差的聚酯切片的销售,从而保证了在收入减少的情况下,公司主营业务利润的增长。但由于计提减值准备、增值税返还减少等因素影响,净利润同比略有下降。			

	截止日期	05年末	占%	主要股东及持股比例%、持股性质
股本结构（万股）	总股本	25290		安徽皖维集团有限责任公司 60.854%（国有股）
	国有股	15390	60.85	伊犁晶莹玻璃制品有限责任公司 0.109%（流通A股）
	发起股			洪正莲 0.078%（流通A股）
	外资股			薛振立 0.068%（流通A股）
	募集股			邱永华 0.065%（流通A股）
	流通A	9900	39.15	夏仲光 0.063%（流通A股）
	流通B			吕金铎 0.062%（流通A股）
	流通H			刘士启 0.054%（流通A股）
股东户数	05年末	49002		赵成兰 0.054%（流通A股）
	04年末	52443		王献臣 0.051%（流通A股）
其他流通股东	丁瑞祥 0.049%			
近年分配	04年:10派0.8；03年:10派1.5		近年募资	

二〇〇五年以来市场表现

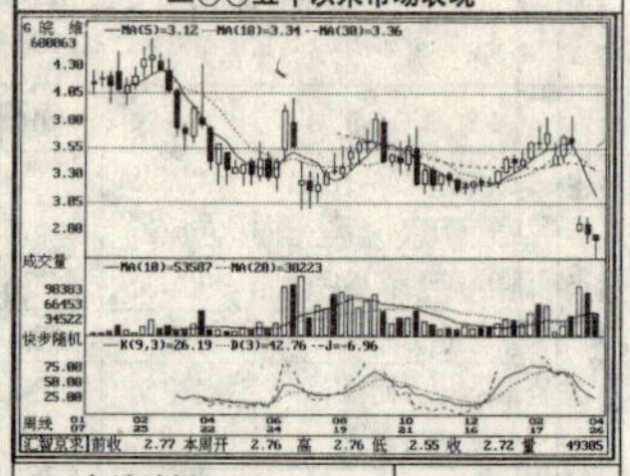

2005年涨跌幅(%)	－20.43
2005年最高(元)	4.55
2006年涨跌幅(%)	11.16
2006.4.26收盘(元)	2.72
2006年最高(元)	3.87
2006年最低(元)	3.18
2006年换手率(%)	58.17
股改对价	定向回购 送股 每10股实际获得3.2股(06/04/13)

G 宁高科（600064）

上市日期:97/05/06　　电话:025－85800728　　传真:025－85800720

主营	市政基础设施建设,土地成片开发及标准厂房建设,高新技术产业,建筑安装装饰工程和工程设计等			
	年　度	2005	2004	2003
主要指标	每股收益/扣除后(元)	0.271/0.25	0.242	0.233/0.227
	每股经营现金流量(元)	1.029	0.591	0.884
	每股净资产/调整后(元)	3.98/3.96	3.91/3.84	3.7/3.68
	未分利润(万元)	27510.44	27183.32	18580.84
	资本公积(万元)	57855.9	56625.77	56533.56
利润构成	主营收入(万元)	163642.89	139877.85	110067.1
	主营利润(万元)	27426.59	21235	20763.35
	营业利润(万元)	4158.89	2919.43	2537.88
	投资收益(万元)	3002.86	3739.02	3618.74
	利润总额(万元)	7585.62	6834.55	6360.69
	净利润(万元)	9317.51	8332.19	8012.62
点评	05年主营收入和净利润基本实现同步增长,利润增加主要原因是公司基础设施承建、电力分公司、华诚商品销售以及药品销售等收入增长所致;公司传统业务仍在市场中占有主导地位,但是其他行业由于竞争日益激烈,未来利润增长空间不大。			

	截止日期	05年末	占%	主要股东及持股比例%、持股性质
股本结构（万股）	总股本	34414.59		南京新港开发总公司 46.69%（国有股）
	国有股	16067.05	46.69	南京港口经济发展总公司 7.83%（非流通股）
	发起股	2798.78	8.13	南京金陵石化华隆工业公司 0.3%（非流通股）
	外资股			程轶 0.28%（流通A股）
	募集股			胡良玉 0.26%（流通A股）
	流通A	15548.76	45.18	沈东玉 0.15%（流通A股）
	流通B			山西信托投资有限责任公司 0.13%（流通A股）
	流通H			李虹雪 0.08%（流通A股）
股东户数	05年末	83189		周毅平 0.07%（流通A股）
	04年末	91281		刘晓峰 0.07%（流通A股）
其他流通股东	吴榕 0.06%；南通市大地房地产开发有限公司 0.057%；珠海延泰经贸发展有限公司 0.052%			
近年分配	05预案:10派3；04年:10派2		近年募资	

二〇〇五年以来市场表现

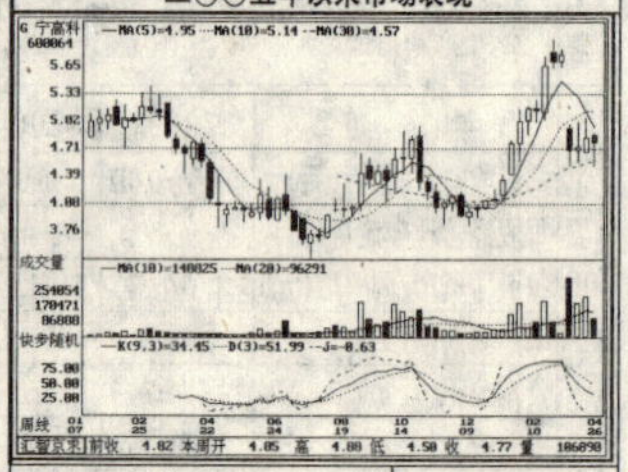

2005年涨跌幅(%)	－10.91
2005年最高(元)	5.41
2006年涨跌幅(%)	52.46
2006.4.26收盘(元)	4.77
2006年最高(元)	6.68
2006年最低(元)	4.13
2006年换手率(%)	93.12
股改对价	送股 每10股实际获得3.2股(06/04/03)

*ST 联谊（600065）

上市日期:97/05/23　　电话:0459－6717944　　传真:0459－6717944

主营	石油炼制、石油开采及石化产品生产、加工、运销			
	年　度	2005	2004	2003
主要指标	每股收益/扣除后(元)	－0.852/－0.407	－0.998	－1.222/－0.304
	每股经营现金流量(元)	0.0692	－0.0146	0.0688
	每股净资产/调整后(元)	0.73/0.41	1.58/1.33	2.58/2.35
	未分利润(万元)	－61244.92	－44884.01	－25722.68
	资本公积(万元)	46275.08	46209.97	46179.19
利润构成	主营收入(万元)	32255.46	39634.07	61442.84
	主营利润(万元)	30.72	－1031.72	753.17
	营业利润(万元)	－12492.52	－13891.35	－21289.55
	投资收益(万元)	－86.47	－0.07	－0.23
	利润总额(万元)	－16376.62	－19140.62	－23429.9
	净利润(万元)	－16360.91	－19161.33	－23453.51
点评	由于连续三年亏损已暂停上市。主营业务为成品油的销售,由于国内成品油与原油价格的倒挂,公司主营的汽柴油销售业务连续三年亏损,从而导致公司整体出现亏损。公司正努力寻找战略投资者,争取通过资产重组来使公司股票恢复上市。			

	截止日期	05年末	占%	主要股东及持股比例%、持股性质
股本结构（万股）	总股本	19200		黑龙江省大庆联谊石油化工总厂 46.58%（非流通股）
	国有股	735	3.83	大庆市油脂化工厂 11.46%（非流通股）
	发起股	11625	60.55	中国农业银行大庆市分行 3.83%（国有股）
	外资股			大庆市大同区林源建材公司 2.5%（非流通股）
	募集股	840	4.38	大庆高新区联谊润滑油调合厂 2.19%（非流通股）
	流通A	6000	31.25	大庆市联谊劳动服务站 1.25%（非流通股）
	流通B			大庆市联谊石化宾馆 0.94%（非流通股）
	流通H			王燕平 0.88%（流通A股）
股东户数	05年末	29331		邓兵 0.43%（流通A股）
	04年末	33418		陈星亮 0.32%（流通A股）
其他流通股东	岳国忠 0.18%；岳国良 0.156%；朱潮云 0.11%；刘英静 0.105%；邢建清 0.1%；杜恒礼 0.098%；秦如凤 0.094%			
近年分配			近年募资	

二〇〇五年以来市场表现

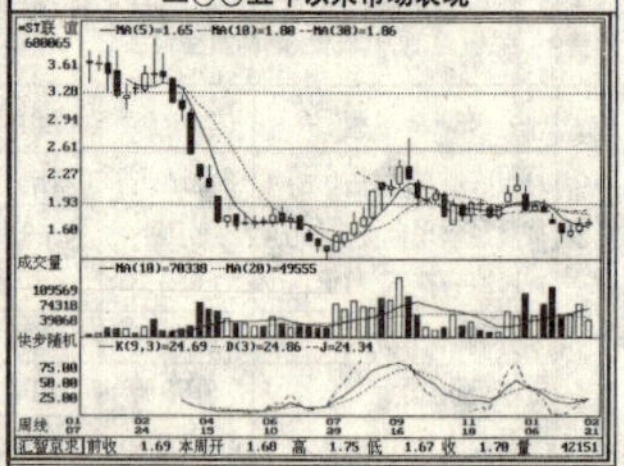

2005年涨跌幅(%)	－49.59
2005年最高(元)	3.95
2006年涨跌幅(%)	－8.11
2006.4.26收盘(元)	1.7
2006年最高(元)	1.98
2006年最低(元)	1.45
2006年换手率(%)	80.67
股改对价	

G宇通（600066）

上市日期:97/05/08　　电话:0371—6806316　　传真:0371－6806000

主营	大中型客车的生产及销售。			
主要指标	年　度	2005	2004	2003
	每股收益/扣除后(元)	0.7/0.69	0.7	0.938/0.92
	每股经营现金流量(元)	1.9	2.13	0.96
	每股净资产/调整后(元)	4.8/4.76	5.83/5.83	8.07/8.07
	未分利润(万元)	34386.21	28857.86	22113.7
	资本公积(万元)	53078.69	59221.57	65679.71
利润构成	主营收入(万元)	457643.56	394908.87	325364.97
	主营利润(万元)	82523.81	65882.55	58220.51
	营业利润(万元)	25943.76	19571.2	18669.56
	投资收益(万元)	917.18	218.65	-48.64
	利润总额(万元)	27045.53	19633.65	18442.52
	净利润(万元)	18567.8	14368.36	12825.46
点评	国内外的大中型客车市场存在长远的发展空间，作为龙头企业，公司能够充分分享行业的发展，因此成长性看好。公司的管理效率突出，销售网络完善，竞争优势显著。			

	截止日期	05年末	占%	主要股东及持股比例%、持股性质
股本结构（万股）	总股本	26661.11		郑州宇通集团有限公司 27.65%（非流通股）
	国有股			全国社保基金一零六组合 4.85%（流通A股）
	发起股	5596.5	20.99	中国公路车辆机械总公司 3.8%（国有股）
	外资股			丰和价值证券投资基金 3.41%（流通A股）
	募集股	2788.6	10.46	中国工商银行－国联安德盛小盘精选证券投资基金 3.19%（流通A股）
	流通A	18276.01	68.55	中国工商银行－安信证券投资基金 3.16%（流通A股）
	流通B			中国工商银行－裕元证券投资基金 3.03%（流通A股）
	流通H			全国社保基金一零二组合 1.92%（流通A股）
股东户数	05年末	19518		中国工商银行－博时精选股票证券投资基金 1.91%（流通A股）
	04年末	19757		中国农业银行－富国天瑞强势地区精选混合型开放式证券投资基金 1.72%（流通A股）
其他流通股东	中国银行－嘉实增长开放式证券投资基金 1.516%；中银万国－花旗－DEUTSCHE BANK AKTIENGESELLSCHAFT 1.308%			
近年分配	05年:10派10转增5；04年:10派5转增3；03年:10派4转增5		近年募资	

二〇〇五年以来市场表现

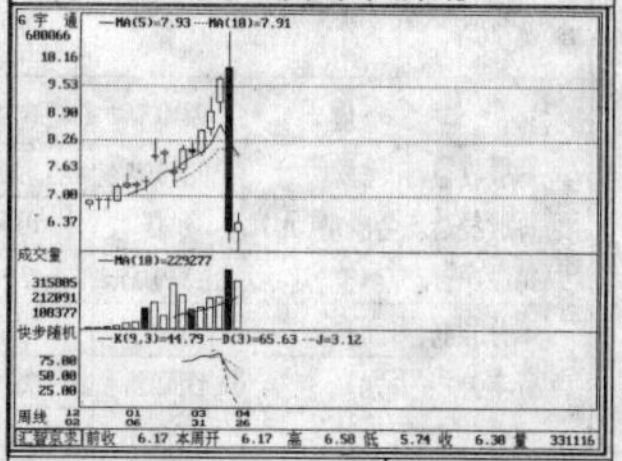

2005年涨跌幅(%)	4.69
2005年最高(元)	11.06
2006年涨跌幅(%)	57.67
2006.4.26收盘(元)	6.38
2006年最高(元)	12.3
2006年最低(元)	7.04
2006年换手率(%)	126.08
股改对价	送股 派现 每10股实际获得0.2股6.5元(06/03/06)

G冠城（600067）

上市日期:97/05/08　　电话:0591－3353338　　传真:0591－3350026

主营	特种漆包线制造与销售；房地产开发与销售等。			
主要指标	年　度	2005	2004	2003
	每股收益/扣除后(元)	0.3/0.29	0.24	0.41/0.3
	每股经营现金流量(元)	1.41	-1.74	-1.56
	每股净资产/调整后(元)	1.61/1.54	1.62/1.6	2.23/2.19
	未分利润(万元)	9235.54	6793.47	6504.87
	资本公积(万元)	396.51	2976.04	9201.28
利润构成	主营收入(万元)	221075.56	161814.21	97507.87
	主营利润(万元)	28242.32	20470.79	16558.09
	营业利润(万元)	16832.2	11428.35	8703.31
	投资收益(万元)	5.37	65.73	635.48
	利润总额(万元)	17152.53	11542.53	11218.81
	净利润(万元)	9740.74	6414.65	6876.63
点评	2005年，公司房地产业务增长迅猛，不仅当期销售收入大幅增长，同时土地储备也快速增加；而漆包线业务则受原材料铜价大幅上涨的影响，销售增长但利润下降。未来公司的业绩增长将主要依靠房地产业务。			

	截止日期	05年末	占%	主要股东及持股比例%、持股性质
股本结构（万股）	总股本	32259.58		福建丰榕投资有限公司 21.97%（非流通股）
	国有股			全国社保基金一零一组合 3.63%（流通A股）
	发起股	9306.61	28.85	福州景科投资有限公司 1.81%（非流通股）
	外资股			福州建银贸易公司 1.52%（非流通股）
	募集股			中国建设银行福建省分行直属支行 1.49%（非流通股）
	流通A	22952.97	71.15	天华证券投资基金 1.25%（流通A股）
	流通B			福州市投资管理公司 1.1%（非流通股）
	流通H			周润莲 0.75%（流通A股）
股东户数	05年末	11162		中国工商银行－天元证券投资基金 0.72%（流通A股）
	04年末	14424		福州市福保贸易公司 0.65%（非流通股）
其他流通股东	佟小涛 0.52%；北京世纪同创投资有限公司 0.386%；中油财务有限责任公司 0.364%；吴文明 0.348%			
近年分配	05预案:10派0.167送1.5；04年:10派0.5送1转增1；03年:10派0.5送2转增4		近年募资	

二〇〇五年以来市场表现

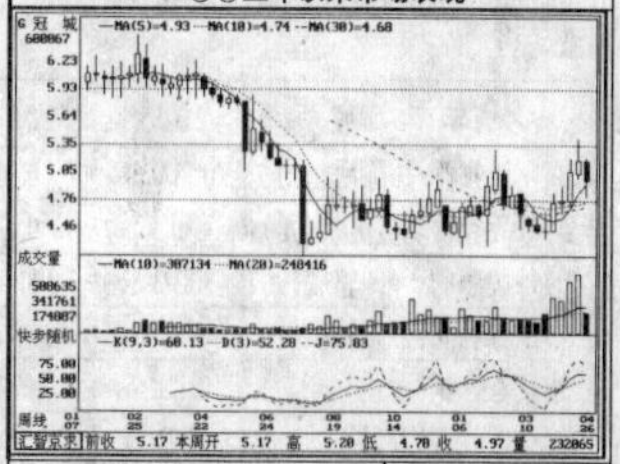

2005年涨跌幅(%)	-9.12
2005年最高(元)	6.52
2006年涨跌幅(%)	21.22
2006.4.26收盘(元)	4.97
2006年最高(元)	5.95
2006年最低(元)	4.68
2006年换手率(%)	186.86
股改对价	送股 每10股实际获得1股(06/01/05)

葛洲坝（600068）

上市日期:97/05/26　　电话:027－83790455　　传真:027－83790721

主营	建筑工程承包施工和水泥生产。			
主要指标	年　度	2005	2004	2003
	每股收益/扣除后(元)	0.089/0.087	0.071	0.071/0.098
	每股经营现金流量(元)	0.413	1.294	0.184
	每股净资产/调整后(元)	4.92/4.88	4.86/4.83	4.79/4.79
	未分利润(万元)	59131.35	53711.58	51595.93
	资本公积(万元)	201889.6	201889.6	201871.71
利润构成	主营收入(万元)	164511.53	186548.56	143284.25
	主营利润(万元)	40256.92	32288.29	28654
	营业利润(万元)	1016.22	5296.2	7485.78
	投资收益(万元)	3944.89	465.77	596.97
	利润总额(万元)	7633.43	7262.71	7559.62
	净利润(万元)	6297.54	4990.6	5038
点评	2005年，公司按照五年发展规划战略目标，基本形成了建材化工、水力发电、高速公路运营、房地产开发、建筑工程承包施工等五大产业，降低了工程承包施工业务收入比重，使公司业务发展呈现出"主业突出、互动关联、多元发展"的良性格局。			

	截止日期	05年末	占%	主要股东及持股比例%、持股性质
股本结构（万股）	总股本	70580		中国葛洲坝水利水电工程集团有限公司 38.65%（国有股）
	国有股	27276.42	38.65	交通银行海南分行 8.5%（非流通股）
	发起股	8723.58	12.36	中国高科集团股份有限公司 2.2%（非流通股）
	外资股			海南宝生经济贸易公司 0.6%（非流通股）
	募集股			西安高科(集团)公司 0.55%（非流通股）
	流通A	34580	48.99	兴华证券投资基金 0.48%（流通A股）
	流通B			刘忠环 0.29%（流通A股）
	流通H			武汉市商业银行 0.17%（非流通股）
股东户数	05年末	189196		交通银行武汉分行 0.15%（非流通股）
	04年末	201112		中国工商银行湖北省分行 0.11%（非流通股）
其他流通股东	祝建吉 0.107%；于宁军 0.079%；招商银行股份有限公司－长城久泰中信标普300指数证券 0.077%			
近年分配	04年:10派0.3		近年募资	

二〇〇五年以来市场表现

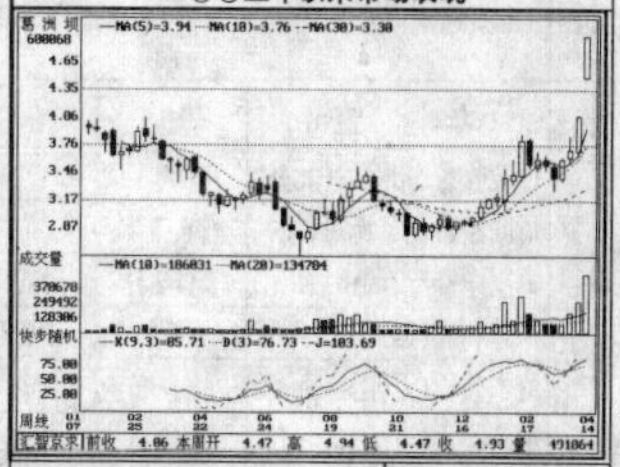

2005年涨跌幅(%)	-21.36
2005年最高(元)	4.04
2006年涨跌幅(%)	59.03
2006.4.26收盘(元)	4.93
2006年最高(元)	4.94
2006年最低(元)	3.06
2006年换手率(%)	65.29
股改对价	定向转增 每10股实际获得10股

G银鸽（600069）

上市日期：97/04/30　　电话：0395－2355681　　传真：0395－2355681

主营	纸张、纸浆及其深加工。			
主要指标	年　　度	2005	2004	2003
	每股收益/扣除后(元)	0.3/0.24	0.12	0.08/0.08
	每股经营现金流量(元)	0.43	0.36	0.14
	每股净资产/调整后(元)	1.57/1.55	1.27/1.26	1.15/1.13
	未分利润(万元)	4078.23	-7136.62	-11666.96
	资本公积(万元)	13762.88	13762.88	13719.26
利润构成	主营收入(万元)	107266.51	79447.52	49515.39
	主营利润(万元)	18171.14	12352.97	7685.47
	营业利润(万元)	11787.77	4723.16	3030.53
	投资收益(万元)	-11.76	-0.81	11.9
	利润总额(万元)	11806.29	4668.95	3098.09
	净利润(万元)	11255.22	4530.34	3061.48
点评	05年年产十万吨箱板纸项目全面投产，舞阳银鸽纸业技改新增4.2吨文化纸和6万吨包装纸项目顺利投产，舞阳银鸽纸公司、漯河生活纸公司和漯河银鸽再生资源公司加速发展，使公司产品品种和产能有较大提升。产能扩充进一步巩固公司在中部地区的规模优势。			

	截止日期	05年末	占%	主要股东及持股比例%、持股性质
股本结构（万股）	总股本	37160		漯河银鸽实业集团有限公司 29.14%（国有股）
	国有股	10829.28	29.14	许继集团国际工程有限公司 7.36%（非流通股）
	发起股			漯河市经济发展投资总公司 4.93%（非流通股）
	外资股			辽阳造纸机械股份有限公司 3.71%（非流通股）
	募集股	5946.72	16	张燕 0.21%（流通A股）
	流通A	20384	54.85	杨宁 0.16%（流通A股）
	流通B			王丽君 0.12%（流通A股）
	流通H			郑长保 0.1%（流通A股）
股东户数	05年末	61928		李然 0.1%（流通A股）
	04年末	63836		钟雪祥 0.09%（流通A股）
其他流通股东	苗海周 0.082%；上海嘉华投资股份有限公司 0.082%；杨红召 0.081%；上海君之地投资管理有限公司 0.078%			
近年分配		近年募资		

二〇〇五年以来市场表现

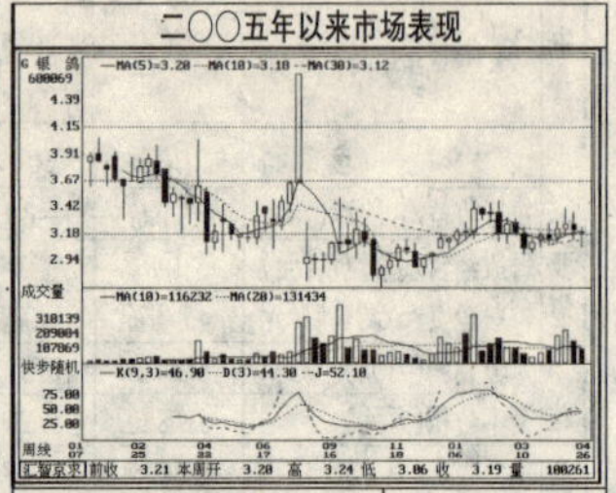

2005年涨跌幅(%)	13.52
2005年最高(元)	4.9
2006年涨跌幅(%)	1.92
2006.4.26收盘(元)	3.19
2006年最高(元)	3.48
2006年最低(元)	2.99
2006年换手率(%)	108.72
股改对价	送股 每10股实际获得4股(05/08/23)

浙江富润（600070）

上市日期：97/06/04　　电话：0575－7222043　　传真：0575－7223018

主营	绢丝及绢纺绸产品、精纺呢绒面料、纺织品印染砂洗加工服务。			
主要指标	年　　度	2005	2004	2003
	每股收益/扣除后(元)	0.13/0.05	0.16	0.28
	每股经营现金流量(元)	0.73	0.47	0.22
	每股净资产/调整后(元)	3.83/3.82	3.81/3.8	4.54/4.53
	未分利润(万元)	3182.83	3406.69	5029.1
	资本公积(万元)	23171.56	22936	22814.86
利润构成	主营收入(万元)	44372.23	33865.86	32835.42
	主营利润(万元)	4741.94	4132.16	4832.34
	营业利润(万元)	1276.4	2400.67	2883.43
	投资收益(万元)	287.16	-181.71	60
	利润总额(万元)	2840.4	2338.18	2951.77
	净利润(万元)	1317.84	1604.83	2437.82
点评	公司虽然面临国家宏观调控、纺织品出口设限，以及原材料、水电汽费等涨价因素等不利影响，但仍取得了主业及净利润的大幅增长。但由于宏观环境不可能在短期内得到较大的改善，因而预计06年公司的经营业绩再有较大的增长将会较为困难。			

	截止日期	05年末	占%	主要股东及持股比例%、持股性质
股本结构（万股）	总股本	10271.16		富润控股集团有限公司 35.12%（国有股）
	国有股	3794.62	36.94	浙江省诸暨市绢纺研究所 3.12%（非流通股）
	发起股			诸暨市电力实业总公司 2.8%（非流通股）
	外资股			诸暨市地毯工贸公司 2.52%（非流通股）
	募集股	1609.34	15.67	诸暨鹰龙制衣有限公司 1.99%（非流通股）
	流通A	4867.2	47.39	浙江鑫盛黄金有限公司 1.47%（非流通股）
	流通B			杭州青春工贸有限公司 0.82%（非流通股）
	流通H			孟慈凤 0.68%（流通A股）
股东户数	05年末	13696		上海佳隆科技投资管理有限公司 0.58%（非流通股）
	04年末	14476		陆辉 0.42%（流通A股）
其他流通股东	占荷英 0.341%；郝成梅 0.34%；中国华电集团财务有限公司 0.264%；林福民 0.227%；普勇 0.21%；颜国宝 0.184%			
近年分配	04年：10派1；03年：10派1.5送2	近年募资		

二〇〇五年以来市场表现

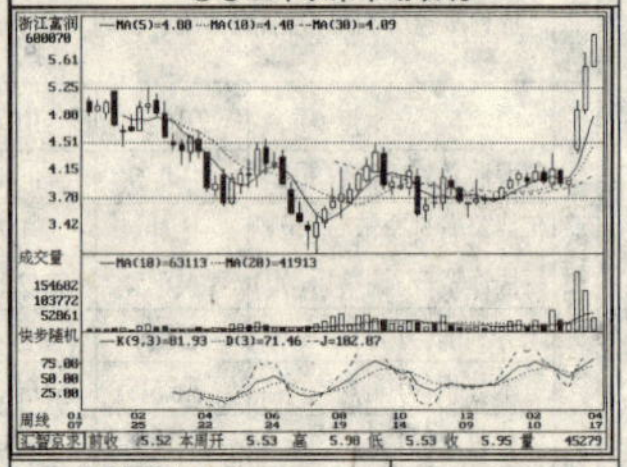

2005年涨跌幅(%)	-23.97
2005年最高(元)	5.25
2006年涨跌幅(%)	57.83
2006.4.26收盘(元)	5.95
2006年最高(元)	5.98
2006年最低(元)	3.76
2006年换手率(%)	139.11
股改对价	定向转增 每10股实际获得7.8股

凤凰光学（600071）

上市日期：97/05/28　　电话：0793－8259547　　传真：0793－8259547

主营	光学镜头、照相器材、望远镜、钢片快门、水晶饰品、电子产品及通信设备、光学原材料、仪器零配件等产品的生产和销售。			
主要指标	年　　度	2005	2004	2003
	每股收益/扣除后(元)	0.12/0.12	0.159	0.12/0.12
	每股经营现金流量(元)	0.48	0.3	0.1
	每股净资产/调整后(元)	2.14/2.11	2.03/2	1.98/1.96
	未分利润(万元)	9037.28	7165.03	7072.58
	资本公积(万元)	11037.16	11036.69	11017.57
利润构成	主营收入(万元)	53469.75	60365.3	53137.13
	主营利润(万元)	14371.51	12617.51	10403.28
	营业利润(万元)	5854.29	4926.45	2843.82
	投资收益(万元)	-563.28	612.99	714.26
	利润总额(万元)	5448.82	5529.08	3573.47
	净利润(万元)	2857.23	3779.1	2842.85
点评	公司突破传统照相器材单一产品产业模式，成功向光学仪器、光学镜头、精机元件等主业转移，目前已经成为世界上最大的光学零部件加工企业之一。05年公司光学产品业务稳定增长，而传统业务萎缩。预计未来这种趋势将得到进一步加强。			

	截止日期	05年末	占%	主要股东及持股比例%、持股性质
股本结构（万股）	总股本	23747.25		凤凰光学控股有限公司 54.75%（国有股）
	国有股			中国银行－华夏大盘精选证券投资基金 2.11%（流通A股）
	发起股	13002.23	54.75	上海上实资产经营有限公司 0.18%（流通A股）
	外资股			叶秋云 0.15%（流通A股）
	募集股			蒋晓莉 0.13%（流通A股）
	流通A	10745.02	45.25	李凤超 0.12%（流通A股）
	流通B			张祖荣 0.11%（流通A股）
	流通H			林友明 0.1%（流通A股）
股东户数	05年末	32961		彭林先 0.1%（流通A股）
	04年末	33809		徐州市国盛恒泰置业有限公司 0.1%（流通A股）
其他流通股东	邓丽春 0.085%			
近年分配	05预案：10派1.5；03年：10派1	近年募资		

二〇〇五年以来市场表现

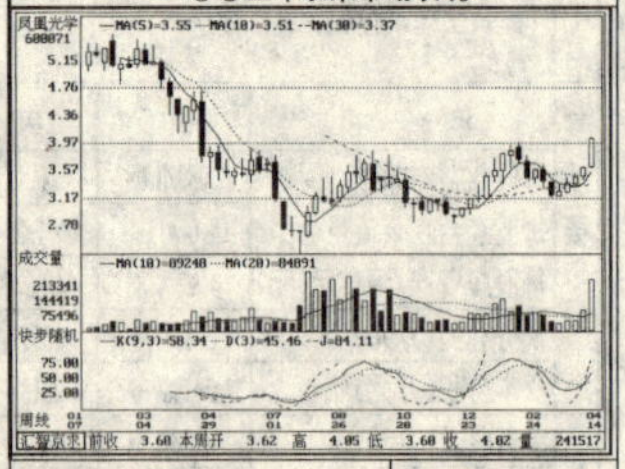

2005年涨跌幅(%)	-37.92
2005年最高(元)	5.55
2006年涨跌幅(%)	27.22
2006.4.26收盘(元)	4.02
2006年最高(元)	4.05
2006年最低(元)	3.15
2006年换手率(%)	125.1
股改对价	送股 每10股实际获得3.1股

G江南（600072）

上市日期:97/06/03　电话:021－53023456　传真:021－63141103

主营	为交通、能源、公用事业提供配套的工程、机械制造加工，主要制造大型钢结构工程及大型压力容器。			
	年　度	2005	2004	2003
主要指标	每股收益/扣除后(元)	0.026/0.02	0.021	0.02/0.01
	每股经营现金流量(元)	0.075	0.081	0.08
	每股净资产/调整后(元)	2.8/2.76	2.78/2.74	2.76/2.74
	未分利润(万元)	9724.62	9045.95	8489.57
	资本公积(万元)	48815	48815	48815
利润构成	主营收入(万元)	59106.48	49629.73	132883.64
	主营利润(万元)	4486.01	2916.43	2224.91
	营业利润(万元)	1644.11	914.93	649.89
	投资收益(万元)	-545.78	50.45	241.53
	利润总额(万元)	1295.56	994.23	891.3
	净利润(万元)	927.95	755.59	728.55
点评	05年公司重点冲击国家级重大工程项目，全年签约46项项目，业绩稳步增长。全球造船业重心向中国转移给船舶配套业带来机遇，2006年是公司搬迁正式启动年，公司将在保持目前产能前提下，进一步扩大在船配产品领域的投资，实现两条腿走路的战略转移。			

	截止日期	05年末	占%	主要股东及持股比例%、持股性质
股本结构（万股）	总股本	36244.67		江南造船(集团)有限责任公司 54.55%（国有股）
	国有股	19771.07	54.55	文行道 0.11%（流通A股）
	发起股			田万良 0.09%（流通A股）
	外资股			黄于飞 0.09%（流通A股）
	募集股			郭刚 0.08%（流通A股）
	流通A	16473.6	45.45	上海同虹实业有限公司 0.06%（流通A股）
	流通B			蔡亚萍 0.06%（流通A股）
	流通H			朱梅玲 0.06%（流通A股）
股东户数	05年末	61125		杨秀珍 0.05%（流通A股）
	04年末	66018		季雪妹 0.05%（流通A股）
其他流通股东	范敏 0.05%			
近年分配			近年募资	

二〇〇五年以来市场表现

2005年涨跌幅(%)	-30.46
2005年最高(元)	4.6
2006年涨跌幅(%)	19.26
2006.4.26收盘(元)	2.62
2006年最高(元)	3.93
2006年最低(元)	2.88
2006年换手率(%)	67.16
股改对价	送股 每10股实际获得3.2股(06/04/12)

G梅林（600073）

上市日期:97/07/04　电话:021－65419725　传真:021－65123609

主营	饮用水和罐头食品生产与销售。			
	年　度	2005	2004	2003
主要指标	每股收益/扣除后(元)	0.019/-0.03	0.021	0.007/-0.052
	每股经营现金流量(元)	-0.42	0.23	-0.12
	每股净资产/调整后(元)	2.52/2.51	2.5/2.48	2.47/2.46
	未分利润(万元)	2240.18	1840.14	-263.64
	资本公积(万元)	44087.73	43994.9	43874.52
利润构成	主营收入(万元)	87428.92	63744.65	67181.97
	主营利润(万元)	10115.25	7719.23	19713.54
	营业利润(万元)	-2197.98	-4037.13	-481.41
	投资收益(万元)	1640.6	4521.87	1853.56
	利润总额(万元)	875.15	1055.45	1495.62
	净利润(万元)	618.59	670.56	231.28
点评	公司的罐头食品呈现了良好的发展势头，罐头收入增长15%。但由于猪肉价格波动加大，原材料成本居高不下，又恰逢国内调整汇率政策，导致毛利率的上升幅度非常微小。公司通过调整结构，逐渐成为专业化的食品企业。			

	截止日期	05年末	占%	主要股东及持股比例%、持股性质
股本结构（万股）	总股本	32400		上海梅林正广和(集团)有限公司 50.74%（国有股）
	国有股	16440	50.74	邓权华 0.11%（流通A股）
	发起股			洪礼兴 0.11%（流通A股）
	外资股			傅建定 0.1%（流通A股）
	募集股			朱丽丽 0.09%（流通A股）
	流通A	15960	49.26	吕平 0.08%（流通A股）
	流通B			王国强 0.08%（流通A股）
	流通H			长城久泰中信标普300指数证券 0.07%（流通A股）
股东户数	05年末	76674		嘉实沪深300指数证券投资基金 0.07%（流通A股）
	04年末	78755		陈丽英 0.07%（流通A股）
其他流通股东	杜钢 0.062%			
近年分配			近年募资	

二〇〇五年以来市场表现

2005年涨跌幅(%)	-32.97
2005年最高(元)	12.32
2006年涨跌幅(%)	、4.06
2006.4.26收盘(元)	5.9
2006年最高(元)	7.09
2006年最低(元)	5.26
2006年换手率(%)	310.55
股改对价	送股 每10股实际获得3.3股(05/12/15)

中达股份（600074）

上市日期:97/06/23　电话:0510－6684039　传真:0510－6684039 6686352

主营	生产销售双向拉伸聚丙烯薄膜(BOPP)、双向拉伸聚酯薄膜(BOPET)、多层共挤流延薄膜(CPP)等新型软塑材料。			
	年　度	2005	2004	2003
主要指标	每股收益/扣除后(元)	0.208/0.17	0.237	0.338/0.339
	每股经营现金流量(元)	-0.19	0.62	0.742
	每股净资产/调整后(元)	3.35/3.31	3.51/3.43	3.37/3.33
	未分利润(万元)	25787.32	23947.69	18395.73
	资本公积(万元)	52894.96	52894.96	52687.58
利润构成	主营收入(万元)	230498.36	177613.48	139836.83
	主营利润(万元)	33276.06	34671.74	33336.19
	营业利润(万元)	14267.32	16262.91	20064.25
	投资收益(万元)	1567.04	-353.72	-29.15
	利润总额(万元)	15902.69	15616.52	19816.43
	净利润(万元)	7794.45	8074.63	11547.17
点评	公司是专业从事软塑材料研发、生产和销售的高新技术企业集团。主要产品包括双向拉伸聚丙烯薄膜(BOPP)、双向拉伸聚酯薄膜(BOPET)、多层共挤流延薄膜(CPP)等新型软塑材料。2005年由于原油价格一直高位维持，影响了公司的盈利。			

	截止日期	05年末	占%	主要股东及持股比例%、持股性质
股本结构（万股）	总股本	37540.8		申达集团公司 29.29%（非流通股）
	国有股	752.48	2	江苏瀛寰实业集团有限公司 17.27%（非流通股）
	发起股	17542.72	46.73	无锡市国联发展(集团)有限公司 2%（国有股）
	外资股			交通银行－汉兴证券投资基金 1.29%（流通A股）
	募集股			汉盛证券投资基金 1.13%（流通A股）
	流通A	19245.6	51.27	富国动态平衡证券投资基金 0.4%（流通A股）
	流通B			中金投资(集团)有限公司 0.39%（流通A股）
	流通H			袁时林 0.15%（流通A股）
股东户数	05年末	35170		南宁弘特源电子信息科技有限公司 0.14%（流通A股）
	04年末	33138		山西土地物产实业有限公司 0.12%（流通A股）
其他流通股东	朱金秀 0.119%；陆伟明 0.11%；陈小杰 0.101%			
近年分配	05预案:10派0.5；04年:10派0.5送1；03年:10派1		近年募资	

二〇〇五年以来市场表现

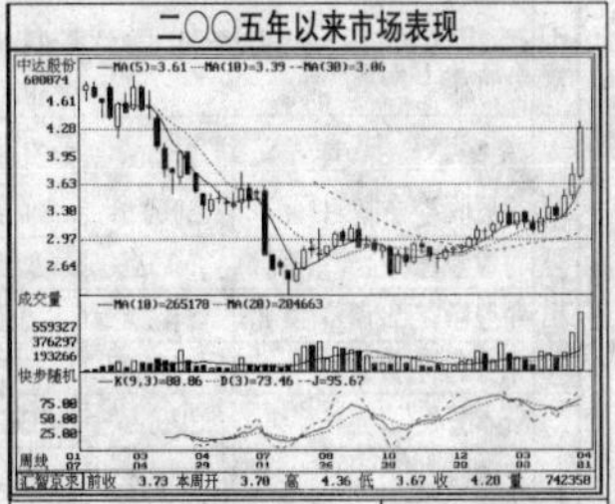

2005年涨跌幅(%)	-32.48
2005年最高(元)	4.94
2006年涨跌幅(%)	49.13
2006.4.26收盘(元)	4.28
2006年最高(元)	4.36
2006年最低(元)	2.83
2006年换手率(%)	192.7
股改对价	转增 每10股实际获得5股

新疆天业（600075）

上市日期:97/06/17　　电话:0993－2623118　　传真:0993－2623163

主营：塑料制品、氯碱化工以及农业种植、农副产品加工等的生产和销售。

	年　度	2005	2004	2003
主要指标	每股收益/扣除后(元)	0.71/0.74	0.31	0.26/0.16
	每股经营现金流量(元)	1.15	2.25	-0.17
	每股净资产/调整后(元)	5.88/5.65	5.21/5.05	5.01/4.91
	未分利润(万元)	33242.66	20427.66	15135.46
	资本公积(万元)	65028.98	64916.8	64916.8
利润构成	主营收入(万元)	304776.13	258655.59	185969.56
	主营利润(万元)	54554.38	33266.76	33761.61
	营业利润(万元)	19967.28	10812.32	6872.51
	投资收益(万元)	-956.74	-23.47	778.6
	利润总额(万元)	18862.09	11183.4	7661.96
	净利润(万元)	16018.76	7125.66	5921.18

点评：2005年氯碱行业扩能迅速,但公司具有比较突出的成本优势,2005年公司完成了双十万吨氯碱项目建设,取得了大幅的业绩增长。氯碱产品成为公司最主要的利润来源。此外节水产业也实现主营利润近1000万元。

股本结构（万股）	截止日期	05年末	占%	主要股东及持股比例%、持股性质
	总股本	22680		新疆天业(集团)有限公司 57.14% (国有股)
	国有股	12960	57.14	汉盛证券投资基金 2.95% (流通A股)
	发起股			中国银行——嘉实成长收益型证券投资基金 2.38% (流通A股)
	外资股			交通银行——汉兴证券投资基金 1.32% (流通A股)
	募集股			上海申能生物技术有限公司 1.25% (流通A股)
	流通A	9720	42.86	山西省国信投资(集团)公司 1.17% (流通A股)
	流通B			山西信托投资有限责任公司荣宝信托 0.48% (流通A股)
	流通H			山西信托投资有限责任公司富宝信托 0.45% (流通A股)
股东户数	05年末	29566		中国工商银行——国联安德盛小盘精选证券投资基金 0.4% (流通A股)
	04年末	34101		金盛证券投资基金 0.39% (流通A股)

其他流通股东：深圳市财路达投资发展有限公司 0.264%

近年分配：03年:10派1　　**近年募资**：

二〇〇五年以来市场表现

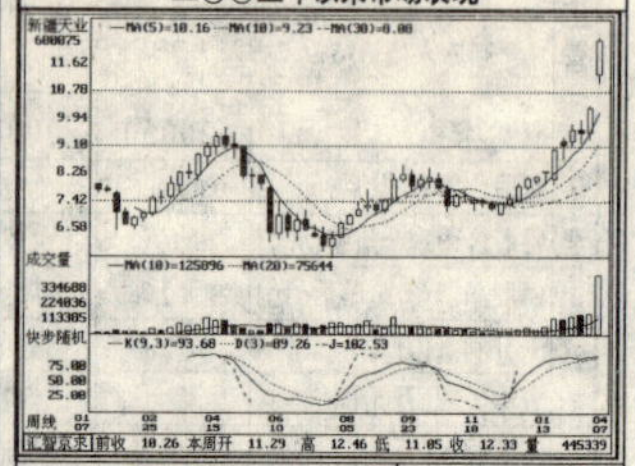

2005年涨跌幅(%)	1.5
2005年最高(元)	9.65
2006年涨跌幅(%)	52.04
2006.4.26收盘(元)	12.33
2006年最高(元)	12.46
2006年最低(元)	7.93
2006年换手率(%)	121.02
股改对价	定向回购 转增 每10股实际获得2.8股

*ST华光（600076）

上市日期:97/05/26　　电话:0536－2991601　　传真:0536－8865200

主营：通信类产品、计算机应用类产品、广电网产品的研制、开发、生产、销售。

	年　度	2005	2004	2003
主要指标	每股收益/扣除后(元)	-1.05/-1.059	-1.77	0.04/0.03
	每股经营现金流量(元)	0.29	-0.423	-0.06
	每股净资产/调整后(元)	1.14/0.88	2.23/2.09	4.03/3.64
	未分利润(万元)	-57979.6	-31375.85	13545.66
	资本公积(万元)	54836.21	54836.21	54801.61
利润构成	主营收入(万元)	26599.43	37277.53	23919.59
	主营利润(万元)	6600.14	10045.93	14248.92
	营业利润(万元)	-19084.93	-32113.94	-5.85
	投资收益(万元)	-12295.79	-20439.03	-732.6
	利润总额(万元)	-31713.33	-52502.91	1258.5
	净利润(万元)	-26603.75	-44758.19	959.29

点评：公司锂电池产品销售收入出现大幅度下降,文化传媒类产品毛利率降幅也较大,导致业绩继续处于亏损状态。公司所属电子信息产业市场竞争激烈,而公司规模较小,市场竞争力明显不够,同时,公司资产质量仍有待调整和提升。

股本结构（万股）	截止日期	05年末	占%	主要股东及持股比例%、持股性质
	总股本	25321.6		北京天桥北大青鸟科技股份有限公司 17.7% (非流通股)
	国有股			北京北大青鸟有限责任公司 7.7% (非流通股)
	发起股	12841.6	50.71	海口万志贸易有限公司 3.09% (非流通股)
	外资股			中国信息信托投资公司 1.8% (非流通股)
	募集股			陕西东邦科技发展有限公司 1.27% (非流通股)
	流通A	12480	49.29	潍坊广发工贸公司 1.17% (非流通股)
	流通B			潍坊鸢都电子商场 1.11% (非流通股)
	流通H			潍坊协和贸易公司 1.07% (非流通股)
股东户数	05年末	39431		山东省计算机系统工程公司 1.06% (非流通股)
	04年末	45204		潍坊市信托投资股份公司 1% (非流通股)

其他流通股东：北京首信西华房地产开发有限公司 0.313%;樊志杰 0.171%;刘永 0.16%;孙怀建 0.134%;阮朝阳 0.13%

近年分配：　　**近年募资**：

二〇〇五年以来市场表现

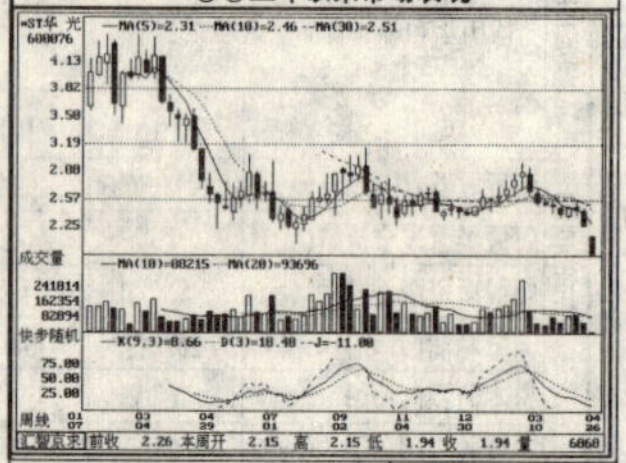

2005年涨跌幅(%)	-34.88
2005年最高(元)	4.44
2006年涨跌幅(%)	-18.83
2006.4.26收盘(元)	1.94
2006年最高(元)	2.98
2006年最低(元)	1.94
2006年换手率(%)	130.24
股改对价	

国能集团（600077）

上市日期:97/05/20　　电话:024－83601013　　传真:024－83601010

主营：通讯电源产品、半导体致冷产品、计算机软件及系统集成产品、机械制造产品。

	年　度	2005	2004	2003
主要指标	每股收益/扣除后(元)	0.09/0.08	0.03	-0.077/-0.084
	每股经营现金流量(元)	-0.3226	0.0096	0.257
	每股净资产/调整后(元)	2.4/2.4	2.31/2.3	2.29/2.17
	未分利润(万元)	-5005.88	-6475.58	-6626.35
	资本公积(万元)	21360.86	21360.86	21331.05
利润构成	主营收入(万元)	16355.82	9447.33	13071.37
	主营利润(万元)	1867.95	3010.34	3956.96
	营业利润(万元)	165.51	748.22	-301.06
	投资收益(万元)	832.11	-191.81	-670.67
	利润总额(万元)	976.2	574.31	-952.33
	净利润(万元)	1203.94	375.83	-971.26

点评：2005年,公司主营业务已逐步从能源电力转向钢铁物流行业。公司已将从事半导体致器件和热电生产的资产置出或出售。公司将集钢铁仓储、加工、贸易、配送、电子商务等为一体的钢铁第三方物流为核心业务。报告期内公司总体经营情况较上年有较大的改善。

股本结构（万股）	截止日期	05年末	占%	主要股东及持股比例%、持股性质
	总股本	12681.91		辽宁节能投资控股有限公司 42.5% (国有股)
	国有股	6257.6	49.34	百科实业集团有限公司 11.04% (非流通股)
	发起股	1770.24	13.96	铁岭市国有资产管理局 5.2% (国有股)
	外资股			沈阳中成新技术开发有限公司 2.51% (非流通股)
	募集股			铁岭市资金管理局 1.64% (国有股)
	流通A	4654.07	36.7	李世卿 0.32% (流通A股)
	流通B			王玮 0.21% (流通A股)
	流通H			徐钢 0.2% (流通A股)
股东户数	05年末	21386		杜群 0.19% (流通A股)
	04年末	19875		白桦 0.18% (流通A股)

其他流通股东：福州唯达贸易有限公司 0.117%;张博 0.113%;郑智 0.11%;李天著 0.103%;蔡惜莲 0.094%

近年分配：　　**近年募资**：

二〇〇五年以来市场表现

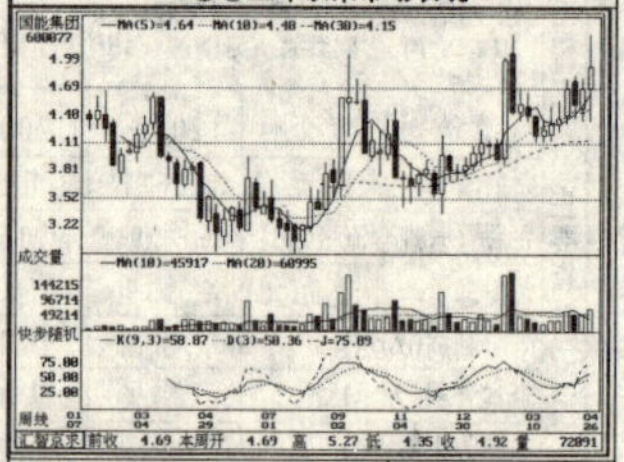

2005年涨跌幅(%)	-13.03
2005年最高(元)	5.05
2006年涨跌幅(%)	27.13
2006.4.26收盘(元)	4.92
2006年最高(元)	5.28
2006年最低(元)	3.82
2006年换手率(%)	208.58
股改对价	

澄星股份（600078）

上市日期:97/06/27　　电话:0510－6281316　　传真:0510－6281884

主营	主营磷酸及磷酸盐系列产品的生产销售。			
主要指标	年　　度	2005	2004	2003
	每股收益/扣除后(元)	0.13/0.068	0.25	0.27/0.217
	每股经营现金流量(元)	0.18	0.52	0.39
	每股净资产/调整后(元)	2.7/2.68	2.57/2.55	2.32/2.31
	未分利润(万元)	28271.12	24072.07	15991.66
	资本公积(万元)	26264.75	26264.75	26264.75
利润构成	主营收入(万元)	161931.75	135728.89	104304.72
	主营利润(万元)	16094.89	22148.39	17413.76
	营业利润(万元)	5051.13	15486.25	12997.37
	投资收益(万元)	-147.18	-145.5	-135.87
	利润总额(万元)	7580.95	16078.32	15008.69
	净利润(万元)	5140.2	10007.45	10809.04
点评	05年公司增收但净利润下降近五成。上半年公司储备了较多的高价黄磷,但下半年黄磷价格下滑影响了公司产品的盈利能力。此外黄磷价格的下降使下游磷化工产品的毛利率也有所下降。2006年随着公司弥勒磷电和宣威磷电项目的陆续完工,经营状况有望好转。			

股本结构（万股）	截止日期	05年末	占%	主要股东及持股比例%、持股性质
	总股本	39989		江阴澄星实业集团有限公司 28.88%（非流通股）
	国有股			江苏红柳床单集团公司 17.94%（非流通股）
	发起股	20416.56	51.06	江阴市澄江镇投资有限公司 8.64%（非流通股）
	外资股			上海国际信托投资公司 2.68%（流通A股）
	募集股	2340.49	5.85	通乾证券投资基金 2.28%（流通A股）
	流通A	17231.95	43.09	华富竞争力优选混合型证券投资基金 1.36%（流通A股）
	流通B			融通行业景气证券投资基金 0.98%（流通A股）
	流通H			国联安德盛小盘精选证券投资基金 0.73%（流通A股）
股东户数	05年末	19606		上海市上投房地产公司 0.55%（流通A股）
	04年末	19709		海富通精选证券投资基金 0.5%（流通A股）
其他流通股东	国联优质成长证券投资基金 0.437%；天津泰达科技风险投资股份有限公司 0.432%；杨焕忠 0.382%			
近年分配	03中期:10派2转增10	近年募资	03年10配3配股价8.98元。	

二〇〇五年以来市场表现

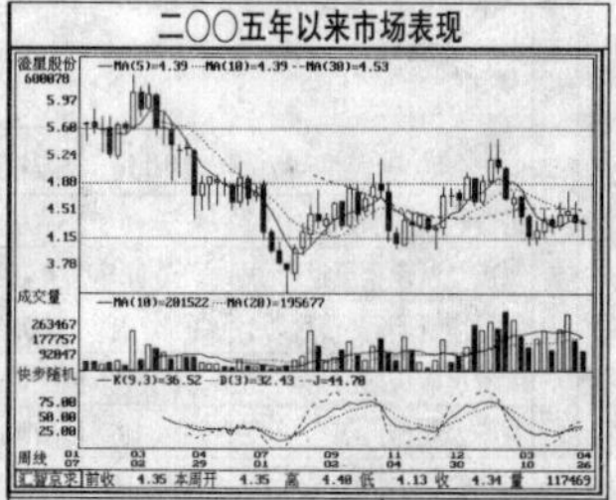

2005年涨跌幅(%)	-17.7
2005年最高(元)	6.33
2006年涨跌幅(%)	-6.67
2006.4.26收盘(元)	4.34
2006年最高(元)	5.47
2006年最低(元)	4.05
2006年换手率(%)	204.97
股改对价	

G人福（600079）

上市日期:97/06/06　　电话:027－87597232　　传真:027－87597232

主营	医药、医疗器械、生殖健康等产品及技术的研发、生产、销售及技术服务;房地产开发及销售;供热设备产品的制造及销售。			
主要指标	年　　度	2005	2004	2003
	每股收益/扣除后(元)	0.25/0.24	0.17/0.17	0.15/0.15
	每股经营现金流量(元)	0.63	0.35	0.24
	每股净资产/调整后(元)	2.86/2.83	2.63/2.6	2.51/2.48
	未分利润(万元)	8750.01	5245.3	3152.69
	资本公积(万元)	21349.85	21349.85	21032.87
利润构成	主营收入(万元)	74790.47	59230.77	57181.64
	主营利润(万元)	29153.87	24290.34	20279.51
	营业利润(万元)	7689.5	6924.81	6285.73
	投资收益(万元)	1404.38	-665.5	-165.8
	利润总额(万元)	9102	6120.24	6122.41
	净利润(万元)	5143.37	3486.97	3068.35
点评	2005年,公司在国内麻醉药、安全套、计划生育药、维吾尔药、武汉光谷地产等领域的领导或领先地位得到了进一步强化,各主要经营公司和核心业务都保持着比较高的增长速度。由于公司投资房地产当代国际花园项目产生收益,净利润大幅增长。			

股本结构（万股）	截止日期	05年末	占%	主要股东及持股比例%、持股性质
	总股本	20333.04		武汉当代科技产业集团股份有限公司 20.93%（非流通股）
	国有股	492.33	2.42	武汉市仁军投资咨询有限责任公司 5.16%（非流通股）
	发起股	5815.06	28.6	武汉奥兴高科技开发有限公司 2.51%（非流通股）
	外资股			武汉高科国有控股集团有限公司 2.42%（国有股）
	募集股			潘杰 0.262%（流通A股）
	流通A	14025.65	68.98	郭品洁 0.246%（流通A股）
	流通B			张工 0.226%（流通A股）
	流通H			黎红 0.208%（流通A股）
股东户数	05年末	39739		陶永纯 0.172%（流通A股）
	04年末	43507		李建民 0.13%（流通A股）
其他流通股东	罗代其 0.123%；王丽川 0.121%；黄婉如 0.118%；高天有 0.116%			
近年分配	05预案:10派0.3；04年:10派0.2；03年:10派0.5	近年募资		

二〇〇五年以来市场表现

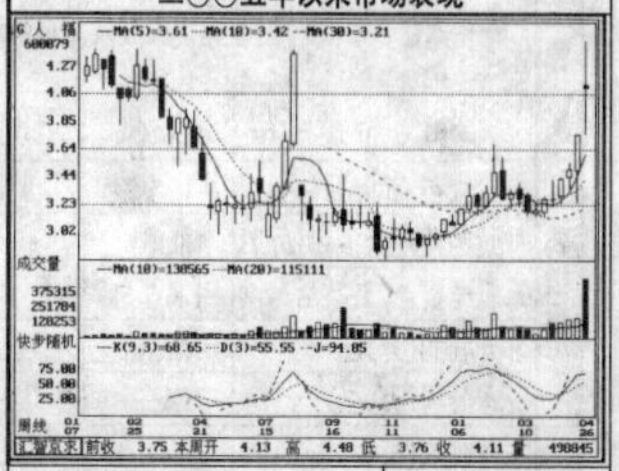

2005年涨跌幅(%)	-13.05
2005年最高(元)	4.42
2006年涨跌幅(%)	33.88
2006.4.26收盘(元)	4.11
2006年最高(元)	4.48
2006年最低(元)	3.06
2006年换手率(%)	145.32
股改对价	送股 每10股实际获得2股(05/08/19)

金花股份（600080）

上市日期:97/06/12　　电话:029－88404118　　传真:029－88404468

主营	生物制药、旅游开发、影视及软件开发。			
主要指标	年　　度	2005	2004	2003
	每股收益/扣除后(元)	-0.426/-0.361	0.039	0.062/0.066
	每股经营现金流量(元)	-0.03	0.34	0.34
	每股净资产/调整后(元)	3.36/3.35	3.79/3.67	3.75/3.62
	未分利润(万元)	20491.11	30335.05	29562.42
	资本公积(万元)	27837.56	27837.56	27832.4
利润构成	主营收入(万元)	77103.77	79455.2	52774.36
	主营利润(万元)	4117.25	7343.25	9476.59
	营业利润(万元)	-9277.65	808.71	1826.89
	投资收益(万元)	-127.44	141.33	-38.06
	利润总额(万元)	-9992.17	1018.92	1669.94
	净利润(万元)	-9843.94	903.8	1425.51
点评	2005年度,公司累净利润出现较大幅度亏损。主要原因是一方面随着国家医药政策调整和监控力度加大,药品销售价格持续下降,主导产品盈利空间进一步被压缩;同时报告期内公司计提坏帐准备,管理费用较上年同期增长227.77%。。			

股本结构（万股）	截止日期	05年末	占%	主要股东及持股比例%、持股性质
	总股本	23083.52		金花投资有限公司 44.55%（非流通股）
	国有股			北京市粮油食品进出口公司 4.59%（非流通股）
	发起股	13099.52	56.75	陕西建银实业总公司 2.77%（非流通股）
	外资股			陕西金润物业发展公司 1.66%（非流通股）
	募集股			上海龙圣科技发展有限公司 1.03%（非流通股）
	流通A	9984	43.25	上海创立投资管理有限公司 0.87%（非流通股）
	流通B			北京市金正资产投资经营公司 0.71%（非流通股）
	流通H			杭州迅达规划咨询服务有限公司 0.26%（非流通股）
股东户数	05年末	60382		中国信达资产管理公司 0.24%（非流通股）
	04年末	65200		上海南江广告传播有限公司 0.12%（流通A股）
其他流通股东	周琦 0.103%；郑武 0.1%；高岳 0.099%；陈传真 0.097%；陈志明 0.088%；顾海平 0.073%；王杏林 0.072%			
近年分配		近年募资		

二〇〇五年以来市场表现

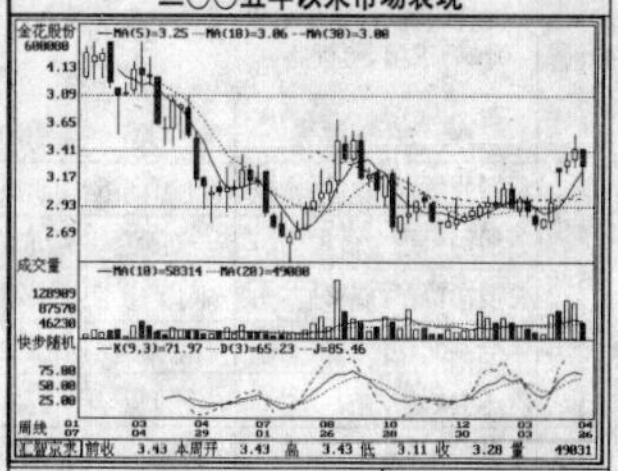

2005年涨跌幅(%)	-30.39
2005年最高(元)	4.37
2006年涨跌幅(%)	15.49
2006.4.26收盘(元)	3.28
2006年最高(元)	3.56
2006年最低(元)	2.72
2006年换手率(%)	86.95
股改对价	定向转增 每10股实际获得7.458股

东风科技（600081）

上市日期:97/07/03　　电话:021－62033003　　传真:021－62032133

主营	主营汽车零部件及汽车贸易。		
年　度	2005	2004	2003
每股收益/扣除后(元)	-0.37/-0.37	0.12	0.218/0.17
每股经营现金流量(元)	-0.01	0.24	-0.01
每股净资产/调整后(元)	1.24/1.21	1.76/1.75	2.13/2.08
未分利润(万元)	-1031.08	15214.54	12293.36
资本公积(万元)	1886.08	1886.08	9074.08
主营收入(万元)	90443.18	81551.56	74261.41
主营利润(万元)	5994.07	13502.39	15750.13
营业利润(万元)	-8742.88	4172.07	6162.27
投资收益(万元)	-2727.3	446.25	1308.2
利润总额(万元)	-11943.4	4510.47	7967.03
净利润(万元)	-11542.21	3651.47	5247.96

（主要指标：每股收益至资本公积；利润构成：主营收入至净利润）

点评：组合仪表、传感器等产品是公司收入的主要来源。05年由于上游整车厂的压价和原材料的涨价,使得公司在主营业务增长的情况下,利润却出现了下滑。公司目前正在开拓ABS等高盈利的产品,并初步获得部分整车厂的定点配套。

股本结构(万股)	05年末	占%	主要股东及持股比例%、持股性质
截止日期	05年末	占%	
总股本	31356		东风汽车有限公司 75% (非流通股)
国有股			金通证券股份有限公司 0.79% (流通A股)
发起股	23517	75	田季斌 0.33% (流通A股)
外资股			周天秀 0.21% (流通A股)
募集股			杨海保 0.13% (流通A股)
流通A	7839	25	胡玲 0.12% (流通A股)
流通B			李政怀 0.11% (流通A股)
流通H			林金贵 0.11% (流通A股)
股东户数 05年末	11673		张世华 0.08% (流通A股)
股东户数 04年末	6020		邓清征 0.07% (流通A股)
其他流通股东	陈文革 0.067%		
近年分配	04年:10派1.5；03年:10转增3	近年募资	

二〇〇五年以来市场表现

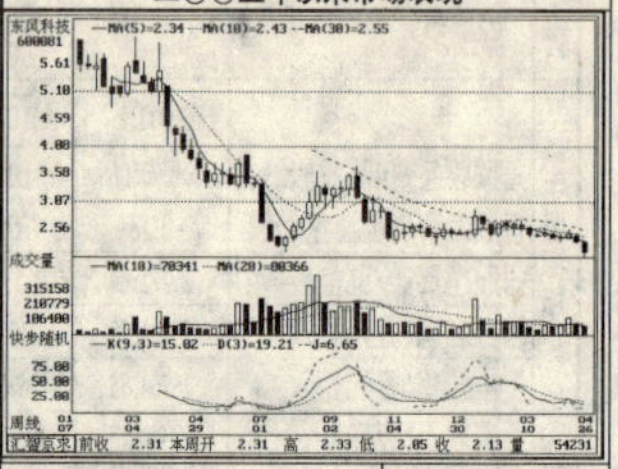

2005年涨跌幅(%)	-56.36
2005年最高(元)	6.12
2006年涨跌幅(%)	-14.46
2006.4.26收盘(元)	2.13
2006年最高(元)	2.9
2006年最低(元)	2.05
2006年换手率(%)	177.06
股改对价	

海泰发展（600082）

上市日期:97/06/20　　电话:022－85689999　　传真:022－85689889

主营	孵化器建设、运营,创业孵化服务及高科技项目投资。		
年　度	2005	2004	2003
每股收益/扣除后(元)	0.188/0.145	0.188	0.343/0.28
每股经营现金流量(元)	0.035	-0.163	0.38
每股净资产/调整后(元)	1.81/1.81	1.65/1.65	2.68/2.67
未分利润(万元)	9133.01	5301.81	5054.16
资本公积(万元)	7552.75	7552.75	16449.13
主营收入(万元)	59061.14	43136.63	24701.88
主营利润(万元)	9746.94	10699.49	8834.34
营业利润(万元)	5660.48	7482.64	7793.71
投资收益(万元)	399.56	-269.05	-145.08
利润总额(万元)	6845.26	7818.92	7801.05
净利润(万元)	5045.25	5032.59	5115.74

（主要指标：每股收益至资本公积；利润构成：主营收入至净利润）

点评：05年公司实现了孵化服务、工业地产和产业投资三项主营业务的协调发展,整体实力持续增强,主营收入大幅增长,期末24万平方米的工业厂房和3.2万平方的综合服务大厦已经投入使用,公司还成为天津唯一通过的国家级孵化器。

股本结构(万股)	05年末	占%	主要股东及持股比例%、持股性质
截止日期	05年末	占%	
总股本	26816.54		天津海泰控股集团有限公司 22.34% (国有股)
国有股	5990.54	22.34	申银万国证券股份有限公司 0.88% (非流通股)
发起股			山东永兴集团有限公司 0.66% (流通A股)
外资股			英大国际信托投资有限责任公司 0.44% (非流通股)
募集股	6572.12	24.51	上海浦东新区银益劳动服务部 0.44% (非流通股)
流通A	14253.88	53.15	云南金旅信托投资有限公司 0.44% (非流通股)
流通B			湖州市供销贸易有限公司 0.44% (非流通股)
流通H			英大国际信托投资有限责任公司 0.44% (非流通股)
股东户数 05年末	26590		闫莺 0.31% (流通A股)
股东户数 04年末	19515		易江 0.26% (流通A股)
其他流通股东	王安奇 0.264%;王忠平 0.156%;蒋帆 0.149%;王平 0.134%;潘能枝 0.128%;时玉富 0.125%;吕旭芬 0.123%		
近年分配	04年:10派0.25；03年:10派0.5送2转增6	近年募资	

二〇〇五年以来市场表现

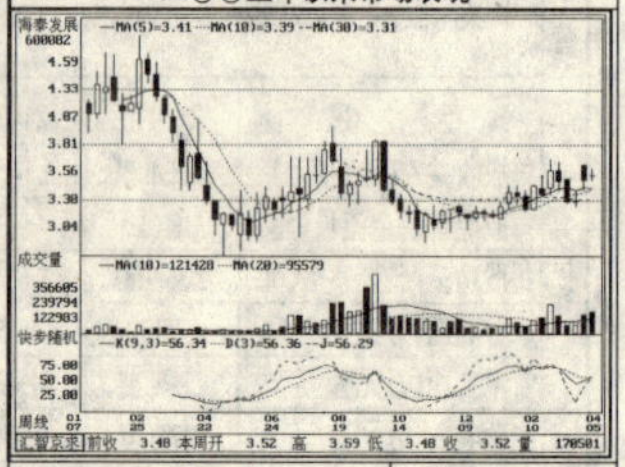

2005年涨跌幅(%)	-24.46
2005年最高(元)	4.85
2006年涨跌幅(%)	12.1
2006.4.26收盘(元)	3.52
2006年最高(元)	3.67
2006年最低(元)	3.12
2006年换手率(%)	97.97
股改对价	送股 每10股实际获得2.2股

ST博讯（600083）

上市日期:97/06/06　　电话:0769－2906116　　传真:0769－2906119

主营	偏转线圈、金属漆包线、会聚磁组件等电子元器件的研究、开发、生产、销售。		
年　度	2005	2004	2003
每股收益/扣除后(元)	-0.199/-0.199	0.011/0.005	0.007/-0.009
每股经营现金流量(元)	-0.0002	0.204	0.048
每股净资产/调整后(元)	-0.11/-0.12	0.09/0.08	0.08/0.08
未分利润(万元)	-27900.4	-23323.02	-23577.44
资本公积(万元)	2419.92	2419.92	2419.92
主营收入(万元)	11895.01	16130.11	21488.04
主营利润(万元)	209.56	2896.37	7771.63
营业利润(万元)	-3795.14	152.06	2569.18
投资收益(万元)	-17.02	-0.01	-10.69
利润总额(万元)	-4577.38	254.42	164.34
净利润(万元)	-4577.38	254.42	164.34

（主要指标：每股收益至资本公积；利润构成：主营收入至净利润）

点评：受等离子电视及液晶平板显示技术的冲击,彩管市场需求持续低迷,出现了全行业性亏损,导致公司偏转线圈业务大幅萎缩,全年业绩出现亏损。预计,彩电行业产品结构调整仍将对公司未来两年的业绩有较大的负面影响。

股本结构(万股)	05年末	占%	主要股东及持股比例%、持股性质
截止日期	05年末	占%	
总股本	23000		广东福地科技总公司 34.62% (国有股)
国有股	7961.82	34.62	东莞证券有限责任公司 0.7% (流通A股)
发起股	240	1.04	杨秀金 0.67% (流通A股)
外资股			四川成都全兴集团有限公司 0.47% (非流通股)
募集股	1225.12	5.33	海通证券股份有限公司 0.35% (非流通股)
流通A	13573.06	59.01	田德荣 0.31% (流通A股)
流通B			罗予频 0.3% (流通A股)
流通H			林山海 0.3% (流通A股)
股东户数 05年末	35550		梁庆锋 0.29% (流通A股)
股东户数 04年末	38785		工行遂分房地产信贷部 0.28% (非流通股)
其他流通股东	刘永生 0.204%;李淑君 0.203%;张桂珍 0.183%;周锦娴 0.177%		
近年分配		近年募资	

二〇〇五年以来市场表现

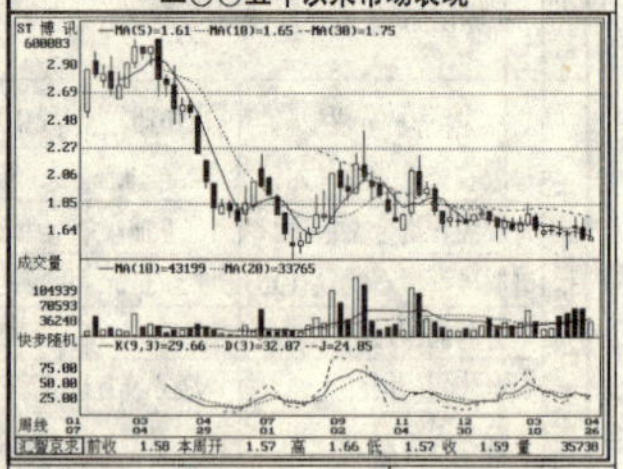

2005年涨跌幅(%)	-33.59
2005年最高(元)	3.11
2006年涨跌幅(%)	-6.47
2006.4.26收盘(元)	1.59
2006年最高(元)	1.85
2006年最低(元)	1.5
2006年换手率(%)	44.48
股改对价	

G 新天（600084）

上市日期:97/07/11　　电话:0991－2312439　　传真:0991－2312439

主营	国内、国际贸易、对外经济技术合作、农业综合开发、葡萄酒生产销售等。

	年　度	2005	2004	2003
主要指标	每股收益/扣除后(元)	-0.79/-0.76	0.02	0.24/0.23
	每股经营现金流量(元)	0.83	1.39	-1.63
	每股净资产/调整后(元)	0.73/0.62	1.67/1.57	3.34/3.23
	未分利润(万元)	-14742.72	22712.4	24987.45
	资本公积(万元)	704.08	702.29	21868.52
利润构成	主营收入(万元)	135565.36	194150.42	251519.28
	主营利润(万元)	-328.35	35035.71	34065.84
	营业利润(万元)	-46988.67	4694.04	7415.76
	投资收益(万元)	1284.76	-1365.03	-235.78
	利润总额(万元)	-47588.88	3692.76	7284.25
	净利润(万元)	-37436.71	773.91	5571.34

点评：贸易业务由于外部环境和公司内部经营对市场判断不准等原因,贡献收入有所下降,贡献主营业务利润出现亏损,直接导致公司业绩亏损。公司酒业偿债压力增大,毛利率下降。2005年公司根据资金情况和战略调整需要,退出房产新项目的继续开发。

	截止日期	05年末	占%	主要股东及持股比例%、持股性质
股本结构（万股）	总股本	47036.08		新天国际经济技术合作(集团)有限公司 50.3%（国有股）
	国有股	26969.02	57.34	中国成套设备进出口(集团)总公司 4.72%（国有股）
	发起股	2220.66	4.72	新疆北中房地产开发有限公司 4.72%（非流通股）
	外资股			新疆生产建设兵团投资中心 2.31%（国有股）
	募集股			上海昌睿商贸有限公司 0.54%（流通A股）
	流通A	17846.4	37.94	申海龙 0.154%（流通A股）
	流通B			张国利 0.153%（流通A股）
	流通H			黄宇峰 0.127%（流通A股）
股东户数	05年末	23014		孙贵才 0.108%（流通A股）
	04年末	23797		李伟 0.099%（流通A股）
其他流通股东	简丽 0.099%;徐炎 0.096%;栾步开 0.093%;冯华 0.092%			
近年分配	03年:10派0.25送1转增9	近年募资		

二〇〇五年以来市场表现

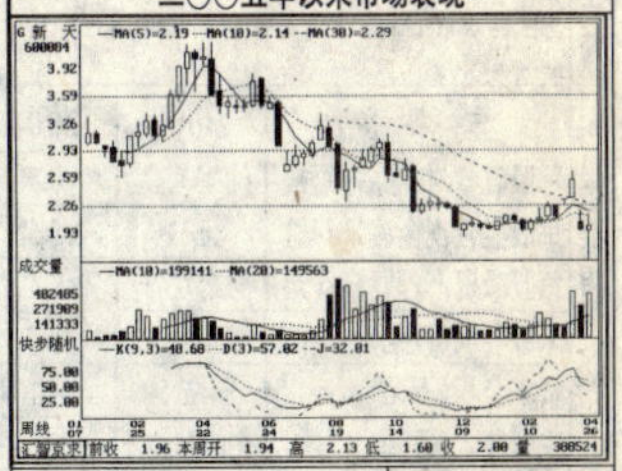

2005年涨跌幅(%)	-35.41
2005年最高(元)	4.25
2006年涨跌幅(%)	40.1
2006.4.26收盘(元)	2
2006年最高(元)	3.01
2006年最低(元)	1.91
2006年换手率(%)	112.88
股改对价	送股 每10股实际获得3.8股(06/04/21)

G 同仁堂（600085）

上市日期:97/06/25　　电话:010－67020018　　传真:010－67020018

主营	制造、加工中成药、经营中西药品。

	年　度	2005	2004	2003
主要指标	每股收益/扣除后(元)	0.694/0.665	0.793/0.797	0.722/0.695
	每股经营现金流量(元)	0.441	1.15	0.874
	每股净资产/调整后(元)	5.41/5.27	5.92/5.79	4.93/4.79
	未分利润(万元)	71456.43	57937.88	46212.25
	资本公积(万元)	80692.59	88060.09	59315.21
利润构成	主营收入(万元)	260573.24	244525.21	216908.54
	主营利润(万元)	114138.12	111388.17	100071.86
	营业利润(万元)	46390.76	43598.23	36949.65
	投资收益(万元)	162.15	129.41	32.56
	利润总额(万元)	46120.89	43563.04	36702.59
	净利润(万元)	30123.12	28678.01	23952.91

点评：公司2005年主营业务收入小幅增长,但净利润增长略低于预期,主要原因是坏帐计提增加以及固定资产评估减值和报废损失增加。公司2005年管理费用率下降,主要原因是公司管理效率提高和04年底开始工厂管理人员工资计入生产成本。

	截止日期	05年末	占%	主要股东及持股比例%、持股性质
股本结构（万股）	总股本	43402.19		中国北京同仁堂(集团)有限责任公司 55.24%（国有股）
	国有股	23976.95	55.24	丰和价值证券投资基金 3.76%（流通A股）
	发起股			嘉实服务增值行业证券投资基金 2.48%（流通A股）
	外资股			申万巴黎盛利精选证券投资基金 1.95%（流通A股）
	募集股			中信经典配置证券投资基金 1.58%（流通A股）
	流通A	19425.24	44.76	海富通收益增长证券投资基金 1.39%（流通A股）
	流通B			嘉实成长收益型证券投资基金 1.29%（流通A股）
	流通H			全国社保基金一零六组合 1.27%（流通A股）
股东户数	05年末	16196		中国人寿保险股份有限公司个人分红－005L－FH002沪 0.96%（流通A股）
	04年末	13368		易方达平稳增长证券投资基金 0.92%（流通A股）
其他流通股东	天元证券投资基金 0.912%			
近年分配	05预案:10派2.5；04年:10派2.5转增2；03年:10派3	近年募资	04年10配3配股价11元。	

二〇〇五年以来市场表现

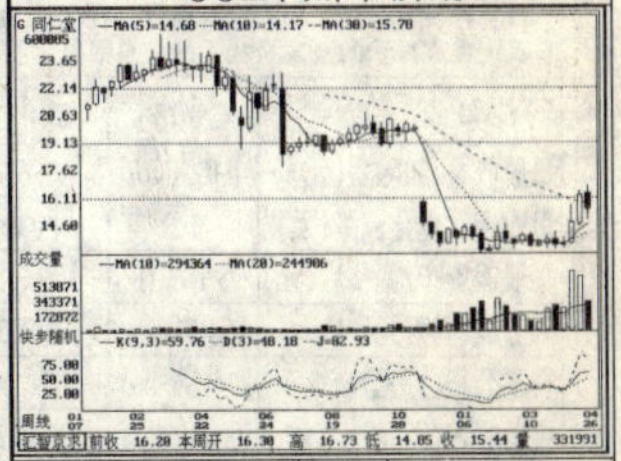

2005年涨跌幅(%)	0.12
2005年最高(元)	25.16
2006年涨跌幅(%)	11
2006.4.26收盘(元)	15.44
2006年最高(元)	16.73
2006年最低(元)	13.09
2006年换手率(%)	228.56
股改对价	送股 每10股实际获得2.5股(05/11/30)

＊ST 多佳（600086）

上市日期:97/06/06　　电话:027－87592157　　传真:027－87592144

主营	珠宝、玉石、首饰的加工与销售

	年　度	2005	2004	2003
主要指标	每股收益/扣除后(元)	0.015/0.02	-0.56	-0.028/-0.032
	每股经营现金流量(元)	0.0305	-0.029	-0.102
	每股净资产/调整后(元)	0.9/0.89	0.89/0.87	1.43/1.43
	未分利润(万元)	-15114.12	-15659.59	7019.17
	资本公积(万元)	8039.96	8039.96	4123.54
利润构成	主营收入(万元)	8303.38	3289.77	6013.35
	主营利润(万元)	3449.47	-495.01	3806.11
	营业利润(万元)	905.93	-5920.4	277.75
	投资收益(万元)	-119.59	-159.37	-28.07
	利润总额(万元)	735.33	-21696.64	251.68
	净利润(万元)	545.47	-19673.76	-983.86

点评：2005年,公司成功实施了与大股东兴龙实业的资产置换,公司彻底转型为珠宝类上市公司。在政府鼓励发展珠宝玉石首饰的行业背景下,如果2006年新的珠宝玉石类优良资产顺利置入的情况下,公司业绩将走上良性发展轨道。

	截止日期	05年末	占%	主要股东及持股比例%、持股性质
股本结构（万股）	总股本	35228.17		西安开元科教控股有限公司 22%（非流通股）
	国有股			湖北多佳集团实业有限公司 14.76%（非流通股）
	发起股	12905.96	36.64	云南兴龙实业有限公司 10.49%（非流通股）
	外资股			鄂州市民康企业有限公司 7.13%（非流通股）
	募集股	9500.2	26.97	海南裕泽源投资有限公司 4.57%（非流通股）
	流通A	12822.01	36.4	鄂州市建设投资公司 3.34%（非流通股）
	流通B			中国工商银行湖北省分行 0.76%（非流通股）
	流通H			梅良成 0.22%（流通A股）
股东户数	05年末	25052		袁野 0.2%（流通A股）
	04年末	34960		何维 0.2%（流通A股）
其他流通股东	郑少芬 0.193%;张应军 0.188%;袁青云 0.185%;王进金 0.182%;李军中 0.179%;黄聿鹏 0.175%;欧阳时阶 0.174%			
近年分配		近年募资		

二〇〇五年以来市场表现

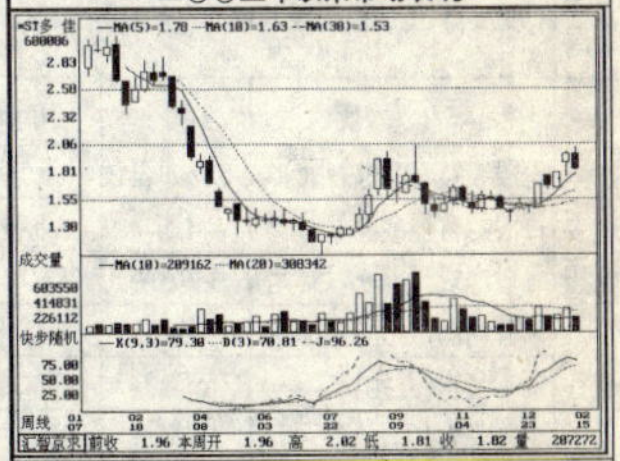

2005年涨跌幅(%)	-39.57
2005年最高(元)	3.09
2006年涨跌幅(%)	8.33
2006.4.26收盘(元)	1.82
2006年最高(元)	2.02
2006年最低(元)	1.63
2006年换手率(%)	77.77
股改对价	资产置换 送股 每10股实际获得0.5股

G水运（600087）

上市日期:97/06/12　　电话:025－83283904　　传真:025－83283939

主营	主营长江、沿海石油及化学制品储运。			
	年　度	2005	2004	2003
主要指标	每股收益/扣除后(元)	0.46/0.47	0.34	0.31/0.31
	每股经营现金流量(元)	0.63	0.54	0.42
	每股净资产/调整后(元)	2.75/2.75	2.57/2.57	2.27/2.27
	未分利润(万元)	31469.3	22603.9	13912.71
	资本公积(万元)	34498.54	34441.44	28963.12
利润构成	主营收入(万元)	109183.19	82690.38	68656.84
	主营利润(万元)	41002.58	29114.49	20526.12
	营业利润(万元)	33789.68	25290.43	17563.74
	投资收益(万元)	1106.95	-9.16	728.88
	利润总额(万元)	34806.87	25188.83	18249.65
	净利润(万元)	23974.19	17377.46	15726.12
点评	2005年运输收入大幅增长。06年中石化仪长输油管道将投入使用,公司长江原油运输业务大幅下降。公司计划大举扩张海洋油运船队,资金压力大,计划06年定向增发。由于原油运输市场景气度回落,公司未来经营风险增大。			

	截止日期	05年末	占%	主要股东及持股比例%、持股性质
股本结构(万股)	总股本	51572.95		南京长江油运公司32%(国有股)
	国有股	21888.03	42.44	中国工商银行重庆市分行1.86%(国有股)
	发起股	5849.86	11.34	中国石化集团长岭炼油化工有限责任公司1.65%(国有股)
	外资股			中国石化集团九江石油化工总厂1.65%(国有股)
	募集股			中国石化集团安庆石油化工总厂1.65%(国有股)
	流通A	23835.06	46.22	交通银行－汉兴证券投资基金1.45%(流通A股)
	流通B			交通银行－海富通精选证券投资基金1.36%(流通A股)
	流通H			中国石化集团武汉石油化工厂1.34%(国有股)
股东户数	05年末	49682		中国银行－海富通收益增长证券投资基金1.3%(流通A股)
	04年末			中国石化集团荆门石油化工总厂1.03%(国有股)
其他流通股东	汉博证券投资基金0.582%;中国人寿保险股份有限公司－分红0.485%;姚静0.396%			
近年分配	05预案:10派1.5;04年:10派2;03中期:10转增9.96017年终:10派1	近年募资		

二〇〇五年以来市场表现

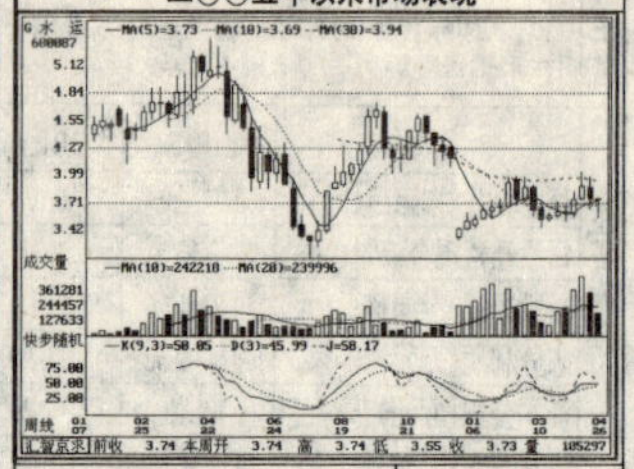

2005年涨跌幅(%)	8.25
2005年最高(元)	5.4
2006年涨跌幅(%)	6.27
2006.4.26收盘(元)	3.73
2006年最高(元)	4.02
2006年最低(元)	3.44
2006年换手率(%)	176.68
股改对价	送股 每10股实际获得3股(05/12/20)

中视传媒（600088）

上市日期:97/06/16　　电话:021－68765168　　传真:021－68763868

主营	影视拍摄基地开发、经营,影视拍摄(电影除外)、电视剧节目制作、销售经营,影视设备租赁,高清晰度影视技术、网络系统集成技术的开发及相关的信息服务,综合文艺表演等。			
	年　度	2005	2004	2003
主要指标	每股收益/扣除后(元)	0.086/0.062	0.051	0.013/-0.05
	每股经营现金流量(元)	0.29	-0.06	0.13
	每股净资产/调整后(元)	3.17/3.11	3.13/3.11	3.08/3.05
	未分利润(万元)	3177.07	2835.35	1935.65
	资本公积(万元)	41596.45	41596.45	41525.02
利润构成	主营收入(万元)	41759	35958.2	31068.69
	主营利润(万元)	8476.73	6458.48	5461.4
	营业利润(万元)	2478.01	256.48	-1033.76
	投资收益(万元)	44.3	423.29	466.04
	利润总额(万元)	3044.72	1687.34	603.62
	净利润(万元)	2033.82	1199.61	313.08
点评	公司主营业务包括影视基地,广告,影视制作。大股东为中央电视台,05年公司各项业务保持稳定增长。同时拥有央视部分频道的广告代理权。参与高清数字频道内容的制作,并与央视保底分成。			

	截止日期	05年末	占%	主要股东及持股比例%、持股性质
股本结构(万股)	总股本	23673		无锡太湖影视城63.76%(国有股)
	国有股	15873	67.05	中国国际电视总公司0.99%(国有股)
	发起股			北京中电高科技电视发展公司0.99%(国有股)
	外资股			北京未来广告公司0.99%(国有股)
	募集股			北京荧屏汽车租赁公司0.33%(国有股)
	流通A	7800	32.95	张宏伟0.24%(流通A股)
	流通B			上海市出租汽车结算管理中心0.21%(流通A股)
	流通H			郭利平0.14%(流通A股)
股东户数	05年末	31445		北京资和信担保有限公司0.13%(流通A股)
	04年末	35618		黄舜芳0.12%(流通A股)
其他流通股东	王现伟0.106%;王宝兴0.088%;杨春芳0.085%;魏宝林0.084%;张宝娣0.081%			
近年分配	05预案:10派0.8;04年:10派0.5	近年募资		

二〇〇五年以来市场表现

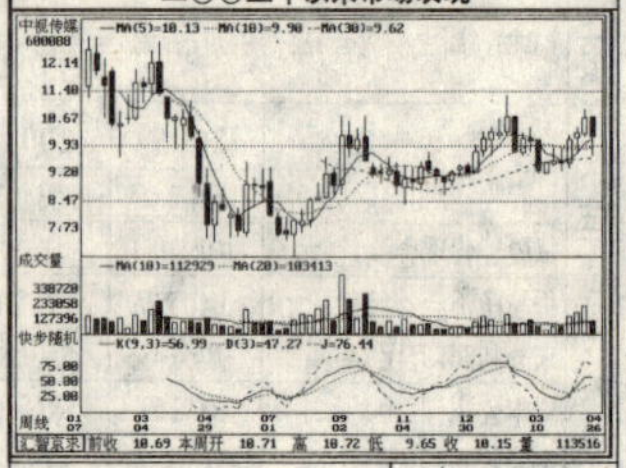

2005年涨跌幅(%)	-19.67
2005年最高(元)	12.87
2006年涨跌幅(%)	10.09
2006.4.26收盘(元)	10.15
2006年最高(元)	11.29
2006年最低(元)	9.18
2006年换手率(%)	235.1
股改对价	

G特变（600089）

上市日期:97/06/18　　电话:0994－2724766　　传真:0994－2724766

主营	变压器、电线电缆及其辅助设备的制造和销售。			
	年　度	2005	2004	2003
主要指标	每股收益/扣除后(元)	0.323/0.315	0.319	0.417/0.403
	每股经营现金流量(元)	1.57	0.76	1.05
	每股净资产/调整后(元)	3.99/3.95	4.64/4.55	3.89/3.79
	未分利润(万元)	31810.35	26536.86	22523.88
	资本公积(万元)	65758.27	68043.23	41459.7
利润构成	主营收入(万元)	448756.18	367407.91	232438.14
	主营利润(万元)	82654.4	70669.01	46364.43
	营业利润(万元)	20242.14	15632.36	13194.81
	投资收益(万元)	2431.22	2588.21	2430.67
	利润总额(万元)	23521.01	18665.19	16339.63
	净利润(万元)	12548.15	9520.86	10819.87
点评	2005年公司净利润增长超过销售收入增长。由于公司在超高压、特高压和直流输变电高端领域把握最前沿技术,公司变压器产能已经达到亚洲第一、世界第三,"十一五"期间电网大规模的建设和改造,将为公司未来的成长提供机会。			

	截止日期	05年末	占%	主要股东及持股比例%、持股性质
股本结构(万股)	总股本	38819.95		新疆天山电气有限公司17.41%(非流通股)
	国有股			上海宏联创业投资有限公司11.76%(非流通股)
	发起股	9239.03	23.8	新疆昌吉电力实业总公司5.68%(非流通股)
	外资股			新疆维吾尔自治区投资公司4.06%(非流通股)
	募集股	7540.62	19.42	上海鼎丰科技发展有限公司1.93%(非流通股)
	流通A	22040.3	56.78	国泰君安证券股份有限公司1.64%(流通A股)
	流通B			中国银行－易方达平稳增长证券投资基金1.56%(流通A股)
	流通H			中国建设银行－上投摩根中国优势证券投资基金1.11%(流通A股)
股东户数	05年末	65012		银丰证券投资基金1.05%(流通A股)
	04年末	59454		申银万国－花旗－UBS LIMITED 0.93%(流通A股)
其他流通股东	湘财－汇丰－CALYON S.A. 0.922%;中原证券股份有限公司0.876%			
近年分配	05预案:10派1;04年:10派1转增3;03年:10派1	近年募资	04年10配3配股价8.18元。	

二〇〇五年以来市场表现

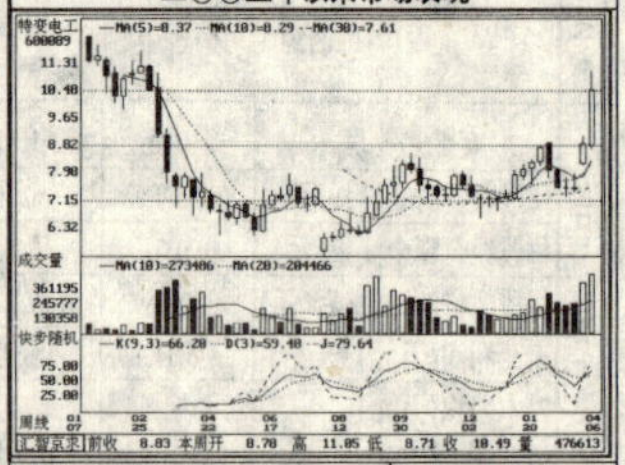

2005年涨跌幅(%)	-21.39
2005年最高(元)	12.14
2006年涨跌幅(%)	31.22
2006.4.26收盘(元)	9.54
2006年最高(元)	11.05
2006年最低(元)	7.18
2006年换手率(%)	124.08
股改对价	转增 每10股实际获得3.07股(06/05/08)

G＊ST 酒花（600090）

上市日期:97/06/16　　电话:0991－3687305　　传真:0991－3687302

主营	主营啤酒花、啤酒大麦、食品饮料、房地产开发、农副产品等业务。

	年　　度	2005	2004	2003
主要指标	每股收益/扣除后(元)	0.01	－0.527	－3.304/－2.24
	每股经营现金流量(元)	0.006	0.01	－0.648
	每股净资产/调整后(元)	－0.36/－0.39	－2.84/－2.92	－2.4/－2.6
	未分利润(万元)	－63644.27	－131908.62	－119673.78
	资本公积(万元)	9473.75	4825.55	3738.23
利润构成	主营收入(万元)	18325.54	24347.09	48628.87
	主营利润(万元)	6712.55	8246.16	7453.35
	营业利润(万元)	－8277.44	－17573.85	－99573.57
	投资收益(万元)	－5662.78	－6737.97	－140.59
	利润总额(万元)	901.66	－26528.36	－153352.15
	净利润(万元)	385.67	－19396.06	－121539.23

点评：由于经营困难,啤酒花曾一度陷入困境,后新疆蓝箭嘉酿投资有限公司对啤酒花进行重组。重组之后公司主营啤酒花、啤酒花制品、啤酒大麦及其他农副产品的生产、加工。目前公司的各项经营活动都已走向正轨。

	截止日期	05年末	占%	主要股东及持股比例%、持股性质
股本结构（万股）	总股本	36791.66		新疆蓝剑嘉酿投资有限公司 46.09%（非流通股）
	国有股			上海平杰投资咨询有限公司 1.36%（非流通股）
	发起股	7261.39	19.74	申银万国－汇丰－MERRILL LYNCH INTERNATIONAL 1.14%（流通A股）
	外资股			中科企投资有限公司 1.03%（非流通股）
	募集股	12118.18	32.94	上海申攀商贸有限公司 0.87%（非流通股）
	流通A	17412.1	47.33	深圳祥源印刷包装有限公司 0.66%（非流通股）
	流通B			上海财政证券公司 0.52%（流通A股）
	流通H			纪栋祥 0.33%（流通A股）
股东户数	05年末	17055		新疆和硕县清水河农场供销公司 0.25%（非流通股）
	04年末	19169		国泰君安－建行－香港上海汇丰银行有限公司 0.1%（流通A股）
其他流通股东	李军梅 0.224%;龙虹玲 0.182%;陈豪 0.174%;黄炳森 0.156%;刘红 0.141%;刘玉兰 0.14%			
近年分配		近年募资		

二〇〇五年以来市场表现

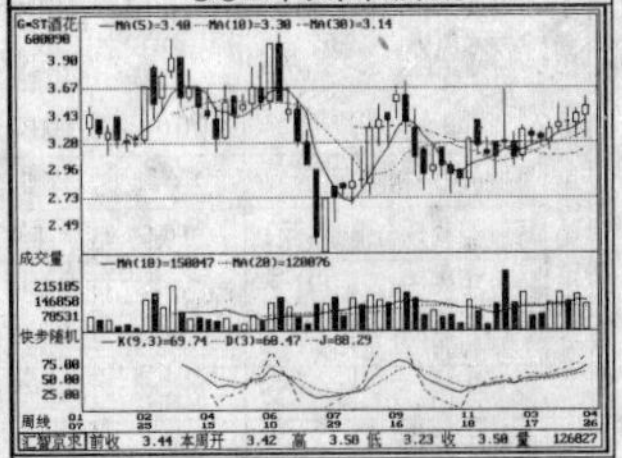

2005年涨跌幅(%)	－8.11
2005年最高(元)	4.14
2006年涨跌幅(%)	25.82
2006.4.26收盘(元)	3.5
2006年最高(元)	4.02
2006年最低(元)	3.29
2006年换手率(%)	78.34
股改对价	注资 送股 每10股实际获得1股(06/02/23)

明天科技（600091）

上市日期:97/07/04　　电话:0472－2207068　　传真:0472－2207059

主营	烧碱、聚氯乙烯树脂、硫酸、盐酸、苯酚、氢氟酸、无水氟化氢、氟化盐产品、液氯、电石、溶解乙炔,电子产品的生产和销售,计算机的生产、研制开发,计算机软硬件及外围设备的生产销售等。

	年　　度	2005	2004	2003
主要指标	每股收益/扣除后(元)	0.03/－0.03	0.21/0.17	0.242/0.21
	每股经营现金流量(元)	0.47	0.58	0.35
	每股净资产/调整后(元)	5.69/5.58	5.74/5.65	5.52/5.42
	未分利润(万元)	26000.67	26628.32	20918.42
	资本公积(万元)	122150.18	122150.18	122150.18
利润构成	主营收入(万元)	77739.77	80465.31	88185.79
	主营利润(万元)	4192.2	10824.67	12380.59
	营业利润(万元)	－4571.75	4114.26	4972.8
	投资收益(万元)	2250.28	3468.42	3010.18
	利润总额(万元)	－1956.39	7490.81	8373.91
	净利润(万元)	1075.81	7230.95	8138.06

点评：2005年,电石和PVC都面临扩能严重、价格下滑的不利局面,同时煤、电、油、运的价格高涨有增加了生产成本,公司业绩同比大幅下滑。由于行业扩能的压力短期内难以释放,公司未来需要更加有效地利用当地资源,降低生产成本。

	截止日期	05年末	占%	主要股东及持股比例%、持股性质
股本结构（万股）	总股本	33652.6		包头市北普实业有限公司 16.64%（非流通股）
	国有股			包头北大明天资源科技有限公司 12.03%（国有股）
	发起股	13032.6	38.73	浙江恒际实业发展有限公司 10.06%（非流通股）
	外资股			北京奥通达投资咨询有限公司 0.24%（流通A股）
	募集股			李保霖 0.21%（流通A股）
	流通A	20620	61.27	上海威炫贸易有限公司 0.16%（流通A股）
	流通B			陈尚军 0.16%（流通A股）
	流通H			北京屿通信息咨询有限公司 0.13%（流通A股）
股东户数	05年末	75842		储鸿博 0.11%（流通A股）
	04年末	83571		巩银花 0.11%（流通A股）
其他流通股东	林松彬 0.112%;孙玉莲 0.105%;钱荣光 0.103%			
近年分配		近年募资		

二〇〇五年以来市场表现

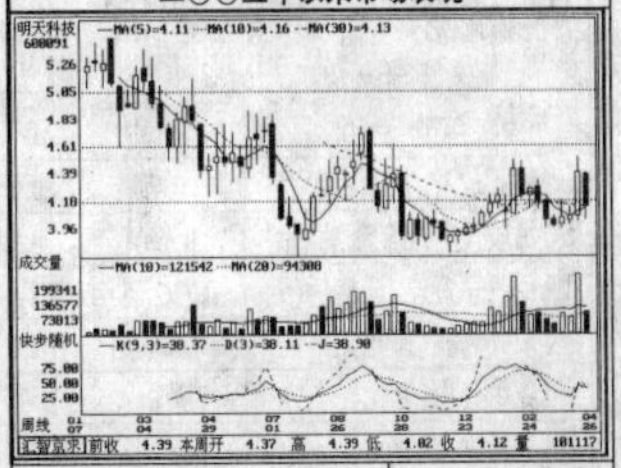

2005年涨跌幅(%)	－25.09
2005年最高(元)	5.48
2006年涨跌幅(%)	3.78
2006.4.26收盘(元)	4.12
2006年最高(元)	4.51
2006年最低(元)	3.94
2006年换手率(%)	79.99
股改对价	送股 每10股实际获得2.4股

＊ST 精密（600092）

上市日期:97/06/26　　电话:029－4610536　　传真:029－4620414

主营	研制、生产精密合金(又称功能材料)高精度冷轧带钢。

	年　　度	05中期	2004	2003
主要指标	每股收益/扣除后(元)	－0.817/－0.76	－1.771/－1.763	－0.147/－0.148
	每股经营现金流量(元)		－0.1795	0.2144
	每股净资产/调整后(元)	－0.15/－0.94	0.67/0.59	2.44/2.42
	未分利润(万元)	－58915.03	－37569.75	8698.74
	资本公积(万元)	25186.13	25186.13	25186.13
利润构成	主营收入(万元)	512.34	1614.19	7279.24
	主营利润(万元)	124.64	－300.55	2230.63
	营业利润(万元)	－20216.68	－46575.04	－4084.12
	投资收益(万元)	2.88	－169.17	5.76
	利润总额(万元)	－21798.07	－46762.22	－4079.26
	净利润(万元)	－21345.29	－46268.49	－3849.04

点评：公司主营业务几乎全部停滞,连续三年亏损几成定局。虽然已经重组努力,目前仍无进展。如果近期不能完成重组,公司可能无奈退市。

	截止日期	05中期	占%	主要股东及持股比例%、持股性质
股本结构（万股）	总股本	26119.62		深圳市天华电力投资有限公司 29.34%（非流通股）
	国有股	7665.3	29.35	涌金实业(集团)有限公司 2.05%（非流通股）
	发起股			新疆乌鲁木齐将军制锁厂 1.52%（非流通股）
	外资股			中国阳光投资集团有限公司 1.17%（非流通股）
	募集股	5144.4	19.7	深业集团(深圳)物业管理公司 1.03%（非流通股）
	流通A	13309.92	50.96	刘久彬 0.9%（流通A股）
	流通B			陕西省西北信托投资有限公司 0.69%（非流通股）
	流通H			深圳市市政工程公司 0.69%（非流通股）
股东户数	05中期	64234		南通市通银经贸公司 0.69%（非流通股）
	04年末	70963		河北中兴科技开发总公司 0.69%（非流通股）
其他流通股东	牟明琼 0.301%;吴浪 0.239%;谢蓉 0.217%;邹桂英 0.215%;朱金玉 0.189%;宋小亮 0.178%;王桂兰 0.167%			
近年分配		近年募资		

二〇〇五年以来市场表现

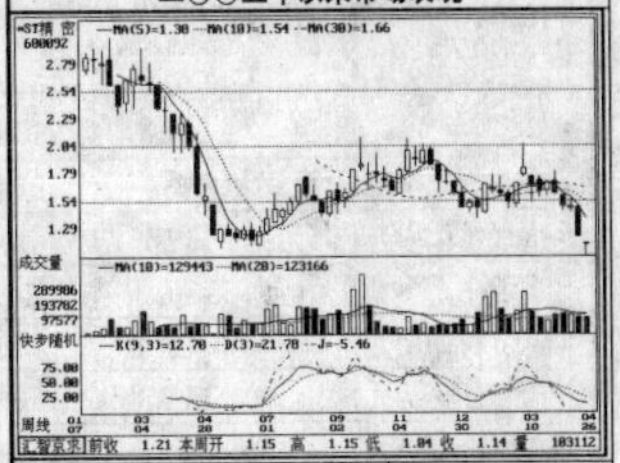

2005年涨跌幅(%)	－46.55
2005年最高(元)	3.04
2006年涨跌幅(%)	－22.45
2006.4.26收盘(元)	1.14
2006年最高(元)	2.05
2006年最低(元)	1.04
2006年换手率(%)	166.84
股改对价	

禾嘉股份（600093）

上市日期:97/06/26　　电话:028－5155498　　传真:028－5155498

主营	对农副产品的深加工、销售,优质水稻、小麦的种植、销售及技术服务。			
	年　　度	2005	2004	2003
主要指标	每股收益/扣除后(元)	－0.228/－0.142	－0.025	0.031/0.01
	每股经营现金流量(元)	0.066	0.075	0.26
	每股净资产/调整后(元)	1.26/1.12	1.48/1.42	1.46/1.39
	未分利润(万元)	－1799.11	5027.14	5850.3
	资本公积(万元)	5236.79	5162.62	3821.24
利润构成	主营收入(万元)	34852.26	34599.02	22541.04
	主营利润(万元)	7503.23	7633.75	7476.82
	营业利润(万元)	－4407.3	62.18	1702.31
	投资收益(万元)	－284.95	－95.31	－11.89
	利润总额(万元)	－6536.98	－140.32	1754.37
	净利润(万元)	－6543.85	－715.85	884.52
点评	公司的主营范围为以高科技农业为主导产业,主营业务为对农副产品的深加工。报告期内,公司主营农产品业务受股价政策和自然灾害影响,公司经营业绩下滑,05年公司计提大额减值准备,造成连续两年亏损。			

	截止日期	05年末	占%	主要股东及持股比例%、持股性质
股本结构（万股）	总股本	28687.5		四川禾嘉实业(集团)有限公司 52.08%（非流通股）
	国有股			成都市武侯区百花洲娱乐世界 2.64%（非流通股）
	发起股	17212.5	60	四川禾嘉房地产开发有限公司 2.64%（非流通股）
	外资股			北海海利实业公司 1.32%（非流通股）
	募集股			四川星火食品研究院 1.32%（非流通股）
	流通A	11475	40	滕世来 0.38%（流通A股）
	流通B			刘心慧 0.148%（流通A股）
	流通H			陈宜中 0.123%（流通A股）
股东户数	05年末	31198		郑晴 0.115%（流通A股）
	04年末	35247		熊缨 0.113%（流通A股）
其他流通股东	孙元贵 0.112%;杨虹 0.097%;赵秀萱 0.09%;郑世麟 0.087%;叶修平 0.084%			
近年分配		近年募资		

二〇〇五年以来市场表现

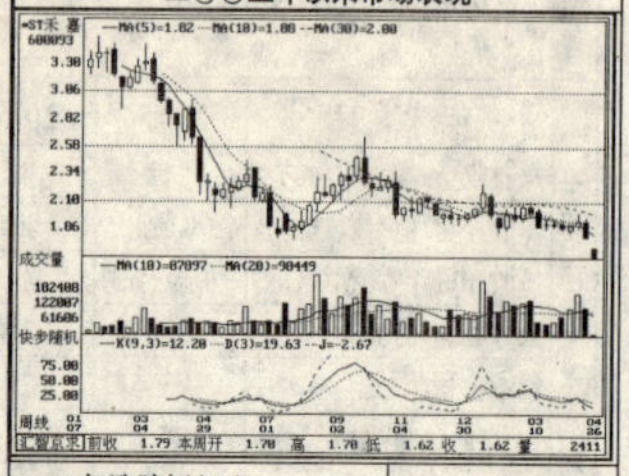

2005年涨跌幅(%)	－39.63
2005年最高(元)	3.54
2006年涨跌幅(%)	－18.18
2006.4.26收盘(元)	1.62
2006年最高(元)	2.25
2006年最低(元)	1.62
2006年换手率(%)	145.18
股改对价	

华源股份（600094/900940）

上市日期:A: 97/07/03 B: 96/07/26　电话:021－58799888　　传真:021－58825887

主营	合成、超细纤维,仿真丝面料,特种作业用面料,纤维用聚酯切片,各种包装、装璜用聚酯切片,建筑装璜用新型复合材料,生物制药产品,现代通讯信息新材料及相关器件等。			
	年　　度	2005	2004	2003
主要指标	每股收益/扣除后(元)	－0.476	0.028	0.123/0.023
	每股经营现金流量(元)	0.699	0.527	0.243
	每股净资产/调整后(元)	2.73/2.65	3.24/3.2	3.19/3.15
	未分利润(万元)	－12616.62	11101.32	10725.34
	资本公积(万元)	77303.6	74501.24	73953.59
利润构成	主营收入(万元)	554783.02	463644.18	383365.91
	主营利润(万元)	29983.95	42646.69	37560.58
	营业利润(万元)	－27484.33	－1786.49	3516.98
	投资收益(万元)	1287.91	5900.49	4545.46
	利润总额(万元)	－26253.41	5289.91	10508.93
	净利润(万元)	－23393.44	1379.84	6032.33
点评	2005年国际原油价格持同比有较大幅度上涨,公司主要产品瓶级切片所需原料PTA和MEG价格也居高不下且波动加剧,市场竞争的加剧又使得公司很难向下游转移成本上升带来的不利影响,因而公司05年业绩有较大幅度下降。			

	截止日期	05年末	占%	主要股东及持股比例%、持股性质
股本结构（万股）	总股本	49175.4		中国华源集团有限公司 31.51%（国有股）
	国有股	15493.2	31.51	锡山市长苑丝织厂 2.06%（非流通股）
	发起股	1942.2	3.95	江苏秋艳(集团)公司 1.89%（非流通股）
	外资股			吴杨天香 0.44%（流通B股）
	募集股			马永元 0.21%（流通A股）
	流通A	11040	22.45	俞仲德 0.15%（流通B股）
	流通B	20700	42.09	DEBORAH WANG LIN 0.14%（流通B股）
	流通H			NAITO SECURITIES CO LTD 0.14%（流通B股）
股东户数	05年末	84012		陈文伯 0.13%（流通B股）
	04年末	88550		GUOTAI JUNAN SECURITIES (KONGKONG) LIMITED 0.11%（流通B股）
其他流通股东	徐小羚 0.108%;卓武军 0.104%;HSBC FUND SERVICES A/C 006－113039－431 0.094%			
近年分配		近年募资		

二〇〇五年以来市场表现

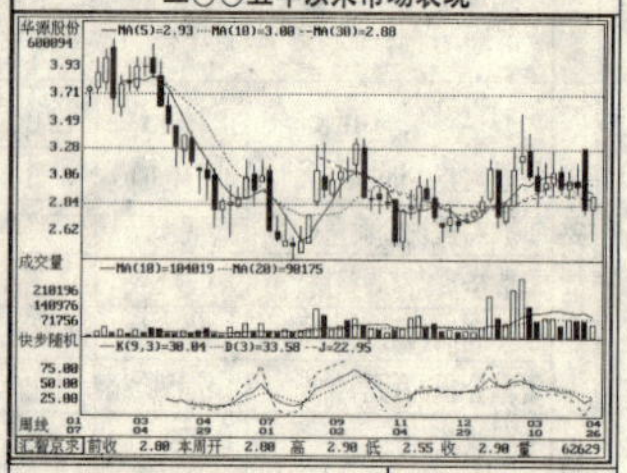

2005年涨跌幅(%)	－26.88
2005年最高(元)	4.15
2006年涨跌幅(%)	6.62
2006.4.26收盘(元)	2.9
2006年最高(元)	3.56
2006年最低(元)	2.55
2006年换手率(%)	152.35
股改对价	

哈高科（600095）

上市日期:97/07/08　　电话:0451－4348333　　传真:0451—4348057

主营	粮豆深加工、制药、房地产开发及基础设施建设及防水建材的生产。			
	年　　度	2005	2004	2003
主要指标	每股收益/扣除后(元)	0.034/－0.062	0.015	0.024/－0.022
	每股经营现金流量(元)	0.205	－0.09	0.076
	每股净资产/调整后(元)	2.38/2.32	2.32/2.21	2.3/2.22
	未分利润(万元)	－4257.18	－5074.32	－5383.34
	资本公积(万元)	37143.38	36273.97	36196.51
利润构成	主营收入(万元)	25277.68	27696.6	28757.96
	主营利润(万元)	3882.35	5787.9	7724.04
	营业利润(万元)	－210.12	286.61	1296.2
	投资收益(万元)	563.41	255.15	266.54
	利润总额(万元)	1052.06	524.09	1485.74
	净利润(万元)	879.04	378.53	620.85
点评	2005年新湖控股入主哈高科后以地产作为公司产业发展的重点,逐步做大做强原先的大豆深加工产业以及制药业。房地产将是公司未来几年利润快速增长的动力;大豆深加工盈利能力有望得到提升;制药业凭借做强优势品种有望克服困难实现盈利。			

	截止日期	05年末	占%	主要股东及持股比例%、持股性质
股本结构（万股）	总股本	26156		新湖控股有限公司 22.49%（非流通股）
	国有股	3205.21	12.25	哈尔滨高新技术产业开发区房屋建设开发总公司 12.25%（国有股）
	发起股	7844.18	29.99	浙江新湖房地产集团有限公司 7.5%（非流通股）
	外资股			郑丽 0.12%（流通A股）
	募集股			陈建栋 0.11%（流通A股）
	流通A	15106.6	57.76	郑锡增 0.11%（流通A股）
	流通B			林理中 0.11%（流通A股）
	流通H			刘成城 0.1%（流通A股）
股东户数	05年末	92114		曹立文 0.09%（流通A股）
	04年末	98168		迟玲珍 0.08%（流通A股）
其他流通股东	王东武 0.08%;袁党 0.075%;任飞 0.069%			
近年分配		近年募资		

二〇〇五年以来市场表现

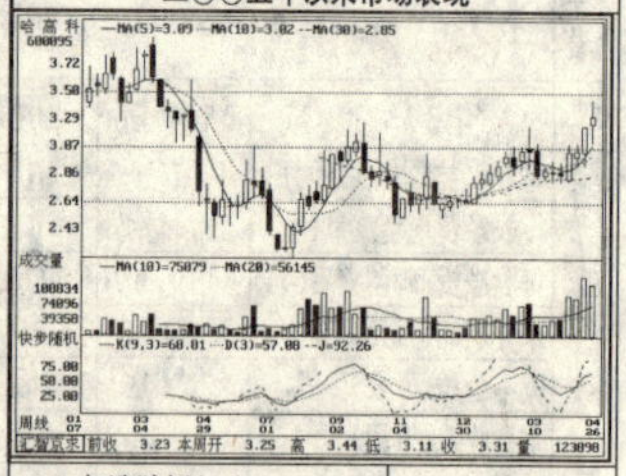

2005年涨跌幅(%)	－21.99
2005年最高(元)	3.93
2006年涨跌幅(%)	24.44
2006.4.26收盘(元)	3.31
2006年最高(元)	3.44
2006年最低(元)	2.63
2006年换手率(%)	69.54
股改对价	

G云天化（600096）

上市日期:97/07/09　电话:0870－8662006　传真:0870－8662010

主营	生产、销售尿素、合成氨等化肥产品及相关化工原料。			
	年　度	2005	2004	2003
主要指标	每股收益/扣除后(元)	1.27/1.22	0.95	0.543/0.56
	每股经营现金流量(元)	1.8	1.396	1.1595
	每股净资产/调整后(元)	5.05/5.03	4.03/4.01	3.82/3.79
	未分利润(万元)	56382.79	43440.37	18763.95
	资本公积(万元)	87108.8	70255.13	53772.89
利润构成	主营收入(万元)	267584.08	185856.14	136653.87
	主营利润(万元)	110117.66	77720.64	45474.35
	营业利润(万元)	75071.75	54691.67	24640.59
	投资收益(万元)	2636.82	－378.71	－280.38
	利润总额(万元)	79054.95	56856.92	24383.64
	净利润(万元)	67024.73	47880.63	20006.64
点评	2005年公司净利润同比增长40%。尿素价格大幅上涨及产品产销量增长为主要原因。2005年公司尿素销量增长9.18万吨;玻纤销量增长3.29万吨。此外,2005年公司尿素销售价格达1517.46元/吨,同比增长了20%。			

	截止日期	05年末	占%	主要股东及持股比例%、持股性质
股本结构（万股）	总股本	52874.78		云天化集团有限责任公司 65.94%（国有股）
	国有股	34863.63	65.94	中国人寿保险股份有限公司－分红－个人分红－005L－FH002沪 1.13%（流通A股）
	发起股			丰和价值证券投资基金 1.03%（流通A股）
	外资股			中国工商银行－国联安德盛小盘精选证券投资基金 0.7%（流通A股）
	募集股			全国社保基金－零四组合 0.64%（流通A股）
	流通A	18011.15	34.06	中国工商银行－安信证券投资基金 0.53%（流通A股）
	流通B			招商银行股份有限公司－中信经典配置证券投资基金 0.52%（流通A股）
	流通H			中国工商银行－华安上证180指数增强型证券投资基金 0.5%（流通A股）
股东户数	05年末	37024		汉盛证券投资基金 0.5%（流通A股）
	04年末	26371		海通－中行－FORTIS BANK SA/NV 0.48%（流通A股）
其他流通股东	中国工商银行－银河银泰理财分红证券投资基金 0.455%			
近年分配	05年:10派10;04中期:10派0.75送3年终:10派4	近年募资	03年增发转债410万张,募资总额4.1亿。	

二〇〇五年以来市场表现

2005年涨跌幅(%)	－14.12
2005年最高(元)	11.28
2006年涨跌幅(%)	48.64
2006.4.26收盘(元)	8.99
2006年最高(元)	13.43
2006年最低(元)	8.58
2006年换手率(%)	255.95
股改对价	送股 派现 每10股实际获得1.2股 27.14元(06/04/05)

华立科技（600097）

上市日期:97/06/19　电话:0571－88471777　传真:0571－88741666

主营	电力自动化系统产品的研制、销售和技术服务。			
	年　度	2005	2004	2003
主要指标	每股收益/扣除后(元)	0.11/0.11	0.09	0.08/0.08
	每股经营现金流量(元)	0.19	0.24	0.96
	每股净资产/调整后(元)	1.49/1.41	1.38/1.33	1.29/1.28
	未分利润(万元)	－659.73	－21024.55	－22061.66
	资本公积(万元)	5228.73	24325.96	24325.96
利润构成	主营收入(万元)	33811.17	28933.14	23641.6
	主营利润(万元)	7406.05	5793.31	6335.08
	营业利润(万元)	1326.78	1068.27	1034.68
	投资收益(万元)	－44.48	－8.27	－9.06
	利润总额(万元)	1248.71	1052.38	1000.68
	净利润(万元)	1267.03	1044.24	954.95
点评	公司主要从事中低端的电力自动化产品的生产和销售,产品的竞争力不强,虽然05年在市场开拓上取得了一定的进步,但目前公司的增长仍然低于行业平均增长水平。不过随着公司内部配电部和厂站部公司化的改组,公司产品更贴近市场,产品竞争力有望提高。			

	截止日期	05年末	占%	主要股东及持股比例%、持股性质
股本结构（万股）	总股本	11544.99		华立产业集团有限公司 28.58%（非流通股）
	国有股			海南恒泰集团有限公司 19.5%（非流通股）
	发起股	4744.99	41.1	浙江省国际信托投资有限责任公司 15.08%（非流通股）
	外资股			海南银泰建设投资开发公司 2.95%（非流通股）
	募集股	3300	28.58	湖南华英科技有限公司 2.09%（非流通股）
	流通A	3500	30.32	海南省国信实业发展公司 1.48%（非流通股）
	流通B			李桂军 0.36%（流通A股）
	流通H			王海涛 0.18%（流通A股）
股东户数	05年末	14094		石雷兵 0.15%（流通A股）
	04年末	14900		王衔 0.1%（流通A股）
其他流通股东	徐萌 0.091%;仇健 0.088%;曾国仁 0.085%;阎伟骅 0.084%;刘丽军 0.074%;姚丽 0.074%			
近年分配		近年募资		

二〇〇五年以来市场表现

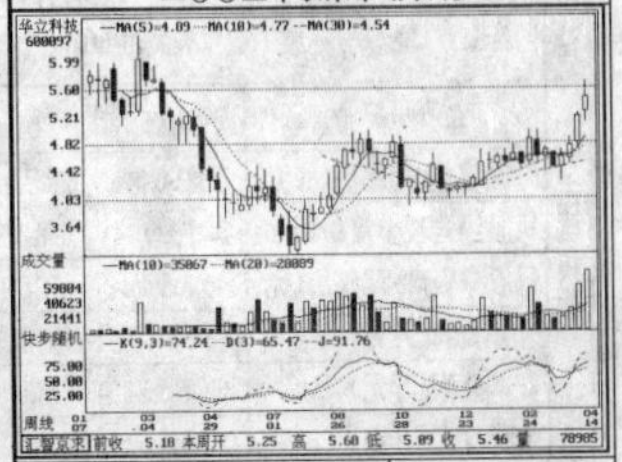

2005年涨跌幅(%)	－24.56
2005年最高(元)	6.38
2006年涨跌幅(%)	26.98
2006.4.26收盘(元)	5.46
2006年最高(元)	5.68
2006年最低(元)	4.19
2006年换手率(%)	131.02
股改对价	送股 每10股实际获得3.3股

G广控（600098）

上市日期:97/07/18　电话:020－37850968　传真:020－37850938

主营	从事能源、基础设施、物流、金融等产业的投资、建设、生产管理和经营业务。			
	年　度	2005	2004	2003
主要指标	每股收益/扣除后(元)	0.301/0.296	0.571/0.549	0.642/0.638
	每股经营现金流量(元)	0.559	0.61	1.12
	每股净资产/调整后(元)	3.74/3.74	5.37/5.37	4.84/4.83
	未分利润(万元)	172353.29	201995.6	179141.1
	资本公积(万元)	197979.19	212013.46	127565.05
利润构成	主营收入(万元)	626490.12	473289.36	351824.28
	主营利润(万元)	117607.83	141508.1	134549.46
	营业利润(万元)	101767.61	123054.8	117535.93
	投资收益(万元)	8808.05	12645.33	7880.11
	利润总额(万元)	110785.73	136363.27	125268.05
	净利润(万元)	62030.22	78443.82	80477.32
点评	2005年,由于煤炭价格上涨幅度较大,电力生产成本和煤炭经营成本增加较快,尽管主营业务收入同比有较大增长,公司实现净利润同比有所下降。公司地处缺电的广东,未来公司发电设备利用小时不会出现很大下滑,公司未来发展新能源项目前景乐观。			

	截止日期	05年末	占%	主要股东及持股比例%、持股性质
股本结构（万股）	总股本	205920		广州发展集团有限公司 66.993%（国有股）
	国有股	137952	66.99	广州发展实业有限公司 11.189%（流通A股）
	发起股			中国工商银行－上证50交易型开放式指数证券投资基金 0.96%（流通A股）
	外资股			金鑫证券投资基金 0.533%（流通A股）
	募集股			上海广通投资管理有限公司 0.187%（流通A股）
	流通A	67968	33.01	全国社保基金零零二组合 0.178%（流通A股）
	流通B			中国人民建设银行信托投资公司 0.123%（流通A股）
	流通H			国际金融－渣打－CITIGROUP GLOBAL MARKETS LIMITED 0.116%（流通A股）
股东户数	05年末	77812		中国工商银行－华安上证180指数增强型证券投资基金 0.099%（流通A股）
	04年末	79174		中国建设银行－博时裕富证券投资基金 0.095%（流通A股）
其他流通股东	上海家化商销有限公司 0.084%			
近年分配	05年:10派1.5;04年:10派2送4转增1;03年:10派3.5	近年募资	04年增发A股12000万股,发行价8.2元。	

二〇〇五年以来市场表现

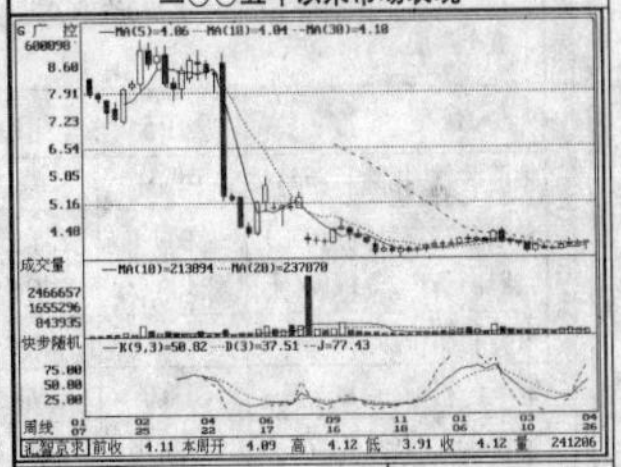

2005年涨跌幅(%)	－4.13
2005年最高(元)	9.32
2006年涨跌幅(%)	0.24
2006.4.26收盘(元)	4.12
2006年最高(元)	4.48
2006年最低(元)	3.87
2006年换手率(%)	59.43
股改对价	送股 每10股实际获得2.8股(05/08/22)

林海股份（600099）

上市日期:97/07/04　　电话:0523－6551888　　传真:0523－6551403

主营： 营林机械、喷灌机械、木材采运设备、内燃机、摩托车、助力车、消防机械、微型汽车及以上产品配件的制造和销售。

	年度	2005	2004	2003
主要指标	每股收益/扣除后(元)	0.039/0.03	0.031	0.022/0.022
	每股经营现金流量(元)	-0.05	0.172	0.11
	每股净资产/调整后(元)	2.1/2.08	2.11/2.09	2.08/2.03
	未分利润(万元)	1980.2	2427.98	1916.65
	资本公积(万元)	20190.76	20190.76	20190.76
利润构成	主营收入(万元)	40853.52	35532.23	27600.38
	主营利润(万元)	3554.29	2803.02	2511.07
	营业利润(万元)	1008.74	864.24	506.22
	投资收益(万元)	48.7	70.34	64.28
	利润总额(万元)	1011.65	902.96	532.9
	净利润(万元)	863.77	681.77	474.7

点评： 公司主要收入来源是摩托车、特种车业务和动力及园林机械业务,所占比重分别为 60.57% 和 39.43%。动力及园林机械盈利能力较强,利润贡献占比达到了 49.63%;摩托车、特种车业务则由于市场需求增长有限,竞争激烈,增长相对较慢。

	截止日期	05 年末	占%	主要股东及持股比例%、持股性质
股本结构（万股）	总股本	21912		中国福马林业机械集团有限公司 58.38%（国有股）
	国有股	12792	58.38	瑞鑫投资 0.38%（流通 A 股）
	发起股			郑灰 0.35%（流通 A 股）
	外资股			上海意登 0.35%（流通 A 股）
	募集股			游开国 0.35%（流通 A 股）
	流通 A	9120	41.62	刘玉兰 0.25%（流通 A 股）
	流通 B			曹玉香 0.23%（流通 A 股）
	流通 H			于霞 0.22%（流通 A 股）
股东户数	05 年末	23936		叶丹 0.22%（流通 A 股）
	04 年末	17841		谢爱芬 0.18%（流通 A 股）
其他流通股东	温德金 0.179%			
近年分配	04 年:10 派 0.5		近年募资	

二〇〇五年以来市场表现

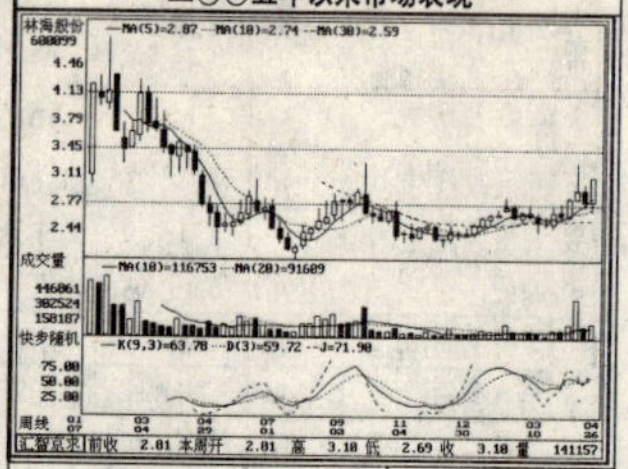

2005 年涨跌幅(%)	-20.39
2005 年最高(元)	4.8
2006 年涨跌幅(%)	28.63
2006.4.26 收盘(元)	3.1
2006 年最高(元)	3.28
2006 年最低(元)	2.38
2006 年换手率(%)	180.35
股改对价	

G 同方（600100）

上市日期:97/06/27　　电话:010－82399888　　传真:010－82399970

主营： 计算机及周边设备的生产、销售;网络、软件、系统集成与信息服务;能源与环境工程及设备的设计、生产、销售等。

	年度	2005	2004	2003
主要指标	每股收益/扣除后(元)	0.183/0.044	0.202/0.149	0.197/0.155
	每股经营现金流量(元)	1.139	0.179	0.31
	每股净资产/调整后(元)	5.3/5.06	5.18/4.9	5.03/4.88
	未分利润(万元)	54505.52	50784.53	47257.95
	资本公积(万元)	161005.24	158704.64	156280.14
利润构成	主营收入(万元)	977518.69	814854.95	669374.12
	主营利润(万元)	129866.81	105982.75	87118.48
	营业利润(万元)	13079.91	21860.95	16638.48
	投资收益(万元)	5638.54	-382.15	2970.84
	利润总额(万元)	22691.16	23136.92	20055.2
	净利润(万元)	10519.02	11590.87	11333.93

点评： 2005 年安防系统、数字城市、系统集成以及环保业务的高速成长推动公司主营适度增长,但提高坏账计提比例使管理费用大比例增加,导致盈利小幅下降。公司数字电视和安放系统等业务成长前景乐观,但盈利能力有待提升。

	截止日期	05 年末	占%	主要股东及持股比例%、持股性质
股本结构（万股）	总股本	57461.23		清华控股有限公司 50.4%（国有股）
	国有股	28962.52	50.4	上证 50 交易型开放式指数证券投资基金 1.19%（流通 A 股）
	发起股	1195.65	2.08	泰豪集团有限公司 1.04%（非流通股）
	外资股			金鑫证券投资基金 0.51%（流通 A 股）
	募集股			北京沃斯太酒店设备安装公司 0.35%（非流通股）
	流通 A	27303.05	47.52	北京首都创业集团有限公司 0.35%（非流通股）
	流通 B			北京实创高科技发展总公司 0.35%（非流通股）
	流通 H			博时裕富证券投资基金 0.24%（流通 A 股）
股东户数	05 年末	159146		全国社保基金零零二组合 0.22%（流通 A 股）
	04 年末	169269		重庆路桥股份有限公司 0.1%（流通 A 股）
其他流通股东	人保－传统－普通保险产品 0.092%;武丽韬 0.087%;长城久泰中信标普 300 指数证券 0.084%			
近年分配	05 预案:10 派 1；04 年:10 派 1；03 年:10 派 1		近年募资	

二〇〇五年以来市场表现

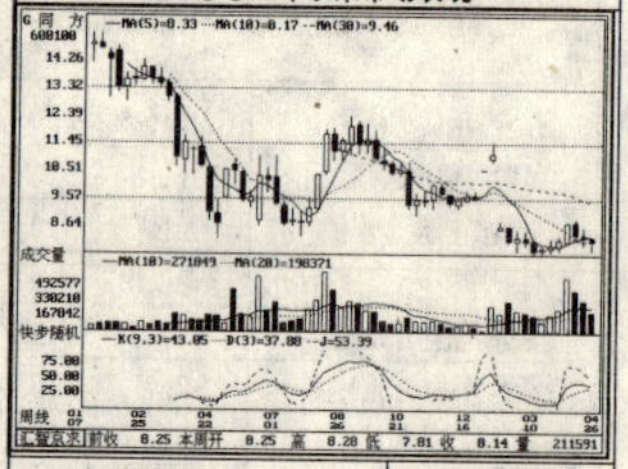

2005 年涨跌幅(%)	-34.64
2005 年最高(元)	15.2
2006 年涨跌幅(%)	17.5
2006.4.26 收盘(元)	8.14
2006 年最高(元)	12.24
2006 年最低(元)	10.52
2006 年换手率(%)	96.28
股改对价	送股 每 10 股实际获得 3.8 股(06/02/10)

明星电力（600101）

上市日期:97/06/27　　电话:0825－2210076　　传真:0825－2210017

主营： 经营电力生产供应、送变电工程、线路及设备安装,自来水生产供应,宾馆服务业等。

	年度	2005	2004	2003
主要指标	每股收益/扣除后(元)	-1.161	0.413	0.608/0.452
	每股经营现金流量(元)	0.57	1.13	1.07
	每股净资产/调整后(元)	3.44/3.38	5.99/5.96	6.72/6.56
	未分利润(万元)	-8776.4	24419.62	21578.72
	资本公积(万元)	49138.08	52970.56	54668.61
利润构成	主营收入(万元)	54586.9	54764.41	40887.76
	主营利润(万元)	21148.19	20597.53	18970.79
	营业利润(万元)	-29653.35	10859.91	10127.43
	投资收益(万元)	-2150.63	114.8	2711.59
	利润总额(万元)	-31957.01	11240.17	13109.89
	净利润(万元)	-30750.82	8413.96	10324.27

点评： 2005 年,公司发电量以及售电、天然气及压缩气销售以及自来水销售同比都有所增长,由于期间公司有部分股权转让损失,致使公司利润增长放缓。2006 年,公司的电力生产和销售业务同比会有一定幅度增长。

	截止日期	05 年末	占%	主要股东及持股比例%、持股性质
股本结构（万股）	总股本	26489.65		深圳市明伦集团有限公司 28.138%（非流通股）
	国有股	2117.61	7.99	遂宁兴业资产经营公司 7.994%（国有股）
	发起股			遂宁金源科技发展公司 7.919%（非流通股）
	外资股			国盛证券 4.762%（流通 A 股）
	募集股	9551.41	36.06	赖先彬 0.259%（流通 A 股）
	流通 A	14820.63	55.95	李志刚 0.234%（流通 A 股）
	流通 B			吴淑艳 0.231%（流通 A 股）
	流通 H			袁金华 0.203%（流通 A 股）
股东户数	05 年末	32762		李德芳 0.2%（流通 A 股）
	04 年末	33507		刘建 0.193%（流通 A 股）
其他流通股东	罗莺芳 0.166%;文振国 0.163%;傅萍 0.154%			
近年分配	04 年:10 派 0.2 送 1 转增 2；03 年:10 派 0.3 送 1 转增 1		近年募资	

二〇〇五年以来市场表现

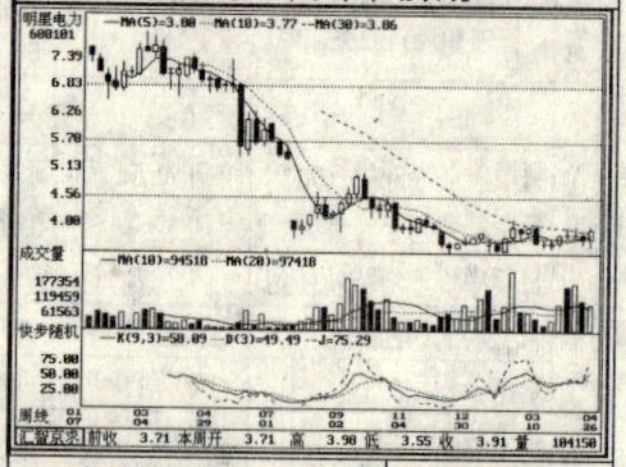

2005 年涨跌幅(%)	-37.21
2005 年最高(元)	7.96
2006 年涨跌幅(%)	6.83
2006.4.26 收盘(元)	3.91
2006 年最高(元)	4.1
2006 年最低(元)	3.45
2006 年换手率(%)	112.82
股改对价	

莱钢股份（600102）

上市日期:97/08/28　　电话:0634－6820601　　传真:0634－6821094

主营	生铁、钢锭、钢坯、钢材、大锻件、水渣、炼焦化产品及炼钢副产品等的生产经营			
	年度	2005	2004	2003
主要指标	每股收益/扣除后(元)	0.451/0.455	0.804	0.621/0.652
	每股经营现金流量(元)	1.28	1.02	0.79
	每股净资产/调整后(元)	5.11/5.09	5.05/5.04	4.75/4.74
	未分利润(万元)	154068.44	123114.47	104263.64
	资本公积(万元)	135533.53	134554.98	134556.03
利润构成	主营收入(万元)	1981564.92	1776182.61	1089685.43
	主营利润(万元)	159580.94	163673.15	153365.16
	营业利润(万元)	65969.3	103878.78	87667.43
	投资收益(万元)	-5685.26	43.6	55.82
	利润总额(万元)	59707.67	103974.42	83442.18
	净利润(万元)	41548.13	74138.87	57281.85
点评	公司主营各种型材，受钢价下滑影响，利润同比有较大幅度下降。但国际钢铁巨头阿赛洛公司入股对公司的中长期发展前景构成利好。			

	截止日期	05年末	占%	主要股东及持股比例%、持股性质
股本结构（万股）	总股本	92227.31		莱芜钢铁集团有限公司 76.82%（国有股）
	国有股	71947.31	78.01	山东省经济开发投资公司 1.19%（国有股）
	发起股			海通证券股份有限公司 1.19%（流通A股）
	外资股			全国社保基金一零一组合 1.08%（流通A股）
	募集股			中国工商银行－－南方稳健成长证券投资基金 0.35%（流通A股）
	流通A	20280	21.99	山西证券有限责任公司 0.15%（流通A股）
	流通B			中国建设银行－－博时裕富证券投资基金 0.1%（流通A股）
	流通H			郝建柱 0.09%（流通A股）
股东户数	05年末	69182		招商银行股份有限公司－－中信经典配置证券投资基金 0.09%（流通A股）
	04年末	78184		李明舒 0.06%（流通A股）
其他流通股东	骆秀英 0.057%；蒋爱民 0.047%			
近年分配	04年:10派4；03年:10派5		近年募资	

二〇〇五年以来市场表现

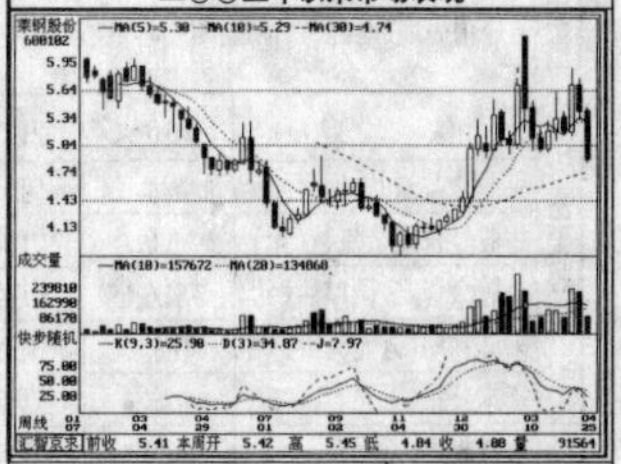

2005年涨跌幅(%)	-19.03
2005年最高(元)	6
2006年涨跌幅(%)	9.66
2006.4.26收盘(元)	4.88
2006年最高(元)	6.25
2006年最低(元)	4.39
2006年换手率(%)	123.88
股改对价	

青山纸业（600103）

上市日期:97/07/03　　电话:0591－3367773　　传真:0591－7588745

主营	纸袋纸及卡纸系列产品、碱电产品、医药产品、营林业产品和贸易经营。			
	年度	2005	2004	2003
主要指标	每股收益/扣除后(元)	0.028/0.03	0.021	0.011/0.009
	每股经营现金流量(元)	0.307	0.201	0.175
	每股净资产/调整后(元)	2.26/2.24	2.24/2.23	2.22/2.2
	未分利润(万元)	31275.44	30402.24	29182.5
	资本公积(万元)	37130.41	36987.51	36674.88
利润构成	主营收入(万元)	117772.5	118905.88	109350.4
	主营利润(万元)	18582.71	17783.15	18307.21
	营业利润(万元)	4161.68	4016.99	3914.7
	投资收益(万元)	-488.47	-947.65	213.14
	利润总额(万元)	3613.03	3262.97	2579.77
	净利润(万元)	1969.29	1522.02	804.99
点评	公司05年总收入略有下降，但纸袋纸、板纸等利润相对较高的产品销售收入大幅上升，使公司的净利率大幅增长。板纸产能规模发展迅速，竞争日趋加剧，板纸毛利率成为判断企业价值的重要指标。			

	截止日期	05年末	占%	主要股东及持股比例%、持股性质
股本结构（万股）	总股本	70630		福建省青州造纸有限责任公司 10.11%（非流通股）
	国有股			福建省南纸股份有限公司 9.91%（非流通股）
	发起股	25582	36.22	国投机轻有限公司 8.27%（非流通股）
	外资股			福建省金皇贸易公司 3.4%（非流通股）
	募集股	406	0.57	福建省轻纺(控股)有限责任公司 2.63%（非流通股）
	流通A	44628.67	63.19	福建华兴信托投资公司 1.89%（非流通股）
	流通B			永安林业(集团)股份有限公司 0.56%（非流通股）
	流通H			刘应秀 0.11%（流通A股）
股东户数	05年末	203995		吴志成 0.1%（流通A股）
	04年末	218119		中国银行－嘉实沪深300指数证券投资基金 0.09%（流通A股）
其他流通股东	耿金良 0.086%；沈茂公 0.074%；李婉娉 0.052%；江依花 0.05%；兴和证券投资基金 0.039%；罗军 0.038%			
近年分配	04年:10派0.1		近年募资	

二〇〇五年以来市场表现

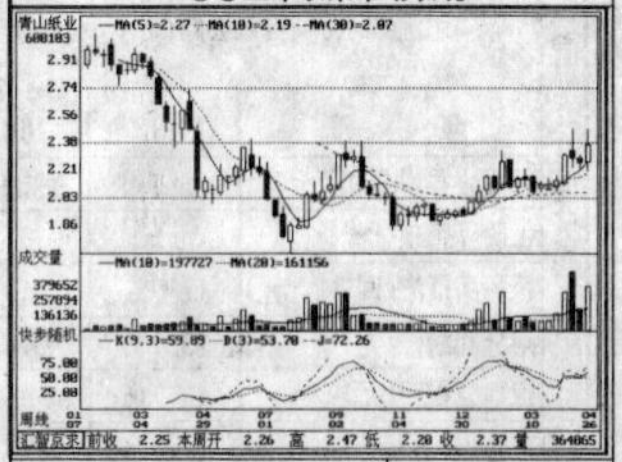

2005年涨跌幅(%)	-32.64
2005年最高(元)	3.09
2006年涨跌幅(%)	22.8
2006.4.26收盘(元)	2.37
2006年最高(元)	2.47
2006年最低(元)	1.92
2006年换手率(%)	67.29
股改对价	

G上汽（600104）

上市日期:97/11/25　　电话:021－50803808　　传真:021－50803780

主营	主营汽车、摩托车、拖拉机等各种机动车整车、总成及零部件的生产、销售。			
	年度	2005	2004	2003
主要指标	每股收益/扣除后(元)	0.337/0.314	0.604	0.602/0.566
	每股经营现金流量(元)	0.198	0.088	0.155
	每股净资产/调整后(元)	3.56/3.54	3.47/3.46	3.89/3.88
	未分利润(万元)	160089.49	157296.42	118118.76
	资本公积(万元)	497054.64	496916.01	495891.1
利润构成	主营收入(万元)	638868.91	749051.54	689151.83
	主营利润(万元)	116067.19	189938.45	163208.17
	营业利润(万元)	17292.45	54293.72	31293.82
	投资收益(万元)	98772.75	152323.85	131736.98
	利润总额(万元)	116002.23	207212.87	165966.19
	净利润(万元)	110462.18	197808.92	151680.83
点评	公司主营业务是汽车零部件，但主要利润来源是参股的上海通用汽车。05年轿车市场整车以及零部件产品都面临着价格下降和成本上升等因素，因此利润大幅下滑不足为奇。预计06年行业的负面因素将会相对减少，公司盈利应有小幅增长。			

	截止日期	05年末	占%	主要股东及持股比例%、持股性质
股本结构（万股）	总股本	327599.91		上海汽车集团股份有限公司 59.8%（国有股）
	国有股	221651.95	67.66	上海汽车集团股份有限公司股份增持专用帐户 7.86%（国有股）
	发起股			博时价值增长证券投资基金 1.42%（流通A股）
	外资股			上证50交易型开放式指数证券投资基金 1.2%（流通A股）
	募集股			全国社保基金一零二组合 0.92%（流通A股）
	流通A	105947.96	32.34	全国社保基金一零三组合 0.57%（流通A股）
	流通B			摩根士丹利 0.42%（流通A股）
	流通H			裕阳证券投资基金 0.37%（流通A股）
股东户数	05年末	81093		易方达50指数证券投资基金 0.37%（流通A股）
	04年末	83860		德意志银行 0.36%（流通A股）
其他流通股东	全国社保基金一零八组合 0.275%；上海盛瀚投资有限公司 0.269%			
近年分配	05方案:10派2.5；04年:10派2.5；03年:10派1.5送3		近年募资	

二〇〇五年以来市场表现

2005年涨跌幅(%)	-1.36
2005年最高(元)	5.97
2006年涨跌幅(%)	9.67
2006.4.26收盘(元)	3.63
2006年最高(元)	3.94
2006年最低(元)	3.25
2006年换手率(%)	64.74
股改对价	送股 每10股实际获得3.4股(05/10/24)

G永鼎(600105)

上市日期:97/09/29　电话:0512－63272395　传真:0512－63271975

主营	通信光缆、电缆、其他通信设备及铜丝的制造及销售。			
	年度	2005	2004	2003
主要指标	每股收益/扣除后(元)	0.098/0.024	0.151	0.223/0.17
	每股经营现金流量(元)	0.69	0.05	-0.24
	每股净资产/调整后(元)	3.71/3.65	3.73/3.71	3.69/3.67
	未分利润(万元)	8978.88	9535.5	9222.89
	资本公积(万元)	51864.4	51940.41	51835.29
利润构成	主营收入(万元)	121185.33	125992.04	132636.61
	主营利润(万元)	15892.57	19402.86	20249.19
	营业利润(万元)	398.5	4417.97	4293.4
	投资收益(万元)	2171.95	-78.01	2695.51
	利润总额(万元)	2785.96	5529.07	7328.2
	净利润(万元)	2664.91	4100.1	6059.1
点评	由于线缆市场受行业周期性调整及国外线缆制造业进入中国市场等因素影响,以及原辅助材料价格的大幅涨价,公司线缆产品价格和毛利率逐年下降。随着长途干线网、有线电视网、宽带业务通信接入网的建设,公司业绩有待好转。			

股本结构(万股)	截止日期	05年末	占%	主要股东及持股比例%、持股性质
	总股本	27211.05		永鼎集团有限公司 36.8%(非流通股)
	国有股			吴江市芦墟镇集体资产经营公司 3.69%(非流通股)
	发起股	14048.55	51.63	国泰君安证券股份有限公司 2.1%(流通A股)
	外资股			天津市电话器材公司 1.37%(非流通股)
	募集股			北京市电信器材公司 1.31%(非流通股)
	流通A	13162.5	48.37	北京红帆通信总公司 1.18%(非流通股)
	流通B			北京畅捷通讯有限公司 1.18%(非流通股)
	流通H			上海电信科技发展有限公司 1.01%(非流通股)
股东户数	05年末	49289		上海富欣通信技术发展有限公司 1.01%(非流通股)
	04年末	51410		上海矽钢有限公司 1.01%(非流通股)
其他流通股东	潘金珠 0.223%;朱福珍 0.223%;费瑞 0.208%;张雪英 0.186%;秦丽萍 0.158%;李春 0.14%;袁友家 0.126%			
近年分配	05预案:10派1;04年:10派1;03年:10派1	近年募资		

二〇〇五年以来市场表现

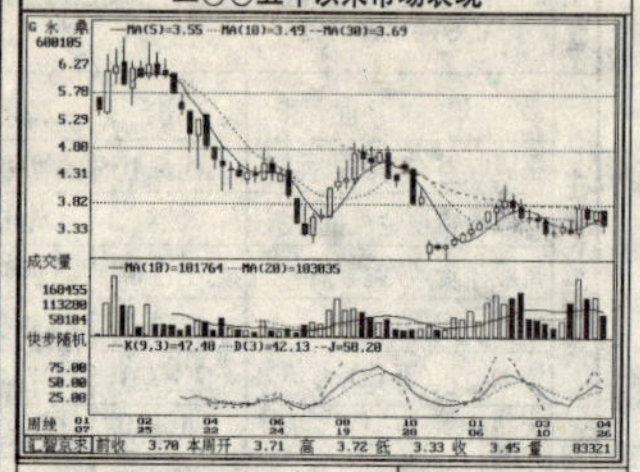

2005年涨跌幅(%)	-17.42
2005年最高(元)	6.76
2006年涨跌幅(%)	2.37
2006.4.26收盘(元)	3.45
2006年最高(元)	4.17
2006年最低(元)	3.21
2006年换手率(%)	136.38
股改对价	送股 每10股实际获得3.5股(05/11/23)

G渝路桥(600106)

上市日期:97/06/18　电话:023－62803632　传真:023－62909387

主营	主营石板坡长江大桥、牛角沱嘉陵江大桥、石门嘉陵江大桥、南山旅游公路、资威公路(资中段)的过桥过路收费和建设工程承包。			
	年度	2005	2004	2003
主要指标	每股收益/扣除后(元)	0.268/0.188	0.21/0.211	0.256/0.215
	每股经营现金流量(元)	0.26	-0.51	0.16
	每股净资产/调整后(元)	3.63/3.56	3.47/3.4	3.36/3.3
	未分利润(万元)	27039.49	23497.57	21399.67
	资本公积(万元)	41679.06	41803.67	41803.67
利润构成	主营收入(万元)	23542.14	40289.36	17589.11
	主营利润(万元)	12488.11	12807.34	9986.94
	营业利润(万元)	8267.39	6692.89	6874.35
	投资收益(万元)	1737.06	459.3	2174.78
	利润总额(万元)	9728.28	7314.57	9171.24
	净利润(万元)	8312.76	6504.65	7933.4
点评	经营的路桥资产优良、收入稳定、业绩良好、现金流稳定,不利之处在于路桥收入固化,增长空间有限。公司还积极开展基础设施建设总承包业务,由于竞争激烈,利润相对较薄。重庆地处西部,受到政策上的扶植,对公司总承包业务的开拓提供了坚实的基础。			

股本结构(万股)	截止日期	05年末	占%	主要股东及持股比例%、持股性质
	总股本	31000		重庆国际信托投资有限公司 59.94%(国有股)
	国有股	18580	59.94	袁辉 0.17%(流通A股)
	发起股			叶长斌 0.12%(流通A股)
	外资股			潘静芳 0.11%(流通A股)
	募集股			赵薇 0.11%(流通A股)
	流通A	12416.69	40.05	李秀兰 0.1%(流通A股)
	流通B			宓小雄 0.09%(流通A股)
	流通H			张保平 0.09%(流通A股)
股东户数	05年末	43370		武汉市隆润科技有限公司 0.09%(流通A股)
	04年末	46126		施晓惠 0.08%(流通A股)
其他流通股东	朱佩兰 0.078%			
近年分配	05方案:10派1.0713;04年:10派1;03年:10派1	近年募资		

二〇〇五年以来市场表现

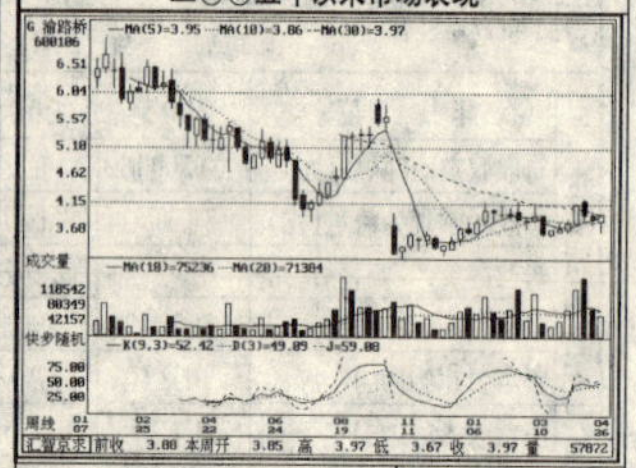

2005年涨跌幅(%)	-17.54
2005年最高(元)	6.98
2006年涨跌幅(%)	8.77
2006.4.26收盘(元)	3.97
2006年最高(元)	4.23
2006年最低(元)	3.61
2006年换手率(%)	98.71
股改对价	送股 每10股实际获得3.8股(05/10/24)

美尔雅(600107)

上市日期:97/11/06　电话:0714－6360298　传真:0714－6360212

主营	服装系列产品、精毛纺面料的生产、加工与销售			
	年度	2005	2004	2003
主要指标	每股收益/扣除后(元)	0.02/-0.012	-0.17	0.022/-0.03
	每股经营现金流量(元)	0.047	0.061	0.095
	每股净资产/调整后(元)	1.05/0.71	1.03/0.68	1.2/0.97
	未分利润(万元)	-16926.65	-17609.61	-25723.85
	资本公积(万元)	16125.42	16076.8	24165.56
利润构成	主营收入(万元)	16382.62	16304.16	15543.19
	主营利润(万元)	6686.26	4824.07	4515.97
	营业利润(万元)	-27.95	-164.51	1647.82
	投资收益(万元)	-9.03	146.19	19.51
	利润总额(万元)	1080.04	-5418.9	1408.54
	净利润(万元)	682.96	-6012.86	807.45
点评	公司主要从事“美尔雅”高级西服、晚礼服及职业装等的生产与销售。2005年,公司虽然受国家宏观调控等多方面因素的影响,还是实现了利润的增长。06年,公司的经营环境没有大改变,预计其经营业绩增长困难。			

股本结构(万股)	截止日期	05年末	占%	主要股东及持股比例%、持股性质
	总股本	36000		湖北美尔雅集团有限公司 34.43%(非流通股)
	国有股	8772.87	24.37	中国东方资产管理公司 6.56%(非流通股)
	发起股			黄石市南天经贸有限公司 5.62%(非流通股)
	外资股			武汉聚鑫科技发展有限公司 5.34%(非流通股)
	募集股	13907.13	38.63	海南金地源投资管理有限公司 2%(非流通股)
	流通A	13320	37	黄石电力集团有限公司 1.9%(非流通股)
	流通B			湖北中兴实业有限公司 1.4%(非流通股)
	流通H			西安市宏利典当行有限责任公司 0.44%(非流通股)
股东户数	05年末	64445		华夏银行股份有限公司武汉分行 0.319%(非流通股)
	04年末	68779		黄石市玉成商贸有限公司 0.258%(非流通股)
其他流通股东	邱庆峰 0.319%;李清云 0.132%;丛秀英 0.108%;王保卫 0.065%;唐玮 0.059%;张景武 0.057%;吴梦美 0.056%			
近年分配		近年募资		

二〇〇五年以来市场表现

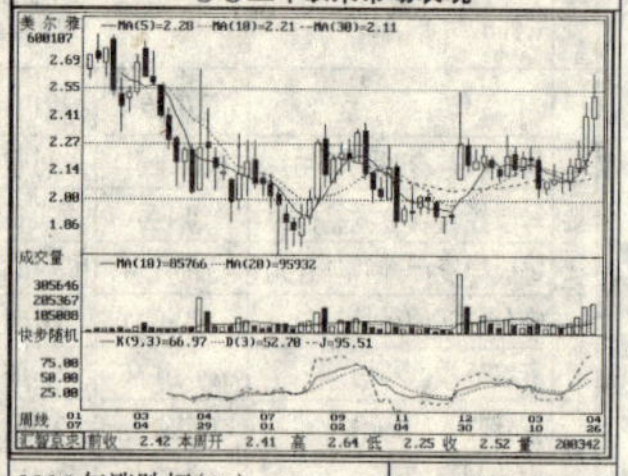

2005年涨跌幅(%)	-18.42
2005年最高(元)	2.83
2006年涨跌幅(%)	16.13
2006.4.26收盘(元)	2.52
2006年最高(元)	2.64
2006年最低(元)	2.01
2006年换手率(%)	97.78
股改对价	

亚盛集团（600108）

上市日期:97/08/18　　电话:0931－8856389　　传真:0931－8471961

主营	公司以建设"农业高科技产业化"为主,兼营无机化工、国际贸易、印染业务等。			
主要指标	年　　度	2005	2004	2003
	每股收益/扣除后(元)	0.011/0.011	0.053	0.15/0.147
	每股经营现金流量(元)	0.11	0.124	0.31
	每股净资产/调整后(元)	1.7	1.68/1.67	2.44/2.41
	未分利润(万元)	34947.27	34051.53	29416.7
	资本公积(万元)	17788.86	17153.51	48241.33
利润构成	主营收入(万元)	91247.49	66926.9	103356.35
	主营利润(万元)	14144.06	13473.66	16206.63
	营业利润(万元)	3130.46	7265.39	9279.09
	投资收益(万元)	－1242.91	－1211.73	922.33
	利润总额(万元)	1910.73	5956.67	10278.7
	净利润(万元)	1053.82	4966.66	9305.46
点评	公司主营涉及农业、印染、贸易、化工等,05年上半年受到沙尘暴袭击,农作物大幅减产,导致农业利润下降;饮料由于产量低,原材料价格上涨,出现亏损;印染由于纺织品实行配额制,导致价格下跌,利润下降。			

	截止日期	05年末	占%	主要股东及持股比例%、持股性质
股本结构（万股）	总股本	93756.78		甘肃亚盛盐化工业集团有限责任公司 22.51%（国有股）
	国有股	21108.44	22.51	山东龙喜集团公司 8.4%（非流通股）
	发起股	15395.56	16.42	甘肃金塔县恒盛农业发展有限责任公司 8.3%（非流通股）
	外资股			甘肃金盛实业有限公司 4.29%（非流通股）
	募集股	7878	8.4	甘肃宏泰农业科技有限责任公司 2.2%（非流通股）
	流通A	49374.78	52.66	甘肃省国营生地湾双丰化工厂 1.63%（非流通股）
	流通B			张勇 0.1%（流通A股）
	流通H			赫荣祥 0.09%（流通A股）
股东户数	05年末	131973		吕松 0.09%（流通A股）
	04年末	138817		招商银行股份有限公司－长城久泰中信标普300指数证券 0.09%（流通A股）
其他流通股东	中国银行－嘉实沪深300指数证券投资基金 0.081%；股新红 0.08%；弭芊芊 0.08%；王莹 0.08%；吴明宇 0.08%			
近年分配	03年:10转增5		近年募资	

二〇〇五年以来市场表现

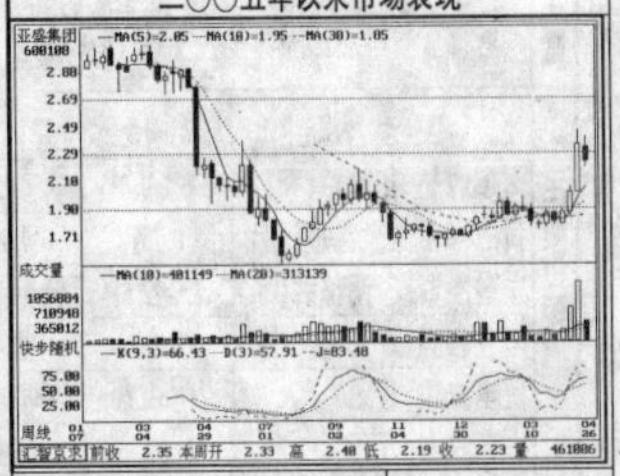

2005年涨跌幅(%)	－42.18
2005年最高(元)	3.08
2006年涨跌幅(%)	31.18
2006.4.26收盘(元)	2.23
2006年最高(元)	2.45
2006年最低(元)	1.69
2006年换手率(%)	117.06
股改对价	

成都建投（600109）

上市日期:97/08/07　　电话:028－86139010　　传真:028－86139018

主营	房地产开发、经营,房屋拆迁,物业管理,批发零售,代购代销百货,仓储运输等。			
主要指标	年　　度	2005	2004	2003
	每股收益/扣除后(元)	0.015/－0.15	0.187/0.187	0.178/0.18
	每股经营现金流量(元)	－1.391	－2.285	－0.306
	每股净资产/调整后(元)	2.88/2.87	2.91/2.91	2.73/2.71
	未分利润(万元)	1287.87	1547.22	420.17
	资本公积(万元)	11773.33	11754.8	11752.52
利润构成	主营收入(万元)	5266.98	17503.59	30979.94
	主营利润(万元)	793.97	4516.32	3479.36
	营业利润(万元)	－766.01	2085.65	1306.98
	投资收益(万元)	711.64		
	利润总额(万元)	119.35	2085.16	1243.24
	净利润(万元)	106.18	1325.94	1260.63
点评	报告期内受市场波动及拆迁政策调整影响,拆迁业务量同比大幅下降。公司积极调整业务结构,组建四川理县汇能有限责任公司对四川理县孟屯河流域仔达寨电站项目进行开发建设和生产经营,产业结构调整成效待进一步观察。			

	截止日期	05年末	占%	主要股东及持股比例%、持股性质
股本结构（万股）	总股本	7098.27		成都市国有资产管理局 47.17%（国有股）
	国有股	3348.27	47.17	百联集团有限公司 3.1%（非流通股）
	发起股			奥伊尔投资管理有限责任公司 2.25%（非流通股）
	外资股			成都博瑞传播股份有限公司 0.99%（非流通股）
	募集股	1000	14.09	上海浦新集邮用品有限公司 0.85%（非流通股）
	流通A	2750	38.74	上海延成贸易有限公司 0.7%（非流通股）
	流通B			四川舒卡特种纤维股份有限公司 0.56%（非流通股）
	流通H			吉林轻工集团股份有限公司 0.56%（非流通股）
股东户数	05年末	9438		成都彩虹电器(集团)股份有限公司 0.56%（非流通股）
	04年末	10175		上海佳事达贸易有限责任公司 0.56%（非流通股）
其他流通股东	高振强 0.341%；北京雅宝经济文化发展中心 0.302%；蒋春红 0.288%；沈雪军 0.254%；孙化中 0.23%；顾洁 0.209%			
近年分配	04年:10派0.5		近年募资	

二〇〇五年以来市场表现

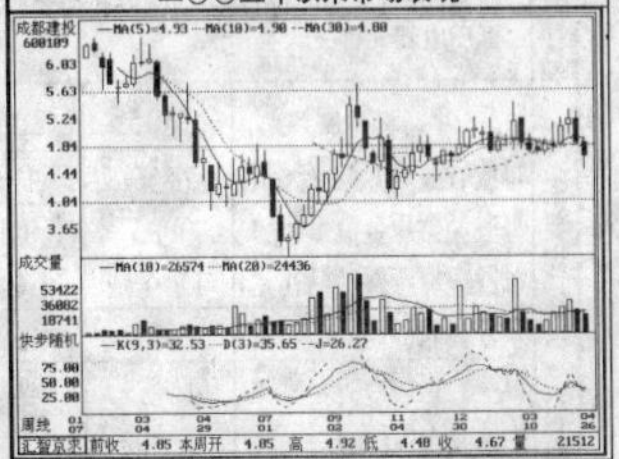

2005年涨跌幅(%)	－21.45
2005年最高(元)	6.43
2006年涨跌幅(%)	－3.11
2006.4.26收盘(元)	4.67
2006年最高(元)	5.43
2006年最低(元)	4.48
2006年换手率(%)	143.97
股改对价	

中科英华（600110）

上市日期:97/10/07　　电话:0431－5161088　　传真:0431－5161071

主营	热缩、冷缩材料,铜箔、覆铜板及铜箔工业生产的专用设备,石油和化工产品,合成橡胶等高技术、新材料、新产品的开发、生产与经营;辐射加工;非标设备和机械配件加工。			
主要指标	年　　度	2005	2004	2003
	每股收益/扣除后(元)	0.12/0.141	0.153	0.128/0.124
	每股经营现金流量(元)	0.1203	0.1769	0.1121
	每股净资产/调整后(元)	2.21/2.14	2.08/2.05	1.9/1.83
	未分利润(万元)	10884.91	9098.38	5549.04
	资本公积(万元)	20443.8	19750.29	18185.57
利润构成	主营收入(万元)	28955.34	30971.07	26322.19
	主营利润(万元)	7459.74	10204.77	9529.46
	营业利润(万元)	3380.09	6843.78	4901.35
	投资收益(万元)	1913.94	－238.11	148.9
	利润总额(万元)	5208.82	6584.52	4997.76
	净利润(万元)	4019.6	5110.02	4278.91
点评	由于原料铜的价格上涨,公司主营产品铜箔的毛利率大幅下降,同时产品结构调整也影响了产品产量和销量。另一主营产品热缩材料也受原料价格上涨影响,盈利能力下滑。2006年铜和石化产品的高价格仍将对公司生产成本造成压力。			

	截止日期	05年末	占%	主要股东及持股比例%、持股性质
股本结构（万股）	总股本	33412.38		杉杉集团有限公司 29.74%（非流通股）
	国有股	3947.88	11.82	华创合润投资有限公司 17.24%（非流通股）
	发起股			中国科学院长春应用化学科技总公司 11.82%（国有股）
	外资股			张彦 0.4%（流通A股）
	募集股	15696.86	46.98	汪剑平 0.1%（流通A股）
	流通A	13767.64	41.21	徐平昌 0.097%（流通A股）
	流通B			吴洁 0.092%（流通A股）
	流通H			蒋茂荷 0.091%（流通A股）
股东户数	05年末	44896		段凯 0.089%（流通A股）
	04年末	51444		杨明 0.088%（流通A股）
其他流通股东	谢鸽敏 0.085%；陈三中 0.083%；李曼 0.079%			
近年分配	04年:10派0.2；03年:10派0.2		近年募资	

二〇〇五年以来市场表现

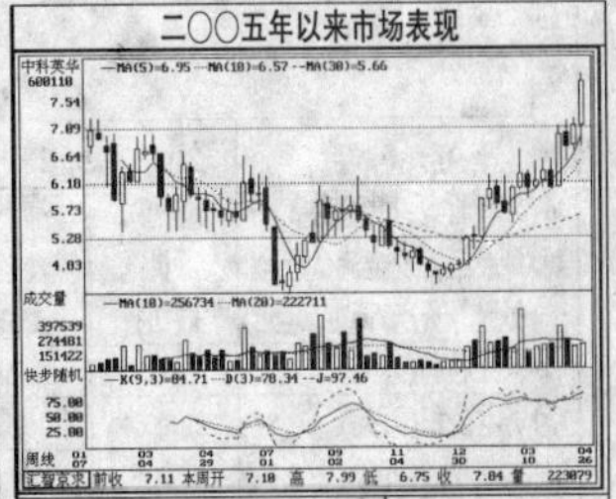

2005年涨跌幅(%)	－28.82
2005年最高(元)	7.26
2006年涨跌幅(%)	62.66
2006.4.26收盘(元)	7.84
2006年最高(元)	7.99
2006年最低(元)	4.8
2006年换手率(%)	301.56
股改对价	

G稀土（600111）

上市日期:97/09/24　　电话:0472－220776699　　传真:0472－2207766

主营	稀土精矿、稀土深加工产品、稀土新材料生产与销售、稀土高科技应用产品的开发、生产与销售、稀土产品出口等。

	年　　度	2005	2004	2003
主要指标	每股收益/扣除后(元)	0.032/0.035	0.054	0.094/0.091
	每股经营现金流量(元)	0.255	0.103	0.058
	每股净资产/调整后(元)	2.84/2.63	2.79/2.61	2.73/2.52
	未分利润(万元)	17160.88	16244.16	14646.65
	资本公积(万元)	47163.93	46585.6	46545.89
利润构成	主营收入(万元)	88058.76	79523.03	50111.03
	主营利润(万元)	11325.89	13189.35	10644.93
	营业利润(万元)	1475.79	3657.75	3707.13
	投资收益(万元)	0.81	11.93	－50.41
	利润总额(万元)	1944.69	3606.59	4296.11
	净利润(万元)	1304.87	2187.75	3787.86

点评：报告期内,公司生产所需的原、燃、辅材料价格仍然居高不下,部分稀土产品价格有所上涨,但整体仍维持在较低价位;国家环保政策对稀土生产环保监控力度加大,公司环保投入随之加大。

	截止日期	05年末	占%	主要股东及持股比例%、持股性质
股本结构（万股）	总股本	40367.4		包头钢铁(集团)有限责任公司 47.49%（国有股）
	国有股	19170.57	47.49	嘉鑫有限公司(香港) 12.14%（外资股）
	发起股	1736.83	4.3	包钢综合企业(集团)公司 4.3%（非流通股）
	外资股	4900	12.14	张华昌 0.207%（流通A股）
	募集股			邬雯骞 0.057%（流通A股）
	流通A	14560	36.07	余国琴 0.052%（流通A股）
	流通B			莫海 0.05%（流通A股）
	流通H			周跃军 0.05%（流通A股）
股东户数	05年末	88045		陈淑文 0.05%（流通A股）
	04年末	94445		余建平 0.047%（流通A股）
其他流通股东	杨继东 0.04%;袁雪 0.039%;谢天伟 0.037%			
近年分配		近年募资		

二〇〇五年以来市场表现

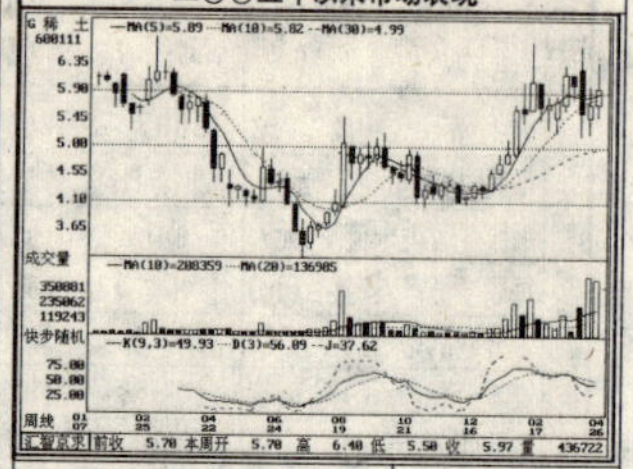

2005年涨跌幅(%)	－25.93
2005年最高(元)	6.8
2006年涨跌幅(%)	72.44
2006.4.26收盘(元)	5.97
2006年最高(元)	8.78
2006年最低(元)	4.55
2006年换手率(%)	155.26
股改对价	送股 每10股实际获得3.2股(06/04/13)

G长征（600112）

上市日期:97/11/27　　电话:0852－8622952　　传真:0852－8626701

主营	研制、开发、生产及销售高低压成套装置、高中压电器元件、低压电器元件三大类产品。

	年　　度	2005	2004	2003
主要指标	每股收益/扣除后(元)	0.128/0.122	0.131	0.022/－0.032
	每股经营现金流量(元)	0.163	－0.1286	0.079
	每股净资产/调整后(元)	1.91/1.83	1.78/1.7	1.65/1.48
	未分利润(万元)	1507.37	－12997.79	－15243.99
	资本公积(万元)	12943.9	24948.99	24915.97
利润构成	主营收入(万元)	25211.87	20130.15	15020.69
	主营利润(万元)	8226.19	7215.49	5028.1
	营业利润(万元)	2768.67	2476.22	－465.41
	投资收益(万元)	－167.21	89.32	860.47
	利润总额(万元)	2717.06	2547.54	370.67
	净利润(万元)	2197.44	2246.2	370.67

点评：由于高低压电器产品市场需求增加,公司05年销售收入也有相应增长,但金属原材料价格上涨导致公司成本上升,净利润未同步增长。虽然未来收入亦会随着市场需求的进一步加大同步增长,但盈利能力的提高尚需核心竞争力的培养。

	截止日期	05年末	占%	主要股东及持股比例%、持股性质
股本结构（万股）	总股本	17200		广西银河集团有限公司 27%（非流通股）
	国有股			北海银河科技电气有限责任公司 22.19%（非流通股）
	发起股	12000	69.77	成都财盛投资有限公司 20.58%（非流通股）
	外资股			季秀红 1.08%（流通A股）
	募集股			郭雪梅 0.32%（流通A股）
	流通A	5200	30.23	周兆金 0.31%（流通A股）
	流通B			陈海民 0.28%（流通A股）
	流通H			王承昶 0.26%（流通A股）
股东户数	05年末	16639		赵算女 0.25%（流通A股）
	04年末	18955		邓志溢 0.25%（流通A股）
其他流通股东	冯琼珠 0.241%;姚学玲 0.234%;陈莲珠 0.213%			
近年分配		近年募资		

二〇〇五年以来市场表现

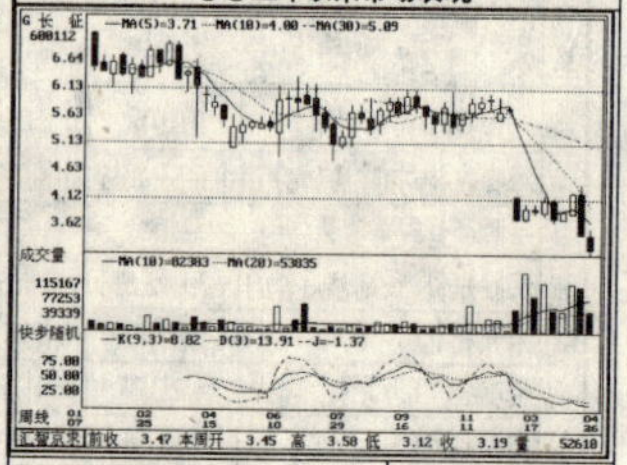

2005年涨跌幅(%)	－19.07
2005年最高(元)	7.14
2006年涨跌幅(%)	－16.34
2006.4.26收盘(元)	3.19
2006年最高(元)	6.61
2006年最低(元)	4.72
2006年换手率(%)	103.91
股改对价	转增 每10股实际获得5.1329股(06/02/27)

G东日（600113）

上市日期:97/10/21　　电话:0577－88812155　　传真:0577－88822336

主营	房地产销售、租赁以及物业管理等。

	年　　度	2005	2004	2003
主要指标	每股收益/扣除后(元)	0.12/0.12	0.09	0.05/0.05
	每股经营现金流量(元)	－0.1	0.04	0.57
	每股净资产/调整后(元)	3.2/3.19	3.18/3.18	3.09/3.09
	未分利润(万元)	2141.88	2075.8	1147.51
	资本公积(万元)	21605.68	21605.68	21605.68
利润构成	主营收入(万元)	6795.98	6755.39	9150.54
	主营利润(万元)	2625.13	1973.4	2150.75
	营业利润(万元)	1751.39	1352.39	905.47
	投资收益(万元)	－74.68	－19.06	－13.87
	利润总额(万元)	1625.59	1334.69	711.71
	净利润(万元)	1410.53	1080.96	563.83

点评：公司高等职业教育、灯具市场经营和房地产开发三大主业05年均有新的发展。其中灯具和高等职业教育收入实现稳步增长;房地产开发则通过竞拍取得宁波余姚北兰江地块,并于11月开工,为扩大公司房地产业务经营规模,实现新的利润增长点提供了保证。

	截止日期	05年末	占%	主要股东及持股比例%、持股性质
股本结构（万股）	总股本	11800		浙江东方集团公司 66.1%（国有股）
	国有股	7800	66.1	李强 0.17%（流通A股）
	发起股			北京雅宝大厦 0.13%（流通A股）
	外资股			张莉萍 0.13%（流通A股）
	募集股			王升龙 0.13%（流通A股）
	流通A	4000	33.9	王心贵 0.12%（流通A股）
	流通B			王步胤 0.11%（流通A股）
	流通H			章瑜 0.1%（流通A股）
股东户数	05年末	19093		刘维国 0.09%（流通A股）
	04年末	20612		师晓华 0.09%（流通A股）
其他流通股东	莫四华 0.085%			
近年分配	05方案:10派0.5；04年:10派1	近年募资		

二〇〇五年以来市场表现

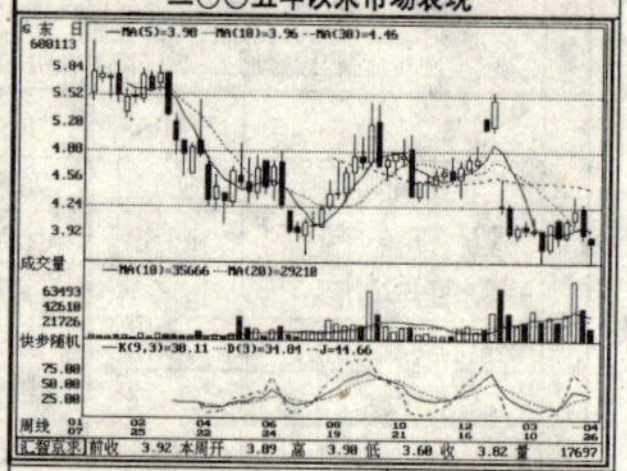

2005年涨跌幅(%)	－11.91
2005年最高(元)	6.16
2006年涨跌幅(%)	10.29
2006.4.26收盘(元)	3.82
2006年最高(元)	6.28
2006年最低(元)	4.97
2006年换手率(%)	97.8
股改对价	送股 每10股实际获得3.8股(06/02/08)

G 东睦（600114）

上市日期:04/05/11　　电话:0574－87841061　　传真:0574－87837692

主营：粉末冶金制品的生产、销售。

年度	2005	2004	2003
主要指标			
每股收益/扣除后(元)	0.23/0.21	0.75	0.72/0.43
每股经营现金流量(元)	0.32	－0.32	1.15
每股净资产/调整后(元)	3.2/3.19	5.3/5.28	2.29
未分利润(万元)	8545.82	7439.87	7061.31
资本公积(万元)	31118.08	39148.08	444.15
利润构成			
主营收入(万元)	44477.19	34884.14	25514.99
主营利润(万元)	10482.17	9998.58	8075.77
营业利润(万元)	4900.72	5441.66	4148.31
投资收益(万元)	－14.17	－13.94	－12.1
利润总额(万元)	4983.27	10836.26	7087.37
净利润(万元)	4418.82	8680.18	5017.74

点评：公司2005年收入增长主要来源于汽车配件和压缩机配件的增长,但由于原料能源涨价带来的成本上涨,以及子公司整合造成的费用增加,公司净利润同比有较大幅度下滑。未来公司将加大子公司整合力度、开发新产品,并加强成本控制,以增强整体竞争力。

股本结构(万股) 截止日期	05年末	占%	主要股东及持股比例%、持股性质
总股本	19550		睦特殊金属工业株式会社 36.52%(外资股)
国有股			宁波保税区金广投资股份有限公司 18.26%(非流通股)
发起股	4760	24.35	宁波友利投资有限公司 5.48%(非流通股)
外资股	7140	36.52	中国工商银行－银河银泰理财分红证券投资基金 2.28%(流通A股)
募集股			中国银行－工银瑞信核心价值股票型证券投资基金 2.18%(流通A股)
流通A	7650	39.13	中国银行－湘财荷银行业精选证券投资基金 2.08%(流通A股)
流通B			银丰证券投资基金 1.54%(流通A股)
流通H			上海浦东发展银行－广发小盘成长股票型证券投资基金 1.03%(流通A股)
股东户数 05年末	16597		交通银行－湘财合丰价值优化型成长类行业基金 0.59%(流通A股)
股东户数 04年末	18169		胡茂华 0.34%(流通A股)

其他流通股东：景阳证券投资基金 0.329%;中国工商银行－东吴嘉禾优势精选混合型开放式证券投资基金 0.316%

近年分配：05年:10派1.5;04年:10派2.5转增7;03年:10派8.5　　**近年募资**：04年新发4500万股,发行价10元。

二〇〇五年以来市场表现

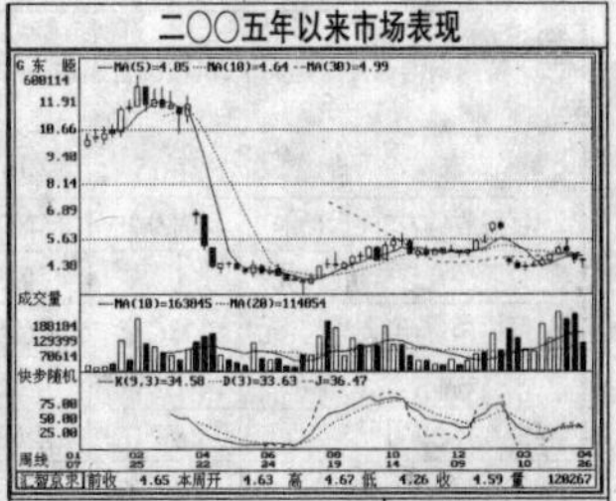

2005年涨跌幅(%)	－4.28
2005年最高(元)	13.17
2006年涨跌幅(%)	11.33
2006.4.26收盘(元)	4.59
2006年最高(元)	7.14
2006年最低(元)	5.26
2006年换手率(%)	200
股改对价	送股 每10股实际获得2.8股(06/02/22)

东方航空（600115）

上市日期:97/11/05　　电话:021－51130920　　传真:021－62686116

主营：航空客运业务、货邮运输业务。

年度	2005	2004	2003
主要指标			
每股收益/扣除后(元)	0.012/－0.058	0.11	－0.17/－0.207
每股经营现金流量(元)	0.81	0.87	0.83
每股净资产/调整后(元)	1.2/1.09	1.19/1.12	1.07/1
未分利润(万元)	－50175.85	－53473.76	－90592.81
资本公积(万元)	123676.58	118268.21	114708.66
利润构成			
主营收入(万元)	2622503.76	1989314.36	1399905.84
主营利润(万元)	290478.44	324799.26	192706.65
营业利润(万元)	－30710.34	58816.42	－63627.91
投资收益(万元)	744.82	－2940.2	4380.43
利润总额(万元)	10555.81	91460.07	－41012.27
净利润(万元)	6047.42	53634.21	－82597.18

点评：航油价格持续上涨是公司净利润大幅下滑的的主要原因,06年居高不下的油价将继续拖累公司业绩。2006年因人民币升值获得汇兑净收益,未来将继续得益,但升值也将对国际业务收入有负面影响。机场收费体制的改革可能进一步提高公司经营成本。

股本结构(万股) 截止日期	05年末	占%	主要股东及持股比例%、持股性质
总股本	486695		中国东方航空集团公司 61.64%(国有股)
国有股	300000	61.64	HKSCC NOMINEES LIMITED 30.572%(H股)
发起股			HSBC NOMINEES(HONG KONG) LIMITED 0.084%(H股)
外资股			HSBC NOMINEES(HONG KONG) LIMITED<A/C BR－9> 0.062%(H股)
募集股			CITIGROUP 0.06%(流通A股)
流通A	30000	6.16	HSBC NOMINEES(HONG KONG) LIMITED<A/C BR－43> 0.046%(H股)
流通B			HSBC NOMINEES(HONG KONG) LIMITED<A/C BR－41> 0.044%(H股)
流通H	156695	32.2	HSBC NOMINEES(HONG KONG) LIMITED<A/C BR－42> 0.041%(H股)
股东户数 05年末	106310		HSBC NOMINEES(HONG KONG) LIMITED<A/C BR－1> 0.034%(H股)
股东户数 04年末	100915		博时裕富 0.032%(流通A股)

其他流通股东：ARSENTON NOMINEES LIMITED 0.031%

近年分配：04年:10派0.2　　**近年募资**：

二〇〇五年以来市场表现

2005年涨跌幅(%)	－45.15
2005年最高(元)	4.56
2006年涨跌幅(%)	－7.47
2006.4.26收盘(元)	2.23
2006年最高(元)	2.72
2006年最低(元)	2.13
2006年换手率(%)	95.56
股改对价	

三峡水利（600116）

上市日期:97/08/04　　电话:023－63801161　　传真:023－63801165

主营：发电、供电。

年度	2005	2004	2003
主要指标			
每股收益/扣除后(元)	0.12/0.1	0.06	－1.29/－0.67
每股经营现金流量(元)	0.43	0.21	0.56
每股净资产/调整后(元)	2.43/2.3	2.27/2.07	2.21/2.01
未分利润(万元)	2383.7	496.41	－19009.16
资本公积(万元)	20984.09	20231.62	36905.57
利润构成			
主营收入(万元)	38324.78	40272.44	35154.28
主营利润(万元)	14660.15	14224.56	11612.73
营业利润(万元)	3266.75	2949.06	－9899.51
投资收益(万元)	－306.87	－1102.7	－492.85
利润总额(万元)	2854.44	1479.38	－21998.13
净利润(万元)	2043.56	1030.55	－22603.64

点评：2005年公司发电量创历史最好水平,电价上调基本消化了煤价上涨的不利因素,公司全力以赴解决公司对外担保、应收款项等遗留问题,使公司在外购电成本上升、发生较大亏损的情况下,净利润大幅度增长。

股本结构(万股) 截止日期	05年末	占%	主要股东及持股比例%、持股性质
总股本	17476.8		重庆市水利电力产业(集团)有限责任公司 21.16%(国有股)
国有股	6971.8	39.89	水利部经济管理局 18.73%(国有股)
发起股	176	1.01	长江水利水电开发总公司 6.29%(非流通股)
外资股			重庆三峡水利电力(集团)股份有限公司职工持股会 5.7%(非流通股)
募集股	4529.8	25.92	北京恒丰兆业投资有限公司 4.41%(非流通股)
流通A	5799.2	33.18	中国灌排技术开发公司 2.11%(非流通股)
流通B			长春永顺经贸有限公司 2.03%(非流通股)
流通H			四川长平机械厂 0.63%(非流通股)
股东户数 05年末	31580		重庆市万渝水电发展有限公司 0.63%(非流通股)
股东户数 04年末	33857		双拥基金 0%(流通A股)

其他流通股东：柯永彬 0.111%;丁秀锦 0.097%;梁玉娥 0.092%;尹伟 0.081%;刘艺 0.072%;曹兴昌 0.066%;潘雷 0.064%

近年分配：　　**近年募资**：

二〇〇五年以来市场表现

2005年涨跌幅(%)	－13.94
2005年最高(元)	5.34
2006年涨跌幅(%)	12.68
2006.4.26收盘(元)	4.8
2006年最高(元)	5.3
2006年最低(元)	4.22
2006年换手率(%)	125.61
股改对价	

G西钢（600117）

上市日期:97/10/15　电话:0971－5299089　传真:0971－5218389

主营	特殊钢冶炼及压延加工、机械设备制造、来料加工等。			
	年　度	2005	2004	2003
主要指标	每股收益/扣除后(元)	0.231/0.215	0.178/0.146	0.156/0.146
	每股经营现金流量(元)	1.29	0.27	0.28
	每股净资产/调整后(元)	2.88/2.65	2.65/2.5	2.24/2.03
	未分利润(万元)	30191.78	17832.25	8274.49
	资本公积(万元)	75867.17	75867.17	55097.45
利润构成	主营收入(万元)	254605.33	208118.75	160669.64
	主营利润(万元)	34220.07	31975.73	27508.35
	营业利润(万元)	14858.86	13293.93	10322.53
	投资收益(万元)	1114.15		13.39
	利润总额(万元)	16156.05	12948.87	10698.1
	净利润(万元)	14568.06	11241.38	9060.53
点评	虽然受到钢价下滑，成本高企的不利影响，公司仍然实现增收增利。与此同时，公司煤矿和铁矿投资项目基本完成，2006年公司将转型为资源型公司。进口铁矿石对国内铁矿石价格形成支撑，将保障铁矿石业务对公司业绩的贡献，未来值得期待。			

股本结构（万股）	截止日期	05年末	占%	主要股东及持股比例%、持股性质
	总股本	63013.73		西宁特殊钢(集团)有限责任公司 62.57%（国有股）
	国有股	39432	62.58	青海省电力公司 2.22%（非流通股）
	发起股	2790	4.43	深圳市通利来实业有限公司 0.81%（非流通股）
	外资股			吉林铁合金集团有限责任公司 0.32%（非流通股）
	募集股			中国冶金建设集团包头钢铁设计研究总院 0.27%（非流通股）
	流通A	20791.73	33	北京祥恒科技有限公司 0.27%（非流通股）
	流通B			兰州炭素有限公司 0.27%（非流通股）
	流通H			青海铝业有限责任公司 0.27%（非流通股）
股东户数	05年末	90409		何理 0.25%（流通A股）
	04年末			张敬稳 0.11%（流通A股）
其他流通股东	赵玉兰 0.108%；上海圣陶沙置业有限公司 0.08%；北京洲通投资技术研究所 0.06%			
近年分配		近年募资		03年增发转债490万张，募资总额4.9亿。

二〇〇五年以来市场表现

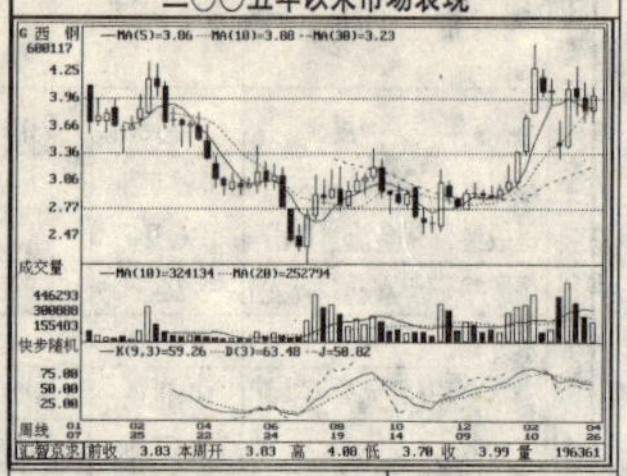

2005年涨跌幅(%)	-29.93
2005年最高(元)	4.34
2006年涨跌幅(%)	80.1
2006.4.26收盘(元)	3.99
2006年最高(元)	5.59
2006年最低(元)	2.87
2006年换手率(%)	153.55
股改对价	送股 每10股实际获得3股(06/03/27)

中国卫星（600118）

上市日期:97/09/08　电话:010－68768890　传真:010－68768891

主营	卫星应用运营服务、卫星及卫星应用产品和基础的研制、系统制成。旅游项目投资。			
	年　度	2005	2004	2003
主要指标	每股收益/扣除后(元)	0.03/0.03	0.02	0.1/0.1
	每股经营现金流量(元)	0.42	0.13	0.6
	每股净资产/调整后(元)	1.45/1.42	1.41/1.38	1.4/1.36
	未分利润(万元)	2086.7	2135.95	2410.68
	资本公积(万元)	2186.72	1973.07	1970.23
利润构成	主营收入(万元)	44117.94	34320.9	41460.62
	主营利润(万元)	6547.02	8674.88	8508.34
	营业利润(万元)	2282.61	1742.46	4532.25
	投资收益(万元)	-1181.38	-686.83	-483.95
	利润总额(万元)	1177.15	1141.03	3986.27
	净利润(万元)	644.21	335.96	2343.09
点评	2005年，通过股权调整和资产置换，五院变为公司大股东。报告期小卫星制造业务进展顺利，同时取得多个项目研制任务；卫星应用业务也有所进展，全年业绩实现大幅增长。预计2006年公司小卫星制造业务将实现跨越式增长。			

股本结构（万股）	截止日期	05年末	占%	主要股东及持股比例%、持股性质
	总股本	22740.48		中国航天科技集团公司第五研究院 41%（国有股）
	国有股	12890.88	56.69	北京航天卫星应用总公司 10%（国有股）
	发起股	1209.6	5.32	中国旅游商贸服务总公司 4.17%（国有股）
	外资股			北京菲特旅游礼品公司 3.04%（非流通股）
	募集股			港旅建筑装饰工程有限公司 2.28%（非流通股）
	流通A	8640	37.99	北京万通达储运公司 1.52%（国有股）
	流通B			中国工商银行－中银国际中国精选混合型开放式证券投资基金 1.26%（流通A股）
	流通H			交通银行－金鹰中小盘精选证券投资基金 0.71%（流通A股）
股东户数	05年末	12420		中信证券股份有限公司 0.44%（流通A股）
	04年末	13362		中国工商银行－东吴嘉禾优势精选混合型开放式证券投资基金 0.43%（流通A股）
其他流通股东	中国银行－同盛证券投资基金 0.372%；常佳丽 0.248%；李刚 0.177%；张天杰 0.169%			
近年分配		近年募资		

二〇〇五年以来市场表现

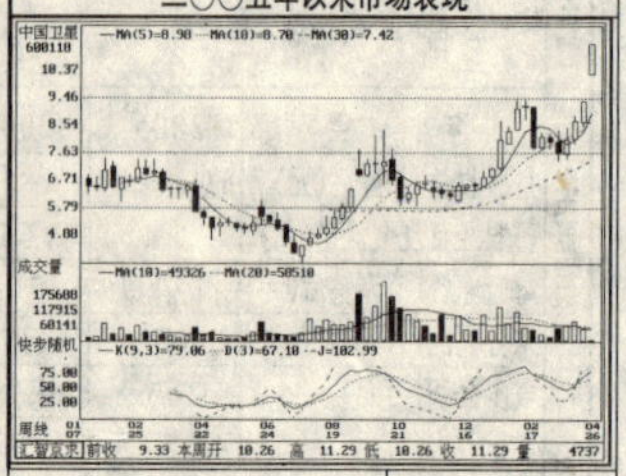

2005年涨跌幅(%)	-1.02
2005年最高(元)	8.34
2006年涨跌幅(%)	66.52
2006.4.26收盘(元)	11.29
2006年最高(元)	11.29
2006年最低(元)	6.72
2006年换手率(%)	84.9
股改对价	注资 送股 每10股实际获得1股

G长投（600119）

上市日期:98/01/15　电话:021－68407009　传真:021－68407009

主营	区域商贸综合开发、信息技术、生物制药、新材料等。			
	年　度	2005	2004	2003
主要指标	每股收益/扣除后(元)	0.042/-0.017	0.08	0.1/0.09
	每股经营现金流量(元)	0.5929	0.035	0.5304
	每股净资产/调整后(元)	1.78/1.55	1.73/1.66	1.65/1.6
	未分利润(万元)	7314.88	6575.94	5205.04
	资本公积(万元)	9465.51	9399.64	9399.64
利润构成	主营收入(万元)	79282.67	83357.97	74571.69
	主营利润(万元)	13879.69	12869.97	11328.41
	营业利润(万元)	-2006.17	2099.09	2356.2
	投资收益(万元)	1676.53	1026.56	1281.44
	利润总额(万元)	-228.18	2567.64	3568.66
	净利润(万元)	1071.6	2045.86	2561.8
点评	报告期内，公司对部分商贸资产进行了退出，将持有的宁波大酒店47%的股权转让给了长江经济联合发展集团，结构调整是公司净利润大幅下降的主要原因；公司物流产业报告期内出于投入和调整整合期，贡献净利润近700万。			

股本结构（万股）	截止日期	05年末	占%	主要股东及持股比例%、持股性质
	总股本	25740		长江经济联合发展(集团)股份有限公司 55.21%（国有股）
	国有股	17459.36	67.83	宁波长江发展商城有限公司 6.69%（国有股）
	发起股	43.84	0.17	长江联合资产经营有限公司 5.59%（国有股）
	外资股			常州中标机动车检测技术有限公司 2.43%（流通A股）
	募集股			常州投资集团有限公司 1.18%（流通A股）
	流通A	8236.8	32	王洪洲 0.49%（流通A股）
	流通B			上海诺亚投资管理有限公司 0.48%（流通A股）
	流通H			武汉长发物业发展有限公司 0.34%（国有股）
股东户数	05年末	17548		朱进英 0.29%（流通A股）
	04年末	20103		陆文华 0.24%（流通A股）
其他流通股东	上海新国际文化有限公司 0.182%；王建一 0.147%；张文彪 0.106%			
近年分配		近年募资		

二〇〇五年以来市场表现

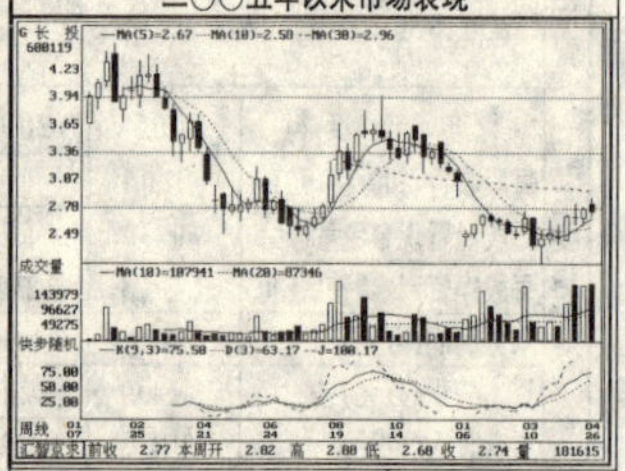

2005年涨跌幅(%)	-20.98
2005年最高(元)	4.52
2006年涨跌幅(%)	21.28
2006.4.26收盘(元)	2.74
2006年最高(元)	3.89
2006年最低(元)	2.97
2006年换手率(%)	147.04
股改对价	送股 每10股实际获得3.5股(06/01/04)

G 浙东方（600120）

上市日期:97/12/01　　电话:0571－87215678　　传真:0571－87214481

主营	主要经营以棉、毛、丝、麻、晴纶为主要原料的针织、梭织服装、服饰和家用纺织品的出口业务;纺织品所需的原辅料、染化料、机械设备等进口业。

	年　　度	2005	2004	2003
主要指标	每股收益/扣除后(元)	0.18/0.15	0.12	0.19/0.12
	每股经营现金流量(元)	-0.1	1.92	0.13
	每股净资产/调整后(元)	1.95/1.94	1.87/1.86	1.86/1.84
	未分利润(万元)	24056.01	21201.43	21752.65
	资本公积(万元)	5972.06	5910.3	5870.6
利润构成	主营收入(万元)	606755.99	516646.34	512277.36
	主营利润(万元)	64828.37	45900.02	42494.35
	营业利润(万元)	30491.13	14091.28	12764.83
	投资收益(万元)	838.64	-5.42	3782.76
	利润总额(万元)	31931.15	15190.88	18442.98
	净利润(万元)	8965.9	6248.4	9651.27

点评	报告期内,公司外贸主业面临纺织品配额取消、人民币汇率升值、欧美纺织品贸易摩擦加剧、原材料涨价等诸多不利因素仍取得了稳定发展,而房地产项目－杭州西溪紫金庭园确认利润总额2.04亿元,成为公司主要利润增长点。

	截止日期	05年末	占%	主要股东及持股比例%、持股性质
股本结构(万股)	总股本	50547.35		浙江东方集团控股有限公司 43.33%（国有股）
	国有股	21901.6	43.33	浙江天业投资有限公司 10.21%（非流通股）
	发起股			浙江中大集团控股有限公司 4.56%（非流通股）
	外资股			浙江省国际信托投资公司 3.34%（流通A股）
	募集股	7657.64	15.15	杭州万泰认证有限公司 0.38%（非流通股）
	流通A	20988.11	41.52	上海市拥军优属基金会 0.2%（流通A股）
	流通B			北京力成投资管理有限公司 0.14%（流通A股）
	流通H			宋兰英 0.13%（流通A股）
股东户数	05年末	39365		谢仁国 0.12%（流通A股）
	04年末	43660		方佩玲 0.11%（流通A股）
其他流通股东	赵禾妹 0.109%;滕树福 0.104%;杨宁 0.099%;祝鑫泉 0.099%			
近年分配	05预案:10派1;04年:10派1;03年:10派1		近年募资	

二〇〇五年以来市场表现

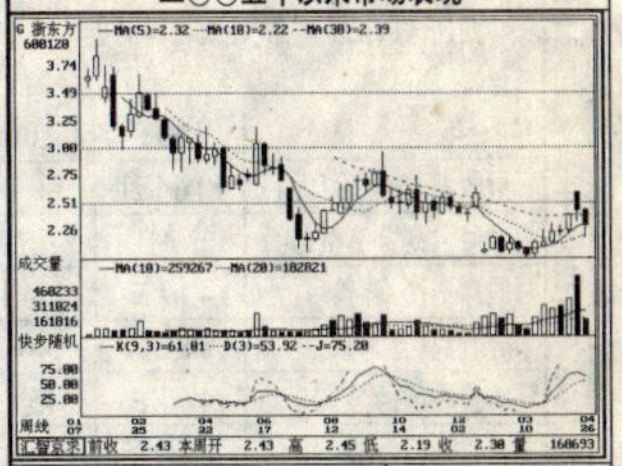

2005年涨跌幅(%)	-26.78
2005年最高(元)	3.98
2006年涨跌幅(%)	15.89
2006.4.26收盘(元)	2.3
2006年最高(元)	3.37
2006年最低(元)	2.63
2006年换手率(%)	116.68
股改对价	送股 每10股实际获得3股(06/01/23)

G 郑煤电（600121）

上市日期:98/01/07　　电话:0371－6591333　　传真:0371－6950227

主营	煤炭生产及销售、发电及输变电。

	年　　度	2005	2004	2003
主要指标	每股收益/扣除后(元)	0.312/0.252	0.195	0.11/0.1
	每股经营现金流量(元)	0.79	0.15	0.312
	每股净资产/调整后(元)	1.9/1.9	1.91/1.91	1.71/1.71
	未分利润(万元)	40017.96	32398.48	19737.29
	资本公积(万元)		22371.87	22371.87
利润构成	主营收入(万元)	148382.18	128089.83	90801.23
	主营利润(万元)	47387.03	42698.89	27296.36
	营业利润(万元)	29386.57	24055.7	13007.43
	投资收益(万元)	-251.75	-329.14	-315.02
	利润总额(万元)	29537.41	24096.22	12863.37
	净利润(万元)	19649.35	15826.49	8512.59

点评	2005年煤炭产量同比有较大下降,主要受益价格的大幅度上涨,才保证了公司的净利润同比有一定的增长。2006年煤炭价格上涨的幅度将远小于2005年,公司煤炭产量的增长将直接决定业绩增幅。

	截止日期	05年末	占%	主要股东及持股比例%、持股性质
股本结构(万股)	总股本	62914		郑州煤炭工业(集团)有限责任公司 52.62%（国有股）
	国有股	33106	52.62	北京炎黄投资管理有限公司 0.25%（流通A股）
	发起股			徐灏 0.24%（流通A股）
	外资股			王平 0.19%（流通A股）
	募集股			吕庄 0.18%（流通A股）
	流通A	29808	47.38	邵爱萍 0.12%（流通A股）
	流通B			张文军 0.11%（流通A股）
	流通H			姚文凤 0.11%（流通A股）
股东户数	05年末	62248		王昊尧 0.1%（流通A股）
	04年末	64998		陈良学 0.1%（流通A股）
其他流通股东	黄伟东 0.094%			
近年分配	04年:10派1		近年募资	

二〇〇五年以来市场表现

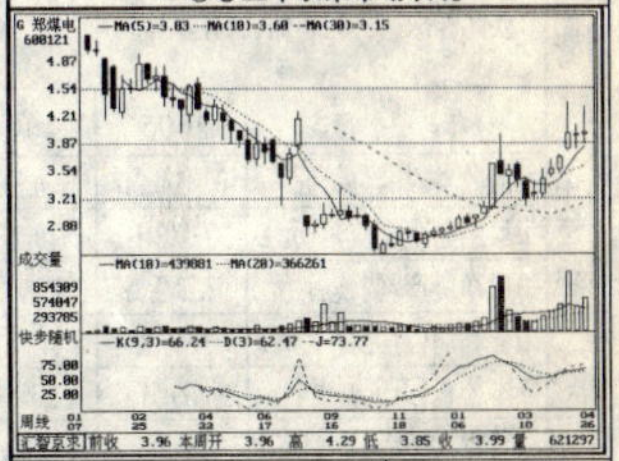

2005年涨跌幅(%)	-22.62
2005年最高(元)	5.2
2006年涨跌幅(%)	39.51
2006.4.26收盘(元)	3.99
2006年最高(元)	4.36
2006年最低(元)	2.85
2006年换手率(%)	233.86
股改对价	定向回购 送股 每10股实际获得3.8股(05/08/22)

宏图高科（600122）

上市日期:98/04/20　　电话:025－83274692　　传真:025－83274701

主营	计算机、软件、系统集成及网络设备,激光影碟机产品,通讯设备及电缆等产品的开发、生产与销售。

	年　　度	2005	2004	2003
主要指标	每股收益/扣除后(元)	0.047/0.027	0.031	0.057/0.055
	每股经营现金流量(元)	0.461	0.159	-0.091
	每股净资产/调整后(元)	3.23/2.88	3.18/2.84	3.13/2.98
	未分利润(万元)	18432.45	17876.44	17811.86
	资本公积(万元)	43948.89	43922.14	43115.12
利润构成	主营收入(万元)	346715.68	300929.02	293320.64
	主营利润(万元)	38278.28	32518.09	31012.27
	营业利润(万元)	3922.31	4460.74	4199.25
	投资收益(万元)	-57.78	445.32	400.53
	利润总额(万元)	3691.52	4521.27	4585.48
	净利润(万元)	1488.58	987.99	1805.17

点评	计算机和线缆业务增长推动主营平稳成长,来自南京富士通的投资收益是公司盈利的主要来源。控股子公司宏图三胞从事的IT卖场业务成长性较高,未来可能会为公司业绩以及估值带来惊喜。

	截止日期	05年末	占%	主要股东及持股比例%、持股性质
股本结构(万股)	总股本	31920		三胞集团有限公司 20%（非流通股）
	国有股	9881.62	30.96	江苏紫金电子信息产业(集团)公司 18.689%（国有股）
	发起股	7638.38	23.93	镇江江奎集团公司 12.108%（国有股）
	外资股			南京中森泰富科技发展有限公司 3.93%（非流通股）
	募集股			江苏省电子工业技术经济开发公司 0.161%（国有股）
	流通A	14400	45.11	徐建平 0.146%（流通A股）
	流通B			朱秀兰 0.106%（流通A股）
	流通H			胡静 0.094%（流通A股）
股东户数	05年末	66849		郑海诚 0.085%（流通A股）
	04年末	71608		黄根元 0.081%（流通A股）
其他流通股东	葛晓虹 0.078%;阳昌红 0.076%;崔振兰 0.076%;孙林珍 0.074%;徐玉平 0.07%			
近年分配			近年募资	

二〇〇五年以来市场表现

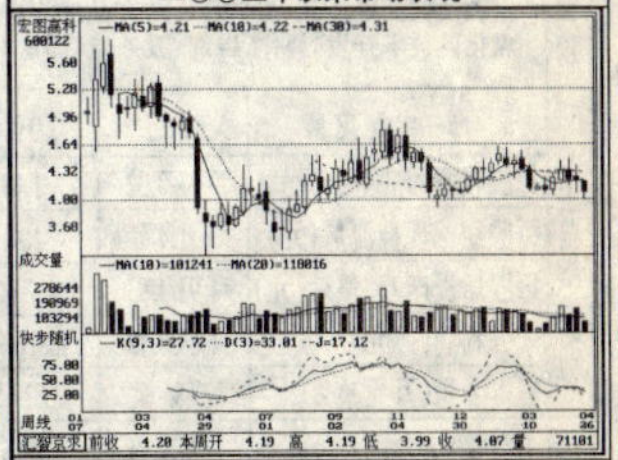

2005年涨跌幅(%)	-18.85
2005年最高(元)	5.92
2006年涨跌幅(%)	-0.49
2006.4.26收盘(元)	4.07
2006年最高(元)	4.61
2006年最低(元)	3.99
2006年换手率(%)	125.16
股改对价	

G兰花（600123）

上市日期:98/12/17　　电话:0356－2189600　　传真:0356－2189600

主营	煤炭、型煤、化工产品、建筑材料的生产、销售。			
	年　度	2005	2004	2003
主要指标	每股收益/扣除后(元)	1.153/1.202	0.759	0.467/0.48
	每股经营现金流量(元)	1.7817	1.7593	0.504
	每股净资产/调整后(元)	4.4/4.37	3.46/3.44	2.85/2.83
	未分利润(万元)	61886.46	34998.83	18017.71
	资本公积(万元)	44601.11	44534.71	44222.02
利润构成	主营收入(万元)	171262.05	130064.84	87548.86
	主营利润(万元)	92207.28	64797.39	41759.54
	营业利润(万元)	63528.79	42350.95	24805.2
	投资收益(万元)	94.73	2304.74	-2872.84
	利润总额(万元)	62664.79	43729.62	22082.1
	净利润(万元)	42811.88	28186.79	17324.27
点评	2005年煤炭产销量同比稍有回落，但煤价涨幅较大，煤炭销售收入同比增长较快；尿素产销量同比有一定增长。公司成本控制得力，毛利率横比非常高，净利润同比增长超过50%。2006年公司主要产品产销量还将保持一定增长，预计业绩增长25%左右。			

股本结构（万股）	截止日期	05年末	占%	主要股东及持股比例%、持股性质
	总股本	37125		山西兰花煤炭实业集团有限公司 61.21%（国有股）
	国有股	22725	61.21	中国工商银行－博时精选股票证券投资基金 2.35%（流通A股）
	发起股			汉盛证券投资基金 2.09%（流通A股）
	外资股			裕隆证券投资基金 1.72%（流通A股）
	募集股			交通银行－安顺证券投资基金 1.5%（流通A股）
	流通A	14400	38.79	招商银行股份有限公司－中信经典配置证券投资基金 1.5%（流通A股）
	流通B			中国人寿保险股份有限公司－分红－个人分红－005L－FH002沪 1.21%（流通A股）
	流通H			中国建设银行－华宝兴业多策略增长证券投资基金 1.05%（流通A股）
股东户数	05年末	31895		中国工商银行－国联安德盛小盘精选证券投资基金 0.97%（流通A股）
	04年末	36508		裕阳证券投资基金 0.78%（流通A股）
其他流通股东	中国银行－同盛证券投资基金 0.761%			
近年分配	05方案:10派3；04年:10派2；03年:10派1.5	近年募资		

二〇〇五年以来市场表现

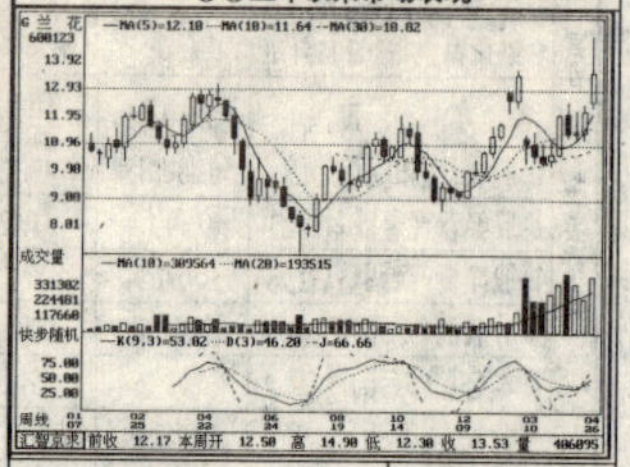

2005年涨跌幅(%)	4.36
2005年最高(元)	13.1
2006年涨跌幅(%)	55.93
2006.4.26收盘(元)	13.53
2006年最高(元)	19.37
2006年最低(元)	11.15
2006年换手率(%)	179.75
股改对价	送股 每10股实际获得3股(06/02/28)

G铁龙（600125）

上市日期:98/05/11　　电话:0411－2810881　　传真:0411－2816639

主营	铁路客运、货运、仓储、服务业等。			
	年　度	2005	2004	2003
主要指标	每股收益/扣除后(元)	0.245/0.247	0.333	0.37/0.331
	每股经营现金流量(元)	-0.341	0.739	0.36
	每股净资产/调整后(元)	2.28/2.25	3.28/3.21	3.94/3.84
	未分利润(万元)	39979.85	34307.24	28850.81
	资本公积(万元)	995.54	15354.58	21963.61
利润构成	主营收入(万元)	50408.3	44500.68	36348.38
	主营利润(万元)	21722.64	18647.92	16041.52
	营业利润(万元)	14332.49	11755.33	9619.47
	投资收益(万元)	116.19	226.44	552.89
	利润总额(万元)	14354.33	12003.95	10109.78
	净利润(万元)	11264.41	9564.3	8178.32
点评	04年底更换大股东之后，公司在05年新增了25T和25Z旅客列车租赁业务，完成了沙鲅铁路支线收购，并与中铁集装箱公司签订特种箱资产及业务收购协议。经过一系列的收购，公司形成三大业务板块：集装箱物流服务、临港物流和既有业务。			

股本结构（万股）	截止日期	05年末	占%	主要股东及持股比例%、持股性质
	总股本	45969.83		中铁集装箱运输有限责任公司 24%（国有股）
	国有股	21166.91	46.05	大连铁路经济技术开发总公司 21.3%（国有股）
	发起股			中国银行－嘉实增长开放式证券投资基金 3.44%（流通A股）
	外资股			交通银行－普惠证券投资基金 3.01%（流通A股）
	募集股	257.09	0.56	中国工商银行－中银国际中国精选混合型开放式证券投资基金 2.06%（流通A股）
	流通A	24545.83	53.4	海通－中行－FORTIS BANK SA/NV 1.79%（流通A股）
	流通B			全国社保基金一零九组合 1.55%（流通A股）
	流通H			中国银行－易方达策略成长证券投资基金 1.44%（流通A股）
股东户数	05年末	30755		丰和价值证券投资基金 0.99%（流通A股）
	04年末	34319		全国社保基金一零六组合 0.99%（流通A股）
其他流通股东	海通－中行－FORTIS BANK SA/NV 1.789%；中国银行－海富通股票证券投资基金 0.93%			
近年分配	05方案:10派0.4送3；04年:10派0.3送1转增5；03年:10派1转增3	近年募资	03年10配3配股价6.66元。	

二〇〇五年以来市场表现

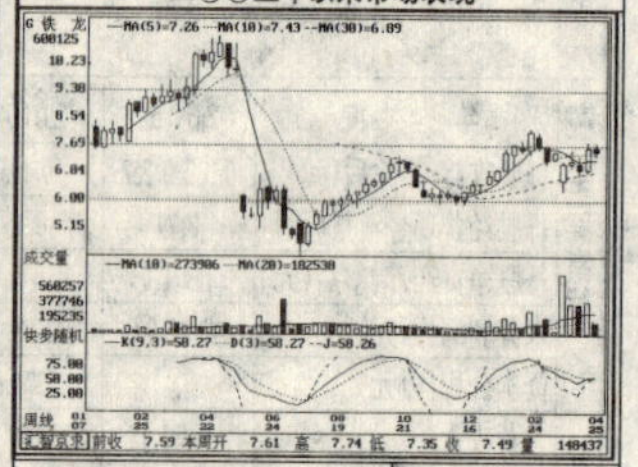

2005年涨跌幅(%)	33.51
2005年最高(元)	11.77
2006年涨跌幅(%)	38.91
2006.4.26收盘(元)	7.49
2006年最高(元)	9.73
2006年最低(元)	6.58
2006年换手率(%)	113.72
股改对价	送股 每10股实际获得2.5股(06/03/27)

G杭钢（600126）

上市日期:98/03/11　　电话:0571－8132917　　传真:0571－8132919

主营	钢铁及其压延产品、焦炭及其副产品的生产和销售；冶金、焦化的技术开发、协作、咨询、服务与培训。			
	年　度	2005	2004	2003
主要指标	每股收益/扣除后(元)	0.33/0.32	1.03	0.82/0.84
	每股经营现金流量(元)	1.4	1.41	0.63
	每股净资产/调整后(元)	4.93/4.93	4.9/4.9	4.23/4.22
	未分利润(万元)	136838.19	138174.41	104360.67
	资本公积(万元)	73886.84	73820.84	73820.84
利润构成	主营收入(万元)	987270.94	995502.98	747153.42
	主营利润(万元)	59869.02	135059.33	105969.46
	营业利润(万元)	32442.71	105373.82	79299.72
	投资收益(万元)	-1170.19	-931.18	277.44
	利润总额(万元)	32081.63	102481.07	77821.86
	净利润(万元)	21190.25	66359.23	53162.55
点评	公司钢产量略有上升，但受钢价大幅下滑，以及成本高企的影响，收入略有下降，净利润则大幅减少。2006年钢铁行业供求关系仍然并不乐观，公司业绩可能继续下滑。不过作为地处江浙的重要地域性钢铁公司，其在未来产业格局中的位置值得期待。			

股本结构（万股）	截止日期	05年末	占%	主要股东及持股比例%、持股性质
	总股本	64533.75		杭州钢铁集团公司 74.32%（国有股）
	国有股	47958.75	74.32	中国建设银行—博时裕富证券投资基金 0.15%（流通A股）
	发起股			华宝信托投资有限责任公司—集合类信托2005年第9号 0.1%（流通A股）
	外资股			全国社保基金一零二组合 0.09%（流通A股）
	募集股			北京超博仕罗吉电子有限公司 0.09%（流通A股）
	流通A	16575	25.68	全国社保基金一零三组合 0.08%（流通A股）
	流通B			中国工商银行－华安上证180指数增强型证券投资基金 0.07%（流通A股）
	流通H			中国人寿保险股份有限公司—传统—普通保险产品———005L—CT00 0.06%（流通A股）
股东户数	05年末	65998		宁波大港海天机械有限公司 0.05%（流通A股）
	04年末	70762		林健晖 0.05%（流通A股）
其他流通股东	中国人寿保险股份有限公司—传统—普通保险产品———005L—CT00 0.057%；薛骅 0.044%			
近年分配	05预案:10派1.7；04年:10派3；03年:10派3.5	近年募资		

二〇〇五年以来市场表现

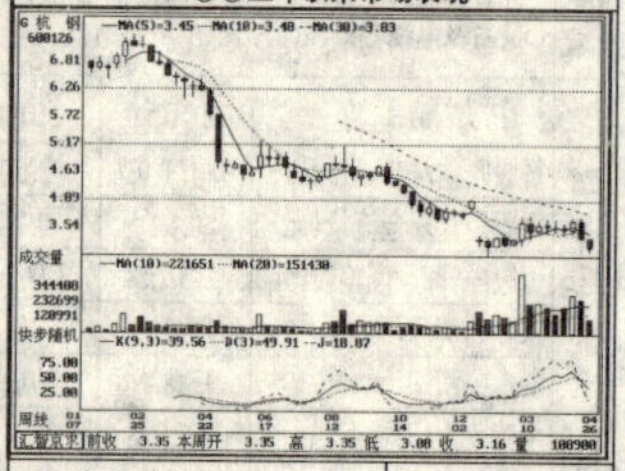

2005年涨跌幅(%)	-36.11
2005年最高(元)	7.35
2006年涨跌幅(%)	5.59
2006.4.26收盘(元)	3.16
2006年最高(元)	5.13
2006年最低(元)	4.08
2006年换手率(%)	122.78
股改对价	送股 每10股实际获得3.6股(06/01/19)

金健米业（600127）

上市日期:98/05/06　　电话:0736－7308616　　传真:0736－7308666

主营	开发、生产销售优质粮油及制品、农副产品、新型食品、油脂化工产品、优质稻种子，经营宾馆餐饮和公司自产产品及技术设备进出口业务。			
	年　　度	2005	2004	2003
主要指标	每股收益/扣除后(元)	0.013/-0.01	-0.582	0.03/-0.077
	每股经营现金流量(元)	0.023	-0.265	0.03
	每股净资产/调整后(元)	2.07/2.06	2.05/2.04	2.62/2.62
	未分利润(万元)	-404.45	-38747.32	-13528.43
	资本公积(万元)	45307.71	82216.16	81530.81
利润构成	主营收入(万元)	77710.59	66379.71	54592.12
	主营利润(万元)	11003.57	8382.75	9163.91
	营业利润(万元)	606.13	-24082.68	-5643.29
	投资收益(万元)	485.01	-345.44	7075.01
	利润总额(万元)	1017.02	-25921.12	1464.86
	净利润(万元)	556.45	-25188.13	1295.02
点评	05年下半年稻谷收购价格及其他原辅料购进价格持续上涨、房地产宏观调控的影响，对公司经营产生一定负面影响，公司仍然实现扭亏为盈。国家对"三农"问题的关注，"新农村"建设都将为公司经营创造良好的外部环境。			

	截止日期	05年末	占%	主要股东及持股比例%、持股性质
股本结构（万股）	总股本	43250.01		常德市粮油总公司 33.76%（国有股）
	国有股	24106.56	55.74	李依理 0.072%（流通A股）
	发起股			李盛 0.059%（流通A股）
	外资股			张靖轩 0.059%（流通A股）
	募集股			喻婷 0.056%（流通A股）
	流通A	19143.45	44.26	赵艺辉 0.053%（流通A股）
	流通B			李平 0.051%（流通A股）
	流通H			潘惠贞 0.051%（流通A股）
股东户数	05年末	91531		丁金兴 0.05%（流通A股）
	04年末	99726		何明显 0.049%（流通A股）
其他流通股东	朱天奎 0.049%			
近年分配			近年募资	

二〇〇五年以来市场表现

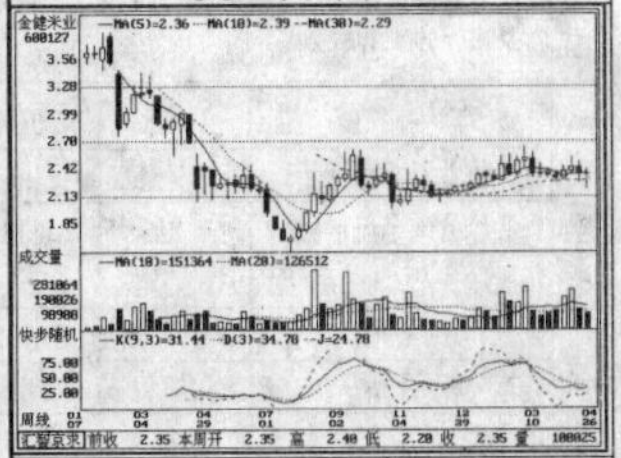

2005年涨跌幅(%)	-37.88
2005年最高(元)	3.85
2006年涨跌幅(%)	5.38
2006.4.26收盘(元)	2.35
2006年最高(元)	2.64
2006年最低(元)	2.18
2006年换手率(%)	120.88
股改对价	

G弘业（600128）

上市日期:97/09/01　　电话:025－2308738　　传真:025－2307117

主营	工艺品等商品的进出口业务，接受委托，代理上述商品的进出口业务，承办中外合资经营、合作、"三来一补"业务及转口贸易。			
	年　　度	2005	2004	2003
主要指标	每股收益/扣除后(元)	0.137/0.07	0.104	0.095/0.012
	每股经营现金流量(元)	0.0289	1.21	0.27
	每股净资产/调整后(元)	3.02/3	2.96/2.93	2.91/2.87
	未分利润(万元)	7776.76	8168.61	7793.08
	资本公积(万元)	23495.22	22661.73	22629.56
利润构成	主营收入(万元)	208649.67	180240.2	158438.82
	主营利润(万元)	13778.94	11895.64	12600.13
	营业利润(万元)	2833.82	3690.04	3589.8
	投资收益(万元)	2532.35	873.1	215.22
	利润总额(万元)	5037.03	4922.49	4685.89
	净利润(万元)	2739.34	2077.65	1901.3
点评	报告期内占公司出口贸易收入同比增长12%，但毛利率略有下降，不过新增毛利率较高的工程承包、餐饮娱乐等业务，导致整体主营利润率略有上升。净利润的增长还来自投资收益。			

	截止日期	05年末	占%	主要股东及持股比例%、持股性质
股本结构（万股）	总股本	19944.75		江苏弘业国际集团有限公司 51.85%（国有股）
	国有股	10340.53	51.85	中国烟草总公司江苏省公司 1.7%（国有股）
	发起股			江苏苏豪国际集团股份有限公司 1.54%（国有股）
	外资股			南京商茂投资集团有限公司 1.26%（非流通股）
	募集股	2191.91	10.99	江苏省东晟燃料有限公司 0.77%（国有股）
	流通A	7412.31	37.16	江苏汇鸿国际集团针棉织品进出口有限公司 0.77%（国有股）
	流通B			江苏舜天股份有限公司 0.77%（国有股）
	流通H			江苏开元国际集团轻工业品进出口股份有限公司 0.77%（国有股）
股东户数	05年末	39628		南京纺织品进出口股份有限公司 0.77%（国有股）
	04年末	43277		江苏省陶瓷进出口(集团)有限公司 0.62%（非流通股）
其他流通股东	周学本 0.195%；张鹤林 0.191%；聂宇成 0.168%；祁云华 0.15%；崔岩 0.141%；陈岱琼 0.131%；林可 0.089%			
近年分配	05预案:10派0.8；04年:10派1；03年:10派0.5		近年募资	

二〇〇五年以来市场表现

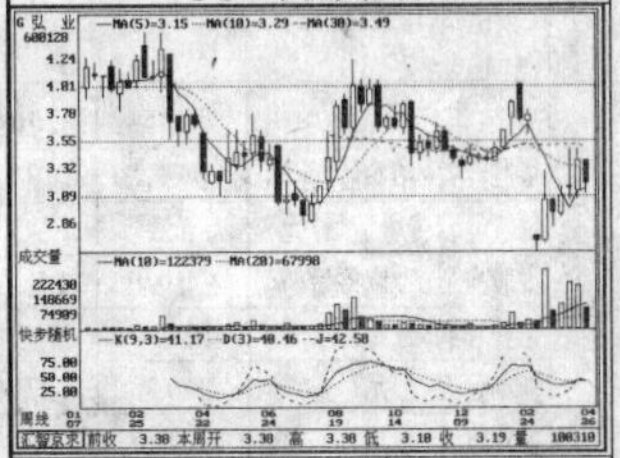

2005年涨跌幅(%)	-13.83
2005年最高(元)	4.47
2006年涨跌幅(%)	27.04
2006.4.26收盘(元)	3.19
2006年最高(元)	4.68
2006年最低(元)	3.37
2006年换手率(%)	132.97
股改对价	送股 每10股实际获得3.5股(06/03/14)

G太极（600129）

上市日期:97/11/18　　电话:023－72800072　　传真:023－72800072

主营	中成药的开发、生产和销售。			
	年　　度	2005	2004	2003
主要指标	每股收益/扣除后(元)	0.203/0.05	0.27/0.17	0.226/0.16
	每股经营现金流量(元)	1.608	0.68	1.07
	每股净资产/调整后(元)	4.6/4.49	3.82/3.47	3.53/3.32
	未分利润(万元)	15809.77	11623.09	6300.17
	资本公积(万元)	62478.7	49896.32	49798.54
利润构成	主营收入(万元)	392248.91	387921.21	321096.05
	主营利润(万元)	94590.83	95683.55	87294.35
	营业利润(万元)	5808.53	12521.29	8293.33
	投资收益(万元)	4081.88	-3011.61	-1771.43
	利润总额(万元)	11398.48	11369.31	8003.85
	净利润(万元)	5119.88	6703.99	5720.39
点评	05年公司经历了激烈的市场竞争、媒体误导和担保事件的影响，仍取得了较好成绩。急支糖浆、藿香正气口服液和紫杉醇的销量创近年新高，新产品"太罗"成功上市，西南药业等公司普药产品在市场销售上有了大幅攀升。医药商业网络建设初见成效。			

	截止日期	05年末	占%	主要股东及持股比例%、持股性质
股本结构（万股）	总股本	25260		太极集团有限公司 58.51%（国有股）
	国有股			重庆市涪陵区希兰生物科技有限公司 6.55%（非流通股）
	发起股	16104.49	63.75	重庆市涪陵药用植物资源开发研究所 5.09%（非流通股）
	外资股			华夏证券有限公司 1.72%（流通A股）
	募集股	1655.51	6.55	上海市企业年金发展中心华夏成长 0.77%（流通A股）
	流通A	7500	29.69	中国人民解放军总参谋部第六十研究所 0.47%（流通A股）
	流通B			上海浦东发展银行－广发小盘成长股票型证券投资基金 0.4%（流通A股）
	流通H			喻勤 0.26%（流通A股）
股东户数	05年末	17077		北京东方诚信投资有限公司 0.16%（流通A股）
	04年末	20677		彭忠先 0.15%（流通A股）
其他流通股东	谈德豪 0.138%；阿拉善盟吉兰泰达康公司 0.135%；郭晓军 0.126%			
近年分配			近年募资	

二〇〇五年以来市场表现

2005年涨跌幅(%)	-25
2005年最高(元)	6.98
2006年涨跌幅(%)	31.45
2006.4.26收盘(元)	4.78
2006年最高(元)	6.8
2006年最低(元)	5.25
2006年换手率(%)	313.7
股改对价	送股 每10股实际获得3.2股(06/01/06)

G波导(600130)

上市日期:00/07/06　　电话:0574－88918855　　传真:0574－88929054

主营	移动电话、寻呼机等移动通信终端产品的开发、生产、销售及相应的维修服务。			
	年　度	2005	2004	2003
主要指标	每股收益/扣除后(元)	-1.23/-1.23	1.08	1.53/1.459
主要指标	每股经营现金流量(元)	-1.03	0.28	5.35
主要指标	每股净资产/调整后(元)	3.5/3.41	9.68/9.65	7.95/7.92
主要指标	未分利润(万元)	-1848.65	51031.62	39794.38
主要指标	资本公积(万元)	86243.87	103913.71	62812.32
利润构成	主营收入(万元)	905028.74	1024598.86	1084147.66
利润构成	主营利润(万元)	67614.63	156321.07	182909.25
利润构成	营业利润(万元)	-48464.73	24127.22	33084.02
利润构成	投资收益(万元)	1175.58	250.81	680.68
利润构成	利润总额(万元)	-46938.2	25836.84	34974.45
利润构成	净利润(万元)	-47120.27	20745.98	24502.36
点评	公司未能抓住市场流行热点,新品上市速度较慢,导致手机国内销售额同比下降了三成,尽管采取扩大出口的营销策略,仍未能扭转产品市场份额下降、毛利率下滑的不利局面,导致公司亏损较大。面对行业不景气周期,公司主营单一的经营风险暴露无疑。			

股本结构(万股)	截止日期	05年末	占%	主要股东及持股比例%、持股性质
	总股本	38400		宁波电子信息集团有限公司 28.125%(国有股)
	国有股	12225.6	31.84	波导科技集团股份有限公司 27.5%(非流通股)
	发起股	11774.4	30.66	奉化市大桥镇资产经营总公司 3.16%(非流通股)
	外资股			宁波市工业投资有限责任公司 3.14%(国有股)
	募集股			信达投资有限公司 2.62%(流通A股)
	流通A	14400	37.5	中国电子进出口宁波有限公司 0.57%(国有股)
	流通B			福建和盛集团有限公司 0.48%(流通A股)
	流通H			省总工会 0.28%(流通A股)
股东户数	05年末	34145		陈少伶 0.255%(流通A股)
股东户数	04年末	31365		中国银河证券有限责任公司 0.23%(流通A股)
其他流通股东	李春招 0.182%;陕西综合利用电力开发有限公司 0.157%;杨斌 0.156%;陈伟水 0.125%;熊新华 0.118%			
近年分配	05预案:10转增10;04年:10派3转增10;03年:10派4		近年募资	04年增发A股3200万股,发行价14.28元。

二〇〇五年以来市场表现

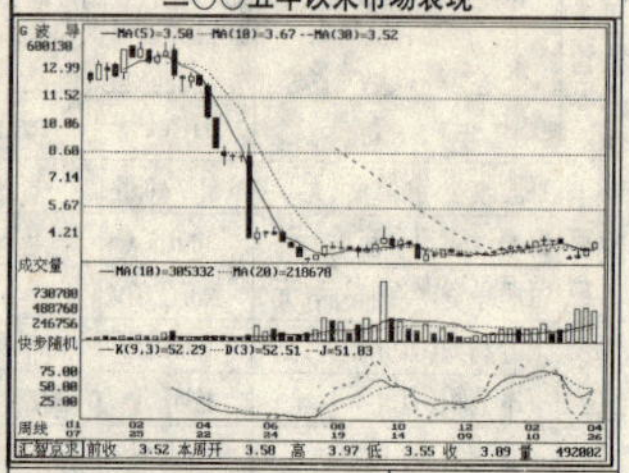

2005年涨跌幅(%)	-44.77
2005年最高(元)	14.45
2006年涨跌幅(%)	58.35
2006.4.26收盘(元)	3.89
2006年最高(元)	5.48
2006年最低(元)	3.4
2006年换手率(%)	204.63
股改对价	送股 每10股实际获得3.8股(06/04/06)

岷江水电(600131)

上市日期:98/04/02　　电话:028－87292621　　传真:028－87292893

主营	发电、售电及转售电			
	年　度	2005	2004	2003
主要指标	每股收益/扣除后(元)	0.098/0.119	0.033/0.017	0.05/0.05
主要指标	每股经营现金流量(元)	0.26	0.14	0.18
主要指标	每股净资产/调整后(元)	1.45/1.43	1.31/1.23	1.28/1.22
主要指标	未分利润(万元)	11352.43	7155.18	5740.21
主要指标	资本公积(万元)	4709.81	2673.43	2493.43
利润构成	主营收入(万元)	63248.35	38778.61	26950.41
利润构成	主营利润(万元)	15194.33	15242.89	10864.36
利润构成	营业利润(万元)	-1137.87	3022.23	4242.57
利润构成	投资收益(万元)	8504.76	-101.9	-477.1
利润构成	利润总额(万元)	6273.55	2857.09	3742.53
利润构成	净利润(万元)	4937.93	1664.68	2703.55
点评	2005年公司销售电量同比有较大幅度增长,电价上调,加上铝锭销售快速增长,公司主营业务收入大幅度增长,由于公司外购电力成本增幅较大,期间费用增长较快,导致公司净利润同比稍有增长。2006年公司成本增幅将有所下降。			

股本结构(万股)	截止日期	05年末	占%	主要股东及持股比例%、持股性质
	总股本	50412.52		阿坝州水利电网资产经营公司 28.61%(国有股)
	国有股	24521.31	48.64	水利部经济局 20.03%(国有股)
	发起股	3820.41	7.58	阿坝州下庄电厂 8.39%(非流通股)
	外资股			阿坝州信托投资公司 3.34%(非流通股)
	募集股	5079.29	10.08	甘肃宝信电力投资担保有限公司 1.26%(流通A股)
	流通A	16991.5	33.7	上海鹏信经贸发展有限公司 0.74%(非流通股)
	流通B			四川省电力开发公司 0.67%(非流通股)
	流通H			阿坝州甘堡水电厂 0.67%(非流通股)
股东户数	05年末	41269		上海芪新贸易发展有限公司 0.36%(非流通股)
股东户数	04年末	41406		四川省岷山机械厂 0.33%(非流通股)
其他流通股东	孔宇峰 0.156%;胡胜利 0.119%;伍德凤 0.116%;李文选 0.113%;刘恩吉 0.106%;徐桃丽 0.099%;付忠珍 0.096%			
近年分配	05预案:10派0.3		近年募资	

二〇〇五年以来市场表现

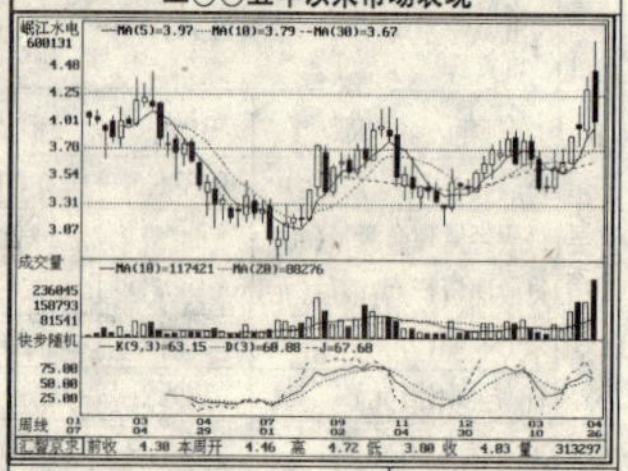

2005年涨跌幅(%)	-15.65
2005年最高(元)	4.43
2006年涨跌幅(%)	16.81
2006.4.26收盘(元)	4.03
2006年最高(元)	4.72
2006年最低(元)	3.42
2006年换手率(%)	93.09
股改对价	

重庆啤酒(600132)

上市日期:97/10/30　　电话:023－89069086　　传真:023－68629476

主营	啤酒制造和销售,以及制造、销售生物化学原料药、片剂、颗粒剂、胶囊、口服溶剂等。			
	年　度	2005	2004	2003
主要指标	每股收益/扣除后(元)	0.31/0.31	0.26/0.26	0.22/0.23
主要指标	每股经营现金流量(元)	1.12	0.7	0.89
主要指标	每股净资产/调整后(元)	2.72/2.7	2.6/2.59	2.54/2.53
主要指标	未分利润(万元)	7714.92	5746.21	5596.18
主要指标	资本公积(万元)	25446.57	25244.45	25241.65
利润构成	主营收入(万元)	149045.35	125123.61	94388.66
利润构成	主营利润(万元)	48831.35	42867.21	35195.26
利润构成	营业利润(万元)	10436.66	8690.63	7949.2
利润构成	投资收益(万元)	-355.41	-377.67	-756.4
利润构成	利润总额(万元)	10146.25	8304.7	7137.56
利润构成	净利润(万元)	7883.19	6595.24	5552.91
点评	公司主要从事啤酒产品的生产与销售。2005年,公司面对原辅材料价格上涨、竞争强度加剧等困难形势,实现了销售收入与利润的同幅度高增长。目前,我国的啤酒行业能保持5%左右的速度增长,这为公司提供了较好的外部环境。			

股本结构(万股)	截止日期	05年末	占%	主要股东及持股比例%、持股性质
	总股本	25630.8		重庆啤酒(集团)有限责任公司 34.55%(国有股)
	国有股	8854.75	34.55	S&N ASIA PACIFIC LIMITED 19.51%(外资股)
	发起股	3976.05	15.51	合川市银源商贸有限公司 4.7%(非流通股)
	外资股	5000	19.51	东方证券股份有限公司 2.7%(流通A股)
	募集股			重庆钰鑫实业集团有限责任公司 1.69%(非流通股)
	流通A	7800	30.43	海通证券股份有限公司 0.77%(流通A股)
	流通B			中国建设银行－上投摩根中国优势证券投资基金 0.64%(流通A股)
	流通H			中国银行－同盛证券投资基金 0.61%(流通A股)
股东户数	05年末	7773		国联证券有限责任公司 0.57%(流通A股)
股东户数	04年末	9032		重庆市九龙坡区渝宏副食经营部 0.38%(非流通股)
其他流通股东	上海市职工保障互助会 0.36%;宏源证券股份有限公司 0.308%;程发志 0.238%;陆维妙 0.177%			
近年分配	05预案:10派0.5;04年:10派2;03年:10派2		近年募资	

二〇〇五年以来市场表现

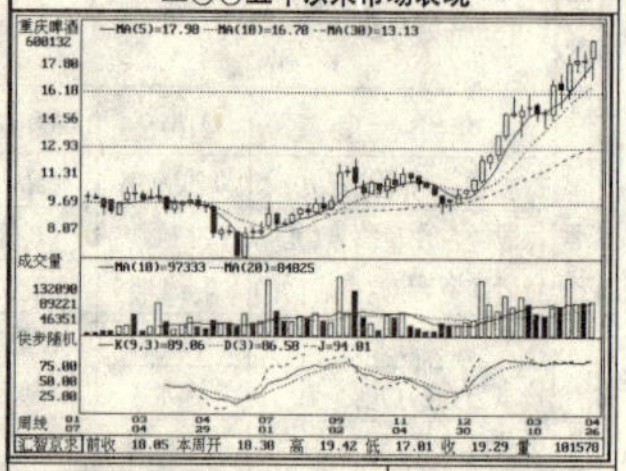

2005年涨跌幅(%)	3.7
2005年最高(元)	12.5
2006年涨跌幅(%)	84.42
2006.4.26收盘(元)	19.29
2006年最高(元)	19.42
2006年最低(元)	10.3
2006年换手率(%)	199.2
股改对价	

东湖高新（600133）

上市日期:98/02/12　　电话:027－87561686　　传真:027－87561866

主营	科技工业园开发建设和高新技术产业的项目投资。			
	年　　度	2005	2004	2003
主要指标	每股收益/扣除后(元)	0.014/0.018	0.172	0.158/0.158
	每股经营现金流量(元)	0.704	0.2883	0.1209
	每股净资产/调整后(元)	2.79/2.2	2.82/2.54	2.61/2.46
	未分利润(万元)	12812.7	13857.77	9847.4
	资本公积(万元)	28568.65	28568.65	27564.93
利润构成	主营收入(万元)	32789.86	52896.44	34662.43
	主营利润(万元)	7702.53	11116.57	12304.54
	营业利润(万元)	-2763.73	5653.78	5466.53
	投资收益(万元)	2970.22	-66.92	-80.68
	利润总额(万元)	145.05	5581.56	5223.18
	净利润(万元)	391.64	4752.22	4346.56
点评	05年公司增加电力、新能源、环保技术的开发等业务,主营收入和净利润具有较大幅度下降,净利润的下降幅度大于收入的下降幅度,主要是由于公司正处于产业战略调整初期,科技园开发主营业务逐步下降,环保电力等业务正处于建设期。			

股本结构（万股）	截止日期	05年末	占%	主要股东及持股比例%、持股性质
	总股本	27559.22		武汉凯迪电力股份有限公司 29.58%（非流通股）
	国有股	4177.92	15.16	武汉长江通信产业集团股份有限公司 18.29%（非流通股）
	发起股			武汉城市综合开发集团有限公司 8.69%（国有股）
	外资股			武汉金丹科技有限责任公司 6.78%（非流通股）
	募集股	15061.3	54.65	武汉庙山实业发展总公司 6.47%（国有股）
	流通A	8320	30.19	云南云电财金管理有限公司 0.15%（流通A股）
	流通B			李箴 0.09%（流通A股）
	流通H			上海嘉华投资有限公司 0.07%（流通A股）
股东户数	05年末	44265		刘胜 0.06%（流通A股）
	04年末	47148		刘前明 0.05%（流通A股）
其他流通股东	张建浩 0.051%;朱艺华 0.049%;谢宏斌 0.047%;林秋 0.047%;李霞 0.045%			
近年分配	04年:10派0.5	近年募资		

二〇〇五年以来市场表现

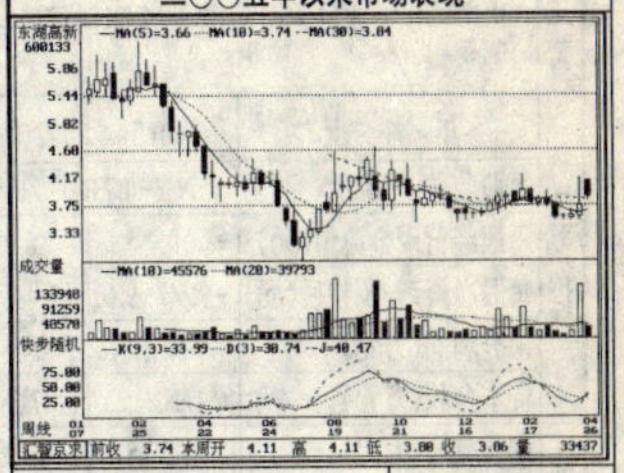

2005年涨跌幅(%)	-31.79
2005年最高(元)	6.28
2006年涨跌幅(%)	6.04
2006.4.26收盘(元)	3.86
2006年最高(元)	4.19
2006年最低(元)	3.5
2006年换手率(%)	75.4
股改对价	定向转增 每10股实际获得4股

乐凯胶片（600135）

上市日期:98/01/22　　电话:0312－3302372　　传真:0312－3302372

主营	彩色胶卷、彩色相纸、彩色电影胶片等彩色感光材料产品的生产、科研、销售。			
	年　　度	2005	2004	2003
主要指标	每股收益/扣除后(元)	0.065/0.057	0.228	0.234/0.244
	每股经营现金流量(元)	0.062	0.25	0.362
	每股净资产/调整后(元)	2.65/2.61	2.79/2.78	3.06/3.05
	未分利润(万元)	9859.37	7948.85	8840.93
	资本公积(万元)	33902.61	33245.62	33245.62
利润构成	主营收入(万元)	61213.9	61899.75	56427.91
	主营利润(万元)	13998.69	19165.53	18366.28
	营业利润(万元)	2198.11	8929.59	9452.44
	投资收益(万元)	342.64	153.3	-278.43
	利润总额(万元)	2587.29	9072.07	9141.25
	净利润(万元)	2233.5	7803.58	8002.13
点评	由于数码技术快速发展,全球胶卷用量迅速下降,对公司的胶卷业务造成了很大的冲击。数码相纸业务虽然增长迅速,但仍无法抵消胶卷业务下滑影响,并且和柯达合作项目的前期费用投入过大也侵蚀了公司利润。			

股本结构（万股）	截止日期	05年末	占%	主要股东及持股比例%、持股性质
	总股本	34200		中国乐凯胶片集团公司 50.16%（国有股）
	国有股			柯达(中国)投资有限公司 13%（外资股）
	发起股	17154	50.16	中国工商银行－申万巴黎盛利精选证券投资基金 2.48%（流通A股）
	外资股	4446	13	张广清 0.22%（流通A股）
	募集股			景福证券投资基金 0.21%（流通A股）
	流通A	12600	36.84	岑燕平 0.14%（流通A股）
	流通B			中国工商银行－华安上证180指数增强型证券投资基金 0.13%（流通A股）
	流通H			王科德 0.1%（流通A股）
股东户数	05年末	39109		曹菲菲 0.1%（流通A股）
	04年末	32728		左周娣 0.09%（流通A股）
其他流通股东	魏健 0.091%;唐刚羽 0.091%			
近年分配	04年:10派2.2;03年:10派5	近年募资		

二〇〇五年以来市场表现

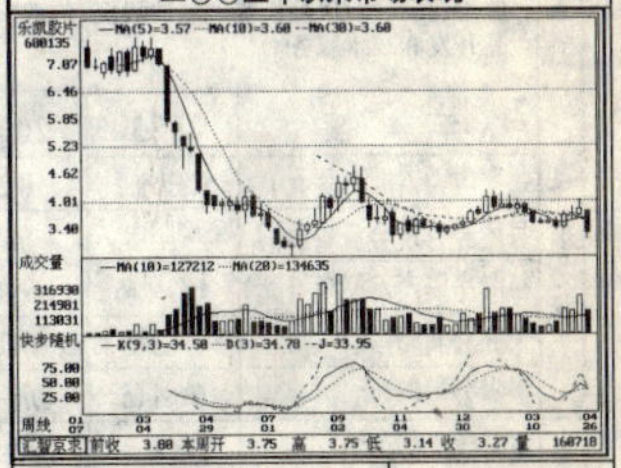

2005年涨跌幅(%)	-50.2
2005年最高(元)	7.68
2006年涨跌幅(%)	-6.84
2006.4.26收盘(元)	3.27
2006年最高(元)	4.21
2006年最低(元)	3.14
2006年换手率(%)	183.35
股改对价	

道博股份（600136）

上市日期:98/03/03　　电话:027－81732221　　传真:027－81732230

主营	房地产开发与商品房销售、电子产品的生产与销售、宽带网络及关联业务、酒类销售等。			
	年　　度	2005	2004	2003
主要指标	每股收益/扣除后(元)	-0.44	-2.33	0.03/-0.19
	每股经营现金流量(元)	0.04	0.01	0.71
	每股净资产/调整后(元)	-0.22/-0.3	0.22/0.1	2.56/2.48
	未分利润(万元)	-13811.43	-35080.54	-10593.74
	资本公积(万元)	342.51	24785.78	24783.89
利润构成	主营收入(万元)	3855.79	8755.22	9894.22
	主营利润(万元)	233.99	149.91	2693.11
	营业利润(万元)	-5747.38	-16209.82	-1511.05
	投资收益(万元)	1140.13	-3160.13	2250.32
	利润总额(万元)	-4746.91	-25626.04	710.82
	净利润(万元)	-4562.79	-24292.47	292.34
点评	公司主营业务为房地产开发与商品房销售等。报告期内公司加大对武汉恒亿电子科技有限公司的支持力度,将所持武汉道博物业发展有限公司的75%股权予以转让,并推动落实资产重组计划。			

股本结构（万股）	截止日期	05年末	占%	主要股东及持股比例%、持股性质
	总股本	10444.4		武汉洪山新星商贸有限公司 21.06%（非流通股）
	国有股			武汉市夏天科教发展有限公司 17.82%（非流通股）
	发起股			武汉合信实业有限公司 8.43%（非流通股）
	外资股			武汉远洲工贸发展有限公司 7%（非流通股）
	募集股	6352	60.82	武汉银峰综合开发公司 1.72%（非流通股）
	流通A	4092.4	39.18	深圳市招商安达实业有限公司 1.15%（非流通股）
	流通B			北京新恒基投资管理集团有限公司 1.05%（非流通股）
	流通H			刘锐明 0.45%（流通A股）
股东户数	05年末	16722		何平 0.34%（流通A股）
	04年末	17237		上海金梦经济发展有限公司 0.29%（非流通股）
其他流通股东	任广英 0.272%;刘晖 0.147%;张燕京 0.141%;郁典秀 0.139%;黄京 0.138%;江苏紫金饭店有限公司 0.129%			
近年分配		近年募资		

二〇〇五年以来市场表现

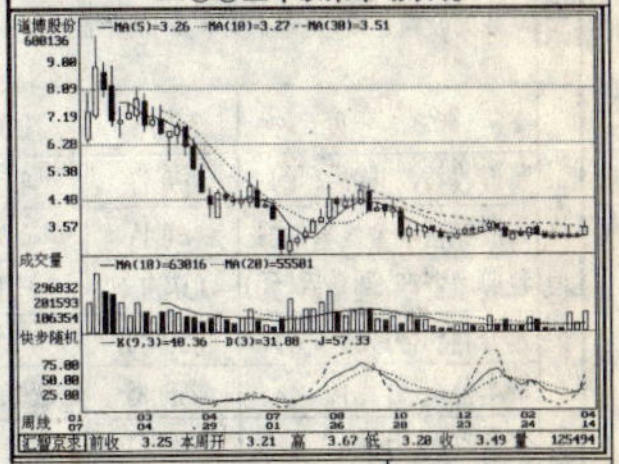

2005年涨跌幅(%)	-47.6
2005年最高(元)	9.9
2006年涨跌幅(%)	3.25
2006.4.26收盘(元)	3.49
2006年最高(元)	3.7
2006年最低(元)	3.08
2006年换手率(%)	218.02
股改对价	

*ST 长控（600137）

上市日期:98/04/16　　电话:0831－7115019　　传真:0831－7115019

主营	生产销售工业包装用纸，纸张检测仪器以及造纸技术咨询服务。

	年　度	2005	2004	2003
主要指标	每股收益/扣除后(元)	-0.798/-0.737	-0.517	0.053/-0.919
	每股经营现金流量(元)	-0.995	0.016	0.926
	每股净资产/调整后(元)	-9.64/-9.66	-8.43/-8.45	-8.46/-8.48
	未分利润(万元)	-79231.64	-74387.03	-71758.02
	资本公积(万元)	17982.15	17956.61	13330.78
利润构成	主营收入(万元)	1663.65	4803.69	6606.31
	主营利润(万元)	677.46	283.55	628.92
	营业利润(万元)	-7388.68	-4318.87	-5873.55
	投资收益(万元)	-87.46	-29.96	36.75
	利润总额(万元)	-7484.14	-4417	290.39
	净利润(万元)	-4844.6	-3140.98	320.7

点评	公司由于背负沉重的债务负担以及环保的原因，造纸业务已停产。公司已将大部分资产及部分负债投入到宜宾中元造纸有限责任公司。已存在退市风险警示，要化解公司风险，取决于公司债务重组、资产重组、股改能否在2006年内完成，否则将退市。

	截止日期	05年末	占%	主要股东及持股比例%、持股性质
股本结构（万股）	总股本	6071.13		四川省政府国有资产监督管理委员会 57.11%（国有股）
	国有股	3467.13	57.11	深圳有色金属财务公司 1.98%（非流通股）
	发起股	864	14.23	深圳能源投资股份有限公司 1.98%（国有股）
	外资股			深圳市旭能投资有限公司 1.98%（非流通股）
	募集股			成都嘉泰投资有限公司 1.98%（非流通股）
	流通A	1740	28.66	深圳中投信息咨询公司 1.98%（非流通股）
	流通B			金玉龙 0.65%（流通A股）
	流通H			上海嘉年华纺织品有限公司 0.41%（非流通股）
股东户数	05年末	6218		四川省长江木业总公司 0.4%（国有股）
	04年末	6881		上海高盈投资咨询有限公司 0.4%（非流通股）
其他流通股东	周莲枝 0.337%；陈黎 0.316%；田秀文 0.305%；万中华 0.275%；田秀琴 0.229%；蓝建秋 0.219%；欧阳小龙 0.214%			
近年分配		近年募资		

二〇〇五年以来市场表现

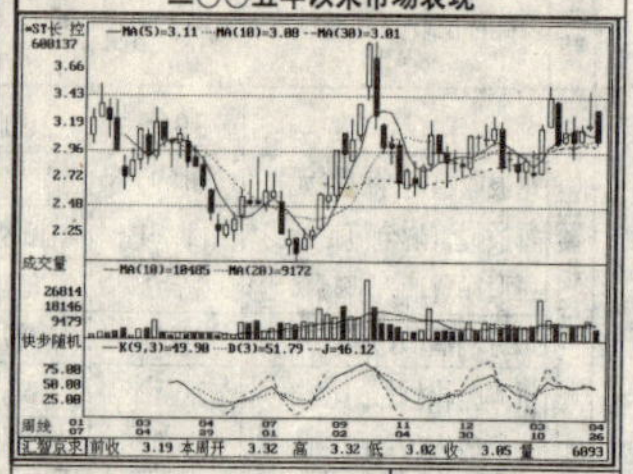

2005年涨跌幅(%)	-2.22
2005年最高(元)	3.9
2006年涨跌幅(%)	-1.29
2006.4.26收盘(元)	3.05
2006年最高(元)	3.52
2006年最低(元)	2.68
2006年换手率(%)	89.48
股改对价	

G 中青旅（600138）

上市日期:97/12/03　　电话:010－58158702　　传真:010－58158708

主营	旅游、高科技、风险投资领域的投资、旅游服务、高新技术产品开发和技术服务。

	年　度	2005	2004	2003
主要指标	每股收益/扣除后(元)	0.231/0.2	0.27	0.122/-0.107
	每股经营现金流量(元)	-1.198	0.19	0.16
	每股净资产/调整后(元)	4.69/4.66	4.63/4.61	4.37/4.33
	未分利润(万元)	25792.65	23749.65	22421.56
	资本公积(万元)	60804.05	60767.51	60637.89
利润构成	主营收入(万元)	230750.38	174490.67	109774.83
	主营利润(万元)	25049.78	16596.98	11785.39
	营业利润(万元)	6615.58	3007.46	-4854.26
	投资收益(万元)	148.09	4758.45	7914.32
	利润总额(万元)	6933.31	7815.69	3290.8
	净利润(万元)	6172.94	7216.58	3250.31

点评	2005年，公司主营业务实现主营业务收入和主营利润都大幅增长。由于旅行社激烈，毛利率自2001年依赖一直处于下降状态，目前公司毛利率基本趋稳。为了增强竞争力目前公司致力于拉长产业链条，置入经济型酒店和景区业务。

	截止日期	05年末	占%	主要股东及持股比例%、持股性质
股本结构（万股）	总股本	26700		中国青年旅行社总社 25.87%（国有股）
	国有股			嘉事堂药业股份有限公司 8.13%（国有股）
	发起股	11679.63	43.74	北京国寿投资管理有限公司 7.39%（国有股）
	外资股			深圳明思克航母世界实业有限公司 5.64%（非流通股）
	募集股			中国东方资产管理公司 2.74%（国有股）
	流通A	11700	43.82	广西壮族自治区青年联合会 1.85%（国有股）
	流通B			苏州市区农村信用合作社联合社 1.74%（国有股）
	流通H			中国农业银行 1.63%（国有股）
股东户数	05年末	42634		中国人寿保险(集团)公司－传统－普通保险产品 0.72%（流通A股）
	04年末	41234		中国信达资产管理公司 0.6%（国有股）
其他流通股东	交通银行－湘财合丰价值优化型稳定类行业基金 0.418%；北京资和信担保有限公司 0.411%			
近年分配	05方案:10派1.2；04年:10派1.8	近年募资		

二〇〇五年以来市场表现

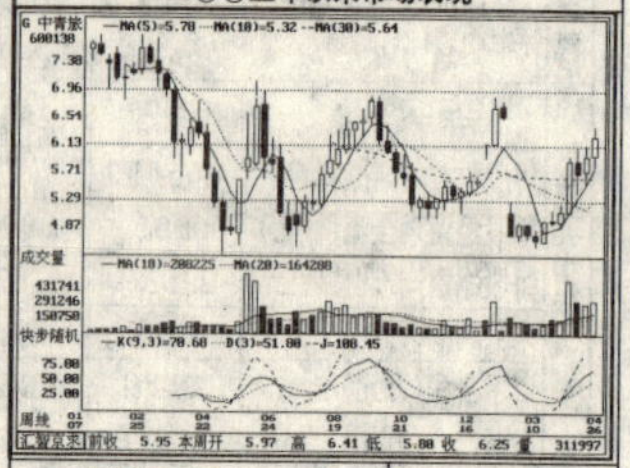

2005年涨跌幅(%)	-23.71
2005年最高(元)	7.8
2006年涨跌幅(%)	45.61
2006.4.26收盘(元)	6.25
2006年最高(元)	8.33
2006年最低(元)	5.92
2006年换手率(%)	189.61
股改对价	送股 每10股实际获得3股(06/02/16)

绵阳高新（600139）

上市日期:98/02/25　　电话:0838－2826498　　传真:0838－2821217

主营	基础设施建设、房地产开发和市政维护

	年　度	2005	2004	2003
主要指标	每股收益/扣除后(元)	-0.73	0.16	0.11/-0.542
	每股经营现金流量(元)	-0.15	0.38	0.69
	每股净资产/调整后(元)	0.74/0.4	1.47/1.28	1.29/1.28
	未分利润(万元)	-5187.01	367.96	-8313.53
	资本公积(万元)	2516.85	2505.97	8302.07
利润构成	主营收入(万元)	5487.67	15951.22	13304.89
	主营利润(万元)	554.08	2172.34	448.08
	营业利润(万元)	-5737.3	1176	-2246.83
	投资收益(万元)	-11.76	82.29	1089.19
	利润总额(万元)	-5543.1	1395.6	828.59
	净利润(万元)	-5554.97	1189.05	816.98

点评	公司历经近一年半的重组，基本面获得极大改观。主要业务基础设施建设和房地产开发开始有起色，但是公司的资金回笼和诉讼案件都对公司短期经营造成压力，未来企业的发展之路还不甚清晰。

	截止日期	05年末	占%	主要股东及持股比例%、持股性质
股本结构（万股）	总股本	7601.02		绵阳高新区投资控股集团有限责任公司 28.94%（国有股）
	国有股	2200	28.94	上海银润投资有限公司 21.05%（非流通股）
	发起股	2461.02	32.38	绵阳市华力达房地产开发有限公司 9.1%（非流通股）
	外资股			四川鼎天集团有限公司 2.22%（非流通股）
	募集股			苏成美 0.33%（流通A股）
	流通A	2940	38.68	朱素凤 0.26%（流通A股）
	流通B			陈卫星 0.26%（流通A股）
	流通H			丁洁 0.23%（流通A股）
股东户数	05年末	9919		蔡清林 0.22%（流通A股）
	04年末	8710		宾树雄 0.17%（流通A股）
其他流通股东	徐燕 0.158%；宋晓燕 0.147%；黄素华 0.145%；朱见贤 0.134%			
近年分配		近年募资		

二〇〇五年以来市场表现

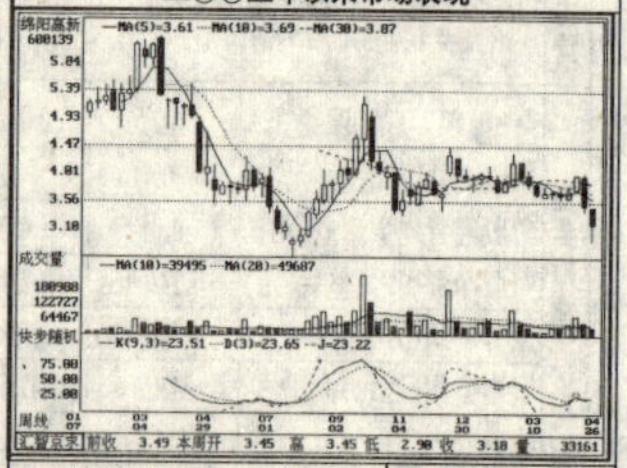

2005年涨跌幅(%)	-19.43
2005年最高(元)	6.3
2006年涨跌幅(%)	-19.29
2006.4.26收盘(元)	3.18
2006年最高(元)	4.34
2006年最低(元)	2.9
2006年换手率(%)	238.54
股改对价	

G兴发（600141）

上市日期:99/06/16　　电话:0717－2582609　　传真:0717－2582619

主营	黄磷、三聚磷酸钠以及六偏磷酸钠等磷化工产品的制造和销售。		
年　　度	2005	2004	2003
每股收益/扣除后(元)	0.21/0.21	0.19/0.19	0.13/0.129
每股经营现金流量(元)	1.33	0.7	1.17
每股净资产/调整后(元)	3.26/3.23	3.08/3.07	2.85/2.82
未分利润(万元)	8658.41	6631.11	4093.01
资本公积(万元)	21617.19	21318.89	20139.05
主营收入(万元)	121094.29	100588.37	68562.19
主营利润(万元)	23907.61	19701.47	13514.02
营业利润(万元)	5551.77	4635.93	3256.97
投资收益(万元)	9.88	0.32	19.8
利润总额(万元)	5461.74	4516.9	3220.72
净利润(万元)	3326.24	2983.44	2020.79

（主要指标：每股收益至资本公积；利润构成：主营收入至净利润）

点评 目前上市公司中唯一的矿电磷一体化的磷化工企业。公司在2005年经受了国内磷化工市场大幅波动的考验，全年业绩实现稳步增长。在三聚磷酸钠产品毛利率下降的情况下，黄磷和六偏磷酸钠产品毛利率的提升保证了公司整体盈利的稳步增长。

股本结构（万股）截止日期	05年末	占%	主要股东及持股比例%、持股性质
总股本	16000		宜昌兴发集团有限责任公司 30.49%（国有股）
国有股	4878	30.49	兴山县水电专业公司 21.16%（非流通股）
发起股	3486	21.79	宜昌市夷陵国有资产经营有限公司 9.38%（国有股）
外资股			宜昌泰兴化工有限公司 6.25%（非流通股）
募集股	2136	13.35	兴山县高岚河电业有限责任公司 6.25%（非流通股）
流通A	4000	25	湖北双环化工集团有限公司 0.63%（非流通股）
流通B			华资资产管理有限公司 0.41%（非流通股）
流通H			李伟杰 0.15%（流通A股）
股东户数 05年末	17994		金焕书 0.15%（流通A股）
股东户数 04年末	18529		宜昌县亚兴商贸有限公司 0.125%（非流通股）

其他流通股东：刘吉波 0.122%；左子悠 0.114%；俞飞 0.108%；姜少敏 0.104%；华云荣 0.097%；马腾芳 0.083%；蔡绍敏 0.078%

近年分配：05预案:10派1；04年:10派0.5　　近年募资：

二〇〇五年以来市场表现

2005年涨跌幅(%)	-10.55
2005年最高(元)	5.95
2006年涨跌幅(%)	55.68
2006.4.26收盘(元)	5.42
2006年最高(元)	7.97
2006年最低(元)	4.67
2006年换手率(%)	168.95
股改对价	送股 每10股实际获得3.5股(06/04/05)

G金发（600143）

上市日期:04/06/23　　电话:020－87037333　　传真:020－87037827

主营	改性塑料的研发、生产和销售。		
年　　度	2005	2004	2003
每股收益/扣除后(元)	0.72/0.68	0.6	0.712/0.683
每股经营现金流量(元)	0.44	-0.79	0.14
每股净资产/调整后(元)	4.15/4.14	4.73/4.73	2.41
未分利润(万元)	25909.09	16759.73	14183.82
资本公积(万元)	38925.73	43995.73	1184.34
主营收入(万元)	345487.33	239157.57	156050.7
主营利润(万元)	35426.53	24647.18	19054.97
营业利润(万元)	18455.96	12060.52	10390.48
投资收益(万元)			
利润总额(万元)	18316.57	12033.28	10445.59
净利润(万元)	16353.5	10465.43	9251.9

点评 公司凭借其低价、优质的产品在和国外企业的竞争中占得稳固的市场份额。公司2005年净利润同比增长超过50%，经营业绩良好。随着改性塑料需求持续增长以及公司产能扩张，预计未来两年公司业绩还将保持较快增长。

股本结构（万股）截止日期	05年末	占%	主要股东及持股比例%、持股性质
总股本	22750		袁志敏 21.58%（非流通股）
国有股			宋子明 13.41%（非流通股）
发起股			熊海涛 7.6%（非流通股）
外资股			夏世勇 4.72%（非流通股）
募集股			李南京 4.33%（非流通股）
流通A	7605	33.43	丰和价值证券投资基金 3.09%（流通A股）
流通B			国联安德盛小盘精选证券投资基金 1.81%（流通A股）
流通H			张振广 1.54%（非流通股）
股东户数 05年末	8567		南方避险增值基金 1.52%（流通A股）
股东户数 04年末	11926		久富证券投资基金 1.41%（流通A股）

其他流通股东：泰和证券投资基金 1.164%；同益证券投资基金 0.887%；全国社保基金一零四组合 0.848%

近年分配：05方案:10派0.5转增4；04年:10派2转增3　　近年募资：04年新发4500万股，发行价10.93元。

二〇〇五年以来市场表现

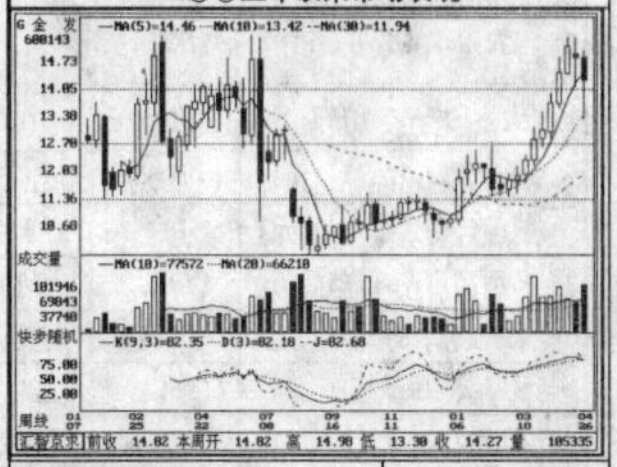

2005年涨跌幅(%)	44.7
2005年最高(元)	20.1
2006年涨跌幅(%)	31.52
2006.4.26收盘(元)	14.27
2006年最高(元)	15.3
2006年最低(元)	10.62
2006年换手率(%)	157.66
股改对价	送股 派现 每10股实际获得3股2元(05/08/09)

四维瓷业（600145）

上市日期:99/09/23　　电话:023－61088888　　传真:023－61088999

主营	自产自销陶瓷制品，复合材料浴缸，塑料制品，搪瓷制品，灰砂砖，水泥预制构件和销售普通机械，仪器。		
年　　度	2005	2004	2003
每股收益/扣除后(元)	0.029	0.054	0.088/0.082
每股经营现金流量(元)	0.027	0.041	0.12
每股净资产/调整后(元)	1.48/1.48	1.46/1.45	1.41/1.39
未分利润(万元)	9808.01	8962.49	7419.57
资本公积(万元)	3207.82	3183.38	3180.66
主营收入(万元)	36829.32	36779.16	32909.85
主营利润(万元)	11275.16	14111	11476.28
营业利润(万元)	1747.25	3091	3837.58
投资收益(万元)	-488.5	-328.93	-78.08
利润总额(万元)	1216	2321.4	3674.65
净利润(万元)	1021.56	1883.02	3065.49

点评 2005年，受原燃材料价格上涨、人工成本上升以及产品价格下跌影响，公司产品盈利能力大幅下降，主营收入增长缓慢，净利润同比大幅下降。

股本结构（万股）截止日期	05年末	占%	主要股东及持股比例%、持股性质
总股本	34650		青海中金创业投资有限公司 28.69%（非流通股）
国有股	9645.73	27.84	重庆轻纺控股(集团)公司 27.84%（国有股）
发起股	12530.27	36.16	重庆万吉实业发展有限公司 5.38%（非流通股）
外资股			四川石油输气广汉公用实业开发公司 1.08%（非流通股）
募集股			广州科技风险投资有限公司 0.84%（流通A股）
流通A	12474	36	重庆天和洁具有限公司 0.75%（非流通股）
流通B			成都千道建设综合开发总公司 0.27%（国有股）
流通H			张文秀 0.12%（流通A股）
股东户数 05年末	33889		陈琼 0.1%（流通A股）
股东户数 04年末	38480		黄卫芳 0.09%（流通A股）

其他流通股东：陈卫建 0.09%；刘忠义 0.085%；陈玲 0.082%；俞关弟 0.081%；黄化勇 0.081%；瞿渝峰 0.08%

近年分配：　　近年募资：

二〇〇五年以来市场表现

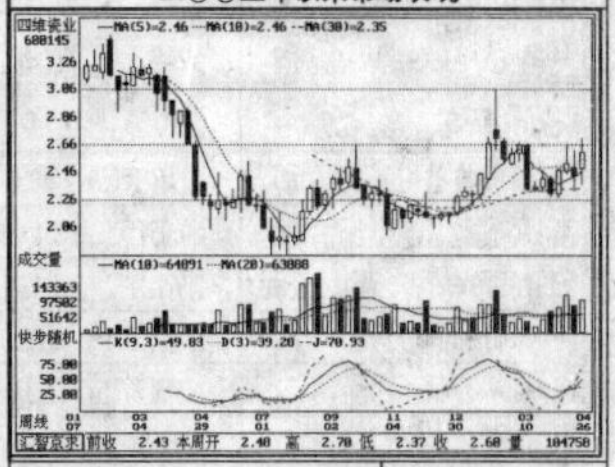

2005年涨跌幅(%)	-27.62
2005年最高(元)	3.46
2006年涨跌幅(%)	14.04
2006.4.26收盘(元)	2.6
2006年最高(元)	3.05
2006年最低(元)	2.21
2006年换手率(%)	89.51
股改对价	

G＊ST 大元（600146）

上市日期:99/07/07　　电话:010－82332716　　传真:010－82332713

主营	生产销售工程用塑料板材、管材、异型材、电线、电缆。			
	年　度	2005	2004	2003
主要指标	每股收益/扣除后(元)	0.037/0.005	－0.185	-0.012/-0.027
	每股经营现金流量(元)	0.132	0.088	0.093
	每股净资产/调整后(元)	1.65/1.64	1.6/1.59	1.79/1.78
	未分利润(万元)	432.5	－13870.2	－10177.9
	资本公积(万元)	12156.86	25028.43	25028.43
利润构成	主营收入(万元)	7647.91	4231.73	3186.44
	主营利润(万元)	1323.46	－50.15	320.27
	营业利润(万元)	532.31	－4220.9	－446.42
	投资收益(万元)	315.19	249.6	124.45
	利润总额(万元)	860.37	－3963.16	－304.93
	净利润(万元)	741.54	－3692.3	－246.54
点评	2005年公司的苹果酸等主要产品的销量都有较大幅度的增长,同时通过技改降低了生产成本,使公司实现了扭亏为盈。未来随着塑料建材推广应用的步伐加快,以及国家鼓励节能材料的政策支持,公司生产的环保型塑料建材有望得到更快的发展。			

	截止日期	05年末	占%	主要股东及持股比例%、持股性质
股本结构（万股）	总股本	20000		宁夏回族自治区综合投资公司 70%（国有股）
	国有股	14000	70	龙信投资 0.35%（流通A股）
	发起股			华尔投资 0.3%（流通A股）
	外资股			陈涵 0.26%（流通A股）
	募集股			陈胜 0.25%（流通A股）
	流通A	6000	30	刘广辉 0.22%（流通A股）
	流通B			杨晓明 0.2%（流通A股）
	流通H			陈为增 0.18%（流通A股）
股东户数	05年末	11006		魏云波 0.18%（流通A股）
	04年末	15072		陈卫国 0.16%（流通A股）
其他流通股东	孟禅金 0.152%			
近年分配		近年募资		

二〇〇五年以来市场表现

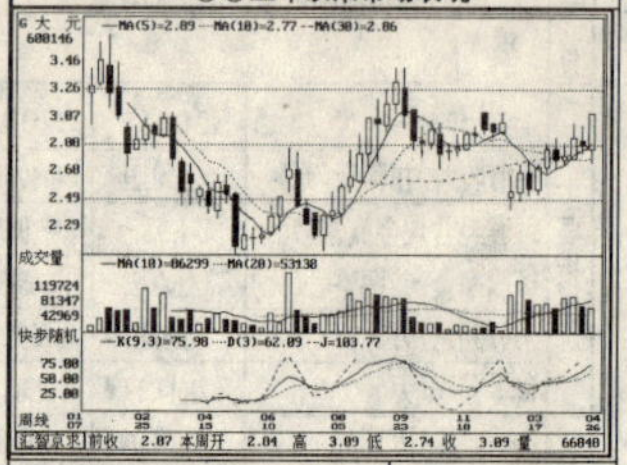

2005年涨跌幅(%)	－6.19
2005年最高(元)	3.65
2006年涨跌幅(%)	34.61
2006.4.26收盘(元)	3.09
2006年最高(元)	4.08
2006年最低(元)	3.18
2006年换手率(%)	108.96
股改对价	无形资产重组 送股 每10股实际获得3.2股(06/02/23)

长春一东（600148）

上市日期:98/05/20　　电话:0431－5158520　　传真:0431－5174234

主营	生产和销售重、中、客、轻、轿、微等各种型号的汽车离合器,农用车离合器;各种铝 、锌压铸件。			
	年　度	2005	2004	2003
主要指标	每股收益/扣除后(元)	0.015/0.029	0.116/0.119	0.141/0.129
	每股经营现金流量(元)	－0.15	0.03	0.07
	每股净资产/调整后(元)	1.98/1.93	2/1.93	1.96/1.91
	未分利润(万元)	2945.87	3292.77	1917.07
	资本公积(万元)	9064.45	9044.95	9006.36
利润构成	主营收入(万元)	36278.43	30200.05	25599.97
	主营利润(万元)	5740.09	6924.61	7166.25
	营业利润(万元)	582.87	2239.71	2715.39
	投资收益(万元)			
	利润总额(万元)	307.89	2179.62	2690.64
	净利润(万元)	214.69	1642.34	1995.09
点评	公司主要收入来源是摩托车、特种车业务和动力及园林机械业务,其中摩托车、特种车业务所占比重较大,但动力及园林机械盈利能力较强,利润贡献占比接近一半;摩托车、特种车业务则由于市场需求增长有限,竞争激烈,增长相对较慢。			

	截止日期	05年末	占%	主要股东及持股比例%、持股性质
股本结构（万股）	总股本	14151.65		吉林东光集团有限公司 43%（国有股）
	国有股	9951.65	70.32	中国第一汽车集团有限公司 27.32%（国有股）
	发起股			刘永 0.547%（流通A股）
	外资股			余长清 0.466%（流通A股）
	募集股			蒋明 0.193%（流通A股）
	流通A	4200	29.68	白玉才 0.143%（流通A股）
	流通B			李晓东 0.117%（流通A股）
	流通H			周斌 0.083%（流通A股）
股东户数	05年末	22993		蒋思华 0.077%（流通A股）
	04年末	25352		苏建民 0.074%（流通A股）
其他流通股东	孙孟林 0.071%;沈忠明 0.071%			
近年分配	05方案:10派0.22;04年:10派0.37;03年:10派0.8	近年募资		

二〇〇五年以来市场表现

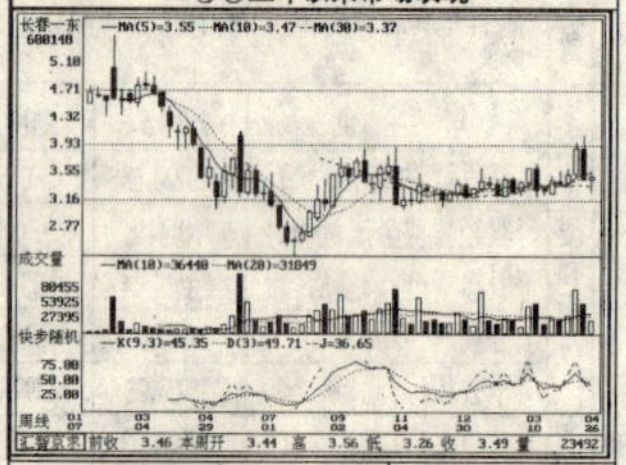

2005年涨跌幅(%)	－30.54
2005年最高(元)	5.49
2006年涨跌幅(%)	9.06
2006.4.26收盘(元)	3.49
2006年最高(元)	4.07
2006年最低(元)	3.2
2006年换手率(%)	128.4
股改对价	

华夏建通（600149）

上市日期:99/10/14　　电话:010－85910660　　传真:010－85910770

主营	各类轧辊的设计制造及销售			
	年　度	2005	2004	2003
主要指标	每股收益/扣除后(元)	-0.029/-0.029	0.037	0.113/0.123
	每股经营现金流量(元)	0.059	0.276	－0.27
	每股净资产/调整后(元)	1.9/1.88	1.93/1.89	1.9/1.78
	未分利润(万元)	10322.35	11223.22	10436.31
	资本公积(万元)	12373.76	12373.76	12372.75
利润构成	主营收入(万元)	9848.88	15237.29	31382.34
	主营利润(万元)	1798.24	4292.28	8237.28
	营业利润(万元)	－344.71	785.37	3796.85
	投资收益(万元)	－446.18	553.57	1100.95
	利润总额(万元)	－793.2	1267.95	4343.61
	净利润(万元)	－900.87	1133.69	3458.11
点评	公司与铁通合资电信内容服务业务2005年进展不大,原主营业务轧辊受成本高企压力也状况不佳,致使2005年业绩大幅下滑。公司仍处转型期间,前景不太明朗。公司尚未股改,未来值得期待。			

	截止日期	05年末	占%	主要股东及持股比例%、持股性质
股本结构（万股）	总股本	30564		华夏建通科技开发集团有限责任公司 29%（国有股）
	国有股	17383.1	56.87	邢台机械轧辊(集团)有限公司 16.27%（国有股）
	发起股	760.9	2.49	江西洪都航空工业股份有限公司 11.6%（国有股）
	外资股			邢台顺达实业公司 1.89%（非流通股）
	募集股			河北省信息产业投资有限公司 0.61%（非流通股）
	流通A	12420	40.64	苏州南方金鹏投资发展有限公司 0.19%（流通A股）
	流通B			郑金香 0.13%（流通A股）
	流通H			倪大曲 0.13%（流通A股）
股东户数	05年末	30916		王彩云 0.11%（流通A股）
	04年末	32575		刘浩涛 0.09%（流通A股）
其他流通股东	阎伟 0.095%;王义梅 0.092%;陈日新 0.088%;高腾飞 0.087%;高明生 0.085%			
近年分配		近年募资		

二〇〇五年以来市场表现

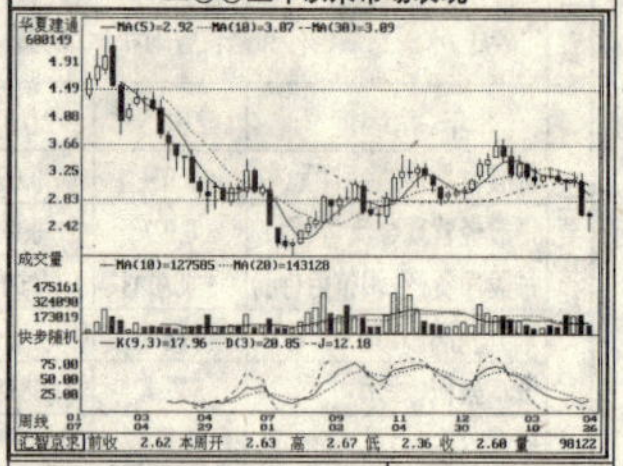

2005年涨跌幅(%)	－32.43
2005年最高(元)	5.32
2006年涨跌幅(%)	－12.75
2006.4.26收盘(元)	2.6
2006年最高(元)	3.87
2006年最低(元)	2.36
2006年换手率(%)	197.98
股改对价	

G 重机（600150）

上市日期:98/05/20　电话:021－58461891　传真:021－38710103

主营	设计、制造和销售各种类型船用大功率柴油机及备配件、铸锻件。			
主要指标	年　度	2005	2004	2003
	每股收益/扣除后(元)	0.561/0.543	0.342	0.167/0.131
	每股经营现金流量(元)	1.443	1.822	0.829
	每股净资产/调整后(元)	2.97/2.96	2.53/2.51	2.17/2.14
	未分利润(万元)	8681.52	2666.96	-1715.56
	资本公积(万元)	29449.96	29547.24	29429.41
利润构成	主营收入(万元)	142328.42	115174.74	95778.99
	主营利润(万元)	-24504.79	16492.66	10120.4
	营业利润(万元)	15828.19	8795.33	4513.18
	投资收益(万元)	8.43	-12.65	360.4
	利润总额(万元)	16180.61	9439.91	4941.1
	净利润(万元)	13555.53	8259.82	4038.84
点评	2005年,公司业绩快速增长。近三年船用柴油机仍供不应求。2006年公司将抓住船舶工业持续发展的有利契机,继续实施"模块配套、总装造机"模式和集约型管理方式,积极支持临港柴油机基地的筹建工作,争取实现快速发展。			

	截止日期	05年末	占%	主要股东及持股比例%、持股性质
股本结构（万股）	总股本	24149.31		沪东中华造船(集团)有限公司 43.25%（国有股）
	国有股	13985.31	57.91	上船澄西船舶有限公司 14.66%（国有股）
	发起股			华夏成长 2.49%（流通A股）
	外资股			日兴母基金 2.31%（流通A股）
	募集股			普丰基金 2.08%（流通A股）
	流通A	10164	42.09	社保基金 1.88%（流通A股）
	流通B			湘财荷银行业 1.87%（流通A股）
	流通H			保险产品 1.13%（流通A股）
股东户数	05年末	16372		通乾基金 1.05%（流通A股）
	04年末	28771		金鹰中小盘 0.96%（流通A股）
其他流通股东	长盛成长价值 0.852%；银丰基金 0.775%			
近年分配	05预案:10派2；04年:10派1.2		近年募资	

二〇〇五年以来市场表现

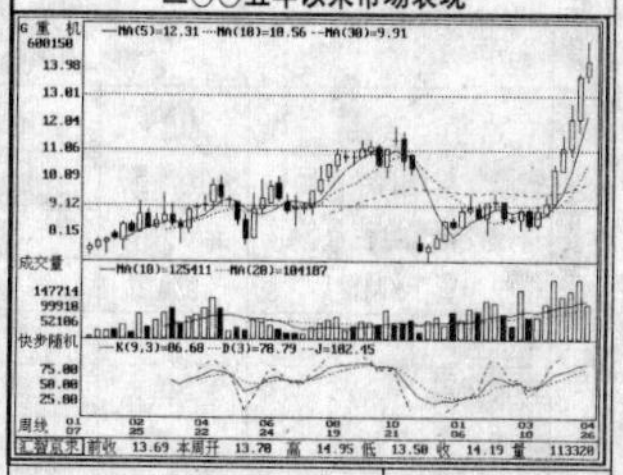

2005年涨跌幅(%)	48.76
2005年最高(元)	11.97
2006年涨跌幅(%)	69.94
2006.4.26收盘(元)	14.19
2006年最高(元)	14.95
2006年最低(元)	8.1
2006年换手率(%)	179.15
股改对价	送股 每10股实际获得3.2股(05/11/30)

G 航天（600151）

上市日期:98/06/05　电话:021－64827176　传真:021－64827177

主营	研制、开发卫星及卫星应用、运载火箭应用及其他民用航天相关产品,研制、生产和销售汽车空调器、传感器、电机、自动天线等汽车零部件。			
主要指标	年　度	2005	2004	2003
	每股收益/扣除后(元)	0.138	0.224	0.213/0.18
	每股经营现金流量(元)	0.401	0.273	0.338
	每股净资产/调整后(元)	2.68/2.56	2.69/2.6	2.76/2.74
	未分利润(万元)	4575.25	8004.49	1355.04
	资本公积(万元)	53132.9	52964.12	55695.06
利润构成	主营收入(万元)	180319	175774.36	192715.87
	主营利润(万元)	34676.32	36255.8	46620.72
	营业利润(万元)	12481.06	14654.06	19171.79
	投资收益(万元)	450.34	2967.35	2372.94
	利润总额(万元)	13330.29	18616.64	21204.63
	净利润(万元)	6458.09	10457.5	9975.88
点评	2005年,国内汽车市场频繁、大幅降价,基础原材料价格持续上涨,导致公司业绩下滑较快。2006年,国内整车市场逐步回暖,公司将依托航天技术优势,优化产业结构,形成汽配、新能源、压力容器应用同步发展,卫星应用形成新突破的产业格局。			

	截止日期	05年末	占%	主要股东及持股比例%、持股性质
股本结构（万股）	总股本	46784		上海航天工业总公司 58.54%（国有股）
	国有股			上海新光电讯厂 5.44%（国有股）
	发起股	32640	69.77	上海舒乐电器总厂 5.38%（国有股）
	外资股			申银万国证券股份有限公司 3.08%（流通A股）
	募集股			金鑫证券投资基金 1.31%（流通A股）
	流通A	14144	30.23	中国建设银行——国泰金马稳健回报证券投资基金 0.84%（流通A股）
	流通B			中国工商银行——金泰证券投资基金 0.75%（流通A股）
	流通H			全国社保基金——组合 0.71%（流通A股）
股东户数	05年末	38390		上海仪表厂有限责任公司 0.41%（国有股）
	04年末	49486		交通银行——国泰金鹰增长证券投资基金 0.41%（流通A股）
其他流通股东	陈安琪 0.107%；孙宝权 0.102%；上海未来经济发展有限公司 0.098%			
近年分配	05预案:10派2转增6；04年:10派1.5；03年:10派2		近年募资	

二〇〇五年以来市场表现

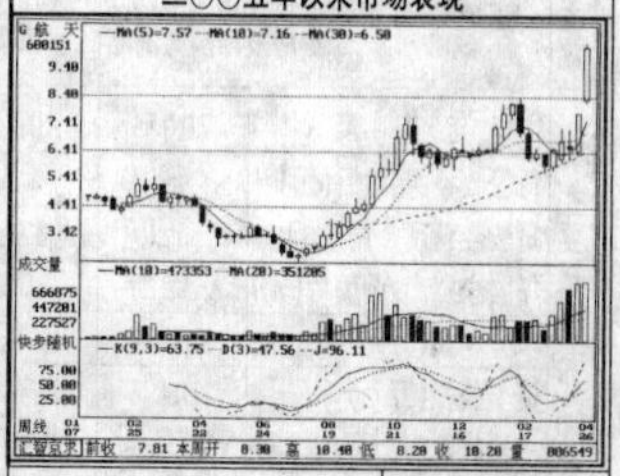

2005年涨跌幅(%)	39.87
2005年最高(元)	7.81
2006年涨跌幅(%)	107.78
2006.4.26收盘(元)	10.2
2006年最高(元)	13.73
2006年最低(元)	5.68
2006年换手率(%)	343.05
股改对价	送股 每10股实际获得3.2股(06/04/07)

维科精华（600152）

上市日期:98/06/09　电话:0574－87341480　传真:0574－87279527

主营	生产涤纶缝纫线、人造丝绣花线、高档纯棉丝光烧毛纱线、纱包线、针织衫、各类民用、工业用带等。			
主要指标	年　度	2005	2004	2003
	每股收益/扣除后(元)	0.111/0.061	0.172	0.16/0.114
	每股经营现金流量(元)	0.1639	0.5276	0.5305
	每股净资产/调整后(元)	2.43/2.4	2.37/2.34	2.25/2.23
	未分利润(万元)	13940.44	13069.74	10169.38
	资本公积(万元)	21531.57	21226.9	21290.25
利润构成	主营收入(万元)	255941.76	198412.7	154585.97
	主营利润(万元)	23104.18	22117.58	21100.33
	营业利润(万元)	4339.07	6134.3	8282.7
	投资收益(万元)	996.41	846.25	-5
	利润总额(万元)	5852.32	8594.94	10404.86
	净利润(万元)	3265.13	5037.5	4703.71
点评	2005年,因国家正式取消了对纺织品出口的配额限制,使得公司产品出口面临着更加激烈的价格竞争。由于人民币汇率持续升值,对公司纺织品出口竞争力产生了不利影响,公司虽然实现收入大幅增长,但其利润反而下降。			

	截止日期	05年末	占%	主要股东及持股比例%、持股性质
股本结构（万股）	总股本	29349.42		维科控股集团股份有限公司 29.7%（国有股）
	国有股	10516.92	35.83	宁波工业投资有限责任公司 17.5%（国有股）
	发起股			宁波纺织(控股)集团有限公司 6.13%（国有股）
	外资股			伊藤忠商事株式会社 2.66%（外资股）
	募集股	7735	26.35	上海南方房地产有限公司 1.46%（非流通股）
	流通A	11097.5	37.81	杭州一生贸易有限公司 0.93%（非流通股）
	流通B			杭州天目山药业股份有限公司 0.89%（非流通股）
	流通H			宁波银盛投资发展有限公司 0.87%（非流通股）
股东户数	05年末	60802		海南普林投资管理有限公司 0.68%（非流通股）
	04年末	65064		上海佳事达贸易有限责任公司 0.37%（非流通股）
其他流通股东	陈洛凡 0.132%；殷毅 0.097%；陈永福 0.082%；金暂根 0.081%；王卫东 0.078%；李时女 0.075%；任婷 0.074%			
近年分配	05预案:10派0.6；04年:10派0.6；03年:10派0.5		近年募资	

二〇〇五年以来市场表现

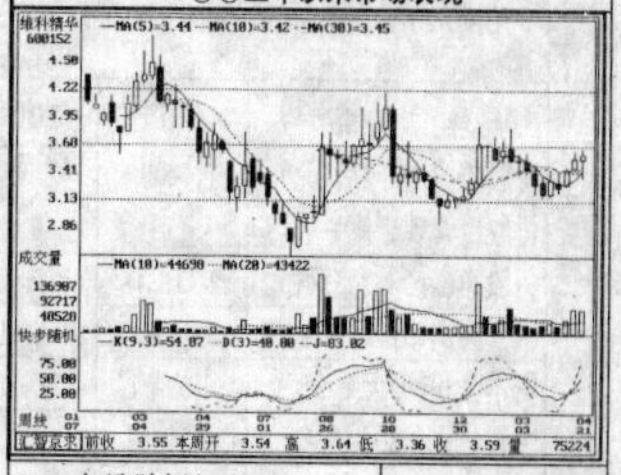

2005年涨跌幅(%)	-25.69
2005年最高(元)	4.77
2006年涨跌幅(%)	12.89
2006.4.26收盘(元)	3.59
2006年最高(元)	3.87
2006年最低(元)	3.17
2006年换手率(%)	68.46
股改对价	送股 每10股实际获得2.5股

G 建发（600153）

上市日期:98/06/16　电话:0592－2132319　传真:0592－2132319

主营	进出口贸易及物流配套服务、房地产开发及物业、实业投资

	年　度	2005	2004	2003
主要指标	每股收益/扣除后(元)	0.345/0.207	0.5	0.51/0.42
	每股经营现金流量(元)	0.97	0.18	0.81
	每股净资产/调整后(元)	4.23/4.21	4.23/4.22	6.46/6.27
	未分利润(万元)	45727.77	48185.3	41177.95
	资本公积(万元)	134641.39	134493.83	157525.04
利润构成	主营收入(万元)	1578219.25	1437779.89	917648.78
	主营利润(万元)	60773.94	60803.51	45629.16
	营业利润(万元)	18716.89	32395.93	19040.99
	投资收益(万元)	3047.3	1473.85	2467.89
	利润总额(万元)	28895.08	39772.2	24449.66
	净利润(万元)	21287.19	30949.83	19519.84

点评　去年,我国外贸行业面临贸易摩擦愈演愈烈等负面因素,国内、国际上的不稳定因素给公司的经营带来了困难和挑战。在这种环境下,公司主营收入虽然保持了一定增长,但净利润出现了较大幅度下降。积极因素是公司财务状况有了一定改善。

	截止日期	05年末	占%	主要股东及持股比例%、持股性质
股本结构（万股）	总股本	61760		厦门建发集团有限公司 55.96%（国有股）
	国有股			中国工商银行－安信证券投资基金 2.3%（流通A股）
	发起股	34560	55.96	交通银行－华安创新证券投资基金 1.76%（流通A股）
	外资股			中国工商银行－兴业可转债混合型证券投资基金 0.55%（流通A股）
	募集股			交通银行－华安宝利配置证券投资基金 0.49%（流通A股）
	流通A	27200	44.04	五矿集团财务有限责任公司 0.37%（流通A股）
	流通B			兴业银行股份有限公司－兴业趋势投资混合型投资基金 0.36%（流通A股）
	流通H			中国工商银行－安瑞证券投资基金 0.36%（流通A股）
股东户数	05年末	45006		兴业证券股份有限公司 0.33%（流通A股）
	04年末	51543		中国工商银行－申万巴黎盛利精选投资基金 0.32%（流通A股）

其他流通股东：交通银行－安久证券投资基金 0.304%

近年分配：05 预案:10 派 4；04 年:10 派 3.5；03 年:10 派 5 转增 6　近年募资：03 年增发 A 股 9000 万股,发行价 8.93 元。

二〇〇五年以来市场表现

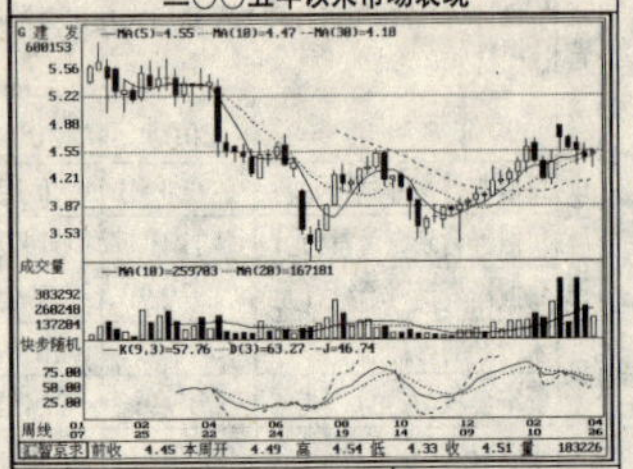

2005 年涨跌幅(%)	-17.1
2005 年最高(元)	5.9
2006 年涨跌幅(%)	19.26
2006.4.26 收盘(元)	4.51
2006 年最高(元)	5.16
2006 年最低(元)	4.11
2006 年换手率(%)	100.11
股改对价	送股 每 10 股实际获得 1 股(06/04/10)

G 宝硕（600155）

上市日期:98/09/18　电话:0312－3109607　传真:0312－3109605

主营	PE 农地膜、包装薄膜、PVC 管材管件、PVC 异型材及塑钢门窗、氯碱产品、木糖醇及糠醇等产品的生产和销售。

	年　度	2005	2004	2003
主要指标	每股收益/扣除后(元)	0.1	0.15	0.149/0.149
	每股经营现金流量(元)	-0.216	0.468	0.313
	每股净资产/调整后(元)	2.3/2.26	2.21/2.19	2.15/2.13
	未分利润(万元)	20159.12	18053.77	17223.73
	资本公积(万元)	24414.18	23753.81	23186.39
利润构成	主营收入(万元)	207554.78	198701.89	152197.3
	主营利润(万元)	27795.98	25270.34	22749.54
	营业利润(万元)	7168.39	8420.13	5940.96
	投资收益(万元)	-2498.23	-1521.69	-159.64
	利润总额(万元)	4677.26	6686.55	5798.18
	净利润(万元)	4134.89	6199.7	6159.76

点评　2005 年原油价格上涨、市场竞争加剧影响了公司塑料制品的生产和销售。而另一主要产品 PVC 由于价格下滑,其毛利率也出现下降。这些因素都对公司 2005 年盈利造成了一定影响。

	截止日期	05年末	占%	主要股东及持股比例%、持股性质
股本结构（万股）	总股本	41250		河北宝硕集团有限公司 53.71%（国有股）
	国有股	26030	63.1	中国信达资产管理公司 9.39%（国有股）
	发起股	3220	7.81	传化集团有限公司 7.81%（非流通股）
	外资股			顾丽娅 0.09%（流通A股）
	募集股			孙金钗 0.07%（流通A股）
	流通A	12000	29.09	丁胜利 0.07%（流通A股）
	流通B			陶国青 0.06%（流通A股）
	流通H			周俞光 0.05%（流通A股）
股东户数	05年末	53130		江苏天乐礼品有限公司 0.05%（流通A股）
	04年末	56718		李金华 0.05%（流通A股）

其他流通股东：傅武翔 0.048%；高峰 0.046%；陈芙莉 0.041%

近年分配：04 年:10 派 0.3；03 年:10 派 1　近年募资：

二〇〇五年以来市场表现

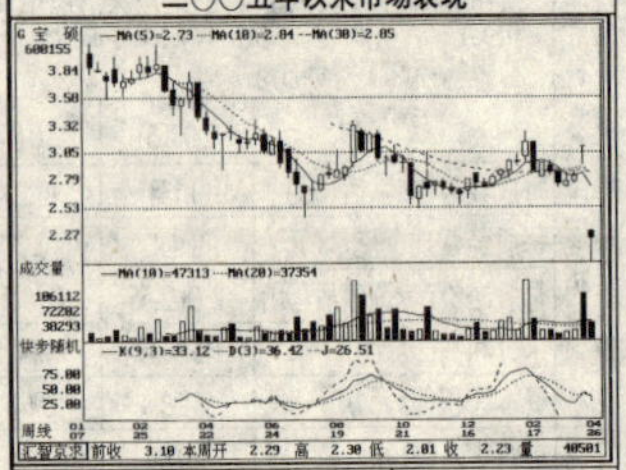

2005 年涨跌幅(%)	-31.42
2005 年最高(元)	4.1
2006 年涨跌幅(%)	9.86
2006.4.26 收盘(元)	2.23
2006 年最高(元)	3.24
2006 年最低(元)	2.69
2006 年换手率(%)	48.57
股改对价	送股 每 10 股实际获得 3.4 股(06/04/26)

华升股份（600156）

上市日期:98/05/27　电话:0731－5237867　传真:0731－5237861

主营	苎麻纺织品、服装及维尼纶系列产品的生产、销售与出口。

	年　度	2005	2004	2003
主要指标	每股收益/扣除后(元)	-0.448/0.01	0.019	-0.511/-0.43
	每股经营现金流量(元)	0.03	0.12	-0.04
	每股净资产/调整后(元)	1.43/1.43	1.88/1.88	1.86/1.85
	未分利润(万元)	474.59	-25084.69	-25947.96
	资本公积(万元)	16868.51	59545.94	59545.94
利润构成	主营收入(万元)	71245.68	84135.85	74954.3
	主营利润(万元)	3704.12	5086.12	-4241.72
	营业利润(万元)	700.97	712.6	-16970.23
	投资收益(万元)	-20347.65	115.64	759.38
	利润总额(万元)	-19551.49	827.15	-22365.21
	净利润(万元)	-19644.02	815.57	-22413.21

点评　2005 年,公司面临着人民币升值给公司产品出口带来的的一些负面影响等,出现了巨额亏损。2006 年,如果公司的经营业务继续保持不变的话,其还会呈现较差的经营业绩。

	截止日期	05年末	占%	主要股东及持股比例%、持股性质
股本结构（万股）	总股本	43890		湖南华升工贸进出口(集团)公司 66.35%（国有股）
	国有股	29120	66.35	湖南省益阳市财源建设投资有限公司 1.63%（非流通股）
	发起股	1170	2.67	中国服装集团公司 1.03%（非流通股）
	外资股			李国芬 0.13%（流通A股）
	募集股			吴畏 0.1%（流通A股）
	流通A	13600	30.99	徐常武 0.1%（流通A股）
	流通B			江星 0.1%（流通A股）
	流通H			粟有和 0.09%（流通A股）
股东户数	05年末	55102		四川宝兴三兴汉白玉开发有限公司 0.09%（流通A股）
	04年末	56550		王素芳 0.08%（流通A股）

其他流通股东：胡兵 0.082%；喻传文 0.076%；宋敏儿 0.073%

近年分配：　近年募资：

二〇〇五年以来市场表现

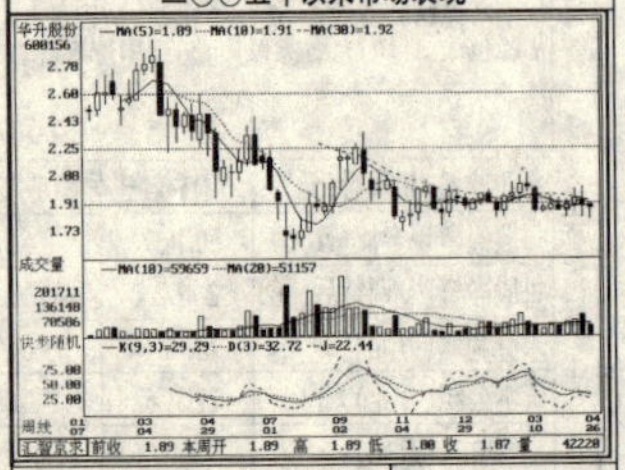

2005 年涨跌幅(%)	-24.5
2005 年最高(元)	2.95
2006 年涨跌幅(%)	-0.53
2006.4.26 收盘(元)	1.87
2006 年最高(元)	2.09
2006 年最低(元)	1.8
2006 年换手率(%)	66.25
股改对价	

鲁润股份（600157）

上市日期:98/05/13　电话:0538－6265679　传真:0538－8226885

主营：成品油经营、润滑油生产与销售、房地产业务开发、装饰装璜、兼营水泥生产销售、港口经营、金矿开采等。

	年　度	2005	2004	2003
主要指标	每股收益/扣除后(元)	0.076/0.073	0.073	0.065/0.074
	每股经营现金流量(元)	0.41	0.48	0.42
	每股净资产/调整后(元)	1.96/1.83	1.88/1.81	1.78/1.73
	未分利润(万元)	10577.56	9546.56	8164.58
	资本公积(万元)	848.11	848.11	602.86
利润构成	主营收入(万元)	113461.33	83094.21	98122.56
	主营利润(万元)	7592.52	8388.77	8799.16
	营业利润(万元)	1886.86	824.37	1939.11
	投资收益(万元)	255.74	706.93	18.59
	利润总额(万元)	2382.33	2030.08	2297.71
	净利润(万元)	1294.77	1242.92	1111.05

点评：05年油品销售收入同比增长六成多，但由于2005年国内成品油零售中准价的调整幅度偏小，占公司主营90%以上的成品油销售业务的毛利率同比下降了2.2个百分点，只有5.6%，同时另一项盈利能力较强的房地产业务大幅下滑，05年盈利同比基本持平。

	截止日期	05年末	占%	主要股东及持股比例%、持股性质
股本结构（万股）	总股本	17044.62		中国石化泰山石油股份有限公司 29.5%（非流通股）
	国有股	1101.6	6.46	泰安鲁浩贸易公司 25.68%（非流通股）
	发起股	9587.17	56.25	泰安市国有资产管理局 6.46%（国有股）
	外资股			日照市岚山黄海紫菜厂 1.07%（非流通股）
	募集股			冯宝林 0.26%（流通A股）
	流通A	6355.84	37.29	王端停 0.18%（流通A股）
	流通B			刘锦峰 0.13%（流通A股）
	流通H			郑秀卿 0.11%（流通A股）
股东户数	05年末	41786		郝杰 0.09%（流通A股）
	04年末	43248		邹俊棠 0.09%（流通A股）
其他流通股东	邓炳廉 0.085%；王飞军 0.078%；施惠琴 0.062%；段玉华 0.061%			
近年分配		近年募资		

二〇〇五年以来市场表现

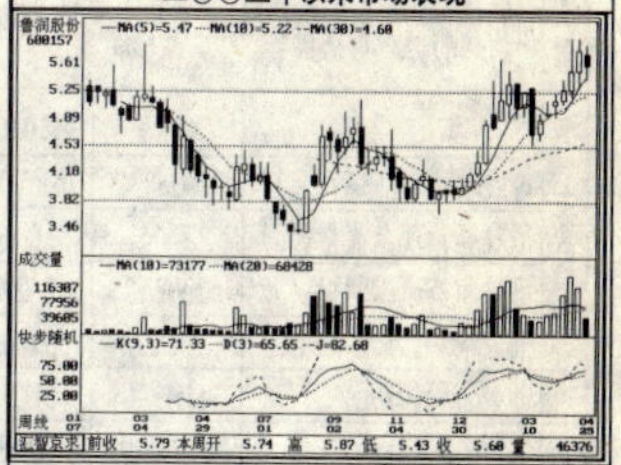

2005年涨跌幅(%)	-26.06
2005年最高(元)	5.85
2006年涨跌幅(%)	40
2006.4.26收盘(元)	5.6
2006年最高(元)	5.97
2006年最低(元)	4
2006年换手率(%)	203.8
股改对价	

中体产业（600158）

上市日期:98/03/27　电话:010－65536158　传真:010－65515338

主营：承办体育比赛；体育俱乐部的投资、经营；体育健身项目的开发、经营；体育场馆、设施的建设、开发、经营；体育主题社区的建设；体育建筑材料和器材的生产、加工、销售。

	年　度	2005	2004	2003
主要指标	每股收益/扣除后(元)	0.122/0.091	0.083	0.059/0.047
	每股经营现金流量(元)	-1.3368	0.825	0.0092
	每股净资产/调整后(元)	3.35/3.22	3.21/3.04	3.14/2.98
	未分利润(万元)	1958.89	340.94	360.94
	资本公积(万元)	49965.25	48916.45	48911.06
利润构成	主营收入(万元)	84727.82	105717.64	76424.36
	主营利润(万元)	30840.83	29429.51	22261.06
	营业利润(万元)	11657.2	8276.77	4546.54
	投资收益(万元)	-316.27	360.57	795.62
	利润总额(万元)	11382.79	7864.17	5621.35
	净利润(万元)	3103.06	2096.11	1506.01

点评：公司2005年主营业务收入大幅增长，"奥林匹克"花园已经覆盖33个城市，重点调整项目规划在二线城市发展，投资的健身房已经达到22家，打造了一定的品牌优势，在北京2008年奥运会概念的带动下，有望获得较大发展。

	截止日期	05年末	占%	主要股东及持股比例%、持股性质
股本结构（万股）	总股本	25364.82		国家体育总局体育基金管理中心 25.08%（国有股）
	国有股			沈阳房产实业有限公司 22.21%（国有股）
	发起股	13939.82	54.96	金保利亚洲有限公司 15.06%（外资股）
	外资股	3820	15.06	中华全国体育基金会 3.66%（国有股）
	募集股			国家体育总局体育彩票管理中心 3.66%（国有股）
	流通A	7605	29.98	国家体育总局体育器材装备中心 0.33%（国有股）
	流通B			北京资和信咨询中心 0.21%（流通A股）
	流通H			林平 0.15%（流通A股）
股东户数	05年末	37907		李志辉 0.12%（流通A股）
	04年末	40661		北京资和信担保有限公司 0.08%（流通A股）
其他流通股东	刘恒显 0.083%；胡磊 0.071%；林凌 0.062%；艾萍 0.059%；王爱萍 0.058%；李宝华 0.056%			
近年分配	05预案:10派0.6；04年:10派0.13；03年:10派0.1	近年募资		

二〇〇五年以来市场表现

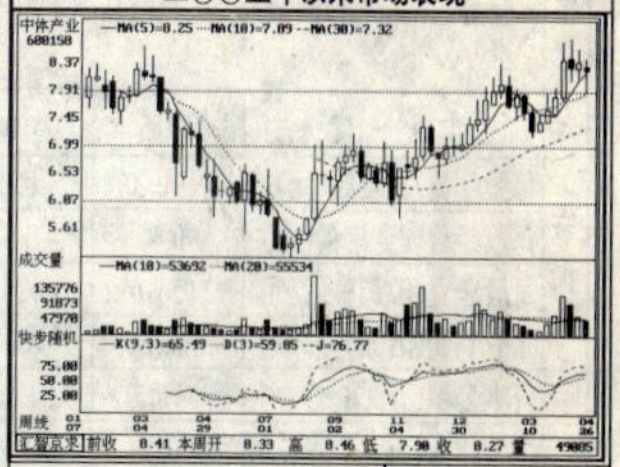

2005年涨跌幅(%)	-9.95
2005年最高(元)	8.65
2006年涨跌幅(%)	17.81
2006.4.26收盘(元)	8.27
2006年最高(元)	8.83
2006年最低(元)	7
2006年换手率(%)	123.96
股改对价	

G大龙（600159）

上市日期:98/05/26　电话:0476－4800807　传真:0476－4800131

主营：房地产开发

	年　度	2005	2004	2003
主要指标	每股收益/扣除后(元)	0.037/0.026	-0.29	0.069/-0.153
	每股经营现金流量(元)	0.051	-0.12	0.13
	每股净资产/调整后(元)	0.93/0.93	0.22/-0.09	0.29/0.25
	未分利润(万元)	-3330.77	-6814.85	-6725.44
	资本公积(万元)		41266.36	37822.18
利润构成	主营收入(万元)	27800.13	597.63	1569.14
	主营利润(万元)	4517.45	-377.62	-1133.32
	营业利润(万元)	2098.51	-5745.73	-1938.77
	投资收益(万元)	298.74		0.34
	利润总额(万元)	2327.58	-9312.66	18.3
	净利润(万元)	1134.12	-8987.57	2114.84

点评：公司于2005年4月与大股东进行了资产置换，其主营业务由白酒制造与销售转向房地产开发与销售。由于其房地产开发项目主要集中在北京市，具有较大的盈利能力，这帮助公司在05年实现了扭亏为盈。

	截止日期	05年末	占%	主要股东及持股比例%、持股性质
股本结构（万股）	总股本	30500.16		北京市顺义大龙城乡建设开发总公司 53%（国有股）
	国有股	21699.39	71.15	北京顺鑫农业发展集团有限公司 18.15%（国有股）
	发起股			涂俊华 0.17%（流通A股）
	外资股			沈松虎 0.14%（流通A股）
	募集股			单向东 0.13%（流通A股）
	流通A	8800.77	28.85	张淑学 0.13%（流通A股）
	流通B			李玮 0.11%（流通A股）
	流通H			王荣义 0.11%（流通A股）
股东户数	05年末	11449		李文军 0.11%（流通A股）
	04年末	11756		刘传宗 0.09%（流通A股）
其他流通股东	孙红丽 0.092%；刘焕新 0.092%			
近年分配		近年募资		

二〇〇五年以来市场表现

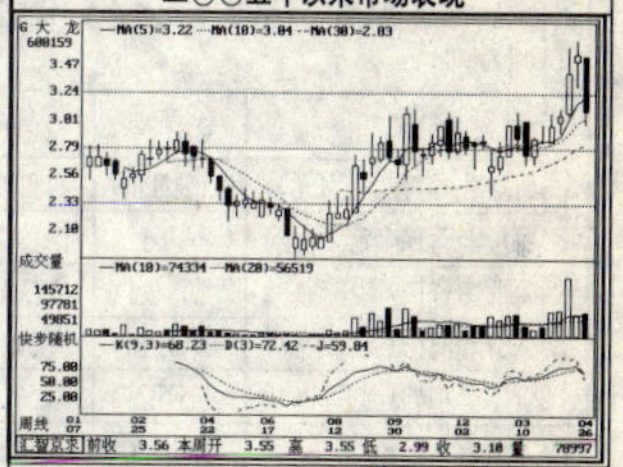

2005年涨跌幅(%)	8.4
2005年最高(元)	3.13
2006年涨跌幅(%)	30.99
2006.4.26收盘(元)	3.1
2006年最高(元)	4.44
2006年最低(元)	2.88
2006年换手率(%)	81.86
股改对价	注资 送股 每10股实际获得2股(06/02/06)

G巨化（600160）

上市日期:98/06/26　　电话:0570－3091704　　传真:0571－3091777

主营：氟化工原料及后续产品、基本化工原料及后续产品、化肥和农药的生产与销售等。

	年　　度	2005	2004	2003
主要指标	每股收益/扣除后(元)	0.343/0.345	0.265/0.273	0.31/0.315
	每股经营现金流量(元)	0.474	0.368	0.88
	每股净资产/调整后(元)	2.9/2.88	2.72/2.7	3.83/3.79
	未分利润(万元)	42966.37	35006.73	27424.63
	资本公积(万元)	54549.26	54323.44	72583.39
利润构成	主营收入(万元)	307130.04	249588.34	183687.59
	主营利润(万元)	62952.8	52358.7	42976.37
	营业利润(万元)	23103.71	17211.54	14335.97
	投资收益(万元)	-52.5	-131.19	605.38
	利润总额(万元)	21985.55	16933.52	14194.55
	净利润(万元)	19074.49	14748.88	11523.78

点评：2005年公司收入和盈利稳步增长。主要原因有:离子膜烧碱、VDC单体、有机氟化工等技改扩能装置发挥出良好的增量效益;氟化工等产品价格回升;公司持续开展降本增效活动,较好应对了原材料及水、电、汽等价格上涨的不利影响。

	截止日期	05年末	占%	主要股东及持股比例%、持股性质
股本结构（万股）	总股本	55680		巨化集团公司67.7%(国有股)
	国有股	38520	69.18	浙江省经济建设投资公司1.48%(国有股)
	发起股			中国建设银行－银华保本增值证券投资基金1.27%(流通A股)
	外资股			中国银行－银华优势企业(平衡型)证券投资基金1.23%(流通A股)
	募集股			中国工商银行－博时精选股票证券投资基金1.18%(流通A股)
	流通A	17160	30.82	交通银行－汉兴证券投资基金0.72%(流通A股)
	流通B			中国建设银行－银华核心价值优选股票型证券投资基金0.49%(流通A股)
	流通H			汉博证券投资基金0.37%(流通A股)
股东户数	05年末	46748		中国建设银行－长城久恒平衡型证券投资基金0.31%(流通A股)
	04年末	53141		全国社保基金一零四组合0.27%(流通A股)
其他流通股东	富国动态平衡证券投资基金0.162%;谭雅丹0.158%			
近年分配	05方案:10派1.8;04中期:10转增5年终:10派1.5;03年:10派1.5		近年募资	

二〇〇五年以来市场表现

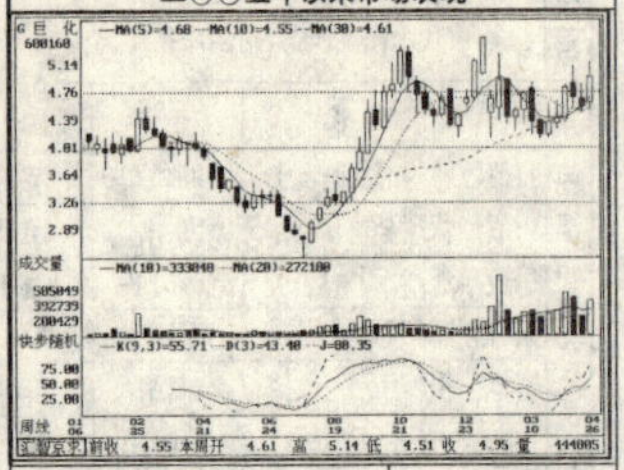

2005年涨跌幅(%)	26.67
2005年最高(元)	5.53
2006年涨跌幅(%)	29.26
2006.4.26收盘(元)	4.95
2006年最高(元)	7.1
2006年最低(元)	4.98
2006年换手率(%)	216.97
股改对价	送股 每10股实际获得3.5股(06/01/25)

天坛生物（600161）

上市日期:98/06/16　　电话:010－65762911　　传真:010－65772354

主营：疫苗、血制品、诊断试剂等生物制品的研制、开发、生产和销售。

	年　　度	2005	2004	2003
主要指标	每股收益/扣除后(元)	0.21/0.207	0.15	0.199/0.2
	每股经营现金流量(元)	0.4	0.34	0.29
	每股净资产/调整后(元)	2.05/2.05	1.95/1.95	2.76/2.76
	未分利润(万元)	8481.56	6868.02	4150.75
	资本公积(万元)	18868.59	18632.82	29442.81
利润构成	主营收入(万元)	34335.86	29004.94	24491.31
	主营利润(万元)	18910	14376.11	12088.25
	营业利润(万元)	9480.13	5935.09	5436.29
	投资收益(万元)	-890.48	-334.49	-293.14
	利润总额(万元)	8355.05	5573.48	5117.47
	净利润(万元)	6899.95	4753.17	4322.86

点评：2005年公司依靠产品优势收入获得快速增长。公司作为国内生物制品行业的龙头企业,产品优势较大,加上未来几年国家政策扶持的力度较大,公司获得的成长空间也十分可观。

	截止日期	05年末	占%	主要股东及持股比例%、持股性质
股本结构（万股）	总股本	32550		北京生物制品研究所66.36%(国有股)
	国有股	21600	66.36	金鑫证券投资基金1.49%(流通A股)
	发起股			中国工商银行－汉鼎证券投资基金0.42%(流通A股)
	外资股			国元证券有限责任公司0.4%(流通A股)
	募集股			中信实业银行－建信恒久价值股票型证券投资基金0.31%(流通A股)
	流通A	10950	33.64	华宝信托投资有限责任公司0.22%(流通A股)
	流通B			陈荣仁0.14%(流通A股)
	流通H			交通银行－湘财荷银风险预算混合型开放式证券投资基金0.14%(流通A股)
股东户数	05年末	31910		中国工商银行－华安上证180指数增强型证券投资基金0.13%(流通A股)
	04年末	38475		中国建设银行－宝康消费品证券投资基金0.13%(流通A股)
其他流通股东	中国农业银行－大成精选增值混合型证券投资基金0.123%			
近年分配	05年:10派2;04中期:10派0.5转增5年终:10派1.2		近年募资	03年增发A股2500万股,发行价11.2元。

二〇〇五年以来市场表现

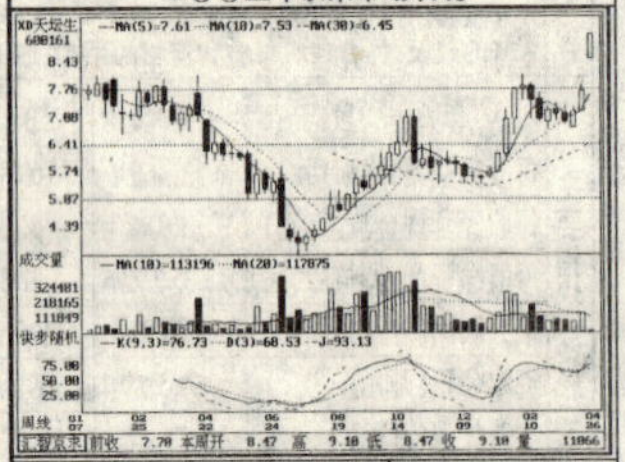

2005年涨跌幅(%)	-23.99
2005年最高(元)	8.1
2006年涨跌幅(%)	62.87
2006.4.26收盘(元)	9.1
2006年最高(元)	9.3
2006年最低(元)	5.68
2006年换手率(%)	141.3
股改对价	送股 每10股实际获得3股

香江控股（600162）

上市日期:98/06/09　　电话:0539－8785596　　传真:0539－8785595

主营：轮式装载机、液压挖掘机、农用汽车配件等产品的生产与销售。

	年　　度	2005	2004	2003
主要指标	每股收益/扣除后(元)	0.056/0.049	0.49	0.23/0.23
	每股经营现金流量(元)	-0.5	0.52	-0.24
	每股净资产/调整后(元)	2.18/2.1	4.27/4.21	3.74/3.74
	未分利润(万元)	20945.66	19396.58	12538.32
	资本公积(万元)	12593.23	30561.46	29015.25
利润构成	主营收入(万元)	249315.82	221510.36	177510.2
	主营利润(万元)	27356.72	32524.7	27245.88
	营业利润(万元)	4055.84	13233.12	6819.58
	投资收益(万元)	738.47	992.41	27.28
	利润总额(万元)	4740.61	13957.49	6602.57
	净利润(万元)	1964.39	8660.88	3964.16

点评：2005年,公司装载机产品价格和占有率呈下降趋势,加之原材料、配套件价格上涨,业绩大幅下降。2006年资产置换完成后,公司主营业务将由工程机械和商贸物流业务全部变更为商贸物流业务,未来以商贸批发为主的大型流通市场网络建设和销售。

	截止日期	05年末	占%	主要股东及持股比例%、持股性质
股本结构（万股）	总股本	35178		南方香江集团有限公司38.87%(非流通股)
	国有股			中国银行－同盛证券投资基金2.01%(流通A股)
	发起股			中国工商银行－申万巴黎盛利精选证券投资基金1.86%(流通A股)
	外资股			中国工商银行－申万巴黎新动力股票型证券投资基金0.59%(流通A股)
	募集股	13674	38.87	全国社保基金六零三组合0.57%(流通A股)
	流通A	21504	61.13	邓春燕0.41%(流通A股)
	流通B			袁超0.27%(流通A股)
	流通H			杨少华0.27%(流通A股)
股东户数	05年末	35695		徐忠源0.26%(流通A股)
	04年末	33561		上海王新兴服饰有限公司0.24%(流通A股)
其他流通股东	张爱云0.239%			
近年分配	04年:10转增10;03年:10派0.3		近年募资	

二〇〇五年以来市场表现

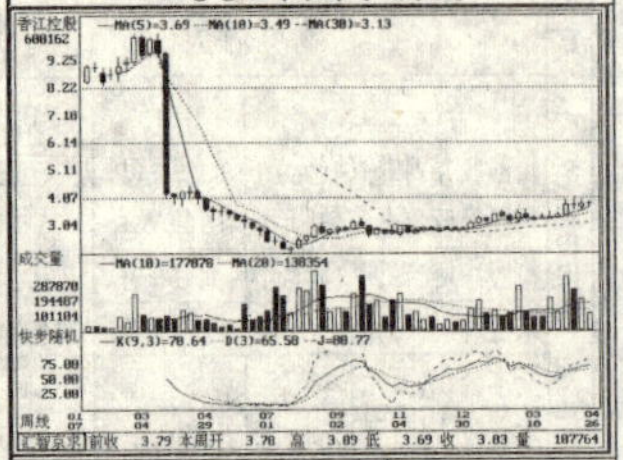

2005年涨跌幅(%)	-32.23
2005年最高(元)	10.29
2006年涨跌幅(%)	33.45
2006.4.26收盘(元)	3.83
2006年最高(元)	4.04
2006年最低(元)	2.86
2006年换手率(%)	118.36
股改对价	

福建南纸（600163）

上市日期:98/06/02　电话:0599－8808806　传真:0599－8801260

主营	新闻纸、纸制品、纸浆及副产品的生产和销售。			
	年　度	2005	2004	2003
主要指标	每股收益/扣除后(元)	0.04/0.03	0.04	0.01/0.03
	每股经营现金流量(元)	0.34	1.46	0.22
	每股净资产/调整后(元)	3.74/3.71	3.7/3.67	3.66/3.63
	未分利润(万元)	14656.74	13677.84	12704.66
	资本公积(万元)	61639.37	61639.37	61639.37
利润构成	主营收入(万元)	158660.22	151221.13	136341.26
	主营利润(万元)	21642.03	21958.91	22278.29
	营业利润(万元)	1356.83	961.55	1507.79
	投资收益(万元)	－330.22	－365.63	86.5
	利润总额(万元)	965.51	956.25	449.34
	净利润(万元)	1153.51	1146.47	408.22
点评	主导产品为低定量彩色胶印新闻纸,主要销售对象是国内各大报社,国内市场占有率为12%左右,为国内较大新闻纸企业之一。随着国内大型新闻纸机的相继投产,公司原有优势在逐渐弱化。已建成的原料林基地自06年起将陆续开始采伐,成为新的利润增长点。			

	截止日期	05年末	占%	主要股东及持股比例%、持股性质
股本结构(万股)	总股本	30594.66		福建省轻纺(控股)有限责任公司 70.256%(国有股)
	国有股	21494.66	70.26	宁波丽缘 0.216%(流通A股)
	发起股			周国华 0.075%(流通A股)
	外资股			邓永锐 0.066%(流通A股)
	募集股			殷坤龙 0.064%(流通A股)
	流通A	9100	29.74	俞宏安 0.062%(流通A股)
	流通B			蔡强 0.061%(流通A股)
	流通H			张景峰 0.06%(流通A股)
股东户数	05年末	38942		王忠仁 0.058%(流通A股)
	04年末	41179		朱浩 0.053%(流通A股)
其他流通股东	邓锟棠 0.051%			
近年分配			近年募资	

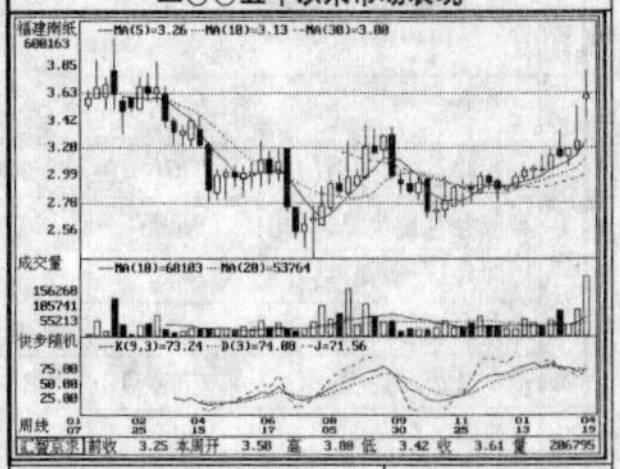

二〇〇五年以来市场表现	
2005年涨跌幅(%)	－19.44
2005年最高(元)	4.06
2006年涨跌幅(%)	24.48
2006.4.26收盘(元)	3.61
2006年最高(元)	3.8
2006年最低(元)	2.87
2006年换手率(%)	71.77
股改对价	送股 每10股实际获得3.3股

G宁恒力（600165）

上市日期:98/05/29　电话:0952－3671240　传真:0952－3671799

主营	钢丝绳、钢丝、钢绞线等金属制品的生产与销售			
	年　度	2005	2004	2003
主要指标	每股收益/扣除后(元)	0.015/－0.001	0.023/－0.009	－0.11/－0.12
	每股经营现金流量(元)	0.085	0.3	0.113
	每股净资产/调整后(元)	2.72/2.68	2.7/2.68	2.67/2.64
	未分利润(万元)	2912.4	2644.72	2237.52
	资本公积(万元)	35266.35	35257.15	35241.19
利润构成	主营收入(万元)	71077.68	64442.62	46713.39
	主营利润(万元)	9726.56	9040	5714.15
	营业利润(万元)	－667.18	－60.42	－3575.49
	投资收益(万元)	528.3	223.23	813.16
	利润总额(万元)	450.65	616.04	－2738.8
	净利润(万元)	373.46	581.73	－2759.11
点评	国内位居三甲的金属丝绳制品制造商。由于行业进入壁垒较低,竞争激烈,加上成本高企,公司收入虽有较大提升,但利润大幅下滑。公司通过技改产能有所提升,但由于预期产业格局短期内难有改善,前景并不太乐观。			

	截止日期	05年末	占%	主要股东及持股比例%、持股性质
股本结构(万股)	总股本	25120		宁夏电力开发投资有限责任公司 29.46%(国有股)
	国有股	14160	56.37	宁夏西洋恒力集团有限公司 23.09%(国有股)
	发起股			荣成市邱家镇资产经营中心 3.25%(非流通股)
	外资股			宁夏回族自治区综合投资公司 1.91%(国有股)
	募集股	816	3.25	宁煤集团有限责任公司 0.64%(国有股)
	流通A	10144	40.38	宁夏有色金属冶炼厂 0.64%(国有股)
	流通B			酒泉钢铁(集团)有限责任公司 0.64%(国有股)
	流通H			李文成 0.17%(流通A股)
股东户数	05年末	30058		郭小红 0.13%(流通A股)
	04年末	34190		刘锁强 0.12%(流通A股)
其他流通股东	王剑 0.111%;刘岑森 0.093%;余东凌 0.082%;王建松 0.078%;叶华龙 0.076%;来林 0.075%;梁钟 0.075%			
近年分配			近年募资	

二〇〇五年以来市场表现	
2005年涨跌幅(%)	－36.46
2005年最高(元)	3.96
2006年涨跌幅(%)	14.51
2006.4.26收盘(元)	2.54
2006年最高(元)	3.52
2006年最低(元)	2.42
2006年换手率(%)	137.65
股改对价	回购 定向转增 每10股实际获得1股(06/02/27)

福田汽车（600166）

上市日期:98/06/02　电话:010－80717181　传真:010－80717180

主营	制造、销售汽车、农用车、农业机械、模具、冲压件等。			
	年　度	2005	2004	2003
主要指标	每股收益/扣除后(元)	－0.65/－0.641	0.476/0.442	0.498/0.489
	每股经营现金流量(元)	－0.18	0.64	1.16
	每股净资产/调整后(元)	3.18/2.86	3.81/3.58	3.42/3.22
	未分利润(万元)	－4424.24	29825.61	20105.14
	资本公积(万元)	75734.04	70291.77	68922.41
利润构成	主营收入(万元)	1472536.41	1788640	1388921.2
	主营利润(万元)	99061.31	136964.15	118248.08
	营业利润(万元)	－26147.72	31037	32959.39
	投资收益(万元)	－385.71	576.36	255.98
	利润总额(万元)	－27887.76	32608.19	32067.44
	净利润(万元)	－29677.56	21733.63	22747.71
点评	公司是国内商用载货车的龙头企业,尤其是在轻卡市场的占有率稳居第一,但是原材料价格的上涨对公司盈利负面影响较大,导致05年业绩出现大幅下滑。预计随着公司对关键总成资源的逐渐掌握和成本控制能力的增强,06年将会有恢复性的增长。			

	截止日期	05年末	占%	主要股东及持股比例%、持股性质
股本结构(万股)	总股本	45669.9		北京汽车摩托车联合制造公司 38.48%(国有股)
	国有股	22513.65	49.3	常柴股份有限公司 6.73%(国有股)
	发起股	7556.25	16.55	诸城市义和车桥有限公司 3.81%(非流通股)
	外资股			华宝信托投资有限责任公司 3.65%(部分流通部分不流通)
	募集股			中国人寿保险股份有限公司－分红－个人分红－005L－FH002沪 2.41%(流通A股)
	流通A	15600	34.16	山东莱动内燃机有限公司 2.33%(国有股)
	流通B			杭州永盛化纤有限公司 1.18%(非流通股)
	流通H			上海拖拉机内燃机公司 1.05%(国有股)
股东户数	05年末	27832		丹东曙光车桥股份有限公司 0.95%(非流通股)
	04年末	22661		北京汽车工业控股有限责任公司 0.7%(国有股)
其他流通股东	交通银行－汉兴证券投资基金 0.569%;华宝信托投资有限责任公司－宝祥有价证券组合投资信托 0.528%			
近年分配	05预案:10转增5;04中期:10派1.2年终:10派1;03中期:10派1.1送4转增1		近年募资	03年10配3配股价9.35元。

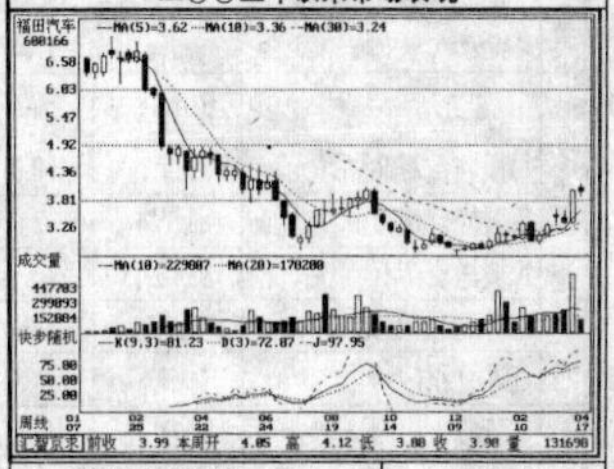

二〇〇五年以来市场表现	
2005年涨跌幅(%)	－56.32
2005年最高(元)	7.14
2006年涨跌幅(%)	40.14
2006.4.26收盘(元)	3.98
2006年最高(元)	4.12
2006年最低(元)	2.81
2006年换手率(%)	184.64
股改对价	定向转增 每10股实际获得5.4股

沈阳新开（600167）

上市日期:99/01/28　电话:024－23784835　传真:024－83781352

主营	在沈阳浑南新区从事土地整理、开发、热力供暖、供水、房屋厂房出租等。

	年　度	2005	2004	2003
主要指标	每股收益/扣除后(元)	-0.07/-0.07	0.29	0.09/0.059
	每股经营现金流量(元)	0.73	0.85	0.37
	每股净资产/调整后(元)	2.31/2.29	2.38/2.38	2.13/2.13
	未分利润(万元)	-2166.63	-7160.06	-11920.69
	资本公积(万元)	27034.59	33345.42	33293.89
利润构成	主营收入(万元)	10029.01	33251.31	10322.21
	主营利润(万元)	1528.77	9174.13	4025.16
	营业利润(万元)	-1304.45	5206.45	1481.39
	投资收益(万元)	13.65	790.4	180.47
	利润总额(万元)	-1280.09	5954.62	1834.45
	净利润(万元)	-1317.4	5501.03	1750.86

点评：2005年由于煤炭价格上涨、供暖价格倒挂,公司经营环境比较困难。但公司通过大幅降低管理费用,一定程度上抵消了不利因素对公司的影响。公司计划在2006年继续增大市场开发力度,增加供热面积,并通过加强管理、科研技改等方法降低经营成本。

股本结构（万股）	截止日期	05年末	占%	主要股东及持股比例%、持股性质
	总股本	19000		汕头市联美投资(集团)有限公司 29%（国有股）
	国有股	4400	23.16	沈阳南湖科技开发集团公司 23.16%（非流通股）
	发起股	7600	40	北京浩天投资有限公司 11%（非流通股）
	外资股			刘忠环 2.68%（流通A股）
	募集股			大庆油田水泥有限责任公司 0.69%（流通A股）
	流通A	7000	36.84	邹群 0.18%（流通A股）
	流通B			邢文哲 0.15%（流通A股）
	流通H			王淑芹 0.15%（流通A股）
股东户数	05年末	25226		刘强 0.13%（流通A股）
	04年末	27294		黄祖麟 0.13%（流通A股）
其他流通股东	陈金郎 0.126%；李云阳 0.104%；徐惠兰 0.086%			
近年分配		近年募资		

二〇〇五年以来市场表现

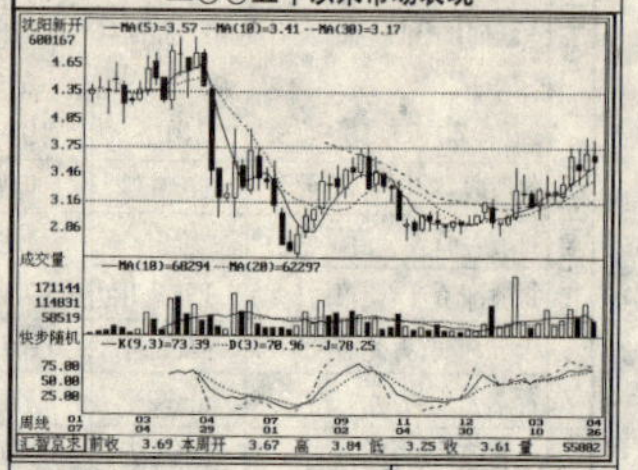

2005年涨跌幅(%)	-32.41
2005年最高(元)	4.95
2006年涨跌幅(%)	23.63
2006.4.26收盘(元)	3.61
2006年最高(元)	3.87
2006年最低(元)	2.8
2006年换手率(%)	167.33
股改对价	

G武控（600168）

上市日期:98/04/27　电话:027－85725739　传真:027－85725730

主营	城市给排水、污水综合治理、道路、桥梁、供气、供电、通讯等基础设施的投资、建设和经营管理。

	年　度	2005	2004	2003
主要指标	每股收益/扣除后(元)	0.1/0.02	0.08	0.07/0.08
	每股经营现金流量(元)	0.11	-0.07	0.17
	每股净资产/调整后(元)	3.14/3.13	3.1/3.1	3.07/3.07
	未分利润(万元)	5418.09	4196.93	3814.81
	资本公积(万元)	77619.49	77619.49	77619.49
利润构成	主营收入(万元)	17094.17	17006.44	16036.81
	主营利润(万元)	4887.55	5996.92	6291.58
	营业利润(万元)	1931.55	4865.6	5406.23
	投资收益(万元)	9567.98	2011.05	126.77
	利润总额(万元)	7872.86	5568.32	4830.04
	净利润(万元)	4550.65	3563.56	3007.33

点评：公司主营业务为城市给排水、污水综合治理等,2005年由于固定资产折旧、电价上涨、工资成本增加等使得主营业务利润出现下降。而武汉桥梁建设股份有限公司的股权转让增加了公司的投资收益,使得净利润同比增加。

股本结构（万股）	截止日期	05年末	占%	主要股东及持股比例%、持股性质
	总股本	44115		武汉市水务集团有限公司 71.098%（国有股）
	国有股	31365	71.1	信泰证券有限责任公司 1.728%（流通A股）
	发起股			中国银河证券有限责任公司 0.148%（流通A股）
	外资股			龚俏青 0.095%（流通A股）
	募集股			张世宽 0.094%（流通A股）
	流通A	12750	28.9	沈伟超 0.084%（流通A股）
	流通B			郑志松 0.081%（流通A股）
	流通H			郭品洁 0.068%（流通A股）
股东户数	05年末	50915		张家荣 0.066%（流通A股）
	04年末	55050		鲍文东 0.061%（流通A股）
其他流通股东	林莉慧 0.061%			
近年分配	05预案:10派0.7；04年:10派0.6；03年:10派0.6	近年募资		

二〇〇五年以来市场表现

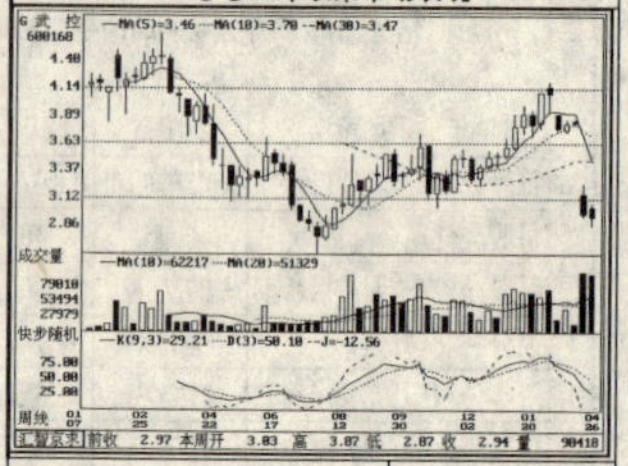

2005年涨跌幅(%)	-12.47
2005年最高(元)	4.65
2006年涨跌幅(%)	8.1
2006.4.26收盘(元)	2.94
2006年最高(元)	4.29
2006年最低(元)	3.57
2006年换手率(%)	44.94
股改对价	送股 每10股实际获得3.2股(06/04/20)

G太重（600169）

上市日期:98/09/04　电话:0351－6361155　传真:0351－6362554

主营	制造销售火车轴、冶金、轧钢、锻压、起重、非标设备、加压气化炉;压力容器、工矿配件、油膜轴承、精密锻件、结构件;齿轮及汽车变速箱。

	年　度	2005	2004	2003
主要指标	每股收益/扣除后(元)	0.073	0.049	-0.212/-0.22
	每股经营现金流量(元)	0.5514	0.4457	0.3718
	每股净资产/调整后(元)	2.28/2.15	2.2/2.11	2.15/2.06
	未分利润(万元)	7030.55	4733.57	3179.69
	资本公积(万元)	36857.67	36831.7	36826.01
利润构成	主营收入(万元)	245089.25	183292.91	100563.53
	主营利润(万元)	26871.44	25009.19	8552.06
	营业利润(万元)	4236.37	2448.08	-7260.11
	投资收益(万元)	0.54	-116.18	0.53
	利润总额(万元)	2738.76	1868.05	-7635.96
	净利润(万元)	2699.19	1823.68	-7900.61

点评：2005年公司各项生产经营工作正常开展,公司进一步加强产品订货工作,保证产品的质量和交货期。十一五规划中铁路建设投资规模巨大,公司订单充足,迎来发展机遇,业绩将实现较快增长。

股本结构（万股）	截止日期	05年末	占%	主要股东及持股比例%、持股性质
	总股本	37217.24		太原重型机械(集团)制造有限公司 45.5%（国有股）
	国有股	22817.24	61.31	山西大同齿轮集团有限责任公司 12.67%（国有股）
	发起股			东方证券股份有限公司 3.49%（流通A股）
	外资股			山西省经贸资产经营有限责任公司 3.14%（国有股）
	募集股			全国社保基金一零七组合 1.81%（流通A股）
	流通A	14400	38.69	中国银行－华夏大盘精选证券投资基金 1.1%（流通A股）
	流通B			黄春莲 0.49%（流通A股）
	流通H			饶沐阳 0.47%（流通A股）
股东户数	05年末	42160		刘浩 0.4%（流通A股）
	04年末	43044		戴联平 0.27%（流通A股）
其他流通股东	李君之 0.267%；北京寰岛中安安全系统工程技术有限公司 0.242%；姜佳岑 0.231%			
近年分配		近年募资		

二〇〇五年以来市场表现

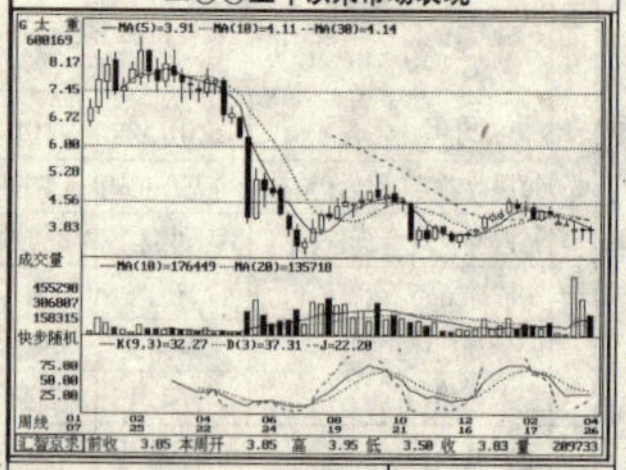

2005年涨跌幅(%)	-38.97
2005年最高(元)	8.89
2006年涨跌幅(%)	22.75
2006.4.26收盘(元)	3.83
2006年最高(元)	5.43
2006年最低(元)	3.96
2006年换手率(%)	126.54
股改对价	送股 每10股实际获得3.3股(06/04/11)

G 建工（600170）

上市日期:98/06/23　　电话:021－68872178　　传真:021－58795500

主营	各类土木建筑工程的总承包、设计、施工业务。

	年　度	2005	2004	2003
主要指标	每股收益/扣除后(元)	0.321/0.32	0.29	0.26/0.26
	每股经营现金流量(元)	2.25	0.81	1.15
	每股净资产/调整后(元)	4.48/4.48	4.34/4.33	4.17/4.16
	未分利润(万元)	67623.33	61722.87	54040.17
	资本公积(万元)	149629.87	149629.87	149629.87
利润构成	主营收入(万元)	1828555.24	1416546.4	1092259.27
	主营利润(万元)	62967.91	58188.56	46369.79
	营业利润(万元)	22269.14	20087.54	16029.64
	投资收益(万元)	6057.98	5147.52	5502.23
	利润总额(万元)	28632.07	24973.48	21189.03
	净利润(万元)	23110.22	20842.41	18380.65

点评	主营收入增长超过预期,总承包收入快速增长,但毛利率很低。公司全年新签合同金额255.5亿元,未来几年收入仍然能够保持小幅增长。公司控股的重要投资项目同三高速公路的车流量收入达到日均37万元,预计公司06年、07年业绩将保持稳定。

	截止日期	05年末	占%	主要股东及持股比例%、持股性质
股本结构（万股）	总股本	71929.8		上海建工(集团)总公司 56.41%（国有股）
	国有股	40573.8	56.41	交通银行－安顺证券投资基金 0.75%（流通A股）
	发起股			中国银行－同盛证券投资基金 0.62%（流通A股）
	外资股			上海安联投资发展公司 0.25%（流通A股）
	募集股			上海申能创业投资有限公司 0.19%（流通A股）
	流通A	31356	43.59	倪文杰 0.16%（流通A股）
	流通B			建设银行－博时裕富证券投资基金 0.15%（流通A股）
	流通H			沈惠丽 0.09%（流通A股）
股东户数	05年末	86269		上海云建建筑工程有限公司 0.09%（流通A股）
	04年末	93978		上海申能资产管理有限公司 0.09%（流通A股）
其他流通股东	上海市沪北建筑装饰工程公司 0.088%			
近年分配	05预案:10派1.75;04年:10派1.75;03年:10派1.25		近年募资	

二〇〇五年以来市场表现

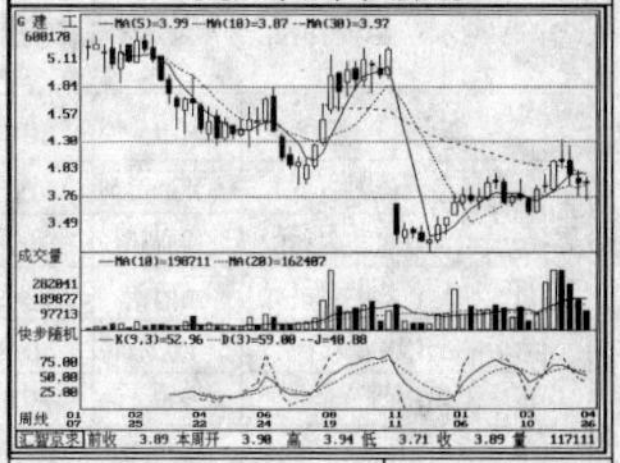

2005年涨跌幅(%)	－2.11
2005年最高(元)	5.4
2006年涨跌幅(%)	5.42
2006.4.26收盘(元)	3.89
2006年最高(元)	4.31
2006年最低(元)	3.57
2006年换手率(%)	88.13
股改对价	送股 每10股实际获得3.4股(05/11/08)

G 贝岭（600171）

上市日期:98/09/24　　电话:021－64850700　　传真:021－64854424

主营	从事集成电路的设计、制造、销售和技术服务。

	年　度	2005	2004	2003
主要指标	每股收益/扣除后(元)	0.054/0.05	0.072	0.1/0.07
	每股经营现金流量(元)	0.1	0.116	0.14
	每股净资产/调整后(元)	2.87/2.87	2.86/2.85	2.84/2.83
	未分利润(万元)	31858.02	31617.68	31252.82
	资本公积(万元)	70582.06	70582.06	70582.06
利润构成	主营收入(万元)	63813.54	73723.24	75692.65
	主营利润(万元)	8292.2	8370.97	11476.59
	营业利润(万元)	3522.04	2227.92	3902.45
	投资收益(万元)	－1228.66	1951.85	2338.28
	利润总额(万元)	3581.54	4877.83	6852.73
	净利润(万元)	3317.3	4383.86	6169.71

点评	05年收缩微电子贸易业务规模,而集成电路及硅片加工业务随行业成长,主营有一定下降。产品结构调整使毛利率小幅上升,但集成电路内销退税取消及长期投资减值增加导致净利润同比下降。06年集成电路行业景气度将有所提升,公司收入及盈利能力将有改善。

	截止日期	05年末	占%	主要股东及持股比例%、持股性质
股本结构（万股）	总股本	61255.25		上海华虹(集团)有限公司 35.11%（国有股）
	国有股	21818.09	35.62	上海贝尔阿尔卡特股份有限公司 23.64%（非流通股）
	发起股	14478.57	23.64	上证50交易型开放式指数证券投资基金 1.16%（流通A股）
	外资股			上海张江(集团)有限公司 0.506%（国有股）
	募集股			博时裕富证券投资基金 0.194%（流通A股）
	流通A	24958.6	40.75	全国社保基金零零二组合 0.189%（流通A股）
	流通B			金鑫证券投资基金 0.082%（流通A股）
	流通H			华安上证180指数增强型证券投资基金 0.074%（流通A股）
股东户数	05年末	115508		中国人寿保险股份有限公司－传统－普通保险产品－005L－CT001沪 0.072%（流通A股）
	04年末	127720		长城久泰中信标普300指数证券 0.068%（流通A股）
其他流通股东	嘉实沪深300指数证券投资基金 0.067%;上海彩虹房地产实业公司 0.066%;天同180指数证券投资基金 0.05%			
近年分配	05预案:10派0.4;04年:10派0.4;03年:10派0.5		近年募资	03年10配2.307配股价7.27元。

二〇〇五年以来市场表现

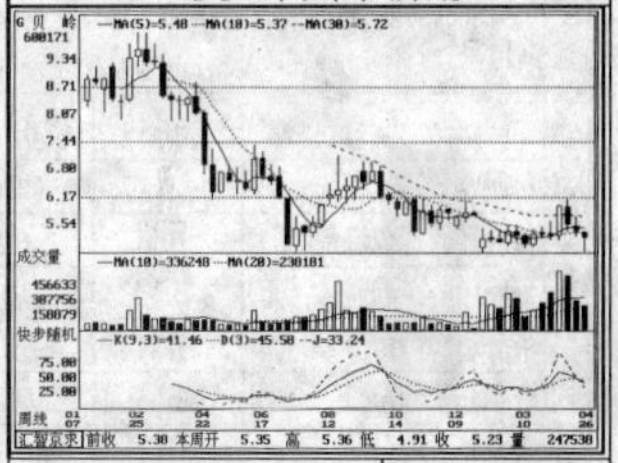

2005年涨跌幅(%)	－31.64
2005年最高(元)	9.98
2006年涨跌幅(%)	18.24
2006.4.26收盘(元)	5.23
2006年最高(元)	7.93
2006年最低(元)	6.37
2006年换手率(%)	128.63
股改对价	送股 每10股实际获得3股(06/01/23)

G 旋风（600172）

上市日期:98/11/26　　电话:0374－6165530　　传真:0374－6128688

主营	人造金刚石、人造金刚石磨削切削工具等金刚石制品,以及建筑、装修机具等。

	年　度	2005	2004	2003
主要指标	每股收益/扣除后(元)	0.27/0.26	0.22	0.12/0.12
	每股经营现金流量(元)	0.217	0.25	0.115
	每股净资产/调整后(元)	3.4/3.36	3.2/3.19	2.97/2.97
	未分利润(万元)	17778.09	13687.07	8879.57
	资本公积(万元)	39287.26	39284.93	39280.17
利润构成	主营收入(万元)	62255.19	53784.94	34828.54
	主营利润(万元)	20444.8	16845.69	10656.58
	营业利润(万元)	10972.06	8340.16	4819.59
	投资收益(万元)	－15.64	600.24	70.06
	利润总额(万元)	10895.97	8721.17	4848.07
	净利润(万元)	7123.77	6009.37	3240.43

点评	公司2005年收入、利润均稳步增长。公司产品在国内市场占有率稳居第一,但市场竞争日益加剧,为公司进一步开拓市场带来一定困难。此外美国对我国金刚石工具实施反倾销,对公司的不利影响可能持续到2006年。

	截止日期	05年末	占%	主要股东及持股比例%、持股性质
股本结构（万股）	总股本	26800		河南黄河实业集团股份有限公司 33.7%（非流通股）
	国有股	929.6	3.47	日本联合材料公司 12.39%（外资股）
	发起股			郑州磨料磨具磨削研究所 2.48%（国有股）
	外资股	3320	12.39	银丰证券投资基金 2.19%（流通A股）
	募集股	9030.4	33.7	中国农业银行－银河稳健证券投资基金 1.52%（流通A股）
	流通A	13520	50.45	中国建设银行－长城久恒平衡型证券投资基金 0.95%（流通A股）
	流通B			中国工商银行－银河银泰理财分红证券投资基金 0.94%（流通A股）
	流通H			中国工商银行－国联安德盛小盘精选证券投资基金 0.51%（流通A股）
股东户数	05年末	45183		长葛市星星电子制品厂 0.5%（国有股）
	04年末	50957		长葛市树脂磨具厂 0.5%（国有股）
其他流通股东	金鼎证券投资基金 0.46%;曾美君 0.107%;徐州市国盛恒泰置业有限公司 0.103%;曹志高 0.097%;戴耀刚 0.082%			
近年分配	04年:10派0.6		近年募资	

二〇〇五年以来市场表现

2005年涨跌幅(%)	－12.38
2005年最高(元)	5.61
2006年涨跌幅(%)	25
2006.4.26收盘(元)	4.5
2006年最高(元)	4.84
2006年最低(元)	3.58
2006年换手率(%)	172.24
股改对价	送股 每10股实际获得3股(05/11/18)

牡丹江（600173）

上市日期:99/04/15　　电话:0453－6497558　　传真:0453－6499002

主营	主营水泥生产与销售、窑尾余热煤矸石补燃发电。

	年　度	2005	2004	2003
主要指标	每股收益/扣除后(元)	-0.583/-0.583	-0.353/-0.348	0.006/-0.12
	每股经营现金流量(元)	0.063	0.202	0.05
	每股净资产/调整后(元)	1.82/1.76	2.39/2.39	2.73/2.72
	未分利润(万元)	-15028.26	-1612.41	6515.28
	资本公积(万元)	29064.4	28774.4	28394.4
利润构成	主营收入(万元)	24489.3	38745.19	40945.16
	主营利润(万元)	-1279.47	3251.51	8107.58
	营业利润(万元)	-12272.92	-9593.5	-303.99
	投资收益(万元)			
	利润总额(万元)	-13415.85	-8127.69	131.75
	净利润(万元)	-13415.85	-8127.69	131.75

点评：属于规模较小的水泥上市公司,已连续两年亏损。2005年,在黑龙江省水泥市场面临严重供过于求、同时省内基建项目压缩导致需求放缓、产品价格下跌的困难形势下,公司部分生产线停产,使得主营业务收入、主营业务利润、净利润等均较同比大幅下滑。

	截止日期	05年末	占%	主要股东及持股比例%、持股性质
股本结构（万股）	总股本	23000		牡丹江水泥集团有限责任公司 53.09%（非流通股）
	国有股	12210.95	53.09	牡丹江水泥集团社会福利编织袋厂 0.87%（非流通股）
	发起股	280	1.22	黑龙江省达华经济贸易公司 0.43%（非流通股）
	外资股			黑龙江省交通物资公司 0.43%（非流通股）
	募集股	357.5	1.55	黑龙江省友联经济贸易公司 0.22%（非流通股）
	流通A	10151.55	44.14	哈尔滨市物建筑材料总公司 0.22%（非流通股）
	流通B			文继典 0.14%（流通A股）
	流通H			哈尔滨市恒森建材有限责任公司 0.13%（非流通股）
股东户数	05年末	40607		费菊妹 0.13%（流通A股）
	04年末	43512		李淑英 0.12%（流通A股）
其他流通股东	关静 0.099%;徐云通 0.081%;范云枫 0.079%;陈兆才 0.078%;曾水娣 0.078%;王军 0.076%;石磊 0.076%			
近年分配		近年募资		

二〇〇五年以来市场表现

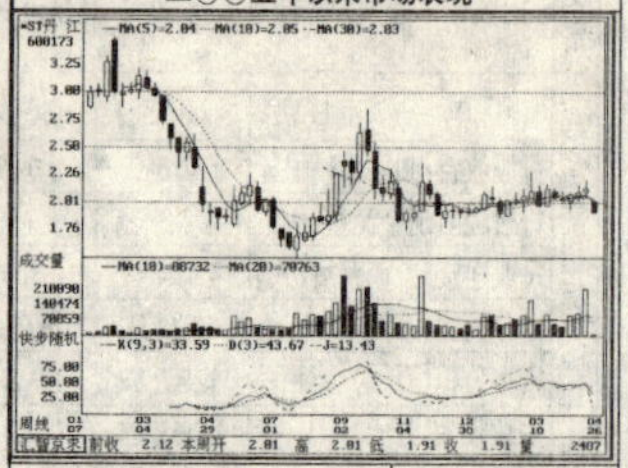

2005年涨跌幅(%)	-34.02
2005年最高(元)	3.5
2006年涨跌幅(%)	-0.52
2006.4.26收盘(元)	1.91
2006年最高(元)	2.28
2006年最低(元)	1.86
2006年换手率(%)	124.09
股改对价	

G美都（600175）

上市日期:99/04/08　　电话:0571－88301605　　传真:0571－88301307

主营	从事酒店业、物业经营、房地产开发、实业投资及建筑材料销售。

	年　度	2005	2004	2003
主要指标	每股收益/扣除后(元)	0.1/0.032	0.036	0.022/0.000
	每股经营现金流量(元)	-1.03	-0.28	-1.81
	每股净资产/调整后(元)	3.75/3.52	4.39/4.15	4.35/4.29
	未分利润(万元)	1540.4	-380.1	-763.34
	资本公积(万元)	26657.53	28791.13	28806.64
利润构成	主营收入(万元)	76125.75	28355.75	7874.95
	主营利润(万元)	6528.16	3325.05	3911.63
	营业利润(万元)	99.35	-2001.2	-576.62
	投资收益(万元)	1235.04	2157.74	384.1
	利润总额(万元)	1447.56	152.66	148.7
	净利润(万元)	1292.2	383.24	237.78

点评：公司房地产主业逐步走向成熟,贸易额不断扩大,主营收入和净利都有大幅增长,主营业务收入主要来自贸易量的增加及湖州"百合公寓"项目;净利润主要来源于湖州"百合公寓"项目、天鸿宝业及转让海南美都实业有限公司产生的损益。

	截止日期	05年末	占%	主要股东及持股比例%、持股性质
股本结构（万股）	总股本	12801.6		美都集团股份有限公司 28.23%（非流通股）
	国有股	3244.8	25.35	北京天鸿集团公司 21.22%（国有股）
	发起股	4675.2	36.52	浙江天成投资管理有限公司 7.78%（非流通股）
	外资股			京华房产有限公司 3.62%（非流通股）
	募集股			北京市房屋建筑设计院 0.51%（国有股）
	流通A	4881.6	38.13	北京宝华饭店 0.51%（非流通股）
	流通B			楼杨平 0.21%（流通A股）
	流通H			严水国 0.18%（流通A股）
股东户数	05年末	17637		张德枝 0.17%（流通A股）
	04年末	17861		龙乔英 0.17%（流通A股）
其他流通股东	魏海涛 0.164%;黄尖银 0.159%;梁建国 0.157%;张东祥 0.154%;宋萍萍 0.135%;江平旺 0.134%			
近年分配	05预案:10派0.3转增3;04年:10转增2	近年募资		

二〇〇五年以来市场表现

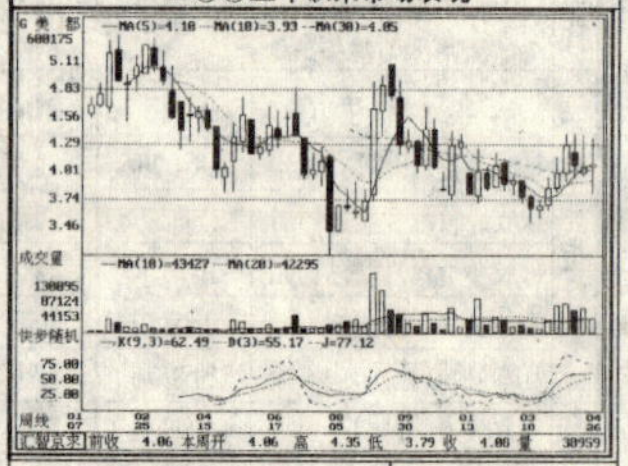

2005年涨跌幅(%)	11.93
2005年最高(元)	6.1
2006年涨跌幅(%)	18.61
2006.4.26收盘(元)	4.08
2006年最高(元)	5.49
2006年最低(元)	4.38
2006年换手率(%)	109.72
股改对价	送股 每10股实际获得2.5股(06/01/12)

中国玻纤（600176）

上市日期:99/04/22　　电话:010－88028660　　传真:010－88028955

主营	玻璃纤维及其制品、建筑塑料地板、PVC塑料管材、管件的生产、销售和综合类商品市场和建材市场等业务。

	年　度	2005	2004	2003
主要指标	每股收益/扣除后(元)	0.289/0.264	0.215	0.2/0.19
	每股经营现金流量(元)	0.2809	1.1137	0.2085
	每股净资产/调整后(元)	1.73/1.68	1.48/1.43	1.56/1.5
	未分利润(万元)	9093.79	6071.16	6065.42
	资本公积(万元)	4433.86	3964.37	7166.76
利润构成	主营收入(万元)	146418.93	114565.37	85223.1
	主营利润(万元)	46217.88	33879.82	27207.26
	营业利润(万元)	21297.08	17323.51	12591.24
	投资收益(万元)	2144.42	819.35	281.31
	利润总额(万元)	24577.43	19199.88	13309.13
	净利润(万元)	12347.64	9184.61	7125.52

点评：国内玻纤行业的龙头企业。玻璃纤维的产量、销量、出口量等多项指标长期保持国内第一。2004年底,公司已成为亚洲第一、世界前五的玻纤生产销售商。2005年在玻纤行业景气的带动下,公司收入和利润保持了稳步上涨。

	截止日期	05年末	占%	主要股东及持股比例%、持股性质
股本结构（万股）	总股本	42739.2		中国建材股份有限公司 40.17%（国有股）
	国有股	18978.24	44.4	振石集团股份有限公司 22.26%（非流通股）
	发起股	9514.56	22.26	江阴市长江钢管有限公司 4.24%（国有股）
	外资股			通乾证券投资基金 1.39%（流通A股）
	募集股			中信证券股份有限公司 0.79%（流通A股）
	流通A	14246.4	33.33	交通银行－融通行业景气证券投资基金 0.68%（流通A股）
	流通B			中国农业银行－天同保本增值证券投资基金 0.43%（流通A股）
	流通H			北京中食聚信投资咨询有限公司 0.35%（流通A股）
股东户数	05年末	32411		全国社保基金六零四组合 0.22%（流通A股）
	04年末	32661		中国工商银行－德盛稳健证券投资基金 0.21%（流通A股）
其他流通股东	何雁飞 0.152%;深圳市红筹投资有限公司 0.131%;斯勤夫 0.12%			
近年分配	05预案:10派1;04年:10派0.5;03中期:10转增6年终:10派0.5送1转增1	近年募资		

二〇〇五年以来市场表现

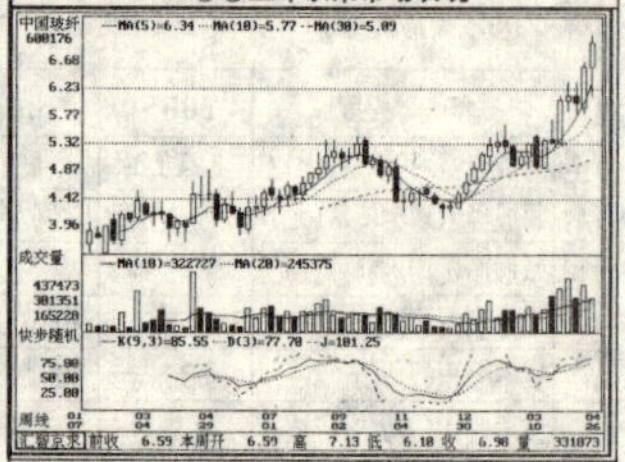

2005年涨跌幅(%)	29.24
2005年最高(元)	5.48
2006年涨跌幅(%)	49.15
2006.4.26收盘(元)	6.98
2006年最高(元)	7.13
2006年最低(元)	4.65
2006年换手率(%)	315.33
股改对价	

雅戈尔（600177）

上市日期:98/11/19　电话:0574－87425136　传真:0574－87425390

主营	服装服饰产品及服装辅料的设计、制造、销售和进出口贸易。

	年　度	2005	2004	2003
主要指标	每股收益/扣除后(元)	0.344/0.326	0.518	0.704/0.599
	每股经营现金流量(元)	0.6806	1.7644	0.5864
	每股净资产/调整后(元)	2.31/2.27	3.18/3.13	4.48/4.39
	未分利润(万元)	103680.2	88177.24	81303.62
	资本公积(万元)	27338.94	74095.25	61658.72
利润构成	主营收入(万元)	462815.16	415521.09	270306.82
	主营利润(万元)	164269.19	138412.29	95472.07
	营业利润(万元)	72260.4	60277.56	37126.02
	投资收益(万元)	480.58	3636.69	4646.66
	利润总额(万元)	81401.34	75527.24	51530.98
	净利润(万元)	56479.09	55786.32	40018.35

点评	2005年,公司根据既定的发展目标,突出主业,协同发展其他产业,达到了各主要业务均保持持续、稳定、健康的发展态势。预计06年,公司的主营业务收入及净利润等主要指标均比05年有较快的增长。

	截止日期	05年末	占%	主要股东及持股比例%、持股性质
股本结构（万股）	总股本	164441.22		宁波盛达发展公司26.13%(非流通股)
	国有股			宁波青春服装厂14.44%(部分流通部分不流通)
	发起股	65002.97	39.53	宁波青春投资控股有限公司13.66%(非流通股)
	外资股			中国工商银行－上证50交易型开放式指数证券投资基金0.92%(流通A股)
	募集股	22464.19	13.66	中国建设银行－华宝兴业多策略增长证券投资基金0.58%(流通A股)
	流通A	76974.05	46.81	华泰证券有限责任公司0.52%(流通A股)
	流通B			湘财－汇丰－CALYONS.A. 0.46%(流通A股)
	流通H			兴和证券投资基金0.46%(流通A股)
股东户数	05年末	122645		中国银行－华夏大盘精选证券投资基金0.36%(流通A股)
	04年末			兴华证券投资基金0.35%(流通A股)
其他流通股东	招商证券股份有限公司0.304%;申银万国－花旗－UBS LIMITED 0.293%			
近年分配	05预案:10派2.5;04年:10派2.5转增5;03年:10派5转增7		近年募资	03年增发转债1190万张,募资总额11.9亿。

二〇〇五年以来市场表现

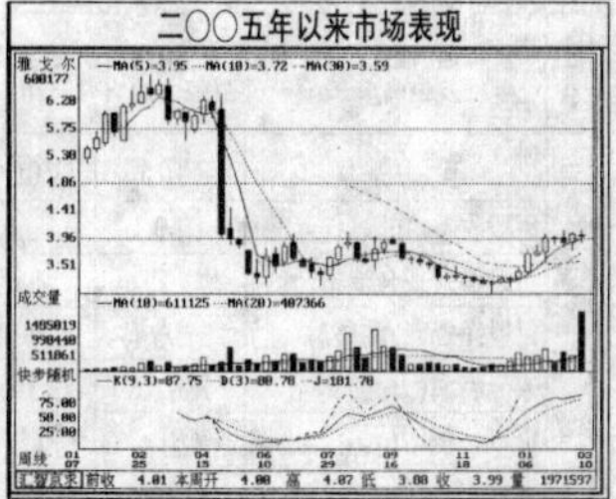

2005年涨跌幅(%)	1.8
2005年最高(元)	6.93
2006年涨跌幅(%)	17.01
2006.4.26收盘(元)	3.99
2006年最高(元)	4.07
2006年最低(元)	3.37
2006年换手率(%)	65.54
股改对价	权证

东安动力（600178）

上市日期:98/10/14　电话:0451－6528172　传真:0451－6505502

主营	微型汽车发动机、变速箱及零部件的生产和销售。

	年　度	2005	2004	2003
主要指标	每股收益/扣除后(元)	0.183	0.206	0.197/0.201
	每股经营现金流量(元)	0.76	0.81	0.5964
	每股净资产/调整后(元)	3.49/3.47	3.4/3.39	3.34/3.28
	未分利润(万元)	12527.57	10384.56	2779.47
	资本公积(万元)	85831.22	85379.24	85379.24
利润构成	主营收入(万元)	225466.9	251202.48	288811.37
	主营利润(万元)	25390.75	38791.74	45706.99
	营业利润(万元)	5546.84	9752	9539.78
	投资收益(万元)	3808.04	639.75	1533.12
	利润总额(万元)	9346.95	9738.03	10643.81
	净利润(万元)	8454.76	9506.37	9108.34

点评	公司的主要客户是哈飞汽车、昌河股份和昌河铃木等关联企业。04年微客市场愈加激烈的竞争形势,使得昌河铃木销量下降,导致公司销售收入的减少;但得益于技改费用抵税,净利润还是实现了一定的增长。将来公司实力的增强还是应来自与哈飞汽车的整合。

	截止日期	05年末	占%	主要股东及持股比例%、持股性质
股本结构（万股）	总股本	46208		中国航空科技工业股份有限公司70.01%(国有股)
	国有股	32350	70.01	哈尔滨东安机电制造有限责任公司0.34%(流通A股)
	发起股			上海安东投资管理有限公司0.28%(流通A股)
	外资股			于永滨0.26%(流通A股)
	募集股			哈尔滨东安大诚机电有限公司0.22%(流通A股)
	流通A	13858	29.99	卢云霞0.21%(流通A股)
	流通B			张宇0.2%(流通A股)
	流通H			赵玉海0.12%(流通A股)
股东户数	05年末	55291		王阳0.11%(流通A股)
	04年末	65742		郭士英0.1%(流通A股)
其他流通股东	东安绿化0.099%			
近年分配	05预案:10派1;04年:10派1;03年:10派1.5		近年募资	

二〇〇五年以来市场表现

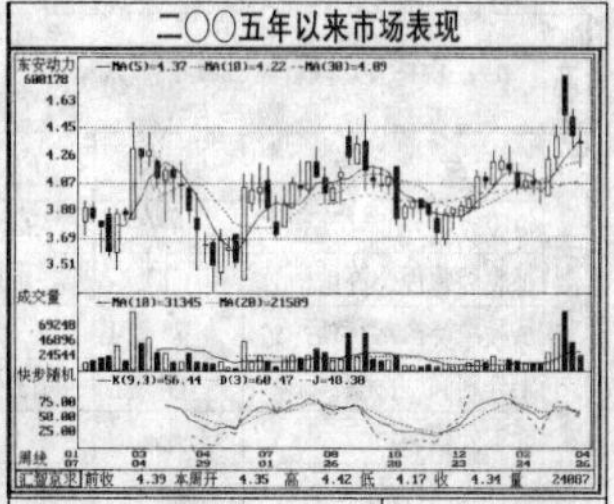

2005年涨跌幅(%)	6.28
2005年最高(元)	4.63
2006年涨跌幅(%)	9.6
2006.4.26收盘(元)	4.34
2006年最高(元)	4.82
2006年最低(元)	3.9
2006年换手率(%)	26.98
股改对价	送股 每10股实际获得3.5股

黑化股份（600179）

上市日期:98/11/04　电话:0452－8927290　传真:0452－8927290

主营	焦炭、焦化产品及石油加工产品的生产和销售。产品包括焦炭、硝酸铵、尿素、汽油和柴油等30余种。

	年　度	2005	2004	2003
主要指标	每股收益/扣除后(元)	0.04/0.04	0.08	0.11
	每股经营现金流量(元)	0.16	0.17	-0.34
	每股净资产/调整后(元)	2.63/2.5	2.59/2.51	2.51/2.44
	未分利润(万元)	12791.67	11556.76	9268.19
	资本公积(万元)	38726.28	38726.28	38726.28
利润构成	主营收入(万元)	98322.44	99926.47	64395.4
	主营利润(万元)	8700.83	8804.1	16039.97
	营业利润(万元)	2032.62	3250.56	6401.78
	投资收益(万元)	-6.69	-3.34	
	利润总额(万元)	2112.12	3296	6308.93
	净利润(万元)	1452.84	2687.23	3905.23

点评	近几年均保持微利水平。尿素业务巨额亏损是公司微利的主要原因,05年占公司收入18.74%的尿素业务亏损了1亿多,而焦炭等其他产品实现的主营业务利润只有2亿多。国内煤炭价格的提升以及公司公司尿素装置系统能耗高是造成尿素产品巨亏的主要原因。

	截止日期	05年末	占%	主要股东及持股比例%、持股性质
股本结构（万股）	总股本	33000		黑龙江黑化集团有限公司63%(国有股)
	国有股	20789.17	63	上海金轮橡胶轮胎有限公司5.03%(非流通股)
	发起股	2210.83	6.7	隆泰资产0.606%(非流通股)
	外资股			青岛丽派木业有限公司0.485%(非流通股)
	募集股			江苏金泰建设发展有限公司0.333%(非流通股)
	流通A	10000	30.3	工装自控工程(无锡)有限公司0.139%(非流通股)
	流通B			长春谦海信息咨询有限公司0.106%(非流通股)
	流通H			陈钦声0.075%(流通A股)
股东户数	05年末	51974		李YUN0.066%(流通A股)
	04年末	54991		李勇0.059%(流通A股)
其他流通股东	刘应秀0.051%;白新钢0.045%;张南生0.041%;兴和证券投资基金0.037%;顾晨刚0.036%;郑少宏0.035%			
近年分配			近年募资	

二〇〇五年以来市场表现

2005年涨跌幅(%)	-36.49
2005年最高(元)	4.87
2006年涨跌幅(%)	-1.09
2006.4.26收盘(元)	2.72
2006年最高(元)	3.19
2006年最低(元)	2.6
2006年换手率(%)	64.81
股改对价	

G九发（600180）

上市日期:98/07/03　　电话:0535－6623880　　传真:0535－6623798

主营	食用菌、罐头、水产品、蔬菜、生物有机复合肥及包装物料的生产及销售和国家允许范围内的自营进出口业务。			
	年　度	2005	2004	2003
主要指标	每股收益/扣除后(元)	0.171/0.152	0.268/0.244	0.302/0.3
	每股经营现金流量(元)	0.51	0.08	0.1549
	每股净资产/调整后(元)	3.83/3.74	3.86/3.79	3.59/3.53
	未分利润(万元)	26891.28	28304.03	22589.84
	资本公积(万元)	36721.52	36721.48	36721.48
利润构成	主营收入(万元)	95435.63	121237.27	83331.6
	主营利润(万元)	11352.21	14800.22	13438.21
	营业利润(万元)	3424.86	6293.58	8087.15
	投资收益(万元)	427.27	246.64	-261.61
	利润总额(万元)	4366.79	7128.08	7810.18
	净利润(万元)	4292.81	6722.58	7567.39
点评	亚洲最大的食用菌加工及出口企业,主导产品为食用菌及蔬菜水果罐头和速冻产品。05年双孢菇的市场收购价格出现较大幅度上涨,原料白糖价格也大幅度上涨,导致公司的毛利率有所下降,进出口贸易大幅度下降。			

	截止日期	05年末	占%	主要股东及持股比例%、持股性质
股本结构（万股）	总股本	25099.01		山东九发集团公司 55.78%（国有股）
	国有股	17111.81	68.18	中泰信托投资有限责任公司 12.39%（非流通股）
	发起股			中国银行－同盛证券投资基金 1.46%（流通A股）
	外资股			中国工商银行－国联安德盛小盘精选证券投资基金 0.93%（流通A股）
	募集股			金安庆 0.47%（流通A股）
	流通A	7987.2	31.82	金琳 0.45%（流通A股）
	流通B			中国工商银行－同益证券投资基金 0.43%（流通A股）
	流通H			胡柏君 0.28%（流通A股）
股东户数	05年末	16156		中国工商银行－银河银泰理财分红证券投资基金 0.28%（流通A股）
	04年末	13491		易瑞珍 0.27%（流通A股）
其他流通股东	杨少锋 0.191%;李一芝 0.157%			
近年分配	04年:10派2	近年募资		

二〇〇五年以来市场表现

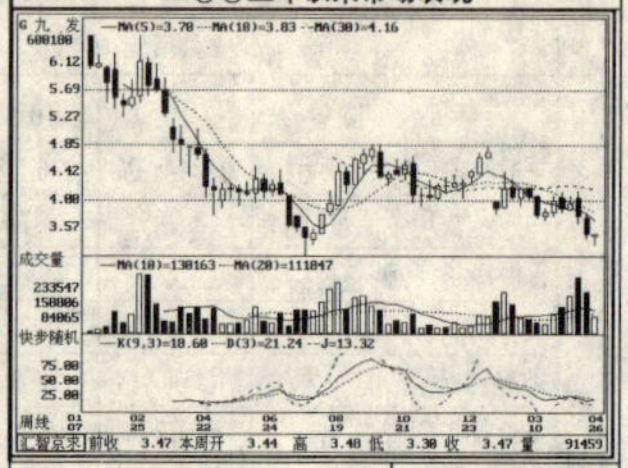

2005年涨跌幅(%)	-25.88
2005年最高(元)	6.54
2006年涨跌幅(%)	-2.78
2006.4.26收盘(元)	3.47
2006年最高(元)	5.75
2006年最低(元)	4.29
2006年换手率(%)	187.79
股改对价	送股 每10股实际获得3股(06/01/24)

＊ST云大（600181）

上市日期:98/09/28　　电话:0871－8315883　　传真:0871－8315072

主营	农化、医药及功能食品、花卉产业及相关进出口业务。			
	年　度	2005	2004	2003
主要指标	每股收益/扣除后(元)	-0.577	-1.582	-0.75/-0.75
	每股经营现金流量(元)	0.08	-0.08	-0.35
	每股净资产/调整后(元)	-0.38/-1.06	0.35/-0.36	1.92/1.8
	未分利润(万元)	-91376.46	-71272.16	-16365.09
	资本公积(万元)	43985.61	43950.91	43410.02
利润构成	主营收入(万元)	12064.85	25138.96	41939.9
	主营利润(万元)	3142.72	72.73	9464.52
	营业利润(万元)	-21628.32	-51208.98	-24029.93
	投资收益(万元)	-5446.45	-3144.04	-3201.23
	利润总额(万元)	-27118.3	-55899.47	-27287.77
	净利润(万元)	-20104.3	-55081.81	-26232.16
点评	2005年由于公司期间费用仍出于高水平,使得公司在2005年继续亏损。			

	截止日期	05年末	占%	主要股东及持股比例%、持股性质
股本结构（万股）	总股本	34813.62		云南云大投资控股有限公司 20.95%（国有股）
	国有股	7293.11	20.95	云南龙泰农业资源开发有限公司 8.93%（非流通股）
	发起股	10720.51	30.79	中国和平(北京)投资有限公司 8.73%（非流通股）
	外资股			深圳市蛇口大赢工贸有限公司 4.98%（非流通股）
	募集股			深圳市捷发信息咨询服务有限公司 4.76%（非流通股）
	流通A	16800	48.26	深圳市新旺投资咨询有限公司 4.52%（流通A股）
	流通B			天津市万博咨询公司 2.07%（流通A股）
	流通H			中国抽纱汕头进出口公司 1.72%（非流通股）
股东户数	05年末	31489		云南正通经贸有限责任公司 1.67%（非流通股）
	04年末	32483		天津开创投资有限责任公司 1.63%（流通A股）
其他流通股东	天津大安投资发展有限公司 0.687%;徐钢 0.473%;陈家钊 0.453%;王圣利 0.344%;吉亚杰 0.313%			
近年分配		近年募资		

二〇〇五年以来市场表现

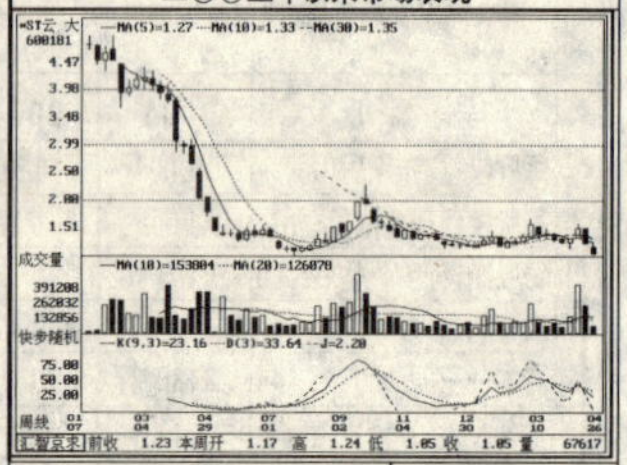

2005年涨跌幅(%)	-75.37
2005年最高(元)	4.96
2006年涨跌幅(%)	-11.02
2006.4.26收盘(元)	1.05
2006年最高(元)	1.67
2006年最低(元)	1.05
2006年换手率(%)	133.28
股改对价	

佳通轮胎（600182）

上市日期:99/05/07　　电话:021－51535400　　传真:021－63353221

主营	轮胎的生产和销售			
	年　度	2005	2004	2003
主要指标	每股收益/扣除后(元)	0.157/0.157	0.212/0.218	-1.703/-1.72
	每股经营现金流量(元)	0.173	0.416	0.05
	每股净资产/调整后(元)	1.05/0.8	0.89/0.67	0.66/0.64
	未分利润(万元)	-1298.92	-91380.87	-97612.03
	资本公积(万元)	119.85	83135.26	82716.51
利润构成	主营收入(万元)	188954.26	169029.82	15768.6
	主营利润(万元)	31666.12	28816.06	-4929.57
	营业利润(万元)	12540.87	19335.94	-32506.17
	投资收益(万元)	-522.13	-391.6	-0.48
	利润总额(万元)	12019.09	17955.62	-60010.83
	净利润(万元)	5332.94	7204.42	-57894.76
点评	目前上市公司中半钢子午胎产能最大的轮胎制造企业之一。胶价对公司经营影响较大,由于轮胎生产中天然橡胶和合成橡胶占轮胎制造成本的50%左右,而2005年合成橡胶与天然橡胶价格的持续上涨给公司带来了较大的成本压力。			

	截止日期	05年末	占%	主要股东及持股比例%、持股性质
股本结构（万股）	总股本	34000		佳通轮胎(中国)投资有限公司 44.43%（外资股）
	国有股			联合证券有限责任公司 1.77%（流通A股）
	发起股	100	0.29	黑龙江省国际信托投资公司 1.53%（非流通股）
	外资股	15107	44.43	黑龙江省火电第一工程公司 0.88%（非流通股）
	募集股	1793	5.27	牡丹江财政资产投资经营公司 0.74%（非流通股）
	流通A	17000	50	国泰君安证券股份有限公司 0.64%（流通A股）
	流通B			中国信达资产管理公司 0.59%（非流通股）
	流通H			桦林集团实业公司 0.33%（非流通股）
股东户数	05年末	35078		黑龙江龙桦联营经销公司 0.29%（非流通股）
	04年末	25555		沈华烈 0.22%（流通A股）
其他流通股东	程文水 0.215%;芦鹏 0.2%;陈苏仔 0.168%;张显维 0.131%;王莉 0.121%;余兵国 0.113%;刘春平 0.113%			
近年分配		近年募资		

二〇〇五年以来市场表现

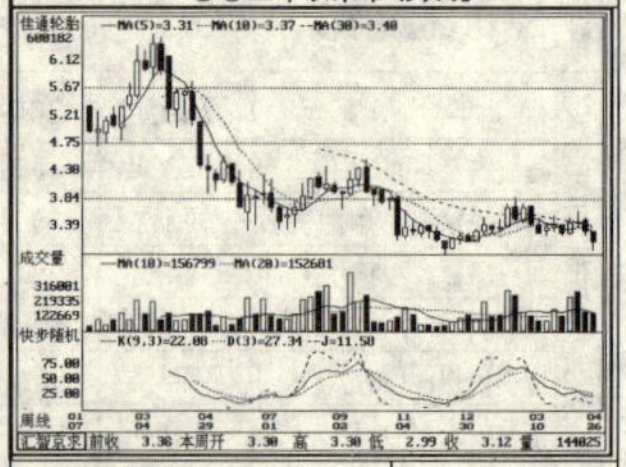

2005年涨跌幅(%)	-42.46
2005年最高(元)	6.58
2006年涨跌幅(%)	-0.32
2006.4.26收盘(元)	3.12
2006年最高(元)	3.85
2006年最低(元)	2.99
2006年换手率(%)	157.34
股改对价	

G生益（600183）

上市日期:98/10/28　　电话:0769－2271828　　传真:0769－2271828－8225

主营	生产覆铜箔板和半固化片以及印刷线路板产品。			
	年　度	2005	2004	2003
主要指标	每股收益/扣除后(元)	0.33/0.33	0.33/0.33	0.2/0.2
	每股经营现金流量(元)	0.3715	0.0837	0.06
	每股净资产/调整后(元)	2.13/2.11	1.99/1.96	1.77/1.76
	未分利润(万元)	18851.02	12324.4	6412.17
	资本公积(万元)	21920.98	21850.68	21850.68
利润构成	主营收入(万元)	241253.96	184253.1	121743.68
	主营利润(万元)	37333.5	43463.9	22170.23
	营业利润(万元)	21452.15	28630.97	12769.55
	投资收益(万元)	3142.28	－4339.98	1603.43
	利润总额(万元)	24553.15	24315.45	14427.48
	净利润(万元)	21189.3	21217.09	13051.96
点评	苏州生益产能全年释放、松山湖一期投产以及产品提价推动公司收入快速增长。通过产品涨价和加强成本控制，公司产品毛利率得以稳定。优秀的管理能力使期间费用率下降。06年松山湖二期产能全年释放将推动收入增长，FCCL开始试产将优化公司产品结构。			

股本结构（万股）			
截止日期	05年末	占%	主要股东及持股比例%、持股性质
总股本	63801.56		伟华电子有限公司 25.91%（外资股）
国有股	22047.47	34.56	东莞市电子工业总公司 23.86%（国有股）
发起股			广东省外贸开发公司 10.7%（国有股）
外资股	16530.51	25.91	广东省外贸开发公司工会委员会 2.99%（国有股）
募集股	5854.6	9.18	广东粤财信托投资有限公司(受让生益科技股权专用) 2.19%（国有股）
流通A	19368.98	30.36	汉盛证券投资基金 1%（流通A股）
流通B			鸿阳证券投资基金 0.92%（流通A股）
流通H			东莞市生益电子有限公司工会委员会 0.9%（非流通股）
股东户数 05年末	41411		全国社保基金一零一组合 0.87%（流通A股）
股东户数 04年末	55160		宝钢集团财务有限责任公司 0.77%（流通A股）
其他流通股东	中国工商银行－德盛稳健证券投资基金 0.744%；上海唐氏教育基金会 0.591%		
近年分配	05预案:10派1.8；04年:10派1.9；03年:10派1.2	近年募资	

二〇〇五年以来市场表现

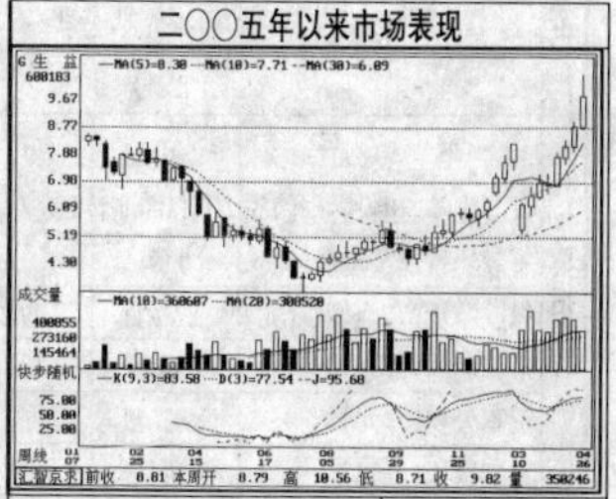

2005年涨跌幅(%)	－12.25
2005年最高(元)	8.53
2006年涨跌幅(%)	83.44
2006.4.26收盘(元)	9.82
2006年最高(元)	14.05
2006年最低(元)	6.98
2006年换手率(%)	144.05
股改对价	送股 每10股实际获得3.3股(06/03/09)

新华光（600184）

上市日期:03/11/06　　电话:0710－3349712　　传真:0710－3349308

主营	光学玻璃、光学玻璃一次、二次型件、微晶玻璃基板以及光电子材料的生产与销售。			
	年　度	2005	2004	2003
主要指标	每股收益/扣除后(元)	0.06/0.06	0.13	0.19/0.19
	每股经营现金流量(元)	－0.33	0.08	0.09
	每股净资产/调整后(元)	3.98/3.97	3.88/3.88	3.85/3.85
	未分利润(万元)	3087.28	2759.56	2747.81
	资本公积(万元)	16596.79	16363.02	16315.78
利润构成	主营收入(万元)	15749.41	12694.87	9700.68
	主营利润(万元)	2663.25	3268	3348.94
	营业利润(万元)	－7.42	557.06	1104.71
	投资收益(万元)	6.16	－0.19	24.47
	利润总额(万元)	138.06	851.85	1312.99
	净利润(万元)	409.86	889.48	1329.23
点评	国内光学玻璃行业唯一的一家上市公司和全国最大的光学玻璃生产基地之一。2005年，公司面临上下游市场双重压力：光学玻璃市场下游产品市场处于低迷状态，同时原材料、能源价格上涨，公司生产成本增加。以上三个因素导致公司净利润同比大幅下降。			

股本结构（万股）			
截止日期	05年末	占%	主要股东及持股比例%、持股性质
总股本	7000		湖北华光新材料有限公司 45.29%（国有股）
国有股			襄樊华元元件有限公司 7.57%（非流通股）
发起股	4000	57.14	深圳市同仁和实业有限公司 1.43%（非流通股）
外资股			南阳市卧龙光学有限公司 1.43%（非流通股）
募集股			北方光电工贸有限公司 1.43%（国有股）
流通A	3000	42.86	彭灏 0.36%（流通A股）
流通B			柯伟川 0.29%（流通A股）
流通H			刘兆浓 0.23%（流通A股）
股东户数 05年末	14414		钟春华 0.22%（流通A股）
股东户数 04年末	14532		杨伟明 0.16%（流通A股）
其他流通股东	陈瑕苇 0.157%；郭之信 0.156%；刘朝霞 0.145%；周祎 0.145%；张志 0.129%		
近年分配	03年:10派1	近年募资	03年新发3000万股，发行价6.14元。

二〇〇五年以来市场表现

2005年涨跌幅(%)	－21.51
2005年最高(元)	7.74
2006年涨跌幅(%)	7.11
2006.4.26收盘(元)	6.33
2006年最高(元)	6.65
2006年最低(元)	5.11
2006年换手率(%)	264.59
股改对价	

G海星（600185）

上市日期:99/06/11　　电话:029－82307606　　传真:029－82307607

主营	计算机硬件产品开发、生产、销售、维修；网络工程、系统集成及软件开发；电子通讯器材及设备；其他高新技术产品的开发、生产、销售及技术服务。			
	年　度	2005	2004	2003
主要指标	每股收益/扣除后(元)	0.051/0.047	0.056	0.054/0.031
	每股经营现金流量(元)	0.5406	－0.1064	0.2307
	每股净资产/调整后(元)	2.44/2.32	2.43/2.27	2.4/2.31
	未分利润(万元)	6190.34	5211.99	4128.34
	资本公积(万元)	23909.2	23909.2	23909.2
利润构成	主营收入(万元)	101680.81	78685.9	62700.78
	主营利润(万元)	17091.97	13666.71	11005.02
	营业利润(万元)	1146.35	1351.96	1877.06
	投资收益(万元)	－381.24	－437.93	－82.29
	利润总额(万元)	872.48	1162.15	1818.22
	净利润(万元)	1117.57	1226.37	1169.64
点评	05年主营收入平稳增长，但PC和系统集成行业毛利率继续下滑，加上费用缺乏有效控制，净利润同比下滑。公司拟逐步退出商业零售和批发行业，重点发展房地产和高速公路等业务，后两者盈利能力虽高于前两者，但行业成长性不高将降低公司的估值水平。			

股本结构（万股）			
截止日期	05年末	占%	主要股东及持股比例%、持股性质
总股本	21780		西安海星科技投资控股(集团)有限公司 31.76%（非流通股）
国有股			西安飞机工业(集团)有限公司 5.05%（非流通股）
发起股	14300	65.66	陕西省技术进步投资有限责任公司 5.05%（非流通股）
外资股			上海发光经贸发展有限公司 4.49%（非流通股）
募集股			神威医药科技股份有限公司 2.12%（非流通股）
流通A	7480	34.34	海南博妮达贸易有限公司 1.79%（非流通股）
流通B			上海葆鑫企业发展有限公司 1.55%（非流通股）
流通H			西安协同软件股份有限公司 1.01%（非流通股）
股东户数 05年末	40666		无锡市华信投资管理有限公司 1.01%（非流通股）
股东户数 04年末	43963		上海东方国信投资管理有限公司 1.01%（非流通股）
其他流通股东	刘有才 0.255%；高秀玉 0.116%；叶荷花 0.093%；王剑 0.066%；王锦兴 0.064%；周建明 0.051%；袁晓东 0.051%		
近年分配		近年募资	

二〇〇五年以来市场表现

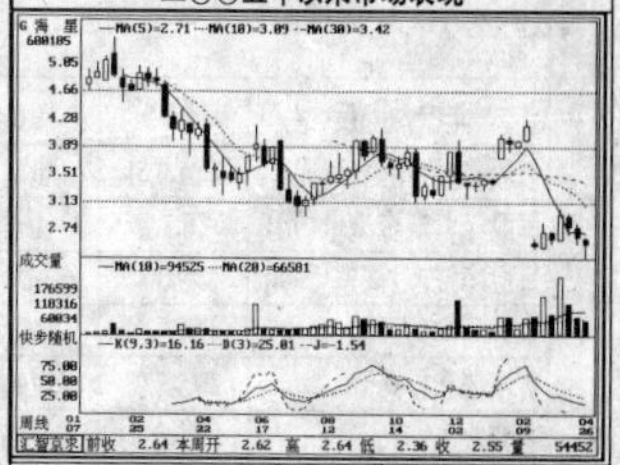

2005年涨跌幅(%)	－29.17
2005年最高(元)	5.43
2006年涨跌幅(%)	17
2006.4.26收盘(元)	2.55
2006年最高(元)	4.73
2006年最低(元)	3.68
2006年换手率(%)	97.72
股改对价	定向转增 每10股实际获得5.6股(06/03/15)

莲花味精（600186）

上市日期:98/08/25　　电话:0394－4298666　　传真:0394－4298899

主营	味精和调味品的生产及销售;热力、电力的生产及销售。

	年　　度	2005	2004	2003
主要指标	每股收益/扣除后(元)	0.011/-0.024	0.005/-0.021	-0.164/-0.173
	每股经营现金流量(元)	0.094	-0.265	-0.289
	每股净资产/调整后(元)	2.2/2.15	2.19/2.15	2.19/2.17
	未分利润(万元)	8060.66	7088.25	7486.73
	资本公积(万元)	89037.19	89037.19	89037.19
利润构成	主营收入(万元)	133754.88	95216.52	117355.06
	主营利润(万元)	16864.13	15656.33	13856.23
	营业利润(万元)	308.58	42.09	-10310.32
	投资收益(万元)	1574.17	-2.07	-2828.73
	利润总额(万元)	706.15	468.7	-13494.73
	净利润(万元)	972.41	460.5	-14537.71

点评	我国第一大、世界第二大味精生产企业,拥有年产30万吨味精的生产能力。2005年公司味精销售量和出口量均上升,出口价格也在逐步上升。但大股东莲花集团占用上市公司资金数量巨大,是公司的不确定因素。

	截止日期	05年末	占%	主要股东及持股比例%、持股性质
股本结构（万股）	总股本	88400		河南省莲花味精集团有限公司 55.54%（国有股）
	国有股	49098.79	55.54	北京祥恒科技有限公司 3.28%（非流通股）
	发起股			唐益功 0.19%（流通A股）
	外资股			张宏亮 0.13%（流通A股）
	募集股			叶丽娟 0.12%（流通A股）
	流通A	36400	41.18	薛佩玲 0.09%（流通A股）
	流通B			梁益民 0.08%（流通A股）
	流通H			罗裕春 0.07%（流通A股）
股东户数	05年末	82598		杨西栋 0.07%（流通A股）
	04年末	85975		沈凤梅 0.07%（流通A股）
其他流通股东	谢来生 0.067%;谢刚 0.067%			
近年分配		近年募资		

二〇〇五年以来市场表现

2005年涨跌幅(%)	-16.74
2005年最高(元)	2.99
2006年涨跌幅(%)	49.49
2006.4.26收盘(元)	2.9
2006年最高(元)	3.01
2006年最低(元)	1.92
2006年换手率(%)	187.26
股改对价	

*ST黑龙（600187）

上市日期:98/11/11　　电话:0452－2817931　　传真:0452－2816277

主营	新闻纸和冰雪运动器材的生产与销售及相关进出口业务。

	年　　度	2005	2004	2003
主要指标	每股收益/扣除后(元)	-1.093/-0.663	-2.477	-0.626/-0.628
	每股经营现金流量(元)	-0.0034	-0.0531	-0.23
	每股净资产/调整后(元)	-1.84/-2.03	-0.74/-0.92	1.7/1.68
	未分利润(万元)	-129904.59	-94155.34	-13110.85
	资本公积(万元)	34532.03	34489.28	34483
利润构成	主营收入(万元)	0.12	21064.8	50637.17
	主营利润(万元)	-0.05	84.04	7839.27
	营业利润(万元)	-35447.51	-80975.67	-20912.6
	投资收益(万元)			
	利润总额(万元)	-35749.24	-81044.5	-20845.07
	净利润(万元)	-35749.24	-81044.5	-20491.56

点评	报告期内,公司基本处于停产状态。为保持稳定状态及员工生活保障,公司已将公司全部生产经营性资产租赁给齐齐哈尔中纸实业发展有限公司,租赁费用为每月50万元人民币。

	截止日期	05年末	占%	主要股东及持股比例%、持股性质
股本结构（万股）	总股本	32722.5		黑龙集团公司 70.2%（国有股）
	国有股	22972.5	70.2	曾威 0.496%（流通A股）
	发起股			温淑贵 0.417%（流通A股）
	外资股			吴玛莉 0.258%（流通A股）
	募集股			陈家钊 0.216%（流通A股）
	流通A	9750	29.8	王圣利 0.202%（流通A股）
	流通B			张振龙 0.176%（流通A股）
	流通H			冯卓 0.171%（流通A股）
股东户数	05年末	24141		路广义 0.131%（流通A股）
	04年末	29713		刘得心 0.129%（流通A股）
其他流通股东	姚明亮 0.128%			
近年分配		近年募资		

二〇〇五年以来市场表现

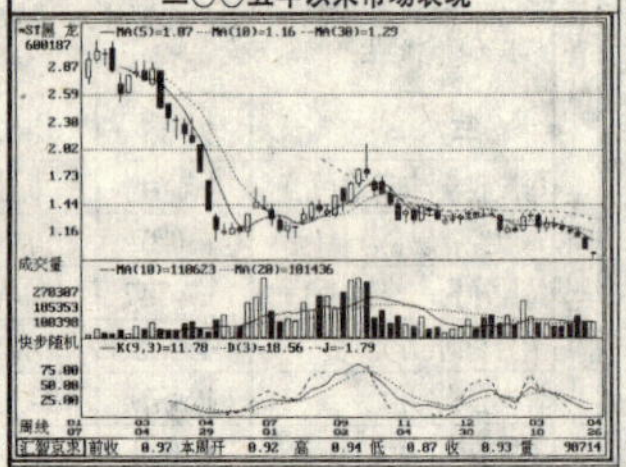

2005年涨跌幅(%)	-51.79
2005年最高(元)	3.16
2006年涨跌幅(%)	-31.11
2006.4.26收盘(元)	0.93
2006年最高(元)	1.4
2006年最低(元)	0.87
2006年换手率(%)	179.26
股改对价	

G兖煤（600188）

上市日期:98/07/01　　电话:0537－5382319　　传真:0537－5383311

主营	煤炭开采、洗选和销售。

	年　　度	2005	2004	2003
主要指标	每股收益/扣除后(元)	0.51/0.51	0.88	0.385/0.38
	每股经营现金流量(元)	0.81	1.44	0.96
	每股净资产/调整后(元)	3.49/3.47	4.96/4.94	3.84/3.81
	未分利润(万元)	476192.39	372281.27	222050.07
	资本公积(万元)	486548.08	650194.94	471419.51
利润构成	主营收入(万元)	1270552.99	1220916.35	866523.22
	主营利润(万元)	653990.53	689135.06	452651.78
	营业利润(万元)	391325.69	420338.29	168047.97
	投资收益(万元)	909.24	2517.5	1041.7
	利润总额(万元)	391081.93	411482.32	169366.23
	净利润(万元)	249548.15	270778.48	110536.46

点评	2005年,公司煤炭产量同比有所下降,但得益于煤炭价格的快速上涨,主营业务收入有了一定幅度的上涨。不过,由于村庄压煤以及安全投入较高,公司净利润同比略有下降。未来两年,公司业绩增幅同比将有所放缓。

	截止日期	05年末	占%	主要股东及持股比例%、持股性质
股本结构（万股）	总股本	491840		兖矿集团有限公司 54.33%（国有股）
	国有股	267200	54.33	香港中央结算(代理人)有限公司 39.72%（H股）
	发起股			DEUTSCHE BANK AKTIENGESELLSCHAFT 0.23%（流通A股）
	外资股			阳江喜之郎果冻制造有限公司 0.2%（流通A股）
	募集股			CREDIT SUISSE FIRST BOSTON (HONG KONG) LIMITED 0.18%（流通A股）
	流通A	28800	5.86	中信经典配置证券投资基金 0.17%（流通A股）
	流通B			LEHMAN BROTHERS INTERNATIONAL (EUROPE) 0.16%（流通A股）
	流通H	195840	39.82	上证50交易型开放式指数证券投资基金 0.14%（流通A股）
股东户数	05年末	48013		UBS LIMITED 0.12%（流通A股）
	04年末	22821		上海宝钢集团公司 0.11%（流通A股）
其他流通股东	易方达50指数证券投资基金 0.095%			
近年分配	05预案:10派2.2;04年:10派2.6转增6;03年:10派1.64	近年募资		

二〇〇五年以来市场表现

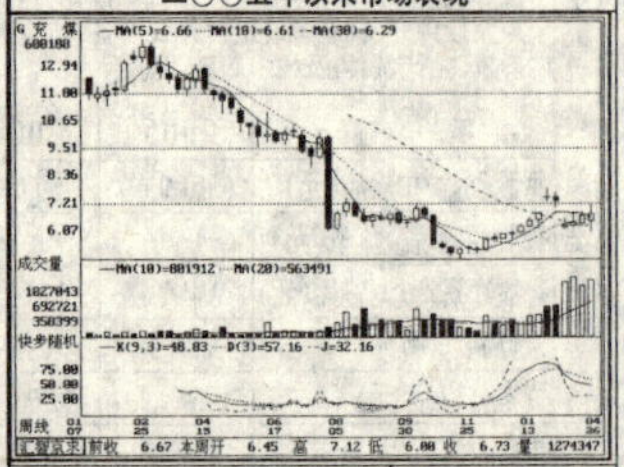

2005年涨跌幅(%)	-21.77
2005年最高(元)	14.09
2006年涨跌幅(%)	42.1
2006.4.26收盘(元)	6.73
2006年最高(元)	8.9
2006年最低(元)	5.91
2006年换手率(%)	230.44
股改对价	送股 每10股实际获得2.5股(06/04/03)

G 森工（600189）

上市日期:98/10/07　电话:0431－8912969　传真:0431－8930595

主营	木材、人造板,批发和零售贸易,医药、生物制品等。

	年　度	2005	2004	2003
主要指标	每股收益/扣除后(元)	0.25/0.27	0.32/0.32	0.32/0.33
	每股经营现金流量(元)	0.16	0.45	0.47
	每股净资产/调整后(元)	4.33/4.2	4.38/4.26	4.27/4.2
	未分利润(万元)	23931.03	26701.39	24744.58
	资本公积(万元)	65042.79	65042.79	65030.2
利润构成	主营收入(万元)	116692.2	112033.16	82863.3
	主营利润(万元)	28940	27962.9	22660.1
	营业利润(万元)	6228.52	8262.01	7363.92
	投资收益(万元)	360.44	230.14	807.51
	利润总额(万元)	8580.94	10927.47	10150.5
	净利润(万元)	7830.08	9980.74	10025.97

点评：05年由于受到煤电油运、化工原料不断涨价,木质原料短缺且价格不断攀升,导致公司运行成本上升,毛利率下降。目前公司正积极推动工业原料林项目建设,以缓解刨花板原料不足问题,控制成本,提高毛利率。

	截止日期	05年末	占%	主要股东及持股比例%、持股性质
股本结构（万股）	总股本	31050		中国吉林森林工业(集团)总公司 50.89%(国有股)
	国有股	15801	50.89	交银施罗德精选股票证券投资基金 1.13%(流通A股)
	发起股			嘉实服务增值行业证券投资基金 0.58%(流通A股)
	外资股			兴业可转债混合型证券投资基金 0.55%(流通A股)
	募集股			田加 0.51%(流通A股)
	流通A	15249	49.11	深圳市嘉豪投资有限公司 0.45%(流通A股)
	流通B			兴业趋势投资混合型证券投资基金 0.42%(流通A股)
	流通H			全国社保基金一零六组合 0.39%(流通A股)
股东户数	05年末	40467		泰和证券投资基金 0.25%(流通A股)
	04年末	45862		黄东辉 0.22%(流通A股)
其他流通股东	林谦 0.18%			
近年分配	05预案:10派3;04年:10派3;03年:10派2		近年募资	

二〇〇五年以来市场表现

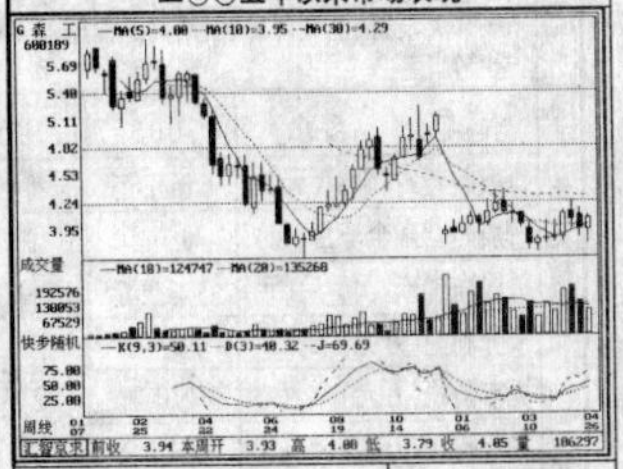

2005年涨跌幅(%)	-0.32
2005年最高(元)	5.98
2006年涨跌幅(%)	3.85
2006.4.26收盘(元)	4.05
2006年最高(元)	4.36
2006年最低(元)	3.7
2006年换手率(%)	143.56
股改对价	送股 每10股实际获得3.8股(05/12/19)

锦州港（600190/900952）

上市日期:A: 99/06/09 B: 98/05/19　电话:0416－3586462　传真:0416－3582431

主营	为东北三省中部和西部、内蒙古东部、华北北部广大腹地提供货物装卸、仓储及船货代理服务。港口主要装卸货种有原油、成品油、粮食和煤炭。

	年　度	2005	2004	2003
主要指标	每股收益/扣除后(元)	0.143/0.144	0.126	0.078/0.075
	每股经营现金流量(元)	0.253	0.236	0.234
	每股净资产/调整后(元)	1.33/1.31	1.18/1.16	1.05/1.02
	未分利润(万元)	4550.77	-7033.68	-18964.68
	资本公积(万元)	20669.01	20521.04	19652.96
利润构成	主营收入(万元)	50802.77	47534.71	40675.06
	主营利润(万元)	30747.91	26756.31	21388.77
	营业利润(万元)	21021.67	18472.77	12670.29
	投资收益(万元)	273.02	105.58	82.75
	利润总额(万元)	21039.02	17180.63	12612.32
	净利润(万元)	13534.78	11931	7380.35

点评：2005年公司油品、粮食、集装箱吞吐量增长,阜新矿难、国际原油价格攀升、锦州地区禽流感疫情给公司经营带来负面影响。05年公司投资建设25万吨级油泊位,并与中海合资建设两个5万吨级集装箱泊位。国产设备所得税抵免为公司增加净利润约14%。

	截止日期	05年末	占%	主要股东及持股比例%、持股性质
股本结构（万股）	总股本	94650		东方集团股份有限公司 27.13%(非流通股)
	国有股	21000	22.19	锦州港务局 15.85%(国有股)
	发起股			锦州石油化工公司 8.82%(国有股)
	外资股			辽宁省投资集团有限公司 4.28%(国有股)
	募集股	34200	36.13	锦西炼油化工总厂 1.58%(国有股)
	流通A	22800	24.09	辽宁省建设投资公司 0.48%(国有股)
	流通B	16650	17.59	锦州碧海石油化工有限公司 0.17%(国有股)
	流通H			博时裕富 0.12%(流通A股)
股东户数	05年末	113598		侯春伟 0.1%(流通A股)
	04年末	118608		JIN WANG JUN 0.09%(流通B股)
其他流通股东	山西中宝信 0.066%;NAITO SECURITIES CO. LTD 0.064%;HSBC FUND SERVICES A/C 0.063%			
近年分配	05方案:10派0.3		近年募资	

二〇〇五年以来市场表现

2005年涨跌幅(%)	-36.04
2005年最高(元)	5.99
2006年涨跌幅(%)	14.93
2006.4.26收盘(元)	4.08
2006年最高(元)	4.33
2006年最低(元)	3.54
2006年换手率(%)	89.19
股改对价	

G 华资（600191）

上市日期:98/12/10　电话:0472－6957544　传真:0472－4190473

主营	甜菜制糖业和电子业,计算机的研制、推广应用,软件开发,计算机软硬件及外围设备,计算机配件,以及糖机设备的制造与销售等。

	年　度	2005	2004	2003
主要指标	每股收益/扣除后(元)	0.09/0.12	0.23	0.26/0.25
	每股经营现金流量(元)	0.13	0.57	0.48
	每股净资产/调整后(元)	4.24/4.22	4.15/4.13	3.97/3.94
	未分利润(万元)	30465.91	28230.57	23767.96
	资本公积(万元)	60341.34	60341.34	60341.34
利润构成	主营收入(万元)	65579.11	105987.74	98119.21
	主营利润(万元)	10747.41	19449.48	19326.55
	营业利润(万元)	2485.54	8132.79	9373.33
	投资收益(万元)	435.97	30.04	96.54
	利润总额(万元)	2882.9	8142.19	9506.52
	净利润(万元)	2629.82	7032.97	7728.03

点评：公司主营业务为制糖业和电子信息业,同时涉足乳业并兼有金融业。2005年公司转让了控股子公司湛江华资农垦糖业发展有限公司的股权,形成投资损失1,083万元;而公司另一主业电子信息业的竞争加剧,导致公司所属的电子信息类公司利润下降。

	截止日期	05年末	占%	主要股东及持股比例%、持股性质
股本结构（万股）	总股本	30308.25		内蒙古包头市草原糖业集团有限责任公司 37.89%(国有股)
	国有股	11482.73	37.89	包头市实创经济技术开发有限公司 21.19%(非流通股)
	发起股	8360.52	27.58	包头市北普实业有限公司 6.39%(非流通股)
	外资股			姚成保 0.211%(流通A股)
	募集股			夏巧巧 0.159%(流通A股)
	流通A	10465	34.53	赵洪仁 0.135%(流通A股)
	流通B			北京市能投物资贸易有限责任公司 0.096%(流通A股)
	流通H			张友武 0.086%(流通A股)
股东户数	05年末	44568		吴淑亭 0.085%(流通A股)
	04年末	46728		承德三北地区实业开发公司 0.076%(流通A股)
其他流通股东	天津市大港油田莱特三联石化工程股份合作公司 0.073%;王晓星 0.073%;杜建坤 0.07%			
近年分配	03年:10派0.5		近年募资	

二〇〇五年以来市场表现

2005年涨跌幅(%)	-27.63
2005年最高(元)	6.23
2006年涨跌幅(%)	54.76
2006.4.26收盘(元)	4.76
2006年最高(元)	6.92
2006年最低(元)	4.05
2006年换手率(%)	201.46
股改对价	送股 每10股实际获得3.2股(06/03/08)

长城电工（600192）

上市日期:98/12/24　　电话:0931-8415912　　传真:0931-8414606

主营：一般交流发电机、大中型交直流电机、伺服主轴电机、高低压开关设备、电气传动装置、高低压电器元件等产品的生产和销售。

	年　　度	2005	2004	2003
主要指标	每股收益/扣除后(元)	0.06/0.053	0.055	0.052/0.05
	每股经营现金流量(元)	0.3702	0.372	-0.0711
	每股净资产/调整后(元)	3.43/3.37	3.37/3.34	3.3/3.29
	未分利润(万元)	10939.65	9399.74	8000.39
	资本公积(万元)	62931.29	62783.83	62417.88
利润构成	主营收入(万元)	122421.56	104339.44	89378.61
	主营利润(万元)	27386.87	24936.42	21289.62
	营业利润(万元)	1798.41	2715.82	2329.68
	投资收益(万元)	886.07	-206.9	-23.14
	利润总额(万元)	2673.66	2353.7	2263.11
	净利润(万元)	1924.88	1774.97	1677.09

点评：公司主要从事中低压开关产品和中小型发电机的生产,公司开关产品竞争能力不强,毛利率偏低。05年电力设备市场需求增加迅猛,但公司销售收入和利润的增长达不到行业平均水平,未来盈利能力的提高上需要核心竞争力的培养。

股本结构(万股)	截止日期	05年末	占%	主要股东及持股比例%、持股性质
	总股本	32050		甘肃长城电工集团有限责任公司 65.52% (国有股)
	国有股			张立伟 0.172% (流通A股)
	发起股	21000	65.52	吴懿兵 0.134% (流通A股)
	外资股			杨照 0.101% (流通A股)
	募集股			杨少锋 0.087% (流通A股)
	流通A	11050	34.48	宋成俊 0.06% (流通A股)
	流通B			郑广全 0.056% (流通A股)
	流通H			张佩珂 0.052% (流通A股)
股东户数	05年末	60426		常敬宇 0.051% (流通A股)
	04年末	64970		李跃峰 0.051% (流通A股)
其他流通股东	莫海 0.049%			
近年分配		近年募资		

二〇〇五年以来市场表现

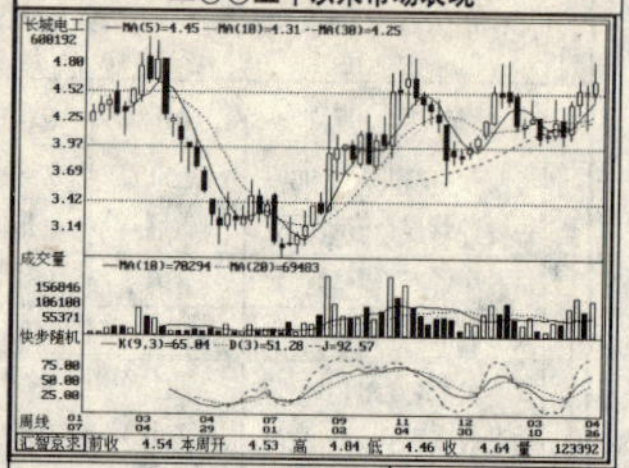

2005年涨跌幅(%)	-8.1
2005年最高(元)	5.07
2006年涨跌幅(%)	16.88
2006.4.26收盘(元)	4.64
2006年最高(元)	4.84
2006年最低(元)	3.94
2006年换手率(%)	107.74
股改对价	

G创兴（600193）

上市日期:99/05/27　　电话:0592-5311857　　传真:0592-5311821

主营：从事房地产开发经营和速冻蔬菜加工出口业务。

	年　　度	2005	2004	2003
主要指标	每股收益/扣除后(元)	0.05/0.027	0.06/0.066	-0.01/-0.04
	每股经营现金流量(元)	0.552	0.476	-0.234
	每股净资产/调整后(元)	1.71/1.67	1.66/1.66	1.63/1.63
	未分利润(万元)	5474.4	4711.55	4401.8
	资本公积(万元)	4850.09	4850.09	4850.09
利润构成	主营收入(万元)	7945.01	9795.17	7030.74
	主营利润(万元)	2097.57	4123.38	2649.85
	营业利润(万元)	-181	966.44	-132.24
	投资收益(万元)	1262.11	664.99	273.98
	利润总额(万元)	1049.35	1530.23	128.94
	净利润(万元)	897.47	1021.25	-180.01

点评：05年主营收入同比下降,主要报告期内结转的房产项目毛利率较低,国盟大厦项目的合作分成收益导致投资收益同比上涨89%,净利润下降的幅度小于主营收入下降的幅度。公司已经调整产品结构,目前以别墅、高层、多层公寓为主。

股本结构(万股)	截止日期	05年末	占%	主要股东及持股比例%、持股性质
	总股本	16780		厦门迈克药业(集团)有限公司 19.36% (非流通股)
	国有股	609	3.63	厦门大洋集团股份有限公司 16.88% (非流通股)
	发起股	11571	68.96	厦门百汇兴投资有限公司 16.41% (非流通股)
	外资股			厦门博纳科技有限公司 16.3% (非流通股)
	募集股			厦门海洋三所科技开发公司 3.63% (国有股)
	流通A	4600	27.41	李燕华 0.18% (流通A股)
	流通B			余来贤 0.14% (流通A股)
	流通H			上海康桥半岛房地产发展有限公司 0.14% (流通A股)
股东户数	05年末	22405		何春秀 0.13% (流通A股)
	04年末	23879		谢根英 0.12% (流通A股)
其他流通股东	王玉麟 0.109%;林少微 0.103%;陈玉琴 0.097%;吴悦奇 0.093%;陈美英 0.087%			
近年分配		近年募资		

二〇〇五年以来市场表现

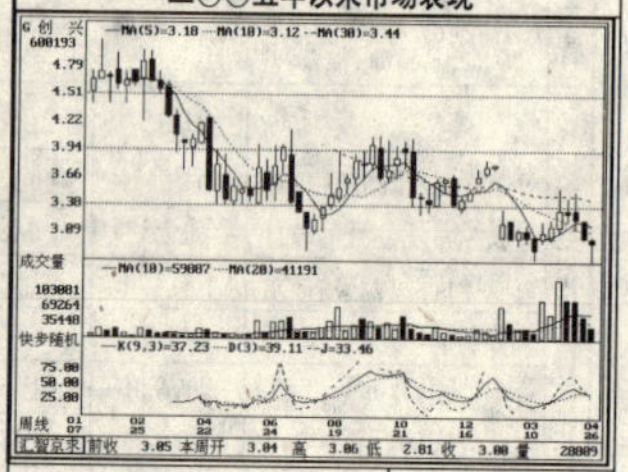

2005年涨跌幅(%)	-18.85
2005年最高(元)	5.07
2006年涨跌幅(%)	6.56
2006.4.26收盘(元)	3
2006年最高(元)	4.62
2006年最低(元)	3.65
2006年换手率(%)	124.12
股改对价	送股 每10股实际获得3股(06/02/07)

G中牧（600195）

上市日期:99/01/07　　电话:010-63702195　　传真:010-63702196

主营：动物保健品、饲料、肉类制品的加工、生产、销售,以及畜牧业生产资料贸易和自营产品进出口。

	年　　度	2005	2004	2003
主要指标	每股收益/扣除后(元)	0.16/0.15	0.16/0.12	0.06/0.06
	每股经营现金流量(元)	0.62	0.32	0.9
	每股净资产/调整后(元)	2.31/2.27	2.21/2.18	2.11/2.07
	未分利润(万元)	7129.94	5964.91	3344.1
	资本公积(万元)	34976.45	33471.7	33341.18
利润构成	主营收入(万元)	161795.71	139481.48	111225.18
	主营利润(万元)	44273.07	36672.32	26747.18
	营业利润(万元)	11433.14	7530.3	3434.58
	投资收益(万元)	-2369.37	-641.6	-273.11
	利润总额(万元)	8851.83	7405.3	3141.77
	净利润(万元)	6331.28	6201.01	2296.18

点评：2005年公司以国家防疫大局为重,积极应对市场挑战,取得了猪链球菌、禽流感和口蹄疫三大动物疫病阻击战的全面胜利,在行业内树立了中牧股份国家队的形象。在公司所得税率由上年的7.5%提高到15%的影响因素下,经营业务仍取得快速发展。

股本结构(万股)	截止日期	05年末	占%	主要股东及持股比例%、持股性质
	总股本	39000		中国牧工商(集团)总公司 69.23% (国有股)
	国有股	27000	69.23	上海证券-工行-大和证券SMBC株式会社 0.37% (流通A股)
	发起股			中信实业银行-建信恒久价值股票型证券投资基金 0.35% (流通A股)
	外资股			张　0.09% (流通A股)
	募集股			深圳市百仕达实业有限公司 0.08% (流通A股)
	流通A	12000	30.77	沈松龄 0.06% (流通A股)
	流通B			傅亚君 0.06% (流通A股)
	流通H			邱小春 0.06% (流通A股)
股东户数	05年末	59117		贾志国 0.06% (流通A股)
	04年末	58988		王庆年 0.05% (流通A股)
其他流通股东	百江投资有限公司 0.053%			
近年分配	05预案:10派1;04年:10派1;03年:10派0.6	近年募资		

二〇〇五年以来市场表现

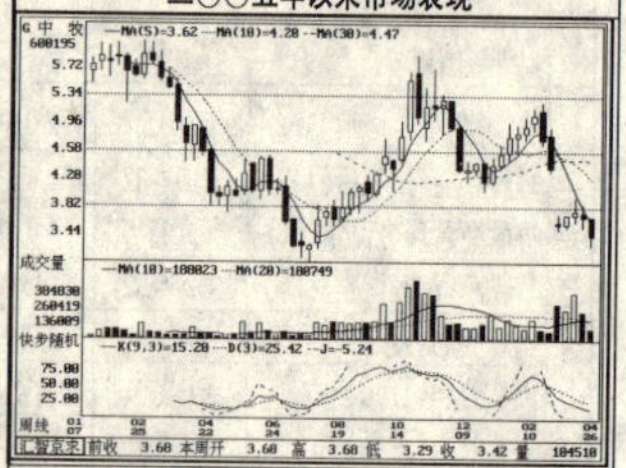

2005年涨跌幅(%)	-20.67
2005年最高(元)	6.1
2006年涨跌幅(%)	5.17
2006.4.26收盘(元)	3.42
2006年最高(元)	5.33
2006年最低(元)	4.3
2006年换手率(%)	152.97
股改对价	送股 每10股实际获得3.5股(06/03/28)

G复星（600196）

上市日期:98/08/07　电话:021-63325070　传真:021-63325079

主营：医疗诊断产品;基因工程药物、中成药、化学合成药的制造及药品销售;医疗器械等。

主要指标 年度	2005	2004	2003
每股收益/扣除后(元)	0.191/0.164	0.261	0.69/0.285
每股经营现金流量(元)	0.226	0.248	0.393
每股净资产/调整后(元)	2.87/2.85	2.77/2.75	4.45/4.3
未分利润(万元)	34933.48	39934.57	37249.69
资本公积(万元)	81963.96	75799	72023.11
利润构成			
主营收入(万元)	298852.68	242543.59	215455.75
主营利润(万元)	89617.36	75726.56	58014.16
营业利润(万元)	8933.31	12995.9	2627.57
投资收益(万元)	14512.08	16822.95	30313.86
利润总额(万元)	26930.41	31288.24	34784.67
净利润(万元)	15903.07	21533.34	26361.94

点评：2005年公司在收入保持较快增长的情况下净利润出现下滑的主要原因是:公司参照国际企业的做法对应收帐款计提政策进行了调整,对一年以上的应收帐款进行了全额计提坏帐。另外由于国内和香港的会计制度差异,投资复地集团的投资收益大幅下降。

股本结构(万股) 截止日期	05年末	占%	主要股东及持股比例%、持股性质
总股本	83196.12		上海复星高科技(集团)有限公司 56.11%(非流通股)
国有股			中国工商银行-安信证券投资基金 2.62%(流通A股)
发起股	47127.6	56.65	海通-中行-FORTIS BANK SA/NV 1.05%(流通A股)
外资股			中国建设银行-华宝兴业多策略增长证券投资基金 0.88%(流通A股)
募集股			交通银行-华安宝利配置证券投资基金 0.64%(流通A股)
流通A	36068.52	43.35	中国工商银行-博时精选股票证券投资基金 0.6%(流通A股)
流通B			上海申新(集团)有限公司 0.53%(非流通股)
流通H			中国工商银行-华安上证180指数增强型证券投资基金 0.49%(流通A股)
股东户数 05年末	61186		交通银行-海富通精选证券投资基金 0.48%(流通A股)
股东户数 04年末	74302		中国工商银行-银河银泰理财分红证券投资基金 0.44%(流通A股)

其他流通股东：东方证券股份有限公司 0.429%;中卫国脉通信股份有限公司 0.337%

近年分配：04年:10派1.5;03年:10派2转增10　**近年募资**：03年增发转债950万张,募资总额9.5亿。

二〇〇五年以来市场表现

2005年涨跌幅(%)	0.21
2005年最高(元)	6
2006年涨跌幅(%)	0.3
2006.4.26收盘(元)	4.31
2006年最高(元)	5.37
2006年最低(元)	4.57
2006年换手率(%)	84.57
股改对价	派现 每10股实际获得7.8424元(06/04/26)

伊力特（600197）

上市日期:99/09/16　电话:0991-3667490　传真:0991-3672172

主营：白酒、葡萄酒、饮料、纸箱的生产和销售,火力发电,货物运输。

主要指标 年度	2005	2004	2003
每股收益/扣除后(元)	-0.05	0.19	0.362/0.21
每股经营现金流量(元)	0.18	0.08	0.412
每股净资产/调整后(元)	1.75/1.73	1.94/1.93	3.79/3.79
未分利润(万元)	163.42	3558.11	3851.85
资本公积(万元)	21174.76	21105.9	42504.17
利润构成			
主营收入(万元)	43068.01	33194.72	37965.35
主营利润(万元)	13764.71	12476.74	13277.26
营业利润(万元)	8922.27	8742.57	7693.31
投资收益(万元)	-7796.9	749.41	2147.9
利润总额(万元)	1016	9571.71	9822.19
净利润(万元)	-2204.63	8431.77	7974.76

点评：公司主营白酒产品的生产与销售。2005年,公司的销售形势好于上年,且在成本管理上加强控制,使得其经营业绩相对尚可。2006年我国白酒行业继续复苏,公司所具有的良好品质保障了其经营业绩会有所增长。

股本结构(万股) 截止日期	05年末	占%	主要股东及持股比例%、持股性质
总股本	44100		新疆伊犁酿酒总厂 60.09%(国有股)
国有股	26900	61	四川微特光电饰件有限公司 2.27%(非流通股)
发起股	2200	4.99	新疆副食(集团)有限责任公司 1.59%(非流通股)
外资股			新疆生产建设兵团投资中心 0.91%(国有股)
募集股			中国工商银行-申万巴黎盛利精选证券投资基金 0.88%(流通A股)
流通A	15000	34.01	伊犁糖烟酒有限责任公司 0.68%(非流通股)
流通B			中国工商银行-申万巴黎新动力股票型证券投资基金 0.38%(流通A股)
流通H			汤素芳 0.14%(流通A股)
股东户数 05年末	32381		徐东升 0.11%(流通A股)
股东户数 04年末	36239		蒋华英 0.11%(流通A股)

其他流通股东：丁福春 0.108%;张大荣 0.107%;胡新 0.105%;姚璐菲 0.104%;胡凤 0.103%

近年分配：04年:10派1.4;03年:10派2.76转增10　**近年募资**：

二〇〇五年以来市场表现

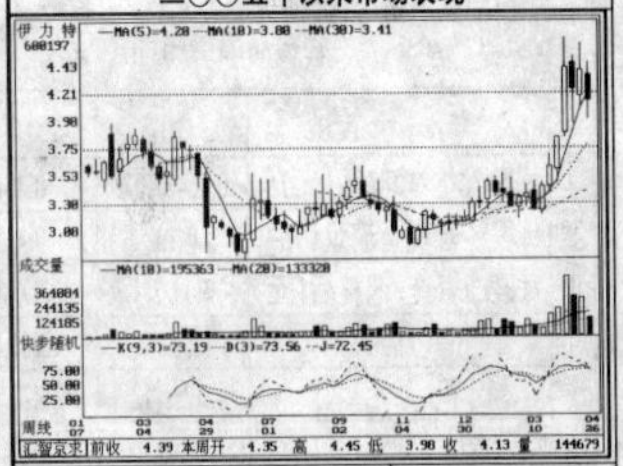

2005年涨跌幅(%)	-9.07
2005年最高(元)	3.96
2006年涨跌幅(%)	30.28
2006.4.26收盘(元)	4.13
2006年最高(元)	4.66
2006年最低(元)	3.14
2006年换手率(%)	169.11
股改对价	

大唐电信（600198）

上市日期:98/10/21　电话:010-62303607　传真:010-62303607

主营：各类通信网络系统、各类通信终端、计算机软硬件及外部设备、网络管理和信息安全应用软件、微电子等产品开发、生产、销售以及系统集成和网络建设。

主要指标 年度	2005	2004	2003
每股收益/扣除后(元)	-1.586	0.045	-0.426/-0.437
每股经营现金流量(元)	0.49	1.03	-0.35
每股净资产/调整后(元)	2.38/1.84	3.93/3.65	3.93/3.12
未分利润(万元)	-78247.74	-8635.72	-8222.08
资本公积(万元)	133068.75	131151.37	130864.1
利润构成			
主营收入(万元)	156044.2	262918.62	176383.16
主营利润(万元)	20558.04	55029.97	50137.54
营业利润(万元)	-69027.93	1180.73	-21257.18
投资收益(万元)	1470.81	1352.28	404.68
利润总额(万元)	-69472.39	6238.58	-17594.01
净利润(万元)	-69612.02	1982.36	-18683.07

点评：2005年公司仍处于产品结构调整期,主营业务收入和产品综合毛利比上年同期大幅下降,业绩出现亏损。公司无线类和移动通信类产品销售额明显下降,与经营预期差距较大。新产品尚未形成大规模销售,也是导致公司经营亏损的重要因素。

股本结构(万股) 截止日期	05年末	占%	主要股东及持股比例%、持股性质
总股本	43898.64		电信科学技术研究院 38.67%(国有股)
国有股	23067.8	52.55	电信科学技术第十研究所 7.88%(国有股)
发起股	1408.32	3.21	国际电话数据传输公司(ITTI) 6.57%(外资股)
外资股	2885.14	6.57	西安高科(集团)公司 2.3%(国有股)
募集股			北京凯腾飞信息技术有限公司 1.51%(非流通股)
流通A	16537.38	37.67	陕西省国际信托投资股份有限公司 1.47%(国有股)
流通B			中国中化集团公司 1.1%(国有股)
流通H			湖南南天集团有限公司 0.94%(非流通股)
股东户数 05年末	75405		广东财信投资有限公司 0.38%(非流通股)
股东户数 04年末	82724		山东邮电实业总公司 0.38%(国有股)

其他流通股东：中国建设银行-博时裕富证券投资基金 0.191%;东方证券股份有限公司 0.147%;陆信源 0.097%;王彩云 0.096%

近年分配：　**近年募资**：

二〇〇五年以来市场表现

2005年涨跌幅(%)	-25.7
2005年最高(元)	12.01
2006年涨跌幅(%)	9.34
2006.4.26收盘(元)	8.66
2006年最高(元)	9.78
2006年最低(元)	7.7
2006年换手率(%)	141.41
股改对价	承债及豁免债务 送股 每10股实际获得3.4股

ST金牛（600199）

上市日期:98/08/12　电话:0558－2210568　传真:0558－2212666

主营：黄牛产业开发;白酒、啤酒及配套包装产品的生产经营。

	年　度	2005	2004	2003
主要指标	每股收益/扣除后(元)	0.017/-0.103	-0.54	-0.44/-0.461
	每股经营现金流量(元)	0.146	0.198	-0.1
	每股净资产/调整后(元)	1.89/1.89	1.85/1.85	2.4/2.17
	未分利润(万元)	-24735.73	-25324	-6671.29
	资本公积(万元)	52577.26	52102.2	52087.54
利润构成	主营收入(万元)	75793.86	41969.51	37390.12
	主营利润(万元)	4230.85	4510.33	4432.57
	营业利润(万元)	-6427.57	-18485.23	-14713.82
	投资收益(万元)	2604.03	124.69	-40.1
	利润总额(万元)	-3414.54	-18780.4	-15448.42
	净利润(万元)	588.26	-18652.71	-15226.58

点评：公司主要从事黄牛繁育、食品加工销售、房产开发等。05年遇到了原辅料价格上涨,生产成本居高不下、市场竞争激烈等不利因素。公司未来的经营将以白酒、生化制药、房地产开发三大产业为主,培育新的经济效益增长点。

	截止日期	05年末	占%	主要股东及持股比例%、持股性质
股本结构（万股）	总股本	34640		安徽金种子集团有限公司 62.47%(国有股)
	国有股	21640	62.47	郎建民 0.124%(流通A股)
	发起股			国泰君安 0.123%(流通A股)
	外资股			牛世峡 0.114%(流通A股)
	募集股			陆秋燕 0.101%(流通A股)
	流通A	13000	37.53	王继昌 0.101%(流通A股)
	流通B			杨红健 0.095%(流通A股)
	流通H			江讯 0.088%(流通A股)
股东户数	05年末	59050		徐明义 0.082%(流通A股)
	04年末	67824		候天贵 0.072%(流通A股)
其他流通股东	范学敬 0.072%			
近年分配			近年募资	

二〇〇五年以来市场表现

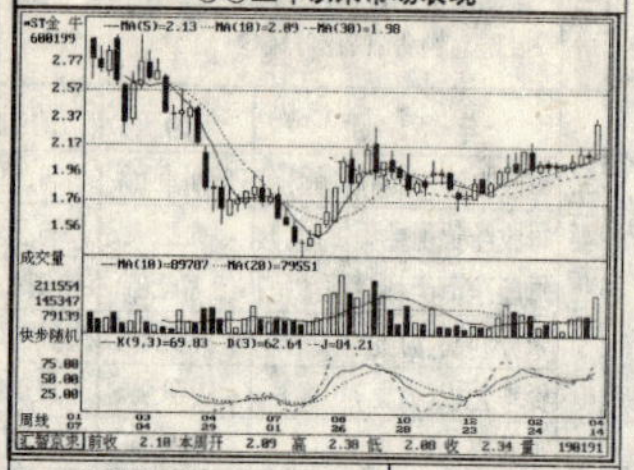

2005年涨跌幅(%)	-43.87
2005年最高(元)	2.97
2006年涨跌幅(%)	27.87
2006.4.26收盘(元)	2.34
2006年最高(元)	2.38
2006年最低(元)	1.81
2006年换手率(%)	100.38
股改对价	

G吴中（600200）

上市日期:99/04/01　电话:0512－5272131　传真:0512－5270086

主营：服装生产销售;各种抗生素类、维生素类、止血类普通药品和G－CSF等生物药品的生产、销售。

	年　度	2005	2004	2003
主要指标	每股收益/扣除后(元)	0.084/0.072	0.131	0.125/0.111
	每股经营现金流量(元)	0.132	0.412	-0.009
	每股净资产/调整后(元)	2.14/2.1	2.1/2.08	2.03/2.01
	未分利润(万元)	12310.98	12051.99	10473.59
	资本公积(万元)	21752.12	21122.81	21122.31
利润构成	主营收入(万元)	143109.98	127970.88	112700.77
	主营利润(万元)	23543.49	25436.54	22300.74
	营业利润(万元)	6046.76	9396.7	6974.56
	投资收益(万元)	519.87	434.71	672.01
	利润总额(万元)	6576.02	9692.46	7737.45
	净利润(万元)	3503.05	5457.99	5203.35

点评：多元化的经营并没有给公司带来相对稳定的收益。相反,公司的主要业务均出现了不同程度下滑的迹象。虽然公司的经营规模较大,但由于其主业分散,且各业务不存在明显的竞争能力,因而公司06年的经营业绩也不会有较大的改变。

	截止日期	05年末	占%	主要股东及持股比例%、持股性质
股本结构（万股）	总股本	41580		江苏吴中集团有限公司 21.29%(非流通股)
	国有股			苏州市吴中区协力商社 4.64%(非流通股)
	发起股	13432.5	32.31	海南颐科科技开发有限公司 4.55%(非流通股)
	外资股			苏州市大有物贸公司 1.16%(非流通股)
	募集股			常熟精美皮革有限公司 0.68%(流通A股)
	流通A	28147.5	67.69	江苏吴中集团万利发展公司 0.67%(非流通股)
	流通B			北京启迪兴业广告有限公司 0.48%(流通A股)
	流通H			北京飞创物业管理有限公司 0.42%(流通A股)
股东户数	05年末	8471		张家港兴港合作会社工会 0.33%(流通A股)
	04年末	8421		昆山市创业控股有限公司 0.24%(流通A股)
其他流通股东	张子才 0.195%;常熟市制冷设备二厂 0.159%;苏州爱能吉发展有限公司 0.147%;陈钢 0.119%;吴英爽 0.117%			
近年分配	05方案:10派0.5;04年:10派0.6;03中期:10转增5年终:10派0.6		近年募资	

二〇〇五年以来市场表现

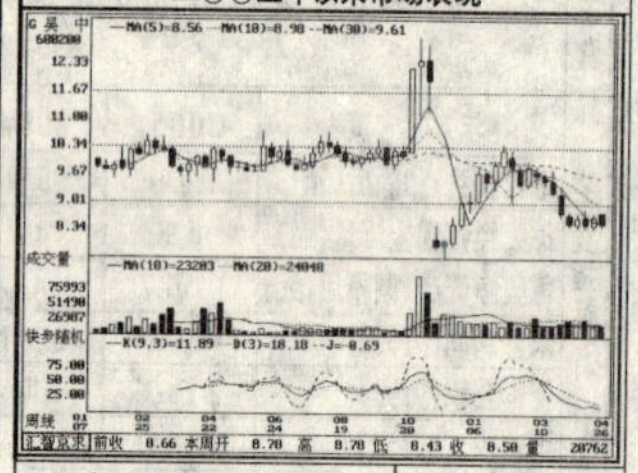

2005年涨跌幅(%)	35.64
2005年最高(元)	13.98
2006年涨跌幅(%)	-5.87
2006.4.26收盘(元)	8.5
2006年最高(元)	10.4
2006年最低(元)	8.4
2006年换手率(%)	12.8
股改对价	送股 每10股实际获得5股(05/12/01)

金宇集团（600201）

上市日期:99/01/15　电话:0471－5972266　传真:0471－5972931

主营：生物药品制造、羊绒纺织。

	年　度	2005	2004	2003
主要指标	每股收益/扣除后(元)	0.06/0.11	0.2	0.404/0.4
	每股经营现金流量(元)	0.13	0.37	-0.467
	每股净资产/调整后(元)	2.63/2.63	2.78/2.77	5.2/5.12
	未分利润(万元)	3993.22	7341.06	3975.93
	资本公积(万元)	27917.22	27917.22	38838.54
利润构成	主营收入(万元)	55259.8	46689.94	33403.34
	主营利润(万元)	22285.88	17340.92	12742.18
	营业利润(万元)	5084.82	5187.17	4317.22
	投资收益(万元)	-879.97	-748.19	-53.6
	利润总额(万元)	2798.5	4446.5	4324.7
	净利润(万元)	1228.18	4419.99	4415.41

点评：2005年公司净利润大幅下滑,主要原因是公司全资企业内蒙古生物药品厂中试产品因生产假疫苗,致使公司2005年最后两个月生物制药的生产与销售活动处于瘫痪状态。

	截止日期	05年末	占%	主要股东及持股比例%、持股性质
股本结构（万股）	总股本	21842.65		大象创业投资有限公司 18.86%(非流通股)
	国有股			内蒙古农牧药业有限责任公司 15.38%(非流通股)
	发起股	5320	24.36	呼和浩特市立鑫投资有限责任公司 5.49%(非流通股)
	外资股			上海星河数码投资有限公司 4.58%(流通A股)
	募集股	6460	29.58	深圳市艾韬投资有限公司 3.66%(非流通股)
	流通A	10062.65	46.07	内蒙古元迪投资有限责任公司 3.2%(非流通股)
	流通B			深圳市置信实业有限公司 2.75%(非流通股)
	流通H			上海申能实业有限公司 2.1%(流通A股)
股东户数	05年末	13276		鄂托克旗维宝商贸有限责任公司 1.83%(非流通股)
	04年末	11691		呼和浩特市春发物资有限责任公司 0.92%(非流通股)
其他流通股东	中国建设银行—国泰金马稳健回报证券投资基金 0.814%;承隆(上海)国际贸易有限公司 0.354%;刘俭 0.307%			
近年分配	05预案:10派0.3;04年:10派2;03年:10转增10		近年募资	

二〇〇五年以来市场表现

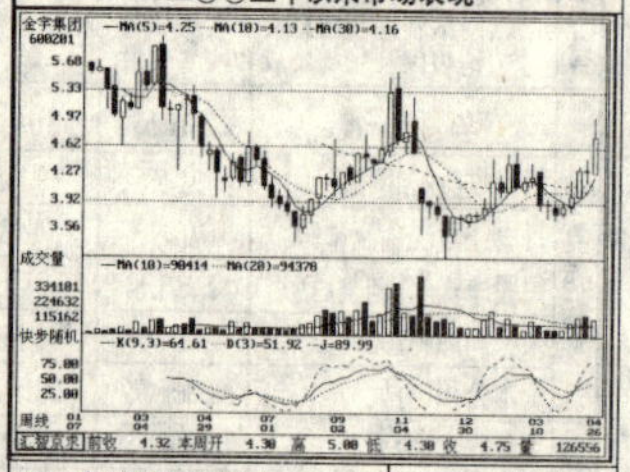

2005年涨跌幅(%)	-30.65
2005年最高(元)	6.03
2006年涨跌幅(%)	26.33
2006.4.26收盘(元)	4.75
2006年最高(元)	5
2006年最低(元)	3.65
2006年换手率(%)	153.24
股改对价	

哈空调（600202）

上市日期:99/06/03　电话:0451－4644521　传真:0451－4676205

主营：空气冷却冷凝设备、高中低压换热器、制冷空调设备、环保除尘设备、散热器的开发、生产与销售业务

	年　度	2005	2004	2003
主要指标	每股收益/扣除后(元)	0.381/0.367	0.045	0.082/－0.236
	每股经营现金流量(元)	0.147	0.802	－0.191
	每股净资产/调整后(元)	1.91/1.75	1.53/1.42	1.52/1.51
	未分利润(万元)	10312.74	2358.46	2655.67
	资本公积(万元)	6869.33	6869.33	6628.51
利润构成	主营收入(万元)	92283.13	27127.69	16462.32
	主营利润(万元)	19500.08	5435.14	1497.7
	营业利润(万元)	10142.24	997.25	－4943.29
	投资收益(万元)	－128.95	24.37	－475
	利润总额(万元)	10008.51	1002.06	1836.01
	净利润(万元)	9357.98	1095.83	2012.89

点评：

	截止日期	05年末	占%	主要股东及持股比例%、持股性质
股本结构（万股）	总股本	24573.12		哈尔滨机械控股有限责任公司 58.99%（国有股）
	国有股	14495.36	58.99	金鑫证券投资基金 3.84%（流通A股）
	发起股			中国工商银行－金泰证券投资基金 1.45%（流通A股）
	外资股			全国社保基金一零五组合 1.29%（流通A股）
	募集股			申银万国－汇丰－MERRILL LYNCH INTERNATIONAL 1.05%（流通A股）
	流通A	10077.76	41.01	中国建设银行－国泰金马稳健回报证券投资基金 0.99%（流通A股）
	流通B			全国社保基金一一一组合 0.86%（流通A股）
	流通H			宝钢集团财务有限责任公司 0.82%（流通A股）
股东户数	05年末	14222		交通银行－国泰金鹰增长证券投资基金 0.68%（流通A股）
	04年末	15358		中国工商银行－中银国际中国精选混合型开放式证券投资基金 0.65%（流通A股）
其他流通股东	东方证券－农行－东方红1号集合资产管理计划 0.49%			
近年分配	05预案:10派4；03年:10派0.5		近年募资	

二○○五年以来市场表现

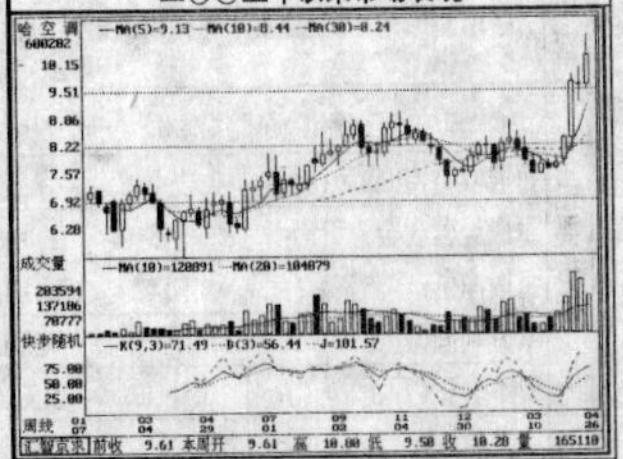

2005年涨跌幅(%)	7.55
2005年最高(元)	9.01
2006年涨跌幅(%)	36.16
2006.4.26收盘(元)	10.28
2006年最高(元)	10.8
2006年最低(元)	7.42
2006年换手率(%)	181.33
股改对价	

福日股份（600203）

上市日期:99/05/14　电话:0591－3315984　传真:0591－3319978

主营：电子计算机及配件、电子产品及通讯设备、家用电器、电子元器件的制造、销售；自营和代理各类商品及技术的进出口业务。

	年　度	2005	2004	2003
主要指标	每股收益/扣除后(元)	0.083/0.068	0.034	－0.376/－0.419
	每股经营现金流量(元)	－0.114	－0.073	－0.179
	每股净资产/调整后(元)	1.97/1.7	1.88/1.69	1.85/1.27
	未分利润(万元)	－6527.89	－8604.52	－9462.6
	资本公积(万元)	29201.56	29151.88	29144.12
利润构成	主营收入(万元)	203149.83	157027.95	93103.87
	主营利润(万元)	6342.26	4242.72	2111.34
	营业利润(万元)	－4741.78	－4456.13	－13175.18
	投资收益(万元)	7114.76	4805.92	2058.31
	利润总额(万元)	2402.71	419.99	－11213.08
	净利润(万元)	2131.27	876.91	－9628.12

点评：05年电子元器件和进出口业务都呈增长之势，但盈利尚不敷整体支出，公司主要靠参股华映光电的分红保持盈利。预计电子元器件和进出口业务06年继续向好，但LCD替代CRT的趋势不可扭转，预计华映光电贡献的投资收益将下滑，06年业绩不乐观。

	截止日期	05年末	占%	主要股东及持股比例%、持股性质
股本结构（万股）	总股本	25640		福建福日集团公司 72.7%（国有股）
	国有股	18640	72.7	刘恩厚 0.54%（流通A股）
	发起股			刘广胜 0.29%（流通A股）
	外资股			文亨福 0.22%（流通A股）
	募集股			商力 0.13%（流通A股）
	流通A	7000	27.3	王永团 0.11%（流通A股）
	流通B			许光大 0.11%（流通A股）
	流通H			梅淑芳 0.1%（流通A股）
股东户数	05年末	25886		王红 0.1%（流通A股）
	04年末	28119		陈仕雄 0.09%（流通A股）
其他流通股东	邓荣茂 0.094%			
近年分配			近年募资	

二○○五年以来市场表现

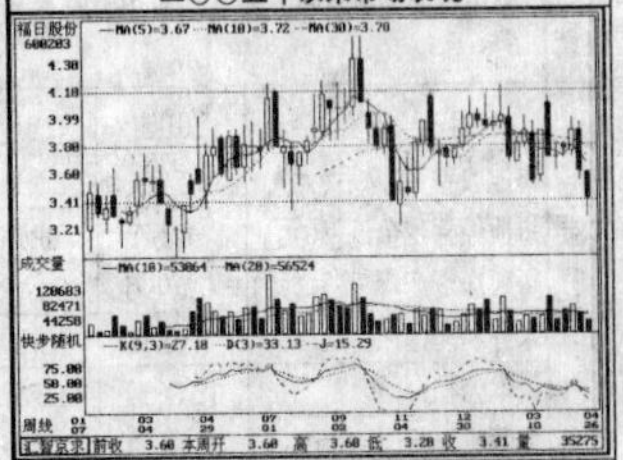

2005年涨跌幅(%)	21.12
2005年最高(元)	4.57
2006年涨跌幅(%)	－12.56
2006.4.26收盘(元)	3.41
2006年最高(元)	4.21
2006年最低(元)	3.28
2006年换手率(%)	136.37
股改对价	

山东铝业（600205）

上市日期:99/06/30　电话:0533－2930136　传真:0533－2985999

主营：氧化铝、氢氧化铝、多品种氧化铝、金属镓、电解铝、铝合金、铝制品、碳素制品的生产、销售。

	年　度	2005	2004	2003
主要指标	每股收益/扣除后(元)	1.294/1.279	1.232	0.933/0.97
	每股经营现金流量(元)	1.3387	1.1414	1.07
	每股净资产/调整后(元)	4.86/4.86	3.99/3.99	3.41/3.41
	未分利润(万元)	163941.94	118246.23	59089.1
	资本公积(万元)	48555.72	48546	48474.46
利润构成	主营收入(万元)	478102.71	388167.67	265664.94
	主营利润(万元)	154607.97	144874.23	85429.44
	营业利润(万元)	122382.59	115221.88	60567.29
	投资收益(万元)	419.22	－51.43	－297.92
	利润总额(万元)	122480.97	114803.21	57870.22
	净利润(万元)	86956.2	82783.77	52270.97

点评：2005年面对原燃料价格上涨等不利因素影响，公司抓住主导产品氧化铝销售价格持续高位平稳运行的有利条件，调整电解铝产品结构，业绩保持平稳增长。2006年公司将细化分解落实公司各项计划和指标，并以降低成本为重点，提高产品竞争能力。

	截止日期	05年末	占%	主要股东及持股比例%、持股性质
股本结构（万股）	总股本	67200		中国铝业股份有限公司 71.43%（国有股）
	国有股	48000	71.43	申银万国－花旗－UBS LIMITED 2.01%（流通A股）
	发起股			国际金融－渣打－CITIGROUP GLOBAL MARKETS LIMITED 0.78%（流通A股）
	外资股			中国工商银行－上证50交易型开放式指数证券投资基金 0.71%（流通A股）
	募集股			景博证券投资基金 0.64%（流通A股）
	流通A	19200	28.57	中国工商银行－银河银泰理财分红证券投资基金 0.57%（流通A股）
	流通B			景福证券投资基金 0.51%（流通A股）
	流通H			交通银行－易方达50指数证券投资基金 0.4%（流通A股）
股东户数	05年末	39645		交通银行－科瑞证券投资基金 0.4%（流通A股）
	04年末	56254		国泰君安－建行－香港上海汇丰银行有限公司 0.33%（流通A股）
其他流通股东	山西证券有限责任公司 0.306%			
近年分配	05方案:10派3.85；04年:10派4.2；03年:10派1送2		近年募资	

二○○五年以来市场表现

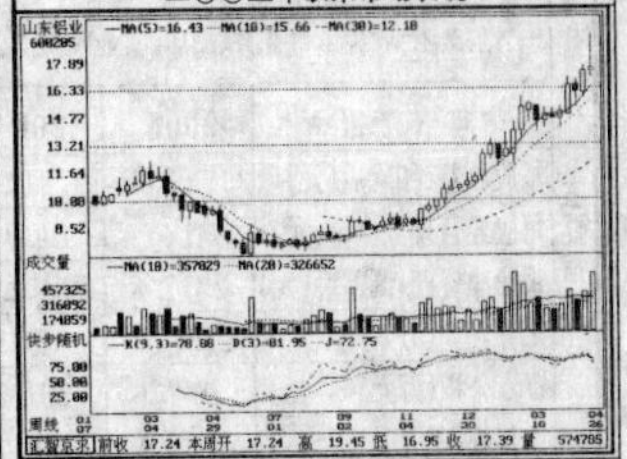

2005年涨跌幅(%)	8.66
2005年最高(元)	12.29
2006年涨跌幅(%)	58.09
2006.4.26收盘(元)	17.39
2006年最高(元)	19.45
2006年最低(元)	10.9
2006年换手率(%)	293.77
股改对价	

G有研（600206）

上市日期:99/03/19　　电话:010－62355380　　传真:010－62355381

主营	硅单晶抛光片、化合物半导体以及锗系列材料的生产

	年　　度	2005	2004	2003
主要指标	每股收益/扣除后(元)	0.025/0.02	0.016	0.01/－0.174
	每股经营现金流量(元)	0.25	－0.134	－0.006
	每股净资产/调整后(元)	4.51/4.5	4.49/4.46	4.49/4.44
	未分利润(万元)	－2413.65	－2706.38	－2879.18
	资本公积(万元)	51549.07	51561.17	51768.31
利润构成	主营收入(万元)	32429.52	28795.3	19669.05
	主营利润(万元)	5214.86	4354.7	2499.37
	营业利润(万元)	485.72	2.53	－300.15
	投资收益(万元)	－3.42	－93.45	230.54
	利润总额(万元)	480.75	553.31	855.73
	净利润(万元)	366.32	233.51	146.91

点评　05年主营平稳增长。通过与国外供应商建立战略合作关系等措施,公司克服主要材料多晶硅价格上涨的问题,毛利率不降反升,业绩快速增长。大尺寸为硅单晶抛光片的发展趋势,这使公司目前产品成长性有限。如12英寸产品的研发取得成功,业绩可能快速增长。

股本结构(万股)	截止日期	05年末	占%	主要股东及持股比例%、持股性质
	总股本	14500		北京有色金属研究总院 55.17%（国有股）
	国有股	8000	55.17	哈尔滨哈里投资股份有限公司 0.53%（流通A股）
	发起股			哈尔滨哈里慈善基金会 0.4%（流通A股）
	外资股			李卓 0.34%（流通A股）
	募集股			上海东方绿色汽车加气设备维修有限公司 0.33%（流通A股）
	流通A	6500	44.83	魏舸 0.21%（流通A股）
	流通B			朱国华 0.19%（流通A股）
	流通H			李建新 0.14%（流通A股）
股东户数	05年末	34549		杨文宗 0.14%（流通A股）
	04年末	34931		南京康宏汽车出租有限公司 0.12%（流通A股）
其他流通股东	张佩英 0.113%			
近年分配			近年募资	

二〇〇五年以来市场表现

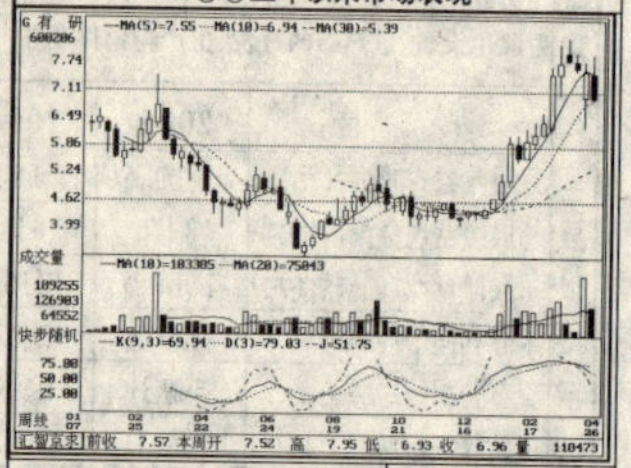

2005年涨跌幅(%)	－31.53
2005年最高(元)	7.44
2006年涨跌幅(%)	112.1
2006.4.26收盘(元)	6.96
2006年最高(元)	10.73
2006年最低(元)	4.44
2006年换手率(%)	194.59
股改对价	送股 每10股实际获得3.5股(06/04/17)

安彩高科（600207）

上市日期:99/07/14　　电话:0372－3932916　　传真:0372－3938035

主营	彩电显像管玻壳和终端显示器用显示管玻壳的生产和销售。

	年　　度	2005	2004	2003
主要指标	每股收益/扣除后(元)	－0.415/－0.419	0.531	0.523/0.53
	每股经营现金流量(元)	－0.2908	0.6319	0.957
	每股净资产/调整后(元)	4.96/4.95	5.67/5.65	5.44/5.41
	未分利润(万元)	11535.18	42991.32	36389.26
	资本公积(万元)	123426.37	123386.16	123270.06
利润构成	主营收入(万元)	230115.79	290355.8	213987.24
	主营利润(万元)	35987.82	84743.72	69994.75
	营业利润(万元)	－18176.49	43251.78	39903.35
	投资收益(万元)	－503.1	－147.64	961.95
	利润总额(万元)	－18275.57	43256.53	39315.66
	净利润(万元)	－18245.04	23346.98	23036.17

点评　受彩管行业市场需求下降的影响,公司玻壳产销收入迅速减少,产品价格降幅显著,业绩因此报亏。公司将在彩管行业调整周期内,进行池炉大修和投资开发TFT－LCD液晶玻璃基板项目。预计新项目建成投产将对公司业绩改善有积极作用。

股本结构(万股)	截止日期	05年末	占%	主要股东及持股比例%、持股性质
	总股本	44000		河南安阳彩色显像管玻壳有限公司 58.9%（国有股）
	国有股	25916	58.9	南方证券有限公司 0.88%（流通A股）
	发起股	84	0.19	通用技术集团投资管理有限公司 0.51%（流通A股）
	外资股			中国工商银行－华安上证180指数增强型证券投资基金 0.18%（流通A股）
	募集股			王永华 0.17%（流通A股）
	流通A	18000	40.91	褚建刚 0.14%（流通A股）
	流通B			盐城市新阜公路有限责任公司 0.14%（流通A股）
	流通H			殷德付 0.11%（流通A股）
股东户数	05年末	56284		刘宁 0.1%（流通A股）
	04年末	55641		王忠铭 0.1%（流通A股）
其他流通股东	陈玲 0.091%			
近年分配	04年:10派3；03年:10派3		近年募资	

二〇〇五年以来市场表现

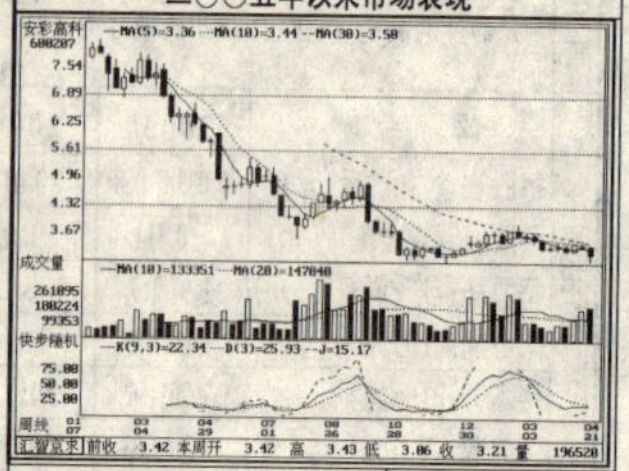

2005年涨跌幅(%)	－51.61
2005年最高(元)	8.18
2006年涨跌幅(%)	－7.49
2006.4.26收盘(元)	3.21
2006年最高(元)	3.89
2006年最低(元)	3.06
2006年换手率(%)	130.26
股改对价	

G中宝（600208）

上市日期:99/06/23　　电话:(0573)2080040　　传真:(0573)2030109

主营	黄金饰品生产、加工、批发、零售;珠宝玉器的加工与销售,工艺美术品、进出口业务、酒店、实业投资等。

	年　　度	2005	2004	2003
主要指标	每股收益/扣除后(元)	0.028/0.002	0.026	0.02
	每股经营现金流量(元)	1.4	0.19	0.07
	每股净资产/调整后(元)	2.47/2.26	2.44/2.25	2.46/2.26
	未分利润(万元)	6298.77	6060.5	6523.83
	资本公积(万元)	23170.21	23170.21	23402.06
利润构成	主营收入(万元)	111321.89	85389.4	55146.85
	主营利润(万元)	17014.08	10934.71	8219.48
	营业利润(万元)	1074.15	－2710.94	－5799.04
	投资收益(万元)	531.7	3726.71	6282.65
	利润总额(万元)	1983.67	1526.87	801.89
	净利润(万元)	696.33	660.13	428.73

点评　2005年公司继续产业整合,已初步形成港口设施、酒店服务、教育产业和房地产业四大产业为主的经营架构。报告期内公司主营收入和利润总额均取得了较高的涨幅,营业利润实现扭亏,扭转了2004年依靠投资收益做业绩的局面,但还没有摆脱微利局面。

股本结构(万股)	截止日期	05年末	占%	主要股东及持股比例%、持股性质
	总股本	25084.03		浙江恒兴力控股集团有限公司 18.66%（非流通股）
	国有股	1720.77	6.86	浙江新湖集团股份有限公司 12.91%（非流通股）
	发起股			嘉兴社会发展资产经营有限公司 6.86%（国有股）
	外资股			上海子江投资发展有限公司 4.8%（非流通股）
	募集股	13043.26	52	涌金实业(集团)有限公司 3.24%（非流通股）
	流通A	10320	41.14	浙江泰丰控股集团有限公司 3.07%（非流通股）
	流通B			杭州方豪实业有限公司 1.85%（非流通股）
	流通H			嘉兴未来工艺美术品有限公司 0.97%（非流通股）
股东户数	05年末	33036		北京惠德科贸中心 0.96%（非流通股）
	04年末	34113		浙江中神实业有限责任公司 0.93%（非流通股）
其他流通股东	杨小凤 0.351%;冯健 0.256%;宋天章 0.205%;张世宽 0.196%;何雅亭 0.192%;严林平 0.178%;陈翚 0.172%			
近年分配			近年募资	

二〇〇五年以来市场表现

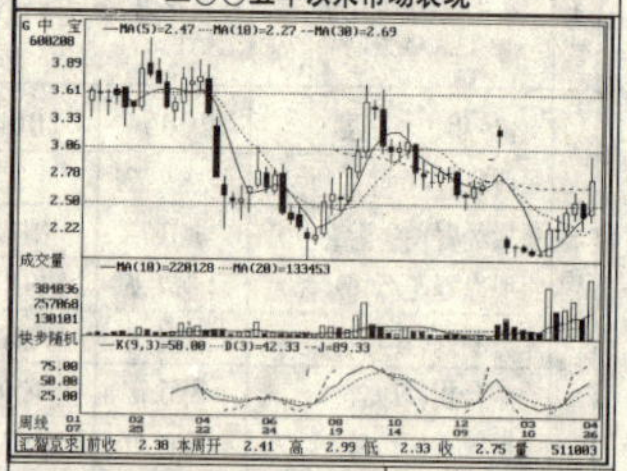

2005年涨跌幅(%)	－24.86
2005年最高(元)	4.17
2006年涨跌幅(%)	63.57
2006.4.26收盘(元)	2.75
2006年最高(元)	4.78
2006年最低(元)	2.96
2006年换手率(%)	154.97
股改对价	定向转增 每10股实际获得6股(06/02/14)

罗顿发展(600209)

上市日期:99/03/25　电话:0898－66258868　传真:0898－66254868

主营	酒店经营、装饰工程、油品经营和网络设备及通信业。			
主要指标	年　　度	2005	2004	2003
	每股收益/扣除后(元)	-0.11/-0.11	-0.02/-0.03	0.019/0.02
	每股经营现金流量(元)	0.0483	0.1258	0.0472
	每股净资产/调整后(元)	1.59/1.57	1.7/1.66	1.72/1.66
	未分利润(万元)	9423.72	14229.25	15213.97
	资本公积(万元)	11957.06	11957.06	11907.06
利润构成	主营收入(万元)	12098.8	27226.93	39604.59
	主营利润(万元)	1683.87	4738.69	8386.62
	营业利润(万元)	-5641.61	-1540.57	1245.44
	投资收益(万元)	-222.19	-22.54	-15.2
	利润总额(万元)	-6418.13	-1928	1163.27
	净利润(万元)	-4805.53	-984.73	833.53
点评	公司05年主营收入和净利润均大幅下降,主要是酒店业务受到海南旅游市场客源和价格竞争日趋激烈的影响,收入和主营利润同比有所下降;燃料销售由于受市场资源限制和拆迁等因素,大幅下降。			

股本结构(万股)	截止日期	05年末	占%	主要股东及持股比例%、持股性质
	总股本	43901.12		海南黄金海岸集团有限公司 40.71%(非流通股)
	国有股			海口金海岸罗顿国际旅业发展有限公司 12.45%(非流通股)
	发起股	27326.12	62.24	海口黄金海岸技术产业投资有限公司 4.73%(非流通股)
	外资股			海口国能物业发展有限公司 3.11%(非流通股)
	募集股			海南大宇实业有限公司 1.24%(非流通股)
	流通A	16575	37.76	周瑞芳 0.17%(流通A股)
	流通B			刘敬杰 0.16%(流通A股)
	流通H			李春江 0.14%(流通A股)
股东户数	05年末	46945		王伟 0.13%(流通A股)
	04年末	52633		夏兆生 0.11%(流通A股)
其他流通股东	杨友凤 0.103%;陈朝中 0.101%;刘建城 0.099%;季田号 0.091%;李绍君 0.084%			
近年分配		近年募资		

二○○五年以来市场表现

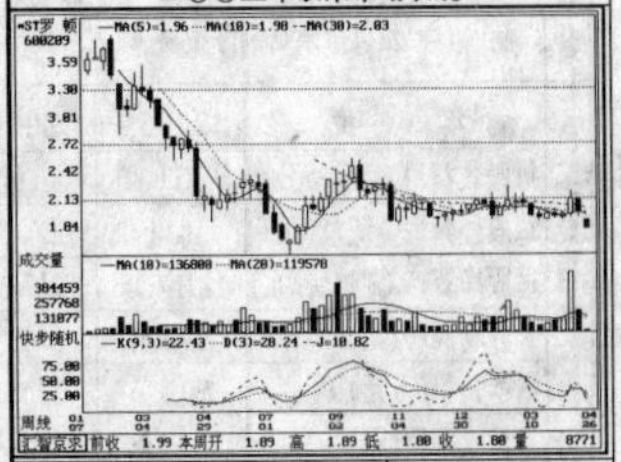

2005年涨跌幅(%)	-43.47
2005年最高(元)	3.88
2006年涨跌幅(%)	-9.55
2006.4.26收盘(元)	1.8
2006年最高(元)	2.25
2006年最低(元)	1.8
2006年换手率(%)	128.36
股改对价	

G紫江(600210)

上市日期:99/08/24　电话:021－62377118　传真:021－62377327

主营	PET瓶和瓶坯、皇冠盖、多种材料塑料标签、各类印刷油墨等的生产和销售。			
主要指标	年　　度	2005	2004	2003
	每股收益/扣除后(元)	0.1/0.086	0.15	0.37/0.359
	每股经营现金流量(元)	0.42	0.36	0.71
	每股净资产/调整后(元)	1.89/1.87	1.87/1.83	4.15/4.11
	未分利润(万元)	29174.68	27667.68	28872.34
	资本公积(万元)	78736.92	79244.47	158545.39
利润构成	主营收入(万元)	335751.19	279717.91	230721.9
	主营利润(万元)	56786.29	55559.27	59848.52
	营业利润(万元)	14800.05	21758.27	30420.3
	投资收益(万元)	4166.7	3730.46	3018.76
	利润总额(万元)	19459.66	30070.08	33273.96
	净利润(万元)	14458.12	21582.05	23736.22
点评	受益于软饮料市场的持续增长,公司2005年销售保持快速增长,但由于公司产品所需原材料是石油产业链下游产品,油价高涨给公司带来了巨大的成本压力,同时薄膜业务低迷也是影响公司业绩的重要因素。			

股本结构(万股)	截止日期	05年末	占%	主要股东及持股比例%、持股性质
	总股本	143673.62		上海紫江(集团)有限公司 29.4%(非流通股)
	国有股			珅氏达投资(香港)有限公司 16.76%(外资股)
	发起股	42032.36	29.26	上证50交易型开放式指数证券投资基金 1.44%(流通A股)
	外资股	24079.87	16.76	建信恒久价值股票型证券投资基金 0.38%(流通A股)
	募集股			沈雯 0.35%(流通A股)
	流通A	77561.39	53.98	全国社保基金零零二组合 0.26%(流通A股)
	流通B			浙江海越股份有限公司 0.19%(流通A股)
	流通H			博时裕富证券投资基金 0.19%(流通A股)
股东户数	05年末	99029		申万巴黎盛利精选证券投资基金 0.16%(流通A股)
	04年末	58838		裕隆证券投资基金 0.15%(流通A股)
其他流通股东	官平 0.147%;于琴 0.108%			
近年分配	05预案:10派0.5;04中期:10转增4年终:10派0.75;03年:10派3转增6	近年募资	03年增发A股9500万股,发行价9.45元。	

二○○五年以来市场表现

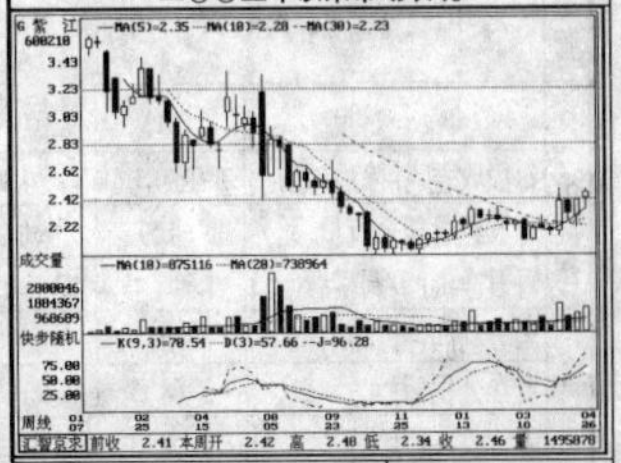

2005年涨跌幅(%)	-18.79
2005年最高(元)	3.91
2006年涨跌幅(%)	13.89
2006.4.26收盘(元)	2.46
2006年最高(元)	2.49
2006年最低(元)	2.11
2006年换手率(%)	168.63
股改对价	送股 每10股实际获得3股(05/07/29)

西藏药业(600211)

上市日期:99/07/21　电话:028－86653915　传真:028－86660740

主营	生产、销售诺迪康胶囊、诺迪康颗粒、诺迪康口服液、小儿双清颗粒,藏药产品及医疗器械、卫生保健品的经营。			
主要指标	年　　度	2005	2004	2003
	每股收益/扣除后(元)	-0.337/-0.274	0.05	0.047/-0.082
	每股经营现金流量(元)	0.15	0.22	0.385
	每股净资产/调整后(元)	3.14/3.09	3.48/3.4	3.43/3.32
	未分利润(万元)	676.6	4898.67	4482.2
	资本公积(万元)	23851.22	23851.22	23851.22
利润构成	主营收入(万元)	69648.22	18266.21	7507.95
	主营利润(万元)	11640.45	8268.77	5727.05
	营业利润(万元)	-4751.38	194.11	-441.84
	投资收益(万元)	-83.49	-191.47	916.49
	利润总额(万元)	-4262.94	605.92	568.76
	净利润(万元)	-4132.4	608.13	577.5
点评	报告期内公司坚持拓宽营销渠道、完善研发和生产体系建设,大力开发有竞争力的新产品,不断加强绩效和成本管理。公司在加快发展、优化流程、细化管理等方面做了大量的工作,使得报告期公司的经营业务保持了平稳发展的态势。			

股本结构(万股)	截止日期	05年末	占%	主要股东及持股比例%、持股性质
	总股本	12260		西藏华西药业集团有限公司 57.03%(国有股)
	国有股	7760	63.3	金鑫证券投资基金 3.88%(流通A股)
	发起股			西藏自治区藏药厂 3.13%(国有股)
	外资股			西藏自治区科技开发中心 1.57%(国有股)
	募集股			西藏科龙建材有限责任公司 1.04%(国有股)
	流通A	4500	36.7	西藏科光太阳能工程技术有限责任公司 0.52%(国有股)
	流通B			中国农业银行－银河稳健证券投资基金 0.37%(流通A股)
	流通H			中国建设银行－国泰金马稳健回报证券投资基金 0.35%(流通A股)
股东户数	05年末	20833		周国英 0.21%(流通A股)
	04年末	24414		刘占涛 0.15%(流通A股)
其他流通股东	大庆油田水泥有限责任公司 0.099%;李志辉 0.098%;王萍 0.097%;虞俊强 0.091%;朱斌 0.084%			
近年分配		近年募资		

二○○五年以来市场表现

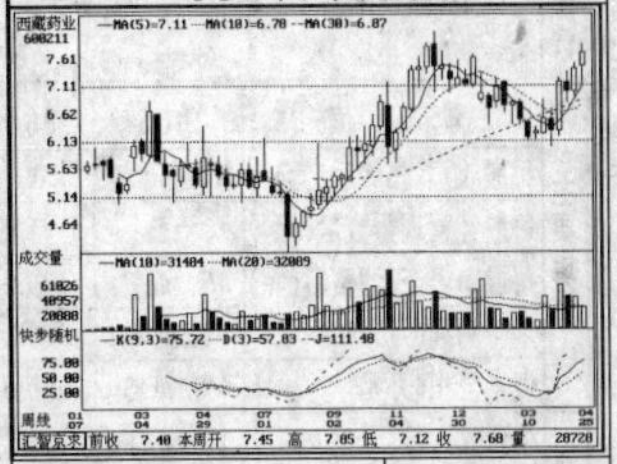

2005年涨跌幅(%)	28.37
2005年最高(元)	8.1
2006年涨跌幅(%)	6.08
2006.4.26收盘(元)	7.68
2006年最高(元)	7.85
2006年最低(元)	6
2006年换手率(%)	116.37
股改对价	

江泉实业（600212）

上市日期:99/08/17　电话:0539－8246243　传真:0539－8271388

主营：建筑陶瓷、日用陶瓷、木材加工、工业搪瓷等产品的开发、研制、销售，及进口木材国际贸易、搪瓷洁具的销售服务等。

	年　　度	2005	2004	2003
主要指标	每股收益/扣除后(元)	0.043/0.041	0.057	0.068/0.08
	每股经营现金流量(元)	0.04	0.09	－0.21
	每股净资产/调整后(元)	4.11/4.05	4.07/4.01	4.07/3.98
	未分利润(万元)	32018.51	30870.19	31139.05
	资本公积(万元)	57055.95	57055.95	56969.75
利润构成	主营收入(万元)	93803.28	77399.87	64945.44
	主营利润(万元)	9929.12	9620.67	9681.65
	营业利润(万元)	1996.27	3146.35	4427.48
	投资收益(万元)			
	利润总额(万元)	2076.4	3090.78	4088.88
	净利润(万元)	1362.39	1828.61	2183.04

点评：公司属建材行业。2005年受国家宏观调控的影响，公司产品的市场需求下降较大，另外由于原辅材料价格持续上涨、生产成本居高不下、建材市场竞争日趋激烈等不利因素，公司虽然主营收入同比增加两成多，但业绩同比下降两成多。

	截止日期	05年末	占%	主要股东及持股比例%、持股性质
股本结构（万股）	总股本	31990.09		华盛江泉集团有限公司 29.43%（非流通股）
	国有股			临沂蒙飞商贸有限公司 5.97%（非流通股）
	发起股	7691.91	24.04	广州科技风险投资公司 2.49%（国有股）
	外资股			临沂宝泉实业有限公司 1.41%（非流通股）
	募集股	5118.54	16	翔和控股有限公司 0.63%（非流通股）
	流通A	19179.63	59.95	宋益才 0.48%（流通A股）
	流通B			杨俭 0.21%（流通A股）
	流通H			郝继红 0.2%（流通A股）
股东户数	05年末	57918		辛永青 0.19%（流通A股）
	04年末	61058		郑猪 0.16%（流通A股）
其他流通股东	谭必年 0.141%；邓守宽 0.134%；许桂英 0.123%；韩旭东 0.121%；王超 0.11%			
近年分配		近年募资		

二〇〇五年以来市场表现

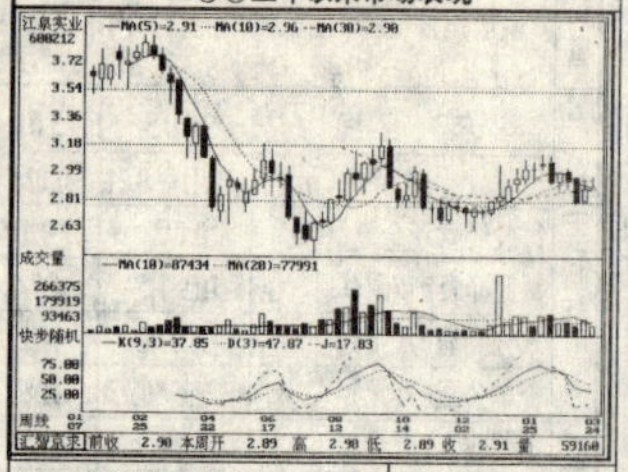

2005年涨跌幅(%)	－22.19
2005年最高(元)	3.9
2006年涨跌幅(%)	2.47
2006.4.26收盘(元)	2.91
2006年最高(元)	3.12
2006年最低(元)	2.8
2006年换手率(%)	49.66
股改对价	

＊ST亚星（600213）

上市日期:99/08/31　电话:0514－7850400　传真:0514－7852329

主营：大、中、轻型客车和汽车零部件的开发、制造、销售及服务。

	年　　度	2005	2004	2003
主要指标	每股收益/扣除后(元)	－0.588/－1.046	－0.365	－0.777/－0.83
	每股经营现金流量(元)	－0.59	－0.25	－0.72
	每股净资产/调整后(元)	1.59/1.43	2.16/2.11	2.53/2.49
	未分利润(万元)	－30165.7	－18989.53	－12063.41
	资本公积(万元)	37008.73	36819.77	36819.77
利润构成	主营收入(万元)	78752.98	79528.88	79872.03
	主营利润(万元)	3466	7380.22	2878.82
	营业利润(万元)	－18217.81	－4534.1	－13118.3
	投资收益(万元)	7227.71	－2492.53	－608.09
	利润总额(万元)	－10987.4	－7101.06	－14912.36
	净利润(万元)	－11176.17	－6926.12	－14755.76

点评：由于控股股东格林柯尔的负面影响及公司应收帐款居高不下，生产经营情况局部受到流动资金紧张的困扰，公司业绩继续报亏。因公司已连续三年亏损，股票将暂停上市。

	截止日期	05年末	占%	主要股东及持股比例%、持股性质
股本结构（万股）	总股本	19000		扬州格林柯尔创业投资有限公司 60.67%（非流通股）
	国有股	1330	7	江苏亚星客车集团有限公司 7%（国有股）
	发起股	11670	61.42	南京绿洲机器厂 0.23%（非流通股）
	外资股			扬州经济技术开发区开发总公司 0.19%（非流通股）
	募集股			扬农化工集团有限公司 0.19%（非流通股）
	流通A	6000	31.58	张月兰 0.15%（流通A股）
	流通B			扬州冶金机械有限公司 0.15%（非流通股）
	流通H			陈继平 0.12%（流通A股）
股东户数	05年末	29897		胡海麟 0.1%（流通A股）
	04年末	33904		吴建春 0.09%（流通A股）
其他流通股东	江正仪 0.091%；赵宽余 0.089%；黄荣昌 0.073%；张为新 0.071%；史青 0.063%；朱从江 0.062%			
近年分配		近年募资		

二〇〇五年以来市场表现

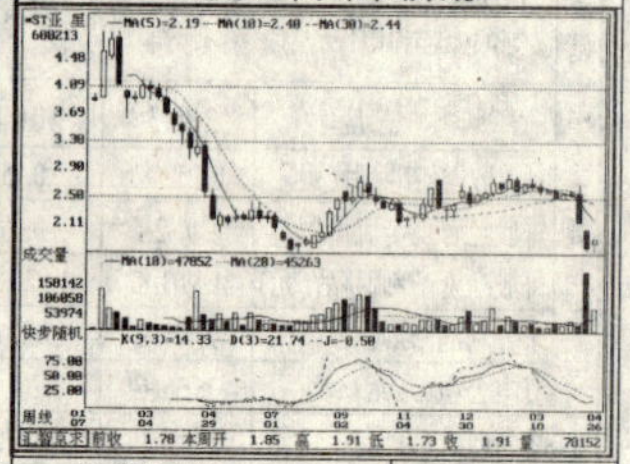

2005年涨跌幅(%)	－37.34
2005年最高(元)	4.88
2006年涨跌幅(%)	－22.04
2006.4.26收盘(元)	1.91
2006年最高(元)	2.84
2006年最低(元)	1.73
2006年换手率(%)	123.28
股改对价	

长春经开（600215）

上市日期:99/09/09　电话:0431－4644225　传真:0431－4630035

主营：长春经济技术开发区内的土地成片开发和城市基础、公益设施的建设。

	年　　度	2005	2004	2003
主要指标	每股收益/扣除后(元)	0.092/－0.42	0.112	0.206/0.172
	每股经营现金流量(元)	0.25	1.86	－0.58
	每股净资产/调整后(元)	6.32/6.32	6.22/6.22	6.06/6
	未分利润(万元)	62669.66	60242.77	56856.85
	资本公积(万元)	109170.93	108756.31	107053.54
利润构成	主营收入(万元)	35666.72	43495.17	71808.84
	主营利润(万元)	9739.02	16566.13	25779.98
	营业利润(万元)	－12277.41	－3950.26	12057.95
	投资收益(万元)		－9.14	－11.58
	利润总额(万元)	4794.56	6351.83	13713.94
	净利润(万元)	3303.43	3999.13	7374.93

点评：由于长春国际会展中心的租金收入转让投资收益及宏观调控作用日益明显，公司土地成片开发与转让业务已经不能开展，主营收入和净利润同比下降幅度较大。面对不利因素，公司采取积极态度研究探索可行办法，寻找新的利润增长点，拓展新业务。

	截止日期	05年末	占%	主要股东及持股比例%、持股性质
股本结构（万股）	总股本	35771.76		长春经济技术开发区创业投资控股有限公司 39.91%（国有股）
	国有股	14274.96	39.91	曾红革 0.16%（流通A股）
	发起股			韩绍云 0.12%（流通A股）
	外资股			方国良 0.12%（流通A股）
	募集股			李伟 0.11%（流通A股）
	流通A	21496.8	60.09	中国银行－嘉实沪深300指数证券投资基金 0.09%（流通A股）
	流通B			招商银行股份有限公司－长城久泰中信标普300指数证券投资基金 0.09%（流通A股）
	流通H			蒋国荣 0.09%（流通A股）
股东户数	05年末	76147		纪正尧 0.08%（流通A股）
	04年末	79199		叶益明 0.08%（流通A股）
其他流通股东	上海松源投资发展有限公司 0.076%			
近年分配		近年募资	03年10配3配股价8元。	

二〇〇五年以来市场表现

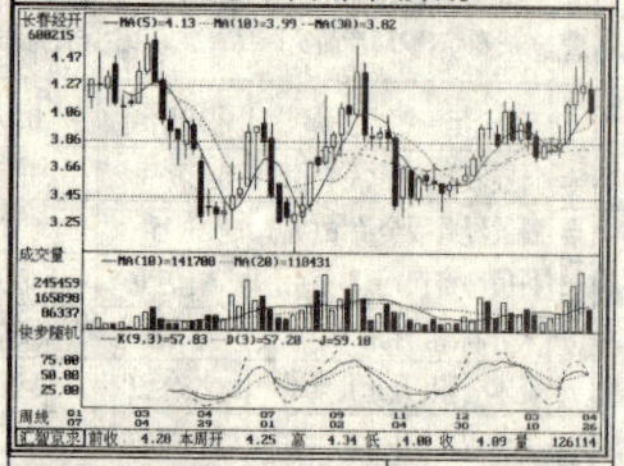

2005年涨跌幅(%)	－12.98
2005年最高(元)	4.67
2006年涨跌幅(%)	12.98
2006.4.26收盘(元)	4.09
2006年最高(元)	4.54
2006年最低(元)	3.62
2006年换手率(%)	100.76
股改对价	

G 浙医药（600216）

上市日期:99/10/21　　电话:0571－87230968　　传真:0571－87213793

主营	化学原料药及其制剂产品的研制、开发、生产与销售。主要生产氟喹诺酮、抗生素、维生素等三大类化学原料药及制剂产品。

	年　度	2005	2004	2003
主要指标	每股收益/扣除后(元)	0.181/0.166	0.028	0.013/-0.031
	每股经营现金流量(元)	0.056	0.239	0.147
	每股净资产/调整后(元)	1.61/1.59	1.42/1.37	1.39/1.3
	未分利润(万元)	8713.88	1986.2	2362.19
	资本公积(万元)	14376.15	14334.92	12485.92
利润构成	主营收入(万元)	188465.87	138278.28	113288.4
	主营利润(万元)	36685.64	18752.19	14511.23
	营业利润(万元)	8391.5	1017.67	-1218.08
	投资收益(万元)	1904.76	122.99	450.28
	利润总额(万元)	9283.53	1831.41	1021.04
	净利润(万元)	8164.32	1274.37	577.78

点评：公司主营维生素及其它化学原料药和制剂。2005 年公司新产FED工艺路线在年初获得重大突破,实现了规模化生产,使公司的整体经营业绩实现了大幅增长。公司在其他优势产品上通过降低成本,优化质量,提高产量,也取得了较好的效益。

	截止日期	05 年末	占%	主要股东及持股比例%、持股性质
股本结构（万股）	总股本	45006		新昌县昌欣投资发展有限公司 29.65%(非流通股)
	国有股	2295.33	5.1	国投创业投资有限公司 21.62%(非流通股)
	发起股	23331.85	51.84	浙江省建筑材料集团有限公司 2.63%(国有股)
	外资股			仙居制药厂职工技术协会 2.54%(非流通股)
	募集股	6164.09	13.7	浙江省仙居县资产经营公司 2.47%(国有股)
	流通 A	13214.72	29.36	新昌金昌实业发展有限公司 2.18%(非流通股)
	流通 B			中国工商银行浙江省信托投资公司台州地区办事处 2.1%(非流通股)
	流通 H			国联安德盛小盘精选证券投资基金 1.91%(流通 A股)
股东户数	05 年末	28443		上海天迪科技投资发展有限公司 1.82%(非流通股)
	04 年末	36595		浙江省经济建设投资公司 1.4%(非流通股)
其他流通股东	科瑞证券投资基金 1.169%;全国社保基金一零七组合 0.667%;安瑞证券投资基金 0.614%			
近年分配	05 预案:10 派 0.3;03 年:10 派 0.3	近年募资		

二〇〇五年以来市场表现

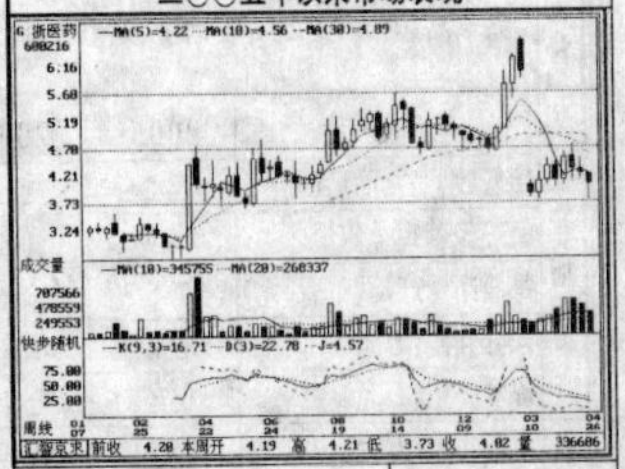

2005 年涨跌幅(%)	43.69
2005 年最高(元)	5.64
2006 年涨跌幅(%)	14.49
2006.4.26 收盘(元)	4.02
2006 年最高(元)	6.65
2006 年最低(元)	4.61
2006 年换手率(%)	267.11
股改对价	送股 每 10 股实际获得 3.3 股(06/03/08)

秦岭水泥（600217）

上市日期:99/12/16　　电话:0919－6231630　　传真:0919－6233344

主营	各种建筑用水泥生产和销售

	年　度	2005	2004	2003
主要指标	每股收益/扣除后(元)	-0.21/-0.209	0.081	0.149/0.15
	每股经营现金流量(元)	-0.03	0.12	0.08
	每股净资产/调整后(元)	1.05/1.01	1.24/1.24	1.94/1.92
	未分利润(万元)	-8325.32	5546.92	12174.44
	资本公积(万元)	4542.23	4542.23	20506.32
利润构成	主营收入(万元)	55012.2	62639.19	54716.07
	主营利润(万元)	4762.18	22661.4	21668.77
	营业利润(万元)	-14258.14	5176.55	6893.8
	投资收益(万元)	-4.21	-275.18	-42.96
	利润总额(万元)	-14336.3	5351.36	7127.26
	净利润(万元)	-13872.24	4770.65	6145.26

点评：陕西省内主要水泥企业。2005 年,在水泥市场需求放缓、产品价格下跌的困难形势下,公司内部生产经营出现管理滑坡,水泥产、销量及主营收入出现下滑,净利润同比大幅下降并出现亏损。利润下降的主要原因在于煤电价格上涨以及水泥价格有所下降。

	截止日期	05 年末	占%	主要股东及持股比例%、持股性质
股本结构（万股）	总股本	66080		陕西省耀县水泥厂 38.74%(国有股)
	国有股	25600	38.74	陕西省耀县水泥厂劳动服务公司 16.46%(非流通股)
	发起股	18080	27.36	礼泉县袁家投资公司 4.36%(非流通股)
	外资股			上海荣福室内装潢有限公司 1.62%(非流通股)
	募集股			上海谦益投资咨询有限公司 1.51%(非流通股)
	流通 A	22400	33.9	陕西宏正投资咨询有限公司 1.39%(非流通股)
	流通 B			上海市政资产经营发展有限公司 0.97%(非流通股)
	流通 H			陕西铜鑫科技开发公司 0.48%(非流通股)
股东户数	05 年末	47680		上海宏亿投资咨询有限公司 0.31%(非流通股)
	04 年末	63736		上海上投国际投资咨询有限公司 0.24%(非流通股)
其他流通股东	柴新换 0.227%;顾成意 0.183%;朱敏 0.151%;夏广兰 0.151%;高玉峰 0.126%;陈志申 0.121%;雅宝大厦 0.121%			
近年分配	03 年:10 派 0.5 送 2 转增 4	近年募资		

二〇〇五年以来市场表现

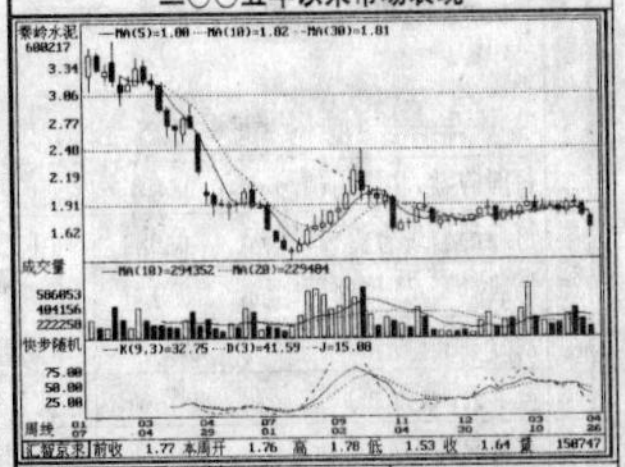

2005 年涨跌幅(%)	-47.85
2005 年最高(元)	3.63
2006 年涨跌幅(%)	-3.53
2006.4.26 收盘(元)	1.64
2006 年最高(元)	2.04
2006 年最低(元)	1.53
2006 年换手率(%)	187.4
股改对价	

G 全柴（600218）

上市日期:98/12/03　　电话:0550－5018888　　传真:0550－5011156

主营	主营内燃机和新型化学建材的生产和销售。

	年　度	2005	2004	2003
主要指标	每股收益/扣除后(元)	0.036/0.033	-0.19	0.04/0.04
	每股经营现金流量(元)	0.06	0.33	0.25
	每股净资产/调整后(元)	2.93/2.81	2.89/2.81	3.08/3.05
	未分利润(万元)	5197.85	4324.99	9570.65
	资本公积(万元)	45731.15	45710.85	45702.85
利润构成	主营收入(万元)	102724.54	90791.39	79824.59
	主营利润(万元)	11144.93	8433.21	6921.75
	营业利润(万元)	2853.49	-2607.76	1798.89
	投资收益(万元)	20.52	-2268.23	82.91
	利润总额(万元)	2677.97	-4916.93	1834.55
	净利润(万元)	1025.18	-5291.06	1116.07

点评：随着国家对节能逐渐重视,具备良好能效比的柴油机发展前景良好。在对应收帐款、存货、固定资产等计提多项减值准备后,公司业绩仍然有较大增长。公司未来值得进一步关注。

	截止日期	05 年末	占%	主要股东及持股比例%、持股性质
股本结构（万股）	总股本	28340		安徽全柴集团有限公司 57.34%(国有股)
	国有股	16250	57.34	北汽福田车辆股份有限公司 6.88%(国有股)
	发起股	1950	6.88	李玲 0.24%(流通 A股)
	外资股			中国建设银行－东方龙混合型开放式证券投资基金 0.16%(流通 A股)
	募集股			左玉英 0.09%(流通 A股)
	流通 A	10140	35.78	潘雪琼 0.09%(流通 A股)
	流通 B			陈力勇 0.09%(流通 A股)
	流通 H			陈远江 0.09%(流通 A股)
股东户数	05 年末	44315		张雪 0.09%(流通 A股)
	04 年末	47985		杨在文 0.09%(流通 A股)
其他流通股东	陆敏吉 0.085%;刘晓昕 0.082%			
近年分配		近年募资		

二〇〇五年以来市场表现

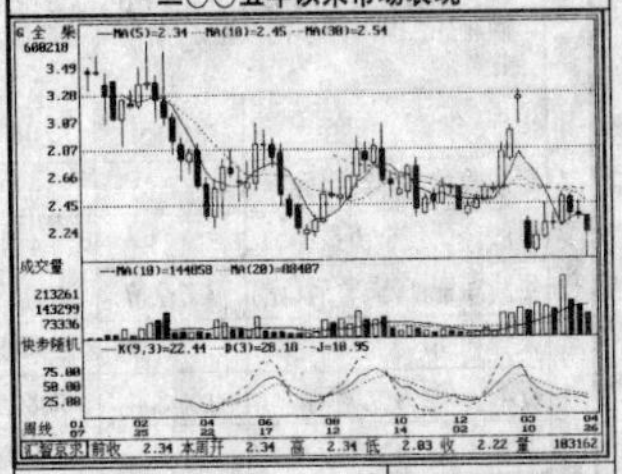

2005 年涨跌幅(%)	-26.72
2005 年最高(元)	3.7
2006 年涨跌幅(%)	17.53
2006.4.26 收盘(元)	2.22
2006 年最高(元)	3.4
2006 年最低(元)	2.55
2006 年换手率(%)	122.34
股改对价	送股 每 10 股实际获得 3.5 股(06/03/06)

G南山（600219）

上市日期：99/12/23　电话：0535－8616188　传真：0535－8616180

主营：铝制品、毛纺织品的开发、生产及销售、电力的生产及供应。

	年　度	2005	2004	2003
主要指标	每股收益/扣除后(元)	0.54/0.53	0.52	0.58/0.61
	每股经营现金流量(元)	0.9	0.88	1.21
	每股净资产/调整后(元)	6.79/6.79	6.38/6.38	5.96
	未分利润(万元)	58554.95	49923.71	41148.53
	资本公积(万元)	71574.3	71564.38	71564.38
利润构成	主营收入(万元)	140702.67	119965.38	102709.07
	主营利润(万元)	28083.81	26209.18	27936.41
	营业利润(万元)	20760.45	19719.79	23153.54
	投资收益(万元)			
	利润总额(万元)	20974.89	19782.33	22525.52
	净利润(万元)	13782.65	13406.88	14960.55

点评：2005年，公司业绩基本与2004年持平。针对原材料的采购价格上涨，公司适当上调了铝材及精纺呢绒面料的销售价格。未来的市场购并整合将会成为电解铝及建材行业发展的主旋律，纺织行业的发展趋向于改变传统的竞争方式，公司将加快募集资金项目的建设。

	截止日期	05年末	占%	主要股东及持股比例%、持股性质
股本结构（万股）	总股本	25701.79		南山集团公司 47.47%（非流通股）
	国有股			林德英 0.47%（流通A股）
	发起股	12200	47.47	卞玉环 0.42%（流通A股）
	外资股			辽宁东方证券公司 0.42%（流通A股）
	募集股			王国友 0.39%（流通A股）
	流通A	13501.79	52.53	王文训 0.39%（流通A股）
	流通B			王淑兰 0.26%（流通A股）
	流通H			周海萍 0.25%（流通A股）
股东户数	05年末	50346		黄国谦 0.24%（流通A股）
	04年末	50320		王善凛 0.22%（流通A股）
其他流通股东	哈尔滨东安机电制造有限责任公司 0.218%			
近年分配	04年：10派1.2；03年：10派1		近年募资	04年增发转债883万张，募资总额8.83亿。

二〇〇五年以来市场表现

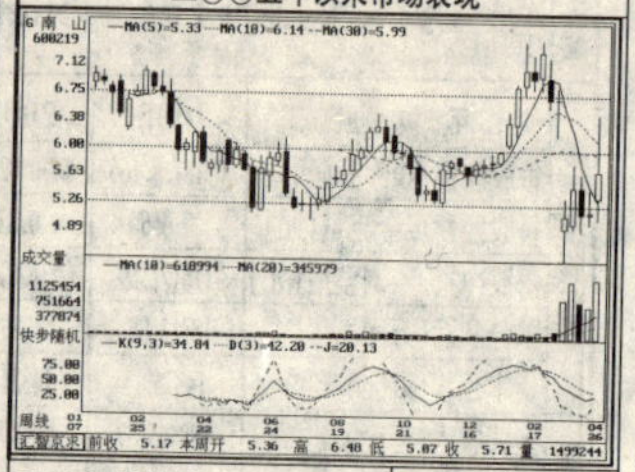

2005年涨跌幅(%)	-13.39
2005年最高(元)	7.07
2006年涨跌幅(%)	95.88
2006.4.26收盘(元)	5.71
2006年最高(元)	12.96
2006年最低(元)	5.8
2006年换手率(%)	235.8
股改对价	定向转增 每10股实际获得10股(06/03/31)

G苏阳光（600220）

上市日期：99/09/27　电话：0510－86121688　传真：0510－86121688

主营：从事中高档精毛纺呢绒、高档男式西服和女式时装的生产和销售。

	年　度	2005	2004	2003
主要指标	每股收益/扣除后(元)	0.018/0.016	0.06	0.26/0.26
	每股经营现金流量(元)	0.21	0.73	-1.35
	每股净资产/调整后(元)	2.47/2.47	2.39/2.39	4.2/4.2
	未分利润(万元)	46980.87	45893.73	42146.46
	资本公积(万元)	81957.66	70248.68	73234.52
利润构成	主营收入(万元)	250029.6	207383.35	145877.81
	主营利润(万元)	26210.12	25940.19	27637.4
	营业利润(万元)	3010.9	7597.75	15944.59
	投资收益(万元)	-624.34	-138.91	-106.34
	利润总额(万元)	2472.77	7472	15852.17
	净利润(万元)	1759.92	5248.9	10207.37

点评：2005年，美国、欧盟对我国的纺织品采取限制措施、且再加上能源涨价、电力紧缺等导致公司生产成本居高不下等因素，对公司生产经营产生了较大的负面影响。06年，这些负面因素还继续存在，因而其经营业绩不容乐观。

	截止日期	05年末	占%	主要股东及持股比例%、持股性质
股本结构（万股）	总股本	96396.77		江苏阳光集团有限公司 37.61%（非流通股）
	国有股			江阴市盛银投资有限公司 6.02%（非流通股）
	发起股	46411.6	48.15	江阴赛特科技有限公司 4.51%（非流通股）
	外资股			汉兴证券投资基金 3.12%（流通A股）
	募集股			汉盛证券投资基金 1.58%（流通A股）
	流通A	49985.18	51.85	富国动态平衡证券投资基金 1.1%（流通A股）
	流通B			江阴国宏贸易有限公司 0.94%（流通A股）
	流通H			汉鼎证券投资基金 0.92%（流通A股）
股东户数	05年末	73875		江阴长江投资集团有限公司 0.88%（流通A股）
	04年末	83170		高洁 0.48%（流通A股）
其他流通股东	强桂霞 0.452%；邵安 0.449%；银丰证券投资基金 0.406%			
近年分配	03年：10转增10		近年募资	

二〇〇五年以来市场表现

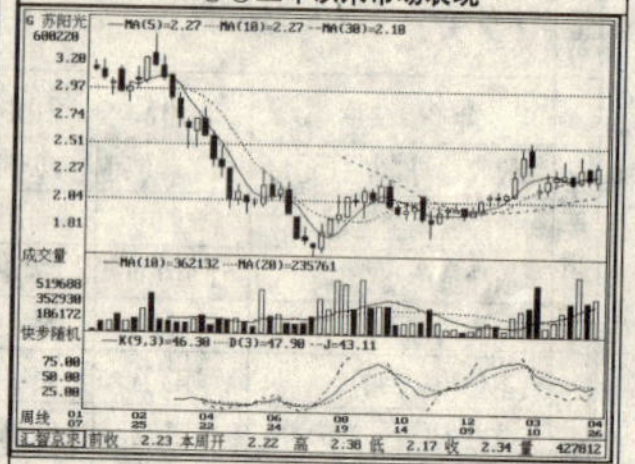

2005年涨跌幅(%)	-34.29
2005年最高(元)	3.43
2006年涨跌幅(%)	24.35
2006.4.26收盘(元)	2.34
2006年最高(元)	2.67
2006年最低(元)	2.05
2006年换手率(%)	72.72
股改对价	回购 送股 每10股实际获得1股(06/03/07)

海南航空（600221/900945）

上市日期：A：99/11/25 B：97/06/26　电话：0898－66739961　传真：0898－66739960

主营：经营海南省内及海南省始发至国内部分城市的航空客货运输业务，国内公务包机业务，航空维修和服务、航空旅游等业务。

	年　度	2005	2004	2003
主要指标	每股收益/扣除后(元)	-0.3	0.12	-1.74/-1.73
	每股经营现金流量(元)	4.13	4.37	-0.88
	每股净资产/调整后(元)	3.72/2.67	1.96/1.16	1.53/0.8
	未分利润(万元)	-73000.91	-51419.12	-82139.67
	资本公积(万元)	255888.44	105872.94	103840.59
利润构成	主营收入(万元)	1006146.84	841053.87	537209.13
	主营利润(万元)	153436.5	177100.41	4530.4
	营业利润(万元)	-26955.63	9321.3	-145887.24
	投资收益(万元)	-1583.49	-1666.7	-1263.12
	利润总额(万元)	-21869.78	7651.42	-147461.5
	净利润(万元)	-21581.79	9064.88	-126924.62

点评：公司主要以美元融资租赁及银行贷款方式购买飞机等方面持有的大量美元负债，人民币对美元升值，使得本公司在人民币升值过程中产生一次性汇兑损益。国际原油价格持续攀升，对公司的运营成本造成较大的负面影响。

	截止日期	05年末	占%	主要股东及持股比例%、持股性质
股本结构（万股）	总股本	73025.28		American Aviation LTD 14.8%（流通B股）
	国有股	1728.94	2.37	海航集团有限公司 11.85%（部分流通部分不流通）
	发起股	11754.72	16.1	海南琪兴实业投资有限公司 6.83%（部分流通部分不流通）
	外资股			海南金城国有资产经营管理有限责任公司 2.37%（国有股）
	募集股	3873.53	5.3	交通银行海南省分行 0.89%（非流通股）
	流通A	37195.78	50.94	中国国际旅行总社 0.89%（非流通股）
	流通B	18472.32	25.3	北京田野商贸总公司 0.59%（非流通股）
	流通H			Naito securities co. ltd 0.45%（流通B股）
股东户数	05年末	125247		中工信托投资公司海南办事处 0.44%（非流通股）
	04年末	134810		中国教育科技信托投资有限公司 0.41%（非流通股）
其他流通股东	吴强 0.239%；上海中财担保有限公司 0.183%；何峻 0.169%；海南港澳国际信托投资有限公司 0.158%			
近年分配			近年募资	

二〇〇五年以来市场表现

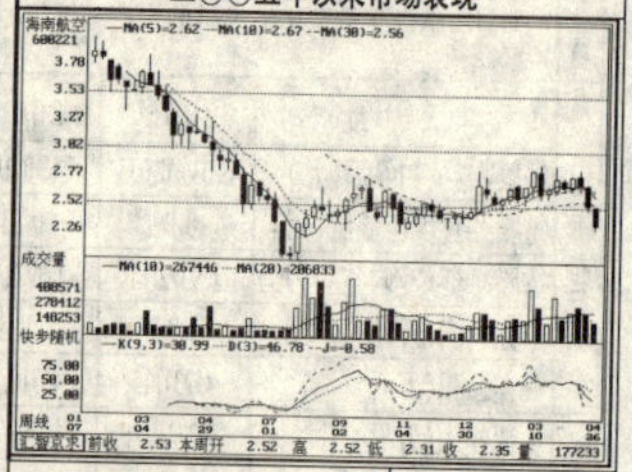

2005年涨跌幅(%)	-35.94
2005年最高(元)	4.03
2006年涨跌幅(%)	-4.47
2006.4.26收盘(元)	2.35
2006年最高(元)	2.89
2006年最低(元)	2.31
2006年换手率(%)	102.43
股改对价	

太龙药业（600222）

上市日期:99/11/05　　电话:(0371)67982194　　传真:(0371)67993600

主营：研制、开发、生产和销售中成药和西药。

	年　度	2005	2004	2003
主要指标	每股收益/扣除后(元)	0.125/0.125	0.119	0.109/0.041
	每股经营现金流量(元)	0.002	0.1341	0.0275
	每股净资产/调整后(元)	3.47/3.32	3.35/3.12	3.24/3.18
	未分利润(万元)	7743.85	6346.63	5031.87
	资本公积(万元)	23176.98	23149.47	23121.31
利润构成	主营收入(万元)	25132.31	20403.99	17044.87
	主营利润(万元)	7735.93	7439.62	8379.92
	营业利润(万元)	1964.46	1934.12	921.84
	投资收益(万元)			-164.07
	利润总额(万元)	1960.53	1858.54	1661.32
	净利润(万元)	1704.38	1624.77	1477.24

点评：公司是河南省首家医药类上市公司,主要产品包括双黄连系列产品、哈伯因片、竹林胺片和大输液等。报告期内公司加强了对终端的营销控制,并重点推出了换代产品双金连合剂,业绩平稳增长。

	截止日期	05年末	占%	主要股东及持股比例%、持股性质
股本结构（万股）	总股本	13614.52		郑州众生实业集团有限公司 73.42%（国有股）
	国有股	9995.52	73.42	郑州市竹林仙竹洗涤用品有限公司 0.26%（非流通股）
	发起股	119	0.87	郑州市竹林耐火材料公司 0.26%（非流通股）
	外资股			河南智益投资发展股份有限公司 0.26%（非流通股）
	募集股			巩义市竹林新华包装材料厂 0.1%（非流通股）
	流通A	3500	25.71	刘富友 0.099%（流通A股）
	流通B			高振国 0.097%（流通A股）
	流通H			王其录 0.096%（流通A股）
股东户数	05年末	9221		张发知 0.081%（流通A股）
	04年末	9716		何先均 0.079%（流通A股）

其他流通股东：梁学华 0.073%；黄天菊 0.071%；郭德清 0.071%；薛强 0.067%；李松海 0.061%

近年分配	05预案:10转增10	近年募资	

二〇〇五年以来市场表现

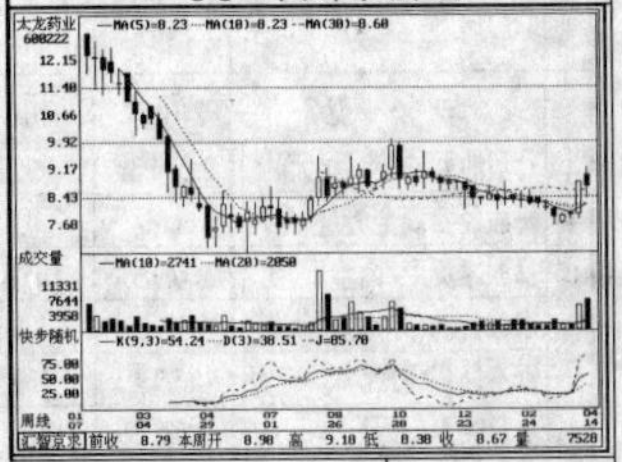

2005年涨跌幅(%)	-34.09
2005年最高(元)	12.89
2006年涨跌幅(%)	3.58
2006.4.26收盘(元)	8.67
2006年最高(元)	9.18
2006年最低(元)	7.64
2006年换手率(%)	9.94
股改对价	

G万杰（600223）

上市日期:00/01/13　　电话:0533－3585809　　传真:0533－3585836

主营：化纤新材料及多功能化纤面料、动力的生产、经营、销售及医疗服务。

	年　度	2005	2004	2003
主要指标	每股收益/扣除后(元)	-0.23	0.04	0.19/0.19
	每股经营现金流量(元)	0.4	0.63	0.63
	每股净资产/调整后(元)	2.76/2.72	2.99/2.96	3.1/3.09
	未分利润(万元)	340.47	12447.21	10729.46
	资本公积(万元)	75526.72	75526.72	75526.72
利润构成	主营收入(万元)	217030.41	245138.01	211950.67
	主营利润(万元)	7879.72	16858.34	23334.79
	营业利润(万元)	-13503	2817.63	13390.37
	投资收益(万元)	-1203.2	-199.08	-79.53
	利润总额(万元)	-14233.24	2632.76	13226.82
	净利润(万元)	-12106.74	2152.52	10115.28

点评：报告期内公司继续受原材料价格持续走高的影响,导致公司主导产品化纤新材料的生产成本上升。报告期内公司加快研制新产品,以保证持续发展的势头。

	截止日期	05年末	占%	主要股东及持股比例%、持股性质
股本结构（万股）	总股本	53625		万杰集团有限责任公司 54.41%（非流通股）
	国有股			博山万通达建筑安装公司 3.64%（非流通股）
	发起股	32493.5	60.59	淄博第五棉纺织厂 1.04%（非流通股）
	外资股			淄博岜山染料化工厂 0.44%（非流通股）
	募集股			淄博市博山毛巾厂 0.44%（非流通股）
	流通A	21131.5	39.41	山东淄博万通达工业技术研究所 0.44%（非流通股）
	流通B			刘文武 0.27%（流通A股）
	流通H			邵福喜 0.16%（流通A股）
股东户数	05年末	95531		甘志斌 0.14%（流通A股）
	04年末	103679		山东博山万通达经济开发公司 0.12%（非流通股）

其他流通股东：王琛 0.091%；黄今花 0.09%；张蓓 0.088%；余钦泉 0.083%；郑协枚 0.079%；谢敬东 0.068%；李相云 0.065%

近年分配	03年:10派1.5	近年募资	

二〇〇五年以来市场表现

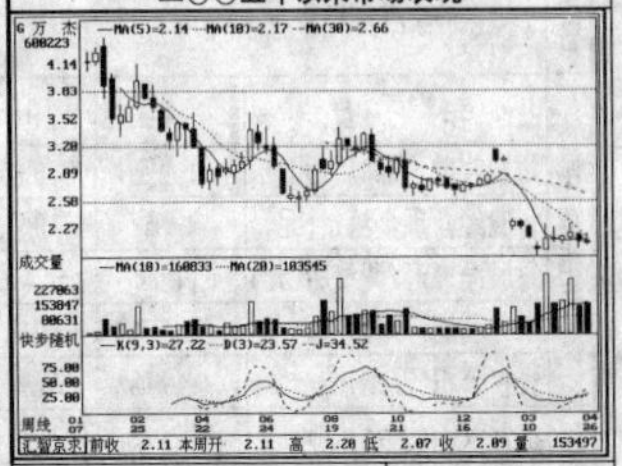

2005年涨跌幅(%)	-33.57
2005年最高(元)	4.45
2006年涨跌幅(%)	-7.03
2006.4.26收盘(元)	2.09
2006年最高(元)	3.15
2006年最低(元)	2.45
2006年换手率(%)	72.12
股改对价	送股 每10股实际获得2.5股(06/02/21)

天香集团（600225）

上市日期:00/01/27　　电话:021－63372666　　传真:021－63372100

主营：项目投资开发管理,生物技术开发,电子信息技术的开发;饲养活动物;海水、淡水动物养殖;园艺植物培植;植物园经营;农业技术服务;食用植物油、食品加工。

	年　度	2005	2004	2003
主要指标	每股收益/扣除后(元)	-1.255/-1.167	-0.143	0.054/-0.075
	每股经营现金流量(元)	0.117	0.195	-0.21
	每股净资产/调整后(元)	0.5	1.76	1.95/1.89
	未分利润(万元)	-26012.27	1743.9	5866.53
	资本公积(万元)	13530.92	13502.2	13502.2
利润构成	主营收入(万元)	15219.11	35216.36	42715.39
	主营利润(万元)	2031.48	3458.74	4296.44
	营业利润(万元)	-8523.29	-3631.6	-4090.83
	投资收益(万元)	-17747.5	538.58	6249.76
	利润总额(万元)	-29785.19	-2906.57	2276.87
	净利润(万元)	-27756.17	-3163.62	1202.52

点评：报告期内公司整体经营情况正常。制种业务稳定增长,畜牧业经营平稳;饲料贸易因受终端养殖客户的影响,毛利率有较大幅度的下降;进出口贸易因受外汇影响,出口额及毛利水平都有所减少。

	截止日期	05年末	占%	主要股东及持股比例%、持股性质
股本结构（万股）	总股本	22110		福建华通置业有限公司 20%（非流通股）
	国有股	1947	8.81	华通国际招商集团股份有限公司 13.12%（非流通股）
	发起股	10648.19	48.16	福清市国有资产营运投资有限公司 8.81%（国有股）
	外资股			福清市粮食经济开发总公司 3.28%（非流通股）
	募集股			景宁畲族自治县金泰商贸有限公司 2.57%（非流通股）
	流通A	9514.81	43.03	福建华兴信托投资公司 2.24%（非流通股）
	流通B			浙江耀江投资管理有限公司 1.8%（非流通股）
	流通H			杭州国梁经济信息咨询有限公司 0.75%（非流通股）
股东户数	05年末	27842		海城市第一粮库 0.75%（非流通股）
	04年末	27852		福州市粮食购销有限公司 0.6%（非流通股）

其他流通股东：郭刚 0.217%；朱霄萍 0.162%；顾建良 0.154%；耿唯豪 0.143%；严天志 0.136%；海安县投资发展有限公司 0.131%

近年分配		近年募资	

二〇〇五年以来市场表现

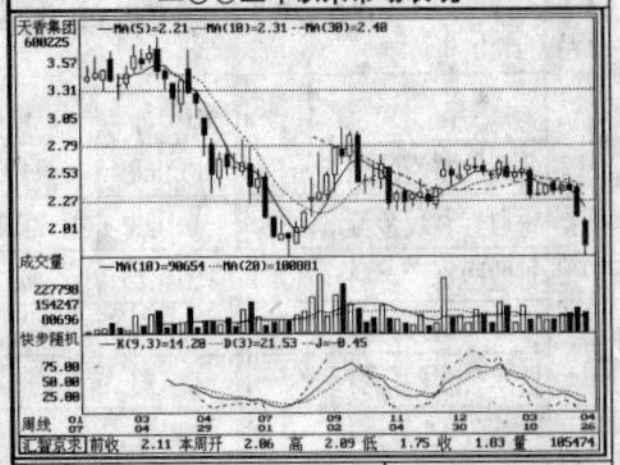

2005年涨跌幅(%)	-27.54
2005年最高(元)	3.83
2006年涨跌幅(%)	-26.8
2006.4.26收盘(元)	1.83
2006年最高(元)	2.68
2006年最低(元)	1.75
2006年换手率(%)	159.42
股改对价	

G 拜克（600226）

上市日期:99/11/16　　电话:0572－8402738　　传真:0572－8402738

主营	生产经营生物农药、兽药的原料药、制成品及相关的饲料添加剂。			
	年度	2005	2004	2003
主要指标	每股收益/扣除后(元)	0.27/0.26	0.22	0.185/0.148
	每股经营现金流量(元)	0.63	0.37	0.37
	每股净资产/调整后(元)	3.36/3.35	3.15/3.14	3.06/3.05
	未分利润(万元)	11345.07	7939.32	6882.08
	资本公积(万元)	46529.4	45168.65	44632.83
利润构成	主营收入(万元)	146585.22	100801.65	60372.92
	主营利润(万元)	22779.37	16092.9	10805.66
	营业利润(万元)	9563.07	7176.16	5500.37
	投资收益(万元)	681.53	365.94	357.68
	利润总额(万元)	10095.88	7605.29	6205.56
	净利润(万元)	7373.11	6019.02	5010.27
点评	公司农药属环保型农药,较有发展潜力。锆系列产品也具有较大的规模优势,且是公司最主要的收入来源。05 年公司业绩同比增长幅度较大,几种主要产品未来仍有较大的发展空间,但部分产品价格下降可能影响公司的利润增长速度。			

	截止日期	05 年末	占%	主要股东及持股比例%、持股性质
股本结构（万股）	总股本	27036.62		升华集团控股有限公司 48.16% (非流通股)
	国有股			源裕投资有限公司 6.94% (外资股)
	发起股	15417.14	57.02	天津开发区鸿基置业有限公司 5% (非流通股)
	外资股	1875.48	6.94	浙江省科技风险投资有限公司 2.58% (非流通股)
	募集股			金信信托投资股份有限公司 1.28% (非流通股)
	流通 A	9744	36.04	中国建设银行－华宝兴业多策略增长证券投资基金 1.21% (流通 A 股)
	流通 B			中国银行－大成蓝筹稳健证券投资基金 0.33% (流通 A 股)
	流通 H			浙江省丝绸公司湖州分公司 0.16% (流通 A 股)
股东户数	05 年末	27857		蔡欣 0.14% (流通 A 股)
	04 年末	28857		吕剑锋 0.14% (流通 A 股)
其他流通股东	卢永文 0.102%;谢月云 0.097%;德清县生物化学总公司 0.093%;邝振番 0.089%;朱家瑶 0.085%			
近年分配	05 预案:10 派 1.2 ; 04 年:10 派 1.2 ; 03 年:10 派 1.5	近年募资		

二〇〇五年以来市场表现

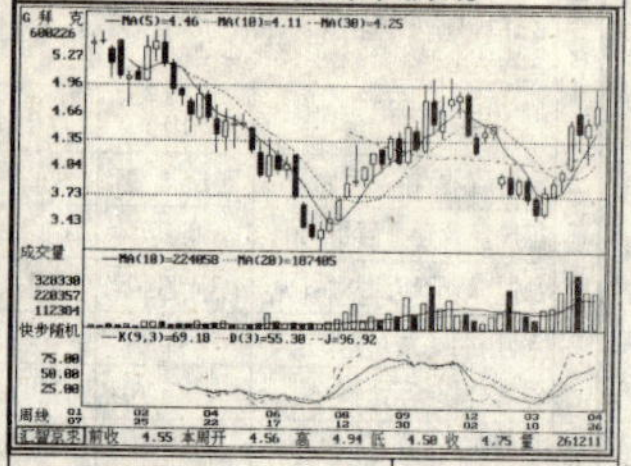

2005 年涨跌幅(%)	-15.33
2005 年最高(元)	5.58
2006 年涨跌幅(%)	36.62
2006.4.26 收盘(元)	4.75
2006 年最高(元)	6.49
2006 年最低(元)	4.51
2006 年换手率(%)	209.02
股改对价	送股 每 10 股实际获得 3 股(06/02/10)

G 赤天化（600227）

上市日期:00/02/21　　电话:0852－2878788　　传真:0852－2878332

主营	尿素的生产和销售。			
	年度	2005	2004	2003
主要指标	每股收益/扣除后(元)	1.03/0.894	0.621	0.42/0.334
	每股经营现金流量(元)	1.996	0.913	0.562
	每股净资产/调整后(元)	6.07/6.07	5.24/5.24	4.82/4.82
	未分利润(万元)	27717.51	17113.55	12061.52
	资本公积(万元)	46809.08	46809.08	46809.08
利润构成	主营收入(万元)	87423.42	73149.42	58946.86
	主营利润(万元)	30346.2	20795.95	11677.53
	营业利润(万元)	22156.87	14772.61	6586.33
	投资收益(万元)	-2291.96	-2201.75	1172.78
	利润总额(万元)	22075.11	12989.96	8154.08
	净利润(万元)	17508.53	10561.46	7135.22
点评	得益于尿素毛利率的提升,05 年净利润同比增长六成多。此外公司收到了 2200 万元增值税返还(2004 年仅为 419 万元),也增加了当期收益。2006 年国内尿素价格将保持高位,同时煤化工业务将成为新的利润增长点,预计 06 年盈利将保持较高水平。			

	截止日期	05 年末	占%	主要股东及持股比例%、持股性质
股本结构（万股）	总股本	17000		贵州赤天化集团有限责任公司 57.11% (国有股)
	国有股	9708.12	57.11	贵州赤天化集团有限责任公司工会 1.31% (非流通股)
	发起股	291.88	1.72	贵州大隆电子有限公司 0.24% (国有股)
	外资股			柯万姬 0.16% (流通 A 股)
	募集股			文淑云 0.14% (流通 A 股)
	流通 A	7000	41.18	上海港集装箱股份有限公司 0.12% (流通 A 股)
	流通 B			贵州新锦竹木制品有限公司 0.12% (国有股)
	流通 H			毛伟 0.11% (流通 A 股)
股东户数	05 年末	36135		刘悦 0.11% (流通 A 股)
	04 年末	40278		张国华 0.11% (流通 A 股)
其他流通股东	马奕明 0.104%;许文丽 0.095%;张才华 0.082%;王建国 0.081%			
近年分配	05 方案:10 派 2 ; 04 年:10 派 2 ; 03 年:10 派 2	近年募资		

二〇〇五年以来市场表现

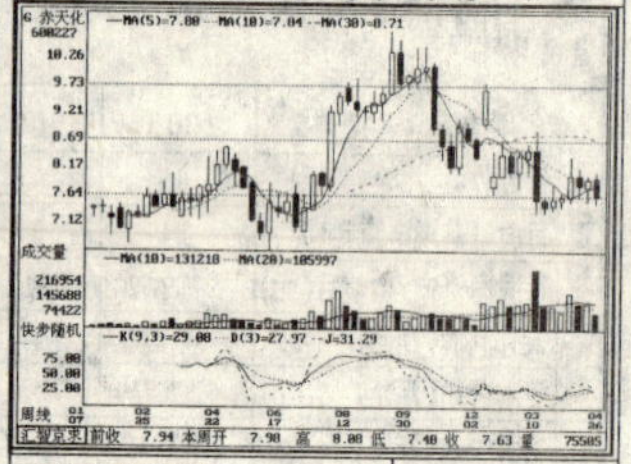

2005 年涨跌幅(%)	32.57
2005 年最高(元)	10.98
2006 年涨跌幅(%)	6.74
2006.4.26 收盘(元)	7.63
2006 年最高(元)	11.96
2006 年最低(元)	9.86
2006 年换手率(%)	177.86
股改对价	送股 每 10 股实际获得 3.5 股(06/01/24)

昌九生化（600228）

上市日期:99/01/19　　电话:0791－8504560　　传真:0791－8504797

主营	聚丙烯酰胺、双氧水、甲醇、白炭黑、液体二氧化碳、塑料管材、尿素、合成氨等化工原料、环保及生化产品的研制、生产和销售。			
	年度	2005	2004	2003
主要指标	每股收益/扣除后(元)	0.037/0.03	0.025	-0.334/-0.081
	每股经营现金流量(元)	0.142	0.047	-0.011
	每股净资产/调整后(元)	1.33/1.22	1.29/1.21	1.26/1.18
	未分利润(万元)	-6563.34	-7472.89	-8136.23
	资本公积(万元)	14280.63	14280.63	14252.05
利润构成	主营收入(万元)	79477.21	53510.9	41441.24
	主营利润(万元)	9541.52	7901.39	5199.69
	营业利润(万元)	2860.33	1176.04	-8282.31
	投资收益(万元)	-54.22	-6.04	-1160.91
	利润总额(万元)	3139.69	1318.7	-9477.99
	净利润(万元)	1071.94	713.36	-9613.24
点评	2005 年继续保持微利。2005 年由于国内煤炭价格持续上涨,从而使公司煤头尿素生产受到了较大的成本压力,尿素毛利率同比下降了 7 个多百分点;虽然另一主要产品丙烯酰胺的毛利率同比上升了 3.64 个百分点,但公司整体盈利仍出于微利水平。			

	截止日期	05 年末	占%	主要股东及持股比例%、持股性质
股本结构（万股）	总股本	28800		江西昌九化工集团有限公司 65.8% (国有股)
	国有股			上海中财担保有限公司 0.88% (流通 A 股)
	发起股	18950	65.8	景德镇市开门子农用化工有限公司 0.87% (国有股)
	外资股			郭峰 0.12% (流通 A 股)
	募集股	250	0.87	冯锡如 0.11% (流通 A 股)
	流通 A	9600	33.33	赵霞 0.1% (流通 A 股)
	流通 B			戴文 0.1% (流通 A 股)
	流通 H			刘一中 0.09% (流通 A 股)
股东户数	05 年末	29255		李绍君 0.09% (流通 A 股)
	04 年末	32682		缪金娥 0.09% (流通 A 股)
其他流通股东	曲云秀 0.085%;袁丽平 0.081%			
近年分配		近年募资		

二〇〇五年以来市场表现

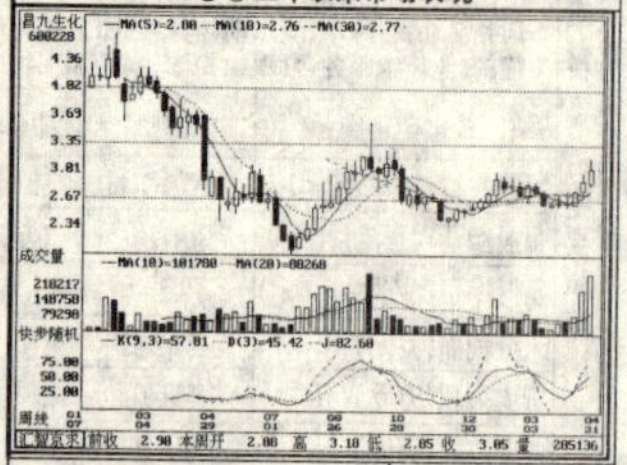

2005 年涨跌幅(%)	-36.23
2005 年最高(元)	4.7
2006 年涨跌幅(%)	18.68
2006.4.26 收盘(元)	3.05
2006 年最高(元)	3.18
2006 年最低(元)	2.55
2006 年换手率(%)	152.66
股改对价	定向回购 送股 每 10 股实际获得 3.1 股

青岛碱业(600229)

上市日期:00/03/09　　电话:0532－4822574　　传真:0532－4815402

主营：纯碱、肥料、农药及其它化工产品的生产、加工、销售及服务。

	年　度	2005	2004	2003
主要指标	每股收益/扣除后(元)	0.09	0.1	0.13
	每股经营现金流量(元)	0.43	0.45	0.37
	每股净资产/调整后(元)	3.03/3.03	2.96/2.84	2.98/2.94
	未分利润(万元)	14211.41	12197.38	13587.76
	资本公积(万元)	37277.7	37783.32	37693.32
利润构成	主营收入(万元)	136424.1	117057.7	94663.78
	主营利润(万元)	22870.97	18469.63	19309.58
	营业利润(万元)	4576.8	2948.37	5168.03
	投资收益(万元)	－253.26	1050.77	399.75
	利润总额(万元)	4432.88	4169.61	5483.04
	净利润(万元)	2517.53	3057.83	3903.01

点评：2005年由于原材料价格上涨、农药市场供大于求、产品运输压力增大等因素,公司业绩同比有所下降。未来几年纯碱行业供求格局不会改变,公司将通过扩大出口来实现销售增长。农药方面则将积极开发新产品,以适应市场需求。

	截止日期	05年末	占%	主要股东及持股比例%、持股性质
股本结构(万股)	总股本	29512.62		青岛海湾集团有限公司 46.71%(国有股)
	国有股	13684	46.37	青岛天柱化工(集团)有限公司 9.41%(非流通股)
	发起股			青岛凯联(集团)有限公司 1.32%(国有股)
	外资股			青岛天柱化工机械厂 0.22%(非流通股)
	募集股	2893.51	9.8	岑文龙 0.21%(流通A股)
	流通A	12444.54	42.17	周旭东 0.14%(流通A股)
	流通B			青岛天柱煤气公司 0.1%(非流通股)
	流通H			郑少宏 0.069%(流通A股)
股东户数	05年末	60039		姚震 0.068%(流通A股)
	04年末	63710		刘金玲 0.053%(流通A股)
其他流通股东	陈小明 0.052%;王金丰 0.052%;青岛财信资产经营有限公司 0.051%;李桂珠 0.05%;王金山 0.05%			
近年分配	03年:10派1.3		近年募资	

二〇〇五年以来市场表现

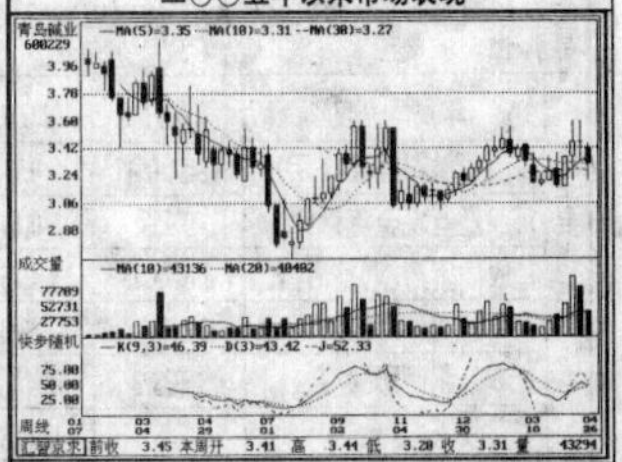

2005年涨跌幅(%)	－20.2
2005年最高(元)	4.14
2006年涨跌幅(%)	3.44
2006.4.26收盘(元)	3.31
2006年最高(元)	3.59
2006年最低(元)	3.15
2006年换手率(%)	55.39
股改对价	

G沧大(600230)

上市日期:00/04/06　　电话:0317－3025065　　传真:0317－3025065

主营：尿素、合成氨等化肥产品的生产、销售。

	年　度	2005	2004	2003
主要指标	每股收益/扣除后(元)	0.44/0.44	0.33	0.115/0.095
	每股经营现金流量(元)	0.87	1.21	0.66
	每股净资产/调整后(元)	3.17/3.15	2.84/2.82	2.59/2.54
	未分利润(万元)	13683.91	7228.87	421.88
	资本公积(万元)	35696.86	35690.83	35640.83
利润构成	主营收入(万元)	110644.81	124692.86	100465.88
	主营利润(万元)	23992.7	22190.47	13523.09
	营业利润(万元)	14364.63	12701.39	3066.01
	投资收益(万元)	－198.59	－264.11	－4.53
	利润总额(万元)	16598.73	12475.63	4083.96
	净利润(万元)	11302.56	8506.57	2985.16

点评：2005年公司克服了第一季度天然气供应中断的不利影响,全年盈利稳步增长。公司主要产品尿素在2005年继续保持旺销势头,同时国家提高了尿素出厂限价标准以及对尿素企业实行增值税全免的政策都对公司业绩实现稳步增长起到了重要的作用。

	截止日期	05年末	占%	主要股东及持股比例%、持股性质
股本结构(万股)	总股本	25933.16		河北沧州大化集团有限责任公司 68.35%(国有股)
	国有股	17803.16	68.65	北京证券有限责任公司 2.93%(流通A股)
	发起股	130	0.5	河北省信息产业投资有限公司 0.3%(国有股)
	外资股			王诗华 0.16%(流通A股)
	募集股			河北沧州塑料集团股份有限公司 0.13%(非流通股)
	流通A	8000	30.85	河北三威贸易有限公司 0.13%(国有股)
	流通B			中国农业生产资料天津公司 0.13%(非流通股)
	流通H			中国化学工程第十三建设公司 0.13%(国有股)
股东户数	05年末	33903		刘光华 0.12%(流通A股)
	04年末	35897		王万青 0.1%(流通A股)
其他流通股东	陆霞 0.059%;蔡毓豪 0.058%;何真华 0.05%;袁毅波 0.05%;黄福均 0.048%;姜振国 0.045%			
近年分配	05预案:10派1.1;04年:10派1;03年:10派0.8		近年募资	

二〇〇五年以来市场表现

2005年涨跌幅(%)	－11.05
2005年最高(元)	5.47
2006年涨跌幅(%)	49.59
2006.4.26收盘(元)	5.05
2006年最高(元)	7.7
2006年最低(元)	4.49
2006年换手率(%)	169.85
股改对价	送股 每10股实际获得3.3股(06/04/07)

G凌钢(600231)

上市日期:00/05/11　　电话:0421－6838259　　传真:0421－6830436

主营：连铸钢坯、热轧小型材、热轧钢坯、焊接钢管的生产和销售

	年　度	2005	2004	2003
主要指标	每股收益/扣除后(元)	0.62/0.624	0.873	0.84/0.804
	每股经营现金流量(元)	0.425	0.421	0.508
	每股净资产/调整后(元)	4.63/4.63	4.26/4.26	3.54/3.54
	未分利润(万元)	111079.89	96572.76	57674.63
	资本公积(万元)	43822.69	43769.85	43769.85
利润构成	主营收入(万元)	586373.57	578779.07	359563.39
	主营利润(万元)	58092.13	69582.8	71650.72
	营业利润(万元)	43162.8	59353.5	60140.96
	投资收益(万元)		21.42	50.56
	利润总额(万元)	42814.16	58350.09	54111.02
	净利润(万元)	32476.04	45762.51	44017.71

点评：主要产品棒材和热轧带材,产品价格205年大幅下滑,致使利润水平下降,业绩缩水。2006年钢铁行业前景仍然不甚乐观,公司盈利继续下滑在所难免。公司地处铁矿石储量丰富的辽宁,原材料供应有一定优势。公司在未来产业整合中的地位值得期待。

	截止日期	05年末	占%	主要股东及持股比例%、持股性质
股本结构(万股)	总股本	52390		凌源钢铁集团有限责任公司 57.58%(国有股)
	国有股	30166.5	57.58	景博证券投资基金 0.18%(流通A股)
	发起股			阿克苏地区民用爆破器材专卖有限公司 0.16%(非流通股)
	外资股			凌源市万元店铁矿 0.16%(非流通股)
	募集股	845	1.61	朝阳市建设城市信用合作社 0.15%(非流通股)
	流通A	21378.5	40.81	叶少风 0.13%(流通A股)
	流通B			凌钢集团汽车运输有限责任公司 0.13%(非流通股)
	流通H			凌钢集团生活服务有限责任公司 0.13%(非流通股)
股东户数	05年末	63532		李戈凡 0.12%(流通A股)
	04年末	72883		凌钢集团机构制造有限责任公司 0.1%(非流通股)
其他流通股东	中国人寿保险股份有限公司－传统－普通保险产品－005L－CT001沪 0.074%;段景芬 0.069%			
近年分配	05预案:10派2.5;04年:10派2.5;03年:10派1.5		近年募资	

二〇〇五年以来市场表现

2005年涨跌幅(%)	－27.38
2005年最高(元)	6.62
2006年涨跌幅(%)	0.09
2006.4.26收盘(元)	3.23
2006年最高(元)	5.41
2006年最低(元)	4.09
2006年换手率(%)	156.81
股改对价	送股 每10股实际获得3.2股(06/02/22)

G 金鹰（600232）

上市日期:00/06/02　电话:0580－8021228　传真:0580－8020228

主营	绢、麻、丝、毛纺机械成套设备和塑料机械制造销售;绢丝、绢绸、亚麻纱(布)、绢丝针织、梭织服装等纺织品的生产销售。

	年　度	2005	2004	2003
主要指标	每股收益/扣除后(元)	0.484/0.48	0.686	0.598/0.599
	每股经营现金流量(元)	0.256	0.542	0.842
	每股净资产/调整后(元)	3.82/3.78	3.41/3.37	2.83/2.8
	未分利润(万元)	36081.66	28680.2	18218.67
	资本公积(万元)	15838.3	15471.73	15320.2
利润构成	主营收入(万元)	130688.94	129218.06	105555.43
	主营利润(万元)	23930.02	27903.65	24719.75
	营业利润(万元)	13200.73	18830.59	17682.65
	投资收益(万元)	-20.3	57.65	1.22
	利润总额(万元)	13208.08	19045.04	17061.56
	净利润(万元)	10593.86	15015.22	13093.86

点评	2005年,公司面对纺织行业外贸出口等宏观环境的变化和遭受重大自然灾害的复杂情况,取得了较好的经营业绩。但06年公司的经营环境还继续恶化,预计其经营业绩不会好于去年。

	截止日期	05年末	占%	主要股东及持股比例%、持股性质
股本结构(万股)	总股本	21885.19		浙江金鹰集团有限公司 67.81%（非流通股）
	国有股			舟山市定海区小沙镇经济开发实业总 4.16%（非流通股）
	发起股	16035.19	73.27	汉盛证券投资基金 2.49%（流通A股）
	外资股			申银万国－花旗－DBAG 1.04%（流通A股）
	募集股			国际金融－汇丰－摩根士丹利 1.03%（流通A股）
	流通A	5850	26.73	晏福有 0.99%（流通A股）
	流通B			舟山制衣公司 0.91%（非流通股）
	流通H			杨思慈 0.91%（流通A股）
股东户数	05年末	8590		乔忠秀 0.65%（流通A股）
	04年末	6912		交通银行－融通行业景气证券投资基金 0.52%（流通A股）
其他流通股东	毛利琴 0.44%;国际金融－汇丰－BILL & MELIN 0.374%;中国工商银行－国联安德盛小盘精选证券投资基金 0.357%			
近年分配	05预案:10派1.1;04年:10派1;03年:10派1		近年募资	

二〇〇五年以来市场表现

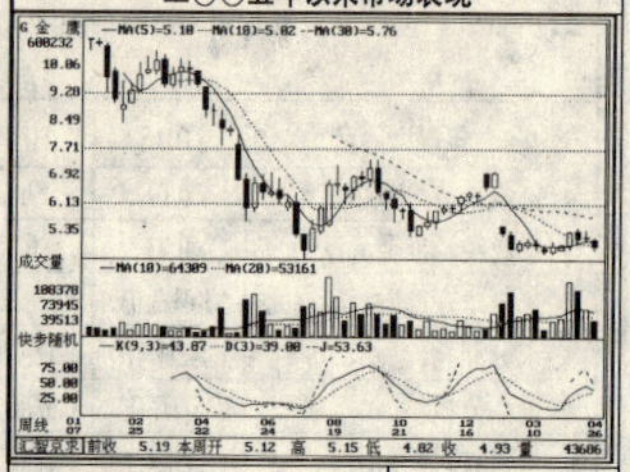

2005年涨跌幅(%)	-40.19
2005年最高(元)	10.85
2006年涨跌幅(%)	2.32
2006.4.26收盘(元)	4.93
2006年最高(元)	7.23
2006年最低(元)	6.2
2006年换手率(%)	121.49
股改对价	送股 每10股实际获得3.2股(06/02/10)

G 大杨（600233）

上市日期:00/06/08　电话:0411－7610778　传真:0411－7622686

主营	中高档男西服、女时装、运动装、职业装、学生装等服装的生产、销售及其它业务。

	年　度	2005	2004	2003
主要指标	每股收益/扣除后(元)	0.164/0.197	0.161/0.18	0.159/0.13
	每股经营现金流量(元)	0.4	0.56	0.47
	每股净资产/调整后(元)	2.87/2.84	2.82/2.8	2.76/2.73
	未分利润(万元)	4320.02	4165.29	3848.86
	资本公积(万元)	18328.06	18614.45	18614.45
利润构成	主营收入(万元)	52084.49	43805.14	37060.87
	主营利润(万元)	11374.95	8946.59	7105.72
	营业利润(万元)	6427.47	4907.97	4176.82
	投资收益(万元)	-1942.07	-1735.89	-494.68
	利润总额(万元)	4497.23	3698.34	4322.03
	净利润(万元)	2712.67	2659.92	2617.06

点评	公司主要从事中高档男西服、女时装、运动装等服装的生产与销售业务。05年,因受欧美纺织品重新设限以及人民币升值等不利因素的影响,公司虽然保持主营收入的大幅增长,但净利润却持平。06年上述两个主要不利因素还继续存在。

	截止日期	05年末	占%	主要股东及持股比例%、持股性质
股本结构(万股)	总股本	16500		大杨集团有限责任公司 41.5%（非流通股）
	国有股			中国银行－华夏大盘精选证券投资基金 0.87%（流通A股）
	发起股	6848.11	41.5	孙贻财 0.7%（流通A股）
	外资股			赵建永 0.48%（流通A股）
	募集股			石祥麟 0.47%（流通A股）
	流通A	9651.89	58.5	柳茵 0.44%（流通A股）
	流通B			迟长全 0.38%（流通A股）
	流通H			林宝富 0.3%（流通A股）
股东户数	05年末	24266		江静 0.21%（流通A股）
	04年末	26439		王翠玉 0.2%（流通A股）
其他流通股东	董仲喜 0.171%			
近年分配	05预案:10派1;04年:10派1;03年:10派1		近年募资	

二〇〇五年以来市场表现

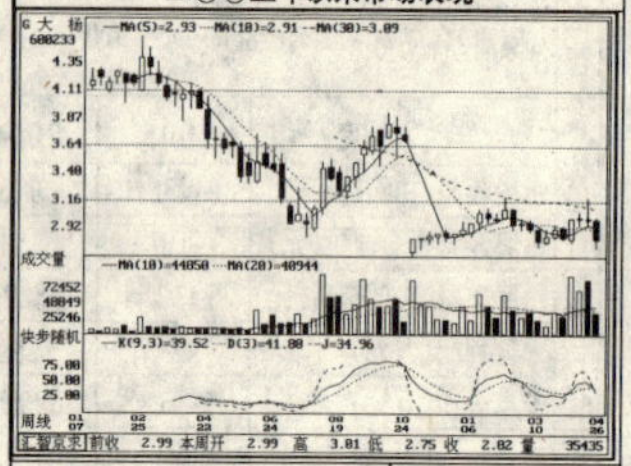

2005年涨跌幅(%)	-5.58
2005年最高(元)	4.59
2006年涨跌幅(%)	-2.76
2006.4.26收盘(元)	2.82
2006年最高(元)	3.19
2006年最低(元)	2.75
2006年换手率(%)	72.39
股改对价	送股 每10股实际获得3.2股(05/11/15)

ST 天龙（600234）

上市日期:00/06/15　电话:0351－4040922　传真:0351－4810073

主营	商品的零售批发;生产及销售VCD机、DVD机、功放、音箱等电子产品及家用电器,开发、生产、销售有线电话、无绳电话、移动电话等通讯器材及其他消费性数字电子产品。

	年　度	2005	2004	2003
主要指标	每股收益/扣除后(元)	-3.1	-2.23	0.22/0.04
	每股经营现金流量(元)	-0.03	-1.31	1.08
	每股净资产/调整后(元)	-7.09/-7.1	-3.73/-3.81	1.61/1.47
	未分利润(万元)	-69367.48	-40231.04	-19287.59
	资本公积(万元)	23902.97	23226.95	23226.77
利润构成	主营收入(万元)	4950.71	70245.78	67549.1
	主营利润(万元)	670.58	2256.81	11422.22
	营业利润(万元)	-29016.85	-47919.19	1319.15
	投资收益(万元)	-63.08	-104.13	1718.51
	利润总额(万元)	-33136.32	-54216.98	3008.06
	净利润(万元)	-29136.45	-20943.44	2078.6

点评	05年继续报亏,主要是由于珠海金正公司和东莞分公司尚未全面恢复生产经营,资产仍在查封状态。06年公司定下内销碟机120万台的扭亏目标,并将积极筹措资金,培育新的利润增长点,保护金正品牌的销售网络和市场份额,公司有望逐步走出困境。

	截止日期	05年末	占%	主要股东及持股比例%、持股性质
股本结构(万股)	总股本	9386		东莞市金正数码科技有限公司 29%（非流通股）
	国有股	664.06	7.08	山西天龙山古文化发展有限公司 17.34%（非流通股）
	发起股	4421.94	47.11	国有股 7.08%（国有股）
	外资股			天津天利远中国际贸易有限公司 3.59%（流通A股）
	募集股			徐厚江 0.49%（流通A股）
	流通A	4300	45.81	五矿贵稀矿产品进出口公司 0.32%（非流通股）
	流通B			陈庆桃 0.31%（流通A股）
	流通H			韩炜光 0.25%（流通A股）
股东户数	05年末	17927		许秀芳 0.25%（流通A股）
	04年末	20785		姚涌泉 0.24%（流通A股）
其他流通股东	赵宝光 0.228%;倪小宇 0.215%;王群 0.214%;潘玉英 0.212%			
近年分配			近年募资	

二〇〇五年以来市场表现

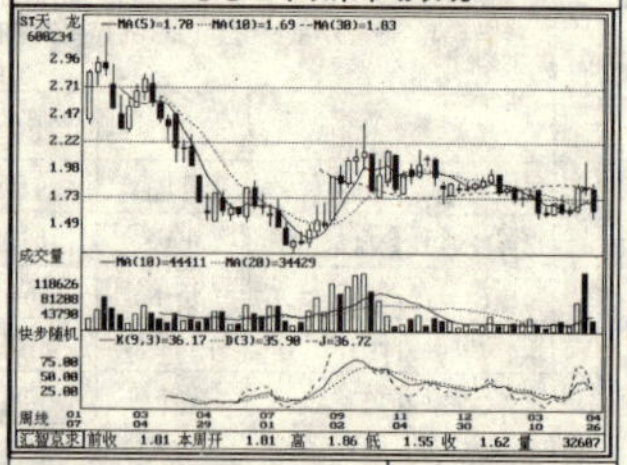

2005年涨跌幅(%)	-27.02
2005年最高(元)	3.2
2006年涨跌幅(%)	-10.5
2006.4.26收盘(元)	1.62
2006年最高(元)	2.05
2006年最低(元)	1.55
2006年换手率(%)	137.29
股改对价	

G 特纸（600235）

上市日期:00/06/15　　电话:0573－2812992　　传真:0573－2812992

主营	特种用纸和卷烟配套用纸的生产、销售和其他相关业务。			
	年　　度	2005	2004	2003
主要指标	每股收益/扣除后(元)	0.082/0.073	0.146	0.222/0.228
	每股经营现金流量(元)	0.4478	0.6288	0.1798
	每股净资产/调整后(元)	3.19/3.16	3.22/3.19	3.23/3.21
	未分利润(万元)	4182.56	5569.67	6308.94
	资本公积(万元)	48968.66	48952.31	48952.31
利润构成	主营收入(万元)	66979.23	56499.49	47175.87
	主营利润(万元)	16562.99	15336.94	15307.53
	营业利润(万元)	2362.97	3740.45	6309.43
	投资收益(万元)	308.15	1678.13	1043.38
	利润总额(万元)	2720.38	4687.54	7034.83
	净利润(万元)	2164.52	3848.8	5847.44
点评	为国内卷烟纸领域的前五大卷烟纸生产厂商之一。公司充分抓住国家烟草专卖局推动的卷烟企业整合契机,扩大销售,使公司收入保持较快增长。由于国内卷烟纸市场总量增长缓慢,公司将通过开发新功能卷烟纸、水松纸和创新型产品,推出新型特种纸来延续收入增长。			

股本结构(万股)	截止日期	05年末	占%	主要股东及持股比例%、持股性质
	总股本	26340		嘉兴民丰集团有限公司 65.85%（国有股）
	国有股	17346	65.85	浙江国信控股集团有限责任公司 1.31%（流通A股）
	发起股	91	0.35	浙江省信鸿实业有限责任公司 0.46%（流通A股）
	外资股			嘉兴市社会发展资产经营投资有限公司 0.35%（非流通股）
	募集股			深圳市国傲通实业有限公司 0.16%（流通A股）
	流通A	8840	33.56	陈少伶 0.13%（流通A股）
	流通B			高金娥 0.11%（流通A股）
	流通H			潘玉翠 0.1%（流通A股）
股东户数	05年末	9896		刘勇 0.1%（流通A股）
	04年末	5748		郑帅兵 0.09%（流通A股）
其他流通股东	陈惠娟 0.093%；毛虎群 0.09%			
近年分配	05年:10派0.8；04年:10派1.2；03年:10派1.5	近年募资	03年增发A股1560万股,发行价16元。	

二〇〇五年以来市场表现

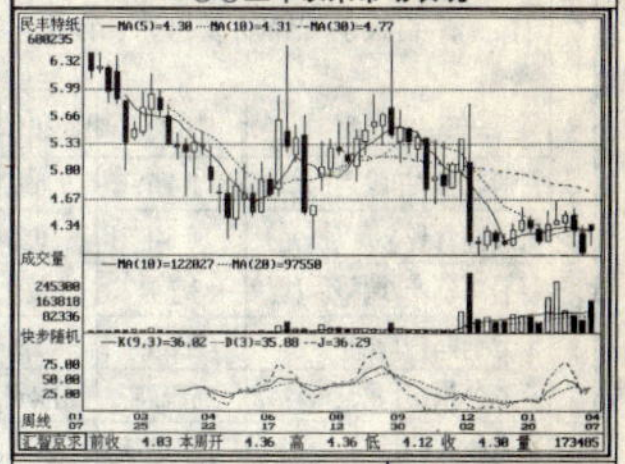

2005年涨跌幅(%)	－33.59
2005年最高(元)	6.77
2006年涨跌幅(%)	4.12
2006.4.26收盘(元)	4.22
2006年最高(元)	4.65
2006年最低(元)	4.01
2006年换手率(%)	138.04
股改对价	送股 每10股实际获得3.5股(06/04/28)

桂冠电力（600236）

上市日期:00/03/23　　电话:0771－5636271　　传真:0771－5620664

主营	水力发电			
	年　　度	2005	2004	2003
主要指标	每股收益/扣除后(元)	0.163/0.161	0.352	0.434/0.43
	每股经营现金流量(元)	0.58	0.54	0.59
	每股净资产/调整后(元)	2.23/2.23	4.36/2.18	4.3/4.26
	未分利润(万元)	22819.02	24897.87	42985.98
	资本公积(万元)	87012.99	154548.71	154515.01
利润构成	主营收入(万元)	257265.68	71338.2	67730.25
	主营利润(万元)	63198.39	35617.35	39483.65
	营业利润(万元)	32281.38	25943.68	33849.15
	投资收益(万元)	899.67	1707.54	704.14
	利润总额(万元)	33112.36	27458.92	34378.31
	净利润(万元)	21954.6	23775.65	29288.95
点评	2005年,随着新项目陆续投产,公司上网电量同比有了大幅度增长,加上电价上调,主营业务收入大幅度增长。公司火电企业也受到成本增长的影响,导致公司净利润同比稍有下降。公司新投产项目2006年全年将发挥作用,助推公司业绩较快增长。			

股本结构(万股)	截止日期	05年末	占%	主要股东及持股比例%、持股性质
	总股本	135072.72		广西电力有限公司 53.68%（非流通股）
	国有股	98760.59	73.12	广西投资集团有限公司 19.44%（非流通股）
	发起股			中国银行－嘉实服务增值行业证券投资基金 0.82%（流通A股）
	外资股			全国社保基金一零四组合 0.66%（流通A股）
	募集股	7645.35	5.66	江苏省江海粮油贸易公司 0.66%（流通A股）
	流通A	28666.78	21.22	黑龙江省华富电力投资有限公司 0.66%（流通A股）
	流通B			广西壮族自治区水电工程局 0.57%（非流通股）
	流通H			通乾证券投资基金 0.56%（流通A股）
股东户数	05年末	59057		红塔证券股份有限公司 0.53%（流通A股）
	04年末	61744		交通银行－科瑞证券投资基金 0.46%（流通A股）
其他流通股东	交通银行－鹏华中国50开放式证券投资基金 0.352%；巨田基础行业证券投资基金 0.296%			
近年分配	05预案:10派1.1；04年:10派2.2转增10；03年:10派3	近年募资	03年增发转债800万张,募资总额8亿。	

二〇〇五年以来市场表现

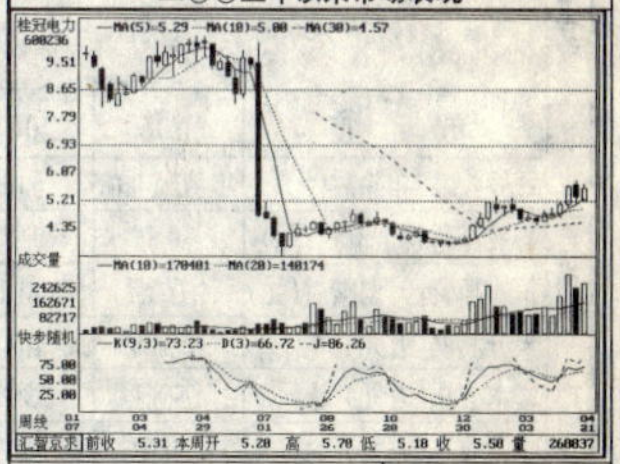

2005年涨跌幅(%)	－16.89
2005年最高(元)	10.5
2006年涨跌幅(%)	39.5
2006.4.26收盘(元)	5.58
2006年最高(元)	5.81
2006年最低(元)	3.95
2006年换手率(%)	90.67
股改对价	

G 铜峰（600237）

上市日期:00/06/09　　电话:0562－2819178　　传真:0562－2809105

主营	薄膜电容器及其相关材料的研究、开发、生产、销售和科技成果转让等。			
	年　　度	2005	2004	2003
主要指标	每股收益/扣除后(元)	0.13/0.12	0.23/0.23	0.25/0.19
	每股经营现金流量(元)	0.2	0.24	0.41
	每股净资产/调整后(元)	2.79/2.77	2.75/2.72	2.63/2.57
	未分利润(万元)	12164.09	11961.9	10127.49
	资本公积(万元)	17173.53	17130.6	17130.6
利润构成	主营收入(万元)	39944.69	39548.43	31464.33
	主营利润(万元)	9811.58	11935.38	10177.49
	营业利润(万元)	3405.96	5674.13	5765.55
	投资收益(万元)	－43.99		101.5
	利润总额(万元)	3458.12	5666.47	7027.23
	净利润(万元)	2610.09	4580.61	5053.01
点评	国内最大的聚丙稀膜、金属化膜和交流薄膜电容厂家。05年公司收入基本没有增长,而原材料价格的上升压缩了利润空间,05年公司净利润大幅下滑。06年行业竞争状况不会明显改善,而公司产品主要定位于家电产品使其成长性有限,预计06年业绩难有快速增长。			

股本结构(万股)	截止日期	05年末	占%	主要股东及持股比例%、持股性质
	总股本	20000		安徽铜峰电子(集团)公司 24.46%（国有股）
	国有股	8196.75	40.98	铜陵市工业国有资产经营有限公司 11.8%（国有股）
	发起股	1243.25	6.22	铜陵市天时光电材料有限责任公司 6.22%（非流通股）
	外资股			中国新时代控股(集团)公司 4.72%（国有股）
	募集股			郑志忠 0.36%（流通A股）
	流通A	10560	52.8	周军 0.33%（流通A股）
	流通B			许道坤 0.25%（流通A股）
	流通H			林维新 0.21%（流通A股）
股东户数	05年末	28113		李润发 0.2%（流通A股）
	04年末	26160		丁其东 0.17%（流通A股）
其他流通股东	周道忠 0.167%；任柳 0.158%；翁菊芳 0.153%；成晓安 0.135%			
近年分配	05预案:10派0.5送3转增2；04年:10派1；03年:10派1	近年募资		

二〇〇五年以来市场表现

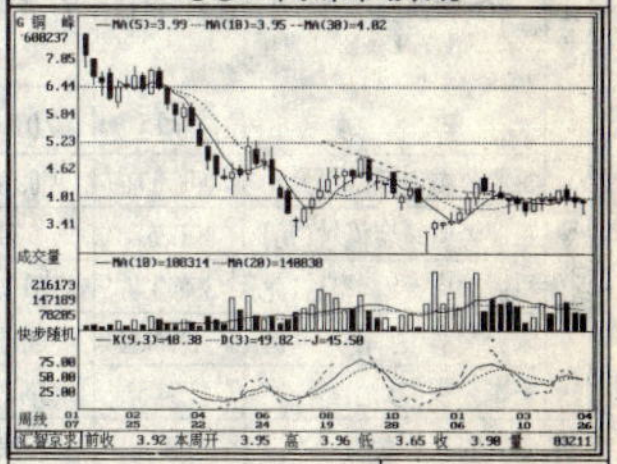

2005年涨跌幅(%)	－38.3
2005年最高(元)	7.66
2006年涨跌幅(%)	11.43
2006.4.26收盘(元)	3.9
2006年最高(元)	4.53
2006年最低(元)	3.5
2006年换手率(%)	197.12
股改对价	送股 每10股实际获得3.2股(05/12/07)

G 椰岛（600238）

上市日期:00/01/20　　电话:0898－66532987　　传真:0898－66532908

主营	保健酒、白酒等产品的开发、生产、销售。			
	年　　度	2005	2004	2003
主要指标	每股收益/扣除后(元)	0.171	0.165	0.161/0.164
	每股经营现金流量(元)	0.641	0.294	0.019
	每股净资产/调整后(元)	3/2.99	2.92/2.89	2.77/2.75
	未分利润(万元)	7375.19	8139.42	8297.23
	资本公积(万元)	16736.98	16463.72	16031.96
利润构成	主营收入(万元)	133707.73	129103.49	101250.27
	主营利润(万元)	22641.68	22641.54	23905.44
	营业利润(万元)	6048.75	4797.2	5075.98
	投资收益(万元)	－694.33	－780.59	9.43
	利润总额(万元)	5205.31	6137.63	5401.34
	净利润(万元)	2841.03	2743.65	2674.12
点评	公司主营保健酒等业务。2005年,公司在传统保健酒上稳健经营,取得了较好的经营业绩。2006年,作为我国保健酒行业中六大企业之一,面临着保健酒行业的不断增长,预计其经营业绩将会有所增长。			

	截止日期	05年末	占%	主要股东及持股比例%、持股性质
股本结构(万股)	总股本	16600		海口市国有资产经营有限公司 27.95%(国有股)
	国有股	4639	27.95	贵阳神采广告有限公司 4.58%(非流通股)
	发起股	1260	7.59	上海新理益投资管理有限公司 4.06%(非流通股)
	外资股			海南琪琳包装有限公司 3.54%(非流通股)
	募集股	3301	19.89	化州市乐岭玻璃厂 1.81%(非流通股)
	流通A	7400	44.58	海口市社会保障局 1.08%(非流通股)
	流通B			上海丰德企业发展有限公司 0.93%(非流通股)
	流通H			深圳市慧能(集团)有限公司 0.9%(非流通股)
股东户数	05年末	26875		中国科技国际信托投资有限公司 0.87%(非流通股)
	04年末	28854		沈阳市新海达机电化工有限公司 0.84%(非流通股)
其他流通股东	王思言 0.211%;黄小仪 0.204%;汪耀元 0.184%;黑德昆 0.184%;黄嗣立 0.136%;彭永松 0.132%;德福实业 0.132%			
近年分配	04年:10派0.5;03年:10派0.7	近年募资		

二〇〇五年以来市场表现

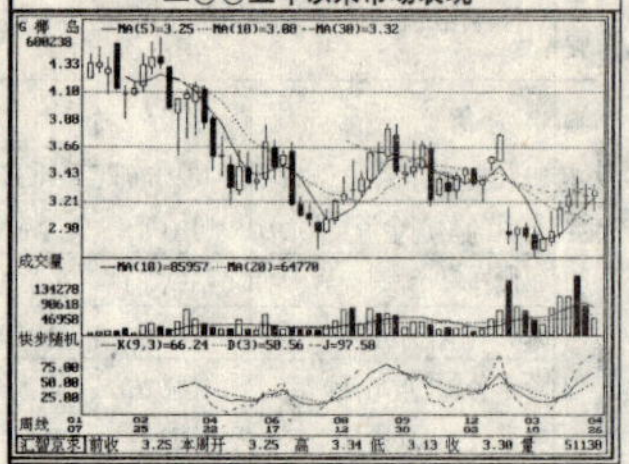

2005年涨跌幅(%)	－10.8
2005年最高(元)	4.55
2006年涨跌幅(%)	19.68
2006.4.26收盘(元)	3.3
2006年最高(元)	4.64
2006年最低(元)	3.75
2006年换手率(%)	101.33
股改对价	送股 每10股实际获得3.6股(06/02/15)

红河光明（600239）

上市日期:99/12/02　　电话:0873－7123420　　传真:0873－7122528

主营	啤酒、饮料和矿泉水的生产及销售。			
	年　　度	2005	2004	2003
主要指标	每股收益/扣除后(元)	－0.092/－0.085	0.003	－0.1
	每股经营现金流量(元)	－0.81	0.287	－0.16
	每股净资产/调整后(元)	1.72/1.7	1.83/1.8	1.82/1.79
	未分利润(万元)	－2738.68	－1104.52	－976.12
	资本公积(万元)	12968.1	12968.1	12714.07
利润构成	主营收入(万元)	4291.57	5865.93	5300.3
	主营利润(万元)	849.8	2021.93	1499.87
	营业利润(万元)	－1823.98	57.37	－1314.43
	投资收益(万元)	－5.43	－0.05	－21.12
	利润总额(万元)	－1954.91	46.58	－1824.55
	净利润(万元)	－1634.16	51.53	－1772.41
点评	05年公司由于其啤酒主业的销售市场竞争激烈,导致销量下滑,收入大幅减少,预计这一溃势会继续下去。而印楝产品的发展前景还有待市场的检验,短期借助这一产品实现大发展不现实。估计06年公司的经营情况很难有大的好转,会继续在亏损边缘挣扎。			

	截止日期	05年末	占%	主要股东及持股比例%、持股性质
股本结构(万股)	总股本	17733.82		北京步长创业投资有限公司 28.77%(非流通股)
	国有股			上海百瑞佳投资有限公司 13.89%(非流通股)
	发起股	8280.79	46.69	云南省小龙潭煤矿 3.29%(非流通股)
	外资股			云南开远恒虹经贸有限公司 0.6%(非流通股)
	募集股			夏晓勤 0.32%(流通A股)
	流通A	9453.02	53.31	彭建蓉 0.32%(流通A股)
	流通B			唐春山 0.28%(流通A股)
	流通H			杜才信 0.27%(流通A股)
股东户数	05年末	15521		宋秀芝 0.25%(流通A股)
	04年末	17118		彭哲熙 0.2%(流通A股)
其他流通股东	丛德军 0.196%;宋关怀 0.18%;高秀英 0.175%;何琳 0.172%			
近年分配		近年募资		

二〇〇五年以来市场表现

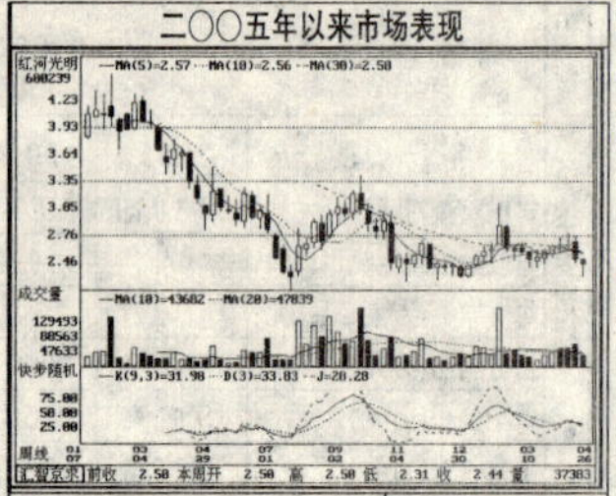

2005年涨跌幅(%)	－39.9
2005年最高(元)	4.52
2006年涨跌幅(%)	5.17
2006.4.26收盘(元)	2.44
2006年最高(元)	3.1
2006年最低(元)	2.3
2006年换手率(%)	88.21
股改对价	

G 华业（600240）

上市日期:00/06/28　　电话:0471－5920636　　传真:0471－5920337

主营	中高档西服、服装,精纺面料、精梳羊毛、毛条、化纤条的生产、销售及科研开发。			
	年　　度	2005	2004	2003
主要指标	每股收益/扣除后(元)	0.06/0.06	0.08	－0.52/－0.48
	每股经营现金流量(元)	1.36	0.79	－1.23
	每股净资产/调整后(元)	3.46/3.46	3.39/3.39	3.31/3.31
	未分利润(万元)	－11970.61	－13106.63	－14475.68
	资本公积(万元)	53794.57	53794.57	53794.57
利润构成	主营收入(万元)	1484.26	2831.59	3030.86
	主营利润(万元)	697.45	1071.11	168.27
	营业利润(万元)	－320.36	1136.25	－8728.28
	投资收益(万元)	1246.91	－8.85	
	利润总额(万元)	925.4	1339.3	－9222.75
	净利润(万元)	1136.02	1369.05	－9124.28
点评	2005年初,公司主营业务从纺织服装转为房地产开发与经营。由于当前我国房地产业务的盈利能力强,公司当年就实现了扭亏为盈,并摘掉了"＊st"的帽子。公司目前的主要资产和项目集中在北京和深圳两地,因而其06年的经营业绩值得期待。			

	截止日期	05年末	占%	主要股东及持股比例%、持股性质
股本结构(万股)	总股本	17500		深圳华业地产发展有限公司 25.71%(非流通股)
	国有股	76.89	0.44	华保宏实业(深圳)有限公司 24.56%(非流通股)
	发起股	8798.11	50.27	王闽红 0.42%(流通A股)
	外资股			朱超群 0.27%(流通A股)
	募集股			中国工商银行－同益证券投资基金 0.26%(流通A股)
	流通A	8625	49.29	谢铿 0.25%(流通A股)
	流通B			北京安彩科技风险投资有限公司 0.24%(流通A股)
	流通H			呼和浩特市第一针织厂 0.22%(国有股)
股东户数	05年末	28692		呼和浩特市纺织建筑安装工程公司 0.22%(国有股)
	04年末	31514		新疆宏源建信发展公司 0.21%(流通A股)
其他流通股东	青岛国信实业公司 0.204%;佟淑娟 0.183%;陈惠平 0.183%;陈楚茂 0.178%			
近年分配		近年募资		

二〇〇五年以来市场表现

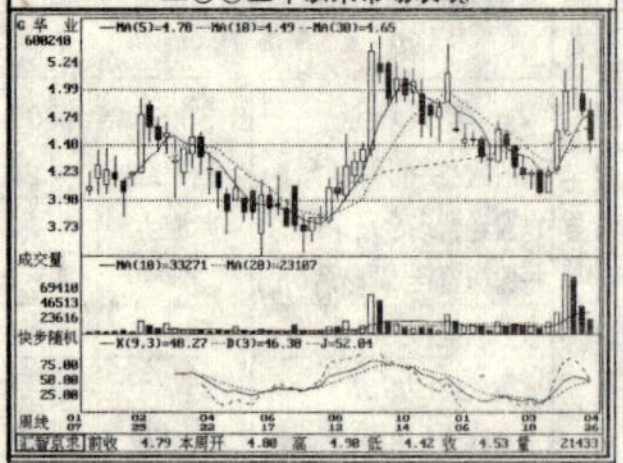

2005年涨跌幅(%)	30.26
2005年最高(元)	5.52
2006年涨跌幅(%)	－1.74
2006.4.26收盘(元)	4.53
2006年最高(元)	5.47
2006年最低(元)	4.03
2006年换手率(%)	46.68
股改对价	送股 每10股实际获得1.5股(05/12/26)

G 辽时代（600241）

上市日期:00/11/28　电话:0411－2798051　传真:0411－2798191

主营	以棉、毛、丝、麻、晴纶为主要面料的梭织服装、服饰的出口业务,出口服装所需的面料、辅料、机械设备等进口业务。

	年　　度	2005	2004	2003
主要指标	每股收益/扣除后(元)	0.18/0.16	0.24	0.25/0.23
	每股经营现金流量(元)	-0.5	1.2	0.71
	每股净资产/调整后(元)	4.4/4.36	4.25/4.23	4.06/4.05
	未分利润(万元)	10315.19	9266.55	7639.77
	资本公积(万元)	22760.72	22487.71	22468.71
利润构成	主营收入(万元)	174854.48	159320.43	154207.23
	主营利润(万元)	12344.59	12083.54	11154.26
	营业利润(万元)	2874.83	3732.11	3955.75
	投资收益(万元)	-52.62	57.59	-121.52
	利润总额(万元)	2923.99	3759.03	3926.26
	净利润(万元)	1857.22	2537.39	2643.82

点评：05年,公司面临着配额取消后欧美市场的重新设限及能源的大幅涨价等不利局面,取得了较好的成绩。06年,公司因宏观环境还远没有好转而很难取得较快的业绩增长。

	截止日期	05年末	占%	主要股东及持股比例%、持股性质
股本结构（万股）	总股本	10600		辽宁时代集团有限责任公司 66.04%（国有股）
	国有股	7000	66.04	辽宁万恒集团有限公司 2.83%（国有股）
	发起股	600	5.66	大连利盟投资有限公司 0.94%（国有股）
	外资股			辽宁时代实业有限责任公司 0.94%（非流通股）
	募集股			中粮辽宁粮油进出口公司 0.94%（国有股）
	流通A	3000	28.3	王辉 0.14%（流通A股）
	流通B			邹丽芙 0.13%（流通A股）
	流通H			揭明兰 0.11%（流通A股）
股东户数	05年末	15772		潘惠芬 0.1%（流通A股）
	04年末	16918		赵才 0.09%（流通A股）

其他流通股东	朱劲松 0.091%;方娜 0.085%;赵小斌 0.082%;海口禧利装饰工程有限公司 0.081%;郭静 0.077%
近年分配	05预案:10派0.8;04年:10派0.5;03年:10派0.5
近年募资	

二〇〇五年以来市场表现

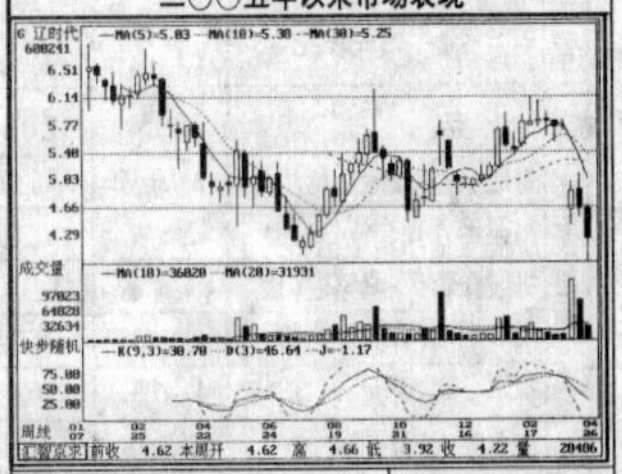

2005年涨跌幅(%)	-21.99
2005年最高(元)	6.88
2006年涨跌幅(%)	13.42
2006.4.26收盘(元)	4.22
2006年最高(元)	6.91
2006年最低(元)	5.03
2006年换手率(%)	132.58
股改对价	送股 每10股实际获得3.6股(06/04/11)

华龙集团（600242）

上市日期:00/12/07　电话:020－85170736　传真:020－85170736

主营	远洋捕捞和海洋养殖。

	年　　度	2005	2004	2003
主要指标	每股收益/扣除后(元)	-3.04	-0.75	0.05/0.04
	每股经营现金流量(元)	-0.03	-1.04	0.07
	每股净资产/调整后(元)	-1.51/-1.51	2.11/1.86	2.88/2.8
	未分利润(万元)	-62383.96	-9483.13	3482.18
	资本公积(万元)	27244.53	27244.53	27244.53
利润构成	主营收入(万元)	632.13	3310.5	23303.87
	主营利润(万元)	-1145.64	-2177.95	5702.1
	营业利润(万元)	-34559.05	-11233.15	1001.86
	投资收益(万元)	-4888.08	-1451.83	-105.07
	利润总额(万元)	-63919.9	-13592.46	1048.58
	净利润(万元)	-52900.83	-12965.31	893.83

点评：由于国家宏观政策调控等因素影响,导致公司流动资金短缺,部分银行已向法院提出诉讼,并查封或冻结部分资产,造成公司主营业务基本停顿。公司管理层将积极盘活处置部分资产,争取尽早恢复远洋渔业项目的正常经营。

	截止日期	05年末	占%	主要股东及持股比例%、持股性质
股本结构（万股）	总股本	17402.98		广州市福兴经济发展有限公司 17.32%（非流通股）
	国有股			北京国力神州科技发展有限公司 5.78%（非流通股）
	发起股	3081.73	17.71	四川省永成电子系统有限责任公司 2.31%（非流通股）
	外资股			镇江市环宇投资咨询有限责任公司 0.86%（非流通股）
	募集股	4520.02	25.97	茂名市茂南区南方公司 0.86%（非流通股）
	流通A	8795.98	50.54	上海宏亿投资咨询有限公司 0.8%（非流通股）
	流通B			阳东县合山城建开发公司 0.76%（非流通股）
	流通H			阳江市东田科技发展有限公司 0.72%（非流通股）
股东户数	05年末	28324		珠海市珠澳旅游出租汽车有限公司 0.72%（非流通股）
	04年末	31892		阳东县合山化工助剂厂 0.7%（非流通股）

其他流通股东	万长春 0.294%;曲光芳 0.263%;方洪丽 0.172%;邓振波 0.167%;袁映钦 0.135%;黄凤娟 0.133%;陈志洪 0.131%
近年分配	
近年募资	

二〇〇五年以来市场表现

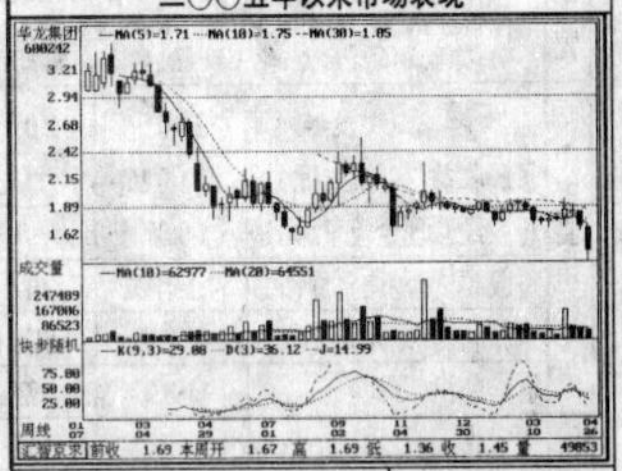

2005年涨跌幅(%)	-40.33
2005年最高(元)	3.47
2006年涨跌幅(%)	-20.33
2006.4.26收盘(元)	1.45
2006年最高(元)	1.95
2006年最低(元)	1.36
2006年换手率(%)	110.76
股改对价	

青海华鼎（600243）

上市日期:00/11/20　电话:0971－6249618　传真:0971－6249617

主营	机床(重型机床、加工中心、数控铣床等)、食品机械、电梯配件、齿轮箱等产品的生产和销售及国内贸易。

	年　　度	2005	2004	2003
主要指标	每股收益/扣除后(元)	0.062/0.02	0.065	0.069/0.06
	每股经营现金流量(元)	0.18	0.116	0.058
	每股净资产/调整后(元)	2.81/2.7	2.71/2.59	2.64/2.64
	未分利润(万元)	3452.06	2628.99	1758.37
	资本公积(万元)	23482.45	22925.6	22913.22
利润构成	主营收入(万元)	52672	43810.89	39915.51
	主营利润(万元)	8851.35	7491.65	7689.82
	营业利润(万元)	1020.58	1129.92	1326.33
	投资收益(万元)	-20.86	-9.09	6.34
	利润总额(万元)	1325.21	1416.24	1477.17
	净利润(万元)	968.32	1024.26	1077.19

点评：受惠于机床行业景气,公司机床业务增长迅速,毛利率有所上升,成为公司业绩增长的主要动力。公司是国内数控大重型机床和加工中心的主要生产企业之一,产品在国内具有领先的技术水平。在中国机床行业逐渐成长起来的背景下,公司未来前景仍可看好。

	截止日期	05年末	占%	主要股东及持股比例%、持股性质
股本结构（万股）	总股本	15660		青海重型机床有限责任公司 31.93%（国有股）
	国有股	5034	32.15	广东万鼎企业集团有限公司 31.75%（非流通股）
	发起股	5126	32.73	番禺万鸣实业有限公司 0.77%（非流通股）
	外资股			唐山重型机床厂 0.22%（国有股）
	募集股			庄河市观驾山建筑工程公司 0.22%（非流通股）
	流通A	5500	35.12	陈吉敏 0.16%（流通A股）
	流通B			陈幼新 0.1%（流通A股）
	流通H			虞慧卿 0.09%（流通A股）
股东户数	05年末	23500		王衍武 0.09%（流通A股）
	04年末	25096		段合明 0.08%（流通A股）

其他流通股东	沈建龙 0.071%;陈丕虹 0.07%;刘文多 0.068%;潘家春 0.068%;施禧新 0.066%
近年分配	
近年募资	

二〇〇五年以来市场表现

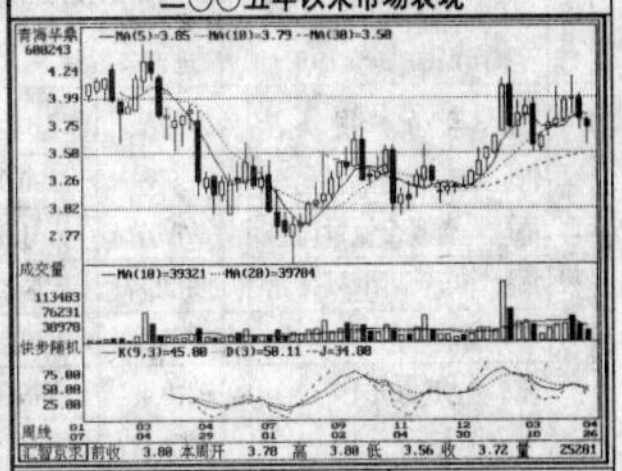

2005年涨跌幅(%)	-20.74
2005年最高(元)	4.48
2006年涨跌幅(%)	15.89
2006.4.26收盘(元)	3.72
2006年最高(元)	4.25
2006年最低(元)	3.2
2006年换手率(%)	133.77
股改对价	

先锋股份（600246）

上市日期:00/09/22　电话:010－51737536010　传真:010－51737585

主营	房地产开发			
	年　度	2005	2004	2003
主要指标	每股收益/扣除后(元)	0.439/0.351	0.373	0.399/0.288
	每股经营现金流量(元)	7.9891	1.814	0.4603
	每股净资产/调整后(元)	4.42/4.38	4.13/4.12	3.88/3.85
	未分利润(万元)	9242.82	7187.65	5601.66
	资本公积(万元)	19447.3	19447.3	19159.71
利润构成	主营收入(万元)	85795.42	95231.2	95590.29
	主营利润(万元)	19427.1	15982.48	14370.44
	营业利润(万元)	12041.95	9185.18	6087.12
	投资收益(万元)	－702.88	－1005.59	－464.21
	利润总额(万元)	13351.17	9717.32	7139.62
	净利润(万元)	4040.29	3430.73	3666.12
点评	2005年,公司主营业务稳定发展,在主营收入下降的情况下,净利润实现同比增长,主要是控股子公司开发的新城国际项目二期房屋售价较一期有较大幅度上涨,使得公司的主营业务利润率有所增长。			

	截止日期	05年末	占%	主要股东及持股比例%、持股性质
股本结构(万股)	总股本	9200		北京万通星河实业有限公司 28.99%（非流通股）
	国有股	318	3.46	北京嘉华筑业实业有限公司 24.93%（非流通股）
	发起股	5882	63.93	北京恒通恒技术发展有限公司 6.01%（非流通股）
	外资股			北京裕天投资有限公司 4%（非流通股）
	募集股			中国建筑第一工程局第五建筑公司 3.46%（国有股）
	流通A	3000	32.61	李新兰 0.31%（流通A股）
	流通B			刘丹 0.29%（流通A股）
	流通H			程瑞兰 0.29%（流通A股）
股东户数	05年末	9764		洪亚莉 0.27%（流通A股）
	04年末	9750		焦金珍 0.26%（流通A股）
其他流通股东	冷淑艳 0.257%；张淑敏 0.251%；赵桂琴 0.244%；陆菁 0.235%；张志华 0.232%			
近年分配	05方案:10派1.5；04年:10派1.5；03年:10派1.5		近年募资	

二〇〇五年以来市场表现

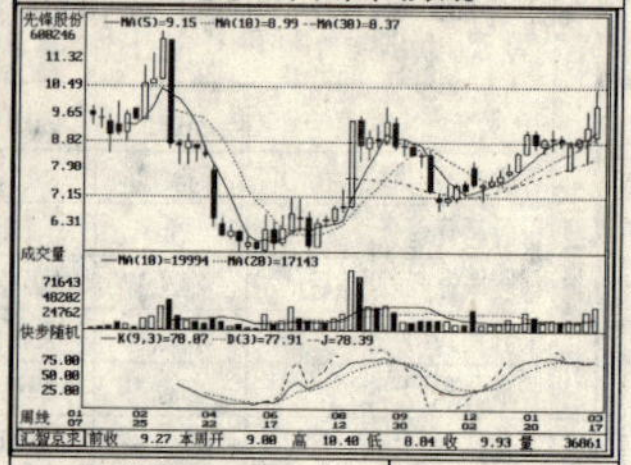

2005年涨跌幅(%)	－17.2
2005年最高(元)	12.16
2006年涨跌幅(%)	25.06
2006.4.26收盘(元)	9.93
2006年最高(元)	10.4
2006年最低(元)	7.95
2006年换手率(%)	66.65
股改对价	

G物华（600247）

上市日期:00/11/23　电话:0432－2485305　传真:0432－2452677

主营	柜台和场地出租、市场开发、办公自动化设备及配件、消耗材料经销；废旧物资、超储积压及闲置物资、铁合金炉料经销；橡胶制品、五金、化工产品、稀有金属批发、零售。			
	年　度	2005	2004	2003
主要指标	每股收益/扣除后(元)	0.11/0.107	0.13	0.13/0.13
	每股经营现金流量(元)	0.06	－0.35	－0.5
	每股净资产/调整后(元)	1.53/1.52	1.71/1.69	2.85/2.8
	未分利润(万元)	9597.03	8128.66	6062.84
	资本公积(万元)	168.3	4920.3	15480.3
利润构成	主营收入(万元)	31427.38	21367.61	15667.26
	主营利润(万元)	10488.54	9388.42	6728.77
	营业利润(万元)	6701.92	5923.65	3169.48
	投资收益(万元)	－144.53	－155.9	－96.4
	利润总额(万元)	6546.15	5736.29	3044.5
	净利润(万元)	3036.51	2998.44	1690.67
点评	05年在市场竞争激烈、原材料价格上涨、毛利率下降的情况下,较好地完成了各项经营指标,主营收入主要来自租赁收入和房地产收入。06年将继续吸纳控股股东的优质资产,实行资产重组,扩大土地储备和商业地产面积。			

	截止日期	05年末	占%	主要股东及持股比例%、持股性质
股本结构(万股)	总股本	28512		深圳市中技实业(集团)有限公司 18.04%（非流通股）
	国有股			深圳市红旗渠实业发展有限公司 7.12%（非流通股）
	发起股	10238.4	35.91	中国再生资源开发公司 6.98%（非流通股）
	外资股			吉林市物资回收利用总公司 2.85%（非流通股）
	募集股			深圳市晋鑫源计算机技术有限公司 0.85%（非流通股）
	流通A	18273.6	64.09	李大勇 0.69%（流通A股）
	流通B			韦改兰 0.47%（流通A股）
	流通H			黄治爱 0.42%（流通A股）
股东户数	05年末	27912		张玉 0.2%（流通A股）
	04年末	24540		陶六根 0.2%（流通A股）
其他流通股东	王刚 0.193%；封德林 0.172%；韦玉静 0.166%；刘长喜 0.156%；徐燕 0.15%			
近年分配	05预案:10派0.2送1.8；04年:10派0.05转增2；03年:10转增8		近年募资	

二〇〇五年以来市场表现

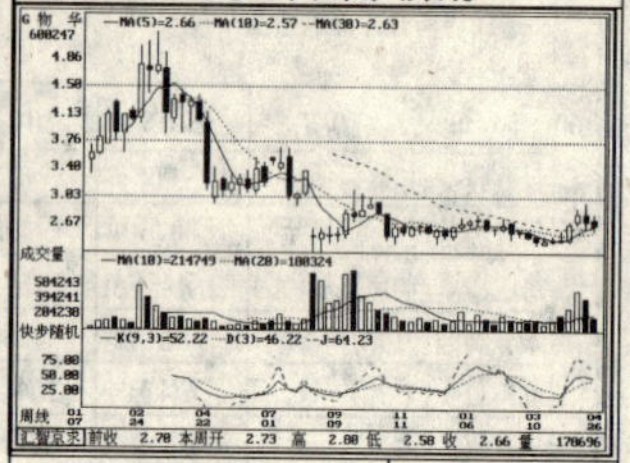

2005年涨跌幅(%)	36.68
2005年最高(元)	5.62
2006年涨跌幅(%)	－0.38
2006.4.26收盘(元)	2.66
2006年最高(元)	2.95
2006年最低(元)	2.39
2006年换手率(%)	165.13
股改对价	送股 每10股实际获得5股(05/08/17)

秦丰农业（600248）

上市日期:00/06/22　电话:029－87033019　传真:029－87031001

主营	各类农作物种子的培育、生产、加工、销售；农用生产资料的生产、加工、销售；农业新技术及野生植物资源的研究开发；农产品的生产、加工、销售；进出口贸易等。			
	年　度	2005	2004	2003
主要指标	每股收益/扣除后(元)	－1.35	－0.97	0.049/0.049
	每股经营现金流量(元)	－0.06	－1.04	－0.387
	每股净资产/调整后(元)	0.87/0.87	2.28/2.28	4.17/4.17
	未分利润(万元)	－25530.49	－21228.38	2988.74
	资本公积(万元)	23140.41	36186.44	34648.35
利润构成	主营收入(万元)	10929.88	43273.51	46530.77
	主营利润(万元)	2476.71	6006.72	10971.2
	营业利润(万元)	－11524.95	－10502.24	1564.67
	投资收益(万元)	－6184.11	947.83	147.5
	利润总额(万元)	－18642.46	－14825.35	1709.73
	净利润(万元)	－17331.85	－12483.99	628.41
点评	报告期内公司调整了产业结构,整合了相关产业,重点做好种子产业、农化及酒店的生产经营工作。目前公司主要从事各类农作物工资的培育、生产、加工和销售,农用生产物资的生产、加工和销售等。			

	截止日期	05年末	占%	主要股东及持股比例%、持股性质
股本结构(万股)	总股本	12882		陕西省种业集团有限责任公司 36.55%（国有股）
	国有股	7257	56.33	陕西省高新技术产业投资公司 7.76%（国有股）
	发起股	825	6.4	杨凌现代农业开发有限公司 6.2%（国有股）
	外资股			陕西省投资公司 3.49%（国有股）
	募集股			陕西嘉业科工贸有限公司 3.29%（非流通股）
	流通A	4800	37.26	北京中普友通软件技术有限公司 3.1%（非流通股）
	流通B			西北农业大学农业科技发展公司 1.74%（国有股）
	流通H			中国科学院西北植物研究所科飞农业科技开发中心 0.58%（国有股）
股东户数	05年末	22041		吴朝晖 0.18%（流通A股）
	04年末	23820		谢建军 0.14%（流通A股）
其他流通股东	天津泰达科技风险投资公司 0.132%；徐良 0.132%；艾秋军 0.132%；曾慧生 0.129%；孟佳 0.122%；乔健 0.102%			
近年分配			近年募资	

二〇〇五年以来市场表现

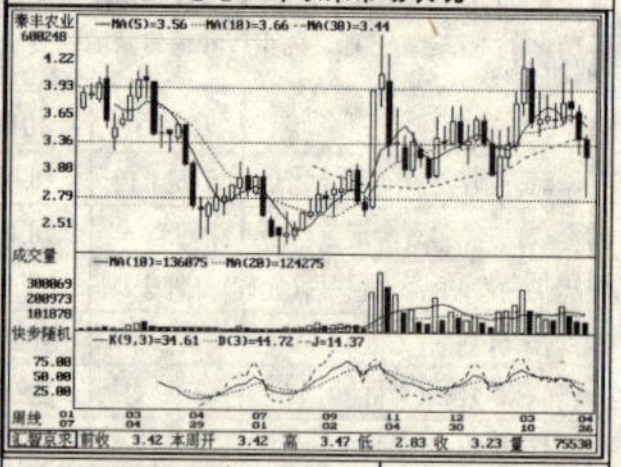

2005年涨跌幅(%)	－9.89
2005年最高(元)	4.5
2006年涨跌幅(%)	－4.15
2006.4.26收盘(元)	3.23
2006年最高(元)	4.45
2006年最低(元)	2.8
2006年换手率(%)	403.46
股改对价	

G两面针（600249）

上市日期:04/01/30　电话:0772－2506159　传真:0772－2506158

主营	口腔卫生用品、妇女卫生用品和洗涤用品等日用化工产品的生产销售。			
	年　度	2005	2004	2003
主要指标	每股收益/扣除后(元)	0.07/0.03	0.27	0.46/0.31
	每股经营现金流量(元)	0.55	-1.33	0.43
	每股净资产/调整后(元)	6.7/6.59	6.81/6.72	4.67/4.56
	未分利润(万元)	5096.77	6824.08	3982.39
	资本公积(万元)	66215.62	66212.06	8085.01
利润构成	主营收入(万元)	53692.74	56892.47	58590.61
	主营利润(万元)	10462.2	12728.35	16318.63
	营业利润(万元)	502.47	1521.39	5494.52
	投资收益(万元)	529.08	3640.5	537.63
	利润总额(万元)	983.22	5172.19	6796.86
	净利润(万元)	1063.48	4059.47	4096.79
点评	公司主导产品"两面针"牙膏在国内占有较高的市场份额。受跨国公司暨外资品牌的强力冲击,市场竞争日趋激烈,公司2005年销售收入同比有所下降,虽然毛利率基本维持,但各项费用的增加和投资收益的减少使得公司净利润同比出现大幅下降。			

	截止日期	05年末	占%	主要股东及持股比例%、持股性质
股本结构（万股）	总股本	15000		柳州市财政局 24.19%（国有股）
	国有股	3628	24.19	柳州市经济发展总公司 9.56%（非流通股）
	发起股	5147.05	34.31	汕头市方大印刷有限公司 5.77%（非流通股）
	外资股			柳州市联阳彩印包装厂 5.5%（非流通股）
	募集股			汕头市广大投资有限公司 5%（非流通股）
	流通A	6000	40	柳州市两面针旅游用品厂 4.92%（非流通股）
	流通B			广西柳州市建设投资开发有限责任公司 3.31%（非流通股）
	流通H			高翠菊 0.31%（流通A股）
股东户数	05年末	28112		柳州市环达实业投资有限公司 0.22%（非流通股）
	04年末	32567		上海建国创业投资有限公司 0.21%（流通A股）
其他流通股东	杨炳桂 0.124%；蔡强 0.123%；罗杰志 0.113%；王小野 0.11%；何新发 0.109%；陈正灿 0.107%；史左威 0.107%			
近年分配	05预案:10派0.5；04年:10派1.8；03年:10派3.5	近年募资		03年新发6000万股,发行价11.38元。

二〇〇五年以来市场表现

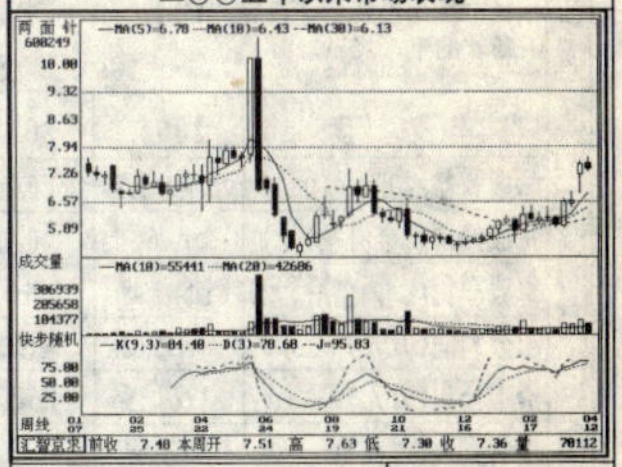

2005年涨跌幅(%)	-22.13
2005年最高(元)	10.69
2006年涨跌幅(%)	30.04
2006.4.26收盘(元)	7.36
2006年最高(元)	7.63
2006年最低(元)	5.51
2006年换手率(%)	113.85
股改对价	送股 每10股实际获得3.3股(06/05/10)

南纺股份（600250）

上市日期:01/03/06　电话:025－3306789　传真:025－3300518

主营	纺织、丝绸、针织、服装、机电设备、化工原料、轻工产品等产品的进出口业务及对外劳务合作业务和对外派遣工程、生产及服务行业的劳务人员（不含海员）。			
	年　度	2005	2004	2003
主要指标	每股收益/扣除后(元)	0.09	0.24	0.34/0.33
	每股经营现金流量(元)	0.48	4.19	0.57
	每股净资产/调整后(元)	3.04/2.91	3/2.9	3.69/3.62
	未分利润(万元)	13382.56	12915.84	9810.4
	资本公积(万元)	29417.62	29400.76	34310.43
利润构成	主营收入(万元)	859453.06	877320.14	703308.26
	主营利润(万元)	45328.69	43822.58	43751.42
	营业利润(万元)	3395.58	4362.79	10913.79
	投资收益(万元)	424.29	3659.39	385.63
	利润总额(万元)	3787.6	8130.02	11219.44
	净利润(万元)	2335.99	6205.26	6717.75
点评	公司报告期内由于欧美纺织品配额制度长期以来所形成的扭曲市场突然开放,导致行业内厂商低价倾销竞争,而贸易摩擦升级和人民币升值等因素打压了利润空间。公司主营收入略有下降,毛利率下滑,投资收益的下降更加剧了净利润的大幅下降。			

	截止日期	05年末	占%	主要股东及持股比例%、持股性质
股本结构（万股）	总股本	25869.25		南京市国有资产经营(控股)有限公司 47.01%（国有股）
	国有股	12160.75	47.01	南京商厦股份有限公司 5.55%（国有股）
	发起股			汉唐证券有限责任公司 2.99%（流通A股）
	外资股			南京斯亚实业有限公司 2.26%（非流通股）
	募集股	2604.89	10.07	中国外运江苏公司 1.51%（国有股）
	流通A	11103.61	42.92	江苏弘业股份有限公司 0.75%（国有股）
	流通B			上海民新税务师事务所有限责任公司 0.43%（流通A股）
	流通H			上海南慧税务师事务所有限公司 0.36%（流通A股）
股东户数	05年末	15785		周卫芳 0.33%（流通A股）
	04年末	16181		姚丽群 0.26%（流通A股）
其他流通股东	梁光沛 0.243%；郭万华 0.2%；谈山雨 0.124%；赵小弟 0.091%；杨睿 0.09%			
近年分配	05预案:10派0.3；04年:10派0.5；03年:10派0.5转增3	近年募资		

二〇〇五年以来市场表现

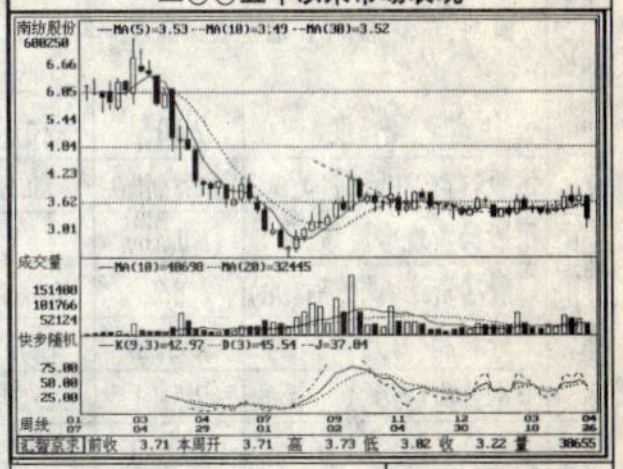

2005年涨跌幅(%)	-45.91
2005年最高(元)	7.27
2006年涨跌幅(%)	-3.01
2006.4.26收盘(元)	3.22
2006年最高(元)	3.94
2006年最低(元)	3.02
2006年换手率(%)	52.51
股改对价	

冠农股份（600251）

上市日期:03/06/09　电话:0996－2113816　传真:0996－2113676

主营	果业种植、仓储、加工及销售；马鹿养殖；鹿产品的加工及销售；纸箱、网套等果品包装物的生产与销售。			
	年　度	2005	2004	2003
主要指标	每股收益/扣除后(元)	0.032/-0.265	0.071	0.265/0.28
	每股经营现金流量(元)	0.1592	0.7526	0.1713
	每股净资产/调整后(元)	2.16/2.14	2.12/2.06	3.31/3.23
	未分利润(万元)	3295.71	2809.15	2324.18
	资本公积(万元)	15446.8	15117.78	21092.66
利润构成	主营收入(万元)	19041.78	31357.07	21061.67
	主营利润(万元)	6347.64	9470.08	6649.19
	营业利润(万元)	-4234.03	201.64	4764.14
	投资收益(万元)	5184.22	-365.6	-7.45
	利润总额(万元)	1301.33	178.83	4539.1
	净利润(万元)	579.32	1275.14	3173.78
点评	公司已经由香梨种植、马鹿养殖及销售的农业型上市公司转变成以农产品加工、中医药保健品为主的工业型上市公司。05年由于原料收购价格的波动、参与合并公司范围的变化,导致公司主营收入、净利润同比有所下降。			

	截止日期	05年末	占%	主要股东及持股比例%、持股性质
股本结构（万股）	总股本	18000		新疆生产建设兵团农业建设第二师二十九团 26.98%（国有股）
	国有股	12000	66.67	新疆生产建设兵团农业建设第二师二十八团 23.92%（国有股）
	发起股			新疆生产建设兵团农业建设第二师三十团 15.53%（国有股）
	外资股			陈俊 0.21%（流通A股）
	募集股			梁锦华 0.2%（流通A股）
	流通A	6000	33.33	浙江嘉化实业股份有限公司 0.15%（流通A股）
	流通B			黄美薇 0.15%（流通A股）
	流通H			张联华 0.13%（流通A股）
股东户数	05年末	22542		新疆生产建设兵团农二师天润农业生产资料有限责任公司 0.12%（国有股）
	04年末	23868		新疆生产建设兵团农二师永兴供销有限责任公司 0.12%（国有股）
其他流通股东	苏有 0.116%；孙俊玉 0.114%；王玉洁 0.113%；曹清云 0.087%；唐小安 0.082%			
近年分配	04年:10派0.3；03年:10派2转增5	近年募资		03年新发4000万股,发行价5.75元。

二〇〇五年以来市场表现

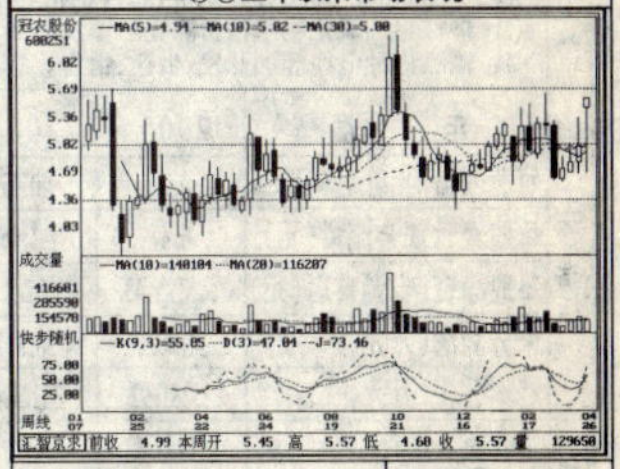

2005年涨跌幅(%)	-7.21
2005年最高(元)	6.38
2006年涨跌幅(%)	17.76
2006.4.26收盘(元)	5.57
2006年最高(元)	5.62
2006年最低(元)	4.53
2006年换手率(%)	287.27
股改对价	送股 每10股实际获得3.2股

中恒集团（600252）

上市日期：00/11/30　　电话：0774－5830828　　传真：0774－5830900

主营：城市基础设施的建设、桥梁经营与管理、房地产开发及蛋白肠衣的生产经营。

	年度	2005	2004	2003
主要指标	每股收益/扣除后(元)	-0.44/-0.346	0.01	0.16/0.159
	每股经营现金流量(元)	0.26	0.66	-0.74
	每股净资产/调整后(元)	1.54/1.48	2.01/1.95	2.62/2.59
	未分利润(万元)	-6875.02	2197.1	4416.02
	资本公积(万元)	15568.15	15545.18	18824.74
利润构成	主营收入(万元)	32401.68	47573.96	33881.08
	主营利润(万元)	13587.7	16020.58	10306.67
	营业利润(万元)	-2934.02	914.89	3597.5
	投资收益(万元)	-4139.64	-549.66	-10.65
	利润总额(万元)	-9018.76	317.41	3608.07
	净利润(万元)	-9598.34	209.49	2673.09

点评：05年为了及时收回资金，公司收缩了对外投资战线，转让了所持有的上海东恒房地产公司90%股权，有效缓解公司资金压力；由于公司地产业务未能结算，导致主营利润大幅下降，公司土地储备匮乏，因此地产业务很难有大发展，但制药则面临较大的机遇。

	截止日期	05年末	占%	主要股东及持股比例%、持股性质
股本结构（万股）	总股本	21744.74		梧州市人民政府国有资产监督管理委员会 39.36%（国有股）
	国有股	8559.41	39.36	梧州市地产发展公司 5.73%（非流通股）
	发起股	1297.3	5.97	杭州仓前智能电子工程有限公司 3.95%（非流通股）
	外资股			梧州市住宅配套服务公司 3.57%（非流通股）
	募集股	2109.5	9.7	广西梧州融兴贸易有限公司 1.58%（非流通股）
	流通A	9778.54	44.97	陈连新 0.96%（流通A股）
	流通B			中房集团柳州房地产开发公司 0.61%（非流通股）
	流通H			刘津 0.32%（流通A股）
股东户数	05年末	29158		吕文发 0.27%（流通A股）
	04年末	28502		梧州市建筑设计院 0.24%（非流通股）
其他流通股东	王阿敏 0.197%；刘素枚 0.197%；马珊 0.194%；方雪莲 0.1%；江卫中 0.095%；陈新泉 0.087%；张华刚 0.087%			
近年分配	04中期：10派0.25送1转增2		近年募资	

二〇〇五年以来市场表现

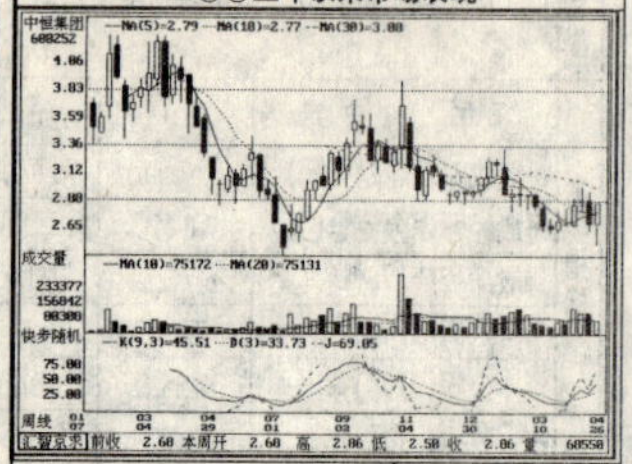

2005年涨跌幅(%)	-20.91
2005年最高(元)	4.3
2006年涨跌幅(%)	-3.05
2006.4.26收盘(元)	2.86
2006年最高(元)	3.32
2006年最低(元)	2.5
2006年换手率(%)	136.01
股改对价	

G天方（600253）

上市日期：00/12/27　　电话：0396－3823517　　传真：0396－3815761

主营：研制、开发、生产和销售成品药及原料药。

	年度	2005	2004	2003
主要指标	每股收益/扣除后(元)	0.078/0.069	0.11	0.13/0.13
	每股经营现金流量(元)	0.22	0.01	0.02
	每股净资产/调整后(元)	2/2	1.97/1.97	1.91/1.9
	未分利润(万元)	11924.29	11242.15	9319.26
	资本公积(万元)	25730.1	25730.1	25730.1
利润构成	主营收入(万元)	91795.61	84513.64	68044.67
	主营利润(万元)	18672.08	20543.1	21449.06
	营业利润(万元)	5510.02	7268.42	8187.44
	投资收益(万元)	-289.84	-52.75	-48.58
	利润总额(万元)	5197.41	7188.5	8068.43
	净利润(万元)	3274.78	4723.89	5424.5

点评：2005年公司进一步加强控制终端客户资源。外贸出口成绩显著。在新产品开发方面，在获得了两个二类新药证书。住友商事株式会社、住友商事（中国）有限公司持有公司股份中的20%。

	截止日期	05年末	占%	主要股东及持股比例%、持股性质
股本结构（万股）	总股本	42000		河南省天方药业集团公司 71.124%（国有股）
	国有股	29969.86	71.36	汉盛证券投资基金 1.21%（流通A股）
	发起股	30.14	0.07	交通银行－汉兴证券投资基金 1.15%（流通A股）
	外资股			陈友林 0.32%（流通A股）
	募集股			秦革 0.21%（流通A股）
	流通A	12000	28.57	谢细梅 0.2%（流通A股）
	流通B			中油财务有限责任公司 0.12%（流通A股）
	流通H			徐道明 0.11%（流通A股）
股东户数	05年末	34204		上海中讯投资咨询有限公司 0.1%（流通A股）
	04年末	41011		驻马店市第一造纸厂 0.09%（国有股）
其他流通股东	胡泉根 0.089%；许建平 0.083%			
近年分配	05预案：10派0.2；04年：10派0.5；03年：10派0.5		近年募资	

二〇〇五年以来市场表现

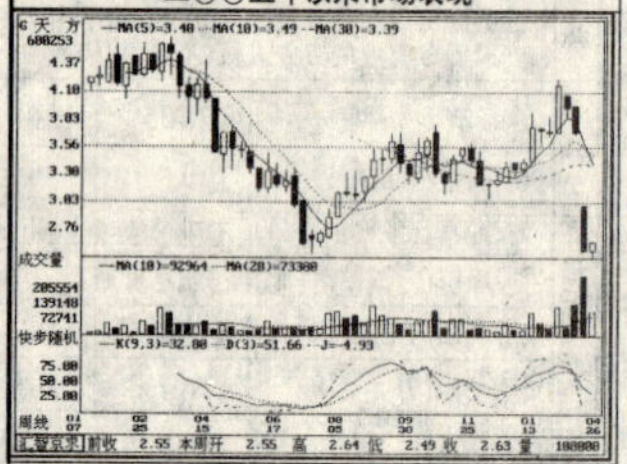

2005年涨跌幅(%)	-18.47
2005年最高(元)	4.64
2006年涨跌幅(%)	6.86
2006.4.26收盘(元)	2.63
2006年最高(元)	4.22
2006年最低(元)	3.3
2006年换手率(%)	68.55
股改对价	送股 派现 每10股实际获得2.664股 2.49元(06/04/19)

鑫科材料（600255）

上市日期：00/11/22　　电话：0553－5847323　　传真：0553－5847423

主营：稀土光亮铜杆、稀土合金铜带、超薄铜箔、金属基碳纤维复合材料制品、氧化物系精密陶瓷粉体及制品、钼酸铵系列产品、辐照特种电缆等的开发、生产、销售。

	年度	2005	2004	2003
主要指标	每股收益/扣除后(元)	0.22	0.17	0.13/0.08
	每股经营现金流量(元)	0.47	1.05	-0.21
	每股净资产/调整后(元)	5.51/5.43	5.32/5.32	5.2/5.19
	未分利润(万元)	5104.27	3818.77	2496.04
	资本公积(万元)	35381.92	35224.42	34715.05
利润构成	主营收入(万元)	212146.62	169331.11	99860.49
	主营利润(万元)	11833.23	12848.29	7236.92
	营业利润(万元)	2483.31	3936.3	817.54
	投资收益(万元)	172.48	-429.1	949.37
	利润总额(万元)	3322.33	3267.37	2204
	净利润(万元)	2115.83	1593.38	1221.29

点评：2005年公司通过强化内部管理确保了业绩的稳步增长。未来几年中国铜加工业保持持续快速发展良好势头，是公司未来发展的最大机遇，随着公司年产1万吨高精度稀土铜带等项目的陆续建成投产，公司的铜加工能力不断上升，具备了一定的市场竞争力。

	截止日期	05年末	占%	主要股东及持股比例%、持股性质
股本结构（万股）	总股本	9500		芜湖恒鑫铜业集团有限公司 51.76%（非流通股）
	国有股	826.32	8.7	合肥工大复合材料高新技术开发有限公司 7.96%（非流通股）
	发起股	5673.68	59.72	芜湖市鸠江工业投资有限责任公司 3.74%（国有股）
	外资股			安徽省冶金科学研究所 2.55%（国有股）
	募集股			芜湖市建设投资有限公司 2.41%（国有股）
	流通A	3000	31.58	赵炎林 0.17%（流通A股）
	流通B			肖波 0.1%（流通A股）
	流通H			陆秀英 0.08%（流通A股）
股东户数	05年末	21673		王西克 0.08%（流通A股）
	04年末	23422		黎桂英 0.08%（流通A股）
其他流通股东	陈薇 0.074%；李传肃 0.073%；赵代永 0.068%；许太标 0.065%；郑文昌 0.064%			
近年分配	05预案：10派0.5转增3；04年：10派0.5；03年：10派1		近年募资	

二〇〇五年以来市场表现

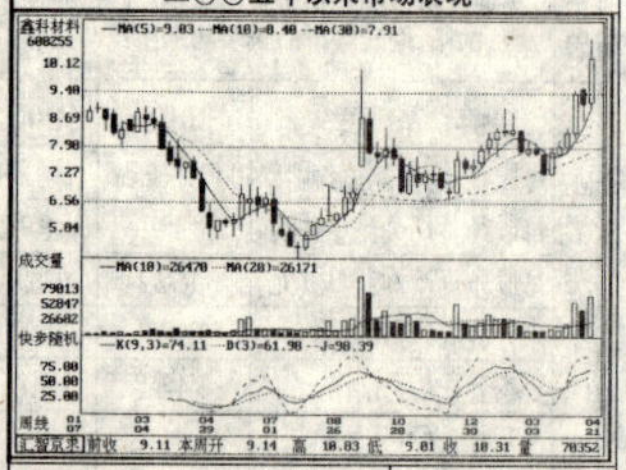

2005年涨跌幅(%)	-13.29
2005年最高(元)	10.04
2006年涨跌幅(%)	37.1
2006.4.26收盘(元)	10.31
2006年最高(元)	10.83
2006年最低(元)	7.26
2006年换手率(%)	137.53
股改对价	

G广汇（600256）

上市日期：00/05/26　电话：0991－3719668　传真：0991－8637008

主营： 花岗岩装饰材料的生产及销售；塑钢门窗生产、销售及安装服务；房地产购销与租赁；液化天然气项目的投资等。

	年　度	2005	2004	2003
主要指标	每股收益/扣除后(元)	0.224/0.217	0.261	0.413/0.406
	每股经营现金流量(元)	0.365	0.454	0.594
	每股净资产/调整后(元)	2.07/2.04	1.84/1.82	1.95/1.92
	未分利润(万元)	47033.85	29984.1	29394.85
	资本公积(万元)	6312.88	5987.07	5826.62
利润构成	主营收入(万元)	226485.57	235114.37	241417.04
	主营利润(万元)	35990.65	51184.71	49305.83
	营业利润(万元)	17986.64	29901.15	34094.32
	投资收益(万元)	15.35	102.34	223.71
	利润总额(万元)	18277.1	30939.6	34702.73
	净利润(万元)	19371.75	22576.55	29793.67

点评： 2005年，受国家宏观调控政策和业务结构调整等因素影响，公司石材、物流及美居物流园商铺销售和租赁业务出现较大幅度下滑，液化天然气项目发展良好但尚未盈利，公司主营业务收入和利润均同比下降。

股本结构（万股）	截止日期	05年末	占%	主要股东及持股比例%、持股性质
	总股本	86606.12		新疆广汇实业投资(集团)有限责任公司 45.08%（非流通股）
	国有股	5131.62	5.93	上海汇能投资管理有限公司 19.3%（非流通股）
	发起股	56994.51	65.81	新疆维吾尔自治区技术改造投资公司 2.87%（国有股）
	外资股			山西晋城无烟煤矿业集团有限责任公司 1.57%（流通A股）
	募集股			新疆维吾尔自治区哈密地区国有资产投资经营有限公司 1.43%（国有股）
	流通A	24480	28.27	新疆银星科技发展有限责任公司 1.43%（非流通股）
	流通B			托里县花岗岩资源开发总公司 1.08%（国有股）
	流通H			上海同盛投资(集团)有限公司 1.05%（流通A股）
股东户数	05年末	15217		上海明秀机电有限公司 0.9%（流通A股）
	04年末	7896		李永魁 0.8%（流通A股）

其他流通股东： 上海同盛投资(集团)有限公司 1.052%；上海久易信息技术有限公司 0.725%；上海颂时实业有限公司 0.642%

近年分配： 03年：10派0.5送2　**近年募资：**

二〇〇五年以来市场表现

2005年涨跌幅(%)	－33.39
2005年最高(元)	5.85
2006年涨跌幅(%)	98
2006.4.26收盘(元)	6.13
2006年最高(元)	8.36
2006年最低(元)	3.85
2006年换手率(%)	343.16
股改对价	送股 每10股实际获得2.5股(06/04/14)

G水殖（600257）

上市日期：00/06/12　电话：0736－7252796　传真：0736－7266736

主营： 水产品及水禽养殖、加工及深度综合开发和对外投资中成药开发、生产、销售。

	年　度	2005	2004	2003
主要指标	每股收益/扣除后(元)	0.101	0.257	0.266/0.27
	每股经营现金流量(元)	0.17	0.04	0.521
	每股净资产/调整后(元)	2.36/2.21	3.4/3.17	6.31/5.92
	未分利润(万元)	9764.15	8053.73	5376.63
	资本公积(万元)	16857.29	24245.04	31407.17
利润构成	主营收入(万元)	30491.51	30393.29	30987.34
	主营利润(万元)	10473.19	11620.93	8274.36
	营业利润(万元)	2130.8	4386.35	2118.11
	投资收益(万元)	238.29	82.28	163.82
	利润总额(万元)	2339.36	4405.07	2248.8
	净利润(万元)	2214.51	3755.44	1942.36

点评： 公司所属行业为水产养殖业，以优质淡水鱼及珍珠等特种水产品和天麻首乌片等中成药的生产、加工销售为主，兼营医药贸易，白酒类产品批发零售业务。在主营业务没有太大变化的情况下，公司盈利出现了一定程度的下滑。

股本结构（万股）	截止日期	05年末	占%	主要股东及持股比例%、持股性质
	总股本	21900		湖南泓鑫控股有限公司 29.91%（非流通股）
	国有股	3351	15.3	安乡水产养殖有限公司 9.05%（国有股）
	发起股	6549	29.9	常德市财政局 4.72%（国有股）
	外资股			中国水产科学研究院 0.63%（国有股）
	募集股			中国高新投资集团公司 0.54%（流通A股）
	流通A	12000	54.79	常德市鼎城区武陵镇农村信用合作社 0.49%（国有股）
	流通B			常德明珠物业管理有限公司 0.41%（国有股）
	流通H			程冬梅 0.3%（流通A股）
股东户数	05年末	23703		杨焕斌 0.22%（流通A股）
	04年末	21557		李凤先 0.21%（流通A股）

其他流通股东： 林忠 0.185%；曾德寿 0.185%；李国均 0.182%；陈秀珍 0.173%；邹永波 0.169%；陈美娟 0.163%

近年分配： 04年：10派0.2转增5；03年：10转增10　**近年募资：**

二〇〇五年以来市场表现

2005年涨跌幅(%)	－19.27
2005年最高(元)	5.22
2006年涨跌幅(%)	7.31
2006.4.26收盘(元)	1.95
2006年最高(元)	3.12
2006年最低(元)	2.57
2006年换手率(%)	61.28
股改对价	注资 转增 每10股实际获得4.1423股(06/04/25)

首旅股份（600258）

上市日期：00/06/01　电话：010－66014466　传真：010－66019471

主营： 旅游饭店经营管理、旅行社、旅游广告、展览展销、出租汽车等业务。

	年　度	2005	2004	2003
主要指标	每股收益/扣除后(元)	0.25/0.246	0.261/0.266	0.232/0.217
	每股经营现金流量(元)	0.6	0.63	0.52
	每股净资产/调整后(元)	3.59/3.55	3.5/3.46	3.39/3.34
	未分利润(万元)	6578.66	6501.81	5702.36
	资本公积(万元)	42414.12	42385.67	42320.93
利润构成	主营收入(万元)	127844.46	135168.23	86633.62
	主营利润(万元)	44025.4	45356.64	35930.27
	营业利润(万元)	8528.84	9396.93	5145.01
	投资收益(万元)	986.68	611.52	1891.96
	利润总额(万元)	9072.32	9943.24	7005.21
	净利润(万元)	5788.44	6047.97	5374.22

点评： 公司2005年酒店收入和毛利小幅下降；展览广告业务因广告牌被政府征用而减少数百万元；神州国旅因出境游业务被暂停而微亏，景区业务主营收入增长较大，但是财务费用的增加以致其净利润略有下降。2006年仍将保持25%的增长。

股本结构（万股）	截止日期	05年末	占%	主要股东及持股比例%、持股性质
	总股本	23140		北京首都旅游集团有限责任公司 69.14%（国有股）
	国有股	16000	69.14	中国建设银行－上投摩根中国优势证券投资基金 1.75%（流通A股）
	发起股	140	0.61	交通银行－海富通精选证券投资基金 1.33%（流通A股）
	外资股			中国银行－华夏回报证券投资基金 0.86%（流通A股）
	募集股			全国社保基金一零七组合 0.54%（流通A股）
	流通A	7000	30.25	中国银行－海富通收益增长证券投资基金 0.53%（流通A股）
	流通B			中国农业银行－长盛动态精选证券投资基金 0.51%（流通A股）
	流通H			中国建设银行－上投摩根阿尔法股票型证券投资基金 0.47%（流通A股）
股东户数	05年末	22774		中国银行－工银瑞信核心价值股票型证券投资基金 0.44%（流通A股）
	04年末	26690		中国银行－同盛证券投资基金 0.32%（流通A股）

其他流通股东： 中国工商银行－宝盈泛沿海区域增长股票证券投资基金 0.303%

近年分配： 05方案：10派1.7；04年：10派1.6；03年：10派1.5　**近年募资：**

二〇〇五年以来市场表现

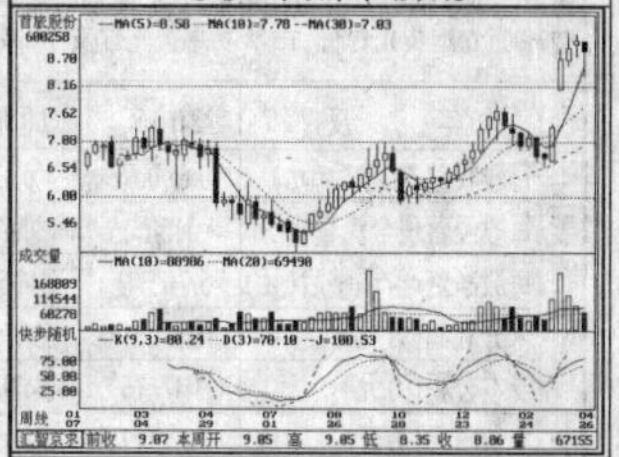

2005年涨跌幅(%)	6.97
2005年最高(元)	7.55
2006年涨跌幅(%)	28.41
2006.4.26收盘(元)	8.86
2006年最高(元)	9.24
2006年最低(元)	6.57
2006年换手率(%)	174.59
股改对价	送股 每10股实际获得3股

兴业聚酯（600259）

上市日期:00/05/25　　电话:0898－68669470　　传真:0898－68664045

主营：聚酯切片和熔体直纺 FDY 长丝的生产和销售。

	年度	2005	2004	2003
主要指标	每股收益/扣除后(元)	－1.405	－0.37	0.01/0.01
	每股经营现金流量(元)	0.63	－0.09	0.52
	每股净资产/调整后(元)	0.29/0.28	1.7/1.68	2.07/2.06
	未分利润(万元)	－44151.1	－14037.35	－6064.16
	资本公积(万元)	25864.21	25864.21	25864.21
利润构成	主营收入(万元)	51653.31	54435.46	56117.85
	主营利润(万元)	－5541.35	－1291.38	6111.38
	营业利润(万元)	－11786.89	－9701.13	316.04
	投资收益(万元)	－59.02	－5.06	
	利润总额(万元)	－31222.93	－9702.83	316.04
	净利润(万元)	－29976.78	－7973.18	283.52

点评：2005 年由于原油价格持续上涨使得公司成本大幅上涨，从而导致了公司 2005 年继续亏损。

	截止日期	05 年末	占%	主要股东及持股比例%、持股性质
股本结构（万股）	总股本	21340		海南华顺实业有限责任公司 31.57%（国有股）
	国有股	11876	55.65	中国东方资产管理公司海口办事处 16.87%（国有股）
	发起股	4	0.02	海南省纺织工业总公司 5.1%（国有股）
	外资股			海口盛业贸易有限公司 1.41%（国有股）
	募集股			中国技术进出口总公司 0.67%（国有股）
	流通 A	9460	44.33	杨志文 0.4%（流通 A股）
	流通 B			吴潮平 0.35%（流通 A股）
	流通 H			云秀爱 0.31%（流通 A股）
股东户数	05 年末	30784		周立忠 0.16%（流通 A股）
	04 年末	32240		孙群 0.15%（流通 A股）
其他流通股东	谢智远 0.147%；蔡永志 0.141%；韩冰 0.14%；陈业文 0.139%；寇新红 0.122%			
近年分配			近年募资	

二〇〇五年以来市场表现

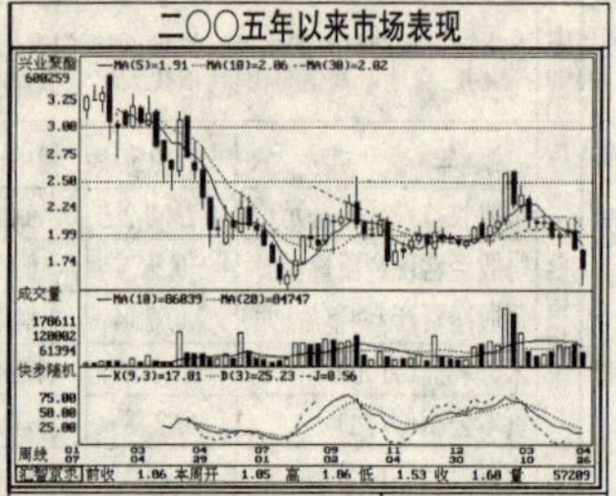

2005 年涨跌幅(%)	－40.13
2005 年最高(元)	3.5
2006 年涨跌幅(%)	－12.04
2006.4.26 收盘(元)	1.68
2006 年最高(元)	2.59
2006 年最低(元)	1.53
2006 年换手率(%)	155.83
股改对价	

G 凯乐（600260）

上市日期:00/07/06　　电话:027－87250890　　传真:027－87250586

主营：塑料硬管及管件、软管、管材、塑料零件及塑料土工合成材料、网络光缆塑料护套材料、新型建材装饰材料、光纤、光缆产品、化工新材料的制造与销售。

	年度	2005	2004	2003
主要指标	每股收益/扣除后(元)	0.18/0.09	0.23	0.24/0.21
	每股经营现金流量(元)	－0.53	－0.39	0.48
	每股净资产/调整后(元)	3.91/3.92	3.73/3.74	5.26/5.25
	未分利润(万元)	27377.34	23915.44	19371.4
	资本公积(万元)	39202.95	39089.11	47881.44
利润构成	主营收入(万元)	50900.78	50589.89	42027.61
	主营利润(万元)	7835.52	11857.61	9489.95
	营业利润(万元)	4597.1	8033.03	5513.68
	投资收益(万元)	1291.58	176.71	345.62
	利润总额(万元)	6995.6	9101.03	6490.1
	净利润(万元)	4629.44	6062.4	4275.51

点评：公司主要利润来源于塑料管材加工行业，通过产业结构调整，也将业务延伸到光电缆行业、房地产行业以及教育行业等。2005 年原材料价格持续上涨，给公司成本带来较大压力，净利润同比也有所下降。

	截止日期	05 年末	占%	主要股东及持股比例%、持股性质
股本结构（万股）	总股本	26382		荆州市科达商贸投资有限公司 24.77%（非流通股）
	国有股	1513.13	5.74	公安县国有资产管理局 5.74%（国有股）
	发起股	8241.91	31.24	湖北长信投资有限责任公司 2.29%（非流通股）
	外资股			北海银河高科技产业股份有限公司 1.71%（非流通股）
	募集股			广西银河集团有限公司 1.14%（非流通股）
	流通 A	16626.96	63.02	深圳市天成投资有限公司 0.57%（非流通股）
	流通 B			东风汽车股份有限公司 0.55%（流通 A股）
	流通 H			长江证券有限责任公司 0.51%（流通 A股）
股东户数	05 年末	27669		武汉华工创业投资有限责任公司 0.38%（非流通股）
	04 年末	24816		沈阳裕鹏实业投资有限责任公司 0.38%（非流通股）
其他流通股东	湖北安琪酵母股份有限公司 0.279%；周高富 0.269%；章志鹏 0.19%；王长生 0.174%			
近年分配	04 中期:10 转增 5		近年募资	

二〇〇五年以来市场表现

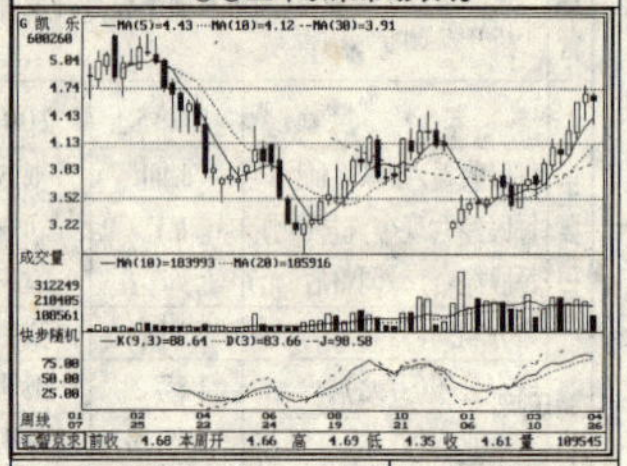

2005 年涨跌幅(%)	－2.95
2005 年最高(元)	5.35
2006 年涨跌幅(%)	35.99
2006.4.26 收盘(元)	4.61
2006 年最高(元)	4.77
2006 年最低(元)	3.3
2006 年换手率(%)	179.97
股改对价	送股 每 10 股实际获得 4 股(05/12/22)

G 浙阳光（600261）

上市日期:00/07/20　　电话:0575－2027721　　传真:0575－2027720

主营：主要生产一体化电子节能灯、紧凑型节能荧光灯管、小功率直管型荧光灯管、T5 大功率荧光灯及 T5 系列灯具等产品。

	年度	2005	2004	2003
主要指标	每股收益/扣除后(元)	0.65/0.66	0.47	0.41/0.38
	每股经营现金流量(元)	1.41	0.67	0.64
	每股净资产/调整后(元)	5.74/5.73	5.46/5.31	4.91/4.85
	未分利润(万元)	14681.41	13471.84	9116.16
	资本公积(万元)	34479.66	34479.66	33363.24
利润构成	主营收入(万元)	109420.7	73494.29	51322.63
	主营利润(万元)	20737.39	16091.95	13988.46
	营业利润(万元)	13281.21	8322.56	8102.97
	投资收益(万元)	41.96	258.37	118.86
	利润总额(万元)	12869.16	8758.09	8216.62
	净利润(万元)	8007.91	5798.35	5094.16

点评：2005 年公司克服了原材料上涨和人民币升值等诸多不利因素，继续保持较快的增长势头。公司全年共生产一体化节能灯 1.5 亿只。同时环保电光源生产线切换成功，符合欧洲环保要求的新产品已经开始全面供货。2006 年以后，公司产能扩张可能放缓。

	截止日期	05 年末	占%	主要股东及持股比例%、持股性质
股本结构（万股）	总股本	12316		世纪阳光控股集团有限公司 36.91%（非流通股）
	国有股			陈森洁 6.88%（非流通股）
	发起股			陈月明 4.85%（非流通股）
	外资股			中国工商银行－安信证券投资基金 4.06%（流通 A股）
	募集股	5540.52	44.99	杭州易安投资有限公司 3.92%（非流通股）
	流通 A	5200	42.22	浙江桢利信息科技有限公司 2.43%（非流通股）
	流通 B			交通银行－华安宝利配置证券投资基金 2.03%（流通 A股）
	流通 H			上虞市沥海镇集体资产经营公司 1.73%（非流通股）
股东户数	05 年末	13071		东方证券股份有限公司 1.6%（流通 A股）
	04 年末	17542		交通银行－安久证券投资基金 1.49%（流通 A股）
其他流通股东	中国银行－嘉实增长开放式证券投资基金 1.446%；交通银行－裕华证券投资基金 1.388%			
近年分配	05 预案:10 派 1.5 送 2；04 年:10 派 3.5		近年募资	

二〇〇五年以来市场表现

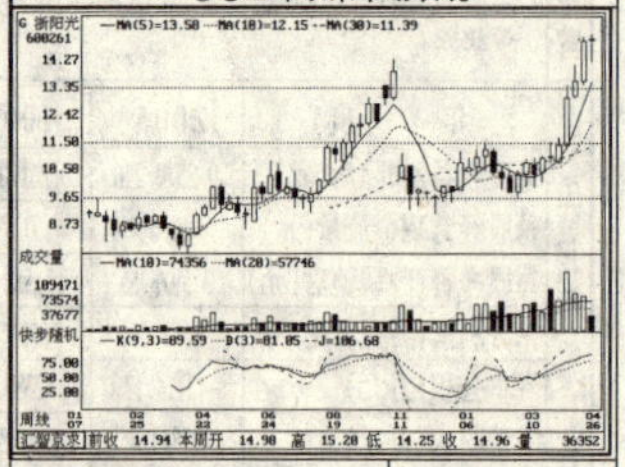

2005 年涨跌幅(%)	59.32
2005 年最高(元)	15.1
2006 年涨跌幅(%)	38.52
2006.4.26 收盘(元)	14.96
2006 年最高(元)	15.2
2006 年最低(元)	9.62
2006 年换手率(%)	201.9
股改对价	送股 派现 每 10 股实际获得 3 股 1.88 元(05/11/09)

北方股份（600262）

上市日期:00/06/30　电话:0472－2207888　传真:0472－2207538

主营	开发、制造、销售、维修(包括大修)各种型号的"特雷克斯"牌的非公路(或工矿两用)自卸车、铲运机、装载机、推土机、挖掘机等工程机械及相应的零部件,并提供售后服务;保税库业务。			
	年　度	2005	2004	2003
主要指标	每股收益/扣除后(元)	0.17/0.17	0.09/0.07	0.089/0.08
	每股经营现金流量(元)	-1.53	0.09	0.1246
	每股净资产/调整后(元)	3.72/3.38	3.51/3.45	3.47/3.47
	未分利润(万元)	2672.84	1757.33	1736.07
	资本公积(万元)	39094.6	37108.64	37095.63
利润构成	主营收入(万元)	62213.18	36036.28	29486.74
	主营利润(万元)	16949.48	9595.79	7761.19
	营业利润(万元)	2946	1759.74	1789.96
	投资收益(万元)	132.87	-16.64	157.85
	利润总额(万元)	2835.74	1610.61	1770.45
	净利润(万元)	2956.68	1565.45	1511.27
点评	2005年,公司"矿用汽车、液压挖掘机、旋挖钻机、液压缸零部件"四大产业平台已初具规模,业绩大幅增长。2006年矿用车市场迎来发展机遇,公司将加快打造四大产业平台,增加适合市场的产品品种,扩大生产规模,实现国际化、集团化经营战略。			

	截止日期	05年末	占%	主要股东及持股比例%、持股性质
股本结构（万股）	总股本	17000		内蒙古北方重工业集团有限公司 41.81%（国有股）
	国有股	7107	41.81	TEREX EQUIPMENT LIMITED 25.16%（外资股）
	发起股	115	0.68	张连锁 0.29%（流通A股）
	外资股	4278	25.16	包头华中实业总公司 0.27%（非流通股）
	募集股			肖鹏 0.24%（流通A股）
	流通A	5500	32.35	张琦 0.21%（流通A股）
	流通B			包头市盛华工贸有限责任公司 0.2%（非流通股）
	流通H			包头市华隆综合企业有限责任公司 0.2%（非流通股）
股东户数	05年末	24960		刘京玉 0.18%（流通A股）
	04年末	25847		刘杰 0.12%（流通A股）
其他流通股东	孙辉 0.118%;田秋成 0.104%;陈昭明 0.082%;屈敖 0.082%;金村投资 0.077%			
近年分配	05预案:10派0.9;04年:10派0.8;03年:10派0.7		近年募资	

二〇〇五年以来市场表现

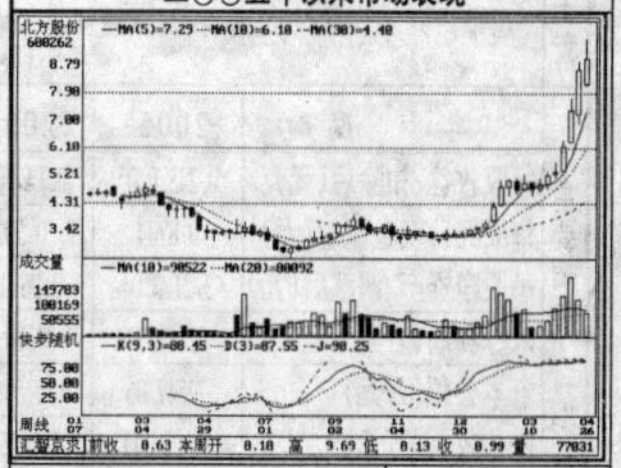

2005年涨跌幅(%)	-25.98
2005年最高(元)	4.93
2006年涨跌幅(%)	171.6
2006.4.26收盘(元)	8.99
2006年最高(元)	9.69
2006年最低(元)	3.3
2006年换手率(%)	267.27
股改对价	

G路桥（600263）

上市日期:00/07/25　电话:010－64181166　传真:010－64182080

主营	从事国内外公路、桥梁、机场、港口、隧道、给排水及其他土木工程建设总承包。			
	年　度	2005	2004	2003
主要指标	每股收益/扣除后(元)	0.149/0.134	0.153	0.15/0.151
	每股经营现金流量(元)	0.135	-0.258	0.504
	每股净资产/调整后(元)	3.73/3.62	3.58/3.42	3.52/3.43
	未分利润(万元)	15205.97	11036.67	9721.15
	资本公积(万元)	86292.14	85997.32	85971.24
利润构成	主营收入(万元)	351365.64	332166.34	234218.62
	主营利润(万元)	24014.94	21357.59	18575.89
	营业利润(万元)	3767.17	2583.1	3446.97
	投资收益(万元)	3492.58	4127.53	3064.07
	利润总额(万元)	7173.28	6869.84	6319.08
	净利润(万元)	6068.38	6232.82	6111.2
点评	报告期内,公司新签的合同金额同比呈现较大幅度的增长,但由于行业竞争加剧,公司的净利润根不上营收的增长。国家固定资产投资保持较高的增长速度、京沪高速铁路开工在即,预计2006年以后公司的各项业务能够保持稳定增长。			

	截止日期	05年末	占%	主要股东及持股比例%、持股性质
股本结构（万股）	总股本	40813.3		中国路桥(集团)总公司公司 71.42%（国有股）
	国有股	29313.3	71.82	中国港湾建设(集团)总公司 1.95%（流通A股）
	发起股			中交第一公路勘察设计研究院 0.16%（国有股）
	外资股			中交第二公路勘察设计研究院 0.14%（国有股）
	募集股			史俊生 0.08%（流通A股）
	流通A	11500	28.18	史俊生 0.08%（流通A股）
	流通B			京津塘高速公路北京公司 0.07%（流通A股）
	流通H			李颖 0.07%（流通A股）
股东户数	05年末	55799		河南兆鑫实业有限公司 0.05%（流通A股）
	04年末	61403		中国公路工程咨询监理总公司 0.05%（国有股）
其他流通股东	中国港湾建设(集团)总公司 1.945%;周炳发 0.047%;孙三洪 0.047%;周凤妹 0.046%;杨健 0.038%			
近年分配	05预案:10派0.8;03年:10派0.3		近年募资	

二〇〇五年以来市场表现

2005年涨跌幅(%)	-19.63
2005年最高(元)	5.79
2006年涨跌幅(%)	21.07
2006.4.26收盘(元)	3.8
2006年最高(元)	5.8
2006年最低(元)	4.29
2006年换手率(%)	88.99
股改对价	送股 每10股实际获得3.7股(06/03/29)

景谷林业（600265）

上市日期:00/08/25　电话:0879－5224720　传真:0879－5228008

主营	林化、林板及木材产品的生产和销售。			
	年　度	2005	2004	2003
主要指标	每股收益/扣除后(元)	0.06/-0.07	0.04	0.11/0.11
	每股经营现金流量(元)	-0.12	-0.73	-0.1
	每股净资产/调整后(元)	3.48/3.25	3.37/3.21	3.26/3.06
	未分利润(万元)	5230.57	4773.85	4269.78
	资本公积(万元)	19862.27	19288.34	18402.96
利润构成	主营收入(万元)	33761.39	33167.9	20943.33
	主营利润(万元)	6482.04	7012.96	5076.43
	营业利润(万元)	-1200.88	-232.89	287.78
	投资收益(万元)	-165.78	-73.15	-95.89
	利润总额(万元)	1157.92	762.71	1490.83
	净利润(万元)	651.05	371.75	1156.18
点评	报告期内,松脂收购价格大幅上涨,木材原料供应不足,年初又有干旱、电力供应紧张等困难,使得公司各项经营指标都同比有所下降。目前,公司正积极向木材深加工领域拓展,建立完善的现代林业工业体系。			

	截止日期	05年末	占%	主要股东及持股比例%、持股性质
股本结构（万股）	总股本	10500		中泰信用担保有限公司 29.81%（非流通股）
	国有股	3002	28.59	景谷傣族彝族自治县林业企业总公司 28.59%（国有股）
	发起股	3498	33.31	景谷傣族彝族自治县泰裕建材有限责任公司 1.27%（非流通股）
	外资股			景谷傣族彝族自治县电力公司 1.27%（非流通股）
	募集股			景谷彝族自治县林业投资有限责任公司 0.64%（非流通股）
	流通A	4000	38.1	景谷傣族彝族自治县糖业企业总公司 0.32%（非流通股）
	流通B			姜美玉 0.12%（流通A股）
	流通H			孙明旭 0.11%（流通A股）
股东户数	05年末	22832		谢秀娟 0.11%（流通A股）
	04年末	24574		项卫 0.11%（流通A股）
其他流通股东	白巧利 0.105%;叶向东 0.102%;郭道国 0.1%;王腊菊 0.098%;冯小东 0.086%;林小玲 0.071%			
近年分配			近年募资	

二〇〇五年以来市场表现

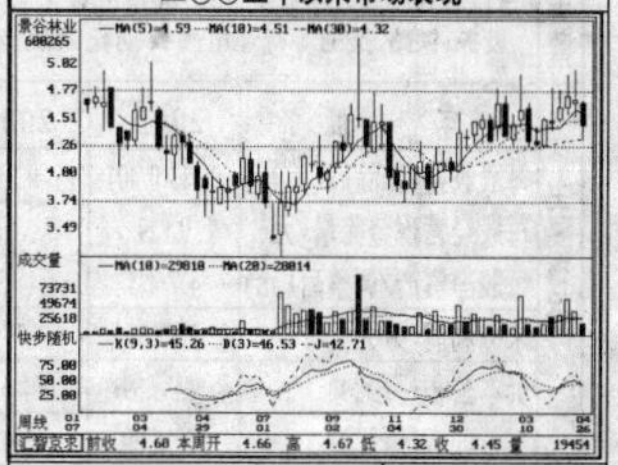

2005年涨跌幅(%)	-4.99
2005年最高(元)	5.28
2006年涨跌幅(%)	1.6
2006.4.26收盘(元)	4.45
2006年最高(元)	4.97
2006年最低(元)	4.22
2006年换手率(%)	110.2
股改对价	

G城建（600266）

上市日期:99/02/03　电话:010-82275566　传真:010-62035933

主营	房地产开发、销售商品房;投资及投资管理等。			
	年　度	2005	2004	2003
主要指标	每股收益/扣除后(元)	0.243/0.05	0.147/0.14	0.134/0.09
	每股经营现金流量(元)	0.8704	0.5313	0.399
	每股净资产/调整后(元)	3.21/3.04	2.96/2.82	2.79/2.58
	未分利润(万元)	42811.34	30376.06	23012.27
	资本公积(万元)	70547.06	70156.38	68276.09
利润构成	主营收入(万元)	181823.11	182221.93	224394.26
	主营利润(万元)	40210.1	31743.13	44090.72
	营业利润(万元)	15777.44	11092.22	17177.06
	投资收益(万元)	13436.2	3556.62	445.96
	利润总额(万元)	28993.76	14082.93	20569.27
	净利润(万元)	14582.03	8802.71	8052.32
点评	05年公司实现主营收入和净利润实现较大增长。主要是完成东华公司股权转让,确认投资收益1.77亿元,其占净利润的81.28%。公司在售的项目主要有北苑家园等,销售价格在不断攀升。投资的五棵松文化体育中心、国家体育馆和奥运村项目相继开工。			

截止日期	05年末	占%	主要股东及持股比例%、持股性质
股本结构(万股) 总股本	60000		北京城建集团有限责任公司75%(国有股)
国有股	45000	75	通乾证券投资基金0.165%(流通A股)
发起股			博时裕富证券投资基金0.145%(流通A股)
外资股			刘丽丽0.069%(流通A股)
募集股			丁兰0.056%(流通A股)
流通A	15000	25	张伟光0.053%(流通A股)
流通B			莫永驰0.052%(流通A股)
流通H			融通行业景气证券投资基金0.05%(流通A股)
股东户数 05年末	80130		吴永潮0.046%(流通A股)
股东户数 04年末	82761		长城久泰中信标普300指数证券0.045%(流通A股)
其他流通股东	曾庆涛0.045%		
近年分配	05预案:10派2	近年募资	

二○○五年以来市场表现

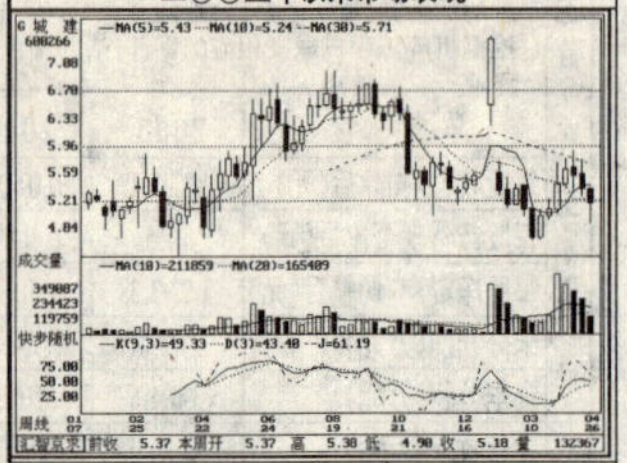

2005年涨跌幅(%)	7.16
2005年最高(元)	6.96
2006年涨跌幅(%)	29.97
2006.4.26收盘(元)	5.18
2006年最高(元)	8.19
2006年最低(元)	6.09
2006年换手率(%)	154.41
股改对价	送股 每10股实际获得3.9股(06/02/09)

G海正（600267）

上市日期:00/07/25　电话:0571-85278141　传真:0571-85270053

主营	化学原料药,化学中间体,医药制剂、生物制药,中成药、中药制剂、医药辅料(以上五类仅限于片剂、胶囊剂、粉针剂、口服液四种品种)的生产、开发、销售。			
	年　度	2005	2004	2003
主要指标	每股收益/扣除后(元)	0.258/0.256	0.455	0.69/0.699
	每股经营现金流量(元)	0.253	0.697	1.156
	每股净资产/调整后(元)	2.69/2.69	2.59/2.58	3.91/3.9
	未分利润(万元)	35335.76	32754.1	20341.55
	资本公积(万元)	26294.01	26292.43	44158.09
利润构成	主营收入(万元)	190587.04	177983.62	155095.41
	主营利润(万元)	50710.31	66644.4	66614.33
	营业利润(万元)	16994.91	30522.47	25186
	投资收益(万元)	395.12	4.2	-0.11
	利润总额(万元)	16859.43	29527.42	23124.5
	净利润(万元)	11587.67	20430.41	17215.55
点评	公司2005年收入增长放缓,利润下滑较快。主要产品化学原料药价格逐步下降导致毛利率逐步下降。公司具有丰富的产品储备和完整的产业链。国际化经常加快,公司有望率先成为国际制药强企。公司未来几年业绩增长可期。			

截止日期	05年末	占%	主要股东及持股比例%、持股性质
股本结构(万股) 总股本	44928		浙江海正集团有限公司55.56%(国有股)
国有股	32256	71.79	浙江荣大集团控股有限公司16.24%(国有股)
发起股	720	1.6	中国银行-嘉实成长收益型证券投资基金2%(流通A股)
外资股	432	0.96	中国银行-嘉实服务增值行业证券投资基金1.78%(流通A股)
募集股			中国银行-工银瑞信核心价值股票型证券投资基金1.56%(流通A股)
流通A	11520	25.64	三龙投资(中国)有限公司0.96%(外资股)
流通B			申银万国-花旗-DEUTSCHE BANK AKTIENGESELLSCHAFT 0.94%(流通A股)
流通H			上海宝钢集团公司0.83%(流通A股)
股东户数 05年末	10394		上海宝钢工程技术有限公司0.72%(流通A股)
股东户数 04年末	9220		中国银行-嘉实增长开放式证券投资基金0.7%(流通A股)
其他流通股东	全国社保基金一零七组合0.652%;全国社保基金一一二组合0.639%		
近年分配	05方案:10派1;04中期:10转增8 年终:10派1.5;03年:10派1.5	近年募资	

二○○五年以来市场表现

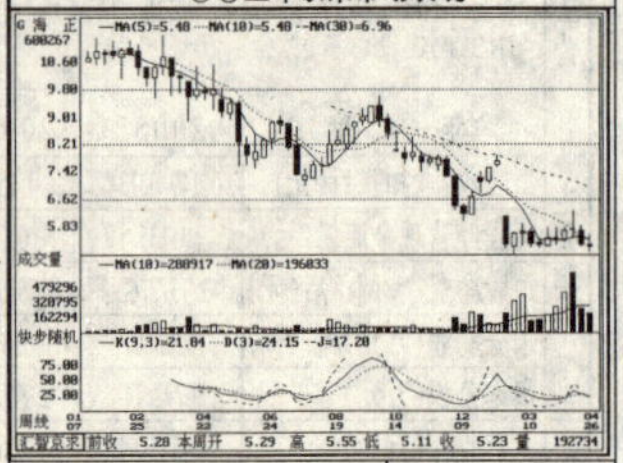

2005年涨跌幅(%)	-33.46
2005年最高(元)	11.39
2006年涨跌幅(%)	-3.37
2006.4.26收盘(元)	5.23
2006年最高(元)	8.2
2006年最低(元)	6.59
2006年换手率(%)	219.33
股改对价	送股 每10股实际获得3.1股(06/02/16)

G南自（600268）

上市日期:99/11/18　电话:025-3410173　传真:025-3410871

主营	电力系统各类自化系统及装置;变电站、发电厂继电保护及自动控制设备,输变电设备,低压电器设备,电力环保控制设备;铁路、交通等行业电气自动化系统及控制设备的开发、生产。			
	年　度	2005	2004	2003
主要指标	每股收益/扣除后(元)	0.413/0.404	0.344	0.284/0.285
	每股经营现金流量(元)	0.829	0.096	0.61
	每股净资产/调整后(元)	4.7/4.5	4.44/3.96	4.23/3.82
	未分利润(万元)	3797.34	2875.57	2475
	资本公积(万元)	30536.09	30463.03	30355.51
利润构成	主营收入(万元)	90955.39	70194.32	58098.87
	主营利润(万元)	29070.77	23821.18	18375.8
	营业利润(万元)	3998.66	2863.05	2408.88
	投资收益(万元)	-682.08	454.56	240.09
	利润总额(万元)	7116.71	6136.83	4839.55
	净利润(万元)	4869.84	4058.44	3347.5
点评	公司在主设备保护产品市场上具有较强的竞争优势。十一五期间,电网投资将成为新的热点,预计公司06-07年的电厂类将以30%以上的速度增长,电网类业务也有15%以上的增长。随着公司内部管理和创新机制的不断调整,公司未来几年的发展值得看好。			

截止日期	05年末	占%	主要股东及持股比例%、持股性质
股本结构(万股) 总股本	11800		国家电力公司南京电力自动化设备总厂66.102%(国有股)
国有股			兴华证券投资基金1.692%(流通A股)
发起股	7800	66.1	普丰证券投资基金1.51%(流通A股)
外资股			交通银行-鹏华中国50开放式证券投资基金0.817%(流通A股)
募集股			交通银行-湘财合丰价值优化型成长类行业基金0.792%(流通A股)
流通A	4000	33.9	全国社保基金一零五组合0.573%(流通A股)
流通B			中国工商银行-普华证券投资基金0.507%(流通A股)
流通H			中国银行-华夏大盘精选证券投资基金0.359%(流通A股)
股东户数 05年末	20965		金元证券有限责任公司0.254%(流通A股)
股东户数 04年末	24746		中国工商银行-普润证券投资基金0.192%(流通A股)
其他流通股东	全国社保基金一零四组合0.154%		
近年分配	05预案:10派2;04年:10派1.5;03年:10派1.2	近年募资	

二○○五年以来市场表现

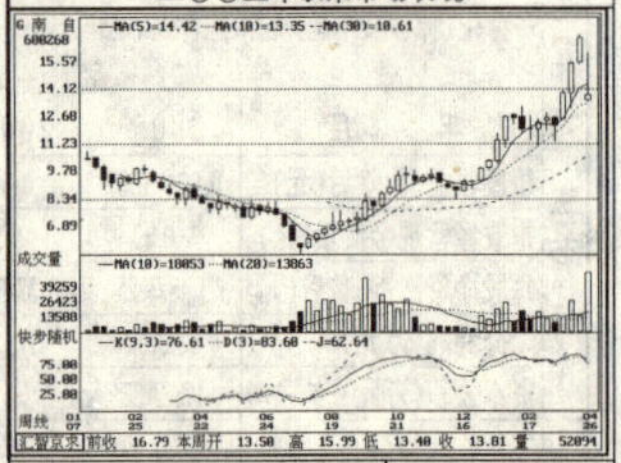

2005年涨跌幅(%)	-5.45
2005年最高(元)	10.8
2006年涨跌幅(%)	83.76
2006.4.26收盘(元)	13.81
2006年最高(元)	21.11
2006年最低(元)	9.8
2006年换手率(%)	55.92
股改对价	送股 每10股实际获得3.2股(06/04/25)

赣粤高速（600269）

上市日期:00/05/18　　电话:0791－6532505　　传真:0791－6507178

主营	江西省境内的特定公路及特定桥梁的开发、经营及管理。			
	年　　度	2005	2004	2003
主要指标	每股收益/扣除后(元)	0.51/0.45	0.47	0.48/0.37
	每股经营现金流量(元)	1.05	0.84	1.25
	每股净资产/调整后(元)	4.91/4.91	4.6/4.6	8.45/8.44
	未分利润(万元)	55229.75	36962.6	31105.54
	资本公积(万元)	222713.18	222679.43	242069.56
利润构成	主营收入(万元)	130918.41	102986.55	61692.57
	主营利润(万元)	69672.14	63904.19	36025.18
	营业利润(万元)	57873.19	55662.48	30864.02
	投资收益(万元)	-3189.53	1624.47	-2232.46
	利润总额(万元)	61869.62	66151	34911.86
	净利润(万元)	39865.84	36874.93	18656.86
点评	公司在05年以较低价格收购了昌樟和昌泰高速的部分股权，同时享有财政补贴和税收优惠，公司收入和盈利都快速增长。由于05年是国检年，公司养护费增长较快。05年底江西通往广东和福建的道路被打通后，对公司路面的车流量有很强的诱增作用。			

	截止日期	05年末	占%	主要股东及持股比例%、持股性质
股本结构（万股）	总股本	77844.5		江西高速公路投资发展有限公司 59.55%（非流通股）
	国有股	46352.81	59.55	交通银行－科瑞证券投资基金 1.62%（流通A股）
	发起股	291.69	0.37	中国平安人寿保险股份有限公司－传统－普通保险产品 1.42%（流通A股）
	外资股			中国工商银行－博时精选股票证券投资基金 1.34%（流通A股）
	募集股			交通银行－安顺证券投资基金 1.14%（流通A股）
	流通A	31200	40.08	中国银行－湘财荷银行业精选证券投资基金 1.03%（流通A股）
	流通B			全国社保基金一零九组合 1.01%（流通A股）
	流通H			中信实业银行－建信恒久价值股票型证券投资基金 0.99%（流通A股）
股东户数	05年末	17626		汉盛证券投资基金 0.8%（流通A股）
	04年末	35409		中国工商银行－金泰证券投资基金 0.79%（流通A股）
其他流通股东	中国农业银行－景顺长城内需增长开放式证券投资基金 0.782%			
近年分配	05预案:10派2；04年:10派2；03年:10派2送5转增5	近年募资		

二○○五年以来市场表现

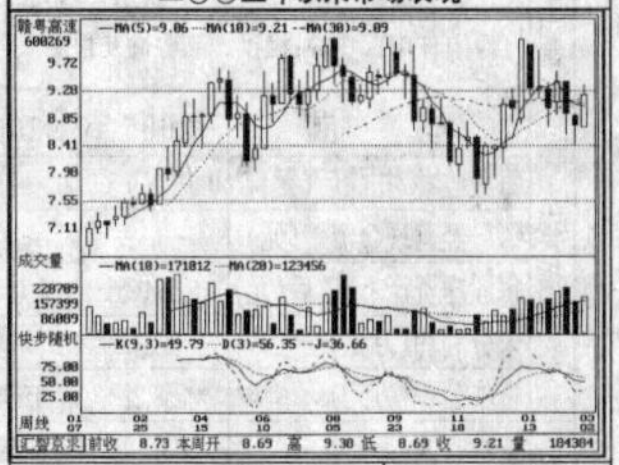

2005年涨跌幅(%)	34.11
2005年最高(元)	10.35
2006年涨跌幅(%)	2.33
2006.4.26收盘(元)	9.21
2006年最高(元)	10.1
2006年最低(元)	8.4
2006年换手率(%)	47.5
股改对价	资产收购 送股 每10股实际获得1.9股

外运发展（600270）

上市日期:00/12/28　　电话:010－80418928　　传真:010－80418933

主营	空运进出口货物的国际货运代理业务，主要包括：航空货运代理出口、航空货运代理进口和航空快递。			
	年　　度	2005	2004	2003
主要指标	每股收益/扣除后(元)	0.512/0.511	0.484	0.617/0.614
	每股经营现金流量(元)	1.22	0.7288	1.23
	每股净资产/调整后(元)	3/2.94	2.94/2.85	3.78/3.66
	未分利润(万元)	91645.72	76963.03	48569.15
	资本公积(万元)	60824.94	60760.89	88147.09
利润构成	主营收入(万元)	494761.9	381489.66	300294.9
	主营利润(万元)	185510.63	149075.75	133811.13
	营业利润(万元)	82137.73	72030.56	74331.81
	投资收益(万元)	7957.52	6983.01	4364.44
	利润总额(万元)	90164.62	79200.34	78889.59
	净利润(万元)	46326.64	39860.76	33877.42
点评	公司是国内最大的国际货运代理公司，最主要的收入和利润来自中外运敦豪。05年由于经营策略有误，货代业务毛利率和市场份额下降。中外运墩豪为公司贡献了76%的主营业务收入和46%的净利润，但毛利率下降。06年为UPS的代理服务将结束。			

	截止日期	05年末	占%	主要股东及持股比例%、持股性质
股本结构（万股）	总股本	90548.17		中国外运股份有限公司 70.36%（国有股）
	国有股	67515.82	74.56	中国机械进出口(集团)有限公司 3.25%（国有股）
	发起股	163.35	0.18	博时价值增长证券投资基金 2.1%（流通A股）
	外资股			中国银行－工银瑞信核心价值股票型证券投资基金 1.34%（流通A股）
	募集股			中国银行－嘉实服务增值行业证券投资基金 0.97%（流通A股）
	流通A	22869	25.26	招商银行股份有限公司－中信经典配置证券投资基金 0.95%（流通A股）
	流通B			裕阳证券投资基金 0.87%（流通A股）
	流通H			全国社保基金一零二组合 0.79%（流通A股）
股东户数	05年末	20877		北京首都旅游股份有限公司 0.72%（国有股）
	04年末	32102		申银万国－花旗－UBS LIMITED 0.7%（流通A股）
其他流通股东	中国银行－同盛证券投资基金 0.487%；中国工商银行－银河银泰理财分红证券投资基金 0.462%			
近年分配	05预案:10派1；04年:10派2送1；03年:10派1转增5	近年募资		

二○○五年以来市场表现

2005年涨跌幅(%)	18.79
2005年最高(元)	9.4
2006年涨跌幅(%)	22.4
2006.4.26收盘(元)	9.4
2006年最高(元)	9.81
2006年最低(元)	7.2
2006年换手率(%)	183.7
股改对价	

航天信息（600271）

上市日期:03/07/11　　电话:010－82513232　　传真:010－82511986

主营	国家金税工程的增值税专用发票防伪税控系统及其配套设备、与金卡工程和金盾工程相关的IC卡及计算机软、硬件产品的研制生产，以及计算机系统集成项目和服务等。			
	年　　度	2005	2004	2003
主要指标	每股收益/扣除后(元)	0.82/0.72	1.36	2.41/2.36
	每股经营现金流量(元)	1.69	0.64	3.63
	每股净资产/调整后(元)	6.44/6.41	11.12/11.1	10.59/10.58
	未分利润(万元)	59960.53	48102.46	30320.6
	资本公积(万元)	84190.86	98728.03	97578.32
利润构成	主营收入(万元)	252526.18	202715.21	209171.7
	主营利润(万元)	61792.73	58468.61	84842.81
	营业利润(万元)	35471.24	27922.13	41342.12
	投资收益(万元)	1230.38	413.32	1364.15
	利润总额(万元)	37423.57	29055.8	43275.58
	净利润(万元)	25339.92	22023.77	38975.3
点评	国内一般纳税人防伪税控系统唯一供应商。05年公司防伪税控专用设备销售下降，但代销收入大幅增长驱动整体收入增长。06年DOS版升级等利好将推动专用设备销售高速增长。公司计划06年通过并购介入数字电视、无线通讯、RFID等领域。			

	截止日期	05年末	占%	主要股东及持股比例%、持股性质
股本结构（万股）	总股本	30780		中国航天科工集团公司 39.26%（国有股）
	国有股	12084	39.26	航天新概念科技有限公司 6.28%（国有股）
	发起股	10716	34.81	中国运载火箭技术研究院 6.14%（国有股）
	外资股			中国长城工业总公司 4.69%（国有股）
	募集股			中国航天科技集团第五研究院 4.41%（国有股）
	流通A	7980	25.93	中国航天海鹰机电技术研究院 4.41%（国有股）
	流通B			北京市爱威电子技术公司 3.23%（国有股）
	流通H			北京遥测技术研究所 2.65%（国有股）
股东户数	05年末	12676		安顺证券投资基金 2.2%（流通A股）
	04年末	19363		湘财荷银行业精选证券投资基金 1.12%（流通A股）
其他流通股东	湘财合丰价值优化型成长类行业基金 0.932%；国联安德盛小盘精选证券投资基金 0.905%			
近年分配	05预案:10派3；04年:10派4.5转增9；03年:10派9	近年募资	03年新发4200万股，发行价23.04元。	

二○○五年以来市场表现

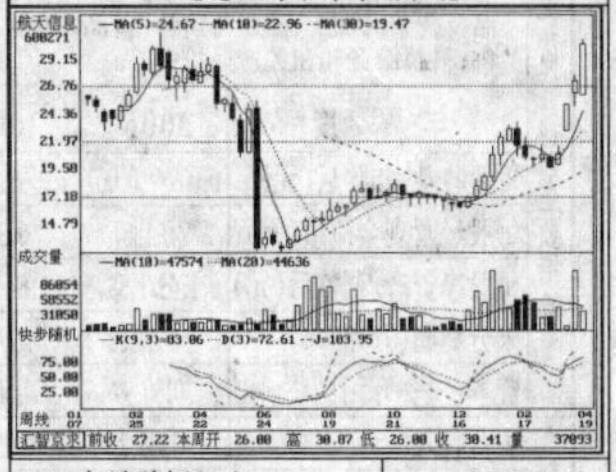

2005年涨跌幅(%)	32.3
2005年最高(元)	35.79
2006年涨跌幅(%)	68.76
2006.4.26收盘(元)	30.41
2006年最高(元)	30.87
2006年最低(元)	17.73
2006年换手率(%)	90.4
股改对价	送股 每10股实际获得2.7股

开开实业（600272/900943）

上市日期:A: 01/02/28 B: 97/01/08 电话:021－52135020 传真:021－52138586

主营	生产和销售衬衫、羊毛衫、针织棉品、服装、鞋帽、纺织面料；内销日用百货等；提供产品咨询及售后服务。			
	年　度	2005	2004	2003
主要指标	每股收益/扣除后(元)	0.021/－0.319	－3.007	0.127/0.103
	每股经营现金流量(元)	－0.359	－0.63	0.192
	每股净资产/调整后(元)	0.56/0.55	0.45/0.44	3.58/3.53
	未分利润(万元)	－15334.69	－70402.51	4395.84
	资本公积(万元)	258.21	45678.19	45647.55
利润构成	主营收入(万元)	83367.92	188694.43	217979.94
	主营利润(万元)	14999.71	16002.49	23833.58
	营业利润(万元)	－4661.87	－49425.18	3360.26
	投资收益(万元)	－211.37	－26555	862.69
	利润总额(万元)	703.55	－77476.09	4477.01
	净利润(万元)	512.33	－73059.99	3077.15
点评	公司的主营业务为服装、医药等。2005年,公司在上下共同的努力下,使生产经营保持了平稳运转,医药和服装两大主要产业稳中有升。其两大主要业务所处行业将继续面临着经营困境,从而难以预期2006年公司会保持业绩的增长。			

	截止日期	05年末	占%	主要股东及持股比例%、持股性质
股本结构（万股）	总股本	24300		上海开开(集团)有限公司 14.44%（国有股）
	国有股	3509.02	14.44	上海九豫服饰有限公司 7.82%（非流通股）
	发起股			上海恰邦针织品有限公司 6.17%（非流通股）
	外资股			上海和康旅游用品有限公司 4.53%（非流通股）
	募集股	6790.98	27.95	中国石油化工股份有限公司上海石油零售分公司 1.85%（非流通股）
	流通A	6000	24.69	上海华凯贸易发展中心 1.85%（非流通股）
	流通B	8000	32.92	上海东方明珠(集团)股份有限公司 1.23%（非流通股）
	流通H			上海金兴贸易发展中心 1.23%（非流通股）
股东户数	05年末	45335		上海现代建筑设计(集团)有限公司 0.37%（非流通股）
	04年末	48311		上海市医药保健品进出口公司 0.25%（非流通股）
其他流通股东	WARBURG DILLON READ NOMINEES（HONGKONG）LTD－GENERAL A/C 0.19%；孙樵孟 0.168%；赵鄂官 0.149%			
近年分配	03年:10派0.6		近年募资	

二〇〇五年以来市场表现

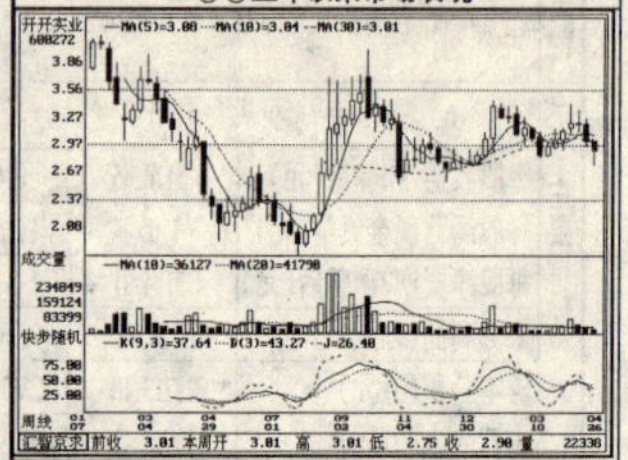

2005年涨跌幅(%)	－33.81
2005年最高(元)	4.16
2006年涨跌幅(%)	5.07
2006.4.26收盘(元)	2.9
2006年最高(元)	3.45
2006年最低(元)	2.74
2006年换手率(%)	122.27
股改对价	

G华芳（600273）

上市日期:03/06/27 电话:0512－58438202 传真:0512－58441898

主营	生产各种规格的针织纱、针织坯布、针织染整布及各类针织服装。			
	年　度	2005	2004	2003
主要指标	每股收益/扣除后(元)	0.071/0.07	0.067/0.06	0.13/0.12
	每股经营现金流量(元)	0.62	0.29	－0.01
	每股净资产/调整后(元)	2.88/2.88	2.86/2.86	2.84/2.84
	未分利润(万元)	5405.57	5178.42	5018.11
	资本公积(万元)	32800.18	32781.69	32747.58
利润构成	主营收入(万元)	52745.41	55694.38	48410.08
	主营利润(万元)	4552.58	4873.45	6824.64
	营业利润(万元)	2547.19	2190.43	4162.54
	投资收益(万元)			
	利润总额(万元)	2514.22	2283.31	4227.26
	净利润(万元)	1531.94	1453.3	2728.92
点评	2005年,公司面对欧美等国贸易保护及产品原料上涨等因素的负面影响,实现了净利润的大增长。2006年,市场复苏将给公司提供一个相对平稳的经营环境,但不能因此而判断其业绩会提升。			

	截止日期	05年末	占%	主要股东及持股比例%、持股性质
股本结构（万股）	总股本	21500		华芳集团有限公司 35.46%（非流通股）
	国有股			张家港市塘桥福利毛织厂 7.09%（非流通股）
	发起股	9530	44.33	张家港市青龙铜材厂 1.59%（非流通股）
	外资股			深圳市旗扬投资有限公司 0.38%（流通A股）
	募集股			陈潜 0.3%（流通A股）
	流通A	11970	55.67	方志琴 0.16%（流通A股）
	流通B			刘建新 0.15%（流通A股）
	流通H			黄树鑫 0.14%（流通A股）
股东户数	05年末	28614		付艳华 0.14%（流通A股）
	04年末	32875		陈乐全 0.14%（流通A股）
其他流通股东	刘莉宁 0.134%；陈秀平 0.13%；刘福祥 0.13%			
近年分配	05预案:10派0.5；04年:10派0.5；03年:10派0.5		近年募资	03年新发9000万股,发行价4.83元。

二〇〇五年以来市场表现

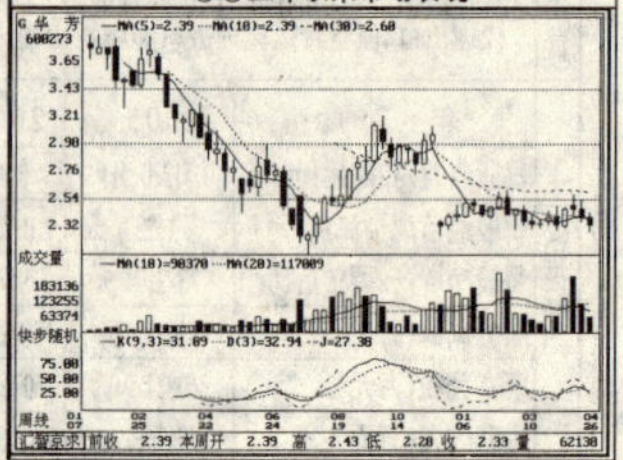

2005年涨跌幅(%)	－13.88
2005年最高(元)	3.87
2006年涨跌幅(%)	－3.32
2006.4.26收盘(元)	2.33
2006年最高(元)	2.61
2006年最低(元)	2.28
2006年换手率(%)	149.4
股改对价	送股 每10股实际获得3.3股(05/12/12)

武昌鱼（600275）

上市日期:00/08/10 电话:0711－3200331 传真:0711－3200330

主营	房地产业、淡水鱼类及其它水产品养殖、牲畜养殖、以上产品及蔬菜的加工、储运与销售；食品、饲料、渔需品生产、销售；科技服务和相关产业投资等。			
	年　度	2005	2004	2003
主要指标	每股收益/扣除后(元)	0.009/－0.067	－0.141	0.003
	每股经营现金流量(元)	－0.1867	0.377	－0.273
	每股净资产/调整后(元)	1.63/1.58	1.62/1.61	1.77/1.76
	未分利润(万元)	－4627.22	－4991.24	1589.05
	资本公积(万元)	30150.99	30150.99	30048.98
利润构成	主营收入(万元)	41655.2	10423.04	7639.84
	主营利润(万元)	4764.15	1995.5	2662
	营业利润(万元)	2092.5	－2076.03	592.87
	投资收益(万元)	347.62	－2021.44	－2289.94
	利润总额(万元)	3203.02	－5756.16	1703.22
	净利润(万元)	411.64	－6286.8	109.22
点评	05年全年公司业务没有发生重大改变,由于出让旅游公司股权、控股的北京地产公司销售收入大幅增加和转让102亩土地和水面使用权实现了土地转让收益等收入,使得05年公司主营收入和净利润实现大幅增加,扭亏为盈。			

	截止日期	05年末	占%	主要股东及持股比例%、持股性质
股本结构（万股）	总股本	44513.72		湖北鄂州武昌鱼集团有限责任公司 27.12%（非流通股）
	国有股	13415.26	30.14	北京华普产业集团有限公司 20.01%（非流通股）
	发起股	18358.46	41.24	北京中联普拓技术开发有限公司 11.5%（非流通股）
	外资股			中国工商银行湖北省分行 8.99%（国有股）
	募集股			鄂州市建设投资公司 1.11%（国有股）
	流通A	12740	28.62	春潮农村信用合作社 1.07%（非流通股）
	流通B			湖北多佳集团实业有限公司 0.74%（非流通股）
	流通H			湖北辰隆经济开发公司 0.56%（国有股）
股东户数	05年末	42596		鄂州市市场开发服务中心 0.28%（国有股）
	04年末	48341		缪孟伶 0.17%（流通A股）
其他流通股东	王莉 0.086%；朱志杰 0.076%；太原西迪计算机公司 0.075%；延边交通贸易总公司 0.072%；李俊 0.068%			
近年分配			近年募资	

二〇〇五年以来市场表现

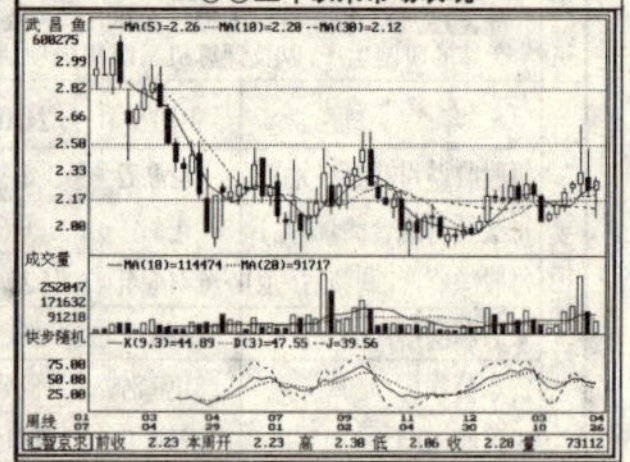

2005年涨跌幅(%)	－32.07
2005年最高(元)	3.15
2006年涨跌幅(%)	15.74
2006.4.26收盘(元)	2.28
2006年最高(元)	2.61
2006年最低(元)	1.97
2006年换手率(%)	132.91
股改对价	

恒瑞医药（600276）

上市日期:00/10/18　电话:0518－5457194　传真:0518－5452340

主营	化学原料药及片剂、针剂、胶囊、粉针等西药制剂的开发、制造和销售;SP铝箔、PTP铝箔的制造和销售。			
	年　度	2005	2004	2003
主要指标	每股收益/扣除后(元)	0.636/0.637	0.481	0.371/0.333
	每股经营现金流量(元)	0.893	0.821	0.536
	每股净资产/调整后(元)	4.29/4.27	3.86/3.83	3.48/3.34
	未分利润(万元)	24705.82	17339.64	14989.99
	资本公积(万元)	39480.66	39480.66	39480.66
利润构成	主营收入(万元)	117925.96	114514.36	105035.23
	主营利润(万元)	93016.61	84127.08	68877.27
	营业利润(万元)	22590.21	17778.98	13766.17
	投资收益(万元)		38.94	247.9
	利润总额(万元)	22070.39	17265.7	15069.49
	净利润(万元)	16222.21	12262.05	9452
点评	2005年公司销售收入和利润都出现较快增长,主要产品市场占有率保持领先水平,新产品市场推广取得效果。公司研发投入较大,目前在研的一类新药进展顺利。依靠新产品的不断投入市场,公司毛利率保持高位,未来几年公司有望继续保持快速增长的势头。			

	截止日期	05年末	占%	主要股东及持股比例%、持股性质
股本结构（万股）	总股本	25507.2		连云港天宇医药有限公司 27.9%（非流通股）
	国有股	1530.19	6	连云港达远投资有限公司 19%（非流通股）
	发起股	16297.01	63.89	连云港恒创医药科技有限公司 10%（非流通股）
	外资股			中国医药工业有限公司 6.99%（国有股）
	募集股			江苏金海投资有限公司 6%（国有股）
	流通A	7680	30.11	长盛动态精选证券投资基金 1.54%（流通A股）
	流通B			招商股票投资基金 1.52%（流通A股）
	流通H			金泰证券投资基金 1.47%（流通A股）
股东户数	05年末	8877		工银瑞信核心价值股票型证券投资基金 1.18%（流通A股）
	04年末	13196		海富通收益增长证券投资基金 1.18%（流通A股）
其他流通股东	全国社保基金——零组合 1.047%;华宝兴业多策略增长证券投资基金 0.999%;裕隆证券投资基金 0.941%			
近年分配	05预案:10派2.2;04年:10派2;03年:10派1		近年募资	

二〇〇五年以来市场表现

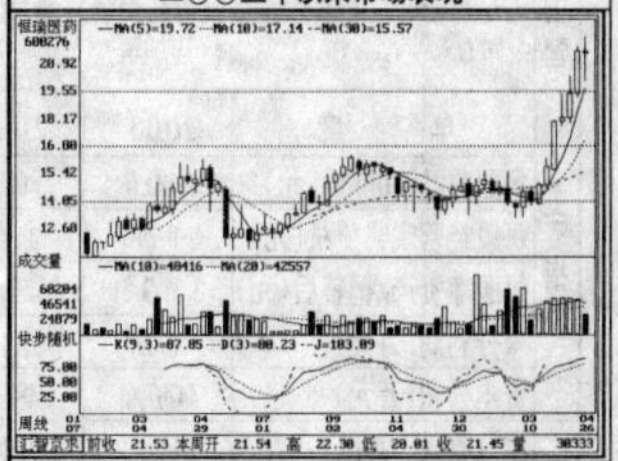

2005年涨跌幅(%)	19.89
2005年最高(元)	16.5
2006年涨跌幅(%)	45.42
2006.4.26收盘(元)	21.45
2006年最高(元)	22.3
2006年最低(元)	13.2
2006年换手率(%)	98.13
股改对价	

G亿利（600277）

上市日期:00/07/25　电话:0477－8372708　传真:0477－8371744

主营	芒硝矿、湖盐、原碱开采与利用,无机化学品、医药产品科技开发和生产、销售;化工产品(除专营)销售。			
	年　度	2005	2004	2003
主要指标	每股收益/扣除后(元)	0.221/0.206	0.217/0.185	0.223/0.128
	每股经营现金流量(元)	1.6646	0.1247	0.1567
	每股净资产/调整后(元)	4.77/4.71	4.54/4.5	4.8/4.75
	未分利润(万元)	10116.45	7838.36	7883.51
	资本公积(万元)	49293.02	49293.02	49191.78
利润构成	主营收入(万元)	133396.54	133687.77	96278.77
	主营利润(万元)	21524.97	17785.36	15709.68
	营业利润(万元)	5518.95	5496.77	3488.97
	投资收益(万元)	－118.6	－118.37	604.75
	利润总额(万元)	5491.22	5519.46	4412.61
	净利润(万元)	3848.25	3775.8	3516.88
点评	2005年公司加大市场开拓力度,收入平稳增长。公司加强成本控制管理,减少了原材料涨价的不利影响;立足甘草及其他中药材的资源优势,尽力满足公司对药材的需求;另外各项工程也进展顺利。因此公司2005年业绩稳定增长。			

	截止日期	05年末	占%	主要股东及持股比例%、持股性质
股本结构（万股）	总股本	17380		鄂尔多斯市亿利资源集团有限责任公司 61.627%（非流通股）
	国有股			杭锦旗金田农业开发有限公司 0.624%（非流通股）
	发起股	11000	63.29	伊金霍洛旗崇金泓塑料制品有限责任公司 0.416%（非流通股）
	外资股			鄂尔多斯市富强建筑安装工程有限责任公司 0.416%（非流通股）
	募集股			鄂尔多斯市亿通煤化有限责任公司 0.208%（非流通股）
	流通A	6380	36.71	赵关贤 0.192%（流通A股）
	流通B			镇江市财政证券公司 0.074%（流通A股）
	流通H			赵锦华 0.07%（流通A股）
股东户数	05年末	36798		张连龙 0.065%（流通A股）
	04年末	39516		黄岳庆 0.062%（流通A股）
其他流通股东	谭建民 0.059%;薛原 0.054%;姚留英 0.052%;杭州兴炎装潢材料工贸有限公司 0.046%;沈海珍 0.044%			
近年分配	03年:10派0.5送1		近年募资	

二〇〇五年以来市场表现

2005年涨跌幅(%)	－12.74
2005年最高(元)	6.44
2006年涨跌幅(%)	13.26
2006.4.26收盘(元)	4.29
2006年最高(元)	6.43
2006年最低(元)	4.96
2006年换手率(%)	114.3
股改对价	送股 每10股实际获得3.2股(06/03/09)

G东创（600278）

上市日期:00/07/12　电话:021－62789999　传真:021－62784020

主营	自营和代理商品、技术进出口业务,生物医药化工产品的开发、生产、销售,国际货代和服务贸易。			
	年　度	2005	2004	2003
主要指标	每股收益/扣除后(元)	0.01/－0.11	0.02	0.23
	每股经营现金流量(元)	－0.02	1.41	－0.08
	每股净资产/调整后(元)	3.1/2.98	3.18/3.09	3.34/3.19
	未分利润(万元)	2018	5184.63	10612.51
	资本公积(万元)	54788.5	54726.93	54717.15
利润构成	主营收入(万元)	616029.27	400168.16	344404.09
	主营利润(万元)	35803.29	41980.58	38442.26
	营业利润(万元)	－901.07	8181.39	9647.01
	投资收益(万元)	4113.58	－5725.03	516.2
	利润总额(万元)	3587	3721.32	10348.71
	净利润(万元)	372.08	561.24	7284.7
点评	报告期内主营收入大幅增长,但由于服装出口市场竞争激烈,人民币汇率波动也挤压了盈利空间,导致报告期内毛利率大幅下降,期间费用占利润总额的比例同比增加一倍以上。以上因素都导致净利润大幅下滑,经营性现金流也为负。			

	截止日期	05年末	占%	主要股东及持股比例%、持股性质
股本结构（万股）	总股本	32000		东方国际(集团)有限公司 65.39%（国有股）
	国有股	21200	66.25	上海国际港务(集团)股份有限公司 2.61%（流通A股）
	发起股			中国银河证券有限责任公司 2.59%（流通A股）
	外资股			上海杨浦工贸集团有限公司 1.6%（流通A股）
	募集股			江苏舜天股份有限公司 0.92%（流通A股）
	流通A	10800	33.75	胡柏君 0.59%（流通A股）
	流通B			东方国际集团上海市纺织品进出口有限公司 0.18%（非流通股）
	流通H			东方国际集团上海市家用纺织品进出口有限公司 0.18%（非流通股）
股东户数	05年末	28926		东方国际集团上海市丝绸进出口有限公司 0.18%（非流通股）
	04年末	30926		东方国际集团上海市针织品进出口有限公司 0.18%（非流通股）
其他流通股东	上海申能资产管理有限公司 0.171%;赵立雨 0.063%;赵惠明 0.061%;梁耀荣 0.059%;李铉 0.056%			
近年分配	04年:10派1;03年:10派1.2		近年募资	

二〇〇五年以来市场表现

2005年涨跌幅(%)	－20.78
2005年最高(元)	5.23
2006年涨跌幅(%)	0.33
2006.4.26收盘(元)	3.04
2006年最高(元)	3.9
2006年最低(元)	2.8
2006年换手率(%)	117.5
股改对价	送股 每10股实际获得3.5股(05/11/23)

G 重庆港（600279）

上市日期:00/07/31　电话:023－63100879　传真:023－63801564

	年　度	2005	2004	2003
主营	九龙坡港区和蓝家沱港区内的货物运输、装卸、搬运及商品储存等。			
主要指标	每股收益/扣除后(元)	0.1/0.08	0.13	0.103/0.05
	每股经营现金流量(元)	0.29	0.135	0.252
	每股净资产/调整后(元)	3.31/3.31	3.32/3.3	3.26/3.25
	未分利润(万元)	3702	3914.81	2994.8
	资本公积(万元)	44707.61	44899.45	44899.45
利润构成	主营收入(万元)	26649.49	20630.7	11378.38
	主营利润(万元)	9391.26	7387.65	3804.78
	营业利润(万元)	2266.86	2940.24	1541.52
	投资收益(万元)	738.53	611.4	1521.17
	利润总额(万元)	2927.39	3517.25	2771.97
	净利润(万元)	2306.69	2960	2346.94
点评	06年10月至07年10月，受长江三峡工程船闸升限改造影响，通过船闸的货物量估计只有实际年通过能力的40%左右，港口散货、件杂货运输因过闸受限将大幅下降。另外，铁路提速及公路延伸也对公司货源造成分流。			

	截止日期	05年末	占%	主要股东及持股比例%、持股性质
股本结构（万股）	总股本	22839.1		重庆港务(集团)有限责任公司 42.184%（国有股）
	国有股	11487.1	50.3	重庆市城市建设投资公司 7.064%（国有股）
	发起股			李城 0.423%（流通A股）
	外资股			北京雅宝大厦 0.411%（流通A股）
	募集股			成都铁路局重庆铁路分局 0.402%（国有股）
	流通A	11352	49.7	成都铁路局 0.322%（国有股）
	流通B			邓洪玲 0.239%（流通A股）
	流通H			王飞 0.226%（流通A股）
股东户数	05年末	43689		秦兰英 0.221%（流通A股）
	04年末	46883		重庆长江轮船公司 0.201%（国有股）
其他流通股东	刘寿平 0.188%；唐苏平 0.188%；屈定芳 0.157%；方树辉 0.153%；吕宝玉 0.147%			
近年分配	05预案:10派1；04年:10派1；03年:10派0.7	近年募资		

二〇〇五年以来市场表现

2005年涨跌幅(%)	-9.53
2005年最高(元)	6.28
2006年涨跌幅(%)	17.66
2006.4.26收盘(元)	4.33
2006年最高(元)	4.33
2006年最低(元)	3.66
2006年换手率(%)	100.34
股改对价	送股 每10股实际获得3.2股(05/12/09)

南京中商（600280）

上市日期:00/09/26　电话:025－4728470　传真:025－4722766

	年　度	2005	2004	2003
主营	百货、食品、针织服装、五金交电化工等商品的零售、批发、自营和代理商业系统的出口业务；经营连锁企业配送中心批发商品和连锁企业自用商品及相关技术的进口业务等。			
主要指标	每股收益/扣除后(元)	0.33/0.4	0.35	0.29/0.3
	每股经营现金流量(元)	0.71	0.72	1.34
	每股净资产/调整后(元)	4.47/4.24	4.43/4.21	3.98/3.81
	未分利润(万元)	10495.13	10108.78	7560.11
	资本公积(万元)	29933.23	29717.57	20155.6
利润构成	主营收入(万元)	284281.38	231014.28	193994.27
	主营利润(万元)	46289.63	38296.96	31057.96
	营业利润(万元)	7694.96	6973.78	5464.18
	投资收益(万元)	-688.04	-184.15	95.3
	利润总额(万元)	6526.72	6809.22	5381.24
	净利润(万元)	4795.51	5079.15	3543.91
点评	报告期内，公司主营收入由于业务的拓展取得了较大增长，但由于毛利率的下滑、非经常性损益的负面影响等，导致净利润没有取得相应增长，反而略有下滑。公司资产负债率虽然较高，但对于连锁类商业企业而言尚属正常。			

	截止日期	05年末	占%	主要股东及持股比例%、持股性质
股本结构（万股）	总股本	14354.18		江苏地华房地产发展有限公司 25.29%（流通A股）
	国有股	3311.43	23.07	南京市国有资产经营(控股)有限公司 23.07%（国有股）
	发起股	1600	11.15	南京中天投资发展有限公司 9.71%（非流通股）
	外资股			南京市斯威特新技术创业有限公司 1.44%（非流通股）
	募集股			北京信诚芳馨商贸有限公司 0.78%（流通A股）
	流通A	9442.76	65.78	中国建设银行－博时主题行业股票证券投资基金 0.71%（流通A股）
	流通B			中国银行－嘉实增长开放式证券投资基金 0.66%（流通A股）
	流通H			中国银行－华夏回报证券投资基金 0.52%（流通A股）
股东户数	05年末	19423		全国社保基金一零七组合 0.49%（流通A股）
	04年末	22642		杨俊 0.44%（流通A股）
其他流通股东	景博证券投资基金 0.405%；付苗先 0.349%；交通银行－裕华证券投资基金 0.348%			
近年分配	05预案:10派2；04年:10派2；03年:10派1	近年募资	04年10配3配股价5.87元。	

二〇〇五年以来市场表现

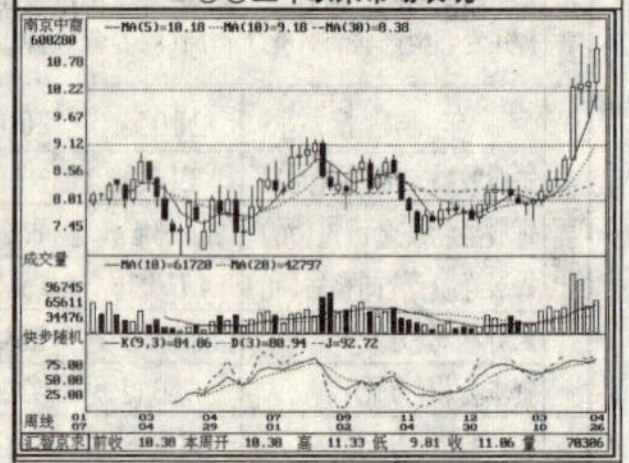

2005年涨跌幅(%)	-1.64
2005年最高(元)	9.45
2006年涨跌幅(%)	45.34
2006.4.26收盘(元)	11.06
2006年最高(元)	11.33
2006年最低(元)	7.53
2006年换手率(%)	84.06
股改对价	

太化股份（600281）

上市日期:00/11/09　电话:0351－5638038　传真:0351－5638000

	年　度	2005	2004	2003
主营	生产经营基本化工原料、化学肥料、精细化工产品、冶金焦等多种系列化工产品及贵金属加工、供水等。			
主要指标	每股收益/扣除后(元)	0.14/0.164	0.136	0.084/0.076
	每股经营现金流量(元)	0.419	0.539	0.025
	每股净资产/调整后(元)	3.24/3.15	3.11/2.88	2.99/2.89
	未分利润(万元)	16307.6	12734.16	9167.45
	资本公积(万元)	59438.33	59078.33	59078.33
利润构成	主营收入(万元)	167669.58	132337.8	85300.06
	主营利润(万元)	25347.42	21758.88	14897.09
	营业利润(万元)	5584.65	5642.3	3359.18
	投资收益(万元)	3.16	-13.39	10.31
	利润总额(万元)	5545.65	5396.41	3697.3
	净利润(万元)	5040.9	4896.34	3010.77
点评	由于市场竞争进一步加剧以及原材料价格上涨，导致公司聚氯乙烯、焦炭产品的毛利率同比有一定幅度的下降。但由于国内化肥市场持续景气，公司合成氨产品的毛利率同比上升推动了公司整体利润同比小幅上涨。			

	截止日期	05年末	占%	主要股东及持股比例%、持股性质
股本结构（万股）	总股本	35890.6		太原化学工业集团有限公司 59.934%（国有股）
	国有股	21510.6	59.93	颐和银丰实业有限公司 4.458%（非流通股）
	发起股	3880	10.81	北京祥恒科技有限公司 2.056%（非流通股）
	外资股			上海东点企业发展有限公司 1.198%（非流通股）
	募集股			天津开发区今朝工贸发展有限公司 0.836%（非流通股）
	流通A	10500	29.26	上海金轮橡胶轮胎有限公司 0.736%（非流通股）
	流通B			山西永兴化工有限公司 0.711%（非流通股）
	流通H			山西省太原市中都物资贸易有限公司 0.272%（非流通股）
股东户数	05年末	46874		太原双凯化工有限公司 0.272%（非流通股）
	04年末	48777		陈光耀 0.105%（流通A股）
其他流通股东	曹焕年 0.075%；李国 0.074%；王国英 0.072%；冯灼光 0.064%；王平 0.051%；蔡中田 0.05%			
近年分配	05预案:10派0.15；04年:10派0.2；03年:10派0.175	近年募资		

二〇〇五年以来市场表现

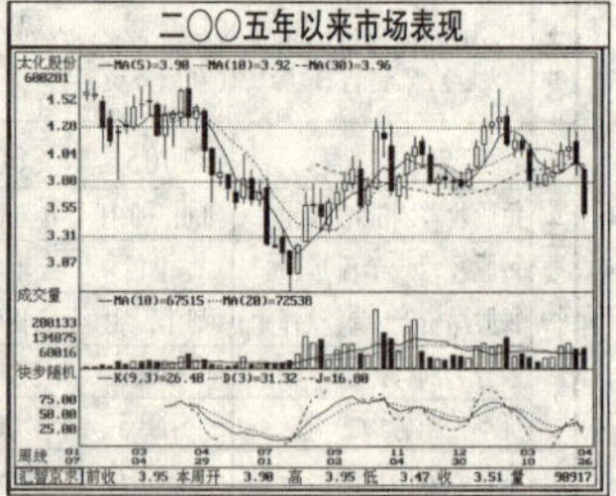

2005年涨跌幅(%)	-18.22
2005年最高(元)	4.76
2006年涨跌幅(%)	-6.4
2006.4.26收盘(元)	3.51
2006年最高(元)	4.62
2006年最低(元)	3.47
2006年换手率(%)	120.29
股改对价	

南钢股份（600282）

上市日期:00/09/19　　电话:025－7056780　　传真:025－7052184

主营	钢铁冶炼、钢材轧制及焦化副产品的生产与销售。			
	年　度	2005	2004	2003
主要指标	每股收益/扣除后(元)	0.44/0.404	1.04	0.97/0.96
	每股经营现金流量(元)	-0.097	0.79	0.97
	每股净资产/调整后(元)	3.79/3.77	5.1/5.08	4.36/4.33
	未分利润(万元)	98975.32	82825.38	58704.61
	资本公积(万元)	112648.53	80278.83	79945.11
利润构成	主营收入(万元)	1485910.45	1022567.03	682737.25
	主营利润(万元)	96155.57	99546.79	95285.75
	营业利润(万元)	55687.94	73194.21	78233.99
	投资收益(万元)		252.33	
	利润总额(万元)	57935.21	76004.36	73656.61
	净利润(万元)	41023.46	52321.02	48953.81
点评	2005年国内钢铁产能集中释放,各种原燃材料价格、运输成本等高企,钢价大幅下滑致使公司虽然产量提高迅速,盈利却同比下滑。公司主要产品中厚板广泛应用于造船等行业,需求前景良好,但供给同样有较大压力。			

	截止日期	05年末	占%	主要股东及持股比例%、持股性质
股本结构（万股）	总股本	93600		南京钢铁联合有限公司 60.6%（部分流通部分不流通）
	国有股	360	0.38	宁波大榭开发区投资控股有限公司 1.2%（流通A股）
	发起股	53640	57.31	中国对外经济贸易信托投资公司 1.07%（流通A股）
	外资股			全国社保基金一零八组合 0.56%（流通A股）
	募集股			银河银泰理财分红证券投资基金 0.51%（流通A股）
	流通A	39600	42.31	陈惠燕 0.25%（流通A股）
	流通B			博时裕富证券投资基金 0.24%（流通A股）
	流通H			景博证券投资基金 0.21%（流通A股）
股东户数	05年末	47175		华宝信托投资有限责任公司－集合类信托2005年第9号 0.21%（流通A股）
	04年末	38203		北京大学教育基金会 0.18%（流通A股）
其他流通股东				
近年分配	05预案:10派2；04年:10派3转增5；03年:10派3		近年募资	05年增发A股12000万股,发行价6.55元。

二〇〇五年以来市场表现

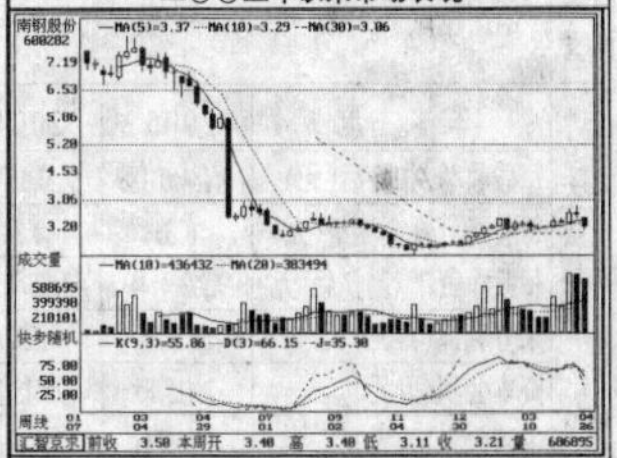

2005年涨跌幅(%)	-39.84
2005年最高(元)	7.86
2006年涨跌幅(%)	14.64
2006.4.26收盘(元)	3.21
2006年最高(元)	3.69
2006年最低(元)	2.79
2006年换手率(%)	174.44
股改对价	

钱江水利（600283）

上市日期:00/10/18　　电话:0571—87974387　　传真:0571—87974400

主营	水力发电、供水。			
	年　度	2005	2004	2003
主要指标	每股收益/扣除后(元)	0.08/0.04	0.06	0.1/0.05
	每股经营现金流量(元)	0.0113	-0.74	-0.41
	每股净资产/调整后(元)	3.17/2.64	3.12/2.65	3.12/2.63
	未分利润(万元)	6331.4	5700.61	6004.23
	资本公积(万元)	52183.3	51550.27	51498.89
利润构成	主营收入(万元)	24495.57	15733.37	21842.59
	主营利润(万元)	11074.09	7442.75	11710.14
	营业利润(万元)	3222.69	1309.3	2455.11
	投资收益(万元)	2187.86	1714.63	608.84
	利润总额(万元)	5119.48	2997.24	3552.64
	净利润(万元)	2202.65	1652.76	2885.6
点评	2005年,公司各项主要业务同比都有增长,其中发电量增幅更快,主营业务收入同比有较大幅度增长。公司供水主业在2005年做了很多先期准备工作,2006年将发挥更好的效益。公司的风险投资业务未来也将有较好发展。			

	截止日期	05年末	占%	主要股东及持股比例%、持股性质
股本结构（万股）	总股本	28533		水利部综合开发管理中心 21.14%（国有股）
	国有股	10432	36.56	浙江省水利水电投资集团有限公司 20.21%（非流通股）
	发起股	9601	33.65	浙江省水电实业公司 15.42%（国有股）
	外资股			嵊州市水电开发有限公司 13.32%（非流通股）
	募集股			山西信托投资有限责任公司荣宝信托 0.79%（流通A股）
	流通A	8500	29.79	楼文睿 0.14%（流通A股）
	流通B			李国祥 0.12%（非流通股）
	流通H			吕春花 0.07%（流通A股）
股东户数	05年末	44134		于蕾 0.07%（流通A股）
	04年末	47743		李正红 0.06%（流通A股）
其他流通股东	施锡尧 0.059%；吕珊 0.053%；史晓丹 0.053%；胡青迪 0.051%；温祖兵 0.049%			
近年分配	05预案:10派1；04年:10派0.5；03年:10派0.5		近年募资	

二〇〇五年以来市场表现

2005年涨跌幅(%)	-17.66
2005年最高(元)	4.38
2006年涨跌幅(%)	32.35
2006.4.26收盘(元)	4.5
2006年最高(元)	4.5
2006年最低(元)	3.38
2006年换手率(%)	98.86
股改对价	

G浦建（600284）

上市日期:04/03/16　　电话:021－68765756　　传真:021－68765759

主营	道路、公路、桥梁路面摊铺施工、其他市政基础工程施工、沥青销售和其他建筑材料销售。			
	年　度	2005	2004	2003
主要指标	每股收益/扣除后(元)	0.249	0.205	0.28/0.25
	每股经营现金流量(元)	0.428	0.356	0.3816
	每股净资产/调整后(元)	3.06/2.98	2.92/2.86	1.75/1.65
	未分利润(万元)	11891.39	9724.22	7209.85
	资本公积(万元)	29161.7	29411.29	196.09
利润构成	主营收入(万元)	80034.18	85349.8	64625.52
	主营利润(万元)	7391.33	6340.72	6549.77
	营业利润(万元)	3243.93	3304.18	4087.07
	投资收益(万元)	3417.35	1735.65	298.24
	利润总额(万元)	7050.97	5692.1	4903.22
	净利润(万元)	5621.95	4627.8	4138.29
点评	报告期内,公司建筑市场竞争激烈、原材料价格大幅上涨,施工毛利率逐步下滑。公司营收完成全年预算的114%,实现净利润同比增长21.48%。主要原因是公司积极调整经营方针,从原来单纯追求承接工程项目数量转变为注重工程项目的赢利性。			

	截止日期	05年末	占%	主要股东及持股比例%、持股性质
股本结构（万股）	总股本	22600		上海浦东发展(集团)有限公司 34.66%（国有股）
	国有股	8122.88	35.94	上海鹏欣(集团)有限公司 7.85%（非流通股）
	发起股	3917.12	17.33	上海张桥经济发展总公司 5.47%（非流通股）
	外资股			上海东缆技术工程有限公司 3.65%（非流通股）
	募集股			上海同济企业管理中心 1.28%（国有股）
	流通A	10560	46.73	上海弘城实业有限公司 0.36%（非流通股）
	流通B			李神彪 0.26%（流通A股）
	流通H			李连有 0.24%（流通A股）
股东户数	05年末	34872		陈炳谦 0.13%（流通A股）
	04年末	36888		吴少显 0.11%（流通A股）
其他流通股东	李永山 0.117%；涂昭豪 0.109%；刘晓梅 0.107%；赵晓兵 0.102%；王蓉 0.099%；张纯 0.099%			
近年分配	05预案:10派1.1；04年:10派1.05		近年募资	04年新发8000万股,发行价4.85元。

二〇〇五年以来市场表现

2005年涨跌幅(%)	-2.29
2005年最高(元)	6.35
2006年涨跌幅(%)	10.22
2006.4.26收盘(元)	4.53
2006年最高(元)	5.07
2006年最低(元)	4.05
2006年换手率(%)	253.6
股改对价	送股 每10股实际获得3.2股(05/12/21)

G 羚锐（600285）

上市日期：00/10/18　　电话：0397－2981650　　传真：0397－2987888

主营	中药硬膏剂、冲剂、搽剂、片剂、胶囊剂等的生产和销售。

	年　　度	2005	2004	2003
主要指标	每股收益/扣除后(元)	0.184/0.188	0.153	0.14/0.13
	每股经营现金流量(元)	0.33	0.35	0.24
	每股净资产/调整后(元)	4.52/4.44	4.38/4.32	4.3/4.25
	未分利润(万元)	5221.76	4153.96	3653.24
	资本公积(万元)	28415.85	28415.85	28341.45
利润构成	主营收入(万元)	39937.45	34004.65	23634.79
	主营利润(万元)	18901.76	18382.62	15639.45
	营业利润(万元)	2185.44	1410.37	892.91
	投资收益(万元)	110.29	265.83	520.24
	利润总额(万元)	2551.82	2006.53	1842.92
	净利润(万元)	1846.59	1533.65	1417.61

点评	报告期内，公司继续强化营销和治理，拓展品牌优势，保持了在硬膏剂行业的重要地位。公司主要产品实现了较大幅度的增长，市场占有率进一步提高。公司在药品透皮吸收缓释及控释技术领域加大了投入，力图在相关领域占有一席之地。

	截止日期	05年末	占%	主要股东及持股比例%、持股性质
股本结构（万股）	总股本	10036		信阳羚锐发展有限公司 18.95%（国有股）
	国有股	2565.3	25.56	上海复星医药产业发展有限公司 15.04%（非流通股）
	发起股	3470.7	34.58	新县鑫源贸易有限公司 11.24%（非流通股）
	外资股			信阳市建设投资总公司 6.61%（国有股）
	募集股			湖北盛阳卫星定位技术有限公司 5.98%（非流通股）
	流通 A	4000	39.86	熊维政 1.25%（非流通股）
	流通 B			张军兵 1.08%（非流通股）
	流通 H			中国银河证券有限责任公司 0.76%（流通 A 股）
股东户数	05年末	23021		刘金花 0.22%（流通 A 股）
	04年末	24850		李建民 0.215%（流通 A 股）
其他流通股东	江运英 0.199%；项卫 0.152%；石梅 0.148%；上海紫丁香建筑装饰工程有限公司 0.144%；周氏 0.127%			
近年分配	05 预案：10 派 0.5；04 年：10 派 0.5；03 年：10 派 0.8		近年募资	

二〇〇五年以来市场表现

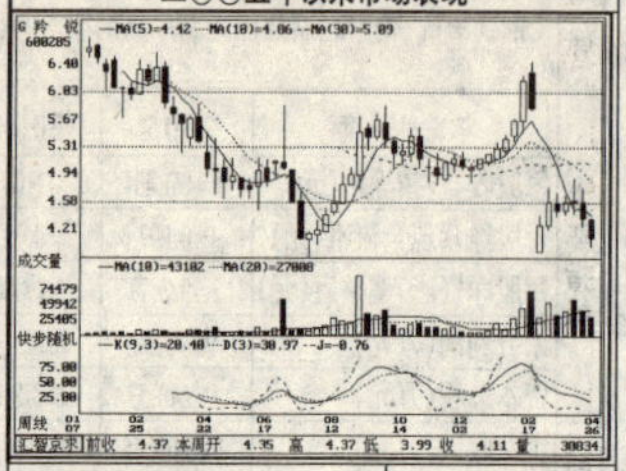

2005 年涨跌幅(%)	-19.61
2005 年最高(元)	6.76
2006 年涨跌幅(%)	1.19
2006.4.26 收盘(元)	4.11
2006 年最高(元)	6.43
2006 年最低(元)	5.1
2006 年换手率(%)	94.01
股改对价	送股 每 10 股实际获得 3 股(06/03/13)

＊ST 国瓷（600286）

上市日期：99/12/09　　电话：0731－5127960　　传真：0731－5127960

主营	日用陶瓷、碳化硅窑具、广场砖、电瓷电器产品的制造、销售；对医药领域的投资，精细化工产品、保健品的研究、开发，天然植物提取等。

	年　　度	2005	2004	2003
主要指标	每股收益/扣除后(元)	-5.01	-2.26	0.058/-0.02
	每股经营现金流量(元)		-1.84	-0.17
	每股净资产/调整后(元)	-4.7	0.31/0.21	3.25/3.22
	未分利润(万元)	-87101.4	-29989.23	2761.39
	资本公积(万元)	20545.28	20462.76	20440.67
利润构成	主营收入(万元)	21575.32	38263.15	47833.1
	主营利润(万元)	2944.15	4646.55	11968.49
	营业利润(万元)	-33688.43	-23382.55	53.13
	投资收益(万元)	-466.3	-1507.26	1401.5
	利润总额(万元)	-60525.1	-27208.46	1403.98
	净利润(万元)	-57112.18	-25724.15	660.09

点评	2005 年，公司瓷业仍然承担安置下岗职工及企业办社会等非生产经营性开支，医药产业转型没有给公司带来预期收益，加之大股东巨额资金占用，造成财务费用大幅度增加，公司经营业绩出现了大幅度亏损。

	截止日期	05年末	占%	主要股东及持股比例%、持股性质
股本结构（万股）	总股本	11400		上海鸿仪投资发展有限公司 28.42%（非流通股）
	国有股	360	3.16	株洲市财政局 3.16%（国有股）
	发起股			陈庆桃 0.73%（流通 A 股）
	外资股			北京佳丽娱乐有限公司 0.61%（流通 A 股）
	募集股	3528	30.95	陈迪 0.57%（流通 A 股）
	流通 A	7512	65.89	湖南日升物资贸易有限公司 0.57%（非流通股）
	流通 B			湖南省醴陵兴业总公司 0.37%（非流通股）
	流通 H			钟悦 0.31%（流通 A 股）
股东户数	05年末	22191		聂正 0.31%（流通 A 股）
	04年末	25659		钱雪民 0.3%（流通 A 股）
其他流通股东	李立昌 0.274%；崔炎新 0.256%；林少伟 0.241%；付卫华 0.189%			
近年分配			近年募资	

二〇〇五年以来市场表现

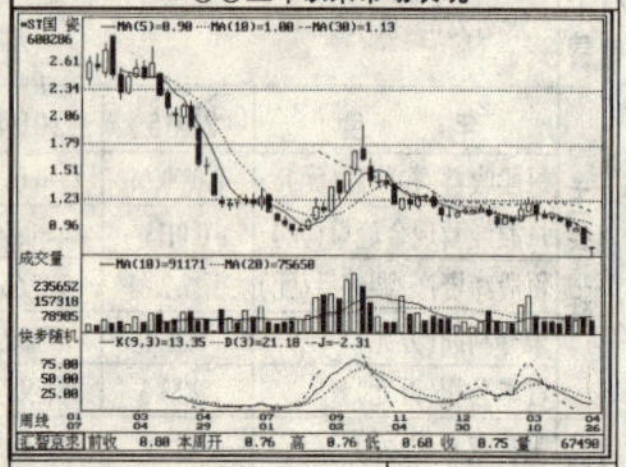

2005 年涨跌幅(%)	-54.07
2005 年最高(元)	2.89
2006 年涨跌幅(%)	-33.63
2006.4.26 收盘(元)	0.75
2006 年最高(元)	1.26
2006 年最低(元)	0.68
2006 年换手率(%)	169.32
股改对价	

G 舜天（600287）

上市日期：00/09/01　　电话：025－4208688　　传真：025－4201927

主营	各类服装、面料、辅料及相关的纺织服装产品的进出口贸易。

	年　　度	2005	2004	2003
主要指标	每股收益/扣除后(元)	0.082/0.07	0.153	0.46/0.38
	每股经营现金流量(元)	0.5537	1.2717	0.2269
	每股净资产/调整后(元)	1.91/1.9	1.88/1.87	3.78/3.76
	未分利润(万元)	8172.17	11004.19	11206.71
	资本公积(万元)	23516.76	21306.3	42847.51
利润构成	主营收入(万元)	641471.37	552053.88	411530.77
	主营利润(万元)	52695.77	51652.23	45240.36
	营业利润(万元)	10620.44	17802.06	14895.97
	投资收益(万元)	-385.29	-3250.47	782.77
	利润总额(万元)	12654.75	14379.28	17245.37
	净利润(万元)	3581.89	6684.48	10009.22

点评	2005 年我国纺织品服装出口受国际、国内宏观政策影响极大，先后面临纺织品取消配额限制后国内无序竞争加剧等诸多不利因素。这些直接导致公司毛利率下滑，净利润大幅下降。

	截止日期	05年末	占%	主要股东及持股比例%、持股性质
股本结构（万股）	总股本	43679.61		江苏舜天国际集团有限公司 60.39%（国有股）
	国有股	26376.61	60.39	江苏省纺织品进出口集团股份有限公司 2.35%（非流通股）
	发起股			江苏航空产业集团有限责任公司 1.31%（非流通股）
	外资股			中国外运江苏公司 1.24%（非流通股）
	募集股	5057.01	11.58	江苏开元国际集团轻工业品进出口股份有限公司 0.98%（非流通股）
	流通 A	12245.99	28.04	广东省广新外贸轻纺控股公司 0.65%（非流通股）
	流通 B			江苏弘业股份有限公司 0.65%（非流通股）
	流通 H			江苏东恒国际集团有限公司 0.65%（非流通股）
股东户数	05年末	28088		江苏汇鸿国际集团有限公司 0.65%（非流通股）
	04年末	30174		江苏苏豪国际集团股份有限公司 0.52%（非流通股）
其他流通股东	扬州双扬机械有限责任公司 0.175%；史正兴 0.167%；刘学林 0.085%；杨燕萍 0.082%；杨勇 0.08%；杨倩 0.073%			
近年分配	05 预案：10 派 0.9；04 年：10 派 1.3；03 年：10 派 2.5 转增 10		近年募资	

二〇〇五年以来市场表现

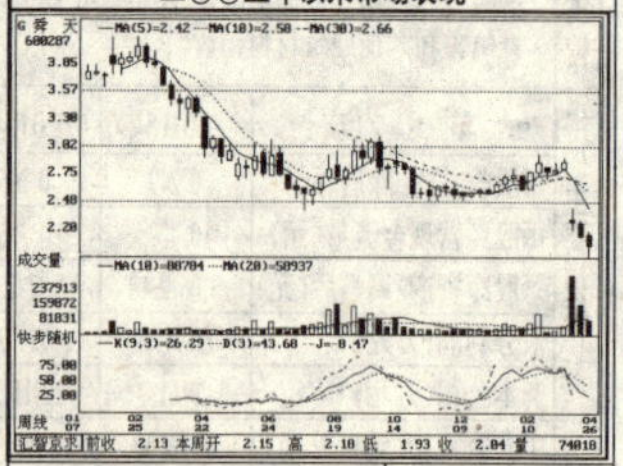

2005 年涨跌幅(%)	-27.42
2005 年最高(元)	4.12
2006 年涨跌幅(%)	8.75
2006.4.26 收盘(元)	2.04
2006 年最高(元)	3.3
2006 年最低(元)	2.57
2006 年换手率(%)	67.65
股改对价	送股 每 10 股实际获得 3.7 股(06/04/12)

G大恒（600288）

上市日期:00/11/29　电话:010－82827850　传真:010－82827853

主营	以光机电一体化产品和信息技术产品为主要内容的高新技术产品开发、生产和经营；市场设施开发、经营；汽车及零件销售三足鼎立的格局。

	年　度	2005	2004	2003
主要指标	每股收益/扣除后(元)	0.205/0.19	0.176	0.234/0.219
	每股经营现金流量(元)	0.525	0.013	0.19
	每股净资产/调整后(元)	3.89/3.85	3.71/3.67	3.63/3.59
	未分利润(万元)	14627.59	11883.06	11469.79
	资本公积(万元)	37799.63	37799.63	37783.42
利润构成	主营收入(万元)	318417.74	280012.15	242295.98
	主营利润(万元)	30370.85	26577.65	27144.18
	营业利润(万元)	4771.54	4063.15	6340.16
	投资收益(万元)	906.83	184.98	-57.44
	利润总额(万元)	7962.9	6623.39	7706.46
	净利润(万元)	4294.64	3697.04	4909.13

点评	公司主营信息技术和办公自动化产品，产品核心竞争力不强，产品盈利较差。公司拟将主业由电视数字网络编辑及播放系统、半导体元器件和其他光机电一体化产品转移，目前新业务稳定增长。

	截止日期	05年末	占%	主要股东及持股比例%、持股性质
股本结构（万股）	总股本	21000		中国新纪元有限公司 42.86%（非流通股）
	国有股			北京中关村科学城建设股份有限公司 21.43%（非流通股）
	发起股	13500	64.29	中国银河证券有限责任公司 0.26%（流通A股）
	外资股			杨夏兵 0.12%（流通A股）
	募集股			姚玉红 0.09%（流通A股）
	流通A	7500	35.71	余杭区华临山庄老年公寓有限公司 0.08%（流通A股）
	流通B			王晋中 0.077%（流通A股）
	流通H			周琳 0.076%（流通A股）
股东户数	05年末	36045		章丽平 0.072%（流通A股）
	04年末	38191		江苏省江海粮油贸易公司 0.069%（流通A股）
其他流通股东	钟悦 0.069%；朱定芳 0.068%			
近年分配	05预案:10派0.6转增6；04年:10派0.5；03年:10派1			近年募资

二〇〇五年以来市场表现

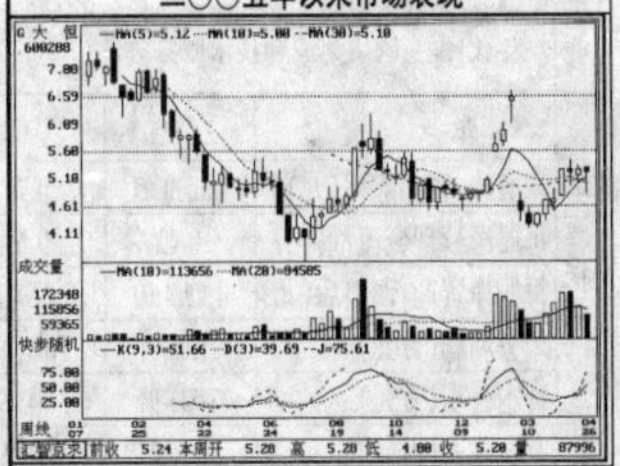

2005年涨跌幅(%)	-26.69
2005年最高(元)	7.58
2006年涨跌幅(%)	38.74
2006.4.26收盘(元)	5.2
2006年最高(元)	7.3
2006年最低(元)	5.57
2006年换手率(%)	159.79
股改对价	送股 每10股实际获得3.5股(06/03/01)

亿阳信通（600289）

上市日期:00/07/20　电话:010－88157899　传真:010－88140589

主营	从事电信、金融、石化等行业计算机应用软件的开发、生产、销售及系统集成业务。

	年　度	2005	2004	2003
主要指标	每股收益/扣除后(元)	0.32/0.32	0.5	0.9/0.823
	每股经营现金流量(元)	1	-0.36	0.8745
	每股净资产/调整后(元)	5.32/5.18	5.07/4.97	9.63/9.54
	未分利润(万元)	25369.16	21642.89	18003.41
	资本公积(万元)	57213.26	57134.79	67723.79
利润构成	主营收入(万元)	66354.94	75142.72	63520.93
	主营利润(万元)	21827.12	24905.4	25071.85
	营业利润(万元)	6015.79	9877.12	10971.63
	投资收益(万元)	72.28	-729.8	-1060.15
	利润总额(万元)	8388.79	11782.05	10577.43
	净利润(万元)	6881.04	10547.83	9533.66

点评	2005年，公司经营业绩受行业投资变化的影响较大。公司针对运营业务变化的新特点，积极研发新产品，加强了产品规划层的研发力度；面向3G应用方面，公司也做了相关的预研工作，参与了运营商相关规范的制定工作。

	截止日期	05年末	占%	主要股东及持股比例%、持股性质
股本结构（万股）	总股本	21178		亿阳集团股份有限公司 48.58%（非流通股）
	国有股	693.58	3.28	哈尔滨市光大电脑有限公司 6.82%（非流通股）
	发起股	12484.42	58.95	哈尔滨现代设备安装有限公司 3.55%（非流通股）
	外资股			中国银行－嘉实服务增值行业证券投资基金 2.13%（流通A股）
	募集股			北京市北邮通信技术公司 1.91%
	流通A	8000	37.78	北京北邮新大科技开发公司 1.36%（国有股）
	流通B			中国银行－湘财荷银行业精选证券投资基金 0.47%（流通A股）
	流通H			交通银行－湘财合丰价值优化型成长类行业基金 0.44%（流通A股）
股东户数	05年末	25715		交通银行－金鹰中小盘精选证券投资基金 0.39%（流通A股）
	04年末	22116		中国工商银行－东吴嘉禾优势精选混合型开放式证券投资基金 0.36%（流通A股）
其他流通股东	中国银行－嘉实服务增值行业证券投资基金 2.133%；中天证券有限责任公司 0.359%			
近年分配	05预案:10派1；04年:10派1；03年:10派5转增10			近年募资

二〇〇五年以来市场表现

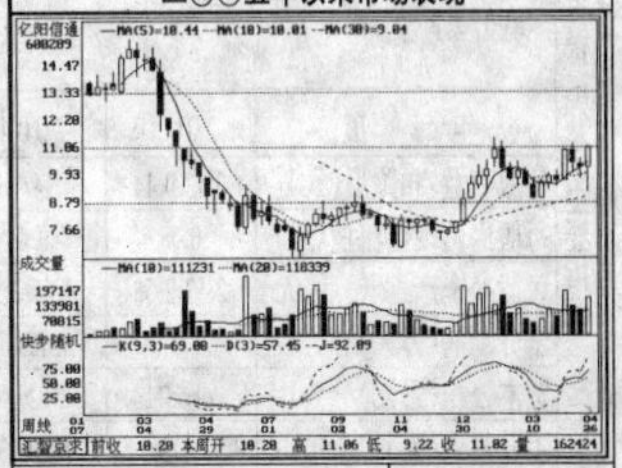

2005年涨跌幅(%)	-35.71
2005年最高(元)	15.6
2006年涨跌幅(%)	23.82
2006.4.26收盘(元)	11.02
2006年最高(元)	11.42
2006年最低(元)	8.9
2006年换手率(%)	254.1
股改对价	

苏福马（600290）

上市日期:00/11/06　电话:0512－66627610　传真:0512－66627642

主营	林业机械、人造板成套设备、木工机械的开发制造

	年　度	2005	2004	2003
主要指标	每股收益/扣除后(元)	-0.21/-0.12	0.01	0.06/0.06
	每股经营现金流量(元)	-0.21	0.14	0.59
	每股净资产/调整后(元)	1.15/1.02	1.35/1.24	1.34/1.26
	未分利润(万元)	-1714.24	1950.5	1769.57
	资本公积(万元)	3404.26	3284.32	3240.36
利润构成	主营收入(万元)	32251.61	36514.16	31203.89
	主营利润(万元)	3491.27	7924.62	7740.24
	营业利润(万元)	-2018.21	1225.27	1684.33
	投资收益(万元)	-288.43	-1170.77	-258.55
	利润总额(万元)	-3952.8	59.34	1503.3
	净利润(万元)	-3664.74	141.89	1091.59

点评	主营的人造板机械、木工机械产品市场竞争激烈、价格下调，主要原材料维持高位，收入下滑；外部投资参控股公司亏损严重，诉讼赔款更让公司雪上加霜。致使公司2005年大幅亏损。虽然国家建设新农村战略使公司木工机械业绩受惠，但公司未来前景仍不乐观。

	截止日期	05年末	占%	主要股东及持股比例%、持股性质
股本结构（万股）	总股本	17430		中国福马林业机械集团有限公司 59.68%（非流通股）
	国有股	10483.87	60.15	东北证券有限责任公司 4.66%（流通A股）
	发起股	646.13	3.71	吴江电子仪器厂 1.48%（非流通股）
	外资股			吴县市黄桥林机配套厂 0.94%（非流通股）
	募集股			苏州市吴中区胥口冷作厂 0.82%（非流通股）
	流通A	6300	36.14	中国林业机械广州公司 0.47%（非流通股）
	流通B			苏州市协力环保设备有限公司 0.47%（非流通股）
	流通H			赵彦 0.31%（流通A股）
股东户数	05年末	5851		贾璐 0.25%（流通A股）
	04年末	7327		陈兴华 0.24%（流通A股）
其他流通股东	周叶红 0.216%；李华 0.214%；邓勇 0.213%；胡淑珍 0.209%；刘淑芬 0.207%；李文华 0.204%			
近年分配				近年募资

二〇〇五年以来市场表现

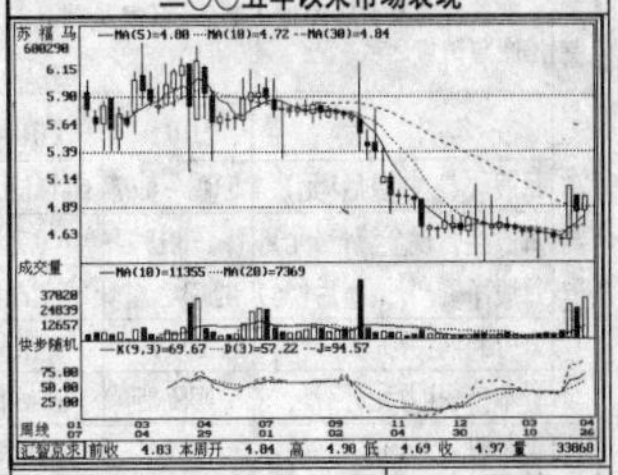

2005年涨跌幅(%)	-24.23
2005年最高(元)	6.4
2006年涨跌幅(%)	6.65
2006.4.26收盘(元)	4.97
2006年最高(元)	5.08
2006年最低(元)	4.38
2006年换手率(%)	21.75
股改对价	

G 西水（600291）

上市日期:00/07/31　电话:0473－4663855　传真:0473－4663855

主营	水泥、商品熟料的生产与销售;计算机软硬件、网络产品研发、销售及网络集成和技术服务等。

	年　度	2005	2004	2003
主要指标	每股收益/扣除后(元)	0.05/0.05	0.29	0.3/0.3
	每股经营现金流量(元)	0.49	0.62	0.31
	每股净资产/调整后(元)	4.27/4.09	4.22/4.08	3.93/3.74
	未分利润(万元)	11305.91	11084.98	8134.78
	资本公积(万元)	34543.94	34543.94	34543.94
利润构成	主营收入(万元)	54196.25	80445.96	67963.4
	主营利润(万元)	10450.37	15936.85	13658.7
	营业利润(万元)	-1622.55	3662.51	5679.13
	投资收益(万元)	770	774.74	63.9
	利润总额(万元)	1026.3	5489.59	5704.02
	净利润(万元)	760.37	4647.31	4797.73

点评	2005年,水泥业务在宏观调控导致水泥市场需求放缓、产品价格下跌的困难形势下,实现主营收入基本稳定,但净利润因煤、电等成本上升大幅下降。电子业务因转让子公司导致收入大幅下降。公司盈利主要来自投资收益和补贴收入。

	截止日期	05年末	占%	主要股东及持股比例%、持股性质
股本结构(万股)	总股本	16000		乌海市国有资产管理委员会 16.02% (国有股)
	国有股	2563.2	16.02	上海德莱科技有限公司 14.27% (非流通股)
	发起股	7436.8	46.48	内蒙古乌海西卓子山第三产业开发公司 14.08% (非流通股)
	外资股			内蒙古乌海西卓子山建筑安装公司 9.04% (非流通股)
	募集股			北京新天地互动多媒体技术有限公司 8.88% (非流通股)
	流通A	6000	37.5	乌海市工业设计研究所 0.21% (非流通股)
	流通B			李秀燕 0.093% (流通A股)
	流通H			吕咸民 0.068% (流通A股)
股东户数	05年末	31256		刘强 0.068% (流通A股)
	04年末	34714		黄炳德 0.063% (流通A股)
其他流通股东	谢天强 0.063%;黄春生 0.063%;李学芬 0.063%;徐友芳 0.062%;胡志挑 0.061%;王耀明 0.06%			
近年分配		近年募资		

二〇〇五年以来市场表现

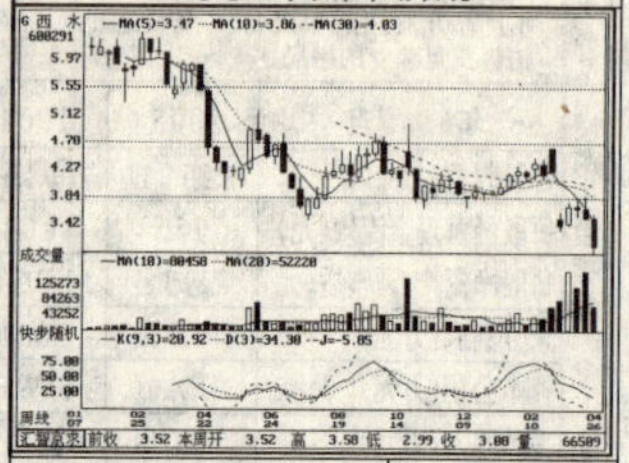

2005年涨跌幅(%)	-36.89
2005年最高(元)	6.4
2006年涨跌幅(%)	4.25
2006.4.26收盘(元)	3.08
2006年最高(元)	5.1
2006年最低(元)	3.88
2006年换手率(%)	118.02
股改对价	送股 每10股实际获得3.2股(06/03/29)

G 九电（600292）

上市日期:00/11/01　电话:023－68787928　传真:023－68787944

主营	电力生产

	年　度	2005	2004	2003
主要指标	每股收益/扣除后(元)	0.13/0.14	0.14/0.13	0.368/0.364
	每股经营现金流量(元)	0.58	0.42	0.281
	每股净资产/调整后(元)	2.57/2.56	2.56/2.56	5.08/5.05
	未分利润(万元)	12873.35	13756.72	14531.91
	资本公积(万元)	29693.1	29629.65	46189.05
利润构成	主营收入(万元)	135172.9	69008.32	39731.31
	主营利润(万元)	18789.58	13782.16	11113.65
	营业利润(万元)	5669.52	6160.65	7848.17
	投资收益(万元)	539.08	-424.07	-821.71
	利润总额(万元)	6526.49	6239.85	7576.91
	净利润(万元)	4487.39	4658.99	6150.91

点评	2005年公司的发售电量保持了较大幅度增长。不过,由于重庆地区电力市场竞争激烈、燃煤成本高位运行、脱硫成本高等一系列问题,成本也有比较大幅度的增长。2005年的净利润同比有微幅的下跌。2006年,公司业绩增长的幅度将会放缓。

	截止日期	05年末	占%	主要股东及持股比例%、持股性质
股本结构(万股)	总股本	33450		重庆市电力公司 26.48% (国有股)
	国有股	15658.2	46.81	重庆市建设投资公司 17.94% (国有股)
	发起股	1600	4.78	中国电力投资集团公司 10.81% (非流通股)
	外资股			重庆松藻煤电有限责任公司 1.79% (非流通股)
	募集股	4191.8	12.53	重庆铁路投资开发有限责任公司 1.2% (非流通股)
	流通A	12000	35.87	南桐矿务局 1.2% (非流通股)
	流通B			重庆煤炭集团物资有限责任公司 1.2% (国有股)
	流通H			重庆天府矿业有限责任公司 1.2% (国有股)
股东户数	05年末	33964		重庆珞电实业有限责任公司 1.2% (非流通股)
	04年末	33029		黑龙江省华富电力投资有限公司 0.61% (流通A股)
其他流通股东	韩华 0.332%;中国工商银行－广发聚富开放式证券投资基金 0.299%;许文 0.212%;罗敬钥 0.175%;高泽鸿 0.158%			
近年分配	05预案:10派1.2;04中期:10转增10年终:10派1.25;03年:10派3	近年募资		

二〇〇五年以来市场表现

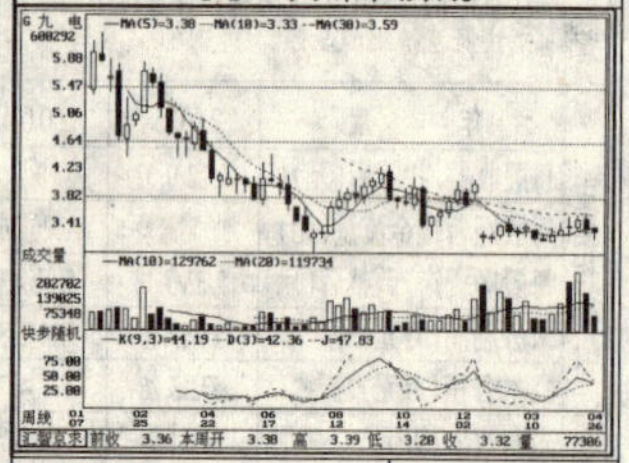

2005年涨跌幅(%)	-24.82
2005年最高(元)	6.29
2006年涨跌幅(%)	9.29
2006.4.26收盘(元)	3.32
2006年最高(元)	4.75
2006年最低(元)	4.16
2006年换手率(%)	120.84
股改对价	送股 每10股实际获得3.2股(06/01/19)

三峡新材（600293）

上市日期:00/09/19　电话:0717－3280108　传真:0717－8934018

主营	平板玻璃及玻璃深加工制品、石膏及制品等新型建材的生产与销售。

	年　度	2005	2004	2003
主要指标	每股收益/扣除后(元)	0.008/-0.07	0.064/0.06	0.03/0.02
	每股经营现金流量(元)	-0.15	0.25	-0.098
	每股净资产/调整后(元)	2.73/2.71	2.72/2.72	2.66/2.65
	未分利润(万元)	3391.97	3211.64	1697.03
	资本公积(万元)	39366.85	39366.85	39366.85
利润构成	主营收入(万元)	46657.34	41718.77	37987.45
	主营利润(万元)	4333.71	8446.61	6855.56
	营业利润(万元)	-1096.78	2158.01	880.83
	投资收益(万元)	155.2	175.17	247.17
	利润总额(万元)	19.86	2492.91	1448.86
	净利润(万元)	206.63	1764.9	808.46

点评	公司浮法玻璃在湖北省内的市场占有率为48.98%。2005年,公司浮法玻璃等产品有一定程度增长,但由于纯碱、重油等原燃料价格大幅上涨及浮法玻璃销价下跌,导致公司净利润同比大幅下降。

	截止日期	05年末	占%	主要股东及持股比例%、持股性质
股本结构(万股)	总股本	27430		当阳市国有资产管理局 21.14% (国有股)
	国有股	5800	21.14	海南宗宣达实业投资有限公司 17.29% (非流通股)
	发起股	487.63	1.78	当阳市国中安投资有限公司 14.39% (非流通股)
	外资股			湖北荆玻(集团)玻璃总厂 1.33% (非流通股)
	募集股	10341.97	37.7	中国东方资产管理公司 0.98% (非流通股)
	流通A	10800.4	39.37	上海邦联科技实业有限公司 0.95% (非流通股)
	流通B			国家建材局蚌埠玻璃工业设计研究院 0.92% (非流通股)
	流通H			当阳电力联营公司 0.8% (非流通股)
股东户数	05年末	28940		福建省鑫源建设发展有限公司 0.62% (非流通股)
	04年末	31401		上海启元科技投资有限公司 0.57% (非流通股)
其他流通股东	杨群 0.32%;黄佳宜 0.218%;邹启江 0.192%;蒋利娟 0.169%;岳晓强 0.108%;林志强 0.099%;许高树 0.093%			
近年分配		近年募资		

二〇〇五年以来市场表现

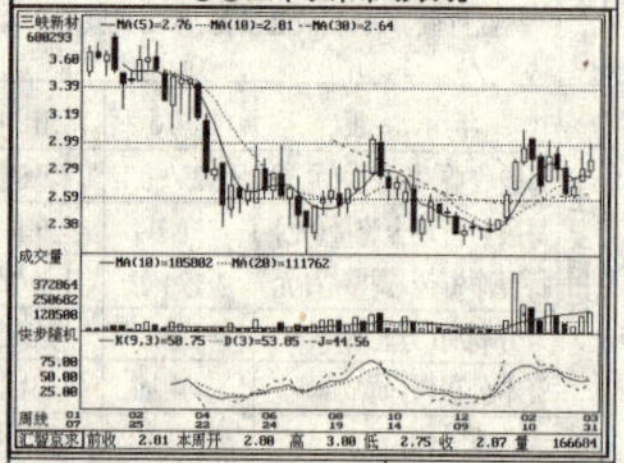

2005年涨跌幅(%)	-33.24
2005年最高(元)	3.8
2006年涨跌幅(%)	22.13
2006.4.26收盘(元)	2.87
2006年最高(元)	3.09
2006年最低(元)	2.36
2006年换手率(%)	183.15
股改对价	

G 鄂绒（600295/900936）

上市日期:A: 01/04/26 B: 95/10/20 电话:0477－8543509 传真:0477－8523812

主营	生产及销售羊绒制品			
	年 度	2005	2004	2003
主要指标	每股收益/扣除后(元)	0.18/0.15	0.16	0.17
	每股经营现金流量(元)	0.21	0.76	0.24
	每股净资产/调整后(元)	3.13/3.11	3.07/3.05	3.02/3
	未分利润(万元)	25315.72	22259.82	18729.25
	资本公积(万元)	167895.28	167895.28	167895.28
利润构成	主营收入(万元)	293992.41	309750.43	291719.79
	主营利润(万元)	88372.59	89570.85	74838.37
	营业利润(万元)	24275.03	24171.43	23703.86
	投资收益(万元)	1200.87	－207.67	1650.63
	利润总额(万元)	26517.27	24379.93	25003.98
	净利润(万元)	18164.59	16294.79	17523.24
点评	公司主要从事无毛绒、羊绒纱、羊绒衫等羊绒制品的生产与销售。2005年,处于独特行业中的公司并没有呈现良好的业绩表现。2006年,公司的经营环境没有发生质的变化,其经营业绩会保持05年的水平。			

股本结构(万股)	截止日期	05年末	占%	主要股东及持股比例%、持股性质
	总股本	103200		内蒙古鄂尔多斯羊绒集团有限责任公司 43.8%（非流通股）
	国有股			TOYO SECURITIES ASIA LTD. A/C CLIENT 2.4%（流通B股）
	发起股	45200	43.8	通乾基金 1%（流通A股）
	外资股			NAITO SECURITIES CO. LTD. 1%（流通B股）
	募集股			伊泰集团 0.7%（流通A股）
	流通A	16000	15.5	GLORY INSIGHT LIMITED 0.7%（流通B股）
	流通B	42000	40.7	DEUTSCHE BANK LONDON 0.6%（流通B股）
	流通H			国都证券 0.5%（流通A股）
股东户数	05年末	79297		AIZAWA SECURITIES CO. LTD. 0.5%（流通B股）
	04年末	92694		银河证券 0.4%（流通A股）
其他流通股东	行业景气 0.339%			
近年分配	05预案:10派1.3;04年:10派1.2;03年:10派1		近年募资	

二〇〇五年以来市场表现

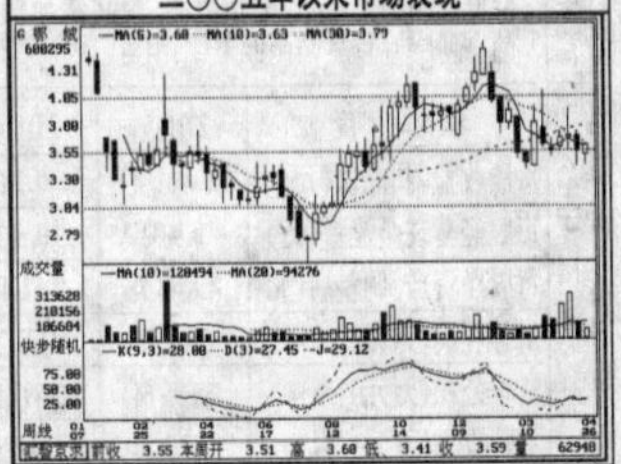

2005年涨跌幅(%)	2.45
2005年最高(元)	4.68
2006年涨跌幅(%)	－3.84
2006.4.26收盘(元)	3.59
2006年最高(元)	5.22
2006年最低(元)	4.06
2006年换手率(%)	70.99
股改对价	送股 每10股实际获得2股(06/02/08)

兰州铝业（600296）

上市日期:00/07/19 电话:0931－7549414 传真:0931－7558888

主营	铝锭、铝材的生产和销售。			
	年 度	2005	2004	2003
主要指标	每股收益/扣除后(元)	0.207/0.24	0.198	0.571/0.583
	每股经营现金流量(元)	－0.125	0.211	0.208
	每股净资产/调整后(元)	5.32/5.29	5.11/5.09	5.62/5.6
	未分利润(万元)	42666.16	34810.66	27283.66
	资本公积(万元)	169244.33	169244.33	93497.43
利润构成	主营收入(万元)	275459.56	258730.98	256185.86
	主营利润(万元)	36377.87	33561.16	46270.65
	营业利润(万元)	15249.87	13319.48	19274.31
	投资收益(万元)			－35.34
	利润总额(万元)	12997.66	12633.48	18839.56
	净利润(万元)	11232.21	10758.6	16835.62
点评	2005年面对氧化铝和电力价格持续高位的不利局面,公司强化经营管理,生产经营稳健高效,业绩保持平稳发展。2006年公司将在确保平稳生产的前提下,抓管理,降成本,采取灵活主动的营销策略,把握市场机遇,以取得较好的经营成绩。			

股本结构(万股)	截止日期	05年末	占%	主要股东及持股比例%、持股性质
	总股本	54232.66		中国铝业股份有限公司 28%（国有股）
	国有股	24050.58	44.35	兰州铝厂 14.65%（国有股）
	发起股			全国社保基金一零二组合 2.02%（流通A股）
	外资股			山西铝厂 1.92%（流通A股）
	募集股			交通银行－汉兴证券投资基金 1.84%（流通A股）
	流通A	30182.08	55.65	兰州经济信息咨询公司 1.69%（国有股）
	流通B			交通银行－科瑞证券投资基金 1.32%（流通A股）
	流通H			中国工商银行－银河银泰理财分红证券投资基金 1.22%（流通A股）
股东户数	05年末	64385		林星兰 1.15%（流通A股）
	04年末	80156		濮文 0.95%（流通A股）
其他流通股东	全国社保基金一零九组合 0.834%;中国工商银行－申万巴黎盛利精选证券投资基金 0.816%			
近年分配	03年:10转增3		近年募资	03年增发A股12216.9811万股,发行价8.48元。

二〇〇五年以来市场表现

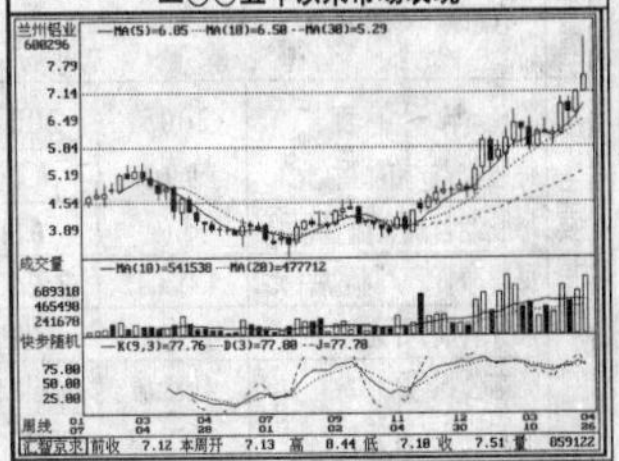

2005年涨跌幅(%)	7.93
2005年最高(元)	5.46
2006年涨跌幅(%)	53.27
2006.4.26收盘(元)	7.51
2006年最高(元)	8.44
2006年最低(元)	4.61
2006年换手率(%)	285.34
股改对价	

美罗药业（600297）

上市日期:00/11/16 电话:0411－84820297 传真:0411－84820297

主营	化学原料药、化学制剂、医药器械、植物药等医药产品的生产、销售和各类药品的批发、零售。			
	年 度	2005	2004	2003
主要指标	每股收益/扣除后(元)	0.12	0.11	0.12/0.102
	每股经营现金流量(元)	0.4904	0.2785	0.11
	每股净资产/调整后(元)	4.99/4.84	4.9/4.75	4.81/4.64
	未分利润(万元)	8211.4	7064.67	6004.42
	资本公积(万元)	36480.53	36450.53	36450.53
利润构成	主营收入(万元)	59286.95	68870.02	73461.21
	主营利润(万元)	11287.89	12643.77	14875.79
	营业利润(万元)	1337.5	1304.97	1416.21
	投资收益(万元)	－109.27	－118.71	－70.55
	利润总额(万元)	1050.43	1274.37	1373.58
	净利润(万元)	1339.51	1215.95	1344.79
点评	全国青霉素、链霉素四大巨头之一。公司的主业由医药工业和医药商业两部分构成。2005年因药品价格下降,导致医药工业的销售收入下滑,而医药流通领域的毛利率较低。所以2005年公司净利润出现下滑。			

股本结构(万股)	截止日期	05年末	占%	主要股东及持股比例%、持股性质
	总股本	11500		大连美罗集团有限公司 63.39%（非流通股）
	国有股			大连凯飞化学股份有限公司 0.89%（非流通股）
	发起股	7500	65.22	大连金斯曼医药科技开发有限公司 0.52%（非流通股）
	外资股			王德志 0.5%（流通A股）
	募集股			大连德生医疗器械有限公司 0.31%（非流通股）
	流通A	4000	34.78	韦华战 0.21%（流通A股）
	流通B			王阳康 0.17%（流通A股）
	流通H			魏连庆 0.14%（流通A股）
股东户数	05年末	25668		苗秀华 0.12%（流通A股）
	04年末	27234		杨桂荣 0.11%（流通A股）
其他流通股东	林财宝 0.105%;梁为建 0.104%;罗美艳 0.1%;刘霞 0.087%			
近年分配			近年募资	

二〇〇五年以来市场表现

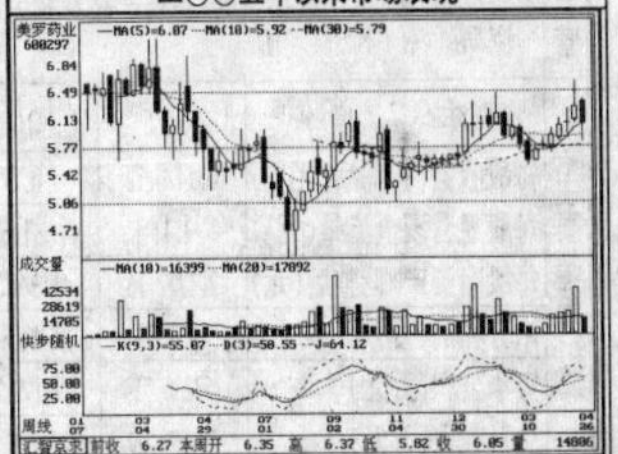

2005年涨跌幅(%)	－15.21
2005年最高(元)	7.2
2006年涨跌幅(%)	7.46
2006.4.26收盘(元)	6.05
2006年最高(元)	6.6
2006年最低(元)	5.52
2006年换手率(%)	80.38
股改对价	

G 安琪（600298）

上市日期：00/08/18　　电话：0717－6369865　　传真：0717－6369865

主营	酵母及深加工产品、生物制品、食品添加剂、豆制品、奶制品、调味品、粮食制品的生产、销售。			
	年　度	2005	2004	2003
主要指标	每股收益/扣除后(元)	0.46/0.4	0.396	0.306/0.28
	每股经营现金流量(元)	0.9032	0.523	0.5833
	每股净资产/调整后(元)	4.85/4.88	4.62/4.6	4.56/4.55
	未分利润(万元)	5500.11	4122.29	2978.13
	资本公积(万元)	38095.64	37792.55	37635.61
利润构成	主营收入(万元)	70562.36	54475	39500.78
	主营利润(万元)	22310.1	20872.59	14949.32
	营业利润(万元)	7207.98	8397.85	5806.32
	投资收益(万元)	－259.97	－470.69	－1009.82
	利润总额(万元)	7145.33	7118.75	5207.18
	净利润(万元)	6236.6	5366.88	4148.08
点评	尽管2005年公司面临着食糖成本的上升，但销售规模的扩大很好地抵御了成本的上升。公司主导产品酵母销量首次突破3万吨，同比增长27.5%，同时公司继续推进国际化进程，全年出口收入达到1.75亿元，同比增长65.24%，创历史最高水平。			

	截止日期	05年末	占%	主要股东及持股比例%、持股性质
股本结构（万股）	总股本	13570		湖北安琪生物集团有限公司 50.99%（国有股）
	国有股	7300	53.8	新理益集团有限公司 14.37%（非流通股）
	发起股	2770	20.41	大鹏资产管理有限责任公司 4.94%（非流通股）
	外资股			宜昌西陵酒业有限公司 2.43%（国有股）
	募集股			应财金 0.77%（流通A股）
	流通A	3500	25.79	贵州润丰(集团)实业有限公司 0.74%（非流通股）
	流通B			宜昌溢美堂调味品有限公司 0.37%（国有股）
	流通H			上海泛罡电脑网络开发有限公司 0.33%（非流通股）
股东户数	05年末	18449		中国建设银行－东方龙混合型开放式证券投资基金 0.29%（流通A股）
	04年末	20369		周海峰 0.28%（流通A股）
其他流通股东	国泰君安－建行－香港上海汇丰银行有限公司 0.213%；江西省财政投资管理公司 0.153%			
近年分配	05方案：10派2.5；04年：10派2.5；03年：10派3.5		近年募资	

二〇〇五年以来市场表现

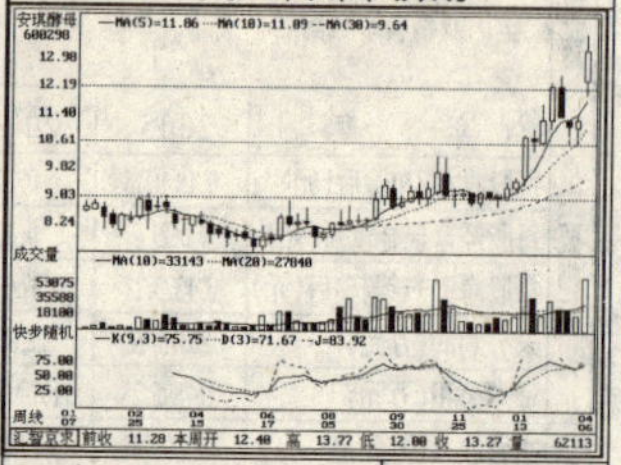

2005年涨跌幅(%)	10.14
2005年最高(元)	10.45
2006年涨跌幅(%)	42.54
2006.4.26收盘(元)	13.27
2006年最高(元)	13.77
2006年最低(元)	9.26
2006年换手率(%)	90.57
股改对价	送股 每10股实际获得3.2股(06/04/28)

星新材料（600299）

上市日期：00/04/20　　电话：010－64411094　　传真：010－64429425

主营	有机硅、双酚A及环氧树脂的生产与销售。			
	年　度	2005	2004	2003
主要指标	每股收益/扣除后(元)	0.902	0.416	0.24/0.24
	每股经营现金流量(元)	3.66	0.84	0.723
	每股净资产/调整后(元)	4.45/4.43	3.72/3.63	3.64/3.61
	未分利润(万元)	26586.89	13469.17	7797.79
	资本公积(万元)	47688.66	46618.53	46618.53
利润构成	主营收入(万元)	248978.88	188023.83	117462.06
	主营利润(万元)	53059.54	28560.09	17268.43
	营业利润(万元)	24113.59	10886.58	6929.98
	投资收益(万元)	－2.52		
	利润总额(万元)	22390.88	10780.52	7000.4
	净利润(万元)	21644.38	9986.5	5816.43
点评	2005年公司盈利大幅增长，主要得益于主导产品有机硅盈利能力的提升，主要是因为有机硅产品在报告期内的平均售价水平较上年提高所致。主导产品有机硅毛利率的大幅提升的抵消了双酚A等其他产品盈利能力下降给公司带来的不利影响。			

	截止日期	05年末	占%	主要股东及持股比例%、持股性质
股本结构（万股）	总股本	24000		中国蓝星(集团)总公司 62.91%（国有股）
	国有股	16000	66.67	招商银行股份有限公司－中信经典配置证券投资基金 2.32%（流通A股）
	发起股			中国银行－华夏回报证券投资基金 1.33%（流通A股）
	外资股			中国银行－湘财荷银行业精选证券投资基金 1.3%（流通A股）
	募集股			交通银行－国泰金鹰增长证券投资基金 1.01%（流通A股）
	流通A	8000	33.33	中国建设银行－上投摩根中国优势证券投资基金 0.96%（流通A股）
	流通B			国营长风机器厂 0.94%（国有股）
	流通H			化学工业部连云港设计研究院 0.94%（国有股）
股东户数	05年末	23003		化学工业部合成材料研究院 0.94%（国有股）
	04年末	36062		化学工业部北京橡胶工业研究设计院 0.94%（国有股）
其他流通股东	中国银行－同盛证券投资基金 0.833%；交通银行－湘财合丰价值优化型成长类行业基金 0.754%			
近年分配	05预案：10派1.2送5；04年：10派2.2；03年：10派2		近年募资	

二〇〇五年以来市场表现

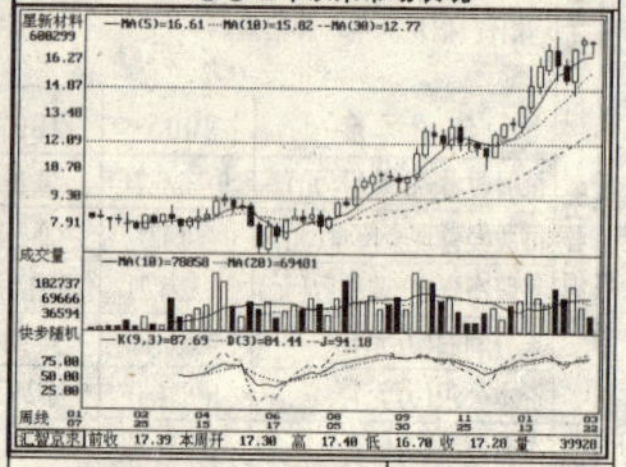

2005年涨跌幅(%)	55.99
2005年最高(元)	13.64
2006年涨跌幅(%)	32.21
2006.4.26收盘(元)	17.28
2006年最高(元)	17.66
2006年最低(元)	12.65
2006年换手率(%)	90.67
股改对价	送股 每10股实际获得3股

G 维维（600300）

上市日期：00/06/30　　电话：0516－83290169　　传真：0516－83394888

主营	研究、开发、生产食品、饮料系列产品及相关产品，销售自产产品。			
	年　度	2005	2004	2003
主要指标	每股收益/扣除后(元)	0.14/0.12	0.27	0.3
	每股经营现金流量(元)	1.11	－1.69	0.4
	每股净资产/调整后(元)	2.17/2.16	4.3/4.29	4.24/4.23
	未分利润(万元)	7957.28	8445.95	8019.05
	资本公积(万元)	57230.71	90199.75	90166.33
利润构成	主营收入(万元)	291572.09	226238.37	166065.11
	主营利润(万元)	50328.69	38331.59	40500.48
	营业利润(万元)	12714.4	3546.03	10593.55
	投资收益(万元)	－587.43	7910.08	5241.79
	利润总额(万元)	13226.18	12313.11	16795.14
	净利润(万元)	9123.19	9050.84	10027.55
点评	公司主营业务收入稳步增长，销售收入的增长主要是由于乳业销售比上年同期增长22.87%，贸易增长110.08%。但控股子公司维维乳业有限公司的所得税减免期结束，税率由15%变为33%，所得税的增加导致利润较上年基本持平。			

	截止日期	05年末	占%	主要股东及持股比例%、持股性质
股本结构（万股）	总股本	66000		维维集团股份有限公司 39.62%（非流通股）
	国有股			GIANT HARVEST LIMITED 25.09%（外资股）
	发起股	26265.4	39.8	大冢(中国)投资有限公司 4.81%（外资股）
	外资股	19734.6	29.9	徐州鑫宇经贸有限公司 0.91%（流通A股）
	募集股			曾凡秋 0.25%（流通A股）
	流通A	20000	30.3	徐冬梅 0.24%（流通A股）
	流通B			何勇 0.15%（流通A股）
	流通H			中国牧工商(集团)总公司 0.15%（流通A股）
股东户数	05年末	32451		光大证券有限责任公司 0.14%（流通A股）
	04年末	31380		卞祖才 0.13%（流通A股）
其他流通股东	何伟 0.11%；姚锦辉 0.106%；陈莉莉 0.091%			
近年分配	05预案：10派0.8；04年：10派2.5转增10；03年：10派2		近年募资	

二〇〇五年以来市场表现

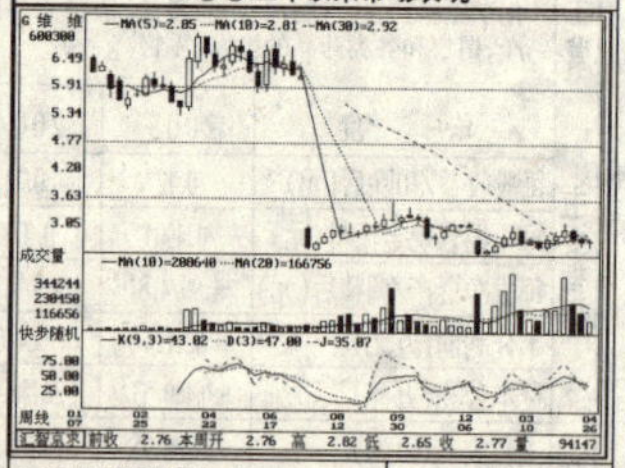

2005年涨跌幅(%)	－1.38
2005年最高(元)	7.37
2006年涨跌幅(%)	16.54
2006.4.26收盘(元)	2.77
2006年最高(元)	4.07
2006年最低(元)	3.22
2006年换手率(%)	114.56
股改对价	送股 每10股实际获得3股(06/01/16)

G 南化（600301）

上市日期:00/07/12　电话:0771－4835135　传真:0771－4835643

主营：氯碱化学工业及其系列产品，农药、消毒剂等无机和有机化工产品的生产和销售。

	年　度	2005	2004	2003
主要指标	每股收益/扣除后(元)	0.309/0.31	0.474	0.27/0.277
	每股经营现金流量(元)	0.7852	0.8037	0.34
	每股净资产/调整后(元)	3.14/3.08	3.18/3.12	3.02/2.94
	未分利润(万元)	248.15	86.8	2625.45
	资本公积(万元)	32904.22	32484.22	32377.17
利润构成	主营收入(万元)	90561.79	83449.43	66912.85
	主营利润(万元)	17000.52	22702.07	15522.73
	营业利润(万元)	5822.93	10504.53	6555.95
	投资收益(万元)	127.2	168.31	-391.97
	利润总额(万元)	5924.1	10656.78	6032.43
	净利润(万元)	5711.01	8775.7	5005.35

点评：2005 年公司烧碱和 PVC 产品产量增长，但国内氯碱行业扩建产能集中投产，导致产品价格下降明显，使得公司的销售收入仅小幅增长；同时原材料、能源价格不断攀升，财务费用增加，最终导致公司净利润同比出现明显下滑。

	截止日期	05 年末	占%	主要股东及持股比例%、持股性质
股本结构（万股）	总股本	18514.81		南宁化工集团有限公司 40.64%（国有股）
	国有股	8253.61	44.58	南宁市高新技术开发投资公司 3.6%（国有股）
	发起股	56.56	0.31	南宁统一综合服务有限责任公司 0.26%（国有股）
	外资股			王炜 0.24%（流通 A 股）
	募集股			李建民 0.19%（流通 A 股）
	流通 A	10204.65	55.12	南宁荷花味精有限公司 0.18%（非流通股）
	流通 B			李启文 0.16%（流通 A 股）
	流通 H			翁晖岚 0.15%（流通 A 股）
股东户数	05 年末	35647		邕宁县纸业有限公司 0.13%（非流通股）
	04 年末	33338		候菊香 0.11%（流通 A 股）

其他流通股东：高源·0.109%；王继文 0.1%；宋毅 0.091%；潘继红 0.086%

近年分配：05 中期方案:10 派 1.5 年终方案:10 派 1.1；04 中期:10 派 1.9 年终:10 派 2.2；03 中期:10 派 1 年终:10 派 1.3

近年募资：

二〇〇五年以来市场表现

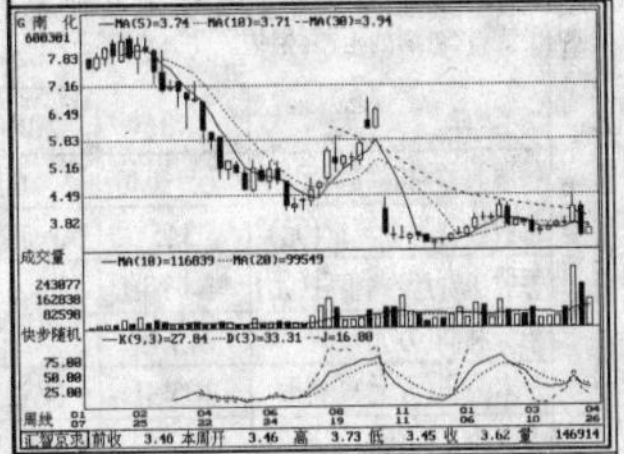

2005 年涨跌幅(%)	-35.01
2005 年最高(元)	8.5
2006 年涨跌幅(%)	3.13
2006.4.26 收盘(元)	3.62
2006 年最高(元)	4.43
2006 年最低(元)	3.41
2006 年换手率(%)	170.42
股改对价	送股 每 10 股实际获得 4 股(05/10/25)

G 标准（600302）

上市日期:00/12/13　电话:029－8279352　传真:029－8263001

主营：标准牌工业缝纫机的研制、开发、生产和销售。

	年　度	2005	2004	2003
主要指标	每股收益/扣除后(元)	0.264/0.263	0.363/0.359	0.348/0.347
	每股经营现金流量(元)	0.377	0.052	0.275
	每股净资产/调整后(元)	2.96/2.95	2.63/2.59	2.46/2.45
	未分利润(万元)	17741.39	14766.15	13046.73
	资本公积(万元)	34140.12	23753.97	23749.02
利润构成	主营收入(万元)	105406	89838.18	88271.84
	主营利润(万元)	26837.33	22799.83	25594.11
	营业利润(万元)	10180.56	11732.07	12001.42
	投资收益(万元)	1170.78	2106.82	1735.88
	利润总额(万元)	11369.89	13856.4	13658.78
	净利润(万元)	9122.53	11568.58	11115.83

点评：工业缝纫机行业的龙头企业。在下游服装行业快速发展的拉动下，公司实现了收入的稳定增长，但原材料上涨、人民币升值对公司利润产生较大的负面影响。公司无油和特种机等募集资金项目建成后，将成为新的利润增长点。

	截止日期	05 年末	占%	主要股东及持股比例%、持股性质
股本结构（万股）	总股本	34600.98		中国标准缝纫机集团有限公司 56.66%（国有股）
	国有股	19606.27	56.66	汕头市莞坪贸易有限公司 7.9%（非流通股）
	发起股	3294.71	9.52	兴业证券股份有限公司 2.17%（流通 A 股）
	外资股			全国社保基金一零六组合 1.34%（流通 A 股）
	募集股			中国银行－工银瑞信核心价值股票型证券投资基金 1.27%（流通 A 股）
	流通 A	11700	33.81	中国工商银行－申万巴黎盛利精选证券投资基金 1.03%（流通 A 股）
	流通 B			西部信托投资有限公司 1.01%（非流通股）
	流通 H			中国工商银行－银河银泰理财分红证券投资基金 0.78%（流通 A 股）
股东户数	05 年末	18638		孙亚芝 0.71%（流通 A 股）
	04 年末	18597		中国工商银行－安瑞证券投资基金 0.65%（流通 A 股）

其他流通股东：中国银行－工银瑞信核心价值股票型证券投资基金 1.27%；中国工商银行－申万巴黎盛利精选证券投资基金 1.029%

近年分配：05 预案:10 派 1；04 年:10 派 1；03 年:10 派 2

近年募资：05 年 10 配 3 配股价 5.26 元。

二〇〇五年以来市场表现

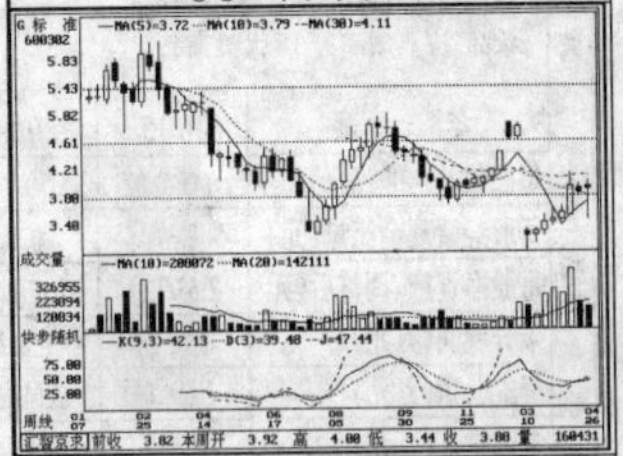

2005 年涨跌幅(%)	-17.89
2005 年最高(元)	6.53
2006 年涨跌幅(%)	16.49
2006.4.26 收盘(元)	3.88
2006 年最高(元)	5.48
2006 年最低(元)	3.98
2006 年换手率(%)	138.94
股改对价	送股 每 10 股实际获得 3.3 股(06/03/08)

G 曙光（600303）

上市日期:00/12/26　电话:0415－4146825　传真:0415－4142821

主营：汽车前后桥、汽车底盘、汽车零部件、客车的生产、销售。

	年　度	2005	2004	2003
主要指标	每股收益/扣除后(元)	0.54/0.54	0.69	0.58/0.58
	每股经营现金流量(元)	1.13	1.82	1.68
	每股净资产/调整后(元)	4.11/4.09	3.7/3.69	3.3/3.22
	未分利润(万元)	12748.74	11487.29	3338.75
	资本公积(万元)	24917.39	23728.37	23585.68
利润构成	主营收入(万元)	264478.28	268897.01	220797.83
	主营利润(万元)	38409.89	38376.21	39397.07
	营业利润(万元)	12026.04	12652.62	14195.58
	投资收益(万元)	343.69	1655.08	334.31
	利润总额(万元)	12423.15	14866.43	15181.56
	净利润(万元)	8701.16	11146.91	9384.01

点评：公司的稳定利润来源是自身的车桥业务和旗下黄海客车厂的大中型客车业务，而 SUV 产品受市场需求低迷影响，增长乏力。其中黄海客车厂的公交客车和旅游客车较有竞争力，销售形势看好，成为公司的主要利润来源。

	截止日期	05 年末	占%	主要股东及持股比例%、持股性质
股本结构（万股）	总股本	16200		辽宁曙光实业集团有限责任公司 33.43%（非流通股）
	国有股			华安证券有限责任公司 0.79%（流通 A 股）
	发起股	5415.94	33.43	交通银行－科瑞证券投资基金 0.77%（流通 A 股）
	外资股			海通证券股份有限公司 0.41%（流通 A 股）
	募集股			内蒙古日信担保投资(集团)有限公司 0.28%（流通 A 股）
	流通 A	10784.06	66.57	陈霞 0.24%（流通 A 股）
	流通 B			陈运彪 0.2%（流通 A 股）
	流通 H			张艳 0.2%（流通 A 股）
股东户数	05 年末	26171		芜湖住房公积金管理中心 0.19%（流通 A 股）
	04 年末	31123		王平 0.17%（流通 A 股）

其他流通股东：刘虎 0.171%

近年分配：05 预案:10 派 1.5；04 年:10 派 2；03 年:10 派 3

近年募资：

二〇〇五年以来市场表现

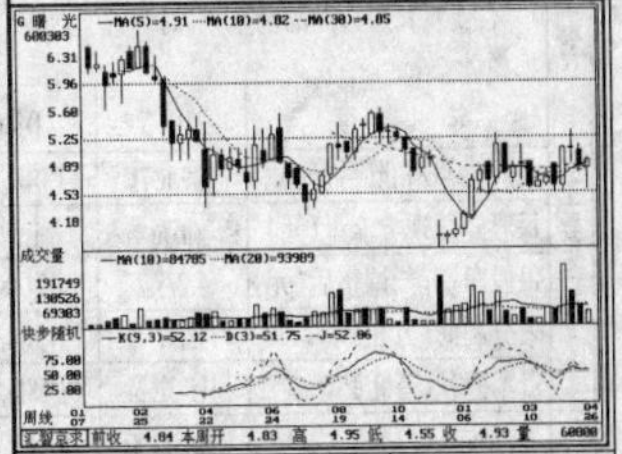

2005 年涨跌幅(%)	-18.8
2005 年最高(元)	6.67
2006 年涨跌幅(%)	22.33
2006.4.26 收盘(元)	4.93
2006 年最高(元)	5.31
2006 年最低(元)	3.95
2006 年换手率(%)	134.95
股改对价	送股 每 10 股实际获得 2.5 股(05/12/13)

恒顺醋业（600305）

上市日期:01/02/06　　电话:0511－5230227　　传真:0522－5230209

主营	食醋、酱油、酱菜、复合调味料、调味剂、副食品、粮油制品、饮料、色酒的生产、销售。			
	年　度	2005	2004	2003
主要指标	每股收益/扣除后(元)	0.255/－0.039	0.075	0.039/0.014
	每股经营现金流量(元)	3.55	－0.95	－5.68
	每股净资产/调整后(元)	3.4/3.31	3.14/3.08	3.03/2.85
	未分利润(万元)	3457.65	742.67	151.67
	资本公积(万元)	24754.11	24650.17	24114.56
利润构成	主营收入(万元)	66561.27	56482.14	34101.56
	主营利润(万元)	14908.54	13311.27	11002.07
	营业利润(万元)	3507.34	2356.44	1083.7
	投资收益(万元)	1904.77	39.09	95.6
	利润总额(万元)	5196.11	2345.07	938.62
	净利润(万元)	3247.44	882.63	494.02
点评	2005年公司调味品业务实现销售增长近两成,LED光电产品实现销售增长超过五成,房地产业务实现销售也增长近两成。中国的调味品市场正在酝酿收购和兼并,调味品品牌集中度不断提高现象愈演愈烈。作为食醋行业的龙头企业,公司有较大的发展机会。			

	截止日期	05年末	占%	主要股东及持股比例%、持股性质
股本结构(万股)	总股本	12715		江苏恒顺集团有限公司 61.69%（国有股）
	国有股	8279.25	65.11	金鑫证券投资基金 3.49%（流通A股）
	发起股	435.75	3.43	江苏瑞华投资发展有限公司 3.43%（非流通股）
	外资股			交通银行－汉兴证券投资基金 2.43%（流通A股）
	募集股			富国动态平衡证券投资基金 2.33%（流通A股）
	流通A	4000	31.46	镇江三联房地产实业发展有限公司 1.71%（非流通股）
	流通B			上海智联创业投资有限公司 1.71%（非流通股）
	流通H			中国建设银行－国泰金马稳健回报证券投资基金 0.85%（流通A股）
股东户数	05年末	17023		过惠珠 0.31%（流通A股）
	04年末	21472		过伟健 0.3%（流通A股）
其他流通股东	张丽静 0.181%；浦义德 0.163%；李腊梅 0.138%；徐苏芳 0.137%			
近年分配	05预案:10派1.5		近年募资	

二〇〇五年以来市场表现

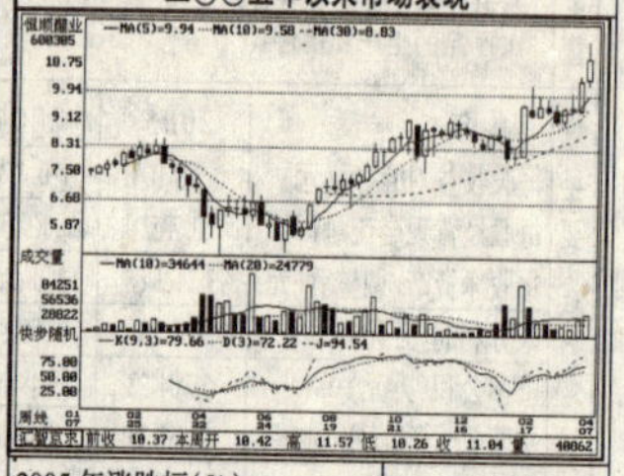

2005年涨跌幅(%)	10.45
2005年最高(元)	9.25
2006年涨跌幅(%)	32.22
2006.4.26收盘(元)	11.04
2006年最高(元)	11.57
2006年最低(元)	7.85
2006年换手率(%)	108.59
股改对价	

G商业城（600306）

上市日期:00/12/26　　电话:024－24865838　　传真:024－24848007

主营	经销服装、鞋帽、家电、百货、针织、金银饰品、文化钟表、化妆品、皮具制品等18大类商品。			
	年　度	2005	2004	2003
主要指标	每股收益/扣除后(元)	0.06/0.07	0.1	0.11/0.1
	每股经营现金流量(元)	0.396	0.16	0.44
	每股净资产/调整后(元)	2.66/2.65	2.61/2.57	2.51/2.49
	未分利润(万元)	6262.86	5759.24	4393.84
	资本公积(万元)	20694.06	20641.33	20641.33
利润构成	主营收入(万元)	144644.65	139364.93	115230.42
	主营利润(万元)	18692.91	17941.23	16959.27
	营业利润(万元)	1961.53	2473.63	2266.47
	投资收益(万元)	－257.34	293.4	192.15
	利润总额(万元)	1855.11	2804.37	2793.97
	净利润(万元)	1131.29	1843.73	1965.05
点评	公司主营商业零售。报告期内公司主营收入略有增长,主营利润率也在稳定的基础上略有增长,但由于费用比例的提升,公司净利润同比下降幅度较大,公司仍处于微利境地。相对于公司较弱的盈利能力,公司资产负债率相对较高。			

	截止日期	05年末	占%	主要股东及持股比例%、持股性质
股本结构(万股)	总股本	17813.89		沈阳商业城(集团) 50.08%（国有股）
	国有股	9356.7	52.52	沈阳市商业国有资产经营有限责任公司 8.958%（国有股）
	发起股	393.3	2.21	北京证券有限责任公司 2.19%（流通A股）
	外资股			上海名成投资咨询有限公司 1.965%（非流通股）
	募集股	123.62	0.69	上海锋泽投资咨询有限公司 0.898%（非流通股）
	流通A	6344.52	35.62	北京二维投资管理有限公司 0.814%（非流通股）
	流通B			沈阳市联营公司 0.243%（国有股）
	流通H			沈阳储运集团公司 0.243%（国有股）
股东户数	05年末	8485		上海凝成经贸发展有限公司 0.243%（非流通股）
	04年末	8294		沈阳化工原料总公司 0.243%（国有股）
其他流通股东	严斌荣 0.092%；操凌飞 0.077%；叶青 0.076%；李艳奇 0.074%；黄争中 0.074%；苏伟 0.073%；李玉芳 0.073%			
近年分配	04年:10派0.2		近年募资	

二〇〇五年以来市场表现

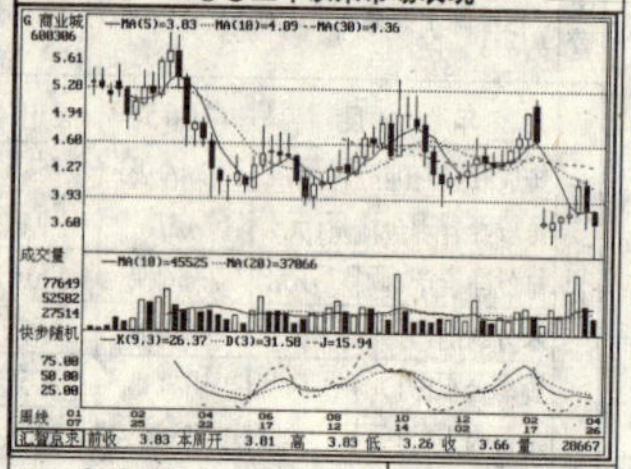

2005年涨跌幅(%)	－19.34
2005年最高(元)	5.95
2006年涨跌幅(%)	8.14
2006.4.26收盘(元)	3.66
2006年最高(元)	5.49
2006年最低(元)	4.24
2006年换手率(%)	63.1
股改对价	送股 每10股实际获得3股(06/03/17)

G酒钢（600307）

上市日期:00/12/20　　电话:0937－6715370　　传真:0937－6715507

主营	钢、铁及其压延产品的生产和销售。			
	年　度	2005	2004	2003
主要指标	每股收益/扣除后(元)	0.7/0.71	1.04/1.07	0.83/0.83
	每股经营现金流量(元)	0.76	1.59	0.98
	每股净资产/调整后(元)	5.2/5.2	4.74/4.74	3.91/3.91
	未分利润(万元)	137137.49	113594.22	68446.7
	资本公积(万元)	115932.24	115815.77	115815.77
利润构成	主营收入(万元)	1064314.83	896474.63	589237.52
	主营利润(万元)	128309.64	153695.51	109628.26
	营业利润(万元)	67182.16	106191.12	74301.92
	投资收益(万元)	－3269.59	－9808.76	
	利润总额(万元)	63544.92	93272.84	71209.65
	净利润(万元)	51269.1	75544.4	60114.08
点评	钢价剧烈下滑使得公司2005年产品毛利率下降较多,导致增收不增利。2006年行业供大于求局面仍不乐观,业绩继续下滑在所难免。但作为一家区域性优势钢铁公司,有可能成为并购目标。未来公司在国内产业整合中的地位和进程值得关注。			

	截止日期	05年末	占%	主要股东及持股比例%、持股性质
股本结构(万股)	总股本	72800		酒泉钢铁(集团)有限责任公司 70.45%（国有股）
	国有股	51290	70.45	昆明云内动力股份有限公司 0.8%（流通A股）
	发起股	1300	1.79	甘肃省电力公司 0.69%（国有股）
	外资股			兰州铁路局 0.69%（国有股）
	募集股			金川有色金属公司 0.34%（国有股）
	流通A	20000	27.47	嘉峪关大友企业公司 0.33%（流通A股）
	流通B			嘉峪关宏晟电热有限责任公司 0.29%（非流通股）
	流通H			肖锡仪 0.27%（流通A股）
股东户数	05年末	50174		李惠琴 0.27%（流通A股）
	04年末	54438		孙福会 0.21%（流通A股）
其他流通股东	刘心德 0.213%；百瑞信托投资有限责任公司 0.213%；中国建设银行－博时裕富证券投资基金 0.143%			
近年分配	05预案:10派1转增2；04年:10派2.4；03年:10派2.1		近年募资	

二〇〇五年以来市场表现

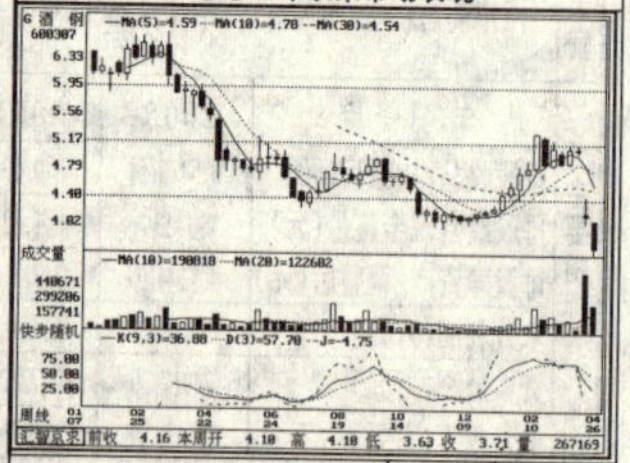

2005年涨跌幅(%)	－29.95
2005年最高(元)	6.72
2006年涨跌幅(%)	15.23
2006.4.26收盘(元)	3.71
2006年最高(元)	5.85
2006年最低(元)	4.24
2006年换手率(%)	93.45
股改对价	送股 每10股实际获得3.2股(06/04/17)

G 华泰（600308）

上市日期：00/09/28　电话：0546－6888879　传真：0546－6871957

主营	造纸及纸制品的加工、销售。			
	年　度	2005	2004	2003
主要指标	每股收益/扣除后(元)	1.11/1.14	0.9	0.75/0.75
	每股经营现金流量(元)	2.19	2.08	0.4
	每股净资产/调整后(元)	7.95/7.93	7.04/7.02	6.36/6.35
	未分利润(万元)	65442.44	49569.11	33526.66
	资本公积(万元)	100041.78	99700.94	99575.89
利润构成	主营收入(万元)	283517.58	262629.78	159642.39
	主营利润(万元)	71403.66	63103.52	44929.53
	营业利润(万元)	42711.27	40097.87	30220.54
	投资收益(万元)	706.71	－2868.26	33.47
	利润总额(万元)	43820.11	37368.79	30356.06
	净利润(万元)	33242.87	27097.83	22588.4
点评	国内目前最大的新闻纸生产企业。05 年公司新闻纸产销率达到 104%，可谓产销两旺。同时公司在建的 40 万吨高级彩色新闻纸项目和纸浆项目，争取在 2006 年底投产。投产后将进一步加剧新闻纸行业的竞争，造成新闻纸行业重新洗牌。			

	截止日期	05 年末	占%	主要股东及持股比例%、持股性质
股本结构（万股）	总股本	30025.84		华泰集团有限公司 32.23%（非流通股）
	国有股			银河银泰理财分红证券投资基金 3.4%（流通 A 股）
	发起股	9676.16	32.23	华宝兴业多策略增长证券投资基金 1.87%（流通 A 股）
	外资股			宝康消费品证券投资基金 1.6%（流通 A 股）
	募集股			中信经典配置证券投资基金 1.32%（流通 A 股）
	流通 A	20291.38	67.58	汉盛证券投资基金 1.31%（流通 A 股）
	流通 B			南方避险增值基金 1.21%（流通 A 股）
	流通 H			全国社保基金一零四组合 1.07%（流通 A 股）
股东户数	05 年末	31425		宝康灵活配置证券投资基金 1.01%（流通 A 股）
	04 年末	29715		汉兴证券投资基金 0.94%（流通 A 股）
其他流通股东	银丰证券投资基金 0.936%			
近年分配	05 预案：10 派 3.44 转增 6；04 年：10 派 2；03 年：10 派 3		近年募资	

二〇〇五年以来市场表现

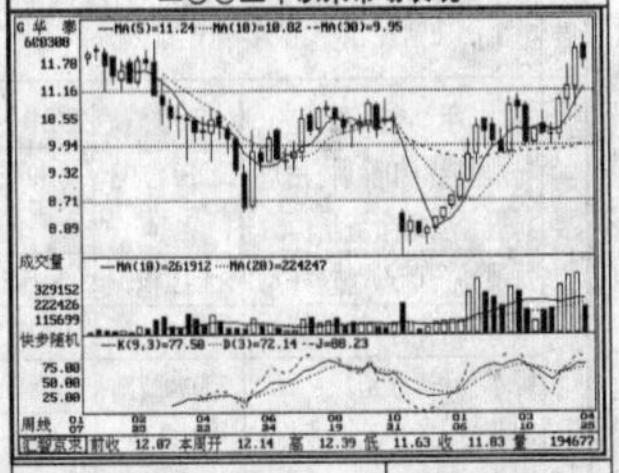

2005 年涨跌幅(%)	－9.86
2005 年最高(元)	12.3
2006 年涨跌幅(%)	34.74
2006.4.26 收盘(元)	11.83
2006 年最高(元)	12.39
2006 年最低(元)	8.68
2006 年换手率(%)	202.51
股改对价	送股 每 10 股实际获得 2 股(05/11/14)

G 万华（600309）

上市日期：01/01/05　电话：0535－6837888　传真：0535－6837894

主营	聚氨酯及助剂、异氰酸酯及衍生产品的开发、生产、销售。			
	年　度	2005	2004	2003
主要指标	每股收益/扣除后(元)	0.73/0.74	0.62	0.6/0.6
	每股经营现金流量(元)	0.97	0.31	0.97
	每股净资产/调整后(元)	2.1/2.09	1.98/1.98	2.51/2.51
	未分利润(万元)	50149.18	36641.22	21805.24
	资本公积(万元)	3106.83	3064.37	22256.38
利润构成	主营收入(万元)	330954.07	210422.87	134370.54
	主营利润(万元)	121390.96	83833.83	47221.45
	营业利润(万元)	90505.46	55435.18	30186.05
	投资收益(万元)	322.84	289.09	94.69
	利润总额(万元)	86523.97	51373.62	30209.75
	净利润(万元)	61763.02	40350.44	23227.82
点评	在主营产品 MDI 国内价格走低、原材料价格上涨的情况下，公司仍实现收入和利润的大幅增长，主要得益于 MDI 产品产销量的增长，特别是聚合 MDI 产品的收入同比增长。公司预计 2006 年实现 MDI 产量 24 万吨。			

	截止日期	05 年末	占%	主要股东及持股比例%、持股性质
股本结构（万股）	总股本	84864		烟台万华华信合成革有限公司 62.17%（国有股）
	国有股	55161.6	65	交通银行－安顺证券投资基金 2.07%（流通 A 股）
	发起股	1414.4	1.67	中国银行－海富通收益增长证券投资基金 1.93%（流通 A 股）
	外资股			交通银行－华安创新证券投资基金 1.85%（流通 A 股）
	募集股			烟台冰轮股份有限公司 1.67%（非流通股）
	流通 A	28288	33.33	烟台东方电子信息产业集团有限公司 1.67%（国有股）
	流通 B			中国工商银行－安信证券投资基金 1.59%（流通 A 股）
	流通 H			东方证券股份有限公司 1.53%（流通 A 股）
股东户数	05 年末	13468		烟台氨纶集团有限公司 0.83%（国有股）
	04 年末	19610		交通银行－海富通精选证券投资基金 0.71%（流通 A 股）
其他流通股东	全国社保基金一零四组合 0.696%；海通－中行－FORTIS BANK SA/NV 0.671%；融通新蓝筹证券投资基金 0.62%			
近年分配	05 预案：10 派 1.5 送 4；04 年：10 派 2 送 3；03 年：10 派 2 送 2 转增 5		近年募资	

二〇〇五年以来市场表现

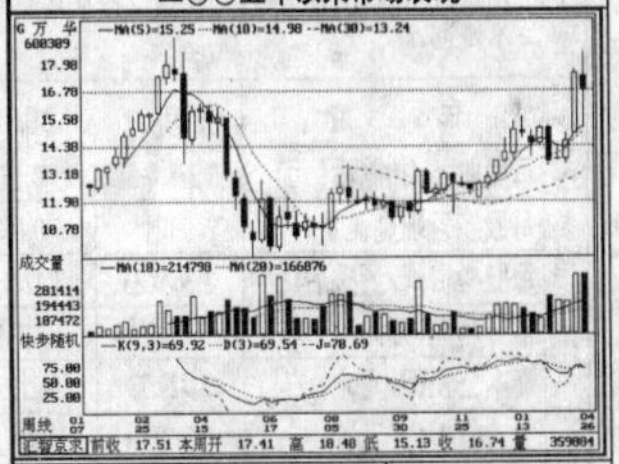

2005 年涨跌幅(%)	44.37
2005 年最高(元)	21.26
2006 年涨跌幅(%)	38.21
2006.4.26 收盘(元)	16.74
2006 年最高(元)	21.44
2006 年最低(元)	13.5
2006 年换手率(%)	67.47
股改对价	送股 权证 每 10 股实际获得 1.6 股(06/04/24)

桂东电力（600310）

上市日期：01/02/28　电话：0774－5297881　传真：0774－5283343

主营	水电生产和销售业务及发、供电组成的地方电网业务。			
	年　度	2005	2004	2003
主要指标	每股收益/扣除后(元)	0.341/0.326	0.207/0.183	0.397/0.359
	每股经营现金流量(元)	0.5009	0.9786	0.6927
	每股净资产/调整后(元)	4/3.99	3.96/3.95	4.24/4.22
	未分利润(万元)	560.03	－60.61	1583.58
	资本公积(万元)	40356.15	40279.55	40279.07
利润构成	主营收入(万元)	49213.02	39393.17	33000.35
	主营利润(万元)	13593.39	11309.27	11247.52
	营业利润(万元)	6832.64	6497.92	7711.17
	投资收益(万元)	1064.35	－1530.58	80
	利润总额(万元)	7721.7	4988.79	7735.04
	净利润(万元)	5340.45	3249.05	6222.44
点评	2005 年，公司水利发电受到来水不足的影响，煤炭价格上涨比较快，外购电成本提高，使得公司尽管发电量有所增加，电价有所提高，但业绩并没有同步提速。不过，经过追溯调整后的净利润同比增加较多。2006 年公司依然要面临同样的问题。			

	截止日期	05 年末	占%	主要股东及持股比例%、持股性质
股本结构（万股）	总股本	15675		贺州市电业公司 70.65%（国有股）
	国有股	11175	71.29	广西水利厅那板水库管理处 0.26%（国有股）
	发起股			孙理胜 0.22%（流通 A 股）
	外资股			谷淋昭 0.11%（流通 A 股）
	募集股			夏晖 0.1%（流通 A 股）
	流通 A	4500	28.71	钟山县电力公司 0.1%（国有股）
	流通 B			广西昭平县汇能电力有限公司 0.1%（国有股）
	流通 H			富川瑶族自治县电力公司 0.1%（国有股）
股东户数	05 年末	24141		广西贺州供电股份有限公司 0.1%（国有股）
	04 年末	26521		于新华 0.09%（流通 A 股）
其他流通股东	李克 0.082%；王静 0.077%；应京 0.076%；刘伊娥 0.071%；王光惠 0.066%；俞秋淋 0.065%			
近年分配	05 预案：10 派 2.5；04 年：10 派 3；03 年：10 派 3		近年募资	

二〇〇五年以来市场表现

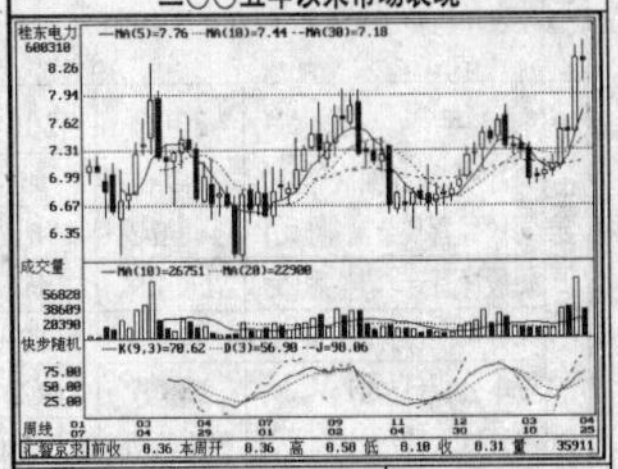

2005 年涨跌幅(%)	2.11
2005 年最高(元)	8.3
2006 年涨跌幅(%)	19.57
2006.4.26 收盘(元)	8.31
2006 年最高(元)	8.58
2006 年最低(元)	6.88
2006 年换手率(%)	93.15
股改对价	

荣华实业（600311）

上市日期：01/06/26　　电话：0935－6151222　　传真：0935－6151333

主营	主营玉米淀粉及其副产品、农用地膜、玉米精练油和糊精的生产和销售。

	年　　度	2005	2004	2003
主要指标	每股收益/扣除后(元)	0.033/0.033	0.19/0.191	0.28/0.24
	每股经营现金流量(元)	0.14	-0.8	1.22
	每股净资产/调整后(元)	4.22/4.12	5.45/5.32	5.25/5.25
	未分利润(万元)	17158.19	16379.79	13175.65
	资本公积(万元)	61940.72	67841.28	67841.28
利润构成	主营收入(万元)	31144.49	43286.45	44094.17
	主营利润(万元)	5877.8	8629.59	8413.95
	营业利润(万元)	823.27	4080.94	6005.05
	投资收益(万元)	-7.87	-11.8	-11.8
	利润总额(万元)	815.41	4061.14	5993.25
	净利润(万元)	862.99	3815.45	5658.84

点评：由于2005年停产检修时间较2004年相比延长导致生产和销售下降，公司季节性产品农用地膜由于原材料聚乙烯价格过高未进行生产，原控股子公司甘肃荣华食品有限公司的经营情况下滑，造成主营业务收入和主营业务利润同比下降。

	截止日期	05年末	占%	主要股东及持股比例%、持股性质
股本结构（万股）	总股本	26000		甘肃省武威荣华工贸总公司 26.7%（非流通股）
	国有股			武威塑料包装有限公司 16.5%（非流通股）
	发起股	9360	36	武威市华信食品供销有限责任公司 5.5%（非流通股）
	外资股			武威市融达饲料有限责任公司 5.5%（非流通股）
	募集股			江苏天香集团有限公司 2.83%（非流通股）
	流通A	10400	40	甘肃省武威饴糖厂 1.35%（非流通股）
	流通B			武威市永鼎商贸有限公司 0.83%（非流通股）
	流通H			武威远通贸易有限公司 0.8%（非流通股）
股东户数	05年末	35548		李春卫 0.27%（流通A股）
	04年末	36002		黎忠 0.21%（流通A股）
其他流通股东	吴胜文 0.191%；宋银花 0.135%；王大勇 0.119%；林石梅 0.115%；崔建华 0.1%；董万春 0.1%			
近年分配	04年：10转增3		近年募资	

二〇〇五年以来市场表现

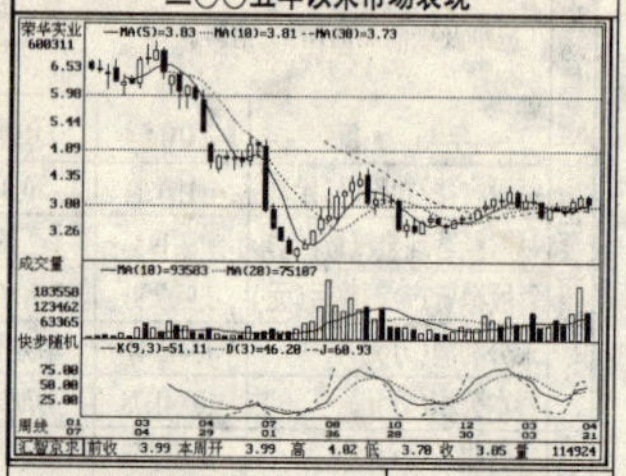

2005年涨跌幅(%)	-30.33
2005年最高(元)	7.07
2006年涨跌幅(%)	-7.54
2006.4.26收盘(元)	3.85
2006年最高(元)	4.2
2006年最低(元)	3.55
2006年换手率(%)	126.51
股改对价	

平高电气（600312）

上市日期：01/02/21　　电话：0375－3804061　　传真：0375－3804464

主营	制造、销售高压开关设备、控制设备及其配件；技术服务；技术咨询。

	年　　度	2005	2004	2003
主要指标	每股收益/扣除后(元)	0.338/0.31	0.167	0.074/0.03
	每股经营现金流量(元)	0.011	0.063	-0.07
	每股净资产/调整后(元)	3.36/3.33	3.12/3.04	2.96/2.95
	未分利润(万元)	303.72	4647.91	3684.83
	资本公积(万元)	54429.77	54212.99	54145.98
利润构成	主营收入(万元)	153479.94	116406.21	74714.03
	主营利润(万元)	36220.27	21779.8	14101.74
	营业利润(万元)	11944.94	7370.29	2816.36
	投资收益(万元)		-133.73	303.41
	利润总额(万元)	12028.93	7258.34	2933.08
	净利润(万元)	10539.59	5224.01	2310.34

点评：2005年，公司及子公司平高东芝生产的GIS市场销售猛增，增长幅度高达50%以上。十一五期间，电网投资将成为电力投资新的热点，而公司生产的高压封闭组合电器GIS国内能够生产的企业只有三四家，公司经营成产形势持续看好。

	截止日期	05年末	占%	主要股东及持股比例%、持股性质
股本结构（万股）	总股本	31195		平高集团有限公司 26.58%（国有股）
	国有股	8293.03	26.58	科瑞集团有限公司 23.56%（非流通股）
	发起股	12701.98	40.72	北京亚太世纪科技发展有限责任公司 16.15%（非流通股）
	外资股			兴华证券投资基金 1.69%（流通A股）
	募集股			交通银行－安顺证券投资基金 1.59%（流通A股）
	流通A	10200	32.7	交通银行－汉兴证券投资基金 1.25%（流通A股）
	流通B			中国银行－华夏回报证券投资基金 1.11%（流通A股）
	流通H			交通银行－华安宝利配置证券投资基金 1.09%（流通A股）
股东户数	05年末	17481		交通银行－海富通精选证券投资基金 0.96%（流通A股）
	04年末	25089		全国社保基金一零七组合 0.77%（流通A股）
其他流通股东	中国工商银行－富国天惠精选成长混合型证券投资基金（LOF）0.763%；华夏成长证券投资基金 0.553%			
近年分配	05年：10派4；04年：10派1		近年募资	

二〇〇五年以来市场表现

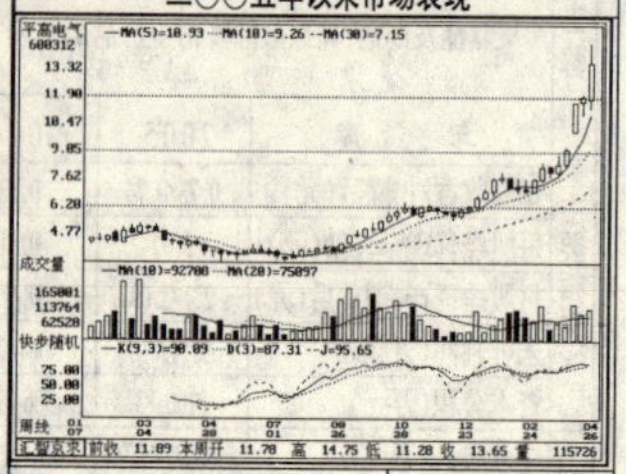

2005年涨跌幅(%)	56.38
2005年最高(元)	6.88
2006年涨跌幅(%)	105.57
2006.4.26收盘(元)	13.65
2006年最高(元)	14.75
2006年最低(元)	6.64
2006年换手率(%)	118.89
股改对价	定向转增 每10股实际获得5.218股

ST中农（600313）

上市日期：01/01/19　　电话：010－83607371　　传真：010－83607419

主营	农作物种子选育加工、化肥等农资和农副产品贸易。

	年　　度	2005	2004	2003
主要指标	每股收益/扣除后(元)	-0.044/-0.05	0.014	-0.451/-0.09
	每股经营现金流量(元)	-0.1242	0.32	0.151
	每股净资产/调整后(元)	2.07/1.88	2.16/2.09	2/1.96
	未分利润(万元)	-1096.28	-21220.13	-21565.67
	资本公积(万元)	28899.39	49622.19	49595.72
利润构成	主营收入(万元)	131675.49	132560.7	142608.24
	主营利润(万元)	5331.66	10534.37	7872.58
	营业利润(万元)	-3677.78	2091.27	-9143.57
	投资收益(万元)	-96.85	-88.84	-285.07
	利润总额(万元)	-2562.83	1427.01	-14400.12
	净利润(万元)	-1110.41	345.54	-11382.91

点评：05年公司稳步开展农资和种子两大主业生产经营，由于受到政策、市场、融资环境等综合因素的影响，公司主营业务盈利大幅度下降。同时三项费用大幅上升，公司经营面临一定压力。

	截止日期	05年末	占%	主要股东及持股比例%、持股性质
股本结构（万股）	总股本	25220		中国农垦(集团)总公司 39.69%（国有股）
	国有股	10045	39.83	新华信托投资股份有限公司 28.17%（非流通股）
	发起股	35	0.14	刘祝明 0.33%（流通A股）
	外资股	35	0.14	张燕 0.31%（流通A股）
	募集股			李志成 0.22%（流通A股）
	流通A	8000	31.72	罗基章 0.22%（流通A股）
	流通B			黄女仪 0.18%（流通A股）
	流通H			韩超 0.16%（流通A股）
股东户数	05年末	32508		天津开发区兴业房地产投资有限公司 0.14%（非流通股）
	04年末	36932		中国水果与蔬菜有限公司 0.14%（外资股）
其他流通股东	薛燕 0.132%；李宏宇 0.122%；莫财龙 0.115%；左果花 0.107%			
近年分配			近年募资	

二〇〇五年以来市场表现

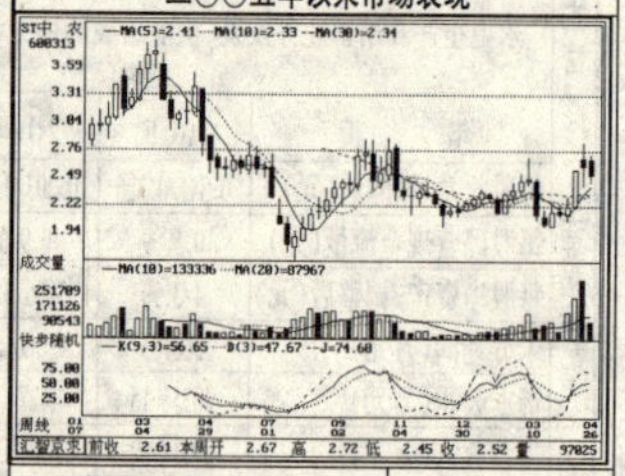

2005年涨跌幅(%)	-22.3
2005年最高(元)	3.86
2006年涨跌幅(%)	13
2006.4.26收盘(元)	2.52
2006年最高(元)	2.84
2006年最低(元)	2.01
2006年换手率(%)	205.36
股改对价	

上海家化（600315）

上市日期:01/03/15　　电话:021－65456400　　传真:021－65129748

主营	开发和生产日用化学制品			
	年　度	2005	2004	2003
主要指标	每股收益/扣除后(元)	0.14/0.11	0.18	0.3/0.274
	每股经营现金流量(元)	0.01	0.27	0.4047
	每股净资产/调整后(元)	4.39/4.32	4.43/4.34	4.4/4.33
	未分利润(万元)	9449.74	11112.88	12191.63
	资本公积(万元)	75342.77	75317.67	75205.94
利润构成	主营收入(万元)	194887	166895.75	148637.64
	主营利润(万元)	73176.69	62266.59	56827.68
	营业利润(万元)	5981.83	6981.85	8843.73
	投资收益(万元)	-396.43	-91.82	972.56
	利润总额(万元)	6186.35	6759.41	9696.53
	净利润(万元)	3857.65	4732.33	8106.94
点评	2005年公司的六神品牌保持稳定增长，佰草集品牌也实现了90%以上的销售增长。但由于美加净品牌的发展低于预期，并且高额的费用投入侵蚀了部分利润，使得公司05年业绩同比有所下滑。			

	截止日期	05年末	占%	主要股东及持股比例%、持股性质
股本结构（万股）	总股本	27000		上海家化(集团)有限公司 28.15%（国有股）
	国有股	8996.5	33.32	上实日化控股有限公司 28.15%（外资股）
	发起股	2403.5	8.9	上海工业投资(集团)有限公司 5.17%（国有股）
	外资股	7600	28.15	福建恒安集团有限公司 4.62%（非流通股）
	募集股			上海广虹(集团)有限公司 2.45%（非流通股）
	流通A	8000	29.63	上海惠盛实业有限公司 1.83%（非流通股）
	流通B			通用技术集团投资管理有限公司 1.18%（流通A股）
	流通H			博时主题行业股票证券投资基金 1.15%（流通A股）
股东户数	05年末	32819		全国社保基金一零二组合 0.99%（流通A股）
	04年末	38944		全国社保基金一零三组合 0.81%（流通A股）
其他流通股东	金鑫证券投资基金 0.656%；裕阳证券投资基金 0.648%；通用技术集团国际广告展览有限公司 0.37%			
近年分配	05年:10派0.49；04年:10派1.6；03年:10派1.5		近年募资	

二〇〇五年以来市场表现

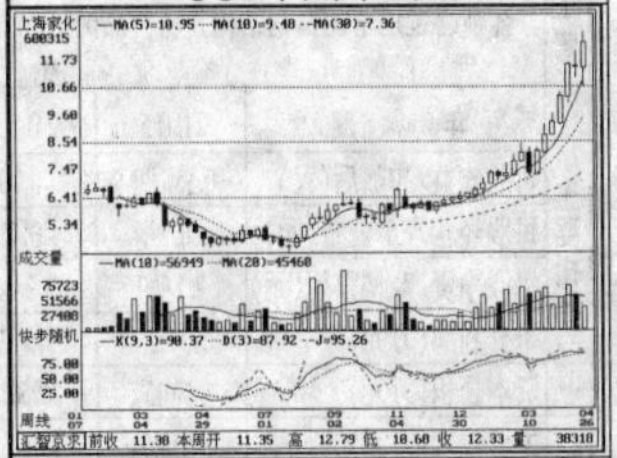

2005年涨跌幅(%)	-1.8
2005年最高(元)	6.93
2006年涨跌幅(%)	93.73
2006.4.26收盘(元)	12.33
2006年最高(元)	12.84
2006年最低(元)	6.28
2006年换手率(%)	103.56
股改对价	

洪都航空（600316）

上市日期:00/12/15　　电话:0791－8467844　　传真:0791－8467844

主营	航空产品开发制造业，主营产品是K8喷气教练机、N5A农林多用途飞机和海燕螺旋桨飞机。			
	年　度	2005	2004	2003
主要指标	每股收益/扣除后(元)	0.23	0.13	0.32/0.28
	每股经营现金流量(元)	0.063	0.21	-0.22
	每股净资产/调整后(元)	4.78/4.78	4.57/4.57	5.37/5.37
	未分利润(万元)	9998.38	5876.57	7407.19
	资本公积(万元)	78714.05	78714.05	78714.05
利润构成	主营收入(万元)	62426.62	65585.72	51954.28
	主营利润(万元)	14025.74	12458.28	9465.02
	营业利润(万元)	8375.72	7435.99	6979.16
	投资收益(万元)	-2185.74	-2973.26	854.97
	利润总额(万元)	6131.48	4722.25	7891.72
	净利润(万元)	5777.61	3379.12	6702.13
点评	2005年，公司把握住近年来国内、外通用航空市场蓬勃发展的机遇，推动和促进公司持续、稳定发展，公司产品K8教练飞机出口形势良好。2006年，公司将进一步推动航空产业与出口和转包生产发展，做优做强航空主业。			

	截止日期	05年末	占%	主要股东及持股比例%、持股性质
股本结构（万股）	总股本	25200		江西洪都飞机工业有限公司 54.75%（国有股）
	国有股			中国光大银行股份有限公司－中融景气行业证券投资基金 1.83%（流通A股）
	发起股	14400	57.14	中国银行－华夏回报证券投资基金 1.71%（流通A股）
	外资股			南昌市长江机械工业公司 1.33%（国有股）
	募集股			全国社保基金一零七组合 1.19%（流通A股）
	流通A	10800	42.86	中国工商银行－融鑫证券投资基金 1.15%（流通A股）
	流通B			国泰君安证券股份有限公司 1.1%（流通A股）
	流通H			中国工商银行－博时精选股票证券投资基金 0.8%（流通A股）
股东户数	05年末	15505		久嘉证券投资基金 0.79%（流通A股）
	04年末	26984		华宝信托投资有限责任公司－单一类资金信托2004年第16号 0.79%（流通A股）
其他流通股东	兴华证券投资基金 0.78%；东方证券－农行－东方红1号集合资产管理计划 0.708%			
近年分配	05预案:10派0.2；04年:10派0.2；03年:10派0.5送2		近年募资	

二〇〇五年以来市场表现

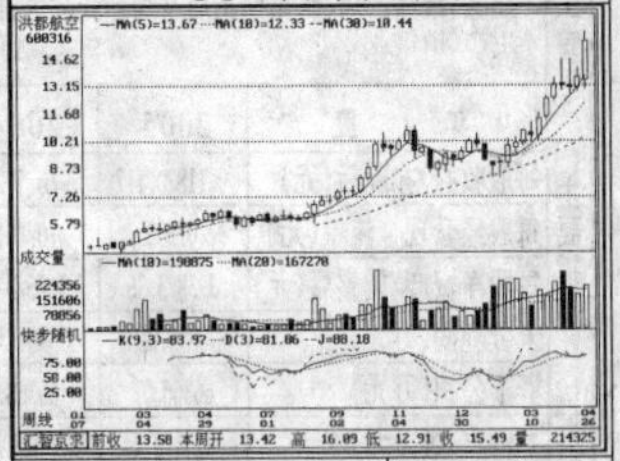

2005年涨跌幅(%)	110.72
2005年最高(元)	10.97
2006年涨跌幅(%)	61.19
2006.4.26收盘(元)	15.49
2006年最高(元)	16.09
2006年最低(元)	8.2
2006年换手率(%)	273.35
股改对价	

G营口港（600317）

上市日期:02/01/31　　电话:0417－6268507　　传真:0417－6268506

主营	散杂货物的装卸、堆存、运输业务。			
	年　度	2005	2004	2003
主要指标	每股收益/扣除后(元)	0.52/0.538	0.36	0.27/0.28
	每股经营现金流量(元)	0.74	0.07	0.4
	每股净资产/调整后(元)	4.65/4.64	4.19/4.18	3.86/3.85
	未分利润(万元)	26624.21	18401.88	11007.53
	资本公积(万元)	57318.32	55913.12	55908.01
利润构成	主营收入(万元)	74829.99	56719.65	42799.97
	主营利润(万元)	24995.19	19386.87	14741.39
	营业利润(万元)	15047.64	11713.86	10135.03
	投资收益(万元)	1921.09	766.86	
	利润总额(万元)	16345.37	12220.28	9874.57
	净利润(万元)	13076.02	9017.5	6671.79
点评	2005年租赁集团20万吨铁矿石泊位以及成品油泊位投产，铁矿石、油品等带来公司吞吐量大幅增长42%。出租51#泊位以及国产设备所得税抵免为公司贡献净利润约20%。转债转股进程缓慢，短期借款增加，财务费用大幅增加。			

	截止日期	05年末	占%	主要股东及持股比例%、持股性质
股本结构（万股）	总股本	25096.46		营口港务集团有限公司 59.22%（国有股）
	国有股	15000	59.77	丰和价值证券投资基金 2.65%（流通A股）
	发起股			广发小盘成长股票型证券投资基金 1.38%（流通A股）
	外资股			泰和证券投资基金 0.59%（流通A股）
	募集股			广发稳健增长证券投资基金 0.55%（流通A股）
	流通A	10000	39.85	广发聚富开放式证券投资基金 0.49%（流通A股）
	流通B			兴业可转债混合型证券投资基金 0.4%（流通A股）
	流通H			刘克智 0.34%（流通A股）
股东户数	05年末	29071		国际金融－汇丰－JPMORGAN CHASE BANK NATIONAL ASSOCIATION 0.33%（流通A股）
	04年末			大连金银鑫贸易有限公司 0.27%（流通A股）
其他流通股东	嘉实增长开放式证券投资基金 0.253%			
近年分配	04年:10派1；03年:10派0.3		近年募资	04年增发转债700万张，募资总额7亿。

二〇〇五年以来市场表现

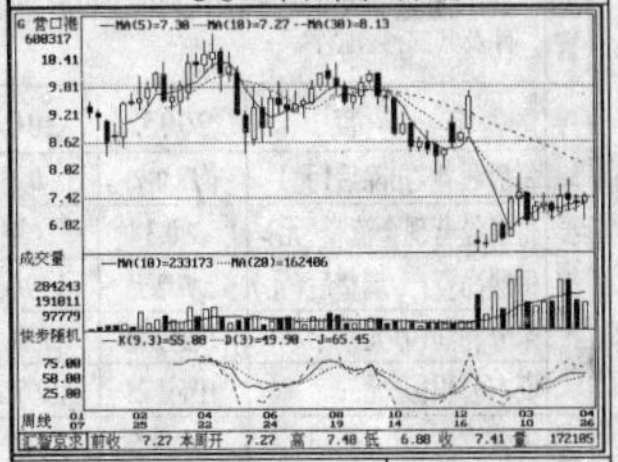

2005年涨跌幅(%)	2.98
2005年最高(元)	11.01
2006年涨跌幅(%)	12.35
2006.4.26收盘(元)	7.41
2006年最高(元)	11.34
2006年最低(元)	9.32
2006年换手率(%)	248.21
股改对价	送股 派现 每10股实际获得2股18.6元(06/01/17)

巢东股份（600318）

上市日期：00/12/08　　电话：0565－2391720　　传真：0565－2391918

主营	各种建筑用水泥及钢结构建材产品的生产和销售		
年度	2005	2004	2003
每股收益/扣除后(元)	-0.95/-0.89	0.09	0.05/0.05
每股经营现金流量(元)	0.29	0.15	0.57
每股净资产/调整后(元)	2.1/2.1	3.2/3.2	3.11/3.11
未分利润(万元)	-13932.64	5156.25	3709.23
资本公积(万元)	37015	36750.45	36750.45
主营收入(万元)	54953.74	77158.55	63313.01
主营利润(万元)	10645.28	19435.29	15338.3
营业利润(万元)	-9033.84	3025.21	2127.38
投资收益(万元)	-625.02	0.21	-29.79
利润总额(万元)	-22408	3356.72	2251.84
净利润(万元)	-19088.88	1702.37	974.37

（主要指标：每股收益至资本公积；利润构成：主营收入至净利润）

点评：为生产规模较小的水泥企业，整体竞争力差。主要原因在于2005年水泥市场需求放缓，同时原燃材料涨价导致成本上升，导致公司主营业务收入与净利润下降较多。另外几个新材料项目出现较大亏损，致使2005年度总体经营全面下滑，出现较大亏损。

股本结构(万股)	截止日期	05年末	占%	主要股东及持股比例%、持股性质
	总股本	20000		安徽巢东水泥集团有限责任公司 59.63%（国有股）
	国有股	11925.11	59.63	赵锡文 0.19%（流通A股）
	发起股	74.89	0.37	王英 0.18%（流通A股）
	外资股			安徽省巢湖市安得房地产开发有限责任公司 0.17%（非流通股）
	募集股			兴和证券投资基金 0.17%（流通A股）
	流通A	8000	40	太原东方德隆装饰设计工程有限公司 0.15%（流通A股）
	流通B			赵金珍 0.1%（流通A股）
	流通H			贺铭华 0.1%（流通A股）
股东户数	05年末	43716		安徽省巢湖市燃料总公司 0.09%（非流通股）
	04年末	49093		苏国海 0.08%（流通A股）
其他流通股东	胥强 0.072%；黄家桃 0.068%；肖献 0.066%			
近年分配			近年募资	

二〇〇五年以来市场表现

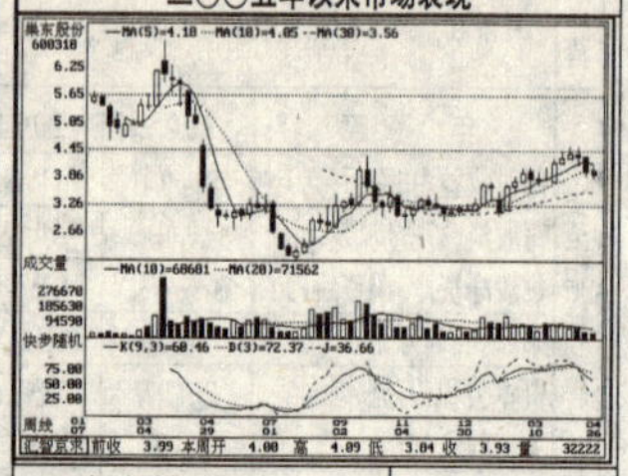

2005年涨跌幅(%)	-43.83
2005年最高(元)	6.85
2006年涨跌幅(%)	25.16
2006.4.26收盘(元)	3.93
2006年最高(元)	4.54
2006年最低(元)	3.02
2006年换手率(%)	156.96
股改对价	

G亚星（600319）

上市日期：01/03/26　　电话：0536－8667941　　传真：0536－8666877

主营	烧碱、聚氯乙烯、氯化聚乙烯及延伸化工产品的科研开发和生产、销售业务。		
年度	2005	2004	2003
每股收益/扣除后(元)	0.118/0.117	0.112	0.167/0.15
每股经营现金流量(元)	0.502	0.461	0.327
每股净资产/调整后(元)	3.38/3.36	3.36/3.33	3.35/3.31
未分利润(万元)	3879.05	3934.56	4409.89
资本公积(万元)	66366.07	66368.6	66328.8
主营收入(万元)	121178.1	99008.49	67406.47
主营利润(万元)	14330.83	11922.78	12267.49
营业利润(万元)	4263.34	3766.21	6219.79
投资收益(万元)			600
利润总额(万元)	4316.32	3628.54	6742.96
净利润(万元)	3728.41	3537.54	5269.69

点评：公司是世界上规模最大的氯化聚乙烯(CPE)生产企业，此外还有烧碱、PVC等产品。2005年，PVC价格大幅下降造成公司PVC业务收入下降，但CPE和烧碱都为公司贡献了明显的收入增长。2006年公司与朗盛合资建设的1.2万吨/年水合肼项目将投产。

股本结构(万股)	截止日期	05年末	占%	主要股东及持股比例%、持股性质
	总股本	31559.4		潍坊亚星集团有限公司 44.87%（国有股）
	国有股			香港嘉耀国际投资有限公司 25.9%（外资股）
	发起股	15384.29	48.75	衡平信托投资有限责任公司 3.73%（非流通股）
	外资股	8175.11	25.9	东方证券股份有限公司 0.32%（流通A股）
	募集股			高玉文 0.09%（流通A股）
	流通A	8000	25.35	中国化学工程第十六建设公司 0.07%（非流通股）
	流通B			大连实德集团有限公司 0.07%（非流通股）
	流通H			吴志军 0.07%（流通A股）
股东户数	05年末	39187		李桔 0.067%（流通A股）
	04年末	42930		吴慧卿 0.066%（流通A股）
其他流通股东	刘金锁 0.063%；贾礼芳 0.061%；吴卓阳 0.061%；纪伟 0.06%；孙洪玲 0.058%			
近年分配	05预案：10派1；04年：10派1；03年：10派1		近年募资	

二〇〇五年以来市场表现

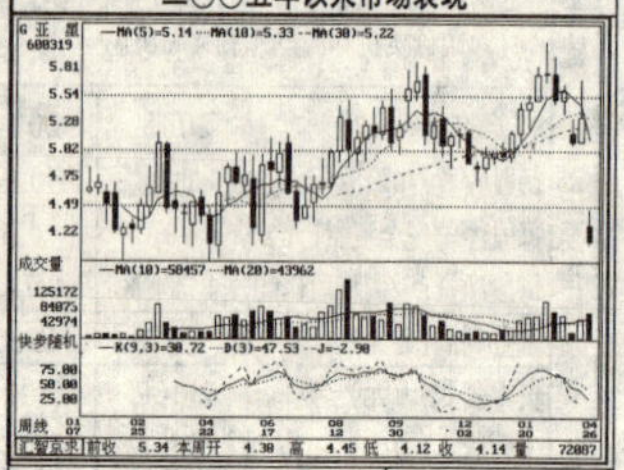

2005年涨跌幅(%)	7.89
2005年最高(元)	5.97
2006年涨跌幅(%)	11.01
2006.4.26收盘(元)	4.14
2006年最高(元)	6.07
2006年最低(元)	4.91
2006年换手率(%)	70.84
股改对价	送股 每10股实际获得3.3股(06/04/26)

G振华（600320/900947）

上市日期：A：00/12/21 B：97/08/05　　电话：021－58396666　　传真：021－58399555

主营	设计、建造和安装大型港口设备、工程船舶和大型金属结构件及其部件、配件。		
年度	2005	2004	2003
每股收益/扣除后(元)	0.78/0.78	0.45	0.61/0.6
每股经营现金流量(元)	-0.3	0.15	-0.27
每股净资产/调整后(元)	2.97/2.96	3.39/3.39	4.66/4.66
未分利润(万元)	102059.38	17881.77	27666.83
资本公积(万元)	118633.28	169997.28	111649.3
主营收入(万元)	1210479.58	719367.47	462817.28
主营利润(万元)	160464.96	88320.51	50751.39
营业利润(万元)	131681.89	47292.83	30193.92
投资收益(万元)	129.03	150.04	1075.97
利润总额(万元)	131891.67	47508.2	30997.6
净利润(万元)	120752.91	46502.88	27769.27

点评：2005年公司与国内外港口签订了多份大额集装箱起重机械供货合同，产销势头非常旺盛，市场份额稳居全球第一。06年公司将培育新的利润增长点，开辟一业为主的多元化经营，即集装箱机械、散货装卸船机械、大型桥梁和钢构、海上重型等五个市场。

股本结构(万股)	截止日期	05年末	占%	主要股东及持股比例%、持股性质
	总股本	154092		中国交通建设集团有限公司 31.26%（国有股）
	国有股			ZHEN HUA ENGINEERING COMPANY LIMITED 18.71%（外资股）
	发起股	48166.8	31.26	TOYO SECURITIES ASIA LTD. A/C CLIENT 1.6%（流通B股）
	外资股	29383.2	19.07	HKSBCSB S/A－BANQUE INT. A LUXEMBOURG S/A HSBC GLOBAL INV. FUN 1.03%（流通B股）
	募集股			HSBC CHINA MOMENTUM FUND 0.9%（流通B股）
	流通A	43542	28.26	安顺证券投资基金 0.84%（流通A股）
	流通B	33000	21.42	SCBHK A/C BONY S/A MATTHEWS INTL FUNDS－MATTHEWS DRAGON CENTU 0.77%（流通B股）
	流通H			CITIGROUP GLOBAL MARKETS LIMITED 0.76%（流通A股）
股东户数	05年末	49559		中信经典配置证券投资基金 0.76%（流通A股）
	04年末			上证50交易型开放式指数证券投资基金 0.75%（流通A股）
其他流通股东	HKSBCSB S/A － BANQUE INT. A LUXEMBOURG S/A HSBC GLOBAL INV. FUN 1.026%			
近年分配	05预案：10派2送4转增6；04年：10派1.2转增5；03年：10派2送4转增6		近年募资	04年增发A股11428万股，发行价8.75元。

二〇〇五年以来市场表现

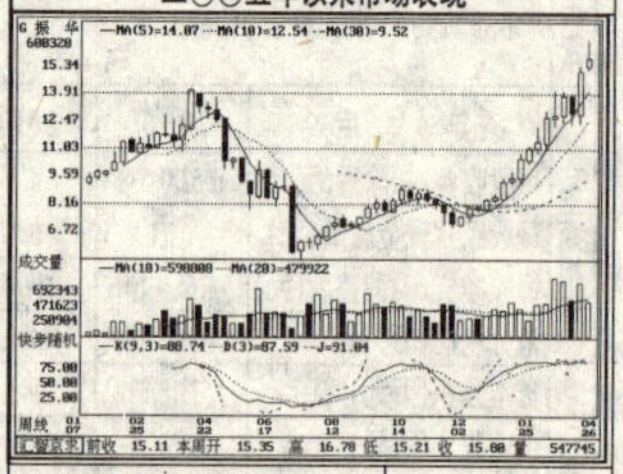

2005年涨跌幅(%)	39.87
2005年最高(元)	14.1
2006年涨跌幅(%)	132.9
2006.4.26收盘(元)	15.8
2006年最高(元)	20.98
2006年最低(元)	8.36
2006年换手率(%)	129.98
股改对价	送股 每10股实际获得2.5股(06/03/29)

国栋建设（600321）

上市日期:01/05/24　　电话:028－85805811　　传真:028－85804146

主营	溅射镀膜、中空、钢化、夹胶玻璃及玻璃制品、玻璃深加工；工业与民用建筑总承包、木制品、混凝土构件生产、水利、路桥、市政工程施工；幕墙装饰。

	年　度	2005	2004	2003
主要指标	每股收益/扣除后(元)	0.08/0.03	0.13/0.09	0.19/0.1
	每股经营现金流量(元)	－0.84	0.17	0.64
	每股净资产/调整后(元)	4.97/4.97	4.89/4.89	6.21/6.21
	未分利润(万元)	6408.81	4796.32	4487.28
	资本公积(万元)	77462.27	77462.27	80966.27
利润构成	主营收入(万元)	22580.17	17986.28	17115.31
	主营利润(万元)	2770.8	3785.58	4478.01
	营业利润(万元)	2092.17	2781.57	2117.71
	投资收益(万元)	17.5	536.2	1799.94
	利润总额(万元)	2196.7	3490.62	3933.7
	净利润(万元)	1897.05	2940.04	3283.39

点评	人造板业务占公司主营业务收入已超过62%。2005年，尽管人造板业务推动主营业务收入快速增长，但玻璃深加工和建筑施工收入、利润的下降以及管理费用增加等因素导致净利润大幅下降。

	截止日期	05年末	占%	主要股东及持股比例%、持股性质
股本结构（万股）	总股本	22776		四川国栋建设集团有限公司 52.91%（非流通股）
	国有股			王国相 0.18%（流通A股）
	发起股	12051	52.91	翁佳炜 0.15%（流通A股）
	外资股			郑士林 0.15%（流通A股）
	募集股			蒋杜瑶 0.14%（流通A股）
	流通A	10725	47.09	李建胜 0.13%（流通A股）
	流通B			余建芳 0.13%（流通A股）
	流通H			河北通达电脑有限公司 0.13%（流通A股）
股东户数	05年末	38537		屈中琴 0.12%（流通A股）
	04年末	40573		王国存 0.12%（流通A股）
其他流通股东	吕杏大 0.118%			
近年分配	03年:10派0.25送1转增2		近年募资	

二〇〇五年以来市场表现

2005年涨跌幅(%)	－16.03
2005年最高(元)	5.04
2006年涨跌幅(%)	16.13
2006.4.26收盘(元)	4.32
2006年最高(元)	4.45
2006年最低(元)	3.64
2006年换手率(%)	83.13
股改对价	

G天房（600322）

上市日期:01/09/10　　电话:022—23122254　　传真:022—23122254

主营	房地产开发经营、销售与出租等。

	年　度	2005	2004	2003
主要指标	每股收益/扣除后(元)	0.051/0.08	0.037	0.049/0.059
	每股经营现金流量(元)	－0.3505	－0.2961	0.2215
	每股净资产/调整后(元)	3.96/3.82	3.95/3.82	3.92/3.85
	未分利润(万元)	5195.98	6306.45	6961.46
	资本公积(万元)	98222.69	98210.38	98202.32
利润构成	主营收入(万元)	70028.01	56199.72	72052.09
	主营利润(万元)	20491.8	17085.73	19149.79
	营业利润(万元)	5569.17	3389.48	4596.15
	投资收益(万元)	－1139.55	－188.07	137.03
	利润总额(万元)	4319.69	3073.34	3454.45
	净利润(万元)	2163.91	1571.87	2088.04

点评	05年公司新开工项目较多，施工面积较大，竣工面积达到26.19万平方米，由于土地出让金、工程建设资金需求量剧增以及新增土地储备，使公司资金运作始终面临巨大压力，公司积极应对，加速了资金周转减少了资金成本，提高了资金使用效率。

	截止日期	05年末	占%	主要股东及持股比例%、持股性质
股本结构（万股）	总股本	42370.74		天津市房地产开发经营集团有限公司 42.12%（国有股）
	国有股			申万巴黎盛利精选证券投资基金 0.84%（流通A股）
	发起股	17845.74	42.12	招商证券－渣打－ING BANK N.V. 0.76%（流通A股）
	外资股			申银万国－花旗－UBS LIMITED 0.62%（流通A股）
	募集股	5046.85	11.91	国泰君安－香港上海汇丰银行 0.57%（流通A股）
	流通A	19478.15	45.97	景福证券投资基金 0.51%（流通A股）
	流通B			申万巴黎新动力股票型证券投资基金 0.46%（流通A股）
	流通H			国际金融－摩根士丹利 0.32%（流通A股）
股东户数	05年末	75394		交通银行天津分行 0.3%（非流通股）
	04年末	84364		大成价值增长证券投资基金 0.29%（流通A股）
其他流通股东	兴业趋势投资混合型证券投资基金 0.236%；申银万国－美林国际 0.233%			
近年分配	05预案:10派0.6；04年:10派0.4；03年:10派0.4		近年募资	

二〇〇五年以来市场表现

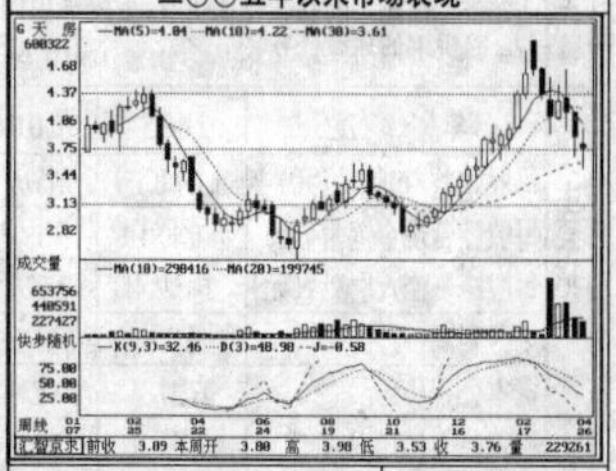

2005年涨跌幅(%)	－5.53
2005年最高(元)	4.44
2006年涨跌幅(%)	45.1
2006.4.26收盘(元)	3.76
2006年最高(元)	6.37
2006年最低(元)	3.54
2006年换手率(%)	136.8
股改对价	送股 每10股实际获得3.7股（06/03/28）

南海发展（600323）

上市日期:00/12/25　　电话:0757－86280996　　传真:0757－86328565

主营	自来水的生产、供应和路桥投资等

	年　度	2005	2004	2003
主要指标	每股收益/扣除后(元)	0.37/0.37	0.34	0.31/0.31
	每股经营现金流量(元)	0.7	0.63	0.67
	每股净资产/调整后(元)	3.97/3.92	3.85/3.81	3.71/3.66
	未分利润(万元)	5231.43	4630.22	4479.31
	资本公积(万元)	38473.16	38473.16	38473.16
利润构成	主营收入(万元)	31887.37	27239.12	25538.84
	主营利润(万元)	15953.46	14603.49	13019.42
	营业利润(万元)	12911.69	12193.32	11027.69
	投资收益(万元)	15.31	－55.75	0.01
	利润总额(万元)	12971.29	11445.38	10820.68
	净利润(万元)	7752.08	7151.69	6405.3

点评	公司供水业务平稳增长，但电价上调、管网维护费用增大导致业务利润率略有下降。2005年新增污水处理业务毛利率低于供水业务，但也贡献了部分收益。公司2006年污水处理业务进一步拓展有望带来新的业绩增长，此外公司还准备涉足垃圾焚烧发电行业。

	截止日期	05年末	占%	主要股东及持股比例%、持股性质
股本结构（万股）	总股本	20851.42		佛山市南海供水集团有限公司 36.49%（国有股）
	国有股	7609.45	36.49	交通银行－海富通精选证券投资基金 1.92%（流通A股）
	发起股			海通－交行－日兴资产管理有限公司－日兴AM中国人民币A股母基金 1.87%（流通A股）
	外资股			中国银行－海富通收益增长证券投资基金 1.6%（流通A股）
	募集股			中国银行－工银瑞信核心价值股票型证券投资基金 1.55%（流通A股）
	流通A	13241.97	63.51	中国光大银行股份有限公司－巨田基础行业证券投资基金 1.44%（流通A股）
	流通B			中国工商银行－国联安德盛小盘精选证券投资基金 1.36%（流通A股）
	流通H			华夏成长证券投资基金 0.99%（流通A股）
股东户数	05年末	36757		普丰证券投资基金 0.89%（流通A股）
	04年末	42733		兴华证券投资基金 0.66%（流通A股）
其他流通股东	中国工商银行－中银国际中国精选混合型开放式证券投资基金 0.477%			
近年分配	05年:10派2.5；04年:10派2.5；03年:10派2		近年募资	

二〇〇五年以来市场表现

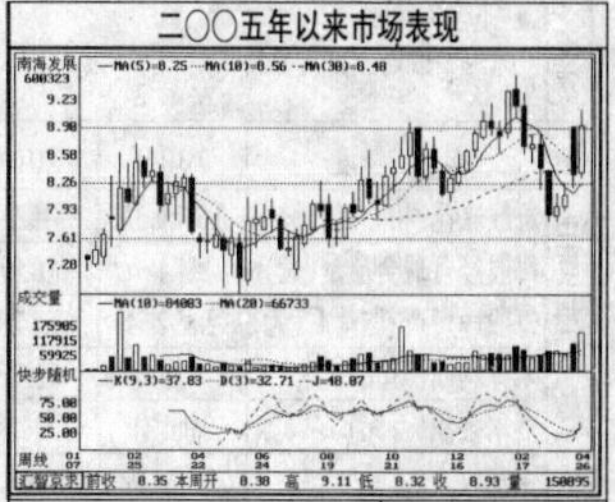

2005年涨跌幅(%)	22.01
2005年最高(元)	9.21
2006年涨跌幅(%)	1.02
2006.4.26收盘(元)	8.93
2006年最高(元)	9.55
2006年最低(元)	7.8
2006年换手率(%)	78.14
股改对价	送股 派现 每10股实际获得1.3股3.1元

G华发（600325）

上市日期:04/02/25　　电话:0756－8282938　　传真:0756－8883298

主营	房地产开发和销售			
	年　度	2005	2004	2003
主要指标	每股收益/扣除后(元)	0.5/0.39	0.43/0.43	0.4/0.4
	每股经营现金流量(元)	1.07	0.6	0.9
	每股净资产/调整后(元)	4.22/4.22	4.95/4.94	3.19
	未分利润(万元)	32965.6	24855.1	18362.57
	资本公积(万元)	35382.73	41382.73	3009.58
利润构成	主营收入(万元)	71428.75	53034.52	39276.27
	主营利润(万元)	20639.06	15799.61	9414.67
	营业利润(万元)	12500.38	10022.08	6638.49
	投资收益(万元)	2884.66	0.94	3.2
	利润总额(万元)	15775.55	10023.52	6645.23
	净利润(万元)	12881.17	8579.17	5625.11
点评	05年销售面积13万平方米,主营业务收入的增长主要来自公司开发的华发新城二期B区,05年实现确认销售收入达4亿元;净利润的大幅增长,主要得益于房地产销售收入的增长,但是原材料价格上涨也导致公司主营业务毛利率下降。			

	截止日期	05年末	占%	主要股东及持股比例%、持股性质
股本结构(万股)	总股本	26000		珠海经济特区华发集团公司29.33%(部分流通部分不流通)
	国有股	7811.23	30.04	国联安德盛小盘精选证券投资基金2.25%(流通A股)
	发起股			珠海经济特区华发汽车展销中心1.79%(国有股)
	外资股			珠海经济特区华发物业管理公司1.79%(国有股)
	募集股			南方避险增值基金1.77%(流通A股)
	流通A	10140	39	申万巴黎盛利精选证券投资基金1.56%(流通A股)
	流通B			中信经典配置证券投资基金1.1%(流通A股)
	流通H			全国社保基金一零八组合0.96%(流通A股)
股东户数	05年末	31327		鸿阳证券投资基金0.91%(流通A股)
	04年末	36532		鸿飞证券投资基金0.64%(流通A股)
其他流通股东	景阳证券投资基金0.577%;裕隆证券投资基金0.573%			
近年分配	05中期:10转增3年终:10派1;04年:10派1	近年募资		04年新发6000万股,发行价7.03元。

二〇〇五年以来市场表现

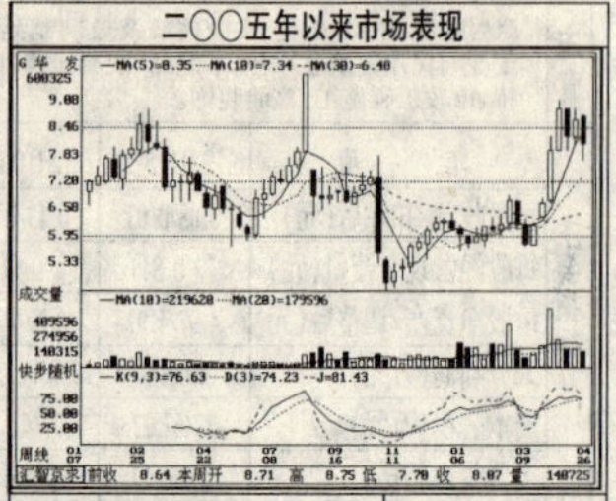

2005年涨跌幅(%)	48.76
2005年最高(元)	11.05
2006年涨跌幅(%)	33.5
2006.4.26收盘(元)	8.07
2006年最高(元)	9.08
2006年最低(元)	5.61
2006年换手率(%)	322.82
股改对价	送股 每10股实际获得3股(05/08/23)

西藏天路（600326）

上市日期:01/01/16　　电话:0891－6902700　　传真:0891－6903003

主营	公路工程施工的基础设施建设,主要承担西藏自治区内的公路桥梁的建设任务。			
	年　度	2005	2004	2003
主要指标	每股收益/扣除后(元)	0.177/0.159	0.159/0.149	0.168/0.145
	每股经营现金流量(元)	0.1094	-0.1307	-0.3096
	每股净资产/调整后(元)	2.45/2.44	2.27/2.27	2.27/2.26
	未分利润(万元)	5370.16	2872.94	589.53
	资本公积(万元)	17239.36	17239.36	17239.36
利润构成	主营收入(万元)	38773.21	34827.97	34690.23
	主营利润(万元)	5477.15	5443.23	5114.2
	营业利润(万元)	3001.29	2238.53	2823.22
	投资收益(万元)	667.06	734.91	793.23
	利润总额(万元)	3651.85	3121.54	4063.87
	净利润(万元)	3188.36	2854.26	3030.13
点评	公司在公路及桥梁施工能力、工程施工质量、公路建设市场占有率、高等级公路施工市场占有率、工程机械设备的先进程度及拥有量在西藏处于领先地位。"十一五"期间,西藏公路建设总投资将达398亿元,预计公司将有一定的增长。			

	截止日期	05年末	占%	主要股东及持股比例%、持股性质
股本结构(万股)	总股本	18000		西藏公路工程总公司36.68%(国有股)
	国有股	10800	60	西藏自治区交通工业总公司8.75%(国有股)
	发起股			西藏拉萨汽车运输总公司7.15%(国有股)
	外资股			西藏自治区汽车工业贸易总公司6.99%(国有股)
	募集股			西藏自治区交通厅格尔木运输总公司0.43%(国有股)
	流通A	7200	40	戴利国0.3%(流通A股)
	流通B			徐广堂0.14%(流通A股)
	流通H			张永飞0.11%(流通A股)
股东户数	05年末	23878		袁宏0.11%(流通A股)
	04年末	25475		吴小刚0.11%(流通A股)
其他流通股东	陈敏锋0.105%;郎学新0.088%;洪明0.087%;李宝平0.074%;张耀刚0.071%			
近年分配	03年:10派1.5	近年募资		

二〇〇五年以来市场表现

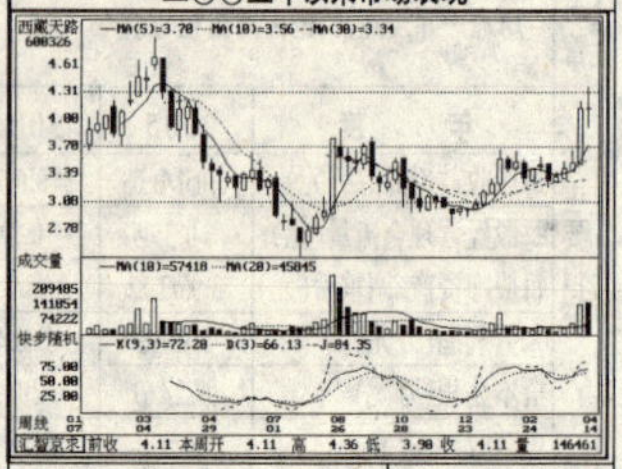

2005年涨跌幅(%)	-18.06
2005年最高(元)	4.92
2006年涨跌幅(%)	35.2
2006.4.26收盘(元)	4.11
2006年最高(元)	4.36
2006年最低(元)	3.02
2006年换手率(%)	110.24
股改对价	送股 每10股实际获得2.8股

大厦股份（600327）

上市日期:02/06/25　　电话:0510－2702093　　传真:0510－2700159

主营	国内一般商业百货零售			
	年　度	2005	2004	2003
主要指标	每股收益/扣除后(元)	0.394/0.378	0.329	0.416/0.41
	每股经营现金流量(元)	1.1	0.09	1.36
	每股净资产/调整后(元)	2.85/2.74	2.8/2.68	5.03/4.84
	未分利润(万元)	6650.96	7743.36	7785.62
	资本公积(万元)	26105.41	26105.41	32471.97
利润构成	主营收入(万元)	293669.88	260681.59	263378.56
	主营利润(万元)	35236.98	31387.8	25908.64
	营业利润(万元)	15442.49	12652.6	8440.65
	投资收益(万元)	-36.91	142.41	103.62
	利润总额(万元)	14952.61	12362.46	7815.44
	净利润(万元)	8554.02	7156.42	4525.03
点评	公司报告期内主营收入和净利润均取得较大增长,且净利润增幅超过了主营收入,此外公司每股经营活动产生的现金流大大超过了每股收益也说明了公司盈利的质量。报告期内公司净资产收益率同比增长了2个多百分点。			

	截止日期	05年末	占%	主要股东及持股比例%、持股性质
股本结构(万股)	总股本	21737.99		江苏无锡商业大厦集团有限公司56.88%(非流通股)
	国有股			无锡市商业实业有限公司5.73%(国有股)
	发起股	13737.99	63.2	金鑫证券投资基金3.33%(流通A股)
	外资股			交通银行－汉兴证券投资基金3.04%(流通A股)
	募集股			富国动态平衡证券投资基金2.94%(流通A股)
	流通A	8000	36.8	交通银行－科瑞证券投资基金2.4%(流通A股)
	流通B			交通银行－科讯证券投资基金0.97%(流通A股)
	流通H			中国工商银行－诺安平衡证券投资基金0.91%(流通A股)
股东户数	05年末	9048		中国工商银行－广发聚富开放式证券投资基金0.85%(流通A股)
	04年末	12731		长盛成长价值证券投资基金0.6%(流通A股)
其他流通股东	中国银行－易方达积极成长证券投资基金0.46%;中国农业银行－长信银利精选证券投资基金0.459%			
近年分配	05预案:10派2.5转增5;04年:10派3.5;03年:10派1送4转增6	近年募资		

二〇〇五年以来市场表现

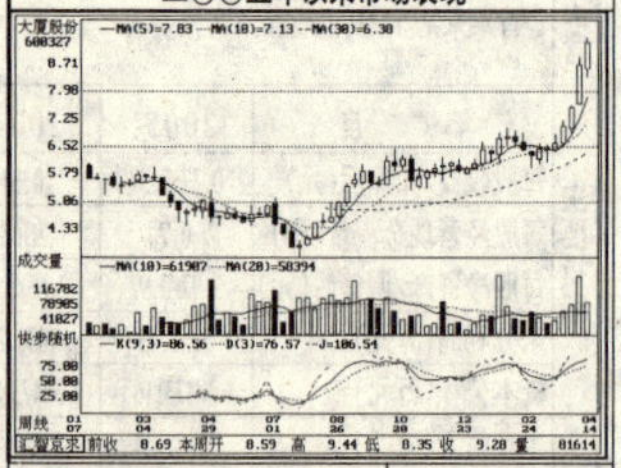

2005年涨跌幅(%)	5.78
2005年最高(元)	6.79
2006年涨跌幅(%)	53.14
2006.4.26收盘(元)	9.28
2006年最高(元)	9.44
2006年最低(元)	5.94
2006年换手率(%)	118.38
股改对价	送股 每10股实际获得2.3股

G兰太（600328）

上市日期:00/12/22　电话:0483－8838636　传真:0483－8838735

主营	加碘食用盐、化工原料盐以及以盐湖为依托,高附加值、高科技含量的金属钠及副产品、天然胡萝卜素系列产品的生产与销售。

	年度	2005	2004	2003
主要指标	每股收益/扣除后(元)	0.24/0.23	0.13	0.14/0.14
	每股经营现金流量(元)	0.59	0.24	0.14
	每股净资产/调整后(元)	2.27/2.24	2.03/2.02	3.04/3.03
	未分利润(万元)	13325.56	6488.01	3035.88
	资本公积(万元)	26837.49	26837.49	40295.05
利润构成	主营收入(万元)	81843.82	56177.66	48366.42
	主营利润(万元)	40248.19	24106.75	19382.63
	营业利润(万元)	16247.66	5830.55	3749.57
	投资收益(万元)	－96.55	－114.32	25.1
	利润总额(万元)	12750.86	5609.67	3626.39
	净利润(万元)	8601.33	4584.99	3045.55

点评	世界最大的金属钠和高纯钠生产企业。由于公司在原盐方面具有资源优势,因而公司盐产品和金属钠的毛利率达到50%以上。2005年产品毛利率的高位维持以及金属钠产销量的提升,使得公司净利润同比大幅增长。

	截止日期	05年末	占%	主要股东及持股比例%、持股性质
股本结构(万股)	总股本	35911.8		中盐吉兰泰盐化集团有限公司 59.22%(非流通股)
	国有股	21539	59.98	阿拉善达康精细化工股份有限公司 4.89%(非流通股)
	发起股	1892.8	5.27	申银万国－汇丰－MERRILL LYNCH INTERNATIONAL 1.18%(流通A股)
	外资股			东方证券－农行－LEHMAN BROTHERS INTERNATIONAL(EUROPE) 1.12%(流通A股)
	募集股			交通银行－国泰金鹰增长证券投资基金 0.8%(流通A股)
	流通A	12480	34.75	内蒙古自治区盐业公司 0.75%(非流通股)
	流通B			国泰君安－建行－香港上海汇丰银行有限公司 0.71%(流通A股)
	流通H			金盛证券投资基金 0.62%(流通A股)
股东户数	05年末	28382		中国银行－同盛证券投资基金 0.61%(流通A股)
	04年末	29048		招商证券－渣打－ING BANK N.V. 0.52%(流通A股)
其他流通股东	金鼎证券投资基金 0.36%;申银万国－花旗－UBS LIMITED 0.189%;康节约 0.135%			
近年分配	05预案:10派0.4;03年:10转增6	近年募资		

二〇〇五年以来市场表现

2005年涨跌幅(%)	61.16
2005年最高(元)	6.96
2006年涨跌幅(%)	19.96
2006.4.26收盘(元)	5.58
2006年最高(元)	8.57
2006年最低(元)	6.12
2006年换手率(%)	377.77
股改对价	送股 每10股实际获得3.2股(06/04/18)

中新药业（600329）

上市日期:01/06/06　电话:022－27020926　传真:022－27020926

主营	中、西药品的生产和销售

	年度	2005	2004	2003
主要指标	每股收益/扣除后(元)	0.22/0.12	0.17	0.23/0.13
	每股经营现金流量(元)	0.71	0.03	0.21
	每股净资产/调整后(元)	4.41/4.41	4.34/4.33	4.31/4.31
	未分利润(万元)	14049.7	12962.8	13233.1
	资本公积(万元)	93037.4	92836.6	92786
利润构成	主营收入(万元)	251714.1	211575.6	206424.7
	主营利润(万元)	107194.3	95485.6	86193.1
	营业利润(万元)	－184.4	2999.7	5679.8
	投资收益(万元)	8354.3	6018.6	3675.1
	利润总额(万元)	10497.3	9318.3	12234.3
	净利润(万元)	8078.7	6403.2	8645.9

点评	2005年公司充分发挥大品种战略的带动与支撑作用,业绩平稳增长。公司在国际市场上实施的"大客户、大品种战略"也取得了一系列新的突破。报告期内,达仁堂、隆顺榕、技术中心顺利迁入现代中药产业园运行,各项工艺技术已打通。

	截止日期	05年末	占%	主要股东及持股比例%、持股性质
股本结构(万股)	总股本	36965.44		天津市医药集团有限公司 52.66%(国有股)
	国有股	19465.44	52.66	UOB KAY HIAN PTE LTD 1.2%(S股)
	发起股			TAN SWEE TECK MICHAEL OR TAN TOH HEAH 0.73%(S股)
	外资股			KIM ENG SECURITIES PTE. LTD. 0.59%(S股)
	募集股	1205	3.26	OCBC SECURITIES PRIVATE LTD 0.48%(S股)
	流通A	6295	17.03	PHILLIP SECURITIES PTE LTD 0.46%(S股)
	流通B			CHAN WAI MAN 0.35%(S股)
	流通H			CIMB－GK SECURITIES PTE. LTD. 0.34%(S股)
股东户数	05年末	43295		DBS VICKERS SECS (S) PTE LTD 0.3%(S股)
	04年末	45723		UNITED OVERSEAS BANK NOMINEES 0.29%(S股)
其他流通股东	PEH CHIN CHIONG 0.239%			
近年分配	05预案:10派1.5;04年:10派1.5;03年:10派1.5	近年募资		

二〇〇五年以来市场表现

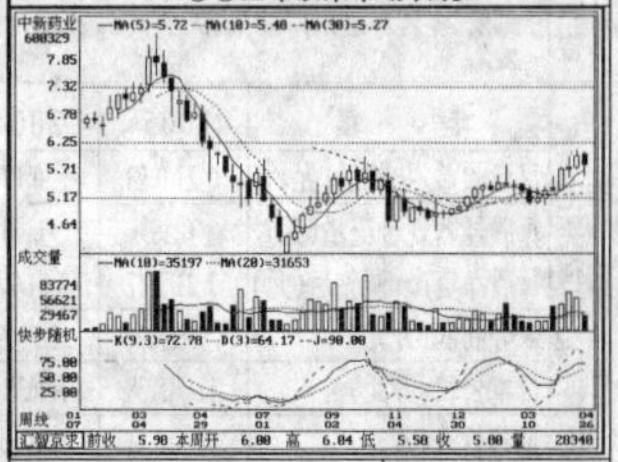

2005年涨跌幅(%)	－21.8
2005年最高(元)	8.39
2006年涨跌幅(%)	16.47
2006.4.26收盘(元)	5.8
2006年最高(元)	6.08
2006年最低(元)	4.9
2006年换手率(%)	85.97
股改对价	

天通股份（600330）

上市日期:01/01/18　电话:0573－7230878　传真:0573－7230228

主营	磁性材料、电子元件、机械设备的生产、销售及技术开发。

	年度	2005	2004	2003
主要指标	每股收益/扣除后(元)	0.089/0.064	0.279	0.307/0.282
	每股经营现金流量(元)	0.208	0.485	0.151
	每股净资产/调整后(元)	2.21/2.21	3.02/3.01	2.86/2.85
	未分利润(万元)	17622.5	16843.12	11395.42
	资本公积(万元)	30011.94	24284.3	24170.52
利润构成	主营收入(万元)	63795.53	44635.72	35049.99
	主营利润(万元)	14609.83	13031.06	11564.46
	营业利润(万元)	3540.93	6183.72	7094.76
	投资收益(万元)	278.01	776.43	66.77
	利润总额(万元)	5458.63	7446.49	8027.5
	净利润(万元)	3913.6	6412.95	7047.72

点评	2005年,公司软磁铁氧体磁芯产品销售增长明显,但原料能源涨价使产品毛利率下降,同时汇兑损益、财务费用、折旧上升造成公司利润同比下滑。公司产品市场集中在中、低端,盈利空间有限,未来将通过产品结构调整改善公司盈利情况。

	截止日期	05年末	占%	主要股东及持股比例%、持股性质
股本结构(万股)	总股本	43915.2		潘广通 11.41%(非流通股)
	国有股			潘建清 9.83%(非流通股)
	发起股	9336.18	21.26	浙江天力工贸有限公司 8%(非流通股)
	外资股			宝钢集团企业开发总公司 6.56%(国有股)
	募集股			海宁市经济发展投资公司 2.96%(国有股)
	流通A	16800	38.26	中国电子科技集团公司第四十八研究所 2.73%(国有股)
	流通B			潘金鑫 1.65%(非流通股)
	流通H			金建清 1.17%(非流通股)
股东户数	05年末	21990		段金柱 1.15%(非流通股)
	04年末	13343		潘娟美 1.13%(非流通股)
其他流通股东	中国民族证券有限责任公司 0.802%;泰阳证券有限责任公司 0.747%			
近年分配	05预案:10派0.5;04年:10派1转增6;03年:10派1.25	近年募资	05年增发A股4500万股,发行价6.28元。	

二〇〇五年以来市场表现

2005年涨跌幅(%)	－15.94
2005年最高(元)	8.41
2006年涨跌幅(%)	93.75
2006.4.26收盘(元)	6.2
2006年最高(元)	6.58
2006年最低(元)	3.2
2006年换手率(%)	334.99
股改对价	送股 每10股实际获得3股

G宏达（600331）

上市日期:01/12/20　　电话:028－86141081　　传真:028－86140372

主营	普通过磷酸钙、钾肥、复混肥、锌锭、氧化锌、磷酸氢钙、磷酸一铵以及锌锭的生产和销售。		
年度	2005	2004	2003
每股收益/扣除后(元)	0.444/0.451	0.233/0.239	0.357/0.303
每股经营现金流量(元)	0.94	0.76	1.09
每股净资产/调整后(元)	2.38/2.25	1.98/1.98	5.75/5.69
未分利润(万元)	27900.71	15193.09	10017.67
资本公积(万元)	12246.21	12012.62	41534.16
主营收入(万元)	272605.02	166717.26	100105.19
主营利润(万元)	76264.26	45197.83	18991.62
营业利润(万元)	37319.58	19679.96	6152.82
投资收益(万元)	-241.42	103.88	131.52
利润总额(万元)	36688.97	18918.94	7118.25
净利润(万元)	18484.52	9673.9	4642.85

（主要指标：每股收益至资本公积；利润构成：主营收入至净利润）

点评：2005年,公司克服了电力紧张等不利因素带来的影响,产品生产规模迅速扩大,业绩出现大幅增长。锌金属2006年市场前景看好,锌价将不断振荡走高,公司将继续抓好磷矿山收购或参股工作,保证磷化工产品主要原料的供应及降低采购成本。

股本结构（万股） 截止日期	05年末	占%	主要股东及持股比例%、持股性质
总股本	41600		什邡宏达发展有限公司 26.923%（非流通股）
国有股			四川平原实业发展有限公司 16.086%（非流通股）
发起股	20800	50	绵阳市益多园房地产开发有限责任公司 6.806%（非流通股）
外资股			红塔证券股份有限公司 1.657%（流通A股）
募集股			中国银行－同盛证券投资基金 1.624%（流通A股）
流通A	20800	50	鸿阳证券投资基金 1.328%（流通A股）
流通B			长盛成长价值证券投资基金 0.963%（流通A股）
流通H			长城证券有限责任公司 0.901%（流通A股）
股东户数 05年末	17929		中国银行－易方达策略成长证券投资基金 0.857%（流通A股）
股东户数 04年末	17159		全国社保基金一零九组合 0.81%（流通A股）
其他流通股东	中国工商银行－汇添富优势精选混合型证券投资基金 0.766%		
近年分配	05方案:10派0.5;04中期:10转增10年终:10派0.5;03年:10派1转增6	近年募资	

二〇〇五年以来市场表现

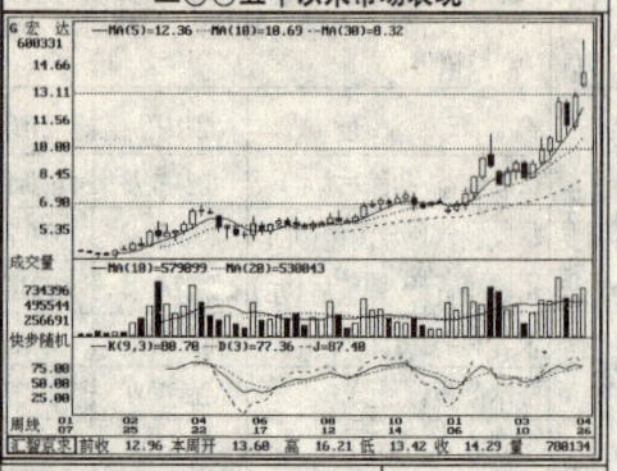

2005年涨跌幅(%)	93.26
2005年最高(元)	8.41
2006年涨跌幅(%)	119.85
2006.4.26收盘(元)	14.29
2006年最高(元)	16.21
2006年最低(元)	6.4
2006年换手率(%)	461.71
股改对价	送股 每10股实际获得2.5股(05/12/27)

G广药（600332）

上市日期:01/02/06　　电话:020－81218117　　传真:020－81876408

主营	中成药的研究开发、制造及销售;西药、中药和医疗器械的批发、零售和进出口业务;天然药品及生物药品的研究开发。		
年度	2005	2004	2003
每股收益/扣除后(元)	0.23/0.23	0.07	0.17/0.18
每股经营现金流量(元)	0.18	0.25	-0.01
每股净资产/调整后(元)	3.23/3.17	3.01/2.96	3/2.92
未分利润(万元)	9383.97	2250.59	8255.85
资本公积(万元)	114945.38	112638.14	111957.22
主营收入(万元)	902634.04	770831.36	697196.32
主营利润(万元)	152875.22	137248.91	137271.38
营业利润(万元)	30831.37	18342.11	29606.01
投资收益(万元)	-806.31	-473.58	271.48
利润总额(万元)	30674.08	16764.24	28477.34
净利润(万元)	18448.15	5529.16	13979.54

点评：报告期内公司全力拓展省外市场,加快终端市场网络建设,积极推进集团内部资源整合的进程,公司经营业绩达到公司成立以来的最好水平。销售收入显著增长的产品有夏桑菊、王老吉清凉茶、补脾益肠丸、蛇胆川贝枇杷膏与治咳川贝枇杷露等。

股本结构（万股） 截止日期	05年末	占%	主要股东及持股比例%、持股性质
总股本	81090		广州医药集团有限公司 60.55%（国有股）
国有股	51300	63.26	香港中央结算(代理人)有限公司 26.92%（H股）
发起股			中国长城资产管理公司 2.71%（国有股）
外资股			裕隆证券投资基金 0.25%（流通A股）
募集股			申银万国－花旗－UBS LIMITED 0.22%（流通A股）
流通A	7800	9.62	全国社保基金一零九组合 0.21%（流通A股）
流通B			中国光大银行股份有限公司－泰信先行策略开放式证券投资 0.21%（流通A股）
流通H	21990	27.12	招商证券－渣打－ING BANK N.V. 0.2%（流通A股）
股东户数 05年末	38724		国泰君安－建行－香港上海汇丰银行有限公司 0.17%（流通A股）
股东户数 04年末	47042		申银万国－汇丰－MERRILL LYNCH INTERNATIONAL 0.17%（流通A股）
其他流通股东	HSBC Nominees(Hong Kong) Limited 0.107%;中国建设银行－宝康消费品证券投资基金 0.074%		
近年分配	05预案:10派0.7;04年:10派0.25;03年:10派0.6	近年募资	

二〇〇五年以来市场表现

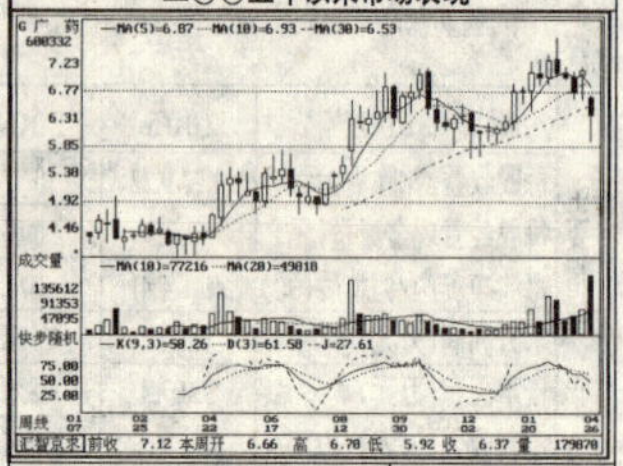

2005年涨跌幅(%)	43.17
2005年最高(元)	7.2
2006年涨跌幅(%)	32.28
2006.4.26收盘(元)	6.37
2006年最高(元)	8.71
2006年最低(元)	6.11
2006年换手率(%)	93.67
股改对价	送股 每10股实际获得3股(06/04/24)

长春燃气（600333）

上市日期:00/12/11　　电话:0431－5668756　　传真:0431－5668761

主营	长春市城市管道燃气生产、供应;冶金焦炭、煤焦油生产、销售。		
年度	2005	2004	2003
每股收益/扣除后(元)	0.16/0.16	0.52	0.36/0.36
每股经营现金流量(元)	0.33	0.24	0.27
每股净资产/调整后(元)	2.68/2.66	2.66/2.65	2.29/2.28
未分利润(万元)	35274.85	35503.65	23469.68
资本公积(万元)	23088.07	23030.25	22917.96
主营收入(万元)	127227.04	110435.77	77386.48
主营利润(万元)	22689.2	37601.24	25785.07
营业利润(万元)	7806.67	24731.32	19332.96
投资收益(万元)	2.04	248.85	-51.78
利润总额(万元)	7572.44	24881.5	17744.66
净利润(万元)	6521.29	21331.69	14645.45

点评：2005年公司所需原料煤价格大幅上涨,焦炭售价一路下滑,天然气供应紧张,导致公司业绩同比大幅下降。其中冶金焦炭毛利率下降最为明显。2006年公司计划通过技改、开拓新市场来降低焦炭产品生产成本,并进一步发展管道燃气用户,提高燃气销售量。

股本结构（万股） 截止日期	05年末	占%	主要股东及持股比例%、持股性质
总股本	40653.12		长春燃气控股有限公司 60.22%（非流通股）
国有股			申银万国－花旗－UBS LIMITED 0.65%（流通A股）
发起股	24480	60.22	招商证券－渣打－ING BANK N.V. 0.43%（流通A股）
外资股			国泰君安－建行－香港上海汇丰银行有限公司 0.42%（流通A股）
募集股			申银万国－汇丰－MERRILL LYNCH INTERNATIONAL 0.29%（流通A股）
流通A	16173.12	39.78	东方证券－农行－LEHMAN BROTHERS INTERNATIONAL(EUROPE) 0.11%（流通A股）
流通B			中国工商银行－华安上证180指数增强型证券投资基金 0.11%（流通A股）
流通H			李纬修 0.07%（流通A股）
股东户数 05年末	45994		王树英 0.07%（流通A股）
股东户数 04年末	40065		白银银珠电力有限责任公司 0.07%（流通A股）
其他流通股东	南方财务 0.064%		
近年分配	05预案:10派1;04年:10派1.5;03年:10派1.5	近年募资	

二〇〇五年以来市场表现

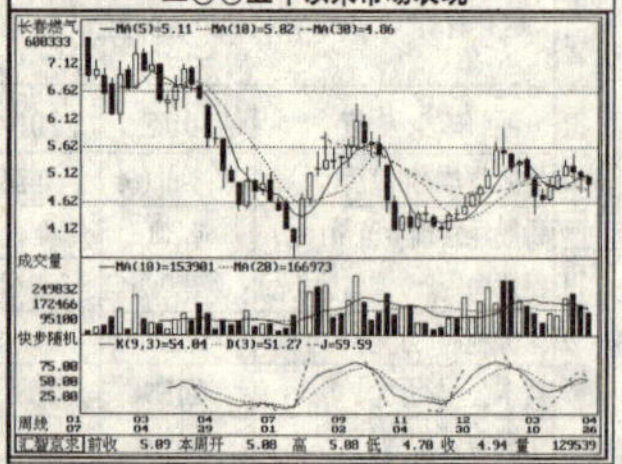

2005年涨跌幅(%)	-38.5
2005年最高(元)	7.62
2006年涨跌幅(%)	9.05
2006.4.26收盘(元)	4.94
2006年最高(元)	5.97
2006年最低(元)	4.4
2006年换手率(%)	177.26
股改对价	

ST 盛工（600335）

上市日期:01/03/05　　电话:022－24935580　　传真:022－24935580

主营：以平地机产品为主的工程建设机械及高等级公路施工成套设备、商品混凝土技术与装备的研究、开发、生产和销售。

	年度	2005	2004	2003
主要指标	每股收益/扣除后(元)	0.037/0.013	0.022	-0.038/-0.062
	每股经营现金流量(元)	0.59	1.11	0.26
	每股净资产/调整后(元)	2.47/2.41	2.43/2.3	2.41/2.31
	未分利润(万元)	-4227.36	-4469.88	-4651.69
	资本公积(万元)	20914.54	20891.93	20891.93
利润构成	主营收入(万元)	44492.04	28209.7	28775.21
	主营利润(万元)	10164.74	5661.43	6191.47
	营业利润(万元)	941.46	440.77	-469.35
	投资收益(万元)	-92.42	-15.84	
	利润总额(万元)	937.03	393.12	-443.21
	净利润(万元)	426.37	253.3	-443.21

点评：05年公司克服宏观调控、竞争激烈等不利影响，生产经营稳步增长，主业调整更加突出。2006年是十一五规划第一年，建设新农村、基础设施建设等为工程机械行业提供了机遇，公司将加大出口力度和科技创新，全面提升生产规模和产品品质。

	截止日期	05年末	占%	主要股东及持股比例%、持股性质
股本结构（万股）	总股本	11662.86		天津工程机械研究院 53.71%（国有股）
	国有股	7854.56	67.35	中国对外建设总公司 12.79%（国有股）
	发起股	308.3	2.64	武汉当代科技发展有限公司 1.68%（非流通股）
	外资股			天津泰鑫实业开发有限公司 0.68%（非流通股）
	募集股			天津华泽(集团)有限公司 0.57%（国有股）
	流通A	3500	30.01	李金良 0.45%（流通A股）
	流通B			杨培胜 0.35%（流通A股）
	流通H			天津市机电控股集团公司 0.28%（国有股）
股东户数	05年末	16854		北京金豪力机电设备有限公司 0.28%（非流通股）
	04年末	17718		陈宇峰 0.26%（流通A股）

其他流通股东：周晨 0.216%；吴春香 0.141%；阮章新 0.138%；罗玉福 0.115%；王灿霞 0.113%；杨永祥 0.106%；胡玉光 0.1%

近年分配：-　　**近年募资**：

二〇〇五年以来市场表现

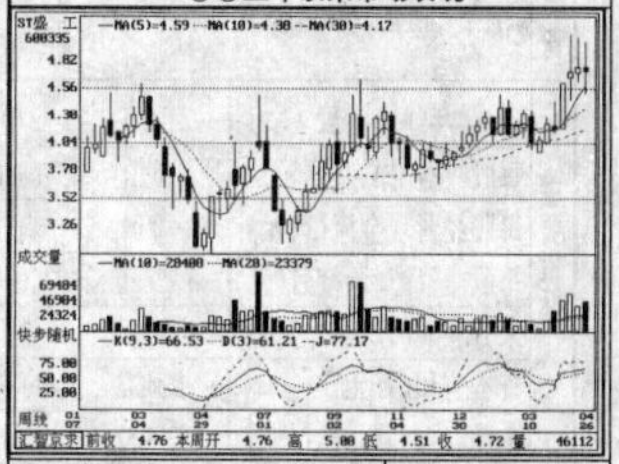

2005年涨跌幅(%)	6.1
2005年最高(元)	4.64
2006年涨跌幅(%)	18
2006.4.26收盘(元)	4.72
2006年最高(元)	5.08
2006年最低(元)	3.95
2006年换手率(%)	115.76
股改对价	

G 澳柯玛（600336）

上市日期:00/12/29　　电话:0532－86765129　　传真:0532－86765166

主营：冰柜、冰箱、展示柜、空调器、自动售货机、锂电池、共轭亚油酸等产品的生产和经营。

	年度	2005	2004	2003
主要指标	每股收益/扣除后(元)	-0.215/-0.238	0.07	0.061/0.021
	每股经营现金流量(元)	-0.892	0.008	0.02
	每股净资产/调整后(元)	3.2/3.09	3.55/3.5	3.55/3.5
	未分利润(万元)	-7288.94	1805.34	1755.41
	资本公积(万元)	83982.88	84303.72	84296.72
利润构成	主营收入(万元)	194240.59	246496.17	183649.91
	主营利润(万元)	30266.17	39860.94	33763.89
	营业利润(万元)	-8105.56	1102.99	300.95
	投资收益(万元)	-1417.63	1423.91	1791.87
	利润总额(万元)	-9634.12	2445.42	2038.22
	净利润(万元)	-7345.47	2390.06	2065.14

点评：公司2005年遭遇了大股东及其关联企业占用资金导致流动资金不足、空调货源供应不足等重重困难，全年业绩出现较大幅度滑坡并报亏损。由于营销网络尚未健全等原因，公司下属主要从事空调、新能源、自动商用设备和海洋生物制药的控股企业均出现亏损。

	截止日期	05年末	占%	主要股东及持股比例%、持股性质
股本结构（万股）	总股本	34103.6		青岛澳柯玛集团总公司 61.423%（国有股）
	国有股	21047.54	61.72	上海新士业商务咨询有限公司 0.386%（非流通股）
	发起股	276.06	0.81	广东银达担保投资集团有限公司 0.293%（国有股）
	外资股			刘应秀 0.181%（流通A股）
	募集股			上海申兴大楼装饰工程公司 0.106%（流通A股）
	流通A	12780	37.47	沈正义 0.085%（流通A股）
	流通B			荆州市泰隆实业有限公司 0.085%（非流通股）
	流通H			重庆长风压缩机有限责任公司 0.085%（非流通股）
股东户数	05年末	50593		山东凌云工贸股份有限公司 0.085%（非流通股）
	04年末	52708		牡丹江广汇经贸股份有限公司 0.085%（非流通股）

其他流通股东：周家成 0.084%；龚华 0.067%；韩长中 0.063%；丁秀华 0.063%；邹凯 0.061%；胡克培 0.052%；周晶 0.052%

近年分配：04年:10派0.5；03年:10派0.5　　**近年募资**：

二〇〇五年以来市场表现

2005年涨跌幅(%)	1.46
2005年最高(元)	5.15
2006年涨跌幅(%)	-20.13
2006.4.26收盘(元)	2.54
2006年最高(元)	3.55
2006年最低(元)	2.38
2006年换手率(%)	143.19
股改对价	送股 每10股实际获得4.2股(05/12/12)

G 美克（600337）

上市日期:00/11/27　　电话:0991－3836028　　传真:0991－3838191

主营：茶几、餐桌、餐椅、橱柜的生产和出口。

	年度	2005	2004	2003
主要指标	每股收益/扣除后(元)	0.16/0.14	0.15/0.09	0.36/0.28
	每股经营现金流量(元)	0.53	-0.12	0.34
	每股净资产/调整后(元)	3.69/3.66	3.57/3.54	6.26/6.22
	未分利润(万元)	11670.83	9936.07	8579.37
	资本公积(万元)	36264.52	36264.52	45084.94
利润构成	主营收入(万元)	82723.98	70642.08	57586.58
	主营利润(万元)	24036.8	18493.19	15451.07
	营业利润(万元)	4107.76	1912.92	3127.02
	投资收益(万元)	17.43	17.43	17.43
	利润总额(万元)	4742.9	3156.55	4294.04
	净利润(万元)	3252.81	2934.89	3944.99

点评：报告期内家具的制造能力和盈利能力得到了有效提升，家具零售业形成一定的规模并盈利，木业成为公司新的利润增长点。控股子公司美克美家家具连锁有限公司积极拓展国内市场，新开店面8家，内销收入迅速增长实现盈利。

	截止日期	05年末	占%	主要股东及持股比例%、持股性质
股本结构（万股）	总股本	19889.28		美克投资集团有限公司 32.8%（非流通股）
	国有股	1912.38	9.62	香港博伊西家具有限公司 14.14%（外资股）
	发起股	6524.58	32.8	新疆维吾尔自治区天山西部林业局 3.68%（国有股）
	外资股	2812.32	14.14	富蕴林场 3.68%（国有股）
	募集股			新疆维吾尔自治区技术改造投资公司 2.26%（国有股）
	流通A	8640	43.44	中国银行－海富通收益增长证券投资基金 2.1%（流通A股）
	流通B			中国建设银行－宝康消费品证券投资基金 1.85%（流通A股）
	流通H			中国银行－华夏大盘精选证券投资基金 1.49%（流通A股）
股东户数	05年末	16854		交通银行－海富通精选证券投资基金 1.46%（流通A股）
	04年末	16686		中国建设银行－华宝兴业多策略增长证券投资基金 1.13%（流通A股）

其他流通股东：国际金融－汇丰－BILL @ MELINDA GATES FOUNDATION 0.885%；兴和证券投资基金 0.878%

近年分配：05预案:10派0.5；04中期:10转增8年终:10派0.5；03年:10派1　　**近年募资**：

二〇〇五年以来市场表现

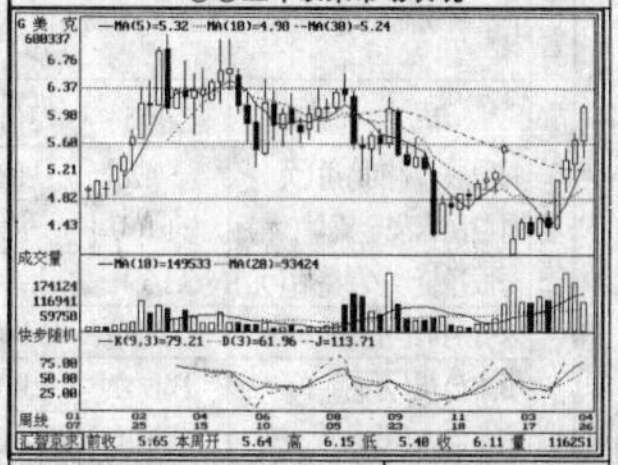

2005年涨跌幅(%)	8.49
2005年最高(元)	7.15
2006年涨跌幅(%)	47.16
2006.4.26收盘(元)	6.11
2006年最高(元)	7.69
2006年最低(元)	5.05
2006年换手率(%)	140.94
股改对价	送股 每10股实际获得2.5股(06/03/01)

ST 珠峰（600338）

上市日期:00/12/27　　电话:028－85092553　　传真:028－85096629

主营	生产、销售“珠峰”牌系列摩托车及零部件,提供售后服务。			
主要指标	年　　度	2005	2004	2003
	每股收益/扣除后(元)	-0.34	0.02	-2.71/-1.52
	每股经营现金流量(元)	-0.04	0.15	0.13
	每股净资产/调整后(元)	-0.27/-0.52	0.06/0.06	0.03/0.03
	未分利润(万元)	-25112.72	-58055.41	-58446.06
	资本公积(万元)	3634.48	40464.51	40443.62
利润构成	主营收入(万元)	3216.52	23885.42	33571.44
	主营利润(万元)	419.1	2883.67	-1763.09
	营业利润(万元)	-4975.49	-3478.48	-43352.21
	投资收益(万元)	-440.78	-188.74	423.22
	利润总额(万元)	-5520.83	491.67	-43844.14
	净利润(万元)	-5405.37	390.65	-42903.09
点评	公司2005年继续亏损,为扭转公司摩托车业务持续亏损的局面,公司将逐渐退出盈利能力较低的摩托车业务,适时转向有色金属贸易、冶炼主营业务。预计,转型后,公司业绩将会有所改善。			

股本结构(万股)	截止日期	05年末	占%	主要股东及持股比例%、持股性质
	总股本	15833.33		新疆塔城国际资源有限公司 41.05%（非流通股）
	国有股	4225	26.68	西藏自治区信托投资公司 15%（国有股）
	发起股	6608.33	41.74	西藏自治区国有资产经营公司 7.58%（国有股）
	外资股			西藏自治区交通工业总公司 3.42%（国有股）
	募集股			西藏国际经济技术合作公司 0.68%（国有股）
	流通A	5000	31.58	西藏赛亚经贸服务公司 0.68%（非流通股）
	流通B			张海清 0.32%（流通A股）
	流通H			刘琼英 0.3%（流通A股）
股东户数	05年末	10828		陈豪 0.27%（流通A股）
	04年末	11861		郝鲁渝 0.27%（流通A股）
其他流通股东	姚明园 0.218%;王佳 0.217%;汪必伦 0.199%;赵小蓉 0.187%;黄为民 0.172%;喻文龙 0.172%			
近年分配		近年募资		

二〇〇五年以来市场表现

2005年涨跌幅(%)	-25.65
2005年最高(元)	5.09
2006年涨跌幅(%)	76.31
2006.4.26收盘(元)	5.06
2006年最高(元)	5.06
2006年最低(元)	2.75
2006年换手率(%)	85.35
股改对价	

G 天利（600339）

上市日期:00/12/25　　电话:0992－3655959　　传真:0992－3659999

主营	高级润滑油系列添加剂产品、高级沥青系列产品、土工合成新材料、塑料原料及制品,精细化工系列产品的科技开发、生产、储运和销售。			
主要指标	年　　度	2005	2004	2003
	每股收益/扣除后(元)	0.012/0.01	0.18	0.17/0.17
	每股经营现金流量(元)	0.28	0.07	0.03
	每股净资产/调整后(元)	1.64/1.63	2.05/2.05	1.99/1.99
	未分利润(万元)	3675.76	6744.48	1563.54
	资本公积(万元)	18040.44	25180.44	25180.44
利润构成	主营收入(万元)	109194.94	179177.54	124170.33
	主营利润(万元)	14633.86	19250.37	14980.35
	营业利润(万元)	912.91	8136.82	6925.82
	投资收益(万元)	241.54	-316.64	314.17
	利润总额(万元)	1092.69	7684.73	7132.61
	净利润(万元)	532.52	6476.51	5992.68
点评	收入下滑以及期间费用的增加是公司2005年业绩大幅下滑的主要原因。05年由于上海星科实业有限公司未纳入合并报表,同时产品价格下降,使得公司收入下降幅度较大,同时公司财务费用同比大幅提升。			

股本结构(万股)	截止日期	05年末	占%	主要股东及持股比例%、持股性质
	总股本	42840		新疆独山子天利实业总公司 32.97%（国有股）
	国有股	25150.71	58.71	新疆维吾尔自治区石油管理局 25.74%（国有股）
	发起股	2569.29	6	新疆高新房地产有限责任公司 3.64%（非流通股）
	外资股			特变电工股份有限公司 2.14%（非流通股）
	募集股			赵爱春 0.23%（流通A股）
	流通A	15120	35.29	上海中大高新电子技术有限公司 0.22%（非流通股）
	流通B			黑龙江中俄科技合作及产业化中心 0.2%（流通A股）
	流通H			李洋 0.19%（流通A股）
股东户数	05年末	31632		北京盛兴伟业投资管理有限公司 0.14%（流通A股）
	04年末	10144		陈汝斌 0.12%（流通A股）
其他流通股东	刘建城 0.104%;蒋敏奇 0.098%;蔡彦萍 0.092%;王明匡 0.091%;四川美恒商贸有限责任公司 0.089%			
近年分配	04年:10派1转增2;03年:10派1.2	近年募资		

二〇〇五年以来市场表现

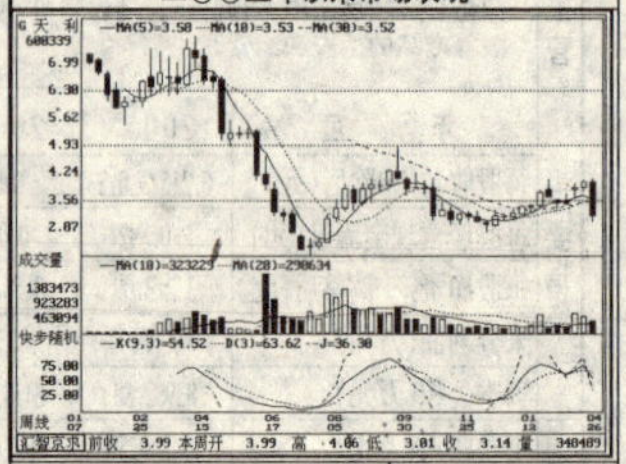

2005年涨跌幅(%)	-44.96
2005年最高(元)	7.68
2006年涨跌幅(%)	-2.18
2006.4.26收盘(元)	3.14
2006年最高(元)	4.06
2006年最低(元)	3.01
2006年换手率(%)	199.29
股改对价	缩股（06/04/10）

国祥股份（600340）

上市日期:03/12/30　　电话:0575—2158818　　传真:0575—2151888

主营	电制动商用中央空调主机及末端设备的开发、生产和销售。			
主要指标	年　　度	2005	2004	2003
	每股收益/扣除后(元)	-0.22	0.11	0.22/0.22
	每股经营现金流量(元)	-0.0049	-0.197	0.35
	每股净资产/调整后(元)	3.5/3.44	3.93/3.85	3.99/3.98
	未分利润(万元)	264.51	4490.7	5534.17
	资本公积(万元)	23619.42	23619.42	23428.98
利润构成	主营收入(万元)	16085.4	17952.48	17483.59
	主营利润(万元)	3473.68	5362.48	5877.95
	营业利润(万元)	-1903.29	1116.75	2507.92
	投资收益(万元)	-367.9	-21.06	
	利润总额(万元)	-2321.47	1396.9	2490.27
	净利润(万元)	-2226.19	1125.33	2161.92
点评	公司主营空调相关产品。由于行业竞争激烈导致售价降低,主营收入同比下降。另外,原材料上涨对成本的影响较大,是05年利润下降的另一重要因素。钢铁、铜等原材料未来价格走势将左右公司的盈利情况。			

股本结构(万股)	截止日期	05年末	占%	主要股东及持股比例%、持股性质
	总股本	10000		陈和贵 27%（非流通股）
	国有股			浙江上风实业股份有限公司 15%（非流通股）
	发起股	3300	33	浙江春晖集团有限公司 12%（非流通股）
	外资股	2700	27	上虞市上浦金属加工厂 3%（非流通股）
	募集股			上虞市上峰压力容器 3%（非流通股）
	流通A	4000	40	上海龙港投资咨询有限公司 1.41%（流通A股）
	流通B			上海深龙港商务咨询有限公司 1.1%（流通A股）
	流通H			王峥 0.31%（流通A股）
股东户数	05年末	16765		张敬稳 0.23%（流通A股）
	04年末	20722		上海福达生物制品有限公司 0.21%（流通A股）
其他流通股东	张培贤 0.217%;林健 0.176%;寇红伟 0.175%;上海深水港经济投资发展有限公司 0.163%;王志强 0.159%			
近年分配	05预案:10转增5;04年:10派2;03年:10派2	近年募资	03年新发4000万股,发行价7.3元。	

二〇〇五年以来市场表现

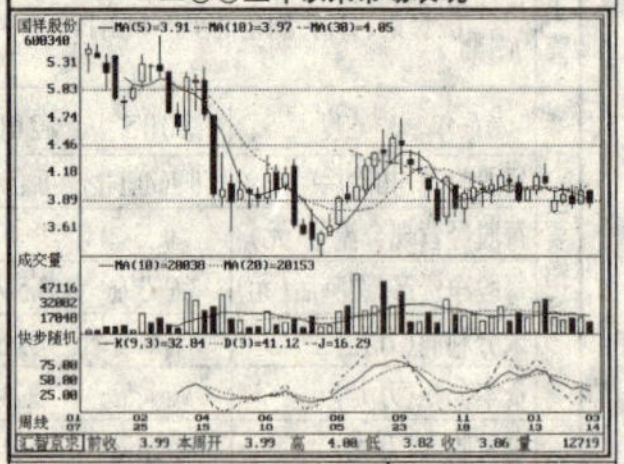

2005年涨跌幅(%)	-25.14
2005年最高(元)	5.59
2006年涨跌幅(%)	-0.52
2006.4.26收盘(元)	3.86
2006年最高(元)	4.27
2006年最低(元)	3.76
2006年换手率(%)	41.22
股改对价	资产剥离 送股 每10股实际获得3股

航天动力（600343）

上市日期:03/04/08　　电话:029－5615241　　传真:029－5615240

主营	特种泵、钣金冲焊型液力变矩器、IC卡燃气表、光机电一体化设备和工程钻机等产品的研究、设计、生产和销售等。			
	年　度	2005	2004	2003
主要指标	每股收益/扣除后(元)	0.116/0.102	0.111	0.126
	每股经营现金流量(元)	0.0992	－0.0294	0.0383
	每股净资产/调整后(元)	2.28/2.23	2.26/2.24	2.15/2.14
	未分利润(万元)	5449.43	3629.52	3740.2
	资本公积(万元)	16359.85	16357.77	16357.77
利润构成	主营收入(万元)	18470.02	14332.24	10574.63
	主营利润(万元)	6347.08	5061.73	4398.18
	营业利润(万元)	2651.88	2711.05	2533.95
	投资收益(万元)	49.33	－217.57	224.6
	利润总额(万元)	2700.03	2487.03	2755.95
	净利润(万元)	2139.13	2045.88	2333.9
点评	公司业绩保持小幅增长。公司将充分利用国家相关产业政策，依托航天流体技术优势，拉伸产业链。06年公司将突出重点项目对公司整体经营业绩的带动作用，克服新点搬迁过程中的困难，实现销售业绩的快速增长。			

	截止日期	05年末	占%	主要股东及持股比例%、持股性质
股本结构（万股）	总股本	18500		西安航天科技工业公司 23.78%（国有股）
	国有股			陕西苍松机械厂 14.81%（国有股）
	发起股	12000	64.86	西安航天发动机厂 11.89%（国有股）
	外资股			陕西动力机械设计研究所 6.65%（国有股）
	募集股			通联创业投资股份有限公司 5.41%（非流通股）
	流通A	6500	35.14	航天时代仪器公司 2.32%（国有股）
	流通B			罗永红 0.65%（流通A股）
	流通H			汪称意 0.24%（流通A股）
股东户数	05年末	23304		卢丽清 0.2%（流通A股）
	04年末	25159		高跃华 0.19%（流通A股）
其他流通股东	黄继杰 0.179%；苏州市辰光商贸有限公司 0.162%；任长令 0.132%；张家港市塘桥福利毛纺厂 0.124%			
近年分配	04年:10派1	近年募资		03年新发6500万股，发行价3.68元。

二〇〇五年以来市场表现

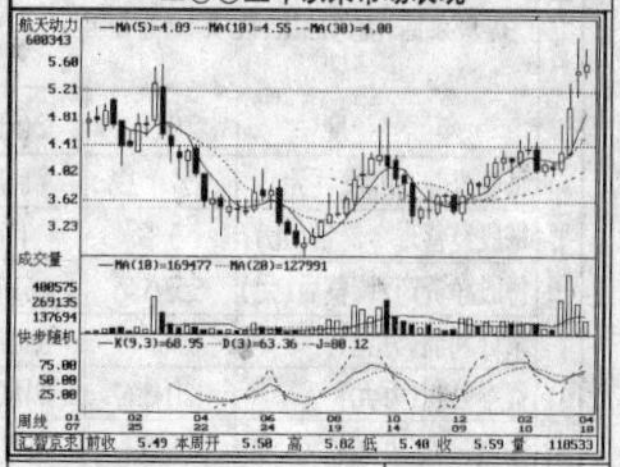

2005年涨跌幅(%)	－14.32
2005年最高(元)	5.58
2006年涨跌幅(%)	40.81
2006.4.26收盘(元)	5.59
2006年最高(元)	6
2006年最低(元)	3.96
2006年换手率(%)	290.06
股改对价	送股 每10股实际获得2.9股

长江通信（600345）

上市日期:00/12/22　　电话:027－67840308　　传真:027－67840308

主营	通信、电子、计算机技术及产品的开发、研制、技术服务及销售；通信工程的设计、施工等。			
	年　度	2005	2004	2003
主要指标	每股收益/扣除后(元)	0.07	0.09	0.07/0.06
	每股经营现金流量(元)	0.42	0.09	0.14
	每股净资产/调整后(元)	4.7/4.66	4.69/4.64	4.62/4.61
	未分利润(万元)	22594.85	22661.98	21456.73
	资本公积(万元)	34595.31	34595.31	34014.78
利润构成	主营收入(万元)	66852.49	59640.14	41625.98
	主营利润(万元)	10530.4	9819.8	7749.63
	营业利润(万元)	2397.59	1212.16	281.93
	投资收益(万元)	849.82	2189.56	2276.57
	利润总额(万元)	3325.56	3528.02	2091.29
	净利润(万元)	1318.4	1793	1303.11
点评	2005年公司光存储项目和无线通信项目市场销售能力有所提高，销售收入都实现不同程度的增长，但是毛利率水平有所下降，同时，参股公司利润也出现下调，对公司业绩增长构成负面影响。			

	截止日期	05年末	占%	主要股东及持股比例%、持股性质
股本结构（万股）	总股本	19800		武汉长江光通信产业有限公司 33.76%（国有股）
	国有股	12600	63.64	武汉高科国有控股集团有限公司 29.39%（国有股）
	发起股	1800	9.09	青岛中金信投资发展有限公司 5.7%（非流通股）
	外资股			武汉新能实业发展有限公司 2.13%（非流通股）
	募集股			长江经济联合发展(集团)股份有限公司武汉分公司 0.9%（非流通股）
	流通A	5400	27.27	华中科技实业总公司 0.48%（国有股）
	流通B			重庆美丽人生化妆品有限公司 0.36%（非流通股）
	流通H			孙恒心 0.17%（流通A股）
股东户数	05年末	28908		卞雅琴 0.12%（流通A股）
	04年末	32394		王福定 0.09%（流通A股）
其他流通股东	戴明伟 0.076%；徐盈 0.071%；林敏 0.07%；虞忠伟 0.062%；竣联投资 0.059%；李玮琦 0.058%；孙立早 0.057%			
近年分配	05预案:10派0.5；04年:10派0.5；03年:10派0.5	近年募资		

二〇〇五年以来市场表现

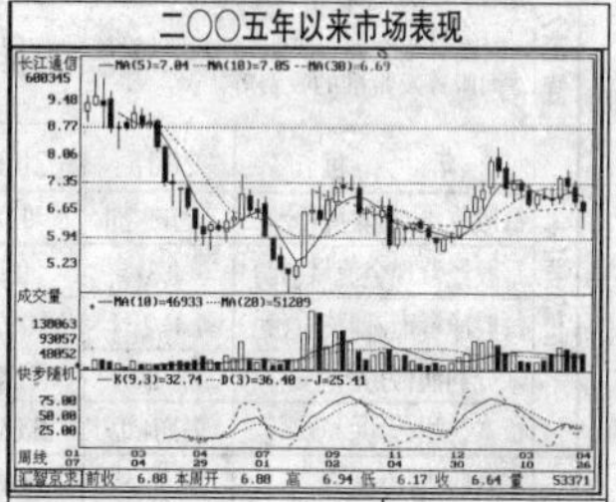

2005年涨跌幅(%)	－31.48
2005年最高(元)	10.19
2006年涨跌幅(%)	6.41
2006.4.26收盘(元)	6.64
2006年最高(元)	8.28
2006年最低(元)	6.17
2006年换手率(%)	170.3
股改对价	

冰山橡塑（600346）

上市日期:01/08/20　　电话:0411－6641861　　传真:0411－6641645

主营	从事橡胶机械专用设备、塑料机械专用设备及其零配件的研制、生产和销售。			
	年　度	2005	2004	2003
主要指标	每股收益/扣除后(元)	0.026/0.014	0.046/0.04	0.044/0.05
	每股经营现金流量(元)	0.2	0.32	－0.2
	每股净资产/调整后(元)	3.08/2.93	3.04/2.96	3.04/3.01
	未分利润(万元)	1538.73	1337.6	1476.15
	资本公积(万元)	19172.83	19028.03	19028.03
利润构成	主营收入(万元)	30045.19	27322.64	25231.39
	主营利润(万元)	6547.46	5651	5653.22
	营业利润(万元)	389.26	395.26	523.26
	投资收益(万元)	－228.27	－27.87	22.31
	利润总额(万元)	280.34	460.01	473
	净利润(万元)	276.08	483.06	462.85
点评	受国家宏观调控影响，市场需求萎缩，虽然公司积极拓展海外市场，但主营收入仍有所下滑。参控公司亏损更使公司雪上加霜，2005年业绩大幅下滑。橡胶和塑料机械行业受宏观调控影响较大，石油价格高企对公司不利，未来前景不太乐观。			

	截止日期	05年末	占%	主要股东及持股比例%、持股性质
股本结构（万股）	总股本	10500		大连冰山集团有限公司 60.79%（国有股）
	国有股	6383	60.79	大连冷冻机股份有限公司 1.43%（非流通股）
	发起股	267	2.54	大连冶金轴承集团有限公司 0.49%（非流通股）
	外资股			大连金州锻压件厂 0.31%（非流通股）
	募集股			烟台未来自动装备有限责任公司 0.31%（非流通股）
	流通A	3850	36.67	李莞生 0.17%（流通A股）
	流通B			方昌宝 0.15%（流通A股）
	流通H			王庆滨 0.15%（流通A股）
股东户数	05年末	17643		张崇英 0.13%（流通A股）
	04年末	18920		刘泽 0.09%（流通A股）
其他流通股东	朱忠彬 0.086%；张波 0.086%；邹华刚 0.083%；王东玲 0.076%；王建农 0.075%			
近年分配	05预案:10派0.5；03年:10派0.5	近年募资		

二〇〇五年以来市场表现

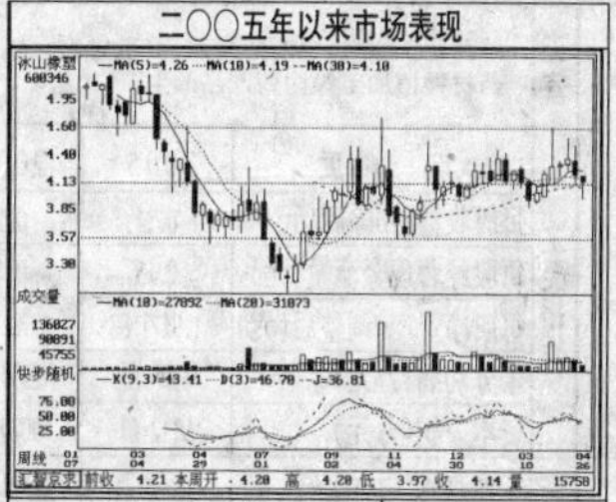

2005年涨跌幅(%)	－21.3
2005年最高(元)	5.23
2006年涨跌幅(%)	3.76
2006.4.26收盘(元)	4.14
2006年最高(元)	4.68
2006年最低(元)	3.88
2006年换手率(%)	125.58
股改对价	

G 国阳（600348）

上市日期:03/08/21　电话:0353－7078728　传真:0353－7078718

主营	煤炭采掘、洗选加工,发供电、热业务			
	年　度	2005	2004	2003
主要指标	每股收益/扣除后(元)	1.21/1.226	0.72	0.43/0.44
	每股经营现金流量(元)	3.88	1.95	0.9
	每股净资产/调整后(元)	5.52/5.45	4.63/4.62	4.01/3.93
	未分利润(万元)	65767.76	34627.47	6795.19
	资本公积(万元)	121143.67	121143.67	121143.67
利润构成	主营收入(万元)	720135.13	473777.25	224218.25
	主营利润(万元)	154111.69	105784.39	66784.37
	营业利润(万元)	86681.89	47884.26	27291.4
	投资收益(万元)	400	500	
	利润总额(万元)	85933.4	43245.62	26768.3
	净利润(万元)	58165.36	34790.35	20555.5
点评	2005年,公司煤炭销售同比稍有增长,煤炭价格增幅较大推动公司主营业务收入、净利润同比增幅超过50%。2006年,收购集团公司煤矿进而减少关联交易的努力可望有实质性的进展,就此将大幅度降低成本,并保持业绩的稳定增长。			

股本结构(万股)			
截止日期	05年末	占%	主要股东及持股比例%、持股性质
总股本	48100		阳泉煤业(集团)有限责任公司 58.34%(国有股)
国有股	28060.76	58.34	景宏证券投资基金 3.58%(流通A股)
发起股	539.24	1.12	安顺证券投资基金 2.12%(流通A股)
外资股			华宝兴业多策略增长证券投资基金 1.82%(流通A股)
募集股			景福证券投资基金 1.74%(流通A股)
流通A	19500	40.54	银河银泰理财分红证券投资基金 1.56%(流通A股)
流通B			博时精选股票证券投资基金 1.35%(流通A股)
流通H			融通新蓝筹证券投资基金 1.13%(流通A股)
股东户数 05年末	18326		同盛证券投资基金 0.92%(流通A股)
股东户数 04年末	16872		银丰证券投资基金 0.9%(流通A股)
其他流通股东	大成价值增长证券投资基金 0.809%		
近年分配	05预案:10派5;04年:10派3.2;03年:10派1年终:10派2	近年募资	03年新发15000万股,发行价8.2元。

二〇〇五年以来市场表现

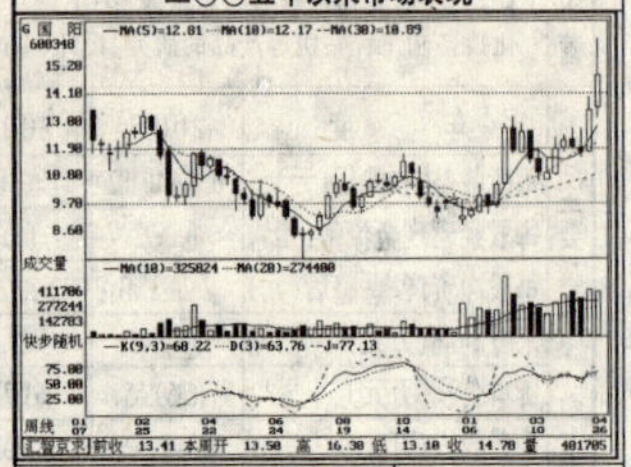

2005年涨跌幅(%)	-10.27
2005年最高(元)	13.45
2006年涨跌幅(%)	62.06
2006.4.26收盘(元)	14.78
2006年最高(元)	16.3
2006年最低(元)	9.05
2006年换手率(%)	259.13
股改对价	送股 每10股实际获得3股(05/12/29)

G 基建（600350）

上市日期:02/03/18　电话:0531－89260052　传真:0531－89260050

主营	对高等级公路、桥梁、隧道基础设施的投资、管理、养护、咨询服务及批准的收费等。			
	年　度	2005	2004	2003
主要指标	每股收益/扣除后(元)	0.204/0.201	0.185	0.139/0.14
	每股经营现金流量(元)	0.33	0.29	0.23
	每股净资产/调整后(元)	2.14/2.14	2.04/2.04	1.9/1.9
	未分利润(万元)	106710.77	82124.57	42902.85
	资本公积(万元)	232074.02	232074.02	232074.02
利润构成	主营收入(万元)	261575.84	206385.33	154636.18
	主营利润(万元)	117567.38	108920.28	78714.93
	营业利润(万元)	105952.97	97978.84	67293.16
	投资收益(万元)	-909.59	-2428.92	10.47
	利润总额(万元)	106580.06	96916.03	66874.46
	净利润(万元)	68570.19	62079.69	46663.84
点评	公司主营一路三桥的收费,其中最主要的经营资产济青高速近期处于大修之中,05年费用较多主要是大修费。山东省在04年底实行的计重加收就是对超载的罚款,对公司的收入和盈利有一定的促进作用,预计后期推行全线性计重之后会进一步提高收费标准。			

股本结构(万股)			
截止日期	05年末	占%	主要股东及持股比例%、持股性质
总股本	336380		山东省高速公路集团有限公司 62.34%(国有股)
国有股	285880	84.99	华建交通经济开发中心 22.65%(国有股)
发起股			中信实业银行－建信恒久价值股票型证券投资基金 0.84%(流通A股)
外资股			中国银行－嘉实服务增值行业证券投资基金 0.74%(流通A股)
募集股			兴和证券投资基金 0.41%(流通A股)
流通A	50500	15.01	中国光大银行股份有限公司－巨田基础行业证券投资基金 0.37%(流通A股)
流通B			中国农业银行－长盛动态精选证券投资基金 0.21%(流通A股)
流通H			中国工商银行－同益证券投资基金 0.17%(流通A股)
股东户数 05年末	95097		中国银行－嘉实稳健开放式证券投资基金 0.17%(流通A股)
股东户数 04年末	131093		中国建设银行－上投摩根中国优势证券投资基金 0.16%(流通A股)
其他流通股东	裕隆证券投资基金 0.134%;中国人寿保险股份(集团)公司－传统－普通保险产品 0.119%		
近年分配	05预案:10派1.3;04年:10派1;03年:10派0.4	近年募资	

二〇〇五年以来市场表现

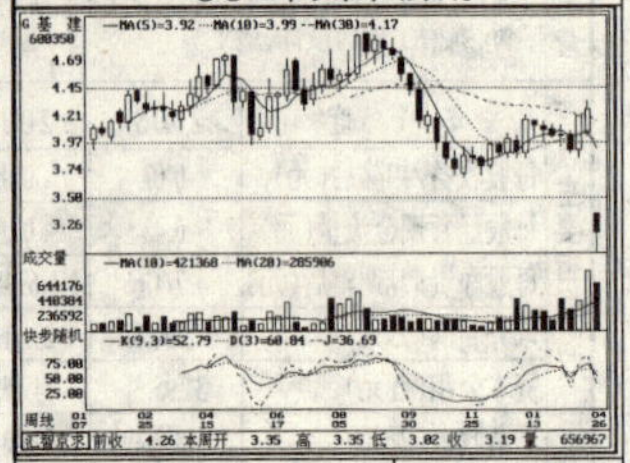

2005年涨跌幅(%)	-0.25
2005年最高(元)	5.03
2006年涨跌幅(%)	8.25
2006.4.26收盘(元)	3.19
2006年最高(元)	4.42
2006年最低(元)	3.83
2006年换手率(%)	71.42
股改对价	送股 每10股实际获得3.2股(06/04/24)

G 亚宝（600351）

上市日期:02/09/26　电话:0359－3088178　传真:0359－3088347

主营	医药化工原料、中西药制剂、卫生材料、包装材料、兽药、中药材种植加工等医药产品的生产、销售。			
	年　度	2005	2004	2003
主要指标	每股收益/扣除后(元)	0.14	0.18	0.22/0.22
	每股经营现金流量(元)	0.15	0.46	-0.08
	每股净资产/调整后(元)	1.91/1.88	1.78/1.75	2.58/2.56
	未分利润(万元)	1598.81	2534.77	96.82
	资本公积(万元)	9112.67	9040.46	14790.46
利润构成	主营收入(万元)	68578.28	59680.35	37349.02
	主营利润(万元)	23733.04	20768.37	16743.89
	营业利润(万元)	2944.1	4478.88	3857.38
	投资收益(万元)	66.26	-0.43	16.84
	利润总额(万元)	3029.9	4384.53	3833.14
	净利润(万元)	2436.09	3125.1	2497.38
点评	2005年公司加大营销整合力度,强化渠道分销管理,对分公司进行改革,成立原料药销售部,推动产品在终端市场的消化,实现了收入的持续增长。但随着子公司陆续投产,费用上升,产品营销工作无法在短期内达到预期,因此净利润反而大幅度下降。			

股本结构(万股)			
截止日期	05年末	占%	主要股东及持股比例%、持股性质
总股本	17250		芮城欣钰盛科技有限公司 23.83%(非流通股)
国有股	3388.5	19.64	山西省风陵渡开发区众力投资发展有限公司 21.74%(非流通股)
发起股	7861.5	45.57	山西省经济建设投资公司 6.43%(国有股)
外资股			山西省科技基金发展总公司 4.83%(国有股)
募集股			大同中药厂 4.77%(国有股)
流通A	6000	34.78	山西省经贸资产经营有限责任公司 3.62%(国有股)
流通B			金鑫证券投资基金 3.48%(流通A股)
流通H			中国工商银行－金泰证券投资基金 2.64%(流通A股)
股东户数 05年末	9415		交通银行－汉兴证券投资基金 0.89%(流通A股)
股东户数 04年末	8023		中国建设银行－国泰金马稳健回报证券投资基金 0.68%(流通A股)
其他流通股东	钱定兴 0.49%;全国社保基金一一一组合 0.45%;阳利泓 0.289%;潘广非 0.278%		
近年分配	05预案:10派1.8;04年:10派0.2;03年:10派1.8转增5	近年募资	

二〇〇五年以来市场表现

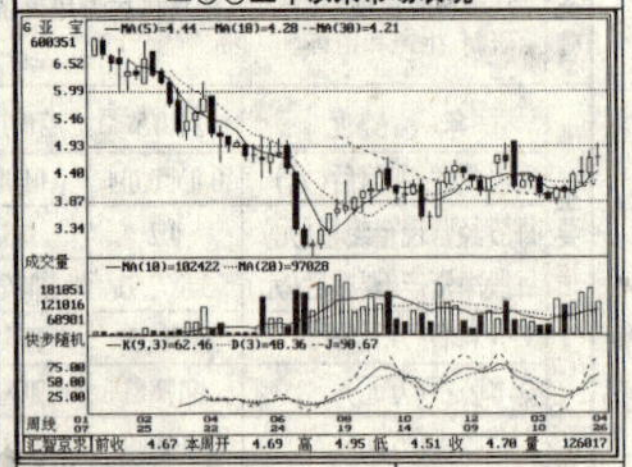

2005年涨跌幅(%)	-39.07
2005年最高(元)	7.05
2006年涨跌幅(%)	9.3
2006.4.26收盘(元)	4.7
2006年最高(元)	5
2006年最低(元)	3.8
2006年换手率(%)	211.33
股改对价	缩股(06/02/16)

G 龙盛（600352）

上市日期:03/08/01　电话:0575－2042778　传真:0575－2042878

主营	染料、助剂、中间体的研发、生产和销售			
	年　度	2005	2004	2003
主要指标	每股收益/扣除后(元)	0.29/0.284	0.35	0.55/0.487
	每股经营现金流量(元)	0.5253	－0.2926	－0.1526
	每股净资产/调整后(元)	1.79/1.78	2.05/2.03	3.6/3.55
	未分利润(万元)	27878.61	17468.12	8671.9
	资本公积(万元)	8118.33	21637.31	44337.31
利润构成	主营收入(万元)	190353.16	137517.17	112943.85
	主营利润(万元)	37622.24	32904.55	26468.18
	营业利润(万元)	22222.29	20091.88	17355.07
	投资收益(万元)	9.53	287.07	11.98
	利润总额(万元)	21824.12	21110.28	18005.58
	净利润(万元)	17313.51	15683.85	12469.44
点评	发展循环经济，各项指标均稳步增长。在产销量稳步增长的保证下，虽然公司分散染料的毛利率同比下降了4.2个百分点，只有21.45%，但在活性染料收入和毛利率提升的带动下，公司净利润仍实现了稳步增长。			

	截止日期	05年末	占%	主要股东及持股比例%、持股性质
股本结构（万股）	总股本	59020		阮水龙 15.525%（非流通股）
	国有股			阮伟祥 8.922%（非流通股）
	发起股	4264.96	7.23	阮伟兴 8.449%（非流通股）
	外资股			苏紫薇 7.82%（非流通股）
	募集股			章荣夫 4.152%（非流通股）
	流通 A	20748	35.15	项志峰 4.034%（非流通股）
	流通 B			浙江龙盛控股有限公司 3.921%（非流通股）
	流通 H			上虞市龙盛投资发展有限公司 3.305%（非流通股）
股东户数	05年末	33387		潘小成 2.454%（非流通股）
	04年末	13645		汇丰－MERRILL LYNCH INTERNATIONAL 1.437%（流通A股）
其他流通股东	花旗－UBS LIMITED 1.169%；国联安德盛小盘精选证券投资基金0.903%；香港上海汇丰银行有限公司 0.763%			
近年分配	05预案:10派1；04年:10派1转增3；03年:10派2转增10	近年募资		03年新发 5700 万股，发行价 8.51 元。

二〇〇五年以来市场表现

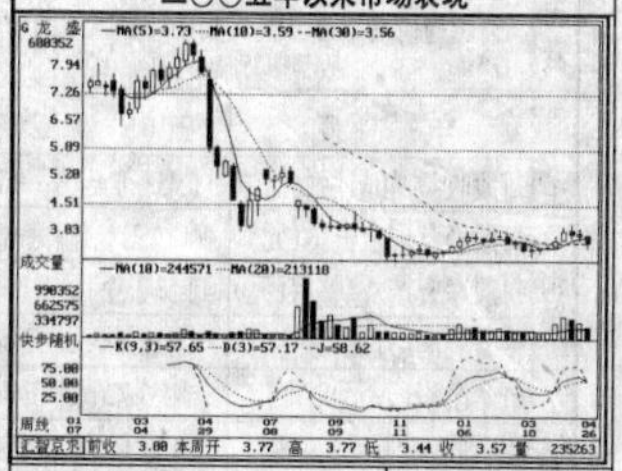

2005年涨跌幅(%)	－11.29
2005年最高(元)	8.63
2006年涨跌幅(%)	－1.38
2006.4.26收盘(元)	3.57
2006年最高(元)	4.03
2006年最低(元)	3.23
2006年换手率(%)	172.65
股改对价	送股 每10股实际获得4股(05/08/05)

旭光股份（600353）

上市日期:02/11/20　电话:028－83967182　传真:028－83967248

主营	生产和销售电子真空器件、电子整机、高低压成套配电装置、电子应用产品等产品。			
	年　度	2005	2004	2003
主要指标	每股收益/扣除后(元)	－0.439/－0.459	0.202	0.294/0.286
	每股经营现金流量(元)	0.1143	0.1625	－0.1
	每股净资产/调整后(元)	3.58/3.57	4.14/4.1	4.58/4.54
	未分利润(万元)	－1215.94	2957.66	2746.28
	资本公积(万元)	20523.54	20522.41	21759.97
利润构成	主营收入(万元)	19684	24964.3	20703.62
	主营利润(万元)	5388.01	8504.55	8438.76
	营业利润(万元)	－4139.6	2422.41	2902.33
	投资收益(万元)	－7.48	－8.44	－12.14
	利润总额(万元)	－4465.61	2384.51	2909.29
	净利润(万元)	－4173.6	1924.78	2421.91
点评	电真空器件和开关设备等产品因国家宏观调控而销量下滑、单价下降，导致公司主营大幅下降，毛利率下滑。同时，加大坏账准备计提比例和存货跌价准备的计提使费用大幅上升，引起利润大幅下降。预计公司主营将继续受宏观调控影响而不容乐观，但费用增幅将下降。			

	截止日期	05年末	占%	主要股东及持股比例%、持股性质
股本结构（万股）	总股本	9499.06		广东新的科技集团有限公司 23.55%（非流通股）
	国有股	2051.98	21.6	成都欣天颐投资有限责任公司 21.6%（国有股）
	发起股			成都励达事投资有限责任公司 4.72%（非流通股）
	外资股			四川省聚鹏物业有限责任公司 2.42%（非流通股）
	募集股	3202.92	33.72	四川锅炉厂 0.42%（非流通股）
	流通 A	4244.16	44.68	成都博瑞传播股份有限公司 0.25%（非流通股）
	流通 B			成都同利来商贸有限责任公司 0.24%（非流通股）
	流通 H			成都旭光电子设备厂 0.24%（非流通股）
股东户数	05年末	17090		四川省建筑机械化工程公司 0.24%（非流通股）
	04年末	18254		四川金顶集团成都水泥有限公司 0.24%（非流通股）
其他流通股东	张立新 0.211%；廖孔荣 0.201%；苏景滨 0.196%；皮明华 0.133%；彭丽华 0.13%；汪称意 0.13%；李丽 0.121%			
近年分配	04年:10派1.2；03年:10派0.5转增1.5	近年募资		

二〇〇五年以来市场表现

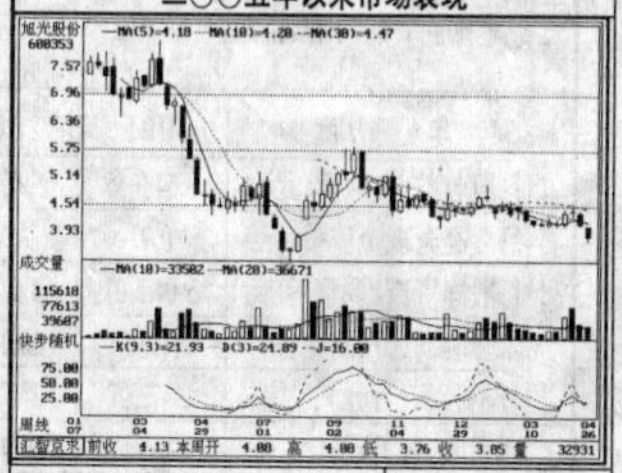

2005年涨跌幅(%)	－39.58
2005年最高(元)	8.17
2006年涨跌幅(%)	－13.68
2006.4.26收盘(元)	3.85
2006年最高(元)	4.98
2006年最低(元)	3.76
2006年换手率(%)	144.06
股改对价	

敦煌种业（600354）

上市日期:04/01/15　电话:0937－2663908　传真:0937－2663908

主营	农作物种子的繁育、生产、加工与销售；棉花的收购、加工、销售及副产品经营			
	年　度	2005	2004	2003
主要指标	每股收益/扣除后(元)	－0.65/－0.64	0.16/0.13	0.29/0.23
	每股经营现金流量(元)	0.16	－1.52	－1.94
	每股净资产/调整后(元)	3.04/2.94	3.73/3.66	2.46/2.34
	未分利润(万元)	－2525.42	10346.2	9855.27
	资本公积(万元)	37237.05	37191.54	3903.71
利润构成	主营收入(万元)	77486.17	74621.48	44899.9
	主营利润(万元)	9769.04	14701.62	11061.02
	营业利润(万元)	－11269.51	2488.02	2509.19
	投资收益(万元)	－305.09	－197.5	59.17
	利润总额(万元)	－11829.46	3128.63	3209.98
	净利润(万元)	－12063.95	3024.94	3209.98
点评	公司主营种子和棉花。种子方面，公司进一步扩大经营规模，在重点区域设立多个种子营销中心；棉花方面，公司对皮棉产品进行统一营销，加强营销网络建设，目前已设立9个直销库。预计06年总体经营形势会好转。			

	截止日期	05年末	占%	主要股东及持股比例%、持股性质
股本结构（万股）	总股本	18596.64		酒泉地区现代农业(控股集团)有限责任公司 26.88%（国有股）
	国有股	5481.63	29.48	敦煌市供销社 15.43%（非流通股）
	发起股	5615.02	30.19	金塔县供销合作联社 12.05%（非流通股）
	外资股			安西县供销社 2.71%（非流通股）
	募集股			酒泉市农业科学研究所 2.59%（国有股）
	流通 A	7500	40.33	汪六生 0.21%（流通A股）
	流通 B			鲁常宝 0.14%（流通A股）
	流通 H			邹易(木 0.13%（流通A股）
股东户数	05年末	26788		王玲 0.12%（流通A股）
	04年末	31521		盛渠远 0.12%（流通A股）
其他流通股东	杨明 0.113%；林可 0.113%；董建华 0.108%；叶选朋 0.108%；汤隽 0.104%			
近年分配	04年:10派0.4；03年:10派1	近年募资		03年新发 7500 万股，发行价 5.68 元。

二〇〇五年以来市场表现

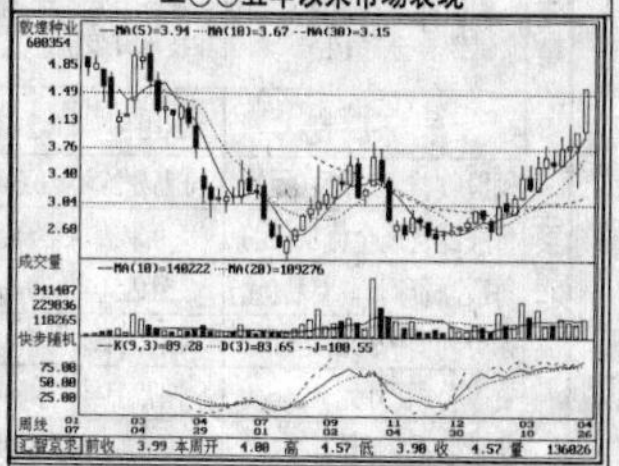

2005年涨跌幅(%)	－42.47
2005年最高(元)	5.21
2006年涨跌幅(%)	66.18
2006.4.26收盘(元)	4.57
2006年最高(元)	4.57
2006年最低(元)	2.59
2006年换手率(%)	260.44
股改对价	

精伦电子（600355）

上市日期:02/06/13　电话:027－87921111—3226　传真:027－87921111—3223

主营：公用通信终端产品及其集中管理系统的研制、生产和销售。

	年　　度	2005	2004	2003
主要指标	每股收益/扣除后(元)	-0.45/-0.45	0.02	0.18/0.18
	每股经营现金流量(元)	-0.22	-0.06	-0.02
	每股净资产/调整后(元)	2.57/2.57	3.04/3.04	3.01/3.01
	未分利润(万元)	2308.56	13497.29	13017.9
	资本公积(万元)	32553.72	32646.73	32482.08
利润构成	主营收入(万元)	14201.94	25730.24	36319.14
	主营利润(万元)	3472.82	10490.56	16571.32
	营业利润(万元)	-11822.51	-265.21	4492.01
	投资收益(万元)	-198.26	401.34	
	利润总额(万元)	-12111.17	253.82	4418.22
	净利润(万元)	-11188.73	563.98	4477.32

点评：2005年公司的经营出现较大亏损，除由于公司传统的通信电子产品的市场需求持续大幅度萎缩，致使公司主营业务收入大幅下降，以及公司新的主要业务领域的市场启动比较缓慢等客观因素外，公司在主观上也存在一些问题。

	截止日期	05年末	占%	主要股东及持股比例%、持股性质
股本结构（万股）	总股本	24604.46		张学阳 22.7%（非流通股）
	国有股			曹若欣 14.25%（非流通股）
	发起股			罗剑峰 14.25%（非流通股）
	外资股			蔡远宏 14.25%（非流通股）
	募集股			刘起滔 9.35%（非流通股）
	流通A	6200	25.2	胡熠君 0.45%（流通A股）
	流通B			橡果网络 0.42%（流通A股）
	流通H			王镇坤 0.29%（流通A股）
股东户数	05年末	21541		李春辉 0.14%（流通A股）
	04年末	26258		范康林 0.11%（流通A股）
其他流通股东	郁振广 0.108%；肖春 0.103%；唐兴国 0.089%；沈愚 0.088%；刘宏杰 0.074%			
近年分配			近年募资	

二〇〇五年以来市场表现

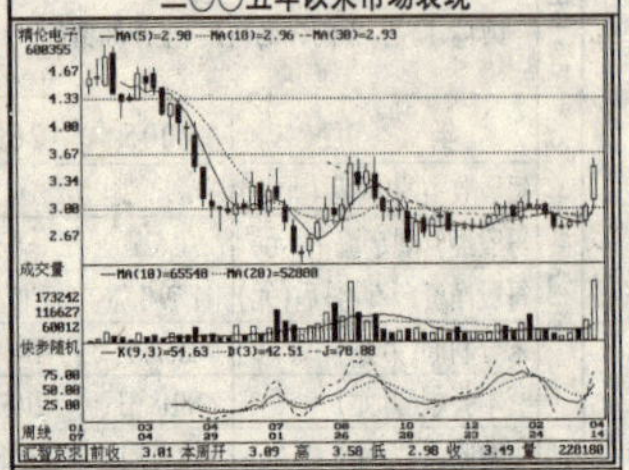

2005年涨跌幅(%)	-38.94
2005年最高(元)	5
2006年涨跌幅(%)	26.45
2006.4.26收盘(元)	3.49
2006年最高(元)	3.58
2006年最低(元)	2.71
2006年换手率(%)	136.18
股改对价	送股 每10股实际获得4.3股

G恒丰（600356）

上市日期:01/04/19　电话:0453－6336668　传真:0453－6330989

主营：卷烟配套系列用纸的生产与销售

	年　　度	2005	2004	2003
主要指标	每股收益/扣除后(元)	0.54/0.55	0.53	0.5/0.52
	每股经营现金流量(元)	0.77	0.74	0.39
	每股净资产/调整后(元)	5.04/5.03	4.6/4.59	4.27/4.27
	未分利润(万元)	21619.36	16627.69	10288.23
	资本公积(万元)	27472.97	27472.97	27472.97
利润构成	主营收入(万元)	69058.63	56647.58	50350.18
	主营利润(万元)	23999.51	21218.74	19229.22
	营业利润(万元)	11607.01	10844.37	10617.91
	投资收益(万元)	-31.97	155.65	-512.44
	利润总额(万元)	11256.7	10950.75	10081.24
	净利润(万元)	7519.61	7458.19	6970.61

点评：公司被中国烟草总公司确定为卷烟辅料生产基地，为卷烟配套系列用纸市场上的技术领先者和国内最大的卷烟配套系列用纸制造商。06年按进度计划继续推进30000吨特种纸扩建工程建设，尽快完善产品结构，扩大产业规模，增强在关税降低背景下的竞争力。

	截止日期	05年末	占%	主要股东及持股比例%、持股性质
股本结构（万股）	总股本	14000		牡丹江恒丰纸业集团有限责任公司 42.86%（国有股）
	国有股	6020	43	普丰证券投资基金 2.28%（流通A股）
	发起股			深圳市国轩担保投资有限公司 2.14%（流通A股）
	外资股			中国银河证券有限责任公司 1.66%（流通A股）
	募集股			中国工商银行－国联安德盛小盘精选证券投资基金 0.5%（流通A股）
	流通A	7980	57	深圳市国轩投资管理有限公司 0.2%（流通A股）
	流通B			凌锡华 0.19%（流通A股）
	流通H			哈尔滨东安机电制造有限责任公司 0.15%（流通A股）
股东户数	05年末	22784		延吉卷烟厂 0.14%（国有股）
	04年末	23182		任金波 0.14%（流通A股）
其他流通股东	许岩 0.124%；陈军 0.123%			
近年分配	05方案:10派0.5；04年:10派1；03年:10派2		近年募资	

二〇〇五年以来市场表现

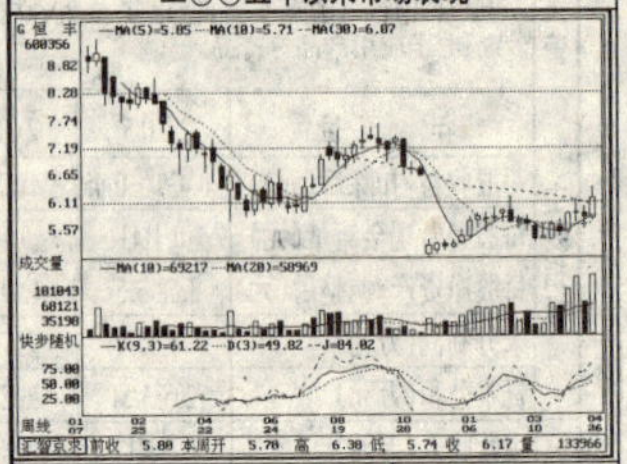

2005年涨跌幅(%)	-19.45
2005年最高(元)	9.36
2006年涨跌幅(%)	13.63
2006.4.26收盘(元)	6.17
2006年最高(元)	6.38
2006年最低(元)	5.31
2006年换手率(%)	133.03
股改对价	送股 每10股实际获得3.3股(05/11/29)

G承钒钛（600357）

上市日期:02/09/06　电话:0314－4073210　传真:0314－4079279

主营：含钒低合金钢产品和钒系列产品（片剂、粉剂五氧化二钒、钒铁合金）的生产、销售和技术开发。

	年　　度	2005	2004	2003
主要指标	每股收益/扣除后(元)	0.25/0.26	0.36/0.36	0.6/0.62
	每股经营现金流量(元)	0.8	0.38	1.1
	每股净资产/调整后(元)	2.56/2.54	2.47/2.45	4.26/4.2
	未分利润(万元)	45131.54	44490.43	23994.61
	资本公积(万元)	49175.13	46607.63	84640.98
利润构成	主营收入(万元)	751527.4	634902.2	420090.7
	主营利润(万元)	79539.53	90965.57	76687.45
	营业利润(万元)	27106.73	38151.07	30357.79
	投资收益(万元)	797.97	187.58	1.67
	利润总额(万元)	27701.54	37548.74	28723.48
	净利润(万元)	19396.06	27723.72	22751.68

点评：在全年钢铁价格大幅下滑的情况下，公司建筑钢材利润率大幅下降，部分产品亏损。幸有钒产品受惠钒价飙升，贡献了绝大部分利润，使得业绩没有出现巨大下滑。2006年钒钛产品仍有望继续较快增长，弥补建筑钢的下滑。与唐钢的整合也值得期待。

	截止日期	05年末	占%	主要股东及持股比例%、持股性质
股本结构（万股）	总股本	76066.7		承德钢铁集团有限公司 52.12%（国有股）
	国有股	39644.5	52.12	国华能源有限公司 3.43%（非流通股）
	发起股	8602.2	11.31	承德昌达经营开发有限公司 1.17%（非流通股）
	外资股			山西焦化集团有限公司 0.93%（非流通股）
	募集股			浙江省饲料公司 0.46%（非流通股）
	流通A	27820	36.57	河北物产企业(集团)公司 0.34%（非流通股）
	流通B			中国诚通金属集团公司 0.28%（非流通股）
	流通H			石家庄焦化集团有限责任公司 0.28%（非流通股）
股东户数	05年末	64533		中钢集团天津公司 0.19%（非流通股）
	04年末	65996		邢台市中北房地产开发有限公司 0.19%（非流通股）
其他流通股东	戴正利 0.134%；黄少杰 0.125%；宋玉敏 0.122%；赵卫一 0.122%；韩璐 0.122%；胡翦 0.102%；黄远锋 0.085%			
近年分配	04中期:10转增10年终:10派2；03年:10派0.5		近年募资	

二〇〇五年以来市场表现

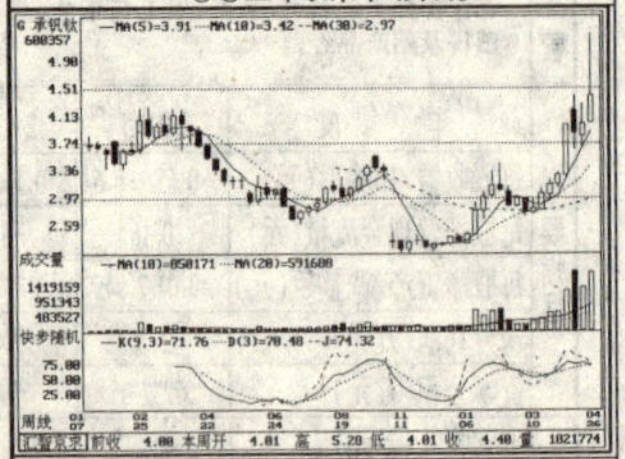

2005年涨跌幅(%)	-14.79
2005年最高(元)	4.25
2006年涨跌幅(%)	87.23
2006.4.26收盘(元)	4.4
2006年最高(元)	5.28
2006年最低(元)	2.33
2006年换手率(%)	409.07
股改对价	送股 每10股实际获得3股(05/11/03)

国旅联合（600358）

上市日期:00/09/22　　电话:025－4711172　　传真:025－4711192

主营	旅游交通客运业务和休闲度假地开发经营业务。			
	年　度	2005	2004	2003
主要指标	每股收益/扣除后(元)	-0.03/-0.029	0.01	0.04/0.04
	每股经营现金流量(元)	-0.15	-0.09	-1.09
	每股净资产/调整后(元)	1.11/1.1	1.14/0.88	2.03/1.63
	未分利润(万元)	713.78	1801.52	1637.27
	资本公积(万元)	5858.07	5844.54	20796.72
利润构成	主营收入(万元)	22420.43	32815.89	23746.64
	主营利润(万元)	9951.82	10941.49	11733.88
	营业利润(万元)	1157.32	2666.72	3542.84
	投资收益(万元)	-339.71	697.08	-71.58
	利润总额(万元)	875	2776.57	3484.83
	净利润(万元)	-1087.74	375.36	944.53
点评	由于下属北京西都地产公司的主营收入和净利润大幅下降,导致公司05年业绩大幅下降,加之国旅联合旅游开发有限公司未按计划完成项目转让,亏损194.67万元,导致公司05年亏损。未来公司主营业务将集中在温泉休闲地产和彩票业两大板块。			

	截止日期	05年末	占%	主要股东及持股比例%、持股性质
股本结构（万股）	总股本	43200		中国国际旅行社总社 20.56%(国有股)
	国有股	17517.52	40.55	南京市江宁区国有资产经营(控股)有限公司 12.6%(国有股)
	发起股	9941.98	23.01	浙江富春江旅游股份有限公司 10.7%(非流通股)
	外资股			江苏兴园软件园开发建设有限公司 5%(非流通股)
	募集股			深圳市思强实业发展有限公司 5%(非流通股)
	流通A	13500	31.25	上海大世界(集团)公司 4.22%(国有股)
	流通B			杭州市之江发展总公司 3.16%(国有股)
	流通H			该部分证券未经发行人确认(吸收合并) 1.89%(非流通股)
股东户数	05年末	32105		清华紫光古汉生物制药股份有限公司 0.58%(非流通股)
	04年末	29695		上海华瑞投资有限公司 0.57%(流通A股)
其他流通股东	孙建民 0.283%;娄可君 0.167%;广东亿众文化传媒有限公司 0.159%;舒涛 0.084%;庄庙怀 0.073%;周智泉 0.07%			
近年分配	03年:10转增8		近年募资	

二〇〇五年以来市场表现

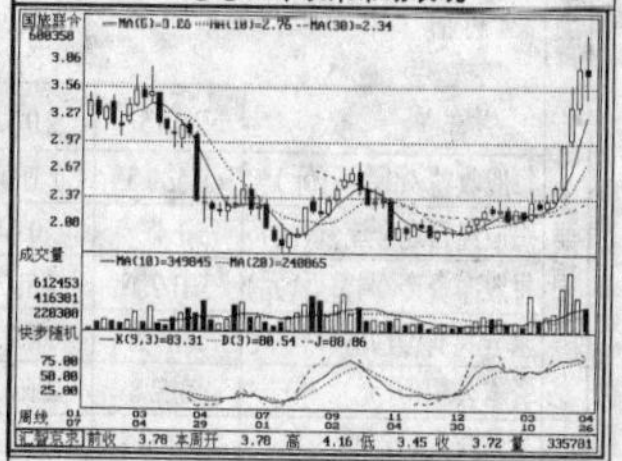

2005年涨跌幅(%)	-38.08
2005年最高(元)	3.78
2006年涨跌幅(%)	86
2006.4.26收盘(元)	3.72
2006年最高(元)	4.16
2006年最低(元)	1.98
2006年换手率(%)	331.73
股改对价	

新农开发（600359）

上市日期:99/04/29　　电话:0997－2134018　　传真:0997－2125238

主营	农业种植;牧渔养殖;农产品、畜产品的生产、加工及销售;同时生产加工种子、种衣剂、农用塑料制品等。			
	年　度	2005	2004	2003
主要指标	每股收益/扣除后(元)	0.173	0.132	0.237/0.232
	每股经营现金流量(元)	0.49	0.24	-0.028
	每股净资产/调整后(元)	3.41/2.47	3.43/2.44	3.31/2.27
	未分利润(万元)	10036.03	11264.1	9013.17
	资本公积(万元)	59799.74	59797.9	59797.9
利润构成	主营收入(万元)	95646.62	100283.72	88835.82
	主营利润(万元)	20738.91	24529.65	23540.91
	营业利润(万元)	6885.79	9943.12	9268.22
	投资收益(万元)	-134.73	-4796.3	-17.03
	利润总额(万元)	7210.17	4957.37	9450.61
	净利润(万元)	5566.94	4245.18	7607.41
点评	公司所涉及的主要行业包括农业、工业、房地产、畜牧业,除了农业下浮比例较大以外,其他行业都有较大幅度的增长。主营业务收入有所下降,但是主营业务利润上升了20%以上。主要是农业生产成本大幅度下降所致。			

	截止日期	05年末	占%	主要股东及持股比例%、持股性质
股本结构（万股）	总股本	32100		新疆阿克苏农垦农工商联合总公司 63.55%(国有股)
	国有股	20400	63.55	大和证券 0.28%(流通A股)
	发起股			张存志 0.12%(流通A股)
	外资股			印春华 0.12%(流通A股)
	募集股			杨国军 0.1%(流通A股)
	流通A	11700	36.45	吴培丰 0.09%(流通A股)
	流通B			博大阳光 0.09%(流通A股)
	流通H			高建国 0.08%(流通A股)
股东户数	05年末	55253		张萌 0.07%(流通A股)
	04年末	60938		翁光平 0.07%(流通A股)
其他流通股东	赵玉良 0.071%			
近年分配	04年:10派2		近年募资	

二〇〇五年以来市场表现

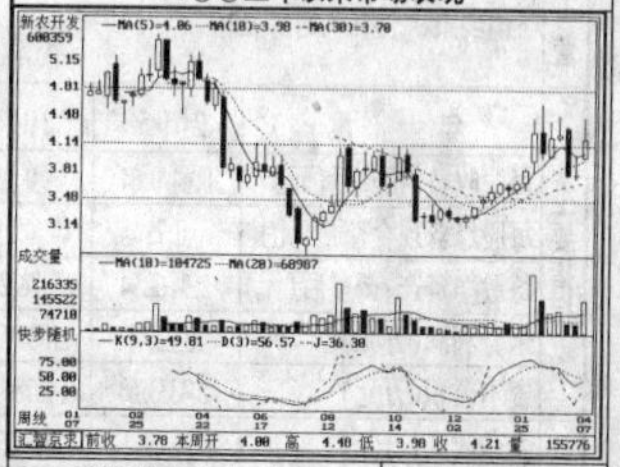

2005年涨跌幅(%)	-21.41
2005年最高(元)	5.48
2006年涨跌幅(%)	17.6
2006.4.26收盘(元)	4.21
2006年最高(元)	4.63
2006年最低(元)	3.53
2006年换手率(%)	92.42
股改对价	送股 每10股实际获得3.5股

华微电子（600360）

上市日期:01/03/16　　电话:0432－4678411　　传真:0432－4665812

主营	功率半导体器件的设计开发、芯片加工及封装			
	年　度	2005	2004	2003
主要指标	每股收益/扣除后(元)	0.38	0.37	0.32/0.3
	每股经营现金流量(元)	0.32	0.3	1.11
	每股净资产/调整后(元)	3.16/3.09	5.61/5.46	5.34/5.21
	未分利润(万元)	17572.22	10557.06	8026.88
	资本公积(万元)	29658.86	41458.86	41443.48
利润构成	主营收入(万元)	61290.3	43237.53	37153.7
	主营利润(万元)	21638.54	15390.64	12368.33
	营业利润(万元)	9850.38	5496.59	4117.2
	投资收益(万元)	224.12	-111.99	291.55
	利润总额(万元)	10019.96	5215.02	4404.38
	净利润(万元)	8947.25	4364.93	3815.41
点评	尽管CRT彩电用分立器件因平板对CRT的替代而下滑,公司通过积极开拓节能灯和机箱电源用分立器件市场,主营实现高速增长。同时,分立器件价格压力较小,毛利率稳中有升,带动公司盈利高速增长。通过与飞利浦和仙童公司合资,业绩有望保持较快增长。			

	截止日期	05年末	占%	主要股东及持股比例%、持股性质
股本结构（万股）	总股本	23600		上海盈瀚科技实业有限公司 28.58%(非流通股)
	国有股	6454.69	27.35	吉林华星电子集团有限公司 27.35%(国有股)
	发起股	6745.31	28.58	交通银行－汉兴证券投资基金 1.64%(流通A股)
	外资股			富国动态平衡证券投资基金 1.54%(流通A股)
	募集股			中国银行－易方达策略成长证券投资基金 1.23%(流通A股)
	流通A	10000	42.37	光大证券有限责任公司 1.1%(流通A股)
	流通B			中国工商银行－汇添富优势精选混合型证券投资基金 0.93%(流通A股)
	流通H			交通银行－科瑞证券投资基金 0.89%(流通A股)
股东户数	05年末	20554		中国工商银行－隆元证券投资基金 0.74%(流通A股)
	04年末	20418		全国社保基金一零九组合 0.7%(流通A股)
其他流通股东	中国银行－易方达积极成长证券投资基金 0.647%;全国社保基金六零一组合 0.453%			
近年分配	05中期:10转增10;04年:10派0.5;03年:10派1		近年募资	

二〇〇五年以来市场表现

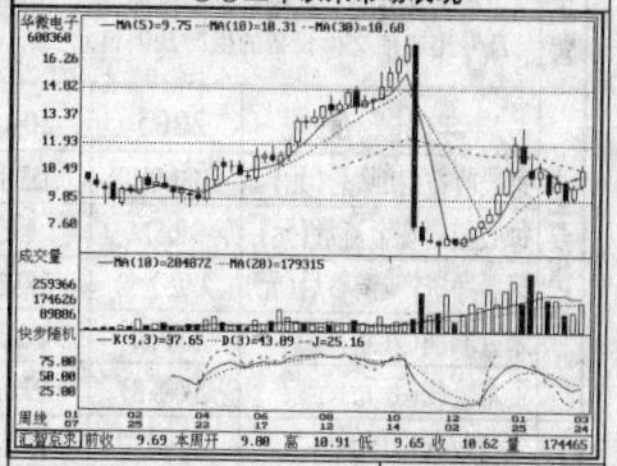

2005年涨跌幅(%)	58.76
2005年最高(元)	17.75
2006年涨跌幅(%)	27.8
2006.4.26收盘(元)	10.62
2006年最高(元)	12.77
2006年最低(元)	8.25
2006年换手率(%)	221.37
股改对价	送股 每10股实际获得2.2股

G 综超（600361）

上市日期:01/11/29　　电话:010－88363718　　传真:010－68364733

主营	零售业			
主要指标	年　　度	2005	2004	2003
	每股收益/扣除后(元)	0.52/0.5	0.39/0.38	0.51/0.53
	每股经营现金流量(元)	1.45	1.34	3.76
	每股净资产/调整后(元)	3.11/2.48	2.81/2.3	5.04/3.93
	未分利润(万元)	22419.31	16907.86	11527.26
	资本公积(万元)	23152.8	23668.86	36177.3
利润构成	主营收入(万元)	530083.28	468796.18	441729.34
	主营利润(万元)	57450.28	50350.48	50435.2
	营业利润(万元)	20095.63	13914.52	10105.05
	投资收益(万元)	-53.9	-45.21	-19.13
	利润总额(万元)	19845.89	13976.65	9739.57
	净利润(万元)	13011.06	9724.96	6457.29
点评	报告期内公司规模进一步扩大,主营收入稳定增长,单店的竞争力及运营效率的提高也推动毛利率略有增长,而来自供应商通道费、出租等方面的其他业务利润占主营收入比重由去年同期的7.94%上升到8.69%,推动净利润大幅增长。			

	截止日期	05年末	占%	主要股东及持股比例%、持股性质
股本结构（万股）	总股本	25114.58		北京华联集团投资控股有限公司 26.02%（非流通股）
	国有股			北京华联商厦股份有限公司 15.31%（非流通股）
	发起股	12814.58	51.02	海口金绥实业有限公司 5.61%（非流通股）
	外资股			中国银行－工银瑞信核心价值股票型证券投资基金 4.78%（流通A股）
	募集股			全国社保基金一零六组合 4.64%（流通A股）
	流通A	12300	48.98	海南亿雄商业投资管理有限公司 4.08%（非流通股）
	流通B			中国银行－易方达策略成长证券投资基金 2.58%（流通A股）
	流通H			中国银行－嘉实增长开放式证券投资基金 2.29%（流通A股）
股东户数	05年末	3126		中国银行－易方达平稳增长证券投资基金 2.09%（流通A股）
	04年末	6728		国际金融－渣打－CITIGROUP GLOBAL MARKETS LIMITED 2.01%（流通A股）
其他流通股东	招商银行股份有限公司－招商股票投资基金 1.74%;久嘉证券投资基金 1.37%;全国社保基金一零九组合 1.292%			
近年分配	05预案:10转增3;04年:10派2;03年:10派2转增10	近年募资		

二〇〇五年以来市场表现

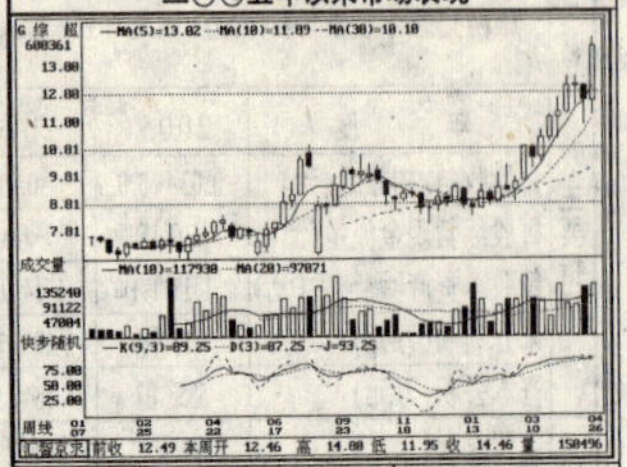

2005年涨跌幅(%)	54.6
2005年最高(元)	13.19
2006年涨跌幅(%)	53.99
2006.4.26收盘(元)	14.46
2006年最高(元)	14.8
2006年最低(元)	8.3
2006年换手率(%)	143.02
股改对价	送股 每10股实际获得2.3股（05/08/29）

G 江铜（600362）

上市日期:02/01/11　　电话:0701－3777735　　传真:0701－3777013

主营	铜的采矿、选矿、熔炼及精炼			
主要指标	年　　度	2005	2004	2003
	每股收益/扣除后(元)	0.64/0.64	0.43	0.19/0.2
	每股经营现金流量(元)	0.75	0.35	0.13
	每股净资产/调整后(元)	2.94/2.94	2.28/2.28	1.97/1.96
	未分利润(万元)	181227.6	102485.01	34348.73
	资本公积(万元)	204333.68	137814.7	137674.7
利润构成	主营收入(万元)	1334069.24	1062727.35	542089.08
	主营利润(万元)	334181.52	193311.37	107645.26
	营业利润(万元)	220910.93	140741.23	57116
	投资收益(万元)	317.99	-1139.21	-174.98
	利润总额(万元)	217589.38	127231.86	53764.82
	净利润(万元)	185138.39	114350.14	50524.31
点评	公司主营铜的冶炼及深加工业务,报告期内公司主产品铜产品销量的大幅增长以及铜价格大幅上涨,导致公司业绩的大幅增长。2006年关注公司铜冶炼四期工程及江西铜业铜合金公司铜合金杆线项目的进展情况。			

	截止日期	05年末	占%	主要股东及持股比例%、持股性质
股本结构（万股）	总股本	289503.82		香港中央结算代理人有限公司 47.56%（H股）
	国有股	127555.62	44.06	江西铜业集团公司 44.06%（国有股）
	发起股	200	0.07	金鑫基金 0.35%（流通A股）
	外资股			同盛基金 0.14%（流通A股）
	募集股			鸿阳基金 0.07%（流通A股）
	流通A	23000	7.94	博时裕富 0.06%（流通A股）
	流通B			CITIGROUP 0.06%（流通A股）
	流通H	138748.2	47.93	HSBC NOMINEES（HONG KONG）LIMITED 0.05%（H股）
股东户数	05年末	59092		国元证券 0.04%（流通A股）
	04年末	56618		UBS LIMITED 0.04%（流通A股）
其他流通股东	新世纪优选 0.036%			
近年分配	05预案:10派1.92;04年:10派1.2;03年:10派1.2	近年募资		

二〇〇五年以来市场表现

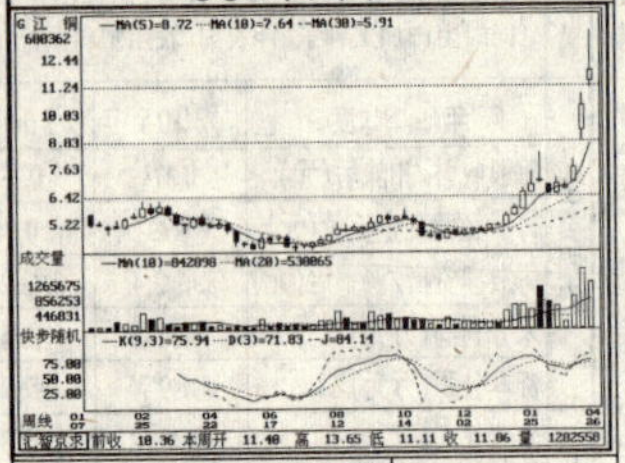

2005年涨跌幅(%)	-8.77
2005年最高(元)	6.22
2006年涨跌幅(%)	184.83
2006.4.26收盘(元)	11.86
2006年最高(元)	16.65
2006年最低(元)	5.08
2006年换手率(%)	365.33
股改对价	送股 每10股实际获得2.2股（06/04/19）

联创光电（600363）

上市日期:01/03/29　　电话:0791—8161878　　传真:0791—8162001

主营	光电器件及其它新型电子元器件、信息传输线缆、通信终端及专用通信交换设备的生产及销售。			
主要指标	年　　度	2005	2004	2003
	每股收益/扣除后(元)	0.131/0.109	0.155/0.127	0.189/0.162
	每股经营现金流量(元)	0.57	0.23	0.1827
	每股净资产/调整后(元)	2.92/2.88	2.82/2.8	2.73/2.7
	未分利润(万元)	5380.96	4800.95	4333.57
	资本公积(万元)	33088.33	32760.61	32444.25
利润构成	主营收入(万元)	122382.02	114758.75	86511.23
	主营利润(万元)	30186.83	27763.58	23877.05
	营业利润(万元)	7850.85	8901.36	8374.35
	投资收益(万元)	47.97	-332.35	-16.69
	利润总额(万元)	8026.77	8518.47	8307.02
	净利润(万元)	3232.2	3830.91	4663.18
点评	公司占比较高的线缆和光电业务增长相对平稳。但期间费用增长较快,使得净利润同比下滑。经营现金流同比大幅增长,表明盈利质量提升。随着LED业务占比逐步提高,生产和研发的成熟,公司业绩可能实现快速增长。			

	截止日期	05年末	占%	主要股东及持股比例%、持股性质
股本结构（万股）	总股本	24720.45		江西省电子集团公司 30.83%（国有股）
	国有股	15720.45	63.59	江西电线电缆总厂 20.84%（国有股）
	发起股			江西华声通信(集团)有限公司 8.84%（国有股）
	外资股			南昌高新科技投资有限公司 1.47%（非流通股）
	募集股			李春辉 0.98%（流通A股）
	流通A	9000	36.41	泰豪科技集团公司 0.81%（非流通股）
	流通B			中国农业银行江西省井冈山培训中心 0.4%（国有股）
	流通H			江西红声器材厂 0.4%（国有股）
股东户数	05年末	39189		上海申能资产管理有限公司 0.39%（流通A股）
	04年末	41942		张思宇 0.25%（流通A股）
其他流通股东	富丽卿 0.245%;易哲 0.16%;张长江 0.109%;谢彩霞 0.082%;上海慧铭自动化信息产业有限公司 0.081%			
近年分配	05预案:10派0.5;04年:10派0.5;03年:10派0.8	近年募资		

二〇〇五年以来市场表现

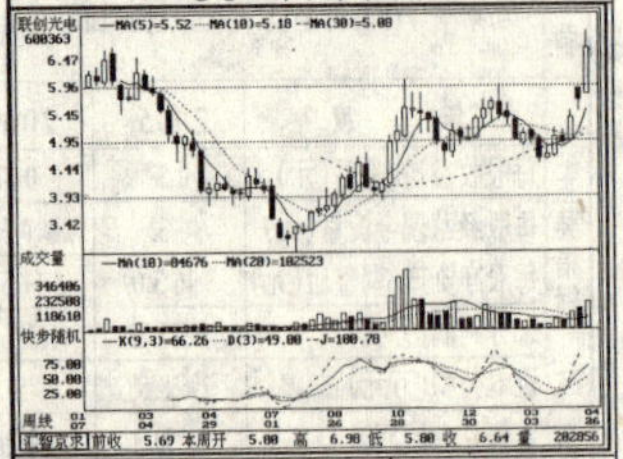

2005年涨跌幅(%)	-16.31
2005年最高(元)	6.7
2006年涨跌幅(%)	33.33
2006.4.26收盘(元)	6.64
2006年最高(元)	6.98
2006年最低(元)	4.51
2006年换手率(%)	162.68
股改对价	送股 每10股实际获得3.3股

G通葡酒（600365）

上市日期:01/01/15　　电话:0435－3948012　　传真:0435－3949616

主营	果露酒、葡萄酒制造、销售。			
主要指标	年　　度	2005	2004	2003
	每股收益/扣除后(元)	0.007/－0.035	－0.705	0.036/0.026
	每股经营现金流量(元)	0.1402	0.0755	0.389
	每股净资产/调整后(元)	3.09/2.64	3.09/2.69	3.79/3.65
	未分利润(万元)	58.24	－6810.14	3063.64
	资本公积(万元)	28914.09	35066.13	35066.13
利润构成	主营收入(万元)	6977.81	3981.69	8754.43
	主营利润(万元)	1901.08	470.93	2943.9
	营业利润(万元)	43.52	－9870.05	951.33
	投资收益(万元)		0.22	0.85
	利润总额(万元)	102.25	－9873.78	956.82
	净利润(万元)	102.68	－9873.78	497.2
点评	05年,是公司重组后正常经营的第一年,实现扭亏为盈。而公司在我国葡萄酒行业属于二线品牌,且其产品在消费者心目中属于低档品等,为公司的生产经营产生了极为负面的影响。预计06年公司业绩会因产品销量提升而有较大的增长。			

	截止日期	05年末	占%	主要股东及持股比例%、持股性质
股本结构（万股）	总股本	14000		新华联控股有限公司 29.07%（非流通股）
	国有股			通化东宝药业股份有限公司 24.06%（非流通股）
	发起股	8000	57.14	通化石油工具股份有限公司 4.01%（非流通股）
	外资股			交通银行汉兴证券投资基金 2.14%（流通A股）
	募集股			严建定 1.07%（流通A股）
	流通A	6000	42.86	中国建设银行国泰金马稳健回报证券投资基金 0.88%（流通A股）
	流通B			竺大可 0.86%（流通A股）
	流通H			谢勇 0.72%（流通A股）
股东户数	05年末	25465		罗洋 0.66%（流通A股）
	04年末	31528		富国动态平衡证券投资基金 0.54%（流通A股）
其他流通股东	宝盈鸿利收益证券投资基金 0.5%;山西信托投资有限责任公司鸿盛信托 0.357%;李志达 0.213%			
近年分配			近年募资	

二〇〇五年以来市场表现

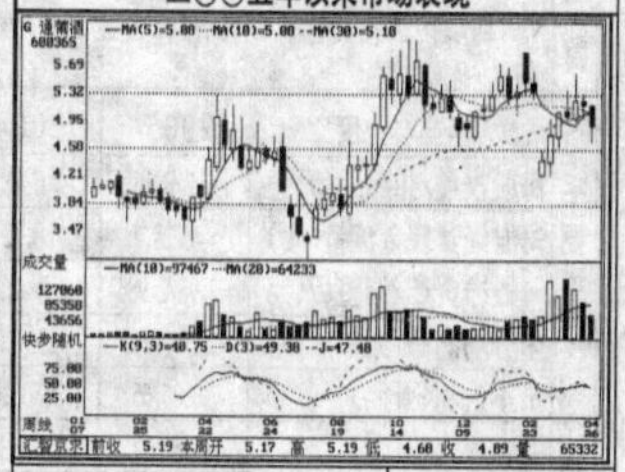

2005年涨跌幅(%)	32.17
2005年最高(元)	6.06
2006年涨跌幅(%)	19.94
2006.4.26收盘(元)	4.89
2006年最高(元)	7.28
2006年最低(元)	5.03
2006年换手率(%)	143.43
股改对价	送股 每10股实际获得3股(06/03/17)

G韵升（600366）

上市日期:00/10/30　　电话:0574－87776804　　传真:0574－87776466

主营	钕铁硼永磁材料、八音琴及电机的生产与销售。			
主要指标	年　　度	2005	2004	2003
	每股收益/扣除后(元)	0.215/0.191	0.205	0.178/0.149
	每股经营现金流量(元)	0.691	0.7884	0.1899
	每股净资产/调整后(元)	2.38/2.36	2.38/2.37	2.18/2.13
	未分利润(万元)	8064.34	10788.78	6706.07
	资本公积(万元)	18434.68	18352.75	18343.23
利润构成	主营收入(万元)	228166.79	164666.2	131891.73
	主营利润(万元)	28555	21403.18	19001.59
	营业利润(万元)	9187.88	6602.55	7080.47
	投资收益(万元)	428.94	800.04	－62.08
	利润总额(万元)	9922	8630.02	7724.43
	净利润(万元)	6141.1	5867.22	5095.17
点评	公司2005年收入平稳增长,利润水平稳中有升。但作为以出口为主的制造型企业,人民币升值、出口退税调整都给公司带来不小的压力。未来原材料价格变动和汇率变动仍然是公司面临的主要风险。			

	截止日期	05年末	占%	主要股东及持股比例%、持股性质
股本结构（万股）	总股本	28597.5		韵升控股集团有限公司 52.14%（非流通股）
	国有股	946.88	3.31	宁波信达中建置业有限公司 6.15%（非流通股）
	发起股	16667.56	58.28	中国机电出口产品投资公司 3.31%（国有股）
	外资股			中国工商银行－国联安德盛小盘精选证券投资基金 2.81%（流通A股）
	募集股			东方证券－农行－东方红1号集合资产管理计划 1.61%（流通A股）
	流通A	10983.06	38.41	中国农业银行－交银施罗德精选股票证券投资基金 1.44%（流通A股）
	流通B			东方证券股份有限公司 1.32%（流通A股）
	流通H			竺韵德 0.62%（流通A股）
股东户数	05年末	13206		兴业银行股份有限公司－兴业趋势投资混合型证券投资基金 0.5%（流通A股）
	04年末	14130		中国银行－同盛证券投资基金 0.33%（流通A股）
其他流通股东	李本刚 0.216%;浙江景源贸易有限公司 0.194%;刘文琪 0.192%			
近年分配	05预案:10派1转增3；04年:10派2		近年募资	

二〇〇五年以来市场表现

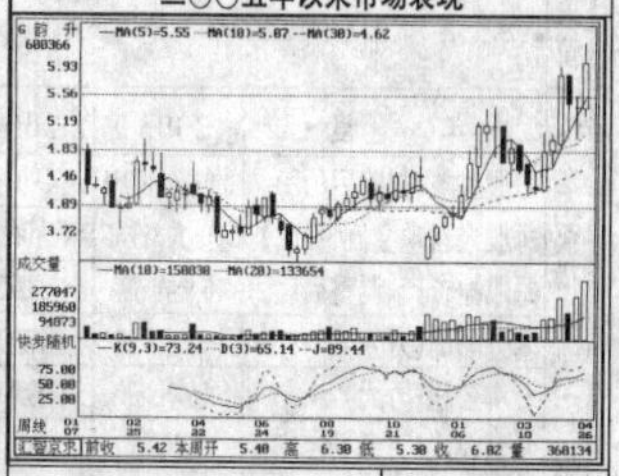

2005年涨跌幅(%)	9.6
2005年最高(元)	5.61
2006年涨跌幅(%)	50.5
2006.4.26收盘(元)	6.02
2006年最高(元)	6.3
2006年最低(元)	3.95
2006年换手率(%)	197
股改对价	送股 每10股实际获得3.2股(05/12/06)

G红星（600367）

上市日期:01/03/20　　电话:0853－6780066　　传真:0853－6780074

主营	无机化工产品、精细化工产品的生产和销售。主要产品有碳酸钡、碳酸锶及副产品硫磺等			
主要指标	年　　度	2005	2004	2003
	每股收益/扣除后(元)	0.43/0.44	0.42	0.6/0.59
	每股经营现金流量(元)	0.66	0.44	0.44
	每股净资产/调整后(元)	3.24/3.23	2.92/2.91	4.11/4.09
	未分利润(万元)	21654.18	16820.51	16553.44
	资本公积(万元)	28398.75	28396.18	33813.75
利润构成	主营收入(万元)	104222.87	93925.41	69115.04
	主营利润(万元)	37642.74	38560.45	31331.42
	营业利润(万元)	16991.51	18423.59	15966.85
	投资收益(万元)	816.68	114.37	20.79
	利润总额(万元)	17388.4	18033.4	15973.28
	净利润(万元)	12533.2	12181.29	10906.92
点评	2005年受下游显像管玻壳生产企业全行业业绩下滑、行业无序竞争以及原材料供应紧张等因素的影响,公司主要经营产品碳酸锶和碳酸钡产品的销量和毛利率均有所下降;但公司另一主要产品电解二氧化锰在2005年下半年完成扩建,对公司利润贡献增加。			

	截止日期	05年末	占%	主要股东及持股比例%、持股性质
股本结构（万股）	总股本	29120		青岛红星化工集团有限责任公司 57.13%（国有股）
	国有股	16637.42	57.13	东方证券股份有限公司 0.62%（流通A股）
	发起股	339.54	1.17	汉博证券投资基金 0.52%（流通A股）
	外资股			彭阳 0.44%（流通A股）
	募集股			贵州省安顺市国有资产投资营运有限责任公司 0.42%（非流通股）
	流通A	12143.04	41.7	中国银行－华夏大盘精选证券投资基金 0.4%（流通A股）
	流通B			镇宁县红蝶实业有限责任公司 0.25%（非流通股）
	流通H			青岛红星化工集团自力实业公司 0.25%（非流通股）
股东户数	05年末	21544		青岛红星化工集团进出口有限公司 0.25%（非流通股）
	04年末	19246		何冬香 0.23%（流通A股）
其他流通股东	国政海 0.214%;陈理 0.195%;李兆乾 0.194%;平顶山市信托投资公司 0.186%;李东齐 0.182%			
近年分配	04年:10派1；03年:10派1送3转增3		近年募资	

二〇〇五年以来市场表现

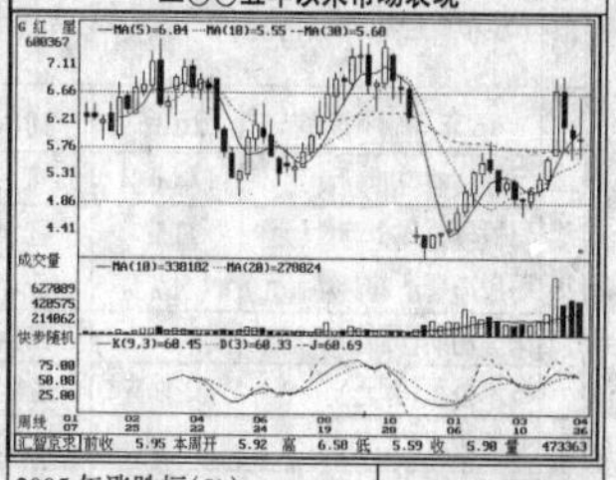

2005年涨跌幅(%)	－0.73
2005年最高(元)	7.66
2006年涨跌幅(%)	33.48
2006.4.26收盘(元)	5.9
2006年最高(元)	6.93
2006年最低(元)	4.4
2006年换手率(%)	403.29
股改对价	送股 每10股实际获得3.9股(05/12/02)

五洲交通（600368）

上市日期:00/12/21　电话:0771－5518383　传真:0771－5518111

主营	广西境内公路、桥梁、站场、港口的建设、经营管理。			
	年　　度	2005	2004	2003
主要指标	每股收益/扣除后(元)	0.2/0.16	0.21	0.23/0.18
	每股经营现金流量(元)	0.28	0.32	0.33
	每股净资产/调整后(元)	2.98/2.98	2.86/2.86	2.75/2.75
	未分利润(万元)	28140.74	23391.5	18891.54
	资本公积(万元)	36806.65	36806.65	36806.65
利润构成	主营收入(万元)	14951.72	16961	17441.74
	主营利润(万元)	10121.8	10643.44	11110.05
	营业利润(万元)	10440.68	11263.23	12406.29
	投资收益(万元)		-3.64	-46.61
	利润总额(万元)	10417.96	11259.51	12044.38
	净利润(万元)	8707.34	9454.07	10100.11
点评	公司的主要收入来源于平王路、南梧路、金宜路的通行费收入。公司所经营路段的车流量决定着最终的经营成果，由于平行高速公路的分流作用，南梧路、金宜路的车流量受到分流，公司05年的通行费收入有所下降，净利润也出现负增长。			

	截止日期	05年末	占%	主要股东及持股比例%、持股性质
股本结构（万股）	总股本	44200		广西壮族自治区高速公路管理局 30.49%（国有股）
	国有股	34000	76.92	华建交通经济开发中心 19.28%（国有股）
	发起股			广西壮族自治区公路管理局 14.48%（国有股）
	外资股			广西民族经济发展资金管理局 10.41%（国有股）
	募集股			广西壮族自治区道路运输管理局 2.26%（国有股）
	流通A	10200	23.08	兴和证券投资基金 0.09%（流通A股）
	流通B			朱朝晖 0.08%（流通A股）
	流通H			黄国明 0.08%（流通A股）
股东户数	05年末	57251		应维潮 0.04%（流通A股）
	04年末	61653		张志敏 0.04%（流通A股）
其他流通股东	邓丽华 0.032%；周凤妹 0.031%；曹群 0.025%；黄志伟 0.025%；郑美权 0.024%			
近年分配	05预案:10派0.6；04年:10派0.8；03年:10派1	近年募资		

二〇〇五年以来市场表现

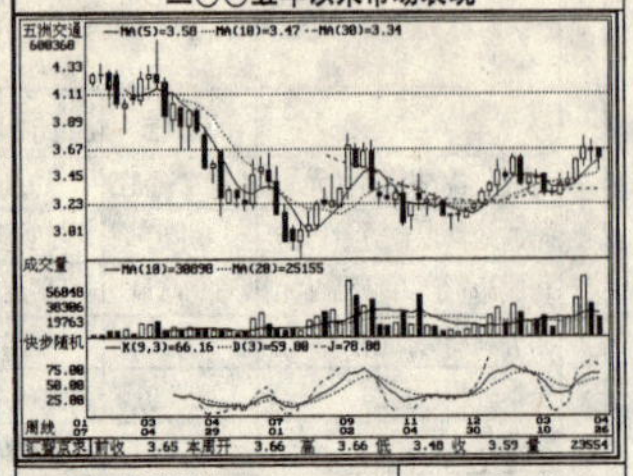

2005年涨跌幅(%)	-22.41
2005年最高(元)	4.55
2006年涨跌幅(%)	11.84
2006.4.26收盘(元)	3.59
2006年最高(元)	3.76
2006年最低(元)	3.2
2006年换手率(%)	45.84
股改对价	

*ST长运（600369）

上市日期:01/01/09　电话:023－63819926　传真:023－63819708

主营	水上客、货运输和旅游运输及相关服务。			
	年　　度	2005	2004	2003
主要指标	每股收益/扣除后(元)	0.031/-0.736	-0.65	-0.437/-0.43
	每股经营现金流量(元)	-0.313	-0.223	-0.257
	每股净资产/调整后(元)	0.98/0.79	2.32/2.2	2.92/2.89
	未分利润(万元)	-40828.25	-17257.76	-6054.09
	资本公积(万元)	36401.67	35905.83	35120.56
利润构成	主营收入(万元)	4350.83	7761.95	8265.27
	主营利润(万元)	-799.55	48.92	170.1
	营业利润(万元)	-12377.77	-10812.76	-5711.56
	投资收益(万元)	-712.14	-390.56	87.53
	利润总额(万元)	-189.52	-11184.7	-7635.38
	净利润(万元)	538.59	-11178.79	-7523.95
点评	长江三峡旅游市场大幅度萎缩，客源较少，加之油价不断上涨，成本增加，导致公司经营困难。公司诉讼案基本已经判决完毕，一旦法院开始对公司的资产采取拍卖的强制还款措施，公司的持续经营能力将产生重大影响。公司努力与银行协商债务重组方案。			

	截止日期	05年末	占%	主要股东及持股比例%、持股性质
股本结构（万股）	总股本	17230		重庆市涪陵区资产经营公司 16.77%（国有股）
	国有股	2888.8	16.77	华融投资有限公司 13.49%（非流通股）
	发起股	7085.45	41.12	温州新城投资管理有限公司 10.79%（非流通股）
	外资股			北海现代投资股份有限公司 9.52%（非流通股）
	募集股			四川港航开发有限责任公司 4.5%（非流通股）
	流通A	7255.75	42.11	北京和泉投资顾问公司 2.7%（非流通股）
	流通B			王宁 1.18%（流通A股）
	流通H			张富礼 0.87%（流通A股）
股东户数	05年末	20514		王林怀 0.78%（流通A股）
	04年末	26848		韩淑英 0.42%（流通A股）
其他流通股东	曾庆莲 0.347%；石顺碧 0.321%；朱开业 0.3%；陈云芳 0.246%；陈永阳 0.238%；段平 0.237%			
近年分配		近年募资		

二〇〇五年以来市场表现

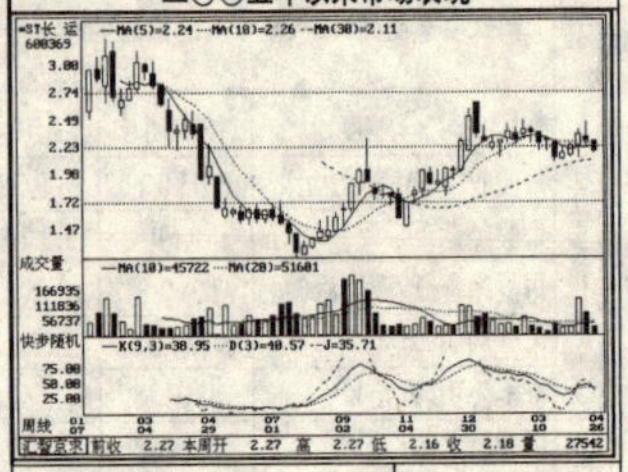

2005年涨跌幅(%)	-2.71
2005年最高(元)	3.25
2006年涨跌幅(%)	-13.15
2006.4.26收盘(元)	2.18
2006年最高(元)	2.64
2006年最低(元)	2.08
2006年换手率(%)	104.18
股改对价	

三房巷（600370）

上市日期:03/03/06　电话:0510－86229867　传真:0510－86229823

主营	坯布染色整理			
	年　　度	2005	2004	2003
主要指标	每股收益/扣除后(元)	0.44/0.44	0.45	0.26/0.26
	每股经营现金流量(元)	0.57	1.54	0.07
	每股净资产/调整后(元)	4.51/4.51	4.26/4.26	3.97/3.97
	未分利润(万元)	9427.37	6795.13	1141.08
	资本公积(万元)	37240.55	37240.55	37240.55
利润构成	主营收入(万元)	117233.7	94041.78	78470.14
	主营利润(万元)	11977.78	13805.44	9327.86
	营业利润(万元)	10024.29	10071.05	5948.6
	投资收益(万元)	20	40	50
	利润总额(万元)	9835.26	10044.99	5908.02
	净利润(万元)	6993.05	7168.84	4135.27
点评	2005年，受到国内外市场竞争激烈等不利因素的影响，给公司的原材料采购和销售产生一定的困难，其收入大幅增加的情况下而利润却小幅下滑。但应该看到公司业绩优良的一面，预计06年公司也会保持较好的经营业绩。			

	截止日期	05年末	占%	主要股东及持股比例%、持股性质
股本结构（万股）	总股本	15826		江苏三房巷集团有限公司 50.98%（非流通股）
	国有股			江阴市化学纤维厂 12.64%（非流通股）
	发起股	8067.85	50.98	王玉英 0.25%（流通A股）
	外资股			华宝信托投资有限责任公司－宝祥有价证券组合投资信托 0.21%（流通A股）
	募集股	2000	12.64	王丽华 0.13%（流通A股）
	流通A	5500	34.75	方日照 0.12%（流通A股）
	流通B			青志新 0.11%（流通A股）
	流通H			江阴天澄投资有限公司 0.11%（流通A股）
股东户数	05年末	19850		周雪钦 0.1%（流通A股）
	04年末	22296		吴杰培 0.09%（流通A股）
其他流通股东	沈琴珠 0.087%；沈志刚 0.082%			
近年分配	05年:10派2.8；04年:10派1.8；03年:10派1.5	近年募资	03年新发5500万股，发行价7.62元。	

二〇〇五年以来市场表现

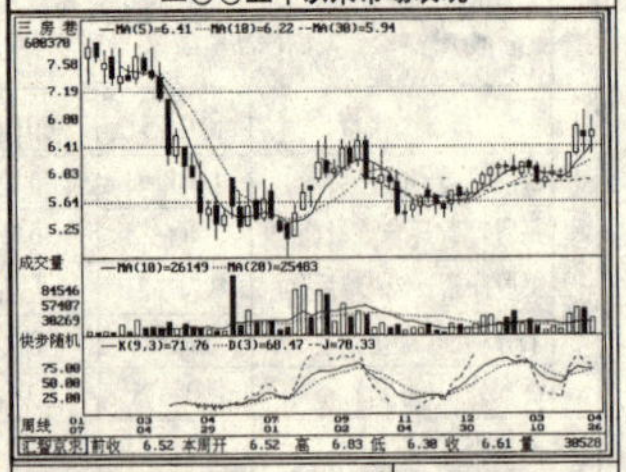

2005年涨跌幅(%)	-22.72
2005年最高(元)	7.97
2006年涨跌幅(%)	20.04
2006.4.26收盘(元)	6.61
2006年最高(元)	7.11
2006年最低(元)	5.71
2006年换手率(%)	79.41
股改对价	

华冠科技（600371）

上市日期:02/09/16　　电话:0451－82368448　　传真:0451－82368448

主营	食品添加剂、玉米淀粉糖,饲料等系列产品的研发、生产和销售。			
	年　度	2005	2004	2003
主要指标	每股收益/扣除后(元)	0.05/0.06	0.03	0.11/0.11
	每股经营现金流量(元)	0.22	0.61	-0.367
	每股净资产/调整后(元)	1.85/1.83	1.79/1.78	1.76/1.75
	未分利润(万元)	4424.94	4483.86	4876.38
	资本公积(万元)	4650.23	4587.38	4587.38
利润构成	主营收入(万元)	33722.24	35650.85	27887.45
	主营利润(万元)	10406.51	9619.68	8498.25
	营业利润(万元)	249.03	-233.86	2648.53
	投资收益(万元)	-436.77	-381.44	-261.09
	利润总额(万元)	1451.82	1195.6	3761.89
	净利润(万元)	823.7	475.98	1706.24
点评	公司主营全部为涉农产业、产业单一,受政策和自然气候因素影响较大,存在一定的行业投资风险。随着国家对"三农"问题的关注,公司可能受到国家的多种政策扶植,外部经营环境的改善有利于公司盈利能力的提高。			

	截止日期	05年末	占%	主要股东及持股比例%、持股性质
股本结构(万股)	总股本	15500		万向三农有限公司 29.95%（非流通股）
	国有股			上海海博鑫惠国际贸易有限公司 21.25%（非流通股）
	发起股	9300	60	哈尔滨曼哈顿多元集团有限公司 7%（非流通股）
	外资股			上海东信投资管理有限公司 1.2%（非流通股）
	募集股			哈尔滨澳克斯商贸有限公司 0.43%（非流通股）
	流通A	6200	40	孙俊玉 0.33%（流通A股）
	流通B			李晓峰 0.23%（流通A股）
	流通H			江苏悦达集团有限公司 0.18%（流通A股）
股东户数	05年末	21061		山西三联正丰国际贸易有限公司 0.18%（流通A股）
	04年末	21988		哈尔滨安平消防设施安装有限公司 0.17%（非流通股）
其他流通股东	彭玉松 0.115%；巩永 0.111%；陆桂林 0.11%；孙福华 0.103%；何凤珍 0.1%；袁汉平 0.099%			
近年分配			近年募资	

二○○五年以来市场表现	
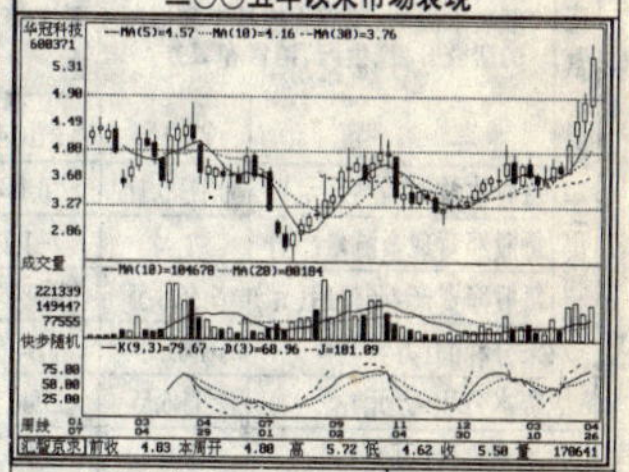	
2005年涨跌幅(%)	-20.99
2005年最高(元)	4.8
2006年涨跌幅(%)	64.18
2006.4.26收盘(元)	5.5
2006年最高(元)	5.72
2006年最低(元)	3.32
2006年换手率(%)	235.26
股改对价	

昌河股份（600372）

上市日期:01/07/06　　电话:0798－8448974　　传真:0798－8448974

主营	微型汽车系列车型、经济型乘用车(整车)设计、开发、制造、销售、售后服务等。			
	年　度	2005	2004	2003
主要指标	每股收益/扣除后(元)	0.04/-0.06	-0.12	0.12/0.09
	每股经营现金流量(元)	0.13	-0.13	0.36
	每股净资产/调整后(元)	3.11/2.99	3.09/3	3.3/3.2
	未分利润(万元)	-3534.79	-5208.45	4392.45
	资本公积(万元)	83802.04	83802.04	83802.66
利润构成	主营收入(万元)	339487.03	313872.52	415051.37
	主营利润(万元)	27649.81	34411.81	54906.91
	营业利润(万元)	-5190.05	-3542.21	8643.29
	投资收益(万元)	-160.05	48.85	104.65
	利润总额(万元)	-2295.59	-3340.01	8642.87
	净利润(万元)	1673.66	-4800.81	5072.23
点评	以生产小排量汽车为主的企业。当前小排量汽车的市场潜力巨大,公司业务前景看好。2006年,公司将继续发挥产品在节能、环保方面的优势,积极开拓市场,陆续推出四款新车型,同时进行销售渠道整合和管理模式调整,不断提高整车销售量,扩大市场占有率。			

	截止日期	05年末	占%	主要股东及持股比例%、持股性质
股本结构(万股)	总股本	41000		江西昌河航空工业有限公司 71.57%（国有股）
	国有股	29541.29	72.05	中国银河证券有限责任公司 4.44%（流通A股）
	发起股	458.71	1.12	哈尔滨东安汽车动力股份有限公司 0.96%（非流通股）
	外资股			中国民用飞机开发公司 0.32%（国有股）
	募集股			中国航空工业供销总公司 0.16%（国有股）
	流通A	11000	26.83	安徽江南机械有限责任公司 0.16%（非流通股）
	流通B			蔡晓东 0.13%（流通A股）
	流通H			周小娜 0.12%（流通A股）
股东户数	05年末	33306		上海安东财务咨询有限责任公司 0.09%（流通A股）
	04年末	33635		李玉玲 0.08%（流通A股）
其他流通股东	刘志文 0.078%；蒋锋 0.07%；马有良 0.069%；绍兴柯岩旅游有限公司 0.068%；胡湘仲 0.067%			
近年分配	03年:10派1		近年募资	

二○○五年以来市场表现	
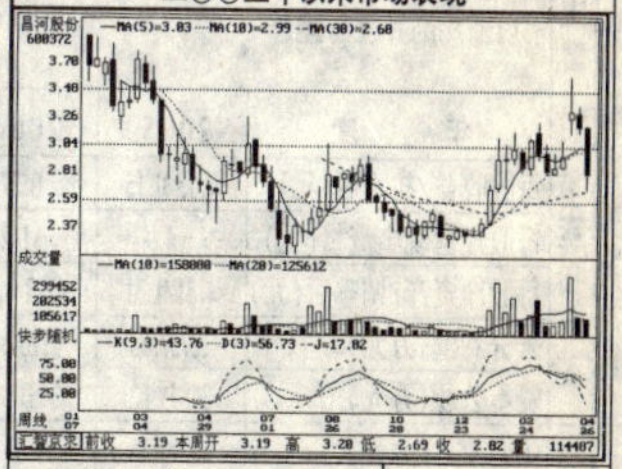	
2005年涨跌幅(%)	-42.47
2005年最高(元)	3.92
2006年涨跌幅(%)	21.03
2006.4.26收盘(元)	2.82
2006年最高(元)	3.59
2006年最低(元)	2.32
2006年换手率(%)	210.28
股改对价	送股 每10股实际获得3.5股

G鑫新（600373）

上市日期:02/03/04　　电话:0793－8238282　　传真:0793－8222255

主营	系列中、普档客车及漆包线的生产及销售。			
	年　度	2005	2004	2003
主要指标	每股收益/扣除后(元)	0.1/0.07	0.1/0.07	0.041/0.02
	每股经营现金流量(元)	0.12	0.04	0.15
	每股净资产/调整后(元)	2.26	2.17	2.07/2.01
	未分利润(万元)	4334.08	3450.04	2283.06
	资本公积(万元)	10499.63	10498.4	10481.84
利润构成	主营收入(万元)	53262.69	51461.11	39065.48
	主营利润(万元)	5744.08	6024.52	5573.79
	营业利润(万元)	1048.37	1000.04	595.94
	投资收益(万元)	4.89	440.11	-32.33
	利润总额(万元)	1540.62	1422.8	859.63
	净利润(万元)	1216.52	1254.08	509.71
点评	漆包线与客车行业都是处于发展中的行业,但都面临着激烈的竞争。同时,漆包线业务面临原材料上涨压力;客车业务则是产量较小、规模效应弱。预计未来公司仍将坚持在自身优势市场领域精耕细作的战略,逐步做大做强。			

	截止日期	05年末	占%	主要股东及持股比例%、持股性质
股本结构(万股)	总股本	12500		江西信江实业有限公司 62.5%（非流通股）
	国有股	149.52	1.2	江西铜业集团公司 0.3%（国有股）
	发起股	7850.48	62.8	江西省投资集团公司 0.3%（国有股）
	外资股			江西长运集团有限公司 0.3%（国有股）
	募集股			常州绝缘材料总厂有限公司 0.3%（国有股）
	流通A	4500	36	常州市智通树脂厂 0.3%（非流通股）
	流通B			黄建伟 0.21%（流通A股）
	流通H			上海岚熙贸易有限公司 0.2%（流通A股）
股东户数	05年末	18816		张英杰 0.2%（流通A股）
	04年末	20512		周卫安 0.16%（流通A股）
其他流通股东	冯艳芬 0.144%；周树桐 0.133%；许巧姗 0.113%；刘金凤 0.108%；张广坤 0.096%；王永宽 0.08%			
近年分配	05预案:10派0.15；04年:10派0.12		近年募资	

二○○五年以来市场表现	
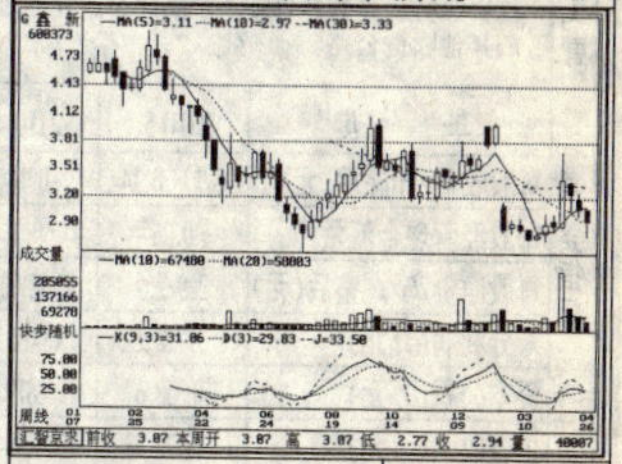	
2005年涨跌幅(%)	-21.68
2005年最高(元)	5.04
2006年涨跌幅(%)	8.61
2006.4.26收盘(元)	2.94
2006年最高(元)	4.96
2006年最低(元)	3.65
2006年换手率(%)	151.63
股改对价	送股 每10股实际获得3.41股(06/02/13)

G星马(600375)

上市日期:03/04/01　　电话:0555－8323038　　传真:0555－8323038

主营	散装水泥车、混凝土搅拌车和混凝土泵车等专用汽车产品的研究开发、生产、销售和服务。

	年　度	2005	2004	2003
主要指标	每股收益/扣除后(元)	0.173/0.175	0.104	0.75/0.67
	每股经营现金流量(元)	1.44	－1.21	－1.53
	每股净资产/调整后(元)	3.56/3.55	3.59/3.58	5.88/5.86
	未分利润(万元)	7535.35	8194.68	12152.7
	资本公积(万元)	21546.55	21546.55	25712.8
利润构成	主营收入(万元)	117318.03	135415.23	169122.86
	主营利润(万元)	8981.35	7533.16	12990.39
	营业利润(万元)	3409.32	2920.57	7672.04
	投资收益(万元)			
	利润总额(万元)	3392.02	2908.18	8564.2
	净利润(万元)	2165.19	1303.02	6224.92

点评：2005年宏观调控原材料价格上升给公司生产经营带来不利影响,公司加强企业内部管理,加大开拓国际市场的力度,盈利能力明显改善,业绩大幅增长。2006年十一五规划铁路、公路建设投资大幅增长,将拉动混凝土设备的需求,公司业绩可实现快速增长。

	截止日期	05年末	占%	主要股东及持股比例%、持股性质
股本结构(万股)	总股本	12498.75		马鞍山华神建材工业有限公司 30.73%(国有股)
	国有股	7998.75	64	马鞍山金星化工(集团)有限公司 11.57%(国有股)
	发起股			马鞍山经济技术开发区经济技术发展总公司 8.31%(国有股)
	外资股			安徽省经贸投资集团有限责任公司 7.23%(国有股)
	募集股			安徽国元信托投资有限责任公司 6.15%(国有股)
	流通A	4500	36	沈晔民 0.3%(流通A股)
	流通B			安徽省芜湖市福达汽车零部件有限公司 0.29%(流通A股)
	流通H			李朝银 0.24%(流通A股)
股东户数	05年末	11717		梁月 0.21%(流通A股)
	04年末	13346		李建军 0.18%(流通A股)
其他流通股东	陈健文 0.176%;鲁林荣 0.16%;高秀华 0.14%;黄玉红 0.131%;肖友检 0.126%			
近年分配	05方案:10派1.5转增5;04年:10派2;03年:10派3.5转增5	近年募资	03年新发3000万股,发行价9.9元。	

二〇〇五年以来市场表现

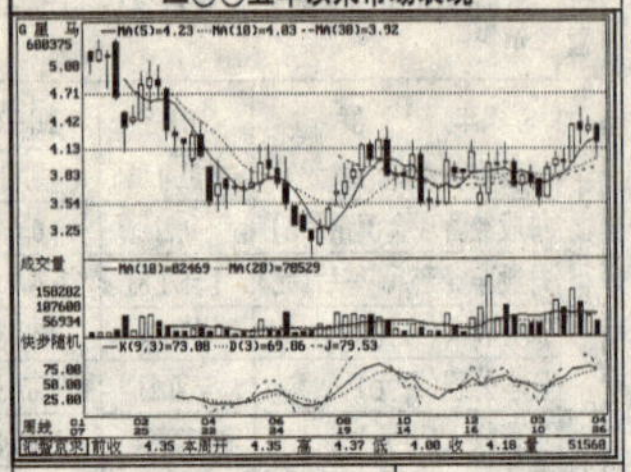

2005年涨跌幅(%)	－17.22
2005年最高(元)	5.29
2006年涨跌幅(%)	36.26
2006.4.26收盘(元)	4.18
2006年最高(元)	6.04
2006年最低(元)	4.66
2006年换手率(%)	228.25
股改对价	送股 每10股实际获得3.3股(06/01/13)

G天鸿宝(600376)

上市日期:01/03/12　　电话:010－64401653　　传真:010－64401637

主营	房地产的开发与经营

	年　度	2005	2004	2003
主要指标	每股收益/扣除后(元)	0.15/0.15	0.27	0.21/0.19
	每股经营现金流量(元)	－4.9	－1.27	－1.49
	每股净资产/调整后(元)	4.31/4.31	4.27/4.27	4.15/4.15
	未分利润(万元)	12737.93	12264.67	10871.71
	资本公积(万元)	36831.62	36831.62	36831.62
利润构成	主营收入(万元)	45798.85	82374.1	39819
	主营利润(万元)	8104.21	17188.09	8743.33
	营业利润(万元)	3809.16	7726.28	5200.27
	投资收益(万元)	－249.56	－70.75	293.49
	利润总额(万元)	3569.97	7647.44	5422.96
	净利润(万元)	2594.43	4695.96	3715.08

点评：05年公司开复工面积为72.8万平方米,由于开发的项目只有曙光花园二期、回龙观文化居住区和橙色年代等可供销售,其余均处于建设期,导致05年主营收入下降。预计06年回龙观项目和天津项目有望实现主营收入增长。

	截止日期	05年末	占%	主要股东及持股比例%、持股性质
股本结构(万股)	总股本	17320		北京天鸿集团公司 33.26%(国有股)
	国有股	10920	63.05	美都控股股份有限公司 16.17%(非流通股)
	发起股			深圳金阳投资有限责任公司 9.08%(国有股)
	外资股			京华房产有限公司 2.4%(非流通股)
	募集股			北京宝信实业发展公司 1.22%(非流通股)
	流通A	6400	36.95	北京宝华饭店 0.46%(非流通股)
	流通B			北京市房屋建筑设计院 0.46%(国有股)
	流通H			郑彦彬 0.35%(流通A股)
股东户数	05年末	15948		中国建设银行－博时主题行业股票证券投资基金 0.22%(流通A股)
	04年末	17099		李城 0.2%(流通A股)
其他流通股东	中国银河证券有限责任公司 0.196%;李梅 0.163%;包伯昌 0.128%;叶昌鸿 0.112%;裕隆证券投资基金 0.096%			
近年分配	05预案:10派0.5转增5;04年:10派1;03年:10派1.5	近年募资		

二〇〇五年以来市场表现

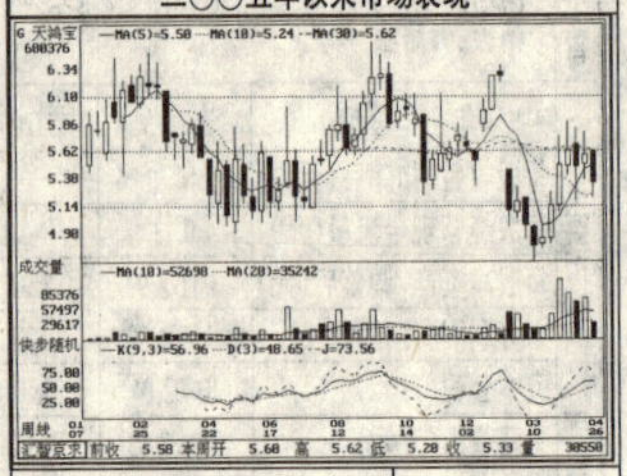

2005年涨跌幅(%)	9.37
2005年最高(元)	6.68
2006年涨跌幅(%)	16.06
2006.4.26收盘(元)	5.33
2006年最高(元)	7.63
2006年最低(元)	5.97
2006年换手率(%)	74.71
股改对价	送股 每10股实际获得3股(06/02/16)

宁沪高速(600377)

上市日期:01/01/16　　电话:025－4469332　　传真:025－4466643

主营	投资、建设、经营和管理沪宁高速公路江苏段及江苏省境内的其他收费公路。

	年　度	2005	2004	2003
主要指标	每股收益/扣除后(元)	0.138/0.14	0.164	0.189/0.188
	每股经营现金流量(元)	0.26	0.33	0.29
	每股净资产/调整后(元)	2.9/2.9	2.91/2.91	2.89/2.89
	未分利润(万元)	31722.1	48412.52	127750.95
	资本公积(万元)	748868.67	748819.44	748473.47
利润构成	主营收入(万元)	219473.58	306008.13	235312.95
	主营利润(万元)	118022.65	184735.02	148918.85
	营业利润(万元)	82923.84	152791.72	135705.75
	投资收益(万元)	12894.53	13125.35	6994.76
	利润总额(万元)	94443.63	139020.4	144783.33
	净利润(万元)	69645.6	82672.5	95053.07

点评：公司主营高速公路收费,05年公司最主要的资产沪宁高速扩建,影响了车流量的正常通行,也导致费用大幅度上涨,致使公司在05年的各项经营数据出现下滑。目前沪宁高速已经完全通车,预计公司06年的经营情况会出现好转。

	截止日期	05年末	占%	主要股东及持股比例%、持股性质
股本结构(万股)	总股本	503774.75		江苏交通控股有限公司 55.22%(国有股)
	国有股	278174.36	55.22	华建交通经济开发中心 11.86%(非流通股)
	发起股	59947.1	11.9	HSBC Halbis Partners (Hong Kong) Limited 3.17%(H股)
	外资股			Sumitomo Mitsui Asset Management Limited 1.93%(H股)
	募集股	28453.29	5.65	JPMorgan Chase @ Co. 1.41%(H股)
	流通A	15000	2.98	Genesis Fund Managers, LLP 1.16%(H股)
	流通B			华夏证券有限责任公司 0.42%(非流通股)
	流通H	122200	24.26	银河证券有限责任公司 0.34%(流通A股)
股东户数	05年末	26128		申银万国证券股份有限公司 0.29%(非流通股)
	04年末	36907		上海海基物业发展有限公司 0.28%(非流通股)
其他流通股东	中国工商银行－诺安平衡证券投资基金 0.267%;Winner Glory Development Ltd 0.238%			
近年分配	05预案:10派1.45;04年:10派1.45;03年:10派1.45	近年募资		

二〇〇五年以来市场表现

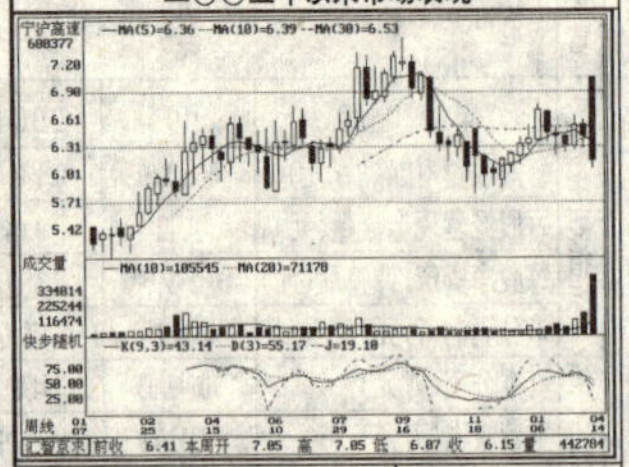

2005年涨跌幅(%)	18.42
2005年最高(元)	7.65
2006年涨跌幅(%)	－3.61
2006.4.26收盘(元)	6.15
2006年最高(元)	7.05
2006年最低(元)	6.07
2006年换手率(%)	63.07
股改对价	送股 每10股实际获得3.2股

天科股份（600378）

上市日期:01/01/11　电话:028－85963659　传真:028－85881997

主营	碳一化学技术及催化剂,变压吸附气体分离技术及装置,合成芳樟醇、维生素E系列及精细化工品(不含药品)、工业气体(不含危险品)的研制、开发、生产、销售、技术服务及相关的工程设计与工程承包。			
	年　度	2005	2004	2003
主要指标	每股收益/扣除后(元)	0.02/0.03	－0.17/－0.15	0.17/0.16
	每股经营现金流量(元)	0.39	－0.22	0.12
	每股净资产/调整后(元)	2.06/2.06	2.04/2.02	2.31/2.31
	未分利润(万元)	－1476.08	－1802.19	3458.01
	资本公积(万元)	20478.99	20463.36	20452.75
利润构成	主营收入(万元)	29140.54	28039.52	19324.25
	主营利润(万元)	5037.7	4626.91	6052.51
	营业利润(万元)	1033.57	－2854.88	3046.49
	投资收益(万元)	36.61	－113.08	547.91
	利润总额(万元)	477.58	－3363.71	3305.09
	净利润(万元)	326.12	－3304.47	3366.23
点评	公司从事变压吸附气体技术及装置以及镍系催化剂、铜系催化剂等产品的研发和生产,具有较高的技术壁垒,并在气体分离与纯化应用领域雄居世界第一。过去公司存在资金挪用、监管风暴等一系列负面因素,从2005年开始摆脱困境,扭亏为盈。			

	截止日期	05年末	占%	主要股东及持股比例%、持股性质
股本结构(万股)	总股本	19557.34		西南化工研究设计院29.05%(国有股)
	国有股	5682.13	29.05	深圳市华润丰实业发展有限公司21%(非流通股)
	发起股	6270.21	32.06	成都美辰科技有限责任公司5.5%(非流通股)
	外资股			浙江芳华日化集团有限公司4.28%(非流通股)
	募集股			浙江金融租赁股份有限公司0.8%(流通A股)
	流通A	7605	38.89	宋涛0.44%(流通A股)
	流通B			中蓝晨光化工研究院0.43%(非流通股)
	流通H			中化化工科学技术研究总院0.43%(非流通股)
股东户数	05年末	22265		中橡集团炭黑工业研究设计院0.43%(非流通股)
	04年末	27018		阮青0.36%(流通A股)
其他流通股东	杨银菊0.363%;孙丽娜0.359%;杨志0.345%;龙晗静0.331%;罗跃武0.325%;代拥0.291%;潘云球0.291%			
近年分配	03年:10派1		近年募资	

二〇〇五年以来市场表现

2005年涨跌幅(%)	8.1
2005年最高(元)	5.3
2006年涨跌幅(%)	6.09
2006.4.26收盘(元)	4.53
2006年最高(元)	5.36
2006年最低(元)	4.22
2006年换手率(%)	158.08
股改对价	

宝光股份（600379）

上市日期:02/01/16　电话:0917－3561512　传真:0917－3561512

主营	高、中、低压真空灭弧室、真空断路器、真空开关柜等产品的研制、生产、销售及服务。			
	年　度	2005	2004	2003
主要指标	每股收益/扣除后(元)	0.013/0.014	0.12	0.11/0.11
	每股经营现金流量(元)	－0.0192	0.27	0.1
	每股净资产/调整后(元)	1.83/1.79	1.82/1.7	1.8/1.72
	未分利润(万元)	3164.61	2988.29	1494.82
	资本公积(万元)	8706.79	8678.49	8607.09
利润构成	主营收入(万元)	28994.63	33961.63	27540.78
	主营利润(万元)	7985.83	9798.31	9774.42
	营业利润(万元)	683.98	2355.51	2270.61
	投资收益(万元)	－204.11	－134.94	0.5
	利润总额(万元)	451.94	2189.93	2182.25
	净利润(万元)	207.43	1903.7	1732.65
点评	公司主要生产真空开关,真空灭弧室产销量全国第一。但由于中压开关市场逐渐被高、低压开关所挤占,公司产品价格下降,加上原材料价格继续上涨,2005年公司净利润同比大幅下降。公司核心竞争力的提高需要加强新产品的开发和市场的积极拓展。			

	截止日期	05年末	占%	主要股东及持股比例%、持股性质
股本结构(万股)	总股本	15800		陕西宝光集团有限公司22.15%(国有股)
	国有股	3500	22.15	北京茂恒投资管理有限公司20.89%(非流通股)
	发起股	7300	46.2	长宜环保工程有限公司15.82%(非流通股)
	外资股			陕西省技术进步投资有限责任公司6.33%(非流通股)
	募集股			中国长城工业总公司3.16%(非流通股)
	流通A	5000	31.65	东方证券－农行－东方红1号集合资产管理计划0.24%(流通A股)
	流通B			徐(宏0.2%(流通A股)
	流通H			周懋贵0.16%(流通A股)
股东户数	05年末	18868		丁应浒0.13%(流通A股)
	04年末	21447		强天录0.12%(流通A股)
其他流通股东	吴坤岳0.103%;郑丽0.101%;韩建新0.101%;汪家秋0.1%;邓春0.095%			
近年分配	03年:10派1		近年募资	

二〇〇五年以来市场表现

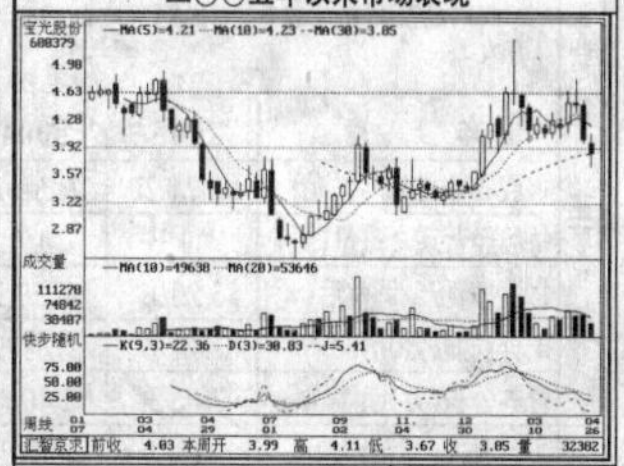

2005年涨跌幅(%)	－25.55
2005年最高(元)	4.91
2006年涨跌幅(%)	12.9
2006.4.26收盘(元)	3.85
2006年最高(元)	5.33
2006年最低(元)	3.39
2006年换手率(%)	202.15
股改对价	

健康元（600380）

上市日期:01/06/08　电话:0755－82478966　传真:0755－82478967

主营	研究开发、生产经营营养保健口服液、保健泡腾片、保健颗粒剂、中成药、口服液、片剂、胶囊剂、颗粒剂、激素类片剂、食品、强化食品、保健食品。			
	年　度	2005	2004	2003
主要指标	每股收益/扣除后(元)	0.21/0.17	0.16/0.14	0.23/0.19
	每股经营现金流量(元)	0.6	0.4	0.2824
	每股净资产/调整后(元)	3.47/3.44	3.38/3.32	3.48/3.44
	未分利润(万元)	9991.36	7140.43	11694.33
	资本公积(万元)	131427.19	131244.14	131195.67
利润构成	主营收入(万元)	248891.81	234579.84	175242.61
	主营利润(万元)	132267.12	132165.58	107545.88
	营业利润(万元)	20440.43	24039.96	21343.59
	投资收益(万元)	－1129.86	－4244.9	55.28
	利润总额(万元)	19230.68	19365.08	22142.84
	净利润(万元)	12800.9	9726.34	14027.51
点评	05年主营业务收入和净利润稳定增长。面临药品市场的宏观政策压力和保健品市场发展环境的整体变革,公司加强了营销工作,太太口服液、静心口服液2005年下半年销售有所回升,鹰牌、意可贴、喜悦系列产品均同比有所增长,新品牌太太血乐也有较好业绩。			

	截止日期	05年末	占%	主要股东及持股比例%、持股性质
股本结构(万股)	总股本	60993		深圳市百业源投资有限公司55.64%(非流通股)
	国有股			鸿信行有限公司18.54%(外资股)
	发起股	33932.25	55.63	北京证券有限责任公司3.93%(流通A股)
	外资股			张伟0.06%(流通A股)
	募集股	11310.75	18.54	中国人寿保险股份有限公司0.06%(流通A股)
	流通A	15750	25.82	王葳0.05%(流通A股)
	流通B			北京友好老龄康复有限责任公司0.05%(流通A股)
	流通H			徐艳丽0.04%(流通A股)
股东户数	05年末	21615		吴斌0.04%(流通A股)
	04年末	23134		张昆0.04%(流通A股)
其他流通股东	董敏0.04%;中国银行－嘉实沪深300指数证券投资基金0.04%			
近年分配	05预案:10派1.6;04年:10派1.1;03中期:10转增5年终:10派1.9		近年募资	

二〇〇五年以来市场表现

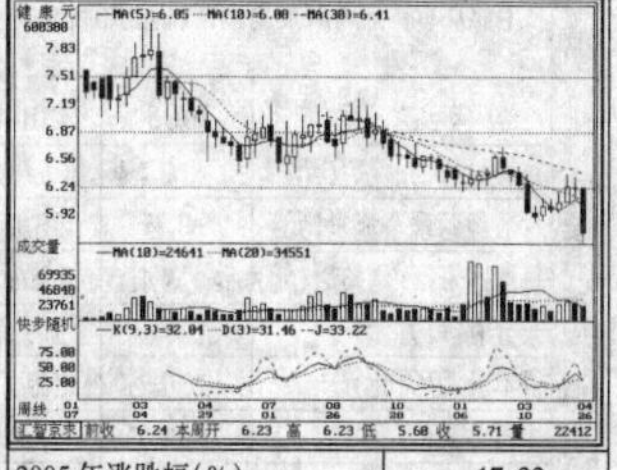

2005年涨跌幅(%)	－17.22
2005年最高(元)	8.15
2006年涨跌幅(%)	－9.8
2006.4.26收盘(元)	5.71
2006年最高(元)	6.7
2006年最低(元)	5.6
2006年换手率(%)	40.32
股改对价	

贤成实业（600381）

上市日期:01/05/08　　电话:0971－8018897　　传真:0971－8018897

主营：中、高档牦牛绒衫及牛绒面料的开发、设计、生产、加工和销售。

	年　度	2005	2004	2003
主要指标	每股收益/扣除后(元)	-0.561/-0.32	0.086	0.251/0.193
	每股经营现金流量(元)	0.57	0.15	0.01
	每股净资产/调整后(元)	0.78/0.77	1.75/1.74	3.33/3.32
	未分利润(万元)	-10928.63	5758.35	4154.96
	资本公积(万元)	2046.02	8646.02	19646.02
利润构成	主营收入(万元)	58528.04	99049.84	44320.06
	主营利润(万元)	11304.24	16476.28	6851.45
	营业利润(万元)	-1652.91	9337.07	2978.05
	投资收益(万元)	-2830.37	-440.74	-17.52
	利润总额(万元)	-11229.47	9241.9	3548.43
	净利润(万元)	-16034.67	1886.16	2755.79

点评：2005年,我国纺织行业波动较大,纺织品服装配额全面取消,但欧美等国纺织品多轮贸易设限给我国的纺织品服装出口带来了极大的冲击。此外,政府加大了对房地产的宏观调控力度,也对公司房地产也造成一定影响。

	截止日期	05年末	占%	主要股东及持股比例%、持股性质
股本结构(万股)	总股本	28600		西宁市国新投资控股有限公司 61.44%（非流通股）
	国有股	1666.6	5.83	西宁大十字百货商店有限公司 5.33%（国有股）
	发起股	17833.4	62.35	上海振鲁实业有限公司 0.71%（非流通股）
	外资股			西宁特殊钢(集团)有限责任公司 0.5%（国有股）
	募集股			青海华荣轻纺物资有限公司 0.21%（非流通股）
	流通A	9100	31.82	山西信托投资有限责任公司－长安封闭式基金组合投资信托 0.2%（流通A股）
	流通B			卞大兵 0.17%（流通A股）
	流通H			吕献芬 0.1%（流通A股）
股东户数	05年末	21802		高海江 0.09%（流通A股）
	04年末	17650		王韶华 0.08%（流通A股）

其他流通股东：江耀农 0.078%；郑小康 0.077%；崔保林 0.075%；刘世昌 0.073%；陈立祥 0.073%

近年分配：04年:10转增3；03年:10转增10　　**近年募资**：

二〇〇五年以来市场表现

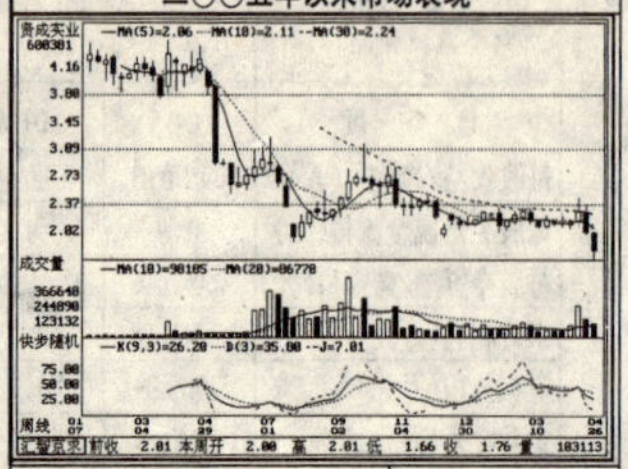

2005年涨跌幅(%)	-37.93
2005年最高(元)	4.52
2006年涨跌幅(%)	-16.98
2006.4.26收盘(元)	1.76
2006年最高(元)	2.45
2006年最低(元)	1.66
2006年换手率(%)	153.57
股改对价	

广东明珠（600382）

上市日期:01/01/18　　电话:0753－3338549　　传真:0753－3324118

主营：球阀产品及其驱动装置、阴极铜等产品的生产经营和研制开发。

	年　度	2005	2004	2003
主要指标	每股收益/扣除后(元)	0.27/0.27	0.26/0.24	0.21/0.2
	每股经营现金流量(元)	-0.33	0.97	0.049
	每股净资产/调整后(元)	3.5/3.49	3.25/3.25	3.15/3.13
	未分利润(万元)	11041.79	7748.19	4829.73
	资本公积(万元)	26463.31	26047.81	26047.81
利润构成	主营收入(万元)	66494.8	63424.75	61277.78
	主营利润(万元)	13842.8	12214.73	9735.39
	营业利润(万元)	6857.15	5847.05	4896.13
	投资收益(万元)	-166.32	-566.88	-43.95
	利润总额(万元)	6683.29	5629.59	5211.36
	净利润(万元)	4627.62	4419.02	3668.61

点评：公司医药业务逐渐下降,主营阀门、发电设备和建筑安装设备等产品广泛应用于石化、轻工、机械、航天、水电、建安等行业,收入和盈利增长稳定。公司参股的大顶铁矿值得期待。2005年货款回款不畅致使经营现金流同比大幅下滑,此点需要关注。

	截止日期	05年末	占%	主要股东及持股比例%、持股性质
股本结构(万股)	总股本	17087.33		深圳市金信安投资有限公司 30.83%（非流通股）
	国有股	2405.31	14.08	兴宁市国资局 14.08%（国有股）
	发起股	2119.52	12.4	兴宁市友谊投资发展有限公司 12.4%（非流通股）
	外资股			兴宁市明珠投资集团有限公司 6.99%（非流通股）
	募集股	6562.5	38.41	浙江金浙石化联合股份有限公司 0.6%（流通A股）
	流通A	6000	35.11	姚坤明 0.27%（流通A股）
	流通B			刘全富 0.19%（流通A股）
	流通H			宁波不锈钢标准件厂 0.18%（非流通股）
股东户数	05年末	32697		兴宁市投资发展总公司 0.14%（非流通股）
	04年末	35394		上海群力铸锻厂曹行分厂 0.12%（非流通股）

其他流通股东：顾世敏 0.107%；李峥峥 0.105%；杨晓青 0.091%；郭荣雄 0.08%；张振娥 0.071%；陈尧根 0.059%；莫敬强 0.059%

近年分配：05方案:10派0.5；04年:10派0.5；03年:10派1.5　　**近年募资**：

二〇〇五年以来市场表现

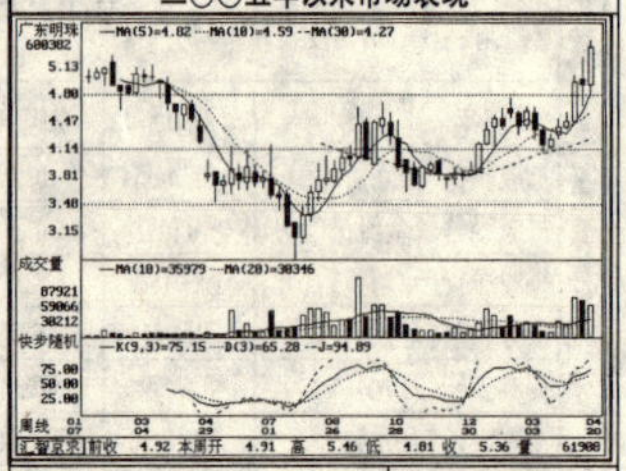

2005年涨跌幅(%)	-21.71
2005年最高(元)	5.26
2006年涨跌幅(%)	38.14
2006.4.26收盘(元)	5.36
2006年最高(元)	5.46
2006年最低(元)	3.86
2006年换手率(%)	90.91
股改对价	

金地集团（600383）

上市日期:01/04/12　　电话:0755－83303333　　传真:0755－83844555

主营：主要从事房地产开发与经营、物业租赁和物业管理等。

	年　度	2005	2004	2003
主要指标	每股收益/扣除后(元)	0.481/0.466	0.666	0.613/0.7
	每股经营现金流量(元)	-1.75	3.16	-4.379
	每股净资产/调整后(元)	4.12/4.11	6.88/6.87	5.6/5.58
	未分利润(万元)	51346.03	35131.73	14207.85
	资本公积(万元)	126202.23	155878.92	78881.6
利润构成	主营收入(万元)	257501.05	317536.63	150984.89
	主营利润(万元)	78858.56	67378.78	44551.9
	营业利润(万元)	48776.09	41144.32	25431.07
	投资收益(万元)	-3310.36	-1925.18	-1623.24
	利润总额(万元)	46756.9	42046.67	22698.55
	净利润(万元)	32003.21	24625.48	16555.01

点评：05年公司结算面积38.69万平方米,结算金额同比下降,主要是宏观调控导致部分城市房地产市场受到影响,致使公司房地产销售收入下降所致,但净利润则实现增长。公司05年进入广州和天津市场。拥有未开发的土地储备约500万平米。

	截止日期	05年末	占%	主要股东及持股比例%、持股性质
股本结构(万股)	总股本	66600		深圳市福田投资发展公司 17.62%（国有股）
	国有股	1980	2.97	深圳市福田建设股份有限公司 9.57%（非流通股）
	发起股	1584	2.38	深圳市中科讯实业有限公司 6.05%（非流通股）
	外资股	1980	2.97	通和投资控股有限公司 4.05%（非流通股）
	募集股	26856	40.32	广东浩和创业有限公司 3.03%（非流通股）
	流通A	34200	51.35	UTSTARCOM INC 2.97%（外资股）
	流通B			深圳市投资管理公司 2.97%（国有股）
	流通H			中国建设银行－华宝兴业多策略增长证券投资基金 2.56%（流通A股）
股东户数	05年末	19699		深圳市方兴达建筑工程有限公司 2.38%（非流通股）
	04年末	19313		中国工商银行－广发聚富开放式证券投资基金 1.56%（流通A股）

其他流通股东：中国建设银行－宝康消费品证券投资基金 1.502%；南方证券有限公司 1.493%

近年分配：05预案:10派1.5；04年:10派3.3转增8；03年:10派3　　**近年募资**：04年增发A股10000万股,发行价8.98元。

二〇〇五年以来市场表现

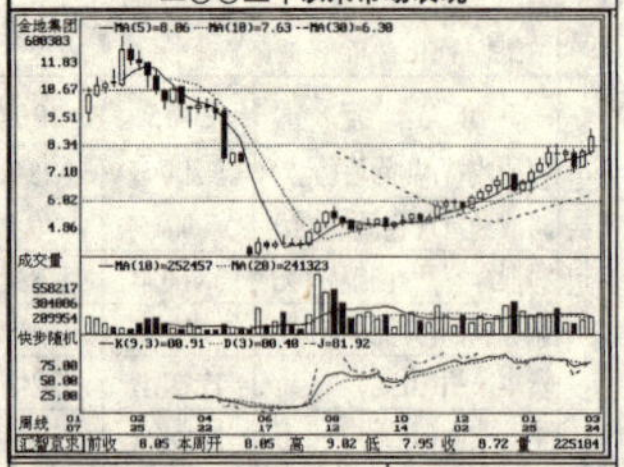

2005年涨跌幅(%)	27.77
2005年最高(元)	13
2006年涨跌幅(%)	27.67
2006.4.26收盘(元)	8.72
2006年最高(元)	9.02
2006年最低(元)	6.38
2006年换手率(%)	84.21
股改对价	

ST 金泰（600385）

上市日期:01/07/23　　电话:0531－8902341　　传真:0531－8902341

主营	医药制剂产品、生物工程产品、化学原料药、兽药产品的研究、开发、生产和销售。

	年　　度	2005	2004	2003
主要指标	每股收益/扣除后(元)	-0.54/-0.23	0.02	-0.54/-0.27
	每股经营现金流量(元)	-0.01	-0.08	-0.13
	每股净资产/调整后(元)	-0.74/-1.03	-0.2/-0.45	-0.22/-0.35
	未分利润(万元)	-27953.17	-20377.36	-20679.82
	资本公积(万元)	1738.4	1738.4	1738.4
利润构成	主营收入(万元)	81.31	697.05	1048.21
	主营利润(万元)	40.01	233.58	272.74
	营业利润(万元)	-4167.4	-505.11	-2884.85
	投资收益(万元)	-172.12	940.09	-1030.97
	利润总额(万元)	-7657.79	431.18	-7908.18
	净利润(万元)	-7575.81	302.46	-7643.16

点评：2005年,公司主要控股子公司济南恒基制药有限公司正在进行GMP的改造和认证工作,一直处于停产状态,受此因素的影响,公司的主营业务收入和净利润都大幅下降。

	截止日期	05年末	占%	主要股东及持股比例%、持股性质
股本结构(万股)	总股本	14132.36		北京新恒基投资管理集团有限公司 20.24%(非流通股)
	国有股	1333.33	9.43	北京盈泽科技投资有限公司 10.25%(非流通股)
	发起股	6015.53	42.57	北京新恒基房地产集团有限公司 6.75%(非流通股)
	外资股			济南英大国际信托投资有限责任公司 5.66%(国有股)
	募集股			济南金鲁实业总公司 3.77%(非流通股)
	流通A	6783.5	48	济南金桥开发公司 1.87%(国有股)
	流通B			济南市经济开发投资公司 1.87%(国有股)
	流通H			中国外运北京公司 0.57%(非流通股)
股东户数	05年末	19053		何军 0.5%(流通A股)
	04年末	20639		沈雪军 0.38%(流通A股)
其他流通股东	李文彬 0.353%;田农 0.325%;殷新红 0.266%;陈卓 0.261%;迟万红 0.256%;黎建文 0.246%;李钧 0.243%			
近年分配		近年募资		

二〇〇五年以来市场表现

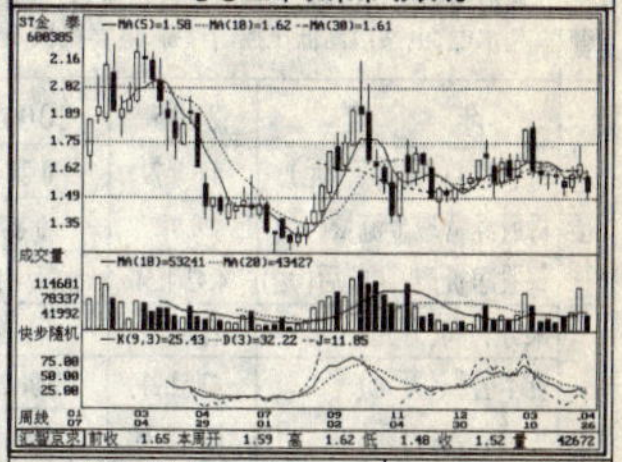

2005年涨跌幅(%)	-8.93
2005年最高(元)	2.29
2006年涨跌幅(%)	-0.65
2006.4.26收盘(元)	1.52
2006年最高(元)	1.86
2006年最低(元)	1.48
2006年换手率(%)	113.13
股改对价	

G 北巴（600386）

上市日期:01/02/16　　电话:010－68477383　　传真:010－68731430

主营	城市公共汽车客运,公交广告业务。

	年　　度	2005	2004	2003
主要指标	每股收益/扣除后(元)	-0.34/-0.68	0.14/0.07	0.26/-0.24
	每股经营现金流量(元)	0.8	1.45	1.59
	每股净资产/调整后(元)	2.65/2.54	4.85/4.67	4.88/4.71
	未分利润(万元)	-12344.56	2898.21	4819.56
	资本公积(万元)	64161.36	79278.74	79256.46
利润构成	主营收入(万元)	238077.28	219138.9	164133.09
	主营利润(万元)	-1842.34	31371.47	20595.99
	营业利润(万元)	-26715.49	5210.54	-3685.78
	投资收益(万元)	-196.85	35.62	20.12
	利润总额(万元)	-13871.29	5298.73	7029.1
	净利润(万元)	-13671.68	3443.51	6663.29

点评：公司具有明显的公用事业性质。高油价、人员支出上升、车辆报废是公司05年亏损的主要原因。目前北京市的公交燃油补贴没有明确的政策规定,具体政策正在制定中。北京市不久前推行的月票制度改革并没有从根本上废除月票制度,实际上等同于月票价格的上涨。

	截止日期	05年末	占%	主要股东及持股比例%、持股性质
股本结构(万股)	总股本	40320		北京公共交通控股(集团)有限公司 67.57%(国有股)
	国有股	27451.2	68.08	中国工商银行－同益证券投资基金 1.44%(流通A股)
	发起股	68.8	0.17	中国工商银行－诺安平衡证券投资基金 1.04%(流通A股)
	外资股			招商银行股份有限公司－中信经典配置证券投资基金 0.94%(流通A股)
	募集股			中国银行－嘉实服务增值行业证券投资基金 0.79%(流通A股)
	流通A	12800	31.75	交通银行－融通行业景气证券投资基金 0.61%(流通A股)
	流通B			申银万国－花旗－DEUTSCHE BANK AKTIENGESELLSCHAFT 0.6%(流通A股)
	流通H			中国银行－大成蓝筹稳健证券投资基金 0.5%(流通A股)
股东户数	05年末	32328		全国社保基金一零六组合 0.27%(流通A股)
	04年末	27685		申银万国－花旗－UBS LIMITED 0.26%(流通A股)
其他流通股东	中信实业银行－建信恒久价值股票型证券投资基金 0.248%			
近年分配	04年:10派0.6转增6;03年:10派1.6	近年募资		

二〇〇五年以来市场表现

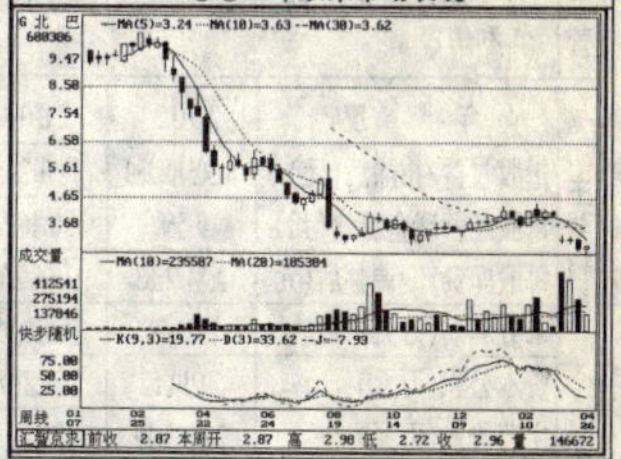

2005年涨跌幅(%)	-37.34
2005年最高(元)	10.43
2006年涨跌幅(%)	8.48
2006.4.26收盘(元)	2.96
2006年最高(元)	4.68
2006年最低(元)	3.63
2006年换手率(%)	179.79
股改对价	送股 每10股实际获得4股(06/04/05)

海越股份（600387）

上市日期:04/02/18　　电话:0575－7011538　　传真:0575－7013968

主营	交通、能源等基础设施的投资和经营。

	年　　度	2005	2004	2003
主要指标	每股收益/扣除后(元)	0.11/-0.09	0.15	0.26/0.26
	每股经营现金流量(元)	0.23	0.24	0.46
	每股净资产/调整后(元)	3.09/3.09	3.07/3.07	2.06
	未分利润(万元)	11597.83	11548.11	9078.14
	资本公积(万元)	23879.27	23879.27	388.82
利润构成	主营收入(万元)	54769.84	49058.18	42003.99
	主营利润(万元)	2757.27	3404.42	4377.28
	营业利润(万元)	-2318.83	969.3	1380.88
	投资收益(万元)	2471.03	819.92	438.79
	利润总额(万元)	2592.17	3387.35	3677.64
	净利润(万元)	2248.8	3001.04	3594.76

点评：由于原油价格上涨、资源供应紧张,公司油气销售受到一定影响,另外公司收费公路业务受杭金衢高速公路对03省道形成的车辆分流等影响,收入有所下滑,进而影响了全年盈利。

	截止日期	05年末	占%	主要股东及持股比例%、持股性质
股本结构(万股)	总股本	19800		海口海越经济开发有限公司 25.4%(国有股)
	国有股	6193	31.28	浙江省经协集团有限公司 5.9%(国有股)
	发起股	835	4.22	浙江农资集团有限公司 2.53%(非流通股)
	外资股			浙江新大集团有限公司 2.53%(非流通股)
	募集股	4272	21.58	方正证券有限责任公司 1.01%(非流通股)
	流通A	6000	30.3	诸暨市经济建设发展总公司 0.88%(非流通股)
	流通B			诸暨市经济开发总公司 0.8%(非流通股)
	流通H			诸暨市巨力物资贸易有限公司 0.53%(非流通股)
股东户数	05年末	26989		杭州萧山凯蒂化工有限公司 0.51%(非流通股)
	04年末	30179		诸暨市丰球商务有限公司 0.51%(非流通股)
其他流通股东	杨俭 0.258%;庄宜昌 0.125%;张朝晖 0.101%;周建雄 0.096%;孙煜伟 0.092%;赵慧芳 0.072%;李永东 0.067%			
近年分配	05预案:10派1.5;04年:10派1	近年募资	04年新发6000万股,发行价5.2元。	

二〇〇五年以来市场表现

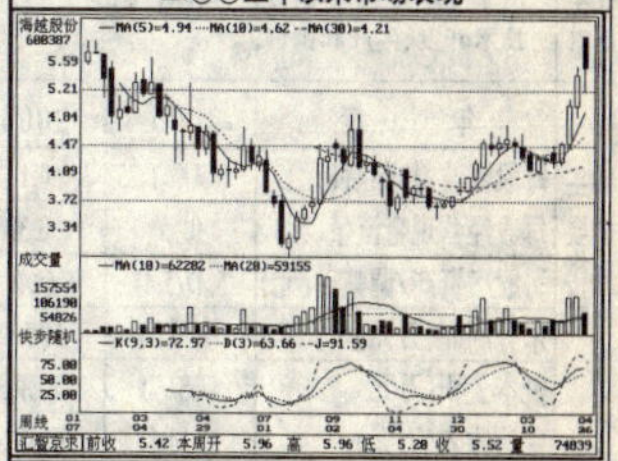

2005年涨跌幅(%)	-31.19
2005年最高(元)	5.88
2006年涨跌幅(%)	43.38
2006.4.26收盘(元)	5.52
2006年最高(元)	5.96
2006年最低(元)	3.83
2006年换手率(%)	177.01
股改对价	

龙净环保（600388）

上市日期:00/12/29　电话:0597－2210288　传真:0597－2290903

主营：环境污染防治设备,高压硅整流用设备,低压配套设备,水利水电、电站用高低压控制设备,电器机械及器材。

	年　度	2005	2004	2003
主要指标	每股收益/扣除后(元)	0.3/0.29	0.28	0.241/0.24
	每股经营现金流量(元)	0.97	0.8	0.134
	每股净资产/调整后(元)	4.42/4.34	4.24/4.17	4.05/4.03
	未分利润(万元)	11282.89	9071.12	6749.68
	资本公积(万元)	42052.21	42001.26	41874.47
利润构成	主营收入(万元)	137468.78	114588.01	59668.25
	主营利润(万元)	21692.74	17237.5	11274.99
	营业利润(万元)	9224.79	6712.24	3123.22
	投资收益(万元)	－1460.79	1132.9	2004.43
	利润总额(万元)	7920.1	7931.65	5259.05
	净利润(万元)	5019.72	4756	4027.21

点评：2005年公司收入稳步增长,业绩同比略有提升。未来国家对环境污染的执法力度将继续加强,公司面临较好的发展机遇,但市场竞争也将更加激烈,同时钢材价格波动也会对公司经营产生较大影响。

	截止日期	05年末	占%	主要股东及持股比例%、持股性质
股本结构（万股）	总股本	16700		福建东正投资股份有限公司 26.95%（非流通股）
	国有股	2651.35	15.88	龙岩市国有资产投资经营有限公司 13.45%（国有股）
	发起股	2348.65	14.06	龙岩市海润投资有限公司 9.51%（非流通股）
	外资股			中国银河证券有限责任公司 4.36%（流通A股）
	募集股	5200	31.14	上海华乾实业有限公司 4.19%（非流通股）
	流通A	6500	38.92	上海胜开经济发展有限公司 3.71%（非流通股）
	流通B			龙岩市电力建设发展公司 1.23%（国有股）
	流通H			中国银行－同盛证券投资基金 1.04%（流通A股）
股东户数	05年末	28769		中国电能成套设备有限公司 0.99%（国有股）
	04年末	30645		全国社保基金六零三组合 0.6%（流通A股）

其他流通股东：王兴友 0.351%；金鑫证券投资基金 0.342%；长盛成长价值证券投资基金 0.299%；葛小红 0.202%

近年分配：05预案:10派1.4；04年:10派1.2；03年:10派1　**近年募资**：

二〇〇五年以来市场表现

2005年涨跌幅(%)	－19.85
2005年最高(元)	8.46
2006年涨跌幅(%)	22.71
2006.4.26收盘(元)	7.78
2006年最高(元)	7.98
2006年最低(元)	6.32
2006年换手率(%)	129.69
股改对价	送股 每10股实际获得2.8股

江山股份（600389）

上市日期:01/01/10　电话:0513－83517961　传真:0513－83521807

主营：化学农药、有机化学品、无机化学品、高分子聚合物制造、加工和销售

	年　度	2005	2004	2003
主要指标	每股收益/扣除后(元)	0.305/0.289	0.32	0.243/0.183
	每股经营现金流量(元)	0.568	0.1016	0.5312
	每股净资产/调整后(元)	2.84/2.83	2.64/2.62	2.86/2.84
	未分利润(万元)	8823.75	6018.95	6960.66
	资本公积(万元)	20210.52	20221.8	21837.95
利润构成	主营收入(万元)	210851.19	184379.34	123824.96
	主营利润(万元)	22930.72	23178.79	16963.89
	营业利润(万元)	8174.56	7358.72	5314.77
	投资收益(万元)	214.94	175.28	903.91
	利润总额(万元)	8074.16	7189.67	5632.59
	净利润(万元)	6034.39	6331.21	4379.05

点评：2005年PVC价格大幅下跌影响公司树脂产品盈利;杀虫剂久效磷属于国家限制的高毒农药,销售萎缩;草甘膦市场供大于求,市场价格也大幅下跌。以上因素使得公司业绩同比小幅下滑。未来农药市场需求量仍将持续增长,但公司需要尽快进行产品结构调整。

	截止日期	05年末	占%	主要股东及持股比例%、持股性质
股本结构（万股）	总股本	19800		南通工贸国有资产经营有限公司 64.67%（国有股）
	国有股	13134	66.33	南通中南实业有限公司 6.67%（非流通股）
	发起股	1386	7	沈阳化工研究院 1%（国有股）
	外资股			江苏省农业生产资料集团有限责任公司 0.67%（国有股）
	募集股			天津市绿保农用化学科技开发有限公司 0.33%（非流通股）
	流通A	5280	26.67	陈汉丽 0.17%（流通A股）
	流通B			李一芝 0.14%（流通A股）
	流通H			胡卫洪 0.13%（流通A股）
股东户数	05年末	19176		刘京 0.12%（流通A股）
	04年末	18337		吴中山 0.1%（流通A股）

其他流通股东：黄昌芦 0.076%；徐满方 0.07%；方黎明 0.07%；徐浩东 0.067%；冯振荣 0.066%

近年分配：05方案:10派1；04年:10派1；03年:10派1转增1　**近年募资**：

二〇〇五年以来市场表现

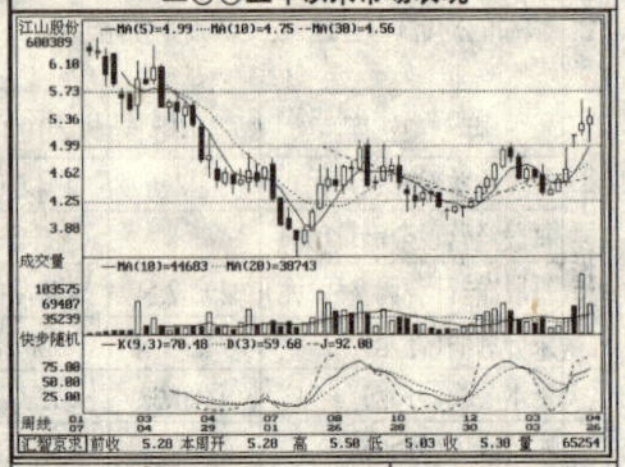

2005年涨跌幅(%)	－33.44
2005年最高(元)	6.47
2006年涨跌幅(%)	27.49
2006.4.26收盘(元)	5.38
2006年最高(元)	5.61
2006年最低(元)	4.21
2006年换手率(%)	134.62
股改对价	送股 每10股实际获得3.5股

G金瑞（600390）

上市日期:01/01/15　电话:0731－8657400　传真:0731－8711158

主营：电子基础材料、金属材料、超硬材料及其制品、专用设备的技术开发、生产和销售

	年　度	2005	2004	2003
主要指标	每股收益/扣除后(元)	－1.26/－1.252	0.19	－0.06/－0.09
	每股经营现金流量(元)	0.55	0.39	－0.14
	每股净资产/调整后(元)	5.47/5.44	6.69/6.55	6.5/6.38
	未分利润(万元)	－677.58	1405.96	－667.78
	资本公积(万元)	47687.21	58081.36	58081.36
利润构成	主营收入(万元)	75110.11	73237.63	38291.64
	主营利润(万元)	7411.99	10758.68	5926.35
	营业利润(万元)	－7312.53	1871.19	－974.3
	投资收益(万元)	－5055.68	583.62	223.62
	利润总额(万元)	－14299.77	2440.57	－629.72
	净利润(万元)	－13432.08	2063.16	－592.58

点评：公司主营电子基础材料及超硬材料系列产品,产销量居全国前列。2005年受原材料大幅涨价、电力供应紧张、部分产品取消出口退税、人民币升值等多种因素影响,经营压力较大,虽下半年开始扭亏,全年业绩仍为亏损。未来公司仍面临上述困难。

	截止日期	05年末	占%	主要股东及持股比例%、持股性质
股本结构（万股）	总股本	10670		长沙矿冶研究院 59.05%（国有股）
	国有股	6670	62.51	湖南华菱钢铁集团有限责任公司 1.87%（国有股）
	发起股			中国电子科技集团公司第四十八研究所 0.94%（国有股）
	外资股			长沙高新技术产业开发区银佳科技有限公司 0.56%（国有股）
	募集股			彭锐华 0.17%（流通A股）
	流通A	4000	37.49	陈晓东 0.17%（流通A股）
	流通B			刘京玉 0.13%（流通A股）
	流通H			葛品利 0.12%（流通A股）
股东户数	05年末	17592		黄杏贞 0.11%（流通A股）
	04年末	19172		董琳 0.11%（流通A股）

其他流通股东：黄明填 0.112%；王农生 0.107%；熊景胜 0.098%；石晶圣 0.094%

近年分配：　**近年募资**：

二〇〇五年以来市场表现

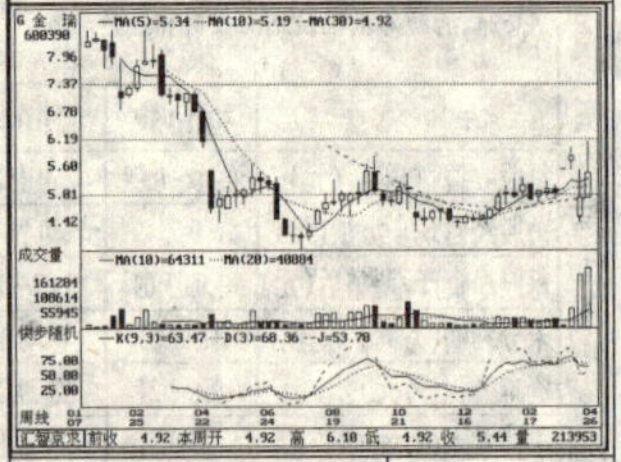

2005年涨跌幅(%)	－46.01
2005年最高(元)	8.55
2006年涨跌幅(%)	80.13
2006.4.26收盘(元)	5.44
2006年最高(元)	9.15
2006年最低(元)	4.46
2006年换手率(%)	149.84
股改对价	送股 每10股实际获得5股(06/04/20)

成发科技（600391）

上市日期:01/12/12　　电话:028－84509005　　传真:028－84506505

主营	研究、制造、加工、维修、销售航空发动机及零部件、燃气轮机及零部件。			
	年　　度	2005	2004	2003
主要指标	每股收益/扣除后(元)	0.17/0.16	0.15	0.19
	每股经营现金流量(元)	0.23	－0.2	0.37
	每股净资产/调整后(元)	3.3/3.29	3.18/3.16	3.18/3.17
	未分利润(万元)	3370.02	2005.18	245.44
	资本公积(万元)	26464.95	26464.95	26442.19
利润构成	主营收入(万元)	42044.01	28519.1	22569.68
	主营利润(万元)	9391.77	8068.68	7603.69
	营业利润(万元)	3142.7	3338.75	3602.64
	投资收益(万元)		－581.67	－261.34
	利润总额(万元)	3204.52	2672.11	3407.54
	净利润(万元)	2429.21	2070.29	2597.16
点评	2005年公司业绩稳步上升,主要经营指标有较大幅度的提高。公司主营业务发展不平衡,收入增量仍然主要来自于外贸航空产品,内贸航空技术产品销售收入同比降约13.6%。预计2006年外贸航空产品比重还将进一步提高。			

	截止日期	05年末	占%	主要股东及持股比例%、持股性质
股本结构（万股）	总股本	14000		成都发动机(集团)有限公司 58.43%（国有股）
	国有股			沈阳黎明航空发动机集团公司 5.11%（国有股）
	发起股	9000	64.29	东方证券－农行－东方红1号集合资产管理计划 1.93%（流通A股）
	外资股			东方证券股份有限公司 1.34%（流通A股）
	募集股			中国建设银行－博时主题行业股票证券投资基金 0.65%（流通A股）
	流通A	5000	35.71	交通银行－融通行业景气证券投资基金 0.62%（流通A股）
	流通B			刘文琪 0.55%（流通A股）
	流通H			中国工商银行－广发稳健增长证券投资基金 0.42%（流通A股）
股东户数	05年末	17011		李本刚 0.31%（流通A股）
	04年末	21746		江苏天博实业有限公司 0.26%（流通A股）
其他流通股东	兴业银行股份有限公司－兴业趋势投资混合型证券投资基金 0.242%			
近年分配	05年:10派0.5；04年:10派0.5；03年:10派1.5		近年募资	

二〇〇五年以来市场表现

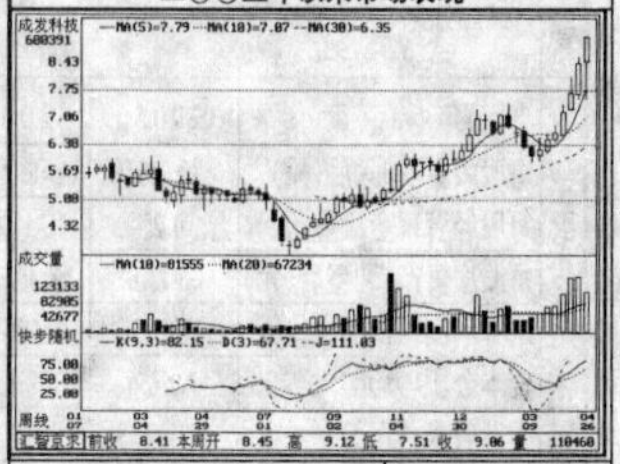

2005年涨跌幅(%)	10.99
2005年最高(元)	6.44
2006年涨跌幅(%)	46.7
2006.4.26收盘(元)	9.06
2006年最高(元)	9.17
2006年最低(元)	5.92
2006年换手率(%)	238.92
股改对价	

G天成（600392）

上市日期:03/05/29　　电话:0351—6018786　　传真:0351—6014037

主营	智能化电子产品、应用软件与网络系统			
	年　　度	2005	2004	2003
主要指标	每股收益/扣除后(元)	0.37/0.37	0.5	0.377/0.381
	每股经营现金流量(元)	0.689	－0.22	0.158
	每股净资产/调整后(元)	3.6/3.58	4.89/4.87	4.54/4.54
	未分利润(万元)	7328.37	5893.54	2970.31
	资本公积(万元)	17475.04	19635.04	19634.59
利润构成	主营收入(万元)	57688.09	61963.27	36286.79
	主营利润(万元)	10690.34	9499.88	6830.1
	营业利润(万元)	5170.01	4726.88	3383.44
	投资收益(万元)	25.22	－7.26	－20.81
	利润总额(万元)	5159.88	4710.53	3311.68
	净利润(万元)	4010.37	3620.67	2712.02
点评	公司削减毛利率较低的计算机销售业务导致主营同比下降,但主营结构调整促使毛利率上升,盈利平稳增长。国家推动教育信息化推动公司系统集成业务增长,传感器和测控系统市场仍有成长空间,公司介入新能源业务有望形成新的业绩增长点。			

	截止日期	05年末	占%	主要股东及持股比例%、持股性质
股本结构（万股）	总股本	10800		太原理工大学 28.67%（国有股）
	国有股	3096.39	28.67	山西山晋商贸有限公司 11.074%（非流通股）
	发起股	2904.36	26.89	山西宏展担保有限公司 6.681%（非流通股）
	外资股			山西佳成资讯有限公司 4.231%（非流通股）
	募集股			深圳市股图科技发展有限公司 2.534%（非流通股）
	流通A	4799.25	44.44	太原德雷科技开发有限公司 2.373%（非流通股）
	流通B			国信证券有限责任公司 0.309%（流通A股）
	流通H			张志远 0.181%（流通A股）
股东户数	05年末	14068		张国柱 0.169%（流通A股）
	04年末	12810		陈勇 0.164%（流通A股）
其他流通股东	彭王氏 0.153%；杨如玉 0.148%；王红漫 0.139%；蒋碑佐 0.133%；杜剑峰 0.132%；陈仁平 0.126%			
近年分配	05预案:10派0.2转增2；04年:10派0.5送2转增3；03年:10派1.5		近年募资	03年新发2370万股,发行价9.73元。

二〇〇五年以来市场表现

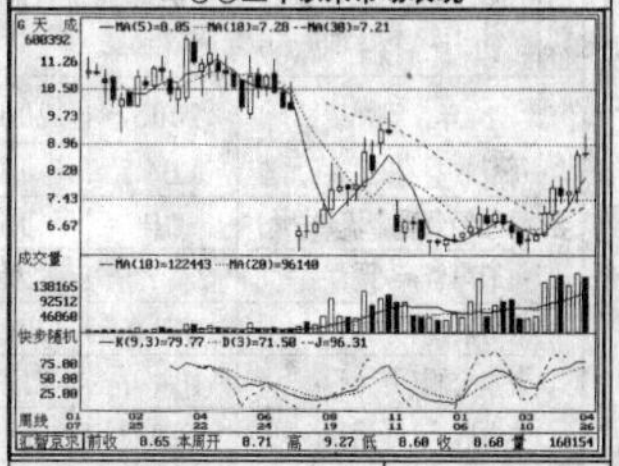

2005年涨跌幅(%)	16.96
2005年最高(元)	15.02
2006年涨跌幅(%)	37.78
2006.4.26收盘(元)	8.68
2006年最高(元)	9.27
2006年最低(元)	5.95
2006年换手率(%)	364.34
股改对价	送股 每10股实际获得3.5股(05/11/10)

G东华（600393）

上市日期:01/03/19　　电话:020－87393888　　传真:020－87386297

主营	房地产开发			
	年　　度	2005	2004	2003
主要指标	每股收益/扣除后(元)	0.14/0.13	0.18	0.06/0.05
	每股经营现金流量(元)	－0.15	0.02	0.57
	每股净资产/调整后(元)	1.75/1.75	2.52/2.52	2.32/2.32
	未分利润(万元)	8608.72	12911.79	9909.4
	资本公积(万元)	6329.02	10470.16	10109.72
利润构成	主营收入(万元)	57084.04	21793.15	11921.85
	主营利润(万元)	10568.81	7879.2	6223.16
	营业利润(万元)	5466.68	4652.94	1988.62
	投资收益(万元)	166.75	－66.32	－13.7
	利润总额(万元)	5307.49	4570.18	1931.36
	净利润(万元)	4349.33	3538.48	1117.34
点评	公司主营收入来自房地产出售和出租收入。05年主营收入和净利润基本实现同步增长。公司跨区域经营项目已经竣工;尝试的多元化经营,代理陶瓷制品的销售已结束。报告期内新增了江门700亩的土地储备,为发展奠定基础;同时也签订了相关的股权收购协议。			

	截止日期	05年末	占%	主要股东及持股比例%、持股性质
股本结构（万股）	总股本	30000		广州粤泰集团有限公司 48.82%（非流通股）
	国有股			北京京城华威投资有限公司 13.62%（非流通股）
	发起股	19223.56	64.08	中国银河证券有限责任公司 0.53%（流通A股）
	外资股			广州市第三建筑工程有限公司 0.44%（非流通股）
	募集股			王芬芳 0.32%（流通A股）
	流通A	10776.44	35.92	深圳市嘉豪投资有限公司 0.31%（流通A股）
	流通B			张飞 0.3%（流通A股）
	流通H			广州新利堡消防工程企业有限公司 0.27%（非流通股）
股东户数	05年末	16621		马香玉 0.26%（流通A股）
	04年末	14813		王安 0.24%（流通A股）
其他流通股东	沈惠芳 0.201%；陈孟如 0.19%；张小华 0.183%；刘红霞 0.179%			
近年分配	05预案:10派0.5；04年:10派1送3转增2		近年募资	

二〇〇五年以来市场表现

2005年涨跌幅(%)	－24.23
2005年最高(元)	6.73
2006年涨跌幅(%)	5.08
2006.4.26收盘(元)	2.69
2006年最高(元)	3.47
2006年最低(元)	2.36
2006年换手率(%)	289.71
股改对价	送股 每10股实际获得3股(05/11/07)

盘江股份（600395）

上市日期:01/05/31　电话:0858－3703069　传真:0858－3700328

主营	原煤开采、选洗精煤、特殊加工煤			
	年　度	2005	2004	2003
主要指标	每股收益/扣除后(元)	0.216	0.209	0.2/0.212
	每股经营现金流量(元)	0.25	1.06	0.814
	每股净资产/调整后(元)	3.64/3.61	3.48/3.45	3.38/3.34
	未分利润(万元)	17587.31	14495.97	11602.99
	资本公积(万元)	74206.6	72781.8	72781.8
利润构成	主营收入(万元)	252949.48	170732.63	96323.02
	主营利润(万元)	31818.2	22829.71	21817.46
	营业利润(万元)	12523.1	9285.27	9435.56
	投资收益(万元)	-121.62	-70.75	-71.87
	利润总额(万元)	9608.91	9145.37	8805.01
	净利润(万元)	8005.1	7771.74	7413.49
点评	2005年,公司煤炭产销量同比基本持平,主要是由于煤炭价格同比有较大幅度增长,推动公司主营业务收入同比增长,公司的业绩同比有了一定的增长。2006年的煤炭价格增幅将有所放缓,会一定程度影响业绩增长。			

	截止日期	05年末	占%	主要股东及持股比例%、持股性质
股本结构（万股）	总股本	37130		贵州盘江煤电有限责任公司 64.64%（国有股）
	国有股	25130	67.68	中国中煤能源集团公司 0.75%（国有股）
	发起股			四川川投峨眉铁合金(集团)有限责任公司 0.73%（国有股）
	外资股			福建省煤炭工业(集团)有限责任公司 0.54%（国有股）
	募集股			贵州省煤矿设计研究院 0.4%（国有股）
	流通A	12000	32.32	中煤工程设计咨询集团重庆设计研究院 0.27%（国有股）
	流通B			防城港务局 0.22%（国有股）
	流通H			贵州煤炭实业总公司 0.13%（国有股）
股东户数	05年末	63702		叶伟坚 0.1%（流通A股）
	04年末	69216		张传林 0.08%（流通A股）
其他流通股东	许奇峰 0.057%；周桂凤 0.05%；王少英 0.048%；王美琴 0.044%；申海 0.04%；兴和证券投资基金 0.037%			
近年分配	05预案:10派1；04年:10派1；03年:10派1		近年募资	

二〇〇五年以来市场表现

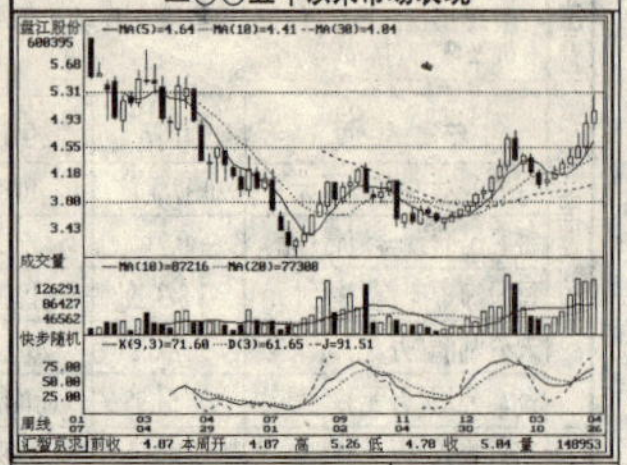

2005年涨跌幅(%)	-37.11
2005年最高(元)	6.06
2006年涨跌幅(%)	35.12
2006.4.26收盘(元)	5.04
2006年最高(元)	5.26
2006年最低(元)	3.72
2006年换手率(%)	119.68
股改对价	

G金山（600396）

上市日期:01/03/28　电话:23229022　传真:024－23229139

主营	火力发电;供暖、供热;粉煤灰、金属材料销售;循环水综合利用;技术服务等。			
	年　度	2005	2004	2003
主要指标	每股收益/扣除后(元)	0.23/0.2	0.23	0.375/0.242
	每股经营现金流量(元)	0.44	0.31	0.632
	每股净资产/调整后(元)	2.48/2.47	2.28/2.27	3.56/3.56
	未分利润(万元)	11591.66	8154.15	6462.23
	资本公积(万元)	17181.41	17181.41	24168.49
利润构成	主营收入(万元)	33920.18	17671.84	10920.48
	主营利润(万元)	9995.06	5738.66	3403.25
	营业利润(万元)	5725.51	4006.33	3361.94
	投资收益(万元)	889.81	2007.76	2058.01
	利润总额(万元)	7768.77	7453.12	6283.23
	净利润(万元)	5022.91	5178.9	4879.4
点评	公司2005年末的总装机容量、控制容量、权益容量同比都有较大增长,发电量和上网电量同比大幅度增长。不过,由于煤炭价格同比上涨幅度比较大,公司的净利润同比有轻微下降。公司2007年的发电装机容量增幅较快,加上煤电再次联动,公司业绩将改善。			

	截止日期	05年末	占%	主要股东及持股比例%、持股性质
股本结构（万股）	总股本	22100		丹东东方新能源有限公司 20.05%（非流通股）
	国有股	28.9	0.13	丹东东辰经贸总公司 19.76%（非流通股）
	发起股	11514.1	52.1	深圳市联信投资有限公司 12.29%（非流通股）
	外资股			沈阳市电通技术开发公司 3.43%（流通A股）
	募集股			沈阳市八达通信科技开发公司 2.45%（流通A股）
	流通A	10557	47.77	国电电力发展股份有限公司 1.29%（流通A股）
	流通B			中国建设银行－上投摩根中国优势证券投资基金 1.22%（流通A股）
	流通H			海南筒易创业投资有限公司 0.75%（流通A股）
股东户数	05年末	19346		通泰国际投资有限公司 0.34%（流通A股）
	04年末	17225		李艳周 0.32%（流通A股）
其他流通股东	洪炳生 0.299%；李丙位 0.254%；江金菊 0.242%			
近年分配	05预案:10派0.2；04年:10派0.25；03年:10派0.5送2转增5		近年募资	

二〇〇五年以来市场表现

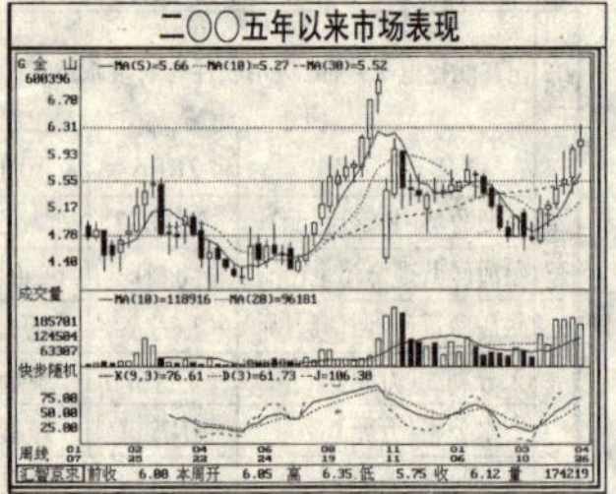

2005年涨跌幅(%)	54.81
2005年最高(元)	8.51
2006年涨跌幅(%)	11.48
2006.4.26收盘(元)	6.12
2006年最高(元)	6.35
2006年最低(元)	4.56
2006年换手率(%)	151.48
股改对价	送股 每10股实际获得3.8股(05/10/31)

安源股份（600397）

上市日期:02/07/02　电话:0799－6776682　传真:0799－6776660

主营	优质焦煤洗选加工及煤矸石综合开发利用和客车制造。			
	年　度	2005	2004	2003
主要指标	每股收益/扣除后(元)	-0.163/-0.23	0.253/0.22	0.231/0.161
	每股经营现金流量(元)	-0.2731	0.2317	0.1264
	每股净资产/调整后(元)	3.5/3.45	3.6/3.51	3.49/3.47
	未分利润(万元)	2403.92	7065.82	5638.83
	资本公积(万元)	46419.8	43850.29	43846.92
利润构成	主营收入(万元)	67369.6	53213.93	48586.37
	主营利润(万元)	8646.38	17821.35	14238.1
	营业利润(万元)	-6351.35	6911.84	5651.63
	投资收益(万元)	-126.27	-222.07	-62.41
	利润总额(万元)	-5513.07	8358.63	7198.94
	净利润(万元)	-3591.47	5567.54	5076.08
点评	受国家宏观调控以及玻璃产能高峰,客车环保政策实施、市场需求总量下降,新投产的玻璃深加工项目品牌效应低、订单不足以及国际石油价格不断上涨等因素影响,公司业绩滑坡,陷入亏损局面。2006年公司的业绩不会出现很大改观。			

	截止日期	05年末	占%	主要股东及持股比例%、持股性质
股本结构（万股）	总股本	22000		新锦源投资有限公司 61.39%（非流通股）
	国有股	459.02	2.09	西安交通大学 1.6%（国有股）
	发起股	13540.98	61.55	项永国 0.17%（流通A股）
	外资股			江西鹰潭东方铜材有限责任公司 0.16%（国有股）
	募集股			分宜特种电机厂 0.16%（国有股）
	流通A	8000	36.36	萍乡裕华大企业总公司 0.16%（非流通股）
	流通B			江西省煤矿机械厂 0.16%（国有股）
	流通H			张春燕 0.1%（流通A股）
股东户数	05年末	27837		李锦林 0.1%（流通A股）
	04年末	32643		吴丽萍 0.09%（流通A股）
其他流通股东	全国社保基金六零三组合 0.091%；屠益均 0.087%；黄显峰 0.068%；毛黎航 0.066%；徐法 0.063%；谢冠权 0.059%			
近年分配	04年:10派0.5；03年:10派1.4		近年募资	

二〇〇五年以来市场表现

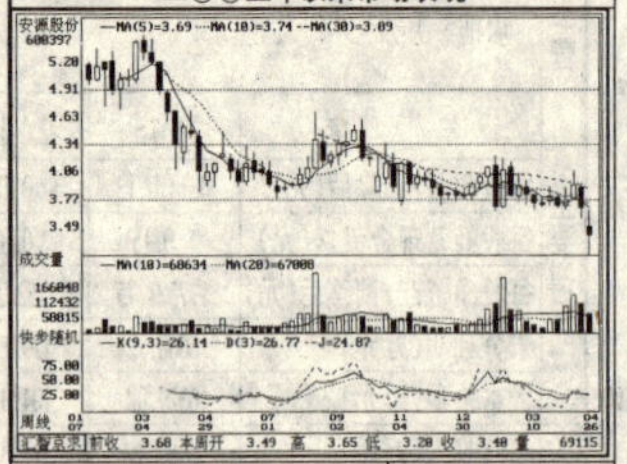

2005年涨跌幅(%)	-25.15
2005年最高(元)	5.48
2006年涨跌幅(%)	-11
2006.4.26收盘(元)	3.4
2006年最高(元)	4.21
2006年最低(元)	3.2
2006年换手率(%)	155.44
股改对价	

G凯诺（600398）

上市日期：00/12/28　　电话：0510－86121388　　传真：0510－86126877

主营	主要从事高档精纺呢绒、高档西服、职业服的生产销售。			
	年　度	2005	2004	2003
主要指标	每股收益/扣除后(元)	0.45/0.46	0.44	0.41/0.41
	每股经营现金流量(元)	1.1	0.9	0.57
	每股净资产/调整后(元)	4.55/4.55	4.22/4.22	3.61/3.61
	未分利润(万元)	34354.62	28538.95	22475.11
	资本公积(万元)	41253.1	41253.1	28629.95
利润构成	主营收入(万元)	97254.53	83014.37	61279.47
	主营利润(万元)	28887.5	26582.27	21877.27
	营业利润(万元)	14750.75	15484.85	12524.8
	投资收益(万元)	101.22	14.22	40.95
	利润总额(万元)	14325.97	15009.48	12464.07
	净利润(万元)	10542.79	10421.98	8739.94
点评	公司多极业务齐头并进，做到了资源共享，降低成本的效果；这在一定程度上增强了公司的抗风险能力和全面的市场竞争力。05年，实现了小幅增长的经营业绩。06年，公司的生产经营不会有大的起色，将会保持与05年相当的水平。			

	截止日期	05年末	占%	主要股东及持股比例%、持股性质
股本结构（万股）	总股本	23665.88		海澜集团公司 17.5%（非流通股）
	国有股			江阴市第三精毛纺厂 14.31%（非流通股）
	发起股	7753.88	32.76	山西信托投资有限责任公司 1.83%（流通A股）
	外资股			江苏佳威华电子科技有限公司 1.18%（流通A股）
	募集股			上海中静远东国际贸易有限公司 0.54%（流通A股）
	流通A	15912	67.24	中国银行——同盛证券投资基金 0.42%（流通A股）
	流通B			陶金娣 0.42%（流通A股）
	流通H			贡建霞 0.42%（流通A股）
股东户数	05年末	33049		江阴三毛销售有限公司 0.32%（非流通股）
	04年末	26811		江阴市协力毛纺织厂 0.32%（非流通股）
其他流通股东	金小妹 0.275%；陶瑞菊 0.211%；吴汉文 0.207%；赵宗仁 0.191%			
近年分配	05年：10派0.8；04年：10派1；03年：10派1	近年募资	03年10配2.30769配股价6.79元。	

二〇〇五年以来市场表现

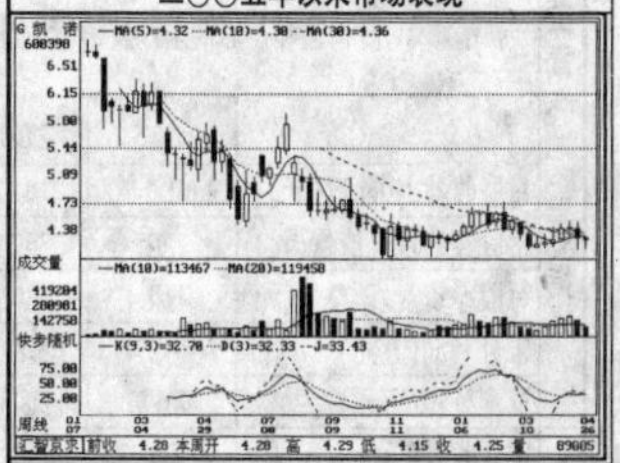

2005年涨跌幅(%)	-15.07
2005年最高(元)	7.04
2006年涨跌幅(%)	0.23
2006.4.26收盘(元)	4.25
2006年最高(元)	4.74
2006年最低(元)	4.14
2006年换手率(%)	128.75
股改对价	送股 每10股实际获得3股(05/08/05)

G抚钢（600399）

上市日期：00/12/29　　电话：0413－6676495　　传真：0413－6688966

主营	钢冶炼、压延钢加工及冶金技术服务，工业气体（含液体）制造、销售。			
	年　度	2005	2004	2003
主要指标	每股收益/扣除后(元)	0.024/-0.029	0.022/0.036	0.03/0.02
	每股经营现金流量(元)	1.26	0.17	1
	每股净资产/调整后(元)	2.86/2.81	2.83/2.77	2.81/2.77
	未分利润(万元)	18614.89	17561.42	16592.93
	资本公积(万元)	73712.2	73103.04	73103.04
利润构成	主营收入(万元)	460328.14	407026.45	262155.71
	主营利润(万元)	33491.21	33824.08	24161.66
	营业利润(万元)	3333.29	7096.8	1682.02
	投资收益(万元)	-2812.27	-3000	
	利润总额(万元)	2953.3	3102.3	2075.74
	净利润(万元)	1239.37	1139.39	1581.97
点评	我国大型特殊钢重点企业。2005年国内钢材价格大幅震荡，先升后跌，总体价位比年初大幅回落，但特钢相对稳定。不过受到铁合金、废钢价格上涨的影响，公司业绩略有下滑。公司控股股东东北特钢集团一直试图整合旗下特钢资产，对公司的影响值得关注。			

	截止日期	05年末	占%	主要股东及持股比例%、持股性质
股本结构（万股）	总股本	52000		东北特殊钢集团有限责任公司 56.62%（国有股）
	国有股	37097.45	71.34	抚顺特殊钢(集团)有限责任公司 14.72%（国有股）
	发起股	2902.55	5.58	抚顺长顺能源有限公司 4.95%（非流通股）
	外资股			于静 0.192%（流通A股）
	募集股			王洪霞 0.16%（流通A股）
	流通A	12000	23.08	汤建郎 0.157%（流通A股）
	流通B			裴建芳 0.156%（流通A股）
	流通H			付明宝 0.153%（流通A股）
股东户数	05年末	35155		李丽娜 0.15%（流通A股）
	04年末	29211		上海万方投资管理有限公司 0.136%（流通A股）
其他流通股东	沈阳建设投资资产经营有限公司 0.12%；周志平 0.118%；刘力源 0.11%			
近年分配		近年募资		

二〇〇五年以来市场表现

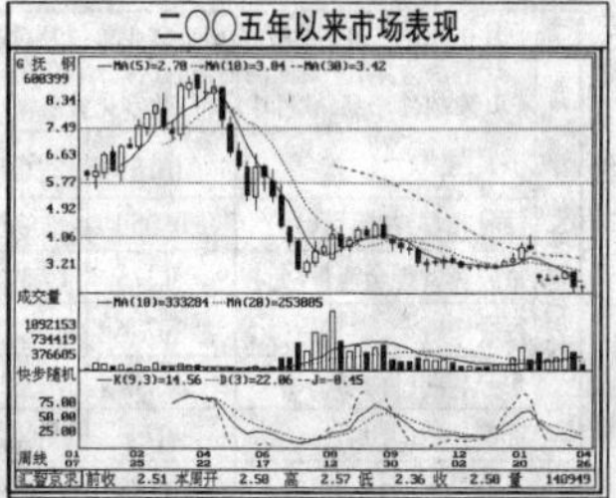

2005年涨跌幅(%)	-48.61
2005年最高(元)	9.2
2006年涨跌幅(%)	6.35
2006.4.26收盘(元)	2.5
2006年最高(元)	4.11
2006年最低(元)	3.14
2006年换手率(%)	233.21
股改对价	送股 每10股实际获得3.4股(06/03/20)

G红豆（600400）

上市日期：01/01/08　　电话：0510－8761888　　传真：0510－8350139

主营	服装、针织品、服装面料的生产与销售，锦纶丝的生产与销售，以及房地产的开发与销售。			
	年　度	2005	2004	2003
主要指标	每股收益/扣除后(元)	0.25/0.25	0.41	0.43/0.45
	每股经营现金流量(元)	0.05	-0.09	0.39
	每股净资产/调整后(元)	3.66/3.64	4.89/4.86	3.94/3.88
	未分利润(万元)	26802.45	22952.95	17158.52
	资本公积(万元)	46331.07	54943.99	31039.75
利润构成	主营收入(万元)	122944.19	100919.82	93298.43
	主营利润(万元)	21108.41	19146.26	18188.35
	营业利润(万元)	12445.75	12114.06	13030.59
	投资收益(万元)	-2.71	42.98	3.34
	利润总额(万元)	12278.5	11900.89	12711.99
	净利润(万元)	7397.3	8907.14	7784.52
点评	公司主要从事服装、房地产及化纤等业务。05年，国际原油价格居高不下推动锦纶丝所需原材料价格持续上涨，这无疑增加了企业的经营成本。而公司的多元化并没有有效地化解企业经营中所面临的风险，06年，上述风险还继续存在。			

	截止日期	05年末	占%	主要股东及持股比例%、持股性质
股本结构（万股）	总股本	30145.22		红豆集团有限公司 58.59%（非流通股）
	国有股			上海博润投资有限公司 1.59%（流通A股）
	发起股	18115.09	60.09	无锡市东方相思服装厂 0.6%（非流通股）
	外资股			周海江 0.5%（部分流通部分不流通）
	募集股			无锡市红仕女装厂 0.3%（非流通股）
	流通A	12012	39.85	无锡市雏鹰服装厂 0.3%（非流通股）
	流通B			无锡市锡山兴达制衣厂 0.3%（非流通股）
	流通H			韩军 0.13%（流通A股）
股东户数	05年末	36061		刘晓 0.12%（流通A股）
	04年末	30593		董建良 0.09%（流通A股）
其他流通股东	李先洪 0.092%；雷德元 0.089%；李一兵 0.087%；吴俊人 0.084%；岑韵仪 0.082%			
近年分配	05方案：10转增3；04年：10派1.1转增4；03年：10派1	近年募资	04年增发A股3580万股，发行价8.2元。	

二〇〇五年以来市场表现

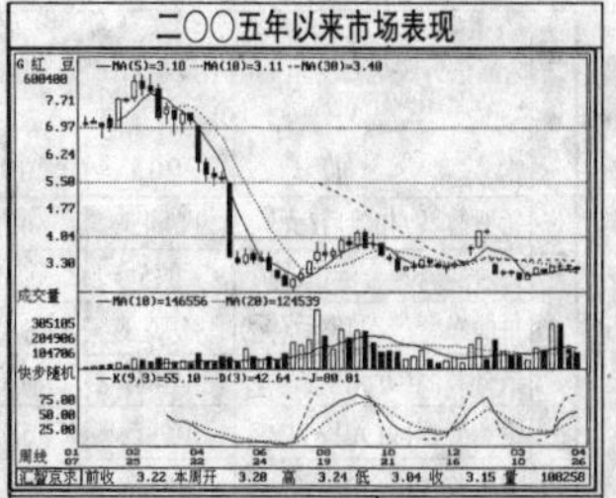

2005年涨跌幅(%)	-32.01
2005年最高(元)	8.44
2006年涨跌幅(%)	21.88
2006.4.26收盘(元)	3.15
2006年最高(元)	4.34
2006年最低(元)	3.54
2006年换手率(%)	142.8
股改对价	送股 每10股实际获得3股(06/02/15)

G申龙（600401）

上市日期:03/09/24　　电话:0510－6620263　　传真:0510－6627755

主营	软塑彩印、复合包装产品的生产及销售

	年　度	2005	2004	2003
主要指标	每股收益/扣除后(元)	0.081/0.081	0.173	0.308/0.301
	每股经营现金流量(元)	0.025	0.314	0.133
	每股净资产/调整后(元)	1.49/1.47	2.54/2.52	4.49/4.45
	未分利润(万元)	7504.54	5787.13	5625.08
	资本公积(万元)	3205.97	14813.19	19991.85
利润构成	主营收入(万元)	33130.35	27097.96	21147.18
	主营利润(万元)	5372.24	5737.45	5320.87
	营业利润(万元)	2490.42	3711.48	3664.09
	投资收益(万元)	579.77	20.9	
	利润总额(万元)	2960.15	3697.65	3604.69
	净利润(万元)	2078.5	2485.08	2349.11

点评：公司主要生产软塑印刷及复合产品和母料添加剂产品。2005年由于原材料价格上涨较多,使得公司在收入增长的情况下,利润却出现了下滑。

	截止日期	05年末	占%	主要股东及持股比例%、持股性质
股本结构（万股）	总股本	25804.76		江苏申龙创业集团有限公司 34.95%（非流通股）
	国有股			江苏瀛寰实业集团有限公司 2.57%（非流通股）
	发起股	10144.76	39.31	东海证券有限责任公司 1.45%（流通A股）
	外资股			江阴申达包装材料有限公司 1.27%（非流通股）
	募集股			无锡联合科技网络有限公司 0.7%（非流通股）
	流通A	15660	60.69	交通银行－国联优质成长证券投资基金 0.39%（流通A股）
	流通B			江阴申达科技工业园物业管理有限公司 0.35%（非流通股）
	流通H			江苏亚包工程规划设计研究院有限公司 0.26%（非流通股）
股东户数	05年末	9272		陈崇智 0.24%（流通A股）
	04年末	5178		张宏英 0.22%（流通A股）

其他流通股东：杨玉霞 0.196%；高新红 0.161%；陈伟建 0.151%；邓苏加 0.144%；崔连馥 0.143%；任晓铭 0.131%

近年分配：04年:10转增8；03年:10派0.5送2转增8

近年募资：03年新发3000万股,发行价8元。

二〇〇五年以来市场表现

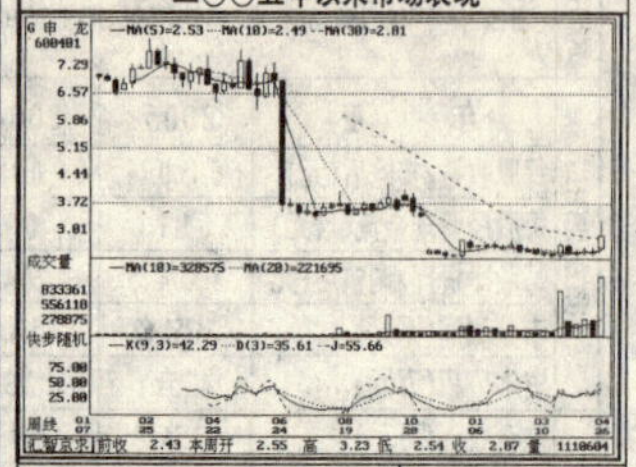

2005年涨跌幅(%)	-4.66
2005年最高(元)	8
2006年涨跌幅(%)	10.81
2006.4.26收盘(元)	2.87
2006年最高(元)	3.23
2006年最低(元)	2.32
2006年换手率(%)	255.57
股改对价	送股 每10股实际获得4.5股(05/11/24)

欣网视讯（600403）

上市日期:03/10/09　　电话:025－4669999　　传真:025－4669899

主营	基于电信行业进而为大型企事业单位及政府部门提供信息化解决方案,主要面向通信、社保、烟草、广电等行业和企业开发软件产品、软件中间件、数字化设备。

	年　度	2005	2004	2003
主要指标	每股收益/扣除后(元)	0.04/0.03	0.07/0.06	0.17/0.16
	每股经营现金流量(元)	0.1	0.13	0.07
	每股净资产/调整后(元)	2.05/2.05	2.02/2.01	3.51/3.49
	未分利润(万元)	2046.39	1725.68	1035.42
	资本公积(万元)	10412.8	10412.8	16078
利润构成	主营收入(万元)	24143.96	26158.85	17341.64
	主营利润(万元)	3849.49	3645.25	3925.9
	营业利润(万元)	885.7	995.75	1439.01
	投资收益(万元)	57.73		0.35
	利润总额(万元)	979.67	1029.23	1465.17
	净利润(万元)	457.23	840.03	1184.47

点评：2005年,公司的各项业务均承受了较大的经营压力;传统的交换机业务竞争日益加剧;软件产品的盈利空间不断缩小;IPTV业务产业政策的调整和限制使得公司在该业务的拓展上举步维艰;在无线增值业务方面,公司逐步形成了自己的产品线。

	截止日期	05年末	占%	主要股东及持股比例%、持股性质
股本结构（万股）	总股本	12746.7		上海富欣投资发展有限公司 22.47%（非流通股）
	国有股	2214	17.37	南京贝豪科技有限公司 12.43%（非流通股）
	发起股	3746.79	29.39	中广有线信息网络有限公司 6.35%（国有股）
	外资股			南京大学 5.51%（国有股）
	募集股			马运山 3.62%（非流通股）
	流通A	5400	42.36	沈雍钧 3.62%（非流通股）
	流通B			周易 3.62%（非流通股）
	流通H			信泰证券有限责任公司 0.79%（流通A股）
股东户数	05年末	17693		王立军 0.76%（流通A股）
	04年末	6838		茹振刚 0.35%（流通A股）

其他流通股东：潘杏珍 0.313%；王淑琴 0.199%；李伟刚 0.179%；陈树强 0.12%；郑娴 0.111%；刘XUAN 0.111%；吴超 0.11%

近年分配：05年:10派0.5；04中期:10转增8

近年募资：03年新发3000万股,发行价6.67元。

二〇〇五年以来市场表现

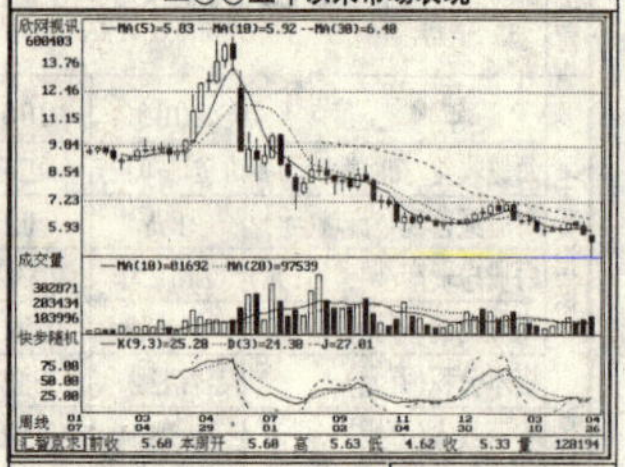

2005年涨跌幅(%)	-33.47
2005年最高(元)	15.07
2006年涨跌幅(%)	-15.14
2006.4.26收盘(元)	5.33
2006年最高(元)	7.29
2006年最低(元)	4.67
2006年换手率(%)	299.65
股改对价	

G动力源（600405）

上市日期:04/04/01　　电话:010—83681321　　传真:010—63783054

主营	通信开关电源等电力电子设备的研发、制造和销售。

	年　度	2005	2004	2003
主要指标	每股收益/扣除后(元)	0.09/0.08	0.17	0.42/0.424
	每股经营现金流量(元)	0.05	-0.05	0.86
	每股净资产/调整后(元)	3.39/3.39	4.1/4.09	1.91
	未分利润(万元)	4484.69	5023.5	3773.9
	资本公积(万元)	19005.79	20573.27	303.43
利润构成	主营收入(万元)	22385.59	24088.56	17750.19
	主营利润(万元)	7028.06	8338.62	8259.97
	营业利润(万元)	1001.92	1789.59	2861.27
	投资收益(万元)	-16.92	-45.41	7.97
	利润总额(万元)	1039.64	1715.03	2844.78
	净利润(万元)	902.21	1498.56	2394.09

点评：05年由于产品价格下滑、成本上升,导致公司业绩同比降四成。不过,公司正积极开展多元化产品经营,直流电源的国内市场份额有所提升,并成为了交流电源高端市场的主流供应商。新开发的空气净化器产品将很快投产和销售。

	截止日期	05年末	占%	主要股东及持股比例%、持股性质
股本结构（万股）	总股本	10434.36		何振亚 15.92%（非流通股）
	国有股			台林 5.89%（非流通股）
	发起股			张守才 5.89%（非流通股）
	外资股			吴琼 5.89%（非流通股）
	募集股			周卫军 5.89%（非流通股）
	流通A	3600	34.5	李林 5.89%（非流通股）
	流通B			段辉国 2.95%（非流通股）
	流通H			赵金堂 2.95%（非流通股）
股东户数	05年末	14122		曲春红 2.36%（非流通股）
	04年末	16063		黄海 1.77%（非流通股）

其他流通股东：顾承雄 0.624%；洪奉美 0.459%；何治华 0.259%；吴文贤 0.243%；姚安民 0.24%；王希愚 0.196%

近年分配：05预案:10派0.5；04年:10派1.5转增2

近年募资：04年新发3000万股,发行价8.29元。

二〇〇五年以来市场表现

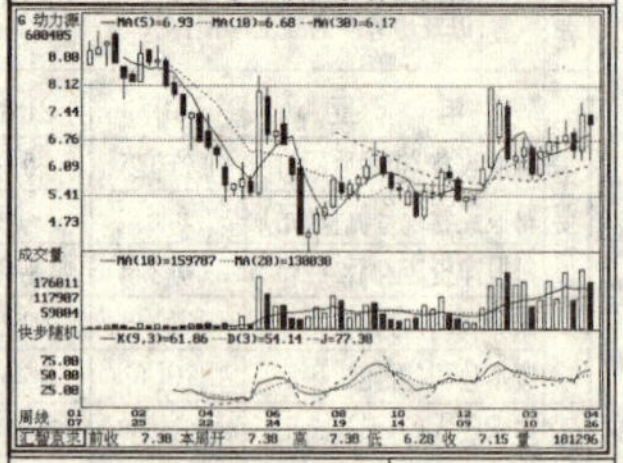

2005年涨跌幅(%)	-15.8
2005年最高(元)	9.48
2006年涨跌幅(%)	63.09
2006.4.26收盘(元)	7.15
2006年最高(元)	10.74
2006年最低(元)	6.05
2006年换手率(%)	451.69
股改对价	送股 每10股实际获得3.8股(06/02/09)

国电南瑞（600406）

上市日期:03/10/16　电话:025－3407064　传真:025－3407064

主营：电网调度自动化、变电站自动化、火电厂及工业控制自动化产品的研制、开发和销售。

	年　度	2005	2004	2003
主要指标	每股收益/扣除后(元)	0.48/0.48	0.4	0.518
	每股经营现金流量(元)	0.43	0.55	0.6175
	每股净资产/调整后(元)	3.43/3.35	3.15/3.07	5.56/5.43
	未分利润(万元)	18177.9	14221.57	9624.46
	资本公积(万元)	27335.09	27335.09	37690.09
利润构成	主营收入(万元)	74924.47	47431.43	37250.93
	主营利润(万元)	23431.98	16745.36	11976.78
	营业利润(万元)	9899.88	8034.92	5182.92
	投资收益(万元)	－198.69	－16.56	
	利润总额(万元)	11346.12	9226.02	6144.55
	净利润(万元)	10265.29	8473.22	5644.26

点评：公司自主研发的OPEN3000等系统和平台分别代表国内电网调度自动化等领域的最高技术水平。十一五期间,我国电网建设将成为新一轮投资热点,公司在自动化领域的先进技术可保证未来继续高速增长。

	截止日期	05年末	占%	主要股东及持股比例%、持股性质
股本结构(万股)	总股本	21255		南京南瑞集团公司 26.59%（非流通股）
	国有股			国电电力发展股份有限公司 18.17%（非流通股）
	发起股	13455	63.3	南京京瑞科电力设备有限公司 12.66%（非流通股）
	外资股			黑龙江省电力有限公司 2.09%（非流通股）
	募集股			普丰证券投资基金 1.88%（流通A股）
	流通A	7800	36.7	中国银行－易方达策略成长证券投资基金 1.75%（流通A股）
	流通B			中国农业银行－长盛动态精选证券投资基金 1.51%（流通A股）
	流通H			中国银行－海富通股票证券投资基金 1.47%（流通A股）
股东户数	05年末	4315		交通银行－海富通精选证券投资基金 1.41%（流通A股）
	04年末	7451		海通－中行－FORTIS BANK SA/NV 1.3%（流通A股）
其他流通股东	招商银行股份有限公司－中信经典配置证券投资基金 1.266%；中国工商银行－同益证券投资基金 1.248%			
近年分配	05预案:10派1；04中期:10转增3 年终:10派2；03年:10派2转增5	近年募资	03年新发4000万股,发行价10.39元。	

二〇〇五年以来市场表现

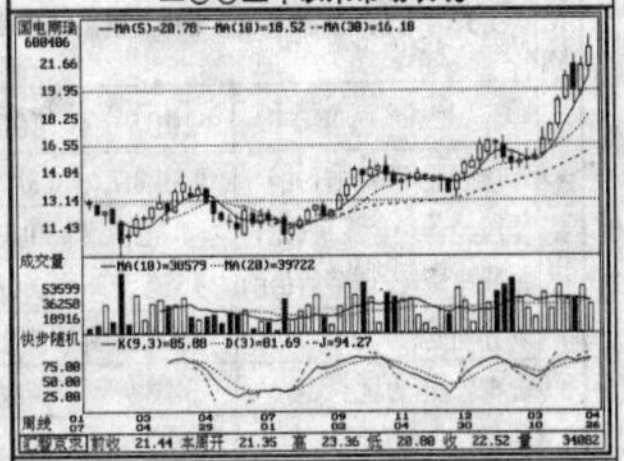

2005年涨跌幅(%)	16.06
2005年最高(元)	16.01
2006年涨跌幅(%)	46.81
2006.4.26收盘(元)	22.52
2006年最高(元)	23.36
2006年最低(元)	14.89
2006年换手率(%)	84.23
股改对价	

G安泰（600408）

上市日期:03/02/12　电话:(0354)7531034　传真:(0354)7536786

主营：煤炭洗选、焦炭、生铁、水泥及其制品、电力的生产销售。

	年　度	2005	2004	2003
主要指标	每股收益/扣除后(元)	0.37/0.37	0.51	0.31/0.36
	每股经营现金流量(元)	1	1.42	0.35
	每股净资产/调整后(元)	2.52/2.48	2.28/2.25	2.99/2.95
	未分利润(万元)	26734.71	21174.55	10670.48
	资本公积(万元)	19019.61	19019.61	29107.21
利润构成	主营收入(万元)	207041.13	182221.98	97555.44
	主营利润(万元)	47534.36	77325.64	34169.44
	营业利润(万元)	20257.43	27306.96	11309.34
	投资收益(万元)	183.66	229.25	89.7
	利润总额(万元)	20196.45	24018.06	9310.46
	净利润(万元)	14323	20039.4	7147.9

点评：2005年,国际国内市场疲弱,导致焦炭、生铁产品价格下跌,原料煤价格居高不下、铁矿石价格提高使得成本上升,最终导致公司的主营业务利润、净利润都有所下降。2006年煤炭、铁矿石价格还会处于高位,焦炭依然供大于求,业绩同比难有提高。

	截止日期	05年末	占%	主要股东及持股比例%、持股性质
股本结构(万股)	总股本	39100		李安民 42.3%（非流通股）
	国有股			任家玺 3.4%（非流通股）
	发起股			范青玉 3.4%（非流通股）
	外资股			李光明 3.32%（非流通股）
	募集股			郭玉明 2.87%（非流通股）
	流通A	15470	39.57	冀焕文 2.87%（非流通股）
	流通B			泰和证券投资基金 2.35%（流通A股）
	流通H			北京市友邦联投资咨询有限公司 1.05%（流通A股）
股东户数	05年末	30699		曹振基 0.76%（非流通股）
	04年末	36136		李炽亨 0.76%（非流通股）
其他流通股东	中国银行－嘉实增长开放式证券投资基金 0.459%；杜建俊 0.272%；江西长力汽车弹簧股份有限公司 0.27%			
近年分配	05预案:10派1；04年:10派1.25；03年:10派0.5送2转增5	近年募资	03年新发7000万股,发行价5.09元。	

二〇〇五年以来市场表现

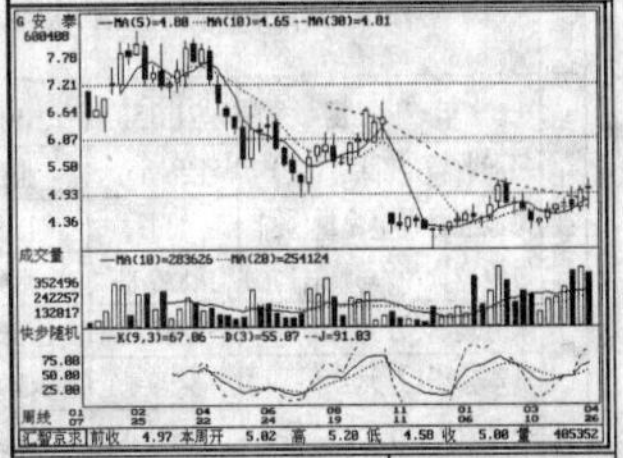

2005年涨跌幅(%)	－17.36
2005年最高(元)	8.35
2006年涨跌幅(%)	14.68
2006.4.26收盘(元)	5
2006年最高(元)	5.22
2006年最低(元)	4.16
2006年换手率(%)	296.42
股改对价	送股 每10股实际获得3股(05/11/01)

G唐三友（600409）

上市日期:03/06/18　电话:0315－8517040　传真:0315－8519188

主营：纯碱的生产和销售

	年　度	2005	2004	2003
主要指标	每股收益/扣除后(元)	0.302/0.288	0.32	0.139/0.14
	每股经营现金流量(元)	0.31	0.64	0.29
	每股净资产/调整后(元)	2.83/2.78	3.18/3.13	2.95/2.91
	未分利润(万元)	15222.51	9917.32	5649.98
	资本公积(万元)	48637.39	55636.78	55373.51
利润构成	主营收入(万元)	214389.22	149658.25	99584.57
	主营利润(万元)	46210.65	39856.69	24324.87
	营业利润(万元)	18937.71	18339.14	8108.72
	投资收益(万元)	484.61	－368.49	94.82
	利润总额(万元)	18991.15	17056.38	8017.21
	净利润(万元)	12664.93	11196.87	4890.91

点评：2005年纯碱价格上半年高位运行,下半年有所下跌,公司经营则比较平稳,业绩同比小幅增长。预计未来公司纯碱业务仍稳定发展,氯碱项目逐渐进入正常生产,新的氯化钙项目则有可能成为未来重要的利润增长点。

	截止日期	05年末	占%	主要股东及持股比例%、持股性质
股本结构(万股)	总股本	42000		唐山三友碱业(集团)有限公司 54.88%（国有股）
	国有股	25920	61.71	国投资产管理公司 3.46%（国有股）
	发起股			唐山投资有限公司 1.52%（国有股）
	外资股			泰和证券投资基金 1.49%（流通A股）
	募集股			河北省建设投资公司 1.38%（国有股）
	流通A	16080	38.29	全国社保基金一零六组合 0.53%（流通A股）
	流通B			国富投资公司 0.47%（国有股）
	流通H			山西证券有限责任公司 0.44%（流通A股）
股东户数	05年末	36336		徐党生 0.26%（流通A股）
	04年末	40593		唐德元 0.17%（流通A股）
其他流通股东	杨艳 0.128%；上海强生控股股份有限公司 0.124%；樊莉 0.119%；王月华 0.115%；钱永美 0.112%			
近年分配	05方案:10派1.3转增3；04年:10派1.5转增2；03年:10派1	近年募资	03年新发10000万股,发行价6元。	

二〇〇五年以来市场表现

2005年涨跌幅(%)	－1.34
2005年最高(元)	6.33
2006年涨跌幅(%)	8.39
2006.4.26收盘(元)	3.49
2006年最高(元)	3.86
2006年最低(元)	3.1
2006年换手率(%)	160.62
股改对价	送股 每10股实际获得3.4股(05/12/07)

华胜天成（600410）

上市日期:04/04/27　　电话:(010)82733988　　传真:(010)82733666

主营：主要为电信、金融等行业用户提供系统集成及专业服务。

	年　度	2005	2004	2003
主要指标	每股收益/扣除后(元)	0.831/0.7	0.874/0.87	0.87/0.72
	每股经营现金流量(元)	0.915	0.432	0.73
	每股净资产/调整后(元)	5.55/5.52	6.64/6.63	
	未分利润(万元)	12653.27	8798.55	9215.04
	资本公积(万元)	34468.9	37288.9	
利润构成	主营收入(万元)	112797.62	91513.26	65869.26
	主营利润(万元)	22999.75	19104.56	13460.19
	营业利润(万元)	11815.65	9035.42	6523.27
	投资收益(万元)	206.14	37.59	13.56
	利润总额(万元)	12043.38	9070.13	6570.37
	净利润(万元)	10154.97	8213.29	6064.44

点评：公司的主要收入来源三年来都是硬件及系统集成业务。公司正逐步改善其硬件比重偏高的收入结构。从目前看,软件和专业服务对公司利润能够起到实质性较大贡献的时间尚早,预计05年、06年公司主要利润来源仍旧会是系统集成业务。

	截止日期	05年末	占%	主要股东及持股比例%、持股性质
股本结构（万股）	总股本	12220		苏纲 18.62%（非流通股）
	国有股			王维航 14.15%（非流通股）
	发起股	1137.5	9.31	刘建柱 11.91%（非流通股）
	外资股			刘燕京 11.17%（非流通股）
	募集股			北京华胜计算机有限公司 9.31%（非流通股）
	流通A	3120	25.53	胡联奎 7.45%（非流通股）
	流通B			国联安德盛小盘精选证券投资基金 4.41%（流通A股）
	流通H			工银瑞信核心价值股票型证券投资基金 2.03%（流通A股）
股东户数	05年末	6418		荆涛 1.86%（非流通股）
	04年末	11866		全国社保基金一零四组合 1.26%（流通A股）

其他流通股东：西部证券股份有限公司 1.109%；兴华证券投资基金 0.828%；广发稳健增长证券投资基金 0.67%

近年分配：05年:10派5转增5；04年:10派5转增3

近年募资：04年新发2400万股,发行价17.14元。

二〇〇五年以来市场表现

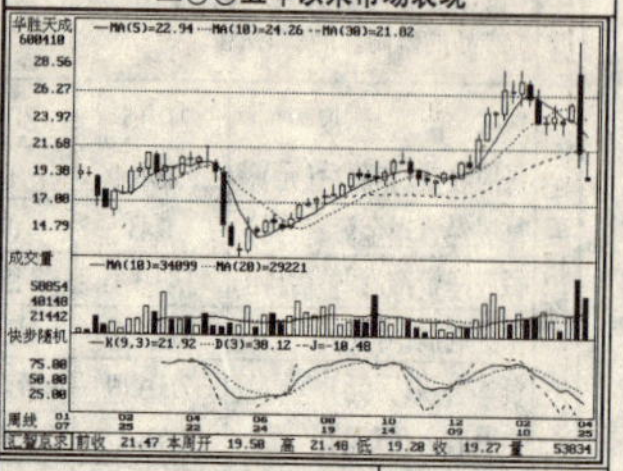

2005年涨跌幅(%)	69.23
2005年最高(元)	33.34
2006年涨跌幅(%)	18.86
2006.4.26收盘(元)	19.27
2006年最高(元)	33.89
2006年最低(元)	23
2006年换手率(%)	134.95
股改对价	送股 每10股实际获得2.8股

小商品城（600415）

上市日期:02/05/09　　电话:0579－5182812　　传真:0579－5197755、5197700

主营：市场网点经营、房地产开发销售、酒店服务、商品销售等。

	年　度	2005	2004	2003
主要指标	每股收益/扣除后(元)	1.56/1.51	0.83	0.63/0.5
	每股经营现金流量(元)	10.17	11.54	-2.18
	每股净资产/调整后(元)	7.85/7.81	6.58/6.54	3.64/3.55
	未分利润(万元)	35915.43	22756.18	13930.44
	资本公积(万元)	34849.4	34849.4	4030.06
利润构成	主营收入(万元)	154400.18	134620.31	112690.16
	主营利润(万元)	51466.29	32688.63	38210.81
	营业利润(万元)	29452.52	15261.57	10086.27
	投资收益(万元)	-347.93	-225.49	-281.41
	利润总额(万元)	29216.64	15335.55	9858.98
	净利润(万元)	19510.98	10327.86	6521.8

点评：公司主营市场经营及配套服务、房地产等。毛利率较高的市场经营及配套服务由于市场经营面积的扩大等原因贡献收入和利润均大幅上升,房地产业稳定发展,酒店业又新增了一家四星级海洋酒店,其他的业务也保持稳定。

	截止日期	05年末	占%	主要股东及持股比例%、持股性质
股本结构（万股）	总股本	12496.86		义乌中国小商品城恒大开发总公司 34.58%（国有股）
	国有股	4981.13	39.86	浙江省财务开发公司 6.16%（非流通股）
	发起股	1540	12.32	义乌市财务开发公司 5.28%（国有股）
	外资股			浙江省国际信托投资有限责任公司 4.4%（非流通股）
	募集股	684.42	5.48	中国工商银行－国联安德盛小盘精选证券投资基金 2.62%（流通A股）
	流通A	5291.31	42.34	交通银行－科瑞证券投资基金 2.33%（流通A股）
	流通B			中国工商银行－博时精选股票证券投资基金 2.04%（流通A股）
	流通H			中国银行－华夏回报证券投资基金 1.85%（流通A股）
股东户数	05年末	5063		上海宝鼎投资股份有限公司 1.76%（非流通股）
	04年末	6515		中国建设银行－上投摩根中国优势证券投资基金 1.43%（流通A股）

其他流通股东：全国社保基金一零二组合 1.36%；全国社保基金一零七组合 1.04%

近年分配：04年:10派3

近年募资：04年增发A股2093.8628万股,发行价16.62元。

二〇〇五年以来市场表现

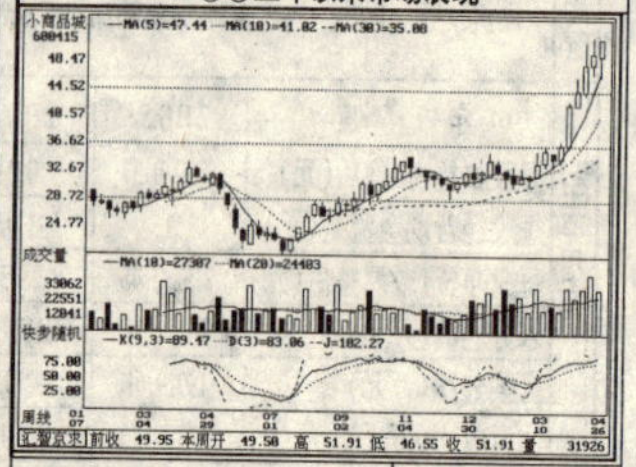

2005年涨跌幅(%)	7.5
2005年最高(元)	35.2
2006年涨跌幅(%)	62.47
2006.4.26收盘(元)	51.91
2006年最高(元)	52.42
2006年最低(元)	30.56
2006年换手率(%)	80.81
股改对价	

G湘电（600416）

上市日期:02/07/18　　电话:0732－8595089　　传真:0732－8610767

主营：直流电机、交流电机、城市轻轨车、矿山开采运输成套设备的开发、生产和销售。

	年　度	2005	2004	2003
主要指标	每股收益/扣除后(元)	0.31/0.27	0.27	0.17/0.21
	每股经营现金流量(元)	0.97	0.31	0.3
	每股净资产/调整后(元)	3.63/3.61	3.49/3.48	3.34/3.31
	未分利润(万元)	3489.65	2409.39	2055.13
	资本公积(万元)	38681.78	38433.43	37691.77
利润构成	主营收入(万元)	178009.34	123018.34	78292.62
	主营利润(万元)	43480.78	30733.84	21934.91
	营业利润(万元)	9205.3	8416.49	7062.96
	投资收益(万元)	-43.48	-477.09	-1715.75
	利润总额(万元)	9443.62	8000.55	5249.15
	净利润(万元)	6055.53	5199.38	3326.12

点评：2005年公司交流电机等主导产品的市场订货成效非常明显,成功签订了北京地铁10号线等一批国家重点项目。虽然原材料价格上涨较为严重,但公司仍然实现了净利润增长16%的业绩。2006年,公司将重点发展风力发电等4个产业化项目。

	截止日期	05年末	占%	主要股东及持股比例%、持股性质
股本结构（万股）	总股本	19500		湘潭电机集团有限公司 47.73%（国有股）
	国有股	9306.95	47.73	金鑫证券投资基金 3.6%（流通A股）
	发起股	368.05	1.89	金泰证券投资基金 1.8%（流通A股）
	外资股			国泰金鹰增长投资基金 1.6%（流通A股）
	募集股			国泰金马稳健投资基金 1.3%（流通A股）
	流通A	9825	50.38	北京市地铁运营有限公司 0.55%（非流通股）
	流通B			广发小盘成长股票型证券投资基金 0.5%（流通A股）
	流通H			四川东方绝缘材料股份有限公司 0.33%（非流通股）
股东户数	05年末	28221		上海铜材厂 0.27%（非流通股）
	04年末	31746		内蒙古霍林河煤业集团有限公司 0.27%（非流通股）

其他流通股东：国泰金龙投资基金 0.205%；张玲 0.192%；陈林 0.159%；梁茵 0.139%；谢雨 0.133%

近年分配：05方案:10派2；04年:10派1.9；03年:10派1.5

近年募资：

二〇〇五年以来市场表现

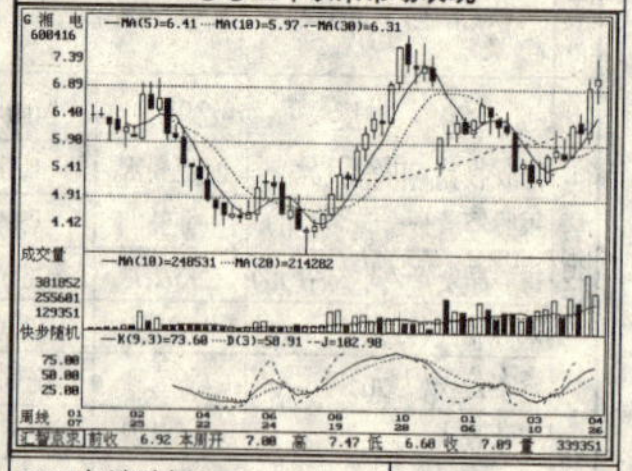

2005年涨跌幅(%)	27.63
2005年最高(元)	8.61
2006年涨跌幅(%)	16.04
2006.4.26收盘(元)	7.09
2006年最高(元)	7.47
2006年最低(元)	5.16
2006年换手率(%)	359.62
股改对价	送股 每10股实际获得3.1股(05/12/08)

G 江汽（600418）

上市日期:01/08/24　　电话:0551－2296835　　传真:0551－2296837

主营	从事汽车、汽车底盘及其汽车变速箱等零部件的开发、生产和销售。		
年　度	2005	2004	2003
主要指标 每股收益/扣除后(元)	0.55/0.55	0.78	0.9/0.91
每股经营现金流量(元)	0.93	1.04	1.43
每股净资产/调整后(元)	3.05/3.05	3.68/3.68	5.7/5.7
未分利润(万元)	70747.18	42854.23	17139.16
资本公积(万元)	88740.1	50960.88	69358.19
利润构成 主营收入(万元)	939465.88	806890.43	545007.02
主营利润(万元)	144829.84	144411.98	86041.4
营业利润(万元)	55670.63	45294.09	29928.34
投资收益(万元)	558.37	-122.49	
利润总额(万元)	56323.22	45177.26	28832.6
净利润(万元)	49775.34	32143.83	20737.09

点评：公司属细分行业中精耕细作型的企业。轻卡、MPV和客车底盘产品的毛利率均高于行业平均水平。目前盈利的主要来源是瑞风商务车业务，但是面临着乘用车市场激烈的市场竞争。06年公司利润增长点是格尔发重卡和新的乘用车产品。

股本结构（万股） 截止日期	05年末	占%	主要股东及持股比例%、持股性质
总股本	91017.39		安徽江淮汽车集团有限公司 28.36%（部分流通部分不流通）
国有股	18909	20.78	新加坡豪登投资有限公司 7.27%（外资股）
发起股	36	0.04	同盛证券投资基金 2.84%（流通A股）
外资股	6615	7.27	中信经典配置证券投资基金 2.74%（流通A股）
募集股			全国社保基金一零六组合 2.37%（流通A股）
流通A	65457.39	71.92	博时价值增长证券投资基金 2.24%（流通A股）
流通B			兴和证券投资基金 2.11%（流通A股）
流通H			兴华证券投资基金 1.44%（流通A股）
股东户数 05年末	27046		开元证券投资基金 1.07%（流通A股）
股东户数 04年末	14006		安徽省科技产业投资有限公司 0.92%（国有股）

其他流通股东：南方积极配置证券投资基金 0.824%；广发小盘成长股票型证券投资基金 0.712%

近年分配：05方案:10派1.8；04中期:10转增8年终:10派2.8；03年:10派4.8

近年募资：04年增发转债880万张，募资总额8.8亿。

二〇〇五年以来市场表现

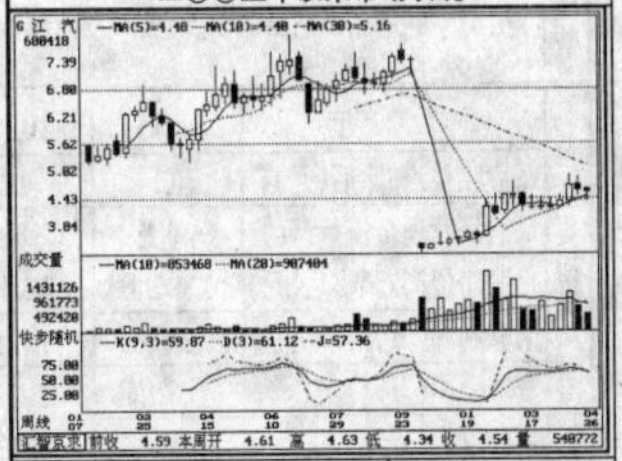

2005年涨跌幅(%)	33.63
2005年最高(元)	8.26
2006年涨跌幅(%)	31.59
2006.4.26收盘(元)	4.54
2006年最高(元)	4.92
2006年最低(元)	3.38
2006年换手率(%)	229.84
股改对价	转增 每10股实际获得11股（05/12/14）

新疆天宏（600419）

上市日期:01/06/28　　电话:0993－7526018　　传真:0993－7526118

主营	造纸，纸制品及纸料的加工、销售。		
年　度	2005	2004	2003
主要指标 每股收益/扣除后(元)	-1.166	-0.165	0.13/0.09
每股经营现金流量(元)	0.32	-0.28	0.13
每股净资产/调整后(元)	2.29/2.28	3.45/3.43	3.7/3.67
未分利润(万元)	-8321.42	1022.19	2347.03
资本公积(万元)	17451.16	17451.16	17451.16
利润构成 主营收入(万元)	27432.92	15091.21	15298.09
主营利润(万元)	.-532.35	2075.65	4015.91
营业利润(万元)	-9824.83	-1511.37	840.3
投资收益(万元)	24	-18.19	392.44
利润总额(万元)	-9343.61	-1569.13	1229.79
净利润(万元)	-9343.61	-1323.21	1025.51

点评：公司增加合并了控股子公司新疆天宏新八棉产业有限公司棉纱主营业务收入，加上公司6000吨生活用纸项目及公司控股子公司常德天宏纸业有限公司文化用纸技改项目先后投产，实现了主营收入的增长。由于产品规模较小，盈利能力不强。

股本结构（万股） 截止日期	05年末	占%	主要股东及持股比例%、持股性质
总股本	8016		新疆石河子造纸厂 59.28%（国有股）
国有股	4950	61.75	新疆教育出版社 1.65%（国有股）
发起股	66	0.82	新疆出版印刷集团公司 0.82%（国有股）
外资股			周荣伟 0.59%（流通A股）
募集股			新疆生产建设兵团印刷厂 0.41%（国有股）
流通A	3000	37.43	新疆白杨酒业有限公司 0.41%（国有股）
流通B			张东波 0.23%（流通A股）
流通H			沈桂良 0.19%（流通A股）
股东户数 05年末	15837		郭正忠 0.17%（流通A股）
股东户数 04年末	17117		缪雪明 0.16%（流通A股）

其他流通股东：朱琦虹 0.125%；林岩德 0.102%；王兆民 0.1%；王金 0.1%；赵洪友 0.08%

近年分配：03年:10派0.5

近年募资：

二〇〇五年以来市场表现

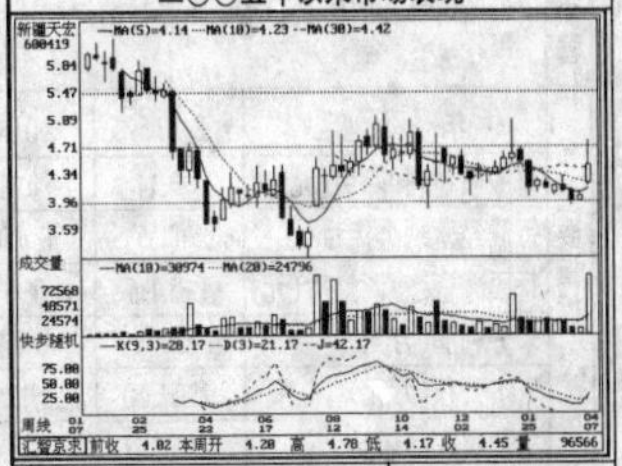

2005年涨跌幅(%)	-23.97
2005年最高(元)	6.22
2006年涨跌幅(%)	0.91
2006.4.26收盘(元)	4.45
2006年最高(元)	5.08
2006年最低(元)	3.91
2006年换手率(%)	106.75
股改对价	送股 每10股实际获得3.5股

G 现代（600420）

上市日期:04/06/16　　电话:021－62899111　　传真:021－62899900

主营	医药产品的开发、生产、经营；医药产品的代理销售。		
年　度	2005	2004	2003
主要指标 每股收益/扣除后(元)	0.449	0.422	0.43/0.4
每股经营现金流量(元)	0.4427	0.1952	0.32
每股净资产/调整后(元)	3.3/3.25	4.61/4.55	2.11
未分利润(万元)	6310.23	4816.84	2521.16
资本公积(万元)	18491.04	22850.64	1089.84
利润构成 主营收入(万元)	50274.62	35853.19	38291.33
主营利润(万元)	18523.88	14140.2	11996.74
营业利润(万元)	7936.93	5573.75	3713.27
投资收益(万元)	-11.68	-15.84	-13.88
利润总额(万元)	8116.78	5717.39	3805.58
净利润(万元)	5868.61	3683.01	2343.29

点评：2005年，公司强化企业管理，以质量控制、成本控制、市场营销为重点，及时调整经营策略，保持了业绩的较快增长。公司进一步加大了新产品的研究开发和储备产品的转化工作。公司原料药出口和国内制剂逐步做大，未来新药研发投入增加成长可期。

股本结构（万股） 截止日期	05年末	占%	主要股东及持股比例%、持股性质
总股本	13078.79		上海医药工业研究院 44.46%（国有股）
国有股	7305.88	55.86	上海现代药物制剂工程研究中心有限公司 7.39%（国有股）
发起股	822.92	6.29	上海广慈医学高科技公司 4.01%（非流通股）
外资股			上海高东经济发展有限公司 3.42%（非流通股）
募集股			华实医药 2.87%（非流通股）
流通A	4950	37.85	泰信先行策略开放式证券投资 2.41%（流通A股）
流通B			易方达50指数证券投资基金 1.99%（流通A股）
流通H			融通蓝筹成长证券投资基金 1.85%（流通A股）
股东户数 05年末	6784		广发聚富开放式证券投资基金 1.53%（流通A股）
股东户数 04年末	11638		易方达积极成长证券投资基金 1.23%（流通A股）

其他流通股东：科讯证券投资基金 1.212%；广发稳健增长证券投资基金 1.141%；易方达策略成长证券投资基金 1.023%

近年分配：05预案:10派2转增10；04年:10派2转增5

近年募资：04年新发3300万股，发行价8.08元。

二〇〇五年以来市场表现

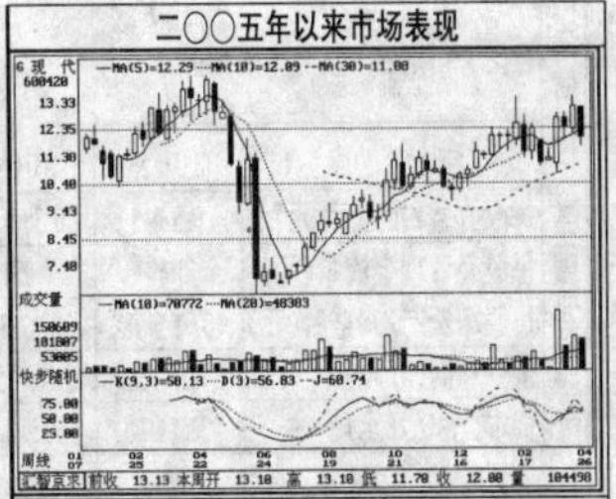

2005年涨跌幅(%)	48.51
2005年最高(元)	17.9
2006年涨跌幅(%)	30.66
2006.4.26收盘(元)	12
2006年最高(元)	16.86
2006年最低(元)	10.98
2006年换手率(%)	150.54
股改对价	送股 每10股实际获得2.5股（06/04/04）

春天股份（600421）

上市日期:04/06/07　　电话:(027)87654767　　传真:(027)87654797

主营	生物保健食品和药品的研发、生产及销售			
	年　度	2005	2004	2003
主要指标	每股收益/扣除后(元)	0.1	0.2	0.31/0.32
	每股经营现金流量(元)	-0.28	-0.51	0.71
	每股净资产/调整后(元)	2.85/2.85	3.3/3.3	1.72
	未分利润(万元)	8220.85	6741.99	4394.96
	资本公积(万元)	19392.16	22112.16	29.81
利润构成	主营收入(万元)	19689.33	20106.69	15416.5
	主营利润(万元)	7090.66	9119.04	6711.34
	营业利润(万元)	2183.86	3406.15	3510.13
	投资收益(万元)	-3.66	15.75	15.75
	利润总额(万元)	2167.88	3526.05	3505.17
	净利润(万元)	1636.99	2727.97	2861.26
点评	2005年公司通过初步的业务整合,公司现已形成了以下两个方面的支柱业务:一是药品生产;二是药品零售连锁。受药品价格下调,加之原材料价格上涨,主营业务成本大幅上升,企业利润空间减少,导致公司净利润较之去年同期下降幅度较大。			

	截止日期	05年末	占%	主要股东及持股比例%、持股性质
股本结构（万股）	总股本	16319.8		武汉新一代科技有限公司 42.82%（非流通股）
	国有股	2839	17.4	武汉东湖新技术开发区发展总公司 11.71%（国有股）
	发起股	8080.8	49.52	上海日兴康生物工程有限公司 6.69%（非流通股）
	外资股			湖北中医学院科技服务公司 5.02%（国有股）
	募集股			武汉市工程科学技术研究院 0.67%（国有股）
	流通A	5400	33.09	陈志彬 0.21%（流通A股）
	流通B			彭汉阳 0.2%（流通A股）
	流通H			张伟 0.17%（流通A股）
股东户数	05年末	18820		茹振刚 0.17%（流通A股）
	04年末	21497		叶长江 0.14%（流通A股）
其他流通股东	余少平 0.12%;李凤霖 0.112%;陈花利 0.11%;陈泓 0.087%;陈浩 0.079%			
近年分配	04年:10转增2		近年募资	04年新发4500万股,发行价6.2元。

二〇〇五年以来市场表现

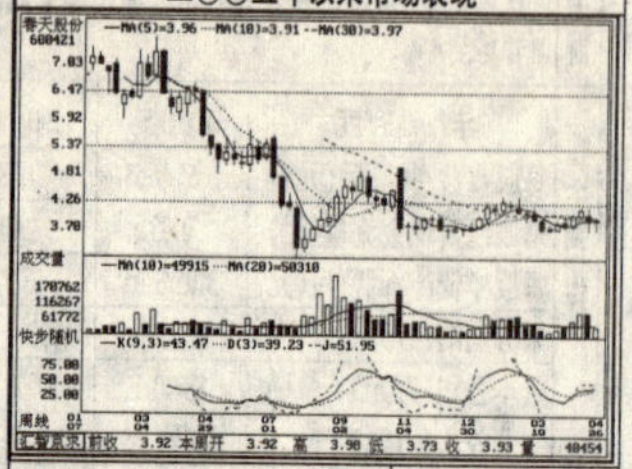

2005年涨跌幅(%)	-36.27
2005年最高(元)	7.58
2006年涨跌幅(%)	4.52
2006.4.26收盘(元)	3.93
2006年最高(元)	4.38
2006年最低(元)	3.71
2006年换手率(%)	167.14
股改对价	

G昆药（600422）

上市日期:00/12/06　　电话:0871-8324311　　传真:0871-8324311

主营	天然植物药的研制、开发、生产与销售及外购药品的批发零售。			
	年　度	2005	2004	2003
主要指标	每股收益/扣除后(元)	-0.14	0.41	0.72/0.71
	每股经营现金流量(元)	-0.56	-0.02	0.62
	每股净资产/调整后(元)	1.65/1.6	4.06/3.97	6.11/6
	未分利润(万元)	-5756.95	6592.23	3710.12
	资本公积(万元)	25957.04	32915.45	38758.63
利润构成	主营收入(万元)	120763.47	63907.22	66534.03
	主营利润(万元)	27120.13	34135.15	36345.79
	营业利润(万元)	-9030.89	7342.66	9301.75
	投资收益(万元)	621.61	1151.69	66.04
	利润总额(万元)	-8836.35	8577.45	9181.96
	净利润(万元)	-4456.56	6372.28	7039.34
点评	公司主营青蒿素,05年年报出现首亏。主要原因是公司加大市场投入,调整了营销模式,营销费用的核算采取了更为谨慎性的原则,从而计入2005年的营销费用剧增;同时对没有及时进行清理、对帐、调帐等原因造成的应收帐款进行相应的会计处理。			

	截止日期	05年末	占%	主要股东及持股比例%、持股性质
股本结构（万股）	总股本	31417.6		华立产业集团有限公司 29.34%（非流通股）
	国有股	3527.81	11.23	云南红塔集团有限公司 12.03%（非流通股）
	发起股	15089.79	48.03	云南医药集团有限公司 9.36%（国有股）
	外资股			昆明云辰科工贸有限责任公司 4.79%（非流通股）
	募集股			中油财务有限责任公司 3.54%（流通A股）
	流通A	12800	40.74	塔里木石油勘探开发指挥部 2.35%（流通A股）
	流通B			昆明八达实业总公司 1.87%（非流通股）
	流通H			昆明富亨房地产开发经营公司 1.87%（国有股）
股东户数	05年末	15505		中国工商银行-南方稳健成长证券投资基金 1.21%（流通A股）
	04年末	9944		中国工商银行-南方积极配置证券投资基金 1.08%（流通A股）
其他流通股东	中国建设银行-华宝兴业多策略增长证券投资基金 0.874%;上海申能创业投资有限公司工会委员会 0.424%			
近年分配	04年:10派1.5送5转增5;03年:10派2.5转增6		近年募资	

二〇〇五年以来市场表现

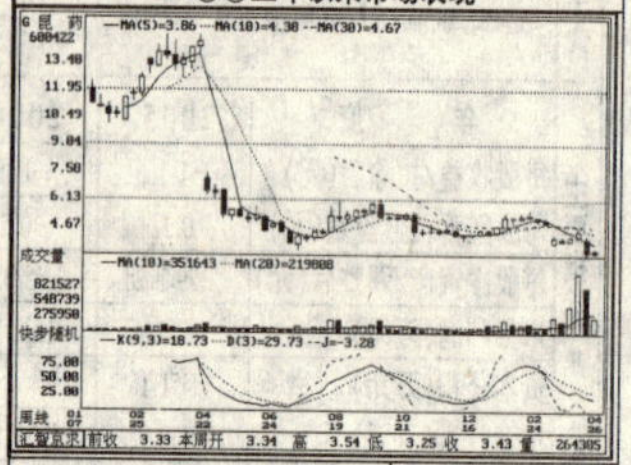

2005年涨跌幅(%)	-27.72
2005年最高(元)	15.07
2006年涨跌幅(%)	2.04
2006.4.26收盘(元)	3.43
2006年最高(元)	6.08
2006年最低(元)	4.19
2006年换手率(%)	257.11
股改对价	送股 每10股实际获得3股(06/03/21)

G柳化（600423）

上市日期:03/07/17　　电话:0772-2516580　　传真:0772-2510401

主营	化工和化肥产品的生产销售			
	年　度	2005	2004	2003
主要指标	每股收益/扣除后(元)	0.5/0.5	0.36/0.36	0.3/0.29
	每股经营现金流量(元)	0.49	0.4	0.32
	每股净资产/调整后(元)	3.91/3.78	3.42/3.3	4.12/4.01
	未分利润(万元)	13169.18	7038.55	4055.47
	资本公积(万元)	36414.74	33590.74	37994.32
利润构成	主营收入(万元)	88597.42	62989.29	48979.64
	主营利润(万元)	18639.36	13121.03	8843.23
	营业利润(万元)	10328.4	8094.64	5090.89
	投资收益(万元)			
	利润总额(万元)	10642.3	8094.34	5177.76
	净利润(万元)	9457.47	6876.95	4452.12
点评	尿素产品毛利率略有下降,浓硝酸和硝酸铵的毛利率仍保持25%以上的较高水平,浓硝酸和硝酸铵产销量的增长保证了公司主营业务的大幅增长。公司从壳牌公司引进的合成氨节能挖潜清洁生产技术预计将在2006年三季度投产,公司盈利能力将大大增强。			

	截止日期	05年末	占%	主要股东及持股比例%、持股性质
股本结构（万股）	总股本	19082.18		柳州化学工业集团有限公司 45.238%（国有股）
	国有股	8632.45	45.24	博时精选股票证券投资基金 6.358%（流通A股）
	发起股	309.73	1.62	国联安德盛小盘精选证券投资基金 4.482%（流通A股）
	外资股			泰和证券投资基金 4.438%（流通A股）
	募集股			东方证券股份有限公司 3.414%（流通A股）
	流通A	10140	53.14	华宝兴业多策略增长证券投资基金 2.636%（流通A股）
	流通B			全国社保基金一零六组合 2.416%（流通A股）
	流通H			银河银泰理财分红证券投资基金 1.064%（流通A股）
股东户数	05年末	14179		光大保德信量化核心证券投资 0.888%（流通A股）
	04年末	18373		光大阳光集合资产管理计划 0.629%（流通A股）
其他流通股东	鹏华中国50开放式证券投资基金 0.503%			
近年分配	05年:10派1;04年:10派1.5;03年:10派1.5转增3		近年募资	03年新发6000万股,发行价6.96元。

二〇〇五年以来市场表现

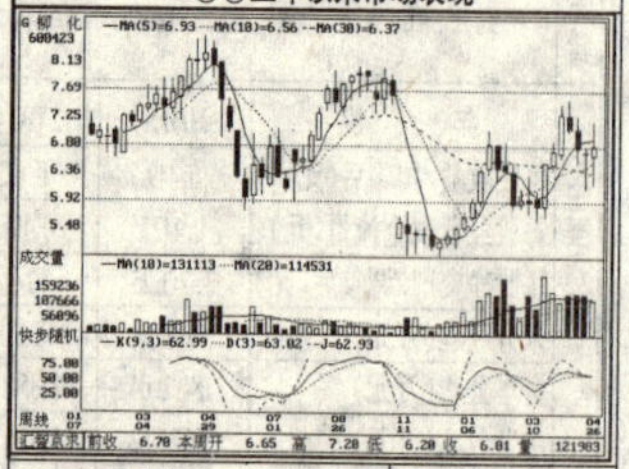

2005年涨跌幅(%)	4.71
2005年最高(元)	8.72
2006年涨跌幅(%)	22.09
2006.4.26收盘(元)	6.81
2006年最高(元)	7.54
2006年最低(元)	5.61
2006年换手率(%)	204.64
股改对价	送股 每10股实际获得3股(05/11/03)

G青松（600425）

上市日期：03/07/24　电话：(0997)2811282　传真：(0997)2811675

主营	水泥及其制品、化工产品的生产与销售。			
	年　度	2005	2004	2003
主要指标	每股收益/扣除后(元)	0.116/0.11	0.28	0.17/0.17
	每股经营现金流量(元)	0.54	0.51	0.07
	每股净资产/调整后(元)	2.71/2.64	2.72/2.67	2.56/2.54
	未分利润(万元)	4626.79	5109.47	3095.17
	资本公积(万元)	24603.83	24603.83	24511.31
利润构成	主营收入(万元)	25909.1	25762.45	23554.97
	主营利润(万元)	6855.47	8600.29	7505.66
	营业利润(万元)	-786.48	2767.69	1460.32
	投资收益(万元)	896.52	635.14	-29.3
	利润总额(万元)	2151.21	5516.63	3443.13
	净利润(万元)	2145.67	5246.08	3073.9
点评	2005年公司面临南疆水泥市场需求相对萎缩、竞争较为激烈的局面，主导产品水泥的销量较上年增长5%；但由于受国家对水泥、房地产等行业宏观经济调控和自治区、兵团社会固定资产投资增速放慢，使水泥产能过剩、结构不合理的矛盾更加突出。			

	截止日期	05年末	占%	主要股东及持股比例%、持股性质
股本结构（万股）	总股本	18492.75		新疆阿克苏青松建材化工总厂65.9%（国有股）
	国有股			金鑫证券投资基金1.64%（流通A股）
	发起股	12426.08	67.19	新疆建设兵团农一师塔里木热电有限责任公司0.72%（国有股）
	外资股			新疆阿拉尔水利水电工程总公司0.36%（国有股）
	募集股			刘功大0.36%（非流通股）
	流通A	6000	32.45	上海上磁电磁线经营部0.22%（流通A股）
	流通B			刘国强0.216%（流通A股）
	流通H			新疆青松塔里木建筑安装工程有限公司0.216%（国有股）
股东户数	05年末	21908		章惠玲0.215%（流通A股）
	04年末	24741		王伟林0.2%（流通A股）
其他流通股东	王哲0.19%；姜学伟0.117%；张春昆0.1%；张浪铿0.096%；于文吉0.092%			
近年分配	05预案：10派0.5；04年：10派1.3；03年：10派1.3	近年募资	03年新发6000万股，发行价4.3元。	

二〇〇五年以来市场表现

2005年涨跌幅(%)	-27.73
2005年最高(元)	5.28
2006年涨跌幅(%)	56.19
2006.4.26收盘(元)	3.98
2006年最高(元)	5.77
2006年最低(元)	3.77
2006年换手率(%)	365.26
股改对价	送股 每10股实际获得3.5股(06/01/09)

G恒升（600426）

上市日期：02/06/20　电话：0534-2460426　传真：0534-2421845

主营	尿素、甲醇的生产与销售			
	年　度	2005	2004	2003
主要指标	每股收益/扣除后(元)	0.701/0.697	0.755	0.472/0.483
	每股经营现金流量(元)	0.94	0.68	0.18
	每股净资产/调整后(元)	3.69/3.68	4.42/4.42	3.81/3.81
	未分利润(万元)	30064.93	16813.43	8596.81
	资本公积(万元)	30017.99	35701.05	35676.07
利润构成	主营收入(万元)	135222.05	99347.56	65198.86
	主营利润(万元)	25394.54	20088.59	13309.8
	营业利润(万元)	20249.9	15289.82	9784.9
	投资收益(万元)			
	利润总额(万元)	21841.74	15226.29	10355.95
	净利润(万元)	17554.7	12613.68	7876.03
点评	30万吨大氮肥项目的完成使公司2005年尿素产销量有较大幅度增长。同时国内尿素价格的持续高位维持，带动了公司尿素毛利率的提升。虽然公司另一产品DMF的毛利率有所下降，但在尿素产销量增长和毛利率提升的带动下，全年业绩实现了稳步增长。			

	截止日期	05年末	占%	主要股东及持股比例%、持股性质
股本结构（万股）	总股本	25050		山东华鲁恒升集团有限公司63.1%（国有股）
	国有股			国联安德盛小盘精选证券投资基金3.09%（流通A股）
	发起股	16050	64.07	申万巴黎盛利精选证券投资基金1.66%（流通A股）
	外资股			银河银泰理财分红证券投资基金1.18%（流通A股）
	募集股			建信恒久价值股票型证券投资基金0.88%（流通A股）
	流通A	9000	35.93	银丰证券投资基金0.81%（流通A股）
	流通B			金信成长型(一期)证券组合投资资金信托计划0.54%（流通A股）
	流通H			长盛动态精选证券投资基金0.48%（流通A股）
股东户数	05年末	16086		山西信托投资有限责任公司0.4%（流通A股）
	04年末	25823		博时精选股票证券投资基金0.33%（流通A股）
其他流通股东	杭州千岛湖万向旅游投资股份有限公司0.327%			
近年分配	05预案：10派1；04年：10派1转增5；03年：10派1.5	近年募资		

二〇〇五年以来市场表现

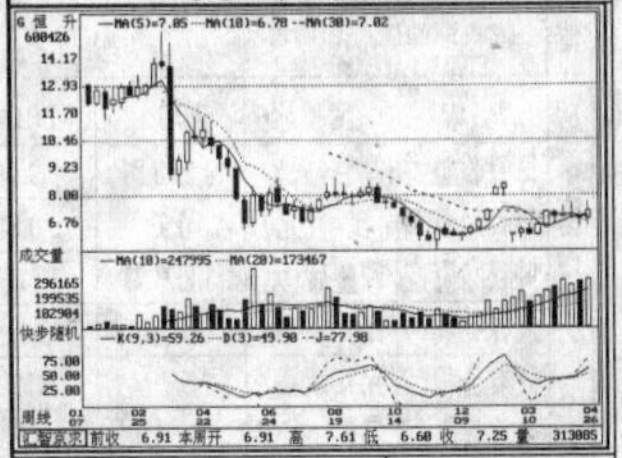

2005年涨跌幅(%)	-15.86
2005年最高(元)	17.31
2006年涨跌幅(%)	33.55
2006.4.26收盘(元)	7.25
2006年最高(元)	10.12
2006年最低(元)	7.74
2006年换手率(%)	239.37
股改对价	送股 每10股实际获得3.3股(06/02/22)

G中远（600428）

上市日期：02/04/18　电话：020-62621288　传真：020-62621388

主营	特种杂货远洋运输及沿海运输			
	年　度	2005	2004	2003
主要指标	每股收益/扣除后(元)	1.05/1.05	0.8	0.31/0.27
	每股经营现金流量(元)	1.62	2.02	0.57
	每股净资产/调整后(元)	3.24/3.24	3.86/3.86	3.98/3.96
	未分利润(万元)	56653.91	38837.27	8792.42
	资本公积(万元)	61381.63	80101.63	90901.63
利润构成	主营收入(万元)	374153.05	202982.2	81330.03
	主营利润(万元)	118793.81	68363.49	18799.41
	营业利润(万元)	103504.44	58081	16002.92
	投资收益(万元)		124	236.27
	利润总额(万元)	103498.11	58196.59	17736.09
	净利润(万元)	68506.79	37492.15	11066.32
点评	公司业绩在05年中期达到高点，除了半潜船和重吊船以外，其余船型的毛利率水平和期租水平下半年都出现回落。预计06年杂货市场和特种船市场的运输需求增长都将继续放缓，未来公司业绩将步入下降通道。高油价给公司成本造成了极大压力。			

	截止日期	05年末	占%	主要股东及持股比例%、持股性质
股本结构（万股）	总股本	65520		广州远洋运输公司50.13%（国有股）
	国有股	33238.52	50.73	博时价值增长证券投资基金2.44%（流通A股）
	发起股	1523.48	2.33	FORTIS BANK SA/NV 1.59%（流通A股）
	外资股			广州经济技术开发区广远海运服务有限公司1.46%（非流通股）
	募集股			交银施罗德精选股票证券投资基金0.61%（流通A股）
	流通A	30758	46.94	中国广州外轮代理公司0.6%（国有股）
	流通B			申万巴黎盛利精选证券投资基金0.57%（流通A股）
	流通H			全国社保基金一一二组合0.52%（流通A股）
股东户数	05年末	51223		深圳远洋运输股份有限公司0.52%（非流通股）
	04年末	27691		融通新蓝筹证券投资基金0.5%（流通A股）
其他流通股东	上证50交易型开放式指数证券投资基金0.458%；嘉实增长开放式证券投资基金0.294%			
近年分配	05中期：10派3.5年终预案：10派2；04年：10派3转增4；03中期：10派1年终：10转增3	近年募资		

二〇〇五年以来市场表现

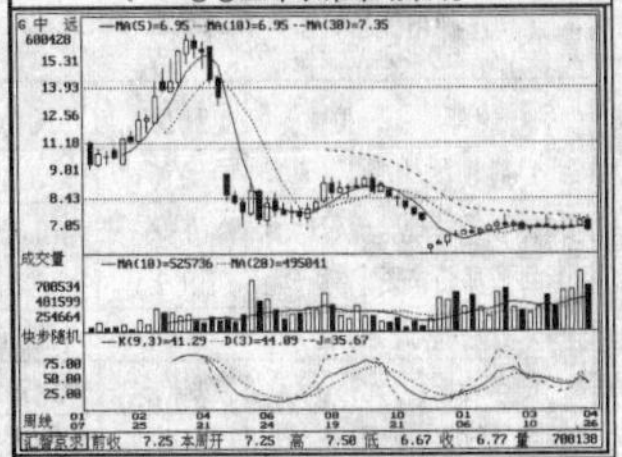

2005年涨跌幅(%)	12.39
2005年最高(元)	16.68
2006年涨跌幅(%)	3.36
2006.4.26收盘(元)	6.77
2006年最高(元)	7.53
2006年最低(元)	6.48
2006年换手率(%)	262.98
股改对价	送股 每10股实际获得3股(05/12/09)

G 三元（600429）

上市日期:03/09/15　电话:010－82411798010　传真:010－82411798

主营	乳制品、饮料、食品加工、销售			
	年度	2005	2004	2003
主要指标	每股收益/扣除后(元)	-0.1/-0.14	-0.2	0.02/-0.04
	每股经营现金流量(元)	0.22	0.07	0.03
	每股净资产/调整后(元)	1.15/1.12	1.23/1.2	1.44/1.41
	未分利润(万元)	-18051.66	-11742.71	600.79
	资本公积(万元)	23370.64	22609.83	22704.71
利润构成	主营收入(万元)	96026.07	100862.31	130703.36
	主营利润(万元)	20127.09	20174.06	28197.13
	营业利润(万元)	-8929.19	-10115.83	1437.61
	投资收益(万元)	116.64	-2774.24	-1566.17
	利润总额(万元)	-6182.65	-12354.53	2666.61
	净利润(万元)	-6197.32	-12583.45	1281.92
点评	2005年,尽管公司由于厂房搬迁等获得政府补贴收入,但由于乳业竞争激烈,毛利率持续下滑,2005年全年仍告亏损。2006年,通过公司的产品结构调整,将亏损的子公司上海全佳转让,预计经营情况有望好转,可能扭亏为盈。			

股本结构(万股)	截止日期	05年末	占%	主要股东及持股比例%、持股性质
	总股本	63500		北京企业(食品)有限公司55%(外资股)
	国有股	10185	16.04	北京三元集团有限责任公司15.28%(国有股)
	发起股	2910	4.58	北京燕京啤酒股份有限公司3.82%(非流通股)
	外资股	35405	55.76	北京燕京啤酒集团公司0.76%(国有股)
	募集股			北京亦庄新城实业有限公司0.76%(非流通股)
	流通A	15000	23.62	东顺兴业股份有限公司0.76%(外资股)
	流通B			黄素云0.12%(流通A股)
	流通H			朱兵0.1%(流通A股)
股东户数	05年末	37911		王月华0.09%(流通A股)
	04年末	43868		庄汝云0.08%(流通A股)
其他流通股东	姜宏0.08%;沈祖鸿0.08%;李少康0.074%;许卫东0.072%;王会星0.064%;关霖芝0.057%			
近年分配	03年:10派0.15	近年募资	03年新发15000万股,发行价2.6元。	

二〇〇五年以来市场表现

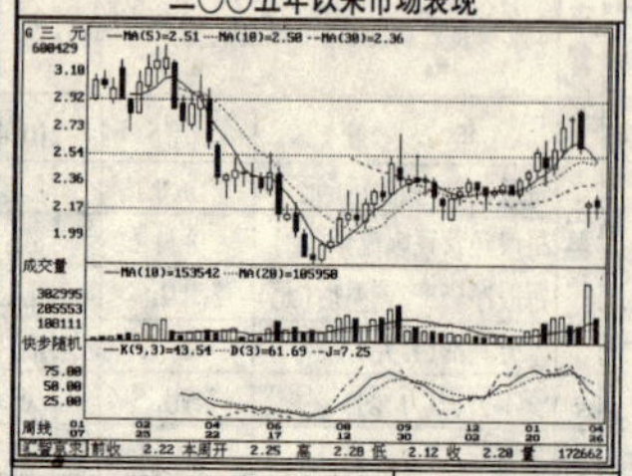

2005年涨跌幅(%)	-23.75
2005年最高(元)	3.29
2006年涨跌幅(%)	37.02
2006.4.26收盘(元)	2.2
2006年最高(元)	3.24
2006年最低(元)	2.26
2006年换手率(%)	91.06
股改对价	送股 每10股实际获得4.2股(06/04/19)

G 吉恩（600432）

上市日期:03/09/05　电话:0432－5610629　传真:0432－5619014

主营	高冰镍、硫酸镍、电解镍、氢氧化镍的生产和销售;铜精矿、硫酸铜的生产和销售			
	年度	2005	2004	2003
主要指标	每股收益/扣除后(元)	0.85/0.86	0.74	0.31/0.31
	每股经营现金流量(元)	0.93	0.84	0.17
	每股净资产/调整后(元)	3.81/3.77	3.24/3.2	2.69/2.66
	未分利润(万元)	21517.74	13645.61	5818.17
	资本公积(万元)	24962.64	24717.5	24483.13
利润构成	主营收入(万元)	103833.42	91173.25	51013.46
	主营利润(万元)	33615.85	28075.67	13065.19
	营业利润(万元)	19691.14	15642.39	6663.68
	投资收益(万元)			-2.95
	利润总额(万元)	19448.07	15725.92	6672.62
	净利润(万元)	16244.56	14061.5	5872.17
点评	报告期内,公司主要产品镍价格的仍然维持高位,公司的收入与净利润同步增长,公司2004年资产收购(收购集团公司井下采矿、动能系统等经营性净资产,大岭矿、富家矿两个矿山的采矿权等)产权过户手续办理完毕,为公司带来较大增长。			

股本结构(万股)	截止日期	05年末	占%	主要股东及持股比例%、持股性质
	总股本	19000		吉林镍业集团有限责任公司63.78%(国有股)
	国有股	12294	64.71	佛山市华创化工有限公司2.79%(非流通股)
	发起股	706	3.72	营口青花耐火材料股份有限公司0.93%(非流通股)
	外资股			中国人寿保险(集团)公司－传统－普通保险产品0.79%(流通A股)
	募集股			吉林省通化赤柏松铜镍矿0.46%(国有股)
	流通A	6000	31.58	长沙矿冶研究院0.46%(国有股)
	流通B			中国银行－同盛证券投资基金0.45%(流通A股)
	流通H			上海申能创业投资有限公司工会委员会0.27%(流通A股)
股东户数	05年末	24183		岳鹏0.17%(流通A股)
	04年末	25596		沈晟0.11%(流通A股)
其他流通股东	王娟0.104%;薛建新0.092%;杨跃滨0.091%;易丙强0.083%;沙丹红0.08%			
近年分配	05预案:10派1转增2;04年:10派3;03年:10派2	近年募资	03年新发6000万股,发行价4.66元。	

二〇〇五年以来市场表现

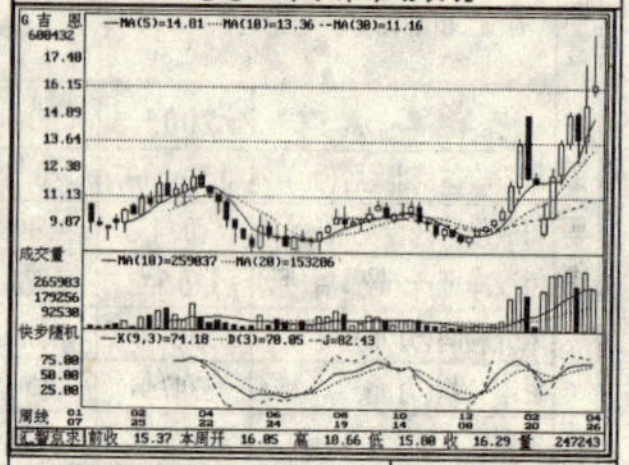

2005年涨跌幅(%)	-3.43
2005年最高(元)	12.3
2006年涨跌幅(%)	104.63
2006.4.26收盘(元)	16.29
2006年最高(元)	23.7
2006年最低(元)	10.12
2006年换手率(%)	398.31
股改对价	送股 每10股实际获得2.7股(06/03/15)

冠豪高新（600433）

上市日期:03/06/19　电话:0759－3632888　传真:0759－3382109 3632000

主营	生产和销售热敏记录纸、无碳复写纸及其微胶囊			
	年度	2005	2004	2003
主要指标	每股收益/扣除后(元)	0.06	0.11	0.15/0.15
	每股经营现金流量(元)	0.406	0.023	0.074
	每股净资产/调整后(元)	2.56/2.55	2.59/2.55	2.63/2.59
	未分利润(万元)	2454.19	3199.65	4134.69
	资本公积(万元)	20446.34	20433.32	20358.49
利润构成	主营收入(万元)	55470.79	39765.16	35442.14
	主营利润(万元)	9139.69	7785.31	7751.85
	营业利润(万元)	1511.38	2552.12	3086.43
	投资收益(万元)		-182.23	
	利润总额(万元)	1441.72	2423.87	3085.75
	净利润(万元)	1005.35	1723.47	2407.97
点评	公司产能扩张较快,是报告期内主营业务收入同比大幅上升。但是营业费用和财务费用较上年有所提高,产品毛利率下降,造成了净利润没有同步上升。06年随着销售网络的完善,新增产能将带来较大的利润贡献。			

股本结构(万股)	截止日期	05年末	占%	主要股东及持股比例%、持股性质
	总股本	16000		广东粤财投资有限公司25.625%(国有股)
	国有股	5100	31.87	湛江经济技术开发区新亚实业有限公司24.375%(非流通股)
	发起股	3900	24.38	浩正集团有限公司6.25%(外资股)
	外资股	1000	6.25	广东粤财实业发展公司3.125%(国有股)
	募集股			广州润华置业有限公司3.125%(国有股)
	流通A	6000	37.5	盖亚商贸0.296%(流通A股)
	流通B			周杨艳0.257%(流通A股)
	流通H			陈宋孟0.24%(流通A股)
股东户数	05年末	22943		陈书江0.206%(流通A股)
	04年末	25193		郑会文0.137%(流通A股)
其他流通股东	罗豪0.127%;罗明鹏0.124%;朱文强0.119%;梅文彬0.118%;孙建中0.105%			
近年分配	05预案:10派0.5;04年:10派1;03年:10派1.5	近年募资	03年新发6000万股,发行价4.6元。	

二〇〇五年以来市场表现

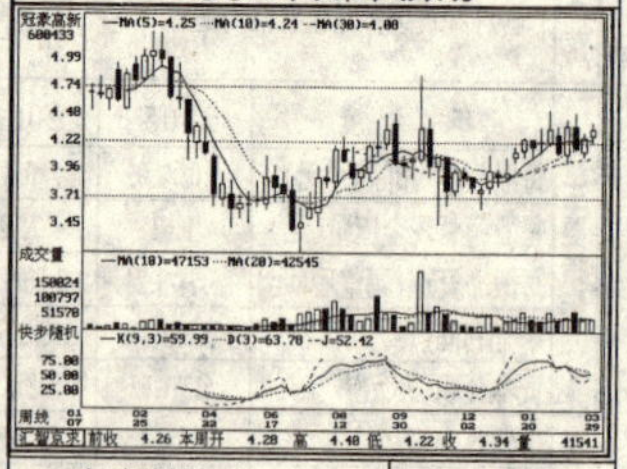

2005年涨跌幅(%)	-14.62
2005年最高(元)	5.25
2006年涨跌幅(%)	10.43
2006.4.26收盘(元)	4.34
2006年最高(元)	4.52
2006年最低(元)	4.03
2006年换手率(%)	78.59
股改对价	送股 每10股实际获得3.2股

北方天鸟（600435）

上市日期:03/07/04　　电话:010－83682722　　传真:010－63729771

主营	电脑刺绣机的研发、生产和销售			
主要指标	年　　度	2005	2004	2003
	每股收益/扣除后(元)	0.18/0.18	0.17	0.3
	每股经营现金流量(元)	0.16	－0.18	－0.085
	每股净资产/调整后(元)	6.07/5.92	5.94/5.86	5.73/5.67
	未分利润(万元)	6999.62	6166.41	4961.69
	资本公积(万元)	36351.92	36351.92	35007.92
利润构成	主营收入(万元)	25847.9	20202.01	24412.94
	主营利润(万元)	6000.24	5454.26	7235.38
	营业利润(万元)	1874.76	1679.16	2739.34
	投资收益(万元)	－2.77	4.32	－9.28
	利润总额(万元)	1835.66	1680.47	2742.57
	净利润(万元)	1612.54	1516.02	2701.01
点评	主导产品电脑刺绣机市场在技术、行业准入方面的门槛较低,随着江浙众多低价产品大量进入,北方天鸟作为行业第一的品牌受到一定影响。2005 年采用子公司方式,通过收购、兼并、合资合作等手段实现企业扩张,进一步提高了公司在电脑刺绣机上的规模优势。			

股本结构(万股)	截止日期	05 年末	占%	主要股东及持股比例%、持股性质
	总股本	9000		北京华北光学仪器有限公司 46.15%(国有股)
	国有股			深圳市盈宁科技有限公司 5.76%(非流通股)
	发起股	5000	55.56	北方光电工贸有限公司 2.3%(非流通股)
	外资股			郭品洁 1.29%(流通 A 股)
	募集股			北京励科鸣科技发展中心 0.77%(非流通股)
	流通 A	4000	44.44	温州经济技术开发区大田线带有限公司 0.58%(非流通股)
	流通 B			上海华瑞投资有限公司 0.42%(流通 A 股)
	流通 H			陈明杰 0.42%(流通 A 股)
股东户数	05 年末	16931		张赛兰 0.25%(流通 A 股)
	04 年末	18868		黄桂娣 0.24%(流通 A 股)
其他流通股东	杨展 0.205%;周根生 0.179%;栾建普 0.167%;林立斌 0.16%;郑冬英 0.154%			
近年分配	05 预案:10 派 0.5 送 3;04 年:10 派 0.5;03 年:10 派 1	近年募资		03 年新发 4000 万股,发行价 9.6 元。

二〇〇五年以来市场表现

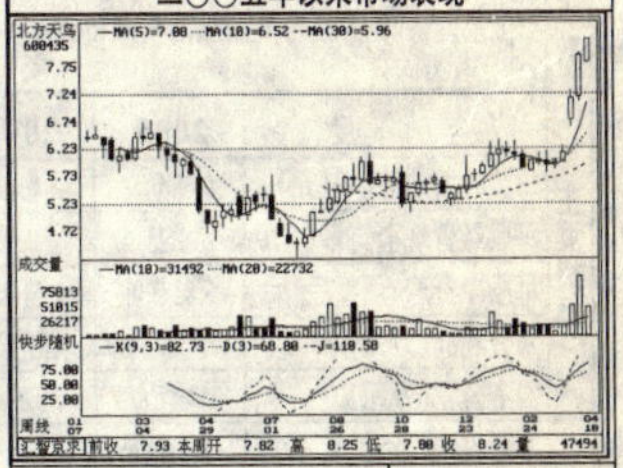

2005 年涨跌幅(%)	－10.92
2005 年最高(元)	6.77
2006 年涨跌幅(%)	43.55
2006.4.26 收盘(元)	8.24
2006 年最高(元)	8.25
2006 年最低(元)	5.73
2006 年换手率(%)	100.79
股改对价	送股 每 10 股实际获得 3.3 股

片仔癀（600436）

上市日期:03/06/16　　电话:0596－2300313　　传真:0596－2306435

主营	片仔癀系列及其他中成药品的生产经营			
主要指标	年　　度	2005	2004	2003
	每股收益/扣除后(元)	0.617/0.602	0.298	0.43/0.425
	每股经营现金流量(元)	0.493	0.705	0.23
	每股净资产/调整后(元)	4.13/4.12	3.77/3.77	3.88/3.88
	未分利润(万元)	7372.59	3681.6	6009.73
	资本公积(万元)	31003.39	31003.39	30753.21
利润构成	主营收入(万元)	41882.09	25348.61	21359.4
	主营利润(万元)	19853.96	16679.04	14122.84
	营业利润(万元)	12236.24	7577.13	8357.36
	投资收益(万元)	974.2	130.27	585.97
	利润总额(万元)	13350.62	7827.6	9067.7
	净利润(万元)	8639.83	4177.36	6047.81
点评	由于合并报表增加了片仔癀医药公司,05 年公司主营收入大幅增长。净利润也大幅增长,主要原因有:04 年计提国债投资,利润基数较低;去年主导产品片仔癀两次提价。去年公司加大普药推广力度,牛黄解毒片、心舒宝等增长较快,但营业费用同比也大幅增长。			

股本结构(万股)	截止日期	05 年末	占%	主要股东及持股比例%、持股性质
	总股本	14000		漳州片仔癀集团公司 57.143%(国有股)
	国有股	9000	64.29	漳州市国有资产投资经营有限公司 7.143%(国有股)
	发起股	400	2.86	漳龙实业有限公司 4.286%(非流通股)
	外资股	600	4.29	中国银行－嘉实成长收益型证券投资基金 2.692%(流通 A 股)
	募集股			中国银行－嘉实增长开放式证券投资基金 2.677%(流通 A 股)
	流通 A	4000	28.57	金鑫证券投资基金 2.563%(流通 A 股)
	流通 B			交通银行－普惠证券投资基金 2.086%(流通 A 股)
	流通 H			交通银行－汉兴证券投资基金 1.597%(流通 A 股)
股东户数	05 年末	7328		中国银行－嘉实服务增值行业证券投资基金 1.43%(流通 A 股)
	04 年末	17253		福建省药材公司 1.429%(非流通股)
其他流通股东	上海浦东发展银行－广发小盘成长股票型证券投资 1.2%;交通银行－鹏华中国 50 开放式证券投资基金 0.66%			
近年分配	05 方案:10 派 5;04 年:10 派 2.6;03 年:10 派 4.2	近年募资		03 年新发 4000 万股,发行价 8.55 元。

二〇〇五年以来市场表现

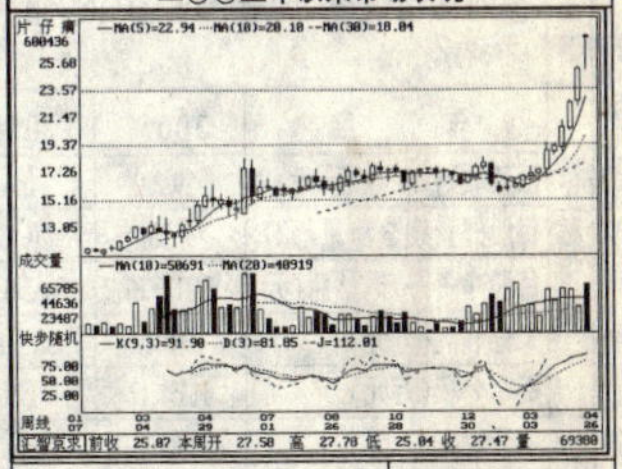

2005 年涨跌幅(%)	53.58
2005 年最高(元)	18.56
2006 年涨跌幅(%)	62.45
2006.4.26 收盘(元)	27.47
2006 年最高(元)	27.78
2006 年最低(元)	15.54
2006 年换手率(%)	184.05
股改对价	送股 每 10 股实际获得 2.8 股

G 通威（600438）

上市日期:04/03/02　　电话:028—85150888　　传真:028—85150999

主营	生产、销售饲料及饲料添加剂。			
主要指标	年　　度	2005	2004	2003
	每股收益/扣除后(元)	0.71/0.72	0.41	0.39/0.39
	每股经营现金流量(元)	0.98	1.43	－0.45
	每股净资产/调整后(元)	4.09/4.08	3.72/3.71	2.4/2.38
	未分利润(万元)	10302.77	6318.27	13027.87
	资本公积(万元)	36413.79	36392.85	9.59
利润构成	主营收入(万元)	367135.33	262861.25	169856.66
	主营利润(万元)	39059.63	25188.4	18835.35
	营业利润(万元)	16896.46	9393.95	5801.88
	投资收益(万元)	－624.19		1.22
	利润总额(万元)	16145.29	9251.56	5742.39
	净利润(万元)	12269.06	6975.34	4324.42
点评	饲料行业里鱼饲料的龙头企业。05 年我国经历了猪链球菌、禽流感事件,而水产品得到广大消费者的喜爱,公司鱼饲料销售大幅度增长。公司正逐步成为一个集水产品品种改良、养殖技术研究和推广饲料加工、水产品加工为一体的供应商。			

股本结构(万股)	截止日期	05 年末	占%	主要股东及持股比例%、持股性质
	总股本	17188		通威集团有限公司 59.873%(非流通股)
	国有股			中国银行－嘉实增长开放式证券投资基金 2.349%(流通 A 股)
	发起股	10490.99	61.04	申银万国－花旗－DEUTSCHE BANK AKTIENGESELLSCHAFT 1.848%(流通 A 股)
	外资股			长城证券有限责任公司 1.74%(流通 A 股)
	募集股			久嘉证券投资基金 1.606%(流通 A 股)
	流通 A	6000	34.91	刘定全 1.491%(非流通股)
	流通 B			中国工商银行－南方避险增值基金 1.188%(流通 A 股)
	流通 H			国际金融－汇丰－MORGAN STANLEY @ CO. INTERNATIONAL LIMITED 1.177%(流通 A 股)
股东户数	05 年末	13568		四川眉山金腾投资开发有限责任公司 1.164%(非流通股)
	04 年末	24438		中国农业银行－银河稳健证券投资基金 0.882%(流通 A 股)
其他流通股东	中国工商银行－安瑞证券投资基金 0.824%;交通银行－湘财合丰价值优化型稳定类行业基金 0.704%			
近年分配	05 方案:10 派 0.56 送 5 转增 5;04 年:10 派 3.5;03 年:10 派 1.1	近年募资		04 年新发 6000 万股,发行价 7.5 元。

二〇〇五年以来市场表现

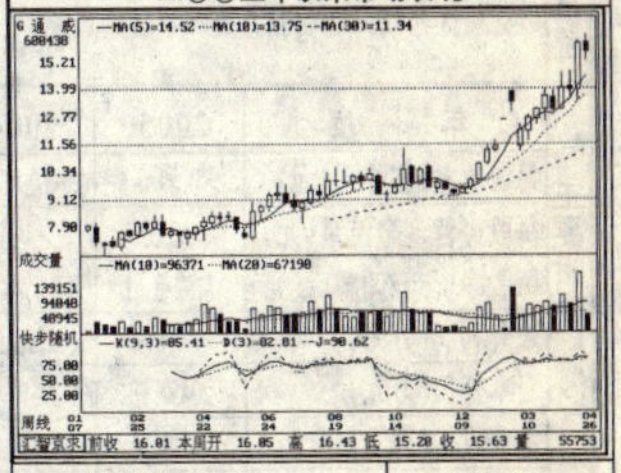

2005 年涨跌幅(%)	47.28
2005 年最高(元)	11.83
2006 年涨跌幅(%)	59.49
2006.4.26 收盘(元)	15.63
2006 年最高(元)	18.9
2006 年最低(元)	11.18
2006 年换手率(%)	152.25
股改对价	送股 每 10 股实际获得 1.5 股(06/03/03)

G瑞贝卡（600439）

上市日期:03/07/10　　电话:0374－5136699　　传真:0374－5136567

主营：工艺发条、化纤发等发制品的生产和销售。

	年　度	2005	2004	2003
主要指标	每股收益/扣除后(元)	0.58/0.58	0.69	0.52/0.53
	每股经营现金流量(元)	0.23	0.32	-0.48
	每股净资产/调整后(元)	3.92/3.91	4.54/4.52	4.63/4.63
	未分利润(万元)	14587.56	10212.52	8819.6
	资本公积(万元)	18667.62	21609.62	21609.62
利润构成	主营收入(万元)	84014.26	77701.31	51735.67
	主营利润(万元)	17975.16	15414.24	11480.39
	营业利润(万元)	10355.46	9618.18	7222.46
	投资收益(万元)	266.31	66.04	
	利润总额(万元)	10616.32	9626.49	7168.26
	净利润(万元)	7446.14	6799.81	4723.31

点评：2005年,公司在行业内众多企业收入普遍下降的情况下,实现了主营业务收入与利润的小幅度增长。作为我国化纤发子行业的龙头企业,其以技术进步为基础,具备产品结构调整的实力,因而,可看好其06年的经营业绩。

股本结构(万股)	截止日期	05年末	占%	主要股东及持股比例%、持股性质
	总股本	12870		许昌县发制品总厂 51.2%（非流通股）
	国有股			许昌市魏都利达发制品厂 6.4%（非流通股）
	发起股	8154.43	63.36	国联安德盛小盘精选证券投资基金 4.93%（流通A股）
	外资股			许昌县新和工艺品有限责任公司 3.84%（非流通股）
	募集股			工银瑞信核心价值股票型证券投资基金 2.21%（流通A股）
	流通A	4633.2	36	许昌县盛隆工艺有限责任公司 1.92%（非流通股）
	流通B			汉盛证券投资基金 1.6%（流通A股）
	流通H			银河稳健证券投资基金 1.19%（流通A股）
股东户数	05年末	7807		华夏大盘精选证券投资基金 1.07%（流通A股）
	04年末	9169		长城久恒平衡型证券投资基金 1.05%（流通A股）

其他流通股东：花旗－UBS LIMITED 0.959%；银河银泰理财分红证券投资基金 0.734%；香港上海汇丰银行有限公司 0.582%

近年分配：05预案:10派2转增2；04年:10派2转增3；03年:10派4送1　　**近年募资**：03年新发2400万股,发行价10.4元。

二〇〇五年以来市场表现

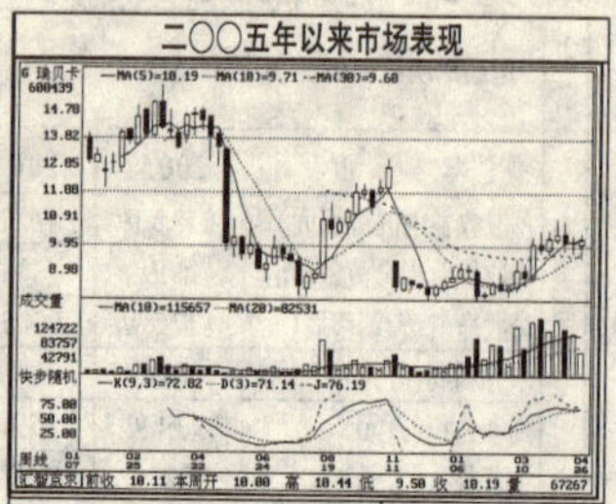

2005年涨跌幅(%)	12.42
2005年最高(元)	17.19
2006年涨跌幅(%)	15.93
2006.4.26收盘(元)	10.19
2006年最高(元)	10.91
2006年最低(元)	8.01
2006年换手率(%)	338.21
股改对价	送股 每10股实际获得3.5股(05/11/08)

G国通（600444）

上市日期:04/02/19　　电话:0551－3817860　　传真:0551－3817000

主营：大口径UPVC管、PE管、塑料管材、管件生产、销售;技术研究、开发。

	年　度	2005	2004	2003
主要指标	每股收益/扣除后(元)	0.29/0.29	0.4	0.48
	每股经营现金流量(元)	0.38	0.13	0.06
	每股净资产/调整后(元)	3.91/3.87	3.62/3.61	2.24
	未分利润(万元)	7580.09	5873.83	4204.74
	资本公积(万元)	11354.17	11354.17	0.69
利润构成	主营收入(万元)	30205.73	29309.37	19074.52
	主营利润(万元)	8724.63	9232.34	7030.68
	营业利润(万元)	2500.69	2798.2	2159.99
	投资收益(万元)	-73.15	6.5	
	利润总额(万元)	2408.91	2825.31	2284.61
	净利润(万元)	2007.37	2787.16	1924.11

点评：2005年由于行业竞争激烈、产品价格下降,同时上游原材料价格不断上涨,使得公司毛利率呈下滑趋势,业绩同比也有所下降。公司未来募集资金项目投入可能带来业绩增长,但国家宏观调控也给公司经营带来负面影响。

股本结构(万股)	截止日期	05年末	占%	主要股东及持股比例%、持股性质
	总股本	7000		巢湖市第一塑料厂 11.891%（非流通股）
	国有股	799.82	11.43	安徽国风集团有限公司 11.426%（国有股）
	发起股	2240.18	32	合肥天安集团有限公司 6.08%（非流通股）
	外资股			北京中鼎投资有限公司 5.346%（非流通股）
	募集股			合肥长发实业有限公司 4.343%（非流通股）
	流通A	3960	56.57	北京华商投资有限公司 4.343%（非流通股）
	流通B			北京雅宝经济文化发展中心 0.805%（流通A股）
	流通H			孙孟林 0.699%（流通A股）
股东户数	05年末	15894		莫莉 0.199%（流通A股）
	04年末	15519		邓丽华 0.189%（流通A股）

其他流通股东：刘恒山 0.172%；王秀芳 0.153%；新疆汇合投资有限公司 0.143%；林延义 0.14%；郭毅文 0.138%；姚锡坤 0.132%

近年分配：03年:10派1　　**近年募资**：04年新发3000万股,发行价5.03元。

二〇〇五年以来市场表现

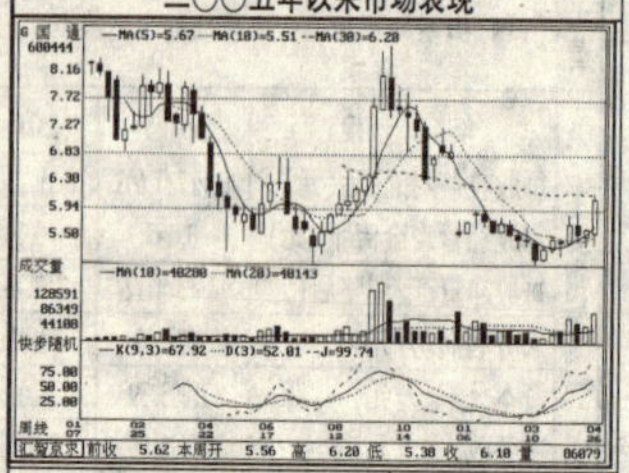

2005年涨跌幅(%)	-11.68
2005年最高(元)	8.61
2006年涨跌幅(%)	10.11
2006.4.26收盘(元)	6.1
2006年最高(元)	6.2
2006年最低(元)	5.06
2006年换手率(%)	163.08
股改对价	送股 每10股实际获得3.2股(05/12/26)

G金证（600446）

上市日期:03/12/24　　电话:0755－82955524　　传真:0755－82955534

主营：金融证券软件的研制开发和系统集成

	年　度	2005	2004	2003
主要指标	每股收益/扣除后(元)	-0.59/0.1	0.06	0.47/0.43
	每股经营现金流量(元)	-0.32	-0.43	0.66
	每股净资产/调整后(元)	3.82/3.81	4.66/4.65	4.61/4.6
	未分利润(万元)	-2996.97	2998.51	2749.97
	资本公积(万元)	20450.98	20450.98	20450.98
利润构成	主营收入(万元)	70614.55	47513.24	22593.47
	主营利润(万元)	9549.15	8333.81	9204.19
	营业利润(万元)	1431.45	821.93	3364.62
	投资收益(万元)	-4896.44	-32.02	-36.79
	利润总额(万元)	-3385.83	935.04	3501.06
	净利润(万元)	-4068.63	394.74	3235.26

点评：证券市场波动使券商推迟IT支出,导致公司证券软件销售同比大幅下滑;子公司代理销售华为－3Com产品高速增长,从而推动主营快速增长;为委托理财提取减值准备导致大幅亏损。预计券商生存环境好转将推动公司主业收入增长,但成长可持续性尚待观察。

股本结构(万股)	截止日期	05年末	占%	主要股东及持股比例%、持股性质
	总股本	6872		杜宣 17.57%（非流通股）
	国有股			赵剑 17.57%（非流通股）
	发起股	243.46	3.54	李结义 17.57%（非流通股）
	外资股			徐岷波 17.57%（非流通股）
	募集股			深圳市创新投资集团有限公司 3.54%（非流通股）
	流通A	1800	26.19	林招金 0.22%（流通A股）
	流通B			闫世刚 0.21%（流通A股）
	流通H			彭勇 0.12%（流通A股）
股东户数	05年末	10567		赵东楼 0.1%（流通A股）
	04年末	10853		胡军 0.1%（流通A股）

其他流通股东：黄英文 0.087%；刘世祥 0.084%；彭建英 0.08%；田学东 0.079%；贺翠南 0.073%

近年分配：04年:10派2.5；03年:10派0.882　　**近年募资**：03年新发1800万股,发行价13.11元。

二〇〇五年以来市场表现

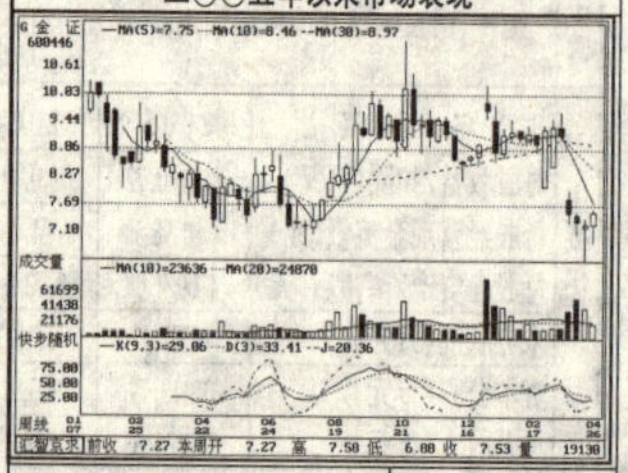

2005年涨跌幅(%)	2.79
2005年最高(元)	11.45
2006年涨跌幅(%)	2.58
2006.4.26收盘(元)	7.53
2006年最高(元)	10.53
2006年最低(元)	8.07
2006年换手率(%)	176.91
股改对价	送股 每10股实际获得3.2股(06/04/07)

华纺股份（600448）

上市日期:01/09/03　　电话:0543－3288255　　传真:0543－3288520

主营：棉纺、毛纺、印染产品的生产、加工、销售和进出口贸易。

	年　　度	2005	2004	2003
主要指标	每股收益/扣除后(元)	0.03/0.02	－0.42	0.01/－0.01
	每股经营现金流量(元)	0.02	0.22	0.13
	每股净资产/调整后(元)	2.42/2.41	2.39/2.2	2.81/2.8
	未分利润(万元)	－14788.25	－15626.58	－5288.86
	资本公积(万元)	48410.45	48410.45	48409.66
利润构成	主营收入(万元)	160198.08	148177.63	128313.89
	主营利润(万元)	8933.48	5852.92	8123.2
	营业利润(万元)	1597.34	－5060.83	407.46
	投资收益(万元)		－2396.22	－84.9
	利润总额(万元)	1590.66	－11386.41	310.65
	净利润(万元)	840.28	－10327.8	227.06

点评：公司主要从事印染与棉纺纺织产业经营。2005年,公司克服了外销市场的种种不利影响,且技术改造项目相继完工投产,实现了扭亏为盈。随着国内消费的升级,国内纺织品消费市场也会不断扩大与升级,因而预计公司06年的经营环境会相对好些。

	截止日期	05年末	占%	主要股东及持股比例%、持股性质
股本结构（万股）	总股本	24500		华诚投资管理有限公司 34.59%（国有股）
	国有股	15011.54	61.27	山东滨州印染集团有限责任公司 26.4%（国有股）
	发起股	138.46	0.57	湖州惠丰纺织有限公司 0.28%（非流通股）
	外资股			上海雪羚毛纺织有限公司 0.28%（非流通股）
	募集股			山东亚光纺织集团有限公司 0.28%（国有股）
	流通A	9350	38.16	刘应秀 0.22%（流通A股）
	流通B			楼文睿 0.09%（流通A股）
	流通H			李财森 0.07%（流通A股）
股东户数	05年末	36142		孙雪虎 0.07%（流通A股）
	04年末	40123		温运霞 0.07%（流通A股）
其他流通股东	林忠 0.063%;俞敏 0.061%;陈宝钢 0.059%;汪子发 0.059%;杨平 0.058%			
近年分配		近年募资		

二〇〇五年以来市场表现

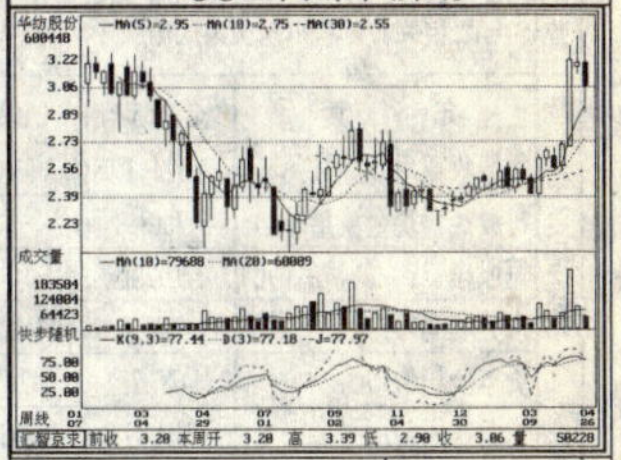

2005年涨跌幅(%)	－25.16
2005年最高(元)	3.3
2006年涨跌幅(%)	28.57
2006.4.26收盘(元)	3.06
2006年最高(元)	3.39
2006年最低(元)	2.38
2006年换手率(%)	117.02
股改对价	

赛马实业（600449）

上市日期:03/08/29　　电话:0951－2085256　　传真:0951－2085256

主营：水泥制造、销售。

	年　　度	2005	2004	2003
主要指标	每股收益/扣除后(元)	0.42/0.42	0.45	0.287/0.29
	每股经营现金流量(元)	0.12	0.28	0.696
	每股净资产/调整后(元)	4.94/4.89	4.67/4.64	4.12/4.1
	未分利润(万元)	13831.24	11311.42	8087.42
	资本公积(万元)	31161.78	31160.74	28499.65
利润构成	主营收入(万元)	49268.09	40081.23	31239.08
	主营利润(万元)	14973.57	13795.74	10653.15
	营业利润(万元)	2899.15	4997.37	2411.84
	投资收益(万元)		147.35	－120.76
	利润总额(万元)	6640.09	6173.36	3954.09
	净利润(万元)	5135.08	5529.41	3531.26

点评：宁夏地区的水泥龙头企业。2005年,在宏观调控导致水泥市场需求放缓、产品价格下跌的困难形势下,公司实现主营收入有较大增长、净利润同比小幅下降实属不易。利润下降主要原因在于05年水泥需求不足以及煤炭、电力、运输等价格上涨。

	截止日期	05年末	占%	主要股东及持股比例%、持股性质
股本结构（万股）	总股本	12300		宁夏建材集团有限责任公司 56.71%（非流通股）
	国有股	6975	56.71	宁夏青龙管道有限公司 1.83%（非流通股）
	发起股	525	4.27	宁夏新材房地产开发有限公司 1.22%（非流通股）
	外资股			大成价值增长证券投资基金 0.88%（流通A股）
	募集股			宁夏英力特化工股份有限公司 0.61%（非流通股）
	流通A	4800	39.02	宁夏共赢投资有限责任公司 0.61%（非流通股）
	流通B			中国农业银行－大成精选增值混合型证券投资基金 0.43%（流通A股）
	流通H			陈锦臣 0.2%（流通A股）
股东户数	05年末	17092		吕家燕 0.18%（流通A股）
	04年末	18350		朱瑞清 0.16%（流通A股）
其他流通股东	李晓军 0.13%;赵军 0.122%;刘智才 0.122%;郭斌 0.12%;单艳 0.11%			
近年分配	05预案:10派1.5;04年:10派1.5;03年:10派1.2	近年募资	03年新发4800万股,发行价6.7元。	

二〇〇五年以来市场表现

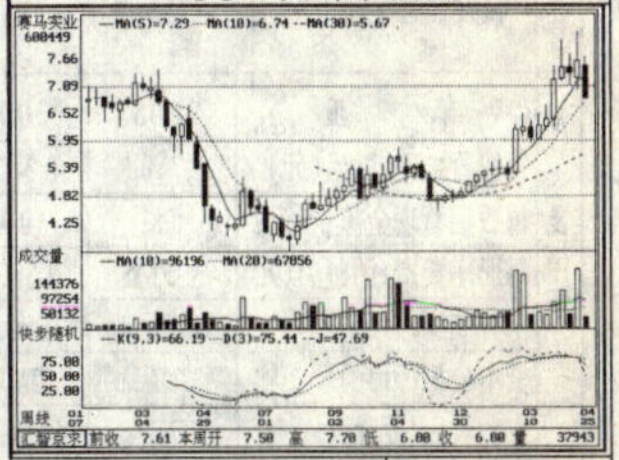

2005年涨跌幅(%)	－26.18
2005年最高(元)	7.43
2006年涨跌幅(%)	39.63
2006.4.26收盘(元)	6.8
2006年最高(元)	8.23
2006年最低(元)	4.87
2006年换手率(%)	259.62
股改对价	

G涪电力（600452）

上市日期:04/03/03　　电话:023－72286349　　传真:023－72286349

主营：电力供应、销售。

	年　　度	2005	2004	2003
主要指标	每股收益/扣除后(元)	0.17/0.17	0.16/0.16	0.24/0.24
	每股经营现金流量(元)	0.55	0.14	0.27
	每股净资产/调整后(元)	2.96/2.95	2.99/2.98	1.93
	未分利润(万元)	5902.9	6735.85	4575.22
	资本公积(万元)	23316.96	23316.96	4083.28
利润构成	主营收入(万元)	49462.73	44625.32	38451.36
	主营利润(万元)	5577.57	5459.99	5232.01
	营业利润(万元)	3377.79	3142.06	3088.52
	投资收益(万元)	－5.89		0.63
	利润总额(万元)	3307.59	3041.86	3107.8
	净利润(万元)	2785.86	2540.82	2641.63

点评：受电煤供应紧缺、降雨量偏少、电力需求紧张等困难的影响,2005年公司的主营业务收入以及净利润同比都有10%左右的增长,增幅同比下降。公司今后会加大在建水电项目的进展,使得公司的抗风险能力有所提高。

	截止日期	05年末	占%	主要股东及持股比例%、持股性质
股本结构（万股）	总股本	16000		重庆川东电力集团有限责任公司 61.05%（国有股）
	国有股	10295	64.34	重庆市涪陵光明电力有限公司 2.93%（非流通股）
	发起股	505	3.16	重庆市涪陵区有色金属工业公司 2.48%（国有股）
	外资股			重庆建筑物资总公司 0.58%（国有股）
	募集股			重庆博联变压器有限公司 0.23%（非流通股）
	流通A	5200	32.5	重庆市涪陵投资集团公司 0.23%（国有股）
	流通B			杨(哲 0.13%（流通A股）
	流通H			李辰璇 0.125%（流通A股）
股东户数	05年末	21492		郭冬云 0.116%（流通A股）
	04年末	23675		沈美蓉 0.104%（流通A股）
其他流通股东	杨(哲 0.13%;赵军 0.094%;潘美德 0.089%;吴明仁 0.084%;刘烈斌 0.081%;沈水香 0.073%;金月绪 0.072%			
近年分配	05方案:10派2;04年:10派2	近年募资	04年新发5200万股,发行价4.89元。	

二〇〇五年以来市场表现

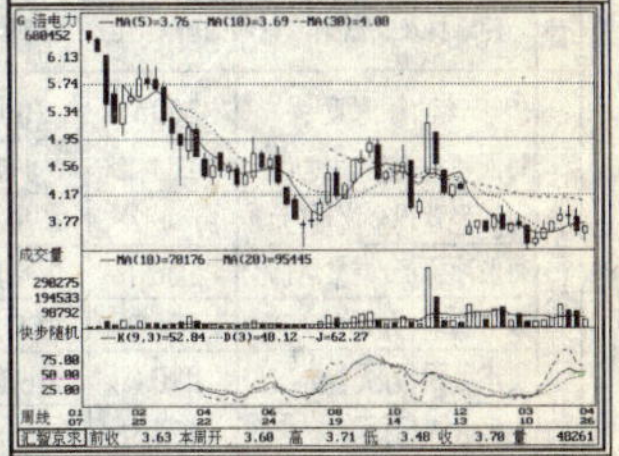

2005年涨跌幅(%)	－32.37
2005年最高(元)	6.52
2006年涨跌幅(%)	15.46
2006.4.26收盘(元)	3.7
2006年最高(元)	5.27
2006年最低(元)	4.46
2006年换手率(%)	178.75
股改对价	送股 每10股实际获得3.2股(06/01/11)

交大博通（600455）

上市日期：04/03/29　　电话：029－82666810　　传真：029－82666820

主营：自主知识产权的应用软件产品、行业解决方案研发、销售及与之相关的计算机系统集成等服务。

	年　度	2005	2004	2003
主要指标	每股收益/扣除后(元)	-1.12/-1.08	0.03/0.04	0.41/0.39
	每股经营现金流量(元)	0.08	-1.5	0.33
	每股净资产/调整后(元)	2.92/2.85	4.04/4.02	2
	未分利润(万元)	-3520.72	3448.46	3261.78
	资本公积(万元)	14787.27	14787.27	71.87
利润构成	主营收入(万元)	7844.19	10442.69	11540.32
	主营利润(万元)	850.97	5448.88	5413.07
	营业利润(万元)	-7388.83	277.74	1710.91
	投资收益(万元)	56.47	-6.56	18.44
	利润总额(万元)	-7285.98	317.28	1842.52
	净利润(万元)	-6969.18	215.78	1675.9

点评：公司应用软件所处市场竞争日趋激烈，定制软件占比高导致成本居高不下，导致软件业务收入和盈利大幅下降。新增果汁业务由于原料供应不足和价格上涨而未能实现预期增长。预计软件业务所处环境短期内难以明显改善，果汁业务经营有待进一步观察。

	截止日期	05年末	占%	主要股东及持股比例%、持股性质
股本结构（万股）	总股本	6245.8		西安交通大学产业(集团)总公司 24.1%（国有股）
	国有股	1707.55	27.34	新疆特变电工股份有限公司 13.6%（非流通股）
	发起股	2338.25	37.44	谢晓 7.77%（非流通股）
	外资股			西安经发国际实业有限公司 7.14%（非流通股）
	募集股			张敬朝 4.67%（非流通股）
	流通A	2200	35.22	西安计算机软件产业推进中心 3.24%（国有股）
	流通B			李台元 1.85%（非流通股）
	流通H			郭俊香 1.03%（非流通股）
股东户数	05年末	12252		王进芝 0.59%（非流通股）
	04年末	14695		胡养雄 0.53%（非流通股）
其他流通股东	张作堪 0.45%；王炽东 0.182%；孙伟 0.122%；裘国安 0.117%；吴禄 0.113%；赵俊茂 0.11%；卢伟 0.098%			
近年分配			近年募资	04年新发 2200 万股，发行价 8.26 元。

二〇〇五年以来市场表现

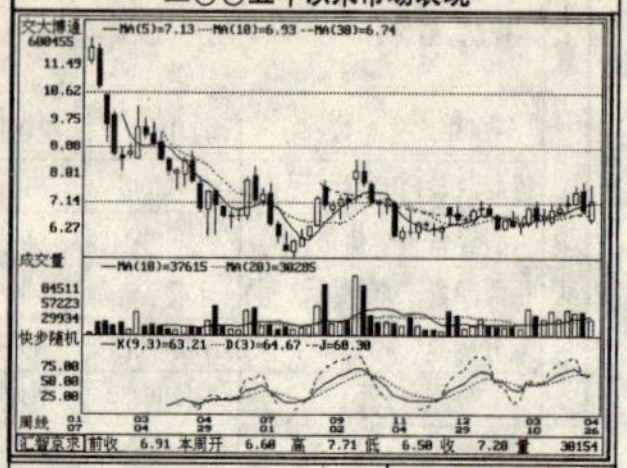

2005年涨跌幅(%)	-43.75
2005年最高(元)	12.36
2006年涨跌幅(%)	8.93
2006.4.26收盘(元)	7.2
2006年最高(元)	7.79
2006年最低(元)	6.16
2006年换手率(%)	226.03
股改对价	

G宝钛（600456）

上市日期：02/04/12　　电话：0917－3382026　　传真：0917－3382132

主营：钛及钛合金的生产、加工和销售等

	年　度	2005	2004	2003
主要指标	每股收益/扣除后(元)	0.79/0.8	0.34/0.38	0.3/0.22
	每股经营现金流量(元)	0.82	0.41	0.421
	每股净资产/调整后(元)	3.9/3.88	3.31/3.27	3.22/3.19
	未分利润(万元)	13056.18	5588.69	3806.47
	资本公积(万元)	32707.32	32707.32	32707.32
利润构成	主营收入(万元)	115507.41	62662.6	38416.02
	主营利润(万元)	30763.11	13943.14	9342.74
	营业利润(万元)	20096.16	9300.55	5634.47
	投资收益(万元)		-1158.25	1462.72
	利润总额(万元)	20022.55	8127.62	7099.78
	净利润(万元)	15846.93	6804.49	6015.77

点评：2005年国内、国际钛产品需求旺盛，公司克服了原材料紧缺且价格持续震荡攀升带来的经营压力和困难，业绩大幅增长。2006年，国际市场对钛合金产品的需求将继续大幅增长，公司将迎来良好的发展机遇。

	截止日期	05年末	占%	主要股东及持股比例%、持股性质
股本结构（万股）	总股本	20008		宝钛集团有限公司 61.29%（国有股）
	国有股	12448	62.22	中国建设银行－上投摩根中国优势证券投资基金 2.9%（流通A股）
	发起股			中国交通银行－安顺证券投资基金 1.46%（流通A股）
	外资股			中国工商银行－广发稳健增长证券投资基金 1.42%（流通A股）
	募集股			中国工商银行－广发聚富开放式证券投资基金 1.31%（流通A股）
	流通A	7560	37.78	上海浦东发展银行－广发小盘成长股票型证券投资基金 1.31%（流通A股）
	流通B			全国社保基金一零七组合 1.18%（流通A股）
	流通H			兴华证券投资基金 1.15%（流通A股）
股东户数	05年末	14799		东方证券股份有限公司 0.94%（流通A股）
	04年末	26336		中国建设银行－上投摩根阿尔法股票型证券投资基金 0.83%（流通A股）
其他流通股东	中国工商银行－广发聚丰股票型证券投资基金 0.827%			
近年分配	05方案：10派3；04年：10派2；03年：10派2.5		近年募资	

二〇〇五年以来市场表现

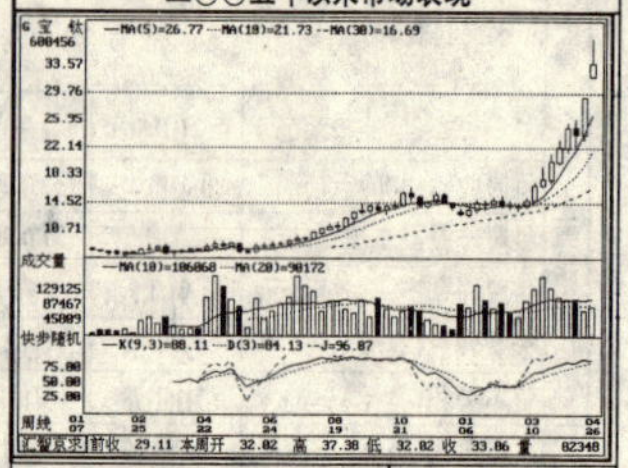

2005年涨跌幅(%)	106.31
2005年最高(元)	17.36
2006年涨跌幅(%)	161.67
2006.4.26收盘(元)	33.86
2006年最高(元)	37.38
2006年最低(元)	12.56
2006年换手率(%)	214.75
股改对价	送股 每10股实际获得2.6股(05/12/30)

G时代（600458）

上市日期：02/12/19　　电话：0733－2837718　　传真：0733－2837786

主营：高分子材料减振降噪弹性元件、高分子复合改性材料和特种涂料及新型绝缘材料的研制、生产与销售。

	年　度	2005	2004	2003
主要指标	每股收益/扣除后(元)	0.133/0.128	0.014	0.36/0.364
	每股经营现金流量(元)	-0.12	-0.28	-0.39
	每股净资产/调整后(元)	2.13/2.12	1.99/1.97	4/3.99
	未分利润(万元)	4734.72	3067.55	5141.13
	资本公积(万元)	11983.68	11926.1	18651.58
利润构成	主营收入(万元)	40583.84	31011.3	20646.42
	主营利润(万元)	9907.47	7778.48	8969.61
	营业利润(万元)	2181.9	800.05	4104.53
	投资收益(万元)	147.4	-488.66	-121.4
	利润总额(万元)	2407.81	307.27	3981.28
	净利润(万元)	2256.51	236.52	3067.71

点评：公司05年业绩同比大幅增长。公司的核心业务减振降噪弹性元件在国内铁路市场的销售同比增长了20%，海外市场也保持了良好的增长势头。公司的新型轨道减振器项目和站台防滑垫项目将为公司带来新的市场和利润增长点。

	截止日期	05年末	占%	主要股东及持股比例%、持股性质
股本结构（万股）	总股本	17029.6		中国南车集团株洲电力机车研究所 21.24%（国有股）
	国有股			北京铁工经贸公司 14.29%（国有股）
	发起股	10029.6	58.9	中国南车集团株洲电力机车有限公司 2.67%（国有股）
	外资股			中国北车集团大同电力机车有限责任公司 2.28%（国有股）
	募集股			四方机车车辆有限责任公司 2.25%（国有股）
	流通A	7000	41.1	中国南车集团株洲车辆厂 2.19%（国有股）
	流通B			中国北车集团大连机车车辆有限公司 2.18%（国有股）
	流通H			中国北车集团齐齐哈尔铁路车辆(集团)有限责任公司 2.07%（国有股）
股东户数	05年末	18974		中国南车集团资阳机车厂 1.55%（国有股）
	04年末	19872		中国南车集团南京浦镇车辆厂 1.53%（国有股）
其他流通股东	刘敏 0.517%；冯庆友 0.47%；张自昌 0.396%；北京方兴投资管理有限责任公司 0.365%；张鲁臣 0.208%；刘津 0.17%			
近年分配	05预案：10派0.5转增2；03年：10派0.5送2转增8		近年募资	

二〇〇五年以来市场表现

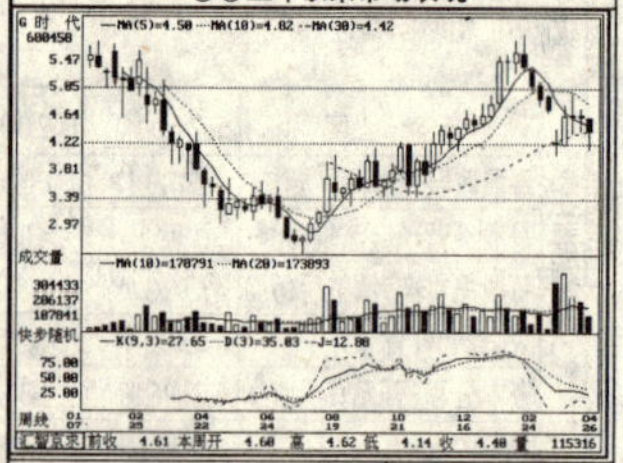

2005年涨跌幅(%)	-15.2
2005年最高(元)	5.75
2006年涨跌幅(%)	23.54
2006.4.26收盘(元)	4.4
2006年最高(元)	6.46
2006年最低(元)	4.58
2006年换手率(%)	288.07
股改对价	送股 每10股实际获得3股(06/03/27)

贵研铂业（600459）

上市日期:03/05/16　　电话:0871－5123338　　传真:0871－5122422

主营	贵金属高纯材料和贵金属功能材料(包括:贵金属特种功能材料、贵金属信息功能材料、贵金属环境及催化功能材料)的生产及销售。

	年　度	2005	2004	2003
主要指标	每股收益/扣除后(元)	0.05/0.05	0.35	0.17/0.17
	每股经营现金流量(元)	－0.54	0.21	0.23
	每股净资产/调整后(元)	4.49/4.48	4.64/4.63	4.32/4.31
	未分利润(万元)	1681.73	1301.33	1474.06
	资本公积(万元)	24401.05	24401.05	24400.64
利润构成	主营收入(万元)	34088.29	27894.27	24814.27
	主营利润(万元)	3282.04	2901.56	2155.52
	营业利润(万元)	729.3	923.59	1205.49
	投资收益(万元)	70.46	1991.26	171.06
	利润总额(万元)	721.54	2881.83	1359.84
	净利润(万元)	444.12	2973.55	1473.12

点评	2005年,公司继续稳步提升主营业务规模,业绩稳步增长。但报告期间三费增长较快,且短期投资收益同比下降较快。公司所处行业为有色金属压延加工业,未来航天等高新技术和产业的发展保证了公司业绩的稳步增长。

	截止日期	05年末	占%	主要股东及持股比例%、持股性质
股本结构(万股)	总股本	8595		昆明贵金属研究所 44.91% (国有股)
	国有股	4595	53.46	红塔创新投资股份有限公司 2.676% (国有股)
	发起股			云南铜业(集团)有限公司 2.676% (国有股)
	外资股			云南烟草兴云投资股份有限公司 1.629% (国有股)
	募集股			交通银行－融通行业景气证券投资基金 1.327% (流通A股)
	流通A	4000	46.54	中国银行－同盛证券投资基金 0.803% (流通A股)
	流通B			中国有色金属工业技术开发交流中心 0.582% (国有股)
	流通H			深圳市加德信投资有限公司 0.547% (流通A股)
股东户数	05年末	17727		太原高科耐火材料有限公司 0.465% (非流通股)
	04年末	20421		简放平 0.328% (流通A股)

其他流通股东	蔡利国 0.306%;申银万国－汇丰－MERRILL LYNCH INTERNATIONAL 0.183%;王庆国 0.183%;高德顺 0.159%

近年分配	04年:10派2；03年:10派0.3	近年募资	03年新发4000万股,发行价6.8元。

二〇〇五年以来市场表现

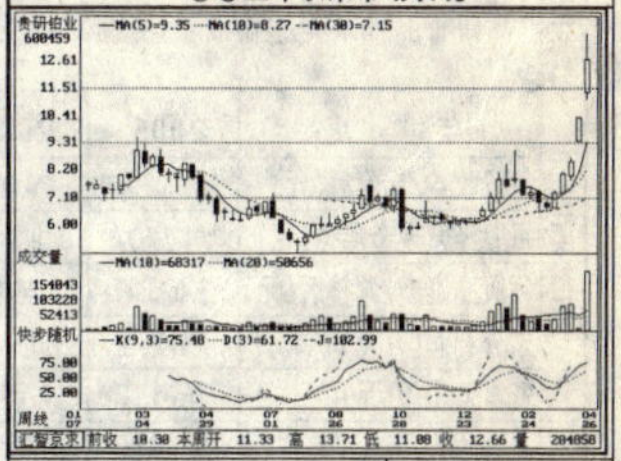

2005年涨跌幅(%)	－16.49
2005年最高(元)	9.49
2006年涨跌幅(%)	106.53
2006.4.26收盘(元)	12.66
2006年最高(元)	13.71
2006年最低(元)	6.34
2006年换手率(%)	235.04
股改对价	注资 送股 每10股实际获得1.4股

G士兰微（600460）

上市日期:03/03/11　　电话:0571－88212980　　传真:0571－88210763

主营	CMOS、BiCMOS和双极型等消费类整机用集成电路产品的开发、生产与销售。

	年　度	2005	2004	2003
主要指标	每股收益/扣除后(元)	0.28/0.23	0.34	0.6/0.57
	每股经营现金流量(元)	0.37	0.36	0.57
	每股净资产/调整后(元)	2.95/2.92	2.78/2.78	5.07/5.07
	未分利润(万元)	19223.08	16440.34	12571.8
	资本公积(万元)	15865.12	15994.33	26092.42
利润构成	主营收入(万元)	62820.19	50426.41	37236.96
	主营利润(万元)	14013.5	11759.22	8680.06
	营业利润(万元)	3640.93	5760.94	5060.3
	投资收益(万元)	689.24	852.21	1182.8
	利润总额(万元)	5723.99	7504.16	6304.31
	净利润(万元)	5652.35	6955	6033.41

点评	A股市场唯一一家以芯片设计为主业的公司。05年公司CD伺服芯片、发光二极管等未形成大规模销售导致主营未有高速增长,加上出口退税率降低和费用问题,净利润同比大幅下滑。预计06年产品销售增幅较大,但原材料高居不下使公司盈利增长有较大不确定性。

	截止日期	05年末	占%	主要股东及持股比例%、持股性质
股本结构(万股)	总股本	20204		杭州士兰控股有限公司 56.32% (非流通股)
	国有股			易方达平稳增长证券投资基金 3.82% (流通A股)
	发起股	11378.03	56.32	申银万国证券股份有限公司 2.94% (流通A股)
	外资股			上海申能资产管理有限公司 2.31% (流通A股)
	募集股			易方达策略成长证券投资基金 2.08% (流通A股)
	流通A	7072	35	陈向东 1.51% (非流通股)
	流通B			范伟宏 1.47% (非流通股)
	流通H			罗华兵 1.47% (非流通股)
股东户数	05年末	5622		江忠永 1.47% (非流通股)
	04年末	12279		郑少波 1.47% (非流通股)

其他流通股东	上海申能创业投资有限公司工会委员会 0.969%;隆元证券投资基金 0.897%;科翔证券投资基金 0.871%

近年分配	05年:10派1送2.2转增7.8；04年:10派1；03年:10派2转增10	近年募资	03年新发2600万股,发行价11.6元。

二〇〇五年以来市场表现

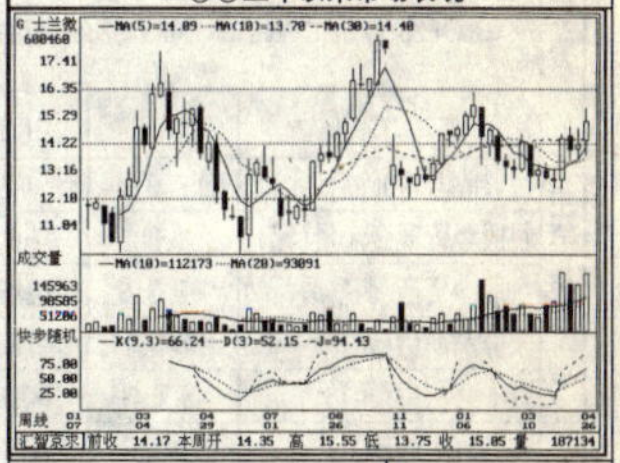

2005年涨跌幅(%)	69.64
2005年最高(元)	20.34
2006年涨跌幅(%)	1.9
2006.4.26收盘(元)	15.05
2006年最高(元)	16.2
2006年最低(元)	12.39
2006年换手率(%)	236.72
股改对价	送股 每10股实际获得3.6股(05/11/02)

G水业（600461）

上市日期:04/06/01　　电话:(0791)5235057　　传真:(0791)5226672

主营	自来水的生产和销售

	年　度	2005	2004	2003
主要指标	每股收益/扣除后(元)	0.195/0.206	0.182	0.283/0.288
	每股经营现金流量(元)	0.236	0.269	0.6181
	每股净资产/调整后(元)	3.22/3.22	3.13/3.13	1.9
	未分利润(万元)	3087.7	2167.85	2164.83
	资本公积(万元)	26168.26	26168.26	4792.51
利润构成	主营收入(万元)	15254.63	13390.05	12794.41
	主营利润(万元)	5723.19	5417.78	5408.69
	营业利润(万元)	4324.2	3792.83	3859.84
	投资收益(万元)	84.87	82.94	
	利润总额(万元)	4079.43	3828.22	3816.17
	净利润(万元)	2729.24	2550.41	2546.86

点评	2005年公司经营情况平稳,完成供水量同比增长超过10%。由于城市供水的需求稳定性,公司经营能力也具有连续性和稳定性,不易出现大的波动。但国内供水行业的竞争激烈,给公司开拓异地市场带来一定障碍。

	截止日期	05年末	占%	主要股东及持股比例%、持股性质
股本结构(万股)	总股本	14000		南昌水业集团有限责任公司 61.7% (国有股)
	国有股	8835.4	63.11	泰豪软件股份有限公司 0.71% (非流通股)
	发起股	164.6	1.18	南昌市煤气公司 0.71% (国有股)
	外资股			北京市自来水集团有限责任公司 0.71% (国有股)
	募集股			南昌市公用信息技术有限公司 0.47% (非流通股)
	流通A	5000	35.71	周晓春 0.16% (流通A股)
	流通B			邬雯骞 0.14% (流通A股)
	流通H			怀鹏飞 0.14% (流通A股)
股东户数	05年末	20328		缪庆 0.14% (流通A股)
	04年末	24964		蔡玮 0.12% (流通A股)

其他流通股东	高文康 0.107%;王修朋 0.105%;翁艳 0.103%;王红波 0.101%;丁少珊 0.099%

近年分配	05预案:10派1；04年:10派1	近年募资	04年新发5000万股,发行价5.5元。

二〇〇五年以来市场表现

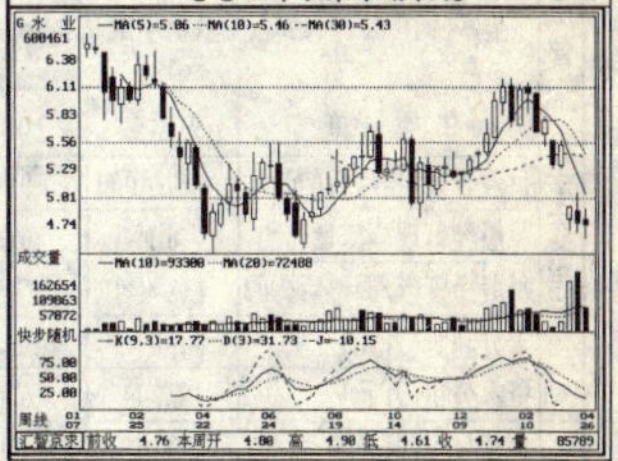

2005年涨跌幅(%)	－11.56
2005年最高(元)	6.65
2006年涨跌幅(%)	7.57
2006.4.26收盘(元)	4.74
2006年最高(元)	6.48
2006年最低(元)	5.3
2006年换手率(%)	204.38
股改对价	送股 每10股实际获得2.8股(06/04/12)

石岘纸业（600462）

上市日期:03/09/03　　电话:0433－3810015　　传真:0433－3810019

主营	新闻纸、商品木浆、胶版纸的生产与销售。			
	年　　度	2005	2004	2003
主要指标	每股收益/扣除后(元)	-0.976/-0.91	0.105	0.096/0.063
	每股经营现金流量(元)	1.2362	0.8894	-0.4987
	每股净资产/调整后(元)	3.46/3.43	4.46/4.46	4.39/4.39
	未分利润(万元)	-7138.28	10168.96	8647.66
	资本公积(万元)	46835.11	46537.87	46537.87
利润构成	主营收入(万元)	70610.34	92709.83	69635.47
	主营利润(万元)	4705.43	15566.9	11304.23
	营业利润(万元)	-15495.17	2336.3	1443.37
	投资收益(万元)			
	利润总额(万元)	-16629.63	2237.68	2091.36
	净利润(万元)	-16626.04	1789.77	1627.7
点评	由于国内新闻纸产能快速增加,新闻纸市场呈现供过于求的局面,致使公司销售收入大幅下降。05年公司处于还贷高峰,资金压力较大,经营面临困难。未来几年新闻纸的新产能还会陆续增加,市场供求状况依然严峻,公司希望通过产品多元化来缓解市场压力。			

	截止日期	05年末	占%	主要股东及持股比例%、持股性质
股本结构（万股）	总股本	17030		吉林石岘纸业有限责任公司 40.28%（国有股）
	国有股	11830	69.47	中国信达资产管理公司 15.12%（部分流通部分不流通）
	发起股	200	1.17	中国华融资产管理公司 8.07%（国有股）
	外资股			中国东方资产管理公司 4.91%（国有股）
	募集股			牡丹江市红林化工有限责任公司 0.59%（非流通股）
	流通A	5000	29.36	吉林延边林业集团有限公司 0.59%（国有股）
	流通B			吉林日报社 0.59%（国有股）
	流通H			石岘造纸厂三环企业总公司 0.59%（非流通股）
股东户数	05年末	19173		王杏林 0.16%（流通A股）
	04年末	20124		王月华 0.12%（流通A股）
其他流通股东	梁梅桂 0.117%；辛志文 0.109%；孙俊玉 0.106%；张继安 0.1%；陈刚 0.077%；徐玉生 0.077%；张锋 0.072%			
近年分配	04年:10派0.4；03年:10派0.4	近年募资		03年新发5000万股，发行价4.54元。

二〇〇五年以来市场表现

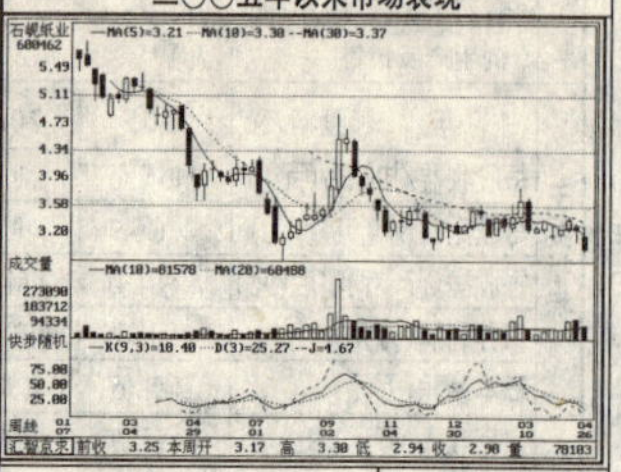

2005年涨跌幅(%)	-43.55
2005年最高(元)	5.87
2006年涨跌幅(%)	-6.88
2006.4.26收盘(元)	2.98
2006年最高(元)	3.82
2006年最低(元)	2.94
2006年换手率(%)	229.64
股改对价	

G空港（600463）

上市日期:04/03/18　　电话:010－80489305　　传真:010－80491684

主营	土地开发、建筑工程施工、标准厂房经营和物业管理等。			
	年　　度	2005	2004	2003
主要指标	每股收益/扣除后(元)	0.24/0.24	0.24	0.32/0.32
	每股经营现金流量(元)	0.19	-0.54	0.4
	每股净资产/调整后(元)	3.28/3.27	3.24/3.23	1.95
	未分利润(万元)	9844.58	9749.21	7137.16
	资本公积(万元)	18730.49	18719.33	239.33
利润构成	主营收入(万元)	33042.32	24207.44	25807.8
	主营利润(万元)	7955.31	7860.81	6773.96
	营业利润(万元)	5727.86	5477.05	4843.32
	投资收益(万元)	-41.36	-90.77	-10.01
	利润总额(万元)	5677.78	5384.73	4843.32
	净利润(万元)	3419.06	3322.92	3185.93
点评	公司主要从事土地开发等业务,经营范围北京天竺空港工业区、北京天竺出口加工区。05年主营收入实现增长,主要是各项业务收入增幅较大所致;净利润的增幅低于主营收入增幅,主要是建筑施工业务竞争激烈、毛利率下降所致。			

	截止日期	05年末	占%	主要股东及持股比例%、持股性质
股本结构（万股）	总股本	14000		北京天竺空港工业开发公司 68.05%（国有股）
	国有股	9526.34	68.05	北京顺鑫农业股份有限公司 1.4%（非流通股）
	发起股	473.66	3.38	深圳市空港油料有限公司 1.29%（非流通股）
	外资股			中国农业银行－新世纪优选分红证券投资基金 0.42%（流通A股）
	募集股			北京空港广远金属材料有限公司 0.35%（非流通股）
	流通A	4000	28.57	北京华大基因研究中心 0.35%（非流通股）
	流通B			中国银行－同智证券投资基金 0.35%（流通A股）
	流通H			文达民 0.23%（流通A股）
股东户数	05年末	17541		中国银河证券有限责任公司 0.19%（流通A股）
	04年末	21226		刘政 0.19%（流通A股）
其他流通股东	王艳香 0.172%；包伯昌 0.168%；张鹏 0.164%；陈伟芬 0.107%；初桂兰 0.105%			
近年分配	05预案:10派1.2；04年:10派2	近年募资		04年新发4000万股，发行价6元。

二〇〇五年以来市场表现

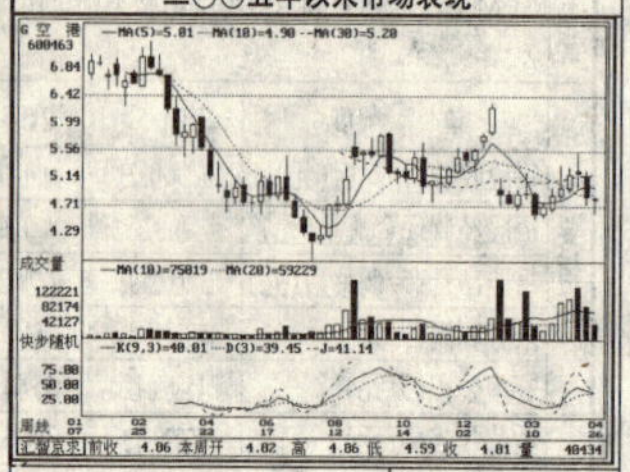

2005年涨跌幅(%)	-5.16
2005年最高(元)	7.27
2006年涨跌幅(%)	5
2006.4.26收盘(元)	4.81
2006年最高(元)	7.53
2006年最低(元)	6.12
2006年换手率(%)	178.11
股改对价	送股 每10股实际获得3.6股（06/02/06）

迪康药业（600466）

上市日期:01/02/12　　电话:028－87838250　　传真:028－87838250

主营	生产、销售儿科、妇科、皮肤科中成药和大输液产品。			
	年　　度	2005	2004	2003
主要指标	每股收益/扣除后(元)	-0.59/-0.61	0.06	0.1/0.06
	每股经营现金流量(元)	0.1	0.06	0.01
	每股净资产/调整后(元)	4.68/4.49	5.27/5.19	5.21/5.16
	未分利润(万元)	-1201.49	6326.83	5695.46
	资本公积(万元)	45678.01	45678.01	45678.01
利润构成	主营收入(万元)	16584.99	18340.65	15392.06
	主营利润(万元)	5859.94	7290.16	7212.09
	营业利润(万元)	-7047.45	1074.39	1534.4
	投资收益(万元)	217.25	68.72	8.96
	利润总额(万元)	-7436.57	1151.72	1546.54
	净利润(万元)	-7528.32	745.58	1283.17
点评	报告期内,受行业环境影响,公司产品毛利率整体下降,因此公司虽然较去年同期销售收入略有上升,但主营业务利润水平下滑,加之固定资产成本摊销较大、报告期内未能实现盈利。			

	截止日期	05年末	占%	主要股东及持股比例%、持股性质
股本结构（万股）	总股本	12740		四川迪康产业控股集团股份有限公司 58.79%（非流通股）
	国有股			中国科学院成都有机化学有限公司 0.78%（非流通股）
	发起股	7740	60.75	迪康持股研究会 0.71%（流通A股）
	外资股			成都高创科技集团公司 0.39%（非流通股）
	募集股			成都福瑞机电设备制造公司 0.39%（非流通股）
	流通A	5000	39.25	四川省中药研究所 0.39%（非流通股）
	流通B			王寿纯 0.24%（流通A股）
	流通H			李锋 0.21%（流通A股）
股东户数	05年末	22026		林建周 0.17%（流通A股）
	04年末	23212		宗海啸 0.15%（流通A股）
其他流通股东	秦庆金 0.13%；刘志伟 0.115%；吴富强 0.111%；季群 0.1%；王玮 0.072%			
近年分配		近年募资		

二〇〇五年以来市场表现

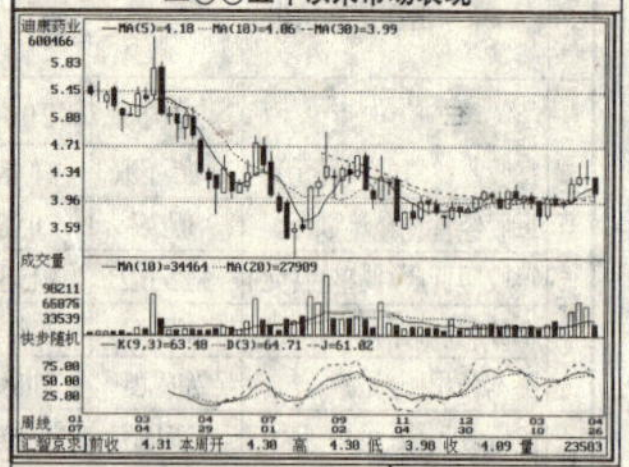

2005年涨跌幅(%)	-30.77
2005年最高(元)	6.2
2006年涨跌幅(%)	5.69
2006.4.26收盘(元)	4.09
2006年最高(元)	4.55
2006年最低(元)	3.65
2006年换手率(%)	96.98
股改对价	

好当家(600467)

上市日期:04/04/05　　电话:(0631)7438073　　传真:(0631)7437033

主营	牙鲜鱼、鲍鱼、海参、大菱鲆、海蜇等海产品的生产、销售和面类、肉类、蔬菜等冷冻食品的加工、销售业务。			
	年　度	2005	2004	2003
主要指标	每股收益/扣除后(元)	0.44/0.44	0.35	0.38/0.38
	每股经营现金流量(元)	0.58	-0.001	0.52
	每股净资产/调整后(元)	4.02/4.02	3.66/3.66	1.91
	未分利润(万元)	12896.54	8228.3	6641.86
	资本公积(万元)	35140.87	34859.09	518.61
利润构成	主营收入(万元)	57105.68	40057.83	34048.81
	主营利润(万元)	12794.43	12051.87	8280.43
	营业利润(万元)	10128.59	9780.63	6890.92
	投资收益(万元)			
	利润总额(万元)	10105.72	9760.5	6901.74
	净利润(万元)	7916.07	6285.87	4545.95
点评	公司盈利受到产品市场价格的影响很大,05年较去年略有增长。公司作为亚洲最大规模的工厂化海珍养殖基地,海水养殖是一项朝阳产业,随着人们消费习惯和消费观念的转变,对水产品的需求将不断增加。			

	截止日期	05年末	占%	主要股东及持股比例%、持股性质
股本结构(万股)	总股本	18000		好当家集团有限公司 55.49%(非流通股)
	国有股			中国工商银行-中银国际中国精选混合型开放式证券投资基金 0.91%(流通A股)
	发起股	9988.9	55.49	中国工商银行-国联安德盛小盘精选证券投资基金 0.71%(流通A股)
	外资股			许昌鸿宝旅业有限公司 0.69%(流通A股)
	募集股			中国银行-海富通收益增长证券投资基金 0.53%(流通A股)
	流通A	6000	33.33	交通银行-金鹰中小盘精选证券投资基金 0.42%(流通A股)
	流通B			阙静 0.17%(流通A股)
	流通H			袁飞燕 0.17%(流通A股)
股东户数	05年末	23765		交通银行-融通行业景气证券投资基金 0.16%(流通A股)
	04年末	26792		毛兵 0.13%(流通A股)
其他流通股东	韩昕昌 0.123%			
近年分配	05年:10派1;04年:10派1		近年募资	04年新发6000万股,发行价7元。

二〇〇五年以来市场表现

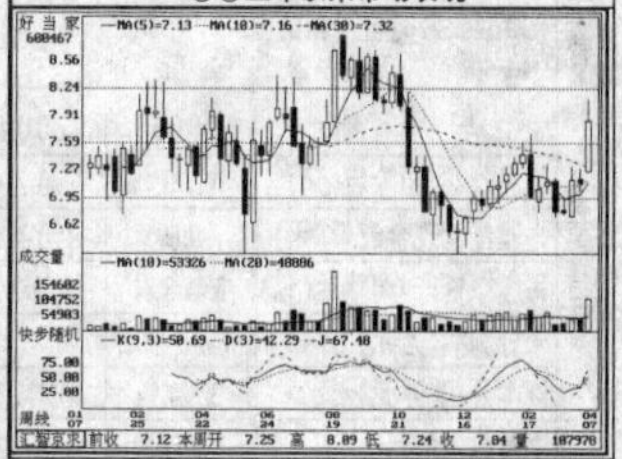

2005年涨跌幅(%)	-6.21
2005年最高(元)	8.98
2006年涨跌幅(%)	14.45
2006.4.26收盘(元)	7.84
2006年最高(元)	8.09
2006年最低(元)	6.72
2006年换手率(%)	119.59
股改对价	定向转增 每10股实际获得3股

G百利(600468)

上市日期:01/06/15　　电话:022-83963876　　传真:022-27386320

主营	液压元件、中低压电器和钨钼材料的制造和销售			
	年　度	2005	2004	2003
主要指标	每股收益/扣除后(元)	0.133/0.105	0.093	0.093/0.064
	每股经营现金流量(元)	0.434	0.246	0.658
	每股净资产/调整后(元)	2.2/2.2	2.07/2.05	3.14/3.12
	未分利润(万元)	2905.33	1779.51	1089.92
	资本公积(万元)	14736.32	14672.18	21015.86
利润构成	主营收入(万元)	81436.1	53495.32	50538.9
	主营利润(万元)	8586.85	10950.75	9994.13
	营业利润(万元)	2431.96	2501.46	1945.81
	投资收益(万元)	1006.42	723.24	196.71
	利润总额(万元)	4130.99	3488.18	2192.06
	净利润(万元)	2338.72	1636.04	1017.92
点评	2005年公司经营战略重点转向输配电业务和稀有金属加工行业,业绩大幅增长。依托"十一五"国家电网建设和天津滨海新区建设高峰,公司今后把发展高电压等级产品作为重点,发展目标是用三至五年做成比较完善的输配电成套业务体系。			

	截止日期	05年末	占%	主要股东及持股比例%、持股性质
股本结构(万股)	总股本	17600		天津液压机械(集团)有限公司 60.5%(国有股)
	国有股	10741.91	61.03	交通银行-久富证券投资基金 1.51%(流通A股)
	发起股	234.09	1.33	天津泰鑫实业开发有限公司 1.06%(非流通股)
	外资股			长江证券有限责任公司 1.06%(流通A股)
	募集股			阎峰 0.27%(流通A股)
	流通A	6624	37.64	天津市机械工业物资总公司 0.27%(国有股)
	流通B			天津经纬集团投资公司 0.27%(国有股)
	流通H			天津市静海县通达工业公司 0.27%(非流通股)
股东户数	05年末	16706		徐耀胜 0.26%(流通A股)
	04年末	16366		陈伯娟 0.24%(流通A股)
其他流通股东	陆民 0.223%;张军 0.172%;金仁姑 0.136%;马峻 0.119%;张天瑜 0.119%			
近年分配	05预案:10转增5;03年:10转增6		近年募资	

二〇〇五年以来市场表现

2005年涨跌幅(%)	0.24
2005年最高(元)	5.98
2006年涨跌幅(%)	45.89
2006.4.26收盘(元)	5.15
2006年最高(元)	6.05
2006年最低(元)	3.51
2006年换手率(%)	330.26
股改对价	送股 每10股实际获得3.8股(05/12/08)

G风神(600469)

上市日期:03/10/21　　电话:0391-3999006　　传真:0391-3933952

主营	轮胎的研制、设计、开发、生产、经营及轮胎进出口业务。			
	年　度	2005	2004	2003
主要指标	每股收益/扣除后(元)	0.45/0.45	0.3/0.3	0.25/0.24
	每股经营现金流量(元)	0.637	0.345	0.353
	每股净资产/调整后(元)	3.21/3.07	2.75/2.68	2.75/2.66
	未分利润(万元)	17634.36	7843.82	9004.97
	资本公积(万元)	33305.54	33043.54	33021.54
利润构成	主营收入(万元)	370002.2	280117.12	211008.72
	主营利润(万元)	51739.89	43329.17	40970.24
	营业利润(万元)	17217.86	12408.49	12149.15
	投资收益(万元)		33	44
	利润总额(万元)	17095.99	12501.33	11948.34
	净利润(万元)	11518.28	7664.82	6370.63
点评	05年业绩大幅增长,但增幅低于预期。公司第四季度业绩大幅下降,主要原因为天然橡胶和合成橡胶的价格大幅上涨使得公司全钢胎的毛利率同比下降了5个百分点。2006年随着全钢胎产量的进一步增长及受益消费税改革,预计2006年业绩有较大增长。			

	截止日期	05年末	占%	主要股东及持股比例%、持股性质
股本结构(万股)	总股本	25500		河南轮胎集团有限责任公司 52.5%(国有股)
	国有股	14633.21	57.39	中国神马集团有限责任公司 3.19%(国有股)
	发起股	216.79	0.85	裕隆证券投资基金 3.02%(流通A股)
	外资股			豫港(河南)开发有限公司 1.06%(国有股)
	募集股			中国工商银行-银河银泰理财分红证券投资基金 0.87%(流通A股)
	流通A	10650	41.76	焦作市投资公司 0.64%(国有股)
	流通B			中国工商银行-国联安德盛小盘精选证券投资基金 0.61%(流通A股)
	流通H			银丰证券投资基金 0.39%(流通A股)
股东户数	05年末	25182		江阴市创新气门嘴有限公司 0.32%(非流通股)
	04年末	21036		焦作市锌品厂 0.32%(非流通股)
其他流通股东	中国工商银行-银河银泰理财分红证券投资基金 0.87%;中国工商银行-国联安德盛小盘精选证券投资基金 0.615%			
近年分配	05预案:10派1.2;03年:10派3		近年募资	03年新发7500万股,发行价4.3元。

二〇〇五年以来市场表现

2005年涨跌幅(%)	22.55
2005年最高(元)	8.63
2006年涨跌幅(%)	-10.52
2006.4.26收盘(元)	4.51
2006年最高(元)	5.75
2006年最低(元)	4.37
2006年换手率(%)	246.48
股改对价	送股 每10股实际获得4.2股(05/08/16)

G六国（600470）

上市日期:04/03/05　　电话:(0562)3801708　　传真:(0562)3801014

主营	磷酸二铵的生产和销售			
主要指标	年　度	2005	2004	2003
	每股收益/扣除后(元)	0.4/0.4	0.29	0.24/0.23
	每股经营现金流量(元)	0.06	0.71	0.88
	每股净资产/调整后(元)	3.44/3.44	3.25/3.25	2.45
	未分利润(万元)	9895.93	7583.45	5717.18
	资本公积(万元)	32820.86	32776.71	8776.71
利润构成	主营收入(万元)	109975.59	89966.29	57815.83
	主营利润(万元)	16850.36	12208.25	7785.86
	营业利润(万元)	11387.91	8217.56	3778.14
	投资收益(万元)			
	利润总额(万元)	11353.55	8207.19	3815.18
	净利润(万元)	7586.46	5513.25	2550.08
点评	主营的磷酸二铵产品销量的增加及价格的提升保证业绩同比增长近四成。截至05年底,公司存货同比增长166%,增加的磷矿石库存将降低公司2006年的原材料采购成本。此外60万吨磷酸二铵技改项目预计06年上半年完工,也将大大增强公司的盈利能力。			

股本结构(万股)	截止日期	05年末	占%	主要股东及持股比例%、持股性质
	总股本	18800		铜陵化学工业集团有限公司 54.53%(国有股)
	国有股	10800	57.45	兴和证券投资基金 3.69%(流通A股)
	发起股			铜陵通源投资服务有限公司 2.16%(国有股)
	外资股			全国社保基金一零四组合 0.7%(流通A股)
	募集股			中国光大银行股份有限公司-泰信先行策略开放式证券投资 0.5%(流通A股)
	流通A	8000	42.55	铜陵市三佳电子(集团)有限责任公司 0.36%(国有股)
	流通B			上海申能创业投资有限公司工会委员会 0.28%(流通A股)
	流通H			上海申能创业投资有限公司 0.26%(流通A股)
股东户数	05年末	29676		铜陵精达铜材(集团)有限责任公司 0.22%(国有股)
	04年末	35627		化学工业部第三设计院(东华工程公司) 0.18%(国有股)
其他流通股东	王淑兰 0.165%;国元证券有限责任公司 0.149%;宣铁山 0.133%;长安房地产 0.13%;杨建革 0.128%			
近年分配	05预案:10派1.7;04年:10派2.2;03年:10派1.5	近年募资	04年新发8000万股,发行价4.2元。	

二〇〇五年以来市场表现

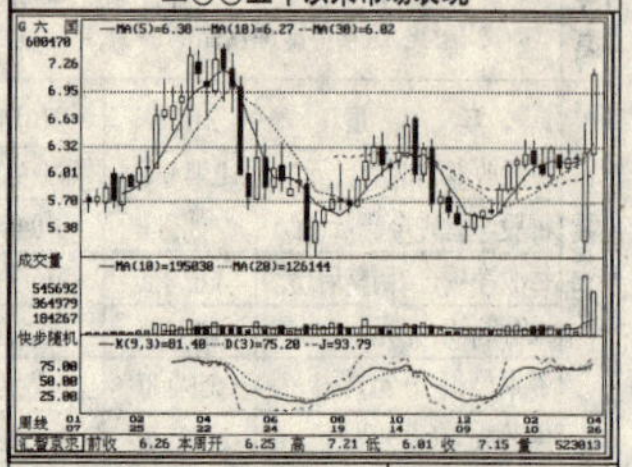

2005年涨跌幅(%)	1.22
2005年最高(元)	7.57
2006年涨跌幅(%)	64.01
2006.4.26收盘(元)	7.15
2006年最高(元)	9.23
2006年最低(元)	5.57
2006年换手率(%)	227.94
股改对价	送股 每10股实际获得2.8股(06/04/18)

G包铝（600472）

上市日期:05/05/09　　电话:0472-6935506　　传真:0472-6935667

主营	以A356铸造用铝合金锭、稀土电工圆铝杆为主导产品的铝初加工产品和重熔用铝锭的生产和销售。			
主要指标	年　度	2005	2004	2003
	每股收益/扣除后(元)	0.307/0.276	0.308	0.44/0.52
	每股经营现金流量(元)	0.5592	0.5095	0.54
	每股净资产/调整后(元)	3.12/3.11	2.73/2.72	2.57
	未分利润(万元)	19772.44	16305.91	14400.21
	资本公积(万元)	58076.17	24659.08	24658.71
利润构成	主营收入(万元)	369660.17	352900.33	242588.21
	主营利润(万元)	45167.69	34211.25	39848.16
	营业利润(万元)	15328.34	10109.61	16882.82
	投资收益(万元)	-166.9	-74.91	
	利润总额(万元)	15071.77	10086.68	14475.65
	净利润(万元)	13214.16	8958.14	12798.02
点评	2005年公司克服了主要原材料价格急剧高攀等不利因素,业绩实现快速增长。06年公司以构建和谐包铝为目标,以提升管理水平为重点,加快企业发展步伐,为全面落实公司"十一五"发展规划奠定基础。			

股本结构(万股)	截止日期	05年末	占%	主要股东及持股比例%、持股性质
	总股本	43100		包头铝业(集团)有限责任公司 64.35%(国有股)
	国有股	28774.7	66.76	交通银行-融通行业景气证券投资基金 1.17%(流通A股)
	发起股	325.3	0.75	景博证券投资基金 1.14%(流通A股)
	外资股			内蒙古电力(集团)有限责任公司 0.91%(国有股)
	募集股			贵阳铝镁设计研究院 0.76%(国有股)
	流通A	14000	32.48	中国工商银行-银河银泰理财分红证券投资基金 0.55%(流通A股)
	流通B			深圳市北方投资有限公司 0.45%(国有股)
	流通H			北京轻工供销有限公司 0.45%(非流通股)
股东户数	05年末	42861		宋益才 0.39%(流通A股)
	04年末			内蒙古远源科贸有限公司 0.3%(非流通股)
其他流通股东	杨小楼 0.155%;四川省光华教育发展基金会 0.119%;张义安 0.109%;邵晓阳 0.093%			
近年分配	05预案:10派1.5	近年募资	05年新发14000万股,发行价3.5元。	

二〇〇五年以来市场表现

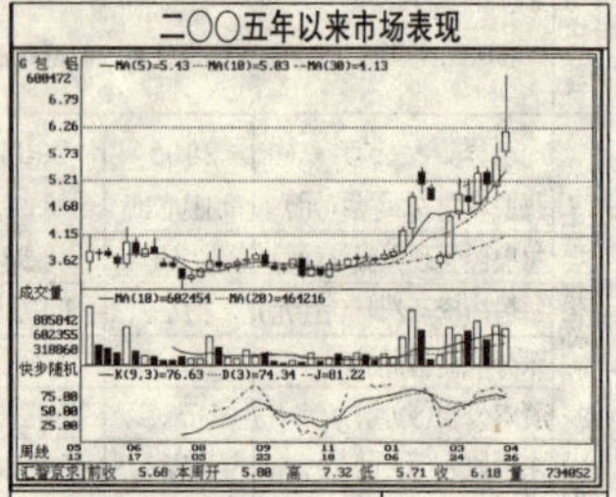

2005年涨跌幅(%)	-4.1
2005年最高(元)	4.29
2006年涨跌幅(%)	114.81
2006.4.26收盘(元)	6.18
2006年最高(元)	9.52
2006年最低(元)	3.73
2006年换手率(%)	475.26
股改对价	送股 每10股实际获得3股(06/03/10)

华光股份（600475）

上市日期:03/07/21　　电话:0510-85215556　　传真:0510-85225852

主营	电站锅炉、工业锅炉、锅炉辅机、水处理设备、压力容器的制造、销售。			
主要指标	年　度	2005	2004	2003
	每股收益/扣除后(元)	0.438/0.413	0.472	0.304/0.272
	每股经营现金流量(元)	1.22	1.18	6.52
	每股净资产/调整后(元)	2.28/2.16	3.49/3.47	3.22/3.21
	未分利润(万元)	11081.49	10957.78	8121.18
	资本公积(万元)	15752.98	25352.98	25352.98
利润构成	主营收入(万元)	200727.85	131250.92	70377.5
	主营利润(万元)	36048.73	24872.32	18345.9
	营业利润(万元)	13732.19	8499.83	5516.92
	投资收益(万元)	44.11	373.16	332.89
	利润总额(万元)	13344.18	8320.91	5662.09
	净利润(万元)	11211.87	7546.1	4864.42
点评	公司主营工业锅炉和电站锅炉。由于03-05年电站锅炉的超常规发展,未来电站设备行业的增长速度有可能放缓,而华光锅炉在锅炉行业内属中型企业,竞争能力不如三大动力集团中的锅炉厂,未来公司的增长可能在环保锅炉业务上。			

股本结构(万股)	截止日期	05年末	占%	主要股东及持股比例%、持股性质
	总股本	25600		无锡国联环保能源集团有限公司 56.13%(国有股)
	国有股	14368	56.13	亚洲控股有限公司 3.13%(非流通股)
	发起股	1632	6.38	无锡高新技术风险投资股份有限公司 2.5%(非流通股)
	外资股			交通银行-安顺证券投资基金 1.59%(流通A股)
	募集股			招商银行股份有限公司-中信经典配置证券投资基金 0.98%(流通A股)
	流通A	9600	37.5	无锡金和大厦有限公司 0.69%(非流通股)
	流通B			中国银行-金鹰成份股优选证券投资基金 0.41%(流通A股)
	流通H			中国工商银行-广发稳健增长证券投资基金 0.35%(流通A股)
股东户数	05年末	17872		中国工商银行-安瑞证券投资基金 0.35%(流通A股)
	04年末	11635		长江证券有限责任公司-中国农业银行-长江超越理财1号集合资产 0.33%(流通A股)
其他流通股东	长江证券有限责任公司-中国农业银行-长江超越理财1号集合资产 0.329%;吴景春 0.31%;王利平 0.167%			
近年分配	05中期:10派2.1875 年终预案:10派0.3125;04中期:10派1 年终:10派2转增6;03年:10派1	近年募资	03年新发6000万股,发行价4.92元。	

二〇〇五年以来市场表现

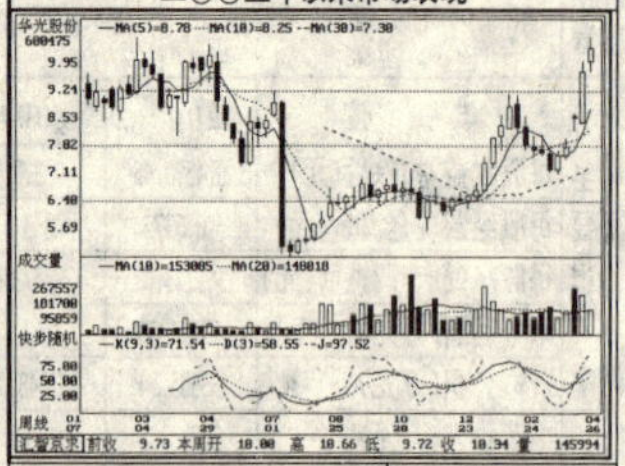

2005年涨跌幅(%)	15.88
2005年最高(元)	12.09
2006年涨跌幅(%)	55.26
2006.4.26收盘(元)	10.34
2006年最高(元)	10.66
2006年最低(元)	6.63
2006年换手率(%)	233.05
股改对价	送股 每10股实际获得2.8股

G湘邮（600476）

上市日期:03/12/10　　电话:0731－8998688　　传真:0731－8998686

主营	软件开发和系统集成

	年　度	2005	2004	2003
主要指标	每股收益/扣除后(元)	0.025/0.017	0.191	0.187/0.169
	每股经营现金流量	0.051	0.022	0.005
	每股净资产/调整后(元)	3.05/3.01	3.02/2.97	2.93/2.93
	未分利润(万元)	2122.29	2418.6	1638.83
	资本公积(万元)	18077.78	17383.26	17383.26
利润构成	主营收入(万元)	25577.57	20832.53	16403.87
	主营利润(万元)	5408.17	4904.1	4142.52
	营业利润(万元)	-151.4	1416.87	1432.26
	投资收益(万元)	291.68	281.36	102
	利润总额(万元)	184.06	1974.81	1924.47
	净利润(万元)	258.75	1980.82	1928.04

点评：国家加大邮政IT投入使公司邮政解决方案业务快速增长,加上新增房地产业务,公司主营增长较快。但由于人员安置、计提坏账准备以及存货跌价准备等因素,公司利润同比大幅下滑。系统集成行业竞争的加剧和国家加强房地产宏观调控使公司盈利前景不容乐观。

股本结构(万股)	截止日期	05年末	占%	主要股东及持股比例%、持股性质
	总股本	10325		湖南省邮政局 40.92% (国有股)
	国有股	6305	61.07	中国速递服务公司 13.22% (国有股)
	发起股	520	5.04	江西赣粤高速公路股份有限公司 5.04% (国有股)
	外资股			湖南新时代通信网络股份有限公司 1.89% (国有股)
	募集股			易思博网络系统(深圳)有限公司 1.76% (非流通股)
	流通A	3500	33.9	上海爱建进出口有限公司 1.38% (非流通股)
	流通B			湖南中移鼎讯通信有限公司 1.26% (非流通股)
	流通H			湖南省凯祥通信设备有限公司 0.63% (非流通股)
股东户数	05年末	16611		苏琼 0.11% (流通A股)
	04年末	18996		范康林 0.1% (流通A股)

其他流通股东：劳迎春 0.101%;南宁弘特源电子信息科技有限公司 0.097%;林志英 0.091%;张云宝 0.088%;解镇藩 0.087%

近年分配：04年:10派0.5；03年:10派0.5　　近年募资：03年新发3500万股,发行价5.18元。

二〇〇五年以来市场表现

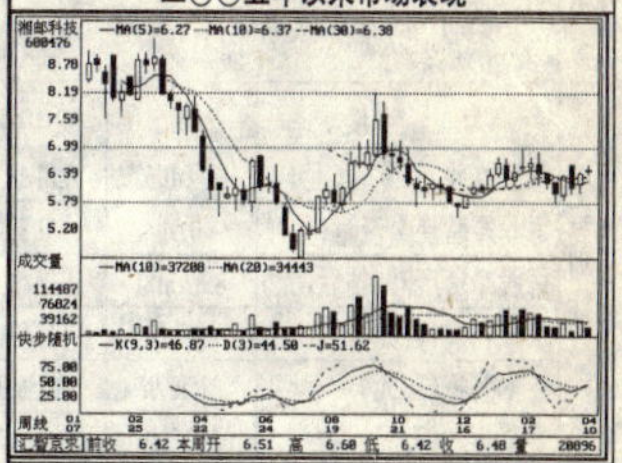

2005年涨跌幅(%)	-28.17
2005年最高(元)	9.38
2006年涨跌幅(%)	6.76
2006.4.26收盘(元)	6.48
2006年最高(元)	6.98
2006年最低(元)	5.8
2006年换手率(%)	150.72
股改对价	送股 每10股实际获得3股(06/04/28)

G杭萧（600477）

上市日期:03/11/10　　电话:(0571)87246788　　传真:(0571)87240484

主营	建筑钢结构的设计、制作、安装。

	年　度	2005	2004	2003
主要指标	每股收益/扣除后(元)	0.16/0.15	0.51	0.85/0.86
	每股经营现金流量	0.27	0.17	0.03
	每股净资产/调整后(元)	2.15/2.13	3.27/3.22	5.65/5.62
	未分利润(万元)	13891.46	13046.29	8390.08
	资本公积(万元)	7221.74	16402.04	24045.69
利润构成	主营收入(万元)	151626.4	157329.16	128028.01
	主营利润(万元)	23376.1	23977.92	18235.71
	营业利润(万元)	7280.22	10023.85	8455.64
	投资收益(万元)		345.68	40.97
	利润总额(万元)	7004.98	10204.81	8293.05
	净利润(万元)	4078.32	7937.3	6540.57

点评：报告期内国家继续加强和改善宏观调控,控制固定资产投资规模过快增长,给公司经营造成了一定的影响。由于公司主要采取以销定产的订单式生产和服务方式,业务流程大致可分为营销、设计、制作和安装四部分,行业特点决定了公司经营具有一定的季节性。

股本结构(万股)	截止日期	05年末	占%	主要股东及持股比例%、持股性质
	总股本	24757.38		单银木 36.12% (非流通股)
	国有股	167.57	0.68	潘金水 11.19% (非流通股)
	发起股	2010.89	8.12	戴瑞芳 8.05% (非流通股)
	外资股			浙江国泰建设集团有限公司 6.77% (非流通股)
	募集股			许荣根 1.77% (非流通股)
	流通A	8000	32.31	陈辉 1.77% (非流通股)
	流通B			靖江市地方金属材料有限公司 1.35% (非流通股)
	流通H			浙江省工业设计研究院 0.68% (国有股)
股东户数	05年末	17669		胡南华 0.21% (流通A股)
	04年末	12228		张玉仙 0.16% (流通A股)

其他流通股东：张淑如 0.134%;东方证券股份有限公司 0.13%;蔡桂儒 0.112%;彭永娱 0.098%;冷小隽 0.098%;陈再根 0.093%

近年分配：05方案:10派0.3；04年:10派1转增6；03年:10派1.5转增10　　近年募资：03年新发2500万股,发行价11.24元。

二〇〇五年以来市场表现

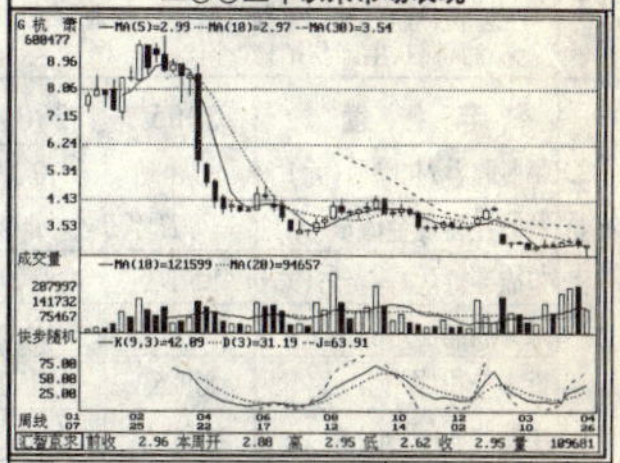

2005年涨跌幅(%)	-17.28
2005年最高(元)	9.87
2006年涨跌幅(%)	2.21
2006.4.26收盘(元)	2.95
2006年最高(元)	4.36
2006年最低(元)	3.46
2006年换手率(%)	147.43
股改对价	送股 每10股实际获得3.2股(06/02/16)

力元新材（600478）

上市日期:03/09/18　　电话:0731－4019421　　传真:0731－4016101

主营	连续化带状泡沫镍及系列产品的研制、开发、生产、销售并提供相关技术咨询服务。

	年　度	2005	2004	2003
主要指标	每股收益/扣除后(元)	0.049/0.055	0.159	0.25/0.183
	每股经营现金流量	0.455	0.09	-0.01
	每股净资产/调整后(元)	2.45/2.45	2.52/2.52	2.52/2.5
	未分利润(万元)	978.06	1964.47	299.91
	资本公积(万元)	14815.32	14815.32	14815.06
利润构成	主营收入(万元)	45162.82	37245.7	28148.8
	主营利润(万元)	5094.8	6567.65	6861.91
	营业利润(万元)	804.49	2399.31	3340.28
	投资收益(万元)	-70.89	-172.99	-0.32
	利润总额(万元)	721.98	2211.8	3332.89
	净利润(万元)	602.1	1964.63	3079.1

点评：2005年公司成功进入电动汽车材料市场,但二次电池行业的小容量电池市场增长暂时放缓,主要原材料价格高企等因素导致公司业绩大幅下滑。公司2006年将总结自身及泡沫镍行业发展历程,加大向电动汽车用动力电池材料市场拓展力度。

股本结构(万股)	截止日期	05年末	占%	主要股东及持股比例%、持股性质
	总股本	12369.75		湖南新兴科技发展有限公司 20.3% (国有股)
	国有股			成都银河动力股份有限公司 20.3% (非流通股)
	发起股	6863.2	55.48	钟发平 12.18% (非流通股)
	外资股			上海三湘(集团)有限公司 6.76% (非流通股)
	募集股			广东新锐投资有限公司 4.06% (非流通股)
	流通A	4000	32.34	湖南天联复合材料有限公司 4.06% (非流通股)
	流通B			何勇 0.22% (流通A股)
	流通H			韩杰 0.11% (流通A股)
股东户数	05年末	16179		陈汝珍 0.1% (流通A股)
	04年末	17688		杨树根 0.1% (流通A股)

其他流通股东：朱燕成 0.095%;李锐华 0.095%;王小宣 0.087%;梁伟伟 0.084%;贺聪 0.082%;王彦士 0.081%

近年分配：04年:10派1.2；03年:10派1.5　　近年募资：03年新发4000万股,发行价4.93元。

二〇〇五年以来市场表现

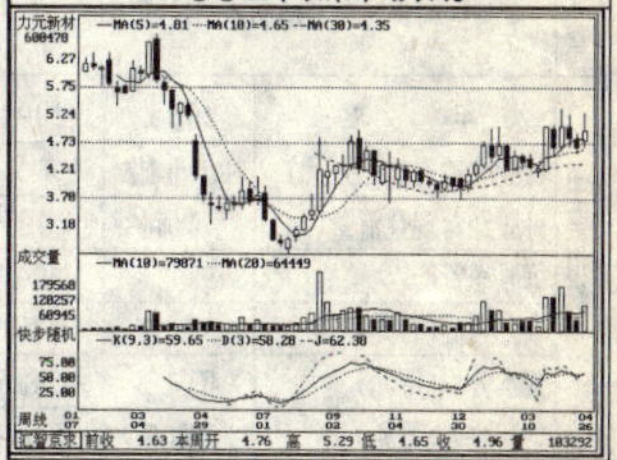

2005年涨跌幅(%)	-34.64
2005年最高(元)	6.78
2006年涨跌幅(%)	27.84
2006.4.26收盘(元)	4.96
2006年最高(元)	5.35
2006年最低(元)	3.82
2006年换手率(%)	301.67
股改对价	

G 千金（600479）

上市日期:04/03/12　电话:0733－2496088　传真:0733－2491978

主营	中成药产品、中药保健品、化学药制品的开发、生产和销售。			
	年　度	2005	2004	2003
主要指标	每股收益/扣除后(元)	0.71/0.62	0.81/0.75	1.32/1.34
	每股经营现金流量(元)	0.91	0.33	1.34
	每股净资产/调整后(元)	6.89/6.81	11.26/11.14	5.71
	未分利润(万元)	6070.04	12208.11	11413.08
	资本公积(万元)	37556.01	40356.01	2285.82
利润构成	主营收入(万元)	66582.59	60492.79	68680.02
	主营利润(万元)	23758.49	19218.25	20673.39
	营业利润(万元)	6683.21	5224.64	7092.91
	投资收益(万元)	743.85	300.98	53.6
	利润总额(万元)	7433.33	5635.87	7012.25
	净利润(万元)	5986.39	4538.78	5007.32
点评	2005年公司业绩高速增长，主要原因是妇科千金片销量的恢复性增长和所得税减免优惠。预计公司的妇科千金片和胶囊将持续增长，千金洗液等大市场容量产品也将推广上市。公司已经进行了管理层持股，建议投资者关注。			

	截止日期	05年末	占%	主要股东及持股比例%、持股性质
股本结构（万股）	总股本	8400		株洲市国有资产投资经营有限公司 21.18%（国有股）
	国有股	1710	20.36	湖南涌金投资(控股)有限公司 18.81%（非流通股）
	发起股	345	4.11	上海昌瑞科技有限公司 6.3%（非流通股）
	外资股			朱飞锦 2.36%（非流通股）
	募集股	2005.95	23.88	湖南省烟草公司株洲市公司 2.05%（非流通股）
	流通A	2700	32.14	长盛成长价值证券投资基金 1.19%（流通A股）
	流通B			长盛动态精选证券投资基金 0.71%（流通A股）
	流通H			长城证券有限责任公司 0.65%（流通A股）
股东户数	05年末	12513		李建刚 0.57%（非流通股）
	04年末	15598		湘财合丰价值优化型成长类行业基金 0.54%（流通A股）
其他流通股东	杨芳 0.444%；黄秀兰 0.416%；长江证券有限责任公司 0.389%；宋小华 0.346%；熊冰 0.298%；卢琛 0.29%			
近年分配	05年:10派1转增5；04年:10派5转增5	近年募资		04年新发1800万股，发行价23.05元。

二〇〇五年以来市场表现

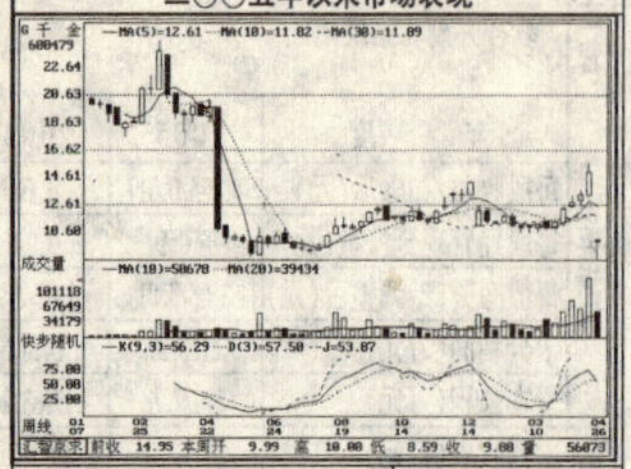

2005年涨跌幅(%)	5.65
2005年最高(元)	24.65
2006年涨跌幅(%)	38.53
2006.4.26收盘(元)	9.88
2006年最高(元)	20.33
2006年最低(元)	14.57
2006年换手率(%)	215.32
股改对价	送股 派现 每10股实际获得1.4股 25.79元(06/01/12)

G 凌云（600480）

上市日期:03/08/15　电话:0312－3951002　传真:0312－3951234

主营	汽车零部件(汽车车身辊压件、冲压件、PA－11汽车压力管路总成)与PE管道系统(PE燃气管道系统、PE给水管道系统)的研制、生产与销售。			
	年　度	2005	2004	2003
主要指标	每股收益/扣除后(元)	0.09/0.09	0.2	0.12/0.12
	每股经营现金流量(元)	0.22	－0.04	0.1
	每股净资产/调整后(元)	1.5/1.35	2.03/2.01	1.83/1.79
	未分利润(万元)	4030.2	6555.81	2404.07
	资本公积(万元)	8519.52	15715.26	15715.26
利润构成	主营收入(万元)	131785.04	101563.39	58647.58
	主营利润(万元)	23596.26	25403.05	20257.74
	营业利润(万元)	9072.61	12623.29	9632.16
	投资收益(万元)	－300.55	－520.87	－292.25
	利润总额(万元)	8833.44	12068.49	9355.42
	净利润(万元)	2837.88	4895.07	2857.04
点评	2005年面临产品价格下降和原材料价格上升的不利局面，公司通过控制成本以及增加新产品开发等手段以度过难关。但是零部件业务的毛利率已经处于较低的水平，未来将会保持稳定，在收入增长的情况，利润的提升可以期望。			

	截止日期	05年末	占%	主要股东及持股比例%、持股性质
股本结构（万股）	总股本	31200		河北凌云工业集团有限公司 43.64%（国有股）
	国有股	13863.2	44.43	英属维尔群岛第五汽车有限公司(AUTO(NO.5)COMPANYLIMITED) 27.23%（外资股）
	发起股			北京市燃气集团有限责任公司 0.36%（国有股）
	外资股	8496.8	27.23	何清水 0.3%（流通A股）
	募集股			张金华 0.24%（流通A股）
	流通A	8840	28.33	蔡艳军 0.22%（流通A股）
	流通B			中国市政工程西南设计研究院 0.22%（国有股）
	流通H			中国市政工程华北设计研究院 0.22%（国有股）
股东户数	05年末	13464		孙广义 0.18%（流通A股）
	04年末	13076		夏大皿 0.17%（流通A股）
其他流通股东	谭鹏 0.115%；钱爱国 0.108%；贺磊 0.107%；杨宗芳 0.107%；周彦芳 0.098%			
近年分配	04年:10派2转增3	近年募资		03年新发6800万股，发行价3.48元。

二〇〇五年以来市场表现

2005年涨跌幅(%)	－25.22
2005年最高(元)	6.26
2006年涨跌幅(%)	26.87
2006.4.26收盘(元)	3.31
2006年最高(元)	4.79
2006年最低(元)	3.59
2006年换手率(%)	288.62
股改对价	送股 每10股实际获得3.3股(06/03/01)

G 双良（600481）

上市日期:03/04/22　电话:0510－6632358　传真:0510－6632307

主营	中央空调及其相关产品的制造和销售。			
	年　度	2005	2004	2003
主要指标	每股收益/扣除后(元)	0.11/0.112	0.31	0.35/0.35
	每股经营现金流量(元)	0.08	0.39	0.53
	每股净资产/调整后(元)	2.87/2.8	3.02/2.99	3.02/2.99
	未分利润(万元)	3718.52	8875.85	10192.91
	资本公积(万元)	47334.28	47380.56	47380.56
利润构成	主营收入(万元)	50701.35	62120.6	61666.7
	主营利润(万元)	17854.36	24940.2	27744.33
	营业利润(万元)	4496.01	11747.54	12112.97
	投资收益(万元)	－179.23	－179.52	
	利润总额(万元)	4250.15	11307.26	12007.13
	净利润(万元)	3374.09	9350.51	10721.93
点评	国家紧缩的宏观经济调控政策对公司05年中央空调产品市场产生重大不利影响，中央空调产品的销售收入整体同比下降较大。06年中央空调业依然面临较大的电解铜价格变动的风险风险。06年公司苯乙烯及苯胺项目将投产，成为新的利润增长点。			

	截止日期	05年末	占%	主要股东及持股比例%、持股性质
股本结构（万股）	总股本	30600		江苏双良集团有限公司 44.31%（非流通股）
	国有股			STAR BOARD LIMITED 25.85%（外资股）
	发起股	14690	48.01	江苏双良停车设备有限公司 1.48%（非流通股）
	外资股	7910	25.85	江苏双良科技有限公司 1.48%（非流通股）
	募集股			江苏澄利投资咨询有限公司 0.74%（非流通股）
	流通A	8000	26.14	宋远岑 0.29%（流通A股）
	流通B			上海国际信托投资公司 0.25%（流通A股）
	流通H			天津市精诚珠宝首饰公司 0.25%（流通A股）
股东户数	05年末	25337		国泰君安证券股份有限公司 0.24%（流通A股）
	04年末	23914		顾建华 0.15%（流通A股）
其他流通股东	张雪 0.117%；黄美荣 0.112%；谈汝强 0.098%；翁祖斌 0.085%；谢晴 0.082%			
近年分配	05预案:10派1；04年:10派2.6；03年:10派3	近年募资		03年新发8000万股，发行价7.24元。

二〇〇五年以来市场表现

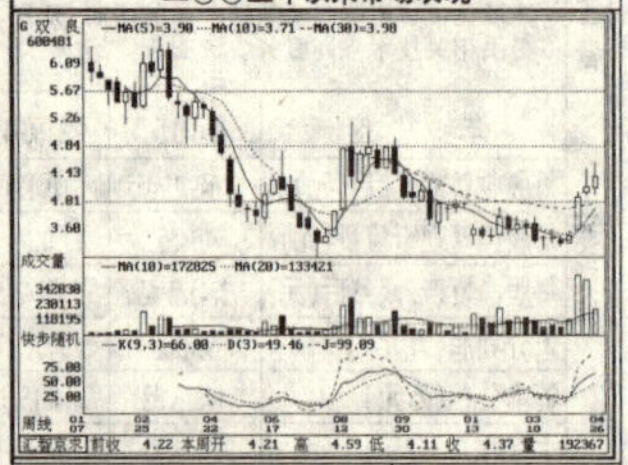

2005年涨跌幅(%)	－31.16
2005年最高(元)	6.5
2006年涨跌幅(%)	43.46
2006.4.26收盘(元)	4.37
2006年最高(元)	5.97
2006年最低(元)	4.28
2006年换手率(%)	231.79
股改对价	送股 每10股实际获得3股(06/01/12)

G风帆（600482）

上市日期：04/07/14　　电话：0312－3208529　　传真：0312－3215920

主营	生产、销售汽车起动用铅酸蓄电池、蓄电池用玻璃纤维隔板、蓄电池壳体等产品。		
年度	2005	2004	2003
主要指标			
每股收益/扣除后(元)	0.24/0.25	0.21	0.29/0.29
每股经营现金流量(元)	0.13	－0.03	0.05
每股净资产/调整后(元)	3.37/3.37	3.25/3.25	
未分利润(万元)	5523.29	3727.74	3449.39
资本公积(万元)	42518.71	42518.71	7381.33
利润构成			
主营收入(万元)	136741.21	99910.04	68483.83
主营利润(万元)	22010.89	19333.22	16831.11
营业利润(万元)	6438.2	5776.21	5942.75
投资收益(万元)		－98.79	－176.95
利润总额(万元)	6418.35	5609.42	5724.65
净利润(万元)	5323.13	4504.38	3950.7

点评：公司是国内最大的车用蓄电池生产企业，市场占有率连续数年居第一位。由于车用蓄电池有配套和维修两个市场，所以随着汽车行业的发展和汽车保有量的上升，车用蓄电池的市场将愈加广阔。公司今后业务的增长点在于面向免维护蓄电池的产品升级。

股本结构（万股）	截止日期 05年末	占％	主要股东及持股比例％、持股性质
总股本	21800		中国船舶重工集团公司 44.44％（国有股）
国有股	9687.75	44.44	保定汇源蓄电池配件厂 17.13％（非流通股）
发起股	4112.25	18.86	通乾证券投资基金 4.9％（流通A股）
外资股			交通银行－融通行业景气证券投资基金 4.3％（流通A股）
募集股			保定国家高新技术产业开发区发展有限公司 1.43％（国有股）
流通A	8000	36.7	中国银行－工银瑞信核心价值股票型证券投资基金 1.08％（流通A股）
流通B			王小盾 0.17％（流通A股）
流通H			谢付成 0.16％（流通A股）
股东户数 05年末	24608		保定天鹅化纤集团有限公司 0.15％（国有股）
股东户数 04年末	40199		乐凯胶片股份有限公司 0.15％（非流通股）

其他流通股东：郭庭彬 0.147％；赵建平 0.141％；北京航天亚星电讯科技有限公司 0.14％；江泽礼 0.139％；蒋国芳 0.115％

近年分配：05方案：10派1.1；04年：10派1.25　　近年募资：04年新发8000万股，发行价5.72元。

二〇〇五年以来市场表现

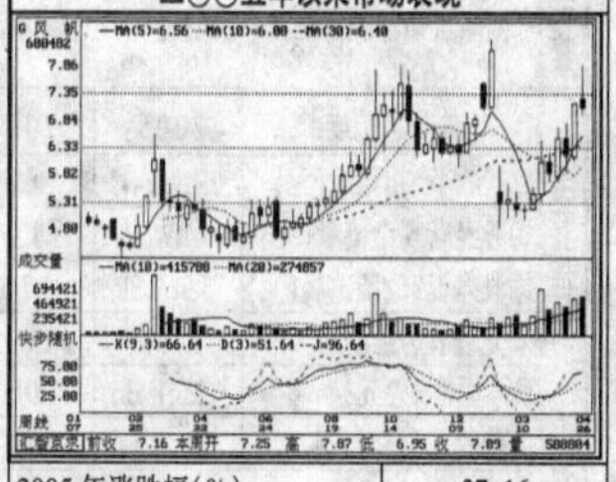

2005年涨跌幅(％)	37.16
2005年最高(元)	7.99
2006年涨跌幅(％)	37.26
2006.4.26收盘(元)	7.09
2006年最高(元)	10.47
2006年最低(元)	6.42
2006年换手率(％)	453.93
股改对价	送股 每10股实际获得3.3股(06/02/17)

福建南纺（600483）

上市日期：04/05/31　　电话：0599—8813015　　传真：0599—8805190

主营	棉纱、棉布、PU革基布、PU革、非织造布的生产、销售(含出口)。		
年度	2005	2004	2003
主要指标			
每股收益/扣除后(元)	0.053	0.081	0.22/0.2
每股经营现金流量(元)	0.5	－0.15	0.43
每股净资产/调整后(元)	3.39/3.36	3.39/3.37	2.81
未分利润(万元)	4283.38	4467.65	3197.51
资本公积(万元)	35257.8	35257.8	9809.12
利润构成			
主营收入(万元)	85773.86	74632.88	54324.38
主营利润(万元)	8105.14	6760.15	8400.15
营业利润(万元)	2039.76	1715.22	3455.31
投资收益(万元)	28.01	669.38	163.35
利润总额(万元)	1988.05	2429	3623.45
净利润(万元)	1011.82	1549.96	2472.36

点评：2005年，公司受到原料涨价等不利因素的影响，实现了主营业务收入增长的同时净利润却大幅下滑。今年，由于人民币升值，将不利于其出口业务，其经营环境将会继续不利于其业务的发展。

股本结构（万股）	截止日期 05年末	占％	主要股东及持股比例％、持股性质
总股本	19232.25		福建天成集团有限公司 32.11％（国有股）
国有股	10049.33	52.25	福建省南平市国有资产投资经营有限公司 20.14％（国有股）
发起股	100	0.52	闽北武夷信托投资公司 2.11％（非流通股）
外资股			谢金海 1％（流通A股）
募集股	951.52	4.95	南平市联才投资有限公司 0.75％（非流通股）
流通A	8000	41.6	福建省晋江市英林玉坂协鑫制衣有限公司 0.73％（非流通股）
流通B			浙江禾欣实业股份有限公司 0.52％（非流通股）
流通H			许新妹 0.39％（流通A股）
股东户数 05年末	29648		汪阳 0.33％（流通A股）
股东户数 04年末	36497		福建南平太阳电缆股份有限公司 0.31％（非流通股）

其他流通股东：陈水云 0.223％；潘维韫 0.208％；蒋云娇 0.174％；王希浩 0.167％；刘建萍 0.166％；万天富 0.159％；李兴燕 0.156％

近年分配：04年：10派0.5；03年：10派0.75　　近年募资：04年新发8000万股，发行价4.4元。

二〇〇五年以来市场表现

2005年涨跌幅(％)	－21.37
2005年最高(元)	3.93
2006年涨跌幅(％)	15.02
2006.4.26收盘(元)	3.37
2006年最高(元)	3.56
2006年最低(元)	2.93
2006年换手率(％)	211.12
股改对价	送股 派现 每10股实际获得2股5.162元

G中创（600485）

上市日期：03/08/07　　电话：010－62125566　　传真：010－62116339

主营	通信网测试维护产品的研制开发、生产、销售和服务。		
年度	2005	2004	2003
主要指标			
每股收益/扣除后(元)	－0.29/－0.3	0.09/0.09	0.34/0.33
每股经营现金流量(元)	－0.14	0.01	0.07
每股净资产/调整后(元)	1.83/1.82	2.11/2.1	4.25/4.24
未分利润(万元)	923.99	4819.36	5146.61
资本公积(万元)	9063	9058.54	15900.71
利润构成			
主营收入(万元)	11643.93	20822.38	13334.4
主营利润(万元)	4472.17	9384.7	8056.92
营业利润(万元)	－4312.36	556.94	1472.57
投资收益(万元)	196.13	－184.24	61.06
利润总额(万元)	－3993.89	1344.13	2453.63
净利润(万元)	－3895.38	1222.43	2330.01

点评：2005年公司出现首次亏损，主要是由于公司对空中交通管制系统市场把握不足，在产品、技术及市场方面并不具备优势的情况下，高投入加大了费用开支，却未能带来收益。2006年公司将调整战略，加快新产品开发，推出高质量、有竞争力的新产品。

股本结构（万股）	截止日期 05年末	占％	主要股东及持股比例％、持股性质
总股本	13663.2		北京英诺维电子技术有限公司 42.22％（非流通股）
国有股	100.63	0.74	北京智多维网络技术有限责任公司 14.73％（非流通股）
发起股	9962.57	72.92	北京协力得企业管理顾问有限公司 14.73％（非流通股）
外资股			北京正方兴通信技术研究所 0.74％（国有股）
募集股			北京兴华动力科贸有限公司 0.74％（非流通股）
流通A	3600	26.35	交通银行－融通行业景气证券投资基金 0.59％（流通A股）
流通B			深圳市世纪之舟实业发展有限公司 0.49％（非流通股）
流通H			苏梅 0.27％（流通A股）
股东户数 05年末	9632		高文奎 0.22％（流通A股）
股东户数 04年末	6009		徐维金 0.22％（流通A股）

其他流通股东：上海城苏金属结构件有限公司 0.209％；陈宝民 0.168％；耿志深 0.166％；魏强 0.159％；叶春旺 0.149％

近年分配：03年：10派2转增10　　近年募资：03年新发1800万股，发行价10.21元。

二〇〇五年以来市场表现

2005年涨跌幅(％)	－44.94
2005年最高(元)	10.1
2006年涨跌幅(％)	137.58
2006.4.26收盘(元)	8.4
2006年最高(元)	11.87
2006年最低(元)	4.91
2006年换手率(％)	374.07
股改对价	送股 每10股实际获得4股(06/03/28)

扬农化工（600486）

上市日期:02/04/25　　电话:0514－5870486　　传真:0514－5889486

主营	拟除虫菊酯农药的生产、销售。			
主要指标	年　度	2005	2004	2003
	每股收益/扣除后(元)	0.429/0.448	0.337	0.272/0.29
	每股经营现金流量(元)	1.745	0.395	0.716
	每股净资产/调整后(元)	3.91/3.91	3.7/3.7	3.56/3.56
	未分利润(万元)	3038.85	2986.33	204.47
	资本公积(万元)	22051.63	22003.63	21778.48
利润构成	主营收入(万元)	75192.1	54982.78	37309.79
	主营利润(万元)	12319.53	10904.36	8224.82
	营业利润(万元)	6119.6	4976.16	4347.51
	投资收益(万元)	8.28	90.34	26.41
	利润总额(万元)	5838.43	4755.84	4084
	净利润(万元)	4294.09	3370.82	2721.96
点评	公司近年来卫生用菊酯产品稳定增长,农用菊酯则受高毒农药禁用的政策影响,产量大幅增长。公司的控股子公司江苏优士一期项目建成投产给公司带来可观的收入,未来还有农用菊酯及中间体的持续投入,将为公司带来持续稳定的业绩增长。			

股本结构(万股)	截止日期	05年末	占%	主要股东及持股比例%、持股性质
	总股本	10000		江苏扬农化工集团有限公司 55.79%（国有股）
	国有股			扬州福源化工科技有限公司 10.4%（国有股）
	发起股	7000	70	扬州市电力中心 1.39%（国有股）
	外资股			扬州产业投资经营公司 1.04%（国有股）
	募集股			南京南大表面和界面化学工程技术研究中心有限责任公司 0.69%（国有股）
	流通A	3000	30	信泰证券有限责任公司 0.56%（流通A股）
	流通B	·		江苏亚星客车集团有限公司 0.35%（国有股）
	流通H			扬州市天平化工厂有限公司 0.35%（国有股）
股东户数	05年末	11385		江阴市大河港运输有限公司 0.12%（流通A股）
	04年末	12129		张淼 0.12%（流通A股）
其他流通股东	北京元丰盛业科技发展有限公司 0.106%;汪月梅 0.1%;杨丽娟 0.1%;盘锦精图数字信息技术有限公司 0.093%			
近年分配	04年:10派2.3；03年:10派2.2		近年募资	

二〇〇五年以来市场表现

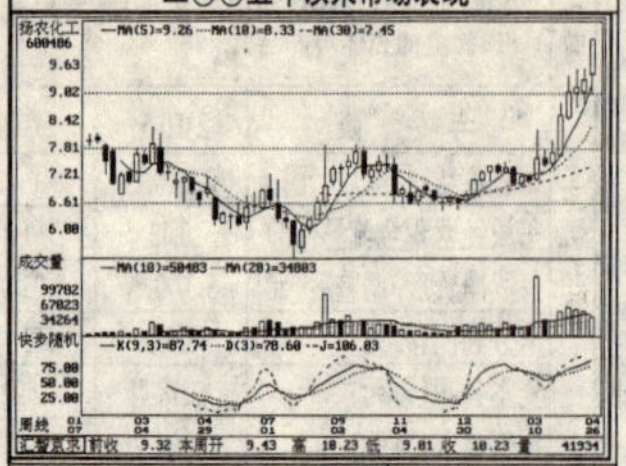

2005年涨跌幅(%)	－12.41
2005年最高(元)	8.27
2006年涨跌幅(%)	51.33
2006.4.26收盘(元)	10.23
2006年最高(元)	10.23
2006年最低(元)	6.74
2006年换手率(%)	214.26
股改对价	

G亨通（600487）

上市日期:03/08/22　　电话:0512－63802858　　传真:0512－63801518

主营	光纤光缆的生产与销售			
主要指标	年　度	2005	2004	2003
	每股收益/扣除后(元)	0.387/0.37	0.32	0.29
	每股经营现金流量(元)	0.029	0.5365	0.3
	每股净资产/调整后(元)	5.22/5.2	4.93/4.92	4.73/4.73
	未分利润(万元)	12552.62	9771.93	7901.96
	资本公积(万元)	33757.58	33757.58	33757.58
利润构成	主营收入(万元)	68947.15	60798.65	55906.07
	主营利润(万元)	15744.11	12625.04	10475.6
	营业利润(万元)	7963.58	6622.66	5808.23
	投资收益(万元)	－253.36	－128.47	
	利润总额(万元)	7750.6	6516.73	5865.41
	净利润(万元)	4876.58	4035.61	3656.41
点评	2005年在通讯投资快速增长的背景下,公司业务获得较快发展。公司坚持光缆－－光纤－－光纤预制棒的纵向一体化战略,在努力扩大光缆市场份额的同时,充分提高光纤产能及生产工艺水平,并计划不失时机地启动光棒项目。			

股本结构(万股)	截止日期	05年末	占%	主要股东及持股比例%、持股性质
	总股本	12612		亨通集团有限公司 44.56%（非流通股）
	国有股			毛慧苏 8.3%（非流通股）
	发起股	6490.19	51.46	吴江市苏源电力实业有限公司 1.88%（非流通股）
	外资股			昆明电信职工技协服务中心 1.88%（非流通股）
	募集股			苏州苏源电力实业有限公司 1.88%（非流通股）
	流通A	5075	40.24	天津市电话器材公司 1.26%（非流通股）
	流通B			中国人寿保险(集团)公司－传统－普通保险产品 1.1%（流通A股）
	流通H			交通银行－湘财合丰价值优化型成长类行业基金 0.8%（流通A股）
股东户数	05年末	17615		交通银行－裕华证券投资基金 0.63%（流通A股）
	04年末	20035		喻勤 0.55%（流通A股）
其他流通股东	李月玲 0.207%;杨荔雯 0.206%;王丽萍 0.187%;谢逊 0.183%;海宁市诚泰投资有限公司 0.18%;袁军 0.159%			
近年分配	05年:10派1.2；04年:10派1；03年:10派1.2		近年募资	03年新发3500万股,发行价11.2元。

二〇〇五年以来市场表现

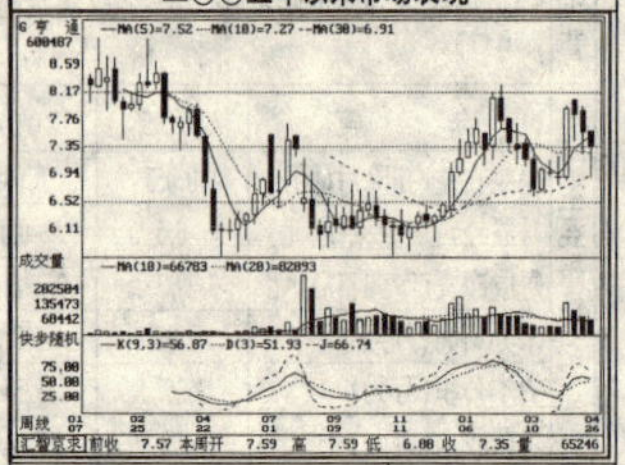

2005年涨跌幅(%)	26.73
2005年最高(元)	10.9
2006年涨跌幅(%)	4.48
2006.4.26收盘(元)	7.35
2006年最高(元)	8.27
2006年最低(元)	6.6
2006年换手率(%)	245.08
股改对价	送股 每10股实际获得4.5股(05/08/08)

G天药（600488）

上市日期:01/06/18　　电话:022－24160861　　传真:022－24160910

主营	原料药的生产经营,包括皮质激素类原料药、心血管类原料药、镇痛类原料药。			
主要指标	年　度	2005	2004	2003
	每股收益/扣除后(元)	0.321/0.322	0.401	0.358/0.305
	每股经营现金流量(元)	－0.432	0.438	0.182
	每股净资产/调整后(元)	3.96/3.95	3.73/3.72	3.53/3.52
	未分利润(万元)	24080.3	19754.76	16362.5
	资本公积(万元)	41654.39	41582.46	41442.12
利润构成	主营收入(万元)	66133.06	96417.63	66808.19
	主营利润(万元)	18113.72	18670.23	17183.75
	营业利润(万元)	9527.08	11115.95	9149.94
	投资收益(万元)	－3.58	1085.9	1528.93
	利润总额(万元)	9500.7	12210.32	10691.48
	净利润(万元)	8080.35	10085.82	9007.57
点评	2005年主营业务收入和净利润同比有所下降。主营收入全部为皮质激素类原料药、中间体及制剂销售收入,体现了大力发展主业的方向;剔除2004年国内商品贸易、短期投资实现的净利润及人民币升值的影响,净利润同比微升。提请关注原料药生产行业的风险。			

股本结构(万股)	截止日期	05年末	占%	主要股东及持股比例%、持股性质
	总股本	25182.5		天津药业集团有限公司 56.08%（国有股）
	国有股	14687.6	58.32	中国银行－湘财荷银行业精选证券投资基金 2.11%（流通A股）
	发起股			中国银行－同盛证券投资基金 0.84%（流通A股）
	外资股			中国工商银行－银河银泰理财分红证券投资基金 0.6%（流通A股）
	募集股			中信实业银行－建信恒久价值股票型证券投资基金 0.58%（流通A股）
	流通A	10494.9	41.68	天津中新药业集团股份有限公司 0.56%（国有股）
	流通B			天津宜药印务有限公司 0.56%（国有股）
	流通H			天津市中央药业有限公司 0.56%（国有股）
股东户数	05年末	16146		天津新技术产业园区海泰科技投资管理有限公司 0.56%（国有股）
	04年末	15472		中国银河证券有限责任公司 0.49%（流通A股）
其他流通股东	交通银行－湘财合丰价值优化型成长类行业基金 0.397%;王贵明 0.208%;周贤华 0.192%;刘应秀 0.166%			
近年分配	05方案:10派0.5转增8；04年:10派1；03年:10派2		近年募资	

二〇〇五年以来市场表现

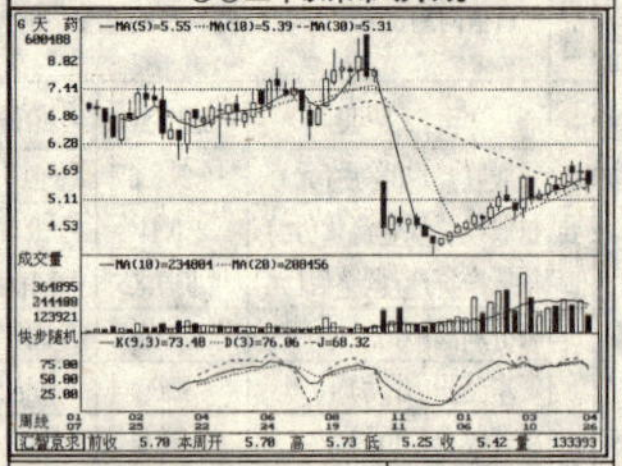

2005年涨跌幅(%)	－9.27
2005年最高(元)	8.7
2006年涨跌幅(%)	19.65
2006.4.26收盘(元)	5.42
2006年最高(元)	5.9
2006年最低(元)	4.45
2006年换手率(%)	362.95
股改对价	送股 每10股实际获得3.8股(05/10/24)

中金黄金（600489）

上市日期:03/08/14　　电话:022－66201747　　传真:022－66201498

主营	黄金的地质勘查、采选和冶炼。			
	年　度	2005	2004	2003
主要指标	每股收益/扣除后(元)	0.24/0.24	0.139	0.142/0.134
	每股经营现金流量(元)	1.01	－0.06	0.26
	每股净资产/调整后(元)	2.82/2.64	2.73/2.55	2.73/2.71
	未分利润(万元)	6503.93	6347.24	7416.36
	资本公积(万元)	38631.05	38685.15	38322.87
利润构成	主营收入(万元)	444605.89	346137.32	218427.42
	主营利润(万元)	48832.31	17462.49	14922.82
	营业利润(万元)	21765.8	5841.79	5467.08
	投资收益(万元)	－1705.35	－60.05	77.18
	利润总额(万元)	19051.21	6116.15	5910.01
	净利润(万元)	6724.94	3883.86	3978.91
点评	近年来公司黄金产量逐年攀升,经历了过去两年的资源整合后,公司掌控的黄金储量拓展至60吨,2005年生产标准金42.01吨。伴随着海湾局势动荡、美元持续走软以及石油价格飙升,国际金价一路飞涨,公司盈利增长迅速。			

	截止日期	05年末	占%	主要股东及持股比例%、持股性质
股本结构(万股)	总股本	28000		中国黄金集团公司 56.91%（国有股）
	国有股	15935.39	56.91	中信国安集团公司 4.68%（非流通股）
	发起股	2064.61	7.37	中国工商银行－国联安德盛小盘精选证券投资基金 2.64%（流通A股）
	外资股			申银万国－花旗－UBS LIMITED 1.63%（流通A股）
	募集股			河南豫光金铅集团有限责任公司 1.17%（非流通股）
	流通A	10000	35.71	景福证券投资基金 1%（流通A股）
	流通B			华夏成长证券投资基金 0.96%（流通A股）
	流通H			中国银行－银华优势企业(平衡型)证券投资基金 0.87%（流通A股）
股东户数	05年末	29169		西藏自治区矿业开发总公司 0.82%（非流通股）
	04年末	37605		饶晖 0.52%（流通A股）
其他流通股东	中国农业银行－长信银利精选证券投资基金 0.447%；中国工商银行－同益证券投资基金 0.38%			
近年分配	05预案:10派2.2；04年:10派1.5；03年:10派1.5	近年募资	03年新发10000万股,发行价4.05元。	

二〇〇五年以来市场表现

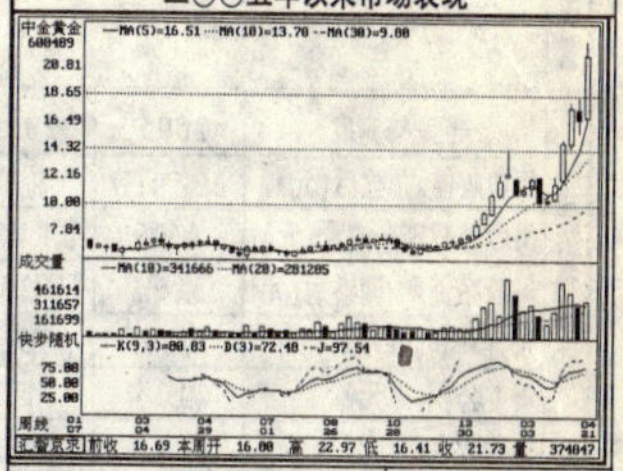

2005年涨跌幅(%)	7.97
2005年最高(元)	7.82
2006年涨跌幅(%)	187.05
2006.4.26收盘(元)	21.73
2006年最高(元)	22.97
2006年最低(元)	7.58
2006年换手率(%)	514.43
股改对价	送股 每10股实际获得2.3股

中科合臣（600490）

上市日期:03/06/26　　电话:021－62811555　　传真:021－52585660

主营	生产医药中间体、农药中间体及有机新材料等精细化工品			
	年　度	2005	2004	2003
主要指标	每股收益/扣除后(元)	－0.327/－0.388	0.263	0.17/0.16
	每股经营现金流量(元)	－0.0673	0.6323	－0.28
	每股净资产/调整后(元)	3.72/3.69	4.19/4.18	4.08/4.05
	未分利润(万元)	147.31	3770.32	3264.45
	资本公积(万元)	19122.63	19122.63	19122.63
利润构成	主营收入(万元)	9474.79	25885.25	13791.61
	主营利润(万元)	1465.91	7803.03	4579.87
	营业利润(万元)	－2821.48	3048.11	1432.83
	投资收益(万元)	259.51	－475.19	－3.11
	利润总额(万元)	－2473.86	2562.96	1524.16
	净利润(万元)	－2483.01	1994.81	1325.97
点评	公司主要从事医药中间体等化工品销售,其产品属于定制化学品,市场需求具有较大不确定性,2005年主导产品四氟丙醇的销售收入出现大幅下滑,同时原辅材料、动力价格居高不下,造成业绩亏损严重。公司主导产品市场集中,行业无序竞争严重。			

	截止日期	05年末	占%	主要股东及持股比例%、持股性质
股本结构(万股)	总股本	7600		上海中科合臣化学有限责任公司 39.64%（非流通股）
	国有股	46	0.61	上海嘉创企业(集团)有限公司 10.89%（非流通股）
	发起股	4163	54.78	上海科技投资公司 4.24%（非流通股）
	外资股			郑崇直 2.12%（非流通股）
	募集股			姜标 2.12%（非流通股）
	流通A	3000	39.47	王世跃 0.76%（流通A股）
	流通B			上海市普陀区国有资产经营有限公司 0.61%（国有股）
	流通H			王霖 0.48%（非流通股）
股东户数	05年末	12259		马香连 0.3%（流通A股）
	04年末	13471		陈豪 0.27%（流通A股）
其他流通股东	赵宏平 0.171%；姚锡坤 0.145%；赵惠明 0.141%；唐家俊 0.137%；杨庆权 0.132%；邱伟麒 0.129%；张霆 0.118%			
近年分配	04年:10派1.5；03年:10派1.5	近年募资	03年新发3000万股,发行价7元。	

二〇〇五年以来市场表现

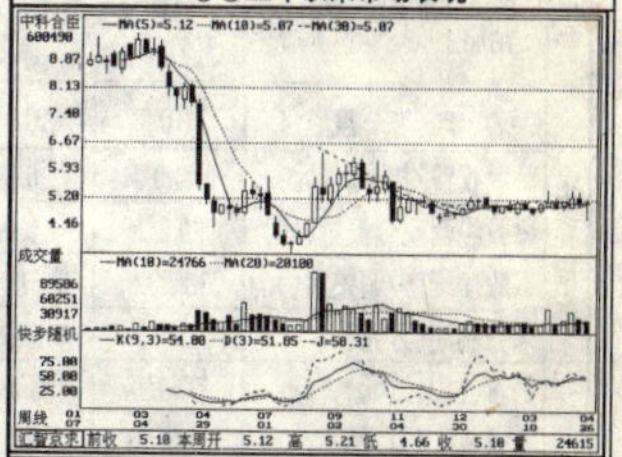

2005年涨跌幅(%)	－42.11
2005年最高(元)	9.6
2006年涨跌幅(%)	3.03
2006.4.26收盘(元)	5.1
2006年最高(元)	5.44
2006年最低(元)	4.66
2006年换手率(%)	120.55
股改对价	

G龙元（600491）

上市日期:04/05/24　　电话:021－65615689　　传真:021－65615689

主营	工业与民用建筑及公共设施的施工。			
	年　度	2005	2004	2003
主要指标	每股收益/扣除后(元)	0.61	0.64	1.04/1.03
	每股经营现金流量(元)	0.67	－0.35	0.26
	每股净资产/调整后(元)	4.48/4.01	6.12/5.8	5.36
	未分利润(万元)	43742.75	36996.75	28288.85
	资本公积(万元)	29698.83	38214.19	572.8
利润构成	主营收入(万元)	659028.57	554118.09	398416.63
	主营利润(万元)	39268.84	28476.79	20573.65
	营业利润(万元)	24627.03	16434.8	12917.97
	投资收益(万元)	－290.61	－34.1	－36.31
	利润总额(万元)	25021.27	16775.9	12876.2
	净利润(万元)	14877.42	10413.99	8312.54
点评	公司主营建筑总承包等业务。报告期内公司主动控制业务发展规模,在拓展长三角地区以外和国外新的建筑业务市场上取得了明显进展。大地钢结构等收购工作顺利完成,水泥厂项目也顺利投产,进一步增强了公司的综合竞争力和盈利能力。			

	截止日期	05年末	占%	主要股东及持股比例%、持股性质
股本结构(万股)	总股本	24300		赖振元 41.03%（非流通股）
	国有股	164.25	0.68	宁波明和投资管理有限公司 6.32%（非流通股）
	发起股	1536.76	6.32	郑桂香 4.99%（非流通股）
	外资股			赖野君 3.73%（非流通股）
	募集股			赖朝辉 3.56%（非流通股）
	流通A	7875	32.41	中国工商银行－国联安德盛小盘精选证券投资基金 2.75%（流通A股）
	流通B			中国工商银行－兴业可转债混合型证券投资基金 1.11%（流通A股）
	流通H			兴业证券股份有限公司 0.83%（流通A股）
股东户数	05年末	12434		中国建设银行－东方龙混合型开放式证券投资基金 0.69%（流通A股）
	04年末	14452		中国建筑科学研究院 0.68%（国有股）
其他流通股东	张云 0.5%；黄刚 0.484%；周定国 0.44%；石义海 0.365%；北京浩成投资管理有限公司 0.322%；于国新 0.268%			
近年分配	05预案:10派1.5转增6；04中期:10转增5 年终:10派3转增5	近年募资	04年新发2800万股,发行价17.08元。	

二〇〇五年以来市场表现

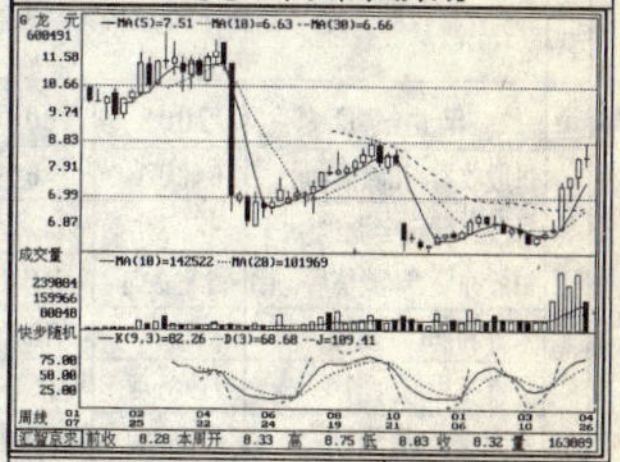

2005年涨跌幅(%)	1.99
2005年最高(元)	13.73
2006年涨跌幅(%)	47
2006.4.26收盘(元)	8.32
2006年最高(元)	8.75
2006年最低(元)	5.41
2006年换手率(%)	232.2
股改对价	送股 每10股实际获得2.5股(05/11/15)

G凤竹（600493）

上市日期:04/04/21　　电话:0595－85656506　　传真:0595－85656941

主营	织造、染整、染纱和污水处理			
	年　度	2005	2004	2003
主要指标	每股收益/扣除后(元)	0.283/0.279	0.219	0.3/0.321
	每股经营现金流量(元)	0.3546	0.4828	-0.17
	每股净资产/调整后(元)	3.2/3.2	3.12/3.12	1.74
	未分利润(万元)	8016.83	8051.54	5449.16
	资本公积(万元)	24192.57	24192.57	
利润构成	主营收入(万元)	46641.74	34477.95	28194.99
	主营利润(万元)	9087.69	6951.32	6194.36
	营业利润(万元)	5632.21	4588.37	4216.44
	投资收益(万元)			
	利润总额(万元)	5638.79	4391.8	3900.98
	净利润(万元)	4807.55	3717.69	3304.29
点评	05年,公司克服了纺织品出口关税提高、欧美设限、人民币升值等不利因素的影响,保持收入及净利润的大幅增长。另外,公司的2万吨染整项目及2万吨纱染项目将逐步投产,其收入主要从06年开始体现,预其业绩将会有所增长。			

	截止日期	05年末	占%	主要股东及持股比例%、持股性质
股本结构（万股）	总股本	17000		福建凤竹集团有限公司 33%（非流通股）
	国有股	53.9	0.32	振兴实业公司 29.17%（外资股）
	发起股	5987.3	35.22	福建省泉州市光大工贸有限公司 1.9%（非流通股）
	外资股	4958.8	29.17	中国工商银行－国联安德盛小盘精选证券投资基金 0.9%（流通A股）
	募集股			兴业银行股份有限公司－兴业趋势投资混合型证券投资基金 0.57%（流通A股）
	流通A	6000	35.29	三明市天地环保技术开发有限公司 0.32%（非流通股）
	流通B			福建省环境保护设计院 0.32%（国有股）
	流通H			谈福水 0.25%（流通A股）
股东户数	05年末	21173		厦门来尔富贸易有限责任公司 0.2%（流通A股）
	04年末	25228		肖忠芬 0.19%（流通A股）
其他流通股东	宋华君 0.187%；郑金秋 0.151%；黄从归 0.135%；钟振江 0.123%；何志伟 0.123%			
近年分配	05预案:10派2；04年:10派2	近年募资		04年新发6000万股,发行价5.25元。

二〇〇五年以来市场表现

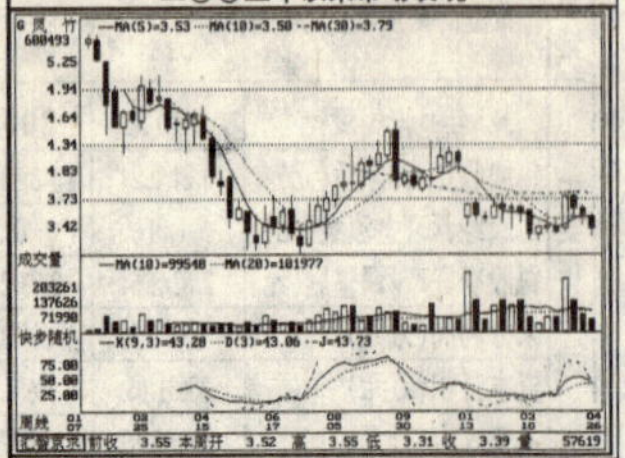

2005年涨跌幅(%)	-21.27
2005年最高(元)	5.55
2006年涨跌幅(%)	6.24
2006.4.26收盘(元)	3.39
2006年最高(元)	4.9
2006年最低(元)	4.23
2006年换手率(%)	227.91
股改对价	送股 派现 每10股实际获得2.5股1.5元(06/01/09)

G晋西（600495）

上市日期:04/05/26　　电话:(0351)6628286　　传真:(0351)6628281

主营	各类车轴的生产及销售,合金钢等精密锻件生产、销售或委托加工。			
	年　度	2005	2004	2003
主要指标	每股收益/扣除后(元)	0.24/0.24	0.21	0.32/0.32
	每股经营现金流量(元)	0.23	0.09	0.49
	每股净资产/调整后(元)	3.82/3.8	3.67/3.67	
	未分利润(万元)	2355.5	1383.9	
	资本公积(万元)	23769.78	23766.4	3387.04
利润构成	主营收入(万元)	27980.33	23745.64	18697.35
	主营利润(万元)	5308.56	4279.21	4021.6
	营业利润(万元)	2856.77	2229.76	1946.95
	投资收益(万元)	60.44		
	利润总额(万元)	3019.08	2555.42	2399.37
	净利润(万元)	2422.05	2137.66	2042.55
点评	2005年铁路行业快速发展、产品加速更新换代,公司业务稳步增长;另外,公司国际市场取得突破性进展,产品出口大幅提高。"十一五"期间,国家将加大铁路建设投入,车轴需求量也将稳定增长,预计2006年公司业绩将继续快速增长。			

	截止日期	05年末	占%	主要股东及持股比例%、持股性质
股本结构（万股）	总股本	10291		晋西机器工业集团有限责任公司 45.61%（国有股）
	国有股	4795.4	46.6	海通－交行－日兴资产管理有限公司－日兴AM中国人民币A股母基金 4.99%（流通A股）
	发起股	50.95	0.5	中国工商银行－银河银泰理财分红证券投资基金 2.05%（流通A股）
	外资股	84.65	0.82	东方证券股份有限公司 1.54%（流通A股）
	募集股			通乾证券投资基金 1.31%（流通A股）
	流通A	5360	52.08	华夏成长证券投资基金 1.28%（流通A股）
	流通B			EMER INTERNAITIONAL, INC.美国埃谟国际有限公司 0.82%（外资股）
	流通H			北京方兴投资管理有限责任公司 0.78%（流通A股）
股东户数	05年末	14270		中国工商银行－东吴嘉禾优势精选混合型开放式证券投资基金 0.74%（流通A股）
	04年末	19705		中国银行－华夏回报证券投资基金 0.65%（流通A股）
其他流通股东	招商证券股份有限公司 0.391%；东莞信托投资有限公司 0.38%			
近年分配	05方案:10派1；04年:10派0.8	近年募资		04年新发4000万股,发行价6.39元。

二〇〇五年以来市场表现

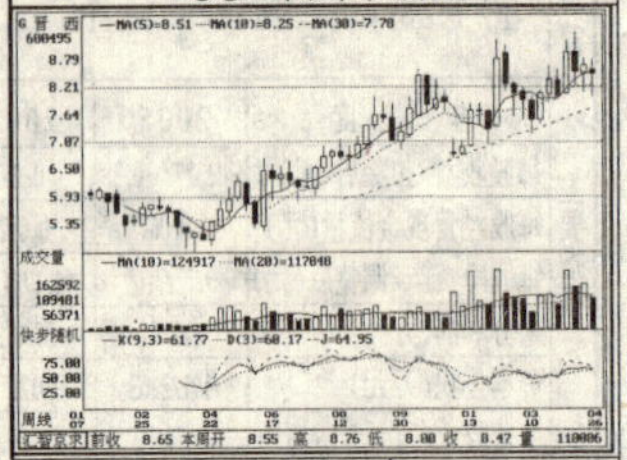

2005年涨跌幅(%)	52.63
2005年最高(元)	9.59
2006年涨跌幅(%)	24.19
2006.4.26收盘(元)	8.47
2006年最高(元)	9.36
2006年最低(元)	6.75
2006年换手率(%)	385.98
股改对价	送股 每10股实际获得3.4股(05/12/29)

G精工钢（600496）

上市日期:02/06/05　　电话:0564－3630909　　传真:0564－3631386

主营	手扶拖拉机、联合收割机、配套农机具的研制、生产和销售。			
	年　度	2005	2004	2003
主要指标	每股收益/扣除后(元)	0.41/0.384	0.18	0.02/0.002
	每股经营现金流量(元)	1.38	1	-0.38
	每股净资产/调整后(元)	2.82/2.76	2.44/2.41	2.25/2.25
	未分利润(万元)	4308.95	1601.58	290.19
	资本公积(万元)	13085.99	12882.81	12751.53
利润构成	主营收入(万元)	159679.7	117818.67	10325.09
	主营利润(万元)	23924.63	15941.3	2043.59
	营业利润(万元)	6334.73	5329.01	93.93
	投资收益(万元)	53.4	-534.96	253.17
	利润总额(万元)	6207.02	4816.29	340.1
	净利润(万元)	4490.32	1996.01	247.88
点评	报告期内,公司承接奥运会三大场馆之一的国家体育馆工程,市场信誉良好。全年加工制作各类钢构件16.86万吨,通过日本钢结构H级性能认证。公司毛利率增长明显,销售净利率大增。控股浙江精工钢结构公司被评为国家火炬计划重点高新技术企业。			

	截止日期	05年末	占%	主要股东及持股比例%、持股性质
股本结构（万股）	总股本	11000		浙江精工建设产业集团有限公司 49.65%（非流通股）
	国有股	589.66	5.36	六安手扶拖拉机厂 5.36%（国有股）
	发起股	5490.34	49.91	北京日新经贸发展有限责任公司 0.59%（流通A股）
	外资股			上海飞乐股份有限公司 0.43%（流通A股）
	募集股			赵邦说 0.3%（流通A股）
	流通A	4920	44.73	华宝信托投资有限责任公司－宝祥有价证券组合投资信托 0.3%（流通A股）
	流通B			常本平 0.3%（流通A股）
	流通H			罗自银 0.27%（流通A股）
股东户数	05年末	11366		河南省商城县通用机械制造有限公司 0.26%（非流通股）
	04年末	9121		郑根云 0.25%（流通A股）
其他流通股东	邓海明 0.235%；赵利 0.231%；汤志刚 0.224%			
近年分配	05预案:10派1转增5；04年:10派0.5	近年募资		

二〇〇五年以来市场表现

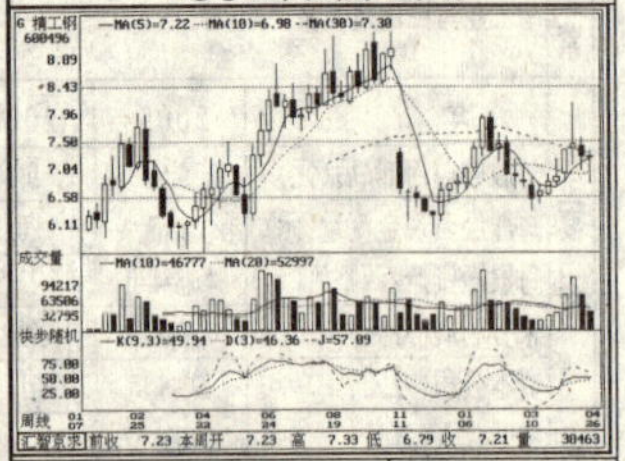

2005年涨跌幅(%)	36.81
2005年最高(元)	9.4
2006年涨跌幅(%)	6.03
2006.4.26收盘(元)	7.21
2006年最高(元)	8.13
2006年最低(元)	6.33
2006年换手率(%)	182.7
股改对价	送股 每10股实际获得2.3股(05/11/10)

驰宏锌锗（600497）

上市日期:04/04/20　　电话:0874－8966698　　传真:0874－8966789

主营	铅、锌、锗系列产品的生产与销售			
	年　度	2005	2004	2003
主要指标	每股收益/扣除后(元)	0.818/0.865	0.368/0.378	0.406/0.427
	每股经营现金流量(元)	1.258	1.312	1.02
	每股净资产/调整后(元)	4.51/4.5	3.77/3.77	2.05
	未分利润(万元)	718.01	208.77	585.41
	资本公积(万元)	39779.69	36154.26	4735.53
利润构成	主营收入(万元)	116748.55	71350.36	63452.66
	主营利润(万元)	35478.11	20336.44	13184.35
	营业利润(万元)	17349.64	9274.69	4729.47
	投资收益(万元)	3.77	－269.56	7.63
	利润总额(万元)	16291.69	7434.96	4293.43
	净利润(万元)	13080.14	5892.5	3656.11
点评	公司在全国同行业中位居前列，2005年公司募集资金项目投产，业绩大幅增长。报告期内公司资金使用相对紧张，资产负债率较高。2006年，公司继续在原矿山周围开展矿产资源的勘探基础工作，为整合资源和供应冶炼生产所需的原料提供保障。			

	截止日期	05年末	占%	主要股东及持股比例%、持股性质
股本结构（万股）	总股本	16000		云南冶金集团总公司 51.49%（国有股）
	国有股	8540.09	53.38	华宝信托投资有限责任公司 3.33%（流通A股）
	发起股			曲靖富盛铅锌矿有限公司 2.05%（非流通股）
	外资股			中国建设银行－华宝兴业多策略增长证券投资基金 1.74%（流通A股）
	募集股	459.91	2.87	会泽县国有资产持股经营有限责任公司 1.64%（国有股）
	流通A	7000	43.75	中国工商银行－金泰证券投资基金 0.87%（流通A股）
	流通B			云南省以礼河实业有限公司 0.82%（非流通股）
	流通H			中国工商银行－东吴嘉禾优势精选混合型开放式证券投资基金 0.76%（流通A股）
股东户数	05年末	15857		东方证券－农行－东方红1号集合资产管理计划 0.73%（流通A股）
	04年末	18069		华宝信托投资有限责任公司－宝祥有价证券组合投资信托 0.62%（流通A股）
其他流通股东	交通银行－安顺证券投资基金 0.556%；陈留杭 0.458%；东方证券股份有限公司 0.44%			
近年分配	05预案:10派5；04年:10派3		近年募资	04年新发7000万股，发行价5.72元。

二○○五年以来市场表现

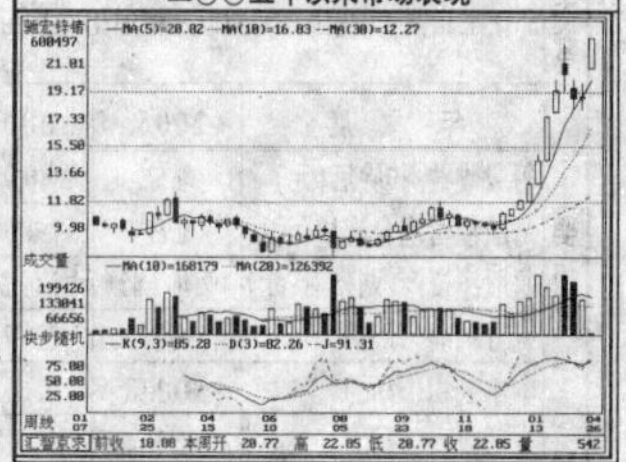

2005年涨跌幅(%)	13
2005年最高(元)	12.4
2006年涨跌幅(%)	92.5
2006.4.26收盘(元)	22.85
2006年最高(元)	22.85
2006年最低(元)	11.8
2006年换手率(%)	207.09
股改对价	送股 每10股实际获得2.7股

G烽火（600498）

上市日期:01/08/23　　电话:027－87693885　　传真:027－87691704

主营	光纤通信设备及系统、光接入网设备、光纤、光缆、电缆等的科研开发、生产和销售。			
	年　度	2005	2004	2003
主要指标	每股收益/扣除后(元)	0.103/0.09	0.086	0.063/0.05
	每股经营现金流量(元)	0.73	0.19	0.03
	每股净资产/调整后(元)	5.56/5.37	5.58/5.48	5.61/5.49
	未分利润(万元)	6876.71	8439.38	10742.44
	资本公积(万元)	171663.18	171404.33	171337.51
利润构成	主营收入(万元)	157023.27	155208.21	134522.59
	主营利润(万元)	37802.98	37584.53	29453.66
	营业利润(万元)	1270.66	4412.91	3738.61
	投资收益(万元)	1071.07	－1153.79	528.58
	利润总额(万元)	4093.15	4700.81	4052.61
	净利润(万元)	4215.9	3516.07	2565.15
点评	公司光网络产品在国家干线市场拓展中取得重大突破，一举夺得多条中国电信、中国网通、中国移动一干建设项目，其中部分高端产品实现规模性商用，极大提升了公司的品牌地位。同时，光缆产品在行业的市场份额和品牌地位有了进一步提升，光纤销售增长显著。			

	截止日期	05年末	占%	主要股东及持股比例%、持股性质
股本结构（万股）	总股本	41000		武汉邮电科学研究院 70.49%（国有股）
	国有股	32200	78.54	武汉现代通信电器厂 2.1%（非流通股）
	发起股			湖南三力通信经贸公司 1.59%（国有股）
	外资股			湖北东南实业开发有限责任公司 1%（国有股）
	募集股			华夏国际邮电工程有限公司 0.8%（非流通股）
	流通A	8800	21.46	中国电信集团江苏省电信公司 0.43%（国有股）
	流通B			北京中京信通信息咨询有限公司 0.43%（国有股）
	流通H			北京科希盟科技产业中心 0.43%（国有股）
股东户数	05年末	37771		湖北省化学研究院 0.43%（国有股）
	04年末	44171		浙江南天通讯技术发展有限公司 0.43%（非流通股）
其他流通股东	周小娜 0.198%；东方证券－农行－东方红1号集合资产管理计划 0.153%			
近年分配	05预案:10派1.2；04年:10派1.2；03年:10派1.2		近年募资	

二○○五年以来市场表现

2005年涨跌幅(%)	－11.62
2005年最高(元)	10.46
2006年涨跌幅(%)	24.75
2006.4.26收盘(元)	6.44
2006年最高(元)	10.48
2006年最低(元)	7.6
2006年换手率(%)	184.99
股改对价	送股 每10股实际获得4.8股(06/03/07)

G粤科达（600499）

上市日期:02/10/10　　电话:0757－23833869　　传真:0757－23833869、23312955

主营	建筑陶瓷技术装备的研发、生产和销售			
	年　度	2005	2004	2003
主要指标	每股收益/扣除后(元)	0.403/0.34	0.508	0.436/0.427
	每股经营现金流量(元)	0.62	0.51	0.416
	每股净资产/调整后(元)	4.58/4.57	4.45/4.44	4.19/4.19
	未分利润(万元)	9514.26	9276.09	7960.68
	资本公积(万元)	22904.28	22585.15	22075.76
利润构成	主营收入(万元)	56021.23	54201.19	39674.91
	主营利润(万元)	13298.35	12046.15	9820.92
	营业利润(万元)	5062.78	5807.43	5300.32
	投资收益(万元)	137.85	231.12	57.62
	利润总额(万元)	5245.2	6003.75	5348.71
	净利润(万元)	4013.23	5058.07	4337.4
点评	受原、燃料涨价影响，募集资金项目转固后折旧加大，公司业绩出现下滑。公司2005年已在印度孟买设立办事处。公司作为建筑陶瓷生产装备的龙头，将利用其技术和规模开拓国内、国际市场，尽快完成新工程实验中心和计量检测中心的建设。			

	截止日期	05年末	占%	主要股东及持股比例%、持股性质
股本结构（万股）	总股本	9954		卢勤 26.79%（非流通股）
	国有股			边程 12.82%（非流通股）
	发起股			鲍杰军 7.7%（非流通股）
	外资股			冯红健 4.79%（非流通股）
	募集股			黄建起 3.26%（非流通股）
	流通A	3600	36.17	吴桂周 2.39%（非流通股）
	流通B			庞少机 2.39%（非流通股）
	流通H			吴跃飞 1.96%（非流通股）
股东户数	05年末	10194		尹育航 1.74%（非流通股）
	04年末	9733		周文 0.2%（流通A股）
其他流通股东	方广鹏 0.183%；王龙宪 0.181%；朱永晃 0.15%；槐志东 0.15%；王体亮 0.146%；李绍信 0.136%；尹东强 0.135%			
近年分配	05预案:10派3转增5；04年:10派3；03年:10派3		近年募资	

二○○五年以来市场表现

2005年涨跌幅(%)	－33.84
2005年最高(元)	11.9
2006年涨跌幅(%)	32.11
2006.4.26收盘(元)	9.34
2006年最高(元)	9.85
2006年最低(元)	7.04
2006年换手率(%)	158.68
股改对价	送股 每10股实际获得3.2股(06/05/10)

G中化（600500）

上市日期:00/03/01　　电话:021－50498899　　传真:021－50490909

主营	化工品营销、化工品物流以及精细化工品的生产和研发。

	年　　度	2005	2004	2003
主要指标	每股收益/扣除后(元)	0.57	0.95	0.47/0.419
	每股经营现金流量(元)	0.61	1.04	0.6
	每股净资产/调整后(元)	2.46/2.45	3.09/3.06	3.27/3.18
	未分利润(万元)	53499.73	57407.26	32657.14
	资本公积(万元)	38002.98	62711.81	76006.21
利润构成	主营收入(万元)	1591139.42	1300618.34	1098099.78
	主营利润(万元)	128077.83	172856.95	70935.64
	营业利润(万元)	67393.05	93796.41	29439.09
	投资收益(万元)	11935.32	8615.67	2770.84
	利润总额(万元)	84548.11	101352.87	33783.96
	净利润(万元)	71150.69	79770.11	26193.34

点评：公司在焦炭产品价格周期性回落的不利环境下,加大了在物流业和橡胶产业领域的拓展,实现了主营收入和净利润20%左右的高速成长。当然,补贴收入、投资收益、其他业务利润同比较大的增幅为净利润增长贡献了力量,主营利润率和主营利润均有大幅下降。

	截止日期	05年末	占%	主要股东及持股比例%、持股性质
股本结构（万股）	总股本	125769.38		中国中化集团公司 64.35%(国有股)
	国有股	83279.36	66.22	上证50交易型开放式指数证券投资基金 0.96%(流通A股)
	发起股	1565.8	1.24	金鑫证券投资基金 0.84%(流通A股)
	外资股			中国粮油食品(集团)有限公司 0.62%(国有股)
	募集股			浙江中大集团股份有限公司 0.62%(非流通股)
	流通A	40924.22	32.54	中国石油销售有限责任公司 0.62%(国有股)
	流通B			中国石化集团北京燕山石油化工有限公司 0.62%(国有股)
	流通H			中国石化上海石油化工股份有限公司 0.62%(非流通股)
股东户数	05年末	47585		申万巴黎盛利精选证券投资基金 0.48%(流通A股)
	04年末	37236		同盛证券投资基金 0.36%(流通A股)
其他流通股东	普丰基金 0.265%;DB AG 0.205%;博时裕富 0.191%;社保基金 0.175%;中海信托 0.174%;国泰金马 0.143%			
近年分配	05方案:10派3.5;04年:10派2.5送2转增3;03年:10派1.25送2转增3	近年募资		

二〇〇五年以来市场表现

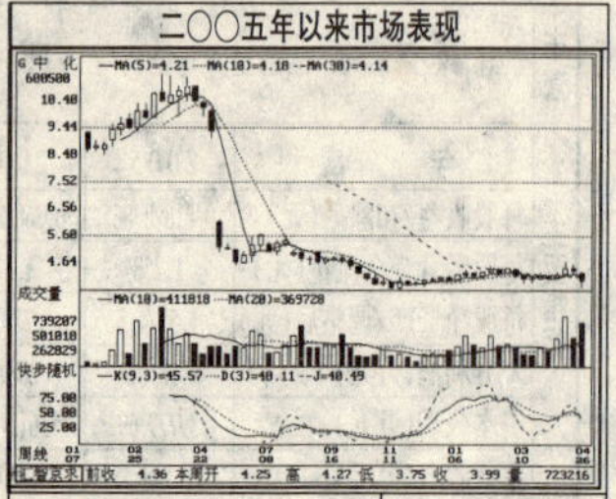

2005年涨跌幅(%)	-12.03
2005年最高(元)	11.36
2006年涨跌幅(%)	-0.25
2006.4.26收盘(元)	3.99
2006年最高(元)	4.64
2006年最低(元)	3.75
2006年换手率(%)	147.45
股改对价	送股 派现 每10股实际获得1.75股 5.58元(05/08/12)

G晨光（600501）

上市日期:01/06/15　　电话:025－2441163　　传真:025－2410226

主营	从事航天及民用专用汽车系列产品、波纹管类系列产品(金属波纹管补偿器、非金属补偿器、金属软管、汽车发动机柔性排气管等)的研究开发、生产制造和经营销售。

	年　　度	2005	2004	2003
主要指标	每股收益/扣除后(元)	0.18/0.18	0.19	0.044/0.12
	每股经营现金流量(元)	0.05	0.286	0.106
	每股净资产/调整后(元)	1.8/1.76	2.65/2.58	2.47/2.41
	未分利润(万元)	4072.92	4595.44	1923.07
	资本公积(万元)	15787.86	23276.06	23276.06
利润构成	主营收入(万元)	110082.15	80028.9	74498.73
	主营利润(万元)	26168.7	20543.51	13965.82
	营业利润(万元)	5266.08	4351.94	720.25
	投资收益(万元)	1209.85	-169.31	-5.23
	利润总额(万元)	6233.44	4132.97	1238.52
	净利润(万元)	5308.16	3486.67	825.09

点评：2005年,公司五大主导产品保持快速发展势头,业绩实现快速增长。公司主营业务与固定资产投资及城镇化建设密切相关,"十一五"期间公司主营业务产品发展总体上趋于利好,2006年度公司重点抓好基础管理工作,实施质量制胜战略。

	截止日期	05年末	占%	主要股东及持股比例%、持股性质
股本结构（万股）	总股本	29970.3		南京晨光集团有限责任公司 60.29%(国有股)
	国有股	18370.55	61.3	上海航天汽车机电股份有限公司 0.69%(国有股)
	发起股	79.75	0.27	南京南瑞集团公司 0.32%(国有股)
	外资股			刘宏纲 0.21%(流通A股)
	募集股			潘能秀 0.16%(流通A股)
	流通A	11520	38.44	万来源 0.13%(国有股)
	流通B			杜尧 0.13%(国有股)
	流通H			冯兰娣 0.11%(流通A股)
股东户数	05年末	8300		陈章发 0.1%(流通A股)
	04年末	8719		文明 0.1%(流通A股)
其他流通股东	郑瑞荣 0.082%;苏还言 0.079%;牛佳彬 0.079%;林海 0.075%;李马英 0.072%			
近年分配	05预案:10派1.2;04年:10派0.5送2转增4	近年募资		

二〇〇五年以来市场表现

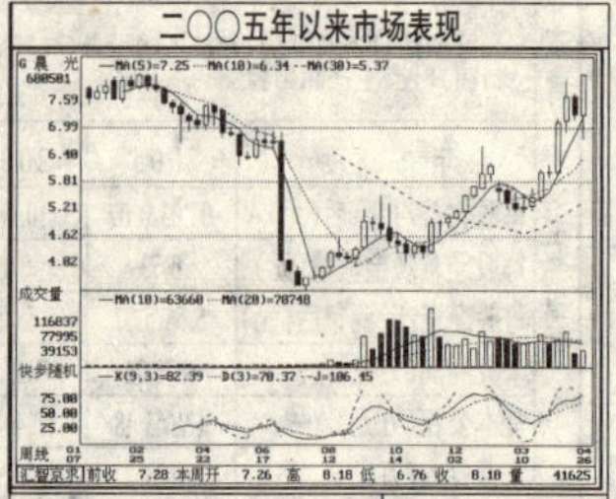

2005年涨跌幅(%)	16.11
2005年最高(元)	9.14
2006年涨跌幅(%)	80.02
2006.4.26收盘(元)	8.18
2006年最高(元)	10.23
2006年最低(元)	5.64
2006年换手率(%)	63.15
股改对价	送股 每10股实际获得2.5股(06/02/15)

安徽水利（600502）

上市日期:03/04/15　　电话:0552－4081028　　传真:0552－3950366

主营	水利水电工程及其他工程施工、小水电和城乡供水。

	年　　度	2005	2004	2003
主要指标	每股收益/扣除后(元)	0.2/0.21	0.19	0.208/0.198
	每股经营现金流量(元)	-0.78	0.24	-0.48
	每股净资产/调整后(元)	3.22/3.17	3.01/2.97	3.73/3.72
	未分利润(万元)	7926.94	5579.82	4719.4
	资本公积(万元)	24678.42	24635.36	27035.36
利润构成	主营收入(万元)	130350.25	97791.39	80700.31
	主营利润(万元)	15739.8	10875.61	6874.58
	营业利润(万元)	4541.04	4873.31	4011.26
	投资收益(万元)	48.38	-325.92	21.39
	利润总额(万元)	4558.52	4492.32	3171.1
	净利润(万元)	3082.76	3016.89	2498.99

点评：2005年建筑业保持着平稳发展,但水利市场上国家对公司长期的基础市场长江、淮河的工程治理投入高潮期已过,水资源开发上的收益受制于行业体制改革整体进程与当地区域的国民经济发展。公司加强成本控制,保持较好的盈利能力。

	截止日期	05年末	占%	主要股东及持股比例%、持股性质
股本结构（万股）	总股本	15600		安徽省水利建筑工程总公司 27.14%(国有股)
	国有股			金寨水电开发有限责任公司 14.55%(国有股)
	发起股	8060	51.67	凤台县永幸河管理总站 8.31%(国有股)
	外资股			皖蚌埠市建设投资有限公司 0.83%(国有股)
	募集股			安徽水利水电勘测设计院 0.83%(国有股)
	流通A	7540	48.33	孔国兴 0.19%(流通A股)
	流通B			周伟 0.12%(流通A股)
	流通H			周作柏 0.12%(流通A股)
股东户数	05年末	24908		刘仲宏 0.1%(流通A股)
	04年末	27652		柴美霞 0.1%(流通A股)
其他流通股东	上海浦阳实业有限公司 0.097%;江西煤炭实业有限责任公司 0.092%;吴冬生 0.09%;梁照林 0.09%;侯俊清 0.087%			
近年分配	03年:10派0.6送1转增2	近年募资	03年新发5800万股,发行价5.68元。	

二〇〇五年以来市场表现

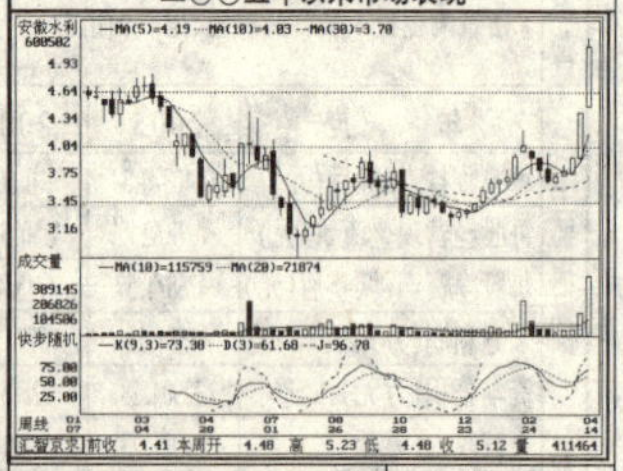

2005年涨跌幅(%)	-25.92
2005年最高(元)	4.82
2006年涨跌幅(%)	49.27
2006.4.26收盘(元)	5.12
2006年最高(元)	5.23
2006年最低(元)	3.42
2006年换手率(%)	176.22
股改对价	送股 每10股实际获得3.2股

ST 新智（600503）

上市日期:02/07/09　　电话:0591－83335855　　传真:0591－87382507

主营	为电信企业提供有关客户管理、客户服务、业务管理、网络和系统管理、商业智能、增值业务平台等方面的应用软件产品和系统集成服务。			
	年　　度	2005	2004	2003
主要指标	每股收益/扣除后(元)	0.03/0.04	-1.51	-1.99/-1.99
	每股经营现金流量(元)	0.18	0.13	-1.72
	每股净资产/调整后(元)	0.97/0.97	0.93/0.93	2.44/2.44
	未分利润(万元)	-31139.05	-31492.09	-14878.9
	资本公积(万元)	29240.68	29240.68	29211.88
利润构成	主营收入(万元)	13530.26	5331.67	20083.31
	主营利润(万元)	3197.39	-6032.67	-4247.46
	营业利润(万元)	626.94	-10533.41	-22589.87
	投资收益(万元)	-352.07	-623.46	-19.17
	利润总额(万元)	267.79	-16936.65	-21903.15
	净利润(万元)	353.04	-16617.85	-21859.35
点评	2005年,公司摆脱了经营基本停顿、连续两年亏损的被动局面,实现扭亏为盈。公司依托现有业务基础和多年电信行业市场营销经验,开展以移动互联应用和集成以及移动终端产品为核心的业务营销,迈出了实现公司收入快速增长的坚实一步。			

	截止日期	05年末	占%	主要股东及持股比例%、持股性质
股本结构（万股）	总股本	11000		王栋 18.035%（非流通股）
	国有股			福建大乾数字信息有限公司 13.147%（非流通股）
	发起股	2334.5	21.22	湖南省信托投资有限责任公司 10.061%（非流通股）
	外资股			李少林 5.727%（非流通股）
	募集股			泉州市闽发物业发展有限公司 5.212%（非流通股）
	流通A	4000	36.36	陈大勇 4.455%（非流通股）
	流通B			朱芳 4.136%（非流通股）
	流通H			石狮融盛企业集团公司 2.864%（非流通股）
股东户数	05年末	11558		孙秀英 0.322%（流通A股）
	04年末	12754		俞大妹 0.288%（流通A股）
其他流通股东	黎福景 0.287%；刘畅 0.281%；郭继军 0.254%；张彦明 0.24%；邵时红 0.228%；陈丽频 0.226%；富虎投资 0.215%			
近年分配			近年募资	

二〇〇五年以来市场表现

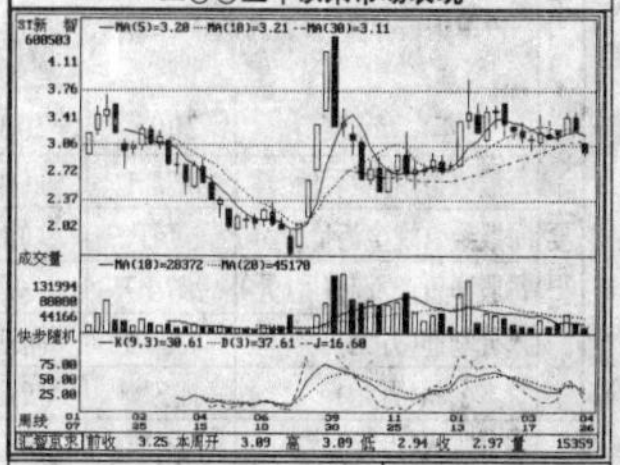

2005年涨跌幅(%)	-9.6
2005年最高(元)	4.46
2006年涨跌幅(%)	8.79
2006.4.26收盘(元)	2.97
2006年最高(元)	3.91
2006年最低(元)	2.74
2006年换手率(%)	175.69
股改对价	

西昌电力（600505）

上市日期:02/05/30　　电话:0834－3830007　　传真:0834－3830169

主营	生产、开发、销售电力产品。			
	年　　度	2005	2004	2003
主要指标	每股收益/扣除后(元)	-1.65/-0.288	0.12	0.115/0.108
	每股经营现金流量(元)	0.27	0.45	0.335
	每股净资产/调整后(元)	0.2/0.17	1.95/1.86	1.92/1.91
	未分利润(万元)	-44090.94	7854.36	7741.04
	资本公积(万元)	15073.13	15073.13	14929.58
利润构成	主营收入(万元)	25565.75	22860.91	18563.37
	主营利润(万元)	15996.08	13370.38	11602.74
	营业利润(万元)	-7844.13	3914.21	3808.32
	投资收益(万元)	179.65	290.94	277.83
	利润总额(万元)	-48208.34	4149.71	3979.69
	净利润(万元)	-48975.3	3634.66	3404.9
点评	2005年上半年,由于关联企业之间的贷款担保问题,公司正常生产经营和基本建设受影响,加上特枯年,公司发售电亮色不多,主要得益于电价上调,公司主营业务收入增幅有所改变。2006年,来水较好将改变公司业绩状况。			

	截止日期	05年末	占%	主要股东及持股比例%、持股性质
股本结构（万股）	总股本	29700		朝华科技(集团)股份有限公司 27.13%（非流通股）
	国有股	5454.97	18.37	凉山州国有资产经营管理有限责任公司 18.37%（国有股）
	发起股	1814.35	6.11	四川西昌泸山铁合金有限责任公司 6.12%（非流通股）
	外资股			西昌东方航天旅游有限公司 4.85%（非流通股）
	募集股	12035.68	40.52	凉山州信托投资公司 2.42%（非流通股）
	流通A	10395	35	宁南县电力公司 1.87%（非流通股）
	流通B			普格县电力公司 1.21%（非流通股）
	流通H			四川会理大铜有限责任公司 1.21%（非流通股）
股东户数	05年末	32439		昭觉县电力公司 0.61%（非流通股）
	04年末	34167		凉山州石广矿产公司 0.61%（非流通股）
其他流通股东	刘兆州 0.144%；陈应东 0.114%；张绍华 0.1%；尚乃明 0.09%；李光辉 0.073%；朱克 0.061%；李志云 0.058%			
近年分配	04年:10派1；03年:10派1		近年募资	

二〇〇五年以来市场表现

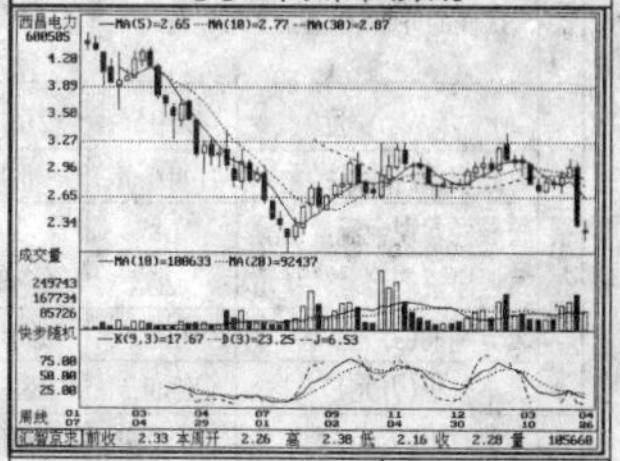

2005年涨跌幅(%)	-34.62
2005年最高(元)	4.51
2006年涨跌幅(%)	-18.28
2006.4.26收盘(元)	2.28
2006年最高(元)	3.37
2006年最低(元)	2.16
2006年换手率(%)	162.99
股改对价	

香梨股份（600506）

上市日期:01/12/26　　电话:0996—8851716　　传真:0996—8851721

主营	以库尔勒香梨为主的新疆"名、优、特、稀"水果的种植、加工和销售,种子、苗木的繁育生产经营等。			
	年　　度	2005	2004	2003
主要指标	每股收益/扣除后(元)	-0.39/-0.28	0.02	0.1/0.11
	每股经营现金流量(元)	0.11	0.22	-0.67
	每股净资产/调整后(元)	2.62/2.62	3.01/3.01	3.02/3.02
	未分利润(万元)	-1463.59	4774.2	4809.06
	资本公积(万元)	24083.8	24083.8	24083.8
利润构成	主营收入(万元)	5731.76	4132.01	8275.88
	主营利润(万元)	473.31	225.74	3135.01
	营业利润(万元)	-2981.49	-859.94	1706.38
	投资收益(万元)	5.66	1670.61	300
	利润总额(万元)	-6487.46	503.71	1617.66
	净利润(万元)	-6237.79	377.92	1615.02
点评	公司所属行业为农业中的果品种植业,05年公司主营业务受自然灾害及市场竞争因素的影响,经营业绩急剧下降,除经营业绩大幅下滑外,公司处理固定资产损失和计提固定资产减值准备导致营业外支出增加,05年业绩因此出现亏损。			

	截止日期	05年末	占%	主要股东及持股比例%、持股性质
股本结构（万股）	总股本	16050		新疆巴州沙依东园艺场 32.572%（国有股）
	国有股	7490.57	46.67	库尔勒市库尔楚园艺场 14.098%（国有股）
	发起股	3559.43	22.18	哈密中农科发展有限公司 10.253%（国有股）
	外资股			人和农场农工贸有限责任公司 7.713%（国有股）
	募集股			和硕新农种业科技有限责任公司 4.211%（国有股）
	流通A	5000	31.15	李小林 0.58%（流通A股）
	流通B			朱秀琴 0.35%（流通A股）
	流通H			李西存 0.29%（流通A股）
股东户数	05年末	17162		姜影 0.26%（流通A股）
	04年末	20191		席生枝 0.22%（流通A股）
其他流通股东	严明亮 0.192%；刘桂春 0.157%；高秋课 0.156%；李端华 0.151%；孙传玲 0.136%			
近年分配			近年募资	

二〇〇五年以来市场表现

2005年涨跌幅(%)	-30.17
2005年最高(元)	4.39
2006年涨跌幅(%)	-0.35
2006.4.26收盘(元)	2.86
2006年最高(元)	3.43
2006年最低(元)	2.7
2006年换手率(%)	130.94
股改对价	

G长力（600507）

上市日期：03/09/30　电话：0791－8394025　传真：0791－8394023

主营	汽车钢板弹簧、弹簧扁钢等			
	年　度	2005	2004	2003
主要指标	每股收益/扣除后(元)	0.12/0.12	0.6/0.63	0.42/0.45
	每股经营现金流量(元)	0.13	0.12	0.55
	每股净资产/调整后(元)	1.77/1.77	4.69/4.69	4.14/4.13
	未分利润(万元)	8328.75	10150.18	4439.35
	资本公积(万元)	10359.48	30296.31	30263.27
利润构成	主营收入(万元)	145427.44	122252.14	65552.72
	主营利润(万元)	13495.05	16241.12	10477.67
	营业利润(万元)	4946.89	9827.41	7110.62
	投资收益(万元)	68.36	-401.28	-51.56
	利润总额(万元)	4801.91	9216.53	6129.45
	净利润(万元)	3806.46	7518.02	5222.89
点评	公司基本属于特种钢生产企业，汽车板簧只是其产品链的延伸。05年由于成本上升较快，而产品议价能力较弱，导致盈利下降较快，预计06年有望好转。			

	截止日期	05年末	占%	主要股东及持股比例%、持股性质
股本结构（万股）	总股本	32500		江西汽车板簧有限公司 43.49%（国有股）
	国有股	14529.41	44.71	广州市天高有限公司 1.21%（非流通股）
	发起股	420.59	1.29	江铃汽车集团公司 1.01%（国有股）
	外资股			中国华融资产管理公司 0.38%（流通A股）
	募集股			江西信江实业有限公司 0.2%（非流通股）
	流通A	17550	54	李月萍 0.19%（流通A股）
	流通B			胡柏君 0.17%（流通A股）
	流通H			张树生 0.17%（流通A股）
股东户数	05年末	28446		古思君 0.14%（流通A股）
	04年末	23376		张建平 0.14%（流通A股）
其他流通股东	黄白华 0.124%；刘芳芳 0.12%；深圳市博睿财智控股有限公司 0.116%；黄蓓 0.112%			
近年分配	05中期：10转增3年终：10派0.5；04年：10派4转增10；03年：10派0.5	近年募资		03年新发5000万股，发行价6.5元。

二〇〇五年以来市场表现

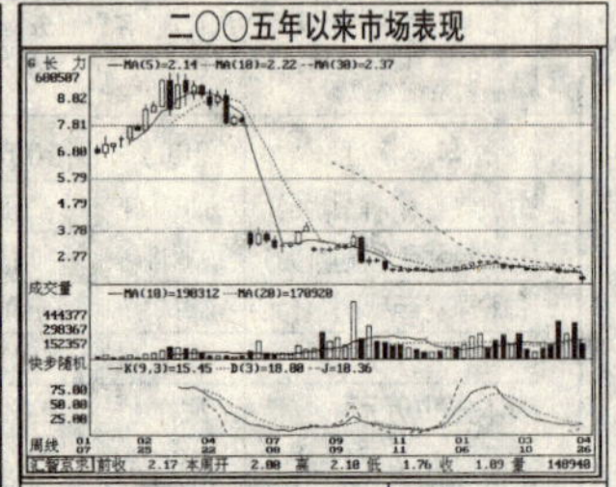

2005年涨跌幅(%)	24.32
2005年最高(元)	10.53
2006年涨跌幅(%)	-16.74
2006.4.26收盘(元)	1.89
2006年最高(元)	2.64
2006年最低(元)	1.81
2006年换手率(%)	173.32
股改对价	送股 每10股实际获得3.5股(05/08/19)

G上能（600508）

上市日期：01/08/29　电话：021－58218560　传真：021－58215101

主营	煤炭的开采、洗选加工和销售			
	年　度	2005	2004	2003
主要指标	每股收益/扣除后(元)	1.01/1.01	0.91	0.43/0.42
	每股经营现金流量(元)	1.86	2.1	0.66
	每股净资产/调整后(元)	5.2/5.2	4.68/4.68	4.09/4.03
	未分利润(万元)	43198.79	32800.98	17143.53
	资本公积(万元)	103101.6	98821.42	96158.84
利润构成	主营收入(万元)	371567.77	247490.13	172248.85
	主营利润(万元)	99801.5	72734.4	45551.51
	营业利润(万元)	54012.83	44116.53	21991.38
	投资收益(万元)	-36.46	-36.46	7.55
	利润总额(万元)	53817.68	43758.18	22540.45
	净利润(万元)	40488.95	36357.5	17373.15
点评	煤炭产销占公司主营业务收入的75%，煤炭价格的上涨，助推公司主营业务收入有较大增长。不过，公司初步形成"煤电铝运"产业链，受宏观及微观因素影响并没有发挥优势。今后这一产业链的经营环境并没有很大改变，公司业绩也难有很大增长。			

	截止日期	05年末	占%	主要股东及持股比例%、持股性质
股本结构（万股）	总股本	40151		大屯煤电(集团)有限责任公司 68.05%（国有股）
	国有股	29021	72.28	中国煤炭进出口公司 2.35%（国有股）
	发起股	130	0.32	上海宝钢国际经济贸易有限公司 1.72%（国有股）
	外资股			中国工商银行－国联安德盛小盘精选证券投资基金 0.89%（流通A股）
	募集股			国元证券有限责任公司 0.74%（流通A股）
	流通A	11000	27.4	上海安联投资发展公司 0.33%（流通A股）
	流通B			上海煤气制气物资贸易有限公司 0.32%（非流通股）
	流通H			招商证券股份有限公司 0.27%（流通A股）
股东户数	05年末	34560		中国建设银行－博时裕富证券投资基金 0.18%（流通A股）
	04年末	32876		煤炭科学研究总院 0.16%（国有股）
其他流通股东	中国农业银行－国联分红增利混合型开放式证券投资基金 0.128%；王平 0.115%；郑晓婉 0.095%；沈玉芹 0.078%			
近年分配	05年：10派4送2转增6；04年：10派6；03年：10派3.8	近年募资		

二〇〇五年以来市场表现

2005年涨跌幅(%)	-18.66
2005年最高(元)	12.95
2006年涨跌幅(%)	75.61
2006.4.26收盘(元)	7.05
2006年最高(元)	18.42
2006年最低(元)	9.69
2006年换手率(%)	320.89
股改对价	送股 每10股实际获得3股(06/01/25)

G天富（600509）

上市日期：02/02/28　电话：0993－2902860　传真：0993－2901728

主营	火电、水电、供电、供热			
	年　度	2005	2004	2003
主要指标	每股收益/扣除后(元)	0.25/0.25	0.24	0.24
	每股经营现金流量(元)	0.93	0.73	0.38
	每股净资产/调整后(元)	2.78/2.78	2.72/2.72	2.69/2.69
	未分利润(万元)	6033.99	5657.54	5982.04
	资本公积(万元)	32071.53	32051.51	32003.73
利润构成	主营收入(万元)	81617.59	70399.66	50537.35
	主营利润(万元)	24568.45	21269.55	17736.65
	营业利润(万元)	5283.61	5027.21	5890.42
	投资收益(万元)	45.78	428.93	465.66
	利润总额(万元)	6009.5	6412.74	6273.95
	净利润(万元)	6393.78	6022.88	6030.83
点评	2005年新项目投产、装机容量增加、发电量有所增长，加上电价提高，公司主营业务收入有了同步提高，并带动业绩一定增长。公司今后水电占比有所提高，火电也有新项目，增长有了基本的保证。			

	截止日期	05年末	占%	主要股东及持股比例%、持股性质
股本结构（万股）	总股本	25362.75		新疆天富电力(集团)有限责任公司 63.12%（国有股）
	国有股	16311.75	64.31	农七师电力工业公司 0.79%（国有股）
	发起股	51	0.2	新疆石河子造纸厂 0.2%（国有股）
	外资股			新疆白杨水泥制品有限责任公司 0.2%（非流通股）
	募集股			石河子西营农场 0.2%（国有股）
	流通A	9000	35.49	卢尚 0.19%（流通A股）
	流通B			翁德 0.14%（流通A股）
	流通H			江苏天博实业有限公司 0.14%（流通A股）
股东户数	05年末	31169		福立成 0.13%（流通A股）
	04年末	27905		郑轶男 0.13%（流通A股）
其他流通股东	田斌 0.095%；翁辉铭 0.091%；刘应秀 0.074%；郭连素 0.072%；蔡靖佩 0.066%			
近年分配	05预案：10派2；04年：10派2；03年：10派2	近年募资		

二〇〇五年以来市场表现

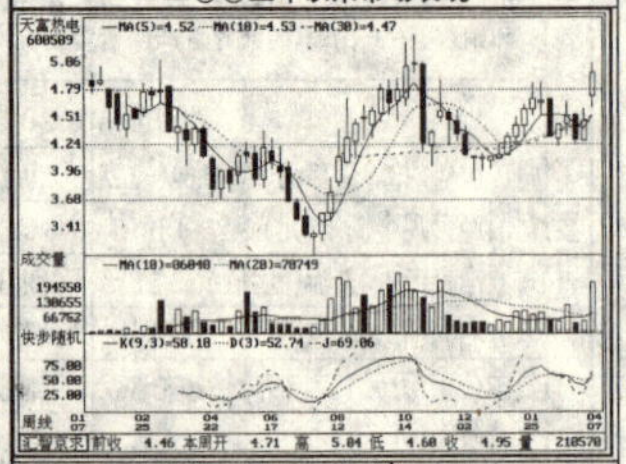

2005年涨跌幅(%)	-11.66
2005年最高(元)	5.54
2006年涨跌幅(%)	20.15
2006.4.26收盘(元)	4.95
2006年最高(元)	5.04
2006年最低(元)	4.12
2006年换手率(%)	100.78
股改对价	送股 每10股实际获得3.3股(06/05/09)

G 黑牡丹(600510)

上市日期:02/06/18　　电话:0519－8166510　　传真:0519－8109996

主营	牛仔布、服装的制造和加工			
	年　度	2005	2004	2003
主要指标	每股收益/扣除后(元)	0.28/0.26	0.33/0.32	0.72/0.68
	每股经营现金流量(元)	0.21	0.74	0.83
	每股净资产/调整后(元)	2.38/2.38	3.4/3.4	6.61/6.61
	未分利润(万元)	16041.77	13062.15	4898.9
	资本公积(万元)	29801.6	44248.09	58348.18
利润构成	主营收入(万元)	106849.21	89658.97	82022.65
	主营利润(万元)	21350.44	21489.76	19414.34
	营业利润(万元)	14724.45	14243.11	13771.56
	投资收益(万元)	1443.12	－244.96	208.83
	利润总额(万元)	16867.3	14161.82	14571.99
	净利润(万元)	12100.95	9674.85	10553.19
点评	2005年,公司狠抓市场开拓、提高产品质量、不断开发新品、强化内部管理等,实现了主业收入与利润的同幅大涨。由于牛仔布市场回暖,公司借此彻底扭转了过去两年的下滑局面,重新回到了稳步发展的轨道。预计06年其经营业绩值得继续期待。			

股本结构(万股)	截止日期	05年末	占%	主要股东及持股比例%、持股性质
	总股本	43837.08		常州国有资产投资经营总公司 25.9% (国有股)
	国有股	11353.74	25.9	常州市新发展实业公司 23.33% (国有股)
	发起股			曹德法 2.48% (非流通股)
	外资股			王盘大 2.47% (非流通股)
	募集股	10443.93	23.82	金梅英 2.03% (非流通股)
	流通A	14640	33.4	张国兴 2.03% (非流通股)
	流通B			周顺生 2.02% (非流通股)
	流通H			戴伯春 2.02% (非流通股)
股东户数	05年末	13425		摩根士丹利 1.5% (流通A股)
	04年末	10876		袁国民 1.2% (非流通股)
其他流通股东	中信经典 0.865%;曾彬煌 0.546%;融鑫基金 0.544%;曾彬煌 0.504%;利青 0.299%;中融景气 0.297%			
近年分配	05年:10派2.5;04年:10派2.5转增5;03年:10派5转增10		近年募资	

二〇〇五年以来市场表现

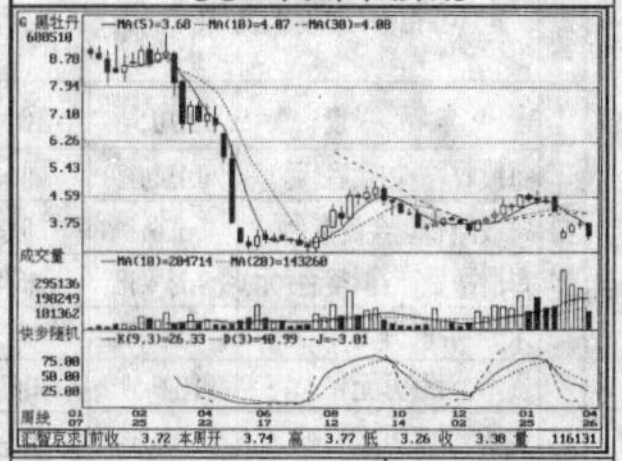

2005年涨跌幅(%)	－29.51
2005年最高(元)	9.62
2006年涨跌幅(%)	17.1
2006.4.26收盘(元)	3.38
2006年最高(元)	4.98
2006年最低(元)	3.89
2006年换手率(%)	133.18
股改对价	送股 每10股实际获得3股(06/04/03)

国药股份(600511)

上市日期:02/11/27　　电话:010－67262917　　传真:010－67262919

主营	从事化学原料药、西药制剂、生化药品、生物制品、中成药的生产和销售;自营和代理各类商品的进出口业务。			
	年　度	2005	2004	2003
主要指标	每股收益/扣除后(元)	0.379/0.381	0.263	0.246
	每股经营现金流量(元)	0.69	0.37	0.004
	每股净资产/调整后(元)	3.74/3.68	3.44/3.38	3.26/3.22
	未分利润(万元)	8212.57	5512.94	2710.38
	资本公积(万元)	24979.41	24701.82	24411.58
利润构成	主营收入(万元)	233388.21	180101.2	147203.75
	主营利润(万元)	20242.37	17886.41	15872.27
	营业利润(万元)	5935.48	5957.55	5476.5
	投资收益(万元)	1303.23	17.54	38.67
	利润总额(万元)	7221.42	5662.66	5410.59
	净利润(万元)	5037.04	3503.21	3273.94
点评	05年主营业务收入和净利润都大幅增长,其中净利润增长幅度超过主营收入,主要原因是公司销售增长较快、投资收益大幅增加以及子公司国药集团国瑞药业有限公司成功扭亏为盈。			

股本结构(万股)	截止日期	05年末	占%	主要股东及持股比例%、持股性质
	总股本	13300		中国医药集团总公司 58.674% (国有股)
	国有股	8000	60.15	同盛证券投资基金 0.552% (流通A股)
	发起股			广州南方医疗器材公司 0.492% (国有股)
	外资股			国药集团上海医疗器械有限公司 0.492% (国有股)
	募集股			牟松义 0.392% (流通A股)
	流通A	5300	39.85	郭俭成 0.29% (流通A股)
	流通B			北京仁康医疗器材经营部 0.246% (国有股)
	流通H			天津启宇医疗器械有限责任公司 0.246% (国有股)
股东户数	05年末	20376		戈凤莲 0.221% (流通A股)
	04年末	22861		黄瑞茂 0.218% (流通A股)
其他流通股东	葛丽华 0.182%;董玉芳 0.165%;汕头市佳信房产开发有限公司 0.128%;何松柏 0.128%;陈立民 0.121%			
近年分配	05方案:10派1.5;04年:10派1;03年:10派1		近年募资	

二〇〇五年以来市场表现

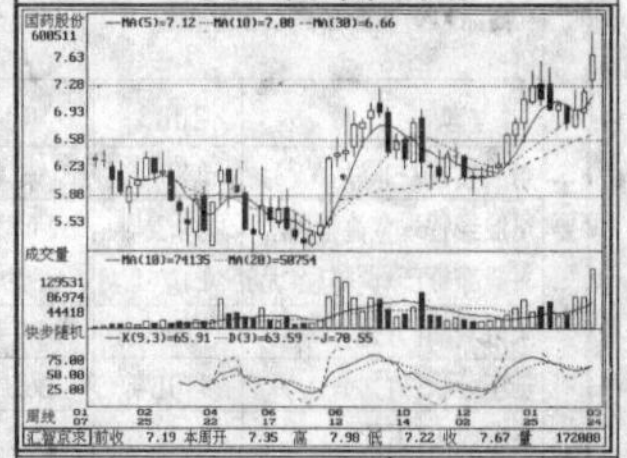

2005年涨跌幅(%)	1.27
2005年最高(元)	7.33
2006年涨跌幅(%)	22.33
2006.4.26收盘(元)	7.67
2006年最高(元)	7.98
2006年最低(元)	6.27
2006年换手率(%)	147.23
股改对价	

G 腾达(600512)

上市日期:02/12/26　　电话:021－56983912　　传真:021－56983912

主营	市政工程和公路工程建设,包括道路、大型桥梁、高速公路、高架道路、雨污排水管道、大型排水泵站、污水处理厂等工程建筑。			
	年　度	2005	2004	2003
主要指标	每股收益/扣除后(元)	0.39/0.35	0.37	0.27/0.26
	每股经营现金流量(元)	0.8	－0.015	0.43
	每股净资产/调整后(元)	3.52/3.4	3.23/3.14	2.96/2.9
	未分利润(万元)	12716.48	8755.22	5361.36
	资本公积(万元)	22753.24	22753.24	22752.25
利润构成	主营收入(万元)	137048.02	119264.79	102439.16
	主营利润(万元)	14370.11	13642.69	9417.17
	营业利润(万元)	8826.36	8535.08	5400.16
	投资收益(万元)	30.48		3.66
	利润总额(万元)	9181.46	8915.81	5515.01
	净利润(万元)	6172.59	5860.72	4274.63
点评	2005年建筑行业市场利润率不断下降。公司2005年成功收购了杭州市钱江四桥的经营权,将带来稳定可靠的利润来源。公司盈利能力得到增强,偿债能力进一步提高,财务资产结构进一步优化。积极关注公司在天津市的各项业务进展情况。			

股本结构(万股)	截止日期	05年末	占%	主要股东及持股比例%、持股性质
	总股本	15973.52		叶洋友 6.14% (非流通股)
	国有股			叶立春 5.13% (非流通股)
	发起股			叶小根 4.53% (非流通股)
	外资股			叶林富 4.33% (非流通股)
	募集股			叶春方 4.14% (非流通股)
	流通A	6000	37.56	叶洋增 2.88% (非流通股)
	流通B			阮建军 2.66% (非流通股)
	流通H			杨仙彩 2.47% (非流通股)
股东户数	05年末	19681		徐君明 2.47% (非流通股)
	04年末	22661		蔡晓彬 2.06% (非流通股)
其他流通股东	中国工商银行－安瑞证券投资基金安瑞基金 1.294%;北京东方诚信投资有限公司东方诚信 0.889%;林方君 0.439%			
近年分配	05年:10派4;04年:10派1;03年;10派1		近年募资	

二〇〇五年以来市场表现

2005年涨跌幅(%)	－13.63
2005年最高(元)	6.12
2006年涨跌幅(%)	28.31
2006.4.26收盘(元)	4.55
2006年最高(元)	6.59
2006年最低(元)	4.8
2006年换手率(%)	95.99
股改对价	送股 每10股实际获得2.6股(06/04/17)

G 联环（600513）

上市日期：03/03/19　　电话：0514－7813082　　传真：0514－7815079

主营	制造和销售化学原料药、化学药制剂、有机中间体			
	年　　度	2005	2004	2003
主要指标	每股收益/扣除后(元)	0.13/0.12	0.12	0.187/0.19
	每股经营现金流量(元)	0.06	0.06	－0.22
	每股净资产/调整后(元)	4.23/4.18	4.16/4.11	4.09/4.09
	未分利润(万元)	4352.88	4009.33	3392.44
	资本公积(万元)	14127.59	14167.59	14167.59
利润构成	主营收入(万元)	17299.36	18119.35	11233.77
	主营利润(万元)	7340.43	6649.96	4646.83
	营业利润(万元)	1229.07	1295.42	1884.09
	投资收益(万元)	－26.47		－31.71
	利润总额(万元)	1141.49	1242.04	1796.96
	净利润(万元)	757.12	725.77	1124.89
点评	2005年公司国内医药市场销售总量继续扩大；面对国内市场的不利因素，公司进一步加大了市场开发的力度，公司主要产品爱普列特片等的销量都有了上升。公司在新品研发方面的优势，继续加大新药研发的投入，加快新品开发的进度。			

	截止日期	05年末	占%	主要股东及持股比例%、持股性质
股本结构（万股）	总股本	6000		扬州制药厂 48%（国有股）
	国有股	2880	48	上海联创创业投资有限公司 4.67%（非流通股）
	发起股	1120	18.67	苏州工业园区药科大新药开发中心有限公司 4.67%（非流通股）
	外资股			国药集团药业股份有限公司 4.67%（非流通股）
	募集股			江苏新时空投资有限公司 3.23%（非流通股）
	流通A	2000	33.33	江苏省高科技投资有限公司 1.43%（非流通股）
	流通B			信泰证券有限责任公司 0.81%（流通A股）
	流通H			南方证券有限公司 0.34%（流通A股）
股东户数	05年末	9145		朱勤 0.27%（流通A股）
	04年末	8286		杨亚元 0.26%（流通A股）
其他流通股东	中信证券－工行－CREDIT SUISSE FIRST BONSTON（HONG KONG）LIMITE 0.25%；罗付生 0.21%；黄万福 0.187%			
近年分配	05预案：10派0.5；04年：10派0.5；03年：10派0.5	近年募资		03年新发2000万股，发行价7.88元。

二〇〇五年以来市场表现

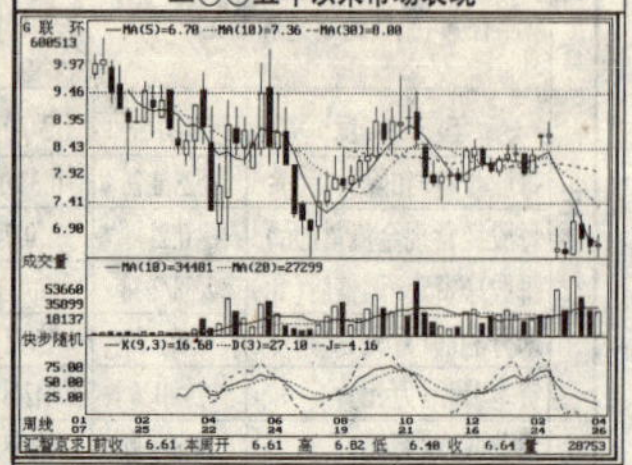

2005年涨跌幅(%)	－17.77
2005年最高(元)	10.48
2006年涨跌幅(%)	12.05
2006.4.26收盘(元)	6.64
2006年最高(元)	9.87
2006年最低(元)	7.91
2006年换手率(%)	177.43
股改对价	送股 每10股实际获得3.5股(06/03/22)

ST 一投（600515）

上市日期：02/08/06　　电话：0898－68530096　　传真：0898－68513887

主营	商品零售业务和宾馆旅游业务			
	年　　度	2005	2004	2003
主要指标	每股收益/扣除后(元)	－0.82/－0.8	－1.46	0.051/0.05
	每股经营现金流量(元)	0.22	0.33	0.08
	每股净资产/调整后(元)	－0.47/－0.48	0.35/0.31	1.81/1.78
	未分利润(万元)	－54913.03	－34939.84	762.05
	资本公积(万元)	13771.46	13655.18	13655.18
利润构成	主营收入(万元)	40333.33	26057.35	22642.78
	主营利润(万元)	10130.41	7462.88	7269.05
	营业利润(万元)	－15671.87	－14836.5	1761.46
	投资收益(万元)	260.86	281.01	－78.58
	利润总额(万元)	－19919.97	－36164.26	1716.06
	净利润(万元)	－19967.31	－35664.49	1234.8
点评	公司拥有海南省最大的单体百货零售商场海南第一百货商场和四星级酒店海南望海国际大酒店，参股海南可口可乐饮料有限公司和湛江中粮可口可乐饮料有限公司。公司房地产业务进展顺利。			

	截止日期	05年末	占%	主要股东及持股比例%、持股性质
股本结构（万股）	总股本	24357.28		第一投资集团股份有限公司 28.63%（非流通股）
	国有股			海南康泰投资顾问有限公司 3.18%（非流通股）
	发起股	5833.06	23.95	海南拓江科技投资有限公司 1.17%（非流通股）
	外资股			三亚亚龙湾开发股份有限公司 1.09%（非流通股）
	募集股	5527.43	22.69	中国教学仪器设备总公司 0.96%（非流通股）
	流通A	12996.79	53.36	中国信达资产管理公司 0.93%（非流通股）
	流通B			西安慧海科技投资有限公司 0.93%（非流通股）
	流通H			海南宝生经济贸易公司 0.82%（非流通股）
股东户数	05年末	28294		海南广和贸易有限公司 0.65%（流通A股）
	04年末	34143		张彦丽 0.56%（流通A股）
其他流通股东	林梦福 0.411%；胡春燕 0.332%；郁振广 0.25%；马文海 0.22%；李迎春 0.211%；黄隆华 0.177%；鲁胜利 0.169%			
近年分配		近年募资		

二〇〇五年以来市场表现

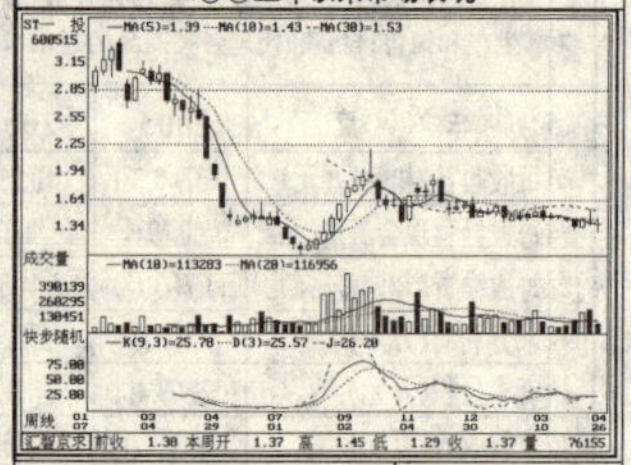

2005年涨跌幅(%)	－51.19
2005年最高(元)	3.45
2006年涨跌幅(%)	－4.86
2006.4.26收盘(元)	1.37
2006年最高(元)	1.6
2006年最低(元)	1.29
2006年换手率(%)	142.34
股改对价	

＊ST 海龙（600516）

上市日期：02/08/30　　电话：0931－6234288　　传真：0931－6232285

主营	石墨电极、炭砖、炭糊、特种炭素新材料等石墨及炭素制品的生产销售			
	年　　度	2005	2004	2003
主要指标	每股收益/扣除后(元)	－0.7/－0.66	－0.42	0.13/0.13
	每股经营现金流量(元)	0.06	－0.14	－0.46
	每股净资产/调整后(元)	2.76/2.76	3.47/3.47	3.9/3.9
	未分利润(万元)	－11798.85	2167.83	10765.15
	资本公积(万元)	45002.92	44978.87	44978.87
利润构成	主营收入(万元)	52263.91	59999.6	51321.57
	主营利润(万元)	3752.37	8624.68	9210.11
	营业利润(万元)	－13602.75	－8121.87	2889.2
	投资收益(万元)	－442.22	－607.05	127.73
	利润总额(万元)	－14420.48	－8799.68	3049.73
	净利润(万元)	－13961.32	－8458.99	2696.82
点评	国内最大的炭和石墨制品生产企业之一，技术实力和工艺装备水平居国内同行业前列。2005年在宏观调控政策作用下，下游钢铁产品需求减弱，导致公司炭素制品价格大幅下滑，同时原材料价格持续走高，公司补提大量坏帐准备金和跌价准备金，业绩出现较大亏损。			

	截止日期	05年末	占%	主要股东及持股比例%、持股性质
股本结构（万股）	总股本	20000		兰州炭素集团有限责任公司 58%（国有股）
	国有股	11600	58	叶云 1.12%（流通A股）
	发起股	400	2	上海中勇投资有限公司 1.07%（流通A股）
	外资股			徐磊 0.86%（流通A股）
	募集股			窑街煤电有限责任公司 0.75%（国有股）
	流通A	8000	40	甘肃祁连山水泥股份有限公司 0.5%（非流通股）
	流通B			太西集团有限责任公司 0.5%（国有股）
	流通H			陈伯丽 0.34%（流通A股）
股东户数	05年末	27615		吕能芳 0.27%（流通A股）
	04年末	28861		薛龙 0.26%（流通A股）
其他流通股东	郑显峰 0.245%；曲新远 0.225%；包天悦 0.216%；傅俊才 0.184%			
近年分配		近年募资		

二〇〇五年以来市场表现

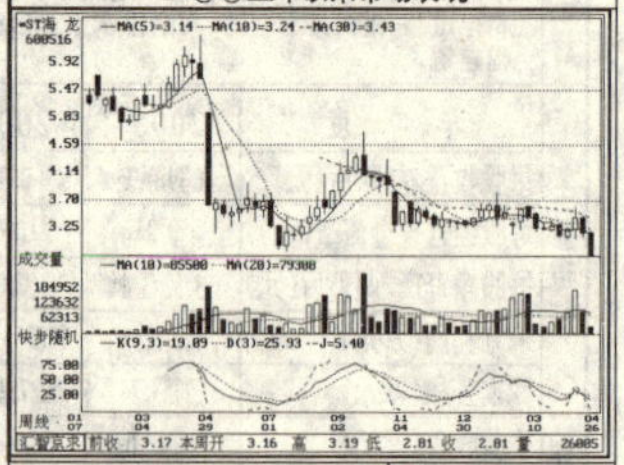

2005年涨跌幅(%)	－39.6
2005年最高(元)	6.36
2006年涨跌幅(%)	－14.33
2006.4.26收盘(元)	2.81
2006年最高(元)	3.8
2006年最低(元)	2.81
2006年换手率(%)	177.55
股改对价	

G 置信（600517）

上市日期:03/10/10　电话:021－62623388　传真:021－62610088

主营	非晶合金变压器及相关产品			
	年　度	2005	2004	2003
主要指标	每股收益/扣除后(元)	0.098/0.101	0.19	0.17/0.16
	每股经营现金流量(元)	－0.06	0.23	0.57
	每股净资产/调整后(元)	1.6/1.59	3.04/3.03	2.96/2.92
	未分利润(万元)	3757.33	2821.29	2354.09
	资本公积(万元)	4297.56	12280.56	12280.56
利润构成	主营收入(万元)	31319.01	18384.44	15025.58
	主营利润(万元)	9511.76	6235.81	6211.7
	营业利润(万元)	2540.98	2298.71	2048.09
	投资收益(万元)	174.48	5.49	
	利润总额(万元)	2653.65	2268.56	2107.81
	净利润(万元)	1570.18	1480.87	1328.35
点评	2005年公司销售收入大幅增长,但由于原材料成本涨价,公司毛利率下降明显,净利率增长仅为6%。"十一五"期间电网投资将成为电力投资的主要方向,变压器的市场需求将大幅增长。公司生产的非金和晶变压器符合政府倡导的建立资源节约型社会的需求。			

股本结构(万股)	截止日期	05年末	占%	主要股东及持股比例%、持股性质
	总股本	15966		上海置信(集团)有限公司 27.47%(非流通股)
	国有股	822.45	5.15	上海置信电气工程安装有限公司 11.32%(非流通股)
	发起股	8989.93	56.31	上海电力实业总公司 10.3%(非流通股)
	外资股			费维武 3.43%(非流通股)
	募集股			上海国有资产经营有限公司 3.43%(国有股)
	流通A	5000	31.32	杜筱燕 2.42%(非流通股)
	流通B			上海鑫达实业总公司 2.23%(非流通股)
	流通H			上海石化企业发展有限公司 1.72%(国有股)
股东户数	05年末	14519		上海中基进出口有限公司 1.72%(非流通股)
	04年末	13223		王健　0.69%(非流通股)
其他流通股东	许菊英 0.368%;李萍 0.254%;王琼芳 0.178%;戚军峰 0.135%;沈莲 0.132%;吕怀周 0.123%;万国现 0.117%			
近年分配	05年:10派2转增2.5;04年:10派0.5转增10;03年:10派1	近年募资	03年新发2500万股,发行价6.3元。	

二〇〇五年以来市场表现

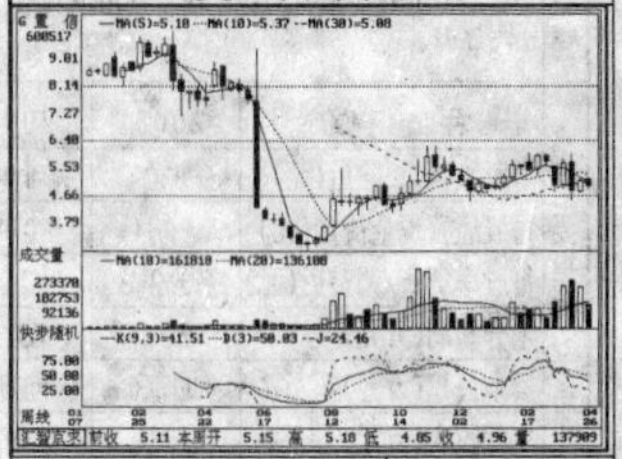

2005年涨跌幅(%)	15.83
2005年最高(元)	12.41
2006年涨跌幅(%)	61.62
2006.4.26收盘(元)	4.96
2006年最高(元)	8.34
2006年最低(元)	4.88
2006年换手率(%)	274.31
股改对价	送股 每10股实际获得2.5股(06/03/30)

G 康美（600518）

上市日期:01/03/19　电话:0663－2917777　传真:0663－2916111

主营	生产、销售化学药品制剂、抗生素类药品、医药保健品等。			
	年　度	2005	2004	2003
主要指标	每股收益/扣除后(元)	0.684/0.663	0.671	0.723/0.72
	每股经营现金流量(元)	1.254	0.739	1.102
	每股净资产/调整后(元)	5.4/5.35	4.82/4.73	6.25/6.04
	未分利润(万元)	21256.72	16674.78	11506.92
	资本公积(万元)	20481.97	19981.97	22813.97
利润构成	主营收入(万元)	58461.38	55311.04	46448.31
	主营利润(万元)	18015.94	16802.72	12692.91
	营业利润(万元)	10885.26	10382.9	7662.11
	投资收益(万元)			
	利润总额(万元)	10872.48	10567.89	7625.74
	净利润(万元)	7264.63	7121.01	5120.41
点评	2005年公司总体生产经营情况与上一年度相比继续保持增长趋势。加强了中药饮片等方面的生产和经营力度取得了较好的经营业绩。主营业务是化学药品平稳增长,中药饮片快速增长,毛利率明显高于行业整体水平。			

股本结构(万股)	截止日期	05年末	占%	主要股东及持股比例%、持股性质
	总股本	10620		普宁市康美实业有限公司 53.23%(非流通股)
	国有股			普宁市国际信息咨询服务有限公司 3.75%(非流通股)
	发起股	6449.15	60.73	普宁市金信典当行有限公司 3.75%(非流通股)
	外资股			许冬瑾 3.75%(非流通股)
	募集股			许燕君 3.75%(非流通股)
	流通A	3375	31.78	中国银河证券有限责任公司 3.59%(流通A股)
	流通B			交通银行－科瑞证券投资基金 1.52%(流通A股)
	流通H			交通银行－科汇证券投资基金 1.11%(流通A股)
股东户数	05年末	9028		中国工商银行－国联安德盛小盘精选证券投资基金 0.6%(流通A股)
	04年末	9280		中国银行－易方达策略成长证券投资基金 0.54%(流通A股)
其他流通股东	张加玉 0.335%;陈焕洲 0.309%;高润芳 0.266%;方少武 0.243%;方耀明 0.225%			
近年分配	05预案:10派0.25送2转增3;04年:10派1.5;03年:10派0.25送1转增4	近年募资		

二〇〇五年以来市场表现

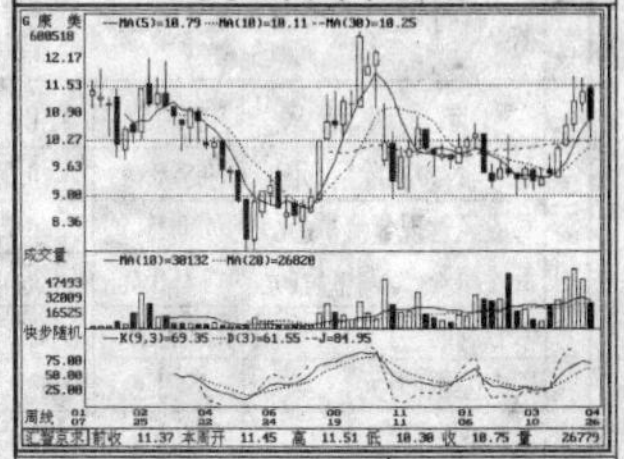

2005年涨跌幅(%)	9.08
2005年最高(元)	14
2006年涨跌幅(%)	6.54
2006.4.26收盘(元)	10.75
2006年最高(元)	11.73
2006年最低(元)	8.99
2006年换手率(%)	146.78
股改对价	送股 每10股实际获得2.5股(05/10/25)

贵州茅台（600519）

上市日期:01/08/27　电话:0852－2386002　传真:0852－2386005

主营	贵州茅台酒系列产品的生产与销售			
	年　度	2005	2004	2003
主要指标	每股收益/扣除后(元)	2.37/2.37	2.09	1.94/1.94
	每股经营现金流量(元)	3.59	2.48	3.11
	每股净资产/调整后(元)	10.79/10.66	10.6/10.45	11.37/11.29
	未分利润(万元)	166505.58	100677.56	63451.53
	资本公积(万元)	184611.95	192393.73	201448.5
利润构成	主营收入(万元)	393051.52	300979.35	240101.79
	主营利润(万元)	271316.34	214988.17	161544.08
	营业利润(万元)	191885.25	148779.2	97543.84
	投资收益(万元)	42.8	31.51	
	利润总额(万元)	192024.64	149067.25	97729.46
	净利润(万元)	111854.16	82055.4	58674.78
点评	2005年,公司受益于销量与销售产品结构升级的影响,取得了较大的业绩增长。2006年,公司将因产品提价、销量增加及白酒消费税下调的利好影响,会取得更好的业绩增长。			

股本结构(万股)	截止日期	05年末	占%	主要股东及持股比例%、持股性质
	总股本	47190		中国贵州茅台酒厂有限责任公司 64.68%(国有股)
	国有股	33228.83	70.41	贵州茅台酒厂技术开发公司 4%(国有股)
	发起股	283.14	0.6	科瑞证券投资基金 1%(流通A股)
	外资股			易方达50指数证券投资基金 0.92%(流通A股)
	募集股			华安创新证券投资基金 0.76%(流通A股)
	流通A	13496.34	28.6	景宏证券投资基金 0.75%(流通A股)
	流通B			申万巴黎盛利精选证券投资基金 0.69%(流通A股)
	流通H			久嘉证券投资基金 0.67%(流通A股)
股东户数	05年末	9333		FORTIS BANK SA/NV 0.65%(流通A股)
	04年末	11777		中信经典配置证券投资基金 0.61%(流通A股)
其他流通股东	招商股票投资基金 0.573%;广发聚富开放式证券投资基金 0.553%			
近年分配	05预案:10派3;04年:10派5转增2;03年:10派3转增3	近年募资		

二〇〇五年以来市场表现

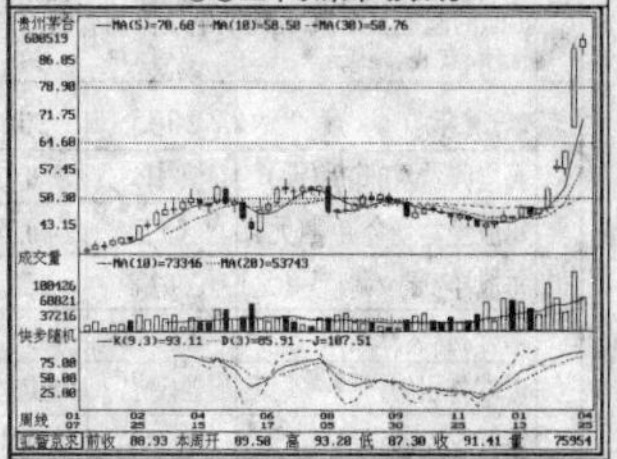

2005年涨跌幅(%)	50.78
2005年最高(元)	63.18
2006年涨跌幅(%)	100.37
2006.4.26收盘(元)	91.41
2006年最高(元)	93.2
2006年最低(元)	44.11
2006年换手率(%)	48.95
股改对价	送股 派现 权证 每10股实际获得1.2股20.66元

三佳科技（600520）

上市日期:02/01/08　　电话:0562－2627520　　传真:0562－2627555

主营	集成电路塑封模具与化学建材挤出模具等精密模具的生产与经营。			
	年　度	2005	2004	2003
主要指标	每股收益/扣除后(元)	0.02	0.04	0.15/0.15
	每股经营现金流量(元)	-0.14	0.05	0.48
	每股净资产/调整后(元)	2.39/2.33	2.42/2.39	2.38/2.35
	未分利润(万元)	4255.17	4636.94	4332.57
	资本公积(万元)	10179.6	10179.6	10179.6
利润构成	主营收入(万元)	19488.5	15400.13	11445.59
	主营利润(万元)	5366.96	4722.75	4459.06
	营业利润(万元)	423.68	237.61	1796.13
	投资收益(万元)	-141.66	-13.55	-15.59
	利润总额(万元)	240.95	952.66	2520.66
	净利润(万元)	231.42	440.66	1707.55
点评	2005年公司主要产品销售收入增长较快，但是毛利率有所下滑。此外，受三项费用大幅上升的影响，盈利明显下滑。公司所处行业前景尚可，前景值得期待。			

	截止日期	05年末	占%	主要股东及持股比例%、持股性质
股本结构(万股)	总股本	11304		铜陵市三佳电子(集团)有限责任公司 54.3%（国有股）
	国有股	6498	57.48	安徽省信托投资公司 3.18%（国有股）
	发起股	306	2.71	合肥创源智能网络有限责任公司 0.8%（非流通股）
	外资股			深圳市世纪之舟实业发展有限公司 0.64%（非流通股）
	募集股			合肥新创经贸有限责任公司 0.48%（非流通股）
	流通A	4500	39.81	合肥圣文工贸有限公司 0.48%（非流通股）
	流通B			莫开锐 0.46%（流通A股）
	流通H			胡柏君 0.44%（流通A股）
股东户数	05年末	14661		刘国霞 0.42%（流通A股）
	04年末	14535		谢文龙 0.2%（流通A股）
其他流通股东	吴楚芬 0.19%；林剑英 0.157%；廖吉康 0.157%；张敏 0.133%；林东明 0.128%；张建军 0.119%			
近年分配	04年:10派0.5	近年募资		

二〇〇五年以来市场表现

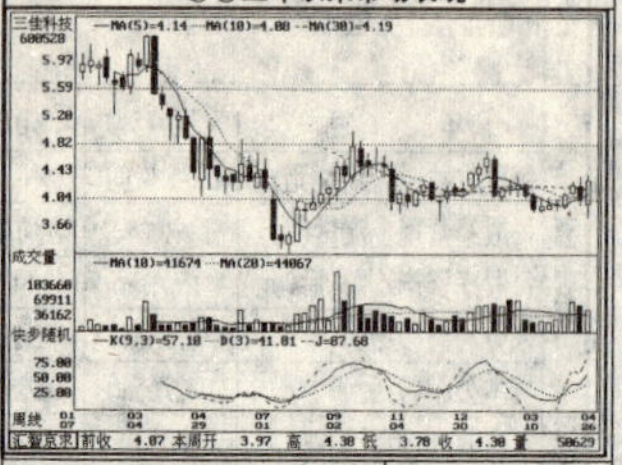

2005年涨跌幅(%)	-28.4
2005年最高(元)	6.36
2006年涨跌幅(%)	3.37
2006.4.26收盘(元)	4.3
2006年最高(元)	4.71
2006年最低(元)	3.78
2006年换手率(%)	172.11
股改对价	

G华海（600521）

上市日期:03/03/04　　电话:0576－5010288　　传真:0576－5016010

主营	原料药及医药中间体的制造和销售			
	年　度	2005	2004	2003
主要指标	每股收益/扣除后(元)	0.55/0.49	0.66	0.79/0.82
	每股经营现金流量(元)	0.23	0.91	0.47
	每股净资产/调整后(元)	3.41/3.41	4.36/4.36	6.85/6.85
	未分利润(万元)	14454.75	14875.08	6789.88
	资本公积(万元)	35473.19	41053.19	49053.19
利润构成	主营收入(万元)	42324.56	39112.92	30303.61
	主营利润(万元)	23021.2	19530.41	15999.38
	营业利润(万元)	16681.46	15513.83	12459.69
	投资收益(万元)	217.74	77.57	.
	利润总额(万元)	17617.69	16316.55	11997.48
	净利润(万元)	12891.29	11911.2	7928.43
点评	2005年华海药业业绩没有能够继续保持快速增长的势头，但公司整体盈利能力没有下降。川南基地将在2006年全面投入生产，抗艾药和沙坦中间体将成为新的增长品种。预计06年业绩增长在20%以上，今后几年仍将保持较快的增长速度。			

	截止日期	05年末	占%	主要股东及持股比例%、持股性质
股本结构(万股)	总股本	23400		陈保华 25.27%（非流通股）
	国有股			周明华 25.23%（非流通股）
	发起股	565.99	2.42	金鑫证券投资基金 4.33%（流通A股）
	外资股			海富通收益增长证券投资基金 2.14%（流通A股）
	募集股			海富通精选证券投资基金 2.14%（流通A股）
	流通A	10237.5	43.75	招商股票投资基金 1.9%（流通A股）
	流通B			华夏成长证券投资基金 1.6%（流通A股）
	流通H			翁震宇 1.41%（非流通股）
股东户数	05年末	8195		孙德统 1.41%（非流通股）
	04年末	5351		全国社保基金一零四组合 1.39%（流通A股）
其他流通股东	国际金融—汇丰—MORGAN STANLEY @ CO. INTERNATIONAL LIMITED 1.36%			
近年分配	04年:10派3转增3；03年:10派2转增8	近年募资	03年新发3500万股，发行价15.55元。	

二〇〇五年以来市场表现

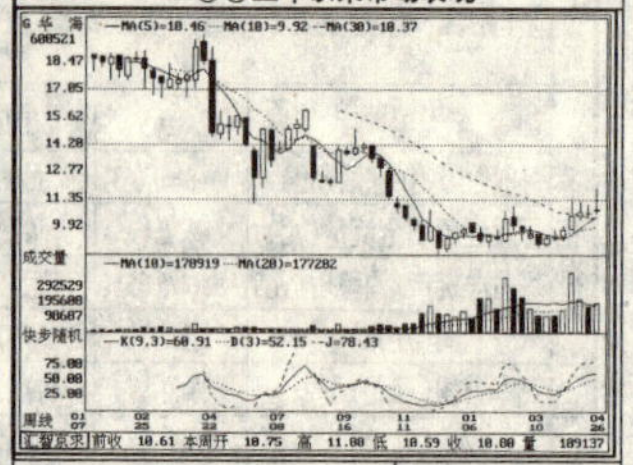

2005年涨跌幅(%)	-10.01
2005年最高(元)	25.56
2006年涨跌幅(%)	10.66
2006.4.26收盘(元)	10.8
2006年最高(元)	11.88
2006年最低(元)	8.82
2006年换手率(%)	301.53
股改对价	送股 派现 每10股实际获得2.5股7.143元(05/08/16)

中天科技（600522）

上市日期:02/10/24　　电话:0513－83599505　　传真:0513－83599504

主营	光纤、光缆、电缆材料及附件、有源器件、无源器件、数据电缆的制造与销售，光缆及电缆监测管理系统及网络工程设计、安装、施工。			
	年　度	2005	2004	2003
主要指标	每股收益/扣除后(元)	0.114	0.076	0.006/-0.03
	每股经营现金流量(元)	0.072	0.357	-0.5
	每股净资产/调整后(元)	2.9/2.89	2.78/2.77	2.7/2.69
	未分利润(万元)	6196.17	4375.61	3187.24
	资本公积(万元)	29458.35	29305.96	29211.09
利润构成	主营收入(万元)	71763.8	59839.25	30833.92
	主营利润(万元)	12322.9	8645.89	6589.67
	营业利润(万元)	4221.04	2202.22	341.77
	投资收益(万元)	288.01	154.89	-86.74
	利润总额(万元)	4372.57	2386.78	1083.21
	净利润(万元)	2356.13	1592.34	125.5
点评	公司电信、电力两大系列产品并举发展，取得了较大的进步，光纤光缆产量大幅增长，成本降低，盈利能力得到了很大提高，业绩增速加快。凭借3G启动的预期，电信运营商将增加基础建设，射频电缆作为公司新开发的产品也将迎来新的商机。			

	截止日期	05年末	占%	主要股东及持股比例%、持股性质
股本结构(万股)	总股本	20831		如东县中天投资有限公司 29.4%（非流通股）
	国有股	1086	5.21	江苏中天丝绸有限公司 28%（非流通股）
	发起股	12745	61.18	中国铁路通信信号上海工程公司 2.61%（国有股）
	外资股			河北北方电力开发股份有限公司 2.61%（非流通股）
	募集股			南京邮电学院 2.61%（国有股）
	流通A	7000	33.6	南通邮电器材公司 1.04%（非流通股）
	流通B			刘书春 0.17%（流通A股）
	流通H			北京聚能通科技有限公司 0.13%（非流通股）
股东户数	05年末	31307		张利平 0.1%（流通A股）
	04年末	34297		乔庆华 0.1%（流通A股）
其他流通股东	徐学兰 0.085%；鲍仕强 0.07%；陈峥嵘 0.067%；彭蔚兰 0.066%；杨继明 0.066%；裴宏 0.059%；王末云 0.058%			
近年分配	05预案:10派0.1送0.9转增2.1	近年募资		

二〇〇五年以来市场表现

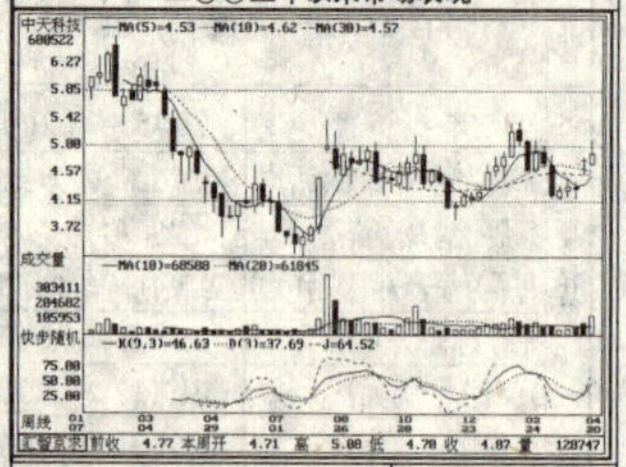

2005年涨跌幅(%)	-27.38
2005年最高(元)	6.7
2006年涨跌幅(%)	14.05
2006.4.26收盘(元)	4.87
2006年最高(元)	5.36
2006年最低(元)	4.17
2006年换手率(%)	144.1
股改对价	送股 每10股实际获得3.2股

贵航股份（600523）

上市日期:01/12/27　　电话:0851－8317550　　传真:0851－8317558

主营	汽车、摩托车零部件,橡胶、塑料制品的开发、制造、销售及与其产品相关的进出口业务、技术开发研究。			
	年　度	2005	2004	2003
主要指标	每股收益/扣除后(元)	－0.44/－0.43	0.008	0.02/0.025
	每股经营现金流量(元)	0.23	0.18	0.29
	每股净资产/调整后(元)	2.18/2.06	2.62/2.37	2.61/2.61
	未分利润(万元)	－8669.47	1065.05	1017.69
	资本公积(万元)	33536.75	33536.75	33535.94
利润构成	主营收入(万元)	60118.33	50483.54	46900.2
	主营利润(万元)	11403.47	12686.45	11998.74
	营业利润(万元)	－6153.19	993.53	1149.28
	投资收益(万元)	－809.79	34.8	－136.48
	利润总额(万元)	－8951.17	899.26	870.01
	净利润(万元)	－9631.77	168.46	441.6
点评	2005年公司主营业务收入小幅增长,同时公司大幅计提坏账以及受原材料价格上涨、产品降价因素导致业绩巨亏。公司"十一五"总体规划是做大做强现有主业,通过资本扩张扩展汽配业,为此预计公司2006年将实现快于国内汽车业平均增速的发展速度。			

	截止日期	05年末	占%	主要股东及持股比例%、持股性质
股本结构(万股)	总股本	22000		中国贵州航空工业(集团)有限责任公司 57.47%(国有股)
	国有股	2157.31	9.81	贵阳市国有资产投资管理公司 9.81%(国有股)
	发起股	12842.69	58.38	贵州省海洋经济发展有限公司 0.3%(非流通股)
	外资股			贵阳新达机械厂 0.3%(非流通股)
	募集股			上海百联投资管理有限公司 0.21%(非流通股)
	流通A	7000	31.82	林华保 0.1%(流通A股)
	流通B			于波 0.09%(流通A股)
	流通H			刘桂春 0.09%(流通A股)
股东户数	05年末	25495		杨为民 0.09%(流通A股)
	04年末	29038		崔东 0.09%(流通A股)
其他流通股东	陈刚 0.087%;孙克毅 0.077%;刘丽平 0.073%;徐镇利 0.073%;李雪 0.068%			
近年分配			近年募资	

二〇〇五年以来市场表现

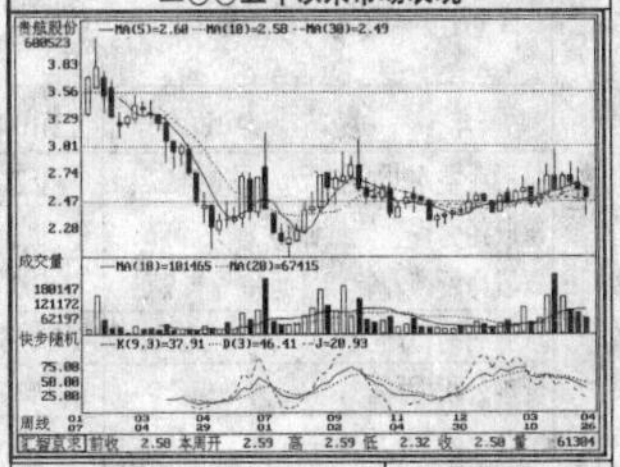

2005年涨跌幅(%)	－30.18
2005年最高(元)	4.1
2006年涨跌幅(%)	5.93
2006.4.26收盘(元)	2.5
2006年最高(元)	2.99
2006年最低(元)	2.32
2006年换手率(%)	178.7
股改对价	

G长园（600525）

上市日期:02/12/02　　电话:0755－26717828　　传真:0755－26739871

主营	研制、生产、销售功能高分子材料(热缩材料、硅橡胶)及相关产品。			
	年　度	2005	2004	2003
主要指标	每股收益/扣除后(元)	0.53/0.53	0.48	0.41
	每股经营现金流量(元)	0.72	0.52	0.41
	每股净资产/调整后(元)	3.88/3.88	3.48/3.48	3.11/3.11
	未分利润(万元)	6470.76	3958.24	1535.35
	资本公积(万元)	15731.08	15731.08	15643.83
利润构成	主营收入(万元)	36288.22	31763.46	25670.24
	主营利润(万元)	14081.18	15030.5	12732.78
	营业利润(万元)	6377.74	6259.48	5295.86
	投资收益(万元)	608.02	608.26	491.07
	利润总额(万元)	7134.86	6961.98	5903.68
	净利润(万元)	5255.47	4769.19	4076.35
点评	2005年公司主要产品系列均呈现比较好的销售增长势头,给公司带来了稳定的利润增长。未来随着我国电力、电子、电器等下游行业的高速发展,公司电子电器类热缩材料、电力类产品预计还将保持20左右的增长速度。			

	截止日期	05年末	占%	主要股东及持股比例%、持股性质
股本结构(万股)	总股本	9954		长和投资有限公司 41.56%(非流通股)
	国有股	2250.81	22.61	深圳国际信托投资有限责任公司 22.61%(国有股)
	发起股	4137.21	41.56	许晓文 1.63%(非流通股)
	外资股			长盛成长价值证券投资基金 0.88%(流通A股)
	募集股			交通银行－鹏华中国50开放式证券投资基金 0.65%(流通A股)
	流通A	3325	33.4	普丰证券投资基金 0.65%(流通A股)
	流通B			全国社保基金一零四组合 0.64%(流通A股)
	流通H			中国工商银行－鹏华行业成长证券投资基金 0.58%(流通A股)
股东户数	05年末	9251		全国社保基金六零三组合 0.54%(流通A股)
	04年末	11059		中国工商银行－普润证券投资基金 0.5%(流通A股)
其他流通股东	东方证券－农行－东方红1号集合资产管理计划 0.5%;全国社保基金一零九组合 0.459%			
近年分配	05年:10派1送1;04年:10派1.2;03年:10派1		近年募资	

二〇〇五年以来市场表现

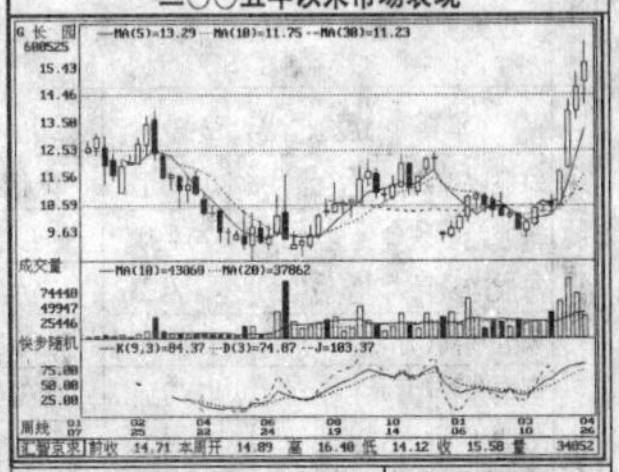

2005年涨跌幅(%)	3.92
2005年最高(元)	13.87
2006年涨跌幅(%)	59.47
2006.4.26收盘(元)	15.58
2006年最高(元)	16.4
2006年最低(元)	9.45
2006年换手率(%)	185.84
股改对价	送股 每10股实际获得3.3股(05/12/23)

G菲达（600526）

上市日期:02/07/22　　电话:0575－7385602　　传真:0575－7214695

主营	电除尘器、气力输送设备和烟气脱硫设备等环保机械的设计、制造、销售。			
	年　度	2005	2004	2003
主要指标	每股收益/扣除后(元)	0.18/0.16	0.33	0.156
	每股经营现金流量(元)	－0.56	0.3	－0.17
	每股净资产/调整后(元)	3.3/3.3	3.12/3.12	3.87/3.87
	未分利润(万元)	10471.73	8335.83	4405.72
	资本公积(万元)	19590.46	19534.87	23244.46
利润构成	主营收入(万元)	124239.32	94747.57	52370.1
	主营利润(万元)	17853.16	15041.76	7898.82
	营业利润(万元)	5899.58	7904.55	3110.46
	投资收益(万元)	－112.75	5.21	11.03
	利润总额(万元)	5945.03	7875.23	3174.4
	净利润(万元)	2427.39	4634.73	1560.14
点评	公司主营电力环保设备,2005年由于国家对电力市场加强了宏观调控,导致公司产品市场滑坡明显。同时原材料价格上涨、各项费用增加,都是公司业绩同比大幅下降的原因。未来电力行业对环保的要求更加严格,公司面临发展机遇。			

	截止日期	05年末	占%	主要股东及持股比例%、持股性质
股本结构(万股)	总股本	14000		菲达集团有限公司 48%(国有股)
	国有股	7700	55	中国国际热能工程公司 3%(国有股)
	发起股	700	5	诸暨机床厂 2%(非流通股)
	外资股			河北北方电力开发股份有限公司 2%(非流通股)
	募集股			菲达集团诸暨环达机械有限公司 1.5%(国有股)
	流通A	5600	40	菲达集团诸暨康达机械有限公司 1.5%(国有股)
	流通B			浙江大学 1%(国有股)
	流通H			岑可法 0.5%(非流通股)
股东户数	05年末	11787		骆仲泱 0.5%(非流通股)
	04年末	10340		汉唐证券有限责任公司 0.49%(流通A股)
其他流通股东	郑丽雅 0.106%;阮胜一 0.094%;顾玉飞 0.09%;钮卓俊 0.079%;上海亚保贸易有限公司 0.074%;魏立平 0.067%			
近年分配	05方案:10派1;03年:10转增4		近年募资	

二〇〇五年以来市场表现

2005年涨跌幅(%)	－22.06
2005年最高(元)	10.1
2006年涨跌幅(%)	8.95
2006.4.26收盘(元)	5.33
2006年最高(元)	7.4
2006年最低(元)	5.64
2006年换手率(%)	109.1
股改对价	送股 每10股实际获得3股(06/03/08)

G高纤（600527）

上市日期:03/11/27　　电话:0512－65481181　　传真:0512－65481181

主营	涤纶毛条和涤纶短纤维的开发、生产和销售			
	年　度	2005	2004	2003
主要指标	每股收益/扣除后(元)	0.24/0.21	0.28	0.26
	每股经营现金流量(元)	0.0076	0.25	0.56
	每股净资产/调整后(元)	2.01/2.01	3.42/3.42	3.24
	未分利润(万元)	2839.04	5004.38	4008.56
	资本公积(万元)	9447.66	12762.24	12762.24
利润构成	主营收入(万元)	50453.22	31182.4	24250.91
	主营利润(万元)	5213.33	4720.57	4199.67
	营业利润(万元)	4048.4	3928.1	3074.24
	投资收益(万元)	755.51	-437.46	5.06
	利润总额(万元)	4803.9	3490.64	3079.3
	净利润(万元)	3402.7	2204.38	2071.84
点评	2005年净利润同比大幅增长。针对2005年国内聚酯切片价格持续上涨造成了公司涤纶毛条和涤纶短纤的毛利率下降，公司通过扩大销售实现了主营利润的同比增长。另外公司所投资的项目由2004年的亏损转为盈利，也保证了公司净利润的大幅增长。			

股本结构(万股)	截止日期	05年末	占%	主要股东及持股比例%、持股性质
	总股本	14400		陶国平 19.2%（非流通股）
	国有股			夏志良 6.8%（非流通股）
	发起股	1013.79	7.04	盛冬生 5.73%（非流通股）
	外资股			苏州市相城区黄埭镇集体资产经营公司 5.09%（非流通股）
	募集股			周永康 3.39%（非流通股）
	流通A	7020	48.75	顾兴男 2.21%（非流通股）
	流通B			上海鑫获良实业发展有限公司 1.95%（非流通股）
	流通H			尤小弟 1.92%（非流通股）
股东户数	05年末	8270		沈永林 1.84%（非流通股）
	04年末	6199		邹水林 0.85%（非流通股）
其他流通股东	上海证券有限责任公司 0.419%；交通银行－国联优质成长证券投资基金 0.397%；李伟 0.345%			
近年分配	05预案:10派1.2；04年:10派2送4转增4；03年:10派0.8	近年募资	03年新发3000万股，发行价5.52元。	

二〇〇五年以来市场表现

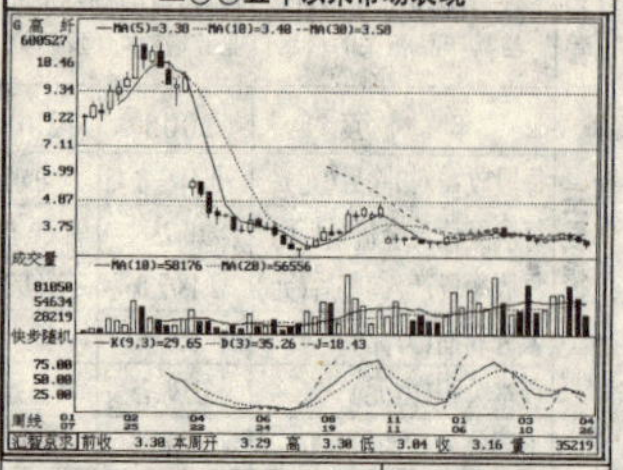

2005年涨跌幅(%)	-2.58
2005年最高(元)	11.58
2006年涨跌幅(%)	-6.23
2006.4.26收盘(元)	3.16
2006年最高(元)	3.84
2006年最低(元)	3.04
2006年换手率(%)	138.42
股改对价	送股 每10股实际获得3股(05/11/03)

G中铁（600528）

上市日期:01/05/28　　电话:028－87684612　　传真:028－87683980

主营	各类工业、能源、交通、民用等工程项目施工的承包。			
	年　度	2005	2004	2003
主要指标	每股收益/扣除后(元)	0.191/0.139	0.171	0.17/0.159
	每股经营现金流量(元)	1	-0.95	-0.13
	每股净资产/调整后(元)	4.41/4.33	4.36/4.21	4.34/4.23
	未分利润(万元)	13175.02	13336.19	7819.75
	资本公积(万元)	108673.24	108673.24	108652.38
利润构成	主营收入(万元)	845615.45	649810.24	530611.13
	主营利润(万元)	59926.28	56806.94	48111.62
	营业利润(万元)	8248.39	9539.46	7642.38
	投资收益(万元)	1350.51	-1149.46	848.89
	利润总额(万元)	9285.45	7903.91	7898.91
	净利润(万元)	7820.75	7013.31	6977.54
点评	报告期间，公司利润跟不上营业收入的增长，原因在于市场竞争加剧，特别是企业低价竞争的结果。建筑业市场不规范，垫资现象时有发生，对企业融资带来压力。国家"十一五"铁路投资增加，预计公司铁路业务将有较大幅度增长。			

股本结构(万股)	截止日期	05年末	占%	主要股东及持股比例%、持股性质
	总股本	41000		中铁二局集团有限公司 59.83%（国有股）
	国有股	25820	62.98	中铁宝桥股份有限公司 2.86%（国有股）
	发起股			梁冬梅 0.19%（流通A股）
	外资股			高志学 0.16%（流通A股）
	募集股			成都铁路局 0.14%（国有股）
	流通A	15180	37.02	苗丽君 0.1%（流通A股）
	流通B			张鹏 0.1%（流通A股）
	流通H			铁道第二勘察设计院 0.08%（国有股）
股东户数	05年末	65167		西南交通大学 0.07%（国有股）
	04年末	66334		田家槟 0.07%（流通A股）
其他流通股东	四川鼎盛天成投资有限公司 0.052%；兴和证券投资基金 0.05%；李青明 0.049%；陈虹 0.046%；孙平 0.044%			
近年分配	05预案:10派1.5转增5；04年:10派1.5；03年:10派1.5	近年募资		

二〇〇五年以来市场表现

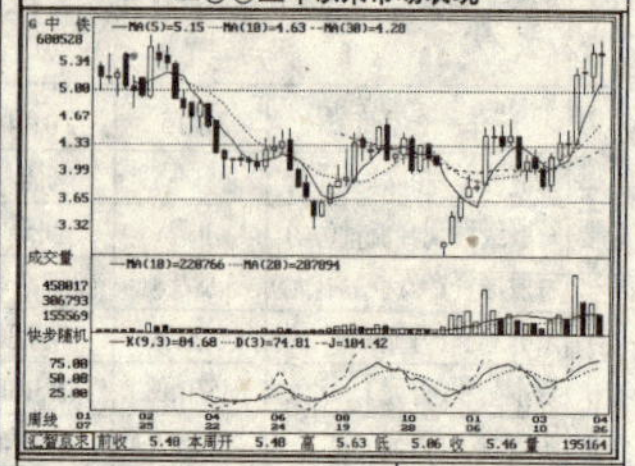

2005年涨跌幅(%)	2.42
2005年最高(元)	5.68
2006年涨跌幅(%)	43.31
2006.4.26收盘(元)	5.46
2006年最高(元)	5.63
2006年最低(元)	3.77
2006年换手率(%)	230.27
股改对价	送股 每10股实际获得3.8股(05/12/05)

G药玻（600529）

上市日期:02/06/03　　电话:0533－3242312　　传真:0533－3249700

主营	各种药用玻璃包装产品的制造、销售。			
	年　度	2005	2004	2003
主要指标	每股收益/扣除后(元)	0.37/0.37	0.41	0.57/0.56
	每股经营现金流量(元)	0.2	-0.02	0.48
	每股净资产/调整后(元)	3.82/3.81	4.24/4.23	5.79/5.78
	未分利润(万元)	21912.66	16955.54	15456.19
	资本公积(万元)	32781.34	36469.67	38200.47
利润构成	主营收入(万元)	67213.9	56017.76	46798.95
	主营利润(万元)	22811.55	20773.92	17757.44
	营业利润(万元)	12146.26	11476.56	10475.56
	投资收益(万元)	-25.44	-6.5	
	利润总额(万元)	12121.24	11447.04	10720.2
	净利润(万元)	8248.41	7565.81	7019.72
点评	国内规模最大、效益最好的药用玻璃包装企业。2005年取得了良好的经营业绩，主要原因是：公司根据市场需求，调整产品结构，加大了棕色瓶、丁基胶塞的生产销售和国际市场的开拓力度。提请投资者注意原材料涨价、毛利率下降的风险。			

股本结构(万股)	截止日期	05年末	占%	主要股东及持股比例%、持股性质
	总股本	22250.01		沂源县公有资产管理委员会 36.55%（国有股）
	国有股	8132.31	36.55	中国银行－工银瑞信核心价值股票型证券投资基金 3.15%（流通A股）
	发起股			丰和价值证券投资基金 2.94%（流通A股）
	外资股			国际金融－汇丰－MORGAN STANLEY @ CO. INTERNATIONAL LIMITED 2.29%（流通A股）
	募集股	1842.49	8.28	中国工商银行－国联安德盛小盘精选证券投资基金 1.74%（流通A股）
	流通A	12275.22	55.17	中国银行－嘉实增长开放式证券投资基金 1.67%（流通A股）
	流通B			中国银行－海富通收益增长证券投资基金 1.35%（流通A股）
	流通H			中信实业银行－建信恒久价值股票型证券投资基金 1.19%（流通A股）
股东户数	05年末	12222		红塔证券股份有限公司 1.18%（流通A股）
	04年末	12657		淄博工陶耐火材料有限公司 1.07%（非流通股）
其他流通股东	申银万国－花旗－DEUTSCHE BANK AKTIENGESELLSCHAFT 1.066%；中国银行－嘉实服务增值行业证券投资基金 0.97%			
近年分配	05预案:10派1；04年:10派1转增2；03年:10派1送3转增2	近年募资		

二〇〇五年以来市场表现

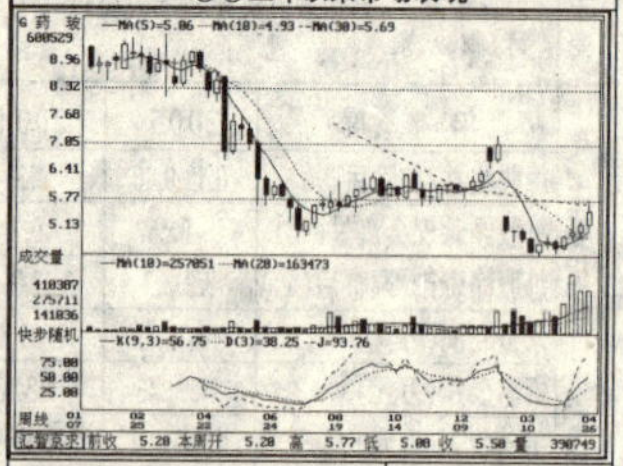

2005年涨跌幅(%)	-17.35
2005年最高(元)	9.6
2006年涨跌幅(%)	8.79
2006.4.26收盘(元)	5.5
2006年最高(元)	7.27
2006年最低(元)	5.66
2006年换手率(%)	192.91
股改对价	送股 每10股实际获得2.6股(06/02/17)

G 昂立（600530）

上市日期:01/07/02　　电话:021－62810808　　传真:021－62816699

主营	生物制品、保健食品、参制品等保健食品的研制、生产和销售。			
	年　　度	2005	2004	2003
主要指标	每股收益/扣除后(元)	0.13/-0.03	0.13	0.29/0.15
	每股经营现金流量(元)	-0.5	0.09	0.09
	每股净资产/调整后(元)	3.97/3.91	3.94/3.85	4.78/4.65
	未分利润(万元)	3061.93	2827.7	4327.25
	资本公积(万元)	60554.28	60554.28	64554.28
利润构成	主营收入(万元)	35037.46	74128.17	63814.6
	主营利润(万元)	19041.19	36245.56	30229.11
	营业利润(万元)	-1618.06	11848.23	6800.91
	投资收益(万元)	5252.01	-911.54	833.91
	利润总额(万元)	7145.84	13225.17	9734.17
	净利润(万元)	3115.61	3107.51	5702.3
点评	2005年,尽管保健品市场依然低迷,房地产市场由于政府的宏观调控、市场疲软,但公司通过健全内控制度和全面预算管理,建立适应度高的组织管理体系,保障了公司保健食品板块市场销售的稳定和销售利润率的增长。			

	截止日期	05年末	占%	主要股东及持股比例%、持股性质
股本结构（万股）	总股本	24000		上海交大南洋股份有限公司 20%（非流通股）
	国有股	2760	11.5	大众交通(集团)股份有限公司 15%（非流通股）
	发起股	13260	55.25	上海茸北工贸实业总公司 15%（非流通股）
	外资股	1980	8.25	上海新路达商业(集团)有限公司 8.25%（国有股）
	募集股			上海国际株式会社 8.25%（外资股）
	流通A	6000	25	上海蓝鑫投资有限公司 5.25%（非流通股）
	流通B			上海市教育发展有限公司 1.5%（国有股）
	流通H			上海交通大学 1%（国有股）
股东户数	05年末	28295		上海市第一医药股份有限公司 0.75%（国有股）
	04年末	30286		满俊超 0.19%（流通A股）
其他流通股东	吴青雄 0.184%;黄海英 0.145%;蔡启基 0.125%;马东红 0.122%;张仁艺 0.121%;王忠 0.101%;朱燕桃 0.099%			
近年分配	05预案:10派1.2;04年:10派1;03年:10派2.1转增2		近年募资	

二〇〇五年以来市场表现

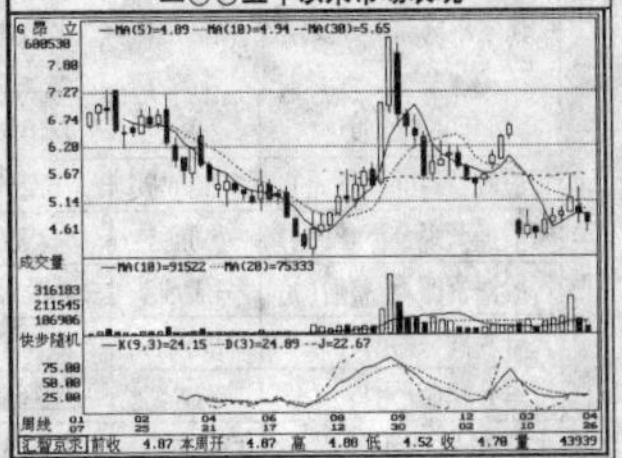

2005年涨跌幅(%)	-8.02
2005年最高(元)	8.43
2006年涨跌幅(%)	5.32
2006.4.26收盘(元)	4.7
2006年最高(元)	7.57
2006年最低(元)	5.9
2006年换手率(%)	122.69
股改对价	送股 每10股实际获得3.4股(06/02/27)

G 豫光（600531）

上市日期:02/07/30　　电话:0391－6665836　　传真:0391－6688986

主营	电解铅、白银、黄金、粗铜、硫酸、次氧化锌的生产和销售。			
	年　　度	2005	2004	2003
主要指标	每股收益/扣除后(元)	0.38/0.39	0.42	0.256/0.261
	每股经营现金流量(元)	-0.56	-0.14	0.36
	每股净资产/调整后(元)	3.08/3.05	2.85/2.85	2.52/2.52
	未分利润(万元)	19524.5	16041.33	10572.49
	资本公积(万元)	21262.79	21262.79	21261.84
利润构成	主营收入(万元)	287101.75	237572.5	138310.05
	主营利润(万元)	26027.16	23234.02	15356.32
	营业利润(万元)	14088.03	14220.55	9227.71
	投资收益(万元)			120.3
	利润总额(万元)	13788	14186.97	8843.46
	净利润(万元)	8668.83	9689.41	5835.39
点评	2005年公司电解铅、白银产量继续保持全国第一,主营业务收入大幅度增长,但因原材料价格上涨,且上涨的幅度均大于销售价格上涨幅度,公司业绩与04年基本持平。近几年,公司的经济技术指标增速明显,2006年业绩有望稳步增长。			

	截止日期	05年末	占%	主要股东及持股比例%、持股性质
股本结构（万股）	总股本	22826.92		河南豫光金铅集团有限责任公司 45.97%（国有股）
	国有股	340.12	1.49	中国黄金集团公司 4.3%（国有股）
	发起股	11476.22	50.27	济源市财务开发公司 1.49%（国有股）
	外资股			刘永金 0.43%（流通A股）
	募集股	75.58	0.33	河南省济源市金翔铅盐有限公司 0.21%（非流通股）
	流通A	10935	47.9	徐佩芬 0.13%（流通A股）
	流通B			天水荣昌工贸有限责任公司 0.12%（非流通股）
	流通H			天津华林祥食品娱乐有限公司 0.12%（流通A股）
股东户数	05年末	29569		周兵 0.11%（流通A股）
	04年末	30071		杨敏 0.11%（流通A股）
其他流通股东	李凤霖 0.106%;王坚 0.102%;王宏敏 0.097%;姜春生 0.09%;梁伟汉 0.089%			
近年分配	05方案:10派1.5;04年:10派1.5;03中期:10转增8年终:10派1		近年募资	

二〇〇五年以来市场表现

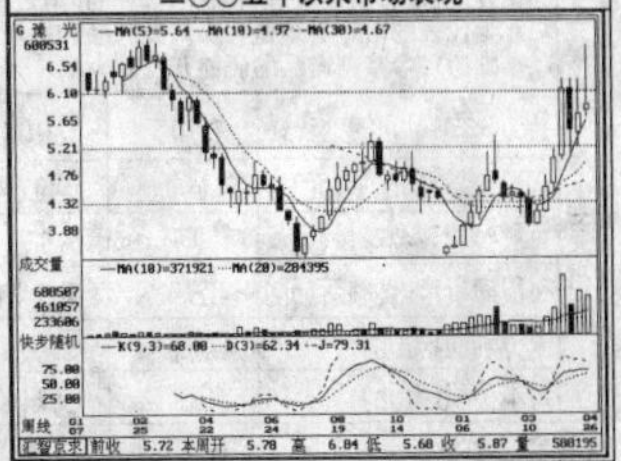

2005年涨跌幅(%)	-22.12
2005年最高(元)	6.99
2006年涨跌幅(%)	62.6
2006.4.26收盘(元)	5.87
2006年最高(元)	6.84
2006年最低(元)	3.6
2006年换手率(%)	482.99
股改对价	送股 每10股实际获得3.5股(05/12/21)

G 华阳（600532）

上市日期:02/10/31　　电话:0538－5826209　　传真:0538－5826069

主营	农药及农药中间体的研究、开发、推广、制造和销售。包括杀虫剂、杀菌剂、除草剂、种衣剂等。			
	年　　度	2005	2004	2003
主要指标	每股收益/扣除后(元)	0.08/0.08	0.16	0.2/0.2
	每股经营现金流量(元)	0.58	0.12	0.13
	每股净资产/调整后(元)	3.31/3.29	3.23/3.22	3.99/3.98
	未分利润(万元)	6683.15	5877.96	4309.66
	资本公积(万元)	18968.6	18967.3	21657.3
利润构成	主营收入(万元)	45581.77	46900.78	33754.18
	主营利润(万元)	7237.06	7160.14	6567.45
	营业利润(万元)	1516.18	2390.63	2798.91
	投资收益(万元)			
	利润总额(万元)	1518.15	2370.94	2780.09
	净利润(万元)	945.98	1844.55	1808.82
点评	公司主营农药,其主导产品神农丹及二甲戊乐灵在国内尚无直接竞争对象,另一产品灭多威产量国内最大,在行业中处于领先地位。但公司盈利能力一般,05年收入水平略有下降,同时由于原料价格上涨、管理费用提高,使利润同比有明显下滑。			

	截止日期	05年末	占%	主要股东及持股比例%、持股性质
股本结构（万股）	总股本	11700		山东华阳农药化工集团有限公司 53.21%（国有股）
	国有股	6331.95	54.12	泰安飞达助剂有限公司 0.88%（非流通股）
	发起股	168.05	1.44	泰安市泰山农业生产资料站 0.56%（非流通股）
	外资股			山东省农药研究所 0.46%（国有股）
	募集股			山东农业大学 0.45%（国有股）
	流通A	5200	44.44	张为 0.2%（流通A股）
	流通B			李俊明 0.17%（流通A股）
	流通H			谢玉林 0.15%（流通A股）
股东户数	05年末	19745		高玉彬 0.14%（流通A股）
	04年末	21485		仝立峰 0.12%（流通A股）
其他流通股东	李青 0.112%;张勤 0.111%;赵振义 0.108%;张智东 0.101%;刘岩 0.093%			
近年分配	03年:10转增3		近年募资	

二〇〇五年以来市场表现

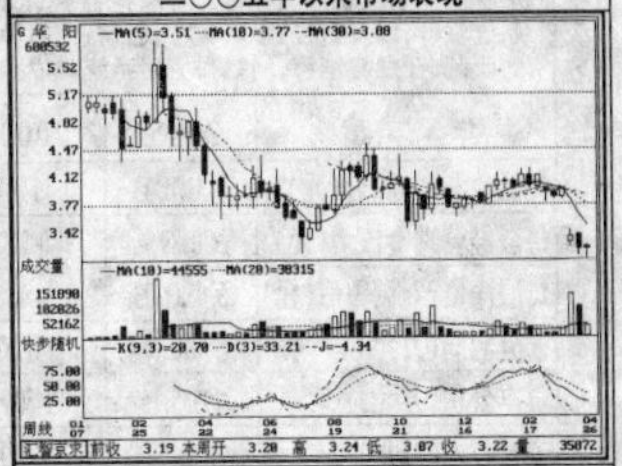

2005年涨跌幅(%)	-24.6
2005年最高(元)	5.87
2006年涨跌幅(%)	14.4
2006.4.26收盘(元)	3.22
2006年最高(元)	4.63
2006年最低(元)	3.76
2006年换手率(%)	91.96
股改对价	送股 每10股实际获得3.5股(06/04/12)

G栖霞(600533)

上市日期:02/03/28　　电话:025－5600533　　传真:025－5502482

主营	住宅小区综合开发建设;商品房销售、租赁、售后服务。			
主要指标	年　　度	2005	2004	2003
	每股收益/扣除后(元)	0.708/0.693	0.755	0.504/0.508
	每股经营现金流量(元)	－0.095	－4.356	－1.989
	每股净资产/调整后(元)	3.32/3.3	4.41/4.4	4/4
	未分利润(万元)	16554.16	10174.62	6088.68
	资本公积(万元)	26238.58	33238.58	33230
利润构成	主营收入(万元)	132512.38	97480.33	48054.47
	主营利润(万元)	31728.21	20919.03	13706.77
	营业利润(万元)	23056.71	16295.39	11248.92
	投资收益(万元)	35.47	－48.6	－110.4
	利润总额(万元)	23296.2	16149.03	11064.58
	净利润(万元)	14866.16	10571.69	7050.31
点评	2005年,公司实现主营收入的增长全部来自于商品房开发、销售、物业管理,目前销售面积和销售收入在南京市场排名第一,南京市场占有率约为7%。公司开发建设的天泓山庄、云锦美地和汇林绿洲等三大主力楼盘全部进行南京市住宅市场销售收入排行榜十强。			

	截止日期	05年末	占%	主要股东及持股比例%、持股性质
股本结构(万股)	总股本	21000		南京栖霞建设集团有限公司 48.57%(国有股)
	国有股	10614	50.54	南京新港高科技股份有限公司 20.89%(非流通股)
	发起股	4386	20.89	广发证券股份有限公司 2.38%(流通A股)
	外资股			招商证券股份有限公司 2.25%(流通A股)
	募集股			鸿阳证券投资基金 1.13%(流通A股)
	流通A	6000	28.57	中国建设银行－国泰金马稳健回报证券投资基金 1.02%(流通A股)
	流通B			南京市栖霞区国有资产投资中心 0.71%(国有股)
	流通H			南京市园林实业总公司 0.71%(国有股)
股东户数	05年末	8945		交通银行－久富证券投资基金 0.65%(流通A股)
	04年末	11216		上海浦东发展银行－广发小盘成长股票型证券投资基金 0.64%(流通A股)
其他流通股东	中国工商银行－国联安德盛小盘精选证券投资基金 0.566%;杨红 0.405%;久嘉证券投资基金 0.343%			
近年分配	05年:10派5;04年:10派5转增5;03年:10派3.5		近年募资	

二〇〇五年以来市场表现

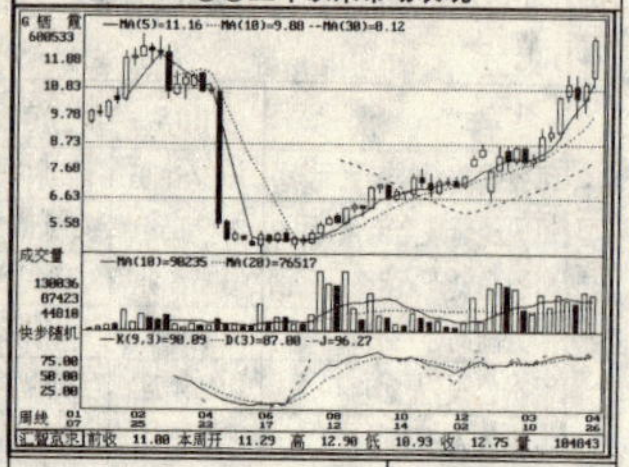

2005年涨跌幅(%)	36.75
2005年最高(元)	13.6
2006年涨跌幅(%)	91.77
2006.4.26收盘(元)	12.75
2006年最高(元)	16.51
2006年最低(元)	8.32
2006年换手率(%)	168.81
股改对价	送股 每10股实际获得2.8股(06/01/23)

G天士力(600535)

上市日期:02/08/23　　电话:022－26736999　　传真:022－26736721

主营	复方丹参滴丸、养血清脑颗粒的生产和销售;以复方丹参滴丸为代表的治疗心脑血管疾病类药品和以复方丹参滴丸为基础的丹参系列产品的研究开发。			
主要指标	年　　度	2005	2004	2003
	每股收益/扣除后(元)	0.68/0.68	0.6	0.5/0.49
	每股经营现金流量(元)	0.75	0.71	0.21
	每股净资产/调整后(元)	4.59/4.49	4.21/4.17	3.91/3.88
	未分利润(万元)	33858.1	25959.73	19840.99
	资本公积(万元)	56668.92	56664.82	56628.22
利润构成	主营收入(万元)	146586.69	130184.13	105576.14
	主营利润(万元)	77243.47	77569.69	75029.64
	营业利润(万元)	23272.5	21758.95	17835.69
	投资收益(万元)	－120.16	－65.9	－54.06
	利润总额(万元)	23197.18	21534.39	17647.51
	净利润(万元)	19351.42	17127.87	14118.76
点评	2005年公司处于从中药滴丸向粉针剂的过渡时期,业绩增幅放缓,净利润的增长主要来自营销费用和管理费用的降低等。公司的品牌、营销网络和先进管理优势使得近3年营销和管理费用能够持续降低,保障在这个阶段的业绩平稳增长、盈利能力持续稳定。			

	截止日期	05年末	占%	主要股东及持股比例%、持股性质
股本结构(万股)	总股本	28500		天津天士力集团有限公司 52.79%(非流通股)
	国有股			广州市天河振凯贸易有限公司 5.43%(非流通股)
	发起股	18825	66.05	天津帝士力投资控股集团有限公司 3.59%(非流通股)
	外资股			天津新技术产业园区永生建筑有限公司 3.3%(非流通股)
	募集股			中国人寿保险股份有限公司－分红－个人分红－005L－FH002沪 1.58%(流通A股)
	流通A	9675	33.95	中国工商银行－南方避险增值基金 1.31%(流通A股)
	流通B			中国银行－嘉实成长收益型证券投资基金 1.3%(流通A股)
	流通H			全国社保基金一零四组合 1.1%(流通A股)
股东户数	05年末	9005		中国工商银行－国联安德盛小盘精选证券投资基金 1.04%(流通A股)
	04年末	11233		天津市中央药业有限公司 0.94%(非流通股)
其他流通股东	中国人寿保险(集团)公司－传统－普通保险产品 0.917%;申银万国－花旗－UBS LIMITED 0.873%			
近年分配	05年:10派3;04年:10派3;03年:10派3		近年募资	

二〇〇五年以来市场表现

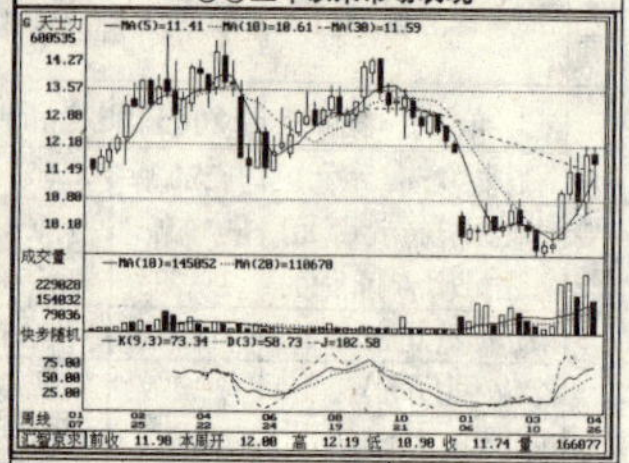

2005年涨跌幅(%)	10.05
2005年最高(元)	14.96
2006年涨跌幅(%)	22.11
2006.4.26收盘(元)	11.74
2006年最高(元)	12.49
2006年最低(元)	9.41
2006年换手率(%)	214.77
股改对价	送股 每10股实际获得2.9股(05/12/30)

中国软件(600536)

上市日期:02/05/17　　电话:010－51508699　　传真:010－51508661

主营	从事操作系统软件、嵌入式软件、机器翻译软件、医用专家系统软件,以及财税、军队、铁路通信、民航等领域应用软件的研制、开发与销售;网络和应用系统集成。			
主要指标	年　　度	2005	2004	2003
	每股收益/扣除后(元)	0.34/0.33	0.46/0.41	0.36/0.34
	每股经营现金流量(元)	0.89	0.21	－0.4
	每股净资产/调整后(元)	3.05/3.03	4.34/4.32	4.55/4.54
	未分利润(万元)	8610.6	6731.52	5341.77
	资本公积(万元)	19535.15	24503	28757.63
利润构成	主营收入(万元)	115610.44	70197.96	54659.07
	主营利润(万元)	34627.37	18798.54	14290.38
	营业利润(万元)	6158.91	3911.18	3287.6
	投资收益(万元)	194.53	990.28	97.3
	利润总额(万元)	7335.67	5541.88	4038.44
	净利润(万元)	5153.12	4675.81	3608.14
点评	国内电子政务领域的龙头企业。由于合并了香港上市公司中软国际,公司主营在05年高速成长,但少数股东损益增多使盈利增长有限。公司年报信息披露质量明显提升,业绩可预测性提高。预计军队物流、地税大集中和软件外包等业务将推动公司业绩持续增长。			

	截止日期	05年末	占%	主要股东及持股比例%、持股性质
股本结构(万股)	总股本	15151.11		中国电子产业工程公司 41.83%(国有股)
	国有股	6338.22	41.83	郭先臣 5.98%(非流通股)
	发起股			程春平 5.04%(非流通股)
	外资股			尚铭 1.66%(非流通股)
	募集股			陈世林 1.44%(非流通股)
	流通A	5400	35.64	史殿林 1.44%(非流通股)
	流通B			周进军 1.44%(非流通股)
	流通H			崔辉 1.34%(非流通股)
股东户数	05年末	9277		徐洁 0.98%(非流通股)
	04年末	10900		解华 0.98%(非流通股)
其他流通股东	海通证券股份有限公司 0.754%;交通银行－金鹰中小盘精选证券投资基金 0.708%;马方明 0.18%;于晶 0.171%			
近年分配	05预案:10派1.7;04年:10派2.5转增5;03年:10派2.5		近年募资	

二〇〇五年以来市场表现

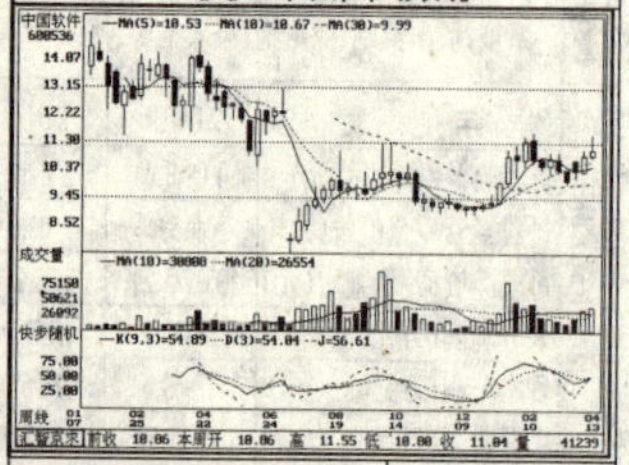

2005年涨跌幅(%)	2.05
2005年最高(元)	17.2
2006年涨跌幅(%)	18.84
2006.4.26收盘(元)	11.04
2006年最高(元)	11.6
2006年最低(元)	9.22
2006年换手率(%)	77.99
股改对价	转增 每10股实际获得3.31股

G 海通（600537）

上市日期:03/01/23　电话:0574－63039988　传真:0574－63039898

主营	果蔬速冻、脱水、保鲜、冷藏、加工；食品、饮料制造、加工；水产品加工等。			
	年　度	2005	2004	2003
主要指标	每股收益/扣除后(元)	0.15/0.06	0.18	0.23/0.19
	每股经营现金流量(元)	0.08	0.25	0.32
	每股净资产/调整后(元)	2.19/2.17	2.14/2.13	2.93/2.92
	未分利润(万元)	5416	5337.31	4829.62
	资本公积(万元)	18965.79	18383.7	24956.1
利润构成	主营收入(万元)	43294.07	36995.8	29491.64
	主营利润(万元)	8766.74	9067.06	8341.02
	营业利润(万元)	686.24	3467.72	3045.76
	投资收益(万元)	655.56	371.72	－40.37
	利润总额(万元)	3832.19	4369.37	4012.22
	净利润(万元)	3376.06	4145.91	3809.14
点评	公司主营业务收入稳步增长，但为减少产业单一、市场集中的风险，公司的控股子公司上海海通环宇投资发展有限公司在报告期内尝试了多元化经营，主要涉及到矿产品经营。由于国家对钢铁行业的宏观调控，公司铁矿砂的经营业务出现较大亏损。			

	截止日期	05年末	占%	主要股东及持股比例%、持股性质
股本结构（万股）	总股本	23003.4		陈龙海 22.64%（非流通股）
	国有股			慈溪恒通物产有限公司 14.34%（非流通股）
	发起股	3298.43	14.34	DEG－DEUTSCHE INVESTITIONS－UND ENTWICKLUNGSGESELLSCHAFT MBH（8.69%（外资股）
	外资股	1998.48	8.69	毛培成 6.43%（非流通股）
	募集股			周乐群 6.43%（非流通股）
	流通A	9100	39.56	罗镇江 1.23%（非流通股）
	流通B			周建祥 0.68%（非流通股）
	流通H			江苏省冶金资产管理有限公司 0.15%（流通A股）
股东户数	05年末	21148		潘华利 0.15%（流通A股）
	04年末	20934		冯好 0.14%（流通A股）
其他流通股东	胡军 0.122%；沈伟立 0.113%；徐巧玲 0.112%；陈细儿 0.108%；陈志忠 0.108%；王思元 0.105%；卢国珍 0.101%			
近年分配	05方案:10派1.3；04年:10派1.25；03年:10派1.8转增4	近年募资		03年新发5000万股，发行价6元。

二〇〇五年以来市场表现

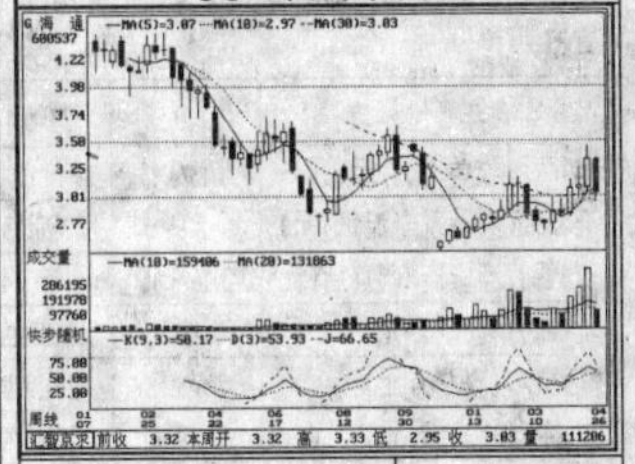

2005年涨跌幅(%)	－19.82
2005年最高(元)	4.46
2006年涨跌幅(%)	15.21
2006.4.26收盘(元)	3.03
2006年最高(元)	3.44
2006年最低(元)	2.63
2006年换手率(%)	254.61
股改对价	送股 每10股实际获得3股(05/12/15)

G 国发（600538）

上市日期:03/01/14　电话:0779－3200619　传真:0779－3200618

主营	珍珠系列产品(包括珍珠制药、珍珠保健品、珍珠化妆品)及甲壳类海洋生物农药系列产品的研制、生产和销售。			
	年　度	2005	2004	2003
主要指标	每股收益/扣除后(元)	0.09/0.07	0.15	0.25/0.25
	每股经营现金流量(元)	0.015	0.05	
	每股净资产/调整后(元)	2.5/2.47	4.34/4.28	4.13/4.08
	未分利润(万元)	9945.07	8942.74	6600.88
	资本公积(万元)	16082.82	24946.82	24200.91
利润构成	主营收入(万元)	46199.77	37337.63	23116.41
	主营利润(万元)	13141.67	11473.17	10095.64
	营业利润(万元)	2421.6	2604.82	3239.28
	投资收益(万元)	－38.13	－99.28	－3.84
	利润总额(万元)	2795.4	2359.29	3267.21
	净利润(万元)	1774.16	1620.71	2809.37
点评	2005年公司整合优势资源，突出做强做大海洋生物医药和农药农肥产业；拓展海外农药市场取得重大突破。多个项目进入重大科研课题，这使公司的自主创新能力得到增强，核心竞争力得到了进一步提高，为公司持续发展打下坚实的基础。			

	截止日期	05年末	占%	主要股东及持股比例%、持股性质
股本结构（万股）	总股本	19944		广西国发投资集团有限公司 24.17%（非流通股）
	国有股	1800	9.03	北海市人民政府国有资产监督管理委员会 9.03%（非流通股）
	发起股	5553	27.84	北京白云玛拉沁饭店 3.22%（非流通股）
	外资股			中信万通证券有限责任公司 2.71%（非流通股）
	募集股	2122.2	10.64	西藏净土鲜实业发展有限公司 2.58%（非流通股）
	流通A	8100	40.61	清华大学 2.42%（非流通股）
	流通B			海口鑫台实业公司 1.81%（非流通股）
	流通H			农业部规划设计研究院 0.63%（非流通股）
股东户数	05年末	20615		北海倍增贸易有限公司 0.49%（非流通股）
	04年末	20304		广西北海海运总公司 0.45%（非流通股）
其他流通股东	蔡丹平 0.37%；郭洪星 0.365%；刘忠 0.324%；杨太峰 0.301%；安徽省皖能大厦有限责任公司 0.278%；林宝富 0.226%			
近年分配	05预案:10转增4；04年:10转增8	近年募资		

二〇〇五年以来市场表现

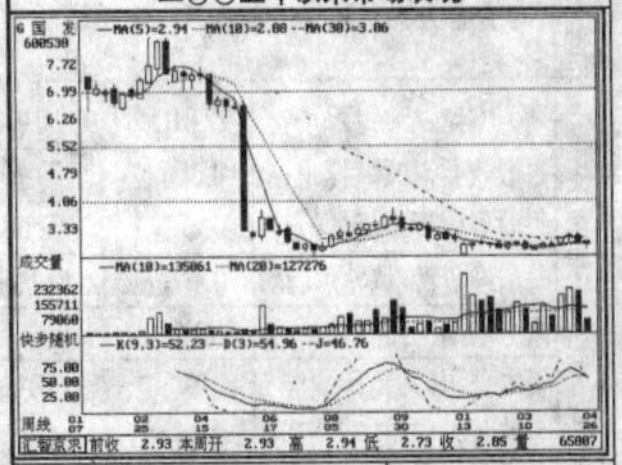

2005年涨跌幅(%)	－24.92
2005年最高(元)	8.45
2006年涨跌幅(%)	12.33
2006.4.26收盘(元)	2.85
2006年最高(元)	3.84
2006年最低(元)	3.15
2006年换手率(%)	182.6
股改对价	送股 每10股实际获得2.1股(06/01/10)

狮头股份（600539）

上市日期:01/08/24　电话:(0351)2857006　传真:(0351)2857002

主营	主要生产系列等级的通用水泥、特种水泥以及C10—C80强度等级的预拌商品混凝土。			
	年　度	2005	2004	2003
主要指标	每股收益/扣除后(元)	0.04/0.04	0.11	0.1/0.11
	每股经营现金流量(元)	0.06	0.13	0.06
	每股净资产/调整后(元)	3.76/3.68	3.74/3.68	3.63/3.6
	未分利润(万元)	9357.43	8602.68	7089.63
	资本公积(万元)	50712.01	50708.19	50708.19
利润构成	主营收入(万元)	44975.6	36872.33	28963.55
	主营利润(万元)	7969.87	9674.46	8114.62
	营业利润(万元)	994.83	3422	3520.11
	投资收益(万元)	－53.13	－53.13	－53.13
	利润总额(万元)	1415.98	3486.92	3351.82
	净利润(万元)	941.64	2471.22	2362.63
点评	太原地区主要的水泥企业。2005年，在水泥市场需求放缓、产品价格下跌的困难形势下，公司尽管主营收入增长较快，但净利润同比大幅下降。利润下降主要原因在于煤电价格上涨以及水泥价格有所下降。			

	截止日期	05年末	占%	主要股东及持股比例%、持股性质
股本结构（万股）	总股本	23000		太原狮头集团有限公司 31.9%（国有股）
	国有股	10566	45.94	中国建设银行股份有限公司山西省分行 13.59%（国有股）
	发起股	32	0.14	山西省经贸资产经营有限责任公司 8.26%（国有股）
	外资股			山西省经济建设投资公司 5.78%（国有股）
	募集股			交通银行 2.07%（国有股）
	流通A	8800	38.26	潘元庆 0.27%（流通A股）
	流通B			山西固邦运输有限公司 0.14%（非流通股）
	流通H			程杰 0.1%（流通A股）
股东户数	05年末	38462		石剑峰 0.08%（流通A股）
	04年末	40386		弓国平 0.08%（流通A股）
其他流通股东	王冰 0.064%；吴克让 0.062%；刘爱玉 0.057%；李瑞宏 0.056%；郑瑞洲 0.055%；赵汀 0.052%			
近年分配	04年:10派0.2	近年募资		

二〇〇五年以来市场表现

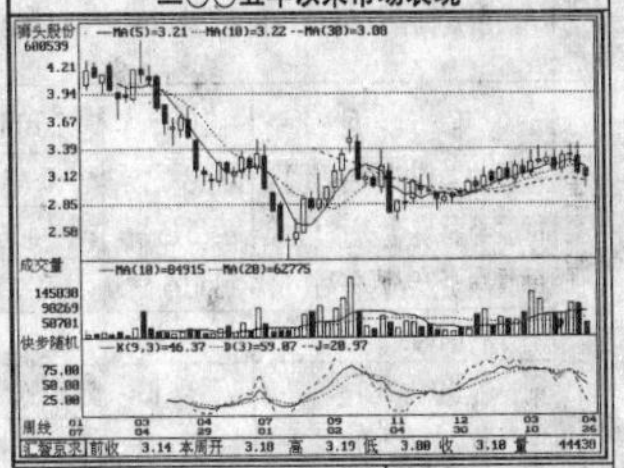

2005年涨跌幅(%)	－26.91
2005年最高(元)	4.48
2006年涨跌幅(%)	5.44
2006.4.26收盘(元)	3.1
2006年最高(元)	3.43
2006年最低(元)	2.92
2006年换手率(%)	133.2
股改对价	

新赛股份（600540）

上市日期:04/01/07　　电话:0909－2268156　　传真:0909－2268162

主营：棉花种植,粮棉种子研发、繁育和销售,棉花及相关副产品销售

	年　　度	2005	2004	2003
主要指标	每股收益/扣除后(元)	0.13/0.13	0.07	0.28/0.29
	每股经营现金流量(元)	0.99	－0.62	0.38
	每股净资产/调整后(元)	3.16/3.16	3.15/3.12	3.8/3.77
	未分利润(万元)	5211.51	4687.19	5805.67
	资本公积(万元)	29088.58	29019.14	31950.05
利润构成	主营收入(万元)	76379.66	25564.72	44603.81
	主营利润(万元)	8979.67	4857.09	6916.44
	营业利润(万元)	2346.18	1203.57	4301.77
	投资收益(万元)	116.94	0.28	
	利润总额(万元)	2299.42	1225.16	4256.95
	净利润(万元)	2326.81	1225.16	4256.95

点评：国内少数几家以棉花为主业的上市公司之一,公司所在地自然资源极其适宜棉花生长。盈利受棉花价格的影响较大,05年盈利能力的下降主要是棉花价格下跌所致。风险在于主营业务单一,所控股子公司规模较小,抵御市场风险的能力很弱。

	截止日期	05年末	占%	主要股东及持股比例%、持股性质
股本结构（万股）	总股本	18000		新疆艾比湖农工商联合企业总公司 64.63%（国有股）
	国有股	12000	66.67	新疆生产建设兵团农五师农业生产资料公司 0.72%（国有股）
	发起股			博尔塔拉蒙古自治州国资经营有限责任公司 0.66%（国有股）
	外资股			新疆金融租赁有限责任公司 0.4%（国有股）
	募集股			阎苏红 0.27%（流通A股）
	流通A	6000	33.33	新疆兵团农五师农机公司 0.26%（国有股）
	流通B			杨伟 0.19%（流通A股）
	流通H			高荣 0.17%（流通A股）
股东户数	05年末	20305		柯桂麟 0.17%（流通A股）
	04年末	21855		刘建星 0.14%（流通A股）

其他流通股东：孟雨 0.134%;凌杰 0.134%;陈爱忠 0.126%;陈爱中 0.112%;龙东兴 0.112%

近年分配：05年:10派0.8；04年:10派1.2；03年:10派1转增2

近年募资：03年新发5000万股,发行价6.67元。

二〇〇五年以来市场表现

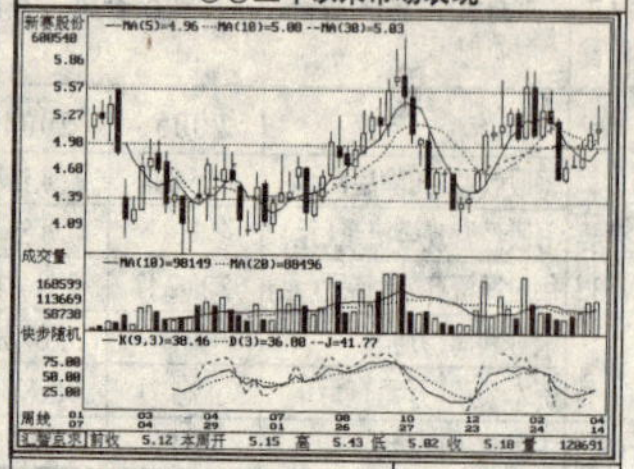

2005年涨跌幅(%)	1.16
2005年最高(元)	6.28
2006年涨跌幅(%)	3.14
2006.4.26收盘(元)	5.18
2006年最高(元)	5.79
2006年最低(元)	4.6
2006年换手率(%)	223.49
股改对价	送股 每10股实际获得3.2股

莫高股份（600543）

上市日期:04/03/24　　电话:0931－8433356　　传真:0931－8439543

主营：农产品及加工品、药品的生产和销售。

	年　　度	2005	2004	2003
主要指标	每股收益/扣除后(元)	0.04/0.02	0.14	0.32/0.32
	每股经营现金流量(元)	0.7	－1.3	0.04
	每股净资产/调整后(元)	3.66/3.62	3.69/3.67	2.32
	未分利润(万元)	6239.02	5868.78	5384.07
	资本公积(万元)	26693.67	26693.67	2262.85
利润构成	主营收入(万元)	24696.31	26876.92	23236.24
	主营利润(万元)	7705.6	9467.04	8725.18
	营业利润(万元)	495.51	1777.02	2750.79
	投资收益(万元)		13.34	5.23
	利润总额(万元)	505.78	1892.05	2736.11
	净利润(万元)	515.54	1870.3	2629.05

点评：因国家产业政策调整,公司的主营大麦芽产业05年处于低谷,面临的外部困难较多,主要有:大麦芽、葡萄酒的生产集中度越来越高,市场竞争更加激烈。由于原料成本增加和铁路运输困难,05年公司的主营业务收入和净利润有一定程度下降。

	截止日期	05年末	占%	主要股东及持股比例%、持股性质
股本结构（万股）	总股本	13840		甘肃黄羊河农工商(集团)有限责任公司 27.23%（国有股）
	国有股	8000	57.8	甘肃省饮马实业公司 15.17%（国有股）
	发起股	240	1.73	甘肃省国营八一农场 10.19%（国有股）
	外资股			甘肃省国营祁连山制药厂 5.21%（国有股）
	募集股			北京北大资源集团 0.58%（非流通股）
	流通A	5600	40.46	西北农林科技大学 0.58%（非流通股）
	流通B			甘肃省农业科学院 0.58%（非流通股）
	流通H			国元证券有限责任公司 0.37%（流通A股）
股东户数	05年末	23656		黄岳峰 0.15%（流通A股）
	04年末	27878		李莞生 0.13%（流通A股）

其他流通股东：唐立明 0.132%;郑良安 0.125%;万长树 0.115%;王国英 0.112%;王月芳 0.111%

近年分配：04年:10派0.6

近年募资：04年新发5600万股,发行价5.68元。

二〇〇五年以来市场表现

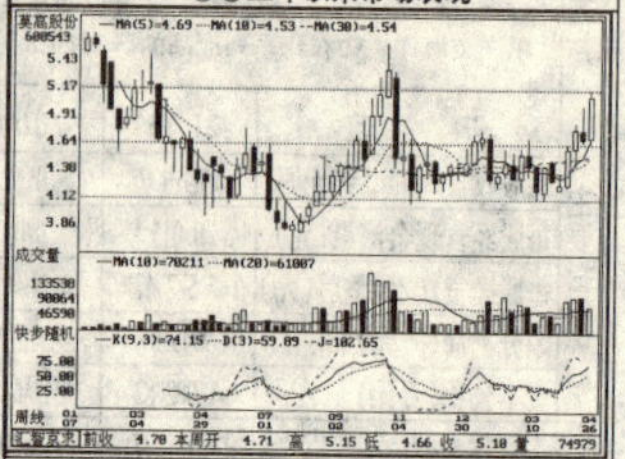

2005年涨跌幅(%)	－18.71
2005年最高(元)	5.69
2006年涨跌幅(%)	14.35
2006.4.26收盘(元)	5.1
2006年最高(元)	5.15
2006年最低(元)	4.11
2006年换手率(%)	197.18
股改对价	

G新城建（600545）

上市日期:03/12/03　　电话:(0991)4889813　　传真:(0991)4889813

主营：城市基础设施建设与运营、城市源水供应、房地产开发。

	年　　度	2005	2004	2003
主要指标	每股收益/扣除后(元)	0.153/0.159	0.145	0.17
	每股经营现金流量(元)	0.05	－0.16	0.07
	每股净资产/调整后(元)	3.62/3.53	3.56/3.52	3.42/3.38
	未分利润(万元)	5272.85	3195.9	2849.86
	资本公积(万元)	33976.03	33736.59	32350.63
利润构成	主营收入(万元)	47325.78	39930.49	41842.04
	主营利润(万元)	9668.9	7129.18	6306.22
	营业利润(万元)	2581.53	2379.81	3277.02
	投资收益(万元)	86.51	69.19	215.28
	利润总额(万元)	2631.29	2742.83	3441.51
	净利润(万元)	2456.36	2326.51	2753.18

点评：报告期内,公司面临市政建设项目低价中标日益普遍、原水销售市场需求不足等困难,加强了房地产、新型材料等业务开拓,预计2006年乌市的商品房开发一期将能给公司带来一定的收益。

	截止日期	05年末	占%	主要股东及持股比例%、持股性质
股本结构（万股）	总股本	16054.1		乌鲁木齐国有资产经营有限公司 52.74%（国有股）
	国有股	8467.14	52.74	新疆友好(集团)股份有限公司 6.62%（非流通股）
	发起股	1302.68	8.11	乌鲁木齐城市建设投资有限公司 0.92%（非流通股）
	外资股			乌鲁木齐市职工经济技术实业公司 0.15%（非流通股）
	募集股			乌市市政工程养护管理一处 0.15%（国有股）
	流通A	6000	37.37	乌市市政工程养护管理一处市政经济开发公司 0.15%（非流通股）
	流通B			郎钧昌 0.15%（流通A股）
	流通H			孙晓娜 0.12%（流通A股）
股东户数	05年末	22943		江文狄 0.1%（流通A股）
	04年末	25371		杨光军 0.1%（流通A股）

其他流通股东：王建春 0.092%;郭梓填 0.092%;王冻 0.083%;罗志武 0.072%;姚长昆 0.072%;袁建成 0.07%

近年分配：04年:10派0.8；03年:10派1

近年募资：03年新发6000万股,发行价5.96元。

二〇〇五年以来市场表现

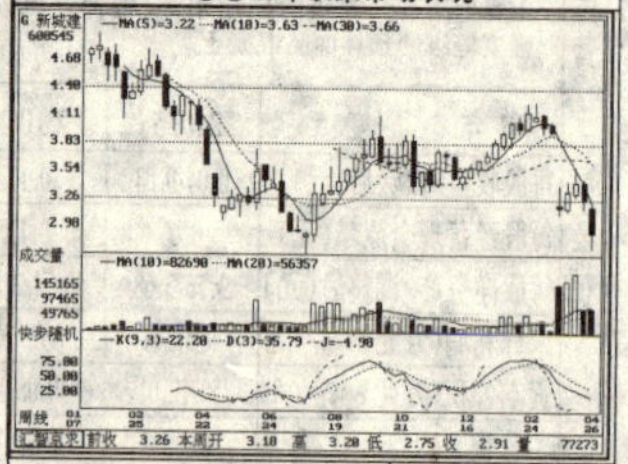

2005年涨跌幅(%)	－19.92
2005年最高(元)	4.97
2006年涨跌幅(%)	6.18
2006.4.26收盘(元)	2.91
2006年最高(元)	4.85
2006年最低(元)	3.68
2006年换手率(%)	131.21
股改对价	送股 每10股实际获得3.5股(06/03/29)

中油化建（600546）

上市日期：03/07/31　　电话：0432—3993300　　传真：0432－3038512 3991716

		2005	2004	2003
主营	各类化工石油工程、市政公用工程、冶炼工程、机电安装工程和电力工程等的建设施工			
	年　度	2005	2004	2003
主要指标	每股收益/扣除后(元)	0.284/0.3	0.4	0.345/0.31
	每股经营现金流量(元)	0.064	－0.5426	0.0542
	每股净资产/调整后(元)	5.46/5.35	5.33/5.24	5.03/4.99
	未分利润(万元)	10312.65	9086.62	5344.53
	资本公积(万元)	36379.23	36331.21	36331.21
利润构成	主营收入(万元)	163842.02	150669.53	147450.19
	主营利润(万元)	12911.68	13618.06	13023.07
	营业利润(万元)	4921.94	6722.72	6325.05
	投资收益(万元)			
	利润总额(万元)	4668.84	6630.96	6361.86
	净利润(万元)	3124.73	4402.47	3796.6
点评	公司在营收增长的情况下净利润下降，主要原因有：由于工程承包行业竞争激烈导致公司低价竞标；原材料的上扬侵蚀了部分毛利；公司对部分设备改变折价方法增加了主营成本。凭着乙烯领域的安装能力及背靠中石油集团，未来发展前景良好。			

	截止日期	05年末	占%	主要股东及持股比例%、持股性质
股本结构（万股）	总股本	11000		吉化集团公司 49.34%（国有股）
	国有股			吉林高新区华林实业有限责任公司 10.17%（非流通股）
	发起股	7000	63.64	吉林市城信房地产开发公司 1.99%（国有股）
	外资股			宁波市富盾制式服装有限公司 1.75%（非流通股）
	募集股			上海华理远大技术有限公司 0.39%（国有股）
	流通A	4000	36.36	王思民 0.26%（流通A股）
	流通B			陈仕经 0.17%（流通A股）
	流通H			华建伟 0.16%（流通A股）
股东户数	05年末	18885		俞敏 0.14%（流通A股）
	04年末	19766		谢鉴钊 0.1%（流通A股）
其他流通股东	庞丽英 0.091%；金海花园 0.091%；徐秀云 0.08%；高桂英 0.076%；黄锦容 0.073%			
近年分配	05预案：10派0.2送5；04年：10派1.3；03年：10派1		近年募资	03年新发4000万股，发行价10.51元。

二〇〇五年以来市场表现

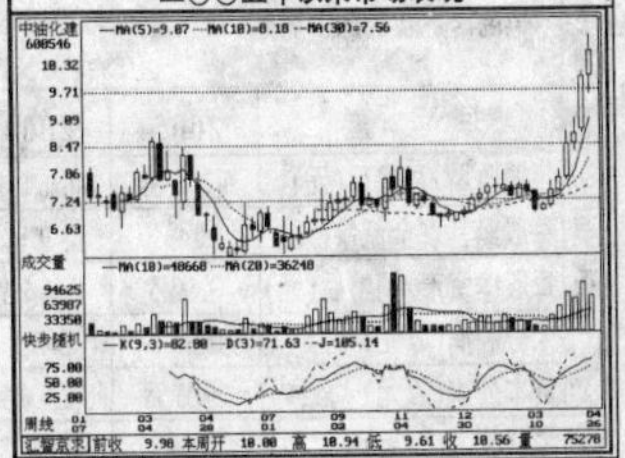

2005年涨跌幅(%)	－10.71
2005年最高(元)	8.78
2006年涨跌幅(%)	51.72
2006.4.26收盘(元)	10.56
2006年最高(元)	10.94
2006年最低(元)	6.91
2006年换手率(%)	164.89
股改对价	

G鲁黄金（600547）

上市日期：03/08/28　　电话：0531－8562816　　传真：0531－8561938

		2005	2004	2003
主营	黄金开采和选冶加工。			
	年　度	2005	2004	2003
主要指标	每股收益/扣除后(元)	0.55/0.55	0.36	0.23/0.25
	每股经营现金流量(元)	1.07	0.31	0.5
	每股净资产/调整后(元)	3.89/3.8	3.39/3.36	3.23/3.22
	未分利润(万元)	5025.01	3893.22	4036.67
	资本公积(万元)	30273.17	26112.08	26112.08
利润构成	主营收入(万元)	380319.33	154106.99	32305.93
	主营利润(万元)	33750.1	19494.36	14439.16
	营业利润(万元)	15564.18	8948.82	6034.42
	投资收益(万元)	125.24	89.04	30.88
	利润总额(万元)	15267.39	8986.3	5577.8
	净利润(万元)	8744.56	5810.32	3749.04
点评	2005年公司采掘总量等指标创历史最好水平，矿石选冶综合回收率达到了92.86%，取得了较好的经济效益。公司所拥有的新城金矿、焦家金矿和控股的金洲集团在国内属于资源稳定、潜力巨大，管理先进的矿山。所以，公司将保持平稳、快速的发展趋势。			

	截止日期	05年末	占%	主要股东及持股比例%、持股性质
股本结构（万股）	总股本	16000		山东黄金集团有限公司 60.625%（国有股）
	国有股	9940	62.13	申银万国－花旗－UBS LIMITED 2.546%（流通A股）
	发起股	60	0.38	科瑞证券投资基金 2.091%（流通A股）
	外资股			国联安德盛小盘精选证券投资基金 1.788%（流通A股）
	募集股			全国社保基金一零二组合 1.501%（流通A股）
	流通A	6000	37.5	金泰证券投资基金 1.352%（流通A股）
	流通B			国泰金鹰增长证券投资基金 1.002%（流通A股）
	流通H			友邦华泰盛世中国股票型开放式证券投资基金 0.971%（流通A股）
股东户数	05年末	11795		景福证券投资基金 0.889%（流通A股）
	04年末	15771		诺安平衡证券投资基金 0.869%（流通A股）
其他流通股东	兴科证券投资基金 0.647%			
近年分配	05方案：10派3.3；04年：10派3；03年：10派2		近年募资	03年新发6000万股，发行价4.78元。

二〇〇五年以来市场表现

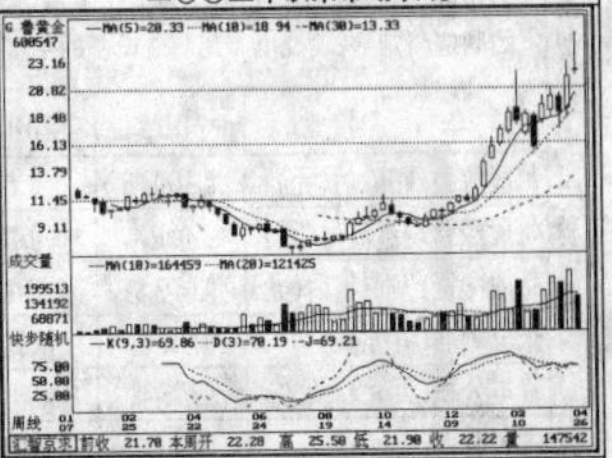

2005年涨跌幅(%)	0.32
2005年最高(元)	12.71
2006年涨跌幅(%)	129.17
2006.4.26收盘(元)	22.22
2006年最高(元)	31.88
2006年最低(元)	12.3
2006年换手率(%)	280.64
股改对价	送股 每10股实际获得2.5股(06/03/31)

G深高速（600548）

上市日期：01/12/25　　电话：0755－82945608　　传真：0755－82910496

		2005	2004	2003
主营	收费公路和高速公路的开发、经营和管理			
	年　度	2005	2004	2003
主要指标	每股收益/扣除后(元)	0.222/0.187	0.222	0.391/0.1
	每股经营现金流量(元)	0.3	0.23	0.2
	每股净资产/调整后(元)	2.87/2.86	2.76/2.76	2.73/2.73
	未分利润(万元)	71131.74	59407.59	64421.38
	资本公积(万元)	206048.16	206048.16	206048.16
利润构成	主营收入(万元)	91148.16	70577.56	59813.72
	主营利润(万元)	67002.92	51295.37	42931.31
	营业利润(万元)	59611.49	44413.85	32082.07
	投资收益(万元)	－5663.27	－877.74	6053.5
	利润总额(万元)	57690.98	56876.95	99891.86
	净利润(万元)	48504.33	48456.4	85203.71
点评	公司主要收费道路均位于广东，广东地区公路造价高、收费标准也高。作为经济发展较快的地区，广东省的车流量明显好于其他省份。05年公司主营收入的增长快于盈利的增长。但是其最大投资项目清连公路要到08年才能建成通车，公司近两年的增长略显不足。			

	截止日期	05年末	占%	主要股东及持股比例%、持股性质
股本结构（万股）	总股本	218070		HKSCC NOMINEES LIMITED 33.41%（H股）
	国有股	65478	30.03	新通产实业开发(深圳)有限公司 30.03%（非流通股）
	发起股	61342	28.13	深圳市深广惠公路开发总公司 20.99%（国有股）
	外资股			华建交通经济开发中心 4.17%（国有股）
	募集股			广东省路桥建设发展有限公司 2.96%（国有股）
	流通A	16500	7.57	兴和证券投资基金 0.75%（流通A股）
	流通B			裕隆证券投资基金 0.22%（流通A股）
	流通H	74750	34.28	HSBC NOMINEES（HONG KONG）LIMITED 0.18%（H股）
股东户数	05年末	33483		招商银行股份有限公司－中信经典配置证券投资基金 0.15%（流通A股）
	04年末	39290		ARSENTON NOMINEES LIMITED 0.14%（H股）
其他流通股东	中国银河证券有限责任公司 0.136%；招商证券－渣打－ING BANK N.V. 0.107%			
近年分配	05预案：10派1.2；04年：10派1.1；03年：10派1.9		近年募资	

二〇〇五年以来市场表现

2005年涨跌幅(%)	－12.94
2005年最高(元)	5.57
2006年涨跌幅(%)	21.74
2006.4.26收盘(元)	3.56
2006年最高(元)	5.03
2006年最低(元)	3.78
2006年换手率(%)	117.46
股改对价	送股 每10股实际获得3.2股(06/02/28)

G厦钨（600549）

上市日期:02/11/07　　电话:0592－5363856　　传真:0592－5363857

主营	钨的冶炼及深加工业务			
	年　度	2005	2004	2003
主要指标	每股收益/扣除后(元)	0.71/0.668	0.46/0.44	0.45/0.44
主要指标	每股经营现金流量(元)	0.96	0.1	-0.03
主要指标	每股净资产/调整后(元)	3.5/3.5	2.98/2.98	5.07/4.89
主要指标	未分利润(万元)	10289.48	2449.14	2712.09
主要指标	资本公积(万元)	28055.75	27936.9	37505.5
利润构成	主营收入(万元)	288255.58	149131.23	77674.39
利润构成	主营利润(万元)	57180.12	38060	19817.2
利润构成	营业利润(万元)	30059.58	19425.72	9391.34
利润构成	投资收益(万元)	921.88	-6.6	-28.71
利润构成	利润总额(万元)	30773.15	19323.57	9593.15
利润构成	净利润(万元)	17125.86	11061.56	5438.89
点评	2005年在钨、钼等原材料价格快速上涨的不利形势下，公司谨慎把握原料采购及适时适度调整产品销售价格，各主要募集资金投资项目产销规模继续扩大，深加工产品继续稳步发展，取得历史最好业绩。加快深加工产品的发展，将是公司未来发展的重点。			

股本结构(万股)	截止日期	05年末	占%	主要股东及持股比例%、持股性质
	总股本	24000		福建省冶金(控股)有限责任公司 39.36%（国有股）
	国有股	9446.4	39.36	五矿有色金属股份有限公司 22.76%（非流通股）
	发起股	5643	23.51	日本联合材料株式会社 11.38%（外资股）
	外资股	2910.6	12.13	中国农业银行－富国天瑞强势地区精选混合型开放式证券投资基金 1.5%（流通A股）
	募集股			中国银行－工银瑞信核心价值股票型证券投资基金 1.41%（流通A股）
	流通A	6000	25	国际金融－汇丰－MORGAN STANLEY @ CO. INTERNATIONAL LIMITED 1.34%（流通A股）
	流通B			中国建设银行－宝康灵活配置证券投资基金 1.24%（流通A股）
	流通H			全国社保基金—零四组合 1.23%（流通A股）
股东户数	05年末	6227		上海浦东发展银行－广发小盘成长股票型证券投资基金 1.02%（流通A股）
股东户数	04年末	12284		中国工商银行－广发聚富开放式证券投资基金 0.95%（流通A股）
其他流通股东	汉盛证券投资基金 0.794%；中国光大银行股份有限公司－泰信先行策略开放式证券投资 0.769%			
近年分配	05年:10派1送4转增6；04年:10派2；03年:10派0.5送2转增8	近年募资		

二〇〇五年以来市场表现

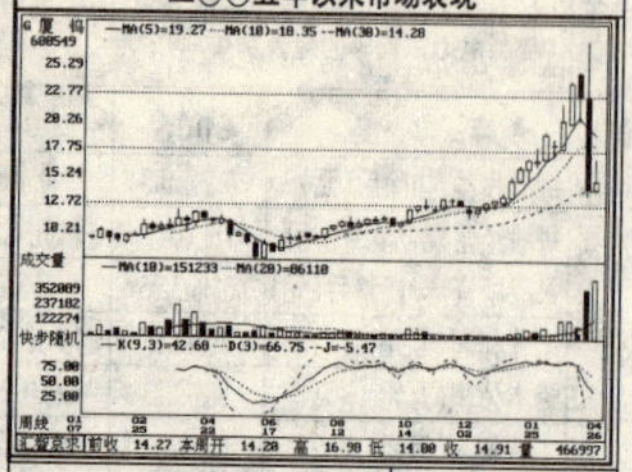

2005年涨跌幅(%)	43.16
2005年最高(元)	13.92
2006年涨跌幅(%)	185.9
2006.4.26收盘(元)	14.91
2006年最高(元)	43.94
2006年最低(元)	13.38
2006年换手率(%)	203.12
股改对价	送股 每10股实际获得2.9股(06/03/29)

G天威（600550）

上市日期:01/02/28　　电话:0312－3252455　　传真:0312－3230382

主营	变压器、互感器、电抗器等输变电设备及辅助设备、零部件的制造与销售；输变电专用制造设备的生产与销售。			
	年　度	2005	2004	2003
主要指标	每股收益/扣除后(元)	0.31/0.26	0.15	0.12/0.1
主要指标	每股经营现金流量(元)	0.02	0.14	0.32
主要指标	每股净资产/调整后(元)	3.06/2.89	2.93/2.84	2.76/2.73
主要指标	未分利润(万元)	11944.67	10818.9	6725.95
主要指标	资本公积(万元)	49776.48	48980.4	48524.97
利润构成	主营收入(万元)	196305.01	113311.3	80987.29
利润构成	主营利润(万元)	38821.56	22723.81	15952.85
利润构成	营业利润(万元)	15582.98	6513.36	5948.91
利润构成	投资收益(万元)	944.53	1476.46	925.14
利润构成	利润总额(万元)	17600.49	8023.45	6905.02
利润构成	净利润(万元)	10141.13	5109.07	3975.35
点评	公司是我国电力变压器的龙头企业，控股子公司天威英利是我国产业链最长、规模第二大的太阳能光伏企业。公司的主营业务已从变压器转变成"变压器＋新能源"。太阳能光伏发电产品业务加速成长已成为公司的主要利润来源，公司的盈利前景趋好。			

股本结构(万股)	截止日期	05年末	占%	主要股东及持股比例%、持股性质
	总股本	33000		保定天威集团有限公司 53.55%（国有股）
	国有股	17754.38	53.8	保定惠源咨询服务有限公司 7.51%（非流通股）
	发起股	2645.63	8.02	长江证券有限责任公司 0.94%（流通A股）
	外资股			全国社保基金—零七组合 0.76%（流通A股）
	募集股			国泰君安证券股份有限公司 0.55%（流通A股）
	流通A	12600	38.18	国际金融－汇丰－BILL @ MELINDA GATES FOUNDATION 0.45%（流通A股）
	流通B			中国工商银行－汇添富优势精选混合型证券投资基金 0.4%（流通A股）
	流通H			保定天鹅股份有限公司 0.25%（非流通股）
股东户数	05年末	28717		乐凯胶片股份有限公司 0.25%（非流通股）
股东户数	04年末	31464		河北宝硕集团有限公司 0.25%（非流通股）
其他流通股东	曹志高 0.238%；中国银行股份有限公司－友邦华泰盛世中国股票型开放式证券投资基 0.234%			
近年分配	05预案:10派0.5；04年:10派2	近年募资		

二〇〇五年以来市场表现

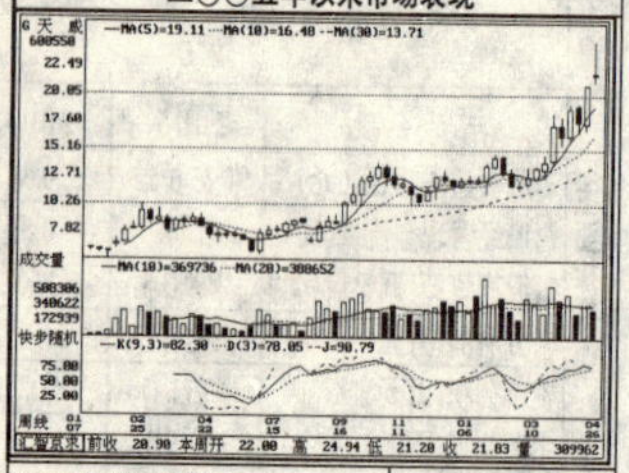

2005年涨跌幅(%)	178.5
2005年最高(元)	19.63
2006年涨跌幅(%)	77.34
2006.4.26收盘(元)	21.83
2006年最高(元)	24.94
2006年最低(元)	11.12
2006年换手率(%)	496.59
股改对价	送股 每10股实际获得4股(05/08/19)

科大创新（600551）

上市日期:02/09/05　　电话:(0551)5321668　　传真:(0551)5321568

主营	辐射法制造的乳胶系列产品、医疗电子产品、电力安全产品和消防安全产品的开发、生产、销售。			
	年　度	2005	2004	2003
主要指标	每股收益/扣除后(元)	0.04/0.02	0.03/0.03	-0.67/-0.09
主要指标	每股经营现金流量(元)	0.12	0.07	-0.29
主要指标	每股净资产/调整后(元)	1.61/1.52	1.57/1.5	1.54/1.52
主要指标	未分利润(万元)	-4164.26	-4435.83	-4677.99
主要指标	资本公积(万元)	8556.1	8556.1	8544.99
利润构成	主营收入(万元)	10224.26	9365.92	7689.7
利润构成	主营利润(万元)	3350.78	3441.36	3125.88
利润构成	营业利润(万元)	150.67	16.05	-923.31
利润构成	投资收益(万元)	103.94	186.29	-2732.2
利润构成	利润总额(万元)	401.56	391.79	-4364.69
利润构成	净利润(万元)	271.58	242.15	5011.62
点评	公司印染助剂业务处于成熟行业中，电力安全等电子类产品规模较小，05年随行业小幅增长。通过减值准备冲回等措施05年净利润小幅增长。目前公司业务规模较小，竞争力有限，行业成长性不高。预计06年收入和盈利增长较为有限。			

股本结构(万股)	截止日期	05年末	占%	主要股东及持股比例%、持股性质
	总股本	7500		中国科学技术大学科技实业总公司 36.73%（国有股）
	国有股	4589.52	61.19	合肥科聚高技术有限责任公司 12.61%（国有股）
	发起股	410.48	5.47	中国科学院合肥智能机械研究所 6.2%（国有股）
	外资股			安徽省信息技术开发公司 5.66%（国有股）
	募集股			世纪方舟投资有限公司 5.47%（非流通股）
	流通A	2500	33.33	杨茂菊 0.28%（流通A股）
	流通B			王岗 0.19%（流通A股）
	流通H			徐秀云 0.18%（流通A股）
股东户数	05年末	10774		叶长娟 0.17%（流通A股）
股东户数	04年末	11601		王蕊芳 0.16%（流通A股）
其他流通股东	谷云龙 0.107%；谭敬鸣 0.099%；陈进镇 0.09%；李芸 0.085%；王忠 0.08%			
近年分配		近年募资		

二〇〇五年以来市场表现

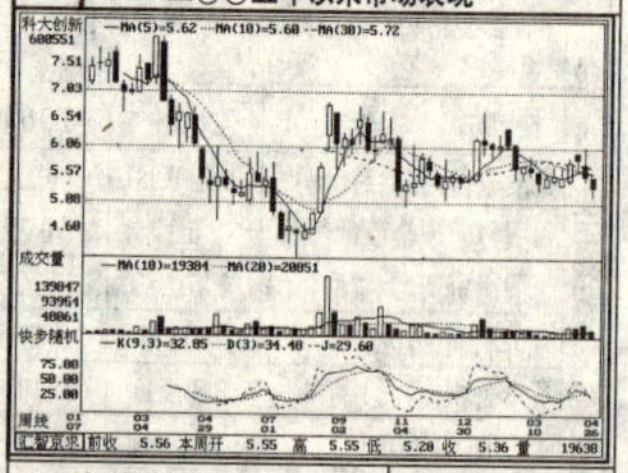

2005年涨跌幅(%)	-23.61
2005年最高(元)	8
2006年涨跌幅(%)	-2.55
2006.4.26收盘(元)	5.36
2006年最高(元)	6.68
2006年最低(元)	5.2
2006年换手率(%)	147.75
股改对价	

方兴科技（600552）

上市日期:02/11/08　电话:0552—4077780　传真:0552—4077780

主营：浮法玻璃及在线镀膜玻璃、ITO导电膜玻璃的生产和销售。

	年　度	2005	2004	2003
主要指标	每股收益/扣除后(元)	-0.84/-0.813	0.244	0.18
	每股经营现金流量(元)	-0.12	0.22	0.61
	每股净资产/调整后(元)	2.01/2.01	2.94/2.94	3.55/3.52
	未分利润(万元)	-8269.45	2991.21	2640.93
	资本公积(万元)	18005.81	17883.06	19235.46
利润构成	主营收入(万元)	39805.39	45199.87	30306.86
	主营利润(万元)	691.49	10015.89	5740.21
	营业利润(万元)	-8002.25	4150.67	2522.53
	投资收益(万元)	-98.57		1.16
	利润总额(万元)	-9314.18	4189.26	2531
	净利润(万元)	-9838.54	2855.21	1645.09

点评：2005年,受国家宏观调控导致玻璃市场需求放缓、玻璃价格大幅下降以及原油、纯碱等重要原燃材料价格大幅上涨的影响,公司净利润同比大幅下降。

	截止日期	05年末	占%	主要股东及持股比例%、持股性质
股本结构（万股）	总股本	11700		安徽华光玻璃集团有限公司 49.83%（国有股）
	国有股	6480.5	55.39	国家建材局蚌埠玻璃工业设计研究院 2.22%（国有股）
	发起股	19.5	0.17	浙江大学 2.22%（国有股）
	外资股			皖蚌埠市建设投资有限公司 1.11%（国有股）
	募集股			王君 0.51%（流通A股）
	流通A	5200	44.44	吴东萍 0.245%（流通A股）
	流通B			柳玉进 0.173%（流通A股）
	流通H			蚌埠珠光 0.167%（非流通股）
股东户数	05年末	18101		王君涛 0.154%（流通A股）
	04年末	20272		杨素娥 0.15%（流通A股）

其他流通股东：陈颖宇 0.128%；蔡西洛 0.117%；周中星 0.112%；杨运开 0.111%；栾波 0.111%

近年分配：04年:10派1；03年:10派1送1转增2　**近年募资**：

二〇〇五年以来市场表现

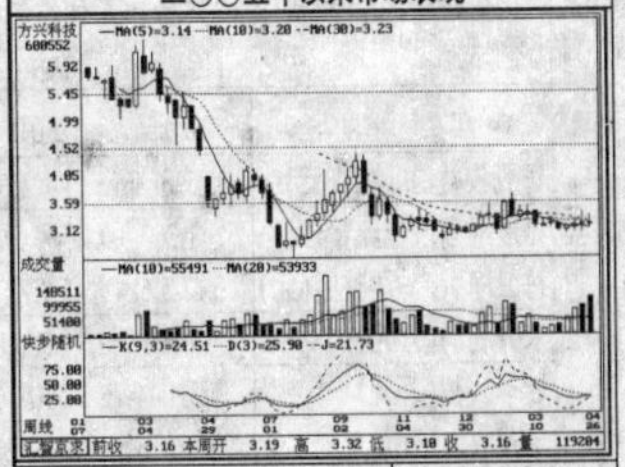

2005年涨跌幅(%)	-46.25
2005年最高(元)	6.39
2006年涨跌幅(%)	3.61
2006.4.26收盘(元)	3.16
2006年最高(元)	3.7
2006年最低(元)	3.01
2006年换手率(%)	186.51
股改对价	

G太行（600553）

上市日期:02/08/22　电话:0310－5013722　传真:0310－5015753

主营：普通硅酸盐水泥、矿渣硅酸盐水泥及熟料的制造与销售

	年　度	2005	2004	2003
主要指标	每股收益/扣除后(元)	0.01/0.01	0.07	0.23/0.21
	每股经营现金流量(元)	0.28	0.16	0.21
	每股净资产/调整后(元)	1.85/1.81	1.87/1.83	3.72/3.67
	未分利润(万元)	615.22	1130.14	8155.63
	资本公积(万元)	21986.5	21773.96	32931.41
利润构成	主营收入(万元)	93276.61	80030.91	51883.32
	主营利润(万元)	17269.5	19116.58	15124.05
	营业利润(万元)	-2789.36	1340.13	4595.5
	投资收益(万元)	-128.3	-125.1	-69.54
	利润总额(万元)	2545.74	4528.96	6204.69
	净利润(万元)	516.41	2565.59	4311.21

点评：属于生产规模较小的水泥企业。2005年,在宏观调控导致市场需求放缓、产品价格下跌的困难形势下,尽管公司水泥产、销量同比有较大增长,但业绩同比大幅下降。导致净利润大幅下降的主要原因是水泥价格下跌以及煤电等原燃材料价格的大幅上涨。

	截止日期	05年末	占%	主要股东及持股比例%、持股性质
股本结构（万股）	总股本	38000		河北太行华信建材有限责任公司 50.98%（国有股）
	国有股	19372	50.98	邯郸太行实业股份有限公司 2.62%（非流通股）
	发起股			河北省证券有限责任公司 2.16%（非流通股）
	外资股			河北太行集团公司青年综合利用厂 1.24%（非流通股）
	募集股	4628	12.18	河北冀铁集团公司 0.79%（非流通股）
	流通A	14000	36.84	银河证券上海东方路营业部 0.61%（非流通股）
	流通B			中国金谷国际信托投资有限责任公司 0.53%（非流通股）
	流通H			中国宝安集团股份有限公司 0.47%（非流通股）
股东户数	05年末	27486		北京市大地科技实业总公司 0.43%（非流通股）
	04年末	32999		华通国际招商集团股份有限公司 0.26%（非流通股）

其他流通股东：王寿民 0.328%；陶昆丽 0.316%；张双斎 0.271%；熊玉琴 0.26%；尹莲英 0.229%；饶俊元 0.198%

近年分配：05方案:10派0.2；04年:10派0.4；03年:10派1送4转增6　**近年募资**：

二〇〇五年以来市场表现

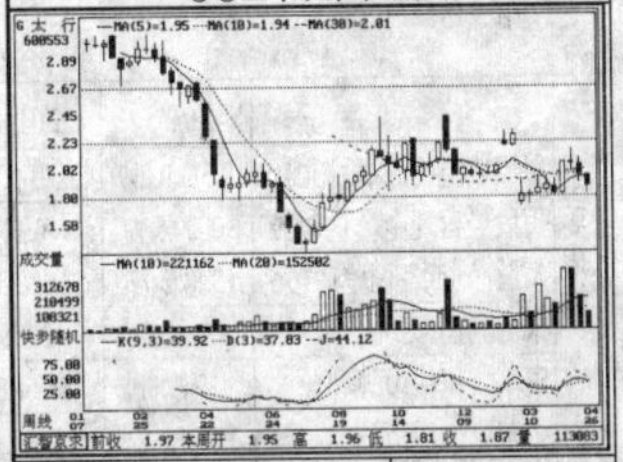

2005年涨跌幅(%)	-34.1
2005年最高(元)	3.11
2006年涨跌幅(%)	26.25
2006.4.26收盘(元)	1.87
2006年最高(元)	2.87
2006年最低(元)	1.96
2006年换手率(%)	127.12
股改对价	送股 每10股实际获得3.3股(06/03/01)

G茉织华（600555/900955）

上市日期:A: 01/03/28 B: 99/01/18　电话:021－62883080　传真:021－62883886

主营：印刷、生产服装、服饰及相关产品、纺织、服装机械、汽车座椅，

	年　度	2005	2004	2003
主要指标	每股收益/扣除后(元)	0.11	-1.23	0.25
	每股经营现金流量(元)	-0.36	0.52	0.41
	每股净资产/调整后(元)	3.85/3.85	3.74/3.74	5.12/5.12
	未分利润(万元)	-37015.34	-41450.08	19720.49
	资本公积(万元)	143167.33	142840.24	142432.15
利润构成	主营收入(万元)	139013.64	207287.95	241709.77
	主营利润(万元)	19328.34	23889.71	31938.78
	营业利润(万元)	-2356.1	-48333.52	4335.97
	投资收益(万元)	4877.07	-6422.16	9747.43
	利润总额(万元)	2999.97	-53644.36	14480.57
	净利润(万元)	4779.74	-53495.98	11027.64

点评：2005年,公司转让茉织华实业(集团)有限公司等股权及相关资产,服装业收入与去年同期相比,有所下降。2006年,公司的主业将有新变化,预计其服装业收入继续下降,银行存折等业务的发展将是其投资的要点所在。

	截止日期	05年末	占%	主要股东及持股比例%、持股性质
股本结构（万股）	总股本	43450		日本松冈株式会社 41.66%（部分流通部分不流通）
	国有股	13391.72	30.82	平湖茉织华实业发展有限公司 30.82%（非流通股）
	发起股	1525.4	3.51	嘉兴中宇服装有限公司 1.4%（非流通股）
	外资股	9432.88	21.71	平湖市壮健服装有限公司 1.06%（非流通股）
	募集股			平湖市永华制衣有限公司 1.05%（非流通股）
	流通A	8100	18.64	嘉兴维亦娜制衣有限公司 0.71%（流通A股）
	流通B	11000	25.32	北洋皮革(嘉兴)有限公司 0.68%（流通A股）
	流通H			THE NOMURA SECURITIES CO. LTD. 0.64%（流通B股）
股东户数	05年末	21870		韩国ROMA株式会社 0.39%（外资股）
	04年末	34621		浙江新成达投资有限公司 0.38%（流通A股）

其他流通股东：HSBC BROKING SECURITIES（ASIA）LIMITED CLIENTS ACCOUNT 0.147%

近年分配：03年:10派1.5　**近年募资**：

二〇〇五年以来市场表现

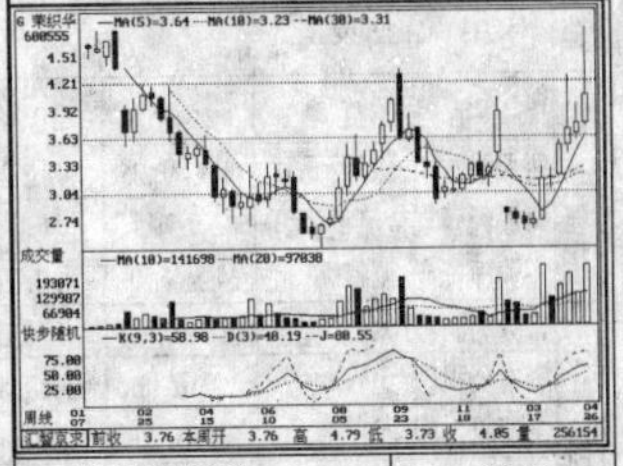

2005年涨跌幅(%)	-16.16
2005年最高(元)	4.8
2006年涨跌幅(%)	40.55
2006.4.26收盘(元)	4.05
2006年最高(元)	6.47
2006年最低(元)	3.54
2006年换手率(%)	129.58
股改对价	送股 每10股实际获得3.5股(06/02/21)

G北生（600556）

上市日期:01/08/07　电话:0779－3226316　传真:0779－3226388

主营	生化药品、生物制品、血液制品和人体组织工程材料的开发、生产和销售。

	年　度	2005	2004	2003
主要指标	每股收益/扣除后(元)	0.459/0.46	0.453	0.455/0.453
	每股经营现金流量(元)	1.26	0.59	1.51
	每股净资产/调整后(元)	5.67/5.61	5.31/5.25	4.44/4.34
	未分利润(万元)	17647.1	12655.01	6094.37
	资本公积(万元)	58511.14	58411.61	33848.17
利润构成	主营收入(万元)	40321.36	40203.7	33681.9
	主营利润(万元)	22714.33	24657.51	20656.03
	营业利润(万元)	9674.11	10295.43	8075.52
	投资收益(万元)	-73.02	-73.02	-73.02
	利润总额(万元)	9399.82	9834.11	7717.77
	净利润(万元)	7927.32	7822.88	5732.19

点评：2005年公司面对医药市场竞争不断加剧、药品价格大幅降低的态势，仍保持了经营业绩的平稳增长。公司不断加强创新体系建设，重点推进新品种的开发工作，取得12个品种文号。苦瓜假种皮番茄红素、苦瓜多肽、苦瓜油被列为国家科技部创新项目。

	截止日期	05年末	占%	主要股东及持股比例%、持股性质
股本结构（万股）	总股本	17274.6		广西北生集团有限责任公司 24.32%（非流通股）
	国有股	684.12	3.96	北海腾辉商贸有限公司 12.87%（非流通股）
	发起股			广西壮族自治区血液中心 3.96%（国有股）
	外资股			广西北生集团东珠实业有限责任公司 2.07%（非流通股）
	募集股	7055.43	40.84	北海京顺贸易有限公司 0.79%（非流通股）
	流通A	9535.05	55.2	北海市安峰贸易有限公司 0.79%（非流通股）
	流通B			范文涛 0.32%（流通A股）
	流通H			中国银行—同盛证券投资基金 0.19%（流通A股）
股东户数	05年末	28807		陈审非 0.18%（流通A股）
	04年末	27870		王若娟 0.17%（流通A股）
其他流通股东	上海贵通新材料科技有限公司 0.166%；臧保权 0.164%；吕筱范 0.16%；邹英 0.149%；罗烨 0.126%；王俊浒 0.126%			
近年分配	05预案:10派0.5；04年:10派1；03年:10派1		近年募资	04年10配5配股价6.37元。

二〇〇五年以来市场表现

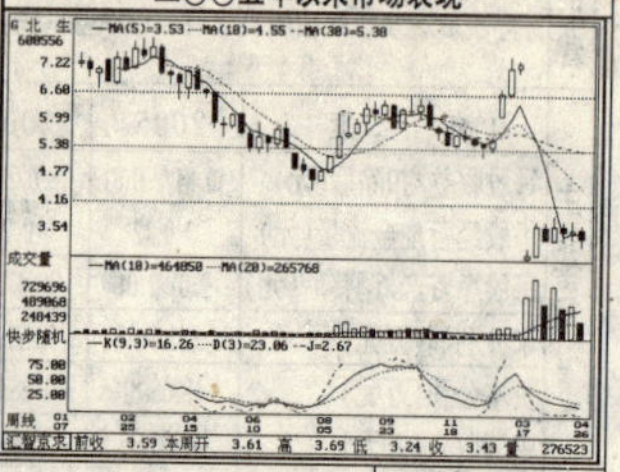

2005年涨跌幅(%)	-6.66
2005年最高(元)	7.83
2006年涨跌幅(%)	22.78
2006.4.26收盘(元)	3.43
2006年最高(元)	9.23
2006年最低(元)	6.58
2006年换手率(%)	212.89
股改对价	转增 每10股实际获得13.733股(06/03/14)

G康缘（600557）

上市日期:02/09/18　电话:0518－5521990　传真:0518－5521983

主营	中成药制剂、保健品制造、销售。

	年　度	2005	2004	2003
主要指标	每股收益/扣除后(元)	0.313/0.299	0.303/0.306	0.4/0.404
	每股经营现金流量(元)	0.65	0.17	0.187
	每股净资产/调整后(元)	2.84/2.79	2.62/2.56	4.04/3.94
	未分利润(万元)	8616.63	6269.66	3413.64
	资本公积(万元)	16679.01	16564.82	22909.16
利润构成	主营收入(万元)	80241.92	60907.1	36994.31
	主营利润(万元)	44158.86	34217.52	24827.64
	营业利润(万元)	6557.28	5843.36	5200.5
	投资收益(万元)	126.79	6.02	10.82
	利润总额(万元)	6645.11	5701.99	5150.26
	净利润(万元)	4884.46	4723.12	3673.74

点评：2005年主营业务收入大幅增长，主要原因是公司除主导品种桂枝茯苓胶囊增长外，天舒胶囊、抗骨增生胶囊等也增长较快，产品结构进一步优化。不过，由于原材料成本上升及新产品热毒宁注射液上市，导致2005年的营业费用率上升，净利润率水平下降。

	截止日期	05年末	占%	主要股东及持股比例%、持股性质
股本结构（万股）	总股本	15606		连云港康缘集团有限公司 27.32%（非流通股）
	国有股			连云港康贝尔医疗器械有限公司 7.59%（非流通股）
	发起股	6111.8	39.16	兴和证券投资基金 3.26%（流通A股）
	外资股			肖伟 2.97%（非流通股）
	募集股			全国社保基金一零四组合 2.46%（流通A股）
	流通A	8568	54.9	华夏成长证券投资基金 2.17%（流通A股）
	流通B			广发证券股份有限公司 2.02%（流通A股）
	流通H			中国工商银行－广发聚富开放式证券投资基金 1.92%（流通A股）
股东户数	05年末	7093		江苏省高科技产业投资有限公司 1.84%（非流通股）
	04年末	19010		普丰证券投资基金 1.81%（流通A股）
其他流通股东	中国光大银行股份有限公司－泰信先行策略开放式证券投资 1.63%			
近年分配	05方案:10派1.6；04年:10派1；03年:10派1转增7		近年募资	

二〇〇五年以来市场表现

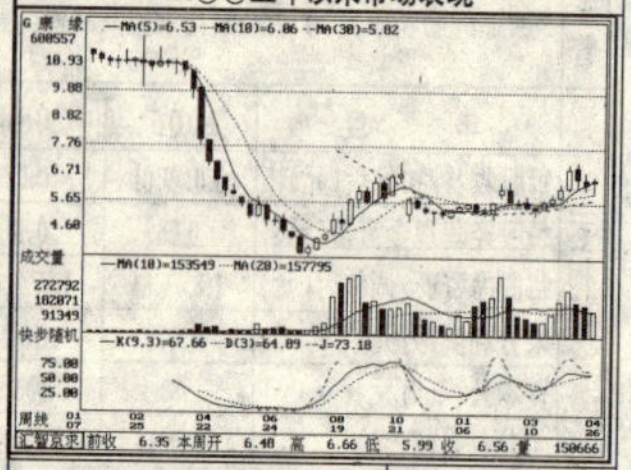

2005年涨跌幅(%)	-39.04
2005年最高(元)	11.99
2006年涨跌幅(%)	20.15
2006.4.26收盘(元)	6.56
2006年最高(元)	7.19
2006年最低(元)	5.01
2006年换手率(%)	331.69
股改对价	送股 每10股实际获得2.6股(05/11/16)

大西洋（600558）

上市日期:01/02/27　电话:0813－5100549　传真:0813－5101216

主营	资产投资；焊接材料的开发、生产、销售及技术服务；高新技术及产品的开发。

	年　度	2005	2004	2003
主要指标	每股收益/扣除后(元)	0.244/0.245	0.272	0.298/0.298
	每股经营现金流量(元)	0.59	0.15	0.294
	每股净资产/调整后(元)	4.54/4.51	4.41/4.39	4.26/4.24
	未分利润(万元)	6170.78	5320.13	4126.46
	资本公积(万元)	32532.18	32528.89	32523.46
利润构成	主营收入(万元)	116932.69	93963.86	63709.37
	主营利润(万元)	15645.32	14971.93	13260.88
	营业利润(万元)	4729.41	5563.67	5241.73
	投资收益(万元)	-5.47	-307.18	-69.78
	利润总额(万元)	4723.68	5627.47	5074.2
	净利润(万元)	2925.52	3266.45	3579.59

点评：主营焊接材料市场需求稳定，但是竞争激烈，价格下滑，导致公司利润增长幅度低于收入的增长。财务费用同比上升较快也是业绩略有下滑的原因之一。公司产品出口大幅增长值得期待，有望成为公司的增长点。

	截止日期	05年末	占%	主要股东及持股比例%、持股性质
股本结构（万股）	总股本	12000		四川大西洋集团有限责任公司 59.32%（国有股）
	国有股	7118.39	59.32	四川自贡汇东发展股份有限公司 0.91%（非流通股）
	发起股	381.61	3.18	四川西南航空美盛投资顾问有限公司 0.57%（非流通股）
	外资股			四川省国际信托投资公司 0.57%（非流通股）
	募集股			北京汽车摩托车联合制造公司 0.57%（非流通股）
	流通A	4500	37.5	四川省川威钢铁集团有限公司 0.57%（非流通股）
	流通B			王志明 0.27%（流通A股）
	流通H			张伟容 0.25%（流通A股）
股东户数	05年末	23982		罗术清 0.16%（流通A股）
	04年末	25536		饶惠娴 0.15%（流通A股）
其他流通股东	刘峰 0.091%；郝冬娥 0.09%；陈荣兴 0.084%；明维新 0.083%；张治兴 0.068%；张占春 0.06%			
近年分配	05预案:10派2.5；04年:10派1.2；03年:10派1.2		近年募资	

二〇〇五年以来市场表现

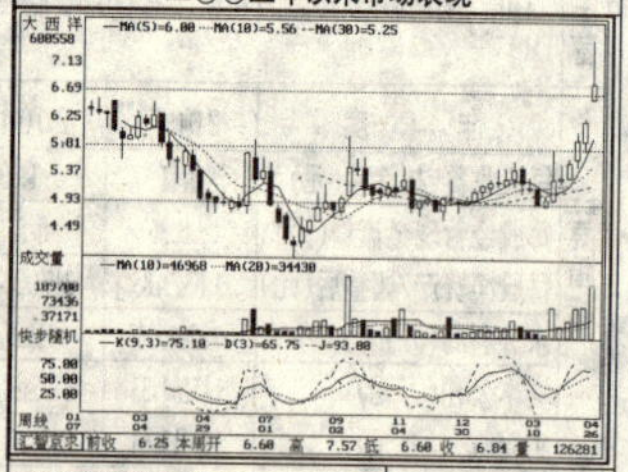

2005年涨跌幅(%)	-20.63
2005年最高(元)	6.54
2006年涨跌幅(%)	37.9
2006.4.26收盘(元)	6.84
2006年最高(元)	7.57
2006年最低(元)	4.88
2006年换手率(%)	134.5
股改对价	

裕丰股份(600559)

上市日期:02/10/29　电话:0318－2122755　传真:0318－2669976

主营	白酒的生产、销售,商品猪及种猪的饲养及销售,饲料的生产与销售。			
	年　　度	2005	2004	2003
主要指标	每股收益/扣除后(元)	0.08/0.06	0.11	0.11/0.11
	每股经营现金流量(元)	0.71	0.37	0.2
	每股净资产/调整后(元)	2.4/2.31	2.48/2.47	2.46/2.46
	未分利润(万元)	1198.49	2355.8	2434.43
	资本公积(万元)	16860.05	16860.05	16860.05
利润构成	主营收入(万元)	37297.56	29958.89	26118.18
	主营利润(万元)	8408.67	7467.81	6676.17
	营业利润(万元)	2073.49	2248.72	2066.54
	投资收益(万元)	－193.57	－177.29	－184.23
	利润总额(万元)	2114.8	2000.79	1902.14
	净利润(万元)	1109.05	1554.55	1512.79
点评	05年公司的白酒生产和销售取得了不小的进步,但是养殖市场十分严峻。05年生猪的供应量大幅度上升、猪链球菌病疫情导致生猪和种猪的销售不畅,最终导致公司盈利出现负增长。			

	截止日期	05年末	占%	主要股东及持股比例%、持股性质
股本结构(万股)	总股本	14000		河北衡水老白干酿酒(集团)有限公司 41.03%(国有股)
	国有股	9915.19	70.82	衡水京安集团有限公司 23.59%(国有股)
	发起股	84.81	0.61	河北省信息产业投资有限公司 5.95%(国有股)
	外资股			陈文生 0.36%(流通A股)
	募集股			衡水市陶瓷厂 0.25%(国有股)
	流通A	4000	28.57	河北农大高新技术开发总公司 0.25%(非流通股)
	流通B			刘泽民 0.12%(流通A股)
	流通H			李芳 0.11%(流通A股)
股东户数	05年末	15960		林梨妹 0.11%(流通A股)
	04年末	17221		田勤军 0.11%(流通A股)
其他流通股东	何军 0.094%;金卫 0.093%;王文 0.084%;陈明泉 0.074%;张培怀 0.071%			
近年分配	05预案:10派0.5;04年:10派1.5;03年:10派1	近年募资		

二〇〇五年以来市场表现

2005年涨跌幅(%)	－18.46
2005年最高(元)	5.23
2006年涨跌幅(%)	－0.78
2006.4.26收盘(元)	3.84
2006年最高(元)	4.52
2006年最低(元)	3.71
2006年换手率(%)	137.1
股改对价	

金自天正(600560)

上市日期:02/09/19　电话:(010)83671666－6104　传真:(010)63713257

主营	工业自动化领域系列产品的研制、生产、销售和承接系统集成工程及技术服务等。			
	年　　度	2005	2004	2003
主要指标	每股收益/扣除后(元)	0.16/0.15	0.12/0.12	0.28/0.28
	每股经营现金流量(元)	0.5	0.1	0.13
	每股净资产/调整后(元)	3.97/3.86	3.92/3.82	5.07/5.01
	未分利润(万元)	1473.79	1428.63	3981.79
	资本公积(万元)	25259.24	25257.17	25169.35
利润构成	主营收入(万元)	32179.98	20576.4	26076.34
	主营利润(万元)	4049.88	2849.65	3825.31
	营业利润(万元)	1620.4	1298.01	2384.55
	投资收益(万元)			
	利润总额(万元)	1955.91	1508.35	2490.83
	净利润(万元)	1542.57	1223.51	2153.65
点评	受惠于冶金行业的投资和技改增长,2005年公司收入和利润均有较快增长。公司目前绝大多数用户集中于冶金行业,随着钢铁行业产能过剩,投资下滑,需求前景不太乐观。此外大量应收帐款也是一定风险。			

	截止日期	05年末	占%	主要股东及持股比例%、持股性质
股本结构(万股)	总股本	9939.8		冶金自动化研究设计院 56.94%(国有股)
	国有股	5929.95	59.66	北京富丰高科技发展总公司 1.87%(国有股)
	发起股	109.85	1.11	北京市机电研究院 0.85%(国有股)
	外资股			中钢设备公司 0.68%(国有股)
	募集股			深圳市禾滨实业有限公司 0.43%(非流通股)
	流通A	3900	39.24	陈伟英 0.19%(流通A股)
	流通B			徐招龙 0.19%(流通A股)
	流通H			金华市合兴商贸有限公司 0.17%(流通A股)
股东户数	05年末	15013		南京报业印务有限公司 0.16%(流通A股)
	04年末	16670		陈丽专 0.16%(流通A股)
其他流通股东	彭涛 0.153%;蒋忠平 0.14%;卢菊光 0.131%;范兵 0.131%;刘德荣 0.126%			
近年分配	05方案:10派1.2;04年:10派1;03年:10派1.5送3	近年募资		

二〇〇五年以来市场表现

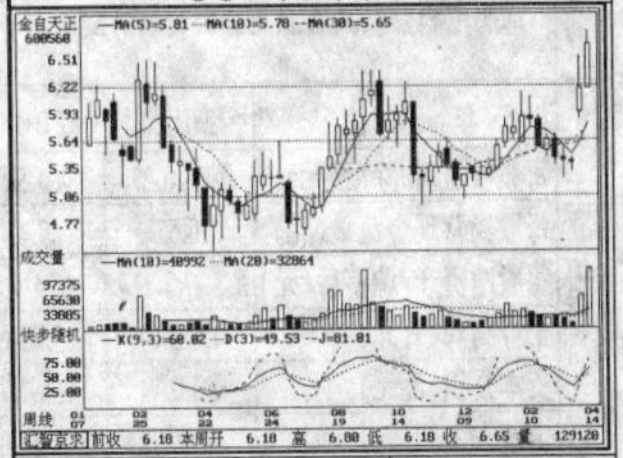

2005年涨跌幅(%)	－6.38
2005年最高(元)	6.5
2006年涨跌幅(%)	24.77
2006.4.26收盘(元)	6.65
2006年最高(元)	6.8
2006年最低(元)	5.24
2006年换手率(%)	126.36
股改对价	送股 每10股实际获得3.5股

G长运(600561)

上市日期:02/07/16　电话:0791－6298107　传真:0791－6217722

主营	公路旅客运输、旅游服务			
	年　　度	2005	2004	2003
主要指标	每股收益/扣除后(元)	0.21/0.21	0.18	0.33/0.25
	每股经营现金流量(元)	0.65	0.52	0.5
	每股净资产/调整后(元)	1.81/1.77	1.67/1.64	3.13/3.08
	未分利润(万元)	8339.83	6528.2	5214.64
	资本公积(万元)	2215.73	2215.73	11494.99
利润构成	主营收入(万元)	39965.03	30428.83	19994.52
	主营利润(万元)	10151.81	8092.9	5528.89
	营业利润(万元)	6664.58	6080.57	3802.32
	投资收益(万元)	14.84	－316.2	360.75
	利润总额(万元)	6551.71	5714.52	4916.39
	净利润(万元)	3922.49	3379.25	3083.38
点评	05年公司着力于公路旅客运输业务的网络化、规模化、集约化运输能力,提高快速反应和客运增值服务能力,同时不断优化车辆技术结构调整,开辟高速客运新班线,增强公司的市场竞争力。05年公司的主营收入和净利润都有较大幅度的增长。			

	截止日期	05年末	占%	主要股东及持股比例%、持股性质
股本结构(万股)	总股本	18572.4		江西长运集团有限公司 42.43%(非流通股)
	国有股			中国东方资产管理公司 8.92%(非流通股)
	发起股	9536.4	51.35	江西省投资集团公司 2.97%(非流通股)
	外资股			徐泽峰 0.23%(流通A股)
	募集股	552	2.97	承德祥业房地产有限公司 0.2%(流通A股)
	流通A	8484	45.68	王小京 0.18%(流通A股)
	流通B			郑继明 0.13%(流通A股)
	流通H			许淑琴 0.13%(流通A股)
股东户数	05年末	16259		王树林 0.12%(流通A股)
	04年末	7023		孙明黎 0.12%(流通A股)
其他流通股东	简江峰 0.112%;万方鹏 0.101%;魏丽郦 0.098%			
近年分配	05预案:10派1.16;04中期:10转增10 04年终:10派0.75;03年:10派1.5	近年募资		

二〇〇五年以来市场表现

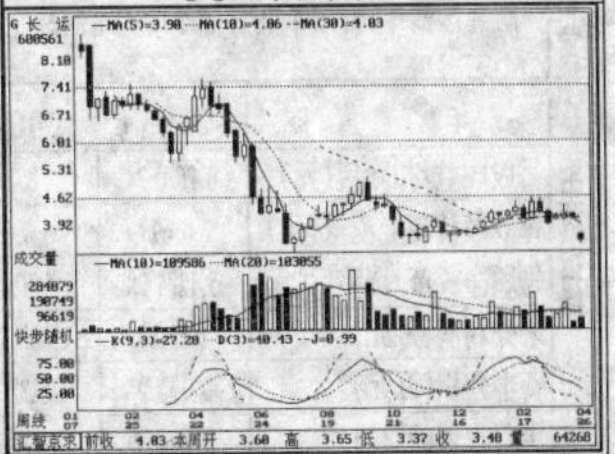

2005年涨跌幅(%)	－56.03
2005年最高(元)	8.8
2006年涨跌幅(%)	6.14
2006.4.26收盘(元)	3.48
2006年最高(元)	4.55
2006年最低(元)	3.74
2006年换手率(%)	167.4
股改对价	注入现金 送股 每10股实际获得1.4376股(06/04/26)

G高陶（600562）

上市日期:03/01/28　　电话:025－7377228　　传真:025－7377688

主营	日用陶瓷生产、销售及自营出口。

	年度	2005	2004	2003
主要指标	每股收益/扣除后(元)	0.17/0.12	0.23/0.17	0.28/0.26
	每股经营现金流量(元)	0.4522	-0.1867	-0.0017
	每股净资产/调整后(元)	4.09/4.09	4.02/4.02	3.89/3.89
	未分利润(万元)	4045.99	3664.17	2862.09
	资本公积(万元)	18514.64	18514.64	18511.28
利润构成	主营收入(万元)	22655	36175.63	24267.65
	主营利润(万元)	4267.86	5019.44	6024.13
	营业利润(万元)	1784.43	2332.83	3601.55
	投资收益(万元)	184.44	163.08	-8.43
	利润总额(万元)	2021.47	2931.57	3656.99
	净利润(万元)	1431.73	1939.42	2351.51
点评	2005年,受控股子公司南京国陶贸易压缩钢材贸易规模的影响,公司主营收入同比大幅下降;同时受煤炭、液化气等能源价格上涨、劳动工资等人工成本大幅上升、人民币升值及出口退税率下调等负面因素的影响,公司利润同比大幅下降。			

	截止日期	05年末	占%	主要股东及持股比例%、持股性质
股本结构（万股）	总股本	8408.93		高淳县国有资产经营(控股)有限公司 39.57%（国有股）
	国有股	4327.14	51.46	南京市投资公司 11.89%（国有股）
	发起股			江苏舜天股份有限公司 7.14%（非流通股）
	外资股			张铭金 1.22%（非流通股）
	募集股	850	10.11	江苏省陶瓷进出口(集团)公司 1.19%（非流通股）
	流通A	3000	35.68	中国外运江苏公司 1.19%（非流通股）
	流通B			南京健友光学工业研究所 0.59%（非流通股）
	流通H			于子波 0.24%（流通A股）
股东户数	05年末	13956		张凯芹 0.17%（流通A股）
	04年末	15021		黄绵波 0.15%（流通A股）
其他流通股东	杨万惠 0.146%;瞿蓝英 0.113%;王建明 0.112%;李永桐 0.109%;李欢 0.099%;骆立新 0.097%;刘振伟 0.095%			
近年分配	05预案:10派1;04年:10派1;03年:10派1		近年募资	03年新发3000万股,发行价7.2元。

二〇〇五年以来市场表现

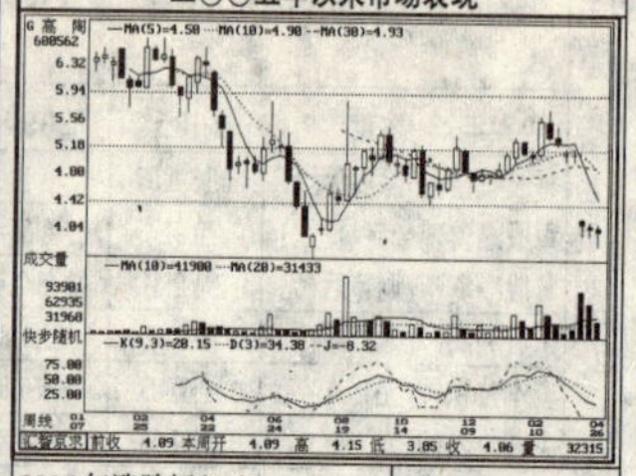

2005年涨跌幅(%)	-21.79
2005年最高(元)	6.7
2006年涨跌幅(%)	12.09
2006.4.26收盘(元)	4.06
2006年最高(元)	5.73
2006年最低(元)	4.86
2006年换手率(%)	138.47
股改对价	送股 每10股实际获得3.5股(06/04/13)

G法拉（600563）

上市日期:02/12/10　　电话:0592－5114116　　传真:0592－5042553

主营	薄膜电容器及其金属化镀膜材料的制造。

	年度	2005	2004	2003
主要指标	每股收益/扣除后(元)	0.38/0.37	0.52	0.47/0.44
	每股经营现金流量(元)	0.55	0.43	0.54
	每股净资产/调整后(元)	3.27/3.27	4.74/4.73	4.52/4.52
	未分利润(万元)	18900.79	17682.62	15586.3
	资本公积(万元)	26192.74	33692.74	33692.74
利润构成	主营收入(万元)	39930.19	34018.04	29730.93
	主营利润(万元)	14739.11	12590.43	11735.93
	营业利润(万元)	9607.78	8670.98	7692.15
	投资收益(万元)			
	利润总额(万元)	9786.62	8821.66	7917.88
	净利润(万元)	8491.97	7760.38	7037.31
点评	全球十大直流薄膜电容和金属化膜供应商之一。通过产品结构升级和海外市场拓展,05年公司主营实现平稳增长。同时产品结构调整使公司产品在价格下降和成本上升的不利影响下仍能保持稳定。预计未来几年销售仍保持稳健增长。			

	截止日期	05年末	占%	主要股东及持股比例%、持股性质
股本结构（万股）	总股本	22500		厦门市法拉发展总公司 42.67%（非流通股）
	国有股	4500	20	厦门建发集团有限公司 20%（国有股）
	发起股	10500	46.67	金鑫证券投资基金 3.51%（流通A股）
	外资股			厦门竹正发展有限公司 3.33%（非流通股）
	募集股			交通银行－汉兴证券投资基金 2.76%（流通A股）
	流通A	7500	33.33	中国工商银行－金泰证券投资基金 1.91%（流通A股）
	流通B			中国工商银行－汉鼎证券投资基金 1.34%（流通A股）
	流通H			鸿阳证券投资基金 0.89%（流通A股）
股东户数	05年末	11888		富国动态平衡证券投资基金 0.84%（流通A股）
	04年末	9648		中国人寿保险(集团)公司－传统－普通保险产品 0.71%（流通A股）
其他流通股东	交通银行－金鹰中小盘精选证券投资基金 0.666%			
近年分配	05年:10派2.5;04年:10派4转增5;03年:10派3		近年募资	

二〇〇五年以来市场表现

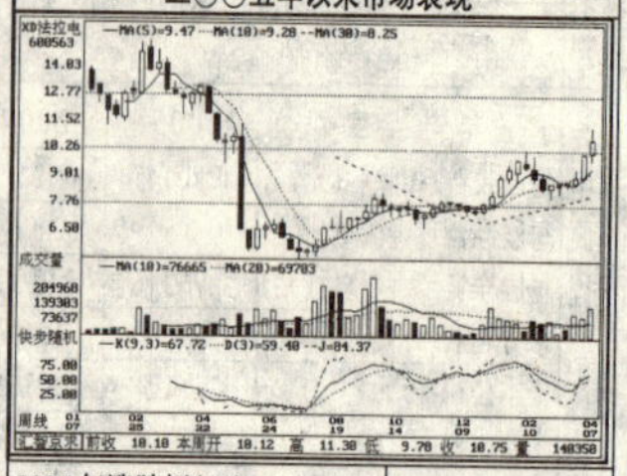

2005年涨跌幅(%)	-11.57
2005年最高(元)	15.28
2006年涨跌幅(%)	34.64
2006.4.26收盘(元)	10.75
2006年最高(元)	11.43
2006年最低(元)	8.1
2006年换手率(%)	125.91
股改对价	送股 每10股实际获得2.5股(06/04/28)

G迪马（600565）

上市日期:02/07/23　　电话:023－69021876　　传真:023－69021878

主营	防弹运钞车、警用车及其他专用汽车的开发、制造、销售。

	年度	2005	2004	2003
主要指标	每股收益/扣除后(元)	0.26/0.24	0.2	0.52/0.52
	每股经营现金流量(元)	0.69	-0.39	1
	每股净资产/调整后(元)	5.12/5.08	5.02/5	5.26/5.25
	未分利润(万元)	1952.07	1408.71	31.68
	资本公积(万元)	28132.9	28132.9	28132.9
利润构成	主营收入(万元)	39466.27	35409.33	42473.86
	主营利润(万元)	8859.32	7570.22	9159.49
	营业利润(万元)	2697.01	2195.23	4754.24
	投资收益(万元)	-172.52	-133.67	80.28
	利润总额(万元)	2609.66	2054.41	4831.88
	净利润(万元)	2051.01	1620.04	4128.09
点评	公司主营专用汽车(含防弹运钞车、高科技警用车、公路养护车、检测车等),专用汽车应用领域广阔,是汽车工业的朝阳行业,发展前景广阔。同时公司将拓展广电及房地产业务,以形成公司新的利润增长点。			

	截止日期	05年末	占%	主要股东及持股比例%、持股性质
股本结构（万股）	总股本	8000		重庆东银实业(集团)有限公司 48%（非流通股）
	国有股	1200	15	江苏江动集团有限公司 15%（国有股）
	发起股	4800	60	重庆东原房地产开发有限公司 7.5%（非流通股）
	外资股			重庆市凌羿汽车配件贸易有限公司 3.75%（非流通股）
	募集股			广州和腾实业发展有限公司 0.75%（非流通股）
	流通A	2000	25	申文秀 0.099%（流通A股）
	流通B			宁波市江东天通投资咨询有限公司 0.088%（流通A股）
	流通H			陶春生 0.084%（流通A股）
股东户数	05年末	11878		叶小良 0.078%（流通A股）
	04年末	13431		鞠文铭 0.078%（流通A股）
其他流通股东	吴懿兵 0.066%;林俊梅 0.065%;张如明 0.064%;李道广 0.063%;席修建 0.058%			
近年分配	05方案:10派2转增10;04年:10派1.5;03年:10派4.5		近年募资	

二〇〇五年以来市场表现

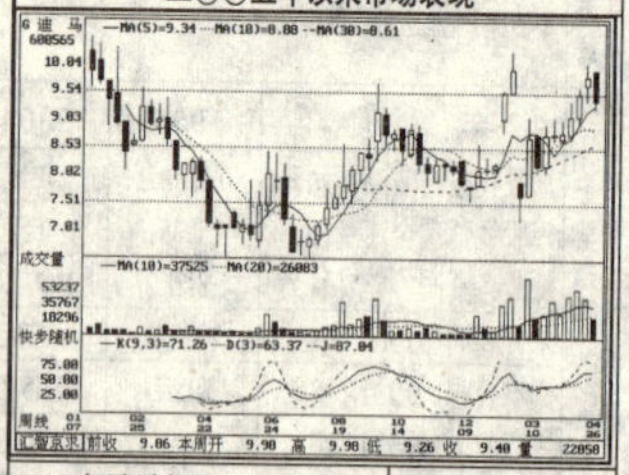

2005年涨跌幅(%)	-18.58
2005年最高(元)	10.55
2006年涨跌幅(%)	44.09
2006.4.26收盘(元)	9.4
2006年最高(元)	12.71
2006年最低(元)	8.82
2006年换手率(%)	190.45
股改对价	送股 每10股实际获得2.6股(06/02/20)

G洪城（600566）

上市日期：01/08/22　　电话：0716－8221198　　传真：0716－8221198

主营：各类阀门、水工机械及环保设备的生产、销售

	年　度	2005	2004	2003
主要指标	每股收益/扣除后(元)	0.08/0.08	0.07/0.07	0.07/0.08
	每股经营现金流量(元)	0.596	－0.355	0.02
	每股净资产/调整后(元)	4.51/4.5	4.45/4.44	4.38/4.37
	未分利润(万元)	5995.59	5491.75	4861.29
	资本公积(万元)	29784.77	29784.77	29784.77
利润构成	主营收入(万元)	17615.98	14614.12	11342.56
	主营利润(万元)	4851.93	4146.25	2691.82
	营业利润(万元)	1128.13	1033.75	1123.03
	投资收益(万元)	1.43	－20.96	－66.57
	利润总额(万元)	1129.39	1026.76	1025.21
	净利润(万元)	843.19	742.76	740.26

点评：2005年主要下游行业需求旺盛，公司收入增长较快。但由于市场格局分散，竞争激烈，毛利率有所下滑。十一五期间国家扶持装备制造业，大力投资水核电工程对公司构成利好，未来值得期待。

股本结构（万股）	截止日期	05年末	占%	主要股东及持股比例%、持股性质
	总股本	10630.8		荆州市国有资产管理局 30.78%（国有股）
	国有股	3272	30.78	荆州市洪泰置业投资有限公司 27.81%（非流通股）
	发起股	2958.8	27.83	刘海英 0.17%（流通A股）
	外资股			黄泽佩 0.16%（流通A股）
	募集股			袁华军 0.15%（流通A股）
	流通A	4400	41.39	汪艳平 0.1%（流通A股）
	流通B			杨辉军 0.1%（流通A股）
	流通H			张立香 0.1%（流通A股）
股东户数	05年末	16348		张久芳 0.1%（流通A股）
	04年末	17630		谢大敏 0.1%（流通A股）
其他流通股东	北京中财创业投资有限公司 0.094%；黄远群 0.094%			
近年分配	05方案：10派0.2；04年：10派0.2		近年募资	

二〇〇五年以来市场表现

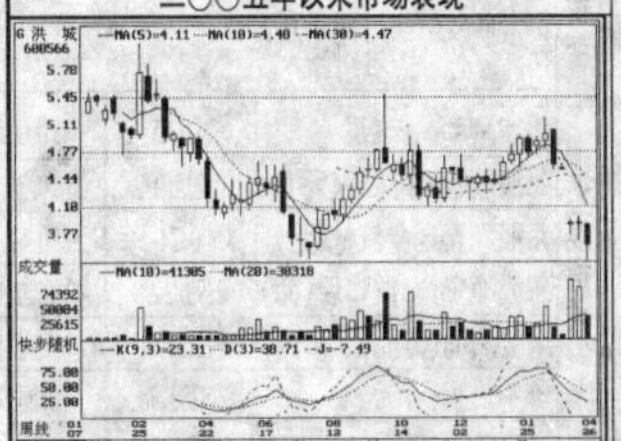

2005年涨跌幅(%)	－16.23
2005年最高(元)	6.12
2006年涨跌幅(%)	10.57
2006.4.26收盘(元)	3.62
2006年最高(元)	5.35
2006年最低(元)	4.42
2006年换手率(%)	84.7
股改对价	送股 每10股实际获得3.5股(06/04/12)

山鹰纸业（600567）

上市日期：01/12/18　　电话：0555－2826275　　传真：0555－2826369

主营：包装纸板、纸箱及其它纸制品的生产和销售。

	年　度	2005	2004	2003
主要指标	每股收益/扣除后(元)	0.24/0.22	0.18	0.302/0.279
	每股经营现金流量(元)	0.34	－0.015	－0.08
	每股净资产/调整后(元)	3.48/3.48	3.32/3.29	2.52/2.5
	未分利润(万元)	13015.02	10630.43	7775.76
	资本公积(万元)	48973.6	47272.99	14203.11
利润构成	主营收入(万元)	148012.2	123229.09	90010.49
	主营利润(万元)	19331.48	15001.39	10720.34
	营业利润(万元)	5059.18	3679.43	3349.04
	投资收益(万元)	39.59	50	37.8
	利润总额(万元)	7048.17	5385.12	4993.17
	净利润(万元)	6331.11	4801.57	4859.56

点评：长三角最大的包装纸板、纸箱生长企业之一。通过扩大纸箱业务规模、发展垃圾焚烧发电综合利用项目等措施，05年业绩增长较快。包装纸产能的快速增长使市场竞争日趋激烈。进行中的30万吨纸板技改工程对公司保持在长三角地区的竞争实力非常重要。

股本结构（万股）	截止日期	05年末	占%	主要股东及持股比例%、持股性质
	总股本	26934.71		马鞍山市山鹰纸业集团有限公司 34.7%（国有股）
	国有股	9346.5	34.7	苏州市新吴城电力发展有限公司 3.09%（流通A股）
	发起股	703.5	2.61	福建省煤炭工业(集团)有限责任公司 2.37%（流通A股）
	外资股			中国长江航运总公司 2.29%（流通A股）
	募集股			马鞍山市轻工国有资产经营有限公司 1.87%（国有股）
	流通A	16884.71	62.69	上海国联投资有限公司 0.56%（流通A股）
	流通B			深圳东大投资发展有限公司 0.56%（流通A股）
	流通H			田庭生 0.53%（流通A股）
股东户数	05年末	36025		马鞍山市港务管理局 0.37%（非流通股）
	04年末	37512		中国工商银行－国联安德盛小盘精选证券投资基金 0.35%（流通A股）
其他流通股东	李国辉 0.297%；王迎春 0.293%；中国华电集团财务有限公司 0.226%			
近年分配	05年：10派1.2转增3；04年：10派1；03年：10派0.58		近年募资	04年增发A股9883.4499万股，发行价4.29元；03年增发转债250万张，募资总额2.5亿。

二〇〇五年以来市场表现

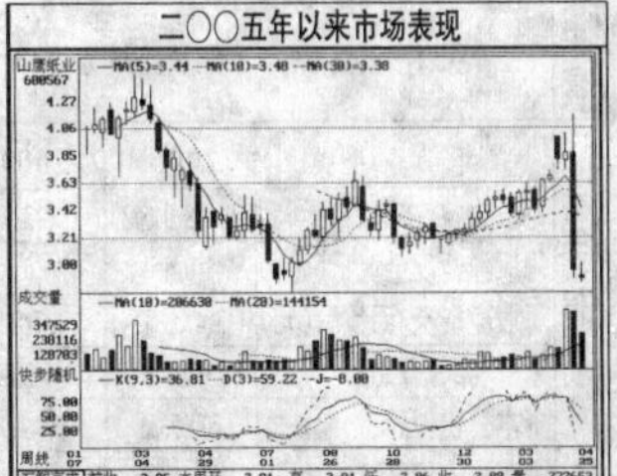

2005年涨跌幅(%)	－17.2
2005年最高(元)	4.48
2006年涨跌幅(%)	18.56
2006.4.26收盘(元)	2.89
2006年最高(元)	4.16
2006年最低(元)	3.24
2006年换手率(%)	142.74
股改对价	送股 每10股实际获得2.37股

潜江制药（600568）

上市日期：01/05/18　　电话：027－59409632　　传真：027－59409631

主营：从事滴眼剂、针剂、片剂、胶囊剂、冻干针粉针剂、原料药、颗粒剂、塑料包装用品、保健饮料的生产、销售、进出口业务。

	年　度	2005	2004	2003
主要指标	每股收益/扣除后(元)	－0.35/－0.36	0.08	0.16/0.13
	每股经营现金流量(元)	0.52	0.025	0.01
	每股净资产/调整后(元)	4.06/4.01	4.34/4.31	6.26/6.23
	未分利润(万元)	2485.33	6278.07	5604.2
	资本公积(万元)	29623.6	28810.3	31534.99
利润构成	主营收入(万元)	81121.05	45199.17	17879.17
	主营利润(万元)	7333.06	8436.26	5795.26
	营业利润(万元)	－4228.75	815.46	1125.29
	投资收益(万元)	1127.23	413.58	178.79
	利润总额(万元)	－3000.83	1386.36	1297.11
	净利润(万元)	－3792.73	875.62	1156.52

点评：2005年公司两项主业医药商业和医药工业占总收入的比例分别为93.02%和5.88%，由于医药商业报告期毛利率仅7.12%，同时医药工业由于销售价格下降的原因，毛利率下降为39.89%。2006年公司的经营目标是扭亏为盈。

股本结构（万股）	截止日期	05年末	占%	主要股东及持股比例%、持股性质
	总股本	10929		西安东盛集团有限公司 29.51%（非流通股）
	国有股	900	8.23	西安风华医药科技投资有限公司 12.92%（非流通股）
	发起股	4636.8	42.43	湖北省潜江市制药厂 8.23%（国有股）
	外资股			戴翼源 0.23%（流通A股）
	募集股			刘东喜 0.2%（流通A股）
	流通A	5392.2	49.34	汪莹 0.16%（流通A股）
	流通B			殷杰 0.16%（流通A股）
	流通H			张福利 0.14%（流通A股）
股东户数	05年末	19222		樊晶 0.14%（流通A股）
	04年末	20410		胡浩荣 0.14%（流通A股）
其他流通股东	李辉 0.137%；陈培民 0.129%；陶真 0.121%			
近年分配	03年：10转增5		近年募资	

二〇〇五年以来市场表现

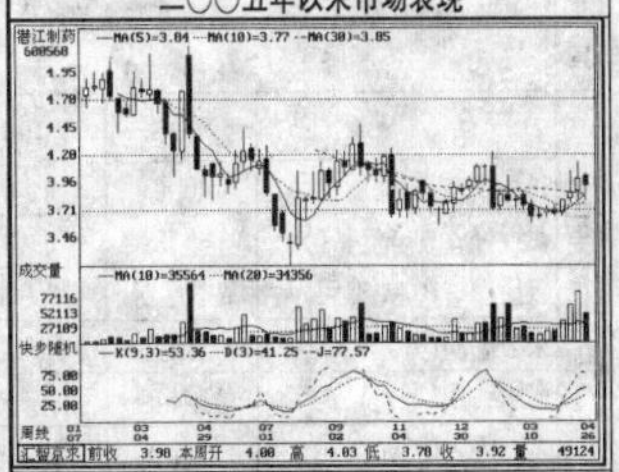

2005年涨跌幅(%)	－18.35
2005年最高(元)	5.2
2006年涨跌幅(%)	1.29
2006.4.26收盘(元)	3.92
2006年最高(元)	4.22
2006年最低(元)	3.58
2006年换手率(%)	113.48
股改对价	

安阳钢铁（600569）

上市日期:01/08/20　　电话:0372－3120175　　传真:0372－3120181

主营	钢铁及钢铁延伸产品。

	年　　度	2005	2004	2003
主要指标	每股收益/扣除后(元)	0.215/0.2	0.36	0.61/0.62
	每股经营现金流量(元)	0.34	0.62	0.92
	每股净资产/调整后(元)	2.99/2.98	2.87/2.87	4.02/4.01
	未分利润(万元)	172167.39	157702.84	133366.65
	资本公积(万元)	78280.38	78258.01	145288.62
利润构成	主营收入(万元)	1459895.03	1291801.99	929575.36
	主营利润(万元)	111920.49	159140.74	175514.79
	营业利润(万元)	56588.25	108037.52	128972.69
	投资收益(万元)	－2175.53	－647.97	－204.59
	利润总额(万元)	62538.9	107418.57	126422.21
	净利润(万元)	43308.62	73201.81	82439.22

点评：2005年钢铁行业供大于求,钢价大幅下滑,铁矿石等原材料价格高企,使得公司业绩下降明显。随着国家建设新农村等政策的出台,建筑钢材需求看好,但公司2006年业绩继续下滑仍在所难免。值得期待的是公司在产业结构整合中的地位。

股本结构（万股）	截止日期	05年末	占%	主要股东及持股比例%、持股性质
	总股本	201823.54		安阳钢铁集团有限责任公司64.7%（国有股）
	国有股	130573.54	64.7	昆明云内动力股份有限公司0.3%（流通A股）
	发起股			全国社保基金零零二组合0.16%（流通A股）
	外资股			中国工商银行－上证50交易型开放式指数证券投资基金0.1%（流通A股）
	募集股			中国建设银行－博时裕富证券投资基金0.1%（流通A股）
	流通A	71250	35.3	王敏0.07%（流通A股）
	流通B			刘伟贤0.07%（流通A股）
	流通H			梁肖霞0.06%（流通A股）
股东户数	05年末	113862		招商银行股份有限公司－长城久泰中信标普300指数证券0.06%（流通A股）
	04年末	124958		周仁　0.06%（流通A股）
其他流通股东	中国银行－嘉实沪深300指数证券投资基金0.054%			
近年分配	05预案:10派1；04年:10派1；03年:10派2.5转增5	近年募资		

二〇〇五年以来市场表现

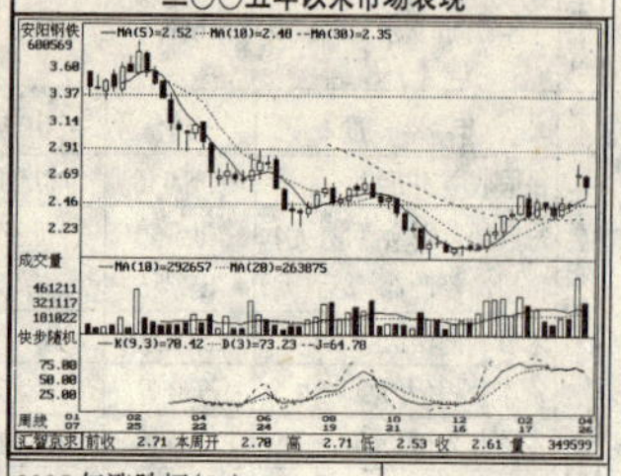

2005年涨跌幅(%)	－38.38
2005年最高(元)	3.83
2006年涨跌幅(%)	24.29
2006.4.26收盘(元)	2.61
2006年最高(元)	2.8
2006年最低(元)	2.06
2006年换手率(%)	57.09
股改对价	送股 每10股实际获得3.4股

G恒生（600570）

上市日期:03/12/16　　电话:0571－28829702　　传真:0571－28829703

主营	证券、银行、基金等行业应用软件开发

	年　　度	2005	2004	2003
主要指标	每股收益/扣除后(元)	0.058/0.052	0.329	0.534/0.524
	每股经营现金流量(元)	0.5	－0.1	0.35
	每股净资产/调整后(元)	3.47/3.47	5.37/5.36	5.44/5.44
	未分利润(万元)	3140.48	4002.37	5021.44
	资本公积(万元)	20063.36	23742.99	23543.68
利润构成	主营收入(万元)	23673.93	26694.34	21538.11
	主营利润(万元)	11865.27	12085.22	12470.24
	营业利润(万元)	－504.05	823.88	2441.1
	投资收益(万元)	471.54	199.77	272.19
	利润总额(万元)	799.2	2258.47	3724.89
	净利润(万元)	587.69	2239.41	3632.5

点评：尽管软件外包等新增业务快速成长,但券商推迟IT支出使公司主营收入同比小幅下滑。公司搬迁到新地址使管理费用大幅增长,最终导致净利润大幅下滑。预计证券市场好转将使券商IT支出得以释放,软件外包业务持续增长进一步推动主营增长,公司业绩将在2006年获得逆转。

股本结构（万股）	截止日期	05年末	占%	主要股东及持股比例%、持股性质
	总股本	10200		杭州恒生电子集团有限公司25.01%（非流通股）
	国有股	757.35	7.43	中国经济技术投资担保有限公司7.425%（国有股）
	发起股	2551.02	25.01	黄大成5.731%（非流通股）
	外资股			周林根3.126%（非流通股）
	募集股			陈鸿3.126%（非流通股）
	流通A	3570	35	彭政纲3.126%（非流通股）
	流通B			王则江3.126%（非流通股）
	流通H			刘曙峰2.605%（非流通股）
股东户数	05年末	11989		张磊2.605%（非流通股）
	04年末	10612		蒋建圣2.605%（非流通股）
其他流通股东	全国社保基金一零三组合0.974%；杨碧兰0.176%；曾水娣0.157%；陈霞0.123%；刘碧波0.108%；郭鸣0.103%			
近年分配	05预案:10派1.1转增4；04年:10派2转增5；03年:10派4.3	近年募资	03年新发1700万股,发行价15.53元。	

二〇〇五年以来市场表现

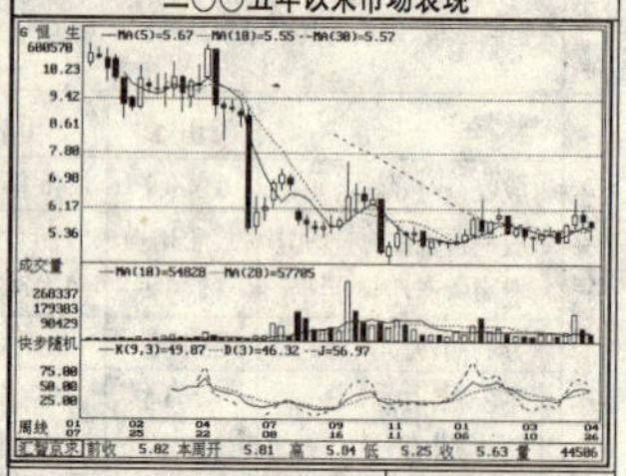

2005年涨跌幅(%)	6.21
2005年最高(元)	15.99
2006年涨跌幅(%)	8.48
2006.4.26收盘(元)	5.63
2006年最高(元)	6.47
2006年最低(元)	4.94
2006年换手率(%)	279.63
股改对价	送股 每10股实际获得4股(05/08/09)

G信雅达（600571）

上市日期:02/11/01　　电话:0571－56686501　　传真:0571－56686777

主营	电子文档影像、电子商务及信息安全等软件产品的生产、销售,提供系统集成等。

	年　　度	2005	2004	2003
主要指标	每股收益/扣除后(元)	0.101/0.1	0.246	0.436/0.38
	每股经营现金流量(元)	－0.388	0.909	－0.903
	每股净资产/调整后(元)	2.29/2.28	3.7/3.69	5.82/5.81
	未分利润(万元)	4732.94	5265.55	5031.96
	资本公积(万元)	12844.09	18436.91	21882.46
利润构成	主营收入(万元)	36361.86	36722.8	24165.2
	主营利润(万元)	14362.82	11850.38	8248.52
	营业利润(万元)	1890.99	2689.95	2033.71
	投资收益(万元)	－517.9	－498.89	6.3
	利润总额(万元)	2070.97	2928.3	2997.85
	净利润(万元)	1512.1	2295.97	2546.65

点评：金融行业文档影像市场趋于饱和导致公司该业务增长乏力,而软件外包、呼叫中心和除尘业务的增长缓解了这一趋势,而子公司亏损导致盈利增幅较小。预计除尘业务和软件外包将成为未来业绩增长点。

股本结构（万股）	截止日期	05年末	占%	主要股东及持股比例%、持股性质
	总股本	14965.76		杭州信雅达电子有限公司27.06%（非流通股）
	国有股			郭华强10.34%（非流通股）
	发起股	5164.03	34.51	宁波经济技术开发区春秋科技开发有限公司7.45%（非流通股）
	外资股			交通银行－汉兴证券投资基金2.44%（流通A股）
	募集股			许建国2.29%（非流通股）
	流通A	6359.04	42.49	朱宝文2.01%（非流通股）
	流通B			张健1.29%（非流通股）
	流通H			潘庆中1.21%（非流通股）
股东户数	05年末	10827		傅宁0.92%（非流通股）
	04年末	11160		杨文山0.92%（非流通股）
其他流通股东	林纳新0.722%；吴俊忠0.38%；杨海保0.267%；高虹0.225%；梁维雄0.202%；北京水木同正网络技术有限公司0.2%			
近年分配	05预案:10派0.5转增3；04年:10派2转增6；03年:10派3转增6	近年募资		

二〇〇五年以来市场表现

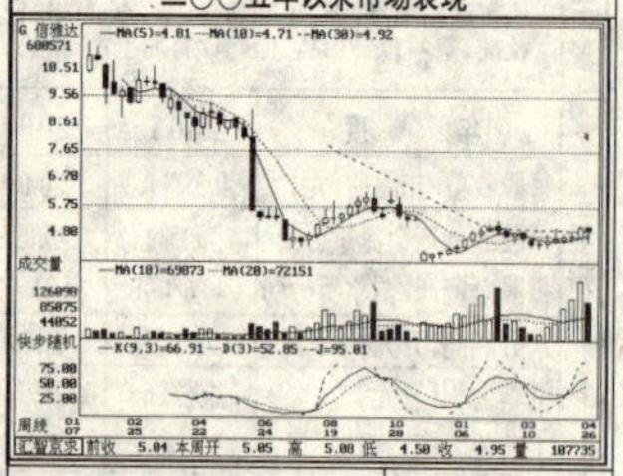

2005年涨跌幅(%)	－6.35
2005年最高(元)	11.46
2006年涨跌幅(%)	13.79
2006.4.26收盘(元)	4.95
2006年最高(元)	5.27
2006年最低(元)	4.32
2006年换手率(%)	195.98
股改对价	送股 每10股实际获得3.8股(05/11/30)

G康恩贝（600572）

上市日期:04/04/12　　电话:0571－87774710　　传真:0571－8774722

主营	现代中药和天然植物药产品的研制、生产和销售			
	年　　度	2005	2004	2003
主要指标	每股收益/扣除后(元)	0.32/0.23	0.21/0.08	0.41/0.28
	每股经营现金流量(元)	0.86	0.48	0.9
	每股净资产/调整后(元)	3.89/3.86	3.78/3.74	2.44
	未分利润(万元)	5013.75	4234.86	7671.77
	资本公积(万元)	30616.74	30616.74	3606.07
利润构成	主营收入(万元)	86640.76	60309.89	46879.4
	主营利润(万元)	40874.91	27549.04	24341.12
	营业利润(万元)	5299.2	3079.59	4501.17
	投资收益(万元)	－436.48	－191.58	117.75
	利润总额(万元)	6887.77	4867.85	5694.74
	净利润(万元)	4362.75	2862.66	4007.23
点评	2005年主营收入和净利润分别同比大幅增长。主要产品前列康和乌灵胶囊的销售收入都有较大幅度提升。品牌知名度进一步提高,产品结构改善,盈利能力增强。公司不断加强管理和成本控制,优化主导产品的生产工艺。实现了经营规模和效益同步快速增长。			

股本结构(万股)	截止日期	05年末	占%	主要股东及持股比例%、持股性质
	总股本	13720		康恩贝集团有限公司 30.96%(非流通股)
	国有股			浙江中业投资有限公司 18.11%(非流通股)
	发起股	7540	54.96	杭州大名印刷有限公司 1.8%(非流通股)
	外资股			纳德酒店股份有限公司 1.32%(流通A股)
	募集股			万向财务有限公司 1%(流通A股)
	流通A	5280	38.48	浙江万向精工有限公司 0.92%(流通A股)
	流通B			万向租赁有限公司 0.9%(流通A股)
	流通H			浙江南洋药业有限公司 0.52%(非流通股)
股东户数	05年末	18799		杭州翰祥保健品有限公司 0.44%(流通A股)
	04年末	22305		浙江大鼎贸易有限公司 0.35%(流通A股)
其他流通股东	浙江万向系统有限公司 0.314%;沈百克 0.183%;杭州千岛湖万向旅游投资股份有限公司 0.164%			
近年分配	05方案:10派2;04年:10派2;03年:10派6		近年募资	04年新发4000万股,发行价8.25元。

二〇〇五年以来市场表现

2005年涨跌幅(%)	3.65
2005年最高(元)	7.79
2006年涨跌幅(%)	16.55
2006.4.26收盘(元)	6.55
2006年最高(元)	6.9
2006年最低(元)	5.53
2006年换手率(%)	151.03
股改对价	送股 每10股实际获得3.2股(05/12/27)

惠泉啤酒（600573）

上市日期:03/02/26　　电话:(0595)7396105　　传真:(0595)7378169

主营	啤酒的生产与销售。			
	年　　度	2005	2004	2003
主要指标	每股收益/扣除后(元)	0.108/0.094	0.058/0.056	0.046/0.05
	每股经营现金流量(元)	0.64	0.33	0.28
	每股净资产/调整后(元)	3.79/3.78	3.68/3.67	3.7/3.61
	未分利润(万元)	9533.06	7425.72	6311.92
	资本公积(万元)	50831.65	50831.65	50817.81
利润构成	主营收入(万元)	84802.96	80878.1	88034.12
	主营利润(万元)	16082.69	13198.93	17330.38
	营业利润(万元)	3997.92	2322.71	2889.79
	投资收益(万元)	40.27	31.91	69.91
	利润总额(万元)	4586.78	2342.09	2828.96
	净利润(万元)	2704.43	1455.86	1152.35
点评				

股本结构(万股)	截止日期	05年末	占%	主要股东及持股比例%、持股性质
	总股本	25000		北京燕京啤酒股份有限公司 52.37%(国有股)
	国有股			中国武夷实业股份有限公司 11.58%(国有股)
	发起股	18405.4	73.62	福建省青山纸业股份有限公司 3.8%(非流通股)
	外资股			中国工商银行－国联安德盛小盘精选证券投资基金 3.31%(流通A股)
	募集股			福建省惠安县华源实业有限公司 2.45%(非流通股)
	流通A	6300	25.2	泰豪集团有限公司 2%(非流通股)
	流通B			全国社保基金一零二组合 1.37%(流通A股)
	流通H			中国工商银行－博时精选股票证券投资基金 0.76%(流通A股)
股东户数	05年末	16573		裕阳证券投资基金 0.67%(流通A股)
	04年末	17551		柯文良 0.56%(非流通股)
其他流通股东	黄艺森 0.536%;国元证券有限责任公司 0.479%;庄垂明 0.327%;交通银行－科讯证券投资基金 0.206%			
近年分配	05预案:10派0.6		近年募资	03年新发6300万股,发行价7.44元。

二〇〇五年以来市场表现

2005年涨跌幅(%)	－30.47
2005年最高(元)	7.21
2006年涨跌幅(%)	26.49
2006.4.26收盘(元)	6.35
2006年最高(元)	6.48
2006年最低(元)	4.95
2006年换手率(%)	109.65
股改对价	

芜湖港（600575）

上市日期:03/03/28　　电话:0553－5840528　　传真:0553－5840510

主营	煤炭、外贸集装箱、散货、件杂货等货类的装卸中转			
	年　　度	2005	2004	2003
主要指标	每股收益/扣除后(元)	0.34/0.34	0.36	0.24
	每股经营现金流量(元)	0.6	0.56	0.24
	每股净资产/调整后(元)	4.07/4.07	4.13/4.13	3.92/3.92
	未分利润(万元)	5323.24	6484.71	4593.9
	资本公积(万元)	28836.02	28829.32	28828.62
利润构成	主营收入(万元)	16663.34	14932.01	11969.02
	主营利润(万元)	9367.36	8119.2	6142.08
	营业利润(万元)	6424.66	5251.86	4155.8
	投资收益(万元)	－2.54	－77.14	－31.71
	利润总额(万元)	6352.28	5053.32	4060.71
	净利润(万元)	3980.6	4317.49	2810.61
点评	公司的核心资产包括占主营收入70%以上的裕溪口煤炭码头,以及占20%以上的朱家桥外贸集装箱码头。目前煤炭码头超负荷运转,无法满足今后2－3年内的煤运市场需要,公司利用募集资金建设裕溪口现代煤炭配送中心,预计2006年8月竣工投产。			

股本结构(万股)	截止日期	05年末	占%	主要股东及持股比例%、持股性质
	总股本	11860		芜湖港口有限责任公司 60.81%(非流通股)
	国有股			周雪钦 0.46%(流通A股)
	发起股	7360	62.06	芜湖长江大桥公路桥有限公司 0.45%(非流通股)
	外资股			芜湖经济技术开发区建设总公司 0.35%(非流通股)
	募集股			杨道华 0.34%(流通A股)
	流通A	4500	37.94	芜湖高新技术创业服务中心 0.31%(非流通股)
	流通B			张学梁 0.2%(流通A股)
	流通H			黑龙江电力开发建设集团公司 0.14%(流通A股)
股东户数	05年末	19580		中国芜湖外轮代理公司 0.13%(非流通股)
	04年末	21903		王翔宇 0.13%(流通A股)
其他流通股东	童芳丽 0.115%;雷建齐 0.112%;王秀珠 0.11%;冯煜辉 0.108%;李泰国 0.108%			
近年分配	05预案:10派2;04年:10派4;03年:10派1.5		近年募资	03年新发4500万股,发行价7.08元。

二〇〇五年以来市场表现

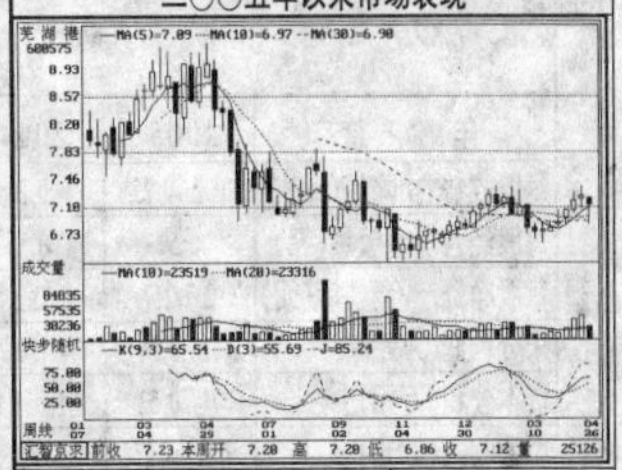

2005年涨跌幅(%)	－12.79
2005年最高(元)	9.3
2006年涨跌幅(%)	4.25
2006.4.26收盘(元)	7.12
2006年最高(元)	7.36
2006年最低(元)	6.6
2006年换手率(%)	89.07
股改对价	

＊ST 庆丰（600576）

上市日期:03/02/20　　电话:0510－2352612　　传真:0510－2357620

主营	中高档棉纺织品的生产、开发与销售。			
	年　度	2005	2004	2003
主要指标	每股收益/扣除后(元)	-0.36/-0.4	-0.5	0.16/0.14
	每股经营现金流量(元)	0.06	1.04	-0.48
	每股净资产/调整后(元)	2.27/2.26	2.63/2.62	3.23/3.22
	未分利润(万元)	-7932.64	-787.62	8887.69
	资本公积(万元)	29677.11	29677.11	29677.11
利润构成	主营收入(万元)	107119.57	99169.02	91959.56
	主营利润(万元)	9761.45	4583.15	11380.2
	营业利润(万元)	1044	-5685.69	4086.36
	投资收益(万元)	-7495.11	-4520.1	-142.58
	利润总额(万元)	-6745.87	-10332.34	4002.99
	净利润(万元)	-7021.48	-9638.23	3137.32
点评	2005年,公司通过严控原料成本和其他生产成本,虽然受到欧美纺织品保护及人民币升值等不利因素的影响,实现了主营业务收入增加,营业利润扭亏的好成绩。由于公司的赢利水平较低,其2006年的经营业绩也不容乐观。			

股本结构(万股)	截止日期	05年末	占%	主要股东及持股比例%、持股性质
	总股本	19409.31		无锡国联纺织集团有限公司 58.98%(国有股)
	国有股			无锡市创业投资有限责任公司 5.15%(非流通股)
	发起股	13409.31	69.09	无锡市国联发展(集团)有限公司 4.17%(国有股)
	外资股			喻梅 0.27%(流通A股)
	募集股			无锡四棉纺织有限公司 0.26%(非流通股)
	流通A	6000	30.91	无锡中瑞集团有限公司 0.26%(国有股)
	流通B			江苏宏源纺机股份有限公司 0.26%(非流通股)
	流通H			陶宏 0.17%(流通A股)
股东户数	05年末	22626		罗江梅 0.1%(流通A股)
	04年末	24799		谈敏 0.1%(流通A股)
其他流通股东	谭为平 0.088%;叶正惠 0.082%;文建基 0.082%;王鲁娜 0.072%;孙飞 0.072%;蔡树人 0.071%			
近年分配	03年:10派1	近年募资	03年新发6000万股,发行价6.28元。	

二〇〇五年以来市场表现

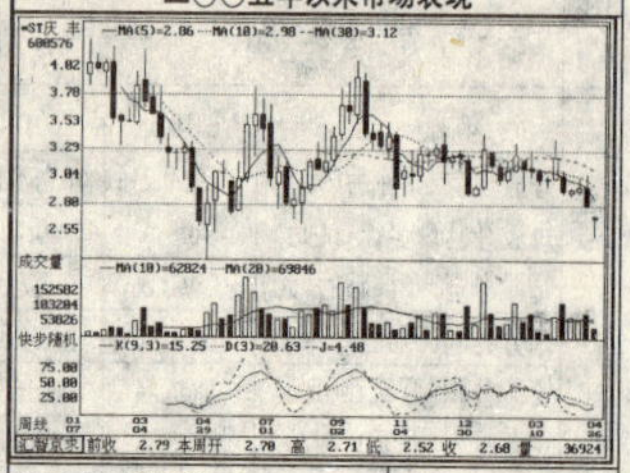

2005年涨跌幅(%)	-26.95
2005年最高(元)	4.27
2006年涨跌幅(%)	-7.59
2006.4.26收盘(元)	2.68
2006年最高(元)	3.43
2006年最低(元)	2.52
2006年换手率(%)	192.08
股改对价	

G 精达（600577）

上市日期:02/09/11　　电话:0562－2809086　　传真:0562－2809086

主营	漆包电磁线制造和销售			
	年　度	2005	2004	2003
主要指标	每股收益/扣除后(元)	0.405/0.411	0.346	0.22/0.22
	每股经营现金流量(元)	0.019	0.207	1.23
	每股净资产/调整后(元)	3.21/3.2	2.93/2.9	2.69/2.69
	未分利润(万元)	8493.22	6805.1	5117.95
	资本公积(万元)	11651.22	11651.22	11639.6
利润构成	主营收入(万元)	206040.02	137283.12	69552.91
	主营利润(万元)	18783.56	14280.79	8929.56
	营业利润(万元)	8581.41	6058.88	4048.48
	投资收益(万元)	46.3	101.3	-75.9
	利润总额(万元)	8546.28	6123.61	3951.11
	净利润(万元)	4376.84	3735.65	2397.69
点评	2005年电解铜价格继续大幅上涨,公司产品成本增加,但公司仍然实现了销售收入50%的增长。由于公司近几年特种电磁线生产规模快速扩大,建立了辐射长三角、珠三角和环渤海地区生产基地,产能不断提高,市场份额不断增加。			

股本结构(万股)	截止日期	05年末	占%	主要股东及持股比例%、持股性质
	总股本	10800		广州市特华投资管理有限公司 29.33%(非流通股)
	国有股			铜陵精达铜材(集团)有限责任公司 29%(非流通股)
	发起股	7200	66.67	安徽省科技产业投资有限公司 3.5%(非流通股)
	外资股			合肥市高科技风险投资有限公司 2.5%(非流通股)
	募集股			北京中关村青年科技创业投资有限公司 1.67%(非流通股)
	流通A	3600	33.33	深圳市雅景投资咨询有限公司 0.69%(流通A股)
	流通B			铜陵市皖中物资有限责任公司 0.67%(非流通股)
	流通H			汉盛证券投资基金 0.33%(流通A股)
股东户数	05年末	12938		袁长华 0.3%(流通A股)
	04年末	14938		张海军 0.28%(流通A股)
其他流通股东	华宝信托投资有限责任公司－宝祥有价证券组合投资信托 0.276%;袁群英 0.185%;孙新安 0.172%;范芝香 0.131%			
近年分配	05中期:10派1;04中期:10派1;03中期:10转增8	近年募资		

二〇〇五年以来市场表现

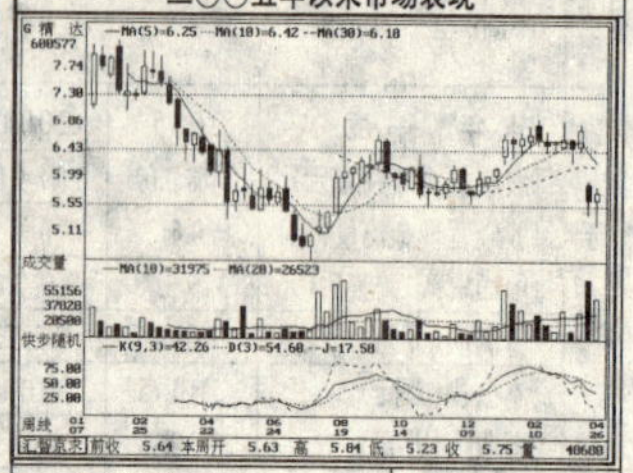

2005年涨跌幅(%)	-12.64
2005年最高(元)	8.18
2006年涨跌幅(%)	17.44
2006.4.26收盘(元)	5.75
2006年最高(元)	7.41
2006年最低(元)	6.21
2006年换手率(%)	110.62
股改对价	送股 每10股实际获得2.5股(06/04/18)

G 京能（600578）

上市日期:02/05/10　　电话:010－88991155　　传真:010－88990762

主营	电力、热力产品的生产、销售			
	年　度	2005	2004	2003
主要指标	每股收益/扣除后(元)	0.23/0.23	0.26	0.22/0.22
	每股经营现金流量(元)	0.59	0.55	0.52
	每股净资产/调整后(元)	2.7/2.7	2.62/2.62	2.53/2.53
	未分利润(万元)	11410.29	12180.76	10161.71
	资本公积(万元)	71750.52	68953.1	68891.64
利润构成	主营收入(万元)	154194.07	138367.61	119098.64
	主营利润(万元)	24374.19	28993.33	26667.03
	营业利润(万元)	16680.28	21357.75	18706.92
	投资收益(万元)	1317.51	102.32	
	利润总额(万元)	19468.38	21163.52	18444.85
	净利润(万元)	13370.92	15066.06	12347.39
点评	2005年,公司电热产品产量创历史新高,主营业务收入同比增长较快。由于电煤价格上涨较快,电煤质量下降,成本快速增长,导致公司净利润同比有所下降。未来煤电联动和煤热联动将稍微提高公司业绩。			

股本结构(万股)	截止日期	05年末	占%	主要股东及持股比例%、持股性质
	总股本	57336		北京能源投资(集团)有限公司 42.93%(国有股)
	国有股	47268	82.44	中国华北电力集团公司 39.51%(国有股)
	发起股	68	0.12	博时裕富证券投资基金 0.1%(流通A股)
	外资股			浙江金融租赁股份有限公司 0.09%(流通A股)
	募集股			耿喜凤 0.06%(流通A股)
	流通A	10000	17.44	喻永青 0.06%(流通A股)
	流通B			北京电力设备总厂 0.06%(国有股)
	流通H			北京变压器厂 0.06%(国有股)
股东户数	05年末	40448		国政海 0.05%(流通A股)
	04年末	42535		高继真 0.04%(流通A股)
其他流通股东	张希顶 0.039%;陈瑞瑜 0.038%;张军 0.036%;中国人寿保险股份有限公司 0.036%			
近年分配	05预案:10派1.9;04年:10派2;03年:10派1.75	近年募资		

二〇〇五年以来市场表现

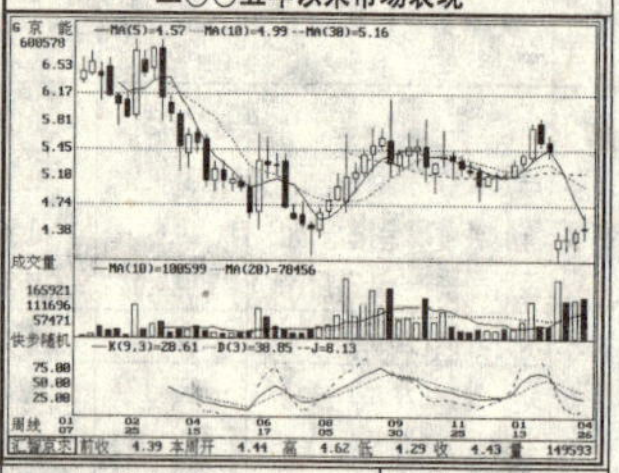

2005年涨跌幅(%)	-17.75
2005年最高(元)	6.89
2006年涨跌幅(%)	15.72
2006.4.26收盘(元)	4.43
2006年最高(元)	6.19
2006年最低(元)	5.1
2006年换手率(%)	80.59
股改对价	送股 每10股实际获得3.4股(06/04/03)

黄海股份（600579）

上市日期:02/08/09　　电话:0532－4678085　　传真:0532－4678086

	年　　度	2005	2004	2003
主营	全钢丝载重子午线轮胎的制造与销售			
主要指标	每股收益/扣除后(元)	-0.425/-0.425	0.069	0.176/0.183
	每股经营现金流量(元)	0.46	-0.29	-0.257
	每股净资产/调整后(元)	2.32/2.32	2.76/2.76	2.69/2.7
	未分利润(万元)	-991.63	8620.5	7347.11
	资本公积(万元)	27003.12	26939.3	26883.77
利润构成	主营收入(万元)	61656.27	53166.6	63585.45
	主营利润(万元)	2040.08	7007.01	14063.86
	营业利润(万元)	-9189.09	2440.33	5995.82
	投资收益(万元)	1.04	-43.8	3.76
	利润总额(万元)	-9180.13	2344.05	5825.42
	净利润(万元)	-9180.13	1498.1	3796.36
点评	05年出现巨亏,主要原因有:募集资金项目未能如期投产,产销量没有增长;天然橡胶和合成橡胶价格大幅上扬使得全钢胎市场毛利率下降等。目前70万套全钢子午胎项目已竣工投产,同时历史负担已解除,因而2006年实现扭亏的可能性很大。			

	截止日期	05年末	占%	主要股东及持股比例%、持股性质
股本结构(万股)	总股本	21600		青岛黄海橡胶集团有限责任公司 56.45%（国有股）
	国有股	14400	66.67	青岛市企业发展投资公司 9.66%（国有股）
	发起股			顾明华 0.28%（流通A股）
	外资股			尤汉溪 0.23%（流通A股）
	募集股			张克难 0.21%（流通A股）
	流通A	7200	33.33	赵作兵 0.2%（流通A股）
	流通B			青岛玖琦精细化工有限责任公司 0.19%（非流通股）
	流通H			江苏兴达钢帘线股份有限公司 0.19%（非流通股）
股东户数	05年末	23498		宁波锦纶股份有限公司 0.19%（非流通股）
	04年末	26755		瞿小莲 0.12%（流通A股）
其他流通股东	曾德志 0.113%；王永良 0.111%；陈英 0.106%；朱滢德 0.093%；任晓敏 0.093%			
近年分配	04年:10派0.2		近年募资	

二〇〇五年以来市场表现

2005年涨跌幅(%)	-31.15
2005年最高(元)	4.32
2006年涨跌幅(%)	3.45
2006.4.26收盘(元)	2.7
2006年最高(元)	3.33
2006年最低(元)	2.52
2006年换手率(%)	153.85
股改对价	

G卧龙（600580）

上市日期:02/06/06　　电话:0575－2129895　　传真:0575－2019783

	年　　度	2005	2004	2003
主营	设计、生产、销售各种微分电机及其电子控制装置和电动车等产品。			
主要指标	每股收益/扣除后(元)	0.38/0.33	0.35	0.21/0.16
	每股经营现金流量(元)	0.31	0.29	0.16
	每股净资产/调整后(元)	3.1/3.06	2.84/2.81	2.61/2.58
	未分利润(万元)	12340.84	9161.31	4153.88
	资本公积(万元)	19386.92	19386.92	19386.92
利润构成	主营收入(万元)	77010.26	51395.1	32420.18
	主营利润(万元)	13155.79	9664.1	7040.86
	营业利润(万元)	6715.69	5761.58	4463.06
	投资收益(万元)	749.46	968.31	132.73
	利润总额(万元)	8321.94	8632.43	5358.34
	净利润(万元)	6562.82	6054.28	3594.94
点评	2005年公司有效推进了公司电机、电器产业的整合。不过,2005年硅钢片、变压器油等原材料价格大幅上涨,给公司产品成本到来很大的压力。未来几年,国内铁路电气化进程的加快将给公司下属银川变压器厂带来巨大的发展机遇。			

	截止日期	05年末	占%	主要股东及持股比例%、持股性质
股本结构(万股)	总股本	17456.68		卧龙控股集团有限公司 37.06%（非流通股）
	国有股	1135.18	6.5	全国社保基金一零四组合 3.98%（流通A股）
	发起股	6469.92	37.06	上虞市国有资产经营总公司 3.83%（国有股）
	外资股			陈建成 3.76%（非流通股）
	募集股			浙江农村经济投资股份有限公司 2.68%（国有股）
	流通A	7560	43.31	陈永苗 1.67%（非流通股）
	流通B			邱跃 1.37%（非流通股）
	流通H			中国工商银行－安瑞证券投资基金 1.24%（流通A股）
股东户数	05年末	14091		交通银行－安顺证券投资基金 1.19%（流通A股）
	04年末	20865		中国银行－海富通股票证券投资基金 1.15%（流通A股）
其他流通股东	中国光大银行股份有限公司－泰信先行策略开放式证券投资 1.084%			
近年分配	05年:10派1.2转增2；04年:10派1.2；03年:10派1.2		近年募资	

二〇〇五年以来市场表现

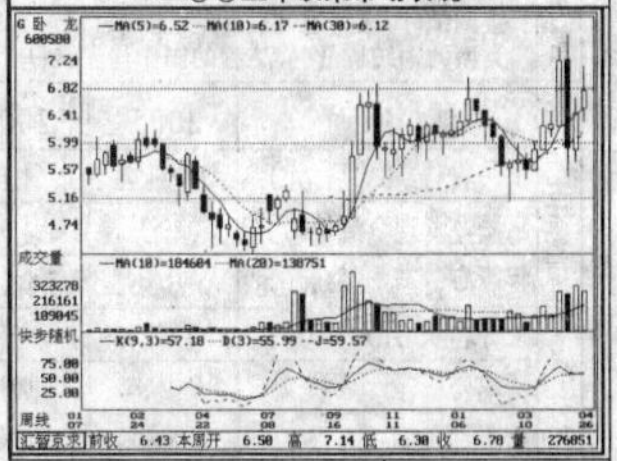

2005年涨跌幅(%)	49.31
2005年最高(元)	9.42
2006年涨跌幅(%)	34.03
2006.4.26收盘(元)	6.78
2006年最高(元)	8.69
2006年最低(元)	5.09
2006年换手率(%)	303.11
股改对价	送股 每10股实际获得3.5股(05/08/08)

G八一（600581）

上市日期:02/08/16　　电话:0991－3890166　　传真:0991－3890266

	年　　度	2005	2004	2003
主营	钢铁冶炼、轧制、加工及销售			
主要指标	每股收益/扣除后(元)	0.42/0.44	0.74	0.65/0.68
	每股经营现金流量(元)	-1.07	0.17	2.31
	每股净资产/调整后(元)	4.04/4.04	3.93/3.93	4.02/4.02
	未分利润(万元)	46528.95	41111.48	26019.9
	资本公积(万元)	84405.84	84405.28	94231.54
利润构成	主营收入(万元)	781341.94	653779.23	475653.69
	主营利润(万元)	81212.72	89719.76	74629.05
	营业利润(万元)	28733.23	54063.73	42207.71
	投资收益(万元)	-15.41	-151.6	-1.74
	利润总额(万元)	27343.46	53537.54	38652.44
	净利润(万元)	24517.52	43705.15	32142.64
点评	作为一家区域性主要钢铁公司,产品主要为建筑用钢。在全年行业原材料价格上涨,钢价大幅回落的情况下,虽然产量扩张,收入上升较快,利润仍下滑四成。2006年钢价前景并不乐观,业绩有可能进一步下滑。公司与宝钢的战略合作值得期待。			

	截止日期	05年末	占%	主要股东及持股比例%、持股性质
股本结构(万股)	总股本	58957.61		新疆八一钢铁集团有限责任公司 62.692%（国有股）
	国有股	38365.61	65.07	邯郸钢铁集团有限责任公司 1.588%（国有股）
	发起股	1872	3.18	南京联强冶金集团有限公司 1.588%（非流通股）
	外资股			新疆华顺工贸有限公司 1.588%（非流通股）
	募集股			新疆维吾尔自治区技术改造投资公司 0.794%（国有股）
	流通A	18720	31.75	景博证券投资基金 0.17%（流通A股）
	流通B			陈惠燕 0.163%（流通A股）
	流通H			熊银花 0.095%（流通A股）
股东户数	05年末	46671		赵梦杰 0.095%（流通A股）
	04年末	50953		陈丙壮 0.085%（流通A股）
其他流通股东	陈兰英 0.081%；翁德 0.078%；深圳市国际企业服务有限公司 0.074%；赵美荣 0.072%；陈志伟 0.063%			
近年分配	05预案:10派2.2；04年:10派3；03年:10派2转增2		近年募资	

二〇〇五年以来市场表现

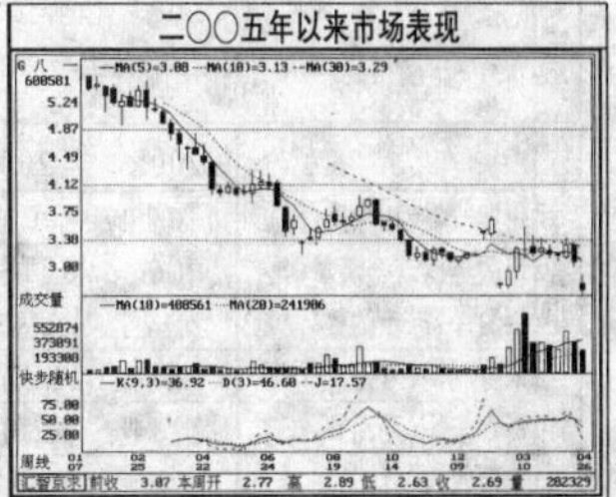

2005年涨跌幅(%)	-37.59
2005年最高(元)	5.61
2006年涨跌幅(%)	12.01
2006.4.26收盘(元)	2.69
2006年最高(元)	4.67
2006年最低(元)	3.37
2006年换手率(%)	185.06
股改对价	送股 每10股实际获得3.2股(06/02/17)

天地科技（600582）

上市日期:02/05/15　　电话:010－84262803　　传真:010－84262838

主营	矿山工业过程自动化业务、洁净煤业务和地下特殊工程业务。			
	年　度	2005	2004	2003
主要指标	每股收益/扣除后(元)	0.52/0.52	0.39	0.39/0.372
	每股经营现金流量(元)	0.3	0.2	0.16
	每股净资产/调整后(元)	3.08/3.06	3.43/3.41	4.86/4.84
	未分利润(万元)	21568.26	14130.79	8943.89
	资本公积(万元)	16181.98	20861.98	26711.98
利润构成	主营收入(万元)	92193.94	49392.83	35655.99
	主营利润(万元)	21525.78	14026.25	11019.65
	营业利润(万元)	7471.01	4838.1	4006.18
	投资收益(万元)	3754.32	1790.6	234.52
	利润总额(万元)	11256.76	6571.91	4175.12
	净利润(万元)	10585.26	6102.24	3815.51
点评	2005年,公司经营业绩有较大幅度提升。我国一次能源消费以煤炭为主的基本格局在长时期内不会改变,煤炭总的需求必将保持在一个较高的水平,2006年公司将继续加强技术创新工作,全方位开拓市场,业绩有望保持持续、快速增长。			

股本结构（万股）	截止日期	05年末	占%	主要股东及持股比例%、持股性质
	总股本	20280		煤炭科学研究总院 60.9%（国有股）
	国有股	13249.98	65.34	兖矿集团有限公司 2.22%（国有股）
	发起股	270.02	1.33	交通银行－金鹰中小盘精选证券投资基金 1.37%（流通A股）
	外资股			清华紫光股份有限公司 1.33%（国有股）
	募集股			全国社保基金111组合 1.15%（流通A股）
	流通A	6760	33.33	大屯煤电(集团)有限责任公司 1.11%（国有股）
	流通B			中国科学院广州能源研究所 1.11%（国有股）
	流通H			中国工商银行－国联安德盛小盘精选证券投资基金 1.04%（流通A股）
股东户数	05年末	11789		广发证券股份有限公司 0.99%（流通A股）
	04年末	9954		广东证券股份有限公司 0.29%（流通A股）
其他流通股东	孙颙旎 0.268%；中国工商银行－东吴嘉禾优势精选混合型开放式证券投资基金 0.211%；吴平 0.165%；曾虹 0.16%			
近年分配	04年:10派1转增3；03年:10转增6	近年募资		

二〇〇五年以来市场表现

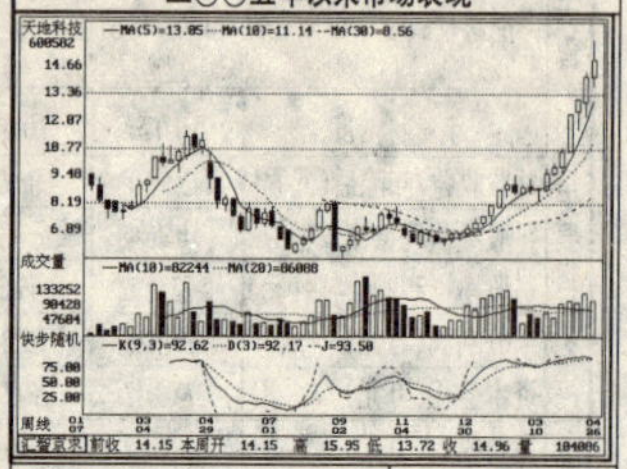

2005年涨跌幅(%)	-3.36
2005年最高(元)	11.58
2006年涨跌幅(%)	113.71
2006.4.26收盘(元)	14.96
2006年最高(元)	15.95
2006年最低(元)	7
2006年换手率(%)	222.45
股改对价	

G海工（600583）

上市日期:02/02/05　　电话:022－25215068　　传真:022－25215565

主营	海洋、陆地油气开发工程及配套工程的设计、建造、安装、连接调试、海底管道铺设、海上油气田设施的检测维修;各种类型的钢结构、网架工程的制作与安装;压力容器制造等。			
	年　度	2005	2004	2003
主要指标	每股收益/扣除后(元)	1.48/1.48	1.11	0.71/0.71
	每股经营现金流量(元)	1.52	1.55	1.71
	每股净资产/调整后(元)	5.93/5.92	5.44/5.44	5.3/5.28
	未分利润(万元)	102481.64	59517.54	33941.92
	资本公积(万元)	68608.84	71908.84	74658.84
利润构成	主营收入(万元)	425858.89	348750.2	205389.77
	主营利润(万元)	76928.45	63066.33	27665.86
	营业利润(万元)	70223.83	55980.88	22441.96
	投资收益(万元)	206.26	161.85	57.75
	利润总额(万元)	70429.32	56114.75	22507.49
	净利润(万元)	58531.49	36559.68	19645.33
点评	公司的经营绩效、作业能力、装备实力、技术水平和市场形象不断提升。05年工程量继续保持增长势头,通过加强管理,合理调配资源,缩短海上作业时间,提高施工效率,经济效益再创历史新高。石油价格的高涨是公司各项业务增长的重要驱动力。			

股本结构（万股）	截止日期	05年末	占%	主要股东及持股比例%、持股性质
	总股本	39600		中国海洋石油总公司 57.9%（国有股）
	国有股	23886.72	60.32	中国海洋石油南海西部公司 9.69%（国有股）
	发起股			海富通收益增长证券投资基金 2.02%（流通A股）
	外资股			景宏证券投资基金 1.27%（流通A股）
	募集股			海富通精选证券投资基金 1.26%（流通A股）
	流通A	15713.28	39.68	普丰证券投资基金 1.18%（流通A股）
	流通B			FORTIS BANK SA/NV 0.94%（流通A股）
	流通H			天华证券投资基金 0.77%（流通A股）
股东户数	05年末	6525		嘉实增长开放式证券投资基金 0.76%（流通A股）
	04年末	10863		久嘉证券投资基金 0.76%（流通A股）
其他流通股东	湘财荷银行业精选证券投资基金 0.691%；工银瑞信核心价值股票型证券投资基金 0.657%			
近年分配	05方案:10派2送7转增3；04年:10派1送1转增1；03年:10派1送1转增1	近年募资		

二〇〇五年以来市场表现

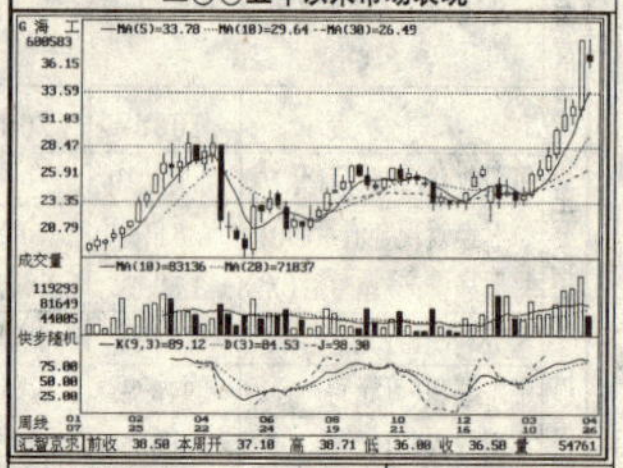

2005年涨跌幅(%)	58.38
2005年最高(元)	32.32
2006年涨跌幅(%)	76.36
2006.4.26收盘(元)	36.58
2006年最高(元)	48
2006年最低(元)	25.66
2006年换手率(%)	79.29
股改对价	送股 每10股实际获得2.4股(06/01/24)

G苏长电（600584）

上市日期:03/06/03　　电话:(0510)6851811　　传真:(0510)6854550

主营	集成电路封装、测试和分立器件的生产、销售			
	年　度	2005	2004	2003
主要指标	每股收益/扣除后(元)	0.187/0.189	0.167	0.24/0.24
	每股经营现金流量(元)	0.66	1.64	1.07
	每股净资产/调整后(元)	2.52/2.3	2.38/2.11	3.59/3.25
	未分利润(万元)	18550.66	15356.14	11988.05
	资本公积(万元)	21958.49	22030.89	33003.09
利润构成	主营收入(万元)	147475.99	118494.86	89400.91
	主营利润(万元)	30530.97	24103.78	18374.64
	营业利润(万元)	9421.08	7074.45	6633.05
	投资收益(万元)	-824.98	5.27	5.58
	利润总额(万元)	8515.86	7019.24	6606.54
	净利润(万元)	5486.02	4882.19	4371.33
点评	05年半导体行业景气下滑使主营收入增长放缓,原材料价格上涨和产品价格下滑对毛利率形成不利影响。通过提高片式化比例和开发新封装方式,公司毛利率得以稳定。但计提长电智源减值准备使公司盈利增速较小。预计FBP量产将为业绩增长提供充分的想象空间。			

股本结构（万股）	截止日期	05年末	占%	主要股东及持股比例%、持股性质
	总股本	29259.2		江阴新潮科技集团有限公司 19.97%（非流通股）
	国有股			上海华易投资有限公司 13.67%（非流通股）
	发起股	17643.2	60.3	江阴长江电子有限公司 4.45%（非流通股）
	外资股			江苏法泰投资有限公司 3.73%（非流通股）
	募集股			苏州工业园区海竞置业有限公司 3.73%（非流通股）
	流通A	11616	39.7	全国社保基金一零四组合 3.27%（流通A股）
	流通B			普丰证券投资基金 3.23%（流通A股）
	流通H			厦门永红电子有限公司 3.13%（非流通股）
股东户数	05年末	15893		杭州士兰微电子股份有限公司 3.07%（非流通股）
	04年末	29142		青岛海协信托投资有限公司 2.73%（非流通股）
其他流通股东	华夏成长证券投资基金 2.231%；鹏华中国50开放式证券投资基金 1.647%；银丰证券投资基金 1.18%			
近年分配	05预案:10派0.5；04年:10派0.5；03年:10派0.5转增6	近年募资	03年新发5500万股,发行价7.19元。	

二〇〇五年以来市场表现

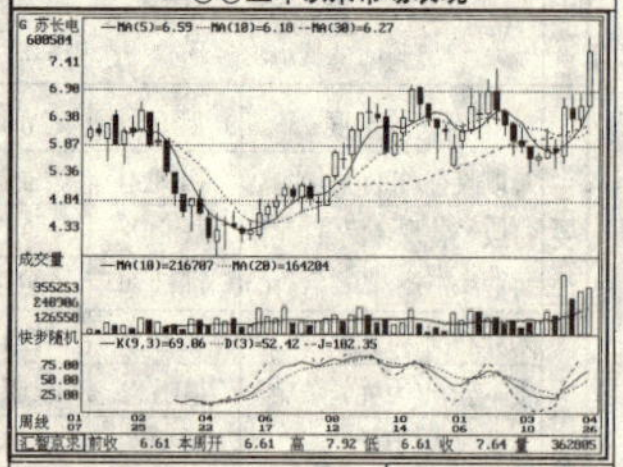

2005年涨跌幅(%)	27.59
2005年最高(元)	8.08
2006年涨跌幅(%)	31.5
2006.4.26收盘(元)	7.64
2006年最高(元)	7.92
2006年最低(元)	5.38
2006年换手率(%)	258.53
股改对价	送股 每10股实际获得3.2股(05/12/29)

G 海螺（600585）

上市日期:02/02/07　　电话:0553－3114546　　传真:0553－3114550

主营	高标号水泥及优质水泥熟料的生产加工、研制开发和销售推广等。			
	年　　度	2005	2004	2003
主要指标	每股收益/扣除后(元)	0.32/0.31	0.8	0.59/0.56
	每股经营现金流量(元)	1.21	1.14	1.98
	每股净资产/调整后(元)	4.55/4.55	4.35/4.35	3.65/3.65
	未分利润(万元)	116949.78	103507.59	59102.99
	资本公积(万元)	199224.9	199174.89	199145.32
利润构成	主营收入(万元)	1082621.43	838494.75	569503.26
	主营利润(万元)	244612.6	275205.27	234828.15
	营业利润(万元)	80992.11	175725.47	155830.49
	投资收益(万元)	758.22	514.61	342.83
	利润总额(万元)	86137.4	194173	164916.67
	净利润(万元)	40689.23	100882.7	73956.66
点评	中国最大的水泥企业。2005年,在宏观调控导致水泥市场需求放缓、华东地区水泥价格大幅下跌的困难形势下,公司主营收入有较大增长,但净利润同比大幅下降。利润下降主要原因在于05年水泥需求不足以及煤炭、电力、运输等价格上涨。			

	截止日期	05年末	占%	主要股东及持股比例%、持股性质
股本结构（万股）	总股本	125568		安徽海螺集团有限责任公司 49.57%（国有股）
	国有股	62248	49.57	香港结算代理人有限公司 33.24%（H股）
	发起股			申银万国－花旗－UBS LIMITED 1.53%（流通A股）
	外资股			TCC International Limited 1.19%（H股）
	募集股			景福证券投资基金 0.92%（流通A股）
	流通A	20000	15.93	国际金融－渣打－CITIGROUP GLOBAL MARKETS LIMITED 0.83%（流通A股）
	流通B			申银万国－花旗－DEUTSCHE BANK AKTIENGESELLSCHAFT 0.72%（流通A股）
	流通H	43320	34.5	国际金融－汇丰－MORGAN STANLEY & CO. INTERNATIONAL LIMITED 0.72%（流通A股）
股东户数	05年末	8419		通乾证券投资基金 0.65%（流通A股）
	04年末	14105		中国银行－景宏证券投资基金 0.57%（流通A股）
其他流通股东	国泰君安－建行－香港上海汇丰银行有限公司 0.551%			
近年分配	05预案:10派0.7；04年:10派1.3；03年:10派1		近年募资	03年增发。

二〇〇五年以来市场表现

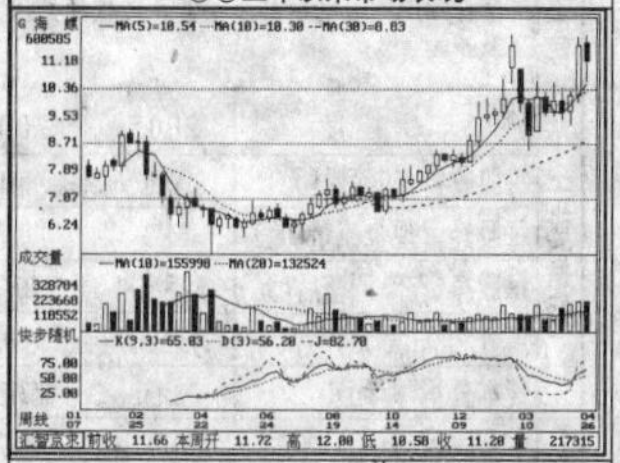

2005年涨跌幅(%)	18.7
2005年最高(元)	10.21
2006年涨跌幅(%)	32.57
2006.4.26收盘(元)	11.2
2006年最高(元)	13.5
2006年最低(元)	9.28
2006年换手率(%)	93.28
股改对价	派现 每10股实际获得15元(06/03/02)

G 金晶（600586）

上市日期:02/08/15　　电话:0533－3586666　　传真:0533－3585586

主营	浮法玻璃的生产和销售			
	年　　度	2005	2004	2003
主要指标	每股收益/扣除后(元)	0.189/0.19	0.56/0.56	0.25/0.27
	每股经营现金流量(元)	0.38	1.67	1
	每股净资产/调整后(元)	3.19/3.18	4.6/4.59	4.05/4.04
	未分利润(万元)	12896.18	11205.56	5092.6
	资本公积(万元)	24584.2	30879.45	30879.45
利润构成	主营收入(万元)	57697.14	44555.6	31081.31
	主营利润(万元)	11125.1	14253.61	8851
	营业利润(万元)	4308.05	8818.37	4890.71
	投资收益(万元)	11.22	－28.66	11.22
	利润总额(万元)	5268.52	10494.3	5755.95
	净利润(万元)	3584.33	7008.33	3144.42
点评	2005年,由于超白玻璃尚未有实质性利润贡献,在宏观调控导致玻璃市场需求放缓、玻璃产品售价大幅下降以及重油、纯碱、水、电等上涨给成本控制带来巨大压力的形势下,公司主营业务收入虽有所增长,但净利润同比大幅下降。			

	截止日期	05年末	占%	主要股东及持股比例%、持股性质
股本结构（万股）	总股本	18885.75		淄博中齐建材有限公司 51.11%（非流通股）
	国有股	288.6	1.53	秦皇岛玻璃工业研究设计院 0.382%（国有股）
	发起股	9724.65	51.49	中国建筑材料科学研究院 0.382%（国有股）
	外资股			山东工程学院 0.382%（国有股）
	募集股			山东省硅酸盐研究设计院 0.382%（国有股）
	流通A	8872.5	46.98	博山科利达软件开发有限公司 0.382%（非流通股）
	流通B			李孝会 0.381%（流通A股）
	流通H			普丰证券投资基金 0.38%（流通A股）
股东户数	05年末	16211		皮筱蔚 0.16%（流通A股）
	04年末	8510		王伯芹 0.15%（流通A股）
其他流通股东	上海渠佳贸易有限公司 0.141%；何姝慧 0.134%；倪宇 0.124%；倪丰琴 0.122%；余引地 0.111%；郭惠林 0.11%			
近年分配	05预案:10送1.8；04年:10派1转增5		近年募资	

二〇〇五年以来市场表现

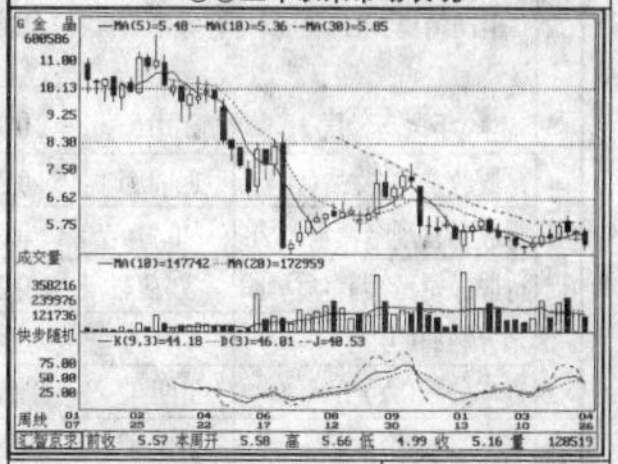

2005年涨跌幅(%)	－26.41
2005年最高(元)	11.88
2006年涨跌幅(%)	25.85
2006.4.26收盘(元)	5.16
2006年最高(元)	7.92
2006年最低(元)	6.33
2006年换手率(%)	325.83
股改对价	送股 每10股实际获得3股(06/01/10)

新华医疗（600587）

上市日期:02/09/27　　电话:0533－2284275　　传真:0533－2285258

主营	消毒灭菌设备、放射诊断治疗设备的生产与销售			
	年　　度	2005	2004	2003
主要指标	每股收益/扣除后(元)	0.18/0.17	－0.34	0.28/0.25
	每股经营现金流量(元)	－0.11	0.19	－0.13
	每股净资产/调整后(元)	3.56/3.48	3.38/3.33	3.71/3.7
	未分利润(万元)	5035.06	3746.98	6642.79
	资本公积(万元)	15176	15145.55	15144.42
利润构成	主营收入(万元)	41524.95	29942.41	27519.2
	主营利润(万元)	9241.7	7968.73	7532.65
	营业利润(万元)	1853.58	－2591.61	2838.27
	投资收益(万元)		129.17	9.95
	利润总额(万元)	1865.42	－2484.26	2842.88
	净利润(万元)	1510.5	－2880.51	2406.26
点评	2005年公司成功扭亏,生产经营总体情况好于上年。收入增长的主要原因是推出新产品并加强了市场开拓,还成为全国医疗器械行业唯一的国家认定企业技术中心。需要注意的是,由于原材料上涨和生产规模扩大带来三费比例增加,净利润增长速度低于主营收入。			

	截止日期	05年末	占%	主要股东及持股比例%、持股性质
股本结构（万股）	总股本	8582		淄博市国有资产管理局 53.02%（国有股）
	国有股	4550	53.02	济南恒诚泰 0.36%（流通A股）
	发起股			何世杰 0.29%（流通A股）
	外资股			胡海燕 0.23%（流通A股）
	募集股			俞宙 0.16%（流通A股）
	流通A	4032	46.98	苏晓刚 0.15%（流通A股）
	流通B			何庆周 0.15%（流通A股）
	流通H			余华 0.14%（流通A股）
股东户数	05年末	13637		卓壮英 0.13%（流通A股）
	04年末	14449		杨仲冬 0.12%（流通A股）
其他流通股东	杨欣 0.121%			
近年分配			近年募资	

二〇〇五年以来市场表现

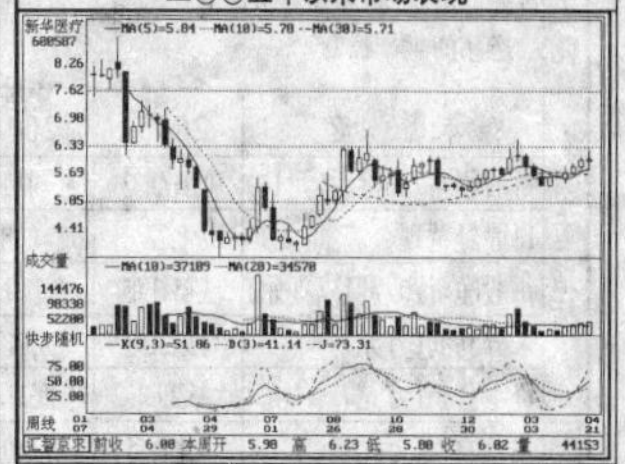

2005年涨跌幅(%)	－32.75
2005年最高(元)	8.9
2006年涨跌幅(%)	11.48
2006.4.26收盘(元)	6.02
2006年最高(元)	6.48
2006年最低(元)	5.38
2006年换手率(%)	137.52
股改对价	送股 每10股实际获得2.8股

G用友（600588）

上市日期：01/05/18　　电话：010－62986688　　传真：010－62971426

主营：自有知识产权的财务及企业管理软件的研究与开发、销售、服务。

	年　度	2005	2004	2003
主要指标	每股收益/扣除后(元)	0.57/0.56	0.48	0.62
	每股经营现金流量(元)	1.2	0.74	0.87
	每股净资产/调整后(元)	6.98/6.81	7.97/7.74	9.28/9.25
	未分利润(万元)	13856.39	9569.23	3666.72
	资本公积(万元)	83137	85312.16	86833.78
利润构成	主营收入(万元)	100076.34	72587.17	60157.29
	主营利润(万元)	87537.62	64677.29	54574.46
	营业利润(万元)	4706.74	3415.22	5154.13
	投资收益(万元)	-46.95	-1157.64	-1096.1
	利润总额(万元)	11838.34	7884.44	9003.3
	净利润(万元)	9883.5	6944.14	7491.19

点评：05年大力推进中小企业ERP普及，用户对服务的接受程度明显提升，主营由此高速增长。管理费用控制的加强、短期投资收益的改善以及采用所得税率的变化均导致盈利高速成长。补贴收入依然是盈利主要来源。预计06年业绩仍稳健增长。

	截止日期	05年末	占%	主要股东及持股比例%、持股性质
股本结构（万股）	总股本	17280		北京用友科技有限公司 37.5%（非流通股）
	国有股			上海用友软件咨询有限公司 18.75%（非流通股）
	发起股	12960	75	北京用友企业管理研究所有限公司 7.5%（非流通股）
	外资股			上海益倍管理咨询有限公司 7.5%（非流通股）
	募集股			上海优富信息咨询有限公司 3.75%（非流通股）
	流通A	4320	25	中国农业银行－富国天瑞强势地区精选混合型开放式证券投资基金 1.27%（流通A股）
	流通B			中国工商银行－银河银泰理财分红证券投资基金 0.83%（流通A股）
	流通H			银丰证券投资基金 0.76%（流通A股）
股东户数	05年末	15147		汉盛证券投资基金 0.36%（流通A股）
	04年末	20273		全国社保基金一零四组合 0.34%（流通A股）
其他流通股东	汉博证券投资基金 0.332%；交通银行－金鹰中小盘精选证券投资基金 0.316%			
近年分配	05预案：10派6.6转增3；04年：10派3.2转增2；03年：10派3.75转增2		近年募资	

二〇〇五年以来市场表现

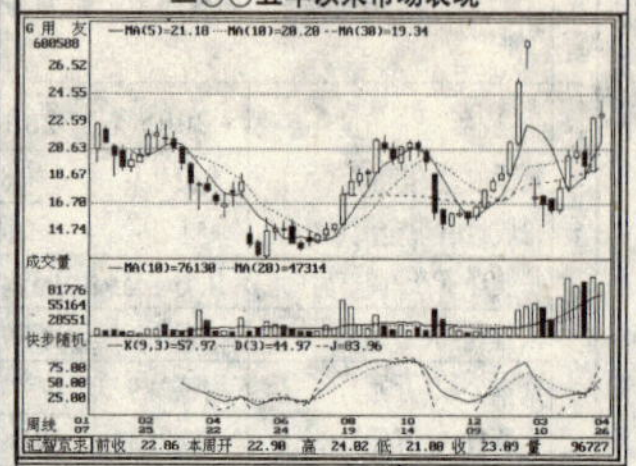

2005年涨跌幅(%)	11.28
2005年最高(元)	26.18
2006年涨跌幅(%)	84.23
2006.4.26收盘(元)	23.09
2006年最高(元)	36.03
2006年最低(元)	18.7
2006年换手率(%)	136.35
股改对价	送股 每10股实际获得5股(06/02/28)

G榕泰（600589）

上市日期：01/06/12　　电话：0663－8676616　　传真：0663－8676899

主营：生产销售ML复合新材料等化工材料及其制品。

	年　度	2005	2004	2003
主要指标	每股收益/扣除后(元)	0.3/0.25	0.28	0.33/0.31
	每股经营现金流量(元)	0.24	0.37	0.55
	每股净资产/调整后(元)	3.4/3.4	3.31/3.31	3.87/3.87
	未分利润(万元)	7741.72	4717.98	3929.89
	资本公积(万元)	31191.42	31466.15	34466.15
利润构成	主营收入(万元)	57081.48	50255.48	37575.91
	主营利润(万元)	9666.68	9447.78	7824.68
	营业利润(万元)	5910.85	6096.2	5657.38
	投资收益(万元)	-12.76	-5.96	-8.25
	利润总额(万元)	6681.57	6406.7	6030.09
	净利润(万元)	5816.17	5444.8	5306.28

点评：公司在国内外氨基复合材料行业中具有技术优势和名牌效应，有较强的市场竞争力，但2005年由于原材料价格持续上涨、投资项目投产时间拖延等因素，影响了公司的收入增长和利润增长。同时国家对安全生产更加重视，也增加了公司的管理成本。

	截止日期	05年末	占%	主要股东及持股比例%、持股性质
股本结构（万股）	总股本	19200		广东榕泰高级瓷具有限公司 32.4%（非流通股）
	国有股	339.2	1.77	揭阳市兴盛化工原料有限公司 22.8%（非流通股）
	发起股	12380.8	64.48	广东榕泰制药有限公司 6.25%（非流通股）
	外资股			广东省科技创业投资公司 1.77%（国有股）
	募集股			揭阳市鸿凯贸易发展公司 1.65%（非流通股）
	流通A	6480	33.75	揭阳市益科电子器材公司 1.38%（非流通股）
	流通B			张向明 0.18%（流通A股）
	流通H			杨传刚 0.164%（流通A股）
股东户数	05年末	23422		陈献春 0.161%（流通A股）
	04年末	24938		唐荣运 0.114%（流通A股）
其他流通股东	刘京 0.104%；林小妮 0.093%；黄旭新 0.093%；丘凯 0.08%；侯军 0.078%；林敏 0.076%			
近年分配	05预案：10派1；04年：10派2；03年：10派2.5转增2		近年募资	

二〇〇五年以来市场表现

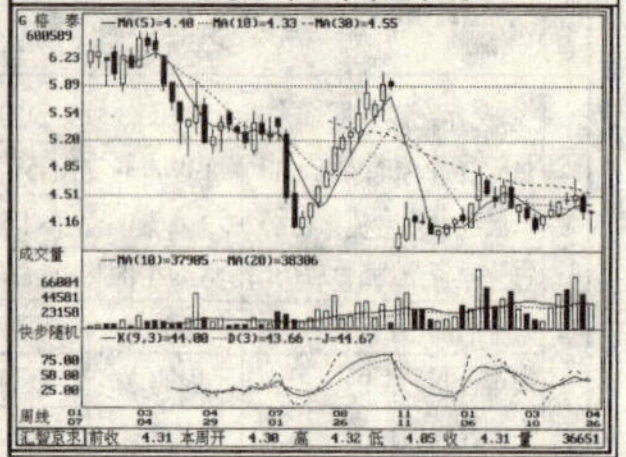

2005年涨跌幅(%)	-5.54
2005年最高(元)	6.58
2006年涨跌幅(%)	2.86
2006.4.26收盘(元)	4.31
2006年最高(元)	4.88
2006年最低(元)	4.04
2006年换手率(%)	106.01
股改对价	送股 每10股实际获得3.5股(05/11/02)

G泰豪（600590）

上市日期：02/07/03　　电话：0791－8110590　　传真：0791－8106688

主营：智能电站、智能建筑电气设备、光电信息产品等机电一体化产品的生产经营。

	年　度	2005	2004	2003
主要指标	每股收益/扣除后(元)	0.34/0.33	0.28	0.29/0.27
	每股经营现金流量(元)	0.37	0.01	0.69
	每股净资产/调整后(元)	3.05/3.05	2.11/2.11	2.77/2.77
	未分利润(万元)	12823.58	9204.8	7698.96
	资本公积(万元)	15210.41	10534.28	14350.86
利润构成	主营收入(万元)	82410.75	75560.3	49494.1
	主营利润(万元)	16748.98	14674.9	10065.86
	营业利润(万元)	5878.71	5573.4	3948.96
	投资收益(万元)	584.41	663.56	249.76
	利润总额(万元)	6419.54	6461.35	4173.53
	净利润(万元)	5124.58	5662.78	3806.57

点评：2005年是公司资源整合、机制调整的一年，虽然主营业务收入略有增长，但净利润同比下降11.4%。虽然近年来智能建筑在我国蓬勃发展，具有较大的市场空间和发展潜力，但国内行业成熟度不够，行业竞争激烈，对公司该产业规模化发展形成制约。

	截止日期	05年末	占%	主要股东及持股比例%、持股性质
股本结构（万股）	总股本	15073.04		清华同方股份有限公司 25.37%（非流通股）
	国有股			泰豪集团有限公司 22.99%（非流通股）
	发起股	9073.04	60.19	江西康富投资管理有限公司 8.07%（非流通股）
	外资股			江西三和电力股份有限公司 3.01%（非流通股）
	募集股			南昌新蓝天房地产开发有限公司 1.5%（流通A股）
	流通A	6000	39.81	南昌高新科技投资有限公司 0.75%（非流通股）
	流通B			刘志杰 0.33%（流通A股）
	流通H			周建伟 0.31%（流通A股）
股东户数	05年末	16742		郑华 0.28%（流通A股）
	04年末	17210		兰功成 0.27%（流通A股）
其他流通股东	喻金泉 0.259%；安徽省能源物资供销公司 0.2%；赵琼 0.199%；田民牛 0.178%			
近年分配	05预案：10派0.6；04年：10派0.5；03年：10派0.5送2转增3		近年募资	

二〇〇五年以来市场表现

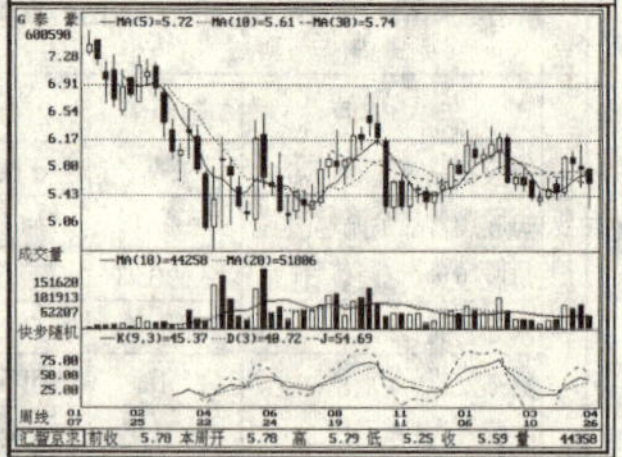

2005年涨跌幅(%)	-22.96
2005年最高(元)	7.65
2006年涨跌幅(%)	-2.27
2006.4.26收盘(元)	5.59
2006年最高(元)	6.35
2006年最低(元)	5.25
2006年换手率(%)	141.02
股改对价	缩股（05/10/25）

G 上航（600591）

上市日期：02/10/11　　电话：021－62558888　　传真：021－62728870

主营	经营国内航线，从事国内、国际和地区航空客、货、邮运输及代理等。			
主要指标	年　度	2005	2004	2003
	每股收益/扣除后(元)	0.04	0.24	0.13/0.08
	每股经营现金流量(元)	0.56	0.84	1.08
	每股净资产/调整后(元)	1.88/1.63	1.89/1.76	2.49/2.32
	未分利润(万元)	28224.85	31995.06	13641.4
	资本公积(万元)	49020.73	48714.93	83584.9
利润构成	主营收入(万元)	797942.58	659304.93	451658.8
	主营利润(万元)	111137.7	129014.89	87930.93
	营业利润(万元)	6577.58	30045.13	6930.67
	投资收益(万元)	47.46	3545.54	1363.33
	利润总额(万元)	6848.41	32573.51	12008.38
	净利润(万元)	4603.87	26359.51	9191.65
点评	公司05年机队规模达到42架，拓展航线网络，提高营销能力。同时围绕以上海为中心的枢纽航线网络建设，提高了公司航线网络的覆盖广度。公司净利润同比下降，主要是由于主营业务成本大幅上升，其中航空燃油单价与去年同期相比平均上升30%左右。			

股本结构（万股）	截止日期	05年末	占%	主要股东及持股比例%、持股性质
	总股本	108150		上海联和投资有限公司 40.65%（国有股）
	国有股	62301.18	57.61	中银集团投资有限公司 14.65%（外资股）
	发起股			锦江国际(集团)有限公司 9.02%（国有股）
	外资股	15848.82	14.65	上海对外经济贸易实业有限公司 4.93%（国有股）
	募集股			博时价值增长证券投资基金 2.86%（流通A股）
	流通A	30000	27.74	上海轻工业对外经济技术合作有限公司 1.5%（国有股）
	流通B			上海汉森进出口有限公司 1.5%（国有股）
	流通H			中国工商银行－博时精选股票证券投资基金 1.05%（流通A股）
股东户数	05年末	29148		中国平安人寿保险股份有限公司－万能－个险万能 0.88%（流通A股）
	04年末	25679		中国银行－海富通收益增长证券投资基金 0.74%（流通A股）
其他流通股东	交通银行－海富通精选证券投资基金 0.647%；交通银行－科瑞证券投资基金 0.644%			
近年分配	05预案：10派0.3；04年：10派0.6；03年：10派0.3转增5		近年募资	

二〇〇五年以来市场表现

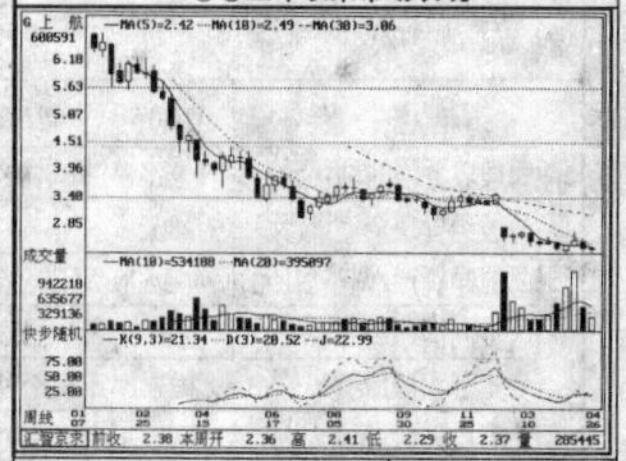

2005年涨跌幅(%)	－47.7
2005年最高(元)	6.74
2006年涨跌幅(%)	－10.95
2006.4.26收盘(元)	2.37
2006年最高(元)	3.64
2006年最低(元)	2.98
2006年换手率(%)	167.54
股改对价	送股 每10股实际获得3股(06/02/14)

G 龙溪（600592）

上市日期：02/08/05　　电话：0596－2072091　　传真：0596－2051934

主营	生产、经营关节轴承、深沟球轴承、AG轴承、精密圆锥滚子轴承和汽车零部件等机械基础件、配套件产品。			
主要指标	年　度	2005	2004	2003
	每股收益/扣除后(元)	0.461/0.45	0.337	0.268/0.24
	每股经营现金流量(元)	0.64	0.36	0.28
	每股净资产/调整后(元)	3.93/3.88	3.66/3.62	3.52/3.46
	未分利润(万元)	8082.77	5847.78	4806.27
	资本公积(万元)	29659.45	29216.05	29142.09
利润构成	主营收入(万元)	45712.64	31304.11	29316.42
	主营利润(万元)	16750.73	12839.17	10423.88
	营业利润(万元)	9771.66	7207.43	5735.61
	投资收益(万元)	7.65	－294.6	122.29
	利润总额(万元)	9808.94	7008.98	5877.5
	净利润(万元)	6918.67	5051.89	4022.35
点评	公司主营的核心业务是研发、生产、销售关节轴承等特种轴承。公司在关节轴承领域具有难以被复制的独特竞争优势，未来持续发展可期。			

股本结构（万股）	截止日期	05年末	占%	主要股东及持股比例%、持股性质
	总股本	15000		漳州市机电投资有限公司 36.93%（国有股）
	国有股	5539.2	36.93	漳州片仔癀集团公司 10.61%（国有股）
	发起股	4460.8	29.74	万利达集团有限公司 9.9%（非流通股）
	外资股			中国工程与农业机械进出口总公司 7.55%（国有股）
	募集股			工银瑞信核心价值股票型证券投资基金 3.8%（流通A股）
	流通A	5000	33.33	银丰证券投资基金 2.22%（流通A股）
	流通B			银河银泰理财分红证券投资基金 1.74%（流通A股）
	流通H			福建多棱钢业集团有限公司 1.67%（非流通股）
股东户数	05年末	11637		富国天瑞强势地区精选混合型开放式证券投资基金 1.58%（流通A股）
	04年末	20577		银河稳健证券投资基金 1.15%（流通A股）
其他流通股东	国际金融－汇丰－MORGAN STANLEY & CO. INTERNATIONAL LIMITED 0.996%；申银万国－花旗－UBS LIMITED 0.797%			
近年分配	05预案：10派2.5；04年：10派2.2；03年：10派2		近年募资	

二〇〇五年以来市场表现

2005年涨跌幅(%)	53.96
2005年最高(元)	9.34
2006年涨跌幅(%)	35.4
2006.4.26收盘(元)	9.28
2006年最高(元)	12.09
2006年最低(元)	8.57
2006年换手率(%)	166.36
股改对价	送股 每10股实际获得3股(06/02/14)

大连圣亚（600593）

上市日期：02/07/11　　电话：0411－4685225　　传真：0411－4685217

主营	建设、经营水族馆、海洋探险人造景观			
主要指标	年　度	2005	2004	2003
	每股收益/扣除后(元)	0.03/0.005	0.04	－0.31/－0.3
	每股经营现金流量(元)	0.32	0.34	－0.08
	每股净资产/调整后(元)	3.31/3.23	3.28/3.25	3.23/3.23
	未分利润(万元)	－737.66	－1043.92	－1451.46
	资本公积(万元)	20662.57	20662.57	20613.25
利润构成	主营收入(万元)	7794.59	7027.53	3636.83
	主营利润(万元)	2740.6	2466.66	107.55
	营业利润(万元)	49.59	344.64	－2911.5
	投资收益(万元)	130.87	－3.04	
	利润总额(万元)	167.11	348.95	－2979.04
	净利润(万元)	306.26	407.53	－2866.82
点评	2005年，公司通过加强营销工作力度，拓展营销渠道，维护团队客户等手段，保证了主营业务的收入稳定；公司全力推动新圣亚海洋世界项目和哈尔滨极地馆项目的开发建设，05年扩建的新圣亚海洋世界对外营业，06年初极地馆也开业。			

股本结构（万股）	截止日期	05年末	占%	主要股东及持股比例%、持股性质
	总股本	9200		中国石油辽阳石油化纤公司 29.35%（国有股）
	国有股	2700	29.35	辽宁迈克集团股份有限公司 16.3%（非流通股）
	发起股	1800	19.57	新西兰海底世界工程开发有限公司 9.78%（外资股）
	外资股	1500	16.3	香港世隆国际有限公司 6.52%（外资股）
	募集股			大连神洲游艺公司 3.26%（非流通股）
	流通A	3200	34.78	任茂敏 0.16%（流通A股）
	流通B			战士杰 0.16%（流通A股）
	流通H			杨新华 0.13%（流通A股）
股东户数	05年末	14198		方友生 0.12%（流通A股）
	04年末	14248		王哲 0.11%（流通A股）
其他流通股东	陈惠娜 0.094%；任川 0.089%；竹世红 0.087%；王劲 0.087%；许桂元 0.081%			
近年分配			近年募资	

二〇〇五年以来市场表现

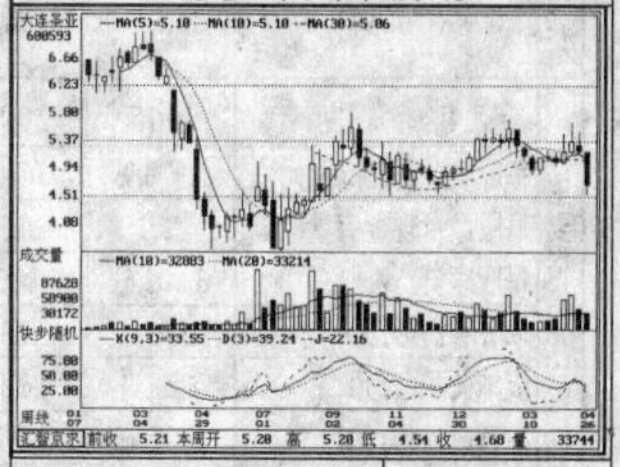

2005年涨跌幅(%)	－23.57
2005年最高(元)	7.09
2006年涨跌幅(%)	－5.07
2006.4.26收盘(元)	4.68
2006年最高(元)	5.7
2006年最低(元)	4.54
2006年换手率(%)	176.09
股改对价	

G益佰（600594）

上市日期:04/03/23　电话:(0851)4705590－8223　传真:(0851)4719910

主营	中药制品的生产、销售

	年　度	2005	2004	2003
主要指标	每股收益/扣除后(元)	0.86/0.89	0.84	1.1/1.1
	每股经营现金流量(元)	0.22	-0.67	1.96
	每股净资产/调整后(元)	6.92/6.89	7.58/7.52	3.82
	未分利润(万元)	20946.34	15953.29	11298.32
	资本公积(万元)	24239.29	25579.29	
利润构成	主营收入(万元)	73937.31	63190.74	50266.62
	主营利润(万元)	52032.21	43431.87	26938.28
	营业利润(万元)	6210.93	6728.63	6175.33
	投资收益(万元)	-22.8	-77.73	-63.27
	利润总额(万元)	6126.58	5872.01	6077.37
	净利润(万元)	6941.77	5634.36	5155.73

点评	报告期内,公司业绩平稳增长,强势药品主要涉及镇咳类、抗肿瘤类、心血管类和呼吸类等中成药。公司在公司治理等方面做了大量工作,经营质量进一步提高。由于经营和销售规模的扩张,公司的期间费用同比有所上升。

	截止日期	05年末	占%	主要股东及持股比例%、持股性质
股本结构（万股）	总股本	8040		窦(启文)玲 23.25%(非流通股)
	国有股			叶湘武 12.24%(非流通股)
	发起股	246	3.06	朱岳兴 5.51%(非流通股)
	外资股			岳巍 5.51%(非流通股)
	募集股			甘宁 5.51%(非流通股)
	流通A	3120	38.81	庞骏 4.9%(非流通股)
	流通B			招商银行股份有限公司－－中信经典配置证券投资基金 3.71%(流通A股)
	流通H			中国建设银行－－国泰金马稳健回报证券投资基金 3.69%(流通A股)
股东户数	05年末	4261		中国工商银行－－国联安德盛小盘精选证券投资基金 3.45%(流通A股)
	04年末	4661		哈尔滨晓升广告传播集团有限公司 3.06%(非流通股)

其他流通股东	全国社保基金一零六组合 2.811%;金鑫证券投资基金 1.645%;中国银行－－嘉实增长开放式证券投资基金 1.543%		
近年分配	05预案:10派1.15转增5;04年:10派1.25转增2	近年募资	04年新发2000万股,发行价14.4元。

二〇〇五年以来市场表现

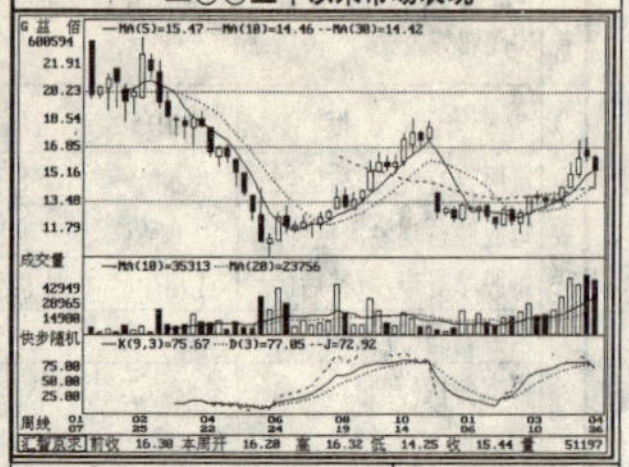

2005年涨跌幅(%)	-10.45
2005年最高(元)	23.6
2006年涨跌幅(%)	16.79
2006.4.26收盘(元)	15.44
2006年最高(元)	17.4
2006年最低(元)	11.53
2006年换手率(%)	140.34
股改对价	送股 每10股实际获得3股(05/12/05)

G中孚（600595）

上市日期:02/06/26　电话:0371－64569088　传真:0371－64569089

主营	电解铝的生产和销售

	年　度	2005	2004	2003
主要指标	每股收益/扣除后(元)	0.24/0.256	0.35	0.42/0.425
	每股经营现金流量(元)	1.72	0.87	0.52
	每股净资产/调整后(元)	3.71/3.7	3.5/3.48	4.12/4.11
	未分利润(万元)	20210.92	16303.41	9919.72
	资本公积(万元)	34196.87	34332.21	36648.58
利润构成	主营收入(万元)	242376.77	187589.47	70166.88
	主营利润(万元)	25410.02	25602.2	13716.89
	营业利润(万元)	8875.64	12308.78	10393.55
	投资收益(万元)	-253.24	21.59	-0.35
	利润总额(万元)	8325.23	12275.22	10327.71
	净利润(万元)	5473.91	7956.47	7434.2

点评	2005年,公司净利润下降较快。预计2006年至未来一段时间内,电解铝行业将会逐步复苏,国内投资拉动了未来对铝的消费需求将保持高速增长,电解铝价格有望振荡走高,公司业绩有望走出低底。2006年公司将继续通过加强管理降低生产成本。

	截止日期	05年末	占%	主要股东及持股比例%、持股性质
股本结构（万股）	总股本	22862.78		河南豫联能源集团有限责任公司 29.96%(外资股)
	国有股	1320.56	5.78	中融国际信托投资有限公司 11.18%(非流通股)
	发起股	9544.42	41.75	巩义市供电公司 5.3%(国有股)
	外资股			科瑞证券投资基金 2.19%(流通A股)
	募集股			万金训 0.69%(流通A股)
	流通A	11973.18	52.37	巩义市怡丰实业有限责任公司 0.6%(非流通股)
	流通B			河南第一火电建设公司 0.47%(国有股)
	流通H			孙喜乐 0.24%(流通A股)
股东户数	05年末	26615		廖致慧 0.2%(流通A股)
	04年末	25966		张玲 0.19%(流通A股)

其他流通股东	伍德科 0.188%;周明 0.185%;张全忠 0.169%;魏淑君 0.157%;吴红 0.157%		
近年分配	04年:10派0.2;03年:10派2转增3	近年募资	

二〇〇五年以来市场表现

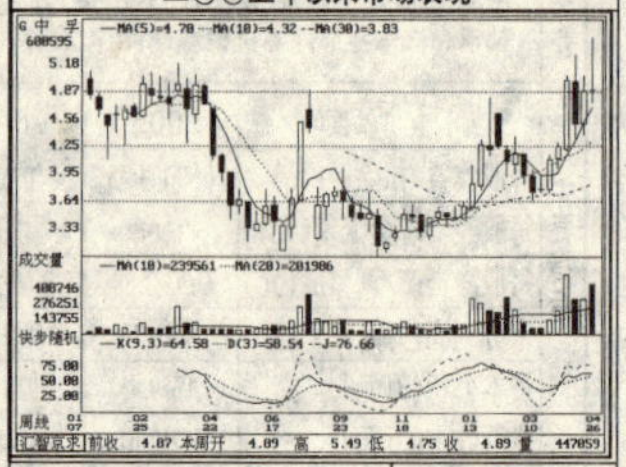

2005年涨跌幅(%)	-25.34
2005年最高(元)	5.18
2006年涨跌幅(%)	42.57
2006.4.26收盘(元)	4.89
2006年最高(元)	5.49
2006年最低(元)	3.42
2006年换手率(%)	319.16
股改对价	送股 每10股实际获得1股(05/08/29)

G新安（600596）

上市日期:01/09/06　电话:0571－64715693　传真:0571－64726063

主营	从事农药、化工、新材料及化工机械的制造加工和销售。

	年　度	2005	2004	2003
主要指标	每股收益/扣除后(元)	0.96/0.96	0.6	0.262/0.258
	每股经营现金流量(元)	1.72	0.59	0.92
	每股净资产/调整后(元)	3.64/3.63	2.94/2.93	4.05/4.03
	未分利润(万元)	25893.53	13903.66	3856.74
	资本公积(万元)	22560.71	21608.04	30498.41
利润构成	主营收入(万元)	238760.66	169992.43	101846.39
	主营利润(万元)	65677.72	39657.9	17614.57
	营业利润(万元)	35095.13	20353.43	5763.25
	投资收益(万元)	-1657.13	80.18	-121.51
	利润总额(万元)	32260.37	17295.9	5138.2
	净利润(万元)	21871.88	13728.06	3511.57

点评	公司受益于有机硅行业供不应求的市场情况以及公司的产能扩张,其2005年净利润同比增幅超过50%。随着新10万吨有机硅项目建成,公司未来业绩仍将保持较快增长。

	截止日期	05年末	占%	主要股东及持股比例%、持股性质
股本结构（万股）	总股本	22798.76		传化集团有限公司 29.77%(非流通股)
	国有股			开化县工业国有资产经营公司 9.72%(国有股)
	发起股	6788.1	29.77	国联安德盛小盘精选证券投资基金 3.63%(流通A股)
	外资股			浙江信鸿实业有限责任公司 2.24%(非流通股)
	募集股	5695.06	24.98	中化国际(控股)股份有限公司 2.09%(非流通股)
	流通A	10315.6	45.25	同益证券投资基金 1.55%(流通A股)
	流通B			中化上海进出口公司 1.49%(非流通股)
	流通H			中国人寿保险股份有限公司－－个人分红005L 1.49%(流通A股)
股东户数	05年末	12453		华夏成长证券投资基金 1.46%(流通A股)
	04年末	18685		银河银泰理财分红证券投资基金 1.41%(流通A股)

其他流通股东	金泰证券投资基金 1.338%;富国天瑞强势地区精选混合型开放式证券投资基金 1.114%		
近年分配	04年:10派3;03年:10派1.2转增7	近年募资	

二〇〇五年以来市场表现

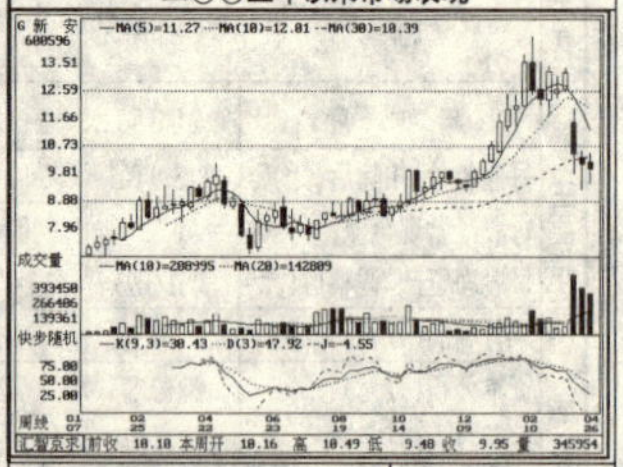

2005年涨跌幅(%)	49.26
2005年最高(元)	11.15
2006年涨跌幅(%)	45.59
2006.4.26收盘(元)	9.95
2006年最高(元)	18.78
2006年最低(元)	10.47
2006年换手率(%)	181.86
股改对价	定向转增 每10股实际获得5.7股(06/04/11)

光明乳业（600597）

上市日期:02/08/28　　电话:021－54584520　　传真:021－64013337

主营	生产、开发乳和乳制品、冰淇淋、国产品牌的非碳酸饮料、饮用水及相关食品,销售自产产品。			
	年　度	2005	2004	2003
主要指标	每股收益/扣除后(元)	0.2/0.21	0.31/0.3	0.434/0.42
	每股经营现金流量(元)	0.44	0.39	0.72
	每股净资产/调整后(元)	2.03/1.98	1.97/1.93	2.86/2.81
	未分利润(万元)	19520.83	16993.03	11178.91
	资本公积(万元)	41505.28	40795.19	79742.07
利润构成	主营收入(万元)	690386.27	678567.86	598105.16
	主营利润(万元)	213395.75	217318.67	194590.68
	营业利润(万元)	25471.24	39258.17	39179.78
	投资收益(万元)	－955.87	－455.49	－569.59
	利润总额(万元)	23667.02	38196.09	39091.71
	净利润(万元)	21112.4	31797.37	28246.19
点评	尽管2005年公司的销售收入与上年基本持平,但受"郑州事件"的影响,由于品牌受损从而引起的品牌维护费用和市场费用的上升使公司利润下滑了35%。预计公司仍将继续贯彻"新鲜战略",将销售重点放在保鲜奶和酸奶上,06年盈利水平将有所恢复。			

股本结构(万股)	截止日期	05年末	占%	主要股东及持股比例%、持股性质
	总股本	104189.26		上海牛奶(集团)有限公司 30.78%(国有股)
	国有股			S.I.FOOD PRODUCT SHOLDINGS LIMITED 30.78%(外资股)
	发起股	38010.84	36.48	DANONE ASIA PTE LTD 9.7%(外资股)
	外资股	42178.41	40.48	东方希望集团有限公司 3.85%(非流通股)
	募集股			大众交通(集团)股份有限公司 1.85%(非流通股)
	流通A	24000	23.04	交通银行－科汇证券投资基金 1.27%(流通A股)
	流通B			中国银行－易方达平稳增长证券投资基金 0.52%(流通A股)
	流通H			交通银行－科讯证券投资基金 0.41%(流通A股)
股东户数	05年末	38090		华宝信托投资有限责任公司－单一类资金信托2004年第16号 0.34%(流通A股)
	04年末	41116		中国工商银行－诺安平衡证券投资基金 0.26%(流通A股)
其他流通股东	中国银行－银华优势企业(平衡型)证券投资基金 0.224%			
近年分配	05预案:10派1;04年:10派1.5;03年:10派2转增6		近年募资	

二〇〇五年以来市场表现

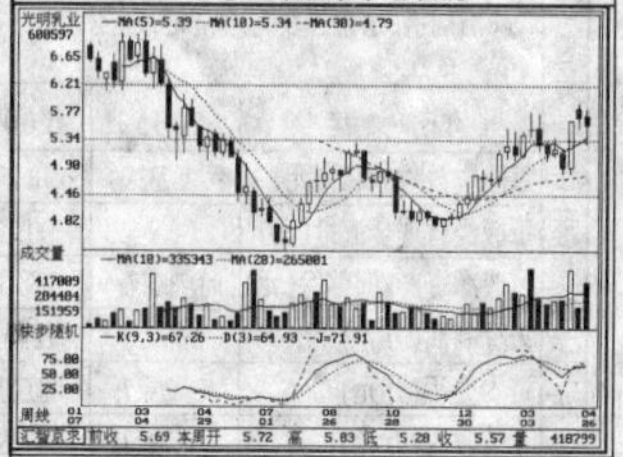

2005年涨跌幅(%)	－33.24
2005年最高(元)	7.09
2006年涨跌幅(%)	26.3
2006.4.26收盘(元)	5.57
2006年最高(元)	5.93
2006年最低(元)	4.34
2006年换手率(%)	191.97
股改对价	送股 派现 每10股实际获得1.2股8.46元

G北大荒（600598）

上市日期:02/03/29　　电话:0451－5195980　　传真:0451－5395993

主营	水稻、大豆、小麦、玉米等粮食作物的生产、销售;尿素的生产与销售。			
	年　度	2005	2004	2003
主要指标	每股收益/扣除后(元)	0.28/0.27	0.3	0.26/0.26
	每股经营现金流量(元)	－0.1	0.16	0.38
	每股净资产/调整后(元)	2.51/2.05	2.73/2.51	2.64/2.38
	未分利润(万元)	93802.31	59003.5	53423
	资本公积(万元)	130527.39	159926.59	159926.59
利润构成	主营收入(万元)	405161.03	320503.94	186632.74
	主营利润(万元)	136064.29	131801.51	90348.25
	营业利润(万元)	48558.41	45732.81	38155.67
	投资收益(万元)	－105.99	134.77	
	利润总额(万元)	49213.81	44952.66	38343.07
	净利润(万元)	49714.77	44634	38343.07
点评	公司不断加强农业基础设施建设,优化种植业结构,全力实施农业标准化和高产公关,保持了现代农业建设得稳健势头。05公司克服原材料价格上涨的不利因素,主营业务收入、主营业务利润及净利润都有较大幅度的提升。			

股本结构(万股)	截止日期	05年末	占%	主要股东及持股比例%、持股性质
	总股本	176395.2		黑龙江北大荒农垦集团总公司 72.65%(国有股)
	国有股	128155.2	72.65	中国银行－海富通收益增长证券投资基金 1.34%(流通A股)
	发起股			交通银行－海富通精选证券投资基金 1.29%(流通A股)
	外资股			中国工商银行－安信证券投资基金 0.67%(流通A股)
	募集股			兴和证券投资基金 0.51%(流通A股)
	流通A	48240	27.35	中国工商银行－申万巴黎盛利精选证券投资基金 0.51%(流通A股)
	流通B			交通银行－科瑞证券投资基金 0.45%(流通A股)
	流通H			富国动态平衡投资基金 0.39%(流通A股)
股东户数	05年末	61949		裕隆证券投资基金 0.38%(流通A股)
	04年末	71059		交通银行－安顺证券投资基金 0.35%(流通A股)
其他流通股东	海通－中行－FORTIS BANK SA/NV 0.338%			
近年分配	05预案:10派4.44;04年:10派0.5转增2;03年:10派2.2		近年募资	

二〇〇五年以来市场表现

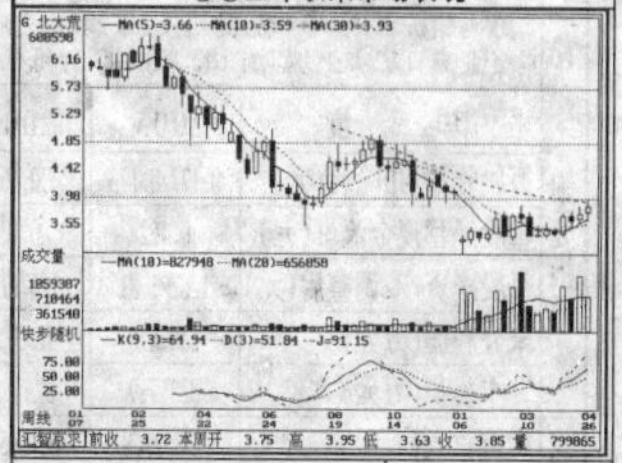

2005年涨跌幅(%)	－18.45
2005年最高(元)	6.6
2006年涨跌幅(%)	26.14
2006.4.26收盘(元)	3.85
2006年最高(元)	5.29
2006年最低(元)	4.17
2006年换手率(%)	262.94
股改对价	定向回购 送股 每10股实际获得3.4股(06/01/04)

浏阳花炮（600599）

上市日期:01/08/28　　电话:0731－3620966　　传真:0731－3611670

主营	烟花鞭炮的销售及花炮新型原辅材料的开发			
	年　度	2005	2004	2003
主要指标	每股收益/扣除后(元)	－0.681	0.017	0.008/0.003
	每股经营现金流量(元)	－0.03	0.25	－0.42
	每股净资产/调整后(元)	1.52/1.52	2.21/2.21	2.17/2.17
	未分利润(万元)	－8406.9	173.71	73.2
	资本公积(万元)	13971.92	13971.92	13971.92
利润构成	主营收入(万元)	27205.89	37571.03	32117.59
	主营利润(万元)	3249.11	8879.53	6080.74
	营业利润(万元)	－7617.76	986.21	110.46
	投资收益(万元)	－1010.82	27.4	－2.29
	利润总额(万元)	－8832.47	1010.36	168.71
	净利润(万元)	－8580.61	212.6	100.83
点评	受化工、纸张等原材料价格预计继续上涨、农民劳动力工资水平上升、人民币升值对出口行业造成较大冲击、油价的上涨使公司海运费上升等因素影响,2005年公司出现了亏损。			

股本结构(万股)	截止日期	05年末	占%	主要股东及持股比例%、持股性质
	总股本	12600		浏阳市财政局 44.19%(国有股)
	国有股	5567.83	44.19	广州攀达国际投资有限公司 21.43%(非流通股)
	发起股	2700	21.43	魏祥鲁 2.75%(非流通股)
	外资股			苏州鑫源实业发展有限公司 1.63%(流通A股)
	募集股			熊孝勇 0.2%(非流通股)
	流通A	3960	31.43	许伟忠 0.175%(流通A股)
	流通B			付东光 0.102%(流通A股)
	流通H			乐兰 0.099%(流通A股)
股东户数	05年末	8549		陶大宁 0.096%(流通A股)
	04年末	6931		高大庆 0.095%(流通A股)
其他流通股东	黄文君 0.088%;迟凤兰 0.087%;邹健 0.079%;李文秉 0.079%			
近年分配			近年募资	

二〇〇五年以来市场表现

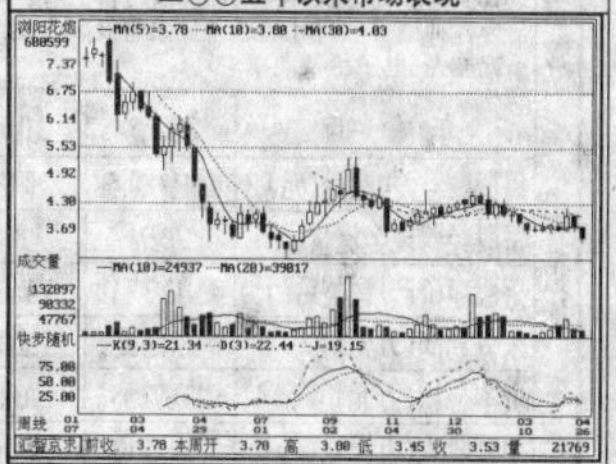

2005年涨跌幅(%)	－45.07
2005年最高(元)	7.98
2006年涨跌幅(%)	－17.72
2006.4.26收盘(元)	3.53
2006年最高(元)	4.68
2006年最低(元)	3.45
2006年换手率(%)	166.86
股改对价	

青岛啤酒（600600）

上市日期:93/08/27　　电话:0532－5713831　　传真:0532－5713240

主营	啤酒制造、销售以及与之相关的业务。			
主要指标	年　　度	2005	2004	2003
	每股收益/扣除后(元)	0.232	0.264	0.24
	每股经营现金流量(元)	0.9	1.22	1.07
	每股净资产/调整后(元)	3.78/3.75	3.38/3.33	3.32/3.24
	未分利润(万元)	23130.33	22386.56	25976.02
	资本公积(万元)	280208.7	180350.71	179887.7
利润构成	主营收入(万元)	1001985.71	862068.78	750795.91
	主营利润(万元)	304113.83	267552.64	238770.58
	营业利润(万元)	63286.86	53548.03	40952.27
	投资收益(万元)	－3903.03	－4203.35	1390.21
	利润总额(万元)	52832.77	47255.14	42621.22
	净利润(万元)	30395.81	27972.42	25387.17
点评	2005年,公司克服能源、运输、原材料价格等不利因素的影响,实现了销售收入与利润的增长。2006年,公司虽然享受到行业增长带来的好处,但行业的激烈竞争会使利润增长幅度比收入小。			

	截止日期	05年末	占%	主要股东及持股比例%、持股性质
股本结构（万股）	总股本	130821.92		青岛市人民政府国有资产监督管理委员会 30.6%（国有股）
	国有股	39982	30.56	香港中央结算(代理人)有限公司 22.5%（H股）
	发起股	5333	4.08	A－B JADE HONG KONG HOLDING CO. LTD. 20%（H股）
	外资股			Law Debenture Trust (Asia) Limited 7%（H股）
	募集股			中国东方资产管理公司 2.2%（非流通股）
	流通A	20000	15.29	中国建设银行青岛市分行 1.5%（非流通股）
	流通B			全国社保基金一零八组合 0.7%（流通A股）
	流通H	65506.92	50.07	天元证券投资基金 0.7%（流通A股）
股东户数	05年末	50852		交银施罗德精选股票证券投资基金 0.7%（流通A股）
	04年末	53304		全国社保基金一零二组合 0.5%（流通A股）
其他流通股东	申银万国－汇丰－merrill lynch international 0.451%;博时主题行业股票证券投资基金 0.451%			
近年分配	05预案:10派1.6;04年:10派1.5;03年:10派2	近年募资		

二○○五年以来市场表现

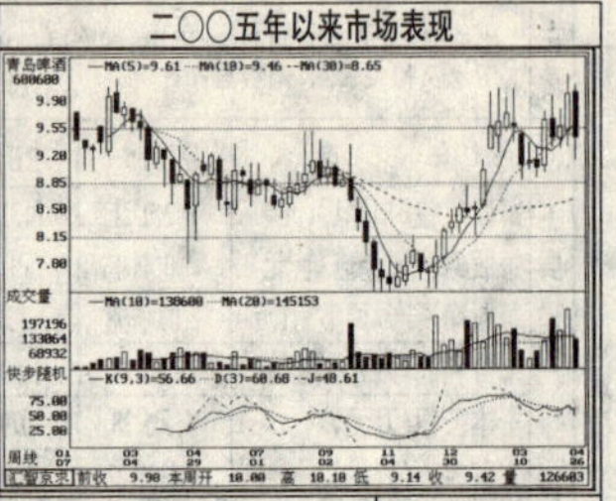

2005年涨跌幅(%)	－12.5
2005年最高(元)	10.18
2006年涨跌幅(%)	13.22
2006.4.26收盘(元)	9.42
2006年最高(元)	10.25
2006年最低(元)	8.16
2006年换手率(%)	120.22
股改对价	

方正科技（600601）

上市日期:86/09/26　　电话:021－58407668　　传真:021－58408970

主营	“方正”品牌系列的电脑、服务器、笔记本、服务器、打印机、数码相机、MP3等产品的研发、采购、制造、市场和销售服务业务;以“实业”牌晒图机、晒图纸、碎纸机等易耗品。			
主要指标	年　　度	2005	2004	2003
	每股收益/扣除后(元)	0.177/0.173	0.165	0.287/0.236
	每股经营现金流量(元)	0.462	0.225	0.259
	每股净资产/调整后(元)	1.82/1.81	1.67/1.65	3/2.97
	未分利润(万元)	25375.6	15732.46	19375.92
	资本公积(万元)	32317.9	32316.17	66248.35
利润构成	主营收入(万元)	738527.8	621746.78	525206.47
	主营利润(万元)	53797.68	49161.4	41142.13
	营业利润(万元)	22091.11	18550.61	14380.88
	投资收益(万元)	－758.09	－469.35	－56.93
	利润总额(万元)	21251.94	18247.94	15578.29
	净利润(万元)	17206.84	15979.28	13948.37
点评	国内PC市场排名第二。05年PC销售稳健增长,但PC毛利率不太理想,导致盈利增长低于收入增速。预计06年PC业务仍将适度增长,PCB业务受制于产能不会有太大惊喜。拟投资的HDI、FPC和FCCL等项目增长潜力较大,但配股会打压股价。			

	截止日期	05年末	占%	主要股东及持股比例%、持股性质
股本结构（万股）	总股本	97044.7		北大方正集团有限公司 7.02%（流通A股）
	国有股			上证50交易型开放式指数证券投资基金 2.4%（流通A股）
	发起股			方正产业控股有限公司 2.07%（流通A股）
	外资股			深圳市方正科技有限公司 1.82%（流通A股）
	募集股			博时裕富证券投资基金 0.48%（流通A股）
	流通A	97044.7	100	全国社保基金零零二组合 0.43%（流通A股）
	流通B			富国动态平衡证券投资基金 0.29%（流通A股）
	流通H			天弘精选混合型证券投资基金 0.24%（流通A股）
股东户数	05年末	137672		华安上证180指数增强型证券投资基金 0.21%（流通A股）
	04年末	138311		中国人寿保险股份有限公司 0.19%（流通A股）
其他流通股东				
近年分配	05方案:10派0.2;04年:10派0.2;03年:10送3转增7	近年募资	03年10配3配股价5.58元。	

二○○五年以来市场表现

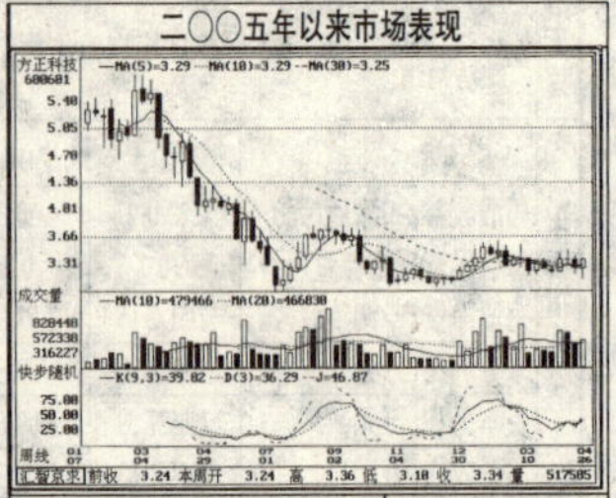

2005年涨跌幅(%)	－37.11
2005年最高(元)	5.75
2006年涨跌幅(%)	4.38
2006.4.26收盘(元)	3.34
2006年最高(元)	3.58
2006年最低(元)	3.1
2006年换手率(%)	85.71
股改对价	

G电子（600602/900901）

上市日期:A: 90/12/19 B: 92/02/21　电话:021－62980202　　传真:021－62982121

主营	真空电子器件及其应用产品、配件的生产和销售,主导产品为各种型号和尺寸的彩色显象管及其主要配套件彩色显象管玻壳、电子枪及荫罩。			
主要指标	年　　度	2005	2004	2003
	每股收益/扣除后(元)	0.011/－0.51	0.135	0.146/0.11
	每股经营现金流量(元)	0.27	0.4	0.79
	每股净资产/调整后(元)	3.13/3.13	3.17/3.09	3.09/3.02
	未分利润(万元)	18416.57	22533.95	19137.36
	资本公积(万元)	130397.98	130372.42	130234.05
利润构成	主营收入(万元)	318825.03	505429.87	517325.57
	主营利润(万元)	－15458.19	68530.84	70906.56
	营业利润(万元)	－65836.44	16179.19	20172.85
	投资收益(万元)	29360.1	11004.52	8616.26
	利润总额(万元)	－29994.47	26774.01	28333.11
	净利润(万元)	1041.89	12500.65	13510.58
点评	受显示器行业产品结构调整的影响,主营的传统彩色显像管业务需求急剧萎缩、价格大幅下滑,导致业绩大幅下滑。公司把握股改机遇实施了资产重组,剥离彩管业务,拟集中精力发展新型平板显示器相关产业的主营业务。预计06年为公司主业转型的关键年份。			

	截止日期	05年末	占%	主要股东及持股比例%、持股性质
股本结构（万股）	总股本	92722.77		上海广电(集团)有限公司(国有股) 37.24%（国有股）
	国有股	34534.23	37.24	上证50交易型开放式指数证券投资基金 0.95%（流通A股）
	发起股			上实置业集团(上海)有限公司 0.62%（流通A股）
	外资股			WATTSBURG CO. LTD. 0.38%（流通B股）
	募集股			陈万康 0.3%（流通B股）
	流通A	34997.2	37.74	DEUTSCHE BANK LONDON 0.27%（流通B股）
	流通B	23191.34	25.01	上海市上投实业公司 0.26%（流通A股）
	流通H			全国社保基金零零二组合 0.18%（流通A股）
股东户数	05年末	200774		博时裕富证券投资基金 0.18%（流通A股）
	04年末	224171		NAITO SECURITIES CO. LTD. 0.18%（流通B股）
其他流通股东	TOYO SECURITIES ASIA LTD. A/C CLIENT 0.14%			
近年分配	05方案:10派0.2转增1.5;04年:10派0.5;03年:10派0.5	近年募资		

二○○五年以来市场表现

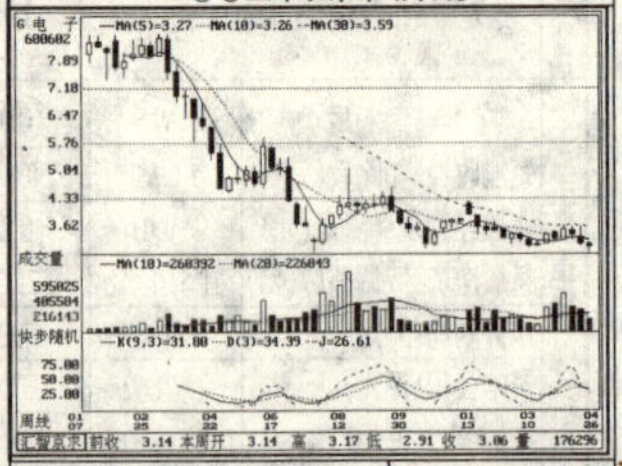

2005年涨跌幅(%)	－52.78
2005年最高(元)	8.6
2006年涨跌幅(%)	－3.41
2006.4.26收盘(元)	3.06
2006年最高(元)	5.03
2006年最低(元)	3.46
2006年换手率(%)	91.48
股改对价	送股 每10股实际获得1.9股(06/01/13)

ST 兴业（600603）

上市日期：92/01/13　　电话：021－63187549　　传真：021－54045488

主营	房地产投资、经营、物业管理和商品房的租赁经营等业务。			
主要指标	年　　度	2005	2004	2003
	每股收益/扣除后(元)	0.01	0.024	0.013/-0.188
	每股经营现金流量(元)	0.002	0.3648	-0.0558
	每股净资产/调整后(元)	-2.22/-2.22	-3.11/-3.11	-3.19/-3.19
	未分利润(万元)	-98208.08	-98400.9	-98865.52
	资本公积(万元)	29335.2	12268.21	11158.42
利润构成	主营收入(万元)	1258.42	10731.75	850.16
	主营利润(万元)	149.73	2263.24	-63.76
	营业利润(万元)	752.8	-9709.18	32960.78
	投资收益(万元)	-539.37	540.31	261.13
	利润总额(万元)	193.87	450.36	259.77
	净利润(万元)	192.82	459.02	256.94
点评	由于大股东继续占用公司资金，导致公司正常经营受到重创，债务负担沉重，土地储备和存粮房产被用于抵偿债务处理，已经失去了竞争能力。但05年公司仍然实现了盈利，由于公司业务基本停顿，因此经营能力很难在短期内恢复。			

	截止日期	05年末	占%	主要股东及持股比例%、持股性质
股本结构（万股）	总股本	19464.19		广东亿众文化传媒有限公司 4.24%（流通A股）
	国有股			佛山市顺德区网盈电脑科技有限公司 3.33%（流通A股）
	发起股			王娟 0.77%（流通A股）
	外资股			苏景滨 0.76%（流通A股）
	募集股			上海城际房地产开发有限公司 0.59%（流通A股）
	流通A	19464.19	100	金永康 0.47%（流通A股）
	流通B			欧阳天元 0.37%（流通A股）
	流通H			苏伟峰 0.35%（流通A股）
股东户数	05年末	61189		李凯 0.33%（流通A股）
	04年末	65879		秦少秋 0.31%（流通A股）
其他流通股东				
近年分配			近年募资	

二〇〇五年以来市场表现

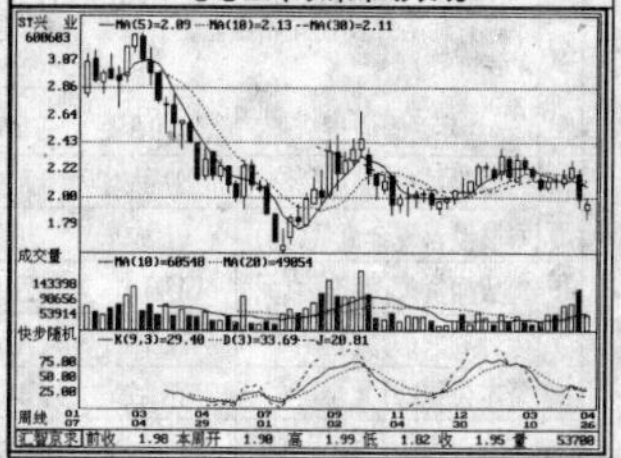

2005年涨跌幅(%)	-27.4
2005年最高(元)	3.29
2006年涨跌幅(%)	-4.41
2006.4.26收盘(元)	1.95
2006年最高(元)	2.38
2006年最低(元)	1.82
2006年换手率(%)	43.67
股改对价	

G 二纺机（600604/900902）

上市日期：A：92/03/27 B：92/07/01　电话：021－65318888　　传真：021－65421963

主营	生产销售纺纱机械、化纤机械等。			
主要指标	年　　度	2005	2004	2003
	每股收益/扣除后(元)	0.01/-0.007	0.02	0.019/-0.011
	每股经营现金流量(元)	-0.0505	0.156	0.0044
	每股净资产/调整后(元)	1.17/1.13	1.16/1.12	1.14/1.08
	未分利润(万元)	1713.58	1291.61	420.53
	资本公积(万元)	6941.24	6814.02	6737.96
利润构成	主营收入(万元)	102116.92	118381.27	102716.31
	主营利润(万元)	12116.77	15748.64	19012.5
	营业利润(万元)	-286.23	-1676.05	256.6
	投资收益(万元)	629.37	396.23	1739.08
	利润总额(万元)	995.06	1558.22	1649.22
	净利润(万元)	568.79	1115.27	1081.59
点评	纺织机械市场已形成了多元竞争的格局，外企的进入、民营企业的蓬勃发展，使公司处于市场的激烈竞争之中。05年公司因受市场竞争加剧的影响，棉纺和化纤机械产品、出口产品的销售均比2004年度有所下降。			

	截止日期	05年末	占%	主要股东及持股比例%、持股性质
股本结构（万股）	总股本	56644.92		太平洋机电(集团)有限/公司(国家股授权经营单位) 46.31%（非流通股）
	国有股	26234.23	46.31	上海创联建设工程有限公司 0.333%（流通A股）
	发起股			上海万佳科技发展有限公司 0.187%（流通A股）
	外资股			上海海宙化纤机械有限公司 0.152%（流通A股）
	募集股			MERRILL LYNCH FAR EAST LIMITED 0.142%（流通B股）
	流通A	7118.19	12.57	上海良基金属制品有限公司 0.122%（流通A股）
	流通B	23292.5	41.12	黄志豪 0.118%（流通B股）
	流通H			刘达 0.116%（流通B股）
股东户数	05年末	84678		NAITO SECURITIES CO. LTD. 0.115%（流通B股）
	04年末	91177		张光中 0.114%（流通B股）
其他流通股东	王一平 0.099%			
近年分配			近年募资	

二〇〇五年以来市场表现

2005年涨跌幅(%)	-12.97
2005年最高(元)	4.35
2006年涨跌幅(%)	-4.46
2006.4.26收盘(元)	2.47
2006年最高(元)	4.09
2006年最低(元)	3.11
2006年换手率(%)	156.44
股改对价	送股 每10股实际获得3.5股(06/03/03)

轻工机械（600605）

上市日期：92/03/27　　电话：021－62560000　　传真：021－62566022

主营	生产经营轻工机械、原辅材料、配套容器、包装物、电脑软硬件、配件及IC卡、有色金属、黑色金属、钢材、化工原料（除专项规定）、家电产品、建材、装潢材料、通讯设备。			
主要指标	年　　度	2005	2004	2003
	每股收益/扣除后(元)	0.029/-0.695	0.02	0.034/-0.043
	每股经营现金流量(元)	-0.756	-0.787	0.111
	每股净资产/调整后(元)	1.61/1.57	1.52/1.35	1.5/1.34
	未分利润(万元)	2390.15	1914.76	1548.14
	资本公积(万元)	4666.56	3285.09	3283.63
利润构成	主营收入(万元)	86797.46	73664.72	51683.19
	主营利润(万元)	-10252.68	-2149.2	1449.84
	营业利润(万元)	-17037.27	-6209.6	-2314.73
	投资收益(万元)	350.87	316.8	637.46
	利润总额(万元)	1062.43	466.95	425.03
	净利润(万元)	608.65	419.61	708.14
点评	2005年机械制造业务仍处于萎缩状态，主营业务收入主要来源于贸易收入。报告期公司加大产业结构调整和人员结构调整力度，业绩快速增长。06年公司将加大房产、贸易的投入，形成传统产业、贸易、土地房产和新兴产业四条战线齐头并进的局面。			

	截止日期	05年末	占%	主要股东及持股比例%、持股性质
股本结构（万股）	总股本	21019.2		上海工业投资(集团)有限公司 29.9%（国有股）
	国有股	7356.72	35	上海弘昌晟集团有限公司 29.58%（非流通股）
	发起股	11262.48	53.58	中泰信托投资有限责任公司 24%（非流通股）
	外资股			上海国有资产经营有限公司 5.1%（国有股）
	募集股			温纯青 0.14%（流通A股）
	流通A	2400	11.42	浙江鑫泰资产管理有限公司 0.1%（流通A股）
	流通B			李秀兰 0.07%（流通A股）
	流通H			陈黎平 0.06%（流通A股）
股东户数	05年末	12002		王悦月 0.05%（流通A股）
	04年末	12494		兴和证券投资基金 0.03%（流通A股）
其他流通股东	汪言虎 0.03%；廖春叶 0.029%；朱健明 0.029%；陈阳 0.029%			
近年分配			近年募资	

二〇〇五年以来市场表现

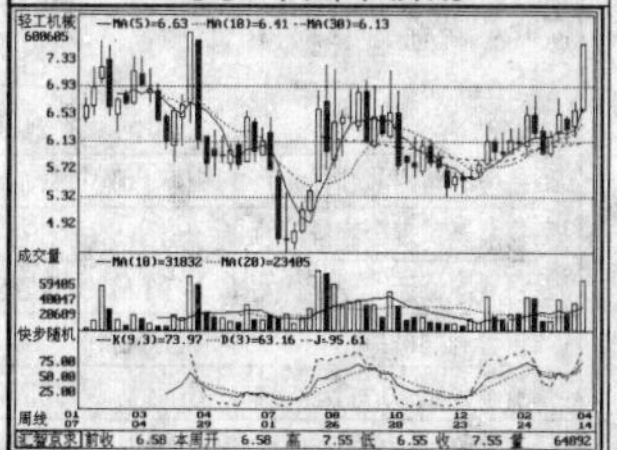

2005年涨跌幅(%)	-13.43
2005年最高(元)	7.73
2006年涨跌幅(%)	34.58
2006.4.26收盘(元)	7.55
2006年最高(元)	7.55
2006年最低(元)	5.6
2006年换手率(%)	169.24
股改对价	

金丰投资（600606）

上市日期:92/03/27　　电话:021－62496858　　传真:021－62496860

主营：住宅流通业务(包括房屋置换、租赁、代理销售、收购经营等)、住宅开发业务和住宅配套服务业务(包括绿化、建材、装饰等)。

	年　　度	2005	2004	2003
主要指标	每股收益/扣除后(元)	0.289/0.044	0.35	0.269/0.16
	每股经营现金流量(元)	-1.865	-0.926	-0.489
	每股净资产/调整后(元)	4.13/4.11	4.29/3.88	4.03/3.97
	未分利润(万元)	17157.86	13856.99	10164.55
	资本公积(万元)	56711.25	59447.35	58367.79
利润构成	主营收入(万元)	68206.74	104205.41	80220.78
	主营利润(万元)	28086.14	25472.89	23486.57
	营业利润(万元)	3207.03	8513.29	6793.6
	投资收益(万元)	10781.33	3053.42	1541.48
	利润总额(万元)	14515.37	14102.28	10828.12
	净利润(万元)	8112.25	8918.88	6849.09

点评：05年公司的中介流通业务受到宏观调控的影响,收入下降较多,但通过资源整合,信息共享等新模式提升核心竞争力。开发的东兰世茗雅苑项目已全部交付使用,金丰蓝庭项目一期已经开始销售,海上梦苑已经开工,报告期内公司还出让了部分公司的股权。

股本结构(万股)	截止日期	05年末	占%	主要股东及持股比例%、持股性质
	总股本	28043.68		上海地产(集团)有限公司 55.45%（国有股）
	国有股	15549.7	55.45	秦少秋 0.3%（流通A股）
	发起股			周梅森 0.28%（流通A股）
	外资股			吴星 0.18%（流通A股）
	募集股			谢元琳 0.1%（流通A股）
	流通A	12493.98	44.55	杨文彬 0.08%（流通A股）
	流通B			天泰精化 0.08%（流通A股）
	流通H			俞峰 0.08%（流通A股）
股东户数	05年末	50297		彭霁云 0.07%（流通A股）
	04年末	53429		梁智 0.07%（流通A股）
其他流通股东	王忠勇 0.071%			
近年分配	05预案:10派1转增1；04年:10派1转增1；03年:10派1	近年募资		

二〇〇五年以来市场表现

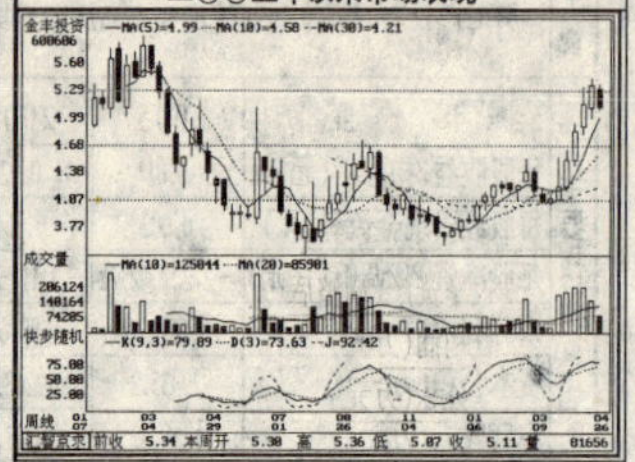

2005年涨跌幅(%)	-11.58
2005年最高(元)	5.9
2006年涨跌幅(%)	33.07
2006.4.26收盘(元)	5.11
2006年最高(元)	5.42
2006年最低(元)	3.82
2006年换手率(%)	126.57
股改对价	

上实联合（600607）

上市日期:92/03/27　　电话:021－64331098　　传真:021－64337533

主营：生物医药、商务网络、纺织

	年　　度	2005	2004	2003
主要指标	每股收益/扣除后(元)	0.353/0.277	0.342	0.316/0.306
	每股经营现金流量(元)	0.3157	0.4463	0.4442
	每股净资产/调整后(元)	5.6/5.49	5.36/5.2	5.12/5
	未分利润(万元)	22239.38	17629.12	18380.87
	资本公积(万元)	92847.1	92580.27	86732.86
利润构成	主营收入(万元)	235238.31	223865.32	181987.72
	主营利润(万元)	60648.62	50185.79	36886.77
	营业利润(万元)	9685.48	7151.87	4690.28
	投资收益(万元)	9494.28	9043.84	7153.77
	利润总额(万元)	19577.28	17552.69	14031.45
	净利润(万元)	10805.06	10490.01	9683.02

点评：公司05年度业绩平稳增长,业务主要通过控股子公司开展。生物药品主要包括凯力康、天普洛安、康泰等,化学药品、医疗器械以及商业网络业务销售也有稳定增长。

股本结构(万股)	截止日期	05年末	占%	主要股东及持股比例%、持股性质
	总股本	30651.24		SHANGHAI INDUSTRIAL YKB LIMITED 56.63%（外资股）
	国有股			周小娜 0.45%（流通A股）
	发起股			通用技术集团国际广告展览有限公司 0.29%（流通A股）
	外资股	17358.03	56.63	华应飞 0.26%（流通A股）
	募集股			上海兴程实业合作公司 0.23%（流通A股）
	流通A	13293.2	43.37	华宝信托投资有限责任公司－单一类资金信托2004年第16号 0.21%（流通A股）
	流通B			交通银行－国联优质成长证券投资基金 0.19%（流通A股）
	流通H			卓丽霞 0.17%（流通A股）
股东户数	05年末	47633		陈国勤 0.17%（流通A股）
	04年末	52076		安徽安粮兴业有限公司 0.17%（流通A股）
其他流通股东	李阳 0.16%			
近年分配	05预案:10派1.2转增2；04年:10派1.2；03年:10派3	近年募资		

二〇〇五年以来市场表现

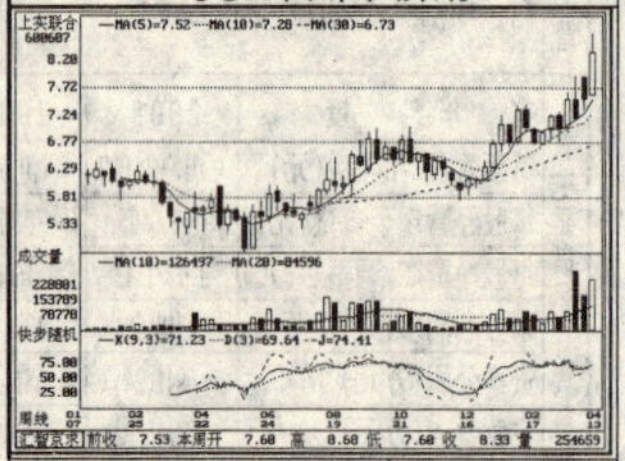

2005年涨跌幅(%)	3.7
2005年最高(元)	7.14
2006年涨跌幅(%)	31.6
2006.4.26收盘(元)	8.33
2006年最高(元)	8.68
2006年最低(元)	6.3
2006年换手率(%)	114.03
股改对价	送股 每10股实际获得3股

上海科技（600608）

上市日期:92/03/27　　电话:021－68865313　　传真:021－68866341

主营：通信网络设备、计算机信息工程、集成电路设计与销售、智能社区网络、异型钢管。

	年　　度	2005	2004	2003
主要指标	每股收益/扣除后(元)	-1/-1.006	0.05	0.186/0.174
	每股经营现金流量(元)	-1.41	-1.43	0.0135
	每股净资产/调整后(元)	1.63/1.63	2.71/2.71	3.71/3.67
	未分利润(万元)	-22368.5	2954.03	3774.79
	资本公积(万元)	31703.86	31204.47	36484.91
利润构成	主营收入(万元)	94423.35	158228.39	195536.71
	主营利润(万元)	4307.5	15548.66	22667.54
	营业利润(万元)	-26829.82	-12897.08	3890.63
	投资收益(万元)	-270.52	2270.5	-73.69
	利润总额(万元)	-30182.67	-9750.8	4109.22
	净利润(万元)	-25311.12	1320.34	3353.12

点评：公司在集成电路推广应用领域取得新突破,销售额占主营收入五成以上,同时,异型钢管公司的销售取得了历史最好成绩。但公司主营收入和毛利率均下降较大,主要是由于重点推广的新产品税控收款机芯片未达到预期推广目标及IT分销企业经营亏损较大。

股本结构(万股)	截止日期	05年末	占%	主要股东及持股比例%、持股性质
	总股本	25252.43		南京斯威特集团有限公司 21.98%（非流通股）
	国有股			南京泽天能源技术发展有限公司 10.84%（非流通股）
	发起股	8288.63	32.82	陈少伶 0.429%（流通A股）
	外资股			周春华 0.159%（流通A股）
	募集股			刁玉仙 0.134%（流通A股）
	流通A	16963.8	67.18	贾超群 0.107%（流通A股）
	流通B			石佩珍 0.107%（流通A股）
	流通H			肖希萍 0.104%（流通A股）
股东户数	05年末	60434		陈赛枝 0.097%（流通A股）
	04年末	63885		嘉实沪深300指数证券投资基金 0.094%（流通A股）
其他流通股东	张也 0.087%；余海清 0.083%			
近年分配	03年:10送1转增3	近年募资	03年10配3配股价10.26元。	

二〇〇五年以来市场表现

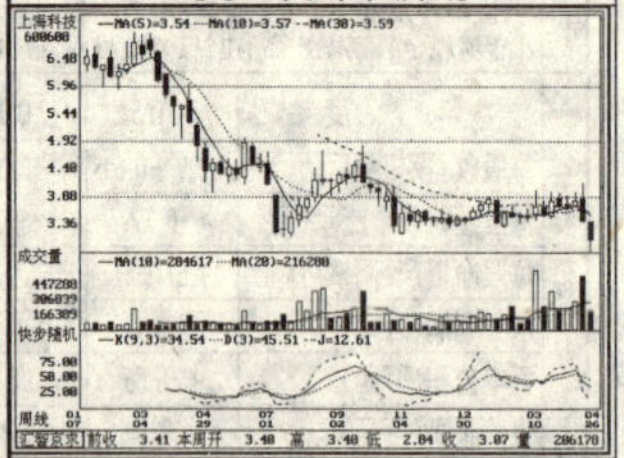

2005年涨跌幅(%)	-45.77
2005年最高(元)	7
2006年涨跌幅(%)	-11.27
2006.4.26收盘(元)	3.07
2006年最高(元)	4.12
2006年最低(元)	2.84
2006年换手率(%)	228.97
股改对价	

金杯汽车（600609）

上市日期:92/07/24 电话:024－23745563 传真:024－23745241

主营	轻型货车、轻型客车和多功能商用车及零部件的开发、制造、销售及服务。

	年 度	2005	2004	2003
主要指标	每股收益/扣除后(元)	-0.689/-0.711	-0.353	0.099/0.01
	每股经营现金流量(元)	0.18	-0.013	0.2883
	每股净资产/调整后(元)	0.5/0.32	1.22/0.95	1.6/1.3
	未分利润(万元)	-196945.3	-121797.73	-83260.73
	资本公积(万元)	108466.4	108237.27	107102.38
利润构成	主营收入(万元)	144259.76	103186.28	80126.91
	主营利润(万元)	12297.3	9919.19	12202.59
	营业利润(万元)	-30338.32	-19793.31	-2769.07
	投资收益(万元)	-47619.07	-23444.41	15107.39
	利润总额(万元)	-78483.02	-42910.57	11918.78
	净利润(万元)	-75250.83	-38537	10806.75

点评	由于国内汽车市场竞争激烈,行业利润率不断降低,公司轻型货车产销量有所提升,但是,主营产品的总体盈利能力仍然低下,公司业绩仍处于亏损状态。公司将积极清理应收账款,降低费用及消耗,来缓解业绩下滑的不利局面。

	截止日期	05年末	占%	主要股东及持股比例%、持股性质
股本结构（万股）	总股本	109266.71		沈阳市汽车工业资产经营有限公司 29.91%（国有股）
	国有股	60523.99	55.39	上海申华控股股份有限公司 11.2%（非流通股）
	发起股	12342.72	11.3	沈阳新金杯投资有限公司 11%（国有股）
	外资股			沈阳工业国有资产经营有限公司 9.57%（国有股）
	募集股			中国第一汽车集团公司第一汽车制造厂 4.45%（国有股）
	流通A	36400	33.31	沈阳市国有资产经营有限公司 0.46%（国有股）
	流通B			张伟 0.14%（流通A股）
	流通H			杜辉英 0.1%（流通A股）
股东户数	05年末	125799		邵学敏 0.09%（流通A股）
	04年末	137913		上海陶陶娱乐有限公司 0.09%（非流通股）
其他流通股东	李晓路 0.082%；白翔 0.08%；周波 0.058%；孙勇 0.055%；钱波 0.055%；吴仙丽 0.054%；高阳 0.051%			
近年分配			近年募资	

二〇〇五年以来市场表现

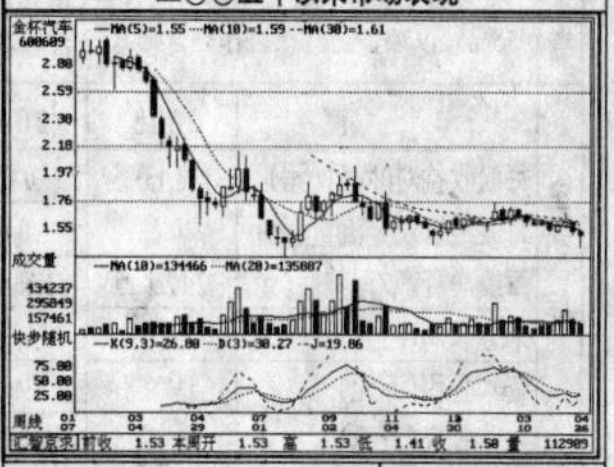

2005年涨跌幅(%)	-44.91
2005年最高(元)	3.01
2006年涨跌幅(%)	-4.46
2006.4.26收盘(元)	1.5
2006年最高(元)	1.74
2006年最低(元)	1.41
2006年换手率(%)	62.3
股改对价	

中国纺机（600610/900906）

上市日期:A: 92/08/05 B: 92/08/05 电话:021－65432970 传真:021－65455130

主营	从事纺织机械及有关器材的生产与销售业务。

	年 度	2005	2004	2003
主要指标	每股收益/扣除后(元)	-0.38		0.04/0.04
	每股经营现金流量(元)	-0.11	-0.02	0.06
	每股净资产/调整后(元)	0.67/0.67	1.05/1.02	1.05/1.01
	未分利润(万元)	-22431.8	-8958.54	-9116.66
	资本公积(万元)	10339.19	10339.19	10333.12
利润构成	主营收入(万元)	38287.62	45857.86	58330.05
	主营利润(万元)	3141.63	4593.24	9243.51
	营业利润(万元)	-11247.54	-1887.36	1815.85
	投资收益(万元)	-1161.19	1791.04	925.31
	利润总额(万元)	-13740.05	40.14	1935.31
	净利润(万元)	-13473.25	30.02	1380.33

点评	公司主营的纺织机械类产品收入不理想,主要是由于市场竞争激烈,原材料价格上涨,导致纺织机械类某些产品毛利率的下降。同时受到欧美对我国纺织品设限等问题的影响,织机销售面临很大的压力,公司盈利能力一般。

	截止日期	05年末	占%	主要股东及持股比例%、持股性质
股本结构（万股）	总股本	35709.15		江苏南大高科技风险投资有限公司 29%（非流通股）
	国有股	5322.88	14.91	太平洋机电(集团)有限公司 14.91%（国有股）
	发起股	13569.48	38	广州市赛清德投资发展有限公司 9%（非流通股）
	外资股			上海东润投资管理有限公司 0.96%（非流通股）
	募集股	2230.8	6.25	上海第十七棉纺织总厂 0.96%（非流通股）
	流通A	2574	7.21	上海南上海商业房地产有限公司 0.96%（非流通股）
	流通B	12012	33.64	上海中纺机职工技术开发经营服务公司 0.88%（流通B股）
	流通H			陈杰 0.74%（流通B股）
股东户数	05年末	29327		上海申达股份有限公司 0.48%（非流通股）
	04年末	30108		上海水仙电器股份有限公司 0.48%（非流通股）
其他流通股东	DEAN FRANCIS LE BAROW 0.24%；SHENYIN WANGUO NOMINEES(HK) LTD 0.218%；费步青 0.18%			
近年分配			近年募资	

二〇〇五年以来市场表现

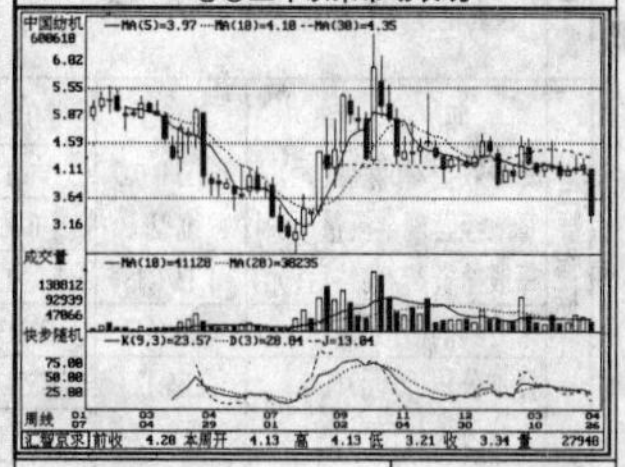

2005年涨跌幅(%)	-17.06
2005年最高(元)	6.5
2006年涨跌幅(%)	-20.1
2006.4.26收盘(元)	3.34
2006年最高(元)	4.73
2006年最低(元)	3.21
2006年换手率(%)	244.36
股改对价	

大众交通（600611/900903）

上市日期:A: 92/08/07 B: 92/08/07 电话:021－64289122 传真:021－64288660

主营	出租汽车营运及相关的轿车维修、汽车租赁、现代物流、交通运输等。

	年 度	2005	2004	2003
主要指标	每股收益/扣除后(元)	0.35/0.26	0.39	0.33/0.26
	每股经营现金流量(元)	0.88	0.72	1.46
	每股净资产/调整后(元)	4.33/4.26	4.18/4.11	3.99/3.92
	未分利润(万元)	34405.3	29764.17	27673.04
	资本公积(万元)	86224.97	86201.95	86167.74
利润构成	主营收入(万元)	398198.72	317865.57	271900.46
	主营利润(万元)	70028.01	65346.95	61195.04
	营业利润(万元)	11269.67	9300.52	9068.85
	投资收益(万元)	9198.91	9718.38	4674.73
	利润总额(万元)	28818.35	28841.47	23287.26
	净利润(万元)	21173.98	23109.79	19613.41

点评	上海市第一大出租车运营商和第二大公交车运营商。目前出租车盈利非常稳定,公司共有6400张出租车牌照,占上海市公交市场30%的份额。公司持有22家上市公司的法人股股权,全流通后会带给公司一定的溢价。

	截止日期	05年末	占%	主要股东及持股比例%、持股性质
股本结构（万股）	总股本	59870.16		上海大众公用事业(集团)股份有限公司 23.38%（非流通股）
	国有股	11357.82	18.97	国泰君安证券股份有限公司 18.97%（国有股）
	发起股			HTHK－VALUE PARTNERS INTELLIGENT FUNDS－CHINA B SHARE FUND 1.1%（流通B股）
	外资股			DIAM CHINA OPEN MOTHER FUND 0.79%（流通B股）
	募集股	14000	23.38	TOYO SECURITIES ASIA LTD. A/CLIENT 0.77%（流通B股）
	流通A	14232.34	23.77	全国社保基金一零二组合 0.67%（流通A股）
	流通B	20280	33.87	DEUTSCHE BANK LONDON 0.65%（流通B股）
	流通H			MERRILL LYNCH FAR EAST LIMITED 0.65%（流通B股）
股东户数	05年末	73957		NAITO SECURITIES CO. LTD 0.53%（流通B股）
	04年末	77363		SKANDIA GLOBAL FUNDS PLC 0.47%（流通B股）
其他流通股东	GUOTAL JUNAN SECURITIES LIMITED 0.44%；HSBC CHINA MOMENTUM FUND 0.418%			
近年分配	05方案:10派2；04年:10派2；03年:10派2		近年募资	

二〇〇五年以来市场表现

2005年涨跌幅(%)	-14.75
2005年最高(元)	6.93
2006年涨跌幅(%)	14.67
2006.4.26收盘(元)	6.33
2006年最高(元)	6.84
2006年最低(元)	5.46
2006年换手率(%)	136.89
股改对价	

G 中铅（600612/900905）

上市日期:A: 92/08/14 B: 92/08/14　电话:021－58543307　传真:021－64720802

主营：笔类制品和笔类产品表面处理材料、包装材料及配套延伸产品,以独资、合资、合作经营形式投资兴办其他企业。

	年　　度	2005	2004	2003
主要指标	每股收益/扣除后(元)	0.133	0.053	0.026/0.02
	每股经营现金流量(元)	0.51	0.69	0.2848
	每股净资产/调整后(元)	2.02/1.95	1.88/1.81	1.8/1.65
	未分利润(万元)	629.33	－1331.58	－2174.96
	资本公积(万元)	13409.8	13409.8	13408.13
利润构成	主营收入(万元)	293571.15	223006.43	186654.37
	主营利润(万元)	29702.08	25095.86	19639.23
	营业利润(万元)	7479.13	5764	2400.36
	投资收益(万元)	－418.38	－284.28	52.44
	利润总额(万元)	7227.59	5445.54	2792.75
	净利润(万元)	3349.36	1327.87	650.08

点评：2005年,公司双主业均保持了增长,其主业及利润均保持了一定的增长。2006年,黄金期货价格继续不断攀升,会刺激金银首饰业的消费;势必会促进公司经营业绩的进一步改善。

	截止日期	05年末	占%	主要股东及持股比例%、持股性质
股本结构（万股）	总股本	25177.94		上海市黄浦区国有资产监督管理委员会 33.09%（国有股）
	国有股	8332.81	33.1	交通银行上海分行 3.97%（非流通股）
	发起股			中国建行上海分行第二营业部中国建行上海分行第二营业部中国建行 1.11%（非流通股）
	外资股			上海富利贸易有限公司 0.88%（非流通股）
	募集股	1931.2	7.67	上海百联集团股份有限公司 0.58%（非流通股）
	流通A	2908.79	11.55	NBP S/A FRUCTILUX SICAV 0.5%（流通B股）
	流通B	12005.14	47.68	GUOTAI JUNAN SECURITIES(HONGKON) 0.45%（流通B股）
	流通H			上海国际信托投资公司 0.38%（流通B股）
股东户数	05年末	35186		费建民 0.37%（流通B股）
	04年末	36767		上海华联商厦股份有限公司 0.28%（非流通股）
其他流通股东	战毓春 0.208%;NAITO SECURITIES CO. LTD 0.203%;康聪有限公司 0.197%;邵献军 0.171%			
近年分配		近年募资		

二〇〇五年以来市场表现

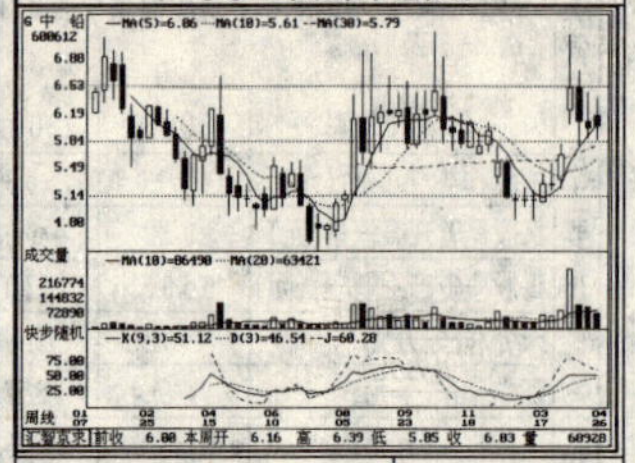

2005年涨跌幅(%)	－4.33
2005年最高(元)	7.23
2006年涨跌幅(%)	36.59
2006.4.26收盘(元)	6.03
2006年最高(元)	9.69
2006年最低(元)	6.52
2006年换手率(%)	253.28
股改对价	送股 每10股实际获得3.5股(06/02/08)

永生数据（600613/900904）

上市日期:A: 92/08/20 B: 92/08/20　电话:021－68552576　传真:021－68552576

主营：医药的生产和销售

	年　　度	2005	2004	2003
主要指标	每股收益/扣除后(元)	0.053/0.009	0.1	－0.188/－0.196
	每股经营现金流量(元)	0.22	0.03	0.0305
	每股净资产/调整后(元)	1.13/1.13	1.08/1.08	0.95
	未分利润(万元)	－2546.43	－21203.35	－19406.72
	资本公积(万元)	2386.12	17359.34	14051.58
利润构成	主营收入(万元)	6983.52	7615.04	2424.45
	主营利润(万元)	3565.88	5256.72	1304.9
	营业利润(万元)	921.87	1639.14	－1100.19
	投资收益(万元)	1.95	－380.24	－1851.5
	利润总额(万元)	1145.66	2082.69	－2781.81
	净利润(万元)	778.03	1509.63	－2803.84

点评：报告期内公司本部仍然没有具体业务,主要业务依靠唯一的控股子公司贵州金桥药业。公司目前产品集中在珊瑚藓净、丹香葡萄糖注射液和斑蝥酸钠注射液等少数品种,因此主营收入规模较小。另外由于市场竞争激烈等原因,净利同比有所下降。

	截止日期	05年末	占%	主要股东及持股比例%、持股性质
股本结构（万股）	总股本	14790.5		贵州神奇集团控股有限公司 50.02%（非流通股）
	国有股	534.44	3.61	浙江工业大学 2.1%（国有股）
	发起股			上海爱辉实业发展有限公司 2.03%（非流通股）
	外资股			上海宏亿投资咨询有限公司 1.35%（非流通股）
	募集股	743.1	5.02	上海百联集团股份有限公司 0.6%（国有股）
	流通A	912.55	6.17	上海华联商厦股份有限公司 0.54%（国有股）
	流通B	4562.64	30.85	上海南上海商业房地产有限公司 0.41%（非流通股）
	流通H			张文军 0.38%（流通B股）
股东户数	05年末	13284		上海氯碱总厂 0.37%（国有股）
	04年末	13683		新亚快餐 0.37%（非流通股）
其他流通股东	郁玉生 0.328%;何平南 0.269%;金光裕 0.216%;郑创宏 0.189%;王倩 0.173%;罗正仪 0.165%;王一鸣 0.164%			
近年分配		近年募资		

二〇〇五年以来市场表现

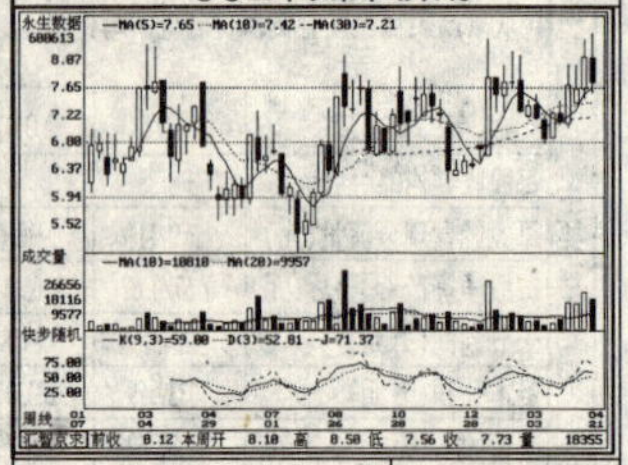

2005年涨跌幅(%)	3.88
2005年最高(元)	8.3
2006年涨跌幅(%)	20.41
2006.4.26收盘(元)	7.73
2006年最高(元)	8.5
2006年最低(元)	6.5
2006年换手率(%)	187.61
股改对价	

三九发展（600614/900907）

上市日期:A: 92/08/28 B: 92/08/28　电话:021－50813939　传真:021－58313117

主营：医药销售;医药产品、胶带制品的生产、销售。

	年　　度	2005	2004	2003
主要指标	每股收益/扣除后(元)	－1.015	－1.29	0.121/－0.127
	每股经营现金流量(元)	0.258	0.047	－0.641
	每股净资产/调整后(元)	－0.12/－0.7	0.89/0.34	2.03/1.85
	未分利润(万元)	－23912.06	－12226.19	2630.19
	资本公积(万元)	9639.19	9638.77	8847.67
利润构成	主营收入(万元)	23899.52	35828.36	54184.92
	主营利润(万元)	2626.94	4855.62	12044.77
	营业利润(万元)	－10876.12	－11727.46	1816.53
	投资收益(万元)	－2699.71	－3450.07	－341.75
	利润总额(万元)	－12642.83	－17067.51	2534.22
	净利润(万元)	－11685.88	－14856.38	1394.33

点评：公司加大清理资产的力度,盘活资产,积极配合三九企业集团做好债务重组工作。但由于控股股东三九企业集团和深圳市商业银行尚未达成关于股权解冻的和解协议,导致新老控股股东的股权交接无法完成,使公司资源整合难以深入进行,继续亏损。

	截止日期	05年末	占%	主要股东及持股比例%、持股性质
股本结构（万股）	总股本	11513.34		三九企业集团 29.5%（国有股）
	国有股	3650.24	31.7	北京世纪尊博投资有限公司 19.74%（非流通股）
	发起股	2018.79	17.53	陈素幸 2.34%（流通B股）
	外资股			上海宝钢集团公司 1.45%（国有股）
	募集股	834.9	7.25	沈忠华 0.98%（流通B股）
	流通A	834.9	7.25	上海纺织机械总厂 0.75%（国有股）
	流通B	4174.5	36.26	章吉＊ 0.7%（流通B股）
	流通H			上海加顺国际贸易有限公司 0.51%（非流通股）
股东户数	05年末	15661		深圳市千眼投资顾问有限公司 0.51%（非流通股）
	04年末	16544		周文利 0.48%（流通B股）
其他流通股东	TOYO SECURITIES ASIA LTD. A/C CLIENT 0.299%;吴旦中 0.299%;黑龙江蓝筹经济贸易有限公司 0.259%			
近年分配		近年募资		

二〇〇五年以来市场表现

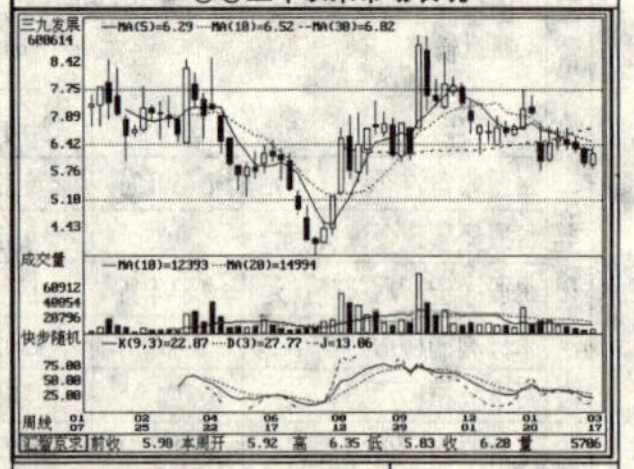

2005年涨跌幅(%)	－8.23
2005年最高(元)	9.08
2006年涨跌幅(%)	－7.32
2006.4.26收盘(元)	6.2
2006年最高(元)	7.74
2006年最低(元)	5.8
2006年换手率(%)	148.44
股改对价	送股 每10股实际获得3.6股

ST 丰华（600615）

上市日期:92/09/10　电话:(021)58811688-333　传真:(021)58702762

主营	生产和销售涂料、油漆、各种笔类等。			
	年　度	2005	2004	2003
主要指标	每股收益/扣除后(元)	0.07/-0.015	0.03	-1.18/-0.95
	每股经营现金流量(元)	0.1	-0.28	-0.15
	每股净资产/调整后(元)	1.45/0.51	1.36/0.42	1.43/-0.42
	未分利润(万元)	-26757.43	-27797.53	-25961.43
	资本公积(万元)	28521.6	27525.94	27524.31
利润构成	主营收入(万元)	11504.62	12495.09	14921.57
	主营利润(万元)	3596.01	2990.43	3774.06
	营业利润(万元)	507.36	-7582.93	-16225.41
	投资收益(万元)	-116.14	235.87	264.85
	利润总额(万元)	595.87	1312.64	-21111.34
	净利润(万元)	1040.11	489.33	-17783.35
点评	扣除非经常性损益后,05年仍为亏损。涂料业务是主要收入利润来源,但由于去年控股子公司北京红狮涂料整体搬迁影响了当年产销量,涂料业务盈利减少;不过物业租赁及餐饮服务业务大幅增长,公司全年仍保持盈利。			

	截止日期	05年末	占%	主要股东及持股比例%、持股性质
股本结构（万股）	总股本	15041.64		三河东方科技发展有限公司 21.13%（非流通股）
	国有股	7918.64	52.64	上海久昌实业有限公司 20.61%（非流通股）
	发起股			上海海港兴嘉物贸有限公司 4.32%（非流通股）
	外资股			上海信融投资有限公司 4.07%（国有股）
	募集股	2472.96	16.44	上海豫园(集团)有限公司 2.52%（国有股）
	流通A	4650.05	30.91	上海第十七棉纺织总厂 2.11%（国有股）
	流通B			上海国际信托投资有限公司 1.38%（非流通股）
	流通H			申银万国证券股份有限公司 1.29%（非流通股）
股东户数	05年末	19534		上海市泰康食品有限公司 1%（部分流通部分不流通）
	04年末	17653		中国纺织机械股份有限公司 0.84%（非流通股）
其他流通股东	王洪林 0.318%;江西省财政投资管理公司 0.285%;张新林 0.283%;何永雄 0.134%;卞淑珍 0.131%;王建荣 0.119%			
近年分配			近年募资	

二〇〇五年以来市场表现

2005年涨跌幅(%)	56.18
2005年最高(元)	7.11
2006年涨跌幅(%)	3.17
2006.4.26收盘(元)	4.56
2006年最高(元)	5.33
2006年最低(元)	3.68
2006年换手率(%)	242.49
股改对价	

G 食品（600616）

上市日期:92/09/29　电话:021-58352625　传真:021-58352620

主营	食品、副食品、粮油、烟酒、餐饮、黄酒生产经营、食糖生产和销售。			
	年　度	2005	2004	2003
主要指标	每股收益/扣除后(元)	0.56/0.39	0.37	0.4/0.4
	每股经营现金流量(元)	0.52	0.43	-0.26
	每股净资产/调整后(元)	2.01/1.98	1.65/1.59	2.05/1.96
	未分利润(万元)	12847.97	7975.74	5457.68
	资本公积(万元)	1647.65	1647.32	8301.15
利润构成	主营收入(万元)	419713.62	367321.43	318091.67
	主营利润(万元)	67355.35	59471.56	40703.56
	营业利润(万元)	23833.61	19139.84	12138
	投资收益(万元)	-152.37	-1315.91	342.71
	利润总额(万元)	27846.12	19441.69	12480.33
	净利润(万元)	17015.1	11321.13	7650.75
点评	虽然食品销售是公司主营收入主要来源,而利润的来源却主要来自黄酒和食糖业务。报告期内公司"石库门上海老酒"销量增加近五成,收入同比增加1.3亿元;食糖价格上涨及销量增长推动收入同比增加5500万元。而这是公司净利润大幅增长的主要动力。			

	截止日期	05年末	占%	主要股东及持股比例%、持股性质
股本结构（万股）	总股本	30463.3		上海市糖业烟酒(集团)有限公司 31.73%（国有股）
	国有股	9665.46	31.73	上海商投创业投资有限公司 2.16%（非流通股）
	发起股			上海国际信托投资有限公司 1.9%（非流通股）
	外资股			鸿阳证券投资基金 1.8%（流通A股）
	募集股	6005.93	19.72	中国工商银行-广发聚富开放式证券投资基金 1.48%（流通A股）
	流通A	14791.91	48.56	中国银行-嘉实增长开放式证券投资基金 1.45%（流通A股）
	流通B			中国平安人寿保险股份有限公司-分红-银保分红 1.34%（流通A股）
	流通H			中国工商银行-广发稳健增长证券投资基金 1.32%（流通A股）
股东户数	05年末	8338		上海捷强烟草糖酒(集团)有限公司 1.3%（非流通股）
	04年末	11238		中国银行-华夏回报证券投资基金 1.15%（流通A股）
其他流通股东	全国社保基金一零六组合 0.956%;上海浦东发展银行-广发小盘成长股票型证券投资基金 0.912%			
近年分配	05预案:10派1送2;04年:10派2;03年:10送2.5转增3.5		近年募资	

二〇〇五年以来市场表现

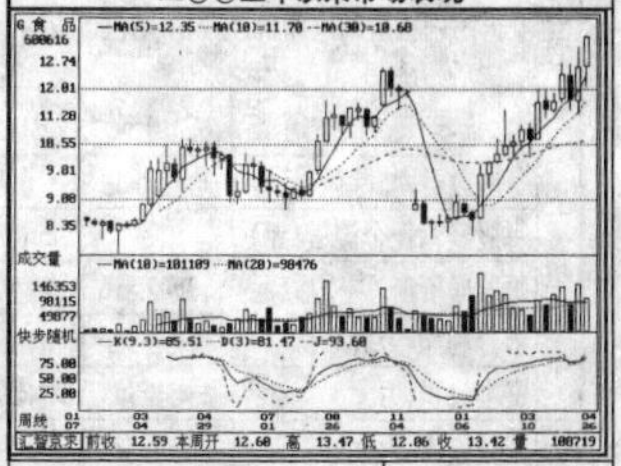

2005年涨跌幅(%)	43.94
2005年最高(元)	12.82
2006年涨跌幅(%)	49.11
2006.4.26收盘(元)	13.42
2006年最高(元)	13.47
2006年最低(元)	8.11
2006年换手率(%)	119.04
股改对价	送股 每10股实际获得3.5股(05/11/24)

*ST 联华（600617/900913）

上市日期:A: 92/10/13 B: 93/09/28　电话:021-64689988　传真:021-64874717

主营	生产、加工、销售聚酯切片、合成纤维及深加工产品			
	年　度	2005	2004	2003
主要指标	每股收益/扣除后(元)	0.03/0.01	-0.25/-0.34	-0.41/-0.39
	每股经营现金流量(元)	0.036	0.094	0.043
	每股净资产/调整后(元)	0.1/0.09	0.06/0.06	0.28/0.28
	未分利润(万元)	-24343.49	-24806.25	-20645.43
	资本公积(万元)	7113.88	6732.97	5783.57
利润构成	主营收入(万元)	24069.76	11123.37	14360.33
	主营利润(万元)	2748.95	-888.63	-5247.77
	营业利润(万元)	1177.2	-3199.09	-6812.23
	投资收益(万元)	-322.92		
	利润总额(万元)	538.15	-5418.67	-7323.57
	净利润(万元)	462.76	-4160.82	-6832.73
点评	2005年成功扭亏。2005年公司对纺织资产进行剥离,设备对外投资,空置厂房租赁,公司降低了折旧成本并取得一定的收益;另外万事利大厦开盘销售情况良好,纺织服装面料业务拓展取得成效,从而使公司在2005年实现扭亏盈利。			

	截止日期	05年末	占%	主要股东及持股比例%、持股性质
股本结构（万股）	总股本	16719.48		万事利集团有限公司 26.26%（非流通股）
	国有股	951.95	5.69	北京创业园科技投资有限公司 8.54%（非流通股）
	发起股	5711.69	34.16	中国东方资产管理公司 5.69%（国有股）
	外资股			上海爱建股份有限公司 1.95%（非流通股）
	募集股	2700	16.15	上海嘉盛投资咨询有限公司 1.8%（非流通股）
	流通A	900	5.38	上海市上投实业投资有限公司 1.45%（国有股）
	流通B	6455.84	38.61	中国银行上海信托咨询公司 1.45%（非流通股）
	流通H			中信信托投资有限责任公司 1.02%（非流通股）
股东户数	05年末	14851		上海新纺织经营开发有限公司 1%（国有股）
	04年末	16077		上海珍德塑胶有限公司 1%（非流通股）
其他流通股东	陈旭红 0.835%;沈家珊 0.719%;朱美红 0.586%;屠云峰 0.474%;SHK NOM. LTD-CLTS OF SHK INV. SER. 0.391%			
近年分配			近年募资	

二〇〇五年以来市场表现

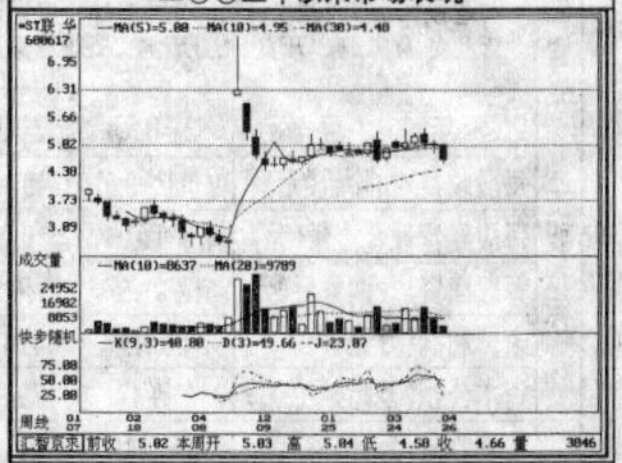

2005年涨跌幅(%)	21.52
2005年最高(元)	7.6
2006年涨跌幅(%)	0.65
2006.4.26收盘(元)	4.66
2006年最高(元)	5.4
2006年最低(元)	4.56
2006年换手率(%)	162.01
股改对价	

G 氯碱（600618/900908）

上市日期:A: 92/11/13 B: 92/11/13 电话:021－64340601 传真:021－64342640

主营	烧碱、氯、氟和聚氯乙烯系列化工原料及加工产品

	年 度	2005	2004	2003
主要指标	每股收益/扣除后(元)	0.004/-0.046	0.046	0.021/0.016
	每股经营现金流量(元)	0.395	0.177	0.3199
	每股净资产/调整后(元)	2.51/2.39	2.51/2.09	2.46/2.06
	未分利润(万元)	5841.46	5753.07	1346.98
	资本公积(万元)	156624.8	156447.3	156091.46
利润构成	主营收入(万元)	412029.17	497826.11	390555.55
	主营利润(万元)	39009.67	65570.24	59266.85
	营业利润(万元)	-65.33	10499.19	5523.44
	投资收益(万元)	531.74	-2808.64	-1215.61
	利润总额(万元)	979.21	5224.77	3467.66
	净利润(万元)	410.57	5378.29	2503.34

点评：2005年是氯碱行业扩能开始释放的一年,PVC价格大幅下跌,同时油价、电价持续上涨,给公司经营带来巨大压力。公司前三季度均亏损,第四季度通过大力拓展烧碱销售得以扭亏为盈。未来两年PVC扩产高峰仍将持续。

股本结构(万股)	截止日期	05年末	占%	主要股东及持股比例%、持股性质
	总股本	116448.31		上海华谊(集团)公司 52.51%（国有股）
	国有股	61151.06	52.51	宁波市金港信托投资有限责任公司 0.52%（非流通股）
	发起股			上海氯碱化工综合公司 0.49%（非流通股）
	外资股			申银万国证券股份有限公司 0.43%（非流通股）
	募集股	11858	10.18	上海天原(集团)有限公司 0.41%（非流通股）
	流通 A	2783.24	2.39	DEBORAH WANG LIN 0.3%（流通B股）
	流通 B	40656	34.91	DAIWA SECURITIES SMBC HONG KONG LTD－CLIENTS ACCOUNT 0.27%（流通B股）
	流通 H			上海氯碱化工房产开发经营公司 0.26%（非流通股）
股东户数	05年末	80608		上海市公积金管理中心 0.26%（非流通股）
	04年末	85254		招商局发展有限公司 0.255%（流通B股）

其他流通股东：NAITO SECURITIES CO. LTD. 0.243%；张焱 ZHANGYAN 0.205%；MEESPIERSON ASIA LTDASIA LTD. 0.199%

近年分配		近年募资	

二〇〇五年以来市场表现

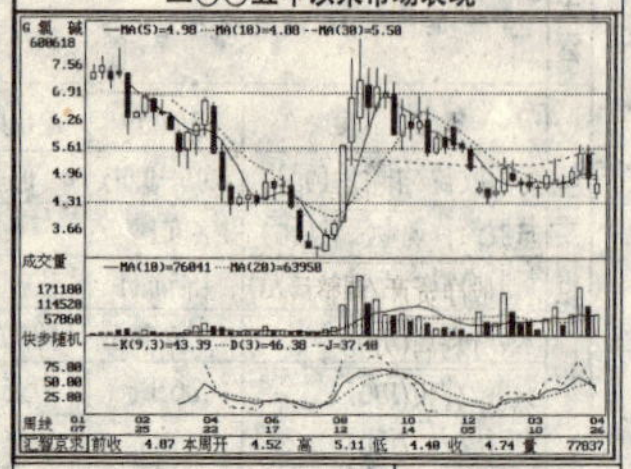

2005年涨跌幅(%)	-30.53
2005年最高(元)	8.21
2006年涨跌幅(%)	32.39
2006.4.26收盘(元)	4.74
2006年最高(元)	8.12
2006年最低(元)	6.16
2006年换手率(%)	298.99
股改对价	送股 每10股实际获得4.3股(06/01/11)

G 海立（600619/900910）

上市日期:A: 92/11/16 B: 93/01/18 电话:021－58547777 传真:021－50326960

主营	生产销售空调压缩机、冰箱压缩机以及除湿机压缩机。

	年 度	2005	2004	2003
主要指标	每股收益/扣除后(元)	0.322/0.32	0.473	0.112/0.09
	每股经营现金流量(元)	1.39	0.88	1.47
	每股净资产/调整后(元)	2.9/2.85	2.81/2.77	2.82/2.74
	未分利润(万元)	14569.52	18128.38	2018.63
	资本公积(万元)	34531.19	34409.24	41901.37
利润构成	主营收入(万元)	367045.05	345380.35	269262.81
	主营利润(万元)	61729.5	73894.3	43760.18
	营业利润(万元)	28028.38	38034.5	9101.71
	投资收益(万元)	-2493.8	-1389.92	-505.14
	利润总额(万元)	25519.1	36172.1	9062.47
	净利润(万元)	14680.82	21584.64	4250.15

点评：公司是国内最大的空调压缩机生产企业。05年空调器市场受房地产市场疲软影响,公司销售基本与上年持平。但原材料价格对成本影响很大,钢材、铜材都较上年出现较大幅度上升。如何化解金属价格上涨带来的成本压力,是压缩机行业的难题。

股本结构(万股)	截止日期	05年末	占%	主要股东及持股比例%、持股性质
	总股本	45662.43		上海市国有资产监督管理委员会 29.67%（国有股）
	国有股	13548.23	29.67	上海久事公司 4.46%（非流通股）
	发起股	7300.8	15.99	上海国际信托投资有限公司 1.76%（非流通股）
	外资股			中国工商银行上海市第二支行 1.52%（非流通股）
	募集股			上海新工联(集团)有限公司 1.06%（非流通股）
	流通 A	3285.4	7.19	上海上立实业发展合作公司 0.92%（非流通股）
	流通 B	21528	47.15	上海电气(集团)总公司 0.82%（非流通股）
	流通 H			上海金陵股份有限公司 0.8%（非流通股）
股东户数	05年末	36763		UBS Warburg Custody Pte Ltd. 0.54%（流通B股）
	04年末	38003		中国工商银行上海市浦东分行 0.53%（非流通股）

其他流通股东：DEUTSCHE BANK LONDON 0.459%；申银万国－花旗－UBS LIMITED 0.433%

近年分配	05预案:10派1.5；04年:10派2；03年:10转增2	近年募资	

二〇〇五年以来市场表现

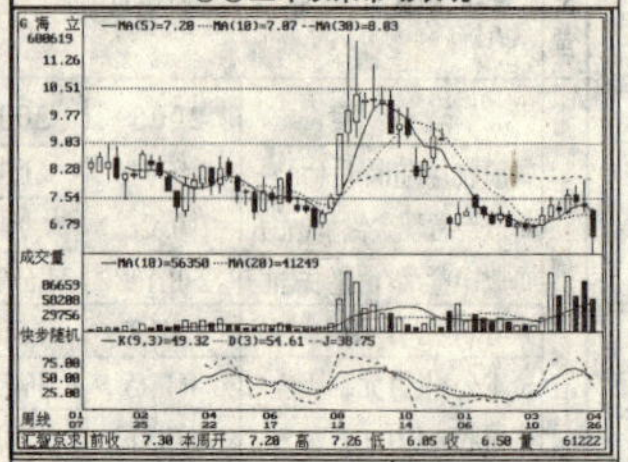

2005年涨跌幅(%)	17.61
2005年最高(元)	12.2
2006年涨跌幅(%)	-8.45
2006.4.26收盘(元)	6.5
2006年最高(元)	8.01
2006年最低(元)	6.05
2006年换手率(%)	213.85
股改对价	送股 每10股实际获得3.5股(05/12/21)

G 天宸（600620）

上市日期:92/11/17 电话:021－62288811 传真:021－52069060

主营	实业投资、国内贸易(除专项规定外)、房地产开发经营。主营业务为房地产开发、物业管理、交通运输及驾校培训等。

	年 度	2005	2004	2003
主要指标	每股收益/扣除后(元)	0.018/-0.07	0.067	0.129/0.101
	每股经营现金流量(元)	-0.22	0.092	0.116
	每股净资产/调整后(元)	1.57/1.56	1.56/1.54	1.51/1.48
	未分利润(万元)	4560.13	4354.96	3933.22
	资本公积(万元)	7269.49	7269.49	7268.19
利润构成	主营收入(万元)	34812.25	38906.13	47752.25
	主营利润(万元)	3626.68	8240.55	11652.67
	营业利润(万元)	-507.23	1556.88	3595.32
	投资收益(万元)	-185.97	1440.55	272.21
	利润总额(万元)	700.56	3718.94	4749.26
	净利润(万元)	599.12	2146.07	4121.43

点评：公司经营的四川北路玫瑰广场项目,由于拆迁原因,建设周期将比预计长,预计06年下半年开始销售;由于芦潮港和闸北的土地使用权被收回,得到补偿款;交通运输业务为公司提供稳定的现金流和经营收益。

股本结构(万股)	截止日期	05年末	占%	主要股东及持股比例%、持股性质
	总股本	32012.92		上海仲盛虹桥房地产开发有限公司 29.89%（非流通股）
	国有股	4043.33	12.63	上海展览中心 5.81%（国有股）
	发起股			上海市牛奶(集团)有限公司 4.65%（国有股）
	外资股			上海前峰建筑工程有限公司 2.5%（非流通股）
	募集股	18313.74	57.21	上海农业展览馆 2.16%（国有股）
	流通 A	9655.86	30.16	上海强生集团有限公司 1.6%（非流通股）
	流通 B			江南重工股份有限公司 1.5%（非流通股）
	流通 H			上海嘉定区长征镇工业公司 1.42%（非流通股）
股东户数	05年末	28728		上海市徐汇区农村信用合作社联合社 1.01%（非流通股）
	04年末	30128		农业银行上海支行 0.87%（非流通股）

其他流通股东：江阴市江南汽车饰件厂 0.593%；章德明 0.131%；潘萍 0.111%；王少红 0.108%；杨胜友 0.105%；高维路 0.103%

近年分配	05预案:10派0.12；04年:10派0.1；03年:10派0.2	近年募资	

二〇〇五年以来市场表现

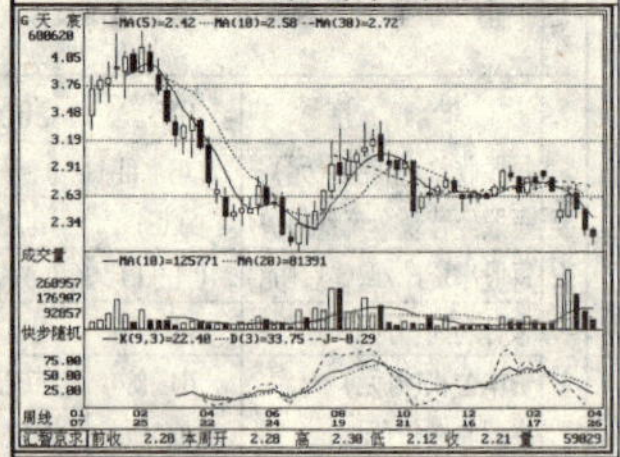

2005年涨跌幅(%)	-24.35
2005年最高(元)	4.33
2006年涨跌幅(%)	13.05
2006.4.26收盘(元)	2.21
2006年最高(元)	3.64
2006年最低(元)	2.58
2006年换手率(%)	121.52
股改对价	送股 每10股实际获得3.3股(06/03/29)

G金陵（600621）

上市日期:92/12/02　　电话:021－63226000　　传真:021－63502688

主营	微型电机、印刷电路板、电度表、印刷电路基板装联加工和高频电子产品、电子网络工程和网络产品等。			
	年度	2005	2004	2003
主要指标	每股收益/扣除后(元)	0.145/0.09	0.139	0.138/0.099
	每股经营现金流量(元)	0.1784	0.258	0.4134
	每股净资产/调整后(元)	1.81/1.65	1.76/1.59	1.77/1.64
	未分利润(万元)	6881.69	5523.62	7899.48
	资本公积(万元)	21432.52	21432.52	21429.96
利润构成	主营收入(万元)	105582.27	103613.63	94437.43
	主营利润(万元)	19926.06	21156.46	19468.36
	营业利润(万元)	4938.64	5905.09	6795.92
	投资收益(万元)	2850.3	1494.7	1417.76
	利润总额(万元)	10922.5	10353.75	8917.89
	净利润(万元)	7584.79	7265.91	7209.61
点评	网络工程和微型电机等业务的大幅增长和汽车出租、物流等现代服务业的稳健增长推动主营成长。公司主营较为分散，限制了业绩增长。预计公司未来业绩成长将来自于服务业，而IT相关业务成长形势不乐观			

	截止日期	05年末	占%	主要股东及持股比例%、持股性质
股本结构（万股）	总股本	52408.24		上海国有资产管理办公室 17.28%（国有股）
	国有股	9057.63	17.28	上海敏特投资有限公司 13.54%（部分流通部分不流通）
	发起股	13956.85	26.63	上海高舜企业发展有限公司 2.93%（非流通股）
	外资股			上海由由(集团)股份有限公司 2.33%（非流通股）
	募集股			上海第十七棉纺织总厂 2.27%（非流通股）
	流通A	29393.75	56.09	光明食品(集团)有限公司 1.61%（非流通股）
	流通B			上海联城经济发展有限公司 1.23%（非流通股）
	流通H			上海氯碱总厂 1.02%（非流通股）
股东户数	05年末	43397		上海金陵集体基金合作联社 0.81%（非流通股）
	04年末	47762		中国纺织机械股份有限公司 0.44%（非流通股）
其他流通股东	上海宇田事业发展有限公司 0.21%；周金辉 0.101%；招商银行股份有限公司－长城久泰中信标普300指数证券 0.092%			
近年分配	05预案:10派1.2；04年:10派1；03年:10派1.5		近年募资	

二〇〇五年以来市场表现

2005年涨跌幅(%)	－14.53
2005年最高(元)	5.35
2006年涨跌幅(%)	－1.03
2006.4.26收盘(元)	2.89
2006年最高(元)	3.38
2006年最低(元)	2.72
2006年换手率(%)	153.4
股改对价	送股 每10股实际获得4股(05/10/21)

G嘉宝（600622）

上市日期:92/12/03　　电话:021－59529711　　传真:021－59536931

主营	房地产的开发经营、电子电容器生产制造和销售、灯用材料的生产制造和销售等。			
	年度	2005	2004	2003
主要指标	每股收益/扣除后(元)	0.165/0.093	0.11	0.11/－0.001
	每股经营现金流量(元)	0.208	0.201	－0.625
	每股净资产/调整后(元)	1.79/1.69	1.64/1.56	1.48/1.39
	未分利润(万元)	4441.59	2810.99	－24667.44
	资本公积(万元)	17761.9	15718.12	38007.54
利润构成	主营收入(万元)	42119.13	37300.51	25649.94
	主营利润(万元)	7682.04	7943.41	3571.56
	营业利润(万元)	2943.48	2982.7	－91.44
	投资收益(万元)	889.04	1930.9	3424.96
	利润总额(万元)	6312.52	5062.87	4031.29
	净利润(万元)	5500.53	3686.6	3677.19
点评	05年公司净利润增幅近50%，主要得益于贸易业务的增长，虽然公司开发的房产项目都市港湾城一期销售较好，但05年房产收入同比小幅下降。公司定位仍是重点发展房地产业，嘉定区域经济的快速发展，将对公司房地产开发经营带来新的机遇。			

	截止日期	05年末	占%	主要股东及持股比例%、持股性质
股本结构（万股）	总股本	33368.83		嘉定建业投资开发公司 17.54%（非流通股）
	国有股			上海嘉定伟业投资开发有限公司 12.1%（非流通股）
	发起股	152	0.46	上海嘉加(集团)有限公司 5.17%（非流通股）
	外资股			上海南翔资产经营有限公司 3.65%（非流通股）
	募集股	5857.98	17.56	上海嘉定缘和贸易有限公司 3.43%（非流通股）
	流通A	11519.91	34.52	上海国平房产开发有限公司 2.63%（非流通股）
	流通B			中国农业银行上海市信托投资公司 2.02%（非流通股）
	流通H			申银万国证券股份有限公司 1.2%（非流通股）
股东户数	05年末	51364		上海颢伽经贸有限公司 1.01%（非流通股）
	04年末	55692		上海市嘉定区工贸投资有限公司 1%（部分流通部分不流通）
其他流通股东	胡小平 0.19%；余小云 0.172%；李巨英 0.172%；黄育华 0.17%；柳潇 0.169%；陈秋华 0.15%；惠风梅 0.144%			
近年分配	05预案:10派1；04年:10派0.8		近年募资	

二〇〇五年以来市场表现

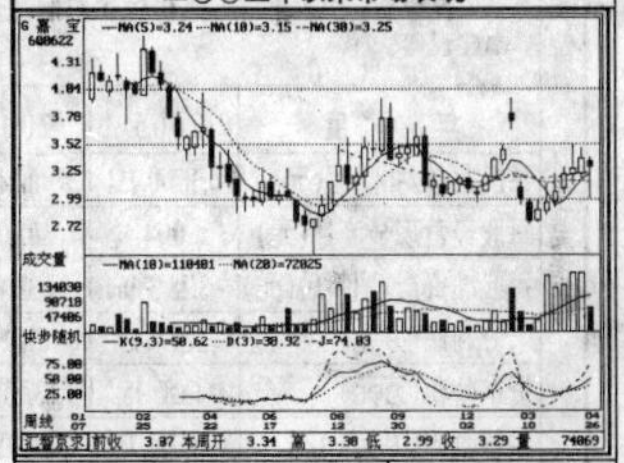

2005年涨跌幅(%)	－11.08
2005年最高(元)	4.57
2006年涨跌幅(%)	19.2
2006.4.26收盘(元)	3.29
2006年最高(元)	4.38
2006年最低(元)	3.43
2006年换手率(%)	78.88
股改对价	送股 每10股实际获得2.5股(06/02/27)

轮胎橡胶（600623/900909）

上市日期:A: 92/12/04 B: 92/12/04　电话:021－33024666　　传真:021－63390367

主营	生产、销售斜交汽车轮胎、子午线汽车轮胎等橡胶轮胎。			
	年度	2005	2004	2003
主要指标	每股收益/扣除后(元)	0.145/0.108	0.128	0.086/0.042
	每股经营现金流量(元)	0.436	0.144	0.49
	每股净资产/调整后(元)	1.66/1.46	1.53/1.25	1.22/1
	未分利润(万元)	8741.27	－82374.73	－93049.31
	资本公积(万元)	58425.71	113669.4	113549.89
利润构成	主营收入(万元)	507796.3	472246.37	390188.87
	主营利润(万元)	74190.39	79390.9	74607.37
	营业利润(万元)	6089.33	19030.38	－1611.64
	投资收益(万元)	－2489.63	－4551.59	－5963.79
	利润总额(万元)	6832.03	16342.23	－7106.86
	净利润(万元)	12915.49	11355.85	7618.57
点评	目前上市公司中全钢子午胎产量最大的轮胎生产企业，由于天然橡胶和合成橡胶价格在2005年大幅上涨，虽然公司全钢胎产量同比增长18.3%。轮胎产品的毛利率同比下降了3个多百分点。轮胎产品盈利能力下降是造成公司主营业务盈利同比下降的主要原因。			

	截止日期	05年末	占%	主要股东及持股比例%、持股性质
股本结构（万股）	总股本	88946.77		上海华谊(集团)公司 68.12%（国有股）
	国有股	61776.77	69.45	徐州轮胎(集团)公司 1.06%（国有股）
	发起股			DEBORAH WANG LIN 0.31%（流通B股）
	外资股			NAITO SECURITIES CO. LTD. 0.31%（流通B股）
	募集股	572	0.64	刘春富 0.29%（流通B股）
	流通A	2288	2.57	上海市公积金管理中心 0.28%（国有股）
	流通B	24310	27.33	TOYO SECURITIES ASIA LTD. A/C CLIENT 0.21%（流通B股）
	流通H			是裕兴 0.09%（流通B股）
股东户数	05年末	48277		HSBC FUND SERVICES A/C 006－113039－431 0.09%（流通B股）
	04年末	50611		AIZAWA SECURITIES CO. LTD. 0.08%（流通B股）
其他流通股东	DBS VICKERS (HONG KONG) LTD A/C CLIENT 0.073%；粤兴发有限公司 0.073%			
近年分配	05预案:10派0.5		近年募资	

二〇〇五年以来市场表现

2005年涨跌幅(%)	18.11
2005年最高(元)	10.36
2006年涨跌幅(%)	13.05
2006.4.26收盘(元)	8.92
2006年最高(元)	8.98
2006年最低(元)	7.6
2006年换手率(%)	186.64
股改对价	送股 每10股实际获得7股

复旦复华（600624）

上市日期:93/01/05　　电话:021－65103021　　传真:021－65107402

主营：软件产业的开发与服务，生物医药产业的研发、生产与销售，以及高科技园区建设和房地产开发。

	年度	2005	2004	2003
主要指标	每股收益/扣除后(元)	0.074	0.063	0.041/0.026
	每股经营现金流量(元)	0.1814	0.0999	-0.0345
	每股净资产/调整后(元)	1.82/1.66	1.74/1.61	1.68/1.61
	未分利润(万元)	1131.13	-314.69	-1331.82
	资本公积(万元)	17880.92	17853.21	17852.79
利润构成	主营收入(万元)	35538.57	32546.94	27589.17
	主营利润(万元)	13885.35	14607.35	12633.62
	营业利润(万元)	2872.11	2535.13	1063.14
	投资收益(万元)	135.62	-282.22	6.85
	利润总额(万元)	3207.39	2299.54	988.6
	净利润(万元)	1951.87	1660.96	1086.6

点评：尽管国家宏观调控使公司园区房产业务受阻，软件外包高速增长以及新药推出带来的生物医药业务增长使公司主营仍有稳定成长。通过适当控制管理费用，公司盈利实现平稳增长。预计软件外包高速增长将得以持续，房地产业务面临的市场环境也有望好转。

股本结构（万股）	截止日期	05年末	占%	主要股东及持股比例%、持股性质
	总股本	26347.71		复旦大学 32.736%（国有股）
	国有股	10175.52	38.62	上海国有资产经营有限公司 5.884%（国有股）
	发起股			缪德华 0.19%（流通A股）
	外资股			魏承福 0.17%（流通A股）
	募集股			胡卫民 0.12%（流通A股）
	流通A	16172.19	61.38	招商银行股份有限公司－长城久泰中信标普300指数证券 0.1%（流通A股）
	流通B			唐峰兼 0.1%（流通A股）
	流通H			芦盛河 0.09%（流通A股）
股东户数	05年末	97018		吴双云 0.08%（流通A股）
	04年末	104579		陈梨妹 0.08%（流通A股）

其他流通股东：徐居善 0.075%；方志嘉 0.068%

近年分配：05预案:10派0.4　　**近年募资**：

二〇〇五年以来市场表现

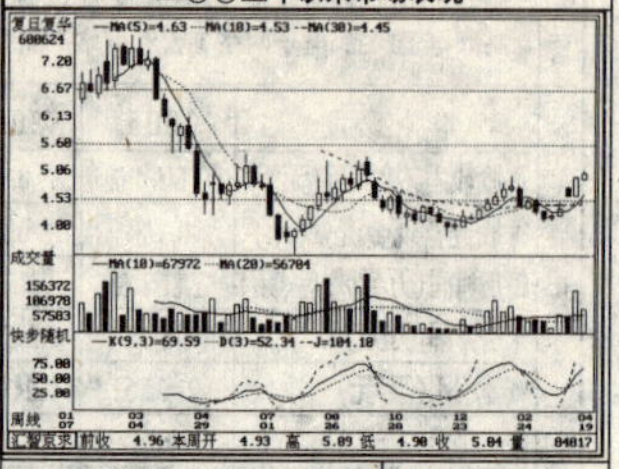

2005年涨跌幅(%)	-35.8
2005年最高(元)	7.74
2006年涨跌幅(%)	21.15
2006.4.26收盘(元)	5.04
2006年最高(元)	5.09
2006年最低(元)	4.11
2006年换手率(%)	60.64
股改对价	转增 每10股实际获得5.05股

G申达（600626）

上市日期:93/01/07　　电话:021－62328282　　传真:021－62317250

主营：纺织品外贸，产业用纺织品，传统纺织制造业，房产物业基本建设等。

	年度	2005	2004	2003
主要指标	每股收益/扣除后(元)	0.165/0.154	0.243	0.397/0.293
	每股经营现金流量(元)	0.34	0.608	0.638
	每股净资产/调整后(元)	3.18/3.16	4.32/4.29	4.18/4.14
	未分利润(万元)	10554.43	6341.97	6009.99
	资本公积(万元)	40086.15	53755.26	53723.84
利润构成	主营收入(万元)	495718.73	486418.6	496107.94
	主营利润(万元)	31023.83	33932.73	38773.05
	营业利润(万元)	6737.34	7657.03	10149.44
	投资收益(万元)	2911.49	3107.92	7550.3
	利润总额(万元)	9803.55	11763.89	17859.29
	净利润(万元)	7801.48	8203.1	13431.98

点评：公司主营纺织品外贸业务、汽车配套和柔性复合材料等产业用纺织品业务，传统纺织中制线和印染业务等。05年，公司的生产经营处于正常水平，其收入与利润指标与上年基本持平。06年，公司将继续开展多元化业务，预计其利润增长较为有限。

股本结构（万股）	截止日期	05年末	占%	主要股东及持股比例%、持股性质
	总股本	47349.52		国有股份 44.78%（国有股）
	国有股	21203.08	44.78	中国电力财务有限公司 1.1%（非流通股）
	发起股			上海城市房地产有限公司 1.03%（非流通股）
	外资股			上海国际信托投资有限公司 1.03%（非流通股）
	募集股	6479.01	13.68	上海第十七棉纺织总厂 0.86%（非流通股）
	流通A	19667.42	41.54	中国纺织品进出口公司 0.69%（非流通股）
	流通B			上海市纺织原料公司 0.69%（非流通股）
	流通H			上海百联集团股份有限公司 0.68%（非流通股）
股东户数	05年末	61906		中国银行上海信托咨询公司 0.55%（非流通股）
	04年末	66144		申银万国证券股份有限公司 0.47%（非流通股）

其他流通股东：王孝平 0.245%；上海三蒲建筑环保工程有限公司 0.157%；隋熙凤 0.145%；唐向群 0.106%；范贤侃 0.097%

近年分配：05预案:10派1；04年:10派1转增4；03年:10派1　　**近年募资**：

二〇〇五年以来市场表现

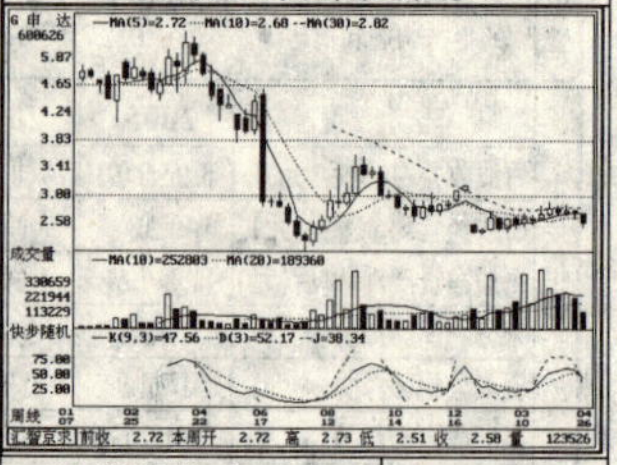

2005年涨跌幅(%)	-5.64
2005年最高(元)	5.48
2006年涨跌幅(%)	9.63
2006.4.26收盘(元)	2.58
2006年最高(元)	3.86
2006年最低(元)	3.22
2006年换手率(%)	125.07
股改对价	送股 每10股实际获得3.3股(06/01/19)

上电股份（600627）

上市日期:93/01/18　　电话:021－62102651　　传真:021－62267260

主营：电站网络成套设备，高低压输缩配电设备，变压器，自动化控制装置，交直流电机，工夹模具的设计制造、销售、安装。

	年度	2005	2004	2003
主要指标	每股收益/扣除后(元)	0.83/0.83	0.26	0.16/0.16
	每股经营现金流量(元)	0.11	0.25	0.1
	每股净资产/调整后(元)	2.9/2.88	2.14/2.02	1.9/1.82
	未分利润(万元)	51216.32	19371.18	9930.12
	资本公积(万元)	34200.79	33638.84	33351.46
利润构成	主营收入(万元)	181274.83	129438.28	81221.98
	主营利润(万元)	23885.95	22638.1	16401.33
	营业利润(万元)	-111.62	-1007.33	-1621.36
	投资收益(万元)	44044.26	14547.19	10605.63
	利润总额(万元)	44009.4	14381.55	8910.15
	净利润(万元)	42932.28	13536.59	8356.54

点评：受上海锅炉厂投资收益大幅增长的影响，上电股份2005年每股收益达0.83元。2006年上海锅炉厂净利润仍将保持10%以上的增长，其他参股合资公司也将充分受益于输配电行业的快速发展，为公司提供丰厚的投资收益。

股本结构（万股）	截止日期	05年末	占%	主要股东及持股比例%、持股性质
	总股本	51796.55		上海电气集团股份有限公司 83.75%（非流通股）
	国有股	43380.72	83.75	申银万国证券股份有限公司 0.53%（非流通股）
	发起股			全国社保基金一零四组合 0.43%（流通A股）
	外资股			上海国际信托投资有限公司 0.39%（非流通股）
	募集股	3315.82	6.4	上海电器工业有限公司 0.34%（非流通股）
	流通A	5100	9.85	中国工商银行上海市第二支行 0.31%（非流通股）
	流通B			沈阳联亚实业发展公司 0.21%（非流通股）
	流通H			电职技协 0.18%（非流通股）
股东户数	05年末	25134		上海开拓投资有限公司 0.17%（非流通股）
	04年末	28302		珠海申光 0.16%（非流通股）

其他流通股东：中国工商银行－普华证券投资基金 0.145%；中国工商银行－申万巴黎新动力股票型证券投资基金 0.117%

近年分配：05预案:10派2.5；04年:10派0.8；03年:10派0.3　　**近年募资**：

二〇〇五年以来市场表现

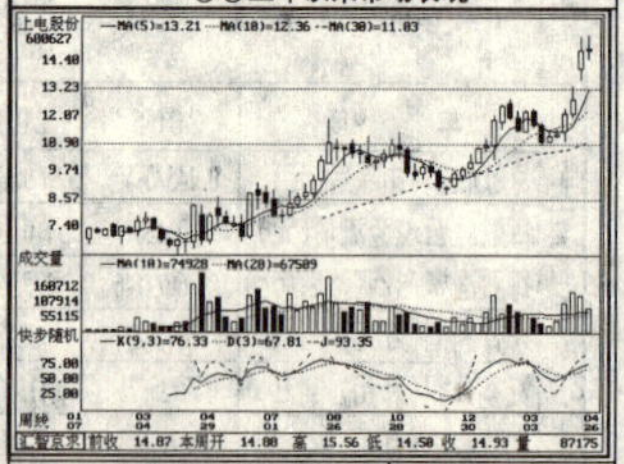

2005年涨跌幅(%)	46.2
2005年最高(元)	12.03
2006年涨跌幅(%)	47.68
2006.4.26收盘(元)	14.93
2006年最高(元)	15.56
2006年最低(元)	10.11
2006年换手率(%)	226.82
股改对价	派现 每10股实际获得20元

G 新世界（600628）

上市日期:93/01/19　　电话:021－63588888　　传真:021－63583331

主营	商品批发零售			
	年　　度	2005	2004	2003
主要指标	每股收益/扣除后(元)	0.25	0.27	0.24/0.24
	每股经营现金流量(元)	0.66	0.6	0.61
	每股净资产/调整后(元)	2.86/2.79	3.4/3.39	2.88/2.87
	未分利润(万元)	27046.2	27651.24	19479.07
	资本公积(万元)	46355.56	46355.56	30832.9
利润构成	主营收入(万元)	149441.61	138690.87	144521.85
	主营利润(万元)	33975.63	32075.32	31172.77
	营业利润(万元)	16222	11589.37	11479.33
	投资收益(万元)	－118.84	－64.9	22.81
	利润总额(万元)	16025.1	12562.74	11383.03
	净利润(万元)	11463.48	9669.56	7517.36
点评	报告期内由于新世界综合消费圈的逐步启动,公司主营收入和净利润水平均取得了一定增长。公司在上海南京路最繁华地段拥有21万平米的商业物业,未来增长前景可期。			

股本结构(万股)	截止日期	05年末	占%	主要股东及持股比例%、持股性质
	总股本	46243.41		上海市黄浦区国有资产监督管理委员会 39.68%(国有股)
	国有股	18351.05	39.68	金鑫证券投资基金 3.2%(流通A股)
	发起股			交通银行－汉兴证券投资基金 2.21%(流通A股)
	外资股			中国工商银行－金泰证券投资基金 1.86%(流通A股)
	募集股	5244.51	11.34	上海新世界(集团)有限公司 1.69%(非流通股)
	流通A	22647.85	48.98	中国建设银行－国泰金马稳健回报证券投资基金 1.42%(流通A股)
	流通B			中国工商银行－博时精选股票证券投资基金 1.24%(流通A股)
	流通H			交通银行－科瑞证券投资基金 1.15%(流通A股)
股东户数	05年末	37746		中国银行－海富通收益增长证券投资基金 1.1%(流通A股)
	04年末	55667		上海海直置业发展有限公司 0.82%(流通A股)
其他流通股东	富国动态平衡证券投资基金 0.631%;上海浦东发展银行－广发小盘成长股票型证券投资基金 0.55%			
近年分配	05预案:10送1.5;04年:10送3		近年募资	04年10配2.5配股价5.58元。

二〇〇五年以来市场表现

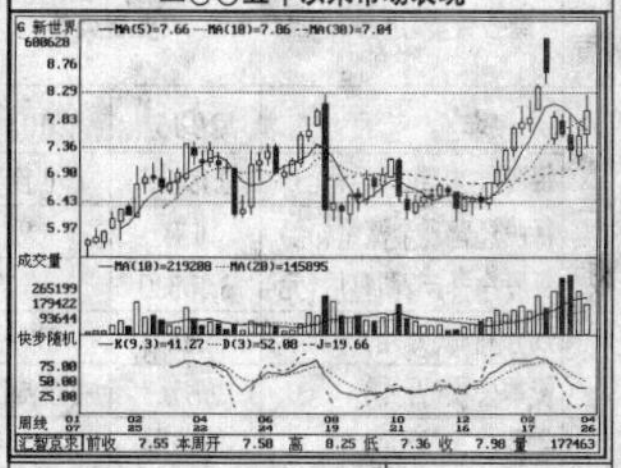

2005年涨跌幅(%)	46.19
2005年最高(元)	9.3
2006年涨跌幅(%)	61.84
2006.4.26收盘(元)	7.98
2006年最高(元)	10.73
2006年最低(元)	6.3
2006年换手率(%)	98.91
股改对价	送股 每10股实际获得3股(06/03/30)

＊ST 棱光（600629）

上市日期:93/02/09　　电话:021－511616181　　传真:021－51161660

主营	三氯氢硅、石英玻璃制品的生产、销售及出租汽车营运业务。			
	年　　度	2005	2004	2003
主要指标	每股收益/扣除后(元)	－0.01/－0.02	－0.95	－0.128/－0.133
	每股经营现金流量(元)	0.055	0.011	0.013
	每股净资产/调整后(元)	－3.66/－3.67	－3.69/－3.71	－2.74/－3.24
	未分利润(万元)	－77894.5	－77689.35	－63247.02
	资本公积(万元)	5711.21	4946.99	4946.99
利润构成	主营收入(万元)	3490.87	3202.41	2409.31
	主营利润(万元)	635.93	316.18	207.1
	营业利润(万元)	－300.99	－9272.92	－2017.55
	投资收益(万元)	－1.59	－8.8	－1.12
	利润总额(万元)	－205.15	－14442.33	－1938.7
	净利润(万元)	－205.15	－14442.33	－1938.7
点评	公司已连续两年亏损,2005年,困绕公司多年的巨额债务、或有债务及大股东欠款问题仍未得到解决,同时债务重组和免息申请未取得实质性进展,导致高额的财务费用,从而导致公司再次亏损。			

股本结构(万股)	截止日期	05年末	占%	主要股东及持股比例%、持股性质
	总股本	15137.76		四川嘉信贸易有限责任公司 29.07%(非流通股)
	国有股	2514.09	16.61	上海市国有资产管理办公室 16.61%(国有股)
	发起股			福州飞越集团有限公司 6.44%(非流通股)
	外资股			无锡新江南实业股份有限公司 2.04%(非流通股)
	募集股	6847.62	45.24	上海第十七棉纺织总厂 0.81%(非流通股)
	流通A	5776.05	38.16	中国纺织机械股份有限公司 0.72%(非流通股)
	流通B			上海氯碱总厂 0.54%(非流通股)
	流通H			上海嘉宝股份有限公司 0.47%(非流通股)
股东户数	05年末	20642		申银万国证券股份有限公司 0.39%(非流通股)
	04年末	23293		上海商业网点发展实业股份有限公司 0.36%(非流通股)
其他流通股东	朱珍 0.351%;许如根 0.225%;孙桂红 0.217%;牟骏 0.213%;顾鹤富 0.201%			
近年分配			近年募资	

二〇〇五年以来市场表现

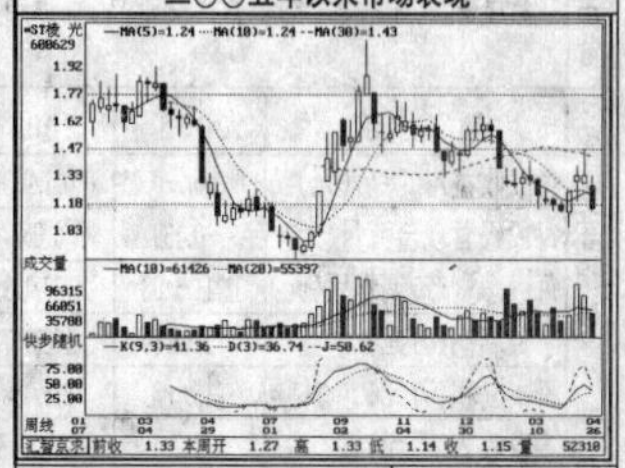

2005年涨跌幅(%)	－3.09
2005年最高(元)	2.07
2006年涨跌幅(%)	－26.75
2006.4.26收盘(元)	1.15
2006年最高(元)	1.65
2006年最低(元)	1.05
2006年换手率(%)	165.53
股改对价	

G 龙头（600630）

上市日期:93/02/09　　电话:021－34061116　　传真:021－54666630

主营	针织、家用纺织品、服装服饰及纺织品印染			
	年　　度	2005	2004	2003
主要指标	每股收益/扣除后(元)	0.031/－0.088	－0.696	0.04/0.001
	每股经营现金流量(元)	0.866	0.702	0.098
	每股净资产/调整后(元)	3.22/3.09	3.18/3.03	3.9/3.62
	未分利润(万元)	－11728.76	－30391.42	17.92
	资本公积(万元)	97217.15	111191.2	110994.57
利润构成	主营收入(万元)	336265.38	332108.84	328676.17
	主营利润(万元)	45989.43	39489.68	47561.17
	营业利润(万元)	－6488.82	－29751.13	950.92
	投资收益(万元)	1638.11	－3617.7	1790.28
	利润总额(万元)	－342.13	－33036.61	2515.71
	净利润(万元)	1313.88	－29578.49	1712.16
点评	2005年,公司面对国际纺织品贸易争端加剧、人民币升值,纺织品贸易壁垒、原材料价格上涨等不利环境实现了扭亏为盈。2006年,公司将努力修复和提升公司的"三枪"、"海螺"等品牌,预计会实现高于去年的利润水平。			

股本结构(万股)	截止日期	05年末	占%	主要股东及持股比例%、持股性质
	总股本	42486.16		上海纺织(集团)有限公司 44.93%(国有股)
	国有股	19087.42	44.93	上海国际信托投资有限公司 3.57%(非流通股)
	发起股			合肥科创投资管理有限公司 0.85%(非流通股)
	外资股			陈升华 0.69%(流通A股)
	募集股	4288.74	10.09	中国纺织机械股份有限公司 0.57%(非流通股)
	流通A	19110	44.98	上海申达股份有限公司 0.56%(非流通股)
	流通B			上海金陵股份有限公司 0.56%(非流通股)
	流通H			上海天迪科技投资发展有限公司 0.56%(非流通股)
股东户数	05年末	83485		上海南上海商业房地产有限公司 0.51%(非流通股)
	04年末	91573		江南重工股份有限公司 0.42%(非流通股)
其他流通股东	季宝红 0.297%;中国建设银行－国泰金马稳健回报证券投资基金 0.257%;叶禄鹏 0.177%			
近年分配			近年募资	

二〇〇五年以来市场表现

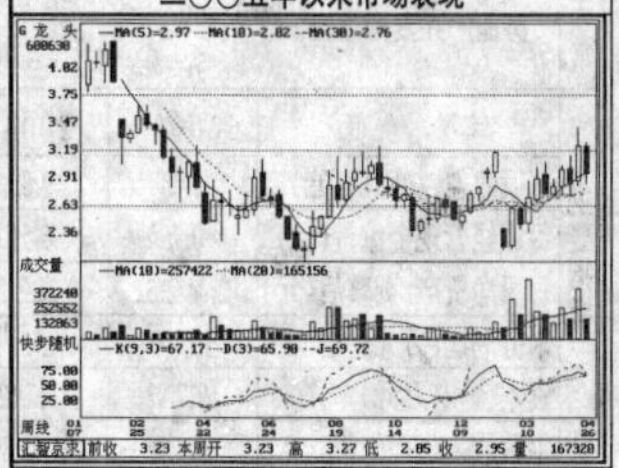

2005年涨跌幅(%)	－25.66
2005年最高(元)	4.3
2006年涨跌幅(%)	39.63
2006.4.26收盘(元)	2.95
2006年最高(元)	4.55
2006年最低(元)	2.86
2006年换手率(%)	115.24
股改对价	送股 每10股实际获得3.3股(06/02/16)

G 百联（600631）

上市日期：93/02/19　　电话：021－63225020　　传真：021－63517447

	项目	2005	2004	2003
主营	综合百货、广告、进出口贸易、商业咨询等。			
	年　　度	2005	2004	2003
主要指标	每股收益/扣除后(元)	0.18/0.17	0.13	0.12/0.121
主要指标	每股经营现金流量(元)	0.74	0.59	0.494
主要指标	每股净资产/调整后(元)	3.27/3.23	3.2/3.17	2.96/2.62
主要指标	未分利润(万元)	38567.79	33121	6382.46
主要指标	资本公积(万元)	167956.8	167896.22	91390.68
利润构成	主营收入(万元)	899893.4	471551.9	266429.82
利润构成	主营利润(万元)	175446.91	99072.96	55756.72
利润构成	营业利润(万元)	33127.15	21243.58	13671.57
利润构成	投资收益(万元)	-3417.22	1695.45	658.01
利润构成	利润总额(万元)	31927.62	22865.58	12495.3
利润构成	净利润(万元)	19940.92	13968.45	7000.25

点评：2005年，公司主营收入实现了大幅增长，但由于营业费用比例上升了2个百分点，导致净利润增幅小于主营收入，但也达到了50%左右。公司控股64%的第一八佰伴2005年实现净利润超过1.7亿，成为公司净利润的主要来源。

	截止日期	05年末	占%	主要股东及持股比例%、持股性质
股本结构（万股）	总股本	110102.73		百联集团有限公司 50.06%（国有股）
	国有股	55120.36	50.06	上海国际收藏品有限公司 1.01%（非流通股）
	发起股			申银万国证券股份有限公司 0.87%（非流通股）
	外资股			上海松江粮油购销总公司 0.67%（非流通股）
	募集股	22285.4	20.24	上海国际信托投资有限公司 0.65%（非流通股）
	流通A	32696.97	29.7	海通－中行－FORTIS BANK SA/NV 0.64%（流通A股）
	流通B			中国工商银行－天元证券投资基金 0.56%（流通A股）
	流通H			福建华兴信托投资公司 0.55%（非流通股）
股东户数	05年末	143930		浙江省经济建设投资公司 0.44%（非流通股）
	04年末	106390		上海南上海商业房地产有限公司 0.41%（非流通股）

其他流通股东：海通－中行－FORTIS BANK SA/NV 0.638%；东方证券－农行－东方红1号集合资产管理计划 0.164%

近年分配：05预案：10派1.5；04年：10派1　　**近年募资**：

二○○五年以来市场表现

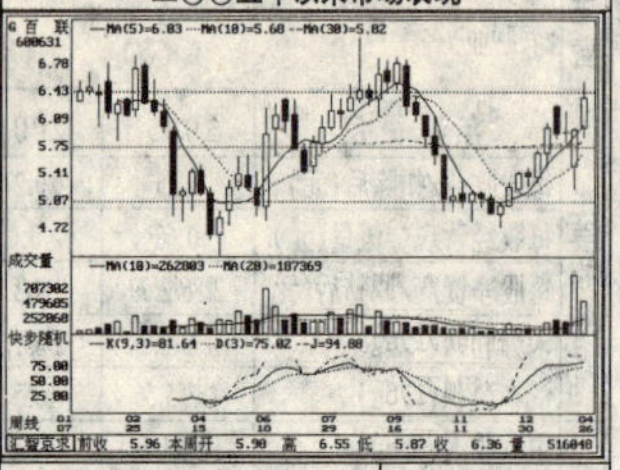

2005年涨跌幅(%)	-15.43
2005年最高(元)	7.22
2006年涨跌幅(%)	53.68
2006.4.26收盘(元)	6.36
2006年最高(元)	8.52
2006年最低(元)	5.29
2006年换手率(%)	55.65

股改对价：送股 每10股实际获得3股(06/04/18)

白猫股份（600633）

上市日期：93/03/04　　电话：021－32023251　　传真：021－52701369

	项目	2005	2004	2003
主营	主营牙膏、牙刷、洗涤剂、日用化学品、洗涤用具、化工原料等。			
	年　　度	2005	2004	2003
主要指标	每股收益/扣除后(元)	-0.256/-0.259	0.021/0.015	0.105/0.088
主要指标	每股经营现金流量(元)	-0.139	0.067	0.1628
主要指标	每股净资产/调整后(元)	1.11/1.08	1.37/1.31	1.41/1.36
主要指标	未分利润(万元)	-2115.89	1780.67	2594.69
主要指标	资本公积(万元)	2159.88	2159.88	2159.88
利润构成	主营收入(万元)	42727.5	32845.08	30512.54
利润构成	主营利润(万元)	4536.29	4742.67	5866.39
利润构成	营业利润(万元)	-3907.49	268.66	1698.44
利润构成	投资收益(万元)	-17.69	-81.23	-93.83
利润构成	利润总额(万元)	-3885.04	285.65	1925.34
利润构成	净利润(万元)	-3896.57	312.93	1597.86

点评：公司在牙膏行业中知名度较高，但行业竞争日趋激烈，原材料价格持续上涨，使得行业整体盈利能力下降，公司更是在收入增长明显的情况下利润反而大幅下降。目前国内牙膏市场大部分仍由外资及合资品牌占据，公司面临的压力很大。

	截止日期	05年末	占%	主要股东及持股比例%、持股性质
股本结构（万股）	总股本	15205.08		上海白猫(集团)有限公司 44.48%（非流通股）
	国有股	6763.23	44.48	上海轻工集体经济管理中心 9.66%（非流通股）
	发起股	1538.39	10.12	上海国际信托投资有限公司 2.32%（非流通股）
	外资股			中国纺织机械股份有限公司 1.91%（非流通股）
	募集股	5583.46	36.72	上海金陵股份有限公司 1.91%（非流通股）
	流通A	1320	8.68	上海机电股份有限公司 1.44%（非流通股）
	流通B			上海第十七棉纺织总厂 1.43%（非流通股）
	流通H			上海氯碱总厂 0.95%（非流通股）
股东户数	05年末	7802		申银万国证券股份有限公司 0.9%（非流通股）
	04年末	7873		上海市天宸股份有限公司 0.76%（非流通股）

其他流通股东：张有综 0.124%；钟巳昭 0.089%；王玲 0.085%；阮金山 0.066%；鲍玉春 0.061%；钟志昭 0.057%；张大方 0.048%

近年分配：03年：10派0.7　　**近年募资**：

二○○五年以来市场表现

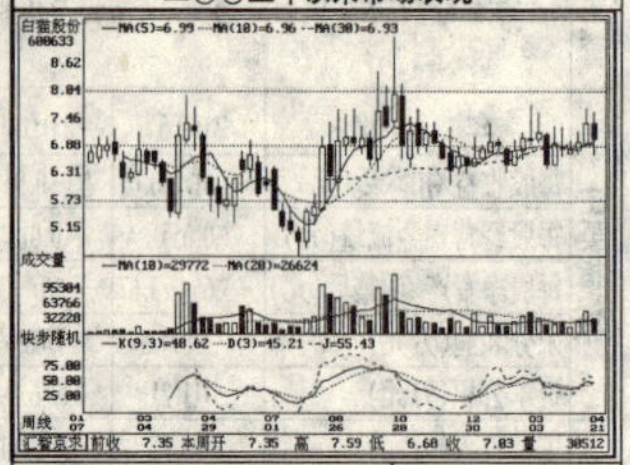

2005年涨跌幅(%)	-0.6
2005年最高(元)	9.2
2006年涨跌幅(%)	6.35
2006.4.26收盘(元)	7.03
2006年最高(元)	7.75
2006年最低(元)	6.31
2006年换手率(%)	310.16

股改对价：送股 每10股实际获得4.2股

海鸟发展（600634）

上市日期：93/03/04　　电话：021－62678574　　传真：021－32181400

	项目	2005	2004	2003
主营	房地产开发与经营。			
	年　　度	2005	2004	2003
主要指标	每股收益/扣除后(元)	0.08	0.01	-0.46
主要指标	每股经营现金流量(元)	0.76	6.55	-2.71
主要指标	每股净资产/调整后(元)	2.34/2.32	2.26/2.25	2.26/2.22
主要指标	未分利润(万元)	164.99	-271.39	-114.15
主要指标	资本公积(万元)	6917.92	6917.92	6917.92
利润构成	主营收入(万元)	3667.46	23371.89	1749.7
利润构成	主营利润(万元)	504.81	2437.63	-267.41
利润构成	营业利润(万元)	-564.28	60.77	-1834.14
利润构成	投资收益(万元)	840	1.88	-2083.44
利润构成	利润总额(万元)	1037.41	981.12	-3920.59
利润构成	净利润(万元)	692.78	59.77	-3969.52

点评：05年主营收入和主营利润大幅下降，主要是房产销售收入和销售利润大幅下降；净利润大幅增长，主要转让朱家角公司的收益及嘉禾大厦项目补偿款。06年公司将继续盘活杨浦项目，同时积极寻找新的投资项目，不排除进入其他行业的可能。

	截止日期	05年末	占%	主要股东及持股比例%、持股性质
股本结构（万股）	总股本	8720.73		上海东宏实业投资有限公司 26%（非流通股）
	国有股			香港新科创力有限公司 21.74%（外资股）
	发起股	2512.07	28.81	香港美泰国际有限公司 3.8%（外资股）
	外资股	2227.68	25.54	上海华成无线电厂有限公司 2.81%（非流通股）
	募集股			徐云华 0.88%（流通A股）
	流通A	3980.97	45.65	周佐荣 0.34%（流通A股）
	流通B			包莲英 0.32%（流通A股）
	流通H			韩梅英 0.3%（流通A股）
股东户数	05年末	18593		朱爱琳 0.23%（流通A股）
	04年末	18524		翟明东 0.22%（流通A股）

其他流通股东：刘强 0.208%；范正豪 0.206%；王俊 0.206%；梁晓芸 0.201%

近年分配：　　**近年募资**：

二○○五年以来市场表现

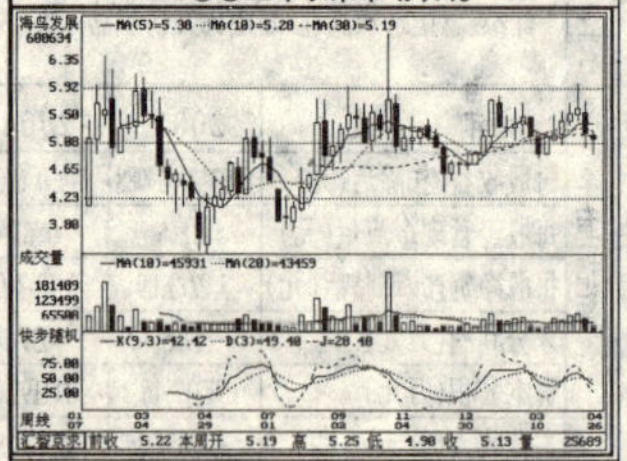

2005年涨跌幅(%)	15.29
2005年最高(元)	6.77
2006年涨跌幅(%)	8
2006.4.26收盘(元)	5.13
2006年最高(元)	6
2006年最低(元)	4.75
2006年换手率(%)	189.9

股改对价：

G大众（600635）

上市日期：93/03/04　　电话：021－64288888　　传真：021－64288727

主营：以城市公用事业产业（城市交通、城市燃气）为主，以高新技术产业为辅。

	年　度	2005	2004	2003
主要指标	每股收益/扣除后(元)	0.05/0.03	0.06	0.23/0.15
	每股经营现金流量(元)	0.4973	0.2935	0.86
	每股净资产/调整后(元)	2.4/2.4	3.05/3.05	3.16/3.15
	未分利润(万元)	6641.59	4818.03	13701.1
	资本公积(万元)	62456	78614.51	78545.67
利润构成	主营收入(万元)	211030.12	187216.94	147188.28
	主营利润(万元)	26987.48	19160.08	19008.56
	营业利润(万元)	7912.62	5763.76	6303.24
	投资收益(万元)	3153.61	2603.85	12711.08
	利润总额(万元)	12949.48	10318.24	20887.62
	净利润(万元)	3623.16	3011.75	12509.74

点评：公司主营业务三大板块的经营情况良好。交通运输和燃气业务稳定发展；城市基础设施和环境产业进展顺利。2005年公司主营的燃气销售业务保持相对稳定，从而保证了整体经营情况基本与2004年持平。

	截止日期	05年末	占%	主要股东及持股比例%、持股性质
股本结构（万股）	总股本	71003.62		上海大众企业管理有限公司 25.87%（部分流通部分不流通）
	国有股	8433.59	11.88	上海市政资产经营发展有限公司 10.59%（国有股）
	发起股			交通银行上海浦东分行 1.28%（国有股）
	外资股			上海大众万祥汽车修理公司 0.95%（非流通股）
	募集股	19761.22	27.83	无锡客运总公司 0.88%（非流通股）
	流通A	42808.81	60.29	上海双发投资有限公司 0.84%（非流通股）
	流通B			中保财产保险无锡分公司离退休职工服务部 0.44%（非流通股）
	流通H			上海国际信托投资有限公司－指数连接－E－4001 0.28%（流通A股）
股东户数	05年末	122875		国元证券投资基金 0.27%（流通A股）
	04年末	125891		银丰证券投资基金 0.27%（流通A股）
其他流通股东	陈继 0.224%；张禹门 0.184%；中国工商银行华安上证180指数增强型证券投资基金 0.168%；张荔雯 0.155%			
近年分配	05预案：10派0.3；04年：10转增3；03年：10派1.5		近年募资	

二〇〇五年以来市场表现

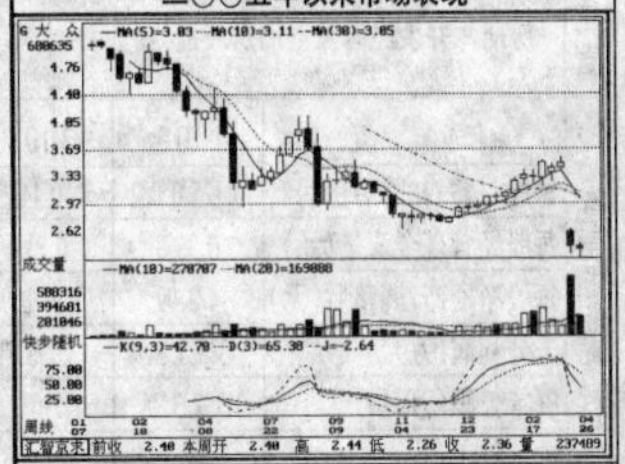

2005年涨跌幅(%)	－24.76
2005年最高(元)	5.12
2006年涨跌幅(%)	20.22
2006.4.26收盘(元)	2.36
2006年最高(元)	3.92
2006年最低(元)	2.93
2006年换手率(%)	57.49
股改对价	转增 每10股实际获得4.98股(06/04/17)

三爱富（600636）

上市日期：93/03/16　　电话：021－64823549　　传真：021－64823550

主营：从事含氟材料的研究、生产、销售及化工设备的制造与贸易。

	年　度	2005	2004	2003
主要指标	每股收益/扣除后(元)	0.468/0.448	0.385	0.261/0.294
	每股经营现金流量(元)	0.6073	0.3503	0.7735
	每股净资产/调整后(元)	2.7/2.68	2.28/2.27	2.56/2.54
	未分利润(万元)	15315.06	7008.36	7766.9
	资本公积(万元)	13297.6	13241.06	13241.06
利润构成	主营收入(万元)	200897.12	182735.57	109980.38
	主营利润(万元)	36748.42	35189.59	22233.56
	营业利润(万元)	17468.71	20103.93	11385.13
	投资收益(万元)	1257.02	385.19	119.93
	利润总额(万元)	18997.23	18862.89	10612.25
	净利润(万元)	11359.8	9345.54	4870.83

点评：公司是我国有机氟行业龙头企业，产品包括含氟制冷剂及替代品、含氟聚合物、氟精细化学品等，产品种类多，且公司具有较强的研发能力。由于氯仿原料的价格上涨以及制冷剂产品中CFC替代品的价格下跌，公司05年业绩增长速度略低于预期。

	截止日期	05年末	占%	主要股东及持股比例%、持股性质
股本结构（万股）	总股本	24281.66		上海华谊(集团)公司 27.72%（国有股）
	国有股	10654.01	43.88	上海工业投资(集团)有限公司 16.16%（国有股）
	发起股			中国人寿保险(集团)公司－传统－普通保险产品 3.18%（流通A股）
	外资股			天华证券投资基金 2.64%（流通A股）
	募集股	2919.29	12.02	中国工商银行－博时精选股票证券投资基金 2.31%（流通A股）
	流通A	10708.37	44.1	中国银行－银华优势企业(平衡型)证券投资基金 2.11%（流通A股）
	流通B			海通－交行－日兴资产管理有限公司－日兴AM中国人民币A股母基金 1.9%（流通A股）
	流通H			中国建设银行－银华保本增值证券投资基金 1.44%（流通A股）
股东户数	05年末	12674		上海三甲港纺织胶带厂 1.36%（非流通股）
	04年末	15708		浙江省经协集团有限公司 1.13%（非流通股）
其他流通股东	中国银行－华夏回报证券投资基金 1.128%；交通银行－鹏华中国50开放式证券投资基金 1.112%			
近年分配	05预案：10派1送3；04年：10派0.5；03年：10派1送3		近年募资	

二〇〇五年以来市场表现

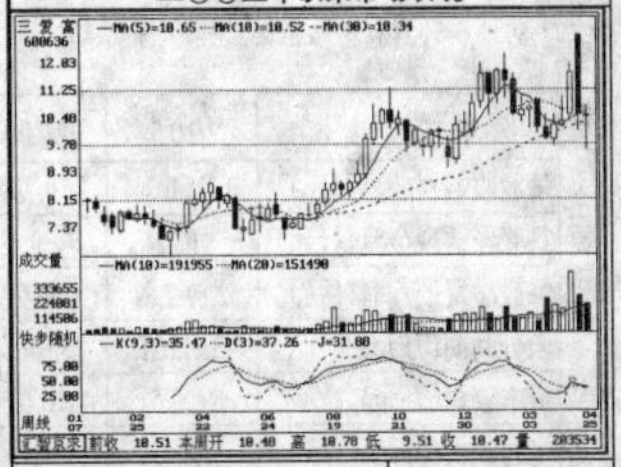

2005年涨跌幅(%)	26.72
2005年最高(元)	11.32
2006年涨跌幅(%)	1.75
2006.4.26收盘(元)	10.47
2006年最高(元)	12.8
2006年最低(元)	9.51
2006年换手率(%)	245.46
股改对价	送股 每10股实际获得2.8股

G上广电（600637）

上市日期：93/03/16　　电话：021－64189198　　传真：021－64189828

主营：电视机、计算机及网络设备、影视音响设备及通信设备制造；电子元件加工。

	年　度	2005	2004	2003
主要指标	每股收益/扣除后(元)	0.013/－0.03	0.138	0.27/0.222
	每股经营现金流量(元)	0.3806	－0.2175	－0.5887
	每股净资产/调整后(元)	4.06/3.86	4.46/4.26	4.44/4.17
	未分利润(万元)	9421.48	17324.81	17067.84
	资本公积(万元)	243229.8	242470.11	242186.94
利润构成	主营收入(万元)	340520.43	408541.56	409693.27
	主营利润(万元)	21344.08	23618.68	29815.38
	营业利润(万元)	－15965.76	－1266.63	353.89
	投资收益(万元)	13629.26	16110.62	25762.41
	利润总额(万元)	－2012.16	15788.3	25358.6
	净利润(万元)	1181.33	11338.07	22134.26

点评：平板彩电产销规模增速缓慢，导致05年主业亏损面进一步扩大。参股合资企业贡献的投资收益下降，年报业绩微利。在经历了05年的产业结构调整和多项资本运作后，预计06年主业将会有转机，TFT面板项目产能提升对公司平板彩电业务的支撑作用也将逐步凸现。

	截止日期	05年末	占%	主要股东及持股比例%、持股性质
股本结构（万股）	总股本	90179.37		上海广电(集团)有限公司 63.94%（国有股）
	国有股	57662.74	63.94	申银万国证券股份有限公司 1.17%（非流通股）
	发起股			上海市宋庆龄基金会 0.35%（非流通股）
	外资股			上海爱建股份有限公司 0.29%（非流通股）
	募集股	10098.06	11.2	上海金陵股份有限公司 0.26%（非流通股）
	流通A	22418.57	24.86	上海广电股份浦东有限公司 0.23%（非流通股）
	流通B			上海电气(集团)总公司 0.21%（非流通股）
	流通H			上海九百(集团)有限公司 0.19%（非流通股）
股东户数	05年末	78178		上海望春花集团股份有限公司 0.18%（非流通股）
	04年末	83620		王镇坤 0.17%（流通A股）
其他流通股东	张黔中 0.123%；中国建设银行－博时裕富证券投资基金 0.095%；东风汽车股份有限公司 0.064%			
近年分配	04年：10送1；03年：10派1		近年募资	

二〇〇五年以来市场表现

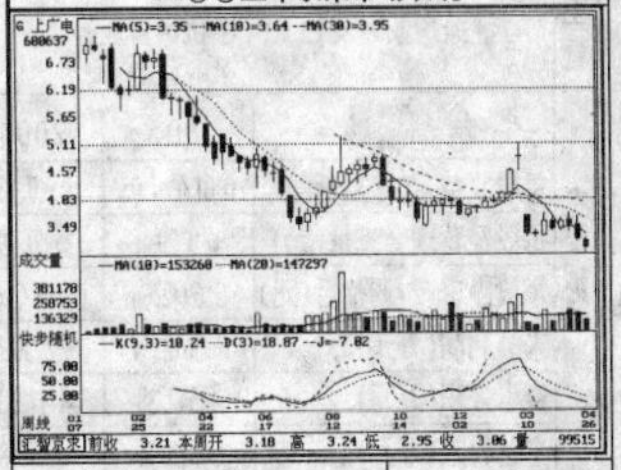

2005年涨跌幅(%)	－36.8
2005年最高(元)	7.27
2006年涨跌幅(%)	－6.74
2006.4.26收盘(元)	3.06
2006年最高(元)	5.1
2006年最低(元)	3.57
2006年换手率(%)	65.55
股改对价	定向回购 送股 每10股实际获得2.1股(06/03/07)

新黄浦（600638）

上市日期:93/03/26　电话:021－63238888　传真:021－63237777

主营	房地产开发经营及危旧房改造,物业管理等。		
年　度	2005	2004	2003
主要指标 每股收益/扣除后(元)	0.125/0.082	0.143	0.114/0.107
每股经营现金流量(元)	0.3868	0.8335	0.1672
每股净资产/调整后(元)	4/3.99	3.97/3.96	3.92/3.91
未分利润(万元)	34325.34	33795.71	32940.19
资本公积(万元)	113223.28	112907.02	112907.02
利润构成 主营收入(万元)	28440.02	66486.8	51656.82
主营利润(万元)	11982.2	14475.42	12745.37
营业利润(万元)	10233.76	10131.54	8893.44
投资收益(万元)	315.78	152.9	127.22
利润总额(万元)	12525.58	12529.36	8249.93
净利润(万元)	7009.42	8000.96	6369.54

点评:05年公司加大租售力度,房产销售和租赁均取得较好的效果,上海新京城、上海新黄浦金融大厦租售率不断提高,主营收入和净利润有所增加。由于宏观调控,公司将面临投资风险,但将积极拓宽现有房产租售渠道和寻找并实施房产项目来应对竞争。

股本结构(万股) 截止日期	05年末	占%	主要股东及持股比例%、持股性质
总股本	56116.4		上海市国有资产管理办公室 35.22%(国有股)
国有股	23808.51	42.43	上海新黄浦(集团)有限责任公司 3.26%(国有股)
发起股	53.11	0.09	上海海浦中心房地产有限公司 2.92%(国有股)
外资股			上海东亚建筑实业有限公司 2.44%(非流通股)
募集股	15239.56	27.16	上海众鑫建材实业有限责任公司 2.35%(非流通股)
流通A	17015.22	30.32	申银万国证券股份有限公司 1.98%(非流通股)
流通B			广州美盈鞋业有限公司 1.58%(非流通股)
流通H			上海市城市建设投资开发总公司 1.03%(国有股)
股东户数 05年末	89413		上海新黄浦楼宇装备实业有限公司 0.71%(非流通股)
股东户数 04年末	96064		上海永华房地产开发有限公司 0.46%(非流通股)

其他流通股东:中国工商银行－申万巴黎盛利精选证券投资基金 0.31%;上海康桥半岛房地产发展有限公司 0.178%;李文花 0.109%

近年分配	04年:10派1;03年:10派1	近年募资	

二〇〇五年以来市场表现

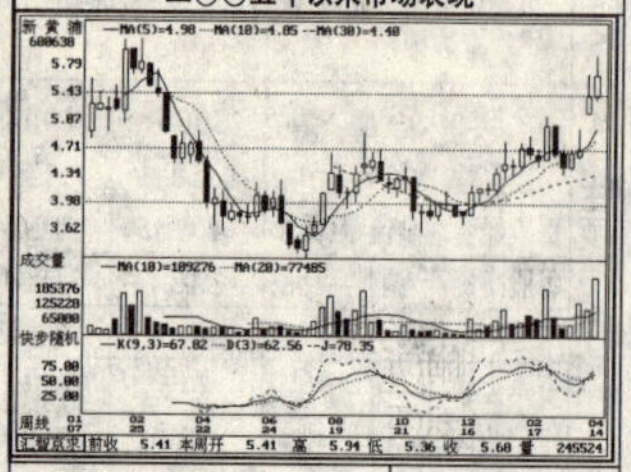

2005年涨跌幅(%)	-12.86
2005年最高(元)	6.15
2006年涨跌幅(%)	36.21
2006.4.26收盘(元)	5.68
2006年最高(元)	5.94
2006年最低(元)	4.1
2006年换手率(%)	78.11
股改对价	送股 每10股实际获得3股

G金桥（600639/900911）

上市日期:A: 93/03/26 B: 93/05/31　电话:021－50307761　传真:021－50301533

主营	房地产开发和房产租售。		
年　度	2005	2004	2003
主要指标 每股收益/扣除后(元)	0.225/0.204	0.229	0.166/0.162
每股经营现金流量(元)	-0.124	-0.42	0.079
每股净资产/调整后(元)	2.89/2.89	2.98/2.96	2.52/2.51
未分利润(万元)	52913.21	51007.63	23568.29
资本公积(万元)	80850.52	80850.52	80797.12
利润构成 主营收入(万元)	82086.31	61814.81	61071.06
主营利润(万元)	36847.44	18695.83	20527.1
营业利润(万元)	23521.04	10093.08	13541.59
投资收益(万元)	-1005.45	10306.66	4485.14
利润总额(万元)	23829.25	20945.07	14487.88
净利润(万元)	18958.65	17626.83	12712.93

点评:05年房产销售收入实现增长,主要得益于碧云新天地二期AB组团的销售;出租业务的增长主要来自于碧云花园二期A组团、办公楼和新增厂房的新增租金。净利润的增长低于主营收入的增长主要是管理费用的上期计提的减值准备冲减管理费用所致。

股本结构(万股) 截止日期	05年末	占%	主要股东及持股比例%、持股性质
总股本	84438.64		上海金桥(集团)有限公司(授权经营) 49.18%(国有股)
国有股	41527.2	49.18	上海国际信托投资有限公司 4.73%(国有股)
发起股	3993	4.73	东方证券股份有限公司 0.495%(流通A股)
外资股			MERRILL LYNCH FAR EAST LIMITED 0.493%(流通B股)
募集股			中国工商银行－国联安德盛小盘精选证券投资基金 0.463%(流通A股)
流通A	14175.15	16.79	东方证券－农行－东方红1号集合资产管理计划 0.385%(流通A股)
流通B	24743.29	29.3	GUOTAI JUNAN SECURITIES(HONGKONG) LIMITED 0.346%(流通B股)
流通H			全国社保基金一零三组合 0.336%(流通A股)
股东户数 05年末	110676		中国工商银行－兴业可转债混合型证券投资基金 0.306%(流通A股)
股东户数 04年末	126213		全国社保基金一零二组合 0.296%(流通A股)

其他流通股东:山西信托投资有限责任公司 0.237%;TOYO SECURITIES ASIA LTD. A/C CLIENT 0.236%

近年分配	05预案:10派0.95;04年:10派0.5送1;03年:10派0.3	近年募资	

二〇〇五年以来市场表现

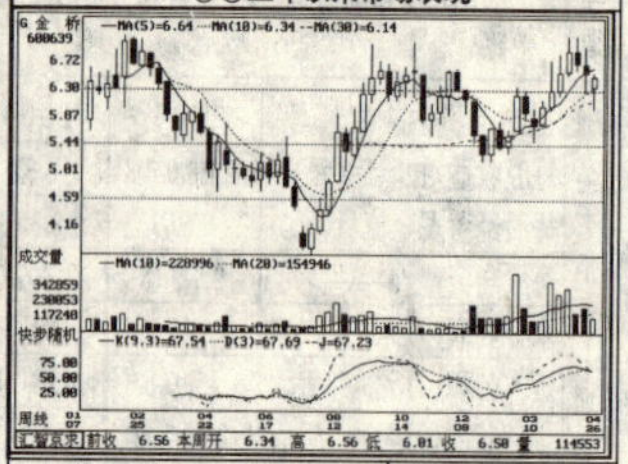

2005年涨跌幅(%)	17.5
2005年最高(元)	7.77
2006年涨跌幅(%)	42.68
2006.4.26收盘(元)	6.5
2006年最高(元)	9.65
2006年最低(元)	6.99
2006年换手率(%)	155.35
股改对价	送股 每10股实际获得3.5股(06/01/12)

G国脉（600640）

上市日期:93/04/07　电话:021－62769616　传真:021－62763318

主营	寻呼通信业务及CDMA手机销售业务。		
年　度	2005	2004	2003
主要指标 每股收益/扣除后(元)	0.01/-0.05	-0.13	0.04/-0.03
每股经营现金流量(元)	0.29	-0.79	1.17
每股净资产/调整后(元)	2.69/2.66	2.68/2.66	2.84/2.82
未分利润(万元)	-3672.34	-4240.44	2313.89
资本公积(万元)	44542.38	44542.38	44542.38
利润构成 主营收入(万元)	36813.74	44653.83	101741.91
主营利润(万元)	2654.83	3107.59	7702.38
营业利润(万元)	-2272.01	-2002.38	-2091.64
投资收益(万元)	2059.82	-3396.91	3668.85
利润总额(万元)	257.21	-5409.59	1510.31
净利润(万元)	285.56	-5402.18	1470.19

点评:05年加大了对数字集群业务上的投入力度,采取了包括加强联通CDMA终端销售业务运作力度、启动呼叫中心全国业务拓展、收缩寻呼业务发展举措,取得一定成效。同时在内部管理上实施了增收节支、盘活闲置资产的措施,支撑了公司运营和业务的发展。

股本结构(万股) 截止日期	05年末	占%	主要股东及持股比例%、持股性质
总股本	40137.12		中国卫星通信集团公司 58.88%(国有股)
国有股	23633.78	58.88	上海陆家嘴金融贸易区开发股份有限公司 3.45%(非流通股)
发起股			上海市电信有限公司 2.86%(非流通股)
外资股			长信综合 1.78%(非流通股)
募集股	10416.41	25.95	上海捷时达邮政专递公司 1.37%(非流通股)
流通A	6086.93	15.17	中国电信集团工会上海市委员会 0.79%(非流通股)
流通B			上海申银万国证券研究所有限公司 0.76%(非流通股)
流通H			上海证券有限责任公司 0.47%(非流通股)
股东户数 05年末	30497		上海电信实业崇明有限公司 0.34%(非流通股)
股东户数 04年末	33538		山西信托投资有限责任公司 0.33%(流通A股)

其他流通股东:舟山市钱币学会 0.223%;胡堃 0.14%;梅松 0.063%;罗华 0.063%;王翔 0.062%;孙寿华 0.05%;杨虹 0.05%

近年分配		近年募资	

二〇〇五年以来市场表现

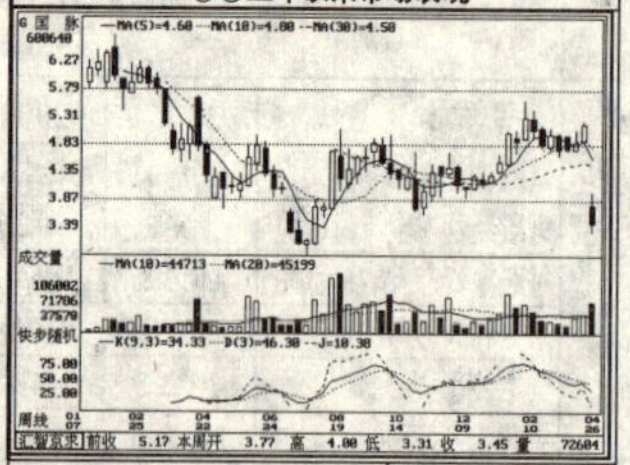

2005年涨跌幅(%)	-27.17
2005年最高(元)	6.75
2006年涨跌幅(%)	8.57
2006.4.26收盘(元)	3.45
2006年最高(元)	5.6
2006年最低(元)	4.33
2006年换手率(%)	92.91
股改对价	送股 每10股实际获得3.5股(06/04/25)

中远发展（600641）

上市日期:93/04/07　　电话:021－50367878　　传真:021－50366858

主营：房地产开发、经营以及房地产配套产业的投资、经营等。

	年　　度	2005	2004	2003
主要指标	每股收益/扣除后(元)	0.06/-0.08	0.09	0.08/0.07
	每股经营现金流量(元)	0.82	-0.35	-1.2
	每股净资产/调整后(元)	4.36/4.35	4.51/4.39	4.49/4.45
	未分利润(万元)	17647.87	22953.34	24154.34
	资本公积(万元)	69175.99	69046.8	67353.49
利润构成	主营收入(万元)	24372.55	70745.51	64537.73
	主营利润(万元)	9762.2	23443.39	13759.57
	营业利润(万元)	-3120.68	5155.98	3982.62
	投资收益(万元)	6996.47	536.55	4.61
	利润总额(万元)	3877.76	5701.63	3970.66
	净利润(万元)	2722.61	4097.08	3359.13

点评：05年主营收入和净利润均同比下降，主要是公司两湾房地产销售收入下降和子公司股权转让损益不能合并所致。由于投资收益大幅增长，导致公司净利润下降的幅度小于主营收入下降的幅度。截至年底老西门项目动迁尚未结束。

	截止日期	05年末	占%	主要股东及持股比例%、持股性质
股本结构（万股）	总股本	44786.6		三林万业(上海)企业集团有限公司 56.16%（非流通股）
	国有股			上海国际信托投资有限公司 3.86%（非流通股）
	发起股	26879.97	60.02	光大证券有限责任公司 1.45%（流通A股）
	外资股			中国工商银行—南方避险增值基金 1.22%（流通A股）
	募集股			全国社保基金一零一组合 0.56%（流通A股）
	流通A	17906.62	39.98	中国工商银行—南方宝元债券型基金 0.49%（流通A股）
	流通B			中国银行—南方高增长股票型开放式证券投资基金 0.45%（流通A股）
	流通H			上海历德韦商贸有限公司 0.23%（流通A股）
股东户数	05年末	55310		上海虹桥空港商贸发展有限公司 0.18%（流通A股）
	04年末	66911		王学超 0.18%（流通A股）
其他流通股东	卢铭 0.138%；江西省财政投资管理公司 0.123%			
近年分配	04年:10派2.2；03年:10派1		近年募资	

二〇〇五年以来市场表现

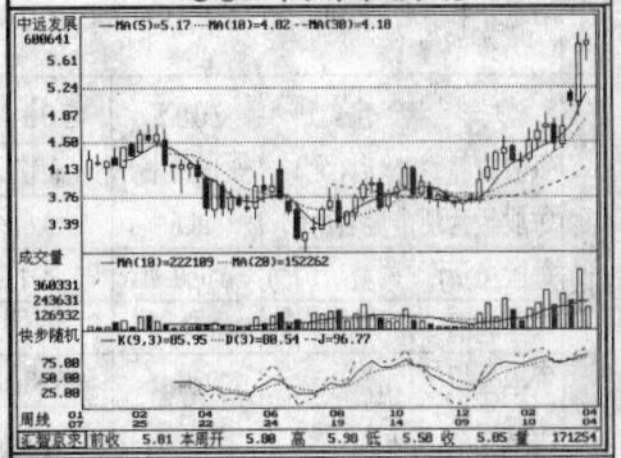

2005年涨跌幅(%)	7.94
2005年最高(元)	4.74
2006年涨跌幅(%)	41.65
2006.4.26收盘(元)	5.85
2006年最高(元)	5.98
2006年最低(元)	4.11
2006年换手率(%)	142.51
股改对价	注资 送股 每10股实际获得1.5股

G申能（600642）

上市日期:93/04/16　　电话:021－63900888　　传真:021－63900119

主营：电力、石油天然气的投资、建设和管理。

	年　　度	2005	2004	2003
主要指标	每股收益/扣除后(元)	0.499/0.486	0.431/0.432	0.633/0.614
	每股经营现金流量(元)	0.937	0.676	1.02
	每股净资产/调整后(元)	3.64/3.64	3.34/3.33	4.66/4.65
	未分利润(万元)	72909.99	72903.95	103428.92
	资本公积(万元)	213734.23	213386.34	267101.96
利润构成	主营收入(万元)	796416.76	573416.8	371014.75
	主营利润(万元)	191762.83	154529.74	135237.86
	营业利润(万元)	165000.75	120580.33	104589.14
	投资收益(万元)	40633.45	47967.05	61205.47
	利润总额(万元)	205707.46	167879.61	165516.59
	净利润(万元)	134290.09	115958.55	113474.61

点评：2005年受到电力形势总体良好、煤电联动政策出台、天然气市场需求旺盛、油价持续上升等因素的影响，公司主营业务收入有了稳步增长。煤价依然在高位运行、天然气供需矛盾日益突出，公司的成本也快速增长，导致净利润增幅小于主营业务增幅。

	截止日期	05年末	占%	主要股东及持股比例%、持股性质
股本结构（万股）	总股本	268963.17		申能(集团)有限公司 53.1%（国有股）
	国有股	147236.89	54.74	国泰君安证券股份有限公司 2.95%（国有股）
	发起股	43859.06	16.31	上海市电力公司 1%（非流通股）
	外资股			上证50交易型开放式基金 0.96%（流通A股）
	募集股			兖州煤业股份有限公司 0.83%（非流通股）
	流通A	77867.22	28.95	上海久事公司 0.65%（非流通股）
	流通B			CITIGROUP 0.59%（流通A股）
	流通H			全国社保基金108组合 0.56%（流通A股）
股东户数	05年末	113956		易方达50指数证券投资基金 0.49%（流通A股）
	04年末	123489		FORTIS BANK 0.47%（流通A股）
其他流通股东	裕隆证券投资基金 0.322%；裕阳证券投资基金 0.32%；UBS LIMITED 0.287%；香港上海汇丰银行有限公司 0.268%			
近年分配	05预案:10派2.5；04年:10派2；03年:10派3送2转增3		近年募资	

二〇〇五年以来市场表现

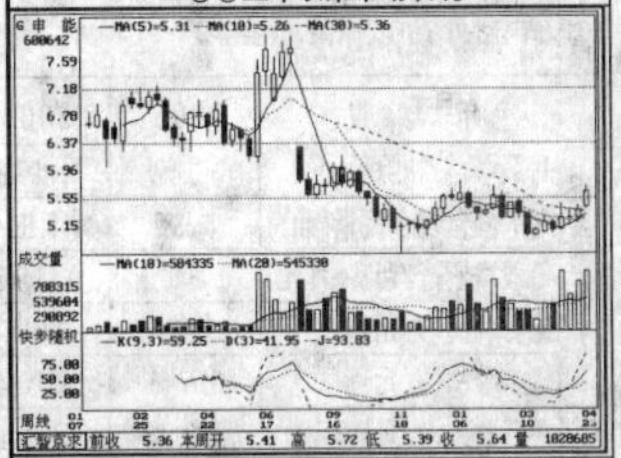

2005年涨跌幅(%)	12.13
2005年最高(元)	8.52
2006年涨跌幅(%)	1.81
2006.4.26收盘(元)	5.64
2006年最高(元)	5.79
2006年最低(元)	4.97
2006年换手率(%)	117.15
股改对价	送股 每10股实际获得3.2股(05/08/17)

爱建股份（600643）

上市日期:93/04/26　　电话:021－64396600　　传真:021－64392118

主营：实业投资，房地产开发、经营及咨询，外经贸部批准的进出口业务(按批文)，商务咨询。

	年　　度	2005	2004	2003
主要指标	每股收益/扣除后(元)	-2.207	0.022	-0.614
	每股经营现金流量(元)	-0.401	0.839	-0.013
	每股净资产/调整后(元)	1.09/0.97	3.34/3.16	3.32/3.12
	未分利润(万元)	-130404.19	-28785.52	-29770.29
	资本公积(万元)	95061.57	95061.57	95016.42
利润构成	主营收入(万元)	98467.33	136009.22	71871.13
	主营利润(万元)	13628.44	22741.11	10346.84
	营业利润(万元)	-3639.86	9663.23	-5907.24
	投资收益(万元)	-100115.26	-3681.43	-21871.08
	利润总额(万元)	-103630.45	6046.24	-28081.97
	净利润(万元)	-101689.28	1022.48	-28305.66

点评：公司经营范围为：实业投资，房地产开发以及外贸等。公司在金融领域控股上海爱建信托以及上海爱建证券，公司在报告期内仍旧在抓涉案事项的妥善处置。

	截止日期	05年末	占%	主要股东及持股比例%、持股性质
股本结构（万股）	总股本	46068.8		上海工商界爱国建设特种基金会 22.65%（非流通股）
	国有股	625.02	1.36	恒生银行有限公司 6.177%（流通A股）
	发起股	10224.19	22.19	上海国际信托投资有限公司 1.36%（国有股）
	外资股			上海市工商业联合会 1.03%（非流通股）
	募集股	4384.32	9.52	刘靖基 0.81%（流通A股）
	流通A	30835.27	66.93	上海久事公司 0.68%（非流通股）
	流通B			丁鹤寿 0.62%（流通A股）
	流通H			交通银行上海分行 0.45%（非流通股）
股东户数	05年末	80246		上海二纺机股份有限公司 0.45%（非流通股）
	04年末	79082		申银万国证券股份有限公司 0.45%（非流通股）
其他流通股东	丁眉寿 0.446%；上海奇赛数码科技有限公司 0.379%；上证50ETF 0.377%；云晨期货经纪有限公司 0.353%			
近年分配			近年募资	

二〇〇五年以来市场表现

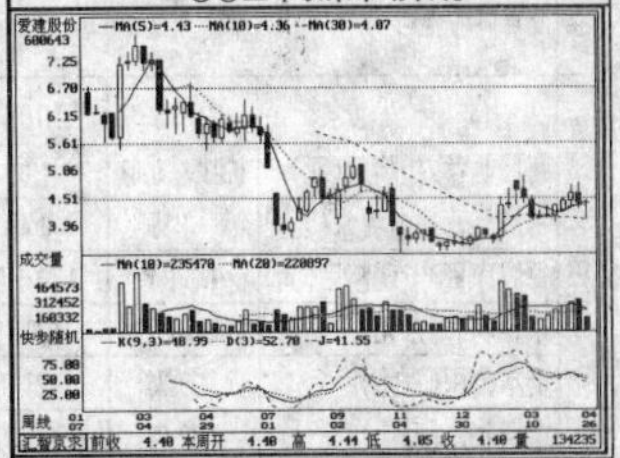

2005年涨跌幅(%)	-46.39
2005年最高(元)	7.8
2006年涨跌幅(%)	23.6
2006.4.26收盘(元)	4.4
2006年最高(元)	4.94
2006年最低(元)	3.53
2006年换手率(%)	127.94
股改对价	

乐山电力（600644）

上市日期:93/04/26　　电话:0833－2445800　　传真:0833－2445887

主营	地方中小水(火)电力开发,生产经营和电力调度。			
	年　　度	2005	2004	2003
主要指标	每股收益/扣除后(元)	0.161/0.169	0.127	0.03/0.049
	每股经营现金流量(元)	0.6	0.61	0.4973
	每股净资产/调整后(元)	2.01/1.91	1.95/1.83	1.82/1.72
	未分利润(万元)	3714.61	3131.7	1811.38
	资本公积(万元)	10594.06	10582.64	10569.73
利润构成	主营收入(万元)	47315.72	42331.02	33124.53
	主营利润(万元)	16505.21	15613.22	10045.78
	营业利润(万元)	6038.82	4364.25	1876.77
	投资收益(万元)	－366.28	103.15	55.29
	利润总额(万元)	5543.87	4496.72	1570.71
	净利润(万元)	4005.71	3169.43	739.91
点评	2005年,公司发电和售电同比增幅很小,供水量和供气量也有所增加,实现主营业务收入同比有所增长,非电业务贡献较大,由于发电成本上涨,影响了公司净利润的增长幅度。2006年,公司电力业务将从煤电联动中获益。			

	截止日期	05年末	占%	主要股东及持股比例%、持股性质
股本结构(万股)	总股本	24933.65		乐山市国有资产经营有限公司 21.17%（国有股）
	国有股	7315.38	29.34	眉山市资产经营有限公司 8.17%（国有股）
	发起股	4742.11	19.02	深圳市业海通投资发展有限公司 8.17%（非流通股）
	外资股			四川汉派实业有限责任公司 6.39%（非流通股）
	募集股			申银万国证券股份有限公司 1%（非流通股）
	流通A	12876.16	51.64	镇江市技术交流站 0.61%（流通A股）
	流通B			深圳市东方热电投资有限公司 0.58%（非流通股）
	流通H			上海点津贸易有限公司 0.4%（非流通股）
股东户数	05年末	31109		上海九宇新技术发展有限公司 0.4%（非流通股）
	04年末	29956		上海隆得岐工贸有限公司 0.38%（非流通股）
其他流通股东	上海信投信息服务有限公司 0.214%;上海润滑油厂 0.2%;云国福 0.193%;上海浦东上南房产有限公司 0.185%			
近年分配	05预案:10派1;04年:10派1	近年募资		

二〇〇五年以来市场表现

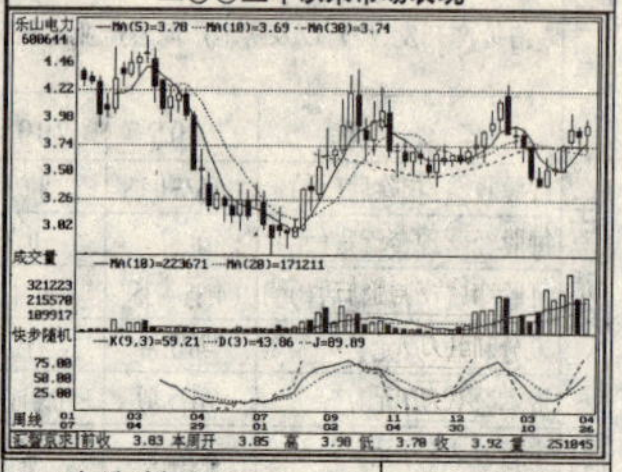

2005年涨跌幅(%)	－15.72
2005年最高(元)	4.7
2006年涨跌幅(%)	8.89
2006.4.26收盘(元)	3.92
2006年最高(元)	4.28
2006年最低(元)	3.38
2006年换手率(%)	255.15
股改对价	

望春花（600645）

上市日期:93/05/04　　电话:021－52171679　　传真:021－52600580

主营	生命科技技术开发、干细胞基因工程产业化、生物医药和基因制药、纺织、印染、服装等。			
	年　　度	2005	2004	2003
主要指标	每股收益/扣除后(元)	－0.569	－0.313	0.013/－0.08
	每股经营现金流量(元)	0.3387	0.163	0.1669
	每股净资产/调整后(元)	0.26/0.16	0.83/0.69	1.21/1.09
	未分利润(万元)	－31873.78	－17414.47	－7587.97
	资本公积(万元)	9577.63	9555.64	9528.82
利润构成	主营收入(万元)	35436.73	28125.62	32503.39
	主营利润(万元)	10794.88	7224.64	4324.33
	营业利润(万元)	－5013.95	－6191.87	－402.23
	投资收益(万元)	－170.16	－253.77	1236.18
	利润总额(万元)	－12751.5	－6638.85	837.89
	净利润(万元)	－14229.94	－7832.76	314.27
点评	公司纺织品贸易表现平稳,但毛利率较低。干细胞存储业务有所起色,公司控股子公司协和干细胞基因工程有限公司及其子公司实现收入和利润的双增长。			

	截止日期	05年末	占%	主要股东及持股比例%、持股性质
股本结构(万股)	总股本	25002.8		协和健康医药产业发展有限公司 27.27%（非流通股）
	国有股			北京中融物产有限责任公司 13.64%（非流通股）
	发起股	15187.26	60.74	上海望春花实业有限公司 9.6%（非流通股）
	外资股			华宝信托投资有限责任公司 1.6%（非流通股）
	募集股			厦门奇胜股份有限公司 0.96%（非流通股）
	流通A	9815.54	39.26	贾华章 0.44%（流通A股）
	流通B			青阳绒布 0.42%（非流通股）
	流通H			上海日清生物环境产业有限公司 0.3%（非流通股）
股东户数	05年末	21911		中国人民保险公司上海市分公司 0.29%（非流通股）
	04年末	23653		东方国际集团上海市纺织品进出口有限公司 0.29%（非流通股）
其他流通股东	康凯 0.237%;江建军 0.178%;陈新华 0.178%;徐祖英 0.172%;邱乐群 0.165%;冯孝雁 0.143%;倪建飞 0.124%			
近年分配		近年募资		

二〇〇五年以来市场表现

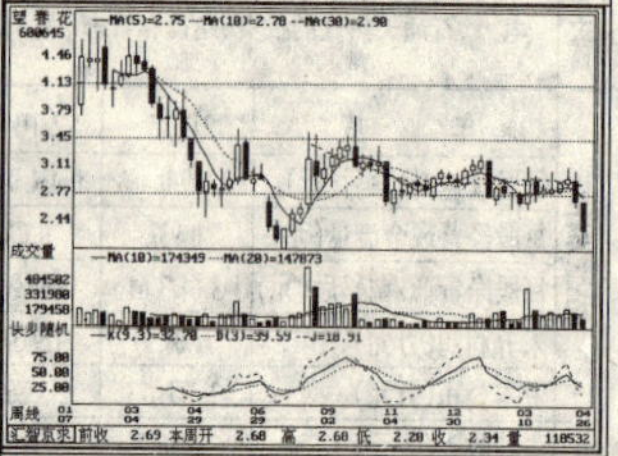

2005年涨跌幅(%)	－25.13
2005年最高(元)	4.8
2006年涨跌幅(%)	－19.86
2006.4.26收盘(元)	2.34
2006年最高(元)	3.26
2006年最低(元)	2.2
2006年换手率(%)	265.05
股改对价	

G同达（600647）

上市日期:93/05/04　　电话:021－58545898　　传真:021－58541001

主营	餐饮服务及产品贸易代理。			
	年　　度	2005	2004	2003
主要指标	每股收益/扣除后(元)	0.031/－0.03	1.02	0.271/－0.11
	每股经营现金流量(元)	－0.36	0.48	－0.6596
	每股净资产/调整后(元)	1.1/1.1	1.08/1.08	0.06/0.02
	未分利润(万元)	－3038.25	－3204.11	－8681.64
	资本公积(万元)	3423.76	3423.76	3423.76
利润构成	主营收入(万元)	4712.98	5645.39	3666.52
	主营利润(万元)	951.68	1137.12	676.5
	营业利润(万元)	－165.65	343.2	－506.18
	投资收益(万元)	－87.45	5517.7	1903.87
	利润总额(万元)	71	5460.09	1413.05
	净利润(万元)	165.86	5477.52	1448.13
点评	公司报告期内加大商品销售力度,同时加强了对物业的管理,并确立以房地产业务、广告传媒业务及数字网络业务为主的全新投资管理型经营框架。但由于公司历史遗留包袱较重,因此仍旧出于微利状态,经营性现金流也由2004年的正值转负。			

	截止日期	05年末	占%	主要股东及持股比例%、持股性质
股本结构(万股)	总股本	5351.68		信达投资有限公司 41.8%（非流通股）
	国有股	2237	41.8	上海锦江国际酒店发展股份有限公司 4.99%（非流通股）
	发起股	267	4.99	中诚信托投资有限责任公司 4.45%（流通A股）
	外资股			上海强生集团有限公司 1.77%（非流通股）
	募集股	747.68	13.97	上海嘉宝实业(集团)股份有限公司 1.77%（非流通股）
	流通A	2100	39.24	上海申达股份有限公司 1.18%（非流通股）
	流通B			申银万国证券股份有限公司 1.18%（非流通股）
	流通H			上海二纺机股份有限公司 1%（非流通股）
股东户数	05年末	3252		上海天迪科技投资发展有限公司 0.59%（非流通股）
	04年末	3145		上海市房屋实业有限公司 0.53%（非流通股）
其他流通股东	陆道生 0.317%;黄满土 0.302%;王政新 0.286%;林立明 0.231%;杨帆 0.204%;王红梅 0.204%;许兴旺 0.203%			
近年分配		近年募资		

二〇〇五年以来市场表现

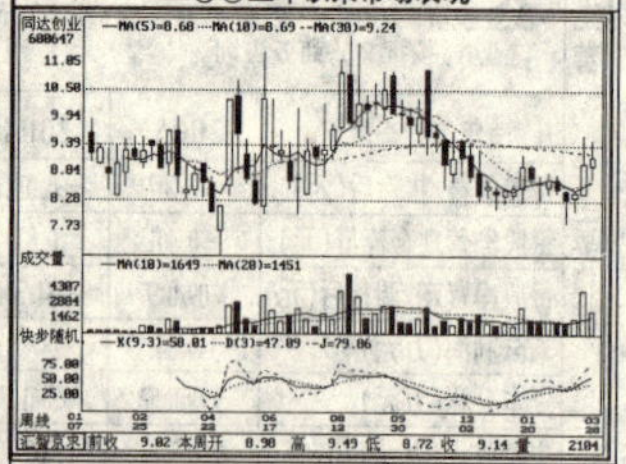

2005年涨跌幅(%)	－15.35
2005年最高(元)	11.6
2006年涨跌幅(%)	7.66
2006.4.26收盘(元)	9.14
2006年最高(元)	9.58
2006年最低(元)	7.82
2006年换手率(%)	7.85
股改对价	送股 每10股实际获得3.9股(06/04/27)

G外高桥(600648/900912)

上市日期:A: 93/05/04 B: 93/07/26 电话:021－50580088 传真:021－50581138

主营	保税区房地产开发建设,及仓储、货运代理、进出口贸易、咨询等

	年　度	2005	2004	2003
主要指标	每股收益/扣除后(元)	-0.27/-0.41	0.08	0.034/-0.03
	每股经营现金流量(元)	-0.3	-0.42	-0.1312
	每股净资产/调整后(元)	1.52/1.51	1.81/1.77	1.73/1.69
	未分利润(万元)	-12835.78	7649.69	2743.35
	资本公积(万元)	32239.91	32218.25	32218.24
利润构成	主营收入(万元)	34169.43	51611.46	35504.41
	主营利润(万元)	13109.94	15204.4	11288.55
	营业利润(万元)	-32113.93	-571.79	-3280.41
	投资收益(万元)	11920.04	6730.1	4784.68
	利润总额(万元)	-19851.29	7009.45	2752.01
	净利润(万元)	-20426.78	5863.06	2501.28

点评:由于05年产业环境的改变,公司房产、物流、酒店业务面临的竞争加剧。05年厂房和土地销售收入减少,导致主营收入下降,同时计提了应收账款的特殊坏帐准备及一次性摊入新开业的外高桥皇冠假日酒店开办费,导致净利润减少。

	截止日期	05年末	占%	主要股东及持股比例%、持股性质
股本结构(万股)	总股本	74505.75		上海外高桥(集团)有限公司 58.47%(国有股)
	国有股	43560	58.47	上海市上投实业投资有限公司 7.31%(非流通股)
	发起股	5445	7.31	HSBC BROKING SECURITIES (ASIA) LIMITED CLIENTS ACCOUNT 0.23%(流通B股)
	外资股			NOMURA INTERNATIONAL (HONG KONG) LIMITED－CUSTOMERS' SEGREGAT 0.22%(流通B股)
	募集股			TOYO SECURITIES ASIA LTD. A/C CLIENT 0.21%(流通B股)
	流通A	5445	7.31	GUOTAI JUNAN SECURITIES(HONGKONG) LIMITED 0.15%(流通B股)
	流通B	20055.75	26.92	彭丰 0.09%(流通B股)
	流通H			NIKKO CORDIAL SECURITIES INC. 0.09%(流通B股)
股东户数	05年末	50132		赵展岳 0.09%(流通B股)
	04年末	68519		NAITO SECURITIES CO. LTD. 0.09%(流通B股)
其他流通股东	NOMURA INTERNATIONAL (HONG KONG) LIMITED－CUSTOMERS' SEGREGAT 0.22%;胡妙珍 0.083%			
近年分配			近年募资	

二〇〇五年以来市场表现

2005年涨跌幅(%)	-10.17
2005年最高(元)	8.2
2006年涨跌幅(%)	10.01
2006.4.26收盘(元)	5.07
2006年最高(元)	8.2
2006年最低(元)	6.62
2006年换手率(%)	97.1
股改对价	送股 每10股实际获得3.8股(06/02/16)

G原水(600649)

上市日期:93/05/18 电话:021－63564899 传真:021－63564880

主营	原水供应,自来水开发

	年　度	2005	2004	2003
主要指标	每股收益/扣除后(元)	0.2/0.198	0.221	0.228/0.225
	每股经营现金流量(元)	0.27	0.33	0.36
	每股净资产/调整后(元)	3.22/3.22	3.11/3.11	2.89/2.89
	未分利润(万元)	142557.88	129347.72	95370.85
	资本公积(万元)	207919.59	207919.59	207919.59
利润构成	主营收入(万元)	101060.36	97145.31	96528.26
	主营利润(万元)	41543.73	44511.49	47162.87
	营业利润(万元)	38330.58	41795.92	40817.58
	投资收益(万元)	8106.02	6548.27	9882.76
	利润总额(万元)	46140.71	48932.44	49050.93
	净利润(万元)	37711.46	41613.88	42925.65

点评:公司在上海水务市场占有垄断地位,主要从事原水供应和污水处理业务,经营较为稳定。目前公司正着手建设长江引水三期工程,以进一步增加原水供应能力,并拟将公司的长江原水系统资产置换成上海自来水闵行有限公司100%股权,以确保公司经济效益。

	截止日期	05年末	占%	主要股东及持股比例%、持股性质
股本结构(万股)	总股本	188439.5		上海市国有资产管理委员会 52.42%(国有股)
	国有股	98776.27	52.42	申银万国证券股份有限公司 2.94%(非流通股)
	发起股			上证50交易型开放式指数证券投资基金 0.72%(流通A股)
	外资股			浙江新干线传媒投资有限公司 0.5%(流通A股)
	募集股	33578.08	17.82	易方达50指数证券投资基金 0.46%(流通A股)
	流通A	56085.15	29.76	中国建设银行上海信托投资公司 0.43%(非流通股)
	流通B			华夏证券有限公司 0.42%(非流通股)
	流通H			汉兴证券投资基金 0.29%(流通A股)
股东户数	05年末	220006		东方证券股份有限公司 0.27%(流通A股)
	04年末	243377		安顺证券投资基金 0.26%(流通A股)
其他流通股东	银河银泰理财分红证券投资基金 0.207%;银丰证券投资基金 0.187%;CITIGROUP GLOBAL MARKETS LIMITED 0.175%			
近年分配	05预案:10派1;04年:10派1;03年:10派0.5		近年募资	

二〇〇五年以来市场表现

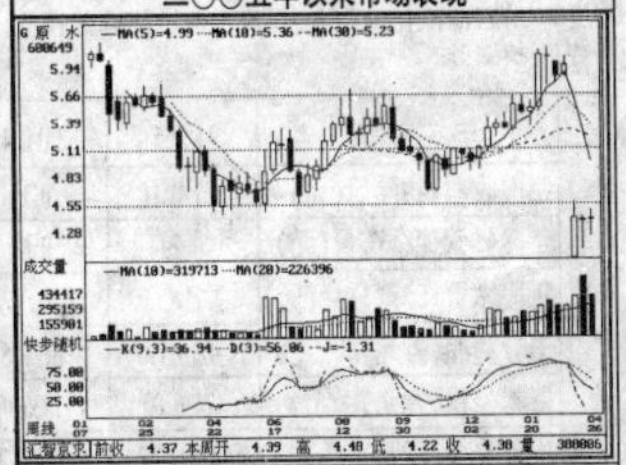

2005年涨跌幅(%)	-10.43
2005年最高(元)	6.22
2006年涨跌幅(%)	0.63
2006.4.26收盘(元)	4.38
2006年最高(元)	6.13
2006年最低(元)	4.88
2006年换手率(%)	52.71
股改对价	送股权证 每10股实际获得2.2股(06/04/14)

G锦投(600650/900914)

上市日期:A: 93/06/07 B: 93/10/18 电话:021－63218800 传真:021－63213119

主营	主要从事旅馆、餐饮等服务行业的经营活动及相关产业之投资开发。

	年　度	2005	2004	2003
主要指标	每股收益/扣除后(元)	0.455/0.314	0.366	0.017/0.008
	每股经营现金流量(元)	0.817	0.512	0.121
	每股净资产/调整后(元)	3.44/3.43	3.19/3.18	2.8/2.79
	未分利润(万元)	7640.97	8269.51	3320.48
	资本公积(万元)	89208.69	89204.02	89204.02
利润构成	主营收入(万元)	327988.16	253186.73	32428.38
	主营利润(万元)	48022.59	45094.68	25776.2
	营业利润(万元)	16700.25	12747.65	1584.95
	投资收益(万元)	17769.18	18551.43	1013.71
	利润总额(万元)	36765.8	31389.68	2789.21
	净利润(万元)	25095.2	20162.04	967.68

点评:2005年公司主营收入净利润同比都大幅增长。05年公司与美国财富500强YRC公司合资成立了JHJ物流公司。公司客运业务方面为拓展市场份额,参股了南京长途客运集团。物流业务方面,分支机构已经发展到30家。预计2006年各项业务将保持持续增长。

	截止日期	05年末	占%	主要股东及持股比例%、持股性质
股本结构(万股)	总股本	55161.01		锦江国际(集团)有限公司 41.19%(国有股)
	国有股	22328.97	40.48	UBS Warburg Custody Pte Ltd. 1.44%(流通B股)
	发起股			上海国际信托投资有限公司 0.85%(国有股)
	外资股			SKANDIA GLOBAL FUNDS PLC 0.71%(流通B股)
	募集股	12545.28	22.74	蔡青蜂 0.71%(流通B股)
	流通A	4181.76	7.58	上海锦江饭店 0.68%(国有股)
	流通B	16105	29.2	友谊汽车(工会) 0.64%(非流通股)
	流通H			海通－中行－FORTIS BANK SA/NV 0.59%(流通A股)
股东户数	05年末	44810		中国工商银行上海市第二支行 0.57%(非流通股)
	04年末	51201		GT PRC FUND 0.54%(流通B股)
其他流通股东	CITIBANK NA H.K. S/A GOLDMAN SACHS INTERNATIONAL 0.377%			
近年分配	05方案:10派3;04年:10派2		近年募资	

二〇〇五年以来市场表现

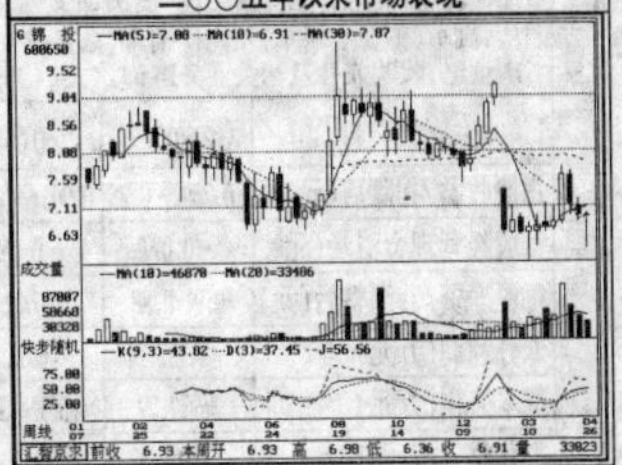

2005年涨跌幅(%)	11
2005年最高(元)	10.2
2006年涨跌幅(%)	10.01
2006.4.26收盘(元)	6.91
2006年最高(元)	10.5
2006年最低(元)	8.3
2006年换手率(%)	105.85
股改对价	送股 每10股实际获得3.5股(06/02/13)

飞乐音响(600651)

上市日期:86/09/26　电话:021－53020606　传真:021－53018260

主营	IC卡、绿色照明、其他电子产品的生产和销售、以及音响类产品的销售和工程服务。

	年度	2005	2004	2003
主要指标	每股收益/扣除后(元)	0.072/0.079	0.114	0.114/0.1
	每股经营现金流量(元)	0.232	0.112	0.096
	每股净资产/调整后(元)	1.45/1.33	1.76/1.62	1.7/1.51
	未分利润(万元)	9918.58	12268.68	9312.65
	资本公积(万元)	5578.19	14037.44	14000.41
利润构成	主营收入(万元)	112751.37	102272.98	94186.66
	主营利润(万元)	18296.34	17424.27	18228.31
	营业利润(万元)	2672.95	1729.66	2487.47
	投资收益(万元)	2330.45	3271.61	2226.09
	利润总额(万元)	5279.72	5125.4	5707.1
	净利润(万元)	3647.74	4826.89	4846.38

点评	照明业务因新品开发而稳健增长,IC卡因业务结构调整在逆境中实现增长,公司主营增长平稳。但毛利率因市场竞争加剧和原材料价格上升而下降,导致公司净利润下滑。预计公司绿色照明业务仍有较好成长性,而切入地面数字电视领域可拓展长期业绩增长潜力。

	截止日期	05年末	占%	主要股东及持股比例%、持股性质
股本结构(万股)	总股本	50899.81		上海仪电控股(集团)公司 19.18%(流通A股)
	国有股			上海铭中科贸有限公司 2.27%(流通A股)
	发起股			金元证券有限责任公司 2.25%(流通A股)
	外资股			中国中煤能源集团公司 1.09%(流通A股)
	募集股			何裕春 0.75%(流通A股)
	流通A	50899.81	100	上海浦东唐正集镇规划发展有限公司 0.6%(流通A股)
	流通B			交通银行－普惠证券投资基金 0.28%(流通A股)
	流通H			中国人寿保险股份有限公司－传统－普通保险产品－005L－CT001沪 0.19%(流通A股)
股东户数	05年末	25023		田文庆 0.189%(流通A股)
	04年末	20819		曾亚平 0.184%(流通A股)
其他流通股东				
近年分配	04年:10派1转增2		近年募资	

二〇〇五年以来市场表现

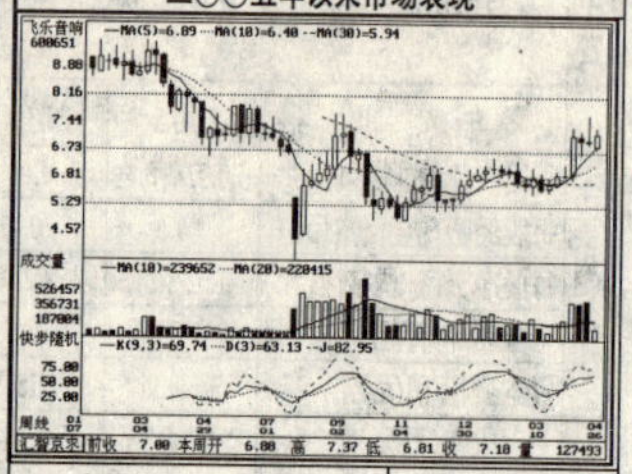

2005年涨跌幅(%)	-20.4
2005年最高(元)	9.6
2006年涨跌幅(%)	20.47
2006.4.26收盘(元)	7.18
2006年最高(元)	7.69
2006年最低(元)	5.61
2006年换手率(%)	70.83
股改对价	

爱使股份(600652)

上市日期:90/12/19　电话:021－64710022　传真:021－64711120

主营	对石油液化气行业、煤炭及清洁能源的投资,机电设备及四技服务。

	年度	2005	2004	2003
主要指标	每股收益/扣除后(元)	0.1/0.11	0.15	0.18/0.179
	每股经营现金流量(元)	0.79	0.63	1
	每股净资产/调整后(元)	2.11/2.1	2.01/1.99	1.91/1.84
	未分利润(万元)	9716.19	8127.6	8160.85
	资本公积(万元)	17436.05	17436.05	17415.58
利润构成	主营收入(万元)	147733.52	163747.26	151909.16
	主营利润(万元)	52433.25	51963.61	47662.86
	营业利润(万元)	16800.32	23456	18825.79
	投资收益(万元)	-991.77	-1287.11	-263.67
	利润总额(万元)	15261.17	22512.23	18827.25
	净利润(万元)	3861.15	5845.19	7054.84

点评	2005年尽管煤炭价格快速增长,但公司的主营业务收入同比有所下降,由于公司安全投入加大及计提坏帐准备等原因,加上非煤炭业务盈利状况不佳,导致公司成本和费用过快增长,净利润有较大幅度下降。

	截止日期	05年末	占%	主要股东及持股比例%、持股性质
股本结构(万股)	总股本	38951.23		天天科技有限公司 9.087%(流通A股)
	国有股			太平洋证券有限责任公司 4.595%(流通A股)
	发起股			张宇光 0.167%(流通A股)
	外资股			肖元真 0.15%(流通A股)
	募集股			中国银行－嘉实沪深300指数证券投资基金 0.134%(流通A股)
	流通A	38951.23	100	北京康吉伟业投资顾问有限公司 0.128%(流通A股)
	流通B			宋素兰 0.109%(流通A股)
	流通H			石世海 0.109%(流通A股)
股东户数	05年末	104851		王路路 0.105%(流通A股)
	04年末	112083		李景波 0.102%(流通A股)
其他流通股东				
近年分配	03年:10派0.5		近年募资	

二〇〇五年以来市场表现

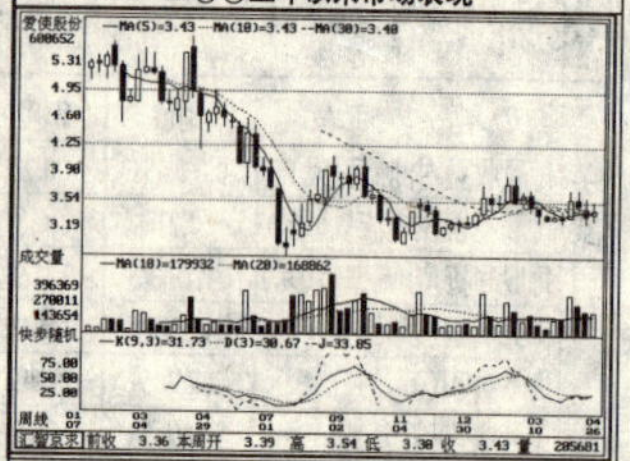

2005年涨跌幅(%)	-38.21
2005年最高(元)	5.66
2006年涨跌幅(%)	5.54
2006.4.26收盘(元)	3.43
2006年最高(元)	3.88
2006年最低(元)	3.25
2006年换手率(%)	77.34
股改对价	

申华控股(600653)

上市日期:90/12/19　电话:021－63372010　传真:021－63372000

主营	实业投资、兴办各类经济实体、国内商业、附设各类分支机构,汽车(不含小轿车)及配件销售,项目投资、投资控股,资产重组、收购兼并及相关业务咨询。

	年度	2005	2004	2003
主要指标	每股收益/扣除后(元)	-0.258/-0.258	0.003/-0.023	0.071/-0.08
	每股经营现金流量(元)	-0.077	-0.355	0.56
	每股净资产/调整后(元)	0.91/0.88	1.17/1.16	1.17/1.15
	未分利润(万元)	-84487.74	-46972.63	-45681.96
	资本公积(万元)	36970.79	36950.39	36869.9
利润构成	主营收入(万元)	230810.76	285914.49	327714.04
	主营利润(万元)	12080.76	17716.59	36687.77
	营业利润(万元)	-15033.33	-1276.56	-1420.48
	投资收益(万元)	-24085.1	153.61	-700.14
	利润总额(万元)	-38916.84	807.18	18798.48
	净利润(万元)	-37479.73	466.53	10399.31

点评	报告期内,公司经营性成本有所上涨。同时,由于汽车行业发展速度明显放缓,汽车市场供大于求,业内竞争激烈,作为公司主业的汽车整车及零部件的销量与销价持续下降。

	截止日期	05年末	占%	主要股东及持股比例%、持股性质
股本结构(万股)	总股本	145531.69		辽宁正国投资发展有限公司 13.75%(流通A股)
	国有股			中国建设银行－博时裕富证券投资基金 0.471%(流通A股)
	发起股			中国银行－嘉实沪深300指数证券投资基金 0.134%(流通A股)
	外资股			张玉祥 0.122%(流通A股)
	募集股			毛利琴 0.117%(流通A股)
	流通A	145531.69	100	招商银行股份有限公司－长城久泰中信标普300指数证券 0.114%(流通A股)
	流通B			张晨光 0.096%(流通A股)
	流通H			石平 0.093%(流通A股)
股东户数	05年末	305319		仰融 0.089%(流通A股)
	04年末	332051		冯惠彬 0.073%(流通A股)
其他流通股东				
近年分配			近年募资	

二〇〇五年以来市场表现

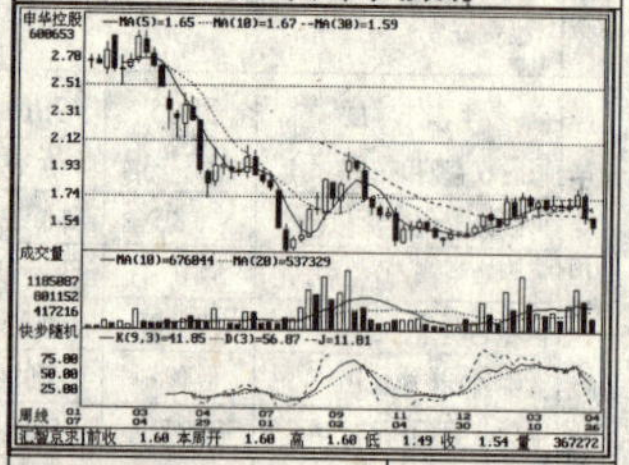

2005年涨跌幅(%)	-44.78
2005年最高(元)	2.89
2006年涨跌幅(%)	4.05
2006.4.26收盘(元)	1.54
2006年最高(元)	1.8
2006年最低(元)	1.47
2006年换手率(%)	68.92
股改对价	

G飞乐(600654)

上市日期:90/12/19　　电话:021－62512629　　传真:021－62517323

	项目	2005	2004	2003
主营	有无线通信设备和信息网络、电子元器件、成套音响系统、工程服务等。			
	年　度	2005	2004	2003
主要指标	每股收益/扣除后(元)	0.05/0.03	0.05	0.045/0.036
	每股经营现金流量(元)	0.09	0.04	0.05
	每股净资产/调整后(元)	1.66/1.47	1.95/1.7	2.49/2.07
	未分利润(万元)	6646.65	4128.8	6560.65
	资本公积(万元)	37507.97	50616.91	60295.75
利润构成	主营收入(万元)	123198.28	77147.98	90554.18
	主营利润(万元)	28992.58	14593.41	12326.38
	营业利润(万元)	270.76	－8742.52	－6869.41
	投资收益(万元)	4549.32	12179.56	8495.01
	利润总额(万元)	5459.7	4101.63	1818.08
	净利润(万元)	3517.15	3304.55	2159.71
点评	2005年新增并表公司驱动收入高速成长,而汽车电器和布线系统等传统业务增长平缓。公司整体毛利率因新增精密仪器业务而提高,尽管参股公司贡献利润大幅下降,公司净利润仍小幅增长。公司今后将以科学仪器、汽车电子和布线系统等业务为主线。			

	截止日期	05年末	占%	主要股东及持股比例%、持股性质
股本结构(万股)	总股本	75504.32		上海仪电控股(集团)公司 12.2%(国有股)
	国有股	9215.21	12.2	内蒙古日信担保投资(集团)有限公司 1.04%(流通A股)
	发起股			中卫国脉通信股份有限公司 0.22%(流通A股)
	外资股			中国银行－嘉实沪深300指数证券投资基金 0.13%(流通A股)
	募集股			招商银行股份有限公司—长城久泰中信标普300指数证券 0.12%(流通A股)
	流通A	66289.11	87.8	广东亿众文化传媒有限公司 0.11%(流通A股)
	流通B			王海涛 0.11%(流通A股)
	流通H			顺德市真美实业发展有限公司 0.11%(流通A股)
股东户数	05年末	162283		上海北雁劳务有限公司 0.1%(流通A股)
	04年末	169977		吴玉明 0.1%(流通A股)
其他流通股东	天津市谷丰投资咨询有限公司 0.099%			
近年分配	04年:10转增2;03年:10送1转增2		近年募资	

二〇〇五年以来市场表现

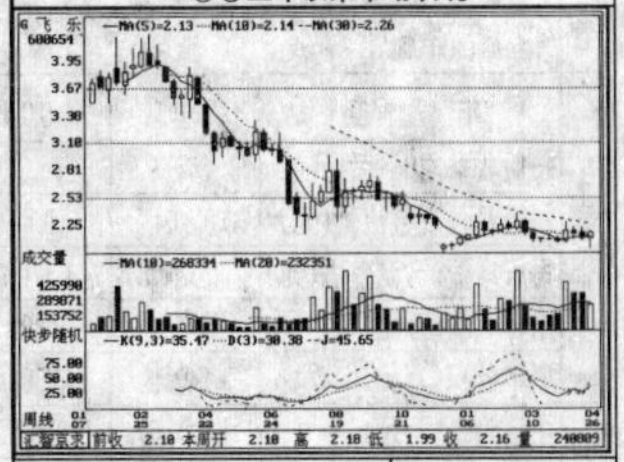

2005年涨跌幅(%)	-16.96
2005年最高(元)	4.24
2006年涨跌幅(%)	2.86
2006.4.26收盘(元)	2.16
2006年最高(元)	2.36
2006年最低(元)	1.99
2006年换手率(%)	61.7
股改对价	送股 每10股实际获得1.6股(05/12/13)

豫园商城(600655)

上市日期:90/12/19　　电话:021－63559999　　传真:021－63550558

	项目	2005	2004	2003
主营	综合百货、黄金饰品、餐饮业、仪器、烟酒饮料、进出口贸易等。			
	年　度	2005	2004	2003
主要指标	每股收益/扣除后(元)	0.23/0.185	0.155/0.161	0.108/0.1
	每股经营现金流量(元)	0.73	0.429	0.192
	每股净资产/调整后(元)	4/3.82	3.88/3.55	3.8/3.57
	未分利润(万元)	10025.15	8375.94	11027.86
	资本公积(万元)	92602.21	92095.87	91951.28
利润构成	主营收入(万元)	380619.95	342213.6	267944.68
	主营利润(万元)	61340.85	56268.86	46319.34
	营业利润(万元)	9203.7	10688.86	8606.01
	投资收益(万元)	4249.84	363.3	204.55
	利润总额(万元)	16001.87	10535.93	8696.43
	净利润(万元)	10690.56	7221.43	5013.95
点评	报告期内公司主营业务收入继续保持稳定增长,处置福佑大酒店转回其在健工程减值准备2500万为净利润增长做出了较大贡献,公司参股投资的招金矿业贡献了近3000万的投资收益。			

	截止日期	05年末	占%	主要股东及持股比例%、持股性质
股本结构(万股)	总股本	46533.35		上海复星产业投资有限公司 20%(非流通股)
	国有股	2615.67	5.62	国家持股(授权上海豫园(集团)有限公司经营管理) 5.62%(国有股)
	发起股	2860.6	6.15	上海豫园商场 3.28%(非流通股)
	外资股			中华企业股份有限公司 2.36%(非流通股)
	募集股	26149.13	56.19	上海南房(集团)有限公司 2.29%(国有股)
	流通A	14907.95	32.04	上海中国国际旅行社股份有限公司 1.66%(非流通股)
	流通B			中国银行－同盛证券投资基金 1.24%(流通A股)
	流通H			上海市黄浦区国有资产总公司 0.87%(国有股)
股东户数	05年末	66779		南市果品总公司 0.79%(非流通股)
	04年末	72775		上海国际信托投资有限公司 0.78%(国有股)
其他流通股东	国际金融－汇丰－BILL & MELINDA GATES FOUNDATION 0.258%;上海佳闵实业有限公司 0.092%;楼光荣 0.069%			
近年分配	05年:10派1.2;04年:10派1.2;03年:10派0.8		近年募资	

二〇〇五年以来市场表现

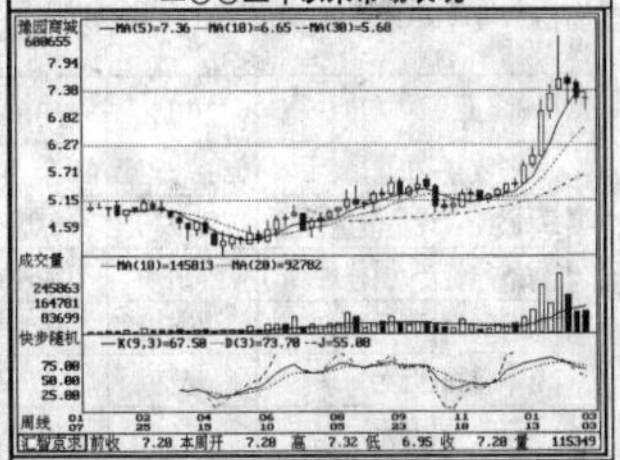

2005年涨跌幅(%)	11.62
2005年最高(元)	5.75
2006年涨跌幅(%)	32.11
2006.4.26收盘(元)	7.08
2006年最高(元)	8.5
2006年最低(元)	5.45
2006年换手率(%)	92.09
股改对价	送股 每10股实际获得1股

华源制药(600656)

上市日期:90/12/19　　电话:021－62030205　　传真:021－62030205

	项目	2005	2004	2003
主营	生产和销售的产品有脂肪醇、硬脂酸、甘油等油脂化工产品及皂类洗涤用品。公司子公司生产医药产品。			
	年　度	2005	2004	2003
主要指标	每股收益/扣除后(元)	－0.72	－0.29	0.36/0.43
	每股经营现金流量(元)	0.63	1.15	2.15
	每股净资产/调整后(元)	－0.17/－0.19	0.14/0.1	1.64/1.6
	未分利润(万元)	－38334	－26949.97	2595.67
	资本公积(万元)	9968.42	3558.25	1713.41
利润构成	主营收入(万元)	88130.87	98137.18	121688.42
	主营利润(万元)	22224.73	32345.32	43748.36
	营业利润(万元)	－5931.82	5635.62	23219.85
	投资收益(万元)	－1480.76	15.79	432.58
	利润总额(万元)	－8250.72	5432.24	22198.11
	净利润(万元)	－10840.96	－4367.81	4725.4
点评	受国际维生素C市场价格持续下滑的影响,公司核心产品维生素C原料盈利能力较上一报告期小幅下降,公司现代中药产业的辽宁华源本溪三药有限公司虽产品的毛利率较高,但因管理费用、销售费用占销售收入比例较高,盈利空间极为狭小。			

	截止日期	05年末	占%	主要股东及持股比例%、持股性质
股本结构(万股)	总股本	15008.17		中国华源生命产业有限公司 41.09%(国有股)
	国有股	6803.61	45.33	兰溪市财政局 4.24%(国有股)
	发起股			郝义 0.58%(流通A股)
	外资股			王承昶 0.45%(流通A股)
	募集股			钟天生 0.27%(流通A股)
	流通A	8204.56	54.67	何培善 0.22%(流通A股)
	流通B			刘耀光 0.21%(流通A股)
	流通H			王娟 0.2%(流通A股)
股东户数	05年末	18809		程勇 0.2%(流通A股)
	04年末	12474		姜兆和 0.19%(流通A股)
其他流通股东	董立民 0.191%;季芳 0.179%			
近年分配	03年:10派0.4送1.5		近年募资	

二〇〇五年以来市场表现

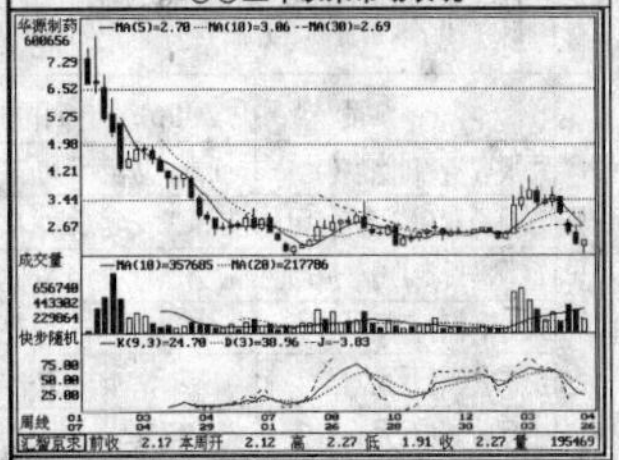

2005年涨跌幅(%)	-66.03
2005年最高(元)	8.06
2006年涨跌幅(%)	-9.2
2006.4.26收盘(元)	2.27
2006年最高(元)	4.05
2006年最低(元)	1.91
2006年换手率(%)	475.34
股改对价	

*ST 天桥（600657）

上市日期:93/05/24　　电话:(010)82615888－3357　　传真:(010)62764411

主营	技术开发、技术服务、技术转让、技术咨询;销售计算机软硬件、电子产品、通信设备(不含无线电发射设备)及本公司开发后的产品。		
年度	2005	2004	2003
每股收益/扣除后(元)	-0.984/-0.991	-1.313	0.107/0.089
每股经营现金流量(元)	0.8074	-0.4794	1.0392
每股净资产/调整后(元)	0.53/0.28	1.5/1.41	2.81/2.8
未分利润(万元)	-63456.66	-33461.73	7508.75
资本公积(万元)	43802.48	40538.05	40196.19
主营收入(万元)	121904.79	118617.56	74778.27
主营利润(万元)	10378.19	12323.8	19087.72
营业利润(万元)	-23007.51	-15839.11	979.71
投资收益(万元)	-15311.05	-14844.96	752.3
利润总额(万元)	-38923.04	-39222.66	3025.45
净利润(万元)	-29953.23	-39960.25	3250.3

点评：尽管公司系统集成业务随行业平稳增长,但由于经营不善和行业不景气等原因,光电产品和零售业务大幅下滑,导致公司主营下降。子公司亏损和坏账准备的计提导致公司出现巨亏。通过主营结构调整和股权激励,预计公司业绩将会回升。

截止日期	05年末	占%	主要股东及持股比例%、持股性质
总股本	30443.23		北京北大青鸟有限责任公司 20.88% (非流通股)
国有股	3947.38	12.97	北京崇远投资经营公司 12.97% (国有股)
发起股			北京市电影公司 2.17% (非流通股)
外资股			对外友好合作服务中心 1.09% (非流通股)
募集股	8986.52	29.52	交通银行北京分行 0.97% (非流通股)
流通A	17509.33	57.51	北京铁建工贸公司 0.87% (非流通股)
流通B			北京中关村科技发展股份有限公司 0.86% (非流通股)
流通H			北京道和投资管理有限公司 0.65% (非流通股)
股东户数 05年末	47992		马尾沟站 0.32% (非流通股)
股东户数 04年末	55452		符桂芳 0.31% (流通A股)
其他流通股东	梁智明 0.184%;王萍 0.177%;朱永存 0.138%;张远 0.11%;王秀芩 0.106%;李淑梅 0.099%;金凤 0.099%		
近年分配		近年募资	

二○○五年以来市场表现

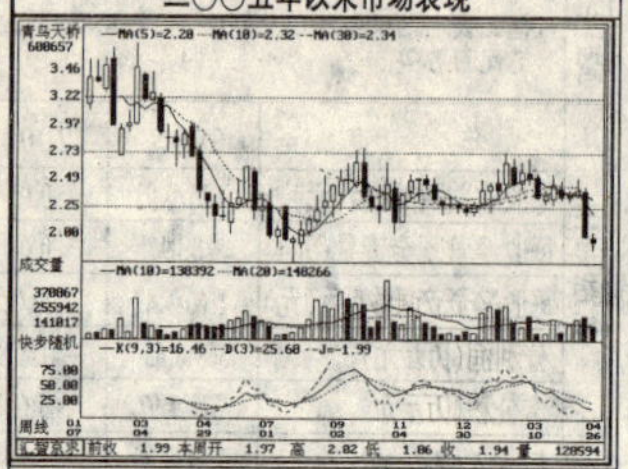

2005年涨跌幅(%)	-30.6
2005年最高(元)	3.7
2006年涨跌幅(%)	-11.82
2006.4.26收盘(元)	1.94
2006年最高(元)	2.73
2006年最低(元)	1.86
2006年换手率(%)	152.71
股改对价	

兆维科技（600658）

上市日期:93/05/24　　电话:010－84567920　　传真:010－84567917

主营	网络通信、光通信、通信及相关设备制造。		
年度	2005	2004	2003
每股收益/扣除后(元)	0.011/-0.035	0.058/-0.061	-0.438/-0.334
每股经营现金流量(元)	0.183	0.0578	-0.3093
每股净资产/调整后(元)	1.43/1.41	1.42/1.41	1.38/1.36
未分利润(万元)	-4895.18	-5076.68	-6053.41
资本公积(万元)	5868.9	5860.66	6085.66
主营收入(万元)	42074.72	40020.86	61919.71
主营利润(万元)	6373.54	6731.77	8207.62
营业利润(万元)	-590.45	-1206.39	-5519.08
投资收益(万元)	320.45	2083.04	-374.35
利润总额(万元)	349.44	1023.52	-7606.49
净利润(万元)	181.5	976.73	-7308.76

点评：2005年实现了盈利目标,新增业务培养方式基本成型,尤其在自助服务领域和安防领域,实现了市场和技术方面的较大突破,研发出拍照售卡机、铁路自动售票机等10多种新品,开始享受高科技企业15%的优惠所得税率。公司的市场竞争力得到了明显提升。

截止日期	05年末	占%	主要股东及持股比例%、持股性质
总股本	16702.31		北京兆维电子(集团)有限责任公司 29.09% (国有股)
国有股	5456.22	32.67	北京市供销合作总社 10.41% (非流通股)
发起股	1739.09	10.41	北京市崇文区商业网点开发公司 3.58% (国有股)
外资股			何巍 0.17% (流通A股)
募集股			王安春 0.14% (流通A股)
流通A	9507	56.92	马祥忠 0.14% (流通A股)
流通B			孙辉 0.13% (流通A股)
流通H			申建美 0.12% (流通A股)
股东户数 05年末	36021		李振国 0.12% (流通A股)
股东户数 04年末	39788		高志伟 0.11% (流通A股)
其他流通股东	马景华 0.107%;林丽芬 0.105%;翟慧芳 0.098%		
近年分配		近年募资	

二○○五年以来市场表现

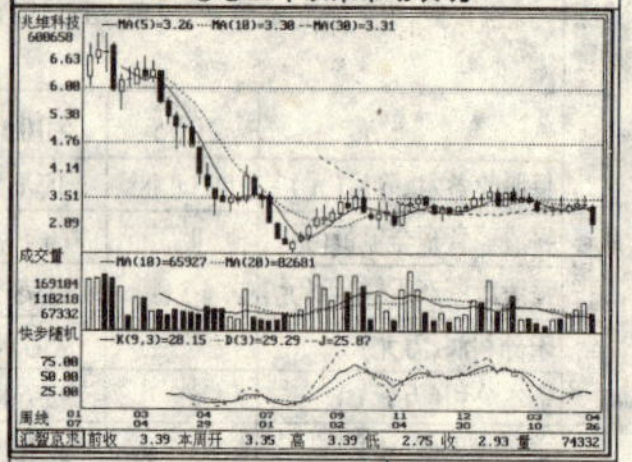

2005年涨跌幅(%)	-47.39
2005年最高(元)	7.25
2006年涨跌幅(%)	-11.75
2006.4.26收盘(元)	2.93
2006年最高(元)	3.8
2006年最低(元)	2.75
2006年换手率(%)	146.79
股改对价	

G 福耀（600660）

上市日期:93/06/10　　电话:0591－5383777　　传真:0591－5383666

主营	汽车安全玻璃,建筑玻璃、防弹玻璃及其它工业技术玻璃的研究、生产、销售和客户服务		
年度	2005	2004	2003
每股收益/扣除后(元)	0.39/0.36	0.39	0.64/0.67
每股经营现金流量(元)	0.72	0.6	0.67
每股净资产/调整后(元)	2.21/2.13	1.81/1.73	3.11/2.98
未分利润(万元)	62922.2	32067.88	33615.73
资本公积(万元)	19931.49	19931.49	51465.65
主营收入(万元)	291116.34	234522.8	173348.27
主营利润(万元)	88806.39	78918.03	67200.21
营业利润(万元)	39839.34	41423.14	35152.27
投资收益(万元)	-195.09	-261.64	-620.63
利润总额(万元)	42843.3	42438.98	34242.98
净利润(万元)	39171.85	39456.07	32096.72

点评：国内汽车玻璃行业的龙头企业。2005年主营业务收入增长较快,但净利润同比微幅下降。利润增长放缓的主要原因是主打产品汽车玻璃需求减速且盈利能力下降,浮法玻璃业务则因行业不景气毛利率大幅下降。费用大幅上升也是原因之一。

截止日期	05年末	占%	主要股东及持股比例%、持股性质
总股本	100149.32		香港三益发展有限公司 22.49% (外资股)
国有股			福建省耀华工业村开发有限公司 19.44% (非流通股)
发起股			香港鸿侨海外有限公司 15.6% (外资股)
外资股	38151.21	38.09	福建省外贸汽车维修厂 2.13% (国有股)
募集股	23429.69	23.39	中国工商银行－安信证券投资基金 1.73% (流通A股)
流通A	38568.41	38.51	招商银行股份有限公司－中信经典配置证券投资基金 1.41% (流通A股)
流通B			中国银行－工银瑞信核心价值股票型证券投资基金 1.34% (流通A股)
流通H			上海福敏信息科技有限公司 1.32% (非流通股)
股东户数 05年末	16022		中国工商银行－申万巴黎盛利精选证券投资基金 1.27% (流通A股)
股东户数 04年末	11331		申银万国－花旗－UBS LIMITED 1.23% (流通A股)
其他流通股东	丰和价值证券投资基金 0.962%;中国工商银行－上证50交易型开放式指数证券投资基金 0.961%		
近年分配	03年:10派3送3.5转增6.5	近年募资	03年增发A股4835.2016万股,发行价12元。

二○○五年以来市场表现

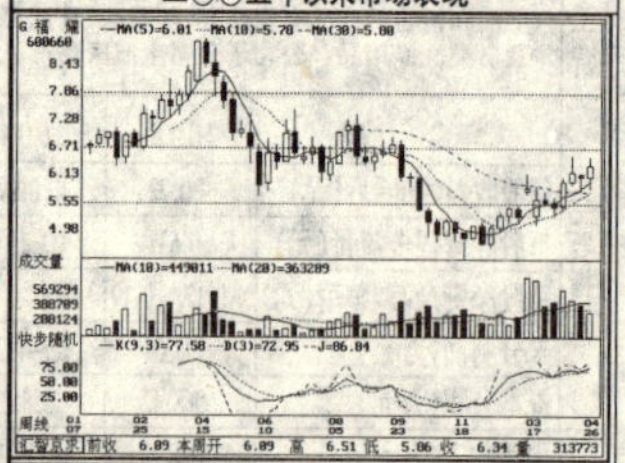

2005年涨跌幅(%)	-21.58
2005年最高(元)	9.01
2006年涨跌幅(%)	32.33
2006.4.26收盘(元)	6.34
2006年最高(元)	7.17
2006年最低(元)	5.63
2006年换手率(%)	97.39
股改对价	送股 每10股实际获得1股(06/03/15)

G 南洋（600661）

上市日期:93/06/14　　电话:021－62814035　　传真:021－62801900

主营	经营信息技术及服务、教育及服务、机电一体化和现代成型技术以及太阳能产品等。			
	年　度	2005	2004	2003
主要指标	每股收益/扣除后(元)	0.1	0.09	0.15/0.09
	每股经营现金流量(元)	0.16	0.06	0.06
	每股净资产/调整后(元)	2.16/2.07	2.11/2.09	2.43/2.42
	未分利润(万元)	1312.73	1222.42	3189.78
	资本公积(万元)	12623.05	12540.75	12540.75
利润构成	主营收入(万元)	64027.68	54014.01	52502.74
	主营利润(万元)	9027.85	7543.85	5099.72
	营业利润(万元)	1142.32	892.78	401.07
	投资收益(万元)	988.17	692.42	2282.48
	利润总额(万元)	2383.92	1925.14	2788.7
	净利润(万元)	1679.37	1503.9	2127.18
点评	新能源和系统集成业务快速成长推动公司主营稳健增长,机电一体化和系统集成毛利率稳中有升带来综合毛利的提升。但费用控制不力导致净利润增幅较小。公司机电一体化仍将随行业维持稳健增长,系统集成业务短期内难有起色,新能源业务成长性好但贡献有限。			

	截止日期	05年末	占%	主要股东及持股比例%、持股性质
股本结构(万股)	总股本	17367.68		上海交通大学 43.7%（国有股）
	国有股	1296.13	7.46	上海国有资产经营有限公司 7.46%（国有股）
	发起股	7590.31	43.7	上海飞乐音响股份有限公司 4.5%（非流通股）
	外资股			上海金陵股份有限公司 2.05%（非流通股）
	募集股	5426.6	31.25	上海交大得尤科贸有限公司 1.76%（非流通股）
	流通 A	3054.65	17.59	上海美利投资有限公司 1.38%（非流通股）
	流通 B			上海葆鑫企业发展有限公司 1.06%（非流通股）
	流通 H			上海新黄浦(集团)有限责任公司 0.94%（非流通股）
股东户数	05年末	19802		申银万国证券股份有限公司 0.91%（非流通股）
	04年末	20866		宝钢集团上海五钢有限公司 0.63%（非流通股）
其他流通股东	代国庆 0.231%;宋军 0.143%;上海广俊物贸有限公司 0.109%;林小梅 0.073%;张国凤 0.071%;沈铁 0.069%			
近年分配	05预案:10派0.3;04年:10派0.5;03年:10送2		近年募资	

二〇〇五年以来市场表现

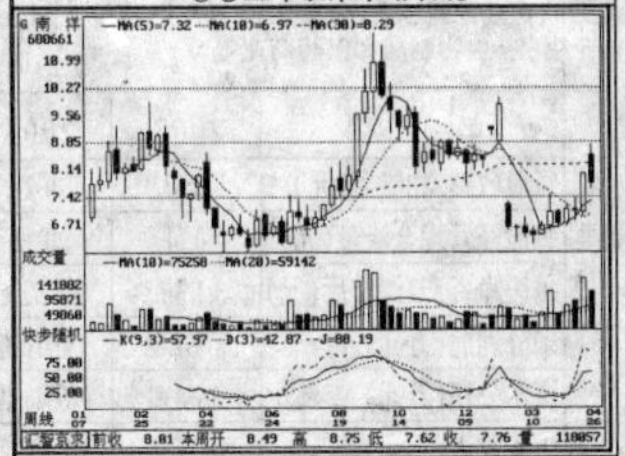

2005年涨跌幅(%)	18.76
2005年最高(元)	11.75
2006年涨跌幅(%)	25.16
2006.4.26收盘(元)	7.76
2006年最高(元)	11.81
2006年最低(元)	8.34
2006年换手率(%)	236.02
股改对价	送股 每10股实际获得3.5股(06/02/14)

强生控股（600662）

上市日期:93/06/14　　电话:021－62151181　　传真:021－62538782

主营	汽车出租、小公共汽车专线营运和汽车修理等。			
	年　度	2005	2004	2003
主要指标	每股收益/扣除后(元)	0.17/0.16	0.3	0.37/0.283
	每股经营现金流量(元)	0.1	0.24	1.48
	每股净资产/调整后(元)	2.03/2.01	2.8/2.75	3.44/3.39
	未分利润(万元)	16270.12	18057.31	20909.81
	资本公积(万元)	13025.09	25559.15	25541.08
利润构成	主营收入(万元)	122676.31	112527.7	110986.61
	主营利润(万元)	34705.7	33109.6	31305.27
	营业利润(万元)	16269.35	15822.49	14666.9
	投资收益(万元)	-728.39	1976.82	807.47
	利润总额(万元)	15837.38	18994.81	18124.55
	净利润(万元)	10714.92	12472.24	11308.58
点评	公司通过参股、收购、托管等途径逐步增加车队规模。通过加大科技投入,提升服务水平,强化内部管理,部分克服了油价上涨、驾驶员短缺等不利因素。05年公司主营收入增长9%,净利润出现下降,原因是油价上涨导致的油价补贴等成本上升。			

	截止日期	05年末	占%	主要股东及持股比例%、持股性质
股本结构(万股)	总股本	62579.92		上海市强生集团有限公司 32.87%（非流通股）
	国有股			中融国际信托投资有限公司 8.4%（非流通股）
	发起股	29092.15	46.49	上海陆家嘴金融贸易区开发股份有限公司 4.38%（非流通股）
	外资股			中国银行－海富通收益增长证券投资基金 2.66%（流通A股）
	募集股			交通银行－海富通精选证券投资基金 2.4%（流通A股）
	流通 A	33487.77	53.51	上海汇浦产业投资有限公司 0.84%（非流通股）
	流通 B			上海邦联资产管理有限公司 0.77%（流通A股）
	流通 H			全国社保基金一零二组合 0.76%（流通A股）
股东户数	05年末	43789		兴和证券投资基金 0.71%（流通A股）
	04年末	48276		上海物群实业有限公司 0.51%（流通A股）
其他流通股东	杨茶根 0.384%;上海好多网络信息技术有限公司 0.289%;芦建功 0.272%;魏秀峰 0.27%			
近年分配	05预案:10派1.5;04年:10送2转增3;03年:10送3.5		近年募资	

二〇〇五年以来市场表现

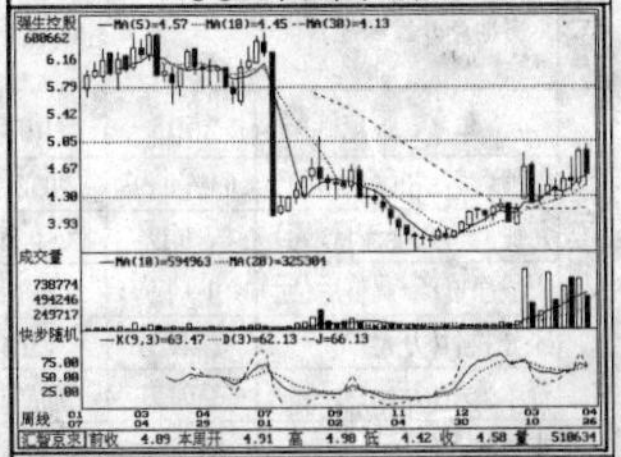

2005年涨跌幅(%)	2.17
2005年最高(元)	7.65
2006年涨跌幅(%)	16.54
2006.4.26收盘(元)	4.58
2006年最高(元)	4.98
2006年最低(元)	3.85
2006年换手率(%)	189.31
股改对价	

G 陆家嘴（600663/900932）

上市日期:A: 93/06/28 B: 94/11/22　电话:021－58878888　　传真:021－58873688

主营	负责陆家嘴开发区内的房地产经营、市政公用基础设施的开发建设、工程承包与装饰区内项目投资等。			
	年　度	2005	2004	2003
主要指标	每股收益/扣除后(元)	0.31/0.3	0.26	0.36/0.35
	每股经营现金流量(元)	0.49	0.34	0.79
	每股净资产/调整后(元)	3.4/3.36	3.21/3.17	3/2.93
	未分利润(万元)	133640.36	126283.56	106161.53
	资本公积(万元)	134259.6	143514.89	141094.45
利润构成	主营收入(万元)	182812.83	210357.06	226551.6
	主营利润(万元)	105864.72	84320.01	85303.55
	营业利润(万元)	84867.17	66679.86	76045.5
	投资收益(万元)	-688.09	-953.12	3312.61
	利润总额(万元)	85856.89	68265.67	79759.48
	净利润(万元)	56996.66	49443.33	66401.55
点评	05年公司共批租土地面积7.25万平方米,主营业务收入有所下降,主要是因为没有新建的商品房享受导致房产销售收入下降所致;在主营收入较大降幅的情况下,主营业务利润与净利润仍然保持了增长的态势,主要是租赁业务利润率上升和财务费用下降所致。			

	截止日期	05年末	占%	主要股东及持股比例%、持股性质
股本结构(万股)	总股本	186768.4		上海陆家嘴(集团)有限公司(授权经营) 60.03%（国有股）
	国有股	112112	60.03	上海国际信托投资有限公司 3.15%（国有股）
	发起股	5880	3.15	TOYO SECURITIES ASIA LTD. A/C CLIENT 0.83%（流通B股）
	外资股			NAITO SECURITIES CO. LTD. 0.76%（流通B股）
	募集股	1764	0.94	申银万国证券股份有限公司 0.47%（国有股）
	流通 A	16052.4	8.59	上海陆家嘴(集团)有限公司 0.47%（国有股）
	流通 B	50960	27.29	京华山一国际(香港)有限公司 0.46%（流通B股）
	流通 H			THE NOMURA SECURITIES CO. LTD. 0.3%（流通B股）
股东户数	05年末	161490		AIZAWA SECURITIES CO. LTD. 0.3%（流通B股）
	04年末	172044		HARVEST CHINA EQUITIES INVESTMENT COMPANY LIMITED 0.29%（流通B股）
其他流通股东	Golden China MasterFund 0.282%; GUOTAI JUNAN SECURITIES (HONGKONG) LIMITED 0.241%			
近年分配	05预案:10派0.6;04年:10派0.5;03年:10派0.6		近年募资	

二〇〇五年以来市场表现

2005年涨跌幅(%)	-9.58
2005年最高(元)	7.99
2006年涨跌幅(%)	76.72
2006.4.26收盘(元)	8.09
2006年最高(元)	11.99
2006年最低(元)	7.71
2006年换手率(%)	234.53
股改对价	送股 每10股实际获得3.5股(06/01/06)

哈药集团（600664）

上市日期:93/06/29　　电话:0451－4604688　　传真:0451－4604688

主营	医药原料药及制剂、中成药及中药粉针剂、滋补保健品制剂、生物制药和医药商业等。			
	年　度	2005	2004	2003
主要指标	每股收益/扣除后(元)	0.37	0.21	0.35/0.36
	每股经营现金流量(元)	0.61	0.12	0.32
	每股净资产/调整后(元)	3.1/3.05	2.72/2.69	3.18/3.13
	未分利润(万元)	87597.88	50711.32	23453.35
	资本公积(万元)	90988.51	89546.49	114250.41
利润构成	主营收入(万元)	849338.86	717490.05	692874.42
	主营利润(万元)	304782.68	262751.84	275878.68
	营业利润(万元)	70823.85	33632.29	47765.38
	投资收益(万元)	-3789.77	1982.74	-537.97
	利润总额(万元)	64705.91	33251.11	45125.78
	净利润(万元)	45615.2	26296.08	33136.58
点评	公司主营复合维生素和抗生素。报告期内,公司强化节约增效,同时根据市场动态变化,合理组织产品的生产和销售,努力提经济运行质量,不断增强企业的核心竞争能力,使公司各项经济指标呈现大幅增长的好势头。			

	截止日期	05年末	占%	主要股东及持股比例%、持股性质
股本结构（万股）	总股本	124200.55		南方证券有限公司 58.38%（流通A股）
	国有股	43170.59	34.76	哈药集团有限公司 34.76%（国有股）
	发起股			中国工商银行－裕元证券投资基金 0.18%（流通A股）
	外资股			全国社保基金一零二组合 0.09%（流通A股）
	募集股			高华－汇丰－GOLDMAN SACHS @ CO. 0.09%（流通A股）
	流通A	81029.96	65.24	中国工商银行－中银国际中国精选混合型开放式证券投资基金 0.08%（流通A股）
	流通B			景业证券投资基金 0.04%（流通A股）
	流通H			王淑东 0.03%（流通A股）
股东户数	05年末	26170		吴齐兵 0.03%（流通A股）
	04年末	28570		金宇慧 0.03%（流通A股）
其他流通股东	何明昌 0.027%			
近年分配	03年:10派1转增3		近年募资	

二〇〇五年以来市场表现

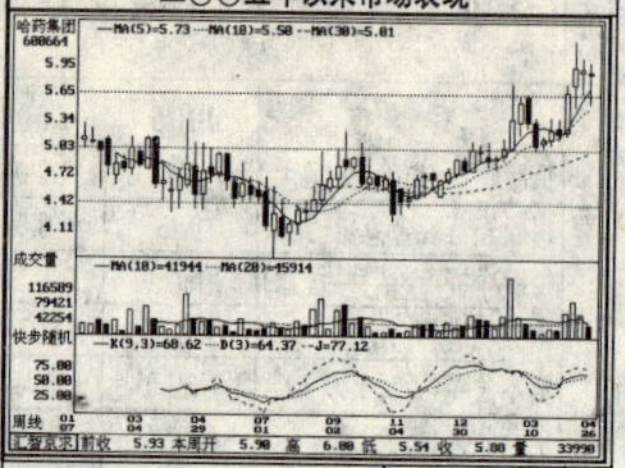

2005年涨跌幅(%)	-6.45
2005年最高(元)	5.34
2006年涨跌幅(%)	22.76
2006.4.26收盘(元)	5.88
2006年最高(元)	6.26
2006年最低(元)	4.78
2006年换手率(%)	9.93
股改对价	

天地源（600665）

上市日期:93/07/09　　电话:021－58771776　　传真:021－58367882

主营	房地产开发和经营			
	年　度	2005	2004	2003
主要指标	每股收益/扣除后(元)	0.093/0.092	0.085	0.075/0.062
	每股经营现金流量(元)	-0.19	-0.55	0.2138
	每股净资产/调整后(元)	1.9/1.9	1.86/1.84	1.82/1.81
	未分利润(万元)	11444.56	9132.4	6642.85
	资本公积(万元)	37070.27	37070.27	37070.27
利润构成	主营收入(万元)	95033.79	69126.45	98845.52
	主营利润(万元)	17006.61	11620.39	8992.57
	营业利润(万元)	8874.35	6189.92	5549.56
	投资收益(万元)	-661.1	1308.49	1114.25
	利润总额(万元)	8252.17	7498.33	6818.98
	净利润(万元)	6707.29	6096	5418.57
点评	05年主营收入和净利润均实现增长,主要原因为公司实现了核心地产业务的跨区域发展。公司目前已经形成上海为中心的长三角市场和以津京为中心的环渤海湾市场,收购了民生曲江房产公司,取得曲江206亩土地,签订天津河东133亩土地转让协议。			

	截止日期	05年末	占%	主要股东及持股比例%、持股性质
股本结构（万股）	总股本	72010.21		西安高新技术产业开发区房地产开发公司 68.25%（国有股）
	国有股	57310.21	79.59	申银万国证券股份有限公司 1.14%（国有股）
	发起股			宝钢集团上海五钢有限公司 1.11%（部分流通部分不流通）
	外资股			上海市金属材料总公司 0.4%（国有股）
	募集股			交行上海分行宝山支行 0.33%（国有股）
	流通A	14700	20.41	中国信达资产管理公司 0.33%（国有股）
	流通B			中国工商银行上海市第二支行 0.33%（国有股）
	流通H			上海汽车工业有限公司 0.33%（国有股）
股东户数	05年末	57557		上海市公积金管理中心 0.26%（国有股）
	04年末	60154		上海柴油机厂 0.23%（国有股）
其他流通股东	陈锦波 0.15%;刘玉群 0.083%;黄文雄 0.046%;南京钢铁集团有限公司 0.046%;郑乃玉 0.043%;潘立桃 0.039%			
近年分配	05预案:10派0.6;04年:10派0.5;03年:10派0.4		近年募资	

二〇〇五年以来市场表现

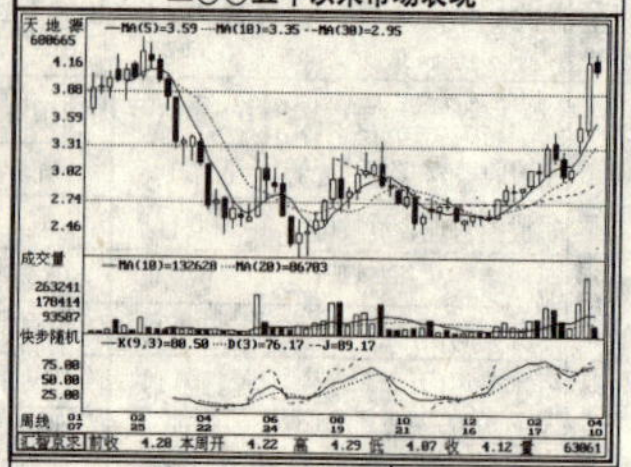

2005年涨跌幅(%)	-29.3
2005年最高(元)	4.45
2006年涨跌幅(%)	59.69
2006.4.26收盘(元)	4.12
2006年最高(元)	4.32
2006年最低(元)	2.57
2006年换手率(%)	104.26
股改对价	送股 每10股实际获得3.3股

G西药（600666）

上市日期:93/07/12　　电话:023－65313118　　传真:023－65311721

主营	加工销售原料药、中西药制剂,销售化工原料(不含化学危险品)、包装材料。			
	年　度	2005	2004	2003
主要指标	每股收益/扣除后(元)	0.1/-0.02	0.1/0.02	0.14/0.13
	每股经营现金流量(元)	0.82	-0.45	0.15
	每股净资产/调整后(元)	2.01/1.92	1.91/1.82	1.82/1.73
	未分利润(万元)	5566.1	4380.77	3326.99
	资本公积(万元)	5265.43	5265.34	5265.2
利润构成	主营收入(万元)	45027.77	40844.97	33829.69
	主营利润(万元)	13584.04	11936.55	10768.22
	营业利润(万元)	1211.35	1567.38	2333.63
	投资收益(万元)	383.94	-18.55	-65.56
	利润总额(万元)	1629.38	1558.73	2258.52
	净利润(万元)	1514.97	1434.88	2054.91
点评	2005年公司受到药品降价的负面影响,药品经营收益有所降低,公司通过转让子公司获得较多收益,保证业绩持平。公司主要产品抗生素降价压力大,通过加大销售力度,降低成本保持收入增长,预计06年经营压力仍然较大。			

	截止日期	05年末	占%	主要股东及持股比例%、持股性质
股本结构（万股）	总股本	14879.3		重庆太极实业(集团)股份有限公司 43.01%（非流通股）
	国有股	8394.92	56.42	太极集团有限公司 13.41%（非流通股）
	发起股			东方证券股份有限公司 2.24%（流通A股）
	外资股			成都市吉隆实业有限公司 0.67%（非流通股）
	募集股	165	1.11	四川金鸣投资咨询有限公司 0.44%（非流通股）
	流通A	6319.38	42.47	韩英 0.32%（流通A股）
	流通B			上海煤气第二管线工程有限公司 0.24%（流通A股）
	流通H			蔡利国 0.238%（流通A股）
股东户数	05年末	31116		罗树安 0.144%（流通A股）
	04年末	34050		曾圣建 0.14%（流通A股）
其他流通股东	余春香 0.135%;刘彬 0.104%;曾粉 0.09%;陈西姑 0.086%			
近年分配			近年募资	

二〇〇五年以来市场表现

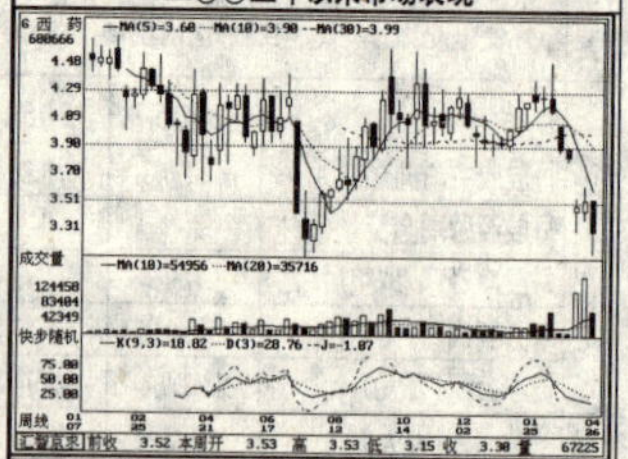

2005年涨跌幅(%)	-14.04
2005年最高(元)	4.68
2006年涨跌幅(%)	9.44
2006.4.26收盘(元)	3.3
2006年最高(元)	4.71
2006年最低(元)	3.8
2006年换手率(%)	75.55
股改对价	送股 每10股实际获得3股(06/04/12)

太极实业(600667)

上市日期:93/07/28　电话:0510—85419120　传真:0510—85430760

主营	主营毛纺行业的精纺呢绒、化纤行业的丙纤烟用过滤丝束和涤纶工业丝帘帆布、服装行业的衬衫服装四大系列产品。			
	年　度	2005	2004	2003
主要指标	每股收益/扣除后(元)	0.049/0.045	0.045	0.011
	每股经营现金流量(元)	0.244	0.41	0.33
	每股净资产/调整后(元)	1.46/1.42	1.41/1.37	1.37/1.33
	未分利润(万元)	285.34	-40334.98	-41873.47
	资本公积(万元)	16000.76	50390.96	50390.96
利润构成	主营收入(万元)	87900.61	105691.6	67348
	主营利润(万元)	14340.92	16792.35	10000.78
	营业利润(万元)	3469.66	3109.97	-1644.14
	投资收益(万元)		6.81	119.8
	利润总额(万元)	3157.41	3101.38	709.31
	净利润(万元)	1810.37	1677.24	419.97
点评	2005年受两大产品所处的不同行业的总体情况影响,公司主营的帘帆布产品的收入比重同比上升,纺机产品的收入比重则有一定幅度下降。随着公司HMLS工业丝及高强工业丝项目的建成投产,两大产品占销售总额的比重可能会进一步发生变化。			

	截止日期	05年末	占%	主要股东及持股比例%、持股性质
股本结构(万股)	总股本	36881.74		无锡纺织产业集团有限公司 19.29%(国有股)
	国有股	17625.89	47.79	无锡市新中亚投资开发公司 14.29%(国有股)
	发起股			中国新技术创业投资公司 12.23%(国有股)
	外资股			中国烟草投资管理公司 1.28%(国有股)
	募集股	291.85	0.79	河北证券 0.71%(国有股)
	流通A	18964	51.42	珠海富华投资公司 0.39%(非流通股)
	流通B			尚永强 0.15%(流通A股)
	流通H			纺织设计 0.13%(非流通股)
股东户数	05年末	66668		林玺 0.13%(流通A股)
	04年末	71017		银光制丝 0.13%(流通A股)
其他流通股东	张建华 0.119%;张玉琪 0.116%;无锡信投 0.108%;悦达实业 0.099%;马丹文 0.081%;沈学军 0.08%;江腾 0.077%			
近年分配		近年募资		

二〇〇五年以来市场表现

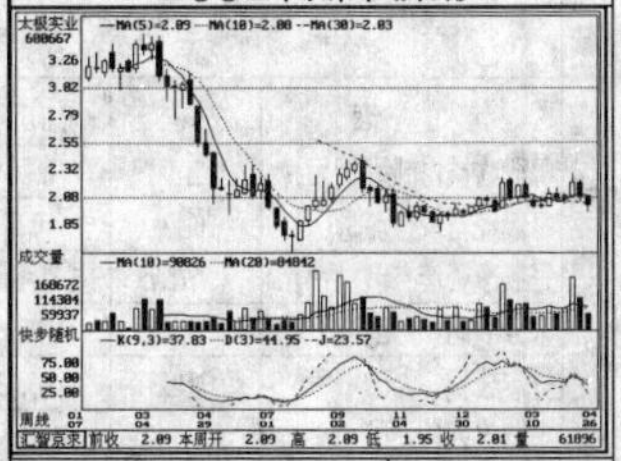

2005年涨跌幅(%)	-38.22
2005年最高(元)	3.49
2006年涨跌幅(%)	3.61
2006.4.26收盘(元)	2.01
2006年最高(元)	2.28
2006年最低(元)	1.92
2006年换手率(%)	77.19
股改对价	

尖峰集团(600668)

上市日期:93/07/28　电话:0579-2326868　传真:0579-2324611

主营	药品、水泥及其制品的制造与销售。			
	年　度	2005	2004	2003
主要指标	每股收益/扣除后(元)	0.01	0.07	0.13
	每股经营现金流量(元)	0.29	0.57	0.35
	每股净资产/调整后(元)	2.62/2.59	2.61/2.57	2.63/2.6
	未分利润(万元)	7906.02	7497.54	8938.79
	资本公积(万元)	41907.63	41878.25	41445.38
利润构成	主营收入(万元)	127903.96	102680.59	114370.45
	主营利润(万元)	14523.86	20448.49	20911.38
	营业利润(万元)	-7737.81	-1416.25	-915.07
	投资收益(万元)	6451.56	2251.87	4281.56
	利润总额(万元)	298.03	2311.24	5151.65
	净利润(万元)	408.49	2434.43	4600.53
点评	2005年,公司水泥业务受宏观调控影响产品价格大跌,公司医药产品受国家第17次药品降价影响较大,总体来看,主营收入同比有较大增长,但净利润同比出现大幅下降。			

	截止日期	05年末	占%	主要股东及持股比例%、持股性质
股本结构(万股)	总股本	34408.38		金华市通济国有资产投资有限公司 27.61%(国有股)
	国有股	9500	27.61	金华峰联投资有限公司 5.94%(非流通股)
	发起股	2796.51	8.13	深圳昌圳投资有限公司 4.36%(非流通股)
	外资股			杭州康和投资管理有限公司 1.57%(非流通股)
	募集股	3282.93	9.54	许继集团有限公司 0.87%(非流通股)
	流通A	18828.95	54.72	上海英特电子实业公司 0.4%(流通A股)
	流通B			浙江省电力公司 0.38%(非流通股)
	流通H			金华市工联建材有限公司 0.35%(非流通股)
股东户数	05年末	72335		浙江尖峰集团玲珑石灰石矿 0.34%(非流通股)
	04年末	80459		上海晓康电器有限公司 0.25%(非流通股)
其他流通股东	王世跃 0.165%;杜洪菊 0.128%;卢光军 0.128%;郑素琴 0.124%;蒋国琴 0.123%;冯健 0.116%;鲜悌 0.097%			
近年分配	03年:10派1	近年募资	03年10配3配股价5元。	

二〇〇五年以来市场表现

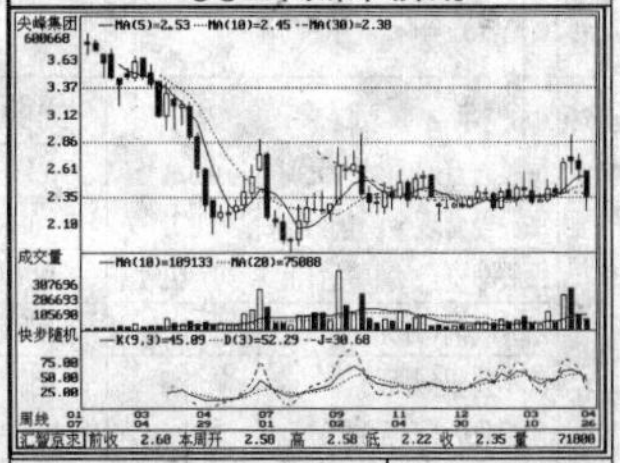

2005年涨跌幅(%)	-40.63
2005年最高(元)	3.88
2006年涨跌幅(%)	4.44
2006.4.26收盘(元)	2.35
2006年最高(元)	2.92
2006年最低(元)	2.22
2006年换手率(%)	73.92
股改对价	

天目药业(600671)

上市日期:93/08/23　电话:0571-63722229　传真:0571-63715401

主营	生物制药、中成药、西药、电子产品、机制纸的制造和销售以及商业贸易和摊位出租。			
	年　度	2005	2004	2003
主要指标	每股收益/扣除后(元)	0.022/0.01	0.053	-0.127/-0.15
	每股经营现金流量(元)	0.082	0.013	-0.4
	每股净资产/调整后(元)	1.83/1.81	1.98/1.95	1.89/1.87
	未分利润(万元)	721.53	2388.36	1939.5
	资本公积(万元)	5548.05	5284.02	4999.36
利润构成	主营收入(万元)	23870.75	20971.04	19662.2
	主营利润(万元)	8602.33	7901.3	7414.14
	营业利润(万元)	704.8	964.92	-971.12
	投资收益(万元)	15.68	-9.61	2.45
	利润总额(万元)	783.63	1067.12	-928.09
	净利润(万元)	367.1	690.34	-1166.54
点评	年公司收入平稳增长,但是净利润比上年同期下降幅度较大,主要是由于公司出于会计工作谨慎性原则,对下属三家控股子公司存在的确实难以收回的应收帐款进行了全额计提坏帐准备,对净利润有一定的负面影响。			

	截止日期	05年末	占%	主要股东及持股比例%、持股性质
股本结构(万股)	总股本	12177.89		杭州天目山药厂 30.16%(国有股)
	国有股	2882.89	23.67	浙江临安天目山石材公司 12.46%(非流通股)
	发起股			临安天目山医药包装品厂 2.41%(非流通股)
	外资股			河北力维投资有限公司 0.82%(非流通股)
	募集股	1063.43	8.73	上海嘉虹商务咨询有限公司 0.78%(非流通股)
	流通A	6341.57	52.07	杭州临安半唐斋旅游商品有限公司 0.61%(非流通股)
	流通B			上海汇垄经贸有限公司 0.31%(非流通股)
	流通H			吴燕 0.21%(流通A股)
股东户数	05年末	33227		孙静梅 0.164%(流通A股)
	04年末	36770		龙欢 0.158%(流通A股)
其他流通股东	董万春 0.144%;张刚 0.136%;程美芳 0.12%;徐红年 0.115%;王敏其 0.111%;李江 0.11%;鲍维刚 0.109%			
近年分配	04年:10派1.8	近年募资		

二〇〇五年以来市场表现

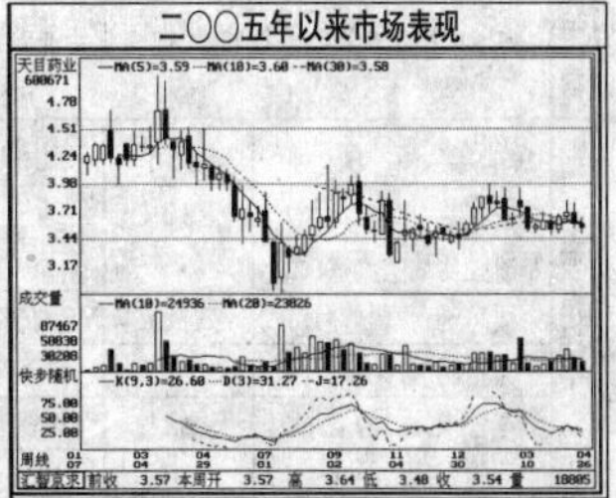

2005年涨跌幅(%)	-13.13
2005年最高(元)	5.05
2006年涨跌幅(%)	2.31
2006.4.26收盘(元)	3.54
2006年最高(元)	3.97
2006年最低(元)	3.45
2006年换手率(%)	67.3
股改对价	

G阳之光（600673）

上市日期:93/09/17　　电话:0769－5370225　　传真:0769－5370230

主营：亲水箔、涂料、电子材料类产品的生产和国内外销售。

	年度	2005	2004	2003
主要指标	每股收益/扣除后(元)	0.21/0.2	0.24	0.12
	每股经营现金流量(元)	0.12	-0.09	-0.03
	每股净资产/调整后(元)	1.75/1.75	1.81/1.81	1.57/1.57
	未分利润(万元)	4097.26	2301.16	-9563.99
	资本公积(万元)	4709.23	6303.13	14219.83
利润构成	主营收入(万元)	50044.87	48697.41	22441.87
	主营利润(万元)	4404.61	4319.75	3766.75
	营业利润(万元)	2611.19	2707.44	1505.61
	投资收益(万元)			-34.68
	利润总额(万元)	2611.19	2707.25	1344.8
	净利润(万元)	2611.19	2707.25	1338.02

点评：公司主营业务是空调器用亲水箔产品的生产和销售，产品市场占有率列全国第一，较好的产品质一直赢得客户的好评。05年原材料价格的上涨部分导致了成本的升高，导致利润落后于收入增长，预计06年仍将保持这一态势。

	截止日期	05年末	占%	主要股东及持股比例%、持股性质
股本结构（万股）	总股本	12673.34		乳源阳之光铝业发展有限公司 25.35%（非流通股）
	国有股			深圳市事必安投资有限公司 11.82%（非流通股）
	发起股	6525.44	51.49	成都市工商信托投资有限公司 1.43%（非流通股）
	外资股			未经发行人确认 1.11%（非流通股）
	募集股			上海美利投资有限公司 0.81%（非流通股）
	流通A	6147.9	48.51	重庆市机电设备总公司 0.76%（非流通股）
	流通B			上海步欣工贸有限公司 0.76%（非流通股）
	流通H			中国四川国际合作股份有限公司 0.76%（非流通股）
股东户数	05年末	16532		深圳市广顺实业股份有限公司 0.38%（非流通股）
	04年末	17745		成都长城实业公司 0.35%（非流通股）
其他流通股东	山西融资租赁有限责任公司 0.257%；陈林欢 0.254%；袁睿智 0.247%；党三雪 0.231%；周瑶端 0.23%；谭金彬 0.228%			
近年分配	04年:10派0.5		近年募资	

二〇〇五年以来市场表现

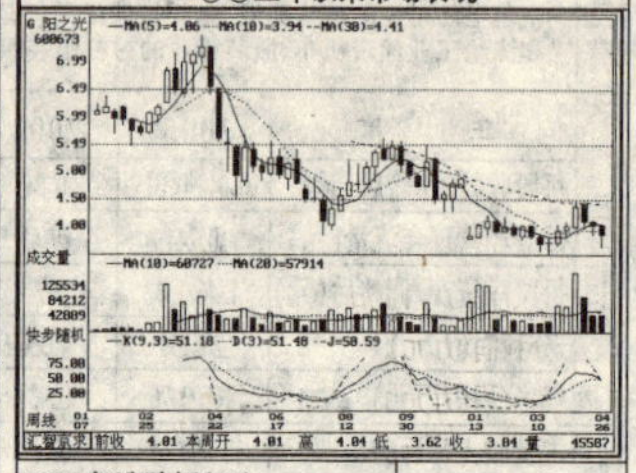

2005年涨跌幅(%)	-19.69
2005年最高(元)	7.49
2006年涨跌幅(%)	-9.86
2006.4.26收盘(元)	3.84
2006年最高(元)	4.45
2006年最低(元)	3.5
2006年换手率(%)	171.74
股改对价	定向转增 每10股实际获得3.5股(06/01/04)

川投能源（600674）

上市日期:93/09/24　　电话:028－86098648　　传真:028－86098649

主营：铁合金生产和销售

	年度	2005	2004	2003
主要指标	每股收益/扣除后(元)	0.151/0.157	0.135	0.122/0.114
	每股经营现金流量(元)	0.71	-0.48	0.31
	每股净资产/调整后(元)	2.1/2.09	1.98/1.97	1.72/1.7
	未分利润(万元)	16123.79	13716	10165.65
	资本公积(万元)	7588	7588	2846.96
利润构成	主营收入(万元)	26756.19	83115.32	73209.6
	主营利润(万元)	7868.8	20986.31	11317.91
	营业利润(万元)	3429.06	8326.12	6081.11
	投资收益(万元)	1954.86	-1069.25	-169.84
	利润总额(万元)	6400.45	6986.52	5957.14
	净利润(万元)	5814.71	5230.59	4721.41

点评：2005年主营业务由铁合金转向电力生产经营，因此，全年收入出现了较大幅度下降，全年业绩增长主要来源于投资公司2004年度的分红。公司转向电力行业后仍将面临激烈的市场竞争，加上光纤光缆业务也处于不景气周期，未来业绩状况仍有待观察。

	截止日期	05年末	占%	主要股东及持股比例%、持股性质
股本结构（万股）	总股本	38620.85		四川省投资集团有限责任公司 54.25%（国有股）
	国有股	20953.3	54.25	峨眉铁合金综合服务开发公司 2.84%（国有股）
	发起股	2193.49	5.68	成都海宏信息技术开发有限公司 2.58%（国有股）
	外资股			金鑫证券投资基金 2.56%（流通A股）
	募集股			中国工商银行－金泰证券投资基金 1.03%（流通A股）
	流通A	15474.06	40.07	交通银行－国泰金鹰增长证券投资基金 0.76%（流通A股）
	流通B			山西信托投资有限责任公司 0.72%（流通A股）
	流通H			中国建设银行－国泰金马稳健回报证券投资基金 0.54%（流通A股）
股东户数	05年末	31630		成都铁路局西昌分局 0.26%（国有股）
	04年末	31733		吴程妹 0.2%（流通A股）
其他流通股东	吴建利 0.159%；吕树林 0.134%；欧阳泽华 0.13%；周瑞芳 0.129%			
近年分配	04年:10派0.25		近年募资	

二〇〇五年以来市场表现

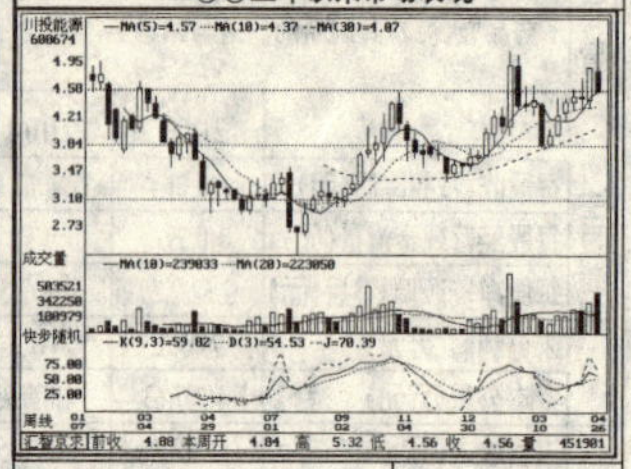

2005年涨跌幅(%)	-22.7
2005年最高(元)	4.95
2006年涨跌幅(%)	24.25
2006.4.26收盘(元)	4.56
2006年最高(元)	5.32
2006年最低(元)	3.61
2006年换手率(%)	267.31
股改对价	

G中企（600675）

上市日期:93/09/24　　电话:021－62170088　　传真:021－62179197

主营：房地产投资及其高科技开发，智能化物业管理和商品房经营租赁等业务。

	年度	2005	2004	2003
主要指标	每股收益/扣除后(元)	0.508/0.404	0.31	0.251/0.1
	每股经营现金流量(元)	0.758	-0.14	0.676
	每股净资产/调整后(元)	2.79/2.62	2.42/2.38	2.21/2.19
	未分利润(万元)	25183.59	10179.53	8118.74
	资本公积(万元)	38992.13	38928.76	38918.7
利润构成	主营收入(万元)	233903.04	211017.44	188599.89
	主营利润(万元)	72751.39	74254.15	57633.86
	营业利润(万元)	49431.71	39448.47	24906.02
	投资收益(万元)	11337.44	-3931.18	2401.34
	利润总额(万元)	65377.31	42821.05	32579.05
	净利润(万元)	35442.7	21618.01	17531.29

点评：05年公司净利润的增幅远大于主营收入的增长，主要原因是公司开发的住宅产品相继进入销售结转期，同时物业出租业绩也稳步增长。06年公司所处的房地产业仍将受到宏观调控的影响，行业仍处于整合中。

	截止日期	05年末	占%	主要股东及持股比例%、持股性质
股本结构（万股）	总股本	69745.51		上海地产(集团)有限公司 36.17%（国有股）
	国有股	25225.34	36.17	中国建设银行－华宝兴业多策略增长证券投资基金 1.29%（流通A股）
	发起股			海通证券股份有限公司 1.17%（非流通股）
	外资股			中国建设银行－宝康灵活配置证券投资基金 0.92%（流通A股）
	募集股	3107.35	4.46	中国建设银行－宝康消费品证券投资基金 0.7%（流通A股）
	流通A	41341.94	59.28	上海海证实业发展有限公司 0.58%（流通A股）
	流通B			兴业银行股份有限公司－兴业趋势投资混合型证券投资基金 0.5%（流通A股）
	流通H			中国银行－华宝兴业动力组合股票型证券投资基金 0.48%（流通A股）
股东户数	05年末	103592		景福证券投资基金 0.43%（流通A股）
	04年末	115192		中国建设银行－上投摩根阿尔法股票型证券投资基金 0.36%（流通A股）
其他流通股东	中信实业银行－招商优质成长股票型证券投资基金 0.34%；中国工商银行－德盛稳健证券投资基金 0.339%			
近年分配	05年:10派1.8；04年:10派1.25；03年:10派1		近年募资	

二〇〇五年以来市场表现

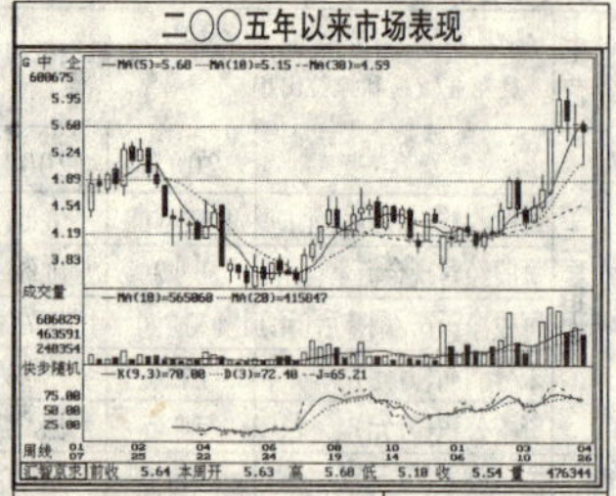

2005年涨跌幅(%)	22.62
2005年最高(元)	5.66
2006年涨跌幅(%)	34.47
2006.4.26收盘(元)	5.54
2006年最高(元)	6.3
2006年最低(元)	3.98
2006年换手率(%)	173.61
股改对价	送股 每10股实际获得3股(05/12/19)

G交运（600676）

上市日期:93/09/28　电话:021－62520140　传真:021－62116123

主营	轿车零部件制造、销售及公路省(市)际旅客运输、汽车货物运输装卸、货运代理等。			
	年　度	2005	2004	2003
主要指标	每股收益/扣除后(元)	0.224/0.187	0.24	0.373/0.365
	每股经营现金流量(元)	0.4217	0.5003	0.7762
	每股净资产/调整后(元)	3.29/3.28	3.17/3.05	6.06/5.77
	未分利润(万元)	9647.09	9381.89	8314.66
	资本公积(万元)	48585.42	48585.42	65481.6
利润构成	主营收入(万元)	89341.64	88921.69	75345.3
	主营利润(万元)	22847.56	25816.21	21224.55
	营业利润(万元)	10825.43	11024.26	7273.76
	投资收益(万元)	－2687.76	－526.4	426.64
	利润总额(万元)	8897.41	10856.04	7871.64
	净利润(万元)	7560.5	8110.95	6299.98
点评	05年轿车零部件业务遇到需求上升,但是整车厂压价的局面,整体盈利有所下降,但这也是近年来的底部;而特种货运业务有持续成长。06年零部件业务和货运业务都存在成长潜力,业绩提升可能性较大。			

	截止日期	05年末	占%	主要股东及持股比例%、持股性质
股本结构(万股)	总股本	33792.37		上海交运(集团)公司 26.42%（国有股）
	国有股	8929.09	26.42	大众交通(集团)股份有限公司 4%（非流通股）
	发起股	5045.29	14.93	上海巴士实业(集团)股份有限公司 4%（非流通股）
	外资股			申银万国证券股份有限公司 3.42%（非流通股）
	募集股			中华企业股份有限公司 1.38%（非流通股）
	流通A	19818	58.65	上海物资贸易中心股份有限公司 0.7%（非流通股）
	流通B			王雨华 0.48%（流通A股）
	流通H			张兴良 0.34%（流通A股）
股东户数	05年末	38087		上海亦乐投资有限公司 0.27%（流通A股）
	04年末	33543		上海贝泽贸易有限公司 0.23%（非流通股）
其他流通股东	浙江金浙石化联合股份有限公司 0.178%；刘平生 0.151%；乔忠秀 0.15%；陈辉煌 0.142%；冒宁 0.138%			
近年分配	05预案:10派0.8转增1.5；04中期:10转增10 年终:10派1；03年:10派2		近年募资	

二〇〇五年以来市场表现

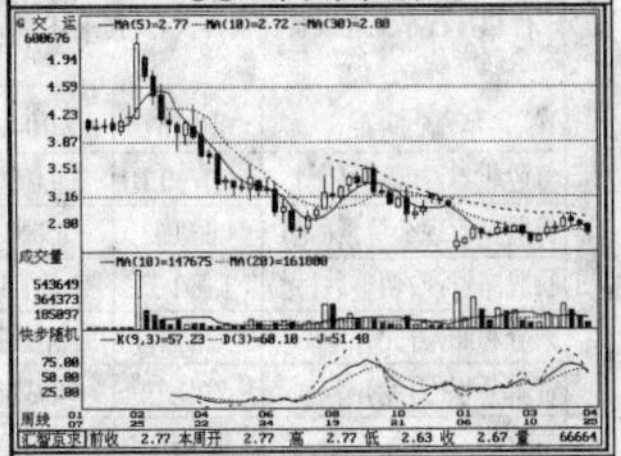

2005年涨跌幅(%)	－14.64
2005年最高(元)	5.3
2006年涨跌幅(%)	4.71
2006.4.26收盘(元)	2.67
2006年最高(元)	2.92
2006年最低(元)	2.51
2006年换手率(%)	137.75
股改对价	送股 每10股实际获得3.5股(05/12/27)

航天通信（600677）

上市日期:93/09/28　电话:0571－87034676　传真:0751－87077662

主营	轻纺产品及原辅材料、针纺织品的生产和销售、进出口贸易、实业投资开发、房地产开发经营、计算机网络工程设计等。			
	年　度	2005	2004	2003
主要指标	每股收益/扣除后(元)	0.036/0.02	0.032	0.027/0.013
	每股经营现金流量(元)	0.3356	0.3537	0.1118
	每股净资产/调整后(元)	1.68/1.48	1.64/1.48	1.59/1.4
	未分利润(万元)	－698.89	－987.7	－958.73
	资本公积(万元)	9342.14	9291.35	8684.8
利润构成	主营收入(万元)	238669.92	269177.1	201272.8
	主营利润(万元)	30934.64	29997.69	25831.84
	营业利润(万元)	2399.12	2247.94	4198.55
	投资收益(万元)	14.21	－686.41	71.27
	利润总额(万元)	3026.98	2656.36	4784.77
	净利润(万元)	1178.57	1026.86	868.01
点评	2005年公司产业布局已基本成型,在宏观调控等不利情况下业绩保持了稳步增长,军品制造已成为其主要利润来源。公司长远战略为立足军品、以民品辅,2006年主要完成优化产业结构,整合民用企业和增强创新能力的工作。			

	截止日期	05年末	占%	主要股东及持股比例%、持股性质
股本结构(万股)	总股本	32617.24		中国航天科工集团公司 22.4%（国有股）
	国有股	10122.03	31.03	浙江国信控股集团有限责任公司 5.5%（国有股）
	发起股	768.77	2.36	中国移动通信第七研究所 4.5%（国有股）
	外资股			中国纺织物资(集团)总公司 1.74%（非流通股）
	募集股	4651.87	14.26	中国电力财务有限公司 1.25%（非流通股）
	流通A	17074.57	52.35	苏州市投资有限公司 0.96%（非流通股）
	流通B			中国人民建设银行浙江省信托投资公司 0.61%（非流通股）
	流通H			海通证券股份有限公司 0.6%（流通A股）
股东户数	05年末	53802		浙江东方集团股份有限公司 0.46%（非流通股）
	04年末	55206		中国科学院南京分院 0.46%（非流通股）
其他流通股东	厦门曼尼投资管理咨询有限公司 0.276%；王东海 0.238%；楚文虎 0.204%；王艺选 0.184%；牛佳彬 0.179%			
近年分配			近年募资	

二〇〇五年以来市场表现

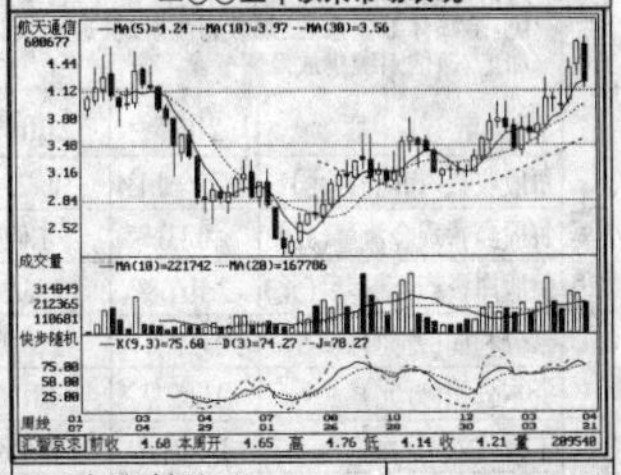

2005年涨跌幅(%)	－18.97
2005年最高(元)	4.63
2006年涨跌幅(%)	33.23
2006.4.26收盘(元)	4.21
2006年最高(元)	4.76
2006年最低(元)	3.16
2006年换手率(%)	176
股改对价	送股 每10股实际获得2.1股

四川金顶（600678）

上市日期:93/10/08　电话:0833－5578301　传真:0833－5578053

主营	水泥制造、销售。			
	年　度	2005	2004	2003
主要指标	每股收益/扣除后(元)	0.058/－0.025	0.06	0.082/0.082
	每股经营现金流量(元)	0.084	0.141	0.4
	每股净资产/调整后(元)	1.49/1.3	1.43/1.26	1.22/1.04
	未分利润(万元)	4803.64	3734.49	2445.44
	资本公积(万元)	4687.84	4680.49	1554.97
利润构成	主营收入(万元)	38982.93	34734.79	33238.63
	主营利润(万元)	8001	8682.16	11117.83
	营业利润(万元)	132.02	－352.84	2655.36
	投资收益(万元)	1094.18	1598.48	－179.62
	利润总额(万元)	1349.66	1631.45	2667.94
	净利润(万元)	1352.92	1389.22	1916.25
点评	四川省的小水泥企业。2005年,在宏观调控导致水泥市场需求放缓、产品价格下跌的困难形势下,公司实现主营收入有一定增长、净利润同比微幅下降实属不易。利润下降主要原因在于05年水泥需求不足以及煤炭、电力、运输等价格上涨。			

	截止日期	05年末	占%	主要股东及持股比例%、持股性质
股本结构(万股)	总股本	23266		华伦集团有限公司 29.49%（非流通股）
	国有股	6256	26.89	乐山市国有资产经营有限公司 26.89%（国有股）
	发起股	250	1.07	申银万国证券股份有限公司 0.86%（非流通股）
	外资股			乐山电业局 0.64%（非流通股）
	募集股	300	1.29	成都铁路局西昌铁路分局 0.43%（非流通股）
	流通A	9600	41.26	乐山资信产权经纪有限公司 0.43%（非流通股）
	流通B			张彬 0.15%（流通A股）
	流通H			魏俊槐 0.14%（流通A股）
股东户数	05年末	41726		天津市启明高科技开发公司 0.08%（流通A股）
	04年末	42599		王有福 0.08%（流通A股）
其他流通股东	吴伟 0.077%；芦美群 0.077%；王一林 0.077%；上海国际服务贸易公司 0.074%；翟培华 0.067%；周吉伦 0.067%			
近年分配			近年募资	

二〇〇五年以来市场表现

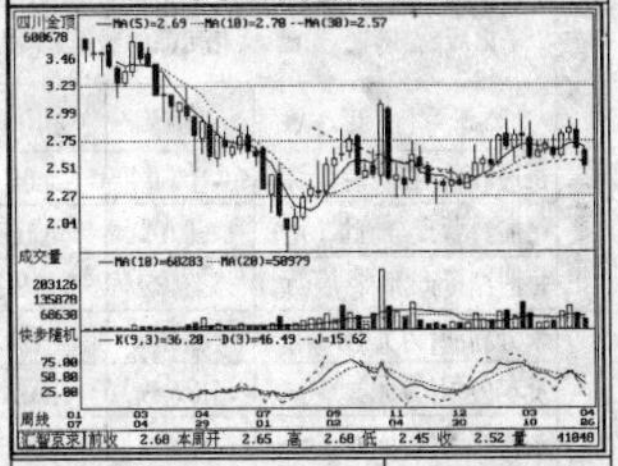

2005年涨跌幅(%)	－34.44
2005年最高(元)	3.7
2006年涨跌幅(%)	6.78
2006.4.26收盘(元)	2.52
2006年最高(元)	2.97
2006年最低(元)	2.33
2006年换手率(%)	96.3
股改对价	

G凤凰（600679/900916）

上市日期:A: 93/10/08 B: 93/11/19 电话:021－65021787 传真:021－65021615

主营	生产经营自行车、助动车、摩托车、童车、健身器材及其零部件和自行车工业设备及模具，以及与上述产品相关的配套系列产品。			
主要指标	年　度	2005	2004	2003
	每股收益/扣除后(元)	0.021/－0.111	0.008	0.007/－0.009
	每股经营现金流量(元)	0.6036	0.1887	0.1166
	每股净资产/调整后(元)	1.38/1.37	1.46/1.41	1.45/1.41
	未分利润(万元)	－24610.94	－24793.25	－24806.07
	资本公积(万元)	29717.77	44673.31	44667.68
利润构成	主营收入(万元)	165397.26	200641.26	143043.62
	主营利润(万元)	14102.49	22062.8	19816.53
	营业利润(万元)	326.7	4459.19	3724.47
	投资收益(万元)	－1019.7	88.93	－174.51
	利润总额(万元)	1560.81	4731.02	3626.58
	净利润(万元)	732.86	467.39	421.19
点评	2005年，公司克服原辅材料涨价等困难，采取适应市场变化、提高企业效率等措施，业绩实现较快增长。2006年公司确定了确定经济效益为中心，提高市场份额为核心的经营方针，进一步做好主业，加快产品结构调整节奏。			

	截止日期	05年末	占%	主要股东及持股比例%、持股性质
股本结构（万股）	总股本	35361.97		上海轻工控股(集团)公司 36.92%（国有股）
	国有股	13053.96	36.92	HKSBCSB A/C HSBC SHANGHAI S/A MORGAN STANLEY @CO. INTERNATIONA 0.57%（流通B股）
	发起股			上海国际信托投资公司 0.49%（非流通股）
	外资股			申银万国证券有限公司 0.49%（非流通股）
	募集股	1716	4.85	NBP S/A FRUCTILUX SICAV 0.42%（流通B股）
	流通A	3432	9.71	陆汉振 0.37%（流通B股）
	流通B	17160	48.53	上海斯必克发展总公司 0.31%（非流通股）
	流通H			许经源 0.3%（流通B股）
股东户数	05年末	30959		自行车前叉厂 0.29%（非流通股）
	04年末	27336		蔡守德 0.23%（流通B股）
其他流通股东	HKSBCSB A/C HSBC SHANGHAI S/A MORGAN STANLEY@CO. INTERNATIONA 0.567%；潘逸昀 0.175%；吴青蕾 0.15%			
近年分配		近年募资		

二〇〇五年以来市场表现

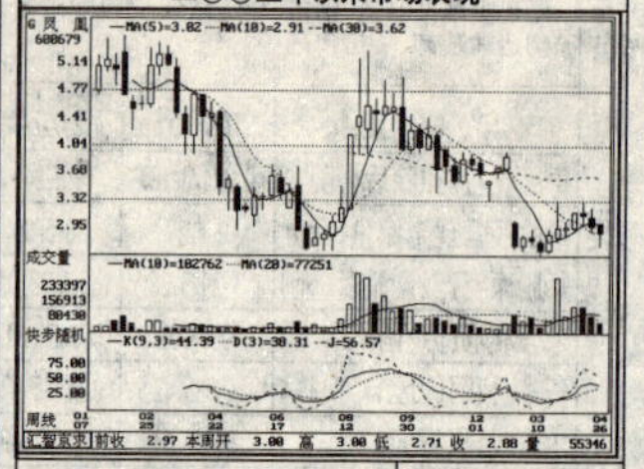

2005年涨跌幅(%)	－18.75
2005年最高(元)	5.5
2006年涨跌幅(%)	2.65
2006.4.26收盘(元)	2.88
2006年最高(元)	4.6
2006年最低(元)	3.6
2006年换手率(%)	234.51
股改对价	送股 每10股实际获得3.9股(06/02/16)

上海邮通（600680/900930）

上市日期:A: 93/10/18 B: 94/10/20 电话:021－64834310 传真:021－64834310

主营	通信传输及接入系统、移动通信终端、自动售检票(卡)系统、多媒体数据系统、邮政物流系统、通信类设备精密机械加工、通信系统集成及服务。			
主要指标	年　度	2005	2004	2003
	每股收益/扣除后(元)	0.023/－0.134	0.021	0.17/0.17
	每股经营现金流量(元)	0.133	－1.059	－0.11
	每股净资产/调整后(元)	2.11/1.88	2.13/2	2.13/1.99
	未分利润(万元)	13103.91	12568.05	12181.86
	资本公积(万元)	13105.12	13084.89	13079.93
利润构成	主营收入(万元)	110626.99	160199.86	200078.14
	主营利润(万元)	11170.16	14035.87	24125.52
	营业利润(万元)	－5136.18	－6762.95	258.39
	投资收益(万元)	3600.78	4892.16	6040.56
	利润总额(万元)	－1236	－2077.8	6185.04
	净利润(万元)	706.7	651.76	5151.97
点评	2005年公司进行产业结构调整，主业向行业电子机具产业发展，主营收入同比下降了三成。不过，公司的自动售检票系统、收款机、第二代身份证读卡器等合同金额均出现了不同程度的增长。同时通过压缩管理和财务费用，公司仍实现了业绩的增长。			

	截止日期	05年末	占%	主要股东及持股比例%、持股性质
股本结构（万股）	总股本	30492.53		中国普天信息产业集团公司 22.96%（国有股）
	国有股	12874.93	42.22	中国普天信息产业股份有限公司 19.26%（国有股）
	发起股	2433.6	7.98	海通证券股份有限公司 1.81%（非流通股）
	外资股			万科企业股份有限公司 1.41%（非流通股）
	募集股			巨田证券有限责任公司 1.37%（非流通股）
	流通A	2704	8.87	TOYO SECURITIES ASIA LTD. A/C CLIENT 1.23%（流通B股）
	流通B	12480	40.93	NAITO SECURITIES CO. LTD 0.73%（流通B股）
	流通H			万科财务顾问有限公司 0.44%（非流通股）
股东户数	05年末	43177		MERRILL LYNCH FAR EAST LIMITED 0.33%（流通B股）
	04年末	44584		NIKKO CORDIAL SECURITIES INC. 0.3%（流通B股）
其他流通股东	DAIWA SECURITIESCO. LTD. TOKYO 0.206%；AIZAWA SECURITIES CO. LTD 0.191%；曾萍湘 0.174%；张惠定 0.146%			
近年分配		近年募资		

二〇〇五年以来市场表现

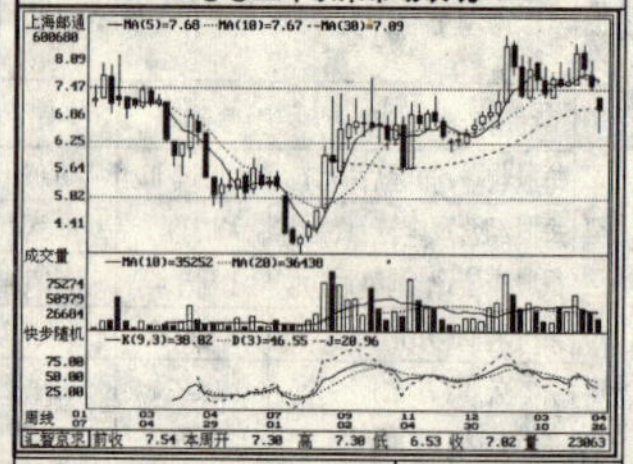

2005年涨跌幅(%)	－6.97
2005年最高(元)	8.19
2006年涨跌幅(%)	5.25
2006.4.26收盘(元)	7.02
2006年最高(元)	8.7
2006年最低(元)	6.53
2006年换手率(%)	243.19
股改对价	

ST万鸿（600681）

上市日期:93/10/18 电话:027－88066666 传真:027－88066666－8628

主营	纸塑包装制品开发、印刷及进出口业务；投资图书、期刊、电子出版物、影视、光盘、文化用品的制作、印刷和发行等。			
主要指标	年　度	2005	2004	2003
	每股收益/扣除后(元)	－0.11/－0.106	0.047	－3.693/－2.279
	每股经营现金流量(元)	－0.001	0.127	－0.34
	每股净资产/调整后(元)	－2.43/－2.46	－2.25/－2.27	－2.23/－2.23
	未分利润(万元)	－81111.92	－78814.87	－79762.37
	资本公积(万元)	11606.99	11553.47	11553.47
利润构成	主营收入(万元)	18779.91	17893.83	19675.95
	主营利润(万元)	2745.67	3480.48	2155.98
	营业利润(万元)	－3452.65	－2028.64	－31198.72
	投资收益(万元)	－290	－833.4	－16973.42
	利润总额(万元)	－3873.42	－274.34	－78800.3
	净利润(万元)	－2297.06	979.42	－76838.73
点评	2005年，因公司历史遗留银行贷款数额巨大，财务负担沉重及部分产品利润率下降等因素影响，其经营业绩仍为亏损。目前来看，公司的传统主业已经不能实现赢利，因而公司的希望将寄托在债务重组与资产重组上。			

	截止日期	05年末	占%	主要股东及持股比例%、持股性质
股本结构（万股）	总股本	20806.8		广州美城投资有限公司 12.44%（非流通股）
	国有股	1467.89	7.05	海南诚成企业集团有限公司 9.61%（非流通股）
	发起股	1148.4	5.52	武汉国有资产经营公司 7.05%（国有股）
	外资股			深圳万科企业股份有限公司 2.2%（非流通股）
	募集股	7338.14	35.27	中国长城资产管理公司 1.48%（非流通股）
	流通A	10852.38	52.16	上海新元投资有限公司 1.38%（非流通股）
	流通B			上海浦东任辰贸易有限责任公司 1.19%（非流通股）
	流通H			工商银行武汉市分行硚口支行 1.15%（非流通股）
股东户数	05年末	46888		湖北省保险房地产开发公司 1.15%（非流通股）
	04年末	49772		北京仁达国际信息工程有限公司 0.83%（非流通股）
其他流通股东	彭玉宝 0.281%；杨璐 0.276%；詹妙君 0.247%；顾鹤富 0.208%；李明刚 0.159%；周理军 0.148%；谢耀好 0.145%			
近年分配		近年募资		

二〇〇五年以来市场表现

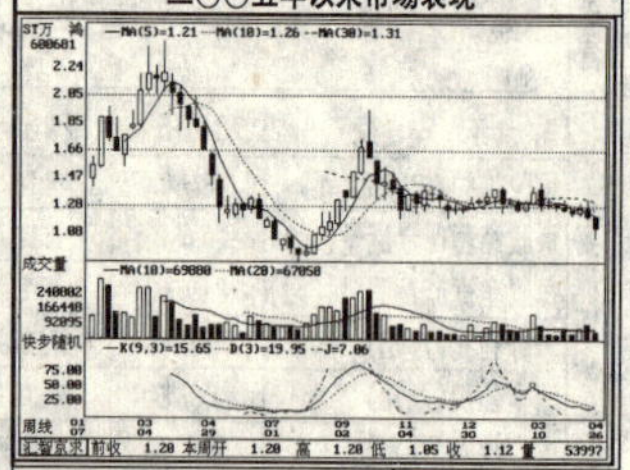

2005年涨跌幅(%)	－12.25
2005年最高(元)	2.43
2006年涨跌幅(%)	－13.18
2006.4.26收盘(元)	1.12
2006年最高(元)	1.44
2006年最低(元)	1.05
2006年换手率(%)	104.32
股改对价	

南京新百（600682）

上市日期:93/10/18　　电话:025－4717494　　传真:025－4724722

主营	商品零售。

	年　　度	2005	2004	2003
主要指标	每股收益/扣除后(元)	0.134/0.16	0.175	0.3/0.24
	每股经营现金流量(元)	－0.002	0.42	0.65
	每股净资产/调整后(元)	3.99/3.97	3.99/3.99	3.93/3.91
	未分利润(万元)	1953.66	3514.42	4533.66
	资本公积(万元)	53824.81	53590.21	52596.25
利润构成	主营收入(万元)	298905.68	329897.82	299201.71
	主营利润(万元)	30958.68	32323.03	30544.82
	营业利润(万元)	7283.38	7276.59	8090.55
	投资收益(万元)	1486.63	638.06	1767.52
	利润总额(万元)	6940.33	7999.4	10142.46
	净利润(万元)	3084.1	4026.63	6821.62

点评 报告期内因母公司压缩毛利水平偏低的家电、视听和手机类的商品销售，以及子公司江苏物华生铁销售等原因导致主营收入同比下降，而继续对交家电公司占用公司资金计提坏帐准备影响公司少实现利润3374.87万元，导致了净利润的下滑。

	截止日期	05年末	占%	主要股东及持股比例%、持股性质
股本结构（万股）	总股本	23020.82		南京市国有资产经营(控股)有限公司 24.49%（国有股）
	国有股	5638.26	24.49	南京新百投资控股集团有限公司 12.95%（流通A股）
	发起股			金鹰申集团有限公司 6.59%（流通A股）
	外资股			南京华美联合营销管理有限公司 5.01%（流通A股）
	募集股	2094.56	9.1	南京新大众投资顾问有限公司 4.77%（流通A股）
	流通A	15288	66.41	长沙日日丰汽车维修有限公司 4.07%（流通A股）
	流通B			南京工商行经济信息咨询服务公司 1.3%（非流通股）
	流通H			青岛鲁强咨询有限公司 1.29%（流通A股）
股东户数	05年末	33448		武汉市晖通信息科技有限公司 1.22%（流通A股）
	04年末	34791		南京市商业网点建设办公室 0.85%（非流通股）
其他流通股东	陈元峰 0.598%；上海治平投资咨询有限公司 0.533%；上海华澳投资管理有限公司 0.479%			
近年分配	05预案:10派1；04年:10派1.2；03年:10派1.5		近年募资	

二〇〇五年以来市场表现

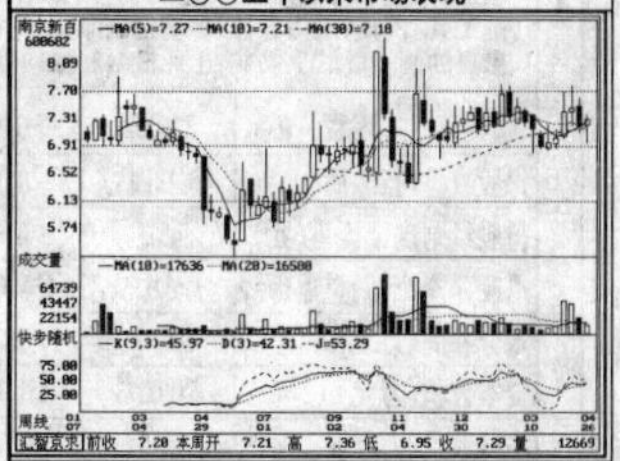

2005年涨跌幅(%)	4.22
2005年最高(元)	8.6
2006年涨跌幅(%)	
2006.4.26收盘(元)	7.29
2006年最高(元)	7.79
2006年最低(元)	6.81
2006年换手率(%)	18.05
股改对价	

银泰股份（600683）

上市日期:93/10/25　　电话:0574－87092008　　传真:0574－87092059

主营	百货、服装、家电等商品的零售业务，自营和代理核准产品的进出口业务，房地产开发和写字楼等物业租赁业务。

	年　　度	2005	2004	2003
主要指标	每股收益/扣除后(元)	0.25/0.12	0.44	0.09/0.06
	每股经营现金流量(元)	0.96	0.75	0.29
	每股净资产/调整后(元)	2.08/2.07	1.92/1.91	1.48/1.45
	未分利润(万元)	11528.2	9106.73	1483.05
	资本公积(万元)	7138.74	6944.48	6944.48
利润构成	主营收入(万元)	109352.29	128920.68	112422.35
	主营利润(万元)	13339.24	15740.68	10585.12
	营业利润(万元)	6580.76	6558.83	899.72
	投资收益(万元)	－121.06	2124.61	581.71
	利润总额(万元)	6357.94	8845.93	1888.78
	净利润(万元)	4904.46	8843.28	1871.26

点评 公司报告期内调整了经营方针，退出了除家用电器外的零售百货经营领域。此外，公司房地产存量向市场推出的总量和来源于房地产企业的股权投资收益，均较上年同期有较大幅度的减少或下降，同时自本报告年度起恢复缴纳企业所得税。

	截止日期	05年末	占%	主要股东及持股比例%、持股性质
股本结构（万股）	总股本	19925.37		中国银泰投资有限公司 24.35%（非流通股）
	国有股	640.51	3.21	交通银行宁波分行 1.7%（非流通股）
	发起股	5112.25	25.66	中国糖业酒类集团公司 1.53%（国有股）
	外资股			宁波市银河综合服务管理中心 1.27%（非流通股）
	募集股	5183.57	26.01	南京新港开发总公司 1.1%（非流通股）
	流通A	8989.04	45.11	宁波保税区华能联合开发有限公司 0.59%（国有股）
	流通B			宁波市燃料总公司 0.59%（国有股）
	流通H			浙江机电 0.51%（非流通股）
股东户数	05年末	29978		宁波市社会劳动保险管理处 0.5%（国有股）
	04年末	28603		中国宁波国际合作有限责任公司 0.45%（非流通股）
其他流通股东	张洪文 0.29%；胡卫洪 0.221%；杨炳桂 0.137%；钱冬梅 0.123%；王月萍 0.119%；胥梓斌 0.115%；洪秋兰 0.113%			
近年分配	04年:10派1		近年募资	

二〇〇五年以来市场表现

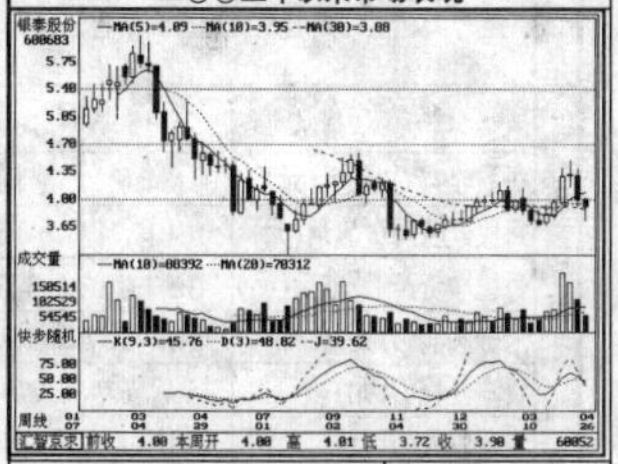

2005年涨跌幅(%)	－23.2
2005年最高(元)	6.1
2006年涨跌幅(%)	4.28
2006.4.26收盘(元)	3.9
2006年最高(元)	4.49
2006年最低(元)	3.66
2006年换手率(%)	137.36
股改对价	

G穗珠江（600684）

上市日期:93/10/28　　电话:020－83752406　　传真:020－83752663

主营	房地产开发、经营以及物业租赁、管理等。

	年　　度	2005	2004	2003
主要指标	每股收益/扣除后(元)	0.1/0.06	0.09	0.09/0.05
	每股经营现金流量(元)	0.02	－0.33	0.26
	每股净资产/调整后(元)	3.44/3.33	3.34/3.24	3.26/3.15
	未分利润(万元)	4554.53	3007.81	1632.39
	资本公积(万元)	35989.86	35977.78	35959.75
利润构成	主营收入(万元)	22164.61	15823.59	11955.17
	主营利润(万元)	6123.95	3726.56	4427.91
	营业利润(万元)	2576.83	1869.77	1687.77
	投资收益(万元)	13.09	224.15	108.37
	利润总额(万元)	2589.48	2074.17	1796.57
	净利润(万元)	1819.66	1618.15	1609.12

点评 05年主营收入实现40.07%增长，其中62.16%的销售收入来自公司开发金盛大厦销售；同时有效化解了公司面临的重大法律风险，为公司后续地块开发创造了良好的环境。06年将重点确保长沙项目和广州本部项目的开发和策划。

	截止日期	05年末	占%	主要股东及持股比例%、持股性质
股本结构（万股）	总股本	18703.94		广州珠江实业集团有限公司 39.62%（国有股）
	国有股	8700.44	46.52	广州市国有资产管理局 6.9%（国有股）
	发起股			杨奇兵 0.55%（流通A股）
	外资股			杨文胜 0.27%（流通A股）
	募集股			余雪丽 0.26%（流通A股）
	流通A	10003.5	53.48	林海 0.17%（流通A股）
	流通B			陈玉琦 0.14%（流通A股）
	流通H			李志宏 0.12%（流通A股）
股东户数	05年末	46242		李谋真 0.11%（流通A股）
	04年末	49960		孙桂国 0.11%（流通A股）
其他流通股东	石新生 0.107%；詹建业 0.106%			
近年分配	05预案:10派0.5		近年募资	

二〇〇五年以来市场表现

2005年涨跌幅(%)	－12.68
2005年最高(元)	4.15
2006年涨跌幅(%)	43.73
2006.4.26收盘(元)	3.35
2006年最高(元)	5.14
2006年最低(元)	3.03
2006年换手率(%)	77.81
股改对价	送股 每10股实际获得3股(06/04/07)

广船国际（600685）

上市日期:93/10/28　　电话:020－81896411　　传真:020－81891575

主营	船舶及船舶辅机、集装箱、金属构件、铸锻件、轴承、金属切削工具、模具、压力容器、玻璃钢制品、通用机械、风动工具、家具的制造、加工、安装;工业设备和船舶维修;拆船等。

	年　度	2005	2004	2003
主要指标	每股收益/扣除后(元)	0.2/0.13	0.07	0.087/0.07
	每股经营现金流量(元)	1.71	0.42	1.51
	每股净资产/调整后(元)	1.63/1.54	1.44/1.27	1.37/1.14
	未分利润(万元)	-43834.66	-53653.99	-57021.29
	资本公积(万元)	65197.75	65197.75	65197.75
利润构成	主营收入(万元)	272891.61	236340.28	284044.55
	主营利润(万元)	21518.88	11666.05	8437.6
	营业利润(万元)	7998.53	-2336.17	-7915.18
	投资收益(万元)	132.91	-29.11	334.36
	利润总额(万元)	10615.56	3292.63	4486.83
	净利润(万元)	9819.33	3367.3	4305.18

点评	2005年造船业景气度上升,造船价格有所提高,公司主营业务收入小幅增长。2005年回拨广州国投专项坏帐准备使得业绩大幅增长。2006年公司造船价格继续上升,船坞改造工程将于2006年底完工,届时将形成船坞造船生产线,业绩大幅增长可期。

	截止日期	05年末	占%	主要股东及持股比例%、持股性质
股本结构(万股)	总股本	49467.76		中国船舶工业集团公司 42.613%(国有股)
	国有股	21080.01	42.61	HKSCC NOMINEES LIMITED 29.705%(H股)
	发起股			通乾基金 3.696%(流通A股)
	外资股			融通行业景气 2.072%(流通A股)
	募集股			HSBC NOMINEES (HONG KONG) LIMITED 1.01%(H股)
	流通A	12647.95	25.57	CHAN CHEUK SANG 0.182%(H股)
	流通B			潘景昌 0.054%(流通A股)
	流通H	15739.8	31.82	黄续膑 0.052%(流通A股)
股东户数	05年末	52426		张竟惠 0.045%(流通A股)
	04年末	57896		CHAN KWOK TAI EDDIE 0.041%(H股)
其他流通股东	蔬菜集团 0.041%			
近年分配		近年募资		

二〇〇五年以来市场表现

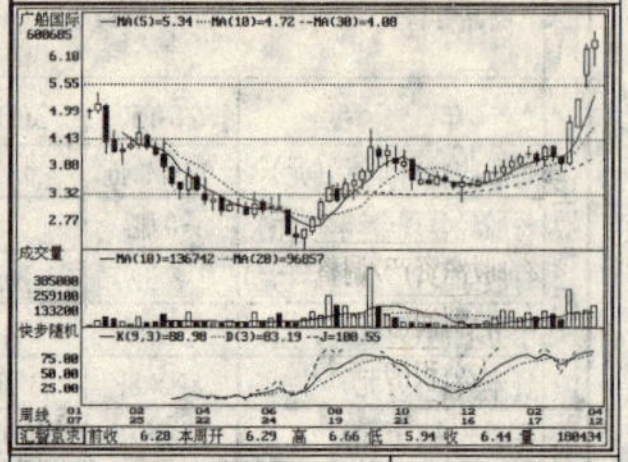

2005年涨跌幅(%)	-25.2
2005年最高(元)	5.37
2006年涨跌幅(%)	70.82
2006.4.26收盘(元)	6.44
2006年最高(元)	6.66
2006年最低(元)	3.66
2006年换手率(%)	136.58
股改对价	送股 每10股实际获得2.7股

G金龙（600686）

上市日期:93/11/08　　电话:0592－2962988　　传真:0592－2960686

主营	主营大、中、轻型客车的生产和销售。

	年　度	2005	2004	2003
主要指标	每股收益/扣除后(元)	0.68/0.62	0.5/0.48	0.61/0.55
	每股经营现金流量(元)	4.18	0.62	1.28
	每股净资产/调整后(元)	3.5/3.42	3.03/3	2.84/2.81
	未分利润(万元)	14989.28	10671.5	9245.44
	资本公积(万元)	7699.26	7699.26	7694.11
利润构成	主营收入(万元)	771714.8	272938.45	259975.83
	主营利润(万元)	97088.76	41533.97	44009.83
	营业利润(万元)	24504.8	11779	15480.35
	投资收益(万元)	341.6	1926.48	1500.88
	利润总额(万元)	25671.66	13983.52	17866.29
	净利润(万元)	10310.18	7559.87	9242.32

点评	苏州金龙的回归对公司帮助大,销售力量和底盘生产资质得到恢复。05年成功整合三条龙之后,业绩提升明显。公司06年仍将保持上升势头,利润来源是大、小金龙、苏州金龙和金龙车身这四块业务,其中苏州金龙的贡献将快速上升。

	截止日期	05年末	占%	主要股东及持股比例%、持股性质
股本结构(万股)	总股本	15151.76		福建省汽车工业集团公司 19.09%(国有股)
	国有股	5247.56	34.63	厦门国有资产投资公司 18.39%(国有股)
	发起股			厦门象屿捷泰贸易有限公司 13.22%(部分流通部分不流通)
	外资股			厦门永昌投资咨询有限公司 5.23%(外资股)
	募集股	4144.2	27.35	福建漳州闽粤第一城有限公司 5%(外资股)
	流通A	5760	38.02	中国工商银行－裕元证券投资基金 3.37%(流通A股)
	流通B			泰和证券投资基金 2.76%(流通A股)
	流通H			厦门民兴工业有限公司 2.38%(外资股)
股东户数	05年末	12974		中国工商银行－兴业可转债混合型证券投资基金 2.07%(流通A股)
	04年末	15683		厦门太格维尔电子有限公司 1.51%(流通A股)
其他流通股东	厦门日日工贸发展有限公司 1.437%;厦门第三制药厂劳动服务公司 1.095%;景福证券投资基金 0.957%			
近年分配	05预案:10派1.5转增3;04年:10派1.5;03年:10派1.3	近年募资		

二〇〇五年以来市场表现

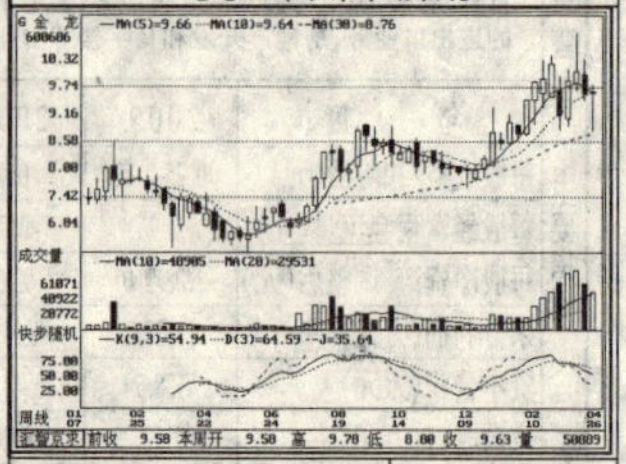

2005年涨跌幅(%)	19.46
2005年最高(元)	9.45
2006年涨跌幅(%)	43.07
2006.4.26收盘(元)	9.63
2006年最高(元)	14.17
2006年最低(元)	8.4
2006年换手率(%)	77.66
股改对价	送股 每10股实际获得3股(06/03/30)

G华盛达（600687）

上市日期:93/11/08　　电话:0572－8080850　　传真:0572－8080867

主营	计算机系统网络集成工程、生产销售计算机软、硬件、信息咨询等业务。

	年　度	2005	2004	2003
主要指标	每股收益/扣除后(元)	0.077/0.077	0.072	-0.022/-0.02
	每股经营现金流量(元)	-0.39	-0.61	-0.278
	每股净资产/调整后(元)	2.01/2.01	1.94/1.94	1.86/1.86
	未分利润(万元)	5127.33	4507.7	3706.86
	资本公积(万元)	1801.49	1801.49	1801.49
利润构成	主营收入(万元)	34361.62	24902.92	17636.07
	主营利润(万元)	5596.63	3555.37	5570.52
	营业利润(万元)	1730.04	1600.06	724.58
	投资收益(万元)	-403.61	-392.21	-549.71
	利润总额(万元)	1322.13	998.07	132.25
	净利润(万元)	850.62	792.53	-245.6

点评	05年在数据存储领域向高毛利率的业务倾斜,导致数据存储业务毛利率上升明显;新房地产项目实现销售使公司房地产收入大幅增长,但土地价格上升使毛利率大幅下降。预计数据存储业务将跟随行业稳定增长,而房地产项目将受制于宏观政策。

	截止日期	05年末	占%	主要股东及持股比例%、持股性质
股本结构(万股)	总股本	11000		华盛达控股集团有限公司 26.46%(非流通股)
	国有股			浙江中策创业投资有限公司 12.61%(非流通股)
	发起股	4297.92	39.07	上海美锦科技有限公司 4.73%(非流通股)
	外资股			上海中尚生物科技有限公司 4.73%(非流通股)
	募集股	2479.93	22.54	长春吉大小天鹅仪器有限公司 4.1%(非流通股)
	流通A	4222.15	38.38	锡山市前洲信成机械制造有限公司 1.71%(非流通股)
	流通B			沈阳国通商贸有限公司 0.59%(非流通股)
	流通H			王丽 0.5%(流通A股)
股东户数	05年末	19935		上海鑫黎实业有限公司 0.45%(非流通股)
	04年末	21070		厦门中远恒丰商贸有限公司 0.43%(非流通股)
其他流通股东	任秀花 0.118%;曾耀华 0.118%;叶美群 0.115%;李良佐 0.097%;任劲辉 0.094%;杨红梅 0.093%;李爽 0.089%			
近年分配		近年募资		

二〇〇五年以来市场表现

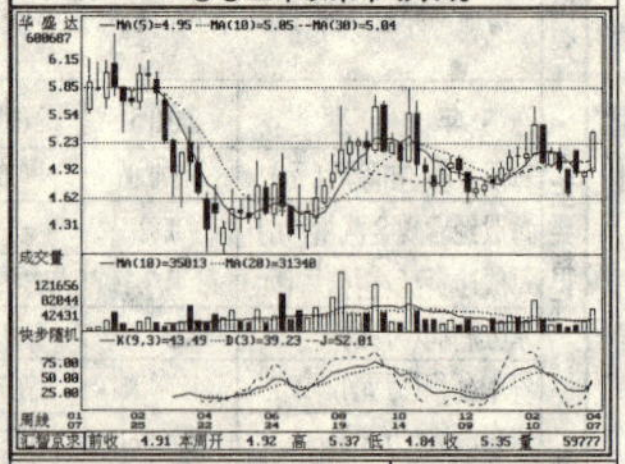

2005年涨跌幅(%)	-14.62
2005年最高(元)	6.46
2006年涨跌幅(%)	-3.13
2006.4.26收盘(元)	4.64
2006年最高(元)	5.63
2006年最低(元)	4.63
2006年换手率(%)	99.79
股改对价	定向转增 每10股实际获得4股(06/04/27)

上海石化（600688）

上市日期:93/11/08　　电话:021－57943143　　传真:021－57940050

主营	原油加工、油品、化工产品、合成纤维及单体、塑料及制品、针织纺织原料及制品、催化剂制备及废剂回收。			
	年　度	2005	2004	2003
主要指标	每股收益/扣除后(元)	0.237/0.18	0.552	0.192/0.206
	每股经营现金流量(元)	0.59	0.682	0.374
	每股净资产/调整后(元)	2.66/2.66	2.63/2.62	2.15/2.15
	未分利润(万元)	457360.8	464990.7	204889.6
	资本公积(万元)	285627.8	285627.8	285627.8
利润构成	主营收入(万元)	4589780.7	3940253.3	2956714
	主营利润(万元)	352700.5	665497.7	370048.6
	营业利润(万元)	172316.2	480817.8	174263.7
	投资收益(万元)	－3937.5	7253.9	1757.3
	利润总额(万元)	213720.8	469305.9	157660.2
	净利润(万元)	170462.7	397126.5	138555.6
点评	炼油业务亏损是公司2005年盈利大幅下降的主要原因。由于国内成品油与原油价格出现倒挂,国内炼油企业出现了全行业的亏损,公司的炼油业务也未能幸免。虽然国家对炼油企业给予了一定的财政补贴,但仍不能使公司的炼油业务彻底扭亏。			

股本结构(万股)	截止日期	05年末	占%	主要股东及持股比例%、持股性质
	总股本	720000		中国石油化工股份有限公司 55.56%（国有股）
	国有股	400000	55.56	香港中央结算(代理人)有限公司 26.59%（H股）
	发起股			香港汇丰(代理人)有限公司 4.94%（H股）
	外资股			中国工商银行—上证50交易型开放式指数证券投资基金 0.32%（流通A股）
	募集股	15000	2.08	交通银行—易方达50指数证券投资基金 0.31%（流通A股）
	流通A	72000	10	交通银行—安顺证券投资基金 0.24%（流通A股）
	流通B			上海康利工贸有限公司 0.23%（非流通股）
	流通H	233000	32.36	招商银行股份有限公司—招商股票投资基金 0.21%（流通A股）
股东户数	05年末	151597		浙江省经济建设投资公司 0.17%（非流通股）
	04年末	158520		泰和证券投资基金 0.15%（流通A股）
其他流通股东	中国工商银行—申万巴黎盛利精选证券投资基金 0.149%;山西信托投资有限责任公司 0.139%			
近年分配	05预案:10派1;04年:10派2;03年:10派0.8		近年募资	

二〇〇五年以来市场表现

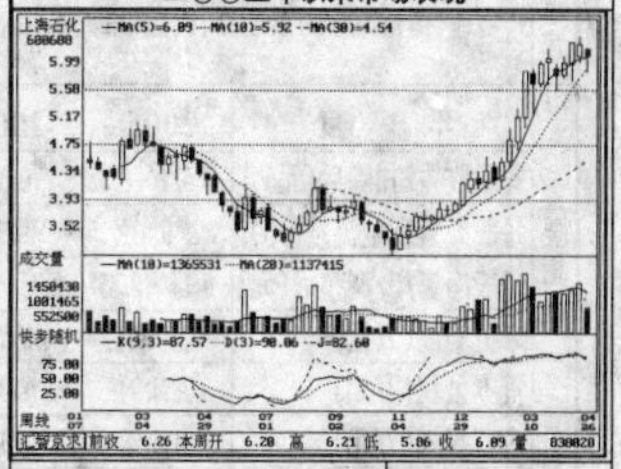

2005年涨跌幅(%)	－12.75
2005年最高(元)	5.07
2006年涨跌幅(%)	45.69
2006.4.26收盘(元)	6.09
2006年最高(元)	6.4
2006年最低(元)	4.03
2006年换手率(%)	284.94
股改对价	

上海三毛（600689/900922）

上市日期:A: 93/11/08 B: 93/12/31　电话:021－63059496　　传真:021－53011939

主营	生产销售精粗纺呢绒及相关产品。			
	年　度	2005	2004	2003
主要指标	每股收益/扣除后(元)	0.036/－0.265	－0.946	0.043/－0.115
	每股经营现金流量(元)	－0.1557	0.4405	－0.486
	每股净资产/调整后(元)	1.65/1.57	1.61/1.55	2.56/2.51
	未分利润(万元)	－15142.04	－16072.17	2964.36
	资本公积(万元)	23384.34	23384.34	23384.34
利润构成	主营收入(万元)	147216.57	138663.5	127270.89
	主营利润(万元)	9117.2	10115.63	10956.45
	营业利润(万元)	－5370.19	－16677.15	－2621.81
	投资收益(万元)	4461.76	－2131.57	26.33
	利润总额(万元)	592.61	－19248.55	439.57
	净利润(万元)	730.61	－19012.54	854.89
点评	2005年,公司积极应对市场变化,化解了出口纺织品新增关税和国家人民币汇率变化对经营利润的影响,并实现了扭亏为盈。由于行业内市场竞争激烈且公司产品的竞争能力较低,预计其2006年的经营环境还不容乐观。			

股本结构(万股)	截止日期	05年末	占%	主要股东及持股比例%、持股性质
	总股本	20099.13		上海纺织控股(集团)公司 36.11%（国有股）
	国有股	7257.21	36.11	上海纺织控股(集团)公司 1.67%（国有股）
	发起股			上工申贝股份有限公司 0.68%（非流通股）
	外资股			中国纺织机械股份有限公司 0.44%（非流通股）
	募集股	1108.8	5.52	珠江纺织贸易有限公司 0.25%（流通B股）
	流通A	6854.4	34.1	浦发静安 0.21%（外资股）
	流通B	4878.72	24.27	MERRILL LYNCH FAR EAST LIMITED 0.21%（流通B股）
	流通H			张金妹 0.17%（流通B股）
股东户数	05年末	49838		裘阿海 0.16%（流通B股）
	04年末	52849		田羽 0.16%（流通B股）
其他流通股东	郑创宏 0.153%;王惠珍 0.127%;钟伟麟 0.114%;DEBORAH WANG LIN 0.112%;赖耀豪 0.112%			
近年分配			近年募资	

二〇〇五年以来市场表现

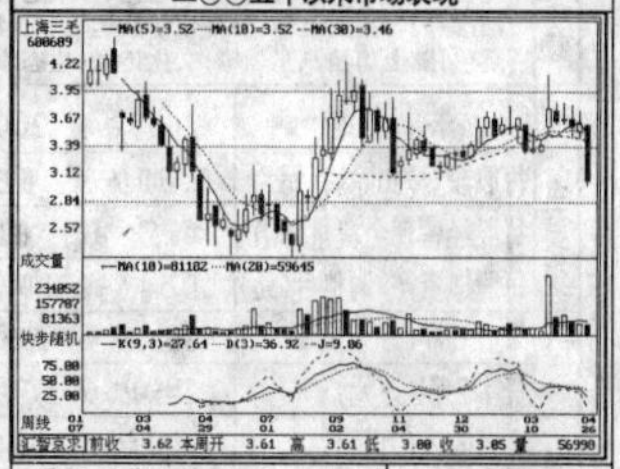

2005年涨跌幅(%)	－18.36
2005年最高(元)	4.5
2006年涨跌幅(%)	－7.3
2006.4.26收盘(元)	3.05
2006年最高(元)	4.11
2006年最低(元)	3
2006年换手率(%)	158.88
股改对价	

青岛海尔（600690）

上市日期:93/11/19　　电话:0532－8938138　　传真:0532－8938313

主营	家用电冰箱、电冰柜、空调器、小家电等产品的制造和销售。			
	年　度	2005	2004	2003
主要指标	每股收益/扣除后(元)	0.2/0.2	0.309	0.46/0.45
	每股经营现金流量(元)	0.39	0.62	0.53
	每股净资产/调整后(元)	4.68/4.68	4.78/4.75	6.76/6.65
	未分利润(万元)	14537.1	39036.53	34660.08
	资本公积(万元)	293371.86	293371.86	317301.31
利润构成	主营收入(万元)	1650945.58	1529938.34	1168837.46
	主营利润(万元)	191442.75	200670.19	169858.01
	营业利润(万元)	43932.42	62766.05	60748.25
	投资收益(万元)	－11320.78	－12153.82	－11952.84
	利润总额(万元)	32577.29	50980.66	49427.67
	净利润(万元)	23912.66	36943.56	36895.28
点评	公司空调和冰箱销售收入均同比有一定程度的提高,内销收入出现负增长,而出口继续保持较快增长速度,增幅超五成。原材料价格上涨导致公司毛利率下降,尤其是冰箱和冰柜的毛利率降幅尤为显著。营销费用增幅超过收入增幅,导致年报业绩大幅度下降。			

股本结构(万股)	截止日期	05年末	占%	主要股东及持股比例%、持股性质
	总股本	119647.24		海尔电器国际股份有限公司 29.945%（非流通股）
	国有股	52162.68	43.6	海尔集团公司 12%（非流通股）
	发起股			青岛集体企业联社 1.651%（非流通股）
	外资股			中国建设银行－博时裕富证券投资基金 0.358%（流通A股）
	募集股			兴业银行股份有限公司－兴业趋势投资混合型证券投资基金 0.21%（流通A股）
	流通A	67484.56	56.4	中国建设银行－中信红利精选股票型证券投资基金 0.175%（流通A股）
	流通B			中国工商银行－华安上证180指数增强型证券投资基金 0.168%（流通A股）
	流通H			合肥百货大楼股份有限公司 0.164%（流通A股）
股东户数	05年末	252307		中国人寿保险股份有限公司－传统－普通保险产品－005L－CT001沪 0.14%（流通A股）
	04年末	267620		隋熙凤 0.123%（流通A股）
其他流通股东	天津市万博咨询有限公司 0.105%;北京中宏金资讯有限公司 0.1%;马永元 0.095%			
近年分配	05预案:10派1;04年:10派3;03年:10派0.5送2转增3		近年募资	

二〇〇五年以来市场表现

2005年涨跌幅(%)	－14.56
2005年最高(元)	5.49
2006年涨跌幅(%)	26.1
2006.4.26收盘(元)	5.17
2006年最高(元)	5.18
2006年最低(元)	4.09
2006年换手率(%)	40.13
股改对价	送股 权证 每10股实际获得1股

ST 东碳（600691）

上市日期:93/11/19　　电话:0813－2600860　　传真:0813－2600903

主营	制造、销售电碳炭素制品、机械密封、粉末冶金制品。

	年　　度	2005	2004	2003
主要指标	每股收益/扣除后(元)	-0.322/-0.321	0.036	-0.846/-0.843
	每股经营现金流量(元)	-0.032	0.2156	0.0309
	每股净资产/调整后(元)	0.13/-0.35	0.45/-0.02	0.23/-0.22
	未分利润(万元)	-15949.11	-13462.87	-13744.43
	资本公积(万元)	7874.99	7870.41	6507.18
利润构成	主营收入(万元)	4173.88	5067.45	5853.11
	主营利润(万元)	1244.03	1270.77	1834.03
	营业利润(万元)	-2507.69	-1019.72	-6151.54
	投资收益(万元)	26.89	16.63	14.93
	利润总额(万元)	-2489.24	279.73	-6544.17
	净利润(万元)	-2486.24	281.57	-6539.89

点评：2005年国内电碳行业市场竞争更为激烈，同时公司受电力紧张和资金不足的影响，业绩亏损严重。但公司通过加强新产品开发、扩大军品产量、调整管理构架，也使公司基本面发生了一些积极的变化。公司未来仍将面对竞争环境恶劣、原材料价格上涨的不利因素。

股本结构(万股)	截止日期	05年末	占%	主要股东及持股比例%、持股性质
	总股本	7727.45		四川香凤企业有限公司 28.58%（非流通股）
	国有股			四川省信托投资公司 4.66%（国有股）
	发起股	3727.43	48.24	中国银行四川省分行国际信托投资公司 3.11%（国有股）
	外资股			自贡市银河贸易公司 3.11%（国有股）
	募集股	678.42	8.78	中国人民保险公司自贡市分公司 1.57%（非流通股）
	流通A	3321.6	42.98	东方电气集团财务公司 1.55%（国有股）
	流通B			中国工商银行四川省分行信托投资公司 1.55%（国有股）
	流通H			自贡市邮电局 0.78%（国有股）
股东户数	05年末	11981		四川省烟草公司自贡分公司 0.78%（国有股）
	04年末	13413		成都华能物资供销公司 0.78%（非流通股）

其他流通股东：上海科海华泰船舶电气有限公司 0.477%；魏云波 0.433%；田永华 0.393%；金雷 0.337%；冯书通 0.294%

近年分配		近年募资	

二〇〇五年以来市场表现

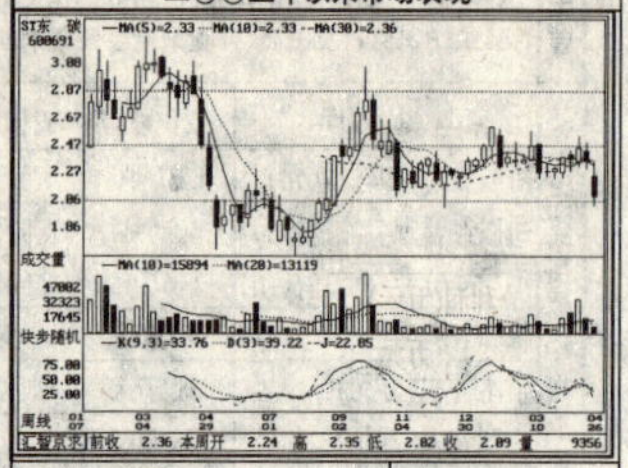

2005年涨跌幅(%)	0.86
2005年最高(元)	3.28
2006年涨跌幅(%)	-11.06
2006.4.26收盘(元)	2.09
2006年最高(元)	2.61
2006年最低(元)	2.02
2006年换手率(%)	67.81
股改对价	

G 亚通（600692）

上市日期:93/11/19　　电话:021－69692714　　传真:021－69695782

主营	主营上海至崇明的水上旅客运输、客滚运输、崇明至江苏浏河、海门客滚船运输；沿海化学品运输和上海至大连客滚船运输；陆上出租汽车运输；文化传播；生态农业等。

	年　　度	2005	2004	2003
主要指标	每股收益/扣除后(元)	0.099/0.06	0.136	0.179/0.141
	每股经营现金流量(元)	0.53	0.19	0.57
	每股净资产/调整后(元)	1.75/1.6	1.98/1.86	2.22/2.15
	未分利润(万元)	3402.38	3926.39	3831.83
	资本公积(万元)	7745.02	9747.19	11415.66
利润构成	主营收入(万元)	37750.52	28164.17	24151
	主营利润(万元)	8015.29	7782.67	6783.21
	营业利润(万元)	2379.96	3513.59	2738.66
	投资收益(万元)	218.64	250.83	706.82
	利润总额(万元)	2892.12	3183.65	3588.35
	净利润(万元)	2375.45	2723.87	2988.8

点评：公司主要经营上海－崇明航线，在该航线上旅客市场占有率达到75%，车辆的市场占有率达到80%。净利润减少主要因素是油价上升导致成本上升、上海至大连的"崇明岛"轮停航导致非经营性亏损、财务费用上升。

股本结构(万股)	截止日期	05年末	占%	主要股东及持股比例%、持股性质
	总股本	24025.96		崇明县国有资产管理委员会 32.51%（国有股）
	国有股	7809.7	32.51	上海银马实业公司 3.92%（非流通股）
	发起股	2737.15	11.39	上海吴桥旅游用品公司 1.59%（非流通股）
	外资股			申银万国证券股份有限公司 1.17%（非流通股）
	募集股			上海征信经济发展有限公司 0.63%（非流通股）
	流通A	13479.11	56.1	无锡军湖商行 0.63%（非流通股）
	流通B			佟以利 0.55%（流通A股）
	流通H			徐永峰 0.46%（流通A股）
股东户数	05年末	24733		上海崇明轮船公司综合经营部 0.42%（非流通股）
	04年末	22850		上海物资贸易中心股份有限公司 0.38%（非流通股）

其他流通股东：朱宁妹 0.353%；董贵民 0.231%；关德昌 0.211%；王笑 0.198%；潘金珠 0.18%；蒋玉祥 0.173%；梁安华 0.162%

近年分配	05预案:10送1；04年:10送1转增1；03年:10送1转增1	近年募资	

二〇〇五年以来市场表现

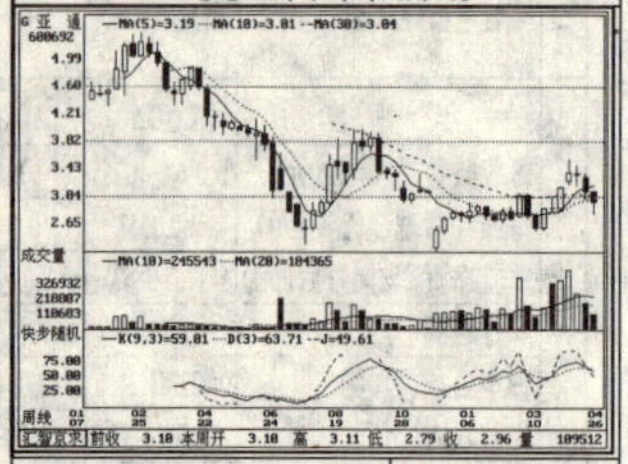

2005年涨跌幅(%)	-2.54
2005年最高(元)	5.38
2006年涨跌幅(%)	6.86
2006.4.26收盘(元)	2.96
2006年最高(元)	3.56
2006年最低(元)	2.54
2006年换手率(%)	236.29
股改对价	送股 每10股实际获得3.4股(05/12/07)

东百集团（600693）

上市日期:93/11/22　　电话:0591－7531724　　传真:0591－7531804

主营	百货零售、批发

	年　　度	2005	2004	2003
主要指标	每股收益/扣除后(元)	0.238/0.254	0.22	0.195/0.187
	每股经营现金流量(元)	-0.215	0.319	0.729
	每股净资产/调整后(元)	2.85/1.07	3.01/1.39	2.78/1.53
	未分利润(万元)	4050.75	2842.82	732.99
	资本公积(万元)	17205.49	17191.45	17191.51
利润构成	主营收入(万元)	65307.67	51871.78	47611.37
	主营利润(万元)	10479.1	8819.44	8216.56
	营业利润(万元)	4555.12	4464.94	3668.48
	投资收益(万元)	-28.59	-55.2	-280.42
	利润总额(万元)	4368.79	4263.41	3406.61
	净利润(万元)	3146.21	2901.75	2573.97

点评：2005年公司在做好东方百货国际一线品牌招商的同时，公司对东百商场进行了布局调整和改建装修。报告期公司主营收入和主营利润均取得了较大幅度的增长，但毛利率下降等原因导致公司利润总额没有增长。

股本结构(万股)	截止日期	05年末	占%	主要股东及持股比例%、持股性质
	总股本	13200.87		福州市财政局 39.37%（国有股）
	国有股	5197.19	39.37	深圳市恩情实业有限公司 2.21%（流通A股）
	发起股	773.58	5.86	深圳慧维时装有限公司 1.96%（流通A股）
	外资股			深圳市博睿财智控股有限公司 1.74%（流通A股）
	募集股			长盛成长价值证券投资基金 1.14%（流通A股）
	流通A	7230.1	54.77	北京翔智医药科技开发有限公司 0.44%（流通A股）
	流通B			哈尔滨均信投资担保有限公司 0.37%（流通A股）
	流通H			黑德昆 0.34%（流通A股）
股东户数	05年末	19767		王雪梅 0.3%（流通A股）
	04年末	21160		福州华昌制衣有限公司 0.27%（非流通股）

其他流通股东：广州恒康置业有限公司 0.242%；冯蓓 0.21%

近年分配	04年:10派1	近年募资	

二〇〇五年以来市场表现

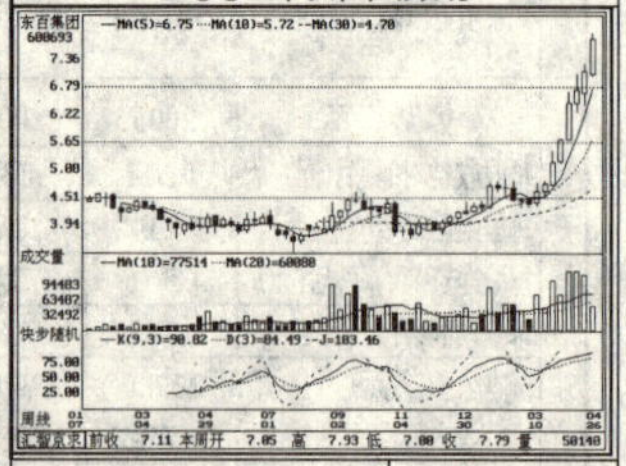

2005年涨跌幅(%)	-3.36
2005年最高(元)	4.7
2006年涨跌幅(%)	85.04
2006.4.26收盘(元)	7.79
2006年最高(元)	7.93
2006年最低(元)	4.2
2006年换手率(%)	147.06
股改对价	

大商股份（600694）

上市日期:93/11/22　电话:0411－3643215　传真:0411－3630358

主营	商品零售			
主要指标	年　度	2005	2004	2003
	每股收益/扣除后(元)	0.831/0.86	0.528	0.31/0.34
	每股经营现金流量(元)	2.72	1.78	0.71
	每股净资产/调整后(元)	8.07/7.95	6.7/6.49	5.09/4.99
	未分利润(万元)	43062.01	27058.29	16523.55
	资本公积(万元)	145118.49	110440.37	76997.87
利润构成	主营收入(万元)	857656.6	635445.18	513842.47
	主营利润(万元)	128808.12	95605.26	71057.27
	营业利润(万元)	41804.08	22817.99	17697.19
	投资收益(万元)	－838.3	45.01	－147.91
	利润总额(万元)	39815.32	22387.49	15266.03
	净利润(万元)	24395.01	14097.84	8364.89
点评	公司在巩固东北市场的同时向华北、华东市场推进，推动了主营收入较快增长。在激烈竞争的市场环境下，公司依托现行优势将毛利率维持在一定水平上，而营业费用和财务费用的节约等因素则实现了净利润增幅大大高于主营收入增幅的局面。			

股本结构（万股）	截止日期	05年末	占%	主要股东及持股比例%、持股性质
	总股本	29371.87		大连大商国际有限公司 29.5%（国有股）
	国有股	2277.88	7.76	大连市人民政府国有资产监督管理委员会 7.75%（国有股）
	发起股	8664.7	29.5	泰和证券投资基金 3.36%（流通A股）
	外资股			丰和价值证券投资基金 3.34%（流通A股）
	募集股	1250.43	4.26	中国银行－华夏回报证券投资基金 1.92%（流通A股）
	流通A	17178.85	58.49	中国银行－湘财荷银行业精选证券投资基金 1.77%（流通A股）
	流通B			招商银行股份有限公司－中信经典配置证券投资基金 1.7%（流通A股）
	流通H			中国银行－易方达策略成长证券投资基金 1.69%（流通A股）
股东户数	05年末	12721		久嘉证券投资基金 1.67%（流通A股）
	04年末	28115		全国社保基金一零九组合 1.53%（流通A股）
其他流通股东	中国工商银行－同益证券投资基金 1.46%；中国农业银行－长盛动态精选证券投资基金 1.284%			
近年分配	05预案:10派3；04年:10派1转增1；03年:10派1	近年募资		

二〇〇五年以来市场表现

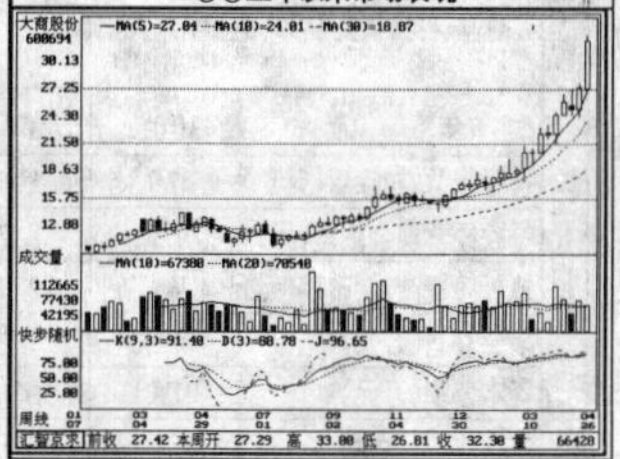

2005年涨跌幅(%)	79.34
2005年最高(元)	19.35
2006年涨跌幅(%)	87.36
2006.4.26收盘(元)	32.3
2006年最高(元)	33
2006年最低(元)	16.41
2006年换手率(%)	65.48
股改对价	

＊ST大江（600695/900919）

上市日期:A: 93/11/22 B: 93/12/15　电话:021－34225027　传真:021－34225056

主营	生产和销售家畜、家禽、水产的饲料及其添加剂；商品代种鸡和肉鸡的苗鸡，鸡肉加工产品等。			
主要指标	年　度	2005	2004	2003
	每股收益/扣除后(元)	－0.316/－0.35	－0.319	0.052/－0.2
	每股经营现金流量(元)	－0.01	－0.08	0.15
	每股净资产/调整后(元)	0.25/0.17	0.57/0.5	0.87/0.79
	未分利润(万元)	－81339.48	－59941.51	－38310.07
	资本公积(万元)	22946.94	22946.94	22946.94
利润构成	主营收入(万元)	75471.76	108057.85	116724.81
	主营利润(万元)	2452.63	2072.43	4270.56
	营业利润(万元)	－17605.6	－23546.44	－13613.48
	投资收益(万元)	874.89	－661.28	3592.56
	利润总额(万元)	－22394.84	－23419.91	3367.48
	净利润(万元)	－21370.06	－21607.87	3518.11
点评	公司仍处在转型期，公司主业将从肉鸡养殖为主逐步向食品加工和房地产开发转型。2006年将完成1000亩左右的商业和工业土地变性工作，形成工业地产战略，提升资产质量；同时，积极参与市政府食品安全和放心食品的建设项目。			

股本结构（万股）	截止日期	05年末	占%	主要股东及持股比例%、持股性质
	总股本	67630.57		上海市松江县饲料公司 25.43%（国有股）
	国有股	28667.28	42.39	上海市松江县畜禽公司 16.96%（国有股）
	发起股			上海松林工贸有限公司 0.47%（非流通股）
	外资股			沈安鑫 0.39%（流通B股）
	募集股	1716	2.54	刘岩 0.29%（流通B股）
	流通A	2574	3.81	徐琴英 0.27%（流通B股）
	流通B	34673.28	51.27	郝峰 0.25%（流通B股）
	流通H			周东全 0.21%（流通B股）
股东户数	05年末	50119		史昕 0.2%（流通B股）
	04年末	52759		周健 0.16%（流通B股）
其他流通股东	TAI FOOK NOMINEES COMPANY LIMITED 0.148%；江仕亮 0.144%；苗起民 0.139%			
近年分配		近年募资		

二〇〇五年以来市场表现

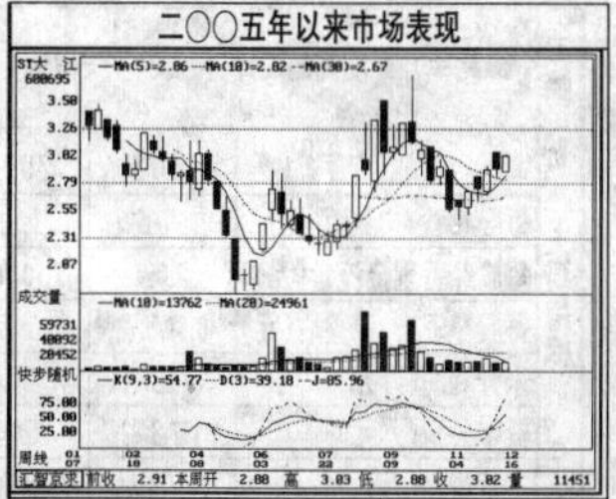

2005年涨跌幅(%)	－11.44
2005年最高(元)	3.74
2006年涨跌幅(%)	
2006.4.26收盘(元)	3.02
2006年最高(元)	
2006年最低(元)	
2006年换手率(%)	
股改对价	送股 每10股实际获得3股

利嘉股份（600696）

上市日期:93/12/06　电话:021－56715833　传真:021－56716233

主营	房地产综合开发经营、商品房销售、出租及相应的物业管理、生产与经营建材产品及新型建筑材料等。			
主要指标	年　度	2005	2004	2003
	每股收益/扣除后(元)	0.012/－0.015	0.018/0.018	0.082/0.084
	每股经营现金流量(元)	0.24	0.22	0.29
	每股净资产/调整后(元)	1.26/1.25	1.24/1.24	1.23/1.22
	未分利润(万元)	4302.41	3912.58	3413.9
	资本公积(万元)	3044.27	2902.27	2902.27
利润构成	主营收入(万元)	12298.2	33809.25	22446.34
	主营利润(万元)	4142.76	7328.02	9334.7
	营业利润(万元)	740.91	1323.16	4597.12
	投资收益(万元)	－55.36	－119.17	－100.03
	利润总额(万元)	631.31	1203.99	4412.19
	净利润(万元)	422.9	605.61	2788.42
点评	由于福州地区房产项目收入下降，加之北京地区参建房产项目销售完毕，没有新增收入，导致05年收入利润大幅下降。公司与母公司竞得的上海多伦路地块、福州在建的兆祥苑项目和南昌的居住主体公园等项目是公司未来利润增长点。			

股本结构（万股）	截止日期	05年末	占%	主要股东及持股比例%、持股性质
	总股本	34056.56		豪盛(香港)有限公司 43.17%（外资股）
	国有股			泉州市区经济发展公司 10.88%（非流通股）
	发起股	7700.72	22.61	福建太德投资有限公司 4.27%（非流通股）
	外资股	14701.06	43.17	泉州市经济开发公司 3.91%（非流通股）
	募集股			福建投资开发总公司 2.48%（非流通股）
	流通A	11654.77	34.22	中国农业银行福建省分行 0.64%（非流通股）
	流通B			刘颖 0.47%（流通A股）
	流通H			宏源证券股份有限公司 0.43%（非流通股）
股东户数	05年末	28524		福州美信贸易有限公司 0.36%（流通A股）
	04年末	27744		吴秀娟 0.21%（流通A股）
其他流通股东	四川大西洋焊接材料股份有限公司 0.188%；邹云 0.182%；叶祥广 0.177%；韩继光 0.164%；桑庆 0.147%			
近年分配	03中期:10转增3	近年募资		

二〇〇五年以来市场表现

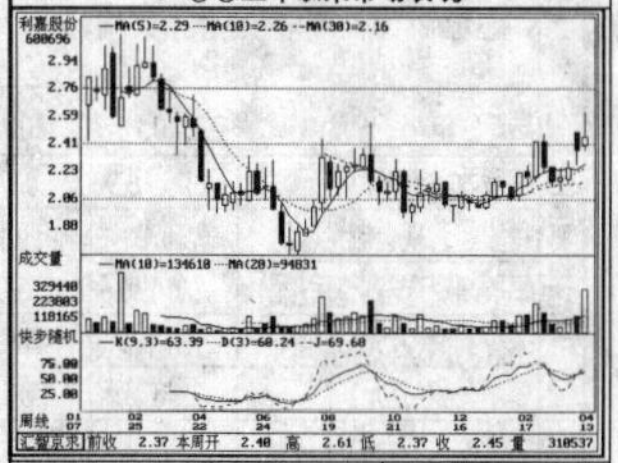

2005年涨跌幅(%)	－31.97
2005年最高(元)	3.12
2006年涨跌幅(%)	22.5
2006.4.26收盘(元)	2.45
2006年最高(元)	2.61
2006年最低(元)	1.99
2006年换手率(%)	135.93
股改对价	送股 每10股实际获得2.7股

欧亚集团(600697)

上市日期:93/12/06　　电话:0431－5620053　　传真:0431－5666517

主营	商业、科技咨询服务、工业生产及销售。			
	年　度	2005	2004	2003
主要指标	每股收益/扣除后(元)	0.347/0.345	0.283/0.279	0.261/0.263
	每股经营现金流量(元)	1.58	0.676	0.624
	每股净资产/调整后(元)	4.36/4.36	4.21/4.21	4.13/4.11
	未分利润(万元)	4798.49	5115.57	4736.86
	资本公积(万元)	31738.17	31774.77	31811.36
利润构成	主营收入(万元)	122872.08	86787.13	69541.04
	主营利润(万元)	20313.94	15238.34	6478.13
	营业利润(万元)	6673.62	5735.89	5223.72
	投资收益(万元)	0.09	0.22	0.08
	利润总额(万元)	6707.87	5826.9	5153.26
	净利润(万元)	4936.56	4028.65	3711.95
点评	报告期内公司不断发挥规模优势、品牌优势,销售覆盖面不断扩大,市场占有率不断提高,主营收入和净利润均实现了较大幅度增长。公司存货周转率、流动比率、速动比率等指标同比均有改善,经营活动产生的现金流量净额也同比增长一倍以上。			

	截止日期	05年末	占%	主要股东及持股比例%、持股性质
股本结构(万股)	总股本	14221.09		长春市汽车城商业总公司 30.29%(国有股)
	国有股	4307.24	30.29	长春市朝阳区双欧机械制造有限公司 2.32%(非流通股)
	发起股	1475.25	10.37	兴和证券投资基金 2.25%(流通A股)
	外资股			长春汽车城房地产开发有限公司 1.75%(流通A股)
	募集股			长春市兴业百货贸易公司 1.74%(非流通股)
	流通A	8438.6	59.34	中国银行－兴安证券投资基金 1.57%(流通A股)
	流通B			万科企业股份有限公司 1.55%(非流通股)
	流通H			中国银行－华夏大盘精选证券投资基金 1.29%(流通A股)
股东户数	05年末	27892		沈阳市万众企业股份有限公司 1.16%(非流通股)
	04年末	32787		中国银行－华夏回报证券投资基金 0.99%(流通A股)
其他流通股东	中国工商银行－广发聚富开放式证券投资基金 0.96%;长春天权信息咨询有限责任公司 0.773%			
近年分配	05预案:10派3;04年:10派2;03年:10派2		近年募资	03年10配3配股价6.6元。

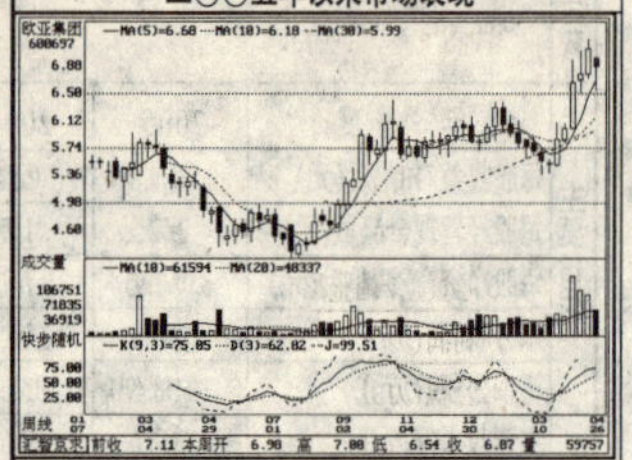

二○○五年以来市场表现	
2005年涨跌幅(%)	8.45
2005年最高(元)	6.6
2006年涨跌幅(%)	17.84
2006.4.26收盘(元)	6.87
2006年最高(元)	7.26
2006年最低(元)	5.37
2006年换手率(%)	103.07
股改对价	

ST轻骑(600698/900946)

上市日期:A:93/12/06 B:97/06/17　　电话:0531－6461196　　传真:0531－6960676

主营	摩托车及零配件的设计、开发、生产、销售			
	年　度	2005	2004	2003
主要指标	每股收益/扣除后(元)	0.005	0.011	0.02/－0.08
	每股经营现金流量(元)	0.069	0.76	0.07
	每股净资产/调整后(元)	0.38/0.38	0.38/0.38	0.37/0.37
	未分利润(万元)	－77637.18	－78164.87	－185572.94
	资本公积(万元)	17248.83	17242.83	123619.67
利润构成	主营收入(万元)	147484.91	116971.26	98306.32
	主营利润(万元)	10022.39	8841.62	7547.92
	营业利润(万元)	－175.3	521.38	－217.74
	投资收益(万元)	1.09	－22.46	147.44
	利润总额(万元)	－53.87	585.97	1044.48
	净利润(万元)	527.69	1027.84	1743.09
点评	公司的经营范围是:摩托车及零配件的设计、开发、生产、销售;摩托车技术咨询、服务、引进、转让;许可范围内的自营进出口业务等。报告期内,公司在摩托车行业正常经营,主营业务继续呈现改善趋势。			

	截止日期	05年末	占%	主要股东及持股比例%、持股性质
股本结构(万股)	总股本	97181.74		济南市国有资产管理局 40.902%(国有股)
	国有股	39748.8	40.9	济南金骑成功商务有限公司 1.64%(非流通股)
	发起股			HKSBCSB A/C HSBC SHANGHAI S/A MORGAN STANLEY @ CO. INTERNATION 0.22%(流通B股)
	外资股			孙俊玉 0.15%(流通B股)
	募集股	3761.94	3.87	林东敏 0.15%(流通B股)
	流通A	30671	31.56	王树权 0.1%(流通A股)
	流通B	23000	23.67	安徽省信托投资公司 0.09%(流通B股)
	流通H			马海伶 0.09%(流通A股)
股东户数	05年末	220269		严桂祥 0.09%(流通B股)
	04年末	235589		刘明 0.09%(流通B股)
其他流通股东	HKSBCSB A/C HSBC SHANGHAI S/A MORGAN STANLEY @ CO. INTERNATION 0.216%;NAITO SECURITIES CO. LTD. 0.084%			
近年分配			近年募资	

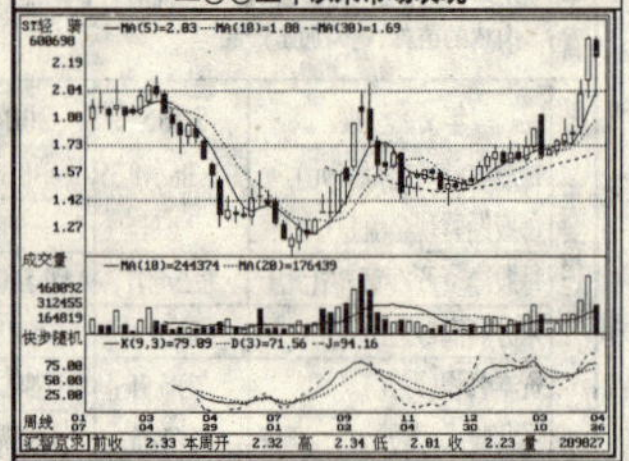

二○○五年以来市场表现	
2005年涨跌幅(%)	－16.85
2005年最高(元)	2.12
2006年涨跌幅(%)	45.75
2006.4.26收盘(元)	2.23
2006年最高(元)	2.35
2006年最低(元)	1.53
2006年换手率(%)	104.44
股改对价	

辽源得亨(600699)

上市日期:93/12/06　　电话:0437－3512077　　传真:0437－3512077

主营	化纤产品、药品的生产、经营,餐饮、酒店服务等。			
	年　度	2005	2004	2003
主要指标	每股收益/扣除后(元)	－0.376/－0.383	0.071	0.066/0.02
	每股经营现金流量(元)	－0.43	0.3	－0.03
	每股净资产/调整后(元)	2.05/1.96	2.43/2.33	2.41/2.26
	未分利润(万元)	313.66	7366.21	7212.27
	资本公积(万元)	15885.28	15885.28	15880.23
利润构成	主营收入(万元)	27877.83	44308.52	37849.56
	主营利润(万元)	912.67	11997.64	9883.39
	营业利润(万元)	－6459.15	3375.89	1078.33
	投资收益(万元)	－393.3	－345.74	－56.44
	利润总额(万元)	－6418.36	3598.16	2030.26
	净利润(万元)	－6985.38	1322.66	1209.17
点评	受欧美相继对中国纺织品出口设限的影响,国内纺织品产量剧减。公司的涤纶、氨纶产品市场需求也随之大量减少,开机率不足50%。2005年公司主要产品产量及毛利率的下降使公司2005年出现亏损。			

	截止日期	05年末	占%	主要股东及持股比例%、持股性质
股本结构(万股)	总股本	18572.37		辽源市财政局 27.98%(国有股)
	国有股	5197.1	27.98	东莞市君通科技投资有限公司 8.43%(非流通股)
	发起股	1491.47	8.03	广州市富盈科技投资有限公司 8.03%(非流通股)
	外资股			吉林省信托投资有限责任公司 2.12%(国有股)
	募集股	2437.86	13.13	深圳市建艺实业股份有限公司 1.07%(非流通股)
	流通A	9445.95	50.86	刘光明 0.39%(流通A股)
	流通B			常州喷丝板厂 0.38%(非流通股)
	流通H			上海申精制冷空调技术有限公司 0.23%(非流通股)
股东户数	05年末	41839		俞琳 0.15%(流通A股)
	04年末	45803		锡山市申达不锈钢装饰材料有限公司 0.14%(非流通股)
其他流通股东	杨仕瑞 0.102%;丛丽敏 0.101%;叶忠祥 0.1%;傅燕军 0.097%;陈钦源 0.093%;陈丽冰 0.093%;钱颖青 0.087%			
近年分配	03年:10派0.165送0.16		近年募资	

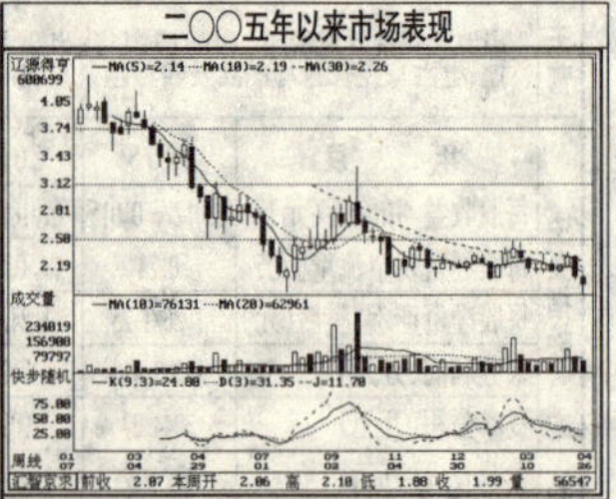

二○○五年以来市场表现	
2005年涨跌幅(%)	－44.22
2005年最高(元)	4.36
2006年涨跌幅(%)	－8.3
2006.4.26收盘(元)	1.99
2006年最高(元)	2.49
2006年最低(元)	1.88
2006年换手率(%)	117.95
股改对价	

工大高新（600701）

上市日期:96/05/28　　电话:0451－6219247　　传真:0451－6253555

主营	生物及食品工程、技术成果咨询与转让、房地产开发、教育培训、机械加工等。			
主要指标	年　　度	2005	2004	2003
	每股收益/扣除后(元)	0.047/0.037	0.056	0.058/0.06
	每股经营现金流量(元)	0.39	－0.24	0.62
	每股净资产/调整后(元)	2.7/2.66	2.65/2.63	2.6/2.57
	未分利润(万元)	15031.49	13847.03	12390.85
	资本公积(万元)	31878.71	31878.7	31873.39
利润构成	主营收入(万元)	50818.76	47454.08	38636.04
	主营利润(万元)	9425.09	9347.65	8893.67
	营业利润(万元)	2118.22	1969.3	2003.13
	投资收益(万元)	15.01	－13.57	－26.09
	利润总额(万元)	2134.83	1946.51	1920.67
	净利润(万元)	1531.38	1812.33	1865.9
点评	公司05年实现净利润1531万元，比去年同期减少15.50%，主要系本期子公司松花江乳业有限责任公司亏损比上年增加所致。公司产业分散，核心竞争力薄弱，在一定程度上为企业的管理、市场开拓和营销系统的整合以及资源的合理优化配置带来影响。			

	截止日期	05年末	占%	主要股东及持股比例%、持股性质
股本结构（万股）	总股本	32409.1		哈尔滨工业大学高新技术开发总公司 34.99%（国有股）
	国有股	11340	34.99	上海程达投资发展有限公司 8.89%（非流通股）
	发起股	3600	11.11	上海福成商贸有限公司 2.22%（非流通股）
	外资股			沈阳国际信托投资公司 0.19%（流通A股）
	募集股			孙学明 0.1%（流通A股）
	流通A	17469.1	53.9	王庆珍 0.09%（流通A股）
	流通B			王世祥 0.09%（流通A股）
	流通H			张子文 0.08%（流通A股）
股东户数	05年末	106042		王培香 0.06%（流通A股）
	04年末	112063		苏伟光 0.06%（流通A股）
其他流通股东	潘锦芳 0.058%；关海明 0.053%；徐伟亚 0.05%			
近年分配			近年募资	

二〇〇五年以来市场表现

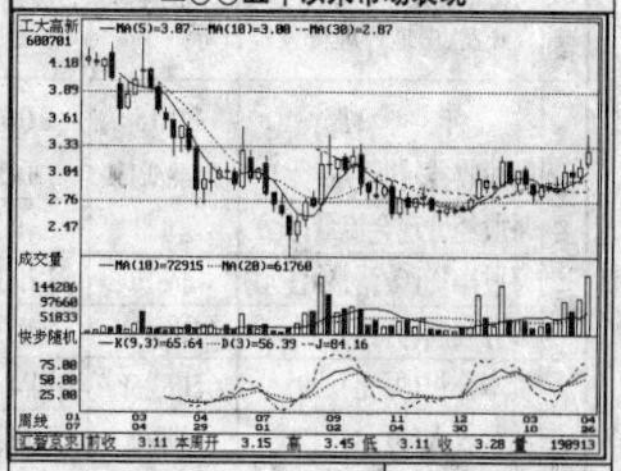

2005年涨跌幅(%)	－36.58
2005年最高(元)	4.46
2006年涨跌幅(%)	22.85
2006.4.26收盘(元)	3.28
2006年最高(元)	3.45
2006年最低(元)	2.65
2006年换手率(%)	66.93
股改对价	

G沱牌（600702）

上市日期:96/05/24　　电话:0825－6618268　　传真:0825－6618269

主营	生产销售中国名酒沱牌曲酒及系列产品			
主要指标	年　　度	2005	2004	2003
	每股收益/扣除后(元)	0.044/0.027	0.041	0.036/0.003
	每股经营现金流量(元)	0.35	0.21	0.12
	每股净资产/调整后(元)	4.89/4.82	4.84/4.82	4.79/4.78
	未分利润(万元)	34165.34	32991.19	31889.84
	资本公积(万元)	79760.2	79651.5	79361.62
利润构成	主营收入(万元)	81396.69	80352.87	74580.22
	主营利润(万元)	15488.47	15667.68	15180.1
	营业利润(万元)	2448.1	1456.33	1278.65
	投资收益(万元)	－123.33	－13.72	－122.14
	利润总额(万元)	2319.28	2129.79	2125.35
	净利润(万元)	1467.69	1376.7	1204.53
点评	2005年，公司在高档“舍得”酒销量有所增加的情况下，仅取得收入与利润的小幅增长。2006年，公司的“舍得”酒在市场上经营成功与否是其经营业绩上台阶的关键，目前还没有确立乐观的产销形势。			

	截止日期	05年末	占%	主要股东及持股比例%、持股性质
股本结构（万股）	总股本	33730		四川沱牌集团有限公司 45.98%（非流通股）
	国有股	15508.14	45.98	四川省射洪广厦房地产开发公司 5.04%（非流通股）
	发起股	1000	2.96	四川省射洪顺发贸易公司 1.72%（非流通股）
	外资股			射洪县融达房地产实业综合开发公司 1.19%（非流通股）
	募集股	2360	7	遂宁金宁商贸有限公司 0.89%（非流通股）
	流通A	14861.86	44.06	中国工商银行成都市总府支行 0.89%（非流通股）
	流通B			王晏 0.23%（流通A股）
	流通H			谢宇 0.18%（流通A股）
股东户数	05年末	60640		胡红玉 0.16%（流通A股）
	04年末	64000		射洪县金穗物业管理有限责任公司 0.15%（非流通股）
其他流通股东	谷安谋 0.115%；杨力壮 0.094%；张华培 0.089%；郝建柱 0.083%；王凝萤 0.082%；唐群华 0.082%；王积贵 0.078%			
近年分配	05预案:10派0.2		近年募资	

二〇〇五年以来市场表现

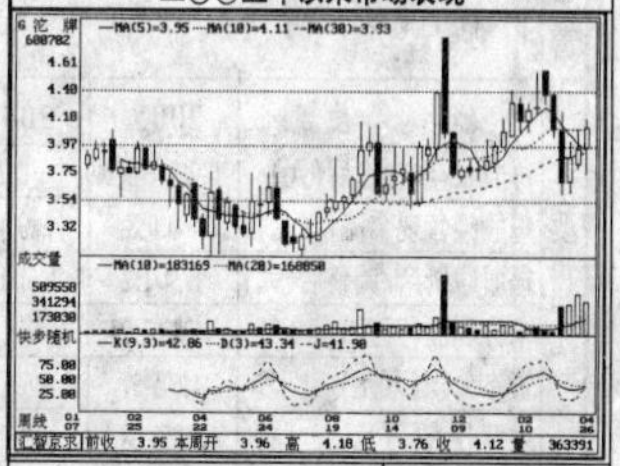

2005年涨跌幅(%)	－0.26
2005年最高(元)	4.83
2006年涨跌幅(%)	48.75
2006.4.26收盘(元)	4.12
2006年最高(元)	5.89
2006年最低(元)	3.77
2006年换手率(%)	105.83
股改对价	以资抵债 送股 每10股实际获得3.9股(06/04/06)

天颐科技（600703）

上市日期:96/05/28　　电话:0716－8328443　　传真:0716－8328443

主营	农副产品加工与销售、油脂化工、精细化工产品的生产、销售(不含化学危险品)。			
主要指标	年　　度	2005	2004	2003
	每股收益/扣除后(元)	－1.34/－1.36	－0.62/－0.59	0.27/0.16
	每股经营现金流量(元)	－0.38	0.78	0.056
	每股净资产/调整后(元)	－2.03/－2.02	－0.82/－0.79	1.87/1.85
	未分利润(万元)	－43887.09	－27923.03	3896.2
	资本公积(万元)	6957.3	5502	5091.06
利润构成	主营收入(万元)	4730.52	20423.76	61465.03
	主营利润(万元)	－978.29	－48.73	7157.48
	营业利润(万元)	－11286.6	－7460.1	1800.56
	投资收益(万元)	141	171	111.86
	利润总额(万元)	－16032.15	－7332.07	3126.63
	净利润(万元)	－15964.06	－7230.48	3239.13
点评	公司主营农副产品的加工与销售，油脂化工等。报告期内主营收入和利润出现较大幅度下降，主要原因是公司主导产品的市场价格持续走低，而公司流动资金严重短缺，原材料采购同比下降较多，生产加工量较少所致。			

	截止日期	05年末	占%	主要股东及持股比例%、持股性质
股本结构（万股）	总股本	11951.65		湖北天发实业集团有限公司 45.43%（国有股）
	国有股	5429.7	45.43	信达投资有限公司 2.39%（非流通股）
	发起股			中国工商银行荆州市分行荆沙办事处 1.09%（非流通股）
	外资股			湖北京山轻工机械股份有限公司 0.57%（非流通股）
	募集股	660.4	5.53	天泽投资有限公司 0.52%（非流通股）
	流通A	5861.55	49.04	柳桂荣 0.25%（流通A股）
	流通B			邹贤友 0.23%（流通A股）
	流通H			湖北省轻工实业开发公司 0.22%（非流通股）
股东户数	05年末	21279		湖北省盐业总公司 0.22%（非流通股）
	04年末	24750		王学法 0.22%（流通A股）
其他流通股东	刘宏祥 0.177%；陈华林 0.166%；北京同大盛业投资有限公司 0.164%；贾国强 0.162%；金向东 0.159%			
近年分配			近年募资	

二〇〇五年以来市场表现

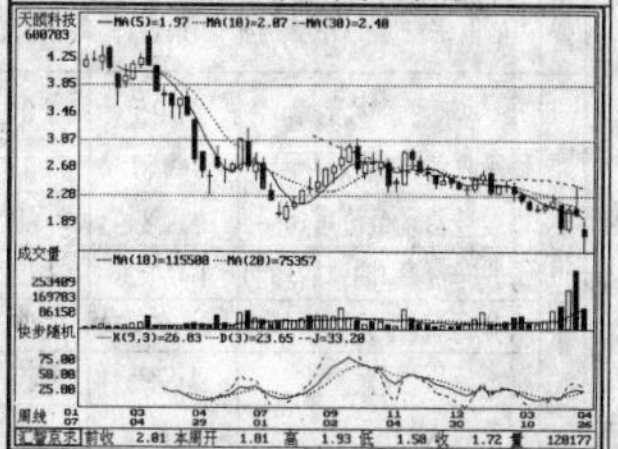

2005年涨跌幅(%)	－42.13
2005年最高(元)	4.64
2006年涨跌幅(%)	－28.03
2006.4.26收盘(元)	1.72
2006年最高(元)	2.64
2006年最低(元)	1.5
2006年换手率(%)	244.92
股改对价	

G中大（600704）

上市日期:96/06/06　电话:0571－85777007　传真:0571－85777050

主营	各类服装、纺织品、食品、茶叶等进出口贸易，以及实业投资开发、房地产业开发经营等。

	年　度	2005	2004	2003
主要指标	每股收益/扣除后(元)	0.148/0.134	0.139	0.169/0.153
	每股经营现金流量(元)	-0.81	-0.38	0.49
	每股净资产/调整后(元)	3/2.86	3.71/3.54	3.98/3.77
	未分利润(万元)	10134.53	5332.81	12530.83
	资本公积(万元)	51583.51	60241.82	60053.87
利润构成	主营收入(万元)	418880	330993.56	280098.62
	主营利润(万元)	38572.76	23854.16	25532.56
	营业利润(万元)	15813.71	3238	6259.56
	投资收益(万元)	1104.56	5458.13	279.42
	利润总额(万元)	16842.45	9183.14	8703.55
	净利润(万元)	5532.79	4011.31	4870.68

点评：外贸业务经受住了配额分配和汇率制度改革、欧美国家对我国纺织品出口"设限"等的压力，累计完成出口同比增长28%，房地产业务在无锡等地进展有序，开工面积28万方，竣工面积32万方。这些都推动了公司收入和利润的大幅增长。

股本结构(万股)	截止日期	05年末	占%	主要股东及持股比例%、持股性质
	总股本	37475.21		浙江中大集团控股有限公司 34.94%（国有股）
	国有股	13095.48	34.94	浙江省财务开发公司 6.37%（非流通股）
	发起股	1813.5	4.84	中国纺织品进出口总公司 5.23%（非流通股）
	外资股			浙江东方集团控股有限公司 2.24%（非流通股）
	募集股	5876.33	15.68	中国东方资产管理公司 1.25%（非流通股）
	流通A	16689.9	44.54	金华市华银实业公司 0.94%（非流通股）
	流通B			奉化市外贸发展有限公司 0.94%（非流通股）
	流通H			义乌市衬衫厂 0.62%（非流通股）
股东户数	05年末	54203		浙江盛力进出口有限公司 0.47%（非流通股）
	04年末	58240		浙江中大贸易公司 0.31%（非流通股）

其他流通股东：国泰君安证券股份有限公司 0.296%；李卓 0.27%；华维投资 0.203%；贺际英 0.169%

近年分配：05预案:10派1；04年:10转增3；03年:10派1　近年募资：

二〇〇五年以来市场表现

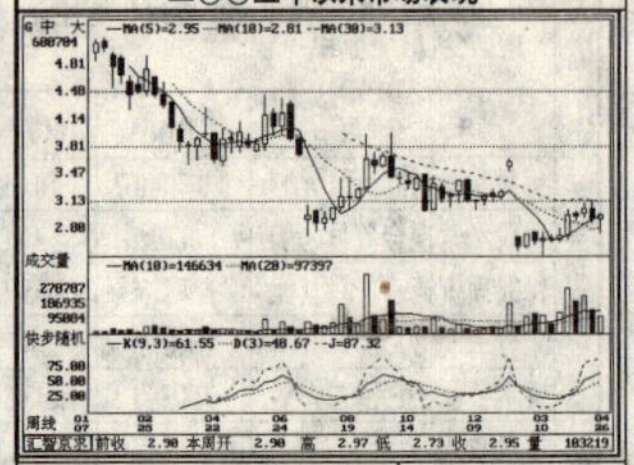

2005年涨跌幅(%)	-15.17
2005年最高(元)	5.16
2006年涨跌幅(%)	23.3
2006.4.26收盘(元)	2.95
2006年最高(元)	4.23
2006年最低(元)	3.32
2006年换手率(%)	78.18
股改对价	送股 每10股实际获得3.5股(06/02/17)

＊ST北亚（600705）

上市日期:96/05/16　电话:0451－53600764　传真:0451－53600770

主营	铁路客运、铁路货运、贸易业务等。

	年　度	2005	2004	2003
主要指标	每股收益/扣除后(元)	-0.269/-0.249	-0.265	0.087/0.008
	每股经营现金流量(元)	-0.058	-0.109	-0.198
	每股净资产/调整后(元)	1.34/1.2	1.61/1.55	2.81/2.79
	未分利润(万元)	-23302.97	3019.32	28950.08
	资本公积(万元)	44695.97	44695.97	77352.84
利润构成	主营收入(万元)	88053.38	212161.18	255499.56
	主营利润(万元)	8688.09	19114.2	28552.6
	营业利润(万元)	-29197.84	-17300.46	-2431.4
	投资收益(万元)	187.69	-10484.39	705.7
	利润总额(万元)	-31023.51	-27297.73	7785.28
	净利润(万元)	-26322.29	-25930.75	5674.36

点评：05年国际、国内原材料价格上涨，而国内市场由于竞争过于激烈不能有效地将上涨的价格向下游厂商转移，从而导致公司产品获利空间减小，毛利同比大幅度下降。

股本结构(万股)	截止日期	05年末	占%	主要股东及持股比例%、持股性质
	总股本	97970.62		哈尔滨铁路局 9.56%（非流通股）
	国有股			黑龙江虹通运输服务有限责任公司 5.59%（非流通股）
	发起股	16209.09	16.54	四川长虹电器股份有限公司 3.05%（部分流通部分不流通）
	外资股			海通证券股份有限公司 2.86%（非流通股）
	募集股	27924.25	28.5	黑龙江金融科技实验银行 2.08%（非流通股）
	流通A	53837.28	54.95	大庆石油管理局 2%（非流通股）
	流通B			上海美锦科技有限公司 1.54%（非流通股）
	流通H			黑龙江省大正投资集团有限责任公司 1.19%（非流通股）
股东户数	05年末	93319		中国石化大庆石油化工总厂 1.18%（非流通股）
	04年末	104368		交通银行哈尔滨分行 1.17%（非流通股）

其他流通股东：成都发达实业绵阳公司 0.593%；绵阳江海电子有限公司 0.49%；黄朝富 0.254%；朱思华 0.25%；周成梅 0.24%

近年分配：03年:10转增5　近年募资：

二〇〇五年以来市场表现

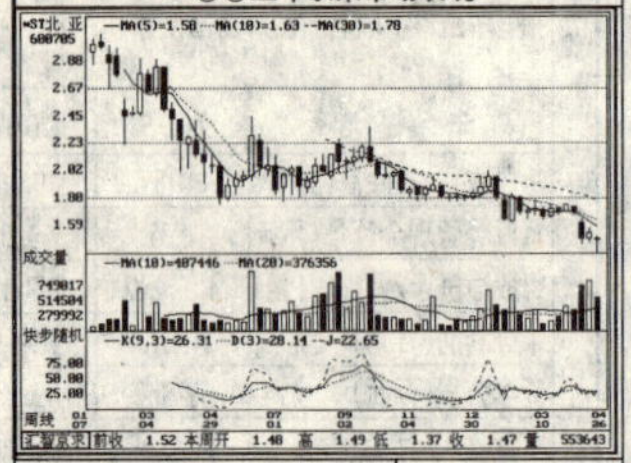

2005年涨跌幅(%)	-37.97
2005年最高(元)	3.1
2006年涨跌幅(%)	-19.67
2006.4.26收盘(元)	1.47
2006年最高(元)	2.01
2006年最低(元)	1.37
2006年换手率(%)	126.15
股改对价	

长安信息（600706）

上市日期:96/05/16　电话:029－2214266　传真:029－2233943

主营	计算机硬件、软件、系统、外部设备的开发、生产和销售；通信电子产品的开发、生产和销售；高科技信息咨询、服务业。

	年　度	2005	2004	2003
主要指标	每股收益/扣除后(元)	-0.89	0.07	0.35/0.1
	每股经营现金流量(元)	0.58	-0.59	-0.78
	每股净资产/调整后(元)	1.47/1.26	2.37/2.22	2.18/2.07
	未分利润(万元)	-6077.42	2103.55	3550.38
	资本公积(万元)	5457.35	5453.82	4451.92
利润构成	主营收入(万元)	27178.62	37393.3	30523.91
	主营利润(万元)	15865.79	23741.49	17746.06
	营业利润(万元)	-3596.92	5491.27	3560.33
	投资收益(万元)	-168.49	-630.39	937
	利润总额(万元)	-6784.31	4793.11	4436.62
	净利润(万元)	-7816.3	625.99	3059.66

点评：报告期内，公司主营业务收入同比减少，主要原因为子公司陕西天宝置业投资有限公司的收入减少，及公司去年末出售西安怡康医药连锁有限责任公司相应减少药品收入，净利润也同比有所下降，主要为陕西天宝置业投资有限公司的利润减少。

股本结构(万股)	截止日期	05年末	占%	主要股东及持股比例%、持股性质
	总股本	8733.34		西安万鼎实业(集团)有限公司 16.37%（非流通股）
	国有股	1404.97	16.09	陕西省投资集团(有限)公司(国家股东) 16.09%（国有股）
	发起股			陕西省裕华金属机电有限公司 4.6%（非流通股）
	外资股			陕西省国际信托投资股份有限公司 4.47%（非流通股）
	募集股	3578.37	40.97	建行陕西省信托投资公司 1.64%（非流通股）
	流通A	3750	42.94	航天总公司第四研究院 1.64%（非流通股）
	流通B			广州名盛投资有限公司 1.64%（非流通股）
	流通H			西安金龙城市信用社 1.64%（非流通股）
股东户数	05年末	15396		上海怡亚印刷实业有限公司 1.01%（非流通股）
	04年末	17701		北京通三益保健食品有限责任公司 0.98%（非流通股）

其他流通股东：北京浩鸿房地产开发有限公司 0.614%；李市玉 0.399%；辛连生 0.361%；北京日新经贸发展有限责任公司 0.36%

近年分配：　近年募资：

二〇〇五年以来市场表现

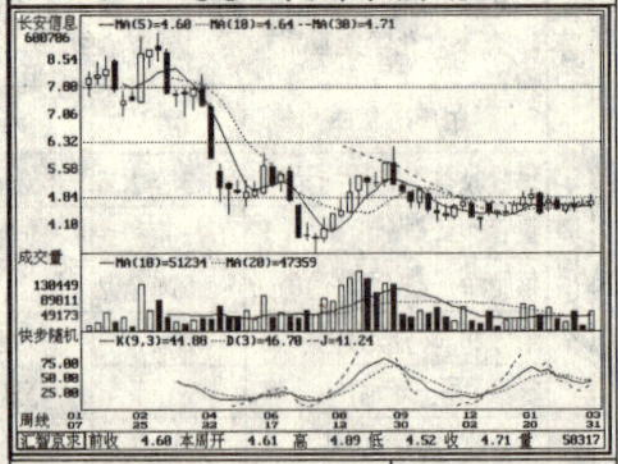

2005年涨跌幅(%)	-43.66
2005年最高(元)	9.28
2006年涨跌幅(%)	6.08
2006.4.26收盘(元)	4.71
2006年最高(元)	5.03
2006年最低(元)	4.35
2006年换手率(%)	136.62
股改对价	送股 每10股实际获得3股

彩虹股份（600707）

上市日期:96/05/20　　电话:0910－333310　　传真:029－88314617

主营	制造、销售彩色显像管			
	年　　度	2005	2004	2003
主要指标	每股收益/扣除后(元)	-1.31/-1.31	0.498	0.512/0.495
	每股经营现金流量(元)	0.404	0.712	0.935
	每股净资产/调整后(元)	3.26/3.26	4.87/4.86	4.47/4.47
	未分利润(万元)	8581.11	76372.28	58577.04
	资本公积(万元)	63970.19	63970.19	63970.19
利润构成	主营收入(万元)	211698.29	303113.1	305779.31
	主营利润(万元)	-1746.72	48190.96	50311.88
	营业利润(万元)	-29159.37	28945.84	29797.06
	投资收益(万元)	-16900.03	-1716.18	-1636.25
	利润总额(万元)	-56387.19	27223.5	28181.03
	净利润(万元)	-55156.7	20957.3	21545.76
点评	05年彩色显像管行业受电视机厂家产品结构调整的影响,需求有所减少,产品价格大幅度下降。公司彩管产销量均较上年有所减少,彩管销售收入同比下降三成以上,出现上市以来的首次亏损。预计,彩管行业在未来两年中仍将面临市场需求萎缩的不利局面。			

	截止日期	05年末	占%	主要股东及持股比例%、持股性质
股本结构（万股）	总股本	42114.88		彩虹集团电子股份有限公司 56.14%（国有股）
	国有股	23644	56.14	浙江兰申信息科技投资有限公司 1.71%（非流通股）
	发起股			西安雅轩商贸有限责任公司 1.42%（非流通股）
	外资股			深圳蛇口社会保险公司 0.85%（非流通股）
	募集股	4106.4	9.75	西安飞机工业(集团)有限责任公司 0.57%（非流通股）
	流通A	14364.48	34.11	乌鲁木齐市商业银行股份有限公司 0.57%（非流通股）
	流通B			中化国际石油公司 0.57%（非流通股）
	流通H			上海天迪科技投资发展有限公司 0.43%（非流通股）
股东户数	05年末	66727		陕西泰德实业有限公司 0.36%（非流通股）
	04年末	71833		西北大学印刷厂 0.28%（非流通股）
其他流通股东	中国工商银行－华安上证180指数增强型证券投资基金 0.137%;潘华凯 0.071%;徐春杰 0.07%;李奇人 0.061%			
近年分配	04年:10派3;03年:10派1		近年募资	

二〇〇五年以来市场表现

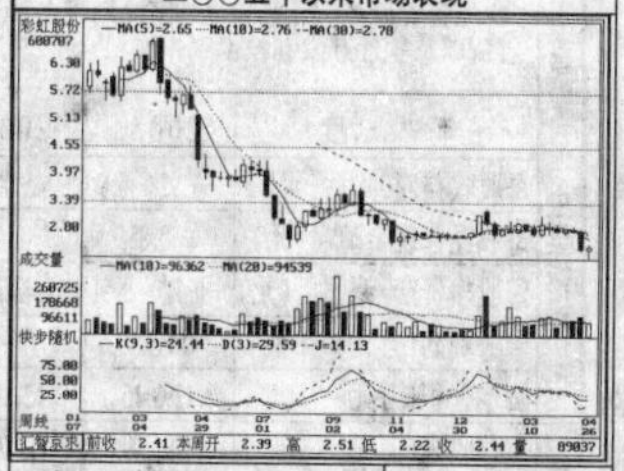

2005年涨跌幅(%)	-49.4
2005年最高(元)	6.88
2006年涨跌幅(%)	-8.27
2006.4.26收盘(元)	2.44
2006年最高(元)	3.25
2006年最低(元)	2.22
2006年换手率(%)	118.68
股改对价	

G海博（600708）

上市日期:96/06/06　　电话:021－61132700　　传真:021－62526043

主营	出租汽车服务业;工业品加工、批发、零售;制药。			
	年　　度	2005	2004	2003
主要指标	每股收益/扣除后(元)	0.401/0.161	0.362	0.422/0.351
	每股经营现金流量(元)	0.6289	1.098	0.8113
	每股净资产/调整后(元)	2.15/2.13	1.8/1.78	2.16/2.12
	未分利润(万元)	15787.3	8526.1	7364.11
	资本公积(万元)	5932	5944.53	10613.78
利润构成	主营收入(万元)	116563.42	80659.93	59091.83
	主营利润(万元)	32884.43	27304.26	21747.31
	营业利润(万元)	8954.51	12943.24	9996.42
	投资收益(万元)	175.47	2459.89	1494.05
	利润总额(万元)	19169.63	17393.35	13179.53
	净利润(万元)	14295.55	12912.14	10029.61
点评	出租车属于坐地收钱的业务,公司拥有三千多辆出租车牌照。由于钢材和成品油价格的上涨,导致不锈钢和出租车运营成本有所增加。公司在海港新城附近有一定土地储备,目前市场价对比成本已有一定升值。			

	截止日期	05年末	占%	主要股东及持股比例%、持股性质
股本结构（万股）	总股本	35690.23		上海农工商(集团)有限公司 34.96%（国有股）
	国有股	12477.34	34.96	中国长城资产管理公司 7.37%（非流通股）
	发起股	5678.01	15.91	宁波海运集团有限公司 2.06%（流通A股）
	外资股			中国银行－同盛证券投资基金 1.62%（流通A股）
	募集股			珠海申光 1.47%（非流通股）
	流通A	17534.88	49.13	中国农业银行－天同保本增值证券投资基金 0.77%（流通A股）
	流通B			上海广电电子股份有限公司 0.61%（非流通股）
	流通H			光大证券有限责任公司 0.49%（流通A股）
股东户数	05年末	25820		上海鹏信经贸发展有限公司 0.38%（流通A股）
	04年末	26598		上海闵行联合发展有限公司 0.37%（非流通股）
其他流通股东	长盛成长价值证券投资基金 0.3%;葛海霞 0.268%;上海石化大成非织造布厂 0.241%			
近年分配	05预案:10派1;04年:10派0.5;03年:10送3转增2		近年募资	

二〇〇五年以来市场表现

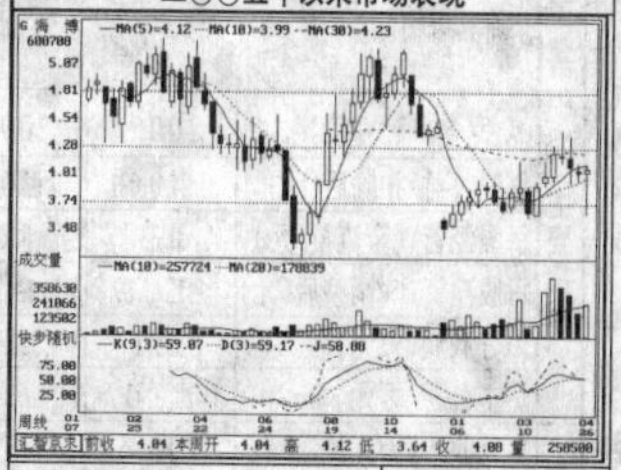

2005年涨跌幅(%)	3.42
2005年最高(元)	5.34
2006年涨跌幅(%)	12.09
2006.4.26收盘(元)	4.08
2006年最高(元)	4.44
2006年最低(元)	3.58
2006年换手率(%)	186.28
股改对价	送股 每10股实际获得3.5股(05/12/22)

G常林（600710）

上市日期:96/07/01　　电话:0519－6752853　　传真:0519－6750025

主营	主要从事轮式装载机、压路机、平地机等工程、林业、矿山、环保、采运机械设备的研制、生产、销售及维修。			
	年　　度	2005	2004	2003
主要指标	每股收益/扣除后(元)	0.018/0.007	0.093	0.505/0.46
	每股经营现金流量(元)	0.0024	0.0588	0.47
	每股净资产/调整后(元)	2.06/2.06	2.08/2.06	1.98/1.96
	未分利润(万元)	16967.98	17633.19	14873.99
	资本公积(万元)	11779.88	11777.49	11777.49
利润构成	主营收入(万元)	140788.65	158148.49	150250.52
	主营利润(万元)	13507.48	19034.09	20006.18
	营业利润(万元)	-900.47	2075.23	7686.92
	投资收益(万元)	2085.13	1673.87	11863.41
	利润总额(万元)	1064.74	3507.53	18223.83
	净利润(万元)	584.47	3070.31	16661.22
点评	2005年公司业绩下滑幅度较大,而出口增长强劲,成为一大亮点。公司2006将抓住“十一五”规划开局第一年的契机,调整销售结构,加快三大主导产品装载机、压路机、平地机的改进提高,加强对外投资管理,实现扭亏。			

	截止日期	05年末	占%	主要股东及持股比例%、持股性质
股本结构（万股）	总股本	33000		中国福马林业机械集团有限公司 54.91%（国有股）
	国有股	18120	54.91	向了艳 0.48%（流通A股）
	发起股			史翔 0.24%（流通A股）
	外资股			钱柏林 0.23%（流通A股）
	募集股			韩燕军 0.21%（流通A股）
	流通A	14880	45.09	高艳敏 0.19%（流通A股）
	流通B			裴林 0.19%（流通A股）
	流通H			范成 0.15%（流通A股）
股东户数	05年末	36959		黑龙江省中侨房地产综合开发公司 0.14%（流通A股）
	04年末	43554		沈伟伟 0.13%（流通A股）
其他流通股东	刘程武 0.126%			
近年分配	04年:10派0.35		近年募资	

二〇〇五年以来市场表现

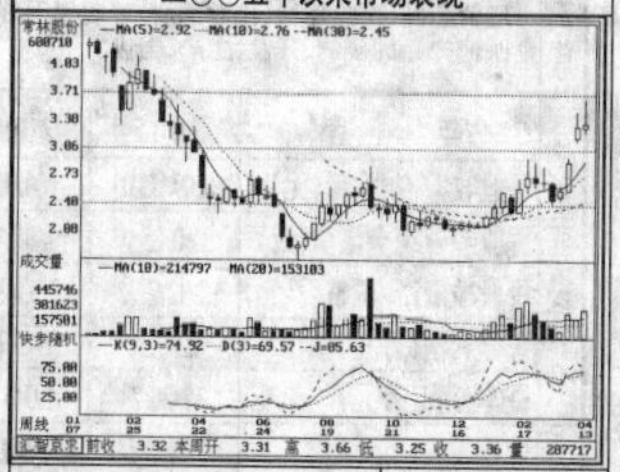

2005年涨跌幅(%)	-49.65
2005年最高(元)	4.36
2006年涨跌幅(%)	56.28
2006.4.26收盘(元)	3.36
2006年最高(元)	3.66
2006年最低(元)	2.14
2006年换手率(%)	177.05
股改对价	送股 每10股实际获得3.2股(06/05/09)

雄震集团（600711）

上市日期:96/05/31　　电话:0592－5891697　　传真:0592－5891699

主营	智能售卖设备、金融、通讯外围终端设备的研发、生产和销售,以及软件开发和技术服务等。

	年　度	2005	2004	2003
主要指标	每股收益/扣除后(元)	-1.92/-0.9	-0.2	0.32/0.26
	每股经营现金流量(元)	-0.85	-0.052	0.017
	每股净资产/调整后(元)	-0.51/-0.51	1.43/1.43	1.9/1.81
	未分利润(万元)	-10857.92	731.58	1764.46
	资本公积(万元)	1298.15	1298.15	1284.76
利润构成	主营收入(万元)	1791.99	11247.09	13320.34
	主营利润(万元)	888.23	4086.05	5416.08
	营业利润(万元)	-2991.07	-831.07	2228.87
	投资收益(万元)	-2608.15	-174.42	-377.12
	利润总额(万元)	-11727.55	-1110.92	2286.16
	净利润(万元)	-11589.51	-1225.39	1948.05

点评：公司软件业务由于西部地区信息化需求较大而有较大增长,变频板受空调热销驱动也有不小增幅。通过置出市场萎缩的售卖机业务,置入智能卡业务,公司主营实现稳健增长。

	截止日期	05年末	占%	主要股东及持股比例%、持股性质
股本结构（万股）	总股本	6036		深圳雄震集团有限公司 39.76%（非流通股）
	国有股	24	0.4	上海汇衡科技发展有限公司 27.79%（非流通股）
	发起股	4500	74.55	深圳市金尚美投资咨询有限公司 4.61%（非流通股）
	外资股			深圳秦年投资咨询有限公司 1.98%（非流通股）
	募集股			厦门宏华集团有限公司 0.4%（国有股）
	流通A	1512	25.05	王辉曾 0.39%（流通A股）
	流通B			浙江众鑫投资咨询有限公司 0.31%（非流通股）
	流通H			鲁剑锋 0.24%（流通A股）
股东户数	05年末	7941		黄容 0.2%（流通A股）
	04年末	8946		王辉曾 0%（流通A股）

其他流通股东：孔小凯 0.198%;彭永松 0.194%;刘文军 0.178%;梁春梅 0.133%;严承标 0.129%;郭卫先 0.118%;程杞兰 0.105%

近年分配	03年:10派0.5	近年募资	

二〇〇五年以来市场表现

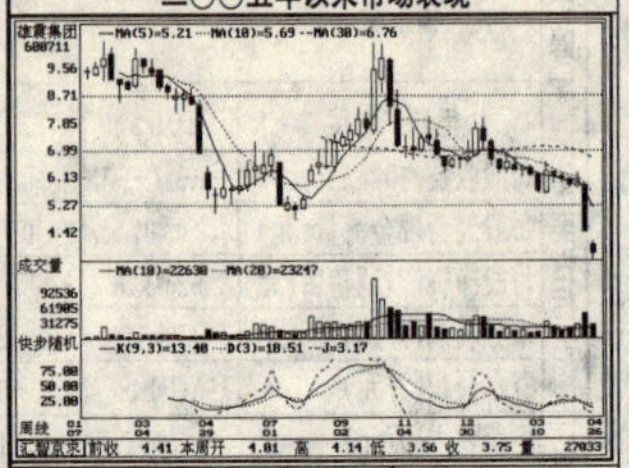

2005年涨跌幅(%)	-27.39
2005年最高(元)	10.42
2006年涨跌幅(%)	-44.53
2006.4.26收盘(元)	3.75
2006年最高(元)	7.98
2006年最低(元)	3.56
2006年换手率(%)	250.61
股改对价	

南宁百货（600712）

上市日期:96/06/26　　电话:0771－2828313　　传真:0771－2810261

主营	商品零售服务

	年　度	2005	2004	2003
主要指标	每股收益/扣除后(元)	0.04/0.081	0.03/0.021	-0.74/0.061
	每股经营现金流量(元)	0.33	0.78	-0.18
	每股净资产/调整后(元)	1.12/0.89	1.1/1	1.07/0.88
	未分利润(万元)	555.1	321.53	-10606.7
	资本公积(万元)	1080.41	1012.69	10705.45
利润构成	主营收入(万元)	92046.45	84172.96	66511.39
	主营利润(万元)	11940.75	10929.64	9794.44
	营业利润(万元)	1734.77	1936.64	-9079.72
	投资收益(万元)	-261	56.34	-5.62
	利润总额(万元)	946.03	843.98	-10046.66
	净利润(万元)	586.73	406.82	-10722.2

点评：2005年随着国美、大中、苏宁等家电巨头的进入,南宁本地商业竞争更加激烈,再加上公司人防工程施工及五象购物中心租金增加等原因,公司虽然主营收入略有增长,但营业利润反而同比下滑。净利润增长主要是本期无对外担保损失等因素所致。

	截止日期	05年末	占%	主要股东及持股比例%、持股性质
股本结构（万股）	总股本	14467.2		南宁沛宁资产经营有限责任公司 24.62%（国有股）
	国有股	3561.6	24.62	南宁市高新技术开发投资公司 18.49%（非流通股）
	发起股			南宁市自来水公司 11.23%（非流通股）
	外资股			邹文华 0.396%（流通A股）
	募集股	4579.2	31.65	王文兴 0.368%（流通A股）
	流通A	6326.4	43.73	林玉才 0.356%（流通A股）
	流通B			李建华 0.348%（流通A股）
	流通H			罗祖兴 0.347%（流通A股）
股东户数	05年末	8287		潘之武 0.335%（流通A股）
	04年末	8851		单淑华 0.332%（流通A股）

其他流通股东：陈静 0.33%;黄静 0.321%;戴艮华 0.301%

近年分配	05预案:10派0.2;04年:10派0.2;03中期:10转增6	近年募资	

二〇〇五年以来市场表现

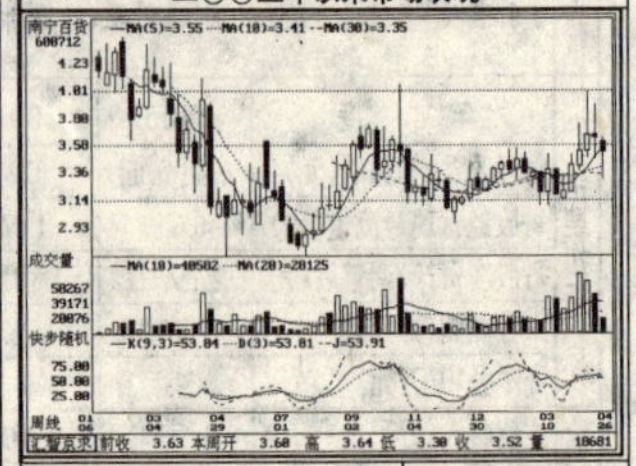

2005年涨跌幅(%)	-24.71
2005年最高(元)	4.45
2006年涨跌幅(%)	8.64
2006.4.26收盘(元)	3.52
2006年最高(元)	4
2006年最低(元)	3.1
2006年换手率(%)	81.38
股改对价	

南京医药（600713）

上市日期:96/07/01　　电话:025－84453856　　传真:025－84453856

主营	经营药品、医疗器械、化学试剂、玻璃仪器四大类商品以及医药产品的研制、开发、生产、销售。

	年　度	2005	2004	2003
主要指标	每股收益/扣除后(元)	0.09/0.003	0.01	0.106/0.06
	每股经营现金流量(元)	0.85	0.24	0.1
	每股净资产/调整后(元)	2.42/2.32	2.33/2.32	2.39/2.36
	未分利润(万元)	2249.31	943.68	2022.48
	资本公积(万元)	19426.28	19345.81	19440.43
利润构成	主营收入(万元)	622968.54	525971.79	421742.47
	主营利润(万元)	44370.2	42211.05	41136.64
	营业利润(万元)	750.96	608.72	3892.57
	投资收益(万元)	2206.09	1076.3	964.31
	利润总额(万元)	3688.03	2133.47	5096.89
	净利润(万元)	1835.45	240.18	2053.85

点评：2005年,公司逐步建立和完善具有现代物流特色的药品物流配送体系。国家级企业信息化建设项目迈出实质性步伐。稳步推进医药商业网络建设,对外招商引资有亮点。围绕决策治理规范问题和风险控制防范体系,不断建立健全以内控为重点的风险防范体系。

	截止日期	05年末	占%	主要股东及持股比例%、持股性质
股本结构（万股）	总股本	19426.07		南京医药(集团)公司 27.11%（国有股）
	国有股	5266.33	27.11	上海天发投资有限公司 4.93%（非流通股）
	发起股	90	0.46	南京证券有限责任公司 3.72%（部分流通部分不流通）
	外资股			江苏兴宏达实业有限公司 3.09%（非流通股）
	募集股	5760	29.65	南京博刚信息咨询有限公司 3.02%（非流通股）
	流通A	8309.74	42.78	泰华房地产开发(深圳) 2.38%（非流通股）
	流通B			南京福康贸易公司 0.97%（非流通股）
	流通H			北京京安投资有限公司 0.79%（非流通股）
股东户数	05年末	34295		宋益才 0.7%（流通A股）
	04年末	37611		江苏高科技投资集团有限公司 0.65%（非流通股）

其他流通股东：彭贵勋 0.219%;昌敏 0.216%;刘晓丹 0.158%;吴卫东 0.156%;吕淑琴 0.12%;王建红 0.117%;富晓慧 0.117%

近年分配	05预案:10派0.6;03年:10派0.5	近年募资	

二〇〇五年以来市场表现

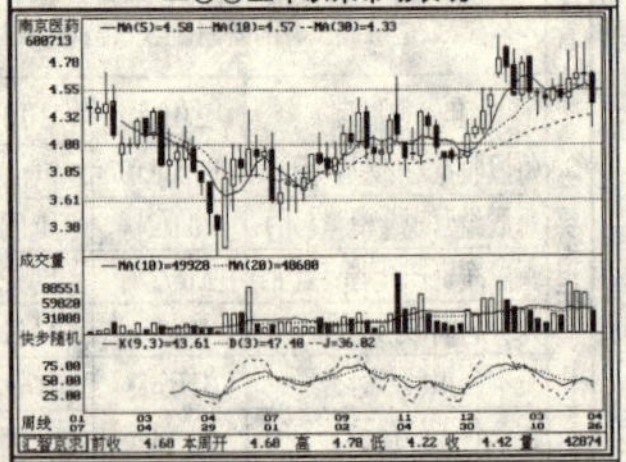

2005年涨跌幅(%)	-5.88
2005年最高(元)	4.7
2006年涨跌幅(%)	6.25
2006.4.26收盘(元)	4.42
2006年最高(元)	5.02
2006年最低(元)	4.13
2006年换手率(%)	105.78
股改对价	

金瑞矿业（600714）

上市日期:96/06/06　　电话:0971－5509464　　传真:0971－5507586

主营	硅铁和铸造产品的生产和销售。			
	年　度	2005	2004	2003
主要指标	每股收益/扣除后(元)	-0.305/-0.322	0.046/-0.02	0.13/0.107
	每股经营现金流量(元)	-0.0875	-0.04	0.089
	每股净资产/调整后(元)	1.44/1.39	1.73/1.72	1.69/1.65
	未分利润(万元)	837.22	5433.87	4875.85
	资本公积(万元)	3132.94	2959.21	2959.21
利润构成	主营收入(万元)	6713.09	7225.31	15402.81
	主营利润(万元)	422.43	1252.1	2951.84
	营业利润(万元)	-3235.17	1083.3	169.8
	投资收益(万元)	-1578.12	-648.33	1826.04
	利润总额(万元)	-4596.71	907.21	2046.84
	净利润(万元)	-4596.65	697.53	1968.26
点评	受参股公司巨亏及投资项目尚未达产影响,公司首度亏损。公司目前处于转型期,主要收入来源仍然是树脂砂铸件。公司采选矿项目已经试车,碳酸锶工程开始调试。如果项目进展顺利,公司未来值得期待。			

	截止日期	05年末	占%	主要股东及持股比例%、持股性质
股本结构（万股）	总股本	15093.75		青海省金星矿业有限公司 36.8%（国有股）
	国有股	9780.75	64.8	青海省电力公司 28%（国有股）
	发起股	1288	8.53	五矿国际有色金属贸易公司 4%（非流通股）
	外资股			青海百货股份有限公司 2.93%（非流通股）
	募集股			青海三普药业股份有限公司青海省医药分公司 0.53%（非流通股）
	流通A	4025	26.67	曹元林 0.27%（流通A股）
	流通B			中国磨料磨具进出口联营公司海南分公司 0.27%（非流通股）
	流通H			中国冶金进出口厦门公司 0.27%（非流通股）
股东户数	05年末	5608		中国冶金进出口青海公司 0.27%（非流通股）
	04年末	4661		贵州省机械进出口有限公司 0.27%（非流通股）
其他流通股东	余兰 0.225%；曹友海 0.22%；袁春宏 0.218%；曹琴英 0.187%；陆全良 0.184%；吴洪福 0.177%；戴凤珍 0.172%			
近年分配			近年募资	

二〇〇五年以来市场表现

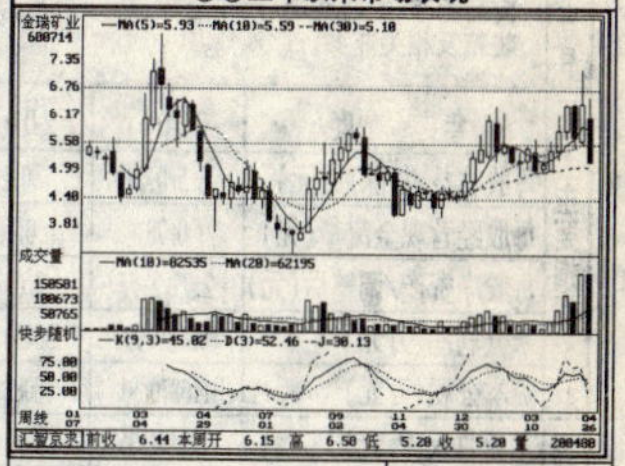

2005年涨跌幅(%)	-11.99
2005年最高(元)	7.94
2006年涨跌幅(%)	9.02
2006.4.26收盘(元)	5.2
2006年最高(元)	7.18
2006年最低(元)	4.6
2006年换手率(%)	282.77
股改对价	

ST松辽（600715）

上市日期:96/07/01　　电话:024－89811610　　传真:024－89811259

主营	系列轻型越野客车、轻型客车制造,汽车改装及修理			
	年　度	2005	2004	2003
主要指标	每股收益/扣除后(元)	-0.266/-0.239	-0.41	0.025/-0.36
	每股经营现金流量(元)	0.044	0.057	0.455
	每股净资产/调整后(元)	-0.14/-0.28	0.09/-0.03	0.51/0.45
	未分利润(万元)	-55487.95	-49519.71	-39085.45
	资本公积(万元)	29098.04	28227.07	27177.48
利润构成	主营收入(万元)	1728.31	742.07	1571.26
	主营利润(万元)	260.78	113.98	210.77
	营业利润(万元)	-4581.77	-4835.07	-5785.39
	投资收益(万元)	-782.89	-2748.34	-1776.84
	利润总额(万元)	-5968.23	-9191.86	566.27
	净利润(万元)	-5968.23	-9191.86	566.27
点评	公司主营汽车车身零部件及工装件加工制造、汽车产业投资、经营性资产租赁等业务,其中主营业务汽车车身零部件加工和制造实现收入比去年同期增幅在100%以上,保证了公司经营和盈利能力的持续和稳定。			

	截止日期	05年末	占%	主要股东及持股比例%、持股性质
股本结构（万股）	总股本	22425.6		沈阳松辽企业(集团)有限公司 29.89%（非流通股）
	国有股			上海中润汽车制动器有限公司 16.95%（非流通股）
	发起股	11904	53.08	伟业汽车集团有限公司 6.24%（非流通股）
	外资股			沈阳市凯达灯饰制造有限公司 1.04%（非流通股）
	募集股	384	1.71	纪栋祥 0.46%（流通A股）
	流通A	10137.6	45.21	上海康隆企业发展有限公司 0.31%（非流通股）
	流通B			张志 0.29%（流通A股）
	流通H			陈俊丽 0.24%（流通A股）
股东户数	05年末	19695		天津市盛通翔经贸有限公司 0.22%（部分流通部分不流通）
	04年末	20239		殷玉环 0.22%（流通A股）
其他流通股东	蒋国华 0.178%；马卫东 0.153%；叶增平 0.141%；刘晓娟 0.136%；王昊哲 0.132%；刘永生 0.129%			
近年分配			近年募资	

二〇〇五年以来市场表现

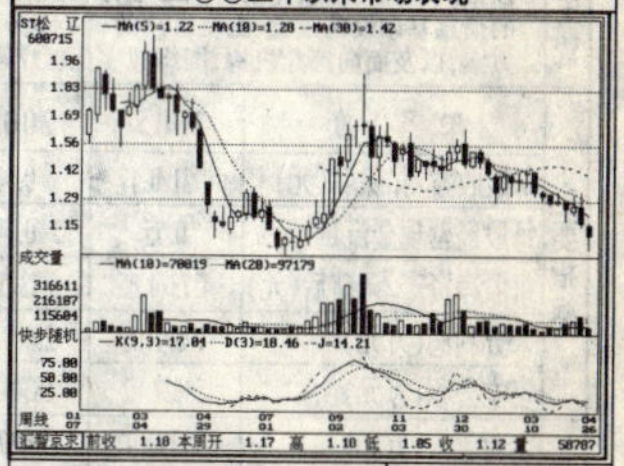

2005年涨跌幅(%)	-10.91
2005年最高(元)	2.1
2006年涨跌幅(%)	-23.81
2006.4.26收盘(元)	1.12
2006年最高(元)	1.54
2006年最低(元)	1.05
2006年换手率(%)	115.82
股改对价	

耀华玻璃（600716）

上市日期:96/07/02　　电话:0335－3028173　　传真:0335－3028173

主营	平板玻璃、工业技术玻璃、玻璃钢制品及不饱和聚脂树脂的生产、销售。			
	年　度	2005	2004	2003
主要指标	每股收益/扣除后(元)	-0.008/-0.009	0.093	0.009/0.002
	每股经营现金流量(元)	-0.56	0.578	0.287
	每股净资产/调整后(元)	1.38/1.35	1.35/1.32	1.98/1.91
	未分利润(万元)	1974.83	3559.89	453.8
	资本公积(万元)	15264.38	12311.28	30953.59
利润构成	主营收入(万元)	122531.49	125066.59	71654.5
	主营利润(万元)	15597.89	27564.63	11678.72
	营业利润(万元)	-558.73	11032.86	1334.39
	投资收益(万元)	205.04	-7.58	-46.67
	利润总额(万元)	-341.59	10944.75	1558.17
	净利润(万元)	-470.51	5188.74	323.41
点评	2005年,在宏观调控导致玻璃市场需求放缓、玻璃产品售价大幅下降以及重油、纯碱、水、电等上涨给成本控制带来巨大压力的形势下,公司主营业务收入略有所下滑,但净利润同比大幅下降并且亏损。			

	截止日期	05年末	占%	主要股东及持股比例%、持股性质
股本结构（万股）	总股本	55728		中国耀华玻璃集团公司 69.35%（国有股）
	国有股	38649.6	69.35	李国民 0.13%（流通A股）
	发起股	230.4	0.41	王娟 0.12%（流通A股）
	外资股			杜建坤 0.11%（流通A股）
	募集股			秦皇岛福电实业集团有限公司 0.1%（非流通股）
	流通A	16848	30.23	渤海铝业有限公司 0.1%（非流通股）
	流通B			国家建材局秦皇岛玻璃工业设计院 0.1%（非流通股）
	流通H			河北省建设投资公司 0.1%（非流通股）
股东户数	05年末	48493		方林 0.09%（流通A股）
	04年末	44749		赵培兰 0.08%（流通A股）
其他流通股东	刘传海 0.077%；张福利 0.076%；刘荣耀 0.073%；赖凯宁 0.065%；何八妹 0.061%			
近年分配	04中期:10派0.3转增6年终:10派0.2		近年募资	

二〇〇五年以来市场表现

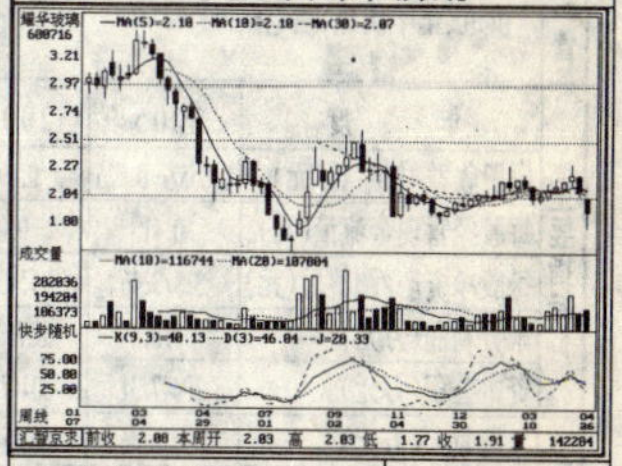

2005年涨跌幅(%)	-33.33
2005年最高(元)	3.44
2006年涨跌幅(%)	-2.55
2006.4.26收盘(元)	1.91
2006年最高(元)	2.31
2006年最低(元)	1.77
2006年换手率(%)	112.31
股改对价	

G 天津港（600717）

上市日期:96/06/14　　电话:022－25706615　　传真:022－25706615

主营	商品储存;中转联运、汽车运输;装卸搬运;集装箱储运、拆装箱及相关业务。

	年　度	2005	2004	2003
主要指标	每股收益/扣除后(元)	0.5/0.24	0.2	0.44/0.4
	每股经营现金流量(元)	0.78	0.56	0.73
	每股净资产/调整后(元)	2.77/2.77	2.01/2	3.19/3.17
	未分利润(万元)	95059.99	35450.27	57966.96
	资本公积(万元)	116870.91	78082.61	51097.29
利润构成	主营收入(万元)	236494.35	188698.12	133481.89
	主营利润(万元)	100543.77	80137.29	65684.55
	营业利润(万元)	57726.14	47966.77	41229.35
	投资收益(万元)	967.37	776.49	1152.25
	利润总额(万元)	114095.41	53346.42	44332.14
	净利润(万元)	71926.27	29298.54	29248.23

点评	公司高费率的焦炭吞吐量比重降低,导致综合费率下降;集装箱收入增长比率低于吞吐量增长比率与五洲国际成立后的收入不再并表,导致收入增长低于吞吐量增长。公司未来新增吞吐能力有限,周边港口大量投产将分流货源。

	截止日期	05 年末	占%	主要股东及持股比例%、持股性质
股本结构(万股)	总股本	144884.04		天津港(集团)有限公司 50.08%(国有股)
	国有股	72558.38	50.08	中国银行－嘉实服务增值行业证券投资基金 4.12%(流通 A 股)
	发起股	6015.95	4.15	申银万国证券股份有限公司 2.96%(部分流通部分不流通)
	外资股			中国银行－嘉实成长收益型证券投资基金 1.31%(流通 A 股)
	募集股			中国工商银行－上证 50 交易型开放式指数证券投资基金 1.1%(流通 A 股)
	流通 A	66309.72	45.77	光大证券有限责任公司 1%(流通 A 股)
	流通 B			申银万国－花旗－UBS LIMITED 0.91%(流通 A 股)
	流通 H			海通证券股份有限公司 0.86%(流通 A 股)
股东户数	05 年末	51992		中国人寿保险股份有限公司－分红－个人分红－005L－FH002 沪 0.82%(流通 A 股)
	04 年末	45983		交通银行－海富通精选证券投资基金 0.82%(流通 A 股)
其他流通股东	国信证券有限责任公司 0.787%			
近年分配	05 预案:10 派 1.5;04 中期:10 派 1.5 送 6 转增 4		近年募资	04 年 10 配 3 配股价 9.5 元。

二〇〇五年以来市场表现

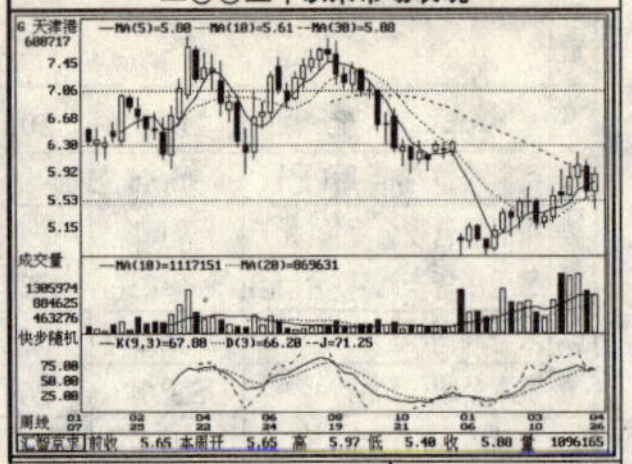

2005 年涨跌幅(%)	0.02
2005 年最高(元)	7.83
2006 年涨跌幅(%)	18.31
2006.4.26 收盘(元)	5.88
2006 年最高(元)	6.19
2006 年最低(元)	4.78
2006 年换手率(%)	234.93
股改对价	送股 派现 每 10 股实际获得 1.85 股 8.12 元(05/12/27)

G 东软（600718）

上市日期:96/06/18　　电话:024－23783000　　传真:024－23783375

主营	以提供信息化解决方案为核心业务,包括面向政府和企业的信息基础设施建设,围绕客户的核心业务,提供软件解决方案,以及面向医疗机构,围绕数字化医疗影像诊断设备。

	年　度	2005	2004	2003
主要指标	每股收益/扣除后(元)	0.21/0.17	0.96	0.22/0.21
	每股经营现金流量(元)	0.75	0.57	0.32
	每股净资产/调整后(元)	4.73/4.65	5.13/5.05	4.69/4.64
	未分利润(万元)	10891.06	23008.69	26054.32
	资本公积(万元)	58627.02	58344.06	58327.06
利润构成	主营收入(万元)	244194.97	224567.59	201694.77
	主营利润(万元)	56715.63	52162.53	54783.76
	营业利润(万元)	9301.88	3327	5631.13
	投资收益(万元)	－2403.39	－354.58	300.19
	利润总额(万元)	8938.46	52238.71	8513.19
	净利润(万元)	5824.9	27116.61	6224.03

点评	国内解决方案和软件外包行业的龙头企业。外包驱动公司软件及系统集成业务增长,数字医疗业务受出口推动增长平稳。由于费用控制比较有效,公司扣除非经常性损益后的盈利实现高速成长。预计软件外包业务的高速成长将推动公司业绩持续快速成长。

	截止日期	05 年末	占%	主要股东及持股比例%、持股性质
股本结构(万股)	总股本	28145.17		东软集团有限公司 60.24%(部分流通部分不流通)
	国有股	1143.06	4.06	中国银行－海富通收益增长证券投资基金 2.62%(流通 A 股)
	发起股	15676.28	55.7	交通银行－海富通精选证券投资基金 1.42%(流通 A 股)
	外资股			中国农业银行－富国天瑞强势地区精选混合型开放式证券投资基金 0.82%(流通 A 股)
	募集股			信泰证券有限责任公司 0.64%(流通 A 股)
	流通 A	11325.83	40.24	中国工商银行－申万巴黎盛利精选证券投资基金 0.4%(流通 A 股)
	流通 B			中国工商银行－申万巴黎新动力股票型证券投资基金 0.38%(流通 A 股)
	流通 H			银丰证券投资基金 0.23%(流通 A 股)
股东户数	05 年末	55146		长江证券有限责任公司 0.15%(流通 A 股)
	04 年末	67355		刘晓铭 0.12%(流通 A 股)
其他流通股东				
近年分配	04 中期:10 派 6 年终:10 派 6		近年募资	

二〇〇五年以来市场表现

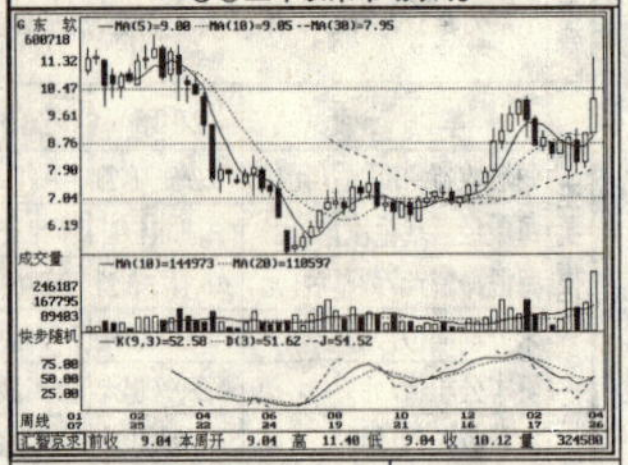

2005 年涨跌幅(%)	－24.26
2005 年最高(元)	12.18
2006 年涨跌幅(%)	66.22
2006.4.26 收盘(元)	10.12
2006 年最高(元)	14.62
2006 年最低(元)	7.84
2006 年换手率(%)	148.85
股改对价	送股 派现 每 10 股实际获得 2.5 股 3.65 元(06/04/04)

大连热电（600719）

上市日期:96/07/16　　电话:0411－4422999　　传真:0411－4438670

主营	供电、集中供热、热电联产。

	年　度	2005	2004	2003
主要指标	每股收益/扣除后(元)	0.055/－0.025	0.095	0.083/0.05
	每股经营现金流量(元)	0.41	－0.021	0.66
	每股净资产/调整后(元)	3.5/3.46	3.55/3.52	3.45/3.44
	未分利润(万元)	7016.4	8276.72	7014.55
	资本公积(万元)	30447.31	30447.31	30435.63
利润构成	主营收入(万元)	53576.46	46128.66	40773.42
	主营利润(万元)	6538.61	9836.81	8819.05
	营业利润(万元)	－520.44	2605.24	2834.52
	投资收益(万元)	－113.37	－150.72	－131.92
	利润总额(万元)	1787.9	3010.17	2667.46
	净利润(万元)	1122.73	1913.49	1677.98

点评	2005 年,由于热力需求旺盛、产品销售结构调整、煤电价格联动以及采暖收费价格得以理顺等原因,公司主营业务收入同比有了一定的增长。而煤炭价格涨幅超过产品价格上调,造成公司净利润降低。

	截止日期	05 年末	占%	主要股东及持股比例%、持股性质
股本结构(万股)	总股本	20229.98		大连市国有资产管理局 40.16%(国有股)
	国有股	8124.98	40.16	深圳市深港产学研创业投资有限公司 12.01%(非流通股)
	发起股			大连市电力发展公司 8.9%(非流通股)
	外资股			大连市经济技术协作总公司 1.33%(非流通股)
	募集股	4500	22.24	刘亚军 0.13%(流通 A 股)
	流通 A	7605	37.59	梁德强 0.11%(流通 A 股)
	流通 B			金怀北 0.09%(流通 A 股)
	流通 H			蔡炳初 0.07%(流通 A 股)
股东户数	05 年末	43529		时宝阳 0.07%(流通 A 股)
	04 年末	46474		邹丽芙 0.07%(流通 A 股)
其他流通股东	颜晨阳 0.069%;刘君伟 0.065%;黄瑞联 0.057%;王家璞 0.052%			
近年分配	05 预案:10 派 0.6;04 年:10 派 1		近年募资	

二〇〇五年以来市场表现

2005 年涨跌幅(%)	－28.9
2005 年最高(元)	5.36
2006 年涨跌幅(%)	17.86
2006.4.26 收盘(元)	4.29
2006 年最高(元)	4.38
2006 年最低(元)	3.55
2006 年换手率(%)	75.66
股改对价	

祁连山（600720）

上市日期:96/07/16　　电话:0931－4900698　　传真:0931－4900697

主营	水泥及其系列产品的生产、研制和技术咨询服务。

	年　度	2005	2004	2003
主要指标	每股收益/扣除后(元)	0.015	0.07	0.115/0.121
	每股经营现金流量(元)	－0.08	0.07	0.21
	每股净资产/调整后(元)	2.19/2.12	2.17/2.15	1.91/1.86
	未分利润(万元)	16019.5	15661.59	13545.74
	资本公积(万元)	26105.23	25816.21	13637.15
利润构成	主营收入(万元)	77147.42	71026.84	46133.81
	主营利润(万元)	18481.46	20267.78	14651.89
	营业利润(万元)	247.58	4113.78	4448.97
	投资收益(万元)	－432.01	－1194.72	82.02
	利润总额(万元)	1509.96	4232.11	5216.21
	净利润(万元)	586	2754.59	3993.37

点评：甘肃省内的水泥龙头企业。2005年,在宏观调控导致水泥市场需求放缓、产品价格下跌的困难形势下,公司尽管主营收入有较大增长,净利润同比大幅下降。利润下降主要原因在于05年水泥需求不足以及煤炭、电力、运输等价格上涨。

股本结构（万股）	截止日期	05年末	占%	主要股东及持股比例%、持股性质
	总股本	39590.23		甘肃祁连山建材控股有限公司 37.38%（国有股）
	国有股	14798.5	37.38	永登金路投资有限责任公司 5.28%（非流通股）
	发起股	3580.9	9.04	甘肃长青置业发展有限公司 1.61%（非流通股）
	外资股			兰州铁路局兰州铁路分局 0.99%（非流通股）
	募集股			景福证券投资基金 0.51%（流通A股）
	流通A	21210.83	53.58	平凉地区峡中水泥厂 0.5%（非流通股）
	流通B			甘肃省建筑构件工程有限责任公司 0.5%（非流通股）
	流通H			李守凤 0.35%（流通A股）
股东户数	05年末	65535		中国银行－大成蓝筹稳健证券投资基金 0.25%（流通A股）
	04年末	74807		何伟光 0.21%（流通A股）

其他流通股东：大成价值增长证券投资基金 0.202%;北京市能投物资贸易有限责任公司 0.111%;王安春 0.101%;袁汝东 0.101%

近年分配：　　近年募资：04年10配3配股价3.63元。

二〇〇五年以来市场表现

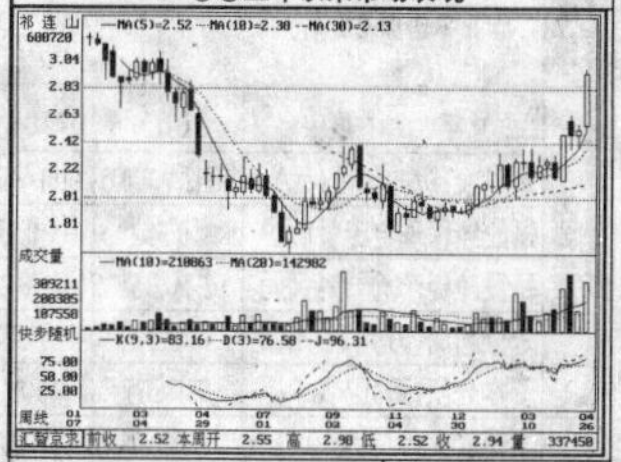

2005年涨跌幅(%)	－40.31
2005年最高(元)	3.24
2006年涨跌幅(%)	53.93
2006.4.26收盘(元)	2.94
2006年最高(元)	2.98
2006年最低(元)	1.87
2006年换手率(%)	124.68
股改对价	

百花村（600721）

上市日期:96/06/26　　电话:0991－7793678　　传真:0991－7793700

主营	电子计算机软硬件的开发销售及培训、电子元器件、五金交电、电子计算机系统集成、柜台租赁、房地产开发、摄影服务、汽车出租、餐饮娱乐等。

	年　度	2005	2004	2003
主要指标	每股收益/扣除后(元)	－1.28	－0.09	0.17/0.15
	每股经营现金流量(元)	0.084	1.01	－0.71
	每股净资产/调整后(元)	0.05/0.00	1.52/1.46	1.49/1.43
	未分利润(万元)	－9808.65	－14559.72	－13661.35
	资本公积(万元)	2436.09	18557.92	17403.56
利润构成	主营收入(万元)	4617.52	11927.74	34063.6
	主营利润(万元)	2356.84	3367.99	6378.89
	营业利润(万元)	－2469.26	－3224.94	3429.84
	投资收益(万元)	－2815.38	1215.41	－6.68
	利润总额(万元)	－14889.95	－1797.49	3865.91
	净利润(万元)	－12111.97	－891.53	1640.3

点评：公司在业务拓展方面无实质性进展,经营状况持续下滑。公司目前正加快开展产业结构调整创造条件,但目前新的主营业务尚未形成,经营状况还有待于改善。新疆教育信息化仍有成长空间。

股本结构（万股）	截止日期	05年末	占%	主要股东及持股比例%、持股性质
	总股本	9480.14		新疆生产建设兵团国有资产经营公司 29.56%（国有股）
	国有股	4830.08	50.95	北京昌鑫国有资产投资经营公司 15%（国有股）
	发起股			新疆八一钢铁集团有限责任公司 5%（国有股）
	外资股			上海虹桥空港商贸发展有限公司 0.99%（流通A股）
	募集股			华夏证券有限公司 0.77%（国有股）
	流通A	4650.06	49.05	新疆兵团农六师一0二团 0.62%（国有股）
	流通B			江阴市电力发展中心 0.4%（流通A股）
	流通H			区万沛 0.35%（流通A股）
股东户数	05年末	10731		李杰 0.18%（流通A股）
	04年末	12162		詹浩 0.17%（流通A股）

其他流通股东：王芳 0.159%;广州市润盈投资有限公司 0.154%;宋玉华 0.152%;汪晓英 0.148%;丁健 0.138%

近年分配：　　近年募资：

二〇〇五年以来市场表现

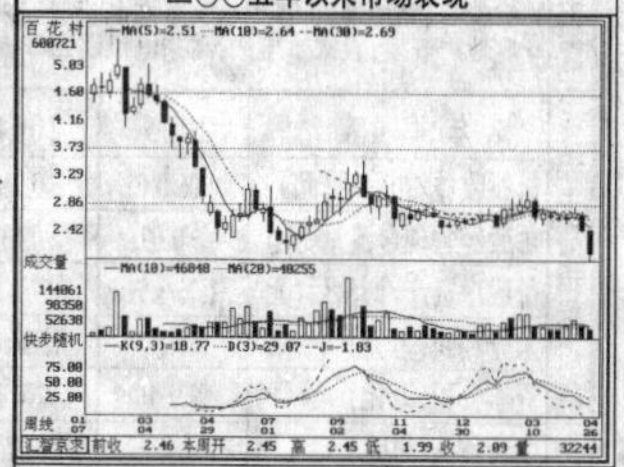

2005年涨跌幅(%)	－43.67
2005年最高(元)	5.47
2006年涨跌幅(%)	－18.99
2006.4.26收盘(元)	2.09
2006年最高(元)	3.08
2006年最低(元)	1.99
2006年换手率(%)	153.57
股改对价	

沧州化工（600722）

上市日期:96/06/26　　电话:0317－3030719　　传真:0317－3030719

主营	PVC树脂、烧碱等化工产品的生产与销售。

	年　度	2005	2004	2003
主要指标	每股收益/扣除后(元)	－1.08	0.13	0.05/0.04
	每股经营现金流量(元)	－0.03	0.42	0.23
	每股净资产/调整后(元)	1.38/1.26	2.46/2.46	2.32/2.3
	未分利润(万元)	－16055.25	23365.02	18938.27
	资本公积(万元)	29841.53	29841.53	29372.78
利润构成	主营收入(万元)	150267.85	233238.13	169205.44
	主营利润(万元)	－9338.52	28764.52	21596.93
	营业利润(万元)	－46528.05	5410.27	2447.04
	投资收益(万元)	1.31	44.76	56.91
	利润总额(万元)	－45868.96	5871.91	2727.11
	净利润(万元)	－45628.94	5306.22	2013.27

点评：公司为全国最大的PVC树脂生产基地之一。2005年由于国内PVC产能过快,同时国家宏观调控影响了PVC需求,使得国内PVC价格下降,受此影响,公司在2005年出现亏损。

股本结构（万股）	截止日期	05年末	占%	主要股东及持股比例%、持股性质
	总股本	42142		河北沧州化工实业集团有限公司 36.88%（国有股）
	国有股	20642	48.98	河北省建设投资公司 12.1%（国有股）
	发起股	10000	23.73	深圳市贵速实业发展有限公司 11.98%（非流通股）
	外资股			广州利德龙科技集团有限公司 11.98%（非流通股）
	募集股			蔡利国 0.113%（流通A股）
	流通A	11500	27.29	晏福有 0.095%（流通A股）
	流通B			周初盛 0.068%（流通A股）
	流通H			王朝 0.061%（流通A股）
股东户数	05年末	57785		汪雪飞 0.059%（流通A股）
	04年末	59963		彭灿 0.057%（流通A股）

其他流通股东：徐震 0.056%;周耀飞 0.05%;卢丽娟 0.047%;李可俊 0.047%

近年分配：　　近年募资：

二〇〇五年以来市场表现

2005年涨跌幅(%)	－41.09
2005年最高(元)	4.66
2006年涨跌幅(%)	12.9
2006.4.26收盘(元)	2.8
2006年最高(元)	3.11
2006年最低(元)	2.38
2006年换手率(%)	113.75
股改对价	送股 每10股实际获得3.4股

西单商场（600723）

上市日期:96/07/16　　电话:010－66024984　　传真:010－66014196

主营	商业零售服务			
	年　　度	2005	2004	2003
主要指标	每股收益/扣除后(元)	0.012/-0.005	0.01/-0.001	-0.42/-0.405
	每股经营现金流量(元)	0.34	0.17	0.11
	每股净资产/调整后(元)	2.76/2.52	2.76/2.66	2.74/2.66
	未分利润(万元)	-14223.13	-14594.31	-14921.71
	资本公积(万元)	75486.75	75486.75	75486.75
利润构成	主营收入(万元)	158720.78	115329.61	113237.15
	主营利润(万元)	24805.77	19870.13	11691.53
	营业利润(万元)	1114.08	771.88	-17438.13
	投资收益(万元)	-513.74	59.48	-620.25
	利润总额(万元)	705.77	725.99	-18189.27
	净利润(万元)	492.93	417.98	-17183.81
点评	2005年我国零售市场全面开放,面对激烈的市场竞争,公司全面推进经营管理改革,建立连锁经营体制,突破了制约商场由大众综合百货向现代时尚百货过渡的瓶颈。北京西单商场及各下属门店、法雅公司等业绩均有所增长。但公司仍未摆脱微利局面。			

	截止日期	05年末	占%	主要股东及持股比例%、持股性质
股本结构（万股）	总股本	40971.8		北京西单友谊集团 45.42%（国有股）
	国有股	18607.96	45.42	华运投资有限公司 1.74%（非流通股）
	发起股	2740.41	6.69	信达投资有限公司 1.65%（非流通股）
	外资股			北工信托 1.65%（非流通股）
	募集股	1031.5	2.52	五矿发展股份有限公司 1.65%（非流通股）
	流通A	18591.94	45.38	周文英 0.41%（流通A股）
	流通B			安英慧 0.36%（流通A股）
	流通H			北京道和投资管理有限公司 0.33%（非流通股）
股东户数	05年末	79753		周峥 0.28%（流通A股）
	04年末	85649		袁永胜 0.23%（流通A股）
其他流通股东	朱鸿 0.232%;金雅萍 0.17%;李赞 0.085%;张建林 0.065%;关连英 0.063%;温玉俊 0.063%			
近年分配		近年募资		

二〇〇五年以来市场表现

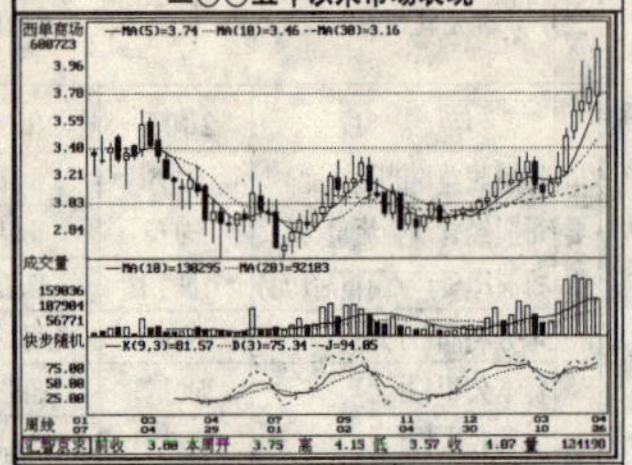

2005年涨跌幅(%)	-11.87
2005年最高(元)	3.66
2006年涨跌幅(%)	37.04
2006.4.26收盘(元)	4.07
2006年最高(元)	4.15
2006年最低(元)	2.9
2006年换手率(%)	93.56
股改对价	

宁波富达（600724）

上市日期:96/07/16　　电话:0574－2814275　　传真:0574－2813915－1198

主营	吸尘器、吸油烟机、日用小家电产品设计、制造;水泥生产;房地产开发;自来水生产;高速电机研制等。			
	年　　度	2005	2004	2003
主要指标	每股收益/扣除后(元)	0.06/0.05	0.21	0.19
	每股经营现金流量(元)	-0.09	0.53	0.21
	每股净资产/调整后(元)	1.76/1.71	1.9/1.85	1.69/1.65
	未分利润(万元)	7297.75	12934.09	8087.02
	资本公积(万元)	9272.16	9294.76	9286.01
利润构成	主营收入(万元)	108045.67	132877.79	113150.01
	主营利润(万元)	18023.96	29086.44	23960.76
	营业利润(万元)	4145.9	12968.56	12065.27
	投资收益(万元)	-899.21	-30.67	-319.64
	利润总额(万元)	6547.87	18078.89	15653.27
	净利润(万元)	2269.7	7592.46	7079.55
点评	受房地产市场调整和建材市场滑坡,以及家电原材料价格上涨和人民币升值的影响,业绩下降较大。主营产品水泥、吸尘器和抽油烟机产销下降两成以上,房地产销售降幅达六成。06年公司调低了水泥、房地产和自来水的产销目标,但上调了家电的产销目标。			

	截止日期	05年末	占%	主要股东及持股比例%、持股性质
股本结构（万股）	总股本	36436.89		宁波城建投资控股有限公司 33.16%（非流通股）
	国有股	12080.67	33.16	中国工商银行浙江省信托投资公司 5.97%（非流通股）
	发起股	7240.83	19.87	上海邦联资产管理有限公司 4.52%（非流通股）
	外资股			天一证券有限责任公司 4.32%（流通A股）
	募集股	1367.81	3.75	王重良 3.62%（非流通股）
	流通A	15747.58	43.22	宁波龙冠实业有限公司 2.8%（非流通股）
	流通B			杭州市财开投资集团公司 2.17%（非流通股）
	流通H			杭州通诚投资有限公司 1.11%（非流通股）
股东户数	05年末	5596		广州康顺投资咨询有限公司 0.79%（流通A股）
	04年末	8257		上海银通实业发展有限公司 0.57%（非流通股）
其他流通股东	上海浦宁实业有限公司 0.396%;武汉时通科技投资有限责任公司 0.389%;沈国蕴 0.345%;雷鹏 0.275%			
近年分配	04年:10派2	近年募资		

二〇〇五年以来市场表现

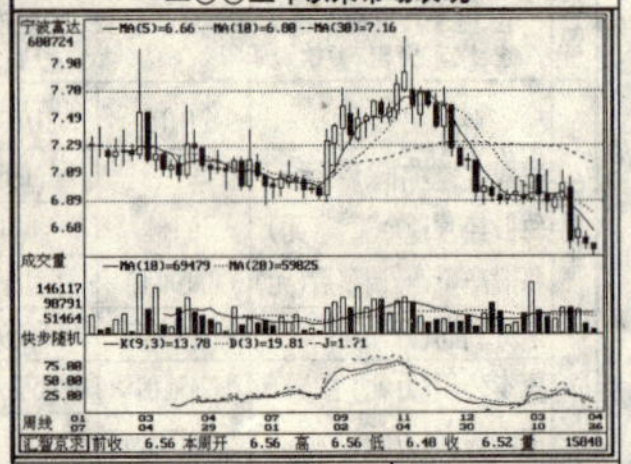

2005年涨跌幅(%)	0.82
2005年最高(元)	8.3
2006年涨跌幅(%)	-9.07
2006.4.26收盘(元)	6.52
2006年最高(元)	7.2
2006年最低(元)	6.48
2006年换手率(%)	64.6
股改对价	

G云维（600725）

上市日期:96/07/02　　电话:0874－3064350　　传真:0874－3064195

主营	聚乙烯醇及其相关原料、半成品的生产加工销售			
	年　　度	2005	2004	2003
主要指标	每股收益/扣除后(元)	0.326/0.329	0.151	0.101/0.077
	每股经营现金流量(元)	0.51	0.38	-0.297
	每股净资产/调整后(元)	2.75/2.49	3.68/3.53	3.52/3.38
	未分利润(万元)	6826.45	5277.78	3948.76
	资本公积(万元)	14158.93	17458.93	17353.93
利润构成	主营收入(万元)	68210.12	32809.5	25292.62
	主营利润(万元)	11882.2	6947.9	4787.68
	营业利润(万元)	4842.66	1499.47	760.37
	投资收益(万元)			
	利润总额(万元)	5513.43	1783.31	942.95
	净利润(万元)	5373.34	1661.27	1112.39
点评	05年盈利同比翻一番。主要原因为:购入联碱装置后,新增纯碱和氯化铵销售;水泥和醋酸乙烯等产品产销量大幅增长;费用控制合理。预计在产销量继续稳定,及国产设备抵税在06年继续适用的情况下,公司2006年业绩将保持稳步增长。			

	截止日期	05年末	占%	主要股东及持股比例%、持股性质
股本结构（万股）	总股本	16500		云南云维集团有限公司 65.91%（国有股）
	国有股	10875	65.91	王荣安 0.179%（流通A股）
	发起股			浦仕旺 0.149%（流通A股）
	外资股			沈勤陵 0.129%（流通A股）
	募集股			王兴志 0.124%（流通A股）
	流通A	5625	34.09	徐伟健 0.116%（流通A股）
	流通B			张玉田 0.106%（流通A股）
	流通H			李留才 0.106%（流通A股）
股东户数	05年末	21072		赵国君 0.099%（流通A股）
	04年末	19138		尹成安 0.089%（流通A股）
其他流通股东	上海同丰城市建设有限公司 0.088%			
近年分配	05方案:10派1；04年:10派0.5送2转增3	近年募资		

二〇〇五年以来市场表现

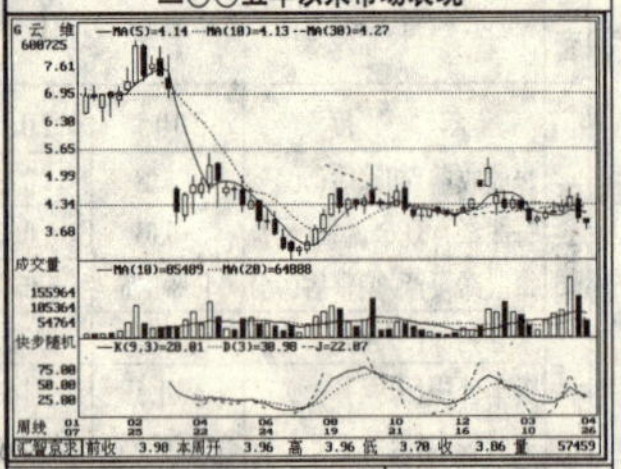

2005年涨跌幅(%)	1.83
2005年最高(元)	8.35
2006年涨跌幅(%)	17.9
2006.4.26收盘(元)	3.86
2006年最高(元)	6.33
2006年最低(元)	4.73
2006年换手率(%)	162.43
股改对价	送股 每10股实际获得3.5股(06/02/10)

华电能源(600726/900937)

上市日期:A: 96/07/01 B: 96/04/22 电话:0451－2525998 传真:0451－2525878

主营	电力生产、电厂检修、电力技术服务和咨询。			
	年度	2005	2004	2003
主要指标	每股收益/扣除后(元)	0.11/0.11	0.18	0.18/0.17
	每股经营现金流量(元)	1.26	0.76	0.35
	每股净资产/调整后(元)	3.05/3.04	3.01/3.01	2.88/2.88
	未分利润(万元)	99288.74	96995.31	87596.12
	资本公积(万元)	96484.4	96484.32	93615.94
利润构成	主营收入(万元)	323247.85	302089.49	117357.85
	主营利润(万元)	51370.73	66408.08	28178.63
	营业利润(万元)	14927.58	37697.14	23578.05
	投资收益(万元)	15.86	-3030.11	653.76
	利润总额(万元)	15260.33	34778.59	24451.95
	净利润(万元)	12102.22	20807.58	20075.05
点评	05年的发电小时数同比增长超过10%,电价也有所提高,这使公司的主营业务收入同比有一定的提高。但受到煤炭价格快速上涨的严重影响,主营业务利润和净利润同比下降较大。未来即使煤电联动,也只能部分缓解公司成本上涨的压力并影响未来业绩增长。			

	截止日期	05年末	占%	主要股东及持股比例%、持股性质
股本结构(万股)	总股本	112649.85		黑龙江省电力有限公司 34.08%(非流通股)
	国有股			黑龙江省华源电力开发公司 2.62%(非流通股)
	发起股	4767.77	4.23	黑龙江省电力实业集团 2.11%(非流通股)
	外资股			黑龙江省华富电力投资公司 1.72%(非流通股)
	募集股	45225.39	40.15	黑龙江省电力开发公司 0.76%(非流通股)
	流通A	19456.69	17.27	龙电集团有限公司 0.71%(非流通股)
	流通B	43200	38.35	TOYO SECURITIES ASIA LTD. A/C CLIENT 0.65%(流通B股)
	流通H			中国电力投资有限公司 0.64%(非流通股)
股东户数	05年末	127324		中国电力财务公司 0.6%(非流通股)
	04年末	129540		哈尔滨瑞亨公司 0.6%(非流通股)
其他流通股东	NAITO SECURITIES CO. LTD. 0.601%;DEUTSCHE BANK LONDON 0.568%;山西证券有限责任公司 0.413%			
近年分配	05预案:10派0.4;04年:10派0.7;03年:10派0.7	近年募资		03年增发转债800万张,募资总额8亿。

二〇〇五年以来市场表现

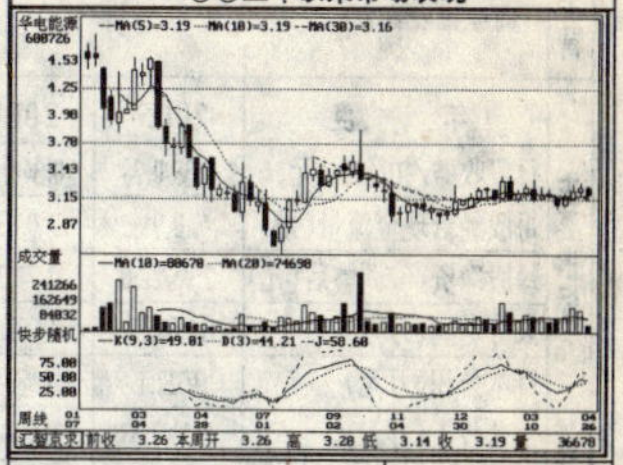

2005年涨跌幅(%)	-31.77
2005年最高(元)	4.8
2006年涨跌幅(%)	1.92
2006.4.26收盘(元)	3.19
2006年最高(元)	3.38
2006年最低(元)	3.05
2006年换手率(%)	67.33
股改对价	

鲁北化工(600727)

上市日期:96/07/02 电话:0543－6451265 传真:0543－6451057

主营	磷铵、硫酸、水泥、溴素、NPK复合肥、烧碱等产品的生产和销售。			
	年度	2005	2004	2003
主要指标	每股收益/扣除后(元)	0.008/-0.07	0.06	0.16/0.15
	每股经营现金流量(元)	0.66	0.22	0.54
	每股净资产/调整后(元)	6.11/6.05	6.1/5.97	6.04/6.02
	未分利润(万元)	80320.71	80052.07	78211.36
	资本公积(万元)	96468.18	96468.18	96468.18
利润构成	主营收入(万元)	60974.71	83783.21	51059.17
	主营利润(万元)	2071.71	9809.04	6612.41
	营业利润(万元)	-3837.67	2114.78	1439.73
	投资收益(万元)			
	利润总额(万元)	316.06	2982.58	6672.17
	净利润(万元)	316.06	2165.53	6110.95
点评	2005年净利润大幅下滑。主要产品磷铵销量下降以及毛利率的下滑是导致05年利润下降的主要原因;2005年磷铵市场的激烈竞争使得公司磷铵产品的销量同比下降;另外磷矿石、燃料等原材料价格的上涨使得公司磷铵产品的毛利率同比下降较大。			

	截止日期	05年末	占%	主要股东及持股比例%、持股性质
股本结构(万股)	总股本	37930		山东鲁北企业集团总公司 48.43%(国有股)
	国有股	18367.61	48.43	山东建帮投资管理有限公司 4.75%(非流通股)
	发起股			山东永道投资有限公司 2.81%(非流通股)
	外资股			北京祥恒科技有限公司 0.89%(非流通股)
	募集股			上海普劳工贸有限公司 0.58%(非流通股)
	流通A	15210	40.1	北京方程兴业投资有限公司 0.5%(非流通股)
	流通B			中天恒投资管理有限公司 0.37%(非流通股)
	流通H			翔和控股有限公司 0.32%(非流通股)
股东户数	05年末	80673		广东银达担保投资集团有限公司 0.26%(非流通股)
	04年末	84085		江阴市新理念经济信息有限公司 0.25%(非流通股)
其他流通股东	冯怡生 0.211%;韩京波 0.119%;浙江钱江生物化学有限公司 0.11%;吴玮 0.092%;冯久田 0.082%;刘贞琼 0.074%			
近年分配		近年募资		

二〇〇五年以来市场表现

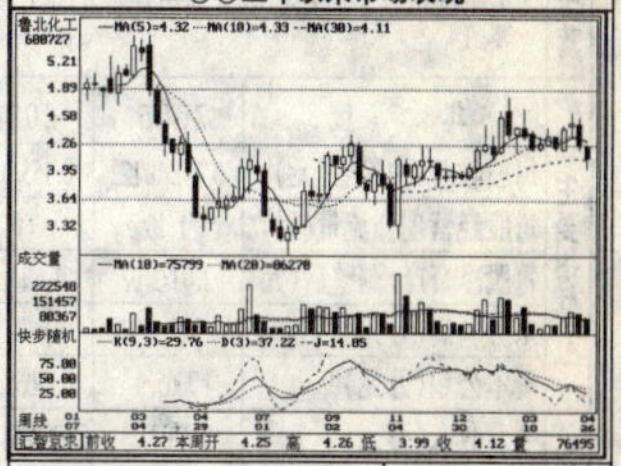

2005年涨跌幅(%)	-21.41
2005年最高(元)	5.52
2006年涨跌幅(%)	5.91
2006.4.26收盘(元)	4.12
2006年最高(元)	4.8
2006年最低(元)	3.87
2006年换手率(%)	99.37
股改对价	

新太科技(600728)

上市日期:96/07/16 电话:0411－85520635 传真:0411－85538988

主营	计算机新产品开发、研制及相关技术的系统集成、技术引进以及技术服务。批发和零售贸易(国家专营专控商品除外)。			
	年度	2005	2004	2003
主要指标	每股收益/扣除后(元)	-1.656	-2.862	0.107/0.086
	每股经营现金流量(元)	-0.773	-0.536	-0.158
	每股净资产/调整后(元)	-0.63/-0.89	1.06/1.01	4.05/3.99
	未分利润(万元)	-86859.88	-52378.66	7197.87
	资本公积(万元)	47870.65	47870.65	47870.65
利润构成	主营收入(万元)	21076.26	55965.01	72974.39
	主营利润(万元)	4663.55	9760.9	17552.39
	营业利润(万元)	-12775.3	-29975.08	1952.08
	投资收益(万元)	-66.32	-11.48	6.27
	利润总额(万元)	-35253.84	-60679.27	2419.18
	净利润(万元)	-34481.21	-59576.53	2220.63
点评	2005年公司资金状况仍然比较困难,市场经营逐步走向正常,公司本部销售合同签约金额有明显增长,公司新研发的可应用于PSTN、2G、3G网络的新一代的增值业务开发平台、企业应用软件系统平台已经开发完成并推向市场。公司业绩仍有待改善。			

	截止日期	05年末	占%	主要股东及持股比例%、持股性质
股本结构(万股)	总股本	20818.02		广州新太新技术研究设计有限公司 29.9%(非流通股)
	国有股	5581.43	26.81	辽宁省大连海洋渔业集团公司 26.81%(国有股)
	发起股			大连冷冻机股份有限公司 1.44%(非流通股)
	外资股			大连远洋渔业国际贸易公司 1.44%(非流通股)
	募集股	900	4.32	中国农业发展集团总公司 1.44%(非流通股)
	流通A	8112	38.97	张毅 0.29%(流通A股)
	流通B			辽宁万恒投资咨讯有限公司 0.12%(流通A股)
	流通H			李平 0.12%(流通A股)
股东户数	05年末	29769		胡开金 0.12%(流通A股)
	04年末	34267		李海 0.11%(流通A股)
其他流通股东	孙公松 0.096%;贺群 0.086%;毛永兴 0.086%;辽宁万恒财务公司 0.086%;付鸿雁 0.079%			
近年分配	03年:10派1	近年募资		

二〇〇五年以来市场表现

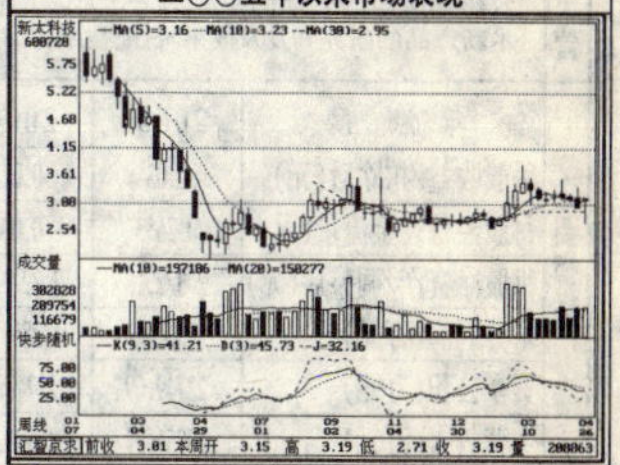

2005年涨跌幅(%)	-54.56
2005年最高(元)	6.29
2006年涨跌幅(%)	16.42
2006.4.26收盘(元)	3.19
2006年最高(元)	3.82
2006年最低(元)	2.6
2006年换手率(%)	335.26
股改对价	

重庆百货（600729）

上市日期:96/07/02　　电话:023－63843197　　传真:023－63844212

主营	商业批发零售			
	年　度	2005	2004	2003
主要指标	每股收益/扣除后(元)	0.38/0.38	0.34/0.27	0.35/0.31
	每股经营现金流量(元)	0.9	0.63	0.82
	每股净资产/调整后(元)	2.96/2.76	2.74/2.5	2.58/2.27
	未分利润(万元)	16504.34	13232.37	11143.33
	资本公积(万元)	9322.1	9366.88	9313.7
利润构成	主营收入(万元)	367097.58	314850.87	301054.56
	主营利润(万元)	52463.39	45825.78	40771.78
	营业利润(万元)	8974.32	7708.02	7677.35
	投资收益(万元)	176.95	233.89	737.64
	利润总额(万元)	9124.97	8807.36	8506.71
	净利润(万元)	7731.9	6952.19	7042.83
点评	公司旗下三大业态－百货、连锁超市、连锁家电销售等均取得较大增长。公司目前的问题主要在于百货业态二三商圈增长较快,主城区门店销售增长不足,费用水平居高不下,增幅快于销售收入增长等。导致净利润的增长幅度低于主营收入。			

股本结构(万股)	截止日期	05年末	占%	主要股东及持股比例%、持股性质
	总股本	20400		重庆商社(集团)有限公司 35.96%(国有股)
	国有股	7140	35	重庆市商业银行股份有限公司 4%(非流通股)
	发起股			金鑫证券投资基金 2.57%(流通A股)
	外资股			中国工商银行－金泰证券投资基金 2.21%(流通A股)
	募集股	8160	40	重庆市银桥贸易服务公司 1.67%(非流通股)
	流通A	5100	25	中国农业银行重庆市渝中支行 1.67%(非流通股)
	流通B			中国建设银行重庆市分行 1.67%(非流通股)
	流通H			重庆登康口腔护理用品股份有限公司 1.46%(非流通股)
股东户数	05年末	12472		西南证券有限责任公司 1.25%(非流通股)
	04年末	18552		上海浦东发展银行－广发小盘成长股票型证券投资基金 1.14%(流通A股)
其他流通股东	东方证券－农行－东方红1号集合资产管理计划 0.681%;中国银行－大成蓝筹稳健证券投资基金 0.587%			
近年分配	05预案:10派1.6;04年:10派1.6;03年:10派1.5		近年募资	

二〇〇五年以来市场表现

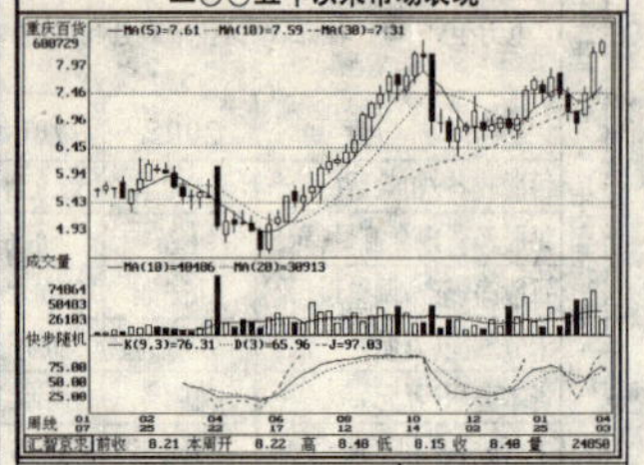

2005年涨跌幅(%)	22.75
2005年最高(元)	8.6
2006年涨跌幅(%)	23.53
2006.4.26收盘(元)	8.4
2006年最高(元)	8.48
2006年最低(元)	6.61
2006年换手率(%)	85.25
股改对价	送股 每10股实际获得2.8股

中国高科（600730）

上市日期:96/07/26　　电话:021－61462200　　传真:021－61462211

主营	实业投资,创业投资,电子通讯产品的生产销售,国内贸易等。			
	年　度	2005	2004	2003
主要指标	每股收益/扣除后(元)	0.142/0.122	0.155/0.132	0.18/0.165
	每股经营现金流量(元)	1.16	－0.2	1.29
	每股净资产/调整后(元)	2.03/2.02	1.89/1.88	2.43/2.42
	未分利润(万元)	9781.99	7071.99	4560.38
	资本公积(万元)	7065.9	7065.9	14049.9
利润构成	主营收入(万元)	243107.33	298057.78	249289.64
	主营利润(万元)	9718.3	10516.76	10157.16
	营业利润(万元)	4749.45	4452.06	3819.17
	投资收益(万元)	－415.73	634.46	109.43
	利润总额(万元)	4292.54	4666.9	4129.5
	净利润(万元)	3471.78	3781.95	3180.16
点评	2005年公司公司停止了有关化工产品的贸易业务,受此影响公司业务量和盈利水平有所下降。报告期内公司在生物医药产业方面取得了重大突破,但公司的产品销售还未形成规模。仓储物流产业虽然规模较小,但收入稳定。			

股本结构(万股)	截止日期	05年末	占%	主要股东及持股比例%、持股性质
	总股本	24444		深圳市康隆科技发展有限公司 28.24%(非流通股)
	国有股	4284	17.53	复旦大学 5.15%(国有股)
	发起股	3004.71	12.29	成都创先科技开发有限公司 3.23%(非流通股)
	外资股			上海交大产业投资管理(集团)有限公司 2.92%(国有股)
	募集股	9511.29	38.91	同济大学 2.41%(国有股)
	流通A	7644	31.27	北京邮电大学 1.55%(国有股)
	流通B			清华控股有限公司 1.37%(国有股)
	流通H			北京大学 1.37%(国有股)
股东户数	05年末	30501		上海外国语大学 1.37%(国有股)
	04年末	31774		中国华云技术开发公司 1.37%(国有股)
其他流通股东	北京华源亚太科技有限责任公司 0.223%;李凤惠 0.155%;水国伟 0.139%;贺勇 0.105%;李桂香 0.094%			
近年分配	03年:10转增4		近年募资	

二〇〇五年以来市场表现

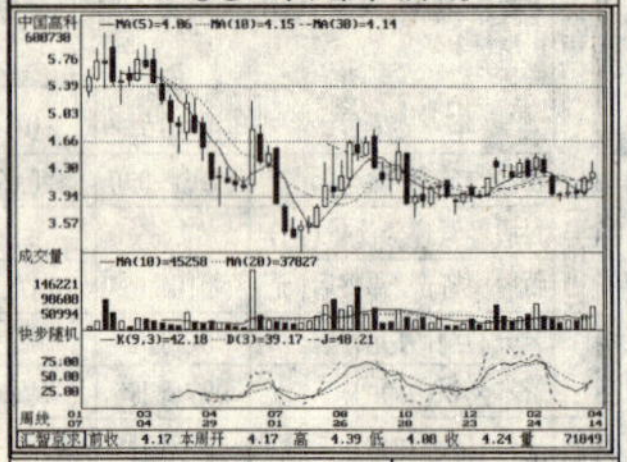

2005年涨跌幅(%)	－26.54
2005年最高(元)	6.12
2006年涨跌幅(%)	7.89
2006.4.26收盘(元)	4.24
2006年最高(元)	4.49
2006年最低(元)	3.87
2006年换手率(%)	82.18
股改对价	送股 每10股实际获得3股

G海利（600731）

上市日期:96/08/02　　电话:0731－5357829　　传真:0731－5357977

主营	农药、精细化工产品的开发、生产及产品的销售;化工新技术新产品的研究开发及成果转让、技术咨询、培训与服务。			
	年　度	2005	2004	2003
主要指标	每股收益/扣除后(元)	0.03	0.022	0.059/0.059
	每股经营现金流量(元)	0.2653	0.006	0.289
	每股净资产/调整后(元)	2.3/2.18	2.29/2.17	2.28/2.2
	未分利润(万元)	7222.56	7285.18	7128.97
	资本公积(万元)	22749.69	22749.69	22699.29
利润构成	主营收入(万元)	48951.77	45674.31	38817.16
	主营利润(万元)	11741.2	10274.66	8940.23
	营业利润(万元)	2177.22	1719.85	2290.76
	投资收益(万元)	－143.16	－199.63	－18.9
	利润总额(万元)	1850.21	1445.52	2225.62
	净利润(万元)	770.4	560.88	1500.01
点评	2005年公司销售收入同比有所增长,销售毛利率也有所提高。06年公司仍有新项目投入,未来项目建设情况、产品价格趋势、下游需求变化以及行业竞争秩序等都是决定公司业绩增长速度的重要因素。			

股本结构(万股)	截止日期	05年末	占%	主要股东及持股比例%、持股性质
	总股本	25631.41		湖南海利高新技术产业集团有限公司 45.668%(国有股)
	国有股	11705.4	45.67	湖南化工研究院工会 2.171%(非流通股)
	发起股	842.13	3.29	湖南省化学化工学会科技服务部 1.844%(非流通股)
	外资股			北京信泰珂科技发展中心 1.493%(非流通股)
	募集股	3380.28	13.19	中信大榭开发公司 1.493%(非流通股)
	流通A	9703.6	37.86	长沙市科旺化工仪表成套设备公司 1.493%(非流通股)
	流通B			湖南金川阳光商贸有限公司 1.366%(非流通股)
	流通H			中国工商银行贵溪市支行 1.075%(非流通股)
股东户数	05年末	33706		湖南省国际贸易发展公司 0.747%(非流通股)
	04年末	34328		湖南省电力高新技术开发公司 0.747%(非流通股)
其他流通股东	武麓江 0.206%;杨雅婷 0.176%;朱仲明 0.159%;邓春芳 0.135%;邵进军 0.118%;张桂华 0.106%;顾同新 0.102%			
近年分配	04年:10派0.2		近年募资	03年10配3配股价5.44元。

二〇〇五年以来市场表现

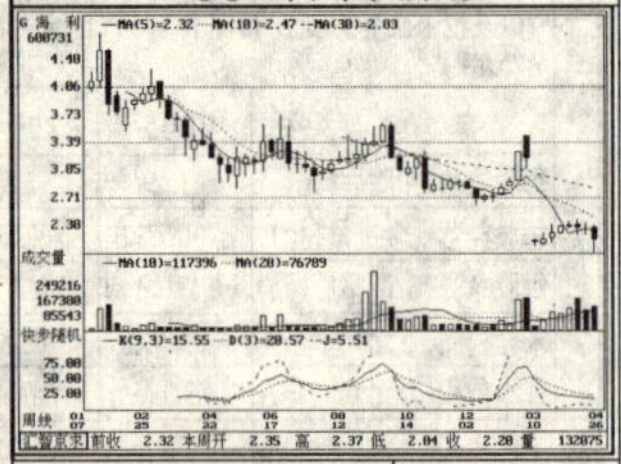

2005年涨跌幅(%)	－29.28
2005年最高(元)	4.74
2006年涨跌幅(%)	3.39
2006.4.26收盘(元)	2.2
2006年最高(元)	3.46
2006年最低(元)	2.71
2006年换手率(%)	104.15
股改对价	送股 每10股实际获得3.3股(06/03/10)

G新梅（600732）

上市日期:96/08/16　　电话:021—51002662　　传真:021—51005370

主营	房地产开发与经营,物业管理。			
	年　度	2005	2004	2003
主要指标	每股收益/扣除后(元)	0.26/0.267	0.207	0.165/0.152
	每股经营现金流量(元)	-0.07	-0.61	0.36
	每股净资产/调整后(元)	2.02/2.02	1.77/1.78	1.56/1.56
	未分利润(万元)	8244.57	3260.14	-134.7
	资本公积(万元)	10844.38	11147.45	11147.45
利润构成	主营收入(万元)	35656.18	36823.27	94785.1
	主营利润(万元)	15253.77	13096.47	14686.19
	营业利润(万元)	13461.81	10835.06	7071.2
	投资收益(万元)	-1184.34	-1183.96	-199.49
	利润总额(万元)	12111.87	9521.05	6820.74
	净利润(万元)	6453.54	5140.11	4094.09
点评	在疲软的市场态势下,05年在主营收入下降的情况下,公司实现净利润的增长,主要是本期结算的商品房销售价格高于去年同期,导致主营业务成本和财务费用较去年同期下降了14.89%和49.05%;同时也得益于04年公司调整的各房产项目的开发计划。			

	截止日期	05年末	占%	主要股东及持股比例%、持股性质
股本结构(万股)	总股本	24799.06		上海兴盛实业发展(集团)有限公司 57.52%（非流通股）
	国有股			上海迈登纬经贸发展有限公司 0.13%（流通A股）
	发起股	14265.62	57.52	北京捷通投资咨询管理有限公司 0.11%（流通A股）
	外资股			彭涛 0.1%（流通A股）
	募集股			叶国祥 0.09%（流通A股）
	流通A	10533.44	42.48	于成伟 0.08%（流通A股）
	流通B			吴彪 0.08%（流通A股）
	流通H			杜腾 0.08%（流通A股）
股东户数	05年末	32024		俞平国 0.08%（流通A股）
	04年末	31567		冯楼凰 0.07%（流通A股）
其他流通股东	陈莉莉 0.072%			
近年分配	05预案:10派0.1		近年募资	

二〇〇五年以来市场表现

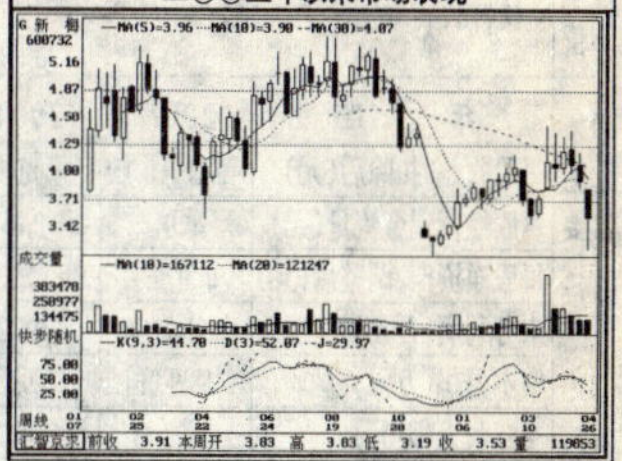

2005年涨跌幅(%)	23.98
2005年最高(元)	5.45
2006年涨跌幅(%)	-4.34
2006.4.26收盘(元)	3.53
2006年最高(元)	4.5
2006年最低(元)	3.19
2006年换手率(%)	205.78
股改对价	送股 每10股实际获得2.7股(05/11/29)

前锋股份（600733）

上市日期:96/08/16　　电话:028-6525719　　传真:028-6525725

主营	光纤及通信工程、信息产品研发应用及销售、宽带视频综合接入网设备研发、800MHZ移动通信运营通信及电子信息产品、软件开发、数字电视相关业务、会议电视系统等。			
	年　度	2005	2004	2003
主要指标	每股收益/扣除后(元)	0.013/0.014	0.01/-0.107	0.019/-0.001
	每股经营现金流量(元)	1.0902	-0.0542	-0.1361
	每股净资产/调整后(元)	1.42/1.4	1.36/1.33	1.36/1.32
	未分利润(万元)	-2338.38	-1739.63	-1553.59
	资本公积(万元)	7706.48	6786.27	6786.27
利润构成	主营收入(万元)	13856.22	17523.73	26530.98
	主营利润(万元)	8539.64	6127.86	6363.37
	营业利润(万元)	-737.9	-844.69	34.67
	投资收益(万元)	-537.36	189.29	-523.61
	利润总额(万元)	-1323.49	-660.41	-512.85
	净利润(万元)	263.72	196.11	373.4
点评	公司是一家投资控股型企业,主营收入主要来自参股企业的场地租赁收入,公司旗下企业的电子光纤通讯产品的盈利能力也很低下,同时,公司广电网络和通讯服务业务呈现亏损状态。公司仍处于产业结构调整阶段,尚未培育出主营利润增长点。			

	截止日期	05年末	占%	主要股东及持股比例%、持股性质
股本结构(万股)	总股本	19758.6		四川新泰克数字设备有限责任公司 22.77%（非流通股）
	国有股	3627	18.36	成都市国有资产投资经营公司 18.36%（国有股）
	发起股			国投电子公司 4.24%（非流通股）
	外资股			东方电器集团财务公司 2.05%（非流通股）
	募集股	8571.6	43.38	成都市龙泉金丰租赁服务中心 1.71%（非流通股）
	流通A	7560	38.26	上海亿安科技发展有限公司 1.71%（非流通股）
	流通B			成都国光电气股份有限公司 1.43%（非流通股）
	流通H			成都市煤气总公司 1.37%（非流通股）
股东户数	05年末	19848		深圳市沙河联发公司 0.683%（非流通股）
	04年末	19856		昆明燃气实业公司 0.683%（非流通股）
其他流通股东	北京市永佳包装制品有限公司 0.306%;马文荣 0.254%;李发文 0.185%;李春秀 0.175%;李小琴 0.154%			
近年分配			近年募资	

二〇〇五年以来市场表现

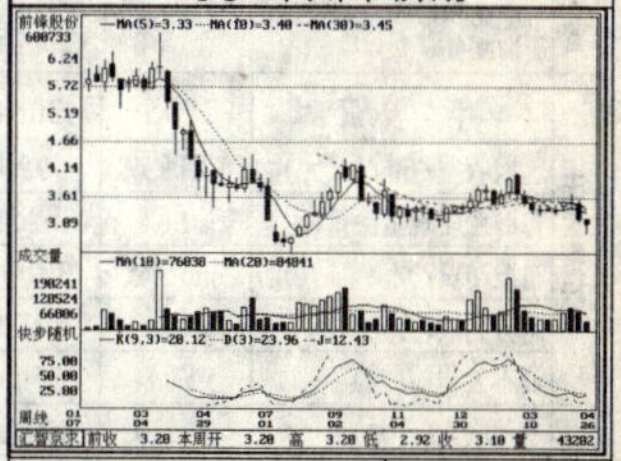

2005年涨跌幅(%)	-41.38
2005年最高(元)	6.77
2006年涨跌幅(%)	-8.82
2006.4.26收盘(元)	3.1
2006年最高(元)	4.08
2006年最低(元)	2.92
2006年换手率(%)	199.89
股改对价	

实达集团（600734）

上市日期:96/08/08　　电话:0591-3709680　　传真:0591-3708128

主营	计算机外设产品及电脑产品的研发、生产、销售与服务。			
	年　度	2005	2004	2003
主要指标	每股收益/扣除后(元)	-0.799	-0.271	0.065/-0.201
	每股经营现金流量(元)	0.3975	-0.673	-0.2235
	每股净资产/调整后(元)	0.59/0.44	1.23/1.15	1.72/1.66
	未分利润(万元)	-36938.62	-8500.04	1037.87
	资本公积(万元)	20861.47	20861.47	20764.01
利润构成	主营收入(万元)	79835.01	158930.96	229087.87
	主营利润(万元)	17979.29	23342.92	28831.71
	营业利润(万元)	-10885.69	-18837.36	-7738.9
	投资收益(万元)	-993.63	-1263.82	9508.47
	利润总额(万元)	-30165.9	-20731.22	1470.43
	净利润(万元)	-28073.21	-9531.65	2273.36
点评	因公司资金紧张,许多银行贷款逾期无法归还,给公司的正常经营带来负面影响,公司主营业收入因电脑竞争力下降而有一定幅度的减少,并继续亏损。通过加紧催收其他应收款和对PC业务进行整顿,公司经营有好转可能。			

	截止日期	05年末	占%	主要股东及持股比例%、持股性质
股本结构(万股)	总股本	35155.84		福建计算机外部设备厂 16.72%（非流通股）
	国有股	14347.08	40.81	中国富莱德实业公司 14.65%（国有股）
	发起股	629.18	1.79	北京盛邦投资有限公司 14.22%（非流通股）
	外资股			中国华润总公司 3.75%（国有股）
	募集股	6906.38	19.65	福州开发区科技园建设发展总公司 3.2%（国有股）
	流通A	13273.21	37.76	福建奔达投资有限公司 2.8%（非流通股）
	流通B			福建国际信托投资有限公司 2.14%（国有股）
	流通H			福建实达电脑集团股份有限公司工会 1.31%（非流通股）
股东户数	05年末	71055		福州闽融科技有限公司 1.18%（国有股）
	04年末	77409		福建兴业证券股份有限公司 0.51%（非流通股）
其他流通股东	张新 0.177%;陈瑞珠 0.167%;施曙华 0.143%;黄诚 0.117%;蒋春煦 0.072%;于西蓓 0.068%;张凤英 0.065%			
近年分配			近年募资	

二〇〇五年以来市场表现

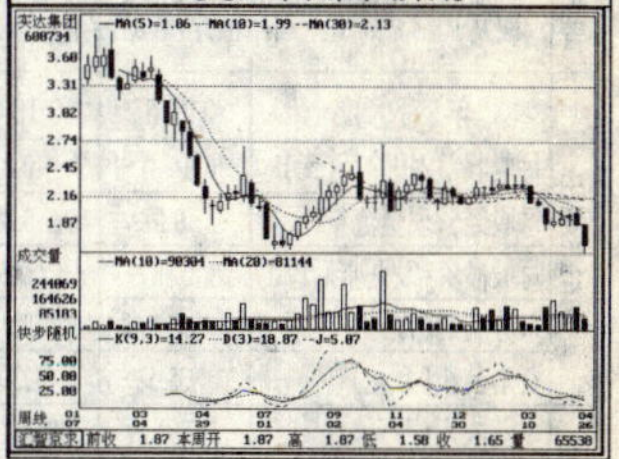

2005年涨跌幅(%)	-38.17
2005年最高(元)	3.89
2006年涨跌幅(%)	-21.05
2006.4.26收盘(元)	1.65
2006年最高(元)	2.46
2006年最低(元)	1.58
2006年换手率(%)	108.48
股改对价	

ST 陈香（600735）

上市日期:96/07/26　电话:(0539)6107519　传真:(0539)6107529

主营：饮料酒类、酒精生产和销售

	年度	2005	2004	2003
主要指标	每股收益/扣除后(元)	-0.11/-0.155	0.01	-1.17/-1.16
	每股经营现金流量(元)	0.04	0.05	-0.21
	每股净资产/调整后(元)	0.31/0.3	0.42/0.37	0.38/0.36
	未分利润(万元)	-21413.48	-19642.4	-19858.19
	资本公积(万元)	8869.01	8805.5	8411.56
利润构成	主营收入(万元)	10370.43	9745.16	11468.75
	主营利润(万元)	-200.4	-196.76	895.37
	营业利润(万元)	-1808.78	-151.55	-12982.46
	投资收益(万元)			-5109.86
	利润总额(万元)	-1771.07	215.79	-18152.93
	净利润(万元)	-1771.07	215.79	-18152.93

点评：公司属于酿酒业。05年，由于公司在中高档白酒的产销上无所建树，出现了较大的亏损。06年，公司除了面临燃料持续价格上升增加成本外，国家对白酒消费税的调整也增加了公司的消费税收负担，其传统白酒主业发展前景不容乐观。

	截止日期	05年末	占%	主要股东及持股比例%、持股性质
股本结构（万股）	总股本	15481.29		该部分股份属于国有股46.09%（国有股）
	国有股	7135.14	46.09	毛节伟0.89%（流通A股）
	发起股			烟台和星化工有限公司0.61%（流通A股）
	外资股			董保清0.59%（流通A股）
	募集股			烟台安海商贸有限公司0.55%（流通A股）
	流通A	8346.15	53.91	李世林0.48%（流通A股）
	流通B			高学伟0.48%（流通A股）
	流通H			尚涛0.42%（流通A股）
股东户数	05年末	11206		蒲娈0.4%（流通A股）
	04年末	14666		周虹0.38%（流通A股）
其他流通股东	烟台海顺商贸有限公司0.293%			
近年分配			近年募资	

二〇〇五年以来市场表现

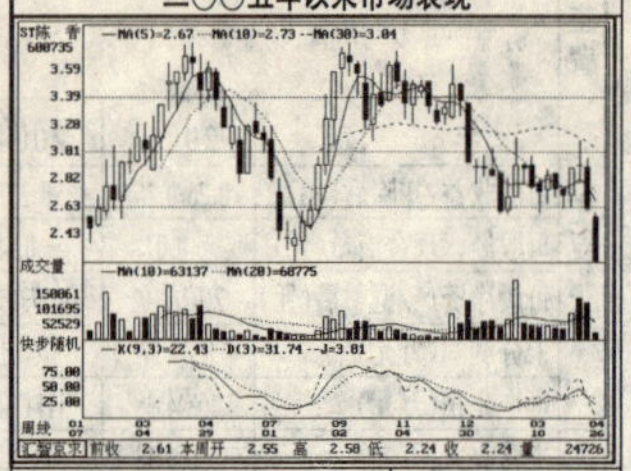

2005年涨跌幅(%)	15.81
2005年最高(元)	3.78
2006年涨跌幅(%)	-23.55
2006.4.26收盘(元)	2.24
2006年最高(元)	3.11
2006年最低(元)	2.24
2006年换手率(%)	131.33
股改对价	

G 苏高新（600736）

上市日期:96/08/15　电话:0512-68072570　传真:0512-68072758

主营：高新技术产品的投资和开发生产，能源、交通、通讯等基础产业和市政基础设施的投资经营，工程设计施工和科技咨询服务。

	年度	2005	2004	2003
主要指标	每股收益/扣除后(元)	0.313/0.298	0.284	0.238/0.201
	每股经营现金流量(元)	-1.676	-2.504	-0.399
	每股净资产/调整后(元)	3.65/3.65	3.49/3.48	3.32/3.22
	未分利润(万元)	34767.98	31272.82	27830.82
	资本公积(万元)	58670.84	58545.43	58216.85
利润构成	主营收入(万元)	160925.7	161332.82	81318.44
	主营利润(万元)	37800.57	41026.01	27254.58
	营业利润(万元)	22301.16	27933.41	18729.49
	投资收益(万元)	1443.8	168.38	46.58
	利润总额(万元)	23656.15	28241.29	18907.99
	净利润(万元)	14304.1	12980.45	10868.43

点评：主营收入的51.89%和利润的84.84%来自房地产业务。目前已经形成住宅、商业、工业和旅游地产的组合结构，由于苏州的地产市场仍在稳定中发展，因此公司的土地供应和房地产信贷仍维持现状；基础设施经营业仍具有良好的发展前景。

	截止日期	05年末	占%	主要股东及持股比例%、持股性质
股本结构（万股）	总股本	45747		苏州高新区经济发展集团总公司48.59%（国有股）
	国有股	22230	48.59	中信信托投资有限责任公司5.67%（国有股）
	发起股	3888	8.5	苏州新区创新科技投资管理有限公司3.36%（国有股）
	外资股			苏州市乐星工商实业公司2.22%（非流通股）
	募集股	4536	9.92	上海天迪科技投资发展有限公司1.53%（非流通股）
	流通A	15093	32.99	中国银行－嘉实成长收益型证券投资基金1.32%（流通A股）
	流通B			上海证大投资管理有限公司1.04%（非流通股）
	流通H			江苏省苏高新风险投资股份有限公司0.98%（国有股）
股东户数	05年末	85405		江苏高科技投资集团有限公司0.92%（国有股）
	04年末	93612		中国银行－嘉实服务增值行业证券投资基金0.66%（流通A股）
其他流通股东	光大证券有限责任公司－中国光大银行股份有限公司－光大阳光集合0.153%；袁有家0.108%			
近年分配	05预案:10派1.8；04年:10派1.5；03年:10派1.2		近年募资	

二〇〇五年以来市场表现

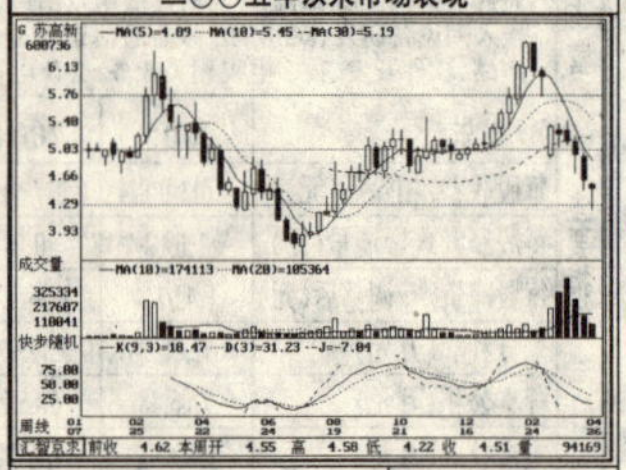

2005年涨跌幅(%)	4.17
2005年最高(元)	6.34
2006年涨跌幅(%)	18.5
2006.4.26收盘(元)	4.51
2006年最高(元)	7.24
2006年最低(元)	5.06
2006年换手率(%)	102.23
股改对价	送股 每10股实际获得3.4股(06/03/24)

*ST 屯河（600737）

上市日期:96/07/31　电话:0991-5571888　传真:0991-5571600-6201

主营：番茄加工和番茄制品的制造销售，饮料制品生产、销售，水泥及其制品的生产和销售，白砂糖的生产和销售。

	年度	2005	2004	2003
主要指标	每股收益/扣除后(元)	-0.9/-0.81	-0.82	0.15/0.08
	每股经营现金流量(元)	-0.07	-0.43	0.34
	每股净资产/调整后(元)	0.85/0.79	0.45/0.35	1.39/1.38
	未分利润(万元)	-18712.42	-55020.51	15085.83
	资本公积(万元)	4935.52	3123.4	4034.13
利润构成	主营收入(万元)	136399.29	109764.85	217379.97
	主营利润(万元)	30286.71	29980	78550.51
	营业利润(万元)	-51055.7	-29230.08	5357.54
	投资收益(万元)	-4031.68	-37131.83	9824.87
	利润总额(万元)	-73421.04	-67742.76	15456.67
	净利润(万元)	-72123.33	-65756.03	11926.1

点评：公司05年仍为巨亏，亏损主要还是来源于对历史遗留问题的清理。中粮入主屯河后，更加重视和强化资源性产业的发展，对公司产业结构进行了一定的调整，压缩了公司的水泥和果汁业务，强化番茄制品和甜菜糖两大主业的发展

	截止日期	05年末	占%	主要股东及持股比例%、持股性质
股本结构（万股）	总股本	80560.42		新疆屯河集团有限责任公司15.15%（非流通股）
	国有股	9958.03	12.36	新疆八一钢铁集团有限责任公司7.59%（国有股）
	发起股	29973.89	37.21	新疆三维投资有限责任公司7.4%（非流通股）
	外资股			新疆德隆(集团)有限责任公司7.35%（非流通股）
	募集股			上海创基投资发展有限公司7.3%（非流通股）
	流通A	40628.5	50.43	新疆维吾尔自治区石油管理局4.77%（国有股）
	流通B			中富证券有限责任公司0.73%（流通A股）
	流通H			任春松0.35%（流通A股）
股东户数	05年末	27850		佟岩菊0.31%（流通A股）
	04年末	42679		赵亚芹0.25%（流通A股）
其他流通股东	李芳0.213%；任广峰0.2%；孟运盛0.191%；农夫山泉0.182%；杨美君0.17%；曾第素0.156%			
近年分配			近年募资	

二〇〇五年以来市场表现

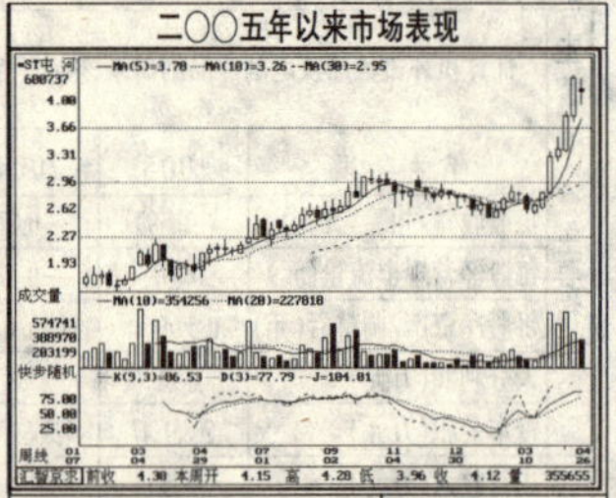

2005年涨跌幅(%)	63.31
2005年最高(元)	3.12
2006年涨跌幅(%)	49.28
2006.4.26收盘(元)	4.12
2006年最高(元)	4.35
2006年最低(元)	2.5
2006年换手率(%)	104.81
股改对价	

兰州民百（600738）

上市日期:96/08/02　　电话:0931－8438318　　传真:0931－8473891

主营：商品的零售和批发。

年　度	2005	2004	2003
主要指标			
每股收益/扣除后(元)	0.018/0.021	0.02	0.008/－0.14
每股经营现金流量(元)	0.56	0.42	0.31
每股净资产/调整后(元)	1.06/1.05	1.04/1.04	1.02/1.02
未分利润(万元)	－10722.18	－11141.41	－11558.28
资本公积(万元)	10332.14	10332.14	10308.96
利润构成			
主营收入(万元)	43951.53	40375.67	47958.55
主营利润(万元)	9601.75	8623.49	8427.32
营业利润(万元)	1303.06	1117.13	－3145.14
投资收益(万元)	－81.11	－307.58	112.66
利润总额(万元)	412.52	450.69	158.68
净利润(万元)	419.23	460.27	189.31

点评：报告期内,公司调整商品结构、强化营销理念、提升管理手段,并通过对部分经营环境的改造,并对现有的经营布局进行调整。但由于竞争格局激烈,公司净利润率、净资产收益率等盈利能力指标仍旧较低,相比而言资产负债率偏高,公司仍处于微利境况。

截止日期	05年末	占%	主要股东及持股比例%、持股性质
总股本	23439.71		红楼集团有限公司 28.75%(非流通股)
国有股	1171.88	5	兰州民百佛慈集团有限公司 5%(国有股)
发起股	7937	33.86	榆中县大象土地综合开发有限公司 2.72%(非流通股)
外资股			甘肃世安电监控公司 1.28%(非流通股)
募集股	1205.23	5.14	兰州市城市建设综合开发有限公司 0.98%(非流通股)
流通A	13125.6	56	荆门市投资公司 0.96%(非流通股)
流通B			兰州市商业银行金汇支行 0.45%(非流通股)
流通H			上海中学生报社 0.43%(非流通股)
股东户数 05年末	25462		兰州信通公司 0.4%(非流通股)
股东户数 04年末	23086		建行甘肃省信托投资公司兰州办事处 0.32%(非流通股)

（股本结构单位：万股）

其他流通股东：刘凤亭 0.237%;王以国 0.218%;占新红 0.212%;徐德良 0.2%;胡琳 0.192%;万中 0.189%;陈世统 0.179%

近年分配：　　**近年募资**：

二〇〇五年以来市场表现

2005年涨跌幅(%)	－17.47
2005年最高(元)	2.94
2006年涨跌幅(%)	9.91
2006.4.26收盘(元)	2.44
2006年最高(元)	2.63
2006年最低(元)	2.13
2006年换手率(%)	116.01
股改对价	注资 转增 每10股实际获得2.4267股

G成大（600739）

上市日期:96/08/19　　电话:0411－2803736　　传真:0411－2656051

主营：主营棉针织品、毛针织品、家用纺织品及服装进出口业务;同时经营医药连锁、金融投资、商业投资和外经业务。

年　度	2005	2004	2003
主要指标			
每股收益/扣除后(元)	0.17/0.16	0.12	0.13/0.098
每股经营现金流量(元)	0.19	0.35	0.04
每股净资产/调整后(元)	2.45/2.4	2.32/2.26	4.04/3.9
未分利润(万元)	16503.95	11173.45	9123.68
资本公积(万元)	9722.55	9011.86	31058.84
利润构成			
主营收入(万元)	576502.31	361654.86	281168.49
主营利润(万元)	33705.79	30140.53	25536.78
营业利润(万元)	5591.96	5959.69	5218.99
投资收益(万元)	5874.09	2543.45	257.12
利润总额(万元)	11414.53	8421.7	5286.8
净利润(万元)	8691.93	6025.62	3504.42

点评：报告期内,公司面对配额取消等不利因素,仍实现了贸易的稳定增长。公司旗下成大方圆医药连锁门店数增加到547家,投资的家乐福、百安居开店已达17家,实现投资收益883万元。参股的广发证券实现投资收益5030万元,成大生物运营正常。

截止日期	05年末	占%	主要股东及持股比例%、持股性质
总股本	49844.81		辽宁成大集团有限公司 18.41%(国有股)
国有股	9176.74	18.41	深圳吉富创业投资股份有限公司 16.91%(非流通股)
发起股	1159.14	2.33	大连利方投资有限公司 9.21%(非流通股)
外资股			中国平安保险公司大连分公司 2.7%(非流通股)
募集股	16620.92	33.35	辽宁万恒房地产开发有限公司 2.01%(非流通股)
流通A	22888.01	45.92	深圳市银光通实业有限公司 1.81%(流通A股)
流通B			大连三霖铁贸易有限公司 1.79%(非流通股)
流通H			华盛服饰 1.57%(流通A股)
股东户数 05年末	34091		交通银行－科瑞证券投资基金 1.1%(流通A股)
股东户数 04年末	39011		中国工商银行－科翔证券投资基金 1.05%(流通A股)

（股本结构单位：万股）

其他流通股东：福建省闽发证券有限公司 1.003%;陈世辉 0.472%;中国工商银行－南方避险增值基金 0.403%;陈万镛 0.213%

近年分配：05预案:10派1;04年:10派0.5;03年:10派1转增8　　**近年募资**：03年10配3配股价8元。

二〇〇五年以来市场表现

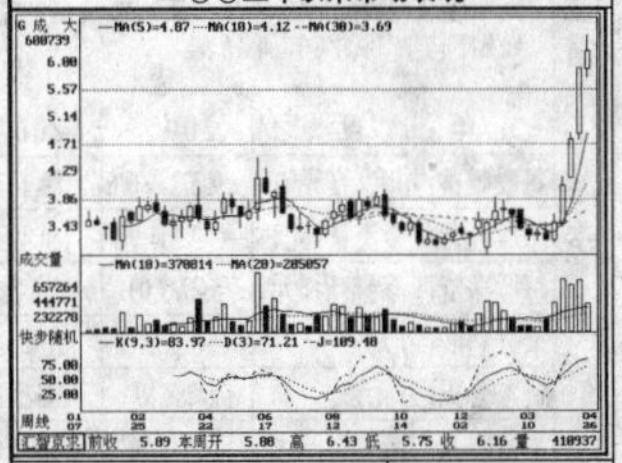

2005年涨跌幅(%)	1.72
2005年最高(元)	4.5
2006年涨跌幅(%)	128.8
2006.4.26收盘(元)	6.16
2006年最高(元)	8.36
2006年最低(元)	3.9
2006年换手率(%)	163.58
股改对价	送股 每10股实际获得3股(06/01/24)

G山焦（600740）

上市日期:96/08/08　　电话:0357－6626012　　传真:0357－6625045

主营：生产和销售焦炭及其相关化工产品

年　度	2005	2004	2003
主要指标			
每股收益/扣除后(元)	0.51/0.48	0.97	0.47/0.48
每股经营现金流量(元)	1.08	2.14	0.008
每股净资产/调整后(元)	5.05/4.93	4.73/4.49	4.07/3.81
未分利润(万元)	30189.67	26784.58	12477.02
资本公积(万元)	32357.97	32357.97	30487.58
利润构成			
主营收入(万元)	202278.74	202322.83	144470.1
主营利润(万元)	34950.11	46477.11	44736.42
营业利润(万元)	8772.84	27295.14	17044.18
投资收益(万元)	1548.1	－2466.65	1101.89
利润总额(万元)	9222.65	23127.7	17514.53
净利润(万元)	10364.01	19871.61	9520.78

点评：2005年,由于我国焦化行业持续疲软、焦炭销售均价降幅较大、焦炭企业限产压产、原辅材料涨价、铁路运输不畅,公司盈利空间缩小,导致2005年利润水平较上年同期下降。2006年公司的经营环境不会有大的改变。

截止日期	05年末	占%	主要股东及持股比例%、持股性质
总股本	20285		山西焦化集团有限公司 34.15%(国有股)
国有股	11835	58.34	山西西山煤电股份有限公司 24.19%(国有股)
发起股			山西信托投资有限责任公司 0.59%(流通A股)
外资股			中国工商银行－广发聚丰股票型证券投资基金 0.49%(流通A股)
募集股			宾善怀 0.2%(流通A股)
流通A	8450	41.66	中国工商银行－华安上证180指数增强型证券投资基金 0.18%(流通A股)
流通B			山西证券有限责任公司 0.16%(流通A股)
流通H			袁永成 0.14%(流通A股)
股东户数 05年末	33772		敬兵 0.13%(流通A股)
股东户数 04年末	24719		栾春颖 0.11%(流通A股)

（股本结构单位：万股）

其他流通股东：吴波 0.104%;须智 0.098%

近年分配：05方案:10派1;04年:10派2;03年:10派4　　**近年募资**：

二〇〇五年以来市场表现

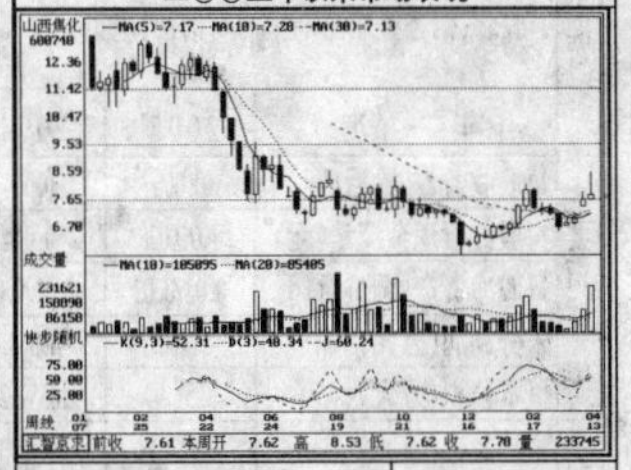

2005年涨跌幅(%)	－50.97
2005年最高(元)	13.3
2006年涨跌幅(%)	22.33
2006.4.26收盘(元)	7.78
2006年最高(元)	8.53
2006年最低(元)	6.32
2006年换手率(%)	151.91
股改对价	送股 每10股实际获得3股(06/05/10)

G 沪巴士（600741）

上市日期:96/08/26 电话:021－63848484 传真:021－63863118

主营	承担市区、郊县及埠际交通客运，出租汽车客运。			
	年　度	2005	2004	2003
主要指标	每股收益/扣除后(元)	0.183/0.125	0.221	0.11/0.09
	每股经营现金流量(元)	1.5567	1.2904	1.03
	每股净资产/调整后(元)	2.49/2.39	2.4/2.21	2.23/2.03
	未分利润(万元)	12628.77	11399.14	5407.98
	资本公积(万元)	43135.13	42918.93	42561.53
利润构成	主营收入(万元)	391653.63	367125.73	315542.87
	主营利润(万元)	95181.76	84836.72	69559.7
	营业利润(万元)	19355.42	16743.25	11896.17
	投资收益(万元)	1036.67	1551.94	3081.29
	利润总额(万元)	24116.76	26269.54	16457.74
	净利润(万元)	13272.86	16060.63	8265.51
点评	05年盈利下降的主要原因是油价上涨、人员工资上涨导致的成本上涨速度过快，公司最重要的应对措施是将部分公交路线经营的非空调车换成空调车，以达到变相提高票价的目的。			

	截止日期	05年末	占%	主要股东及持股比例%、持股性质
股本结构（万股）	总股本	72611.56		上海交通投资(集团)有限公司 30.96%（国有股）
	国有股	30364.88	41.82	上海市原水股份有限公司 4.58%（非流通股）
	发起股	8646.68	11.91	大众交通(集团)股份有限公司 4.3%（非流通股）
	外资股			上海强生集团有限公司 4.16%（国有股）
	募集股			上海市政资产经营发展有限公司 2.87%（国有股）
	流通A	33600	46.27	上海市上投房地产有限公司 1.91%（国有股）
	流通B			上海交大南洋实业股份有限公司 1.27%（非流通股）
	流通H			裕阳证券投资基金 1.07%（流通A股）
股东户数	05年末	108404		上海公路房地产联合开发经营公司 0.93%（国有股）
	04年末	114320		中国工商银行－诺安平衡证券投资基金 0.84%（流通A股）
其他流通股东	兴华证券投资基金 0.78%；中国工商银行－安信证券投资基金 0.675%			
近年分配	05预案:10送1.5转增1.5；04年:10派1；03年:10派0.5	近年募资		

二〇〇五年以来市场表现

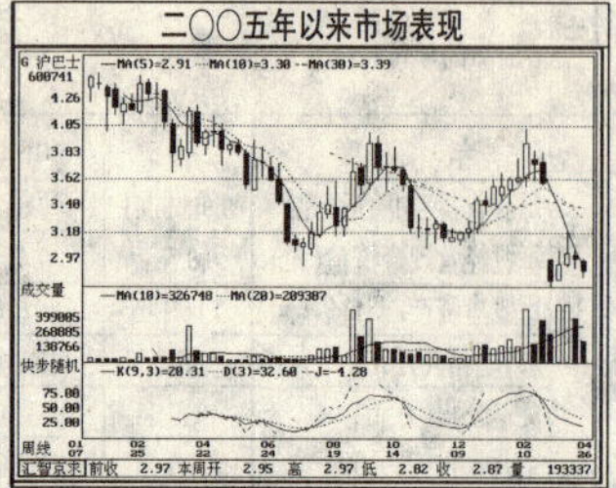

2005年涨跌幅(%)	－19.36
2005年最高(元)	4.48
2006年涨跌幅(%)	9.74
2006.4.26收盘(元)	2.87
2006年最高(元)	4.15
2006年最低(元)	3.4
2006年换手率(%)	92.37
股改对价	送股 每10股实际获得3股(06/03/31)

G 四环（600742）

上市日期:96/08/26 电话:0431－7629115 传真:0431－7629113

主营	汽车改装(除小轿车、轻型车)、制造汽车零部件、汽车修理、经销汽车配件、汽车、小轿车。			
	年　度	2005	2004	2003
主要指标	每股收益/扣除后(元)	－0.572/－0.6	0.139	0.199/0.23
	每股经营现金流量(元)	0.254	0.496	0.29
	每股净资产/调整后(元)	5.27/5.09	5.83/5.69	5.77/5.63
	未分利润(万元)	9675.55	21955.46	21249.01
	资本公积(万元)	54788.89	54375.16	54237.65
利润构成	主营收入(万元)	218742.76	337335.88	323591.71
	主营利润(万元)	4404.37	18860.87	22291.22
	营业利润(万元)	－14778.53	2882.56	4152.72
	投资收益(万元)	2907.59	838.75	334.64
	利润总额(万元)	－11817.75	3743.5	3918.75
	净利润(万元)	－12094.81	2942.82	4202.69
点评	2005年由于主机厂采购量下滑，占公司主营业务收入50%以上的商用车用零部件产品产量大幅下降，加上产品售价下降和原材料价格的上升，导致当年出现大幅亏损。预计06年随着近年所投资企业陆续的进入产出期，投资收益增加，有望实现扭亏。			

	截止日期	05年末	占%	主要股东及持股比例%、持股性质
股本结构（万股）	总股本	21152.34		中国第一汽车集团公司 31.57%（国有股）
	国有股	6677.64	31.57	长春一汽四环集团有限公司 12.06%（非流通股）
	发起股	2794.5	13.21	国投机轻有限公司 1.91%（非流通股）
	外资股			长春汽车研究所中实改装车厂 1.15%（非流通股）
	募集股	1360.8	6.43	泰阳证券有限责任公司 0.92%（流通A股）
	流通A	10319.4	48.79	一汽四环热电安装工程公司 0.77%（非流通股）
	流通B			长春汽车研究所科技咨询公司 0.64%（非流通股）
	流通H			一汽四环钢圈厂 0.57%（非流通股）
股东户数	05年末	35991		一汽四环化油器滤清器厂 0.26%（非流通股）
	04年末	41312		大连客车厂汽车配件公司 0.23%（非流通股）
其他流通股东	卢思颖 0.222%；林源 0.195%；严荣贵 0.17%；陈国辉 0.15%；于云龙 0.144%；陈永国 0.144%；陈浩 0.139%			
近年分配	03年:10派0.5	近年募资		

二〇〇五年以来市场表现

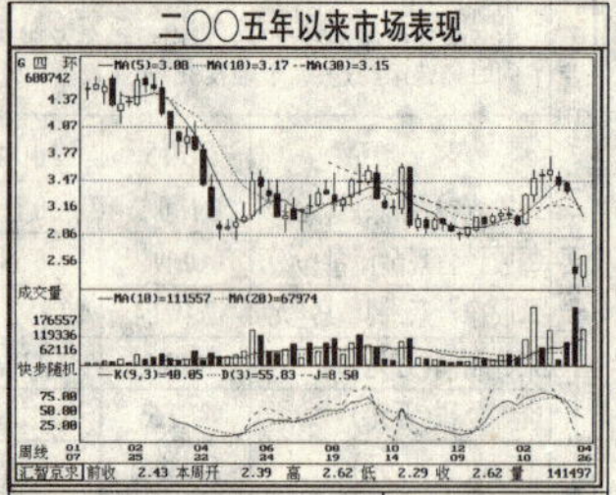

2005年涨跌幅(%)	－33.93
2005年最高(元)	4.67
2006年涨跌幅(%)	21.33
2006.4.26收盘(元)	2.62
2006年最高(元)	3.73
2006年最低(元)	2.95
2006年换手率(%)	104.37
股改对价	送股 每10股实际获得3.8股(06/04/18)

ST 幸福（600743）

上市日期:96/09/09 电话:0728－6641566 传真:0728－6641566

主营	服装、铝合金制品的生产与销售，电力开发等			
	年　度	2005	2004	2003
主要指标	每股收益/扣除后(元)	0.006	0.004	0.005/0.005
	每股经营现金流量(元)	－0.0028	0.044	－0.0021
	每股净资产/调整后(元)	0.02/0.02	0.02/0.02	0.03/0.02
	未分利润(万元)	－31708.74	－49368.35	－49327.58
	资本公积(万元)	3251.99	18559.24	18533.56
利润构成	主营收入(万元)	14623.48	28475.34	27424.07
	主营利润(万元)	1322.84	1053.26	972.9
	营业利润(万元)	55.7	46.04	128.2
	投资收益(万元)			17.5
	利润总额(万元)	50.86	40.19	150.3
	净利润(万元)	197.43	130.21	168.54
点评	公司主营业务为铝材的生产销售及电力服务。公司的控股子公司湖北幸福铝材有限公司主营铝型材的生产与销售。该行业市场竞争较为激烈，此外公司成本与原料铝锭价格的关联度非常高。			

	截止日期	05年末	占%	主要股东及持股比例%、持股性质
股本结构（万股）	总股本	31280		名流投资集团有限公司 19.18%（非流通股）
	国有股			国泰君安证券股份有限公司 11.28%（非流通股）
	发起股	657.39	2.1	北京宣福房产地开发有限责任公司 10.55%（非流通股）
	外资股			潜江市农村信用合作联社 9.04%（非流通股）
	募集股	22802.61	72.9	上海华鸣投资管理有限公司 4.4%（非流通股）
	流通A	7820	25	中化国际信息公司 4.09%（非流通股）
	流通B			北京新财基业投资顾问有限公司 2.56%（非流通股）
	流通H			青岛中金信投资发展有限公司 1.8%（非流通股）
股东户数	05年末	24843		上海城市房地产有限公司 1.7%（非流通股）
	04年末	26666		中国科技国际信托投资有限公司 1.6%（非流通股）
其他流通股东	张亚群 0.306%；吴振及 0.184%；朱会敏 0.176%；于文川 0.147%；练远金 0.142%；李明刚 0.135%；黄斌 0.134%			
近年分配		近年募资		

二〇〇五年以来市场表现

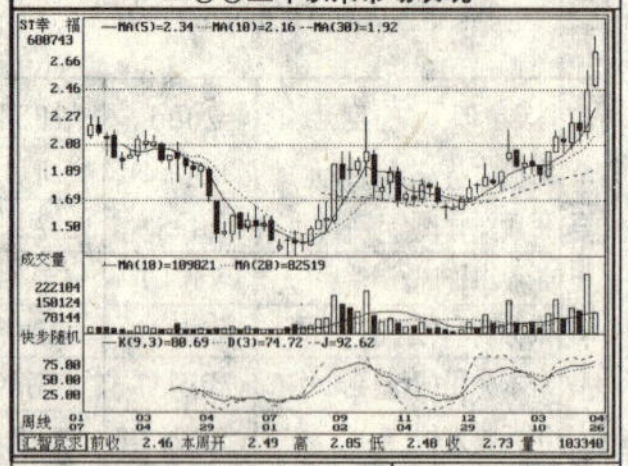

2005年涨跌幅(%)	－18.35
2005年最高(元)	2.28
2006年涨跌幅(%)	53.37
2006.4.26收盘(元)	2.73
2006年最高(元)	2.85
2006年最低(元)	1.74
2006年换手率(%)	195.75
股改对价	

华银电力（600744）

上市日期:96/09/05　　电话:0731－5388088　　传真:0731－5510188

主营：电力生产和销售

	年　度	2005	2004	2003
主要指标	每股收益/扣除后(元)	-0.258/-0.259	0.012	0.029/0.028
	每股经营现金流量(元)	-0.25	0.66	0.082
	每股净资产/调整后(元)	3.66/3.52	3.99/3.96	4.05/4.01
	未分利润(万元)	419.52	23119.37	23545.75
	资本公积(万元)	176487.99	177140.27	178905.55
利润构成	主营收入(万元)	263481.02	214458.35	139832.27
	主营利润(万元)	14201.68	22410.61	11809.33
	营业利润(万元)	-13539.9	2846.6	2023.13
	投资收益(万元)	-5163.96	-1441.43	404.72
	利润总额(万元)	-18835.34	3210.72	2181.07
	净利润(万元)	-18379.21	848.41	2032.98

点评：2005年,公司发电数量同比有所增长,加上煤电联动电价调整,主营业务收入同比有较快增长。由于成本增幅更快,加上计提金额较大,导致公司依然有较大的亏损。公司在建装机容量规模较大,投产后可望稍微改变业绩增长。

	截止日期	05年末	占%	主要股东及持股比例%、持股性质
股本结构（万股）	总股本	71164.8		湖南省电力公司 43.54%（国有股）
	国有股	30985.5	43.54	中国工商银行湖南省信托投资公司 5.55%（非流通股）
	发起股	8703.62	12.23	长沙宏达科技发展有限公司 3.7%（非流通股）
	外资股			湖南省银宏实业发展总公司 1.92%(非流通股)
	募集股	2646.87	3.72	中国湖南国际经济技术合作煤炭公司 1.85%（非流通股）
	流通A	28828.8	40.51	中电信电力开发有限责任公司 1.8%（非流通股）
	流通B			上海东方众鑫科工贸有限公司 0.7%（非流通股）
	流通H			赵建勇 0.47%（流通A股）
股东户数	05年末	148334		崔忠民 0.37%（流通A股）
	04年末	158419		福建新大陆电脑股份有限公司 0.28%（非流通股）
其他流通股东	中国银行－嘉实沪深300指数证券投资基金 0.067%;华宝信托投资有限责任公司 0.067%;代恒敬 0.059%			
近年分配	04年:10派0.6;03年:10派0.25		近年募资	

二〇〇五年以来市场表现

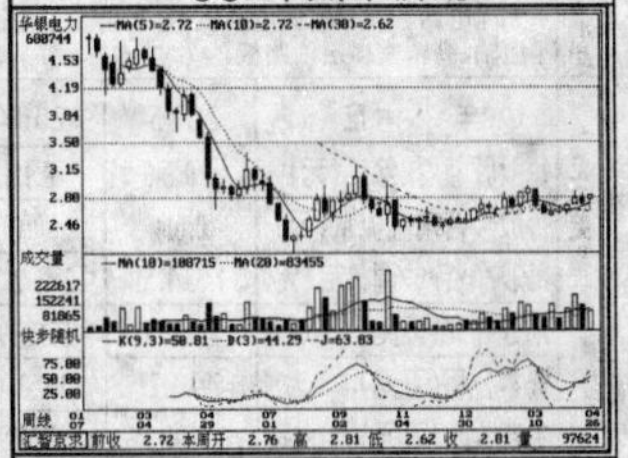

2005年涨跌幅(%)	-47.33
2005年最高(元)	4.88
2006年涨跌幅(%)	12.4
2006.4.26收盘(元)	2.81
2006年最高(元)	2.93
2006年最低(元)	2.49
2006年换手率(%)	52.89
股改对价	

天华股份（600745）

上市日期:96/08/28　　电话:0714－6366993　　传真:0714－6366085

主营：服装的生产和销售;电子元器件的生产和销售。

	年　度	2005	2004	2003
主要指标	每股收益/扣除后(元)	-1.962/-1.707	-1.64	0.01/0.03
	每股经营现金流量(元)	0.0378	0.07	-0.15
	每股净资产/调整后(元)	-1.95/-1.97	0.01/-0.34	1.08/0.31
	未分利润(万元)	-66498.82	-42614.54	-22674.22
	资本公积(万元)	28171.28	28170.27	28170.27
利润构成	主营收入(万元)	351.22	3920.89	15548.13
	主营利润(万元)	-98.65	-958.76	1556.34
	营业利润(万元)	-14527.74	-16511.6	-7171.59
	投资收益(万元)	-6247.97		-26.54
	利润总额(万元)	-23884.28	-20176.12	-7467.91
	净利润(万元)	-23884.28	-19940.33	138.85

点评：由于子公司天华骏烨功率元器件有限公司因诉讼原因资产被冻结,基本处于停产歇业状态,05年公司主要从事服装加工业务。通过改善内外环境吸引技术工人和留住客户,公司基本维持了生产经营。

	截止日期	05年末	占%	主要股东及持股比例%、持股性质
股本结构（万股）	总股本	12174.49		河南戴克实业有限公司 16.84%（非流通股）
	国有股			上海世纪国邦实业有限公司 16.1%（非流通股）
	发起股	6504.95	53.43	广州恒烨实业发展有限公司 13.1%（非流通股）
	外资股			黄石市磁湖高新科技发展公司 4.44%（非流通股）
	募集股	993.6	8.16	广州市中恒伟业地产顾问有限公司 4.18%（非流通股）
	流通A	4675.94	38.41	上海新元投资有限公司 2.92%（非流通股）
	流通B			中国国泰证券有限公司湖北分公司 2.04%（非流通股）
	流通H			吴才伟 1.16%（流通A股）
股东户数	05年末	14153		无锡智慧投资有限公司 0.82%（非流通股）
	04年末	13458		北京涌金财经顾问有限公司 0.57%（非流通股）
其他流通股东	宋英杰 0.234%;李能治 0.215%;周月仙 0.193%;何春燕 0.185%;彭宇 0.161%;林少波 0.148%;李明 0.136%			
近年分配			近年募资	

二〇〇五年以来市场表现

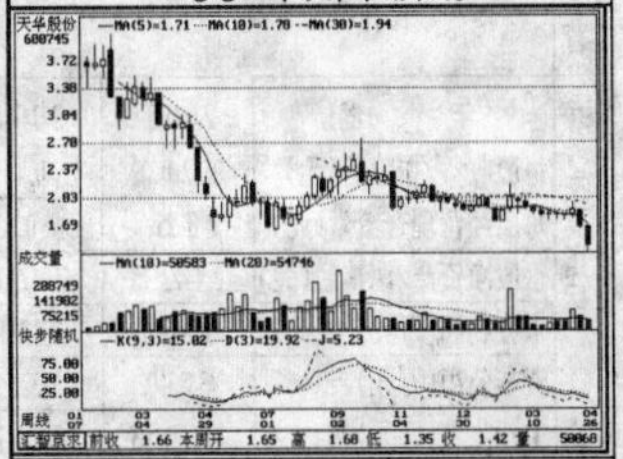

2005年涨跌幅(%)	-50
2005年最高(元)	4.06
2006年涨跌幅(%)	-23.66
2006.4.26收盘(元)	1.42
2006年最高(元)	2.18
2006年最低(元)	1.35
2006年换手率(%)	196.47
股改对价	

江苏索普（600746）

上市日期:96/09/18　　电话:0511－3366244　　传真:0511－3362036

主营：化工原料及产品的制造销售,主要产品包括ADC发泡剂、漂粉精、烧碱、氯气等。

	年　度	2005	2004	2003
主要指标	每股收益/扣除后(元)	0.026/0.005	0.008	0.038/0.014
	每股经营现金流量(元)	0.55	0.31	-0.2669
	每股净资产/调整后(元)	1.22/1.2	1.15/1.14	1.1/1.09
	未分利润(万元)	-940.9	-1731.76	-1971.26
	资本公积(万元)	5077.35	3802.12	2597.31
利润构成	主营收入(万元)	47580.37	39700.49	30771.36
	主营利润(万元)	6423.17	5337.25	4778.1
	营业利润(万元)	1950.98	868.2	1202.48
	投资收益(万元)	133.33	157.42	111.52
	利润总额(万元)	1520.03	613.03	1005.8
	净利润(万元)	790.86	239.51	1171.24

点评：2005年在市场竞争激烈的情况下,公司通过降低生产成本、加强管理,使得自身盈利能力有明显提高。公司未来计划继续扩大离子膜烧碱和ADC发泡剂的产品规模,2006年即有新建项目投产,预计将为公司带来新的利润增长。

	截止日期	05年末	占%	主要股东及持股比例%、持股性质
股本结构（万股）	总股本	30642.15		江苏索普(集团)有限公司 69.3%（国有股）
	国有股			江苏镇江第二化工厂 0.57%（非流通股）
	发起股	21839.47	71.27	镇江精细化工有限责任公司 0.57%（非流通股）
	外资股			江苏镇江硫酸厂 0.57%（非流通股）
	募集股			马孟青 0.27%（流通A股）
	流通A	8802.67	28.73	江苏镇江江南化工厂 0.25%（非流通股）
	流通B			陈小丽 0.24%（流通A股）
	流通H			王娟 0.2%（流通A股）
股东户数	05年末	22817		曾淡莲 0.12%（流通A股）
	04年末	24058		李建军 0.11%（流通A股）
其他流通股东	王飞龙 0.108%;李明山 0.098%;方存记 0.098%;张诚 0.094%;李乐东 0.093%			
近年分配			近年募资	

二〇〇五年以来市场表现

2005年涨跌幅(%)	-25.81
2005年最高(元)	3.59
2006年涨跌幅(%)	13.04
2006.4.26收盘(元)	2.6
2006年最高(元)	3.05
2006年最低(元)	2.25
2006年换手率(%)	205.94
股改对价	

大显股份（600747）

上市日期:96/09/16　　电话:0411－86459612　　传真:0411－6458328

主营	彩色显象管用电子枪金属零件及组件、移动电话、扩频数字无绳电话、网络设备、电视机、显示器件、精密模具、精密微型轴、高精密多层线路板。

	年　度	2005	2004	2003
主要指标	每股收益/扣除后(元)	-0.246	0.111	0.192/0.184
	每股经营现金流量(元)	0.014	-0.037	0.349
	每股净资产/调整后(元)	1.53/1.51	2.16/2.14	2.51/2.47
	未分利润(万元)	-6229.91	27421.91	33348.02
	资本公积(万元)	29966.27	36953.48	36882.98
利润构成	主营收入(万元)	123601.24	89737.99	107399.41
	主营利润(万元)	7408.84	23838.8	25257.56
	营业利润(万元)	-19266.98	12199.24	14601.68
	投资收益(万元)	1477.72	-806.54	504.3
	利润总额(万元)	-21434.93	11299.55	15072.33
	净利润(万元)	-19109.99	7815.77	11309

点评	受彩电行业更新换代以及公司重点客户消化库存等因素影响，彩管行业需求下降，公司主导产品彩枪金属零部件产销出现负增长，05年业绩亏损。公司培育了液晶模组及电池壳两大新盈利产品，并已批量生产，预计06年将实现效益，有助于缓解业绩下滑的局面。

	截止日期	05年末	占%	主要股东及持股比例%、持股性质
股本结构（万股）	总股本	77739.36		大连大显集团有限公司 50.58%（国有股）
	国有股	39320.47	50.58	中国工商银行大连信托投资公司 1.053%（非流通股）
	发起股			大连经济技术开发区鑫鑫商贸公司 0.892%（非流通股）
	外资股			沈阳北泰集团有限公司 0.688%（非流通股）
	募集股	2552.05	3.28	上海永新彩色显像管股份有限公司 0.527%（非流通股）
	流通A	35866.85	46.14	南京显像管厂 0.122%（非流通股）
	流通B			肖辉军 0.119%（流通A股）
	流通H			石云平 0.097%（流通A股）
股东户数	05年末	74936		中国工商银行－华安上证180指数增强型证券投资基金 0.092%（流通A股）
	04年末	74558		深圳市诗加人才教育资源开发有限公司 0.092%（流通A股）
其他流通股东	刘锋 0.078%；中国银行－嘉实沪深300指数证券投资基金 0.07%			
近年分配	04年:10派2转增1；03中期:10转增2年终:10派0.5送2		近年募资	

二〇〇五年以来市场表现

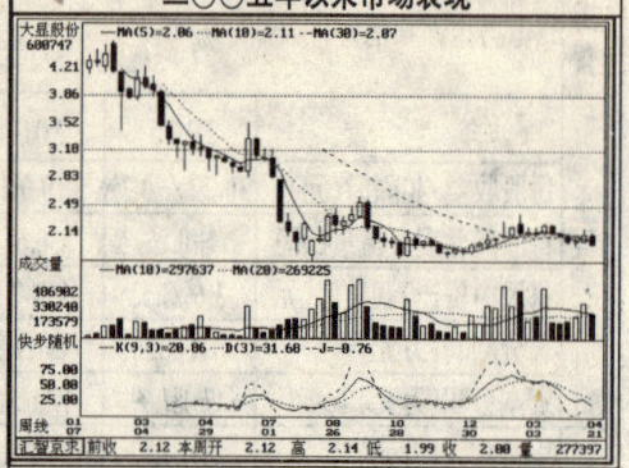

2005年涨跌幅(%)	-43.39
2005年最高(元)	4.55
2006年涨跌幅(%)	0.5
2006.4.26收盘(元)	2
2006年最高(元)	2.38
2006年最低(元)	1.95
2006年换手率(%)	132.24
股改对价	定向转增 每10股实际获得6股

G实发展（600748）

上市日期:96/09/25　　电话:021－53858859　　传真:021－53858879

主营	房地产开发和经营

	年　度	2005	2004	2003
主要指标	每股收益/扣除后(元)	0.22/0.22	0.14	0.12/0.05
	每股经营现金流量(元)	0.25	-0.63	-0.25
	每股净资产/调整后(元)	2.17/2.15	2.01/2.01	1.93/1.92
	未分利润(万元)	11385.5	7312.06	6265.47
	资本公积(万元)	43383.02	43321.4	43317.71
利润构成	主营收入(万元)	127781.93	57101.11	30704.67
	主营利润(万元)	54631.15	24908.52	9608.68
	营业利润(万元)	37542.72	18899.29	6587.05
	投资收益(万元)	1485.43	971.37	4463.97
	利润总额(万元)	38977.34	19836.04	12129.61
	净利润(万元)	13060.58	8118.86	6760.8

点评	公司主营房地产开发和经营、实业投资、资产经营等。05年在上海房地产市场不利的环境下，通过努力，"海上海"项目办公楼销售和"海上海新城"项目定位均获得成功。主营收入和净利润获得高速增长，源于房地产行业和海上海办公楼的增长。

	截止日期	05年末	占%	主要股东及持股比例%、持股性质
股本结构（万股）	总股本	58754.16		上海上实(集团)有限公司 64.73%（国有股）
	国有股	38034.12	64.73	王峥 0.34%（流通A股）
	发起股			上海申能资产管理有限公司 0.32%（流通A股）
	外资股			国泰君安证券股份有限公司 0.32%（流通A股）
	募集股			孙妙琴 0.24%（流通A股）
	流通A	20720.04	35.27	权证创设履约担保证券交收专用帐户—国泰君安证券股份有限公司 0.13%（流通A股）
	流通B			南航集团财务有限公司 0.13%（流通A股）
	流通H			储建伟 0.12%（流通A股）
股东户数	05年末	48806		陈珊珊 0.11%（流通A股）
	04年末	53570		潘瑞英 0.1%（流通A股）
其他流通股东	欧阳天元 0.095%			
近年分配	05预案:10派0.9；04年:10派0.7；03年:10派0.5		近年募资	

二〇〇五年以来市场表现

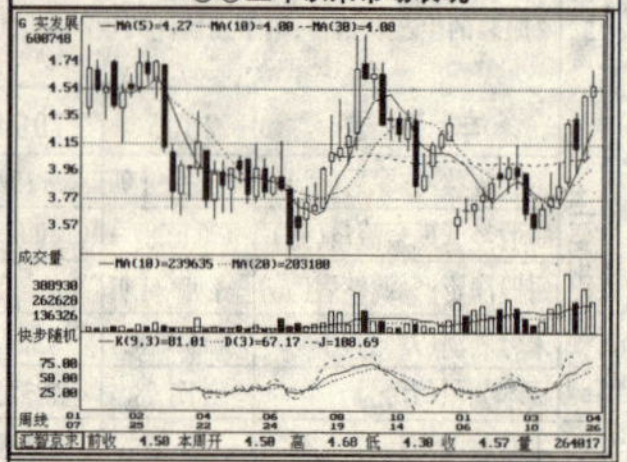

2005年涨跌幅(%)	9.79
2005年最高(元)	5
2006年涨跌幅(%)	25.55
2006.4.26收盘(元)	4.57
2006年最高(元)	4.68
2006年最低(元)	3.47
2006年换手率(%)	173.35
股改对价	送股 每10股实际获得3.2股(05/12/26)

G圣地（600749）

上市日期:96/10/15　　电话:0891－6339150　　传真:0891－6339041

主营	旅游、酒店和有线电视网络等。

	年　度	2005	2004	2003
主要指标	每股收益/扣除后(元)	0.183/0.19	0.132	0.017/0.011
	每股经营现金流量(元)	0.0649	0.5433	0.0565
	每股净资产/调整后(元)	1.33/1.33	1.18/1.18	1.04/1.04
	未分利润(万元)	1056.48	-9.92	-1066.74
	资本公积(万元)	1287.31	1287.31	1287.31
利润构成	主营收入(万元)	22535.68	23103.17	6788.84
	主营利润(万元)	4440.04	3648.28	2154.68
	营业利润(万元)	1361.56	1003.85	124.75
	投资收益(万元)	-16.72	8.59	6.7
	利润总额(万元)	1285.03	991.77	128.27
	净利润(万元)	1462.14	1056.82	135.52

点评	报告期内公司加强了对西藏人文地理文化等旅游因素的开发，在巩固传统旅游产品的基础上，加大了对景区的开发建设力度。公司独家经营的雅鲁藏布大峡谷入口段水上旅游区以及公司控股的巴松措旅游景区运行良好，推动净利润大幅增长。

	截止日期	05年末	占%	主要股东及持股比例%、持股性质
股本结构（万股）	总股本	8000		国风集团有限公司 28.42%（非流通股）
	国有股	2157.07	26.96	西藏国际体育旅游公司 16.27%（国有股）
	发起股	3442.93	43.04	北京古越房地产开发有限公司 14.61%（非流通股）
	外资股			西藏自治区信托投资公司 5.09%（国有股）
	募集股			西藏农牧业机械集团总公司 5.09%（国有股）
	流通A	2400	30	四川省信托投资公司 0.51%（国有股）
	流通B			山西土地物产实业有限公司 0.36%（流通A股）
	流通H			李全 0.23%（流通A股）
股东户数	05年末	10452		陆伟 0.14%（流通A股）
	04年末	9808		俞航 0.13%（流通A股）
其他流通股东	上海市南市区人防建筑工程部物资供应站 0.127%；陈胜利 0.124%；温雪 0.123%；吴智勇 0.12%；吴建蓉 0.101%			
近年分配			近年募资	

二〇〇五年以来市场表现

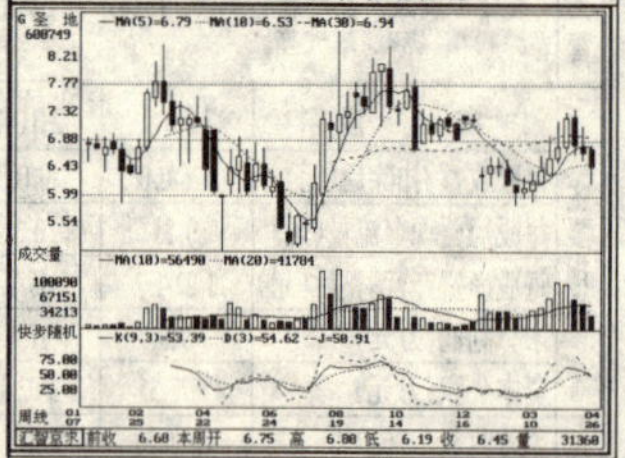

2005年涨跌幅(%)	5.88
2005年最高(元)	8.66
2006年涨跌幅(%)	16.46
2006.4.26收盘(元)	6.45
2006年最高(元)	9.59
2006年最低(元)	7.58
2006年换手率(%)	242.98
股改对价	送股 每10股实际获得3股(06/01/18)

江中药业（600750）

上市日期：96/09/23　电话：0791－8169323　传真：0791－8169323

主营	中成药制剂的生产和销售。			
	年　度	2005	2004	2003
主要指标	每股收益/扣除后(元)	0.37/0.38	0.3	0.35/0.35
	每股经营现金流量(元)	1.36	0.18	0.54
	每股净资产/调整后(元)	4.79/4.71	4.52/4.3	4.12/3.92
	未分利润(万元)	18068.66	15355.67	13358.02
	资本公积(万元)	30702.8	30606.61	27667.32
利润构成	主营收入(万元)	97947.13	83447.52	94117.24
	主营利润(万元)	63256.63	48130.9	55285.55
	营业利润(万元)	8589.67	6091.36	10550.64
	投资收益(万元)	－545.51	－158.29	－127.37
	利润总额(万元)	7874.47	5822.46	10312.92
	净利润(万元)	5362.94	4311.51	5072.37
点评	2005年公司中成药业务取得了产销两旺的良好业绩，公司围绕核心产品做专做精。原料药、抗生素制剂业务方面，公司依靠自有资金及时完成了急需建设的扩产项目，保证了产能与市场需求增长相匹配，牢牢抓住了市场机会。			

	截止日期	05年末	占%	主要股东及持股比例%、持股性质
股本结构（万股）	总股本	14611.2		国有股专管帐户 57.29%（国有股）
	国有股	8371.2	57.29	同盛基金 2.29%（流通A股）
	发起股			银丰基金 0.64%（流通A股）
	外资股			吴华东 0.57%（流通A股）
	募集股			孙军忠 0.49%（流通A股）
	流通A	6240	42.71	同智基金 0.46%（流通A股）
	流通B			银河银泰 0.46%（流通A股）
	流通H			同德基金 0.39%（流通A股）
股东户数	05年末	17055		刘石前 0.35%（流通A股）
	04年末	20719		张守宽 0.35%（流通A股）
其他流通股东	刘道梅 0.203%			
近年分配	05预案：10派2；04年：10派1；03年：10派1		近年募资	

二〇〇五年以来市场表现

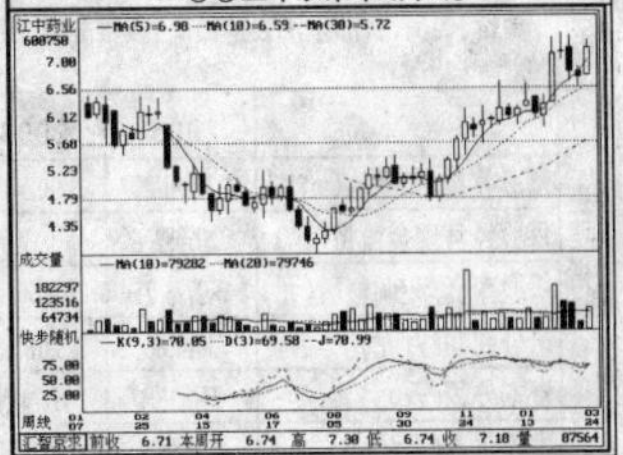

2005年涨跌幅(%)	－4.03
2005年最高(元)	6.75
2006年涨跌幅(%)	17.9
2006.4.26收盘(元)	7.18
2006年最高(元)	7.44
2006年最低(元)	5.92
2006年换手率(%)	119.57
股改对价	送股 每10股实际获得3.2股

＊ST天海（600751/900938）

上市日期：A：96/09/09 B：96/04/30　电话：022－23281780　传真：022－23286115

主营	国际近洋集装箱班轮运输及船务代理和货运代理业。			
	年　度	2005	2004	2003
主要指标	每股收益/扣除后(元)	0.12	－0.04	－1.13/－1.09
	每股经营现金流量(元)	0.03	0.27	－0.06
	每股净资产/调整后(元)	0.2/0.19	0.15/0.14	1.02/0.72
	未分利润(万元)	－62104.84	－67965.4	－38195.32
	资本公积(万元)	28026.56	28026.56	28026.56
利润构成	主营收入(万元)	76914.23	96116.7	71662.15
	主营利润(万元)	7680.29	6367.95	－9041.62
	营业利润(万元)	1026.44	－2077.24	－55599.86
	投资收益(万元)	1.89	－2.99	279.01
	利润总额(万元)	3496.17	－1967.57	－57329.93
	净利润(万元)	5881.63	－2050.29	－55707.4
点评	2005年公司实现扭亏。公司在保证原有航线占有率的基础上，通过合理调配运力加大了船舶出租比例，充分享受了船舶租赁带来的收益，部分规避了高燃油价格带来的成本损失，业绩实现盈利。			

	截止日期	05年末	占%	主要股东及持股比例%、持股性质
股本结构（万股）	总股本	49264.88		天津市天海集团有限公司 37.37%（国有股）
	国有股	18408.85	37.37	上海万丰资产管理有限公司 0.63%（非流通股）
	发起股	2487.1	5.05	林锭耀 0.27%（流通A股）
	外资股			裘阿海 0.24%（流通B股）
	募集股			张柏青 0.23%（流通B股）
	流通A	10368.93	21.05	卢锦彬 0.21%（流通B股）
	流通B	18000	36.54	王明辉 0.19%（流通B股）
	流通H			吴颖 0.17%（流通B股）
股东户数	05年末	74610		陈金玲 0.16%（流通B股）
	04年末	83862		白耀明 0.15%（流通B股）
其他流通股东	吕超 0.15%；严承标 0.148%			
近年分配			近年募资	

二〇〇五年以来市场表现

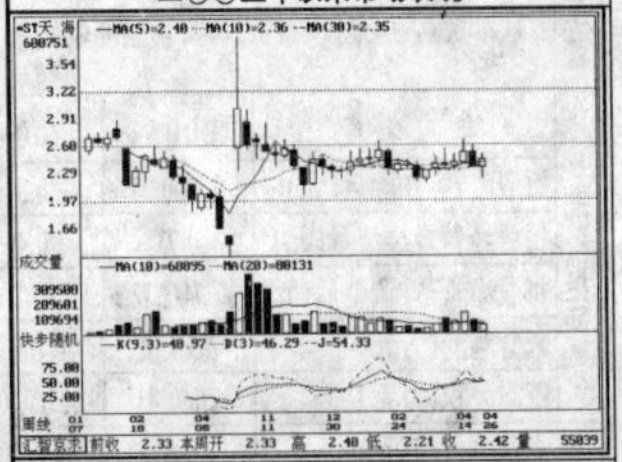

2005年涨跌幅(%)	－11.15
2005年最高(元)	3.85
2006年涨跌幅(%)	4.76
2006.4.26收盘(元)	2.42
2006年最高(元)	2.64
2006年最低(元)	2.16
2006年换手率(%)	117.69
股改对价	

ST冰熊（600753）

上市日期：96/09/27　电话：0370－8585007　传真：0370－8551431

主营	系列卧式冷柜和其它制冷保鲜设备的开发、制造、销售、服务。			
	年　度	2005	2004	2003
主要指标	每股收益/扣除后(元)	－0.197/－0.197	0.009	－0.064/－0.064
	每股经营现金流量(元)	－0.004	0.012	－0.05
	每股净资产/调整后(元)	0.89/0.56	0.84/0.77	0.79/0.68
	未分利润(万元)	－13336.82	－10817.22	－10927.09
	资本公积(万元)	11877.15	8793.78	8259.63
利润构成	主营收入(万元)	852.18	4865.3	8131.34
	主营利润(万元)	171.31	1024.04	1460.1
	营业利润(万元)	－2514.99	－621.75	－878.86
	投资收益(万元)			62.07
	利润总额(万元)	－2519.6	109.87	－814.49
	净利润(万元)	－2519.6	109.87	－814.49
点评	公司冷柜生产经营状况一直不佳，2005年再度报亏，冷柜产品产销继续大幅下降，下半年冷柜的生产完全停止，经营状况与上年度相比更为严峻。公司已着手实施重大资产重组，拟将赢利能力差的冷柜资产彻底置换出去，同时置入优质的房地产项目。			

	截止日期	05年末	占%	主要股东及持股比例%、持股性质
股本结构（万股）	总股本	12800		重庆国际信托投资有限公司 28%（非流通股）
	国有股	3266	25.52	河南冰熊集团有限公司 25.52%（国有股）
	发起股	6334	49.48	商丘天祥商贸有限公司 19.53%（非流通股）
	外资股			上海交大联合科技有限公司 1.95%（非流通股）
	募集股			仇启棠 0.25%（流通A股）
	流通A	3200	25	邓新山 0.23%（流通A股）
	流通B			邱昶 0.12%（流通A股）
	流通H			徐伟忠 0.11%（流通A股）
股东户数	05年末	11440		温永洪 0.11%（流通A股）
	04年末	12039		周信祥 0.11%（流通A股）
其他流通股东	周宇光 0.103%；马建华 0.101%；马丹庆 0.096%；张铁军 0.091%			
近年分配			近年募资	

二〇〇五年以来市场表现

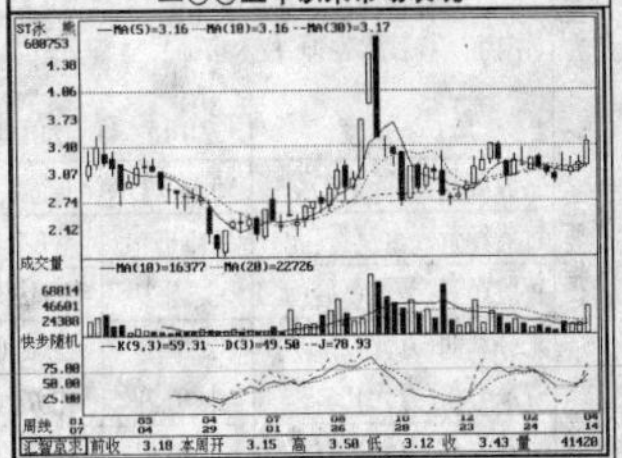

2005年涨跌幅(%)	2.62
2005年最高(元)	4.71
2006年涨跌幅(%)	9.59
2006.4.26收盘(元)	3.43
2006年最高(元)	3.5
2006年最低(元)	2.91
2006年换手率(%)	80.82
股改对价	送股 每10股实际获得3.2股

G锦江（600754/900934）

上市日期:A: 96/10/11 B: 94/12/15　电话:021－63217132　传真:021－63217720

主营	宾馆、餐饮、食品生产及连锁经营、旅游等。

	年　　度	2005	2004	2003
主要指标	每股收益/扣除后(元)	0.319/0.279	0.241	0.065/0.035
	每股经营现金流量(元)	0.382	0.313	0.316
	每股净资产/调整后(元)	3.27/3.25	3.11/3.08	2.93/2.89
	未分利润(万元)	3410.88	3918.68	3935.75
	资本公积(万元)	77153.94	77124.59	77096.31
利润构成	主营收入(万元)	90245.98	86370.05	79692.33
	主营利润(万元)	61704.89	58199.1	48014.33
	营业利润(万元)	14101.05	10111.52	－937.74
	投资收益(万元)	7704	9656.77	5484.38
	利润总额(万元)	23797.11	19746.11	5743.69
	净利润(万元)	19263.49	14523.33	3925.27
点评				

	截止日期	05年末	占%	主要股东及持股比例%、持股性质
股本结构（万股）	总股本	60324.07		上海锦江国际酒店(集团)有限公司 52.46%（国有股）
	国有股	25528.07	42.32	上海轮胎橡胶(集团)股份有限公司 1.55%（国有股）
	发起股			上海市城市建设投资开发总公司 1.55%（国有股）
	外资股			国联安德盛小盘精选证券投资基金 0.8%（流通A股）
	募集股	9360	15.52	HTHK－VALUE PARTNERS INTELLIGENT FUNDS－CHINA B SHARE FUND 0.78%（流通B股）
	流通A	9836	16.31	日兴资产管理有限公司－日兴AM中国人民币A股母基金 0.54%（流通A股）
	流通B	15600	25.86	上海证券有限责任公司 0.52%（国有股）
	流通H			SCBHK A/C IBT S/A ZEPHYR AURORA MASTER FUND, LP 0.51%（流通B股）
股东户数	05年末	61009		NIKKOCITI TRUST AND BANKING CORPORATION S/A RE:JF CHINA MOTH 0.44%（流通B股）
	04年末	75488		SKANDIA GLOBAL FUNDS PLC 0.42%（流通B股）
其他流通股东	NIKKOCITI TRUST AND BANKING CORPORATION S/A RE: JF CHINA MOTH 0.437%			
近年分配	05方案:10派2.5；04年:10派1.6；03年:10派0.6		近年募资	

二〇〇五年以来市场表现

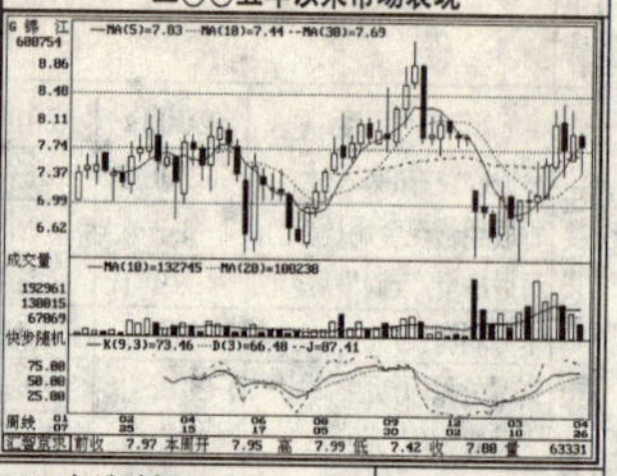

2005年涨跌幅(%)	13.36
2005年最高(元)	9.39
2006年涨跌幅(%)	29.34
2006.4.26收盘(元)	7.8
2006年最高(元)	10.97
2006年最低(元)	8.19
2006年换手率(%)	137.44
股改对价	送股 每10股实际获得3.1股(06/01/23)

厦门国贸（600755）

上市日期:96/10/03　电话:0592－5161888　传真:0592－5160280

主营	从事贸易、房地产、投资、码头物流的业务。

	年　　度	2005	2004	2003
主要指标	每股收益/扣除后(元)	0.39/0.35	0.34	0.36/0.34
	每股经营现金流量(元)	0.73	0.49	－0.79
	每股净资产/调整后(元)	2.74/2.72	2.45/2.43	3.98/3.94
	未分利润(万元)	20534.31	14410.31	6996.98
	资本公积(万元)	27660.43	27188.06	43842.44
利润构成	主营收入(万元)	1347840.52	1009637.61	531925.89
	主营利润(万元)	64003.98	50085.91	36179.4
	营业利润(万元)	23995.05	16737.76	7778.3
	投资收益(万元)	1590.09	1813.38	3176.11
	利润总额(万元)	26844.49	18337.61	11175.67
	净利润(万元)	13843.08	12217.8	7218.48
点评	报告期内公司主营收入大幅增长，虽然毛利率略有下降，但净利润仍保持了稳定增长。作为贸易类公司，公司资产负债率还算正常，而较高的经营性现金流也有效提高了公司偿债能力。			

	截止日期	05年末	占%	主要股东及持股比例%、持股性质
股本结构（万股）	总股本	35661.6		厦门市商贸国有资产投资有限公司 35.9%（国有股）
	国有股	12801.6	35.9	中国银行—同盛证券投资基金 1.06%（流通A股）
	发起股			朱莹 0.45%（流通A股）
	外资股			钟玲俐 0.41%（流通A股）
	募集股			厦门盛融资本管理有限公司 0.41%（流通A股）
	流通A	22860	64.1	中国工商银行—广发稳健增长证券投资基金 0.38%（流通A股）
	流通B			山西信托投资有限责任公司荣宝信托 0.28%（流通A股）
	流通H			中国工商银行—广发聚丰股票型证券投资基金 0.27%（流通A股）
股东户数	05年末	60102		山西信托投资有限责任公司中宝信托 0.27%（流通A股）
	04年末	68350		山西信托投资有限责任公司富宝信托 0.25%（流通A股）
其他流通股东	吕智燕 0.226%			
近年分配	05预案:10派1；04年:10派1；03年:10派1.5转增8		近年募资	

二〇〇五年以来市场表现

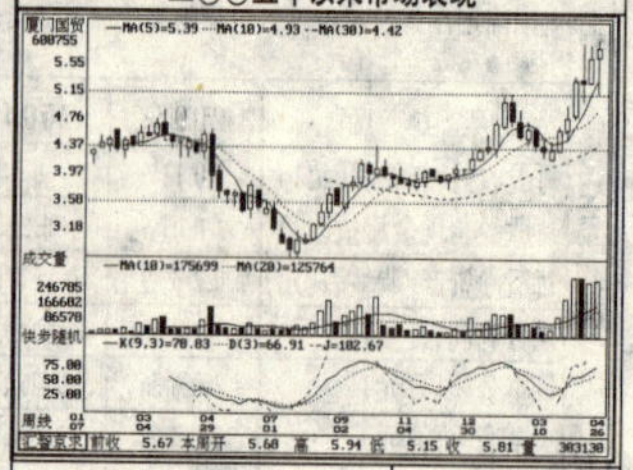

2005年涨跌幅(%)	0.94
2005年最高(元)	4.88
2006年涨跌幅(%)	38.33
2006.4.26收盘(元)	5.81
2006年最高(元)	5.94
2006年最低(元)	4.19
2006年换手率(%)	101.57
股改对价	

浪潮软件（600756）

上市日期:96/09/23　电话:0531－85105606　传真:0531－85105600

主营	通信及计算机软硬件技术开发、生产、销售；通信及计算机网络工程技术咨询、技术培训。

	年　　度	2005	2004	2003
主要指标	每股收益/扣除后(元)	0.16/0.15	0.26/0.25	0.29/0.27
	每股经营现金流量(元)	0.05	0.11	0.12
	每股净资产/调整后(元)	3.3/3.27	3.14/3.13	2.35/2.34
	未分利润(万元)	22959.11	20463.09	17114.27
	资本公积(万元)	14007.21	13972.41	571.41
利润构成	主营收入(万元)	55083.08	55373.26	64662.18
	主营利润(万元)	16725.28	18936.69	16839.11
	营业利润(万元)	303.85	1973.36	4271.21
	投资收益(万元)	1371.42	1358.1	－45.92
	利润总额(万元)	3722.72	5721.07	5732.15
	净利润(万元)	2950.28	4917.21	4748.33
点评	软件及系统集成业务因电信投资下降等原因而同比下滑，硬件业务因市场相对成熟而增长平稳。同时，两项业务毛利率因竞争加剧均有下降，导致净利润大幅下滑。06年电信投资回升将推动公司软件及系统集成业务增长，但在浪潮乐金中持股比例下降将影响投资收益。			

	截止日期	05年末	占%	主要股东及持股比例%、持股性质
股本结构（万股）	总股本	18583.15		浪潮齐鲁软件产业有限公司 26.5%（非流通股）
	国有股	2277	12.25	汉唐证券有限责任公司 20.9%（流通A股）
	发起股	4923	26.49	泰安市国有资产管理局 12.25%（非流通股）
	外资股			洪江阳 0.78%（流通A股）
	募集股	2451.84	13.19	上海新元投资有限公司 0.45%（非流通股）
	流通A	8931.31	48.06	李维刚 0.15%（流通A股）
	流通B			中国人民保险公司泰安市分公司 0.13%（非流通股）
	流通H			梦妮娜 0.11%（流通A股）
股东户数	05年末	19496		秦春霞 0.11%（流通A股）
	04年末	16856		李文秀 0.1%（流通A股）
其他流通股东	陈晓东 0.093%；孙宁 0.084%；马兴磊 0.083%；康维新 0.077%			
近年分配	03年:10派0.5		近年募资	04年10配3配股价8.35元。

二〇〇五年以来市场表现

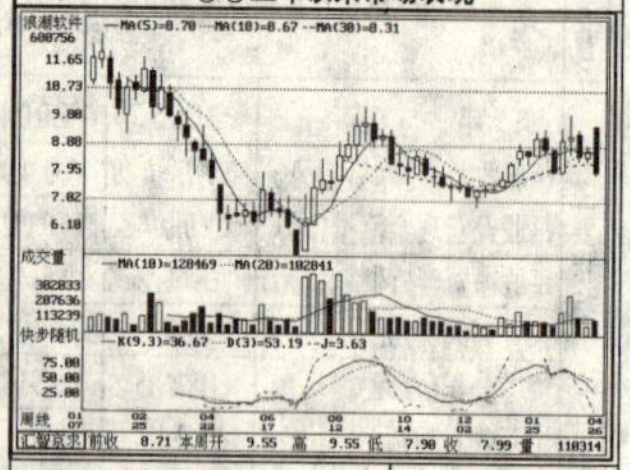

2005年涨跌幅(%)	－29.73
2005年最高(元)	12.58
2006年涨跌幅(%)	3.36
2006.4.26收盘(元)	7.99
2006年最高(元)	9.9
2006年最低(元)	7.69
2006年换手率(%)	153.6
股改对价	送股 每10股实际获得2.4股

华源发展（600757）

上市日期:96/10/03　　电话:021－58793617　　传真:021－58792223

主营：生产、加工、销售各类服装和家用纺织装饰品，服装和家用纺织品的原辅材料，经营和代理经国家批准的各类商品，进出口业务。

	年　度	2005	2004	2003
主要指标	每股收益/扣除后(元)	-0.78/-0.74	0.01	0.12/0.06
	每股经营现金流量(元)	0.01	0.55	0.34
	每股净资产/调整后(元)	1.86/1.28	2.62/2.62	2.75/2.67
	未分利润(万元)	-40767.29	-3100.06	4085.83
	资本公积(万元)	59966.02	59268.5	59071.33
利润构成	主营收入(万元)	342822.26	398463.65	267732.87
	主营利润(万元)	28274.4	35009.41	26033.64
	营业利润(万元)	-33066.74	1532.74	6605.34
	投资收益(万元)	-1406.85	431.66	-26.29
	利润总额(万元)	-33855.28	3538.75	7935.36
	净利润(万元)	-36862.63	402.34	5822.04

点评：公司主营纺织、服饰及贸易等业务。2005年，公司面临行业发展的困境，经营业绩较一般。2006年，公司的生产经营环境并没有根本好转，预计其生产经营将面临较大的挑战。

	截止日期	05年末	占%	主要股东及持股比例%、持股性质
股本结构（万股）	总股本	47214.42		中国华源集团有限公司40.27%（国有股）
	国有股	25235.99	53.45	江苏新雅鹿集团有限公司9.01%（非流通股）
	发起股	5383.15	11.4	江苏双猫纺织装饰集团有限公司8.65%（国有股）
	外资股	2555.28	5.41	香港冠丰国际投资有限公司3.61%（非流通股）
	募集股			上海外高桥保税区联合发展有限公司1.81%（非流通股）
	流通A	14040	29.74	嘉丰纺织(香港)有限公司1.81%（非流通股）
	流通B			上海华宇毛麻进出口有限公司1.81%（非流通股）
	流通H			上海华源投资发展(集团)有限公司1.51%（非流通股）
股东户数	05年末	38706		中国农业银行上海市分行0.61%（非流通股）
	04年末	41049		高新投资发展有限公司0.6%（非流通股）

其他流通股东：姜宝元0.262%；刘家荣0.214%；李传润0.213%；李志宏0.169%；上海广俊物贸有限公司0.106%；杨永0.07%

近年分配：03年:10派0.5　　**近年募资**：

二〇〇五年以来市场表现

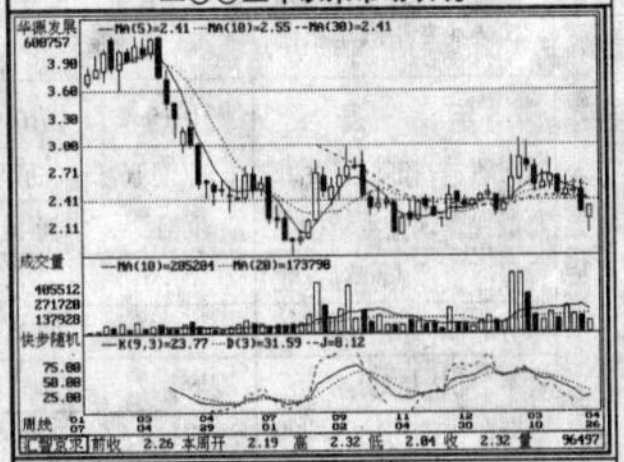

2005年涨跌幅(%)	-37.37
2005年最高(元)	4.2
2006年涨跌幅(%)	-0.43
2006.4.26收盘(元)	2.32
2006年最高(元)	3.07
2006年最低(元)	2.04
2006年换手率(%)	218.73
股改对价	

ST金帝（600758）

上市日期:96/10/29　　电话:024－22870330　　传真:024－22855430

主营：土木工程施工、筑路、工业设备安装、机械化施工、房地产开发、新型建筑材料和制品生产等。

	年　度	2005	2004	2003
主要指标	每股收益/扣除后(元)	0.17/-0.11	-0.07	0.079
	每股经营现金流量(元)	-0.04	-0.09	0.054
	每股净资产/调整后(元)	0.76/-0.21	0.52/-0.74	0.53/-1.1
	未分利润(万元)	-5905.28	-31932	-30571.23
	资本公积(万元)	1342.74	21169.86	20091.24
利润构成	主营收入(万元)	60166.62	91815.32	90619.81
	主营利润(万元)	2918.39	3530.67	5280.26
	营业利润(万元)	-1304.66	-1215.31	1935.11
	投资收益(万元)	100.02	126.45	75.19
	利润总额(万元)	2859.66	-1062.31	1421.94
	净利润(万元)	2699.34	-1160.23	1264.62

点评：由于地方政府的支持，2004年通过资产重组将公司所属六家子公司和三家分公司全部转让给当时的第一大股东辽宁省建设集团公司，导致2005年公司的业务有一定的好转。预计公司离正常运转还需要一定的时间，加之市场竞争激烈，未来前景保持谨慎。

	截止日期	05年末	占%	主要股东及持股比例%、持股性质
股本结构（万股）	总股本	15975.52		辽宁省投资集团有限公司26.48%（国有股）
	国有股	6545	40.97	沈阳煤业(集团)有限责任公司20.75%（国有股）
	发起股	3271	20.48	辽宁建设集团国际经济技术合作公司3.13%（国有股）
	外资股			辽宁万利商品混凝土有限公司2.91%（非流通股）
	募集股			川南信用1.69%（非流通股）
	流通A	6159.52	38.56	刘国民0.7%（流通A股）
	流通B			泛华工程有限公司0.63%（非流通股）
	流通H			北京鑫宏威经济技术开发有限责任公司0.63%（非流通股）
股东户数	05年末	27136		沈阳克莱斯特市政工程材料有限公司0.5%（非流通股）
	04年末	31639		刘祥民0.4%（流通A股）

其他流通股东：汪洋0.338%；洪萍0.274%；胡俊荣0.263%；陈锡鹏0.247%；魏琦0.221%；赵健0.214%；陈莉0.212%

近年分配：　　**近年募资**：

二〇〇五年以来市场表现

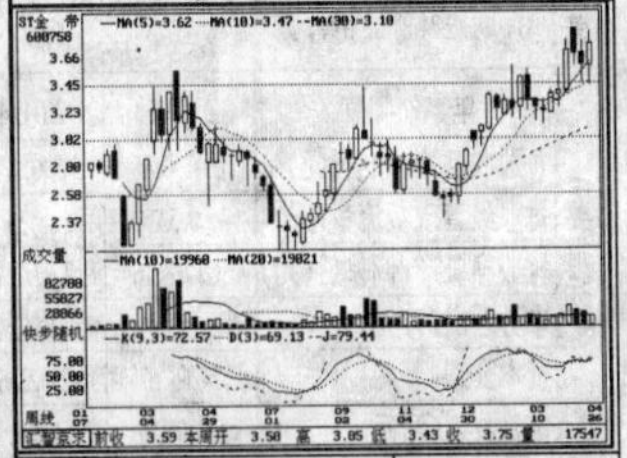

2005年涨跌幅(%)	4.68
2005年最高(元)	3.55
2006年涨跌幅(%)	28.87
2006.4.26收盘(元)	3.75
2006年最高(元)	3.88
2006年最低(元)	2.92
2006年换手率(%)	53.34
股改对价	

ST琼华侨（600759）

上市日期:96/10/08　　电话:0898－66787220　　传真:0898－66787220

主营：高新技术项目及产品的投资、开发、生产与经营，能源基础产业投资、开发、经营，房地产、旅游资源、旅游产品开发经营，建筑材料生产、销售，旅游业服务。

	年　度	2005	2004	2003
主要指标	每股收益/扣除后(元)	-0.179	-0.022	0.006
	每股经营现金流量(元)	0.0279	-0.118	0.0383
	每股净资产/调整后(元)	-0.67/-0.68	-0.49/-0.49	-0.42/-0.43
	未分利润(万元)	-37460.55	-33729.87	-32344.66
	资本公积(万元)	2606.86	2672.43	2672.43
利润构成	主营收入(万元)	15319.83	13995.89	6314.47
	主营利润(万元)	1235.48	1866.01	1098.42
	营业利润(万元)	-1515.45	-898.42	-234.74
	投资收益(万元)	3.51	-4.48	282.66
	利润总额(万元)	-4230.44	-284.11	285.06
	净利润(万元)	-3730.68	-455.49	123.32

点评：市场原材料价格上涨导致成本上升，公司利润有所下滑。且公司与海南中平木业有限公司、中国银行海南省分行的担保纠纷执行一案目前仍未解决，债务负担依旧沉重，公司的持续经营能力存在较大隐患。

	截止日期	05年末	占%	主要股东及持股比例%、持股性质
股本结构（万股）	总股本	20855.2		福建北方发展股份有限公司29.88%（非流通股）
	国有股			中国科技证券有限责任公司7.6%（非流通股）
	发起股	7981.84	38.27	香港亚太奔德有限公司6.08%（外资股）
	外资股	1267.2	6.08	比欧特国际工程有限公司3.54%（非流通股）
	募集股	4056.56	19.45	上海财政证券公司2.3%（非流通股）
	流通A	6916	33.16	华夏证券1.92%（非流通股）
	流通B			海通证券1.8%（非流通股）
	流通H			海南正兴投资发展有限公司1.64%（非流通股）
股东户数	05年末	19125		厦门国际信托投资公司1.63%（非流通股）
	04年末	21010		航天信托1.44%（非流通股）

其他流通股东：徐桃方0.266%；耿贤华0.228%；蒋云海0.164%；张占红0.163%；关宝刚0.143%；朱放0.134%；李静0.131%

近年分配：　　**近年募资**：

二〇〇五年以来市场表现

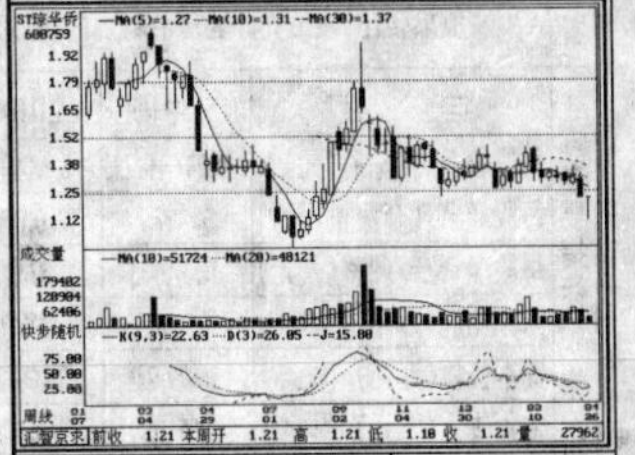

2005年涨跌幅(%)	-20.96
2005年最高(元)	2.06
2006年涨跌幅(%)	-8.33
2006.4.26收盘(元)	1.21
2006年最高(元)	1.47
2006年最低(元)	1.1
2006年换手率(%)	115.76
股改对价	

GST 黑豹(600760)

上市日期:96/10/11　　电话:0631－8352083　　传真:0631－8352228

主营	制造、销售黑豹牌微型汽、柴油载重汽车及其配件制造、厢式柴油专用汽车制造。

	年　度	2005	2004	2003
主要指标	每股收益/扣除后(元)	0.01/－0.06	－0.19	0.02/－0.03
	每股经营现金流量(元)	0.33	0.14	0.44
	每股净资产/调整后(元)	1.73/1.71	1.72/1.7	1.9/1.48
	未分利润(万元)	－10465.16	－10610.95	－5544.22
	资本公积(万元)	24551.17	24469.1	24370.17
利润构成	主营收入(万元)	52711.91	31702.63	20051.96
	主营利润(万元)	4303.16	2075.51	1198.74
	营业利润(万元)	－1411.39	－4930.42	148.82
	投资收益(万元)			341.19
	利润总额(万元)	145.78	－5066.73	480.37
	净利润(万元)	145.78	－5066.73	480.37

点评	2005年,由于受宏观调控、原材料涨价、油价攀高、竞争加剧等因素的影响,致使低速汽车行业低迷,公司盈利也受到影响。随着国家对"三农"的高度重视,农村发展和道路建设的加速,低速汽车的市场前景看好,公司作为优势企业,具有增长潜力。

	截止日期	05年末	占%	主要股东及持股比例%、持股性质
股本结构(万股)	总股本	27300		哈尔滨东安实业发展有限公司25%(非流通股)
	国有股	13650	50	山东黑豹集团有限公司16.76%(非流通股)
	发起股			威海韩龙汽车车体有限公司5.75%(非流通股)
	外资股			哈尔滨东安建筑工程有限公司4%(非流通股)
	募集股	491.4	1.8	威海市烟草有限公司0.29%(非流通股)
	流通A	13158.6	48.2	徐文0.25%(流通A股)
	流通B			盛中碧0.21%(流通A股)
	流通H			哈尔滨东安园林绿化工程有限公司0.13%(流通A股)
股东户数	05年末	72961		周钗红0.13%(流通A股)
	04年末	77660		王立权0.13%(流通A股)
其他流通股东	栾建华0.11%;罗凤婵0.108%;陈秀娟0.093%;史福根0.092%;赵明知0.084%			
近年分配		近年募资		

二〇〇五年以来市场表现

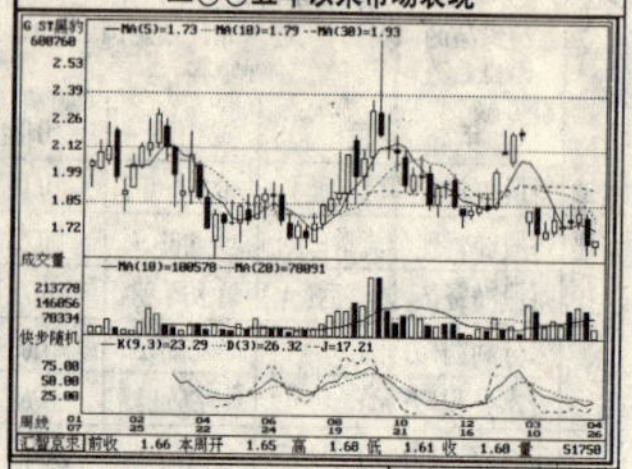

2005年涨跌幅(%)	－9.41
2005年最高(元)	2.66
2006年涨跌幅(%)	19.34
2006.4.26收盘(元)	1.68
2006年最高(元)	2.42
2006年最低(元)	1.83
2006年换手率(%)	75.47
股改对价	送股 每10股实际获得3股(06/03/02)

G合力(600761)

上市日期:96/10/09　　电话:0551－3648005　　传真:0511－3633431

主营	叉车、工程机械、矿山起重运输机械及配件、铸锻件、热处理件制造及产品销售。

	年　度	2005	2004	2003
主要指标	每股收益/扣除后(元)	0.47/0.46	0.4	0.31/0.3
	每股经营现金流量(元)	0.53	0.55	0.28
	每股净资产/调整后(元)	3.19/3.16	2.87/2.84	2.6/2.58
	未分利润(万元)	26157.84	18540.3	8053.57
	资本公积(万元)	24265.67	24423.61	23816.82
利润构成	主营收入(万元)	174703.22	136789.94	102168.29
	主营利润(万元)	42116.08	30997.81	25511.6
	营业利润(万元)	18390.05	14742.65	11495.19
	投资收益(万元)	－40.16	14.92	72.93
	利润总额(万元)	18667.8	14881.68	11290.68
	净利润(万元)	14479.76	12349.41	9522.89

点评	2005年公司总体经营平稳增长。公司实现了以叉车为主业的同心多元化发展,报告期合力工业园备料中心一期运营良好,内燃叉车事业部首台叉车2006年初下线,桥箱事业部目前正在搬迁,预计2006年中期基本完成搬迁。

	截止日期	05年末	占%	主要股东及持股比例%、持股性质
股本结构(万股)	总股本	30695.45		安徽叉车集团公司41.99%(国有股)
	国有股	12887.81	41.99	中国银行－工银瑞信核心价值股票型证券投资基金4.89%(流通A股)
	发起股			中国银行－海富通股票证券投资基金2.1%(流通A股)
	外资股			中国工商银行－融通蓝筹成长证券投资基金2.09%(流通A股)
	募集股			中国工商银行－国联安德盛小盘精选证券投资基金1.86%(流通A股)
	流通A	17807.64	58.01	交通银行－安顺证券投资基金1.59%(流通A股)
	流通B			中国工商银行－银河银泰理财分红证券投资基金1.44%(流通A股)
	流通H			中国银行－华夏回报证券投资基金1.39%(流通A股)
股东户数	05年末	27788		申银万国－花旗－UBS LIMITED 1.28%(流通A股)
	04年末	36584		银丰证券投资基金0.77%(流通A股)
其他流通股东	全国社保基金一一一组合0.75%			
近年分配	05方案:10派1.5;04年:10派1.5;03年:10派1.5	近年募资		

二〇〇五年以来市场表现

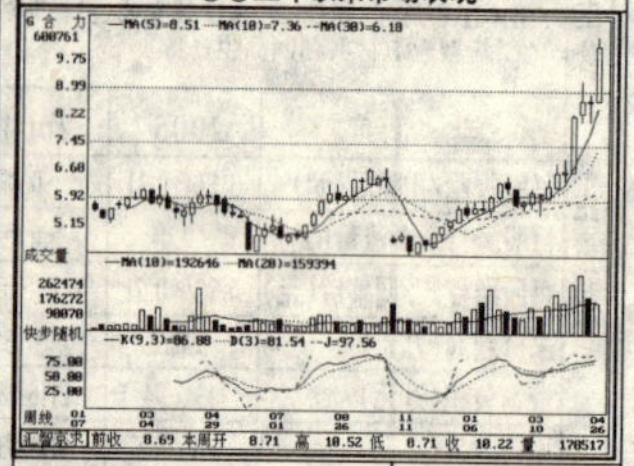

2005年涨跌幅(%)	22.92
2005年最高(元)	7.5
2006年涨跌幅(%)	85.48
2006.4.26收盘(元)	10.22
2006年最高(元)	10.52
2006年最低(元)	5.43
2006年换手率(%)	161.59
股改对价	送股 每10股实际获得2.6股(05/10/28)

＊ST金荔(600762)

上市日期:96/10/25　　电话:0734－8709868　　传真:0734－8709892

主营	农业高科技产品的开发、培育和销售,计算机网络技术的开发及成果转让,政策允许的废旧物资回收、房地产投资等。

	年　度	05中期	2004	2003
主要指标	每股收益/扣除后(元)	－0.24/－0.235	－0.68/－0.59	－0.52/－0.52
	每股经营现金流量(元)		0.07	－0.41
	每股净资产/调整后(元)	0.33/0.33	0.57/0.57	1.24/1.24
	未分利润(万元)	－32136.55	－29647.8	－22514.58
	资本公积(万元)	25079.22	25079.22	25079.22
利润构成	主营收入(万元)	295.16	6.77	5.26
	主营利润(万元)	58.05	－10.05	－177.28
	营业利润(万元)	－2488.4	－6600.29	－5811.07
	投资收益(万元)			
	利润总额(万元)	－2488.75	－7453.63	－5818.54
	净利润(万元)	－2488.75	－7133.22	－5522.6

点评	公司主营农业行业,由于受资金的影响,相关项目资金投入不到位,导致相关产业处于停产或半停产状态,公司目前主要是依靠两个农场带来的收益,主要是荔枝、龙眼等鲜果收益和出手生猪及农场配套旅游收入所致。

	截止日期	05中期	占%	主要股东及持股比例%、持股性质
股本结构(万股)	总股本	10566.4		广东金荔投资有限责任公司45.16%(非流通股)
	国有股			深圳市旭能投资有限公司1.97%(非流通股)
	发起股	2379.52	22.52	衡阳市金龙大酒店0.78%(非流通股)
	外资股			衡阳市铝制品厂技协服务部0.43%(非流通股)
	募集股	3860.48	36.54	衡阳市工商局劳动服务公司0.4%(非流通股)
	流通A	4326.4	40.94	龙湘里0.4%(流通A股)
	流通B			衡南电机厂郴州供应站0.37%(非流通股)
	流通H			衡阳市商业批发0.36%(非流通股)
股东户数	05中期	18640		衡阳市制剂设备厂0.35%(非流通股)
	04年末	17242		衡阳市城北机电厂0.34%(非流通股)
其他流通股东	李玉红0.239%;易南概0.23%;刘宝名0.205%;于洪君0.203%;王忠诚0.199%;杨成0.186%;黄育民0.166%			
近年分配		近年募资		

二〇〇五年以来市场表现

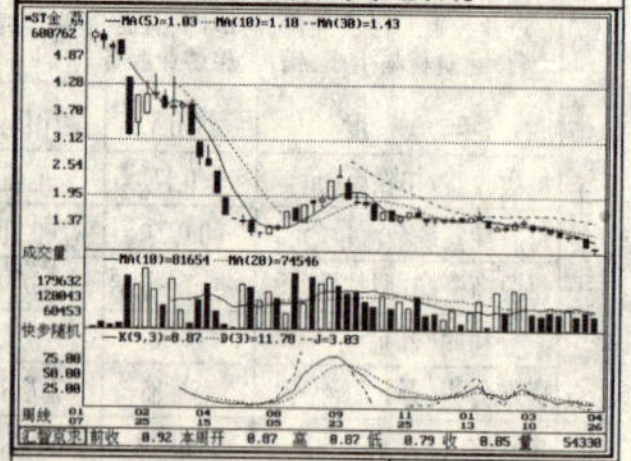

2005年涨跌幅(%)	－72.24
2005年最高(元)	5.45
2006年涨跌幅(%)	－41.78
2006.4.26收盘(元)	0.85
2006年最高(元)	1.65
2006年最低(元)	0.79
2006年换手率(%)	289.49
股改对价	

ST 中燕（600763）

上市日期:96/10/30　　电话:0571－87163219　　传真:0571－87163219

主营	制造销售羽毛羽绒产品、皮革制品、针纺织品等。			
	年　度	2005	2004	2003
主要指标	每股收益/扣除后(元)	0.021/0.002	－0.058	－0.052/－0.042
	每股经营现金流量(元)	－0.002	－0.017	－0.038
	每股净资产/调整后(元)	0.21/0.07	0.17/0.03	0.23/0.1
	未分利润(万元)	－20054.02	－20361.21	－19427
	资本公积(万元)	7109.5	6849.5	6847.71
利润构成	主营收入(万元)	392.7		
	主营利润(万元)	356.86		
	营业利润(万元)	130.64	－678.1	－667.59
	投资收益(万元)			
	利润总额(万元)	429.65	－934.21	－828.94
	净利润(万元)	329.91	－934.21	－828.94
点评	公司原主营纺织服装贸易等经营活动，由于集团公司及其所属企业长期占用巨额募股资金等，导致其主业处于停滞状态。05年因新增房地产经纪业务而实现了小额利润，但目前主业还不明朗，资产重组工作进展情况将决定其价值。			

股本结构（万股）	截止日期	05年末	占%	主要股东及持股比例%、持股性质
	总股本	16032		杭州宝群实业集团有限公司 29.69%（非流通股）
	国有股			杭州广赛电力科技有限公司 22.08%（非流通股）
	发起股	12000	74.85	长沙市逸图物业开发管理有限公司 6.18%（非流通股）
	外资股			北京方程兴业投资有限公司 4.93%（非流通股）
	募集股			北京颐和丰业投资有限公司 4.49%（非流通股）
	流通A	4032	25.15	上海岩鑫实业投资有限公司 3.11%（非流通股）
	流通B			上海平杰投资咨询有限公司 1.56%（非流通股）
	流通H			上海步欣工贸有限公司 1.56%（非流通股）
股东户数	05年末	8936		北京龙聚兴投资顾问有限公司 1.25%（非流通股）
	04年末	11940		贾亚雄 0.29%（流通A股）
其他流通股东	袁小娟 0.221%；曹玉林 0.168%；庄恺 0.159%；秦月华 0.154%；王为红 0.145%；蒋财永 0.14%；李国民 0.137%			
近年分配		近年募资		

二〇〇五年以来市场表现

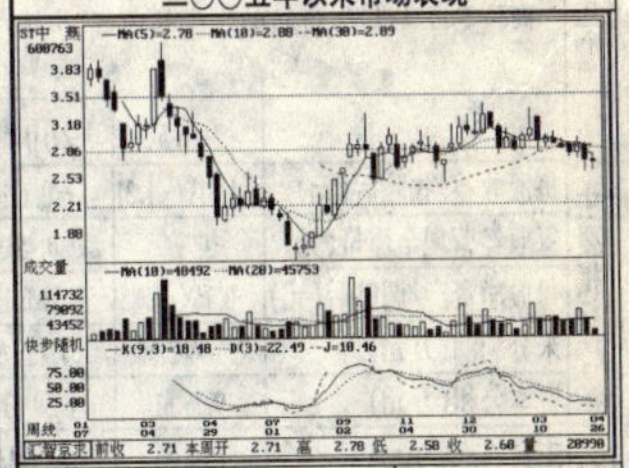

2005年涨跌幅(%)	－17.47
2005年最高(元)	4.16
2006年涨跌幅(%)	－12.7
2006.4.26收盘(元)	2.68
2006年最高(元)	3.39
2006年最低(元)	2.57
2006年换手率(%)	179.57
股改对价	

G 中广通（600764）

上市日期:96/11/04　　电话:010－88578820　　传真:010－88578825

主营	智能光交换平台设备研究、开发、生产以及系统集成。			
	年　度	2005	2004	2003
主要指标	每股收益/扣除后(元)	0.11/0.11	0.11	0.2/0.22
	每股经营现金流量(元)	0.33	－0.36	0.01
	每股净资产/调整后(元)	1.75/1.74	1.68/1.68	1.56/1.56
	未分利润(万元)	14665.5	12672.95	9510.59
	资本公积(万元)	4100.03	4100.03	4100.03
利润构成	主营收入(万元)	99154.49	16092.01	74771.36
	主营利润(万元)	13731.09	6313.54	15169.97
	营业利润(万元)	4149.54	2860.52	10174.07
	投资收益(万元)	968.46	1002.22	－14.93
	利润总额(万元)	5855.37	3859.88	9629.81
	净利润(万元)	3507.92	3495.87	6662.51
点评	2005年，公司围绕广电及通信网络、计算机系统集成与分销等主体业务，通过技术创新等方式，增强公司的综合竞争实力。公司根据国内网络市场变化趋势，在广电及通信网络技术和软件等方面做了较多投入。公司智能卡模块封装业务发展很快，全年完成生产。			

股本结构（万股）	截止日期	05年末	占%	主要股东及持股比例%、持股性质
	总股本	32972.7		中国电子信息产业集团公司 63.51%（国有股）
	国有股	17012.2	51.59	兰州石油化工国际事业公司(原中国石油国际事业兰炼公司) 1.58%（国有股）
	发起股	521.23	1.58	兰州市商业银行股份有限公司(原兰州市商业银行银炼支行) 1.58%（非流通股）
	外资股			兰州天益特种润滑油脂厂 0.65%（非流通股）
	募集股	4821.86	14.62	深圳市鑫科创投资发展有限公司 0.31%（非流通股）
	流通A	10617.41	32.2	甘肃海诚投资有限公司 0.16%（非流通股）
	流通B			上海国际服务贸易公司 0.15%（非流通股）
	流通H			曾永强 0.14%（流通A股）
股东户数	05年末	27938		董云飞 0.12%（流通A股）
	04年末	29543		牛冬梅 0.11%（流通A股）
其他流通股东	大同市天利实业 0.092%；彭雁英 0.087%；阮宜玲 0.085%；魏立平 0.083%；姚玉英 0.076%；刘军 0.075%			
近年分配	05方案:10派0.3；04年:10派0.3	近年募资		

二〇〇五年以来市场表现

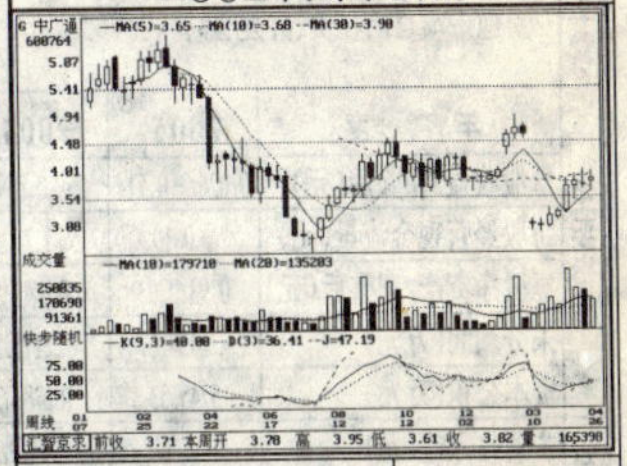

2005年涨跌幅(%)	－23.66
2005年最高(元)	6.34
2006年涨跌幅(%)	25.09
2006.4.26收盘(元)	3.82
2006年最高(元)	5.17
2006年最低(元)	3.81
2006年换手率(%)	154.31
股改对价	送股 每10股实际获得3股(06/03/10)

力源液压（600765）

上市日期:96/11/06　　电话:0851－6132002　　传真:0851－6132590

主营	工程机械配套用高压柱塞液压泵和马达，轿车配套件球笼式等速万向节的生产销售。			
	年　度	2005	2004	2003
主要指标	每股收益/扣除后(元)	0.081/0.065	0.109	0.047/0.051
	每股经营现金流量(元)	0.185	0.174	0.231
	每股净资产/调整后(元)	1.6/1.46	1.51/1.32	1.44/1.24
	未分利润(万元)	1031.17	262.61	－95.36
	资本公积(万元)	5301.02	5218.05	4928.9
利润构成	主营收入(万元)	12587.72	10755.63	8584.78
	主营利润(万元)	4635.39	4642.07	3412.44
	营业利润(万元)	1073.2	1286.62	656.3
	投资收益(万元)	2.99	6.05	－15.96
	利润总额(万元)	1017.19	1282.55	540.39
	净利润(万元)	904.18	1211.94	517.8
点评	受宏观调控影响，公司市场销售形势发生一定变化，国内销售同比有所下降，外贸出口形势看好，业绩出现了一定下滑。06年是实施“十一五”规划的开局之年，公司将重点拓展外贸市场，外贸出口要以A10V系列产品为主，在扩大美洲市场的同时，重点挺进欧洲市场。			

股本结构（万股）	截止日期	05年末	占%	主要股东及持股比例%、持股性质
	总股本	11103.2		贵州金江航空液压有限责任公司 68.93%（国有股）
	国有股			李晓峰 0.46%（流通A股）
	发起股	7653.2	68.93	韩志正 0.16%（流通A股）
	外资股			吴剑勇 0.15%（流通A股）
	募集股			陆锦鹿 0.14%（流通A股）
	流通A	3450	31.07	虞国伟 0.1%（流通A股）
	流通B			黄用朋 0.1%（流通A股）
	流通H			李静 0.09%（流通A股）
股东户数	05年末	15547		周景斐 0.08%（流通A股）
	04年末	16513		朱景磊 0.08%（流通A股）
其他流通股东	赵明霞 0.08%			
近年分配	04年:10派0.6	近年募资		

二〇〇五年以来市场表现

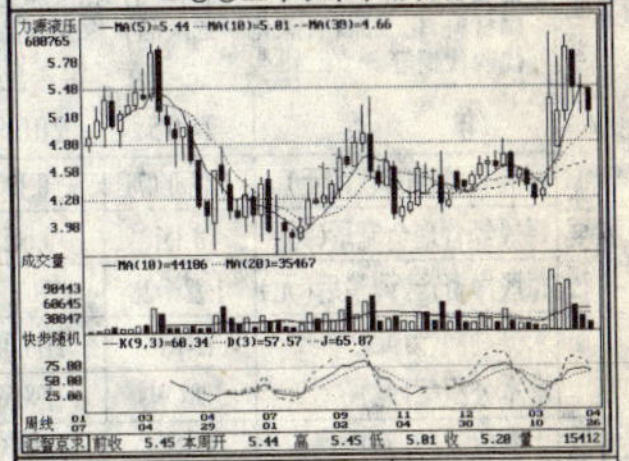

2005年涨跌幅(%)	－10.48
2005年最高(元)	5.97
2006年涨跌幅(%)	18.72
2006.4.26收盘(元)	5.2
2006年最高(元)	6.08
2006年最低(元)	4.18
2006年换手率(%)	169.83
股改对价	

*ST 烟发（600766）

上市日期:96/10/28　电话:0535－6624347　传真:0535－6628992

主营	商品零售及批发、药品的生产和销售、房地产、印刷、旅游等。			
	年　度	2005	2004	2003
主要指标	每股收益/扣除后(元)	-1.311/-1.31	-0.131	0.072/-0.21
	每股经营现金流量(元)	-0.3995	-0.4533	0.305
	每股净资产/调整后(元)	-0.76/-0.85	0.53/0.13	0.66/0.26
	未分利润(万元)	-39602.55	-17155.61	-15066.48
	资本公积(万元)	9776.61	8859.57	8906.31
利润构成	主营收入(万元)	8698.86	18771.42	21083.72
	主营利润(万元)	1020.8	2836.38	3022.18
	营业利润(万元)	-21784.16	-2888.41	-1049.81
	投资收益(万元)	-509.17	-1.73	1309.64
	利润总额(万元)	-23513.36	-1741.09	1454.98
	净利润(万元)	-22446.94	-2233.12	1229.1
点评	2005年公司业绩大幅下降,主要原因有:传统的主营业务商业零售受地区商圈西移及资金紧张等因素影响,业绩急剧萎缩;2005年11月份商场停业装修;公司下属的三家医药企业受降价等因素的影响,未能达到预期。			

	截止日期	05年末	占%	主要股东及持股比例%、持股性质
股本结构（万股）	总股本	17116.55		山东鲁信国际经济股份有限公司 27.35%（非流通股）
	国有股			深圳市国发投资管理有限公司 18.9%（非流通股）
	发起股	3235.82	18.9	园城实业集团有限公司 14.02%（非流通股）
	外资股			建行烟台市分行 1.75%（非流通股）
	募集股	7859.41	45.92	烟台市张裕葡萄酿酒公司 0.74%（非流通股）
	流通A	6021.32	35.18	烟台市聚氨酯制品工业公司 0.74%（非流通股）
	流通B			徐江 0.5%（流通A股）
	流通H			丁淑芝 0.36%（流通A股）
股东户数	05年末	14809		山东龙口发电厂 0.35%（非流通股）
	04年末	16816		烟台市华侨商品供应总公司 0.35%（非流通股）
其他流通股东	网盈科技 0.305%；张永花 0.262%；陈平 0.254%；美恒商贸 0.222%；吴晨高 0.16%；王乐林 0.146%；谢青丽 0.129%			
近年分配			近年募资	

二〇〇五年以来市场表现

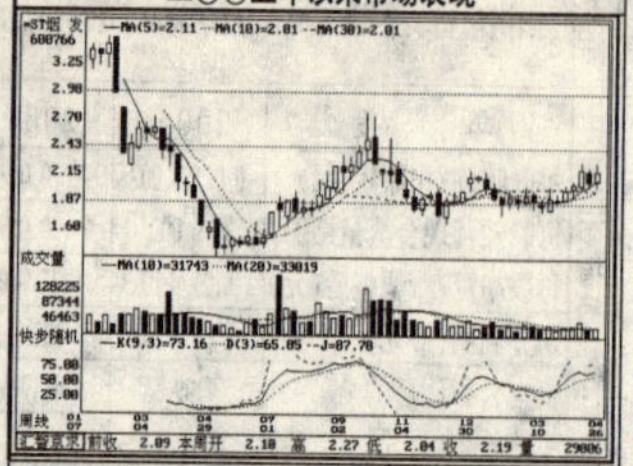

2005年涨跌幅(%)	-36.91
2005年最高(元)	3.53
2006年涨跌幅(%)	3.3
2006.4.26收盘(元)	2.19
2006年最高(元)	2.28
2006年最低(元)	1.75
2006年换手率(%)	82.27
股改对价	

ST 运盛（600767）

上市日期:96/11/15　电话:021－62870245　传真:021－62870246

主营	房地产项目的投资、开发、经营。			
	年　度	2005	2004	2003
主要指标	每股收益/扣除后(元)	0.026/-0.114	-0.239	-0.22
	每股经营现金流量(元)	-0.19	1.17	-0.12
	每股净资产/调整后(元)	0.93/0.93	0.9/0.9	1.21/1.21
	未分利润(万元)	-6438.67	-22175.59	-14029.41
	资本公积(万元)	5745.53	18278.47	18278.47
利润构成	主营收入(万元)	1495.67	3794.32	15470.8
	主营利润(万元)	-21.62	-1908.11	598.84
	营业利润(万元)	-3963.03	-7904.3	-5011.4
	投资收益(万元)	4327.96	-33.27	66.76
	利润总额(万元)	800.5	-10498.94	-7943.48
	净利润(万元)	880.1	-8146.17	-7576
点评	2005年,公司主营收入同比大幅下降,主要报告期内结算的主要是福州的存量房。由于大量清收应收后冲回坏帐准备和大量归还银行借款,使利息支出同比下降,导致管理费用和财务费用的大幅下降,公司今年扭亏。			

	截止日期	05年末	占%	主要股东及持股比例%、持股性质
股本结构（万股）	总股本	34101.02		运盛有限公司 46.16%（外资股）
	国有股			中国银宏实业发展公司 9.46%（非流通股）
	发起股	8685	25.47	上海静安协和房地产有限公司 4.29%（非流通股）
	外资股	15741.56	46.16	福建华兴信托投资公司 3.22%（非流通股）
	募集股			上海恒金高科技投资有限公司 2.2%（非流通股）
	流通A	9674.46	28.37	南京钢铁联合有限公司 1.5%（非流通股）
	流通B			上海景贤投资有限公司 1.42%（非流通股）
	流通H			福建省中福实业股份有限公司 1.29%（非流通股）
股东户数	05年末	37238		深圳市富旺达投资有限公司 0.76%（非流通股）
	04年末	44385		王丽华 0.7%（流通A股）
其他流通股东	中铁华创联合投资管理（北京）有限公司 0.433%；王丽芳 0.341%；青岛永兴凯瑞汽配有限公司 0.196%			
近年分配			近年募资	

二〇〇五年以来市场表现

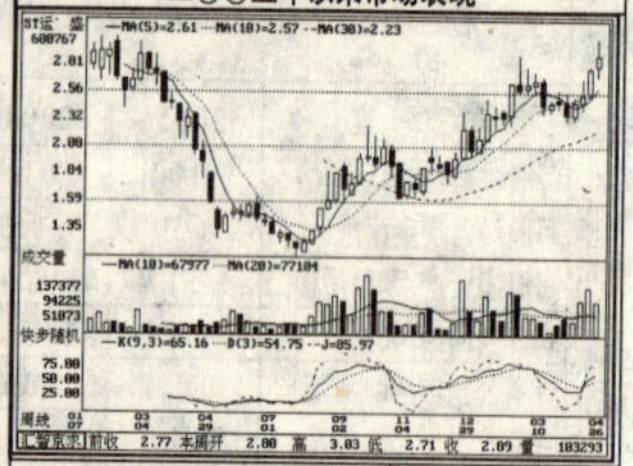

2005年涨跌幅(%)	-26.79
2005年最高(元)	3.05
2006年涨跌幅(%)	40.98
2006.4.26收盘(元)	2.89
2006年最高(元)	3.03
2006年最低(元)	2.03
2006年换手率(%)	127.74
股改对价	

宁波富邦（600768）

上市日期:96/11/11　电话:0574－87300929　传真:0574－87306619

主营	铝板材、铝带材、铝箔材、铝卷材的制造、加工;建筑材料、金属材料、化工原料(除化学危险品)、橡胶制品的批发、零售、代购代销等。			
	年　度	2005	2004	2003
主要指标	每股收益/扣除后(元)	0.08/0.078	0.18	0.326/0.13
	每股经营现金流量(元)	0.151	0.045	0.012
	每股净资产/调整后(元)	1.22/1.21	1.39/1.39	1.25/1.25
	未分利润(万元)	1241.83	2113.01	768.15
	资本公积(万元)	388.94	1138.53	1138.53
利润构成	主营收入(万元)	57637.1	45854.59	26180.88
	主营利润(万元)	5204	5469.18	3019.29
	营业利润(万元)	1483.97	2603.6	897.24
	投资收益(万元)	2.01	5.84	507.98
	利润总额(万元)	1521.13	2565.73	4065.49
	净利润(万元)	1075.3	2025.68	3635.55
点评	2005年由于原辅材料价格居高不下,铝材扩建技改贷款项目转入固定资产导致财务费用、折旧大幅提高,高附加值的新产品开发、投产未能跟上发展的需要导致公司业绩下降较快。2006年公司将实现由传统的铝板带材向高附加值的铝深加工产品转型。			

	截止日期	05年末	占%	主要股东及持股比例%、持股性质
股本结构（万股）	总股本	13374.72		宁波富邦控股集团有限公司 28.72%（非流通股）
	国有股	3488.83	26.09	上海城开(集团)有限公司 15%（国有股）
	发起股			上海雄龙科技有限公司 14.42%（非流通股）
	外资股			宁波市工业投资有限责任公司 11.09%（国有股）
	募集股	6028.99	45.08	宁波银盛投资发展有限公司 1.26%（非流通股）
	流通A	3856.9	28.84	上海双翊商贸有限公司 0.27%（非流通股）
	流通B			曾秋 0.27%（流通A股）
	流通H			李涛 0.25%（流通A股）
股东户数	05年末	4998		周宙行 0.18%（流通A股）
	04年末	4339		肖俊 0.17%（流通A股）
其他流通股东	陈建霞 0.172%；祁凤云 0.17%；张秀英 0.149%；罗姣（耳 0.147%；张小瑞 0.142%；茅丽雯 0.141%			
近年分配	05预案:10派0.2；04年:10派0.35送1.3转增0.7；03中期:10转增2		近年募资	

二〇〇五年以来市场表现

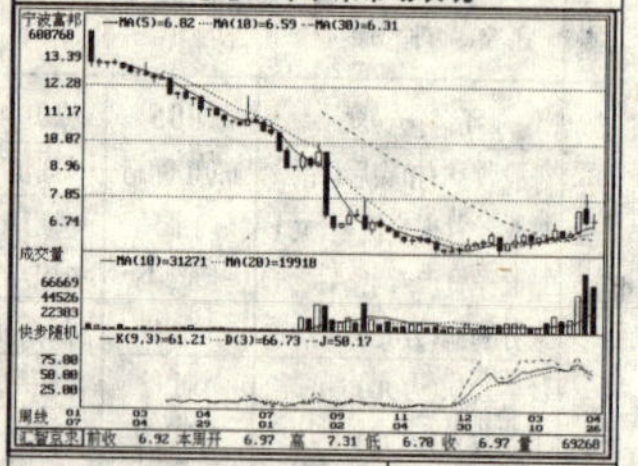

2005年涨跌幅(%)	-50.49
2005年最高(元)	14.5
2006年涨跌幅(%)	16.75
2006.4.26收盘(元)	6.97
2006年最高(元)	8.07
2006年最低(元)	5.63
2006年换手率(%)	96.63
股改对价	

祥龙电业（600769）

上市日期:96/11/01　　电话:027－87600367　　传真:027－87600367

主营	发电、供电、供热及基本化工原料产品的生产和销售			
	年　度	2005	2004	2003
主要指标	每股收益/扣除后(元)	0.019/0.02	0.018	0.01/0.013
	每股经营现金流量(元)	0.271	0.1802	0.0962
	每股净资产/调整后(元)	2.21/2.17	2.2/2.17	2.18/2.13
	未分利润(万元)	-1329.31	-1978.26	-2568.75
	资本公积(万元)	39537.51	39537.51	39537.51
利润构成	主营收入(万元)	87295.22	75887.82	51420.3
	主营利润(万元)	8544.32	8304.64	6031.42
	营业利润(万元)	891.6	1044.43	612.7
	投资收益(万元)			
	利润总额(万元)	648.95	632.26	355.25
	净利润(万元)	648.95	632.26	355.25
点评	2005年公司的主营业务收入有所增长，由于成本增长速度加快，公司净利润同比略有增长。2006年系列技改项目会充分发挥作用，业绩有望出现较快增长。			

	截止日期	05年末	占%	主要股东及持股比例%、持股性质
股本结构（万股）	总股本	34881.6		宏源证券股份有限公司 31.77%（国有股）
	国有股	25825.6	74.04	中国工商银行湖北省分行 25.7%（国有股）
	发起股			武汉华原能源物资开发公司 7.69%（国有股）
	外资股			武汉市电力开发公司 3.94%（国有股）
	募集股	320	0.92	武汉建设投资公司 2.47%（国有股）
	流通A	8736	25.04	武汉市洪山吕墩农工商总公司 0.92%（国有股）
	流通B			武汉机场综合发展总公司 0.92%（国有股）
	流通H			中达信实业投资有限公司 0.58%（国有股）
股东户数	05年末	50100		北京清大电子仪器联合公司 0.48%（国有股）
	04年末	54518		华泰证券有限责任公司 0.28%（国有股）
其他流通股东	李恩普 0.077%；张麦香 0.068%；李波 0.067%；谭元 0.065%；张阮明 0.057%；李滢 0.051%；黄广胜 0.046%			
近年分配			近年募资	

二〇〇五年以来市场表现

2005年涨跌幅(%)	-34.1
2005年最高(元)	4.54
2006年涨跌幅(%)	27.97
2006.4.26收盘(元)	3.66
2006年最高(元)	3.74
2006年最低(元)	2.87
2006年换手率(%)	94.72
股改对价	

G综艺（600770）

上市日期:96/11/20　　电话:0513－6639999　　传真:0513－6563501

主营	各类中高档服装、木制品和饮料的生产、销售，信息产品流通、电子商务（网络在线销售）、电脑教育培训、信息资讯服务、软件开发等。			
	年　度	2005	2004	2003
主要指标	每股收益/扣除后(元)	0.087/0.019	0.041	0.056/0.047
	每股经营现金流量(元)	-0.551	-0.135	0.079
	每股净资产/调整后(元)	2.32/2.27	2.24/2.18	2.21/2.2
	未分利润(万元)	19640.57	17852.91	16155.87
	资本公积(万元)	5388.55	5380.15	5380.15
利润构成	主营收入(万元)	57326.71	50630.58	38761.73
	主营利润(万元)	9436.4	8265.87	9242.85
	营业利润(万元)	4243.42	2554.03	3912.18
	投资收益(万元)	129.33	-17.95	-662.98
	利润总额(万元)	4508.18	2663.55	3526.08
	净利润(万元)	2338.07	1098.46	1498.77
点评	05年公司保持传统产业与科技产业平稳发展，与目标软件合作运营的《傲视三国》游戏已经进入最后公测阶段，预计可以容纳15万人在线。总投资在1000万元，主要是利用联邦的全国销售平台作渠道营销和市场推广。预计网络游戏将成为公司第一大主业长。			

	截止日期	05年末	占%	主要股东及持股比例%、持股性质
股本结构（万股）	总股本	27000		南通综艺投资有限公司 35.38%（非流通股）
	国有股			南通大兴服装绣品有限公司 10.12%（非流通股）
	发起股	13635	50.5	通州市建设投资中心 5%（非流通股）
	外资股			金鑫证券投资基金 3.18%（流通A股）
	募集股			王燕燕 0.19%（流通A股）
	流通A	13365	49.5	程存良 0.18%（流通A股）
	流通B			民生证券有限责任公司 0.16%（流通A股）
	流通H			张悦 0.16%（流通A股）
股东户数	05年末	63779		阮天蓁 0.14%（流通A股）
	04年末	61708		中国工商银行－－安瑞证券投资基金 0.13%（流通A股）
其他流通股东	纪文明 0.123%；李谋真 0.108%；张金枝 0.093%			
近年分配			近年募资	

二〇〇五年以来市场表现

2005年涨跌幅(%)	-13.15
2005年最高(元)	14.78
2006年涨跌幅(%)	-7.6
2006.4.26收盘(元)	8.15
2006年最高(元)	10.24
2006年最低(元)	7.58
2006年换手率(%)	202.01
股改对价	送股 每10股实际获得3.5股(05/10/24)

东盛科技（600771）

上市日期:96/11/05　　电话:029－8330835　　传真:029－8330835

主营	中药原料药、西药原料药、片剂、硬胶囊剂、软胶囊剂、颗粒剂、注射剂、大输液、口服液的生产、销售			
	年　度	2005	2004	2003
主要指标	每股收益/扣除后(元)	0.19/0.18	0.16	0.21/0.24
	每股经营现金流量(元)	1.55	0.49	0.45
	每股净资产/调整后(元)	2.36/2.23	2.16/2.13	2.15/2.11
	未分利润(万元)	17457.5	14633.09	14435.87
	资本公积(万元)	2528.62	2447.16	2424.13
利润构成	主营收入(万元)	54920.28	56337.61	55945.87
	主营利润(万元)	36268.77	40964.75	39888.45
	营业利润(万元)	4932.84	3439.96	5269.74
	投资收益(万元)	968.7	590.26	459.49
	利润总额(万元)	6049.21	4223.36	5016.22
	净利润(万元)	3530.52	3011.11	3859.8
点评	公司药品主营业务利润率同比下降，主要是因为控股子公司黑龙江省东盛医药在主营业务收入中所占比重上升，以及分公司西安制药厂的新厂房、设备投入使用后折旧费用相应增加、部分原辅材料价格上涨等综合影响所致。公司净利润增长的主要原因为三费比例的下降。			

	截止日期	05年末	占%	主要股东及持股比例%、持股性质
股本结构（万股）	总股本	18688.7		西安东盛集团有限公司 28.92%（非流通股）
	国有股	1379.68	7.38	陕西东盛药业股份有限公司 24.12%（非流通股）
	发起股	12359.02	66.13	鞍山钢铁集团公司 7.38%（国有股）
	外资股			健康元药业集团股份有限公司 3.53%（非流通股）
	募集股			中色（南海）恒达发展公司 3.23%（非流通股）
	流通A	4950	26.49	南京钢铁联合有限公司 2.89%（非流通股）
	流通B			镇江市环宇投资咨询有限责任公司 1.62%（非流通股）
	流通H			广发证券股份有限公司 1.44%（非流通股）
股东户数	05年末	21301		吕声花 0.53%（流通A股）
	04年末	24147		山西晋能房地产开发有限公司 0.43%（流通A股）
其他流通股东	黄跃 0.424%；上海潞安投资有限公司 0.251%；中国三九进出口（集团）有限公司 0.208%；胡继成 0.194%			
近年分配			近年募资	

二〇〇五年以来市场表现

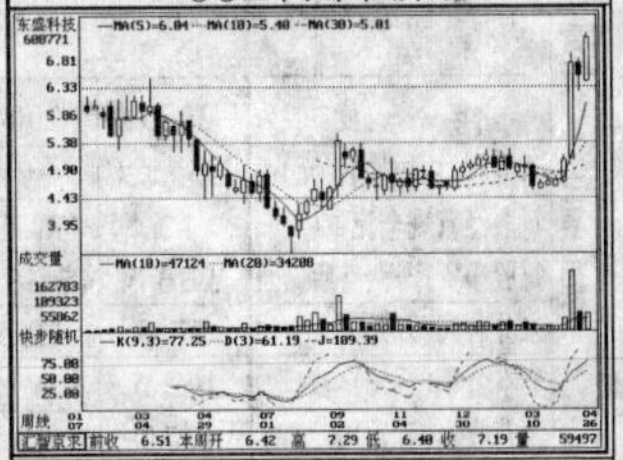

2005年涨跌幅(%)	-19.18
2005年最高(元)	6.49
2006年涨跌幅(%)	45.84
2006.4.26收盘(元)	7.19
2006年最高(元)	7.29
2006年最低(元)	4.53
2006年换手率(%)	126.03
股改对价	

ST龙昌(600772)

上市日期:96/11/04　电话:(021)63576053　传真:(021)63576053

主营	石油、天然气管道运输;房地产、高科技投资。		
年度	05中期	2004	2003
每股收益/扣除后(元)	-0.056/-0.056	-0.481/-0.47	0.009/-0.018
每股经营现金流量(元)		-0.71	-0.9
每股净资产/调整后(元)	1.84/1.3	1.89/1.38	2.35/2.29
未分利润(万元)	-1902.75	-299.32	13540.78
资本公积(万元)	21617.66	21617.66	20849.63
主营收入(万元)	4857.87	4062.82	38368.81
主营利润(万元)	724.81	1683.9	7061.25
营业利润(万元)	-1633.43	-8939.33	2042.6
投资收益(万元)	-85.7	-4401.3	1730.24
利润总额(万元)	-1712.46	-13858.47	2228.13
净利润(万元)	-1603.43	-13840.09	260.04
点评	2005年由于公司商贸销售收入大幅下降,影响了公司全年的收入和利润。		

股本结构(万股)	截止日期	05中期	占%	主要股东及持股比例%、持股性质
	总股本	28753.92		西安飞天科工贸集团有限责任公司 27%(非流通股)
	国有股	3007.4	10.46	中国石油天然气管道局 10.46%(国有股)
	发起股			武汉绿洲企业(集团)有限公司 8.9%(非流通股)
	外资股			张家港保税区石油管道国贸公司 4.71%(非流通股)
	募集股	16648.6	57.9	上海创立投资管理有限公司 3.31%(非流通股)
	流通A	9097.92	31.64	潍坊胜利管道安装工程公司 1.4%(非流通股)
	流通B			贵州崇德实业发展有限公司 1.25%(非流通股)
	流通H			上海中策投资咨询有限公司 0.74%(非流通股)
股东户数	05中期	42324		北京中油实业公司 0.63%(非流通股)
	04年末	44828		北京千禧年代投资咨询有限公司 0.36%(非流通股)
其他流通股东	武汉华盛电子有限责任公司 0.095%;邓润昌 0.087%;萧绍瑾 0.076%;天津启明高科技开发公司 0.073%			
近年分配			近年募资	

二〇〇五年以来市场表现

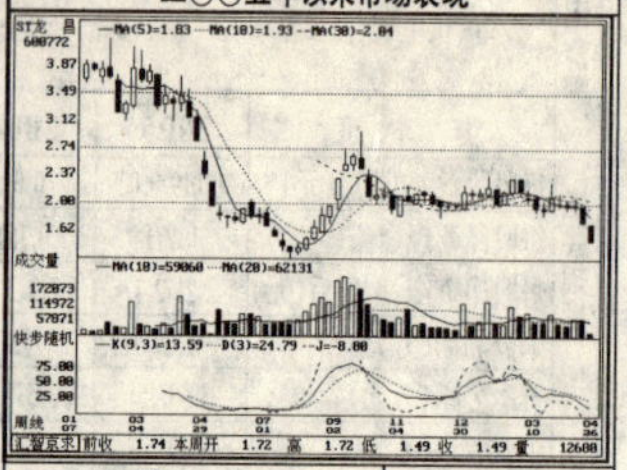

2005年涨跌幅(%)	-41.58
2005年最高(元)	4.24
2006年涨跌幅(%)	-30.7
2006.4.26收盘(元)	1.49
2006年最高(元)	2.36
2006年最低(元)	1.49
2006年换手率(%)	113.15
股改对价	

西藏金珠(600773)

上市日期:96/11/08　电话:0891-6833922　传真:0891-6830898

主营	进出口贸易、国内贸易、出口商品的制造与加工、西藏优势生物资源的开发生产、矿产品加工、农牧林业产品开发生产、照相器材购销与图片制作。		
年度	2005	2004	2003
每股收益/扣除后(元)	-0.979/-0.966	-0.64	0.04/-0.014
每股经营现金流量(元)	-0.145	-1.007	-1.08
每股净资产/调整后(元)	0.18/0.05	1.29/1.16	1.92/1.89
未分利润(万元)	-24398.01	-6743.95	4944.79
资本公积(万元)	11198.97	10980.49	9984.87
主营收入(万元)	1761.73	44026.79	108565.83
主营利润(万元)	1191.17	1569.7	4404.76
营业利润(万元)	-19726.95	-13551.24	367.19
投资收益(万元)	-3477.6	466.48	524.22
利润总额(万元)	-23435.46	-13362.39	1319.53
净利润(万元)	-17654.06	-11595.28	724.56
点评	公司主营业务包括进出口贸易等。公司旗下深圳市金珠南方公司主营为科健代理进口手机及手机配件,业务出现萎缩;北京西藏北斗星图片总社经营相对困难;西藏金珠雅砻藏药发展态势良好;四川金珠生态农业科技公司尚处于培育期。		

股本结构(万股)	截止日期	05年末	占%	主要股东及持股比例%、持股性质
	总股本	18033.01		西藏金珠(集团)有限公司 25%(国有股)
	国有股	4792.7	26.58	南京长恒实业有限公司 20%(非流通股)
	发起股			江苏中桥百合通讯产品销售有限责任公司 14.97%(非流通股)
	外资股			上海华瑞投资有限公司 1.38%(流通A股)
	募集股			西藏自治区信托投资公司 0.39%(国有股)
	流通A	6933.33	38.45	西藏国际经济技术合作公司 0.39%(国有股)
	流通B			西藏自治区包装进出口公司 0.39%(国有股)
	流通H			中国出口商品基地建设西藏公司 0.39%(国有股)
股东户数	05年末	18499		成都金龙投资有限责任公司 0.35%(流通A股)
	04年末	20456		成都利丰资产管理有限公司 0.31%(流通A股)
其他流通股东	王骏 0.252%;陈钦球 0.249%;童思奇 0.243%;费耀启 0.128%;劳建青 0.122%;吕小平 0.111%;向世玉 0.105%			
近年分配			近年募资	

二〇〇五年以来市场表现

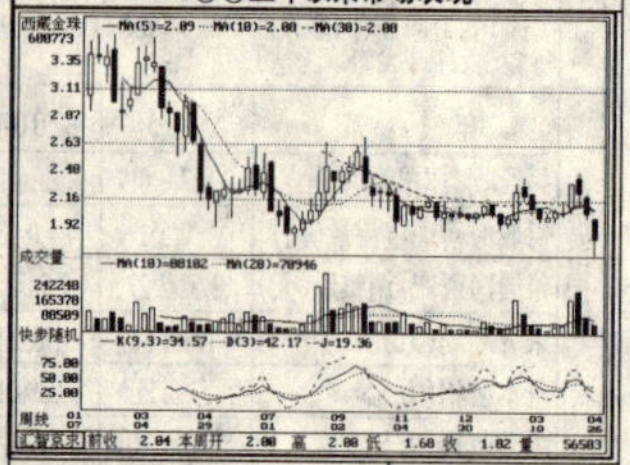

2005年涨跌幅(%)	-35.28
2005年最高(元)	3.59
2006年涨跌幅(%)	-9
2006.4.26收盘(元)	1.82
2006年最高(元)	2.4
2006年最低(元)	1.68
2006年换手率(%)	184.57
股改对价	

汉商集团(600774)

上市日期:96/11/08　电话:027-84843197　传真:027-84842384

主营	百货零售、会议展览、客房饮食、旅游服务等。		
年度	2005	2004	2003
每股收益/扣除后(元)	0.26/-0.24	-0.43	0.012/-0.3
每股经营现金流量(元)	1.26	0.32	1.11
每股净资产/调整后(元)	3.79/3.75	3.53/3.49	4.11/4.09
未分利润(万元)	5577.49	3208.59	9490.39
资本公积(万元)	19559.55	19559.55	19509.23
主营收入(万元)	43267.09	46336.57	44869.16
主营利润(万元)	9730.37	8991.31	6142.39
营业利润(万元)	-3372.42	-5695.65	-6083.09
投资收益(万元)	-46.29	-166.04	-63.4
利润总额(万元)	3351.91	-6327.24	288.35
净利润(万元)	2786.93	-4718.18	133.74
点评	公司报告期内除会展业务外,其他主营业务贡献收入均呈下降态势。而来自政府的3500万的补贴收入,以及3200多万的营业外收支净额挽救公司于亏损边缘。相对于公司较弱的盈利水平,虽然公司经营性现金流还算理想,但从财务指标看,长短期偿债压力较大。		

股本结构(万股)	截止日期	05年末	占%	主要股东及持股比例%、持股性质
	总股本	10910.96		武汉市汉阳区国有资产管理局 33.87%(国有股)
	国有股	3696	33.87	交通银行武汉分行 5.08%(非流通股)
	发起股	554.4	5.08	上海证大投资管理有限公司 3.9%(非流通股)
	外资股			中国长城资产管理公司 3.39%(非流通股)
	募集股	2662.97	24.41	中国工商银行武汉信托投资公司 3.39%(非流通股)
	流通A	3997.59	36.64	工商银行湖北省信托投资公司 1.69%(非流通股)
	流通B			武汉市阳太阳广告有限公司 1.35%(非流通股)
	流通H			武汉国际租赁公司 0.88%(非流通股)
股东户数	05年末	11558		海通证券有限公司 0.85%(非流通股)
	04年末	10265		天泽控股有限公司 0.85%(非流通股)
其他流通股东	邱红霞 0.395%;文晓东 0.303%;陈锦兰 0.266%;李雪凤 0.261%;占立平 0.256%;谭多坚 0.235%;韩倬挺 0.183%			
近年分配			近年募资	

二〇〇五年以来市场表现

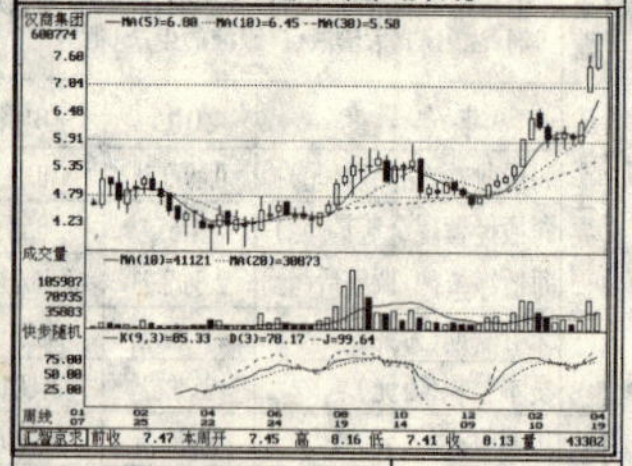

2005年涨跌幅(%)	8.26
2005年最高(元)	5.85
2006年涨跌幅(%)	59.1
2006.4.26收盘(元)	8.13
2006年最高(元)	8.16
2006年最低(元)	5.08
2006年换手率(%)	116.72
股改对价	送股 每10股实际获得3.6股

南京熊猫(600775)

上市日期:96/11/18 电话:025-4801144 传真:025-4820729

主营	开发、生产、销售移动通信、卫星通信、机电仪和电子资讯产品等。			
	年度	2005	2004	2003
主要指标	每股收益/扣除后(元)	0.137/0.11	0.095	0.15/0.12
	每股经营现金流量(元)	0.28	-0.6	0.03
	每股净资产/调整后(元)	1.92/1.76	1.8/1.59	1.72/1.68
	未分利润(万元)	-5868.29	-14838.34	-19306.62
	资本公积(万元)	48020.88	47954.23	47888.76
利润构成	主营收入(万元)	85440.71	66724.33	387429.92
	主营利润(万元)	12409.71	9517.12	44480.13
	营业利润(万元)	-17213.3	-9332.51	3276.29
	投资收益(万元)	26286.01	15881.46	10719
	利润总额(万元)	9022.78	6514.93	14054.52
	净利润(万元)	8970.05	6217.29	9834.68
点评	公司进行了产业结构调整,在卫星通信、信息产业、机电仪产品和电子制造业务取得了稳步发展。尤其是公司加强国际合作,发展中外合资,ENC、BMC等合资企业取得了很好发展,使投资收益获得大幅度增加,促进了公司经营业绩的增长。			

	截止日期	05年末	占%	主要股东及持股比例%、持股性质
股本结构(万股)	总股本	65501.5		熊猫电子集团有限公司 54.2%(国有股)
	国有股	35501.5	54.2	香港中央结算(代理人)有限公司 36.67%(H股)
	发起股			富国动态平衡证券投资基金 0.46%(流通A股)
	外资股			交通银行——融通行业景气证券投资基金 0.168%(流通A股)
	募集股			汉博证券投资基金 0.154%(流通A股)
	流通A	5800	8.85	TSE WING PAK 0.084%(H股)
	流通B			黄海滨 0.082%(流通A股)
	流通H	24200	36.95	赖水娇 0.064%(流通A股)
股东户数	05年末	25395		赖琼 0.06%(流通A股)
	04年末	28299		张娣 0.039%(流通A股)
其他流通股东	KAY AND COMPANY LTD 0.031%			
近年分配			近年募资	

二〇〇五年以来市场表现	
2005年涨跌幅(%)	-1.58
2005年最高(元)	5.51
2006年涨跌幅(%)	12.65
2006.4.26收盘(元)	5.61
2006年最高(元)	6.43
2006年最低(元)	4.91
2006年换手率(%)	287.33
股改对价	

东方通信(600776/900941)

上市日期:A:96/11/26 B:96/08/09 电话:0571-86676198 传真:0571-86676197

主营	经营移动手机和移动系统设备。			
	年度	2005	2004	2003
主要指标	每股收益/扣除后(元)	-0.45	0.09	-1.848/-1.92
	每股经营现金流量(元)	0.16	0.85	-0.377
	每股净资产/调整后(元)	3.36/3.34	3.83/3.8	3.68/3.65
	未分利润(万元)	-19156.11	11463.99	-83259.01
	资本公积(万元)	149494.4	148291.62	216229.21
利润构成	主营收入(万元)	739695.78	545328.79	422613.14
	主营利润(万元)	14774.89	55848.08	21570.08
	营业利润(万元)	-37288.99	1192.13	-123223.42
	投资收益(万元)	8576.8	4537.31	7475.07
	利润总额(万元)	-26966.9	6287.16	-118756.76
	净利润(万元)	-28422.11	5660.95	-116058.11
点评	由于国内手机市场竞争激烈,手机销售单价持续下跌,公司整体毛利率下降,手机业务亏损较大。虽然参股公司杭州摩托罗拉移动通信设备有限公司利润增长较大,但仍难扭转亏损局面。公司计划加大3G技术投入,培育彩铃、WAP网关等增值业务,改变亏损状况。			

	截止日期	05年末	占%	主要股东及持股比例%、持股性质
股本结构(万股)	总股本	62800		普天东方通信集团有限公司 57.325%(国有股)
	国有股	36000	57.32	NAITO SECURITIES CO. LTD. 0.865%(流通B股)
	发起股			TOYO SECURITIES ASIA LTD. A/C CLIENT 0.465%(流通B股)
	外资股			DAIWA SECURITIES CO. LTD. TOKYO 0.264%(流通B股)
	募集股			GUOTAI JUNAN SECURITIES(HONGKONG) LIMITED 0.144%(流通B股)
	流通A	11800	18.79	廖爱民 0.135%(流通B股)
	流通B	15000	23.89	MELLON S/A POLUNIN CAPITAL PARTNERS-EMERGING MARKETS ACTIVE 0.103%(流通B股)
	流通H			杨莉珊 0.096%(流通B股)
股东户数	05年末	87540		御海商事国际有限公司 0.096%(流通B股)
	04年末	77068		毕照宇 0.088%(流通A股)
其他流通股东	MELLON S/A POLUNIN CAPITAL PARTNERS - EMERGING MARKETS ACTIVE 0.103%;王欣 0.084%			
近年分配	04年:10派0.35		近年募资	

二〇〇五年以来市场表现	
2005年涨跌幅(%)	-33.9
2005年最高(元)	5.08
2006年涨跌幅(%)	6.6
2006.4.26收盘(元)	3.07
2006年最高(元)	3.37
2006年最低(元)	2.81
2006年换手率(%)	94.9
股改对价	

新潮实业(600777)

上市日期:96/11/21 电话:0535-4259777 传真:0535-4225688

主营	羊绒制品、针棉织品、亚麻、罗布麻系列产品、同轴、高物理发泡等CATV系列电缆、染料及中间体、树脂砂铸件等的生产、加工和销售。			
	年度	2005	2004	2003
主要指标	每股收益/扣除后(元)	0.12/0.12	0.11	0.27/0.28
	每股经营现金流量(元)	0.28	0.53	0.79
	每股净资产/调整后(元)	4.14/4.1	4/3.99	5.05/5.04
	未分利润(万元)	17476.39	15135.21	16393.22
	资本公积(万元)	77029.49	76075.54	80237.51
利润构成	主营收入(万元)	148212.89	78989.77	78652.48
	主营利润(万元)	17911.25	14310.42	17141.07
	营业利润(万元)	5947.16	5866.66	10176.42
	投资收益(万元)	100.97	9.26	21.32
	利润总额(万元)	7117.45	5896.26	10158.89
	净利润(万元)	4235.29	3850.35	7275.12
点评	05年主营高速成长,电缆、建筑安装及汽车销售业务成为盈利增长主要来源。预计数字电视推广将使同轴电缆需求大增,高速数据传输电缆产品升级带来高端传输电缆的需求增长,加上低成本取得的土地开始开发建设,业绩将稳步增长。但多元化不易形成核心竞争力。			

	截止日期	05年末	占%	主要股东及持股比例%、持股性质
股本结构(万股)	总股本	34433.04		新牟国际集团公司 33.54%(非流通股)
	国有股			烟台全洲海洋运输公司 6.98%(非流通股)
	发起股	10269.59	29.82	赵宏伟 0.62%(流通A股)
	外资股			曲凯 0.52%(流通A股)
	募集股	3683.33	10.7	中船重工财务有限责任公司 0.39%(流通A股)
	流通A	20480.11	59.48	夏万林 0.35%(流通A股)
	流通B			卢美芝 0.33%(流通A股)
	流通H			方正证券有限责任公司 0.28%(流通A股)
股东户数	05年末	49304		新疆金融租赁有限公司 0.27%(流通A股)
	04年末	50595		南京长江油运公司 0.19%(流通A股)
其他流通股东	李永全 0.181%;江铃汽车集团财务有限公司 0.178%			
近年分配	03年:10派0.3送1转增2		近年募资	03年增发A股6000万股,发行价8.37元。

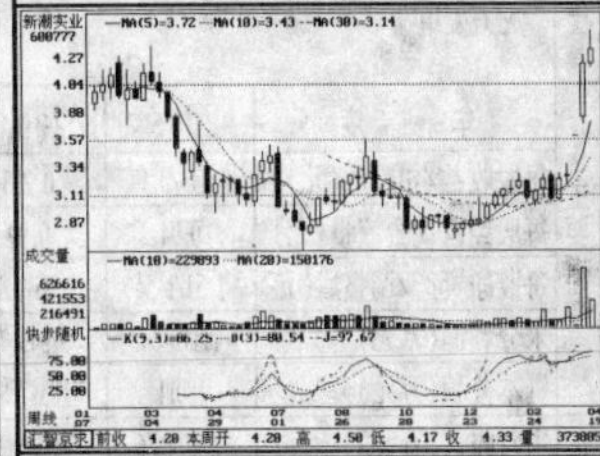

二〇〇五年以来市场表现	
2005年涨跌幅(%)	-26.65
2005年最高(元)	4.37
2006年涨跌幅(%)	49.83
2006.4.26收盘(元)	4.33
2006年最高(元)	4.5
2006年最低(元)	2.9
2006年换手率(%)	132.14
股改对价	定向转增 每10股实际获得5股

友好集团（600778）

上市日期:96/12/03　　电话:0991－4541008　　传真:0991－4815090

主营	商品零售兼批发、生产加工、外贸出口、房地产等综合性经营。

	年　度	2005	2004	2003
主要指标	每股收益/扣除后(元)	0.033/0.02	0.055	0.038/0.063
	每股经营现金流量(元)	0.53	0.26	0.51
	每股净资产/调整后(元)	2.49/2.44	2.56/2.46	2.51/2.44
	未分利润(万元)	2428.03	3402.38	2310.75
	资本公积(万元)	40811.78	40811.78	40717.87
利润构成	主营收入(万元)	156799.27	119789.95	105152.17
	主营利润(万元)	19135.07	20670.85	20244.53
	营业利润(万元)	743.55	2329.42	3037.49
	投资收益(万元)	－194.44	907.61	1916.16
	利润总额(万元)	894.47	2991.01	2675.08
	净利润(万元)	1031.89	1698.54	1167.65

点评：报告期内公司控股子公司乌鲁木齐万嘉热力有限公司因承包原因净利润同比下降25%，家电连锁和经营对外贸易的控股子公司产生较大亏损，而报告期内公司所得税率恢复到33%等因素都是公司净利润大幅下降的原因。

	截止日期	05年末	占%	主要股东及持股比例%、持股性质
股本结构（万股）	总股本	31149.14		乌鲁木齐国有资产经营有限公司 21.34%（国有股）
	国有股	6637.85	21.31	新疆建银设备租赁总公司 5.95%（部分流通部分不流通）
	发起股	2739.82	8.8	新疆天正实业总公司 3.38%（国有股）
	外资股			新疆乌市财政局证券交易所 2.63%（流通A股）
	募集股	4640.18	14.9	新疆鸿鑫投资有限责任公司 2.43%（国有股）
	流通A	17131.29	55	新疆乌鲁木齐市国债服务中心 1.28%（流通A股）
	流通B			上海中机能源工程有限公司 0.83%（非流通股）
	流通H			乌鲁木齐市诚信城市信用社 0.68%（部分流通部分不流通）
股东户数	05年末	79255		乌鲁木齐烟烨商贸有限公司 0.65%（国有股）
	04年末	83322		新疆石油管理局独山子石油化工总厂 0.59%（国有股）
其他流通股东	乌鲁木齐市自来水公司 0.145%；张为 0.14%；毛明庆 0.099%；季荣强 0.088%；赵宝元 0.084%；陈泉娣 0.083%			
近年分配	04年:10派0.5	近年募资		

二〇〇五年以来市场表现

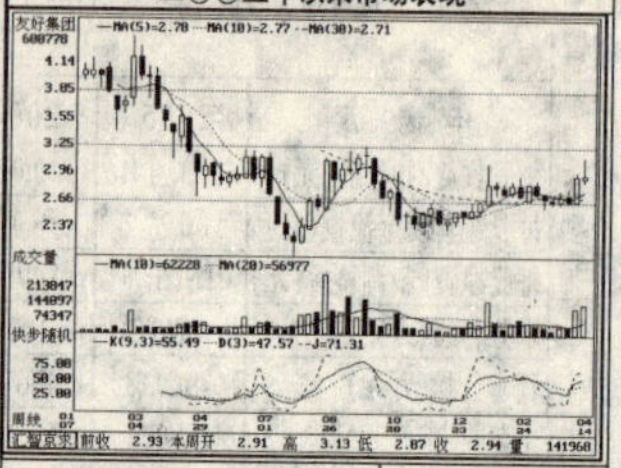

2005年涨跌幅(%)	－35.56
2005年最高(元)	4.44
2006年涨跌幅(%)	14.84
2006.4.26收盘(元)	2.94
2006年最高(元)	3.13
2006年最低(元)	2.5
2006年换手率(%)	58.41
股改对价	送股 每10股实际获得2.8股

G全兴（600779）

上市日期:96/12/06　　电话:028－86252847　　传真:028－86695460

主营	酒类产品的生产和销售。

	年　度	2005	2004	2003
主要指标	每股收益/扣除后(元)	0.16	0.14	－0.36/－0.29
	每股经营现金流量(元)	0.18	0.31	0.35
	每股净资产/调整后(元)	2.3/2.29	2.24/2.24	2.07/2.03
	未分利润(万元)	6656.43	5217.24	－809.38
	资本公积(万元)	40585.17	40612.16	39375.87
利润构成	主营收入(万元)	60404.49	79371.81	91870.32
	主营利润(万元)	36229.05	36615	22721
	营业利润(万元)	14728.99	13480.2	－15623.82
	投资收益(万元)	1757.04	－748.15	－464.26
	利润总额(万元)	16741.4	12910.93	－16177.4
	净利润(万元)	7780.71	7043.44	－17687.64

点评：公司主营水井坊白酒产品的生产与销售。2005年，公司主营的高档白酒市场处于供小于求的状况，这是其经营业绩尚可的原因。随着其他高档白酒企业的积极参与，对公司的主业将会形成较大影响，因而其2006年的生产经营将面临新挑战。

	截止日期	05年末	占%	主要股东及持股比例%、持股性质
股本结构（万股）	总股本	48854.57		四川成都全兴集团有限公司 48.44%（非流通股）
	国有股			成都金博利贸易有限公司 2.7%（非流通股）
	发起股	23664.48	48.44	成都鑫同盛实业发展有限公司 1.87%（非流通股）
	外资股			成都菊乐企业(集团)股份有限公司 0.45%（非流通股）
	募集股	6058.8	12.4	成都市金堂淀粉厂 0.41%（非流通股）
	流通A	19131.29	39.16	山西省大同第二制药厂 0.41%（非流通股）
	流通B			成都淀粉厂 0.41%（非流通股）
	流通H			成都市金禾粮油食品连锁公司 0.41%（非流通股）
股东户数	05年末	63609		广州天心药业股份有限公司 0.41%（非流通股）
	04年末	57218		深圳市汇特丰发展有限公司 0.39%（非流通股）
其他流通股东	国泰君安证券股份有限公司 0.307%；景业证券投资基金 0.205%；陆晨辉 0.164%；上海创业投资有限公司 0.164%			
近年分配	05预案:10派1.3；04年:10派1	近年募资		

二〇〇五年以来市场表现

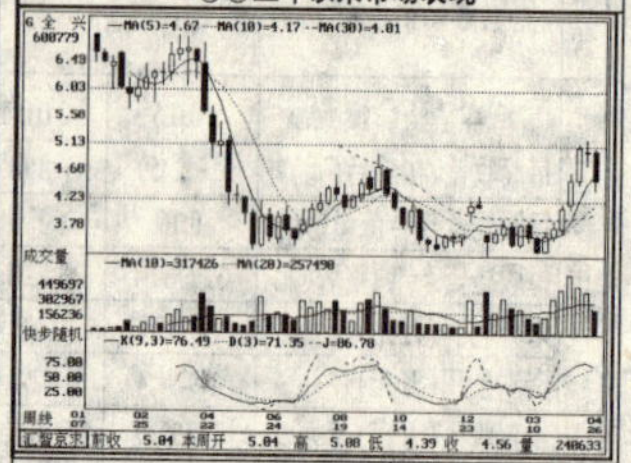

2005年涨跌幅(%)	－39.71
2005年最高(元)	6.93
2006年涨跌幅(%)	41.67
2006.4.26收盘(元)	4.56
2006年最高(元)	6.68
2006年最低(元)	4.26
2006年换手率(%)	179.93
股改对价	无偿转让无形资产 送股 每10股实际获得2.8股(06/01/18)

G通宝（600780）

上市日期:96/12/05　　电话:0351－7021857　　传真:0351－7021077

主营	火力发电

	年　度	2005	2004	2003
主要指标	每股收益/扣除后(元)	0.149/0.17	0.275	0.4/0.38
	每股经营现金流量(元)	0.94	0.99	1.54
	每股净资产/调整后(元)	1.54/1.54	1.75/1.75	2.27/2.26
	未分利润(万元)	11179.54	31343.79	23792.66
	资本公积(万元)	18011	18317.85	35771.75
利润构成	主营收入(万元)	215972.86	209245.18	186758.71
	主营利润(万元)	46186.8	62320.93	60184.22
	营业利润(万元)	23973.92	38490.58	34738.72
	投资收益(万元)	－603.02	－305.31	－175.81
	利润总额(万元)	21369.27	38362.91	34480.47
	净利润(万元)	12986.95	23987.93	23369.56

点评：2005年，尽管有煤电联动使得公司的电价有所提高，但公司的主营业务收入并没有很大的提高。地处煤炭大省，公司同样受到煤炭价格上涨成本增加的影响，净利润同比有较大幅度的下降。2006年，公司的成本控制依然需要努力。

	截止日期	05年末	占%	主要股东及持股比例%、持股性质
股本结构（万股）	总股本	87294.1		山西国际电力集团有限公司 46.39%（国有股）
	国有股	43659.69	50.01	中国工商银行－上证50交易型开放式指数证券投资基金 1.92%（流通A股）
	发起股			山西统配煤炭经销总公司 1.37%（国有股）
	外资股			交通银行－易方达50指数证券投资基金 0.6%（流通A股）
	募集股			阳泉煤业(集团)有限责任公司 0.59%（国有股）
	流通A	43634.41	49.99	山西潞安矿业(集团)有限责任公司 0.59%（国有股）
	流通B			山西晋城无烟煤矿业集团有限责任公司 0.59%（国有股）
	流通H			上海申能生物技术有限公司 0.38%（流通A股）
股东户数	05年末	58089		中国建设银行－博时裕富证券投资基金 0.37%（流通A股）
	04年末	66916		上海申能实业有限公司 0.36%（流通A股）
其他流通股东	全国社保基金零零二组合 0.348%；王文贤 0.246%；中国工商银行－华安上证180指数增强型证券投资基金 0.241%			
近年分配	04年:10派0.5；03年:10派0.5送2转增3	近年募资		

二〇〇五年以来市场表现

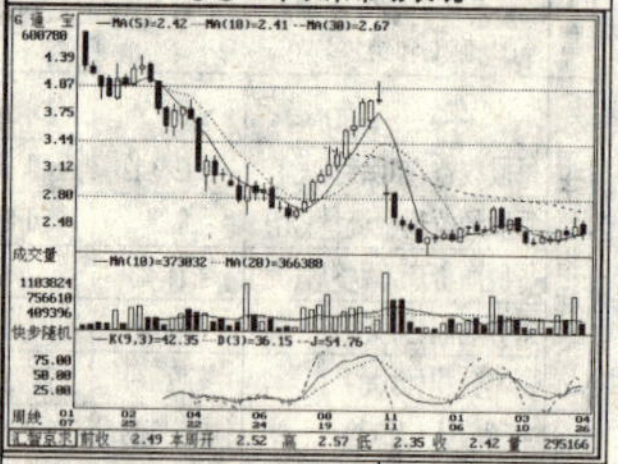

2005年涨跌幅(%)	－27.92
2005年最高(元)	4.71
2006年涨跌幅(%)	3.86
2006.4.26收盘(元)	2.42
2006年最高(元)	2.72
2006年最低(元)	2.27
2006年换手率(%)	138.1
股改对价	送股 派现 每10股实际获得2.2股5.17元(05/10/31)

＊ST 民丰（600781）

上市日期:96/12/18　电话:021－62484982　传真:021－62499190

主营：以阔幅线布类织特为主的纺织印染产品及其它纺织印染及加工业务;生产、销售服装、服饰、家用纺织装饰品及床上用品。

	年度	2005	2004	2003
主要指标	每股收益/扣除后(元)	-0.23/-0.24	-0.267	0.012/-0.19
	每股经营现金流量(元)	0.1	-0.003	0.34
	每股净资产/调整后(元)	0.08/0.07	0.4/0.37	0.74/0.72
	未分利润(万元)	-24148.47	-20149.25	-15367.4
	资本公积(万元)	9539.64	9539.64	9539.64
利润构成	主营收入(万元)	7106.63	21141.25	13408.73
	主营利润(万元)	1463.03	159.65	-1188.4
	营业利润(万元)	-3553.84	-4971.72	-239.4
	投资收益(万元)	-231.04	-800.93	153.83
	利润总额(万元)	-5645.4	-6281.39	-57.06
	净利润(万元)	-3999.22	-4733.87	205.96

点评：公司05年继续亏损,而扣除非经常性损益后公司已连续四年亏损。控股子公司停产整顿,计提固定资产减值准备,安置下岗职工等是导致公司2005年继续亏损的主要原因。公司拟通过资产置换来扭转连年亏损的局面,目前已与河南辅仁药业签订了有关协议。

	截止日期	05年末	占%	主要股东及持股比例%、持股性质
股本结构(万股)	总股本	17759.29		上海茉织华股份有限公司 29.518%（非流通股）
	国有股	355.19	2	金礼发展有限公司 27.565%（外资股）
	发起股			民亿实业有限公司 2.756%（外资股）
	外资股	5384.95	30.32	北京创业园科技投资有限公司 2.615%（非流通股）
	募集股	6956.65	39.17	上海市国有资产管理办公室 1.493%（国有股）
	流通A	5062.5	28.51	严春风 1.086%（流通A股）
	流通B			上海聚劲投资有限公司 1.014%（非流通股）
	流通H			上海真如实业公司 0.456%（非流通股）
股东户数	05年末	8856		沈阳国通商贸有限公司 0.422%（非流通股）
	04年末	8470		上海隆海商贸有限公司 0.382%（流通A股）
其他流通股东	涂逊英 0.336%;徐咏荣 0.313%;庞雄飞 0.287%;王智明 0.259%;葛昌良 0.242%;王永英 0.234%;曹华新 0.229%			
近年分配			近年募资	

二〇〇五年以来市场表现

2005年涨跌幅(%)	35.32
2005年最高(元)	3.75
2006年涨跌幅(%)	32.88
2006.4.26收盘(元)	3.92
2006年最高(元)	3.98
2006年最低(元)	2.95
2006年换手率(%)	162.5
股改对价	资产置换 送股 每10股实际获得1股

新华股份（600782）

上市日期:96/12/25　电话:0790—6460888　传真:0790—6460999

主营：主营各类预应力钢丝、钢绞线、铝包钢丝和铝包钢绞线、CATV有线电视传输线、OPGW光纤复合电缆及其延伸产品。

	年度	2005	2004	2003
主要指标	每股收益/扣除后(元)	0.164/0.156	0.147	0.122/0.121
	每股经营现金流量(元)	0.2139	0.3305	0.3274
	每股净资产/调整后(元)	1.63/1.6	1.57/1.56	1.52/1.51
	未分利润(万元)	3310.94	2558.33	2070.52
	资本公积(万元)	5388.02	5388.02	5388.02
利润构成	主营收入(万元)	82648.64	75315.05	53755.33
	主营利润(万元)	11712.93	10526.73	8212.47
	营业利润(万元)	4548.42	3690.09	2811.49
	投资收益(万元)	-449.98	-359.17	-31.92
	利润总额(万元)	4145.16	3295.51	2805.92
	净利润(万元)	3158.6	2847.07	2357.48

点评：公司钢绞线、铝包线等增长迅速,在细分市场中的占有率较高。但由于竞争激烈,加上费用上升较快,致使盈利能力略微偏低。公司参股公司经营困难,过去两年合计计提900多万,对公司财务影响较大。公司股改后应该有一定机会。

	截止日期	05年末	占%	主要股东及持股比例%、持股性质
股本结构(万股)	总股本	19322.04		新余钢铁有限责任公司 43.68%（国有股）
	国有股			香港巍华金属制品有限公司 16.76%（外资股）
	发起股	10468.16	54.18	江西国际信托投资股份有限公司 10.05%（国有股）
	外资股	3237.88	16.76	江西省冶金供销公司 0.45%（国有股）
	募集股			郑慧君 0.16%（流通A股）
	流通A	5616	29.07	钱铁军 0.13%（流通A股）
	流通B			黄小毛 0.12%（流通A股）
	流通H			谢仁国 0.12%（流通A股）
股东户数	05年末	13945		冯腊英 0.11%（流通A股）
	04年末	13495		刘国珍 0.11%（流通A股）
其他流通股东	杭秀英 0.102%;马秉梅 0.101%;刘应秀 0.1%;陈永奇 0.089%			
近年分配	05预案:10派1.2;04年:10派1;03年:10派1		近年募资	

二〇〇五年以来市场表现

2005年涨跌幅(%)	-7.69
2005年最高(元)	4.48
2006年涨跌幅(%)	1.71
2006.4.26收盘(元)	3.56
2006年最高(元)	4.02
2006年最低(元)	3.48
2006年换手率(%)	90.39
股改对价	

G鲁信（600783）

上市日期:96/12/25　电话:0533－2980151　传真:0533－2981033

主营：磨料、磨具、硅碳棒、砂纸及柠檬酸产品的生产和销售。

	年度	2005	2004	2003
主要指标	每股收益/扣除后(元)	0.076/-0.068	0.029	0.018/-0.035
	每股经营现金流量(元)	0.2126	-0.0559	0.1393
	每股净资产/调整后(元)	1.42/1.19	1.33/1.13	1.3/1.08
	未分利润(万元)	-2375.87	-3518.37	-3788.32
	资本公积(万元)	7563.9	7300.83	7222.46
利润构成	主营收入(万元)	41566.51	28782.91	24958.11
	主营利润(万元)	6509.21	6549.33	5764.07
	营业利润(万元)	-1284.08	671.18	-476.25
	投资收益(万元)	420.11	997.01	146.86
	利润总额(万元)	1929.04	1660.61	733.59
	净利润(万元)	1528.07	591.07	360.73

点评：公司柠檬酸业务、磨具磨料业务增长快速,但在原材料涨价和价格下滑的环境下,毛利率下降较多。受惠于地方政府给予的土地转让补偿金,才使得公司业绩出现大幅增长。公司主要业务前景尚可,但2006年计划投资项目资金需求较大对公司盈利构成一定压力。

	截止日期	05年末	占%	主要股东及持股比例%、持股性质
股本结构(万股)	总股本	20227.89		山东省高新技术投资有限公司 29.82%（部分流通部分不流通）
	国有股	5905.29	29.19	山东省鲁信投资控股集团有限公司 29.19%（国有股）
	发起股			山东鲁信置业有限公司 4.68%（非流通股）
	外资股			淄博泰利磨具公司 2.99%（非流通股）
	募集股	7833	38.72	淄博工业发展有限公司 1.25%（非流通股）
	流通A	6489.6	32.08	卞淑敏 0.29%（流通A股）
	流通B			史俊月 0.19%（流通A股）
	流通H			阮春琴 0.14%（流通A股）
股东户数	05年末	24218		陶锋 0.14%（流通A股）
	04年末	25888		山东西诺实业有限公司 0.11%（流通A股）
其他流通股东	寇伟 0.095%;金庆泰 0.088%;王康平 0.075%;张增荣 0.07%;黄晓颖 0.069%			
近年分配			近年募资	

二〇〇五年以来市场表现

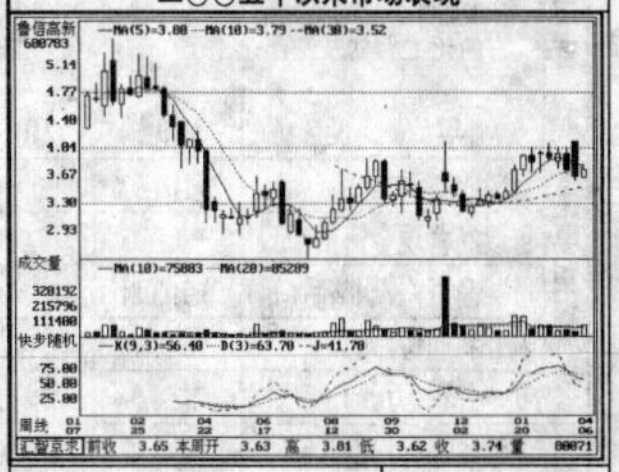

2005年涨跌幅(%)	-23.04
2005年最高(元)	5.51
2006年涨跌幅(%)	11.98
2006.4.26收盘(元)	3.74
2006年最高(元)	4.11
2006年最低(元)	3.33
2006年换手率(%)	116.93
股改对价	送股 每10股实际获得3.1股(06/04/27)

鲁银投资（600784）

上市日期:96/12/25　　电话:0531－2024156　　传真:0531－2024179

主营：股权投资:投资的主要产业为生物制药、羊绒纺织、房地产开发、粉末冶金和热轧带钢产品等。

	年　度	2005	2004	2003
主要指标	每股收益/扣除后(元)	0.09/0.01	0.12	0.103/0.087
	每股经营现金流量(元)	0.44	0.62	0.13
	每股净资产/调整后(元)	1.24/1.03	1.15/0.76	1.03/0.73
	未分利润(万元)	1703.75	－15562.06	－18628.32
	资本公积(万元)	3224.27	14405.71	14278.32
利润构成	主营收入(万元)	360514.32	360895.5	81208.28
	主营利润(万元)	20813.05	17793.34	15648.17
	营业利润(万元)	2040.91	4157.4	6705.48
	投资收益(万元)	－252.12	－123.32	－1393.3
	利润总额(万元)	1504.27	3993.23	5316.6
	净利润(万元)	2129.69	3066.26	2554.93

点评：公司90%以上的收入来自于热轧带钢,市场环境整体严峻,毛利率远低于行业水平;公司毛利率较高的房地产业务萎缩严重;医药业务积重难返,举步维坚;羊绒业务有所增长,但规模太小。公司应收帐款和对外担保仍是潜在的风险点。

	截止日期	05年末	占%	主要股东及持股比例%、持股性质
股本结构（万股）	总股本	24830.69		莱芜钢铁集团有限公司 17.96%（国有股）
	国有股			上海银炬实业展有限公司 5.92%（非流通股）
	发起股	5929.61	23.88	陈家礼 0.42%（流通A股）
	外资股			刘烈伟 0.27%（流通A股）
	募集股			陈冬梅 0.24%（流通A股）
	流通A	18901.08	76.12	关国栋 0.23%（流通A股）
	流通B			任道江 0.18%（流通A股）
	流通H			王路路 0.16%（流通A股）
股东户数	05年末	68080		吉金龙 0.16%（流通A股）
	04年末	69556		葛瑞平 0.15%（流通A股）

其他流通股东：李贤文 0.112%；王涌 0.105%

近年分配：　　**近年募资**：

二〇〇五年以来市场表现

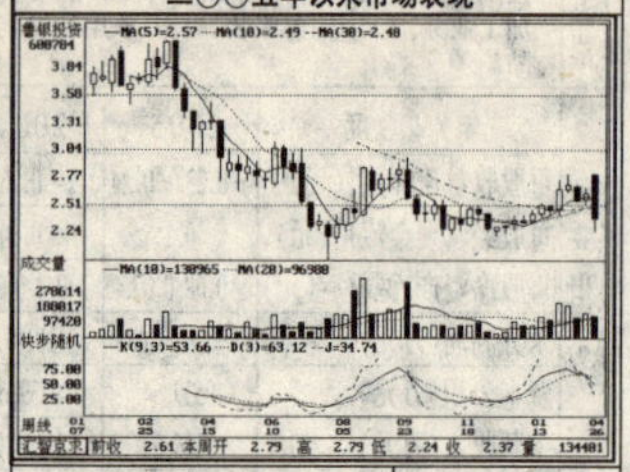

2005年涨跌幅(%)	－37.03
2005年最高(元)	4.11
2006年涨跌幅(%)	1.72
2006.4.26收盘(元)	2.37
2006年最高(元)	2.79
2006年最低(元)	2.24
2006年换手率(%)	59.99
股改对价	送股 每10股实际获得0.6股

新华百货（600785）

上市日期:97/01/08　　电话:0951－4010058　　传真:0951－6022866

主营：零售及批发百货、文化用品、服装鞋帽、针纺织品、家电家具、钟表工艺、副食品等十大类四万余种商品。

	年　度	2005	2004	2003
主要指标	每股收益/扣除后(元)	0.39/0.32	0.41/0.46	0.41/0.41
	每股经营现金流量(元)	0.84	1.09	1.38
	每股净资产/调整后(元)	5.53/5.43	5.3/5.2	5.09/5.07
	未分利润(万元)	13525.08	12868.32	11523.08
	资本公积(万元)	27574.65	26662.38	26573.61
利润构成	主营收入(万元)	187920.21	160420.18	132374.03
	主营利润(万元)	33117.36	30541.41	23585.69
	营业利润(万元)	4984.35	5604.16	5050.73
	投资收益(万元)	158.63	266.29	1175.82
	利润总额(万元)	5395.04	5388.66	5720.37
	净利润(万元)	3986.51	4201.35	4172.56

点评：报告期内公司主营收入实现了较大增长,但毛利率的下降最终导致净利润略有下降。公司旗下子公司如家电、连锁超市等业务取得了良好业绩,旗下夏进乳业股份有限公司仍处于亏损状态。公司偿债能力指标正常,经营现金流大大高于净利润。

	截止日期	05年末	占%	主要股东及持股比例%、持股性质
股本结构（万股）	总股本	10289.25		银川市新华百货商店 27.7%（国有股）
	国有股	2850	27.7	宁夏启元药业有限公司 2.92%（非流通股）
	发起股	975	9.48	宁夏共享集团有限责任公司 2.67%（非流通股）
	外资股			宁夏华联商厦股份有限公司 2.19%（非流通股）
	募集股			宁夏通信服务公司 1.46%（非流通股）
	流通A	6464.25	62.83	北京信诚芳馨商贸有限公司 0.83%（流通A股）
	流通B			靳艳丽 0.5%（流通A股）
	流通H			付苗先 0.34%（流通A股）
股东户数	05年末	17468		常平 0.29%（流通A股）
	04年末	19891		刘雪峰 0.29%（流通A股）

其他流通股东：耿晓奇 0.289%；王坚宏 0.231%；袁志东 0.23%；韩桂芬 0.226%；赵永玲 0.223%

近年分配：04年:10派2.5；03年:10派2　　**近年募资**：

二〇〇五年以来市场表现

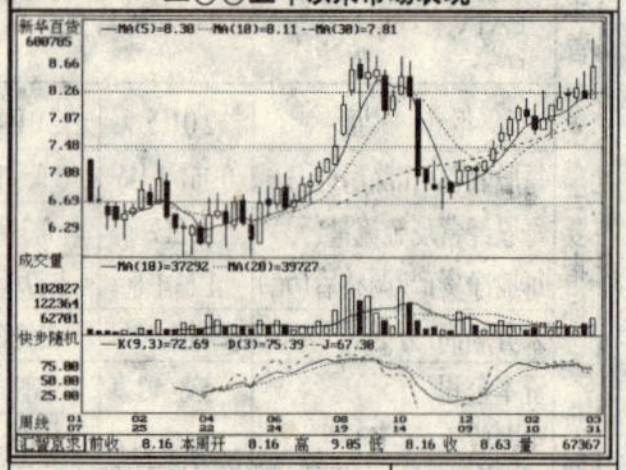

2005年涨跌幅(%)	4.91
2005年最高(元)	9.09
2006年涨跌幅(%)	16
2006.4.26收盘(元)	8.63
2006年最高(元)	9.05
2006年最低(元)	7.44
2006年换手率(%)	72.03
股改对价	

东方锅炉（600786）

上市日期:96/12/27　　电话:0813－4735000　　传真:0813－2203200

主营：开发、制造营销电站锅炉、电站辅机、工业锅炉、电站阀门、石油化工容器及配件。

	年　度	2005	2004	2003
主要指标	每股收益/扣除后(元)	2.014/1.974	0.871	0.794/0.757
	每股经营现金流量(元)	－0.7406	7.3144	10.1275
	每股净资产/调整后(元)	3.94/3.84	1.76/1.52	1.57/0.89
	未分利润(万元)	66651.7	12112.63	－17463.61
	资本公积(万元)	24296.3	7481.53	23896.51
利润构成	主营收入(万元)	802543.09	444399.02	204610.57
	主营利润(万元)	144340.25	76109.75	41062.53
	营业利润(万元)	93890.18	42406.78	16835.16
	投资收益(万元)	772.66	－168.92	346.56
	利润总额(万元)	96101.18	42140.17	16966.81
	净利润(万元)	80841.78	34947.77	16765.33

点评：2005年公司产能和销售比上年再次大幅上涨。不过,由于电站投资2003－2005年持续爆发式的增长,2006年电站设备行业景气度可能见顶。虽然公司2006年的业绩仍然有可能保持惯性增长,但是未来几年行业周期性的衰退可能使公司中期产销量下降。

	截止日期	05年末	占%	主要股东及持股比例%、持股性质
股本结构（万股）	总股本	40141.52		东方锅炉厂 74.44%（国有股）
	国有股	29881.52	74.44	华西证券有限责任公司 2.85%（流通A股）
	发起股			金信信托－四只信托计划 2.38%（流通A股）
	外资股			金信证券有限责任公司 1.97%（流通A股）
	募集股			国际金融－汇丰－MORGAN STANLEY @ CO. INTERNATIONAL LIMITED 0.45%（流通A股）
	流通A	10260	25.56	通乾证券投资基金 0.23%（流通A股）
	流通B			金寿 0.22%（流通A股）
	流通H			成都市润诚家政服务有限责任公司 0.2%（流通A股）
股东户数	05年末	10777		申银万国－花旗－DEUTSCHE BANK AKTIENGESELLSCHAFT 0.19%（流通A股）
	04年末	7526		东阳市金东经贸有限公司 0.16%（流通A股）

其他流通股东：申银万国－花旗－DEUTSCHE BANK AKTIENGESELLSCHAFT 0.194%；深圳市创融投资咨询有限公司 0.125%

近年分配：05年:10派2.4；04中期:10转增9 年终:10派2.52　　**近年募资**：

二〇〇五年以来市场表现

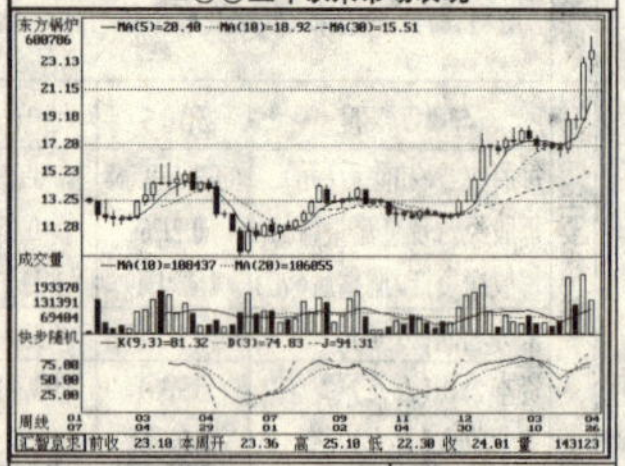

2005年涨跌幅(%)	0.84
2005年最高(元)	15.86
2006年涨跌幅(%)	83.99
2006.4.26收盘(元)	24.01
2006年最高(元)	25.34
2006年最低(元)	13.02
2006年换手率(%)	168.96
股改对价	

G中储（600787）

上市日期:97/01/21　　电话:010－83673292　　传真:010－83673191

主营	商品储存、运输、物资经销配送等。

	年度	2005	2004	2003
主要指标	每股收益/扣除后(元)	0.103/0.08	0.082	0.104/0.03
	每股经营现金流量(元)	0.4626	0.1355	0.3395
	每股净资产/调整后(元)	2.45/2.44	1.76/1.75	2.55/2.53
	未分利润(万元)	11782.52	8790.62	4650.2
	资本公积(万元)	63749.4	25680.84	31910.75
利润构成	主营收入(万元)	521457.26	342242.23	195291.7
	主营利润(万元)	32596.52	24848.41	18215.6
	营业利润(万元)	8270.02	7463.23	948.91
	投资收益(万元)	-90.87	505.84	977.6
	利润总额(万元)	10029.86	8003.22	4203.18
	净利润(万元)	6399.24	5096.42	3233.64

点评：05年公司整合物流资源、调整提升经销业务,收入利润都有较大幅度增长。公司现占地480多万平方米,这些资源均为长期积累所致,重置成本很高,这些优势使得公司拥有独特的核心竞争力。

	截止日期	05年末	占%	主要股东及持股比例%、持股性质
股本结构(万股)	总股本	62067.78		中国物资储运总公司 55.45%（国有股）
	国有股	36834.78	59.35	北京融鑫创业投资顾问有限公司 3.9%（国有股）
	发起股			中国光大银行股份有限公司－巨田基础行业证券投资基金 1.56%（流通A股）
	外资股			中国银行－海富通股票证券投资基金 1.39%（流通A股）
	募集股			全国社保基金一零七组合 0.59%（流通A股）
	流通A	25233	40.65	兴业证券投资基金 0.53%（流通A股）
	流通B			中国工商银行－申万巴黎盛利精选证券投资基金 0.47%（流通A股）
	流通H			中国农业银行－长信银利精选证券投资基金 0.34%（流通A股）
股东户数	05年末	53022		新华人寿保险股份有限公司－分红－团体分红－018L－FH001沪 0.17%（流通A股）
	04年末	56848		交通银行－海富通精选证券投资基金 0.17%（流通A股）
其他流通股东	中国农业银行－新世纪优选分红证券投资基金 0.165%			
近年分配	05预案:10派0.3；04中期:10转增10年终:10派0.2		近年募资	

二〇〇五年以来市场表现

2005年涨跌幅(%)	-5.26
2005年最高(元)	4.45
2006年涨跌幅(%)	41.74
2006.4.26收盘(元)	3.89
2006年最高(元)	5.89
2006年最低(元)	3.95
2006年换手率(%)	140.18
股改对价	送股 每10股实际获得3.7股(06/01/10)

鲁抗医药（600789）

上市日期:97/02/26　　电话:0537－2983174　　传真:0537－2983097

主营	抗生素类药品制造,主营生物发酵及生物合成产品。

	年度	2005	2004	2003
主要指标	每股收益/扣除后(元)	0.01/0.01	-0.22	0.13/0.16
	每股经营现金流量(元)	0.39	0.15	0.41
	每股净资产/调整后(元)	3.64/3.64	3.63/3.63	3.92/3.92
	未分利润(万元)	10793.94	10296.28	22001.59
	资本公积(万元)	83336.73	83336.73	83336.73
利润构成	主营收入(万元)	115593.62	102752.16	97419.31
	主营利润(万元)	13544	12274.67	24861.78
	营业利润(万元)	200.98	-9477.87	7535.27
	投资收益(万元)	23.14		5.29
	利润总额(万元)	312.58	-9567	7841.03
	净利润(万元)	497.66	-9234.78	5412.02

点评：公司是我国著名的抗生素生产基地之一。国内抗生素市场竞争依然激烈,05年公司实现了销售收入的恢复性增长,降低了采购成本,加强产品研发,提高资产运行质量,初步实现了扭亏增盈。但销售瓶颈尚未得到彻底解决,新产品的市场开发能力也较弱。

	截止日期	05年末	占%	主要股东及持股比例%、持股性质
股本结构(万股)	总股本	41175.42		山东鲁抗医药集团有限公司 34.73%（国有股）
	国有股	14299.74	34.73	中国资本(控股)有限公司 15.46%（外资股）
	发起股			陈人墩 0.16%（流通A股）
	外资股	6365.89	15.46	吴江海 0.13%（流通A股）
	募集股			姜敏 0.1%（流通A股）
	流通A	20509.79	49.81	谢施斌 0.09%（流通A股）
	流通B			张洁 0.08%（流通A股）
	流通H			杨安惠 0.07%（流通A股）
股东户数	05年末	91809		顾伟芬 0.07%（流通A股）
	04年末	94653		黄志明 0.07%（流通A股）
其他流通股东	范世泓 0.068%；王莹 0.068%			
近年分配	03中期:10派1年终:10派0.6		近年募资	03年增发A股4700万股,发行价7.66元。

二〇〇五年以来市场表现

2005年涨跌幅(%)	-15.58
2005年最高(元)	3.41
2006年涨跌幅(%)	8.85
2006.4.26收盘(元)	2.83
2006年最高(元)	3.07
2006年最低(元)	2.57
2006年换手率(%)	106.89
股改对价	

轻纺城（600790）

上市日期:97/02/28　　电话:0575－4116158　　传真:0575－4116045

主营	中国轻纺城"东、西、北"三大交易区营业用房的租赁和物业管理;生产和销售各类纺织品、新型建材、黄酒等,并从事房地产开发和物流公司的建设。

	年度	2005	2004	2003
主要指标	每股收益/扣除后(元)	0.03/-0.01	0.058	0.014/-0.1
	每股经营现金流量(元)	1.932	1.579	0.728
	每股净资产/调整后(元)	2.77/2.73	2.69/2.65	2.63/2.58
	未分利润(万元)	-136.91	-1152.34	-3158.05
	资本公积(万元)	59802.43	57856.49	57852.45
利润构成	主营收入(万元)	83989.87	102076.66	139961.26
	主营利润(万元)	16800.34	18613.36	17494.82
	营业利润(万元)	798.71	2777.66	-1013.79
	投资收益(万元)	1176.13	2639.3	-1211.98
	利润总额(万元)	2558.84	5289.31	5693.85
	净利润(万元)	1116.01	2148.49	531.23

点评：公司收入来自纺织品销售和加工、市场租赁和酒类销售三大业务。05年市场租赁和酒类销售均实现增长。目前主要的项目是轻纺城改造升级一期工程、二期改造升级的前期工作以及市场配套项目的建设;酒类业务则主要提高市场占有率。

	截止日期	05年末	占%	主要股东及持股比例%、持股性质
股本结构(万股)	总股本	37186.07		浙江精功控股有限公司 12.84%（非流通股）
	国有股			浙江永利实业集团有限公司 7.85%（非流通股）
	发起股	913.68	2.46	绍兴县国有资产投资经营有限公司 3.57%（国有股）
	外资股			浙江省财务开发公司 2.46%（非流通股）
	募集股	11049.06	29.71	绍兴柯桥镇红建村 1.39%（非流通股）
	流通A	25223.33	67.83	绍兴越通房地产公司 1.16%（非流通股）
	流通B			交通银行－汉兴证券投资基金 0.83%（流通A股）
	流通H			绍兴县银翔经济实业总公司 0.83%（非流通股）
股东户数	05年末	61521		交通银行－裕华证券投资基金 0.73%（流通A股）
	04年末	63903		长江经济联合发展(集团)股份有限公 0.69%（非流通股）
其他流通股东	陈吉 0.366%；李少雄 0.215%；马皖均 0.209%；王五妹 0.207%；王文豪 0.188%；朱渭林 0.185%；马强 0.183%			
近年分配			近年募资	

二〇〇五年以来市场表现

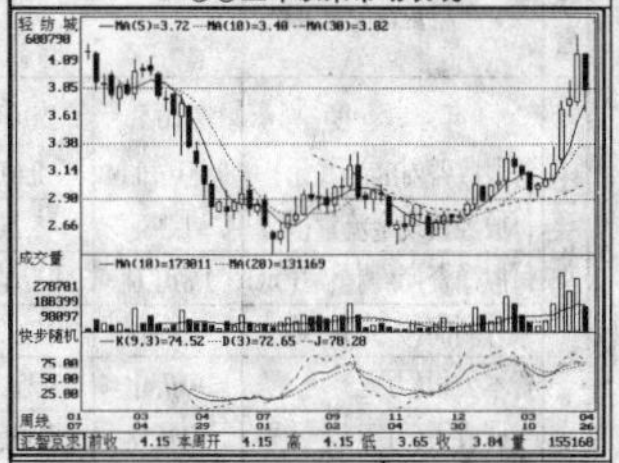

2005年涨跌幅(%)	-35.45
2005年最高(元)	4.24
2006年涨跌幅(%)	39.64
2006.4.26收盘(元)	3.84
2006年最高(元)	4.33
2006年最低(元)	2.74
2006年换手率(%)	95.76
股改对价	

G 天创（600791）

上市日期:97/01/30　　电话:010－82273638　　传真:010－82272948

主营	房地产开发。			
主要指标	年　　度	2005	2004	2003
	每股收益/扣除后(元)	0.14/0.07	0.22	0.36/0.34
	每股经营现金流量(元)	0.37	-1.06	-0.88
	每股净资产/调整后(元)	2.07/1.98	1.92/1.88	1.68/1.68
	未分利润(万元)	7294.2	6282.06	4479.41
	资本公积(万元)	1183.04	912.3	641.91
利润构成	主营收入(万元)	29072.46	21552.84	26320.87
	主营利润(万元)	8255.89	9116.51	9492.16
	营业利润(万元)	4256.35	5809.74	7855.84
	投资收益(万元)	-136.02	77.61	115.56
	利润总额(万元)	4120.33	5888.23	7972.2
	净利润(万元)	1818.76	2862.03	4590.62
点评	05年公司维嘉项目实现整体销售,合作开发的棉花片项目按照计划推进。由于销售两个住宅项目预售情况良好,公司经营活动现金流和现金等价物指标较好。在06年将采取多种方式,扩大土地储备,保障公司可持续发展能力。			

	截止日期	05年末	占%	主要股东及持股比例%、持股性质
股本结构(万股)	总股本	12870		北京能源投资(集团)有限公司 42.46% (国有股)
	国有股	5464.15	42.46	北京力成投资管理有限公司 6.83% (非流通股)
	发起股	1287	10	贵州赤天化集团有限责任公司 3.5% (非流通股)
	外资股			贵州省技术改造投资公司 3.33% (非流通股)
	募集股	1828.85	14.21	贵州省水城钢铁(集团)公司 3.33% (非流通股)
	流通A	4290	33.33	中国贵州航空工业总公司 1.67% (非流通股)
	流通B			贵州神奇制药有限公司 0.83% (非流通股)
	流通H			重庆科星设备清洗有限公司 0.76% (非流通股)
股东户数	05年末	7558		上海锦玻实业有限公司 0.6% (非流通股)
	04年末	8059		唐厚勤 0.56% (流通A股)
其他流通股东	李强 0.355%;张国华 0.35%;乔北军 0.305%;蔡孝银 0.299%;张翠兰 0.297%;宋德欣 0.292%;王玉梅 0.288%			
近年分配	05预案:10派0.3;04年:10派0.2	近年募资		

二〇〇五年以来市场表现

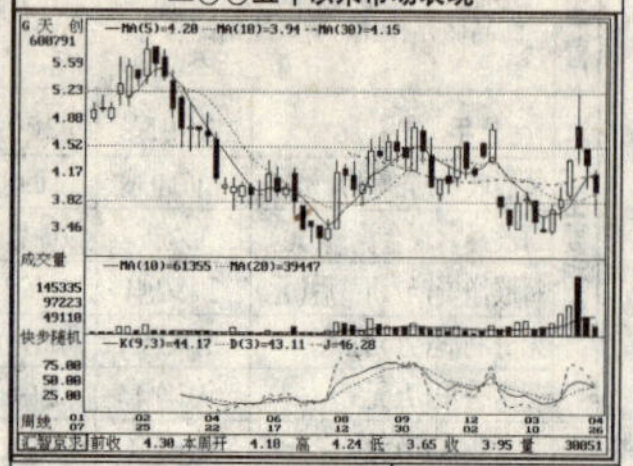

2005年涨跌幅(%)	-9.96
2005年最高(元)	5.94
2006年涨跌幅(%)	16.44
2006.4.26收盘(元)	3.95
2006年最高(元)	6.79
2006年最低(元)	4.31
2006年换手率(%)	125.09
股改对价	送股 每10股实际获得3股(06/02/10)

马龙产业（600792）

上市日期:97/01/23　　电话:0871－3018278　　传真:0871－3620661

主营	黄磷、磷酸等磷化工产品,水泥等建材产品的生产销售。			
主要指标	年　　度	2005	2004	2003
	每股收益/扣除后(元)	0.14/0.1	0.603	0.272/0.272
	每股经营现金流量(元)	-0.121	0.284	0.529
	每股净资产/调整后(元)	1.62/1.61	1.83/1.83	1.84/1.82
	未分利润(万元)	4070.42	3741.93	1789.42
	资本公积(万元)	2037.76	2037.76	4332.64
利润构成	主营收入(万元)	56895.39	80186.43	54291.88
	主营利润(万元)	9732.49	20828.19	9343.91
	营业利润(万元)	1966.57	8910.89	2270.13
	投资收益(万元)			8.67
	利润总额(万元)	2221.87	9104.02	2347.88
	净利润(万元)	1746.68	6920.33	2084.1
点评	05年盈利同比大幅下降,主要原因有:云南省在去年第四季度限制黄磷生产,导致公司全年黄磷产量低于年初计划数;在滇能集团退出公司后,公司电力成本大幅上升;由于国家对黄磷征收20%的出口关税,使得国内价格下降,影响了业绩。			

	截止日期	05年末	占%	主要股东及持股比例%、持股性质
股本结构(万股)	总股本	12622.5		云天化集团有限责任公司 29.58% (国有股)
	国有股	7647.75	60.59	云南省马龙县国有资产管理局 29% (国有股)
	发起股	1262.25	10	云南马龙万企化工有限公司 10% (非流通股)
	外资股			云南省国有资产经营有限责任公司 2% (国有股)
	募集股			杨海燕 0.57% (流通A股)
	流通A	3712.5	29.41	杨柳顺 0.163% (流通A股)
	流通B			梁海凌 0.12% (流通A股)
	流通H			刘蒲芳 0.1% (流通A股)
股东户数	05年末	8810		曾伟彬 0.099% (流通A股)
	04年末	2618		涂宏 0.098% (流通A股)
其他流通股东	陈少伶 0.094%;赵向阳 0.091%;陈静 0.082%;祁振林 0.079%			
近年分配	04年:10派2送1;03年:10送2转增3	近年募资		

二〇〇五年以来市场表现

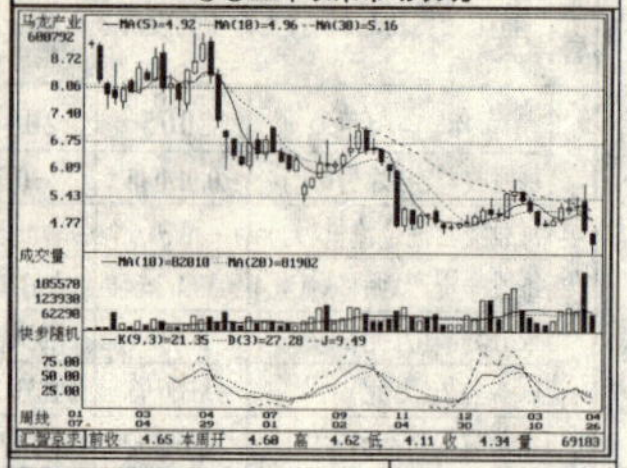

2005年涨跌幅(%)	-40.01
2005年最高(元)	9.38
2006年涨跌幅(%)	-10.15
2006.4.26收盘(元)	4.34
2006年最高(元)	5.88
2006年最低(元)	4.11
2006年换手率(%)	403.6
股改对价	

宜宾纸业（600793）

上市日期:97/02/20　　电话:0831－3560668　　传真:0831－3561965

主营	生产经营新闻纸及纸制品。			
主要指标	年　　度	2005	2004	2003
	每股收益/扣除后(元)	0.053/-0.04	0.092	0.069/0.063
	每股经营现金流量(元)	1.298	1.203	0.3696
	每股净资产/调整后(元)	1.89/1.68	1.82/1.74	1.66/1.55
	未分利润(万元)	21.46	-7267.67	-8237.77
	资本公积(万元)	9007.41	12451.84	11825.75
利润构成	主营收入(万元)	50626.68	37058.21	36017.68
	主营利润(万元)	6597.14	5658.35	5269.74
	营业利润(万元)	540.13	831.68	739.5
	投资收益(万元)	31.15	12.92	
	利润总额(万元)	554.49	970.1	722.21
	净利润(万元)	554.49	970.1	722.12
点评	公司新闻纸生产线装备水平与行业先进相比较为落后,市场竞争力有所下降,随着新闻纸行业竞争日趋激烈,公司新闻纸盈利能力可能下滑。公司的食品包装纸生产线是国内较为先进的,具有较大的市场开发潜力。			

	截止日期	05年末	占%	主要股东及持股比例%、持股性质
股本结构(万股)	总股本	10530		宜宾市国有资产经营有限公司 49.15% (国有股)
	国有股	5176	49.15	四川宜宾五粮液公司 19% (非流通股)
	发起股	2000	18.99	梁碧霞 0.41% (流通A股)
	外资股			甄敏忠 0.2% (流通A股)
	募集股			李淑霞 0.17% (流通A股)
	流通A	3354	31.85	王立恩 0.16% (流通A股)
	流通B			高德新 0.15% (流通A股)
	流通H			王丽蓉 0.14% (流通A股)
股东户数	05年末	11594		王小聪 0.13% (流通A股)
	04年末	11535		蔡雪冰 0.13% (流通A股)
其他流通股东	陈进国 0.121%;杨玉洁 0.114%			
近年分配		近年募资		

二〇〇五年以来市场表现

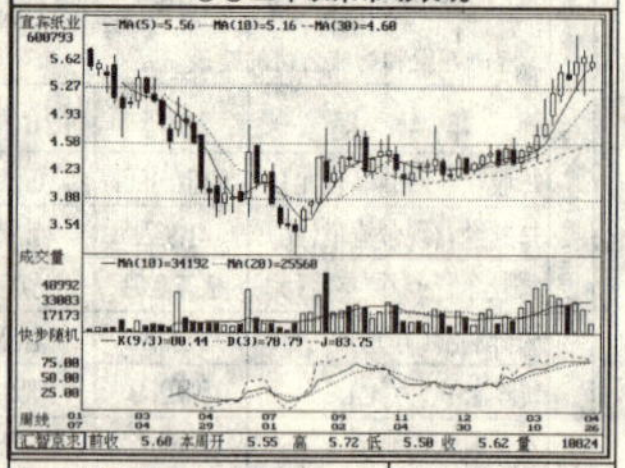

2005年涨跌幅(%)	-26.45
2005年最高(元)	5.78
2006年涨跌幅(%)	33.81
2006.4.26收盘(元)	5.62
2006年最高(元)	5.97
2006年最低(元)	4.2
2006年换手率(%)	131.21
股改对价	

保税科技（600794）

上市日期:97/03/06　电话:0872－3186316　传真:0872－3186312

主营：江苏省张家港保税区基础设施开发建设，房地产开发经营；保税仓储、货物中转、装卸

	年　度	2005	2004	2003
主要指标	每股收益/扣除后(元)	-0.02/0.16	0.096	0.051/-0.025
	每股经营现金流量(元)	0.294	0.183	0.353
	每股净资产/调整后(元)	1.44/1.43	1.46/1.43	1.37/1.24
	未分利润(万元)	-14930.04	-14632.18	-15366.42
	资本公积(万元)	17107.57	17101.35	17073.93
利润构成	主营收入(万元)	10242.96	12445.19	6424.05
	主营利润(万元)	6700.88	4446.29	3888.88
	营业利润(万元)	2880.13	1891.31	779.74
	投资收益(万元)	660.59	195.86	156.54
	利润总额(万元)	1014.21	2218.34	1141.45
	净利润(万元)	-238.6	1140.35	604.03

点评：公司主营收入来自仓储运输、机制纸系列的销售。05年公司经历了严峻的考验，主营收入和净利润均出现不同程度下降，主要是仓储运输行业陷入低迷，导致其收入受到较大的冲击以及控股子公司因涉诉赔偿，造成营业外支出所致。

股本结构（万股）	截止日期	05年末	占%	主要股东及持股比例%、持股性质
	总股本	11923.91		张家港保税区金港资产经营有限公司 29.98%（国有股）
	国有股	3734	31.32	张家港保税区长江时代投资发展有限公司 22.83%（部分流通部分不流通）
	发起股	1642	13.77	云南红塔集团大理卷烟厂 6.44%（非流通股）
	外资股			张家港保税区保税实业有限公司 1.33%（国有股）
	募集股	1536	12.88	付学艳 0.87%（流通A股）
	流通A	5011.91	42.03	郭勤 0.3%（流通A股）
	流通B			田山 0.24%（流通A股）
	流通H			陆宏翔 0.14%（流通A股）
股东户数	05年末	21206		陆文龙 0.14%（流通A股）
	04年末	23993		叶丽芬 0.14%（流通A股）
其他流通股东	田文举 0.122%；北京金都巨星投资有限公司 0.121%；董芳 0.114%			
近年分配			近年募资	

二〇〇五年以来市场表现

2005年涨跌幅(%)	-34.72
2005年最高(元)	5.41
2006年涨跌幅(%)	36.17
2006.4.26收盘(元)	4.48
2006年最高(元)	4.58
2006年最低(元)	3.21
2006年换手率(%)	119.12
股改对价	

国电电力（600795）

上市日期:97/03/18　电话:010－58682100　传真:010－58553822

主营：电力、热力产品的生产与销售。

	年　度	2005	2004	2003
主要指标	每股收益/扣除后(元)	0.41/0.427	0.369	0.481/0.505
	每股经营现金流量(元)	1.421	0.81	1.016
	每股净资产/调整后(元)	3.28/3.27	2.94/2.92	3.86/3.84
	未分利润(万元)	243432.29	195813.9	137492.9
	资本公积(万元)	178483.77	175784.55	215746.43
利润构成	主营收入(万元)	1104519.11	775211.12	484598.84
	主营利润(万元)	253131.86	218744.95	134632.96
	营业利润(万元)	151983.49	127676.99	85218.67
	投资收益(万元)	26724.62	25011.72	22647.86
	利润总额(万元)	170325.33	149286.83	104373.98
	净利润(万元)	92970	83688.96	67497.18

点评：大型电力生产和销售企业，水火电并举。2005年，公司发电装机容量有较大幅度增长，电价同比提高，公司主营收入有较大增长，不过由于成本也大幅增长，业绩并未同幅增长。未来公司扩张步伐还比较大，行业景气将影响公司业绩增幅。

股本结构（万股）	截止日期	05年末	占%	主要股东及持股比例%、持股性质
	总股本	226943.72		中国国电集团公司 33.61%（国有股）
	国有股			辽宁省电力有限公司 30.65%（国有股）
	发起股	168055.16	74.05	龙源电力集团公司 9.79%（国有股）
	外资股			嘉实服务增值行业证券投资基金 1.65%（流通A股）
	募集股			泰和证券投资基金 0.94%（流通A股）
	流通A	58888.56	25.95	丰和价值证券投资基金 0.74%（流通A股）
	流通B			上证50交易型开放式指数证券投资基金 0.72%（流通A股）
	流通H			易方达50指数证券投资基金 0.49%（流通A股）
股东户数	05年末	45163		FORTIS BANK SA/NV 0.46%（流通A股）
	04年末			中信经典配置证券投资基金 0.46%（流通A股）
其他流通股东	科瑞证券投资基金 0.411%；汉盛证券投资基金 0.343%；巨田基础行业证券投资基金 0.339%			
近年分配	05预案:10派0.8；04年:10派0.8；03年:10派0.4转增6		近年募资	03年增发转债2000万张，募资总额20亿。

二〇〇五年以来市场表现

2005年涨跌幅(%)	1.28
2005年最高(元)	7.42
2006年涨跌幅(%)	-0.64
2006.4.26收盘(元)	6.19
2006年最高(元)	6.68
2006年最低(元)	5.5
2006年换手率(%)	107.15
股改对价	

钱江生化（600796）

上市日期:97/04/08　电话:0573－7042800　传真:0573－7035640

主营：从事生物农药、酶制剂、赤霉素的制造、销售、出口和技术服务。

	年　度	2005	2004	2003
主要指标	每股收益/扣除后(元)	0.135/0.126	0.144	0.161/0.129
	每股经营现金流量(元)	-0.117	0.238	0.383
	每股净资产/调整后(元)	2.01/2	1.98/1.96	3.29/3.25
	未分利润(万元)	6459.83	6233.19	3748.71
	资本公积(万元)	9581.98	9508.29	18748.84
利润构成	主营收入(万元)	28556.91	28447.59	23712.87
	主营利润(万元)	6598.39	7745.13	5785.2
	营业利润(万元)	1978.01	3148.44	2139.85
	投资收益(万元)	1373.87	62.97	50.15
	利润总额(万元)	3371.13	3411.4	2404.47
	净利润(万元)	2846.77	3029.84	1881.08

点评：公司是国内井冈霉素等生物农药的重要生产企业和出口企业，2005年由于部分产品价格下跌严重，公司杀虫剂类农药销售不甚理想，但兽药的大幅增长弥补了农药销售的下降。未来国家农药结构调整将给公司的生物农药带来新的发展机遇。

股本结构（万股）	截止日期	05年末	占%	主要股东及持股比例%、持股性质
	总股本	21077.07		海宁市资产经营公司 48.19%（国有股）
	国有股	10156.32	48.19	海宁市鼎兴投资有限公司 13.54%（非流通股）
	发起股	3040.1	14.42	浙江省化工进出口有限公司 0.7%（非流通股）
	外资股			海宁市兴达贸易有限责任公司 0.66%（非流通股）
	募集股	277.99	1.32	海宁兴达包装用品厂 0.44%（非流通股）
	流通A	7602.66	36.07	华宝信托投资有限责任公司－集合类信托2005年第9号 0.3%（流通A股）
	流通B			邓雅燕 0.22%（流通A股）
	流通H			海宁市菱达电梯物资有限公司 0.22%（非流通股）
股东户数	05年末	8456		李启华 0.22%（流通A股）
	04年末	9042		方胜川 0.21%（流通A股）
其他流通股东	李静 0.189%；肖琴 0.179%；陈素娟 0.179%；林李氏 0.174%；魏明忠 0.171%；徐晓霞 0.167%			
近年分配	05预案:10转增3；04年:10派1；03年:10转增8		近年募资	

二〇〇五年以来市场表现

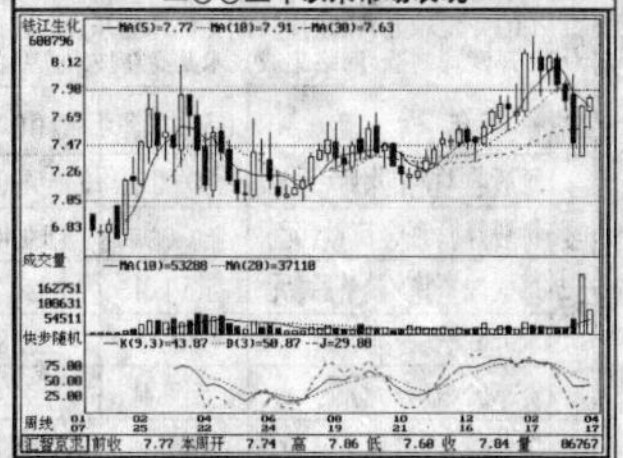

2005年涨跌幅(%)	13.38
2005年最高(元)	8.09
2006年涨跌幅(%)	3.02
2006.4.26收盘(元)	7.84
2006年最高(元)	8.33
2006年最低(元)	7.38
2006年换手率(%)	79.1
股改对价	送股 每10股实际获得3.8股

G 网新（600797）

上市日期:97/04/18　　电话:0571－87950500　　传真:0571－87988110

主营	计算机及网络系统、计算机系统集成,电子工程的研究开发、咨询服务及产品的制造、销售;网络教育的投资开发;生物制药的投资开发;高新技术产业投资开发。		

	年　　度	2005	2004	2003
主要指标	每股收益/扣除后(元)	0.11/0.08	0.1	0.12/0.09
	每股经营现金流量(元)	0.14	0.05	0.08
	每股净资产/调整后(元)	1.48/1.45	1.38/1.3	2.22/2.19
	未分利润(万元)	15610.43	8978.91	13908.83
	资本公积(万元)	14883.67	14099.61	37658.79
利润构成	主营收入(万元)	433561.27	354740.71	291333.8
	主营利润(万元)	51320.5	37117.84	29827.34
	营业利润(万元)	7502.89	4292.4	4980.08
	投资收益(万元)	3007.48	2932.19	1421.81
	利润总额(万元)	11468.16	9178.65	6900.21
	净利润(万元)	9066.24	8112.56	5662.62

点评：合同执行使公司机电总包业务实现爆发式成长,软件外包随行业高速增长,两者推动公司主营稳健增长。由于费用未能有效控制,公司盈利增长较为平稳。预计机电总包合同的持续增长将带来相应收入的快速增长,而软件外包业务的持续增长依然可期。

	截止日期	05年末	占%	主要股东及持股比例%、持股性质
股本结构(万股)	总股本	81304.35		浙江浙大网新集团有限公司 16.63%(非流通股)
	国有股	8269.25	10.17	浙江华辰物业开发有限公司 10.17%(非流通股)
	发起股	22414.42	27.57	杭州富能实业有限公司 5.2%(非流通股)
	外资股			浙江金科实业有限公司 2.72%(非流通股)
	募集股			中国工商银行－上证50交易型开放式指数证券投资基金 1.67%(流通A股)
	流通A	50620.69	62.26	浙江中泰投资管理有限公司 0.78%(非流通股)
	流通B			浙江大学创业投资有限公司 0.75%(非流通股)
	流通H			绍兴市三叶外贸有限公司 0.37%(非流通股)
股东户数	05年末	80830		绍兴市晶诚纺织有限公司 0.37%(非流通股)
	04年末	96438		黄汉南 0.32%(流通A股)
其他流通股东	全国社保基金零零二组合 0.305%;蔡清发 0.123%;郑连荣 0.11%			
近年分配	04年:10派0.2;03年:10派0.5送2转增5	近年募资		

二〇〇五年以来市场表现

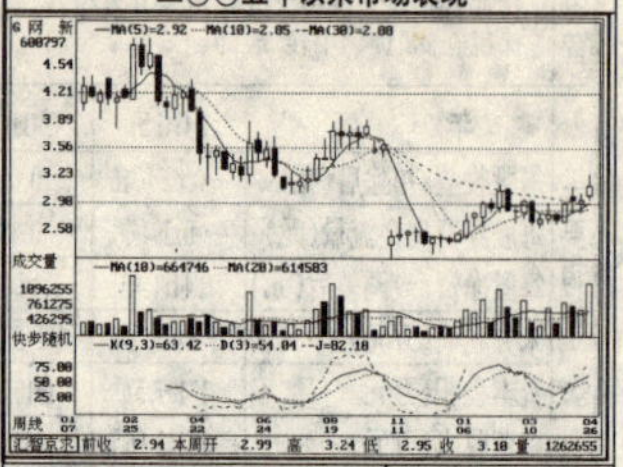

2005年涨跌幅(%)	-19.55
2005年最高(元)	4.87
2006年涨跌幅(%)	22.53
2006.4.26收盘(元)	3.1
2006年最高(元)	3.24
2006年最低(元)	2.48
2006年换手率(%)	219.09
股改对价	送股 每10股实际获得2.8股(05/10/31)

G 海运（600798）

上市日期:97/04/23　　电话:0574－87356271　　传真:0574－87355051

主营	沿海、内河(长江)货物运输、国际远洋运输和交通基础设施、交通附设服务设施的投资。

	年　　度	2005	2004	2003
主要指标	每股收益/扣除后(元)	0.18/0.19	0.17	0.16/0.16
	每股经营现金流量(元)	0.45	0.55	0.16
	每股净资产/调整后(元)	1.88/1.88	1.68/1.68	1.64/1.64
	未分利润(万元)	10836.69	10036.66	9461.15
	资本公积(万元)	21775.85	13800.9	13800.9
利润构成	主营收入(万元)	81748.11	81766.41	44129.13
	主营利润(万元)	23726.55	26819.5	13971.01
	营业利润(万元)	20537.32	23243.57	11649.56
	投资收益(万元)	-3089.62	-7056.93	493.47
	利润总额(万元)	18067.6	16666.96	12210.98
	净利润(万元)	9466.56	8542.02	8210.42

点评：2005年初,公司和浙江省能源公司签订合同,确定了05年至07年公司船舶从渤海港口到浙江沿海运送电煤的基准运价和运量,确保了公司50%的业务量。高速公路投资是未来稳定的利润源。公司有望在闽发证券正式破产后得到返还税款4593.6万元。

	截止日期	05年末	占%	主要股东及持股比例%、持股性质
股本结构(万股)	总股本	51187.5		宁波海运集团有限公司 51.07%(非流通股)
	国有股	9354.9	18.28	浙江省电力燃料总公司 17.9%(国有股)
	发起股	27687.6	54.09	宁波江北富创贸易公司 1.67%(非流通股)
	外资股			东胜聚力有限责任公司 1.34%(非流通股)
	募集股			宁波交通投资控股有限公司 0.38%(国有股)
	流通A	14145	27.63	华宝信托投资有限责任公司－宝祥有价证券组合投资信托 0.2%(流通A股)
	流通B			中国工商银行－同益证券投资基金 0.19%(流通A股)
	流通H			杨苏香 0.19%(流通A股)
股东户数	05年末	77029		盐城市盐淮电力燃料有限公司 0.07%(流通A股)
	04年末	83584		张光杰 0.06%(流通A股)
其他流通股东	张凤琴 0.052%;郭东 0.046%;冒徐名 0.046%;华宝信托投资有限责任公司 0.045%;齐秀民 0.043%			
近年分配	05预案:10派1.5;04年:10派1.4;03年:10派1.3	近年募资		

二〇〇五年以来市场表现

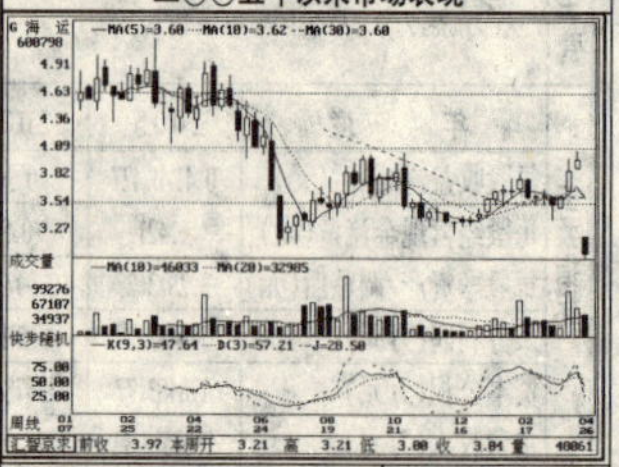

2005年涨跌幅(%)	-21.54
2005年最高(元)	5.18
2006年涨跌幅(%)	13.45
2006.4.26收盘(元)	3.04
2006年最高(元)	4.11
2006年最低(元)	3.38
2006年换手率(%)	38.73
股改对价	送股 每10股实际获得2.8股(06/04/26)

天津磁卡（600800）

上市日期:93/12/06　　电话:022－23266601　　传真:022－23269333

主营	卡类产品、高档包装印刷产品、有价证券产品、房地产业务的开发和经营、软件及配套机具的开发和设计、银行机具的开发与制造、网络集成技术及高新技术产品的开发和销售。

	年　　度	05中期	2004	2003
主要指标	每股收益/扣除后(元)	0.04/-0.124	0.067/-0.265	0.11
	每股经营现金流量(元)		0.0446	0.497
	每股净资产/调整后(元)	1.5/1.21	1.42/1.19	1.37/1.26
	未分利润(万元)	5525.44	3309.82	-20156.64
	资本公积(万元)	17550.44	17550.44	32365.09
利润构成	主营收入(万元)	7863.26	31775.39	40126.57
	主营利润(万元)	2562.24	6965.63	7913.6
	营业利润(万元)	2187.94	1827.75	5786.43
	投资收益(万元)	-188.19	-475.76	-793.69
	利润总额(万元)	1998.84	2509.93	5013.29
	净利润(万元)	2215.62	3713.55	6129.77

点评：由于二代身份证进入批量生产阶段和城市公交IC卡收费系统的推广以及在社保IC卡领域的进展,公司主营有所好转。但IC卡市场竞争激烈,其业绩增长仍有待于观察。

	截止日期	05中期	占%	主要股东及持股比例%、持股性质
股本结构(万股)	总股本	55165.92		天津环球磁卡集团有限公司 33.24%(非流通股)
	国有股	22005.76	39.89	天津天保控股有限公司 6.65%(国有股)
	发起股	6986.25	12.66	天津环球化学科技有限公司 3.44%(非流通股)
	外资股			天津国投 1.84%(非流通股)
	募集股			渤海证券有限责任公司 1.47%(非流通股)
	流通A	26173.91	47.45	天津一德投资集团有限公司 0.99%(流通A股)
	流通B			天津市劝业场股份有限公司 0.92%(非流通股)
	流通H			国泰天证 0.55%(非流通股)
股东户数	05中期	105679		中信证券股份有限公司天津友谊路证券营业部 0.55%(非流通股)
	04年末	109661		天津北方国际信托投资股份有限公司 0.55%(非流通股)
其他流通股东	北京中食一德投资管理顾问有限公司 0.138%;柳文凤 0.135%;祝小中 0.135%;苗兴慧 0.135%;刘玉满 0.135%			
近年分配		近年募资		

二〇〇五年以来市场表现

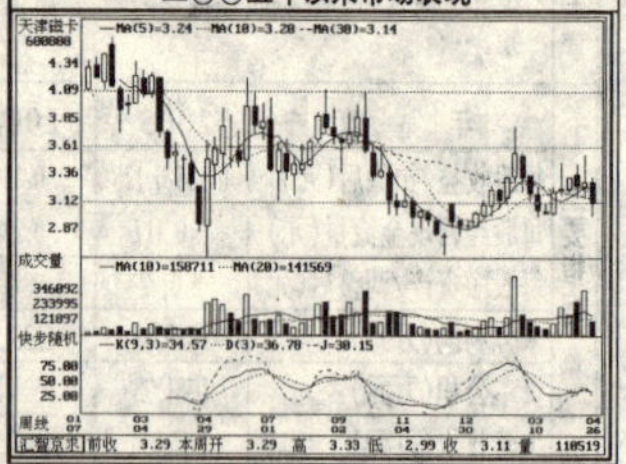

2005年涨跌幅(%)	-30.05
2005年最高(元)	4.58
2006年涨跌幅(%)	6.87
2006.4.26收盘(元)	3.11
2006年最高(元)	3.78
2006年最低(元)	2.89
2006年换手率(%)	98.44
股改对价	

G华新（600801/900933）

上市日期:A: 94/01/03 B: 94/12/09 电话:0714－6224971 传真:0714－6235204

主营	专营水泥制造和销售、从事水泥技术服务、水泥设备的研究、制造及安装修理、水泥进出口贸易。			
	年度	2005	2004	2003
主要指标	每股收益/扣除后(元)	0.19/0.18	0.45/0.37	0.21/0.21
	每股经营现金流量(元)	1.53	1.49	0.9
	每股净资产/调整后(元)	3.7/3.58	3.55/3.43	2.46/2.41
	未分利润(万元)	18315.27	15330.09	5452.44
	资本公积(万元)	54892.68	54439.15	31334.12
利润构成	主营收入(万元)	263938.02	218810.13	118882.77
	主营利润(万元)	50336.08	57030.81	38395.63
	营业利润(万元)	4662.25	18281.35	10586.86
	投资收益(万元)	－123.91	－82.5	－49.68
	利润总额(万元)	8137.78	25516.01	11784.11
	净利润(万元)	6207.32	14855.06	6824.41
点评	华新是中南地区最大的水泥生产企业，产能规模位居全国前列。2005年公司尽管水泥产、销量同比有较大增长，但业绩同比大幅下降。主要原因在于05年水泥价格下降并创历史新低，同时占主营业务成本60%左右的煤炭、电力价格继续上升。			

	截止日期	05年末	占%	主要股东及持股比例%、持股性质
股本结构（万股）	总股本	32840		HOLCHIN B.V. 26.1%（流通B股）
	国有股	7925.06	24.13	国家拥有股份(由华新集团有限公司代国家持有) 24.1%（非流通股）
	发起股	2274.94	6.93	华新集团有限公司 3%（非流通股）
	外资股			MEINL BANK AKTIENGESELLSCHAFT 1.6%（流通B股）
	募集股			荆州沙隆达财务咨询有限公司 1.2%（非流通股）
	流通A	6240	19	中国工商银行－申万巴黎盛利精选证券投资基金 1%（流通A股）
	流通B	16400	49.94	全国社保基金一零九组合 0.8%（流通A股）
	流通H			黄石铁路联营公司 0.8%（非流通股）
股东户数	05年末	36626		泰康人寿保险股份有限公司 0.6%（流通A股）
	04年末	41177		NAITO SECURITIES CO. LTD. 0.5%（流通B股）
其他流通股东	TOYO SECURITIES ASIA LTD. A/C CLIENT 0.49%；全国社保基金六零一组合 0.385%			
近年分配	05方案:10派0.6；04年:10派0.6；03年:10派0.6		近年募资	

二〇〇五年以来市场表现

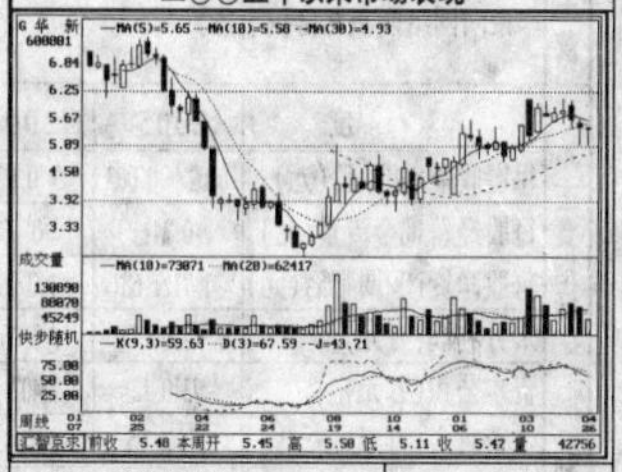

2005年涨跌幅(%)	－12.31
2005年最高(元)	7.42
2006年涨跌幅(%)	15.16
2006.4.26收盘(元)	5.47
2006年最高(元)	6.1
2006年最低(元)	4.6
2006年换手率(%)	158.08
股改对价	送股 每10股实际获得3股(05/12/29)

福建水泥（600802）

上市日期:94/01/03 电话:0591－7517808 传真:0591－7527300

主营	以水泥的生产及销售为基础，并进行其他建筑材料制造及技术服务、工业生产资料、机动车维护、小修、投资宾馆、旅游、房地产、物业管理等。			
	年度	2005	2004	2003
主要指标	每股收益/扣除后(元)	0.008/－0.08	0.14	0.117/0.11
	每股经营现金流量(元)	0.31	0.75	0.68
	每股净资产/调整后(元)	2.16/2.01	2.15/1.93	2.03/1.82
	未分利润(万元)	3020.18	3924.68	2238.08
	资本公积(万元)	29642.31	26327.95	25829.96
利润构成	主营收入(万元)	92384.72	97176.99	86246.33
	主营利润(万元)	25309.21	36343.79	32234.26
	营业利润(万元)	－1437.62	6799.5	5403.35
	投资收益(万元)	1272.11	－361.68	－82.93
	利润总额(万元)	265.48	6410.46	4548.6
	净利润(万元)	231.77	3968.46	3321.25
点评	福建省最大的水泥企业，在福建全省的市场占有率超过10%。2005年，在水泥市场需求放缓、产品价格下跌的困难形势下，公司尽管产、销量有所增长，但主营收入略有下滑，净利润则同比大幅下降。利润下降主要原因在于煤电价格上涨以及水泥价格大幅下降。			

	截止日期	05年末	占%	主要股东及持股比例%、持股性质
股本结构（万股）	总股本	30129.4		国家拥有股份 40.34%（国有股）
	国有股	12152.7	40.34	中国建筑材料集团公司 6.13%（国有股）
	发起股			福建投资开发总公司 5.78%（国有股）
	外资股			周军 1.56%（流通A股）
	募集股	337.26	1.12	福建华兴实业公司 1.28%（国有股）
	流通A	13429.94	44.57	中国长城资产管理公司 0.97%（国有股）
	流通B			福建省青山纸业股份有限公司 0.23%（非流通股）
	流通H			潘志红 0.21%（流通A股）
股东户数	05年末	62579		福建兴业证券公司 0.18%（非流通股）
	04年末	68574		曾平 0.15%（流通A股）
其他流通股东	傅培珍 0.102%；许道坤 0.102%；袁保宁 0.08%；华国贤 0.066%；武夷山市五矿福联电工材料有限公司 0.066%			
近年分配	04年:10派0.35；03年:10派0.35		近年募资	

二〇〇五年以来市场表现

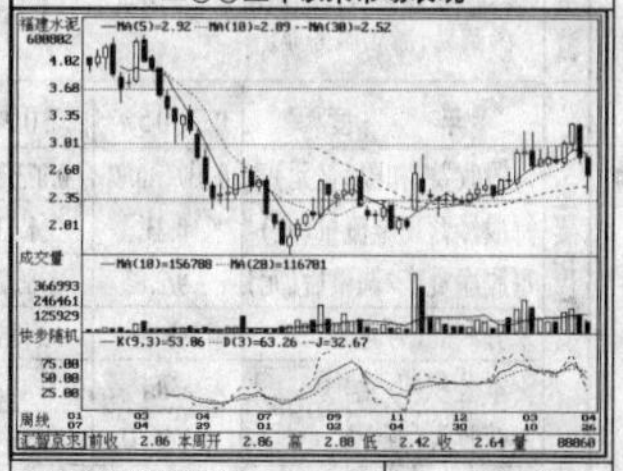

2005年涨跌幅(%)	－42.24
2005年最高(元)	4.35
2006年涨跌幅(%)	14.29
2006.4.26收盘(元)	2.64
2006年最高(元)	3.28
2006年最低(元)	2.27
2006年换手率(%)	151.77
股改对价	

G威远（600803）

上市日期:94/01/03 电话:0311－5915898 传真:0311－5915801

主营	生物化工产品、精细化工产品的制造、销售；建筑材料及其它非金属矿物制品的制造、销售。			
	年度	2005	2004	2003
主要指标	每股收益/扣除后(元)	0.17/0.17	0.16	0.01/－0.17
	每股经营现金流量(元)	0.45	0.66	－0.83
	每股净资产/调整后(元)	2.72/2.7	2.55/2.52	2.37/2.33
	未分利润(万元)	2631.56	895.81	－710.89
	资本公积(万元)	15097.59	15074.58	15029.73
利润构成	主营收入(万元)	48965.22	35967.33	30482.1
	主营利润(万元)	10830.4	11386.06	4915.8
	营业利润(万元)	2606.17	2607.73	－1481.79
	投资收益(万元)	－354.38	－90.84	1799.06
	利润总额(万元)	2703.67	2541.99	278.83
	净利润(万元)	2042.06	1887.75	142.51
点评	公司是全国最大的阿维菌素生产基地之一，另一主导产品甲胺磷也有较大的市场份额。2005年公司利润仅小幅增长。公司所处的农药行业面临较好的机遇，高效低毒的阿维菌素可能获得比较大的发展空间，但生物农药领域的恶性竞争带来压力。			

	截止日期	05年末	占%	主要股东及持股比例%、持股性质
股本结构（万股）	总股本	11822.17		河北威远集团有限公司 44.09%（非流通股）
	国有股			中国银河证券有限责任公司 1.85%（流通A股）
	发起股	5212.57	44.09	赵宇 0.59%（流通A股）
	外资股			汪迅 0.45%（流通A股）
	募集股			许翠梅 0.43%（流通A股）
	流通A	6609.6	55.91	李健 0.39%（流通A股）
	流通B			赵承壁 0.33%（流通A股）
	流通H			曲雪梅 0.31%（流通A股）
股东户数	05年末	24761		姚初兰 0.27%（流通A股）
	04年末	23292		周靖 0.27%（流通A股）
其他流通股东	中山市正通电脑有限公司 0.259%			
近年分配	05预案:10转增10		近年募资	

二〇〇五年以来市场表现

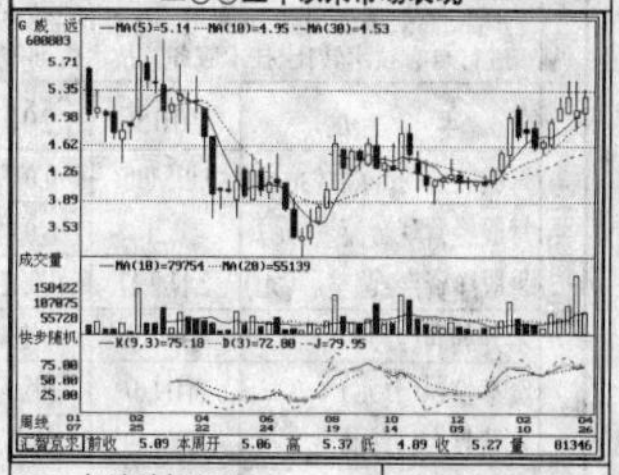

2005年涨跌幅(%)	－27.31
2005年最高(元)	6.08
2006年涨跌幅(%)	60.67
2006.4.26收盘(元)	5.27
2006年最高(元)	6.85
2006年最低(元)	4.07
2006年换手率(%)	123.39
股改对价	送股 每10股实际获得2.5股(06/04/17)

鹏博士（600804）

上市日期:94/01/03　电话:0755-83432853　传真:028-86622006

主营	校园网络建设和特钢冶炼。			
	年　度	2005	2004	2003
主要指标	每股收益/扣除后(元)	0.02/-0.003	0.02	0.066/0.038
	每股经营现金流量(元)	0.341	0.466	0.226
	每股净资产/调整后(元)	1.71/1.68	1.7/1.69	1.69/1.63
	未分利润(万元)	-2364.46	-2606.08	-2761.51
	资本公积(万元)	7310.12	7402.21	7570.44
利润构成	主营收入(万元)	61941.35	53793.33	39139.83
	主营利润(万元)	3735.16	4494.27	4578.85
	营业利润(万元)	1.83	-16.26	565.94
	投资收益(万元)	173.12	12.66	-100.01
	利润总额(万元)	282.17	261.46	757.65
	净利润(万元)	241.62	233.93	764.21
点评	特钢业务略有增长，但利润水平仍然在一个较低的水平；软件业务增长虽快，但利润贡献仍然较小。公司在其主要业务领域并不具备优势，增长前景也不明朗。公司尚未股改，方案可以关注。			

	截止日期	05年末	占%	主要股东及持股比例%、持股性质
股本结构（万股）	总股本	11661.12		深圳市多媒体技术有限公司 25%（非流通股）
	国有股			深圳市联众创业投资有限公司 12.06%（非流通股）
	发起股	4321.44	37.06	大庆油田水泥有限责任公司 0.37%（流通A股）
	外资股			许德良 0.31%（流通A股）
	募集股	144	1.23	蒋国华 0.31%（流通A股）
	流通A	7195.68	61.71	蒲世全 0.27%（流通A股）
	流通B			张智慧 0.2%（流通A股）
	流通H			王沙青 0.18%（流通A股）
股东户数	05年末	25314		阳泉市金农商贸有限公司 0.17%（流通A股）
	04年末	27580		廖心亦 0.17%（流通A股）
其他流通股东	王东武 0.165%；万怡 0.163%			
近年分配		近年募资		

二〇〇五年以来市场表现

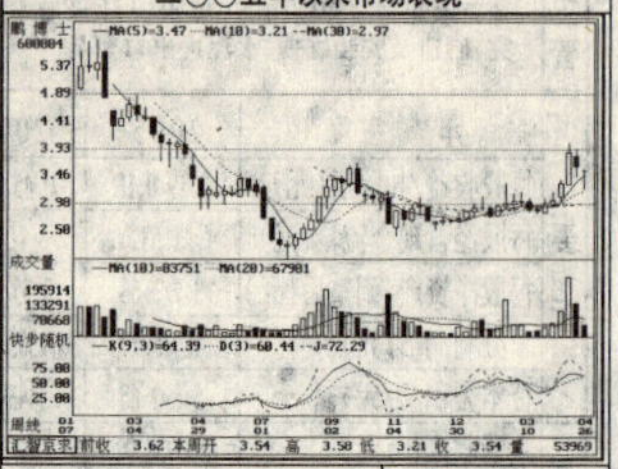

2005年涨跌幅(%)	-46.64
2005年最高(元)	5.85
2006年涨跌幅(%)	31.11
2006.4.26收盘(元)	3.54
2006年最高(元)	4.04
2006年最低(元)	2.69
2006年换手率(%)	173.65
股改对价	

悦达投资（600805）

上市日期:94/01/03　电话:0515-8202599　传真:0515-8334601

主营	公路开发、经营，能源投资、农用机械、汽车制造和销售，国内贸易，酒店服务业。			
	年　度	2005	2004	2003
主要指标	每股收益/扣除后(元)	0.039/-0.04	0.073/0.08	0.063/0.04
	每股经营现金流量(元)	0.23	1.13	-0.19
	每股净资产/调整后(元)	2.9/2.82	2.86/2.8	2.82/2.77
	未分利润(万元)	3809.27	2550.51	905.5
	资本公积(万元)	83764	83706.09	83589.95
利润构成	主营收入(万元)	101055.77	95631.53	88363.42
	主营利润(万元)	18317.78	25534.85	21138.23
	营业利润(万元)	-19278.72	-10896.1	-11990.64
	投资收益(万元)	20058.05	19141.44	17134.72
	利润总额(万元)	895.4	8046.31	5320.96
	净利润(万元)	2135.06	3981.99	3448.3
点评	公司利润来源分别是江苏京沪高速、华能淮阴发电、东风悦达起亚和陕西西铜高速。05年参股的东风悦达起亚汽车有限公司产销逐步攀升，此部分投资收益增加；而江苏京沪高速改为计重收费，此部分贡献利润有大幅增长。			

	截止日期	05年末	占%	主要股东及持股比例%、持股性质
股本结构（万股）	总股本	54544.52		江苏悦达集团有限公司 29.56%（国有股）
	国有股	16122.26	29.56	江苏宏图高科技股份有限公司 13.23%（非流通股）
	发起股	7214.4	13.23	季静 0.66%（流通A股）
	外资股			潘太军 0.26%（流通A股）
	募集股	258.8	0.47	赖涛 0.21%（流通A股）
	流通A	30949.05	56.74	盐城工信 0.12%（非流通股）
	流通B			江苏悦达集团有限公司 0.11%（国有股）
	流通H			江苏悦达集团有限公司 0.11%（国有股）
股东户数	05年末	132706		新兴汽车 0.1%（非流通股）
	04年末	143514		招商银行股份有限公司－长城久泰中信标普300指数证券 0.09%（流通A股）
其他流通股东	何国炎 0.081%；中国银行－嘉实沪深300指数证券投资基金 0.081%；曹仁均 0.074%；王康平 0.07%			
近年分配		近年募资		

二〇〇五年以来市场表现

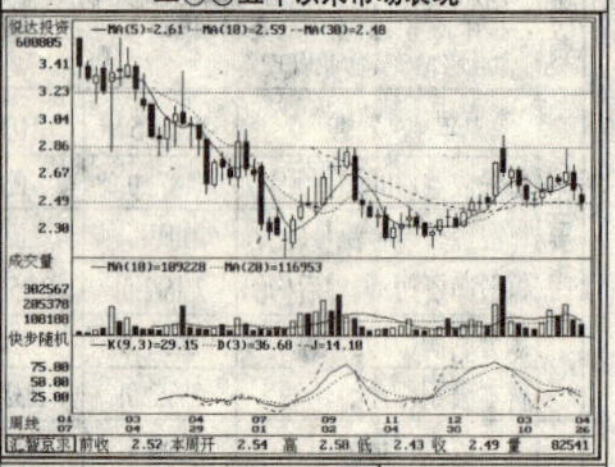

2005年涨跌幅(%)	-29.61
2005年最高(元)	3.6
2006年涨跌幅(%)	6.87
2006.4.26收盘(元)	2.49
2006年最高(元)	2.94
2006年最低(元)	2.32
2006年换手率(%)	66.39
股改对价	

交大科技（600806）

上市日期:94/01/03　电话:871-6166612　传真:871-6166288

主营	开发、设计、生产和销售机床系列产品及配件，计算机信息产品、高效节能产品、光机电一体化产品，开发高科技产品，进行自有技术转让、技术服务及技术咨询等业务。			
	年　度	2005	2004	2003
主要指标	每股收益/扣除后(元)	0.075/0.07	-0.07/0.031	0.061/0.031
	每股经营现金流量(元)	0.21	0.44	0.38
	每股净资产/调整后(元)	2.17/2.17	2.06/2.06	2.13/2.12
	未分利润(万元)	-4401.95	-6234.05	-4525.95
	资本公积(万元)	31419.37	30529.13	30528.05
利润构成	主营收入(万元)	67264.29	46943.64	33061.34
	主营利润(万元)	17528.96	13013.85	10111.91
	营业利润(万元)	5184.12	2673.82	1800.47
	投资收益(万元)	-299.93	-3813.6	-142.58
	利润总额(万元)	3835.37	-970.89	1960.76
	净利润(万元)	1832.11	-1708.1	1506.3
点评	国内主要的镗床制造商。2005年公司非机床业务有所萎缩，但机床业务的强劲增长，使公司业绩明显改观。机床行业在产业政策扶持和保护下未来五年仍能保持快速增长，公司将从中受益良多。沈阳机床集团的入主更为公司进一步发展创造了条件。			

	截止日期	05年末	占%	主要股东及持股比例%、持股性质
股本结构（万股）	总股本	24500.74		西安交通大学产业(集团)总公司 29%（国有股）
	国有股	3134.56	12.79	香港中央结算(代理人)有限公司 25.95%（H股）
	发起股			云南省人民政府 12.79%（国有股）
	外资股			昆明精华公司 7.19%（非流通股）
	募集股	1760.97	7.19	HSBC NOMINEES (HONG KONG) LIMITED 1.36%（H股）
	流通A	6000	24.49	云南电力集团有限公司 0.18%（流通A股）
	流通B			曾小桦 0.064%（流通A股）
	流通H	6500	26.53	郝鹏辉 0.06%（流通A股）
股东户数	05年末	26226		徐伟亚 0.057%（流通A股）
	04年末	27482		刘明春 0.048%（流通A股）
其他流通股东	查晓艳 0.045%；孙晶晶 0.045%；谢志坚 0.045%			
近年分配		近年募资		

二〇〇五年以来市场表现

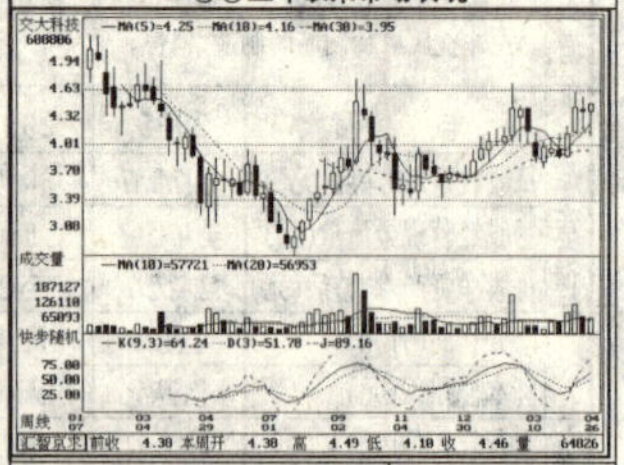

2005年涨跌幅(%)	-25.36
2005年最高(元)	5.25
2006年涨跌幅(%)	22.19
2006.4.26收盘(元)	4.46
2006年最高(元)	4.7
2006年最低(元)	3.65
2006年换手率(%)	169.43
股改对价	

*ST 济百（600807）

上市日期:94/01/03　　电话:0531—86030094　　传真:0531—86030094

主营	商业零售、批发		
年度	2005	2004	2003
主要指标			
每股收益/扣除后(元)	-0.26/-0.324	-0.37	0.02
每股经营现金流量(元)	-0.68	-0.71	-0.21
每股净资产/调整后(元)	0.02/-0.34	0.27/-0.18	0.64/0.11
未分利润(万元)	-17682.14	-14899.93	-10886.02
资本公积(万元)	5938.95	5283.54	5200.26
利润构成			
主营收入(万元)	2730.48	2203.18	3248.15
主营利润(万元)	952.49	478.37	427.28
营业利润(万元)	-3418.43	-4377.98	-3435.32
投资收益(万元)	-3.08	-3.22	3579.2
利润总额(万元)	-3472.61	-4387.82	140.1
净利润(万元)	-2782.21	-4013.91	245.26

点评 公司报告期内仍未摆脱困境,经营缺乏利润增长点:传统商业零售业务因竞争激烈等原因继续下滑;下属子公司也未能达到预期的经营目标。因此报告期内公司虽有减亏,但仍未摆脱亏损局面。此外,公司的历史遗留问题,如大股东占用资金等仍未彻底解决。

股本结构(万股)	05年末	占%	主要股东及持股比例%、持股性质
总股本	10792.08		将军控股有限公司 29.8%（非流通股）
国有股	410.78	3.81	济南市人民政府国有资产监督管理委员会 3.81%（国有股）
发起股	3216.22	29.8	建行信托投资公司济南办事处 1.9%（非流通股）
外资股			济南高新建设开发公司 1.63%（非流通股）
募集股	730.08	6.76	山东国际信托投资公司 1.08%（非流通股）
流通A	6435	59.63	罗瑞云 0.81%（流通A股）
流通B			泰安市兴融综合服务部 0.38%（非流通股）
流通H			陈作楫 0.38%（流通A股）
股东户数 05年末	15434		杨继东 0.35%（流通A股）
股东户数 04年末	15729		罗树勤 0.31%（流通A股）

其他流通股东 徐建新 0.276%;朱云飞 0.234%;张青 0.225%;穆帅 0.222%;倪慧根 0.218%;周金山 0.194%

近年分配　　**近年募资**

二〇〇五年以来市场表现

2005年涨跌幅(%)	-37.42
2005年最高(元)	3.09
2006年涨跌幅(%)	22.22
2006.4.26收盘(元)	2.31
2006年最高(元)	2.86
2006年最低(元)	1.88
2006年换手率(%)	142.6
股改对价	

G 马钢（600808）

上市日期:94/01/06　　电话:0555－2888158　　传真:0555－2887284

主营	钢铁产品的生产和销售		
年度	2005	2004	2003
主要指标			
每股收益/扣除后(元)	0.441/0.446	0.554	0.433/0.434
每股经营现金流量(元)	0.9559	0.9453	0.5528
每股净资产/调整后(元)	2.92/2.92	2.7/2.7	2.32/2.32
未分利润(万元)	459592.28	375860.56	91257.11
资本公积(万元)	545034.51	542704.51	516986.51
利润构成			
主营收入(万元)	3208309.6	2677005.45	1574034.84
主营利润(万元)	456948.24	576892.41	391610.37
营业利润(万元)	333757.96	402166.75	300753.89
投资收益(万元)	1874.53	14.72	-836.6
利润总额(万元)	332226.69	402963.73	298791.36
净利润(万元)	284762	357580.68	279297.11

点评 钢价大幅下滑,原燃材料成本高企使得公司2005年收入上升的同时,利润反而明显减少。公司部分品种产品在国内细分市场上具备优势,但2006年行业前景仍不乐观,公司业绩继续下滑在所难免。公司在未来中国钢铁产业整合中的地位值得关注。

股本结构(万股)	05年末	占%	主要股东及持股比例%、持股性质
总股本	645530		马钢(集团)控股有限公司 63.24%（国有股）
国有股	403456	62.5	香港中央结算(代理人)有限公司 25.409%（H股）
发起股			香港汇丰银行(代理人)有限公司 0.472%（H股）
外资股			上证50交易型开放式指数证券投资基金 0.35%（流通A股）
募集股	8781	1.36	上海全隆实业有限公司 0.152%（非流通股）
流通A	60000	9.29	景顺长城内需增长开放式证券投资基金 0.103%（流通A股）
流通B			景顺长城优选股票证券投资基金 0.083%（流通A股）
流通H	173293	26.85	国元证券有限责任公司 0.064%（流通A股）
股东户数 05年末	136772		全国社保基金零零二组合 0.062%（流通A股）
股东户数 04年末	149998		国际金融－渣打－CITIGROUP GLOBAL MARKETS LIMITED 0.055%（流通A股）

其他流通股东 银河银泰理财分红证券投资基金 0.049%;博时裕富证券投资基金 0.045%

近年分配 05预案:10派1.6;04年:10派2.2;03年:10派2.1　　**近年募资**

二〇〇五年以来市场表现

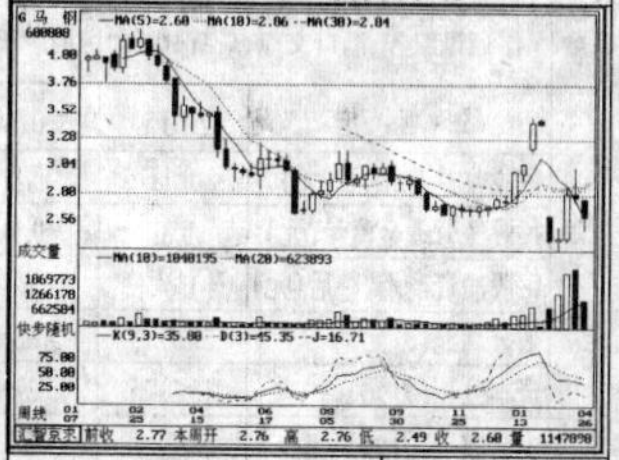

2005年涨跌幅(%)	-25.51
2005年最高(元)	4.24
2006年涨跌幅(%)	27.62
2006.4.26收盘(元)	2.6
2006年最高(元)	4.06
2006年最低(元)	2.73
2006年换手率(%)	135.04
股改对价	送股 每10股实际获得3.4股(06/03/31)

G 汾酒（600809）

上市日期:94/01/06　　电话:0358－7220255　　传真:0358－7220394

主营	汾酒、竹叶青酒及其系列酒		
年度	2005	2004	2003
主要指标			
每股收益/扣除后(元)	0.306/0.311	0.206	0.097/0.128
每股经营现金流量(元)	0.3552	0.1102	0.113
每股净资产/调整后(元)	2.19/1.98	2.03/1.83	1.91/1.72
未分利润(万元)	10940.37	7057.62	502.01
资本公积(万元)	29999.51	29998.12	29998.12
利润构成			
主营收入(万元)	107159.31	83725.77	62579.93
主营利润(万元)	54468.74	40255.63	25450.17
营业利润(万元)	27992.16	20835.77	8673.85
投资收益(万元)	41.12	7.01	30.6
利润总额(万元)	27432.62	19571.19	7300.7
净利润(万元)	13229.35	8897.31	4219.18

点评 2005年,随着我国白酒消费市场整体复苏,及公司销售市场的成功拓展,取得了销售收入及利润的大幅增加。2006年,鉴于我国白酒消费市场的复苏具有持续性及白酒消费税的下调等,预计其经营业绩会继续上新台阶。

股本结构(万股)	05年末	占%	主要股东及持股比例%、持股性质
总股本	43292.41		汾酒集团有限责任公司 75.82%（国有股）
国有股			山西杏花村汾酒(集团)公司晋泉涌贸易公司 2.41%（非流通股）
发起股	32824	75.82	中国银行－工银瑞信核心价值股票型证券投资基金 1.69%（流通A股）
外资股			上海浦东发展银行－广发小盘成长股票型证券投资基金 0.74%（流通A股）
募集股	2800	6.47	中国工商银行－广发稳健增长证券投资基金 0.53%（流通A股）
流通A	7668.41	17.71	中国工商银行－广发聚富开放式证券投资基金 0.49%（流通A股）
流通B			华泰证券有限责任公司 0.41%（流通A股）
流通H			义泉涌酒业公司 0.4%（非流通股）
股东户数 05年末	26053		中国农业银行－长盛动态精选证券投资基金 0.33%（流通A股）
股东户数 04年末	33987		交通银行－华安创新证券投资基金 0.32%（流通A股）

其他流通股东 东方证券－农行－东方红1号集合资产管理计划 0.277%;长盛成长价值证券投资基金 0.231%

近年分配 05预案:10派2;04年:10派1.5;03年:10派0.7　　**近年募资**

二〇〇五年以来市场表现

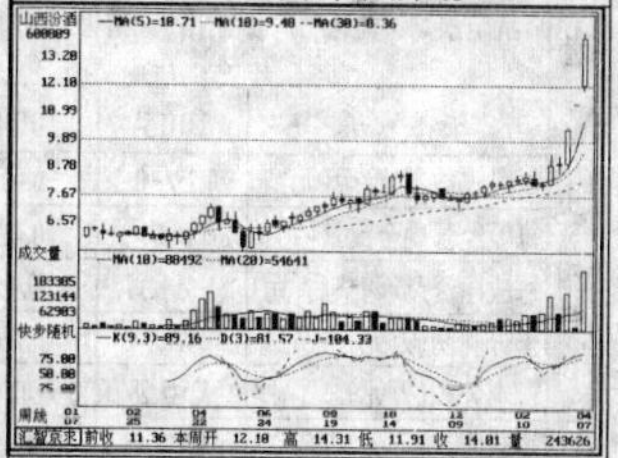

2005年涨跌幅(%)	36.33
2005年最高(元)	8.81
2006年涨跌幅(%)	74.47
2006.4.26收盘(元)	14.01
2006年最高(元)	14.31
2006年最低(元)	7.82
2006年换手率(%)	124.91
股改对价	送股 每10股实际获得3.3股(06/05/09)

G神马(600810)

上市日期:94/01/06　　电话:0375-3921266　　传真:0375-3921500

主营：尼龙66浸胶帘子布及尼龙66工业丝的生产和销售。

	年　度	2005	2004	2003
主要指标	每股收益/扣除后(元)	0.069/0.044	0.068	0.016/0.01
	每股经营现金流量(元)	0.521	0.551	0.054
	每股净资产/调整后(元)	6.06/5.9	6.04/5.91	5.99/5.89
	未分利润(万元)	23691.16	23681.9	22728.73
	资本公积(万元)	242382.6	242383.34	241403.92
利润构成	主营收入(万元)	195116.34	165607.19	144664.63
	主营利润(万元)	17931.8	17282.65	13159.93
	营业利润(万元)	6771.6	7424.24	2776.03
	投资收益(万元)			
	利润总额(万元)	6514.76	7030.83	2262.73
	净利润(万元)	3904.75	3877.44	890.49

点评：2005年在浸胶帘子布产量同比下降的情况下,公司工业丝的产量同比增长了36.28%,从而保证了收入和利润同比稳步增长。2006年随着高模低缩涤纶工业丝和特种工业丝项目的完成,公司的差别化优势将进一步显现。

	截止日期	05年末	占%	主要股东及持股比例%、持股性质
股本结构(万股)	总股本	56628		中国神马集团有限责任公司75%(国有股)
	国有股	42471	75	漯河市天河投资顾问有限公司0.177%(流通A股)
	发起股			光大证券有限责任公司-中国光大银行股份有限公司-光大阳光集合0.143%(流通A股)
	外资股			谢东辰0.087%(流通A股)
	募集股			谢志成0.078%(流通A股)
	流通A	14157	25	吕玫0.069%(流通A股)
	流通B			高艳敏0.066%(流通A股)
	流通H			万永林0.064%(流通A股)
股东户数	05年末	70195		王立杰0.054%(流通A股)
	04年末	77102		周国玖0.047%(流通A股)

其他流通股东：光大证券有限责任公司-中国光大银行股份有限公司-光大阳光集合0.143%;陈德0.043%

近年分配：05预案:10派0.7;04年:10派0.5;03年:10派0.5　　**近年募资**：

二〇〇五年以来市场表现

2005年涨跌幅(%)	-10.38
2005年最高(元)	5.18
2006年涨跌幅(%)	36.1
2006.4.26收盘(元)	3.87
2006年最高(元)	6.15
2006年最低(元)	4.17
2006年换手率(%)	93.58
股改对价	定向回购 送股 每10股实际获得4.7股(06/04/17)

东方集团(600811)

上市日期:94/01/06　　电话:0451-53666028　　传真:0451-53666030

主营：商业银行、人寿保险业务、建材连锁超市、电子商务、卫星网络通讯服务、港口交通、高新材料和房地产开发等。

	年　度	2005	2004	2003
主要指标	每股收益/扣除后(元)	0.13	0.15	0.184/0.138
	每股经营现金流量(元)	0.31	0.14	1.11
	每股净资产/调整后(元)	4.13/4.12	4.02/4	4.54/4.45
	未分利润(万元)	39850.65	34983.15	29251.37
	资本公积(万元)	136184.5	135293.32	140401.62
利润构成	主营收入(万元)	294571.41	294705.21	228397.41
	主营利润(万元)	32999.5	34942.75	28884.48
	营业利润(万元)	-6586.69	-5306.23	-3170.45
	投资收益(万元)	13345.33	14414.75	14300.62
	利润总额(万元)	7630.73	9978.06	11593
	净利润(万元)	9611.3	11346.36	11589.41

点评：公司主营业务范围为商业银行、人寿保险业务;建材连锁超市;港口交通等。商业银行业主要指参股的民生银行;人寿保险业指参股的新华人寿保险;建材流通业指以连锁业态发展的东方家园;港口交通业指投资的锦州港等。

	截止日期	05年末	占%	主要股东及持股比例%、持股性质
股本结构(万股)	总股本	75779.45		东方集团实业股份有限公司31.97%(部分流通部分不流通)
	国有股			交通银行-海富通精选证券投资基金0.92%(流通A股)
	发起股	22742.26	30.01	中信证券-工行-CREDIT SUISSE FIRST BOSTON (HONG KONG) LIMIT 0.84%(流通A股)
	外资股			中国银行-海富通股票证券投资基金0.69%(流通A股)
	募集股			上海国际信托投资有限公司-邦联持续增值投资资金信托计划(E-500 0.51%(流通A股)
	流通A	53037.19	69.99	张宏伟0.49%(流通A股)
	流通B			黄忠0.45%(流通A股)
	流通H			中国建设银行-博时裕富证券投资基金0.36%(流通A股)
股东户数	05年末	126859		刘庆余0.32%(流通A股)
	04年末	136321		兴业银行股份有限公司-兴业趋势投资混合型证券投资基金0.3%(流通A股)

其他流通股东：中信证券-工行-CREDIT SUISSE FIRST BOSTON(HONG KONG) LIMIT 0.839%

近年分配：03年:10转增2　　**近年募资**：

二〇〇五年以来市场表现

2005年涨跌幅(%)	-1.85
2005年最高(元)	4.68
2006年涨跌幅(%)	28.84
2006.4.26收盘(元)	4.78
2006年最高(元)	5.34
2006年最低(元)	3.68
2006年换手率(%)	135.62
股改对价	

华北制药(600812)

上市日期:94/01/14　　电话:0311-6219063　　传真:0311-6060942

主营：抗生素等医药化工产品的生产和销售。

	年　度	2005	2004	2003
主要指标	每股收益/扣除后(元)	-0.25/-0.24	0.08	0.18/0.18
	每股经营现金流量(元)	0.29	0.41	0.5
	每股净资产/调整后(元)	1.65/0.97	1.99/1.32	2.14/1.94
	未分利润(万元)	-42105.8	-18917.2	-16204.67
	资本公积(万元)	52542.28	50801.03	109533.86
利润构成	主营收入(万元)	397193.93	412420.97	359139.22
	主营利润(万元)	73162.7	69641.71	100771.73
	营业利润(万元)	-18372.98	12559.28	33402.47
	投资收益(万元)	-1179.71	-1505.11	225.14
	利润总额(万元)	-19423.66	10496.56	32856.23
	净利润(万元)	-18764.24	5876.01	21369.33

点评：公司是国家著名的抗生素生产基地。报告期内公司出现了首次年度亏损,主要原因是青霉素市场价格持续地位徘徊,维生素产品大幅降价,制剂产品继续政策性降价,原材料和能源等大幅上涨,而新产品大多处于市场培育期。

	截止日期	05年末	占%	主要股东及持股比例%、持股性质
股本结构(万股)	总股本	76190.93		华北制药集团有限责任公司37.64%(国有股)
	国有股	29264.07	38.41	河北省信息产业投资有限公司0.77%(国有股)
	发起股			中国建设银行-博时裕富证券投资基金0.3%(流通A股)
	外资股			全国社保基金零零二组合0.28%(流通A股)
	募集股			袁兰香0.14%(流通A股)
	流通A	46926.86	61.59	张德花0.14%(流通A股)
	流通B			深圳市国轩担保投资有限公司0.14%(流通A股)
	流通H			通乾证券投资基金0.14%(流通A股)
股东户数	05年末	175902		顾香桂0.14%(流通A股)
	04年末	182957		中国工商银行-华安上证180指数增强型证券投资基金0.13%(流通A股)

其他流通股东：邱菊0.131%;李风梅0.123%

近年分配：04年:10派0.4;03中期:10派0.5年终:10派0.3　　**近年募资**：

二〇〇五年以来市场表现

2005年涨跌幅(%)	-45.48
2005年最高(元)	4.14
2006年涨跌幅(%)	7.98
2006.4.26收盘(元)	2.3
2006年最高(元)	2.69
2006年最低(元)	2.15
2006年换手率(%)	112.08
股改对价	

杭州解百(600814)

上市日期:94/01/14　电话:0571－87016888　传真:0571－87012247

主营	商品零售、批发。			
主要指标	年　度	2005	2004	2003
	每股收益/扣除后(元)	0.055/0.053	0.038	0.022/0.026
	每股经营现金流量(元)	0.48	0.59	0.43
	每股净资产/调整后(元)	1.73/1.71	1.69/1.67	1.66/1.59
	未分利润(万元)	1557.32	1220.53	429.14
	资本公积(万元)	11014.66	11014.65	11013.61
利润构成	主营收入(万元)	121387.7	105291.23	105809.46
	主营利润(万元)	16029.54	14064.94	17820.84
	营业利润(万元)	2558.46	1734.67	2090.84
	投资收益(万元)	54.6	－495.44	－503.4
	利润总额(万元)	2481	1350.44	1462.11
	净利润(万元)	1307.06	902.41	530.26
点评	公司绝大部分主营收入来自百货,但其不到12%的毛利率处于较低水平,影响了公司盈利能力。报告期内公司子公司如新世纪大酒店、义乌和萧山的商厦等开始取得较好业绩,但由于可比基数低,虽然净利润增幅较高,但公司整体业绩仍徘徊在较低水平。			

	截止日期	05年末	占%	主要股东及持股比例%、持股性质
股本结构(万股)	总股本	23737.04		杭州商业资产经营(有限)公司 35%(国有股)
	国有股	8308.51	35	杭州股权管理中心 4.947%(非流通股)
	发起股			杭州企业产权交易所 3.903%(非流通股)
	外资股			上海中都投资有限公司 1.89%(非流通股)
	募集股	5288.78	22.28	上海国通供应链管理有限公司 0.993%(流通A股)
	流通A	10139.76	42.72	上海邦联资产管理有限公司 0.665%(流通A股)
	流通B			西湖电子集团公司 0.48%(非流通股)
	流通H			浙江省粮油储运贸易公司 0.417%(非流通股)
股东户数	05年末	54762		上海国际信托投资有限公司－邦联持续增值投资资金信托计划(E－500 0.409%(流通A股)
	04年末	59472		浙江省经协集团有限公司 0.398%(非流通股)
其他流通股东	上海国际信托投资有限公司－邦联持续增值投资资金信托计划(E－500 0.409%;上海国通网络有限公司 0.235%			
近年分配	04年:10派0.3	近年募资		

二〇〇五年以来市场表现

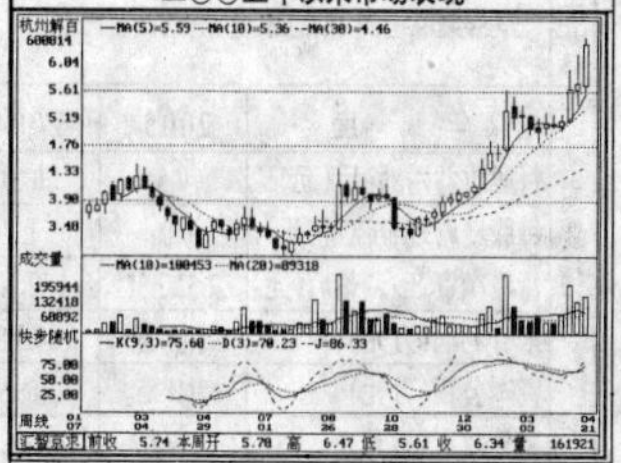

2005年涨跌幅(%)	7.69
2005年最高(元)	4.45
2006年涨跌幅(%)	57.32
2006.4.26收盘(元)	6.34
2006年最高(元)	6.47
2006年最低(元)	4.01
2006年换手率(%)	150.86
股改对价	定向转增 每10股实际获得5.8股

G厦工(600815)

上市日期:94/01/28　电话:0592－2115449　传真:0592－2036720

主营	装载机、推土机、挖掘机等工程机械产品及配件的生产与销售。			
主要指标	年　度	2005	2004	2003
	每股收益/扣除后(元)	0.074/0.07	0.12	0.18/0.18
	每股经营现金流量(元)	0.24	－0.21	0.34
	每股净资产/调整后(元)	2.07/2.04	1.99/1.96	1.96/1.89
	未分利润(万元)	10484.48	7824.52	7877.5
	资本公积(万元)	28047.23	28064.67	27697.43
利润构成	主营收入(万元)	313829.38	285837.4	256614.91
	主营利润(万元)	34164.44	37686.78	33836.16
	营业利润(万元)	4479.36	6049.19	9346.96
	投资收益(万元)	357.41	1208.88	764.17
	利润总额(万元)	4815.72	7477.24	10130.97
	净利润(万元)	3328.15	5601.99	7957.28
点评	2005年由于宏观调控效应延续、原辅材料涨价,公司盈利状况不佳,但公司仍然实现较好的销售业绩,市场占有率继续行业领先。依托"十一五"规划和国家产业政策支持,公司将努力降低制造成本,提高生产效率。			

	截止日期	05年末	占%	主要股东及持股比例%、持股性质
股本结构(万股)	总股本	44941.38		厦门厦工集团有限公司 73.37%(国有股)
	国有股	32971.37	73.37	宜昌天昊科技公司 0.36%(流通A股)
	发起股			桂有樑 0.14%(流通A股)
	外资股			林高崖 0.13%(流通A股)
	募集股			李永林 0.12%(流通A股)
	流通A	11970.01	26.63	蒋菊珍 0.12%(流通A股)
	流通B			许李强 0.11%(流通A股)
	流通H			李雅非 0.1%(流通A股)
股东户数	05年末	31803		蔡丽芬 0.08%(流通A股)
	04年末	34204		贾利君 0.08%(流通A股)
其他流通股东	肖亚鹏 0.073%			
近年分配	05预案:10派0.25送2;03年:10派1	近年募资		

二〇〇五年以来市场表现

2005年涨跌幅(%)	－35.08
2005年最高(元)	4.08
2006年涨跌幅(%)	45.31
2006.4.26收盘(元)	2.73
2006年最高(元)	4.18
2006年最低(元)	2.46
2006年换手率(%)	275.62
股改对价	送股 每10股实际获得3.2股(06/03/15)

G＊ST安信(600816)

上市日期:94/01/28　电话:021－63410710　传真:021－63410712

主营	信托、证券、实业投资			
主要指标	年　度	2005	2004	2003
	每股收益/扣除后(元)	0.01	－0.151	－0.066/－0.15
	每股经营现金流量(元)		0.47	0.47
	每股净资产/调整后(元)	0.81/0.32	0.78/0.37	1.02/0.45
	未分利润(万元)	－22703.55	－23280.41	－11477.52
	资本公积(万元)	3689.31	2970.05	2004.51
利润构成	主营收入(万元)	11872.93	5120.62	14047.23
	主营利润(万元)	1195.4	－6926.79	－2753.51
	营业利润(万元)	1195.4	－6926.79	－2753.51
	投资收益(万元)			
	利润总额(万元)	559.53	－6947.06	－3102.96
	净利润(万元)	576.85	－6853.11	－2996.2
点评	公司主营主受托经营资金信托业务等金融业务。报告期内公司建立了内控制度和风险控制机制,完善了绩效考评和激励约束机制,开拓信托业务,加快信托品种的开发。			

	截止日期	05年末	占%	主要股东及持股比例%、持股性质
股本结构(万股)	总股本	45410.98		上海国之杰投资发展有限公司 26.32%(非流通股)
	国有股	2090.41	4.6	鞍山市财政局 4.6%(国有股)
	发起股	16653.09	36.67	上海澳凌德生物工程技术有限公司 2.99%(非流通股)
	外资股			辽阳石油化纤公司鞍山炼油厂 1.39%(非流通股)
	募集股			中国农业银行鞍山市分行 0.91%(非流通股)
	流通A	26667.47	58.72	鞍山钢铁公司矿山公司 0.91%(非流通股)
	流通B			鞍钢附属企业公司 0.91%(非流通股)
	流通H			鞍山市山环装璜装饰有限公司 0.49%(非流通股)
股东户数	05年末	101078		中国人民保险公司鞍山市分公司 0.45%(非流通股)
	04年末	115589		鞍山市佳禾百货有限公司 0.3%(非流通股)
其他流通股东	宗亮斌 0.238%;上海凯怡广告有限公司 0.177%;区鹤洲 0.158%;昆明豪源成商贸有限公司 0.139%;弓新剑 0.126%			
近年分配		近年募资		

二〇〇五年以来市场表现

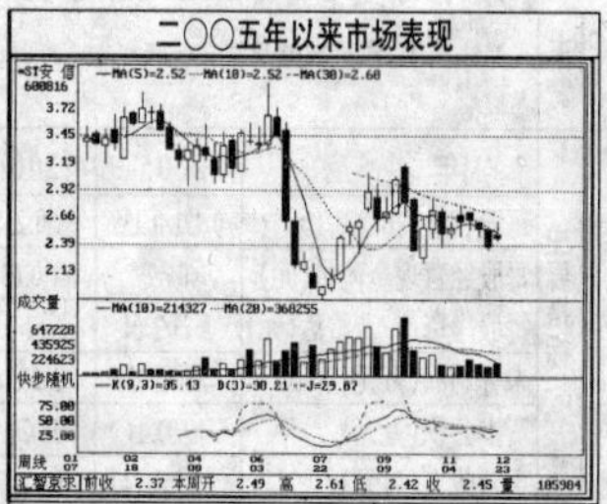

2005年涨跌幅(%)	－27.3
2005年最高(元)	3.98
2006年涨跌幅(%)	
2006.4.26收盘(元)	2.45
2006年最高(元)	
2006年最低(元)	
2006年换手率(%)	
股改对价	资产置换(06/05/08)

G宏盛（600817）

上市日期:94/01/28　电话:021－58765800　传真:021－58870670

主营	经营集成电路、信息家电、电脑设备产品。

	年　度	2005	2004	2003
主要指标	每股收益/扣除后(元)	0.5	0.39	0.36
	每股经营现金流量(元)	0.06	1.1	0.52
	每股净资产/调整后(元)	2.32/2.31	1.92/1.92	1.83/1.83
	未分利润(万元)	5464.76	2463.84	36.45
	资本公积(万元)	2144.85	2608.99	4259.35
利润构成	主营收入(万元)	510369.2	363316.23	248617.88
	主营利润(万元)	25199.45	18136.85	12820.52
	营业利润(万元)	9032.42	6597.49	4728.49
	投资收益(万元)	68.09	467.41	177.2
	利润总额(万元)	9085.12	6981.34	4959.7
	净利润(万元)	4927.66	3907.74	2979.62

点评：公司移动存储产品受手机和数码相机等下游驱动增长强劲，家电产品由于产业较为成熟而发展平稳。预计手机和消费电子产品对移动存储产品的需求将持续热络，欧美和中国的数字化电视热潮将带动家电市场增长。

	截止日期	05年末	占%	主要股东及持股比例%、持股性质
股本结构（万股）	总股本	9902.16		上海宏普实业投资有限公司 40.16%（非流通股）
	国有股	2833.59	28.62	上海市油脂公司 3.64%（国有股）
	发起股	5045.01	50.95	中国粮食贸易公司 3.31%（国有股）
	外资股			中国植物油公司 2.6%（国有股）
	募集股			上海亿安科技发展有限公司 2.03%（非流通股）
	流通A	2023.56	20.44	上海市粮食储运公司 1.61%（国有股）
	流通B			上海大屯煤电有限公司 1.47%（非流通股）
	流通H			上海氯碱总厂 1.47%（非流通股）
股东户数	05年末	10108		上海聚劲投资有限公司 1.47%（非流通股）
	04年末	9724		中国信达资产管理公司 1.3%（国有股）
其他流通股东	陈郁 0.385%；武昌义 0.315%；嘉善万隆房地产开发有限责任公司 0.101%；沙莎 0.094%；黄庆兰 0.085%			
近年分配	05预案:10送3；04年:10派0.5；03年:10转增2		近年募资	

二〇〇五年以来市场表现

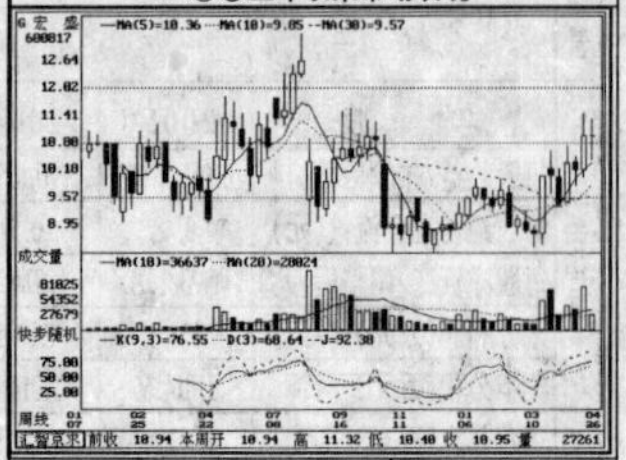

2005年涨跌幅(%)	29.91
2005年最高(元)	17.38
2006年涨跌幅(%)	19.15
2006.4.26收盘(元)	10.95
2006年最高(元)	11.45
2006年最低(元)	8.44
2006年换手率(%)	246.79
股改对价	送股 每10股实际获得5股(05/08/17)

G永久（600818/900915）

上市日期:A: 94/01/28 B: 93/11/15　电话:021－65136974　传真:021－65139966

主营	生产、销售自行车及零部件、电动助力车、电动助力车、特种车辆、自行车相关的配套产品，以及进出口和技术咨询业务等。

	年　度	2005	2004	2003
主要指标	每股收益/扣除后(元)	0.13	0.19	0.16/0.08
	每股经营现金流量(元)	0.12	0.27	-0.07
	每股净资产/调整后(元)	0.97/0.95	0.88/0.85	0.59/0.56
	未分利润(万元)	139.18	-3335.4	-59199.49
	资本公积(万元)	3015.67	3015.27	46050.14
利润构成	主营收入(万元)	110427.1	110013.44	87611.24
	主营利润(万元)	16147.7	16717.06	14419.5
	营业利润(万元)	2478.99	4271.58	1640.63
	投资收益(万元)	-5.32	289.52	1735.92
	利润总额(万元)	2470.19	4537.03	3410.52
	净利润(万元)	3501.93	5071.08	4331.44

点评：2005年公司主营业务继续保持持续上升趋势，电动自行车产品继续大幅上升，产品销售网络突破1000家专卖店，外向型出口基地基本建成。2006年公司继续开拓国内国际市场，加强自主创新，实现快速发展。

	截止日期	05年末	占%	主要股东及持股比例%、持股性质
股本结构（万股）	总股本	26565.94		上海中路(集团)有限公司 51.69%（非流通股）
	国有股	2540.26	9.56	上海市国有资产管理办公室(上海轻工控股集团公司管理) 9.56%（国有股）
	发起股	14883.17	56.02	上海市国有资产管理办公室(上海轻工控股集团公司管理) 1.68%（非流通股）
	外资股			MERRILL LYNCH FAR EAST LTD. 1.52%（流通B股）
	募集股			BIN LIANG 1.06%（流通B股）
	流通A	2242.51	8.44	陈杰 0.91%（流通B股）
	流通B	6900	25.97	DRAGON BILLION CHINA RUND 0.6%（流通B股）
	流通H			陈尔愈 0.49%（流通B股）
股东户数	05年末	12665		李天虹 0.37%（流通B股）
	04年末	13183		上海时虹实业发展有限公司 0.24%（流通A股）
其他流通股东	沈爱娟 0.243%；陈平 0.241%；WANG PING 0.216%			
近年分配			近年募资	

二〇〇五年以来市场表现

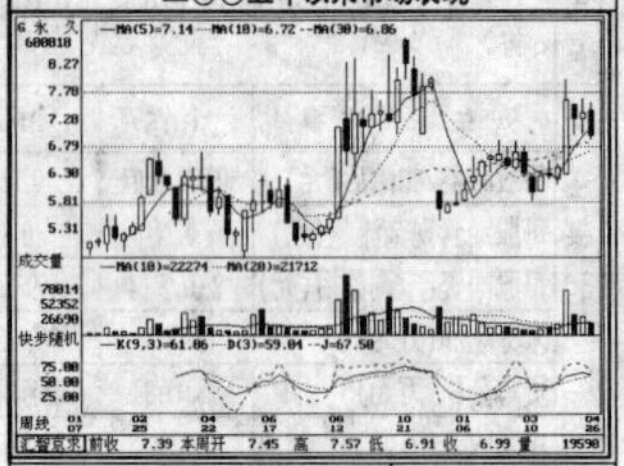

2005年涨跌幅(%)	74.19
2005年最高(元)	8.99
2006年涨跌幅(%)	21.35
2006.4.26收盘(元)	6.99
2006年最高(元)	7.98
2006年最低(元)	5.8
2006年换手率(%)	148.23
股改对价	送股 每10股实际获得5股(05/12/13)

G耀皮（600819/900918）

上市日期:A: 94/01/28 B: 93/12/10　电话:021－58839305　传真:021－58801554

主营	浮法玻璃、建筑玻璃及其它玻璃深加工产品的生产、研发和销售。

	年　度	2005	2004	2003
主要指标	每股收益/扣除后(元)	0.171/0.135	0.264	0.274/0.27
	每股经营现金流量(元)	0.49	0.63	0.5
	每股净资产/调整后(元)	2.73/2.64	2.62/2.53	3.71/3.54
	未分利润(万元)	35072.03	39263.61	34627.22
	资本公积(万元)	46600.44	36076.12	57779.86
利润构成	主营收入(万元)	184252.24	166040.08	118506.63
	主营利润(万元)	38605.86	51888.69	35362.2
	营业利润(万元)	10745.32	22277.24	16072.8
	投资收益(万元)	2660.93	2850.83	887.08
	利润总额(万元)	14495.84	24479.23	16616.87
	净利润(万元)	12532.29	19292.33	13352.45

点评：华东地区主要的优质浮法玻璃供应商。2005年，在宏观调控导致玻璃市场需求放缓、玻璃产品售价大幅下降以及重油、纯碱、水、电等上涨给成本控制带来巨大压力的形势下，公司主营业务收入虽有所增长，但净利润同比大幅下降。

	截止日期	05年末	占%	主要股东及持股比例%、持股性质
股本结构（万股）	总股本	73125.01		皮尔金顿国际控股公司BV 19.9%（部分流通部分不流通）
	国有股	24513.48	33.52	中国复合材料集团有限公司 16.83%（国有股）
	发起股	12116.11	16.57	上海耀华玻璃厂 16.7%（非流通股）
	外资股	12209.86	16.7	上海建筑材料(集团)总公司 10.54%（国有股）
	募集股	848.04	1.16	中国东方资产管理公司 6.15%（国有股）
	流通A	4687.51	6.41	TOYO SECURITIES ASIA LTD. A/C CLIENT 2.61%（流通B股）
	流通B	18750	25.64	NAITO SECURITIES CO. LTD. 1.38%（流通B股）
	流通H			JUMBO BUILDER LTD 0.78%（流通B股）
股东户数	05年末	33464		上海财政证券公司 0.6%（流通A股）
	04年末	29653		申银万国证券股份有限公司 0.58%（非流通股）
其他流通股东	AIZAWA SECURITIESCO. LTD. 0.504%；DEUTSCHE BANK LONDON 0.365%；THE NOMURA SECURITIES CO. LTD. 0.342%			
近年分配	05预案:10派1；04年:10派2；03年:10派2.4转增5		近年募资	

二〇〇五年以来市场表现

2005年涨跌幅(%)	-33.97
2005年最高(元)	6.25
2006年涨跌幅(%)	25.7
2006.4.26收盘(元)	3.38
2006年最高(元)	5.63
2006年最低(元)	4.25
2006年换手率(%)	335.73
股改对价	送股 每10股实际获得3.5股(06/02/08)

G 隧道（600820）

上市日期:94/01/28　　电话:021－65869999　　传真:021－65419227

主营	土木工程建设项目总承包，隧道，市政，建筑，公路及桥梁，交通，桩基础，地下墙工程，机械及机电设备生产、安装，外经贸部批准的国际经济技术合作业务等。			
	年　度	2005	2004	2003
主要指标	每股收益/扣除后(元)	0.178/0.115	0.162	0.183/0.128
	每股经营现金流量(元)	0.16	1.32	0.12
	每股净资产/调整后(元)	3.27/3.22	3.08/2.86	2.97/2.85
	未分利润(万元)	29205.69	19675.32	16079.3
	资本公积(万元)	85742.29	85076.29	85028.94
利润构成	主营收入(万元)	640031.98	633396.21	527253.8
	主营利润(万元)	40240.19	34949.89	30579.53
	营业利润(万元)	5128.55	2245.84	2458.82
	投资收益(万元)	4827.23	5210.74	7439.28
	利润总额(万元)	13663.84	13163.47	12883.41
	净利润(万元)	10528.29	9583.67	10806.95
点评	05 年在营收小幅增长的情况下利润增长较大，主要原因是钢材水泥等原材料价格同比下降，并通过加强合同管理，有效提高了经营的利润率。上海地铁七号线、八号、九号、十号线，大型越江通道，外地能源领域电厂等项目通过审批，保公司持了较好的发展前景。			

	截止日期	05 年末	占％	主要股东及股比例％、持股性质
股本结构（万股）	总股本	59112.87		上海国有资产管理办公室(授权上海城建(集团)公司经营) 50.1％ (国有股)
	国有股	29618.35	50.1	申银万国证券股份有限公司 2.38％ (流通 A 股)
	发起股			上海伟盟建筑材料公司 1.82％ (非流通股)
	外资股			中国银行股份有限公司－友邦华泰盛世中国股票型开放式证券投资基金 0.38％ (流通 A 股)
	募集股	2847.18	4.82	上海浦东市政建设公司 0.36％ (非流通股)
	流通 A	26647.34	45.08	国泰君安证券股份有限公司 0.35％ (流通 A 股)
	流通 B			深圳市深业投资开发有限公司 0.25％ (非流通股)
	流通 H			上海佳闵实业有限公司 0.21％ (非流通股)
股东户数	05 年末	93699		石春桂 0.18％ (流通 A 股)
	04 年末	104103		上海国宏置业有限公司 0.17％ (非流通股)
其他流通股东	中国银行股份有限公司－友邦华泰盛世中国股票型开放式证券投资基金 0.381％；金建敏 0.136％；汤玮 0.133％			
近年分配	03 年:10 派 0.5	近年募资		

二〇〇五年以来市场表现

2005 年涨跌幅(％)	－11.03
2005 年最高(元)	4.16
2006 年涨跌幅(％)	17.47
2006.4.26 收盘(元)	3.28
2006 年最高(元)	4.76
2006 年最低(元)	3.91
2006 年换手率(％)	88.87
股改对价	资产置换 送股 每 10 股实际获得 3 股 (06/01/11)

津劝业（600821）

上市日期:94/01/28　　电话:022－27307227　　传真:022－27304989

主营	商业、各类物资的批发及零售			
	年　度	2005	2004	2003
主要指标	每股收益/扣除后(元)	0.04/－0.06	0.03	0.02/－0.14
	每股经营现金流量(元)	0.1	0.18	0.33
	每股净资产/调整后(元)	2.14/1.54	2.12/1.78	2.1/1.84
	未分利润(万元)	－1870.69	－2985.26	－3719.23
	资本公积(万元)	28586.27	28533.42	28440.47
利润构成	主营收入(万元)	85631.88	87437.2	88246.26
	主营利润(万元)	10354.35	11066.3	11668.89
	营业利润(万元)	－2973.46	－1105.09	－1663.45
	投资收益(万元)	52.19	330.32	－1230.5
	利润总额(万元)	583.45	528.97	552.94
	净利润(万元)	1114.57	733.97	598.82
点评	报告期内公司对本部 15 个楼面、5 万平方米的设施进行了装修改造，部分影响了主营收入的增长，并导致营业利润仍未摆脱连续亏损的局面。来自营业外收支的 3000 多万使得公司净利润能够盈利，且有较大增幅，但仍未摆脱微利局面。			

	截止日期	05 年末	占％	主要股东及股比例％、持股性质
股本结构（万股）	总股本	29252.1		天津劝业华联集团有限公司 33.17％ (国有股)
	国有股	9702.36	33.17	天津市国有资产经营有限责任公司 2.37％ (非流通股)
	发起股	4991.23	17.06	渤海证券有限责任公司 1.08％ (非流通股)
	外资股			何雪萍 0.61％ (流通 A 股)
	募集股			天津一商集团有限公司 0.49％ (非流通股)
	流通 A	14558.5	49.77	王雪峰 0.34％ (流通 A 股)
	流通 B			湖州金牛纺织印染实业有限公司 0.28％ (非流通股)
	流通 H			谭敏 0.23％ (流通 A 股)
股东户数	05 年末	66763		雷志秀 0.2％ (流通 A 股)
	04 年末	70694		上海嘉年华纺织品有限公司 0.19％ (非流通股)
其他流通股东	何平 0.171％；北京市永佳包装制品有限公司 0.137％；李虎 0.13％；张琦 0.115％；吴莉 0.092％；陈闻祺 0.085％			
近年分配		近年募资		

二〇〇五年以来市场表现

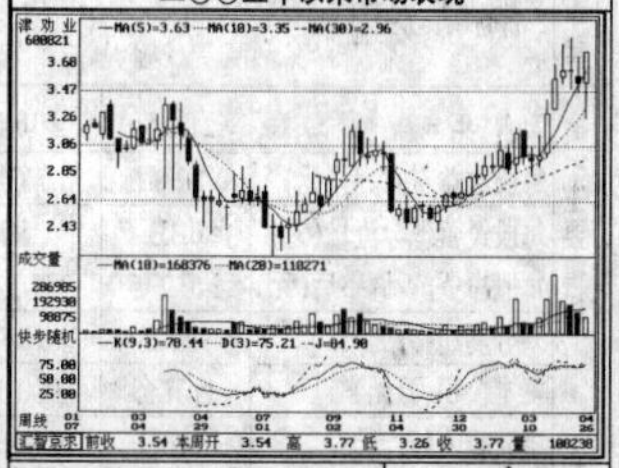

2005 年涨跌幅(％)	－16.72
2005 年最高(元)	3.41
2006 年涨跌幅(％)	40.15
2006.4.26 收盘(元)	3.77
2006 年最高(元)	3.89
2006 年最低(元)	2.67
2006 年换手率(％)	140.08
股改对价	

G 物贸（600822/900927）

上市日期:A: 94/02/04 B: 94/03/30　电话:021－62570000　　传真:021－62572959

主营	有色及黑色金属贸易、木制品经营、汽车服务贸易、燃料油贸易及化学品贸易为核心的生产资料流通业务。			
	年　度	2005	2004	2003
主要指标	每股收益/扣除后(元)	0.136	0.014	0.01/－0.021
	每股经营现金流量(元)	0.0069	－0.2402	－0.3919
	每股净资产/调整后(元)	1.95/1.93	1.22/1.18	1.2/1.14
	未分利润(万元)	1107.97	－203.51	－107.34
	资本公积(万元)	18990.83	3770.5	3703.2
利润构成	主营收入(万元)	1947418.07	857590.08	684877.77
	主营利润(万元)	29103.43	20607.99	16183.67
	营业利润(万元)	2571.72	238.19	－492.29
	投资收益(万元)	1869.95	974.45	1209.02
	利润总额(万元)	4689.42	1359.57	877.08
	净利润(万元)	3435.53	363.68	258.87
点评	05 年公司完成了重大资产置换和股改，置入具有良好发展前景的有色及黑色金属贸易、木制品经营、汽车服务贸易、化学品贸易及进出口贸易等业务，置入资产的盈利能力明显好于原有资产，当年即实现收入和利润的大幅增长，预计重组后的公司将迎来新机遇。			

	截止日期	05 年末	占％	主要股东及股比例％、持股性质
股本结构（万股）	总股本	25272.03		百联集团有限公司 57.13％ (国有股)
	国有股	14438.13	57.13	江南重工股份有限公司 2.77％ (非流通股)
	发起股			上海华生化工有限公司 2.57％ (非流通股)
	外资股			上海中南投资管理有限公司 0.84％ (非流通股)
	募集股	2847.9	11.27	上海期货交易所 0.79％ (非流通股)
	流通 A	1331	5.27	广西玉柴机器集团公司 0.79％ (非流通股)
	流通 B	6655	26.33	长江经济联合发展(集团)股份有限公司 0.53％ (非流通股)
	流通 H			王雪玲 0.42％ (流通 B 股)
股东户数	05 年末	20333		刘如霖 0.41％ (流通 B 股)
	04 年末	22682		上海沪北物流有限公司 0.29％ (非流通股)
其他流通股东	谌瑞奇 0.25％；王春华 0.244％；姜金宝 0.216％；杨莉珊 0.167％；THE NOMURA SECURITIES CO. LTD. 0.138％			
近年分配		近年募资		

二〇〇五年以来市场表现

2005 年涨跌幅(％)	4.4
2005 年最高(元)	9.5
2006 年涨跌幅(％)	8.7
2006.4.26 收盘(元)	6.94
2006 年最高(元)	10.34
2006 年最低(元)	7.81
2006 年换手率(％)	215.57
股改对价	送股 每 10 股实际获得 3 股 (06/01/13)

世茂股份（600823）

上市日期:94/02/04　　电话:021－63526600　　传真:021－63524046

主营	实业投资,房地产综合开发经营、公司商标特许经营,酒店管理,物业管理。

	年　　度	2005	2004	2003
主要指标	每股收益/扣除后(元)	0.221/0.136	0.466	0.557/0.403
	每股经营现金流量(元)	0.797	0.225	-3.6476
	每股净资产/调整后(元)	2.28/2.27	2.11/2.06	2.56/2.5
	未分利润(万元)	23380.03	19731.3	12618.82
	资本公积(万元)	6705.04	6705.04	18527.28
利润构成	主营收入(万元)	68322.62	113367.43	282.24
	主营利润(万元)	24612.55	41005.15	132.25
	营业利润(万元)	18451.96	26035.74	-2599.05
	投资收益(万元)	-399.74	9493.65	15949.23
	利润总额(万元)	20875.05	35520.18	13447.44
	净利润(万元)	7842.62	16513.16	13160.67

点评	由于报告期内交房量减少,导致公司预收款结转销售收入的金额同比大幅下降,05年主营收入和净利润同比下降。05年末预收账款为9.83亿元,主要来自南京世茂滨江新城和福州世茂外滩项目,为公司06年业绩奠定了基础。

	截止日期	05年末	占%	主要股东及持股比例%、持股性质
股本结构（万股）	总股本	35466.72		上海世茂企业发展有限公司 26.43%（非流通股）
	国有股	1223.74	3.45	北京中兴瑞泰投资发展有限公司 12.69%（非流通股）
	发起股			黄浦区国有资产监督管理委员会 3.45%（国有股）
	外资股	17269.13	48.69	海通证券股份有限公司 3.11%（非流通股）
	募集股			上海国际信托投资有限公司 2.02%（非流通股）
	流通A	16973.85	47.86	浦东国有资产管理投资有限公司 1.73%（非流通股）
	流通B			南京南强防腐工程有限公司 0.41%（非流通股）
	流通H			上海钦德商务有限公司 0.29%（非流通股）
股东户数	05年末	48498		魏建忠 0.27%（流通A股）
	04年末	44026		徐美英 0.27%（流通A股）
其他流通股东	同盛证券投资基金 0.256%;上海天云通讯设备有限公司 0.24%;健康元药业集团股份有限公司 0.152%			
近年分配	05预案:10派0.5;04中期:10派1转增5年终:10派0.5	近年募资		

二〇〇五年以来市场表现

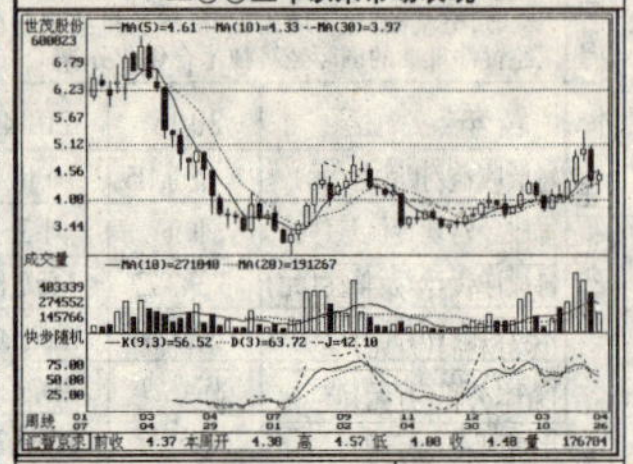

2005年涨跌幅(%)	-38.99
2005年最高(元)	7.35
2006年涨跌幅(%)	21.41
2006.4.26收盘(元)	4.48
2006年最高(元)	5.4
2006年最低(元)	3.62
2006年换手率(%)	211.13
股改对价	

G益民（600824）

上市日期:94/02/04　　电话:021－64721378　　传真:021－64721377

主营	百货、针纺织品等。

	年　　度	2005	2004	2003
主要指标	每股收益/扣除后(元)	0.192/0.15	0.326	0.258/0.251
	每股经营现金流量(元)	0.323	0.587	0.338
	每股净资产/调整后(元)	2.07/2.05	3.93/3.76	3.74/3.69
	未分利润(万元)	9182.26	6868.81	5310.11
	资本公积(万元)	15178.65	34841.15	34686.9
利润构成	主营收入(万元)	56436.3	51841.8	45077.39
	主营利润(万元)	27082.67	25429.22	19297.06
	营业利润(万元)	8026.05	8624.38	7805.89
	投资收益(万元)	1434.27	535.6	140.91
	利润总额(万元)	10749.81	9122.22	7661.79
	净利润(万元)	7419.75	6318.04	5001.82

点评	报告期内公司完成了红星眼镜控股权向外资的转让,参股的新宇钟表也成功在香港上市,公司还抓住机遇扩大了自己在淮海路商业物业的面积。公司主营收入和净利润均保持稳定增长,财务状况良好。

	截止日期	05年末	占%	主要股东及持股比例%、持股性质
股本结构（万股）	总股本	38729.82		上海市国有资产监督管理委员会 38.74%（国有股）
	国有股	15005.33	38.74	申银万国证券股份有限公司 4.81%（流通A股）
	发起股			国联安德盛小盘精选证券投资基金 3.06%（流通A股）
	外资股			东方红1号集合资产管理计划 1.32%（流通A股）
	募集股			上投摩根中国优势证券投资基金 1.28%（流通A股）
	流通A	23712.22	61.22	谢文力 0.69%（流通A股）
	流通B			上海今闻信息科技有限公司 0.62%（流通A股）
	流通H			刘文凤 0.57%（流通A股）
股东户数	05年末	24393		上海田畴房地产有限公司 0.54%（流通A股）
	04年末	30868		张威 0.53%（流通A股）
其他流通股东	李力 0.513%			
近年分配	05中期:10转增10年终预案:10派1;04年:10派1.5;03年:10派1.5	近年募资		

二〇〇五年以来市场表现

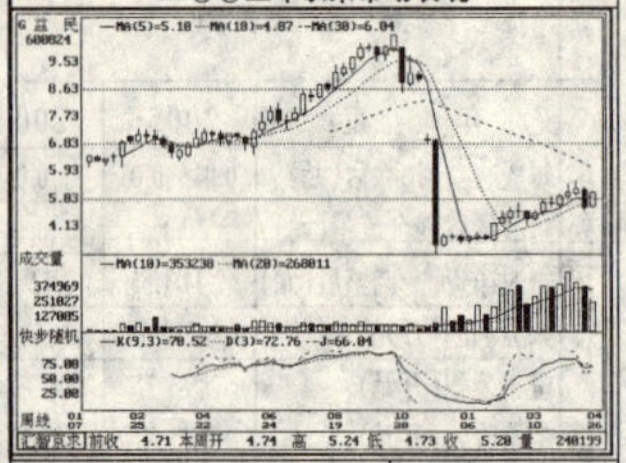

2005年涨跌幅(%)	54.35
2005年最高(元)	10.58
2006年涨跌幅(%)	42.47
2006.4.26收盘(元)	5.2
2006年最高(元)	5.57
2006年最低(元)	3.56
2006年换手率(%)	205.45
股改对价	送股 每10股实际获得3.2股(05/12/01)

华联超市（600825）

上市日期:94/02/04　　电话:021－65201818　　传真:021－65432001

主营	经营连锁超市。

	年　　度	2005	2004	2003
主要指标	每股收益/扣除后(元)	-0.153/-0.15	0.158	0.402/0.4
	每股经营现金流量(元)	0.422	1.674	-0.899
	每股净资产/调整后(元)	3.54/3.47	4.59/4.51	2.39/2.21
	未分利润(万元)	8081.78	15410.02	12679.4
	资本公积(万元)	52075.66	56452.79	2872.5
利润构成	主营收入(万元)	294593.11	383648.17	401408.92
	主营利润(万元)	47057.23	51528.84	59834.1
	营业利润(万元)	-1517.65	3390.03	7763.93
	投资收益(万元)	-2645.71	629.55	89.39
	利润总额(万元)	-4406.38	4188.12	7595.64
	净利润(万元)	-4015.85	3462.93	6198.66

点评	报告期内受到大型综合超市等业态的挤压,公司主营收入同比大幅下降,净利润更是出现亏损。由于前次增发资金尚未完全投入,目前公司偿债能力指标比较正常。

	截止日期	05年末	占%	主要股东及持股比例%、持股性质
股本结构（万股）	总股本	26262.82		上海百联集团股份有限公司 35.25%（国有股）
	国有股	11200.37	42.65	百联集团有限公司 7.68%（国有股）
	发起股			博时价值增长证券投资基金 2.41%（流通A股）
	外资股			华宝信托投资有限责任公司 2.41%（流通A股）
	募集股	2684.39	10.22	海通－中行－FORTIS BANK SA/NV 2.31%（流通A股）
	流通A	12378.07	47.13	裕隆证券投资基金 2.3%（流通A股）
	流通B			上海友谊(集团)有限公司 2.03%（非流通股）
	流通H			上海邦联科技实业有限公司 1.86%（流通A股）
股东户数	05年末	12916		交通银行－海富通精选证券投资基金 1.53%（流通A股）
	04年末	6429		上海九百(集团)有限公司 1.41%（非流通股）
其他流通股东	上海国际信托投资有限公司－邦联持续增值投资资金信托计划(E－500 1.211%;金鼎证券投资基金 0.825%			
近年分配	04年:10派1.5转增2	近年募资	04年增发A股6458.1612万股,发行价9.68元。	

二〇〇五年以来市场表现

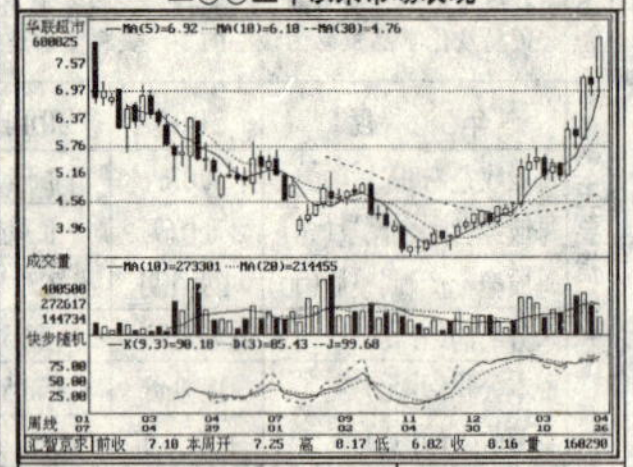

2005年涨跌幅(%)	-35.05
2005年最高(元)	8.03
2006年涨跌幅(%)	91.1
2006.4.26收盘(元)	8.16
2006年最高(元)	8.17
2006年最低(元)	3.98
2006年换手率(%)	300.99
股改对价	

G兰生（600826）

上市日期:94/02/04　　电话:021－65445880　　传真:021－65446061

主营	以出口文教体育用品和轻工业产品为主,主要出口商品有鞋类、服装及纺织品、文教用品、塑料制品、手套及帽子、旅游用品、箱包等。		
年度	2005	2004	2003
主要指标：每股收益/扣除后(元)	0.07/-0.1	0.1/-0.68	-1.11/-0.11
每股经营现金流量(元)	0.27	2.17	-1.81
每股净资产/调整后(元)	1.82/1.79	1.82/1.76	1.78/1.67
未分利润(万元)	-16438.48	-17238.81	-19654.53
资本公积(万元)	25716.7	25621.3	25621.3
利润构成：主营收入(万元)	182707.58	177013.66	196270.39
主营利润(万元)	10248.65	8918.49	12016.22
营业利润(万元)	-394.04	-4788.41	-4221.72
投资收益(万元)	-3247.76	-13667.28	-234.39
利润总额(万元)	1101.37	1781.97	-32488.83
净利润(万元)	1823.29	2766.31	-31254.21

点评：公司在竞争激烈、外贸壁垒加大的环境下,公司主营收入仍实现了两位数增长,主营利润率也略有增长。但由于公司计提了对海通证券的投资损失,且营业外收入又大大低于2004年,因此税后利润反而出现了较大下滑。公司偿债能力指标正常。

股本结构（万股） 截止日期	05年末	占%	主要股东及持股比例%、持股性质
总股本	28042.82		上海兰生(集团)有限公司 66.07%(国有股)
国有股	18528.82	66.07	民生证券 0.4%(流通A股)
发起股			郑志强 0.29%(流通A股)
外资股			张运见 0.23%(流通A股)
募集股			张国新 0.22%(流通A股)
流通A	9514	33.93	何素平 0.19%(流通A股)
流通B			黄伊凡 0.13%(流通A股)
流通H			林丽芳 0.12%(流通A股)
股东户数 05年末	54519		向亚丽 0.09%(流通A股)
股东户数 04年末	57539		吕达夫 0.08%(流通A股)
其他流通股东	邬君 0.078%		
近年分配		近年募资	

二〇〇五年以来市场表现

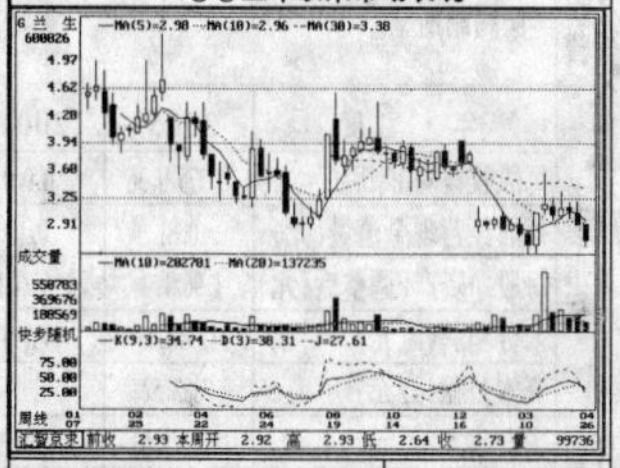

2005年涨跌幅(%)	-17.03
2005年最高(元)	5.31
2006年涨跌幅(%)	0.58
2006.4.26收盘(元)	2.73
2006年最高(元)	4.97
2006年最低(元)	3.6
2006年换手率(%)	190.7
股改对价	送股 每10股实际获得4股(06/01/19)

友谊股份（600827/900923）

上市日期:A: 94/02/04 B: 94/01/05　　电话:021－58799358　　传真:021－58883303

主营	零售连锁业。		
年度	2005	2004	2003
主要指标：每股收益/扣除后(元)	0.314	0.307	0.273/0.248
每股经营现金流量(元)	2.671	1.914	1.809
每股净资产/调整后(元)	3.68/2.7	3.5/3.14	4.02/1.82
未分利润(万元)	21086.77	18659.79	13084.99
资本公积(万元)	70761.6	70167.83	72415.9
利润构成：主营收入(万元)	1810668.67	1375270.64	1159108.26
主营利润(万元)	314259.34	240542.47	200804.69
营业利润(万元)	27366.21	22392.37	20814.43
投资收益(万元)	10927.31	4705.27	6861.14
利润总额(万元)	42998.6	36341.48	28864.53
净利润(万元)	13496.08	13165.54	9011.48

点评：公司旗下联华超市、好美家、南方商城购物中心、西郊购物中心以及友谊百货等均为比较有影响的商业企业。公司主营收入、营业利润的增长主要来自经营网点的外延扩展以及规模扩张中资源集约化管理效益。

股本结构（万股） 截止日期	05年末	占%	主要股东及持股比例%、持股性质
总股本	42919.68		上海友谊复星(控股)有限公司 26.04%(国有股)
国有股	13785.2	32.12	百联集团有限公司 7.11%(国有股)
发起股			NAITO SECURITIES CO. LTD. 2.44%(流通B股)
外资股			TOYO SECURITIES ASIA LTD. A/C CLIENT 1.92%(流通B股)
募集股	2029.79	4.73	国联安德盛小盘精选证券投资基金 1.84%(流通A股)
流通A	10766.66	25.09	FORTIS BANK SA/NV 1.56%(流通A股)
流通B	16338.02	38.07	AIZAWA SECURITIES CO. LTD. 1.25%(流通B股)
流通H			上海国际信托投资有限公司 1.19%(非流通股)
股东户数 05年末	22680		NBP S/A FRUCTILUX SICAV 0.99%(流通B股)
股东户数 04年末	24467		全国社保基金一零六组合 0.99%(流通A股)
其他流通股东	安信证券投资基金 0.886%;SKANDIA GLOBAL FUNDS PLC 0.876%;DEUTSCHE BANK AKTIENGESELLSCHAFT 0.83%		
近年分配	05预案:10派1.5;04年:10派1.5;03年:10派1转增3	近年募资	

二〇〇五年以来市场表现

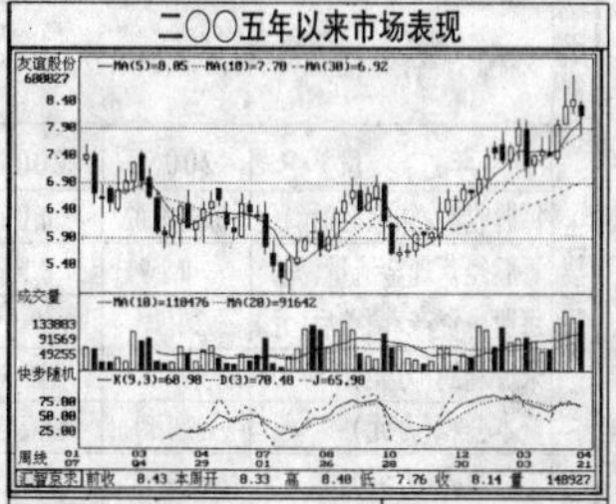

2005年涨跌幅(%)	-4.02
2005年最高(元)	7.58
2006年涨跌幅(%)	20.06
2006.4.26收盘(元)	8.14
2006年最高(元)	8.9
2006年最低(元)	6.49
2006年换手率(%)	148.04
股改对价	送股 每10股实际获得1.8股

成商集团（600828）

上市日期:94/02/24　　电话:028－86665088　　传真:028－86651176

主营	百货零售批发		
年度	2005	2004	2003
主要指标：每股收益/扣除后(元)	-1.222	0.052	-0.104/-0.118
每股经营现金流量(元)	0.28	-0.99	0.02
每股净资产/调整后(元)	0.86/0.59	2.08/1.8	2.02/1.7
未分利润(万元)	-25289.8	-472.56	-1486.91
资本公积(万元)	16061.34	16008.55	15931.07
利润构成：主营收入(万元)	114392.34	125602.1	142121.04
主营利润(万元)	12069.57	13145.2	15724:65
营业利润(万元)	-19735.58	-8698.48	-2407.82
投资收益(万元)	-5950.91	3349.32	1469.03
利润总额(万元)	-25430.32	1841.64	-1519.94
净利润(万元)	-24817.24	1054.19	-2119.94

点评：公司主营业务包括百货、超市和汽车经销等。公司百货业务除了原来的商场主体,还在周边其他地区发展了连锁百货。但目前商品零售领域竞争激烈,公司盈利能力尚面临较大挑战。

股本结构（万股） 截止日期	05年末	占%	主要股东及持股比例%、持股性质
总股本	20314.8		深圳茂业商厦有限公司 50.98%(非流通股)
国有股			四川迪康产业控股集团股份有限公司 14.77%(非流通股)
发起股	13282.89	65.39	成都市华盛房地产有限责任公司 7.97%(非流通股)
外资股			艾燕琴 0.35%(流通A股)
募集股	1923.51	9.47	李敏贤 0.2%(流通A股)
流通A	5108.4	25.15	上海贝泽贸易有限公司 0.18%(非流通股)
流通B			吉红爱 0.18%(流通A股)
流通H			邛江县建设房地产开发公司 0.15%(非流通股)
股东户数 05年末	16911		陈月富 0.1%(流通A股)
股东户数 04年末	19515		中国建筑北方装饰艺术公司 0.1%(非流通股)
其他流通股东	李仲秋 0.096%;米伯祥 0.095%;郭黔芳 0.085%;曾佑芳 0.081%;赵素琴 0.079%;严伟 0.078%		
近年分配		近年募资	

二〇〇五年以来市场表现

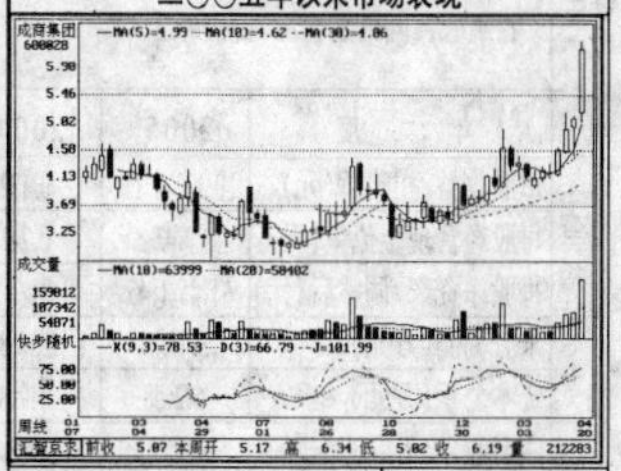

2005年涨跌幅(%)	-10.84
2005年最高(元)	4.66
2006年涨跌幅(%)	67.3
2006.4.26收盘(元)	6.19
2006年最高(元)	6.34
2006年最低(元)	3.7
2006年换手率(%)	182.89
股改对价	

三精制药（600829）

上市日期：94/02/24　　电话：(0451)84675166　　传真：(0451)84675166

主营	医药制造			
	年　度	2005	2004	2003
主要指标	每股收益/扣除后(元)	0.375/0.36	0.069	0.069/0.073
	每股经营现金流量(元)	0.81	0.16	0.28
	每股净资产/调整后(元)	1.96/1.94	1.55/1.54	2.17/2.09
	未分利润(万元)	12948.46	7957.57	6606.83
	资本公积(万元)	7882.52	5629.54	17256.69
利润构成	主营收入(万元)	176899.63	64270.39	51172.32
	主营利润(万元)	82753.92	25370.16	13626.6
	营业利润(万元)	28021.48	4205.36	1650.97
	投资收益(万元)	-2524.14	-997.69	-3.65
	利润总额(万元)	25256.01	3789.28	2448.54
	净利润(万元)	14512.67	2669.27	1778.88
点评	2005年公司由水泥企业成功转型为医药企业。由于医药产品毛利率显著高于水泥行业，同时在葡萄糖酸钙口服液、葡萄糖酸锌口服液和双黄连口服液OTC类主导产品的收入保持稳健增长、临床用药较大幅度增长的推动下，公司主营收入、净利润均大幅增长。			

	截止日期	05年末	占%	主要股东及持股比例%、持股性质
股本结构（万股）	总股本	38659.24		哈药集团股份有限公司 46.07%（非流通股）
	国有股	11115	28.75	哈尔滨建筑材料工业(集团)公司 28.75%（国有股）
	发起股	17811.29	46.07	长盛成长价值证券投资基金 0.25%（流通A股）
	外资股			同智证券投资基金 0.17%（流通A股）
	募集股			光大银行－阳光集合资产管理计划 0.16%（流通A股）
	流通A	9732.95	25.18	长盛动态精选证券投资基金 0.16%（流通A股）
	流通B			全国社保基金六零三组合 0.15%（流通A股）
	流通H			王丽杰 0.14%（流通A股）
股东户数	05年末	7257		刘远萍 0.13%（流通A股）
	04年末	5813		刘德本 0.13%（流通A股）
其他流通股东	姜淑清 0.124%；李红梅 0.106%			
近年分配	05预案：10派1；04年：10派0.2；03年：10转增5			近年募资

二〇〇五年以来市场表现

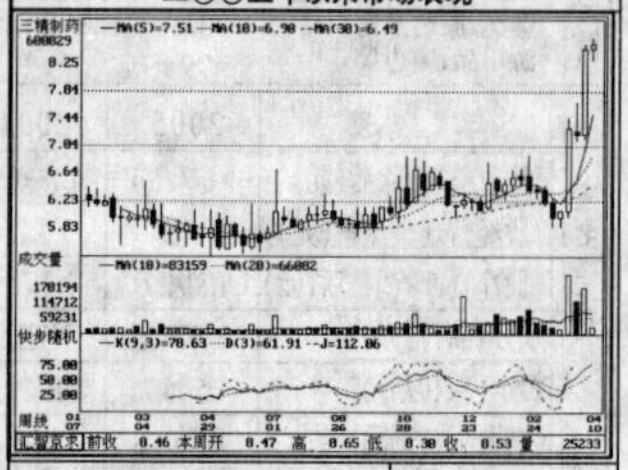

2005年涨跌幅(%)	-4.38
2005年最高(元)	6.9
2006年涨跌幅(%)	39.84
2006.4.26收盘(元)	8.53
2006年最高(元)	8.65
2006年最低(元)	5.85
2006年换手率(%)	109.38
股改对价	送股 每10股实际获得2.1股

大红鹰（600830）

上市日期：94/02/24　　电话：0574－87315310　　传真：0574－87294676

主营	商业、广告业、进出口、餐饮业、娱乐及旅游等。			
	年　度	2005	2004	2003
主要指标	每股收益/扣除后(元)	0.113/0.02	0.106	0.077/-0.029
	每股经营现金流量(元)	-0.259	0.145	0.198
	每股净资产/调整后(元)	2/1.94	1.99/1.94	2.04/1.99
	未分利润(万元)	5999.65	6585.69	8694.71
	资本公积(万元)	12981.89	12968.58	12905.42
利润构成	主营收入(万元)	88022.77	57260.56	48959.34
	主营利润(万元)	12307.96	7578.69	5919.07
	营业利润(万元)	4859.47	2284.99	-61.08
	投资收益(万元)	-221.49	1078.07	1449.87
	利润总额(万元)	7416.59	5327.23	4107.73
	净利润(万元)	2974.5	2793.39	2015.19
点评	公司主营业务包括商品销售、典当等，其中商品销售占到主营收入的80%。报告期内主营收入大幅增长，但由于典当业务收入本年无所得税优惠以及长期投资收益大幅减少等原因，公司净利润增长不明显，且扣除非经常性损益后下降30%多。			

	截止日期	05年末	占%	主要股东及持股比例%、持股性质
股本结构（万股）	总股本	26272.02		中国烟草总公司浙江省公司 17.9%（国有股）
	国有股			宁波卷烟厂 5.14%（国有股）
	发起股	176.96	0.67	宁波市郡庙企业总公司 4.38%（非流通股）
	外资股			宁波大红鹰集团有限公司 3.46%（非流通股）
	募集股	10700.74	40.73	金通证券股份有限公司 2.39%（流通A股）
	流通A	15394.32	58.6	浙江省烟草公司宁波分公司 1.96%（国有股）
	流通B			宁波海曙志成投资管理有限公司 1.71%（非流通股）
	流通H			宁波市商业银行股份有限公司 1.24%（非流通股）
股东户数	05年末	28165		宁波大榭开发区恒丰贸易发展有限公司 1.03%（流通A股）
	04年末	22247		绍兴市香叶经贸有限公司 0.97%（非流通股）
其他流通股东	刘继先 0.311%；李春红 0.248%；郑晓娟 0.202%；吕品 0.161%；梁江青 0.159%；杭州天讯科技投资有限公司 0.147%			
近年分配	04年：10派1；03中期：10转增5 年终：10派1			近年募资

二〇〇五年以来市场表现

2005年涨跌幅(%)	-25.11
2005年最高(元)	5.2
2006年涨跌幅(%)	-1.21
2006.4.26收盘(元)	3.26
2006年最高(元)	3.83
2006年最低(元)	3.13
2006年换手率(%)	126.65
股改对价	

G广电（600831）

上市日期：94/02/24　　电话：029－87991255　　传真：029－87991266

主营	有线电视网络运营、广告代理。			
	年　度	2005	2004	2003
主要指标	每股收益/扣除后(元)	0.132/0.13	0.132	0.156/0.156
	每股经营现金流量(元)	0.42	0.241	0.165
	每股净资产/调整后(元)	1.45/1.45	1.31/1.31	1.32/1.31
	未分利润(万元)	3944.24	2537.83	2708.39
	资本公积(万元)	542.58	449.8	371.66
利润构成	主营收入(万元)	27605.18	21982.6	21708.21
	主营利润(万元)	5221.16	4604.92	4454.78
	营业利润(万元)	2242.87	1960.15	2206.48
	投资收益(万元)			
	利润总额(万元)	2209.44	1940.1	2204.27
	净利润(万元)	1774.91	1779.34	1904.55
点评	06年收购陕西11个地市的有线网，预计收购总价维持不变在8.6亿元。再融资政策预计在06年下半年推出，公司将加快进程完成收购。收购后公司将转型为有线运营商积极拓展数字电视业务。			

	截止日期	05年末	占%	主要股东及持股比例%、持股性质
股本结构（万股）	总股本	13465.9		陕西省广播电视信息网络有限责任公司 51%（国有股）
	国有股	7162.84	53.19	国营黄河机器制造厂 2.19%（国有股）
	发起股			诺安平衡证券投资基金 1.82%（流通A股）
	外资股			湘财合丰价值优化型成长类行业基金 1.41%（流通A股）
	募集股	695.06	5.16	鹏华中国50开放式证券投资基金 1.34%（流通A股）
	流通A	5608	41.65	金鑫证券投资基金 1.31%（流通A股）
	流通B			中信经典配置证券投资基金 0.76%（流通A股）
	流通H			湘财荷银风险预算混合型开放式证券投资基金 0.59%（流通A股）
股东户数	05年末	14854		光大阳光集合资产管理计划 0.56%（流通A股）
	04年末	23793		科翔证券投资基金 0.54%（流通A股）
其他流通股东	国泰金马稳健回报证券投资基金 0.495%；上海财政证券公司 0.45%			
近年分配	03年：10派0.3送1			近年募资

二〇〇五年以来市场表现

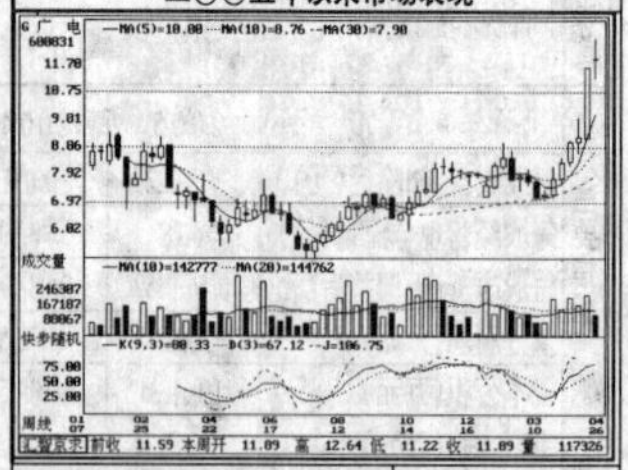

2005年涨跌幅(%)	-3.88
2005年最高(元)	9.35
2006年涨跌幅(%)	89.22
2006.4.26收盘(元)	11.89
2006年最高(元)	15.93
2006年最低(元)	8.85
2006年换手率(%)	297.87
股改对价	转增 每10股实际获得2.6股(06/01/17)

G 明珠（600832）

上市日期:94/02/24　　电话:021－58791888　　传真:021－58792222

主营	媒体广告、旅游娱乐、信息传输、产业投资等。			
	年　　度	2005	2004	2003
主要指标	每股收益/扣除后(元)	0.369/0.313	0.329	0.269/0.262
	每股经营现金流量(元)	0.42	0.49	0.48
	每股净资产/调整后(元)	3.61/3.59	3.37/3.34	3.25/3.21
	未分利润(万元)	27811.48	19825.56	21337.51
	资本公积(万元)	151743.56	150006.09	150003.64
利润构成	主营收入(万元)	137830.22	111016.56	78079.04
	主营利润(万元)	58048.9	51692.73	39086.18
	营业利润(万元)	36086.6	31778.25	26830.16
	投资收益(万元)	10124.57	3633.84	4192.07
	利润总额(万元)	45818.78	40879.27	31349.87
	净利润(万元)	35591.39	31699.93	25955.27
点评	公司将更加确立在集团的地位,携手文广集团的其他资源,将集团及自身迅速做强做大做优。2006 年加快推进 DMB 手机电视项目,上半年,主要完成网络的建设,同时抓紧与移动运营商的合作。			

	截止日期	05 年末	占%	主要股东及持股比例%、持股性质
股本结构（万股）	总股本	96324.02		上海广播电影电视发展有限公司 46.12%（部分流通部分不流通）
	国有股	61891.48	64.25	上海文广新闻传媒集团 11.03%（国有股）
	发起股	3682.73	3.82	上海精文投资有限公司 3.44%（国有股）
	外资股			上海大型活动办公室 1.83%（国有股）
	募集股			上海东亚(集团)有限公司 1.72%（国有股）
	流通 A	30749.81	31.92	中国工商银行－上证 50 交易型开放式指数证券投资基金 0.95%（流通 A股）
	流通 B			金鑫证券投资基金 0.93%（流通 A股）
	流通 H			上海《每周广播电视》报社 0.86%（国有股）
股东户数	05 年末	80149		交通银行－易方达 50 指数证券投资基金 0.7%（流通 A股）
	04 年末	94679		中国工商银行－申万巴黎盛利精选证券投资基金 0.54%（流通 A股）
其他流通股东	交通银行－汉兴证券投资基金 0.519%;裕隆证券投资基金 0.446%;中国银行－同盛证券投资基金 0.405%			
近年分配	05 年:10 派 2.5 转增 10；04 年:10 派 1.5；03 年:10 派 2.1	近年募资		

二〇〇五年以来市场表现

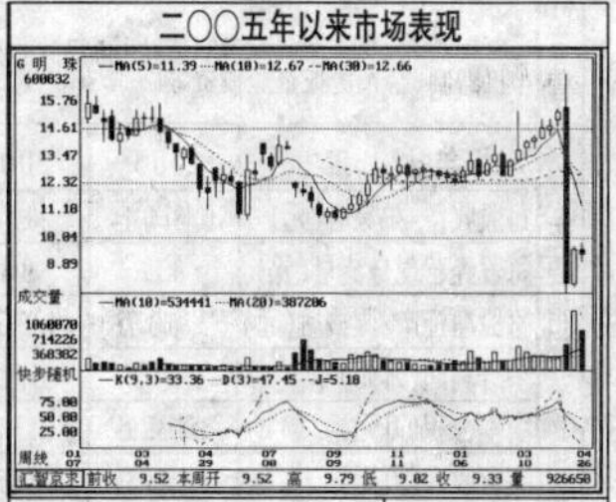

2005 年涨跌幅(%)	16.65
2005 年最高(元)	18.97
2006 年涨跌幅(%)	53.24
2006.4.26 收盘(元)	9.33
2006 年最高(元)	19.83
2006 年最低(元)	12.32
2006 年换手率(%)	192.76
股改对价	送股 每 10 股实际获得 4 股(05/08/05)

第一医药（600833）

上市日期:94/02/24　　电话:021－63514171　　传真:021－63521346

主营	医药商店的零售、医药批发企业经营、药厂制药及医药连锁经营及房产经营。			
	年　　度	2005	2004	2003
主要指标	每股收益/扣除后(元)	0.089/0.082	0.082/0.084	0.081/0.078
	每股经营现金流量(元)	0.089	0.018	0.165
	每股净资产/调整后(元)	1.46/1.45	1.27/1.25	1.19/1.18
	未分利润(万元)	－1781.71	－67762.02	－69031.8
	资本公积(万元)	8402.13	68935.6	68935.6
利润构成	主营收入(万元)	60161.73	54550.27	50696.23
	主营利润(万元)	11744.63	11625.57	11488.87
	营业利润(万元)	1067.61	1211.25	1129.15
	投资收益(万元)	451.5	223.07	192.45
	利润总额(万元)	1507.73	1411.25	1406.94
	净利润(万元)	1420.54	1313.32	1291.23
点评	2005 年主营业务收入和净利润均平稳增长。公司 05 年调整商品结构、合理布局网点、加强内部管理和品牌管理,因此在医药流通企业盈利空间受到大幅挤压的背景下,保持了平稳发展的态势。公司对原商业网点存量房的处理已取得阶段性成果,但未最终实现销售。			

	截止日期	05 年末	占%	主要股东及持股比例%、持股性质
股本结构（万股）	总股本	15934.74		上海新世界(集团)有限公司 26.01%（非流通股）
	国有股			百联集团有限公司 21.89%（非流通股）
	发起股	7788.72	48.88	上海市劳动保护用品商店 2.35%（非流通股）
	外资股			上海徐汇商业建设发展有限公司 1.92%（非流通股）
	募集股	3348.1	21.01	上海汇垄经贸有限公司 1.55%（非流通股）
	流通 A	4797.93	30.11	上海东时实业有限公司 1.39%（非流通股）
	流通 B			上海华成无线电厂有限公司 0.95%（非流通股）
	流通 H			海通证券有限公司 0.95%（非流通股）
股东户数	05 年末	21523		华联(集团)有限公司 0.92%（非流通股）
	04 年末	22047		上海达安房产投资有限公司 0.77%（非流通股）
其他流通股东	张世豪 0.126%;杨申军 0.093%;包卫军 0.09%;杨文英 0.082%;朱正山 0.077%;翁其文 0.075%;王星婉 0.069%			
近年分配		近年募资		

二〇〇五年以来市场表现

2005 年涨跌幅(%)	－16.67
2005 年最高(元)	4.83
2006 年涨跌幅(%)	8
2006.4.26 收盘(元)	4.05
2006 年最高(元)	4.47
2006 年最低(元)	3.7
2006 年换手率(%)	147.37
股改对价	

G 申地铁（600834）

上市日期:94/02/24　　电话:021－58308595　　传真:021－63300065

主营	经营上海地铁一号线			
	年　　度	2005	2004	2003
主要指标	每股收益/扣除后(元)	0.22/0.22	0.17	0.18/0.17
	每股经营现金流量(元)	0.368	0.174	0.28
	每股净资产/调整后(元)	1.62/1.62	1.59/1.59	1.52/1.52
	未分利润(万元)	10892.04	8518.55	6744.58
	资本公积(万元)	7974.27	7974.27	7974.27
利润构成	主营收入(万元)	68081.91	58223.35	50123.57
	主营利润(万元)	17716.94	13435.88	13652.11
	营业利润(万元)	12283.72	8047.53	8807.85
	投资收益(万元)	－22.51	30.49	－8.67
	利润总额(万元)	12251.65	8313.91	8946.13
	净利润(万元)	10450.87	7192.71	7668.64
点评	以上海地铁一号线的经营为主营业务。客流量的增长、票价的调整是公司 05 盈利增长的主要来源。公司拥有地铁运营车辆,并不拥有地铁轨道,因此盈利情况受母公司的调控较强。上海地铁一号线已经饱和,未来增长空间有限。			

	截止日期	05 年末	占%	主要股东及持股比例%、持股性质
股本结构（万股）	总股本	47738.19		国家持股 58.43%（国有股）
	国有股	32524.92	68.13	上海市原水股份有限公司 9.7%（国有股）
	发起股	2622.98	5.49	申银万国证券股份有限公司 1.78%（非流通股）
	外资股			兴华证券投资基金 0.95%（流通 A股）
	募集股			巨田基础行业证券投资基金 0.88%（流通 A股）
	流通 A	12590.29	26.37	全国社保基金一零七组合 0.82%（流通 A股）
	流通 B			国联安德盛小盘精选证券投资基金 0.63%（流通 A股）
	流通 H			华夏回报证券投资基金 0.62%（流通 A股）
股东户数	05 年末	31066		银丰证券投资基金 0.62%（流通 A股）
	04 年末	38446		金鑫证券投资基金 0.49%（流通 A股）
其他流通股东	景顺长城鼎益股票型开放式证券投资基金 0.456%;兴安证券投资基金 0.401%			
近年分配	05 预案:10 派 0.6；04 年:10 派 0.5 送 1；03 年:10 派 1	近年募资		

二〇〇五年以来市场表现

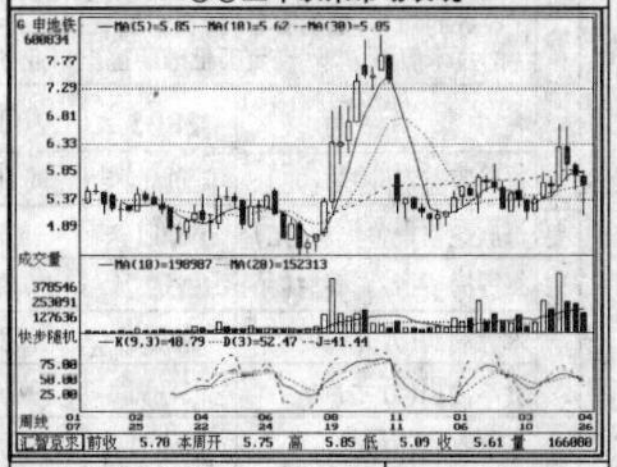

2005 年涨跌幅(%)	45.28
2005 年最高(元)	9.13
2006 年涨跌幅(%)	4.28
2006.4.26 收盘(元)	5.61
2006 年最高(元)	6.66
2006 年最低(元)	5.01
2006 年换手率(%)	222.8
股改对价	送股 每 10 股实际获得 3 股(05/11/09)

上海机电（600835/900925）

上市日期:A: 94/02/24 B: 94/01/31　电话:021－58857888　传真:021－58858624

主营	电梯制造;冷冻空调设备制造;印刷包装机械制造;人造板机器制造;人造板企业投资等。

	年　度	2005	2004	2003
主要指标	每股收益/扣除后(元)	0.187/0.14	0.345	0.58/0.457
	每股经营现金流量(元)	0.29	0.69	0.41
	每股净资产/调整后(元)	3.96/3.75	4.03/3.96	4.58/4.53
	未分利润(万元)	19281.27	33411.69	26461.41
	资本公积(万元)	158531.95	158341.89	171130.66
利润构成	主营收入(万元)	683153.33	655527.68	555973.48
	主营利润(万元)	140999.92	159690.8	153416.74
	营业利润(万元)	58781.1	73857.72	74365.8
	投资收益(万元)	-5241.45	7408.08	12935.12
	利润总额(万元)	51746.58	74008.97	92271.24
	净利润(万元)	15944.35	29374.1	41201.08

点评：2005年公司主营业务稳中有升。净利润下降是因为参股的24%的上海永新彩色显象管公司亏损。2006年公司将以自主创新为动力,以产品为龙头,依托2个国家级技术中心,不断推出新产品,扩大产品占有率,提高产品附加值。

	截止日期	05年末	占%	主要股东及持股比例%、持股性质
股本结构（万股）	总股本	85228.28		上海电气集团股份有限公司 47.28%（国有股）
	国有股	40293.36	47.28	TOYO SECURITIES ASIA LTD. A/C CLIENT 0.89%（流通B股）
	发起股			NAITO SECURITIES CO. LTD. 0.71%（流通B股）
	外资股			上海国际信托投资公司 0.65%（流通A股）
	募集股			DEUTSCHE BANK LONDON 0.51%（流通B股）
	流通A	26915.33	31.58	友邦华泰盛世中国股票型开放式证券投资基金 0.49%（流通A股）
	流通B	18019.58	21.14	上海安联投资发展公司 0.4%（流通A股）
	流通H			SCBHK A/C GOVERNMENT OF SINGAPORE INVESTMENT CORPORATION 0.31%（流通B股）
股东户数	05年末	69135		THE NOMURA SECURITIES CO. LTD. 0.29%（流通B股）
	04年末	66953		AIZAWA SECURITIES CO. LTD. 0.25%（流通B股）
其他流通股东	上海明天物业管理有限公司 0.248%			
近年分配	05预案:10派1；04年:10派2；03年:10派1转增2		近年募资	

二〇〇五年以来市场表现

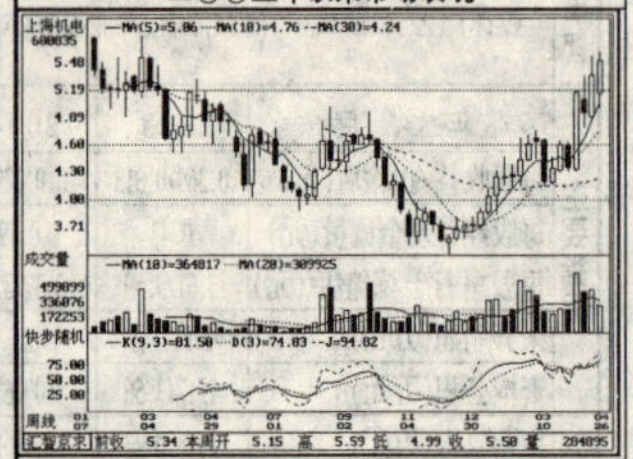

2005年涨跌幅(%)	-32.41
2005年最高(元)	5.78
2006年涨跌幅(%)	47.85
2006.4.26收盘(元)	5.5
2006年最高(元)	5.59
2006年最低(元)	3.68
2006年换手率(%)	205.97
股改对价	

G界龙（600836）

上市日期:94/02/24　电话:021－63746888　传真:021－63732586

主营	包装装潢、彩色印刷。

	年　度	2005	2004	2003
主要指标	每股收益/扣除后(元)	0.183/-0.01	0.127	0.09/0.05
	每股经营现金流量(元)	0.4	0.58	-0.16
	每股净资产/调整后(元)	2.25/2.04	2.08/1.41	1.95/1.36
	未分利润(万元)	1695.9	230.8	-428.45
	资本公积(万元)	8746.39	8910.79	8910.79
利润构成	主营收入(万元)	61402.57	71695.58	52961.02
	主营利润(万元)	14792	14095.51	12423.61
	营业利润(万元)	456.83	2293.79	1928.19
	投资收益(万元)	1838.39	-19.79	41.37
	利润总额(万元)	2481.77	2227.58	2114.37
	净利润(万元)	2049.18	1422.09	1019.91

点评：主营业务收入因房地产销售收入下降而同比下降;同时投资收益的增加推动净利润同比上升。公司主业包装印刷业产值连年保持两位数的增长速度,而以上海为中心的长三角地区是国内发展最快的地区,受08年奥运和10年世博会的推动,公司面临大好的发展机遇。

	截止日期	05年末	占%	主要股东及持股比例%、持股性质
股本结构（万股）	总股本	11169.38		上海界龙发展有限公司 41.45%（非流通股）
	国有股			海通证券股份有限公司 4.27%（国有股）
	发起股	5796.58	51.9	中国农业银行上海市信托投资公司 2.69%（国有股）
	外资股			上海界龙食品有限公司 0.8%（非流通股）
	募集股			上海解放日报物业管理有限公司 0.43%（流通A股）
	流通A	5372.8	48.1	上海市农行信托投资有限责任公司 0.21%（非流通股）
	流通B			上海欣欣向荣文化传播有限公司 0.2%（流通A股）
	流通H			上海东方明珠股份有限公司 0.17%（国有股）
股东户数	05年末	16066		上海浦东汽车修理厂 0.17%（非流通股）
	04年末	14434		上海浦东严桥信用社 0.17%（非流通股）
其他流通股东	沈宏良 0.135%；陈昌顺 0.13%；严光灿 0.11%；贾莹 0.102%；陈雪妹 0.1%；王济华 0.093%；唐正德 0.091%			
近年分配	05预案:10派1转增3		近年募资	

二〇〇五年以来市场表现

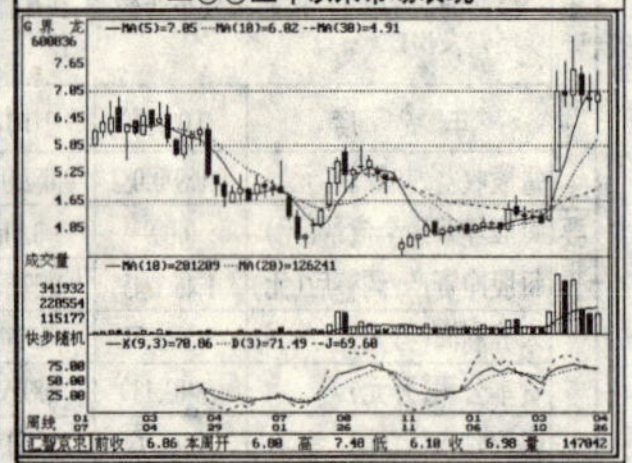

2005年涨跌幅(%)	-12.67
2005年最高(元)	6.92
2006年涨跌幅(%)	77.61
2006.4.26收盘(元)	6.98
2006年最高(元)	8.25
2006年最低(元)	3.93
2006年换手率(%)	442.63
股改对价	送股 每10股实际获得3股(05/11/02)

G都市（600837）

上市日期:94/02/24　电话:021－63457858　传真:021－63458806

主营	蔬菜、瓜果、粮油作物、花卉、草坪、绿化苗木的种植及上述业务的加工、批发和零售,农业机械设备批发、零售及相关的技术服务,市外经贸委批准的进出口业务等。

	年　度	2005	2004	2003
主要指标	每股收益/扣除后(元)	0.501/0.486	0.663	0.406
	每股经营现金流量(元)	0.021	-0.0766	0.297
	每股净资产/调整后(元)	2.25/2.24	1.94/1.93	2.08/2.06
	未分利润(万元)	20060.85	11528.05	4761.04
	资本公积(万元)	643.96	992.02	7120.6
利润构成	主营收入(万元)	26610.49	17069.61	14933.87
	主营利润(万元)	4766.1	4459.95	2711.69
	营业利润(万元)	-552.15	248.92	-800.05
	投资收益(万元)	15992.41	19072.24	7756.32
	利润总额(万元)	15884.8	19326.06	7209.79
	净利润(万元)	13813.22	16614.22	6358.98

点评：2005年是公司坚持以发展现代农业为核心产业,并重点培育和发展生物医药及食品工业两大支撑板块。2005年,公司生物医药业的发展又取得了长足进步。同时,公司引进具有丰富市场营销经验和实力的销售团队,发展食品工业。

	截止日期	05年末	占%	主要股东及持股比例%、持股性质
股本结构（万股）	总股本	27559.45		上海农工商(集团)有限公司 67.36%（国有股）
	国有股	18564.87	67.36	中国建设银行—上投摩根中国优势证券投资基金 2.12%（流通A股）
	发起股			全国社保基金一零二组合 0.91%（流通A股）
	外资股			光大证券有限责任公司—中国光大银行股份有限公司—光大阳光集合 0.36%（流通A股）
	募集股			上海鹏信经贸发展有限公司 0.28%（流通A股）
	流通A	8994.59	32.64	周婉茹 0.23%（流通A股）
	流通B			博时价值增长证券投资基金 0.22%（流通A股）
	流通H			中国建设银行—上投摩根阿尔法股票型证券投资基金 0.21%（流通A股）
股东户数	05年末	11216		中国工商银行—天弘精选混合型证券投资基金 0.21%（流通A股）
	04年末	11106		张燕 0.2%（流通A股）
其他流通股东	光大证券有限责任公司—中国光大银行股份有限公司—光大阳光集合 0.363%；华攀申 0.15%			
近年分配	05预案:10派0.3送3；04年:10送1；03年:10派0.5送2转增4		近年募资	

二〇〇五年以来市场表现

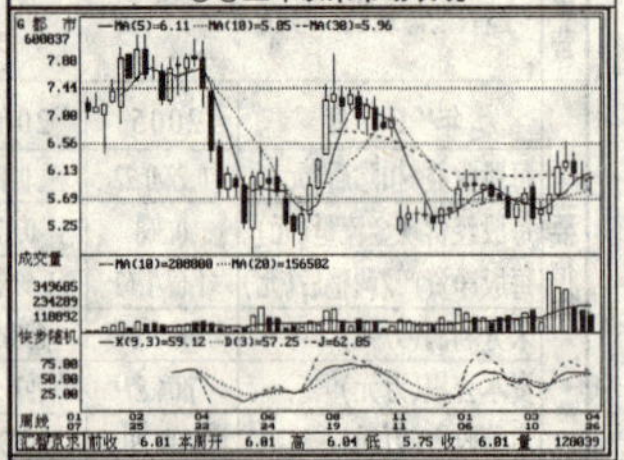

2005年涨跌幅(%)	15.19
2005年最高(元)	8.78
2006年涨跌幅(%)	2.91
2006.4.26收盘(元)	6.01
2006年最高(元)	6.58
2006年最低(元)	5.23
2006年换手率(%)	304.44
股改对价	送股 每10股实际获得3股(05/11/08)

G九百（600838）

上市日期:94/02/24　　电话:021－62729898　　传真:021－62569861

主营	日用百货、家用电器、服装、针棉织品、文化用品的零售和批发、系列化学产品的生产和销售、洗染服务、物业出租等业务。			
	年　度	2005	2004	2003
主要指标	每股收益/扣除后(元)	-0.146	0.008	0.013/-0.177
	每股经营现金流量(元)	0.0853	0.0387	-0.2947
	每股净资产/调整后(元)	1.36/1.35	1.51/1.49	1.5/1.47
	未分利润(万元)	-6185.01	-273.64	-648.9
	资本公积(万元)	18735.72	18734.86	18734.14
利润构成	主营收入(万元)	25099.99	24084.9	37984.01
	主营利润(万元)	8347.19	7133.47	9232.21
	营业利润(万元)	-3668.79	-3296.93	-5951.2
	投资收益(万元)	-1839.42	1571.12	-75.2
	利润总额(万元)	-5388.89	662.23	1138.33
	净利润(万元)	-5837.68	305.3	533.95
点评	公司主营洗染业、商业零售业等,报告期内公司主营业务仍处于调整和优化期间。公司重点扶持的优势企业—"正章洗染公司"位于宝山工业区内的新厂区将于2005年底竣工。此外,公司与韩资合作参股49%"上海易买得超市有限公司"。			

	截止日期	05年末	占%	主要股东及持股比例%、持股性质
股本结构(万股)	总股本	40088.2		上海九百(集团)有限公司 30.47% (国有股)
	国有股	12216.64	30.47	上海市静安区土地开发控股总公司 7.64% (非流通股)
	发起股	4321.74	10.78	上海锦迪城市建设开发有限公司 3.15% (非流通股)
	外资股			百联集团有限公司 1.84% (非流通股)
	募集股	3863.54	9.64	上海国宏置业有限公司 1.5% (非流通股)
	流通A	19686.28	49.11	上海电气(集团)总公司 0.75% (非流通股)
	流通B			浙江天马印染集团有限公司 0.19% (非流通股)
	流通H			上海爱建建筑设计院 0.17% (非流通股)
股东户数	05年末	71826		中国建设银行上海市分行第二营业部 0.15% (非流通股)
	04年末	78080		申银万国证券股份有限公司 0.13% (非流通股)
其他流通股东	北京雅宝经济文化发展中心 0.122%;徐洪涛 0.097%;宁波罗蒙制衣有限公司 0.091%;王俊杰 0.085%			
近年分配			近年募资	

二〇〇五年以来市场表现

2005年涨跌幅(%)	-37.98
2005年最高(元)	4.16
2006年涨跌幅(%)	35.31
2006.4.26收盘(元)	2.55
2006年最高(元)	4.03
2006年最低(元)	2.43
2006年换手率(%)	126.78
股改对价	送股 每10股实际获得3股(06/03/22)

G长虹（600839）

上市日期:94/03/11　　电话:0816－2418486　　传真:0816－2418158

主营	视频产品、视听产品、空调产品、电池系列产品的制造、销售。			
	年　度	2005	2004	2003
主要指标	每股收益/扣除后(元)	0.132/0.067	-1.701/-1.725	0.095/0.039
	每股经营现金流量(元)	0.66	0.35	-0.34
	每股净资产/调整后(元)	4.52/4.48	4.37/4.35	6.07/6.06
	未分利润(万元)	-141285.64	-169789.31	198322.73
	资本公积(万元)	413589	408578.05	408136.66
利润构成	主营收入(万元)	1506111.55	1153869.81	1413319.55
	主营利润(万元)	240924.54	163372.03	204359.32
	营业利润(万元)	30909.35	-350678.02	18236.31
	投资收益(万元)	-5291.58	-16977.13	3310.68
	利润总额(万元)	29811.78	-367238.27	26678.67
	净利润(万元)	28503.67	-368112.04	20573.8
点评	公司扭亏为盈主要基于彩电、空调和IT业务的不同程度产销增长,同时,公司又对期初存货跌价准备通过核销等方式予以转回,从而使管理费用比例大幅度下调,业绩因此提升明显。未来两年公司仍将进行产业结构调整,新利润增长点有待培育。			

	截止日期	05年末	占%	主要股东及持股比例%、持股性质
股本结构(万股)	总股本	216421.14		四川长虹电子集团有限公司 53.63% (国有股)
	国有股	116068.28	53.63	中国工商银行－上证50交易型开放式指数证券投资基金 1.19% (流通A股)
	发起股	5212.62	2.41	朝华科技(集团)股份有限公司 0.3% (非流通股)
	外资股			中国建设银行－博时裕富证券投资基金 0.24% (流通A股)
	募集股			四川嘉陵资产经营管理有限责任公司 0.22% (非流通股)
	流通A	95140.23	43.96	王悦珠 0.22% (流通A股)
	流通B			全国社保基金零零二组合 0.21% (流通A股)
	流通H			余惠华 0.16% (流通A股)
股东户数	05年末	521892		王彦士 0.15% (流通A股)
	04年末	562462		北京雅宝经济文化发展中心 0.14% (流通A股)
其他流通股东	孙孟林 0.106%;中国人寿保险股份有限公司－传统－普通保险产品－005L－CT001沪 0.093%;成晓舟 0.089%			
近年分配			近年募资	

二〇〇五年以来市场表现

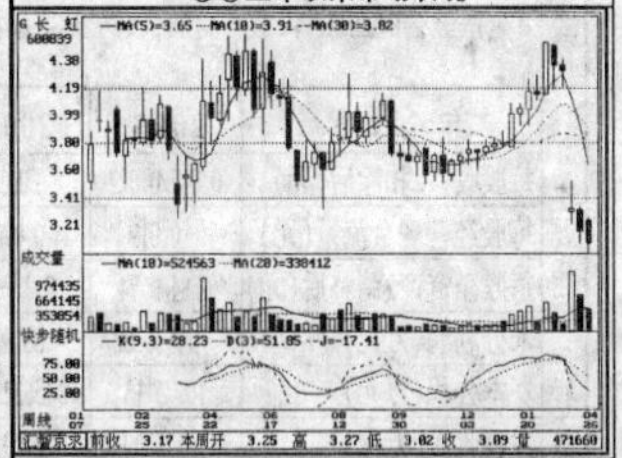

2005年涨跌幅(%)	7.06
2005年最高(元)	4.58
2006年涨跌幅(%)	9.25
2006.4.26收盘(元)	3.09
2006年最高(元)	4.73
2006年最低(元)	3.77
2006年换手率(%)	48.42
股改对价	定向回购 送股 每10股实际获得3.4股(06/04/12)

新湖创业（600840）

上市日期:94/03/11　　电话:0571－87055977　　传真:0571－87055977

主营	房地产,有线电视付费点播系统(VOD)的研制生产和销售,电子计算机网络系统及软件研究开发和技术服务,贸易,宾馆。			
	年　度	2005	2004	2003
主要指标	每股收益/扣除后(元)	0.299	0.141	0.104/0.044
	每股经营现金流量(元)	0.894	-0.083	-0.254
	每股净资产/调整后(元)	1.67/1.64	1.37/1.3	1.25/1.09
	未分利润(万元)	5221.12	1726.91	220.73
	资本公积(万元)	2284.72	2284.72	2284.72
利润构成	主营收入(万元)	69316.13	27970.77	11810.39
	主营利润(万元)	11301.73	6486.54	3346.28
	营业利润(万元)	8135.26	3187.16	729.76
	投资收益(万元)	-22.79	-303.47	968.7
	利润总额(万元)	11061.38	3345.55	1507.75
	净利润(万元)	4172.29	1969.73	1449.68
点评	2005年,公司房产销售及租赁收入共实现56781.47万元,其余来自贸易收入和餐饮宾馆服务收入。公司经营的上海新湖明珠城项目实现销售收入52010.30万元,占公司房地产总收入的92%,地产业务主要集中在上海和温州。			

	截止日期	05年末	占%	主要股东及持股比例%、持股性质
股本结构(万股)	总股本	13975.14		宁波嘉源实业发展有限公司 21.86% (非流通股)
	国有股	718.36	5.14	杭州市财开投资集团公司 10.73% (非流通股)
	发起股			浙江新湖集团股份有限公司 7.14% (非流通股)
	外资股			温州三瑞投资有限公司 5.93% (非流通股)
	募集股	6814.75	48.76	绍兴市国有资产经营公司 5.14% (国有股)
	流通A	6442.03	46.1	海通证券股份有限公司 1.43% (非流通股)
	流通B			上海富元企业管理咨询有限公司 0.72% (非流通股)
	流通H			胡建平 0.5% (流通A股)
股东户数	05年末	21964		徐群 0.47% (流通A股)
	04年末	23397		章华 0.25% (流通A股)
其他流通股东	赵昆红 0.184%;程吉宏 0.179%;沈志坤 0.144%;吴朝月 0.136%;陈汶 0.134%;郑锡增 0.132%;蒋大姐 0.132%			
近年分配			近年募资	

二〇〇五年以来市场表现

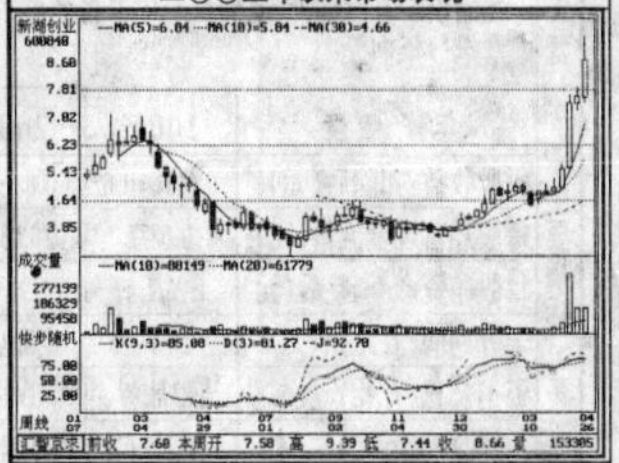

2005年涨跌幅(%)	-24.11
2005年最高(元)	7.1
2006年涨跌幅(%)	113.3
2006.4.26收盘(元)	8.66
2006年最高(元)	9.39
2006年最低(元)	4.07
2006年换手率(%)	174.27
股改对价	

上柴股份（600841/900920）

上市日期:A: 94/03/11 B: 93/12/28 电话:021－65745656 传真:021－65740047

主营	主要从事柴油机、工程机械、油泵及柴油机配件的生产及销售			
	年　　度	2005	2004	2003
主要指标	每股收益/扣除后(元)	0.012/-0.003	0.44/0.466	0.23/0.31
	每股经营现金流量(元)	-0.73	0.52	0.31
	每股净资产/调整后(元)	3.72/3.7	3.88/3.87	3.61/3.52
	未分利润(万元)	9123.06	16531.02	2874.8
	资本公积(万元)	71764.15	72337.11	73208.32
利润构成	主营收入(万元)	310912	397437.31	292193.96
	主营利润(万元)	45885.88	83646.29	66567.78
	营业利润(万元)	793.05	28900.37	22236.75
	投资收益(万元)	-281.32	1119.67	1974.51
	利润总额(万元)	142.68	27261.56	16500.64
	净利润(万元)	587.84	21153.45	11020.89
点评	受宏观调控影响、行业需求下降、竞争加剧、产品价格下降和原材料、能源价格的上涨的影响,公司业绩同比大幅下滑。公司在工程机械用柴油发动机市场占有率领先,行业前景有复苏迹象。控股股东上海电气集团在香港上市,整合旗下资产的公司的影响值得关注。			

	截止日期	05年末	占%	主要股东及持股比例%、持股性质
股本结构（万股）	总股本	48030.93		上海电气集团股份有限公司 50.32%（国有股）
	国有股	24170.93	50.32	HKSBCSB A/C HSBC SHANGHAI S/A MORGAN STANLEY & CO. INTERNATI 0.38%（流通B股）
	发起股			NAITO SECURITIES CO. LTD. 0.31%（流通B股）
	外资股			DEUTSCHE BANK LONDON 0.29%（流通B股）
	募集股			HSBC PRIVATE BANK (SUISSE) SA GENEVA 0.25%（流通B股）
	流通A	2160	4.5	王家宜 0.24%（流通B股）
	流通B	21700	45.18	TOYO SECURITIES ASIA LTD. A/C CLIENT 0.23%（流通B股）
	流通H			SCBHK A/C CREDIT SUISSE HONG KONG 0.17%（流通B股）
股东户数	05年末	46583		OCBC SECURITIES PRIVATE LIMITED A/C CLIENTS 0.16%（流通B股）
	04年末	46823		HSBC FUND SERVICES A/C 006－113039－431 0.15%（流通B股）
其他流通股东	HKSBCSB A/C HSBC SHANGHAI S/A MORGAN STANLEY & CO. INTERNATI 0.377%			
近年分配	04年:10派1.6；03年:10派1.5		近年募资	

二〇〇五年以来市场表现

2005年涨跌幅(%)	-30.4
2005年最高(元)	10.79
2006年涨跌幅(%)	11.93
2006.4.26收盘(元)	7.79
2006年最高(元)	8.15
2006年最低(元)	6.48
2006年换手率(%)	133.53
股改对价	派现 每10股实际获得16元

GST中西（600842）

上市日期:94/03/11 电话:021－56082188总机转 传真:021－56083743

主营	生产经营医药原料、医药制剂、农药及家庭卫生用药。			
	年　　度	2005	2004	2003
主要指标	每股收益/扣除后(元)	0.017/0.022	-0.356	0.016/-0.044
	每股经营现金流量(元)	-0.019	0.0903	0.2809
	每股净资产/调整后(元)	0.84/0.74	-2.3/-2.38	-1.97/-2.27
	未分利润(万元)	-12936.62	-88130.69	-80358.33
	资本公积(万元)	10775.13	15622.94	15622.94
利润构成	主营收入(万元)	23575.09	22180.15	21612.86
	主营利润(万元)	8857.83	7592.07	6573.25
	营业利润(万元)	329.08	-7852.74	-6055.75
	投资收益(万元)	-12.4	-17.59	-48.88
	利润总额(万元)	588.67	-7649.32	260.98
	净利润(万元)	374.2	-7678.43	343.52
点评	2005年公司顺利完成股改,通过股改,公司不仅增加了现金,同时又增加了制药机械产业。在内部经营管理上,采取有效措施,稳定医药制剂的发展;加大制止农药减亏力度,减少亏损。公司实现了扭亏为盈,并实现了经营性盈利。			

	截止日期	05年末	占%	主要股东及持股比例%、持股性质
股本结构（万股）	总股本	21559.46		上海医药(集团)有限公司 27.78%（国有股）
	国有股	5693.99	26.41	华谊集团代表国家持股 26.41%（国有股）
	发起股			上海斯米克电气有限公司 1.7%（非流通股）
	外资股			上海医药进出口公司 1.42%（非流通股）
	募集股	795.79	3.69	上海万馨投资管理有限公司 0.93%（非流通股）
	流通A	8422.55	39.07	上海中惠投资管理有限公司 0.74%（非流通股）
	流通B			纪栋祥 0.55%（流通A股）
	流通H			上海协发金属材料有限公司 0.46%（非流通股）
股东户数	05年末	27334		曹顺娣 0.46%（流通A股）
	04年末	29428		上海岩鑫实业有限公司 0.46%（非流通股）
其他流通股东	上海玄烨实业发展有限公司 0.365%；林福兴 0.28%；李朝霞 0.241%；陈小荣 0.232%；徐小丽 0.2%；陈其妹 0.191%			
近年分配			近年募资	

二〇〇五年以来市场表现

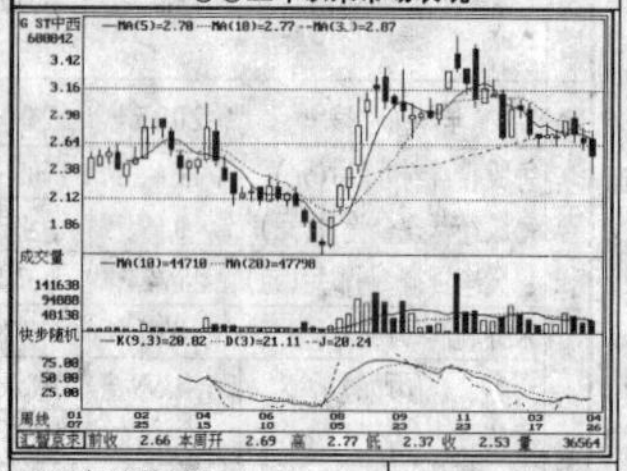

2005年涨跌幅(%)	35.29
2005年最高(元)	3.68
2006年涨跌幅(%)	-21.43
2006.4.26收盘(元)	2.53
2006年最高(元)	3.59
2006年最低(元)	2.37
2006年换手率(%)	75.57
股改对价	注资、债务重组（06/01/18）

上工申贝（600843/900924）

上市日期:A: 94/03/11 B: 94/01/18 电话:021－68407515 传真:021－63302939

主营	缝制设备及零部件、缝纫机专用设备的生产销售,以及技术开发与咨询等。			
	年　　度	2005	2004	2003
主要指标	每股收益/扣除后(元)	-0.616/-0.622	0.008/-0.174	0.037/-0.128
	每股经营现金流量(元)	0.0877	0.0355	-0.1075
	每股净资产/调整后(元)	1.26/1.17	1.91/1.9	2.2/2.18
	未分利润(万元)	-27747.85	51.08	514.76
	资本公积(万元)	38378.99	38361.47	44197.61
利润构成	主营收入(万元)	148265.91	99624.67	86679.84
	主营利润(万元)	26194.76	11178.72	10901.02
	营业利润(万元)	-30940.52	-9176	-4267.85
	投资收益(万元)	1702.2	7425.09	1793.31
	利润总额(万元)	-28908.46	2351.11	2003.19
	净利润(万元)	-27660.82	376.77	1459.56
点评	公司市场占有率不足3%。2005年公司完成收购高端工业缝纫机厂商德国杜可普阿德勒公司(DA公司),同时公司对国内的缝制设备制造基地进行调整,导致收入大幅上升。未来,如果能成功整合好DA公司资源,公司工业缝纫机的竞争力将大幅提升。			

	截止日期	05年末	占%	主要股东及持股比例%、持股性质
股本结构（万股）	总股本	44888.68		上海市浦东新区国有资产管理办公室 26.4%（国有股）
	国有股	14346.77	31.96	上海国际信托投资有限公司 5.27%（非流通股）
	发起股	2365.18	5.27	HONOUR FORCE INVESTMENTS LTD. 4.61%（流通B股）
	外资股			中国东方资产管理公司 3.38%（国有股）
	募集股	1719.25	3.83	MAIN FORCE ASSETS LIMITED 2.82%（流通B股）
	流通A	2063.1	4.6	MESABI ASSETS LIMITED 2.69%（流通B股）
	流通B	24394.38	54.34	上海实业资产管理有限公司(香港) 2.38%（流通B股）
	流通H			中国长城资产管理公司 2.18%（国有股）
股东户数	05年末	29674		NORMAL WIN ASSETS LIMITED 1.9%（流通B股）
	04年末	30557		中国银行上海市分行 1.41%（非流通股）
其他流通股东	SHENYIN WANGUO NOMINEES(H.K) LTD. 1.156%；威亚国际实业有限公司 0.89%；NAITO SECURITIES CO. LTD 0.699%			
近年分配	03年:10转增1.5		近年募资	03年增发。

二〇〇五年以来市场表现

2005年涨跌幅(%)	-26.62
2005年最高(元)	7.09
2006年涨跌幅(%)	19.03
2006.4.26收盘(元)	5.38
2006年最高(元)	5.5
2006年最低(元)	4.3
2006年换手率(%)	187.39
股改对价	送股 每10股实际获得6股

＊ST 大盈（600844/900921）

上市日期:A: 94/03/11 B: 93/12/28 电话:021－32174886 传真:021－62678507

主营	肉禽、肉禽种苗养殖、加工;禽蛋制品、农副产品、饲料加工;农业投资与农业科研技术开发;房地产开发经营。			
	年度	2005	2004	2003
主要指标	每股收益/扣除后(元)	0.009	－1.291	－0.139/－0.263
	每股经营现金流量(元)	0.542	0.602	0.292
	每股净资产/调整后(元)	0.2/－0.22	0.14/－0.69	1.45/1.35
	未分利润(万元)	－50308.36	－50589.99	－11259.95
	资本公积(万元)	22766.83	19861.83	19458.64
利润构成	主营收入(万元)	1263.45	4824.43	17191
	主营利润(万元)	104.6	1247.69	－1766.91
	营业利润(万元)	－2525.5	－40225.33	－7086.6
	投资收益(万元)	－200.81	－1534.25	1662.97
	利润总额(万元)	－1088.04	－40429.25	－4635.2
	净利润(万元)	281.63	－39330.03	－4242.65
点评	05年公司对部分存量资产进行调整。利润主要来源是一季度公司出售的存量房产产生的非主营业务利润,由于大股东占用资金问题仍未完全解决,制约公司的发展。			

	截止日期	05年末	占%	主要股东及持股比例%、持股性质
股本结构(万股)	总股本	30456.45		上海轻工控股(集团)公司 22.62%(国有股)
	国有股	11547.32	37.91	上海市农业产业化发展(集团)有限公司 15%(非流通股)
	发起股			上海市农业投资总公司 6.57%(国有股)
	外资股			中国华融资产管理公司 5.59%(国有股)
	募集股			上海证券有限责任公司 4.83%(非流通股)
	流通A	2768.43	9.09	上海国际信托投资有限公司 3.14%(国有股)
	流通B	9689.67	31.81	林镇铬 0.75%(流通B股)
	流通H			上海摹赓科技投资有限公司 0.66%(非流通股)
股东户数	05年末	28767		俞仲庆 0.28%(流通B股)
	04年末	35289		朱永红 0.26%(流通B股)
其他流通股东	陈玉和 0.179%;邱学倡 0.163%;杨忠贵 0.138%;何巍 0.125%;李颖 min 0.123%;YOU FANG ZHANG 0.122%			
近年分配			近年募资	

二〇〇五年以来市场表现

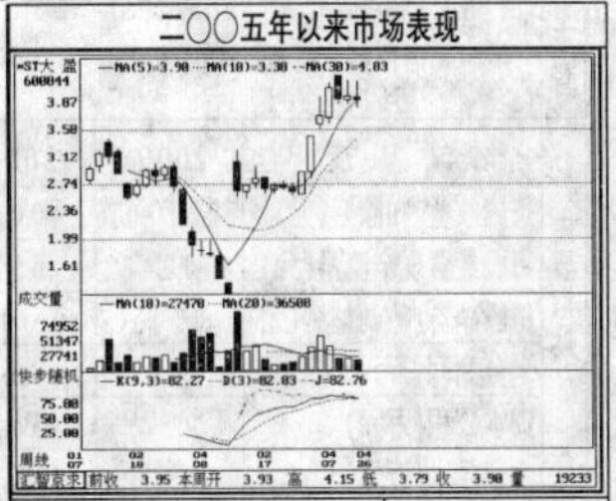

2005年涨跌幅(%)	－55.6
2005年最高(元)	3.37
2006年涨跌幅(%)	217.07
2006.4.26收盘(元)	3.9
2006年最高(元)	4.25
2006年最低(元)	2.54
2006年换手率(%)	169.72
股改对价	

宝信软件（600845/900926）

上市日期:A: 94/03/11 B: 94/03/15 电话:021－50801155 传真:021－50803294

主营	计算机、自动化、网络通讯系统及软硬件产品的研究、设计、开发、制造、集成,及相应的外包、维修、咨询等服务。			
	年度	2005	2004	2003
主要指标	每股收益/扣除后(元)	0.249/0.236	0.206	0.206/0.205
	每股经营现金流量(元)	0.208	0.267	0.283
	每股净资产/调整后(元)	1.63/1.61	1.57/1.55	1.36/1.34
	未分利润(万元)	9546.52	9660.41	5334.16
	资本公积(万元)	2318.82	2120.57	2118.26
利润构成	主营收入(万元)	133682.24	131148.82	96471.79
	主营利润(万元)	29258.2	26546.37	21161.15
	营业利润(万元)	7006.57	6733.48	6124.3
	投资收益(万元)	362.88	123.47	11.18
	利润总额(万元)	7825.59	6881.31	6130.7
	净利润(万元)	6518.61	5414.56	5392.92
点评	公司05年主营结构调整,降低盈利能力较低的系统集成业务比重,提高软件开发和外包等业务比重,净利润增长较快。预计06年随着主营结构的进一步优化,业绩仍能较快增长。但钢铁行业景气下滑可能会带来负面影响。			

	截止日期	05年末	占%	主要股东及持股比例%、持股性质
股本结构(万股)	总股本	26224.41		宝山钢铁股份有限公司 57.22%(非流通股)
	国有股			申银万国证券股份有限公司 1.07%(非流通股)
	发起股	15004.41	57.22	吴嘉毅 0.67%(流通B股)
	外资股			上海电气实业公司 0.53%(非流通股)
	募集股	1100	4.19	上海电气(集团)总公司 0.42%(非流通股)
	流通A	1320	5.03	邵献军 0.39%(流通B股)
	流通B	8800	33.56	费建民 0.31%(流通B股)
	流通H			上海机电股份有限公司 0.31%(非流通股)
股东户数	05年末	16128		固智聪 0.3%(流通B股)
	04年末	16785		娄有智 0.3%(流通B股)
其他流通股东	SKANDIA GLOBAL FUNDS PLC 0.271%;萧龙宁 0.261%;天津北方国际信托投资公司 0.235%			
近年分配	05中期:10派2		近年募资	

二〇〇五年以来市场表现

2005年涨跌幅(%)	－8.35
2005年最高(元)	13.44
2006年涨跌幅(%)	23.14
2006.4.26收盘(元)	13.41
2006年最高(元)	13.78
2006年最低(元)	10.66
2006年换手率(%)	116.34
股改对价	

G 同科（600846）

上市日期:94/03/11 电话:021－65985860 传真:021－65984903

主营	房地产开发、土建技术服务、土建安装施工和科技服务及科技产品开发。			
	年度	2005	2004	2003
主要指标	每股收益/扣除后(元)	0.102/－0.076	0.08	0.09/－0.035
	每股经营现金流量(元)	0.1865	0.1652	0.0602
	每股净资产/调整后(元)	1.78/1.72	1.74/1.69	1.63/1.52
	未分利润(万元)	2202.3	3321.54	2392.83
	资本公积(万元)	9596.18	9450.56	8738.3
利润构成	主营收入(万元)	113910.85	186685.5	145276.01
	主营利润(万元)	20153.17	17232.1	15116.84
	营业利润(万元)	3470.2	354.52	1570.74
	投资收益(万元)	3400.13	1821.13	3681.67
	利润总额(万元)	8673.41	4960.84	5660.46
	净利润(万元)	2837.9	2211.99	2502.89
点评	公司集中房产、建设领域的优势,较好完成了古北路"同诠大厦"项目的收购、建设和销售工作。2005年剥离了控股子公司山东同济万鑫集团有限公司的建筑类企业,导致主营收入减少近39%,公司较为成功的房地产转型,导致了公司利润的大幅增长。			

	截止日期	05年末	占%	主要股东及持股比例%、持股性质
股本结构(万股)	总股本	27808.97		同济大学 31.86%(非流通股)
	国有股			上海晟地集团有限公司 13.3%(非流通股)
	发起股	12559.23	45.16	上海怡达科技投资有限责任公司 4.67%(非流通股)
	外资股			桓台县唐山资产经营有限公司 1.86%(非流通股)
	募集股	1816.08	6.53	陶建国 0.14%(流通A股)
	流通A	13433.66	48.31	高荣华 0.08%(流通A股)
	流通B			李灏 0.08%(流通A股)
	流通H			刘若进 0.07%(流通A股)
股东户数	05年末	82593		郑玉宝 0.06%(流通A股)
	04年末	87608		徐大帮 0.06%(流通A股)
其他流通股东	夏玲莉 0.055%;冷燕 0.054%;吴明宇 0.054%;杭州人人集团有限公司 0.054%			
近年分配	05预案:10派0.7;04年:10派0.6		近年募资	

二〇〇五年以来市场表现

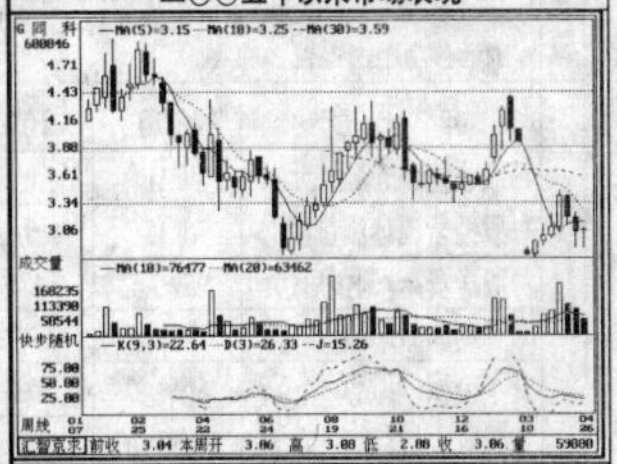

2005年涨跌幅(%)	－15.24
2005年最高(元)	4.98
2006年涨跌幅(%)	13.66
2006.4.26收盘(元)	3.06
2006年最高(元)	4.49
2006年最低(元)	3.5
2006年换手率(%)	67.82
股改对价	送股 每10股实际获得3股(06/03/10)

ST 渝万里（600847）

上市日期：94/03/24　电话：023－62597905　传真：023－62591155

主营	生产和销售铅蓄电池及零部件

	年　　度	2005	2004	2003
主要指标	每股收益/扣除后(元)	-0.247/-0.26	0.013	-0.178/-0.19
	每股经营现金流量(元)	0.014	0.312	0.009
	每股净资产/调整后(元)	0.3/0.3	0.55/0.54	0.54/0.5
	未分利润(万元)	-6175.92	-9035.33	-9154.87
	资本公积(万元)		4336.59	4336.59
利润构成	主营收入(万元)	10585.81	11967.16	9967.33
	主营利润(万元)	839.05	1287.95	2020.78
	营业利润(万元)	-2117.61	78.83	-1554.46
	投资收益(万元)		41.1	-25.18
	利润总额(万元)	-2192.72	119.54	-1579.11
	净利润(万元)	-2192.72	119.54	-1579.11
点评	公司主营业务单一，仅从事铅酸蓄电池的生产和销售。2005年受成本上升和费用增加的影响，业绩大幅下滑。依靠目前主业公司前景仍不乐观。公司未来期待重组。			

	截止日期	05年末	占%	主要股东及持股比例%、持股性质
股本结构（万股）	总股本	8866		深圳市南方同正投资有限公司 29.33%（非流通股）
	国有股	2076.3	23.42	重庆机电控股(集团)公司 23.42%（国有股）
	发起股	2800	31.58	上海步欣工贸有限公司 2.25%（非流通股）
	外资股			顾鹤富 1%（流通A股）
	募集股			夏峰 0.51%（流通A股）
	流通A	3989.7	45	李欣风 0.45%（流通A股）
	流通B			江苏鼎宏装饰工程有限责任公司 0.4%（流通A股）
	流通H			顾风生 0.33%（流通A股）
股东户数	05年末	8657		黎先觉 0.3%（流通A股）
	04年末	9046		张志东 0.3%（流通A股）
其他流通股东	邓家光 0.235%；南京瑞鑫药物研究有限公司 0.224%；林彩琴 0.221%			
近年分配		近年募资		

二〇〇五年以来市场表现

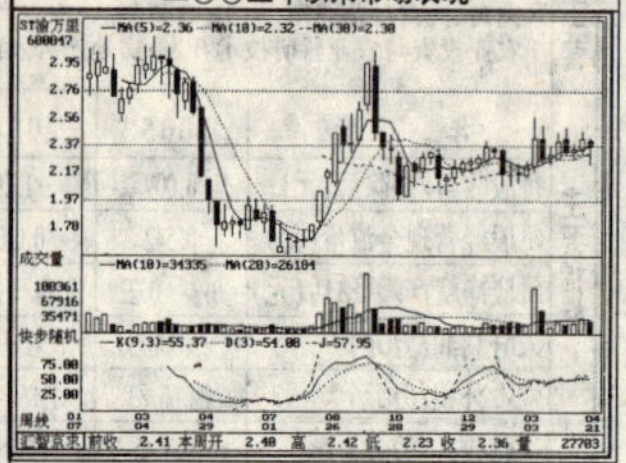

2005年涨跌幅(%)	-21.33
2005年最高(元)	3.15
2006年涨跌幅(%)	4.89
2006.4.26收盘(元)	2.36
2006年最高(元)	2.57
2006年最低(元)	2.07
2006年换手率(%)	112.23
股改对价	送股 每10股实际获得2股

ST 自仪（600848/900928）

上市日期：A：94/03/24 B：94/04/29　电话：021－54260980　传真：021－62801680

主营	自动化控制系统和自动化仪表及其相关的机电产品、元器件、仪表成套装置、仪器仪表元器件、工艺配套件、技术服务与咨询及投资兴办公司。

	年　　度	2005	2004	2003
主要指标	每股收益/扣除后(元)	0.014/-0.102	0.02	0.005/-0.08
	每股经营现金流量(元)	0.1	0.08	-0.06
	每股净资产/调整后(元)	0.33/0.3	0.31/0.28	0.29/0.25
	未分利润(万元)	-51570.08	-52094.62	-52871.74
	资本公积(万元)	22236.61	22196.91	22196.91
利润构成	主营收入(万元)	76277.12	67749.89	59604.45
	主营利润(万元)	15965.31	16844.23	15901.99
	营业利润(万元)	-4643.09	-2207.19	-1246.63
	投资收益(万元)	1062.19	1100.95	1525.06
	利润总额(万元)	763.28	953.38	699.03
	净利润(万元)	553.83	801.23	192.49
点评	公司仪表和控制系统业务有小幅增长，但公司历史包袱沉重，已经没有明显好转。公司主要产品具备一定市场竞争力，前景冀望于解决历史问题。股改可能成为一个契机。			

	截止日期	05年末	占%	主要股东及持股比例%、持股性质
股本结构（万股）	总股本	39928.69		上海仪电控股(集团)公司 28.85%（国有股）
	国有股	20784.21	52.05	中国华融资产管理公司 9.67%（国有股）
	发起股	3531.84	8.85	上海国际信托投资有限公司 8.85%（国有股）
	外资股			中国东方资产管理公司 8.43%（国有股）
	募集股	1530.65	3.83	中国长城资产管理公司 4.59%（国有股）
	流通A	3367.43	8.43	申银万国证券股份有限公司 2.69%（非流通股）
	流通B	10714.55	26.83	上海交大企业管理中心 0.83%（非流通股）
	流通H			中国信达资产管理公司 0.52%（国有股）
股东户数	05年末	31855		沈家珊 0.44%（流通B股）
	04年末	34684		孙惠芳 0.37%（流通B股）
其他流通股东	SHK NOM. LTD－CLTS OF SHK INV. SER. 0.315%；李天虹 0.297%；谢一敏 0.216%；CHIN IKUSHIN 0.2%；王炜 0.168%			
近年分配		近年募资		

二〇〇五年以来市场表现

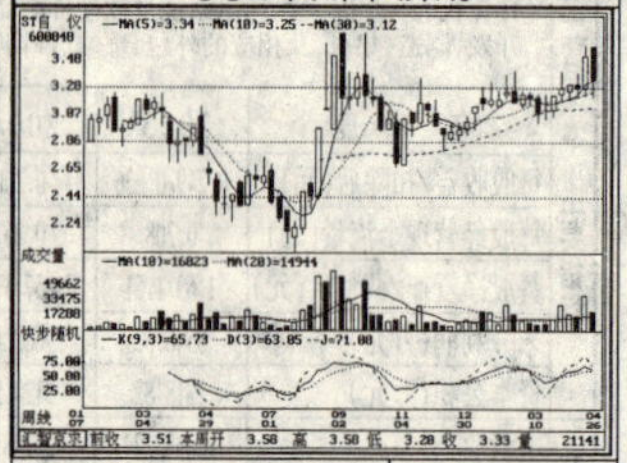

2005年涨跌幅(%)	2.38
2005年最高(元)	3.69
2006年涨跌幅(%)	10.63
2006.4.26收盘(元)	3.33
2006年最高(元)	3.59
2006年最低(元)	2.95
2006年换手率(%)	79.95
股改对价	

上海医药（600849）

上市日期：94/03/24　电话：021－52588888　传真：021－52586299

主营	现代生物医药、药品制剂、化学药物、天然药物、中成药和营养保健品，以及由国家经贸委批准的13大类进出口业务范围的各项生产经营。

	年　　度	2005	2004	2003
主要指标	每股收益/扣除后(元)	0.11	0.19	0.33
	每股经营现金流量(元)	0.15	0.13	0.001
	每股净资产/调整后(元)	3.71/3.52	3.67/3.36	3.65/3.35
	未分利润(万元)	27899.18	26727.54	28207.89
	资本公积(万元)	67881.87	67237.41	67054.7
利润构成	主营收入(万元)	1069934.09	1081495.01	978580.45
	主营利润(万元)	68624.28	99853.11	99438.1
	营业利润(万元)	6812.2	10618.41	13501.81
	投资收益(万元)	-690.6	4048.34	8450.17
	利润总额(万元)	9872.36	18735.64	25787.62
	净利润(万元)	5052.33	8969.18	15444.63
点评	公司主营医药商业。报告期内，公司面临着药品持续降价和产业竞争更趋激烈的严峻挑战，也面临着市场重组、需求增长和区域联动的重要机遇。公司将积极克服制约企业持续发展的瓶颈，建设有竞争力的华东分销网络。			

	截止日期	05年末	占%	主要股东及持股比例%、持股性质
股本结构（万股）	总股本	47431.07		上海市医药(集团)有限公司 39.69%（国有股）
	国有股	18824.81	39.69	中国工商银行－中银国际中国精选混合型开放式证券投资基金 1.04%（流通A股）
	发起股			上海证券－工行－大和证券SMBC株式会社 0.33%（流通A股）
	外资股			王洪艳 0.27%（流通A股）
	募集股			阮小来 0.24%（流通A股）
	流通A	28606.26	60.31	张雄 0.23%（流通A股）
	流通B			交通银行－融通行业景气证券投资基金 0.21%（流通A股）
	流通H			阮海良 0.21%（流通A股）
股东户数	05年末	57171		丁海伟 0.19%（流通A股）
	04年末	59966		张和生 0.19%（流通A股）
其他流通股东	张水庆 0.185%			
近年分配	05预案：10派0.25；04年：10派0.8；03年：10派0.9	近年募资		

二〇〇五年以来市场表现

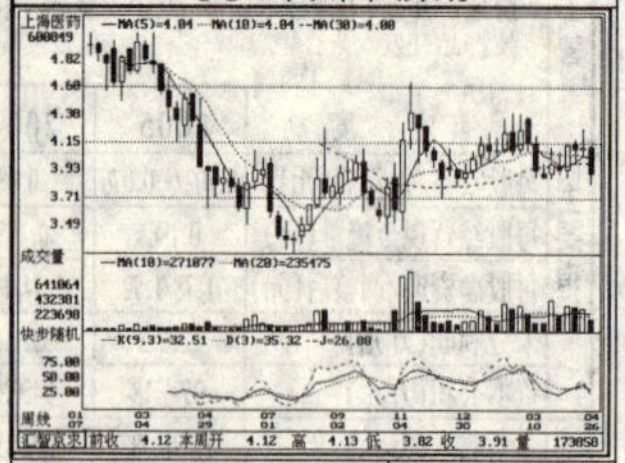

2005年涨跌幅(%)	-18.41
2005年最高(元)	5.04
2006年涨跌幅(%)	
2006.4.26收盘(元)	3.91
2006年最高(元)	4.39
2006年最低(元)	3.82
2006年换手率(%)	146.95
股改对价	

G 华电脑（600850）

上市日期:94/03/24　　电话:021－64362789　　传真:021－64700357

主营	计算机、电子及通信设备、系统集成、网络工程、软件开发及软件工程和电子工程设计与施工。			
	年　　度	2005	2004	2003
主要指标	每股收益/扣除后(元)	0.033/0.063	0.02	0.016/0.022
	每股经营现金流量(元)	0.1891	0.443	0.0027
	每股净资产/调整后(元)	1.23/0.9	1.2/0.99	1.18/1
	未分利润(万元)	－716.78	－1266.08	－1607.63
	资本公积(万元)	2928.12	2943.68	2887.42
利润构成	主营收入(万元)	107585.95	94379.14	99917.34
	主营利润(万元)	14112.6	13079.21	10645.38
	营业利润(万元)	1575.96	1218.29	688.74
	投资收益(万元)	86.61	－305.06	－285.71
	利润总额(万元)	1756.58	1035.13	834.31
	净利润(万元)	563.09	346.06	265.65
点评	05年产品分销业务因结构调整增长乏力;智能建筑业务和网络系统管理软件等自有软件业务市场开拓顺利,收入高速增长。由于毛利率下降及收入规模较小,盈利规模有限。预计06年业绩仍有适度增长,但长期的业绩成长有待于主营结构调整和提升自有产品竞争力。			

	截止日期	05年末	占%	主要股东及持股比例%、持股性质
股本结构（万股）	总股本	17103.15		华东计算技术研究所 54.98%（国有股）
	国有股	408.89	2.39	建行上海第二营业部 3.78%（非流通股）
	发起股	9404.26	54.99	国家持股(信息产业部) 2.39%（国有股）
	外资股			上海华兴贸易公司 2.08%（非流通股）
	募集股	2430	14.21	万科财务顾问有限公司 1.89%（非流通股）
	流通A	4860	28.42	上海亿安科技发展有限公司 1.7%（非流通股）
	流通B			中国信达信托投资公司 1.42%（非流通股）
	流通H			北京仁达公司 0.95%（非流通股）
股东户数	05年末	21188		上海铭声电子科技有限公司 0.75%（非流通股）
	04年末	22884		上海萨腾贸易有限公司 0.32%（非流通股）
其他流通股东	冯运香 0.181%;朱佩珍 0.117%;广州中新 0.095%;黄贻树 0.094%;曹玉宽 0.094%;谢云豪 0.088%;吴连英 0.088%			
近年分配			近年募资	

二〇〇五年以来市场表现

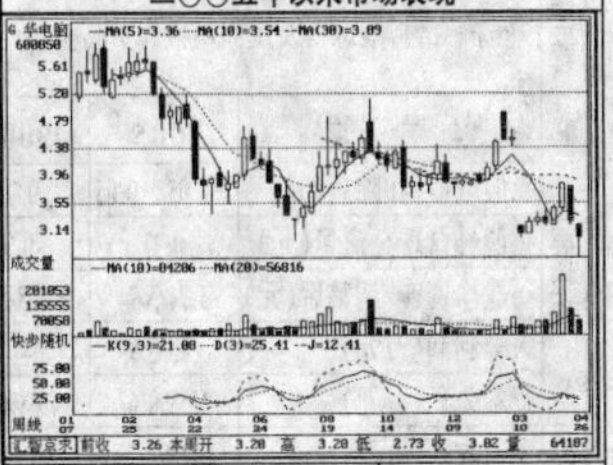

2005年涨跌幅(%)	－25.34
2005年最高(元)	6.02
2006年涨跌幅(%)	4.84
2006.4.26收盘(元)	3.02
2006年最高(元)	5.13
2006年最低(元)	3.66
2006年换手率(%)	151.98
股改对价	送股 每10股实际获得3.4股(06/03/06)

G 海欣（600851/900917）

上市日期:A: 94/04/04 B: 93/12/08　电话:021－63917000　　传真:021－63917678

主营	长毛绒产品的生产加工和销售。			
	年　　度	2005	2004	2003
主要指标	每股收益/扣除后(元)	0.05/0.03	0.27	0.29/0.27
	每股经营现金流量(元)	0.01	0.36	0.28
	每股净资产/调整后(元)	1.7/1.69	3.48/3.46	3.3/3.26
	未分利润(万元)	4096.89	24170.42	17591.92
	资本公积(万元)	43716.68	87684.91	87434.37
利润构成	主营收入(万元)	190296.81	193356.11	182857.85
	主营利润(万元)	33319.79	44230.8	44533.22
	营业利润(万元)	2829.68	19110.2	20345.95
	投资收益(万元)	2240.58	1969.19	1594.87
	利润总额(万元)	6725.28	21622.61	22468.97
	净利润(万元)	5777.52	16223.33	17447.05
点评	05年,公司面临煤电水运等价格大幅攀升,其原料成本和制造成本大幅上升;其持平的收入并没有阻止净利润的大幅下降。06年,公司的经营环境没有好转的迹象,预计其经营业绩还不容乐观。			

	截止日期	05年末	占%	主要股东及持股比例%、持股性质
股本结构（万股）	总股本	120705.67		上海松江洞泾工业公司 12.44%（非流通股）
	国有股	13281.93	11	香港申海有限公司 11.54%（部分流通部分不流通）
	发起股	23802.89	19.72	上海玩具进出口有限公司 7.19%（国有股）
	外资股	6619.35	5:48	上海新工联(集团)有限公司 4.89%（非流通股）
	募集股			上海松江经济技术开发建设总公司 3.82%（国有股）
	流通A	36735.79	30.43	交通银行—安顺证券投资基金 3.31%（流通A股）
	流通B	40265.71	33.36	上海华豪投资管理有限公司 2.39%（非流通股）
	流通H			中国工商银行—安信证券投资基金 2.11%（流通A股）
股东户数	05年末	31228		NAITO SECURITIES CO. LTD. 0.87%（流通B股）
	04年末	29201		香港裕礼发展有限公司 0.78%（外资股）
其他流通股东	DEUTSCHE BANK LONDON 0. 547%; TOYO SECURITIES ASIA LTD. A/C CLIENT 0.338%			
近年分配	05预案:10派0.2; 04年:10派1送3转增7; 03年:10派1		近年募资	

二〇〇五年以来市场表现

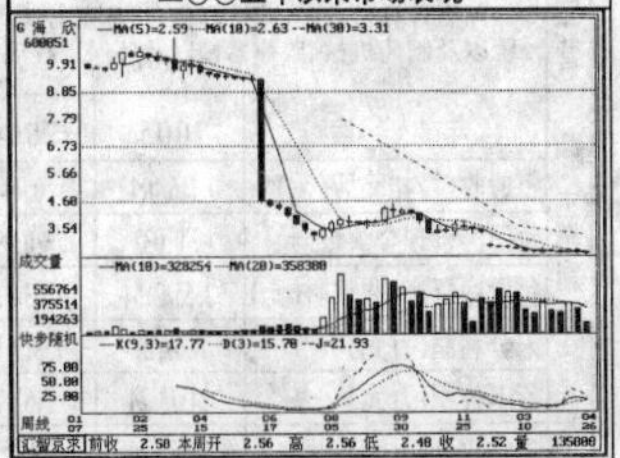

2005年涨跌幅(%)	－30.91
2005年最高(元)	10.97
2006年涨跌幅(%)	－1.29
2006.4.26收盘(元)	2.52
2006年最高(元)	3.8
2006年最低(元)	3.27
2006年换手率(%)	86.73
股改对价	送股 每10股实际获得3.2股(06/02/09)

龙建股份（600853）

上市日期:94/04/04　　电话:0451－82281860　　传真:0451－82281253

主营	公路桥梁施工建设。			
	年　　度	2005	2004	2003
主要指标	每股收益/扣除后(元)	0.017/0.02	0.033	0.119/0.07
	每股经营现金流量(元)	－0.135	－0.188	0.073
	每股净资产/调整后(元)	1.69/1.44	1.66/1.52	1.37/1.32
	未分利润(万元)	3009.08	2276.34	827.73
	资本公积(万元)	30456.18	30021.5	15827.55
利润构成	主营收入(万元)	267123.62	248424.86	244120.11
	主营利润(万元)	17404.95	20141.88	20402.2
	营业利润(万元)	1840.38	3795.6	4852.94
	投资收益(万元)	－53.94	－53.94	－154.86
	利润总额(万元)	1559.58	3466.17	4617.33
	净利润(万元)	894.46	1770.89	6317.41
点评	2005年公司面临国内原材料价格上涨、公路市场竞争激烈等诸多不利因素,造成业绩有所下滑。目前国内公路建设市场竞争日趋激烈,大部分项目低价中标,利润空间逐渐缩小。而且省内外工程中民营的BOT项目较多,行业的垫资压力导致财务费用过高。			

	截止日期	05年末	占%	主要股东及持股比例%、持股性质
股本结构（万股）	总股本	53240		黑龙江省公路桥梁建设集团有限公司 38.96%（国有股）
	国有股	34243	64.32	东北特钢集团北满特殊钢有限责任公司 25.36%（国有股）
	发起股			北京大地广告艺术公司 1.82%（非流通股）
	外资股			冯汝英 0.54%（流通A股）
	募集股	2541	4.77	中国第一汽车集团公司第一汽车制造厂 0.45%（非流通股）
	流通A	16456	30.91	黑龙江电力公司 0.45%（非流通股）
	流通B			上海万馨投资管理有限公司 0.38%（非流通股）
	流通H			上海千里投资管理有限公司 0.28%（非流通股）
股东户数	05年末	48704		逄梅 0.27%（流通A股）
	04年末	51315		宁波市海曙天龙农林技术开发有限公司 0.25%（非流通股）
其他流通股东	李庆和 0.129%;崔清莲 0.092%;林水生 0.082%;潘一新 0.071%;王建军 0.071%;高永志 0.066%;陆健 0.063%			
近年分配	03年:10派0.05		近年募资	

二〇〇五年以来市场表现

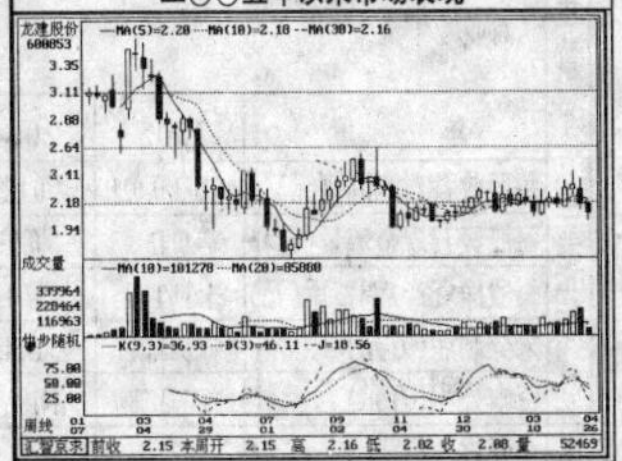

2005年涨跌幅(%)	－30.84
2005年最高(元)	3.58
2006年涨跌幅(%)	－2.35
2006.4.26收盘(元)	2.08
2006年最高(元)	2.43
2006年最低(元)	2.02
2006年换手率(%)	90.81
股改对价	

春兰股份（600854）

上市日期:94/04/25　电话:0523－6217958　传真:0523－6219729

主营	生产、销售空调器及洗涤机械和贸易。			
	年　度	2005	2004	2003
主要指标	每股收益/扣除后(元)	-0.05/-0.05	0.015	0.118/0.12
	每股经营现金流量(元)	0.27	0.34	-0.05
	每股净资产/调整后(元)	5.74/5.74	5.8/5.8	5.84/5.84
	未分利润(万元)	-2558.99	644.49	2739.28
	资本公积(万元)	153890.67	153890.67	153890.67
利润构成	主营收入(万元)	322393.71	322584.38	321660.58
	主营利润(万元)	51474.38	54077.17	59640.67
	营业利润(万元)	-777.81	3758.56	10939.93
	投资收益(万元)	-1663.25	-1925.05	-2002.03
	利润总额(万元)	-2417.43	1660.49	8868.53
	净利润(万元)	-2595.23	795.73	6149.04
点评	公司空调产销规模基本与上一年持平，但是在铜和铝等原材料价格迅速攀升的情况下，加上投资企业也出现亏损，导致公司业绩出现上市以来的首次报亏。预计，公司压缩机项目的建成投产，将对公司空调成本下降有一定积极作用。			

	截止日期	05年末	占%	主要股东及持股比例%、持股性质
股本结构（万股）	总股本	51945.85		春兰(集团)公司 31.3%（非流通股）
	国有股			泰州市城市建设投资集团有限公司 15.05%（非流通股）
	发起股	24529.27	47.22	BERNIE INDUSTRIAL LIMITED 14.62%（外资股）
	外资股	7592.39	14.62	江苏百乐电热电器有限公司 1.15%（流通A股）
	募集股			泰州春兰特种空调器厂 0.52%（非流通股）
	流通A	19824.19	38.16	申能(集团)有限公司 0.39%（流通A股）
	流通B			泰州春兰销售公司 0.35%（非流通股）
	流通H			上海杉遍电气安装有限公司 0.18%（流通A股）
股东户数	05年末	71893		林匡原 0.11%（流通A股）
	04年末	75675		上海致远创业投资公司 0.11%（流通A股）
其他流通股东	王红 0.106%；潘统衡 0.096%；戚绿野 0.083%；俞秋淋 0.08%；柏代华 0.067%			
近年分配	04年:10派0.1；03年:10派0.5		近年募资	

二〇〇五年以来市场表现

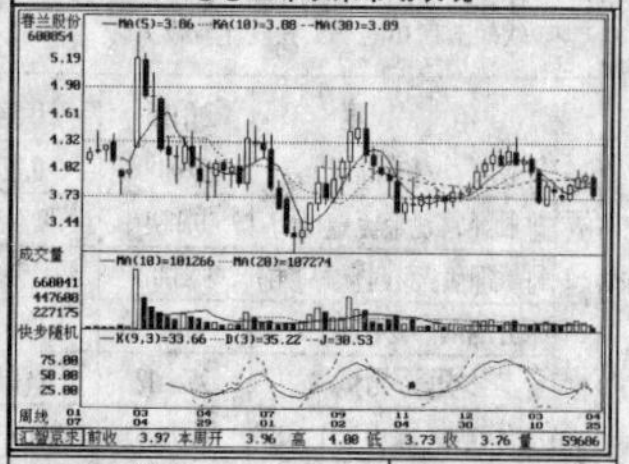

2005年涨跌幅(%)	-6.57
2005年最高(元)	5.48
2006年涨跌幅(%)	-1.83
2006.4.26收盘(元)	3.76
2006年最高(元)	4.38
2006年最低(元)	3.65
2006年换手率(%)	93.08
股改对价	

航天长峰（600855）

上市日期:94/04/25　电话:010－88219815　传真:010－88525775

主营	加固型计算机、嵌入式计算机、机床数控系统、数字伺服系统以及制药机械、医疗器械以及环保工程项目等。			
	年　度	2005	2004	2003
主要指标	每股收益/扣除后(元)	0.116/0.12	0.144	0.127/0.13
	每股经营现金流量(元)	-0.032	-0.091	0.242
	每股净资产/调整后(元)	2.55/2.54	1.63/1.62	1.49/1.48
	未分利润(万元)	8069.21	5819.18	4391.01
	资本公积(万元)	24375.24	2161.79	1936.67
利润构成	主营收入(万元)	23955.76	23864.16	17279.22
	主营利润(万元)	8605.58	8316.57	6448.39
	营业利润(万元)	3179.33	2497.73	2429.73
	投资收益(万元)	-128.58	-118.8	-134.6
	利润总额(万元)	3193.52	2502.58	2309.81
	净利润(万元)	2616.97	2307.49	2040.54
点评	2005年公司经营基本保持平稳态势。2005年公司军用产品、机床与数控系统的销售有大幅增长，医疗和其他产品销售则有些下降。预计军用产品还将保持较为平缓的增长态势，今后将逐步将民用产业集中到机床数控和医疗器械两个领域。			

	截止日期	05年末	占%	主要股东及持股比例%、持股性质
股本结构（万股）	总股本	22508		长峰科技工业集团公司 25.5%（国有股）
	国有股			中国航天科工集团第二研究院二〇四所 4.55%（国有股）
	发起股	10709.1	47.58	中国航天科工集团第二研究院二〇六所 4.13%（国有股）
	外资股			北京市南郊农场旧宫分场 3.66%（国有股）
	募集股			国联证券有限责任公司 3.1%（流通A股）
	流通A	11798.9	52.42	北京金鹏房地产开发有限公司 2.22%（国有股）
	流通B			中国航天科工集团第二研究院七〇六所 1.99%（国有股）
	流通H			中国汽车工业投资开发公司 1.63%（国有股）
股东户数	05年末	15341		交通银行－金鹰中小盘精选证券投资基金 1.51%（流通A股）
	04年末	16117		北京道和投资管理有限公司 0.93%（国有股）
其他流通股东	富国动态平衡证券投资基金 0.734%；成忠榜 0.609%；中国银行－同盛证券投资基金 0.568%			
近年分配	03年:10派0.2		近年募资	04年增发A股6500万股，发行价4.79元。

二〇〇五年以来市场表现

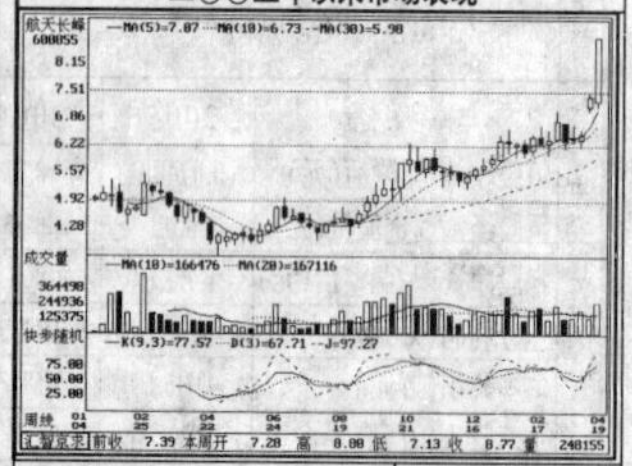

2005年涨跌幅(%)	20.61
2005年最高(元)	6.25
2006年涨跌幅(%)	48.39
2006.4.26收盘(元)	8.77
2006年最高(元)	8.8
2006年最低(元)	5.83
2006年换手率(%)	194.91
股改对价	转增 每10股实际获得5.72股

长百集团（600856）

上市日期:94/04/25　电话:0431－8965414　传真:0431－8920704

主营	商业零售批发			
	年　度	2005	2004	2003
主要指标	每股收益/扣除后(元)	0.023/0.025	0.022	0.005/-0.018
	每股经营现金流量(元)	0.42	0.23	0.13
	每股净资产/调整后(元)	1.89/1.71	1.87/1.47	1.85/1.44
	未分利润(万元)	-925.21	-1754.11	-2147.96
	资本公积(万元)	14133.28	14166.97	14202.13
利润构成	主营收入(万元)	24722.27	22236.98	31022.27
	主营利润(万元)	7687.57	8665.01	8900.1
	营业利润(万元)	637.2	516.96	-53.63
	投资收益(万元)	-139.31	-91.05	-549.26
	利润总额(万元)	461.78	531.24	290.57
	净利润(万元)	424.68	403.51	98
点评	报告期内公司完成了向民营控股企业的转制。公司百货业务扩大联营联销比例推动收入增长，但公司子公司天然气化学工业公司本期毛利减少，导致公司主营利润率下降，而工程安装收入的减少也导致其他业务利润减少。公司净利润略有增加主要来自三项费用的降低。			

	截止日期	05年末	占%	主要股东及持股比例%、持股性质
股本结构（万股）	总股本	18273.77		上海合涌源企业发展有限公司 15.32%（非流通股）
	国有股	387.25	2.12	上海合涌源投资有限公司 13.68%（非流通股）
	发起股	5300	29	中国平安保险公司 3.83%（非流通股）
	外资股			吉林省开源实业发展有限责任公司 3.52%（非流通股）
	募集股	3995.04	21.86	长春净月潭旅游经济开发区管理委员会 2.12%（国有股）
	流通A	8591.48	47.02	长春市东方工贸有限责任公司 1.53%（非流通股）
	流通B			深圳南山风险投资基金公司 0.76%（非流通股）
	流通H			深圳市泰阳网电子商务咨询服务有限公司 0.76%（非流通股）
股东户数	05年末	27227		万科企业股份有限公司 0.61%（非流通股）
	04年末	28322		桂林市象山区香桂宛酒楼 0.6%（非流通股）
其他流通股东	姬少文 0.421%；郭同敏 0.343%；曹美贞 0.275%；刘亮 0.237%；熊祚金 0.218%；殷洪光 0.159%；成传义 0.155%			
近年分配			近年募资	

二〇〇五年以来市场表现

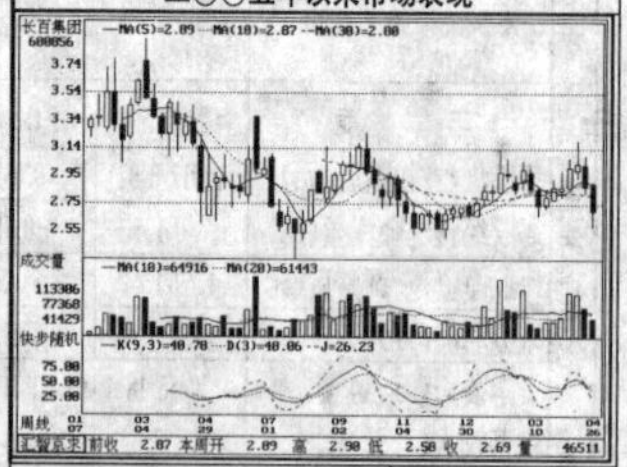

2005年涨跌幅(%)	-19.09
2005年最高(元)	3.94
2006年涨跌幅(%)	0.75
2006.4.26收盘(元)	2.69
2006年最高(元)	3.2
2006年最低(元)	2.58
2006年换手率(%)	126.47
股改对价	

工大首创(600857)

上市日期:94/04/25　　电话:0574－87347621　　传真:0574－87367996

主营	商业和旅游饮食服务;计算机软、硬件开发和销售,及系统集成。			
	年　度	2005	2004	2003
主要指标	每股收益/扣除后(元)	0.02/0.018	0.01	0.12/0.14
	每股经营现金流量(元)	0.13	0.34	0.32
	每股净资产/调整后(元)	1.89/1.87	1.86/1.84	1.87/1.86
	未分利润(万元)	2849.98	2708.33	3374.62
	资本公积(万元)	8135.35	7874.96	7874.96
利润构成	主营收入(万元)	77886.6	71839.26	67114.83
	主营利润(万元)	8763.21	10049.79	10872.09
	营业利润(万元)	1163.96	2270.45	3366.59
	投资收益(万元)	-439.78	-1785.4	5.91
	利润总额(万元)	646.76	560.61	2588.86
	净利润(万元)	417.57	220.15	2390.46
点评	05年公司商业业务收入跟随行业平稳增长,但激烈竞争使其IT业务小幅下滑。各项业务毛利率均有下滑,但清理投资的子公司与参股公司使投资损失大幅减少。预计06年商业和传统IT业务难有起色,但税控收款机可能会带来新机遇。			

	截止日期	05年末	占%	主要股东及持股比例%、持股性质
股本结构(万股)	总股本	19229.18		哈尔滨工业大学八达集团公司 18.31%(国有股)
	国有股			北京首创投资有限公司 10%(国有股)
	发起股	3041.28	15.82	镇海炼油化工股份有限公司 4.67%(非流通股)
	外资股			宁波联合集团股份有限公司 3.81%(非流通股)
	募集股	1912.94	9.95	宁波金港信托投资有限责任公司 2.88%(非流通股)
	流通A	9150.88	47.59	中国百货纺织品公司 2.88%(非流通股)
	流通B			交通银行宁波分行 1.58%(非流通股)
	流通H			浙江泰丰控股集团有限公司 1.44%(非流通股)
股东户数	05年末	32534		宁波中洲(集团)公司 0.72%(非流通股)
	04年末	34900		中国人民保险公司宁波分公司 0.72%(非流通股)
其他流通股东	曹提山 0.336%;刘国辉 0.26%;奚永久 0.246%;陈永志 0.236%;孟杰 0.232%;马云秋 0.218%;毛立志 0.197%			
近年分配	03年:10派0.2		近年募资	

二〇〇五年以来市场表现

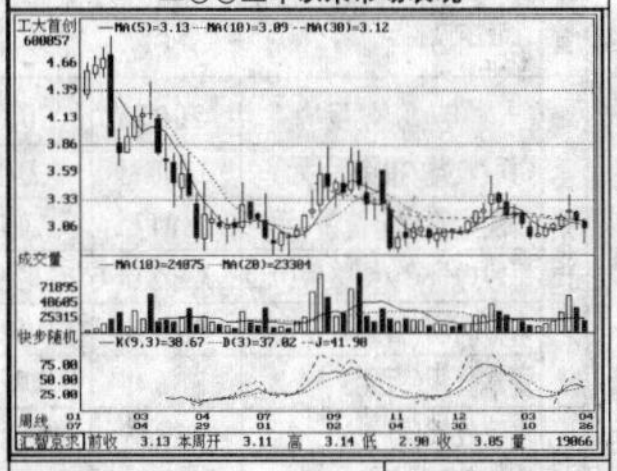

2005年涨跌幅(%)	-32.36
2005年最高(元)	4.92
2006年涨跌幅(%)	1.33
2006.4.26收盘(元)	3.05
2006年最高(元)	3.55
2006年最低(元)	2.9
2006年换手率(%)	45.58
股改对价	

银座股份(600858)

上市日期:94/05/06　　电话:0531－83175518　　传真:0531－86966666

主营	热电供应、酒店、建材、广告、娱乐服务等。			
	年　度	2005	2004	2003
主要指标	每股收益/扣除后(元)	0.381/0.376	0.183/0.163	0.029/-0.13
	每股经营现金流量(元)	0.6801	1.254	0.2811
	每股净资产/调整后(元)	1.56/1.19	1.13/0.87	0.72/0.7
	未分利润(万元)	40.23	-9911.14	-11795.52
	资本公积(万元)	5141.83	10182.41	7752.1
利润构成	主营收入(万元)	158270.5	64884.86	9826.16
	主营利润(万元)	25225.86	10070.47	938.68
	营业利润(万元)	9389.94	2988.52	-588.93
	投资收益(万元)	-182.21	202.95	465.53
	利润总额(万元)	9175.91	3040.35	-89.32
	净利润(万元)	4617.71	2222.06	352.49
点评	公司2004年资产整合进入零售领域之后发生了改头换面的变化:主营收入、主营利润、净利润增长均超过100%,公司目前在山东济南、泰安、临沂、东营、潍坊、青州等城市拥有连锁百货门店,在山东市场已经形成了一定品牌优势。			

	截止日期	05年末	占%	主要股东及持股比例%、持股性质
股本结构(万股)	总股本	12134.67		山东省商业集团总公司 29.6%(非流通股)
	国有股	3651.68	30.09	山东飞洋建筑安装工程有限公司 9.17%(非流通股)
	发起股			交通银行－华安创新证券投资基金 5.58%(流通A股)
	外资股			景业证券投资基金 3.82%(流通A股)
	募集股	1687.63	13.91	全国社保基金一零六组合 3.7%(流通A股)
	流通A	6795.36	56	中国银行－嘉实增长开放式证券投资基金 2.01%(流通A股)
	流通B			中国建设银行－上投摩根阿尔法股票型证券投资基金 1.99%(流通A股)
	流通H			华夏成长证券投资基金 1.54%(流通A股)
股东户数	05年末	12344		全国社保基金一零七组合 1.27%(流通A股)
	04年末	14651		交通银行－兴科证券投资基金 1.19%(流通A股)
其他流通股东	交通银行－安久证券投资基金 1.173%;交通银行－华安宝利配置证券投资基金 1.172%			
近年分配			近年募资	

二〇〇五年以来市场表现

2005年涨跌幅(%)	72.65
2005年最高(元)	8.48
2006年涨跌幅(%)	22.34
2006.4.26收盘(元)	9.42
2006年最高(元)	9.42
2006年最低(元)	6.55
2006年换手率(%)	80.84
股改对价	送股 每10股实际获得1.5股

王府井(600859)

上市日期:94/05/06　　电话:010－65125960　　传真:010－65133133

主营	商业零售、批发			
	年　度	2005	2004	2003
主要指标	每股收益/扣除后(元)	0.069/0.068	0.034	0.032/-0.019
	每股经营现金流量(元)	1.27	1.43	0.9
	每股净资产/调整后(元)	4.04/3.88	4.02/3.77	3.93/3.58
	未分利润(万元)	5722.46	5531.52	4460.76
	资本公积(万元)	97696.34	97479.68	95399.22
利润构成	主营收入(万元)	500892.78	411922.81	318080.75
	主营利润(万元)	86897.61	63304.32	55457.92
	营业利润(万元)	9844.59	7320.6	5361.26
	投资收益(万元)	-1202.69	-187.87	604.36
	利润总额(万元)	8454.31	7643	6736.19
	净利润(万元)	2694.77	1338.45	1269.14
点评	2005年,公司通过强化对门店的目标管理,有效地对百货主业运营实施监控与指导;积极的推进双安、东安、广州、成都、南宁等门店的经营调整工作。另一方面通过收购7－11(北京)公司的股权在存量发展上也取得了一定进展。			

	截止日期	05年末	占%	主要股东及持股比例%、持股性质
股本结构(万股)	总股本	39297.3		北京市京联发投资管理中心 49.52%(国有股)
	国有股	19459.44	49.52	中国银行－工银瑞信核心价值股票型证券投资基金 4.07%(流通A股)
	发起股			兴和证券投资基金 1.12%(流通A股)
	外资股			兴华证券投资基金 0.86%(流通A股)
	募集股			中国银行－嘉实增长开放式证券投资基金 0.67%(流通A股)
	流通A	19837.86	50.48	北京控股投资管理有限公司 0.61%(流通A股)
	流通B			中国银行－华夏回报证券投资基金 0.51%(流通A股)
	流通H			中国银行－华夏大盘精选证券投资基金 0.42%(流通A股)
股东户数	05年末	106433		中国工商银行－银河银泰理财分红证券投资基金 0.35%(流通A股)
	04年末	130595		上海浦东发展银行－广发小盘成长股票型证券投资基金 0.28%(流通A股)
其他流通股东	中国光大银行股份有限公司－泰信先行策略开放式证券投资 0.226%			
近年分配	05预案:10派0.5;04年:10派0.5		近年募资	

二〇〇五年以来市场表现

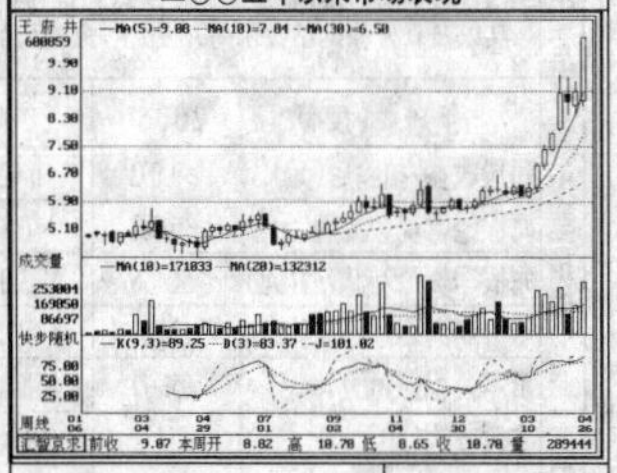

2005年涨跌幅(%)	16.6
2005年最高(元)	6.55
2006年涨跌幅(%)	87.39
2006.4.26收盘(元)	10.7
2006年最高(元)	10.7
2006年最低(元)	5.58
2006年换手率(%)	121.4
股改对价	

G北人（600860）

上市日期:94/05/06　　电话:010—67802565　　传真:010—67802570

主营	生产销售各种型号的印刷机械、相关备件、包装机械及销售锻压设备。			
	年　度	2005	2004	2003
主要指标	每股收益/扣除后(元)	0.12/0.08	0.23/0.22	0.19/0.18
	每股经营现金流量(元)	-0.07	0.1	0.13
	每股净资产/调整后(元)	3.03/2.98	3/2.96	2.85/2.81
	未分利润(万元)	13990.94	13494.48	6069.98
	资本公积(万元)	52086.41	52086.41	52021.76
利润构成	主营收入(万元)	99538.66	112121.94	100561.28
	主营利润(万元)	26109.37	33481.37	32937.55
	营业利润(万元)	3841.8	12158.8	11407.57
	投资收益(万元)	900.75	-464.45	-886.09
	利润总额(万元)	6150.91	11850.75	10228.06
	净利润(万元)	4879.04	9590.4	8204.78
点评	2005年公司整体经营环境越发紧张,市场激烈竞争和公司自身产品结构调整影响了业绩,利润下滑较快。2006年公司将加强对市场的预测工作、完成两个新产品的试制、鉴定工作,加大国际市场和国际合作的开发力度,加快产品出口步伐。			

	截止日期	05年末	占%	主要股东及持股比例%、持股性质
股本结构（万股）	总股本	42200		北人集团公司 59.24%（国有股）
	国有股	25000	59.24	HKSCC NOMINEES LIMITED 23.04%（H股）
	发起股			HSBC NOMINEES (HONG KONG) LIMITED 0.2%（H股）
	外资股			浩鸿房产 0.1%（流通A股）
	募集股			HUI KAU YU 0.09%（H股）
	流通A	7200	17.06	WONG CHUNG KING 0.07%（H股）
	流通B			KWAN KAN ON 0.06%（H股）
	流通H	10000	23.7	史福根 0.05%（流通A股）
股东户数	05年末	35505		邹静 0.05%（流通A股）
	04年末	37850		张凤海 0.04%（流通A股）
其他流通股东	柳振康 0.035%			
近年分配	05预案:10派0.7；04年:10派0.8；03年:10派0.8	近年募资		

二〇〇五年以来市场表现

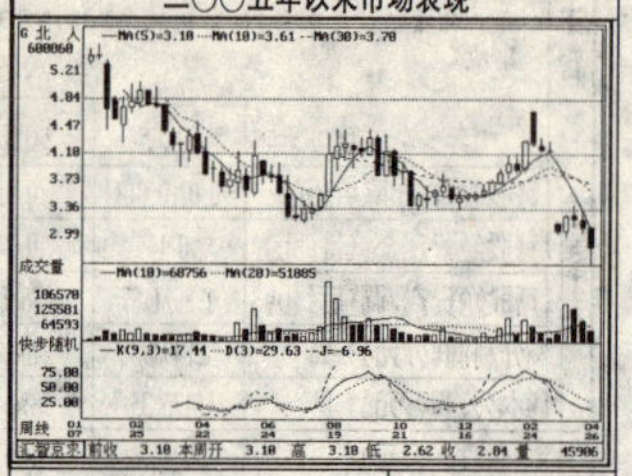

2005年涨跌幅(%)	-31.85
2005年最高(元)	5.58
2006年涨跌幅(%)	8.87
2006.4.26收盘(元)	2.84
2006年最高(元)	4.71
2006年最低(元)	3.56
2006年换手率(%)	101.94
股改对价	送股 每10股实际获得3.8股(06/03/31)

北京城乡（600861）

上市日期:94/05/20　　电话:010-68296595　　传真:010-68216933

主营	商品零售及批发、公共饮食业、物资供销业、仓储业、日用品修理、群众文化事业等。			
	年　度	2005	2004	2003
主要指标	每股收益/扣除后(元)	0.106/0.096	0.095/0.065	0.098/0.08
	每股经营现金流量(元)	0.43	0.54	0.32
	每股净资产/调整后(元)	4.23/3.99	4.21/3.85	4.2/3.77
	未分利润(万元)	7893.48	7904.12	7907.75
	资本公积(万元)	70101.71	70073.05	70073.05
利润构成	主营收入(万元)	130154.1	128608.06	121274.73
	主营利润(万元)	26709.36	23509.2	21291.44
	营业利润(万元)	7308.14	8191.27	6932.81
	投资收益(万元)	249.73	-1892.28	1372.4
	利润总额(万元)	7257.53	6331.99	6309.47
	净利润(万元)	4307.25	3849.56	3972.8
点评	报告期内,公司主营收入略有增长,但由于主营利润率大幅提高了3个多百分点,且投资收益摆脱去年损失1800多万的局面,且略有盈利,因此虽然来自其他业务利润的收益大幅下降,公司净利润仍实现了超过10%的增长。公司资产负债率较低。			

	截止日期	05年末	占%	主要股东及持股比例%、持股性质
股本结构（万股）	总股本	40573.89		北京市郊区旅游实业开发公司 41.7%（国有股）
	国有股	20689.89	50.99	北京北航天华科技有限责任公司 5.97%（国有股）
	发起股	730.11	1.8	北京海兴实业公司 3.7%（非流通股）
	外资股			上海万丰资产管理公司 2.4%（非流通股）
	募集股	2422.89	5.97	北信投资控股有限公司 1.85%（国有股）
	流通A	16731	41.24	华夏证券天宁寺营业部 1.47%（国有股）
	流通B			北京仁达国际信息 1.29%（非流通股）
	流通H			北京华苑佳业物业管理公司 0.19%（非流通股）
股东户数	05年末	92473		天马科技有限公司 0.18%（非流通股）
	04年末	99858		唐洪森 0.1%（流通A股）
其他流通股东	杨光 0.09%；赵炎林 0.083%；巨凝建材 0.082%；袁怀东 0.077%；孙杏花 0.074%；林淑琴 0.07%；王少伟 0.066%			
近年分配	05预案:10派0.7；04年:10派0.7；03年:10派0.7	近年募资		

二〇〇五年以来市场表现

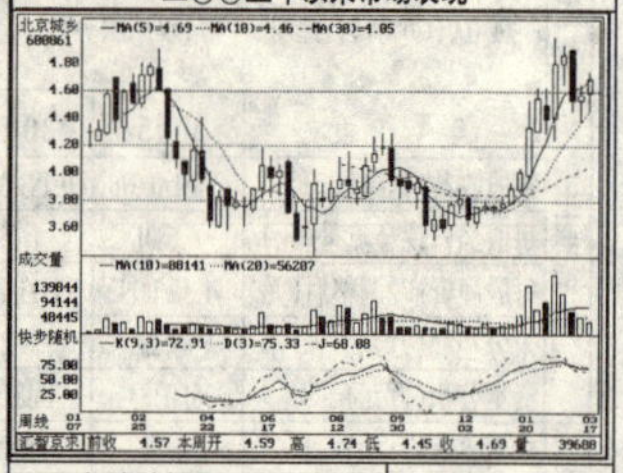

2005年涨跌幅(%)	-10.26
2005年最高(元)	4.9
2006年涨跌幅(%)	24.07
2006.4.26收盘(元)	4.69
2006年最高(元)	5
2006年最低(元)	3.77
2006年换手率(%)	52.68
股改对价	缩股

ST纵横（600862）

上市日期:94/05/20　　电话:0513-85516141　　传真:0513-85512271

主营	信息电子、数控机床等高科技产品和草地机械等新技术产品以及软件和网络技术的开发、生产、销售的技术服务。			
	年　度	2005	2004	2003
主要指标	每股收益/扣除后(元)	-0.092	0.026	-0.34/-0.58
	每股经营现金流量(元)	-0.007	-0.152	-0.018
	每股净资产/调整后(元)	0.54/0.53	0.63/0.56	0.43/0.34
	未分利润(万元)	-17838.9	-76177.86	-76589.3
	资本公积(万元)	5051.77	64706.54	59962.05
利润构成	主营收入(万元)	41334.55	56959.17	28928.78
	主营利润(万元)	7462.82	9090.42	2591.11
	营业利润(万元)	-2986.11	2692.56	-12382.74
	投资收益(万元)	150.69	-230.25	-813.88
	利润总额(万元)	-2389.38	2982.07	-9344.79
	净利润(万元)	-2182.55	622.5	-8110.18
点评	2005年由于公司财务费用居高不下,外围子公司亏损较大使得公司业绩出现下滑。十一五规划基础装备业为政府大力扶持产业,预计机床机会迎来较大发展机遇。公司2006年力主通过自主创新、悉心定位客户,争取实现较快发展。			

	截止日期	05年末	占%	主要股东及持股比例%、持股性质
股本结构（万股）	总股本	23844.48		江苏省技术进出口公司 28.18%（国有股）
	国有股	11607.69	48.68	江苏华容集团有限公司 20.5%（国有股）
	发起股			南京思科药业有限公司 1.24%（非流通股）
	外资股			罗永华 0.76%（非流通股）
	募集股			四川长虹电器股份有限公司广元分公司 0.46%（非流通股）
	流通A	12236.78	51.32	上海浦东燃气工程技术服务有限公司 0.37%（非流通股）
	流通B			上海四福金都汇娱乐总汇 0.36%（非流通股）
	流通H			上海浦东上南房产有限公司 0.35%（非流通股）
股东户数	05年末	21025		南京同辉电子系统有限公司 0.34%（非流通股）
	04年末	20162		上海豪尔办公用品有限公司 0.32%（非流通股）
其他流通股东				
近年分配		近年募资		

二〇〇五年以来市场表现

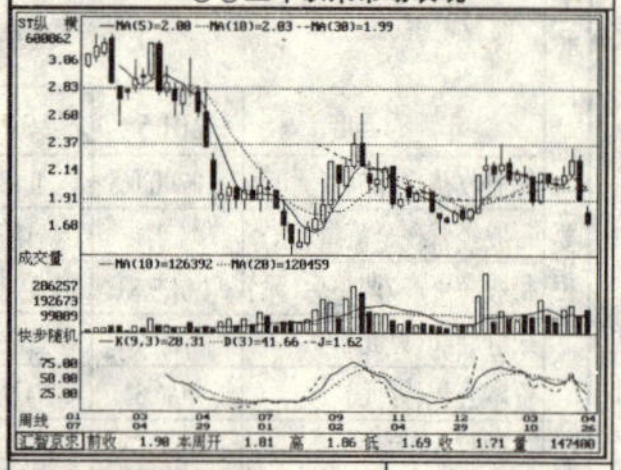

2005年涨跌幅(%)	-42.57
2005年最高(元)	3.29
2006年涨跌幅(%)	-1.72
2006.4.26收盘(元)	1.71
2006年最高(元)	2.36
2006年最低(元)	1.69
2006年换手率(%)	182.47
股改对价	

G蒙电（600863）

上市日期:94/05/20　电话:0471－6222388　传真:0471－6926658

主营	火力发电、供热			
	年　度	2005	2004	2003
主要指标	每股收益/扣除后(元)	0.033/0.034	0.147	0.169/0.164
	每股经营现金流量(元)	0.263	0.468	0.382
	每股净资产/调整后(元)	2.16/2.14	2.24/2.23	2.1/2.05
	未分利润(万元)	52199.86	72934.24	52199.73
	资本公积(万元)	120195.48	118585.92	118490.61
利润构成	主营收入(万元)	519723.17	412330.23	303737.19
	主营利润(万元)	51382.38	62448.02	52325.5
	营业利润(万元)	12156.29	40171.5	39919.54
	投资收益(万元)	15471.74	2403.17	7027.69
	利润总额(万元)	26808.59	39259.42	46398.14
	净利润(万元)	6796.97	29066.66	33434.72
点评	2005年,公司发电数量同比有了较大幅度增长,加上电价上调,公司主营业务收入较快增长。由于电煤价格上涨幅度远高于收入增幅,导致公司净利润同比有较大幅度下降。2006年公司将从煤价涨幅放缓以及电价上调中获益。			

	截止日期	05年末	占%	主要股东及持股比例%、持股性质
股本结构(万股)	总股本	198122		内蒙古电力(集团)有限责任公司 67.37%(国有股)
	国有股	158576	80.04	中国华能集团公司 10.57%(国有股)
	发起股			北京能源投资(集团)有限公司 2.16%(国有股)
	外资股			全国社保基金一零二组合 0.6%(流通A股)
	募集股			华盛服饰 0.36%(流通A股)
	流通A	39546	19.96	建信恒久价值股票型证券投资基金 0.36%(流通A股)
	流通B			科翔证券投资基金 0.26%(流通A股)
	流通H			山西信托投资有限责任公司 0.2%(流通A股)
股东户数	05年末	84289		全国社保基金一零九组合 0.19%(流通A股)
	04年末	85375		全国社保基金六零一组合 0.15%(流通A股)
其他流通股东	科瑞证券投资基金 0.153%;华安上证180指数增强型证券投资基金 0.102%;张照明 0.101%			
近年分配	05预案:10派1.2;04年:10派1.2		近年募资	

二〇〇五年以来市场表现

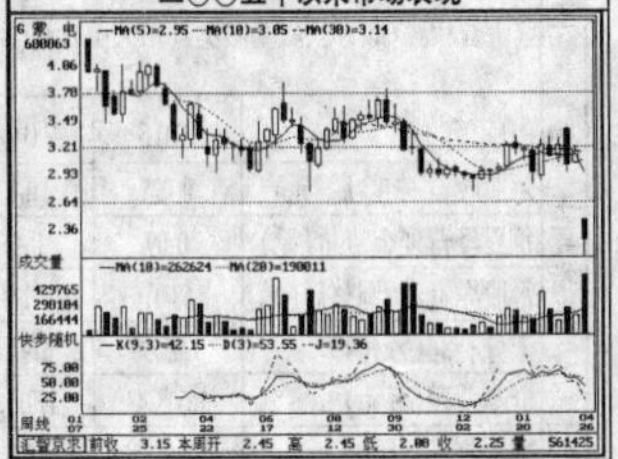

2005年涨跌幅(%)	-28.51
2005年最高(元)	4.34
2006年涨跌幅(%)	1.59
2006.4.26收盘(元)	2.25
2006年最高(元)	3.39
2006年最低(元)	2.81
2006年换手率(%)	62.73
股改对价	送股 每10股实际获得3.5股(06/04/24)

岁宝热电（600864）

上市日期:94/08/09　电话:0451－2333238　传真:0451－2332228

主营	生产蒸汽、电力能源			
	年　度	2005	2004	2003
主要指标	每股收益/扣除后(元)	0.01/-0.04	0.13/0.09	0.12/0.11
	每股经营现金流量(元)	0.23	1.04	0.23
	每股净资产/调整后(元)	3.09/3.07	3.14/3.12	3.02/2.62
	未分利润(万元)	3727.22	5302.02	4039.28
	资本公积(万元)	19305.89	18565.45	18565.45
利润构成	主营收入(万元)	34628.96	27572.11	25166.46
	主营利润(万元)	4124.23	5726.88	6261.7
	营业利润(万元)	-1288.68	505.41	861.25
	投资收益(万元)	1125.22	1246.84	1369.6
	利润总额(万元)	792.02	2466.57	2618.07
	净利润(万元)	184.71	1712.44	1631.33
点评	2005年尽管公司发电量有所增加,煤电联动也使得电价提高,主营业务收入有所增长,但由于成本涨幅更高,公司的业绩出现大幅下滑。公司发电企业处于电力供大于求的黑龙江,未来业绩增长不容乐观。			

	截止日期	05年末	占%	主要股东及持股比例%、持股性质
股本结构(万股)	总股本	13659.45		哈尔滨投资集团有限责任公司 33.2%(国有股)
	国有股	4535.18	33.2	深圳市恒大投资发展有限公司 25.96%(非流通股)
	发起股	4586.78	33.58	中智富投有限公司 4.39%(非流通股)
	外资股			阿城市热电厂 2.06%(非流通股)
	募集股			哈尔滨均信投资担保有限公司 1.28%(流通A股)
	流通A	4537.5	33.22	友源资产管理有限公司 0.8%(非流通股)
	流通B			夏波 0.41%(流通A股)
	流通H			岁宝集团(深圳)实业有限公司 0.37%(非流通股)
股东户数	05年末	20462		李华 0.24%(流通A股)
	04年末	23423		何秀兰 0.21%(流通A股)
其他流通股东	韩春 0.187%;张娟 0.172%;潘信方 0.132%;魏东 0.132%;祖国涛 0.126%;梁梅桂 0.124%			
近年分配	04年:10派1.2		近年募资	

二〇〇五年以来市场表现

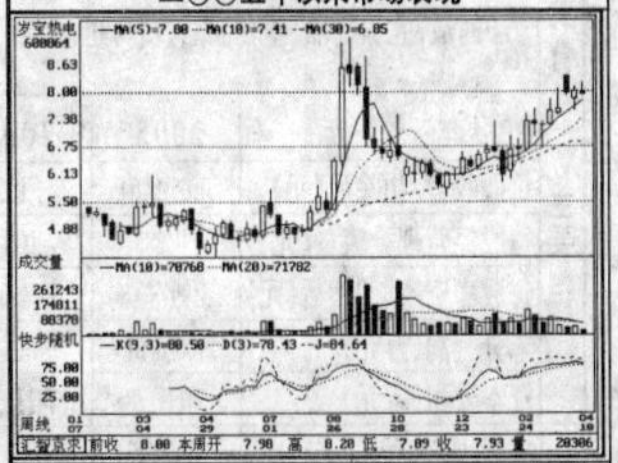

2005年涨跌幅(%)	19.59
2005年最高(元)	9.37
2006年涨跌幅(%)	26.07
2006.4.26收盘(元)	7.93
2006年最高(元)	8.35
2006年最低(元)	5.91
2006年换手率(%)	227.7
股改对价	送股 每10股实际获得3股

百大集团（600865）

上市日期:94/08/09　电话:0571－85109129　传真:0571－85150586

主营	商品零售、批发、住宿、餐饮、旅游服务。			
	年　度	2005	2004	2003
主要指标	每股收益/扣除后(元)	0.11/0.1	0.1	0.08/0.06
	每股经营现金流量(元)	0.28	0.27	0.39
	每股净资产/调整后(元)	2.6/2.55	2.57/2.5	2.53/2.45
	未分利润(万元)	2708.71	2439.32	1817.19
	资本公积(万元)	31826.69	31826.69	31826.69
利润构成	主营收入(万元)	131037.07	119487.95	111758.11
	主营利润(万元)	15065.78	14210.88	13599.93
	营业利润(万元)	3907.36	4312.15	3162.08
	投资收益(万元)	660.82	409.76	552.47
	利润总额(万元)	4229.9	3785.51	3602.88
	净利润(万元)	2855.34	2635.73	2129.05
点评	公司百货业务主体杭州百货大楼主面临杭州大厦、银泰百货、杭州解百三家百货商店的竞争,而公司酒店主体－杭州大酒店也面临高档酒店竞争,经济型酒店抢占的局面。这导致公司主营收入虽然稳定增长,但毛利率有所下降。公司偿债能力指标正常,资产质量良好。			

	截止日期	05年末	占%	主要股东及持股比例%、持股性质
股本结构(万股)	总股本	26970.63		杭州市投资控股有限公司 29.93%(国有股)
	国有股	8073	29.93	浙江银泰百货有限公司 10.18%(流通A股)
	发起股	5363.64	19.89	杭州银泰奥特莱斯商业发展有限公司 4.07%(非流通股)
	外资股			杭州企业产权交易所 3.07%(非流通股)
	募集股			杭州股权管理中心 2.72%(非流通股)
	流通A	13533.99	50.18	杭州工商信托投资股份有限公司 1.5%(部分流通部分不流通)
	流通B			上海中都投资有限公司 1.45%(非流通股)
	流通H			孙晨 1.19%(流通A股)
股东户数	05年末	49076		何志平 0.86%(流通A股)
	04年末	61782		徐金 0.81%(流通A股)
其他流通股东	周月华 0.456%;徐粤河 0.414%;上海富睿科技有限公司 0.322%;娜布吕 0.187%;叶志玲 0.186%			
近年分配	05方案:10派1;04年:10派0.8;03年:10派0.6		近年募资	

二〇〇五年以来市场表现

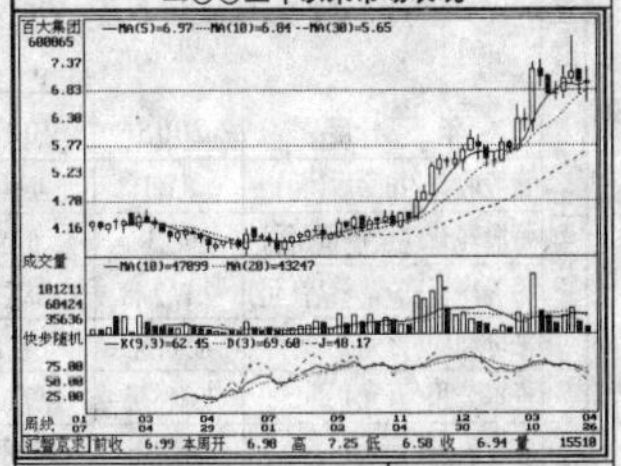

2005年涨跌幅(%)	36.02
2005年最高(元)	5.83
2006年涨跌幅(%)	22.62
2006.4.26收盘(元)	6.94
2006年最高(元)	7.9
2006年最低(元)	5.33
2006年换手率(%)	54.65
股改对价	

G星湖（600866）

上市日期:94/08/18　　电话:0758－2291130　　传真:0758－2239449

主营	主营核苷(酸)类、氨基酸类及相关生物化学合成类产品。			
	年　　度	2005	2004	2003
主要指标	每股收益/扣除后(元)	0.025	0.07	0.22/0.22
	每股经营现金流量(元)	0.09	0.056	0.46
	每股净资产/调整后(元)	1.68/1.63	1.71/1.71	2.77/2.77
	未分利润(万元)	7965.96	6797.83	9191.48
	资本公积(万元)	16508.43	17015.35	33295.84
利润构成	主营收入(万元)	59742.28	45761.16	54581.87
	主营利润(万元)	11431.92	11115.26	18328.43
	营业利润(万元)	2282.96	5194.78	8809.32
	投资收益(万元)	－769.08	－772.01	－881.03
	利润总额(万元)	1521.25	4478.93	7962.27
	净利润(万元)	1297.93	3902.78	7146.6
点评	2005年,公司各主导产品产销量同比均有增长,市场占有率进一步提高,但由于公司主导产品化工原料、燃料、运输价格同比上升幅度较大,而产品销售价格未实现同步增长,经营业绩受到一定影响。			

	截止日期	05年末	占%	主要股东及持股比例%、持股性质
股本结构（万股）	总股本	52110.25		肇庆市人民政府国有资产监督管理委员会 19.43%（国有股）
	国有股	10124.07	19.43	曾淡莲 0.18%（流通A股）
	发起股			罗哲飙 0.14%（流通A股）
	外资股			张坚鸿 0.14%（流通A股）
	募集股			中国银行－嘉实沪深300指数证券投资基金 0.13%（流通A股）
	流通A	41986.18	80.57	陈祝容 0.12%（流通A股）
	流通B			中国银行－天同180指数证券投资基金 0.12%（流通A股）
	流通H			黄运通 0.12%（流通A股）
股东户数	05年末	85950		唐虎延 0.11%（流通A股）
	04年末	89576		单良 0.1%（流通A股）
其他流通股东	招商银行股份有限公司－长城久泰中信标普300指数证券0.098%			
近年分配	04年:10派0.5；03年:10派1.5送1转增5		近年募资	

二○○五年以来市场表现

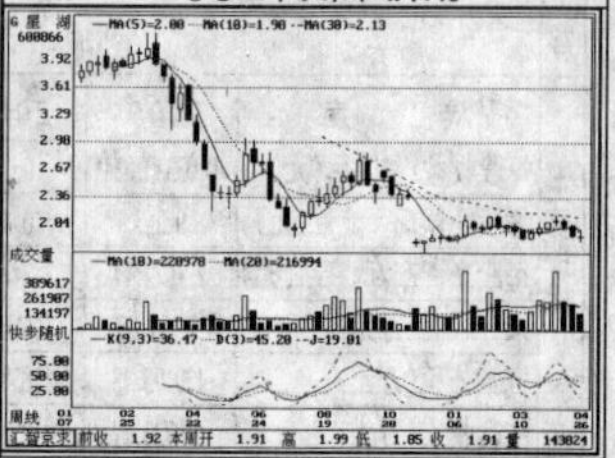

2005年涨跌幅(%)	－30.42
2005年最高(元)	4.23
2006年涨跌幅(%)	2.14
2006.4.26收盘(元)	1.91
2006年最高(元)	2.16
2006年最低(元)	1.84
2006年换手率(%)	89.88
股改对价	送股 每10股实际获得3.5股(05/11/28)

通化东宝（600867）

上市日期:94/08/24　　电话:0435－5088025　　传真:0435－5088268

主营	中西成药、保健品、生物制品、塑料建材等。			
	年　　度	2005	2004	2003
主要指标	每股收益/扣除后(元)	0.05/0.04	－0.24	0.11/0.11
	每股经营现金流量(元)	0.28	0.04	0.14
	每股净资产/调整后(元)	3.99/3.68	3.94/3.33	4.19/3.6
	未分利润(万元)	10026.01	8762.48	16777.82
	资本公积(万元)	74112.28	74112.28	74112.28
利润构成	主营收入(万元)	32968.12	30784.32	29869.79
	主营利润(万元)	13556.98	13766.38	14576.21
	营业利润(万元)	2311.13	－4604.59	3993.22
	投资收益(万元)	－80.38	－2501.19	565.6
	利润总额(万元)	2281.78	－7093.2	4512.84
	净利润(万元)	1619.58	－7824.9	3613.45
点评	2005年公司通过实施三线市场策略、"二线人员管理"、"三项激励政策"等管理手段,大大提高了市场运营效率。全年固体制剂收入稳定增长,重组人胰岛素填补了国内市场空白,软袋大输液产品成为公司新的盈利增长点,塑料建材销售也稳中有升。			

	截止日期	05年末	占%	主要股东及持股比例%、持股性质
股本结构（万股）	总股本	32449.3		中国通化东宝实业集团公司 48.94%（非流通股）
	国有股			通化白山制药五厂 1.55%（非流通股）
	发起股	16679.58	51.4	山西信托投资有限责任公司 1.28%（流通A股）
	外资股			通化石油工具股份有限公司 0.83%（非流通股）
	募集股			广发华福证券有限责任公司 0.47%（流通A股）
	流通A	15769.73	48.6	吴向明 0.21%（流通A股）
	流通B			阚维民 0.18%（流通A股）
	流通H			山西省国信投资(集团)公司 0.14%（流通A股）
股东户数	05年末	78491		吕开万 0.13%（流通A股）
	04年末	78491		罗兴华 0.11%（流通A股）
其他流通股东	华宝信托投资有限责任公司－宝祥有价证券组合投资信托0.101%；尹红范0.093%；姜鸿芳0.089%			
近年分配			近年募资	

二○○五年以来市场表现

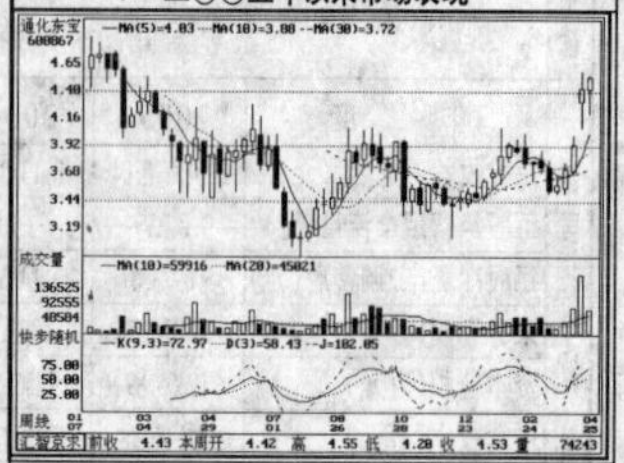

2005年涨跌幅(%)	－22.55
2005年最高(元)	4.89
2006年涨跌幅(%)	30.55
2006.4.26收盘(元)	4.53
2006年最高(元)	4.58
2006年最低(元)	3.44
2006年换手率(%)	48.94
股改对价	转增 每10股实际获得4股

梅雁股份（600868）

上市日期:94/09/12　　电话:0753－2218286　　传真:0753－2232983

主营	从事水力发电、建筑安装、轮胎产品生产销售、螺旋藻养殖与加工等。			
	年　　度	2005	2004	2003
主要指标	每股收益/扣除后(元)	0.001	0.041	0.15/0.15
	每股经营现金流量(元)	0.13	0.08	0.16
	每股净资产/调整后(元)	2.19/2.18	2.18/2.12	2.38/2.35
	未分利润(万元)	6507.24	6392.86	13494.82
	资本公积(万元)	120086.05	119726.77	119429.59
利润构成	主营收入(万元)	69807.1	100368.21	124567.57
	主营利润(万元)	14625.32	24382.6	36805.63
	营业利润(万元)	－4959.84	7933.4	23077.11
	投资收益(万元)	348.95	826.69	402.86
	利润总额(万元)	646.77	8895.79	24003
	净利润(万元)	134.56	5269.63	17619.22
点评	报告期内建筑收入明显下降,但公司的发电收入增长明显,成为公司利润主要来源。新建的广西红花水电站、广西古顶水电站及丰顺梅丰水电站等项目将成为公司新的增长点。公司其它业务收入规模及盈利能力均有所下降。			

	截止日期	05年末	占%	主要股东及持股比例%、持股性质
股本结构（万股）	总股本	127392.53		广东梅雁实业投资股份有限公司 23.25%（非流通股）
	国有股			中国建设银行－博时裕富证券投资基金 0.47%（流通A股）
	发起股	24066.84	18.89	招商银行股份有限公司－长城久泰中信标普300指数证券投资基金 0.12%（流通A股）
	外资股			中国银行－嘉实沪深300指数证券投资基金 0.11%（流通A股）
	募集股	5643.79	4.43	安俊红 0.1%（流通A股）
	流通A	97681.9	76.68	中国银行－天同180指数证券投资基金 0.1%（流通A股）
	流通B			李五亮 0.08%（流通A股）
	流通H			范中 0.08%（流通A股）
股东户数	05年末	277967		卢春燕 0.08%（流通A股）
	04年末	292361		中国工商银行－华安上证180指数增强型证券投资基金 0.08%（流通A股）
其他流通股东	杨钦欢 0.071%			
近年分配	03年:10派0.25送1		近年募资	

二○○五年以来市场表现

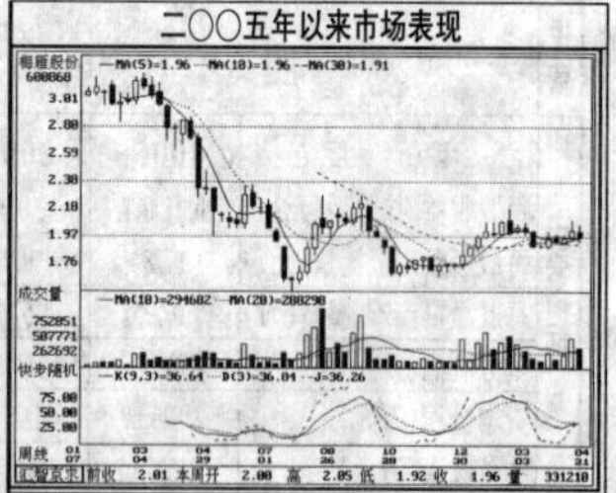

2005年涨跌幅(%)	－40.72
2005年最高(元)	3.22
2006年涨跌幅(%)	7.69
2006.4.26收盘(元)	1.96
2006年最高(元)	2.17
2006年最低(元)	1.81
2006年换手率(%)	49.78
股改对价	

G 三普（600869）

上市日期:95/02/06　　电话:0510－87249788　　传真:0510－87249922

主营	中藏成药、保健品的生产销售，中西药品、医疗器械批发与零售。			
	年　度	2005	2004	2003
主要指标	每股收益/扣除后(元)	0.08/0.05	0.15	-0.06/-0.06
	每股经营现金流量(元)	0.18	0.09	0.06
	每股净资产/调整后(元)	1.15/1.04	1.06/1.05	1.01/0.69
	未分利润(万元)	513.94	-8447.53	-9237.63
	资本公积(万元)	232.93	5874.28	6110.47
利润构成	主营收入(万元)	14961.56	14076.89	11549.35
	主营利润(万元)	4904	6095.87	4160.32
	营业利润(万元)	1132.44	896.04	-739.13
	投资收益(万元)	-215.18	-157.98	6.76
	利润总额(万元)	842.67	2078.67	-730.37
	净利润(万元)	945.17	1748.29	-724.56
点评	公司属中藏药生产企业，具备特色要求。但产品没有做出品牌，同时产品附加值低，缺乏市场竞争力，而技术含量高的产品储备不足。05年是公司摘掉＊ST的第一年，公司通过迅速改善和优化产品结构，加大营销力度等措施，取得了较好的经营业绩。			

	截止日期	05年末	占%	主要股东及持股比例%、持股性质
股本结构（万股）	总股本	12000		江苏远东集团有限公司 29.95%（非流通股）
	国有股			上海创璟实业有限公司 23.3%（非流通股）
	发起股	9000	75	江苏友邦投资担保有限公司 11.5%（非流通股）
	外资股			上海平杰投资咨询有限公司 3.75%（非流通股）
	募集股			宜兴市三弦实业有限公司 3%（非流通股）
	流通A	3000	25	上海钜爱企业发展有限公司 2.5%（非流通股）
	流通B			南京倍源投资咨询有限公司 0.66%（流通A股）
	流通H			中国科学院西北高原生物研究所 0.5%（非流通股）
股东户数	05年末	10544		广州白云山制药股份有限公司 0.5%（非流通股）
	04年末	10527		张立群 0.24%（流通A股）
其他流通股东	王松楠 0.2%；张源远 0.177%；梅琳 0.118%；杨士英 0.115%；周笑林 0.098%；喻民 0.088%；罗辉 0.087%			
近年分配			近年募资	

二〇〇五年以来市场表现

2005年涨跌幅(%)	10.72
2005年最高(元)	5.2
2006年涨跌幅(%)	13.03
2006.4.26收盘(元)	3.89
2006年最高(元)	5.75
2006年最低(元)	4.2
2006年换手率(%)	136.24
股改对价	送股 每10股实际获得2股(06/01/16)

厦华电子（600870）

上市日期:95/02/28　　电话:0592－5687203　　传真:0592－6021331

主营	主营彩色电视机、移动通信、彩色显示器、计算机等电子产品。			
	年　度	2005	2004	2003
主要指标	每股收益/扣除后(元)	0.168/0.03	0.07	0.11/0.03
	每股经营现金流量(元)	-0.73	-0.3	0.37
	每股净资产/调整后(元)	2.35/2.21	2.18/2.11	2.1/2.05
	未分利润(万元)	-50362.07	-56593.6	-59132.96
	资本公积(万元)	94880.63	94604.91	94273.41
利润构成	主营收入(万元)	705018.12	424967.36	294101.12
	主营利润(万元)	68796.7	46474.73	37474.09
	营业利润(万元)	1583.34	1528.54	1242.2
	投资收益(万元)	4915.93	1069.58	1316.94
	利润总额(万元)	6740.4	2898.45	4210.79
	净利润(万元)	6231.53	2539.36	4094.65
点评	公司彩电销售同比增长近三成，其中外销实现翻番增长，创历史最好成绩。公司液晶电视和等离子电视国内销售量分列行业内第二和第五，出口则分列行业第二和第一，显示了良好的业绩增长势头。			

	截止日期	05年末	占%	主要股东及持股比例%、持股性质
股本结构（万股）	总股本	37081.87		厦门华侨电子企业有限公司 58.27%（国有股）
	国有股	21930.52	59.14	融通行业景气证券投资基金 1.26%（流通A股）
	发起股			安信证券投资基金 1.21%（流通A股）
	外资股			全国社保基金一一二组合 0.99%（流通A股）
	募集股			厦门华益工贸有限公司 0.87%（国有股）
	流通A	15151.35	40.86	银丰证券投资基金 0.28%（流通A股）
	流通B			李迅 0.17%（流通A股）
	流通H			吕方 0.14%（流通A股）
股东户数	05年末	45529		高陈平 0.12%（流通A股）
	04年末	52843		朱永勤 0.09%（流通A股）
其他流通股东	张东平 0.094%；丁国献 0.089%			
近年分配			近年募资	

二〇〇五年以来市场表现

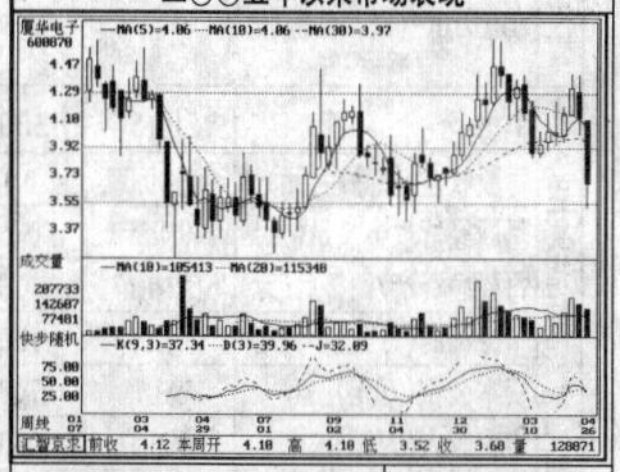

2005年涨跌幅(%)	-8.84
2005年最高(元)	4.64
2006年涨跌幅(%)	-8.46
2006.4.26收盘(元)	3.68
2006年最高(元)	4.66
2006年最低(元)	3.52
2006年换手率(%)	132.33
股改对价	

仪征化纤（600871）

上市日期:95/04/11　　电话:86－514　　传真:86－514－3235880

主营	生产和销售聚酯切片和涤纶短纤维及配套生产聚酯主要生产原料PTA。			
	年　度	2005	2004	2003
主要指标	每股收益/扣除后(元)	-0.239/-0.216	0.058	0.06/0.064
	每股经营现金流量(元)	0.162	0.073	0.333
	每股净资产/调整后(元)	2.06/2.05	2.32/2.32	2.28/2.28
	未分利润(万元)	-33596.6	71831.3	63364.4
	资本公积(万元)	310353.7	309383.8	308275.2
利润构成	主营收入(万元)	1579866.5	1334847.1	1034364.1
	主营利润(万元)	51395.8	115281.8	102092.7
	营业利润(万元)	-14527.8	43975	34164.2
	投资收益(万元)	3649.1	300	565.8
	利润总额(万元)	-99724.9	26656.9	29113.1
	净利润(万元)	-95427.9	23123.7	24020.4
点评	国内最大的化纤和化纤原料生产基地，世界第四大聚酯生产商。由于国内化纤市场竞争相当激烈，同时上游产品价格在2005年的上涨幅度较大，导致公司主营的聚酯产品的毛利率下降了4.8个百分点。盈利能力的大幅下降是造成公司2005年亏损的主要原因。			

	截止日期	05年末	占%	主要股东及持股比例%、持股性质
股本结构（万股）	总股本	400000		中国石油化工股份有限公司 42%（国有股）
	国有股			香港中央结算(代理人)有限公司 33.92%（H股）
	发起股	240000	60	中国中信集团公司 18%（国有股）
	外资股			奥伊尔投资管理有限公司 0.17%（流通A股）
	募集股			中油资产管理有限公司 0.06%（流通A股）
	流通A	20000	5	HSBC Nominees（HONG KONG）Limited A/C BR－13 0.045%（H股）
	流通B			三亚盈湾旅业有限公司 0.033%（流通A股）
	流通H	140000	35	HSBC Nominees（HONG KONG）Limited 0.03%（H股）
股东户数	05年末	76418		HSBC Nominees（HONG KONG）Limited A/C BR－12 0.03%（H股）
	04年末	86734		HSBC Nominees（HONG KONG）Limited A/C BR－16 0.03%（H股）
其他流通股东	庄青兰 0.026%；兴和证券投资基金 0.025%			
近年分配	04年:10派0.25；03年:10派0.25		近年募资	

二〇〇五年以来市场表现

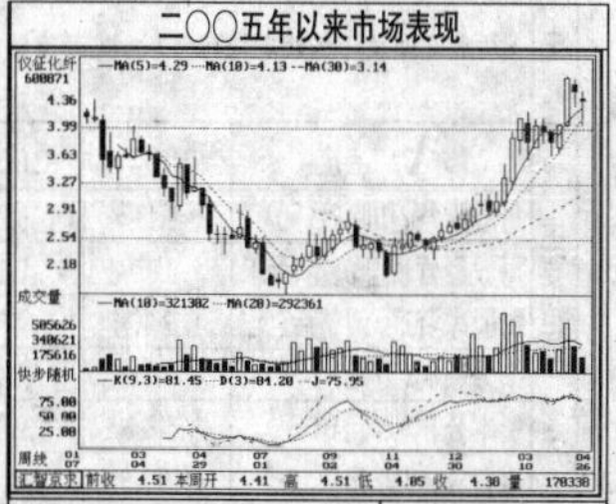

2005年涨跌幅(%)	-36.8
2005年最高(元)	4.37
2006年涨跌幅(%)	63.43
2006.4.26收盘(元)	4.38
2006年最高(元)	4.72
2006年最低(元)	2.65
2006年换手率(%)	261.14
股改对价	

中炬高新（600872）

上市日期:95/01/24　电话:0760－5596818　传真:0760－5596877

主营	高新技术产品的研制、开发、制造,基础设施建设,招商引资及贸易和服务业。			
	年　度	2005	2004	2003
主要指标	每股收益/扣除后(元)	0.06/0.06	0.049	0.047/0.048
	每股经营现金流量(元)	0.13	0.25	0.349
	每股净资产/调整后(元)	2.96/2.8	2.9/2.86	2.82/2.77
	未分利润(万元)	12894.04	11324.32	10257.69
	资本公积(万元)	58249.65	58249.65	56225.32
利润构成	主营收入(万元)	75875.73	86712.27	71460.45
	主营利润(万元)	18466.91	20329.88	18735.25
	营业利润(万元)	4610.99	5738.02	3506.99
	投资收益(万元)	-227.91	-1022.24	273.34
	利润总额(万元)	4534.77	4683.22	3801.95
	净利润(万元)	2715.35	2192.96	2091.96
点评	05年在主营收入同比下降的情况下,净利润实现增长,主要是费用和所得税下降所致。公司加大例如实施资产优化和产业调整,转出了6家控股和2家参股企业的股权;自有物业出租率保持在97%以上,通过置换进来的中山站商业用地,发展空间加大。			

截止日期	05年末	占%	主要股东及持股比例%、持股性质
股本结构(万股) 总股本	45005.6		中山火炬集团有限公司 14.1%（非流通股）
国有股			信达投资有限公司 5.71%（非流通股）
发起股	17357.03	38.57	中山市实业集团有限公司 4.93%（非流通股）
外资股			中国工商银行广东省信托投资公司 4.18%（非流通股）
募集股	2724.96	6.05	中山市信联房地产投资公司 3.85%（非流通股）
流通A	24923.61	55.38	西安信朴实业公司 3.71%（非流通股）
流通B			中山市建设实业公司 2.86%（非流通股）
流通H			中国工商银行北京信托投资公司 2.32%（非流通股）
股东户数 05年末	111080		中山市设备租赁公司 1.86%（非流通股）
股东户数 04年末	116675		中银技协 0.23%（非流通股）
其他流通股东	哈尔滨拓实经贸有限责任公司 0.222%；马振国 0.113%；江文狄 0.107%；林武飞 0.09%		
近年分配		近年募资	

二〇〇五年以来市场表现

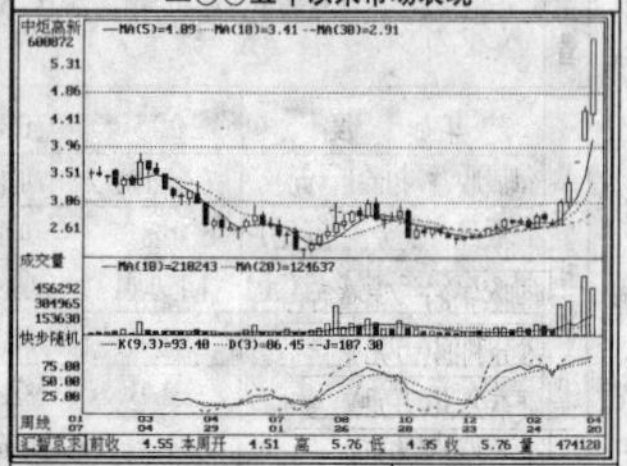

2005年涨跌幅(%)	-28.49
2005年最高(元)	3.83
2006年涨跌幅(%)	129.48
2006.4.26收盘(元)	5.76
2006年最高(元)	5.76
2006年最低(元)	2.5
2006年换手率(%)	93.31
股改对价	定向转增 每10股实际获得11股

五洲明珠（600873）

上市日期:95/02/17　电话:028－86600798　传真:028－86600928

主营	电力电气设备制造、销售			
	年　度	2005	2004	2003
主要指标	每股收益/扣除后(元)	0.061/0.062	0.072	-0.264/-0.262
	每股经营现金流量(元)	0.4125	0.0542	0.11
	每股净资产/调整后(元)	1.71/1.67	1.65/1.62	1.56/1.55
	未分利润(万元)	52.18	-11902.52	-12685.91
	资本公积(万元)	7583.76	17833.75	17725.85
利润构成	主营收入(万元)	40425.17	40593.08	5017.64
	主营利润(万元)	9329.7	11374.12	4128.95
	营业利润(万元)	2060.5	2183.7	-2473.01
	投资收益(万元)	-194.19	-25.44	-148.05
	利润总额(万元)	1866.11	2148.31	-2859.61
	净利润(万元)	663.91	783.39	-2859.61
点评	2005年公司业绩出现一定下滑。2006年公司对镀锌车间实施改造,解决制约铁塔生产的瓶颈问题,气分公司以特种变压器、预付费电能表为突破口,研发高附加值系统产品,提高产品竞争能力,融资工作仍是06年工作的重点。			

截止日期	05年末	占%	主要股东及持股比例%、持股性质
股本结构(万股) 总股本	10823.66		山东五洲投资集团有限公司 25.04%（非流通股）
国有股			潍坊渤海实业有限公司 19.9%（非流通股）
发起股	5610	51.83	西藏自治区信托投资公司 3.45%（非流通股）
外资股			西藏兴藏实业开发公司 3.45%（非流通股）
募集股			董晓霞 0.56%（流通A股）
流通A	5213.66	48.17	中远散货运输有限公司 0.53%（流通A股）
流通B			陈冬林 0.25%（流通A股）
流通H			徐淑敏 0.19%（流通A股）
股东户数 05年末	18433		孙向东 0.19%（流通A股）
股东户数 04年末	16516		薛宁 0.19%（流通A股）
其他流通股东	王淑东 0.182%；鲍金菊 0.18%；广东亿众文化传媒有限公司 0.171%；王齐 0.171%		
近年分配		近年募资	

二〇〇五年以来市场表现

2005年涨跌幅(%)	-20.8
2005年最高(元)	4.83
2006年涨跌幅(%)	13.29
2006.4.26收盘(元)	3.58
2006年最高(元)	3.77
2006年最低(元)	3.11
2006年换手率(%)	98.22
股改对价	送股 每10股实际获得2.5股

G创业（600874）

上市日期:95/06/30　电话:022－23930128　传真:022－23930126

主营	污水处理及污水处理设施建设;城市道路维修、养护及收费。			
	年　度	2005	2004	2003
主要指标	每股收益/扣除后(元)	0.13	0.24	0.21/0.21
	每股经营现金流量(元)	0.07	0.11	0.21
	每股净资产/调整后(元)	1.72/1.71	1.68/1.66	1.52/1.52
	未分利润(万元)	67861	66212.5	49380.79
	资本公积(万元)	7518.2	6928.9	6928.87
利润构成	主营收入(万元)	61183.5	75514.8	62969.68
	主营利润(万元)	39400.1	56517.9	46603.8
	营业利润(万元)	26596.8	48734.3	41405.1
	投资收益(万元)			
	利润总额(万元)	26666.6	48281.1	41293.81
	净利润(万元)	17585.7	32319.7	27689.15
点评	公司主业为污水处理,2005年公司所属污水处理厂运营基本正常,但由于天津地区三个污水处理建设项目尚未完工,公司可转债发生溢价回售,利润同比有较大幅度下滑。目前我国环保政策为水务行业发展提供了较好的发展机遇。			

截止日期	05年末	占%	主要股东及持股比例%、持股性质
股本结构(万股) 总股本	133065.81		天津市政投资有限公司 63.05%（国有股）
国有股	83902	63.05	香港中央结算(代理人)有限公司 25.32%（H股）
发起股	3848.5	2.89	沈阳铁路局经济发展总公司 0.26%（非流通股）
外资股			中国华电电站装备工程(集团)总公司 0.14%（流通A股）
募集股			中国银河证券有限责任公司 0.11%（非流通股）
流通A	11315.31	8.5	中国工商银行－博时精选股票证券投资基金 0.1%（流通A股）
流通B			长沙海晟科贸有限公司 0.08%（非流通股）
流通H	34000	25.55	国泰天证 0.08%（非流通股）
股东户数 05年末	33026		中国航空结算中心 0.08%（非流通股）
股东户数 04年末	26548		中国建设银行天津市分行津宏支行 0.08%（非流通股）
其他流通股东	中国建设银行－国泰金马稳健回报证券投资基金 0.06%；HSBC NOMINEES(HONG KONG) LIMITED 0.049%		
近年分配	05预案:10派0.4；04年:10派1；03年:10派0.8	近年募资	04年增发转债1200万张,募资总额12亿。

二〇〇五年以来市场表现

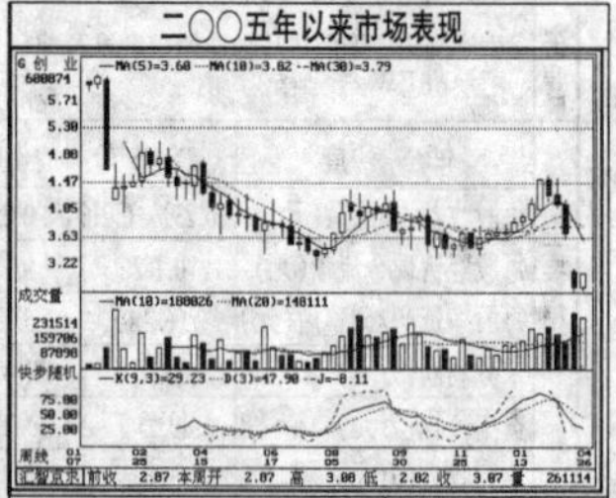

2005年涨跌幅(%)	-36.5
2005年最高(元)	6.13
2006年涨跌幅(%)	13.37
2006.4.26收盘(元)	3.07
2006年最高(元)	4.57
2006年最低(元)	3.6
2006年换手率(%)	141.74
股改对价	送股 每10股实际获得3.7股(06/04/20)

G东电（600875）

上市日期:95/10/10　　电话:0838－2409358　　传真:0838－2402125

主营	开发、生产及销售水力发电设备、汽轮发电机、交直流电机、控制设备。			
	年　度	2005	2004	2003
主要指标	每股收益/扣除后(元)	1.173/1.177	0.588	0.074/0.067
	每股经营现金流量(元)	2.22	5.59	2.43
	每股净资产/调整后(元)	4.07/4	2.82/2.76	2.11/1.74
	未分利润(万元)	47888.81	8509.55	－16263.3
	资本公积(万元)	75328.35	66386.84	60778.72
利润构成	主营收入(万元)	304785.8	205136.05	119962.2
	主营利润(万元)	94812.34	72926.16	29258.18
	营业利润(万元)	61130.48	32228.02	2352.37
	投资收益(万元)	126.62	－37.25	64.67
	利润总额(万元)	61055.95	32389.21	3412.67
	净利润(万元)	52805.67	26472.06	3312.64
点评	2005年,公司克服了成品产出集中等困难,主营业务收入突破30亿元大关,发电设备产量突破2000万千瓦。报告期内,公司业绩随着产量的增长而大幅增加,同时,公司在市场开拓方面仍取得较好成绩,			

	截止日期	05年末	占%	主要股东及持股比例%、持股性质
股本结构（万股）	总股本	45000		东方电机厂 48.89%（国有股）
	国有股	22000	48.89	香港中央结算(代理人)有限公司 37.54%（H股）
	发起股			中国工商银行－申万巴黎盛利精选证券投资基金 0.71%（流通A股）
	外资股			景福证券投资基金 0.67%（流通A股）
	募集股			中国银行－海富通收益增长证券投资基金 0.66%（流通A股）
	流通A	6000	13.33	东方证券股份有限公司 0.43%（流通A股）
	流通B			全国社保基金一零四组合 0.35%（流通A股）
	流通H	17000	37.78	中国工商银行－安瑞证券投资基金 0.31%（流通A股）
股东户数	05年末	18463		中国工商银行－中银国际中国精选混合型开放式证券投资基金 0.3%（流通A股）
	04年末	20419		中国银行－海富通股票证券投资基金 0.29%（流通A股）
其他流通股东	中国建设银行－宝康灵活配置证券投资基金 0.231%			
近年分配	05预案:10派5；04年:10派1.2		近年募资	

二〇〇五年以来市场表现

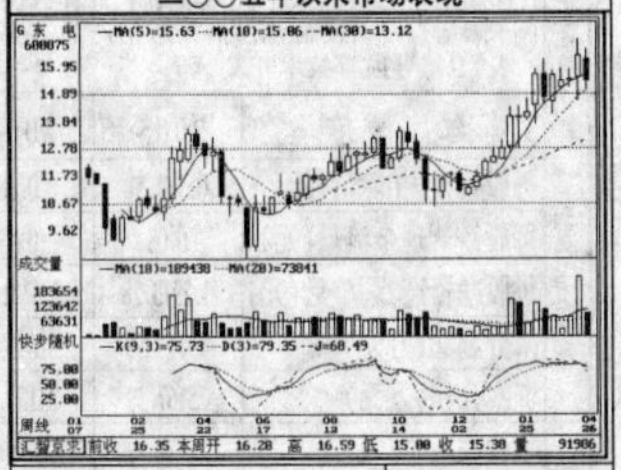

2005年涨跌幅(%)	2.54
2005年最高(元)	13.89
2006年涨跌幅(%)	57.39
2006.4.26收盘(元)	15.38
2006年最高(元)	21.59
2006年最低(元)	12.31
2006年换手率(%)	176.87
股改对价	送股 每10股实际获得2.7股(06/04/17)

洛阳玻璃（600876）

上市日期:95/10/31　　电话:0379－3908588　　传真:0379－3251984

主营	浮法平板玻璃的生产和销售以及二次加工的汽车平板玻璃的制造和销售			
	年　度	2005	2004	2003
主要指标	每股收益/扣除后(元)	0.01/－0.12	0.07/0.05	－0.489/－0.485
	每股经营现金流量(元)	0.22	0.22	0.172
	每股净资产/调整后(元)	1.36/0.93	1.34/0.88	1.25/0.61
	未分利润(万元)	－96893.7	－97365.7	－101868.2
	资本公积(万元)	99465.4	98406.8	97052.8
利润构成	主营收入(万元)	103185.9	113388.6	97884.6
	主营利润(万元)	9159.7	25892.9	14014.6
	营业利润(万元)	－2572.6	4203.1	－27015
	投资收益(万元)	1705.5	311.9	－6905.5
	利润总额(万元)	348.8	5733.2	－34021.8
	净利润(万元)	495.3	4610.2	－34251.3
点评	中国浮法玻璃最大生产厂家之一。2005年,在宏观调控导致玻璃市场需求放缓、玻璃产品售价大幅下降以及重油、纯碱、水、电等上涨给成本控制带来巨大压力的形势下,公司净利润同比大幅下降。			

	截止日期	05年末	占%	主要股东及持股比例%、持股性质
股本结构（万股）	总股本	70000		中国洛阳浮法玻璃集团有限责任公司 57.14%（国有股）
	国有股	40000	57.14	香港中央结算(代理人)有限公司 35.28%（H股）
	发起股			HSBC NOMINEES（HONG KONG）LIMITED 0.081%（H股）
	外资股			梁洁云 0.074%（流通A股）
	募集股			刘建平 0.04%（流通A股）
	流通A	5000	7.14	WONG MING SHUN 0.031%（H股）
	流通B			WONG SING TO 0.029%（H股）
	流通H	25000	35.71	郑清辉 0.028%（流通A股）
股东户数	05年末	22996		胡天云 0.026%（流通A股）
	04年末	23595		TAM CHOW HING 0.026%（H股）
其他流通股东	柳英武 0.024%			
近年分配			近年募资	

二〇〇五年以来市场表现

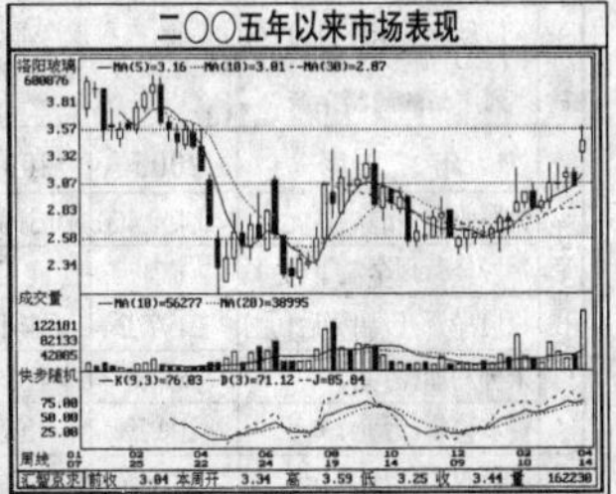

2005年涨跌幅(%)	－30.83
2005年最高(元)	4.06
2006年涨跌幅(%)	33.33
2006.4.26收盘(元)	3.44
2006年最高(元)	3.59
2006年最低(元)	2.45
2006年换手率(%)	124.47
股改对价	送股 每10股实际获得4.2股

中国嘉陵（600877）

上市日期:95/10/13　　电话:023－65194095　　传真:023－65194096

主营	摩托车及其发动机研发、制造、销售。			
	年　度	2005	2004	2003
主要指标	每股收益/扣除后(元)	0.02/－0.11	0.05/－0.05	0.01/－0.033
	每股经营现金流量(元)	0.11	0.4	0.26
	每股净资产/调整后(元)	2.47/2.31	2.45/2.28	2.48/2.29
	未分利润(万元)	－18101.5	－19253.18	－18232.61
	资本公积(万元)	30624.03	30364.56	30267.48
利润构成	主营收入(万元)	369217.29	343645.46	298588.57
	主营利润(万元)	28270.24	31203.91	31918.22
	营业利润(万元)	－3810.79	652.88	－1424.51
	投资收益(万元)	4021.79	－880.25	－47.06
	利润总额(万元)	999.38	1363.43	－303.58
	净利润(万元)	868.27	2247.47	561.26
点评	2005年,国家对摩托车实施"二阶段排放标准"后,公司体现出技术优势,市场份额有所提升;摩托车消费税税率的调整也使得公司的盈利得到改善。预计随着国际市场的继续开拓,今后公司业绩将处于稳定上升期。			

	截止日期	05年末	占%	主要股东及持股比例%、持股性质
股本结构（万股）	总股本	47387.08		中国南方工业集团公司 53.66%（国有股）
	国有股	25427.08	53.66	哈尔滨哈里投资股份有限公司 1.69%（流通A股）
	发起股			哈尔滨哈里慈善基金会 0.73%（流通A股）
	外资股			东方证券股份有限公司 0.46%（流通A股）
	募集股			哈尔滨地利养殖有限公司 0.46%（流通A股）
	流通A	21960	46.34	李卓 0.36%（流通A股）
	流通B			陈志钢 0.26%（流通A股）
	流通H			林世全 0.24%（流通A股）
股东户数	05年末	78303		迟丽珍 0.23%（流通A股）
	04年末	83508		哈尔滨道里区国债服务部 0.22%（流通A股）
其他流通股东	张知慧 0.223%			
近年分配			近年募资	

二〇〇五年以来市场表现

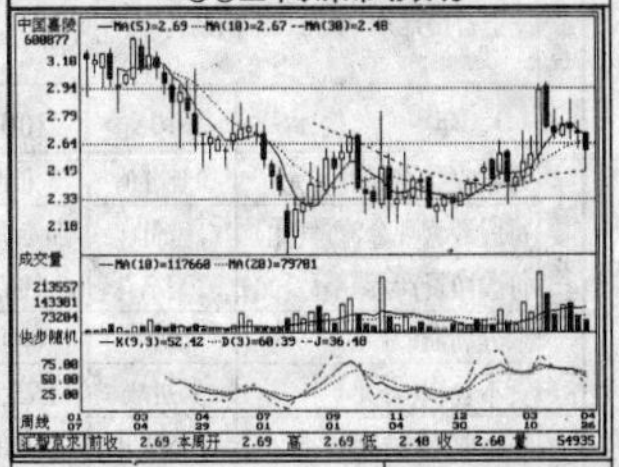

2005年涨跌幅(%)	－24.6
2005年最高(元)	3.25
2006年涨跌幅(%)	10.17
2006.4.26收盘(元)	2.6
2006年最高(元)	2:97
2006年最低(元)	2.3
2006年换手率(%)	67.69
股改对价	

G火箭（600879）

上市日期:95/11/15　　电话:027－85487719　　传真:027－85487727

主营：民用航天与运载火箭及配套装备、计算机技术及软硬件、电子测量与自动控制、新材料、通信产品、记录设备、仪器仪表、卫星导航等技术开发。

	年　度	2005	2004	2003
主要指标	每股收益/扣除后(元)	0.5/0.51	0.38	0.35/0.33
	每股经营现金流量(元)	0.08	0.43	0.08
	每股净资产/调整后(元)	3.29/3.28	2.87/2.85	2.7/2.7
	未分利润(万元)	43110.56	31840.09	27080.49
	资本公积(万元)	25167.38	24137.88	24137.88
利润构成	主营收入(万元)	101767.46	73478.84	60707.57
	主营利润(万元)	46913.07	33193.11	29153.53
	营业利润(万元)	20310.45	14400.84	13597.74
	投资收益(万元)	－264.17	326.75	14.75
	利润总额(万元)	19559.88	14737.37	13558.03
	净利润(万元)	17405.95	13362.4	12161.76

点评：2005年公司总部通过了国家一级保密资格认证、军工产品质量管理体系认证和武器装备科研生产许可证现场审核，竞争力大幅提升，业绩实现快速增长。06年公司借助已有航天技术优势，大力发展军民两用和民用产业。

	截止日期	05年末	占%	主要股东及持股比例%、持股性质
股本结构（万股）	总股本	35149.98		中国航天时代电子公司 24.019%（国有股）
	国有股			湖北聚源科技投资有限公司 8.128%（国有股）
	发起股			上海市企业年金发展中心华夏成长 3.11%（流通A股）
	外资股			武汉东湖创新科技投资有限公司 3.01%（国有股）
	募集股	14578.79	41.48	国泰君安证券股份有限公司 2.831%（流通A股）
	流通A	20571.19	58.52	中国银行－易方达策略成长证券投资基金 2.644%（流通A股）
	流通B			民生证券有限责任公司 2.388%（流通A股）
	流通H			深圳市海鑫田实业有限公司 2.195%（非流通股）
股东户数	05年末	12092		华夏证券有限公司 1.649%（流通A股）
	04年末	16023		武汉创科技术开发有限责任公司 1.618%（非流通股）

其他流通股东：中国银行－易方达平稳增长证券投资基金 1.603%；中国工商银行－上证50交易型开放式指数证券投资基金 1.379%

近年分配：05预案:10派1.4；04年:10派1　　**近年募资**：

二〇〇五年以来市场表现

2005年涨跌幅(%)	10.96
2005年最高(元)	11.92
2006年涨跌幅(%)	53.1
2006.4.26收盘(元)	9.97
2006年最高(元)	17.47
2006年最低(元)	11.05
2006年换手率(%)	144.67
股改对价	定向转增 每10股实际获得6.8股(06/02/13)

G博瑞（600880）

上市日期:95/11/15　　电话:028－7651183　　传真:028－7651183

主营：信息传播服务、报刊发行投递、高科技产品开发、国内贸易(除专项规定以外)、高低压电器开关制造及销售和环保系列产品的研制生产。

	年　度	2005	2004	2003
主要指标	每股收益/扣除后(元)	0.42/0.41	0.38/0.36	0.42/0.43
	每股经营现金流量(元)	0.74	0.32	0.92
	每股净资产/调整后(元)	2.45/2.22	2.04/1.91	2.41/2.26
	未分利润(万元)	9604.38	4554.09	3912.15
	资本公积(万元)	2119.25	2085	3383.57
利润构成	主营收入(万元)	54773.96	43459.19	34685.95
	主营利润(万元)	23779.13	19033.96	17047.24
	营业利润(万元)	13471.54	12211.25	11816.12
	投资收益(万元)	－1188.15	－1110.77	－2287.13
	利润总额(万元)	12248.65	11184.23	9516.15
	净利润(万元)	7592.09	6893.14	5505.02

点评：在平面媒体面临严峻发展环境的背景下，公司仍然保持较快增长。06年公司将加大媒体整合，实现跨媒体投资，发挥成都商报在地方的垄断优势，将广告及内容资源延伸到其他新媒体的平台。

	截止日期	05年末	占%	主要股东及持股比例%、持股性质
股本结构（万股）	总股本	18225.21		成都博瑞投资控股集团有限公司 29.81%（国有股）
	国有股			成都新闻宾馆 14.03%（国有股）
	发起股	7596.46	41.68	成都新阳实业投资有限公司 4.64%（非流通股）
	外资股			中国银行－海富通收益增长证券投资基金 2%（流通A股）
	募集股	4765.91	26.15	深圳市农村信用合作社联合社 1.8%（国有股）
	流通A	5862.84	32.17	深圳市旭能投资有限公司 1.8%（非流通股）
	流通B			中国工商银行－国联安德盛小盘精选证券投资基金 1.69%（流通A股）
	流通H			四川雪豪投资咨询有限公司 1.51%（非流通股）
股东户数	05年末	4307		四川省世旗投资管理有限责任公司 1.31%（非流通股）
	04年末	6438		交通银行－科汇证券投资基金 1.25%（流通A股）

其他流通股东：全国社保基金一零四组合 1.222%；交通银行－普惠证券投资基金 1.076%

近年分配：05方案:10派2.5；03年:10派0.75送3转增1　　**近年募资**：

二〇〇五年以来市场表现

2005年涨跌幅(%)	18.24
2005年最高(元)	13.3
2006年涨跌幅(%)	－7.67
2006.4.26收盘(元)	8.5
2006年最高(元)	14.28
2006年最低(元)	10.85
2006年换手率(%)	257.64
股改对价	送股 每10股实际获得3.1股(06/01/18)

亚泰集团（600881）

上市日期:95/11/15　　电话:0431－4956688　　传真:0431－4951400

主营：主营房地产、水泥、证券、制药等。

	年　度	2005	2004	2003
主要指标	每股收益/扣除后(元)	0.08/0.08	0.19	0.16/0.15
	每股经营现金流量(元)	0.31	0.96	－0.13
	每股净资产/调整后(元)	2.87/2.71	4.19/3.9	4.11/3.97
	未分利润(万元)	41591.03	36444.97	32878
	资本公积(万元)	94601.06	122225.72	122222.68
利润构成	主营收入(万元)	211813.31	200310.12	158076.9
	主营利润(万元)	42234.28	58011.81	40896.71
	营业利润(万元)	－2860.52	5617.37	5935.77
	投资收益(万元)	－759.48	－1364.37	1433.77
	利润总额(万元)	5031.48	13961.15	11124.26
	净利润(万元)	6537.11	10585.08	9031.49

点评：东北地区最大的水泥企业。尽管房地产业务发展良好，但由于水泥业务占一半以上的份额，2005年，在水泥市场需求放缓、产品价格下跌的困难形势下，公司主营收入略有增长，但净利润同比大幅下降。

	截止日期	05年末	占%	主要股东及持股比例%、持股性质
股本结构（万股）	总股本	83664.14		长春市国有资产监督管理委员会 32.38%（国有股）
	国有股	29338.6	35.07	辽源市财政局 2.68%（国有股）
	发起股	600	0.72	吉林省信托投资有限责任公司 0.72%（非流通股）
	外资股			傅育 0.33%（流通A股）
	募集股			蔡晓东 0.13%（流通A股）
	流通A	53725.55	64.22	孙亚芝 0.13%（流通A股）
	流通B			施昌树 0.12%（流通A股）
	流通H			招商银行股份有限公司－长城久泰中信标普300指数证券 0.11%（流通A股）
股东户数	05年末	143438		中国银行－嘉实沪深300指数证券投资基金 0.09%（流通A股）
	04年末	147032		徐艳春 0.07%（流通A股）

其他流通股东：宋尚龙 0.07%；周卫军 0.062%；于宗文 0.061%

近年分配：04年:10转增5　　**近年募资**：03年10配3配股价4.77元。

二〇〇五年以来市场表现

2005年涨跌幅(%)	－10.45
2005年最高(元)	4.72
2006年涨跌幅(%)	24.58
2006.4.26收盘(元)	2.99
2006年最高(元)	3.2
2006年最低(元)	2.39
2006年换手率(%)	105.35
股改对价	

G大成（600882）

上市日期:95/12/06　　电话:0533－2111919　　传真:0533－2113511

主营：化学农药及化工产品的制造和销售

	年　　度	2005	2004	2003
主要指标	每股收益/扣除后(元)	0.058/0.03	0.013	0.012/－0.03
	每股经营现金流量(元)	0.37	－0.69	0.08
	每股净资产/调整后(元)	2.69/2.25	2.63/2.28	2.63/2.3
	未分利润(万元)	2214.18	1257.92	1049.49
	资本公积(万元)	26024.87	26011.7	26005.18
利润构成	主营收入(万元)	62146.07	63005.55	46478.72
	主营利润(万元)	9564.43	9631.56	6121.57
	营业利润(万元)	2395.23	728.45	616.26
	投资收益(万元)	－1160.98	－556.9	－80.11
	利润总额(万元)	1199.93	164.62	267.2
	净利润(万元)	1077.25	238.46	225.81

点评：公司2005年受资金紧张、电力不足等因素影响，产品销量同比有所降低。但费用的严格控制使得公司净利润同比有较大提高。公司热电工程已投入试运行，拟除虫菊酯项目也试车成功，有望带来未来的业绩增长。

股本结构（万股）	截止日期	05年末	占%	主要股东及持股比例%、持股性质
	总股本	18584.91		淄博市财政局 47.21%（国有股）
	国有股	8773.91	47.21	张店向阳化工厂 0.316%（非流通股）
	发起股			罗辉 0.126%（流通A股）
	外资股			陈丹艳 0.118%（流通A股）
	募集股	128.03	0.69	李兴成 0.116%（流通A股）
	流通A	9682.96	52.1	鲍秀清 0.109%（流通A股）
	流通B			朱晔 0.104%（流通A股）
	流通H			陶琴娣 0.097%（流通A股）
股东户数	05年末	50879		弋国海 0.095%（流通A股）
	04年末	53961		宋晔 0.083%（流通A股）
其他流通股东	平湖市财通网络信息咨询有限责任公司 0.081%；程德利 0.078%			
近年分配	05预案:10转增1.5		近年募资	

二〇〇五年以来市场表现

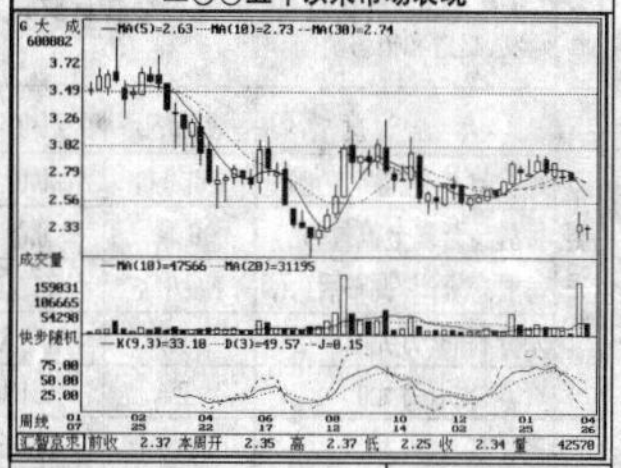

2005年涨跌幅(%)	－25.99
2005年最高(元)	3.95
2006年涨跌幅(%)	17.89
2006.4.26收盘(元)	2.34
2006年最高(元)	3.27
2006年最低(元)	2.62
2006年换手率(%)	44.89
股改对价	送股 每10股实际获得3.2股(06/04/17)

博闻科技（600883）

上市日期:95/12/08　　电话:0875－2221731　　传真:0875－2221732

主营：硅酸盐水泥、水泥熟料及其他建材产品的制造、销售；计算机硬件生产、软件开发和网络开发、信息服务。

	年　　度	2005	2004	2003
主要指标	每股收益/扣除后(元)	0.025/0.033	0.017	0.009/0.016
	每股经营现金流量(元)	0.247	－0.338	－0.023
	每股净资产/调整后(元)	1.34/1.32	1.32/1.3	1.3/1.28
	未分利润(万元)	1232.02	833.47	584.43
	资本公积(万元)	2714.33	2693.34	2672.21
利润构成	主营收入(万元)	13225.74	13815.61	13036.97
	主营利润(万元)	3401.09	2297.26	1834.8
	营业利润(万元)	－989.11	－1412.71	－670.78
	投资收益(万元)	1245.16	1089.05	499.54
	利润总额(万元)	779.03	313.77	190.22
	净利润(万元)	494.24	340.65	187.54

点评：2005年公司水泥业务和IT业务均有一定程度的增长，商品贸易业务因盈利情况不理想受到压缩，毛利率水平得到提高。公司利润增长主要来自盈利能力的提升及投资收益的增加。

股本结构（万股）	截止日期	05年末	占%	主要股东及持股比例%、持股性质
	总股本	19818		深圳市得融投资发展有限公司 20.44%（非流通股）
	国有股			北京北大资源科技有限公司 14.53%（非流通股）
	发起股	2700	13.62	云南省保山建材实业集团公司 13.62%（国有股）
	外资股			云南圣地投资有限公司 12.72%（非流通股）
	募集股	10800	54.5	云南省设计院 1.36%（非流通股）
	流通A	6318	31.88	云南省腾冲县保商腾号 1.36%（非流通股）
	流通B			深圳市通乾投资股份有限公司 0.41%（非流通股）
	流通H			保山市永昌村镇建设开发有限责任公司 0.3%（非流通股）
股东户数	05年末	25391		保山地区建筑工程总公司 0.27%（非流通股）
	04年末	28372		保山地区化轻建材公司 0.27%（非流通股）
其他流通股东	谢彩霞 0.161%；华源投资 0.141%；孙景忠 0.132%；莫建波 0.106%；曹薇 0.1%；汪引 0.096%；王云青 0.095%			
近年分配			近年募资	

二〇〇五年以来市场表现

2005年涨跌幅(%)	－4.52
2005年最高(元)	6.3
2006年涨跌幅(%)	8.27
2006.4.26收盘(元)	4.58
2006年最高(元)	5.99
2006年最低(元)	3.98
2006年换手率(%)	241.42
股改对价	

G杉杉（600884）

上市日期:96/01/30　　电话:0574－88208375　　传真:0574－88208375

主营：西服、休闲服、衬衫、时装等的生产和销售。

	年　　度	2005	2004	2003
主要指标	每股收益/扣除后(元)	0.183/0.152	0.22	0.21/0.204
	每股经营现金流量(元)	0.346	0.39	0.248
	每股净资产/调整后(元)	3.5/3.41	3.43/3.31	3.32/3.3
	未分利润(万元)	13231.02	14343.9	13885.59
	资本公积(万元)	52057.82	52049.81	52069.72
利润构成	主营收入(万元)	124137.16	100073.94	86040.41
	主营利润(万元)	27344.1	24955.9	21417.63
	营业利润(万元)	10535.83	9420.67	8588.44
	投资收益(万元)	－1195.87	1071.93	457.26
	利润总额(万元)	11932.73	11546.2	10622.79
	净利润(万元)	7514.12	9023.68	8614

点评：2005年，因锂离子电池材料销售收入大幅增长，导致了其主营业务收入取得了较好增长，但是其利润却呈现了较大幅度的下滑。多元化并没有为公司的再次创业带来多少利益，预计06年其经营业绩还将保持05年的疲态。

股本结构（万股）	截止日期	05年末	占%	主要股东及持股比例%、持股性质
	总股本	41085.82		杉杉集团有限公司 36.66%（非流通股）
	国有股	17576.18	42.78	百联集团有限公司 2.95%（国有股）
	发起股			上海永博实业有限公司 2.43%（非流通股）
	外资股			刘再兴 0.82%（流通A股）
	募集股	711.16	1.73	鄞州经济建设投资咨询有限公司 0.68%（国有股）
	流通A	22798.48	55.49	宁波甬城房地产总公司 0.56%（非流通股）
	流通B			余姚市宝马印刷器材有限公司 0.37%（非流通股）
	流通H			天津安彩科技发展有限公司 0.26%（流通A股）
股东户数	05年末	75759		熊福堂 0.25%（流通A股）
	04年末	75578		阮庆琚 0.2%（流通A股）
其他流通股东	林国扬 0.195%；李宗平 0.192%；王芬 0.177%；林少刚 0.17%；任晋花 0.153%；林东贵 0.143%			
近年分配	05方案:10派1；04年:10派1；03年:10派1		近年募资	

二〇〇五年以来市场表现

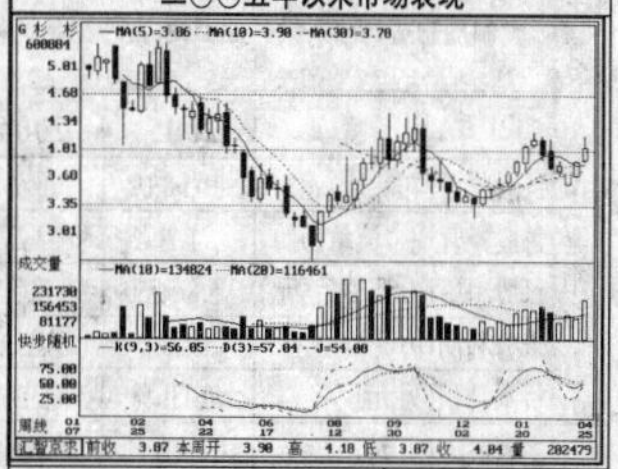

2005年涨跌幅(%)	－26.15
2005年最高(元)	5.34
2006年涨跌幅(%)	23.44
2006.4.26收盘(元)	4.04
2006年最高(元)	4.6
2006年最低(元)	3.58
2006年换手率(%)	58.33
股改对价	送股 每10股实际获得1股(06/04/25)

力诺太阳(600885)

上市日期:96/02/05　　电话:027—68850733　　传真:027—68850679

主营：太阳能光热转化材料——高硼硅管材及其系列产品的开发、制造和销售。

	年　度	2005	2004	2003
主要指标	每股收益/扣除后(元)	0.01/0.01	0.02	0.08/0.07
	每股经营现金流量(元)	0.49	0.01	0.58
	每股净资产/调整后(元)	1.62/1.38	1.61/1.51	1.59/1.58
	未分利润(万元)	1169	1028.53	833.23
	资本公积(万元)	6256	6254.44	6233.33
利润构成	主营收入(万元)	31803.61	31696.38	23493.75
	主营利润(万元)	5374.36	5196.66	4752.27
	营业利润(万元)	89.33	191.49	744.86
	投资收益(万元)	327.48	256.48	582.23
	利润总额(万元)	403.41	442.94	1326.57
	净利润(万元)	165.25	229.78	980.26

点评：公司属于太阳能光热行业上游龙头企业,是全球高硼硅行业主要供应商。近年来由于行业产能迅速扩张和产品价格下滑,以及能源和原材料价格上涨的影响,公司业绩出现下降。目前我国可再生能源产业进入快速发展时期,将给公司带来发展机遇。

股本结构(万股)	截止日期	05年末	占%	主要股东及持股比例%、持股性质
	总股本	12980.71		山东力诺新材料有限公司 21.98%(非流通股)
	国有股			力诺集团有限责任公司 7.89%(非流通股)
	发起股			武汉电缆集团有限公司 3.38%(非流通股)
	外资股			武汉开元科技创业投资有限公司 3.38%(非流通股)
	募集股	7993.91	61.58	济南德信诚商贸有限公司 3%(非流通股)
	流通A	4986.8	38.42	上海浦宁科技发展有限公司 1.4%(非流通股)
	流通B			海南伟邦投资发展有限公司 1.4%(非流通股)
	流通H			武汉市科技城市信用社 0.91%(非流通股)
股东户数	05年末	21894		铁道第四勘察设计院 0.84%(非流通股)
	04年末	19693		杭州国梁经济信息咨询有限公司 0.77%(非流通股)

其他流通股东：张涛 0.177%;陈庆星 0.168%;宋国君 0.16%;智诚科技 0.131%;王爱军 0.127%;刘武平 0.121%;胡书英 0.116%

近年分配：　　**近年募资**：

二〇〇五年以来市场表现

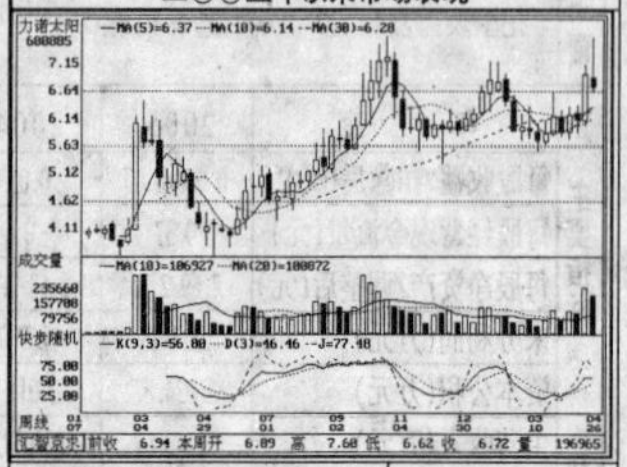

2005年涨跌幅(%)	53.25
2005年最高(元)	7.65
2006年涨跌幅(%)	9.63
2006.4.26收盘(元)	6.72
2006年最高(元)	7.6
2006年最低(元)	5.52
2006年换手率(%)	328.36
股改对价	

G华靖(600886)

上市日期:96/01/18　　电话:(010)68096868　　传真:(010)68096866

主营：投资建设、经营管理以电力生产为主的能源项目;开发及经营新能源项目、高新技术、环保产业;开发和经营电力配套产品及信息、咨询服务。

	年　度	2005	2004	2003
主要指标	每股收益/扣除后(元)	0.674/0.69	0.583/0.6	0.73/0.78
	每股经营现金流量(元)	2.46	1.99	2.82
	每股净资产/调整后(元)	2.45/2.2	2.39/2.13	3.65/3.65
	未分利润(万元)	40436.95	42856.87	15885.46
	资本公积(万元)	21957.06	21891.06	50053.9
利润构成	主营收入(万元)	305676.45	237785.09	137659.72
	主营利润(万元)	98162.21	84821.86	52149.85
	营业利润(万元)	60104.81	54326.79	33911.64
	投资收益(万元)	12870.35	9592.56	6733.68
	利润总额(万元)	70931.41	61940.62	39255.44
	净利润(万元)	37953.27	32846.45	21481.07

点评：2005年末,公司总装机容量和权益装机容量同比小幅增长,发电量和上网电量同比增幅超过30%。煤炭价格上涨,导致公司业绩未有同步上涨。公司2006年收购集团公司发电企业可望成行,规模的迅速扩大将部分对冲未来发电小时下降及成本上升的负面影响。

股本结构(万股)	截止日期	05年末	占%	主要股东及持股比例%、持股性质
	总股本	56349.17		国家开发投资公司 50.98%(国有股)
	国有股	29305.29	52.01	中国平安人寿保险股份有限公司-传统-普通保险产品 2.91%(流通A股)
	发起股			海通-中行-FORTIS BANK SA/NV 2.42%(流通A股)
	外资股			中国银行-海富通收益增长证券投资基金 2.11%(流通A股)
	募集股			交通银行-海富通精选证券投资基金 1.77%(流通A股)
	流通A	27043.88	47.99	长江证券有限责任公司 1.57%(流通A股)
	流通B			招商银行股份有限公司-招商股票投资基金 1.03%(流通A股)
	流通H			上海浦东实华经济发展公司 1.03%(国有股)
股东户数	05年末	25604		全国社保基金一一零组合 0.91%(流通A股)
	04年末	22445		长城证券有限责任公司 0.89%(流通A股)

其他流通股东：交通银行-普惠证券投资基金 0.869%;中国工商银行-金泰证券投资基金 0.863%

近年分配：05中期:10派5 年终:10派1.3;04中期:10转增10 年终:10派1　　**近年募资**：

二〇〇五年以来市场表现

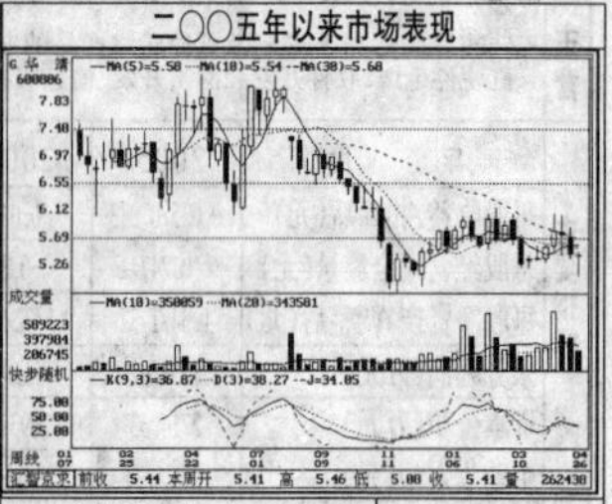

2005年涨跌幅(%)	4.08
2005年最高(元)	9.31
2006年涨跌幅(%)	-0.18
2006.4.26收盘(元)	5.41
2006年最高(元)	6.15
2006年最低(元)	5.21
2006年换手率(%)	225.83
股改对价	送股 每10股实际获得2.6股(05/08/09)

G伊利(600887)

上市日期:96/03/12　　电话:0471-3601621　　传真:0471-3601615

主营：乳制品制造,食品、饮料加工,农畜产品及饲料加工。

	年　度	2005	2004	2003
主要指标	每股收益/扣除后(元)	0.75/0.69	0.61	0.51/0.47
	每股经营现金流量(元)	1.71	3.22	1.3
	每股净资产/调整后(元)	5.8/5.55	5.28/5.16	4.99/4.85
	未分利润(万元)	41173.8	30515.87	27884.22
	资本公积(万元)	102131.98	101319.51	99920.11
利润构成	主营收入(万元)	1217526.41	873499.1	629933.35
	主营利润(万元)	347948.97	255716.83	199720.61
	营业利润(万元)	47678.33	38263.55	30831.53
	投资收益(万元)	412.07	-1904.03	26.51
	利润总额(万元)	49161.14	37887.86	31889.15
	净利润(万元)	29338.61	23912.9	19958.99

点评：液态奶业务继续表现出高增长但毛利率下滑的特征,酸奶等高利润率业务增长实现翻番,但由于UHT依然是公司主要收入来源,价格竞争及成本微涨导致毛利率继续下滑,但幅度有所放缓。预计未来两三年内业绩增长依然靠规模来实现。

股本结构(万股)	截止日期	05年末	占%	主要股东及持股比例%、持股性质
	总股本	39126.5		呼和浩特投资有限责任公司 14.33%(非流通股)
	国有股			呼和浩特市启元投资有限公司 4.38%(非流通股)
	发起股			博时价值增长证券投资基金 3.29%(流通A股)
	外资股			中信经典配置证券投资基金 2.68%(流通A股)
	募集股	13355.43	34.13	呼和浩特市华世商贸有限公司 2.16%(非流通股)
	流通A	25771.07	65.87	内蒙古财信实业有限责任公司 1.85%(非流通股)
	流通B			上证50交易型开放式指数证券投资基金 1.67%(流通A股)
	流通H			工银瑞信核心价值股票型证券投资基金 1.49%(流通A股)
股东户数	05年末	16929		内蒙古元和实业股份有限公司 1.47%(非流通股)
	04年末	28739		普丰证券投资基金 1.42%(流通A股)

其他流通股东：全国社保基金一零二组合 1.278%;华夏回报证券投资基金 1.274%;宝康消费品证券投资基金 1.127%

近年分配：05年:10派2.6;04年:10派2.5;03年:10派3.3　　**近年募资**：

二〇〇五年以来市场表现

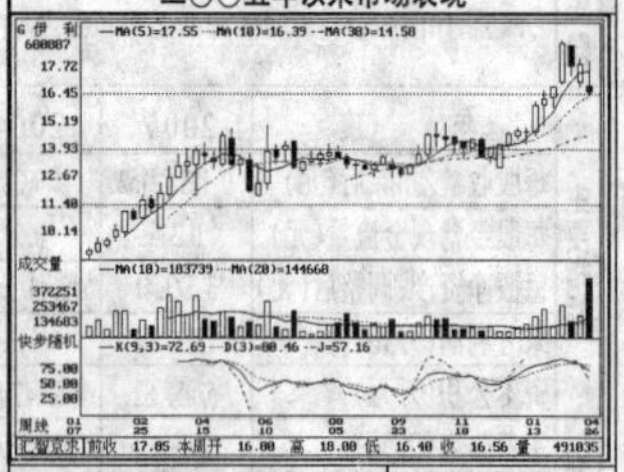

2005年涨跌幅(%)	63.65
2005年最高(元)	15.4
2006年涨跌幅(%)	25.14
2006.4.26收盘(元)	16.56
2006年最高(元)	20.02
2006年最低(元)	14.14
2006年换手率(%)	59.97
股改对价	转增 派现 权证 每10股实际获得4.39股3.947元(06/04/24)

新疆众和（600888）

上市日期:96/02/15　电话:0991—6689800　传真:0991—6689999

主营	铝及铝制品的生产、销售。			
	年　度	2005	2004	2003
主要指标	每股收益/扣除后(元)	0.566/0.57	0.554	0.343/0.48
	每股经营现金流量(元)	0.97	1.51	0.17
	每股净资产/调整后(元)	4.06/3.92	3.52/3.09	2.96/2.6
	未分利润(万元)	15133.21	10969.63	6592.06
	资本公积(万元)	10731.09	10677.34	10629.64
利润构成	主营收入(万元)	59371.99	58525.28	48080.34
	主营利润(万元)	19985.06	21051.56	17569.4
	营业利润(万元)	6620.55	6912.1	5515.71
	投资收益(万元)	5.66	226.73	447.32
	利润总额(万元)	6536.01	6364.85	4161.03
	净利润(万元)	5850.85	5722.65	3543.79
点评	2005年,公司克服了原材料价格上涨等不利影响。报告期内主营业务利润下降主要因为公司主要原材料氧化铝大幅涨价导致公司生产成本增加。按照国家"十一五"发展规划,公司发展的电子新材料产业将成为民族电子工业发展的基础,未来业绩快速成长可期。			

股本结构(万股)	截止日期	05年末	占%	主要股东及持股比例%、持股性质
	总股本	10338.9		特变电工股份有限公司 29.42%（非流通股）
	国有股	2608.7	25.23	云南博闻科技实业股份有限公司 25.23%（国有股）
	发起股	4805.2	46.48	新疆国际信托投资有限责任公司 7.74%（非流通股）
	外资股			上海宝山杨行铜材厂 5.05%（非流通股）
	募集股			上海紫光投资发展有限公司 0.73%（非流通股）
	流通A	2925	28.29	上海颂扬实业有限公司 0.48%（非流通股）
	流通B			于聚宝 0.41%（流通A股）
	流通H			上海晶涟贸易有限公司 0.39%（非流通股）
股东户数	05年末	14839		上海晶灿工贸有限公司 0.29%（非流通股）
	04年末	15591		李军平 0.28%（流通A股）
其他流通股东	赵金玲 0.276%；郭松英 0.162%；付建卫 0.125%；周筱龙 0.116%；宋德贵 0.114%；孟云珍 0.107%；沈维娜 0.094%			
近年分配	05预案:10派0.5；04年:10派0.2	近年募资		

二〇〇五年以来市场表现

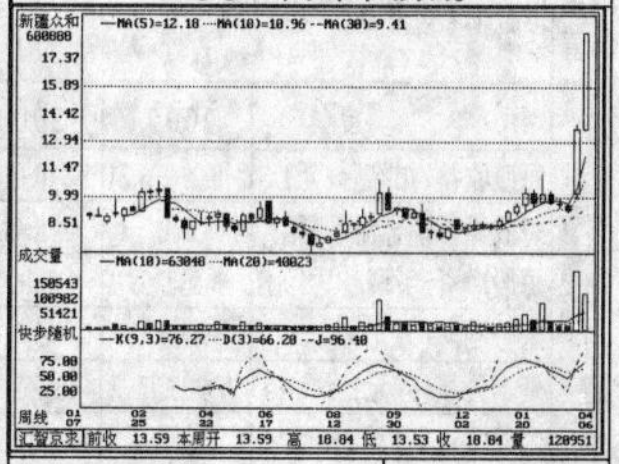

2005年涨跌幅(%)	-3.1
2005年最高(元)	10.92
2006年涨跌幅(%)	115.81
2006.4.26收盘(元)	18.84
2006年最高(元)	18.84
2006年最低(元)	8.65
2006年换手率(%)	215.55
股改对价	定向转增 每10股实际获得5.09股

南京化纤（600889）

上市日期:96/03/08　电话:025－5561011　传真:025－5562809

主营	粘胶长丝的生产和销售以及自来水的生产和供应。			
	年　度	2005	2004	2003
主要指标	每股收益/扣除后(元)	0.1/0.1	0.21	0.4/0.43
	每股经营现金流量(元)	0.59	0.75	-0.02
	每股净资产/调整后(元)	3.32/3.31	3.12/3.1	3.52/3.51
	未分利润(万元)	15174.92	14628.1	13962.85
	资本公积(万元)	20235.54	17416.38	19031.85
利润构成	主营收入(万元)	55939.6	59146.88	68686.16
	主营利润(万元)	9435.36	11437.39	14272.02
	营业利润(万元)	2987.78	6098.79	8623.56
	投资收益(万元)	-11.72	-367.24	-62.33
	利润总额(万元)	2925.69	5990.38	8118.38
	净利润(万元)	1903.88	4109.42	6534.14
点评	公司2005年利润大幅下降,主要原因包括:限产并淘汰了老装置,粘胶长丝产量下降;棉绒、碱、煤等原材料价格上涨,增加了公司生产成本;粘胶市场持续低迷,公司产品出厂价格同比下降;控股子公司南京维卡盈利下降;增加长期借款,导致财务费用增加。			

股本结构(万股)	截止日期	05年末	占%	主要股东及持股比例%、持股性质
	总股本	19385.69		南京市国有资产经营(控股)有限公司 53.2%（国有股）
	国有股	10618.66	54.78	南京纺织产业(集团)有限公司 1.57%（国有股）
	发起股			江苏省海外企业集团有限公司 0.77%（非流通股）
	外资股			马鞍山金星化工(集团)有限公司 0.29%（非流通股）
	募集股	748.8	3.86	南京市棉麻公司 0.24%（非流通股）
	流通A	8018.23	41.36	左传慧 0.22%（流通A股）
	流通B			凡弘烨 0.21%（流通A股）
	流通H			南京纺织工贸实业(集团)公司 0.19%（非流通股）
股东户数	05年末	27172		候振兴 0.19%（流通A股）
	04年末	28247		梁广祥 0.15%（流通A股）
其他流通股东	杜玲玲 0.119%；曹德芳 0.103%；黄行 0.085%；周永夫 0.084%；庾忠林 0.081%；葛日红 0.077%			
近年分配	04年:10派0.4；03年:10派0.3送1转增1	近年募资		

二〇〇五年以来市场表现

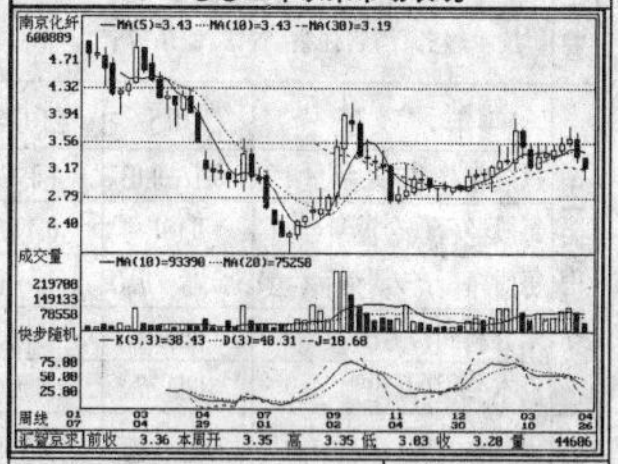

2005年涨跌幅(%)	-37.58
2005年最高(元)	5.09
2006年涨跌幅(%)	10.35
2006.4.26收盘(元)	3.2
2006年最高(元)	3.89
2006年最低(元)	2.87
2006年换手率(%)	174.53
股改对价	

＊ST中房（600890）

上市日期:96/03/18　电话:010－82608975　传真:010－82608847

主营	摩托车、发动机、动力机械及电子产品的制造与销售。			
	年　度	2005	2004	2003
主要指标	每股收益/扣除后(元)	-0.52/-0.144	-0.23	0.012/0.06
	每股经营现金流量(元)	0.2	-0.31	0.61
	每股净资产/调整后(元)	0.73/0.73	1.24/1.23	1.45/1.45
	未分利润(万元)	-33449.48	-8132.32	3481.72
	资本公积(万元)	10977.35	10593.22	10141.06
利润构成	主营收入(万元)	44893.38	92890.01	60774.04
	主营利润(万元)	3362.19	8129.23	12617.74
	营业利润(万元)	-1561.88	-18.4	7682.92
	投资收益(万元)	-21213.38	-9164.61	-1892.82
	利润总额(万元)	-24310.73	-9323.58	5181.08
	净利润(万元)	-25171.12	-11312.61	596.32
点评	05年由于控股子公司的房产项目已经基本销售完毕,导致主营收入同比大幅下降,加之计提大额短期投资减值准备,05年大幅亏损。未来公司将整合资源,加大土地储备,严格控制成本,保持主营收入稳定增长,力争扭亏为盈。			

股本结构(万股)	截止日期	05年末	占%	主要股东及持股比例%、持股性质
	总股本	48485.1		中国房地产开发集团公司 29.78%（国有股）
	国有股	14438.7	29.78	上海唯亚实业投资有限公司 22%（非流通股）
	发起股	13536.85	27.92	江门市蓬江区荣盛实业有限公司 1.12%（非流通股）
	外资股			南京君悦投资咨询有限公司 0.94%（非流通股）
	募集股			江阴金环纱业有限公司 0.84%（流通A股）
	流通A	20509.55	42.3	江阴广卓商贸有限公司 0.75%（流通A股）
	流通B			中国农业银行上海市分行 0.68%（流通A股）
	流通H			海南大宏物业投资公司 0.65%（流通A股）
股东户数	05年末	19047		广州市宇华商业配送有限公司 0.59%（非流通股）
	04年末	19548		九台市卡伦长铃丰鑫实业有限公司 0.53%（非流通股）
其他流通股东	巨化集团公司设备材料公司 0.444%；四川省光华教育发展基金会 0.41%；初兰 0.216%；耿道洪 0.208%			
近年分配		近年募资		

二〇〇五年以来市场表现

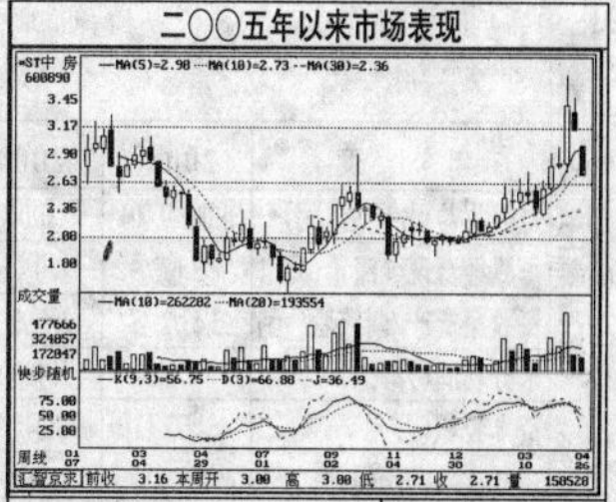

2005年涨跌幅(%)	-26.18
2005年最高(元)	3.29
2006年涨跌幅(%)	33.5
2006.4.26收盘(元)	2.71
2006年最高(元)	3.72
2006年最低(元)	2.04
2006年换手率(%)	176.32
股改对价	

ST秋林（600891）

上市日期:96/03/25　　电话:0451－3644632　　传真:0451－3649282

主营	商业零售批发。			
	年　度	2005	2004	2003
主要指标	每股收益/扣除后(元)	-0.29/-0.24	0.03	-0.66/-0.634
	每股经营现金流量(元)	0.03	0.44	0.04
	每股净资产/调整后(元)	0.86/0.38	1.16/1	0.97/0.43
	未分利润(万元)	-7984.42	-33572.32	-34039.56
	资本公积(万元)	4625.77	33752.96	29723.25
利润构成	主营收入(万元)	18090.89	6445.33	15144.76
	主营利润(万元)	5919.29	1519.66	3112.55
	营业利润(万元)	-5420.67	-4724.76	-10970.28
	投资收益(万元)	-364.38	477.84	-3630.62
	利润总额(万元)	-7079.71	686.63	-16132.67
	净利润(万元)	-7034.2	722.36	-16063.96
点评	2005年是公司由国有控股的上市公司向非国有控股上市公司转轨后的第一个完整的经营年份。报告期内公司通过转换经营机制、调整商品结构、盘活闲置资产等措施,推动了主营收入和主营利润的大幅攀升,但仍未摆脱营业利润、净利润亏损局面。			

	截止日期	05年末	占%	主要股东及持股比例%、持股性质
股本结构（万股）	总股本	24356.41		黑龙江奔马实业集团有限公司 24.599%（非流通股）
	国有股			康佳集团股份有限公司 3.839%（非流通股）
	发起股			海南银江实业投资有限公司 3.757%（非流通股）
	外资股			秋林公司食品厂 1.632%（非流通股）
	募集股	5423.11	22.27	联合证券有限责任公司 1.536%（非流通股）
	流通A	12941.93	53.14	黑龙江天成物业有限公司 1.536%（非流通股）
	流通B			上海彭家灯火酒家 1.202%（非流通股）
	流通H			深圳港京裘革厂有限公司 1.152%（非流通股）
股东户数	05年末	30246		哈尔滨医药集团公司 0.768%（非流通股）
	04年末	33448		天润集团有限公司 0.576%（非流通股）
其他流通股东	王国全 0.441%；孟繁旭 0.408%；黄代秀 0.394%；刘强 0.376%；阿木子哈 0.361%；罗仁俊 0.328%；周玉珍 0.325%			
近年分配			近年募资	

二〇〇五年以来市场表现

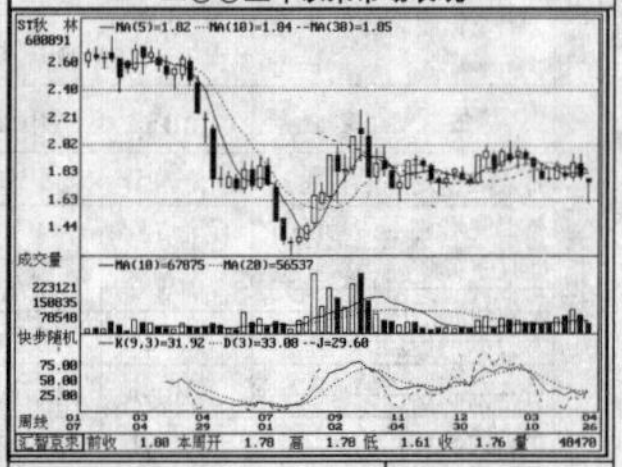

2005年涨跌幅(%)	-31.4
2005年最高(元)	2.79
2006年涨跌幅(%)	-0.57
2006.4.26收盘(元)	1.76
2006年最高(元)	2.04
2006年最低(元)	1.61
2006年换手率(%)	79.08
股改对价	

ST湖科（600892）

上市日期:96/03/15　　电话:0311－86052380　　传真:0311－86218360

主营	电线、电缆制造;专用设备制造、数控设备开发生产和相关技术服务;酒店住宿、餐饮、娱乐等。			
	年　度	2005	2004	2003
主要指标	每股收益/扣除后(元)	0.021/-0.037	-0.476	-1.361/-0.914
	每股经营现金流量(元)	0.091	0.1986	0.0273
	每股净资产/调整后(元)	-0.46/-0.47	-0.5/-0.57	-0.02/-0.13
	未分利润(万元)	-19357.14	-19405.28	-16983.03
	资本公积(万元)	11052.37	10985.44	10950.27
利润构成	主营收入(万元)	7116.62	9509.35	11201.57
	主营利润(万元)	1137.19	1562.58	1573.57
	营业利润(万元)	488.06	-2195.5	-5811.05
	投资收益(万元)		-304.11	-1626.58
	利润总额(万元)	430.52	-2516.92	-7125.42
	净利润(万元)	107.65	-2404.28	-6874.62
点评	公司主营业务是电线电缆制造以及酒店注册、餐饮、娱乐。05年通过努力控制费用等手段实现扭亏,但是业务过于多元,经营杠杆高,是制约今后发展的不利因素。			

	截止日期	05年末	占%	主要股东及持股比例%、持股性质
股本结构（万股）	总股本	5050		中国华星汽车贸易(集团)公司 29.56%（非流通股）
	国有股			贵州汇黔实业有限公司 10.86%（非流通股）
	发起股			中国博泓投资有限公司 5.15%（非流通股）
	外资股			上海国拍电子商务有限公司 4.95%（非流通股）
	募集股	3519.03	69.68	上海葆鑫企业发展有限公司 4.59%（非流通股）
	流通A	1530.97	30.32	海南谦益金泰投资有限公司 3.5%（非流通股）
	流通B			海南博妮达贸易有限公司 2.38%（非流通股）
	流通H			上海元昌汽车配件有限公司 1.98%（非流通股）
股东户数	05年末	3642		石家庄市军兴实业公司 1.14%（非流通股）
	04年末	3322		石家庄神威药业股份有限公司 0.99%（非流通股）
其他流通股东	肖声扬 0.933%；景桦 0.555%；佳力房开 0.4%；毕生 0.359%；鲍露 0.279%；张越 0.275%；王小宾 0.238%			
近年分配			近年募资	

二〇〇五年以来市场表现

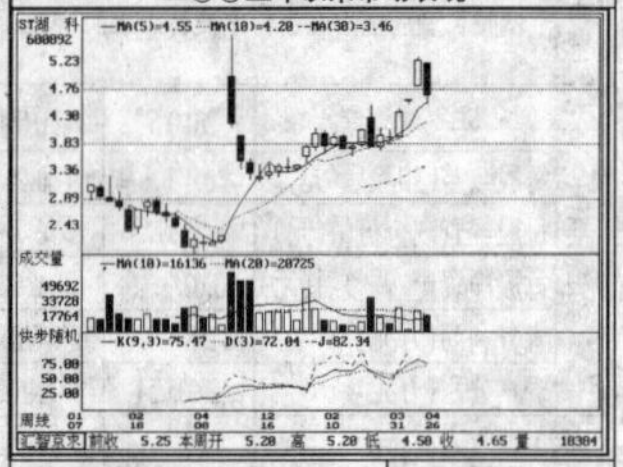

2005年涨跌幅(%)	13.62
2005年最高(元)	5.7
2006年涨跌幅(%)	35.97
2006.4.26收盘(元)	4.65
2006年最高(元)	5.3
2006年最低(元)	3.36
2006年换手率(%)	177.2
股改对价	

华润生化（600893）

上市日期:96/04/08　　电话:0431－4633652　　传真:0431－4633639

主营	以玉米深加工为主业、以房地产开发为辅业。			
	年　度	2005	2004	2003
主要指标	每股收益/扣除后(元)	0.009/0.004	0.044	0.13/0.09
	每股经营现金流量(元)	0.672	0.41	-0.15
	每股净资产/调整后(元)	2.53/2.47	2.52/2.45	2.47/2.33
	未分利润(万元)	-573.74	-1914.3	-17856.41
	资本公积(万元)	34973.13	36345.11	48932.17
利润构成	主营收入(万元)	105899.69	107908.24	90480.9
	主营利润(万元)	21062.25	21399.79	16366.79
	营业利润(万元)	4412.84	3990.37	3849.92
	投资收益(万元)	339.71	-283.61	1133.3
	利润总额(万元)	4013.88	3885.24	4722.77
	净利润(万元)	220.97	1026.61	3052.56
点评	公司核心业务是以玉米为原料的玉米深加工业。报告期内玉米淀粉的平均售价比去年同期降低,且大于玉米价格降低幅度,影响综合毛利率下降。同时,下属控股子公司华润赛力事达玉米工业有限公司05年仍亏损。			

	截止日期	05年末	占%	主要股东及持股比例%、持股性质
股本结构（万股）	总股本	23491.09		华润(集团)有限公司 37.03%（外资股）
	国有股	1343.34	5.72	中国信达资产管理公司 2.675%（国有股）
	发起股	392.77	1.67	上海市原材料开发投资公司 1.705%（国有股）
	外资股	8697.84	37.03	深圳市清水河实业公司 1.672%（非流通股）
	募集股	1525.45	6.49	东北证券有限责任公司 1.338%（国有股）
	流通A	11531.69	49.09	吉林森工集团松江河林业有限公司 1.003%（非流通股）
	流通B			太原市唐都大酒店 0.669%（非流通股）
	流通H			中国银行－湘财荷银行业精选证券投资基金 0.596%（流通A股）
股东户数	05年末	32083		惠州市金山实业总公司 0.543%（非流通股）
	04年末	39208		中国太平洋财产保险股份有限公司 0.541%（国有股）
其他流通股东	交通银行－湘财合丰价值优化型成长类行业基金 0.51%；中信证券股份有限公司 0.427%；杨晓红 0.338%			
近年分配			近年募资	

二〇〇五年以来市场表现

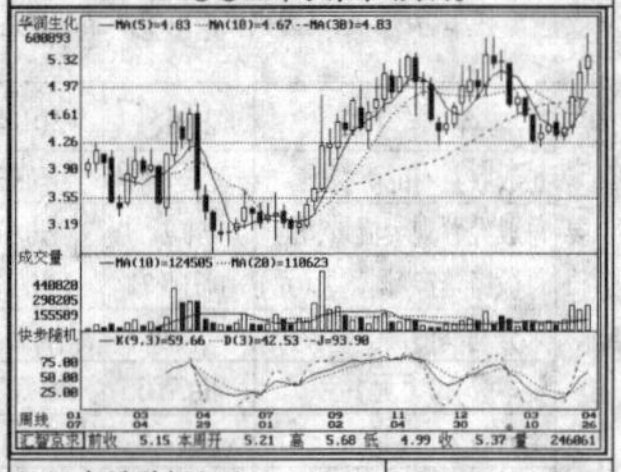

2005年涨跌幅(%)	23.94
2005年最高(元)	5.41
2006年涨跌幅(%)	8.05
2006.4.26收盘(元)	5.37
2006年最高(元)	5.68
2006年最低(元)	4.2
2006年换手率(%)	170.07
股改对价	

G广钢(600894)

上市日期:96/03/28　　电话:020－81809182　　传真:020－81809182

主营	生产钢铁产品、焦炭化工产品、各种气体			
	年　　度	2005	2004	2003
主要指标	每股收益/扣除后(元)	-0.192/-0.193	0.231/0.23	0.402/0.4
	每股经营现金流量(元)	0.13	-0.12	0.405
	每股净资产/调整后(元)	1.53/1.51	1.86/1.83	2.69/2.69
	未分利润(万元)	-7598.82	12150.77	7417.92
	资本公积(万元)	39623.88	39161.08	71774.6
利润构成	主营收入(万元)	672219.59	1009987.04	664356.39
	主营利润(万元)	4265.17	44892.61	46255.09
	营业利润(万元)	-19590.76	27182.4	31381
	投资收益(万元)	71.27	80.29	12.79
	利润总额(万元)	-19417.74	27367.19	31376.89
	净利润(万元)	-19749.59	23752.69	27553.77
点评	公司主营建筑钢材,逐步向物流行业转型。2005年钢铁主业受钢价大幅下滑影响,表现不佳;物流业务也没有转机。2006年钢铁行业前景仍不乐观,公司的搬迁以及其他业务的发展值得期待。			

股本结构(万股)	截止日期	05年末	占%	主要股东及持股比例%、持股性质
	总股本	102927		广州钢铁企业集团有限公司 51.44%(国有股)
	国有股	52945.46	51.44	金钧有限公司 14.53%(外资股)
	发起股			粤海企业(集团)有限公司 10.47%(外资股)
	外资股	25728	25	王京峰 0.75%(流通A股)
	募集股			白强 0.29%(流通A股)
	流通A	24253.54	23.56	李守国 0.13%(流通A股)
	流通B			文萍 0.12%(流通A股)
	流通H			中国华电电站装备工程(集团)总公司 0.09%(流通A股)
股东户数	05年末	36232		高红 0.08%(流通A股)
	04年末	30892		方炎金 0.08%(流通A股)
其他流通股东	丁金兴 0.076%;李谦 0.073%;北京华尔富投资咨询有限公司 0.072%			
近年分配	04年:10派1.5;03年:10派2.7转增5		近年募资	

二〇〇五年以来市场表现

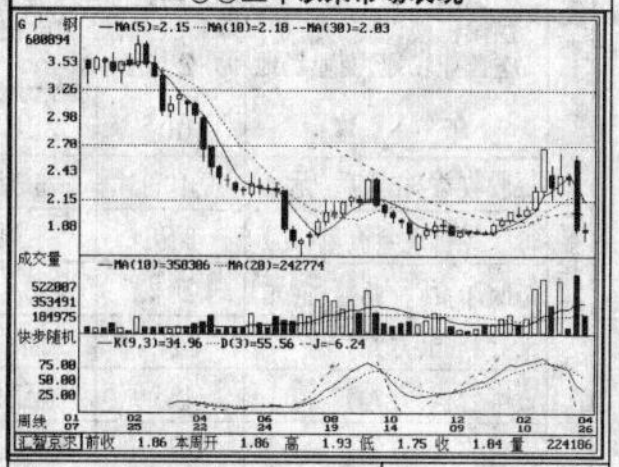

2005年涨跌幅(%)	-45.1
2005年最高(元)	3.81
2006年涨跌幅(%)	1.66
2006.4.26收盘(元)	1.84
2006年最高(元)	2.68
2006年最低(元)	1.75
2006年换手率(%)	160.32
股改对价	缩股(06/04/17)

G张江(600895)

上市日期:96/04/22　　电话:021－50800018　　传真:021－50803199

主营	公司受让地块内的土地开发与土地使用权经营,市政基础设施建设,物业投资和经营管理,商业化高科技项目投资与经营,房地产开发与经营。			
	年　　度	2005	2004	2003
主要指标	每股收益/扣除后(元)	0.14/0.12	0.15	0.14/0.14
	每股经营现金流量(元)	0.15	-0.02	0.29
	每股净资产/调整后(元)	2.17/2.16	2.1/2.06	2.02/2.01
	未分利润(万元)	41466.61	35378.46	28479.04
	资本公积(万元)	76270.1	76737.06	76737.06
利润构成	主营收入(万元)	53975.73	56213.2	82174.96
	主营利润(万元)	20975	15449.96	29130.75
	营业利润(万元)	14679.16	9888.21	19305.89
	投资收益(万元)	3892.93	9958.04	1264.1
	利润总额(万元)	19623.81	20499.35	20937.75
	净利润(万元)	17469.73	17782.95	17579.94
点评	05年公司自有各类物业继续保持了良好的出租率,张江大厦等物业的租售情况良好,新建的张江创新园项目大部分主体结构已经封顶。05年主营收入和净利润均略有下降,但拥有的物业规模将达到50万平方米以上,为公司今后的业绩稳定增长提供坚实的基础。			

股本结构(万股)	截止日期	05年末	占%	主要股东及持股比例%、持股性质
	总股本	121566.9		上海张江(集团)有限公司 52.09%(国有股)
	国有股	63318.34	52.09	上证50交易型开放式指数证券投资基金 1.2%(流通A股)
	发起股			全国社保基金零零二组合 0.21%(流通A股)
	外资股			博时裕富证券投资基金 0.19%(流通A股)
	募集股			上海市拥军优属基金会 0.16%(流通A股)
	流通A	58248.56	47.91	景博证券投资基金 0.11%(流通A股)
	流通B			华安上证180指数增强型证券投资基金 0.1%(流通A股)
	流通H			长城久泰中信标普300指数证券投资基金 0.07%(流通A股)
股东户数	05年末	113679		中国人寿保险股份有限公司－传统－普通保险产品－005L－CT001沪 0.07%(流通A股)
	04年末	117299		张文利 0.07%(流通A股)
其他流通股东	中卫国脉通信股份有限公司 0.068%			
近年分配	05方案:10派0.8;04年:10派0.65;03年:10派0.6		近年募资	

二〇〇五年以来市场表现

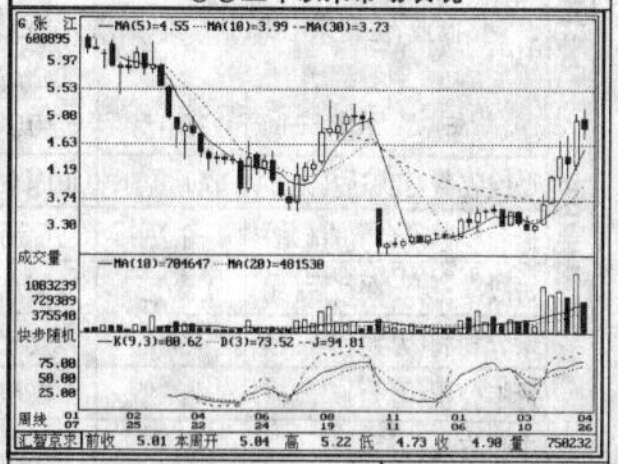

2005年涨跌幅(%)	-33.58
2005年最高(元)	6.42
2006年涨跌幅(%)	56.05
2006.4.26收盘(元)	4.9
2006年最高(元)	5.22
2006年最低(元)	3.13
2006年换手率(%)	156.7
股改对价	送股 每10股实际获得3.5股(05/10/24)

G海盛(600896)

上市日期:96/05/03　　电话:0898－68583985　　传真:0898－68581486

主营	从事以海南省港口为主的近洋国际航线运输、国际海运,国内沿海及长江中下游各港间货物(含液体危险品)运输,水路运输服务、船务代理等业务。			
	年　　度	2005	2004	2003
主要指标	每股收益/扣除后(元)	0.35/0.29	0.11	0.16/0.16
	每股经营现金流量(元)	0.52	0.31	0.19
	每股净资产/调整后(元)	3.07/3.06	2.77/2.76	2.73/2.68
	未分利润(万元)	18587.11	11632.91	11243.67
	资本公积(万元)	32157.87	32106.61	32106.61
利润构成	主营收入(万元)	72674.62	56177.77	49705.82
	主营利润(万元)	16090.73	8302.36	8536.34
	营业利润(万元)	10850.52	3177.37	4282.49
	投资收益(万元)	1811.34	2069.44	2461.67
	利润总额(万元)	14546.43	5245.93	6537.24
	净利润(万元)	11152.7	3355.17	4931.52
点评	中海集团下实力最弱的上市公司,规模实力与另两家公司中海发展、中海集运差距较大。05年散货运价上升,沥青减亏,化学品运输市场变化不大,贸易利润比去年同期有较大幅度的下降。05年业绩大幅增长主要是由于出售报废的散货运输船获得1778万元收益。			

股本结构(万股)	截止日期	05年末	占%	主要股东及持股比例%、持股性质
	总股本	31728.26		中国海运(集团)总公司 38.74%(国有股)
	国有股	14992.5	47.25	海南省电力公司 3.31%(国有股)
	发起股			海口港集团公司 3.31%(国有股)
	外资股			秦皇岛港务集团有限公司 1.89%(国有股)
	募集股	1127.96	3.56	八所港务局 0.71%(国有股)
	流通A	15607.8	49.19	上海裕海实业有限公司 0.33%(国有股)
	流通B			海南省燃料总公司 0.32%(国有股)
	流通H			海南兴华贸易有限公司 0.24%(非流通股)
股东户数	05年末	84896		中国人民保险公司海口分公司 0.24%(国有股)
	04年末	89973		海南信孚投资有限公司 0.24%(非流通股)
其他流通股东	平湖桐欣时装有限公司 0.12%;上海震州鞋业有限公司 0.104%;刘红 0.098%;高文媛 0.086%;陈树清 0.068%			
近年分配	04年:10派0.6;03年:10派0.6		近年募资	

二〇〇五年以来市场表现

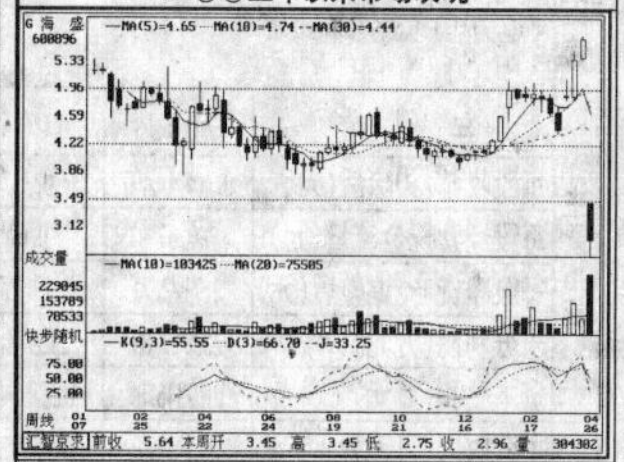

2005年涨跌幅(%)	-20.64
2005年最高(元)	5.35
2006年涨跌幅(%)	31.31
2006.4.26收盘(元)	2.96
2006年最高(元)	6.32
2006年最低(元)	4.12
2006年换手率(%)	79.69
股改对价	定向转增 每10股实际获得8.3217股(06/04/24)

厦门空港（600897）

上市日期:96/05/31　　电话:0592－6022936　　传真:0592－5730699

主营	为国内外航空运输企业和厦门国际航空港集团有限公司提供候机楼设施的使用保障和服务；经营出租候机楼内的航空营业场地、商业场地和办公场所。			
主要指标	年　　度	2005	2004	2003
	每股收益/扣除后(元)	0.344/0.34	0.285	0.148/0.132
	每股经营现金流量(元)	0.597	1.358	0.869
	每股净资产/调整后(元)	4.27/4.27	4.43/4.43	4.55/4.54
	未分利润(万元)	8824.4	15011.65	19724.68
	资本公积(万元)	64595.9	64575.9	64455.48
利润构成	主营收入(万元)	30477.21	26292.15	19113.01
	主营利润(万元)	14846.65	11668.92	6702
	营业利润(万元)	12395.35	9694.97	4829.65
	投资收益(万元)	102.09	74.98	11.89
	利润总额(万元)	12437.27	9773.43	4854.22
	净利润(万元)	9294.88	7682.08	3988.14
点评	厦门机场不属于枢纽机场，飞机起降架次和旅客吞吐量增速都低于行业增速。与其它机场类上市公司不同的是，厦门机场的设计能力过于超前，在未来5年内都没有必要进行扩建，成本相对固定。05年的主要利润增长点是厦门国际航空港空运货站公司。			

股本结构（万股）	截止日期	05年末	占%	主要股东及持股比例%、持股性质
	总股本	27000		厦门国际航空港集团有限公司 75%（国有股）
	国有股	20250	75	中国工商银行－中银国际中国精选混合型开放式证券投资基金 0.999%（流通A股）
	发起股			国际金融－汇丰－MORGAN STANLEY & CO. INTERNATIONAL LIMITED 0.996%（流通A股）
	外资股			中国银行－同盛证券投资基金 0.701%（流通A股）
	募集股			中国银行－海富通股票证券投资基金 0.457%（流通A股）
	流通A	6750	25	国际金融－汇丰－BILL & MELINDA GATES FOUNDATION 0.208%（流通A股）
	流通B			国海证券有限责任公司 0.126%（流通A股）
	流通H			郭闽虹 0.103%（流通A股）
股东户数	05年末	42288		黄建安 0.098%（流通A股）
	04年末	48697		卢兰平 0.053%（流通A股）
其他流通股东	吴平 0.051%			
近年分配	05预案:10派3；04年:10派5；03年:10派4		近年募资	

二〇〇五年以来市场表现

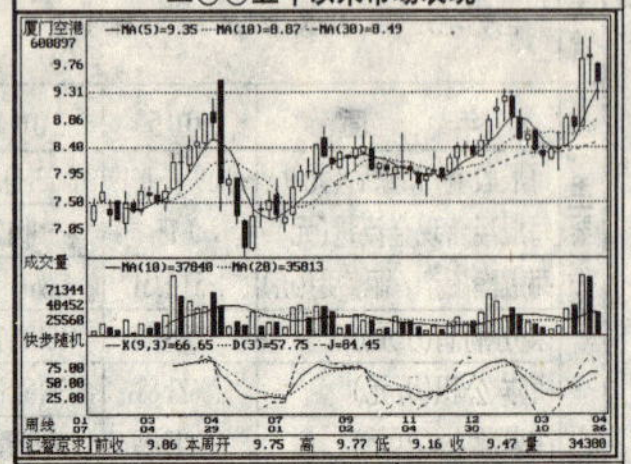

2005年涨跌幅(%)	21.87
2005年最高(元)	9.5
2006年涨跌幅(%)	14.79
2006.4.26收盘(元)	9.47
2006年最高(元)	10.21
2006年最低(元)	8
2006年换手率(%)	93.34
股改对价	

三联商社（600898）

上市日期:96/04/18　　电话:(0531)3538590　　传真:(0531)3538512

主营	零售商业，主营家电类、信息类、通讯类产品。			
主要指标	年　　度	2005	2004	2003
	每股收益/扣除后(元)	0.109/0.108	0.164/0.165	0.158/0.157
	每股经营现金流量(元)	－1.2299	0.2953	0.3127
	每股净资产/调整后(元)	1.58/1.57	1.47/1.46	1.46/1.46
	未分利润(万元)	5787	3653.55	3094.47
	资本公积(万元)	4507.95	4507.95	4507.95
利润构成	主营收入(万元)	208039.73	229142.2	178253.1
	主营利润(万元)	10431.02	11485.56	9367.46
	营业利润(万元)	4099.47	5558	4558.55
	投资收益(万元)			
	利润总额(万元)	4080.45	5540.43	4554.65
	净利润(万元)	2370.5	3561.72	3113.38
点评	公司2005年被列为国家重点培植的20家大型流通企业之一。由于家电市场竞争高度激烈，特别是山东市场因其市场容量大、消费环境好，商家之间的竞争不断升级，导致家电利润空间日趋狭小，也导致了公司业绩的下滑。			

股本结构（万股）	截止日期	05年末	占%	主要股东及持股比例%、持股性质
	总股本	21721.78		山东三联集团有限责任公司 48.57%（部分流通部分不流通）
	国有股	1588.28	7.31	郑州百文集团有限公司 7.31%（国有股）
	发起股			南方证券有限公司 1.89%（非流通股）
	外资股			山东泉港文化教育发展有限公司 1%（非流通股）
	募集股	8364.84	38.51	河南省郑州市市区信用合作联社营业部 0.64%（非流通股）
	流通A	11768.66	54.18	河南金鑫电脑信息有限公司 0.56%（非流通股）
	流通B			中国人民保险公司郑州分公司 0.51%（非流通股）
	流通H			中国建设银行郑州铁道分行京广路支行 0.47%（非流通股）
股东户数	05年末	36445		中国石化集团河南省石油总公司 0.32%（非流通股）
	04年末	40309		郑州人民建设银行郑州市分行 0.3%（非流通股）
其他流通股东	孙和平 0.218%；李杰 0.213%；徐晓明 0.141%；周惠珍 0.138%；江游 0.105%；李铁钧 0.096%；魏云云 0.093%			
近年分配	03年:10派0.25送1		近年募资	

二〇〇五年以来市场表现

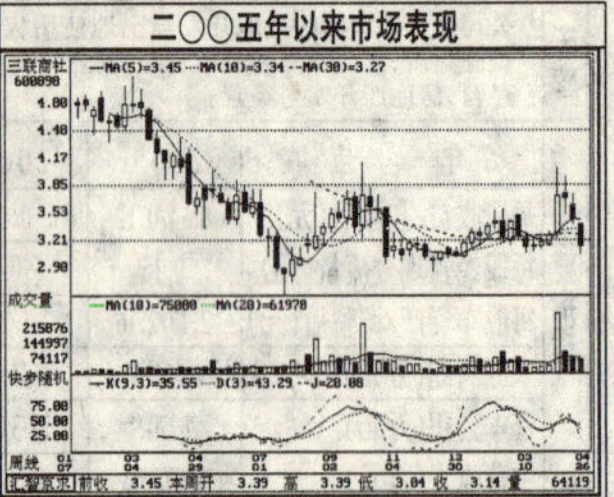

2005年涨跌幅(%)	－36.88
2005年最高(元)	5.12
2006年涨跌幅(%)	3.63
2006.4.26收盘(元)	3.14
2006年最高(元)	4.03
2006年最低(元)	3
2006年换手率(%)	96.44
股改对价	

G长电（600900）

上市日期:03/11/18　　电话:010－58688900　　传真:010－58688898

主营	电力生产、经营和投资			
主要指标	年　　度	2005	2004	2003
	每股收益/扣除后(元)	0.408/0.407	0.387	0.183/0.183
	每股经营现金流量(元)	0.67	0.67	0.23
	每股净资产/调整后(元)	2.71/2.71	2.79/2.79	2.52/2.52
	未分利润(万元)	250917.83	275478.5	23244.16
	资本公积(万元)	1019846.08	1052919.84	1052919.84
利润构成	主营收入(万元)	725949.7	617398.59	298583.35
	主营利润(万元)	533383.84	453244.08	205686.1
	营业利润(万元)	435411.5	398743.73	187490.9
	投资收益(万元)	7746.65	1475.85	1171.75
	利润总额(万元)	497308.36	453504.47	214493.16
	净利润(万元)	333867.14	303896.79	143756.74
点评	05年完成了对三峡工程1#、4#发电机组的收购，总装机容量和发电能力大幅增长；售电区域华中、华东、华南电力需求旺盛，电力销售情况良好；同时公司电价两次提高，以上因素推动了公司主营业务收入和净利润的稳步增长。预计业绩有10%左右的增长。			

股本结构（万股）	截止日期	05年末	占%	主要股东及持股比例%、持股性质
	总股本	818674		中国长江三峡工程开发总公司 60.46%（国有股）
	国有股	547194	66.84	中国核工业集团公司 2.01%（国有股）
	发起股			华能国际电力股份有限公司 1.82%（国有股）
	外资股			中国石油天然气集团公司 1.82%（国有股）
	募集股			中国工商银行－上证50交易型开放式指数证券投资基金 0.96%（流通A股）
	流通A	271480	33.16	中国银行－嘉实服务增值行业证券投资基金 0.64%（流通A股）
	流通B			中国银行－海富通收益增长证券投资基金 0.63%（流通A股）
	流通H			中国葛洲坝水利水电工程集团有限公司 0.61%（国有股）
股东户数	05年末	173505		全国社保基金五零一组合 0.57%（流通A股）
	04年末	181446		中国平安人寿保险股份有限公司－传统－普通保险产品 0.56%（流通A股）
其他流通股东	中国工商银行－博时精选股票证券投资基金 0.516%；招商银行股份有限公司－中信经典配置证券投资基金 0.478%			
近年分配	05预案:10派1.89；04年:10派2.1；03年:10派0.9		近年募资	03年新发232600万股，发行价4.3元。

二〇〇五年以来市场表现

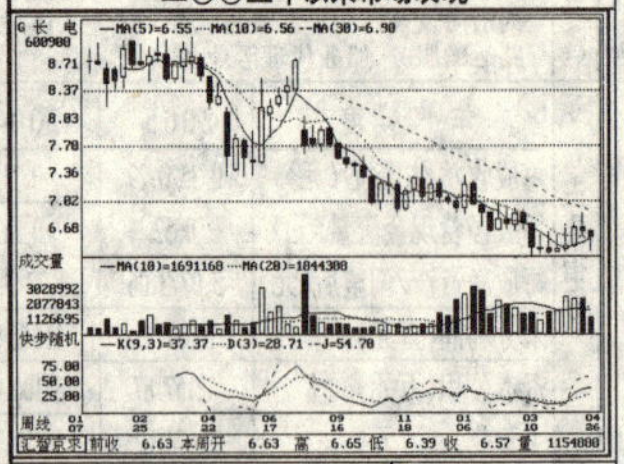

2005年涨跌幅(%)	1.57
2005年最高(元)	10.25
2006年涨跌幅(%)	－5.06
2006.4.26收盘(元)	6.57
2006年最高(元)	7.32
2006年最低(元)	6.34
2006年换手率(%)	114.66
股改对价	转增 派现 权证 每10股实际获得1.6706股 5.88元(05/08/15)

G活塞（600960）

上市日期:04/04/07　电话:(0543)3215338　传真:(0543)3325305

主营	活塞设计、开发、制造及销售			
	年　度	2005	2004	2003
主要指标	每股收益/扣除后(元)	0.082/0.077	0.406	0.512/0.571
	每股经营现金流量(元)	0.53	-0.14	0.97
	每股净资产/调整后(元)	5.13/5.13	5.19/5.19	3.19
	未分利润(万元)	9230.12	8493.16	6795.8
	资本公积(万元)	33146.19	33112.69	6570.66
利润构成	主营收入(万元)	62655.13	66041.52	53523.06
	主营利润(万元)	11304.95	14348.25	13859.2
	营业利润(万元)	1553.26	6579.71	6450.25
	投资收益(万元)	-67.09	-48.41	-48.41
	利润总额(万元)	1378.12	6276.63	5857.54
	净利润(万元)	887.9	4002.28	3512.36
点评	公司是国内最大的活塞生产企业,行业龙头地位明显。05年受整车厂压价和原材料价格上升的影响,同时固定成本和费用也有所上升,导致当年称为近期利润的低点,预计随着今后销量的上升,特别是出口的增加,盈利状况将会转好。			

	截止日期	05年末	占%	主要股东及持股比例%、持股性质
股本结构（万股）	总股本	10854.9		滨州市人民政府国有资产监督管理委员会 61.35%（国有股）
	国有股	6659.9	61.35	杨本贞 0.6%（非流通股）
	发起股	130	1.2	交通银行－融通行业景气证券投资基金 0.46%（流通A股）
	外资股			山东大学计算机科学技术研究所 0.3%（非流通股）
	募集股			济南汽车配件厂 0.3%（非流通股）
	流通A	4000	36.85	河南省中原内配股份有限公司 0.3%（非流通股）
	流通B			信阳内燃机配件总厂 0.3%（非流通股）
	流通H			王水弟 0.28%（流通A股）
股东户数	05年末	17545		邓文忠 0.28%（流通A股）
	04年末	20391		林金健 0.26%（流通A股）
其他流通股东	马跃 0.208%;汪宇 0.147%;高瑾 0.124%;屈艳贞 0.116%;张国玺 0.113%;周小弟 0.103%			
近年分配	04年:10派1.5	近年募资		04年新发4000万股,发行价8元。

二〇〇五年以来市场表现

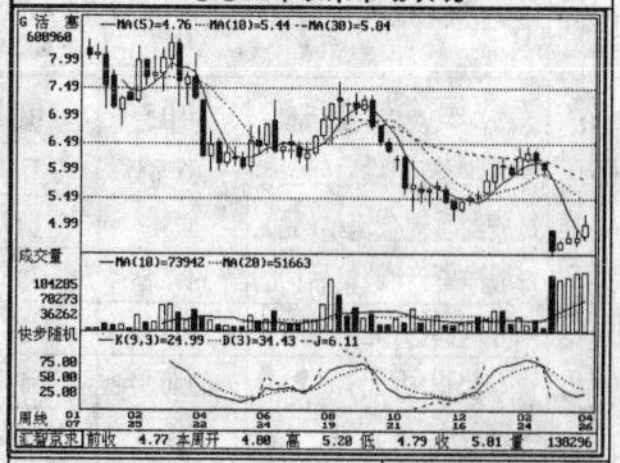

2005年涨跌幅(%)	-31.35
2005年最高(元)	8.49
2006年涨跌幅(%)	20.24
2006.4.26收盘(元)	5.01
2006年最高(元)	6.86
2006年最低(元)	5.55
2006年换手率(%)	177.57
股改对价	送股 每10股实际获得3.2股(06/03/28)

G株冶（600961）

上市日期:04/08/30　电话:0733-8392172　传真:0731-8390145

主营	锌及锌合金、工业硫酸的生产和销售			
	年　度	2005	2004	2003
主要指标	每股收益/扣除后(元)	0.172/0.171	0.169	0.184/0.176
	每股经营现金流量(元)	-0.09	-0.21	0.714
	每股净资产/调整后(元)	2.1/2.1	2.13/2.12	1.42
	未分利润(万元)	14818.27	17121.65	10964.04
	资本公积(万元)	27949.11	27949.11	5.42
利润构成	主营收入(万元)	450486.94	308093.93	247907.96
	主营利润(万元)	32999.02	28334.7	23777.06
	营业利润(万元)	10726.99	9248.06	8550.18
	投资收益(万元)	6.14	8.25	0.49
	利润总额(万元)	10810.57	9204.18	8479.39
	净利润(万元)	7369.41	7242.24	5643.16
点评	2005年,公司生产经营保持稳步发展。报告期内,公司稳步推进募集资金项目的实施。公司未来五年有一个较好的发展环境,预计2006年将是有色金属行业调整的一年,行业的产量仍将会保持增长,但增速会较低,公司业绩呈现稳步增长态势。			

	截止日期	05年末	占%	主要股东及持股比例%、持股性质
股本结构（万股）	总股本	42745.79		株洲冶炼集团有限责任公司 30.44%（国有股）
	国有股	26372.97	61.7	湖南省中小企业服务中心 8.08%（国有股）
	发起股	172.83	0.4	株洲全鑫实业有限责任公司 6.06%（国有股）
	外资股			株洲市国有资产投资经营有限公司 6.01%（国有股）
	募集股			湖南有色金属控股集团有限公司 4.04%（国有股）
	流通A	16200	37.9	湖南经济技术投资担保公司 4.02%（国有股）
	流通B			四川会理锌矿有限责任公司 1.01%（国有股）
	流通H			西部矿业有限责任公司 1.01%（国有股）
股东户数	05年末	39247		江西省七宝山铅锌矿 0.61%（国有股）
	04年末	45665		陈学军 0.41%（流通A股）
其他流通股东	融通行业景气证券投资基金 0.319%;杜洪菊 0.145%;陈经建 0.133%;骆英俊 0.105%;王国英 0.099%			
近年分配	05年:10派1;04年:10派2	近年募资		04年新发12000万股,发行价3.5元。

二〇〇五年以来市场表现

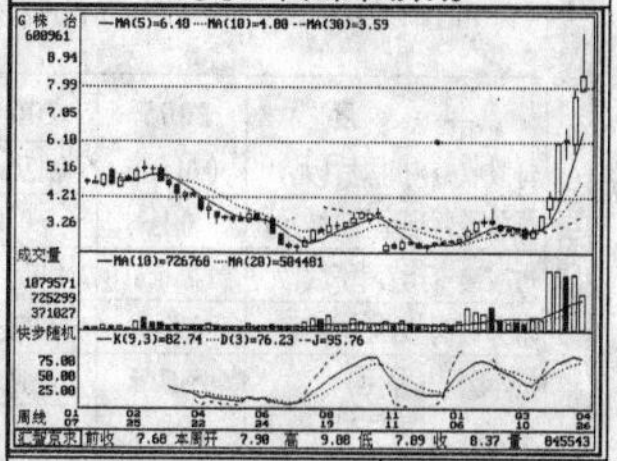

2005年涨跌幅(%)	-19.4
2005年最高(元)	5.38
2006年涨跌幅(%)	217.23
2006.4.26收盘(元)	8.37
2006年最高(元)	9.98
2006年最低(元)	2.6
2006年换手率(%)	591.74
股改对价	送股 每10股实际获得3.5股(05/11/02)

G中鲁（600962）

上市日期:04/06/22　电话:010-68095020　传真:010-68095069

主营	浓缩果蔬汁的生产和销售。			
	年　度	2005	2004	2003
主要指标	每股收益/扣除后(元)	0.21/0.23	0.15	0.24/0.24
	每股经营现金流量(元)	-0.65	-0.28	0.23
	每股净资产/调整后(元)	2.94/2.87	2.79/2.78	1.53
	未分利润(万元)	7905.25	5856.86	4665.08
	资本公积(万元)	22712.67	22712.67	
利润构成	主营收入(万元)	63289.38	54128.09	46416.68
	主营利润(万元)	17908.98	11893.56	10770.87
	营业利润(万元)	5642.72	3390.32	3457.85
	投资收益(万元)	-33.73	2.19	0.42
	利润总额(万元)	5114.08	3225.8	3411.32
	净利润(万元)	3412.43	2513.72	2407
点评	尽管2005年公司面对苹果供应短缺、原材料价格不断飚升的不利局面,但浓缩苹果汁的需求依然强烈,原料的缺少导致浓缩苹果汁的出口价格也不断大幅上涨。2006年公司计划依托资本市场和股东,通过收购兼并和资产重组等方式,优化整合资产。			

	截止日期	05年末	占%	主要股东及持股比例%、持股性质
股本结构（万股）	总股本	16500		国家开发投资公司 41.82%（非流通股）
	国有股	6900	41.82	乳山市经济开发投资公司 6.95%（非流通股）
	发起股	2800	16.97	山东金洲矿业集团有限公司 4.56%（非流通股）
	外资股			山西大民国际贸易有限公司 4.36%（非流通股）
	募集股			李中柯 1.82%（非流通股）
	流通A	6500	39.39	芮城县金鼎经贸有限公司 1.09%（非流通股）
	流通B			中国银行－嘉实增长开放式证券投资基金 0.78%（流通A股）
	流通H			中信实业银行－建信恒久价值股票型证券投资基金 0.75%（流通A股）
股东户数	05年末	21946		全国社保基金六零三组合 0.36%（流通A股）
	04年末	25281		中国工商银行－银河银泰理财分红证券投资基金 0.32%（流通A股）
其他流通股东	董桂文 0.263%;刘志国 0.239%;招商银行股份有限公司－招商股票投资基金 0.208%			
近年分配	05预案:10派2;04年:10派0.5	近年募资		04年新发6500万股,发行价4.8元。

二〇〇五年以来市场表现

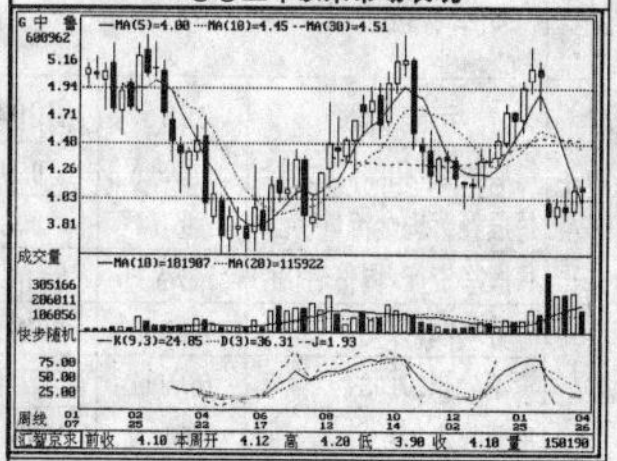

2005年涨跌幅(%)	-13.41
2005年最高(元)	5.44
2006年涨跌幅(%)	27.54
2006.4.26收盘(元)	4.1
2006年最高(元)	5.67
2006年最低(元)	4.31
2006年换手率(%)	234.7
股改对价	送股 每10股实际获得3.5股(06/03/28)

G 岳纸（600963）

上市日期：04/05/25　　电话：0730－8590330　　传真：0730－8562203

主营	文化类印刷用纸的制造、销售			
	年　　度	2005	2004	2003
主要指标	每股收益/扣除后(元)	0.35/0.35	0.32/0.3	0.477/0.42
	每股经营现金流量(元)	0.34	1.07	0.3
	每股净资产/调整后(元)	3.9/3.88	5.32/5.3	2.85
	未分利润(万元)	15844.92	11425.18	7612.63
	资本公积(万元)	52640.94	59941.16	5005.66
利润构成	主营收入(万元)	185654.42	115608.21	68608.9
	主营利润(万元)	36291.28	22884.07	14957.72
	营业利润(万元)	11139.2	8283.25	7102.81
	投资收益(万元)			
	利润总额(万元)	11250.3	8274.2	7138.7
	净利润(万元)	9566.77	5792.74	4764.88
点评	05年公司实行全员全过程控制，精细管理，在成本管理上取得显著成绩，实现了产销两旺的经营局面。由于目前新闻纸价格产能快速增加，对盈利能力带来压力。公司85万亩速生林2007年将逐步进入砍伐期，使公司拥有原材料成本优势。			

	截止日期	05年末	占%	主要股东及持股比例%、持股性质
股本结构（万股）	总股本	26980.01		湖南泰格林纸集团有限责任公司 36.03%（国有股）
	国有股	11350.38	42.07	中国华融资产管理公司 5.49%（国有股）
	发起股			中国工商银行－博时精选股票证券投资基金 3.14%（流通A股）
	外资股			中国工商银行－国联安德盛小盘精选证券投资基金 2.46%（流通A股）
	募集股			交通银行－海富通精选证券投资基金 2.41%（流通A股）
	流通A	15600	57.82	中国银行－海富通收益增长证券投资基金 2.41%（流通A股）
	流通B			通乾证券投资基金 1.15%（流通A股）
	流通H			中国银行－银华优势企业(平衡型)证券投资基金 0.89%（流通A股）
股东户数	05年末	26959		申银万国－汇丰－MERRILL LYNCH INTERNATIONAL 0.79%（流通A股）
	04年末	26394		申银万国－花旗－UBS LIMITED 0.55%（流通A股）
其他流通股东	国泰君安－建行－香港上海汇丰银行有限公司 0.537%；中国工商银行－银河银泰理财分红证券投资基金 0.523%			
近年分配	05预案：10派1.5；04年：10派1转增5	近年募资		04年新发8000万股，发行价6.69元。

二〇〇五年以来市场表现

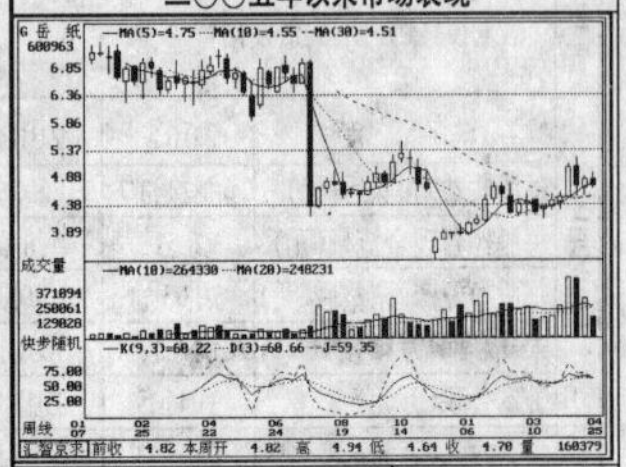

2005年涨跌幅(%)	6.45
2005年最高(元)	8.35
2006年涨跌幅(%)	22.72
2006.4.26收盘(元)	4.7
2006年最高(元)	5.21
2006年最低(元)	3.81
2006年换手率(%)	269.62
股改对价	送股 每10股实际获得3股(05/12/06)

福成五丰（600965）

上市日期：04/07/13　　电话：(010)61595607　　传真：(010)61595618

主营	肉牛的养殖、屠宰加工以及活牛和牛肉产品的销售			
	年　　度	2005	2004	2003
主要指标	每股收益/扣除后(元)	0.04/0.03	0.12/0.12	0.21/0.21
	每股经营现金流量(元)	0.15	－0.06	0.29
	每股净资产/调整后(元)	1.75/1.67	1.93/1.84	1.27
	未分利润(万元)	2802.4	5749.31	3108.7
	资本公积(万元)	15817.72	15817.72	
利润构成	主营收入(万元)	40033.9	43801.35	35696.9
	主营利润(万元)	3901.55	6643.68	6520.95
	营业利润(万元)	1274.32	4056.65	4683.99
	投资收益(万元)			
	利润总额(万元)	1350.41	3992.33	4684.57
	净利润(万元)	1015.44	3106.61	3657.29
点评	05年发生的口蹄疫给公司经营带来重大不利影响，销售下降、成本上升，导致公司05年的收入、利润同比大幅度下降。公司对新产品、市场的纵向开拓能力不足，致使公司仍然没有找到合适的盈利增长点，影响了报告期利润。			

	截止日期	05年末	占%	主要股东及持股比例%、持股性质
股本结构（万股）	总股本	27940.32		河北三河福成养牛集团总公司 32.2%（非流通股）
	国有股	191.4	0.69	五丰行有限公司 24.66%（外资股）
	发起股	10144.37	36.31	内蒙古贸发粮油食品进出口有限责任公司 6.85%（非流通股）
	外资股	6890.52	24.66	三河市明津商贸有限责任公司 2.74%（非流通股）
	募集股			三河市瑞辉贸易有限责任公司 1.37%（非流通股）
	流通A	8800	31.5	内蒙古对外贸易经济合作(集团)有限公司 0.68%（国有股）
	流通B			周晓宏 0.19%（流通A股）
	流通H			张梅娥 0.18%（流通A股）
股东户数	05年末	26988		赵曙原 0.15%（流通A股）
	04年末	30655		刘咏梅 0.14%（流通A股）
其他流通股东	陈志宇 0.095%；刘伟 0.092%；郭奇波 0.091%；冯德方 0.089%；王娟 0.084%；高冬云 0.075%			
近年分配	04年：10派0.5送1	近年募资		04年新发8000万股，发行价3.15元。

二〇〇五年以来市场表现

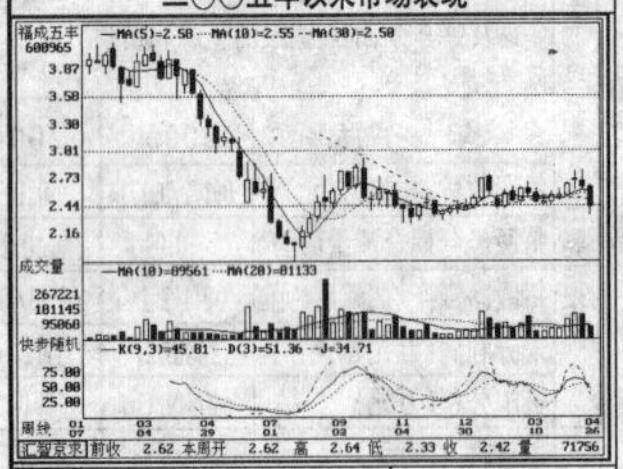

2005年涨跌幅(%)	－29.92
2005年最高(元)	4.15
2006年涨跌幅(%)	
2006.4.26收盘(元)	2.42
2006年最高(元)	2.8
2006年最低(元)	2.33
2006年换手率(%)	167.17
股改对价	

G 博汇（600966）

上市日期：04/06/08　　电话：0533－8538020　　传真：0533－8538020

主营	文化纸和包装纸板的生产和销售			
	年　　度	2005	2004	2003
主要指标	每股收益/扣除后(元)	0.59/0.6	0.39	0.6/0.59
	每股经营现金流量(元)	0.77	0.82	0.53
	每股净资产/调整后(元)	5.87/5.99	6.44/6.42	3.04
	未分利润(万元)	29424.28	21098.17	15525.24
	资本公积(万元)	66990.61	70524.61	2089.01
利润构成	主营收入(万元)	248008.98	149484.76	96376.04
	主营利润(万元)	42825.1	27824.59	22857.93
	营业利润(万元)	19755.62	11063.05	9764.23
	投资收益(万元)			10.54
	利润总额(万元)	19478.1	10987.1	9902.57
	净利润(万元)	12722.24	7057.04	6557.55
点评	我国最大的书写纸生产基地。05年年产20万吨高档包装纸板项目和年产20万吨的化学机械浆项目对利润贡献巨大，促进了业绩快速增长。公司实施了"额度授信"销售模式，通过整合客户群体，大力开拓卡纸市场。但同时应收项目大幅提升，收款情况值得关注。			

	截止日期	05年末	占%	主要股东及持股比例%、持股性质
股本结构（万股）	总股本	21600		山东博汇集团有限公司 37.38%（非流通股）
	国有股			青岛海光生物工程技术有限公司 6.74%（非流通股）
	发起股	11180.01	51.76	上海财盟投资管理有限公司 4.04%（非流通股）
	外资股			淄博驰骋商贸有限公司 2.25%（非流通股）
	募集股			山东晨钟机械股份有限公司 1.35%（非流通股）
	流通A	10419.99	48.24	尤文栋 0.52%（流通A股）
	流通B			王晓菲 0.47%（流通A股）
	流通H			郭太彬 0.26%（流通A股）
股东户数	05年末	25896		魏娜 0.26%（流通A股）
	04年末	23728		李玉王真 0.23%（流通A股）
其他流通股东	李强 0.206%；刁丽英 0.185%；石真勇 0.178%；杨洁 0.174%；姬云霞 0.172%			
近年分配	05方案：10转增3；04年：10派1转增2	近年募资		04年新发7000万股，发行价11.2元。

二〇〇五年以来市场表现

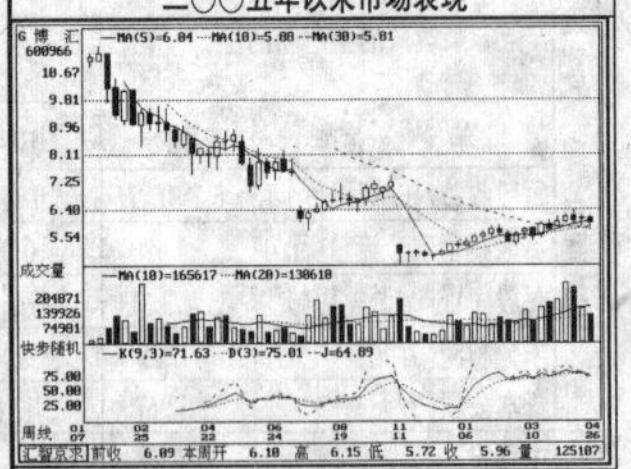

2005年涨跌幅(%)	－24.43
2005年最高(元)	11.52
2006年涨跌幅(%)	13.31
2006.4.26收盘(元)	5.96
2006年最高(元)	6.34
2006年最低(元)	5.21
2006年换手率(%)	215.4
股改对价	送股 每10股实际获得3股(05/11/07)

G北创（600967）

上市日期:04/05/18　　电话:(0472)3117903　　传真:(0472)3117288

主营	研制、开发、生产、销售铁路车辆，汽车专用车，冶金机械，压力容器，车辆配件。			
主要指标	年　度	2005	2004	2003
	每股收益/扣除后(元)	-0.08/-0.09	0.19	0.43/0.39
	每股经营现金流量(元)	-1.17	1.04	-0.58
	每股净资产/调整后(元)	3.63/3.61	3.81/3.79	1.93
	未分利润(万元)	-232.89	814.71	2891.35
	资本公积(万元)	32820.53	32820.53	3293.23
利润构成	主营收入(万元)	82374.22	99506.84	77443.41
	主营利润(万元)	5069.16	7516.47	7963.23
	营业利润(万元)	-1188.86	2178.63	3222.54
	投资收益(万元)		2.08	
	利润总额(万元)	-1084	2487.89	3401.59
	净利润(万元)	-1047.6	2487.89	3401.59
点评	2005年公司整车生产主要零配件供应严重短缺、老厂房部分工序的技术改造项目的实施以及原、燃料价格上涨给公司经营造成较大困难，导致业绩下降较快，出现亏损。十一五铁路、专用汽车投资需求增大，公司将突出铁路车辆主业，实现跨越式发展。			

股本结构(万股)	截止日期	05年末	占%	主要股东及股比例%、持股性质
	总股本	13000		内蒙古第一机械制造(集团)有限公司 30.07%（国有股）
	国有股			包头浩瀚科技实业有限公司 17.22%（非流通股）
	发起股	8000	61.54	黑龙江同达投资有限公司 6.54%（非流通股）
	外资股			环球汇远投资管理咨询有限公司 4.36%（非流通股）
	募集股			包头市宏远投资管理咨询有限公司 3.35%（非流通股）
	流通A	5000	38.46	通乾证券投资基金 3.16%（流通A股）
	流通B			交通银行－融通行业景气证券投资基金 1.3%（流通A股）
	流通H			海通－交行－日兴资产管理有限公司－日兴AM中国人民币A股母基金 1.15%（流通A股）
股东户数	05年末	17277		银丰证券投资基金 1.1%（流通A股）
	04年末	24066		交通银行－湘财合丰价值优化型周期类行业基金 0.46%（流通A股）
其他流通股东	金鼎证券投资基金 0.248%；喻剑 0.238%；丁晓惠 0.171%；韩伟 0.109%；余满花 0.107%			
近年分配	04年:10派1	近年募资	04年新发5000万股，发行价7.2元。	

二〇〇五年以来市场表现

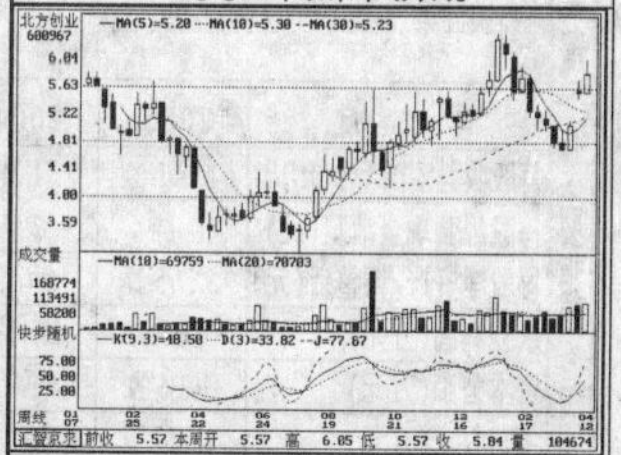

2005年涨跌幅(%)	-1.91
2005年最高(元)	5.83
2006年涨跌幅(%)	5.23
2006.4.26收盘(元)	5.84
2006年最高(元)	6.45
2006年最低(元)	4.7
2006年换手率(%)	193.04
股改对价	送股 每10股实际获得3.4股(06/05/11)

郴电国际（600969）

上市日期:04/04/08　　电话:0735－2339232　　传真:0735－2339206

主营	电力供应和中、小水电综合开发			
主要指标	年　度	2005	2004	2003
	每股收益/扣除后(元)	0.21/0.22	0.169	0.277/0.282
	每股经营现金流量(元)	0.497	0.07	0.4
	每股净资产/调整后(元)	3.21/3.16	3.11/3.07	
	未分利润(万元)	3635.65	2894.46	1983.79
	资本公积(万元)	37495.58	37495.58	8013.66
利润构成	主营收入(万元)	83430.22	60024.38	50846.46
	主营利润(万元)	22018.71	13814.91	11601.58
	营业利润(万元)	9772.3	6032.1	6030.75
	投资收益(万元)	-82.29	0.96	3.53
	利润总额(万元)	9423.11	5935.69	5972.25
	净利润(万元)	4326.4	3545.11	3884.3
点评	2005年供电业务有了一定的增长，主要是水利发电、工业气体制造等其他投资业务相对比较大的贡献，助推公司业绩同比有较快增长。未来公司的发电业务还有增长，但贡献并不成比例。			

股本结构(万股)	截止日期	05年末	占%	主要股东及股比例%、持股性质
	总股本	21026.77		郴州市财政局 23.2%（国有股）
	国有股	13000.98	61.83	宜章县电力有限责任公司 14.37%（国有股）
	发起股	1025.79	4.88	临武县水利电力有限责任公司 11.86%（国有股）
	外资股			汝城县水电有限责任公司 11.75%（国有股）
	募集股			永兴县水利电力有限责任公司 4.88%（非流通股）
	流通A	7000	33.29	联合国国际小水电中心 0.65%（国有股）
	流通B			张维东 0.15%（流通A股）
	流通H			薛世华 0.15%（流通A股）
股东户数	05年末	28121		郎钧昌 0.1%（流通A股）
	04年末	32408		杜余军 0.08%（流通A股）
其他流通股东	廖晓梅 0.076%；应京 0.076%；令狐叙锦 0.067%；毛水木 0.065%；杨勇国 0.063%；陈庆明 0.062%			
近年分配	05预案:10派1.2；04年:10派1	近年募资	04年新发7000万股，发行价5.48元。	

二〇〇五年以来市场表现

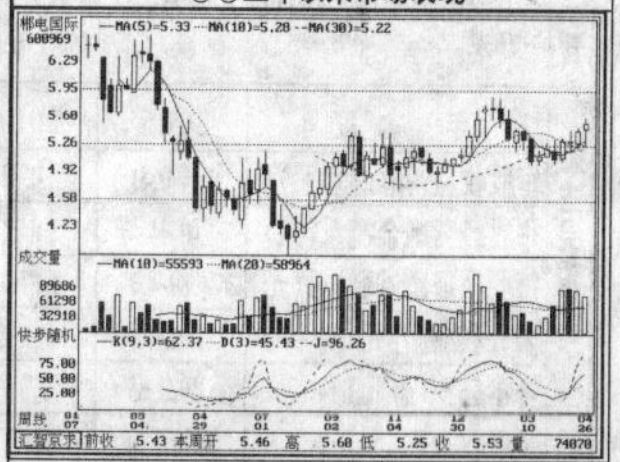

2005年涨跌幅(%)	-19.29
2005年最高(元)	6.63
2006年涨跌幅(%)	7.8
2006.4.26收盘(元)	5.53
2006年最高(元)	5.87
2006年最低(元)	5.02
2006年换手率(%)	150.84
股改对价	

中材国际（600970）

上市日期:05/04/12　　电话:025—86835815　　传真:025—86611234

主营	新型干法水泥生产线的建设业务			
主要指标	年　度	2005	2004	2003
	每股收益/扣除后(元)	0.55/0.49	0.67	0.433/0.428
	每股经营现金流量(元)	0.26	2.14	3.53
	每股净资产/调整后(元)	4.52/4.46	2.66/2.64	1.99
	未分利润(万元)	14428.96	10811.98	4555.72
	资本公积(万元)	40995.64	5159.19	5159.19
利润构成	主营收入(万元)	411331.99	263736.39	183546.69
	主营利润(万元)	40702.35	33190.61	23454.57
	营业利润(万元)	15551.34	13559.26	8535.44
	投资收益(万元)	6.09	7.97	9.42
	利润总额(万元)	16777.78	13456.8	8300.68
	净利润(万元)	9206.6	7395.9	4759.02
点评	报告期内，公司面对国内水泥工程建设市场低迷和人民币升值等不利因素的影响，境外业务新签订单近95亿元人民币，特别是SCC2条万吨合同的签定给公司带来巨大的市场声誉，预计公司未来几年营收及净利润均大幅增长。			

股本结构(万股)	截止日期	05年末	占%	主要股东及股比例%、持股性质
	总股本	16800		中国非金属材料总公司 57.33%（国有股）
	国有股			中国银行－工银瑞信核心价值股票型证券投资基金 4.76%（流通A股）
	发起股	11000	65.48	中国建筑材料工业地质勘查中心 4.07%（国有股）
	外资股			南京彤天科技实业有限责任公司 3.26%（非流通股）
	募集股			东方证券股份有限公司 1.2%（流通A股）
	流通A	5800	34.52	兴和证券投资基金 1.19%（流通A股）
	流通B			全国社保基金一一零组合 1.09%（流通A股）
	流通H			招商银行股份有限公司－招商股票投资基金 1.08%（流通A股）
股东户数	05年末	7155		全国社保基金一零七组合 1.04%（流通A股）
	04年末			中国银行－华夏回报证券投资基金 0.96%（流通A股）
其他流通股东	中国银行－华夏大盘精选证券投资基金 0.952%；西部证券股份有限公司 0.81%			
近年分配	05方案:10派3.9；04年:10派2.5	近年募资	05年新发5800万股，发行价7.53元。	

二〇〇五年以来市场表现

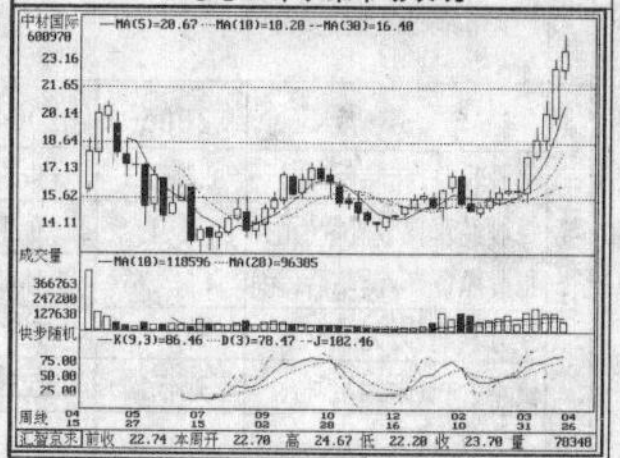

2005年涨跌幅(%)	-10.68
2005年最高(元)	20.85
2006年涨跌幅(%)	53.1
2006.4.26收盘(元)	23.7
2006年最高(元)	24.67
2006年最低(元)	14.3
2006年换手率(%)	313.89
股改对价	

G 恒源（600971）

上市日期:04/08/17　　电话:(0557)3986224　　传真:(0557)3986269

主营	煤炭开采、洗选加工、销售业务

	年度	2005	2004	2003
主要指标	每股收益/扣除后(元)	1.08/1.09	1.24	0.78/0.78
	每股经营现金流量(元)	1	2.07	0.93
	每股净资产/调整后(元)	5.27/5.27	6.4/6.4	3.47
	未分利润(万元)	33185.31	20740.51	13346.21
	资本公积(万元)	36835.29	40596.59	3503.13
利润构成	主营收入(万元)	113907.37	65761.21	35382.96
	主营利润(万元)	41265.52	28149.99	14499.66
	营业利润(万元)	27626.48	21078.39	9777.49
	投资收益(万元)			
	利润总额(万元)	27141.72	20777.39	9515.79
	净利润(万元)	20253.91	15602.57	6360.16

点评：得益于收购后的煤矿贡献了全年的产量,2005 年公司煤炭生产和销售同比都有了比较快的增长。煤炭价格受到行业价格普遍上涨的带动,也有一定增长。以上因素共同推动公司主营业务收入快速增长。公司的每股收益绝对值在行业里居于上游。

股本结构(万股)	截止日期	05 年末	占%	主要股东及持股比例%、持股性质
	总股本	18840		安徽省皖北煤电集团有限责任公司 63.02%（国有股）
	国有股			安徽省燃料总公司 1.11%（国有股）
	发起股	12240	64.97	合肥四方化工集团有限责任公司 0.56%（国有股）
	外资股			合肥开元精密工程有限责任公司 0.28%（国有股）
	募集股			国元证券有限责任公司 0.23%（流通 A 股）
	流通 A	6600	35.03	林燕明 0.21%（流通 A 股）
	流通 B			张贵宝 0.16%（流通 A 股）
	流通 H			中国工商银行－华安上证 180 指数增强型证券投资基金 0.15%（流通 A 股）
股东户数	05 年末	18881		陕西亿源科技发展有限公司 0.13%（流通 A 股）
	04 年末	8973		中国建设银行－华宝兴业多策略增长证券投资基金 0.11%（流通 A 股）

其他流通股东：漯河市天河投资顾问有限公司 0.103%;涂逊英 0.099%;东方证券－农行－东方红 1 号集合资产管理计划 0.097%

近年分配	近年募资
04 年:10 派 1 送 2 转增 3	04 年新发 4400 万股,发行价 9.99 元。

二〇〇五年以来市场表现

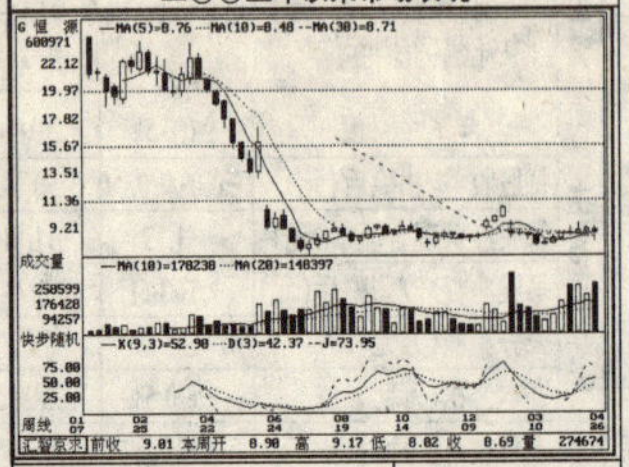

2005 年涨跌幅(%)	-40.88
2005 年最高(元)	24.27
2006 年涨跌幅(%)	27.24
2006.4.26 收盘(元)	8.69
2006 年最高(元)	13.31
2006 年最低(元)	9.59
2006 年换手率(%)	293.7
股改对价	送股 派现 每 10 股实际获得 2.2 股 16 元(06/02/15)

G 宝胜（600973）

上市日期:04/08/02　　电话:0514－8248896　　传真:0514－8248897

主营	电线电缆及电缆附件的开发、制造、销售及相关的生产技术开发。

	年度	2005	2004	2003
主要指标	每股收益/扣除后(元)	0.4/0.41	0.33	0.42/0.45
	每股经营现金流量(元)	0.44	0.21	0.36
	每股净资产/调整后(元)	4.89/4.7	4.67/4.6	2.71
	未分利润(万元)	10829.1	6946.51	6551.28
	资本公积(万元)	31923.35	31737.01	2565.86
利润构成	主营收入(万元)	129653.35	103478.83	71109.19
	主营利润(万元)	23578.43	20449.2	13505.36
	营业利润(万元)	7521.16	6520.52	5077.85
	投资收益(万元)	0.15		
	利润总额(万元)	7385.95	6484.99	4898.22
	净利润(万元)	4853.24	3952.28	3153.33

点评：2005 年虽然电线电缆生产的主要原材料铜的价格持续上涨,但公司生产的特种电缆供不应求,产品毛利率所受影响较小。2006 年公司新建的多条特种电缆生产线都将陆续投入生产,届时公司的特种电缆和防火电缆生产能力比 2005 年翻一番。

股本结构(万股)	截止日期	05 年末	占%	主要股东及持股比例%、持股性质
	总股本	12000		宝胜集团有限公司 44.93%（国有股）
	国有股	5806.5	48.39	全国社保基金一零六组合 3.61%（流通 A 股）
	发起股	118.5	0.99	中国工商银行－申巴新动力 2.82%（流通 A 股）
	外资股			中国工商银行－申巴盛利精选 2.22%（流通 A 股）
	募集股			中国电能成套设备有限公司 1.48%（国有股）
	流通 A	6075	50.63	宏大投资有限公司 1.48%（国有股）
	流通 B			北京润华鑫通投资有限公司 0.99%（非流通股）
	流通 H			曾剑超 0.94%（流通 A 股）
股东户数	05 年末	15529		中国建设银行－华富竞争力 0.93%（流通 A 股）
	04 年末	22004		国际金融－汇丰 BILL　MELIN 0.83%（流通 A 股）

其他流通股东：张昕 0.767%;上海市企业年金发展中心东新平衡 0.755%;深圳市林奇投资顾问有限公司 0.667%

近年分配	近年募资
05 方案:10 派 0.5 转增 3;04 年:10 派 2	04 年新发 4500 万股,发行价 7.8 元。

二〇〇五年以来市场表现

2005 年涨跌幅(%)	21.58
2005 年最高(元)	9.22
2006 年涨跌幅(%)	9.55
2006.4.26 收盘(元)	7
2006 年最高(元)	7.82
2006 年最低(元)	6.22
2006 年换手率(%)	331.04
股改对价	送股 每 10 股实际获得 3.5 股(05/08/11)

新五丰（600975）

上市日期:04/06/09　　电话:0731－4449588　　传真:0731－4449595

主营	生猪养殖和生猪贸易

	年度	2005	2004	2003
主要指标	每股收益/扣除后(元)	0.27/0.27	0.26	0.55/0.53
	每股经营现金流量(元)	0.31	0.21	0.92
	每股净资产/调整后(元)	4.64/4.63	4.44/4.43	2.24
	未分利润(万元)	3677.49	2173.32	24.24
	资本公积(万元)	30545.18	30545.18	3531.74
利润构成	主营收入(万元)	52942.08	49264.77	40813.95
	主营利润(万元)	6675.31	6116.71	7336.59
	营业利润(万元)	3122.78	2914.5	4692
	投资收益(万元)	-4.07	-2.07	-4.07
	利润总额(万元)	3219.87	3090.7	4798.68
	净利润(万元)	2705.64	2560.58	3584.62

点评：05 年公司在生猪的价格波动幅度较大、原料成本居高不下、人民币升值、猪链球菌及禽流感等不利事件的影响下,主营收入和盈利较上年都有小幅度增长。

股本结构(万股)	截止日期	05 年末	占%	主要股东及持股比例%、持股性质
	总股本	10015.39		湖南省粮油食品进出口集团有限公司 49.98%（国有股）
	国有股	5185.39	51.77	五丰行有限公司 12.98%（外资股）
	发起股	1330	13.28	中国农业大学 1.5%（国有股）
	外资股			张琦 0.64%（流通 A 股）
	募集股			孙胜辉 0.57%（流通 A 股）
	流通 A	3500	34.95	张连锁 0.52%（流通 A 股）
	流通 B			肖鹏 0.45%（流通 A 股）
	流通 H			彭莎 0.32%（流通 A 股）
股东户数	05 年末	13964		南光粮油食品有限公司 0.3%（外资股）
	04 年末	16466		中国农业科学院饲料研究所 0.3%（国有股）

其他流通股东：杨再君 0.156%;郑彦华 0.142%;徐安东 0.134%;李晓娟 0.125%;蔡立宏 0.12%

近年分配	近年募资
05 预案:10 派 2.2;04 年:10 派 0.7	04 年新发 3500 万股,发行价 9.2 元。

二〇〇五年以来市场表现

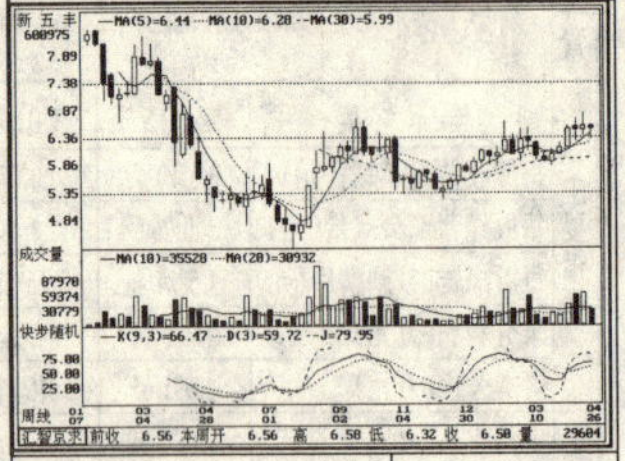

2005 年涨跌幅(%)	-29.39
2005 年最高(元)	8.4
2006 年涨跌幅(%)	13.64
2006.4.26 收盘(元)	6.5
2006 年最高(元)	6.8
2006 年最低(元)	5.66
2006 年换手率(%)	160.99
股改对价	

G 健民（600976）

上市日期：04/04/19　电话：027－50537954　传真：027－50537954

主营	中成药的研究、制造、开发及经营			
	年　度	2005	2004	2003
主要指标	每股收益/扣除后(元)	0.26/0.23	0.37	0.58/0.63
	每股经营现金流量(元)	－0.45	0.05	0.1
	每股净资产/调整后(元)	9.07/9.02	8.81/8.73	
	未分利润(万元)	13087.08	11595.42	10287.02
	资本公积(万元)	39962.61	39952.08	4305.28
利润构成	主营收入(万元)	91108.84	53023.03	43007.57
	主营利润(万元)	19576.56	23477.28	20049.51
	营业利润(万元)	3037.84	4643.93	4685.82
	投资收益(万元)	57.64	40.72	－79.88
	利润总额(万元)	3413.49	4656.07	4295.78
	净利润(万元)	2002.1	2800.7	2430.88
点评	2005年，公司降低各项成本，提高销售收入，同时，公司还加大对省内外医药行业优势资源整合力度，拓展企业规模，完成了对武汉健民大鹏药业及山东药山医药有限公司两大公司的整合。			

	截止日期	05年末	占%	主要股东及持股比例%、持股性质
股本结构（万股）	总股本	7669.93		武汉国有资产经营公司 22.2%（国有股）
	国有股	1702.93	22.2	河南羚锐制药股份有限公司 11.95%（非流通股）
	发起股	280	3.65	华立产业集团有限公司 4.01%（非流通股）
	外资股			通用技术集团投资管理有限公司 3.66%（流通A股）
	募集股	1882.22	24.54	武汉虹惠投资有限公司 3.26%（非流通股）
	流通A	3500	45.63	武汉开元科技创业投资有限公司 2.96%（非流通股）
	流通B			中国药材集团公司 2.35%（非流通股）
	流通H			东方证券股份有限公司 2.08%（流通A股）
股东户数	05年末	15063		中国工商银行－兴业可转债混合型证券投资基金 1.88%（流通A股）
	04年末	21580		中国医药集团总公司 1.3%（非流通股）
其他流通股东	通用技术集团国际物流有限公司 1.204%；李兆明 0.326%；金琳 0.299%；姜蒙 0.249%；孙真改 0.216%			
近年分配	05预案：10转增10；04中期：10派1	近年募资	04年新发3500万股，发行价11.6元。	

二〇〇五年以来市场表现

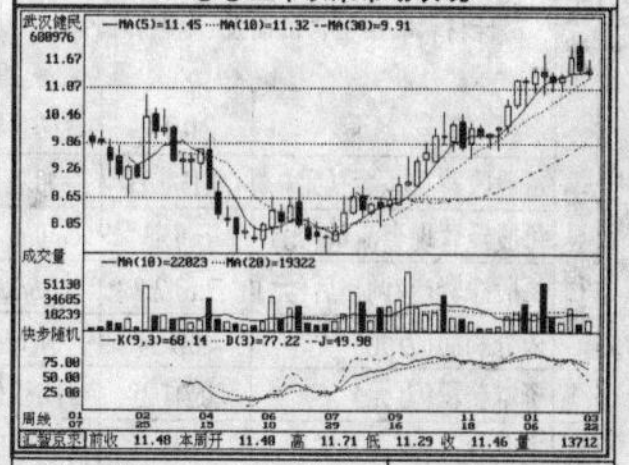

2005年涨跌幅(%)	12.33
2005年最高(元)	11.31
2006年涨跌幅(%)	2.23
2006.4.26收盘(元)	11.46
2006年最高(元)	12.27
2006年最低(元)	10.95
2006年换手率(%)	43.23
股改对价	送股 每10股实际获得2.5股(06/05/08)

G 宜华（600978）

上市日期：04/08/24　电话：0754－5100989　传真：0754－5745583

主营	实木家具、实木地板、实木复合地板等木制品的生产及销售。			
	年　度	2005	2004	2003
主要指标	每股收益/扣除后(元)	0.35/0.34	0.31	0.36/0.36
	每股经营现金流量(元)	0.91	0.17	0.21
	每股净资产/调整后(元)	2.71/2.71	2.94/2.94	1.58
	未分利润(万元)	14235.17	6877.79	2831.45
	资本公积(万元)	30780.21	35986.21	
利润构成	主营收入(万元)	78662.29	64760.19	52843.6
	主营利润(万元)	20347.6	15772.2	13748.32
	营业利润(万元)	11810.34	8846.54	7966.12
	投资收益(万元)		－41.02	
	利润总额(万元)	11999.65	8876.28	7651.22
	净利润(万元)	10429.83	7717.21	6690.12
点评	公司经营情况及经济环境依然向好，木制品（地板、家具）行业发展前景非常宽阔，但行业竞争有加剧的倾向。公司具有品牌优势和稳定的原材料供应渠道。由于销售价格上涨和产能增大，公司营收和业绩同比大幅增长。			

	截止日期	05年末	占%	主要股东及持股比例%、持股性质
股本结构（万股）	总股本	30159.49		宜华企业(集团)有限公司 33.39%（非流通股）
	国有股			荣科国际投资有限公司 29.34%（外资股）
	发起股	10859.69	36.01	全国社保基金一零六组合 3.87%（流通A股）
	外资股	8847.8	29.34	招商银行股份有限公司－中信经典配置证券投资基金 2.16%（流通A股）
	募集股			通乾证券投资基金 1.38%（流通A股）
	流通A	10452	34.66	泰和证券投资基金 1.37%（流通A股）
	流通B			汕头市澄海区捷和贸易有限公司 1.31%（非流通股）
	流通H			中国银行－嘉实增长开放式证券投资基金 1.2%（流通A股）
股东户数	05年末	20548		广发证券股份有限公司 0.86%（流通A股）
	04年末	34749		中国工商银行－银河银泰理财分红证券投资基金 0.82%（流通A股）
其他流通股东	全国社保基金一零七组合 0.733%；全国社保基金六零二组合 0.697%			
近年分配	05预案：10派0.5转增2；04年：10派1转增2	近年募资	04年新发6700万股，发行价6.68元。	

二〇〇五年以来市场表现

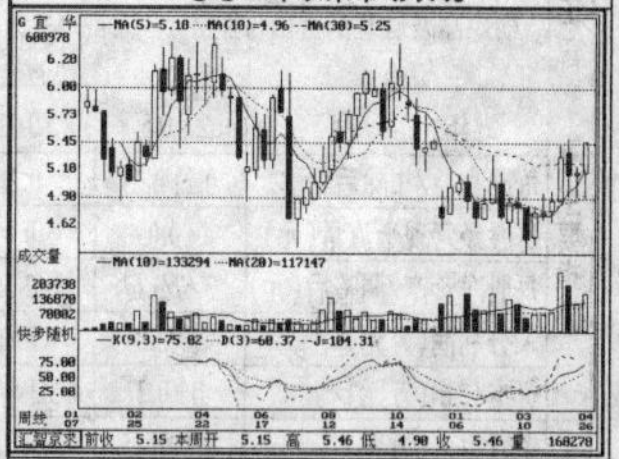

2005年涨跌幅(%)	33.9
2005年最高(元)	8.15
2006年涨跌幅(%)	9.2
2006.4.26收盘(元)	5.46
2006年最高(元)	5.49
2006年最低(元)	4.35
2006年换手率(%)	191.6
股改对价	送股 每10股实际获得3股(05/12/21)

广安爱众（600979）

上市日期：04/09/06　电话：0826－2983066　传真：0826－2983358

主营	水力发电和电力供应；天然气供应；自来水生产和供应。			
	年　度	2005	2004	2003
主要指标	每股收益/扣除后(元)	0.184/0.203	0.147	0.2/0.204
	每股经营现金流量(元)	0.5403	0.0741	0.4897
	每股净资产/调整后(元)	2.48/2.41	2.27/2.22	1.3
	未分利润(万元)	4633.92	2089.74	2467.52
	资本公积(万元)	18445.02	18022.74	87.12
利润构成	主营收入(万元)	26230.87	22236.27	17428.32
	主营利润(万元)	12040.53	8541.87	6342.17
	营业利润(万元)	4937.63	3472.32	2552.9
	投资收益(万元)	－124.02	16.59	76.04
	利润总额(万元)	4369.83	3447.37	2589.34
	净利润(万元)	3040.82	2426.16	2004.04
点评	2005年公司发电量和售电量同比都有较大幅度增长，售气量和售水量也有超过20%的增长，由此推动主营业务收入和净利润有了一定幅度的增长。公司的非电业务受到一定的保护，未来还将保持一个稳定增长。			

	截止日期	05年末	占%	主要股东及持股比例%、持股性质
股本结构（万股）	总股本	16517.09		四川爱众投资控股集团有限公司 37.83%（国有股）
	国有股	8935.24	54.1	四川省电力开发公司 7.1%（国有股）
	发起股	1081.85	6.55	四川省岳池银泰投资(控股)有限公司 4.83%（国有股）
	外资股			四川广安花园制水有限公司 3.01%（国有股）
	募集股			成都利融贸易有限公司 2.66%（非流通股）
	流通A	6500	39.35	四川广安神龙茧丝绸有限公司 1.33%（国有股）
	流通B			广安市山里人纯净水有限公司 0.89%（非流通股）
	流通H			重庆三峡电缆厂 0.6%（非流通股）
股东户数	05年末	23285		重庆力江铝业有限公司 0.6%（非流通股）
	04年末	28249		重庆江南线路器材有限公司 0.6%（非流通股）
其他流通股东	侯建强 0.195%；国都证券 0.172%；赵惠忠 0.148%；陈金瑞 0.123%；何真华 0.121%；安泰房产 0.121%			
近年分配	04年：10派1.5	近年募资	04年新发6500万股，发行价4元。	

二〇〇五年以来市场表现

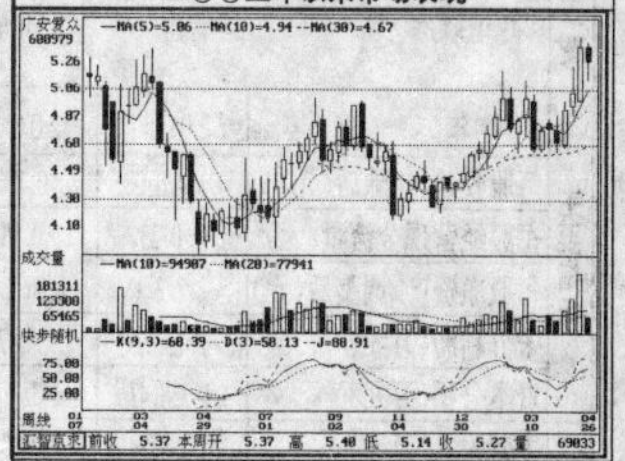

2005年涨跌幅(%)	－10.62
2005年最高(元)	5.35
2006年涨跌幅(%)	17.63
2006.4.26收盘(元)	5.27
2006年最高(元)	5.45
2006年最低(元)	4.46
2006年换手率(%)	217.37
股改对价	

G 北矿（600980）

上市日期:04/05/12　　电话:010－67537184　　传真:010－67583947

主营	磁性材料和磁器件的研发、生产和销售。			
主要指标	年　　度	2005	2004	2003
	每股收益/扣除后(元)	0.13/0.13	0.21	0.33/0.33
	每股经营现金流量(元)	－0.43	0.02	0.25
	每股净资产/调整后(元)	2.83/2.8	3.6/3.6	1.99
	未分利润(万元)	5849.94	5417.94	3627.58
	资本公积(万元)	16244.25	19185.05	950.05
利润构成	主营收入(万元)	21642.97	20026.1	17996.41
	主营利润(万元)	4675.11	4980.56	4581.55
	营业利润(万元)	1866.08	2283.94	2309.66
	投资收益(万元)			
	利润总额(万元)	1876.24	2288.4	2311.4
	净利润(万元)	1703.41	2106.31	2130.85
点评	2005年公司产品销售收入略有增长,但由于永磁材料市场需求趋淡、竞争加剧、原材料价格大幅上涨,公司产品毛利率降低,使得业绩同比有所下滑。06年公司面临的竞争环境依然激烈,但其静电显像材料等产品销量有望出现较大幅度的增长。			

	截止日期	05年末	占%	主要股东及持股比例%、持股性质
股本结构（万股）	总股本	13000		北京矿冶研究总院 60.295%（国有股）
	国有股	8450	65	钢铁研究总院 1.283%（国有股）
	发起股			中国纺织科学研究院 0.855%（国有股）
	外资股			机械科学研究院 0.855%（国有股）
	募集股			中国建筑材料科学研究院 0.855%（国有股）
	流通A	4550	35	江门市粉末冶金厂有限公司 0.855%（非流通股）
	流通B			杨乐芹 0.136%（流通A股）
	流通H			杨克民 0.115%（流通A股）
股东户数	05年末	18651		丘国军 0.1%（流通A股）
	04年末	20212		姜芳 0.099%（流通A股）
其他流通股东	陈益 0.096%;张建森 0.091%;金建华 0.09%;史良明 0.077%;陈子进 0.077%;张吉瑞 0.073%			
近年分配	05预案:10派0.5;04年:10派1转增3	近年募资	04年新发3500万股,发行价6.56元。	

二〇〇五年以来市场表现

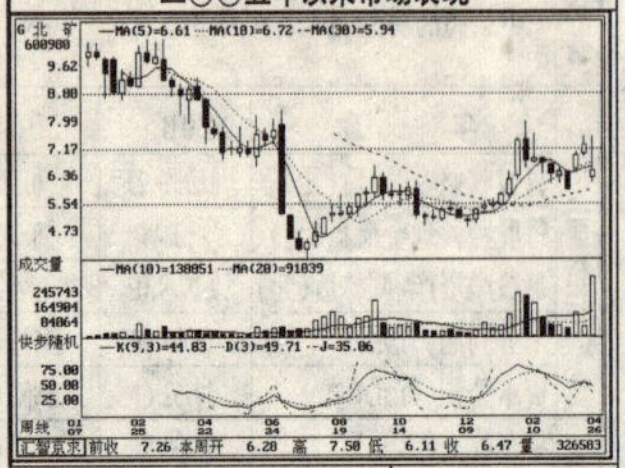

2005年涨跌幅(%)	－27.21
2005年最高(元)	10.43
2006年涨跌幅(%)	56.46
2006.4.26收盘(元)	6.47
2006年最高(元)	9.98
2006年最低(元)	5.45
2006年换手率(%)	325.21
股改对价	送股 每10股实际获得3.3股(06/04/24)

G 苏纺织（600981）

上市日期:04/06/30　　电话:(025)86648112　　传真:(025)84400800

主营	纺织品及服装的进出口业务			
主要指标	年　　度	2005	2004	2003
	每股收益/扣除后(元)	0.22/0.23	0.21	0.4/0.41
	每股经营现金流量(元)	－0.03	0.5	0.93
	每股净资产/调整后(元)	3.67/3.67	3.62/3.62	2.48
	未分利润(万元)	5902.8	6361.69	3850.44
	资本公积(万元)	31360.27	31360.27	2659.27
利润构成	主营收入(万元)	276480.15	265407.33	238987
	主营利润(万元)	18081.85	17466.79	19905.32
	营业利润(万元)	6348.32	4329.52	6869.62
	投资收益(万元)	103.17	269.1	151.37
	利润总额(万元)	6269.71	5158.28	7531.8
	净利润(万元)	4057.91	3890.14	5294.18
点评	由于竞争加剧和外贸壁垒提高等原因,公司来自出口业务的毛利率有所下降。房产销售比去年同期大幅下降,主要是新的房地产项目刚进入预售期,尚未结转收入。公司盈利能力和经营发展指标均保持相对稳定状态,但经营性现金流为负值。			

	截止日期	05年末	占%	主要股东及持股比例%、持股性质
股本结构（万股）	总股本	18109		江苏开元国际集团有限公司 62.98%（国有股）
	国有股	11405	62.98	江苏舜天股份有限公司 2.08%（国有股）
	发起股			中国外运江苏公司 1.66%（国有股）
	外资股			江苏东恒国际集团有限公司 0.94%（国有股）
	募集股	1376.28	7.6	江苏丹棉集团有限公司 0.83%（国有股）
	流通A	5000	27.61	江苏汇鸿国际集团针棉织品进出口有限公司 0.55%（国有股）
	流通B			江苏弘业股份有限公司 0.55%（国有股）
	流通H			江苏省惠隆资产管理有限公司 0.55%（国有股）
股东户数	05年末	19654		江苏汇鸿国际集团毛针织品进出口有限公司 0.44%（国有股）
	04年末	24189		王苏民 0.15%（流通A股）
其他流通股东	陈小鹏 0.135%;刘志远 0.133%;储祥敏 0.126%;顾宝民 0.117%;马虎安 0.11%;王兆政 0.1%;赵传远 0.099%			
近年分配	05预案:10派1.8;04年:10派1.7	近年募资	04年新发5000万股,发行价7.2元。	

二〇〇五年以来市场表现

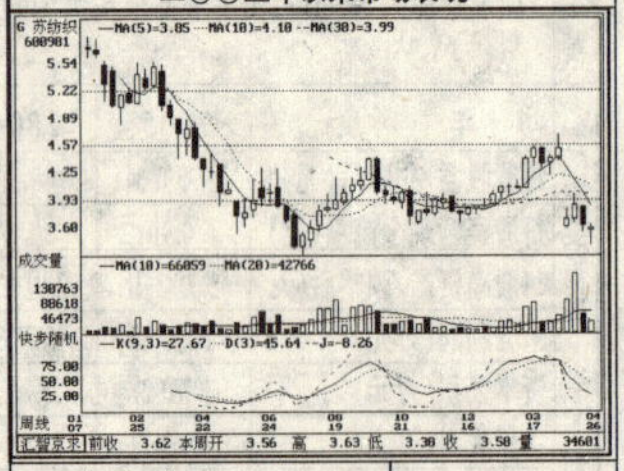

2005年涨跌幅(%)	－29.84
2005年最高(元)	5.86
2006年涨跌幅(%)	25.53
2006.4.26收盘(元)	3.58
2006年最高(元)	5.39
2006年最低(元)	3.85
2006年换手率(%)	131.19
股改对价	送股 每10股实际获得3.5股(06/04/06)

G 宁热电（600982）

上市日期:04/07/06　　电话:(0574)86897102　　传真:(0574)86885271

主营	热电联产			
主要指标	年　　度	2005	2004	2003
	每股收益/扣除后(元)	0.134/0.086	0.156	0.24/0.21
	每股经营现金流量(元)	－0.23	0.18	0.41
	每股净资产/调整后(元)	2.1/2.1	2.06/2.06	
	未分利润(万元)	2513.92	2305.25	2430.66
	资本公积(万元)	14338.47	14338.47	
利润构成	主营收入(万元)	57484.84	22748.49	16762.04
	主营利润(万元)	11974.19	3845.66	4319.2
	营业利润(万元)	2673.03	2426.04	3320.45
	投资收益(万元)	－13.15	－151.48	66.66
	利润总额(万元)	3677.13	2947.4	3898.06
	净利润(万元)	2250.33	2626.77	2825.79
点评	2005年公司电力生产能力有较大增强,电量销售增加较多。不过公司净利润同比有所下降,主要原因是2004年享受了购买国产设备所得税减免优惠,所得税费用同比较2005年年度低。2006年公司将在煤电、煤汽价格联动政策再次推行中获益。			

	截止日期	05年末	占%	主要股东及持股比例%、持股性质
股本结构（万股）	总股本	16800		宁波开发投资集团有限公司 27.48%（国有股）
	国有股	11800	70.24	宁波国宁节能实业有限公司 18.33%（国有股）
	发起股			宁波联合集团股份有限公司 12.21%（非流通股）
	外资股			宁波市电力开发公司 9.16%（国有股）
	募集股			宁波经济技术开发区控股有限公司 3.06%（国有股）
	流通A	5000	29.76	郭连素 0.26%（流通A股）
	流通B			周惠国 0.14%（流通A股）
	流通H			周武文 0.12%（流通A股）
股东户数	05年末	20452		黄秀华 0.11%（流通A股）
	04年末	21186		李宁 0.08%（流通A股）
其他流通股东	周德斌 0.084%;霍迎春 0.071%;赵勇 0.066%;上海洛克锁具有限公司 0.065%;董康成 0.065%			
近年分配	05预案:10派1;04年:10派1	近年募资	04年新发5000万股,发行价4.2元。	

二〇〇五年以来市场表现

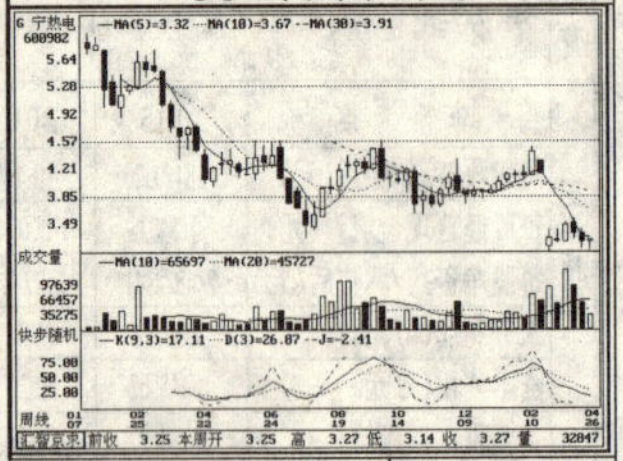

2005年涨跌幅(%)	－32.1
2005年最高(元)	6
2006年涨跌幅(%)	8.44
2006.4.26收盘(元)	3.27
2006年最高(元)	4.6
2006年最低(元)	3.91
2006年换手率(%)	121.9
股改对价	送股 每10股实际获得3股(06/03/20)

G合三洋（600983）

上市日期:04/07/27　　电话:(0551)5310502　　传真:(0551)5320313

主营	智能模糊全自动洗衣机和超级簇射波微波炉的生产和销售			
	年　度	2005	2004	2003
主要指标	每股收益/扣除后(元)	0.12/0.12	0.1	0.14/0.14
	每股经营现金流量(元)	0.07	0.2	
	每股净资产/调整后(元)	1.56/1.56	1.53/1.53	
	未分利润(万元)	3142.17	3010.37	3133.8
	资本公积(万元)	11664.68	11664.68	73.03
利润构成	主营收入(万元)	43892.09	34829.29	31354.47
	主营利润(万元)	19107.67	15302.58	14617.91
	营业利润(万元)	4557.46	3454.83	3916.53
	投资收益(万元)	-33.63	-74.29	-60.96
	利润总额(万元)	4588.03	3655.98	3965.67
	净利润(万元)	3911	3212.79	3544.28
点评	洗衣机产品定位中高端市场,05年大批中高档新品投放市场,产品竞争力明显增强。中高端产品比重提升,促进洗衣机销售收入同比增长近三成。公司将继续加快产能提升速度,06年公司的盈利目标是实现税前利润同比增长30%。			

	截止日期	05年末	占%	主要股东及持股比例%、持股性质
股本结构(万股)	总股本	33300		合肥荣事达集团有限责任公司 37.42%（非流通股）
	国有股			三洋电机株式会社 19.97%（外资股）
	发起股	16025.76	48.13	三洋电机(中国)有限公司 10.26%（外资股）
	外资股	8774.24	26.35	丰田通商株式会社 3.33%（外资股）
	募集股			三洋商贸发展株式会社 2.67%（外资股）
	流通A	8500	25.53	长城贸易株式会社 0.39%（外资股）
	流通B			合肥百货大楼集团股份有限公司 0.3%（非流通股）
	流通H			汪建沃 0.097%（流通A股）
股东户数	05年末	28965		王天金 0.093%（流通A股）
	04年末	35748		王劲松 0.093%（流通A股）
其他流通股东	许良源 0.071%；江苏天乐礼品有限公司 0.062%；李龙海 0.059%；王国珍 0.056%；杨宏艳 0.056%；周泽河 0.052%			
近年分配	05年:10派0.9；04年:10派0.9		近年募资	04年新发8500万股,发行价2.6元。

二〇〇五年以来市场表现

2005年涨跌幅(%)	-23.53
2005年最高(元)	4.02
2006年涨跌幅(%)	22.92
2006.4.26收盘(元)	2.55
2006年最高(元)	3.7
2006年最低(元)	2.77
2006年换手率(%)	106.99
股改对价	送股 每10股实际获得3股(06/04/11)

建设机械（600984）

上市日期:04/07/07　　电话:(029)82592288　　传真:(029)82592287

主营	建设机械成套设备、筑路机械成套设备、金属结构产品及相关配件的生产、销售。			
	年　度	2005	2004	2003
主要指标	每股收益/扣除后(元)	-0.35/-0.35	0.13	0.34/0.34
	每股经营现金流量(元)	-0.5	-0.94	-0.34
	每股净资产/调整后(元)	2.85/2.85	3.4/3.4	2.18
	未分利润(万元)	-1196.55	6599.41	5141.33
	资本公积(万元)	25786.98	25786.98	5519.58
利润构成	主营收入(万元)	40117.24	56853.65	50202.3
	主营利润(万元)	5408.31	11427.83	11417.15
	营业利润(万元)	-4936.65	2577.43	3776.83
	投资收益(万元)			
	利润总额(万元)	-4907.87	2565.97	3854.21
	净利润(万元)	-4964.84	1822.6	3445.58
点评	2005年公司产品销售量大幅降低,库存商品增加,出现较大亏损。2006年为"十一五"规划第一年,加之新农村建设将会拉动道路机械的市场需求,预计公司业绩会有所好转,但仍可能继续维持亏损。			

	截止日期	05年末	占%	主要股东及持股比例%、持股性质
股本结构(万股)	总股本	14155.6		陕西建设机械集团有限责任公司 29.34%（国有股）
	国有股	10006.1	70.69	中国华融资产管理公司 21.12%（国有股）
	发起股	32.5	0.23	中国信达资产管理公司 20.23%（国有股）
	外资股			王永 0.46%（非流通股）
	募集股			王志强 0.37%（非流通股）
	流通A	4000	28.26	晁坚 0.25%（流通A股）
	流通B			北京新建设机械设备有限责任公司 0.23%（非流通股）
	流通H			罗维 0.22%（流通A股）
股东户数	05年末	16208		刘永 0.2%（流通A股）
	04年末	21343		李铭 0.17%（流通A股）
其他流通股东	何森华 0.164%；许磊 0.136%；娄秋芳 0.121%；朱世国 0.119%；吴亚军 0.115%；林志鹏 0.113%			
近年分配	04年:10派2		近年募资	04年新发4000万股,发行价6.4元。

二〇〇五年以来市场表现

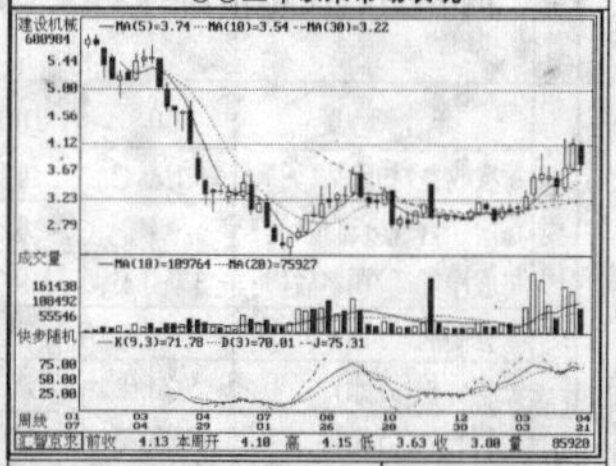

2005年涨跌幅(%)	-45.83
2005年最高(元)	5.88
2006年涨跌幅(%)	30.14
2006.4.26收盘(元)	3.8
2006年最高(元)	4.22
2006年最低(元)	2.85
2006年换手率(%)	308.97
股改对价	

G雷鸣（600985）

上市日期:04/04/28　　电话:0561-4948135　　传真:0561-4948888

主营	民爆器材、高岭土加工系列产品的生产、销售及服务。			
	年　度	2005	2004	2003
主要指标	每股收益/扣除后(元)	0.1/0.1	0.11	0.28/0.28
	每股经营现金流量(元)	0.0917	0.0074	0.16
	每股净资产/调整后(元)	3.14/3.14	3.12/3.11	1.94
	未分利润(万元)	1468.17	1462.08	680.52
	资本公积(万元)	16297.32	16297.32	2070.88
利润构成	主营收入(万元)	14267.35	12177.54	10089.13
	主营利润(万元)	3884.51	3815.29	3597.75
	营业利润(万元)	1743.73	1545.73	2118.67
	投资收益(万元)	-196.23	-6	
	利润总额(万元)	1540.43	1521.5	2098.31
	净利润(万元)	903.48	976.95	1397.62
点评	公司在民爆器材领域具备领先优势,但由于行业整体需求平稳,限制了公司的增长空间,原材料价格居高不下也影响了公司的盈利能力。未来国家基础设施建设的加快将促进民爆器材的需求量持续增加,公司的精铸砂、水胶炸药等新项目将可能成为新的业绩增长点。			

	截止日期	05年末	占%	主要股东及持股比例%、持股性质
股本结构(万股)	总股本	9000		淮北矿业(集团)有限责任公司 52.744%（国有股）
	国有股			安徽理工大学 0.817%（国有股）
	发起股	5000	55.56	煤炭科学研究总院爆破技术研究所 0.816%（国有股）
	外资股			南京理工大学 0.786%（国有股）
	募集股			北京中煤雷耀经贸联合公司 0.393%（国有股）
	流通A	4000	44.44	邹丽 0.328%（流通A股）
	流通B			李会秋 0.322%（流通A股）
	流通H			秦玉申 0.237%（流通A股）
股东户数	05年末	18436		纪永民 0.23%（流通A股）
	04年末	23014		马庆华 0.215%（流通A股）
其他流通股东	秦芳 0.213%；王芳 0.211%；陈令明 0.208%；王文兴 0.204%；张文锦 0.139%			
近年分配	05预案:10派0.9；04年:10派0.8		近年募资	04年新发4000万股,发行价5元。

二〇〇五年以来市场表现

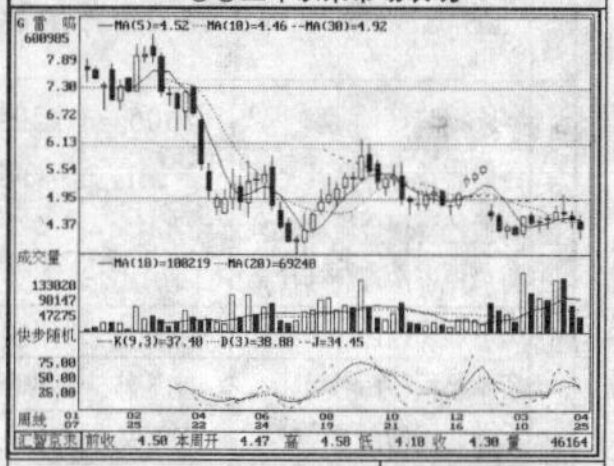

2005年涨跌幅(%)	-30.13
2005年最高(元)	8.48
2006年涨跌幅(%)	6.66
2006.4.26收盘(元)	4.3
2006年最高(元)	6.73
2006年最低(元)	5.31
2006年换手率(%)	231.97
股改对价	送股 每10股实际获得3.32股(06/02/09)

G 科达（600986）

上市日期:04/04/26　　电话:0546－8301886　　传真:0546－8304191

主营：公路工程、市政工程建设施工

	年　度	2005	2004	2003
主要指标	每股收益/扣除后(元)	0.11/0.1	0.2	0.43/0.44
	每股经营现金流量(元)	-1.6	0.29	
	每股净资产/调整后(元)	3.94/3.92	3.83/3.82	3.62
	未分利润(万元)	11115.13	10032.09	13025.35
	资本公积(万元)	21729.83	21717.41	376.32
利润构成	主营收入(万元)	54156.72	55551.47	49287.41
	主营利润(万元)	13821.48	11796.88	10692.42
	营业利润(万元)	4554.36	5167.82	6539.62
	投资收益(万元)	176.87		
	利润总额(万元)	4984.63	5299.63	6528.71
	净利润(万元)	1568.41	2829.41	3367.25

点评：报告期内公司工程承包业务持平，激光头来料加工也是由较快的增长。东营黄河公路大桥有限公司开始并表，由于前期车辆量达不到预期的车次，大桥公司出现亏损。预计 2005 年启动的房地产项目将能给公司带来一定的投资收益。

股本结构（万股）	截止日期	05 年末	占%	主要股东及持股比例%、持股性质
	总股本	13969.57		广饶县科达实业有限责任公司 44.91%（非流通股）
	国有股			王润生 0.99%（非流通股）
	发起股	6273.28	44.91	侯秀荣 0.36%（非流通股）
	外资股			魏一民 0.36%（非流通股）
	募集股			张志慧 0.36%（非流通股）
	流通 A	3900	27.92	于慧 0.36%（非流通股）
	流通 B			石汝玲 0.36%（非流通股）
	流通 H			曹彦梅 0.35%（非流通股）
股东户数	05 年末	16828		王伟纲 0.35%（非流通股）
	04 年末	18795		邵风玲 0.34%（非流通股）

其他流通股东：陈荣明 0.165%；李斌 0.13%；陈健强 0.119%；李应凯 0.103%；夏木西奴 0.088%；江贤音 0.077%

近年分配：03 年:10 派 2 送 3　　**近年募资**：04 年新发 3000 万股，发行价 8.6 元。

二〇〇五年以来市场表现

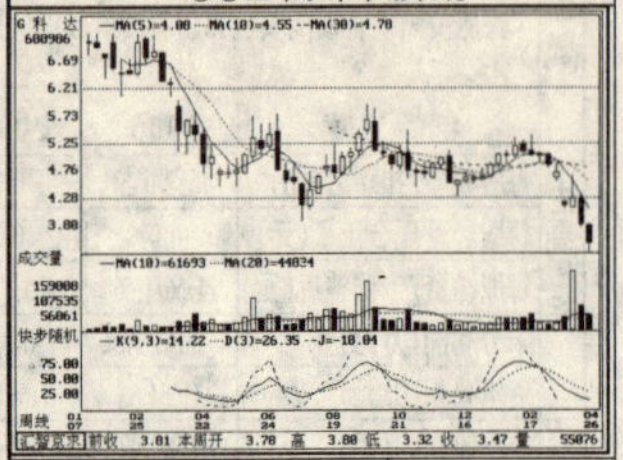

2005 年涨跌幅(%)	-34.46
2005 年最高(元)	7.17
2006 年涨跌幅(%)	-5.02
2006.4.26 收盘(元)	3.47
2006 年最高(元)	5.91
2006 年最低(元)	4.22
2006 年换手率(%)	165.76
股改对价	送股 每 10 股实际获得 2.7 股(06/04/07)

航民股份（600987）

上市日期:04/08/09　　电话:(0571)82557359　　传真:(0571)82553288

主营：印染、纺织及相关原辅材料的生产和销售；热电联产的生产和销售。

	年　度	2005	2004	2003
主要指标	每股收益/扣除后(元)	0.12/0.12	0.14	0.38/0.33
	每股经营现金流量(元)	0.44	0.21	0.72
	每股净资产/调整后(元)	3.46/3.43	3.44/3.41	1.89
	未分利润(万元)	14857.7	14952.67	14044.9
	资本公积(万元)	50264.68	49998.33	34.24
利润构成	主营收入(万元)	114500.83	94459.25	83207.65
	主营利润(万元)	10528.36	12873.26	16582.95
	营业利润(万元)	5830.55	7176.81	11256.05
	投资收益(万元)	48.28	-68.02	-6.85
	利润总额(万元)	5633.48	6960.35	11514.47
	净利润(万元)	3291.35	3954.29	7591.47

点评：公司主营印染及印染纺织品、染料、电力、蒸汽及织造布等业务。2005 年，公司受到原辅材料及燃煤等价格居高不下的影响，使得印染主业、热电配套产业和织造成本较大幅度提高，从而实现业绩同比出现了大幅度下滑。

股本结构（万股）	截止日期	05 年末	占%	主要股东及持股比例%、持股性质
	总股本	28500		浙江航民实业集团有限公司 35.79%（非流通股）
	国有股	2800	9.82	万向集团 21.75%（非流通股）
	发起股	17200	60.35	杭州钢铁集团公司 5.61%（国有股）
	外资股			佛山市顺德金纺集团有限公司 2.81%（非流通股）
	募集股			国营邵阳第二纺织机械厂 2.11%（国有股）
	流通 A	8500	29.82	太平洋机电(集团)有限公司 2.11%（国有股）
	流通 B			刘志远 0.26%（流通 A 股）
	流通 H			银河证券 0.16%（流通 A 股）
股东户数	05 年末	34973		何筱英 0.16%（流通 A 股）
	04 年末	42947		北信保险经 0.12%（流通 A 股）

其他流通股东：陶静怡 0.11%；黎泽文 0.098%；蓝晓红 0.096%；潘德贤 0.094%；邹凤兰 0.092%；余汉江 0.07%

近年分配：05 预案:10 派 1；04 年:10 派 1　　**近年募资**：04 年新发 8500 万股，发行价 7.2 元。

二〇〇五年以来市场表现

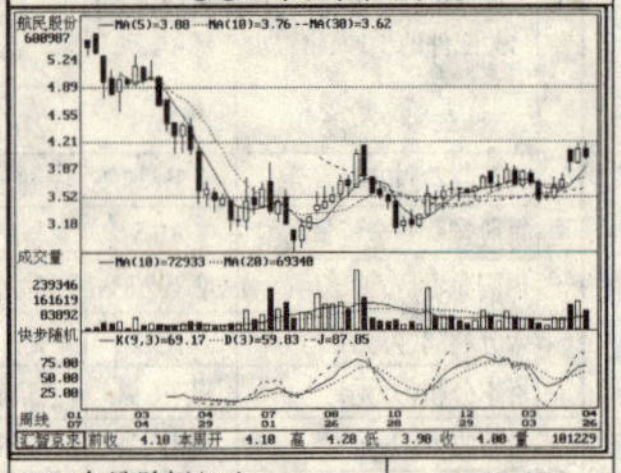

2005 年涨跌幅(%)	-33.87
2005 年最高(元)	5.58
2006 年涨跌幅(%)	12.05
2006.4.26 收盘(元)	4
2006 年最高(元)	4.2
2006 年最低(元)	3.44
2006 年换手率(%)	128.15
股改对价	定向转增 每 10 股实际获得 4.8 股

东方宝龙（600988）

上市日期:04/04/14　　电话:(020)82600888－8891　　传真:(020)82709878

主营：防弹运钞车等专用车辆的开发、生产、销售。

	年　度	2005	2004	2003
主要指标	每股收益/扣除后(元)	-2.11	0.17	0.47/0.43
	每股经营现金流量(元)	0.14	-0.42	1.7
	每股净资产/调整后(元)	1.47/1.47	3.58/3.58	
	未分利润(万元)	-16661.57	2434.79	1324.99
	资本公积(万元)	19078.21	19078.21	
利润构成	主营收入(万元)	3949.94	15023.57	29947.65
	主营利润(万元)	-242.04	4600.29	7537.85
	营业利润(万元)	-5780.89	1557.23	3644.79
	投资收益(万元)	-8298.73		
	利润总额(万元)	-19164.59	1951.46	3658.96
	净利润(万元)	-19096.35	1561.52	3095.23

点评：报告期内，受国内防弹运钞车市场的影响，公司原主营业务产品－防弹运钞车销售下滑幅度较大，为降低公司过度依赖防弹运钞车业务的经营风险，公司去年新开发了一些其他专用车产品，但尚未产生明显的收益。

股本结构（万股）	截止日期	05 年末	占%	主要股东及持股比例%、持股性质
	总股本	9057.98		广东省金安汽车工业制造有限公司 43.44%（非流通股）
	国有股			黄乙珍 27.44%（非流通股）
	发起股	3934.79	43.44	杨文江 0.72%（非流通股）
	外资股			杨文英 0.72%（非流通股）
	募集股			胡文舜 0.18%（流通 A 股）
	流通 A	2500	27.6	邱萍 0.14%（流通 A 股）
	流通 B			代绍会 0.13%（流通 A 股）
	流通 H			刘绍勤 0.13%（流通 A 股）
股东户数	05 年末	12931		王军 0.12%（流通 A 股）
	04 年末	12789		尚胜利 0.1%（流通 A 股）

其他流通股东：陶之罡 0.099%；安其勇 0.094%；孙淑静 0.092%；咸斯琴 0.085%

近年分配：04 年:10 派 0.1　　**近年募资**：04 年新发 2500 万股，发行价 9.08 元。

二〇〇五年以来市场表现

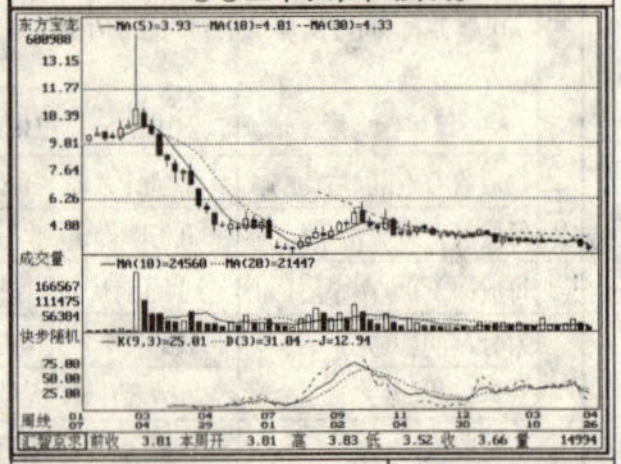

2005 年涨跌幅(%)	-53.49
2005 年最高(元)	14.53
2006 年涨跌幅(%)	-13.88
2006.4.26 收盘(元)	3.66
2006 年最高(元)	4.63
2006 年最低(元)	3.52
2006 年换手率(%)	152.31
股改对价	

四创电子（600990）

上市日期:04/05/10　　电话:0551－5391323　　传真:0551－5391322

主营：民用雷达整机及雷达配套产品、无线通信设备产品的研制、生产和销售。

	年　度	2005	2004	2003
主要指标	每股收益/扣除后(元)	0.31/0.309	0.3	0.49/0.51
	每股经营现金流量(元)	0.49	－0.22	0.2041
	每股净资产/调整后(元)	5.16/5.13	4.95/4.89	2.47
	未分利润(万元)	4205.95	3330.13	2884.78
	资本公积(万元)	18575.56	18575.56	1883.34
利润构成	主营收入(万元)	18366.58	20461.24	18324.19
	主营利润(万元)	5274.4	4927.22	4510.38
	营业利润(万元)	2034.01	1898.31	2216.25
	投资收益(万元)	－2.14	2.66	－26.21
	利润总额(万元)	2157.07	2096.48	2236.13
	净利润(万元)	1829.78	1769.19	1915.6

点评：公司2005年经营情况与2004年度相比保持平稳运行的态势。公司在毛利率较高的雷达及雷达配套业务上取得了一定的进展,作为公司主营业务收入一部分的技术收入大幅上涨,在一定程度上弥补了公司在电子产品和通讯工程两大业务的收入下降。

股本结构(万股)	截止日期	05年末	占%	主要股东及持股比例%、持股性质
	总股本	5880		华东电子工程研究所 58.11%（国有股）
	国有股			中国物资开发投资总公司 2.29%（国有股）
	发起股	3753.42	63.83	夏传浩 2.15%（非流通股）
	外资股			安徽民生信息工程有限公司 1.14%（非流通股）
	募集股			中国电子进出口总公司 1.14%（国有股）
	流通A	2000	34.01	北京奔达信息工程公司 0.57%（国有股）
	流通B			北京青年创业投资有限公司 0.57%（非流通股）
	流通H			彭建平 0.34%（流通A股）
股东户数	05年末	10823		拾方莲 0.32%（流通A股）
	04年末	11998		周雅珍 0.19%（流通A股）

其他流通股东：应春华 0.13%；周文斌 0.119%；单秀华 0.116%；洋塑科技 0.109%；李燕增 0.1%；李世臻 0.095%；苏忠祥 0.089%

近年分配：05预案:10派1.5；04年:10派1　　**近年募资**：04年新发2000万股,发行价9.79元。

二〇〇五年以来市场表现

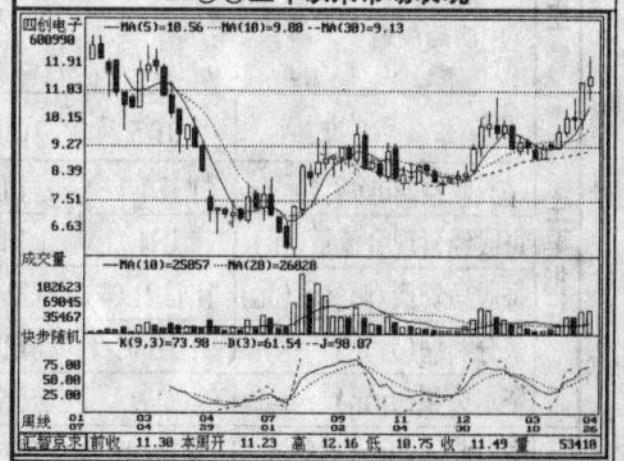

2005年涨跌幅(%)	－29.92
2005年最高(元)	12.79
2006年涨跌幅(%)	37.11
2006.4.26收盘(元)	11.49
2006年最高(元)	12.16
2006年最低(元)	8.38
2006年换手率(%)	247.83
股改对价	

长丰汽车（600991）

上市日期:04/06/14　　电话:0731—2881959　　传真:0731—2881957

主营：中高档轻型越野汽车整车及零部件的制造和销售。

	年　度	2005	2004	2003
主要指标	每股收益/扣除后(元)	0.05/0.07	0.33	1.08/1.12
	每股经营现金流量(元)	1.9	－0.93	2.04
	每股净资产/调整后(元)	4.89/4.82	5.05/4.97	2.88
	未分利润(万元)	487.33	6855.19	9680.11
	资本公积(万元)	104896.13	104896.13	6772.22
利润构成	主营收入(万元)	428144.61	377463.41	494273.96
	主营利润(万元)	49017.85	62738.4	101568.98
	营业利润(万元)	657.1	17822.2	59589.9
	投资收益(万元)	－382.95	－171.89	17.79
	利润总额(万元)	1767.83	20470.58	59883.99
	净利润(万元)	2003.85	13041.05	34783.37

点评：主营业务是轻型越野汽车,耗油量较大,05年以来油价高涨,细分市场的需求减弱。同时市场竞争加剧导致了产品价格和利润率的下降,盈利减少不难理解。06年后公司所处细分行业利空因素仍然存在,如油价上涨和燃油税推出等。

股本结构(万股)	截止日期	05年末	占%	主要股东及持股比例%、持股性质
	总股本	40067.03		长丰(集团)有限责任公司 38.4%（国有股）
	国有股	15547.35	38.8	日本三菱自动车工业株式会社 16.07%（外资股）
	发起股	1994.32	4.98	湖南经济技术投资担保公司 12.05%（国有股）
	外资股	6437.31	16.07	湖南新华联国际石油贸易有限公司 5.38%（非流通股）
	募集股	8288.05	20.69	日本双日株式会社 4.02%（外资股）
	流通A	7800	19.47	湖南省信托投资有限责任公司 4.02%（国有股）
	流通B			华宝信托投资有限责任公司－单一类资金信托2004年第16号 0.31%（流通A股）
	流通H			湖南省新田县氮肥厂 0.2%（国有股）
股东户数	05年末	32353		永州恒通电力(集团)有限责任公司 0.2%（非流通股）
	04年末	42590		永州市财政有偿资金回收管理中心 0.2%（国有股）

其他流通股东：赵大慧 0.12%；黄绮欢 0.105%；华宝信托投资有限责任公司－单一类资金信托2002年第19号 0.103%

近年分配：04年:10派2　　**近年募资**：04年新发7800万股,发行价14.1元。

二〇〇五年以来市场表现

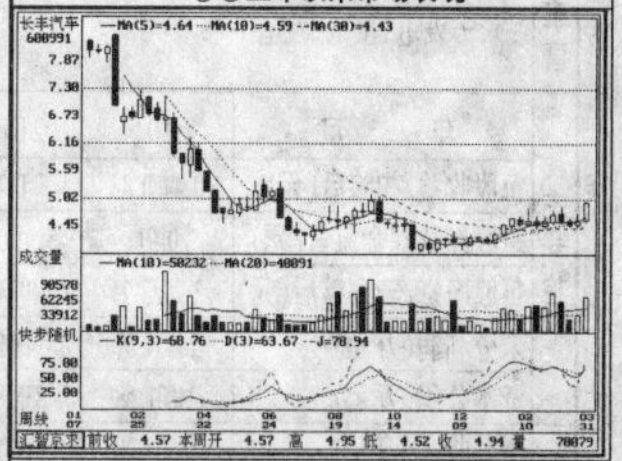

2005年涨跌幅(%)	－47.71
2005年最高(元)	8.44
2006年涨跌幅(%)	19.61
2006.4.26收盘(元)	4.94
2006年最高(元)	4.95
2006年最低(元)	4.1
2006年换手率(%)	74.54
股改对价	送股 每10股实际获得3.2股

贵绳股份（600992）

上市日期:04/05/14　　电话:0852－8419247　　传真:0852－8419570

主营：钢丝、钢绳产品及相关设备、材料、技术的研究、生产、加工、销售及进出口业务;科技产品的研制、开发与技术服务。

	年　度	2005	2004	2003
主要指标	每股收益/扣除后(元)	0.26/0.26	0.26	0.44/0.45
	每股经营现金流量(元)	0.19	0.41	0.74
	每股净资产/调整后(元)	4.42/4.4	4.35/4.34	1.79
	未分利润(万元)	1590.26	1530.83	1144.55
	资本公积(万元)	47745.29	47745.29	5058.29
利润构成	主营收入(万元)	84758.61	75024.97	54615.53
	主营利润(万元)	15802.94	15227.4	12038.39
	营业利润(万元)	5115.17	5153.3	5015.35
	投资收益(万元)	9.46	5	4
	利润总额(万元)	5109.14	5080.51	4863.09
	净利润(万元)	4324.19	4321.98	4146

点评：公司钢丝绳年产超过10万吨,位列业内三甲之内,具备一定规模优势。2005年销售小幅增长,但是受原材料涨价、包装运输费用上升等影响,净利润同比持平。

股本结构(万股)	截止日期	05年末	占%	主要股东及持股比例%、持股性质
	总股本	16437		贵州钢绳(集团)有限责任公司 52.46%（国有股）
	国有股			水城钢铁(集团)有限责任公司 3.96%（国有股）
	发起股	9437	57.41	泰康人寿保险股份有限公司　传统 0.62%（流通A股）
	外资股			泰康人寿保险股份有限公司－分红 0.58%（流通A股）
	募集股			贵州长征电器股份有限公司 0.4%（非流通股）
	流通A	7000	42.59	武汉人和置业有限公司 0.4%（非流通股）
	流通B			泰康人寿保险股份有限公司－分红 0.3%（流通A股）
	流通H			王长生 0.19%（流通A股）
股东户数	05年末	29945		遵义南北铁合金经销有限责任公司 0.19%（非流通股）
	04年末	36517		刘光伟 0.14%（流通A股）

其他流通股东：蔡爱萍 0.135%；董丽群 0.134%；姜龙银 0.109%；黄祖麟 0.105%；邱彩娥 0.104%

近年分配：05年:10派2.2；04年:10派2　　**近年募资**：04年新发7000万股,发行价7.4元。

二〇〇五年以来市场表现

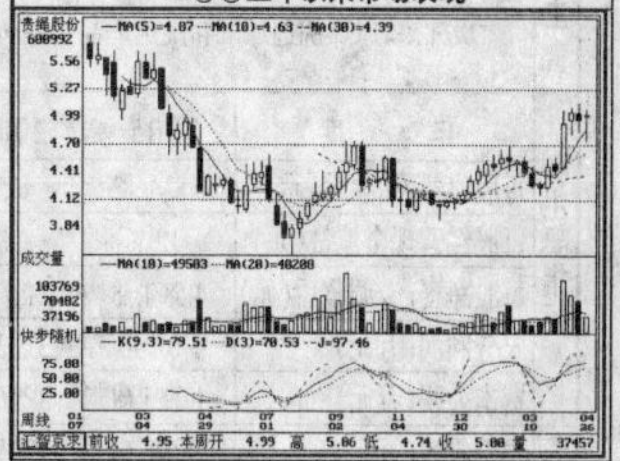

2005年涨跌幅(%)	－26.06
2005年最高(元)	5.85
2006年涨跌幅(%)	19.9
2006.4.26收盘(元)	5
2006年最高(元)	5.12
2006年最低(元)	4.15
2006年换手率(%)	106.34
股改对价	

马应龙（600993）

上市日期:04/05/17　　电话:(027)87291519　　传真:(027)87389583

主营	中西药制造

	年　　度	2005	2004	2003
主要指标	每股收益/扣除后(元)	1.17/1.2	1.03	1.2/1.13
	每股经营现金流量(元)	1.14	1.06	2.035
	每股净资产/调整后(元)	11.13/11.06	10.32/10.3	6.18
	未分利润(万元)	11355.08	8661.53	6772.49
	资本公积(万元)	26199	26029.83	87.28
利润构成	主营收入(万元)	41179.05	37098.99	32564.46
	主营利润(万元)	23314.22	20602.91	18879.75
	营业利润(万元)	7808.59	6556.48	4659.59
	投资收益(万元)	-292.93	-109.89	-19.07
	利润总额(万元)	7593.05	6308.92	4774.5
	净利润(万元)	6006.01	5263.69	3978.11

点评：05年公司业绩平稳增长。主要工作包括:对下游2000多家经销商进行了有效整合;从OTC和处方药两个层面入手,促进了公司主导产品在终端销量的增长;积极将销售网络向三、四级市场和空白市场延伸,巩固了公司治痔类市场占有率第一品牌的地位。

	截止日期	05年末	占%	主要股东及持股比例%、持股性质
股本结构(万股)	总股本	5116.97		中国宝安集团股份有限公司 32.83% (非流通股)
	国有股	900	17.59	武汉国有资产经营公司 17.59% (国有股)
	发起股	1680	32.83	武汉华汉投资管理有限公司 12.27% (非流通股)
	外资股			中国工商银行－东吴嘉禾优势精选混合型开放式证券投资基金 2.74% (流通A股)
	募集股	677.89	13.25	长城证券有限责任公司 1.56% (流通A股)
	流通A	1800	35.18	交通银行－华安宝利配置证券投资基金 1.02% (流通A股)
	流通B			华一发展有限公司 0.98% (外资股)
	流通H			交通银行－安顺证券投资基金 0.98% (流通A股)
股东户数	05年末	7366		中国工商银行－国联安德盛小盘精选证券投资基金 0.86% (流通A股)
	04年末	8922		杭州市临安人长久食品有限公司 0.4% (流通A股)
其他流通股东	丁嘉祥 0.284%;杨燕灵 0.283%;李永辉 0.274%;毛克习 0.266%			
近年分配	05预案:10派5;04年:10派4	近年募资	04年新发1800万股,发行价16.11元。	

二〇〇五年以来市场表现

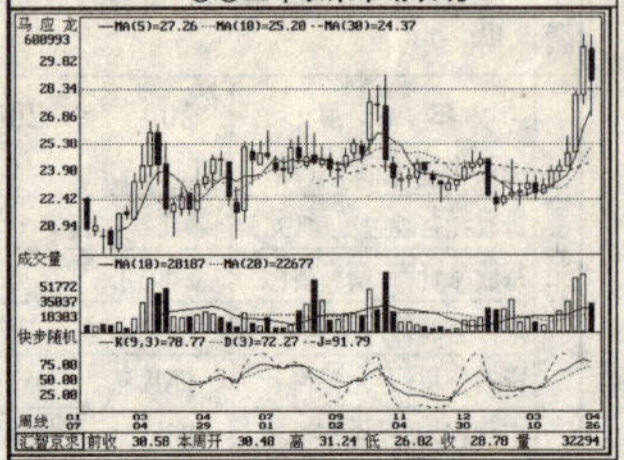

2005年涨跌幅(%)	8.47
2005年最高(元)	29.45
2006年涨跌幅(%)	19.62
2006.4.26收盘(元)	28.78
2006年最高(元)	31.3
2006年最低(元)	21.68
2006年换手率(%)	237.34
股改对价	

文山电力（600995）

上市日期:04/06/15　　电话:(0876)2123422　　传真:(0876)2130029

主营	水力发电、供电、配电

	年　　度	2005	2004	2003
主要指标	每股收益/扣除后(元)	0.44/0.43	0.45	0.51/0.44
	每股经营现金流量(元)	0.91	1.16	0.98
	每股净资产/调整后(元)	3.21/3.21	6.04/6.04	3.88
	未分利润(万元)	10954.69	4398.5	5433.62
	资本公积(万元)	24801.58	33558.58	8169.88
利润构成	主营收入(万元)	46802.28	31141.73	23138.2
	主营利润(万元)	16049.07	9227.6	5733.72
	营业利润(万元)	9142.86	4332.16	3060.94
	投资收益(万元)	327.34	179.53	156.26
	利润总额(万元)	9234.52	4489.69	3202.02
	净利润(万元)	7713.17	3933.38	2645.71

点评：2005年,公司的电站项目提前建成投运,增加了自发电量;公司供电营业区内其他中小水电站陆续投运,增加了网内的供电量,减少了购买高价省电的成本等,使得公司业绩同比增长近100%。公司火电和水电兼有,具有一定的抗风险能力。

	截止日期	05年末	占%	主要股东及持股比例%、持股性质
股本结构(万股)	总股本	17514		文山州电力公司 37.41% (国有股)
	国有股	7452	42.55	云南广聚明源投资有限公司 16.34% (非流通股)
	发起股	2862	16.34	中国东方电气集团公司 1.71% (国有股)
	外资股			云南省地方电力实业开发公司 1.71% (国有股)
	募集股			江河农村电气化发展有限公司 1.71% (国有股)
	流通A	7200	41.11	中国农业银行－交银施罗德精选股票证券投资基金 0.86% (流通A股)
	流通B			中国银行－嘉实增长开放式证券投资基金 0.69% (流通A股)
	流通H			韩国栋 0.45% (流通A股)
股东户数	05年末	19526		中国工商银行－汇添富优势精选混合型证券投资基金 0.43% (流通A股)
	04年末	15088		陈云 0.42% (流通A股)
其他流通股东	何朝阳 0.398%;交通银行－华安宝利配置证券投资基金 0.343%;交通银行－华安创新证券投资基金 0.248%			
近年分配	05年:10派3;04年:10派5转增10	近年募资	04年新发3600万股,发行价8.2元。	

二〇〇五年以来市场表现

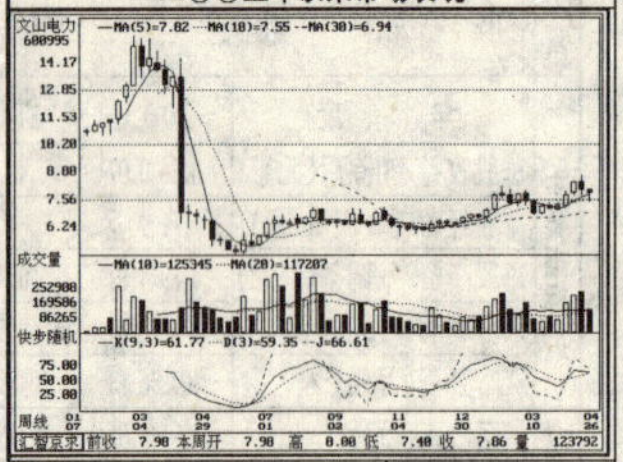

2005年涨跌幅(%)	27.66
2005年最高(元)	15.49
2006年涨跌幅(%)	22.71
2006.4.26收盘(元)	7.86
2006年最高(元)	8.68
2006年最低(元)	6.48
2006年换手率(%)	288.74
股改对价	

G开滦（600997）

上市日期:04/06/02　　电话:0315—2812013　　传真:0315—3026757

主营	煤炭开采、原煤洗选加工和洗选产品的销售。

	年　　度	2005	2004	2003
主要指标	每股收益/扣除后(元)	0.82/0.82	0.54	0.41/0.42
	每股经营现金流量(元)	1.36	0.86	0.92
	每股净资产/调整后(元)	4.58/4.58	4.01/4.01	2.18/2.18
	未分利润(万元)	57001.83	35312.21	18859.17
	资本公积(万元)	102903.68	102903.68	16375.86
利润构成	主营收入(万元)	259748.64	155152.3	104585.73
	主营利润(万元)	87528.74	64662.35	41190.49
	营业利润(万元)	44895.3	33182.63	20110.28
	投资收益(万元)	-289.91		
	利润总额(万元)	44415.62	32762.65	19824.17
	净利润(万元)	39877.3	26308.14	13903.25

点评：主要产品是煤炭。05年原煤产销同比微幅增长,煤炭价格的快速增长助推主营收入大幅增长;焦炭产品占比不大,有亏损。得益于煤炭产销的贡献,公司业绩同比增长超过50%。2006年公司煤炭产量提高空间不大,焦炭前景未敢乐观,业绩可能会受一定影响。

	截止日期	05年末	占%	主要股东及持股比例%、持股性质
股本结构(万股)	总股本	48800		开滦(集团)有限责任公司 65.79% (国有股)
	国有股	33800	69.26	中国信达资产管理公司 2.08% (国有股)
	发起股			上海宝钢国际经济贸易有限公司 0.97% (国有股)
	外资股			上海宝钢工程技术有限公司 0.34% (流通A股)
	募集股			中国民族证券有限责任公司 0.33% (流通A股)
	流通A	15000	30.74	万向租赁有限公司 0.28% (流通A股)
	流通B			刘红中 0.27% (流通A股)
	流通H			沃为红 0.26% (流通A股)
股东户数	05年末	45386		浙江万向系统有限公司 0.24% (流通A股)
	04年末	53220		国元证券有限责任公司 0.24% (流通A股)
其他流通股东	莫剑荣 0.225%;博时裕富证券投资基金 0.2%;浙江大鼎贸易有限公司 0.166%			
近年分配	05方案:10派3.5转增1.5;04年:10派2.5	近年募资	04年新发15000万股,发行价7元。	

二〇〇五年以来市场表现

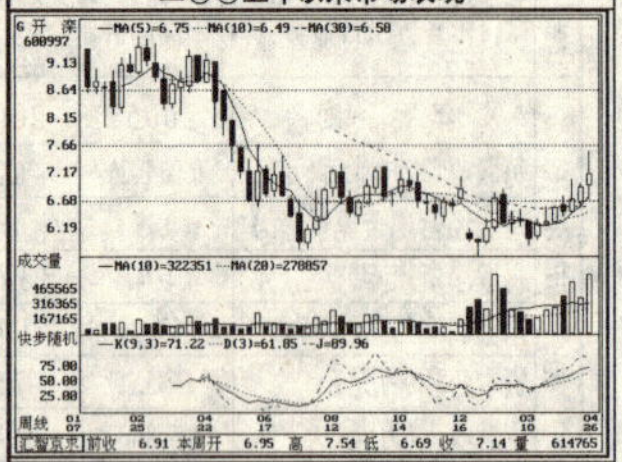

2005年涨跌幅(%)	-24.63
2005年最高(元)	9.62
2006年涨跌幅(%)	38.03
2006.4.26收盘(元)	7.14
2006年最高(元)	10.03
2006年最低(元)	7.58
2006年换手率(%)	259.01
股改对价	送股 每10股实际获得3.3股(06/01/13)

锦旅B股(900929)

上市日期:94/09/28　　电话:021－63299090　　传真:021－63296636

主营：组织海外游客入境旅游、中国公民国内旅游和出境旅游、交通票务代理以及物业出租等。

	年度	2005	2004	2003
主要指标	每股收益/扣除后(元)	0.17/0.141	0.33	0.004/-0.051
	每股经营现金流量(元)	0.48	0.17	0.19
	每股净资产/调整后(元)	3.59/3.57	3.45/3.44	3.2/3.19
	未分利润(万元)	3010.99	2812.14	1594.89
	资本公积(万元)	19524.67	17791.06	17772.16
利润构成	主营收入(万元)	120232.27	100768.73	41058.3
	主营利润(万元)	12298.96	11157.27	5633.31
	营业利润(万元)	1471.96	1054.58	-1255.45
	投资收益(万元)	723.74	1024.11	946.03
	利润总额(万元)	2581.98	5388.34	100.89
	净利润(万元)	2249.7	4398.21	55.32

点评：本报告期是公司资产重组后第一个完整的会计年度,2004年4月底因公司资产重组购入上海锦江旅游有限公司和上海新亚国际旅行社等经营性资产。公司旅游主业的业务量及效益较去年同期有了一定幅度的增长,净利润的下降主要是非经常性收入减少。

	截止日期	05年末	占%	主要股东及持股比例%、持股性质
股本结构(万股)	总股本	13255.63		锦江国际(集团)有限公司 50.21%(国有股)
	国有股	6655.63	50.21	TOYO SECURITIES ASIA LTD. A/C CLIENT 1.39%(流通B股)
	发起股			NAITO SECURITIES CO. LTD 1.27%(流通B股)
	外资股			AIZAWA SECURITIES CO. LTD 0.63%(流通B股)
	募集股			HSBC N/UBS AG 0.35%(流通B股)
	流通A			SHENYIN WANGUO NOMINEES(H. K.) LTD 0.25%(流通B股)
	流通B	6600	49.79	BHF-BANK AKTIENGESELLSCHAFT 0.24%(流通B股)
	流通H			傅仕强 0.23%(流通B股)
股东户数	05年末	13987		裘阿海 0.21%(流通B股)
	04年末	14373		NIKKO CORDIAL SECURITIES INC 0.19%(流通B股)
其他流通股东	DAIWA SECURITIES CO. LTD. TOKYO 0.171%			
近年分配	05预案:10派1;04年:10派0.19332;03年:10派0.09665		近年募资	

二〇〇五年以来市场表现

2005年涨跌幅(%)	-19.33
2005年最高(元)	0.59
2006年涨跌幅(%)	24.48
2006.4.26收盘(元)	0.48
2006年最高(元)	0.55
2006年最低(元)	0.38
2006年换手率(%)	26.64
股改对价	

阳晨B股(900935)

上市日期:95/07/27　　电话:021－63901001　　传真:021－63901001

主营：城市污水处理等环保项目和其他市政基础设施项目的投资、经营、管理及相关的咨询服务、财务顾问(涉及许可经营的凭许可证经营)。

	年度	2005	2004	2003
主要指标	每股收益/扣除后(元)	0.15	0.13	0.12/0.12
	每股经营现金流量(元)	0.17	-0.15	0.09
	每股净资产/调整后(元)	1.55/1.55	1.46/1.46	1.66/1.66
	未分利润(万元)	4601.99	3496.3	1919.54
	资本公积(万元)	6289.14	6255.65	9961.65
利润构成	主营收入(万元)	5075.65	4983.06	4400.31
	主营利润(万元)	2860.33	2408.3	1837.07
	营业利润(万元)	2363.35	1346.2	1269.62
	投资收益(万元)	897.51	1804.9	1179.19
	利润总额(万元)	3268.44	3107.39	2448.73
	净利润(万元)	3273.39	3109.49	2258.28

点评：报告期内,公司收缩非主业投资,同时加大了主业投资力度,在西南、上海等地布局取得进展。随着政府鼓励多种所有制成分参与国内市政公用事业,城市污水处理业面临较大发展机遇。2006年公司将深入拓展主业,提高市场占有率。

	截止日期	05年末	占%	主要股东及持股比例%、持股性质
股本结构(万股)	总股本	22236		上海国有资产经营有限公司 56.83%(国有股)
	国有股	12636	56.83	SKANDIA GLOBAL FUNDS PLC 1.51%(流通B股)
	发起股			CHIN, WaiChung 0.77%(流通B股)
	外资股			王漪 0.47%(流通B股)
	募集股			ORE BURNS (AUSTRALIA) PTY. LIMITED 0.38%(流通B股)
	流通A			华夏证券有限公司上海业务部 0.3%(流通B股)
	流通B	9600	43.17	胡妙珍 0.29%(流通B股)
	流通H			郁玉生 0.25%(流通B股)
股东户数	05年末	11369		CHEN XIAO YONG 0.24%(流通B股)
	04年末	11277		沈霞伟 0.2%(流通B股)
其他流通股东	HALLER FRANCIS 0.184%			
近年分配	05预案:10派0.3204送1;04年:10派0.1;03年:10派0.08转增2		近年募资	

二〇〇五年以来市场表现

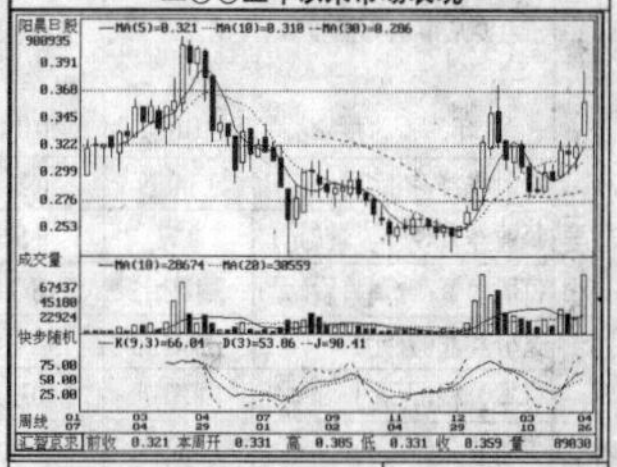

2005年涨跌幅(%)	-12.58
2005年最高(元)	0.41
2006年涨跌幅(%)	41.34
2006.4.26收盘(元)	0.36
2006年最高(元)	0.39
2006年最低(元)	0.25
2006年换手率(%)	61.74
股改对价	

汇丽B股(900939)

上市日期:96/06/28　　电话:86－21－58705858－2250　　传真:86－21－68731596

主营：新型化学建材、建筑涂料、装饰装潢、木业制品等生产开发、高科技产品销售及相关业务。

	年度	2005	2004	2003
主要指标	每股收益/扣除后(元)	-0.64/-0.64	0.01	0.04/0.000
	每股经营现金流量(元)	0.7	0.26	0.34
	每股净资产/调整后(元)	1.2/1.19	1.84/1.83	1.84/1.82
	未分利润(万元)	-4995.36	6665.35	6596.61
	资本公积(万元)	6692.08	6691.78	6686.99
利润构成	主营收入(万元)	26363.06	37687.45	33938.76
	主营利润(万元)	2271.43	4980.13	5990.69
	营业利润(万元)	-12755.54	136.43	1236.24
	投资收益(万元)	-117.22	-25.86	-8.19
	利润总额(万元)	-13307.49	172.12	1180.06
	净利润(万元)	-11660.72	95.91	657.56

点评：2005年,在原材料价格持续上涨、产品价格下跌以及各大银行银根紧缩等不利因素的影响下,公司产品毛利率大幅下降,主营业务收入略有下滑,但净利润同比大幅下降。

	截止日期	05年末	占%	主要股东及持股比例%、持股性质
股本结构(万股)	总股本	18150		上海汇丽集团有限公司 32.64%(国有股)
	国有股	4069.89	22.42	中信房地产公司 5.45%(国有股)
	发起股	5280.11	29.09	中国通用技术(集团)控股有限责任公司 5.45%(国有股)
	外资股			上海市南汇区国有(集体)资产监督管理委员会 3.84%(国有股)
	募集股			中国建筑科学研究院 3.84%(国有股)
	流通A			庄名道 0.48%(流通B股)
	流通B	8800	48.48	GUOTAI JUNAN SECURITIES(HONGKONG) LIMITED 0.4%(流通B股)
	流通H			珠江纺织贸易公司 0.3%(流通B股)
股东户数	05年末	15473		王军良 0.3%(流通B股)
	04年末	15817		上海市上投实业投资有限公司 0.29%(非流通股)
其他流通股东	吴滨 0.248%;海通 0.214%;DBS VIKERS (HONGKONG) LTD A/C CLIENT 0.189%;胡家英 0.17%;唐兆红 0.168%			
近年分配			近年募资	

二〇〇五年以来市场表现

2005年涨跌幅(%)	-41.76
2005年最高(元)	0.28
2006年涨跌幅(%)	25.66
2006.4.26收盘(元)	0.19
2006年最高(元)	0.22
2006年最低(元)	0.14
2006年换手率(%)	36.45
股改对价	

伊泰B股(900948)

上市日期:97/08/08　　电话:0477－8565758　　传真:0477－8565415

主营：原煤的生产、运输、洗选、焦化、销售。

	年　度	2005	2004	2003
主要指标	每股收益/扣除后(元)	1.93/1.99	0.95	0.2/0.24
	每股经营现金流量(元)	2.84	1.78	0.56
	每股净资产/调整后(元)	4.51/4.4	3.29/3.18	2.46/2.37
	未分利润(万元)	67968.8	33631.52	8386.78
	资本公积(万元)	41246.87	41246.87	41246.87
利润构成	主营收入(万元)	350791.64	256889.84	167925.35
	主营利润(万元)	230406.08	179597.91	120292.03
	营业利润(万元)	96589.38	49152.5	10635.67
	投资收益(万元)	-2282.36	-179.37	-35.38
	利润总额(万元)	85078.13	40925.3	8557.49
	净利润(万元)	70537.98	34866.75	7250.25

点评：2005年煤炭销量略有增长,煤炭价格同比有较大增长,由此推动公司主营业务收入同比大幅增长。公司成本控制得力,煤炭销售毛利率极高,因此业绩同比增幅超过100%。随着公司技改和新煤矿陆续投产,未来公司的煤炭产销依然可以保持较快增长。

	截止日期	05年末	占%	主要股东及持股比例%、持股性质
股本结构(万股)	总股本	36600		内蒙古伊泰集团有限公司 54.64%(非流通股)
	国有股			GUOTAI JUNAN SECURITIES(HONGKONG) LIMITED 3.87%(流通B股)
	发起股	20000	54.64	SCBHK A/C KG INVESTMENTS ASIA LIMITED 1.45%(流通B股)
	外资股			TOYO SECURITIES ASIA LTD. A/C CLIENT 1.2%(流通B股)
	募集股			DBS VICKERS (HONG KONG) LTD A/C CLIENT 0.89%(流通B股)
	流通A			HARVEST CHINA EQUITIES INVESTMENT COMPANY LIMITED 0.75%(流通B股)
	流通B	16600	45.36	GOLDEN CHINA MASTER FUND 0.73%(流通B股)
	流通H			BOCI SECURITIES LIMITED 0.65%(流通B股)
股东户数	05年末	19762		MERRILL LYNCH FAR EAST LIMITED 0.57%(流通B股)
	04年末	24529		NAITO SECURITIES CO. LTD. 0.45%(流通B股)
其他流通股东	ZHONG YAN 0.436%			
近年分配	05方案:10派5;04年:10派0.84577;03年:10派0.14498		近年募资	

二〇〇五年以来市场表现

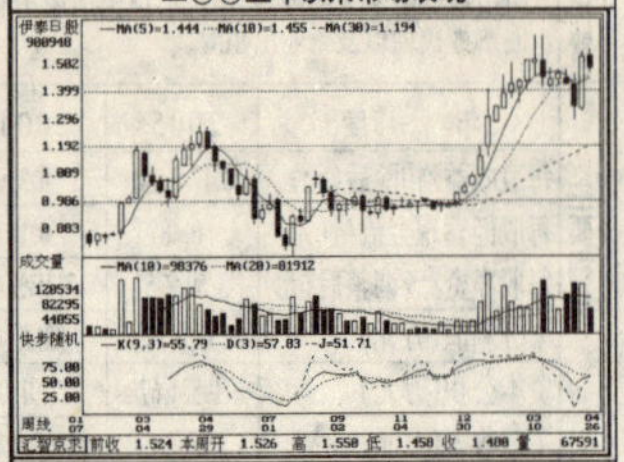

2005年涨跌幅(%)	29.65
2005年最高(元)	1.27
2006年涨跌幅(%)	43.27
2006.4.26收盘(元)	1.48
2006年最高(元)	1.61
2006年最低(元)	1.04
2006年换手率(%)	92.1
股改对价	

东电B股(900949)

上市日期:97/09/23　　电话:0571－85774566　　传真:0571－85774321

主营：主要从事电力的投资、开发及经营

	年　度	2005	2004	2003
主要指标	每股收益/扣除后(元)	0.3/0.29	0.34	0.3/0.31
	每股经营现金流量(元)	0.77	0.57	0.7
	每股净资产/调整后(元)	3.14/3.13	3.08/3.07	2.99/2.97
	未分利润(万元)	125642.05	128092.65	123778.4
	资本公积(万元)	190757.26	188073.56	187604.56
利润构成	主营收入(万元)	555761.36	525488.47	473819.69
	主营利润(万元)	123608.62	141761.08	155625.28
	营业利润(万元)	85191.1	106559.21	125881.16
	投资收益(万元)	8312.88	3113.81	-14675.73
	利润总额(万元)	91158.65	108017.17	107696.78
	净利润(万元)	59749.25	68205.31	60928.34

点评：尽管2005年公司装机容量有所增长,电价有所提高,但由于煤炭价格持续攀升,煤电价格联动政策不能完全弥补发电成本的上升,致使公司主营业务利润同比下降,净利润同比也有所下降。2006年,新增发电装机部分可以改善公司的业绩。

	截止日期	05年末	占%	主要股东及持股比例%、持股性质
股本结构(万股)	总股本	201000		浙江省电力开发公司 39.8%(国有股)
	国有股	131500	65.42	中国华能集团公司 25.57%(国有股)
	发起股	500	0.25	NAITO SECURITIES CO. LTD. 1.06%(流通B股)
	外资股			TOYO SECURITIES ASIA LTD. A/C CLIENT 0.67%(流通B股)
	募集股			GUOTAI JUNAN SECURITIES(HONGKONG) LIMITED 0.5%(流通B股)
	流通A			骆奕 0.26%(流通B股)
	流通B	69000	34.33	AIZAWA SECURITIES CO. LTD. 0.21%(流通B股)
	流通H			DEUTSCHE BANK LONDON 0.21%(流通B股)
股东户数	05年末	75302		HKSBCSB A/C THE NORTHERN TRUST CO S/A GOVERMENT OF SINGAPORE 0.21%(流通B股)
	04年末	76801		HKSBCSB A/C SSBT S/A FIRST UNION EMERGING MARKETS GROWTH POR 0.2%(流通B股)
其他流通股东	HKSBCSB A/C THE NORTHERN TRUST CO S/A GOVERMENT OF SINGAPORE 0.206%			
近年分配	05预案:10派2;04年:10派0.30206;03年:10派0.30203		近年募资	

二〇〇五年以来市场表现

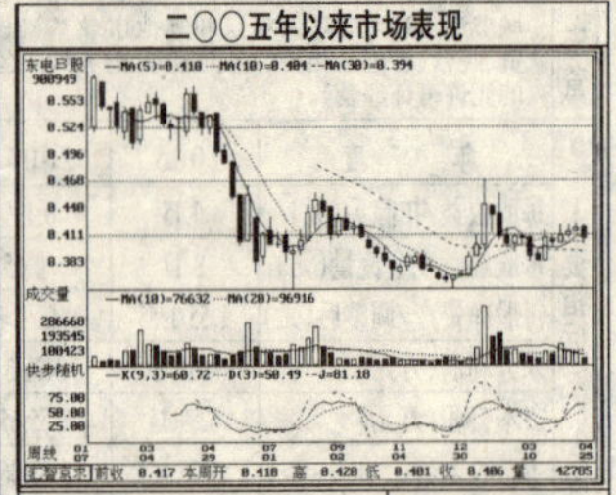

2005年涨跌幅(%)	-24.87
2005年最高(元)	0.58
2006年涨跌幅(%)	10.33
2006.4.26收盘(元)	0.41
2006年最高(元)	0.47
2006年最低(元)	0.37
2006年换手率(%)	25.84
股改对价	

新城B股(900950)

上市日期:97/10/16　　电话:0519－8127288　　传真:0519－8156698

主营：房地产开发与经营,物业管理等。

	年　度	2005	2004	2003
主要指标	每股收益/扣除后(元)	0.843/0.766	0.346/0.328	0.127/0.125
	每股经营现金流量(元)	-0.5046	0.14	-0.63
	每股净资产/调整后(元)	2.31/2.3	1.57/1.57	1.22/1.12
	未分利润(万元)	26122.61	10035.83	3154.96
	资本公积(万元)	2025.15	2025.15	2025.15
利润构成	主营收入(万元)	200522.7	101945.95	47976.53
	主营利润(万元)	50887.33	25896.53	12828.65
	营业利润(万元)	39190.99	18548.51	7221.54
	投资收益(万元)	-5		
	利润总额(万元)	43062.9	19239.62	7305.93
	净利润(万元)	27987.56	11498.34	4209.87

点评：05年净利润实现143.41%增长,新增土地储备近800亩,目前拥有土地储备总量2000亩。05年长三角地区房地产发展放缓,公司及时调整开发策略,适当放缓了上海区域的投资规模和开发节奏,加大对常州的投资力度。

	截止日期	05年末	占%	主要股东及持股比例%、持股性质
股本结构(万股)	总股本	33191.4		江苏新城实业集团有限公司 58.86%(非流通股)
	国有股			DEUTSCHE BANK LONDON 1.14%(流通B股)
	发起股	264	0.8	张新南 0.58%(流通B股)
	外资股			吴柏松 0.33%(流通B股)
	募集股	19536	58.86	CHIN IKUSHIN 0.22%(流通B股)
	流通A			建弘证券(亚洲)有限公司 0.21%(流通B股)
	流通B	13391.4	40.35	武进湖塘邱墅铸造厂 0.2%(非流通股)
	流通H			武进戴溪东尖有色金属铸造厂 0.2%(非流通股)
股东户数	05年末	18665		GUOTAI JUNAN SECURITIES(HONGKONG) LIMITED 0.19%(流通B股)
	04年末	20260		龚平 0.19%(流通B股)
其他流通股东	SCBHK A/C KG INVESTMENTS ASIA LIMITED 0.187%;刘国范 0.185%;王晓天 0.183%			
近年分配	05预案:10派1.8;04年:10派0.121		近年募资	

二〇〇五年以来市场表现

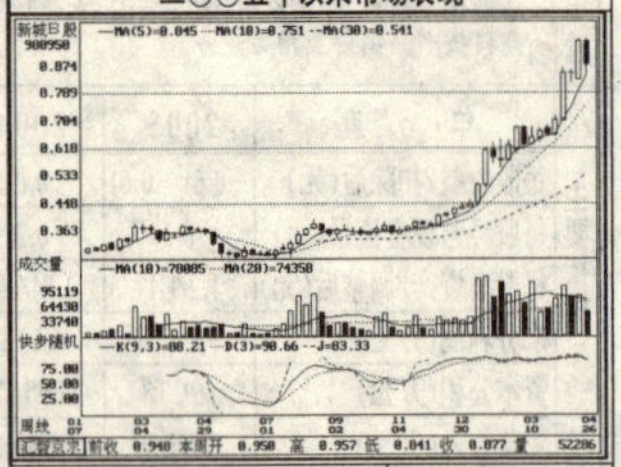

2005年涨跌幅(%)	49.2
2005年最高(元)	0.46
2006年涨跌幅(%)	102.07
2006.4.26收盘(元)	0.88
2006年最高(元)	0.96
2006年最低(元)	0.43
2006年换手率(%)	100.33
股改对价	

大化 B 股 (900951)

上市日期:97/10/21　　电话:0411—6893436　　传真:0411—6671948

主营	生产无机化工产品,包括纯碱、农业用氯化铵、烧碱及碳酸氢氨等。

	年　度	2005	2004	2003
主要指标	每股收益/扣除后(元)	0.1/0.09	0.05	-0.24/-0.22
	每股经营现金流量(元)	0.94	0.19	0.02
	每股净资产/调整后(元)	1.91/1.91	1.81/1.8	1.76/1.74
	未分利润(万元)	683.86	-1977.21	-3438.4
	资本公积(万元)	22868.72	22868.72	22868.72
利润构成	主营收入(万元)	125574.09	114628.96	95812.05
	主营利润(万元)	11106.41	8971.67	6564.1
	营业利润(万元)	2859.03	1549.39	-5719.54
	投资收益(万元)			-86.23
	利润总额(万元)	2781.75	1461.19	-6561.66
	净利润(万元)	2781.75	1461.19	-6561.66

点评	公司氯化铵的年产量居全国同行业前列,公司生产纯碱 74.32 万吨,在全国同行业中列第 5 位,占全国纯碱生产总量的 5.28%。2005 年氯化铵产品毛利率的提升带动了公司盈利的增长,另外以前年度未弥补的亏损也使公司减少了所得税支出。

	截止日期	05 年末	占%	主要股东及持股比例%、持股性质
股本结构(万股)	总股本	27500		大化集团有限责任公司 63.64% (国有股)
	国有股	17500	63.64	益生堂药业有限公司 0.41% (流通 B股)
	发起股			裘阿海 0.19% (流通 B股)
	外资股			曾惠明 0.16% (流通 B股)
	募集股			冯殿升 0.15% (流通 B股)
	流通 A			吴滨 0.13% (流通 B股)
	流通 B	10000	36.36	粱鸽琴 0.13% (流通 B股)
	流通 H			张胜强 0.13% (流通 B股)
股东户数	05 年末	18812		王一平 0.11% (流通 B股)
	04 年末	19012		任建诚 0.11% (流通 B股)
其他流通股东	袁国荣 0.102%			
近年分配		近年募资		

二〇〇五年以来市场表现

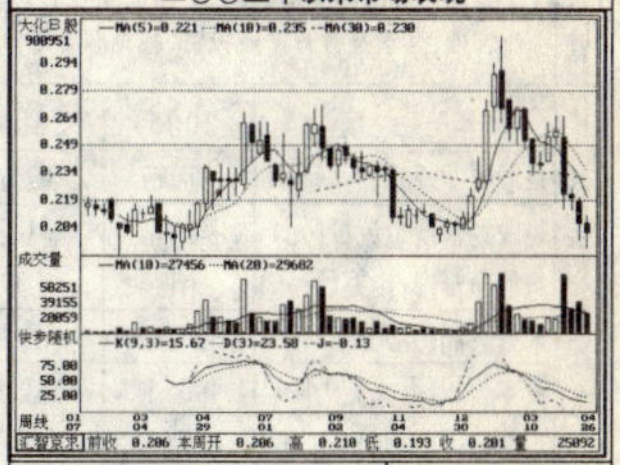

2005 年涨跌幅(%)	-4.13
2005 年最高(元)	0.27
2006 年涨跌幅(%)	-3.83
2006.4.26 收盘(元)	0.2
2006 年最高(元)	0.31
2006 年最低(元)	0.19
2006 年换手率(%)	57.68
股改对价	

凯马 B 股 (900953)

上市日期:98/06/24　　电话:021-626034925　　传真:021-62030851

主营	内燃机、农用运输车、拖拉机整机及其零部件的研究开发、生产、技术咨询、销售并提供售后服务

	年　度	2005	2004	2003
主要指标	每股收益/扣除后(元)	0.01/-0.024	0.003	-0.28/-0.31
	每股经营现金流量(元)	0.32	0.4	0.18
	每股净资产/调整后(元)	1.29/1.21	1.25/1.17	1.25/1.11
	未分利润(万元)	-38703.02	-39582.03	-39475.05
	资本公积(万元)	51850.04	50328.71	50318.88
利润构成	主营收入(万元)	266197.76	223075.06	213937.56
	主营利润(万元)	25715.35	19783.38	21368.48
	营业利润(万元)	1631.71	-271.14	-18911.27
	投资收益(万元)	158.08	564.09	2671.22
	利润总额(万元)	2084.81	559.5	-19057.81
	净利润(万元)	879.02	213.31	-17828.28

点评	2005 年公司实现了营业利润五年来的首次扭亏为盈。2005 年公司通过强化内部管理使四大流动资产,三大费用得到有效控制,显著降低了期间费用,为 2006 年进一步稳定健康发展奠定了基础。

	截止日期	05 年末	占%	主要股东及持股比例%、持股性质
股本结构(万股)	总股本	64000		上海华源投资发展(集团)有限公司 19.5% (非流通股)
	国有股	18949.47	29.61	南昌市国有工业资产经营管理有限公司 10% (非流通股)
	发起股	21050.53	32.89	中国华源集团有限公司 7.24% (非流通股)
	外资股			山东莱动内燃机有限公司 5.76% (非流通股)
	募集股			常柴股份有限公司 5.49% (非流通股)
	流通 A			山东拖拉机厂 4.97% (非流通股)
	流通 B	24000	37.5	山东潍坊拖拉机集团总公司 3.67% (非流通股)
	流通 H			寿光市资产经营公司 3.39% (非流通股)
股东户数	05 年末	39711		兖州市供销再生资源公司 0.56% (非流通股)
	04 年末	40944		中国农业机械总公司 0.55% (非流通股)
其他流通股东	VEC-BVI LTD 0.186%;张寿清 0.178%;京华山一国际(香港)有限公司 0.138%;曾云 0.104%			
近年分配		近年募资		

二〇〇五年以来市场表现

2005 年涨跌幅(%)	-33.82
2005 年最高(元)	0.22
2006 年涨跌幅(%)	43.7
2006.4.26 收盘(元)	0.19
2006 年最高(元)	0.22
2006 年最低(元)	0.13
2006 年换手率(%)	49.61
股改对价	

东贝 B 股 (900956)

上市日期:99/07/15　　电话:0714-5415858　　传真:0714-5415858

主营	研究、开发、制造和销售冰箱、冷柜用压缩机

	年　度	2005	2004	2003
主要指标	每股收益/扣除后(元)	0.014/0.017	0.007	0.005/-0.017
	每股经营现金流量(元)	0.09	0.27	0.27
	每股净资产/调整后(元)	1.68/1.63	1.66/1.65	1.65/1.63
	未分利润(万元)	5203.33	4935.85	4819.5
	资本公积(万元)	9111.62	9080.53	8996.48
利润构成	主营收入(万元)	77812.28	60002.82	40009.5
	主营利润(万元)	9732.16	6468.98	4714.73
	营业利润(万元)	636.76	27.68	-329.61
	投资收益(万元)	-23.75	258.44	487.04
	利润总额(万元)	614.07	332.01	200.19
	净利润(万元)	334.35	171.69	108.13

点评	在全球经济复苏和增长期的大环境中,制冷压缩机行业呈现出稳步增长的态势,但企业面临国内压缩机行业总体产能过剩,行业竞争依然激烈,且铜、铝价格大幅上涨的不利因素。随着国内压缩机行业逐步走出低谷,公司盈利能力逐步好转。

	截止日期	05 年末	占%	主要股东及持股比例%、持股性质
股本结构(万股)	总股本	23500		黄石东贝冷机实业公司 50.04% (国有股)
	国有股	11760	50.04	孙孟林 1.38% (流通 B股)
	发起股	240	1.02	周坚白 0.41% (流通 B股)
	外资股			常州洛克制冷电气有限公司 0.34% (非流通股)
	募集股			何炜 0.28% (流通 B股)
	流通 A			周厚祥 0.22% (流通 B股)
	流通 B	11500	48.94	武汉市新华五金厂 0.17% (非流通股)
	流通 H			绍兴县兴贝冲压件有限公司 0.17% (非流通股)
股东户数	05 年末	21864		浙江力升机电制造有限公司 0.17% (非流通股)
	04 年末	22426		常熟市天银机电有限公司 0.17% (非流通股)
其他流通股东	deborah wang lin 0.158%;张艳芳 0.128%;郁振广 0.113%;HSBC FUND SERVICES A/C 006-113039-431 0.111%			
近年分配		近年募资		

二〇〇五年以来市场表现

2005 年涨跌幅(%)	-31.1
2005 年最高(元)	0.22
2006 年涨跌幅(%)	86.81
2006.4.26 收盘(元)	0.27
2006 年最高(元)	0.31
2006 年最低(元)	0.14
2006 年换手率(%)	78.81
股改对价	

凌云B股（900957）

上市日期：00/07/28　电话：021—68402166　传真：021—68400880

主营	旅游景点设施的开发与经营，房地产开发及商品房销售、物业管理，办学及教育产业投资、教育服务等。			
	年　度	2005	2004	2003
主要指标	每股收益/扣除后(元)	-0.769	0.036	0.07/0.03
	每股经营现金流量(元)	0.99	-1.33	-0.91
	每股净资产/调整后(元)	1.18	1.95	1.91/1.91
	未分利润(万元)	-17724.24	9128.31	8752.15
	资本公积(万元)	18636.36	18636.36	18636.36
利润构成	主营收入(万元)	100576.88	31403.38	16065.64
	主营利润(万元)	-22616.81	8334.73	5593.22
	营业利润(万元)	-32538.16	1633.66	1412.23
	投资收益(万元)	1127.66	1616.15	2343.4
	利润总额(万元)	-35244.46	4802.25	4414.37
	净利润(万元)	-26852.55	1257.59	2358.57
点评	2005年，受宏观调控影响，公司所投资的项目未能按照预期进度实现收益，天津国际游乐港有限公司因宏观调控影响，项目建设进度放缓，经营收入大幅度下降，上述因素导致公司主营业务收入大幅下滑，净利润出现亏损。			

股本结构（万股）	截止日期	05年末	占%	主要股东及持股比例%、持股性质
	总股本	34900		天津环渤海控股集团有限公司 24.26%（非流通股）
	国有股			国基环保高科技有限公司 19.54%（非流通股）
	发起股	16500	47.28	湖南日升物资贸易有限公司 1.62%（非流通股）
	外资股			上海物流产业投资公司 1.16%（非流通股）
	募集股			深圳新恒利实业发展有限公司 0.7%（非流通股）
	流通A			王明龙 0.46%（流通B股）
	流通B	18400	52.72	潘福妹 0.46%（流通B股）
	流通H			费建民 0.34%（流通B股）
股东户数	05年末	34363		WANXIANG INTERNATIONAL INVESTMENT CORPORATION 0.24%（流通B股）
	04年末	35734		HSBC FUND SERVICES A/C 006－113039－431 0.24%（流通B股）
其他流通股东	蔡惠祥 0.219%；林琴 0.202%；汪文秀 0.13%；VEC－BVI LTD 0.115%；高建华 0.112%			
近年分配			近年募资	

二○○五年以来市场表现

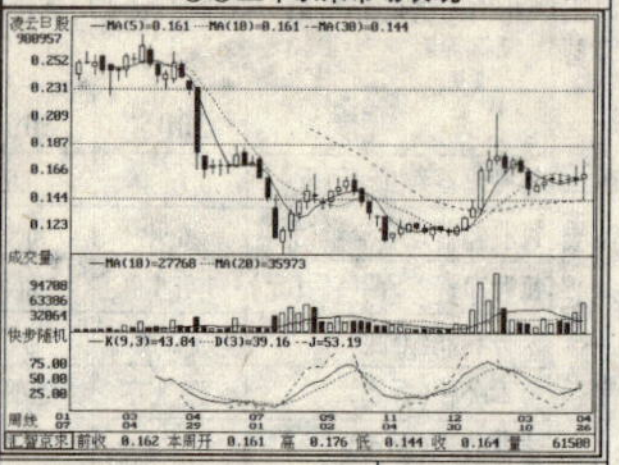

2005年涨跌幅(%)	-49.59
2005年最高(元)	0.27
2006年涨跌幅(%)	34.43
2006.4.26收盘(元)	0.16
2006年最高(元)	0.21
2006年最低(元)	0.12
2006年换手率(%)	37.34
股改对价	

华夏债券基（001001）

名称	华夏债券投资基金	成立日期	2002/10/23	存续期	不定期
类型	契约型	上市日期		托管人	交通银行
规模	51亿	投资风格	债券型		
管理人 名称	华夏基金管理有限公司			电话	010－88066688
管理人 地址	北京市西城区金融大街33号通泰大厦B座8层			邮编	100032

主要财务指标 年度	2005	2004	基金重仓股(2006年一季度) 证券名称	占净值比例
单位基金收益(元)	0.0468	0.0168		
单位基金可分配收益(元)	0.0049	－0.0118		
单位基金净值(元)	1.016	0.988		
基金资产净值收益率(%)	4.62	1.66		
净收益(万元)	4833.88	2488.01		
基金资产总值(万元)	160477.99	125476.42		
基金资产净值(万元)	145218.39	112246.07		
单位基金累计净值(元)	1.148(截止4.22)			
单位基金累计分红(元)	0.11			
历年分红	05年:10派0.2,10派0.2,10派0.2,10派0.2,10派0.2,10派0.2;03年:10派0.12,10派0.12,10派0.18,10派0.18			

国泰金龙债（020002）

名称	国泰金龙债券证券投资基金	成立日期	2003/12/05	存续期	不定期
类型	契约型	上市日期		托管人	上海浦东发展银行
规模	19亿	投资风格	债券型		
管理人 名称	国泰基金管理有限公司			电话	021－23060288
管理人 地址	上海市黄浦区延安东路700号港泰广场23楼			邮编	200001

主要财务指标 年度	2005	2004	基金重仓股(2006年一季度) 证券名称	占净值比例
单位基金收益(元)	0.0393	0.0554		
单位基金可分配收益(元)	0.0094	－0.0336		
单位基金净值(元)	1.009	0.966		
基金资产净值收益率(%)	3.96	5.53		
净收益(万元)	255.22	1898.12		
基金资产总值(万元)	6891.66	8622.19		
基金资产净值(万元)	6765.97	8258.05		
单位基金累计净值(元)	1.104(截止4.22)			
单位基金累计分红(元)	0.042			
历年分红	05年:10派0.12;04年:10派0.2,10派0.1			

华夏现金增（003003）

名称	华夏现金增利证券投资基金	成立日期	2004/04/07	存续期	不定期
类型	契约型	上市日期		托管人	中国建设银行
规模	64亿	投资风格	货币市场型		
管理人 名称	华夏基金管理有限公司			电话	010－88066688
管理人 地址	北京市西城区金融大街33号通泰大厦B座8层			邮编	100032

主要财务指标 年度	2005	2004	基金重仓股(2006年一季度) 证券名称	占净值比例
单位基金收益(元)				
单位基金可分配收益(元)				
单位基金净值(元)	1	1		
基金资产净值收益率(%)				
净收益(万元)	30241.47	8661.83		
基金资产总值(万元)	2031417.39	624073.77		
基金资产净值(万元)	2029968.66	477163.46		
单位基金累计净值(元)				
单位基金累计分红(元)				
历年分红				

国泰金龙行（020003）

名称	国泰金龙行业精选证券投资基金	成立日期	2003/12/05	存续期	不定期
类型	契约型	上市日期		托管人	上海浦东发展银行
规模	7亿	投资风格			
管理人 名称	国泰基金管理有限公司			电话	021－23060288
管理人 地址	上海市黄浦区延安东路700号港泰广场23楼			邮编	200001

主要财务指标 年度	2005	2004	基金重仓股(2006年一季度) 证券名称	占净值比例
单位基金收益(元)	0.0565	0.0107	中国石化	4.92%
单位基金可分配收益(元)	0.0295	－0.0264	双汇发展	4.66%
单位基金净值(元)	1.03	0.974	G招行	3.64%
基金资产净值收益率(%)	5.66	1.09	G火箭	3.42%
净收益(万元)	1897.75	634.4	G新世界	3.17%
基金资产总值(万元)	23660.44	50672.96	G三一	2.85%
基金资产净值(万元)	22394.94	50471.94	华夏银行	2.53%
单位基金累计净值(元)	1.339(截止4.22)		G栖霞	2.44%
单位基金累计分红(元)	0.072		G张江	2.39%
历年分红	04年:10派0.2,10派0.12		G重汽	2.38%

国泰金鹰增（020001）

名称	国泰金鹰增长证券投资基金	成立日期	2002/05/08	存续期	不定期
类型	契约型	上市日期		托管人	交通银行
规模	22亿	投资风格	成长型		
管理人 名称	国泰基金管理有限公司			电话	021－23060288
管理人 地址	上海市黄浦区延安东路700号港泰广场23楼			邮编	200001

主要财务指标 年度	2005	2004	基金重仓股(2006年一季度) 证券名称	占净值比例
单位基金收益(元)	－0.0093	0.1544	贵州茅台	5.13%
单位基金可分配收益(元)	0.0365	0.0163	G万科A	4.49%
单位基金净值(元)	1.037	1.016	G海工	4.26%
基金资产净值收益率(%)	－0.92	14.67	大商股份	3.92%
净收益(万元)	－802.49	19648.72	G张裕	3.66%
基金资产总值(万元)	80225.76	97387.25	云南白药	3.47%
基金资产净值(万元)	72636.15	93104.68	双汇发展	3.06%
单位基金累计净值(元)	1.452(截止4.22)		盐湖钾肥	3.05%
单位基金累计分红(元)	0.103		星新材料	3.02%
历年分红	05年:10派0.33;04年:10派0.3,10派0.4		G振华	2.93%

国泰金马稳（020005）

名称	国泰金马稳健回报证券投资基金	成立日期	2004/06/18	存续期	不定期
类型	契约型	上市日期		托管人	中国建设银行
规模	12亿	投资风格			
管理人 名称	国泰基金管理有限公司			电话	021－23060288
管理人 地址	上海市黄浦区延安东路700号港泰广场23楼			邮编	200001

主要财务指标 年度	2005	2004	基金重仓股(2006年一季度) 证券名称	占净值比例
单位基金收益(元)	－0.0748	－0.0083		
单位基金可分配收益(元)	－0.0764	－0.0346	双汇发展	9.31%
单位基金净值(元)	0.962	0.965	G新世界	9.23%
基金资产净值收益率(%)	－7.87	－0.84	G益佰	7.74%
净收益(万元)	－6220.25	－951.88	G栖霞	6.07%
基金资产总值(万元)	66801.98	94615.2	哈空调	4.46%
基金资产净值(万元)	62387.57	94352.92	G振华	3.76%
单位基金累计净值(元)	1.262(截止4.22)		贵州茅台	3.24%
单位基金累计分红(元)	0.03		G招行	3.16%
历年分红	05年:10派0.3		G明珠	3.06%
			G张江	2.99%

国泰金象保（020006）

名称	国泰金象保本增值混合证券投资基金	成立日期	2004/11/10	存续期	不定期
类型	契约型	上市日期		托管人	中国银行
规模	8亿	投资风格	偏债型		
管理人 名称	国泰基金管理有限公司	电话	021-23060288		
管理人 地址	上海市黄浦区延安东路700号港泰广场23楼	邮编	200001		

主要财务指标 年度	2005	2004	基金重仓股(2006年一季度)	
单位基金收益(元)	0.0268	0.0019	证券名称	占净值比例
单位基金可分配收益(元)	0.0037	0.002	扬子石化	3.3%
单位基金净值(元)	1.01	1.003	G招行	2.04%
基金资产净值收益率(%)	2.63	0.19	G沪机场	1.93%
净收益(万元)	1438.8	146.91	中国联通	1.93%
基金资产总值(万元)	46214.12	66751	双汇发展	1.19%
基金资产净值(万元)	45218.97	65794.2	G三一	1.03%
单位基金累计净值(元)	1.084(截止4.22)		G重汽	1%
单位基金累计分红(元)	0.045		兰州铝业	0.73%
历年分红	05年:10派0.25		G明珠	0.7%
			G歌华	0.66%

国泰货币（020007）

名称	国泰货币市场证券投资基金	成立日期	2005/06/21	存续期	不定期
类型	契约型	上市日期		托管人	中国农业银行
规模	44亿	投资风格	货币市场型		
管理人 名称	国泰基金管理有限公司	电话	021-23060288		
管理人 地址	上海市黄浦区延安东路700号港泰广场23楼	邮编	200001		

主要财务指标 年度	2005	2004	基金重仓股(2006年一季度)	
单位基金收益(元)			证券名称	占净值比例
单位基金可分配收益(元)				
单位基金净值(元)	1			
基金资产净值收益率(%)				
净收益(万元)	1094.49			
基金资产总值(万元)	79177.24			
基金资产净值(万元)	78912.41			
单位基金累计净值(元)				
单位基金累计分红(元)				
历年分红				

华安创新（040001）

名称	华安创新证券投资基金	成立日期	2001/09/21	存续期	不定期
类型	契约型	上市日期		托管人	交通银行
规模	50亿	投资风格			
管理人 名称	华安基金管理有限公司	电话	021—58881111		
管理人 地址	上海浦东新区浦东南路360号新上海国际大厦38楼	邮编	200120		

主要财务指标 年度	2005	2004	基金重仓股(2006年一季度)	
单位基金收益(元)	-0.0362	0.0633	证券名称	占净值比例
单位基金可分配收益(元)	-0.072	-0.0488	贵州茅台	6.83%
单位基金净值(元)	1.013	0.951	G西煤	6.68%
基金资产净值收益率(%)	-3.76	6.26	云南白药	6.51%
净收益(万元)	-8783.76	15360.11	G万科A	6.46%
基金资产总值(万元)	243109.24	239561.84	G万华	6.4%
基金资产净值(万元)	236619.63	231223.34	G金融街	5.31%
单位基金累计净值(元)	1.408(截止4.22)		G招行	5.09%
单位基金累计分红(元)	0.13		中国石化	3.75%
历年分红	04年:10派0.4,10派0.5;03年:10派0.18		G张裕	2.94%
			G海工	2.19%

华安中国A（040002）

名称	华安MSCI中国A股指数增强型证券投资基金	成立日期	2002/11/08	存续期	不定期
类型	契约型	上市日期		托管人	中国工商银行
规模	31亿	投资风格	指数型		
管理人 名称	华安基金管理有限公司	电话	021—58881111		
管理人 地址	上海浦东新区浦东南路360号新上海国际大厦38楼	邮编	200120		

主要财务指标 年度	2005	2004	基金重仓股(2006年一季度)	
单位基金收益(元)	0.0111	0.0239	证券名称	占净值比例
单位基金可分配收益(元)	-0.1142	-0.1092	G招行	5.21%
单位基金净值(元)	0.886	0.891	G长电	4.49%
基金资产净值收益率(%)	1.28	2.46	G沪机场	3.27%
净收益(万元)	2275.34	3427.23	中国联通	2.88%
基金资产总值(万元)	154079.93	160327.24	G宝钢	2.84%
基金资产净值(万元)	153176.01	159132.1	G皖通	0.27%
单位基金累计净值(元)	1.197(截止4.22)		G四环	0.23%
单位基金累计分红(元)	0.12		驰宏锌锗	0.21%
历年分红	04年:10派0.5;03年:10派0.2		G合加	0.1%

华安现金富（040003）

名称	华安现金富利投资基金	成立日期	2003/12/30	存续期	不定期
类型	契约型	上市日期		托管人	中国工商银行
规模	43亿	投资风格	货币市场型		
管理人 名称	华安基金管理有限公司	电话	021—58881111		
管理人 地址	上海浦东新区浦东南路360号新上海国际大厦38楼	邮编	200120		

主要财务指标 年度	2005	2004	基金重仓股(2006年一季度)	
单位基金收益(元)			证券名称	占净值比例
单位基金可分配收益(元)				
单位基金净值(元)	1	1		
基金资产净值收益率(%)				
净收益(万元)	98319.3	24544.57		
基金资产总值(万元)	4370768	2351785.02		
基金资产净值(万元)	3347795.03	1661307.29		
单位基金累计净值(元)				
单位基金累计分红(元)				
历年分红				

华安宝利（040004）

名称	华安宝利配置证券投资基金	成立日期	2004/08/24	存续期	不定期
类型	契约型	上市日期		托管人	交通银行
规模	11亿	投资风格	偏债型		
管理人 名称	华安基金管理有限公司	电话	021—58881111		
管理人 地址	上海浦东新区浦东南路360号新上海国际大厦38楼	邮编	200120		

主要财务指标 年度	2005	2004	基金重仓股(2006年一季度)	
单位基金收益(元)	0.0262	0.0104	证券名称	占净值比例
单位基金可分配收益(元)	-0.0093	0.0024	G万华	6.18%
单位基金净值(元)	1.078	1.002	G宝钛	4.96%
基金资产净值收益率(%)	2.53	1.03	盐湖钾肥	4.35%
净收益(万元)	1716.28	547.2	G金融街	4.03%
基金资产总值(万元)	108599.66	59947.91	G招行	3.44%
基金资产净值(万元)	106407.65	59713.72	G合力	3.31%
单位基金累计净值(元)	1.415(截止4.22)		G海工	3.21%
单位基金累计分红(元)	0.09		恒瑞医药	2.61%
历年分红	05年:10派0.2,10派0.3		云南白药	2.58%
			大商股份	2.49%

博时增长（050001）

名称	博时价值增长证券投资基金	成立日期	2002/10/09	存续期	不定期
类型	契约型	上市日期		托管人	中国建设银行
规模	30亿	投资风格	平衡型		
管理人 名称	博时基金管理有限公司	电话	0755-3169999		
管理人 地址	深圳市福田区深南大道招商银行大厦29层	邮编	518040		

主要财务指标 年度	2005	2004	基金重仓股(2006年一季度)	
单位基金收益(元)	0.0351	0.0435	证券名称	占净值比例
单位基金可分配收益(元)	0.0587	0.0245	G伊利	8.8%
单位基金净值(元)	1.114	1.075	G招商局	6.95%
基金资产净值收益率(%)			G万科A	6.39%
净收益(万元)	7861.13	13272.7	G上汽	6.23%
基金资产总值(万元)	260398.08	273393.39	G歌华	5.81%
基金资产净值(万元)	256585.6	267737.18	外运发展	4.6%
单位基金累计净值(元)	1.438(截止4.22)		G上航	4.1%
单位基金累计分红(元)	0.198		长安汽车	3.46%
历年分红	05年:10派0.5；04年:10派0.3；03年:10派0.53,10派0.27		G鞍钢	3.15%
			G宝钢	2.97%

博时精选（050004）

名称	博时精选股票证券投资基金	成立日期	2004/06/22	存续期	不定期
类型	契约型	上市日期		托管人	中国工商银行
规模	61亿	投资风格			
管理人 名称	博时基金管理有限公司	电话	0755-3169999		
管理人 地址	深圳市福田区深南大道招商银行大厦29层	邮编	518040		

主要财务指标 年度	2005	2004	基金重仓股(2006年一季度)	
单位基金收益(元)	0.0013	-0.0001	证券名称	占净值比例
单位基金可分配收益(元)	-0.0201	-0.0001	G长电	5.88%
单位基金净值(元)	0.9799	1.0024	中国石化	5.66%
基金资产净值收益率(%)			G万科A	4.46%
净收益(万元)	689.03	-70.17	现代投资	4.39%
基金资产总值(万元)	470046.54	613858.82	G兰花	4.05%
基金资产净值(万元)	467747.82	612404.82	G中信	3.66%
单位基金累计净值(元)	1.1811(截止4.22)		中国联通	3.49%
单位基金累计分红(元)	0.01		G招行	3.48%
历年分红	05年:10派0.1		双汇发展	3.21%
			小商品城	3.02%

博时裕富（050002）

名称	博时裕富证券投资基金	成立日期	2003/08/26	存续期	不定期
类型	契约型	上市日期		托管人	中国建设银行
规模	51亿	投资风格	指数型		
管理人 名称	博时基金管理有限公司	电话	0755-3169999		
管理人 地址	深圳市福田区深南大道招商银行大厦29层	邮编	518040		

主要财务指标 年度	2005	2004	基金重仓股(2006年一季度)	
单位基金收益(元)	-0.0228	0.0582	证券名称	占净值比例
单位基金可分配收益(元)	-0.132	-0.095	G宝钢	3.89%
单位基金净值(元)	0.868	0.905	G长电	3.74%
基金资产净值收益率(%)			G万科A	3.59%
净收益(万元)	-8420.93	20986.42	中国联通	2.98%
基金资产总值(万元)	288391.28	361139.31	中国石化	2.94%
基金资产净值(万元)	287443.95	355138.48	G招行	2.79%
单位基金累计净值(元)	1.109(截止4.22)		G民生	1.97%
单位基金累计分红(元)	0.05		贵州茅台	1.81%
历年分红	04年:10派0.5		G中兴	1.63%
			G武钢	1.51%

博时稳定价（050006）

名称	博时稳定价值债券投资基金	成立日期	2005/08/24	存续期	不定期
类型	契约型	上市日期		托管人	中国建设银行
规模	46亿	投资风格	债券型		
管理人 名称	博时基金管理有限公司	电话	0755-3169999		
管理人 地址	深圳市福田区深南大道招商银行大厦29层	邮编	518040		

主要财务指标 年度	2005	2004	基金重仓股(2006年一季度)	
单位基金收益(元)	0.008		证券名称	占净值比例
单位基金可分配收益(元)	0.0077			
单位基金净值(元)	1.0011			
基金资产净值收益率(%)				
净收益(万元)	6932.04			
基金资产总值(万元)	1159598.76			
基金资产净值(万元)	992540.6			
单位基金累计净值(元)	1.0142(截止4.22)			
单位基金累计分红(元)	0.0139			
历年分红	05年:10派0.016,10派0.02,10派0.02,10派0.013			

博时现金（050003）

名称	博时现金收益证券投资基金	成立日期	2004/01/16	存续期	不定期
类型	契约型	上市日期		托管人	交通银行
规模	63亿	投资风格	货币市场型		
管理人 名称	博时基金管理有限公司	电话	0755-3169999		
管理人 地址	深圳市福田区深南大道招商银行大厦29层	邮编	518040		

主要财务指标 年度	2005	2004	基金重仓股(2006年一季度)	
单位基金收益(元)			证券名称	占净值比例
单位基金可分配收益(元)				
单位基金净值(元)	1	1		
基金资产净值收益率(%)				
净收益(万元)	25218.77	9024.48		
基金资产总值(万元)	1048420.57	607517.75		
基金资产净值(万元)	843126.48	456955.45		
单位基金累计净值(元)				
单位基金累计分红(元)				
历年分红				

嘉实成长收（070001）

名称	嘉实成长收益证券投资基金	成立日期	2002/11/05	存续期	不定期
类型	契约型	上市日期		托管人	中国银行
规模	20亿	投资风格	成长收益复合型		
管理人 名称	嘉实基金管理有限公司	电话	(010)65188866		
管理人 地址	北京市建国门北大街8号华润大厦8层	邮编	100005		

主要财务指标 年度	2005	2004	基金重仓股(2006年一季度)	
单位基金收益(元)	0.0198	0.0255	证券名称	占净值比例
单位基金可分配收益(元)	0.02	-0.0014	G招行	8.96%
单位基金净值(元)	1.0646	1.0408	G华侨城	7.34%
基金资产净值收益率(%)			G五粮液	6.26%
净收益(万元)	3542.38	4542.38	G金融街	4.91%
基金资产总值(万元)	198671.25	173653.04	G沪机场	4.73%
基金资产净值(万元)	196520.66	173215.93	浦发银行	4.09%
单位基金累计净值(元)	1.4172(截止4.22)		G皖通	3.89%
单位基金累计分红(元)	0.18		G华电	3.47%
历年分红	04年:10派0.3,10派0.15；03年:10派0.45		新疆天业	3.34%
			G海正	3.19%

嘉实增长（070002）

名称	嘉实增长开放式证券投资基金	成立日期	2003/07/09	存续期	不定期
类型	契约型	上市日期		托管人	中国银行
规模	9亿	投资风格			
管理人 名称	嘉实基金管理有限公司			电话	(010)65188866
管理人 地址	北京市建国门北大街8号华润大厦8层			邮编	100005
主要财务指标	年度	2005	2004	基金重仓股(2006年一季度)	
	单位基金收益(元)	0.0004	0.0987	证券名称	占净值比例
	单位基金可分配收益(元)	-0.0003	0.0011	云南白药	6.38%
	单位基金净值(元)	1.193	1.096	G海工	5.93%
	基金资产净值收益率(%)			G铁龙	5.68%
	净收益(万元)	52.28	10260.24	G华侨城	4.93%
	基金资产总值(万元)	189248.42	119565.24	G中粮地	4.68%
	基金资产净值(万元)	183321.62	119299.67	王府井	3.68%
单位基金累计净值(元)		1.667(截止4.22)		大商股份	3.11%
单位基金累计分红(元)		0.161		承德露露	2.92%
历年分红		04年:10派0.3,10派0.6,10派0.3;03年:10派0.11		G综超	2.59%
				金地集团	2.07%

嘉实稳健（070003）

名称	嘉实稳健开放式证券投资基金	成立日期	2003/07/09	存续期	不定期
类型	契约型	上市日期		托管人	中国银行
规模	10亿	投资风格			
管理人 名称	嘉实基金管理有限公司			电话	(010)65188866
管理人 地址	北京市建国门北大街8号华润大厦8层			邮编	100005
主要财务指标	年度	2005	2004	基金重仓股(2006年一季度)	
	单位基金收益(元)	-0.0241	0.051	证券名称	占净值比例
	单位基金可分配收益(元)	-0.0289	-0.0042	G万科A	5.36%
	单位基金净值(元)	1.044	1.014	G招行	4.5%
	基金资产净值收益率(%)			G歌华	4.34%
	净收益(万元)	-2189.88	5063.15	中国石化	4.14%
	基金资产总值(万元)	85380.39	97896.51	G生益	3.65%
	基金资产净值(万元)	84029.53	95650.69	G火箭	3.56%
单位基金累计净值(元)		1.339(截止4.22)		G太钢	2.94%
单位基金累计分红(元)		0.115		G沪机场	2.94%
历年分红		04年:10派0.3,10派0.15,10派0.2;03年:10派0.1		G中兴	2.9%
				G华侨城	2.87%

嘉实债券（070005）

名称	嘉实债券开放式证券投资基金	成立日期	2003/07/09	存续期	不定期
类型	契约型	上市日期		托管人	中国银行
规模	6亿	投资风格		债券型	
管理人 名称	嘉实基金管理有限公司			电话	(010)65188866
管理人 地址	北京市建国门北大街8号华润大厦8层			邮编	100005
主要财务指标	年度	2005	2004	基金重仓股(2006年一季度)	
	单位基金收益(元)	0.1027	-0.0455	证券名称	占净值比例
	单位基金可分配收益(元)	0.0236	-0.068	雅戈尔	8.82%
	单位基金净值(元)	1.024	0.932	G招行	5.62%
	基金资产净值收益率(%)			G歌华	0.62%
	净收益(万元)	1351.17	-883.55		
	基金资产总值(万元)	12271.78	12338.03		
	基金资产净值(万元)	12174.07	12236.63		
单位基金累计净值(元)		1.103(截止4.22)			
单位基金累计分红(元)		0.08			
历年分红		05年:10派0.3,10派0.3			

嘉实服务增（070006）

名称	嘉实服务增值行业开放式证券投资基金	成立日期	2004/04/01	存续期	不定期
类型	契约型	上市日期		托管人	中国银行
规模	90亿	投资风格			
管理人 名称	嘉实基金管理有限公司			电话	(010)65188866
管理人 地址	北京市建国门北大街8号华润大厦8层			邮编	100005
主要财务指标	年度	2005	2004	基金重仓股(2006年一季度)	
	单位基金收益(元)	-0.0619	-0.0108	证券名称	占净值比例
	单位基金可分配收益(元)	-0.0829	-0.0665	G招行	8.43%
	单位基金净值(元)	0.917	0.934	G长电	7.06%
	基金资产净值收益率(%)			G沪机场	6.96%
	净收益(万元)	-46491.4	-9688.79	G华侨城	6.77%
	基金资产总值(万元)	627688.04	799589.14	国电电力	4.72%
	基金资产净值(万元)	623307.85	792482.45	G五粮液	3.75%
单位基金累计净值(元)		1.061(截止4.22)		浦发银行	3.63%
单位基金累计分红(元)				G万科A	3.46%
历年分红				G天津港	3.42%
				G皖通	2.98%

嘉实浦安保（070007）

名称	嘉实浦安保本混合型开放式证券投资基金	成立日期	2004/12/01	存续期	不定期
类型	契约型	上市日期		托管人	上海浦东发展银行
规模	13亿	投资风格		偏债型	
管理人 名称	嘉实基金管理有限公司			电话	(010)65188866
管理人 地址	北京市建国门北大街8号华润大厦8层			邮编	100005
主要财务指标	年度	2005	2004	基金重仓股(2006年一季度)	
	单位基金收益(元)	0.0407	0.0009	证券名称	占净值比例
	单位基金可分配收益(元)	0.0226	0.0009	王府井	0.89%
	单位基金净值(元)	1.023	1.001	G福耀	0.79%
	基金资产净值收益率(%)			G宏达	0.78%
	净收益(万元)	3554.48	120.25	G民生	0.78%
	基金资产总值(万元)	58307.14	129970.87	大商股份	0.76%
	基金资产净值(万元)	57878.84	129820.03	G招行	0.75%
单位基金累计净值(元)		1.087(截止4.22)		星新材料	0.71%
单位基金累计分红(元)		0.02		云南白药	0.68%
历年分红		05年:10派0.2		G万科A	0.68%
				G中兴	0.66%

嘉实货币（070008）

名称	嘉实货币市场基金	成立日期	2005/03/18	存续期	不定期
类型	契约型	上市日期		托管人	中国银行
规模	29亿	投资风格		货币市场型	
管理人 名称	嘉实基金管理有限公司			电话	(010)65188866
管理人 地址	北京市建国门北大街8号华润大厦8层			邮编	100005
主要财务指标	年度	2005	2004	基金重仓股(2006年一季度)	
	单位基金收益(元)			证券名称	占净值比例
	单位基金可分配收益(元)				
	单位基金净值(元)	1			
	基金资产净值收益率(%)				
	净收益(万元)	6830.25			
	基金资产总值(万元)	735833.36			
	基金资产净值(万元)	684593.35			
单位基金累计净值(元)					
单位基金累计分红(元)					
历年分红					

长盛成长价（080001）

名称	长盛成长价值证券投资基金	成立日期	2002/09/18	存续期	不定期
类型	契约型	上市日期		托管人	中国农业银行
规模	32亿	投资风格	平衡型		
管理人 名称	长盛基金管理有限公司			电话	010-82255818
管理人 地址	北京市海淀区北太平庄路18号城建大厦A座21层			邮编	100088
主要财务指标	年度	2005	2004	基金重仓股(2006年一季度)	
	单位基金收益(元)	-0.0085	0.0386	证券名称	占净值比例
	单位基金可分配收益(元)	-0.008	-0.0187	G海工	5.58%
	单位基金净值(元)	1.06	0.981	中国石化	4.85%
	基金资产净值收益率(%)			G伊利	4.29%
	净收益(万元)	-983.98	5705.62	G招行	3.94%
	基金资产总值(万元)	117681.99	140008.41	大商股份	3.59%
	基金资产净值(万元)	112493.36	138427.85	G民生	3.51%
单位基金累计净值(元)		1.443(截止4.22)		G中兴	3.31%
单位基金累计分红(元)		0.204		恒瑞医药	3.24%
历年分红	03年:10派0.41,10派0.5			双汇发展	3.02%
				G金融街	2.99%

大成债券（090002）

名称	大成债券投资基金	成立日期	2003/06/12	存续期	不定期
类型	契约型	上市日期		托管人	中国农业银行
规模	22亿	投资风格	债券型		
管理人 名称	大成基金管理有限公司			电话	0755-83183388
管理人 地址	深圳市福田区深南大道7088号招商银行大厦32层			邮编	518040
主要财务指标	年度	2005	2004	基金重仓股(2006年一季度)	
	单位基金收益(元)	0.0806	0.1364	证券名称	占净值比例
	单位基金可分配收益(元)	0.0181	-0.0157		
	单位基金净值(元)	1.0181	0.9843		
	基金资产净值收益率(%)				
	净收益(万元)	1899.31	6909.77		
	基金资产总值(万元)	21782.82	29913.39		
	基金资产净值(万元)	21652.5	28029.81		
单位基金累计净值(元)		1.1832(截止4.22)			
单位基金累计分红(元)		0.175			
历年分红	05年:10派0.2,10派0.2,10派0.2,10派0.15;04年:10派0.2,10派0.25,10派0.2				

长盛货币（080011）

名称	长盛货币市场基金	成立日期	2005/12/12	存续期	不定期
类型	契约型	上市日期		托管人	兴业银行
规模	36亿	投资风格	货币市场型		
管理人 名称	长盛基金管理有限公司			电话	010-82255818
管理人 地址	北京市海淀区北太平庄路18号城建大厦A座21层			邮编	100088
主要财务指标	年度	2005	2004	基金重仓股(2006年一季度)	
	单位基金收益(元)			证券名称	占净值比例
	单位基金可分配收益(元)				
	单位基金净值(元)				
	基金资产净值收益率(%)				
	净收益(万元)				
	基金资产总值(万元)				
	基金资产净值(万元)				
单位基金累计净值(元)					
单位基金累计分红(元)					
历年分红					

大成蓝筹稳（090003）

名称	大成蓝筹稳健证券投资基金	成立日期	2004/06/03	存续期	不定期
类型	契约型	上市日期		托管人	中国银行
规模	22亿	投资风格			
管理人 名称	大成基金管理有限公司			电话	0755-83183388
管理人 地址	深圳市福田区深南大道7088号招商银行大厦32层			邮编	518040
主要财务指标	年度	2005	2004	基金重仓股(2006年一季度)	
	单位基金收益(元)	-0.0852	0.0123	证券名称	占净值比例
	单位基金可分配收益(元)	-0.0739	-0.0262	贵州茅台	8.41%
	单位基金净值(元)	0.951	0.9738	G伊利	7.82%
	基金资产净值收益率(%)			浦发银行	7.46%
	净收益(万元)	-8645.87	2226.57	G国阳	6.95%
	基金资产总值(万元)	80524.2	121161.82	G海工	5.54%
	基金资产净值(万元)	80209.88	120063.29	G招行	4.88%
单位基金累计净值(元)		1.2409(截止4.22)		大商股份	4.65%
单位基金累计分红(元)		0.02		G新安	4.35%
历年分红	04年:10派0.1			云南白药	3.9%
				G金融街	3.73%

大成价值增（090001）

名称	大成价值增长证券投资基金	成立日期	2002/11/11	存续期	不定期
类型	契约型	上市日期		托管人	中国农业银行
规模	26亿	投资风格			
管理人 名称	大成基金管理有限公司			电话	0755-83183388
管理人 地址	深圳市福田区深南大道7088号招商银行大厦32层			邮编	518040
主要财务指标	年度	2005	2004	基金重仓股(2006年一季度)	
	单位基金收益(元)	0.0113	0.1036	证券名称	占净值比例
	单位基金可分配收益(元)	0.0274	-0.0219	G华侨城	6.65%
	单位基金净值(元)	1.0274	0.9781	贵州茅台	6.02%
	基金资产净值收益率(%)			G国阳	5.7%
	净收益(万元)	1180.11	11772.78	浦发银行	5.12%
	基金资产总值(万元)	94522.01	123094.3	金地集团	4.3%
	基金资产净值(万元)	92017.55	117843.96	盐湖钾肥	4.3%
单位基金累计净值(元)		1.4718(截止4.22)		G招行	4.21%
单位基金累计分红(元)		0.24		G海工	3.87%
历年分红	04年:10派1,10派0.2			G万科A	3.47%
				G中兴	3.37%

大成精选增（090004）

名称	大成精选增值混合型证券投资基金	成立日期	2004/12/15	存续期	不定期
类型	契约型	上市日期		托管人	中国农业银行
规模	13亿	投资风格			
管理人 名称	大成基金管理有限公司			电话	0755-83183388
管理人 地址	深圳市福田区深南大道7088号招商银行大厦32层			邮编	518040
主要财务指标	年度	2005	2004	基金重仓股(2006年一季度)	
	单位基金收益(元)	0.0159	-0.0001	证券名称	占净值比例
	单位基金可分配收益(元)	-0.002	-0.0001	G振华	5.56%
	单位基金净值(元)	0.998	1.0008	双汇发展	5.34%
	基金资产净值收益率(%)			G华侨城	4.88%
	净收益(万元)	1141.81	-15.7	云南白药	4.86%
	基金资产总值(万元)	50885.75	137435.59	G伊利	4.3%
	基金资产净值(万元)	50644.15	136784.54	苏宁电器	4.2%
单位基金累计净值(元)		1.2983(截止4.22)		G海工	3.9%
单位基金累计分红(元)		0.11		盐湖钾肥	3.86%
历年分红	05年:10派0.2			山东铝业	3.65%
				大商股份	3.65%

大成货币市（090005）

名称	大成货币市场证券投资基金	成立日期	2005/06/03	存续期	不定期
类型	契约型	上市日期		托管人	中国光大银行
规模	36亿	投资风格	货币市场型		
管理人 名称	大成基金管理有限公司			电话	0755-83183388
管理人 地址	深圳市福田区深南大道7088号招商银行大厦32层			邮编	518040

主要财务指标 年度	2005	2004	基金重仓股(2006年一季度) 证券名称	占净值比例
单位基金收益(元)				
单位基金可分配收益(元)				
单位基金净值(元)				
基金资产净值收益率(%)				
净收益(万元)	5756.61			
基金资产总值(万元)	426675.68			
基金资产净值(万元)	396287.18			
单位基金累计净值(元)				
单位基金累计分红(元)				
历年分红				

国投瑞银融（121001）

名称	国投瑞银融华债券型证券投资基金	成立日期	2003/04/16	存续期	不定期
类型	契约型	上市日期		托管人	中国光大银行
规模	26亿	投资风格	偏债型		
管理人 名称	国投瑞银基金管理有限公司			电话	0755-82904132
管理人 地址	深圳市福田中心区深南大道4009号投资大厦第三层			邮编	518026

主要财务指标 年度	2005	2004	基金重仓股(2006年一季度) 证券名称	占净值比例
单位基金收益(元)	0.0673	0.1296		
单位基金可分配收益(元)	0.0507	-0.0315	G张裕	3.53%
单位基金净值(元)	1.0507	0.9685	G招行	3.26%
基金资产净值收益率(%)			G万科A	2.5%
净收益(万元)	3005.27	9715.94	大商股份	2.49%
基金资产总值(万元)	30749.11	49799.41	G兰花	2.05%
基金资产净值(万元)	30596.05	49662.68	贵州茅台	2.01%
单位基金累计净值(元)	1.3013(截止4.22)		G老窖	1.96%
单位基金累计分红(元)	0.15		G火箭	1.76%
历年分红	04年:10派0.2；03年:10派0.8		G中兴	1.66%
			G金融街	1.62%

富国天益价（100020）

名称	富国天益价值证券投资基金	成立日期	2004/06/15	存续期	不定期
类型	契约型	上市日期		托管人	交通银行
规模	10亿	投资风格			
管理人 名称	富国基金管理有限公司			电话	021-50478888
管理人 地址	上海市黄浦区广东路689号海通证券大厦13、14层			邮编	200121

主要财务指标 年度	2005	2004	基金重仓股(2006年一季度) 证券名称	占净值比例
单位基金收益(元)	0.1727	0.0269		
单位基金可分配收益(元)	0.0898	0.0204	苏宁电器	9.21%
单位基金净值(元)	1.0898	1.0405	贵州茅台	7.24%
基金资产净值收益率(%)			G振华	5.79%
净收益(万元)	4269.56	2093.38	云南白药	5.29%
基金资产总值(万元)	22517.63	50003.15	G法拉	4.85%
基金资产净值(万元)	22266.29	47756.92	G海工	4.61%
单位基金累计净值(元)	1.6167(截止4.22)		G华侨城	4.04%
单位基金累计分红(元)	0.24		小商品城	3.97%
历年分红	05年:10派0.2，10派0.2，10派0.2，10派0.2，10派0.4；04年:10派0.2		G中信	3.46%
			G招行	3.06%

国投瑞银景（121002）

名称	国投瑞银景气行业证券投资基金	成立日期	2004/04/29	存续期	不定期
类型	契约型	上市日期		托管人	中国光大银行
规模	22亿	投资风格			
管理人 名称	国投瑞银基金管理有限公司			电话	0755-82904132
管理人 地址	深圳市福田中心区深南大道4009号投资大厦第三层			邮编	518026

主要财务指标 年度	2005	2004	基金重仓股(2006年一季度) 证券名称	占净值比例
单位基金收益(元)	0.005	-0.0592		
单位基金可分配收益(元)	-0.0418	-0.0578	G张裕	8.82%
单位基金净值(元)	1.0169	0.9494	大商股份	6.28%
基金资产净值收益率(%)			G三环	5.03%
净收益(万元)	696.16	-12293.7	G万科A	4.31%
基金资产总值(万元)	125418.49	176415.16	G海工	4.03%
基金资产净值(万元)	117233.28	173586.63	盐湖钾肥	3.73%
单位基金累计净值(元)	1.2541(截止4.22)		G中兴	3.51%
单位基金累计分红(元)	0.03		G老窖	2.83%
历年分红			恒瑞医药	2.77%
			G民生	2.69%

富国天瑞强（100022）

名称	富国天瑞强势地区精选混合型证券投资基金	成立日期	2005/04/05	存续期	不定期
类型	契约型	上市日期		托管人	中国农业银行
规模	16亿	投资风格			
管理人 名称	富国基金管理有限公司			电话	021-50478888
管理人 地址	上海市黄浦区广东路689号海通证券大厦13、14层			邮编	200121

主要财务指标 年度	2005	2004	基金重仓股(2006年一季度) 证券名称	占净值比例
单位基金收益(元)	0.0047			
单位基金可分配收益(元)	-0.0115		G用友	9.75%
单位基金净值(元)	1.024		G招行	9.14%
基金资产净值收益率(%)			双汇发展	7.46%
净收益(万元)	552.13		中国石化	7%
基金资产总值(万元)	68233.33		浦发银行	6.77%
基金资产净值(万元)	67097.34		G太钢	6.28%
单位基金累计净值(元)	1.3239(截止4.22)		G宝钢	5.82%
单位基金累计分红(元)	0.14		G海螺	4.85%
历年分红	05年:10派0.2		G重汽	4.66%
			G万华	4.55%

国投瑞银核（121003）

名称	国投瑞银核心企业股票型证券投资基金	成立日期	2006/04/19	存续期	不定期
类型	契约型	上市日期		托管人	中国工商银行
规模	27亿	投资风格			
管理人 名称	国投瑞银基金管理有限公司			电话	0755-82904132
管理人 地址	深圳市福田中心区深南大道4009号投资大厦第三层			邮编	518026

主要财务指标 年度	2005	2004	基金重仓股(2006年一季度) 证券名称	占净值比例
单位基金收益(元)				
单位基金可分配收益(元)				
单位基金净值(元)				
基金资产净值收益率(%)				
净收益(万元)				
基金资产总值(万元)				
基金资产净值(万元)				
单位基金累计净值(元)				
单位基金累计分红(元)				
历年分红				

银河银富货（150005）

名称	银河银富货币市场基金	成立日期	2004/12/20	存续期	不定期
类型	契约型	上市日期		托管人	交通银行
规模	19亿	投资风格	货币市场型		
管理人 名称	银河基金管理有限公司	电话	021－65956688		
管理人 地址	上海市虹口区东大名路908号金岸大厦三楼	邮编	200120		
主要财务指标 年度		2005	2004	基金重仓股(2006年一季度)	
单位基金收益(元)				证券名称	占净值比例
单位基金可分配收益(元)					
单位基金净值(元)		1	1		
基金资产净值收益率(%)					
净收益(万元)		4764.6	131.2		
基金资产总值(万元)		256548.62	100468.96		
基金资产净值(万元)		218967.14	80427.76		
单位基金累计净值(元)					
单位基金累计分红(元)					
历年分红					

银河收益基（151002）

名称	银河收益证券投资基金	成立日期	2003/08/04	存续期	不定期
类型	契约型	上市日期		托管人	中国农业银行
规模	18亿	投资风格	偏债型		
管理人 名称	银河基金管理有限公司	电话	021－65956688		
管理人 地址	上海市虹口区东大名路908号金岸大厦三楼	邮编	200120		
主要财务指标 年度		2005	2004	基金重仓股(2006年一季度)	
单位基金收益(元)		0.1156	0.0529	证券名称	占净值比例
单位基金可分配收益(元)		0.0382	－0.0431	G招行	2.883%
单位基金净值(元)		1.0382	0.9569	G南山	2.389%
基金资产净值收益率(%)		11.62	5.19	G食品	1.635%
净收益(万元)		1709.9	1750.14	中国石化	1.415%
基金资产总值(万元)		11045.63	19290.91	中金黄金	1.21%
基金资产净值(万元)		10324.61	19137.67	G原水	1.167%
单位基金累计净值(元)		1.2013(截止4.22)		G邯钢	0.992%
单位基金累计分红(元)		0.08		G招商局	0.96%
历年分红	05年:10派0.5；04年:10派0.3			G格力	0.929%
				G康缘	0.924%

银泰理财分（150103）

名称	银河银泰理财分红证券投资基金	成立日期	2004/03/30	存续期	不定期
类型	契约型	上市日期		托管人	中国工商银行
规模	60亿	投资风格			
管理人 名称	银河基金管理有限公司	电话	021－65956688		
管理人 地址	上海市虹口区东大名路908号金岸大厦三楼	邮编	200120		
主要财务指标 年度		2005	2004	基金重仓股(2006年一季度)	
单位基金收益(元)		－0.0515	－0.0549	证券名称	占净值比例
单位基金可分配收益(元)		－0.104	－0.0899	G招行	7.31%
单位基金净值(元)		0.9178	0.9101	G沪机场	7%
基金资产净值收益率(%)		－2.52	－5.81	航天信息	3.34%
净收益(万元)		－22429.75	－32208.47	上海石化	2.4%
基金资产总值(万元)		345813.08	505199.53	中国联通	2.37%
基金资产净值(万元)		338870.63	503175.32	G国阳	2.25%
单位基金累计净值(元)		1.0884(截止4.22)		G中兴	2.22%
单位基金累计分红(元)				G伊利	2.18%
历年分红				G原水	2.15%
				中国石化	2.07%

深100ETF（159901）

名称	易方达深证100交易型开放式指数基金	成立日期	2006/03/24	存续期	不定期
类型	契约型	上市日期	2006/04/24	托管人	中国银行
规模	52亿	投资风格	指数型		
管理人 名称	易方达基金管理有限公司	电话	020－38797888		
管理人 地址	广州市体育西路189号27,28楼	邮编	510075		
主要财务指标 年度		2005	2004	基金重仓股(2006年一季度)	
单位基金收益(元)				证券名称	占净值比例
单位基金可分配收益(元)				G万科A	7.69%
单位基金净值(元)				G中兴	4.35%
基金资产净值收益率(%)				深发展A	3.97%
净收益(万元)				中集集团	2.9%
基金资产总值(万元)				G五粮液	2.85%
基金资产净值(万元)				G华侨城	2.57%
单位基金累计净值(元)				G鞍钢	2.39%
单位基金累计分红(元)				G金融街	2.3%
历年分红				盐湖钾肥	1.74%
				G深能源	1.7%

银河稳健基（151001）

名称	银河稳健证券投资基金	成立日期	2003/08/04	存续期	不定期
类型	契约型	上市日期		托管人	中国农业银行
规模	12亿	投资风格			
管理人 名称	银河基金管理有限公司	电话	021－65956688		
管理人 地址	上海市虹口区东大名路908号金岸大厦三楼	邮编	200120		
主要财务指标 年度		2005	2004	基金重仓股(2006年一季度)	
单位基金收益(元)		－0.2129	0.0731	证券名称	占净值比例
单位基金可分配收益(元)		－0.1628	－0.0538	G中兴	5.59%
单位基金净值(元)		0.9269	0.9462	G新大陆	5.56%
基金资产净值收益率(%)		－24.15	7.04	G中金	4.87%
净收益(万元)		－13677.96	5957.22	G通威	4.06%
基金资产总值(万元)		50663.93	72480.12	G振华	3.85%
基金资产净值(万元)		43182.55	68900.26	驰宏锌锗	3.79%
单位基金累计净值(元)		1.2396(截止4.22)		G宝钛	3.2%
单位基金累计分红(元)		0.065		G龙溪	3.07%
历年分红	04年:10派0.5；03年:10派0.15			G格力	2.94%
				G华侨城	2.84%

南方积配（160105）

名称	南方积极配置证券投资基金	成立日期	2004/10/14	存续期	不定期
类型	契约型	上市日期	2004/12/20	托管人	中国工商银行
规模	35亿	投资风格			
管理人 名称	南方基金管理有限公司	电话	0755－82912000		
管理人 地址	深圳市福田中心区深南大道4009号投资大厦七楼	邮编	518026		
主要财务指标 年度		2005	2004	基金重仓股(2006年一季度)	
单位基金收益(元)		－0.0663	－0.0001	证券名称	占净值比例
单位基金可分配收益(元)		－0.0735	－0.0162	G万科A	9.36%
单位基金净值(元)		0.9514	0.9838	G招行	9.19%
基金资产净值收益率(%)				G中信	7.53%
净收益(万元)		－11713.85	－44.4	G中兴	7.18%
基金资产总值(万元)		128492.36	286546.3	中国石化	5.55%
基金资产净值(万元)		127986.48	272647.43	G五粮液	4.9%
单位基金累计净值(元)		1.1876(截止4.22)		G华能	4.88%
单位基金累计分红(元)				G福耀	4.05%
历年分红				G张裕	3.7%
				双汇发展	3.48%

南方高增（160106）

名称	南方高增长证券投资基金	成立日期	2005/07/13	存续期	不定期
类型	契约型	上市日期	2005/09/21	托管人	中国银行
规模	13亿	投资风格			
管理人	名称	南方基金管理有限公司		电话	0755-82912000
管理人	地址	深圳市福田中心区深南大道4009号投资大厦七楼		邮编	518026
主要财务指标	年度	2005	2004	基金重仓股(2006年一季度)	
	单位基金收益(元)	0.0096		证券名称	占净值比例
	单位基金可分配收益(元)	0.0271		G万科A	8.99%
	单位基金净值(元)	1.0693		G太钢	8.56%
	基金资产净值收益率(%)			G招行	7.22%
	净收益(万元)	948.76		G民生	4.97%
	基金资产总值(万元)	60889.33		G火箭	4.76%
	基金资产净值(万元)	53962.83		G中兴	4.58%
单位基金累计净值(元)		1.3523(截止4.22)		G福耀	4.43%
单位基金累计分红(元)		0.157		中国石化	4.2%
历年分红				G敖东	3.59%
				G深能源	3.47%

普天收益基（160603）

名称	普天收益证券投资基金	成立日期	2003/07/12	存续期	不定期
类型	契约型	上市日期		托管人	交通银行
规模	3亿	投资风格	收益型		
管理人	名称	鹏华基金管理有限公司		电话	(0755)82080663
管理人	地址	广东省深圳市深南东路深圳发展银行大厦27楼		邮编	518001
主要财务指标	年度	2005	2004	基金重仓股(2006年一季度)	
	单位基金收益(元)	-0.0458	0.0453	证券名称	占净值比例
	单位基金可分配收益(元)	-0.0577	-0.0209	G厦钨	6.61%
	单位基金净值(元)	1.031	0.999	恒瑞医药	4.43%
	基金资产净值收益率(%)	-4.54	4.22	盐湖钾肥	4.35%
	净收益(万元)	-1163.11	1367.18	G振华	4.32%
	基金资产总值(万元)	22744.31	32645.93	G万华	4.18%
	基金资产净值(万元)	22456.68	32124.85	贵州茅台	4.16%
单位基金累计净值(元)		1.481(截止4.22)		驰宏锌锗	3.94%
单位基金累计分红(元)		0.165		新和成	3.87%
历年分红	05年:10派0.2；04年:10派0.4，10派0.2；03年:10派0.3，10派0.15，10派0.1			中国石化	3.75%
				G深能源	2.52%

博时主题（160505）

名称	博时主题行业股票证券投资基金	成立日期	2005/01/06	存续期	不定期
类型	契约型	上市日期	2005/02/22	托管人	中国建设银行
规模	13亿	投资风格	股票型		
管理人	名称	博时基金管理有限公司		电话	0755-3169999
管理人	地址	深圳市福田区深南大道招商银行大厦29层		邮编	518040
主要财务指标	年度	2005	2004	基金重仓股(2006年一季度)	
	单位基金收益(元)	0.0336		证券名称	占净值比例
	单位基金可分配收益(元)	0.0104		G皖通	8.38%
	单位基金净值(元)	1.0104		G招行	4.63%
	基金资产净值收益率(%)			G粤高速	4.54%
	净收益(万元)	3524.37		G招商局	4.49%
	基金资产总值(万元)	122257.93		青岛啤酒	4.46%
	基金资产净值(万元)	111206.09		G上汽	3.69%
单位基金累计净值(元)		1.215(截止4.22)		中国联通	3.4%
单位基金累计分红(元)		0.091		G长电	3.36%
历年分红	05年:10派0.21			贵州茅台	3.34%
				G伊利	3.05%

鹏华中国50（160605）

名称	鹏华中国50开放式证券投资基金	成立日期	2004/05/12	存续期	不定期
类型	契约型	上市日期		托管人	交通银行
规模	24亿	投资风格	平衡型		
管理人	名称	鹏华基金管理有限公司		电话	(0755)82080663
管理人	地址	广东省深圳市深南东路深圳发展银行大厦27楼		邮编	518001
主要财务指标	年度	2005	2004	基金重仓股(2006年一季度)	
	单位基金收益(元)	-0.0278	-0.0244	证券名称	占净值比例
	单位基金可分配收益(元)	-0.044	-0.0477	G厦钨	5.08%
	单位基金净值(元)	1.001	0.952	G万华	4.86%
	基金资产净值收益率(%)	-2.91	-2.47	G招行	3.91%
	净收益(万元)	-4600.24	-5258.16	赣粤高速	3.65%
	基金资产总值(万元)	127261.18	187644.31	桂冠电力	3.13%
	基金资产净值(万元)	125673.84	187101.59	苏宁电器	3.03%
单位基金累计净值(元)		1.294(截止4.22)		G振华	2.93%
单位基金累计分红(元)		0.08		上海石化	2.79%
历年分红				G格力	2.75%
				G万科A	2.74%

普天债券基（160602）

名称	普天债券投资基金	成立日期	2003/07/12	存续期	不定期
类型	契约型	上市日期		托管人	交通银行
规模	8亿	投资风格	债券型		
管理人	名称	鹏华基金管理有限公司		电话	(0755)82080663
管理人	地址	广东省深圳市深南东路深圳发展银行大厦27楼		邮编	518001
主要财务指标	年度	2005	2004	基金重仓股(2006年一季度)	
	单位基金收益(元)	0.005	0.0656	证券名称	占净值比例
	单位基金可分配收益(元)	-0.0085	-0.0933		
	单位基金净值(元)	0.991	0.907		
	基金资产净值收益率(%)	0.52	6.61		
	净收益(万元)	43.26	759.9		
	基金资产总值(万元)	7039.2	9850.4		
	基金资产净值(万元)	6986.45	9802.4		
单位基金累计净值(元)		1.096(截止4.22)			
单位基金累计分红(元)		0.085			
历年分红	04年:10派0.25，10派0.1；03年:10派0.2				

鹏华货币市（160606）

名称	鹏华货币市场证券投资基金	成立日期	2005/04/12	存续期	不定期
类型	契约型	上市日期		托管人	中国农业银行
规模	34亿	投资风格	货币市场型		
管理人	名称	鹏华基金管理有限公司		电话	(0755)82080663
管理人	地址	广东省深圳市深南东路深圳发展银行大厦27楼		邮编	518001
主要财务指标	年度	2005	2004	基金重仓股(2006年一季度)	
	单位基金收益(元)			证券名称	占净值比例
	单位基金可分配收益(元)				
	单位基金净值(元)	1			
	基金资产净值收益率(%)				
	净收益(万元)	3650.17			
	基金资产总值(万元)	311494.8			
	基金资产净值(万元)	310232.85			
单位基金累计净值(元)					
单位基金累计分红(元)					
历年分红					

嘉实300（160706）

名称	嘉实沪深300指数证券投资基金	成立日期	2005/08/29	存续期	不定期
类型	契约型	上市日期	2005/10/17	托管人	中国银行
规模	9亿	投资风格	指数型		
管理人 名称	嘉实基金管理有限公司	电话	(010)65188866		
管理人 地址	北京市建国门北大街8号华润大厦8层	邮编	100005		

主要财务指标 年度	2005	2004	基金重仓股(2006年一季度)	
			证券名称	占净值比例
单位基金收益(元)	-0.0026			
单位基金可分配收益(元)	-0.0192		G招行	3.55%
单位基金净值(元)	0.981		中国联通	2.57%
基金资产净值收益率(%)			G宝钢	2.48%
净收益(万元)	-244.25		G长电	2.36%
基金资产总值(万元)	100118.72		G万科A	2.33%
基金资产净值(万元)	94551.95		G民生	2.16%
单位基金累计净值(元)	1.199(截止4.22)		中国石化	1.59%
单位基金累计分红(元)	0.1		浦发银行	1.43%
历年分红			G中兴	1.37%
			贵州茅台	1.33%

融通债券基（161603）

名称	融通债券投资基金	成立日期	2003/09/30	存续期	不定期
类型	契约型	上市日期		托管人	中国工商银行
规模	9亿	投资风格	债券型		
管理人 名称	融通基金管理有限公司	电话	0755-82950696		
管理人 地址	深圳市南山区华侨城汉唐大厦13,14层	邮编	518048		

主要财务指标 年度	2005	2004	基金重仓股(2006年一季度)	
			证券名称	占净值比例
单位基金收益(元)	0.0404	0.0657		
单位基金可分配收益(元)	0.0342	-0.0142		
单位基金净值(元)	1.034	0.986		
基金资产净值收益率(%)	3.95	6.41		
净收益(万元)	1211.02	3440.83		
基金资产总值(万元)	36425.06	37444.42		
基金资产净值(万元)	31047.4	37325.89		
单位基金累计净值(元)	1.187(截止4.22)			
单位基金累计分红(元)	0.145			
历年分红	05年:10派0.3；04年:10派0.1,10派0.2；03年:10派0.11			

富国天惠（161005）

名称	富国天惠精选成长混合型证券投资基金	成立日期	2005/11/16	存续期	不定期
类型	契约型	上市日期	2006/02/16	托管人	中国工商银行
规模	6亿	投资风格	混合型		
管理人 名称	富国基金管理有限公司	电话	021-50478888		
管理人 地址	上海市黄浦区广东路689号海通证券大厦13,14层	邮编	200121		

主要财务指标 年度	2005	2004	基金重仓股(2006年一季度)	
			证券名称	占净值比例
单位基金收益(元)			贵州茅台	9.36%
单位基金可分配收益(元)			G振华	6.09%
单位基金净值(元)			G华侨城	4.81%
基金资产净值收益率(%)			G新世界	4.11%
净收益(万元)			G招行	3.95%
基金资产总值(万元)			双汇发展	3.94%
基金资产净值(万元)			国电南瑞	3.82%
单位基金累计净值(元)	1.3199(截止4.22)		小商品城	3.81%
单位基金累计分红(元)	0.12		苏宁电器	3.7%
历年分红			G沪机场	3.34%

融通深证100（161604）

名称	融通深证100指数证券投资基金	成立日期	2003/09/30	存续期	不定期
类型	契约型	上市日期		托管人	中国工商银行
规模	5亿	投资风格	指数型		
管理人 名称	融通基金管理有限公司	电话	0755-82950696		
管理人 地址	深圳市南山区华侨城汉唐大厦13,14层	邮编	518048		

主要财务指标 年度	2005	2004	基金重仓股(2006年一季度)	
			证券名称	占净值比例
单位基金收益(元)	-0.0864	0.0513		
单位基金可分配收益(元)	-0.1981	-0.1859	G万科A	8.31%
单位基金净值(元)	0.802	0.814	G中兴	4.75%
基金资产净值收益率(%)	-11.23	5.66	G沈机	4.58%
净收益(万元)	-8468.66	3980.82	深发展A	3.17%
基金资产总值(万元)	68231.31	90538.23	G华侨城	2.52%
基金资产净值(万元)	67422.73	85924.77		
单位基金累计净值(元)	1.21(截止4.22)			
单位基金累计分红(元)	0.16			
历年分红	04年:10派0.2,10派0.4,10派0.31,10派0.2,10派0.2；03年:10派0.19,10派0.1			

融通新蓝筹（161601）

名称	融通新蓝筹证券投资基金	成立日期	2002/09/13	存续期	不定期
类型	契约型	上市日期		托管人	中国建设银行
规模	22亿	投资风格	平衡型		
管理人 名称	融通基金管理有限公司	电话	0755-82950696		
管理人 地址	深圳市南山区华侨城汉唐大厦13,14层	邮编	518048		

主要财务指标 年度	2005	2004	基金重仓股(2006年一季度)	
单位基金收益(元)	-0.0729	0.0893	证券名称	占净值比例
单位基金可分配收益(元)	-0.0741	-0.045	G歌华	9.13%
单位基金净值(元)	1.019	0.955	G振华	8.64%
基金资产净值收益率(%)			中国石化	8.15%
净收益(万元)	-7970.18	12083.57	G招行	8.1%
基金资产总值(万元)	115091.95	118760.33	G万华	7.94%
基金资产净值(万元)	108391.59	118502.21	G华侨城	6.84%
单位基金累计净值(元)	1.4582(截止4.22)		G三环	4.44%
单位基金累计分红(元)	0.185		航天信息	4.19%
历年分红	04年:10派0.3,10派0.45；03年:10派0.35,10派0.15		G火箭	4.13%
			G中兴	3.8%

融通蓝筹成（161605）

名称	融通蓝筹成长证券投资基金	成立日期	2003/09/30	存续期	不定期
类型	契约型	上市日期		托管人	中国工商银行
规模	8亿	投资风格	平衡型		
管理人 名称	融通基金管理有限公司	电话	0755-82950696		
管理人 地址	深圳市南山区华侨城汉唐大厦13,14层	邮编	518048		

主要财务指标 年度	2005	2004	基金重仓股(2006年一季度)	
单位基金收益(元)	-0.0375	0.0591	证券名称	占净值比例
单位基金可分配收益(元)	-0.0583	-0.055	G万华	11.35%
单位基金净值(元)	1.031	0.945	G中兴	9.51%
基金资产净值收益率(%)	-4.03	5.84	G重汽	9.33%
净收益(万元)	-2326.21	5121.73	中国石化	8.89%
基金资产总值(万元)	80980.15	73266.68	G盐田港	8.43%
基金资产净值(万元)	72896.91	68729.56	G合力	7.05%
单位基金累计净值(元)	1.356(截止4.22)		G长电	6.58%
单位基金累计分红(元)	0.16		G现代	6.38%
历年分红	04年:10派0.28,10派0.22,10派0.42,10派0.1；03年:10派0.08		G岳纸	0.45%
			盐湖钾肥	0.2%

融通行业景（161606）

名称	融通行业景气证券投资基金	成立日期	2004/04/29	存续期	不定期
类型	契约型	上市日期		托管人	交通银行
规模	25亿	投资风格			
管理人 名称	融通基金管理有限公司			电话	0755－82950696
管理人 地址	深圳市南山区华侨城汉唐大厦13,14层			邮编	518048

	年度	2005	2004	基金重仓股(2006年一季度)	
主要财务指标	单位基金收益(元)	－0.1062	－0.0239	证券名称	占净值比例
	单位基金可分配收益(元)	－0.1247	－0.0421	GTCL	13.24%
	单位基金净值(元)	0.936	0.958	冀东水泥	12.35%
	基金资产净值收益率(%)	－11.7	－2.43	一汽夏利	9.67%
	净收益(万元)	－16701.94	－5476.64	北新建材	9.06%
	基金资产总值(万元)	118418.5	183272.31	南方航空	3.77%
	基金资产净值(万元)	116424.74	180058.52	中国石化	3.46%
单位基金累计净值(元)		1.128(截止4.22)		中国联通	3.36%
单位基金累计分红(元)				G江铃	3.03%
历年分红				广船国际	2.87%
				G中兴	2.85%

融通巨潮100（161607）

名称	融通巨潮100指数证券投资基金	成立日期	2005/05/12	存续期	不定期
类型	契约型	上市日期	2005/06/16	托管人	中国工商银行
规模	5亿	投资风格		指数型	
管理人 名称	融通基金管理有限公司			电话	0755－82950696
管理人 地址	深圳市南山区华侨城汉唐大厦13,14层			邮编	518048

	年度	2005	2004	基金重仓股(2006年一季度)	
主要财务指标	单位基金收益(元)	0.05		证券名称	占净值比例
	单位基金可分配收益(元)	0.0124		G振华	8.39%
	单位基金净值(元)	1.012		G招行	5.26%
	基金资产净值收益率(%)			G万科A	4.47%
	净收益(万元)	1491.31		G宝钢	4%
	基金资产总值(万元)	25656.47		G长电	3.64%
	基金资产净值(万元)	25254.66		G沈机	2.53%
单位基金累计净值(元)		1.276(截止4.22)			
单位基金累计分红(元)		0.21			
历年分红		05年:10派0.2,10派0.3			

融通易货币（161608）

名称	融通易支付货币市场证券投资基金	成立日期	2006/01/19	存续期	不定期
类型	契约型	上市日期		托管人	中国民生银行
规模	28亿	投资风格		货币市场型	
管理人 名称	融通基金管理有限公司			电话	0755－82950696
管理人 地址	深圳市南山区华侨城汉唐大厦13,14层			邮编	518048

	年度	2005	2004	基金重仓股(2006年一季度)	
主要财务指标	单位基金收益(元)			证券名称	占净值比例
	单位基金可分配收益(元)				
	单位基金净值(元)				
	基金资产净值收益率(%)				
	净收益(万元)				
	基金资产总值(万元)				
	基金资产净值(万元)				
单位基金累计净值(元)					
单位基金累计分红(元)					
历年分红					

招商成长（161706）

名称	招商优质成长股票型证券投资基金	成立日期	2005/11/17	存续期	不定期
类型	契约型	上市日期	2005/12/09	托管人	中信银行
规模	7亿	投资风格		股票型	
管理人 名称	招商基金管理有限公司			电话	(0755)83196666
管理人 地址	深圳市深南大道7088号招商银行大厦28层			邮编	518040

	年度	2005	2004	基金重仓股(2006年一季度)	
主要财务指标	单位基金收益(元)			证券名称	占净值比例
	单位基金可分配收益(元)			贵州茅台	8.71%
	单位基金净值(元)			G海工	6.25%
	基金资产净值收益率(%)			金地集团	5.15%
	净收益(万元)			国电南瑞	4.94%
	基金资产总值(万元)			G华侨城	4.85%
	基金资产净值(万元)			双汇发展	4.43%
单位基金累计净值(元)		1.3756(截止4.22)		星新材料	4.35%
单位基金累计分红(元)		0.1		大商股份	4.23%
历年分红				恒瑞医药	4.13%
				G歌华	3.94%

万家保本（161902）

名称	万家保本增值证券投资基金	成立日期	2004/09/28	存续期	不定期
类型	契约型	上市日期		托管人	中国农业银行
规模	22亿	投资风格			
管理人 名称	万家基金管理有限公司			电话	021－68644577
管理人 地址	上海市源深路273号			邮编	200135

	年度	2005	2004	基金重仓股(2006年一季度)	
主要财务指标	单位基金收益(元)	0.0678	0.0077	证券名称	占净值比例
	单位基金可分配收益(元)	0.0325	0.0069	G民生	1.68%
	单位基金净值(元)	1.0325	1.0069	G万科A	1.51%
	基金资产净值收益率(%)	6.66	0.76	G招行	1.5%
	净收益(万元)	10941.3	1675.96	G天津港	1.15%
	基金资产总值(万元)	158104.04	212648.4	G中兴	1.01%
	基金资产净值(万元)	137291.59	208562.32	G火箭	0.94%
单位基金累计净值(元)		1.1203(截止4.22)		盐湖钾肥	0.87%
单位基金累计分红(元)		0.052		大商股份	0.83%
历年分红		05年:10派0.13,10派0.13;04年:10派0.13		G宏达	0.82%
				G万华	0.67%

万家公用（161903）

名称	万家公用事业行业股票型证券投资基金	成立日期	2005/07/15	存续期	不定期
类型	契约型	上市日期	2005/08/15	托管人	交通银行
规模	3亿	投资风格			
管理人 名称	万家基金管理有限公司			电话	021－68644577
管理人 地址	上海市源深路273号			邮编	200135

	年度	2005	2004	基金重仓股(2006年一季度)	
主要财务指标	单位基金收益(元)	－0.0106		证券名称	占净值比例
	单位基金可分配收益(元)	－0.0401		赣粤高速	5.77%
	单位基金净值(元)	0.9815		中国石化	5.27%
	基金资产净值收益率(%)	－1.06		国电电力	4.56%
	净收益(万元)	－141.75		福建高速	3.97%
	基金资产总值(万元)	17762.7		中国联通	3.5%
	基金资产净值(万元)	13792.01		G中兴	3.2%
单位基金累计净值(元)		1.0476(截止4.22)		G民生	2.77%
单位基金累计分红(元)				G万华	1.83%
历年分红				G兖煤	1.75%
				G海工	1.56%

金鹰中小盘（162102）

名称	金鹰中小盘精选证券投资基金	成立日期	2004/05/27	存续期	不定期
类型	契约型	上市日期		托管人	交通银行
规模	5亿	投资风格			
管理人 名称	金鹰基金管理有限公司		电话	(020)83282610	
管理人 地址	广州市沿江中路298号江湾商业大厦22楼		邮编	510100	

主要财务指标 年度	2005	2004	基金重仓股(2006年一季度)	
单位基金收益(元)	-0.1291	-0.015	证券名称	占净值比例
单位基金可分配收益(元)	-0.1435	-0.0567	中国卫星	9.31%
单位基金净值(元)	0.8951	0.9433	洪都航空	8.66%
基金资产净值收益率(%)			航天长峰	6.79%
净收益(万元)	-4537.59	-718.08	华光股份	5.93%
基金资产总值(万元)	28928.29	36592.21	G用友	5.65%
基金资产净值(万元)	28603.86	36121.92	天地科技	4.6%
单位基金累计净值(元)	1.1169(截止4.22)		G歌华	3.92%
单位基金累计分红(元)			G藏矿业	3.4%
历年分红			哈空调	3.4%
			G中兴	3.12%

湘财合丰成（162201）

名称	湘财合丰价值优化型成长类行业证券投资基金	成立日期	2003/04/25	存续期	不定期
类型	契约型	上市日期		托管人	交通银行
规模	10亿	投资风格			
管理人 名称	湘财荷银基金管理有限公司		电话	010-88518989—8020	
管理人 地址	北京市西三环北路11号为公商务中心E座		邮编		

主要财务指标 年度	2005	2004	基金重仓股(2006年一季度)	
单位基金收益(元)	0.0727	0.1464	证券名称	占净值比例
单位基金可分配收益(元)	0.026	0.0146	G中兴	9.33%
单位基金净值(元)	1.0911	1.0352	G歌华	6.48%
基金资产净值收益率(%)	6.94	13.63	中国联通	5.22%
净收益(万元)	3435.26	6150.17	云南白药	4.93%
基金资产总值(万元)	78216.07	44374.2	G火箭	4.77%
基金资产净值(万元)	62323.1	43841.83	航天信息	4.56%
单位基金累计净值(元)	1.5196(截止4.22)		大商股份	3.95%
单位基金累计分红(元)	0.23		恒瑞医药	3.93%
历年分红	05年:10派0.2,10派0.2,10派0.2;04年:10派0.3,10派0.1,10派0.8		G益佰	3.69%
			G南自	3.12%

湘财合丰周（162202）

名称	湘财合丰价值优化型周期类行业证券投资基金	成立日期	2003/04/25	存续期	不定期
类型	契约型	上市日期		托管人	交通银行
规模	6亿	投资风格			
管理人 名称	湘财荷银基金管理有限公司		电话	010-88518989—8020	
管理人 地址	北京市西三环北路11号为公商务中心E座		邮编		

主要财务指标 年度	2005	2004	基金重仓股(2006年一季度)	
单位基金收益(元)	0.0094	0.1773	证券名称	占净值比例
单位基金可分配收益(元)	-0.0001	0.0164	G振华	7.56%
单位基金净值(元)	1.0157	1.0164	G海工	6.47%
基金资产净值收益率(%)	0.95	17	G万科A	6.21%
净收益(万元)	245.48	5831.42	G金融街	5.36%
基金资产总值(万元)	27141.55	27085.85	盐湖钾肥	4.91%
基金资产净值(万元)	25594.25	26857.76	大商股份	4.61%
单位基金累计净值(元)	1.5302(截止4.22)		G厦钨	4.56%
单位基金累计分红(元)	0.265		平高电气	4.35%
历年分红	05年:10派0.4;04年:10派0.3,10派0.8;03年:10派0.5,10派0.15		星新材料	3.72%
			G太钢	3.47%

湘财合丰稳（162203）

名称	湘财合丰价值优化型稳定类行业证券投资基金	成立日期	2003/04/25	存续期	不定期
类型	契约型	上市日期		托管人	交通银行
规模	10亿	投资风格			
管理人 名称	湘财荷银基金管理有限公司		电话	010-88518989—8020	
管理人 地址	北京市西三环北路11号为公商务中心E座		邮编		

主要财务指标 年度	2005	2004	基金重仓股(2006年一季度)	
单位基金收益(元)	-0.014	0.0967	证券名称	占净值比例
单位基金可分配收益(元)	-0.008	0.0027	G招行	6%
单位基金净值(元)	1.0274	1.0027	G通威	5.21%
基金资产净值收益率(%)	-1.37	9.35	大商股份	4.42%
净收益(万元)	-487.95	4701.62	G海型材	3.73%
基金资产总值(万元)	27552.63	40935.77	G汾酒	3.19%
基金资产净值(万元)	24379.1	40779.89	G合加	3.04%
单位基金累计净值(元)	1.3593(截止4.22)		楚天高速	3%
单位基金累计分红(元)	0.19		赣粤高速	2.97%
历年分红	05年:10派0.2,10派0.2;04年:10派0.3,10派0.2,10派0.35;03年:10派0.15		苏宁电器	2.93%
			桂冠电力	2.84%

湘财荷银精（162204）

名称	湘财荷银行业精选证券投资基金	成立日期	2004/07/09	存续期	不定期
类型	契约型	上市日期		托管人	中国银行
规模	20亿	投资风格			
管理人 名称	湘财荷银基金管理有限公司		电话	010-88518989—8020	
管理人 地址	北京市西三环北路11号为公商务中心E座		邮编		

主要财务指标 年度	2005	2004	基金重仓股(2006年一季度)	
单位基金收益(元)	0.0046	-0.0044	证券名称	占净值比例
单位基金可分配收益(元)	-0.0225	-0.0112	大商股份	6.49%
单位基金净值(元)	1.0249	0.9888	G中兴	5.96%
基金资产净值收益率(%)	0.46	-0.44	航天信息	4.58%
净收益(万元)	812.02	-919.47	G歌华	4.48%
基金资产总值(万元)	156675.06	193578.9	G海工	4.44%
基金资产净值(万元)	136686.72	193099.7	G招行	4.28%
单位基金累计净值(元)	1.3506(截止4.22)		G万科A	4.12%
单位基金累计分红(元)	0.07		中国石化	4.11%
历年分红	05年:10派0.2		G万华	3.91%
			G华侨城	3.85%

湘财荷银预（162205）

名称	湘财荷银风险预算混合型证券投资基金	成立日期	2005/04/05	存续期	不定期
类型	契约型	上市日期		托管人	交通银行
规模	5亿	投资风格	混合型		
管理人 名称	湘财荷银基金管理有限公司		电话	010-88518989—8020	
管理人 地址	北京市西三环北路11号为公商务中心E座		邮编		

主要财务指标 年度	2005	2004	基金重仓股(2006年一季度)	
单位基金收益(元)	0.0408		证券名称	占净值比例
单位基金可分配收益(元)	-0.0109		大商股份	3.04%
单位基金净值(元)	0.9905		G歌华	2.95%
基金资产净值收益率(%)	4.07		G万科A	2.95%
净收益(万元)	1743.91		G广电	2.81%
基金资产总值(万元)	34617.86		云南白药	2.78%
基金资产净值(万元)	33614.18		G海工	2.7%
单位基金累计净值(元)	1.1554(截止4.22)		G华侨城	2.54%
单位基金累计分红(元)	0.055		G金融街	2.49%
历年分红	05年:10派0.2,10派0.2		G招行	2.17%
			厦门国贸	2.16%

湘财荷银货（162206）

名称	湘财荷银货币市场基金	成立日期	2005/11/10	存续期	不定期
类型	契约型	上市日期		托管人	中国农业银行
规模	46亿	投资风格	货币市场型		
管理人 名称	湘财荷银基金管理有限公司	电话	010-88518989-8020		
管理人 地址	北京市西三环北路11号为公商务中心E座	邮编			

主要财务指标	2005	2004	基金重仓股(2006年一季度)	
年度	2005	2004	证券名称	占净值比例
单位基金收益(元)				
单位基金可分配收益(元)				
单位基金净值(元)				
基金资产净值收益率(%)				
净收益(万元)				
基金资产总值(万元)				
基金资产净值(万元)				
单位基金累计净值(元)				
单位基金累计分红(元)				
历年分红				

广发小盘（162703）

名称	广发小盘成长股票型证券投资基金	成立日期	2005/02/02	存续期	不定期
类型	契约型	上市日期	2005/04/29	托管人	上海浦东发展银行
规模	12亿	投资风格	股票型		
管理人 名称	广发基金管理有限公司	电话	020-83936999		
管理人 地址	广州市体育西路57号红盾大厦14楼、15楼	邮编			

主要财务指标	2005	2004	基金重仓股(2006年一季度)	
年度	2005	2004	证券名称	占净值比例
单位基金收益(元)	-0.035			
单位基金可分配收益(元)	-0.0305		G厦钨	5.31%
单位基金净值(元)	1.0482		G汾酒	4.55%
基金资产净值收益率(%)	-3.62		G张裕	4.53%
净收益(万元)	-3637.84		驰宏锌锗	4.3%
基金资产总值(万元)	86541.53		G综超	4.24%
基金资产净值(万元)	79090.42		华夏银行	4.05%
单位基金累计净值(元)	1.4782(截止4.22)		南宁糖业	3.99%
单位基金累计分红(元)	0.07		金地集团	3.97%
历年分红			云铝股份	3.51%
			G招商局	3.24%

景顺鼎益（162605）

名称	景顺长城鼎益股票型证券投资基金	成立日期	2005/03/16	存续期	不定期
类型	契约型	上市日期	2005/05/25	托管人	中国银行
规模	4亿	投资风格	股票型		
管理人 名称	景顺长城基金管理有限公司	电话	(0755)82370388		
管理人 地址	深圳市深南中路1093号中信城市广场中信大厦16层	邮编			

主要财务指标	2005	2004	基金重仓股(2006年一季度)	
年度	2005	2004		
单位基金收益(元)	-0.025		证券名称	占净值比例
单位基金可分配收益(元)	-0.043		贵州茅台	8.33%
单位基金净值(元)	0.957		G振华	7.1%
基金资产净值收益率(%)	-2.64		G张裕	6.43%
净收益(万元)	-1606.16		G海工	6.06%
基金资产总值(万元)	61367.3		G万科A	5.45%
基金资产净值(万元)	61034.16		G伊利	5.3%
单位基金累计净值(元)	1.273(截止4.22)		G皖通	5.05%
单位基金累计分红(元)	0.06		盐湖钾肥	3.9%
历年分红	05年:10派0.6		云南白药	3.88%
			G招行	3.79%

巨田资源（163302）

名称	巨田资源优选混合型证券投资基金	成立日期	2005/09/27	存续期	不定期
类型	契约型	上市日期		托管人	中国光大银行
规模	3亿	投资风格	混合型		
管理人 名称	巨田基金管理有限公司	电话	400-8888-668		
管理人 地址	深圳市滨河路5020号证券大厦	邮编	518033		

主要财务指标	2005	2004	基金重仓股(2006年一季度)	
年度	2005	2004		
单位基金收益(元)	0.0075		证券名称	占净值比例
单位基金可分配收益(元)	0.0079		G海直	7.23%
单位基金净值(元)	1.0195		G张裕	6.78%
基金资产净值收益率(%)			中国石化	6.54%
净收益(万元)	121.46		片仔癀	5.92%
基金资产总值(万元)	13809.6		G华侨城	5.11%
基金资产净值(万元)	13517.94		G厦钨	5.09%
单位基金累计净值(元)	1.3565(截止4.22)		G招行	4.85%
单位基金累计分红(元)	0.185		G宏达	3.87%
历年分红			双汇发展	3.3%
			峨眉山A	3.16%

景顺资源（162607）

名称	景顺长城资源垄断股票型证券投资基金	成立日期	2006/01/26	存续期	不定期
类型	契约型	上市日期	2006/04/07	托管人	中国农业银行
规模	12亿	投资风格	股票型		
管理人 名称	景顺长城基金管理有限公司	电话	(0755)82370388		
管理人 地址	深圳市深南中路1093号中信城市广场中信大厦16层	邮编			

主要财务指标	2005	2004	基金重仓股(2006年一季度)	
年度	2005	2004		
单位基金收益(元)			证券名称	占净值比例
单位基金可分配收益(元)			盐湖钾肥	5.03%
单位基金净值(元)			盐湖钾肥	5.03%
基金资产净值收益率(%)			上海石化	4.8%
净收益(万元)			上海石化	4.8%
基金资产总值(万元)			G万科A	4.69%
基金资产净值(万元)			G万科A	4.69%
单位基金累计净值(元)	1.146(截止4.22)		G招行	4.64%
单位基金累计分红(元)			G招行	4.64%
历年分红			中国石化	4.3%
			大商股份	4.3%

兴业趋势（163402）

名称	兴业趋势投资混合型证券投资基金	成立日期	2005/11/03	存续期	不定期
类型	契约型	上市日期	2006/01/19	托管人	兴业银行
规模	9亿	投资风格	混合型		
管理人 名称	兴业基金管理有限公司	电话			
管理人 地址	上海市张杨路500号时代广场20楼	邮编			

主要财务指标	2005	2004	基金重仓股(2006年一季度)	
年度	2005	2004		
单位基金收益(元)			证券名称	占净值比例
单位基金可分配收益(元)			G深能源	14.45%
单位基金净值(元)			G招行	8.68%
基金资产净值收益率(%)			双汇发展	6.93%
净收益(万元)			G中企	6.58%
基金资产总值(万元)			G五粮液	6.35%
基金资产净值(万元)			G民生	6.08%
单位基金累计净值(元)	1.2564(截止4.22)		青岛海尔	5.06%
单位基金累计分红(元)	0.1		G华发	4.94%
历年分红			G鞍钢	4.86%
			青岛啤酒	4.66%

天治核心（163503）

名称	天治核心成长股票型证券投资基金	成立日期	2006/01/20	存续期	不定期
类型	契约型	上市日期		托管人	交通银行
规模	3亿	投资风格	股票型		
管理人 名称	天治基金管理有限公司	电话	(021)64371155		
管理人 地址	上海市徐汇区复兴西路159号	邮编			
年度	2005	2004	基金重仓股(2006年一季度)		
主要财务指标 单位基金收益(元)			证券名称	占净值比例	
单位基金可分配收益(元)			G民生	5.35%	
单位基金净值(元)			G生益	4.77%	
基金资产净值收益率(%)			中国石化	4.55%	
净收益(万元)			华夏银行	4.43%	
基金资产总值(万元)			星新材料	3.6%	
基金资产净值(万元)			华胜天成	3.36%	
单位基金累计净值(元)	1.0736(截止4.22)		G万科A	3.25%	
单位基金累计分红(元)	0.03		金地集团	3.06%	
历年分红			G沈机	2.84%	
			三爱富	2.25%	

中银中国（163801）

名称	中银国际中国精选混合型开放式证券投资基金	成立日期	2005/01/04	存续期	不定期
类型	契约型	上市日期	2005/02/23	托管人	中国工商银行
规模	11亿	投资风格			
管理人 名称	中银国际基金管理有限公司	电话	(021)38834999		
管理人 地址	上海市浦东新区银城中路200号中银大厦45楼	邮编	200120		
年度	2005	2004	基金重仓股(2006年一季度)		
主要财务指标 单位基金收益(元)	0.0073		证券名称	占净值比例	
单位基金可分配收益(元)	0.0088		G铁龙	6.34%	
单位基金净值(元)	1.0193		双汇发展	6.13%	
基金资产净值收益率(%)	0.7419		G中兴	4.04%	
净收益(万元)	705.97		G招行	3.68%	
基金资产总值(万元)	100530.34		G申能	3.43%	
基金资产净值(万元)	92760.94		G中信	3.22%	
单位基金累计净值(元)	1.2388(截止4.22)		中国卫星	2.91%	
单位基金累计分红(元)	0.01		G首创	2.85%	
历年分红			G宝钢	2.56%	
			G海工	2.55%	

中银货币（163802）

名称	中银国际货币市场证券投资基金	成立日期	2005/06/07	存续期	不定期
类型	契约型	上市日期		托管人	中国工商银行
规模	12亿	投资风格	货币市场型		
管理人 名称	中银国际基金管理有限公司	电话	(021)38834999		
管理人 地址	上海市浦东新区银城中路200号中银大厦45楼	邮编	200120		
年度	2005	2004	基金重仓股(2006年一季度)		
主要财务指标 单位基金收益(元)			证券名称	占净值比例	
单位基金可分配收益(元)					
单位基金净值(元)	1				
基金资产净值收益率(%)					
净收益(万元)	372.16				
基金资产总值(万元)	99305.83				
基金资产净值(万元)	86049.42				
单位基金累计净值(元)					
单位基金累计分红(元)					
历年分红					

中银国际持（163803）

名称	中银国际持续增长股票型证券投资基金	成立日期	2006/03/17	存续期	不定期
类型	契约型	上市日期		托管人	中国工商银行
规模	25亿	投资风格	股票型		
管理人 名称	中银国际基金管理有限公司	电话	(021)38834999		
管理人 地址	上海市浦东新区银城中路200号中银大厦45楼	邮编	200120		
年度	2005	2004	基金重仓股(2006年一季度)		
主要财务指标 单位基金收益(元)			证券名称	占净值比例	
单位基金可分配收益(元)					
单位基金净值(元)					
基金资产净值收益率(%)					
净收益(万元)					
基金资产总值(万元)					
基金资产净值(万元)					
单位基金累计净值(元)	1.0485(截止4.22)				
单位基金累计分红(元)					
历年分红					

银华优势企（180001）

名称	银华优势企业证券投资基金	成立日期	2002/11/13	存续期	不定期
类型	契约型	上市日期		托管人	中国银行
规模	17亿	投资风格	平衡型		
管理人 名称	银华基金管理有限公司	电话	0755-83516888		
管理人 地址	深圳市深南大道6008号报业大厦19楼	邮编	518009		
年度	2005	2004	基金重仓股(2006年一季度)		
主要财务指标 单位基金收益(元)	0.0649	0.0065	证券名称	占净值比例	
单位基金可分配收益(元)	0.0362	-0.0303	G振华	6.59%	
单位基金净值(元)	1.0815	0.9928	苏宁电器	5.22%	
基金资产净值收益率(%)	6.32	0.63	G招行	4.8%	
净收益(万元)	7773.45	906.54	G万科A	4.58%	
基金资产总值(万元)	116831.29	137524.88	盐湖钾肥	3.67%	
基金资产净值(万元)	115320.75	133156.3	双汇发展	3.53%	
单位基金累计净值(元)	1.5251(截止4.22)		G华侨城	3.37%	
单位基金累计分红(元)	0.34		G伊利	3.18%	
历年分红	05年:10派0.2；04年:10派0.85；03年:10派0.1，10派0.2，10派0.15		大商股份	3.01%	
			G歌华	2.72%	

银华保本增（180002）

名称	银华保本增值证券投资基金	成立日期	2004/03/02	存续期	不定期
类型	契约型	上市日期		托管人	中国建设银行
规模	61亿	投资风格	偏债型		
管理人 名称	银华基金管理有限公司	电话	0755-83516888		
管理人 地址	深圳市深南大道6008号报业大厦19楼	邮编	518009		
年度	2005	2004	基金重仓股(2006年一季度)		
主要财务指标 单位基金收益(元)	0.0281	-0.008	证券名称	占净值比例	
单位基金可分配收益(元)	0.0056	-0.008	G招行	3.55%	
单位基金净值(元)	1.0144	0.996	苏宁电器	1.39%	
基金资产净值收益率(%)	2.81	-0.81	G伊利	1.25%	
净收益(万元)	14523.72	-4808.93	盐湖钾肥	1.14%	
基金资产总值(万元)	466231.9	577239.14	G振华	0.71%	
基金资产净值(万元)	464854.22	575538.67	G海工	0.71%	
单位基金累计净值(元)	1.077(截止4.22)		华夏银行	0.69%	
单位基金累计分红(元)	0.089		贵州茅台	0.65%	
历年分红	05年:10派0.05，10派0.05，10派0.5		G万科A	0.61%	
			G华侨城	0.57%	

银华－道琼（180003）

名称	银华－道琼斯88精选证券投资基金	成立日期	2004/08/11	存续期	
类型	契约型	上市日期		托管人	中国建设银行
规模	11亿	投资风格	指数型		
管理人 名称	银华基金管理有限公司	电话	0755－83516888		
管理人 地址	深圳市深南大道6008号报业大厦19楼	邮编	518009		

主要财务指标 年度	2005	2004	基金重仓股(2006年一季度) 证券名称	占净值比例
单位基金收益(元)	0.0352	－0.0182	G民生	7.9%
单位基金可分配收益(元)	0.0415	－0.0271	盐湖钾肥	5.63%
单位基金净值(元)	1.0727	0.9729	G招行	5.56%
基金资产净值收益率(%)	3.54	－1.83	贵州茅台	5.39%
净收益(万元)	1635.41	－1819.76	苏宁电器	5.38%
基金资产总值(万元)	40061.28	80610.4	G万科A	5.22%
基金资产净值(万元)	36241.51	80331.02	G海工	5.19%
单位基金累计净值(元)	1.3965(截止4.22)		浦发银行	4.7%
单位基金累计分红(元)	0.32		大商股份	4.66%
历年分红			G振华	4.41%

银华货币市（180008）

名称	银华货币市场证券投资基金	成立日期	2005/01/31	存续期	不定期
类型	契约型	上市日期		托管人	交通银行
规模	6亿	投资风格	货币市场型		
管理人 名称	银华基金管理有限公司	电话	0755－83516888		
管理人 地址	深圳市深南大道6008号报业大厦19楼	邮编	518009		

主要财务指标 年度	2005	2004	基金重仓股(2006年一季度) 证券名称	占净值比例
单位基金收益(元)				
单位基金可分配收益(元)				
单位基金净值(元)				
基金资产净值收益率(%)				
净收益(万元)	4448.25			
基金资产总值(万元)	315456.91			
基金资产净值(万元)	262893.8			
单位基金累计净值(元)				
单位基金累计分红(元)				
历年分红				

基金开元（184688）

名称	开元证券投资基金	成立日期	1998/03/27	存续期	15年(1998/03/27－2013/03/27)
类型	契约型	上市日期	1998/04/07	托管人	中国工商银行
规模	20亿	投资风格	稳健成长型		
管理人 名称	南方基金管理有限公司	电话	0755－82912000		
管理人 地址	深圳市福田中心区深南大道4009号投资大厦七楼	邮编	518026		

主要财务指标 年度	2005	2004	基金重仓股(2006年一季度) 证券名称	占净值比例
单位基金收益(元)	0.046	0.0433	G五粮液	7.25%
单位基金可分配收益(元)	0.0333	－0.0126	G首创	7.21%
单位基金净值(元)	1.0673	1.0325	G中兴	6.44%
基金资产净值收益率(%)			G中信	5.73%
净收益(万元)	9193.69	8661.91	G深能源	5.59%
基金资产总值(万元)	217202.26	223491.39	G华能	4.81%
基金资产净值(万元)	213455.79	206491.03	中国联通	4.8%
单位基金累计净值(元)			雅戈尔	4.22%
单位基金累计分红(元)			G邯钢	4.01%
历年分红	05年:10派0.3;04年:10派0.6		G万华	3.98%

基金普惠（184689）

名称	普惠证券投资基金	成立日期	1999/01/06	存续期	15年(1999/1/6－2014/1/6)
类型	契约型	上市日期	1999/01/27	托管人	交通银行
规模	20亿	投资风格	积极成长型		
管理人 名称	鹏华基金管理有限公司	电话	(0755)82080663		
管理人 地址	广东省深圳市深南东路深圳发展银行大厦27楼	邮编	518001		

主要财务指标 年度	2005	2004	基金重仓股(2006年一季度) 证券名称	占净值比例
单位基金收益(元)	－0.0873	0.0152	G华侨城	7.34%
单位基金可分配收益(元)	－0.0966	－0.0586	G民生	4.56%
单位基金净值(元)	0.9728	0.9414	G万科A	3.81%
基金资产净值收益率(%)	－9.3	1.43	G火箭	3.15%
净收益(万元)	－17462.74	3035.55	G中兴	2.96%
基金资产总值(万元)	195549.23	188836.44	G铁龙	2.71%
基金资产净值(万元)	194555.61	188278.28	片仔癀	2.6%
单位基金累计净值(元)	1.8509(截止4.22)		中国石化	2.58%
单位基金累计分红(元)	0.662		G振华	2.46%
历年分红			G海工	2.27%

基金同益（184690）

名称	同益证券投资基金	成立日期	1999/04/08	存续期	15年(1999/4/8－2014/4/8)
类型	契约型	上市日期	1999/04/21	托管人	中国工商银行
规模	20亿	投资风格	稳健成长型		
管理人 名称	长盛基金管理有限公司	电话	010－82255818		
管理人 地址	北京市海淀区北太平庄路18号城建大厦A座21层	邮编	100088		

主要财务指标 年度	2005	2004	基金重仓股(2006年一季度) 证券名称	占净值比例
单位基金收益(元)	－0.0418	0.034	G金融街	6.52%
单位基金可分配收益(元)	－0.0066	－0.0413	G民生	4.21%
单位基金净值(元)	1.055	0.9587	G招行	3.96%
基金资产净值收益率(%)			苏宁电器	3.73%
净收益(万元)	－8362.55	6806.37	中国联通	3.34%
基金资产总值(万元)	213184.07	192281.47	G长电	3.19%
基金资产净值(万元)	210998.6	191749.06	G中兴	3.17%
单位基金累计净值(元)			大商股份	3.03%
单位基金累计分红(元)			中国石化	3.01%
历年分红	03年:10派0.2		G沪机场	2.86%

基金景宏（184691）

名称	景宏证券投资基金	成立日期	1999/05/05	存续期	15年(1999/5/5－2014/5/5)
类型	契约型	上市日期	1999/05/18	托管人	中国银行
规模	20亿	投资风格	稳健成长型		
管理人 名称	大成基金管理有限公司	电话	0755－83183388		
管理人 地址	深圳市福田区深南大道7088号招商银行大厦32层	邮编	518040		

主要财务指标 年度	2005	2004	基金重仓股(2006年一季度) 证券名称	占净值比例
单位基金收益(元)	0.0093	0.0333	G海工	9.93%
单位基金可分配收益(元)	－0.1879	－0.1972	G国阳	9.56%
单位基金净值(元)	0.9245	0.862	G沪机场	8.07%
基金资产净值收益率(%)			中国石化	8.03%
净收益(万元)	1861.66	6662.76	贵州茅台	6.25%
基金资产总值(万元)	187076.61	173256.51	浦发银行	5.31%
基金资产净值(万元)	184908.55	172409.67	G招行	5.1%
单位基金累计净值(元)	1.65(截止4.22)		G海螺	5.04%
单位基金累计分红(元)	0.47		G万科A	3.98%
历年分红			石油大明	3.18%

基金裕隆（184692）

名称	裕隆证券投资基金	成立日期	1999/06/15	存续期	15年(1999/6/15-2014/6/14)
类型	契约型	上市日期	1999/06/24	托管人	中国农业银行
规模	30亿	投资风格	积极成长型		
管理人 名称	博时基金管理有限公司	电话	0755-3169999		
管理人 地址	深圳市福田区深南大道招商银行大厦29层	邮编	518040		

年度	2005	2004	基金重仓股(2006年一季度)	
主要财务指标 单位基金收益(元)	-0.0733	0.0393	证券名称	占净值比例
单位基金可分配收益(元)	-0.0688	-0.0343	G招行	6.49%
单位基金净值(元)	0.9646	0.9657	G中兴	5.81%
基金资产净值收益率(%)			贵州茅台	4.64%
净收益(万元)	-21979.46	11794.28	G万科A	4.18%
基金资产总值(万元)	291497.15	290440.28	G长电	4.17%
基金资产净值(万元)	289377.53	289722.35	G中金	3.94%
单位基金累计净值(元)			G振华	3.91%
单位基金累计分红(元)			G鞍钢	2.89%
历年分红			中国石化	2.6%
			金地集团	2.39%

基金普丰（184693）

名称	普丰证券投资基金	成立日期	1999/07/14	存续期	15年(1999/7/14-2014/7/14)
类型	契约型	上市日期	1999/07/30	托管人	中国工商银行
规模	30亿	投资风格	优化指数型		
管理人 名称	鹏华基金管理有限公司	电话	(0755)82080663		
管理人 地址	广东省深圳市深南东路深圳发展银行大厦27楼	邮编	518001		

年度	2005	2004	基金重仓股(2006年一季度)	
主要财务指标 单位基金收益(元)	-0.0555	-0.0363	证券名称	占净值比例
单位基金可分配收益(元)	-0.1116	-0.1135	G招行	5.85%
单位基金净值(元)	0.9473	0.8865	G海工	5.23%
基金资产净值收益率(%)	-6.18	-3.73	现代投资	3.66%
净收益(万元)	-16638.48	-10888.99	G西煤	3.46%
基金资产总值(万元)	286407.1	267977.34	G五粮液	3.42%
基金资产净值(万元)	284199.05	265954.98	G中兴	3.39%
单位基金累计净值(元)	1.4364(截止4.22)		G伊利	3.12%
单位基金累计分红(元)	0.281		国电南瑞	2.74%
历年分红			G鞍钢	2.73%
			G万华	2.62%

基金景博（184695）

名称	景博证券投资基金	成立日期	1992/07/01	存续期	15年(1992/7/1-2007/6/30)
类型	契约型	上市日期	1999/10/22	托管人	中国农业银行
规模	10亿	投资风格	中小企业成长型		
管理人 名称	大成基金管理有限公司	电话	0755-83183388		
管理人 地址	深圳市福田区深南大道7088号招商银行大厦32层	邮编	518040		

年度	2005	2004	基金重仓股(2006年一季度)	
主要财务指标 单位基金收益(元)	0.0056	-0.0103	证券名称	占净值比例
单位基金可分配收益(元)	-0.1004	-0.1059	山东铝业	5.6%
单位基金净值(元)	0.9247	0.9072	G金融街	5.5%
基金资产净值收益率(%)			G特变	5.04%
净收益(万元)	557.76	-1033.9	G海工	4.21%
基金资产总值(万元)	93846.35	92654.56	盐湖钾肥	3.96%
基金资产净值(万元)	92470.32	90716.3	G美的	3.93%
单位基金累计净值(元)	1.3514(截止4.22)		G国阳	3.49%
单位基金累计分红(元)	0.258		浦发银行	3.48%
历年分红			金地集团	3.44%
			华夏银行	3.42%

基金裕华（184696）

名称	裕华证券投资基金	成立日期	1992/12/31	存续期	15年(1992/12/31-2007/7/31)
类型	契约型	上市日期	2000/04/24	托管人	交通银行
规模	5亿	投资风格	积极成长型		
管理人 名称	博时基金管理有限公司	电话	0755-3169999		
管理人 地址	深圳市福田区深南大道招商银行大厦29层	邮编	518040		

年度	2005	2004	基金重仓股(2006年一季度)	
主要财务指标 单位基金收益(元)	0.0045	0.0464	证券名称	占净值比例
单位基金可分配收益(元)	0.0054	0.0469	G招行	6.32%
单位基金净值(元)	1.0436	1.0583	中国石化	4.82%
基金资产净值收益率(%)			金地集团	4.47%
净收益(万元)	226.94	2320.1	G万科A	4.07%
基金资产总值(万元)	52407.63	53102.76	G长电	4.05%
基金资产净值(万元)	52178.89	52915.28	G金融街	4.02%
单位基金累计净值(元)			G中兴	3.8%
单位基金累计分红(元)			G伊利	3.7%
历年分红	05年:10派0.05；03年:10派0.1		G沈机	2.77%
			燕京啤酒	2.62%

基金天元（184698）

名称	天元证券投资基金	成立日期	1999/08/26	存续期	15年(1998/8/25-2014/8/25)
类型	契约型	上市日期	1999/09/20	托管人	中国工商银行
规模	30亿	投资风格	指数型		
管理人 名称	南方基金管理有限公司	电话	0755-82912000		
管理人 地址	深圳市福田中心区深南大道4009号投资大厦七楼	邮编	518026		

年度	2005	2004	基金重仓股(2006年一季度)	
主要财务指标 单位基金收益(元)	0.055	0.0375	证券名称	占净值比例
单位基金可分配收益(元)	0.042	0.027	G招行	7.61%
单位基金净值(元)	1.0988	1.0509	G中兴	7.34%
基金资产净值收益率(%)			G五粮液	6.54%
净收益(万元)	16486.16	11238.73	中国石化	4.82%
基金资产总值(万元)	331687.43	316713.89	G万科A	4.69%
基金资产净值(万元)	329625.18	315279.24	G首创	4.37%
单位基金累计净值(元)			G华能	3.87%
单位基金累计分红(元)			雅戈尔	2.35%
历年分红	04年:10派0.4		燕京啤酒	1.66%
			G太钢	1.63%

基金同盛（184699）

名称	同盛证券投资基金	成立日期	1999/11/05	存续期	15年(1999/11/5-2014/11/5)
类型	契约型	上市日期	1999/11/26	托管人	中国银行
规模	30亿	投资风格	稳健成长型		
管理人 名称	长盛基金管理有限公司	电话	010-82255818		
管理人 地址	北京市海淀区北太平庄路18号城建大厦A座21层	邮编	100088		

年度	2005	2004	基金重仓股(2006年一季度)	
主要财务指标 单位基金收益(元)	-0.04	0.0039	证券名称	占净值比例
单位基金可分配收益(元)	-0.0724	-0.0942	中国石化	4.91%
单位基金净值(元)	0.9367	0.9058	G中兴	4.04%
基金资产净值收益率(%)			G鞍钢	3.38%
净收益(万元)	-11987.05	1155.13	G招行	3.36%
基金资产总值(万元)	285443.22	272543.43	G金融街	2.91%
基金资产净值(万元)	281005.68	271735.68	G西煤	2.7%
单位基金累计净值(元)			G明珠	2.31%
单位基金累计分红(元)	0.2925		中国联通	2.16%
历年分红			G兰花	2.11%
			G华侨城	2.09%

基金鸿飞（184700）

名称	鸿飞证券投资基金	成立日期	1993/04/15	存续期	15年(1993/4/15-2008/4/14)
类型	契约型	上市日期	2001/11/28	托管人	中国建设银行
规模	5亿	投资风格	积极成长型		
管理人 名称	宝盈基金管理有限公司		电话	0755—83276688	
管理人 地址	深圳市深南大道6008号特区报业大厦15楼		邮编		

主要财务指标 年度	2005	2004	基金重仓股(2006年一季度)	
单位基金收益(元)	-0.1828	0.1146	证券名称	占净值比例
单位基金可分配收益(元)	-0.1729	-0.0104	G万科A	6.11%
单位基金净值(元)	0.8927	0.9896	G食品	5.07%
基金资产净值收益率(%)			G华侨城	5.03%
净收益(万元)	-9139.48	5727.97	G中兴	4.74%
基金资产总值(万元)	44882.01	49770.04	G招行	4.74%
基金资产净值(万元)	44634.82	49477.57	G生益	4.05%
单位基金累计净值(元)			G鲁黄金	3.56%
单位基金累计分红(元)			G鞍钢	3.2%
历年分红			G江铜	2.72%
			大商股份	2.65%

基金景福（184701）

名称	景福证券投资基金	成立日期	1999/12/30	存续期	15年(1999/12/30-2014/12/30)
类型	契约型	上市日期	2000/01/10	托管人	中国农业银行
规模	30亿	投资风格	优化指数型		
管理人 名称	大成基金管理有限公司		电话	0755-83183388	
管理人 地址	深圳市福田区深南大道7088号招商银行大厦32层		邮编	518040	

主要财务指标 年度	2005	2004	基金重仓股(2006年一季度)	
单位基金收益(元)	-0.0498	0.0386	证券名称	占净值比例
单位基金可分配收益(元)	-0.1273	-0.0847	G招行	8.92%
单位基金净值(元)	0.919	0.9153	中国石化	7.32%
基金资产净值收益率(%)			G宝钢	6.86%
净收益(万元)	-14946.78	11590.29	G万科A	6.15%
基金资产总值(万元)	276431.08	276514.56	浦发银行	3.53%
基金资产净值(万元)	275691.25	274588.26	G华侨城	2.78%
单位基金累计净值(元)	1.2462(截止4.22)		金地集团	2.02%
单位基金累计分红(元)	0.164		G万科A	1.74%
历年分红			G中企	1.53%
			华夏银行	1.52%

基金同智（184702）

名称	同智证券投资基金	成立日期	1992/03/13	存续期	15年(1992/03/13-2007/03/13)
类型	契约型	上市日期	2000/05/15	托管人	中国银行
规模	5亿	投资风格	积极成长型		
管理人 名称	长盛基金管理有限公司		电话	010-82255818	
管理人 地址	北京市海淀区北太平庄路18号城建大厦A座21层		邮编	100088	

主要财务指标 年度	2005	2004	基金重仓股(2006年一季度)	
单位基金收益(元)	0.0445	0.0804	证券名称	占净值比例
单位基金可分配收益(元)	0.0495	0.05	G招行	5.11%
单位基金净值(元)	1.1522	1.0885	G海工	4.55%
基金资产净值收益率(%)			双汇发展	4.47%
净收益(万元)	2226.51	4018.64	G中兴	4.35%
基金资产总值(万元)	57816.77	55746.78	G华侨城	3.86%
基金资产净值(万元)	57612.4	54423.7	G振华	3.78%
单位基金累计净值(元)			中国石化	3.51%
单位基金累计分红(元)			G宝钢	3%
历年分红	04年:10派0.45		G柳工	2.78%
			国电南瑞	2.72%

基金金盛（184703）

名称	金盛证券投资基金	成立日期	1994/12/01	存续期	15年(1994/12/01-2009/11/30)
类型	契约型	上市日期		托管人	中国建设银行
规模	5亿	投资风格	积极成长型		
管理人 名称	国泰基金管理有限公司		电话	021-23060288	
管理人 地址	上海市黄浦区延安东路700号港泰广场23楼		邮编	200001	

主要财务指标 年度	2005	2004	基金重仓股(2006年一季度)	
单位基金收益(元)	-0.0403	0.1638	证券名称	占净值比例
单位基金可分配收益(元)	-0.0402	0.0019	双汇发展	6.66%
单位基金净值(元)	1.0505	1.0197	G招行	5.72%
基金资产净值收益率(%)	-4	14.27	G中金	5.38%
净收益(万元)	-2013.91	8187.82	国电南瑞	4.58%
基金资产总值(万元)	53129.88	51572.44	云南白药	3.96%
基金资产净值(万元)	52523.22	50982.88	贵州茅台	3.4%
单位基金累计净值(元)			G中兴	3.36%
单位基金累计分红(元)			G三一	3.29%
历年分红	04年:10派0.018,10派1		大商股份	3.16%
			中材国际	3.03%

基金裕泽（184705）

名称	裕泽证券投资基金	成立日期	1996/05/31	存续期	15年(1996/05/31-2011/05/31)
类型	契约型	上市日期	2000/05/17	托管人	中国工商银行
规模	5亿	投资风格	科技型		
管理人 名称	博时基金管理有限公司		电话	0755-3169999	
管理人 地址	深圳市福田区深南大道招商银行大厦29层		邮编	518040	

主要财务指标 年度	2005	2004	基金重仓股(2006年一季度)	
单位基金收益(元)	0.114	0.1451	证券名称	占净值比例
单位基金可分配收益(元)	0.1193	0.1253	G万科A	9.47%
单位基金净值(元)	1.1417	1.1978	G招行	8.81%
基金资产净值收益率(%)			G中兴	7.36%
净收益(万元)	5698.97	7252.51	中国石化	4.84%
基金资产总值(万元)	57315.54	60266.82	浦发银行	4.83%
基金资产净值(万元)	57085.47	59891.76	双汇发展	4.24%
单位基金累计净值(元)			大商股份	3.84%
单位基金累计分红(元)			G华侨城	3.74%
历年分红	05年:10派1.2		金地集团	3.56%
			G伊利	3.14%

基金天华（184706）

名称	天华证券投资基金	成立日期	1999/07/12	存续期	10年(1999/7/12-2009/7/11)
类型	契约型	上市日期	2001/08/08	托管人	中国农业银行
规模	25亿	投资风格	稳健成长型		
管理人 名称	银华基金管理有限公司		电话	0755-83516888	
管理人 地址	深圳市深南大道6008号报业大厦19楼		邮编	518009	

主要财务指标 年度	2005	2004	基金重仓股(2006年一季度)	
单位基金收益(元)	-0.0308	-0.0734	证券名称	占净值比例
单位基金可分配收益(元)	-0.2003	-0.1694	G民生	8.04%
单位基金净值(元)	0.8462	0.85	盐湖钾肥	5.94%
基金资产净值收益率(%)	-3.73	-8.04	G万科A	5.85%
净收益(万元)	-7703.19	-18352.06	G海工	5.35%
基金资产总值(万元)	215735.58	213024.12	G招行	5.24%
基金资产净值(万元)	211547.31	212497.97	贵州茅台	4.41%
单位基金累计净值(元)			浦发银行	4.27%
单位基金累计分红(元)			G中兴	3.71%
历年分红			苏宁电器	3.13%
			G沪机场	2.78%

基金兴科（184708）

名称	兴科证券投资基金	成立日期	1992/05/31	存续期	15年(1992/05/31-2007/05/31)
类型	契约型	上市日期	2000/07/18	托管人	交通银行
规模	5亿	投资风格	积极成长型		
管理人 名称	华夏基金管理有限公司	电话	010-88066688		
管理人 地址	北京市西城区金融大街33号通泰大厦B座8层	邮编	100032		

主要财务指标 年度	2005	2004	基金重仓股(2006年一季度) 证券名称	占净值比例
单位基金收益(元)	-0.0397	0.0506	G中兴	4.56%
单位基金可分配收益(元)	-0.0208	0.0336	G歌华	3.97%
单位基金净值(元)	1.0509	1.0336	苏宁电器	3.41%
基金资产净值收益率(%)	-3.87	4.56	盐湖钾肥	3.39%
净收益(万元)	-1985.98	2531.13	大商股份	3.13%
基金资产总值(万元)	53057.73	51949.6	双汇发展	3.08%
基金资产净值(万元)	52542.8	51678.75	G鞍钢	2.72%
单位基金累计净值(元)	1.3971(截止4.22)		G民生	2.65%
单位基金累计分红(元)	0.101		G万科A	2.57%
历年分红	04年:10派0.33；03年:10派0.2		G振华	2.49%

基金普华（184711）

名称	普华证券投资基金	成立日期	1998/12/22	存续期	15年(1992/5/29-2007/5/28)
类型	契约型	上市日期	2001/08/28	托管人	中国工商银行
规模	5亿	投资风格	科技型		
管理人 名称	鹏华基金管理有限公司	电话	(0755)82080663		
管理人 地址	广东省深圳市深南东路深圳发展银行大厦27楼	邮编	518001		

主要财务指标 年度	2005	2004	基金重仓股(2006年一季度) 证券名称	占净值比例
单位基金收益(元)	-0.0355	-0.0782	G民生	3.88%
单位基金可分配收益(元)	-0.2765	-0.2638	G中兴	3.39%
单位基金净值(元)	0.7673	0.7362	G火箭	3%
基金资产净值收益率(%)	-4.84	-9.39	G振华	2.76%
净收益(万元)	-1774.71	-3911.81	G万科A	2.75%
基金资产总值(万元)	38489.42	37028.46	G海型材	2.74%
基金资产净值(万元)	38363.19	36812.26	中国联通	2.73%
单位基金累计净值(元)	0.9431(截止4.22)		G海工	2.69%
单位基金累计分红(元)			G万华	2.57%
历年分红			中国石化	2.48%

基金安久（184709）

名称	安久证券投资基金	成立日期	1992/08/31	存续期	15年(1992/8/31-2007/8/31)
类型	契约型	上市日期	2001/08/31	托管人	交通银行
规模	5亿	投资风格	科技型		
管理人 名称	华安基金管理有限公司	电话	021-58881111		
管理人 地址	上海浦东新区浦东南路360号新上海国际大厦38楼	邮编	200120		

主要财务指标 年度	2005	2004	基金重仓股(2006年一季度) 证券名称	占净值比例
单位基金收益(元)	-0.0925	0.0504	G招行	5.51%
单位基金可分配收益(元)	-0.1863	-0.1296	盐湖钾肥	5.34%
单位基金净值(元)	0.8666	0.8704	G万科A	4.98%
基金资产净值收益率(%)	-10.99	5.39	G万华	4.74%
净收益(万元)	-4624.94	2517.68	G金融街	4.4%
基金资产总值(万元)	43515.87	43730.77	G宝钛	4.4%
基金资产净值(万元)	43332.14	43522.3	G海工	4.2%
单位基金累计净值(元)			云南白药	4.13%
单位基金累计分红(元)			G西煤	3.67%
历年分红			贵州茅台	3.3%

基金科汇（184712）

名称	科汇证券投资基金	成立日期	1993/12/14	存续期	15年(1993/12/14/-2008/12/13)
类型	契约型	上市日期	2001/06/20	托管人	交通银行
规模	8亿	投资风格	稳健成长型		
管理人 名称	易方达基金管理有限公司	电话	020-38797888		
管理人 地址	广州市体育西路189号27,28楼	邮编	510075		

主要财务指标 年度	2005	2004	基金重仓股(2006年一季度) 证券名称	占净值比例
单位基金收益(元)	0.1337	0.2528	苏宁电器	9.79%
单位基金可分配收益(元)	0.1589	0.2552	贵州茅台	9.5%
单位基金净值(元)	1.3585	1.4022	G华侨城	9.01%
基金资产净值收益率(%)			G招行	7.49%
净收益(万元)	10698.83	20223.01	G西煤	7.24%
基金资产总值(万元)	109002.2	112858.69	中集集团	5.69%
基金资产净值(万元)	108683.16	112172.4	光明乳业	5.21%
单位基金累计净值(元)			G新大陆	3.94%
单位基金累计分红(元)			G歌华	3.67%
历年分红	04年:10派2.3；03年:10派0.26		G江汽	3.15%

基金隆元（184710）

名称	隆元证券投资基金	成立日期	1992/12/29	存续期	15年(1992/12/29-2007/12/29)
类型	契约型	上市日期	2000/10/18	托管人	中国工商银行
规模	5亿	投资风格	积极成长型		
管理人 名称	南方基金管理有限公司	电话	0755-82912000		
管理人 地址	深圳市福田中心区深南大道4009号投资大厦七楼	邮编	518026		

主要财务指标 年度	2005	2004	基金重仓股(2006年一季度) 证券名称	占净值比例
单位基金收益(元)	0.0297	-0.0294	G万科A	9.55%
单位基金可分配收益(元)	-0.1358	-0.1655	G招行	8.7%
单位基金净值(元)	0.8994	0.8685	G太钢	7.58%
基金资产净值收益率(%)			G福耀	4.94%
净收益(万元)	1483.63	-1470.58	G国阳	3.98%
基金资产总值(万元)	45195.3	43726.53	G火箭	3.8%
基金资产净值(万元)	44969.28	43427.16	G中兴	3.73%
单位基金累计净值(元)			G穗友谊	3.69%
单位基金累计分红(元)			光明乳业	2.75%
历年分红			G盐田港	2.64%

基金科翔（184713）

名称	科翔证券投资基金	成立日期	1993/12/14	存续期	15年(1993/12/14-2008/12/13)
类型	契约型	上市日期	2001/06/20	托管人	中国工商银行
规模	8亿	投资风格	积极成长型		
管理人 名称	易方达基金管理有限公司	电话	020-38797888		
管理人 地址	广州市体育西路189号27,28楼	邮编	510075		

主要财务指标 年度	2005	2004	基金重仓股(2006年一季度) 证券名称	占净值比例
单位基金收益(元)	0.0935	0.1388	贵州茅台	8.14%
单位基金可分配收益(元)	0.0987	0.1452	苏宁电器	6.14%
单位基金净值(元)	1.2365	1.2506	G华侨城	5.6%
基金资产净值收益率(%)			G招行	4.7%
净收益(万元)	7478.22	11102.84	G特变	4.39%
基金资产总值(万元)	99309.7	101170.62	G张裕	4.03%
基金资产净值(万元)	98923.05	100045.44	小商品城	3.69%
单位基金累计净值(元)			G三环	3.49%
单位基金累计分红(元)			G万科A	2.84%
历年分红	04年:10派1.4；03年:10派0.8		中联重科	2.82%

基金兴安（184718）

名称	兴安证券投资基金	成立日期	1992/12/29	存续期	15年(1992/12/29-2007/12/29)
类型	契约型	上市日期	2000/09/20	托管人	中国银行
规模	5亿	投资风格	积极成长型		
管理人 名称	华夏基金管理有限公司	电话	010-88066688		
管理人 地址	北京市西城区金融大街33号通泰大厦B座8层	邮编	100032		

	年度	2005	2004	基金重仓股(2006年一季度)	
主要财务指标	单位基金收益(元)	-0.0357	0.1024	证券名称	占净值比例
主要财务指标	单位基金可分配收益(元)	-0.0418	-0.0061	G中储	3.35%
主要财务指标	单位基金净值(元)	1.0255	0.994	华夏银行	3.31%
主要财务指标	基金资产净值收益率(%)	-3.55	9.89	雅戈尔	3.2%
主要财务指标	净收益(万元)	-1786.67	5118.48	中色股份	3.09%
主要财务指标	基金资产总值(万元)	51852.86	49894.91	G老窖	2.99%
主要财务指标	基金资产净值(万元)	51276.63	49698.67	G万科A	2.95%
单位基金累计净值(元)		1.224(截止4.22)		G招商局	2.66%
单位基金累计分红(元)		0.006		星新材料	2.47%
历年分红				G中兴	2.38%
				G火箭	2.35%

基金融鑫（184719）

名称	融鑫证券投资基金	成立日期	1993/02/05	存续期	15年(1993/2/5-2008/2/4)
类型	契约型	上市日期	2002/09/02	托管人	中国工商银行
规模	8亿	投资风格	成长型		
管理人 名称	国投瑞银基金管理有限公司	电话	0755-82904132		
管理人 地址	深圳市福田中心区深南大道4009号投资大厦第三层	邮编	518026		

	年度	2005	2004	基金重仓股(2006年一季度)	
主要财务指标	单位基金收益(元)	-0.0201	0.1475	证券名称	占净值比例
主要财务指标	单位基金可分配收益(元)	-0.0043	0.1487	G招行	6.18%
主要财务指标	单位基金净值(元)	1.0597	1.1729	G张裕	6.14%
主要财务指标	基金资产净值收益率(%)			G中兴	5.11%
主要财务指标	净收益(万元)	-1611.17	11801.01	大商股份	4.83%
主要财务指标	基金资产总值(万元)	85405.79	94519.32	G万科A	4.8%
主要财务指标	基金资产净值(万元)	84775.74	93834.09	G海工	4.57%
单位基金累计净值(元)				G老窖	3.88%
单位基金累计分红(元)				G三环	3.88%
历年分红	04年:10派1.328；03年:10派0.1			洪都航空	3.87%
				恒瑞医药	3.4%

基金久富（184720）

名称	久富证券投资基金	成立日期	1992/05/21	存续期	15年(1992/5/21-2007/5/20)
类型	契约型	上市日期	2002/04/18	托管人	交通银行
规模	5亿	投资风格	价值型		
管理人 名称	长城基金管理有限公司	电话	0755-3662688		
管理人 地址	深圳市深南中路2066号华能大厦25层	邮编	518031		

	年度	2005	2004	基金重仓股(2006年一季度)	
主要财务指标	单位基金收益(元)	-0.0143	-0.0531	证券名称	占净值比例
主要财务指标	单位基金可分配收益(元)	-0.0779	-0.0636	G金发	7.04%
主要财务指标	单位基金净值(元)	1.0377	0.9703	贵州茅台	5.16%
主要财务指标	基金资产净值收益率(%)			国电南瑞	4.92%
主要财务指标	净收益(万元)	-714.77	-2654.28	G老窖	4.79%
主要财务指标	基金资产总值(万元)	52308.51	52416.02	浦发银行	4.46%
主要财务指标	基金资产净值(万元)	51885.27	48516.84	G招商局	3.59%
单位基金累计净值(元)				G歌华	3.44%
单位基金累计分红(元)				G招行	2.86%
历年分红				G栖霞	2.86%
				G中兴	2.51%

基金丰和（184721）

名称	丰和价值证券投资基金	成立日期	2002/03/22	存续期	15年(2002/3/22-2017/3/22)
类型	契约型	上市日期	2002/04/04	托管人	中国农业银行
规模	30亿	投资风格	价值型		
管理人 名称	嘉实基金管理有限公司	电话	(010)65188866		
管理人 地址	北京市建国门北大街8号华润大厦8层	邮编	100005		

	年度	2005	2004	基金重仓股(2006年一季度)	
主要财务指标	单位基金收益(元)	-0.0037	0.0426	证券名称	占净值比例
主要财务指标	单位基金可分配收益(元)	0.0195	0.0216	G沪机场	7.72%
主要财务指标	单位基金净值(元)	1.0469	1.0216	G同仁堂	6.77%
主要财务指标	基金资产净值收益率(%)	-0.36	3.98	G招行	6.55%
主要财务指标	净收益(万元)	-1116.62	12784.02	G五粮液	4.79%
主要财务指标	基金资产总值(万元)	315404.29	307630.76	G铜都	4.66%
主要财务指标	基金资产净值(万元)	314083.55	306475.53	大商股份	4.51%
单位基金累计净值(元)		1.2859(截止4.22)		G海螺	4.19%
单位基金累计分红(元)		0.053		G中兴	3.59%
历年分红	05年:10派0.18；04年:10派0.2			G万科A	3.39%
				G晨鸣	2.98%

基金久嘉（184722）

名称	久嘉证券投资基金	成立日期	2002/07/05	存续期	15年(2002/7/5-2017/7/4)
类型	契约型	上市日期	2002/08/27	托管人	中国农业银行
规模	20亿	投资风格	平衡型		
管理人 名称	长城基金管理有限公司	电话	0755-3662688		
管理人 地址	深圳市深南中路2066号华能大厦25层	邮编	518031		

	年度	2005	2004	基金重仓股(2006年一季度)	
主要财务指标	单位基金收益(元)	0.004	-0.0349	证券名称	占净值比例
主要财务指标	单位基金可分配收益(元)	-0.029	-0.0331	贵州茅台	6.13%
主要财务指标	单位基金净值(元)	1.0704	1.02	G万科A	4.73%
主要财务指标	基金资产净值收益率(%)	0.38	-3.27	G中兴	4.26%
主要财务指标	净收益(万元)	806.64	-6970.69	G招行	4.06%
主要财务指标	基金资产总值(万元)	216035.71	205040.83	G万华	3.92%
主要财务指标	基金资产净值(万元)	214089.23	204009.33	G海工	3.89%
单位基金累计净值(元)				大商股份	3.65%
单位基金累计分红(元)				盐湖钾肥	3.39%
历年分红	03年:10派0.2			G华侨城	3.34%
				G三环	2.92%

基金鸿阳（184728）

名称	鸿阳证券投资基金	成立日期	2001/12/10	存续期	15年(2001/12/10-2016/12/9)
类型	契约型	上市日期	2001/12/18	托管人	中国农业银行
规模	20亿	投资风格	成长价值复合型		
管理人 名称	宝盈基金管理有限公司	电话	0755-83276688		
管理人 地址	深圳市深南大道6008号特区报业大厦15楼	邮编			

	年度	2005	2004	基金重仓股(2006年一季度)	
主要财务指标	单位基金收益(元)	-0.0282	0.0081	证券名称	占净值比例
主要财务指标	单位基金可分配收益(元)	-0.1423	-0.1141	G万科A	5.83%
主要财务指标	单位基金净值(元)	0.9341	0.9503	G铜都	4.8%
主要财务指标	基金资产净值收益率(%)			G中兴	4.24%
主要财务指标	净收益(万元)	-5634.54	1614.06	G鲁黄金	3.55%
主要财务指标	基金资产总值(万元)	187518.68	190804.24	G宏达	3.49%
主要财务指标	基金资产净值(万元)	186828.45	190059.98	G食品	2.94%
单位基金累计净值(元)				G江铜	2.93%
单位基金累计分红(元)				G中金	2.85%
历年分红				G华侨城	2.84%
				G深能源	2.54%

基金通宝（184738）

名称	通宝证券投资基金	成立日期	1992/05/31	存续期	15年(1992/5/31-2007/5/30)
类型	契约型	上市日期	2001/09/06	托管人	中国建设银行
规模	5亿	投资风格	积极成长型		
管理人 名称	融通基金管理有限公司	电话	0755-82950696		
管理人 地址	深圳市南山区华侨城汉唐大厦13,14层	邮编	518048		

年度	2005	2004	基金重仓股(2006年一季度) 证券名称	占净值比例
主要财务指标 单位基金收益(元)	-0.0756	0.0624	G歌华	9.64%
单位基金可分配收益(元)	-0.1441	-0.0686	G招行	8.8%
单位基金净值(元)	0.9237	0.9343	G华侨城	8.64%
基金资产净值收益率(%)	-8.52	6.44	中国石化	8.26%
净收益(万元)	-3777.84	3118.28	G万华	8.18%
基金资产总值(万元)	46378.56	47548.09	G中兴	8%
基金资产净值(万元)	46184.67	46713.28	G振华	4.57%
单位基金累计净值(元)	1.1229(截止4.22)		国电南瑞	3.56%
单位基金累计分红(元)			G重汽	3.48%
历年分红			G明珠	2.95%

南方宝元（202101）

名称	南方宝元债券型基金	成立日期	2002/09/20	存续期	不定期
类型	契约型	上市日期		托管人	中国工商银行
规模	49亿	投资风格	偏债型		
管理人 名称	南方基金管理有限公司	电话	0755-82912000		
管理人 地址	深圳市福田中心区深南大道4009号投资大厦七楼	邮编	518026		

年度	2005	2004	基金重仓股(2006年一季度) 证券名称	占净值比例
主要财务指标 单位基金收益(元)	0.0507	0.0994	G万科A	7.3%
单位基金可分配收益(元)	0.0077	0.0263	G招行	6.67%
单位基金净值(元)	1.0227	1.0263	中国石化	4.68%
基金资产净值收益率(%)			G五粮液	4.12%
净收益(万元)	4873.68	15360.27	G太钢	3.19%
基金资产总值(万元)	116317.96	164973.59	G中兴	2.84%
基金资产净值(万元)	93464.27	116094.62	G民生	1.6%
单位基金累计净值(元)	1.3093(截止4.22)		G格力	1.47%
单位基金累计分红(元)	0.22		G张裕	1.29%
历年分红	05年:10派0.58,10派0.5;03年:10派0.3		G华能	0.84%

长城久恒（200001）

名称	长城久恒平衡型证券投资基金	成立日期	2003/10/31	存续期	不定期
类型	契约型	上市日期		托管人	中国建设银行
规模	13亿	投资风格	平衡型		
管理人 名称	长城基金管理有限公司	电话	0755-3662688		
管理人 地址	深圳市深南中路2066号华能大厦25层	邮编	518031		

年度	2005	2004	基金重仓股(2006年一季度) 证券名称	占净值比例
主要财务指标 单位基金收益(元)	0.079	-0.0213	G万科A	5.09%
单位基金可分配收益(元)	0.0027	-0.063	G民生	4.49%
单位基金净值(元)	1.003	0.955	G振华	4.05%
基金资产净值收益率(%)			G万华	3.99%
净收益(万元)	4347.03	-2241.97	盐湖钾肥	3.92%
基金资产总值(万元)	43837.53	81673.01	苏宁电器	3.52%
基金资产净值(万元)	41554.92	81403.61	G中兴	3.5%
单位基金累计净值(元)	1.317(截止4.22)		G海工	3.43%
单位基金累计分红(元)	0.18		南玻A	2.74%
历年分红	04年:10派0.3;03年:10派0.1,10派0.2		浦发银行	2.48%

南方多利（202102）

名称	南方多利中短期债券投资基金	成立日期	2006/03/27	存续期	不定期
类型	契约型	上市日期		托管人	中国工商银行
规模	90亿	投资风格	债券型		
管理人 名称	南方基金管理有限公司	电话	0755-82912000		
管理人 地址	深圳市福田中心区深南大道4009号投资大厦七楼	邮编	518026		

年度	2005	2004	基金重仓股(2006年一季度) 证券名称	占净值比例
主要财务指标 单位基金收益(元)				
单位基金可分配收益(元)				
单位基金净值(元)				
基金资产净值收益率(%)				
净收益(万元)				
基金资产总值(万元)				
基金资产净值(万元)				
单位基金累计净值(元)	1.0006(截止4.22)			
单位基金累计分红(元)				
历年分红				

长城消费增（200006）

名称	长城消费增值股票型证券投资基金	成立日期	2006/04/06	存续期	不定期
类型	契约型	上市日期		托管人	中国建设银行
规模	9亿	投资风格	股票型		
管理人 名称	长城基金管理有限公司	电话	0755-3662688		
管理人 地址	深圳市深南中路2066号华能大厦25层	邮编	518031		

年度	2005	2004	基金重仓股(2006年一季度) 证券名称	占净值比例
主要财务指标 单位基金收益(元)				
单位基金可分配收益(元)				
单位基金净值(元)				
基金资产净值收益率(%)				
净收益(万元)				
基金资产总值(万元)				
基金资产净值(万元)				
单位基金累计净值(元)	1.0009(截止4.22)			
单位基金累计分红(元)				
历年分红				

南方避险（202201）

名称	南方避险增值基金	成立日期	2003/06/27	存续期	不定期
类型	契约型	上市日期		托管人	中国工商银行
规模	52亿	投资风格	偏债型		
管理人 名称	南方基金管理有限公司	电话	0755-82912000		
管理人 地址	深圳市福田中心区深南大道4009号投资大厦七楼	邮编	518026		

年度	2005	2004	基金重仓股(2006年一季度) 证券名称	占净值比例
主要财务指标 单位基金收益(元)	0.0792	0.0556	G万科A	9.46%
单位基金可分配收益(元)	0.0149	0.0057	G长电	6.34%
单位基金净值(元)	1.0355	1.0057	G宝钢	4.63%
基金资产净值收益率(%)			G太钢	4.14%
净收益(万元)	23211.07	23115.16	扬子石化	3.78%
基金资产总值(万元)	345462.07	444569.63	G招行	3.51%
基金资产净值(万元)	270760.17	331782.8	G沪机场	3.16%
单位基金累计净值(元)	1.3058(截止4.22)		G万华	2.71%
单位基金累计分红(元)	0.153		恒瑞医药	2.09%
历年分红	05年:10派0.3,10派0.63;04年:10派0.3,10派0.3		G民生	2.07%

南方现金增(202301)

名称	南方现金增利基金	成立日期	2004/03/05	存续期	不定期
类型	契约型	上市日期		托管人	中国工商银行
规模	80亿	投资风格	货币市场型		
管理人 名称	南方基金管理有限公司		电话	0755-82912000	
管理人 地址	深圳市福田中心区深南大道4009号投资大厦七楼		邮编	518026	

	年度	2005	2004	基金重仓股(2006年一季度)	
主要财务指标	单位基金收益(元)			证券名称	占净值比例
	单位基金可分配收益(元)				
	单位基金净值(元)	1	1		
	基金资产净值收益率(%)				
	净收益(万元)	91631.58	22812.29		
	基金资产总值(万元)	3987632.53	2655985.99		
	基金资产净值(万元)	3847337.85	1920241.83		
单位基金累计净值(元)					
单位基金累计分红(元)					
历年分红					

宝盈鸿利收(213001)

名称	宝盈鸿利收益证券投资基金	成立日期	2002/10/08	存续期	不定期
类型	契约型	上市日期		托管人	中国农业银行
规模	14亿	投资风格	收益型		
管理人 名称	宝盈基金管理有限公司		电话	0755-83276688	
管理人 地址	深圳市深南大道6008号特区报业大厦15楼		邮编		

	年度	2005	2004	基金重仓股(2006年一季度)	
主要财务指标	单位基金收益(元)	-0.1222	0.0039	证券名称	占净值比例
	单位基金可分配收益(元)	-0.1932	-0.0967	G鲁黄金	5.67%
	单位基金净值(元)	0.86	0.9033	亿城股份	4.81%
	基金资产净值收益率(%)			G中兴	4.5%
	净收益(万元)	-6456.53	236.81	G华发	4.4%
	基金资产总值(万元)	38558.92	58640.44	金地集团	4.12%
	基金资产净值(万元)	34714.24	58313.68	天通股份	3.72%
单位基金累计净值(元)		1.2625(截止4.22)		G宏达	3.44%
单位基金累计分红(元)		0.19		G锡业	3.37%
历年分红		05年:10派0.6;04年:10派0.3,10派0.6;03年:10派0.2		G金牛	3.29%
				苏宁电器	2.92%

鹏华行业成(206001)

名称	鹏华行业成长证券投资基金	成立日期	2002/05/24	存续期	不定期
类型	契约型	上市日期		托管人	中国工商银行
规模	40亿	投资风格	平衡型		
管理人 名称	鹏华基金管理有限公司		电话	(0755)82080663	
管理人 地址	广东省深圳市深南东路深圳发展银行大厦27楼		邮编	518001	

	年度	2005	2004	基金重仓股(2006年一季度)	
主要财务指标	单位基金收益(元)	-0.0485	0.0643	证券名称	占净值比例
	单位基金可分配收益(元)	-0.1008	-0.1534	G振华	5.67%
	单位基金净值(元)	0.9162	0.8466	G厦钨	4.57%
	基金资产净值收益率(%)	-5.56	6.81	G海工	4.29%
	净收益(万元)	-6219.54	10599.53	G民生	3.97%
	基金资产总值(万元)	106648.83	125474.54	赣粤高速	3.63%
	基金资产净值(万元)	105143.89	124788.62	苏宁电器	3.43%
单位基金累计净值(元)		1.2497(截止4.22)		G招行	3.35%
单位基金累计分红(元)		0.06		G万华	3.09%
历年分红		04年:10派0.25,10派0.15,10派0.2		盐湖钾肥	3.03%
				G中兴	2.99%

宝盈泛沿海(213002)

名称	宝盈泛沿海区域增长股票证券投资基金	成立日期	2005/03/08	存续期	不定期
类型	契约型	上市日期		托管人	中国工商银行
规模	4亿	投资风格			
管理人 名称	宝盈基金管理有限公司		电话	0755—83276688	
管理人 地址	深圳市深南大道6008号特区报业大厦15楼		邮编		

	年度	2005	2004	基金重仓股(2006年一季度)	
主要财务指标	单位基金收益(元)	0.0071		证券名称	占净值比例
	单位基金可分配收益(元)	-0.0226		苏宁电器	4.8%
	单位基金净值(元)	1.0024		G鲁黄金	4.77%
	基金资产净值收益率(%)			G万科A	4.58%
	净收益(万元)	164.6		G招行	4.5%
	基金资产总值(万元)	19950.41		G歌华	4.31%
	基金资产净值(万元)	19699.48		G中兴	3.78%
单位基金累计净值(元)		1.2984(截止4.22)		G华侨城	3.67%
单位基金累计分红(元)		0.15		G锡业	3.25%
历年分红		05年:10派0.3		G柳工	3.12%
				G同仁堂	3.11%

金鹰优选(210001)

名称	金鹰成份股优选证券投资基金	成立日期	2003/06/16	存续期	不定期
类型	契约型	上市日期		托管人	中国银行
规模	15亿	投资风格	指数型		
管理人 名称	金鹰基金管理有限公司		电话	(020)83282610	
管理人 地址	广州市沿江中路298号江湾商业大厦22楼		邮编	510100	

	年度	2005	2004	基金重仓股(2006年一季度)	
主要财务指标	单位基金收益(元)	-0.1093	0.0505	证券名称	占净值比例
	单位基金可分配收益(元)	-0.1748	-0.0892	G沈机	7.15%
	单位基金净值(元)	0.8252	0.9108	南宁糖业	6.96%
	基金资产净值收益率(%)			华光股份	6.84%
	净收益(万元)	-4535.73	2373.38	G福耀	6.55%
	基金资产总值(万元)	31053.81	40023.19	G兖煤	5.25%
	基金资产净值(万元)	30287.16	39798.77	G中兴	5.12%
单位基金累计净值(元)		1.1052(截止4.22)		中国石化	4.2%
单位基金累计分红(元)		0.09		深赤湾A	3.88%
历年分红		04年:10派0.4,10派0.4;03年:10派0.1		华兰生物	3.61%
				G火箭	3.56%

招商安泰股(217001)

名称	招商安泰股票证券投资基金	成立日期	2003/04/28	存续期	不定期
类型	契约型	上市日期		托管人	招商银行
规模	10亿	投资风格			
管理人 名称	招商基金管理有限公司		电话	(0755)83196666	
管理人 地址	深圳市深南大道7088号招商银行大厦28层		邮编	518040	

	年度	2005	2004	基金重仓股(2006年一季度)	
主要财务指标	单位基金收益(元)	-0.075	0.0738	证券名称	占净值比例
	单位基金可分配收益(元)	-0.0675	0.0011	贵州茅台	9.82%
	单位基金净值(元)	1.0102	1.0159	G金融街	6.55%
	基金资产净值收益率(%)	-7.52	6.85	G中兴	5.8%
	净收益(万元)	-16751.48	14310.65	中国石化	5.67%
	基金资产总值(万元)	199386.34	235536.42	浦发银行	3.93%
	基金资产净值(万元)	198414.75	231549.62	恒瑞医药	3.85%
单位基金累计净值(元)		1.356(截止4.22)		G海工	3.69%
单位基金累计分红(元)		0.145		G五粮液	3.31%
历年分红		04年:10派0.8,10派0.2;03年:10派0.15		G综超	2.54%
				G深振业	2.35%

招商安泰平(217002)

名称	招商安泰平衡型证券投资基金	成立日期	2003/04/28	存续期	不定期
类型	契约型	上市日期		托管人	招商银行
规模	9亿	投资风格			
管理人	名称	招商基金管理有限公司	电话	(0755)83196666	
	地址	深圳市深南大道7088号招商银行大厦28层	邮编	518040	
主要财务指标	年度	2005	2004	基金重仓股(2006年一季度)	
	单位基金收益(元)	-0.0213	0.1131	证券名称	占净值比例
	单位基金可分配收益(元)	-0.0024	-0.0197	贵州茅台	5.86%
	单位基金净值(元)	1	0.9803	G中兴	4.47%
	基金资产净值收益率(%)	-2.16	10.97	中国石化	4.29%
	净收益(万元)	-729.81	4690.86	G金融街	3.36%
	基金资产总值(万元)	29425.39	35081.78	恒瑞医药	2.71%
	基金资产净值(万元)	29322.8	34979.65	G五粮液	2.01%
单位基金累计净值(元)		1.2639(截止4.22)		G海工	1.97%
单位基金累计分红(元)		0.17		G民生	1.94%
历年分红		04年:10派1,10派0.2;03年:10派0.15,10派0.1		G综超	1.76%
				G深振业	1.65%

招商安泰债(217003)

名称	招商安泰债券证券投资基金	成立日期	2003/04/28	存续期	不定期
类型	契约型	上市日期		托管人	招商银行
规模	26亿	投资风格	债券型		
管理人	名称	招商基金管理有限公司	电话	(0755)83196666	
	地址	深圳市深南大道7088号招商银行大厦28层	邮编	518040	
主要财务指标	年度	2005	2004	基金重仓股(2006年一季度)	
	单位基金收益(元)	0.0874	0.0548	证券名称	占净值比例
	单位基金可分配收益(元)	0.0428	0.0013		
	单位基金净值(元)	1.0428	1.0013		
	基金资产净值收益率(%)	8.51	5.4		
	净收益(万元)	2517.31	3549.09		
	基金资产总值(万元)	41219.18	36631.21		
	基金资产净值(万元)	41067.67	34534.63		
单位基金累计净值(元)		1.1227(截止4.22)			
单位基金累计分红(元)		0.1465			
历年分红		05年:10派0.15,10派0.15,10派0.3,10派0.3;04年:10派0.2,10派0.2;03年:10派0.15,10派0.15,10派0.15,10派0.15			

招商现金增(217004)

名称	招商现金增值开放式证券投资基金	成立日期	2004/01/14	存续期	不定期
类型	契约型	上市日期		托管人	招商银行
规模	46亿	投资风格	货币市场型		
管理人	名称	招商基金管理有限公司	电话	(0755)83196666	
	地址	深圳市深南大道7088号招商银行大厦28层	邮编	518040	
主要财务指标	年度	2005	2004	基金重仓股(2006年一季度)	
	单位基金收益(元)			证券名称	占净值比例
	单位基金可分配收益(元)				
	单位基金净值(元)	1	1		
	基金资产净值收益率(%)				
	净收益(万元)	56937.97	13359.58		
	基金资产总值(万元)	1201406.33	1164764.35		
	基金资产净值(万元)	1092826.7	945789.37		
单位基金累计净值(元)					
单位基金累计分红(元)					
历年分红					

招商先锋(217005)

名称	招商先锋证券投资基金	成立日期	2004/06/01	存续期	不定期
类型	契约型	上市日期		托管人	中国银行
规模	16亿	投资风格			
管理人	名称	招商基金管理有限公司	电话	(0755)83196666	
	地址	深圳市深南大道7088号招商银行大厦28层	邮编	518040	
主要财务指标	年度	2005	2004	基金重仓股(2006年一季度)	
	单位基金收益(元)	-0.0477	-0.0031	证券名称	占净值比例
	单位基金可分配收益(元)	-0.0475	-0.0149	贵州茅台	5.743%
	单位基金净值(元)	0.9804	0.9851	浦发银行	3.692%
	基金资产净值收益率(%)	-4.88	-0.31	G海工	3.636%
	净收益(万元)	-8441.3	-560.16	G恒升	3.601%
	基金资产总值(万元)	148003.19	172000.89	福建高速	2.874%
	基金资产净值(万元)	147396.96	171562.44	中国联通	2.843%
单位基金累计净值(元)		1.1811(截止4.22)		G金融街	2.807%
单位基金累计分红(元)		0.045		G伊利	2.731%
历年分红				金地集团	2.728%
				G歌华	2.657%

巨田基础行(233001)

名称	巨田基础行业证券投资基金	成立日期	2004/03/26	存续期	不定期
类型	契约型	上市日期		托管人	中国光大银行
规模	19亿	投资风格			
管理人	名称	巨田基金管理有限公司	电话	400-8888-668	
	地址	深圳市滨河路5020号证券大厦	邮编	518033	
主要财务指标	年度	2005	2004	基金重仓股(2006年一季度)	
	单位基金收益(元)	-0.1314	0.0095	证券名称	占净值比例
	单位基金可分配收益(元)	-0.1292	-0.066	G海直	9.91%
	单位基金净值(元)	0.8708	0.934	G中储	8.75%
	基金资产净值收益率(%)			中国石化	8.59%
	净收益(万元)	-19140.28	2000.08	G中兴	8.01%
	基金资产总值(万元)	96652.76	172994.24	G基建	6.8%
	基金资产净值(万元)	92632.24	172311.34	G深能源	5.93%
单位基金累计净值(元)		0.9758(截止4.22)		G宝丽华	5.07%
单位基金累计分红(元)				G招行	4.5%
历年分红				现代投资	4.21%
				中色股份	3.64%

宝康消费品(240001)

名称	宝康消费品证券投资基金	成立日期	2003/07/15	存续期	不定期
类型	契约型	上市日期		托管人	中国建设银行
规模	15亿	投资风格	股票型		
管理人	名称	华宝兴业基金管理有限公司	电话	(021)50499588	
	地址	上海市世纪大道88号金茂大厦48层	邮编	200121	
主要财务指标	年度	2005	2004	基金重仓股(2006年一季度)	
	单位基金收益(元)	0.0355	0.0877	证券名称	占净值比例
	单位基金可分配收益(元)	0.0046	0.0308	贵州茅台	5.706%
	单位基金净值(元)	1.101	1.0676	G长电	5.073%
	基金资产净值收益率(%)			G格力	4.215%
	净收益(万元)	5219.5	11416.92	金地集团	4.05%
	基金资产总值(万元)	192994.55	142348.06	G招行	3.635%
	基金资产净值(万元)	192314.28	138447.41	G伊利	3.585%
单位基金累计净值(元)		1.4534(截止4.22)		中国石化	3.278%
单位基金累计分红(元)		0.17		G万科A	2.876%
历年分红		05年:10派0.1,10派0.5;04年:10派0.2,10派0.4;03年:10派0.1		燕京啤酒	2.794%
				G深机场	2.349%

宝康灵活配（240002）

名称	宝康灵活配置证券投资基金	成立日期	2003/07/15	存续期	不定期
类型	契约型	上市日期		托管人	中国建设银行
规模	11亿	投资风格	资产灵活配置型		
管理人 名称	华宝兴业基金管理有限公司	电话	(021)50499588		
管理人 地址	上海市世纪大道88号金茂大厦48层	邮编	200121		
主要财务指标 年度	2005	2004	基金重仓股(2006年一季度)		
单位基金收益(元)	0.0029	0.15	证券名称	占净值比例	
单位基金可分配收益(元)	0.052	0.0707	金地集团	5.71%	
单位基金净值(元)	1.0648	1.0072	G厦钨	5.362%	
基金资产净值收益率(%)			G万科A	4.579%	
净收益(万元)	286.1	11525.01	中国石化	4.306%	
基金资产总值(万元)	120616.62	81675.03	G招行	3.784%	
基金资产净值(万元)	112733.11	79738.49	贵州茅台	3.663%	
单位基金累计净值(元)	1.4654(截止4.22)		浦发银行	3.611%	
单位基金累计分红(元)	0.16		G中企	3.402%	
历年分红	05年:10派0.2;04年:10派0.4,10派0.1,10派0.4;03年:10派0.1		G万华	2.986%	
			恒瑞医药	2.764%	

多策略增长（240005）

名称	华宝兴业多策略增长开放式证券投资基金	成立日期	2004/05/11	存续期	不定期
类型	契约型	上市日期		托管人	中国建设银行
规模	52亿	投资风格			
管理人 名称	华宝兴业基金管理有限公司	电话	(021)50499588		
管理人 地址	上海市世纪大道88号金茂大厦48层	邮编	200121		
主要财务指标 年度	2005	2004	基金重仓股(2006年一季度)		
单位基金收益(元)	-0.0455	-0.0068	证券名称	占净值比例	
单位基金可分配收益(元)	-0.0506	-0.0326	G招行	6.242%	
单位基金净值(元)	0.9496	0.9674	金地集团	5.71%	
基金资产净值收益率(%)			G长电	5.338%	
净收益(万元)	-17091.18	-3335.46	中国石化	5.108%	
基金资产总值(万元)	316752.7	415388.57	扬子石化	4.809%	
基金资产净值(万元)	312862.64	412587.6	G格力	4.227%	
单位基金累计净值(元)	1.1549(截止4.22)		G国阳	3.395%	
单位基金累计分红(元)			G万科A	3.113%	
历年分红			齐鲁石化	2.792%	
			G伊利	2.683%	

宝康债券（240003）

名称	宝康债券投资基金	成立日期	2003/07/15	存续期	不定期
类型	契约型	上市日期		托管人	中国建设银行
规模	13亿	投资风格	债券型		
管理人 名称	华宝兴业基金管理有限公司	电话	(021)50499588		
管理人 地址	上海市世纪大道88号金茂大厦48层	邮编	200121		
主要财务指标 年度	2005	2004	基金重仓股(2006年一季度)		
单位基金收益(元)	0.024	0.054	证券名称	占净值比例	
单位基金可分配收益(元)	0.0084	0.0148			
单位基金净值(元)	1.0084	1.0152			
基金资产净值收益率(%)					
净收益(万元)	1332.33	4052.37			
基金资产总值(万元)	51277.47	68454.34			
基金资产净值(万元)	42081.42	68331.32			
单位基金累计净值(元)	1.1285(截止4.22)				
单位基金累计分红(元)	0.1				
历年分红	05年:10派0.3;04年:10派0.2,10派0.2;03年:10派0.1				

现金宝A（240006）

名称	华宝兴业现金宝货币市场基金	成立日期	2005/03/31	存续期	不定期
类型	契约型	上市日期		托管人	中国建设银行
规模	23亿	投资风格	货币市场型		
管理人 名称	华宝兴业基金管理有限公司	电话	(021)50499588		
管理人 地址	上海市世纪大道88号金茂大厦48层	邮编	200121		
主要财务指标 年度	2005	2004	基金重仓股(2006年一季度)		
单位基金收益(元)	0.017		证券名称	占净值比例	
单位基金可分配收益(元)					
单位基金净值(元)	1				
基金资产净值收益率(%)					
净收益(万元)	5575.02				
基金资产总值(万元)	594594.64				
基金资产净值(万元)	541769.04				
单位基金累计净值(元)					
单位基金累计分红(元)					
历年分红					

华宝兴业动（240004）

名称	华宝兴业动力组合股票型证券投资基金	成立日期	2005/11/17	存续期	不定期
类型	契约型	上市日期		托管人	中国银行
规模	5亿	投资风格	股票型		
管理人 名称	华宝兴业基金管理有限公司	电话	(021)50499588		
管理人 地址	上海市世纪大道88号金茂大厦48层	邮编	200121		
主要财务指标 年度	2005	2004	基金重仓股(2006年一季度)		
单位基金收益(元)			证券名称	占净值比例	
单位基金可分配收益(元)			G长电	5.899%	
单位基金净值(元)			G招行	4.993%	
基金资产净值收益率(%)			金地集团	4.828%	
净收益(万元)			扬子石化	4.78%	
基金资产总值(万元)			贵州茅台	4.656%	
基金资产净值(万元)			中国石化	4.357%	
单位基金累计净值(元)	1.2332(截止4.22)		齐鲁石化	3.489%	
单位基金累计分红(元)	0.04		G万华	3.324%	
历年分红			G中兴	3.15%	
			G厦钨	3.126%	

德盛安心成（253010）

名称	德盛安心成长混合型证券投资基金	成立日期	2005/07/13	存续期	不定期
类型	契约型	上市日期		托管人	中国工商银行
规模	4亿	投资风格			
管理人 名称	国联安基金管理有限公司	电话	021-50478080		
管理人 地址	上海市浦东新区世纪大道88号金茂大厦46层	邮编			
主要财务指标 年度	2005	2004	基金重仓股(2006年一季度)		
单位基金收益(元)	0.013		证券名称	占净值比例	
单位基金可分配收益(元)	0.0104		石油大明	5.68%	
单位基金净值(元)	1.019		青岛海尔	3.58%	
基金资产净值收益率(%)	1.26		G蓝清洗	3.48%	
净收益(万元)	349.07		雅戈尔	3.28%	
基金资产总值(万元)	15352.82		扬子石化	3.18%	
基金资产净值(万元)	14297.28		G海型材	3.12%	
单位基金累计净值(元)	1.055(截止4.22)		G恒升	1.99%	
单位基金累计分红(元)	0.02		齐鲁石化	1.83%	
历年分红			G沪机场	1.68%	
			中原油气	0.86%	

德盛稳健（255010）

名称	德盛稳健证券投资基金	成立日期	2003/08/08	存续期	不定期
类型	契约型	上市日期		托管人	中国工商银行
规模	37亿	投资风格	平衡型		
管理人 名称	国联安基金管理有限公司	电话	021-50478080		
管理人 地址	上海市浦东新区世纪大道88号金茂大厦46层	邮编			

主要财务指标 年度	2005	2004	基金重仓股(2006年一季度)	
			证券名称	占净值比例
单位基金收益(元)	-0.025	0.039		
单位基金可分配收益(元)	-0.0335	-0.0285	中国石化	4.63%
单位基金净值(元)	0.975	0.972	G海型材	3.95%
基金资产净值收益率(%)	-2.65	3.79	G招行	3.69%
净收益(万元)	-3579.49	7882.36	G歌华	3.68%
基金资产总值(万元)	113838.72	164156.77	G生益	3.32%
基金资产净值(万元)	112242.39	163691.53	G万科A	2.92%
单位基金累计净值(元)	1.203(截止4.22)		华兰生物	2.47%
单位基金累计分红(元)	0.06		国电南瑞	2.43%
历年分红	03年:10派0.2,10派0.4		G民生	2.4%
			贵州茅台	2.37%

长城优选股（260101）

名称	景顺长城优选股票证券投资基金	成立日期	2003/10/24	存续期	不定期
类型	契约型	上市日期		托管人	中国银行
规模	8亿	投资风格			
管理人 名称	景顺长城基金管理有限公司	电话	(0755)82370388		
管理人 地址	深圳市深南中路1093号中信城市广场中信大厦16层	邮编			

主要财务指标 年度	2005	2004	基金重仓股(2006年一季度)	
			证券名称	占净值比例
单位基金收益(元)	0.0499	0.0796		
单位基金可分配收益(元)	-0.0039	0.0032	贵州茅台	7.37%
单位基金净值(元)	1.0459	1.072	G海工	5.77%
基金资产净值收益率(%)	4.65	7.16	G万科A	5.52%
净收益(万元)	5616.79	7644.57	G振华	4.47%
基金资产总值(万元)	116821.44	108594.89	G张裕	4.36%
基金资产净值(万元)	113323.93	107809.28	盐湖钾肥	4.35%
单位基金累计净值(元)	1.4714(截止4.22)		云南白药	4.23%
单位基金累计分红(元)	0.18		大商股份	4.09%
历年分红	05年:10派0.2,10派0.4;04年:10派0.6;03年:10派0.2		G皖通	3.91%
			上海石化	3.22%

德盛小盘（257010）

名称	德盛小盘精选证券投资基金	成立日期	2004/04/12	存续期	不定期
类型	契约型	上市日期		托管人	中国工商银行
规模	83亿	投资风格			
管理人 名称	国联安基金管理有限公司	电话	021-50478080		
管理人 地址	上海市浦东新区世纪大道88号金茂大厦46层	邮编			

主要财务指标 年度	2005	2004	基金重仓股(2006年一季度)	
			证券名称	占净值比例
单位基金收益(元)	-0.056	-0.041		
单位基金可分配收益(元)	-0.0946	-0.0652	华胜天成	2.89%
单位基金净值(元)	0.937	0.935	小商品城	2.82%
基金资产净值收益率(%)	-6.14	-4.28	G新安	2.23%
净收益(万元)	-38842.75	-33544.91	G海型材	2.17%
基金资产总值(万元)	589199.13	727457.52	贵州茅台	2.09%
基金资产净值(万元)	578813.97	718391.09	G恒升	1.92%
单位基金累计净值(元)	1.12(截止4.22)		G佛照	1.83%
单位基金累计分红(元)			G伊利	1.79%
历年分红			中国石化	1.62%
			G福星	1.57%

景顺长城货（260102）

名称	景顺长城货币市场证券投资基金	成立日期	2003/10/24	存续期	不定期
类型	契约型	上市日期		托管人	中国银行
规模	5亿	投资风格	货币市场型		
管理人 名称	景顺长城基金管理有限公司	电话	(0755)82370388		
管理人 地址	深圳市深南中路1093号中信城市广场中信大厦16层	邮编			

主要财务指标 年度	2005	2004	基金重仓股(2006年一季度)	
			证券名称	占净值比例
单位基金收益(元)				
单位基金可分配收益(元)				
单位基金净值(元)	1			
基金资产净值收益率(%)				
净收益(万元)	1204.06			
基金资产总值(万元)	94673.75			
基金资产净值(万元)	94472.65			
单位基金累计净值(元)				
单位基金累计分红(元)	0.02			
历年分红	05年:10派0.2			

德盛精选（257020）

名称	德盛精选股票证券投资基金	成立日期	2005/12/28	存续期	不定期
类型	契约型	上市日期		托管人	华夏银行
规模	6亿	投资风格	股票型		
管理人 名称	国联安基金管理有限公司	电话	021-50478080		
管理人 地址	上海市浦东新区世纪大道88号金茂大厦46层	邮编			

主要财务指标 年度	2005	2004	基金重仓股(2006年一季度)	
			证券名称	占净值比例
单位基金收益(元)				
单位基金可分配收益(元)			航天长峰	10.17%
单位基金净值(元)			天地科技	9.17%
基金资产净值收益率(%)			G海型材	8.76%
净收益(万元)			G信雅达	8.44%
基金资产总值(万元)			G蓝清洗	7.8%
基金资产净值(万元)			国电南瑞	6.66%
单位基金累计净值(元)	1.22(截止4.22)		G铁龙	5.85%
单位基金累计分红(元)	0.12		G中信	4.75%
历年分红			G新安	4.11%
			G浙医药	3.48%

长城动力平（260103）

名称	景顺长城动力平衡证券投资基金	成立日期	2003/10/24	存续期	不定期
类型	契约型	上市日期		托管人	中国银行
规模	5亿	投资风格			
管理人 名称	景顺长城基金管理有限公司	电话	(0755)82370388		
管理人 地址	深圳市深南中路1093号中信城市广场中信大厦16层	邮编			

主要财务指标 年度	2005	2004	基金重仓股(2006年一季度)	
			证券名称	占净值比例
单位基金收益(元)	0.002	0.1183		
单位基金可分配收益(元)	0.0121	0.0282	贵州茅台	8.31%
单位基金净值(元)	1.0159	1.0322	G海工	6.93%
基金资产净值收益率(%)	0.19	10.96	G振华	5.99%
净收益(万元)	51.1	3816.27	G万科A	5.28%
基金资产总值(万元)	25630.74	25966.87	云南白药	4.61%
基金资产净值(万元)	25502.18	25892.28	G张裕	4.08%
单位基金累计净值(元)	1.4001(截止4.22)		G皖通	4.02%
单位基金累计分红(元)	0.16		赣粤高速	3.91%
历年分红	05年:10派0.2;04年:10派0.6,10派0.2		盐湖钾肥	3.46%
			大商股份	3.29%

长城内需增（260104）

名称	景顺长城内需增长开放式证券投资基金	成立日期	2004/06/25	存续期	不定期
类型	契约型	上市日期		托管人	中国农业银行
规模	25亿	投资风格			
管理人 名称	景顺长城基金管理有限公司	电话	(0755)82370388		
管理人 地址	深圳市深南中路1093号中信城市广场中信大厦16层	邮编			

	年度	2005	2004	基金重仓股(2006年一季度)	
主要财务指标	单位基金收益(元)	0.05	0.015	证券名称	占净值比例
	单位基金可分配收益(元)	0.005	0.017	贵州茅台	7.35%
	单位基金净值(元)	1.028	1.022	G振华	7.33%
	基金资产净值收益率(%)	4.88	1.48	G万科A	6.5%
	净收益(万元)	6722.67	3241.43	盐湖钾肥	6.33%
	基金资产总值(万元)	138588.02	165333.9	G海工	5.7%
	基金资产净值(万元)	135579.43	164736.06	G张裕	5.05%
单位基金累计净值(元)		1.519(截止4.22)		大商股份	4.48%
单位基金累计分红(元)		0.05		上海石化	4.09%
历年分红		05年:10派0.2		赣粤高速	3.9%
				云南白药	3.75%

广发货币（270004）

名称	广发货币市场基金	成立日期	2005/05/20	存续期	不定期
类型	契约型	上市日期		托管人	中国工商银行
规模	26亿	投资风格	货币市场型		
管理人 名称	广发基金管理有限公司	电话	020-83936999		
管理人 地址	广州市体育西路57号红盾大厦14楼、15楼	邮编			

	年度	2005	2004	基金重仓股(2006年一季度)	
主要财务指标	单位基金收益(元)			证券名称	占净值比例
	单位基金可分配收益(元)				
	单位基金净值(元)	1			
	基金资产净值收益率(%)				
	净收益(万元)	4320.61			
	基金资产总值(万元)	274022.95			
	基金资产净值(万元)	267577.6			
单位基金累计净值(元)					
单位基金累计分红(元)					
历年分红					

广发聚富（270001）

名称	广发聚富证券投资基金	成立日期	2003/12/03	存续期	不定期
类型	契约型	上市日期		托管人	中国工商银行
规模	31亿	投资风格			
管理人 名称	广发基金管理有限公司	电话	020-83936999		
管理人 地址	广州市体育西路57号红盾大厦14楼、15楼	邮编			

	年度	2005	2004	基金重仓股(2006年一季度)	
主要财务指标	单位基金收益(元)	0.0592	0.1043	证券名称	占净值比例
	单位基金可分配收益(元)	0.0128	-0.0022	贵州茅台	7.17%
	单位基金净值(元)	1.068	0.9978	盐湖钾肥	6.8%
	基金资产净值收益率(%)	5.87	9.98	苏宁电器	5.27%
	净收益(万元)	10466.97	22262.43	G宝钛	3.65%
	基金资产总值(万元)	232613.81	135234.22	云南白药	2.98%
	基金资产净值(万元)	228451.23	134014.94	G厦钨	2.94%
单位基金累计净值(元)		1.5871(截止4.22)		G海螺	2.9%
单位基金累计分红(元)		0.26		G万华	2.83%
历年分红		05年:10派0.2,10派0.2,10派0.2;04年:10派0.2,10派0.2,10派0.2;03年:10派0.4		双汇发展	2.08%
				G万科A	2.04%

广发聚丰（270005）

名称	广发聚丰股票型证券投资基金	成立日期	2005/12/23	存续期	不定期
类型	契约型	上市日期		托管人	中国工商银行
规模	13亿	投资风格	股票型		
管理人 名称	广发基金管理有限公司	电话	020-83936999		
管理人 地址	广州市体育西路57号红盾大厦14楼、15楼	邮编			

	年度	2005	2004	基金重仓股(2006年一季度)	
主要财务指标	单位基金收益(元)			证券名称	占净值比例
	单位基金可分配收益(元)			贵州茅台	6.98%
	单位基金净值(元)			盐湖钾肥	6.64%
	基金资产净值收益率(%)			苏宁电器	5.91%
	净收益(万元)			G宝钛	5.02%
	基金资产总值(万元)			G万华	4.42%
	基金资产净值(万元)			大商股份	3.92%
单位基金累计净值(元)		1.3497(截止4.22)		驰宏锌锗	3.57%
单位基金累计分红(元)		0.04		华夏银行	3.52%
历年分红				G振华	3.5%
				G中金	2.6%

广发稳健增（270002）

名称	广发稳健增长开放式证券投资基金	成立日期	2004/07/26	存续期	不定期
类型	契约型	上市日期		托管人	中国工商银行
规模	23亿	投资风格			
管理人 名称	广发基金管理有限公司	电话	020-83936999		
管理人 地址	广州市体育西路57号红盾大厦14楼、15楼	邮编			

	年度	2005	2004	基金重仓股(2006年一季度)	
主要财务指标	单位基金收益(元)	0.0879	-0.009	证券名称	占净值比例
	单位基金可分配收益(元)	0.0121	-0.0089	贵州茅台	6.57%
	单位基金净值(元)	1.0803	0.9949	盐湖钾肥	6.46%
	基金资产净值收益率(%)	8.49	-0.89	苏宁电器	4.56%
	净收益(万元)	12248.71	-1738.76	G宝钛	3.16%
	基金资产总值(万元)	200725.2	149530.05	G海螺	3.13%
	基金资产净值(万元)	193341.45	148585.3	浦发银行	2.9%
单位基金累计净值(元)		1.5187(截止4.22)		云南白药	2.67%
单位基金累计分红(元)		0.17		大商股份	2.63%
历年分红		05年:10派0.2,10派0.2,10派0.2,10派0.2		G中粮地	2.23%
				G万华	2.08%

中信经典配（288001）

名称	中信经典配置证券投资基金	成立日期	2004/03/15	存续期	不定期
类型	契约型	上市日期		托管人	招商银行
规模	121亿	投资风格			
管理人 名称	中信基金管理有限责任公司	电话	(010)82028888		
管理人 地址	北京市朝阳区裕民路12号中国国际科技会展中心A座8层	邮编			

	年度	2005	2004	基金重仓股(2006年一季度)	
主要财务指标	单位基金收益(元)	-0.0684	-0.0004	证券名称	占净值比例
	单位基金可分配收益(元)	-0.0702	-0.0546	G长电	3.93%
	单位基金净值(元)	0.9706	0.9454	G伊利	3.86%
	基金资产净值收益率(%)	-7.29	-0.04	G鞍钢	2.94%
	净收益(万元)	-61642.62	-435.23	贵州茅台	2.85%
	基金资产总值(万元)	723858.43	1023465.33	G振华	2.73%
	基金资产净值(万元)	717977.57	1004327.55	G邯钢	2.69%
单位基金累计净值(元)		1.161(截止4.22)		星新材料	2.35%
单位基金累计分红(元)		0.05		浦发银行	2.35%
历年分红				中国石化	2.23%
				华夏银行	2.18%

中信红利精（288002）

名称	中信红利精选股票型证券投资基金	成立日期	2005/11/17	存续期	不定期
类型	契约型	上市日期		托管人	中国建设银行
规模	5亿	投资风格	股票型		
管理人	名称	中信基金管理有限责任公司	电话	(010)82028888	
	地址	北京市朝阳区裕民路12号中国国际科技会展中心A座8层	邮编		
	年度	2005	2004	基金重仓股(2006年一季度)	
主要财务指标	单位基金收益(元)			证券名称	占净值比例
	单位基金可分配收益(元)			中联重科	7.87%
	单位基金净值(元)			G邯钢	7.46%
	基金资产净值收益率(%)			G招商局	6.75%
	净收益(万元)			G招行	6.34%
	基金资产总值(万元)			G鞍钢	5.97%
	基金资产净值(万元)			G深能源	5.8%
单位基金累计净值(元)		1.2397(截止4.22)		G包铝	4.89%
单位基金累计分红(元)				星新材料	4.3%
历年分红				G阳光	4.2%
				G秦发展	4.14%

泰信先行策（290002）

名称	泰信先行策略开放式证券投资基金	成立日期	2004/06/28	存续期	不定期
类型	契约型	上市日期		托管人	中国光大银行
规模	7亿	投资风格			
管理人	名称	泰信基金管理有限公司	电话	(021)50372168	
	地址	上海市浦东新区银城中路200号中银大厦42层	邮编		
	年度	2005	2004	基金重仓股(2006年一季度)	
主要财务指标	单位基金收益(元)	-0.0652	-0.0528	证券名称	占净值比例
	单位基金可分配收益(元)	-0.1219	-0.058	G招行	5.736%
	单位基金净值(元)	0.9296	0.942	苏宁电器	5.108%
	基金资产净值收益率(%)	-7.1269	-5.41	G振华	4.884%
	净收益(万元)	-3511.07	-3640.21	G中兴	4.694%
	基金资产总值(万元)	46442.18	56843.78	盐湖钾肥	4.586%
	基金资产净值(万元)	42510.69	54706.48	G中百	4.429%
单位基金累计净值(元)		1.1709(截止4.22)		G宏达	4.038%
单位基金累计分红(元)		0.02		G万科A	3.625%
历年分红				G现代	3.577%
				G厦钨	3.577%

中信优势货（288101）

名称	中信现金优势货币市场基金	成立日期	2005/04/20	存续期	不定期
类型	契约型	上市日期		托管人	招商银行
规模	24亿	投资风格	货币市场型		
管理人	名称	中信基金管理有限责任公司	电话	(010)82028888	
	地址	北京市朝阳区裕民路12号中国国际科技会展中心A座8层	邮编		
	年度	2005	2004	基金重仓股(2006年一季度)	
主要财务指标	单位基金收益(元)			证券名称	占净值比例
	单位基金可分配收益(元)				
	单位基金净值(元)	1			
	基金资产净值收益率(%)				
	净收益(万元)	3343.9			
	基金资产总值(万元)	303427.63			
	基金资产净值(万元)	260938.73			
单位基金累计净值(元)					
单位基金累计分红(元)					
历年分红					

盛利精选（310308）

名称	申万巴黎盛利精选证券投资基金	成立日期	2004/04/09	存续期	不定期
类型	契约型	上市日期		托管人	中国工商银行
规模	68亿	投资风格			
管理人	名称	申万巴黎基金管理有限公司	电话	021-63353535	
	地址	上海淮海中路300号,香港新世界大厦40层	邮编		
	年度	2005	2004	基金重仓股(2006年一季度)	
主要财务指标	单位基金收益(元)	-0.0466	-0.0181	证券名称	占净值比例
	单位基金可分配收益(元)	-0.063	-0.0446	G招行	6.01%
	单位基金净值(元)	0.9616	0.9534	苏宁电器	5.66%
	基金资产净值收益率(%)	-4.95	-1.86	中国石化	4.87%
	净收益(万元)	-25314.66	-11697.07	G格力	4.78%
	基金资产总值(万元)	484117.57	578501.67	G同仁堂	4.34%
	基金资产净值(万元)	476659.6	577140.81	贵州茅台	4.22%
单位基金累计净值(元)		1.1543(截止4.22)		华夏银行	4.2%
单位基金累计分红(元)		0.02		G中兴	4.14%
历年分红				G佛照	3.67%
				中色股份	2.88%

泰信天天收（290001）

名称	泰信天天收益开放式证券投资基金	成立日期	2004/02/10	存续期	不定期
类型	契约型	上市日期		托管人	中国银行
规模	60亿	投资风格	货币市场型		
管理人	名称	泰信基金管理有限公司	电话	(021)50372168	
	地址	上海市浦东新区银城中路200号中银大厦42层	邮编		
	年度	2005	2004	基金重仓股(2006年一季度)	
主要财务指标	单位基金收益(元)			证券名称	占净值比例
	单位基金可分配收益(元)				
	单位基金净值(元)				
	基金资产净值收益率(%)				
	净收益(万元)	17085.61	4595.11		
	基金资产总值(万元)	816530.76	539002.15		
	基金资产净值(万元)	693827.75	315859.4		
单位基金累计净值(元)					
单位基金累计分红(元)					
历年分红					

盛利配置（310318）

名称	申万巴黎盛利强化配置混合型证券投资基金	成立日期	2004/11/29	存续期	不定期
类型	契约型	上市日期		托管人	中国工商银行
规模	7亿	投资风格			
管理人	名称	申万巴黎基金管理有限公司	电话	021-63353535	
	地址	上海淮海中路300号,香港新世界大厦40层	邮编		
	年度	2005	2004	基金重仓股(2006年一季度)	
主要财务指标	单位基金收益(元)	-0.0173		证券名称	占净值比例
	单位基金可分配收益(元)	-0.0299		齐鲁石化	4.1%
	单位基金净值(元)	0.9761		G万华	3.04%
	基金资产净值收益率(%)	-1.76		扬子石化	2.53%
	净收益(万元)	-873.12		大商股份	1.75%
	基金资产总值(万元)	39812.54		中国石化	1.46%
	基金资产净值(万元)	39504.79		G招行	1.12%
单位基金累计净值(元)		1.0337(截止4.22)		G金桥	0.95%
单位基金累计分红(元)		0.01		G万科A	0.95%
历年分红		05年:10派0.1		G金融街	0.93%
				G海工	0.87%

新动力(310328)

名称	申万巴黎新动力股票型证券投资基金	成立日期	2005/11/10	存续期	不定期
类型	契约型	上市日期		托管人	中国工商银行
规模	7亿	投资风格		股票型	
管理人 名称	申万巴黎基金管理有限公司	电话	021-63353535		
管理人 地址	上海淮海中路300号,香港新世界大厦40层	邮编			
主要财务指标 年度	2005	2004	基金重仓股(2006年一季度)		
单位基金收益(元)			证券名称	占净值比例	
单位基金可分配收益(元)			苏宁电器	6.79%	
单位基金净值(元)			G格力	6.54%	
基金资产净值收益率(%)			G招行	4.66%	
净收益(万元)			G万科A	4.35%	
基金资产总值(万元)			华夏银行	3.91%	
基金资产净值(万元)			G中信	3.86%	
单位基金累计净值(元)	1.2211(截止4.22)		大商股份	3.86%	
单位基金累计分红(元)	0.05		G三环	3.54%	
历年分红			贵州茅台	3.52%	
			G海工	3.3%	

诺安股票(320003)

名称	诺安股票证券投资基金	成立日期	2005/12/19	存续期	不定期
类型	契约型	上市日期		托管人	中国工商银行
规模	4亿	投资风格		股票型	
管理人 名称	诺安基金管理有限公司	电话	(0755)83026688		
管理人 地址	深圳市深南大道4013号兴业银行大厦19—20层	邮编			
主要财务指标 年度	2005	2004	基金重仓股(2006年一季度)		
单位基金收益(元)			证券名称	占净值比例	
单位基金可分配收益(元)			G农产品	7.87%	
单位基金净值(元)			G新希望	7.34%	
基金资产净值收益率(%)			G冶特钢	7.28%	
净收益(万元)			小商品城	6.39%	
基金资产总值(万元)			G深振业	5.91%	
基金资产净值(万元)			G民生	5.77%	
单位基金累计净值(元)	1.1833(截止4.22)		G沪机场	5.19%	
单位基金累计分红(元)	0.015		东方集团	3.81%	
历年分红			G招行	3.65%	
			G沈机	3.54%	

诺安平衡基(320001)

名称	诺安平衡证券投资基金	成立日期	2004/05/21	存续期	不定期
类型	契约型	上市日期		托管人	中国工商银行
规模	22亿	投资风格			
管理人 名称	诺安基金管理有限公司	电话	(0755)83026688		
管理人 地址	深圳市深南大道4013号兴业银行大厦19—20层	邮编			
主要财务指标 年度	2005	2004	基金重仓股(2006年一季度)		
单位基金收益(元)	0.0479	0.0223	证券名称	占净值比例	
单位基金可分配收益(元)	0.0035	-0.0001	G歌华	5.54%	
单位基金净值(元)	1.0282	0.9999	G新希望	4.48%	
基金资产净值收益率(%)	4.73	2.23	G招行	4.34%	
净收益(万元)	7362.9	4468.9	G民生	4.22%	
基金资产总值(万元)	156411.95	164178.16	G敖东	4.11%	
基金资产净值(万元)	153846.06	163693.96	宁沪高速	4.02%	
单位基金累计净值(元)	1.3496(截止4.22)		小商品城	3.53%	
单位基金累计分红(元)	0.085		G综超	2.9%	
历年分红	05年:10派0.2,10派0.2,10派0.15;04年:10派0.15		G威孚	2.66%	
			G农产品	2.37%	

兴业转债基(340001)

名称	兴业可转债混合型证券投资基金	成立日期	2004/05/11	存续期	不定期
类型	契约型	上市日期		托管人	中国工商银行
规模	33亿	投资风格		偏债型	
管理人 名称	兴业基金管理有限公司	电话			
管理人 地址	上海市张杨路500号时代广场20楼	邮编			
主要财务指标 年度	2005	2004	基金重仓股(2006年一季度)		
单位基金收益(元)	0.0313	0.0048	证券名称	占净值比例	
单位基金可分配收益(元)	0.0041	-0.03	G招行	8.95%	
单位基金净值(元)	1.0077	0.97	G深能源	2.9%	
基金资产净值收益率(%)	3.17	0.49	G邯钢	2.32%	
净收益(万元)	6538.59	1458.12	G金龙	1.84%	
基金资产总值(万元)	212091.22	253431.15	双汇发展	1.77%	
基金资产净值(万元)	210247.58	252724.78	青岛海尔	1.64%	
单位基金累计净值(元)	1.1943(截止4.22)		G健民	1.42%	
单位基金累计分红(元)	0.144		G建发	0.99%	
历年分红	05年:10派0.12,10派0.13,10派0.1		G上港	0.86%	
			G宝钢	0.8%	

诺安货币市(320002)

名称	诺安货币市场证券投资基金	成立日期	2004/12/06	存续期	不定期
类型	契约型	上市日期		托管人	中国工商银行
规模	16亿	投资风格		货币市场型	
管理人 名称	诺安基金管理有限公司	电话	(0755)83026688		
管理人 地址	深圳市深南大道4013号兴业银行大厦19—20层	邮编			
主要财务指标 年度	2005	2004	基金重仓股(2006年一季度)		
单位基金收益(元)	0.0216	0.0018	证券名称	占净值比例	
单位基金可分配收益(元)					
单位基金净值(元)	1	1			
基金资产净值收益率(%)					
净收益(万元)	7142.41	278.88			
基金资产总值(万元)	284578.17	183199.6			
基金资产净值(万元)	284188.61	152428.26			
单位基金累计净值(元)					
单位基金累计分红(元)					
历年分红					

天治财富增(350001)

名称	天治财富增长证券投资基金	成立日期	2004/06/29	存续期	不定期
类型	契约型	上市日期		托管人	上海浦东发展银行
规模	10亿	投资风格		偏债型	
管理人 名称	天治基金管理有限公司	电话	(021)64371155		
管理人 地址	上海市徐汇区复兴西路159号	邮编			
主要财务指标 年度	2005	2004	基金重仓股(2006年一季度)		
单位基金收益(元)	-0.0243	0.0048	证券名称	占净值比例	
单位基金可分配收益(元)	-0.005	-0.0384	星新材料	6.96%	
单位基金净值(元)	1.03	0.9616	G民生	5.25%	
基金资产净值收益率(%)	-2.54	0.49	G招行	5.05%	
净收益(万元)	-544.48	346.69	G火箭	4.63%	
基金资产总值(万元)	17075.24	28091.83	航天电器	4.43%	
基金资产净值(万元)	15310.31	27934.32	G歌华	4.3%	
单位基金累计净值(元)	1.1507(截止4.22)		七匹狼	4.13%	
单位基金累计分红(元)	0.08		G中兴	3.22%	
历年分红	05年:10派0.2		G沈机	3.06%	
			G万科A	3%	

天治品质优（350002）

名称	天治品质优选混合型证券投资基金	成立日期	2005/01/12	存续期	不定期
类型	契约型	上市日期		托管人	中国民生银行
规模	12亿	投资风格			
管理人 名称	天治基金管理有限公司		电话	(021)64371155	
管理人 地址	上海市徐汇区复兴西路159号		邮编		

主要财务指标 年度	2005	2004	基金重仓股(2006年一季度)	
单位基金收益(元)	-0.0958		证券名称	占净值比例
单位基金可分配收益(元)	-0.1012		星新材料	5.72%
单位基金净值(元)	0.9593		航天电器	5.39%
基金资产净值收益率(%)	-10.36		G招行	4.87%
净收益(万元)	-5862.49		G生益	4.48%
基金资产总值(万元)	24769.59		贵州茅台	3.24%
基金资产净值(万元)	23917.78		G中兴	3.19%
单位基金累计净值(元)	1.1081(截止4.22)		G歌华	3.18%
单位基金累计分红(元)	0.06		G火箭	2.99%
历年分红			金地集团	2.89%
			G沈机	2.78%

光大保德信（360005）

名称	光大保德信红利股票型证券投资基金	成立日期	2006/03/24	存续期	不定期
类型	契约型	上市日期		托管人	兴业银行
规模	5亿	投资风格		股票型	
管理人 名称	光大保德信基金管理有限公司		电话	(021)33074700	
管理人 地址	上海市延安东路222号外滩中心46-47楼		邮编		

主要财务指标 年度	2005	2004	基金重仓股(2006年一季度)	
单位基金收益(元)			证券名称	占净值比例
单位基金可分配收益(元)				
单位基金净值(元)				
基金资产净值收益率(%)				
净收益(万元)				
基金资产总值(万元)				
基金资产净值(万元)				
单位基金累计净值(元)	1.0004(截止4.22)			
单位基金累计分红(元)				
历年分红				

量化核心（360001）

名称	光大保德信量化核心证券投资基金	成立日期	2004/08/27	存续期	不定期
类型	契约型	上市日期		托管人	中国光大银行
规模	25亿	投资风格			
管理人 名称	光大保德信基金管理有限公司		电话	(021)33074700	
管理人 地址	上海市延安东路222号外滩中心46-47楼		邮编		

主要财务指标 年度	2005	2004	基金重仓股(2006年一季度)	
单位基金收益(元)	-0.1541	-0.0053	证券名称	占净值比例
单位基金可分配收益(元)	-0.1566	-0.0062	G招行	7.7%
单位基金净值(元)	0.8761	0.9457	G万科A	6.87%
基金资产净值收益率(%)	-17.75	-0.53	G中兴	5.14%
净收益(万元)	-28344.19	-1265.16	G沪机场	4.93%
基金资产总值(万元)	131449.88	193607.48	中国石化	4.38%
基金资产净值(万元)	129892.48	192461.02	浦发银行	3.67%
单位基金累计净值(元)	1.1211(截止4.22)		G歌华	3.37%
单位基金累计分红(元)	0.03		贵州茅台	3.24%
历年分红			G伊利	3.03%
			云南白药	2.73%

上投货币(A（370010）

名称	上投摩根货币市场基金	成立日期	2005/04/13	存续期	不定期
类型	契约型	上市日期		托管人	中国建设银行
规模	10亿	投资风格		货币市场型	
管理人 名称	上投摩根富林明基金管理有限公司		电话	(021)38794888	
管理人 地址	上海市浦东富城路99号震旦国际大楼20层		邮编		

主要财务指标 年度	2005	2004	基金重仓股(2006年一季度)	
单位基金收益(元)	0.0085		证券名称	占净值比例
单位基金可分配收益(元)				
单位基金净值(元)	1			
基金资产净值收益率(%)	0.85			
净收益(万元)	310.32			
基金资产总值(万元)	33478.33			
基金资产净值(万元)	31567.14			
单位基金累计净值(元)				
单位基金累计分红(元)				
历年分红				

光大保德信（360003）

名称	光大保德信货币市场基金	成立日期	2005/06/09	存续期	不定期
类型	契约型	上市日期		托管人	招商银行
规模	14亿	投资风格		货币市场型	
管理人 名称	光大保德信基金管理有限公司		电话	(021)33074700	
管理人 地址	上海市延安东路222号外滩中心46-47楼		邮编		

主要财务指标 年度	2005	2004	基金重仓股(2006年一季度)	
单位基金收益(元)			证券名称	占净值比例
单位基金可分配收益(元)				
单位基金净值(元)	1			
基金资产净值收益率(%)				
净收益(万元)	711.17			
基金资产总值(万元)	194048.65			
基金资产净值(万元)	175412.15			
单位基金累计净值(元)				
单位基金累计分红(元)				
历年分红				

中国优势（375010）

名称	上投摩根中国优势证券投资基金	成立日期	2004/09/15	存续期	不定期
类型	契约型	上市日期		托管人	中国建设银行
规模	17亿	投资风格			
管理人 名称	上投摩根富林明基金管理有限公司		电话	(021)38794888	
管理人 地址	上海市浦东富城路99号震旦国际大楼20层		邮编		

主要财务指标 年度	2005	2004	基金重仓股(2006年一季度)	
单位基金收益(元)	0.0294	-0.0136	证券名称	占净值比例
单位基金可分配收益(元)	-0.0023	-0.0137	G振华	8.82%
单位基金净值(元)	1.0836	0.9921	G宝钛	6.82%
基金资产净值收益率(%)	2.8723	-1.3633	小商品城	4.77%
净收益(万元)	3669.08	-2151.72	G招行	4.73%
基金资产总值(万元)	129804.77	143842.78	G鞍钢	4.4%
基金资产净值(万元)	126077.4	138456.69	G金融街	4.02%
单位基金累计净值(元)	1.533(截止4.22)		G中金	3.8%
单位基金累计分红(元)	0.02		中国石化	3.79%
历年分红	05年:10派0.2		星新材料	2.86%
			大商股份	2.77%

上投摩根阿（377010）

名称	上投摩根阿尔法股票型证券投资基金	成立日期	2005/10/11	存续期	不定期
类型	契约型	上市日期		托管人	中国建设银行
规模	8亿	投资风格	股票型		
管理人 名称	上投摩根富林明基金管理有限公司	电话	(021)38794888		
管理人 地址	上海市浦东富城路99号震旦国际大楼20层	邮编			

年度	2005	2004	基金重仓股(2006年一季度)	
			证券名称	占净值比例
主要财务指标 单位基金收益(元)	-0.0053		G招行	7.14%
单位基金可分配收益(元)	-0.0054		G振华	7.01%
单位基金净值(元)	1.0202		双汇发展	5.32%
基金资产净值收益率(%)	-0.5383		大商股份	4.65%
净收益(万元)	-412.67		G兰花	4.33%
基金资产总值(万元)	89195.06		中国石化	4.13%
基金资产净值(万元)	87540.1		G万科A	4.1%
单位基金累计净值(元)	1.4181(截止4.22)		贵州茅台	4.08%
单位基金累计分红(元)	0.04		G金融街	3.68%
历年分红			星新材料	3.61%

东方龙基金（400001）

名称	东方龙混合型开放式证券投资基金	成立日期	2004/11/25	存续期	不定期
类型	契约型	上市日期		托管人	中国建设银行
规模	11亿	投资风格			
管理人 名称	东方基金管理有限责任公司	电话	010-82621888-6835		
管理人 地址	北京市海淀区中关村东路99号	邮编			

年度	2005	2004	基金重仓股(2006年一季度)	
			证券名称	占净值比例
主要财务指标 单位基金收益(元)	-0.0145	0.001	大商股份	9.52%
单位基金可分配收益(元)	-0.0456	0.001	G通威	7.86%
单位基金净值(元)	1.0123	1.0016	G伊利	5.12%
基金资产净值收益率(%)	-1.48	0.1	承德露露	4.48%
净收益(万元)	-660.53	102.15	现代投资	4.42%
基金资产总值(万元)	32759.17	88360.37	G合力	4.37%
基金资产净值(万元)	31634.49	86267.91	G民生	3.94%
单位基金累计净值(元)	1.3269(截止4.22)		苏宁电器	3.84%
单位基金累计分红(元)	0.1		华夏银行	3.59%
历年分红	05年:10派0.2		G常林	3.54%

国联优质成（398001）

名称	国联优质成长证券投资基金	成立日期	2004/09/28	存续期	不定期
类型	契约型	上市日期		托管人	交通银行
规模	10亿	投资风格			
管理人 名称	国联基金管理有限公司	电话	021-68419966		
管理人 地址	上海市陆家嘴东路166号中国保险大厦34层	邮编			

年度	2005	2004	基金重仓股(2006年一季度)	
			证券名称	占净值比例
主要财务指标 单位基金收益(元)	-0.061	0.0011	G伊利	8.03%
单位基金可分配收益(元)	-0.0729	-0.0289	中国玻纤	7.85%
单位基金净值(元)	0.9486	0.9711	重庆啤酒	7.04%
基金资产净值收益率(%)			G蒙电	5.92%
净收益(万元)	-3182.32	103.76	G招行	5.3%
基金资产总值(万元)	33205.66	80769.9	新疆天业	5.27%
基金资产净值(万元)	30585.64	80454.53	G中企	5.05%
单位基金累计净值(元)	1.0909(截止4.22)		银座股份	4.69%
单位基金累计分红(元)	0.05		山东铝业	3.18%
历年分红			中国联通	2.78%

东方精选（400003）

名称	东方精选混合型开放式证券投资基金	成立日期	2006/01/11	存续期	不定期
类型	契约型	上市日期		托管人	中国民生银行
规模	3亿	投资风格	混合型		
管理人 名称	东方基金管理有限责任公司	电话	010-82621888-6835		
管理人 地址	北京市海淀区中关村东路99号	邮编			

年度	2005	2004	基金重仓股(2006年一季度)	
			证券名称	占净值比例
主要财务指标 单位基金收益(元)			G农产品	7.77%
单位基金可分配收益(元)			雅戈尔	4.44%
单位基金净值(元)			G天津港	3.08%
基金资产净值收益率(%)			青岛海尔	2.87%
净收益(万元)			G中兴	2.79%
基金资产总值(万元)			G华侨城	2.66%
基金资产净值(万元)			G格力	2.64%
单位基金累计净值(元)	1.1105(截止4.22)		华源股份	2.59%
单位基金累计分红(元)	0.018		G宝钢	2.36%
历年分红			G歌华	2.26%

国联分红增（398011）

名称	国联分红增利混合型证券投资基金	成立日期	2005/06/16	存续期	不定期
类型	契约型	上市日期		托管人	中国农业银行
规模	6亿	投资风格	混合型		
管理人 名称	国联基金管理有限公司	电话	021-68419966		
管理人 地址	上海市陆家嘴东路166号中国保险大厦34层	邮编			

年度	2005	2004	基金重仓股(2006年一季度)	
			证券名称	占净值比例
主要财务指标 单位基金收益(元)	0.0047		G新安	4.23%
单位基金可分配收益(元)	-0.015		银座股份	3.87%
单位基金净值(元)	0.9974		G广汇	3.79%
基金资产净值收益率(%)	0.47		G金发	3.7%
净收益(万元)	139.79		G万华	3.19%
基金资产总值(万元)	19452.37		中国联通	3.02%
基金资产净值(万元)	19331.78		G佛照	2.8%
单位基金累计净值(元)	1.178(截止4.22)		国电电力	2.64%
单位基金累计分红(元)	0.12		深科技A	2.63%
历年分红	04年:10派0.1		G华泰	2.48%

华富竞争力（410001）

名称	华富竞争力优选混合型证券投资基金	成立日期	2005/03/02	存续期	不定期
类型	契约型	上市日期		托管人	中国建设银行
规模	6亿	投资风格			
管理人 名称	华富基金管理有限公司	电话	021-68886996		
管理人 地址	上海市浦东南路588号浦发大厦14层	邮编	200120		

年度	2005	2004	基金重仓股(2006年一季度)	
			证券名称	占净值比例
主要财务指标 单位基金收益(元)	-0.066		G中创	6.13%
单位基金可分配收益(元)	-0.0608		G生益	5.5%
单位基金净值(元)	0.98		华光陶瓷	4.65%
基金资产净值收益率(%)			G铁龙	3.75%
净收益(万元)	-3383.16		广船国际	3.6%
基金资产总值(万元)	36895.38		G士兰微	3.39%
基金资产净值(万元)	36540.29		G中兴	3.36%
单位基金累计净值(元)	1.181(截止4.22)		G海工	3.3%
单位基金累计分红(元)	0.15		G火箭	3.13%
历年分红			中联重科	3.13%

天弘精选（420001）

名称	天弘精选混合型证券投资基金	成立日期	2005/10/08	存续期	不定期
类型	契约型	上市日期		托管人	中国工商银行
规模	3亿	投资风格	混合型		
管理人	名称	天弘基金管理有限公司	电话	022-83310208	
	地址	天津市河西区马场道59号天津国际经济贸易中心A座16层	邮编	300203	
主要财务指标	年度	2005	2004	基金重仓股(2006年一季度)	
	单位基金收益(元)	0.0017		证券名称	占净值比例
	单位基金可分配收益(元)	-0.0002		石油大明	3.7%
	单位基金净值(元)	0.9998		齐鲁石化	3.43%
	基金资产净值收益率(%)			G招行	3.29%
	净收益(万元)	53.78		扬子石化	3.17%
	基金资产总值(万元)	30664.96		中原油气	2.23%
	基金资产净值(万元)	25535.99		G歌华	1.83%
单位基金累计净值(元)		1.0476(截止4.22)		G食品	1.22%
单位基金累计分红(元)		0.04		G华侨城	1.15%
历年分红				G天津港	1.01%
				G万科A	1.01%

富兰克林国（450001）

名称	富兰克林国海中国收益证券投资基金	成立日期	2005/06/01	存续期	不定期
类型	契约型	上市日期		托管人	中国工商银行
规模	7亿	投资风格	混合型		
管理人	名称	国海富兰克林基金管理有限公司	电话	021-68880980	
	地址	上海浦东富城路99号震旦国际大楼18楼	邮编		
主要财务指标	年度	2005	2004	基金重仓股(2006年一季度)	
	单位基金收益(元)	0.019		证券名称	占净值比例
	单位基金可分配收益(元)	0.0081		大商股份	4.33%
	单位基金净值(元)	1.0255		G皖通	3.89%
	基金资产净值收益率(%)	1.85		G招行	3.67%
	净收益(万元)	1108.24		双汇发展	3.62%
	基金资产总值(万元)	53307.84		G宝钢	3.23%
	基金资产净值(万元)	52709.75		G佛照	2.52%
单位基金累计净值(元)		1.1295(截止4.22)		G天士力	2.3%
单位基金累计分红(元)		0.045		赣粤高速	2.21%
历年分红	05年:10派0.1			G综超	2.1%
				G沪机场	2.01%

友邦盛世（460001）

名称	友邦华泰盛世中国股票型证券投资基金	成立日期	2005/04/27	存续期	不定期
类型	契约型	上市日期		托管人	中国银行
规模	9亿	投资风格	股票型		
管理人	名称	友邦华泰基金管理有限公司	电话	021-50472222	
	地址	上海市浦东新区世纪大道88号金茂大厦40楼	邮编		
主要财务指标	年度	2005	2004	基金重仓股(2006年一季度)	
	单位基金收益(元)	0.013		证券名称	占净值比例
	单位基金可分配收益(元)	-0.0133		G招行	6.34%
	单位基金净值(元)	1.007		G万华	4.93%
	基金资产净值收益率(%)	1.3		盐湖钾肥	3.39%
	净收益(万元)	928.49		G万科A	3.19%
	基金资产总值(万元)	68685.14		恒瑞医药	3.14%
	基金资产净值(万元)	68303.37		G天士力	3.12%
单位基金累计净值(元)		1.247(截止4.22)		G金桥	3.04%
单位基金累计分红(元)		0.08		G康缘	3%
历年分红	05年:10派0.3			G长电	2.94%
				贵州茅台	2.93%

工银瑞信价（481001）

名称	工银瑞信核心价值股票型证券投资基金	成立日期	2005/08/31	存续期	不定期
类型	契约型	上市日期		托管人	中国银行
规模	43亿	投资风格	股票型		
管理人	名称	工银瑞信基金管理有限公司	电话	010-65179888	
	地址	北京市东城区朝内大街188号鸿安国际商务大厦	邮编		
主要财务指标	年度	2005	2004	基金重仓股(2006年一季度)	
	单位基金收益(元)	-0.0017		证券名称	占净值比例
	单位基金可分配收益(元)	-0.0019		G招行	6.07%
	单位基金净值(元)	1.0156		G综超	6.02%
	基金资产净值收益率(%)	-0.1739		G中兴	5.48%
	净收益(万元)	-724.24		G海工	5.1%
	基金资产总值(万元)	444968.71		王府井	4.84%
	基金资产净值(万元)	394649.75		G华侨城	4.8%
单位基金累计净值(元)		1.2518(截止4.22)		G张裕	4.65%
单位基金累计分红(元)		0.015		G伊利	4.63%
历年分红				小商品城	3.51%
				G铁龙	2.94%

工银瑞信货（482002）

名称	工银瑞信货币市场基金	成立日期	2006/03/20	存续期	不定期
类型	契约型	上市日期		托管人	中国建设银行
规模	88亿	投资风格	货币市场型		
管理人	名称	工银瑞信基金管理有限公司	电话	010-65179888	
	地址	北京市东城区朝内大街188号鸿安国际商务大厦	邮编		
主要财务指标	年度	2005	2004	基金重仓股(2006年一季度)	
	单位基金收益(元)			证券名称	占净值比例
	单位基金可分配收益(元)				
	单位基金净值(元)				
	基金资产净值收益率(%)				
	净收益(万元)				
	基金资产总值(万元)				
	基金资产净值(万元)				
单位基金累计净值(元)					
单位基金累计分红(元)					
历年分红					

基金金泰（500001）

名称	金泰证券投资基金	成立日期	1998/03/27	存续期	15年(1998/3/27-2013/3/27)
类型	契约型	上市日期	1998/04/07	托管人	中国工商银行
规模	20亿	投资风格	平衡型		
管理人	名称	国泰基金管理有限公司	电话	021-23060288	
	地址	上海市黄浦区延安东路700号港泰广场23楼	邮编	200001	
主要财务指标	年度	2005	2004	基金重仓股(2006年一季度)	
	单位基金收益(元)	-0.0824	0.1291	证券名称	占净值比例
	单位基金可分配收益(元)	-0.0756	0.0362	双汇发展	4.54%
	单位基金净值(元)	0.9788	1.0362	G招行	4.1%
	基金资产净值收益率(%)	-8.37	11.92	G振华	3.43%
	净收益(万元)	-16476.91	25818.1	中国石化	3.41%
	基金资产总值(万元)	209250.01	207854.78	G万科A	3.31%
	基金资产净值(万元)	195750.18	207230.42	大商股份	3.28%
单位基金累计净值(元)				G新世界	3.18%
单位基金累计分红(元)				G海工	3.15%
历年分红	04年:10派0.35			G中兴	3.03%
				贵州茅台	2.66%

基金泰和（500002）

名称	泰和证券投资基金	成立日期	1999/04/08	存续期	15年(1999/4/8-2014/4/7)
类型	契约型	上市日期	1999/04/20	托管人	中国建设银行
规模	20亿	投资风格	平衡型		
管理人 名称	嘉实基金管理有限公司	电话	(010)65188866		
管理人 地址	北京市建国门北大街8号华润大厦8层	邮编	100005		

年度	2005	2004	基金重仓股(2006年一季度)	
主要财务指标			证券名称	占净值比例
单位基金收益(元)	-0.0345	0.0554		
单位基金可分配收益(元)	0.0007	-0.0063	G江汽	6.09%
单位基金净值(元)	1.0533	0.9937	大商股份	5.88%
基金资产净值收益率(%)			G铜都	4.59%
净收益(万元)	-6901.84	11073.22	G沪机场	4.19%
基金资产总值(万元)	212471.72	199745.43	G中兴	3.75%
基金资产净值(万元)	210665.04	198740.25	G福耀	3.64%
单位基金累计净值(元)	1.7685(截止4.22)		国电电力	3.35%
单位基金累计分红(元)	0.525		G晨鸣	2.99%
历年分红			G柳化	2.22%
			G万科A	1.87%

基金安信（500003）

名称	安信证券投资基金	成立日期	1998/06/22	存续期	15年(1998/6/22-2013/6/22)
类型	契约型	上市日期	1998/06/26	托管人	中国工商银行
规模	20亿	投资风格	积极成长型		
管理人 名称	华安基金管理有限公司	电话	021—58881111		
管理人 地址	上海浦东新区浦东南路360号新上海国际大厦38楼	邮编	200120		

年度	2005	2004	基金重仓股(2006年一季度)	
主要财务指标			证券名称	占净值比例
单位基金收益(元)	0.0285	0.0564		
单位基金可分配收益(元)	0.0294	0.0069	G万华	9.63%
单位基金净值(元)	1.0643	1.0176	盐湖钾肥	8.81%
基金资产净值收益率(%)	2.74	5.26	G招行	5.38%
净收益(万元)	5692.14	11288	中国石化	4.19%
基金资产总值(万元)	218019.13	204057.36	G海欣	3.61%
基金资产净值(万元)	212852.81	203511.94	G福耀	3.25%
单位基金累计净值(元)			G复星	3.14%
单位基金累计分红(元)			G海工	3.12%
历年分红	04年:10派0.5，10派0.06；03年:10派0.1		G深机场	2.79%
			G宇通	2.65%

基金汉盛（500005）

名称	汉盛证券投资基金	成立日期	1999/05/10	存续期	15年(1999/5/18-2014/5/17)
类型	契约型	上市日期	1999/05/18	托管人	中国农业银行
规模	20亿	投资风格	积极成长型		
管理人 名称	富国基金管理有限公司	电话	021-50478888		
管理人 地址	上海市黄浦区广东路689号海通证券大厦13、14层	邮编	200121		

年度	2005	2004	基金重仓股(2006年一季度)	
主要财务指标			证券名称	占净值比例
单位基金收益(元)	-0.0396	0.1087		
单位基金可分配收益(元)	-0.0509	-0.0113	浦发银行	6.84%
单位基金净值(元)	0.9994	0.9919	G招行	6.75%
基金资产净值收益率(%)			中国联通	5.94%
净收益(万元)	-7922.67	21741.73	G兰花	5.24%
基金资产总值(万元)	201409.16	198872.72	中国石化	4.87%
基金资产净值(万元)	199876.71	198375.14	双汇发展	3.14%
单位基金累计净值(元)			G万科A	2.71%
单位基金累计分红(元)			赣粤高速	2.55%
历年分红			G沪机场	2.32%
			G振华	2.26%

基金裕阳（500006）

名称	裕阳证券投资基金	成立日期	1998/07/25	存续期	15年(1998/7/25-2013/7/25)
类型	契约型	上市日期	1998/07/30	托管人	中国农业银行
规模	20亿	投资风格	积极成长型		
管理人 名称	博时基金管理有限公司	电话	0755-3169999		
管理人 地址	深圳市福田区深南大道招商银行大厦29层	邮编	518040		

年度	2005	2004	基金重仓股(2006年一季度)	
主要财务指标			证券名称	占净值比例
单位基金收益(元)	-0.04	0.1045		
单位基金可分配收益(元)	0.0165	0.0499	G万科A	8.7%
单位基金净值(元)	1.0547	1.0499	中国石化	6.76%
基金资产净值收益率(%)			G长电	6.73%
净收益(万元)	-7997.42	20904.72	G中兴	6.2%
基金资产总值(万元)	211894.18	211454.6	G招行	3.78%
基金资产净值(万元)	210944.04	209980.31	G上汽	3.75%
单位基金累计净值(元)			G上港	3.68%
单位基金累计分红(元)			G招商局	3.65%
历年分红	04年:10派0.49；03年:10派0.4		外运发展	3.6%
			G宝钢	3.49%

基金景阳（500007）

名称	景阳证券投资基金	成立日期	1992/05/31	存续期	15年(1992/5/31-2007/12/31)
类型	契约型	上市日期	1999/10/22	托管人	中国农业银行
规模	10亿	投资风格	中小企业成长型		
管理人 名称	大成基金管理有限公司	电话	0755-83183388		
管理人 地址	深圳市福田区深南大道7088号招商银行大厦32层	邮编	518040		

年度	2005	2004	基金重仓股(2006年一季度)	
主要财务指标			证券名称	占净值比例
单位基金收益(元)	0.0413	0.0109		
单位基金可分配收益(元)	0.0339	-0.0241	苏宁电器	5.64%
单位基金净值(元)	1.0826	0.9759	云南白药	5.34%
基金资产净值收益率(%)			盐湖钾肥	5.15%
净收益(万元)	4125.96	1085.6	G国阳	4.07%
基金资产总值(万元)	111262.66	98005.64	G招行	4.07%
基金资产净值(万元)	108256.12	97588.87	G海工	3.45%
单位基金累计净值(元)	1.6743(截止4.22)		G华侨城	3.32%
单位基金累计分红(元)	0.324		驰宏锌锗	3.32%
历年分红	05年:10派0.31		浦发银行	2.96%
			双汇发展	2.78%

基金兴华（500008）

名称	兴华证券投资基金	成立日期	1998/04/28	存续期	15年(1998/4/28-2013/4/28)
类型	契约型	上市日期	1998/05/08	托管人	中国建设银行
规模	20亿	投资风格	稳健成长型		
管理人 名称	华夏基金管理有限公司	电话	010-88066688		
管理人 地址	北京市西城区金融大街33号通泰大厦B座8层	邮编	100032		

年度	2005	2004	基金重仓股(2006年一季度)	
主要财务指标			证券名称	占净值比例
单位基金收益(元)	-0.0834	0.1884		
单位基金可分配收益(元)	-0.0225	0.1564	G万科A	5.64%
单位基金净值(元)	1.0206	1.1564	大商股份	3.98%
基金资产净值收益率(%)	-8.17	15.02	G招行	3.49%
净收益(万元)	-16676.8	37686.05	G招商局	3.47%
基金资产总值(万元)	205951.32	232210.37	G中兴	3.23%
基金资产净值(万元)	204129.56	231289.44	G振华	3.13%
单位基金累计净值(元)	2.473(截止4.22)		G宝钛	2.91%
单位基金累计分红(元)	1.175		中国石化	2.79%
历年分红	04年:10派1.41；03年:10派1.3		苏宁电器	2.34%
			G伊利	2.34%

基金安顺（500009）

名称	安顺证券投资基金	成立日期	1999/06/15	存续期	15年(1999/6/15-2014/6/14)
类型	契约型	上市日期	1999/06/22	托管人	交通银行
规模	30亿	投资风格	稳健成长型		
管理人 名称	华安基金管理有限公司	电话	021—58881111		
管理人 地址	上海浦东新区浦东南路360号新上海国际大厦38楼	邮编	200120		

主要财务指标 年度	2005	2004	基金重仓股(2006年一季度)	
单位基金收益(元)	0.0554	0.0853	证券名称	占净值比例
单位基金可分配收益(元)	0.0565	0.011	G金融街	8.52%
单位基金净值(元)	1.1284	1.011	G沪机场	7.23%
基金资产净值收益率(%)	5.27	7.75	中国联通	5.06%
净收益(万元)	16621.35	25596.96	G万华	3.93%
基金资产总值(万元)	345330.99	303996.77	G振华	3.92%
基金资产净值(万元)	338513.39	303306.21	G深机场	3.82%
单位基金累计净值(元)			赣粤高速	3.56%
单位基金累计分红(元)			G海欣	3.53%
历年分红	05年:10派0.1；04年:10派0.75；03年:10派0.22		浦发银行	3.31%
			G宝钛	3.11%

基金安瑞（500013）

名称	安瑞证券投资基金	成立日期	1992/04/29	存续期	15年(1992/4/29-2007/4/28)
类型	契约型	上市日期	2001/08/30	托管人	中国工商银行
规模	5亿	投资风格	中小企业成长型		
管理人 名称	华安基金管理有限公司	电话	021—58881111		
管理人 地址	上海浦东新区浦东南路360号新上海国际大厦38楼	邮编	200120		

主要财务指标 年度	2005	2004	基金重仓股(2006年一季度)	
单位基金收益(元)	-0.021	-0.0123	证券名称	占净值比例
单位基金可分配收益(元)	-0.1086	-0.0944	中捷股份	6.51%
单位基金净值(元)	0.927	0.9056	思源电气	4.51%
基金资产净值收益率(%)	-2.39	-1.26	航天电器	3.95%
净收益(万元)	-1050.74	-613.56	中联重科	3.92%
基金资产总值(万元)	46818.1	45496.24	长安汽车	3.63%
基金资产净值(万元)	46347.69	45280.81	G兰花	3.2%
单位基金累计净值(元)			G宝胜	2.89%
单位基金累计分红(元)	0.07		登海种业	2.41%
历年分红			G通威	2.37%
			广州国光	2.15%

基金金元（500010）

名称	金元证券投资基金	成立日期	1992/05/28	存续期	15年(1992/05/28-2007/05/27)
类型	契约型	上市日期		托管人	中国工商银行
规模	5亿	投资风格	积极成长型		
管理人 名称	南方基金管理有限公司	电话	0755-82912000		
管理人 地址	深圳市福田中心区深南大道4009号投资大厦七楼	邮编	518026		

主要财务指标 年度	2005	2004	基金重仓股(2006年一季度)	
单位基金收益(元)	0.0603	0.0482	证券名称	占净值比例
单位基金可分配收益(元)	-0.0125	-0.0727	G万科A	9.19%
单位基金净值(元)	1.0191	0.954	G太钢	8.3%
基金资产净值收益率(%)			G招行	7.91%
净收益(万元)	3014.06	2410.85	中国石化	7.4%
基金资产总值(万元)	53241.39	48120.1	G五粮液	6.79%
基金资产净值(万元)	50956.72	47702.24	G中兴	6.5%
单位基金累计净值(元)			G中信	4.96%
单位基金累计分红(元)			G伊利	4.2%
历年分红			G华能	4.13%
			G万华	3.7%

基金汉兴（500015）

名称	汉兴证券投资基金	成立日期	1999/12/30	存续期	15年(1999/12/30-2014/12/30)
类型	契约型	上市日期	2000/01/10	托管人	交通银行
规模	30亿	投资风格	平衡型		
管理人 名称	富国基金管理有限公司	电话	021-50478888		
管理人 地址	上海市黄浦区广东路689号海通证券大厦13、14层	邮编	200121		

主要财务指标 年度	2005	2004	基金重仓股(2006年一季度)	
单位基金收益(元)	-0.0442	0.05	证券名称	占净值比例
单位基金可分配收益(元)	-0.1746	-0.1304	中国联通	8.6%
单位基金净值(元)	0.8562	0.8816	G民生	5.48%
基金资产净值收益率(%)			G招行	5.42%
净收益(万元)	-13255.07	15012.07	G明珠	3.94%
基金资产总值(万元)	258587.48	265185.16	中国石化	3.55%
基金资产净值(万元)	256872.66	264486.65	华微电子	2.96%
单位基金累计净值(元)			G苏阳光	2.89%
单位基金累计分红(元)			G新世界	2.71%
历年分红			平高电气	2.57%
			双汇发展	2.24%

基金金鑫（500011）

名称	金鑫证券投资基金	成立日期	1999/10/21	存续期	15年(1999/10/21-2014/10/21)
类型	契约型	上市日期	1999/11/26	托管人	中国建设银行
规模	30亿	投资风格			
管理人 名称	国泰基金管理有限公司	电话	021-23060288		
管理人 地址	上海市黄浦区延安东路700号港泰广场23楼	邮编	200001		

主要财务指标 年度	2005	2004	基金重仓股(2006年一季度)	
单位基金收益(元)	-0.1155	0.07	证券名称	占净值比例
单位基金可分配收益(元)	-0.087	-0.0155	双汇发展	9.72%
单位基金净值(元)	0.9512	0.9845	中国石化	5.44%
基金资产净值收益率(%)	-12.23	6.44	G新世界	4.94%
净收益(万元)	-34645.21	21005.27	G明珠	4.05%
基金资产总值(万元)	301143.52	296180.57	中国联通	3.91%
基金资产净值(万元)	285373.01	295337.66	G歌华	3.7%
单位基金累计净值(元)			片仔癀	2.76%
单位基金累计分红(元)			华夏银行	2.71%
历年分红	04年:10派0.3		G法拉	2.71%
			G中兴	2.53%

基金裕元（500016）

名称	裕元证券投资基金	成立日期	1992/06/01	存续期	15年(1992/6/1-2007/5/31)
类型	契约型	上市日期	1999/10/28	托管人	中国工商银行
规模	15亿	投资风格	资产重组型		
管理人 名称	博时基金管理有限公司	电话	0755-3169999		
管理人 地址	深圳市福田区深南大道招商银行大厦29层	邮编	518040		

主要财务指标 年度	2005	2004	基金重仓股(2006年一季度)	
单位基金收益(元)	0.0187	0.0836	证券名称	占净值比例
单位基金可分配收益(元)	0.0225	0.0838	G招行	8.16%
单位基金净值(元)	1.086	1.1037	G万科A	7.49%
基金资产净值收益率(%)			G宝钢	6.26%
净收益(万元)	2804.5	12542.2	G长电	5.5%
基金资产总值(万元)	165247.17	167549	燕京啤酒	5.26%
基金资产净值(万元)	162896.2	165556.9	中国石化	5.17%
单位基金累计净值(元)			G沪机场	4.21%
单位基金累计分红(元)	0.549		G宇通	3.65%
历年分红	04年:10派0.8；03年:10派0.48		G华侨城	3.64%
			中国联通	3.56%

基金景业（500017）

名称	景业证券投资基金	成立日期	1992/04/01	存续期	15年(1992/4/1-2007/3/30)
类型	契约型	上市日期	2001/12/19	托管人	中国农业银行
规模	5亿	投资风格	成长型		
管理人 名称	大成基金管理有限公司	电话	0755-83183388		
管理人 地址	深圳市福田区深南大道7088号招商银行大厦32层	邮编	518040		

主要财务指标 年度	2005	2004	基金重仓股(2006年一季度)	
			证券名称	占净值比例
单位基金收益(元)	0.0034	0.0179	贵州茅台	8.61%
单位基金可分配收益(元)	-0.1693	-0.1726	G鞍钢	8.51%
单位基金净值(元)	0.9062	0.8547	G伊利	5.87%
基金资产净值收益率(%)			G宏达	5.54%
净收益(万元)	168.13	894.35	双汇发展	5.31%
基金资产总值(万元)	45874.16	43217.62	G招商局	4.65%
基金资产净值(万元)	45309.69	42735.77	G万科A	3.85%
单位基金累计净值(元)	1.1312(截止4.22)		G民生	3.53%
单位基金累计分红(元)			云南白药	3.19%
历年分红			G重机	3.17%

基金兴和（500018）

名称	兴和证券投资基金	成立日期	1999/07/14	存续期	15年(1999/7/14-2014/7/13)
类型	契约型	上市日期	1999/07/30	托管人	中国建设银行
规模	30亿	投资风格	优化指数型		
管理人 名称	华夏基金管理有限公司	电话	010-88066688		
管理人 地址	北京市西城区金融大街33号通泰大厦B座8层	邮编	100032		

主要财务指标 年度	2005	2004	基金重仓股(2006年一季度)	
			证券名称	占净值比例
单位基金收益(元)	-0.047	0.0495	中国石化	4.22%
单位基金可分配收益(元)	-0.0564	-0.0278	G深能源	2.99%
单位基金净值(元)	0.9436	0.9722	中色股份	2.79%
基金资产净值收益率(%)	-5.07	4.53	G民生	2.74%
净收益(万元)	-14113.13	14837.27	G三环	2.39%
基金资产总值(万元)	283865.56	293685.08	G深高速	2.07%
基金资产净值(万元)	283086.58	291647.91	G宝钢	1.29%
单位基金累计净值(元)	1.5484(截止4.22)		G招行	1.18%
单位基金累计分红(元)	0.423		G长电	0.87%
历年分红	03年:10派0.96		G华能	0.7%

基金普润（500019）

名称	普润证券投资基金	成立日期	1992/05/09	存续期	15年(1992/5/9-2007/5/8)
类型	契约型	上市日期	2001/09/04	托管人	中国工商银行
规模	5亿	投资风格	中小企业成长型		
管理人 名称	鹏华基金管理有限公司	电话	(0755)82080663		
管理人 地址	广东省深圳市深南东路深圳发展银行大厦27楼	邮编	518001		

主要财务指标 年度	2005	2004	基金重仓股(2006年一季度)	
			证券名称	占净值比例
单位基金收益(元)	-0.0481	0.0295	G海工	4.34%
单位基金可分配收益(元)	-0.1363	-0.1044	G厦钨	4.16%
单位基金净值(元)	0.9553	0.8956	G振华	3.35%
基金资产净值收益率(%)	-5.28	3.05	苏宁电器	3.27%
净收益(万元)	-2404.06	1476.19	G中兴	3.18%
基金资产总值(万元)	48302.07	45033.78	G招行	3%
基金资产净值(万元)	47764.24	44778.59	G民生	2.99%
单位基金累计净值(元)	1.2251(截止4.22)		大商股份	2.94%
单位基金累计分红(元)			G万科A	2.81%
历年分红			赣粤高速	2.57%

基金金鼎（500021）

名称	金鼎证券投资基金	成立日期	1992/05/31	存续期	15年(1992/05/31-2007/05/31)
类型	契约型	上市日期	2000/08/04	托管人	中国建设银行
规模	5亿	投资风格	积极成长型		
管理人 名称	国泰基金管理有限公司	电话	021-23060288		
管理人 地址	上海市黄浦区延安东路700号港泰广场23楼	邮编	200001		

主要财务指标 年度	2005	2004	基金重仓股(2006年一季度)	
			证券名称	占净值比例
单位基金收益(元)	-0.0181	0.0936	双汇发展	8.05%
单位基金可分配收益(元)	-0.0351	-0.0576	中国联通	5.22%
单位基金净值(元)	1.0081	0.9424	航天长峰	5.09%
基金资产净值收益率(%)	-1.88	9.24	焦作万方	4.24%
净收益(万元)	-905.59	4682.19	G蓝清洗	3.15%
基金资产总值(万元)	50561.19	47757.63	G中兴	3.03%
基金资产净值(万元)	50406.23	47120.93	航天信息	2.93%
单位基金累计净值(元)			G锡业	2.72%
单位基金累计分红(元)			中联重科	2.35%
历年分红			星新材料	2.12%

基金汉鼎（500025）

名称	汉鼎证券投资基金	成立日期	1994/01/01	存续期	15年(1994/1/1-2008/12/31)
类型	契约型	上市日期	2000/08/17	托管人	中国工商银行
规模	5亿	投资风格	积极成长型		
管理人 名称	富国基金管理有限公司	电话	021-50478888		
管理人 地址	上海市黄浦区广东路689号海通证券大厦13、14层	邮编	200121		

主要财务指标 年度	2005	2004	基金重仓股(2006年一季度)	
			证券名称	占净值比例
单位基金收益(元)	0.0245	0.076	G法拉	10.36%
单位基金可分配收益(元)	-0.1086	-0.1331	G中兴	10.12%
单位基金净值(元)	0.9149	0.8928	中国联通	9.22%
基金资产净值收益率(%)			G用友	4.99%
净收益(万元)	1225.48	3800.23	G苏阳光	4.87%
基金资产总值(万元)	46657.91	44771.07	双汇发展	4.17%
基金资产净值(万元)	45746.7	44639.61	浦发银行	4.15%
单位基金累计净值(元)			G兰花	3.96%
单位基金累计分红(元)	0.006		G生益	3.1%
历年分红			G歌华	2.81%

基金兴业（500028）

名称	兴业证券投资基金	成立日期	1991/11/15	存续期	15年(1991/11/15-2006/11/14)
类型	契约型	上市日期	2001/07/27	托管人	中国农业银行
规模	5亿	投资风格	积极成长型		
管理人 名称	华夏基金管理有限公司	电话	010-88066688		
管理人 地址	北京市西城区金融大街33号通泰大厦B座8层	邮编	100032		

主要财务指标 年度	2005	2004	基金重仓股(2006年一季度)	
			证券名称	占净值比例
单位基金收益(元)	-0.0325	0.0529	中原油气	7.9%
单位基金可分配收益(元)	-0.175	-0.1496	齐鲁石化	7.63%
单位基金净值(元)	0.8733	0.8504	扬子石化	7.62%
基金资产净值收益率(%)	-3.86	5.87	石油大明	7.38%
净收益(万元)	-1626.45	2645.08	G中储	5.1%
基金资产总值(万元)	44476.44	42673.78	G老窖	3.13%
基金资产净值(万元)	43663.32	42519.08	G宝钢	1.78%
单位基金累计净值(元)	0.9794(截止4.22)		G柳化	1.75%
单位基金累计分红(元)			星新材料	1.65%
历年分红			赣粤高速	1.04%

基金科讯（500029）

名称	科讯证券投资基金	成立日期	1993/01/12	存续期	15年(1993/1/12－2008/1/11)
类型	契约型	上市日期	2001/06/20	托管人	交通银行
规模	8亿	投资风格	稳健成长型		
管理人 名称	易方达基金管理有限公司	电话	020－38797888		
管理人 地址	广州市体育西路189号27、28楼	邮编	510075		

主要财务指标 年度	2005	2004	基金重仓股(2006年一季度)	
单位基金收益(元)	0.0739	0.0544	证券名称	占净值比例
单位基金可分配收益(元)	0.0765	0.0377	贵州茅台	9.09%
单位基金净值(元)	1.1439	1.1465	双汇发展	5.4%
基金资产净值收益率(%)			G沪机场	4.92%
净收益(万元)	5908.41	4354.08	G招行	3.71%
基金资产总值(万元)	92334.01	93276.28	G重汽	3.63%
基金资产净值(万元)	91511.99	91720.87	G金龙	3.55%
单位基金累计净值(元)			G中信	3.41%
单位基金累计分红(元)	0.105		赣粤高速	3.38%
历年分红	04年:10派0.35		G华侨城	3.13%
			G张裕	3.02%

基金同德（500039）

名称	同德证券投资基金	成立日期	1992/12/01	存续期	15年(1992/12/1－2007/11/30)
类型	契约型	上市日期	2001/08/01	托管人	中国农业银行
规模	5亿	投资风格	稳健成长型		
管理人 名称	长盛基金管理有限公司	电话	010－82255818		
管理人 地址	北京市海淀区北太平庄路18号城建大厦A座21层	邮编	100088		

主要财务指标 年度	2005	2004	基金重仓股(2006年一季度)	
单位基金收益(元)	0.0441	0.0758	证券名称	占净值比例
单位基金可分配收益(元)	0.0508	0.0677	G招行	5.19%
单位基金净值(元)	1.1317	1.0858	G金融街	4.68%
基金资产净值收益率(%)			双汇发展	4.59%
净收益(万元)	2205.08	3787.52	G中兴	4.42%
基金资产总值(万元)	56741.77	54436.95	G海工	4.31%
基金资产净值(万元)	56587.16	54287.53	中国石化	3.56%
单位基金累计净值(元)			国电南瑞	3.38%
单位基金累计分红(元)			G火箭	3.33%
历年分红	05年:10派0.46；04年:10派0.61		G鞍钢	3.18%
			中国联通	3.05%

基金汉博（500035）

名称	汉博证券投资基金	成立日期	1992/05/30	存续期	15年(1992/5/30－2007/5/29)
类型	契约型	上市日期	2000/10/17	托管人	中国建设银行
规模	5亿	投资风格	积极成长型		
管理人 名称	富国基金管理有限公司	电话	021－50478888		
管理人 地址	上海市黄浦区广东路689号海通证券大厦13、14层	邮编	200121		

主要财务指标 年度	2005	2004	基金重仓股(2006年一季度)	
单位基金收益(元)	－0.0176	0.0852	证券名称	占净值比例
单位基金可分配收益(元)	－0.0902	－0.0843	G招行	5.96%
单位基金净值(元)	0.955	0.9157	航天信息	5.64%
基金资产净值收益率(%)			G振华	4.85%
净收益(万元)	－881.56	4257.76	小商品城	3.68%
基金资产总值(万元)	49079.86	46029.31	G柳工	3.63%
基金资产净值(万元)	47748.46	45784.97	G生益	3.59%
单位基金累计净值(元)			苏宁电器	3.39%
单位基金累计分红(元)			G江汽	3.24%
历年分红			国电南瑞	3.18%
			贵州茅台	3.13%

基金科瑞（500056）

名称	科瑞证券投资基金	成立日期	2002/03/12	存续期	15年(2002/3/12－2017/3/12/)
类型	契约型	上市日期	2002/03/20	托管人	交通银行
规模	30亿	投资风格	价值型		
管理人 名称	易方达基金管理有限公司	电话	020－38797888		
管理人 地址	广州市体育西路189号27、28楼	邮编	510075		

主要财务指标 年度	2005	2004	基金重仓股(2006年一季度)	
单位基金收益(元)	0.0727	0.0934	证券名称	占净值比例
单位基金可分配收益(元)	0.0773	0.0046	贵州茅台	6.84%
单位基金净值(元)	1.2019	1.1332	G招行	5.89%
基金资产净值收益率(%)			G万科A	3.9%
净收益(万元)	21804.73	28022.06	G华侨城	3.84%
基金资产总值(万元)	365732.04	360669.36	大商股份	3.75%
基金资产净值(万元)	360568.43	339961.06	赣粤高速	2.99%
单位基金累计净值(元)			G民生	2.94%
单位基金累计分红(元)			G沪机场	2.9%
历年分红	04年:10派0.2，10派0.6.		小商品城	2.76%
			G歌华	2.75%

基金通乾（500038）

名称	通乾证券投资基金	成立日期	2001/08/29	存续期	15年(2001/8/29－2016/8/28)
类型	契约型	上市日期	2001/09/21	托管人	中国建设银行
规模	20亿	投资风格	价值成长型		
管理人 名称	融通基金管理有限公司	电话	0755－82950696		
管理人 地址	深圳市南山区华侨城汉唐大厦13、14层	邮编	518048		

主要财务指标 年度	2005	2004	基金重仓股(2006年一季度)	
单位基金收益(元)	－0.0857	0.0737	证券名称	占净值比例
单位基金可分配收益(元)	－0.0833	0.0255	一汽夏利	9.57%
单位基金净值(元)	0.9791	1.0278	GTCL	7.53%
基金资产净值收益率(%)			冀东水泥	7.35%
净收益(万元)	－17144.91	14732.94	北新建材	5.73%
基金资产总值(万元)	206145.99	206926.64	桂冠电力	4.97%
基金资产净值(万元)	195810.11	205558.02	中国石化	4.26%
单位基金累计净值(元)	1.211(截止4.22)		G重机	3.92%
单位基金累计分红(元)	0.053		G鞍钢	3.74%
历年分红	04年:10派0.23		广船国际	3.69%
			G三环	3.03%

基金银丰（500058）

名称	银丰证券投资基金	成立日期	2002/08/14	存续期	15年(2002/8/14－2017/8/14)
类型	契约型	上市日期	2002/09/10	托管人	中国建设银行
规模	30亿	投资风格	平衡型		
管理人 名称	银河基金管理有限公司	电话	021－65956688		
管理人 地址	上海市虹口区东大名路908号金岸大厦三楼	邮编	200120		

主要财务指标 年度	2005	2004	基金重仓股(2006年一季度)	
单位基金收益(元)	－0.0506	0.0806	证券名称	占净值比例
单位基金可分配收益(元)	－0.0093	0.01	G招行	6.74%
单位基金净值(元)	1.006	1.01	中国石化	4.64%
基金资产净值收益率(%)	－5.2	7.21	中国联通	4.01%
净收益(万元)	－15176.94	24181.07	G宝钢	3.26%
基金资产总值(万元)	318189.47	306631.35	G中金	2.91%
基金资产净值(万元)	301689.63	303008.01	中联重科	2.45%
单位基金累计净值(元)	1.283(截止4.22)		G中兴	2.25%
单位基金累计分红(元)	0.08		G用友	1.96%
历年分红	04年:10派0.2，10派0.1，10派0.1；03年:10派0.2		G原水	1.94%
			G威孚	1.66%

海富通精选（510001）

名称	海富通精选证券投资基金	成立日期	2003/08/22	存续期	不定期
类型	契约型	上市日期		托管人	交通银行
规模	37亿	投资风格	平衡型		
管理人 名称	海富通基金管理有限公司		电话	021－50471758	
管理人 地址	上海市浦东新区世纪大道88号金茂大厦37层		邮编	200121	

主要财务指标 年度	2005	2004	基金重仓股(2006年一季度) 证券名称	占净值比例
单位基金收益(元)	0.0456	0.0957	证券名称	占净值比例
单位基金可分配收益(元)	0.0007	－0.0113	G海工	6.07%
单位基金净值(元)	1.0795	1.0299	贵州茅台	5.04%
基金资产净值收益率(%)			G歌华	4.76%
净收益(万元)	11919.99	23583.21	G沪机场	4.6%
基金资产总值(万元)	252414.83	284993.42	盐湖钾肥	3.95%
基金资产净值(万元)	251054.16	281590.27	G招行	3.91%
单位基金累计净值(元)	1.4953(截止4.22)		G万华	3.55%
单位基金累计分红(元)	0.28		G万科A	3.32%
历年分红	05年:10派0.15,10派0.2;04年:10派0.45,10派0.5,10派0.3;03年:10派0.15		G太钢	3.04%
			中国石化	2.56%

50ETF（510050）

名称	上证50交易型开放式指数证券投资基金	成立日期	2004/12/30	存续期	永久存续
类型	契约型	上市日期	2005/02/23	托管人	中国工商银行
规模	64亿	投资风格	指数型		
管理人 名称	华夏基金管理有限公司		电话	010－88066688	
管理人 地址	北京市西城区金融大街33号通泰大厦B座8层		邮编	100032	

主要财务指标 年度	2005	2004	基金重仓股(2006年一季度) 证券名称	占净值比例
单位基金收益(元)	－0.0025	0.0001	证券名称	占净值比例
单位基金可分配收益(元)	－0.0309	－0.0037	G招行	10.15%
单位基金净值(元)	0.814	0.996	中国联通	7.27%
基金资产净值收益率(%)	－0.31	0.01	G宝钢	7.05%
净收益(万元)	－1909.27	37.36	G长电	6.71%
基金资产总值(万元)	663346.37	590023.95	G民生	6.12%
基金资产净值(万元)	660113.98	541530.97	中国石化	4.43%
单位基金累计净值(元)	1.118(截止4.22)		浦发银行	3.84%
单位基金累计分红(元)			G沪机场	3.55%
历年分红			G武钢	2.7%
			贵州茅台	2.59%

海富通收益（510003）

名称	海富通收益增长证券投资基金	成立日期	2004/03/12	存续期	不定期
类型	契约型	上市日期		托管人	中国银行
规模	131亿	投资风格			
管理人 名称	海富通基金管理有限公司		电话	021－50471758	
管理人 地址	上海市浦东新区世纪大道88号金茂大厦37层		邮编	200121	

主要财务指标 年度	2005	2004	基金重仓股(2006年一季度) 证券名称	占净值比例
单位基金收益(元)	－0.0278	－0.023	证券名称	占净值比例
单位基金可分配收益(元)	－0.0495	－0.055	中国石化	4.28%
单位基金净值(元)	0.958	0.945	G海工	3.47%
基金资产净值收益率(%)			G招行	3.43%
净收益(万元)	－27308.77	－28321.2	贵州茅台	3.25%
基金资产总值(万元)	812020.43	1081435.23	G万华	3.12%
基金资产净值(万元)	806904.51	1077142.9	G邯钢	2.68%
单位基金累计净值(元)	1.093(截止4.22)		G万科A	2.34%
单位基金累计分红(元)			G沪机场	2.02%
历年分红			G歌华	1.91%
			G兰花	1.77%

长盛债券基（510080）

名称	长盛中信全债指数增强型债券投资基金	成立日期	2003/10/25	存续期	不定期
类型	契约型	上市日期		托管人	中国农业银行
规模	9亿	投资风格	债券型		
管理人 名称	长盛基金管理有限公司		电话	010－82255818	
管理人 地址	北京市海淀区北太平庄路18号城建大厦A座21层		邮编	100088	

主要财务指标 年度	2005	2004	基金重仓股(2006年一季度) 证券名称	占净值比例
单位基金收益(元)	0.0933	0.0539	证券名称	占净值比例
单位基金可分配收益(元)	0.0468	－0.0022	G招行	4.85%
单位基金净值(元)	1.0468	0.9978	G宝钢	1.59%
基金资产净值收益率(%)			雅戈尔	1.2%
净收益(万元)	2065.76	2305.82	G长电	1.1%
基金资产总值(万元)	14682.48	34188	广州国光	0.99%
基金资产净值(万元)	13704.01	34073.29	王府井	0.97%
单位基金累计净值(元)	1.2097(截止4.22)		中国联通	0.93%
单位基金累计分红(元)	0.16		G天士力	0.87%
历年分红	05年:10派0.22,10派0.32;04年:10派0.3;03年:10派0.16		G食品	0.8%
			南方航空	0.51%

海富通货币（510005）

名称	海富通货币市场证券投资基金	成立日期	2005/01/04	存续期	不定期
类型	契约型	上市日期		托管人	中国银行
规模	10亿	投资风格	货币市场型		
管理人 名称	海富通基金管理有限公司		电话	021－50471758	
管理人 地址	上海市浦东新区世纪大道88号金茂大厦37层		邮编	200121	

主要财务指标 年度	2005	2004	基金重仓股(2006年一季度) 证券名称	占净值比例
单位基金收益(元)			证券名称	占净值比例
单位基金可分配收益(元)				
单位基金净值(元)	1			
基金资产净值收益率(%)				
净收益(万元)	6823.01			
基金资产总值(万元)	293554.53			
基金资产净值(万元)	292855.17			
单位基金累计净值(元)				
单位基金累计分红(元)				
历年分红				

长盛动态精（510081）

名称	长盛动态精选证券投资基金	成立日期	2004/05/21	存续期	不定期
类型	契约型	上市日期		托管人	中国农业银行
规模	41亿	投资风格			
管理人 名称	长盛基金管理有限公司		电话	010－82255818	
管理人 地址	北京市海淀区北太平庄路18号城建大厦A座21层		邮编	100088	

主要财务指标 年度	2005	2004	基金重仓股(2006年一季度) 证券名称	占净值比例
单位基金收益(元)	－0.0629	0.0005	证券名称	占净值比例
单位基金可分配收益(元)	－0.0602	－0.0371	G招行	6.93%
单位基金净值(元)	0.9955	0.9629	G振华	6.7%
基金资产净值收益率(%)			G万科A	6.43%
净收益(万元)	－16899.15	178.82	中国石化	5.39%
基金资产总值(万元)	237360.9	292120.02	国电南瑞	4.58%
基金资产净值(万元)	234096.79	291386.96	G金融街	4.27%
单位基金累计净值(元)	1.2516(截止4.22)		双汇发展	4.07%
单位基金累计分红(元)	0.02		G伊利	4.04%
历年分红			G五粮液	3.99%
			G海工	3.88%

180ETF（510183）

名称	上证180交易型开放式指数证券投资基金	成立日期	2006/04/13	存续期	不定期
类型	契约型	上市日期		托管人	中国建设银行
规模	11亿	投资风格	指数型		
管理人 名称	华安基金管理有限公司	电话	021-58881111		
管理人 地址	上海浦东新区浦东南路360号新上海国际大厦38楼	邮编	200120		

主要财务指标 年度	2005	2004	基金重仓股(2006年一季度) 证券名称	占净值比例
单位基金收益(元)				
单位基金可分配收益(元)				
单位基金净值(元)				
基金资产净值收益率(%)				
净收益(万元)				
基金资产总值(万元)				
基金资产净值(万元)				
单位基金累计净值(元)				
单位基金累计分红(元)				
历年分红				

新世纪优选（519087）

名称	新世纪优选分红混合型证券投资基金	成立日期	2005/09/16	存续期	不定期
类型	契约型	上市日期		托管人	中国农业银行
规模	6亿	投资风格			
管理人 名称	新世纪基金管理有限公司	电话	023-63710818		
管理人 地址	重庆市渝中区邹容路68号大都会商厦32楼	邮编			

主要财务指标 年度	2005	2004	基金重仓股(2006年一季度) 证券名称	占净值比例
单位基金收益(元)	0.3474		G歌华	9.83%
单位基金可分配收益(元)	0.0035		国电电力	9.61%
单位基金净值(元)	1.0099		G招行	8.67%
基金资产净值收益率(%)	0.3477		中视传媒	8.43%
净收益(万元)	206.93		轴研科技	6.88%
基金资产总值(万元)	45635.71		华润生化	4.01%
基金资产净值(万元)	44650.76		中国石化	3.94%
单位基金累计净值(元)	1.1253(截止4.22)		G广电	3.07%
单位基金累计分红(元)	0.06		津劝业	2.8%
历年分红			G民生	2.64%

海富通股票（519005）

名称	海富通股票证券投资基金	成立日期	2005/07/29	存续期	不定期
类型	契约型	上市日期		托管人	中国银行
规模	4亿	投资风格	股票型		
管理人 名称	海富通基金管理有限公司	电话	021-50471758		
管理人 地址	上海市浦东新区世纪大道88号金茂大厦37层	邮编	200121		

主要财务指标 年度	2005	2004	基金重仓股(2006年一季度) 证券名称	占净值比例
单位基金收益(元)	0.0015		贵州茅台	5.56%
单位基金可分配收益(元)	-0.005		G海工	5.14%
单位基金净值(元)	0.995		G招行	4.94%
基金资产净值收益率(%)			G万科A	4.91%
净收益(万元)	120.07		G兰花	4.89%
基金资产总值(万元)	105758.38		G招商局	4.52%
基金资产净值(万元)	104883.71		G锦江	3.99%
单位基金累计净值(元)	1.291(截止4.22)		G五粮液	3.97%
单位基金累计分红(元)	0.06		国电南瑞	3.91%
历年分红			G铁龙	3.38%

万家180（519180）

名称	万家180指数证券投资基金	成立日期	2003/03/15	存续期	不定期
类型	契约型	上市日期		托管人	中国银行
规模	19亿	投资风格	指数型		
管理人 名称	万家基金管理有限公司	电话	021-68644577		
管理人 地址	上海市源深路273号	邮编	200135		

主要财务指标 年度	2005	2004	基金重仓股(2006年一季度) 证券名称	占净值比例
单位基金收益(元)	-0.0704	0.0363	G招行	6.05%
单位基金可分配收益(元)	-0.1747	-0.1316	中国联通	4.87%
单位基金净值(元)	0.8253	0.8684	G宝钢	4.14%
基金资产净值收益率(%)	-8.56	3.79	G长电	3.95%
净收益(万元)	-5701.11	3596.45	G民生	3.73%
基金资产总值(万元)	58288.07	89439.55	中国石化	3.06%
基金资产净值(万元)	56810.43	84533.74	G沪机场	2.76%
单位基金累计净值(元)	1.0526(截止4.22)		G万华	2.31%
单位基金累计分红(元)	0.05		浦发银行	2.26%
历年分红	04年:10派0.15；03年:10派0.35		国电电力	2.18%

添富优势（519008）

名称	汇添富优势精选混合型证券投资基金	成立日期	2005/08/25	存续期	不定期
类型	契约型	上市日期		托管人	中国工商银行
规模	10亿	投资风格	混合型		
管理人 名称	汇添富基金管理有限公司	电话	021-28932888		
管理人 地址	上海市富城路99号震旦国际大楼21楼	邮编			

主要财务指标 年度	2005	2004	基金重仓股(2006年一季度) 证券名称	占净值比例
单位基金收益(元)	-0.0063		G中金	7.03%
单位基金可分配收益(元)	-0.0062		贵州茅台	5.55%
单位基金净值(元)	1.0152		G振华	5.36%
基金资产净值收益率(%)	-0.64		苏宁电器	4.38%
净收益(万元)	-631.42		G中兴	3.77%
基金资产总值(万元)	93233.87		盐湖钾肥	3.72%
基金资产净值(万元)	86867.98		云南白药	3.28%
单位基金累计净值(元)	1.4323(截止4.22)		小商品城	3.16%
单位基金累计分红(元)	0.05		G华侨城	3.06%
历年分红			G伊利	3.05%

汇添富货币（519518）

名称	汇添富货币市场基金	成立日期	2006/03/23	存续期	不定期
类型	契约型	上市日期		托管人	上海浦东发展银行
规模	41亿	投资风格	货币市场型		
管理人 名称	汇添富基金管理有限公司	电话	021-28932888		
管理人 地址	上海市富城路99号震旦国际大楼21楼	邮编			

主要财务指标 年度	2005	2004	基金重仓股(2006年一季度) 证券名称	占净值比例
单位基金收益(元)				
单位基金可分配收益(元)				
单位基金净值(元)				
基金资产净值收益率(%)				
净收益(万元)				
基金资产总值(万元)				
基金资产净值(万元)				
单位基金累计净值(元)				
单位基金累计分红(元)				
历年分红				

友邦短债（519519）

名称	友邦华泰中短期债券投资基金	成立日期	2006/04/13	存续期	不定期
类型	契约型	上市日期		托管人	招商银行
规模	57亿	投资风格	债券型		
管理人 名称	友邦华泰基金管理有限公司			电话	021－50472222
管理人 地址	上海市浦东新区世纪大道88号金茂大厦40楼			邮编	

主要财务指标 年度	2005	2004	基金重仓股(2006年一季度)	
单位基金收益(元)			证券名称	占净值比例
单位基金可分配收益(元)				
单位基金净值(元)				
基金资产净值收益率(%)				
净收益(万元)				
基金资产总值(万元)				
基金资产净值(万元)				
单位基金累计净值(元)				
单位基金累计分红(元)				
历年分红				

长信银利精（519996）

名称	长信银利精选开放式证券投资基金	成立日期	2005/01/17	存续期	不定期
类型	契约型	上市日期		托管人	中国农业银行
规模	12亿	投资风格	偏股型		
管理人 名称	长信基金管理有限责任公司			电话	021－50588999
管理人 地址	上海市浦东新区世纪大道1600号浦项商务广场16楼			邮编	

主要财务指标 年度	2005	2004	基金重仓股(2006年一季度)	
单位基金收益(元)	－0.0136		证券名称	占净值比例
单位基金可分配收益(元)	－0.0231		G美的	6.77%
单位基金净值(元)	0.9844		中国玻纤	6.44%
基金资产净值收益率(%)			G招行	5.77%
净收益(万元)	－1012.47		齐鲁石化	5.36%
基金资产总值(万元)	42578.54		G沪机场	4.23%
基金资产净值(万元)	42311.04		盐湖钾肥	4.09%
单位基金累计净值(元)	1.166(截止4.22)		桂冠电力	3.47%
单位基金累计分红(元)	0.07		G法拉	3.14%
历年分红			G宗申	2.99%
			青岛海尔	2.93%

交银施罗德（519588）

名称	交银施罗德货币市场证券投资基金	成立日期	2006/01/20	存续期	不定期
类型	契约型	上市日期		托管人	中国农业银行
规模	47亿	投资风格	货币市场型		
管理人 名称	交银施罗德基金管理有限公司			电话	021－61055050
管理人 地址	上海市银城中路188号			邮编	

主要财务指标 年度	2005	2004	基金重仓股(2006年一季度)	
单位基金收益(元)			证券名称	占净值比例
单位基金可分配收益(元)				
单位基金净值(元)				
基金资产净值收益率(%)				
净收益(万元)				
基金资产总值(万元)				
基金资产净值(万元)				
单位基金累计净值(元)				
单位基金累计分红(元)				
历年分红				

长信利息收（519999）

名称	长信利息收益开放式证券投资基金	成立日期	2004/03/19	存续期	不定期
类型	契约型	上市日期		托管人	中国农业银行
规模	70亿	投资风格	货币市场型		
管理人 名称	长信基金管理有限责任公司			电话	021－50588999
管理人 地址	上海市浦东新区世纪大道1600号浦项商务广场16楼			邮编	

主要财务指标 年度	2005	2004	基金重仓股(2006年一季度)	
单位基金收益(元)			证券名称	占净值比例
单位基金可分配收益(元)				
单位基金净值(元)	1	1		
基金资产净值收益率(%)				
净收益(万元)	21468.5	6176.52		
基金资产总值(万元)	1414650.9	394401.98		
基金资产净值(万元)	1192126.05	322512.22		
单位基金累计净值(元)				
单位基金累计分红(元)				
历年分红				

交银精选（519688）

名称	交银施罗德精选股票证券投资基金	成立日期	2005/09/29	存续期	不定期
类型	契约型	上市日期		托管人	中国农业银行
规模	49亿	投资风格	股票型		
管理人 名称	交银施罗德基金管理有限公司			电话	021－61055050
管理人 地址	上海市银城中路188号			邮编	

主要财务指标 年度	2005	2004	基金重仓股(2006年一季度)	
单位基金收益(元)	0.0008		证券名称	占净值比例
单位基金可分配收益(元)	0.0008		G招行	8.32%
单位基金净值(元)	1.0215		G万科A	8.29%
基金资产净值收益率(%)	0.08		双汇发展	5.58%
净收益(万元)	356.6		G中兴	5.55%
基金资产总值(万元)	268170.9		中国石化	4.79%
基金资产净值(万元)	250432.37		金地集团	4.38%
单位基金累计净值(元)	1.2407(截止4.22)		G格力	4.17%
单位基金累计分红(元)	0.04		G伊利	2.88%
历年分红			G三环	2.76%
			上海石化	2.61%

银华核心价（521001）

名称	银华核心价值优选股票型证券投资基金	成立日期	2005/09/27	存续期	不定期
类型	契约型	上市日期		托管人	中国建设银行
规模	5亿	投资风格	股票型		
管理人 名称	银华基金管理有限公司			电话	0755－83516888
管理人 地址	深圳市深南大道6008号报业大厦19楼			邮编	518009

主要财务指标 年度	2005	2004	基金重仓股(2006年一季度)	
单位基金收益(元)	－0.01		证券名称	占净值比例
单位基金可分配收益(元)	－0.0105		G招行	6.63%
单位基金净值(元)	1.0358		G振华	6.18%
基金资产净值收益率(%)	－1		苏宁电器	5.32%
净收益(万元)	－479.96		G伊利	5.09%
基金资产总值(万元)	37420.08		G万科A	5.01%
基金资产净值(万元)	34967.25		双汇发展	4.99%
单位基金累计净值(元)	1.4554(截止4.22)		盐湖钾肥	4.62%
单位基金累计分红(元)	0.22		G民生	4.35%
历年分红	05年:10派0.4		贵州茅台	4.17%
			G海工	4.02%

大成300（521300）

名称	大成沪深300指数证券投资基金	成立日期	2006/04/06	存续期	不定期
类型	契约型	上市日期		托管人	中国农业银行
规模	18亿	投资风格	指数型		
管理人 名称	大成基金管理有限公司	电话	0755-83183388		
管理人 地址	深圳市福田区深南大道7088号招商银行大厦32层	邮编	518040		

年度	2005	2004	基金重仓股(2006年一季度)	
主要财务指标			证券名称	占净值比例
单位基金收益(元)				
单位基金可分配收益(元)				
单位基金净值(元)				
基金资产净值收益率(%)				
净收益(万元)				
基金资产总值(万元)				
基金资产净值(万元)				
单位基金累计净值(元)				
单位基金累计分红(元)				
历年分红				

长城久泰（J00002）

名称	长城久泰中信标普300指数证券投资基金	成立日期	2004/05/21	存续期	不定期
类型	契约型	上市日期		托管人	招商银行
规模	15亿	投资风格	指数型		
管理人 名称	长城基金管理有限公司	电话	0755-3662688		
管理人 地址	深圳市深南中路2066号华能大厦25层	邮编	518031		

年度	2005	2004	基金重仓股(2006年一季度)	
主要财务指标			证券名称	占净值比例
单位基金收益(元)	-0.063	0.0024		
单位基金可分配收益(元)	-0.1248	-0.092	G民生	2.93%
单位基金净值(元)	0.8752	0.908	G万科A	2.58%
基金资产净值收益率(%)			浦发银行	2.58%
净收益(万元)	-10155.05	416.33	G宝钢	2.55%
基金资产总值(万元)	110599.47	180049.26	贵州茅台	2.45%
基金资产净值(万元)	107527.76	179631.59	华夏银行	0.61%
单位基金累计净值(元)	1.1067(截止4.22)			
单位基金累计分红(元)				
历年分红	05年:10派0.3			

建信恒久价（530001）

名称	建信恒久价值股票型证券投资基金	成立日期	2005/12/01	存续期	不定期
类型	契约型	上市日期		托管人	中信银行
规模	62亿	投资风格	股票型		
管理人 名称	建信基金管理有限责任公司	电话	010-63795933		
管理人 地址	北京市复兴路丙12号	邮编			

年度	2005	2004	基金重仓股(2006年一季度)	
主要财务指标			证券名称	占净值比例
单位基金收益(元)				
单位基金可分配收益(元)			G沪机场	9.21%
单位基金净值(元)			G同仁堂	5.63%
基金资产净值收益率(%)			赣粤高速	4.99%
净收益(万元)			G基建	4.49%
基金资产总值(万元)			G招行	3.8%
基金资产净值(万元)			G长电	3.6%
单位基金累计净值(元)	1.0874(截止4.22)		现代投资	3.26%
单位基金累计分红(元)	0.03		G江汽	2.69%
历年分红			中国联通	2.61%
			中国石化	2.51%

长城货币市（J00003）

名称	长城货币市场证券投资基金	成立日期	2005/05/30	存续期	不定期
类型	契约型	上市日期		托管人	华夏银行
规模	29亿	投资风格	货币市场型		
管理人 名称	长城基金管理有限公司	电话	0755-3662688		
管理人 地址	深圳市深南中路2066号华能大厦25层	邮编	518031		

年度	2005	2004	基金重仓股(2006年一季度)	
主要财务指标			证券名称	占净值比例
单位基金收益(元)				
单位基金可分配收益(元)				
单位基金净值(元)	1			
基金资产净值收益率(%)				
净收益(万元)	3322.43			
基金资产总值(万元)	338895.08			
基金资产净值(万元)	304656.71			
单位基金累计净值(元)				
单位基金累计分红(元)				
历年分红				

华夏成长（J00001）

名称	华夏成长证券投资基金	成立日期	2001/12/18	存续期	不定期
类型	契约型	上市日期		托管人	中国建设银行
规模	32亿	投资风格	成长型		
管理人 名称	华夏基金管理有限公司	电话	010-88066688		
管理人 地址	北京市西城区金融大街33号通泰大厦B座8层	邮编	100032		

年度	2005	2004	基金重仓股(2006年一季度)	
主要财务指标			证券名称	占净值比例
单位基金收益(元)	-0.1368	0.1059		
单位基金可分配收益(元)	-0.1156	0.0128	G招行	4.02%
单位基金净值(元)	0.959	1.013	G三环	3.44%
基金资产净值收益率(%)	-14.28	9.77	G沪机场	3.01%
净收益(万元)	-32253.04	31015.03	G食品	2.63%
基金资产总值(万元)	205087.83	281685.87	大商股份	2.57%
基金资产净值(万元)	203042.02	280184.8	G招商局	2.41%
单位基金累计净值(元)	1.296(截止4.22)		赣粤高速	2.02%
单位基金累计分红(元)	0.12		G苏长电	1.94%
历年分红	05年:10派0.2；04年:10派0.3，10派0.3		G中金	1.89%
			金地集团	1.67%

华夏大盘精（J00011）

名称	华夏大盘精选证券投资基金	成立日期	2004/08/11	存续期	不定期
类型	契约型	上市日期		托管人	中国银行
规模	19亿	投资风格			
管理人 名称	华夏基金管理有限公司	电话	010-88066688		
管理人 地址	北京市西城区金融大街33号通泰大厦B座8层	邮编	100032		

年度	2005	2004	基金重仓股(2006年一季度)	
主要财务指标			证券名称	占净值比例
单位基金收益(元)	-0.0062	0.0078		
单位基金可分配收益(元)	0.0011	0.0032	G中储	7.53%
单位基金净值(元)	1.001	1.003	中材国际	4.83%
基金资产净值收益率(%)	-0.62	0.77	G太重	3.84%
净收益(万元)	-577.03	1164.53	焦作万方	3.52%
基金资产总值(万元)	72055.4	117071.42	G万科A	3.28%
基金资产净值(万元)	70439.21	116087.6	G华能	3.24%
单位基金累计净值(元)	1.277(截止4.22)		凤凰光学	3.2%
单位基金累计分红(元)	0.06		G沪巴士	3.04%
历年分红			东方锅炉	2.97%
			桂冠电力	2.93%

富国动态平（J00016）

名称	富国动态平衡证券投资基金	成立日期	2002/08/16	存续期	不定期
类型	契约型	上市日期		托管人	中国农业银行
规模	46亿	投资风格	平衡型		
管理人 名称	富国基金管理有限公司			电话	021-50478888
管理人 地址	上海市黄浦区广东路689号海通证券大厦13、14层			邮编	200121

主要财务指标 年度	2005	2004	基金重仓股(2006年一季度) 证券名称	占净值比例
单位基金收益(元)	-0.0581	0.1088	大厦股份	5%
单位基金可分配收益(元)	-0.0166	0.0094	华微电子	4.85%
单位基金净值(元)	0.9834	1.0094	双汇发展	3.79%
基金资产净值收益率(%)			中国联通	3.71%
净收益(万元)	-5895.34	14540.2	G苏阳光	3.65%
基金资产总值(万元)	84528.31	119741.05	G明珠	3.01%
基金资产净值(万元)	83918.88	117000.88	G民生	2.92%
单位基金累计净值(元)	1.2333(截止4.22)		平高电气	2.65%
单位基金累计分红(元)	0.1		中国石化	2.43%
历年分红	04年:10派0.2,10派0.2,10派0.2;03年:10派0.2		G中兴	2.35%

华夏回报（J02002）

名称	华夏回报证券投资基金	成立日期	2003/09/05	存续期	不定期
类型	契约型	上市日期		托管人	中国银行
规模	38亿	投资风格			
管理人 名称	华夏基金管理有限公司			电话	010-88066688
管理人 地址	北京市西城区金融大街33号通泰大厦B座8层			邮编	100032

主要财务指标 年度	2005	2004	基金重仓股(2006年一季度) 证券名称	占净值比例
单位基金收益(元)	0.0097	0.0642	大商股份	5.67%
单位基金可分配收益(元)	-0.0144	-0.0288	云南白药	4.79%
单位基金净值(元)	1.029	0.976	G中兴	4.17%
基金资产净值收益率(%)	0.97	6.35	G张裕	4.08%
净收益(万元)	2422.71	21514.49	苏宁电器	3.96%
基金资产总值(万元)	224447.75	304653.31	双汇发展	3.87%
基金资产净值(万元)	219578.91	298566.08	小商品城	3.35%
单位基金累计净值(元)	1.431(截止4.22)		G宝钛	3.31%
单位基金累计分红(元)	0.2088		盐湖钾肥	3.25%
历年分红	04年:10派0.198,10派0.198,10派0.198,10派0.198,10派0.198;03年:10派0.198		G万科A	2.94%

富国天利增（J00018）

名称	富国天利增长债券投资基金	成立日期	2003/12/02	存续期	不定期
类型	契约型	上市日期		托管人	中国工商银行
规模	23亿	投资风格	债券型		
管理人 名称	富国基金管理有限公司			电话	021-50478888
管理人 地址	上海市黄浦区广东路689号海通证券大厦13、14层			邮编	200121

主要财务指标 年度	2005	2004	基金重仓股(2006年一季度) 证券名称	占净值比例
单位基金收益(元)	0.0807	0.0198	G邯钢	8.56%
单位基金可分配收益(元)	0.0159	-0.0342	G南山	6.21%
单位基金净值(元)	1.0159	0.9658	G招行	2.43%
基金资产净值收益率(%)			G包钢	0.75%
净收益(万元)	2486.78	1241.38		
基金资产总值(万元)	23129.05	40738.6		
基金资产净值(万元)	22890.8	40601.6		
单位基金累计净值(元)	1.1792(截止4.22)			
单位基金累计分红(元)	0.11			
历年分红	05年:10派0.1,10派0.2,10派0.1,10派0.1,10派0.1,10派0.2;04年:10派0.1			

华夏红利（j02011）

名称	华夏红利混合型证券投资基金	成立日期	2005/06/30	存续期	不定期
类型	契约型	上市日期		托管人	中国建设银行
规模	8亿	投资风格			
管理人 名称	华夏基金管理有限公司			电话	010-88066688
管理人 地址	北京市西城区金融大街33号通泰大厦B座8层			邮编	100032

主要财务指标 年度	2005	2004	基金重仓股(2006年一季度) 证券名称	占净值比例
单位基金收益(元)	0.0041		G张裕	3.84%
单位基金可分配收益(元)	0.0039		G食品	3.36%
单位基金净值(元)	1.005		G招行	3.2%
基金资产净值收益率(%)	0.41		G中储	3%
净收益(万元)	251.6		峨眉山A	2.93%
基金资产总值(万元)	56873.29		G歌华	2.62%
基金资产净值(万元)	53557.82		航天信息	2.59%
单位基金累计净值(元)	1.232(截止4.22)		G宇通	2.48%
单位基金累计分红(元)	0.05		G招商局	2.41%
历年分红			G万科A	2.34%

南方稳健成（J02001）

名称	南方稳健成长证券投资基金	成立日期	2001/09/28	存续期	不定期
类型	契约型	上市日期		托管人	中国工商银行
规模	35亿	投资风格			
管理人 名称	南方基金管理有限公司			电话	0755-82912000
管理人 地址	深圳市福田中心区深南大道4009号投资大厦七楼			邮编	518026

主要财务指标 年度	2005	2004	基金重仓股(2006年一季度) 证券名称	占净值比例
单位基金收益(元)	0.0191	0.0662	G五粮液	9.97%
单位基金可分配收益(元)	0.0152	-0.0101	G深能源	8.25%
单位基金净值(元)	1.0658	1.0265	G首创	7.83%
基金资产净值收益率(%)			G华菱	7.49%
净收益(万元)	5824.16	23180.72	G中信	6.87%
基金资产总值(万元)	349498.54	360082.73	G华能	6.84%
基金资产净值(万元)	335166.27	354281.07	G邯钢	6.27%
单位基金累计净值(元)	1.378(截止4.22)		G中兴	6.05%
单位基金累计分红(元)	0.225		G包钢	5.57%
历年分红	04年:10派0.5;03年:10派0.25,10派0.6		G马钢	2.23%

易基平稳（J10001）

名称	易方达平稳增长证券投资基金	成立日期	2002/08/23	存续期	不定期
类型	契约型	上市日期		托管人	中国银行
规模	47亿	投资风格	平衡型		
管理人 名称	易方达基金管理有限公司			电话	020-38797888
管理人 地址	广州市体育西路189号27、28楼			邮编	510075

主要财务指标 年度	2005	2004	基金重仓股(2006年一季度) 证券名称	占净值比例
单位基金收益(元)	0.0714	0.0919	G招行	9.3%
单位基金可分配收益(元)	0.0109	0.0075	苏宁电器	7.38%
单位基金净值(元)	1.107	1.117	G华侨城	5.87%
基金资产净值收益率(%)			G西煤	5.57%
净收益(万元)	17611.1	22150.79	贵州茅台	5.14%
基金资产总值(万元)	268869.25	258084.47	G火箭	3.63%
基金资产净值(万元)	255588.85	252652.88	G江汽	3.08%
单位基金累计净值(元)	1.576(截止4.22)		G歌华	2.88%
单位基金累计分红(元)	0.22		G沪机场	2.72%
历年分红	05年:10派0.2,10派0.3,10派0.2;04年:10派0.3,10派0.4,10派0.2;03年:10派0.2		大商股份	2.41%

易基策略（J10002）

名称	易方达策略成长证券投资基金	成立日期	2003/12/09	存续期	不定期
类型	契约型	上市日期		托管人	中国银行
规模	20亿	投资风格			
管理人 名称	易方达基金管理有限公司			电话	020－38797888
管理人 地址	广州市体育西路189号27、28楼			邮编	510075
主要财务指标	年度	2005	2004	基金重仓股(2006年一季度)	
				证券名称	占净值比例
	单位基金收益(元)	0.0376	0.0717	苏宁电器	7.79%
	单位基金可分配收益(元)	－0.0014	0.0106	贵州茅台	7.15%
	单位基金净值(元)	1.125	1.046	G华侨城	6.92%
	基金资产净值收益率(%)			G万科A	5.74%
	净收益(万元)	6655	13604.77	G三环	5.38%
	基金资产总值(万元)	257728.59	145311.86	G招行	4.74%
	基金资产净值(万元)	252463.28	142930.7	大商股份	4.7%
单位基金累计净值(元)		1.626(截止4.22)		G歌华	4.13%
单位基金累计分红(元)		0.19		中联重科	3.99%
历年分红	05年:10派0.2,10派0.2,10派0.2;04年:10派0.2,10派0.2,10派0.2			G中信	3.88%

易基50（J10003）

名称	易方达50指数证券投资基金	成立日期	2004/03/22	存续期	不定期
类型	契约型	上市日期		托管人	交通银行
规模	50亿	投资风格	指数型		
管理人 名称	易方达基金管理有限公司			电话	020－38797888
管理人 地址	广州市体育西路189号27、28楼			邮编	510075
主要财务指标	年度	2005	2004	基金重仓股(2006年一季度)	
	单位基金收益(元)	－0.0862	－0.0201	证券名称	占净值比例
	单位基金可分配收益(元)	－0.1268	－0.123	G招行	9.29%
	单位基金净值(元)	0.8732	0.877	中国联通	6.94%
	基金资产净值收益率(%)			G宝钢	6.59%
	净收益(万元)	－42992.81	－10562.16	G民生	6.14%
	基金资产总值(万元)	488578.05	445956.14	G沪机场	5.81%
	基金资产净值(万元)	465155.25	444222.65	G中兴	3.47%
单位基金累计净值(元)		1.0192(截止4.22)		G歌华	1.8%
单位基金累计分红(元)				G现代	0.92%
历年分红				华联超市	0.92%
				兰州铝业	0.65%

易基积极（J10005）

名称	易方达积极成长证券投资基金	成立日期	2004/09/09	存续期	不定期
类型	契约型	上市日期		托管人	中国银行
规模	12亿	投资风格			
管理人 名称	易方达基金管理有限公司			电话	020－38797888
管理人 地址	广州市体育西路189号27、28楼			邮编	510075
主要财务指标	年度	2005	2004	基金重仓股(2006年一季度)	
	单位基金收益(元)	0.0138	－0.001	证券名称	占净值比例
	单位基金可分配收益(元)	－0.0059	－0.001	贵州茅台	8.91%
	单位基金净值(元)	1.0332	1.0001	G万科A	6.74%
	基金资产净值收益率(%)			G招行	5.86%
	净收益(万元)	1704.13	－115.63	G华侨城	5.35%
	基金资产总值(万元)	138041.15	117405.26	大商股份	5.12%
	基金资产净值(万元)	129093.6	116444.46	G厦钨	4.65%
单位基金累计净值(元)		1.4308(截止4.22)		G歌华	4.28%
单位基金累计分红(元)		0.05		G三环	4.13%
历年分红	05年:10派0.2			苏宁电器	3.26%
				G综超	2.59%

易基货币（J10006）

名称	易方达货币市场基金	成立日期	2005/02/02	存续期	不定期
类型	契约型	上市日期		托管人	中国银行
规模	36亿	投资风格	货币市场型		
管理人 名称	易方达基金管理有限公司			电话	020－38797888
管理人 地址	广州市体育西路189号27、28楼			邮编	510075
主要财务指标	年度	2005	2004	基金重仓股(2006年一季度)	
	单位基金收益(元)			证券名称	占净值比例
	单位基金可分配收益(元)				
	单位基金净值(元)	1			
	基金资产净值收益率(%)				
	净收益(万元)	19545.39			
	基金资产总值(万元)	1136393.33			
	基金资产净值(万元)	958901.76			
单位基金累计净值(元)					
单位基金累计分红(元)					
历年分红					

易方达月月（J10007）

名称	易方达月月收益中短期债券投资基金	成立日期	2005/09/19	存续期	不定期
类型	契约型	上市日期		托管人	中国银行
规模	115亿	投资风格	债券型		
管理人 名称	易方达基金管理有限公司			电话	020－38797888
管理人 地址	广州市体育西路189号27、28楼			邮编	510075
主要财务指标	年度	2005	2004	基金重仓股(2006年一季度)	
	单位基金收益(元)	0.0063		证券名称	占净值比例
	单位基金可分配收益(元)	0.0004			
	单位基金净值(元)	1.0004			
	基金资产净值收益率(%)				
	净收益(万元)	6278.4			
	基金资产总值(万元)	1019646.85			
	基金资产净值(万元)	898900.92			
单位基金累计净值(元)		1.0122(截止4.22)			
单位基金累计分红(元)		0.022			
历年分红	05年:10派0.02,10派0.02,10派0.018,10派0.018,10派0.018,10派0.018,10派0.02,10派0.02,10				

东吴嘉禾精（J80001）

名称	东吴嘉禾优势精选混合型开放式证券投资基金	成立日期	2005/02/01	存续期	不定期
类型	契约型	上市日期		托管人	中国工商银行
规模	10亿	投资风格	混合型		
管理人 名称	东吴基金管理有限公司			电话	021－50509666
管理人 地址	上海市源深路279号			邮编	
主要财务指标	年度	2005	2004	基金重仓股(2006年一季度)	
	单位基金收益(元)	－0.0984		证券名称	占净值比例
	单位基金可分配收益(元)	－0.0854		G宏达	7.48%
	单位基金净值(元)	0.9254		深赤湾A	5.36%
	基金资产净值收益率(%)	－10.46		G大冷	4.08%
	净收益(万元)	－7055.24		G东电	4.06%
	基金资产总值(万元)	34974.85		G华侨城	4.02%
	基金资产净值(万元)	34744.11		G振华	3.87%
单位基金累计净值(元)		1.1464(截止4.22)		小商品城	3.39%
单位基金累计分红(元)		0.02		双汇发展	3.15%
历年分红	05年:10派0.2			国电南瑞	2.86%
				中材国际	2.8%

万科B（200002）

二〇〇五年以来市场表现

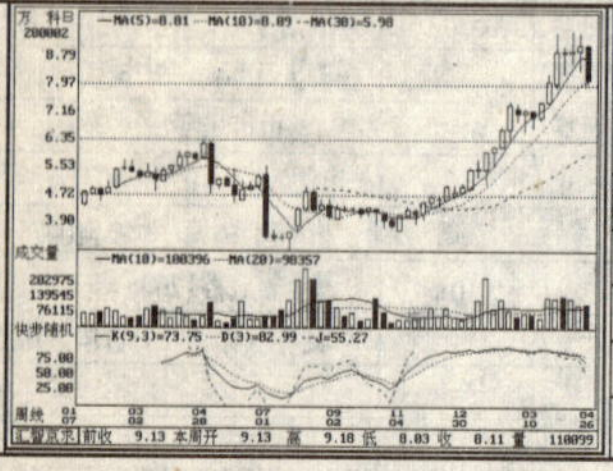

2005年涨跌幅(%)	71.86
2005年最高(元)	7.69
2006年涨跌幅(%)	63.18
2006.4.26收盘(元)	8.11
2006年最高(元)	9.6
2006年最低(元)	4.85
2006年换手率(%)	31.68
2006年振幅(%)	97.94

深中冠B（200018）

二〇〇五年以来市场表现

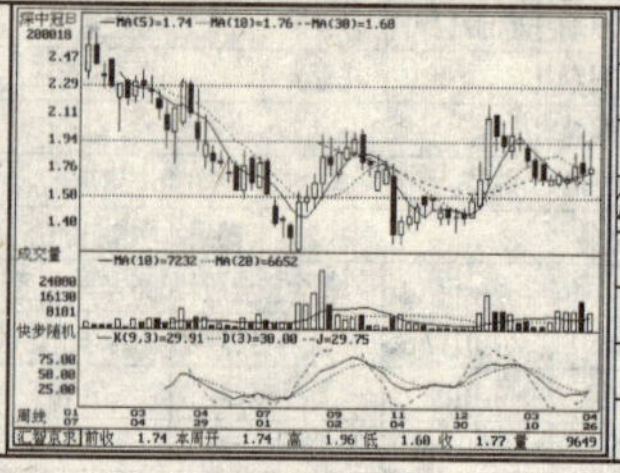

2005年涨跌幅(%)	-42.17
2005年最高(元)	2.65
2006年涨跌幅(%)	22.92
2006.4.26收盘(元)	1.77
2006年最高(元)	2.17
2006年最低(元)	1.44
2006年换手率(%)	18.73
2006年振幅(%)	50.69

深物业B（200011）

二〇〇五年以来市场表现

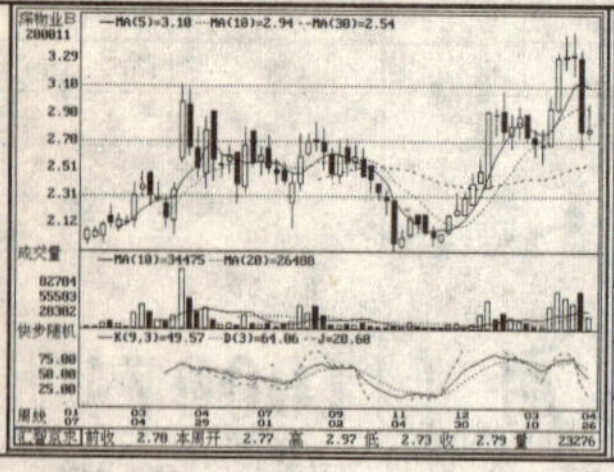

2005年涨跌幅(%)	15
2005年最高(元)	3.1
2006年涨跌幅(%)	21.3
2006.4.26收盘(元)	2.79
2006年最高(元)	3.49
2006年最低(元)	2.25
2006年换手率(%)	81.51
2006年振幅(%)	55.11

深深宝B（200019）

二〇〇五年以来市场表现

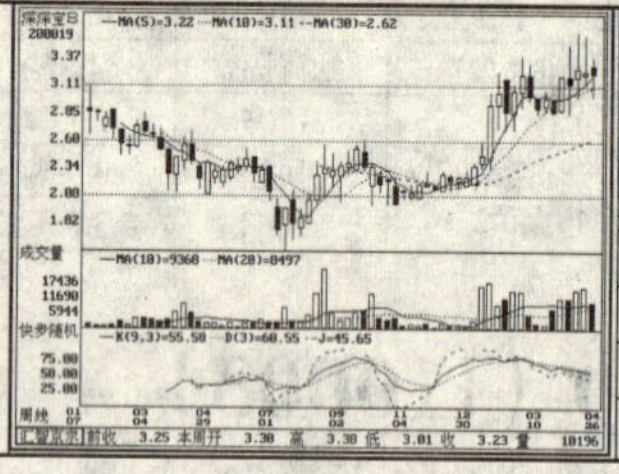

2005年涨跌幅(%)	-20.21
2005年最高(元)	3.1
2006年涨跌幅(%)	43.56
2006.4.26收盘(元)	3.23
2006年最高(元)	3.63
2006年最低(元)	2.19
2006年换手率(%)	63.2
2006年振幅(%)	65.75

南玻B（200012）

二〇〇五年以来市场表现

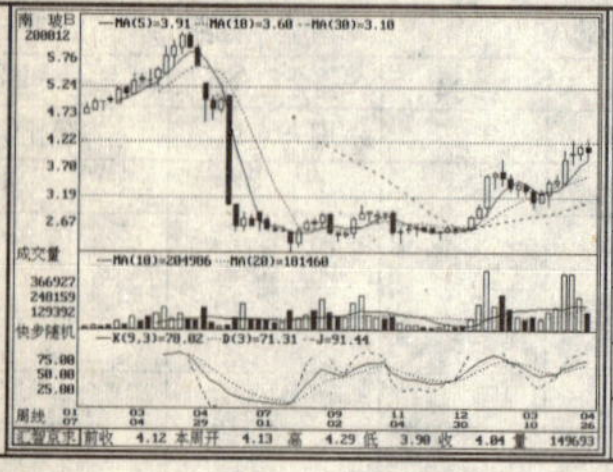

2005年涨跌幅(%)	-12.84
2005年最高(元)	6.27
2006年涨跌幅(%)	56.59
2006.4.26收盘(元)	4.04
2006年最高(元)	4.29
2006年最低(元)	2.56
2006年换手率(%)	77.68
2006年振幅(%)	67.58

*ST华发B（200020）

二〇〇五年以来市场表现

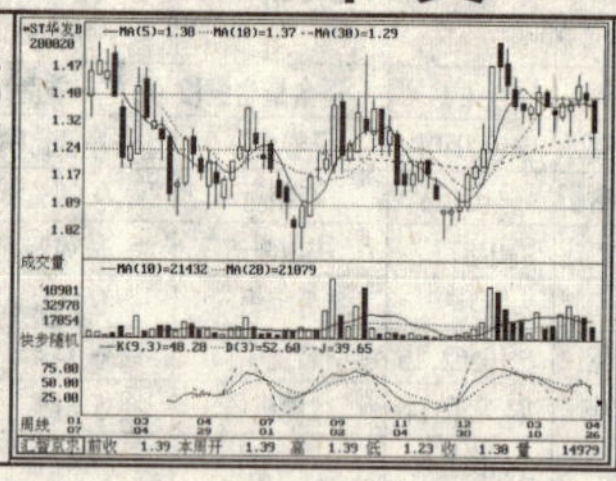

2005年涨跌幅(%)	-15.71
2005年最高(元)	1.54
2006年涨跌幅(%)	10.17
2006.4.26收盘(元)	1.3
2006年最高(元)	1.55
2006年最低(元)	1.15
2006年换手率(%)	39.34
2006年振幅(%)	34.78

深康佳B（200016）

二〇〇五年以来市场表现

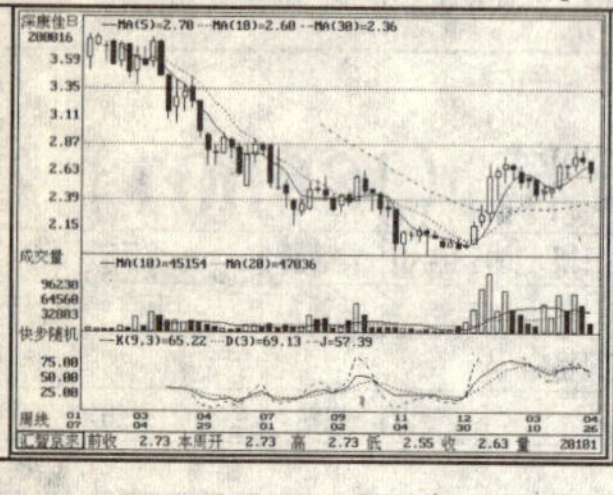

2005年涨跌幅(%)	-44.88
2005年最高(元)	3.83
2006年涨跌幅(%)	32.16
2006.4.26收盘(元)	2.63
2006年最高(元)	2.86
2006年最低(元)	2
2006年换手率(%)	44.24
2006年振幅(%)	43

深赤湾B（200022）

二〇〇五年以来市场表现

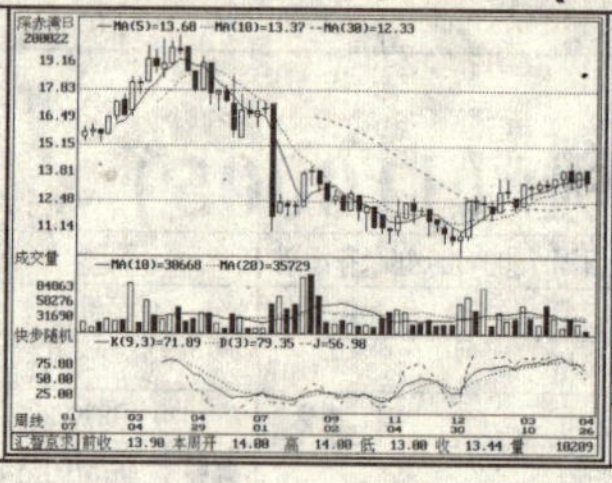

2005年涨跌幅(%)	-5.75
2005年最高(元)	20.5
2006年涨跌幅(%)	24.56
2006.4.26收盘(元)	13.44
2006年最高(元)	14.43
2006年最低(元)	10.6
2006年换手率(%)	33.53
2006年振幅(%)	36.13

*ST中华B（200017）

二〇〇五年以来市场表现

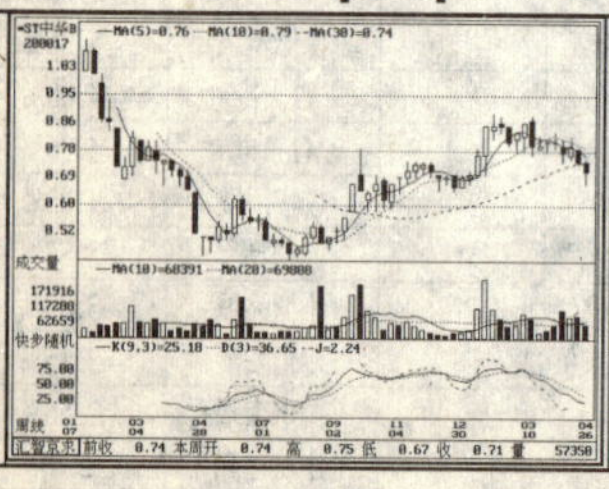

2005年涨跌幅(%)	-28.87
2005年最高(元)	1.12
2006年涨跌幅(%)	2.9
2006.4.26收盘(元)	0.71
2006年最高(元)	0.89
2006年最低(元)	0.67
2006年换手率(%)	60.56
2006年振幅(%)	32.84

招商局B（200024）

二〇〇五年以来市场表现

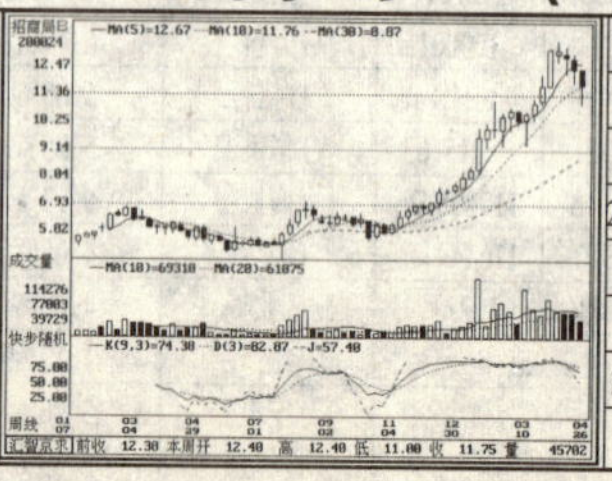

2005年涨跌幅(%)	46.29
2005年最高(元)	7.95
2006年涨跌幅(%)	52.85
2006.4.26收盘(元)	11.75
2006年最高(元)	13.58
2006年最低(元)	7.61
2006年换手率(%)	68.05
2006年振幅(%)	78.45

深特力 B（200025）

二〇〇五年以来市场表现

2005 年涨跌幅(%)	-15.14
2005 年最高(元)	2.05
2006 年涨跌幅(%)	40.13
2006.4.26 收盘(元)	2.2
2006 年最高(元)	2.58
2006 年最低(元)	1.52
2006 年换手率(%)	101.42
2006 年振幅(%)	69.74

深南电 B（200037）

二〇〇五年以来市场表现

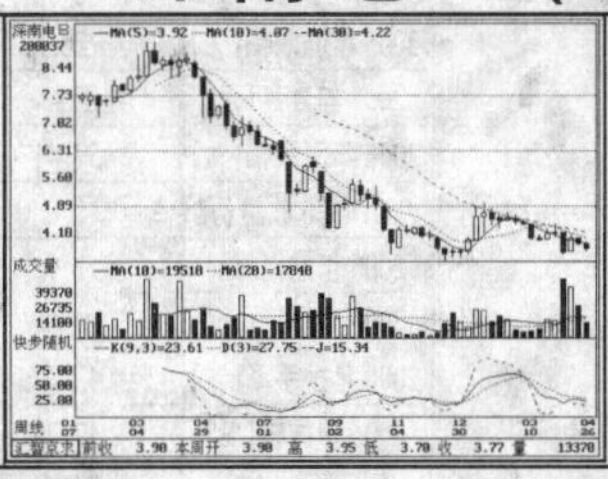

2005 年涨跌幅(%)	-46.45
2005 年最高(元)	9.15
2006 年涨跌幅(%)	2.17
2006.4.26 收盘(元)	3.77
2006 年最高(元)	4.96
2006 年最低(元)	3.62
2006 年换手率(%)	19.49
2006 年振幅(%)	37.02

飞亚达 B（200026）

二〇〇五年以来市场表现

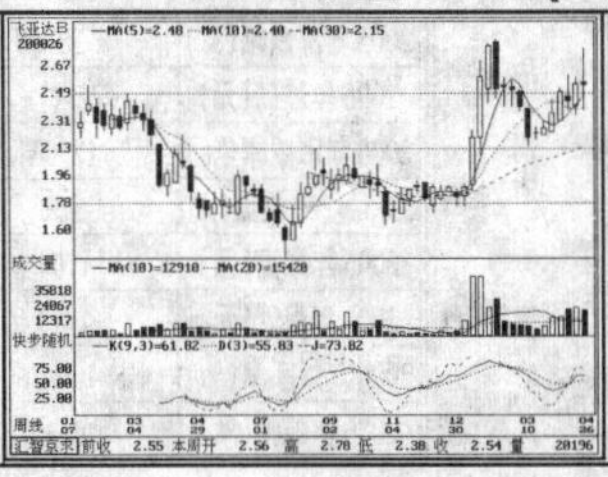

2005 年涨跌幅(%)	-20.26
2005 年最高(元)	2.54
2006 年涨跌幅(%)	40.33
2006.4.26 收盘(元)	2.54
2006 年最高(元)	2.85
2006 年最低(元)	1.75
2006 年换手率(%)	51.02
2006 年振幅(%)	62.86

中集 B（200039）

二〇〇五年以来市场表现

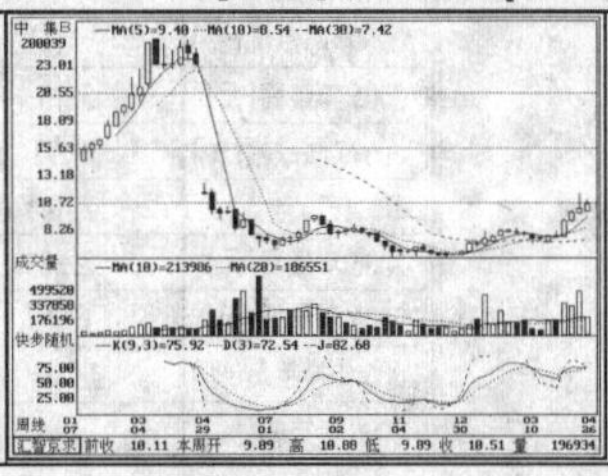

2005 年涨跌幅(%)	-9.29
2005 年最高(元)	25.47
2006 年涨跌幅(%)	68.16
2006.4.26 收盘(元)	10.51
2006 年最高(元)	11.44
2006 年最低(元)	6.2
2006 年换手率(%)	31.69
2006 年振幅(%)	84.52

一致 B（200028）

二〇〇五年以来市场表现

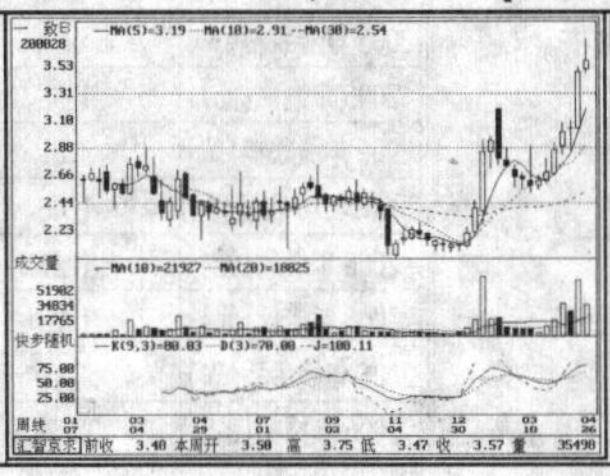

2005 年涨跌幅(%)	-19.85
2005 年最高(元)	2.88
2006 年涨跌幅(%)	70
2006.4.26 收盘(元)	3.57
2006 年最高(元)	3.75
2006 年最低(元)	2.09
2006 年换手率(%)	66.4
2006 年振幅(%)	79.43

*ST 本实 B（200041）

二〇〇五年以来市场表现

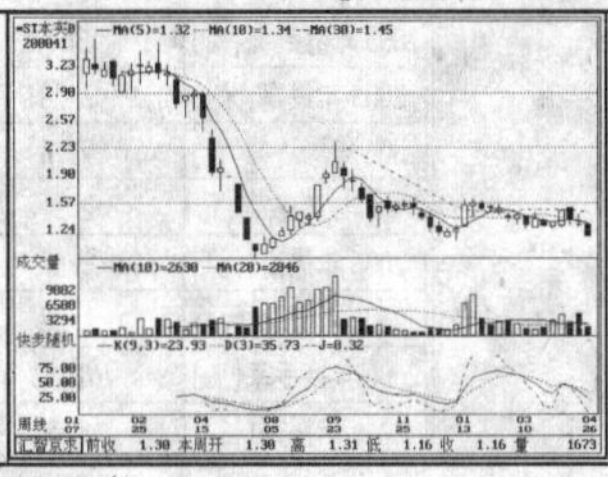

2005 年涨跌幅(%)	-61.83
2005 年最高(元)	3.56
2006 年涨跌幅(%)	-4.13
2006.4.26 收盘(元)	1.16
2006 年最高(元)	1.6
2006 年最低(元)	1.11
2006 年换手率(%)	33.66
2006 年振幅(%)	44.14

深深房 B（200029）

二〇〇五年以来市场表现

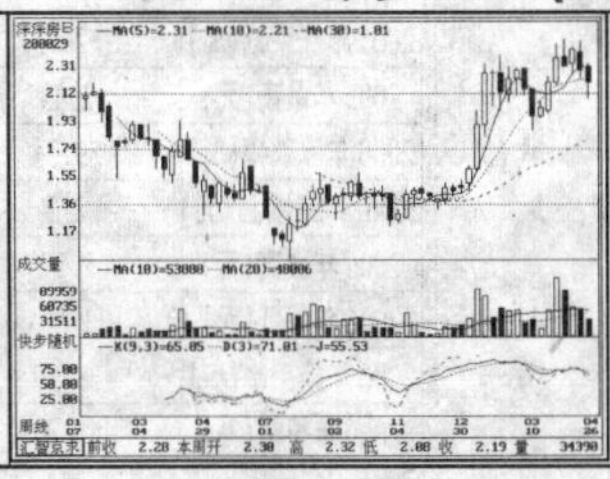

2005 年涨跌幅(%)	-30.99
2005 年最高(元)	2.19
2006 年涨跌幅(%)	48.98
2006.4.26 收盘(元)	2.19
2006 年最高(元)	2.5
2006 年最低(元)	1.44
2006 年换手率(%)	74.38
2006 年振幅(%)	73.61

深纺织 B（200045）

二〇〇五年以来市场表现

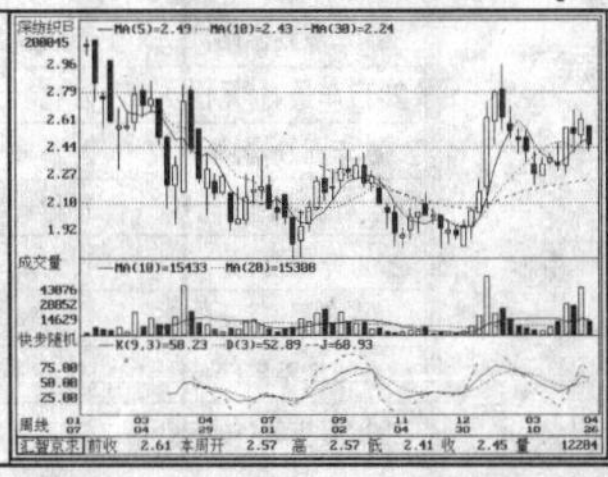

2005 年涨跌幅(%)	-34.97
2005 年最高(元)	3.13
2006 年涨跌幅(%)	26.29
2006.4.26 收盘(元)	2.45
2006 年最高(元)	2.95
2006 年最低(元)	1.86
2006 年换手率(%)	59.8
2006 年振幅(%)	58.6

*ST 盛润 B（200030）

二〇〇五年以来市场表现

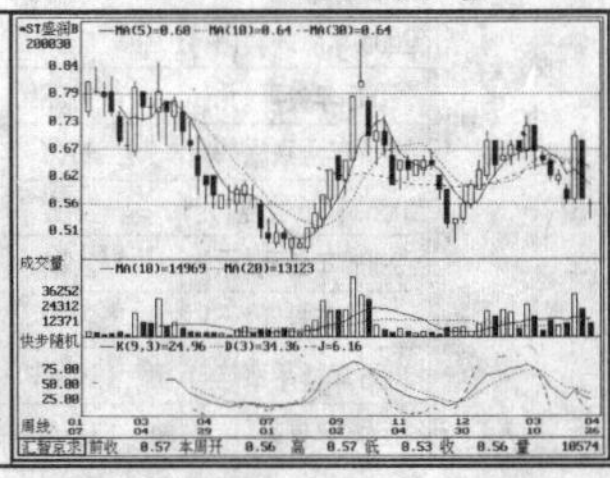

2005 年涨跌幅(%)	-28.21
2005 年最高(元)	0.9
2006 年涨跌幅(%)	
2006.4.26 收盘(元)	0.56
2006 年最高(元)	0.74
2006 年最低(元)	0.53
2006 年换手率(%)	60.69
2006 年振幅(%)	39.62

深基地 B（200053）

二〇〇五年以来市场表现

2005 年涨跌幅(%)	-9.38
2005 年最高(元)	8.36
2006 年涨跌幅(%)	25.26
2006.4.26 收盘(元)	7.19
2006 年最高(元)	7.46
2006 年最低(元)	5.32
2006 年换手率(%)	27.59
2006 年振幅(%)	40.23

建摩B（200054）

二〇〇五年以来市场表现

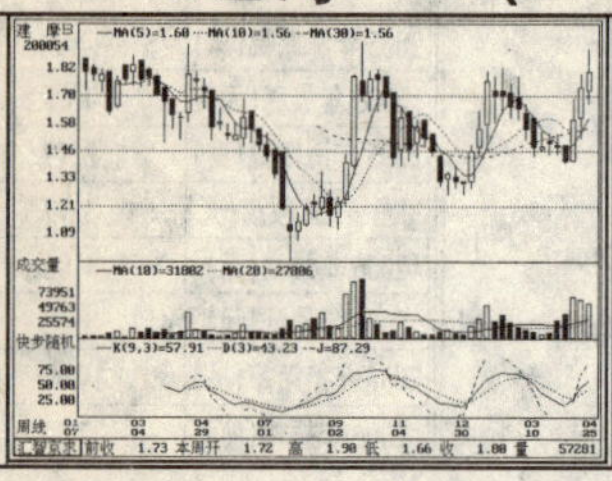

2005年涨跌幅(%)	-26.82
2005年最高(元)	1.94
2006年涨跌幅(%)	37.41
2006.4.26收盘(元)	1.8
2006年最高(元)	1.9
2006年最低(元)	1.29
2006年换手率(%)	42.32
2006年振幅(%)	47.29

帝贤B（200160）

二〇〇五年以来市场表现

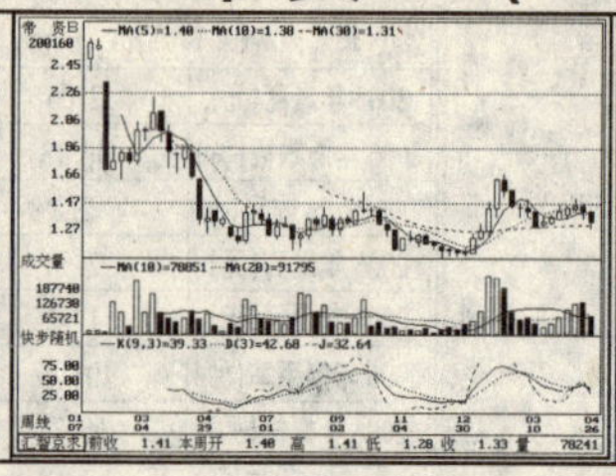

2005年涨跌幅(%)	-56
2005年最高(元)	2.65
2006年涨跌幅(%)	20.91
2006.4.26收盘(元)	1.33
2006年最高(元)	1.67
2006年最低(元)	1.1
2006年换手率(%)	44.51
2006年振幅(%)	51.82

方大B（200055）

二〇〇五年以来市场表现

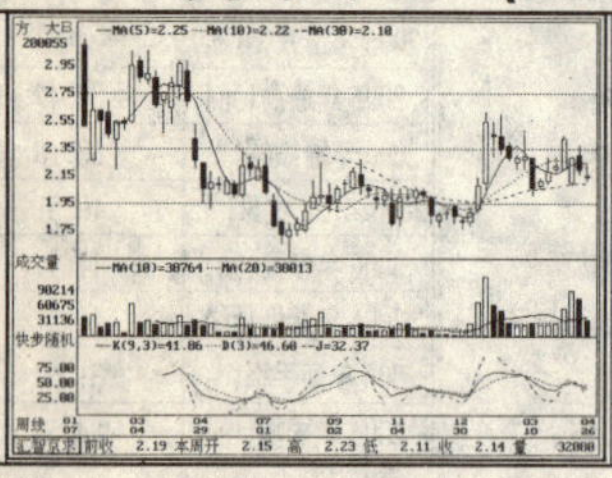

2005年涨跌幅(%)	-41.1
2005年最高(元)	3.15
2006年涨跌幅(%)	39.92
2006.4.26收盘(元)	2.14
2006年最高(元)	2.82
2006年最低(元)	1.78
2006年换手率(%)	48.63
2006年振幅(%)	58.44

雷伊B（200168）

二〇〇五年以来市场表现

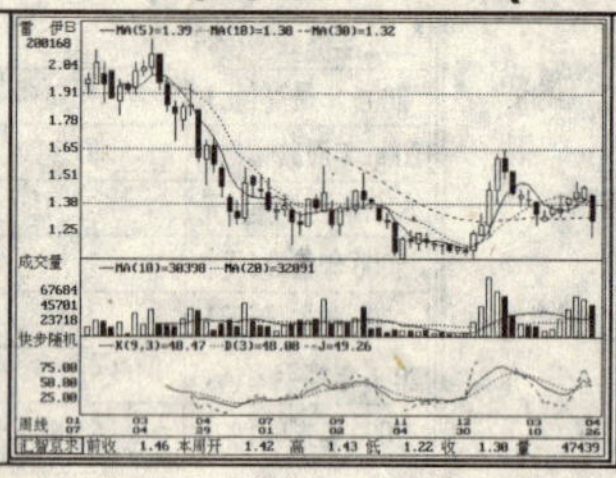

2005年涨跌幅(%)	-38.58
2005年最高(元)	2.17
2006年涨跌幅(%)	12.07
2006.4.26收盘(元)	1.3
2006年最高(元)	1.64
2006年最低(元)	1.12
2006年换手率(%)	40.07
2006年振幅(%)	46.43

深国商B（200056）

二〇〇五年以来市场表现

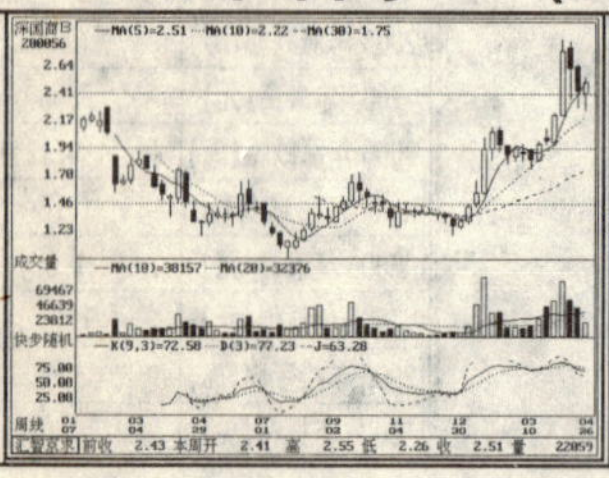

2005年涨跌幅(%)	-36.72
2005年最高(元)	2.28
2006年涨跌幅(%)	91.6
2006.4.26收盘(元)	2.51
2006年最高(元)	2.88
2006年最低(元)	1.28
2006年换手率(%)	61.82
2006年振幅(%)	125

宝石B（200413）

二〇〇五年以来市场表现

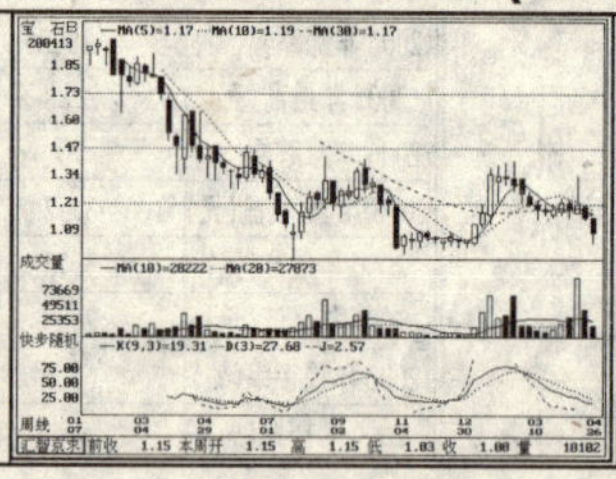

2005年涨跌幅(%)	-44.68
2005年最高(元)	1.98
2006年涨跌幅(%)	3.85
2006.4.26收盘(元)	1.08
2006年最高(元)	1.41
2006年最低(元)	1.02
2006年换手率(%)	53.67
2006年振幅(%)	38.24

深赛格B（200058）

二〇〇五年以来市场表现

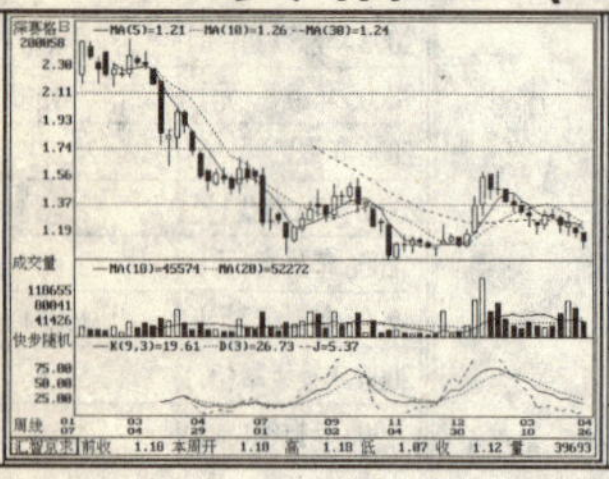

2005年涨跌幅(%)	-50.68
2005年最高(元)	2.48
2006年涨跌幅(%)	2.75
2006.4.26收盘(元)	1.12
2006年最高(元)	1.59
2006年最低(元)	1.07
2006年换手率(%)	41.41
2006年振幅(%)	48.6

小天鹅B（200418）

二〇〇五年以来市场表现

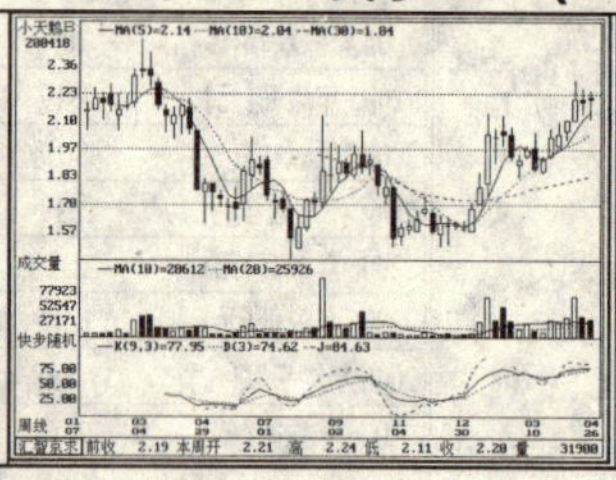

2005年涨跌幅(%)	-26.51
2005年最高(元)	2.49
2006年涨跌幅(%)	39.24
2006.4.26收盘(元)	2.2
2006年最高(元)	2.29
2006年最低(元)	1.57
2006年换手率(%)	38.95
2006年振幅(%)	45.86

山航B（200152）

二〇〇五年以来市场表现

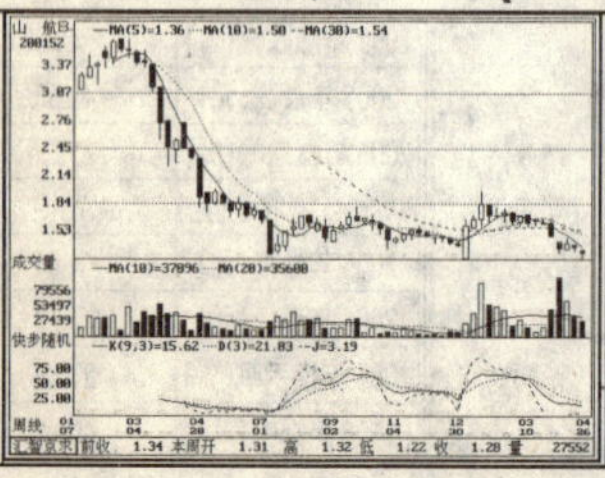

2005年涨跌幅(%)	-55.17
2005年最高(元)	3.68
2006年涨跌幅(%)	-5.88
2006.4.26收盘(元)	1.28
2006年最高(元)	1.97
2006年最低(元)	1.22
2006年换手率(%)	48.91
2006年振幅(%)	61.48

粤高速B（200429）

二〇〇五年以来市场表现

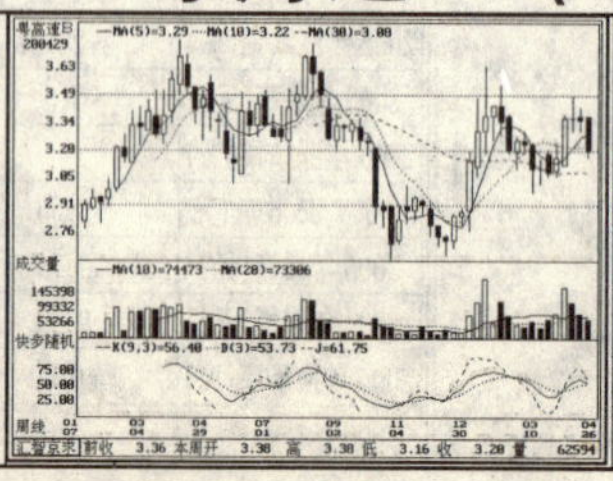

2005年涨跌幅(%)	4.74
2005年最高(元)	3.78
2006年涨跌幅(%)	11.5
2006.4.26收盘(元)	3.2
2006年最高(元)	3.64
2006年最低(元)	2.77
2006年换手率(%)	39.63
2006年振幅(%)	31.41

宁通信 B（200468）

二〇〇五年以来市场表现

2005 年涨跌幅(%)	-45.64
2005 年最高(元)	2.71
2006 年涨跌幅(%)	36.5
2006.4.26 收盘(元)	1.87
2006 年最高(元)	2.36
2006 年最低(元)	1.33
2006 年换手率(%)	60.65
2006 年振幅(%)	77.44

皖美菱 B（200521）

二〇〇五年以来市场表现

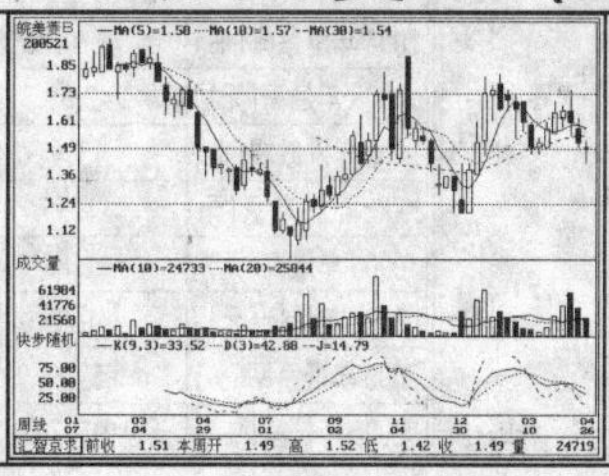

2005 年涨跌幅(%)	-33.33
2005 年最高(元)	1.97
2006 年涨跌幅(%)	24.17
2006.4.26 收盘(元)	1.49
2006 年最高(元)	1.81
2006 年最低(元)	1.2
2006 年换手率(%)	41.28
2006 年振幅(%)	50.83

晨鸣 B（200488）

二〇〇五年以来市场表现

2005 年涨跌幅(%)	-3.36
2005 年最高(元)	6.33
2006 年涨跌幅(%)	31.73
2006.4.26 收盘(元)	4.11
2006 年最高(元)	4.6
2006 年最低(元)	3.04
2006 年换手率(%)	64.92
2006 年振幅(%)	51.32

大冷 B（200530）

二〇〇五年以来市场表现

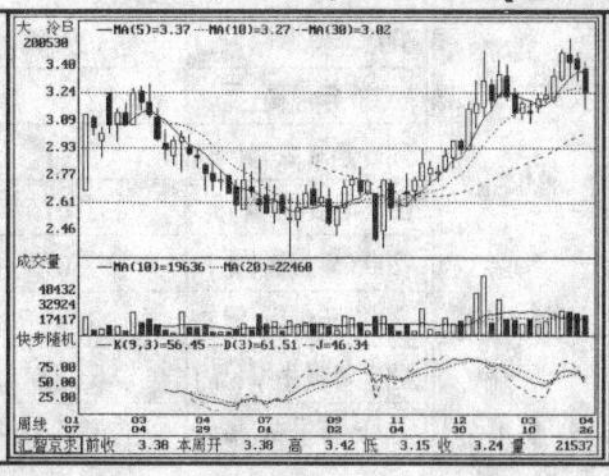

2005 年涨跌幅(%)	8.81
2005 年最高(元)	3.29
2006 年涨跌幅(%)	10.96
2006.4.26 收盘(元)	3.24
2006 年最高(元)	3.56
2006 年最低(元)	2.92
2006 年换手率(%)	34.5
2006 年振幅(%)	21.92

ST 珠江 B（200505）

二〇〇五年以来市场表现

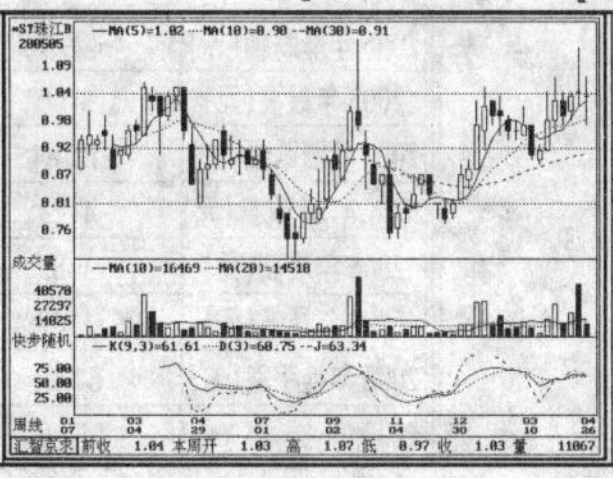

2005 年涨跌幅(%)	-6.45
2005 年最高(元)	1.15
2006 年涨跌幅(%)	18.39
2006.4.26 收盘(元)	1.03
2006 年最高(元)	1.13
2006 年最低(元)	0.84
2006 年换手率(%)	47.12
2006 年振幅(%)	34.52

粤电力 B（200539）

二〇〇五年以来市场表现

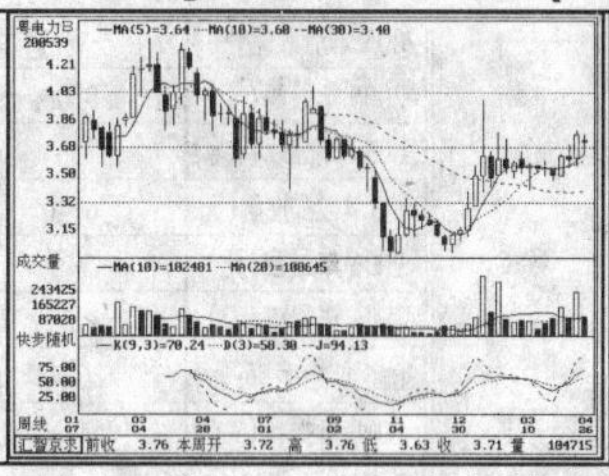

2005 年涨跌幅(%)	-5.18
2005 年最高(元)	4.39
2006 年涨跌幅(%)	18.15
2006.4.26 收盘(元)	3.71
2006 年最高(元)	3.98
2006 年最低(元)	3.1
2006 年换手率(%)	30.7
2006 年振幅(%)	28.39

闽灿坤 B（200512）

二〇〇五年以来市场表现

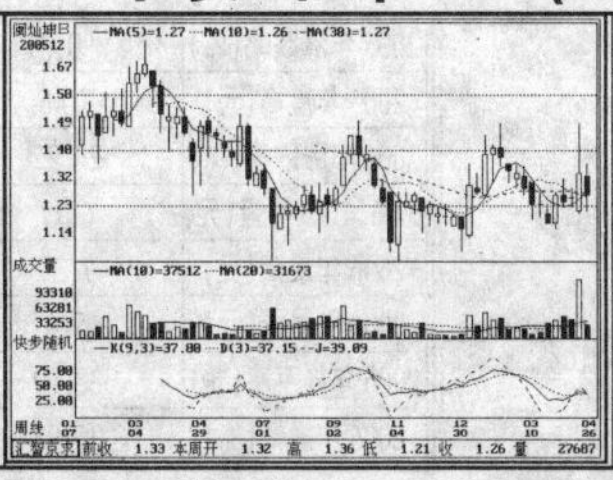

2005 年涨跌幅(%)	-10.92
2005 年最高(元)	1.76
2006 年涨跌幅(%)	9.57
2006.4.26 收盘(元)	1.26
2006 年最高(元)	1.49
2006 年最低(元)	1.12
2006 年换手率(%)	14.59
2006 年振幅(%)	33.04

粤照明 B（200541）

二〇〇五年以来市场表现

2005 年涨跌幅(%)	-17.98
2005 年最高(元)	9.99
2006 年涨跌幅(%)	21.78
2006.4.26 收盘(元)	8.33
2006 年最高(元)	9.19
2006 年最低(元)	6.8
2006 年换手率(%)	46.99
2006 年振幅(%)	35.15

丽珠 B（200513）

二〇〇五年以来市场表现

2005 年涨跌幅(%)	-25.9
2005 年最高(元)	5.16
2006 年涨跌幅(%)	27.62
2006.4.26 收盘(元)	3.65
2006 年最高(元)	4
2006 年最低(元)	2.83
2006 年换手率(%)	37.69
2006 年振幅(%)	41.34

江铃 B（200550）

二〇〇五年以来市场表现

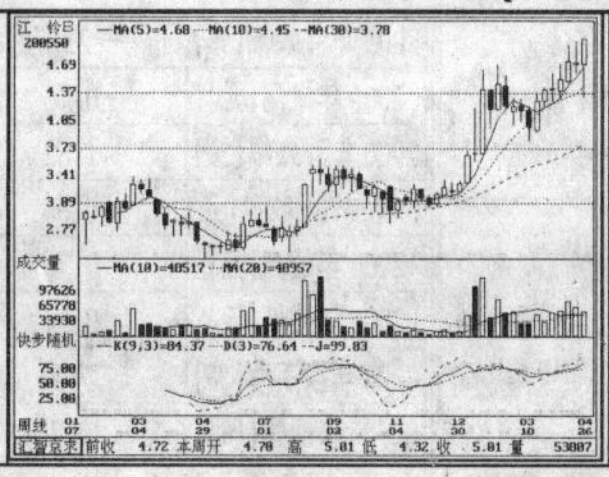

2005 年涨跌幅(%)	19.75
2005 年最高(元)	3.74
2006 年涨跌幅(%)	61.3
2006.4.26 收盘(元)	5.01
2006 年最高(元)	5.36
2006 年最低(元)	3.31
2006 年换手率(%)	27.04
2006 年振幅(%)	61.78

沙隆达 B（200553）

二〇〇五年以来市场表现

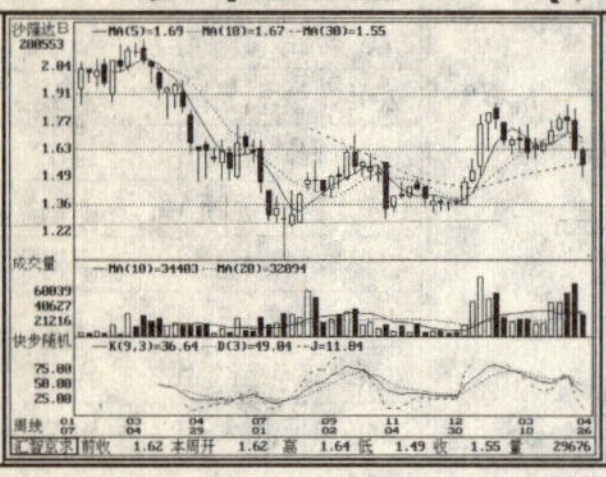

2005 年涨跌幅(%)	-30.26
2005 年最高(元)	2.18
2006 年涨跌幅(%)	13.97
2006.4.26 收盘(元)	1.55
2006 年最高(元)	1.86
2006 年最低(元)	1.35
2006 年换手率(%)	53.64
2006 年振幅(%)	37.78

长安 B（200625）

二〇〇五年以来市场表现

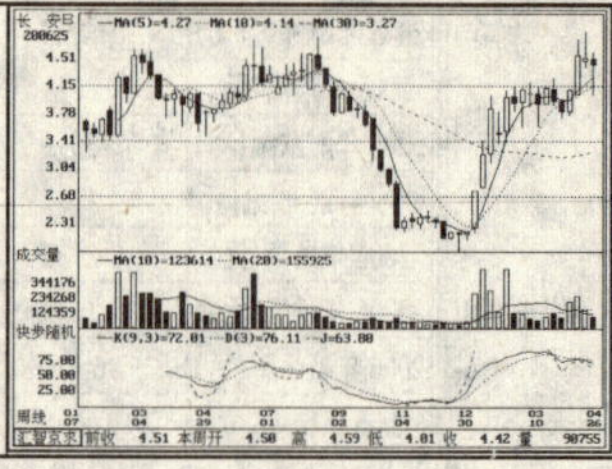

2005 年涨跌幅(%)	-29.84
2005 年最高(元)	5.08
2006 年涨跌幅(%)	101.83
2006.4.26 收盘(元)	4.42
2006 年最高(元)	4.88
2006 年最低(元)	2.19
2006 年换手率(%)	69.93
2006 年振幅(%)	122.83

苏常柴 B（200570）

二〇〇五年以来市场表现

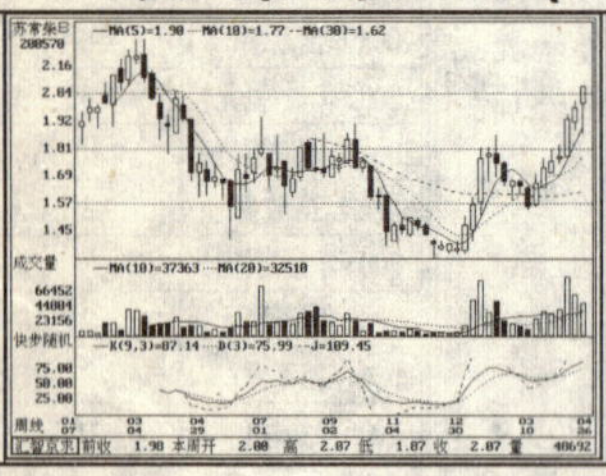

2005 年涨跌幅(%)	-29.02
2005 年最高(元)	2.28
2006 年涨跌幅(%)	51.1
2006.4.26 收盘(元)	2.07
2006 年最高(元)	2.07
2006 年最低(元)	1.35
2006 年换手率(%)	63.18
2006 年振幅(%)	53.33

瓦轴 B（200706）

二〇〇五年以来市场表现

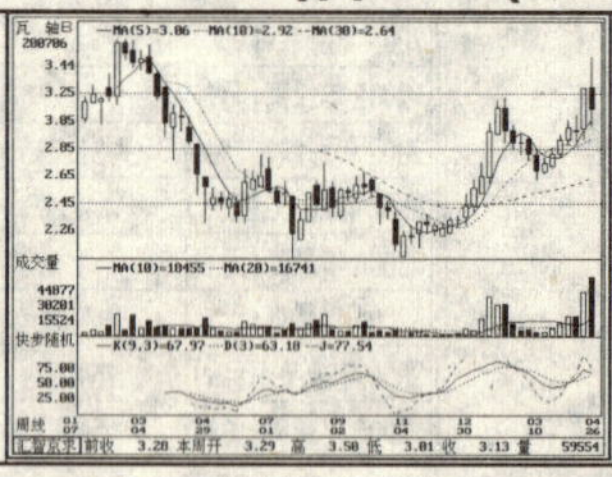

2005 年涨跌幅(%)	-19.67
2005 年最高(元)	3.64
2006 年涨跌幅(%)	28.81
2006.4.26 收盘(元)	3.13
2006 年最高(元)	3.5
2006 年最低(元)	2.4
2006 年换手率(%)	24.67
2006 年振幅(%)	45.83

苏威孚 B（200581）

二〇〇五年以来市场表现

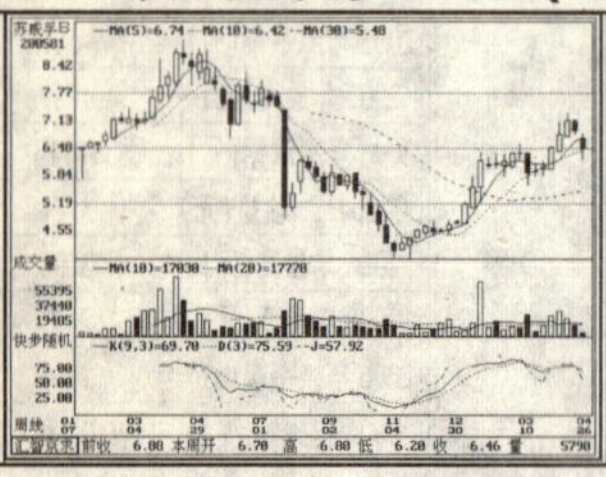

2005 年涨跌幅(%)	-3.7
2005 年最高(元)	9.06
2006 年涨跌幅(%)	36
2006.4.26 收盘(元)	6.46
2006 年最高(元)	7.3
2006 年最低(元)	4.71
2006 年换手率(%)	26.43
2006 年振幅(%)	54.99

京东方 B（200725）

二〇〇五年以来市场表现

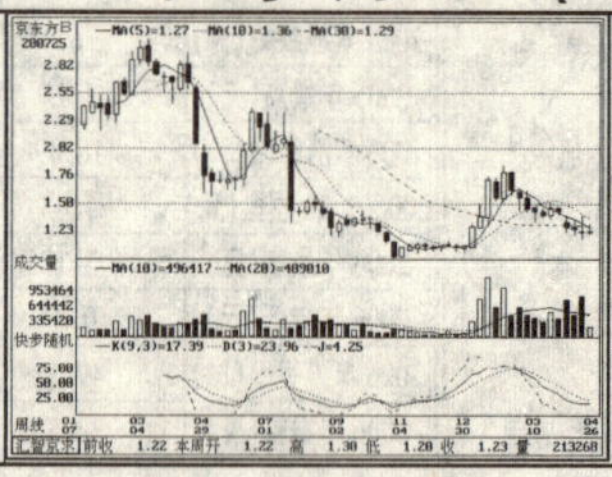

2005 年涨跌幅(%)	-29.63
2005 年最高(元)	3.08
2006 年涨跌幅(%)	12.84
2006.4.26 收盘(元)	1.23
2006 年最高(元)	1.85
2006 年最低(元)	1.07
2006 年换手率(%)	84.61
2006 年振幅(%)	72.9

*ST 古井 B（200596）

二〇〇五年以来市场表现

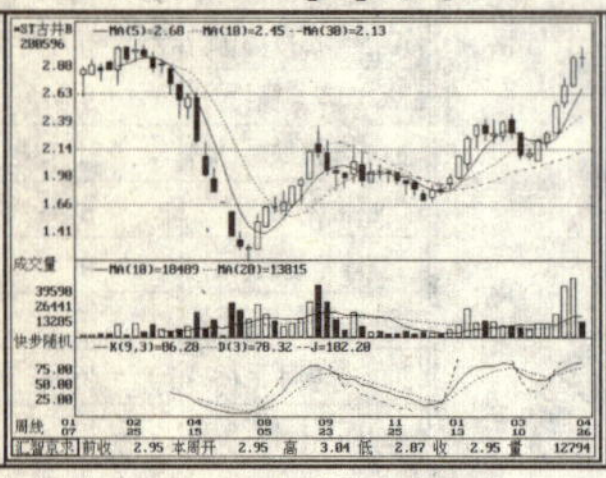

2005 年涨跌幅(%)	-37.14
2005 年最高(元)	3.12
2006 年涨跌幅(%)	67.61
2006.4.26 收盘(元)	2.95
2006 年最高(元)	3.04
2006 年最低(元)	1.8
2006 年换手率(%)	44.11
2006 年振幅(%)	68.89

鲁泰 B（200726）

二〇〇五年以来市场表现

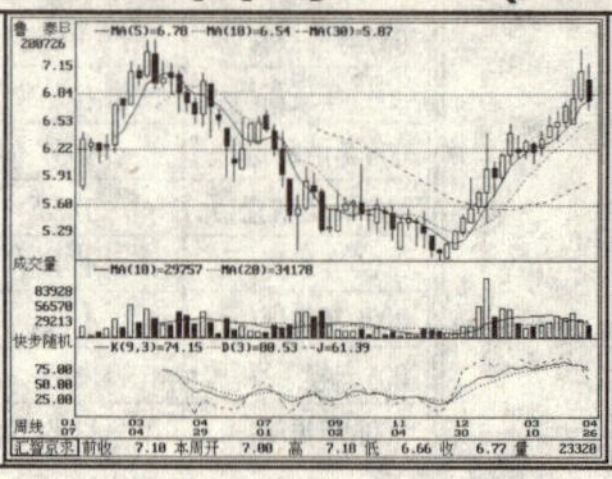

2005 年涨跌幅(%)	-0.31
2005 年最高(元)	7.46
2006 年涨跌幅(%)	24.22
2006.4.26 收盘(元)	6.77
2006 年最高(元)	7.34
2006 年最低(元)	5.4
2006 年换手率(%)	38.99
2006 年振幅(%)	35.93

*ST 东海 B（200613）

二〇〇五年以来市场表现

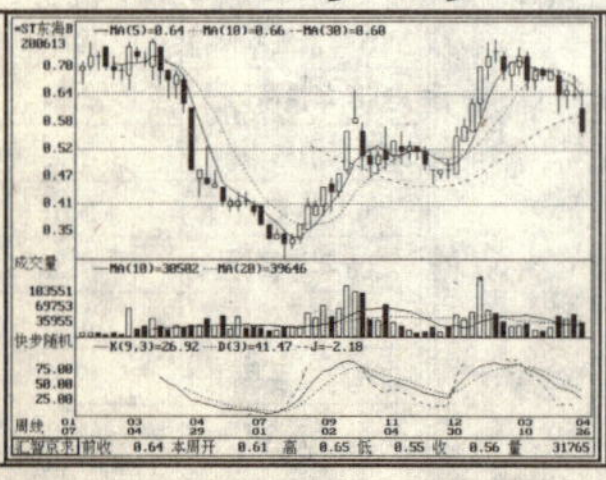

2005 年涨跌幅(%)	-23.61
2005 年最高(元)	0.76
2006 年涨跌幅(%)	1.82
2006.4.26 收盘(元)	0.56
2006 年最高(元)	0.76
2006 年最低(元)	0.54
2006 年换手率(%)	77.81
2006 年振幅(%)	40.74

本钢板 B（200761）

二〇〇五年以来市场表现

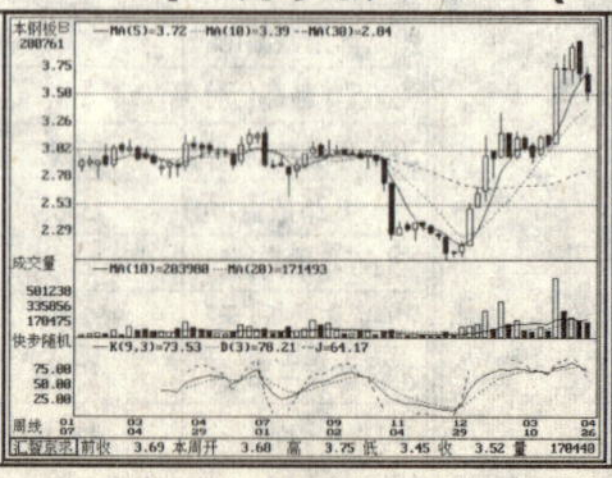

2005 年涨跌幅(%)	-17.84
2005 年最高(元)	3.29
2006 年涨跌幅(%)	62.21
2006.4.26 收盘(元)	3.52
2006 年最高(元)	3.99
2006 年最低(元)	2.17
2006 年换手率(%)	80.44
2006 年振幅(%)	83.87

武锅 B（200770）

二〇〇五年以来市场表现

2005 年涨跌幅(%)	-37.8
2005 年最高(元)	3.63
2006 年涨跌幅(%)	76.19
2006.4.26 收盘(元)	3.33
2006 年最高(元)	3.64
2006 年最低(元)	1.86
2006 年换手率(%)	62.14
2006 年振幅(%)	95.7

上电 B 股（900901）

二〇〇五年以来市场表现

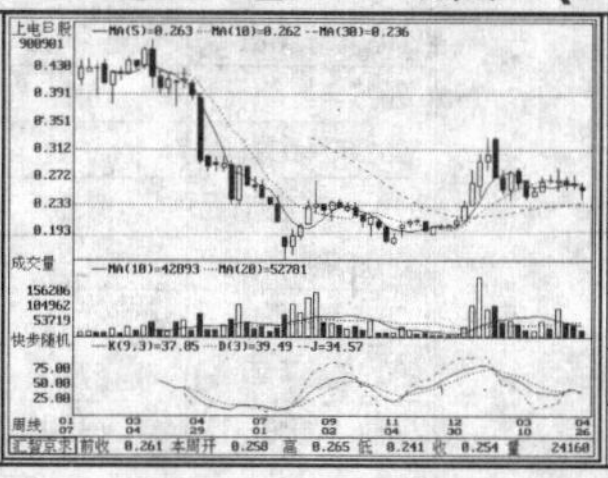

2005 年涨跌幅(%)	-49.99
2005 年最高(元)	0.47
2006 年涨跌幅(%)	20.95
2006.4.26 收盘(元)	0.25
2006 年最高(元)	0.33
2006 年最低(元)	0.21
2006 年换手率(%)	44.22
2006 年振幅(%)	56.67

杭汽轮 B（200771）

二〇〇五年以来市场表现

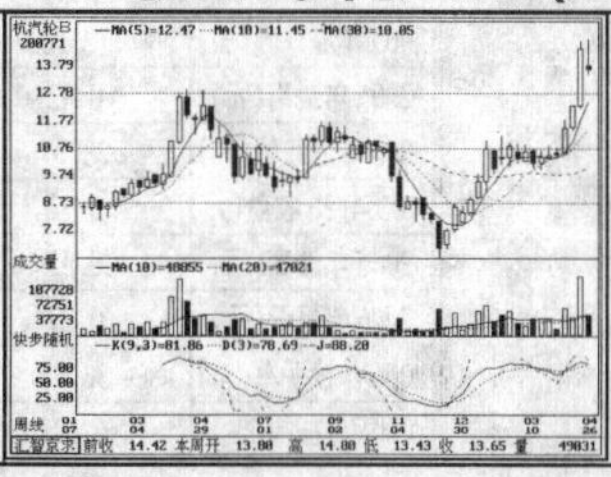

2005 年涨跌幅(%)	5.26
2005 年最高(元)	12.89
2006 年涨跌幅(%)	63.67
2006.4.26 收盘(元)	13.65
2006 年最高(元)	14.8
2006 年最低(元)	8.34
2006 年换手率(%)	100.2
2006 年振幅(%)	77.46

二纺 B 股（900902）

二〇〇五年以来市场表现

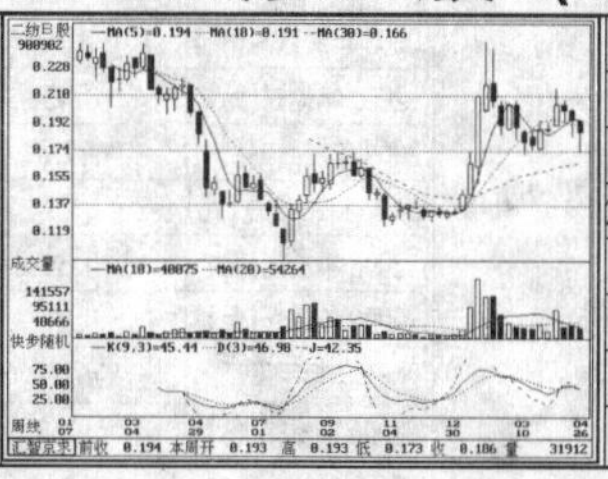

2005 年涨跌幅(%)	-42.67
2005 年最高(元)	0.24
2006 年涨跌幅(%)	39.85
2006.4.26 收盘(元)	0.19
2006 年最高(元)	0.25
2006 年最低(元)	0.13
2006 年换手率(%)	44.87
2006 年振幅(%)	84.96

张裕 B（200869）

二〇〇五年以来市场表现

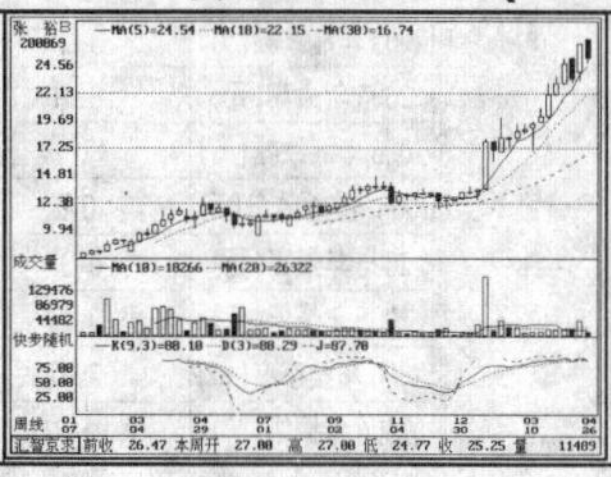

2005 年涨跌幅(%)	79.23
2005 年最高(元)	15.14
2006 年涨跌幅(%)	90.71
2006.4.26 收盘(元)	25.25
2006 年最高(元)	27
2006 年最低(元)	12.62
2006 年换手率(%)	35.37
2006 年振幅(%)	113.95

大众 B 股（900903）

二〇〇五年以来市场表现

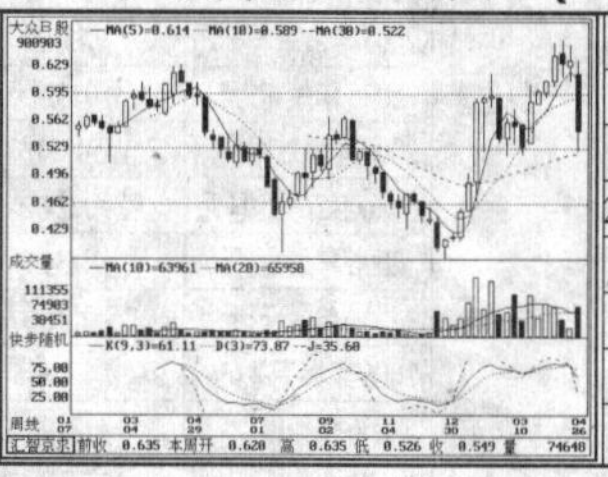

2005 年涨跌幅(%)	-17.68
2005 年最高(元)	0.63
2006 年涨跌幅(%)	30.1
2006.4.26 收盘(元)	0.55
2006 年最高(元)	0.66
2006 年最低(元)	0.42
2006 年换手率(%)	57.76
2006 年振幅(%)	58.75

粤华包 B（200986）

二〇〇五年以来市场表现

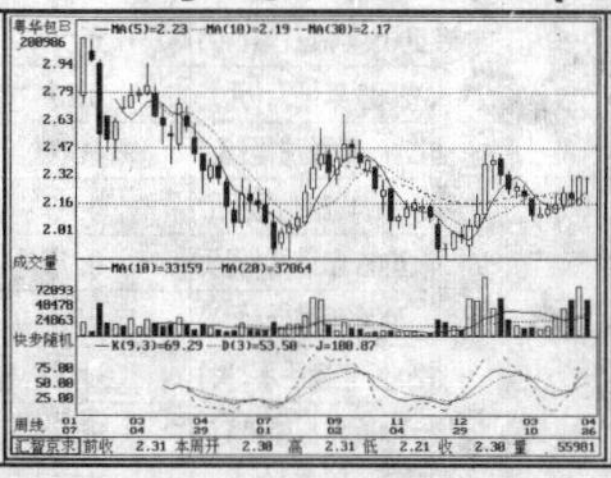

2005 年涨跌幅(%)	-28.88
2005 年最高(元)	3.1
2006 年涨跌幅(%)	16.75
2006.4.26 收盘(元)	2.3
2006 年最高(元)	2.46
2006 年最低(元)	1.86
2006 年换手率(%)	44.78
2006 年振幅(%)	32.26

永生 B 股（900904）

二〇〇五年以来市场表现

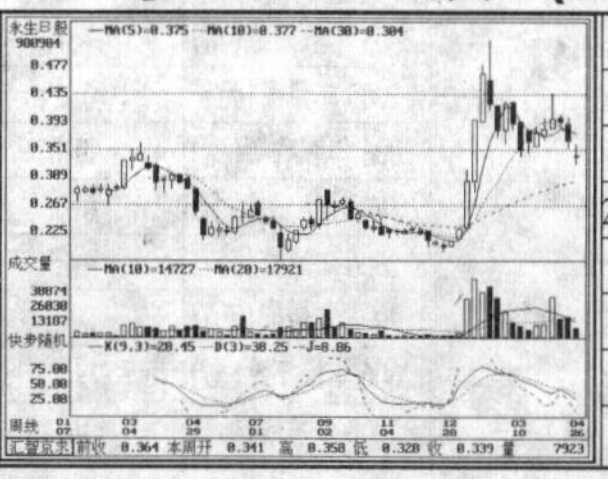

2005 年涨跌幅(%)	-26.74
2005 年最高(元)	0.36
2006 年涨跌幅(%)	60.66
2006.4.26 收盘(元)	0.34
2006 年最高(元)	0.52
2006 年最低(元)	0.22
2006 年换手率(%)	76.99
2006 年振幅(%)	141.4

ST 中鲁 B（200992）

二〇〇五年以来市场表现

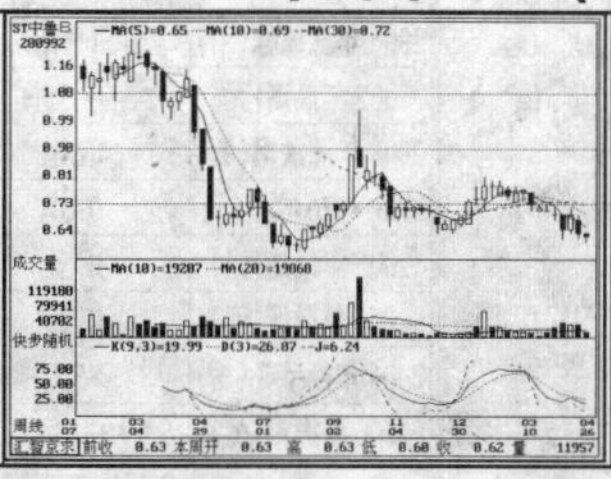

2005 年涨跌幅(%)	-41.88
2005 年最高(元)	1.25
2006 年涨跌幅(%)	-8.82
2006.4.26 收盘(元)	0.62
2006 年最高(元)	0.81
2006 年最低(元)	0.6
2006 年换手率(%)	26.34
2006 年振幅(%)	35

中铅 B 股（900905）

二〇〇五年以来市场表现

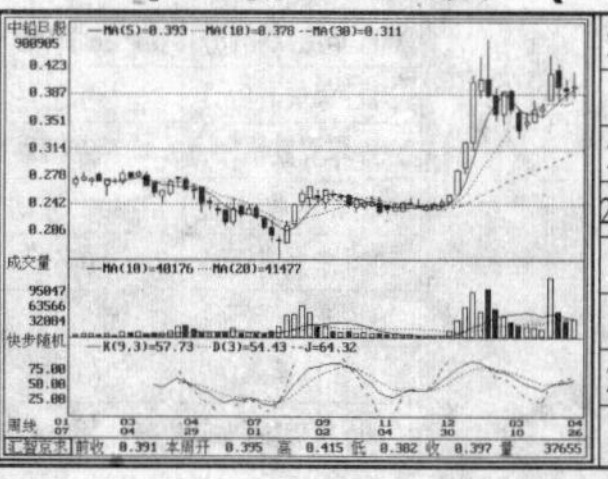

2005 年涨跌幅(%)	-7.33
2005 年最高(元)	0.29
2006 年涨跌幅(%)	56.92
2006.4.26 收盘(元)	0.4
2006 年最高(元)	0.46
2006 年最低(元)	0.25
2006 年换手率(%)	66.9
2006 年振幅(%)	80.71

中纺B股（900906）

二〇〇五年以来市场表现

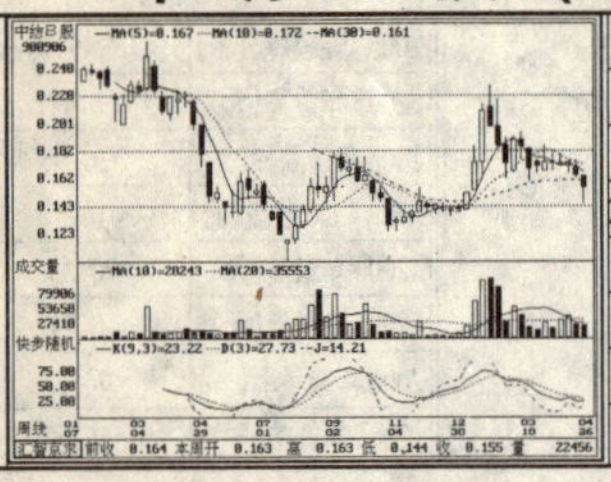

2005年涨跌幅(%)	-40.25
2005年最高(元)	0.26
2006年涨跌幅(%)	9.93
2006.4.26收盘(元)	0.16
2006年最高(元)	0.23
2006年最低(元)	0.14
2006年换手率(%)	57.52
2006年振幅(%)	63.31

金桥B股（900911）

二〇〇五年以来市场表现

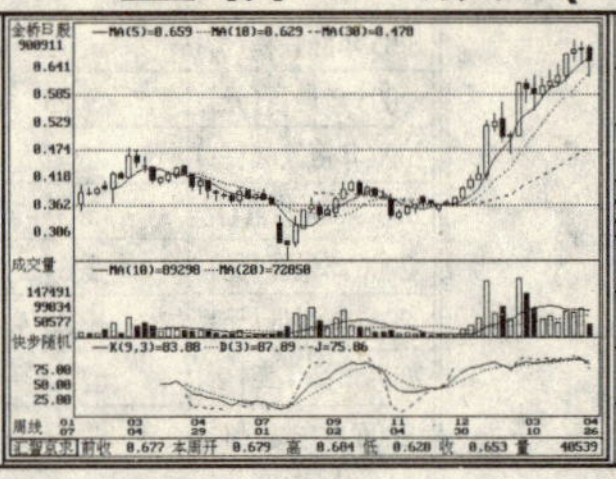

2005年涨跌幅(%)	21.06
2005年最高(元)	0.48
2006年涨跌幅(%)	65.74
2006.4.26收盘(元)	0.65
2006年最高(元)	0.7
2006年最低(元)	0.39
2006年换手率(%)	56.82
2006年振幅(%)	77.81

发展B股（900907）

二〇〇五年以来市场表现

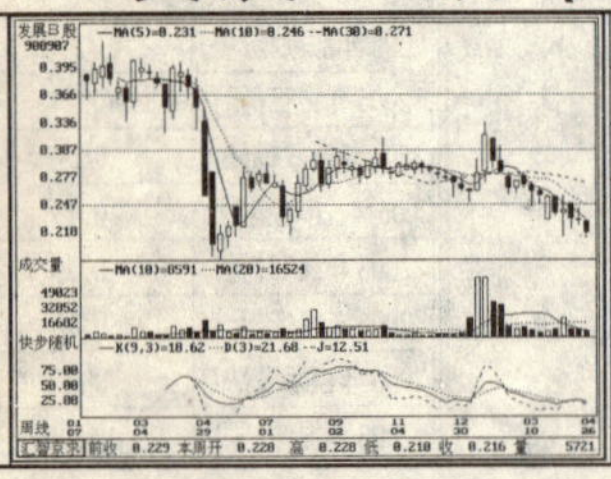

2005年涨跌幅(%)	-32.04
2005年最高(元)	0.43
2006年涨跌幅(%)	-17.87
2006.4.26收盘(元)	0.22
2006年最高(元)	0.34
2006年最低(元)	0.21
2006年换手率(%)	76.31
2006年振幅(%)	59.52

外高B股（900912）

二〇〇五年以来市场表现

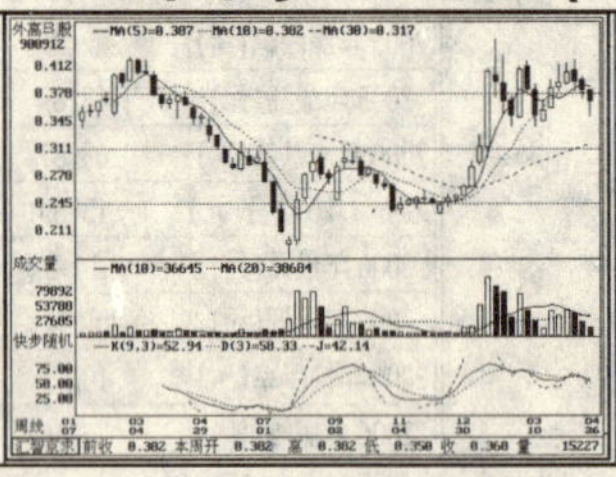

2005年涨跌幅(%)	-23.63
2005年最高(元)	0.42
2006年涨跌幅(%)	38.87
2006.4.26收盘(元)	0.37
2006年最高(元)	0.45
2006年最低(元)	0.27
2006年换手率(%)	36.99
2006年振幅(%)	67.93

氯碱B股（900908）

二〇〇五年以来市场表现

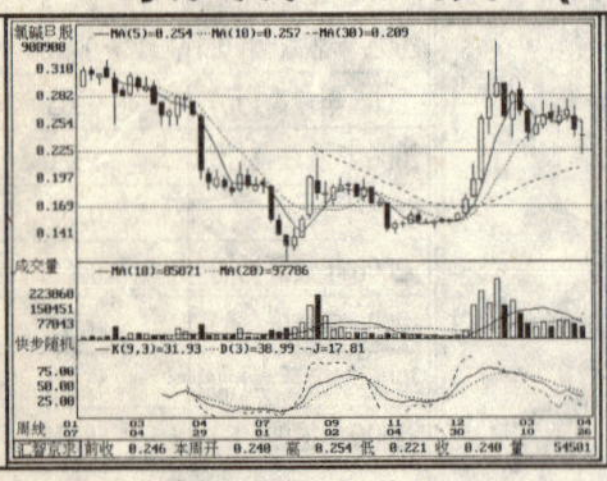

2005年涨跌幅(%)	-45.73
2005年最高(元)	0.32
2006年涨跌幅(%)	50.94
2006.4.26收盘(元)	0.24
2006年最高(元)	0.34
2006年最低(元)	0.16
2006年换手率(%)	47.1
2006年振幅(%)	113.92

*ST联华B（900913）

二〇〇五年以来市场表现

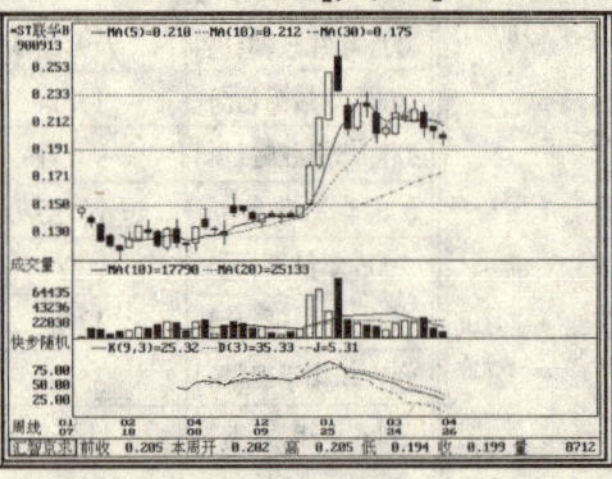

2005年涨跌幅(%)	-2.1
2005年最高(元)	0.16
2006年涨跌幅(%)	42.14
2006.4.26收盘(元)	0.2
2006年最高(元)	0.27
2006年最低(元)	0.14
2006年换手率(%)	72.2
2006年振幅(%)	95.71

轮胎B股（900909）

二〇〇五年以来市场表现

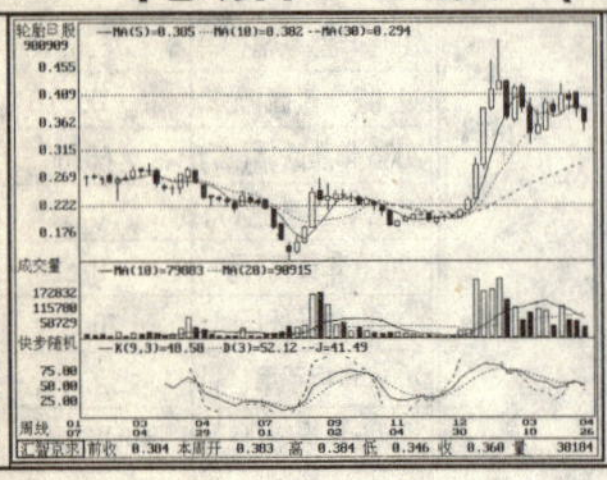

2005年涨跌幅(%)	-21.4
2005年最高(元)	0.29
2006年涨跌幅(%)	69.01
2006.4.26收盘(元)	0.36
2006年最高(元)	0.5
2006年最低(元)	0.21
2006年换手率(%)	73.07
2006年振幅(%)	136.79

锦投B股（900914）

二〇〇五年以来市场表现

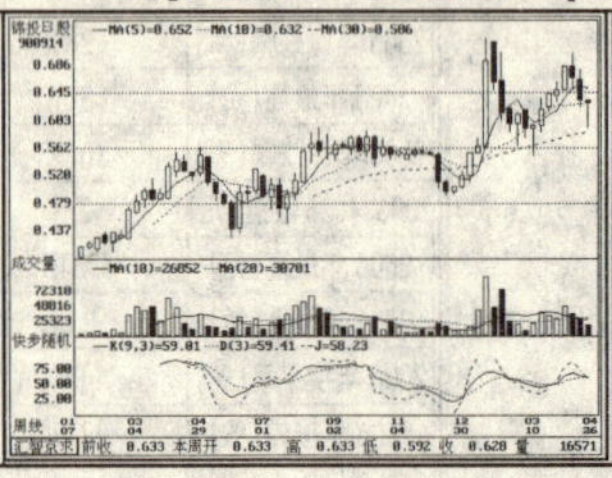

2005年涨跌幅(%)	35.79
2005年最高(元)	0.62
2006年涨跌幅(%)	21
2006.4.26收盘(元)	0.63
2006年最高(元)	0.73
2006年最低(元)	0.51
2006年换手率(%)	34.82
2006年振幅(%)	42.75

海立B股（900910）

二〇〇五年以来市场表现

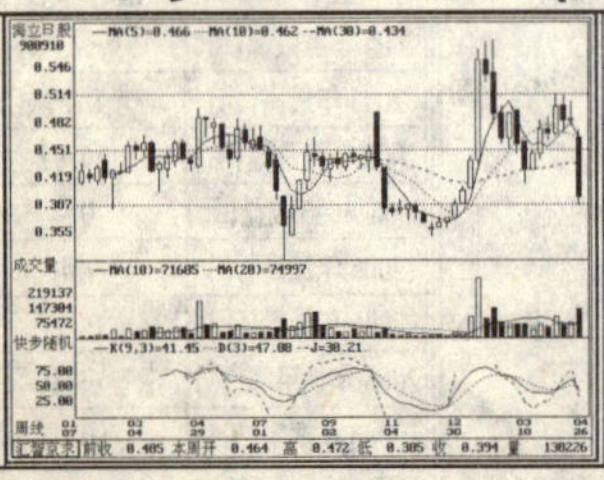

2005年涨跌幅(%)	-1.64
2005年最高(元)	0.52
2006年涨跌幅(%)	2.07
2006.4.26收盘(元)	0.39
2006年最高(元)	0.58
2006年最低(元)	0.39
2006年换手率(%)	67.77
2006年振幅(%)	50.13

永久B股（900915）

二〇〇五年以来市场表现

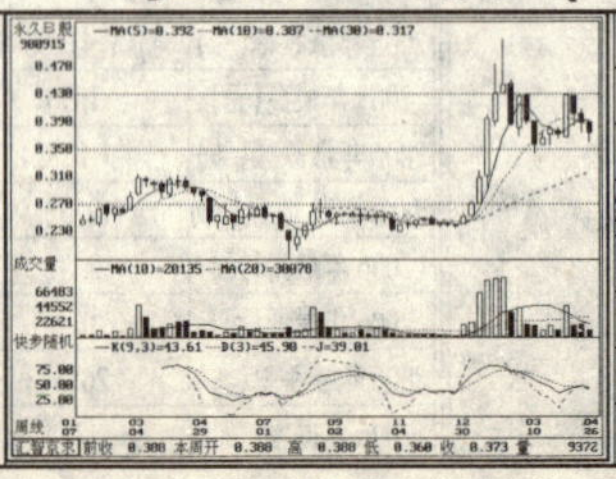

2005年涨跌幅(%)	1.62
2005年最高(元)	0.31
2006年涨跌幅(%)	48.61
2006.4.26收盘(元)	0.37
2006年最高(元)	0.51
2006年最低(元)	0.25
2006年换手率(%)	83.8
2006年振幅(%)	104

凤凰B股（900916）

二〇〇五年以来市场表现

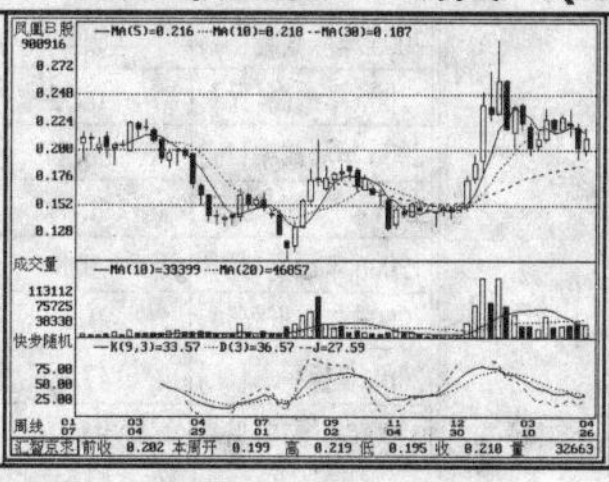

2005年涨跌幅(%)	-27.75
2005年最高(元)	0.23
2006年涨跌幅(%)	39.07
2006.4.26收盘(元)	0.21
2006年最高(元)	0.3
2006年最低(元)	0.15
2006年换手率(%)	53.12
2006年振幅(%)	101.36

*ST大盈B（900921）

二〇〇五年以来市场表现

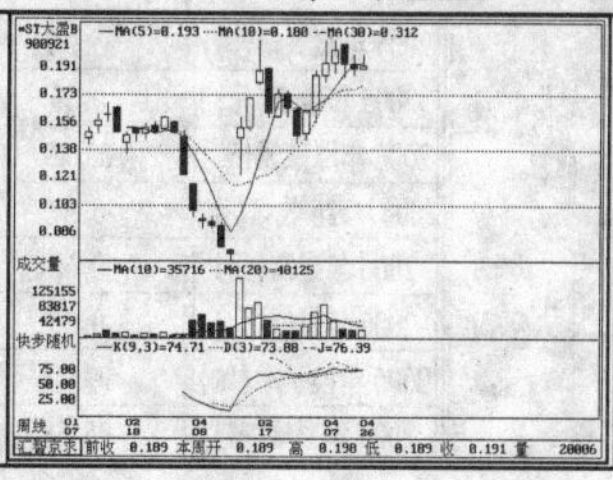

2005年涨跌幅(%)	-52
2005年最高(元)	0.17
2006年涨跌幅(%)	165.28
2006.4.26收盘(元)	0.19
2006年最高(元)	0.21
2006年最低(元)	0.12
2006年换手率(%)	76.73
2006年振幅(%)	70.49

海欣B股（900917）

二〇〇五年以来市场表现

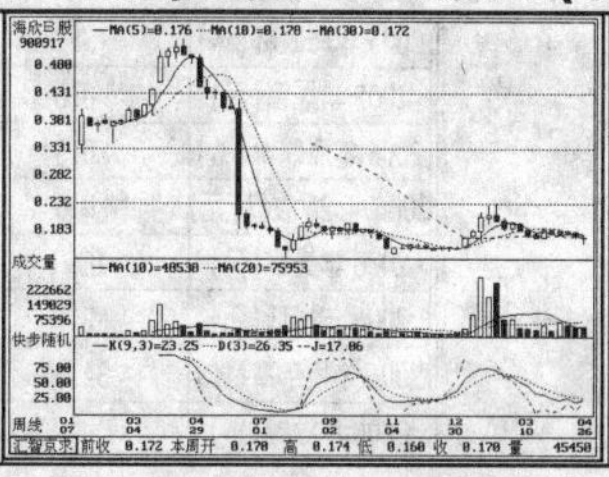

2005年涨跌幅(%)	-6.8
2005年最高(元)	0.53
2006年涨跌幅(%)	12.58
2006.4.26收盘(元)	0.17
2006年最高(元)	0.23
2006年最低(元)	0.15
2006年换手率(%)	36.46
2006年振幅(%)	53.33

三毛B股（900922）

二〇〇五年以来市场表现

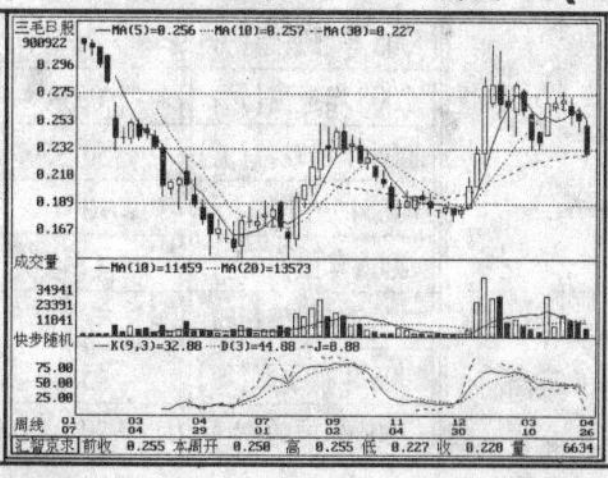

2005年涨跌幅(%)	-40.26
2005年最高(元)	0.32
2006年涨跌幅(%)	23.91
2006.4.26收盘(元)	0.23
2006年最高(元)	0.31
2006年最低(元)	0.19
2006年换手率(%)	54.04
2006年振幅(%)	69.19

耀皮B股（900918）

二〇〇五年以来市场表现

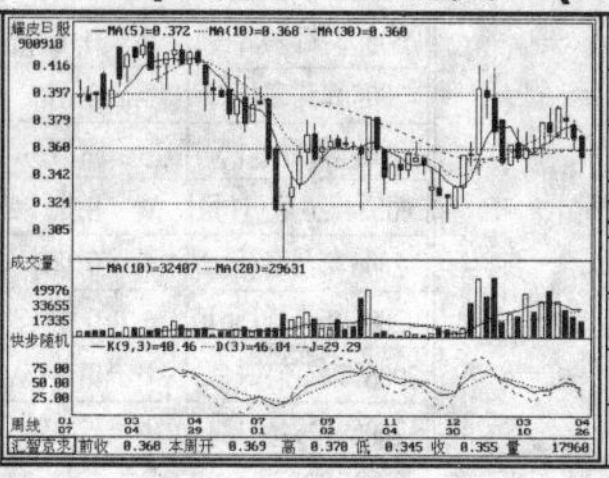

2005年涨跌幅(%)	-8.84
2005年最高(元)	0.43
2006年涨跌幅(%)	5.97
2006.4.26收盘(元)	0.36
2006年最高(元)	0.42
2006年最低(元)	0.33
2006年换手率(%)	29.94
2006年振幅(%)	28.31

友谊B股（900923）

二〇〇五年以来市场表现

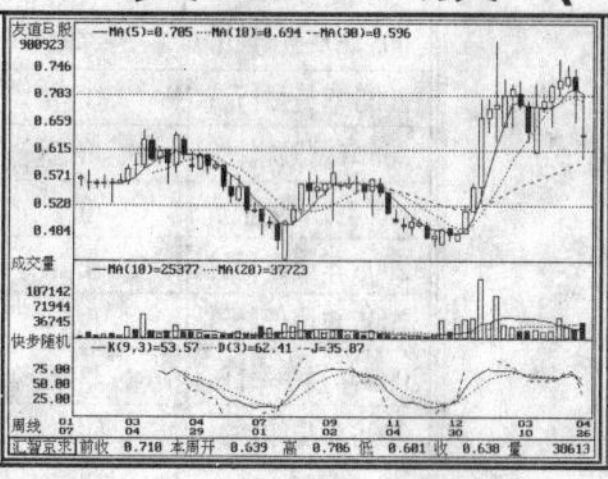

2005年涨跌幅(%)	-10.99
2005年最高(元)	0.65
2006年涨跌幅(%)	32.09
2006.4.26收盘(元)	0.64
2006年最高(元)	0.79
2006年最低(元)	0.48
2006年换手率(%)	40.5
2006年振幅(%)	63.56

ST大江B（900919）

二〇〇五年以来市场表现

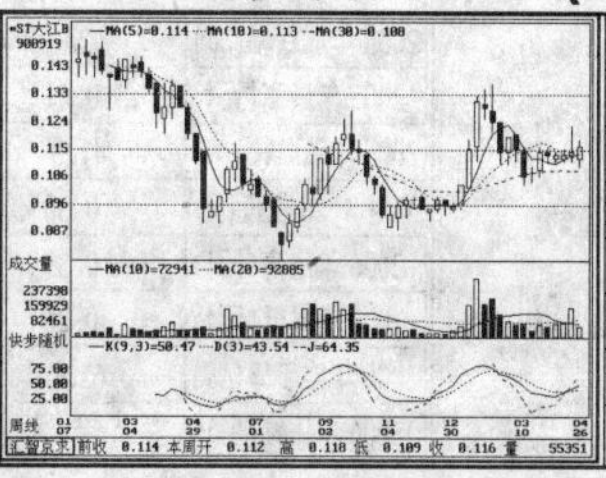

2005年涨跌幅(%)	-33.33
2005年最高(元)	0.15
2006年涨跌幅(%)	20.83
2006.4.26收盘(元)	0.12
2006年最高(元)	0.14
2006年最低(元)	0.1
2006年换手率(%)	50.8
2006年振幅(%)	44.21

上工B股（900924）

二〇〇五年以来市场表现

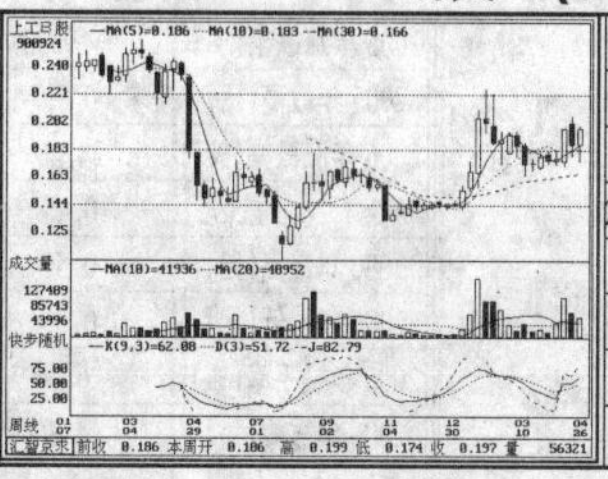

2005年涨跌幅(%)	-39.75
2005年最高(元)	0.26
2006年涨跌幅(%)	36.81
2006.4.26收盘(元)	0.2
2006年最高(元)	0.22
2006年最低(元)	0.14
2006年换手率(%)	39.09
2006年振幅(%)	58.87

上柴B股（900920）

二〇〇五年以来市场表现

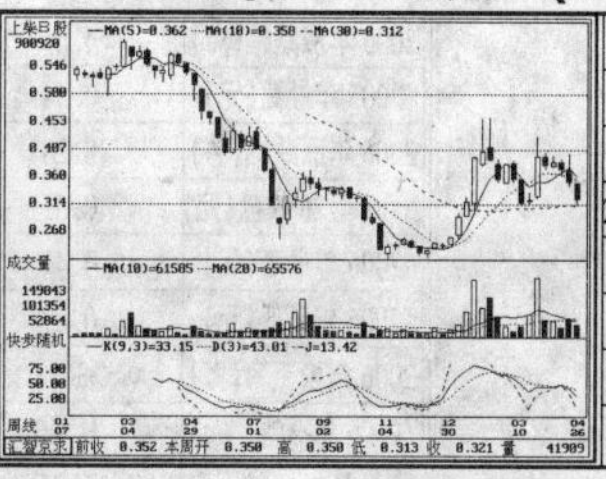

2005年涨跌幅(%)	-48.25
2005年最高(元)	0.59
2006年涨跌幅(%)	24.9
2006.4.26收盘(元)	0.32
2006年最高(元)	0.46
2006年最低(元)	0.26
2006年换手率(%)	56.57
2006年振幅(%)	80.39

机电B股（900925）

二〇〇五年以来市场表现

2005年涨跌幅(%)	-34.52
2005年最高(元)	0.52
2006年涨跌幅(%)	35.24
2006.4.26收盘(元)	0.4
2006年最高(元)	0.42
2006年最低(元)	0.29
2006年换手率(%)	50.19
2006年振幅(%)	43.88

宝信B股（900926）

二〇〇五年以来市场表现

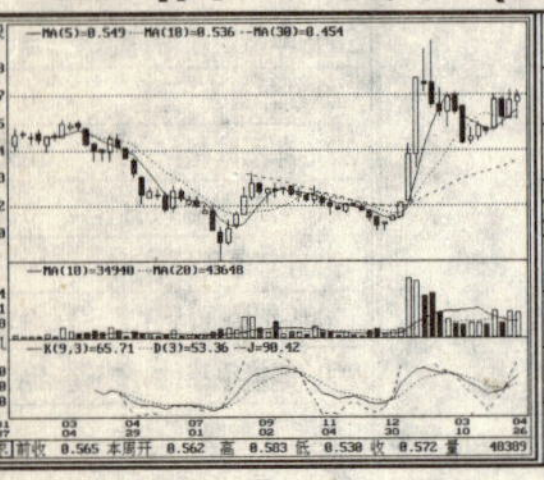

2005年涨跌幅(%)	-22.74
2005年最高(元)	0.53
2006年涨跌幅(%)	63.43
2006.4.26收盘(元)	0.57
2006年最高(元)	0.68
2006年最低(元)	0.35
2006年换手率(%)	93.21
2006年振幅(%)	95.68

陆家B股（900932）

二〇〇五年以来市场表现

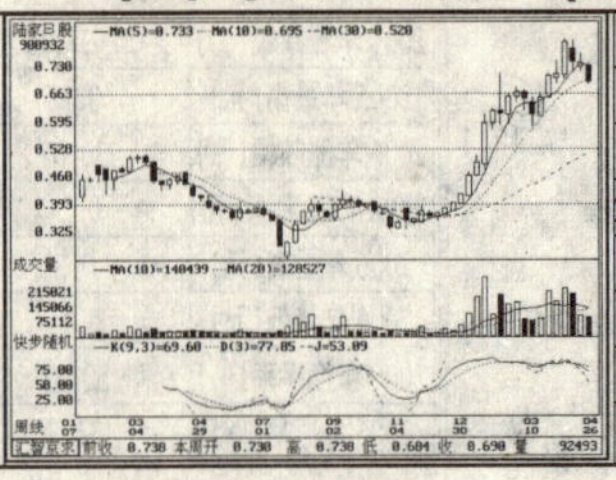

2005年涨跌幅(%)	2.44
2005年最高(元)	0.52
2006年涨跌幅(%)	66.27
2006.4.26收盘(元)	0.69
2006年最高(元)	0.8
2006年最低(元)	0.41
2006年换手率(%)	47.96
2006年振幅(%)	94.16

物贸B股（900927）

二〇〇五年以来市场表现

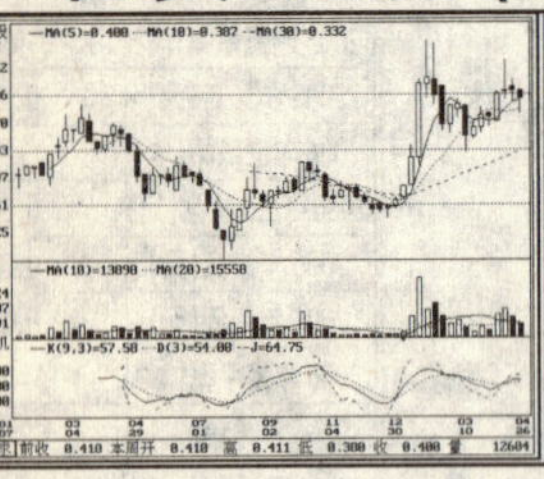

2005年涨跌幅(%)	-10.14
2005年最高(元)	0.39
2006年涨跌幅(%)	50.38
2006.4.26收盘(元)	0.4
2006年最高(元)	0.48
2006年最低(元)	0.27
2006年换手率(%)	45.34
2006年振幅(%)	79.03

华新B股（900933）

二〇〇五年以来市场表现

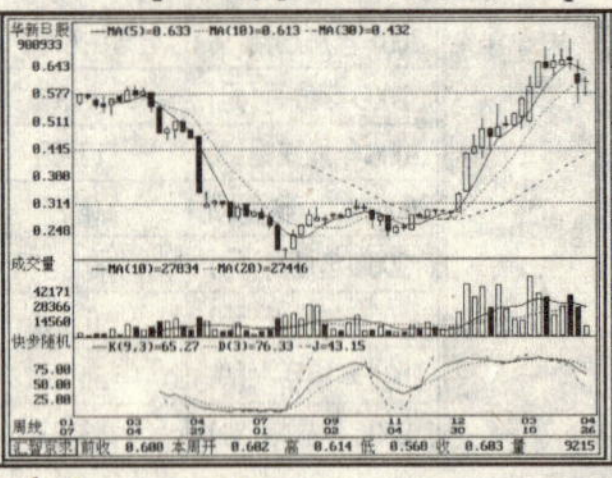

2005年涨跌幅(%)	-38.62
2005年最高(元)	0.6
2006年涨跌幅(%)	80.54
2006.4.26收盘(元)	0.6
2006年最高(元)	0.71
2006年最低(元)	0.34
2006年换手率(%)	32.17
2006年振幅(%)	108.53

ST自仪B（900928）

二〇〇五年以来市场表现

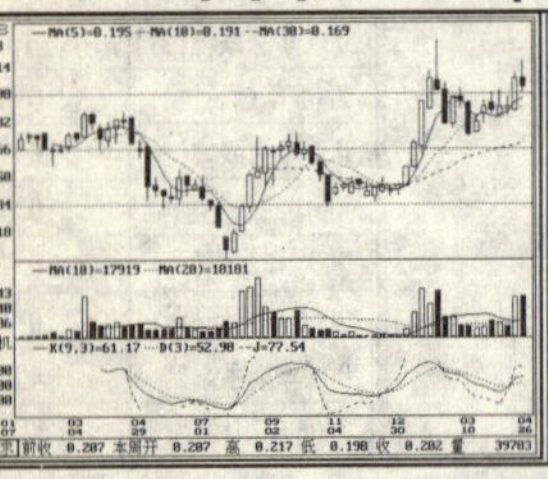

2005年涨跌幅(%)	-14.29
2005年最高(元)	0.19
2006年涨跌幅(%)	40.28
2006.4.26收盘(元)	0.2
2006年最高(元)	0.23
2006年最低(元)	0.14
2006年换手率(%)	33.22
2006年振幅(%)	59.72

锦江B股（900934）

二〇〇五年以来市场表现

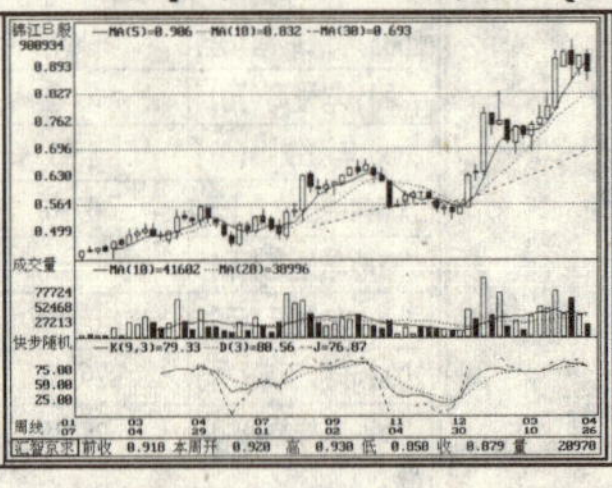

2005年涨跌幅(%)	31.66
2005年最高(元)	0.69
2006年涨跌幅(%)	58.09
2006.4.26收盘(元)	0.88
2006年最高(元)	0.96
2006年最低(元)	0.56
2006年换手率(%)	46.81
2006年振幅(%)	72.48

锦旅B股（900929）

二〇〇五年以来市场表现

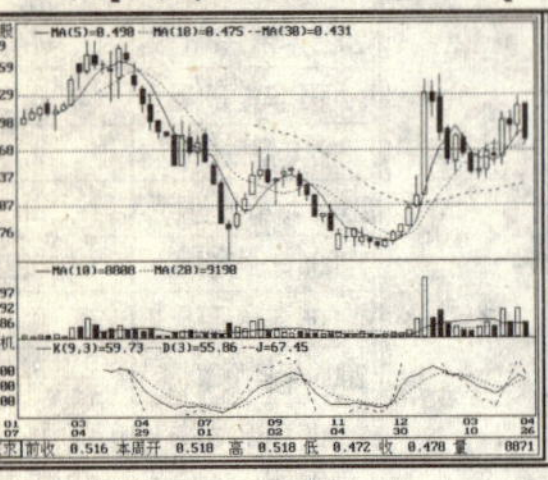

2005年涨跌幅(%)	-19.33
2005年最高(元)	0.59
2006年涨跌幅(%)	24.48
2006.4.26收盘(元)	0.48
2006年最高(元)	0.55
2006年最低(元)	0.38
2006年换手率(%)	26.64
2006年振幅(%)	44.36

阳晨B股（900935）

二〇〇五年以来市场表现

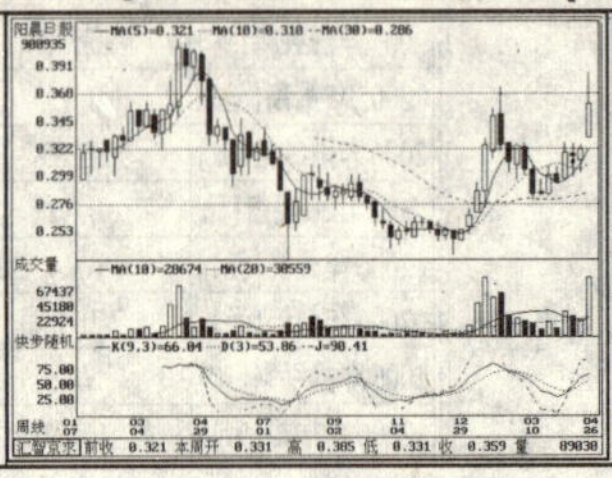

2005年涨跌幅(%)	-12.58
2005年最高(元)	0.41
2006年涨跌幅(%)	41.34
2006.4.26收盘(元)	0.36
2006年最高(元)	0.39
2006年最低(元)	0.25
2006年换手率(%)	61.74
2006年振幅(%)	54

邮通B股（900930）

二〇〇五年以来市场表现

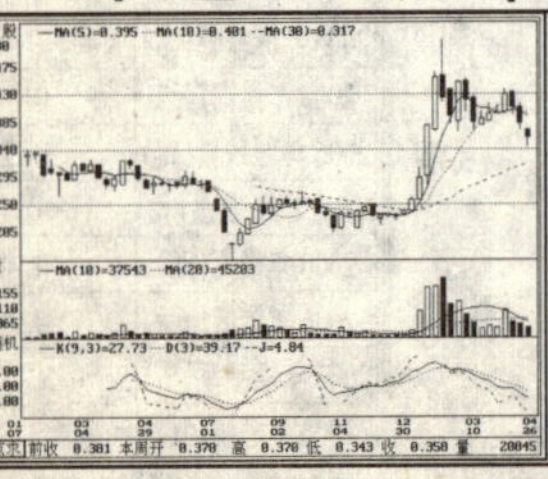

2005年涨跌幅(%)	-27.88
2005年最高(元)	0.34
2006年涨跌幅(%)	50.42
2006.4.26收盘(元)	0.36
2006年最高(元)	0.52
2006年最低(元)	0.24
2006年换手率(%)	71.28
2006年振幅(%)	119.41

鄂绒B股（900936）

二〇〇五年以来市场表现

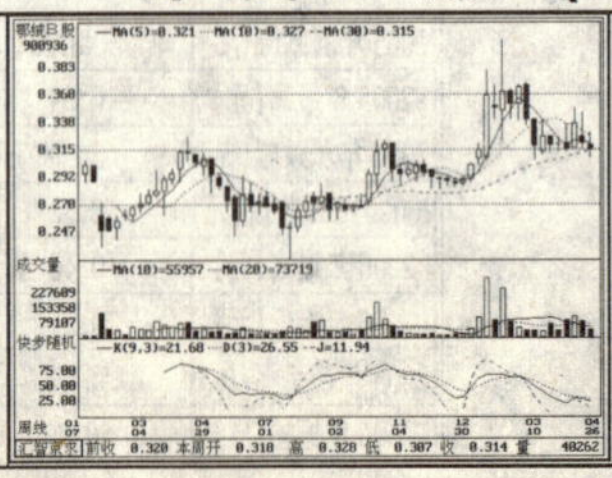

2005年涨跌幅(%)	4.64
2005年最高(元)	0.34
2006年涨跌幅(%)	8.28
2006.4.26收盘(元)	0.31
2006年最高(元)	0.41
2006年最低(元)	0.29
2006年换手率(%)	33.58
2006年振幅(%)	41.46

华电 B 股（900937）

二〇〇五年以来市场表现

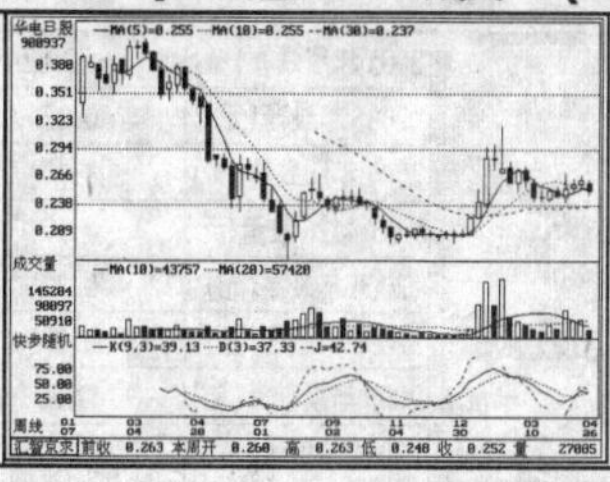

2005 年涨跌幅(%)	-36.71
2005 年最高(元)	0.41
2006 年涨跌幅(%)	21.15
2006.4.26 收盘(元)	0.25
2006 年最高(元)	0.32
2006 年最低(元)	0.21
2006 年换手率(%)	25.72
2006 年振幅(%)	53.62

黄山 B 股（900942）

二〇〇五年以来市场表现

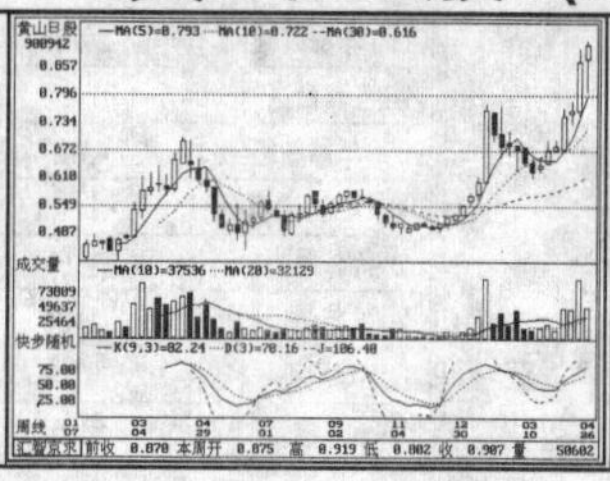

2005 年涨跌幅(%)	28.39
2005 年最高(元)	0.7
2006 年涨跌幅(%)	65.21
2006.4.26 收盘(元)	0.91
2006 年最高(元)	0.92
2006 年最低(元)	0.55
2006 年换手率(%)	58.9
2006 年振幅(%)	67.4

*ST 天海 B（900938）

二〇〇五年以来市场表现

2005 年涨跌幅(%)	-34.64
2005 年最高(元)	0.19
2006 年涨跌幅(%)	45.3
2006.4.26 收盘(元)	0.17
2006 年最高(元)	0.2
2006 年最低(元)	0.12
2006 年换手率(%)	69.15
2006 年振幅(%)	70.69

开开 B 股（900943）

二〇〇五年以来市场表现

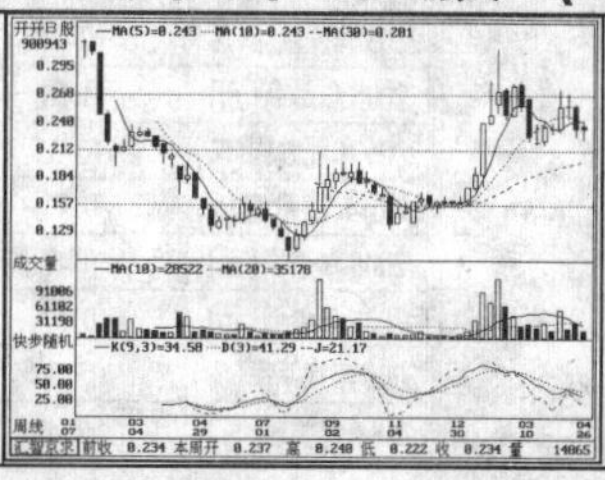

2005 年涨跌幅(%)	-50.31
2005 年最高(元)	0.32
2006 年涨跌幅(%)	47.17
2006.4.26 收盘(元)	0.23
2006 年最高(元)	0.31
2006 年最低(元)	0.16
2006 年换手率(%)	85.28
2006 年振幅(%)	101.94

汇丽 B 股（900939）

二〇〇五年以来市场表现

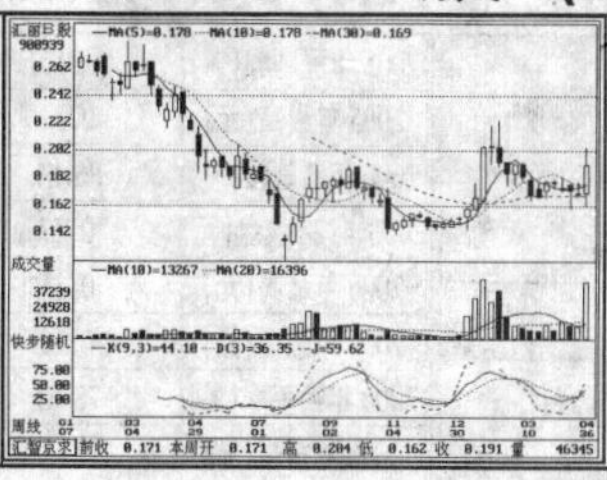

2005 年涨跌幅(%)	-41.76
2005 年最高(元)	0.28
2006 年涨跌幅(%)	25.66
2006.4.26 收盘(元)	0.19
2006 年最高(元)	0.22
2006 年最低(元)	0.14
2006 年换手率(%)	36.45
2006 年振幅(%)	54.86

海航 B 股（900945）

二〇〇五年以来市场表现

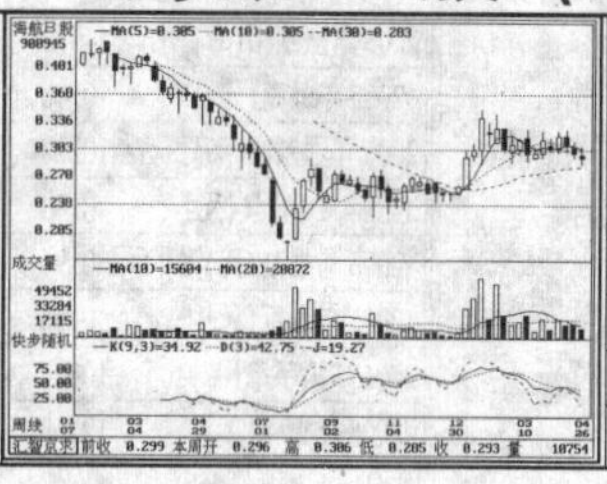

2005 年涨跌幅(%)	-35.98
2005 年最高(元)	0.43
2006 年涨跌幅(%)	13.57
2006.4.26 收盘(元)	0.29
2006 年最高(元)	0.35
2006 年最低(元)	0.26
2006 年换手率(%)	21.57
2006 年振幅(%)	36.72

华源 B 股（900940）

二〇〇五年以来市场表现

2005 年涨跌幅(%)	-35.8
2005 年最高(元)	0.29
2006 年涨跌幅(%)	21.21
2006.4.26 收盘(元)	0.2
2006 年最高(元)	0.25
2006 年最低(元)	0.16
2006 年换手率(%)	69.65
2006 年振幅(%)	52.76

ST 轻骑 B（900946）

二〇〇五年以来市场表现

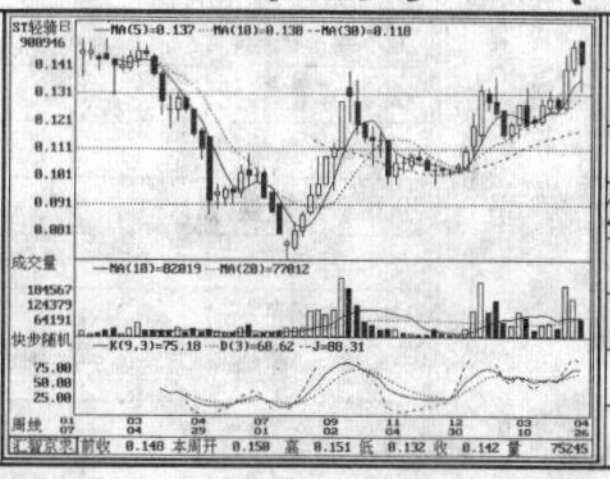

2005 年涨跌幅(%)	-26.57
2005 年最高(元)	0.15
2006 年涨跌幅(%)	35.24
2006.4.26 收盘(元)	0.14
2006 年最高(元)	0.15
2006 年最低(元)	0.1
2006 年换手率(%)	64.15
2006 年振幅(%)	46.6

东信 B 股（900941）

二〇〇五年以来市场表现

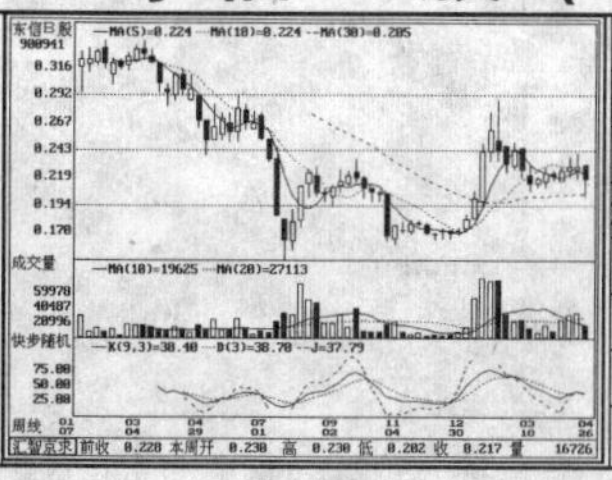

2005 年涨跌幅(%)	-47.4
2005 年最高(元)	0.34
2006 年涨跌幅(%)	27.65
2006.4.26 收盘(元)	0.22
2006 年最高(元)	0.29
2006 年最低(元)	0.17
2006 年换手率(%)	34.8
2006 年振幅(%)	68.82

振华 B 股（900947）

二〇〇五年以来市场表现

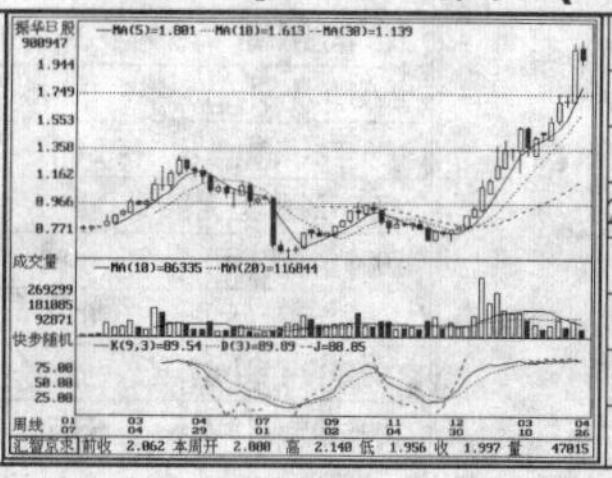

2005 年涨跌幅(%)	55.73
2005 年最高(元)	1.48
2006 年涨跌幅(%)	150.57
2006.4.26 收盘(元)	2
2006 年最高(元)	2.14
2006 年最低(元)	0.8
2006 年换手率(%)	61.5
2006 年振幅(%)	168.51

伊泰B股（900948）

二〇〇五年以来市场表现

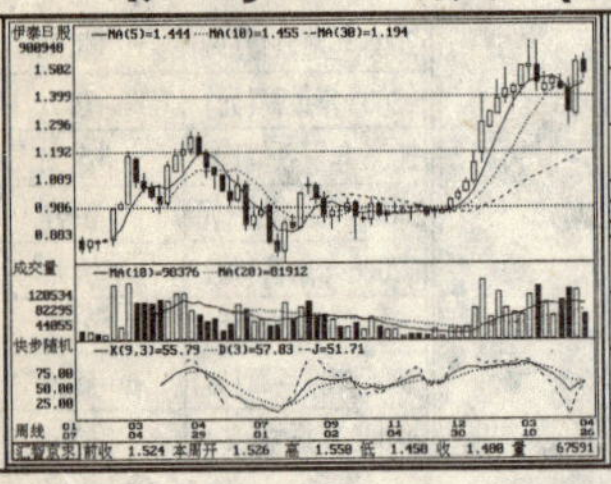

2005年涨跌幅(%)	29.65
2005年最高(元)	1.27
2006年涨跌幅(%)	43.27
2006.4.26收盘(元)	1.48
2006年最高(元)	1.61
2006年最低(元)	1.04
2006年换手率(%)	92.1
2006年振幅(%)	54.62

东电B股（900949）

二〇〇五年以来市场表现

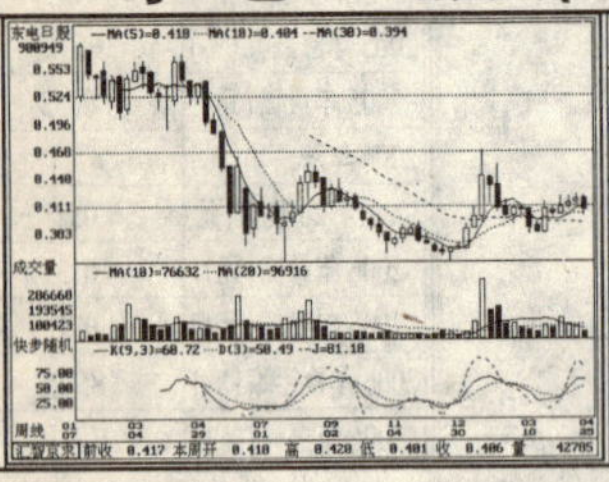

2005年涨跌幅(%)	-24.87
2005年最高(元)	0.58
2006年涨跌幅(%)	10.33
2006.4.26收盘(元)	0.41
2006年最高(元)	0.47
2006年最低(元)	0.37
2006年换手率(%)	25.84
2006年振幅(%)	27.87

新城B股（900950）

二〇〇五年以来市场表现

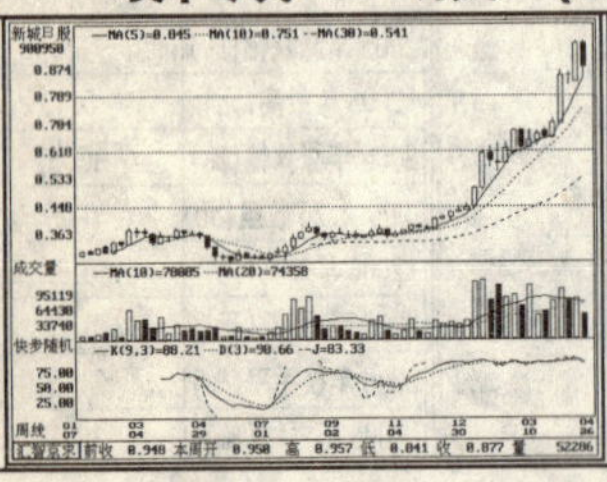

2005年涨跌幅(%)	49.2
2005年最高(元)	0.46
2006年涨跌幅(%)	102.07
2006.4.26收盘(元)	0.88
2006年最高(元)	0.96
2006年最低(元)	0.43
2006年换手率(%)	100.33
2006年振幅(%)	121.99

大化B股（900951）

二〇〇五年以来市场表现

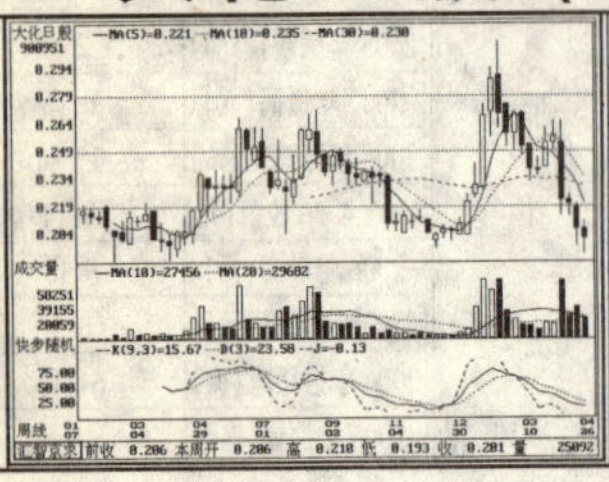

2005年涨跌幅(%)	-4.13
2005年最高(元)	0.27
2006年涨跌幅(%)	-3.83
2006.4.26收盘(元)	0.2
2006年最高(元)	0.31
2006年最低(元)	0.19
2006年换手率(%)	57.68
2006年振幅(%)	60.1

锦港B股（900952）

二〇〇五年以来市场表现

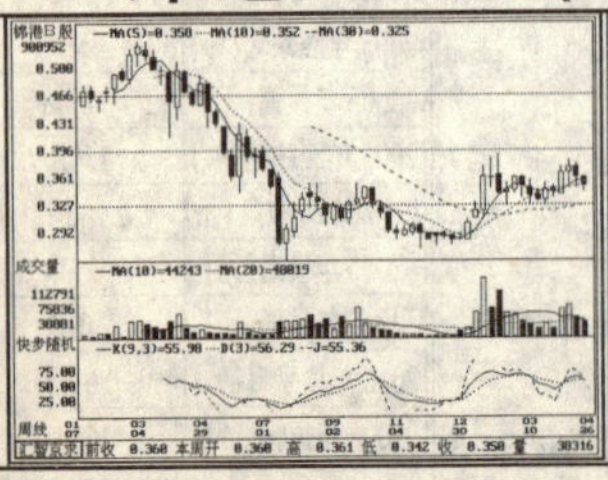

2005年涨跌幅(%)	-38.83
2005年最高(元)	0.54
2006年涨跌幅(%)	24.11
2006.4.26收盘(元)	0.35
2006年最高(元)	0.39
2006年最低(元)	0.28
2006年换手率(%)	55.7
2006年振幅(%)	38.79

凯马B股（900953）

二〇〇五年以来市场表现

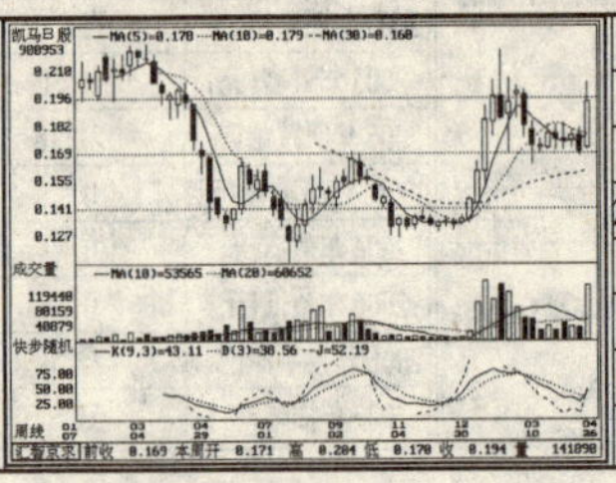

2005年涨跌幅(%)	-33.82
2005年最高(元)	0.22
2006年涨跌幅(%)	43.7
2006.4.26收盘(元)	0.19
2006年最高(元)	0.22
2006年最低(元)	0.13
2006年换手率(%)	49.61
2006年振幅(%)	65.41

茉织华B（900955）

二〇〇五年以来市场表现

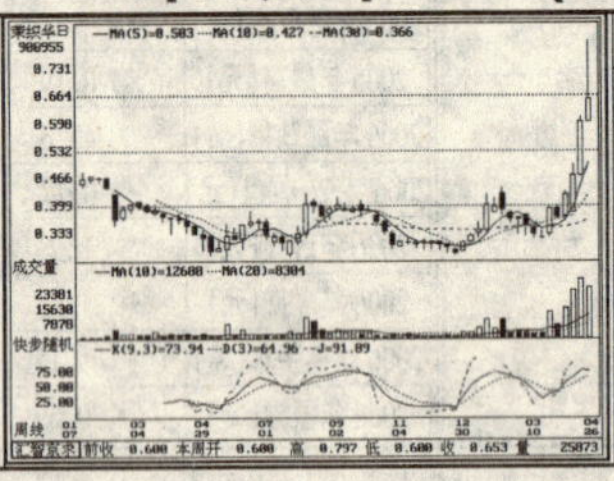

2005年涨跌幅(%)	-33.04
2005年最高(元)	0.48
2006年涨跌幅(%)	112.01
2006.4.26收盘(元)	0.65
2006年最高(元)	0.8
2006年最低(元)	0.31
2006年换手率(%)	14.61
2006年振幅(%)	158.77

东贝B股（900956）

二〇〇五年以来市场表现

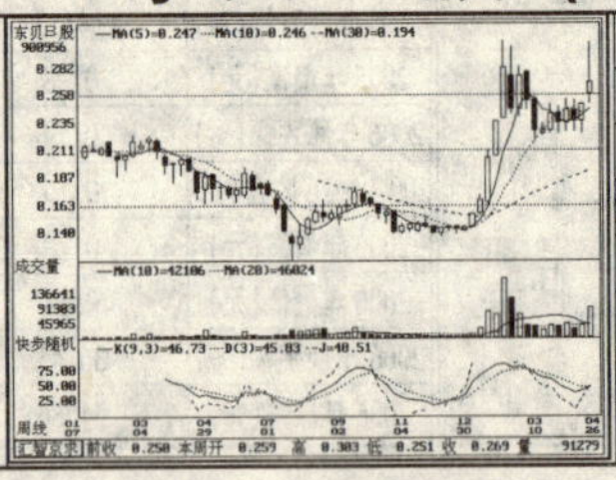

2005年涨跌幅(%)	-31.1
2005年最高(元)	0.22
2006年涨跌幅(%)	86.81
2006.4.26收盘(元)	0.27
2006年最高(元)	0.31
2006年最低(元)	0.14
2006年换手率(%)	78.81
2006年振幅(%)	112.5

凌云B股（900957）

二〇〇五年以来市场表现

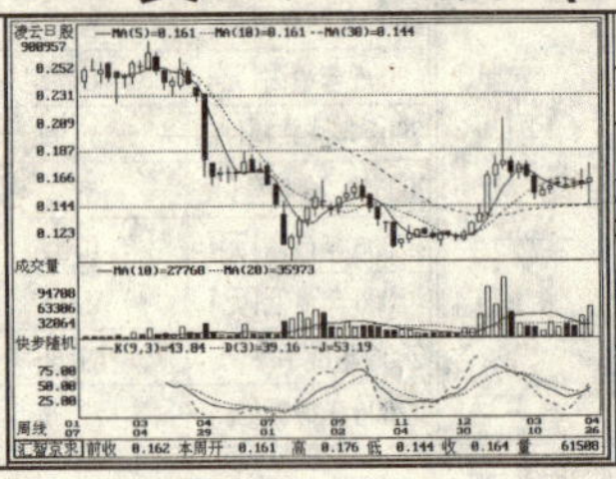

2005年涨跌幅(%)	-49.59
2005年最高(元)	0.27
2006年涨跌幅(%)	34.43
2006.4.26收盘(元)	0.16
2006年最高(元)	0.21
2006年最低(元)	0.12
2006年换手率(%)	37.34
2006年振幅(%)	76.67

上市公司2006年一季度主要财务指标一览

（截至日期:2006年4月27日）

代码	简称	每股收益（元）	每股净资产（元）	净资产收益率（%）
000001	深发展A	0.113	2.71	4.19
000002	G万科A	0.099	2.4	4.11
000006	G深振业	0.143	4.487	3.18
000008	G宝利来	-0.001	0.989	-0.14
000011	深物业A	-0.0164	1.1837	-1.39
000014	G沙河	0.228	3.7318	6.11
000016	G康佳A	0.042	5.374	0.78
000018	深中冠A	-0.0227	1.56	-1.46
000019	深深宝A	0.014	1.333	1.075
000020	*ST华发A	0.002	0.85	0.24
000021	深科技A	0.1153	4.0274	2.86
000022	深赤湾A	0.234	3.502	6.68
000023	G深天地	-0.058	1.53	-3.752
000024	G招商局	0.073	6.179	1.17
000025	G深特力A	0.0006	1.028	0.06
000026	飞亚达A	0.02	2.159	0.91
000028	G一致	0.082	1.432	5.73
000029	G深深房	0.004	1.051	0.37
000030	*ST盛润A	-0.0246	-5.7425	/
000031	G中粮地	0.0518	2.544	2.04
000032	G深桑达	0.04	3.11	1.37
000034	ST深泰	-0.0457	-1.446	/
000036	G华联	0.0142	1.52	0.93
000037	G南电	0.012	2.8	0.41
000039	中集集团	0.2567	4.91	5.22
000043	G深南光	0.078	2.74	2.86
000045	深纺织A	0.006	1.41	0.4
000046	G泛海	0.11	3.41	3.32
000048	G康达尔	0.004	0.177	2.3
000049	G德赛	0.0422	1.1785	3.58
000050	G深天马	0.0508	2.99	1.7
000055	G方大A	0.009	1.19	0.76
000059	G辽通	0.035	2.543	1.36
000060	G中金	0.26	3.59	7.24
000061	G农产品	0.028	3.66	0.78
000063	G中兴	0.035	10.58	0.33
000065	G北方	0.05	2.75	1.93
000066	长城电脑	0.07	3.57	2.01
000068	赛格三星	-0.035	2.56	-1.35
000069	G华侨城	0.023	2.394	0.98
000070	G特发	0.0033	2.462	0.14
000078	G海王	0.025	2.1	1.19
000088	G盐田港	0.116	2.827	4.1
000089	G深机场	0.1292	3.965	3.26
000090	G天健	0.15	5.38	2.73
000096	G广聚	0.016	2.38	0.67
000099	G海直	0.0206	2.4238	0.85
000150	光电股份	-0.0238	1.43	-1.66
000151	G中成	0.0068	2.96	0.23
000153	G丰原药	0.0091	2.296	0.3971
000155	G川化	0.069	3.345	2.06
000157	中联重科	0.1419	3.5576	3.99
000159	国际实业	0.0327	3.0962	1.06
000301	丝绸股份	0.024	2.959	0.81
000401	冀东水泥	0.0006	2.2606	0.03
000402	G金融街	0.01	2.21	0.64
000404	华意压缩	-0.04	1.45	-2.54
000406	石油大明	0.2	5.2	3.79
000407	胜利股份	0.006	2.03	0.31
000410	G沈机	0.0395	3.12	1.27
000411	英特集团	0.02	0.73	2.48
000416	健特生物	0.029	1.6	1.84
000417	G合百大	0.065	3.68	1.77
000418	小天鹅A	0.03	3.23	1.05
000419	通程控股	0.0339	3.6576	0.93
000420	G吉纤	-0.025	3.13	-0.79
000421	南京中北	0.003	1.25	0.28
000422	G宜化	0.17	4.82	3.47
000425	徐工科技	0.006	1.96	0.3
000426	G大地	0.02	4.87	0.34
000428	G华天	0.025	2.752	0.92
000429	G粤高速	0.08	2.93	2.8
000430	张家界	-0.24	0.77	-31
000488	G晨鸣	0.11	4.17	2.53
000498	G丹化	0.01	1.037	0.96
000501	G武商A	0.061	1.81	3.38
000502	恒大地产	0.0151	1.7131	0.88
000503	海虹控股	0.1422	2.0336	6.99
000504	赛迪传媒	0.0011	1.4186	0.08
000507	粤富华	0.02	3.02	0.52
000509	*ST华塑	-0.0075	0.4919	-1.53
000510	金路集团	0.0185	1.7751	1.04

代码	简称	每股收益（元）	每股净资产（元）	净资产收益率（%）
000511	银基发展	0.02	4.35	0.42
000513	丽珠集团	0.1	4.06	2.37
000514	G渝开发	0.0091	1.5792	0.57
000515	攀渝钛业	0.028	1.89	1.47
000516	G解放	0.093	2.99	3.1
000518	四环生物	0.0004	0.97	0.04
000519	G银动	0.11	2.64	4.12
000520	中国凤凰	0.0173	2.55	0.68
000521	美菱电器	0.01	2.1	0.49
000522	G白云山	0.04	1.94	2.12
000523	G浪奇	0.0135	2.43	0.55
000524	G穗东方	-0.028	2.128	-1.34
000525	红太阳	0.0245	2.201	1.1147
000526	G旭飞	0.128	1.71	7.52
000527	G美的	0.11	4.96	2.25
000528	G柳工	0.16	3.58	4.57
000530	G大冷	0.051	4.13	1.25
000531	G穗恒运	0.12	2.78	4.41
000532	力合股份	0.0157	1.574	1
000534	汕电力A	0.01	2.6649	0.3738
000536	ST闽闽东	0.008	-0.094	/
000537	G广宇	-0.019	0.95	-2.01
000538	云南白药	0.237	3.09	7.66
000541	G佛照	0.151	6.58	2.3
000543	G皖能	0.004	3.065	0.13
000544	白鸽股份	0.029	1.25	2.32
000545	吉林制药	-0.0721	0.2131	-33.84
000546	ST吉光华	-0.023	1.24	-1.83
000547	闽福发A	0.01	3.424	0.3
000549	湘火炬A	0.013	1.709	0.74
000550	G江铃	0.26	3.23	7.93
000551	G创元	0.05	2.54	1.9
000553	沙隆达A	0.004	2.96	0.15
000555	ST太光	0.01	-0.61	/
000557	*ST广夏	-0.022	-1.871	/
000558	G莱茵	-0.0378	1.23	-3.06
000559	G钱潮	0.0481	1.641	2.93
000560	ST昆百大	0.035	-0.1222	/
000562	宏源证券	0.0115	1.154	1
000564	G陕民生	0.024	2.164	1.11
000565	渝三峡A	-0.005	2.12	-0.24
000567	G海德	0.0099	0.555	1.78
000568	G老窖	0.1224	1.95	6.27
000569	长城股份	-0.0537	1.146	-4.68
000570	苏常柴A	0.053	2.46	2.17

代码	简称	每股收益（元）	每股净资产（元）	净资产收益率（%）
000571	新大洲A	-0.0128	1.1879	-1.08
000572	G金盘	0.09	1.56	5.95
000573	粤宏远A	0.002	3.13	0.05
000576	G甘化	0.0158	1.44	1.09
000581	G威孚	0.0994	4.2279	2.35
000582	北海港	0.003	2.32	0.13
000583	*ST托普	-0.05	-5.21	/
000584	G舒卡	0.0066	1.1344	0.58
000586	G汇源	-0.05	1.4475	-3.46
000587	ST光明	-0.05	0.074	-69.59
000589	G黔轮胎	0.056	4.034	1.39
000591	桐君阁	0.0291	3.058	0.95
000593	宝光药业	0.001	1.464	0.09
000594	G宏峰	0.027	1.53	1.78
000595	G西轴	0.01	2.1	0.46
000596	*ST古井A	0.01	3.45	0.3
000597	G东北药	0.0123	2.97	0.41
000598	G蓝清洗	0.013	2.33	0.56
000599	G双星	0.037	2.189	1.68
000600	G建投	0.0443	1.7845	2.48
000601	G韶能	0.0105	3.79	0.28
000602	G金马	0.085	2.07	4.1
000603	*ST威达	0.004	0.64	0.68
000605	四环药业	-0.08	1.32	-6.11
000606	G明胶	0.013	1.99	0.68
000607	G华立	0.011	1.86	0.59
000608	G阳光	0.1	2.76	3.75
000609	燕化高新	0.0245	3.74	0.66
000610	G西旅	0.0106	2.267	0.47
000611	时代科技	0.03	1.99	1.5
000612	焦作万方	0.076	1.85	4.1
000613	*ST东海A	-0.003	-0.132	/
000615	G金环	0.02	3.2	0.6
000616	亿城股份	-0.03	2.41	-1.05
000617	石油济柴	0.09	2.43	3.9
000620	*ST圣方	-0.04	-1.32	/
000623	G敖东	0.132	4.95	2.67
000626	如意集团	0.0656	1.4736	4.46
000627	G百科	0.005	1.1114	0.46
000628	倍特高新	0.02	1.97	1.16
000629	G新钢钒	0.119	4.76	2.5
000630	G铜都	0.17	4.38	3.85
000635	G英力特	0.06	1.61	3.89
000636	G风华	0.016	3.953	0.41
000639	金德发展	0.02	1.64	1.26

代码	简称	每股收益（元）	每股净资产（元）	净资产收益率（%）
000651	G格力	0.21	5.28	3.96
000652	G泰达	0.016	1.56	1.04
000657	中钨高新	-0.03	3.53	-0.79
000659	G中富	0.044	2.74	1.61
000661	长春高新	-0.00795	2.24	-0.35
000662	G索芙特	0.07324	2.1643	3.38
000663	永安林业	0.008	1.9937	0.4
000666	经纬纺机	0.06	4.46	1.39
000667	G名流	0.0896	2.0902	4.29
000669	领先科技	0.01	1.505	0.6
000670	天发石油	-0.11	1.17	-9.39
000671	阳光发展	0.043	2.412	1.79
000673	大同水泥	-0.046	0.915	-5.03
000676	思达高科	0.0068	1.39	0.49
000677	G海龙	0.02	1.92	1.14
000678	襄阳轴承	0.037	2.59	1.43
000679	大连友谊	0.044	2.624	1.672
000680	山推股份	0.11	2.72	3.87
000681	远东股份	-0.007	1.61	-0.46
000682	东方电子	0.002	1.39	0.17
000683	*ST天然	0.011	0.6593	1.68
000685	G公用	0.0068	1.4779	0.4598
000686	锦州六陆	0.025	2.92	0.84
000690	G宝丽华	0.2	2.08	9.63
000691	*ST寰岛	-0.0093	1.7322	-0.54
000692	G惠天	-0.1248	3.43	-3.64
000695	G滨能	0.11	1.63	6.91
000697	咸阳偏转	0.0012	2.59	0.05
000698	G沈化	0.064	3.185	2.01
000700	G模塑	0.043	2.84	1.51
000701	厦门信达	0.032	2.56	1.25
000702	G正虹	0.0087	1.77	0.49
000703	世纪光华	0.005	1.75	0.26
000705	浙江震元	0.017	3.65	0.45
000708	G冶特钢	0.104	2.292	4.54
000709	G唐钢	0.05	3.77	1.32
000710	ST天仪	0.001	0.653	0.15
000713	G丰乐	0.056	1.99	2.83
000715	中兴商业	0.117	3.46	3.39
000717	G韶钢	0.0228	3.7339	0.61
000720	鲁能泰山	0.0082	1.57	0.52
000721	西安饮食	0.0226	1.96	1.15
000722	G金果	0.005	3.99	0.12
000723	天宇电气	0.01	1.98	0.54
000726	鲁泰A	0.2	4.31	4.55

代码	简称	每股收益（元）	每股净资产（元）	净资产收益率（%）
000727	华东科技	0.0507	2.6873	1.89
000733	振华科技	0.02	5.21	0.39
000735	G罗牛山	0.004	2.05	0.19
000738	G南摩	0.0033	1.04	0.32
000739	G康裕	0.057	2.56	2.23
000748	*ST信息	0.005	3.349	0.15
000750	桂林集琦	-0.0211	1.6805	-1.26
000751	G锌业	0.05	3.18	1.49
000753	漳州发展	0.012	1.9	0.64
000755	G三维	0.055	3.9	1.42
000756	新华制药	0.021	2.96	0.72
000757	方向光电	-0.01	0.13	-11.26
000758	中色股份	0.03	2.12	1.42
000759	G中百	0.116	4.14	2.79
000760	*ST博盈	0.04	1.64	2.44
000761	G本钢	0.09	4.7635	1.89
000762	G藏矿业	0.0071	1.9004	0.37
000766	*ST通金	0.007	0.108	6.45
000767	G漳电	0.0956	2.205	4.34
000768	西飞国际	0.03	3.19	0.94
000776	延边公路	0.02	1.23	1.73
000777	中核科技	0.014	1.7317	0.84
000778	G铸管	0.2	5.5558	3.6
000779	三毛派神	0.0098	1.71	0.57
000780	G草原发	-0.21	3.65	-5.7
000782	美达股份	0.02	2.69	0.74
000785	G中商	0.055	1.89	2.88
000786	北新建材	0.033	2.59	1.28
000788	G合成	0.006	1.15	0.56
000789	江西水泥	0.004	1.639	0.27
000790	G华神	-0.007	3.06	-0.23
000791	*ST化工	-0.0303	1.0959	-2.77
000792	盐湖钾肥	0.09938	2.2482	4.42
000793	G燃气	0.0137	1.45	0.95
000795	G刚玉	0.001	2.793	0.03
000796	宝商集团	0.00953	2.005	0.48
000797	中国武夷	0.01	2.443	0.33
000798	G中水	0.002	3.08	0.06
000799	酒鬼酒	-0.065	2.587	-2.53
000801	ST湖山	0.002	0.74	0.26
000802	京西旅游	0.03	2.2	1.21
000803	金宇车城	-0.03	1.13	-2.37
000807	云铝股份	0.07	3.08	2.21
000809	中汇医药	0.01	1.183	0.85
000810	华润锦华	0.07	1.81	3.64

代码	简称	每股收益（元）	每股净资产（元）	净资产收益率（%）
000811	烟台冰轮	0.03	2.43	1.18
000812	陕西金叶	0.011	2.1	0.52
000815	G美利	0.072	5.05	1.4263
000816	G江动	0.03	3.3466	0.9
000818	G锦化	0.029	3.496	0.84
000821	G京山	0.023	3.28	0.7
000822	G海化	0.1249	3.67	3.4
000823	G超声	0.056	2.504	2.25
000826	G合加	0.041	1.681	2.44
000828	G东控	0.043	2.487	1.73
000829	赣南果业	0.082	1.84	4.45
000830	G鲁西	0.117	3.47	3.36
000831	G关铝	0.02	2.93	0.68
000833	贵糖股份	0.017	2.48	0.68
000835	四川圣达	0.0145	1.91	0.76
000836	G鑫茂	0.04	1.47	2.47
000837	G秦发展	0.03	2.8	1.15
000838	蓝星石化	0.0044	1.358	0.32
000850	G华茂	0.02	1.65	1.45
000851	高鸿股份	-0.017	1.063	-1.56
000856	*ST唐陶	-0.02	2.15	-0.85
000858	G五粮液	0.201	2.915	6.91
000859	G国风	0.003	2.41	0.13
000860	G顺鑫	0.073	3.74	1.96
000861	海印股份	0.03	2.06	1.44
000866	扬子石化	0.05	6.13	0.86
000868	安凯客车	0.003	2.98	0.12
000869	G张裕	0.37	4.93	7.49
000875	吉电股份	0.031	3.606	0.86
000877	天山股份	-0.18	2.4	-7.48
000878	G云铜	0.18	3.33	5.43
000881	G国际	0.029	2.47	1.19
000883	三环股份	0.01	3.12	0.43
000886	海南高速	0.0061	2.2389	0.27
000887	*ST飞彩	-0.01	1.06	-0.93
000888	峨眉山A	-0.02	2.32	-1.05
000889	渤海物流	0.002	2.31	0.09
000890	G法尔胜	0.0197	3.29	0.6
000893	广州冷机	0.054	1.81	2.96
000895	双汇发展	0.215	3.23	6.66
000897	G津滨	0.0058	1.1598	0.5
000898	G鞍钢	0.185	4.24	4.37
000899	G赣能	0.0327	2.7554	1.19
000900	现代投资	0.187	6.81	2.74
000902	中国服装	-0.032	1.57	-2.05
000903	G云内	0.095	4.72	2
000905	厦门港务	0.08	4.19	2.03
000906	南方建材	0.0042	1.74	0.24
000908	*ST天一	0.004	1.176	0.37
000909	G数源	0.002	2.78	0.072
000911	南宁糖业	0.65	4.24	15.4
000912	G泸天化	0.2	3.5	5.71
000913	G钱摩	0.05	2.53	2.11
000915	山大华特	-0.0123	1.7893	-0.68
000916	G华路	0.0435	2.9	1.5
000918	*ST亚华	0.04	0.1757	22.05
000919	G金陵药	0.1013	4.3673	2.32
000920	南方汇通	-0.05	1.72	-2.92
000922	阿继电器	-0.05799	0.8327	-6.96
000923	河北宣工	-0.06	2.2	-2.57
000926	G福星	0.15	5.56	2.69
000928	吉林炭素	0.002	2.077	0.07
000929	兰州黄河	0.01	2.13	0.27
000930	G丰原	0.029	2.41	1.204
000931	中关村	-0.0453	0.6941	-6.53
000933	G神火	0.149	3.239	4.6
000936	G华西村	0.025	2.38	1.06
000937	G金牛	0.1536	3.6847	4.17
000938	G紫光	0.019	3.143	0.61
000939	凯迪电力	0.08	2.88	2.67
000949	新乡化纤	0.01	2.616	0.45
000950	GST农化	0.1635	1.2683	12.89
000951	G重汽	0.128	2.26	5.65
000952	广济药业	0.015	3.12	0.49
000953	河池化工	0.01	1.23	0.58
000955	G欣龙	0.00263	1.834	0.14
000956	中原油气	0.2362	6.2534	3.78
000959	G首钢	0.04	2.66	1.62
000960	G锡业	0.0293	2.9605	0.99
000961	G大牛	0.01	3.66	0.21
000962	G东方钽	0.0247	3.18	0.78
000963	华东医药	0.0862	1.6747	5.15
000965	天水股份	-0.0111	2.321	-0.48
000966	长源电力	0.0224	2.24	1
000967	*ST上风	-0.0036	2.8	-0.13
000968	G煤气化	-0.0818	3.5805	-2.28
000969	G安泰A	0.0429	4.0072	1.07
000970	G三环	0.059	1.765	3.36
000971	G迈亚	0.01	2.55	0.39
000972	G中基	0.08	5.14	1.48

代码	简称	每股收益（元）	每股净资产（元）	净资产收益率（%）
000975	科学城	0.006	1.71	0.34
000976	春晖股份	0.0124	2.35	0.53
000977	G浪潮	0.001	4.33	0.02
000978	桂林旅游	0.011	2.376	0.45
000980	G黄金马	0.014	2.71	0.51
000982	圣雪绒	-0.1	1.41	-6.76
000983	G西煤	0.21	4.02	5.26
000985	大庆华科	0.008	3.63	0.21
000987	G穗友谊	0.17	3.3	5.12
000988	G华工	0.03	2.39	1.42
000989	九芝堂	0.0258	4.183	0.62
000990	G诚志	0.0251	4.73	0.53
000993	*ST闽电	0.01	4.06	0.19
000995	皇台酒业	0.009	2.25	0.39
000996	G捷利	0.02	3.2	0.63
000997	G新大陆	0.04	2.43	1.81
000998	G隆平	0.06	5.41	1.122
001696	G宗申	0.1248	1.99	6.28
001896	豫能控股	0.0031	1.9207	0.16
002001	新和成	0.09	4.51	2
002004	华邦制药	0.06	3.04	1.86
002006	精工科技	0.03	4.32	0.73
002007	华兰生物	0.15	5.39	2.87
002011	盾安环境	0.03	5.58	0.46
002012	凯恩股份	0.012	1.79	0.67
002014	永新股份	0.117	3.53	3.3
002016	威尔科技	0.01	3.78	0.22
002017	东信和平	0.0289	4.4127	0.6539
002018	华星化工	0.047	4.24	1.1
002019	鑫富药业	0.059	4.75	1.24
002020	京新药业	0.053	4.23	1.25
002021	中捷股份	0.16	3.3	4.99
002022	科华生物	0.19	4.32	4.3
002023	海特高新	0.05	3.76	1.23
002026	山东威达	0.06	4.868	1.18
002027	七喜控股	0.13	2.81	4.62
002029	七匹狼	0.145	3.06	4.76
002030	达安基因	0.06	3.28	1.85
002031	巨轮股份	0.061	2.8	2.18
002032	苏泊尔	0.13	4.14	3.17
002033	丽江旅游	0.063	2.77	2.27
002034	美欣达	0.03	5.34	0.49
002036	宜科科技	0.0506	3.7	1.37
002037	久联发展	0.0238	3.76	0.63
002038	双鹭药业	0.109	4.72	2.31

代码	简称	每股收益（元）	每股净资产（元）	净资产收益率（%）
002039	黔源电力	-0.24	3.87	-6.18
002040	南京港	0.0988	3.27	3.02
002042	飞亚股份	-0.048	2.73	-1.78
002043	兔宝宝	0.029	2.97	0.96
002046	轴研科技	0.1	4.32	2.36
002048	宁波华翔	0.18	3.67	4.97
002049	晶源电子	0.0389	2.68	1.45
002050	三花股份	0.11	3.53	3.03
200053	深基地B	0.149	3.344	4.45
200054	建摩B	0.0286	0.53	5.36
200152	山航B	-0.16	0.5	-32.06
200468	宁通信B	-0.025	1.559	-1.63
200706	瓦轴B	0.051	3.36	1.51
200770	武锅B	0.011	2.08	0.55
200986	粤华包B	0.04	2.47	1.62
200992	ST中鲁B	-0.04	0.08	-47.31
600001	G邯钢	0.043	3.77	1.15
600003	东北高速	0.04	2.68	1.51
600004	G穗机场	0.07	4.06	1.95
600005	G武钢	0.032	2.62	1.204
600006	东风汽车	0.0499	2.3175	2.15
600008	G首创	0.04	2.13	1.71
600010	G包钢	0.0257	2.22	1.16
600011	G华能	0.09	3.33	2.72
600012	G皖通	0.1053	2.9006	3.63
600015	华夏银行	0.09	2.58	3.46
600016	G民生	0.1	2.19	4.74
600018	G上港	0.1393	3.8803	3.5898
600020	中原高速	0.144	4.1331	3.48
600021	G上电	0.0659	4.0704	1.6201
600026	G中海	0.2198	3.44	6.39
600027	华电国际	0.043	2.12	2.02
600030	G中信	0.038	2.31	1.642
600031	G三一	0.118	4.45	2.65
600033	福建高速	0.1338	3.4015	3.93
600035	楚天高速	0.064	2.3563	2.72
600036	G招行	0.107	2.64	4.05
600037	G歌华	0.07	5.22	1.4
600038	哈飞股份	0.0006	3.44	0.02
600051	宁波联合	0.024	2.582	0.936
600053	ST江纸	0.008	-0.63	/
600056	中技贸易	0.0704	3.3469	2.1028
600058	G五矿	0.1621	3.7551	4.3178
600059	G龙山	0.047	5.11	0.92
600060	海信电器	0.071	5.14	1.37

代码	简称	每股收益（元）	每股净资产（元）	净资产收益率（%）
600061	中纺投资	0.004	1.33	0.3
600063	G皖维	0.049	2.64	1.877
600064	G宁高科	0.056	4.03	1.4
600065	*ST联谊	-0.0922	0.6388	-14.434
600066	G宇通	0.1294	4.9265	2.63
600067	G冠城	0.09	1.7	5.21
600069	G银鸽	0.08	1.65	4.73
600070	浙江富润	0.04	3.87	0.97
600071	凤凰光学	0.03	2.17	1.36
600072	G江南	0.008	2.812	0.297
600073	G梅林	0.0027	2.519	0.11
600076	青鸟华光	-0.07	1.07	-6.71
600077	国能集团	0.0372	2.4356	1.53
600078	澄星股份	0.0253	2.72	0.93
600079	G人福	0.035	2.89	1.2
600080	金花股份	-0.0245	3.34	-0.73
600081	东风科技	-0.0513	1.1865	-4.32
600083	ST博讯	-0.046	-0.17	/
600085	G同仁堂	0.164	5.578	2.95
600087	G水运	0.12	2.87	4.24
600091	明天科技	0.004	5.67	0.06
600095	哈高科	0.006	2.389	0.25
600096	G云天化	0.3216	5.3995	5.96
600097	华立科技	0.05	1.54	3.31
600099	林海股份	0.009	2.11	0.41
600100	G同方	0.0268	5.33	0.5
600102	莱钢股份	0.04	5.15	0.72
600104	G上汽	0.068	3.64	1.87
600105	G永鼎	0.031	3.63	0.85
600106	G渝路桥	0.0494	3.68	1.34
600109	成都建投	-0.043	2.837	-1.514
600110	中科英华	0.03	2.23	1.34
600111	G稀土	0.008	2.844	0.286
600112	G长征	0.0227	1.6754	1.3545
600113	G东日	0.03	3.23	1.04
600114	G东睦	0.011	3.05	0.34
600115	东方航空	-0.1962	0.9978	-19.67
600117	G西钢	0.043	2.92	1.48
600118	中国卫星	0.05	1.5	3.53
600120	G浙东方	0.03	1.98	1.74
600121	G郑煤电	0.0805	1.983	4.06
600122	宏图高科	0.0032	3.232	0.0995
600123	G兰花	0.374	4.767	7.84
600125	G铁龙	0.069	2.336	2.934
600126	G杭钢	0.03	4.96	0.52
600127	金健米业	0.004	2.214	0.18
600128	G弘业	0.0216	3.04	0.71
600130	G波导	0.06	3.56	1.68
600131	岷江水电	0.0097	1.46	0.66
600132	重庆啤酒	0.052	2.77	1.89
600133	东湖高新	0.0118	2.7979	0.4217
600135	乐凯胶片	0.009	2.66	0.34
600137	*ST长控	-0.071	-9.668	/
600138	G中青旅	0.04347	4.73	0.9241
600141	G兴发	0.027	3.29	0.814
600143	G金发	0.2	4.36	4.7
600146	G*ST大元	0.0041	1.652	0.25
600148	长春一东	0.011	1.99	0.57
600149	华夏建通	-0.004	1.893	-0.24
600150	G重机	0.24	3.21	7.58
600151	G航天	0.042	2.719	1.558
600152	维科精华	0.0345	2.4717	1.4
600157	鲁润股份	0.0352	2	1.77
600159	G大龙	0.01	0.94	1.07
600160	G巨化	0.075	2.97	2.53
600161	天坛生物	0.08	2.13	3.78
600162	香江控股	-0.014	2.17	-0.65
600163	福建南纸	0.004	3.74	0.11
600165	G宁恒力	-0.051	2.53	-2.01
600167	沈阳新开	0.0239	2.33	1.02
600168	G武控	0.01	3.15	0.31
600170	G建工	0.06	4.54	1.28
600172	G旋风	0.06	3.46	1.73
600173	牡丹江	-0.142	1.68	-8.44
600176	中国玻纤	0.0472	1.7767	2.6581
600178	东安动力	0.0378	3.529	1.07
600180	G九发	0.0499	3.87	1.29
600183	G生益	0.154	2.28	6.723
600184	新华光	0.01	3.98	0.23
600188	G兖煤	0.12	3.61	3.28
600190	锦州港	0.04	1.367	2.924
600191	G华资	0.05	4.29	1.2
600192	长城电工	0.0154	3.4503	0.45
600199	*ST金牛	0.013	1.91	0.71
600201	金宇集团	0.033	2.666	1.232
600205	山东铝业	0.4396	5.3	8.29
600207	安彩高科	-0.171	4.78	-3.58
600208	G中宝	0.005	1.98	0.26
600209	罗顿发展	0.001	1.5944	0.067
600210	G紫江	0.022	1.91	1.15

代码	简称	每股收益（元）	每股净资产（元）	净资产收益率（%）
600211	西藏药业	−0.012	3.128	−0.376
600212	江泉实业	0.02	4.13	0.499
600216	G浙医药	0.053	1.634	3.27
600217	秦岭水泥	−0.0684	0.98	−7
600218	G全柴	0.018	2.95	0.6
600219	G南山	0.08	4.37	1.98
600220	G苏阳光	0.04	2.51	1.62
600222	太龙药业	0.0201	3.4881	0.5771
600226	G拜克	0.06	3.47	1.72
600227	G赤天化	0.22	6.293	3.49
600228	昌九生化	0.011	1.336	0.805
600229	青岛碱业	0.03	3.07	0.94
600230	G沧大	0.14	3.31	4.23
600231	G凌钢	0.038	4.677	0.82
600232	G金鹰	0.086	3.904	2.21
600235	G特纸	0.0325	3.1398	1.0335
600236	桂冠电力	0.012	2.24	0.52
600237	G铜峰	0.05	2.84	1.81
600240	G华业	0.02	3.48	0.52
600241	G辽时代	0.03	4.43	0.73
600243	青海华鼎	0.0145	2.82	0.48
600246	先锋股份	−0.039	4.383	−0.89
600247	G物华	0.017	1.55	1.15
600249	G两面针	0.04	6.74	0.65
600250	南纺股份	0.02	3.05	0.68
600251	冠农股份	0.0149	2.172	0.69
600253	G天方	0.02	2.02	0.91
600256	G广汇	0.07	2.142	3.29
600258	首旅股份	0.054	3.65	1.48
600260	G凯乐	0.08	3.99	1.92
600261	G浙阳光	0.19	6.06	3.12
600262	北方股份	0.011	3.73	0.3
600265	景谷林业	0.014	3.5	0.41
600267	G海正	0.061	2.749	2.21
600269	赣粤高速	0.154	5.07	3.09
600270	外运发展	0.12	3.12	3.79
600271	航天信息	0.24	6.38	3.7
600273	G华芳	0.02	2.9	0.68
600275	武昌鱼	−0.0243	1.6057	−1.51
600276	恒瑞医药	0.201	4.49	4.47
600277	G亿利	0.0245	4.7909	0.5107
600278	G东创	0.02	3.12	0.73
600281	太化股份	0.01	3.247	0.298
600282	南钢股份	0.035	3.83	0.92
600283	钱江水利	0.0084	3.18	0.26
600284	G浦建	0.037	3.09	1.2
600285	G羚锐	0.014	4.51	0.31
600288	G大恒	0.0307	3.9172	0.78
600291	G西水	−0.05	4.22	−1.07
600292	G九电	0.053	2.62	2.03
600293	三峡新材	−0.032	2.7	−1.17
600296	兰州铝业	0.067	5.382	1.25
600298	G安琪	0.1484	5.0009	2.97
600299	星新材料	0.146	4.59	3.18
600300	G维维	0.05	2.21	2.17
600301	G南化	0.01	3.15	0.33
600303	G曙光	0.2	4.33	4.61
600305	恒顺醋业	0.0637	3.4632	1.839
600306	G商业城	0.021	2.74	0.78
600307	G酒钢	0.07	5.28	1.34
600308	G华泰	0.269	8.22	3.27
600311	荣华实业	0.026	4.25	0.61
600312	平高电气	0.049	3.41	1.452
600313	ST中农	0.0035	2.0684	0.17
600316	洪都航空	0.013	4.79	0.26
600317	G营口港	0.16	3.86	4.25
600318	巢东股份	−0.03	2.05	−1.61
600319	G亚星	0.021	3.397	0.62
600320	G振华	0.23	3.2	7.17
600321	国栋建设	0.05	5.02	0.95
600322	G天房	0.0119	3.9767	0.2999
600326	西藏天路	0.0307	2.4824	1.24
600327	大厦股份	0.143	2.99	4.78
600328	G兰太	0.032	2.3	1.38
600330	天通股份	0.038	2.25	1.67
600331	G宏达	0.1512	2.53	5.97
600335	ST盛工	0.0016	2.4726	0.066
600336	G澳柯玛	−0.08	3.11	−2.61
600337	G美克	0.042	3.73	1.12
600339	G天利	0.003	1.64	0.19
600346	冰山橡塑	0.006	3.08	0.19
600348	G国阳	0.3	5.82	5.087
600350	G基建	0.0641	2.21	2.9
600351	G亚宝	0.04	2.51	1.56
600352	G龙盛	0.0553	1.8465	3
600354	敦煌种业	0.056	3.09	1.8
600355	精伦电子	0.0004	2.5609	0.016
600357	G承钒钛	0.024	2.58	0.92
600358	国旅联合	0.03	1.13	2.35
600362	G江铜	0.316	3.25	9.7

代码	简称	每股收益（元）	每股净资产（元）	净资产收益率（%）
600363	联创光电	0.02422	2.95	0.82
600365	G通葡酒	0.0068	3.0993	0.2209
600366	G韵升	0.0549	2.4303	2.26
600367	G红星	0.07	3.31	2.16
600368	五洲交通	0.04	3.02	1.35
600370	三房巷	0.09	4.6	1.98
600371	华冠科技	0.051	1.9	2.674
600372	昌河股份	−0.04	3.06	−1.38
600373	G鑫新	0.01	2.26	0.48
600375	G星马	0.052	3.61	1.44
600376	G天鸿宝	−0.07	4.24	−1.65
600379	宝光股份	−0.017	1.814	−0.93
600380	健康元	0.09	3.41	2.78
600381	贤成实业	−0.0101	0.77	−1.31
600382	广东明珠	0.02	3.52	0.68
600386	G北巴	−0.28	2.38	−11.59
600388	龙净环保	0.06	4.48	1.41
600389	江山股份	0.07	2.9087	2.39
600390	G金瑞	0.08	5.55	1.45
600391	成发科技	0.049	3.35	1.452
600392	G天成	0.04	3.64	1.2
600393	G东华	−0.038	1.71	−2.24
600396	G金山	0.06	2.54	2.46
600397	安源股份	−0.16	3.35	−4.75
600398	G凯诺	0.14	4.69	2.9
600399	G抚钢	0.01	2.87	0.34
600400	G红豆	0.05	3.71	1.35
600403	欣网视讯	0.009	2.06	0.45
600405	G动力源	−0.04	3.35	−1.07
600406	国电南瑞	0.0276	3.46	0.7988
600409	G唐三友	0.0711	2.9	2.45
600416	G湘电	0.09	3.71	2.3
600418	G江汽	0.151	3.2	4.72
600420	G现代	0.154	3.45	4.46
600421	春天股份	0.0343	2.88	1.19
600423	G柳化	0.11	4.02	2.83
600425	G青松	0.004	2.71	0.152
600426	G恒升	0.19	3.87	4.91
600428	G中远	0.18	3.41	5.15
600436	片仔癀	0.145	4.276	3.38
600438	G通威	0.0237	4.11	0.58
600439	G瑞贝卡	0.16	4.08	3.95
600444	G国通	0.0283	3.94	0.72
600446	G金证	0.04	3.86	1.13
600448	华纺股份	0.028	2.45	1.15

代码	简称	每股收益（元）	每股净资产（元）	净资产收益率（%）
600449	赛马实业	−0.133	4.81	−2.76
600452	G涪电力	0.005	2.97	0.17
600455	交大博通	0.003	2.92	0.09
600456	G宝钛	0.42	4.32	9.7
600458	G时代	0.02	2.15	0.93
600459	贵研铂业	0.03	4.53	0.75
600460	G士兰微	0.13	3.08	4.07
600461	G水业	0.0496	3.274	1.51
600462	石岘纸业	−0.35	3.11	−11.24
600463	G空港	0.03	3.32	1
600467	好当家	0.07	4.08	1.64
600468	G百利	0.047	2.26	2.08
600469	G风神	0.06	3.27	1.85
600475	华光股份	0.152	2.43	6.28
600476	G湘邮	0.036	3.09	1.18
600477	G杭萧	0.024	2.18	1.1
600478	力元新材	0.01	2.462	0.394
600479	G千金	0.15	7.02	2.07
600480	G凌云	0.04	1.53	2.39
600482	G风帆	0.04	3.47	1.08
600486	扬农化工	0.14	4.048	3.46
600487	G亨通	0.051	5.15	0.99
600489	中金黄金	0.1308	2.95	4.44
600490	中科合臣	0.0074	3.7226	0.198
600493	G凤竹	0.0311	3.2348	0.9621
600495	G晋西	0.044	3.77	1.16
600496	G精工钢	0.133	2.95	4.59
600497	驰宏锌锗	0.671	5.179	12.95
600498	G烽火	0.02	5.58	0.28
600500	G中化	0.08	2.54	3.2
600501	G晨光	0.02	1.819	0.9
600502	安徽水利	0.06	3.28	1.7
600503	ST新智	0.0036	0.97	0.37
600506	香梨股份	−0.03	2.59	−1.08
600507	G长力	−0.016	1.75	−0.96
600508	G上能	0.18	2.86	6.16
600510	G黑牡丹	0.06	2.44	2.46
600511	国药股份	0.1784	3.92	4.55
600512	G腾达	0.073	3.19	2.27
600513	G联环	0.03	4.25	0.79
600516	*ST海龙	−0.068	2.69	−2.53
600517	G置信	0.052	1.45	3.57
600519	贵州茅台	0.95	11.74	8.11
600520	三佳科技	0.01	2.4	0.38
600521	G华海	0.14	3.55	3.95

代码	简称	每股收益（元）	每股净资产（元）	净资产收益率（%）
600522	中天科技	0.0298	2.933	1.02
600523	贵航股份	0.006	2.19	0.29
600525	G长园	0.15	4.03	3.7
600528	G中铁	0.0535	4.4589	1.2082
600529	G药玻	0.1	3.92	2.51
600531	G豫光	0.123	3.2	3.85
600532	G华阳	0.0297	3.33	0.89
600533	G栖霞	0.317	3.132	10.13
600535	G天士力	0.0949	4.39	2.16
600537	G海通	0.018	2.21	0.82
600538	G国发	0.02	2.52	0.91
600539	狮头股份	0.013	3.78	0.35
600540	新赛股份	0.09	3.18	2.87
600543	莫高股份	0.022	3.69	0.61
600545	G新城建	-0.078	3.55	-2.19
600546	中油化建	0.0945	5.54	1.71
600547	G鲁黄金	0.16	4.05	3.92
600549	G厦钨	0.2116	3.71	5.71
600550	G天威	0.08	3.14	2.61
600551	科大创新	0.002	1.61	0.093
600553	G太行	-0.04	1.8	-2.37
600557	G康缘	0.104	2.95	3.53
600558	大西洋	0.0772	4.61	1.67
600559	裕丰股份	0.01	2.41	0.39
600560	金自天正	0.06	4.04	1.55
600561	G长运	0.09	1.9	4.87
600562	G高陶	0.023	4.12	0.55
600563	G法拉	0.11	3.13	3.55
600565	G迪马	0.052	5.18	1.01
600566	G洪城	0.006	4.51	0.13
600567	山鹰纸业	0.034	3.51	0.97
600568	潜江制药	0.004	4.07	0.11
600570	G恒生	0.0019	3.49	0.05
600572	G康恩贝	0.1	3.99	2.45
600573	惠泉啤酒	0.002	3.79	0.04
600575	芜湖港	0.08	4.15	1.86
600576	庆丰股份	-0.034	2.23	-1.52
600578	G京能	0.05	2.75	1.87
600579	黄海股份	-0.085	2.24	-3.8
600581	G八一	-0.08	3.97	-1.99
600583	G海工	0.14	6.06	2.25
600584	G苏长电	0.034	2.55	1.332
600585	G海螺	0.12	4.67	2.65
600589	G榕泰	0.081	3.48	2.33

代码	简称	每股收益（元）	每股净资产（元）	净资产收益率（%）
600590	G泰豪	0.08	3.124	2.41
600592	G龙溪	0.1356	4.07	3.33
600593	大连圣亚	-0.11	3.2	-3.43
600594	G益佰	0.06	6.93	0.84
600595	G中孚	0.1	3.8	2.56
600598	G北大荒	0.08	2.53	3.05
600601	方正科技	0.045	1.868	2.39
600602	G电子	0.0046	3.13	0.15
600604	G二纺机	0.0012	1.173	0.1
600606	金丰投资	0.029	4.162	0.691
600608	上海科技	-0.06	1.57	-3.72
600611	大众交通	0.08	4.41	1.81
600612	G中铅	0.0575	2.075	2.771
600613	永生数据	0.002	1.133	0.21
600615	ST丰华	-0.017	1.42	-1.189
600617	*ST联华	-0.016	0.09	-18.87
600618	G氯碱	-0.049	2.463	-1.976
600619	G海立	0.07	3.06	2.27
600620	G天宸	-0.015	1.552	-0.98
600621	G金陵	0.032	1.84	1.72
600623	轮胎橡胶	0.014	1.69	0.81
600626	G申达	0.039	3.214	1.22
600628	G新世界	0.071	2.93	2.42
600630	G龙头	0.015	3.222	0.45
600634	海鸟发展	-0.01	2.33	-0.46
600636	三爱富	0.0857	2.78	3.08
600641	中远发展	0.146	4.5	3.24
600642	G申能	0.145	3.781	3.85
600647	G同达	0.0052	1.1008	0.47
600648	G外高桥	0.0163	1.521	1.073
600649	G原水	0.063	3.28	1.93
600650	G锦投	0.107	3.55	3.02
600652	爱使股份	0.02	2.12	0.82
600655	豫园商城	0.1	3.981	2.521
600657	*ST天桥	-0.04	0.4688	-9.58
600660	G福耀	0.1	2.3	4.18
600662	强生控股	0.043	2.07	2.06
600663	G陆家嘴	0.025	3.42	0.73
600665	天地源	0.011	1.913	0.57
600666	G西药	0.06	2.07	2.93
600668	尖峰集团	-0.05	2.57	-2.1

代码	简称	每股收益（元）	每股净资产（元）	净资产收益率（%）
600671	天目药业	0.012	1.84	0.579
600673	G阳之光	0.04	1.79	2.15
600674	川投能源	0.0199	2.12	0.94
600675	G中企	0.123	2.739	4.5
600676	G交运	0.0469	3.34	1.406
600677	航天通信	0.0026	1.6819	0.15
600678	四川金顶	0.0044	1.49	0.298
600679	G凤凰	0.0013	1.3801	0.0955
600680	上海邮通	0.0027	2.1089	0.13
600682	南京新百	0.1	4.07	2.45
600683	银泰股份	0.067	2.14	3.12
600684	G穗珠江	0.02	3.46	0.48
600685	广船国际	0.0631	1.7	3.72
600686	G金龙	0.17	3.65	4.52
600687	G华盛达	0.019	2.032	0.91
600688	上海石化	-0.021	2.641	-0.811
600689	上海三毛	-0.0569	1.5908	-3.5759
600690	青岛海尔	0.07	4.75	1.48
600691	ST东碳	-0.0461	0.0792	-58.14
600692	G亚通	0.021	1.77	1.18
600693	东百集团	0.097	2.848	3.403
600694	大商股份	0.266	8.21	3.24
600697	欧亚集团	0.065	4.42	1.47
600699	辽源得亨	-0.08	1.97	-4.02
600702	G沱牌	0.0193	4.91	0.39
600705	*ST北亚	-0.046	1.296	-3.52
600707	彩虹股份	0.004	3.264	0.119
600708	G海博	0.0512	2.1974	2.33
600710	G常林	0.032	2.0961	1.51
600712	南宁百货	0.0173	1.14	1.52
600713	南京医药	0.028	2.44	1.13
600714	金瑞矿业	-0.034	1.4061	-2.39
600717	G天津港	0.08	2.84	2.65
600719	大连热电	0.162	3.66	4.42
600720	祁连山	-0.017	2.18	-0.77
600724	宁波富达	0.0084	1.77	0.48
600725	G云维	0.034	2.779	1.24
600726	华电能源	0.028	3.07	0.91
600727	鲁北化工	0.0018	6.11	0.03
600730	中国高科	0.02	2.05	0.78
600732	G新梅	0.03	2.05	1.43

代码	简称	每股收益（元）	每股净资产（元）	净资产收益率（%）
600735	ST陈香	-0.02	0.29	-7.16
600736	G苏高新	0.041	3.688	1.1
600737	*ST屯河	0.0247	0.87	2.84
600738	兰州民百	0.015	1.07	1.44
600740	山西焦化	0.0035	5.052	0.07
600741	G沪巴士	0.02	2.51	0.81
600742	G四环	0.01	5.28	0.13
600744	华银电力	0.0311	3.6935	0.84
600745	天华股份	-0.02	-1.97	/
600746	江苏索普	-0.0042	1.22	-0.34
600749	G圣地	0.016	1.358	1.17
600750	江中药业	0.12	4.91	2.38
600753	ST冰熊	0.0025	0.888	0.28
600758	ST金帝	-0.062	0.7	-8.84
600760	GST黑豹	0.0006	1.73	0.03
600763	ST中燕	-0.0025	0.203	-1.2498
600764	G中广通	0.015	1.77	0.84
600765	力源液压	0.025	1.623	1.527
600766	*ST烟发	-0.056	-0.8151	/
600768	宁波富邦	0.019	1.23	1.57
600769	祥龙电业	0.003	2.22	0.14
600771	东盛科技	0.08	2.57	3.05
600774	汉商集团	0.237	4.02	5.88
600775	南京熊猫	0.02	1.94	1.02
600781	*ST民丰	-0.02	0.05	-38.09
600782	新华股份	0.0258	1.6551	1.56
600783	G鲁信	0.005	1.4907	0.3357
600785	新华百货	0.18	5.71	3.22
600789	鲁抗医药	0.012	3.65	0.32
600790	轻纺城	0.0107	2.7775	0.38
600791	G天创	0.01	2.08	0.49
600793	宜宾纸业	-0.0742	1.8182	-4.08
600794	保税科技	0.014	1.45	0.97
600795	国电电力	0.078	3.355	2.31
600796	钱江生化	0.037	2.05	1.79
600797	G网新	0.02	1.5	1.61
600801	G华新	0.027	3.72	0.72
600802	福建水泥	-0.024	2.137	-1.142
600804	鹏博士	-0.03	1.671	-1.89
600805	悦达投资	0.009	2.91	0.3
600806	交大科技	0.0266	2.2	1.21

代码	简称	每股收益（元）	每股净资产（元）	净资产收益率（%）
600807	ST 济百	-0.06	-0.04	-166.04
600808	G 马钢	0.046	2.97	1.56
600809	G 汾酒	0.2569	2.44	10.51
600810	G 神马	0.022	6.081	0.367
600812	华北制药	0.006	1.65	0.36
600814	杭州解百	0.057	1.78	3.18
600815	G 厦工	0.035	2.1	1.64
600817	G 宏盛	0.19	2.51	7.52
600819	G 耀皮	0.003	2.73	0.09
600822	G 物贸	0.038	1.9857	1.92
600823	世茂股份	-0.009	2.27	-0.39
600824	G 益民	0.233	2.3	10.09
600826	G 兰生	0.01	1.83	0.57
600829	三精制药	0.16	2.13	7.29
600831	G 广电	0.023	1.408	1.628
600832	G 明珠	0.11	3.71	2.93
600833	第一医药	0.016	1.476	1.064
600834	G 申地铁	0.062	1.68	3.7
600840	新湖创业	0.379	2.05	18.467
600841	上柴股份	0.008	3.73	0.21
600845	宝信软件	0.08	1.702	4.51
600846	G 同科	-0.0738	1.7101	-4.32
600850	G 华电脑	-0.0118	1.2213	-0.97
600853	龙建股份	-0.032	1.6569	-1.93
600854	春兰股份	0.004	5.75	0.076
600856	长百集团	0.008	1.9	0.41
600857	工大首创	0.003	1.9	0.14
600858	银座股份	0.1899	1.7487	10.8573
600859	王府井	0.126	4.169	3.029
600860	G 北人	0.01	3.04	0.27
600861	北京城乡	0.0621	4.3	1.46
600864	岁宝热电	-0.02	3.07	-0.5
600865	百大集团	0.06	2.65	2.21
600867	通化东宝	0.02	4.01	0.49
600869	G 三普	0.01	1.16	1.06
600870	厦华电子	0.019	2.37	0.8
600872	中炬高新	0.0214	2.987	0.718
600873	五洲明珠	0.0144	1.7208	0.84
600875	G 东电	0.304	4.39	6.93
600877	中国嘉陵	-0.03	2.44	-1.06
600880	G 博瑞	0.1	2.54	4.13
600881	亚泰集团	0.01	2.88	0.28
600882	G 大成	0.019	2.72	0.69
600883	博闻科技	0.045	1.386	3.25
600884	G 杉杉	0.057	3.56	1.6
600886	G 华靖	0.129	2.43	5.3
600887	G 伊利	0.24	6.11	3.85
600888	新疆众和	0.1912	4.25	4.5
600889	南京化纤	0.0153	3.34	0.46
600890	中房股份	-0.014	0.72	-1.91
600891	ST 秋林	-0.02	0.84	-2.64
600892	ST 湖科	-0.0309	-0.4897	/
600897	厦门空港	0.101	4.373	2.317
600898	三联商社	-0.0002	1.5754	-0.02
600900	G 长电	0.049	2.76	1.79
600960	G 活塞	0.04	5.17	0.78
600961	G 株冶	0.1925	2.29	8.41
600965	福成五丰	0.01	1.76	0.78
600966	G 博汇	0.16	6.03	2.58
600967	北方创业	0.04	3.67	1.01
600970	中材国际	0.15	4.66	3.12
600971	G 恒源	0.19	4.47	4.33
600973	G 宝胜	0.06	4.95	1.21
600975	新五丰	0.07	4.71	1.49
600976	G 健民	0.05	9.12	0.56
600978	G 宜华	0.07	2.78	2.38
600979	广安爱众	0.0479	2.53	1.9
600981	G 苏纺织	0.06	3.74	1.66
600982	G 宁热电	0.04	2.12	1.65
600983	G 合三洋	0.061	1.53	3.98
600984	建设机械	-0.14	2.71	-5.29
600985	G 雷鸣	0.028	3.17	0.88
600986	G 科达	-0.013	3.93	-0.34
600987	航民股份	0.0298	3.49	0.85
600990	四创电子	0.012	5.17	0.23
600991	长丰汽车	0.068	4.96	1.38
600992	贵绳股份	0.06	4.48	1.43
600993	马应龙	0.3	11.41	2.63
600995	文山电力	0.05	3.26	1.57
600997	G 开滦	0.21	4.78	4.3
900929	锦旅 B 股	0.016	3.6	0.43
900935	阳晨 B 股	0.03	1.58	1.91
900948	伊泰 B 股	0.38	4.89	7.79
900949	东电 B 股	0.077	3.22	2.39
900950	新城 B 股	0.0638	2.3756	2.68
900951	大化 B 股	-0.2	1.72	-11.5
900953	凯马 B 股	0.007	1.29	0.52
900956	东贝 B 股	0.013	1.69	0.76

股改公司追加对价及触发条件一览

代码	简称	触发条件与追送对价
000009	深宝安A	公司2006年的扣除非经常性损益后的净利润低于3600万元，即未能比2004年扣除非经常性损益后的净利润-1469万元至少增长5069万元;或者2006年度的财务报告被出具非标准审计报告。追送股份数额:1,000万股。
000036	G华联	2006年度实现的净利润低于18000万元;或2006年度财务报告被出具非标准无保留意见审计报告。追送股份最多不超过115775762股。
000046	G泛海	以2004年公司净利润为基数,2006年如公司净利润增长率未能达到30%;2007年，如公司净利润较上年增长率未能达到30%。以上净利润以注册会计师出具的标准无保留意见的审计报告为准。追送股份总数最多为1867.41万股。
000062	深圳华强	如果公司2006至2008年度净利润的年复合增长率低于20%.即按照2005年度净利润2514.93万元为基准计算,2006年度的净利润未达到3017.92万元，或2007年度的净利润未达到3621.50万元，或2008年度的净利润未达到4345.80万元;b、公司2006至2008年度中任一年度财务报告被出具非标准审计意见。追加对价安排的股份总数共计25,688,000股(相当于按照现有流通股股份每10股送2股)。
000070	G特发	特发集团及关联企业通讯工业、特发龙飞共计非经营性占用上市公司资金3,851.44万元。特发集团承诺将于2005年12月31日前以现金方式归还全部占款，若届时未能归还全部占款,股份追送承诺条款启动。追加送股的股份总数为1,120万股。
000078	海王生物	若公司2006年净利润低于4,000万元或者年度财务报告被出具非标准无保留意见的审计报告，以资本公积金1,600万元追加对价;若公司2007年净利润低于10,000万元或者年度财务报告被出具非标准无保留意见的审计报告，以资本公积金3,500万元追加对价。
000301	丝绸股份	股权分置改革方案实施后首个交易日起十二个月内最后30个交易日，股票加权平均价格高于(包括)3.50元/股;或2006年全年经审计净利润未达到7000万元;或，丝绸股份2007年全年经审计净利润未达到8400万元;或2006、2007年度审计意见类型为标准无保留意见以外的类型;或未能在法定期限内披露2006或2007年年度报告。追加对价安排的股份共计3130万股。
000401	冀东水泥	2006年财务报告被出具标准无保留审计意见且2006年经审计净利润比2005年经审计净利润增长低于40%时，追送股份共计3,509,352.8股。2007年财务报告被出具标准无保留审计意见且2007年经审计净利润比2005年经审计净利润增长低于80%时，追送股份共计3,509,352.8股。当冀东水泥2006年、2007年财务报告被出具非标准无保留意见的审计报告时，前述股份追送自动启动。
000422	湖北宜化	如果公司2006至2008年度中经审计任何一年扣除非经常性损益后的净资产收益率低于10%，或公司2006至2008年度中经审计任何一年扣除非经常性损益后的净利润低于2005年扣除非经常性损益后的净利润。公司2005至2008年度财务报告被出具非标准无保留审计意见。追送股份的总数计778.28万股。
000488	G晨鸣	公司2005-2007年度净利润的复合增长率低于20%时。由寿光市国有资产管理局将其按照本方案实施股权登记日时流通A股总数的5%按比例无偿过户给追加对价股权登记日收盘后登记在册的无限售条件的流通A股股东。
000522	白云山A	以2005年业绩为基数，如公司在2006年度至2007年度扣除非经常性损益后净利润的年复合增长率低于15%,或2006年度或2007年度被出具非标准无保留意见，或2006年度或2007年度报告无法在法定期限内披露，广药集团将按现有流通股股份每10股送0.2股的比例追加支付对价一次，支付对价共计313.09万股。
000546	ST吉光华	2005年或2006年或2007年度经审计财务报告被会计师事务所出具非标准意见;公司2005年或2006年或2007年任一年年啡实现的扣除非经常性损益后的净利润低于600万元。追加对价总计为8,502,648股股份。

代码	简称	触发条件与追送对价
000552	G＊ST 靖煤	2006 年实现的经审计净利润低于 3400 万元或 2007 年实现经审计净利润低于 3740 万元或 2008 年实现经审计净利润低于 4114 万元;靖远煤电 2006 年度或 2007 年度或 2008 年度财务报告被出具标准无保留意见以外的审计意见。追加对价股份共计 1335.84 万股。
000558	莱茵置业	置换入的仪征公司 44% 股权和扬州公司 16% 股权合计所产生的经审计后净利润在 2006 年低于 500 万元;上述两项股权 2007 年、2008 年两年经审计后合计净利润数低于 1300 万元，即 2006 年、2007 年、2008 年三年经审计后合计净利润数低于 1800 万元;若仪征公司和扬州公司 2006 年、2007 年或 2008 年财务报告被出具标准无保留意见以外的审计意见。则莱茵达集团将向流通股股东追送 500 万股莱茵置业股份，限追送一次。
000559	万向钱潮	2006 年万向钱潮经审计后的扣除非经常性损益后的净利润低于 1.5 亿元或其年度财务报告被会计师事务所出具非标准意见或其未能在法定期限内披露 2006 年年度报告;2007 年万向钱潮经审计后的扣除非经常性损益后的净利润低于 1.725 亿(即 2006 年基数的 115%)元或其年度财务报告被会计师事务所出具非标准意见或其未能在法定期限内披露 2007 年年度报告。万向集团将追加对价一次，追加对价总计为 19,013,072 股。
000565	渝三峡 A	2007－2009 年中任一年度在 2005 年度经审计净利润基础上的新增净利润低于 2,000 万元;2007－2009 年中任一年度财务报告被出具非标准无保留审计意见。化医集团向流通股股东追送 4370,691 股。
000568	G 老窖	2006 年度公司扣除非经常性损益后、以目前总股本计算的每股收益不低于 0.2 元/股，2007 年度、2008 年度每年扣除非经常性损益后的净利润均比上年增长不低于 30%。公司 2006－2008 年度的会计报表被出具了非标准无保留意见的审计报告。追加送股的股份总数为 1,280.59 万股(相当于按照股权分置改革前流通股 256,118,873 股每 10 股追送 0.5 股。
000573	粤宏远 A	广东宏远集团有限公司将在 2006 年度内，用现金向公司归还所占用全部款项，若未能按期归还则将向流通股股东每持有 10 股流通股追送 0.3 股。
000581	威孚高科	公司 2006 至 2008 年度实现的净利润合计低于 8.5 亿元;公司 2008 年度实现的净利润低于 3.4 亿元;公司 2006 至 2008 年度中任一年度财务报告被出具标准无保留意见以外的审计意见。追送股份总数为 14,040,000 股。
000627	G 百科	2005、2006、2007 年公司任意一年经审计年报显示的净利润未达到环比 30% 以上的增长速度。追加送股份 8,555,498 股。
000635	G 英力特	2005 年度实现的净利润低于 4,000 万元;2006 年度和 2007 年度净利润环比增长率的平均值低于 20%;公司 2005 年至 2007 年中任何一个年度的财务报告被出具非标准无保留意见的审计报告。追送股份的总数为 312 万股;追加送股仅限一次。
000651	G 格力	公司 2005、2006、2007 年的净利润分别低于 50493.60 万元、55542.96 万元、61097.26 万元，或者 2005、2006、2007 三年中任一年度的财务报告被出具非标准审计报告。追送股份数额:每年 213 万股，三年累计 639 万股。
000662	G 索芙特	公司 2005、2006、2007 三个会计年度每年的净利润分别与上一会计年度的净利润相比，增长率低于 20%;公司 2007 会计年度的净利润与 2004 会计年度的净利润相比较的增长率低于 80%;公司 2005～2007 会计年度中任一年度被出具非标准无保留意见。追送股份数量:6,480,180 股索芙特股份。
000671	阳光发展	2006 合并报表净利润未达 12,135,619 元，或当年财务报告被出具非标准无保留审计意见;2007 年合并报表净利润未达 14,562,743 元，或当年财务报告被出具非标准无保留审计意见;2008 年合并报表净利润未达 17,475,292 元或当年财务报告被出具非标准无保留审计意见。追送股份的次数仅为两次，合计向流通股东追送的股份总数为 2,910,500 股

代码	简称	触发条件与追送对价
000685	G公用	公司2006年度净利润低于1,732万元;公司2006年度财务报告被出具非标准无保留审计意见;在2007年4月30日(含本日)之前未能公告2006年年度报告。追加送股总数为4,658,743股。
000690	G宝丽华	公司2005年度实现的净利润较2004年增长低于75%;公司2006年度实现的净利润较2005年增长低于100%;公司2005年度或2006年度财务报告被出具非标准无保留审计意见。追加送股总数为760.5万股。
000708	G冶特钢	湖北新冶钢有限公司向大冶特殊钢股份有限公司注入价值不低于3亿元。追加对价安排的总额约为1,000万元。
000718	GST环球	实现的净利润在2006年度低于4,306万元;或2007年度低于5,500万元;或2008年度低于7,098万元;2006年度或2007年度或2008年度财务报告被出具标准无保留意见以外的审计意见;未能按法定披露时间披露2006年或2007年或2008年年度报告。追加对价股份总数为4,149.288万股。
000722	金果实业	公司2007年度净利润(以扣除非经常性损益后孰低原则计算)低于5,500万元,或2008年度低于6,000万元;公司2007年度或2008年度财务报告被出具标准无保留意见以外的审计意见。追送股份总额:13,785,408股公司股份。
000726	鲁泰A	2008年度实现的利润总额较2005年度利润总额的增长低于30%;2006年度、2007年度、2008年度任意一年公司财务报告被出具非标准无保留审计意见。追送股份总数为425.88万股。
000759	G中百	公司2004年至2007年度扣除非经常性损益后净利润的复合增长率低于30%;公司2005年度、2006年度或2007年度财务报告被出具除标准无保留意见之外的审计报告。追送的股份数总计733.38万股。
000768	西飞国际	2007年经审计的标准无保留意见的净利润较2005年增长不低于60%。追加送股总数为1416万股。
000826	G合加	扣除非经常性损益后,以目前总股本181,493,000股计算的2005年度每股收益不低于0.15元/股;2006年度、2007年度每年扣除非经常性损益后的净利润同2005年相比其复合增长率不低于45%;2006年度、2007年度每年扣除非经常性损益后的净利润比上一年度增长不低于30%;2005－2007年度的财务报告均被出具了标准无保留意见的审计报告。追加对价的股份总数为3,250,000股。
000836	G鑫茂	实现的净利润在2006年度低于1,800万元;或2007年度低于1,900万元;或2008年度低于2,000万元;2006年度或2007年度或2008年度财务报告被出具标准无保留意见以外的审计意见;未能按法定披露时间披露2006年或2007年或2008年年度报告。追加对价股份总数为10,495,670股。
000848	承德露露	2006年度扣除非经常性损益后净利润低于5000万元或2007年度扣除非经常性损益后净利润低于6000万元或2008年度扣除非经常性损益后净利润低于7000万元;公司2006年度至2008年度财务报告被出具除标准无保留意见之外的审计报告。追送的股份数总计546万股。
000877	天山股份	2006年度经审计的净利润不低于3800万元人民币、2007年度经审计的净利润不低于5000万元人民币;2006年、2007年度的财务报告被审计机构出具了非标准无保留意见的审计报告。追加送股总数为187.2万股,只追送一次。
000889	渤海物流	2006年度审计后的净利润为亏损;公司2006年度财务报告被出具非标准无保留审计意见。追送股份总数为8,019,121股。

代码	简称	触发条件与追送对价
000910	大亚科技	三个人造板公司合计净利润(以扣除非经常性损益后孰低原则计算)在2006年低于1.2亿元，或2007年或2008年低于1.4亿元;大亚科技2006年净利润低于7000万元+k×1000万元×75%（k为三个人造板公司在2006年并入大亚科技合并报表范围的总月份数);或2007年大亚科技净利润低于1.775亿元或2008年大亚科技净利润低于1.8亿元;三个人造板公司及本公司的财务报告在2006年度或2007年或2008年度被出具标准无保留意见以外的审计意见。追送现金12000万元人民币并限追送一次。
000926	G福星	2004年至2006年净利润的年复合增长率低于25%，即如果2006年净利润未达到24,848.36万元;2005年度或2006年度财务报告被出具非标准无保留意见的审计报告。追送2013440股作为补偿,追加送股仅限一次。
000950	GST农化	2006年度扣除非经常性损益后的净利润少于4955万元或公司2007年度扣除非经常性损益后净利润少于5203万元、或公司2008年度扣除非经常性损益后净利润少于5463万元。公司2007年度或2008年度财务报告被出具标准无保留以外的审计意见。追加对价每10股获付2股。
000967	*ST上风	扣除非经常性损益后的净利润在2006年低于2500万元,或2007年低于2750万元，或2008年低于3025万元;威奇公司股权在2006年6月30日之前完成过户手续,2006年或2007年或2008年经审计的扣除非经常性损益后的净利润为负数;或者威奇公司股权在2006年6月30日之后完成过户手续，2007年或2008年经审计的扣除非经常性损益后的净利润为负数;公司及威奇公司的财务报告在2006年度或2007年度或2008年度被出具标准无保留意见以外的审计意见;公司及威奇公司未能在法定披露时间披露2006年或2007年或2008年年度报告。追送股份总额450万股。
000989	九芝堂	2006年的净利润不低于3063.99万元,2007年的净利润不低于3983.19万元;公司2006至2007年度中任一年度财务报告被出具非标准无保留审计意见。追加对价安排的股份总数共计4,944,107股。
000998	G隆平	长沙新大新集团有限公司承诺如果隆平高科2006、2007、2008连续三年任何一年经审计的净利润增长率低于30%,长沙新大新集团有限公司将放弃当年全部分红的50%,由年度分红派息股权登记日登记在册的无限售条件的流通股股东按比例享有。
002003	伟星股份	公司2004至2006年度扣除非经常性损益后净利润的年复合增长率低于25%,即2005年度扣除非经常性损益后的净利润未达到3,246.40万元，或2006年度扣除非经常性损益后的净利润未达到4,058.00万元;公司2005年度或2006年度财务报告被出具非标准审计意见。追加支付对价的股份总数共计210万股。
002007	华兰生物	2005年度经审计后的净利润较2004年增长低于20%时或者华兰生物2005年度财务报告被出具非标准无保留意见审计报告。追加送股的股份总数为165万股。
002029	七匹狼	2005年度扣除非经常性损益后的净利润较2004年增长低于20%；或2006年度扣除非经常性损益后的净利润较2005年增长率低于20%；或公司2005年度或2006年度财务报告被出具非标准审计报告。现有非流通股股东将其持有的存量股份按照流通股股东每10股转送0.5股的比例无偿转送给流通股股东。
002038	双鹭药业	公司2006年、2007年、2008年三个会计年度实现的净利润复合年均增长率低于25%。追加支付对价的股份总数共计68.4万股。
600063	皖维高新	股权分置改革方案获得相关股东会议表决通过，公司股票复牌的首个交易日起的6个月内，股票价格连续10个交易日收盘价格的算术平均值高于3.10(含3.10)元;2006年度扣除非经常性损益后的净利润较2005年增长率低于25%（含25%），或2006年较2005年扣除非经常性损益后的净利润增长率与2007年较2006年扣除非经常性损益后的净利润增长率之算术平均值低于25%；2006或2007年财务报表被会计师事务所出具非标准意见的审计报告。皖维集团追加送股一次,每10股送0.2股。

代码	简称	触发条件与追送对价
600066	G宇通	公司2006年度净利润较上年度增长率低于15%；或者2006年度财务报告被出具非标准无保留审计意见。以现有流通股股份每10股送3.88元计算，追加执行对价安排的现金金额为7,091万元。
600067	G冠城	2005年度的净利润未达8339.05万元，或2006年度的净利润未达到10840.76万元，或2007年度的净利润未达到14092.99万元；公司2005至2007年度中任一年度财务报告被出具非标准审计意见。追加对价安排的股份总数共计20,866,336股。
600079	G人福	2005年度出具的标准无保留意见的审计报告实现的净利润(扣除非经常性损益)相比2004年增长低于20%,或公司2005年度财务报告被出具非标准审计报告,当代科技将本次支付对价后持有股份数的10%在年报披露后1个月内按比例追加支付。
600086	*ST多佳	置换进入的云南兴龙珠宝有限公司和深圳市东方金钰珠宝实业有限公司在2006年、2007年、2008年任一年实现净利润，按公司权益计算分别低于3,500万元,3,850万元、4,235万元;或者上述两家公司任一年度财务报告被出具非标准无保留意见。追加执行对价总数共计25,644,024股。
600090	G*ST酒花	2006年经审计的净利润低于3679.17万元(相当于按目前总股本36791.66万股不变的情况下，每股收益0.10元)；公司2007年经审计的的净利润较2006年增长率低于20%；公司2006年、2007年中任意一年年度财务报告被出具标准无保留意见以外的审计意见。追加对价总计8,706,048股。
600143	G金发	公司第一大股东袁志敏承诺，若公司2005年度实现的扣除非经常性损益后的净利润较2004年度增长低于30%,或公司2005年度财务报告被出具非标准审计报告，其愿意将本次支付对价后其持有股份数的20%,无偿分送给无限售条件的流通股股东。
600153	建发股份	股权分置改革送股方案实施后首个交易日后一年内公司股票最后二十个交易日的加权平均价低于5.2元/股，建发集团将以现金方式向全体无限售流通股股东安排追加对价，每10股无限售流通股股份最高追加对价额为8元。
600172	G旋风	2005年度实现的净利润较2004年增长低于25%;2006年度实现的净利润较2005年增长低于25%。追加对价一次,追送1040万股。
600177	雅戈尔	2005年至2007年净利润的年均复合增长率低于20%；2006年度或2007年度财务报告被出具非标准无保留意见的审计意见。追加支付对价的股份总数总计约9126万股。
600196	复星医药	2006年度净利润较2005年度净利润增长率低于50%；2007年度净利润较2005年度净利润增长率低于100%;公司2006、2007年度中任一年度财务报告被出具非标准无保留审计意见。追加对价每10股可获得追送股份1股。
600219	G南山	2006年至2007年净利润的年复合增长率低于30%，即2007年净利润未达到23292.69万元;2006年度或2007年度财务报告被出具非标准无保留意见的审计报告。追送现金总额为2,000万元。
600240	G华业	2006年度净利润不低于5,250万元,2007年度净利润不低于7,875万元(均扣除非经常性损益)。追送股份数量1500万股。
600295	G鄂绒	2007年度经审计的扣除非经常性损益后的净利润低于27028万元或当年度财务报告被出具非标准审计意见，则集团公司向上述条件触发时持有无限售条件的流通A股股东追送3200万股股份。

代码	简称	触发条件与追送对价
600302	G标准	公司2006年度财务报告被出具非标审计意见或者公司2006年度经审计的的净利润较2005年度增长率低于15%,中国标准缝纫机集团有限公司将追加对价117万股;公司2007年度财务报告被出具非标审计意见或者公司2007年度经审计的的净利润较2006年度增长率低于15%,中国标准缝纫机集团有限公司将向追加对价117万股。
600308	G华泰	2005年、2006年、2007年净利润分别低于32518万元、39021万元、46825万元，或者2005年度、2006年度、2007年度财务报告被出具非标准审计报告时。用于追加对价安排的股份数三年累计为20,102,775股。
600326	西藏天路	2006年、2007年连续两年净利润平均复合增长率低于20%或2006年、2007年中任何一年年度财务报告被出具非标准审计意见，则公司全体非流通股股东向流通股股东追送360万股股份。
600337	G美克	美克投资集团有限公司承诺,如公司2005年和2006年度扣除非经常性损益后的净利润未实现年均30%的复合增长率，或公司2005年、2006年中任意一年年度财务报告被出具标准无保留意见以外的审计意见，美克投资集团有限公司将追加赠送股份总额为432万股。
600340	国祥股份	若2006年没有实现1,000万元的最低利润总额要求，即触发追加对价的承诺。
600350	山东基建	2006年度审计后的净利润较2005年度增长率不低于25%。如果上述业绩增长承诺没有达到或被出具非标准审计意见的审计报告，控股股东山东高速将追送股份，追送股份的总额为1,515万股。
600355	精伦电子	2006年度净利润小于零;或者公司2006年度财务报告被出具非标准无保留审计意见。追加执行对价安排的股份总数共计186万股。
600360	华微电子	在2006年和2007年两个会计年度中的任何一个会计年度，华微电子的净利润较上一年增长低于25%。追加送股安排一次，追送股份总数为500万股
600361	G综超	公司2004至2006年度扣除非经常性损益后净利润的年复合增长率低于25%,即如果2006年度扣除非经常性损益后的净利润未达到15,082.88万元。公司2005年度或2006年度财务报告被出具非标准审计意见。非流通股股东承诺:按照现有流通股股份每10股送0.7股的比例追加支付对价。
600420	G现代	2007年度扣除非经常性损益的净利润低于9100万，或者2006年、2007年度财务报告未被会计事务所出具标准无保留意见的审计报告。每10股追送0.4股。
600423	G柳化	如果公司2005年度扣除非经常性损益后的净利润较2004年增长低于25%,或者2006年度较2005年增长低于25%,或者2005年度、2006年度财务报告被出具非标准审计报告时，公司全体非流通股东将一次性拨出其持有的存量股份390万股追送给追送方案实施股权登记日登记在册的流通股股东。
600438	G通威	股权分置改革方案实施后股票复牌之日起的240日内的最后10个交易日的公司股票加权平均交易价格小于13.16元,则进行股份追送。最大追送股票数量为900万股。
600459	贵研铂业	2006年经审计净利润低于1,021万元;2006年财务报告被出具无保留意见以外的审计意见。追加对价安排的股份总数共计2,000,000股。

代码	简称	触发条件与追送对价
600470	六国化工	公司2005至2007年度净利润的年复合增长率低于20%,即如果2007年度的净利润低于9,526.90万元;公司2005至2007年度中任一年度财务报告被出具非标准审计意见。追加对价安排的股份总数共计240万股。
600481	G双良	如果2006年度扣除非经常性损益后的税后净利润低于9180万元,或公司2006年财务报告被出具非标审计意见,现有非流通股股东将追加支付对价,追加支付对价的股份总数总计240万股。
600491	G龙元	如果公司2005年度、2006年度扣除非经常性损益后净利润的年复合增长率低于30%,即:如果公司2005年度扣除非经常性损益后净利润较2004年度增长低于30%,或公司2006年度扣除非经常性损益后净利润较2004年度增长低于69%;公司2005年度或2006年度财务报告被出具非标准无保留审计意见。公司全体非流通股股东将一次性拨出其持有的存量股份630万股,支付追加对价。
600533	G栖霞	公司非流通股股东承诺,如公司2006年和2007年度未实现净利润年均30%的复合增长率,或公司2006年、2007年中任意一年年度财务报告被出具非标审计意见,公司非流通股股东将追加赠送股份,追加赠送股份总额为120万股。
600563	法拉电子	股权分置改革方案实施后首个交易日起公司股票二十个交易日的总加权平均价低于8.02元/股时,公司非流通股股东将安排追加对价,共计375万股。
600565	G迪马	在2005至2007三个会计年度中,迪马股份任一年度经审计的净利润(扣除非经常性损益)比上年增长低于20%,或公司的财务报告被出具非标准审计报告。追加执行对价安排的股份总数共计60万股。
600572	G康恩贝	如果公司2005年度实现的净利润低于4100万元,或公司2005年度财务报告被出具非标准无保留审计意见,则康恩贝集团无偿追送200万股股份过户给追送公告确定的股权登记日收盘后登记在册的公司无限售条件的股东。
600577	精达股份	如果公司2006年度实现的净利润较上年度增长率低于15%;或者2006年度财务报告被出具非标准无保留审计意见。将向流通股股东追送股份一次。追加执行对价安排的股份数量为180万股。
600594	G益佰	公司2005年度、2006年度、2007年度财务报告被出具非标准无保留审计意见。2005年度、2006年度、2007年度三年实现的净利润(扣除非经常性损益)增长率的平均值低于20%。追加对价支付的股份总数共计120万股。
600627	上电股份	2006会计年度经审计净利润未达到517,965,452元。电气集团将向上电股份流通A股股东追送现金对价一次,每10股送5元现金。
600641	中远发展	如果2006年、2007年净资产收益率没有分别达到6%和10%,三林万业将按当年流通股股东每10股获付0.5股的上限追送相应股份。
600660	G福耀	若公司本次股权分置改革方案实施完毕股票复牌之日起的第12个月的最后3个交易日内的公司股票平均收盘价格小于6.38元,则进行股份追送。追送股份数量的上限为:向流通股股东每1股追送股票0.1000股。
600685	广船国际	2007年度的利润总额较2005年度的利润总额相比,增长率低于100%;公司2006～2007会计年度中任一年度被出具非标准无保留意见。追送股份数量:2,529,590股。

代码	简称	触发条件与追送对价
600695	ST大江	公司2006年度经审计财务报告被会计师事务所出具非标准意见;2006年度经审计财务报告显示公司当年净利润为负。追加对价总计为514.8万股。按目前的A股流通股规模,相当于每10股A股流通股追送2股。
600729	重庆百货	2006至2008年度连续三年净利润的年增长率平均低于10%;2006年度至2008年度财务报告被出具非标准审计意见。每10股追送0.2股。
600732	G新梅	2005年经审计后的净利润未达到作为对价计算依据的6400万元,或上海新梅2005年度财务报告被审计机构出具了非标准无保留意见,兴盛集团将对流通股股东实施股权追送,每10股流通股追送0.3股。
600753	ST冰熊	2006年度实现的净利润低于800万元,或者2007年度实现的净利润低于1,000万元,或者2008年度实现的净利润低于1200万元;公司2006年、2007年、2008年三年中的任一年度财务报告被出具非标准无保留审计意见。追加对价股份总数为256万股。
600779	G全兴	全兴集团购买本公司所持有的四川制药股权应支付的股权价款,尚有尾款8840.97万元未付完,全兴集团书面承诺在2006年12月31日前用现金全部结清。如果届时尚未付完,则全兴集团在2007年1月10日前发布关于追加送股的股权登记日公告,追加送股的股份总数为9565644股。
600781	*ST民丰	在辅仁堂95%的股权于2006年内置入民丰实业后,公司2007年度净利润少于2800万元或会计报表被出具非标准审计意见;公司2008年度净利润少于3300万元或会计报表被出具非标准审计意见。追加对价506.25万股。
600803	威远生化	2006年较2005年净利润增长率未达到50%,或公司2005年、2006年中任意一年年度财务报告被出具非标准无保留意见的审计报告。追送股份总数为660.96万股。
600836	G界龙	界龙发展尚占用公司3670.44万元资金,界龙发展承诺将于2005年12月31日前归还全部占款。若未能按时归还全部占款,界龙发展承诺:按照现有流通股股份为基数,按每10股送2股的比例追加支付对价,追加支付对价的股份总数总计为8,265,625股。
600858	银座股份	2006年度扣除非经常性损益后的净利润较2005年增长低于25%,或者2006年年度财务报告被出具非标准审计报告;2007年度扣除非经常性损益后的净利润较2006年增长低于25%,或者2007年年度财务报告被出具非标准审计报告。追加送股总数为3,397,680股。
600884	杉杉股份	方案实施后股票复牌之日起的12个月内的最后3个交易日公司股票收盘价格的算术平均值低于4.21元/股,将向流通股股东追送股份一次。追送股份数量的上限为:向流通股股东每10股追送股票1股。
600887	伊利股份	公司2006、2007年度当年较上年度净利润增长率低于17%;公司当年年度财务报告被出具除标准无保留意见之外的审计报告。追送对价总计600万股。
600966	G博汇	如果博汇纸业2005年、2006年度扣除非经常性损益后净利润分别低于12,000万元、14,500万元;或2005年、2006年度财务报告被出具非标准审计报告。一次性追加支付对价的股份总数计420万股。
600978	G宜华	公司2005、2006两个会计年度经审计的扣除非经常性损益后的净利润较上年度增长率的算术平均数低于30%,或2005年、2006年度财务报告被出具非标准审计报告。一次性追加支付对价的股份总数计160.8万股。
600987	航民股份	2006年经审计的净利润至少比2005年经审计的净利润增长40%以上;2007年经审计的净利润至少比2005年经审计的净利润增长96%以上(含96%)。第一大股东航民集团和第二大股东万向集团将以自有资金向流通股股东追送现金,追送额为实际净利润额与承诺净利润额之差的38.61%。

股改公司受限流通股爬行上市时间表

代码	简称	持股数量（万股）	预计流通时间
000002	G万科A	33195.75	2006年12月
000002	G万科A	16531.45	2007年12月
000006	G深振业	3458.28	2007年1月
000006	G深振业	1267.96	2008年1月
000006	G深振业	1696.08	2009年1月
000008	G宝利来	951.95	2006年12月
000008	G宝利来	368.27	2007年12月
000008	G宝利来	1810.37	2008年12月
000014	G沙河	799.19	2007年3月
000014	G沙河	448.23	2008年3月
000014	G沙河	1974.26	2009年3月
000016	G康佳A	8315.96	2008年3月
000016	G康佳A	3574.05	2009年3月
000023	G深天地	693.78	2007年3月
000023	G深天地	693.78	2008年3月
000023	G深天地	1745.56	2009年3月
000023	G深天地	693.78	2010年3月
000023	G深天地	693.78	2011年3月
000023	G深天地	3303.88	2012年3月
000024	G招商局	3094.11	2008年2月
000024	G招商局	11648.58	2009年2月
000025	G深特力A	14587.06	2009年1月
000027	G深能源	10681.30	2007年4月
000027	G深能源	6012.48	2008年4月
000027	G深能源	48358.86	2009年4月
000028	G一致	3997.71	2007年4月
000028	G一致	3796.40	2008年4月
000028	G一致	8397.14	2009年4月
000029	G深深房	5058.30	2007年2月
000029	G深深房	5058.30	2008年2月
000029	G深深房	57169.08	2009年2月
000031	G中粮地	4806.51	2007年2月
000031	G中粮地	2331.51	2008年2月
000031	G中粮地	18892.49	2009年2月
000032	G深桑达	2042.72	2007年2月
000032	G深桑达	970.27	2008年2月
000032	G深桑达	6995.55	2009年2月
000033	G新都	6588.04	2007年4月
000033	G新都	6588.04	2008年4月
000033	G新都	8873.92	2009年4月

代码	简称	持股数量（万股）	预计流通时间
000036	G华联	371.75	2007年3月
000036	G华联	35204.93	2009年3月
000037	G南电	8219.49	2007年3月
000037	G南电	7744.05	2008年3月
000037	G南电	6839.48	2009年3月
000040	G深鸿基	6311.83	2007年2月
000040	G深鸿基	2874.30	2008年2月
000040	G深鸿基	1062.74	2009年2月
000043	G深南光	4194.71	2007年4月
000043	G深南光	2011.51	2008年4月
000043	G深南光	2760.86	2009年4月
000046	G泛海	12921.42	2009年3月
000048	G康达尔	8942.64	2007年2月
000048	G康达尔	3149.03	2008年2月
000048	G康达尔	11791.63	2009年2月
000049	G德赛	700.35	2006年12月
000049	G德赛	1368.29	2008年12月
000049	G德赛	5889.66	2009年12月
000050	G深天马	1327.70	2007年4月
000050	G深天马	1327.70	2008年4悦
000050	G深天马	317.70	2009年4月
000050	G深天马	13972.10	2011年4月
000055	G方大A	3719.16	2007年4月
000055	G方大A	3527.16	2008年4月
000055	G方大A	3656.88	2009年4月
000056	G深国商	2497.01	2007年1月
000056	G深国商	1244.40	2008年1月
000056	G深国商	724.88	2009年1月
000059	G辽通	3035.64	2006年10月
000059	G辽通	6632.25	2007年10月
000059	G辽通	33332.63	2008年10月
000060	G中金	1916.07	2006年11月
000060	G中金	2160.00	2007年11月
000060	G中金	2160.00	2008年11月
000060	G中金	10698.33	2009年11月
000061	G农产品	2620.45	2006年9月
000061	G农产品	12347.37	2008年9月
000063	G中兴	11081.99	2006年12月
000063	G中兴	4797.61	2007年12月
000063	G中兴	26300.67	2008年12月

代码	简称	持股数量（万股）	预计流通时间
000065	G北方	1624.37	2006年11月
000065	G北方	1157.25	2007年11月
000065	G北方	7804.49	2008年11月
000069	G华侨城	5556.03	2008年1月
000069	G华侨城	5556.03	2009年1月
000069	G华侨城	6572.85	2010年1月
000069	G华侨城	44448.21	2011年1月
000070	G特发	2719.95	2007年1月
000070	G特发	335.93	2008年1月
000070	G特发	12284.12	2009年1月
000078	G海王	859.50	2007年4月
000078	G海王	16330.50	2010年4月
000088	G盐田港	6225.00	2007年3月
000088	G盐田港	6225.00	2008年3月
000088	G盐田港	7930.00	2009年3月
000088	G盐田港	63495.00	2011年3月
000089	G深机场	3999.12	2006年12月
000089	G深机场	3999.12	2007年12月
000089	G深机场	35696.16	2008年12月
000090	G天健	3595.20	2007年1月
000090	G天健	1172.12	2008年1月
000090	G天健	7230.98	2009年1月
000096	G广聚	9326.85	2007年2月
000096	G广聚	5280.00	2008年2月
000096	G广聚	19697.15	2009年2月
000099	G海直	2721.46	2007年2月
000099	G海直	23928.14	2011年2月
000100	GTCL	103759.83	2007年4月
000100	GTCL	23219.44	2008年4月
000100	GTCL	7354.36	2009年4月
000151	G中成	898.79	2007年3月
000151	G中成	2959.80	2008年3月
000151	G中成	11774.41	2010年3月
000153	G丰原药	1848.20	2007年1月
000153	G丰原药	3900.14	2008年1月
000153	G丰原药	5005.03	2009年1月
000153	G丰原药	1747.54	2010年1月
000155	G川化	2350.00	2007年3月
000155	G川化	2350.00	2008年3月
000155	G川化	25140.00	2009年3月

代码	简称	持股数量（万股）	预计流通时间
000158	G常山	239.23	2007年1月
000158	G常山	25210.77	2009年1月
000400	G许继	743.20	2006年11月
000400	G许继	1891.36	2008年11月
000400	G许继	1891.36	2009年11月
000400	G许继	7640.48	2010年11月
000402	G金融街	31222.16	2009年4月
000410	G沈机	1565.48	2007年3月
000410	G沈机	14521.87	2009年3月
000413	G宝石	2603.88	2007年3月
000413	G宝石	1915.00	2008年3月
000413	G宝石	17333.32	2009年3月
000417	G合百大	3276.40	2007年2月
000417	G合百大	946.20	2008年2月
000417	G合百大	5681.09	2009年2月
000420	G吉纤	5002.95	2007年4月
000420	G吉纤	1891.29	2008年4月
000420	G吉纤	5291.07	2009年4月
000426	G大地	2315.61	2007年4月
000426	G大地	739.83	2008年4月
000426	G大地	11741.18	2009年4月
000428	G华天	864.20	2008年3月
000428	G华天	864.20	2009年3月
000428	G华天	7159.68	2010年3月
000429	G粤高速	11539.82	2007年2月
000429	G粤高速	43333.43	2009年2月
000488	G晨鸣	953.47	2007年3月
000488	G晨鸣	32855.61	2010年3月
000498	G丹化	3212.36	2007年4月
000498	G丹化	1950.00	2008年4月
000498	G丹化	10521.64	2009年4月
000501	G武商A	16927.87	2007年4月
000501	G武商A	2536.24	2008年4月
000501	G武商A	3668.11	2009年4月
000514	G渝开发	2806.46	2006年12月
000514	G渝开发	881.57	2007年12月
000514	G渝开发	7456.92	2008年12月
000516	G解放	3615.63	2007年3月
000516	G解放	740.78	2008年3月
000516	G解放	1323.07	2009年3月
000516	G解放	3012.90	2011年3月
000519	G银动	1408.66	2007年3月

代码	简称	持股数量（万股）	预计流通时间
000519	G银动	1365.38	2008年3月
000519	G银动	1365.38	2009年3月
000519	G银动	1854.17	2010年3月
000522	G白云山	5680.54	2007年4月
000522	G白云山	4200.00	2008年4月
000522	G白云山	11899.46	2009年4月
000523	G浪奇	7839.50	2008年12月
000524	G穗东方	2696.74	2008年2月
000524	G穗东方	2696.74	2009年2月
000524	G穗东方	8507.92	2010年2月
000526	G旭飞	681.77	2007年3月
000526	G旭飞	2364.90	2009年3月
000526	G旭飞	1600.82	2010年3月
000527	G美的	5303.97	2007年3月
000527	G美的	8353.38	2008年3月
000527	G美的	7686.30	2009年3月
000528	G柳工	2362.28	2008年3月
000528	G柳工	18599.13	2009年3月
000530	G大冷	3027.80	2007年1月
000530	G大冷	7685.57	2011年1月
000531	G穗恒运	14791.75	2009年2月
000537	G广宇	11474.96	2007年3月
000537	G广宇	5127.18	2008年3月
000537	G广宇	7389.91	2009年3月
000539	G粤电力	24957.74	2007年1月
000539	G粤电力	123165.30	2009年1月
000541	G佛照	6091.32	2007年4月
000541	G佛照	1792.24	2008年4月
000541	G佛照	179.31	2009年4月
000541	G佛照	4828.41	2011年4月
000543	G皖能	6700.50	2007年3月
000543	G皖能	9759.00	2008年3月
000543	G皖能	42158.75	2009年3月
000550	G江铃	9059.87	2007年2月
000550	G江铃	4316.07	2008年2月
000550	G江铃	26785.46	2009年2月
000551	G创元	1909.12	2007年3月
000551	G创元	268.61	2008年3月
000551	G创元	8145.63	2009年3月
000552	G*ST靖煤	3461.44	2007年3月
000552	G*ST靖煤	889.35	2009年3月
000552	G*ST靖煤	889.35	2010年3月

代码	简称	持股数量（万股）	预计流通时间
000552	G*ST靖煤	5867.66	2011年3月
000558	G莱茵	1459.76	2007年4月
000558	G莱茵	4196.15	2009年4月
000559	G钱潮	3848.64	2007年4月
000559	G钱潮	51177.42	2009年4月
000564	G陕民生	1352.18	2007年3月
000564	G陕民生	5180.52	2011年3月
000566	G海药	2862.83	2006年11月
000566	G海药	653.03	2007年11月
000566	G海药	5857.68	2008年11月
000567	G海德	3771.52	2007年2月
000567	G海德	555.50	2008年2月
000567	G海德	3232.98	2009年2月
000568	G老窖	4207.00	2006年11月
000568	G老窖	4207.00	2007年11月
000568	G老窖	42430.52	2008年11月
000572	G金盘	1134.46	2006年12月
000572	G金盘	9163.34	2008年12月
000576	G甘化	5574.79	2007年3月
000576	G甘化	3228.61	2009年3月
000576	G甘化	3171.39	2011年3月
000581	G威孚	975.80	2007年4月
000581	G威孚	2836.38	2011年4月
000581	G威孚	2836.38	2012年4月
000581	G威孚	5733.44	2013年4月
000584	G舒卡	6216.75	2007年3月
000584	G舒卡	1516.76	2008年3月
000584	G舒卡	1516.76	2009年3月
000584	G舒卡	3722.05	2010年3月
000586	G汇源	6476.13	2006年12月
000586	G汇源	1128.29	2007年12月
000586	G汇源	967.20	2008年12月
000586	G汇源	2376.47	2009年12月
000589	G黔轮胎	8484.35	2009年4月
000594	G宏峰	7649.41	2007年1月
000594	G宏峰	5611.16	2008年1月
000594	G宏峰	17553.77	2009年1月
000595	G西轴	1840.15	2007年4月
000595	G西轴	715.85	2008年4月
000595	G西轴	8356.74	2010年4月
000597	G东北药	1917.97	2007年2月
000597	G东北药	1519.05	2008年2月

代码	简称	持股数量（万股）	预计流通时间
000597	G东北药	11397.02	2009年2月
000598	G蓝清洗	3024.71	2008年4月
000598	G蓝清洗	5167.56	2009年4月
000599	G双星	3446.99	2007年12月
000599	G双星	2275.14	2008年12月
000599	G双星	6107.88	2009年12月
000600	G建投	2810.70	2006年11月
000600	G建投	11126.94	2008年11月
000601	G韶能	11468.44	2007年2月
000601	G韶能	1103.85	2008年2月
000601	G韶能	1103.85	2009年2月
000601	G韶能	1103.85	2010年2月
000601	G韶能	7093.84	2016年2月
000602	G金马	2576.64	2006年12月
000602	G金马	1507.50	2007年12月
000602	G金马	2474.82	2008年12月
000606	G明胶	2139.70	2007年1月
000606	G明胶	1329.83	2008年1月
000606	G明胶	3257.96	2009年1月
000607	G华立	10283.50	2006年12月
000607	G华立	4433.93	2007年12月
000607	G华立	6850.58	2008年12月
000608	G阳光	7610.24	2007年1月
000608	G阳光	3143.87	2008年1月
000608	G阳光	295.27	2009年1月
000610	G西旅	3357.94	2007年2月
000610	G西旅	1867.67	2008年2月
000610	G西旅	4532.90	2009年2月
000615	G金环	2596.25	2007年2月
000615	G金环	2081.29	2008年2月
000615	G金环	3717.19	2009年2月
000619	G海型材	3600.00	2007年3月
000619	G海型材	3395.45	2008年3月
000619	G海型材	7944.55	2009年3月
000623	G敖东	3044.45	2006年8月
000623	G敖东	2210.15	2007年8月
000623	G敖东	727.96	2008年8月
000623	G敖东	573.36	2009年8月
000623	G敖东	573.36	2010年8月
000623	G敖东	573.36	2011年8月
000623	G敖东	573.36	2012年8月
000623	G敖东	573.36	2013年8月

代码	简称	持股数量（万股）	预计流通时间
000623	G敖东	573.36	2014年8月
000623	G敖东	450.70	2015年8月
000627	G百科	10306.80	2006年11月
000627	G百科	4215.07	2007年11月
000627	G百科	12371.10	2008年11月
000627	G百科	10000.00	2010年11月
000629	G新钢钒	4611.91	2006年11月
000629	G新钢钒	3888.81	2008年11月
000629	G新钢钒	73887.40	2009年11月
000630	G铜都	795.11	2006年10月
000630	G铜都	4318.92	2008年10月
000630	G铜都	4318.92	2009年10月
000630	G铜都	22041.72	2010年10月
000635	G英力特	600.78	2006年11月
000635	G英力特	1669.36	2007年11月
000635	G英力特	312.00	2008年4月
000635	G英力特	2741.30	2008年11月
000636	G风华	21381.42	2007年4月
000636	G风华	4233.50	2008年4月
000636	G风华	7338.75	2009年4月
000651	G格力	6109.70	2007年3月
000651	G格力	3701.48	2008年3月
000651	G格力	16839.45	2009年3月
000652	G泰达	15192.45	2006年12月
000652	G泰达	27434.37	2008年12月
000659	G中富	3731.09	2006年10月
000659	G中富	3441.48	2007年10月
000659	G中富	17117.04	2008年10月
000662	G索芙特	2270.11	2006年11月
000662	G索芙特	5.63	2007年11月
000662	G索芙特	6003.10	2008年11月
000667	G名流	4044.55	2007年2月
000667	G名流	4044.55	2008年2月
000667	G名流	10054.90	2009年2月
000677	G海龙	4113.49	2007年1月
000677	G海龙	4113.49	2008年1月
000677	G海龙	11231.08	2009年1月
000677	G海龙	2995.78	2011年1月
000685	G公用	5490.91	2007年1月
000685	G公用	1127.12	2008年1月
000685	G公用	3625.19	2009年1月
000687	G天鹅	1604.00	2006年12月

代码	简称	持股数量（万股）	预计流通时间
000687	G天鹅	1604.00	2007年12月
000687	G天鹅	15417.00	2008年12月
000690	G宝丽华	1533.91	2006年12月
000690	G宝丽华	1055.25	2007年12月
000690	G宝丽华	8629.34	2008年12月
000692	G惠天	1332.08	2007年3月
000692	G惠天	1332.08	2008年3月
000692	G惠天	8018.34	2009年3月
000695	G滨能	4271.17	2006年11月
000695	G滨能	1110.74	2007年11月
000695	G滨能	6790.36	2008年11月
000698	G沈化	2748.38	2007年3月
000698	G沈化	14220.27	2009年3月
000700	G模塑	12401.60	2009年2月
000702	G正虹	2817.94	2007年3月
000702	G正虹	1328.62	2008年3月
000702	G正虹	5429.98	2009年3月
000708	G冶特钢	84.00	2007年5月
000708	G冶特钢	1281.00	2007年8月
000708	G冶特钢	504.00	2008年2月
000708	G冶特钢	26367.85	2009年2月
000709	G唐钢	23056.49	2006年12月
000709	G唐钢	115838.11	2008年12月
000711	G天伦	1225.83	2007年4月
000711	G天伦	536.33	2008年4月
000711	G天伦	536.33	2009年4月
000711	G天伦	1784.34	2010年4月
000712	G锦龙	2284.67	2007年3月
000712	G锦龙	2284.67	2008年3月
000712	G锦龙	5595.58	2009年3月
000713	G丰乐	1125.00	2007年2月
000713	G丰乐	1125.00	2008年2月
000713	G丰乐	6245.10	2009年2月
000717	G韶钢	6705.60	2006年8月
000717	G韶钢	47443.20	2008年8月
000718	GST环球	1103.70	2006年12月
000718	GST环球	20009.81	2009年4月
000722	G金果	455.12	2007年4月
000722	G金果	8436.92	2009年4月
000725	G京东方	20729.60	2006年11月
000725	G京东方	10978.48	2007年11月
000725	G京东方	50062.77	2008年11月

代码	简称	持股数量（万股）	预计流通时间
000727	华东科技	679.86	2007年5月
000727	华东科技	9256.36	2009年5月
000735	G罗牛山	21513.56	2007年4月
000735	G罗牛山	4400.66	2008年4月
000735	G罗牛山	269.18	2009年4月
000737	G南风	4881.37	2007年4月
000737	G南风	2787.60	2008年4月
000737	G南风	9770.43	2009年4月
000738	G南摩	1989.00	2008年4月
000738	G南摩	1989.00	2009年4月
000738	G南摩	17442.00	2010年4月
000739	G康裕	1743.66	2007年2月
000739	G康裕	446.09	2008年2月
000739	G康裕	3160.17	2010年2月
000751	G锌业	11029.17	2007年4月
000751	G锌业	5550.67	2008年4月
000751	G锌业	36827.84	2009年4月
000755	G三维	1640.93	2007年4月
000755	G三维	10867.69	2009年4月
000759	G中百	2442.54	2007年3月
000759	G中百	211.65	2008年3月
000759	G中百	1799.04	2009年3月
000761	G本钢	5680.00	2008年3月
000761	G本钢	51840.00	2009年3月
000762	G藏矿业	6405.46	2007年2月
000762	G藏矿业	2914.61	2008年2月
000762	G藏矿业	3030.93	2009年2月
000767	G漳电	53937.00	2008年12月
000768	西飞国际	3132.00	2007年5月
000768	西飞国际	3132.00	2008年5月
000768	西飞国际	20976.00	2009年5月
000778	G铸管	3107.44	2006年11月
000778	G铸管	3107.44	2007年11月
000778	G铸管	27372.90	2008年11月
000780	G草原发	9214.60	2007年4月
000780	G草原发	7277.71	2008年4月
000780	G草原发	5802.42	2009年4月
000785	G中商	3261.05	2007年4月
000785	G中商	1256.11	2008年4月
000785	G中商	10691.36	2009年4月
000788	G合成	5192.63	2007年4月
000788	G合成	1086.50	2008年4月

代码	简称	持股数量（万股）	预计流通时间
000788	G合成	1501.88	2009年4月
000788	G合成	6518.99	2010年4月
000790	G华神	1279.80	2007年2月
000790	G华神	1410.01	2008年2月
000790	G华神	2440.52	2009年2月
000790	G华神	2416.71	2010年2月
000793	G燃气	13361.19	2007年2月
000793	G燃气	6800.66	2008年2月
000793	G燃气	6290.66	2009年2月
000795	G刚玉	1719.70	2007年3月
000795	G刚玉	1384.00	2008年3月
000795	G刚玉	1124.87	2009年3月
000795	G刚玉	8579.43	2010年3月
000798	G中水	3194.55	2008年4月
000798	G中水	3194.55	2009年4月
000798	G中水	6213.90	2010年4月
000800	G轿车	3960.42	2007年4月
000800	G轿车	86171.58	2009年4月
000806	G银河	11887.53	2007年1月
000806	G银河	8978.58	2009年1月
000815	G美利	1270.21	2006年12月
000815	G美利	4273.79	2008年12月
000816	G江动	1410.00	2007年4月
000816	G江动	1410.00	2008年4月
000816	G江动	10965.60	2009年4月
000818	G锦化	1055.30	2007年3月
000818	G锦化	1700.00	2008年3月
000818	G锦化	19004.70	2009年3月
000821	G京山	4672.02	2006年12月
000821	G京山	1843.59	2007年12月
000821	G京山	7177.49	2008年12月
000822	G海化	36104.89	2009年3月
000823	G超声	1796.00	2007年3月
000823	G超声	1796.00	2008年3月
000823	G超声	14076.00	2009年3月
000825	G太钢	12914.04	2008年3月
000825	G太钢	37836.36	2009年3月
000826	G合加	650.00	2007年2月
000826	G合加	907.47	2008年2月
000826	G合加	8466.84	2009年2月
000828	G东控	1935.84	2006年12月
000828	G东控	43177.17	2008年12月

代码	简称	持股数量（万股）	预计流通时间
000828	G东控	29117.09	2010年12月
000830	G鲁西	625.80	2006年8月
000830	G鲁西	22246.05	2008年8月
000831	G关铝	4516.21	2007年4月
000831	G关铝	1815.00	2008年4月
000831	G关铝	10371.29	2009年4月
000836	G鑫茂	2204.85	2007年2月
000836	G鑫茂	2858.76	2009年7月
000837	G秦发展	849.30	2007年2月
000837	G秦发展	6033.84	2010年2月
000839	G国安	32469.77	2009年2月
000850	G华茂	29190.70	2011年1月
000858	G五粮液	13557.02	2007年3月
000858	G五粮液	13557.02	2008年3月
000858	G五粮液	154664.64	2009年3月
000859	G国风	2102.40	2007年2月
000859	G国风	2102.40	2008年2月
000859	G国风	12196.80	2009年2月
000860	G顺鑫	20609.40	2008年10月
000869	G张裕	2028.00	2009年3月
000869	G张裕	2028.00	2010年3月
000869	G张裕	16386.24	2011年3月
000876	G新希望	2682.00	2007年2月
000876	G新希望	1056.50	2008年2月
000876	G新希望	14270.72	2009年2月
000878	G云铜	43364.88	2009年3月
000881	G国际	4975.50	2006年12月
000881	G国际	5702.58	2008年12月
000890	G法尔胜	2035.51	2007年4月
000890	G法尔胜	1460.16	2008年4月
000890	G法尔胜	3642.89	2009年4月
000897	G津滨	8221.94	2006年11月
000897	G津滨	8221.94	2007年11月
000897	G津滨	30257.11	2008年11月
000898	G鞍钢	54071.22	2008年12月
000898	G鞍钢	355979.14	2010年12月
000899	G赣能	5480.32	2011年3月
000899	G赣能	5480.32	2012年3月
000899	G赣能	20051.52	2013年3月
000901	G航科技	7012.58	2007年4月
000901	G航科技	3851.67	2008年4月
000901	G航科技	2642.95	2009年4月

代码	简称	持股数量（万股）	预计流通时间
000903	G云内	999.00	2007年2月
000903	G云内	999.00	2008年2月
000903	G云内	7452.00	2009年2月
000909	G数源	980.00	2007年1月
000909	G数源	980.00	2008年1月
000909	G数源	9420.00	2009年1月
000912	G泸天化	2925.00	2007年2月
000912	G泸天化	2925.00	2008年2月
000912	G泸天化	28860.00	2009年2月
000913	G钱摩	4535.36	2007年4月
000913	G钱摩	4535.36	2008年4月
000913	G钱摩	18436.48	2009年4月
000916	G华路	67860.00	2011年4月
000917	G电广	1352.00	2006年12月
000917	G电广	1302.49	2008年12月
000917	G电广	1302.49	2009年12月
000917	G电广	2457.71	2010年12月
000919	G金陵药	20640.00	2009年2月
000926	G福星	1350.41	2006年11月
000926	G福星	1026.33	2008年11月
000926	G福星	8082.71	2010年11月
000930	G丰原	2683.57	2006年11月
000930	G丰原	2406.30	2007年11月
000930	G丰原	7097.54	2008年11月
000932	G华菱	22245.13	2007年3月
000932	G华菱	21957.63	2008年3月
000932	G华菱	87334.73	2009年3月
000933	G神火	7500.00	2007年1月
000933	G神火	5269.47	2008年1月
000933	G神火	13570.53	2009年1月
000936	G华西村	1040.87	2006年11月
000936	G华西村	1517.59	2007年11月
000936	G华西村	16515.76	2008年11月
000937	G金牛	3915.99	2007年6月
000937	G金牛	41504.03	2008年12月
000938	G紫光	3151.68	2007年3月
000938	G紫光	2060.80	2008年3月
000938	G紫光	5795.52	2009年3月
000950	GST农化	858.80	2006年12月
000950	GST农化	6889.20	2008年12月
000950	GST农化	1427.00	2009年4月
000951	G重汽	167.15	2007年2月

代码	简称	持股数量（万股）	预计流通时间
000951	G重汽	1269.88	2009年2月
000951	G重汽	1269.88	2010年2月
000951	G重汽	11170.60	2011年2月
000955	G欣龙	3213.31	2007年3月
000955	G欣龙	4510.00	2008年3月
000955	G欣龙	4337.10	2009年3月
000955	G欣龙	2503.59	2010年3月
000959	G首钢	11552.14	2007年11月
000959	G首钢	176037.59	2008年11月
000960	G锡业	361.06	2007年2月
000960	G锡业	1073.71	2009年2月
000960	G锡业	1610.57	2010年2月
000960	G锡业	25290.26	2011年2月
000961	G大牛	1912.32	2007年3月
000961	G大牛	1502.65	2008年3月
000961	G大牛	9218.03	2009年3月
000962	G东方钽	673.06	2007年3月
000962	G东方钽	1782.00	2008年3月
000962	G东方钽	14371.34	2009年3月
000968	G煤气化	477.63	2006年12月
000968	G煤气化	19541.37	2008年12月
000969	G安泰A	346.24	2006年12月
000969	G安泰A	3174.08	2007年12月
000969	G安泰A	11746.89	2008年12月
000970	G三环	11498.83	2009年3月
000970	G三环	2964.10	2010年3月
000970	G三环	7266.66	2011年3月
000971	G迈亚	1036.62	2006年12月
000971	G迈亚	935.00	2007年12月
000971	G迈亚	5657.98	2008年12月
000972	G中基	622.95	2006年10月
000972	G中基	4386.79	2007年10月
000972	G中基	1464.18	2008年10月
000973	G佛塑	4083.70	2007年1月
000973	G佛塑	4083.70	2008年1月
000973	G佛塑	11939.16	2009年1月
000977	G浪潮	1875.46	2007年3月
000977	G浪潮	10979.54	2009年3月
000980	G黄金马	132.26	2007年4月
000980	G黄金马	750.00	2008年4月
000980	G黄金马	750.00	2009年4月
000980	G黄金马	5537.74	2010年4月

代码	简称	持股数量（万股）	预计流通时间
000983	G西煤	1326.75	2006年10月
000983	G西煤	64577.05	2010年10月
000987	G穗友谊	12417.74	2009年1月
000988	G华工	5716.21	2006年11月
000988	G华工	1530.49	2007年11月
000988	G华工	11265.31	2008年11月
000990	G诚志	3077.90	2007年1月
000990	G诚志	1792.50	2008年1月
000990	G诚志	3406.60	2009年1月
000996	G捷利	1150.00	2007年4月
000996	G捷利	1725.00	2008年4月
000996	G捷利	2292.90	2009年4月
000996	G捷利	1642.10	2010年4月
000997	G新大陆	3649.19	2006年11月
000997	G新大陆	1911.78	2007年11月
000997	G新大陆	13556.83	2008年11月
000998	G隆平	1100.00	2007年3月
000998	G隆平	787.50	2008年3月
000998	G隆平	2037.50	2009年3月
000998	G隆平	1925.00	2010年3月
001696	G宗申	826.86	2007年1月
001696	G宗申	8247.77	2009年1月
002001	新和成	458.52	2006年8月
002001	新和成	228.04	2007年8月
002001	新和成	342.06	2008年8月
002001	新和成	6323.38	2009年8月
002002	江苏琼花	754.80	2006年10月
002002	江苏琼花	458.50	2007年10月
002002	江苏琼花	3606.69	2008年10月
002003	伟星股份	1525.79	2006年9月
002003	伟星股份	763.30	2007年9月
002003	伟星股份	2249.26	2008年9月
002004	华邦制药	5397.26	2006年11月
002004	华邦制药	1980.00	2007年11月
002004	华邦制药	1433.74	2008年11月
002005	德豪润达	1582.20	2006年11月
002005	德豪润达	1042.60	2007年11月
002005	德豪润达	3939.20	2008年11月
002006	精工科技	576.70	2006年10月
002006	精工科技	3373.30	2010年10月
002007	华兰生物	1652.11	2006年11月
002007	华兰生物	144.61	2007年2月

代码	简称	持股数量（万股）	预计流通时间
002007	华兰生物	144.61	2007年5月
002007	华兰生物	144.61	2007年8月
002007	华兰生物	1652.11	2007年11月
002007	华兰生物	1823.94	2008年11月
002008	大族激光	3016.14	2006年11月
002008	大族激光	1216.57	2007年11月
002008	大族激光	6352.19	2008年11月
002009	天奇股份	656.23	2006年11月
002009	天奇股份	1774.26	2008年11月
002010	传化股份	2510.00	2006年8月
002010	传化股份	1420.00	2007年8月
002010	传化股份	1170.00	2008年8月
002011	盾安环境	903.63	2006年11月
002011	盾安环境	703.73	2007年11月
002011	盾安环境	355.91	2008年11月
002011	盾安环境	1514.92	2009年11月
002012	凯恩股份	6029.24	2006年11月
002012	凯恩股份	1402.53	2007年11月
002012	凯恩股份	4757.17	2008年11月
002013	中航精机	626.00	2006年11月
002013	中航精机	250.00	2007年11月
002013	中航精机	1524.00	2008年11月
002014	永新股份	2049.92	2006年9月
002014	永新股份	900.23	2007年9月
002014	永新股份	3113.85	2008年9月
002015	霞客环保	913.47	2006年11月
002015	霞客环保	503.20	2007年11月
002015	霞客环保	1015.33	2008年11月
002016	威尔科技	1003.32	2006年10月
002016	威尔科技	316.45	2007年10月
002016	威尔科技	316.45	2008年10月
002016	威尔科技	872.08	2009年10月
002017	东信和平	1744.92	2006年11月
002017	东信和平	908.00	2007年11月
002017	东信和平	3052.08	2008年11月
002018	华星化工	1924.00	2006年10月
002018	华星化工	650.00	2008年10月
002018	华星化工	650.00	2009年10月
002018	华星化工	476.00	2010年10月
002019	鑫富药业	1082.25	2006年8月
002019	鑫富药业	479.70	2007年8月
002019	鑫富药业	316.88	2008年8月

代码	简称	持股数量（万股）	预计流通时间
002019	鑫富药业	2118.68	2010年8月
002020	京新药业	838.78	2006年11月
002020	京新药业	3502.42	2008年11月
002021	中捷股份	1228.96	2006年9月
002021	中捷股份	548.48	2007年9月
002021	中捷股份	5950.56	2008年9月
002022	科华生物	3258.98	2006年10月
002022	科华生物	290.61	2007年10月
002022	科华生物	1762.81	2008年10月
002023	海特高新	2602.60	2007年8月
002023	海特高新	731.36	2008年8月
002023	海特高新	3456.76	2009年8月
002024	苏宁电器	2826.40	2006年8月
002024	苏宁电器	4280.64	2007年8月
002024	苏宁电器	5274.96	2008年8月
002025	航天电器	740.61	2006年11月
002025	航天电器	5004.39	2008年11月
002026	山东威达	1844.25	2006年11月
002026	山东威达	450.00	2007年11月
002026	山东威达	87.00	2008年11月
002026	山东威达	2868.75	2011年11月
002027	七喜控股	3924.16	2006年11月
002027	七喜控股	1325.28	2007年11月
002027	七喜控股	9605.75	2008年11月
002028	思源电气	2281.11	2006年11月
002028	思源电气	707.33	2007年11月
002028	思源电气	496.27	2008年11月
002028	思源电气	3631.29	2010年11月
002029	七匹狼	1446.25	2006年8月
002029	七匹狼	1105.00	2007年8月
002029	七匹狼	4273.75	2008年8月
002030	达安基因	1875.50	2006年11月
002030	达安基因	177.65	2007年11月
002030	达安基因	3446.85	2008年11月
002031	巨轮股份	3666.00	2007年10月
002031	巨轮股份	3290.63	2008年10月
002031	巨轮股份	4704.38	2009年10月
002032	苏泊尔	1283.34	2006年8月
002032	苏泊尔	5071.06	2008年8月
002032	苏泊尔	5280.60	2010年8月
002033	丽江旅游	1248.89	2006年11月
002033	丽江旅游	566.10	2007年11月

代码	简称	持股数量（万股）	预计流通时间
002033	丽江旅游	4742.32	2008年11月
002034	美欣达	1571.78	2006年10月
002034	美欣达	576.82	2007年10月
002034	美欣达	2438.27	2008年10月
002035	华帝股份	868.35	2006年10月
002035	华帝股份	550.55	2007年10月
002035	华帝股份	4937.10	2008年10月
002036	宜科科技	4273.00	2008年11月
002037	久联发展	1716.72	2006年10月
002037	久联发展	578.64	2007年10月
002037	久联发展	3384.64	2008年10月
002038	双鹭药业	1148.04	2006年11月
002038	双鹭药业	527.04	2007年11月
002038	双鹭药业	3595.32	2008年11月
002039	黔源电力	3221.57	2006年11月
002039	黔源电力	1455.13	2007年11月
002039	黔源电力	2748.90	2008年11月
002040	南京港	1390.05	2006年11月
002040	南京港	768.35	2007年11月
002040	南京港	8203.60	2008年11月
002041	登海种业	1587.51	2006年11月
002041	登海种业	640.64	2007年11月
002041	登海种业	3777.85	2008年11月
002042	飞亚股份	745.09	2006年11月
002042	飞亚股份	500.00	2007年11月
002042	飞亚股份	3554.91	2008年11月
002043	兔宝宝	991.74	2006年11月
002043	兔宝宝	2440.00	2007年11月
002043	兔宝宝	3224.26	2008年11月
002044	江苏三友	6650.00	2008年11月
002045	广州国光	1360.60	2006年11月
002045	广州国光	1000.00	2007年11月
002045	广州国光	3649.40	2008年11月
002046	轴研科技	840.94	2006年11月
002046	轴研科技	199.06	2007年11月
002046	轴研科技	2210.00	2008年11月
002047	成霖股份	1499.55	2006年11月
002047	成霖股份	3362.14	2007年11月
002047	成霖股份	10171.31	2008年11月
002048	宁波华翔	2217.43	2006年11月
002048	宁波华翔	1341.55	2007年11月
002048	宁波华翔	1891.02	2008年11月

代码	简称	持股数量（万股）	预计流通时间
002049	晶源电子	998.24	2006 年 11 月
002049	晶源电子	3176.76	2008 年 11 月
002050	三花股份	2166.00	2006 年 11 月
002050	三花股份	838.11	2007 年 11 月
002050	三花股份	4395.89	2008 年 11 月
600001	G 邯钢	17483.41	2007 年 4 月
600001	G 邯钢	8758.79	2008 年 4 月
600001	G 邯钢	110551.25	2011 年 4 月
600004	G 穗机场	2096.00	2006 年 12 月
600004	G 穗机场	50304.00	2008 年 12 月
600005	G 武钢	76520.00	2007 年 11 月
600005	G 武钢	470280.00	2010 年 12 月
600007	G 国贸	4000.00	2007 年 4 月
600007	G 国贸	4000.00	2008 年 4 月
600007	G 国贸	52000.00	2009 年 4 月
600008	G 首创	254.85	2007 年 4 月
600008	G 首创	141745.15	2009 年 4 月
600009	G 沪机场	9634.79	2007 年 3 月
600009	G 沪机场	9634.79	2008 年 3 月
600009	G 沪机场	83348.21	2009 年 3 月
600010	G 包钢	19042.36	2007 年 3 月
600010	G 包钢	16943.50	2008 年 3 月
600010	G 包钢	118594.94	2009 年 3 月
600011	G 华能	222798.25	2007 年 4 月
600011	G 华能	23.08	2008 年 4 月
600011	G 华能	612178.67	2011 年 4 月
600012	G 皖通	16586.10	2007 年 4 月
600012	G 皖通	16586.10	2008 年 4 月
600012	G 皖通	53387.80	2009 年 4 月
600016	G 民生	181312.45	2006 年 10 月
600016	G 民生	253254.61	2007 年 10 月
600018	G 上港	2575.79	2006 年 8 月
600018	G 上港	9022.00	2007 年 8 月
600018	G 上港	25568.35	2008 年 8 月
600018	G 上港	92033.86	2010 年 8 月
600019	G 宝钢	66195.36	2007 年 8 月
600019	G 宝钢	1212010.64	2008 年 8 月
600021	G 上电	15635.05	2006 年 11 月
600021	G 上电	15635.05	2007 年 11 月
600021	G 上电	93400.40	2008 年 11 月
600022	G 济钢	5531.75	2007 年 4 月
600022	G 济钢	4700.00	2008 年 4 月

代码	简称	持股数量（万股）	预计流通时间
600022	G 济钢	55168.25	2009 年 4 月
600026	G 中海	157850.00	2008 年 12 月
600030	G 中信	118716.07	2006 年 8 月
600030	G 中信	24902.13	2007 年 8 月
600030	G 中信	50531.80	2008 年 8 月
600031	G 三一	546.85	2006 年 6 月
600031	G 三一	2400.00	2007 年 6 月
600031	G 三一	12953.15	2008 年 6 月
600036	G 招行	260462.88	2008 年 2 月
600036	G 招行	228336.74	2009 年 2 月
600036	G 招行	268563.34	2010 年 2 月
600037	G 歌华	1743.33	2007 年 3 月
600037	G 歌华	29807.46	2009 年 3 月
600054	G 黄山	1514.50	2007 年 2 月
600054	G 黄山	1514.50	2008 年 2 月
600054	G 黄山	10153.00	2009 年 2 月
600055	G 万东	721.50	2007 年 4 月
600055	G 万东	721.50	2008 年 4 月
600055	G 万东	5990.40	2009 年 4 月
600057	G 夏新	1135.04	2007 年 3 月
600057	G 夏新	18520.96	2010 年 3 月
600058	G 五矿	52277.30	2009 年 4 月
600059	G 龙山	9438.90	2009 年 3 月
600062	G 双鹤	288.19	2007 年 4 月
600062	G 双鹤	19285.04	2011 年 4 月
600063	G 皖维	1264.50	2007 年 4 月
600063	G 皖维	1264.50	2008 年 4 月
600063	G 皖维	9693.00	2009 年 4 月
600064	G 宁高科	1797.05	2007 年 4 月
600064	G 宁高科	263.59	2008 年 4 月
600064	G 宁高科	11829.59	2009 年 4 月
600066	G 宇通	648.48	2008 年 3 月
600066	G 宇通	1333.06	2009 年 3 月
600066	G 宇通	1333.06	2010 年 3 月
600066	G 宇通	4704.99	2011 年 3 月
600067	G 冠城	2220.62	2007 年 1 月
600067	G 冠城	7085.99	2009 年 1 月
600069	G 银鸽	5068.96	2006 年 8 月
600069	G 银鸽	2735.76	2007 年 8 月
600069	G 银鸽	1858.00	2008 年 8 月
600069	G 银鸽	7113.28	2009 年 8 月
600072	G 江南	14499.51	2009 年 4 月

代码	简称	持股数量（万股）	预计流通时间
600073	G 梅林	1620.00	2007 年 12 月
600073	G 梅林	1620.00	2008 年 12 月
600073	G 梅林	13200.00	2009 年 12 月
600079	G 人福	2019.71	2006 年 8 月
600079	G 人福	31.65	2007 年 8 月
600079	G 人福	638.41	2010 年 8 月
600079	G 人福	638.41	2011 年 8 月
600079	G 人福	638.41	2012 年 8 月
600079	G 人福	638.41	2013 年 8 月
600079	G 人福	638.41	2014 年 8 月
600079	G 人福	638.41	2015 年 8 月
600079	G 人福	425.60	2016 年 8 月
600084	G 新天	2540.24	2007 年 4 月
600084	G 新天	19867.81	2009 年 4 月
600085	G 同仁堂	23976.95	2008 年 11 月
600087	G 水运	11233.43	2006 年 12 月
600087	G 水运	2578.65	2008 年 12 月
600087	G 水运	2578.65	2009 年 12 月
600087	G 水运	11347.16	2010 年 12 月
600089	G 特变	2874.93	2008 年 5 月
600089	G 特变	9375.80	2009 年 5 月
600090	G＊ST 酒花	2422.13	2007 年 2 月
600090	G＊ST 酒花	15216.23	2009 年 2 月
600096	G 云天化	2680.45	2009 年 4 月
600096	G 云天化	2680.45	2010 年 4 月
600096	G 云天化	27253.30	2011 年 4 月
600098	G 广控	137952.00	2008 年 8 月
600100	G 同方	784.32	2007 年 2 月
600100	G 同方	18998.70	2009 年 2 月
600104	G 上汽	16380.00	2006 年 10 月
600104	G 上汽	16380.00	2007 年 10 月
600104	G 上汽	163144.75	2008 年 10 月
600105	G 永鼎	4034.89	2006 年 11 月
600105	G 永鼎	1088.44	2007 年 11 月
600105	G 永鼎	1088.44	2008 年 11 月
600105	G 永鼎	7836.77	2009 年 11 月
600106	G 渝路桥	1550.00	2006 年 10 月
600106	G 渝路桥	1550.00	2007 年 10 月
600106	G 渝路桥	15480.00	2008 年 10 月
600111	G 稀土	3441.63	2007 年 4 月
600111	G 稀土	2018.37	2008 年 4 月
600111	G 稀土	2881.63	2009 年 4 月

代码	简称	持股数量（万股）	预计流通时间
600111	G稀土	2018.37	2010年4月
600111	G稀土	10788.20	2011年4月
600112	G长征	2980.36	2007年2月
600112	G长征	2980.36	2008年2月
600112	G长征	6039.27	2009年2月
600113	G东日	590.00	2007年2月
600113	G东日	590.00	2008年2月
600113	G东日	5100.00	2009年2月
600114	G东睦	975.80	2007年2月
600114	G东睦	8782.20	2011年2月
600117	G西钢	2377.80	2007年3月
600117	G西钢	3150.75	2008年3月
600117	G西钢	30455.54	2010年3月
600119	G长投	3885.53	2007年1月
600119	G长投	1439.05	2008年1月
600119	G长投	9295.74	2009年1月
600120	G浙东方	7510.53	2007年1月
600120	G浙东方	4061.62	2008年1月
600120	G浙东方	11690.66	2009年1月
600121	G郑煤电	3145.70	2007年8月
600121	G郑煤电	3145.70	2008年8月
600121	G郑煤电	26814.60	2009年8月
600123	G兰花	1856.25	2007年2月
600123	G兰花	1856.25	2008年2月
600123	G兰花	14692.50	2009年2月
600125	G铁龙	428.35	2007年3月
600125	G铁龙	4596.98	2011年3月
600125	G铁龙	4596.98	2012年3月
600125	G铁龙	5665.23	2013年3月
600126	G杭钢	3226.69	2007年1月
600126	G杭钢	3226.69	2008年1月
600126	G杭钢	2626.16	2009年1月
600126	G杭钢	32912.21	2011年1月
600128	G弘业	3027.56	2007年3月
600128	G弘业	997.24	2008年3月
600128	G弘业	5913.33	2009年3月
600129	G太极	3827.53	2007年1月
600129	G太极	1677.24	2008年1月
600129	G太极	9855.23	2009年1月
600130	G波导	2038.08	2007年4月
600130	G波导	16489.92	2009年4月
600138	G中青旅	5693.68	2007年2月
600138	G中青旅	504.87	2008年2月
600138	G中青旅	5291.45	2009年2月
600141	G兴发	4208.47	2007年4月
600141	G兴发	2291.67	2008年4月
600141	G兴发	4099.87	2009年4月
600143	G金发	1989.04	2006年8月
600143	G金发	6905.95	2010年8月
600143	G金发	2840.47	2011年8月
600143	G金发	1913.38	2012年8月
600143	G金发	1137.50	2013年8月
600143	G金发	358.66	2014年8月
600146	G*ST大元	12080.00	2009年2月
600150	G重机	1207.47	2007年5月
600150	G重机	1207.47	2008年5月
600150	G重机	11570.38	2009年5月
600151	G航天	2811.39	2008年4月
600151	G航天	25302.53	2009年4月
600153	G建发	6176.00	2008年4月
600153	G建发	25664.00	2009年4月
600155	G宝硕	4125.00	2007年4月
600155	G宝硕	1980.68	2008年4月
600155	G宝硕	19064.32	2011年4月
600159	GST宁窖	3050.02	2007年2月
600159	GST宁窖	3050.02	2008年2月
600159	GST宁窖	13839.21	2009年2月
600160	G巨化	3549.00	2007年1月
600160	G巨化	2784.00	2008年1月
600160	G巨化	26181.00	2009年1月
600165	G宁恒力	2916.35	2007年2月
600165	G宁恒力	1939.54	2008年2月
600165	G宁恒力	3381.06	2009年2月
600168	G武控	2205.75	2008年4月
600168	G武控	25079.25	2009年4月
600169	G太重	4660.02	2009年4月
600169	G太重	13405.22	2011年4月
600170	G建工	3596.49	2007年11月
600170	G建工	293.11	2008年11月
600170	G建工	36684.20	2009年11月
600171	G贝岭	3372.76	2007年1月
600171	G贝岭	9188.29	2008年1月
600171	G贝岭	16248.03	2009年1月
600172	G旋风	2269.60	2006年11月
600172	G旋风	1340.00	2007年11月
600172	G旋风	8630.40	2008年11月
600175	G美都	1671.99	2007年1月
600175	G美都	996.00	2008年1月
600175	G美都	4031.61	2009年1月
600180	G九发	1254.95	2007年1月
600180	G九发	2509.90	2008年1月
600180	G九发	10950.80	2009年1月
600183	G生益	14582.63	2007年3月
600183	G生益	9034.43	2008年3月
600183	G生益	14423.75	2009年3月
600185	G海星	7383.75	2007年3月
600185	G海星	6916.25	2009年3月
600188	G兖煤	260000.00	2010年4月
600189	G森工	1552.50	2006年12月
600189	G森工	1552.50	2007年12月
600189	G森工	12696.00	2008年12月
600191	G华资	16494.45	2009年3月
600193	G创兴	3965.00	2007年2月
600193	G创兴	3356.00	2008年2月
600193	G创兴	3479.00	2009年2月
600195	G中牧	1950.00	2008年3月
600195	G中牧	1950.00	2009年3月
600195	G中牧	18900.00	2010年3月
600196	G复星	443.01	2007年4月
600196	G复星	4213.38	2009年4月
600196	G复星	4213.38	2010年4月
600196	G复星	38257.83	2011年4月
600200	G吴中	1892.95	2006年12月
600200	G吴中	4765.50	2008年12月
600200	G吴中	2079.00	2009年12月
600200	G吴中	4695.05	2010年12月
600206	G有研	1450.00	2008年4月
600206	G有研	4275.00	2009年4月
600208	G中宝	8252.42	2007年2月
600208	G中宝	1720.77	2008年2月
600208	G中宝	4790.84	2009年2月
600210	G紫江	12930.63	2006年7月
600210	G紫江	15804.10	2007年7月
600210	G紫江	9712.51	2008年7月
600210	G紫江	27664.99	2009年7月
600216	G浙医药	9769.00	2007年3月

代码	简称	持股数量（万股）	预计流通时间
600216	G浙医药	2250.30	2008年3月
600216	G浙医药	15411.12	2009年3月
600218	G全柴	2834.00	2007年3月
600218	G全柴	1569.75	2008年3月
600218	G全柴	10247.25	2009年3月
600219	G南山	12200.00	2009年3月
600220	G苏阳光	8702.31	2007年3月
600220	G苏阳光	356.80	2008年3月
600220	G苏阳光	4819.84	2009年3月
600220	G苏阳光	4819.84	2010年3月
600220	G苏阳光	22714.29	2011年3月
600223	G万杰	3315.00	2007年2月
600223	G万杰	2681.25	2009年2月
600223	G万杰	2681.25	2010年2月
600223	G万杰	18533.13	2012年2月
600226	G拜克	3571.45	2007年2月
600226	G拜克	177.98	2008年2月
600226	G拜克	10619.99	2009年2月
600227	G赤天化	220.37	2007年1月
600227	G赤天化	1700.00	2009年1月
600227	G赤天化	1700.00	2010年1月
600227	G赤天化	1700.00	2011年1月
600227	G赤天化	1700.00	2012年1月
600227	G赤天化	529.63	2013年1月
600230	G沧大	187.80	2007年4月
600230	G沧大	1296.66	2008年4月
600230	G沧大	13808.70	2009年4月
600231	G凌钢	658.59	2007年2月
600231	G凌钢	23511.79	2010年2月
600232	G金鹰	1065.32	2007年2月
600232	G金鹰	1094.26	2008年2月
600232	G金鹰	1094.26	2009年2月
600232	G金鹰	10909.35	2010年2月
600233	G大杨	825.00	2010年11月
600233	G大杨	825.00	2011年11月
600233	G大杨	4950.00	2012年11月
600235	G特纸	1443.75	2007年4月
600235	G特纸	1317.00	2008年4月
600235	G特纸	11645.23	2009年4月
600237	G铜峰	1944.00	2006年12月
600237	G铜峰	243.25	2007年12月
600237	G铜峰	7252.75	2008年12月

代码	简称	持股数量（万股）	预计流通时间
600238	G椰岛	2160.24	2007年2月
600238	G椰岛	2820.90	2008年2月
600238	G椰岛	830.00	2009年2月
600238	G椰岛	724.86	2010年2月
600240	G华业	76.89	2006年12月
600240	G华业	1750.00	2007年12月
600240	G华业	1750.00	2008年12月
600240	G华业	5298.11	2009年12月
600241	G辽时代	528.95	2007年4月
600241	G辽时代	530.00	2008年4月
600241	G辽时代	530.00	2009年4月
600241	G辽时代	4931.05	2010年4月
600247	G物华	3923.79	2006年8月
600247	G物华	4022.23	2007年8月
600247	G物华	2292.38	2008年8月
600249	G两面针	4642.67	2007年5月
600249	G两面针	1098.64	2008年5月
600249	G两面针	1278.69	2009年5月
600253	G天方	5997.84	2007年4月
600253	G天方	4200.00	2008年4月
600253	G天方	16605.36	2009年4月
600256	G广汇	12266.69	2007年4月
600256	G广汇	4330.31	2008年4月
600256	G广汇	39409.13	2009年4月
600257	G水殖	4259.58	2007年4月
600257	G水殖	1980.00	2008年4月
600257	G水殖	5259.62	2009年4月
600260	G凯乐	4345.20	2006年12月
600260	G凯乐	1513.13	2007年12月
600260	G凯乐	3896.71	2008年12月
600261	G浙阳光	212.58	2006年11月
600261	G浙阳光	6903.42	2009年11月
600263	G路桥	2179.58	2007年3月
600263	G路桥	2040.67	2008年3月
600263	G路桥	20838.06	2009年3月
600266	G城建	3000.00	2007年2月
600266	G城建	3000.00	2008年2月
600266	G城建	33150.00	2009年2月
600267	G海正	5521.66	2007年2月
600267	G海正	4492.80	2008年2月
600267	G海正	19822.34	2009年2月
600268	G南自	590.00	2007年4月

代码	简称	持股数量（万股）	预计流通时间
600268	G南自	590.00	2008年4月
600268	G南自	5340.00	2009年4月
600273	G华芳	1456.20	2006年12月
600273	G华芳	449.80	2007年12月
600273	G华芳	7624.00	2009年12月
600277	G亿利	671.66	2007年3月
600277	G亿利	436.14	2008年3月
600277	G亿利	7850.60	2009年3月
600278	G东创	274.67	2006年11月
600278	G东创	1600.00	2007年11月
600278	G东创	1600.00	2008年11月
600278	G东创	1600.00	2009年11月
600278	G东创	16125.33	2010年11月
600279	G重庆港	1334.84	2006年12月
600279	G重庆港	471.50	2007年12月
600279	G重庆港	1915.46	2008年12月
600279	G重庆港	7765.29	2010年12月
600284	G浦建	3455.75	2006年12月
600284	G浦建	1880.00	2007年12月
600284	G浦建	6704.25	2008年12月
600285	G羚锐	2189.27	2007年3月
600285	G羚锐	501.80	2007年9月
600285	G羚锐	1494.62	2008年3月
600285	G羚锐	650.31	2009年3月
600287	G舜天	6968.82	2007年4月
600287	G舜天	2183.98	2008年4月
600287	G舜天	17749.80	2009年4月
600288	G大恒	1050.00	2007年3月
600288	G大恒	3150.00	2008年3月
600288	G大恒	1525.00	2009年3月
600288	G大恒	5150.00	2010年3月
600291	G西水	4026.66	2007年3月
600291	G西水	3117.34	2008年3月
600291	G西水	935.99	2009年3月
600292	G九电	4115.41	2007年1月
600292	G九电	1672.50	2008年1月
600292	G九电	11822.09	2009年1月
600295	G鄂绒	5160.00	2009年2月
600295	G鄂绒	5160.00	2010年2月
600295	G鄂绒	31680.00	2011年2月
600298	G安琪	3478.15	2007年4月
600298	G安琪	678.50	2008年4月

代码	简称	持股数量（万股）	预计流通时间
600298	G安琪	4793.35	2009年4月
600300	G维维	100.80	2007年1月
600300	G维维	39899.20	2009年1月
600301	G南化	1711.10	2006年10月
600301	G南化	925.74	2007年10月
600301	G南化	5673.32	2008年10月
600302	G标准	2195.64	2007年3月
600302	G标准	543.60	2008年3月
600302	G标准	16300.74	2009年3月
600303	G曙光	810.00	2008年12月
600303	G曙光	810.00	2009年12月
600303	G曙光	3048.75	2010年12月
600306	G商业城	3728.68	2007年3月
600306	G商业城	1181.92	2008年3月
600306	G商业城	4654.41	2009年3月
600307	G酒钢	1326.97	2007年4月
600307	G酒钢	45073.03	2009年4月
600308	G华泰	1501.29	2008年11月
600308	G华泰	1501.29	2009年11月
600308	G华泰	5373.57	2010年11月
600309	G万华	3513.37	2007年4月
600309	G万华	48536.55	2009年4月
600317	G营口港	766.90	2007年1月
600317	G营口港	642.83	2008年1月
600317	G营口港	11570.98	2009年1月
600319	G亚星	2665.78	2007年4月
600319	G亚星	1577.97	2008年4月
600319	G亚星	16675.65	2009年4月
600320	G振华	7704.60	2007年3月
600320	G振华	7704.60	2008年3月
600320	G振华	21872.10	2009年3月
600322	G天房	5046.85	2007年3月
600322	G天房	10638.83	2009年3月
600325	G华发	6191.36	2007年2月
600325	G华发	6008.64	2008年8月
600328	G兰太	1794.52	2007年4月
600328	G兰太	1795.59	2008年4月
600328	G兰太	1795.59	2009年4月
600328	G兰太	14052.51	2010年4月
600331	G宏达	4236.80	2006年12月
600331	G宏达	2831.36	2007年12月
600331	G宏达	2531.84	2008年12月

代码	简称	持股数量（万股）	预计流通时间
600331	G宏达	11200.00	2010年12月
600332	G广药	6154.15	2007年4月
600332	G广药	4054.50	2008年4月
600332	G广药	38751.35	2009年4月
600336	G澳柯玛	2081.24	2006年12月
600336	G澳柯玛	1705.18	2007年12月
600336	G澳柯玛	17537.18	2008年12月
600337	G美克	2539.64	2007年3月
600337	G美克	2983.39	2008年3月
600337	G美克	3566.25	2009年3月
600339	G天利	3126.09	2007年4月
600339	G天利	1586.52	2008年4月
600339	G天利	5019.89	2009年4月
600339	G天利	1586.52	2010年4月
600339	G天利	5291.38	2011年4月
600348	G国阳	539.24	2006年12月
600348	G国阳	28060.76	2008年12月
600350	G基建	269720.00	2011年4月
600351	G亚宝	3477.90	2007年2月
600351	G亚宝	1387.13	2008年2月
600351	G亚宝	2447.48	2009年2月
600352	G龙盛	26045.54	2006年8月
600352	G龙盛	8965.69	2007年8月
600352	G龙盛	3260.77	2008年8月
600356	G恒丰	720.00	2006年11月
600356	G恒丰	700.00	2007年11月
600356	G恒丰	4600.00	2008年11月
600357	G承钒钛	5086.53	2006年11月
600357	G承钒钛	3484.91	2007年11月
600357	G承钒钛	39675.27	2011年11月
600361	G综超	1506.87	2007年8月
600361	G综超	1506.87	2007年11月
600361	G综超	1401.89	2008年2月
600361	G综超	1032.89	2008年5月
600361	G综超	753.44	2008年8月
600361	G综超	753.44	2008年11月
600361	G综超	502.29	2009年2月
600361	G综超	5356.89	2009年8月
600362	G江铜	192.08	2007年4月
600362	G江铜	122503.54	2009年4月
600365	G通葡酒	1834.62	2007年3月
600365	G通葡酒	1400.00	2008年3月

代码	简称	持股数量（万股）	预计流通时间
600365	G通葡酒	2965.38	2009年3月
600366	G韵升	3806.63	2006年12月
600366	G韵升	1759.10	2007年12月
600366	G韵升	12048.72	2008年12月
600367	G红星	1795.54	2006年12月
600367	G红星	1456.00	2007年12月
600367	G红星	13725.42	2008年12月
600373	G鑫新	776.05	2007年2月
600373	G鑫新	625.00	2008年2月
600373	G鑫新	5064.45	2009年2月
600375	G星马	2437.81	2007年1月
600375	G星马	234.95	2008年1月
600375	G星马	3840.99	2009年1月
600376	G天鸿宝	2248.92	2007年2月
600376	G天鸿宝	1296.26	2008年2月
600376	G天鸿宝	5454.81	2009年2月
600386	G北巴	2240.00	2007年4月
600386	G北巴	2016.00	2008年4月
600386	G北巴	18144.00	2009年4月
600390	G金瑞	259.06	2007年4月
600390	G金瑞	1067.00	2009年4月
600390	G金瑞	3343.94	2010年4月
600392	G天成	2066.82	2006年11月
600392	G天成	1801.59	2007年11月
600392	G天成	2132.34	2008年11月
600393	G东华	2991.76	2006年11月
600393	G东华	1500.00	2007年11月
600393	G东华	4085.48	2008年11月
600393	G东华	10646.32	2009年11月
600396	G金山	2210.00	2006年10月
600396	G金山	2210.00	2007年10月
600396	G金山	2691.57	2008年10月
600396	G金山	4431.43	2010年10月
600398	G凯诺	224.96	2006年8月
600398	G凯诺	2366.59	2010年8月
600398	G凯诺	2366.59	2011年8月
600398	G凯诺	2795.74	2012年8月
600399	G抚钢	7806.49	2007年3月
600399	G抚钢	5200.00	2008年3月
600399	G抚钢	22913.51	2009年3月
600400	G红豆	377.77	2007年2月
600400	G红豆	14151.85	2011年2月

代码	简称	持股数量（万股）	预计流通时间
600401	G申龙	1127.08	2006年11月
600401	G申龙	1290.24	2008年11月
600401	G申龙	1290.24	2009年11月
600401	G申龙	6437.20	2010年11月
600405	G动力源	4659.75	2007年2月
600405	G动力源	521.72	2008年2月
600405	G动力源	284.89	2009年2月
600408	G安泰	7089.03	2006年11月
600408	G安泰	16541.00	2008年11月
600409	G唐三友	4970.90	2006年12月
600409	G唐三友	2100.00	2007年12月
600409	G唐三友	18849.10	2008年12月
600416	G湘电	1343.05	2006年12月
600416	G湘电	975.00	2008年6月
600416	G湘电	7356.95	2009年12月
600418	G江汽	5505.44	2006年12月
600418	G江汽	2065.54	2007年12月
600418	G江汽	17989.02	2010年12月
600420	G现代	2450.59	2007年4月
600420	G现代	819.51	2008年4月
600420	G现代	3621.19	2009年4月
600422	G昆药	6961.63	2007年3月
600422	G昆药	3640.13	2008年3月
600422	G昆药	4175.84	2009年3月
600423	G柳化	1263.84	2006年11月
600423	G柳化	954.11	2007年11月
600423	G柳化	6724.23	2008年11月
600425	G青松	255.12	2007年1月
600425	G青松	506.88	2008年1月
600425	G青松	506.88	2009年1月
600425	G青松	9123.87	2010年1月
600426	G恒升	198.65	2007年2月
600426	G恒升	12881.36	2009年2月
600428	G中远	1917.96	2006年12月
600428	G中远	3276.00	2007年12月
600428	G中远	29568.04	2008年12月
600429	G三元	7194.00	2007年4月
600429	G三元	6350.00	2008年4月
600429	G三元	28656.00	2009年4月
600432	G吉恩	1722.09	2007年3月
600432	G吉恩	950.00	2008年3月
600432	G吉恩	8707.91	2009年3月

代码	简称	持股数量（万股）	预计流通时间
600438	G通威	824.85	2007年3月
600438	G通威	859.40	2007年11月
600438	G通威	859.40	2008年11月
600438	G通威	7744.35	2009年11月
600439	G瑞贝卡	1467.18	2006年11月
600439	G瑞贝卡	180.18	2007年11月
600439	G瑞贝卡	6589.44	2008年11月
600444	G国通	1308.00	2006年12月
600444	G国通	99.82	2007年12月
600444	G国通	1632.18	2010年12月
600446	G金证	2482.92	2007年4月
600446	G金证	1374.40	2008年4月
600446	G金证	638.68	2009年4月
600452	G涪电力	873.00	2007年1月
600452	G涪电力	8263.00	2012年1月
600456	G宝钛	184.84	2006年12月
600456	G宝钛	1000.40	2010年12月
600456	G宝钛	11262.76	2012年12月
600458	G时代	3145.63	2009年3月
600458	G时代	1702.96	2011年3月
600458	G时代	1702.96	2012年3月
600458	G时代	1378.05	2013年3月
600460	G士兰微	2764.17	2006年11月
600460	G士兰微	1010.20	2007年11月
600460	G士兰微	9357.63	2008年11月
600461	G水业	305.79	2007年4月
600461	G水业	700.00	2009年4月
600461	G水业	6594.21	2010年4月
600463	G空港	405.46	2007年2月
600463	G空港	8154.54	2009年2月
600468	G百利	327.73	2006年12月
600468	G百利	880.00	2007年12月
600468	G百利	792.27	2008年12月
600468	G百利	8976.00	2010年12月
600469	G风神	1463.33	2006年8月
600469	G风神	2550.00	2007年8月
600469	G风神	10836.68	2008年8月
600470	G六国	435.28	2007年4月
600470	G六国	8124.72	2009年4月
600472	G包铝	3324.07	2007年3月
600472	G包铝	2155.00	2008年3月
600472	G包铝	19420.93	2009年3月

代码	简称	持股数量（万股）	预计流通时间
600476	G湘邮	2077.50	2007年4月
600476	G湘邮	1032.50	2008年4月
600476	G湘邮	2665.00	2009年4月
600477	G杭萧	3642.76	2009年2月
600477	G杭萧	1290.83	2010年2月
600477	G杭萧	1237.87	2011年2月
600477	G杭萧	1237.87	2012年2月
600477	G杭萧	6788.05	2013年2月
600479	G千金	931.95	2007年4月
600479	G千金	1418.82	2008年1月
600479	G千金	1558.57	2009年1月
600479	G千金	1412.66	2010年1月
600480	G凌云	213.87	2007年3月
600480	G凌云	4680.00	2008年3月
600480	G凌云	14548.93	2009年3月
600481	G双良	4069.80	2007年7月
600481	G双良	3060.00	2008年7月
600481	G双良	13070.10	2009年7月
600482	G风帆	1395.36	2007年2月
600482	G风帆	1090.00	2008年2月
600482	G风帆	840.20	2009年2月
600482	G风帆	7834.44	2010年2月
600485	G中创	2279.72	2007年3月
600485	G中创	2049.48	2008年3月
600485	G中创	4294.00	2009年3月
600487	G亨通	1478.98	2006年8月
600487	G亨通	217.78	2006年11月
600487	G亨通	217.78	2007年2月
600487	G亨通	217.78	2007年5月
600487	G亨通	1046.81	2007年8月
600487	G亨通	4357.86	2008年8月
600488	G天药	564.86	2006年10月
600488	G天药	2518.25	2007年10月
600488	G天药	1531.49	2008年10月
600488	G天药	10073.00	2009年10月
600491	G龙元	7347.23	2007年11月
600491	G龙元	1536.76	2008年11月
600491	G龙元	7541.00	2009年11月
600493	G凤竹	2072.40	2007年1月
600493	G凤竹	1700.00	2008年1月
600493	G凤竹	5727.60	2009年1月
600495	G晋西	237.50	2006年12月

代码	简称	持股数量（万股）	预计流通时间
600495	G晋西	514.55	2007年6月
600495	G晋西	514.55	2008年6月
600495	G晋西	3664.40	2009年6月
600496	G精工钢	28.66	2006年11月
600496	G精工钢	1689.66	2007年11月
600496	G精工钢	4361.68	2008年11月
600498	G烽火	4917.11	2007年3月
600498	G烽火	2050.00	2009年3月
600498	G烽火	21008.89	2011年3月
600499	G粤科达	2760.01	2007年5月
600499	G粤科达	995.40	2008年5月
600499	G粤科达	1446.59	2009年5月
600500	G中化	3914.51	2006年8月
600500	G中化	12576.94	2008年1月
600500	G中化	61690.43	2008年8月
600501	G晨光	320.82	2007年2月
600501	G晨光	15249.48	2009年2月
600507	G长力	1877.13	2006年8月
600507	G长力	1250.00	2007年8月
600507	G长力	8372.87	2008年8月
600508	G上能	1621.06	2007年1月
600508	G上能	4015.10	2009年1月
600508	G上能	20214.84	2010年1月
600509	G天富	1557.88	2007年5月
600509	G天富	1268.14	2008年5月
600509	G天富	10566.73	2009年5月
600510	G黑牡丹	6469.86	2007年4月
600510	G黑牡丹	4383.71	2009年4月
600510	G黑牡丹	4383.71	2010年4月
600510	G黑牡丹	9567.81	2011年4月
600512	G腾达	8385.21	2007年4月
600512	G腾达	28.31	2008年4月
600513	G联环	957.95	2007年3月
600513	G联环	600.00	2008年3月
600513	G联环	1742.05	2009年3月
600517	G置信	5197.15	2007年3月
600517	G置信	2255.70	2008年3月
600517	G置信	2263.15	2009年3月
600518	G康美	2122.70	2006年10月
600518	G康美	531.00	2007年10月
600518	G康美	4591.30	2008年10月
600521	G华海	3695.75	2006年8月
600521	G华海	2340.00	2007年8月
600521	G华海	7126.76	2008年8月
600525	G长园	497.70	2006年12月
600525	G长园	1236.38	2007年12月
600525	G长园	1753.11	2008年12月
600525	G长园	3141.81	2009年12月
600526	G菲达	1344.00	2007年3月
600526	G菲达	5376.00	2009年3月
600527	G高纤	4956.47	2007年11月
600527	G高纤	1098.17	2008年11月
600527	G高纤	1325.36	2009年11月
600528	G中铁	3341.00	2006年12月
600528	G中铁	2050.00	2007年12月
600528	G中铁	20429.00	2008年12月
600529	G药玻	1252.96	2007年2月
600529	G药玻	5530.28	2009年2月
600530	G昂立	7808.80	2007年2月
600530	G昂立	4711.20	2008年2月
600530	G昂立	3440.00	2009年2月
600531	G豫光	2539.60	2006年12月
600531	G豫光	1141.35	2007年12月
600531	G豫光	8210.97	2008年12月
600532	G华阳	197.51	2007年4月
600532	G华阳	4482.49	2009年4月
600533	G栖霞	2471.16	2007年1月
600533	G栖霞	2100.00	2008年1月
600533	G栖霞	2.86	2008年6月
600533	G栖霞	8745.98	2009年1月
600535	G天士力	3657.38	2006年12月
600535	G天士力	121.34	2007年12月
600535	G天士力	15046.28	2008年12月
600537	G海通	2457.03	2006年12月
600537	G海通	1998.48	2007年12月
600537	G海通	9447.88	2008年12月
600538	G国发	3071.01	2007年1月
600538	G国发	385.16	2008年1月
600538	G国发	3820.58	2009年1月
600545	G新城建	1275.73	2007年3月
600545	G新城建	31.22	2008年3月
600545	G新城建	6647.14	2009年3月
600547	G鲁黄金	255.00	2007年3月
600547	G鲁黄金	8245.00	2012年1月
600548	G深高速	121540.00	2009年2月
600549	G厦钨	3925.20	2007年3月
600549	G厦钨	3600.00	2008年3月
600549	G厦钨	8734.80	2009年3月
600550	G天威	1898.63	2006年8月
600550	G天威	1671.38	2007年8月
600550	G天威	2458.50	2008年8月
600550	G天威	14371.50	2009年8月
600553	G太行	5637.11	2007年3月
600553	G太行	1900.00	2008年3月
600553	G太行	11842.89	2009年3月
600555	G茉织华	5842.86	2007年2月
600555	G茉织华	4345.00	2008年2月
600555	G茉织华	11327.14	2009年2月
600556	G北生	1314.47	2007年3月
600556	G北生	3036.87	2009年3月
600556	G北生	3388.20	2010年3月
600557	G康缘	2370.11	2006年11月
600557	G康缘	404.61	2007年11月
600557	G康缘	4263.28	2008年11月
600561	G长运	1341.36	2007年4月
600561	G长运	309.59	2008年4月
600561	G长运	7217.69	2009年4月
600562	G高陶	1115.34	2007年4月
600562	G高陶	846.63	2008年4月
600562	G高陶	420.45	2009年4月
600562	G高陶	1793.95	2010年4月
600563	G法拉	3037.50	2007年4月
600563	G法拉	2250.00	2008年4月
600563	G法拉	7837.50	2009年4月
600565	G迪马	1128.80	2007年2月
600565	G迪马	548.00	2008年2月
600565	G迪马	3803.20	2009年2月
600566	G洪城	1596.42	2007年4月
600566	G洪城	1552.38	2008年4月
600566	G洪城	1542.00	2009年4月
600570	G恒生	4267.02	2006年8月
600570	G恒生	831.96	2007年8月
600570	G恒生	1531.02	2008年8月
600571	G信雅达	4140.06	2006年11月
600571	G信雅达	1862.86	2007年11月
600571	G信雅达	2603.80	2008年11月

代码	简称	持股数量（万股）	预计流通时间
600572	G康恩贝	1599.72	2006年12月
600572	G康恩贝	794.40	2007年3月
600572	G康恩贝	686.00	2007年12月
600572	G康恩贝	1112.12	2008年12月
600572	G康恩贝	686.00	2010年12月
600572	G康恩贝	686.00	2011年12月
600572	G康恩贝	2875.76	2012年12月
600577	G精达	1327.50	2007年4月
600577	G精达	1620.00	2008年4月
600577	G精达	3352.50	2009年4月
600578	G京能	2932.36	2007年4月
600578	G京能	2866.80	2008年4月
600578	G京能	38136.84	2009年4月
600580	G卧龙	4299.60	2006年8月
600580	G卧龙	872.83	2007年8月
600580	G卧龙	4724.25	2008年8月
600581	G八一	2927.63	2007年2月
600581	G八一	31319.58	2009年2月
600583	G海工	4101.48	2007年1月
600583	G海工	3405.28	2008年1月
600583	G海工	16379.96	2009年1月
600584	G苏长电	9262.87	2006年12月
600584	G苏长电	1462.96	2007年12月
600584	G苏长电	6917.37	2008年12月
600585	G海螺	6278.40	2007年3月
600585	G海螺	6278.40	2008年3月
600585	G海螺	49691.20	2009年3月
600586	G金晶	360.75	2007年1月
600586	G金晶	944.29	2010年1月
600586	G金晶	944.29	2011年1月
600586	G金晶	7763.93	2012年1月
600588	G用友	3996.00	2007年2月
600588	G用友	2160.00	2008年2月
600588	G用友	4644.00	2009年2月
600589	G榕泰	3802.20	2006年11月
600589	G榕泰	2160.00	2007年11月
600589	G榕泰	6757.80	2008年11月
600590	G泰豪	1320.72	2006年10月
600590	G泰豪	1969.37	2007年10月
600590	G泰豪	1507.30	2008年10月
600590	G泰豪	4275.65	2009年10月
600591	G上航	23764.89	2007年2月

代码	简称	持股数量（万股）	预计流通时间
600591	G上航	13980.27	2008年2月
600591	G上航	31404.83	2009年2月
600592	G龙溪	212.50	2007年2月
600592	G龙溪	2250.00	2008年2月
600592	G龙溪	1329.18	2009年2月
600592	G龙溪	4708.32	2010年2月
600594	G益佰	1845.60	2006年12月
600594	G益佰	483.60	2007年12月
600594	G益佰	2590.80	2008年12月
600595	G中孚	3676.20	2006年8月
600595	G中孚	2355.12	2007年8月
600595	G中孚	4833.66	2008年8月
600596	G新安	3478.87	2007年4月
600596	G新安	9004.29	2011年4月
600598	G北大荒	8171.46	2008年1月
600598	G北大荒	107017.74	2009年1月
600602	G电子	27884.76	2009年1月
600604	G二纺机	2832.25	2007年3月
600604	G二纺机	2832.25	2008年3月
600604	G二纺机	18078.37	2009年3月
600612	G中铅	1931.20	2007年2月
600612	G中铅	1258.90	2009年2月
600612	G中铅	1258.90	2010年2月
600612	G中铅	4796.94	2011年2月
600616	G食品	6005.93	2006年11月
600616	G食品	9665.46	2008年11月
600618	G氯碱	16507.52	2007年1月
600618	G氯碱	6325.08	2008年1月
600618	G氯碱	48979.67	2009年1月
600619	G海立	9583.92	2006年12月
600619	G海立	2283.12	2007年12月
600619	G海立	8981.99	2008年12月
600620	G天宸	12742.13	2007年3月
600620	G天宸	1600.65	2008年3月
600620	G天宸	4827.85	2009年3月
600621	G金陵	10927.04	2006年10月
600621	G金陵	2620.41	2007年10月
600621	G金陵	9467.04	2008年10月
600622	G嘉宝	12590.57	2007年2月
600622	G嘉宝	1641.68	2008年2月
600622	G嘉宝	1668.44	2009年2月
600622	G嘉宝	3068.25	2010年2月

代码	简称	持股数量（万股）	预计流通时间
600626	G申达	6479.01	2007年1月
600626	G申达	14712.83	2009年1月
600628	G新世界	5244.51	2007年3月
600628	G新世界	2312.17	2009年3月
600628	G新世界	2312.17	2010年3月
600628	G新世界	6932.36	2011年3月
600630	G龙头	4288.74	2007年2月
600630	G龙头	12781.12	2009年2月
600631	G百联	24651.08	2007年4月
600631	G百联	5505.14	2008年4月
600631	G百联	37440.45	2009年4月
600635	G大众	8008.38	2007年4月
600635	G大众	2906.73	2008年4月
600635	G大众	17279.70	2009年4月
600637	G上广电	10098.06	2007年3月
600637	G上广电	52954.84	2009年3月
600639	G金桥	3557.89	2007年1月
600639	G金桥	37001.00	2009年1月
600640	G国脉	12423.26	2007年4月
600640	G国脉	2006.86	2008年4月
600640	G国脉	17489.64	2009年4月
600642	G申能	38254.18	2006年8月
600642	G申能	5016.15	2007年8月
600642	G申能	144316.43	2008年8月
600647	G同达	1194.93	2007年4月
600647	G同达	267.58	2008年4月
600647	G同达	970.16	2009年4月
600648	G外高桥	3725.29	2007年2月
600648	G外高桥	1489.81	2008年2月
600648	G外高桥	41720.80	2009年2月
600649	G原水	43000.06	2007年4月
600649	G原水	9421.98	2008年4月
600649	G原水	67593.59	2009年4月
600650	G锦投	11330.48	2007年2月
600650	G锦投	3579.56	2008年2月
600650	G锦投	2758.05	2009年2月
600650	G锦投	15742.55	2010年2月
600654	G飞乐	9215.21	2008年12月
600660	G福耀	3711.55	2007年3月
600660	G福耀	38151.21	2009年9月
600660	G福耀	5007.47	2010年3月
600660	G福耀	5007.47	2011年3月

代码	简称	持股数量（万股）	预计流通时间
600660	G福耀	5846.36	2012年3月
600661	G南洋	5773.96	2007年2月
600661	G南洋	347.35	2008年2月
600661	G南洋	7122.60	2009年2月
600663	G陆家嘴	7364.02	2007年1月
600663	G陆家嘴	106773.64	2009年1月
600666	G西药	1652.93	2007年4月
600666	G西药	1487.93	2008年4月
600666	G西药	3523.24	2009年4月
600673	G阳之光	2448.67	2007年1月
600673	G阳之光	633.67	2008年1月
600673	G阳之光	3443.10	2009年1月
600675	G中企	3107.35	2006年12月
600675	G中企	3487.28	2008年12月
600675	G中企	3487.28	2009年12月
600675	G中企	18250.79	2010年12月
600676	G交运	5045.29	2006年12月
600676	G交运	8929.09	2008年12月
600679	G凤凰	3484.10	2007年2月
600679	G凤凰	1768.10	2008年2月
600679	G凤凰	8179.29	2009年2月
600684	G穗珠江	5699.39	2009年4月
600686	G金龙	2452.71	2007年3月
600686	G金龙	3607.92	2008年3月
600686	G金龙	1603.14	2009年3月
600687	G华盛达	3748.82	2007年4月
600687	G华盛达	1268.89	2008年4月
600687	G华盛达	1760.15	2009年4月
600692	G亚通	3938.45	2006年12月
600692	G亚通	1201.30	2007年12月
600692	G亚通	5407.10	2010年12月
600702	G沱牌	4014.34	2007年4月
600702	G沱牌	1686.50	2008年4月
600702	G沱牌	7371.18	2009年4月
600704	G中大	7807.56	2007年2月
600704	G中大	2387.15	2008年2月
600704	G中大	4749.13	2009年2月
600708	G海博	4833.53	2006年12月
600708	G海博	2614.75	2007年12月
600708	G海博	10707.07	2010年12月
600710	G常林	1650.00	2007年5月
600710	G常林	1650.00	2008年5月
600710	G常林	10058.40	2009年5月
600717	G天津港	6015.95	2006年12月
600717	G天津港	14488.40	2007年12月
600717	G天津港	116.36	2008年12月
600717	G天津港	57953.62	2010年12月
600718	G东软	1407.26	2008年4月
600718	G东软	1407.26	2009年4月
600718	G东软	11173.37	2010年4月
600725	G云维	1650.00	2009年2月
600725	G云维	7256.25	2010年2月
600731	G海利	3373.52	2007年3月
600731	G海利	9352.10	2009年3月
600732	G新梅	14265.68	2008年11月
600736	G苏高新	7089.95	2007年3月
600736	G苏高新	18432.43	2009年3月
600739	G成大	11454.19	2007年1月
600739	G成大	5483.81	2008年1月
600739	G成大	3152.40	2009年1月
600740	山西焦化	1014.25	2007年5月
600740	山西焦化	1014.25	2008年5月
600740	山西焦化	1828.14	2009年5月
600740	山西焦化	5443.36	2012年5月
600741	G沪巴士	12367.69	2007年3月
600741	G沪巴士	16563.87	2009年3月
600742	G四环	1748.63	2007年4月
600742	G四环	902.51	2008年4月
600742	G四环	4260.43	2009年4月
600748	G实发展	2937.71	2006年12月
600748	G实发展	2937.71	2007年12月
600748	G实发展	32158.71	2008年12月
600749	G圣地	1545.36	2007年1月
600749	G圣地	1200.00	2008年1月
600749	G圣地	953.06	2009年1月
600749	G圣地	1181.58	2010年1月
600754	G锦江	6139.11	2007年1月
600754	G锦江	3016.20	2008年1月
600754	G锦江	22683.60	2009年1月
600760	GST黑豹	1996.87	2007年3月
600760	GST黑豹	2730.05	2009年3月
600760	GST黑豹	2730.05	2010年3月
600760	GST黑豹	2736.71	2011年3月
600761	G合力	1534.77	2007年10月
600761	G合力	1534.77	2008年10月
600761	G合力	9818.27	2009年10月
600764	G中广通	1212.14	2007年3月
600764	G中广通	17957.92	2009年3月
600770	G综艺	4050.00	2006年10月
600770	G综艺	2700.00	2007年10月
600770	G综艺	6885.00	2008年10月
600779	G全兴	7895.82	2007年1月
600779	G全兴	1814.33	2008年1月
600779	G全兴	14656.37	2016年1月
600780	G通宝	3164.47	2006年10月
600780	G通宝	22329.45	2010年10月
600783	G鲁信	1540.76	2007年4月
600783	G鲁信	10185.75	2009年4月
600787	G中储	27498.57	2010年1月
600791	G天创	2575.63	2007年2月
600791	G天创	104.03	2008年2月
600791	G天创	643.50	2009年2月
600791	G天创	643.50	2010年2月
600791	G天创	3326.33	2011年2月
600797	G网新	13598.96	2006年10月
600797	G网新	8290.73	2007年10月
600797	G网新	8793.98	2008年10月
600798	G海运	6671.15	2007年4月
600798	G海运	3062.14	2008年4月
600798	G海运	2873.60	2009年4月
600798	G海运	20475.00	2011年4月
600801	G华新	1287.91	2006年12月
600801	G华新	1383.28	2008年12月
600801	G华新	396.25	2009年12月
600801	G华新	7132.56	2010年12月
600803	G威远	591.11	2008年4月
600803	G威远	591.11	2009年4月
600803	G威远	2377.95	2010年4月
600808	G马钢	8781.00	2007年3月
600808	G马钢	383056.00	2009年3月
600809	G汾酒	4964.62	2007年5月
600809	G汾酒	2164.62	2008年5月
600809	G汾酒	25964.18	2009年5月
600810	G神马	23417.21	2009年4月
600815	G厦工	4494.14	2008年3月
600815	G厦工	24646.82	2009年3月

代码	简称	持股数量（万股）	预计流通时间
600816	G＊ST安信	4064.71	2007年5月
600816	G＊ST安信	14678.80	2009年5月
600817	G宏盛	4397.26	2006年8月
600817	G宏盛	495.11	2007年8月
600817	G宏盛	2986.23	2008年8月
600818	G永久	3806.59	2006年12月
600818	G永久	2540.26	2007年12月
600818	G永久	11076.58	2008年12月
600819	G耀皮	4504.29	2007年2月
600819	G耀皮	3656.25	2008年2月
600819	G耀皮	39886.33	2009年2月
600820	G隧道	2847.18	2007年1月
600820	G隧道	21624.14	2009年1月
600822	G物贸	4111.50	2007年1月
600822	G物贸	1263.60	2008年1月
600822	G物贸	11511.63	2009年1月
600824	G益民	7502.66	2008年12月
600826	G兰生	1402.14	2008年1月
600826	G兰生	1402.14	2009年1月
600826	G兰生	11918.94	2010年1月
600831	G广电	725.58	2007年1月
600831	G广电	1664.06	2008年1月
600831	G广电	4601.50	2009年1月
600832	G明珠	20873.24	2006年8月
600832	G明珠	9632.40	2007年8月
600832	G明珠	35068.57	2008年8月
600834	G申地铁	5009.89	2006年11月
600834	G申地铁	2243.63	2007年11月
600834	G申地铁	27894.38	2008年11月
600836	G界龙	1167.06	2006年11月
600836	G界龙	4629.52	2008年11月
600837	G都市	1377.97	2007年11月
600837	G都市	3131.57	2008年11月
600837	G都市	14055.32	2010年11月
600838	G九百	6641.98	2007年3月
600838	G九百	7854.06	2009年3月
600839	G长虹	4712.85	2007年4月
600839	G长虹	9491.06	2008年4月
600839	G长虹	48129.33	2009年4月
600842	GST中西	2373.26	2007年1月
600842	GST中西	1077.97	2008年1月
600842	GST中西	9685.68	2009年1月

代码	简称	持股数量（万股）	预计流通时间
600846	G同科	4341.23	2007年3月
600846	G同科	1390.45	2008年3月
600846	G同科	4613.53	2009年3月
600850	G华电脑	3694.05	2007年3月
600850	G华电脑	855.16	2008年3月
600850	G华电脑	6041.55	2009年3月
600851	G海欣	5115.05	2007年2月
600851	G海欣	15993.23	2008年2月
600851	G海欣	4221.09	2009年2月
600860	G北人	2110.00	2007年3月
600860	G北人	2110.00	2008年3月
600860	G北人	18044.00	2009年3月
600863	G蒙电	3906.43	2007年4月
600863	G蒙电	9906.10	2008年4月
600863	G蒙电	9906.10	2009年4月
600863	G蒙电	121016.27	2010年4月
600866	G星湖	2605.51	2006年11月
600866	G星湖	2605.51	2007年11月
600866	G星湖	4913.05	2008年11月
600869	G三普	2947.63	2007年1月
600869	G三普	1800.00	2008年1月
600869	G三普	3652.37	2009年1月
600874	G创业	10501.80	2007年4月
600874	G创业	6653.30	2008年4月
600874	G创业	66408.66	2009年4月
600875	G东电	2250.00	2007年4月
600875	G东电	2250.00	2008年4月
600875	G东电	15880.00	2009年4月
600879	G火箭	2220.70	2007年2月
600879	G火箭	12358.10	2011年2月
600880	G博瑞	4707.80	2007年1月
600880	G博瑞	911.26	2008年1月
600880	G博瑞	4925.82	2009年1月
600882	G大成	128.03	2007年4月
600882	G大成	5675.37	2009年4月
600884	G杉杉	2054.29	2007年4月
600884	G杉杉	4897.91	2008年4月
600884	G杉杉	9055.30	2009年4月
600886	G华靖	578.62	2006年8月
600886	G华靖	28726.67	2008年8月
600887	G伊利	8204.95	2007年4月
600887	G伊利	5150.48	2011年4月
600894	G广钢	2599.37	2008年4月
600894	G广钢	49388.05	2009年4月
600895	G张江	63318.34	2008年10月
600896	G海盛	3827.95	2007年4月
600896	G海盛	12292.50	2009年4月
600900	G长电	52258.50	2006年8月
600900	G长电	44664.43	2007年8月
600900	G长电	450270.57	2015年12月
600960	G活塞	725.61	2007年3月
600960	G活塞	542.75	2008年3月
600960	G活塞	4306.55	2009年3月

代码	简称	持股数量（万股）	预计流通时间
600961	G株冶	7463.65	2007年11月
600961	G株冶	1749.14	2008年11月
600961	G株冶	6002.86	2009年11月
600961	G株冶	2592.42	2010年11月
600961	G株冶	8737.72	2011年11月
600962	G中鲁	3158.69	2007年3月
600962	G中鲁	886.06	2008年3月
600962	G中鲁	3680.25	2009年3月
600963	G岳纸	1526.77	2006年12月
600963	G岳纸	132.38	2007年12月
600963	G岳纸	1349.00	2009年12月
600963	G岳纸	1349.00	2010年12月
600963	G岳纸	7022.87	2011年12月
600966	G博汇	2730.55	2006年11月
600966	G博汇	376.36	2007年11月
600966	G博汇	1080.00	2008年11月
600966	G博汇	1080.00	2009年11月
600966	G博汇	5413.09	2010年11月
600967	北方创业	2089.57	2007年5月
600967	北方创业	669.42	2008年5月
600967	北方创业	3541.01	2009年5月
600971	G恒源	323.90	2007年2月
600971	G恒源	942.00	2009年2月
600971	G恒源	9522.10	2010年2月
600973	G宝胜	159.98	2006年8月
600973	G宝胜	373.28	2007年8月
600973	G宝胜	1200.00	2008年8月
600973	G宝胜	4191.75	2009年8月
600976	G健民	1791.53	2007年5月
600976	G健民	704.01	2008年5月
600976	G健民	799.39	2009年5月
600978	G宜华	2296.27	2006年12月
600978	G宜华	1507.97	2007年12月
600978	G宜华	7339.82	2008年12月
600978	G宜华	1507.97	2009年12月
600978	G宜华	7055.45	2010年12月
600980	G北矿	502.94	2007年4月
600980	G北矿	1300.00	2008年4月
600980	G北矿	5145.56	2009年4月
600981	G苏纺织	2641.58	2007年4月
600981	G苏纺织	905.45	2008年4月
600981	G苏纺织	568.37	2009年4月
600981	G苏纺织	7243.60	2011年4月
600982	G宁热电	2128.05	2007年3月
600982	G宁热电	4703.12	2008年3月
600982	G宁热电	3468.83	2009年3月
600983	G合三洋	1243.78	2007年4月
600983	G合三洋	21006.23	2009年4月
600985	G雷鸣	185.84	2007年2月
600985	G雷鸣	450.00	2009年2月
600985	G雷鸣	450.00	2010年2月
600985	G雷鸣	2586.16	2011年2月
600986	G科达	3796.29	2007年4月
600986	G科达	5220.28	2009年4月
600997	G开滦	1444.74	2007年1月
600997			